玩转期货50招

(二)

一 阳 著

地震出版社
Seismological Press

图书在版编目（CIP）数据

玩转期货50招.2/一阳著.—北京：地震出版社，2019.8

ISBN 978-7-5028-5047-0

Ⅰ.①玩… Ⅱ.①一… Ⅲ.①期货交易-问题解答 Ⅳ.①F830.9-44

中国版本图书馆CIP数据核字(2019)第019085号

地震版 XM4363

玩转期货50招(二)

一阳 著

责任编辑：吴桂洪 王凡娥

责任校对：凌 樱

出版发行：地震出版社

北京市海淀区民族大学南路9号 邮编：100081

发行部：68423031 68467993 传真：88421706

门市部：68467991 传真：68467991

总编室：68462709 68423029 传真：68455221

证券图书事业部:68426052 68470332

http://seismologicalpress.com

E-mail:zqbj68426052@163.com

经销：全国各地新华书店

印刷：北京市兴星伟业印刷有限公司

版(印)次：2019年8月第一版 2019年8月第一次印刷

开本：787×1092 1/16

字数：283千字

印张：18.5

书号：ISBN 978-7-5028-5047-0/F(5763)

定价：48.00元

前　言

2011年年底，第一本《玩转期货50招》与读者朋友们见面，集中为读者朋友们讲解了50个实用的操盘技巧，涉及实战操作的许多方面。后来又出版了许多深受读者朋友喜欢的书籍，但仍然有很多读者朋友追问，何时写第二集，因为这样的书籍内容详实，买来学习后觉得超值。为了满足一直支持我的读者朋友们的愿望，七年之后的2018年笔者便开始写作第二集了。

两集加起来一共100个操盘技巧，可能会让读者朋友感到学习的艰难吧，其实，对于实战操作来讲，一招就够了，每天坚决等这种技术形态的出现，不出现就不开仓，一旦形成符合条件的技术信号就严格交易，真的可以实现稳定的盈利。相反，若是你学会了100种方法，今天用这种，明天用那种，想赚钱？难！

实战讲究的是一招鲜，但学习讲究的是越多越好！学的东西越多对期货市场便会看得越透！技多不压身与一招鲜吃遍天并不矛盾。就拿武术为例吧，你学了一招绝技，靠它行走江湖扬名立万。但若在拥有了一招鲜的情况下，又学习了各流派之长，正所谓技多不压身，这岂不更好吗？一招鲜是站稳脚跟的基础，而技多则可以起到进一步巩固的作用。在期货市场里，只会因为懂得不多而亏钱的，绝对没有因为懂得太多而亏钱的。

打好基础，不断地提升自己的操盘能力，《玩转期货50招(二)》带你走上期货投资成功之路！

为回报各位读者朋友，凡购买本图书的读者，均可与笔者的助手(李助教)联系并获得免费赠送的20个培训视频课程，以使你获得本书以外其他更精彩的交易技巧。

同时，每周二、四的19：30均有免费公开的期货投资技巧直播培训课程，手机、电脑均可进入学习，欢迎大家的参与。周一、三、五的其他实战性资讯信息，各位读者朋友可联系助教咨询参与方式！

笔者联系方式：

手机：13810467983 （短信或微信）

QQ：987858807-李助教 （索取课件）

一　阳

2018 年12月8日

目 录

※ 第一章　无理念不操作 ※

身在风险市场，要有对这个市场理性且正确的认识，要拥有正确的：市场观、盈利观、胜败观，三观不正，就很难赚到钱了。想法不对，结果又怎么可能是对的呢？

最典型的案例就是，投资者在交易时这样想：我风险承受能力差，不能接受亏损。拥有这样想法的读者朋友可能真的不少，但你们全错了。在风险市场说无风险的话，这本身就是一个幼稚的大笑话！要知道，现在银行的理财产品都取消保本了，你却还错误地希望不亏钱。人生在世，你来告诉我，做什么事情是一点风险都没有的？若你亏不起，拜托马上撤出资金销户，远离这个市场。办理期货开户的时候，如果对你的调查发现你属于保守型投资者，任何期货公司都不会为你办理开户手续，这直接说明，期货市场只属于风险承受能力强的投资者。亏得起，才能赚得起，能接受多大的亏损，才有资格享受多大的盈利。

希望这种较为典型的案例能够对你的理念提高有所帮助。那么，在此基础上，继续为你讲解一些其他的交易理念吧。

第一招　识破成功率骗局

周二、四公开课听众刘增明：

一阳老师你好，我有一个困惑想请教你，最近我在学习技术指标，通过研究调整了一些参数以及加入了一些条件设置，创造了好几个成功率超过90%的交易方案，可是在实际操作过程中，却依然亏损，有的交易方案亏得不多，但有的方案却出现了超过50%的巨亏，没有一个是盈利的，这让我非常郁闷。我到底错在了哪里？还望你指教。

一阳：

多棒啊，高达90%的成功率，其实你可以再调整一下的，在已有的历史数据中，完全可以把你捣鼓的那些东西搞成100%的成功率。我就有许多成功率100%的交易方案，不过都在电脑里尘封着，都是以前研究市场现象时统计使用的，而从来没有用这些东西做过交易。

周二、四公开课听众刘增明：

难道你做的100%成功率的交易方案也赚不到钱吗？

一阳：

那当然了！刚才说了，这些所谓的交易方案都是对已形成的、固定下来的数据进行统计，面对这些死的数据，做出100%成功率的东西那还不跟玩儿似的。但不要忘了，每一天行情的数据都是新的，此时此刻过来的数据都是活的，你用那些只针对死数据的交易方案去应对活动着的数据，又怎么可能盈利？

周二、四公开课听众刘增明：

难道这些交易方案对实战操作真的没有用处吗？付出了这么多心血，完全丢弃它们还是很心疼的。

一阳：

这些所谓的唬人的交易方案只有一个作用：对历史上某些现象进行理论

研究，除此没有任何作用。当然，我并不是完全反对这些交易方案，它们有优点，那就是执行力非常棒。但是，它们却败在灵活性上，用它们守规则必然成功，但用它们来应对变化，则必然失败！所以，面对这些程序化也好、所谓的交易方案也好，必须利用上人脑的灵活性，只有把人脑的灵活性与这些交易方案的执行力结合起来，才可以真实地盈利，两者缺一不可，而人脑的灵活性更为重要，毕竟计算机不可能在交易上拥有人脑的灵活性，但人们却可以锻炼提高自己的执行力。

你说到了成功率这个问题，那么，我们就重讲解一下这方面的事情，以改变你以及其他投资者朋友对于成功率错误的看法，大家面对所谓的成功率必须有一个正确的理念认识。

请看图1-1。

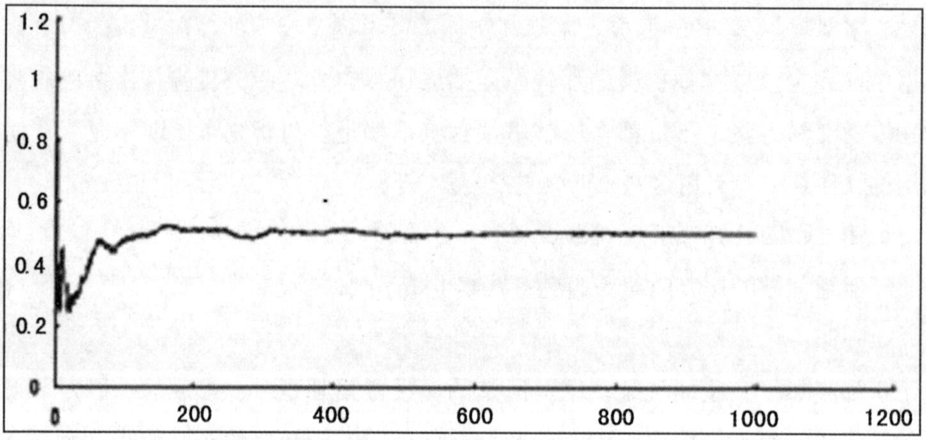

图1-1　抛硬币正面概率分布图

周二、四公开课听众刘增明：

这个图片我见到过，这是抛硬币正面与反面的概率分布图，在研究概率的时候接触过。

一阳：

对！这是抛硬币正面的概率分布图，从图中可以看到，在刚开始的时候，抛到正面的概率其实并不高，这主要是由于抛出的次数较少的原因造成的，可能连续抛出了几次反面。但随着抛出的次数不断增多，抛出正面的概率便开始无限接近50%了。

做交易最终的成功率其实与抛硬币非常接近，许多朋友在使用一种方法的时候，如果连续亏了几次，往往就不敢用这种方法交易了，他们认为这种方法的成功率不高，但其实这是错误的想法，就好像抛硬币一样，刚开始运气不太好，连续抛到了几次反面，但只要坚定地执行下去，随着交易次数的增多，盈利的效果自然就体现出来了。所以有一句话我经常说：一种方法，如果你没有用够100次以上，没有任何资格评价它的好坏，但只要做够了100次以上，除了喜欢这种方法以外，是不会再对这种方法有任何不好的感受了。

表1-1所示为数量统计。

表1-1　计算机模拟抛单个硬币正、反面出现数量统计

抛硬币次数	正面出现次数	反面出现次数	正面出现比例	反面出现比例
200 次	96	104	0.48	0.52
500 次	241	259	0.482	0.518
1000 次	509	491	0.509	0.491
5000 次	2479	2521	0.4958	0.5042
10000 次	5009	4991	0.5009	0.4991
50000 次	24824	25176	0.49648	0.50352
100000 次	50102	49898	0.50102	0.49898
500000 次	250210	249790	0.50042	0.49958
1000000 次	499808	500192	0.499808	0.500192

周二、四公开课听众刘增明：

你想表达的意思不会是交易的时候，成功率只是接近50%吧？

一阳：

没错，就是这个意思，而实际上绝大多数人的交易成功率还要低于50%，这是因为抛硬币只有正面、反面这两种结果，而实战操作则更加复杂，每一次亏损的幅度不同，大亏、小亏、平手亏个手续费，以及盈利的幅度不同，大赚、小赚、完全平手不亏手续费，再加上大亏大赚、小亏小赚的幅度也不均衡，所以，实际操作成功率必然低于50%。

如果这个市场中谁告诉你他的交易成功率超过70%，便可以直接扇他一耳光，这种人睁着眼说瞎话，吹牛吹得有些过头了！这70%也是预留了一些的确有真本事的人吹点小牛的空间。

周二、四公开课听众刘增明:

成功率低于50%那可怎么赚钱啊，难道真没有办法提高实战时的成功率了吗?

一阳:

从盈亏的概率来讲，实战操作的成功率的确是低于或是接近50%的，但从实际交易的情况来看，交易与抛硬币并不相似，而是与抽牌比大小最为接近。

周二、四公开课听众刘增明:

这是一个很常见的游戏，K最大，A最小。

一阳:

没错，假设你抽到了A、2、3你会下注赌吗?

周二、四公开课听众刘增明:

不会，赢的概率太小了，除非抽到10以上的牌才会考虑下注。

一阳:

正常情况下来说，从A至6都是不宜下注的，而7至10又是比较尴尬的区间，说大不大，说小不小，赌赢的概率虽然比A至6要大，却是不稳定的区间，但若抽到J、Q、K再去下注，盈利的概率则会大许多了。

周二、四公开课听众刘增明:

有些明白老师的意思了，若是当前的形态成功概率低，就不去操作，而碰到了成功概率高的技术形态时，再重仓去操作。

一阳:

就是这个意思，所以说，成功率其实是有办法提升的，而并不是说完全小于50%，但想超过70%这也是绝对不可能的，在这一点上就不要异想天开，再有找到90%成功率的想法了。

最简单的一点，在布林线指标中轨或是移动均线方向向下的时候去做多，这就好像是抽到了A至6的牌，此时做多盈利的概率是比较小的。而在布林线指标中轨刚刚形成向上方向的时候再找机会去操作，这就好像抽到了J、Q、K，盈利的概率自然就提高了。

周二、四公开课听众刘增明：

这样一来，要做的事情就是学会如何去辨认什么样的形态操作成功概率高，而这是灵活的东西，无法用计算机来实现，只能依靠人脑。

一阳：

关于你说的，成功率这么低我们靠什么盈利这个问题，我们将在后面进行交流。这一讲的重点就是让大家意识到什么才是正确的成功率，以及如何识别那些用不切实际的高成功率去忽悠投资者而自身没什么实战能力的人。但凡有实战能力的人，都不会这样吹嘘成功率，因为这些成功的投资者都深深地知道：成功率是根本就不应当在乎的事。

周二、四公开课听众刘增明：

看来我要听老师的话改变想法了，从追求不切实际的高成功率切换到立规则、识形态的正确道路上去。

一阳：

形态识别能力上去了，规则又坚定地遵守了，赚钱的成功率就会提升上去，记住我说的是结果的成功率，而不是操作的成功率，做到了这两点，赚钱基本上就是没跑的事了。

再总结一下交流的内容：

1. 任何方法、任何指标、任何实战的成功率都不可能超过70%，凡是超过这个数值的，都是假的！

2. 我们有办法提高交易的成功率，这需要付出努力去学习，掌握了正确的方法以及遵守了交易的规则，赚钱的可能性就大大地增加了，但实战交易成功率依然是不可能违背第1点的。

可能有一些投资者会不认可我说的这些内容，不要紧，因为我曾经也追求过不切实际的高成功率，所以，我懂这些投资者的想法，等你们碰了南墙，亏了大钱，直至真正地成熟以后，再来为我点赞就行。而能直接理解的朋友，恭喜你们拥有了正确的理念，如果你们暂时还赚不到钱，原因只是两点：没有周全的交易方法，没有规则，而这两点又是最容易解决的，你们离成功已经非常近了，加油！

周二、四公开课听众刘增明:

谢谢老师的讲解，解开了我的困惑，让我知道了未来的前进方向。我要让自己也成熟起来，不再去纠结没有意义的成功率。

以后只要周二、四19:30有时间，我便会继续收听你在“呱呱财经”直播平台房间ID:496225里的免费公开课，等自己的基础打得再牢一些以后，进一步参加内部培训，提升自己的实战能力。

第二招　资金管理的骗局

周二、四公开课听众李明军：

最近在学习的时候，看到这样的话：资金管理非常重要，它是交易的核心，一个投资者如果不会资金管理，那么，就算技术水平再高也会赔钱。可是，我买了相关的书籍看了以后，却又觉得其中的理论太过于高深，实在难以理解。一阳老师能不能指点我一下，如何提高我的资金管理水平。

一阳：

现在是不是觉得资金管理是一种高大上的事情?。

周二、四公开课听众李明军：

是的，好多地方都在提它的重要性，我也认为它是操作过程中比较重要的环节。

一阳：

那我说的话你能听进去吗？如果你信网上那些乱七八糟的东西，我就不说了，以免“得罪”你认同的这些东西。

周二、四公开课听众李明军：

你在这个市场生存了二十年，见多识广，实战中的佼佼者，我当然更愿意听取你的意见了。

一阳：

资金管理是实战操作环节最Low的一个环节，根本不是什么高大上的东西。这是那些实战能力较差却在这个市场混饭吃的人编造出来的东西，专门弄得高深，就是为了让大家听也听不懂，然后显得非常有学问。但凡真正的高手，没人会把这方面的东西弄得复杂化，都是一听就明白的。

你知道资金管理的重要思想是什么吗?

周二、四公开课听众李明军：

是为了减少风险，把风险控制在自己的预期之内。

一阳：

这句话是非常正确的，只要顺着这个思想深入地、简洁地去思考就能找到答案了。你现在资金管理的方式是什么样的呢？

周二、四公开课听众李明军：

我是按照看过的其他书上的内容做的：刚开始投入三分之一仓位，如果有所盈利了再加三分之一仓，另外的三分之一仓作为备用资金。

一阳：

这与许多投资者的做法类似，什么三分之一仓啊、四分之一仓啊，从理论的角度来看，这的确是一种仓位管理方式。但若是为了减少亏损而刻意减少仓位，这是没有任何意义的，因为连最基本的道理都不同，仓位小意味着风险小，同时也意味着机会来的时候利润小。

作为入门的技巧，这种三分之一仓以及类似的形式的确很容易让学习者理解，但这种方式在实战操作时其实意义并不大，作为理论研究是可以的，作为实战不能说一点用也没有，效率差一些而已。

假如一个形态从开仓到止损，会造成投入资金30%的亏损，此时你会怎么做？

周二、四公开课听众李明军：

这也亏得太多了，我会选择放弃操作的，实在承受不起这么大的亏损。如果非做不可的话，那就只能把仓位再降低一些，这样万一亏了以后，也不至于死得太惨。

一阳：

这种做法是非常明智的，当面对较大亏损可能的时候，进一步降低仓位，以防范风险，这是传统资金管理的方式，也是现在被许多人经常说起，却早已过时的风险管理方式。其实像这么大的亏损，是要按你第一种选择来做的，放弃操作，降低了仓位是控制住了风险，但若形成盈利，盈利也是对应比较小的。

再来一种形态，从开仓到止损，会造成投入资金3%的亏损，此时又该如何做？

周二、四公开课听众李明军：

那肯定是要积极地进行操作了，3%的亏损，不管是日内操作还是长周期的趋势性交易都是完全可以承受的风险值，我觉得此时可以变得大胆一些。

一阳：

又是正确的回答！通过这两个案例可以看到，资金的管理与三分之一仓之类的没有任何关系，而是与风险值有着直接的关系，风险值大可以放弃，也可以调整降低仓位，风险值小，则可以重仓去做。风险值才是资金管理的核心所在。

周二、四公开课听众李明军：

那问题是如何才知道一种形态的风险值呢？

一阳：

这句话问到了点上，这个市场中，有很多种技术形态，就算是同一种技术形态，它的风险值也是不同的，比如说W底，在同样交易周期的情况下，此时的风险值可能亏损20个点，但彼时的风险值可能只会亏损10个点了。

要明白的一点就是，形态的宽度会变化，宽度不同风险值则不同，同时，周期不同，风险值也是不同的，1分钟K线图中的技术形态宽度再宽也比60分钟K线图中的风险值要小，当然，盈利也是对应的。

因此，单从形态上来说风险值的大小是没办法来统一的。你想想看，有什么办法能够知道风险值的大小？

周二、四公开课听众李明军：

我印象中老师周二、四进行的公开视频课程中曾讲过，你说交易的时候，止损位必须先确定出来，至少也要跟开仓位同时确定出来，如果确定了开仓位与止损位，那也就等于知道了这个形态中的亏损值了。

一阳：

为你点个赞！我的这句话非常重要，一定要牢牢地记下来！许多投资者在进行操作的时候，都是先开了仓，然后才去设定止损，这是完全错误的。止损就是安全带，开车的时候什么时间系？是要在开车之前就系上的，而绝不能车跑起了再系，若这样去考驾照的话，一辈子也不可能考下来。

还没下单，就已经知道哪里开仓哪里止损，就已经知道这个形态所承受的风险值的大小，是不是操作的时候心里就有底了？然后再根据风险值设定自己的仓位，这就是资金管理了，你觉得还难吗？还是什么高大上的东西吗？是不是一句话就解决了。

周二、四公开课听众李明军：

真是听君一席话，胜读十年书啊。老师一下子就解开了我的困惑，原来资金管理这么简单，白白浪费了许多的时间与精力，这弯路走得也太辛苦了。看来周二、四19:30还要持续收听你在“呱呱财经”直播平台房间ID：496225里的免费公开课，以进一步提高自己的思想觉悟。

一阳：

许多投资者与你一样，自认为学的东西是正确的，并为之刻苦努力着，而放在我们职业实战者的眼中，这些东西都是没什么价值的，反而越努力越有问题，跑偏了方向，越努力便意味着离真正的目标越远。走弯路不可怕，可怕的是一直回不到正路上。

资金管理怎么做？一句话的事：只要与风险值挂上钩，便是好的资金管理方式。对于那些说了半天还解释不清的，还是赶紧离他们远点的好。真传一句话，假传万卷书，在一阳这里，没有什么方法不是一句话就能解决的，如果有，最多两句！

第三招　靠什么盈利?

周二、四公开课听众张勇心：

一阳老师你好，进入这个期货市场就是为了盈利，我想问一下，作为一个普普通通的投资者，如何才可以实现盈利？

一阳：

实现盈利这条路说好走也好走，说难走也非常难走。有许多的投资者进行了几年、十几年的交易，甚至有一些投资者的交易时间比我还长，但他们却依然走在亏损的道路上，这类人占绝大多数，从这个角度来说，是非常难的。但从我身边的实际情况来看，在我的学员中，绝大多数的学员都经常性地向我传来盈利喜报，偶尔听到他们说起了亏损，也只是被市场剪掉了一块指甲而已，因此，这道路又是非常好走的。

想要盈利最重要的就是拥有正确的技术，这是在风险市场获得盈利的根本！没有技术而去说盈利，只能是一个笑话。拥有技术的方法有很多种，效率不同而已。盈利取决于技术这一点我不作重要的讲解，而是从另一个角度来告诉你应当依靠什么来实现盈利。

你详细地说一下实战操作开仓后往往会有哪几种结果？

周二、四公开课听众张勇心：

只有亏损与盈利这两种结果，具体细分的话就是：大亏、小亏、大赚、小赚、平手。

一阳：

正确，其中平手可以忽略。那你来说一下什么样的情况会造成大亏。

周二、四公开课听众张勇心：

我曾出现过多次大亏的操作，总结的原因就是因为不止损，随着亏损一步步地扩大，最终实在难以承受从而忍痛出局，往往会使资金亏损20%以上，最惨的一回不到一星期亏掉了50%多。

一阳：

不止损是造成投资者大幅亏损的主要原因，这属于技术上的问题，其实很好解决，只要掌握了正确止损的操作方法就不算是什么问题了。而另一个容易造成大亏的情况就是在持有隔夜单的时候，突发消息使得价格的波动方向与持仓方向完全相反，并且出现大幅度的跳空现象，直接造成大幅度的亏损，这种情况属于意外，不能算在技术出问题的头上。

大幅度的亏损绝大多数都是可以控制的，是掌握在投资者自己手中的，除非你放弃。大亏可以自己掌握，那大赚又会在什么情况下出现呢？

周二、四公开课听众张勇心：

需要运用正确的技术才可以获得，我听过老师在周二、四的公开培训课程，你说过，想实现大赚一要靠策略，二要靠技术。

一阳：

技术是实现大赚的基础，而策略则是实现大赚的根本保障。许多投资者获得了巨大的收益，这绝对不是单靠技术就可以解决的，靠技术可以捉住一波波的小波段，但绝对没有可能一把就捉到一笔巨大的收益，故此，策略与技术缺一不可，而策略更为重要，占70%，技术则只占30%，这跟短线式的操作完全不同，短线式的操作技术占80%，策略占20%。

有了策略再配合技术，还得再有行情的配合，任何操作若没有行情的配合也是白扯。天时、地利、人和聚齐了，大的收益也就来了。大亏可以掌控，但大赚就要靠天吃饭了。那小赚与小亏又该如何面对它们呢？

周二、四公开课听众张勇心：

小赚与小亏以平常心面对，因为这是实战操作时最常碰到的情况，形态失败了并且按技术正常地进行了止损，这肯定就是小亏了。技术形态成功了，但并没有出现大行情，这就容易形成小赚的局面了。

一阳：

你说得非常好，小赚、小亏任何人都左右不了，这是操作必然要面对的事情，所以，在小赚时要感到知足，而在小亏时更不要有什么心理上的包袱。

那如何才可以盈利呢？假设把这几种结合混合在一起，大赚、大亏、小赚、小亏都在交易过程中出现，这样一来就无法盈利了，小赚与小亏抵平，大赚与大亏再度抵平，慢慢地，手续费就把投资者的钱消耗没了。

周二、四公开课听众张勇心：

既然是这样，那可不可以想办法只保留下大赚与小赚呢？

一阳：

这只是一种理想化的操作结果，现实中是绝对不存在的，之前交流过，任何人操作的成功率都不可能突破70%，故此，没有亏损的操作结果是绝对不可能发生的事情，交易结果之中必定会有亏损。

周二、四公开课听众张勇心：

既然你说了大亏可以自我控制，而且交易结果必须有亏损，那就只能保留下小亏了，这样一来，交易结果之中就留下了大赚、小赚与小亏。

一阳：

理论上来说，小赚与小亏抵平，靠着大赚就可以实现盈利了。若投资者的操作水平再高一些，尽量地把操作成功率提高到50%以上，小赚的次数多于小亏，就算是没有大赚也可以盈利，若再有不定什么时候捉住一把大的机会的交易结果，盈利基本上就是必然的事情了。

周二、四公开课听众张勇心：

普通投资者靠什么盈利？就是靠大赚、小赚与小亏的交易结合来盈利，想要实现盈利，就必须拒绝大亏这件事。

一阳：

大亏很容易解决，只要坚定执行止损的纪律，图省事的直接用下单软件画线止损就可以做到了，这不是什么难事。其中涉及的技术也比较容易学习，并且只是一个中心点：把止损的点位打磨得精细一些就可以了。

大亏解决掉以后，不要以为就没事了，小亏结果的出现次数也必须控制，否则一连串的小亏也可以造成资金产生较大的亏损，完全杜绝小亏是不现实的想法，尽量减少它出现的概率就可以了。

周二、四公开课听众张勇心：

我认为减少小亏出现的次数也并不难，只要始终按着布林线指标中轨的方向，或是移动均线的方向进行操作就可以了。方向向上时，坚决做多，方向向下时则坚决做空，这样一来就可以避免小亏了。同时，再把你的买卖点技巧学扎实，肯定能把小亏出现的数次降低下来。

一阳：

大亏完全回避了，小亏也可以通过提高自身的操作技能减少它出现的次数。接下来就要想办法提升小赚出现的次数了，其实减少小亏出现次数的方法就是增加小赚出现次数的方法：顺从了趋势的方向，精细化了介入点的细节就可以了。

解决完小赚最后一个问题就是一定要尽量多地提升大赚的次数，提高大赚出现的次数决定着能否持续性地盈利。这其中涉及的主要技术就是持仓方法，以及持仓时的交易策略，这一点已讲过，策略更为重要，但也需要配合持仓的方法共同运用。当然，大赚的次数能多则多，但从实际情况来看，盈利了十笔，其中能有三笔是大赚就很不错了，大赚需要行情的配合，所以不能要求太高的出现频率，若是大赚出现的概率低于30%，那肯定就是有问题了，投资者就得加强这方面的学习。

除了必胜的大赚、小赚、小亏之外，还有可能组合成什么结果？

周二、四公开课听众张勇心：

还可以组合成：大亏、大赚、小赚，这种结局也可以盈利，大亏大赚相抵，靠着小赚就赚到钱了。

一阳：

猛的一听有道理，但其实这种情况是不可能发生的，大亏都能出现在交易结果里了，又怎么可能齐刷刷的全是大亏而没有一笔小幅度的亏损呢？虽然算是一种交易的结果，但在现实中却是不存在的。

周二、四公开课听众张勇心：

除此还有另一种结果，大亏、小亏、小赚，这是最悲惨的交易结果了。可惜的是我经常这样，身边不少做期货的朋友也是这样。

一阳：

这种结果的确是最悲惨的，运气差的瞎猫还能碰到死耗子，但投资者却连一次大赚也碰不到，或是碰到了大赚的机会，但因为操作细节的处理问题，又把大赚整成了小赚。理论上来说这种情况真不应当出现，有大亏了，也有小赚了，愣是没有大赚。这种情况是理论上不应当有，但现实中大量的投资者却都是这样。没有办法，唯有停止操作，反省自己，然后下一番苦功好好提高自己的操作能力。谁的钱也不是风刮来的，什么都不会的情况下就来交易，无疑是拿钱打水漂。

周二、四公开课听众张勇心：

想要盈利就要马上从控制大亏开始，先把这个罪魁祸首解决掉，然后再解决小亏的出现次数，提升小赚的出现次数，最后再争取把大赚出现的概率提升到30%以上。如此一来，思路就算是理顺了，再配合一阳老师正确的操盘技术，盈利就并不是什么太难的事情了。

一阳：

经常听读者朋友说，某某亏得很惨之类的话，其实不要接触到这种消息就认为赚钱难，为什么亏得惨？这才是根本性的问题，什么方法都不会，什么策略都不懂，他不赔谁赔？想上阵杀敌就得把自己练壮实，把枪擦亮！周二、四19:30只要大家有时间，建议大家在“呱呱财经”直播平台房间ID：496225里参与一下免费的公开课，从而学习正确交易理念与正确的操盘手法，这些是实现盈利的关键手段所在。

第四招　如何提高实战学习的效率

周二、四公开课听众王文俊：

一阳老师你好，有幸在书店买到了你的书，回家真是越看越欢喜，你讲的操盘技巧非常实用，我操作的时间虽然刚一年，但居然也可以完全看得懂，看来真是应了那句话：大道至简啊。我想问你的是：我已学习了一年的时间，这个时间说长不长，说短也不短了，可为什么依然不断地亏损呢，无论是理论知识还是实战性的方法都自认为懂得不少，可就是赚不到钱，我听你说过一句话：操作的结果就等于学习的结果，我学习的结果非常差劲，但我很爱学习，我到底该如何学习才可以提高效率？还请老师帮助我一下。

一阳：

学习效率低下，虽然下了苦功学习了很长时间，但依然没有任何效果。一年的时间，若不学习投资，而是学习其他的知识，我相信，你所学的知识都可以用来提高你的工资收入。遗憾的是，你的这种情况在这个市场中90%甚至更多的投资者都是这样，这绝不是危言耸听，而是事实。

说一下你的学习方式吧，虽然我是知道答案的。

周二、四公开课听众王文俊：

我经常到书店去，买一些认为内容有用的图书回家学习，书店里只要有你的书，我基本上都买了，你的书我每天都是必看的。其次，就是在网上找一些视频课程学习一下。最后，如果碰到什么问题了，就会跟一些投资者群里的朋友交流一下心得体会，我觉得交流是非常必要的，可以相互提高。

一阳：

我倒着回答你的问题。经常与各种群里的朋友进行交流学习，出发点是好的，我也经常和一些朋友交流，但我交流的对象都是这个市场中的成功者，你交流的对象他们的实际情况是怎样的？应当跟你一样都是一些赚不到钱的投资者吧？几个班里考试倒数的学生在一起交流，你觉得他们能交流出考进班里前三名的方法吗？同样，班里考试前三名的同学在一起交流，他们会相互影响而使得成绩变成倒数的吗？这个道理你应当明白！

不是不能交流，而是你的交流纯属是浪费时间，是没有任何效率的交流！你不知道对方的交易状况是好是坏，你不知道对方的技术水平是高是低，对方真若是个高手那就幸运了，但能在各种公开群中碰到高手的可能性并不大，因为高手是不会去这些地方的。而就算有高手在群中，高手也希望进步啊，他也希望可以碰到水平比他好的投资者啊，换位思考，若你是个高手，你愿意跟远不如你的人交流吗？除非你闲得慌。所以，高手是不屑与水平不如他的人交流的，而与你交流的人呢，你觉得人家水平不错，说不定对方也是这样想的，所以人家才一直和你聊，这还能交流出来什么好结果吗？

所以，在交流前，请你一定要了解透对方的底细，千万不要逮住一个人就与他交流，这是在浪费时间，你觉得自己那么的努力，其实都是在做无用功。

周二、四公开课听众王文俊：

老师你说的这问题我真没有仔细想过，真是对我触动太大了！的确是这样，班里考试成绩倒数的学习是绝对不可能交流出考进前三名的学习方法的。以前听这个人说A，我就相信A，另一个人说B，我又觉得B正确，到头来反而把自己弄得一头雾水。谢谢老师的提醒，以后我不会再把时间浪费在这种没有意义的交流上了。

一阳：

若你有什么问题，可以跟我的团队进行交流，内部培训学员可以面向我直接进行交流，助教们负责与各位读者朋友交流，助教们虽说不是绝顶的高手，但都在我身边好些年了，近水楼台先得月，指导大家他们的水平还是绰绰有余的。

再说第二个问题，在网上找一些视频进行学习，你找的视频应当是一搜就可以打开看的那些公开视频。切切实实地换位思考，如果你是一个高手，一个操作方法有10个细节，你会在这些公开视频中把10个要点全讲出来吗？

周二、四公开课听众王文俊：

那肯定不会全讲出来的。经不可轻传，亦不可空取！我若是高手，在公开视频中能讲出来三个要点就算不错了。

一阳：

其他的高手也都是这样想的。所以，你学的那些公开视频其实都是缺失核心要点的视频，学的东西不能说没有用处，只是这些技术点都是碎片化的，绝大多数投资者的水平是不可能把它们完整地串联在一起的。电脑中若是文件碎片太多，将会拖慢电脑的反应速度，而投资者脑中的碎片方法太多，就会把投资者原来清醒的头脑变得混沌起来。

这些视频你学得越多，越是对实战操作没有益处的。网上那些满天飞的视频，就好比是满天飞的消息，靠这些消息能赚到钱吗？这也是你学习效率低下的原因，宝贵的时间白白地浪费了。

周二、四公开课听众王文俊：

这些视频我都视为宝贝，但凡能下载的全下载了，有好几百G，幸亏与老师交流了这个问题，要不然还得继续走弯路。

一阳：

这些视频对于实战虽无非常大的帮助，但帮点小忙的作用还是有的。除此，对于增深对市场的了解也是有帮助的，绝对可以开拓投资者的眼界。只是站在我们这些职业投资者的眼中，真不希望大家把精力浪费在这上边，这都是花架子，要学就得学一击必杀的方法。

最后再说第三个问题，买书学习，这很好，至少说明有学习的主动性。就像你阅读了我的书，是不是就明显感觉有进步了？但是，还要考虑另一个书，看书是必须的，这是基础，但看书绝对不是最佳的学习方式，否则还要学校里的老师干什么？让孩子们在家自个看书不就得了？

许多投资者羡慕我的成功，我之所以成功是因为我有四位老师，一位老师教会了我做股票，三位老师教会了我做期货，在学习的道路上我只走了一年多的弯路，也就是做股票以及做期货刚开始的时候，当发现依靠自己不行的时候，我马上想到的就是找老师来教我，这才有了今天的我。而大家又跟了几位老师在学习呢？我选择的虽然是学习成本最高但却是最有效率的学习方式，而大家选择的是最省钱但学习效率最低下的学习方式。结果呢，我曾花的高额学费跟我现在赚的钱相比仅是个零头，而大家学习时看似省了不少钱，却虚度了光阴，并且向市场交纳了数倍的学费，最重要的就是在学习的道路上还一无所获，陷入亏损的泥潭无法脱身，你说哪种方式才是真正的合算呢？

周二、四公开课听众王文俊：

听老师的劝吃饱饭。看来我必须下决心跟你学习，这种付出了许多却依然一无所获的感觉真是太折磨人了。

一阳：

跟不跟我学习都是次要的，找一位老师跟着学习这是必须的！身边如果有，那就最好，身边如果没有就再想别的办法。

在这里也向广大的读者朋友说一下好老师的标准，在这个市场中，所谓的老师太多了，大家需要慧眼识别：①但凡向你吹嘘暴利的，赶紧离他远一些，越是成功的人，对市场越敬畏，越是不敢胡说八道！若你听说哪个高手说一年赚个30%～50%收益的，请与他亲近，这是一个实实在在的好老师。②如果一个老师经常让大家抄底摸顶、逆势操作的，请离他远远的，这是市场的小“混混”，没有任何真本事！但凡碰到告诫要顺势交易的，请与他亲近。③不要光看老师的实战水平，这个市场有很多高手，作为学生来说，实战水平是一方面，还得要求老师有高超的培训能力，不是每个高手都会讲课的，讲课这也是一种本领，老师可能是好心想要教你东西，但由于没有全面的培训技能，讲着讲着一些要点就可能讲丢了。一个实战高手若不具备全面的培训能力，在教学生这一方面，他真的不如一个只会讲课而不会操作的老师好。能实战的并不见得能讲，能讲的又不一定有实战能力，碰到一个又有实战能力，又有好的培训技巧的老师，就赶紧捉住他别把他放跑了。这有可能就是你的财神爷啊！

再来说另一个问题，你是怎么处理学习与实战的。

周二、四公开课听众王文俊:

我是在学习中实战，然后又在实战中学习，包括你周二、四的公开课中不也说过这个问题么?

一阳:

你根本就没注意听！在学习中实战以及在实战中学习只适合那些具备了较强学习能力的投资者，而你现在一连什么是核心，该学些什么重点都不知道，二学习的是什么，你也不知道，你属于没有任何学习能力的人，因此，在学习中实战以及在实战中学习并不适合你！

你的情况只适合：学习时停下实战操作，静心学习，等学会了一个方法后，就不要再学了，专心地把这个方法通过实战练好、练熟悉、培养成见到形态想都不用想就去开仓、设定止损的下意识行为，达到这种交易状态以后，再去学习新的操作方法。

周二、四公开课听众王文俊:

学习的过程中不能实战，这样多痛苦啊，手会很痒的，没有别的办法解决了吗?

一阳:

学习本身就是一件极其痛苦以及要吃大苦的事情，如果连这点苦都受不了，那是不可能学出来的。我只能告诉你这些要求，但无法控制你的手，听话的，你能学出来，不听的，便只能在亏损的老路上继续徘徊了。

像你一样的投资者心态都是非常不成熟的，如果在学习中还实战操作，便会受到今天赚了的兴奋与明天亏了的沮丧这些负面情绪干扰，背负着这么多负面的压力，又怎么可能会静下来认真地学习呢？只有停止了操作，才可以避免盈与亏负面情绪所带来的干扰，才可以把全部的精力用在学习上，这样才可以真真正正学出来效果！

周二、四公开课听众王文俊:

明白了老师的意思，我们控制心态的能力比较差，所以，放下操作心情才会平静，才可以全身心投入学习中，等学会了再实战，以此检验学习的效果。而后一步一步、一个方法一个方法地去这样学习。你周二、四19:30在

“呱呱财经”直播平台房间ID：496225里的免费公开课，对我们这些投资者来说就是一个走向正确道路的开端。

一阳：

对的！这才是正确的学习之路，心在操作上，就必然无法再把精力分配到学习上。另外，学习的时候千万不要贪多，哪怕只掌握一种方法也完全可以实现稳定的盈利。这个市场赚钱的高手，虽然十八般兵器样样精通，却都只有一手绝技，就像我做交易这20年也只有一招无形斩压箱底的方法，少林寺有七十二项绝技，但从古至今从未有一个人全都练会过。这一点希望对大家有所启迪！

改变学习的方式，处理好学习与实战的关系，这样一来，学习的效率自然就会大大地提高了！

第五招　理性面对市场大赚的个别案例

周二、四公开课听众韩英丽：

一阳老师你好，我经常在网上看到一些报道说一些投资者从几万赚到了几千万，甚至赚到了几个亿，从期货市场中真的能获取到这么大的收益吗？这到底是真事，还是人为的炒作？如果是真的，这些人是如何做到呢？

一阳：

要回答这种问题先要声明一点：我绝对不是怀着吃不到葡萄说葡萄酸的态度来评论的，要不然就会有朋友认为我是以不好的心态去评论别人了。

不管是股市还是期货市场，一轮行情中都会出现几个大神，这20年我听得太多了，也见了不少。但有一个问题就是：寿星很少，像我一样生存20年并且持续盈利的投资者真的是寥寥无几，当然了，也许人家觉得这一辈子的钱都赚够了，收手享受生活，那的确是非常有情商的一位投资者，非常值得敬佩。

有一些人是真实的，之所以这样说是因为我自己也曾在一轮行情中赚了近四十倍，所以，我是相信这个市场真有这种人的！就好像我绝对相信有人花了几十块钱买彩票中了数亿的奖金一样。

这个事情我是这样看待的，这就是命，生下来就有的富贵命，这些人做期货会大赚，买彩票也会大赚，去做生意也照样大赚，命中注定干什么什么成功，这是强求不来的。所以，咱们普通人千万不要眼红，这可能是人家修了几辈子修来的福气！

周二、四公开课听众韩英丽：

这可真是：命里有时终须有，命中无时莫强求啊。

一阳：

是这个道理。既然真有投资者做到这种事情，那也就必然有一些人会冒充，一些团队会进行包装，捧出来一些人，而后聚集市场的目光从而从中获取利益。如果真能给投资者带来无论是思路上的还是资金上的进步，这也是好事一件，炒作也并没有什么关系，我反而非常欢迎这种方式的炒作，酒香也怕巷子深，出现了真正的高手，必须广而告之让更多人知道，让更多人分享高手们的宝贵经验！

但若只是纯粹的炒作，这些人没有什么真功夫，投资者就一定要注意识别了。而识别的方法就是：不要光听他们怎么说，而要去看看他们到底是怎么实战的，最好是在开盘期间就见到他们的实战过程，这才是检验一位投资者真实水平的方式。如果一个人吹得再牛，却不敢当着投资者的面进行实战操作，那这其中肯定是有水分的。敢于当投资者的面进行实战，与当投资者面必然赚钱这是两回事，但凡理性的投资者都能从容地面对真正高手的亏损，因为亏损就是这个市场的一部分，谁都不能回避，也不应当回避，而是要以正确的态度面对。但就是面对这样包容的投资者都不敢去当面实战，那还有什么好说的？

周二、四公开课听众韩英丽：

你说的这一点我倒是很赞同的，我朋友就曾说过，他接触过一位号称几个月赚了上百倍收益的，但希望对方展示一下实盘操作功底的时候，对方却推三阻四的。

一阳：

当然，也有另一种可能，虽然可能性很小，那就是这些高手用的方法简单有效，通过实盘操作一下子就能明白这些人用的手法是什么样的，所以人家不愿意轻易展示。

我一直使用我压箱底的方法无形斩进行实盘操作并录制视频向投资者们公布，主要是让大家学习我实盘中的操作思路，这个时候一些非常聪明的人通过我的开平仓点位就把我压箱底的绝招无形斩给破译了，这让我很郁闷，不再继续录制了，如果这些高手不愿意当面实盘也可能是这个原因。当然，真正的高手绝对不止一个获利的方法，随后我便换了其他的方法继续录制实盘的实战操作视频供大家学习了。

因此，若真的是高手，就算压箱底的东西不愿显露也绝对有其他的方法可向大家公开展示，这是唯一检验实战水平的方式。你说你车开得好，咱就各种路况上跑几趟，技术好坏马上就见分晓了。

周二、四公开课听众韩英丽：

那真高手与假高手之间有什么样的区别呢?

一阳：

真正的高手都可以告诉投资者实打实并且行之有效的操作方法，听这类高手的演讲可以发现，他们讲的方法思路都非常清晰，没有任何细节模糊不清之处，否则，怎么进行操作?

而那些炒作出来的高手，往往讲不出这些细节，讲出来的内容你在网上一搜一大堆，完全没有自己的心得体会。并且总爱说一些玄之又玄的东西，讲了半天谁也听不明白是什么，整得好像很高深似的。

真正的高手越是追求大道至简，而虚头巴脑的人都愿意把简单的东西复杂化，刻意让别人不理解他所讲的内容来冒充高深，以掩饰自己其实并不出众的技术能力。真正高手讲的方法，就是零基础的投资者也能听明白。假高手讲的方法，就是真正的高手也会听得一头雾水。因此，识别真假高手的方法很简单，你听不懂他们在讲什么的，一律是假高手!

同时，越是高手越谦虚，进行一些宣传广告也会比较实际，那些吹上天的想都不用想，绝对不可能是高手。

周二、四公开课听众韩英丽：

这一点更有体会，你的书我一看就明白讲的是什么内容，而且我身边不会做但想学习期货的朋友，也可以看得懂你书中的内容。

一阳：

目前许多地方其实对投资者并不太负责任，只是为了捉人眼球，不管是真的还是假的，只要能吸引来点击量的，就会使劲地配合，赚了一倍收益的恨不得吹成十倍，赚了十倍收益的吹成上百倍收益也是非常正常的。这就给投资者造成了一种不切实际的幻想，认为这个市场轻轻松松便可以赚到暴利，这是非常不正确的，大家千万不要去追捧这样的事情，一定要理性面对。暴利是有，但永远只属于极个别的情况，否则岂不满大街都是身价上亿的投资者?

期货交易有杠杆，可以做多也可以做空，一年赚个30%～50%是技术上完全可以实现的，若是技术水平高一些以及行情再配合一些，实现翻倍收益并不是极其困难的事情。这是较为客观的收益状况，凡是超过这个收益范围的就属于小概率的事情了，虽然高手的确可以把收益率做得更多，但普通的投资者是不具备这种高超的综合操盘素质的，所以，现实一些更好。

对于市场上赚到暴利的现象，不要追捧，更不可以把这种结果当成追求，平常心面对就可以了，碰到了为他们喝声彩，不管是靠技术还是靠运气，这都是值得喝彩的事情。

周二、四公开课听众韩英丽：

客观地、理性地面对收益，不能一看到某某某赚到了暴利就心动，他人赚到暴利可能是具备我们不曾具备的东西，故此，并不是一种普遍性的现象。

一阳：

做交易做的就是大概率事件，如果一种技术形态一年也出现不了几次，还有必要学习它的操作方法吗？同时，若暴利这种事整个市场一年才出现那么一两个投资者，这就是极小极小概率的事情了，值得关注与了解，但并不值得去学习，甚至是想复制这种经历，这是不可能的，天时、地利、人和等等因素全部汇集到了一点上，才促成了这种事情的发生，故此，不会具有任何可复制性，就是这些达到高额收益的投资者，他们也不可能把自己的经历再复制一遍的。我曾经近一波行近四十倍的收益到现在也没有再次出现过，这就很说明问题了，而我也根本不会以此为参照来规划自己的交易。

如果这个市场有大量投资者实现了50%的年收益，这说明这样的收益率水平是大概率事件，是我们应当学习的，因为它是理性的收益率水平，是具有高度可复制性的，这种方法才是投资者最值得花费时间进行学习的。而能稳定地做到这样收益的高手，也应当是大家追捧的，这类投资者才是市场中的寿星，依靠时间进行复利，最终必然会获得惊人的收益。

你想一下若想赚取到巨幅的盈利，应当怎么做呢？

周二、四公开课听众韩英丽：

一是必须有行情配合，要是没有一大波的行情，无论是谁也不可能赚到暴利了。二是必须重仓去做，再大的行情若仓位轻了肯定是不行的，这样的话也就意味着对了暴赚，错了暴亏。

一阳：

不管是股市还是期货市场，暴利的新闻都必然伴随着大牛市的出现，时势造英雄嘛。重仓这也是一个关键，不管什么情况下都必须重仓做，这样才可以做到利润最大化。这两点你说得非常对。但还缺少一点，就是咬住死不松口的雄心，不赚它几十上百倍死不出局的信念。只有这样才可以做到巨额的盈利。

周二、四公开课听众韩英丽：

别说赚几十上百倍了，就是赚个两三倍我都会想着落袋为安了。

一阳：

所以说，没有这样的雄心与信念又怎么可能赚到暴利呢？若没有咬住便死不松口的作风，在大牛市到来的时候是根本不会赚取到暴利的。因为大行情什么时候出现谁也不会知道，所以，咬住便死不松口必须得作为日常的操作手段，可能进行了数十次上百次的操作都不赚钱，而到碰上了一波大行情便赚到了可观的收益。这一点有多少投资者能够做到？谁能够忍受几十次上百次赚到了钱但因为咬不松口又交还给市场的折磨？

周二、四公开课听众韩英丽：

我肯定是受不了这种折磨，连续几次赚了又吐回去就够难受了，还要忍受几十次上百次，非崩溃了不可，信心早就折磨没了。

一阳：

始终要进行重仓操作，赚了的确大赚，亏了呢？满仓拿一天亏个百分之三五十谁受得了？那些赚暴利的人，全都有过数次暴仓的经历，普通投资者有这份始终满仓做趋势的魄力吗？

周二、四公开课听众韩英丽：

我肯定没有！只要一隔夜晚上睡觉都睡不踏实，总是提着劲，要是天天这样，非得把身体给熬跨了。

一阳：

所以说，这种赚暴利的方法根本不适合广大的投资者，这也是为什么这种暴利的结果如此之少的原因，这种操作手法根本不适合普通投资者使用，也不具备任何可复制性。只不过它有省事的一点，哪怕你什么技术也不会，就是胆大敢拿着，然后又碰到了行情，就能够赚到大钱了。所以，吸引了许多技术水平差的投资者去追逐暴利，就如同满地的创业公司一样，我们只看到了成功的公司，却没看到99%的人都倒了下去。

故此，对于暴利这件事，一定要学会抵制！认识到它的非理性，认识到它的不可复制性！别人做到了，我们鼓掌喝彩，但内心绝对不能以此为目标。

※ 第二章　交易前准备 ※

有了正确的理念，还需要在交易之前对关于市场更近一些的事项进行了解，这部分知识属于辅助类指标，包含非常多的内容，虽然不能直接帮助投资者进行实战，却可以从不同方面提升投资者对实战性技术的理解，实战的综合素质其实也包括这部分辅助性的内容。

在实战之前把这些准备工作做到位了，实战时便可以节省大量的精力，专心去寻找介入的点位。有许多投资者在操作时，实战技术没有任何问题，但赚不到钱的原因却是这些准备工作没有做好，被它们搅了局，这就难免有些可惜。

本章内容将解决实战交易过程中的细枝末节。

第六招　技术指标的真面目

内部培训学员龙俊阳：

陈助教你好，参加了一阳老师的内部培训《半年期系统性》课程，这个培训讲解的内容非常多，涉及了实战操作的方方面面，半年的课程每个月都有不同的内容教给我们，老师还经常为我们进行技术答疑，解决我们学习过程碰到的各种问题。周全的课程体系全方位地提高了我们学员的实战能力，打好基础、提高综合能力、建立交易模式，通过学习觉得自己的交易水平有了明显的提高。

现在有一个困惑想问你一下，以前我不怎么看指标，只是看K线图，通过学习现在也喜欢上了老师常使用的布林线指标、MACD指标以及KD指标。但身边有一位炒了十几年期货的朋友却说，技术指标都没用，全都是跟着价格后面跑。听他这样说，自己又觉得很纳闷；到底该怎样看待技术指标呢？

陈助教：

有一点我基本上是可以肯定的了，你的这位朋友应当至今没有赚到过钱，处于连年亏损的状态。若你坚持按老师的方法操作，水平必定在他之上。

内部培训学员龙俊阳：

你猜得还真准，他亏了好几十万了，现在我做什么他都爱跟着我一起做，说是参考一下我的意见，但我只要开仓了，他必定跟着一起做。

陈助教：

但凡能够赚到钱的投资者，是不会说技术指标没有用的，他可能会说的就是某个技术指标并不适合我使用。比如一阳老师就说过，移动均线虽好，但他还是更喜欢布林线，因为布林线更适合他的交易习惯。

就像一道菜，有人非常喜欢，有人却说难吃，技术指标绝对不可能满足所有人的口味，但要说它没有任何做用，那必然是不对的，太过于偏激。

我问你：技术指标研究是什么东西呢？

内部培训学员龙俊阳：

一阳老师在周二、四19:30的直播公开课中讲过这个问题：技术指标其实就是一个个的数学计算公式，然后通过计算机把计算结果形象化地表现出来。

陈助教：

非常正确，任何技术指标都不是什么神秘的东西，若有人以此故弄玄虚那就是在骗人。任何技术指标就是一个个的数学公式，就像一阳老师的多空追踪指标一样，也是一组数学计算公式。比如说移动均线，它把一段时间内所有K线的收盘价进行平均，这有什么好神秘的？就好像小学生的数学题求五个同学的平均身高一样。有的指标计算公式简单，有的指标计算公式复杂，但计算公式的简单或复杂与交易的结果没有任何关系，并不是说公式简单的指标就赚不到钱，公式复杂的就一定能赚钱，关键在于使用者的使用方式。

一把刀，用好了就是非常有用的工具，用不好就是伤着自己和别人的凶器。指标也是这样，会用的，不管用任何指标都能赚钱，一阳老师虽然不太习惯用移动均线，但他用移动均线照样可以盈利；不会用的，不管用什么指标，该赔还是个赔。

内部培训学员龙俊阳：

指标是次要，用法是关键，是这个意思吧？

陈助教：

是这个意思。有时价格的波动应当使用高低类指标，投资者却用成了趋势类指标，该用趋势类指标的时候又用成了高低类指标，这肯定是赚不到钱的。想要用好指标，必须匹配对性质。当然，趋势类指标是用处最广的，因为价格有上涨或下跌趋势的时间远远多于没有方向的时间。

匹配正确了指标与价格波动性质的关系，接下来就是用法了。许多投资者使用某一个指标时，用了两三回不赚钱，他就认为这个指标不好了，但若用了某个指标赚了钱，又认为它无比的灵验，这些都是极其不成熟的想法。一个指标的好与坏，若你没有用它进行过上百次上千次的操作，你是没有资格进行评定的。当然，使用的时候也不能随心所欲地乱用，指标有信号了就一定要去执行，绝对不能对信号挑挑拣拣，有的信号做有的信号不做，这是非常不正确的。指标的信号产生的结果有赚钱的，也有亏钱的，使用者必须全盘接纳，因为我们永远无法得知，赚大钱的机会到底藏在哪个信号中，唯一能做的就是信号造成亏损时，把亏损控制住。这样使用指标操作时，信号一出现，亏损也只是亏个小钱儿，而一旦盈利将会远超过亏损，这样一来，赚钱也就是件非常简单的事情了。

内部培训学员龙俊阳：

看来执行力是使用指标的重点，千万不能因为连续几次的亏损而对指标失去信心。

陈助教：

完全正确！任何事物必然有利有弊，放大利缩小弊是不对的，缩小指标的利而放大弊，则更是错误的。接受指标带来的盈利，包容指标导致的亏损。只要你严格按照指标信号执行了一段时间的操作就会发现，资金的稳步增长由此开始了。

趋势类指标在价格有趋势性波动时，它的表现是非常棒的，可以帮助投资者捉到大段的盈利机会。但若碰到价格无方向波动时，又会让投资者左右挨耳光。问题是趋势没有形成之前，谁也不知道当前的走势是要形成趋势性的波动，还是要形成无方向的波动，故此，只能在有信号时全部相信它们。毕竟价格绝对不可能一直保持无方向的波动，一旦形成了方向，利必然会大于弊，但这种获利的结果往往是我们忍受了几次弊之后才换来的。

内部培训学员龙俊阳：

一阳老师曾说过：只要控制住了亏损的幅度，把它控制在较小的范围内，便可以坚定地跟着信号去执行操作，信号失败小亏，信号成功大赚，自然就会实现盈利了。

陈助教：

不同的技术指标，还可以给我们带来不同的直观感受，就传统的技术指标而言，在视觉显示上并不是很出色的，而市场上以及一阳老师都对此进行了一些改进，在视觉效果上让人有警示的作用，或者提示的信号更加的明确。这样可以使得指标信号更容易让投资者识别出来，使得信号有了更完美的表现。

来看一下这个案例（见图 2-1）：

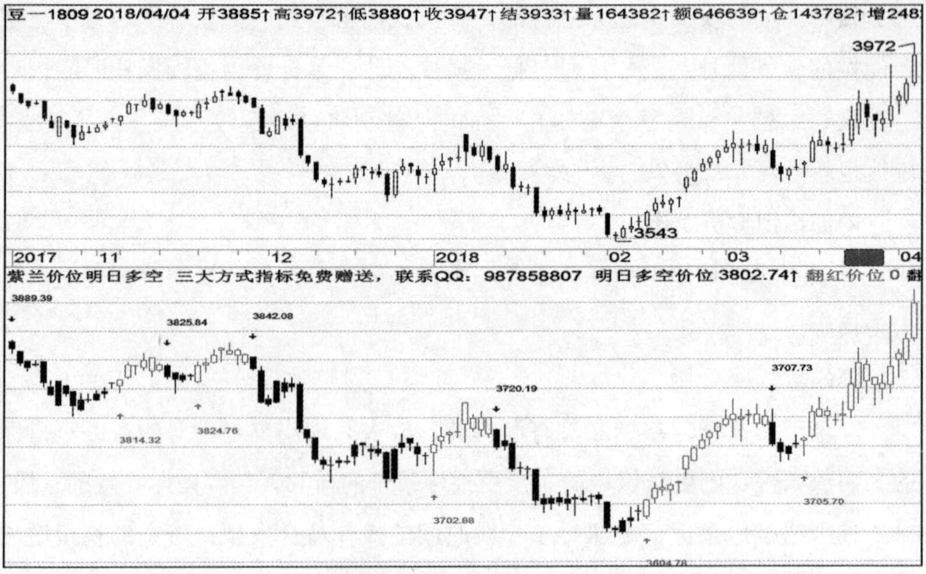

图2-1 豆一1809合约2017年11月至2018年4月走势图

从豆一1809合约的走势来看，经过一阳老师的处理，使得指标的信号更加醒目了，多头趋势中，指标K线全程红色状态（空心指标 K 线），以持续性的红色提示投资者应当进行做多操作，就算是想要逆势做空，看到指标连续的红色状态，也必然会做一番犹豫，且不说按指标红色状态进行做多，至少指标能够保证你别犯红色状态做空的错误，这在其他指标中是没有的功能。而做空也是如此，看到指标K线一直处于蓝色状态，没有形成做多的红色状态，自然也就会放弃这个念头了。

内部培训学员龙俊阳：

这样看来的确如此，红彤彤的一片自然不会想去做空。而持续性的空头蓝色状态也使得做多的想法被按了下来。指标的提示效果果然是比传统指标要更好一些。

陈助教：

指标的这种显示效果并没有什么神秘可言，只不过是结合实战时所需要的顺势的技术以及相应的心态，通过数学计算方式以及显示方式进行了一些处理，使得指标显示出来的视觉效果更有冲击力，更容易给投资者以最直观的信号，这便是技术指标最主要的作用。

内部培训学员龙俊阳：

只有显示的效果好了，看起来才不会乱，否则，就像使用移动均线指标一样了，好几根指标线在那缠来缠去，看得一团乱糟糟的感觉，高手自然容易做出判断，但对于大多数操作水平并不高的投资者来说，就很难很好地运用了。我觉得一个工具好坏的标准必须降低投资者的使用难度，不管什么水平的投资者拿来就可以使用，而这一点，一阳老师免费赠送给大家的操盘指标是绝对做到了。

陈助教：

传统的技术指标并不是不好，只是这些指标从没有人进行一些显示效果上的优化，所以让很多投资水平并不高的投资者使用起来并不像一阳老师的操盘指标一样可以得心应手。一个好的技术指标正如你所说：不管什么水平的投资者都可以轻松地上手运用，高手可以简化分析的流程，最短的时间内便给出最直接的信号提示；而新手则可以马上掌握其用法并用运用到实战中去，减少走弯路的麻烦。红色做多，蓝色做空，这有什么难的？就算是完全零基础的新手知道这八个字也就知道如何去操作了。

指标之所以可以让任何投资者直接上手实战，就是因为它统一了投资者的交易行为，规范了投资者的交易行为，这样一来，投资者的交易行为便不会混乱，这是实现盈利的根本保障！

内部培训学员龙俊阳：

这句话该如何理解呢？

陈助教：

技术指标就好像是红绿灯一样，红绿灯的作用其实就是规范司机们的驾驶行为，红灯都停下来，绿灯就通行，一个路口的秩序必然是非常好的。但若没有红绿灯规范性的约束，你也往前开，他也往前开，大家全都堵在一起了，这样的路口谁也过不去。技术指标就是这样。

有信号了就开仓，有出局信号了就出局，交易行为始终跟着信号走，而不会受感情因素与主观因素的影响，为什么要开仓，因为技术指标有了信号，为什么要平仓，同样因为指标有了信号，无论进行多少次的操作，交易理由始终都是一样的，投资者的交易行为便秩序井然了，在这种情况下心态自然也会保持着平静的状态，这样一名投资者又怎么可能不盈利呢？

内部培训学员龙俊阳：

想起了自己以往的操作，涨了就想做多，一跌就想做空，一切全由感觉牵着走，没有任何统一的交易理由，用你的话说就是交易行为非常混乱，听了你的话我也找到了亏损的原因，以后一定要坚持以信号为交易的原则！

陈助教：

一阳老师经常教导我们：不要做任何的分析与预测，只注重眼下的交易信号，当前有做空信号就坚决地去做空，有做多的信号就坚决做多；谁的操作过程中，主观的判断越少，信号执行得越多，谁的资金就越是会不断地增值。技术指标的信号绝对不会每一次都是成功的，但是，却比胡乱操作的成功率高得多得多！

认清技术指标的真面目：①它们就是一个个的数学公式，通过不同的角度反映市场的客观状况，故此没有任何好坏之分，彼此之间也没有任何可比性；②可以通过优化显示方式，使技术指标的信号效果在视觉上更有冲击力，以此给投资者以最直观的信号形态，减少投资者的分析环节；③统一及规范投资者的交易行为，使投资者的操作做到进出有据，且前后一致。知道了技术指标的这些特点，就不会、也不应当再对它们有任何偏见了！

内部培训学员龙俊阳：

对技术指标有偏见的投资者，其实都是一瓶子不满、半瓶子晃荡的主，只有听了老师的讲解，正确地认识了技术指标，才可以让它帮助我们发挥最大的作用，带有偏见看待技术指标，其实还是因为自己对技术指标并不了解。它就是一个工具，客观公正地反映着市场的事实、数据，投资者根据这些数据制订自己的交易计划，指标没有什么好与坏之分，因为反映的信息层次不同，不具有可比性。将技术指标搞懂了，下一步我也就知道该如何利用指标去指导我的操作了。

第七招　仓位如何设定

内部培训学员姚新民：

陈助教你好，参加了一阳老师《捕捉启动点》的内部培训课程，这个课程着重为我们讲解了许多价格波动过程中，刚刚上涨或是刚刚下跌时的各种技术特点，这让我们学员具备了在价格刚刚起涨或是刚刚起跌时便能捕捉到机会的能力。老师讲解了具体的交易技术以及一些很重要的技术方法，但有一个小疑问，一阳老师并没有在培训课程中告诉我们仓位如何分配，不知道你是否可以告诉我一下仓位分配的正确方法？

陈助教：

仓位如何分配这是辅助类方法，并不涉及核心交易技术，所以，这部分内容老师其实早就在周二、四的公开课程中讲到过了，我先给你讲解一下，而后你再到我的QQ空间进行复习。

先来说一下你以前仓位的分配方法，我看一下是否存在问题。

内部培训学员姚新民：

我不太懂得仓位该如何分配，我的做法经常是如果连续赚钱了，不由自主地仓位就会加大了，而一旦亏钱之后，心情受到了影响变得恐惧了，仓位也就调低下来了。学习了老师的方法以后，每一次亏损的跳数都比较少，而盈利的跳数明显增多了起来，有的时候可以赚到不少的钱，但有时我只要一改动仓位的大小就有可能赚不到钱了，而此时从跳数上来讲，仍然保持着亏的跳数少，赚的跳数多，所以我想可能是在仓位分配上出现了问题。

陈助教：

学了老师方法以后，亏损跳数减少，盈利跳数增加这应当是极大概率的现象，因为你的操作按老师的要求变得规范起来了，而规范的操作必然可以实现亏小赚大的，你能盈利也必然是仓位始终保持一致状态时赚到了钱。

你之所以有时赚不到钱问题还真是在仓位的分配上，亏了以后不敢大仓位做，一连串的小仓位产生了盈利，从而使得信心回来了，这个时候便会用大仓位操作，而一亏便是一笔大的，从而再影响心态又回归到小仓位交易状态中。这样一来就变成了：亏大钱，赚小钱的状态，你自己也应当能想明白，这样做怎么可能赚钱？所以，虽然你亏损的跳数少，但仓位大，所以亏的钱多，盈利跳数虽然多，但由于仓位小，所以赚的钱却不足以弥补亏损的钱，从而无法持续性盈利。

内部培训学员姚新民：

老师一席话，惊醒梦中人啊！看来以后绝对不能再随便调整仓位了，不管盈利还是亏损，仓位都要保持初始的状态。那请问你，仓位该如何具体设置呢？

陈助教：

如果进行日内操作的话，仓位的设置方式就非常简单了，要求只有一个：始终保持一致的状态就可以。先审视一下自己的风险接受程度，然后设定出一个比例的仓位，比如说一阳老师进行日内操作的时候，他就是始终满仓去做。当然，如果大家觉得满仓风险有些大，则可以设置不少于半仓的仓位就可以了。

进行日内操作本身风险就不大，技术形态失败也亏损不了几跳，完全没有必要把仓位设得那么轻，期货的魅力就是杠杆，如果不要杠杆了，还不如去做股票。所以，大家可以在半仓至满仓之间自行选择一个仓位数量。 一旦设定好就绝对不能变了，千万不要亏了钱就减小仓位，赚了钱就加大仓位！

内部培训学员姚新民：

我之前是差不多九成仓位，留一些钱免得略有波动就收到保证金不足的提示。刚开始觉得亏的时候额度会比较大，但后来发现赚的时候也是一样比较多的，也就不会在亏的时候感到恐慌了。

陈助教：

同一个比例亏可能一把亏好几万，但赚的时候，那也是一把赚十几万甚至更多的，盈与亏只要仓位一致，永远都是对等的。日内操作就算形态失败也亏不了几跳，所以完全不必担心一次失败会造成巨大的亏损，这是不可能出现的事情。

除了具体的仓位百分比保持一致之外，还有一种方法也可以进行设定，不过这种方法要复杂一些，它叫做亏损一致。它的意思是：对交易的目标品种操作时，要求每一跳的亏损幅度一致，建议大家一跳的亏损在资金的千分之一为宜。使用前提就是这些品种的波动活跃度与常规的波动跳数一致，且不要切换其他品种操作，以免活跃度不一致导致A品种亏的钱B品种累死也追不上。比如对沪镍与PP进行操作，它们的跳数都差不太多，波动活跃度也是极为接近的，这就可以放在一起操作。比如有100万元的资金，一跳亏损千分之一就是1000元，沪镍一手一跳盈亏10元，那就意味着沪镍可以开100手，PP一手一跳5元，就可以开200手。这样操作的话就只能一直对这两个品种交易，常态情况下沪镍形态失败造成的技术性止损，PP一小波行情就能扭亏为盈，PP技术失败造成的亏损沪镍也能轻松补回。若沪镍亏的钱你想从豆粕身上用千分之一的亏损等额幅度找回，这就是非常困难的事情了。这一点我只是给你一个思路，因为有些复杂，所以也不太推荐你使用。

内部培训学员姚新民：

你讲解的意思我明白了，只是不能任意地切换品种，所以我感觉可能并不适合我。我还是始终保持我九成仓位进行日内投机操作吧。

日内投机讲究一致性的仓位，那么，长周期趋势交易的仓位该如何进行分配呢？

陈助教：

长周期趋势交易传统的方式都是什么三分之一仓、四分之一仓之类的，这些都是最初级的仓位分配方式，不能说错，但就好像身处汽车自动驾驶的时候，你用开着没有转向助力的老款车一样。

正确的趋势交易的仓位分配方式必须把风险与技术形态直接挂钩，传统方式的仓位分配这个钩挂得不好。一阳老师的把这种仓位分配的方式叫做亏损倒推仓位。

问你个问题，在实战操作时，止损位应当什么时候设置出来？

内部培训学员姚新民：

一阳老师对我们的要求是：开仓之前就要设定出止损位，底线就是止损位必须与开仓位同时出现。

陈助教：

这就意味着在你开仓或是准备开仓的时候就知道了当前这个形态要亏多少钱对不对？这个亏损是每手的亏损。假设一个技术形态会导致每手亏损500元，而此时你心理能承受的最大总亏损是1万元，这就意味着可以开仓20手，依此类推。

内部培训学员姚新民：

一手就亏500元，这亏得也太大了，像我喜欢对螺纹进行操作，这就意味着一手就要亏50元了。

陈助教：

日内的亏损幅度跟日线是完全不同的，日内螺纹用一阳老师的任何一项技术操作在形态失败的情况下也绝不会超过10跳，但任何一个品种在日线级别上每手亏500元这仅仅是刚起步。不要光说每手亏500元，一旦形态成功每手就是好几千的赚了，别忘了，盈亏都是一致的。

内部培训学员姚新民：

真报歉，光听你说每手亏500元了，倒把赚钱这事忘到脑后了。这样的话是不是就意味着我们可以挑选或是等待每手亏损幅度比较小的机会呢？

陈助教：

是这样的，若每手亏损额度大，用老师的亏损倒推仓位的方法虽然也可以投入一定的仓位进行操作，但相比总资金来说资金利用率就太低了。因此，必须去寻找那些每手亏损幅度小的技术形态操作，毕竟未来能上涨或下跌多少谁也不知道，在盈利未知的情况下，就必须把亏损变成已知，并且幅度必须小。亏了，只是一点点，一赚，就是一把大的。

内部培训学员姚新民：

日内统一仓位，趋势交易亏损倒推仓位。我再总结一下亏损倒推仓位的方式：先计算出一个技术形态开仓点到止损点每一手的亏损幅度，然后根据自己的风险承受能力计划出一个总的亏损金额，总亏损金额除以每手亏损幅度即为可以开仓的幅度。

陈助教：

完全正确。若技术形态幅度较宽，则可能仓位比较小，跟传统的四分之一仓之类的一致，但若技术形态小，可能日线的仓位就跟日内的仓位差不多了。除非大幅度的高开低开，只要正常连续的开盘并不会造成难以承受的风险。

未来若有每手亏损小于200元的机会时，建议大家不妨用一阳老师的亏损倒推仓位的方式做一下长周期的交易。

第八招　止损设定的规则

内部培训学员赵正刚：

以前在操作的时候，自己的止损意识不太好，亏了钱以后都在扛单，有的扛盈利了，更多的则是扛不住时大亏离场，因此总是无法实现盈利。买了一阳老师的书以及听了老师每周二、四19:30的直播公开课以后，对止损有了一些认识，而后参加了老师的《突破战术》培训课程，这个课程老师详细地讲解了正确进行突破操作的方法，其中的内容全部是老师原创的实战心得，所讲解的内容任何地方都没有。通过学习，现在价格只要形成突破的走势，我就可以估算出其成功概率的大小，以及应当在什么点位进行操作，如何进行持仓，以及在形态失败时如何用最小的亏损代价去回避风险。以前总是怕价格突破，总担心假突破，而现在巴不得价格形成突破的走势，因为每一次突破的出现，对于学过一阳老师突破战术的学员来说都是市场又一次送钱的大好机会！现在正学习到其中有关止损的具体方法，具体的方法有了以后，还想多向你请教一下止损的相关规则，或者说原则以及是否存在灵活调控的可能这方面的内容。

陈助教：

止损的原则之一就是：止损位必须提前于开仓位确定出来，这一点老师在内部培训课程中经常教导大家！绝大多数投资者在进行操作的时候，都是先开仓，止损则是在亏钱之后才想着怎么去处理，这是完全错误的。就好像开车系安全带一样，坐上车还没开之前就必须把安全带系上，而不是说开上路了才系安全带。

内部培训学员赵正刚：

关于这一点老师讲过，可我有一个问题想不明白，在哪里开仓都不知道，又该如何确定止损的位置呢？

陈助教：

假如形成了一个W的技术形态，并在价格突破颈线时进行了做多操作，正常情况下止损应当设定在哪里？

内部培训学员赵正刚：

应当设定在价格向下创新低的时候。

陈助教：

这个点位是正确的。在价格向下创出新低时进行止损，是所有抄底操作的统一止损点，也是最后一道止损点。抄底出错并不可怕，只要能在这个点位坚决地离场，很多时候便可以躲过一次大劫。

再做一个假设：价格的波动有形成W底的迹象，按传统的方法来说，突破颈线便意味着W底的成立并应当入场操作，而目前价格将要但还离颈线略有距离，也就是说买点还并未形成，那此时的止损位可以在买点出现之前确定出来吗？

内部培训学员赵正刚：

可以确定出来，虽然没有形成买点，但止损点依然应当设置在价格向下创出新低的时候。

陈助教：

你看，止损点是不是可以先于买点出现呢？所以说，坐上车还没发动车之前，必须先系上安全带！

这种做法一定要养成习惯，这样才可以在风险突然来临的时候及时反应过来，而不是被吓得不知道该怎么办了。能赚多少钱可以不知道，但能亏多少钱一定要控制在自己的手中。

下面结合鸡蛋的走势讲解一下如何提前设定止损位（见图 2-2）。

图2-2 鸡蛋1809合约2018年5月2日走势图

陈助教：

在第一个圆圈处假设准备进行做多的操作，此时如何在买点出现之前确定止损的位置呢？

内部培训学员赵正刚：

第一个圆圈处分时线位于均价线上方，价格的波动属于是多头性质的，因此应当坚定做多的思路。这个时候价格横向震荡没有什么好的技术形态，并没有买点出现，但由于分时线离均价线比较近，可以直接把均价线视为止损位。

陈助教：

通过这个案例相信已经明白什么叫做止损位必须先于开仓位出现了，最终买点出现的时候，有可能会出现其他的止损形态，这个时候谁更适合于当前买点的止损要求，就去选用谁。但在买点没有出现时，就必须提前设定出来一个谁都适合的止损点位，这个止损位随后修正与否并不重要，重要的是一定要有足够的安全意识！若投资者都可以这样去执行操作，亏损这件事就会离我们越来越远。

图中方块处又该如何设置止损位呢？

内部培训学员赵正刚：

这个点位距离均价线比较远了，还拿均价线作为止损位显然是不适合的，否则造成的亏损将会是非常巨大的。若在方框处的震荡反弹区间进行逢高做空的操作，我认为应当将方框上沿，也就是之前反弹的高点作为止损点位。

陈助教：

一旦下降趋势形成，之前出现的反弹高点视为止损位这也是一种常用的操盘手法，并且实战的效果也非常不错，因此这个点位你的依然正确。

方框处有反弹高点的做空机会，也有向下突破的做空机会，但不管进行什么性质的操作，都可以在方框上沿，也就是之前反弹的高点处进行止损，这个止损位可以适合多种方式的操作，就算形态失败带来的亏损也是非常小的。若是进行突破性质的操作，因为价格波动的高点又降了下去，因此，可以拿降低后的高点进行止损。

有新的、更适合的止损点就用新的，没有的话就依然使用之前确定出来的止损点，还没有开仓就做好了离场的准备，任凭价格如何波动心中都必然不会慌张了。

止损第一个要点是先于介入点位确定，第二个要点则是：止损的幅度只能从大往小里收，而不能扩大止损的幅度。这句话你如何理解？

内部培训学员赵正刚：

定好止损后，假设形态失败要亏损1万元钱，经过一番波动后重新调整止损位，因此新设定的止损位如果打破，亏损为5000元，这是允许的。但若之前设定的止损亏1万元，而后调整止损幅度亏2万元，这就不可以了。

陈助教：

你的理解非常正确！但许多投资者在操作时却正好反着来，亏到了1万时不舍得止损，于是调整到2万，亏到2万依然不舍得又调整到3万……到头来产生了一笔巨大的亏损，此时出也不是，不出也不是，扛不住只好平掉。这一笔亏损就得花费好长时间来追回，在这种情况下想要持续性地稳定盈利就是不可能的事情了。

但如果随着价格朝着有利的方向波动，止损位越调整越小，这样一来，就算形态最终失败，代价也是非常轻微的，若每一笔的操作都只是亏一个小钱，盈利的概率自然就大多了。

止损位不是不可以调整，而是一定要往小里调，绝对不能扩大！

内部培训学员赵正刚：

那假设我的风险承受能力很强，并且就算扩大了止损的位置，但依然有足够的技术理由来支持，此时也不允许扩大止损位吗？

陈助教：

如果这样说的话，那倒是可以调整的。一定要理解止损位设置的原因：把风险控制在技术形态之内，控制在自己可承受的范围之内。如果价格的波动虽然处于技术形态之内，但造成的亏损自己无法承受，那这个止损位也就不合适了。但若自己可以承受较大的亏损，而此时的止损位设置并没有技术理由作为支持，也不可以胡乱设置。

自己完全可以承受大一些的风险，而且也有技术理由作支持，也是可以扩大止损幅度的。但请记住，这样进行只是因为自己抗风险能力较强，并不是说这种做法是正确的！任何扩大止损位的做法都是错误的，但，毕竟是你的钱，你也赔得起，你高兴就好。

内部培训学员赵正刚：

那我还是按你的要求做法，坚持使用正确的方法，绝不能因为仓位轻或是自己能承受的风险大，就随意改变止损的位置，无视正确设置止损的规则。

陈助教：

这个市场中把交易规则变来变去的投资者是绝对没有机会实现盈利的，只有那些忍着痛与泪坚定地捍卫规则的投资者才是真正的赢家。

第九招　止盈如何进行

内部培训学员孙红兵：

陈助教你好，了解了止损的原则以后，我想到了另一个重要的问题：形态成功并且获利之后，在进行止盈时又有哪些注意事项呢？我学习了一阳老师内部课程《持仓技巧》中有关于止盈的技术，这个课程老师非常全面地讲解了开仓之后如何正确持仓的方法以及具体的交易策略，以前不懂得正确的持仓技术，赶上了大好的行情结果早早地就平掉了，通过学习这个课程后，现在依靠老师的方法，只要出现一波行情我都能拿下其中70%以上的波段幅度，相比以前的操作来讲，盈利能力有了大幅度的提高。但我觉得除了技术也应当有跟止损类似的理论上的原则，所以想了解一下。

陈助教：

止损麻烦，止盈更麻烦。止损是死的，虽然每个人的风险承受能力不同，但止损位就那么几个，A位你不进行止损，B位你不进行止损，C位就必须得止损了，因为它是最后一道止损线，无论是谁在这里都必须离场出局。

但止盈可就比这更麻烦了。与止损的情况不同，每位投资者的盈利预期是不同的，盈利时的心理抗压能力也是不同的，止盈时采取的技术方法又是不同的，再加上仓位不同导致的盈利幅度的不同又会使得投资者产生很多的差异，所以，止盈的处理反而比止损还要麻烦。

不过，好的一点就是：在有盈利的情况下无论怎么进行处理，这笔单子都不会亏着出来，这与止损有着很大的不同，至少出局之后的心理负担较轻。

内部培训学员孙红兵：

我觉得如果止盈没做好的话，有时精神压力也挺大，不比亏损轻松多少。以前操作时看到赚钱了赶紧平仓，平掉之后价格继续狂涨，那个后悔劲儿就甭提了，真是比亏着出来还要难受。

陈助教：

你这种情况的主要原因就是没有掌握正确的方法，你学习了老师的内部课程后现在不会再出现这样的情况了吧？所以，你说的这种现象不在咱们讨论之中，有了正确的方法就算平早了，只要价格继续上涨或下跌，必然还会有买卖点都捉住后继的机会，大幅错过行情的可能性并不高。

内部培训学员孙红兵：

获利时的获利预期该如何进行设置呢？是不是也像止损的要求一样，有硬性的规则？

陈助教：

止盈盈利预期的设定是个麻烦事，与许多因素相关。首先跟整体盘面的多空力度有关，如果当天盘面的上涨或下跌力度比较小，形成了标准的弱多或是弱空的盘面，那就别想在这一天获得大幅度的盈利了，见好就收就行了，盈利预期必须降低下来。但若当前的盘面多空力度比较大，比如形成了强多或强空的盘面，那是可以贪一把的，运用老师的各种止盈策略去追逐更多的收益。

其次，跟目标品种的排名地位有着直接的关系，假如盘面趋势多，但你操作的品种涨幅位于第十几名，就算是强多市场，也难赚到大钱，因为涨幅排名直接体现了多头力度的大小，排名落后说明力度落后，力度落后自然幅度落后，赚大钱的概率就很低了。但若操作的品种涨幅排前三，就算身处弱多盘面的环境中，也照样有机会获得较高的收益。

最后就是与技术形态有关，这就比较复杂了，比如成交量的配合状况、价格所处的位置等。但影响最明显的还是前两项的内容。

综合来看，获利时的盈利预期是不是就需要随时调整，并且很难用统一的幅度来说明了？

内部培训学员孙红兵：

的确是这样的，难怪老师只是教我们止盈的技术，有这些技术紧随价格的变化走就可以了，若再加上这些东西，没有足够的操盘阅历真是很难消化。

陈助教：

这就好像上班一样，学校教的加减乘除在普通的工作岗位中足够用了，没几个岗位上班时天天用微积分的。将老师的各项技术学好并运用于实战完全够了，这些辅助性的东西能融合起来的更好，融合不了的也并不影响操作。

内部培训学员孙红兵：

你第二点说的是盈利时的心理抗压能力，这句话我有点不太理解，赚到钱了应当高兴的，又如何有压力呢？

陈助教：

你之前赚了点钱就赶紧平掉的行为，其实就是一种抗压能力弱的表现。有许多投资者赚得少时体现不出来，但若碰到了一把大的盈利，便会紧张得满头冒汗，生怕到手的大肥鸭子再飞了，越是盈利得多便越是会紧张，而不会因为盈利的增多资金的抗风险增强而变得轻松，在这种情况下，想要卸下沉重的包袱就只有平掉手中大幅盈利的单子。因此说，每位投资者的盈利抗压能力是不同的，这个值不同，导致的情绪紧张点的位置便会不同，因此，就会演变出不同的出局点位。

此时，就算有正确的持仓技术在手，并且并没有出局信号时，也会想着把手中的持仓平掉，所以，碰到这种情况，技术就是次要的了。当然并不是没有解决的方法，运用老师的平仓锁盈术与持仓逐利术就可以很好地解决这个问题了。

内部培训学员孙红兵：

止盈技术的不同的确会导致出局点位的不同，这一点我是深有体会的，我曾碰到过三次相似度高达95%以上的下跌技术形态，有两次使用的方法是相同的，其平仓的位置就比较接近，都是价格波动的次低点区间，而有一次改变了一下方法，想尝试一下我在老师技术基础上自己琢磨的新方法，结果只平在了下跌的中途。由此可见，盈止技术的运用将会大大地影响盈利的幅度。

陈助教：

价格的上涨或下跌的形态种类非常多，若是唰一下子便冲上去的上涨或跌下来的杀跌这倒容易解决，分时线一勾头便出局就行了。但大多数时候都是震震荡荡的下跌，这样一来，处理的手法就有很多种了，你采用K线的方式进行止盈，可以很好地回避风险，但价格波动略一加大，就会把你踢出局去，后面进一步的波动就跟你无关了。但若采取幅度宽一些的方法进行止盈，虽然可以捉住大段的收益，但最终止盈形态结束时，利润回撤的幅度也将会是非常大的。因此，任何一种止盈的方法都有利有弊，并且很难两全，这就导致了出局点位很难统一起来。

选用什么方法都需要依靠自己对当前行情的理解与判断，而后选择出适合当前波动特征的方法来使用。当然，也没必要把止盈的方法看得那么神秘，布林线指标以及移动均线，这两个常规指标本身就是止盈的利器，只要用好它们，拿下一个波段幅度的百分之六七十还是没有问题的，大家可以就这两个常规指标多进行一下研究。

内部培训学员孙红兵：

对于止盈我只是想了解更多，但作为操作我在根本就不愁的，参加了老师的内部培训，以及还在老师合作的期货公司开户后，我现在期货账号的手续费就是交易所手续费标准，老师帮我把交易的手续费成本降到了最低，还免费赠送给我了股期两用操盘指标，有了其中的趋势监控指标的帮助，什么时候入场什么时候止盈，秒间便可以做出判断了。

陈助教：

教各位学员正确的技术与理念，送各位学员好的操盘指标作为工具，再帮大家把期货账号中的手续费降低至交易所标准，从多方面帮助大家提高实战胜算的概率。

我们来看以下几个案例止盈的情况(见图2-3、图2-4)。

内部培训学员孙红兵：

沪铜在2018年5月30日盘中出现了震荡下跌的走势，卖点是在下跌中途形成双绿卖的时候进行的操作，这是一阳老师经典的操盘方法。出现卖点信号之后价格连续回落，由于绿色实心持仓信号一直保持，因此便没必要理会赚了多少钱而可以一路持仓，什么时候指标翻红什么时候就出局。我现在实战操作，有好多次的交易都是这样进行，效果也是非常的不错。

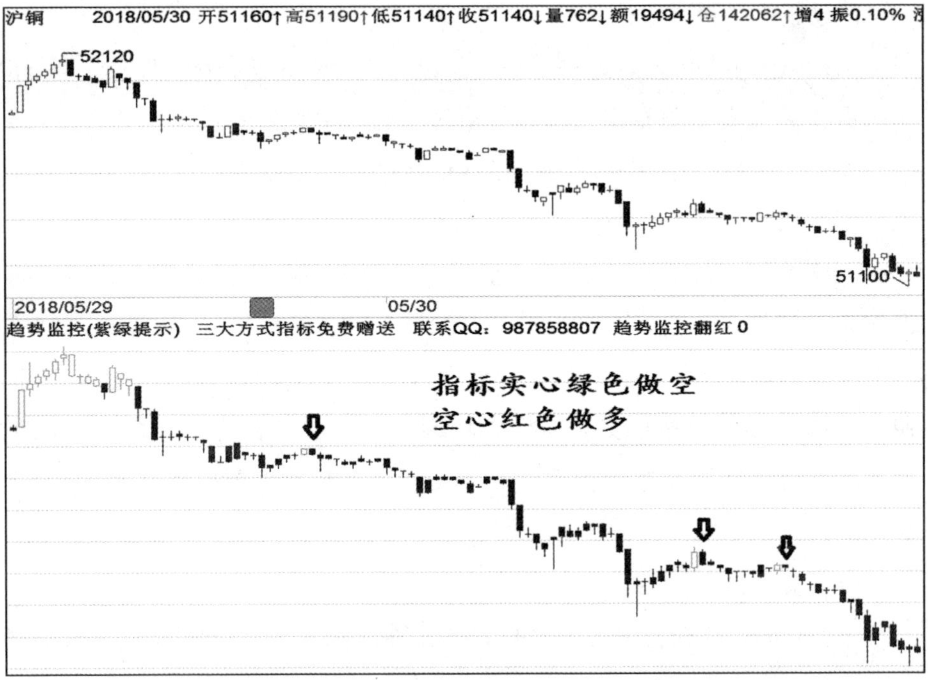

图2-3　沪铜1808合约2018年5月30日3分钟K线走势图

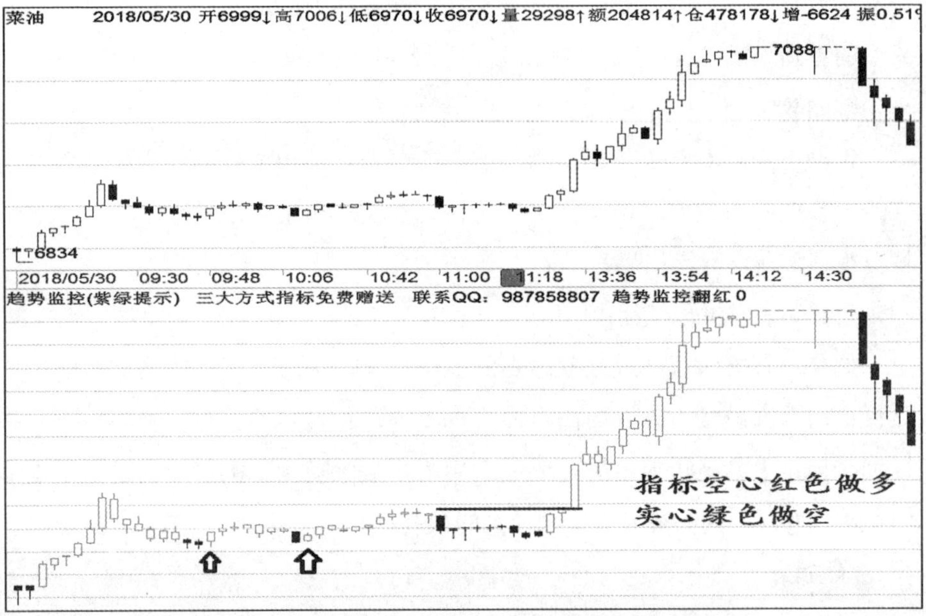

图2-4　菜油1809合约2018年5月30日3分钟K线走势图

陈助教:

指标虽然不是万能的，不是说有了指标就直接等于赚钱，但有一个好的工具并把它的交易信号作为参考，绝对比自己主观判断得出的分析结论要靠谱得多。在统一了交易理由的指标信号面前，主观判断的盈利率就要低很多了。

上阵杀敌，一把冲锋枪，一把菜刀，相信谁都会选择冲锋枪，而在期海厮杀手中没有一个好的操盘工具，又怎么可能轻松地取胜？指标空心红色便拿着多单，指标实心绿色便拿着空单，就算你什么操盘方法也不精通，照样可以轻松地把握住交易的机会，这就是工具带给投资者最大的帮助。而依靠工具进行持仓进行止盈，对广大投资者来说是最实用的办法，也是真正的捷径。

内部培训学员孙红兵:

菜油1809合约在盘中的时候的涨幅名列前茅，一阳老师讲过，涨幅前五与跌幅前五的品种必须重点关注，好的机会永远只藏在这些品种身上。

10:12那会儿它形成了双红买点，但并没有形成大波段的上涨。因为菜油的涨幅始终靠前，所以必然要一直关注，涨幅居前的品种都不能大涨，涨幅靠后的更别想了。

陈助教:

价格上涨时双红买点属于逢低做多的技巧，捕捉波段的能力比较强，是常规操作的必用技巧。而有些时候价格调整没有出现标准的双红买点，这种情况下该如何进行操作呢？

内部培训学员孙红兵:

如果没有给出双红或是双绿点的操作机会，那还有指标的突破战法：一旦价格向上突破最为临近的高点便可以入场进行做多的操作，做多后一旦指标翻绿便止盈或是止损出局。突破之后价格盘中摸到了涨停，真是应了老师的话，只有最强的品种才能带来最大的盈利机会。

陈助教:

价格虽然到达了涨停的位置，但并没有封死，在尾盘期间还出现了大幅的下跌，若此时一直拿着多单也挺被动的，不过，在价格下跌时的第一根阴线处，趋势监控指标便及时地翻绿提示投资者价格转空了，这个时候平仓多单锁定盈利就做得非常完美了。

内部培训学员孙红兵：

双红就多、双绿就空，突破就跟进，一旦指标K线变色就撤出来，开仓信号、持仓信号、出局信号全都有了，做起盘来轻轻松松，哪怕是新手也可以在一个小时的时间内学会并且运用到实战中，感谢一阳老师把这么好使的工具免费赠送给我们使用。

陈助教：

大多数情况下投资者在一波行情中，很少有人可以拿到30%以上的利润空间，一是自身技术水平的高低，二是心理因素的变化影响。但其实若依靠技术指标的帮助，哪怕只是普通的移动均线，都可以帮助投资者拿下波段60%以上的盈利空间。所以，懂得利用指标的优势来弥补自身不足的投资者，才是成熟、已走上成功道路的投资者！止盈有什么好方法吗？其实很简单，跟着趋势类指标走就可以了，它们能对止盈起到的帮助作用才是最大的。

第十招　如何降低交易成本

内部培训学员刘文君：

之前看一阳老师的书，对老师书中提出的国内独一无二的“多空盘面”分析方法非常感兴趣，同时也补上了我对整体盘面的短板，但总觉得意犹未尽，正赶上老师进行《操盘四要素》培训课程，便报名参加了学习。这个培训为我们更深入地讲解了盘面的多空变化，以及操盘的四大重要环节：盘面、方向、属性、形态的搭配分析方式，现在面对盘面的变化，可以做到非常轻松地识别整体环境的状态以及制定符合盘面状况的操作计划了。

上回听一阳老师周二、四19:30的公开课直播，老师提到了投资者交易成本这方面的事情，好像我们的交易成本包括好几项内容，但因为有事没有听得太仔细，所以，想请你再为我详细地讲解一下。

陈助教：

投资者的资金状况是不同的，因此，交易成本自然也不同。比如，A的资金是借贷来的，B的是自有资金，交易成本的不同自然会使得两个人操作时的心态不同，A的心理压力肯定会大于B的，但基本上这个问题并不是主要问题。风险这么大的市场，还去借贷进行交易，这本身就是不理智的行为！

其次，介入的技术点位不同，也将会导致投资者交易成本的不同。当然，这并不属于直接成本，属于是间接成本，但就是这个间接成本却把投资者之间的盈亏状况拉大了。投资者懂得正确操盘的方法多，或是拥有好的操盘工具，则可以在价格涨跌的初期阶段及时进行操作，面对同一波行情，其持仓成本低，自然盈利就多，而谁介入的时间晚成本自然就高，低成本的获利出局了，高成本的可能还处于亏损之中。但这种交易成本可以通过学习正确的技术、提高自己的操作能力来降低。

最后就是大家都知道的直接成本：手续费了。其实我们交易的各个期货品种的手续费是三种费用的汇总，分别为：交易所收取的手续费、投资者保障基金，以及期货公司在交易所基础上加收的手续费。

内部培训学员刘文君：

有三种类型的费用啊，我还以为只是手续费呢，原来这么多讲究，这三项加在一起那得多少钱啊。

陈助教：

其实不然。投资者保障基金一手只有一两分钱，完全可以忽略不计的。交易所收取的手续费是必须交纳的，不管定多高，你想操作这个品种就必须交这份钱，这是绝对免不掉的交易成本。这两种成本是硬性成本，无论哪位投资者进行期货交易，都必须支付。

而最后一项，期货公司在交易所基础上加收的手续费，这却是可以调整的！同时，这也是期货公司其中一部分的盈利来源。投资者所在的期货公司不同，这笔费用也是各不相同的。有一些公司可以为投资者提供周全的服务，它们就会把手续费定得高一些，有一些公司为了竞争就会把手续费定得低一些。

目前国内较低水平的手续费都是交易所的1.1倍，对于资金较小的普通投资者来说，这已算是非常低的水平了，能不能够争取得到，也得看期货公司的牌子大不大，大牌的期货公司就是大资金也不一定能给到交易所1.1倍的手续费，基本上都是1.2倍以上了。

内部培训学员刘文君：

以黄金为例，上海交易所收取10元钱的手续费，交易所1.1倍手续费就是11元，1.2倍就是12元手续费了吧？

陈助教：

是这样的。固定金额的手续费比较好计算，交易所收2元一手的，你的手续费就是2.2～2.4元。因为期货公司加收了的手续费有一定的利润，所以，投资者保障基金期货公司就从利润中帮你交纳了，所以，你的手续费没有分的尾数。

内部培训学员刘文君：

这样来看，加收1.1倍和1.2倍的倒也不黑，毕竟人家也要生存嘛。

陈助教:

只是很少一部分是这样，有很多公司加的还是挺多的，特别是在偏远地区，因为当地的期货公司很少，所以手续费都非常高，不管什么品种，都要四五下跳动才能打出来手续费。对于低手续费的投资者而言，四五跳就能变成日内小盈利止盈出局了，但对于那些高手续费的投资者而言却刚刚抵平成本，在这样差距的情况下，高手续费的投资者想要盈利便增加了更大的困难！还有一些公司看你是新人，你不说他们就不会调整高标准的手续费，等你明白以后，已经多收了你许多手续费了。

不过现在好了，一阳老师与国内一家正规的期货公司进行了合作，可以为大家提供：期货公司零附加手续费！也就是说，你只需要交纳交易所必收的手续费与那一手一两分钱的投资者保障基金，期货公司一分钱也不多收。

内部培训学员刘文君:

这可真是个好消息，直接把我们的交易成本降到了底！可是，我们怎么知道一阳老师合作的期货公司是不是正规合法的呢？因为网上有许多骗人的家伙骗我们去开现货的账号，我之前就上过当。

陈助教:

我理解你的担心！一家期货公司正不正规、合不合法，其实很容易识别，只需要登录中国证监会的官方网站进行查询就可以了。证监会网站每年都会公布国内所有期货公司的名录，大家可以看一下老师合作的期货公司有没有在名录之中。那些现货的黑平台是不可能在证监会或期货业协会网站上有任何信息的。

内部培训学员刘文君:

我查询了一下证监会与期货业协会的网站，一阳老师合作的期货公司的确在公布的名单之中，这下就放心了。而且这家公司的名字也是××期货有限责任公司，要知道若没有证监会的批准，工商局是不可能给任何公司注册带有“期货”二字的公司名称的！那些现货的黑平台全都是××有限公司或××有限责任公司，公司名字上根本没有“期货”这两个字，是正规期货公司还是黑平台一看公司名称就知道了。

那我该如何进行开户呢？我离期货公司最近的营业部也有上千公里呢。

陈助教：

现在开户都非常简单了，直接用手机下载一个全国所有期货公司统一开户的期货云APP，而后在手机上完成操作就可以了，界时我会给你一个开户流程说明，你按说明几分钟就完成开户了。

下面为你具体介绍一下各个交易所活跃品种的手续费，开户的朋友们手续费就是在交易所基础上加收一两分钱的投资者保障基金就可以了。以下手续费数据截止到2018年9月5日，若交易所后期提高或变动手续费，大家账号中的手续费标准也将会随之调整。若发现你账号中的手续费提高了，这必然是交易所提高了，而期货公司是绝对不会暗中上调的！

上海期货交易所活跃品种手续费：

螺纹1%%（双边）、热卷1%%（双边）、橡胶0.45%%（双边）、沥青1%%（双边）燃油0.5%%（单边）、铝3元（单边）、锌3元（单边）、铅0.4%%（单边）铜0.5%%（单边）、白银0.5%%（双边）、黄金10元（单边）、镍1元（单边；主力合约6元双边）。

大连商品交易所活跃品种手续费：

铁矿石0.06%%（双边；159月0.6%%）、焦炭0.6%%（双边；159月平今1.8%%）、焦煤0.6%%（双边；159月平今1.8%%）、豆一2元（双边）、豆二1元（双边）、豆粕0.2元（双边；159月1.5元平今减半）、豆粕期权1元（双边）、豆油2.5元（平今减半）、棕榈油2.5元（平今减半）、鸡蛋1.5%%（双边）、玉米0.2元（双边；主力合约1.2元，平今减半）、玉米淀粉1.5元（平今减半）、聚乙烯2元（平今减半）、聚丙烯0.6%%（平今减半）、PVC2元（平今减半）。

郑州商品交易所活跃品种手续费：

苹果20元（双边）、菜粕1.5元（单边）、甲醇2元（双边；平今6元）、棉花4.3元（单边；01合约平今10元）、菜籽油2元（单边）、玻璃3元（双边，平今6元）、硅铁3元（双边；平今9元）、锰硅3元（双边；平今6元）、动力煤0.5元（双边；主力合约开4平4）、PTA3元（单边；主力合约开6元平今12元）、白糖3元（单边）、白糖期权1.5元。

内部培训学员刘文君：

螺纹1%%这是什么意思呢？该如何计算出具体的手续费呢？

陈助教：

假设螺纹的价格是3500元/吨，螺纹一手合约是10吨，所以总市值为35000元，用总市值乘1%%便是3.5元的手续费，因为它是双边收取，所以一手螺纹一开一平的手续费要乘以2。

按万分比收取手续费的计算方式统一为：价格×每手数量×手续费标准。对手续费有什么不懂之处，大家可以向各位助教询问。

总之一句话，我们这里的期货交易手续费绝对比你现在的低！我们是交易所手续费状态，你的手续费也绝对不可能比我们的低！

内部培训学员刘文君：

非常感谢你的介绍，帮我节省了交易的费用。同时，还为我免费提供了实盘操作指导服务，而且，还可以在交易期间一直免费使用老师犀利的操盘指标：趋势监控。在哪开户交易都是交易，但在一阳老师团队这里交易，不仅手续费成本降到了极限，还额外收获了这么多的免费服务，我以前开户的期货公司可是绝对不会为我提供这么多帮助的！

以下是我一天的交易，大家来看一下我现在账号中的手续费（见图2-5），大家可以计算一下，比一比看谁的手续费更低！

期货期权账户出入金明细（单位：元）

发生日期	入金	出金	方式	摘要
合计	0.00	0.00		

其它资金明细

发生日期	交易所	类型	金额	备注
2018-06-07	郑州商品交易所	交易手续费	-345.38	
2018-06-07	大连商品交易所	交易手续费	-1,709.88	
2018-06-07	上海期货交易所	交易手续费	-1,430.28	
合计		交易手续费	-3,485.54	

期货成交汇总　　品种汇总　成交明细　平仓明细

合约	买/卖	投机/套保	成交价	手数	成交额	开/平	手续费	平仓盈亏
CU1808	卖	投机	53,970.000	10	2,698,500.00	平	投资者保障基金 0.19	13,000.00
CU1808	买	投机	53,710.000	10	2,685,500.00	开	137.15	--
NI1809	买	投机	117,920.000	20	2,358,400.00	开	120.38	--
NI1809	买	投机	117,770.000	1	117,770.00	平	6.02	30.00
NI1809	买	投机	117,750.000	3	353,250.00	平	18.06	150.00
NI1809	买	投机	117,740.000	12	1,412,880.00	平	72.21	720.00
NI1809	买	投机	117,800.000	1	117,800.00	平	6.02	0.00
NI1809	卖	投机	117,940.000	4	471,760.00	开	24.08	--
NI1809	买	投机	117,780.000	1	117,780.00	平	6.02	20.00
NI1809	卖	投机	117,930.000	15	1,768,950.00	开	90.28	--
NI1809	卖	投机	117,950.000	1	117,950.00	开	6.02	--
NI1809	买	投机	117,760.000	1	117,760.00	平	6.02	40.00
NI1809	买	投机	117,790.000	21	2,473,590.00	平	126.39	2,870.00
NI1809	卖	投机	117,840.000	6	707,040.00	平	36.11	-480.00
NI1809	卖	投机	117,790.000	14	1,649,060.00	平	84.26	-1,820.00
NI1809	卖	投机	117,800.000	20	2,356,000.00	开	120.38	--
RB1810	买	投机	3,818.000	60	2,290,800.00	开	231.53	--
RB1810	卖	投机	约3.86元手续费 3,819.000	60	2,291,400.00	平	231.60	600.00
RU1809	卖	投机	11,685.000	10	1,168,500.00	开	53.82	--
RU1809	买	投机	11,665.000	10	1,166,500.00	平	53.74	2,000.00
CF901	买	投机	17,845.000	20	1,784,500.00	开	86.33	--
CF901	买	投机	17,815.000	20	1,781,500.00	开	86.35	--
CF901	卖	投机	17,815.000	20	1,781,500.00	平	86.35	-3,000.00
CF901	卖	投机	17,780.000	20	1,778,000.00	平	86.35	-3,500.00
J1809	买	投机	2,063.000	9	1,856,700.00	平	336.19	3,150.00
J1809	卖	投机	2,066.500	9	1,859,850.00	开	336.76	--
JM1809	卖	投机	1,245.000	30	2,241,000.00	平	405.82	-1,800.00
JM1809	买	投机	1,246.000	30	2,242,800.00	开	406.11	--
PP1809	买	投机	9,217.000	7	322,595.00	平	19.70	-315.00
PP1809	买	投机	9,216.000	33	1,520,640.00	平	92.85	-1,320.00
PP1809	卖	投机	9,208.000	40	1,841,600.00	开	112.45	--
合计				518	45,451,875.00		3,485.54	10,345.00

图2-5　学员交易手续费记录

陈助教：

且不说免费赠送大家的服务。仅是降低了交易的手续费这一项就值得大家重新办理一个新的期货账号，以前大家不知道有这么低的手续费标准也就算了，现在知道了，难道你愿意让自己辛苦赚来的钱白白让那些不给你提供任何服务的期货公司赚走？愿意继续在比我们手续费标准高10%、50%甚至更高的账号中进行交易？

通过我们团队在正规的期货公司开户，把大家的交易成本降到了最低，帮大家省了不少钱，还赠送大家实盘操作指导、免费赠送大家一阳老师的核心操盘指标，以及还有机会免费赠送大家内部培训课程，这是你现在所在的期货公司绝对无法提供的周全服务，而在我们这里，你都可以获得！

第十一招　选什么品种进行操作

内部培训学员李庆和：

王助教你好，我参加了一阳老师的内部培训课程《十大买卖点》，学到了十种非常经典的操盘技巧，这十种操盘方法针对的是价格波动过程最常见、最容易产生大收益，以及在形态失败时最容易造成小亏损的波动走势，学了这套课程后，价格在动态变化时，我都可以准确地指出具体的开仓位置，感觉一下子操盘水平猛地提高了一大截。因为我是完全的新人，所以老师一直让我在螺纹身上进行练习，老师所教的首次波动的三种交易技巧，我掌握得最好，只要螺纹出现这样的机会就绝对从我手中跑不掉。经过几个月的学习以及对螺纹的操作，我觉得自己成熟起来了，运用老师的方法已经实现了三个月的连续盈利。我想，随着我经验的增多，是不是可以多盯几个品种，以增加获利的机会呢？想向你请教的就是我该如何选择目标品种？

王助教：

你因为接触期货的时间还不长，所以我建议你采取死盯几个品种的方式来进行操作。这样做的最大好处就是容易做到专注，每天就看这几个品种，别的品种爱涨涨，爱跌跌，跟咱们没关系，很容易获得一个平静的交易心态。

从人类大脑的特点来看，未经过专业脑力训练的普通人来说，瞬间处理事物的能力极限是6，也就是说让你看一组数字，马上背出其中的数字，正常情况下人们只能记下来6个。记忆的数量越多能完成的人也就越少。所以，在采取死盯几个品种的情况下，其数量不要超过6个，否则，大脑会无法很好地平均分配精力，盯的多看似好像谁有机会都跑不掉似的，但你的大脑只能最多处理6个界面的事物，你盯它10个界面又有何意义？这是人类大脑的普遍特点，必须以科学为依据！

内部培训学员李庆和：

我准备按老师视频课程中讲解的图像一样设置一个田字格，只盯4个品种。之前一直操作螺纹，它帮我赚了不少钱，对它有感情了，所以保留下来它，那另外3个品种请你帮我参谋一下吧。

王助教：

盯品种的一个原则就是必须错开板块，假设你同时盯着螺纹、焦炭、焦煤、铁矿的话，这就没有任何意义了，因为它们是同一个板块的品种，要涨一起涨，要跌一起跌。再加上螺纹成交量大，可以满足任何规模的资金进出，同时，价格波动既活跃又稳定，还总爱跑到涨幅或跌幅榜的前列，因此，它是目前市值中最有操作价值的品种。这也是一阳老师之前让你操作它的主要原因。

黑色系板块有了，在有色金属板块中沪镍波动的活跃度比较高，而在2018年6月期间时，沪镍主力159月主力合约开仓平仓手续费均为6元，对于沪镍来说，一瞬间波动个五六跳跟玩似的，这12元只需要它蹦两下，也是非常值得交易的对象之一。而1807与1811合约手续费则只有1元钱，还是单边收取，这么低的手续费成本，有什么理由不对沪镍进行操作呢？再加上沪镍是有色金属板中波动最活跃、最容易跑到涨幅或跌幅榜前列的品种，因此，它必须入选。

能源化工板块中，橡胶属于一线品种，一旦涨起来或跌起来也非常迅猛，所以，它必须入选。

这样一来就有了三个品种了，螺纹、沪镍、橡胶。余下的一个自然要留给农产品了。但农产品还比较麻烦，因为它们之间的关联性比较分散，比如说白糖与棉花，跟谁的走势都没有关联性，所以，只能根据当时的情况来灵活选择了。当前豆粕或菜粕波动活跃，那就是盯着它们，若是棉花或是鸡蛋活跃，那就盯着这两个。若你想固定下来，我推荐盯豆粕吧。

若是确定了螺纹、豆粕、沪镍、橡胶这四个品种，就构成了这样的搭配形式：两个成交量大波动平稳且活跃的，两个盘口轻波动较为快速的，一动一静非常完美。

内部培训学员李庆和：

根据你的说法，我的总结就是：一定要选择波动活跃性高的品种盯着看，同时，这些品种还容易经常性地位于涨幅或跌幅榜前列。

王助教：

是的，比如说橡胶与沥青，虽然同属于能源化工板块，但沥青常态时的表现就是慢吞吞的，一小时也波动不了几个点，做这样的品种的确风险不大，但收益也不怎么样啊。橡胶波动大，其涨跌都更加干脆利索，说涨，一下子就冲了起来，说跌，一下子就跌了下去，谁不喜欢这样的走势？波动活跃的品种机会成本是比较低的，技术形态失败了可以马上换的品种做，若做了沥青半天也不动，别的品种来好机会了，平与不平就是一件比较纠结的事了。

内部培训学员李庆和：

品种波动活跃度不同，沪镍活跃，豆粕稳定，这样的话是不是也就意味着操作的模式也应当有所不同呢？

王助教：

正确的方法应当是放之四海而皆准的，一个方法应当适用于任何品种的操作，而一阳老师的操作方法正是这样，老师所有内部培训课程中的技巧不管是商品期货还是金融期货，不管是期货还是股票，不管是1分钟K线还是日K线，全部都适用。

但也需要注意一点，就像小孩子一样，有的孩子性格就是腼腆，有的就是活泼好动，这对于老师来说，就不能用一个标准来教育孩子了，必须根据孩子们的性格特点采取不同的方式进行教导。操作也是如此，不同的品种波动的特点各有差别，虽然并不影响方法的使用，但依据其技术的特点针对性地选择更适合它们波动规律的方法进行操作，获利的效果自然就更好了。

针对波动活跃的品种来说，用突破的手法进行操作效果是最好的，就算最终是假突破，它们也会在突破之后猛地向上窜一下，这足以带来保护成本的空间。而对于波动稳定的品种而言，它们的波动虽然并不呆滞，但还达不到波动活跃品种的那种利索的冲劲，所以，做突破并不是最适合的，对它们更多的应当利用调整进行逢低做多或是逢高做空的操作。

内部培训学员李庆和：

除了死盯几个品种作为目标一直进行关注并进行操作以外，在选择目标上，还有什么样的方法呢？还请王助教再教我一下，虽然现在还用不到，但未来应当会有运用到它们的时候。

王助教：

复杂的先不和你说了，简单地来讲就可以了。就一条标准：你的目标品种必须是所有品种涨幅榜前5名或是跌幅榜前5名的品种，若不是这10个中的品种，那就是错误的。当然，也不能说是错误，是不合适的。

内部培训学员李庆和：

这样做的原因是不是就是一阳老师所说的：择强而入？涨幅前5名的就是多方的强者，跌幅前5名的就是空方的强者。

王助教：

就是这个意思！如果这些强者都没有什么好的表现，那些弱势的跟风品种更别想有大的上涨或下跌幅度。如果这些强者都无法形成标准的操作技术形态，那些弱势跟风的品种便更是会不断地走出失败技术形态了。

内部培训学员李庆和：

如果涨幅前5名里有焦炭与焦煤这两个品种，它们都属于是黑色系的，是不是都应当进行关注呢？

王助教：

在涨幅或跌幅前5名中，如果有同板块的品种，从中选择一个就行了，谁的技术形态更漂亮选择谁就可以。同板块的品种算是一个。有时可能前5名中全是一个板块中的品种，这样的话就可以依次再往下看，找出第6名与第7名的作为后备目标就可以了。

内部培训学员李庆和：

如果涨幅或跌幅前5名的品种没有好的交易技术形态，此时是不是可以看一下那些涨跌幅排名落后的品种进行一下操作呢？

王助教：

这是最要不得的！不管什么时候，最好不要对涨幅或跌幅落后的品种进行操作。强者暂时没有技术形态就要去等，好的技术形态是必然会形成的，所需要的只是耐心而已！还是那句话，如果强者都没有好的表现，弱者就更别想了。

内部培训学员李庆和:

涨幅前5名与跌幅前5名是不是都要同时关注呢?

王助教:

有时是需要全部关注的，此时的市场往往有涨有跌，形成老师所说的分化市盘面时，前幅前5名与跌幅前5名都要关注。但如果是一边倒的盘面，比如绝大多数品种上涨，或是绝大多数品种下跌，这个时候涨的盘面就只看涨幅前5名，跌的盘面只看跌幅前5名就可以了。

内部培训学员李庆和:

那有没有可能涨幅前5名的品种隔一段时就会全部改变了呢？这是不是就需要我们没事就去看一下前5名品种是不是发生了变化。

王助教:

从正常角度来讲，前5名的品种其地位是比较稳定的，可能第一名慢了一点变成了第二名或第三名，可能第五名跑到了第三名，而不可能涨幅第一的变成了跌幅靠前的。这就好像班里的学生一样，学习前5名的孩子，其成绩都会非常稳定地保持在前5名中。当然，这事也不是说绝对，在早盘期间因为价格波动剧烈，刚刚开盘后不久涨跌都不稳定，此时容易发生排名出现大差别的现象。一般来说，隔个十几分钟看一眼排名状况就可以了，特别是一旦形成板块性的排名靠前的情况，更是很难会在排名上有大的差别。

内部培训学员李庆和:

相比之前，择强而入每天关注的品种都是不一样的，对于精力旺盛的投资者来说这样做的效果是好的，始终跟强者打交道自然也不会弱到哪里去，只是每天甚至是盘中就要更换新的品种，相比固定关注几个品种而言，要累一些。我还是选择轻松的方式吧，死盯几个品种就行了。一阳老师说过，赚钱，就要赚得轻轻松松才对。

第十二招　抄底摸顶究竟能不能赚钱？

内部培训学员夏凯璇：

王助教你好，我参加了老师的多个培训课程，最近一期参加的是老师的《日线趋势单》视频课程，之前老师日内操作的技巧都学得差不多了，正好日线趋势单的培训又补齐了我趋势交易差劲的短板，通过学习才知道，原来趋势单的操作竟是如此简单有效。老师说：投机是技术为重、策略为辅，而趋势单交易则是策略为重、技术为辅，怪不得以前做趋势单总是赚不到钱，通过学习终于找到了问题所在！现在我已分配出了一部分资金专门做趋势交易，真正实现了一阳老师培训中所讲解的：用日内的小亏损换日线级别的大收益，近期的操作要么是小亏几个点，要么是打个平手，而一旦日线形态走成功，随便一根K线便可以保证1：20以上的盈亏比。这种超大盈利极小亏损代价的操盘感觉真是太美妙了。

随着对老师操盘手法的深入了解，我发现了一个问题，老师对抄底摸顶的方法讲得并不多，就算有所涉及也总是对我们强调：必须在做好顺势交易，而且顺势交易可以现实稳定盈利的情况下才有资格去做逆势交易。难道说抄底摸顶的钱就这么难赚吗？

王助教：

期货市场中抄底摸顶的说法其实少一些，因为多空都能做，机会遍地是，所以，抄底摸顶的呼声并不是太高的。而在股票市场中，抄底的说法是非常多的，在弱势下跌的过程中，成为炮灰抄底的投资者大有人在。

抄底摸顶能不能赚钱其实看一下这些人的结果就知道了。你身边有没有人炒股票？他们有没有抄过底，最终的结果是什么呢？你可以问一下。

内部培训学员夏凯璇：

不用问别人，我就是个例子，我跟老师一样，股票期货都在做。在没有参加老师培训课程之前，我做股票时就经常抄底，抄来抄去，资金越来越少。

就算抄到了真正的底，后期赚的钱也不够弥补之前赔掉的钱。

王助教：

老师说过：那些亏钱的投资者在做什么，想要赚钱就必须与他们的行为反着干！这些亏钱的投资者总爱抄底以及摸顶，那我们就完全放弃这种交易行为就可以了。一个造成90%以上投资者亏钱的方法，是不可能让我们也产生盈利的。

抄底摸顶的人其实是没有耐心的人，他们没有十足的耐心等待那个真正底部的到来。而没有耐心的人为了抄到能够赚钱的那个真正的底部，前边可能已经亏了几次十几次。也正是因为没有耐心，就算这个真正的底涨起来了，也绝对不可能从底拿到顶，必然是刚涨起来一点就跑掉了。没耐心等待底部的到来，又怎么可能会有耐心一直持仓不动？不是不符合逻辑的。

内部培训学员夏凯璇：

你的这些话简直就是在说我，看来老师不建议大家抄底其实就是为了锻炼大家的耐心。

王助教：

锻炼耐心是其次，重要的是让大家明白逆势交易不是一条正路！顶与底的操作机会远比顺势交易的操作机会要少。一阳老师也说过：当你顺势交易做好之后，其实也就不愿意冒风险去做逆势交易了。放着轻轻松松赚钱的顺势交易机会不去操作，难不成去操作成功率低、风险又大的逆势？

内部培训学员夏凯璇：

我觉得抄底摸顶做不好，对于广大投资者来说应当是技术的缺失，我总结之前赔钱的原因，就是因为我不懂正确的技术。而在老师的《日线趋势单》培训课程中，老师有讲解了抄底与摸顶的技巧，因为学习时间日线上没有这样的机会，所以我在日内用这些方法进行了一下操作，整体效果是盈利的，而且利润也非常大。就算是形态走失败价格继续下跌，按老师的止损方法亏损也是极小的，跟顺势交易的亏损相差无几，这又该如何理解呢？

王助教：

抄底摸顶操作方式首先来说这是一种操作模式，绝对不能说它是错误的。

投资者之所以抄底摸顶赔钱完全是因为不懂得正确的技术，只是凭感觉在交易，觉得涨得多了就要跌，于是摸顶，觉得跌得多了就要涨，然后去抄底。在没有正确方法指引的前提下，自然不可能盈利。正确技术的缺失的确是其他投资者亏损的一大原因，这一点你说得很对。你学会了老师正确的抄底摸顶的操盘手法，赚钱的概率自然就大大地提高了，这没什么不好理解的。想想看，那些赔钱的投资者，哪个不是因为什么都不会而赔的钱？

内部培训学员夏凯璇：

打麻将也得先学会怎么胡牌，什么技术也没有就进入市场，用自己辛苦赚来的血汗钱去赌，这是对自己、对家庭的不负责！

王助教：

任何正确的方法风险都不大的，而一旦技术形态成功，盈利的幅度都是远超过亏损幅度的。学会正确的方法是解决亏损的唯一方式。

问你一个问题，你觉得抄底难，还是摸顶难？

内部培训学员夏凯璇：

在技术上来说，我认为是一样难的。

王助教：

这个问题你回答错了！抄底相比摸顶要容易一些。期货针对的是具体的商品，而任何一种商品都有其固定的成本，虽然成本会受到各种原因产生变化，但不可能归零，所以，价格一旦跌到成本，便意味着这个行业全部处于亏损的状态，短时间的亏损无所谓，若某一个行业长时间亏损，必然会导致大量的资金撤离以及该行业从事者的数量减少，原来100个人做一个事，现在只有10个人在做这个事情了，10个人的产量能跟100个人的产量相比吗？需求只要没有过大的减少，价格也就必然会恢复起来了，这是一个经济学最基础的常识。而这个商品硬性成本是多少，其实是比较容易判断出来的，这就是价格的底部所在。有可能会跌破这个底部，但不可能长时间低于它，低于它的时间越长，反而未来行情爆发的力度就越大。所以，只要知道了商品的硬性成本在哪里，再去了解一下供需的关系，底部也就好找到了，若再结合一些技术方法进行综合分析，底部的判断也就十拿九稳了。

内部培训学员夏凯璇：

既然有成本在那摆着，价格涨多了不也就等于知道有多少利润了吗？若利润率过大那也不可能长期保持。那个行业若有暴利的机会必然会有大量资金涌入，这样一来，竞争的加剧就会导致价格回归正常，这不也就知道顶部在哪里了吗?

王助教：

理论来讲的确是这样的。但现实却并不非如此，底是由实实在在的硬性成本堆起来的，而顶却是由资金的热情决定的。假设，市场中的资金就愿意以1万元一吨的价格买入螺纹，谁能够阻止，就算再不理性，资金们原意，那价格就会继续上涨，如果有人愿意在2万元一吨的价格处接盘，那价格就会上涨到2万元一吨。在价格远远摆脱合理价位之后，一旦资金们做多的热情开始消退，顶部也就到来了。

虽然在形成顶部时也有可能会形成一些经典的顶部技术形态，但其实这些形态在上涨的过程中已经出现过好多次了，哪一次是真哪一次是假真的不好分析了。我们可以知道硬性成本在哪里，但却无法掌握资金们的疯狂程度。

内部培训学员夏凯璇：

在股票市场中倒是可以通过成交量的萎缩看出来资金做多兴趣的衰退，但在期货市场中却无法通过成交量的变化来做出识别，想必这也是其中一个技术上的原因。

王助教：

是这样，一阳老师有针对股市大盘的分析，想必你也了解过，老师对大型的顶底判断都是非常精准的，就是因为股市中的成交量可以直接用来监测资金们的交易态度，但期货却不行，因为期货成交量的分析方法只能用在短周期K线中，30分钟以上的K线图看成交量就没有什么意义了。脱离成交量的变化单从技术形态进行分析，准确性肯定要打一些折扣的。

顶部虽然难判断一些，但并不影响操作，只要坚定进行顺势交易就没有任何问题了，光想着摸到最高的那个点、最后一根阳线，这肯定是不行的。鱼头无肉，鱼尾刺多，就吃中段就最好了。

内部培训学员夏凯璇：

通过交流我也知道了关于抄底摸顶更多的事情，这样来看，老师抄底摸顶的技术还是作为备选交易方案，只要有顺势交易的机会，就坚定进行顺势交易的操作。碰到了大级别的顶底形态，在顺势交易机会消失时再去进行抄底摸顶的操作。毕竟用老师的正确方法进行操作，抄底摸顶的风险其实跟顺势交易的风险是一样的，都是非常小，任何周期上的操作都是完全可以承受的。

第十三招　大资金与小资金的生存之路

内部培训学员曹为民：

王助教你好，我早前参加了一阳老师的《独孤九剑》视频课程，从中学习到了九种非常实用的操作技巧，虽然只有九招，但如何抄底摸顶、如何顺势交易、如何进行常规突破操作，以及反向思维的操作技巧全部掌握了。以前一开盘就提心吊胆，因为开盘就是赔钱噩梦的开始，而现在却讨厌收盘，因为收盘终止了我的赚钱行为。

通过一年多的操作，现在的资金说大不大，说小不小了。正好我身边有两个朋友，一个是几万块钱的小资金，一个是几百万的大资金（在我们的小镇子可以称得上是大资金了）。也顺便想替他们问一下，大资金与小资金是不是可以用同样的方法进行操作在这个市场生存下去呢？

王助教：

你的这个问题虽然与直接的操作无关，却也是一个很重要的话题。这个市场中小资金的投资者还是比较多的，大资金投资者相对少一些。除非本身就有钱，否则，大多数投资者都会像一阳老师一样，他的钱也是从几万块钱一步步变成大资金的。

鳄鱼小的时候是一种生存状态，长大了以后又是一种生存状态。资金的成长也是如此，小资金的做法与思维方式与大资金是完全不同的，我们需要了解其中的差别，然后根据自己的资金量采取不同的操盘方式。

先来说一下你是小资金的时候都是怎么想的，想要达到怎样的一种操作的效果？

内部培训学员曹为民：

小资金的时候，我就是想着赶紧多赚钱，让自己的资金以最快的速度增长，一年最好赚它个几倍。从现在的角度来看，这样的想法太不切实际，虽然我通过学习并且真正地做到了，但依然认为这是不切实际的想法。但追求更多更快的收益的确是那个时候的操作状态。

王助教：

没错，这样的想法也是完全正确的。一阳老师最早先的时候也是这样想与做的，天天寻找强势个股进行操作，以追求最快的增长速度。所以，你在资金小的时候这样想以及这样做是完全正确的。

有许多小资金的投资者想学习巴菲特先生，想走稳健的线路进行操作，这样做对不对呢？不能说稳定操作是错的，只是不适合小资金。比如一个刚毕业的年轻人，手中只有2万元钱，一年赚个30%看似非常不错了，但又有什么用呢？2万元钱10年后变成了27.5万元，10年翻10倍走到哪里都是非常牛的收益率了。但你已经从20岁变成了30岁，手头却只有27.5万元，连一套房子的首付都不够，哪个丈母娘会愿意把女儿嫁给你？而且这还是非常乐观、有正确的技术每年都赚30%的情况下，试问，没有正规学习过的投资者，有几人能做到持续性的盈利？

若是以投资为兴趣，小资金用稳健的方式操作是可以的。但若想靠投资改善自己的生活质量，若用稳定的方式运作小资金，等有钱了，你也七老八十的了，还怎么享受生活？所以，若以改善生活质量为前提，小资金必须放弃一切稳健的交易行为，必须以激进的方式追求快速的增长。

同时以2万元为例，如果赔光了，最多打个半年工就回来。在拥有正确技术的情况下，小资金一年翻2次倍并不困难，2变4，4变8，这样的裂变才是小资金要去追求的。如果能做到这样的收益，就可以直接专职进行投资交易了，因为赚的钱足以抵得上打工的收入了。当然，千万不要被我这句话搞得满腔热血，前提，要命的是前提：你有没有正确的技术！没有，那就是扯淡！

内部培训学员曹为民：

以我的经历来看，在没有学习老师的方法以前，别说一年翻二次倍了，这一年下来不赔钱就烧高香了。通过学习有了正确的方法与正确的交易理念之后，小资金一年翻两倍真不是啥难事！我目前资金说大不是很大，说小也绝对不小，所以，目标调低了，一年翻一次倍就可以了，按月来说，一个月无非8.4%的收益，真心不是什么难事。

王助教：

小资金的生存之路就是要让自己快快地长大，所以，在操作上必须激进一些。但请理解，激进并不代表冒进，并不代表风险大，只是要把交易的周期缩短，以把握更多的操作机会，小机会也要，大机会也吃，只要符合交易条件的一律不放过，这样才可以不断地利用复利在较短的时间内在资金后边加上一个零。

小资金资金量小，不必纠结于选什么品种进行操作，不管是短周期还是长周期的，不管是成交量大还是成交量小的品种，只要有机会就能够去捕捉。这是小资金的最大优势，一定要加以利用。

内部培训学员曹为民：

这一点深有体会，我之前资金小的时候，就喜欢做PP与沪镍这两个高度活跃的，后来苹果上市之后，它也很活跃，再加上在老师这里开的账号手续费是交易所标准的，手续费极低，所以，只做这三个品种。现在资金量一步步大起来了，PP一开仓就得一百多手，沪镍也是近百手的开仓，但这两个品种的盘面成交量太小，已经完全不能满足我的操作了，后来请教一阳老师怎么办，老师让我转做螺纹，因为它非常活跃，而且成交量也大，几百手都可以顺利进出。

王助教：

这正是大资金的困惑。期货交易与实业投资者不同，做实业的时候资金量越大，可以做的项目就越多。而做期货交易，资金量越大，可交易的机会是越少的。许多市场中的高手都和一阳老师一样，刚开始的时候是做日内投机之类的短周期交易，随着资金越来越大，操作的周期便越来越长转做趋势交易了。这是因为日内投机之类的短周期操作已经无法容纳较大规模的资金了，你的资金不能顺利地对PP与沪镍进行操作就是这个原因，但若你把操作周期放长一些，比如在30分钟K线上交易，它们也是适合你的资金规模的。

资金大了以后，需要考虑的第一个问题就是顺利地进去。成交量小，开仓时开不进去，一开仓就把价格打飞起来几个十几个点，一平仓又砸下去许多点，这怎么交易？所以，资金大了以后，只能对那些成交量非常活跃的品种，资金承接力度大的品种进行操作，而要放弃那些成交量小的品种。进不去还好说，进去了但出不来，这可就活活憋死自己了。

内部培训学员曹为民：

除了品种在分散操作之外，操作模式是不是也需要分散？因为之前和一阳老师聊过这个话题，我想等我的资金量再大一些之后，学习一下老师的“一阳锁套利”技术。

王助教：

大资金一要分散品种，二要分散模式。针对一部分品种进行趋势交易，针对一部分品种进行日内投机或短线交易，再针对一部分品种进行套利交易。这样一来，就算是某一种模式失败了，另外的模式只要成功了便可以使得总资金产生盈利。所以，光分散品种是不行的，还必须分散操作的模式。小资金就完全没这个必要了，小资金一定要打集中歼灭战，大资金则要分散作战。

内部培训学员曹为民：

一分散作战就会有另外的问题了：收益率肯定要大幅下降了。这又该如何避免呢？

王助教：

资金大了以后收益率必然大幅下降，这一点跟实业不同，实业是资金越大越有成本优惠，期货交易以及股票交易资金越大越不利，因为你成了市场中的一块大肥肉，其他的巨鳄谁都想来咬你一口，不小心点怎么行？

小资金要追求绝对的收益，利用船小好掉头的特点快速成长。而大资金因为品种分散、模式分散，一年的收益率能做到50%左右就是非常不错的了。大资金不仅要看绝对收益率的数值，更要看具体的收益金额。

假设有1000万，一年赚50%就是500万，这样的年收入金额，不管在任何一个国家、任何一个城市都可以生活得非常滋润了。哪怕一年20%的收益也是200万的资金，改善生活质量而言也完全足够了。

内部培训学员曹为民：

小资金追求高收益，而不适合采取稳健的方式进行操作，因为增值的速度太慢了。大资金则要放弃高收益的想法，以稳收益为主，宁可收益小一点，也要稳着一步一步地前进。通过与你的交流，未来的路该怎么走我现在更加清楚了。未来一段时间的收益预期是一年一倍，资金再大以后收益预期就要继续调低。钱赚到手以后，保全住它们，并稳定地增值，这才是最重要的，钱多了以后，稳比什么都重要，一冒进全赔回去，想再捞回来就困难了。

第十四招　交易周期如何设定

内部培训学员王震东：

因为我刚接触期货不久，所以参加了老师的《K 线藏金》视频课程，这个课程中老师详细讲解了他独创的K线实战方法，刚开始学习时以为跟网上到处可见的K线形态、K线组合之类的一样，但想着自己基础不足，虽然网上有，但有老师教肯定理解会更深入。但没想到之后，老师讲解的K线战法跟网络上到处都有的完全不一样，一下子就捉住了K线的核心本质，使得K线的方法更适用于实战，传统的K线分析方法中没有任何明确的买卖点与止损点，更别提怎么在盈利之后进行持仓了。而老师的《K 线藏金》课程中，虽然也是讲解K线方法的，但却有着极为精细的进场点位、持仓方式与止盈止损方法，这些都是传统K线方法里完全没有的。传统方法比如多方炮，只能告诉你是看涨形态，哪里介入？怎么持仓？形态失败后怎么止损？而学习了老师的课程后，这些问题就全部解决了。并且最主要的是，老师的课程名字虽然是K线藏金，但老师所说的K线与传统方法中的K线是完全不同的，更加简单更加实用，根本不去用记那几百个K线组合的名字与各种K线形态的名字，万变不离其宗，掌握了这个宗也就掌握了K线实战方法的一切。

在学习过程中，我发现一个问题，老师只让我们看到K线图的走势，而不让我们看是什么品种，更不让我们看是什么操作的周期，我认为这是老师刻意所为，但其目的又是怎样的呢？希望王助教解答一下。

王助教：

不让大家看这个技术形态所对应的品种，其目的就是告诉大家：这种技术形态不是某个品种所专有的，而是任何品种都必然会出现的。如果你认为这个品种是螺纹出现的，当别的品种出现这种走势时，就有可能会削弱对技术形态的敏感度。

内部培训学员王震东：

原来是这样，那不让我们看K线走势的周期想必也是这个道理吧？让我们知道这种K线走势在任何周期中都会出现，应当忽视是什么周期的，而要重视其技术形态该如何操作。

王助教：

正是这个意思，有的投资者很有意思，他们认为周期一旦不同，交易方法就会不同，其实这是完全错误的想法！一定要树立这样的观念：技术形态不管在什么周期上都是一样的操作手段，怎么开仓、怎么持仓以及怎么止盈或止损都是完全一样的。

内部培训学员王震东：

我听过这样一句话，周期越长技术形态稳定性越高，这该如何理解呢？

王助教：

这句话是正确的。大家可以打开1分钟K线图，随便一个品种，看一下一分钟的成交金额，对于那些盘口轻的品种，莫说一阳老师的资金规模了，就是我的资金全部出动也可以影响这些品种一分钟的走势。但大家随便看一个品种的日K线便可以看到，随便一个品种一天的成交量都在亿元以上，这个市场中有谁会拿数亿的资金去专门影响一个品种一天的走势？除了庄家谁又有这样的资金实力？

周期越长形态越稳定，这是因为周期越长想要改变它需要的资金量就会越多，大量资金往来的过程中就会使得技术形态的稳定性增强。短周期操作多以形态为主，长周期操作既可以以形态为主，也可以以K线为主，就是因为长周期操作高度的稳定性在发挥着作用。

内部培训学员王震东：

这是不是意味着我们应当更多地在长周期上进行操作，以追求更高的稳定性呢？

王助教：

首先，稳定性是相对的概念，并不是绝对的，在短周期走势上，稳定性的技术形态也是随处可见的。至于说是在长周期上操作还是在短周期上操作，首先要看资金量的规模，若资金量规模比较大，那就得在长周期上操作，因为短周期的稳定性相对较弱，资金承接能力也要小。若资金规模小，就可以根据自己的情况来确定了。

若是上班族，那肯定要以长周期操作为主了，用软件进行画线下单，并设定好止盈止损就无须盯盘了。但若是有足够时间进行盯盘，在资金小的情况下还是建议在短周期上进行操作，以便捕捉更多的交易机会使资金增值的速度快一些。

内部培训学员王震东：

我的资金倒不存在大规模，几十万普通类型的，像我这样的资金什么样的周期比较适合呢？

王助教：

几十万的资金基本上什么品种都可以进行操作，同时，什么周期都可以用。这要看你自己的交易状况了。若你看盘时间不能保证，那就做长周期，这样利用交易软件中的画线下单功能，不管是开仓还是止盈止损一线条就全部搞定了。若看盘时间充足可以做做短周期。

同时，最主要的还是要跟自己的交易性格匹配，若你的交易性格比较慢，那就把操作周期设定得长一些，要不然短周期快节奏的操作对慢性子的交易者来说是一种折磨。反之，若你交易性格比较急，却去进行长周期操作，也肯定会被折磨得很难受。

另外，年纪大一些的投资者最好把周期略微放长一些，以留给自己足够的反应时间，若是年轻人倒是无所谓，什么周期都可以。

内部培训学员王震东：

日内交易一阳老师有统一仓位的要求，那么，操作周期的设定是不是也是这样要求的？

王助教：

是的！操作周期的要求就是一定设定好，只要资金量没有急剧的增加，便要一直在这个周期上进行操作，切莫频繁来回切换。有一些投资者一看日线没机会了，就跑到30分钟K线上去做，30分钟K线没机会，便又跑到3分钟K

线上去做，操作周期变来变去，自己账号中的钱也变得越来越少。操作模式、操作仓位、操作周期的随意变化必然会使得资金始终处于不稳定的状态中，这种情况下获利的可能性将大大地降低！

内部培训学员王震东：

我看身边一些朋友做单时，电脑屏幕上一个界面显示日K线，一个界面显示60分钟K线图，一个界面显示15分钟的，另一个界面又显示5分钟的，他说这叫多周期操作，从中寻找共振的交易机会。不过正像老师所说，方法管用不管用最终体现在账号的盈亏上，我这位朋友一直持续性地亏钱，但我又不知道他这种看盘的方式哪里有问题，还请你帮我解解惑。

王助教：

这种看盘的方式不仅你朋友用，还有许多投资者在用，但其实，大多数投资者都是亏钱的，这就说明这种方式并不适合广大的投资者。

那么，问题在哪里呢？短周期的技术形态肯定比长周期形成的时间早，5分钟K线有买点了，但此时15分钟必然还保持着下降的趋势，若再增看60分钟，有可能60分钟是处于一个大箱体震荡过程中，怎么做？这样多周期地去看K线图搞得自己一团糟。

内部培训学员王震东：

但是我曾注意到一个问题，老师的操盘界面有时也是多周期组合的，有1分钟走势的，有3分钟走势，也有日线的，这又该如何解释呢？

王助教：

另一个细节你没注意吧？1分钟的可能是沪镍，3分钟的可能是螺纹，日线的则可能是L，虽然是多周期的，但品种却完全不一样。沪镍波动快，所以适合1分钟，螺纹波动稳定，所以适合3分钟，而L是因为没有夜盘做起来趋势比较省心，不去用熬夜。虽然是多周期，但是却根据不同品种的特征把它们放在一起，而不是一个品种所有的周期全部展开。

内部培训学员王震东：

老师这种做法其实还是一个品种对应一个周期，目标品种活泼程度不同，所以分析与操作的周期也不同。这一点倒是非常值得学习的。

王助教：

对一个品种同时查看多个周期，会有不同周期之间形成共振的时候，但这种情况跟不同周期产生矛盾的时候一样多。所以说，多周期操作不仅不会给投资者带来太大的帮助作用，反而会扰乱投资者的操作。绝大多数投资者一来心态不成熟，二来技术方法严重缺乏，根本没有任何能力处理好不同周期之间矛盾的情况，如果，在心态与技术达不到较高高度的情况下去学那些高手的操盘手法，往往适得其反！

内部培训学员王震东：

难道只有坚持一种周期进行操作这一种方法了吗？

王助教：

也不是的，多周期是可以使用的，但这种使用方法与绝大多数的投资者使用方法都不一样，一阳老师称之为降周期交易方法。

降周期交易方法是指：在某个长一些的周期K线图中，在交易信号快要形成的时候，比如MACD指标金叉有快要形成迹象时，可以降一级周期看一下短周期K线图中是不是提前形成了交易信号，因为短周期的信号形成时间肯定比长周期的早，所以，一旦短周期率先形成了MACD指标金叉时，便可以提前入场开仓，而后，一旦长周期形成了信号时，可以再进行加仓位。

在具体使用时，不要跨级使用，降一级就行了，使用软件中的默认排序就行，比如看60分钟的话降到30分钟就可以，看15分钟的话降到5分钟就可以，看5分钟的话降到3分钟就可以了。但若看的是60分钟，一下子降到15分钟这就不对了，这叫跨级了，是不允许的。

内部培训学员王震东：

看来别人都是在升级交易周期操作，看着1分钟却去3分钟上寻找共振，由此来看，这其实是一种心理安慰而已，没有太大的实际用途。还是一阳老师的降周期交易方法更加实用，与你交流又学到了一手，以后对交易周期的处理便不会再有任何迷茫了。

第十五招　技术性龙头与常规龙头

内部培训学员李光伟：

王助教你好，我是一个完全的新人，刚刚接触期货交易一个月后，正赶上一阳老师举办网络《三个月实盘》培训，因为这个培训是静态视频课程加动态直播讲解，我觉得非常适合我这种经验不多，动静都需要提高的人，所以便报名参加了学习。培训课程中，老师一节静态视频课程让我们学习方法，而后在开盘的时候再在动态环境中为我们讲解这个方法的实际运用方式，这样的培训方式一下子就让我这个新人明白了许多的操作技巧。同时，第三个月份时更有老师带我们进行了实盘操作演练，看着老师在盘中进行分析、决策、提示操作，通过模仿老师实战的一系列过程，虽然只有三个月的时间，但我感觉好像学习与实战了三年一样，操作的能力一下子提高了许多。

老师讲解的操作形态我通过三个月的动静结合的学习都掌握得很好，但毕竟基础知识缺乏，一些概念性的东西还理解得不是太深，因为之前学习时重心也没放在这里，想着先把操作部分提高，而后再慢慢补齐概念性知识的短板，所以，现在想向你请教一下关于龙头的概念，麻烦你告诉我一下什么是龙头品种，以及与龙头品种相关的一些知识。

王助教：

操盘方法分为：实战方法与辅助性方法，就好像练武术一样，实战方法就是其中的一击必杀术，出手就是要去捕捉交易机会的。而辅助性方法就好像是拉拉韧带，练练力量一样，可以让一击必杀技能拥有更大一些的威力。光是天天拉韧带、练力量，没有实战的技能这是绝对不行的。而有实战技能捕捉机会的方法，就算不拉韧带、练力量，也照样可以捕捉到机会。要注意这两者之间的关系！你拥有了捕捉交易机会的能力，再多多学习一些辅助性方法，这就非常完美了。

龙头是什么呢？其实很容易理解，龙头也叫领涨领跌品种，它是当天涨幅居前，或是跌幅居前的品种，从涨幅榜或跌幅榜中便可以轻松地指认出它们是谁，幅度最大的那个就是龙头品种！在单边上涨的行情中，多方龙头只有一个，其他的都是跟风上涨；在单边下跌的行情中，空方龙头也只有一个，其他的都是跟风下跌的；在分化市场中，龙头则有两个，分别是一个多方龙头与一个空方龙头，也就是涨幅最大与跌幅最大的品种。龙头品种的作用是带领着其他的品种进行上涨或是下跌，对行情的纵深起到关键的作用。

内部培训学员李光伟：

对行情的纵深起到关键的作用具体是什么意思呢？不太理解这句话。

王助教：

我考一下你，《三个月实盘》培训课程中有关于盘面的讲解，假设今天是多头盘中，涨幅最大的那个品种涨了1.5%，这意味着什么？该如何看待整体盘面？

内部培训学员李光伟：

这说明当天虽然是多头盘面，但是整体多方的力度比较小，因为最牛的那个品种仅上涨了1.5%，所以，这一天没有赚大钱的机会，应当采取见利就跑的交易策略。

王助教：

非常正确！但如果今天涨幅最大的品种涨停了，并且前五名的平均涨幅在4%以上，这又如何看待？

内部培训学员李光伟：

这说明当天的多头力量很大，市场提供了赚大钱的机会，应当运用一阳老师讲解的持仓交易策略放开胆子多追逐一些收益。

王助教：

这就是龙头品种对行情的纵深发展起到的作用，当天有没有机会赚大钱必须对涨幅或跌幅居前的品种看一下，它们的波动幅度大，行情在它们的带领下将会有较大的机会，这个时候就一定要放开胆子捉把大的。反之，有利就要跑。就算技术水平再高，若当天的行情根本不给机会，也照样无法实现较大的盈利。

内部培训学员李光伟:

龙头的作用就是反映当天最大的盈利机会与盈利空间，看一眼它们的表现也就知道了当天机会的大小。老师三个月实盘的动态课程中倒对我们讲过，每一天都必须盯着涨幅前5名与跌幅前5名，看来这就是要让我们盯着龙头来做。龙头若表现都不怎么样，其他的弱势品种就更没戏了。照此来说，龙头的判断标准就是涨幅或跌幅居前吧?

王助教:

正是如此，虽然说龙头品种还有其他的判断方式，但最快捷、最有效的判断方式就是从涨幅或是跌幅中进行判断。

在实际分析过程中可能会出现这样的情况：涨幅前列中有好几个是某一个板块中的品种，那么这个板块就称为龙头板块。例如：第一名是螺纹，第二名铁矿，第三名沪镍，第四名焦炭、第五名焦煤、第六名玻璃、第七名硅铁，从这些名次就可以看到：黑色系全体出动了，那么，这个板块就是当天资金操作的主流对象，也是当天最值得交易的板块。

若是当天涨幅居前的只有螺纹，而其他品种表现平平，那就意味着螺纹虽然是龙头品种，但黑色系并未形成龙头板块，黑色系中除了要关注并操作螺纹之外，其他的品种没有什么太大的操作价值。

内部培训学员李光伟:

形成板块效应肯定要比单个品种涨幅靠前更好，一个好汉三个帮嘛。龙头品种与龙头板块的概念已经搞清楚了，除此之外，还有什么需要注意的吗?

王助教:

龙头品种还分为：技术性龙头与常规龙头。技术性龙头就是刚才讲的识别方法，每一天涨幅居前或是跌幅居前的品种，并且这些品种每天都是在变化着的，如果只盯着龙头来进行操作，每天操作的品种都是不一样的。

而常规龙头正确不好，这是基于经验得出的一些价格波动的规律，问你一个问题：有色金属板块中你觉得谁波动活跃度最高?

内部培训学员李光伟:

在成交量可以满足正常交易的情况下，沪镍的波动活跃度最高，并且还有一个规律就是沪镍在上涨或下跌时，总是会超过铜、锌、铝这些品种，并容易跑到涨幅或跌幅的前列中。

王助教：

对！在多数情况下，某个板块中的品种总爱跑到涨跌幅前列，这就是常规龙头的波动特点，虽然不见得每一次都这样，但十回里却有七八回是这种情况。所以，才把它们称为常规龙头。

内部培训学员李光伟：

是不是也可以这样理解：沪镍的价格是最高的，所以，它的波动活跃度就高，就更容易带来更大的收益？

王助教：

是这个意思的，沪镍的波动活跃度高于沪铜，而沪铜则高于沪锌，沪锌则高于沪铝，就是因为它们的价格依次都比后一个品种高，或者说是它们的最小变动单位的数量最多，以沪镍为例，10万的价格意味着能有1万下的波动，而沪铜5万的价格则只有5000下的最小变动跳数，自然波动的幅度就拉开差距了。

因此找到了某个板块中价格最高的那个品种，也就等于知道了常规龙头是谁了。

内部培训学员李光伟：

如此说来，黑色系板块中的常规龙头应当是焦炭，它的价格虽然并不是最高的，但最小变动跳数是最多的，以当前的价格计算有4000多跳。

王助教：

是这样理解的。不过，焦炭在当前的手续费比较高，咱们的是交易所手续费标准，虽然相比其他投资者是低到底了，但交易对主力合约依然收取了1.8%%的日内交易手续费，这样一来，进行日内操作它就不太适合了，交易成本高。所以，退而求其次，把螺纹作为黑色系的常规龙头。按说应当是热卷，但热卷的成交量较小，如果资金小的则可以把热卷当做黑色系的常规龙头，若资金量大的则宜把螺纹当做常规龙头。

内部培训学员李光伟：

能源化工就应当以PP为首了，它的最小变动跳数有9000跳。

王助教：

从最小变动跳数来说是这样的，不过PP是二线品种，很少出现在涨幅前列，橡胶其实才是能源化工的常规龙头，PP应当把它与L视为一致，L按1万元计算其实也就2000跳。所以，能源化工板块的常规龙头以橡胶为准。最小变动跳数虽多，但你总跳不到前边这也是不行的。PP与橡胶同属于是波动活跃的品种，但PP并不是常规龙头。

以上我们说了三个板块了，有色金属板块的常规龙头是沪镍，黑色系是螺纹，能源化工是橡胶，这些没有什么技术成分，就是统计得出来的经验值，只需要记下它们就好。

那接下来你再想一下，农产品应当是谁呢？

内部培训学员李光伟：

农产品相对比较乱，比如白糖、棉花、鸡蛋，它俩虽然是农产品，但走势却是非常独立的，别的品种涨它们可能跌，别的品种跌它们可能涨，用一阳老师的话说就是：个性比较独立。玉米与玉米淀粉倒是相关，但只有这兄弟俩一条心，它俩的走势也与其他品种无关。余下的具有关联性的就是：豆一、豆二、豆粕、菜粕，以及棕榈、豆油与菜油。活跃度上来说，鸡蛋、豆一与豆二、白糖都算是较高的，其实挺难确定的。

王助教：

的确是这样，农产品不像另三个板块关联度那么高，所以，农产品的常规龙头就不太好确定了，而根据历史来看，其实豆粕与菜粕这两个相对容易出现在涨幅前列，但这两个品种它们又不如豆一波动更活跃，原因就是相比豆一价格低，所以把豆一视为常规龙头。但是，在实战操作时，还是具体要看一下涨跌幅排行榜的，因为不一定谁是当天农产品的龙头，谁跌到了前边就以谁为准。

内部培训学员李光伟：

确定常规龙头有什么意义吗？难道它对行情的变化会有影响？

王助教：

对行情的影响是有的，那就是，如果常规龙头今天又是技术性龙头，比如螺纹它是常规龙头，而今天又处于涨幅第一，这就是常规龙头与技术性龙头结合了，这种情况下黑色系的上涨可靠性就会高很多。但若今天涨幅第一的是玻璃，则黑色系板块整体上涨的可靠性就会降低一些了，对玻璃做多肯定是正确的，但效果则不如同时符合常规龙头与技术性龙头身份的好。

内部培训学员李光伟：

通过交流对龙头的概念更加清楚了，非常感谢你的交流！

※ 第三章　多空之间寻战机 ※

盘面的多空环境分析技术，是笔者创立的一套全新的分析方法，用以确定当前整体市场环境结构，以此为基础为投资者指明当天的宏观操作方向，从而提升操作的成功概率。其思想与分析方法国内独一无二，极大地简化了投资者的分析压力，使投资者可以在几秒钟之内做到：对整体市场多空状况进行准确的分析，对资金流行进行准确的锁定，对目标品种进行正确的锁定，对符合环境要求的交易机会进行及时的捕获。

故此，掌握盘面的多空环境变化对提升投资者的盈利状况有着极大的帮助，这一方法已被越来越多的读者朋友所使用，其极佳的实战效果更是从使用者频传的捷报中得到了验证。

第十六招　多头市场的氛围

0附加手续费开户者刘家俊：

姚助教你好，看过一阳老师其他的期货书之后与你们进行了联系，后来得知老师合作的期货公司可以给我们提供0附加手续费（交易所标准手续费，期货公司不额外加收），开户交易后还会提供免费的实盘操作指导服务以及赠送我们一阳老师的“宝贝”趋势监控操盘指标，于是我就第一时间报名开了个新账号，我应当算是你们那里头一批开户的人了。

我买的书中没有一阳老师关于多空盘面的内容，而参与实盘指导后又经常听助教老师们说多头盘面做多，空头盘面做空的事，让我有些听不明白，所以想向你请教一下，什么是多头盘面，该如何进行分析？

姚助教：

大家在我们合作的期货公司开户后，我们都会为大家提供许多免费的服务，同时，在进行实盘服务的时候，也会穿插着讲解一些盘面上的变化。以便让大家在交易的过程中不断提升自身的操盘能力，从而拥有完全的、正确的自我交易的能力。把大家的交易手续费成本降到了底，又有这么多的服务为大家保驾护航，成功的希望肯定就会提升了。

多头盘面围绕着一个字来做文章，就是“多”字。那你来想象一下，怎样就是一个多了？

0附加手续费开户者刘家俊：

多，肯定是要涨的，自个儿盯的品种要涨，其他的品种也最好都涨，一片涨升，这样肯定就是多了。

姚助教：

完全正确，如果大多数品种都在下跌，这肯定就不是多头市场了，故此，多头市场必须满足大多数品种都在上涨这个要求。在实际分析时，我们不要求所有的品种都涨，允许少数品种下跌，比如活跃的品种有三十几个，允许那么七八家，甚至可以放宽到十来家是下跌的。当然了，下跌的家数越少越好。

你延续刚才的思路再深入想一下：既然我们允许少部分品种下跌，那么，它们可以肆无忌惮地下跌吗？

0附加手续费开户者刘家俊：

那肯定不行的，虽然下跌数量少，但如果这些品种的跌幅非常大，这将意味着空方的力量是比较大的，肯定就不是多头环境了。一阳老师曾说过：做多，要在空头力量弱的时候进行。这句话放到盘中分析中也应当通用的。

姚助教：

虽然允许一些品种下跌，哪怕有三分之一的品种下跌也没关系，但是，这些下跌的品种跌幅绝对不能太大，否则，就改变了市场的氛围，这是不允许的。

下面结合具体案例来进行讲解（见图3-1）。你先来谈一下这一天的涨跌幅排行榜的特点。

0附加手续费开户者刘家俊：

从2018年5月2日的各活跃波动品种的涨跌幅排行榜来看，当天23个品种上涨，2家平盘，10家下跌，有三分之二的品种在上涨，少部分品种下跌，因此，当天的市场氛围属于明显的多头盘面。

姚助教：

大多数品种上涨，少部分品种下跌，上涨平均涨幅大于下跌的平均跌幅，这就是多头市场的最大特征，通过排序便可以准确地得知整体市场资金们的操作意愿。这种情况下，做空是最佳的策略吗？显示不是的！虽然案例都是收盘后制作的，但这种情况可以出现于盘中任何时刻！操作就是这样，把握当下，当下是什么样的就怎么样去执行操作，当下的情况发生了变化，我们也随之调整操作的策略就可以了。

从这一天的排序来看，什么板块是当天的主流品种？

序	名称	最新	涨跌	↓涨幅
1	焦炭1809	1988.5	94.0	4.96%
2	焦煤1809	1205.0	47.5	4.10%
3	螺纹1810	3727	134	3.73%
4	鸡蛋1809	4120	125	3.13%
5	铁矿1809	474.0	13.5	2.93%
6	热卷1810	3801	103	2.79%
7	沥青1812	2984	72	2.47%
8	PP1809	9185	213	2.37%
9	苹果1810	7937	164	2.11%
10	橡胶1809	11525	235	2.08%
11	豆粕1809	3226	58	1.83%
12	豆二1809	3528	54	1.55%
13	塑料1809	9415	140	1.51%
14	玉米淀粉180	2159	25	1.17%
15	菜粕1809	2676	30	1.13%
16	甲醇1809	2706	25	0.93%
17	PTA 1809	5630	50	0.90%
18	豆一1809	3819	21	0.55%
19	豆油1809	5758	24	0.42%
20	菜油1809	6464	22	0.34%
21	沪镍1809	104510	310	0.30%
22	玉米1809	1736	5	0.29%
23	棉花1809	15435	40	0.26%
24	PVC 1809	6860	0	0.00%
25	玻璃1809	1377	0	0.00%
26	棕榈1809	4986	-6	-0.12%
27	动煤1809	596.6	-1.0	-0.17%
28	锰硅1809	7350	-20	-0.27%
29	沪锌1808	23640	-70	-0.30%
30	沪铝1808	14590	-45	-0.31%
31	黄金1812	274.10	-0.90	-0.33%
32	白糖1809	5403	-34	-0.63%
33	硅铁1809	6430	-46	-0.71%
34	沪铜1808	51520	-430	-0.83%
35	白银1812	3729	-34	-0.90%

图3-1　2018年5月2日涨跌排行榜

0附加手续费开户者刘家俊：

从涨幅前五名的品种来看，除了第四名的鸡蛋之外，余下的品种全部是黑色系板块中的，故此，这一天资金操作的对象便是黑色系，而对于我们来讲，操作的目标也应当在这个板块之中去进行选择。不考虑手续费与成交量的因素，焦炭肯定是最适合的。

姚助教：

正是如此，通过行情排序便可以一下子知道这两大极为重要的分析结论，要知道，这样的分析结论完全可以在几秒钟之内做出判断。不过，在实战操作的时候，这种排序的方法一定要每隔十几分钟就进行一次，虽然说龙头一旦形成它们的地位将会是非常稳固的，但必须每过一段时间重新分析一次，没有变化便执行原定的交易计划，一旦有了新的变化，则需要及时调整自己的交易策略。

0附加手续费开户者刘家俊：

我有一个问题，现在有许多品种指数，比如文华商品指数以及各种的板块指数，查看这些指数是不是也可以？指数在涨就是多头状态，指数在跌就是空头状态是不是会更简洁？

姚助教：

对于股票市场来说，看指数直接就可以知道整体市场的多空状态，因为近四千只个股，哪有时间一只只去翻看？一只股票哪怕只看一秒钟，一个小时就过去了，所以，看指数是最省事的，指数上涨则是多头状态，指数下跌则是空头状态，这是正确的！

而期货市场活跃的商品期货，再加上金融期货等，总共也就40个品种，再把关联性很高，例如焦炭与焦煤、玉米与玉米淀粉、豆粕与菜粕等剔除，其实独立的品种也就二十来只，这么点品种，几秒就分析完了，与看着指数进行分析没有什么差别。再者，光看指数能知道什么板块是今天的龙头，什么板块是今天的跟风吗？肯定是不行的，所以，看指数得出的分析结论相对比较片面。

如果哪一天期货的品种有数百只了，那个时候涉及精力分配问题，一阳老师的多空盘面分析方法也就无法再用了，并不是方法失效了，而是进行分析所付出的时间太长，得出结论了，买卖点也全部错过了。但只要活跃的品种在100只以内，还是以老师的多空盘面分析方法为准进行分析，这样分析结论更详细。

当然，这并不是说指数就一点用也不顶，在细微处，指数还是很有用的。老师的方法与指数结合来效果就更好了。比如说：盘面偏多，龙头板块也锁定了，但这个时候指数正处于上涨以后的调整状态，那我们就知道应当采取逢低做多的手法来操作。其思路就是配合指数的波动形态选择与之相符的操作手法，指数调整就逢低做多，指数突破就找强势品种同样做突破，指数见顶了就找最弱的进行做空。

O附加手续费开户者刘家俊：

你这么一讲就更清楚了，一阳老师的盘面分析方法效率更高，分析的层面更多，结论更全面，而结合指数则可以把细节的操作做得更完美。

姚助教：

下面再来看另一个市场案例（见图3-2），你再来详细说一下盘面的整体情况。

序	名称	最新	涨跌	↓涨幅
1	PTA 1809	5818	198	3.52%
2	豆二1809	3494	102	3.01%
3	豆粕1809	3126	88	2.90%
4	菜粕1809	2489	63	2.60%
5	沥青1812	3142	72	2.35%
6	沪锌1808	22915	350	1.55%
7	豆油1809	5558	80	1.46%
8	塑料1809	9140	125	1.39%
9	甲醇1809	2753	37	1.36%
10	棕榈1809	4782	50	1.06%
11	菜油1809	6492	50	0.78%
12	沪铝1808	14175	105	0.75%
13	豆一1809	3664	27	0.74%
14	硅铁1809	6848	46	0.68%
15	PVC 1809	6780	40	0.59%
16	PP1809	9077	49	0.54%
17	橡胶1809	10490	50	0.48%
18	热卷1810	3831	16	0.42%
19	玉米1809	1786	7	0.39%
20	苹果1810	9295	26	0.28%
21	玉米淀粉180(	2245	6	0.27%
22	白糖1809	5166	13	0.25%
23	黄金1812	271.60	0.15	0.06%
24	白银1812	3752	0	0.00%
25	棉花1809	16005	-5	-0.03%
26	鸡蛋1809	4190	-3	-0.07%
27	玻璃1809	1429	-2	-0.14%
28	沪铜1808	51480	-80	-0.16%
29	锰硅1809	8068	-24	-0.30%
30	铁矿1809	461.0	-1.5	-0.32%
31	螺纹1810	3672	-16	-0.43%
32	动煤1809	632.6	-3.0	-0.47%
33	沪镍1809	114550	-640	-0.56%
34	焦煤1809	1170.5	-7.5	-0.64%
35	焦炭1809	2021.0	-19.5	-0.96%

图3-2　2018年6月27日涨跌幅排行榜

0附加手续费开户者刘家俊:

这一天共有23个品种上涨，1个品种平盘，11个品种下跌，上涨的品种多下跌的品种少，这符合多头盘面的技术要求。

姚助教:

首先要进行涨跌家数的对比，数量多的占优势。接下来要再判断多空的力度。

0附加手续费开户者刘家俊:

下跌的品种最大跌幅是0.96%，平均跌幅在0.5%以内。而上涨的品种平均涨幅在1%以上。涨幅前5名的品种上涨幅度明显远远大于跌幅前5名的下跌幅度，由此可见，多方的力量更为强大。

姚助教:

上涨的数量多，上涨的幅度大，这种情况下谁要去做空那就很容易赔钱了。盘面多头定下了做多的基调之后，顺势则赢，逆势则亏。

再来说一下这一天行情的主流热点是什么?

0附加手续费开户者刘家俊:

涨幅前列的品种中农产品的身影比较集中，所以，这一天的主流热点主要集中在农产品种，在进行实战操作时，应当对农产品进行重点关注。

姚助教:

下跌居前的品种中，黑色系集中靠前，是否可以对领跌的黑色系进行做空操作呢?

0附加手续费开户者刘家俊:

虽然黑色系跌幅靠前，但整体的跌幅较小，这说明空方的力量较弱，就算有做空的机会也难以实现较大的盈利，再加上大多数品种上涨并且涨幅大于跌幅，做它们不是最好的交易策略。

姚助教:

盘面就是大环境，只有服从盘面的多空变化才可以提高实战的成功率，大冬天穿个裤衩背心出门肯定是要冻病的。

再来看最后一个案例(见图3-3)，这个案例与前几个又有了明显的差别。

序	名称	最新	涨跌	↓涨幅
1	豆粕1809	3158	140	4.64%
2	焦炭1809	1807.0	72.0	4.15%
3	菜粕1809	2573	100	4.04%
4	锰硅1809	7160	230	3.32%
5	热卷1810	3512	110	3.23%
6	螺纹1810	3391	102	3.10%
7	焦煤1809	1187.0	30.0	2.59%
8	PVC 1809	6480	140	2.21%
9	玻璃1809	1388	28	2.06%
10	鸡蛋1809	3917	69	1.79%
11	豆油1809	5820	98	1.71%
12	硅铁1809	5886	96	1.66%
13	橡胶1809	11640	165	1.44%
14	甲醇1809	2599	30	1.17%
15	铁矿1809	459.5	5.0	1.10%
16	棕榈1809	5062	52	1.04%
17	沥青1812	2958	30	1.02%
18	沪镍1809	100240	940	0.95%
19	菜油1809	6464	60	0.94%
20	塑料1809	9195	85	0.93%
21	PTA 1809	5430	42	0.78%
22	豆二1809	3545	27	0.77%
23	豆一1809	3837	29	0.76%
24	动煤1809	572.8	3.8	0.67%
25	沪铜1808	50680	330	0.66%
26	PP1809	8848	45	0.51%
27	棉花1809	15315	70	0.46%
28	白银1812	3717	15	0.41%
29	白糖1809	5551	22	0.40%
30	玉米淀粉180{	2141	7	0.33%
31	黄金1812	275.65	0.60	0.22%
32	玉米1809	1744	1	0.06%
33	沪锌1808	24730	-30	-0.12%
34	沪铝1808	13980	-35	-0.25%
35	苹果1810	6482	-27	-0.41%

图3-3 2018年3月30日涨跌幅排行榜

0附加手续费开户者刘家俊：

这一天的盘面真是太经典了，32个品种上涨，只有3家下跌，并且跌幅那么一点点，最为典型的多头盘面。

姚助教：

其实这种盘面相对少见一些，更多见的就是前两个案例中的多头状态。不过这个案例分析的难度是最小的，只从上涨家数上就可以做出正确的判断了。那么，这一天的主流热点是什么呢？

0附加手续费开户者刘家俊：

从涨幅居前的品种看，豆粕与菜粕分别是涨幅第一和第三名，但没有别的农产品紧密地随之一起上涨。最为明显的则是黑色系板块，这个板块内的品种形成了集体性的上涨走势，应当对它们积极地做多。

姚助教：

像这种全面上涨的行情，只要是涨幅前15名的都可以进行操作，只不过涨幅越靠前获利的幅度就有可能越大而已。

另一个问题就是这种普涨的行情有的时候板块就会显得不是很集中了，但这并不是什么坏事，主要原因就是大家都在一窝蜂地向前冲，排名就可能比较混杂了，因此，目标选择的条件可以放宽。

0附加手续费开户者刘家俊：

进行一下总结，多头盘面是指：上涨家数多、下跌家数少，上涨平均幅度大于下跌平均幅度，满足这两个基本条件的涨幅排名状况便意味着形成了多头盘面，这个时候应当积极地进行做多操作，不宜进行做空操作，这样可以提高胜算。除此，还要留意板块的变化，涨幅居前的品种若有着明显的板块特征那将会是最好的，这说明资金流向非常清晰，会降低操作的难度。

姚助教：

盘面的多空就是大环境，顺着大势走的操作效果必然是最好的！

第十七招　空头市场的氛围

0附加手续费开户者林志兵：

我之前一直进行的是股票操作，买了许多一阳老师的股票书进行学习，后来看到一阳老师又开始做期货了，于是，又购买了一阳老师的期货书进行学习。做股票时我的佣金是万分之一，这也是一阳老师帮我的。而做期货时又得知老师合作的期货公司可以提供交易所的手续费标准，是全国最低的期货交易手续费，因此便开了一个期货交易账户。我的账号是低到了底的手续费，惹得身边做期货的朋友非常羡慕，纷纷向我询问在哪里开的户，于是让身边这些朋友们都来老师这里办理开户了，帮着身边的朋友节省了交易的成本，利人利己！

因为股票做的时间长，所以一时半会还不太适应期货的做空操作，对于做空这件事总是觉得不如做多那么踏实。所以，我先学习的都是怎么进行期货的做多操作，做多现在没有任何问题了，所以，想再进一步学习一下做空的操作，同时，因为听老师讲过：进行期货的日内交易必须首先判断多空盘面，因此，想向你请教一下空头盘面的识别方法。

姚助教：

做多你学会的话，其实做空是比较简单的，只要把做多的方法完全翻转过来就是做空的方法了。当然，说起来容易，但对于没有进行过做空的股民来讲，做空的确是非常别扭的一件事，一阳老师刚做期货时，同时对做空也是不适应，经过了一段时间的操作才慢慢地适应了做空。所以，你不要过于担心，这不是什么大问题，那么长的时间做股票都是满脑子做多的想法，现在突然可以做空了，需要时间适应一下。

你先来想一下空头盘面应当是什么样子？

0附加手续费开户者林志兵：

多头盘面我是知道的，上涨的品种家数要多，这是最直接的判断多头盘面的方式。既然与多头盘面相反就是空头盘面，显然，下跌品种的家数要多这就是空头盘面的标准之一。

姚助教：

下跌家数多说明资金至少在当前做空的态度与行为是高度一致的，因此，只要从涨跌幅排行榜上看到下跌家数远远多于上涨家数时，便可以确认当前的行情是空头盘面了。

来看一个案例(见图 3-4)。

序	名称	最新	涨跌	↑涨幅
1	动煤1809	618.6	-15.2	-2.40%
2	焦炭1809	2026.0	-43.5	-2.10%
3	焦煤1809	1130.0	-23.5	-2.04%
4	沪锌1809	20595	-375	-1.79%
5	豆一1809	3485	-58	-1.64%
6	菜油1809	6250	-97	-1.53%
7	甲醇1809	2879	-40	-1.37%
8	沪镍1809	112440	-1560	-1.37%
9	棕榈1809	4600	-46	-0.99%
10	豆粕1809	3062	-30	-0.97%
11	豆二1809	3345	-28	-0.83%
12	硅铁1809	6534	-54	-0.82%
13	豆油1809	5470	-42	-0.76%
14	铁矿1809	463.0	-3.0	-0.64%
15	锰硅1809	7946	-50	-0.63%
16	沪铝1808	13965	-85	-0.60%
17	苹果1810	9314	-50	-0.53%
18	沪铜1808	48610	-240	-0.49%
19	沥青1812	3252	-16	-0.49%
20	菜粕1809	2490	-12	-0.48%
21	PTA 1809	5876	-26	-0.44%
22	螺纹1810	3959	-17	-0.43%
23	橡胶1809	10325	-30	-0.29%
24	黄金1812	271.70	-0.20	-0.07%
25	PVC 1809	6940	-5	-0.07%
26	玻璃1809	1486	-1	-0.07%
27	白银1812	3729	1	0.03%
28	玉米淀粉18	2242	1	0.04%
29	热卷1810	4025	2	0.05%
30	玉米1809	1769	1	0.06%
31	鸡蛋1809	4140	6	0.15%
32	PP1809	9345	30	0.32%
33	塑料1809	9335	30	0.32%
34	棉花1809	15970	85	0.54%
35	白糖1809	4849	50	1.04%

图3-4　2018年7月13日涨跌幅排行榜

0附加手续费开户者林志兵：

从这一天的走势来看，下跌的品种家数多达26家，仅有9个品种出现了上涨的走势，从涨跌家数来看，下跌家数明显多于上涨家数，因此，这一天的盘面是明显的空头盘面。

姚助教：

涨跌家数告诉了我们重要的环境特征，因此，在这一天应当采取的交易策略便是：积极进行做空操作，放弃做多的交易机会。既然坚定了做空的思路，就应当擒贼先擒王，操作的目标需要集中在跌幅前几名的品种上。

从跌幅前几名的情况来看，应当选择哪些品种进行操作为好？

0附加手续费开户者林志兵：

跌幅前三名的是煤炭，由于动煤跌幅第一，因此它是最佳的目标，但由于焦炭与焦煤咬得也挺死，所以，这三个品种操作谁都可以，谁的技术形态更好就对谁进行交易就可以。

而其他的品种则没有构成明显的板块，根据一阳老师所讲解的：优先操作构成板块联动性的品种，其他的品种只适合作为备选。但备选品种也必须在前几名中，因此，跌幅第四的沪锌与跌幅第五的豆一就是另外两个备选品种。

姚助教：

空头板块中要寻找跌幅居前的品种进行操作，如果这些空头的王者都无法给投资者带来好的收益机会，那些跌幅落后的就更没戏了。当然，有时跌幅靠前的品种有可能一大轮下跌已经结束，后期的确没有好的进一步下跌空间时，也可以对跌幅靠前的品种进行关注，只要它们有好的技术形态便依然可以进行操作。切记：跌幅落后的品种最好放弃，跌幅越落后越需要放弃。

再来看一个案例（见图 3-5），2018年6月26日的走势跟前一个案例有所不同，你来说一下具体的区别是怎样的。

序	名称	最新	涨跌	↑涨幅
1	橡胶1809	10190	-600	-5.56%
2	菜油1809	6392	-361	-5.35%
3	焦煤1809	1199.5	-64.5	-5.10%
4	焦炭1809	2086.0	-110.0	-5.01%
5	铁矿1809	450.5	-23.5	-4.96%
6	棉花1809	15935	-775	-4.64%
7	棕榈1809	4630	-220	-4.54%
8	沪铜1808	51680	-1980	-3.69%
9	豆油1809	5458	-206	-3.64%
10	白银1812	3733	-134	-3.47%
11	螺纹1810	3769	-133	-3.41%
12	沥青1812	3062	-102	-3.22%
13	热卷1810	3847	-121	-3.05%
14	PTA 1809	5564	-140	-2.45%
15	动煤1809	644.2	-16.2	-2.45%
16	沪镍1809	113040	-2730	-2.36%
17	沪锌1809	23480	-560	-2.33%
18	白糖1809	5106	-114	-2.18%
19	硅铁1809	6342	-138	-2.13%
20	沪铝1808	14105	-305	-2.12%
21	甲醇1809	2774	-58	-2.05%
22	塑料1809	9045	-165	-1.79%
23	PP1809	9122	-166	-1.79%
24	PVC 1809	6730	-80	-1.17%
25	玻璃1809	1460	-17	-1.15%
26	锰硅1809	7890	-74	-0.93%
27	黄金1812	271.40	-2.25	-0.82%
28	玉米1809	1763	3	0.17%
29	玉米淀粉18	2214	6	0.27%
30	苹果1810	10012	71	0.71%
31	鸡蛋1809	4186	55	1.33%
32	豆一1809	3658	66	1.84%
33	豆二1809	3425	102	3.07%
34	菜粕1809	2454	74	3.11%
35	豆粕1809	3054	119	4.05%

图3-5　2018年6月26日涨跌幅排行榜

0附加手续费开户者林志兵：

涨跌家数上倒没什么大的变化，下跌的品种有27家，上涨的只有8家，下跌的数量明显多于上涨的数量，较多的下跌家数奠定了空头的市场氛围。

不同之处就在于下跌的整体幅度明显加大了，前几名的品种平均跌幅在5%左右，居中的品种平均跌幅也在2%左右。

姚助教：

在对盘面多空进行分析的时候，最重要的是区别是多头市场还是空头市场，这是要点所在。至于说力度倒是其次，市场趋势空，若下跌力度越大，那么，空头的技术形态走成功的概率也就越高，同时，带来的获利幅度也会越大，因此，在空头盘面中，空方力度的加大其实是好事，对做空的整体操作思路并没有任何影响。故此，完全没有必要纠结于力度的增大，毕竟较大的跌幅也不是一下子就形成的，肯定是由较小的下跌力度逐步发展而来的，空头力度弱一些的时候都要坚定做空，在空头力度加大的情况下更不可能去做多了。

从这一天的跌幅榜来看，应当选择什么样的品种进行操作？

0附加手续费开户者林志兵：

跌幅第一名的橡胶肯定是要重点关注的，一阳老师说过：涨幅第一的品种与跌幅第一的品种永远都要关注着。除此，跌幅居前的品种中，黑色系相对集中，由于焦煤与焦炭跌幅都差不多，所以选谁操作都可以，就看谁能够率先形成好的技术形态。

跌幅第二名的是菜油，盯着它肯定也对，但由于油脂跟风并不是太紧，所以，板块的结构并不是太好，不过跌幅前三的品种都盯着肯定是没错的。

姚助教：

在这一天豆粕、菜粕与大豆涨幅较猛，从幅度上来说多头的力量也挺大，同时，农产品还形成了板块性上涨的走势，因此，多头的品种也可以盯着。只不过从实际操作来讲，应当优先空头品种的操作，只有在空头品种没有任何操作价值的时候，才可以在这些涨幅居前的品种身上寻找机会。但凡空头的品种有操作的机会，就不能去进行做多操作，毕竟，空头市场做空才是主旋律。

第十八招　分化市场的氛围

0附加手续费开户者吴俊伟：

姚助教你好，学习过了多头盘面与空头盘面之后，在继续学习的时候我碰到了一个新的名词：分化盘面，对此不是太了解，希望姚助教能够为我讲解一下。

姚助教：

分化盘面这种多空环境其实在最近这几年才频繁出现，在几年前这种盘面出现得很少，大多数都是标准的弱多、弱空或是强多、强空。最近几年分化盘面的出现也是因为随着经济的发展，分化现象越来越严重，同一时期有的行业赚钱，有的行业亏损已成为了常态，而不像前些年一荣俱荣、一损皆损。

顾名思义，分化盘面就是说整个盘面中的所有品种有的上涨、有的下跌，没有形成统一的涨跌共识，虽然在多头或空头盘面中也有涨有跌，但只是少数品种与整体盘面逆着来。而在分化盘面中则不是这样，标准的分化盘面涨跌家数是大致相等的，这是区别多头与空头市场的重要标准。

下面来看一个案例(见图 3-6)：

0附加手续费开户者吴俊伟：

从这一天的涨跌幅排行榜来看，上涨的品种16家，2家平盘，下跌的品种17家，这跟标准的多头或空头市场有了明显的差别，在多头或是空头盘面中，上涨或是下跌的家数往往会有二十多家，而这一天的涨跌状况则是对半的，一半涨一半跌。

姚助教：

上涨或下跌的数量基本对等，这就是分化盘面的最大特点，从涨跌家数上来看，根本无法看出资金们统一的操作节奏。

序	名称	最新	涨跌	↓涨幅
1	沪锌1809	21880	335	1.55%
2	甲醇1809	2906	19	0.66%
3	沪铝1808	14010	90	0.65%
4	铁矿1809	459.0	2.5	0.55%
5	苹果1810	9373	43	0.46%
6	棉花1809	15495	65	0.42%
7	豆油1809	5614	22	0.39%
8	沥青1812	3248	12	0.37%
9	硅铁1809	6736	18	0.27%
10	PTA 1809	5878	14	0.24%
11	玻璃1809	1462	3	0.21%
12	黄金1812	273.25	0.50	0.18%
13	玉米淀粉1809	2242	2	0.09%
14	焦煤1809	1151.5	1.0	0.09%
15	白糖1809	4952	3	0.06%
16	玉米1809	1779	1	0.06%
17	白银1812	3748	0	0.00%
18	棕榈1809	4822	0	0.00%
19	热卷1810	3851	-1	-0.03%
20	鸡蛋1809	4128	-2	-0.05%
21	锰硅1809	7818	-4	-0.05%
22	焦炭1809	2010.5	-1.5	-0.07%
23	PP1809	9095	-8	-0.09%
24	塑料1809	9145	-15	-0.16%
25	菜油1809	6474	-12	-0.19%
26	螺纹1810	3780	-8	-0.21%
27	菜粕1809	2545	-8	-0.31%
28	沪铜1808	49080	-250	-0.51%
29	PVC 1809	6770	-40	-0.59%
30	豆粕1809	3106	-20	-0.64%
31	橡胶1809	10335	-70	-0.67%
32	沪镍1809	110980	-800	-0.72%
33	动煤1809	627.2	-6.0	-0.95%
34	豆二1809	3435	-35	-1.01%
35	豆一1809	3622	-59	-1.60%

图3-6　2018年7月6日涨跌幅排行榜

0附加手续费开户者吴俊伟：

面对这种一半上涨一半下跌的盘面状况，应当如何制订操作计划呢？

姚助教：

多头盘面中以做多为主，空头盘面中以做空为主。而分化盘面则可以同时进行两个方向的操作，做多也可以，做空也可以，谁有好的技术形态便对谁进行操作。

0附加手续费开户者吴俊伟：

多空都可以进行操作，那是不是也应当遵循：对上涨的品种进行做多操作，对下跌的品种进行做空操作的原则？

姚助教：

这是自然的，无论是标准的多头盘面、空头盘面或是分化盘面，做多永远只能对涨幅居前的进行，做空也要做跌幅居前的品种进行。分化市场进行操作，做多的对象要从上涨的前五名中去寻找，做空的对象要从跌幅的前五名中去寻找。居中的品种没有任何操作价值，除非其中有你喜欢并一直关注与操作的品种。

下面再来看一个案例(见图 3-7)：

序	名称	最新	涨跌	↓涨幅
1	苹果1810	9543	146	1.55%
2	沥青1812	3222	38	1.19%
3	橡胶1809	10535	90	0.86%
4	PTA 1809	5886	46	0.79%
5	沪镍1809	116090	760	0.66%
6	沪锌1809	23065	145	0.63%
7	玉米淀粉1809	2254	14	0.63%
8	焦炭1809	2036.0	10.5	0.52%
9	PVC 1809	6900	35	0.51%
10	沪铜1808	51430	220	0.43%
11	甲醇1809	2836	12	0.42%
12	塑料1809	9250	35	0.38%
13	沪铝1808	14025	50	0.36%
14	玻璃1809	1457	4	0.28%
15	热卷1810	3869	8	0.21%
16	硅铁1809	6844	10	0.15%
17	玉米1809	1786	1	0.06%
18	螺纹1810	3753	2	0.05%
19	铁矿1809	463.0	0.0	0.00%
20	豆油1809	5596	0	0.00%
21	白银1812	3742	-1	-0.03%
22	动煤1809	637.0	-0.2	-0.03%
23	黄金1812	271.90	-0.20	-0.07%
24	PP1809	9231	-11	-0.12%
25	焦煤1809	1165.0	-1.5	-0.13%
26	棕榈1809	4864	-8	-0.16%
27	菜油1809	6485	-12	-0.18%
28	棉花1809	15865	-35	-0.22%
29	鸡蛋1809	4152	-10	-0.24%
30	白糖1809	5049	-20	-0.39%
31	菜粕1809	2569	-19	-0.73%
32	豆一1809	3681	-35	-0.94%
33	豆二1809	3484	-37	-1.05%
34	豆粕1809	3138	-40	-1.26%
35	锰硅1809	7934	-144	-1.78%

图3-7　2018年7月3日涨跌幅排行榜

0附加手续费开户者吴俊伟：

这个案例与前一个案例是一样的，上涨与下跌的家数基本相当。在实际分析过程中，上涨的或是下跌的品种略微多出来两三家也没有关系吧？

姚助教：

理想化的分化盘面是一半涨一半跌的，但在实际分析过程中，只要差别不是太大就可以，多几家并没有关系。

在对分化盘面进行分析时，一看涨跌家数，二看涨跌幅度，因为涨跌幅度就是涨跌力度的体现，上涨的力度大就偏向于做多，下跌的力度大则偏向于做空。

0附加手续费开户者吴俊伟：

从这一天的走势来看，上涨前五名跟下跌前五名的品种其平均幅度都差不多，这又该如何操作呢？

姚助教：

如果上涨或下跌的幅度差别较大则跟着力度更大的一方去操作就可以了。若两者的力度相当，在满足交易形态的情况下，谁能够构成板块效应便对谁进行操作。

0附加手续费开户者吴俊伟：

从上涨的前五名来看，能源化工是集中位于涨幅前列的板块，因此，它们应当作为重点操作的对象。而从下跌的品种来看，农产品则是板块性跌幅居前，因此，农产品应当做空。

姚助教：

能源化工板块做多，农产品做空，这个思路是对的，但涨幅第一的品种，以及跌幅第一的品种可不要忘了！

确定了目标对象之后，接下来的事情就是耐心等着它们，看谁先形成符合交易的技术形态便对谁进行操作就可以了。

再来看最后一个案例（见图 3-8），从2018年6月26日的涨跌幅排行榜来看，下跌的品种家数略多几家，但这无所谓，并不影响大局，基本上保持着一半上涨一半下跌的格局，因此，可以通过涨跌排行榜轻松地确定，这就是标准的分化盘面。

序	名称	最新	涨跌	↓涨幅
1	硅铁1809	6860	182	2.73%
2	豆粕1809	3058	54	1.80%
3	菜粕1809	2439	32	1.33%
4	豆二1809	3421	35	1.03%
5	塑料1809	9070	90	1.00%
6	棕榈1809	4758	30	0.63%
7	PP1809	9058	46	0.51%
8	PTA 1809	5638	18	0.32%
9	沪锌1809	22460	55	0.25%
10	玉米1809	1780	4	0.23%
11	白银1812	3754	7	0.19%
12	橡胶1809	10485	15	0.14%
13	白糖1809	5160	6	0.12%
14	PVC 1809	6775	5	0.07%
15	黄金1812	271.25	0.10	0.04%
16	豆一1809	3636	1	0.03%
17	沥青1812	3080	0	0.00%
18	沪铜1808	51630	-50	-0.10%
19	豆油1809	5502	-6	-0.11%
20	玉米淀粉1809	2234	-3	-0.13%
21	铁矿1809	462.5	-1.5	-0.32%
22	苹果1810	9340	-33	-0.35%
23	鸡蛋1809	4199	-21	-0.50%
24	甲醇1809	2730	-14	-0.51%
25	菜油1809	6438	-42	-0.65%
26	沪铝1808	14035	-105	-0.74%
27	棉花1809	16015	-135	-0.84%
28	锰硅1809	8038	-88	-1.08%
29	热卷1810	3805	-44	-1.14%
30	螺纹1810	3675	-48	-1.29%
31	玻璃1809	1424	-21	-1.45%
32	动煤1809	632.6	-9.4	-1.46%
33	焦煤1809	1176.0	-18.0	-1.51%
34	沪镍1809	114360	-2310	-1.98%
35	焦炭1809	2025.5	-55.0	-2.64%

图3-8　2018年6月26日涨跌幅排行榜

0附加手续费开户者吴俊伟：

通过前两个案例的总结可以发现，除了涨跌家数基本一致以外，涨跌的幅度大多数也都是相似的。我突然有了这样的想法，在操作时是不是可以从分界面把分化盘面看成是两个盘面，涨的就是多头盘面，跌的就是空头盘面，这样拆开看待的话，对于刚刚接触分化盘面的人来说就一下子理解了。

姚助教：

你这个说法是正确的，涨的就是多头状态，跌的就是空头状态，故此，上涨的做多，下跌的做空。不管是多头盘面还是空头盘面，都要注意一下涨跌品种有没有构成板块，实际操作时，涨幅第一与跌幅第一的品种都是必须关注的，同时，涨幅居前的板块与跌幅居前的板块也都是要从中选出一个进行关注的。

0附加手续费开户者吴俊伟：

上涨前五名的品种来看，构成板块的是农产品，由于豆粕涨幅最大，因此应当盯着它，同时，由于硅铁全局涨幅第一，因此，硅铁与豆粕就是多单的目标。

下跌品种中，焦炭跌幅第一，因此必须将它作为目标，而跌幅居前的则是煤炭，由于已经有了焦炭，因此，可以再把跌幅第二名的沪镍关注上。

这样一来就有了四个需要关注的品种：多单盯着硅铁与豆粕，空单盯着焦炭与沪镍。无论做多还是做空，目标不能出了涨跌前五名。

姚助教：

根据盘面的状态确定出来操作的方向，而后确定出来操作的目标对象之后，接下来的事就简单了，只要盯着这四个品种的技术形态就可以了。这一点与标准的多头或空头盘面的操作完全一致，没有任何不同之处。

不过，为了便于大家的学习，三个案例全部都是比较标准的：涨跌家数一致、涨跌幅度接近、涨跌前五名的品种都有板块的构成。而在实际分析与操作过程中，可不全部都是如此标准的，有时涨跌家数的差值会更大一些，但还没有到达完全的多头或空头的标准，有时涨跌力度会相差很大，或者是没有任何板块的构成，涨跌的品种犹如散沙一般。但是，不管怎么样变化，只要掌握了以上讲解的技术特点，相信大家都可以轻松地应对。若是碰到了更为复杂的盘面状况，大家也可以随时同各位助教进行交流。

第十九招　集中式上涨与散乱式上涨

0附加手续费开户者闫旭强：

参过老师的团队开户之后，帮助我节省了不少的手续费，同时免费的实盘指导服务，还有免费赠送的老师的核武器“趋势监控”指标，使得我现在的操作效果相比之前好了太多。虽然有了老师的好工具保驾护航，但我始终觉得老师说的这句话非常对：赚钱，要么有好方法，要么有好工具，什么都没有，赚钱就是不可能的了。好工具我有了，所以，我现在正在好好学习老师正确的方法。

最近在学习老师盘面多空这个课程时，碰到了一个新问题：什么是集中式上涨，什么又是散乱式上涨。希望你可以指点一下。

姚助教：

集中式上涨与散乱式上涨指的是在多头或空头盘面中，所有品种的表现，这个表现是由板块性质构成了。

集中式上涨是指：在上涨的过程中，涨幅前几名的品种构成了一个明显的板块，当天的热点板块是谁可以一眼就分辨出来。如果形成这种上涨格局，在当天进行日内操作获得较高的收益是非常轻松的。

散乱式上涨是指：在上涨过程中，涨幅居前的品种无法构成一个非常明显的板块，各板块中的品种都有可能位于涨幅前列，没有任何板块齐涨的效应，因此称为散乱式上涨。

下跌也是如此，也有集中式下跌与散乱式下跌。

0附加手续费开户者闫旭强：

这样来讲，集中式上涨现象出现，赚钱就比较简单，因为资金的流向非常清晰。散乱式上涨虽然也有利可图，但获利的效果就要差一些了。

姚助教：

在多头力量较大的盘面中，肯定会形成集中式上涨的现象，此时散乱式上涨现象极少出现。而在多头力量较弱的情况下，集中式上涨可能会出现，散乱式上涨也可能会出现，两者基本上是五五开的状态。

下面我们来看具体案例(见图 3-9)，你来说一下这一天盘面的多空状况。

序	名称	最新	涨跌	↓涨幅
1	焦炭1809	2215.0	81.0	3.80%
2	铁矿1809	490.5	15.5	3.26%
3	热卷1810	4206	127	3.11%
4	螺纹1810	4121	119	2.97%
5	PTA 1809	6216	74	1.20%
6	PVC 1809	6975	70	1.01%
7	焦煤1809	1203.0	12.0	1.01%
8	沪镍1809	112200	1060	0.95%
9	甲醇1809	2928	20	0.69%
10	白糖1809	4910	32	0.66%
11	苹果1810	9528	53	0.56%
12	豆油1809	5576	26	0.47%
13	沪铝1808	14310	65	0.46%
14	沪铅1809	18815	85	0.45%
15	棕榈1809	4702	14	0.30%
16	硅铁1809	6920	18	0.26%
17	PP1809	9493	21	0.22%
18	塑料1809	9430	15	0.16%
19	沪铜1808	49960	50	0.10%
20	菜油1809	6316	5	0.08%
21	玻璃1809	1480	0	0.00%
22	沪锌1809	21315	-5	-0.02%
23	黄金1812	271.50	-0.15	-0.06%
24	玉米1809	1766	-3	-0.17%
25	豆粕1809	3122	-7	-0.22%
26	白银1812	3687	-12	-0.32%
27	豆一1809	3518	-12	-0.34%
28	鸡蛋1809	4091	-17	-0.41%
29	橡胶1809	10255	-40	-0.39%
30	动煤1809	603.6	-2.8	-0.46%
31	棉花1809	15930	-75	-0.47%
32	玉米淀粉1809	2254	-13	-0.57%
33	菜粕1809	2507	-15	-0.59%
34	沥青1812	3264	-32	-0.97%
35	锰硅1809	8032	-86	-1.06%

图3-9　2018年7月27日涨跌幅排行榜

0附加手续费开户者闫旭强：

这一天上涨的品种略多于下跌的品种，同时，上涨品种的涨幅也大于下跌品种的跌幅，因此，这一天的盘面是多头盘面，操作上应当以做多为主。

姚助教：

这种盘面从涨跌数量来看，处于多头与分化市之中，多头略重一点便是弱多盘面了，空头略重一点又变成分化盘面了。不过还好，幅度上可以让我们一眼就看出来应当怎样进行操作。

从涨幅居前的品种来看，有一种现象非常明显，涨幅前四名全部是黑色系的品种，依次是：焦炭、铁矿、热卷、螺纹，它们齐刷刷地霸占了涨幅前列。这种现象便是集中式上涨。

0附加手续费开户者闫旭强：

一阳老师说过，操作的时候，目光要始终停留在涨幅前五名的品种上，因为它们要么是多方的王者，要么是空方的王者，对它们进行操作才可以获得更高的收益。前五名此时有四个是黑色系板块，操作的目标就更容易确定了，盯死着焦炭不放，或者看这四个品种谁形成了更完美的技术形态便对谁进行操作。

姚助教：

通过这一天的涨幅排名便可以非常直观地知晓集中式上涨的定义了：涨幅前五名的品种可以构在一个非常明显的板块！这种现象的出现往往意味着市场在向投资者大发红包。

2018年9月10日的涨跌幅排行榜有了新的形式(见图3-10)，你照例来说一下这一天的盘面有什么样的技术特征。

0附加手续费开户者闫旭强：

这一天大多数品种在上涨，少量品种下跌，并且跌幅十分有限，因此可以很轻松地确定出当天的多头盘面状况。既然盘面趋多，操作上自然要以做多为主。

从具体幅度来看，这一天的盘面比标准的弱多要更强一些，但比标准的强多盘面上涨力度又要小一些，界于弱多与强多之间。

姚助教：

当前的盘面具体是弱多、中力度多头，或是强多，其实没必要分得那么清楚，弱多也要做多，中力度与强多更要做多，既然都要一门心思进行做多操作，又有什么必要浪费时间区分？

序	名称	最新	涨跌	↓涨幅
1	沥青1812	3784	214	5.99%
2	豆一1901	3809	181	4.99%
3	焦煤1901	1320.0	38.5	3.00%
4	甲醇1901	3394	78	2.35%
5	苹果1901	11938	221	1.89%
6	豆粕1901	3178	57	1.83%
7	动煤1901	636.8	11.0	1.76%
8	螺纹1901	4284	74	1.76%
9	菜粕1901	2386	36	1.53%
10	原油1812	524.5	7.3	1.41%
11	PP1901	9956	124	1.26%
12	豆油1901	5916	50	0.85%
13	锰硅1901	8430	64	0.77%
14	菜油1901	6763	48	0.71%
15	橡胶1901	12040	80	0.67%
16	玉米淀粉1901	2375	13	0.55%
17	鸡蛋1901	3865	21	0.55%
18	玉米1901	1924	10	0.52%
19	塑料1901	9395	45	0.48%
20	棕榈1901	4928	18	0.37%
21	焦炭1901	2409.0	6.5	0.27%
22	沪锌1811	20750	50	0.24%
23	棉花1901	16625	40	0.24%
24	硅铁1901	6644	6	0.09%
25	沪铝1811	14645	-20	-0.14%
26	白银1812	3407	-7	-0.21%
27	热卷1901	4164	-12	-0.29%
28	PVC 1901	6845	-20	-0.29%
29	玻璃1901	1357	-4	-0.29%
30	黄金1812	266.25	-0.85	-0.32%
31	PTA 1901	7764	-32	-0.41%
32	沪铜1811	47460	-220	-0.46%

图3-10　2018年9月10日涨跌幅排行榜

多头盘面确定以后，就要再看具体品种的表现了，从涨幅前几名的品种中可以看到，这一天的盘面没有形成集中式上涨的走势，涨幅前五名有能源化工的品种，有黑色系的品种，还有农产品，无法单一地构成一个板块，而这正是散乱式上涨的特征。

0附加手续费开户者闫旭强：

没有形成明显的板块，那在操作的时候是不是就可以始终盯着前五名的品种，谁有好的形态便对谁进行操作呢？

姚助教：

在散乱式上涨结构中，因为没有统一的板块，所以涨幅前五名的品种都要同时盯着，因为前五名的品种其名次最容易来回替换，可能这会儿排名第四的品种，一会儿就变成了第二，因此就看谁率先形成好的形态有好的买点再进行操作。不管盘面是散乱式的，还是集中式的，始终牢记一阳老师所说的：想要获得更好的收益，就必须盯着涨幅或跌幅前五名的品种进行操作。

只不过集中式的上涨结构中，会带来更稳定且收益更高的盈利机会。而且这一天案例中的涨幅状况，在历史的行情中真的比较少见。

再来看一个案例(见图3-11)。

序	名称	最新	涨跌	↓涨幅
1	焦煤1901	1283.5	42.5	3.42%
2	铁矿1901	502.5	15.5	3.18%
3	沥青1812	3518	76	2.21%
4	沪锌1811	20645	410	2.03%
5	动煤1901	622.8	8.8	1.43%
6	螺纹1901	4148	55	1.34%
7	焦炭1901	2412.5	31.5	1.32%
8	苹果1901	11676	149	1.29%
9	热卷1901	4140	46	1.12%
10	豆一1901	3619	37	1.03%
11	菜粕1901	2375	15	0.64%
12	PVC 1901	6860	40	0.59%
13	鸡蛋1901	3840	20	0.52%
14	菜油1901	6728	29	0.43%
15	橡胶1901	12060	50	0.42%
16	白银1812	3410	14	0.41%
17	豆油1901	5874	18	0.31%
18	黄金1812	266.40	0.80	0.30%
19	PTA 1901	7756	22	0.28%
20	白糖1901	4975	13	0.26%
21	棕榈1901	4946	10	0.20%
22	沪铜1811	47490	80	0.17%
23	塑料1901	9335	15	0.16%
24	硅铁1901	6554	10	0.15%
25	豆粕1901	3120	4	0.13%
26	沪铝1811	14685	15	0.10%
27	玉米1901	1914	-2	-0.10%
28	甲醇1901	3276	-5	-0.15%
29	玉米淀粉1901	2354	-5	-0.21%
30	原油1812	520.0	-1.3	-0.25%
31	棉花1901	16615	-60	-0.36%
32	PP1901	9755	-38	-0.39%

图3-11　2018年9月6日涨跌幅排行榜

0附加手续费开户者闫旭强：

我直接来说这一天的盘面状况：上涨的品种占绝大多数，下跌的只有几家，并且跌幅非常的小，较多的上涨数量，较小的下跌幅度，这是标准的多头盘面才会具有的技术特征。故此，这一天的操作应当以做多为主。

姚助教：

先通过涨跌幅排行确定多空盘面，第二步就要再看一下板块结构了。从2018年9月6日的涨跌幅排行情况来看，这一天的上涨结构较为紧凑，焦煤、铁矿、动煤、螺纹、焦炭都在涨幅前列。当然，有一些品种超过了前五名，但也算是结构较为紧凑，只是比较第一幅例图(图3-9)的案例来讲要逊色一些。

0附加手续费开户者闫旭强：

前五名如果形成较为紧凑的涨幅状况这是最好的，但毕竟这样的要求也过于苛刻，所以，你是略微放松了一些条件，毕竟涨幅第一第二依然是黑色系领涨的，涨幅前十名的品种就有六个是黑色系，的确也算得上是集中式上涨了。

姚助教：

集中式上涨更重要的是一种板块上涨的形式，而并不是具体的排名。前五名中可以形成板块效应的最好，但放宽条件，前十名中有形成明显板块的，自然也是集中式上涨的结构，在这一点上允许适当的灵活，在这个变来变去的市场中，没有一些灵活的弹性又怎么行？

姚助教：

看了三个上涨的案例，再来看一个下跌时的案例(图3-12)。从2018年8月16日的盘面来看，下跌的品种占大多数，直接就可以确定是空头市场了。

0附加手续费开户者闫旭强：

这一天下跌的品种虽然多，但是涨幅第一的PTA却出现了4.45%的大涨幅，涨幅第二名的焦炭也形成了3.01%的涨幅，从幅度来看，价格在上涨的过程中肯定都留下了不错的上涨空间。在空头盘面中，这两个品种就真的不可以做多了吗？

序	名称	最新	涨跌	↑涨幅
1	橡胶1901	11890	-465	-3.76%
2	玻璃1901	1413	-47	-3.22%
3	沪锌1811	19665	-650	-3.20%
4	鸡蛋1901	3857	-113	-2.85%
5	沥青1812	3272	-90	-2.68%
6	白银1812	3529	-87	-2.41%
7	原油1812	497.9	-12.2	-2.39%
8	沪铜1811	47600	-990	-2.04%
9	铁矿1901	493.5	-9.0	-1.79%
10	豆粕1901	3240	-52	-1.58%
11	菜粕1901	2518	-39	-1.53%
12	黄金1812	264.00	-3.40	-1.27%
13	热卷1901	4075	-49	-1.19%
14	豆一1901	3747	-44	-1.16%
15	动煤1901	600.8	-6.0	-0.99%
16	豆油1901	5834	-48	-0.82%
17	硅铁1901	7156	-52	-0.72%
18	沪铝1811	14505	-100	-0.68%
19	菜油1901	6585	-45	-0.68%
20	棕榈1901	4868	-32	-0.65%
21	PP1901	10111	-65	-0.64%
22	玉米淀粉1901	2368	-14	-0.59%
23	焦煤1901	1264.5	-7.0	-0.55%
24	玉米1901	1883	-9	-0.48%
25	甲醇1901	3327	-11	-0.33%
26	棉花1901	16645	-45	-0.27%
27	塑料1901	9755	-15	-0.15%
28	螺纹1901	4163	0	0.00%
29	白糖1901	4972	13	0.26%
30	PVC 1901	7415	25	0.34%
31	苹果1901	11446	52	0.46%
32	锰硅1901	8728	104	1.21%
33	焦炭1901	2565.0	75.0	3.01%
34	PTA 1901	7366	314	4.45%

图3-12　2018年8月16日涨跌幅排行榜

姚助教：

盘面趋势空，此时顺势做空，获利的概率是比较大的。但在空头盘面中出现了强势上涨的品种也是完全可以去操作它们的，但前提是：要在空头品种没有机会的情况下进行，如果空头品种有做空的机会出现，还是要以做空为主的。

在分化盘面中，上涨的前五名与下跌的前五名都需要进行关注，而在一边倒的多头或空头市场当中就没必要这样做了。只不过这一天的案例较为特殊，空头盘面中，上涨的品种涨幅巨大，因此，也可以盯着它们作为备选品种进行操作。毕竟我们交易的是形态，盘面啊，排名啊，都是为了提升交易形态成功率的，主与次还是要分清。

0附加手续费开户者闫旭强：

从这一天跌幅前列的品种来看，能源化工的品种有，黑色系的品种有，有色金属的品种有，农产品也有，别说涨幅前五名，就连涨幅前十名也无法凑出来一个明确的板块，什么板块的品种全都有，非常明显的散乱式下跌行情。

一旦形成散乱式下跌的走势，在具体操作时，就需要广撒网了，跌幅前五的品种都要盯着看，谁有好的交易形态就对谁进行操作，同时，涨幅居前的PTA与焦炭也要盯着看，这一天操作的工作量就增大了不少。相比之下，还是集中式上涨更省心，只要盯着那个非常突出的板块进行关注就可以了。

第二十招　多空幅度与获利目标的设定

0附加手续费开户者李延利：

在进行多空盘面学习的时候，我曾听一阳老师说过一句话：多空盘面还可以帮助我们预计当前操作时的获利目标，因为没有找到相关的资料，所以想向你请教一下该如何理解这句话？

姚助教：

分析多空盘面可以知道整体市场的大环境状况，以此使得操作的方向符合市场的性质；还可以从中看出资金的流向，以及具体流向了哪个板块，以便于投资者锁定当天的热点品种。最后就是你的问题，还可以用来预计当前的盈利状况。这又是怎么实现的呢？

在具体操作时，不管是多头盘面还是空头盘面，都要始终盯紧涨幅前五名与跌幅前五名的品种，因为这是市场中的王者，它们的波动幅度往往是最大的，此时便可以捋出思路了：如果涨幅最大的品种涨停了，那是不是就会对其他的品种起到上涨的促进作用？因为王者的涨停就是一种示范，跟风的品种怎样上涨都不过分，此时是不是获利的幅度就会加大？但若在多头盘面中，涨幅第一的品种才涨了一点儿，那跟风的品种又怎么可能会出现大幅度的上涨呢？因为王者的示范效应较差，所以，必然会降低投资者获利的空间。

0附加手续费开户者李延利：

也就是说，把涨幅居前的品种作为参数，如果它们上涨或下跌的幅度较大，那么，当天就有机会获得高一些的收益，在具体操作时就按一阳老师所说的交易策略去博取更大的波段收益；如果排名靠前的品种涨幅或跌幅都比较小，那就意味着当天没有什么赚大钱的机会，这个时候就应当按出局信号进行小波段的操作。

姚助教：

就是这样意思！当涨幅居前的品种起到了很好的涨跌示范作用时，就可以用一阳老师的核心交易策略去博大波段了，一旦龙头品种形成了很好的涨跌示范作用，整个市场的氛围将会变得进一步的火热起来，所以，完全会给投资者提供赚大钱的机会的，这个时候一定要把交易策略与技术方法相结合，这样一来，当天捉到10%以上的收益是非常轻松的。但若排名前五的品种涨跌示范效应差，就应当一有出局信号就落袋为安，此时市场是不会提供赚大钱的机会的，若依然采取交易策略加技术的方法企图捉大行情，那只会一次又一次地无功而返。

下面我们来看具体案例（见图3-13），2018年8月9日的面盘界于多头盘面与分化盘面之间，跌幅居前板块有能源化工，而涨幅居前的板块则是有色金属与黑色系，板块结构倒是非常明显，但唯一不好的就是整体市场的上涨力度与下跌力度都比较小。

序	名称	最新	涨跌	↓涨幅
1	沪铝1811	14885	320	2.20%
2	鸡蛋1901	3911	43	1.11%
3	铁矿1901	514.0	5.0	0.98%
4	沪铜1811	49990	450	0.91%
5	焦炭1901	2450.0	21.0	0.86%
6	玻璃1901	1432	12	0.85%
7	橡胶1901	12580	80	0.64%
8	玉米淀粉1901	2367	13	0.55%
9	豆油1901	5914	26	0.44%
10	棕榈1901	4948	20	0.41%
11	沪锌1811	21455	65	0.30%
12	硅铁1901	6956	20	0.29%
13	棉花1901	17280	35	0.20%
14	菜油1901	6660	13	0.20%
15	热卷1901	4108	8	0.20%
16	焦煤1901	1275.5	2.0	0.16%
17	白银1812	3683	1	0.03%
18	螺纹1901	4095	1	0.02%
19	黄金1812	269.55	0.05	0.02%
20	动煤1901	617.0	0.0	0.00%
21	塑料1901	9710	0	0.00%
22	菜粕1901	2544	0	0.00%
23	PP1901	10119	-2	-0.02%
24	PVC 1901	7370	-10	-0.14%
25	白糖1901	5147	-13	-0.25%
26	豆粕1901	3279	-10	-0.30%
27	豆一1901	3774	-15	-0.40%
28	锰硅1901	8328	-60	-0.72%
29	玉米1901	1874	-14	-0.74%
30	甲醇1901	3289	-31	-0.93%
31	沥青1812	3370	-34	-1.00%
32	PTA 1901	6714	-80	-1.18%
33	原油1812	513.2	-6.6	-1.27%
34	苹果1901	11130	-177	-1.57%

图3-13　2018年8月9日涨跌幅排行榜

0附加手续费开户者李延利：

因为板块结构明显，所以，做空就应当选择跌幅靠前的能源化工，谁形成了标准的空头形态便对谁进行操作。而做多则可以盯着有色金属与黑色系，同时是看谁先出现好的多头技术形态。因为涨与下跌的幅度都不大，没有特别明显偏向于谁，故此，只认形态就可以了。

姚助教：

从涨幅的情况来看，第一名上涨了2.2%，涨幅第二名的幅度就大幅下降为1.11%，而跌幅第一名的品种跌幅为1.57%，第二名为1.27%。这样的上涨与下跌幅度说明，当天多头与空头的最大力度也就是让价格达到1.5%左右的幅度，这样的波动幅度下，投资者想要实现较大的盈利已是不太可能的事情了。

这还是对涨幅居前的龙头品种进行操作，如果对那些跟风的品种进行操作，能够实现的获利空间就更小了。所以，面对这样上涨与下跌幅度都比较小的盘面现象时，千万不能抱以赚大钱的心态进行操作，任凭你水平再高，市场不给你赚大钱的机会你也无法发挥。

再来看一个案例(见图3-14)，2018年8月20日这一天的盘面呈现多头状态，上涨数量多，整体上涨的幅度也比下跌的幅度大。不过，这一天下跌的力度也微微偏大，好几个品种都超过了1%，在坚定盯着多单机会的时候，也可以抽空瞄一眼空单有可能的机会。

0附加手续费开户者李延利：

这一天的板块结构也还算好，前五名中有三个品种是黑色系板块的，因此，这一天的操作目标是很容易确定的。确定了目标之后就该根据涨跌幅的情况来预计一下有可能的获利幅度了。

相比前一个案例，这个案例中上涨前列与下跌前列品种的幅度明显加大，这也就意味着获利的空间会更大一些，针对前五名的品种可以使用交易策略融合技术方法博取有可能更大的收益。

姚助教：

这种做法仅限当天涨幅居前的品种，跟风上涨的品种无论何时都不能这样做，只能见到离场信号就坚决出局，因为跟风的品种本身就很难带来大的盈利机会，再怎么博也博不出来。

序	名称	最新	涨跌	↓涨幅
1	热卷1901	4324	162	3.89%
2	PTA 1901	7556	256	3.51%
3	甲醇1901	3368	102	3.12%
4	焦煤1901	1328.0	36.5	2.83%
5	螺纹1901	4396	95	2.21%
6	棉花1901	16825	315	1.91%
7	沪锌1811	19845	365	1.87%
8	橡胶1901	11915	190	1.62%
9	白糖1901	4990	74	1.51%
10	沪铜1811	48220	560	1.17%
11	菜油1901	6766	73	1.09%
12	鸡蛋1901	3888	27	0.70%
13	沥青1812	3286	22	0.67%
14	黄金1812	265.15	1.75	0.66%
15	PP1901	10008	56	0.56%
16	棕榈1901	4944	22	0.45%
17	玉米1901	1873	8	0.43%
18	铁矿1901	506.5	2.0	0.40%
19	白银1812	3552	14	0.40%
20	塑料1901	9670	35	0.36%
21	玻璃1901	1433	5	0.35%
22	沪铝1811	14530	50	0.35%
23	PVC 1901	7300	15	0.21%
24	玉米淀粉1901	2342	1	0.04%
25	豆油1901	5876	-6	-0.10%
26	锰硅1901	8958	-46	-0.51%
27	动煤1901	597.2	-4.4	-0.73%
28	焦炭1901	2669.0	-20.0	-0.74%
29	苹果1901	11879	-90	-0.75%
30	菜粕1901	2479	-25	-1.00%
31	原油1812	491.4	-5.3	-1.07%
32	豆粕1901	3183	-41	-1.27%
33	豆一1901	3668	-49	-1.32%
34	硅铁1901	6888	-160	-2.27%

图3-14　2018年8月20日涨跌幅排行榜

同时，也不宜对下跌的品种用这种手法进行操作，毕竟是多头市场，怎么涨都不过分，但想出现更大幅度的下跌还是会困难一些的。并不是所有的品种都可以博取更大的收益，是否具备王者的气质这是必须考虑的事情。

再来看最后一个案例(见图3-15)，你先来说一下这一天盘面的多空状态。

0附加手续费开户者李延利：

这一天形成的是分化盘面，从数量上来看，上涨与下跌的家数差不多，这是分化盘面最主要的技术特征。

序	名称	最新	涨跌	↓涨幅
1	焦煤1901	1241.0	14.0	1.14%
2	甲醇1901	3281	37	1.14%
3	锰硅1901	8358	50	0.60%
4	棉花1901	16675	90	0.54%
5	硅铁1901	6544	26	0.40%
6	PP1901	9793	37	0.38%
7	PVC 1901	6820	20	0.29%
8	橡胶1901	12010	35	0.29%
9	菜粕1901	2360	3	0.13%
10	鸡蛋1901	3820	3	0.08%
11	玉米1901	1916	1	0.05%
12	白糖1901	4962	2	0.04%
13	菜油1901	6699	2	0.03%
14	黄金1812	265.60	0.00	0.00%
15	焦炭1901	2381.0	0.0	0.00%
16	豆粕1901	3116	-4	-0.13%
17	动煤1901	614.0	-1.0	-0.16%
18	玉米淀粉1901	2359	-5	-0.21%
19	塑料1901	9320	-20	-0.21%
20	棕榈1901	4936	-14	-0.28%
21	豆油1901	5856	-18	-0.31%
22	铁矿1901	467.0	-1.5	-0.31%
23	沥青1812	3442	-14	-0.41%
24	苹果1901	11527	-53	-0.46%
25	原油1812	521.3	-2.6	-0.50%
26	PTA 1901	7734	-40	-0.51%
27	螺纹1901	4093	-22	-0.53%
28	沪铜1811	47410	-270	-0.57%
29	豆一1901	3582	-32	-0.89%
30	热卷1901	4094	-42	-1.02%
31	沪铝1811	14670	-160	-1.08%
32	白银1812	3396	-52	-1.51%
33	沪锌1811	20235	-365	-1.77%
34	玻璃1901	1378	-35	-2.48%

图3-15　2018年9月5日涨跌幅排行榜

姚助教：

一旦形成分化盘面之后，在操作时，上涨居前的品种与下跌居前的品种都需要盯着。从上涨的品种来看，都是二线的黑色系品种，跌幅来看也都是二线的有色金属，由于一线品种没有什么动静，所以使得这一天的整体盘面显得有些死气沉沉。

涨幅第一的品种仅上涨了1.14%，这么小的上涨幅度，任何天大的本事，也很难在它身上获取到较高的收益，龙头王者的涨幅就是做多最高收益的标志。而从跌幅榜来看，情况略好那么一点点，跌幅第一的品种下跌2.48%，这代表了空方当天最高的收益机会，而第二名跌幅就大幅降低到了1.77%。通过查看对上涨与下跌龙头品种的涨跌幅度便可以知道：这一天的行情不好做，没有任何赚大钱的机会，如果形成了标准的技术形态，无论是入场还是离场都应当按照信号执行操作，博取大收益的交易策略在这一天没有任何用武之地。

0附加手续费开户者李延利：

通过这几个案例，现在终于理解老师所说的盘面情况还可以预计收益幅度的意思了。涨幅居前的品种如果上涨幅度大，则意味着当天前幅居前的品种容易带来较大的盈利空间，因为震荡的空间完全打开了，此时就可以采取较为激进一些的方法来执行操作，以及一定要用方法多博取一些较高的收益。如果当天领涨或领跌的品种波动幅度很小，就要采取谨慎的态度进行操作，并且有盈利就要想办法保护起来。

上涨居前或跌幅居前的品种虽然并不能够完全代表当天具体能赚多少钱，但是，它们的幅度却起到了一种示范的作用，可以帮助投资者制定出合理的收益预期：今天是该贪大一些，还是应当落袋为安。这样一来，就会使得交易的思路变得更加清晰了，一阳老师每一种方法真的是非常有效，每多学一种方法，就多增长了自己对市场的一些理解，就感觉离成功更近了一步。

姚助教：

这一章我们主要交流的是盘面的分析方法，就国内来讲，多空盘面分析方法是一阳老师独创的分析技术，除此之外，任何地方也没有关于该套方法的讲解。多空盘面就是大环境，对大环境做到判断以后，只有顺着大环境走才更容易实现稳定的收益。同时，多空盘面分析运用熟练以后，其实也就是几秒钟的事儿，但带来的价值却往往会影响一整天的操作，故此，不可不高度重视！

※ 第四章　神奇的预测技巧 ※

在实战操作的时候，笔者是坚决反对进行任何主观预测的，因为未来永远是不可预知的，真正的交易历来都是执行眼下的交易信号，当前有开仓信号就开仓，下一分钟又有了止损信号那就马上止损，始终跟着信号走才是完全正确的操作。

主观性质的预测往往没有任何的技术依据，因此，笔者是坚决反对的。光凭着一腔热血看多未来，在价格下跌时死不止损，这就不是交易了，而是盲目地赌大小。但有一些预测并非是主观的，它是基于历史统计得出来的技术上的结论，与其说它是预知，不如说是依照技术提出的种种设想，把有可能的各种情况全部想到，无论价格如何波动，其结果都在预料之中。提前按技术做出预计以及测量，这是笔者支持的预测方式。下面就与大家一起探讨一下常见的预测技术吧。

第二十一招　W底藏玄机，能涨多高告诉你

彭助教：

W底是一种较为多见的技术形态，而且也应当是任何投资者接触投资的过程中最早学习过的技术形态，因为其太过于常见，所以，往往对投资者来说没有任何的新鲜感，就算它出现在眼前，也可能被投资者遗忘了该如何去操作，今天就重新把W底操作技巧重拾起来，让它散发出应有的实战光芒，看看它对我们的帮助有多么的大。

0附加手续费开户者吕相贵：

历史上我倒是用W底技术形态进行过几回抄底操作，并且都成功了，因此对它还是有不错好感的。对于W底该在哪里介入我都是知道的，只是其他方面的实战操作技巧还要再进一步听一下你的指导。

彭助教：

W底分为三种形态，标准的W底是两个低点完全水平的，弱势的W底则是左侧低点位置高，右侧低点位置低，形成了破位走势的W底，这两种W底形态其实不是操作的最佳选择。最佳的选择是：左侧低点位置低，右侧低点位置高的W底，也就是低点在抬高的技术形态，低点抬高说明空方的杀跌力量在减小，多方力量在暗中集结，做多嘛，自然要找多头力量大的。所以，在实战操作时，一定要选择低点抬高的W底，做空时要选择高点降低的M头，这样可以提高操作的成功率。

0附加手续费开户者吕相贵：

这一点我倒是跟你说的一致，毕竟我也看过一阳老师好几本书，择强而入的意识还是有的，并且止损点位我也知道，最终止损的极限就是左侧最低的那个低点，若距离过远，造成的亏损过大，也可以拿第二个低点作为止损位，以防止大亏的现象出现。

彭助教：

W底形态的一大好处就是可以告诉投资者未来的获利幅度，入场就知道能赚多少钱，心中也就更有底气了。它的计算方式是这样的：首先确定出颈线位的价格，也就是W底形态中那个高点价格，然后计算右侧低点的价格，两者相减，便是W底颈线高点与右侧低点的空间差值，而后颈线价格加上这个差值便是未来上涨行情的目标位了。

在实战操作时，这个目标位只适合做个参考，而不要死板地运用，有的案例会恰好达到目标位，有的案例则会低于目标位，还有的会远超过目标位，若是死按照这个价格执行出局操作，就有些太呆板了。

下面我们结合具体案例进行讲解(见图4-1)。

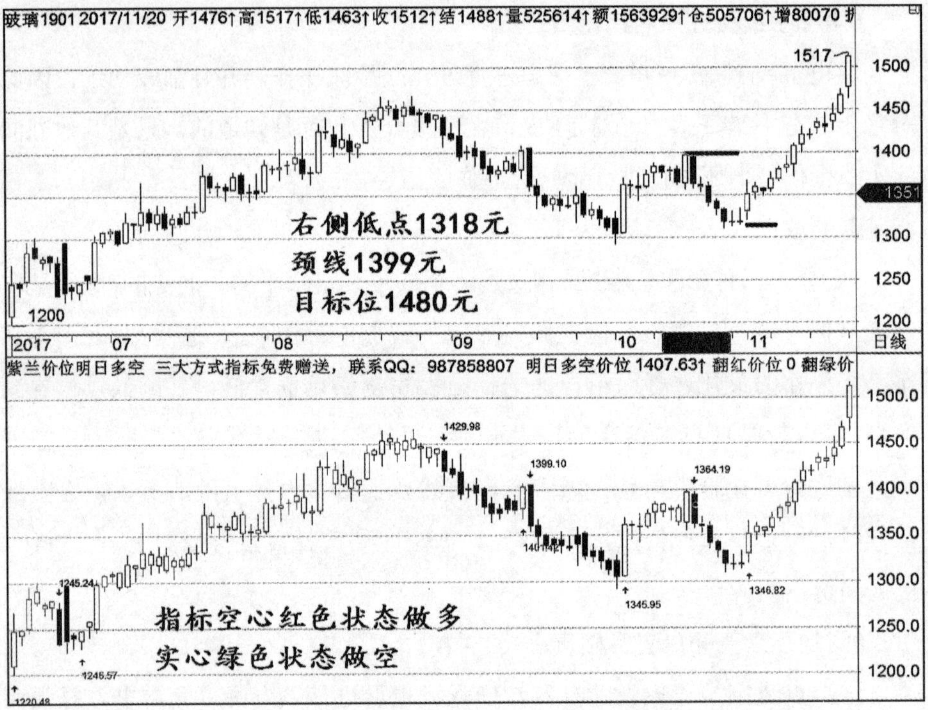

图4-1　玻璃1901合约2017年8月至11月走势图

0附加手续费开户者吕相贵：

玻璃1901合约在大的上升趋势中形成了一个左低右高的W底形态，这种形态并不是在持续下跌后的底部出现，其操作的手法也应当是一样的吧？

彭助教：

持续下跌的熊市W底形态可以进行做多操作，而在上升趋势中，多头力量更强的情况下，自然也是应当进行操作的！而且，非常鼓励大家在大的上升趋势中寻找W底操作，因为大趋势方向此时非常明确，操作成功的概率将会大大地提高。

0附加手续费开户者吕相贵：

这个W底形态就是你说的最佳形态，左侧的低点位置低，右侧的低点位置高，这说明空方经过一番震荡之后，没有办法继续把价格打落下去，这是空方力量衰减的信号，再配合大的上升趋势，获利基本上就是稳妥妥的事情了。

彭助教：

除了可以提示投资者操作的机会外，W底形态的出现还可以提示未来价格上涨的空间。在具体计算时需要先测量出这几个位置的价格：颈线的价位1399元，右侧低点的位置是1318元，两者相减差值为81元，而这个81元就是自颈线位开始上涨的目标，1399元的颈线价格加上81元，未来的上涨目标就是1480元。

0附加手续费开户者吕相贵：

从图4-1中的走势来看，价格最高上涨到了1517元，超过了目标位，但这也是好事，收益会更多一些，并且在上涨过程中K线形态也非常单一，持仓的压力非常小。其实哪怕是1480元进行平仓，所获得的利润也是非常不错了，毕竟在价格还没有起涨之前就可以判断出未来的获利空间，做到了先人一步。

彭助教：

我们再来看一个案例(见图4-2)。

PVC1901合约的走势有一些复杂，先说这个W底出现的位置：它出现于上涨中途，这也最好的，技术形态很容易走成功，因为这种位置说明了多方力量的强大。其次，这个W底同样也是左侧低点低，右侧低点位置高的，这说明空方力量在不断地衰竭。最后，这个案例右侧低点形成了：大W底混合小W底的形态，并且这个小级别的W底同样也是低点抬高的。一个又一个抬高着的低点说明了多方力量的不断增强，这种现象必须引起重视！

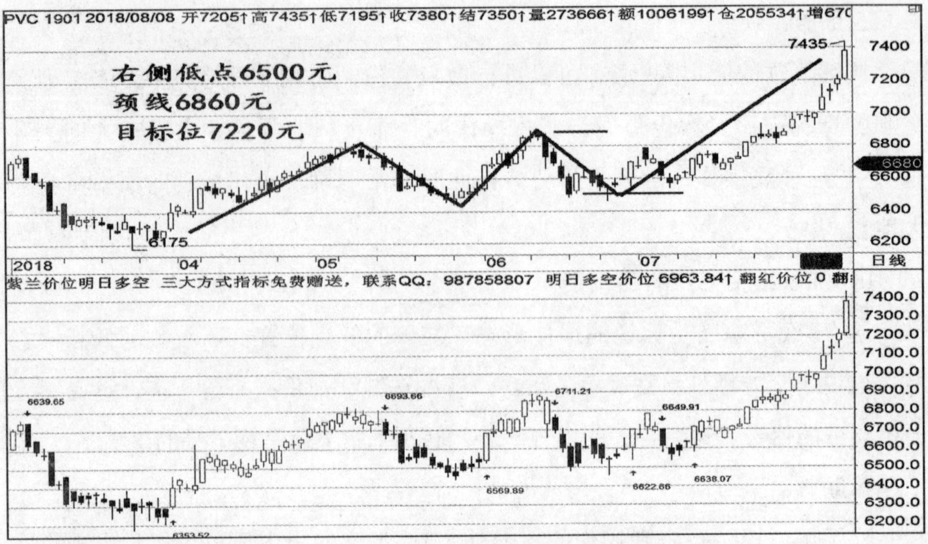

图4-2 PVC1901合约2018年4月至8月走势图

0附加手续费开户者吕相贵：

面对这样的行情，是应当按大级别的W底进行操作呢，还是按小级别的W底进行操作？

彭助教：

按照大级别形态操作实现的盈利会更多一些，但按小级别的W底形态进行操作在形态失败时亏损的幅度比较小，所以，投资者可以自行选择一种方式，其实从整体形态来讲，无论是按大级别操作还是小级别操作，拿右侧低点进行止损的话，亏损并不多。

0附加手续费开户者吕相贵：

根据你讲的方法，我来预测一下它的上涨空间：颈线位价格是6860元，右侧低点是6500元，两者差值360元，而这个数值便是价格自颈线往上上涨的目标位，颈线价格6860元加上360元等于7220元，在这个案例中，图4-2中的数据价格上涨到了7435元，同样是超过了目标位。

彭助教：

虽然是有着基于历史统计正确的方法，但毕竟这种行情是站在现在看未来，未来终归还是不得而知的，所以，预测计量出的数值与现实有一些出入是非常正常的事情，使用的时候必须接受这一点，到达或是超过目标位最好，若没有到达而出现了出局信号，也应当及时离场。

曾有许多读者朋友向我们询问：一阳老师书中讲的方法都是1分钟或3分钟的K线图，这种方法能不能用于日K线？答案当然是K线的，我们交易的是什么？是什么，而并不是周期！在日K线上W底是这般交易的方法，在30分钟K线、在3分钟K线图中就会改变操作的方法吗？并不会的！所以，大家千万不要纠结于交易的周期，要在意的是这个技术形态本身的技术特征！

我们来看一下螺纹1901合约在分时图中M顶的操作(见图4-3)。在周期K线图中，因为碎步式的末枝走势太多，所以，一般是以大一些的形态来进行操作的，否则五六分钟就可以形成一个M头，但这样的形态却没有什么操作价值，毕竟咱们做的是日内波段，而不是炒单。

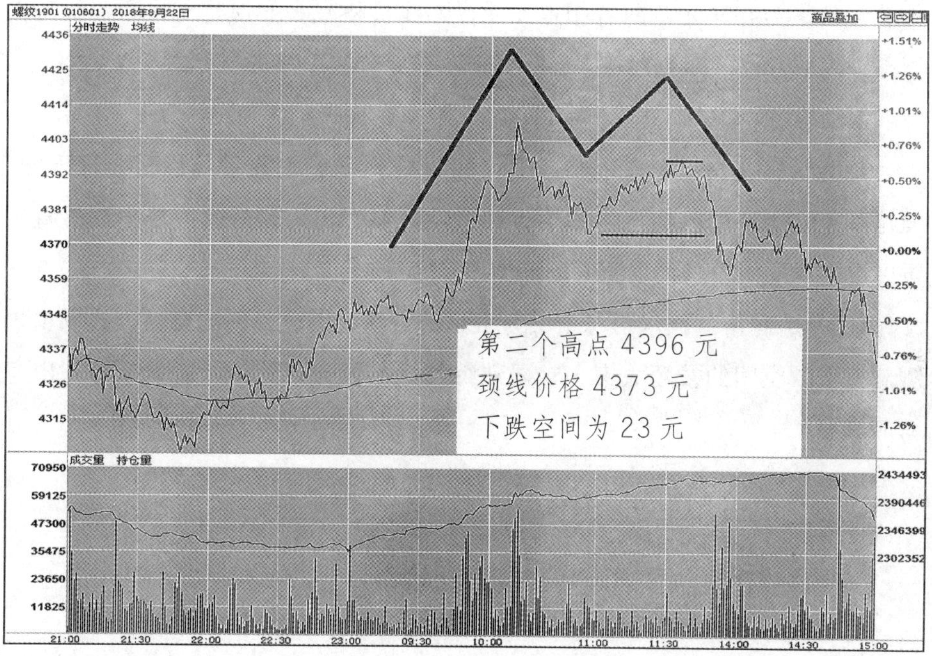

图4-3 螺纹1901合约2018年8月22日走势图

从图4-3中的走势来看，这个M头有什么样的技术特点呢？

0附加手续费开户者吕相贵：

在连续几波上涨之后，形成了一个左侧高点位置高，右侧高点位置低的M头形态，同时，右侧高点形成时，成交量出现了明显的萎缩，这说明资金做多的积极性明显降低了。

彭助教:

进行股票操作时，任何周期的成交量变化情况都有必要了解，但在期货交易过程中，只有在短周期走势中才有必要对成交量进行关注，而长周期K线图中，成交量就没有关注的必要了，因为长周期K线图中的成交量没有任何有规律的变化。

一旦形成了M头形态，在价格下跌之前便又可以提前测量出下跌的目标位了，这个分析工作还由你来进行吧。

0附加手续费开户者吕相贵:

首先找到颈线的位置，该位置价格为4373元；而后找到右侧高点的位置，该位置价格为4396元，两者相差23元，颈线价格减去23便是价格自颈线位向下下跌的目标位，即4373-23=4350元，这就是未来下跌的目标参考位。

彭助教:

最终价格在14：45左右便达到了目标位，虽然临收盘前价格再次下跌，但这是无法预料的事情，达到了目标位后只要有出局信号就应当出局，直到再度出现入场信号时再重新入场操作。

W底是所有常规技术形态中最为常见的走势，因此，它的交易方式以及预测未来涨跌空间的技巧大家一定要熟练掌握，因为真的可以帮你带来超出意料的惊喜!

第二十二招 头肩形底真奇妙，价格涨哪它知道

彭助教：

头肩顶与头肩底形态也是一种经典技术形态，但相比W底与M顶出现的次数来说要少了很多。再加上形态形成的时间长，运行结构较为复杂，所以，在短周期实盘紧张的操作过程中，很多时候不能被发现，而长周期操作因为留下了足够的时间进行分析，倒是不会错过机会的。

0附加手续费开户者毛义平：

我在观察的过程中发现，标准的头肩顶或头肩顶形态是极为少见的，大多数都是复合式的头肩顶底形态，头部很少有复杂的走势，基本上都是一个V形的低点，但左肩与右肩往往会呈现复杂的形态。

彭助教：

是这样的，因此我才说在短周期操作过程中头肩顶底形态是不太容易识别的，就是因为左右两肩结构复杂，拆开来看不影响眼前的操作，合并起来看才知道形成了头肩顶底形态。

头肩顶底形态一旦出现，往往意味着价格的波动趋势将会发生逆势，这是头肩顶底形态最大的优点，故此，在实战操作时也是有必要花些心思看一下的。对于形态简洁的走势，操作起来困难并不大；而一旦形成了较为复杂形态的走势时，就可以先想一下有没有可能形成头肩顶底。

除了可以提示投资者趋势方向的逆势以外，头肩顶底形态也照样可以提示投资者价格未来上涨的目标点位，下面结合具体案例进行讲解(见图4-4)。

甲醇1901合约在一轮下跌之后形成了头肩底的走势，整个形态持续的时间非常长，并且直到右肩的出现才可以发现原来形成了头肩底，而这个时候，往往各种趋势类指标都已形成了上升的走势，就算是单纯地使用顺势的方法进行操作，也完全可以把握住后期的上涨机会。只不过在右肩形成时，可以提前知道趋势已存在了反转的可能。

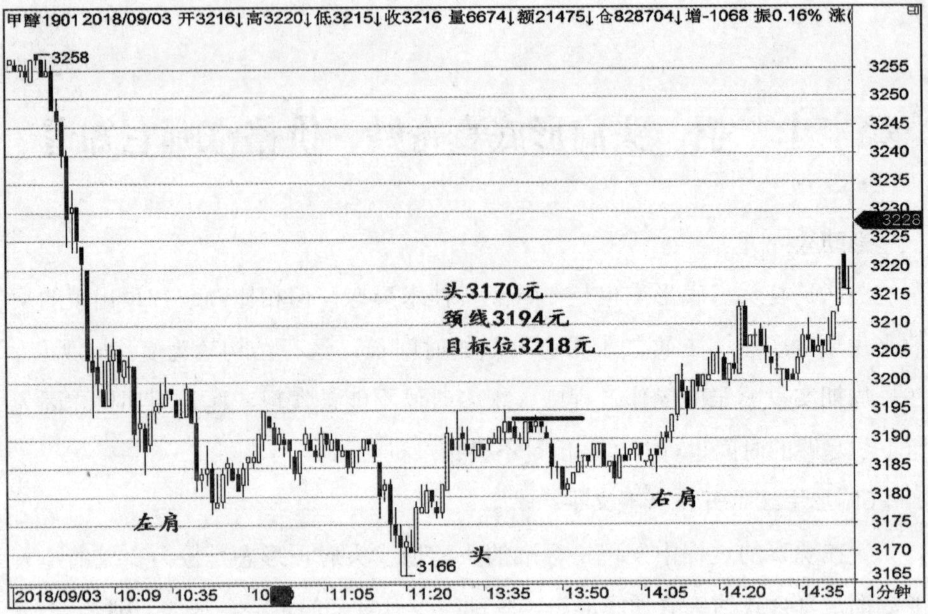

图4-4　甲醇1901合约2018年9月3日1分钟K线走势图

0附加手续费开户者毛义平：

在这个头肩底形态中，右肩的形态比较简单，没有过多复杂的波动，但左肩则不同，整个肩部运行了半个小时的时间，而且上下的震荡幅度也比较大，复杂的运行结构增加了实战操作的困难。

彭助教：

如果将头肩底从头部一切为二，其实问题就简单了，左肩与头部左侧都是保持做空的思路，而头部右侧与右肩区间，趋势已形成了上升的状态，此时做多就可以。能识别出头肩底形态则最好，因为可以进一步明确趋势反转的可能性，但若没有识别出来的也没关系，左右一分该怎么做就怎么做。

依据之前讲的W底的上涨空间预测技巧，你来说一下甲醇这个头肩底该如何预测未来的上涨空间。

0附加手续费开户者毛义平：

首先确定头部的价格，该价格是3170元，以实体价格为准；再计算出右肩处的颈线价格，此价格为3194元，两者相差24元，这便是价格自颈线位向上上涨的空间，3194+24=3218元，此为上涨的目标位。

彭助教：

最终价格上涨至3221元，与目标位非常接近。不过从这个案例中可以发现一个问题，价格是在第二个上涨的高点才到达目标位，但其实在第一个高点处便有了出局的技术信号，按第一个高点计算其实并没有到达目标位，这个细节点一定要注意。

再来看一个案例(见图4-5)，原油1812合约在上涨之后出现了较长时间的震荡，整个震荡区间构成了一个较为标准的头肩底的技术形态。由此可见，这些形态虽然称为顶部形态或是底部形态，但其实，在价格上涨或下跌的中途也会出现，但不管于什么位置形成，操作与分析的手法都是完全一致的，没有任何技术上的差别。

0附加手续费开户者毛义平：

这个头肩底形态非常简单，左肩与右肩没有太多复杂的波动，识别起来难度不是太大，当然，运用你说的从头部一切为二的方法来看，左侧的确是有逢高做空与突破做空的机会，而右侧则有逢低做多与突破做多的机会。

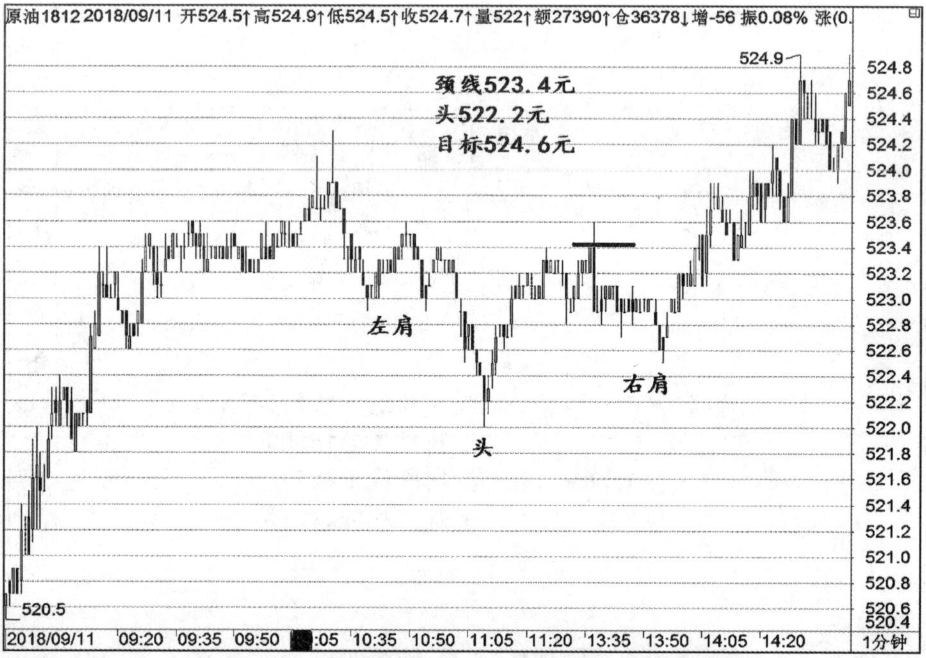

图4-5　原油1812合约2018年9月11日1分钟K线走势图

彭助教：

在这种传统的技术形态中，也只有头肩顶底形态可以这样操作，如果把W底形态或是三角形态分开，也就没办法进行操作了。

原油的技术形态简单，你继续说一下如何用它来预测价格未来的上涨空间。

0附加手续费开户者毛义平：

头部的价格为522.2元，右肩处的颈线价格为523.4元，两者相减差值为1.2元，这是自颈线向上的上涨空间，523.4+1.2=524.6元。

彭助教：

非常正确！看来这种方法你已经很好地掌握了，其实与W底的意思差不多，在实际分析时也可以看到，左肩其实对于预测价格未来的上涨空间没有什么帮助。它所能起到的整体性的帮助就是告知投资者头肩底形成了，这将使得价格有极大的概率形成反转性的走势。

再来看一个日线级别的走势，案例为橡胶主力合约的连续性走势(见图4-6)。

图4-6 橡胶主连2010年6月至2011年12月日K线走势图

头肩顶底形态形成的周期长，同时，往往未来形成上涨或下跌走势时，整体形态延续的时间也长，这也算得上是头肩顶底的一大技术特征。所以，若头肩顶形成之后价格下跌的时间并不长，那往往意味着还没有跌透。

0附加手续费开户者毛义平：

从橡胶连续走势来看，头肩顶形成的时间比较长，而未来价格下跌的周期也是同样比较长的，时间周期结合目标位这可真是对操作起到了很大的帮助，目标位没到，同时下跌的周期也比较短，那就应当坚定持仓，相信形态的力量！

彭助教：

在日内的走势上，因为价格相差的幅度并不大，所以都是以具体的价格进行分析的。但在日线级别的操作上，则不宜再使用价格进行分析了，而应当使用百分比的幅度进行分析。例如图4-6中的走势，高点价格5.4万元，向下跌1万元是很轻松的，但低点3.4万元的价格再向下跌1万元，困难就要大很多了，同时，长周期操作中一定要以幅度为计量单位。

除了这个细节点之外，其他的技术性问题没有什么难点，因此，你来说一下这个案例的下跌目标位在哪里。

0附加手续费开户者毛义平：

从头部至右肩颈线处的价格，价格下跌的1万元左右，下跌的幅度为18.5%。因此，未来下跌的目标位便是自颈线处向下再度下跌18.5%的幅度。通过测量价格后期实际下跌的价格也在1万元左右，下跌的幅度也达到了22.7%，因此，完全到达了提前预计的目标位。

彭助教：

价格跌破了颈线之后出现了好几个月的震荡反弹走势，这对于进行日线形态操作的投资者来说就非常难受了，但这是价格到达目标位之前所必须承受的。这几个月的反弹是不是又形成了一个新的头肩顶形态呢？

第二十三招　箱体震荡最常见，由低到高它能辨

0附加手续费开户者蒋超勇：

通过一阳老师的团队开了一个新的期货账号以后，0附加手续费的标准让我节省了不少的交易成本，同时，还免费获得了团队的各种服务。最近，在实战与学习过程中碰到了一个小困难，如果价格的趋势明显一些，我都能捉住机会实现盈利，而一旦碰到价格形成了箱体震荡的时候，虽然介入点也可以把握住，但在哪里出局总是把握不好，所以经常是赚了钱又吐了回去，正准备平仓价格又涨了起来，来来回回受折腾。如果在箱体区间进行了操作，该用什么样的方法进行止盈平仓呢？

彭助教：

为什么称之为箱体形态呢？这是因为价格跌到一定的位置便会上涨，涨到一定的位置便又会下跌，价格虽然有上下来回的波动，但整体波动重心却没有什么变化。箱体在技术形态上最明显的特征就是布林线指标中轨形成了走平或基本走平的形态，一旦发现这样的情况就要意识到箱体来了。

而后，根据箱体波动在一个区间范围内的特点，就可以使用布林线指标上轨的压力与下轨的支撑来决策目标位了。价格上涨至上轨点位时便会受压回落，因此，上轨点位就是平仓多单的位置；价格回落到下轨时又会受到支撑上涨，所以，下轨附近就是平仓空单的点位。

0附加手续费开户者蒋超勇：

我有时也是这样做的，可回顾以往的操作发现有这样一个现象：在上涨刚平了仓，价格却出现了连续的上涨，有时下轨刚平了仓，价格又跌破了下轨来了一大轮下跌行情，所以，感觉箱体的盈利目标位很难确定。

彭助教：

你说的这种情况是有的，但不知道你有没有发现，这种情况往往出现于箱体保持了一段时间以后，在中轨刚刚走平的时候，是不会出现这样的现象

的。箱体意味着价格没有明确的波动方向，但这种情况必然会被打破，价格永远都是有方向的时间远比无方向的时间长。所以，经过上下几番折腾后，新的方向就要形成，这个时候还在上轨或下轨处平仓会碰到你说的问题了，而在箱体形成的初期阶段时使用是不会有这种情况的。

下面结合具体案例进行讲解(见图4-7)。

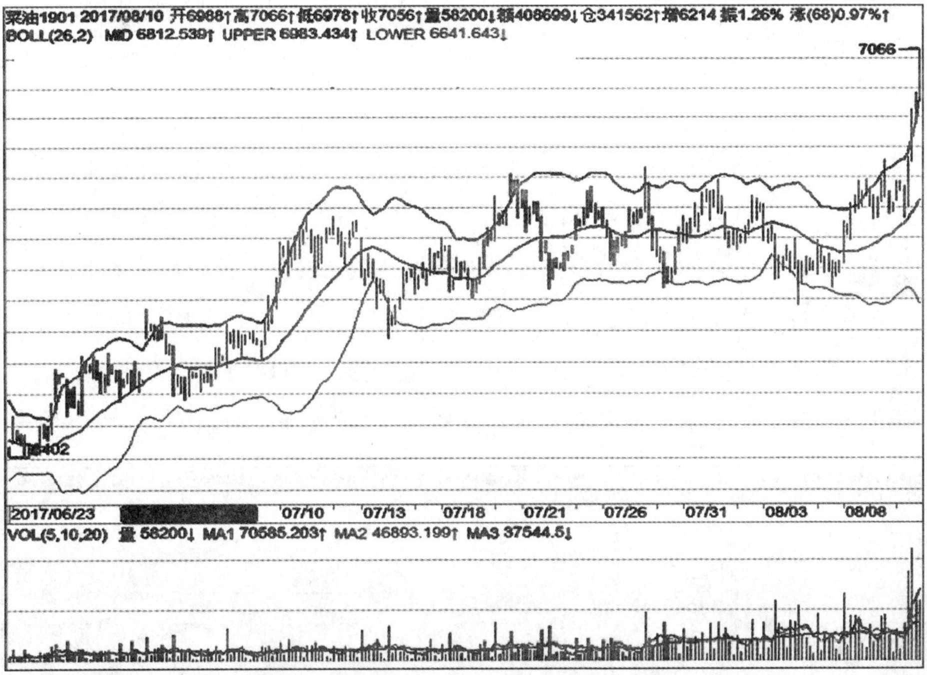

图4-7　菜油1901合约2018年7月19日至8月3日30分钟走势图

菜油的价格上涨之后形成了中轨走平的态势，一旦中轨走平，正常情况下，会延续30根以上的K线周期，如果看的是日线，那就要至少保持30天的上下箱体震荡，如果看的是1分钟K线则会保持30分钟的箱体震荡，依此类推。在这个时间范围内，可以按箱体的方式进行操作，而一旦过了这个时候，就要留意价格随时有可能会形成新的波动方向。

0附加手续费开户者蒋超勇：

查看了一下我以往的操作，那些在上轨与下轨平仓后价格就上涨或下跌的情况，基本上都是在箱体保持了较长的时间之后发生的，这个经验要牢牢记住。

彭助教：

从震荡区间的走势来看，价格基本上保持着到了下轨便上涨，到了上轨便下跌的形态，由此便可以推算出箱体区间的最大获利空间：上轨到下轨的空间范围即是这个区间内进行操作最大的盈利空间。

0附加手续费开户者蒋超勇：

这就使得箱体形态具备了这样的收益特点：最大收益是限定死的，而风险却与顺势交易类似。

彭助教：

正是这样的收益特点，相比其他技术形态，在箱体波动区间内可以更为肯定地计算出低点到高点的幅度，其他技术形态都是带有预测成分的，是可以留一些富裕空间的，唯独箱体可以把高点到低点的幅度精确地计算出来。

再来看一个案例(见图4-8)，沥青的价格下跌之后中轨形成了基本走平的态势，这意味着箱体形态的出现，由此，价格的高点以及低点在哪里便可以很准确地确定出来了。你来说一下高点与低点的位置吧。

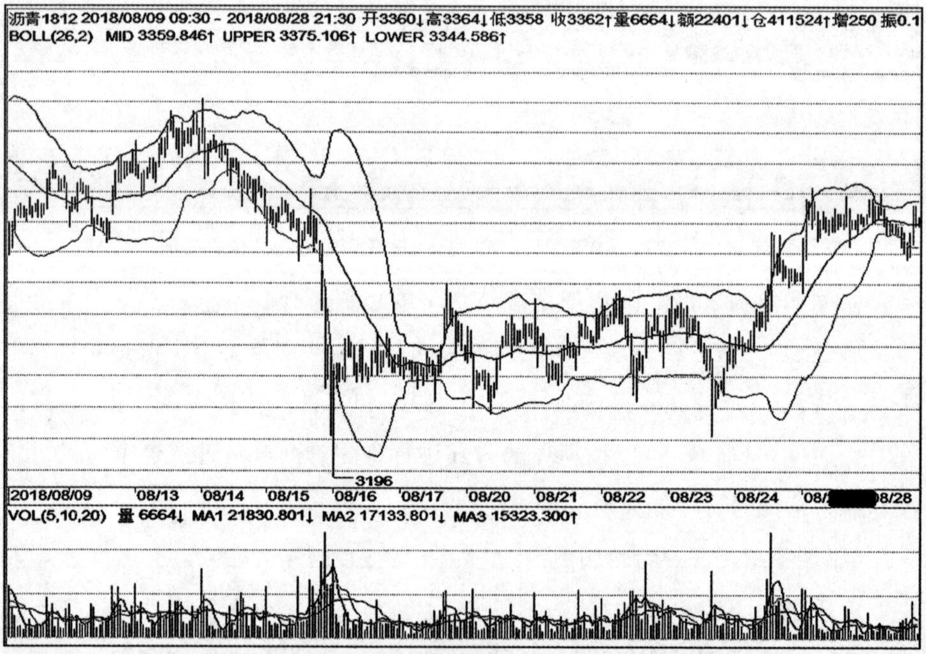

图4-8 沥青1812合约2018年8月21日15分钟K线走势图

0附加手续费开户者蒋超勇：

在中轨走平的情况下，高点即是上轨附近的价格范围，低点则是下轨附近的价格范围，如果进行了做多的操作，在价格到达上轨范围时便可以平仓多单，同时，若进行了做空的操作，价格跌到下轨附近时便可以平仓空单了。

彭助教：

高点与低点找到之后，在箱体震荡区间的最大盈利幅度也可以判断出来了，上轨与下轨的宽度也就是操作时的最大获利幅度。若上轨与下轨距离窄，则获利幅度更小，若相对宽一些，则获利幅度可能会大一些。

0附加手续费开户者蒋超勇：

在这个案例中，价格在箱体区间内同样是震荡了一段时间后便形成了新的方向，看来以后碰到箱体形态也就是最多做两票就要收手了。

彭助教：

经验来看，价格在箱体中震荡的时候，触及两次上轨以及触及两次下轨之后，操作上就要留神了，就需要随时留意新方向有可能的出现。

第二十四招　三角形真漂亮，起涨时间它能量

0附加手续费开户者周志东：

以前自个开了户操作时，学习中碰到了什么问题没人管，操作上碰到了什么问题更没人管，而且手续费还比较高。现在好了，在一阳老师合作的期货公司开户交易之后，交易成本比我之前的账号降低了20%，而且无论是学习还是实战操作，只要碰到了什么问题，都会有人帮我解决，不仅操作的盈利效果好了很多，同时，也感觉学习有了很大的进步。

近期在学习过程中碰到了这样一个问题，我发现价格很容易形成三角形形态，但是总是把握不好其中的细节，所以想请你帮我解决这个技术难道。

彭助教：

在传统分析方法中，有上升三角形，有扩散三角形，还有收敛三角形，等等，要记下它们所有的技术特点也得费一番精神，盘后学习还好，实盘操作时，哪有那么多空闲的时间让你一一辨别？所以，要简化！适用于实战的三角形有什么特点呢？两个降低的高点与两低点形成一个三角形。

0附加手续费开户者周志东：

你的这种确定三角形的方法的确节省了不少的时间，这样才可以在极短的时间内做出正确的判断，大大简化了分析的难度。

彭助教：

三角形多数情况下都是波动越来越小的，随着时间的推移三角的那个尖也是越来越细的，所以，它的形态决定了它无法帮我们识别未来的行情可以涨多高，这与之前几种形态对于幅度上的识别有了明显的不同，三角形不具备这种能力。但是，三角形却有着另一种超凡的能力，价格何时上涨或下跌它却可以发出较为精确的提示。

0附加手续费开户者周志东：

不能提示幅度，却可以提示涨跌的时间，这种作用更为实用了，那具体

是如何提示涨跌时间的呢？

彭助教：

两个降低的高点与两个低点形成一个三角形，连续两个高点的线称为压力线，两个低点的连线称为支撑线，当这两条线相交的时候，价格就会有动作，顶破压力线则涨，跌破支撑线则跌。下面结合具体案例进行讲解(见图4-9)。

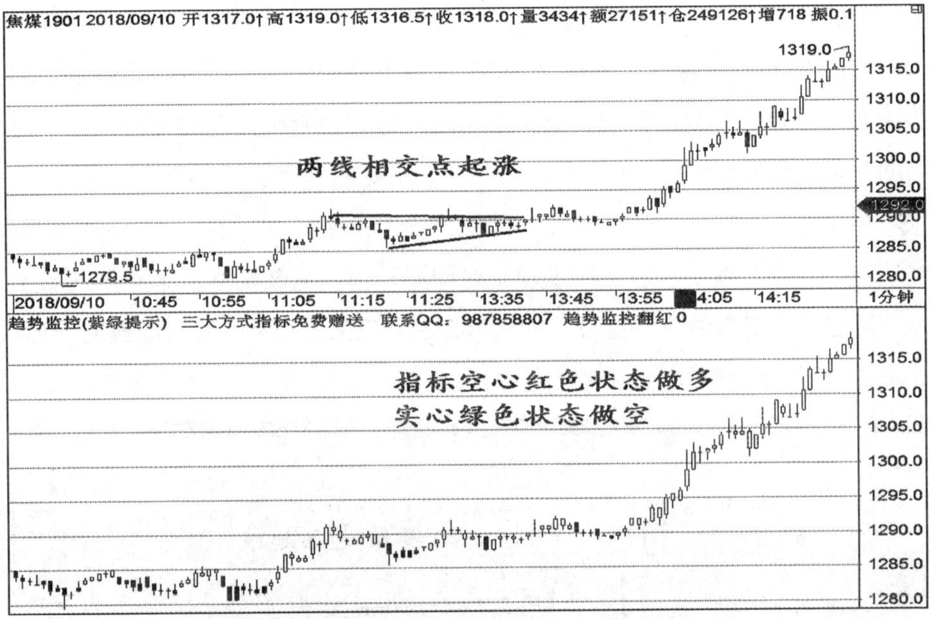

图4-9　焦煤1901合约2018年9月10日1分钟K线走势图

焦煤在上涨的中途形成了一个三角形形态，价格上涨后调整留下了两个降低的高点，把这两个高点进行连线，形成了一个趋势向下的压力线，而后把两个抬高的低点进行连接，形成了一个上升的趋势线。而后该怎么分析你应当知道了吧？

0附加手续费开户者周志东：

这两条线相交的那个时刻，价格就会有动作，从后期的走势来看，价格向上顶破了压力线，而支撑线却始终有效，因此，一轮上涨行情便随之出现。

彭助教：

在画线的时候，大家可以把两条线画长一些，这样何时相交会比较容易识别。如果价格还未到相交或临近相交的点位，便意味着还将会继续调整，从时间上来讲调整还未到位，而一旦相交便意味着调整得差不多了，是时候动手操作了。

0附加手续费开户者周志东:

如果脱离三角形来看，价格此时的震荡是上涨中途的正常调整，这是否意味着价格本身上涨的概率是比较大的呢?

彭助教:

的确如此，三角形多发生于价格上涨或下跌的中途，所以，它属于是顺势形态的一种，多数情况下，三角形出现之后将会延续之前的方向，只不过借助三角形两条相交将会有动作的特点可以更好地预测出价格起涨的时间。

再来看一个案例(见图4-10)，硅铁开盘的价格延续了前一个交易日的下降趋势，开盘略做下跌后形成了较长时间的震荡，从波动性质来看，这属于是下降趋势中正常的反弹走势，但从形态的角度来看，有了较为经典的图形，你来说一下它的技术特征。

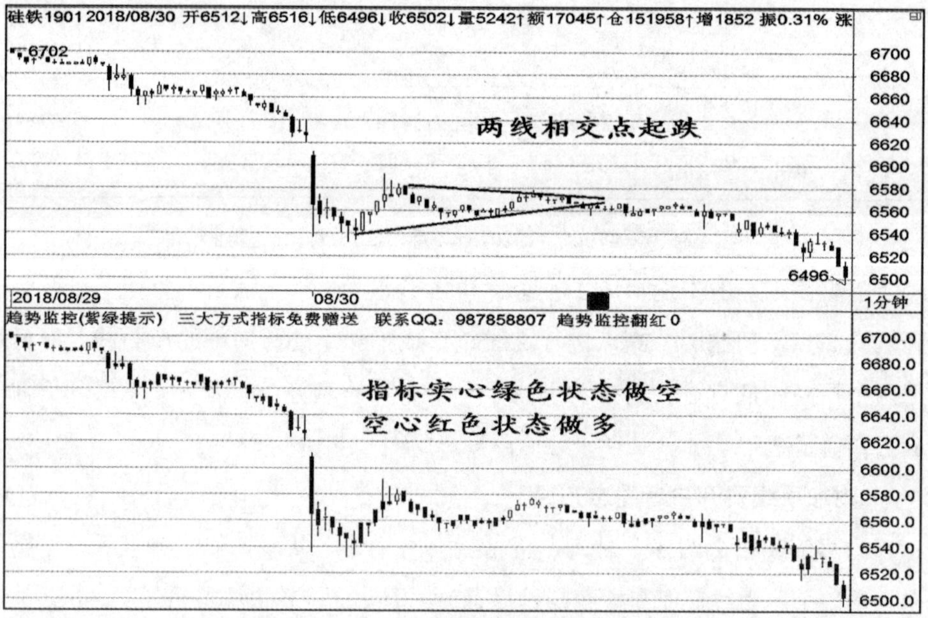

图4-10 硅铁1901合约2018年8月30日1分钟K线走势图

0附加手续费开户者周志东：

在价格震荡反弹的过程中，留下了两个低高的低点与两个降低的高点，将它们连起来便形成一个标准的三角形。

以前操作的时候，我总是想搞明白它是什么性质的三角形，但现在来看完全多余，只要盯着两线相交的点就可以了，性质是什么留在收盘后再去琢磨就可以。从这两个案例来看，都是两个高点降低与两个低点抬高的，三角形形态完全一样，但最后的方向却是完全不同的，由此也可以看出，三角形的性质无关具体的操作。

彭助教：

经过一段时间波动后，两条线进行了相交，相交点价格跌破了支撑线，这意味着下跌行情将要出现，在跌破支撑线的时候就可以入场进行做空操作了。

虽然说大概率上三角形形成以后价格会延续之前的趋势方向，但在实战操作时，还是要盯紧价格的变化，向上突破压力线则涨的概率大，向下跌破支撑线则跌的概率大，至于是什么性质的三角形，其实真没必要理会它。一阳老师所有实战方法都是这样的特点，尊重传统理论的同时，又站在实战的角度大胆地突破它。

第二十五招　布林线可不一般，价格涨哪它说了算

0附加手续费开户者罗力伟：

以前操作凄凄惨惨没人理，自从通过一阳老师开了一个0附加手续费的账号，在大幅节省了交易成本的同时，还充实了自己，每天跟着助教们一起学习，每天都按老师正确的操盘技巧执行操作，真是头脑与口袋双丰收。

因为一阳老师比较喜欢使用布林线指标，所以，我现在也开始认真地对这个指标进行学习。我听一阳老师说过，布林线指标可以预测价格波动的幅度，但对这项技术还不是太清楚，所以想请你具体讲解一下。

彭助教：

之前讲解过如何使用布林线指标针对箱体形态判断价格高低点所在的方法想必你应当会了。其实把这个思路进行拓展就是在有趋势方向的时候判断涨跌幅度的方法。布林线指标识别价格上涨或下跌幅度的方法有许多种，这一讲讲解最简单的一种方法：如何在价格下跌的时候判断反弹上涨的极限位，以及如何在价格上涨的时候判断调整下跌的极限位。

0附加手续费开户者罗力伟：

在箱体形态中识别高低点利用的是布林线指标上轨的压力与下轨的支撑，那在有明确趋势方向的时候是不是也是如此呢？

彭助教：

在上升趋势之中，上轨就无法使用压力来识别高点了，同时，在下降趋势中，也无法使用压力来识别低点。上升趋势中要使用下轨判断调整低点，下降趋势中则要用上轨判断反弹上涨的高点，价格一旦运行到这两个位置便会有明显的走势变化。

0附加手续费开户者罗力伟：

那是不是可以这样理解：价格上涨以后如果摸顶做空，那么，下跌的目标位就是下轨，因为下轨是支撑；下跌之后抄底做多，上涨的目标位就是上

轨，因为上轨是压力。

彭助教：

就是这样的意思，下面结合具体案例进行讲解(见图4-11)，PP的价格在图中形成了一轮下跌的走势，由于中轨方向明确向下，在操作上肯定是要保持做空的思路，一轮下跌后价格持续性地反弹，这一反弹的过程有什么样的技术特点呢？

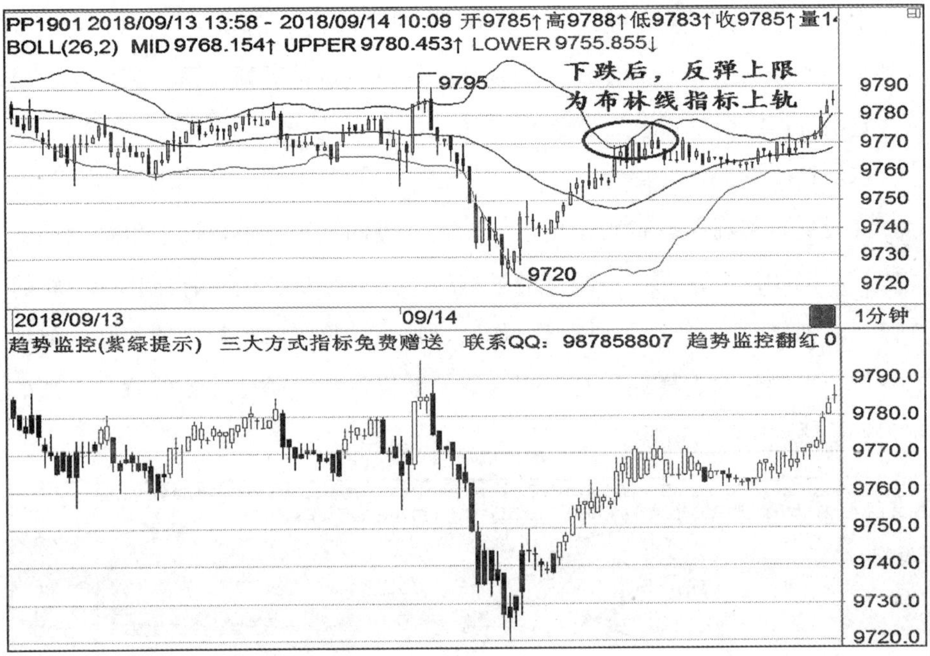

图4-11 PP1901合约2018年9月14日1分钟K线走势图

0附加手续费开户者罗力伟：

价格在反弹上涨的时候，轻松地越过了中轨的压力，一阳老师说过，一旦中轨压不住，价格便有很大的可能去找第二道压力，也就是上轨压力这个最后的压力位。价格此时的反弹已经超过了下跌波段的二分之一，这说明此时的反弹并非是标准的下跌性质的反弹，很有可能带有逆势性质，因此应当多加小心。

彭助教：

反弹的初期中轨的方向未变，而反弹的末期中轨方向转为向上，所以，反弹的性质肯定是逆势反弹了。

在中轨向下的时候，肯定是要顺势去分析的，因此，在价格反弹的过程中，最终的目标位则是上轨的压力处。若进行了抄底操作，价格反弹到上涨时可以先平一下仓，因为受到压力后再次回落的概率较大。若想逢高做空的，也要看一下价格到达上轨之后中轨有没有转变方向，要是中轨依然向下则可以做空，但若像本案例一样中轨转为向上，则不可以再继续做空了。

0附加手续费开户者罗力伟：

中轨向下，反弹到上轨时将会受到压力继续下跌；哪怕中轨转为向上了，碰到中轨压力时价格也要低一下脑袋，回落蓄势后再重新上涨。上轨压力果然决定了价格将会反弹上涨到哪里。

彭助教：

橡胶的价格在图4-12中出现了一轮大力度的上涨行情，而后价格便陷入了较长时间的调整，在调整回落的过程中，第一目标位是布林线指标中轨的支撑位，如果这一道支撑能够发挥作用，那么，价格就将会继续上涨，但是本案例中，中轨的支撑并没有发挥很好的效果，在中轨支撑无效时，又该如何判断价格涨跌的位置呢？

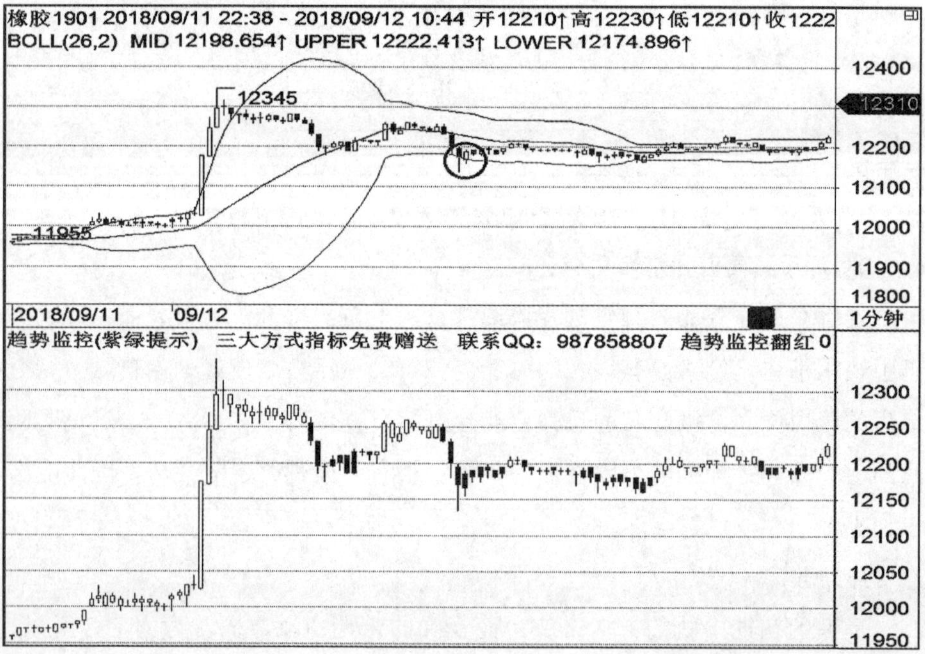

图4-12 橡胶1901合约2018年9月12日1分钟K线走势图

0附加手续费开户者罗力伟：

中轨的支撑一旦失效，那么，价格调整回落的低点就由下轨说了算，下轨在何方，价格调整回落的低点也将会大概率地在何方。

彭助教：

在中轨向上的时候，下轨的支撑才会发挥作用，而一旦中轨转向，下轨的支撑可就不会有支撑的作用了，这一点一定要牢记。

同时，在中轨向上时，下轨是调整回落的低点，这个思路是对的，但在实际操作时一定要注意，随着价格的变化，下轨的数值也将会随之变化，因此，要变动地跟着下轨的价格去测量调整回落的低点。下轨不是一个死的数值，而是会变化的。

0附加手续费开户者罗力伟：

中轨向上，价格回落调整的低点在哪里下轨说了算；中轨向下，价格反弹上涨的高点在哪里上轨说了算。结合中轨的方向与高低点位置，该如何操作心里就更亮堂了！

第二十六招　KD是个好东西，最能看清价高低

0附加手续费开户者李可斌：

没在一阳老师这里开户之前，我的手续费很高，但以为大家都这样，跟老师团队的助教取得联系时，我想的是通过开户交易可以在学习与实战操作上得到帮助，账号开户并进行交易时才发现，之前账号的手续费基本上是老师这里的1.5倍之多，细细算来，近11万元的手续费白扔了。但加入了老师的团队获得了服务之后，学到了好方法，更获得了好工具，真像老师说的那样，赚钱变得容易了许多。

最近学习的时候，发现老师有时候会讲到KD指标的重要性，最初学习时听说过这个指标，但看到好多人说它不管事儿，所以就没有再去深入了解它。但一阳老师却说它很有用，可以很好地识别价格的高低点，所以，想请你为我讲解一下如何运用KD指标判断价格的高低点。

彭助教：

指标有很多种，每一个指标都可以向投资者如实地传达一个或多个市场的信息，用什么样的角度去理解与加工这些信息，就是投资者个人的事儿了，这也是造成投资者分析观点不同的原因。

KD指标的性质是高低类指标，计算方式决定了它可以反映价格局部区域的高点与低点所在，具体表现形式为：KD指标数值达到或接近80值的高数值区间时，往往对应价格的高点，KD指标数值达到或接近20值时的低数值区间时，往往对应价格的低点。

0附加手续费开户者李可斌：

这个指标我就是学习到了这里，很多时候发现高数值了还能继续上涨，根据高数值做空却总是赔钱。而低数值以后价格还能继续跌，这个时候做多简直就是自找赔钱。这是怎么回事呢？

彭助教：

高低数值的运用不能这么简单，看到高数值就做空，看到低数值就做多，这样做就错了，必须结合价格的波动方向才可以看清价格的高点与低点在哪里！

具体运用时应当这样进行：方向向上时，看KD指标低数值，用低数值寻找价格调整的低点所在；方向向下时，看KD指标高数值，用高数值寻找价格反弹的高点所在。下面结合具体案例一讲就明白了。

豆一的价格在图4-13中形成了下降的趋势，下降趋势中的一个典型的操作方法就是逢高做空，那何谓高呢？此时要找高点就必须结合KD指标来使用了。你说一下下降趋势中价格与KD指标的关系吧。

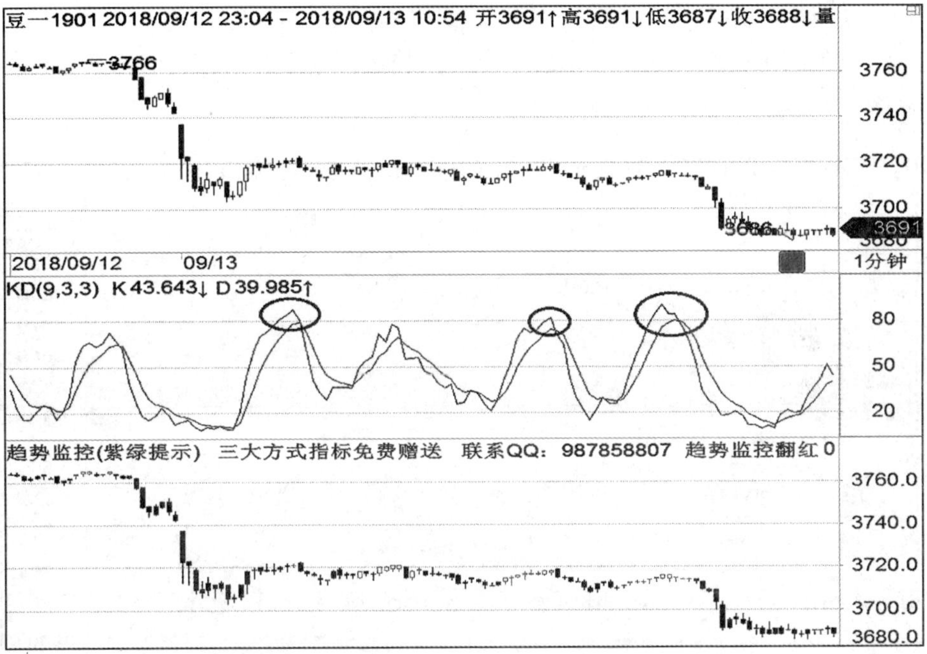

图4-13　豆一1901合约2018年9月13日1分钟K线走势图

0附加手续费开户者李可斌：

在价格反弹到高点的时候，KD指标同步达到了80的高数值区间，这个时候，价格都产生了不同幅度的回落走势。虽然三处点位的位置各不相同，但这些技术点却都是一致的。

彭助教：

的确如此，这样一看是不是就简单了很多？方向向上只看高数值，以此来寻找反弹的高点。切记：下降趋势中不要看低数值，此时的低数值除非进行抄底操作，否则没有太大的分析价值。

0附加手续费开户者李可斌：

在具体操作时，是不是只要KD指标接近或达到高数值时就可以入场做空了呢？

彭助教：

是的，这种方法判断的是一个高点小区间，那个最精确的最高点是无法判断出来的。

彭助教：

鸡蛋的价格在图4-14中形成了上升的趋势，这个时候都有怎样的操作手法呢？

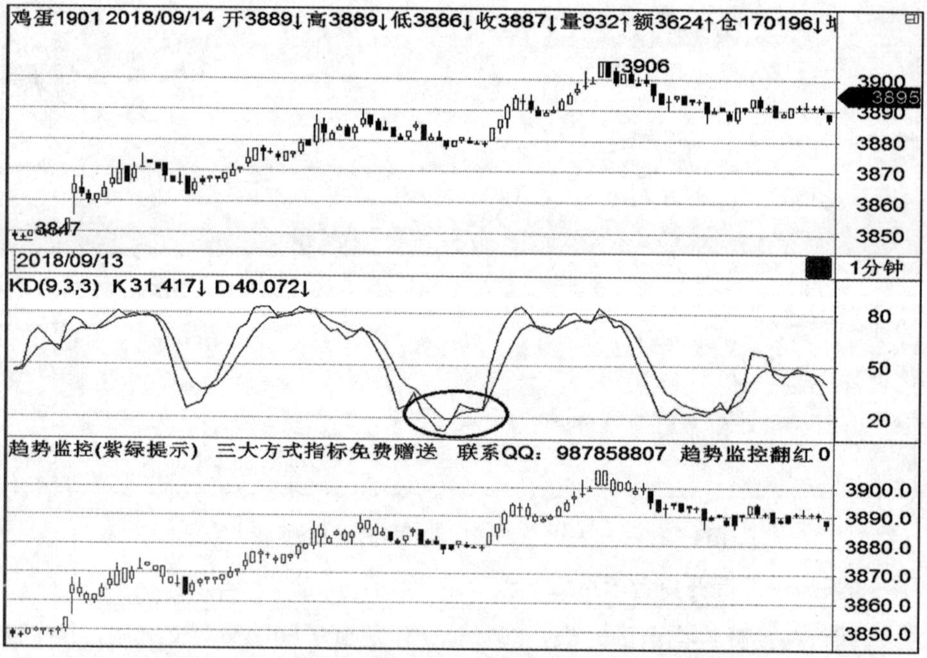

图4-14　鸡蛋1901合约2018年9月14日走势图

0附加手续费开户者李可斌：

可以进行逢低做多操作，可以进行突破操作，也可以进行追涨操作。但一阳老师说过，上升趋势形成永远优先逢低做多操作，在逢低做多操作没有机会的时候也可以进行突破操作。

彭助教：

逢低做多操作有一个低点，由此可见，找到低点是非常关键的，这个高低类的KD指标就可以发挥作用了。上升趋势中该如何运用KD指标进行逢低做多操作呢？

0附加手续费开户者李可斌：

上升趋势中，应当结合KD指标的低数值进行操作，只要KD指标达到或接近20值时便可以入场进行做多操作。

上升趋势中共有三次低数值的情况，第一次KD指标数值离20还有一些距离，没有完全达标，这次机会比较可惜；第二次符合条件很好地实现了盈利；第三次效果一般，价格创新低时应当进行止损操作，不过亏损幅度并不大。

彭助教：

这三次点位的点评非常正确，上升趋势就是要结合KD指标不断地寻找价格调整的低点并进行做多。当然，在具体操作时也要注意，寻找低点的方法有好几种，KD指标只是其中一种，而不是唯一。

螺纹的价格在图4-15中形成了上涨转为下跌的走势，面对这样的技术形态先是要进行逢低做多操作，而后要进行逢高做空操作。你结合着KD指标具体讲解一下吧。

0附加手续费开户者李可斌：

这个案例很简单了，其实就是把前两个案例结合在一起分析就可以。在价格上涨的过程中，运用KD指标低数值进行逢低做多操作，一旦KD指标达到或接近20时便可以入场做多了。在价格下跌的过程中，运用KD指标高数值进行做空操作，一旦KD指标数值达到或接近80时便可以入场做空了。图4-15中两处标注处就是低数值逢低做多，以及高数值逢高做空的点位。

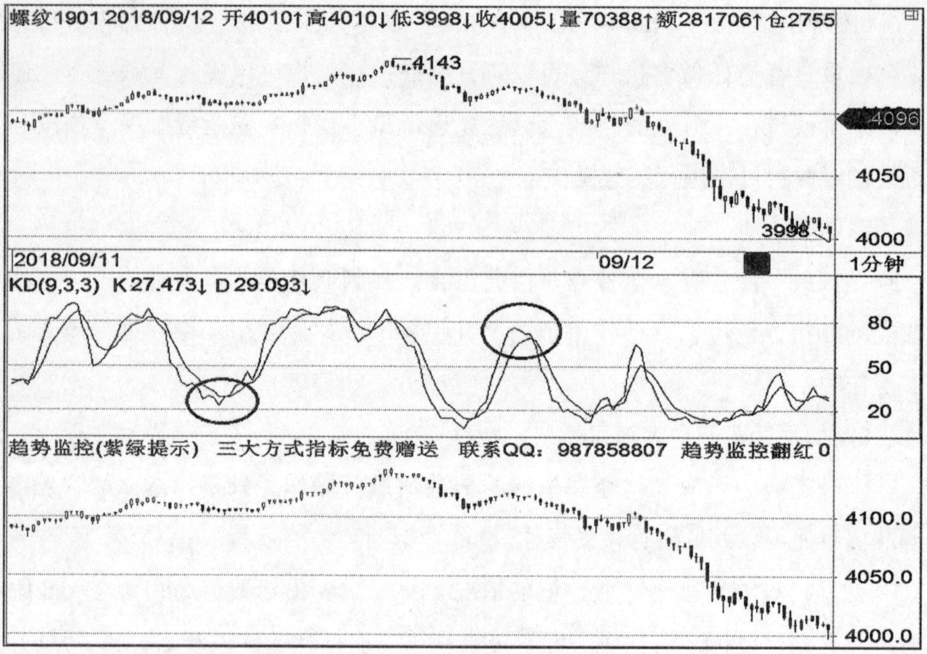

图4-15 螺纹1901合约2018年9月11日至12日1分钟K线走势图

彭助教：

从图4-15中的走势来看，如果反着来做，上升趋势中用高数值做空，以及下降趋势中用低数值做多，是完全讨不到好果子吃的，许多投资者使用KD指标进行操作而出现了亏损，都是因为用错了方法，KD指标一把好好的利刃，没有成为他们杀敌的武器，却割掉了自己一大块肉。而只要用对了环境，也就知道为什么一阳老师会说KD指标是个好工具了，指标公平地反映着市场的信息，加工对了才可以发挥出最大的威力。

0附加手续费开户者李可斌：

在判断方向时，是不是结合布林线指标中轨效果会更好呢？

彭助教：

这是当然！之所以只看KD指标，就是为了避免涉及的指标太多，让一些经验少的投资者看不明白。KD指标怎么用学会之后，布林线指标便可以加入进来一起综合分析。

同时，使用KD指标时还需要再注意一下成交量的问题，KD指标永远只能在无量区间使用，一旦放量出现，KD指标也就没有了用武之地。

本章的例图中涉及了以下几个品种，若在我方合作的期货开户交易，例图中的期货品种交易手续费为(数据截至2018年10月10日)：①玻璃开仓3元平今6元，1跳回本；②PVC2元双边、日内减半，1跳回本；③螺纹1%%双边，1跳回本；④甲醇开仓2元平今6元，1跳回本；⑤原油22元单边，1跳回本；⑥橡胶0.45%%双边，1跳回本；⑦菜油2元单边，1跳回本；⑧沥青1%%双边，1跳回本；⑨焦煤0.6%%双边，日内1.8%%双边，2跳回本；⑩硅铁开仓3元平今9元，2跳回本；⑪PP0.6%%双边、日内减半，1跳回本；⑫豆一2元双边，1跳回本；⑬鸡蛋1.5%%双边，2跳回本。

万分比手续费计算方式：当前价格×每手吨数×手续费万分比。例如：螺纹4000元，每手10吨，手续费1%%，则4000×10×1%%=4(元)，一开一平共8元手续费。

※ 第五章　“狼来了”要警惕 ※

这一章的内容主要为各位读者朋友讲解一下常见的风险性形态。

风险性形态只能站在多方或是空方一个立场来讲，否则是不严谨的。多头的风险性形态恰是空头的机会性形态，反之也是如此。所以，本章内容所说的风险性形态的前提是形成某种形态，之前的价格方向。比如形成了一个高点的异常量能，由于之前在上涨，所以，此时的异常量能对于多方来讲便是风险性形态。

风险性形态有的可以直接进行操作与处理，有的则是观察形态，有的只可以改变一时的方向波动，而有的则会彻底改变之前的整个运行趋势方向。未来到底以怎样的幅度、怎样的力度波动我们不得而知，能做的就是在形成风险性形态时多加小心。

第二十七招 量能套环出，擅动必吃苦

内部培训学员张伟华：

我之前参加过一阳老师的《期货量价配合关系》内部培训课程，全面地学习了期货市场中成交量的分析方法，在价格形成常见规律性涨跌走势时，结合成交量我不仅可以成功地拿下大幅度的获利空间，还可以及时地通过量能识别出开仓信号成功的概率大小，更可以通过成交量的变化形态提前判断出目标点位，以及价格运行的空间增大或衰减的可能性，配合以往所掌握的知识结合成交量的变化，交易的进出点位感觉精准了许多。

后来又在周二、四19:30直播公开课的时候曾听过一节量能套环的内容，但可惜的是随后这个课程的视频没有了，现在希望你可以再为我讲解一下。

李助教：

量能套环这种方法是一种辅助类的方法，并不能直接用于实战操作，而内部课程讲究的就是实战性，学了就可以直接上手操作，所以，辅助类的知识在内部课程中并没有太多涉及，辅助类的课程都放在公开课程中为大家进行讲解，内部培训学员可以与其他投资者朋友一起分享这些知识。

量能套环是用来识别风险的，在这个区间内最好不要操作。上涨之后若形成量能套环则价格很容易在这个范围内连续调整，做多便会有一定的风险；下跌之后若形成量能套环，该区间就很容易出现反弹的走势，做空需要谨慎。

内部培训学员张伟华：

那量能套环的形成原理是怎样的呢？

李助教：

成交量连续放大，或是突然放大之后，而后快速萎缩，这使得均量线由多头排列状态快速地形成了空头排列状态，从而在形态上形成了先后两个圈，这种方法也叫做量能的斜8套环，就好像一个倾斜的数字8一样。你在下面的图中试着找一个这个斜着的8字吧（见图5-1）。

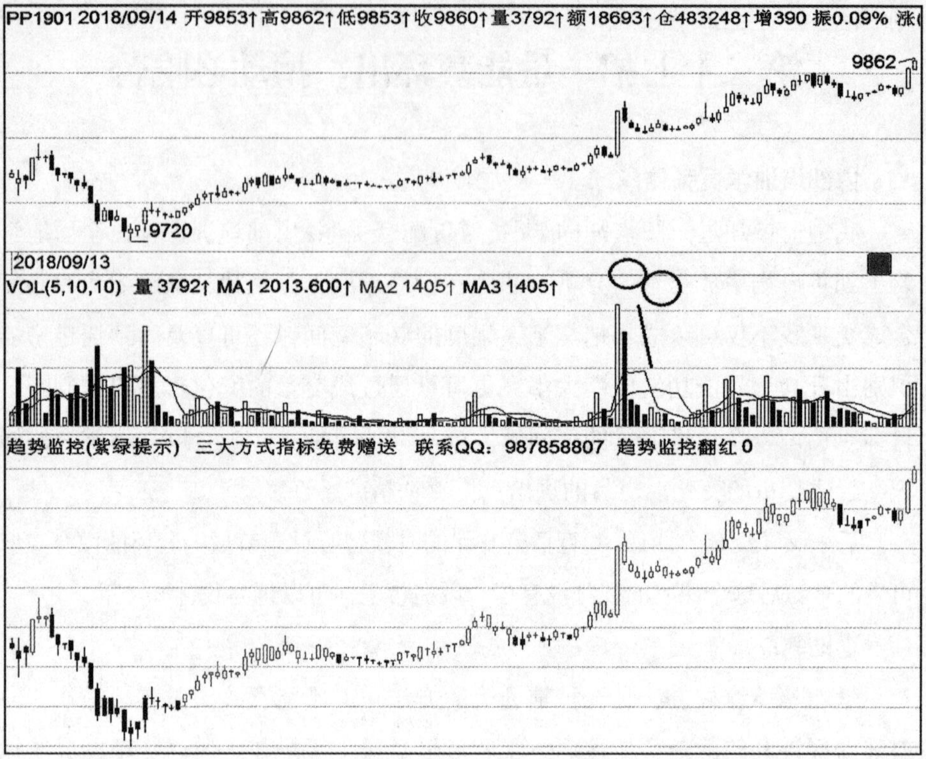

图5-1 PP1901合约2018年9月14日1分钟K线图

内部培训学员张伟华：

PP1901合约的价格放量上涨之后，随着调整的出现成交量快速萎缩了下来，在缩量之后，两条均量线由上行转为了下行，从而使得均量线形成了一个倾斜的数字8的形态，这两处的技术形态还是非常容易识别的，斜8真是太形象了。

李助教：

从这两个量能套环区间的表现来看，在8字的右半个圈没有封口之前，价格都一直在调整，虽然后期价格继续上涨了，但在这个区间提前入场操作，也得面临价格持续调整的风险，所以，在量能套环彻底封口之前，做多的操作最好保持谨慎。同时，由于趋势向上，也是不可以进行做空操作的。

内部培训学员张伟华：

通过这个案例明白了量能套环是如何形成的了。由于快速的萎量，短周期的均量线及时降了下来，但长周期的均量线由于较为稳定，所以下行的速度慢了，一个快一个慢，打了一个时间差，故此形成了量能的圈圈。

李助教：

非常正确，这其实是量能分析的外在表现形式，真正的内在原因是：成交量在连续萎缩的情况下，意味着资金暂时没有积极地在场中进行做多操作，失去了资金的维持，价格自然就会缺乏上涨的动力，故此将会出现连续调整的走势。

对于实战经验并不多的投资者来说，直接说内在的原因可能理解不了，而说斜8圈这种非常形象的技术形态就很容易理解了，并且再度见到这种形态时，马上就可以意识到这是风险的信号。

再来看另一个案例(见图5-2)。

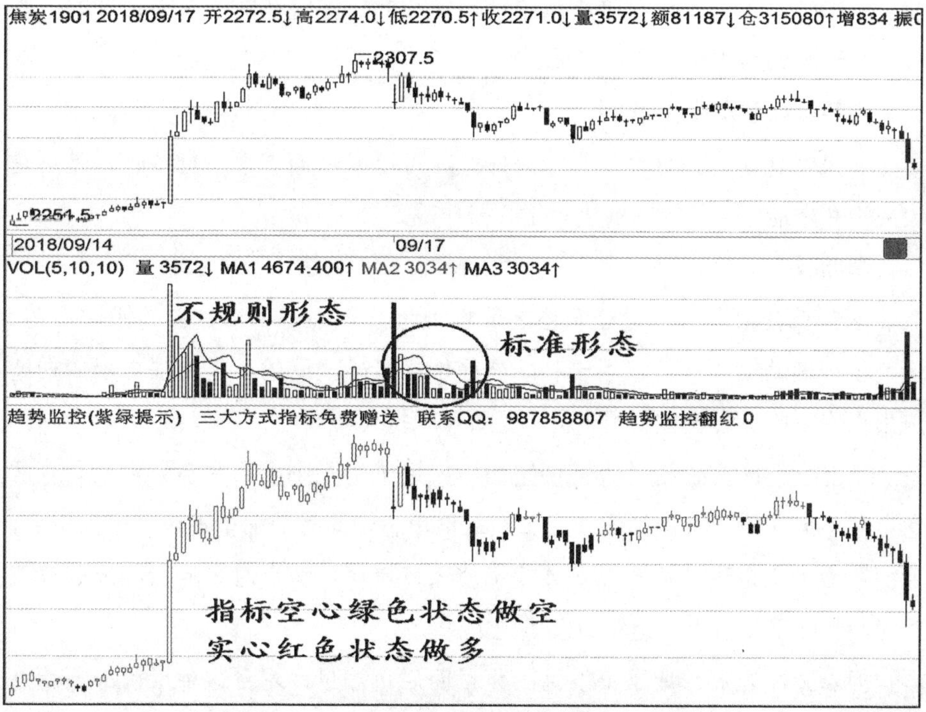

图5-2 焦炭1901合约2018年9月17日1分钟K线图

内部培训学员张伟华：

这个案例中有两个量能套环，不过第一处的量能套环好像不是太标准的，但第二处的量能套环非常完美，左右两个圈都非常的圆滑，并且在右圈没有封口之前，价格也始终保持着调整的走势。

李助教：

第一处的形态也是量能套环，但是不规则形态，左右两个圈显得比较僵硬，但这种现象却是最为常见的。标准的量能套环是成交量突然巨幅放大，而后又快速萎缩造成的，这种形态下左右两个圈就会非常圆，第二处的技术形态正是如此。第一处的形态是连续放量之后又连续缩量造成的，所以圈的圆滑程度就差很多。

不规则的量能套环也可以按同样的手法以及思路操作，只要右侧的圈没有封口，价格在下跌之后就容易连续反弹，这个时候做空就要再等一等。不则规的量能套环体现的是空方资金暂时性的停止操作，没有资金大力度地推动，价格也就失去了进一步下跌的动力，故此，在缩量的情况下，好的下跌形态是很难见到的。

内部培训学员张伟华：

如果空仓，碰到这种形态不去操作就可以了。但若手中有持仓，是不是也应当在量能套环的区间内进行平仓操作呢？

李助教：

这要综合来看了，量能套环之前也说了，它不是一个具体的操作技巧，而是一种辅助类的技巧，用于判断当前价格风险区间的，它无法提示清晰地进出点位，所以不能直接用来提示是否可以持仓。

量能套环区间价格是容易调整的，如果价格刚刚上涨并不太多，并且放量之后明显缩量，反而形成了完美的量价形态，此时的缩量不仅不应当出局，反而还应当积极进行持仓以及寻找机会入场操作。这个时候的量能套环只能暂时小套一下投资者，是绝对套不死人的。

但若上涨之后形成了突发性的巨量而后再缩量，本身这种量价形态就是异常的，就算没有量能套环的出现，仅是巨量之后的再缩量也需要出局了，在量能套环明显形成的时候，手中多半是没有持仓的。

故此，量能套环形成价格容易调整这是实情，但有的调整只是中途的休整，不仅不应当平仓，反而应当积极地持仓以及找机会入场。而有的量能套环出现的确会引发风险，这是需要回避的，所以，要结合具体情况来看。当然了，本着谨慎的态度进行操作，只要量能套环出现就出局也是没错的，只是随后再次的介入点处理就会有点棘手了。

第二十八招　价格高低点，量能帮你辨

内部培训学员孙刚岩：

参加了一阳老师的《从底做到顶》内部培训课程，在这期课程中，一阳老师把底部、上涨过程、中途调整、顶部结构各个环节的操盘手法全部教给了我们，学习之后自己的操作技术有了明显的提升，现在看一下价格的波动状态就知道这是什么位置该采取怎样的操盘手法，顺势操作现在已经没有任何问题了，真正实现了从价格波动的底部一路做到顶部去，目前已经实现连续7个月的稳定盈利了。

一阳老师之前说过：只有顺势交易做好以后，才有资格进行逆势交易。故此，现在我想学习这套课程中的底部与顶部的操盘技巧，想先向你请教一下关于高低点判断方面的问题。

李助教：

对广大投资者而言，能够达到半年以上的持续盈利，就意味着交易的好习惯已经养成了，后期需要做的事情就是把当前的交易模式不断地进行复制。

老师的确这样严格地要求过：顺势交易若没有做好，没有任何资格进行逆势操作。顺势操作是最容易实现盈利的方式，若用最容易赚到钱的方法都无法实现盈利，又怎么可能用更高难度的逆势操作的方法来实现盈利呢？而你能坚持按老师所要求的进行操作，这一点说明你的纪律性还是非常好的，至少不会胡来。

对你而言，顺势进行的操作已经成为了你赚钱的主要模式，在这个基础上，建议你千万不要做任何改变！否则很有可能会颠覆你现在的盈利状况，切记!

内部培训学员孙刚岩：

我想学习判断价格高低点的方法并不是为了实战操作，因为老师已告诫过我们，顺势交易若赚钱了，也就不屑于进行逆势交易了，因为顺势交易钱赚得更加稳定，对此，我深有感受。学习逆势交易只是为了提高我操盘的综合素质，这样无论价格如何波动，都有办法进行应对。

李助教：

以这种态度学习判断价格高点低的方法我是赞同的，一阳老师虽然懂很多方法，但在实际操盘时，也就是那几招，除非碰到大级别的顶部或底部，否则，很少会进行逆势交易的。关于大级别顶与底的判断方法，在你参加的内部课程之中已有所涉及，现在你可以学习一下这方面的内容了。

既然交流到了这个问题，就来讲解一下日内交易时如何判断局部高低点的方法。

你来说一下这个例图中高点与低点的技术特征是怎样的(见图5-3)。

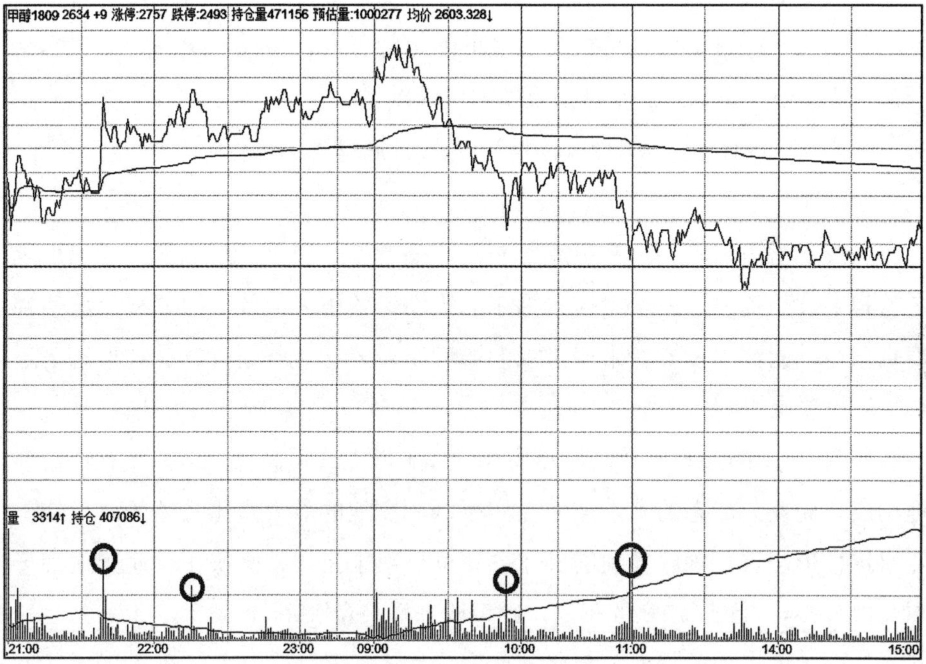

图5-3 甲醇1809合约2018年4月11日走势图

内部培训学员孙刚岩：

甲醇盘中形成了多个低点与高点，有一些高点与低点没有明显的技术特征，但有两处高点以及两处低点有着相似的技术特征：成交量均出现了明显的放大。

李助教:

观察得比较仔细，这四处一致的技术特征就是成交量出现了明显的放大，放大的量能在当时是最大的。但不能看到放大量就认为是高点或低点到来了，如果后边连续出现放量呢？所以，放量是形成高点或低点的要素之一，放量过后的缩量才是重中之重！

成交量急剧放大，而后又快速萎缩到了之前的无量状态，这说明多空双方在此处的交易产生了严重的分歧，至于说是多方在开仓，还是空方在开仓，或者是多方在平仓，抑或是空方在平仓，其实并没有什么关系，我们只要知道子弹已经被打光了就可以了。

内部培训学员孙刚岩:

放大量后又急剧缩量这说明资金一下子消耗光了，在没有后继资金继续推动的情况下，价格将很难再延续之前的运行方向，故此，上涨之后很容易回落形成高点，下跌之后很容易反弹形成低点。

这些高点或低点形成的时候，可以进行抄底摸顶的操作吗？

李助教:

从技术形态来看，价格形成了高点后都产生了回落，形成低点后也出现了反弹上涨的走势，但是，这些形态的级别比较小，故此，回落或上涨的幅度也很小，无法为投资者带来可观的盈亏比，因此，不建议在这种形态下进行抄底摸顶操作。

从图5-3中的走势来看，虽然局部形成了低点或是高点，但并没有经常性地构成长周期大形态的高点或低点，所以，实战的效果是比较差的。虽然不能对这种形态进行抄底摸顶的操作，却可以用来指导持仓操作，碰到这种形态又恰巧收益达到了满意的预期，则可以进行平仓操作。

只有在大级别的形态上有底部或顶部技术信号，而后在局部又形成了这种形态走势时，才可以进行抄底摸顶操作。

内部培训学员孙刚岩:

大级别形态可以逆势交易，小级别形成决策是否可以持仓。且不说是否进行清仓操作，在这种高点或低点形态出现时，减减仓效果还是非常好的。

我找了一个案例，还请老师点评一下(见图5-4)。螺纹的价格在这一天出现了四次符合技术条件的量能形态，虽然这些量能形态对应的价格位置各不相同，但都引发了同一个现象的出现：价格出现了局部反方向波动的走势。

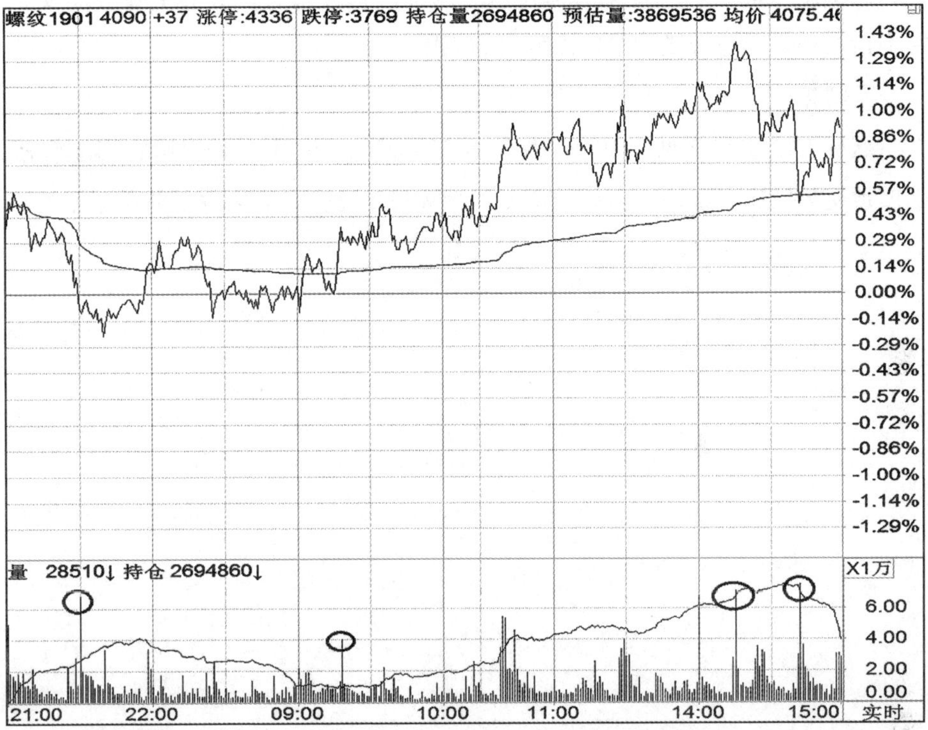

图5-4 螺纹1901合约2018年9月14日走势图

李助教：

突然性巨量的出现意味着有大量的资金在此进行交易，巨量之后紧接着急速缩量，这就说明没有了资金进一步的维持，价格的波动也就从此失去了动力，因此，就容易形成巨量之后又快速缩量的现象。

在实战操作时，异常巨量出现时不是行动的时候，此时还可以继续持仓的，因为无法确定第一次的巨量之后是不是会连续放量，若放量能够延续一轮行情也就出现了，所以，放量的时候持仓，而一旦后面的成交量急剧地萎缩，缩下来放量的一半甚至更少的时候，这个时候就需要赶紧把手中的持仓平掉，因为此时价格很容易形成反方向波动的走势。

内部培训学员孙刚岩：

图5-4中四处的放量就是这样，量很大，是近一段时间最大的，但之后的成交量马上萎缩了下来，缩量差不多是巨量的五分之一，符合了缩量的要求，在这些缩量的点位上进行平仓操作，从局部的效果来看，的确平仓的点位非常不错，都是局部波段的最低点或最高点区间。

李助教：

这种方法非常常见，每个品种每天都会见到，且不说是否用它们配合抄底摸顶逆势操作，就是根据这一特征进行顺势平仓交易效果也是非常不错的。

第二十九招 下跌阳线坏，让你跟头栽

内部培训学员许季平：

我参加了一阳老师的《波段战术》内部培训之后，对价格的波动性质的判断越发清晰了，一开仓便知道价格是处于涨跌的初期，还是中期，抑或是末期，由此便可以推断出后期的盈利空间，以及预演出未来走势形态的可能性。学了这个课程以后，现在实战操作时可以轻松地从涨跌的初期一路做到涨跌的末期阶段，这种操盘效果是以前想都不敢想的。

在学习过程中，一阳老师提倡：不要去想着做在格波动的最高点与最低点。我运用波段战术可以判断出价格波动的最高点区间与最低点区间，但我想，老师肯定有这方面相关的操盘技巧，不知道是不是可以为我指点一下？

李助教：

不建议大家总想着在价格的最高点与最低点操作，并不代表这些高点与低点找不到，这个关系一定要理解。同时，在实战操作上就算找得到最高点与最低点，但那个价格一闪就过，技术上能找到但实战操作也是做不到的，这正是一阳老师如此要求的原因。

最高或最低虽然不太好操作，但距离并不远的次高或是次低却是完全可以找到以及操作的。之前不就讲解过分时图中价格高低点的技术特征吗？

内部培训学员许季平：

通过成交量判断分时图中的高低点我已经掌握了，正因为如此我才认为一阳老师肯定还有别的高招来识别价格波动的高低点。

李助教：

那是从成交量进行的判断。那这一次我就从K线形态上与你交流一下如何识别趋势反转的高点与低点的技术特征，它们一旦出现，投资者如果不及时处理，就很容易栽跟头了。

对下跌的走势如果进行观察便可以发现，价格在下跌的过程中，虽然会时常收出阳线，但这些阳线的实体都很小，这说明多方力量非常虚弱，因此价格才可以继续下跌。价格想要上涨就必须体现出多方力量的强大，而多方力量强大的外在体现是什么？就是大实体的阳线，所以，下跌过程中若没有出现大实体的阳线，这就说明转势反转的可能性很小，但一旦收出大实体的阳线那就意味着形式不好了，手中的空单一定要多加小心，随着大阳线的出现上涨的可能性将会变大，这时还死拿着空单就不太妙了。

下面结合具体案例进行讲解。

如图5-5所示，焦煤在价格下跌的过程中出现了多次小幅反弹的走势，以及在下降趋势中收出了多次的阳线，但之所以价格涨不上去，就是因为阴线的实体普遍都比较大，而阳线的实体普遍都比较小，K线的实体直接反映了多空双方的力量对比。

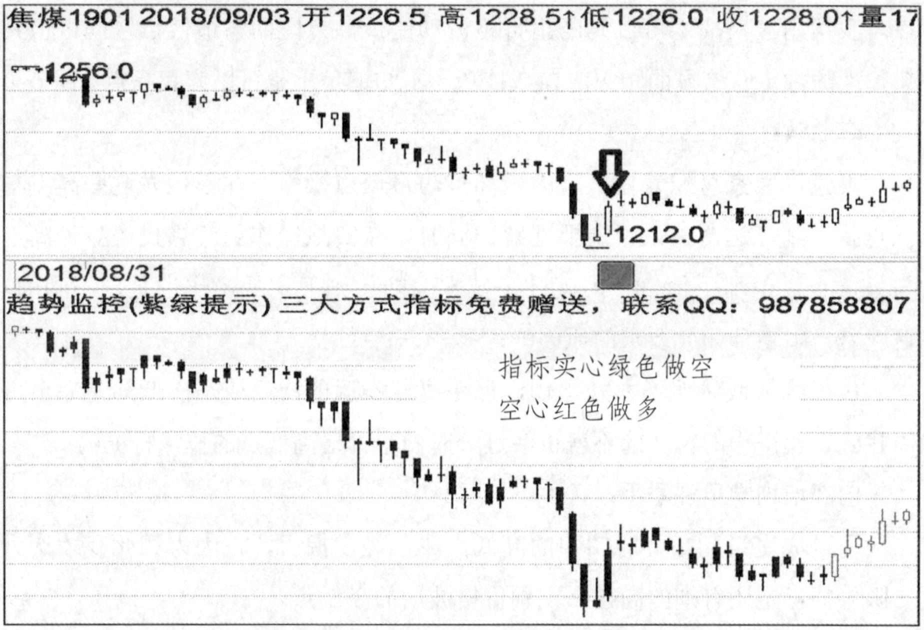

图5-5　焦煤1901合约2018年9月3日3分钟K线走势图

内部培训学员许季平：

在价格下跌的过程中，阳线还都缩量着，这说明没有什么资金支持价格的上涨，量价形态也始终处于完美的状态。

李助教：

价格下跌到底部之后，虽然后期并没有出现大幅度的上涨，但是，手中如果还一直拿着空单，面对这种温和的长时间的连续反弹也非常难受。那么，是什么原因导致连续性的反弹出现呢？就是因为在下跌的底部突然收出了大实体的反弹阳线，这么大实体的阳线是价格下跌以来从未出现过的，因此，必须对这种多方力量突然增大的事情重视并采取相关行动。

内部培训学员许季平：

价格在大力度反弹时，成交量也有所放大，虽然相比阴线的量还是萎缩了一半，但相比之前阳线的量却数倍地增长，这说明有一定量的资金要么平掉了空单对价格产生了被动的推动，要么是资金入场做多对价格产生了主动的推动，无论哪种性质都需要赶紧把手中的空单撤出来。

李助教：

焦炭的价格在图5-6中上涨的过程中，同样收出了多次调整的走势以及收出了多次的阴线，这些阴线有什么样的技术特征呢？

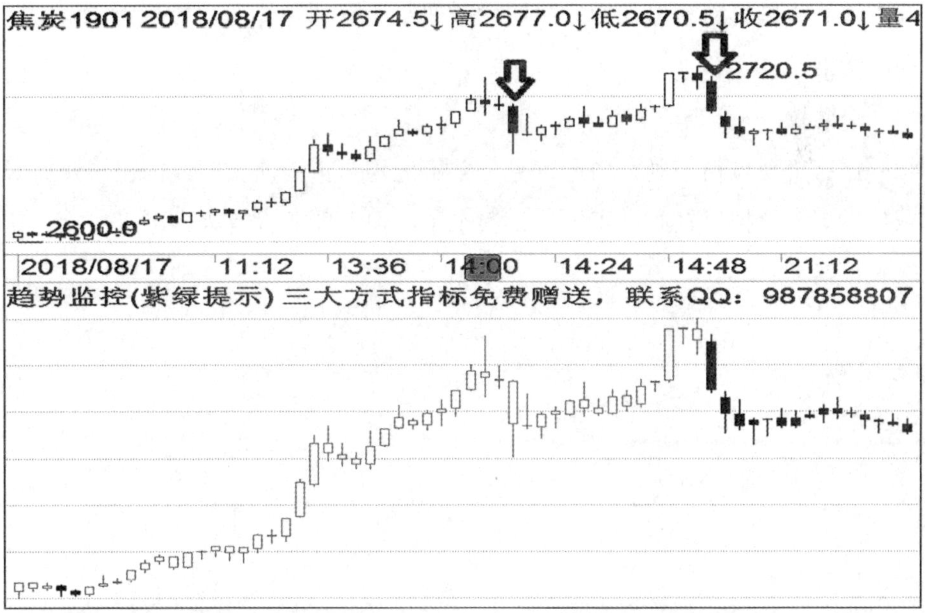

图5-6 焦炭1901合约2018年8月17日3分钟K线走势图

内部培训学员许季平：

虽然位置各不相同，但是，这些阴线却有着完全一致的共性，一是成交量很小，这说明资金根本没有兴趣进行做空；二是阴线的实体很小，这说明空方根本没有任何的力量。在阳线实体普遍较大，阴线实体较小的情况下，价格继续上涨的概率就大大地增加了。

李助教：

上涨到高点之后，价格先是收出了第一根大实体的阴线，这一根大实体的阴线并未使得价格出现下跌的走势，很快又向上创出了新高，但紧接着便再度收出了第二根大实体的阴线，这一次大阴线的出现终于把价格压了下来。

虽然第一次的大阴线并未导致价格回落，但在实体操作时也必须考虑一个问题，为什么涨得好好的会突然收出这么大阴线的实体？

内部培训学员许季平：

我觉得空方有的时候可以一下子就改变上升的趋势，但有时则需要蓄蓄力才可以，第一次大阴线的出现说明空方有能力与多方抗衡了，但力量还并不太够，所以第二次出现的大阴线才改变了上升的趋势，这就是力量得到累积的结果。

李助教：

你这个观点很正确，由此可见，并不能因为第一次大阴线的出现没有导致价格下跌就掉以轻心，第一次说狼来了，但可能并没有来，但第二次、第三狼也就真的来了。

第三十招 中轨若走平，多空都冷静

内部培训学员吴爱然：

我参加了一阳老师的《猎捕反转点》内部培训后，现在对于价格波动过程中各种反转形态的把握已经非常熟练了，只要转折上涨或转折下跌的盈利机会，都不会从我手中逃走，这个课程的学习真是太重要了，使我知道了价格波动过程中不仅有顺势的反转点，还有逆势的反转点，只有知道反转形态形成时的各种技术细节，才可以轻松地识别出盈利机会的所在。

随着机会把握能力的提高，我也深深地感觉到：交易不能只会动，还得学会静！什么时候积极地进行操作我已经知道，但什么时候应当保持安静保持等待的状态，还是有一些模糊，因此，希望你可以给我一些提示。

李助教：

操盘就是这样，有动有静，动是捕捉获利的机会，那为什么要保持静的等待状态呢？就是因为没有任何交易的机会，这个时候胡乱入场操作的话，不确定性就非常大了。

什么样的走势不会提供操盘的机会呢？

内部培训学员吴爱然：

我认为一是价格正处于买卖点形成的过程中，这个时候必须等待，一旦形态形成才可以入场操作，就好像摘果实一样，果子还没熟是不能把它摘下来的，只有等它成熟的那一刻才可以摘下。二是价格并非处于买卖点形成时，而是处于无规律的杂乱波动状态，这个时候肯定是要等了，要等到价格形成有规律特点的走势时再进行操作。

李助教：

除此之外还有另一种情况：价格进入了无方向的波动状态，这是最为常见的一种需要耐心等待的技术形态。从技术的角度来讲它的特点就是：布林线指标中轨开始有走平迹象了，这个时候不管做多还是做空都要保持冷静，耐心地等一等。下面结合具体案例进行讲解。

如图5-7所示，螺纹的价格无论是在下跌的时候，还是在下跌之后的反弹过程中，布林线指标中轨都保持着明显的趋势方向，在这种情况下，积极地进行操作就可以了，这就是所谓顺势带来的盈利机会。

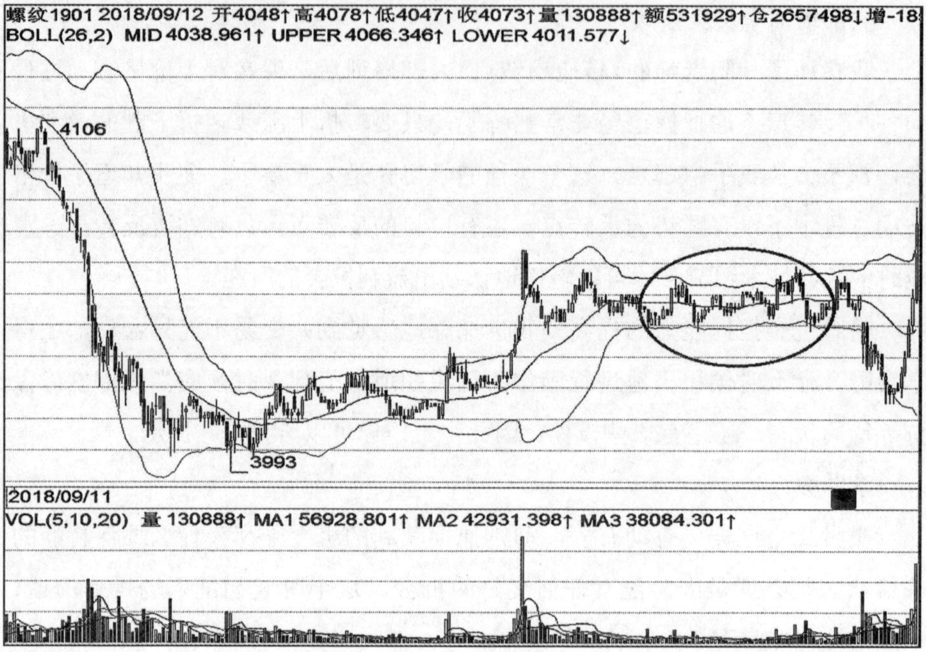

图5-7 螺纹1901合约2018年9月12日1分钟K线走势图

随后开盘的走势却出现了问题，受到价格无方向的波动，布林线指标中轨也由上升趋势转变成为了水平的态势，一旦中轨变成水平的横向走势，就要意识到，此时，无论是做多与做空都没什么大意思了，中轨未形成明确的方向，就要在场外耐心地等待。

内部培训学员吴爱然：

在布林线中轨走平的时候，成交量也出现了萎缩的态势，缩量是不是也是一个保持等待的信号呢？

李助教：

中轨一旦形成走平的态势则必然缩量，但并不是说缩量就一定没有操作的机会。下跌之后价格震荡反弹上涨时有明确的交易机会吧？但这个时候成交量也是一直萎缩的。量只是一个辅助条件，有没有方向才是重点，所以才说，中轨若走平，多空都需要冷静一下，耐心等待新的机会出现。

菜粕的价格在图5-8中形成了一大轮连续下跌的走势，在价格下跌的过程中有顺势的反转点，也有逆势的反转点，总之，只要价格的波动有明确的方向，盈利的机会便跑不掉。由此可见，在方向明确的时候进行操作对获利是多么的关键。

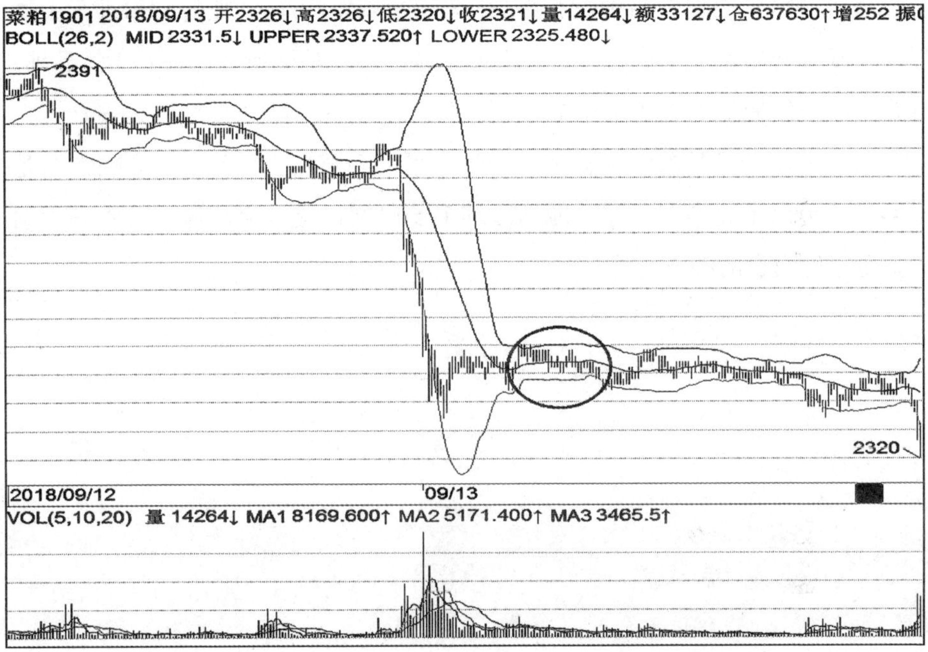

图5-8 菜粕1901合约2018年9月13日1分钟K线走势图

而一大轮下跌之后，价格的波动形态发生了变化，中轨不再保持明确的方向，而是有形成走平的迹象，此时该如何面对这种走势呢？

内部培训学员吴爱然：

如果之前持有空单，面对价格此时的无方向波动倒还可以继续持仓，毕竟成本占优势，在持仓的时候也要使用老师的交易策略来防止价格突然的反转以及利润的回吐。

若手中没有持有空单，此时要做的事情则是在中轨无方向的时候耐心等待。中轨一旦失去了方向，价格既有上涨的可能，也有下跌的可能，此时做多做空都有一些赌方向的意思，而不是按技术去做了，因此，手中没有持仓以及中轨无方向时必须保持克制，耐心等待机会的重新出现。

李助教：

在具体实战时，可以在中轨走平的时候使用箱体的方法操作，但也要清楚地知道，箱体虽然能做，但盈利的幅度是非常小的，做不做差别并不会太大。

或者也可以在这个品种没有方向中轨走平时，切换其他的操作进行关注以及寻找机会操作，这个品种处于没方向波动了，马上换其他有方向的品种，这是实战操作最正确的处理方式。

另一个需要了解的细节就是：中轨走平以后必然会重新形成方向，这是没跑的，但这个无方向的波动能够延续多长时间，这就无法通过技术来识别了，除了等没别的办法。

第三十一招 缩量继续涨，逢高快平仓

内部培训学员王文勇：

我参加了一阳老师的《降龙十八掌》内部培训之后，学到了总共十八种操盘的具体细节技巧、操盘的策略应对、持仓的技巧以及识别价格波动性质的技巧。这一期的课程非常全面，一下子把我残缺的交易体系补充齐全了，顺势捕捉买卖点的方法、各种形态下突破的操盘方法、各种顶底形态抄底摸顶的操盘方法，现在无论价格怎么波动，盈利机会就好像是孙猴子永远也跑不出如来佛的手掌心一样了。

通过学习老师的方法，再加上自己的总结，我发现了一个现象：很多时候价格经过了一轮上涨与下跌走势之后，会出现缩量上涨或缩量下跌的走势，虽然这会儿趋势的方向并没有改变，但后面的走势却往往要发生反转了。技术现象是发现了，但因为是自己琢磨的，所以其中的技术原理不是太清楚，希望你指点一下。

李助教：

你说的这种现象在短周期K线图中常会碰到，但在长周期K线图中是没有意义的，在期货市场中，长周期K线图的成交量是没有办法进行分析的。这种现象在股票市场也经常见到，无论是日线还是任何周期的K线，这个特点一定要注意。

价格的任何上涨或下跌行为都必须得到资金的支持，入场操作的资金数量越多，那么，价格上涨或下跌的幅度也就越大，并且趋势延续的方向也更加的稳定。而一旦出现了缩量的上涨或下跌，这必然是资金入场操作数量与积极性大幅降低的体现，在没有大量资金维持的情况下，趋势的方向也就很容易改变了。

内部培训学员王文勇：

结合你讲的我就理解了。这种现象常发生于价格涨了一大波或跌了一大波之后，而在上涨或下跌的初期阶段则是极为少见的。一大波上涨或下跌之后，由于透支了利润的空间，资金入场继续交易的积极性自然会降低，资金不参与了，行情的稳定性也就不高了。

我找了两个案例，希望与你交流一下。

如图5-9所示，黄金的价格在初期上涨时，量价的配合都比较完美，上涨时成交量明显放大，缩量时成交量明显萎缩，这种情况下价格上涨的概率是极大的，而且上涨的稳定性也比较好。

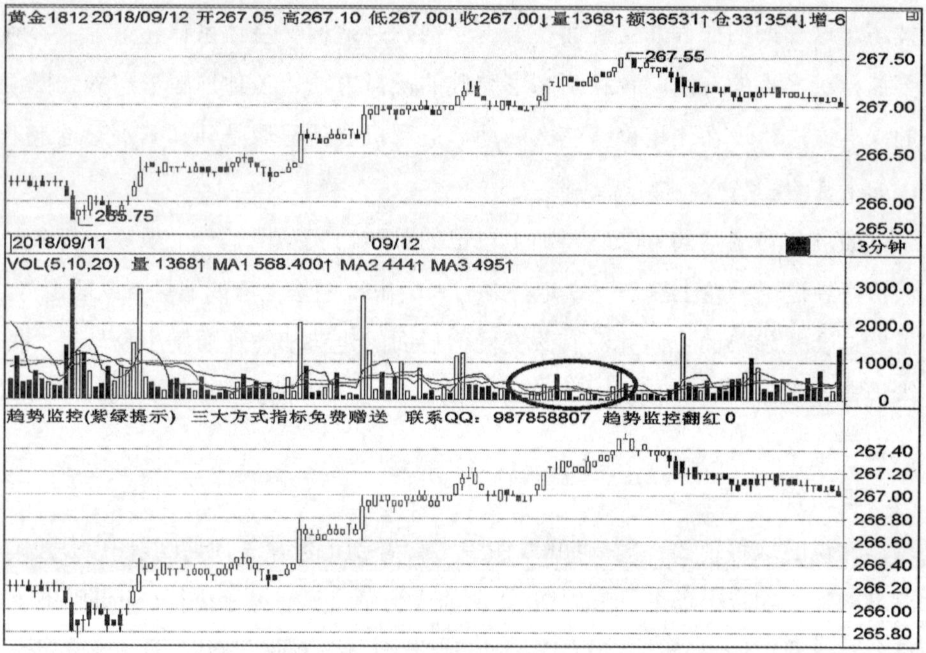

图5-9　黄金1812合约2018年9月12日3分钟K线走势图

李助教：

在短周期K线图中，成交量的变化就是资金交易态度的体现。在资金愿意不断入场操作的情况下，上涨行情肯定会很好地延续。在价格经过了几小波上涨之后，最后一波上涨时情况发生了变化，上升趋势与上涨时的K线形态都非常不错，但是，成交量却出现了明显的萎缩，这说明资金在此时入场的积极性明显地降低了，价格得不到资金继续推动的情况下，就也很容易反转趋势了，毕竟涨了这么多也意味着留给了空方出手的机会。

内部培训学员王文勇：

这种上涨形态最具有欺骗性，只看价格的话很难及时发现价格的波动性质已经发生了转变。好在它总是喜欢出现在一大波上涨之后，因此，也不难识别。此时，大涨之后一旦见到缩量上涨，就需要赶紧趁着价格正在上涨把手中的多单平掉。

如图5-10所示，原油的价格在初期下跌的时候量价的配合形态非常好，价格大幅下跌，成交量大幅放大，完美量价之下必然会有好的操作机会。

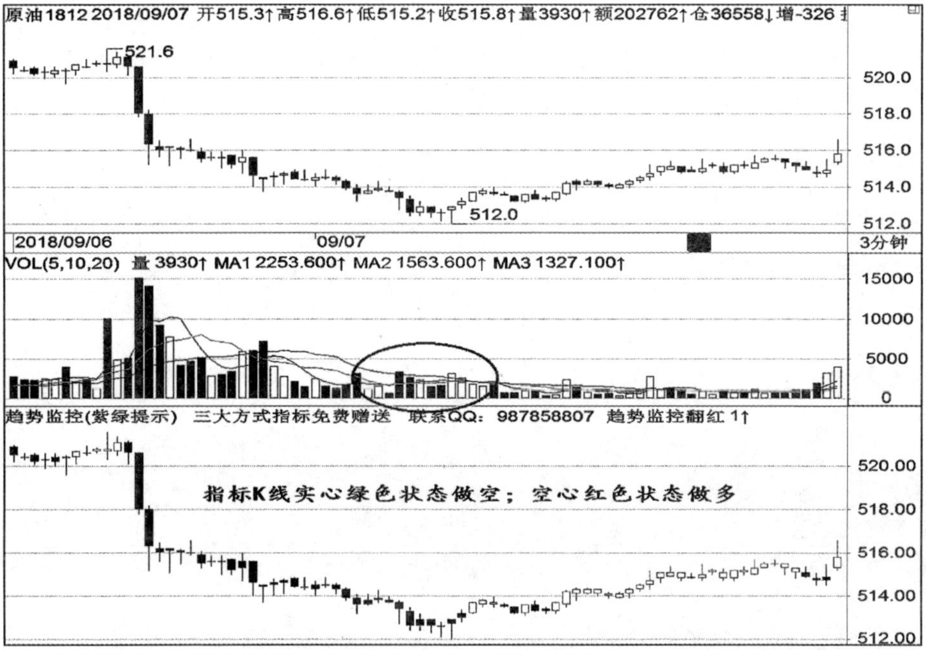

图5-10 原油1812合约2018年9月7日3分钟K线走势图

李助教：

随着价格进一步的下跌，新的问题出现了，按说价格越跌越使得趋势的方向更加明确，正常的情况是越会吸引资金的介入，但在后期下跌时，价格越跌成交量反而越少了，这其实也容易理解，最高处的做空机会错过了，谁又会傻到在低位去当别人的轿夫？

在价格最后一波震荡下跌的过程，成交量缩到了与反弹阳线一样的无量状态，这说明资金彻底失去了操作的积极性，且不说资金有没有兴趣继续做空，至少眼下的缩量下跌说明价格已经没有了做空的动力支持，车不踩油门了，还怎么往前走？

内部培训学员王文勇：

想起了一阳老师曾说过的话：这个苹果看着表皮红红的，但其实心里已经开始烂了。红红的表皮就是价格此时没有改变的趋势方向，烂掉的心则是萎缩的成交量，进一步发展则是里外皆烂，下降趋势明确形成。

李助教：

一大波涨跌行情之后出现的缩量涨跌走势对于平仓其实是有帮助的，这种方法最大的好处就是可以帮助投资者把手中的单子平在较为恰当的位置，从后期的走势来看，都会平在低点或次低点区间。

第三十二招 调整放大量，再涨无希望

内部培训学员方海波：

我参加了一阳老师的《交易策略及预测技巧》之后，彻底被老师的几大交易策略与预测技巧折服。开仓防亏术：开仓后如何提高交易胜率、降低亏损风险；持仓逐利术：如何把小盈利转化为大盈利；平仓锁盈术：如何既能继续扩大收益又能防止利润大幅回吐；风控加仓术：最为合理与最低风险的盈利加仓方式；价格后期涨跌幅度预测技巧：开仓就知道能赚多少钱了；价格调整周期是否到位预测技巧：价格刚开始调整就知道何时要结束等等十余种交易策略以及预测技巧，许多内容听都没有听说过，从未想到过老师居然还有这样的操盘视角。

参加这个培训学到了许多实用的操盘技巧之后，越来越感觉以前自己亏钱纯属是无知造成的，所以现在加强了自我的学习。最近我在学习时碰到一个问题：老师非常强调量价配合的完美性，这一点我已意识到并按此操作过，但若量价形态异常又是什么样的呢？会对实战操作有什么样的影响呢？还望你讲解一下。

李助教：

量价配合完美说明资金的操作进出有序，将会对趋势方向的运行产生很好的推进作用。而量价配合异常，则说明资金操作比较混乱，这种情况下，价格当前的运行方向延续的可能性也就比较小了。

你先说一下完美量价的形式是怎样的。

内部培训学员方海波：

价格上涨时放量，调整时无量；价格下跌时放量，反弹时无量，这是一个回合完美的量价配合形态，这种情况出现价格后期继续上涨的概率就极大。

李助教：

由此便知道了异常量价配合的形态：上涨时无量，调整时放量；下跌时无量，反弹时放量，与完美价量形态完全相反的就是异常量能形态了。其中调整放量与反弹放量是最为常见的现象，一旦出现调整或反弹放量现象，进一步的上涨或下跌也就没什么希望了。

下面结合具体案例讲解。

如图5-11所示，焦煤的价格在初期上涨的时候，随着阳线的出现成交量出现了放大的迹象，随后调整时成交量又明显地萎缩，而后进一步上涨进入主升浪的时候，成交量更是急剧地放大，这就是完美量价形态，资金有序的入场操作推动了一轮行情的出现。

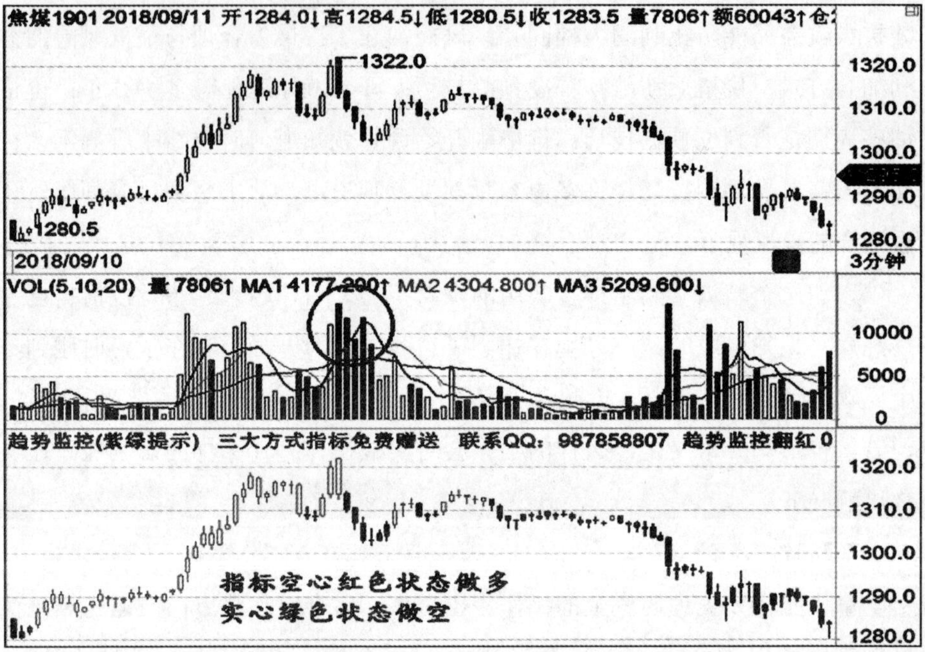

图5-11 焦煤1901合约2018年9月10日1分钟K线走势图

内部培训学员方海波：

完美量价说明上涨时有资金入场，调整回落时入场的多方资金没有离场，也没有资金入场做空进行捣乱，多方资金沉淀在了场中，因此很容易促使价格继续上涨。

李助教：

价格上涨到高位以后，再次出现调整，最初的调整量价还行，阴线的成交量出现了萎缩，但在创出新高之后再次调整时问题来了：调整时成交量急剧放大，甚至超过了之前主升浪上涨时的量能，这种量能说明了两点：要么是多方资金在大规模撤离，要么是空方资金大举杀入，而不管哪种情况都将对未来的上涨不利，这就是引发后期价格下跌的主要原因。

内部培训学员方海波：

该缩量时没有缩下来，这就是异常量价形态，这一回有了更深的理解，下次碰到这种情况就得赶紧出局，不能再对上涨抱有幻想了。

李助教：

如图5-12所示，菜油的价格在下跌的过程中量价形态都比较好，下跌的时候阴线都随同放量现象一起出现，这说明资金正在积极地入场进行操作。放量下跌提示的是价格当前下跌的延续，后期是否会继续保持波段性下跌，则还需要看一下下跌之后反弹时的量能形态，你来说一下价格后期反弹的时候有着怎样的量能形态吧。

图5-12 菜油1901合约2018年9月13日1分钟K线走势图

内部培训学员方海波：

一轮大力度下跌之后，价格开始反弹，其实从反弹时的阳线对比阴线实体来看，多方力量并不是很大，仅从实体大小的对比进行判断，得出的结论是价格还将会继续保持波段式的下跌走势。

但若结合成交量状况进行分析，结论则完全不一样了。在价格反弹的时候，成交量出现了放大的迹象，并且整体阳线的量能还超过了阴线的平均量能，这说明此时要么有多方资金在抄底做多，要么就是空方资金获利后大规模撤退，空方一下子失去了继续下跌的动力支持，这种情况下再次的下跌恐怕就很难再出现了。

李助教：

下跌之后应当出现反弹缩量的走势，这样量价形态才是完美的。但菜油走势中，下跌后却出现了放量反弹的走势，该缩量的却没有缩下来，量价形态完全异常化了，这个时候价格的运行方向往往就容易发生改变。量价完美时积极操作，量价异常时就要坚决离场了。

第三十三招 破位不下行，空方劲不灵

内部培训学员江腾龙：

我参加了一阳老师的《坑中挖宝》内部培训之后，对于上涨过程中出现的各种调整挖坑走势的操作有了深刻的理解，以前做多时总是害怕调整的出现，怕它们吞噬我的盈利，怕调整转为下跌引发亏损。通过学习，现在完全转变了思路，非常希望上涨过程中多出现几次调整的走势，因为这些调整挖下来的坑里都藏着宝物，每一个调整坑的出现都是一次新的盈利机会的到来。

现在在坑中操作是我的强项，我在进一步自学过程中却碰到了新的问题：最近进行了几次突破的操作，出现了相同的亏损情况，在突破位交易以后，价格并没有出现预期中的下跌，而是刚刚突破就反抽了回来，一下子搞得我方寸大乱，因此，想向你请教一下，突破以后价格不连续下跌该怎么办呢？

李助教：

你没有学习过一阳老师的《突破战术》的培训课程，若学习了这个课程，你说的问题就不叫问题了。不过，既然你问到了，我便为你详细讲解一下。

突破一旦形成，如果是成功的走势，那么，价格后期将会快速地远离突破区间，这是真突破的共性。而如果突破之后价格不下行，这就说明价格没有符合真突破的特征，这往往就是假的突破了，你就是亏在了这种形态上。

内部培训学员江腾龙：

正是这样，我总结的时候发现亏损都是这样的，突破点的确是突破点，但价格就是不跌，而后便进行了止损操作。原来是我没有意识到真假突破的特征，真的就必须一鼓作气冲破突破位，假的就容易折返回来，一旦价格没有往下走就得小心了。

李助教：

在突破点操作以后，心中可以数三根K线，三根K线仍然见不到价格下跌，就可以平掉手中的单子，这个突破十有八九就是假的，原因很简单，不符合真突破快速远离突破点的特征。下面结合具体案例进行讲解。

如图5-13所示，螺纹的走势在价格下跌的过程中出现了多次突破的走势，高位初期的突破以及下跌中途的突破都有一个相同的技术特征：创出新低之后价格便快速地向下摆脱了突破的位置，这就是真突破。

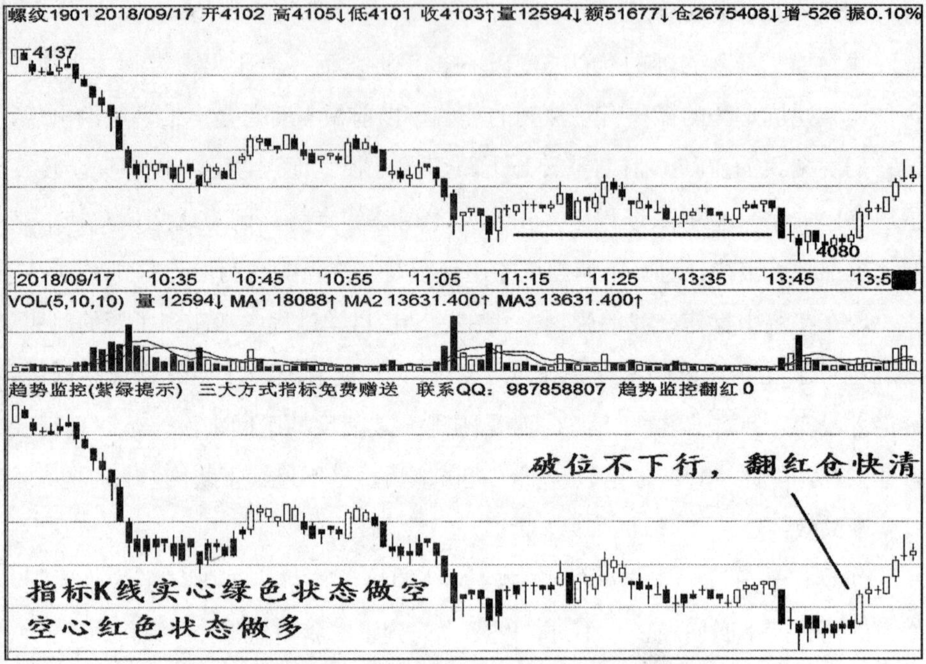

图5-13 螺纹1901合约2018年9月17日1分钟K线走势图

内部培训学员江腾龙：

13:45时，价格再次突破，但随后便出现了快速地上涨，这种走势跟我亏钱的那几笔操作是一模一样的技术形态。

李助教：

通过刚才讲解的内容现在知道怎么做了吧，突破之后心中默数三根K线，一、二、三，不跌，马上平仓。价格破了位，却不快速下行，这就说明突破是假的，必须赶紧止损出局。

你参加的内部培训课程免费赠送了你一阳老师的操盘指导，你也可以按指标的信号执行操作，突破点依然进行做空操作，而一旦指标翻红就要马上出局，成功突破之后指标翻红就是止盈，若是假突破，指标翻红出局就是止损。从图5-13中的走势来看，突破点与指标翻红之间的空间并不大，这说明按指标进行突破操作的亏损幅度非常小，不会产生在幅度的亏损，任何投资者都可以承受得住，只要是风险小的方法，就可以放心大胆地使用它。

内部培训学员江腾龙：

这一点一阳老师讲过：只有亏损小的方法，才可以更容易地做出大比例的盈亏比值，小亏换大赚，这才是真正的盈利之道！

李助教：

如图5-14所示，PP的价格连续震荡上涨之后，被一波放量下跌的走势改变了运行的方向，价格下跌的时候保持着放量的状态，而随后的反弹过程中，成交量也保持着无量的状态，此时的量价形态非常完美，因此可以确定：价格后期还将会有进一步的下跌。

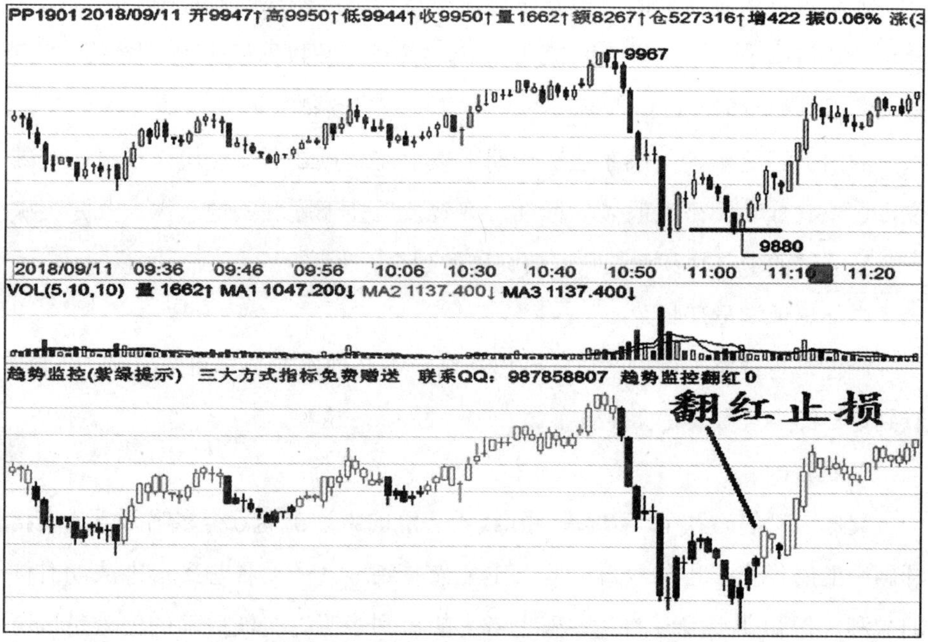

图5-14 PP1901合约2018年9月11日1分钟K线走势图

内部培训学员江腾龙：

我也曾在这样的形态中操作过，但突破点就是价格的最低点，真是非常的郁闷。

李助教：

就PP的走势而言，就算是一阳老师也必然会在突破点进行操作，因为这的确是一个非常好的突破形态。至于说突破之后怎么走，没人能预料出来！既然突破点满足了所有的开仓要求，不去操作反而才是错误的！

操作之后，形态走成功则盈利，走失败止损就可以了，至于怎么走我们决定不了，这是市场的事，我们能决定的就是坚决按交易信号执行操作，执行力是成功的基础之一！

内部培训学员江腾龙：

按你讲的方法进行操作，风险倒的确不大：突破点做空之后，三根K线没有下行，这说明空方失去了进一步下跌的力量，应当在价格下跌无望时及时止损离场。

李助教：

或者也可以按指标的突破操作方法交易：突破新低的点位做空，而后翻红止损就可以了。无论是三根K线止损出局，还是按指标信号进行操作，都只是一笔很小的亏损而已。

如图5-15所示，焦煤在上涨初期突破了前高点之后，便快速远离了突破位，这就是成功突破最明显的标准，突破之后便干脆利索地起涨，凡是突破后墨墨迹迹的走势往往都意味着假突破的到来。

内部培训学员江腾龙：

经过一番调整之后价格再次创出新高，可是创出新高之后便出现了下跌，看到这样的走势心真是会疼一下。

李助教：

突破之后的确跌了，但按三根K线不起涨的方法出局亏得多吗？或者在指标翻绿的时候止损出局亏得多吗？不能光看到亏，还要再想到形态成功时候的盈利，像初期上涨时的真突破它带来的盈利多吗？一波成功的突破足以覆盖十几次亏损，运气再差也不可能做了十几次也赶不上一次成功的形态吧？所以，有了信号就去执行，盈利是必然的结果！

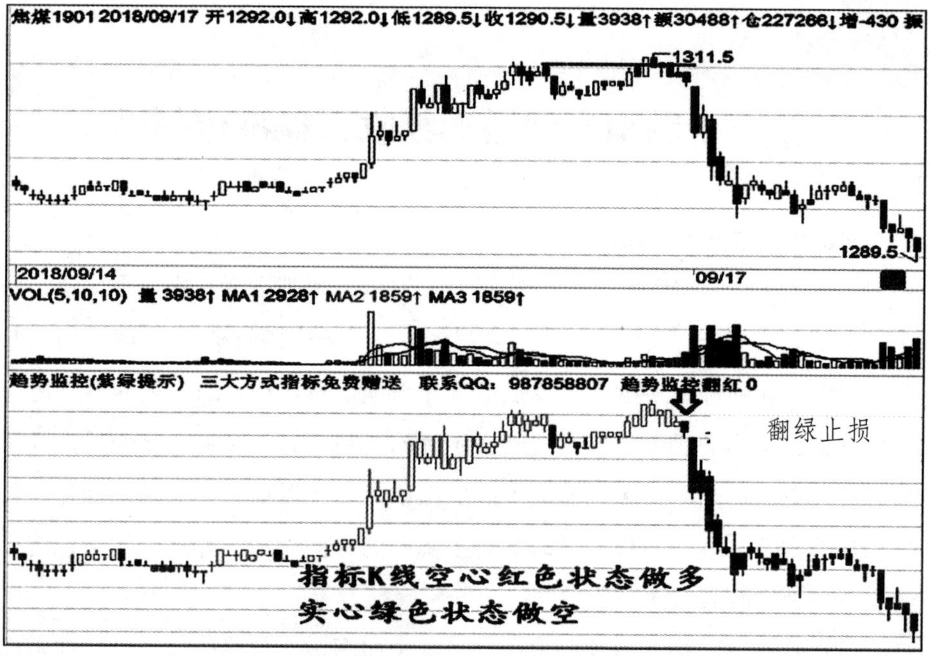

图5-15 焦煤1901合约2018年9月14日1分钟K线走势图

内部培训学员江腾龙：

对比一下成功突破带来的盈利与失败突破带来的亏损，的确是你所说的结局，这一下增强了我操作的信号，明白了盈亏的对比结果，交易起来心中才有了底气。不能让这些小亏把信心摧毁！有你三根K线不起跌的方法保护，有老师好的操盘指标护航，盈利之路只会越走越宽。

第三十四招　通道连续收，操盘控制手

内部培训学员刘海兵：

我参加了一阳老师的《21 天实盘训练营》内部培训课程，在这个课程，21个交易日老师都带着我们一起进行实战演练，从开仓到持仓再到止损或止盈，每一个细节老师都在实盘中为我们进行详细地讲解，通过21天的实战训练让我们掌握了正确的操盘技巧，树立了正确的交易理念，掌握了全面的操盘交易策略，更是在老师带领下养成了好的操盘习惯。以前稀里糊涂地操作，稀里糊涂地学习，现在操作与学习都有了明确的方向，在老师地带领下，终于走上了正确的道路。

现在我在自我加强的过程中碰到了一个问题，在价格经过了一大波上涨或下跌之后，我的买卖点感觉总是过早地介入了，想改变这种交易状况，却找不到好的方法，所以想请你指教一下。

李助教：

有许多朋友都容易出现这样的技术性问题，如果价格波动幅度小，早入场一些倒无妨，比如上涨的幅度不大，调整的时候回落幅度也往往不大，就算早入场一会儿，也不会产生什么大的风险。但若价格经过了一大波上涨之后出现调整，这个时候要提前入场，因为整体幅度加大了，所以，面临的风险也会比较大的，因此，何时入场就是一个非常重要的技术问题了。

你先来说一下价格大幅上涨或下跌之后会有怎样的技术特征呢？

内部培训学员江腾龙：

我发现的技术特征是，布林线指标在价格上涨或下跌之后通道会变得非常宽，上轨与下轨的距离非常远。

李助教：

这是一个非常重要的技术特征，布林线指标的运行有一个规律：通道变宽而后变窄，变窄后再次放宽，宽窄交替进行，因此放宽之后就必然会变窄，上轨与下轨正在变窄的过程中如果入场了，就说明入场早了，这个时候就要承担一定的风险了。所以，一定要在通道完成由宽变窄的过程之后再找机会入场。

由宽变窄，要窄到什么程度才合理呢？可以参考一下价格上涨或下跌之前布林线指标通道的宽度，只要达到了起涨起跌之前的宽度就可以视为是变窄到位了，这个时候也就可以重新寻找操作的机会了。

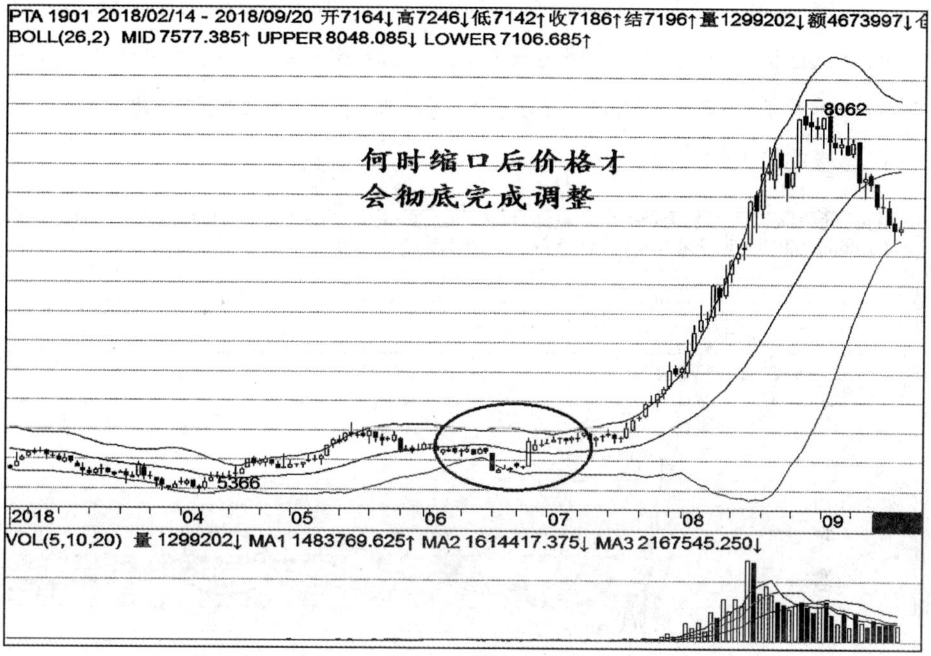

图5-16 PTA1901合约2018年9月日K线走势图

PTA在图5-16中出现了一轮大幅上涨的行情，在上涨的过程中以及上涨到高点的时候，布林线指标通道都非常宽，下轨与下轨之间的距离很远。在持仓的过程中倒不必理会通道宽不宽，只要没有出局信号就可以一直拿着。但若想要在调整之后重新寻找操作的机会，那就必须留意一下布林线指标通道的宽度变化了。

内部培训学员江腾龙：

价格大幅调整的过程中，上轨向下，下轨向上，上下轨开始向中轨靠拢，这是不是就是缩口进行中的标志呢？

李助教：

正是这样，大幅上涨之后通道收窄的标志就是：上轨开始向下，下轨保持向上。在分析的时候，可以看一下上涨之前的通道宽度，一经对比便可以看到，布林线指标通道的宽度是上涨之前通道宽度的两倍，这说明缩口还没有到位，价格仍然会继续处于震荡的过程中，只要通道没有收窄到位，就要控制着自己急躁的心情，一定要耐心等待完全收窄之后新的机会出现再说。

价格在图5-17中出现了一轮放量大幅下跌之后的走势，小跌小反弹，大型的下跌行情出现之后，价格也往往出现大级别的反弹，这个反弹可能幅度较高，或者是可能形态复杂，在价格没有反弹到位之前如果过早地入场操作，往往会造成较大的风险。

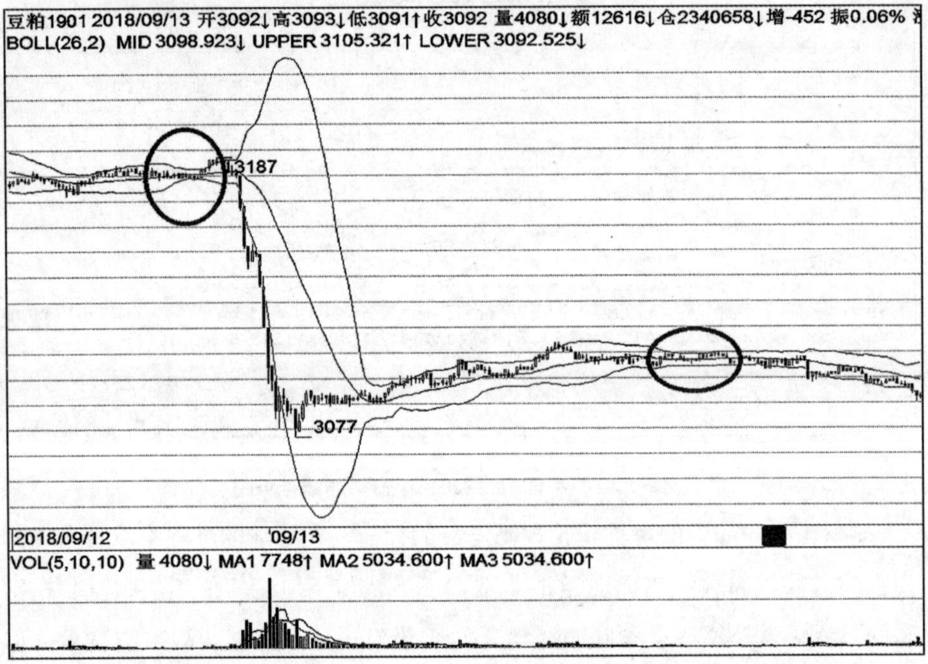

图5-17 豆粕1901合约2018年9月12日至13日1分钟K线走势图

内部培训学员江腾龙：

价格大幅下跌的出现，肯定意味着当时的盘面明显趋空，因为在多头盘面是不可能这样下跌的。虽然后边的反弹过程中中轨明确向上了，但由于盘面空头性质的压制，此时也不可以入场进行做多操作。

李助教：

你分析得非常好，通过放量大跌走势去推测盘面多空的状态，而后做出放弃反弹区间多头方向的操作，这样的分析能力说明你将一阳老师的面盘分析方法已经彻底搞懂了，真是需要为你点一个赞！

大幅下跌的过程中通道一直保持着较宽的状态，这个时候就可以提前想到：如果价格下跌后出现反弹，那么，反弹结束后是很难在通道较宽的状态下完成的，所以，一旦开始反弹就不宜急于入场操作，一定要保持耐心等待通道收窄的时刻到来。

内部培训学员江腾龙：

由于起跌之前的通道比较窄，所以，可以将它们作为大跌之后反弹是否彻底完成的标志。过了一个多小时的持续反弹之后，通道才终于彻底变窄并与起跌之前的状态一致，这个时候就可以重新寻找做空的机会进行操作了。

李助教：

在通道变窄的行进过程中，至于说价格以什么样的方式震荡，这是无法预期的，由于通道较宽，这个时期震荡时幅度也比较大，这就使得价格波动的性质难以定性，所以，通道收窄过程中价格的波动机会最好放弃，这个区间的钱真的难赚！

什么时候通道收敛到位，交易的机会才会变得更加稳定，中间的过程，一定要耐心地去等待。

第三十五招　价格连续飞，没做莫去追

内部培训学员李峰高：

我参加了一阳老师的《三大纪律　八项注意》内部培训课程之后，完全改变了以往操作时纪律松散的状态，以前开仓纪律不严，觉得价格能涨就开多，觉得会跌就开空，交易完全靠感觉，开仓之后的纪律更是涣散，根本没有什么止损的概念，运气好盈利的时候也没有任何止盈的概念，出不出局完全看自己是不是崩得住。学习之后，开仓的要求规范了，止损的纪律严明了，所有的交易行为都变得有理有据，随之而来的也是资金开始了稳步的增值。

由于刚进入正规操作状态的时间不长，所以，现在还有一些坏的习惯没有彻底改变，在价格没有形成标准买点或是因为自己的原因错过了行情的时候，总想着去追涨与追空，自己也知道这种交易行为是完全错误的，可由于并不清楚错误的原因，很想更正却找不到方法，因此，想向你请教一下，在错过了交易机会价格连续上涨或下跌的过程中，怎样避免盲目地追涨与追空操作呢？

李助教：

追涨与追空是广大投资者都会进行的一种交易行为，因为它简单，管它什么严格的买卖点，涨了就开多，跌了就做空，没有纪律的严格要求，自然也就容易进行。只不过，采取追涨与追空手法操作的投资者，99%的投资者都处于亏损状态，这也说明这种方法其实并不适合普通投资者使用。

除此之外，另一个主要原因就是投资者对价格波动的基本性质不了解，生怕错过机会，但若了解了价格的波动性质之后，就完全不用担心错过机会了，因为只要价格有波动，下单的机会便是无所不在的。

你先来说一下，你认为价格有怎样的基本波动规律？

内部培训学员江腾龙：

一阳老师说过，价格的波动往往保持着上涨、调整、再调整，下跌、反弹、再下跌的形态。

李助教：

这就好像是下棋一样，白方下一手棋，黑方下一手棋，这才公平，但若白方连下两步，这棋也就没法下了。所以，上涨就好像是白方在行棋，调整就好像是黑方在行棋，无论再强势的上涨也必然会有调整，这是铁定的事，这一点一定要完全地了解并完全地接受这种价格波动的基本规律！上涨之后必然调整，那调整之后呢？

内部培训学员江腾龙：

黑子下完之后，又轮到白方行棋了，上涨后必然调整，调整后则会继续上涨。

李助教：

正确！价格的波动永远就是这样，涨、跌永远地交替下去，涨了就要跌，跌了就要涨，涨的幅度大，跌的幅度小，趋势向上，涨的幅度小，跌的幅度大，趋势向下。所以，强势上涨如果错过了，根本没必要去追，因为必然要调整，往往追入的点位跟之后调整出现后的介入点位相比效果会差很多。

下面结合具体案例进行讲解。

如图5-18所示，苹果的价格在初期上涨时，波动的幅度都不大，这样的行情如果错过了也不会对心态造成大的影响，容易造成影响的就是价格大幅的波动，小钱儿丢了无所谓，大钱儿丢了谁心里都不会舒服。

受成交量放大的推动，价格形成了放量上涨的走势，如果错过这种行情，投资者就非常容易采取追涨的方法进行操作了。

内部培训学员江腾龙：

根据我以往的操作来看，拿着多单平仓的时候往往很难平到最高点上，但若进行追涨操作的时候，却总是很容易追在最高点上，真是奇了怪了。

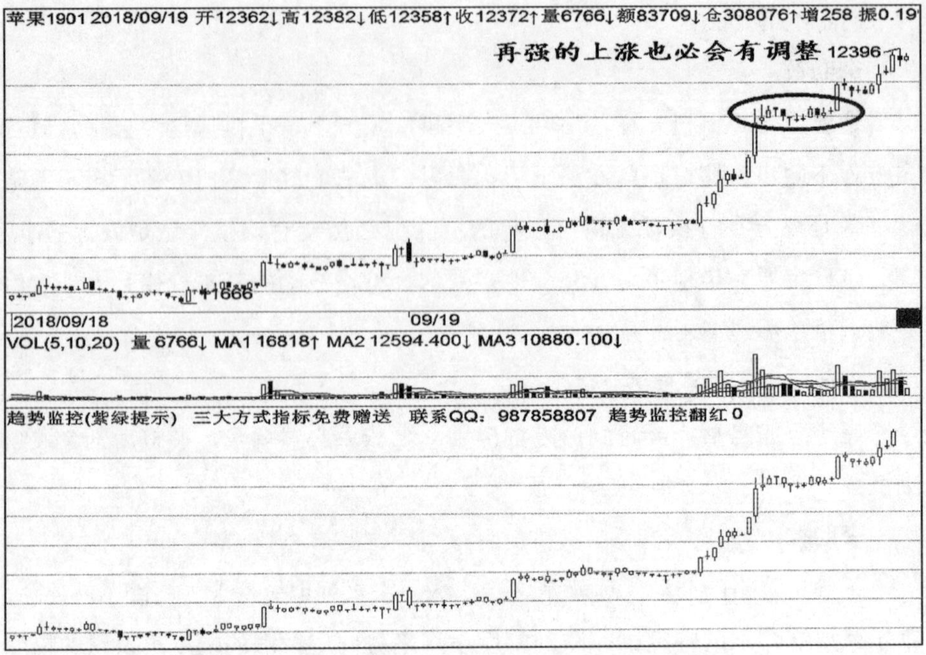

图5-18　苹果1901合约2018年9月19日3分钟K线走势图

李助教：

这种现象的出现其实也很正常，物极必反，崩不住的那一刻往往就是多空的临界点。

除非价格一口气到达涨停，否则，在上涨的过程中必然会出现反弹，苹果涨得够猛吧？它也得调整！后边的调整如何？也很强，标准的横盘调整形态，此时再做效果是不是会更好？通过分析调整的走势可以看出，空方根本没有力量将价格打落下来，多强空弱价格是不是涨的概率依然很大，由此可见，在价格调整出现时候再做其实是最适合的。

内部培训学员江腾龙：

突然想明白一点，等调整之后再操作，不仅介入点位更理想，有时也会更安全，最主要的就是通过调整还可以看出多空力量的对比，选择多强空弱时操作，放弃多弱空强的形态，若没有调整进行对比，则是完全分析不出多空之间力量对比的结果的。

李助教：

如图5-19所示，菜油的价格在下跌初期的时候阴线的实体往往都不大，错过了做空点位之后，这些小实体的阴线往往不足以触发投资者追空操作的情绪，而一旦出现放量收大阴现象的时候，对于那些错过了交易机会的投资者来说，心里就比较难受了，所以，低点大阴线的放量就有追空的资金在里边。

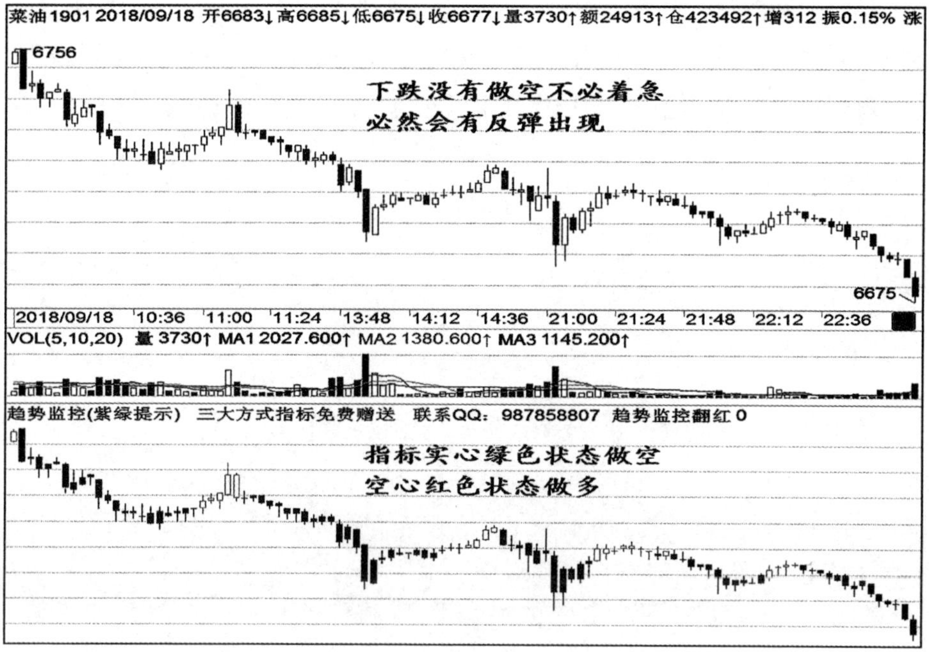

图5-19 菜油1901合约2018年9月18日3分钟K线走势图

内部培训学员江腾龙：

以往操作过程中，有好多次我也是追到了最后一根阴线处，准得很，一追指定是最低点。现在明白这个道理了，既然错过了下跌的操作机会就索性全部放弃，下跌之后必然会反弹，根本不用着急，死等反弹的出现，等反弹出现之后再对比一下多空的力量，而后逢高进行做空的操作。

李助教：

错过交易的机会谁也不想，但这也是交易过程中必然要面对的事情，错过了机会就说明刚才肯定有什么地方做得不对，这时再急匆匆地入场就是错上加错了。所以，一定要保持冷静，想一下价格的基本波动规律，跌得再猛也得反弹，这是改变不了的定数，反弹一旦出现，也就意味着机会来了，放弃获利概率低的形态，把握盈利概率高的形态，自然就可以轻松地实现盈利，这样去想，这样去做，再去面对价格快速上涨或下跌而错过机会的时候，也就没什么急躁的混乱心态了。

内部培训学员江腾龙：

这一下就清楚了，再强的上涨或下跌也必然会调整或反弹，真错过了下跌行情以后，就等反弹的出现，借助反弹把握新的机会，明白了这个道理，心里就敞亮了，这下我相信自己完全可以避免再去盲目地追涨与追空了。

第三十六招 多空在转折，老仓赶紧撤

内部培训学员李雨彤：

李助教您好，我是一名新手，只有基础的知识，原来想自己先学着打下基础后再进一步提升自己，但又怕自己胡乱摸索反而不好，正赶上一阳老师举办半年期的系统性学习，一看课程的安排循序渐进、内容非常多而且贴切实战，故此，就先报了名，有一些课程可以听懂，有一些方法暂时还不能理解。这不现在又有一个新问题了：如何理解多空的转折，以及该怎样去进行操作。

李助教：

多空转折这是一个较为简单的技术，但是，它属于性质分析类的辅助方法，往往不宜直接用于实战，因为多空转折的点位对于实战来讲其实是非常不好的位置。每一种方法都有它的特点，有直接用于实战的，也有用于辅助类的，辅助类的方法往往可以帮助投资者更好地认识当前价格波动形态的性质。比如多空转折识别的技术，虽然不是很好的操作点位，但当这种技术形态出现之后，你是不是就知道价格由多转空，应当择机做空了，或是价格由空转多，应当等买点出现了？

内部培训学员李雨彤：

你讲解的抄底摸顶的方法也应当是一种多空转折的技术形态吧？价格形成顶了就容易跌，到底了就容易涨，这倒是可以用于实战操作的。

李助教：

的确是这样，抄底摸顶的确是捉转折的，你能有这样的认识很好。抄底摸顶既是实战类的方法，也可以视为辅助类的方法，假设投资者不想逆势操作，只是把抄底摸顶的方法作为判断价格的波动性质，这就转变成为辅助类的了，身兼两职。

但大多数的多空转折形态都是在价格上涨到顶部，有一定下跌幅度之后，或是跌到了底部有一定上涨幅度之后形成的，这样一来，把这种方法作为介入点显示效果就差很多了。

尝试着说一下你认为什么样的形态可以视为多与空的转折？

内部培训学员李雨彤：

一阳老师曾讲过，均价线是价格盘中波动时的多空分水岭，那就可以把均价线视为多与空的转折点。

李助教：

多空转折点其实有许多种方式进行判断，重要的不是用哪一种方法去判断，而是要找到执行的标准，这一点是最重要的，只要始终按这个标准来进行分析与操作就可以了。下面来看一下玉米淀粉盘中走势的技术特点（见图5-20）。

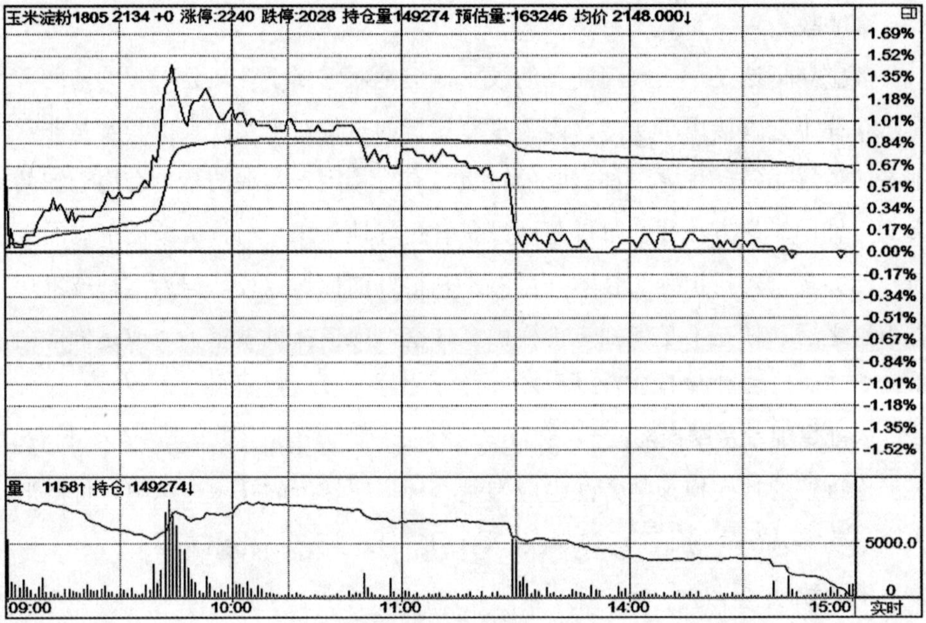

图5-20　玉米淀粉18005合约2018年4月3日走势图

玉米淀粉开盘之后震荡上行，上涨的过程中，分时线一直在均价线上方，这说明价格处于多头状态，多单可以积极地持仓。上涨到了顶部价格开始回落，回落过程中跌破均价线，这说明价格由多头波动状态进入到了空头波动状态中，此时，若手中还有多单就必须赶紧撤出来，不能再留着了。从实际的位置来看，价格由多转空撤出多单的点位其实不是太好，因为距离高点已经有一定的跌幅。虽然有位置上不太适宜的缺点，但在分时线跌破均价线价格由多转空之后，及时转换思路寻找做空的机会，并不会产生太大的影响。

内部培训学员李雨彤：

这个案例一下子就让我明白了老师讲的道理：多空转折并不一定是完全的多头与空头性质的改变，而是使用某个方法或指标作为一个参照物，通过对历史的数据进行统计，而后找到一种大概率的规律现象，并用这种现象为实战操作来服务。它就是一个标尺，标尺之上为多，标尺之下为空，建立一个统一的标准，这是多空转折技术的核心。

李助教：

所以说在这个核心之下，判断价格的多空转变就可以有许多种形式了，而不必拘泥于某一个指标了。均价线可以是多空转折点，那么，布林线指标也可以作为多空转折点，你来说一下应当如何使用布林线指标判断价格的多空转折吧。

内部培训学员李雨彤：

用布林线指标判断价格的多空转折我认为有两种方法：一种是看布林线指标中轨是否拐头，以此作为多空转折的信号；二是把布林线指标上轨与下轨视为多空的转折点，因为在一阳老师的课程中说过，中轨向上时，下轨就是多头的最后一道防线，一旦失守，价格的波动性质将由多转空，而在价格下跌过程中，上轨就是空方的最后一道防线，一旦失守，价格则由空转多。

李助教：

这两种形态一旦出现，意味着价格的波动性质就此改变，投资者应当顺从新的方向进行操作，虽然对于老仓来说出局的点位并不是适合，但其实并不用为此担心，毕竟还有持仓技术在那里，可以确保投资者能够平仓在要对高的位置，而不会在价格已经有了一大段的下跌之后还拿着。

再来看一下如何使用布林线指标中轨来判断价格多空性质的转折点，你讲解一下其中的技术特点。

内部培训学员李雨彤：

如图5-21所示，TA1901合约的价格在上涨的过程中，布林线指标中轨保持着向上的态势，在此情况下，价格的表现是易涨难跌的。而在布林线指标中轨由上升趋势转变为下降趋势的时候，价格则出现了易跌难涨的走势。因此，在具体操作的时候，发现布林线指标中轨的方向由上升转变为下降时，就要意识到价格的波动性质由多头转变成为空头的性质，波动性质发生变化时，如果手中还有多单就必须出局，以及寻找机会入场做空。

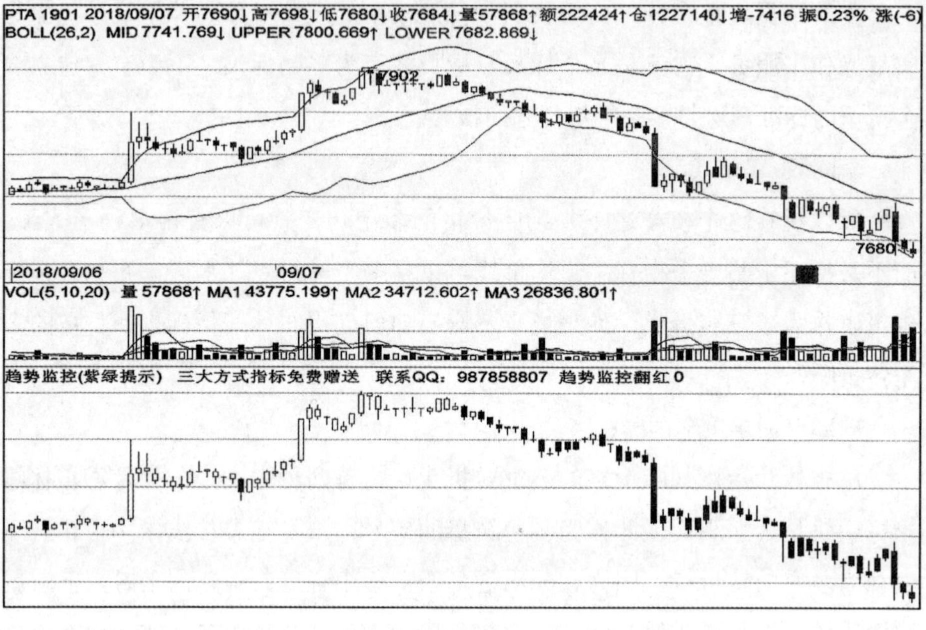

图5-21　PTA1901合约2018年9月7日3分钟K线图

李助教：

从图5-21中的走势来看，在布林线指标中轨转为下降趋势的时候，虽然多单的出局点距离之前的高点已有一定的跌幅，但是，如果依然拿着多单，利润将会全部交还给市场，并且还将会随着价格的进一步回落而出现大幅度的亏损。

由多转空价格波动性质的转变，对于之前的仓位来说也就意味着风险的到来。只有平仓掉之前的多单，在中轨方向转变时，才可以以机会的眼光捉住中轨向下过程中大好的做空机会。

内部培训学员李雨彤：

多空转折的点位虽然有风险，但也蕴含着机会，转折点是老仓的风险点，但也是新机会的起点。止盈老仓，择机做多新方向，两头都赚钱反而是好事一件。

李助教：

下面再来看一下布林线指标下轨这个多空转折点（图5-22）。

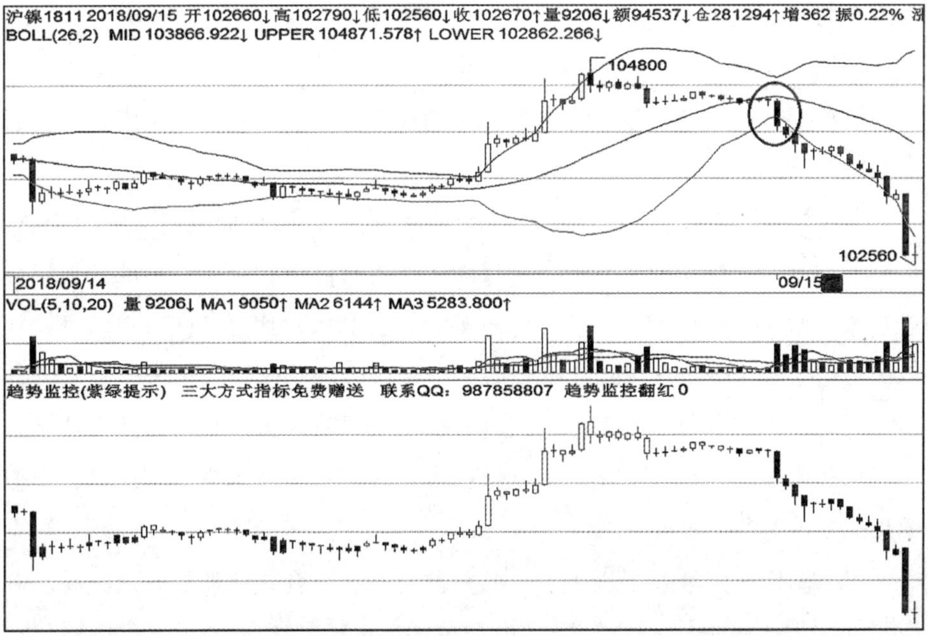

图5-22　沪镍1811合约2018年9月14日2分钟走势图

内部培训学员李雨彤：

价格在下跌开始的第一根大阴线处时，便跌破了布林线指标的下轨，这意味着多头形态的彻底终结。价格重新转为上涨的可能性非常低，在通常操作时，我也按老师的要求，做了多单以后，都会在下轨处设置一条最终的止损线，以防万一。

李助教：

下轨真的是多头形态的最后一道防线了，价格跌破中轨这都不是问题，只要下轨守得住，还有机会上涨。包括在这个案例中可以看到，虽然中轨转向了，但价格在下跌之前却并没有跌破下轨的支撑，这个时候，甚至完全可以不必理会下轨的方向，而死守住下轨。而在下轨跌破之后，多头便没有了任何的机会，破下轨的点位必须赶紧把之前的多单全部撤出，否则就算在上涨前的最低点做了多单，随着这一波下跌走势的出现，也将会产生亏损。

内部培训学员李雨彤：

下轨是多头的最后一道防线，是最终的多转空的点位，若有其他方法可以在更高的位置识别出多空转折点，也可以不用这种方法进行分析与操作。

李助教：

是的，并且大多数情况下，若价格跌破了下轨，做空的机会基本上就是近在眼前了，因这个时候肯定会有突破的卖点可以捉，但前提是老的多单必须全部撤出。

多空转折是我们用统一的技术标准做依据，去识别价格多与空的性质，价格波动是多头性质的就找机会积极做多，价格波动是空头性质的则找机会进行做空操作。这样一来，便可以将多空转折的风险化解，同时，还可以加以利用把握新性质新方向的盈利机会。

同时，也请各位朋友开拓思路，按以上所讲解的方法想一想还有什么方式可以作为多空转折点的技术依据，或者你所喜欢的技术指标该用什么类似的思路去识别多空转折点。

本章的例图中涉及了以下几个品种，若在我方合作的期货开户交易，例图中的期货品种交易手续费为(数据截至2018年10月10日)：①PP0.6%%双边、日内减半，1跳回本；②焦炭0.6%%双边，日内1.8%%双边，2跳回本；③甲醇开仓2元平今6元，1跳回本；④螺纹1%%双边，1跳回本；⑤焦煤0.6%%双边，日内1.8%%双边，2跳回本；⑥菜粕1.5元单边，1跳回本；⑦黄金10元单边，1跳回本；⑧原油22元单边，1跳回本；⑨菜油2元单边，1跳回本；⑩PTA3元单边，1跳回本；⑪豆粕1.5元、日内减半，1跳回本；⑫苹果20元双边，4跳回本；⑬玉米淀粉1.5元、日内减半，1跳回本；⑭沪镍6元双边，非主力合约1元单边，2跳回本。

万分比手续费计算方式：当前价格×每手吨数×手续费万分比。例如：焦炭2000元，每手100吨，手续费1.8%%，则2000×100×1.8%%=36(元)，一开一平共72元手续费。

※ 第六章　获利机会一眼辨 ※

价格有各种各样的波动形态，对于较为少见的波动形态，投资者没有必要浪费精力去学习它们的相关操作技巧。但对于那些常见的波动形态，则必须投入全部的精力仔细学习并掌握它们的全部操作细节。这些常见技术形态的出现都意味着获利机会的到来，只要你看懂了市场向你发出的信号，动一下手指就可以获得市场为你派发的大大的红包。

有一些投资者抱怨很难赚到钱，其实真正的原因是没有掌握机会到来时的各种交易信号，而只要学会了这些交易信号的技术特征，绿灯亮起而行，红灯亮起而止，获利其实真的可以变得很轻松。

第三十七招 资金要入场，量能将漂亮

一对一面授学员朱震越：

当时报名参加了一阳老师的一对一面授课程时，心中充满了疑惑，你对我说：通过学习一个星期就可以上手实战。我是一个新手，一次交易也没有进行过，十分好奇在一周之内你如何把我教出来。学习之后才知道，原来真真正正的实战技巧是这样的简单，哪怕我这样接近于零基础的新手也可以一听就懂，懂了就可以正确地操作。不要说一周的时间了，经过了三天的实盘学习，周四的时候我就开始了实战操作，一板一眼跟你学得有模有样。

一阳：

许多投资者都认为学习操盘的技巧很难，其实这是一种误解，真正有效的方法历来都是简单的，简单到就是零基础的投资者也可以一听就懂，懂了就可以上手实战。就像武术一样，那么多招式都去学的确太难了，但抬脚裆部一踢，战斗也就结束了，难吗？这就是实战！好的领路人总是可以让你以最快的速度、最近的路程到达目的地。目的地就在那儿待着，怎么去是有讲究的。

你现在已经掌握了实战操作最致命的方法：无形斩，我说对你讲过，无形斩这个方法开仓信号、持仓信号、止损信号、止盈信号一应俱全，没有任何方法能超越它的优点，实战操作坚持按它的信号去执行就行了。但是，我们生存在这个市场，在掌握了一击必杀术之后，学到手的功夫越多，那么，你的应对能力也就越强大，无论市场怎么波动你都能马上有办法去解决。同样就像武林高手一样，一击必杀术傍身，但懂的其他门派的功夫越多则越无敌，期货市场的实战操作也是如此。所以，你现在在用无形斩去盈利的时候，也要开始再了解其他门派的功夫了。

这一讲就为你讲解一下成交量与价格波动之间的关系，你认为它们两者之间的关系是怎样的？

一对一面授学员朱震越：

成交量的大小就是资金入场数量多少的体现，成交量小说明资金入场数量少，这样的话，价格就难以有好的表现，而如果成交量大，则意味着这一阶段资金入场积极性很高，那价格的波动幅度肯定会加大，从而也就带来了盈利的机会，而且盈利的空间也往往会因为较多的资金而变大。

一阳：

正确！资金是价格变动的根本原因，不管什么商品，资金只要积极地拥入，价格肯定会有大幅度的波动，而一旦资金离场，成交必然冷清，价格的波动幅度也必将会收窄。故此，在实战操作时，对于成交量的变化一定要重点关注。

还有一点需要注意，在期货市场中进行操作时，对成交量的关注仅适合在周期操作中，15分钟以下的K线周期可以配合成交量进行分析，30分钟以上的K线周期就没必要再看成交量的变化了，直接针对技术形态执行交易信号就可以了。

一对一面授学员朱震越：

你的意思是不是：在实战操作的时候我们需要看一下成交量，如果处于成交量波动活跃的区间，价格的波动幅度就会比较大，此时必然会带来各种各样的交易机会，是开仓与持仓的大好时机。而一旦成交量变得低迷，此时就需要谨慎处之，以防止风险有可能的到来。

一阳：

正是这个意思，机会到没到来看一下成交量就可以了，只要成交量有所放大，机会也就在眼前了。下面结合具体案例进行讲解。

PP1901合约2018年9月17日1分钟K线走势图，如图6-1所示，在价格的主要上涨阶段，形成了怎样的技术特征呢？

一对一面授学员朱震越：

在价格上涨时，成交量相比之前出现了明显的放大现象，这是最主要的技术特征。量能放大说明资金们做多的积极性非常活跃，这一区间的操作可以积极一些，突破以及追涨都有机会进行。

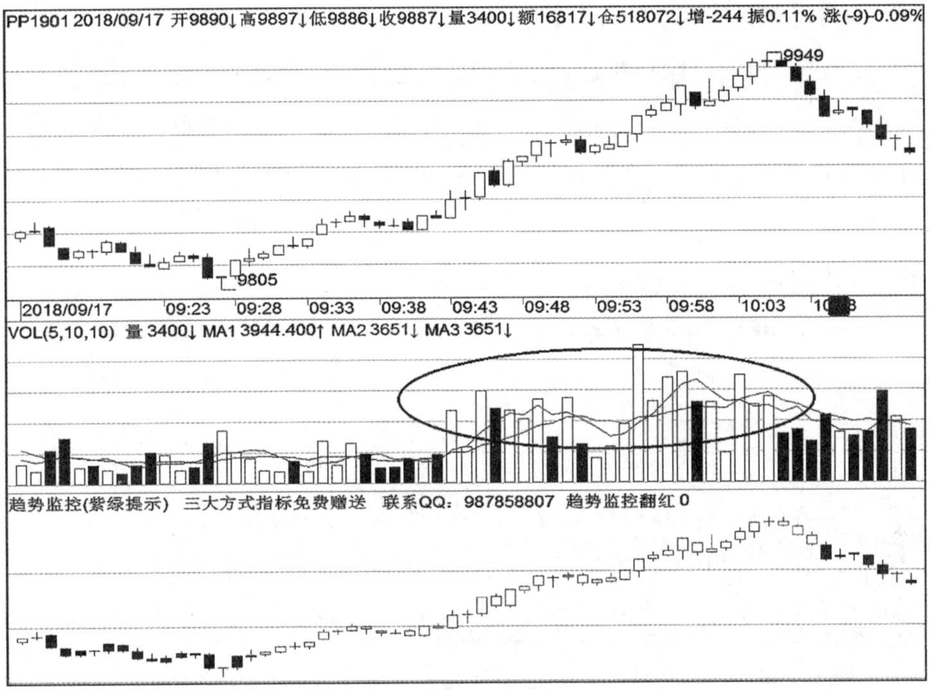

图6-1　PP1901合约2018年9月17日1分钟K线走势图

一阳：

成交量的放大有时维持的时间较短，有时维持的时间较长，本案例（图6-1）中量能的放大就非常连续。量能放大延续的具体时间我们不得而知，唯一能做的就是在没有卖出信号之前，一旦阳线出现了缩量现象时就要多加小心，至于阴线的缩量是不必理会反而是应当欢迎的，因为这说明在上涨过程中没有任何资金参与做空，故此，价格上涨的延续性就会比较好。

一对一面授学员朱震越：

我看成交量放大的时候，都比较温和，是不是这种温和性的放量是最好的呢？

一阳：

量能的放大有突然性的大量，也有温和连续的放量，这个案例(图6-1)中便是温和且连续的放量，这是最为完美的量能形态，它说明资金的操作不混乱，保持着一种边续性的节奏。若是突然性地大量出现，虽然可以有力地促使价格剧烈波动，但很多时候，它们的延续性却并不好。所以，我个人非常喜欢这种温和且连续性的完美量能。

如图6-2所示，锰硅的走势非常经典，在价格上涨过程中先后形成了完美的量能形态、衰竭的量能形态以及异常的量能形态。不同的量能状况导致了价格不同的变化形式，由此也可以看出，在短周期操作过程中，关注一下量能的变化还是非常有必要的。

你先来说一下完美量能形态处的技术特点吧。

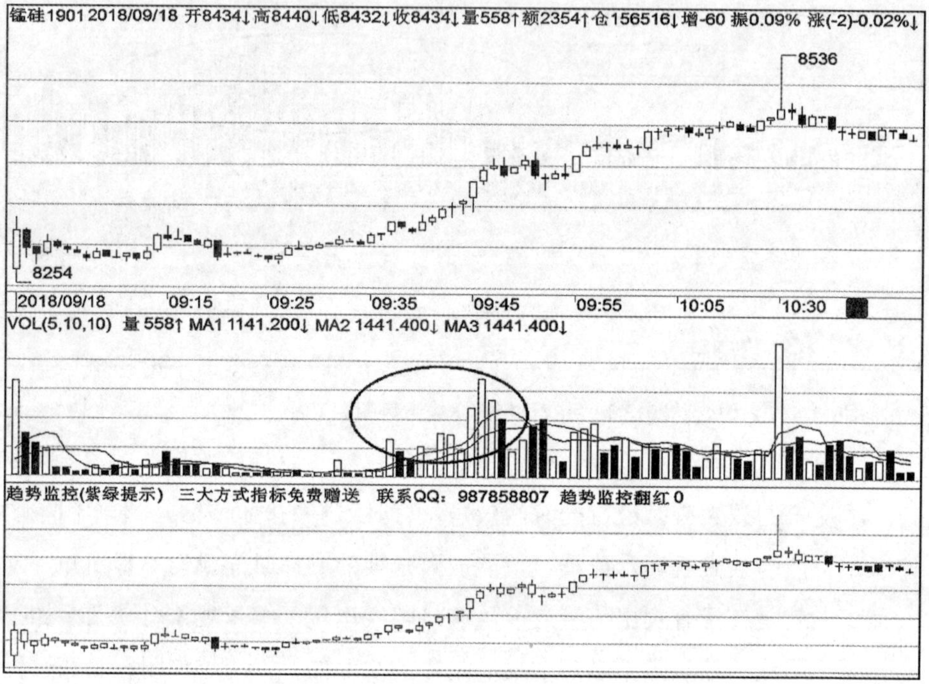

图6-2 锰硅1901合约2018年9月18日1分钟K线走势图

一对一面授学员朱震越：

在价格进入到上升趋势以后，成交量出现了连续温和的放大形态，一步步的放大显得资金操作的节奏感非常好，随着量能逐渐变得越来越大，价格的上涨速度也不断地加快。由此可以看出，在放量区间进行操作或是持仓，交易的效果往往都是非常好的。

一阳：

完美的放量推动着价格上涨之后，虽然趋势依然向上，但成交量却出现了问题，阳线不再继续放大，而是出现了萎缩，这说明资金在此时对做多行为的认可度开始降低，无法继续得到资金积极的推动，价格的上涨也就很容易进入尾声阶段。

一对一面授学员朱震越：

这种量能现象就好像是一个烂心的红苹果，表皮还红扑扑的（上升趋势不变），但心里已经开始烂了（资金做多意愿降低），因此，在这一区间的波动过程中，应当采取逢高平仓的操作。

一阳：

经过一段时间的缩量上涨之后，随着价格快速的上冲，成交量也急剧放大，但可惜的是价格的上涨无功而返，之前只需要一半的成交量便可以把价格敲上去，现在这么大的量却推不起来价格了，这背后是不是就有问题了？

巨大的成交量出现之后，急速的缩量马上随之出现，一大一小极为明显的差异性的量能就是异常量能最明显的技术特征，只要这种量能形态出现，价格就很容易反方向波动，之前上涨的，那就会下跌，之前是下跌的，则会转为上涨。

一对一面授学员朱震越：

锰硅的案例真是精彩，一轮完整地上涨却包括了三种不同的量能形态，从完美到衰竭再到异常，影响了价格的上涨、减速与见顶。虽然说在短周期的操作中不看量能只看技术形态也可以进行操作，但如果结合上成交量的变化进行综合分析，得出的技术结论只会更加精准。

一阳：

棉花在图6-3中出现了一轮连续下跌的走势，在价格之所以可以持续性的下跌，与成交量的放大有着密切的关系，你来说一下价格下跌的时候成交量的状况吧。

一对一面授学员朱震越：

价格第一轮下跌的时候，其实成交量就已经明显放大了，只不过由于后面的成交量更大，所以第一轮的量能显得小了一些。第一轮下跌时明显放量，这说明资金已经意识到了机会的所在，于是纷纷入场。

而在后面下跌的过程中，量能的形态依然简单，始终保持着连续放大的状态，从而大实体的阴线也不断地收出。正因为入场操作的资金数量非常多，所以才导致了价格更大的波动幅度的出现。

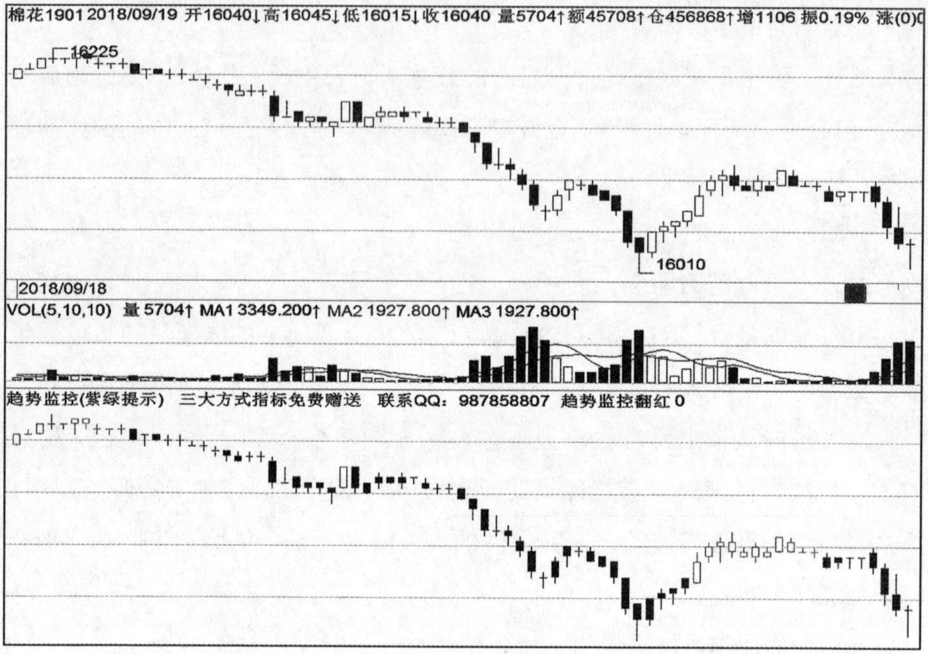

图6-3　棉花1901合约2018年9月18日1分钟K线走势图

一阳：

除了下跌时的放量形成了完美的量能状态以外，反弹区间阳线的缩量其实也是一种完美的量能形态。每一次反弹时成交量都连续萎缩，一则说明入场的空方资金没有走，有许多资金沉淀了下来；二则说明没有资金在场中进行做多操作。多方得不到资金的支持又能拿什么来上涨呢？

一对一面授学员朱震越：

由此看来，完美的量能不仅仅只是上涨或下跌时成交量放大，还有调整与反弹时的缩量，放量与缩量交织在一起才能构成真正的完美量能形态，在完美量能形态确立的情况下，价格才可以勇往直前。

第三十八招 K线线上飘，机会要来到

一对一面授学员杨华英：

跟你学习无形斩的时候，我也是一个完全的新手，只做过一个月的交易，结果这一个月就赔了不少钱，这才意识到自己瞎折腾可不行，必须跟一个老师学习。现在按无形斩的交易信号可以稳定地实现盈利了，但自己总觉得少了一些交易的乐趣，每天都是机械地执行信号，我也想像你一样，无论价格怎么波动都能看得懂。记得你说过，先解决能不能赚钱的问题，这是交易的重中之重，在此基础上再解决其他问题，现在我想是时候解决其他问题了。

一阳：

许多投资者学习的过程非常曲折，就是因为本末倒置了，自学的话这很正常，任何行业的自学都是在一片黑暗中摸索着前行，走错路也很正常。但若跟随老师学习，顺序就极为重要了！这个市场就是极为现实的，赚钱是根本，赚不到钱学的方法再多又有什么意义呢？因此，不管学员们是什么样的水平，都要先学这种方法。这种方法本身就非常简单，我上小学的孩子一教也都学会了，难道你还比不上一个小学生吗？

对于有经验的投资者来说，因为之前解决了许多技术上的问题，有了一定的经验，所以学习时以赚钱为主，未来也就一直要在赚钱上做文章了。而对于新手来说，先赚钱，空闲了再去学习其他辅助类的知识。你用无形斩，我也用无形斩，大家都可以赚到钱了，但你必然会觉得我们之间还差着些什么东西，差什么呢？这就好比开车一样，我的驾驶技术都教给你了，你只开了一年，而我则开了二十年的车，这就是我们之间的差距了：我经历的行情比你多。所以为了补上这个短板，解决了能不能赚钱这个问题后，补短板也就要提到日程上来了，尽量缩短我们经验上的差距。

这一讲讲解一个最简单的技术形态：价格交易机会到来的时候，会有怎样的技术特点，以及机会的起点在哪里？因为你喜欢使用移动均线，所以就围绕着移动均线来讲这个问题。

一对一面授学员杨华英：

交易机会到来的时候，肯定先是交易方向发生转变，如果参考移动均线的话就是移动均线的方向形成了拐头的迹象。

一阳：

交易方向的改变带来新机会的出现，这是非常正确的，除此之外，K线与移动均线又会有怎样的关系呢？

一对一面授学员杨华英：

移动均线拐头向上以后，如果价格要继续上涨，K线则多会浮在移动均线的上方，受到移动均线的支撑以后不断上行。

一阳：

移动均线可以从一个侧面反映市场的成本，而涉及成本概念的都将会具有支撑与压力的作用。方向的基础有了以后，价格将会延续这个方向不断前行，这个时候，必然会形成一种现象：上涨时，K线则位于移动均线上方，下跌时，K线则位于移动均线下方。所以，在见到移动均线有明确方向，以及K线符合了与移动均线上下关系的时候，就应当意识到机会来了。

在使用移动均线的时候，也不需要同时使用那么多根，力求简洁，周期太短的移动均线没有意义，周期太长的又太滞后，所以比较适合操作的就是20周期移动均线，实战时，哪怕只看这一根移动均线也就足够了。下面结合具体案例进行讲解。

一阳：

豆后在图6-4中形成了一轮持续性上涨的行情，在价格上涨的时候，必然会有各种各样的技术信号提示投资者机会的到来。若使用移动均线来看的话，价格上涨过程中有什么样的技术特征，或者说是两者之前的关系是怎样的呢？

一对一面授学员杨华英：

价格上涨过程中，移动均线始终保持着向上的态势，从而促使着价格不断地向上上涨，当然，也跟上涨时成交量的放大现象有很大关系。

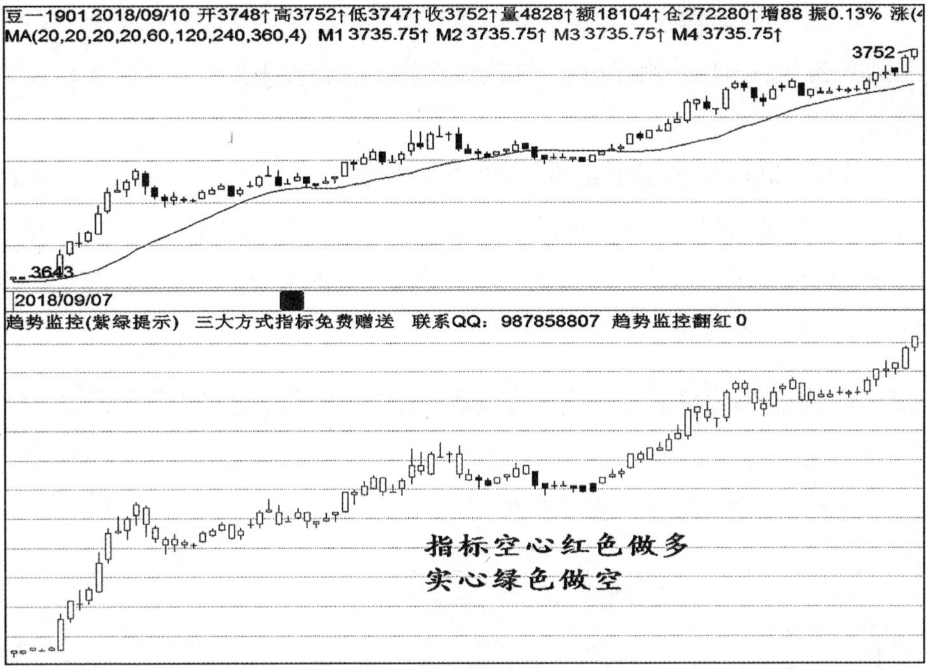

图6-4　豆一1901合约2018年9月10日1分钟K线走势图

一阳：

方向转变是最稳定的机会信号，我们需要重视，因为方向一旦发生了转变，极大的概率都会延续一段时间，但它却并不是第一时间出现的，所以，另一个技术信号才是我们最先看到的，它是怎样的？

一对一面授学员杨华英：

K线由在移动均线下方变成了跑到移动均线的上方，价格波动在先，而后所有指标都跟着在后边跑。

一阳：

这才是正确的顺序，先看K线有没有跑到移动均线上方，一旦跑到了，就说明价格有可能要改变趋势的方向，但此时的问题是：一是K线跑上去只是反弹力度大了一些，一会儿又跌了下来，并且移动均线的方向没有拐头向上；二是K线跑到均线上方，随后均线拐头向上，带来最稳定的多头交易机会。我们无法得知到底会怎么走，所以说，这是一种机会观察的方式，而不是说K线跑到均线上方就可以操作。

K线跑到移动均线上方，移动均线也拐头向上了，接下来的工作就是等待买点信号的出现。由此可见：K线线上飘，机会要来到，这是最先出现的信号。

如图6-5所示，橡胶的走势非常经典，在整个上涨过程中，成交量始终保持着较为完美的配合状态，同时，K线与移动均线的关系也始终良好，不管是无形斩的交易机会，还是逢低做多，或是做突破的机会，真是遍地都是。那么，多头机会保持的情况下有着怎样的技术信号呢？

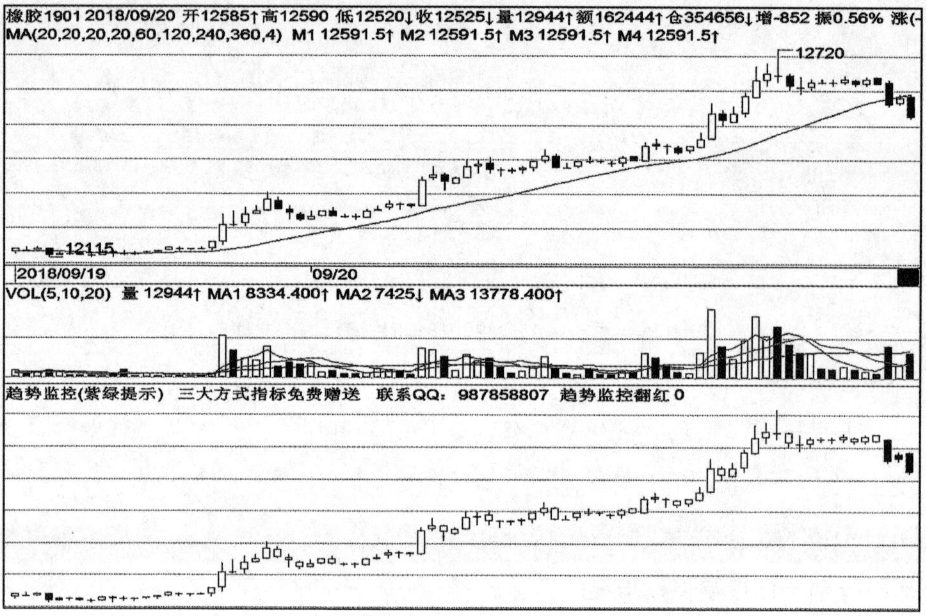

图6-5 橡胶1901合约2018年9月20日3分钟K线走势图

一对一面授学员杨华英：

上涨过程中最明显的技术信号就是：K线一直在移动均线上方飘着，每一次调整的低点都位于移动均线上方，这说明多方的力量很强大。

而机会的起点则是K线刚刚跑到移动均线上方的时候，但由于这个时候不能确定方向是否彻底改变，所以只用来观察，什么时候K线依然在均线上方，并且均线拐头向上时，再寻找介入点进行操作。

一阳：

如果移动均线方向不变，但价格向下跌破了移动均线，此时该如何分析呢？

一对一面授学员杨华英：

跌破移动均线有可能意味着空头机会的到来，但由于无法确定均线是否会拐头向下，所以，此时只是用来观察形态，什么时均线也拐头向下了再找机会进行操作。

如果移动均线没有拐头向下，而价格重新位于均线上方，这个时候则可以继续等待做多机会的出现。

一阳：

一定要明确这个观点：K线位于在均线上方，均线拐头向上，满足这两个技术要求之后才可以等待买点的出现，这个顺序可不要搞乱！

鸡蛋在图6-6中形成了一轮上涨，而后又转为下跌的走势，方向的转变也必然会使得交易的策略发生转变，在方向改变时，多单的止损千万不要下不去手，止损后还要马上切换做空的思路进行操作。

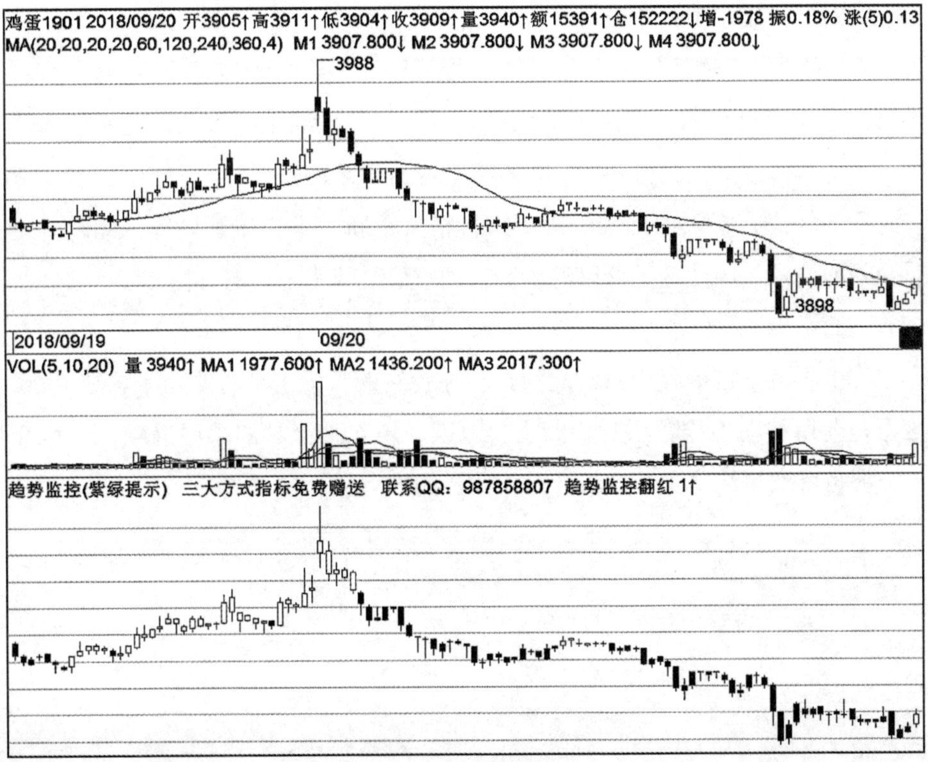

图6-6　鸡蛋1901合约2018年9月20日3分钟K线走势图

先来说一下上涨时的K线与移动均线技术形态的关系吧。

一对一面授学员杨华英：

价格上涨时，K线全部位于移动均线上方，同时，移动均线也保持着向上的态势，这一区间应当积极地进行做多操作。

一阳：

后期下跌行情的起点在哪里呢？

一对一面授学员杨华英：

下跌行情的起点在K线向下跌破了移动均线的时候，但可以操作的点位则在K线跌破均线后，移动均线也随之形成了下降趋势时。

一阳：

在下跌的中途，价格出现了一次周期略长的反弹，反弹过程中K线跑到了均线的上方，此时该如何决策？

一对一面授学员杨华英：

K线重新位于均线上方，按两者的关系进行操作，应当平掉手中的空单，而后留意做多机会的到来，由于均线此时并未拐头向上，故此，还不能入场做多，什么时候均线拐头向上了再找机会进行多单的操作。

在均线没有拐头向上的情况下，价格又重新向下跌破了均线，此时满足了交易的要求，因此，又可以继续等待做空信号的出现并进行操作了。

一阳：

许多投资者也会使用移动均线，但在使用的时候，交易的顺序总是弄错，这也是使用移动均线赚不到钱的主要原因。现在把交易的顺序搞顺了，机会的把握也就变得简单了，好机会是什么样的？K线线上飘！

第三十九招　价格顶破天，大涨在眼前

一对一面授学员孙学高：

之前听你在周二、四公开课的时候说过：价格波动过程中有两种形态是必见的走势，一是突破走势，想要上涨或想要下跌就必须形成突破，否则趋势便无法展开；二是无形斩走势，任何上涨与下跌的起点都必然会伴随着无形斩的买卖点出现。因此，我先学习了你的突破战术，一下子被你简单实用的独特的突破操盘手法所吸引，每天做突破做得不亦乐乎。轻轻松松把无形斩的学费赚到手后，想着无形斩又是怎样一种必见形态呢，于是便参加无形斩的学习，以前天天做突破，现在则天天轻轻松松地做无形斩信号；以前总觉得做期货是煎熬，现在则觉得做交易原来可以这么美好。

你曾说过在一轮行情中，买卖点只有五种类型：抄底(逢低做多)、多单突破追涨、摸顶(逢高做空)、空单突破追买，以及有时候可能出现的箱体震荡交易方式，但箱体因为空间小没什么大意思，所以，以前四种为主。无形斩是捉涨跌起点的，属于逢低做多类型，突破也学会了，所以想进一步了解一下追涨追空的操作方式，学好这一步以后，再学习抄底摸顶的方法。

一阳：

其实你了解一下追涨追空的方法就行了。无形斩方法里本身就有突破的做法，以及抄底摸顶的做法，是不是因为逆势交易你还没有学？无形斩其实也能做追涨追空，但我始终不主张大家进行追涨追空操作的，这是因为追来追去很容易把原本平静的心态给搞得非常混乱，因为，它对心态的要求极高，莫说大家，就是我经常性地做追涨追空，也不能保证心态是平稳的，所以，实战操作我不主张使用它。但作为一种正确的技术方法，学习一下它的技术特点还是有必要的。

要想追涨或追空，你来想一下有什么样的前提要求。

一对一面授学员孙学高：

肯定得要求价格现在处于强势状态之中，毕竟追的点位都是比较高的，如果强势不形成，一追就容易是一个高点。

一阳：

这个说法非常正确，所以，追涨与追空不是什么时候都能进行的，必须在价格处于强势状态时才可以进行，但价格多数情况下都是平缓的状态，所以，没事就去追肯定是赚不到钱的。

同时，一次成功的追涨必然伴随着好几次的失误，就好像奔跑速度最快的猎豹一样，它的捕猎成功率也只有不到20%，追五次才有一次成功的可能。所以，你若没有这样的魄力也不要追涨，不能光看着追进去就拿到了一大波行情，也要看到：追进去数次的失败。

除了要形成强势特征以外，你认为还应当有什么样的技术要求？

一对一面授学员孙学高：

我认为方向一定要明确，如果价格形成的箱体震荡走势，那肯定不适合追涨了，但如果是明确的上涨或下跌过程中，一旦强势出现便可以追一把了。

一阳：

方向加强势这是基本要求！为什么要追涨呢？这是因为一旦形态成功，很容易赶上一大波行情捉住主升浪，这是追涨追空操作最吸引人的地方，但如果追错了呢，其实风险并不大。不建议大家频繁地追涨与追空，并不是因为它风险大，我所有方法没有任何一个是风险大的，而是因为它容易引起心态的混乱，大家要正确理解。

下面结合具体案例进行讲解。

沥青1812合约2018年9月19日3分钟K线走势图，如图6-7所示，如果我们把布林线指标中轨看作是移动均线，根据之前讲解的：K线位于中轨上方以后，一旦中轨形成上升趋势，便应当密切关注随时有可能出现的做多信号，从沥青后期的走势来看，价格提供了多次：逢低做多、突破做多以及强势追涨的走势。

由于K线绝大多数时候都位于布林线指标通道之内，因此，在价格上涨的过程中，将上轨视为天，一旦顶破了天，就意味着进入价格将由此进入到轮强势运行状态之中，故此，好的机会也往往由此展开。

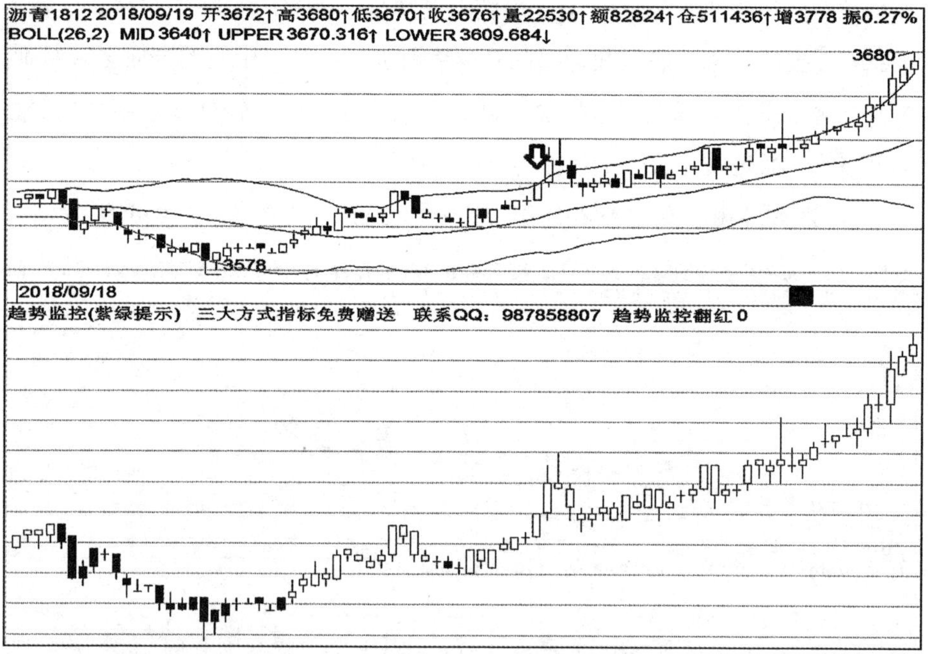

图6-7　沥青1812合约2018年9月19日3分钟K线走势图

一对一面授学员孙学高：

从这个案例的走势来看，价格在上涨初期顶破上轨以后，使得价格将要继续上涨的信号变得更加明确了。而在价格有了较大幅度上涨之后也依然会发现这种顶破天的现象，但此时却不太容易继续上涨了。这种方法是不是需要讲究一下价格所处的位置呢？

一阳：

任何方法都必须讲究价格所处的位置，如果价格涨了一大轮，这意味着多头的空间并不大了，此时出现的多头信号虽然仍然可以操作，但失败的概率会随着一大轮上涨行情的出现而开始加大。而在价格上涨的初期阶段，因为上涨空间并没有透支，所以，交易的信号往往成功概率很大。

一对一面授学员孙学高：

在标注的顶破天走势之前，也出现了一次价格向上顶破上轨的现象，这个位置不是标准技术形态的原因是因为此时中轨的方向不明确吧？

一阳：

是的。在中轨无方向时也有顶破天的现象，就算未来涨了起来，这也不是我们需要的技术形态。我们要的是顺势而涨的走势，中轨的方向必须明确，这样一来，操作的成功概率才会更高。所以，能不能进行操作，不是先看技术形态的，而是要先看一下当前的方向如何。

我们来看菜粕1901合约2018年9月19日3分钟K线走势图，如图6-8所示。

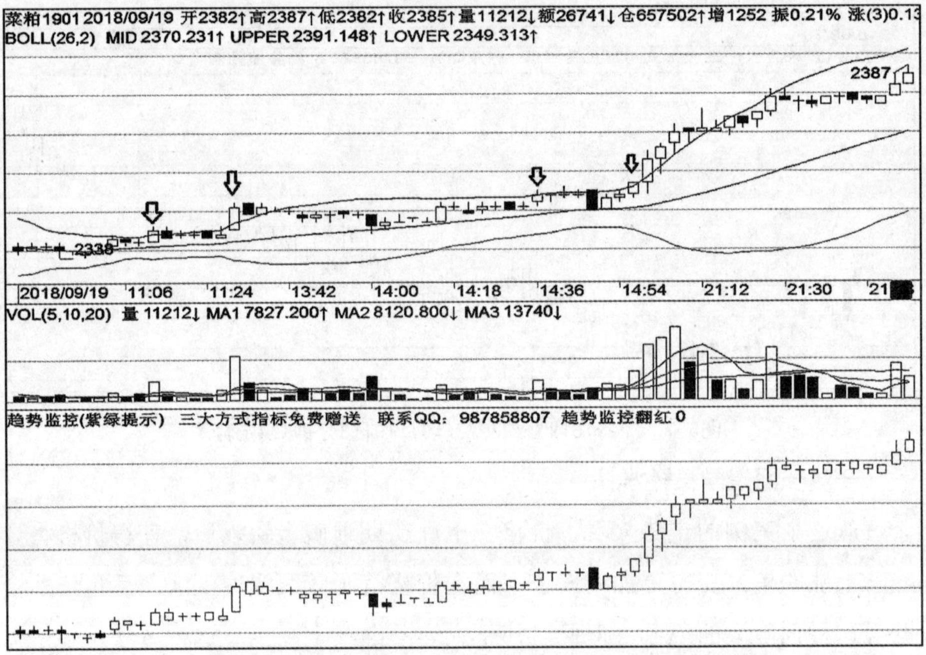

图6-8　菜粕1901合约2018年9月19日3分钟K线走势图

同样的，K线飘在布林线指标中轨上方，中轨方向向上时留给了投资者多次操作的机会，因此，不要抱怨自己总是捉不住机会，而是因为你自己没有掌握任何正确的交易技术，有了正确的技术，机会在哪里真的可以一眼就识别出来。

价格上涨过程中有多次顶破天的走势，它们之间都有着哪些区别呢？

一对一面授学员孙学高：

先说它们之间的共性吧，共性就是所有顶破天走势出现的位置都不高，都处于价格上涨的初期阶段，因为没有透支价格后期的上涨空间，故此，每一次形成的顶破天的走势都可以重点关注。

区别就是有的顶破天走势出现后成交量没有形成密集性放大的迹象，有的则出现了密集性放大的走势。连续放量现象的出现，使得价格后期步入了更快速的上涨阶段，而没有放量的顶破天出现，只是提示了投资者一个买入信号，以及价格后期将会整体步入强势状态的信号。

一阳：

由于之后放量还是不放量是无法提前预知的，所以，当顶破天的走势出现时，都可以入场操作，从整体走势来看，只要价格上涨的幅度并不是很大，顶破天出现后就算是调整，回落的幅度也并不深。顶破天出现之后若形成了调整，只要不破坏掉多头的技术形态，依然可以逢低进行加仓操作。

如图6-9所示，白糖下跌之后出现了顶破天的走势，并且后期还在成交量放大的推动下形成了快速上涨的走势，但此时的顶破天可以入场进行操作吗？

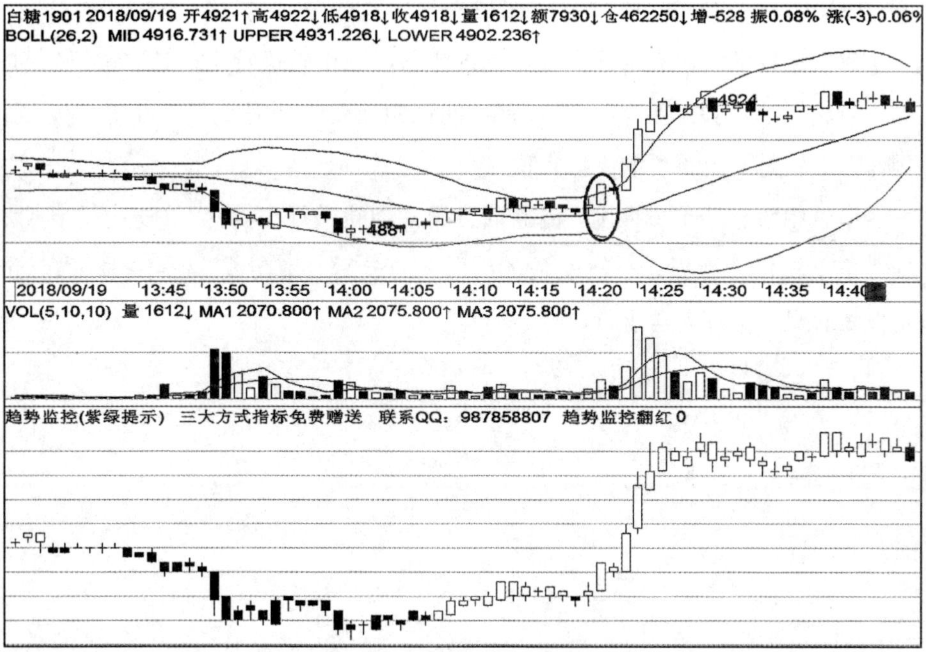

图6-9　白糖1901合约2018年9月19日1分钟K线走势图

一对一面授学员孙学高：

仅从K线形态来看的确是形成了顶破天的走势，但是，从布林线指标中轨的方向来看，此时并不能进行操作，因为在顶破天走势出现时中轨并没有形成明确向上的方向。

一阳：

是的，从严格纪律的要求来讲，这种形态是必须放弃的。但这个市场中总有一些投资者愿意承受一定的风险去换取更多的交易机会，站在这个角度，这种形态其实也是可以进行操作的，只要做好了止损的准备那就一点问题也没有了。

换作是你，这样的形态入场操作，你会如何止损呢？

一对一面授学员孙学高：

我会选择拿布林线指标中轨进行止损，因为多头形态的特点就是K线位于中轨之上，而一旦跌破了中轨反而就不好了。

一阳：

对于这种中轨没有形成向上方向的走势，拿中轨进行止损是非常正确的，如果价格一直不跌破中轨，就很有可能把中轨带上去从而转为上升趋势了，因此，中轨是一个重要的支撑点位。

但若中轨已经形成向上，这个时候再拿中轨进行止损就不合适了，因此，应当拿下轨作为止损，下轨就是多头形态的最后一道防线，它不被跌破，价格便还有机会继续顺势上行。

第四十招　指标低点抬，留意底部来

一对一面授学员董存诚：

学习了无形斩的操作之后，改变了以前许多的坏毛病，之前我总喜欢逆势操作，经过你当面的讲解，终于意识到了自己的错误，现在按无形斩的顺势交易方向进行操作，不仅实战的成功率高，收益也变得很稳定了。

学习的时候你对我说过：顺势交易捉的是三浪与五浪，而抄底摸顶操作则捉的是整个上涨浪。我现在顺势交易已经做得很稳定了，达到了你的要求，现在是不是可以再学习一下抄底摸顶的操作呢？我自认为现在的心态与之前胡乱逆势操作的心态完全不一样了。

一阳：

我对所有的学员有过这样的要求：如果顺势交易没能实现稳定盈利，便没有任何资进行逆势交易，你现在的情况也的确可以进行逆势交易了。逆势交易本身没有任何问题，它就是一个正确的操作技巧，之所以不建议大家去用，就是因为许多投资者其实并没有掌握正确的抄底摸顶技巧，以及根本没有耐心去等待底部机会的到来。

什么是底？有一定下跌的幅度、有一定下跌的时间后才会形成底部。从MACD指标判断的标准来讲，只是一波下跌行情的话，是不可能形成MACD指标低点抬高现象的，出现两波下跌行情，则有可能形成低点抬高，但若出现三浪甚至以上的下跌时，才会必然形成低点抬高现象。所以，想要抄底，至少要等到跌了两波以上再去考虑。刚刚下跌，下跌的空间并不大、下跌的周期并不长，是很难形成底部的，这个时候去抄底肯定赚不到钱，赚不到钱就会着急，与自己较劲，抄来抄去，底是没抄到几个，但资金却越来越少。这便是我之所以要求顺势没做好之前不要做逆势的原因。顺势做好了，这是大本营，就算逆势做错了，回过头继续坚持顺势交易，也并不会有什么影响。

一对一面授学员董存诚:

从你的话中我总结出了这样的技术点:想要进行抄底摸顶操作,必须配合MACD指标的低点抬高或是高点降低,当MACD指标有了这种现象之后再去考虑进行抄底操作。

一阳:

是这个意思。当然也要明白,底部的形态有许多种,有MACD指标低点抬高或高点降低的形态只是其中的一种,所使用的方法也只是针对这一种类型的,不过,大多数的底部其实都会有MACD指标低点抬高现象的,所以,有着足够施展此项技术的机会。

下面结合具体案例进行详细讲解。

如图6-10所示,菜油的价格在经过了较长时间、较大幅度的下跌走势之后,随着又一次创新低破位走势的出现,MACD指标形成了与之前不一样的形式,你来说一下此时的技术特点吧。

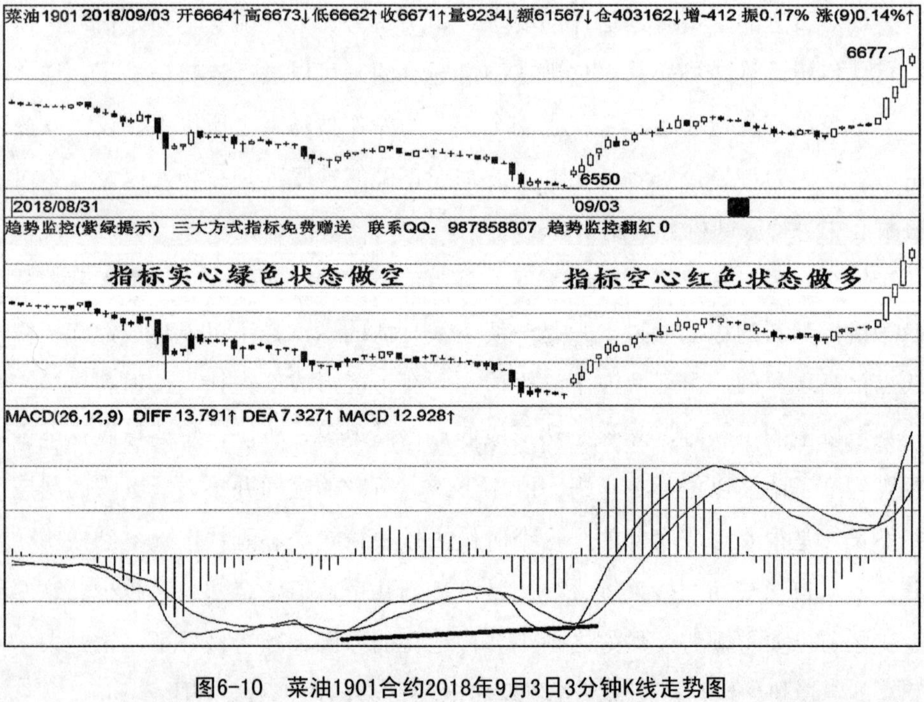

图6-10 菜油1901合约2018年9月3日3分钟K线走势图

一对一面授学员董存诚：

之前价格下跌时，MACD指标也随之形成了下跌的走势，指标与价格都是同步的，但在最后一次价格向下创出新低时，MACD指标则形成了低点抬高的技术形态，这种现象的出现，往往就是抄底机会到来的信号了。

一阳：

大多数指标都是跟着价格后面跑的，但MACD指标比较特殊，它在某些时候却可以跑到价格的前边，引领价格后期的波动方向，所以，一旦价格向下创新低，指标却形成低点抬高迹象时，就要密切留意下跌的终止与上涨行情的到来。

一对一面授学员董存诚：

之前有学习过你讲的多头力竭与空头力竭形态，当MACD指标低点形成抬高迹象时，是不是价格下跌时的成交量越小越好呢？

一阳：

这是自然，如果价格再度创新低时成交量连续放大，这说明资金此时做空的态度依然很积极，价格形成底部的可能性就不大了。但若最后一轮下跌时成交量明显减小，这说明资金此时做空的积极性明显降低，多空双方历来是此消彼长，故此，无量下跌配合MACD指标低点抬高必然会大大地提高抄底摸顶的成功率。

如图6-11所示，PP1901合约形成底部之前，价格出现了好几波的下跌，累积了较大的下跌空间，同时，下跌的时间也足够长，对于这样持续性的下跌才有必要考虑会不会形成底部。在价格进入到低点区间之后有着怎样明确的底部技术信号呢？

一对一面授学员董存诚：

价格之前下跌的时候，MACD指标都随着价格的破位而不断向下，指标与价格始终保持着同步的状态。而当最后一轮下跌出现之后，价格虽然创下了新低，但是，指标却拒绝继续下行，而是形成了低点抬高的迹象。在大幅下跌之后，这种技术信号的出现便往往意味着底部做多机会的到来。

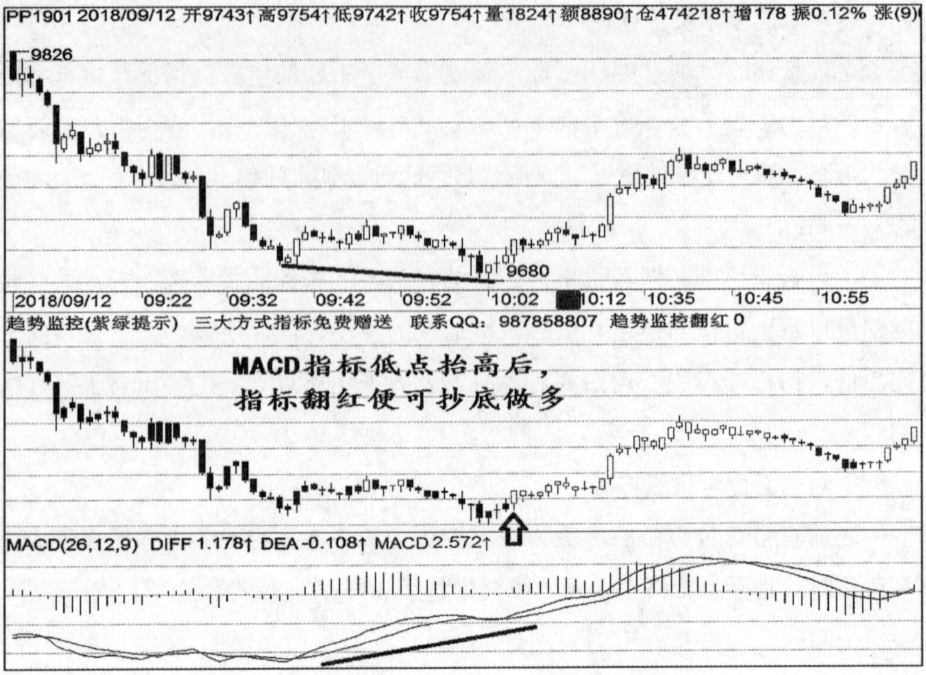

图6-11　PP1901合约2018年9月12日1分钟K线走势图

一阳：

在具体分析与操作时，还需要再看一下最后一轮下跌时的成交量情况，经验来看，只要有MACD指标低点抬高现象存在，最后一轮下跌，十之七八都会是缩量的。

MACD指标的责任是告知我们底部区间所在，接下来的问题又来了，光知道底部区间在哪里还不够，还应当知道具体的买卖点，该如何设定呢？

一对一面授学员董存诚：

按之前你讲的方法，当找到了底部区间之后，可以于价格向上突破布林线指标中轨时介入。但我有了一个新的想法，可以使用无形斩的信号进行操作，MACD指标低点抬高+无形斩信号，这应当是一个绝配。

一阳：

非常正确，这是无形斩课程中关于抄底摸顶的其中一个操作手法。当然，你说的使用价格突破中轨进行操作也是非常正确的。或者也可以这样用，MACD指标低点抬高，而后只要趋势监控指标翻红便可以入场操作，而后指标翻绿后止盈出局便可以了。无形斩与指标都可以提示买点、持仓信号与出局信号。使用布林线指标操作，虽然有抄底摸顶的突破中轨介入信号，但信号的买入位置要比无形斩与指标的效果差很多，同时，持仓与出局信号也比较模糊。传统的方法这些信号往往多是模糊的，所以，我们要想办法把这些信号变得更加清晰。

如图6-12所示，鸡蛋的价格虽然开盘之后并没有上涨太多，但结合上昨日盘中上涨的走势来看，整体已经有了一定的上涨空间与上涨的时间，在这种情况下就需要留意MACD指标高点降低现象的出现了。

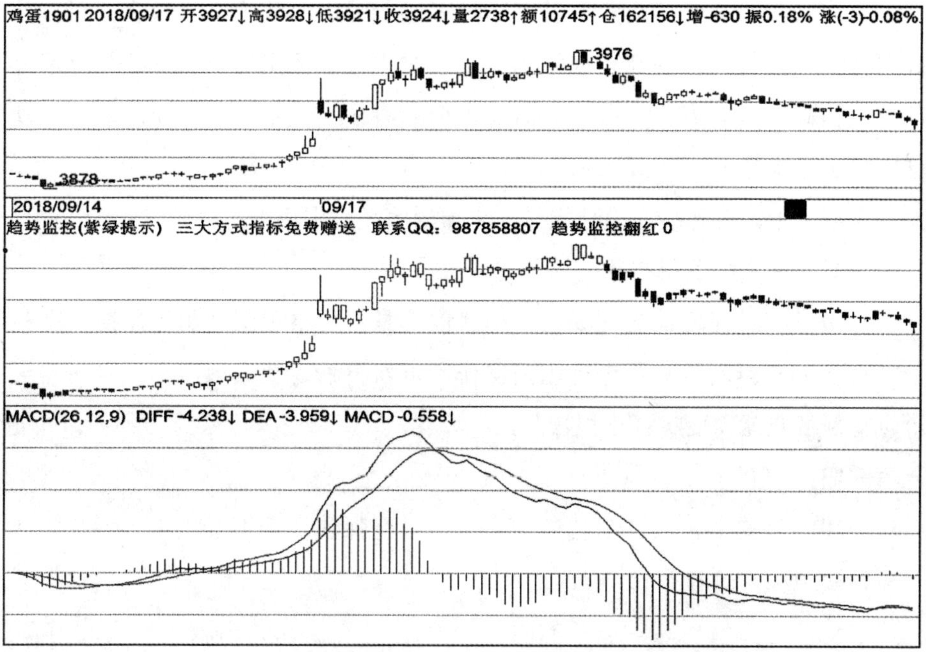

图6-12　鸡蛋1901合约2018年9月17日1分钟K线走势图

在这个案例中MACD指标出现了一个新的变化形态，你试着说一下它的技术特征。

一对一面授学员董存诚：

前两个案例MACD指标低点抬高时，都有先后两个金叉出现，而在鸡蛋的案例之中，MACD指标只有最高点一个死叉出现，之后并没有出现死叉，从而形成先后两个降低的高点。

一阳：

这就是最新的形态，而这种形态却是更好的形态。从指标的角度来说，要形成金叉肯定多头的力量要再强一些，这样才能把指标拉成金叉，而指标无法形成金叉则说明多头的力度弱了，既然是要摸顶做空，多头力量较弱难道不是好事吗？所以才说这是最好的操作形态。

一对一面授学员董存诚：

MACD指标的高点降低形态出现了变形，但在操作上应当还是一致的吧？

一阳：

介入的方法不变，依然可以有三种形式：无形斩有了信号做空，指标翻绿时做空，或是价格跌破布林线指标中轨时做空。但由于没有MACD指标清晰的低点抬高的具体点位，所以，需要密切盯着这三种信号的出现，一旦出现便可以进行操作了。

再问一下，进行抄底摸顶操作，止损的底线设在哪里？

一对一面授学员董存诚：

你教过我，任何逆势交易的止损底部都是：价格上涨逆势做空时，一旦价格向上创出新高就需要进行止损操作；价格下跌逆势做多时，一旦价格再度创出新低点就需要进行止损操作。

一阳：

止损就是安全带，开车就必须系上，只有保证资金不会出现大亏损，才有可能实现稳定的收益！

第四十一招　涨途强调整，大阳还会升

一对一面授学员章怡萱：

通过学习老师的无形斩操盘技巧，现在知道了按信号执行交易的重要性，正如你所说的：任何一种交易形态其实都是一种技术上的信号，有了入场信号就开仓，有了出局信号就离场，唯有这样才可以真正地实现盈利。以前之所以赚不到钱，只是因为自己对信号识别不清，现在学习了介入信号、持仓信号、止盈或止损信号都有的无形斩之后，操作上再也没有混乱的感觉了。

一阳：

可以想象一下，一个十字路口若是没有红绿灯，大家想怎么走就怎么走，想怎么开车就怎么开车，这该是多么混乱的场面。但若有一个红绿灯在，大家按信号行走与开车，必然秩序井然。交易其实也是如此，每一个交易的信号就像是红绿灯，不仅告诉了投资者该如何进行操作，还很好地规范了投资者的交易行为，没有信号时就耐心等着，有了信号时就积极操作，这样一来，交易的行为自然也就不会混乱了。你的操作之所以现在变得有条理，其实是交易信号在发挥作用，无形斩只是一种载体，只不过它具备的实战信号相比其他的方法更全面而已。

一对一面授学员章怡萱：

随着学习与实战的深入，我现在发现了一个新的问题：价格处于强势波动状态的时候，不管是无形斩还是其他的交易信号，其成功的概率都将大大地提高。不知道我这样理解是否正确？

一阳：

非常正确。价格的波动形态为什么强？其实就是资金在背后发挥着作用，强只是表面现象而已。强势形态的出现往往不是针对上涨与下跌的主方向波动，而是针对调整或反弹的次级别反方向的波动走势，这一点一定要注意。在价格连续收出大阳线或大阴线的时候，不能说它是强势的，只有当调整出现价格不跌，反弹出现价格涨不起来的时候，才可以说强势形态来了。

一对一面授学员章怡萱：

调整价格不跌，反弹价格不涨，这不就是横盘技术形态吗？

一阳：

是的，最为标准的强势形态就是价格的横盘走势，但是，在实际走势上，标准的横盘其实并不多见，因此，需要放宽一些要求，把强势的定义这样来确定：上涨以后，价格调整回落的幅度在上涨波段三分之一以内的；下跌之后，反弹的上涨幅度在下跌波段三分之一以内的。这两种情况与横盘都属于强势形态，在此背景下如果出现了无形斩的信号，那简直就可以说是市场又在大发红包了。

下面结合具体案例进行讲解。

如图6-13所示，菜粕在开盘之后出现了连续上涨的走势，经过了三小波的上涨之后，调整走势随之出现，首先从短周期的成交量来看，此时的调整量价配合不错：调整区间成交量始终保持着萎缩的状态，这说明没有资金在场中进行着积极的做空操作。除了这个较为完美的技术形态之外，还有什么

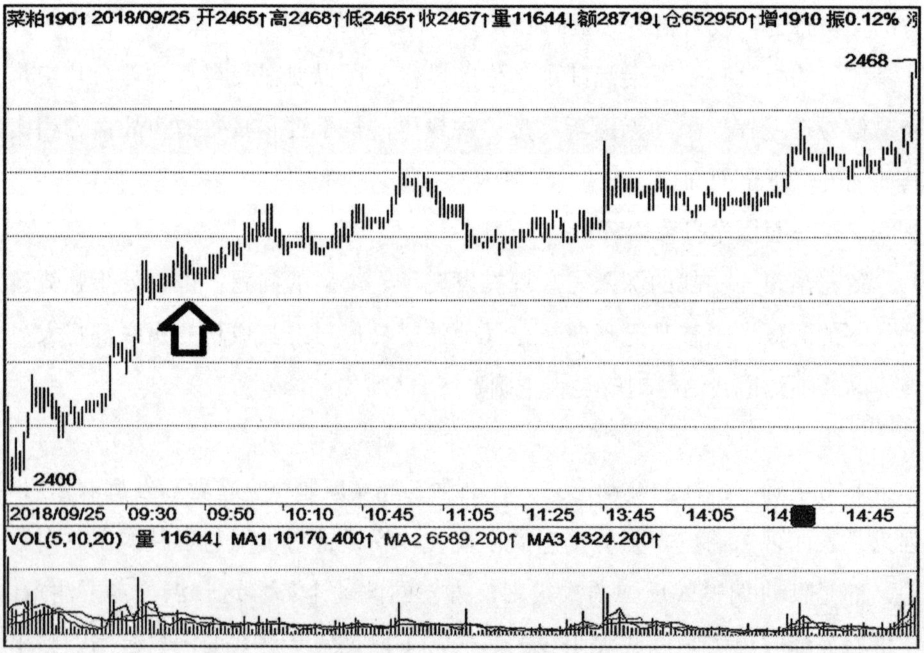

图6-13 菜粕1901合约2018年9月25日1分钟K线走势图

技术形态是比较漂亮的呢？

一对一面授学员章怡萱：

量能完美以外的另一个技术特征就是技术形态强势。价格在调整的过程中，回落的幅度远远小于上涨波段的三分之一，虽然不是标准的横盘，但波动重心却并没有什么明显的下移，再配合完美的量能形态，就可以确定此区间并不是价格波动的顶部了。

一阳：

虽然价格上涨了三个小波段，但调整却始终跌不下来，这说明空方的力量非常虚弱，无力把价格打落下来，因此，不要受到有了一定幅度上涨的干扰，通过强势一定要明确：此时不是顶部，价格未来还有上涨空间。

顶部的出现调整回落的幅度将会加深，同时，弱势形态将会出现，任何一个顶部是不太可能出现强势形态的。

豆一的价格在图6-14中出现了一轮持续性上涨的走势，像这种形式的上涨，途中的强势形态将会是非常多的。

图6-14　豆一1901合约2018年9月10日1分钟K线走势图

一对一面授学员章怡萱:

在上涨的过程中，放量现象也是非常常见，这说明资金在价格上涨的过程中进行了积极的交易，从而为价格的上涨提供了足够的动力。

一阳:

量能的完美这也是强势形态形过程中必然出现的现象，在持续无量的过程中，强势上涨形态也是形成的。

除了量能的完美之处，还有怎样的技术走势完美?

一对一面授学员章怡萱:

更多完美的体现在价格上涨之后的调整过程中，图6-14中前两处标注处中，价格上涨之后，回落的幅度都在上涨波段的三分之一以内，这种调整形态说明空方无力把价格打落下来，既然空方无力，多方自然会继续发力上行。

第三处图标处虽然不知道价格未来的波动方向，但可以确定的是，在上涨了这么多以后，空方依然无力把价格打落下来，这说明多方依然占据着完全主动的地位，因此，价格还将会有更高的高点出现。

一阳:

价格涨得多了以后保持谨慎的心态进行操作这是正确的，但是，只要通过调整形态可以看到强势形态又出现了，便可以继续按着技术信号执行操作，始终记住这样的话：顶部是很难会出现强势特征的，只有上涨的中途强势特征才会大概率地出现。

如图6-15所示，价格在下跌之前的上涨过程中，调整回落的幅度都是比较深的，这说明空方的力量并非非常虚弱，这种情况下如果价格之前有了较大幅度的上涨，此时就要多加留意了，因为顶部无强势。

价格后期的下跌出现中，强势特征出现，此时的技术形态有什么特点呢?

一对一面授学员章怡萱:

价格经过一波放量下跌之后，在反弹的区间成交量出现了萎缩，量能形态率先有了信号。而后便是下跌后的反弹过程中，价格上涨的幅度始终比较小，始终在下跌波段的三分之一以内，这说明了多方力量的虚弱，多方既然涨不起来，价格下跌的概率肯定自然会大增。

图6-15　甲醇1901合约2018年8月31日3分钟K线走势图

一阳：

价格为什么会弹不起来？是因为上涨没有得到资金的支持，无量状态下价格又怎么可能会大幅上涨？而价格涨不起来，也自然无法对场外资金形成做多的吸引，因此，对于多方来讲，进入了一种恶性循环。

第一轮的反弹后价格下跌的幅度较小，随后再度反弹了起来，站在大的形态来看，虽然反弹持续的时间比较长，但这么长的时间价格仍然涨不起来，较长的反弹时间恰恰留给了空方足够的休息时间，因此，价格后期再度出现大幅下跌的走势也就很正常了。

一对一面授学员章怡萱：

通过学习进一步知道了，最稳妥的获利机会就藏在价格的强势波动形态之中，而强势必须从调整与反弹中去对比判断，这一区间出现的技术信号对于投资者来说，都是必须积极操作的。

第四十二招　中途碰大阴，机会要捉紧

一对一面授学员韩祥瑞：

以往惨痛的交易经历使得我害怕上涨中途出现的大阴线，虽然参加了老师的无形斩操盘技巧可以稳定实现盈利了，但上涨中途的大阴线却依然是我的噩梦，进行操作不能留有盲区，以前是想学赚钱的方式，现在是想解决历史遗留问题，所以想请老师帮我讲解一下上涨中途出现大阴线时的技术解决方法。

一阳：

有许多投资者心中都驻扎着一个噩梦，当某一个形态出现以后，因为没有解决它的技术方法，所以，心态会变得比较混乱，而你害怕的则是上涨中途大阴线。在我最初学习操盘技巧时，我也害怕这样的走势，因为它可以快速吞噬我的盈利，甚至让我由赚变亏。但后来，明白了上涨中途在阴线的技术含义，进一步总结出了相应的操盘方法以后，不仅不对上涨中途的大阴线再感到恐惧，反而还非常希望它出现，因为它的出现就是一次盈利机会的到来。

首先问你一个问题，据你的观察以及对历史行情的总结，上涨中途大阴线出现时，无形斩可不可以帮你回避风险呢？

一对一面授学员韩祥瑞：

风险自然是能回避的，而且基本上也造成不了什么风险，大多都是利润回吐，并且按无形斩信号执行操作，利润回吐的幅度也并不大的，总是可以在下跌的初期阶段就发出出局信号了。比较买入信号与出局信号之间的差距，盈利必然是有的。

一阳：

排掉了一个雷。通过无形斩的信号执行操作是不会产生亏损的，就算刚开了仓第二天就来一根大实体的阴线，也并不会造成巨大的亏损，出局信号会在上涨初期必然出现。因此，大阴线造成的风险只适用于那些有了出局信号而死不撒手的投资者，而你并不是这样的人，所以，不必担心大阴线会造成亏损，而利润回吐就更不用管了，无非少赚了一些，又不是亏，而且回吐的幅度也不大，更没有什么好担心的。

当然，需要担心的只有一种走势情况：突发性的大低开，开盘便下跌到位，这种情况出现时，谁也跑不了，必然会利润巨幅回吐或是产生亏损，但根据历史上的走势来看，一年到头有哪个品种出现过两次以上这样的走势呢？

一对一面授学员韩祥瑞：

以前总是担心会大亏，没有实际地从信号点的位置上进行考虑，通过老师这么一讲，心中的困惑解开了一大半，我是被以前错误的操作吓怕了，之所以害怕上涨途中的大阴线，就是因为以前就是死拿着不撒手。现在懂了，只要坚定执行信号，风险便会远离。

一阳：

大实体的阴线只有跌完了才知道，在刚刚下跌的时候是无法得知的，所以，此时要做的唯有执行出局信号。当跌完了发现形成大阴线以后该如何面对呢？大阴线是空方力量强大的体现，多方如果化解不了这份压力便无法再涨上去，而如果在短期内多方收回了失地，这就表明这根大阴线只不过是上涨中途正常的一次调整，只不过力量略微大了一些而已。

把大阴线转化为机会的方式便是静看一会儿，只要多方收回失地便意味着价格还可以继续上涨，而涨不起来了阳线自然也不会去吃掉这根大实体的阴线。

一对一面授学员韩祥瑞：

谁的力度大方向就趋向于谁，大阴线出现时，的确是空方力量大，但阳线吃掉了它，那就表示趋势会继续向上，此消彼长，有了这种思路，大阴线看起来也是蛮可爱的。

一阳：

如图6-16所示，螺纹的价格在上涨的过程中从未出现过实体较大的阴线，而在第一次调整区间却连续收出了实体依次加大的阴线，此时持有的分析思路为：如果该区间是顶部，那么，价格将不太可能重新回到高点，但如果不是顶部呢？价格必然会再度向上创新高。所以，多方能不能收复利失地将是一个关键。

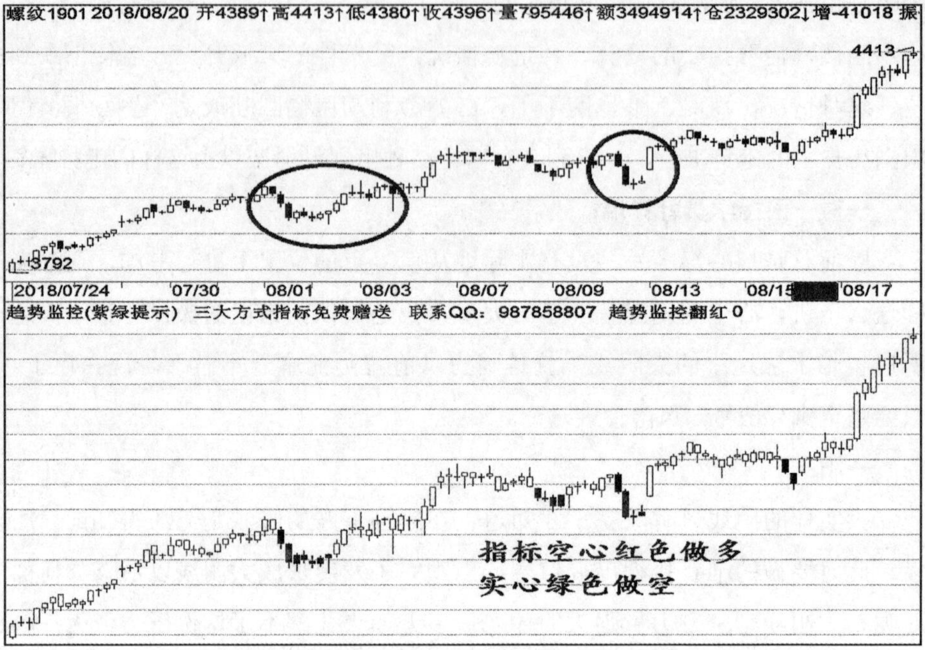

图6-16　螺纹1901合约2018年7月至8月60分钟K线走势图

一对一面授学员韩祥瑞：

经过了一段时间的震荡后，价格收复了阴线的所有失地，并且向上创出了新高，这就意味着该区间并非是顶部，价格后期还将会有新的高点出现。因此，应当密切留意收复失地之后的各种做多交易信号。

一阳：

价格第二次调整时，阴线的实体变得更大了，从阴线的角度来看，空方的力量非常强大，正常的情况下价格应当是跌下去的，但连续两根大阴线出现后，价格却快速收复了失地，失地收复得越快，机会就越要捉紧了！

空方力量虽大，但多方力量更强，趋势的方向自然会永远追随着强势的一方运行，所以，大阴线还可怕吗？并不可怕，因为它出现的初期肯定有出局信号，它形成的过程中空仓等待，而一旦多方收复了失地，也就展现出了大阴线可爱的一面：它带来了机会。

如图6-17所示，苹果的价格在上涨过程中第一次收出了大实体的阴线，这根大阴线出现后多方很快收复了失地，但第一次的信号却是失败的，虽然多方收复了失地，但是价格却又继续跌了下来。但第二次多方收复失地时时间上并没有那么快，而是慢吞吞地收复了回来，这样的走势又该如何分析呢？

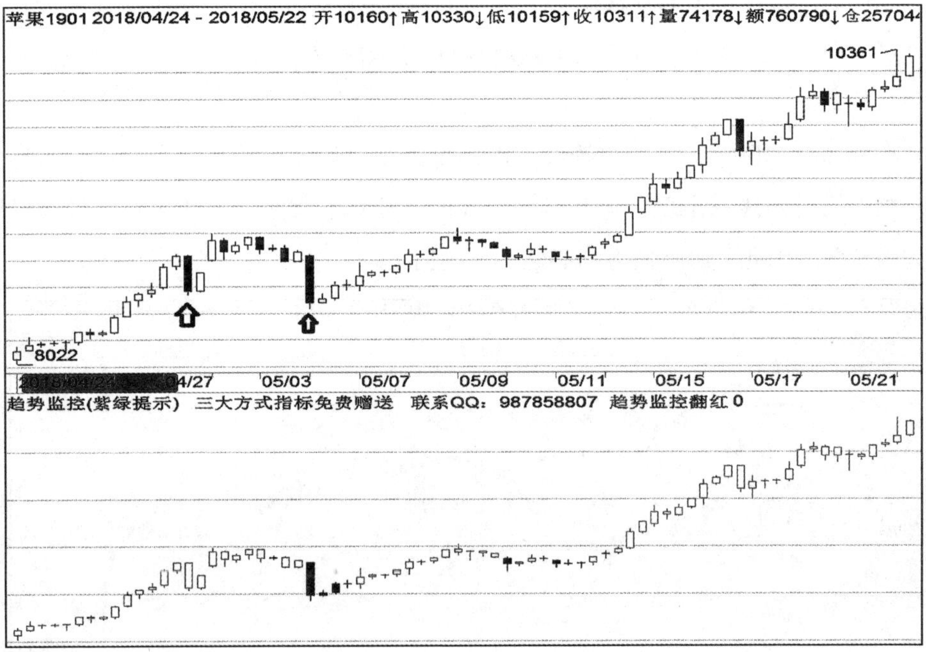

图6-17　苹果1901合约2018年4月至5月60分钟K线走势图

一对一面授学员韩祥瑞：

多方能够快速地收回阴线的失地这是最棒的，但是，慢吞吞地收复也是允许的，重要的不是以什么形式收回，而是是否收复了回来，只要进行了收复便是符合了技术的要求。

一阳：

当一连串的阳线收复了第二根大实体的阴线后，阴线的实体部分对价格后期的调整还产生了支撑的作用，若空方力量真的强，又怎么允许多方骑在它的头上震震荡荡耀武扬威？

一对一面授学员韩祥瑞:

在实体分析中，是不是可以不必理会阴线的体实具体多大，而只看收复的效果?

一阳:

是的，上涨中途阴线实体越大越了，跌停大阴线出现反而是最棒的，这是因为，空方力量越大，则越可以体现出后期多方收复失地时力量的强大。

一对一面授学员韩祥瑞:

明白！空方现在力量的大小就是后期多方力量大小的代表。

一阳:

如图6-18所示，在价格连续下跌的过程中可以发现这样一个规律：虽然时常有反弹阳线的出现，但是这些阳线的实体都非常小，阳线实体小说明多方力量弱，因此，趋势的方向必然会连续向下。

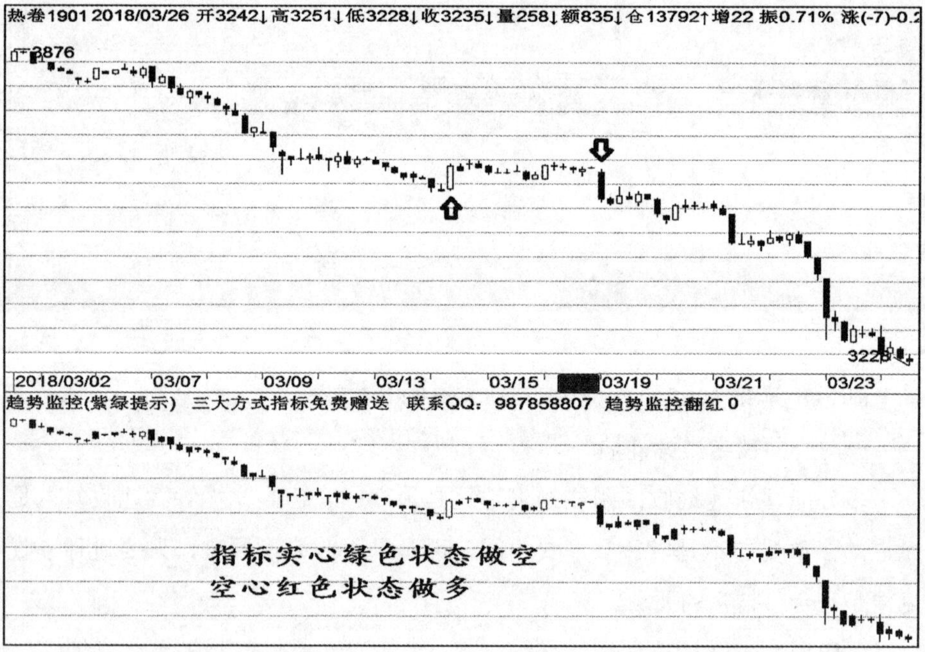

图6-18　热卷1901合约2018年3月14日60分钟K线走势图

有了一大波下跌之后，收出了第一根大实体的反弹阳线，此时的大阳线该如何分析与操作呢?

一对一面授学员韩祥瑞：

大实体阳线出现时，应当先按无形斩的信号止盈出局。而后这样分析：如果价格后期将会转势上涨，波动重心应当是连续向上的，那么，价格再也无法重新回到大阳线的起点位置。但如果价格还将会继续下跌，此时的大阳线仅是下跌中途一次力度大一些的反弹，那么，价格必然还将会重新回到大阳线的起点位置。而后就看价格怎么波动了，要涨，就等待上涨中途的做多信号进行操作；要跌，就等阴线吞掉这根大阳线的时候动手操作。

最后一根大实体的阴线完全吞没了反弹大阳线的全部实体，这意味着空方夺回了失地，空方的力量占据了上锋，因此，再一轮下跌行情的出现也就很正常了。

一阳：

你所说的分析观点非常正确，首先用交易信号解决风险并按信号出局；而后得出两种结论并等待市场给出答案。这样一来，不管是涨还是跌，都有办法进行操作。

在具体分析时一定要注意，这一根大阳线一定要是下跌以来最大实体的一根，实体越大则越具有分析价值。至于说收复的时间，越短越好，但并不是重点，重要的是收复这个结果的出现。

第四十三招　箱体你莫怕，有招来赚它

一对一面授学员李世平：

学了老师的无形斩操盘技巧以后，因为其中包含了抄底摸顶、顺势突破、顺势高抛低吸、顺势追涨的操作技巧，无形斩方法本身以及这四大类操盘方式我都已做得非常熟练，并且可以实现稳定的盈利了，现在想学习你所说的最后一种操盘形式：箱体的操盘方法，麻烦你讲解一下相关的技巧。

一阳：

这个市场有许多操盘的方法，但不管哪个老师的哪个方法，都在这五大类型操盘模式中，只是每个人的细节处理方法不同。其实有了无形斩操作方法，箱体真的没必要学习了，我本人在实战操作时就从不进行箱体的操作，这是因为：目标品种形成箱体走势时，同一时期必然会有趋势明确向上或向下的品种，为什么不操作这些趋势方向明确的品种呢？再者，箱体形态再标准，其收益的幅度也是非常小的，但收益却与顺势交易的风险一致，从收益比角度，箱体形态也是不值得操作了。

当然，能理解你的目的，处于这个市场希望掌握更全面的操盘方法。学习是必要的，至于用不用它操作自己把握就行。

一对一面授学员李世平：

我就是这个想法，想多学习一些知识，不要被价格的波动难住。以前也听老师说过关于箱体的事儿，知道更多的是将它作为一种观察形态，而不是实战形态。

一阳：

箱体有宽幅箱，这样的走势有交易的机会，基本上各种交易信号都会出现，但这种宽幅箱体出现的次数极少。更多的是技术形箱体，这就需要布林线指标来配合分析了，同时，分析箱体形态的时候，还需要结合KD指标共同分析，布林线指标为主，KD指标为辅。

一对一面授学员李世平：

使用布林线指标应当是因为它是通道类指标，所以，对于箱体形态有较好的识别能力。而KD指标主要是看它数值的高低而后判断价格的震荡是不是到达了上限或下限？

一阳：

是这样的，箱体形态一旦出现，布林线指标中轨往往会走平或基本走平，此时，布林线指标上轨构成压力，下轨构成支撑，这就是布林线指标为主的原因。KD指标辅助看一下价格到达上轨时是不是形成了较高的数值，如果是，那就意味着价格达到了高位，达到了高位又受到了压力，就会很自然地回落到KD指标低数值以及布林线指标下轨支撑处。

这样一来，具体操作时就是这样的手法：上轨压力及高数值空，下轨支撑及低数值时平空开多。下面结合具体案例进行讲解。

如图6-19所示，沪铜的价格开盘后经过一波下跌便陷入了长时间的箱体震荡中，从布林线指标来看，布林线指标中轨形成了微微走平的态势，中轨这般形态就是价格要进入箱体震荡的信号。在具体分析时，中轨标准走平是最好的，但这种现象较为少见，所以，中轨微微走平就可以了。

中轨走平之后，价格的波动有着怎样的变化特征？

一对一面授学员李世平：

在中轨走平之后，价格反弹到布林线指标上轨附近时，便受到了压力回落，而回落至下轨支撑点位时，又重新上涨至上轨压力处，受到压力后继续回落，如此往返反复。

一阳：

面对这样的形态该如何操作呢？这时就要再结合KD指标进行分析：价格靠近上轨压力时要看一下KD指标数值是否达到了80，若相差较大则不宜操作，但若达到或超过了80，此时就可能在上轨压力处进行做空，而后到了下轨支撑处平空做多。

一对一面授学员李世平：

对箱体进行操作时，需不需要看一下成交量的变化呢？

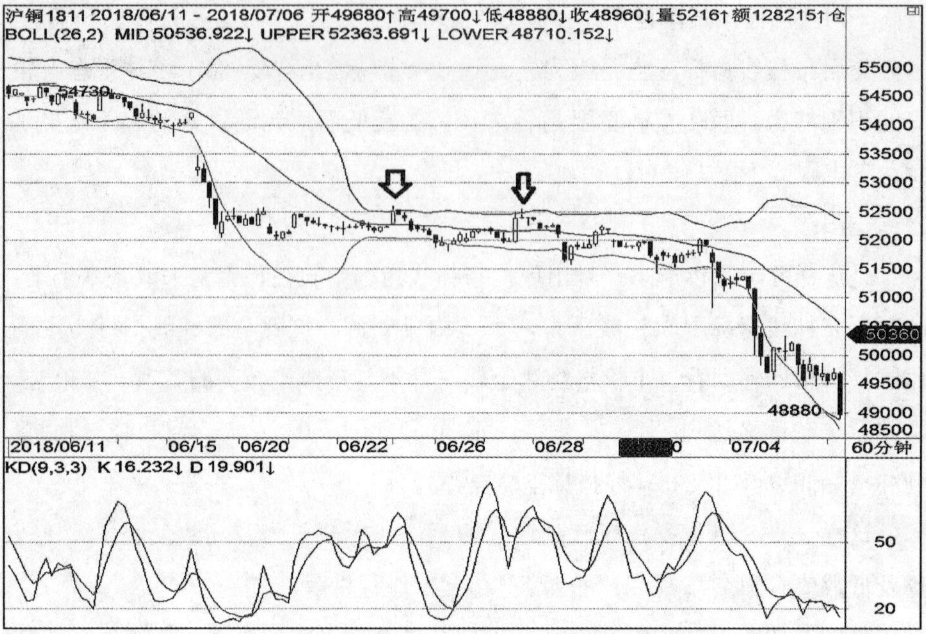

图6-19　沪铜1811合约2018年4月60分钟K线走势图

一阳：

成交量的变化基本上不需要看，因为这一区间多是无量的，除非震荡一番后趋势明确形成时才会重新放量，因此，箱体区间看量意义不大。

如图6-20所示，铁矿的价格在上涨之后形成了一轮箱体，通过此时的案例再说一个箱体操作时的要点。理论上中轨基本走平以后，上轨压力处可以做空，下轨支撑处可以做多，但在实战操作时，为了与大方向保持一致，因此，箱体中的操作方向也是只取一头的。箱体形成之前中轨若是向上的，则进行做多操作，也就是下轨支撑做多，上轨压力平仓，而不进行做空操作；若箱体形成之前中轨是向下的，则只在上轨压力处做空，下轨支撑处平仓空单。

一对一面授学员李世平：

这也是你一直告诉我们要努力做到的顺势交易，除了抄底摸顶操作以外，任何方向只要顺从了趋势的方向，都可以大大地提高操盘的成功率。

一阳：

在价格箱体震荡的时候，每当价格回落到了下轨位置时，支撑便发挥了作用，阻止价格的下行以及促使价格的上涨。当然，支撑与压力发挥作用的前提正是箱体区间成交量的低迷，价格只有失去资金的推动以后，才会更容易服从指标形态的指示，若是有量，价格只会被资金的操作方向引领。

图6-20 铁矿1901合约2018年7月60分钟K线走势图

一对一面授学员李世平：

在价格受到了下轨支撑的时候，KD指标数值也接近了20，基本符合了低数值的要求，因此，下轨支撑点就构成了箱体形态的做多点。

一阳：

下轨做多后，便可以提前挂单至上轨附近的价格进行平仓了，在短周期交易上，可以于上轨价格减掉一两跳进行挂单。而此时的盈利幅度也可以提前判断出来，下轨与上轨的差值也就是箱体震荡形态时的最大盈利空间。

苹果在图6-21中出现了二次箱体震荡的走势，虽然所处的位置不同，但箱体形态出现时都有一个明显的共性：中轨进入了无明显方向的状态。因此，在进行实战操作时，只要发现中轨失去了方向，就要联想到价格后期有可能会进入箱体震荡过程中。

一对一面授学员李世平：

第一次形成箱体震荡时，中轨之前的方向是向下的，因此，这一区间的操作应当是价格到达上轨，并且KD指标形成高数值状态时做空，而一旦价格回落到下轨支撑处时则平仓手中的空单。

第二次形成箱体震荡时，中轨之前的方向是向上的，因此，应当在价格回落到下轨并且KD指标数值形成低数值状态时入场做多，价格回升至上轨压力时则平仓多单。

图6-21　苹果1901合约2018年7月至8月60分钟K线走势图

一阳：

你总结得非常正确，箱体操作的方法看来你已经学会了。对于长周期的走势，箱体形成时能够产生的盈利幅度也还可以，但在短周期走势当中，箱体带来的收益空间就小很多了。无论是长周期还是短周期，箱体带来的收益绝对无法跟方向明确时的走势相比，所以，箱体只能作为最后的备选操作方法，只有在所有品种都形成箱体形态时才可以使用它，否则，优先有明确方向的交易品种进行操作的原则是绝对不能改变的。

第四十四招 金光星K线，机会即将见

一对一面授学员徐海峰：

学习了老师的无形斩获得了稳定盈利的操盘技巧以后，我现在也开始像其他学员一样恶补基础知识。曾有一段时间纠结在K线的分析方法，每天都去背各种各样的K线形态与K线组合，搞得自己很累而且也觉得这些K线的基础方法好像也并不能直接代入到实战操作中去，向你请教了之后才知道，你的两句话居然就改变了我的学习方法，真是极大地减轻了学习的压力，而且你讲的K线学习方法完全可以直接代入到实战中去，真是太犀利了：K线其实就是多吃空、空吃多，谁把谁吃掉价格就往哪里走。

一阳：

很多朋友都质疑为什么基础知识都没有的投资者，应当先学无形斩而不是先打好基础知识。无形斩就是一招鲜，一技杀招，学了它就可以在期货市场生存了，有交易形态只管出手，没有交易形态等就是了，这与掌握多少基础知识没有半点关系。而基础知识就是百家的功夫，有空了学一下，没时间就死盯无形斩形态操作就可以了，这些其他的功夫学得越多，对市场的理解越深入，对更好地运用无形斩能起到一定的帮助作用，这个作用我认为比例大约是10%～20%吧，说大也并不是很大，但有总比没有要强。一招鲜吃遍天与融百家所长并无矛盾，你可以先融百家所长，再提炼属于自己的一招鲜，但我认为这样太麻烦，是走弯路；而捷径就是我的方式，先掌握赚钱的一招鲜，有空再补基础知识就行，互不耽误。

在学习K线方法时我也曾走过弯路，学了半天背了半天却依然不能直接代入实战操作，因此就想着如何可以简化学习的流程与提高实战的有效性，这才有了：“多吃空做多，空吃多做空”这两句话，明白了这两句话以后，什么这个K线组合、那个K线形态都不需要再去浪费时间与精力去学了。比如传统的K线方法双阳夹一阴，为什么是看涨形态，因为是多吃了空啊，第三根阳线把中间的阴线给吃掉时自然就可以做多了；为什么穿头破脚是看跌形态，因为阴线吃掉了阳线，所有K线形态的核心就是这两句话，这就是实用方法的魅力，两句话解决了复杂的K线知识。所以，我才会对咱们所有的学员说：你所认为有难度的知识点，在我这里全部都可以几句话就解决掉！

一对一面授学员徐海峰：

我现在学习时的新问题就是面对十字星走势时如何去决策？因为十字星谁也没有吃掉谁，这就给分析制造了麻烦，所以，想请老师再讲解一下关于十字星方面的处理技巧。

一阳：

首先，十字星的分析与K线的分析方法一致，波动幅度越大的十字星越具有分析的价值，波动空间小的十字星其分析价值就大打折扣了。其次，十字星本身没有任何意义，只能说这是多空暂时达到平衡的走势，而最终这种平衡是必然会被打破了的，所以，十字星本身无法操作与分析，只能看后期的走势定，它就好像是天平的重心，力量往哪里偏靠方向就往哪里走。最后，十字星之后如果收出阳线，则意味着价格要涨，十字星之后收出阴线则意味着要跌，而阳线或阴线实体的大小则等同于未来上涨或下跌的概率。

下面结合具体案例进行讲解。

如图6-22所示，PTA的价格在整体下跌的过程中，十字星出现的次数是非常多的，所以说，十字星属于是常见的技术形态，但不管什么位置都对十字星重视这也不对，所以，一般是对本身波动幅度大的十字星进行分析，或是在大阳线或大阴线之后出现的十字星给以重视。

你来说一下两根大阴线之后的十字星以及后期的走势有什么样的技术特征。

图6-22　PTA1901合约2018年9月60分钟K线走势图

一对一面授学员徐海峰：

连续两根大阴线出现之后，收出了一根波动幅度略大的十字星，因为它的波动幅度大以及所处的位置关键，因此，应当对它重点关注。

十字星出现之后，收出了阳线，这意味着价格会涨，但由于阳线的实体非常小，这就意味着涨的概率并不会太大，综合来讲就是会涨但涨不多，做多没有太大的价值。

一阳：

在下降趋势的情况下，如果价格涨不起来，那么，就容易继续顺势下跌，十字星之后没有出现大阳线，就可以视为下跌中途的信号了，跌的概率是大的，只是在跌之后会怎样折腾一番就要再具体去看了。

十字星在横盘震荡区间出现，往往不会有什么操作的价值，只有在明确上升趋势与下跌趋势之中出现才有分析的价值。在整体上涨幅度并不大或是跌幅并不大的时候，十字星往往是顺势信号，出现了十字星价格往往还能继续上涨，这也是十字星分析的一种方式，当然，这种顺势信号只能用在涨幅或跌幅不大的情况下，若行情走了一大波，则分析的方式就不一样了。

从图6-23中标注的位置来看，此时的十字星与之后的走势有什么样的技术特征？

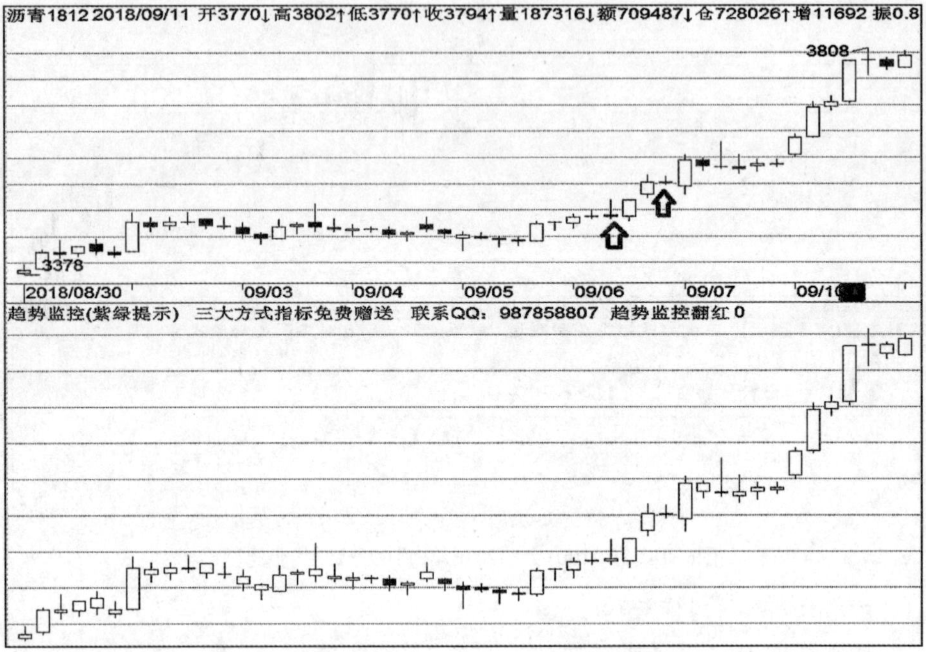

图6-23　沥青1812合约2018年9月60分钟K线走势图

一对一面授学员徐海峰：

此时价格形成了明确的上升趋势，但整体涨幅并不大，所以，出现的十字星可以理解为你说的顺势信号。

在突破了前高点之后价格收出了第一根十字星，大的方向肯定是还会顺势上涨了，但局部走势就需要结合十字星之后的走势来看，第一根十字星出现后，第二根K线也是星K线，所以，方向依然未明，而第三根K线则是实体相对大一些的阳线，从局部的走势来看，价格涨的概率是非常大的。

一阳：

说完第一个标注案例，第二个案例也就没任何问题了，十字星之后接阳线，这说明价格要涨，而阳线的实体此时比较大，因此，价格涨的概率也是较大的。

对于连续出现的十字星解决之道就是一根根挨着看，直到出现有较大实体的阳线或阴线时才可以确定出来方向，连续几根的星K线都可以随着它们的出现而一一忽略。

图6-24　PVC1901合约2018年6月至8月日K线走势图

如图6-24所示，第一个圆圈处的案例较为复杂，从位置来看价格涨得并不多，并且刚刚突破了之前的高点，所以，此时肯定是将十字星的出现视为顺势信号。十字星之后是小阴线，说明会跌但跌幅很小，因此，可以理解为突破前高点后的调整，但随后的大阴线则需要将此分析观点推翻，大阴线的出现说明下跌的概率较大，这个位置是会引发亏损的点位。

后两处的十字星走势较为常规，继续由你总结一下其技术特征。

一对一面授学员徐海峰：

第二个圆圈处也是在价格突破了之前高点并不太远的位置出现十字星，由于波段的整体涨幅并不太大，所以，继续视为顺势信号。十字星连续出现了两根，由于都没有大实体阳线出现，因此，无法仅通过十字星判断后面的方向。只有那根大实体阳线的出现才可以确认上涨还将会延续。

第三处则更简单了，十字星一出现就会有实体的同步出现，并且阴线实体还都不算小，这说明价格会下跌，并且跌的概率大。

通过你的讲解，又是两句话解决了十字星的分析：十字星之后是阳线则涨，是阴线则跌，这是第一句；阳线实体大则涨的概率大，阳线实体小则涨的概率小，阴线也是如此，这是第二句话。

一阳：

正确的方法绝对都是不复杂的，但凡谁的方法讲了半天都没听明白，就赶紧离远点，这种说了半天也不能让人听明白的方法没有任何学习的必要。许多投资者之所以学了好久也没有学出来，其中一个原因就是接触到了这些没有任何实战作用的分析方法，白白浪费了大把的时间。

第四十五招　上涨找低点，KD专来管

一对一面授学员朱国兴：

学习了无形斩操盘技巧之后，对于获利机会的把握能力提高了很多，因为无形斩的特点就是捉价格起涨或起跌点的，只要价格不是一条直线原地待着，就有信号提示交易的机会。虽然获利能力比以前强了太多，但又因为自己的基本功差一些，所以，价格波动时的性质特点总是搞不清楚，现在正在陆续补上这一课。最近学习时碰到了一个新的问题：如何在价格上涨时找低点，以及价格上涨过程中那些调整低点都有哪些技术特征呢？

一阳：

许多投资者一提起价格波动的低点，首先想到的就是下跌以后的低点。其实，低点分为两种性质：一种是底部低点；一种是上升趋势过程中的调整低点。底部低点的把握难度较高，而且就算形成了标准的技术形态，受大下降趋势的带动，其形态的成功率也是要比上升趋势中调整低点形态形成以后走成功的概率低。因此，想要学习价格波动低点技术特征的，第一步必须先掌握好上升趋势过程中调整低点特征，而后再学习下跌低点的技术特征。

上升趋势过程中价格调整低点的技术特征为：

1. 上升趋势必须明确存在，价格整体处于低点抬高的过程中；

2. KD指标进入到20数值附近或下方的低数值区间，这是技术上的一大重点，想要识别价格波动的高低点，KD指标是不能缺位的；

3. 调整过程中不要出现大实体的阴线，否则调整的性质有可能变味儿。

除了我说的这三点技术特征之外，还有一个技术特征你根据这三点的思路想一下会是什么要求？

一对一面授学员朱国兴：

之前学习常规指标使用方法时你曾说过：KD指标的使用环境就是无量，必须在无量状态下才可以使用KD指标。价格调整本身就是空头发力的过程，因此，要求无量就显得更重要了，无量调整说明空方没有得到资金的支持，因此，继续上涨的概率才会大。

一阳：

第四点技术要求你补充得非常正确。凡是与大趋势方向相反的小趋势走势，成交量必须萎缩，这是铁律。上涨时的成交量最好是放大，但也可以不去做要求，但若价格想上涨，调整必须无量。只要符合了这四点要求，调整的低点也就可以找到了，寻找调整低点发挥主要作用的是KD指标进入低数值的信号。

下面结合具体案例进行讲解。

图6-25中沪锌的价格形成了非常明确的上升趋势，在价格进入大上升趋势之后，一定要掌握调整低点的识别技巧，因为这个技巧可以帮助投资者把握住上升中途的交易机会。一波上涨行情结束之后，价格出现了调整的走势，这一区间的技术特征是怎样的呢？

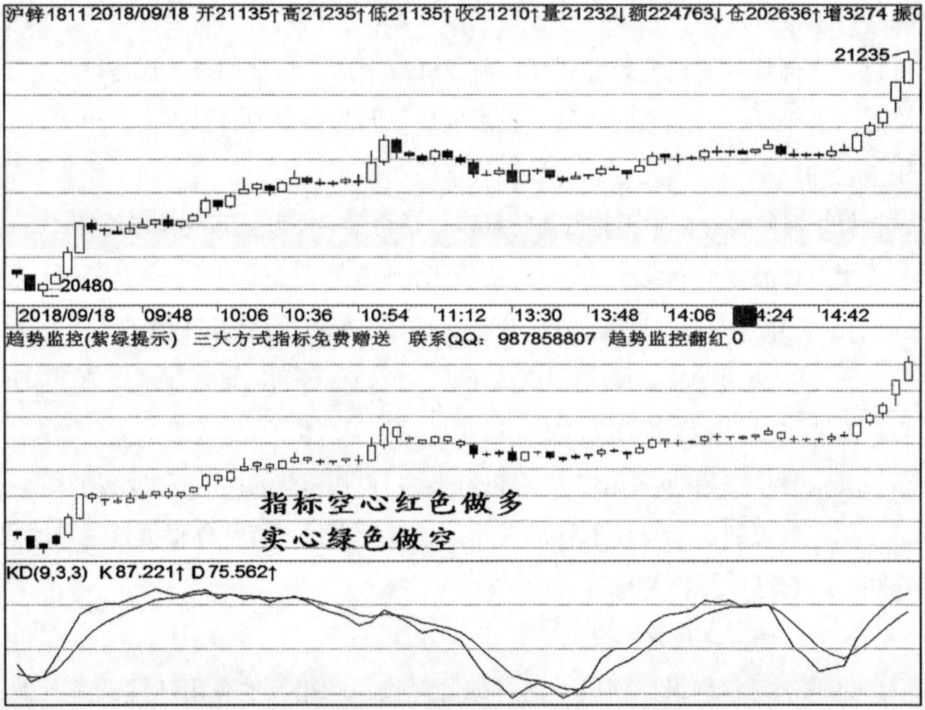

图6-25 沪锌1811合约2018年9月18日3分钟K线走势图

一对一面授学员朱国兴：

在价格调整的过程中，大实体的阴线没有出现，这说明空方的力量并不是很大，价格无法大幅度地跌下去，也就很容易被多方重新反攻夺回阵地。

随着价格调整的延续，KD指标也由之前较高的数值状态回落到了较低的数值状态区间，由于KD指标本身属于高低类指标，因此，它的数值便是价格高低位置的体现，在指标达到20时，就要意识到这就是价格上升趋势中调整低点的所在。

一阳：

正常情况下，调整区间若没有大实体阴线的出现，成交量基本上都是处于萎缩状态的，因此，在短周期实战操作时，可以看一下成交量的变化，但若是在长周期上进行形态的识别，成交量则没有查看的必要，只要价格的技术形态满足了要求便可以进行操作。KD指标寻找低点区间，这个区间范围内都可以入场做多，同样，若这个区间有了无形斩的信号，更是可以积极大胆地进行开仓操作。

如图6-26所示，菜油的价格在开盘之后形成了连续震荡式的上涨走势，这种上涨、调整、再上涨的波动形态遍地都是，是价格波动过程中的必见形态，调整不仅不会引发风险，反而可以带来又一次的盈利机会，这也就是为什么要花一些精力学习识别上涨中途调整低点的原因，找到了调整的低点所在，也就等于找到了金矿，一铲子挖下去钱就来了。你说一下这两次调整时低点都有哪些技术特征吧。

一对一面授学员朱国兴：

虽然价格先后两次调整的位置各不相同，但相同的技术特征是：调整过程中大实体的阴线都没有出现，调整区间不见大阴线则说明多方依然控制着局面，小阴线是无法阻止价格大的上升趋势的。

除此之外，价格的调整都使得KD指标由高数值回落到了低数值的区间，在上升趋势中，一旦KD指标回落到了低数值状态，便意味着调整低点的到来，可以于KD指标低数值对应的价格区间入场进行做多操作。

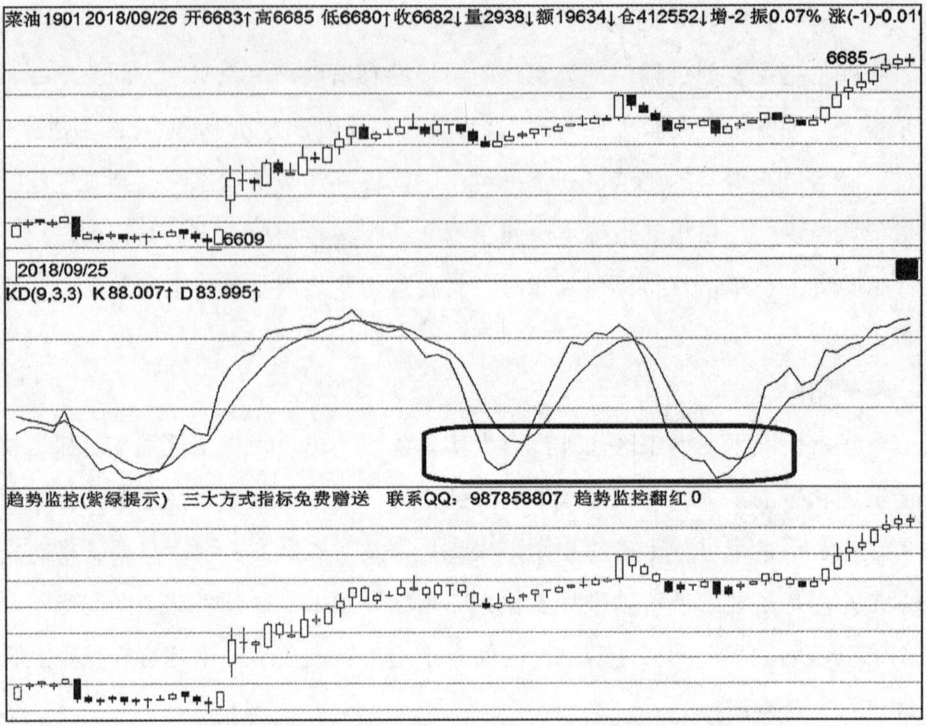

图6-26　菜油1901合约2018年9月25日3分钟K线走势图

一阳：

KD指标低数值指明的是一个小的范围，这个范围区间都是价格的调整低点区域，在这个区域入场操作有可能没有买到最低点，但往往承担的风险都是较小的，很快调整结束后价格又将会重新恢复之前的上升趋势。

之前也曾说过，在无量状态的时候，价格的波动往往会严格按照指标的信号运行，到了支撑位就会涨，到了压力位就会跌，同样，KD指数值低了价格就会涨，KD指标数值高了价格就会跌。所以，完全按照KD指标的数值信号执行操作就可以了，若是K线图是短周期的，顺便看一眼缩没缩量。

如图6-27所示，焦炭的走势较为复杂，一个个地解决。先说问号处的技术形态，这个高点形成的时候，上升趋势还并没有明确形成，此时可不可以根据KD指标的高数值进行做空操作？

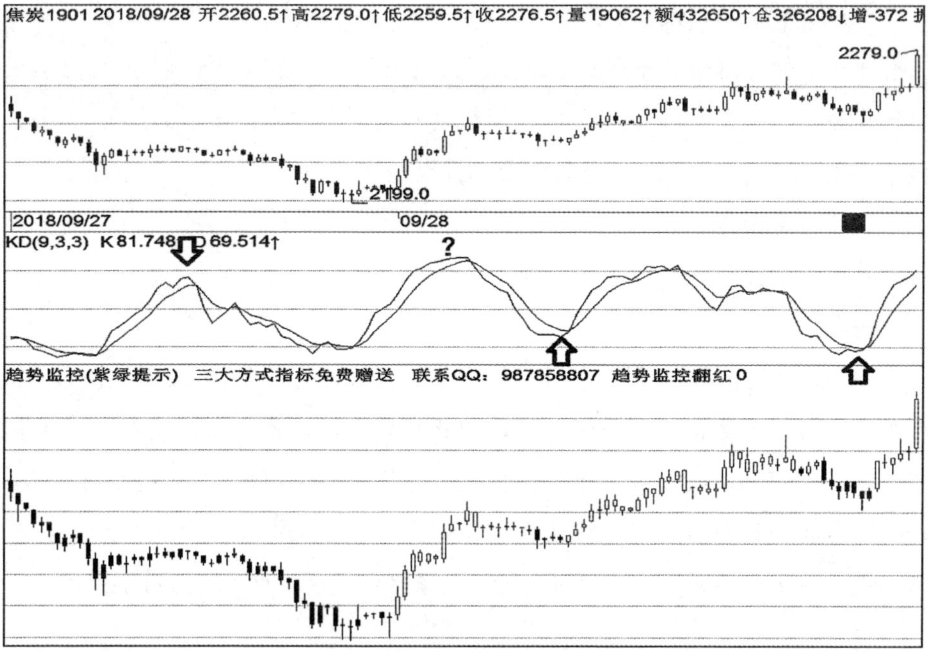

图6-27　焦炭1901合约2018年9月28日3分钟K线走势图

一对一面授学员朱国兴：

不可以。因为价格上涨的过程中，成交量出现了放大的现象，因为不满足无量的要求，所以，这个区间虽然KD指标达到了高值数，但也不能入场做空。

一阳：

KD指标的使用必须配合无量，只要发现放量现象出现了就要意味着：KD指标失去了用武之地。

第四个标注处可以入场进行做多操作吗？

一对一面授学员朱国兴：

可以，因为这个点位价格形成了明确的上升趋势，调整时没有大阴线出现，同时使得KD指标达到了20的低数值状态，再加上成交量的低迷，因此，完全可以入场进行做多操作。

一阳：

第一个标注处与第三个标注处可以入场操作吗？

一对一面授学员朱国兴：

第一个标注处价格下跌后出现了无量的反弹，反弹区间没有大阳线出现；第一个标注处出现了无量的调整，调整区间也没有大阴线出现。同时，成交量都出现了明显的萎缩，这些技术形态都挺好。

KD指标数值也恢复了上去，但并没有达到标准的80值，所以，这种形态存在技术上的分歧。

一阳：

这就是刚才说的达到、接近80值或20值含义，有的时候，KD指标可以达到标准的80值高数值与20值低数值，但还有些时候，各方面的技术特征都不错，但就是离80值或20值差那么一点点，可不可以操作呢？其实也是可以的。但若KD指标只恢复到了五六十的数值位置，这就不可能了，离80值或20值越近越好，有那么不太大的差值时也可以入场操作，这一点上不必过于死板。

第四十六招　均线紧密缠，盯紧就有钱

一对一面授学员刘文升：

在跟老师学习的时候发现老师喜欢使用布林线指标，但是，我却一直喜欢用移动均线操作，也曾试着像老师一样使用布林线指标，但始终觉得用起来不是那么顺手，不知道如何改正我这个毛病呢？

一阳：

你喜欢使用移动均线，这根本不是什么毛病，不需要更改的！学习或使用一个方法，如果这个方法让你在运作过程中比较难受、不自如，那就说明这个方法必须加以改正。我一直提倡的是轻轻松松做投资，而这样做反而不轻松了。所以，你千万不要改，而是继续使用移动均线就行了，其实，布林线指标中轨就是26日移动均线，两者都有提示趋势方向的作用。我之所以喜欢用布林线指标，这就是我的习惯，当然，布林线能带来的交易信号的内容的确是比移动均线要多，这就是我用布林线指标的两个原因。既然大家跟我学习，自然也是要顺从我的交易习惯了，而你也不必为了学我的东西而改变你的交易习惯，只需要灵活地调整一下就可以了。

一对一面授学员刘文升：

看来我是多虑了，那我就继续坚持使用我喜欢的移动均线进行操作。现在我有一个关于移动均线使用时的问题想向你请教一下，我使用的移动均线是5、10、20三个周期的，当这三条均线纠缠在一起时，我就容易乱了方寸不知道该如何应对了，请老师说一下均线纠缠到一起时该如何进行分析与操作呢？

一阳：

移动均线什么时候会纠缠在一起呢？其实是价格无方向波动状态时才会纠缠在一起。而价格会一直保持着无方向的波动吗？只会暂时保持，保持一段时间后必然会重新选择新的方向，所以，均线的纠缠行为只是暂时性的行为，形态保持的周期都比较短，这是均线纠缠时的技术特点。

既然纠缠一会儿以后就会重新选择方向，那也就意味着均线纠缠后将会重新发散，所以，一旦均线形成了纠缠到开始发散的现象，便意味着新一轮的交易机会来了。均线纠缠在一起时不必急于交易，因为此时没有方向的形成，价格向上还是向下无从得知，此时只需要盯紧价格的变化就行了，若均线开始发散价格选择向下则入场做空，否则便入场做多。

下面结合案例进行讲解。

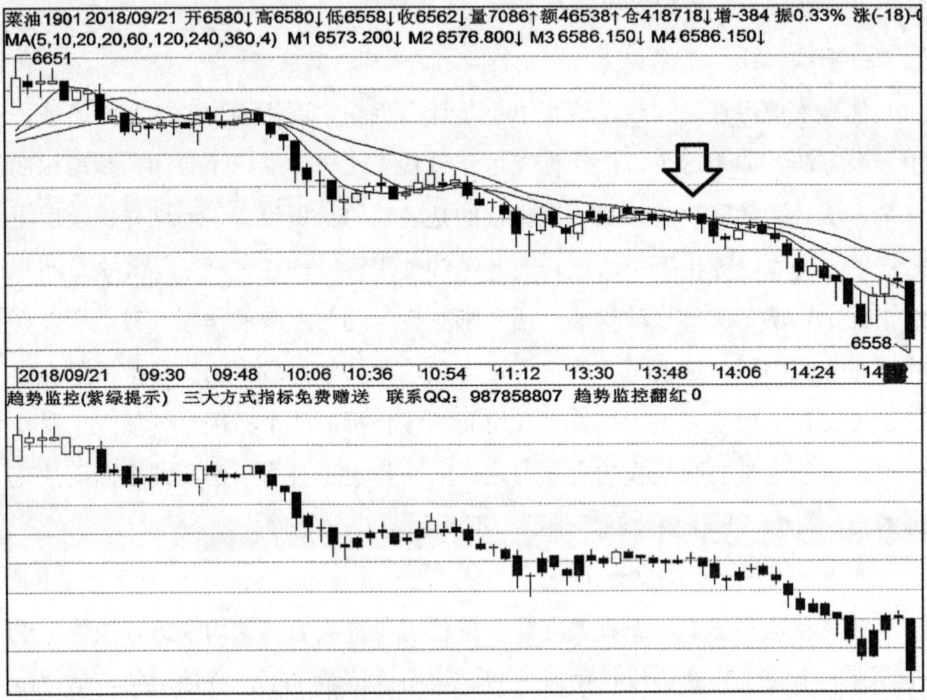

图6-28 菜油1901合约2018年9月21日3分钟K线走势图

如图6-28所示，菜油的价格在下跌的中途出现了一段时间的横盘反弹走势，这个区间由于价格的波动方向不明确，所以，三条移动均线紧紧地纠缠在了一起。均线靠拢则机会消失，均线重新发散机会才会到来，因此，在均线纠缠在一起时不要入场操作，而是要等待重新发散的到来。

一对一面授学员刘文升：

我发现三条移动均线纠缠在一起的时候，价格的反弹幅度是非常小的，此时是不是可以理解为价格无力反弹，多头力度较弱，而后继续顺势下跌的概率是比较大的呢？

一阳：

你这个观察非常到位，也的确是如此的，均线形成了纠缠的走势之后，大多数时都会延续之前的运行方向，这是大概率的事情。但从形态本身来讲，纠缠的出现意味着方向的消息，所以，未来有可有延续之前的方向，也有可能形成一个新的方向。所以，还是要以发散后的走势为准。后期均线形成发散走势时技术形态又有什么特征呢？

一对一面授学员刘文升：

在移动均线发散的时候，三条移动均线形成的是空头发散状态，价格的波动重点也开始向下移动，这个时候就要意识到价格将会展开新一轮的下跌走势。

一阳：

根据之前讲的，价格如果上涨必然会向上突破均线并保持在均线上方，而如果价格下跌则必然会跌破均线并保持在均线下方，发散形成时，K线保持在均线下方，自然是要做出价格将会继续下跌的判断了。

如图6-29所示，甲醇的价格在下跌的中途由于波动的重心基本保持着水平的状态，因此，三条移动均线紧密地靠拢在了一起，当移动均线纠缠在一起时，手中有持仓的则可以暂时持仓，这是因为从许多历史案例来看，大多数纠缠行为发生之后，延续之前走势方向的概率是较大的，特别是在价格整体跌幅不大的情况下，所以，也可以归为顺势信号的一种。

而从局部走势来讲，价格后期具体是向上还是向下，还是要具体查看均线发散时的波动形态了。你来说一下价格后期发散时的技术表现吧。

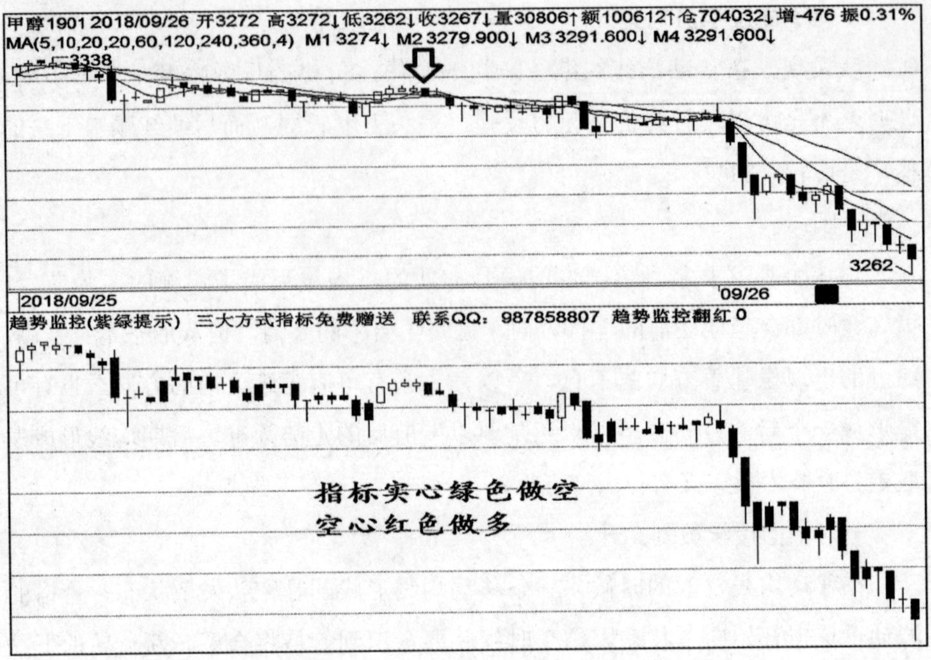

图6-29　甲醇1901合约2018年9月25日3分钟K线走势图

一对一面授学员刘文升：

经过一段时间的纠缠之后，移动均线形成了空头发散的形态，5周期均线在最下方，10周期均线居中，20周期均线在最上边，并且K线也于三条均线的下方，这说明价格此时具有明确的空头波动性质，因此，后期进一步下跌的概率是极大的。

一阳：

根据移动均线的纠缠与发散进行分析是完全行得通的，可以很准确地判断出价格后期波动的方向变化。但是，从实战的角度来讲，在均线发散、价格位于均线下方的时候，以怎样具体的价格入场做空，这就不太好解决了，毕竟掌握了无形斩的投资者还是少数，不是谁都可以做到在任何形态面前都能准确地捕捉到起涨点或起跌点的所在，所以，这就构成了均线发散时的一个小小的缺点，投资者只能在一个小区域范围追进去，而无法把介入点精细化。

一对一面授学员刘文升：

明白你的意思：作为分析与判断价格后期的波动方向，均线的纠缠与分散可以发挥很好的作用；但要用这种形态进行操作，由于介入点的不细致，所以，还达不到实战买卖点操作的要求，因此，应当将均线的这种表现更多地用于识别价格波动性质。

一阳：

如图6-30所示，价格在整个上涨过程中都保持着多头发散的状态，均线的运行基本上都会保持着：发散、纠缠、再发散的过程。第一个发散是延续当前方向造成的，纠缠则是均线的靠拢行为，它属于暂时无趋势的状态，再发散有可能是一个新方向的发散，也有可能是延续之前的发散，所以，闭合就是一个观察点。

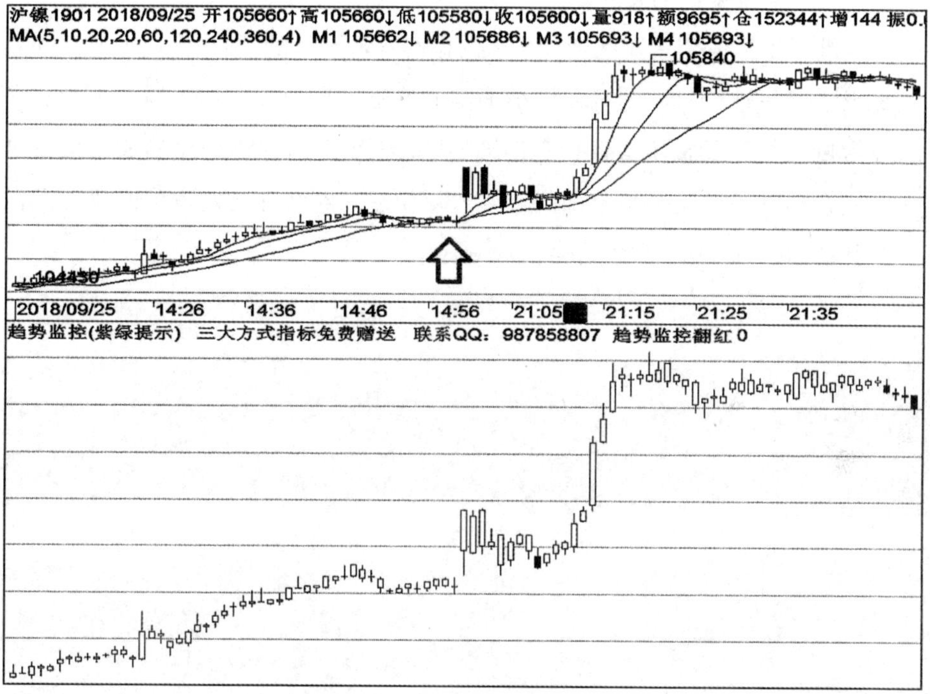

图6-30　沪镍1901合约2018年9月25日1分钟K线走势图

一对一面授学员刘文升：

在均线纠缠的时候，K线的具体表现是不是也要看一下呢？上涨之后均线纠缠在一起时，阴线的实体都是比较小的，这就意味着空方力量较弱，均线纠缠在一起以后上涨的概率大，不知是否可以这样分析？

一阳：

当然可以这样分析，之所以借助指标来帮忙，主要的原因就是为了分析的省力，如果可以直接从K线形态上做出判断，也就没必要对指标形态进行分析了。

上涨之后从均线的纠缠形态来看，其间阴线的实体都不大，这的确说明了空方力量较小，而后均线发散时，多头发散形态出现，同时，K线也位于均线上方，这个时候自然意味着上升趋势重新延续。均线与K线形态的分析结论是一致的，这样更可以提高分析结论的精准度。

一对一面授学员刘文升：

纠缠后不形成空头发散则价格涨的概率大，一旦K线站在均线上方，并且迹象形成多头排列时，则可以以小范围的价格入场做多；纠缠后若不形成多头发散则价格跌的概率大，一旦K线位于均线下方，并有迹象形成空头排列时，则同样可以以一个小范围的价格入场做空。纠缠作为观察的时机，发散则是行动的时机。

第四十七招 支撑点位到，盈利概率高

一对一面授学员蒋加珍：

通过学习老师的无形斩之后我知道实战操作的根本含义：按信号进行操作是获利的根本保证，执行信号的比率便是我们实战操作的成功率，执行力高的投资者获利的效果自然好；市场有多种获利的信号，而其中以把握价格起涨点与起跌点的信号最值钱，交易信号没有什么好坏之分，只会因为介入的位置不同，从而获利的幅度各有不同；技术形态走功率的概率并不重要，重要的是能不能做到亏小赚大，因为这才是赚钱的根源。这几点是我学习无形斩最深的体会。

在此基本上我也一直在努力学习什么情况下技术形态本身就会具备较高的成功概率。现在我发现一种现象：价格于上升趋势过程中，一旦调整到达重要支撑时，这个时候发出的做多信号的成功概率会比较高，不知道我这个总结是否正确？

一阳：

价格为什么到达支撑位区间后出现的做多信号成功概率会比较高呢？这是因为支撑位往往囤积着一定的资金量，它是一道重要的成本，支撑位其实是成本区的外在体现形式，涉及成本概念的区域必然会产生支撑作用，同时，也会产生压力作用。所以，你说的这一点非常正确以及重要。

一对一面授学员蒋加珍：

我在分析支撑与压力位置发现，支撑与压力都是一个模糊的区间概念，无法精确到具体的价格，所以非常困惑，到底该以什么位置最终确定支撑或是压力位呢？

一阳：

支撑压力本身就是区域的概念，有时候市场中的一些分析结论以某个价格来代表，其实所表达的意义也是这个价格附近的区域，支撑与压力绝对不可能是一个具体的价位。所以，到达了这个区域这后，就要留意交易的信号了。价格的形态不同，支撑与压力的宽度也可能不同，有的区域可能上下就几跳，有的可能就有十几跳几十跳之宽，这是价格之前的形态宽度决定的。

正常情况下，做多时候支撑点有前期的高点区间、前期的低点区间、前期的横盘区间，以及技术指标的支撑点位，比如布林线指标中轨或是移动均线等。做空时的压力位则是前期的低点压力区间、前期的高点压力区间以及前期的横盘压力区间，技术指标也会同样产生压力，这是因为技术指标往往会从一个侧面反映出成本的概念。

下面结合具体案例进行讲解。

如图6-31所示，棉花开盘价后价格形成了多头形态的震荡走势，你来说一下为什么说它是多头形态的波动？

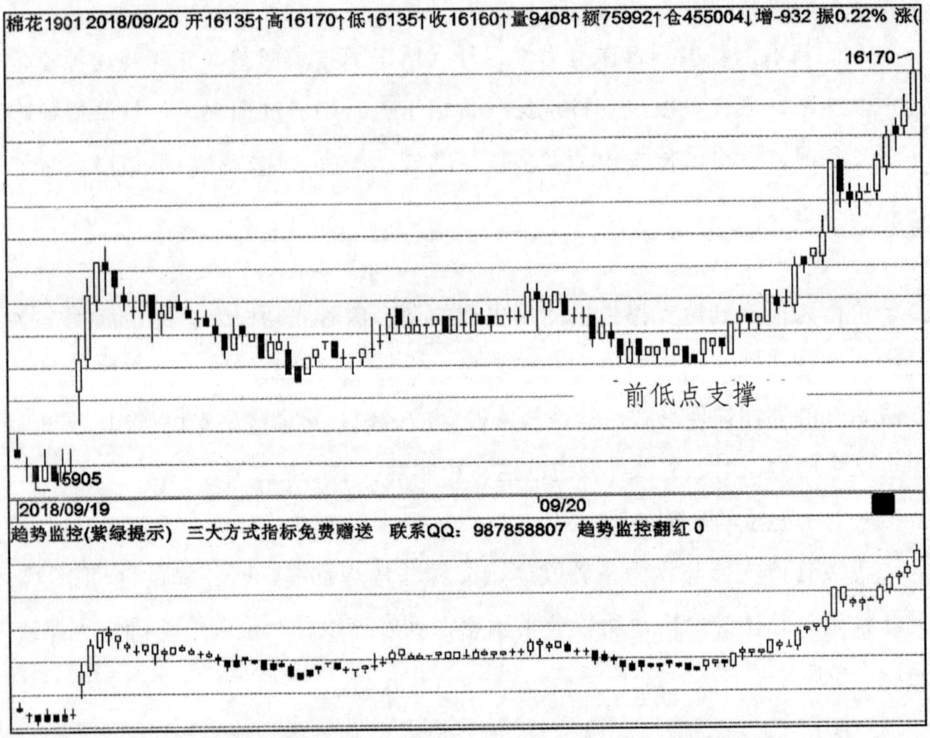

图6-31　棉花1901合约2018年9月20日3分钟K线走势图

一对一面授学员蒋加珍：

开盘之后价格低点形成了连续抬高的迹象，开盘时第一根K线的开盘价为第一个低点，之后两个大的低点依次抬高，这说明空方无力把价格打落到更低的位置，空方的力量在衰竭，自然意味着多方的力量在不断地增强，因此你才说价格的波动具备多头的性质。

一阳：

正是如此！低点抬高是多头波动性质最主要的技术特征，为什么低点会依次抬高呢？

一对一面授学员蒋加珍：

这是因为价格回落到前期低点附近时，前低点区间对当前的价格产生了支撑的作用，从而阻止了价格的下行。

一阳：

支撑作用是表象，实质是资金成本在发挥作用，前期低点是多头资金波段操作过程中最低的成本，若跌破这个位置，多头的资金将全军处于亏损之中，被空头完全地压制，这是多头所不能接受的，因此，当价格调整到前低点位置时，若多方依然有实力与空方相抗衡，支撑作用必然会发挥作用。因此，前低点支撑区间所出现的做多信号都应当积极地进行参与。

如图6-32所示，棕榈的价格开盘之后出现了下跌，但随后一波大力度的上涨使得之前的低点压力与前高点压力区间全部失效，支撑与压力区间可以发挥作用，但必然也会失去效果，价格一旦越过了压力区间，压力随之转化为支撑，其中的技术原因依然是成本的性质发生了转变。

一波上涨而后小幅调整，这样的走势说明价格后期继续上涨的概率将会是极大的，除了第一波的上涨与调整对比形态外，之后还有什么技术特征可以说明价格将会继续上涨呢？

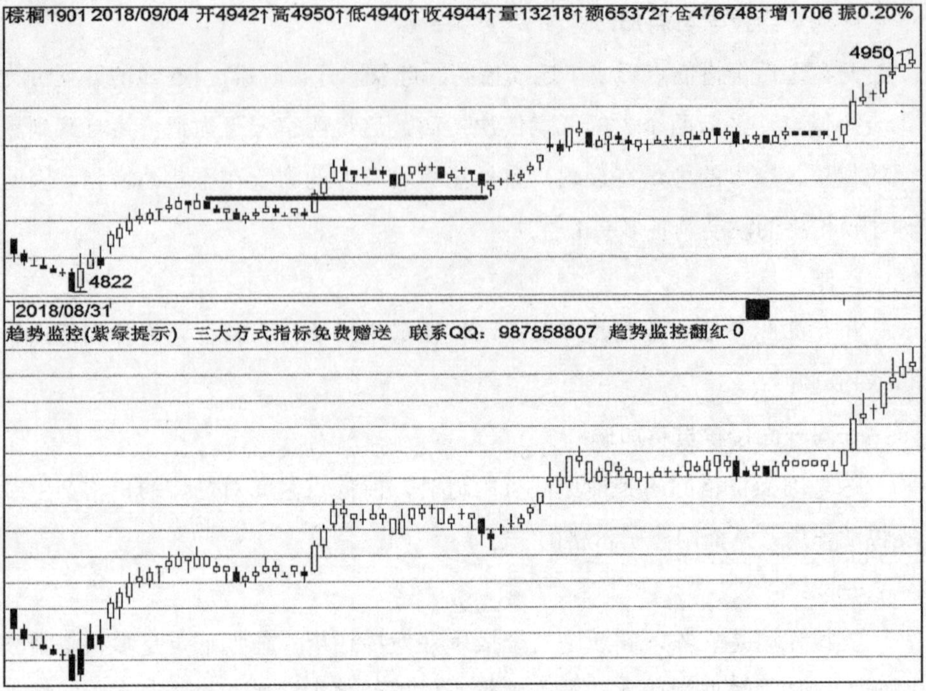

图6-32 棕榈1901合约2018年9月3日5分钟K线走势图

一对一面授学员蒋加珍：

价格突破了第一轮上涨高点之后再次出现了调整的走势，但是，第二次调整的低点却达到了前期调整高点的时候便停止了下跌，前高点支撑作用起到了效果，因此便可以再度确定价格后期继续上涨的概率是比较大的。

一阳：

前高点是多方资金的最高成本，若这道压力就产生了支撑的作用，那么，多头的力量将会是非常强大的，与之对应的就是上涨的概率也将会增大。在上升趋势中，支撑的点位越高，多头形态走成功的概率就会越大。

一对一面授学员蒋加珍：

第三次调整的时候，调整低点远远漂浮于前期高点的上方，支撑的位置更高了，虽然价格此时出现了几波上涨，但随着支撑位置的提高，便可以非常肯定地确定：价格的上涨还没到尽头，依然存在做多的机会。

一阳：

利用支撑作用对价格的波动进行分析，不管是在价格上涨的初期，还是在价格多轮上涨之后，依然做出正确的判断，只要支撑作用不失效，上涨行情便会一直延续下去！

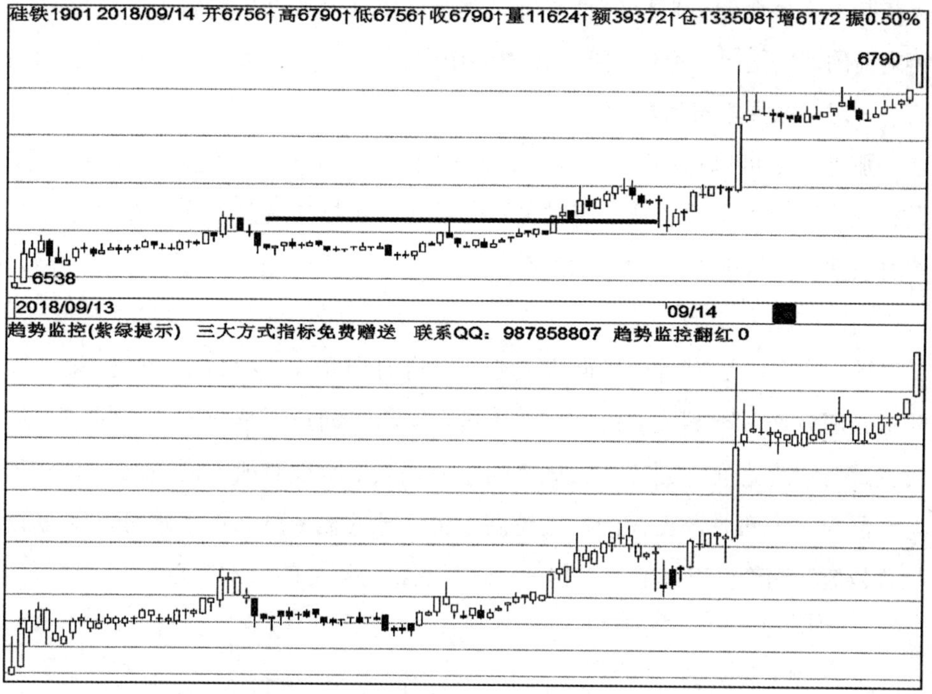

图6-33　硅铁1901合约2018年9月14日3分钟K线走势图

如图6-33所示，硅铁1901合约2018年9月13日的震荡上涨过程中，前期低点的支撑作用发挥了明显的效果，因此，使得这一天的整体波动重心不断上行。而在9月14日这一天，开盘出现了低开的走势，对于这种形式的开盘又该如何进行分析呢？

一对一面授学员蒋加珍：

硅铁2018年9月14日开盘虽然是低开，但是，开盘的位置却是比较关键的，正好开盘了前一个交易日的高点支撑处，因此，在刚开盘的时候可以做出这样的判断：如果昨日前高点的支撑能够发挥作用，那么，价格还将会继续上涨，但若支撑失效，就可以留意做空的交易机会了。

一阳：

低开盘后略做震荡，价格便涨了上去，这说明昨日高点的支撑作用发挥了效果，从而可以确定，价格盘中继续上涨的概率是极大的。从这样的走势来看可以得出这样的分析结论：不管是盘中连续的走势，还是开盘以后有跳空空档的走势，只要支撑或压力发挥作用，都可以对价格产生促进的作用；支撑与压力不会随着时间的推移而失效，只要这个高点足够醒目，哪怕是一年之前的，它同样会产生支撑与压力的作用。

一对一面授学员蒋加珍：

那是不是可以这样理解：支撑与压力区间不会随着时间的推移而失效，只存在作用力大小的区别，有时价格会以非常明显的震荡来回应支撑与压力的有效性，有时则以较小的震荡来回应。

一阳：

除此之外，还有另一种回应的方式：有时会面临支撑与压力时提前震荡完成回应，而后顺利突破；有时会先进行突破，而后再形成震荡来回应。面对支撑与压力区间，回应是大概率的事件，只是程度有所不同而已。但不管怎么回应，上涨时，支撑的位置越高，价格涨的概率越大；下跌时，压力的位置越低，则价格下跌的概率越大，这是支撑与压力的根本核心。

第四十八招　双红双绿现，通知把钱赚

指标免费用户田金城：

听了老师周二、四19:30的公开直播培训之后，意识到了赚钱的两个根本保证：要么自身拥有正确的操盘技术，要么拥有好的操作工具，以规范自己的交易行为。受到精力的限制，我没有太多的时间进行学习，因此，参加了老师团队的服务，从而免费获得了你的操盘指标。在学习指标使用教程时，始终对双红买点与双绿卖点把握得不是太好，因此，想请老师开个小灶详细讲解一下。

一阳：

趋势监控指标在软件中显示为：绿色实心做空状态与紫红空心做多状态（在黑白图片的书中只显示为实心做空状态与空心做多状态），同时，通道指标中的中轨方向向上时，则中轨颜色为紫红色，中轨方向向下时为绿色，从视觉上便可以一眼看出方向的指向。

双红买点是指，中轨始终保持着红色向上的多头状态，而后价格调整回落使得指标K线形成绿色空头状态，调整结束指标K线重新形成红色状态时，中轨始终为红色，指标K线也刚刚由绿翻红，因此称之为双红买点，这时就可以入场做多了。

双绿卖点是指，中轨全程绿色，价格反弹使得指标K线翻红，很快反弹结束指标K线得新翻绿，此时，中轨为绿色，指标K线刚刚翻绿，因此称之为双绿卖点。

一个问题一个问题解决，中轨不管价格怎么调整都要保持红色，或不管价格怎么反弹都要保持绿色，这个技术点能理解吧？

指标免费用户田金城：

可以理解，也就说是不管价格怎么调整或反弹，向上的或向下的方向必须明确，不得改变。

一阳：

调整时指标K线由红色变成绿色，或反弹时指标K线由绿色变成红色能理解吧？

指标免费用户田金城：

可以理解。只是这两者结合时就有些犯迷糊了。

一阳：

容易出问题的点就在于：有时指标K线翻红或翻绿了，但中轨并没有形成全程红色或绿色状态，而是中轨在价格反弹或调整时发生了颜色上的变化，这样就不是双红双绿买卖点了，所以说，中轨有没有变颜色是双红与双绿卖点的核心所在。

下面结合具体案例过行讲解。

苹果的价格在图6-34中出现了一轮震荡上涨的走势，趋势监控指标对这样的震荡上涨形态可以很好地提示投资者入场的信号。

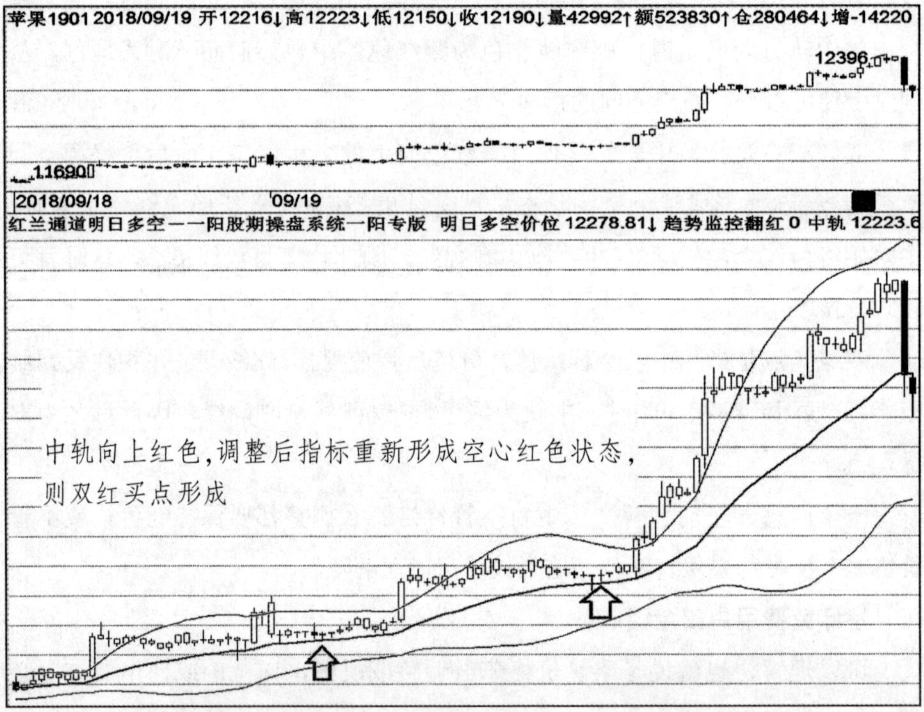

图6-34　苹果1901合约2018年9月19日3分钟K线走势图

你先来说一下第一个箭头标注处指标的技术特征吧。

指标免费用户田金城：

指标的中轨形成了明确的上行趋势，虽然价格先后两次出现调整的走势，但中轨一直保持着红色的状态。

一阳：

中轨不理会价格的调整一直保持红色，没有发生过中轨变绿的现象，这样一来，就有机会运用双红买点进行做多操作了。

指标免费用户田金城：

调整区间在中轨全程红色状态时，指标K线形成了实心翻绿的现象，但很快便再度翻红提示做多机会的到来。

一阳：

此时，中轨是红色的，指标K线也刚刚由绿变红，这就是双红买点名字的由来。第二处的买入信号完全一致：中轨在价格调整过程中全程红色，价格调整使得指标K线变绿，但很快指标K线重新转变成为了红色，此时中轨红色、指标K线刚转为红色，从而满足了双红买点的技术要求。

双红买点其实不难理解，中轨红色向上的形态不变，而后只要指标K线由绿转为红色便意味调整结束，在指标重新翻红时也就可以入场进行做多的操作了。

甲醇的价格在图6-35中同样形成了一轮震荡上涨的行情，但随着价格中途调整的出现，指标K线由空心的红色多头状态转变成为了实心的绿色空头状态，但很快，调整结束指标K线重新转为红色多头状态，在指标由绿转红时可以入场操作吗？

指标免费用户田金城：

可以入场操作，指标由绿翻红出现了做多的信号，同时，中轨并没有受到调整的影响，始终保持着全程红色的向上状态，因此，符合了双红买点的操作要求。

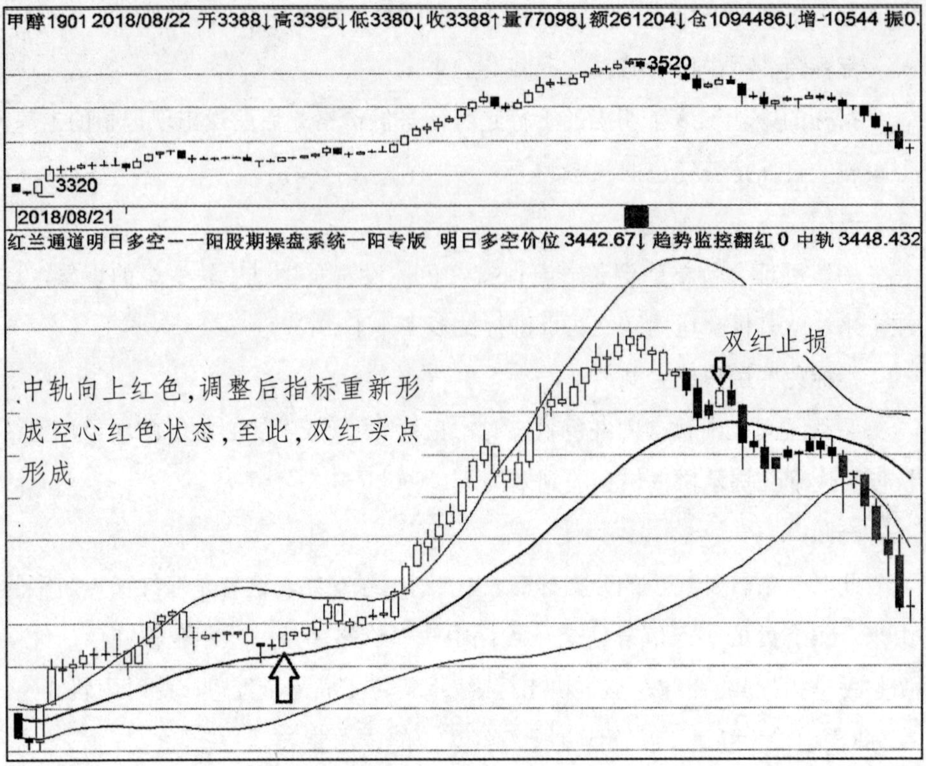

图6-35　甲醇1901合约2018年8月22日3分钟K线走势图

一阳：

在第二个箭头标注处入场做多但随后需要进行止损，那么，此时的做多有正确的技术理由吗？

指标免费用户田金城：

第二个箭头标注处的做多行为是完全正确的。这是因为指标K线随调整以及调整的结束形成了绿转红的做多信号，而中轨在价格调整区间始终保持着红色的状态，因此，满足了双红买点的操作条件。

一阳：

此处的双红买点没有成功，随后指标K线再度翻绿，这时就需要进行止损操作了。指标K线翻红做多，由于中轨颜色为红色，因此，指标K线再度翻绿时只能止损而不可以开仓做空。

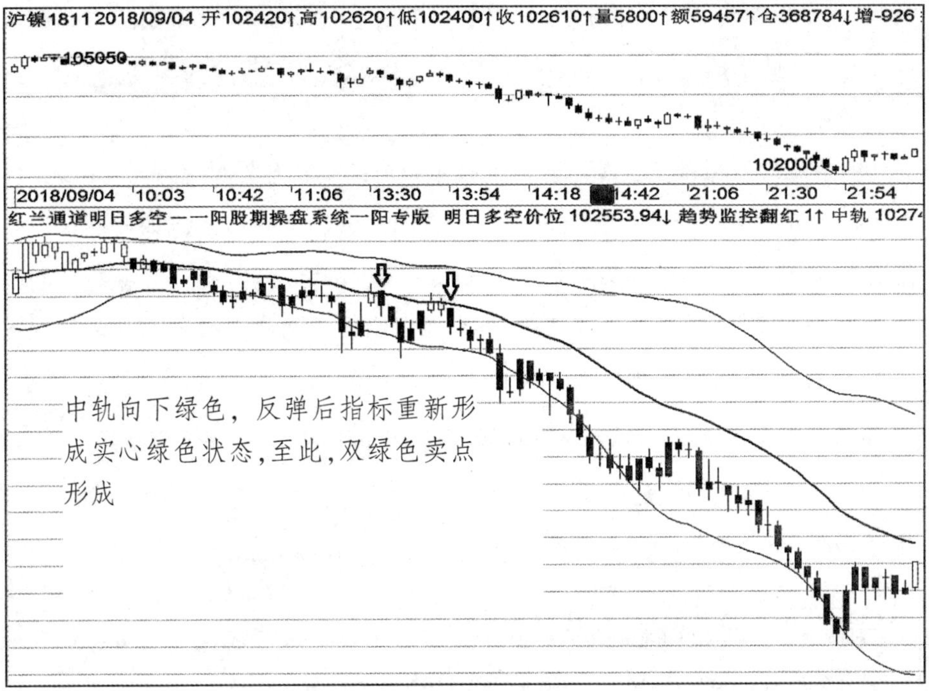

图6-36 沪镍1811合约2018年9月4日3分钟K线走势图

沪镍在图6-36中出现了一轮较大幅度的震荡下跌行情，有了趋势监控指标的双红双绿操盘技巧，这种震荡式下跌行情的盈利机会便很难再错过了。

通过之前两个双红案例的讲解，相信你已经掌握了这套简单的方法的识别方式了，接下来你来说一下双绿卖点的技术特征吧。

指标免费用户田金城：

先说中轨的方向，在图6-36中中轨全程保持着绿色向下的状态，此时需要等的就是指标K线的第一次翻绿。

一阳：

如果中轨全程绿色，而指标K线同步也是绿色，此时只可以进行持仓操作。在中轨绿色的情况下，指标K线必须形成第一次翻绿现象时才可以开仓，第一次形成的翻绿是做空点，之后连续的翻绿是持仓信号，这一点一定要分清。

指标免费用户田金城：

中轨向下时，价格出现了反弹，带动着指标K线转变成为了红色，但很快指标K线便重新转变成为了绿色，此时，中轨向下绿色，指标K线第一次翻绿，双绿卖点就此形成。

一阳：

图中两次双绿做空点都是一样的技术特征：中轨全程绿色，指标K线第一次翻绿。讲起来可能有点复杂，其实一看图片便马上明白了该如何操作，减轻投资者分析与操盘的压力，这正是工具最主要的作用。

如图6-37所示，螺纹的价格在下跌途中出现了两次双绿卖点，请分别说一下这两次双绿卖点的所有技术特征。

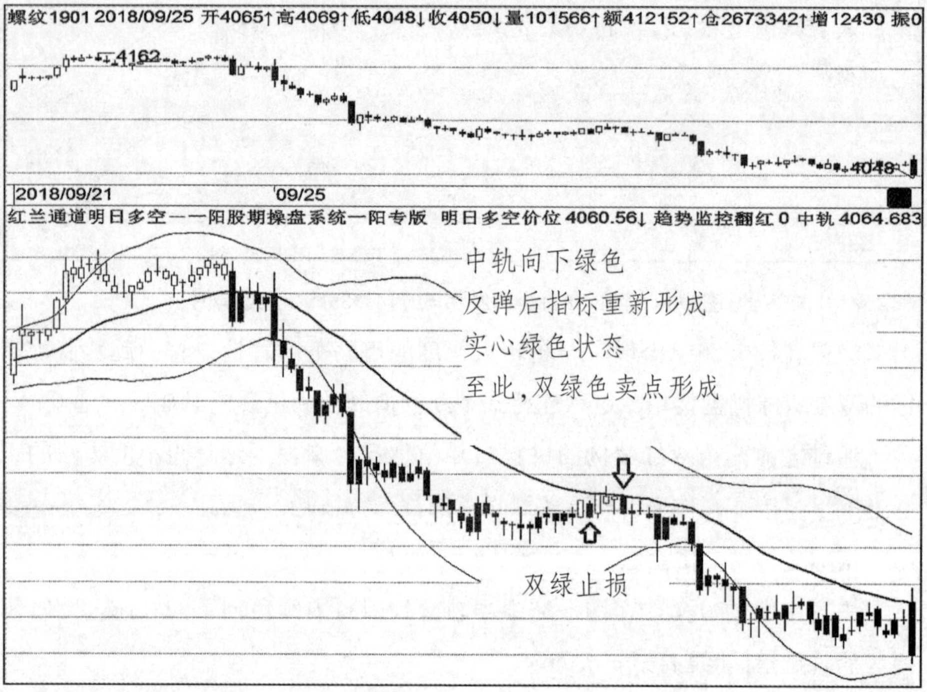

图6-37 螺纹1901合约2018年9月25日3分钟K线走势图

指标免费用户田金城：

这两次双绿卖点统一的技术特征是：指标中轨的颜色全程未变，没有受反弹上涨的影响，一路保持着绿色向下的方向。在中轨全程绿色的情况下，价格反弹结束时，指标K线都及时重新翻绿，先后形成了两次满足条件的双绿卖点。

一阳：

中轨向下绿色，指标K线重新转绿，一旦绿头冒出便可以入场做空，这就是双绿卖点，只需要看几个案例就能知道双绿卖点是什么样子了。

指标免费用户田金城：

只不过第一次双绿卖点出现，指标K线很快便翻绿了，因此，第一处的双绿卖点是要小幅止损的。

而第二次的双绿卖点则形态成功，后面的操作就更简单了，只要指标K线翻红便止盈离场，只要指标K线一直保持绿色状态就一路持仓。

一阳：

由于震荡式的上涨与下跌形态非常常见，每个品种每天都会见到，而双红双绿操盘方法又恰恰可以极好地捕捉震荡上涨与下跌的盈利机会，因此，通过三种方式免费获得了指标的朋友们一定要掌握好这种方法，坚定地使用这种方法，哪怕你一点基础也没有，什么操盘技巧也没有学过，照样可以比肩高手们的收益。

第四十九招　突破别犯愁，翻绿钱拿走

指标免费用户梁琨：

我之前特别喜欢进行突破的操作，因为觉得这个技术比较简单，创新高或创新低开仓就可以了，技术的难度非常低并且容易学习。实战之后才发现，突破操作的开仓的确非常简单，但止损与持仓以及之后的止盈却是一大堆的麻烦。后来听了助教们的介绍，使用你的趋势监控指标进行突破操作可以解决这些问题，便赶紧参加了你的内部服务，在此，希望老师可以详细讲解一下使用趋势监控指标该如何进行突破的操作。

一阳：

脱离指标来讲，突破操作的介入点的确简单的要点，正如你所说：创新高创新低就是突破，前高点与前低点的价格就是开仓位。不过突破之后的止损、持仓、止盈的确需要相应配套的方法，这些方法需要系统的学习。不过，既然有了趋势监控指标，突破的操作也就会变得非常轻松，两句话搞定：价格向上突破前高点时做多，指标翻绿出局，假突破就是止损，真的突破就是止盈；价格向下创新低时做空，指标翻红出局。

指标免费用户梁琨：

这些太简单了吧，难道就没有别的什么技术条件了吗？

一阳：

不仅我的指标是这样简单的，我的每一个操盘的技巧也都是这样简单的。大道至简，这个市场中，凡是复杂的都是低效的，唯有简单才会带来最高效率的操盘效果，结合案例一看便懂！

动煤在图6-38中出现了一轮持续性的震荡上涨行情，在价格上涨的过程中虽然有调整的出现，但调整太过于强势，没有留下双红做多的机会，在这种情况下，就可以运用指标的突破操作技巧进行交易了。

从图6-38中的走势来看，价格出现了三次明显的高点，只要越过这些高点便可以入场做多，三道横线便是三次突破做多的交易机会。

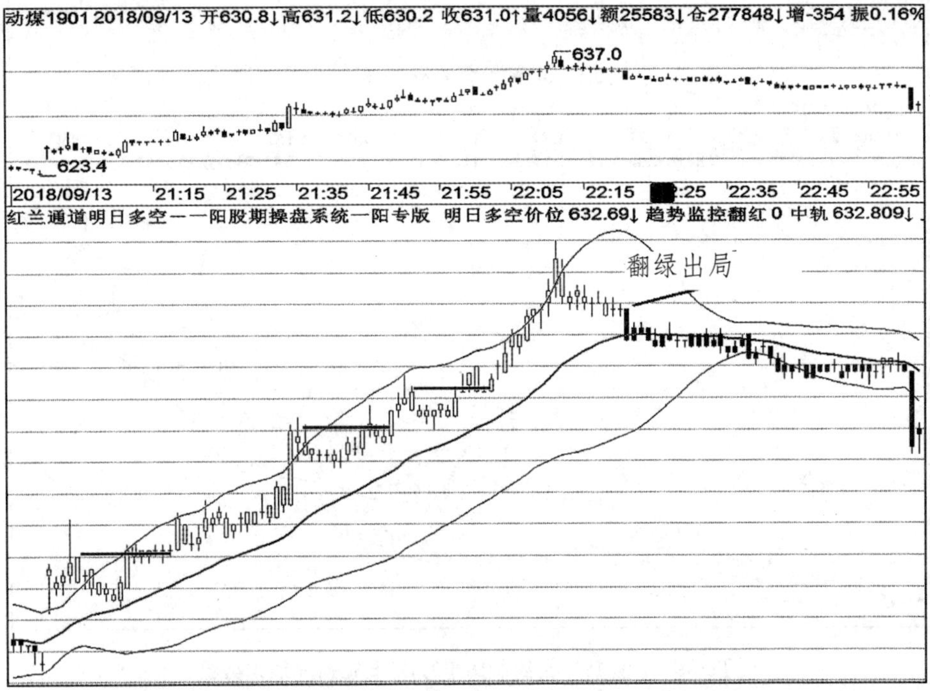

图6-38 动煤1901合约2018年9月13日1分钟K线走势图

指标免费用户梁琨：

我看你选择的点位都是最高的实体，在多单突破操作时不必理会上影线吧？

一阳：

这个市场有的投资者是看影线的，而我是看实体的，两者没有什么对与错，只是交易的习惯不同而已，只要不是一会儿看影线，一会儿看实体就都是正确的。我一向的习惯就是取实体的高点。

指标免费用户梁琨：

假如在第一次突破点做多之后，就是一直持有多单并直到指标K线翻绿时出局吗？

一阳：

是的，不仅是第一次突破点，第二次与第三次突破点做多之后，都是统一在指标K线翻绿时出局。三个买点共用一个出局点。

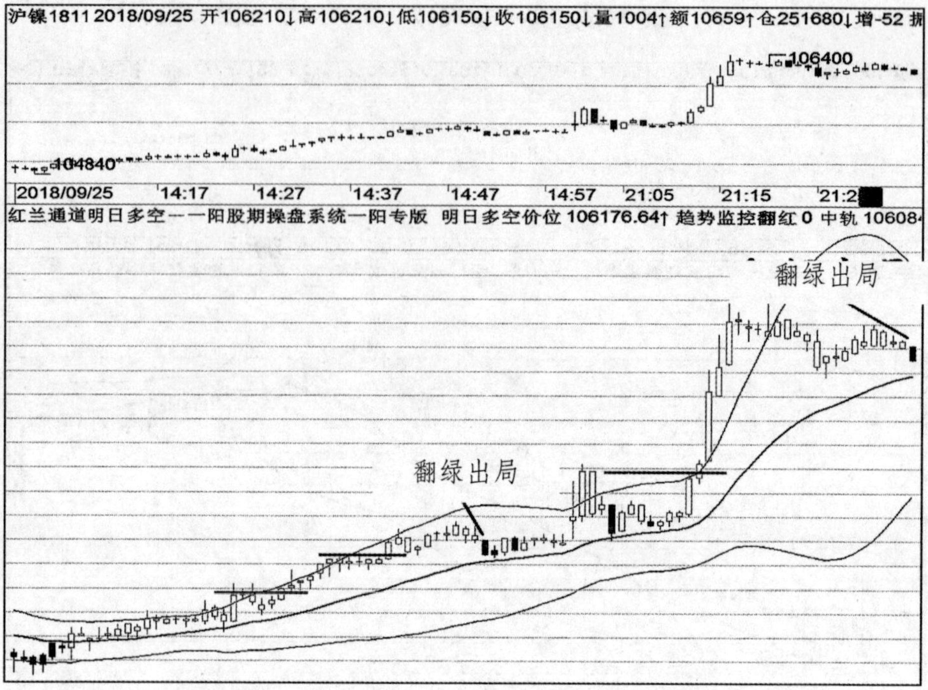

图6-39　沪镍1811合约2018年9月25日1分钟K线走势图

再来看一下沪镍的案例(见图6-39)，它的走势就要复杂一些了。从整体走势来看，价格在上涨的中途留下了好几次双红做多的信号点，同时，也留下了几处突破的介入点。根据上一个案例的特点，你来说一下沪镍突破点的操作方法吧。

指标免费用户梁琨：

价格上涨的初期阶段形成了两个调整的高点，两道横线便是两次突破做多的点位，做多之后一直持有到指标K线翻绿时出局。

一阳：

夜盘开盘后价格再度留下了一次高点，当创新高走势形成时，突破买点随之出现，这一次的操作盈利空间就比较大了。

指标免费用户梁琨：

创新高做空，指标翻绿出局。买点的信号有了，持仓的信号有了，止损与止盈的信号也都有了，有了趋势监控指标，果然可以把我突破操作的效果发挥到极致，有好的工具操起盘来果然非常轻松。

一阳：

再来看一下苹果下跌时的走势(见图6-40)，由于下跌过程中始终没有出现双绿做空点，因此，突破操盘方法就成为了这一天主要的操盘手段。你来说一下这一天盘中该如何进行空单突破的操作吧。

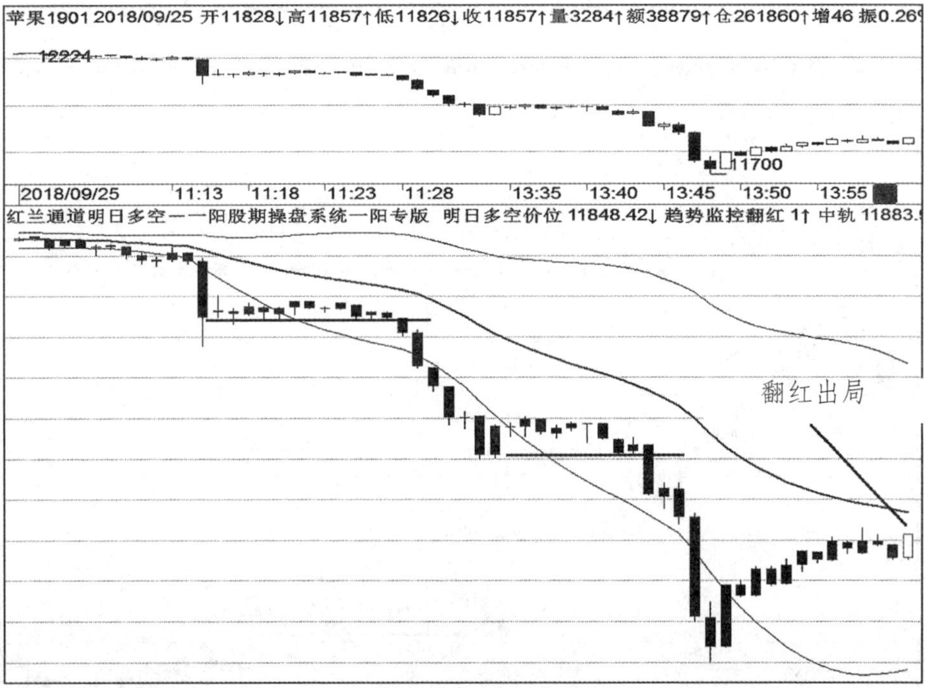

图6-40　苹果1901合约2018年9月25日1分钟K线走势图

指标免费用户梁琨：

价格下跌过程中形成了两个大的低点位置，经过一段时间的小幅度反弹之后，价格向下创出了新低，创新低的点位便是做空点。

不管是第一次的点位做空，还是第二次的点位做空，在价格翻红的时候都应当止盈出局。

一阳：

有了趋势监控指标之后，突破的操作投资者只需要干一件事，那就是确认出突破的点位，只要确立了这个点位，剩下的事情交给指标就可以了。价格向下创新低做空，随后指标翻红就出局，突破操作，就这么简单！

如图6-41所示，螺纹的这一轮下跌非常经典，下跌过程中有多次双绿做空点（下箭头的位置），也有五次突破做空点，有了双绿做空与突破操盘方法，盈利的机会便一次也不会错过了。在实战操作时，如果有双绿做空点则应当优先双绿做空点的操作，这是因为双绿做空点开仓的位置较高，价格下跌后盈利空间更大。只有在错过了双绿做空点或价格的波动没有提供双绿做空点的交易机会时，才可以使用突破手法进行操作，这样进行操作效果最好。

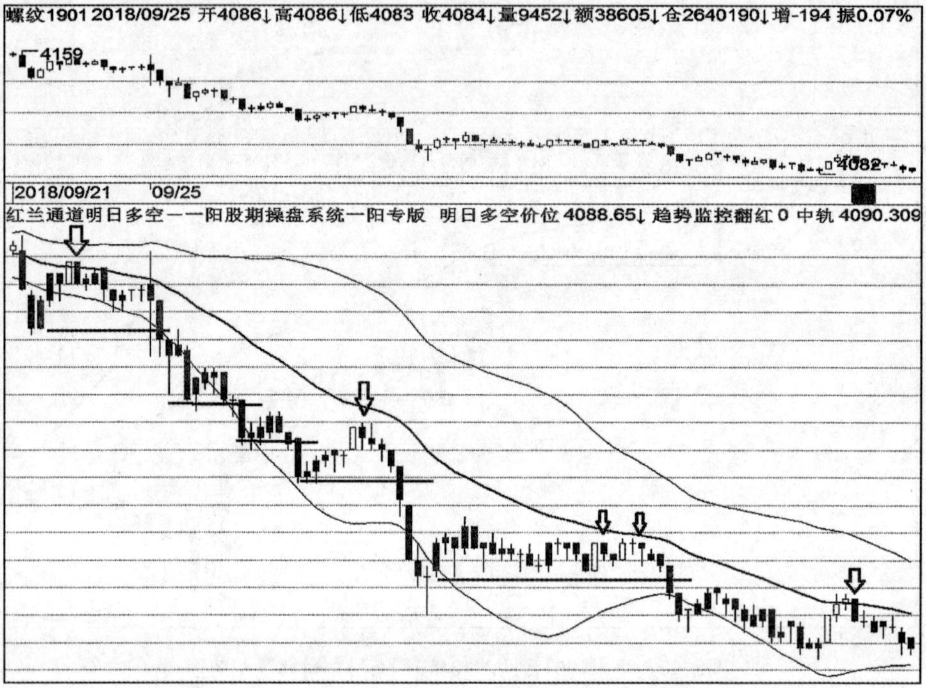

图6-41　螺纹1901合约2018年9月25日1分钟K线走势图

结合这五次突破你来说一下具体的技术特征吧。

指标免费用户梁琨：

第一、二、三次突破是共用一处出局点位的，只不过第三个横线处进行做空的话，从指标翻红的位置来看，基本上没什么盈利。虽然介入的位置各不相同，但手法都是一样的：价格向下创出新低时入场做空，指标翻红出局。

一阳：

那第四次与第五次突破是否有紧密的联系？

指标免费用户梁琨：

第四次突破是独立的，价格创出新低之后入场做空，但随后的反弹过程中形成了翻红的走势，因此应当止盈出局。突破止盈后，很快又形成了连续两次的双绿做空点。

一阳：

第五次的突破也就不用讲了，跟之前的所有突破案例一样，价格创出新低入场做空，随后指标翻红止盈离场。

就技术上的难易程度来讲，其实突破操作比双红双绿要简单一些，当然，相比起市场中其他的方法来说，不管是双红双绿还是突破，那都是简单到极限的方法了，请永远相信这个市场中：简单即是效率！

第五十招　今知明日事，买点提前知

指标免费用户梁琨：

通过参加老师团队的服务，我免费获得了最高版本的指标，拥有了明日多空价位这个最具实战威力的指标，听助教们说，明日多空价位可以在今天便知道明日的买卖价位，这样的功能我还是第一次听说，请老师解释一下它的原理。

一阳：

明日多空价位这个名字是针对日K线而言的，的确可以做到在今日便知道明天该于何价位做多或是做空，故此命名。而在各种分钟K线图中，它的含义是：在当前这一根K线上，便可以知道下一根K线该于何价位做多或是做空。提前一根K线得知做多做空的点位所在，这就使得实战分析的结论先人一步。

这样一听，好像认为这个指标非常神秘，其实它的原理并不难。你回复我一个问题：价格上涨后留下了一个高点，假设这个高点是5000元，现在出现了调整，价格在4990元一带震荡，后期想采取的交易策略是突破，那么，该于什么点位入场做多呢？

指标免费用户梁琨：

该于5000元入场做多，因为突破操作就是要选择前期的高点，而此时已经有了5000元这个高点，所以，什么点位进行突破操作便可以准确地确定出来了。

一阳：

你确定5000元这个做多点位，不是在价格到达5000元时才知道吧的？是不是价格在4990元时你就知道了？这是不是意味着你提前预知了买点的所在？

指标免费用户梁琨：

还真是这个理！果然是在价格还没有到达买点的时候就知道了该于什么点位进行操作了。

一阳：

明日多空价位计算的方式我不能透露，但其技术上的原理跟我刚才讲的可以提前得知突破的价位却是同一类型的。由此可见，提前预知买卖点所在并不是什么神秘的事情，只是大家的思维角度可能没有转到这里。

下面再通过具体案例讲解，让大家进一步感受一下明日多空价位是如何先人一步、今日便知明日事的。

如图6-42所示，PTA在日线上出现了一轮持续性上涨的行情，在价格上涨到高点之后，该如何进行操作呢？

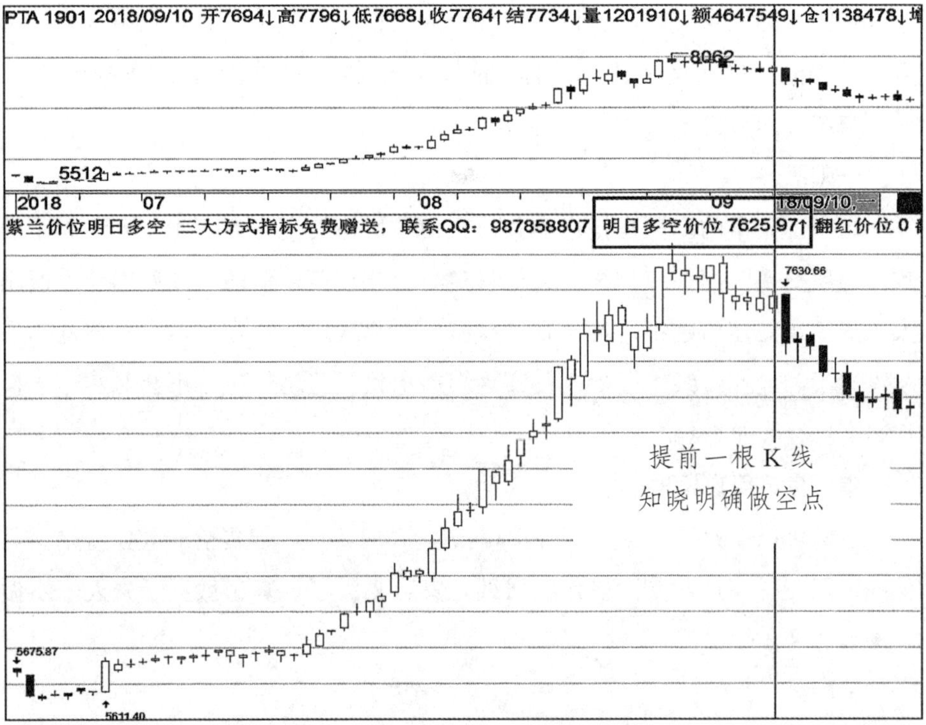

图6-42　PTA1901合约2018年9月10日K线走势图

指标免费用户梁琨：

如果指标仍然保持着空心红色的状态则继续持仓，若指标一旦翻绿则可以止盈离场。

一阳:

从图6-42中的数据来看，2018年9月11日指标翻绿了，在实战操作时也可以在这一天发现指标翻绿时离场，但更可以使用明日多空价位提前一天确定下一个交易日的出局点位。

光标放在9月10日这一天的K线上，明日多空价位显示的数值为7625.97元，凑整数为7624元，这意味着9月11日这一天如果价格高于7624元，则指标将会继续保持红色持有多单的状态，但若在9月11日这一天跌破了7624元，指标将会翻绿，此时多单就必须离场，以及可以入场进行做空操作了。

指标免费用户梁琨:

在指标翻红状态时，明日多空价位的数据便是多单离场与空单入场的价格。从图6-42中的指标翻绿时的价位提示来看，指标提示的价格是7630.66元，与7625.97元有一点点的差距。

一阳:

这个是正常的，因为指标的数值会随着价格的变化而变化，今日提示的数值与明日实际翻红或翻绿的数值肯定是会有一些差值的，周期越长差值越大，周期越短差值越小，若是看5分钟以内的K线进行操作，这个差值基本上就没有了，而在日线上分析，其实这个差值也就几跳的事，不会对实际的操作产生什么大的影响。

指标免费用户梁琨:

虽然可以在9月11日这一天指标翻绿时及时出局，但提前一天便得知了具体的出局点位，这对实战操作的帮助意义可太大了，真正做到了先人一步做好操盘计划。

一阳:

接着来看PTA的走势(见图 6-43)，指标翻绿之后价格出现了一定幅度的下跌，但由于整体大的趋势并没有完全转向，所以，翻绿之后，价格后期还将会重新翻红，这样一来就又有了做多的机会。那该如何知道明日价格将会于什么点位翻红呢?

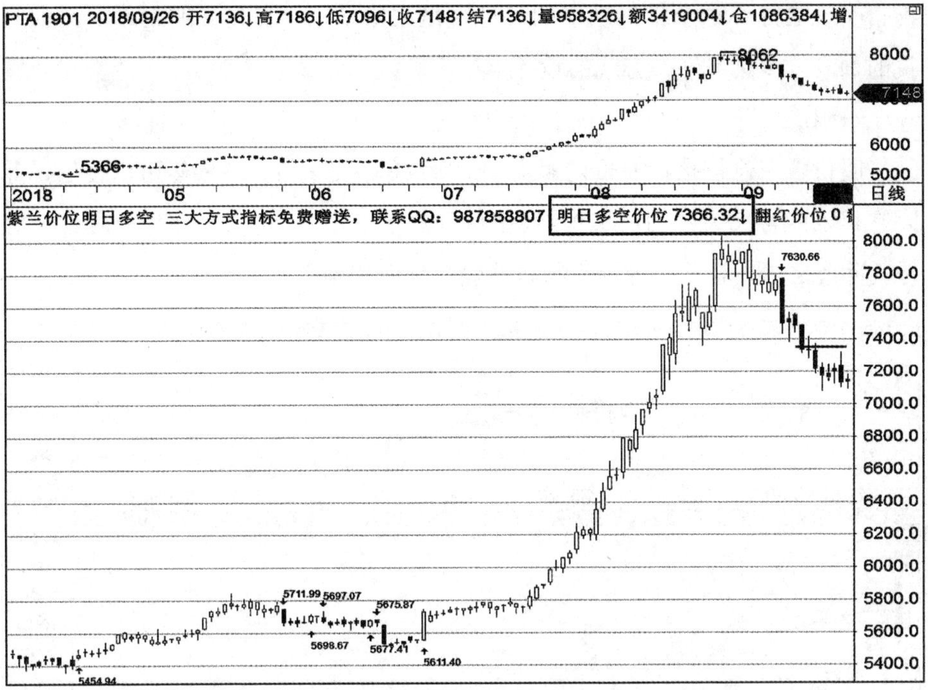

图6-43 PTA1901合约2018年9月26日K线走势图

指标免费用户梁琨：

从图6-43中最后一根K线也就是2018年9月26日的情况来看，明日多空价位提示的数值是7366.32，取整数7368元，这意味着下一个交易日若价格低于7368元，指标将会继续翻绿，此时拿着空单便可以了。但若下一个交易日价格高于7368元，便可以平手空单并入场开仓做多了。

一阳：

你分析得很正确，在9月26日便知道了9月27日该如何进行操作，心中一下子就有了规划，这就是明日多空价位起到的作用。不要小看这个指标，就目前国内来讲，还没有第二个软件拥有我这个指标类似的功能！

指标免费用户梁琨：

有了你的明日多空价位指标后，我还真对比了一下国内的其他软件，翻红翻绿提示操作这个功能倒不稀奇，国内好几款软件都有类似的功能。但在指标翻红翻绿提示出明确价位的这个功能，国内目前没有，更别提设计思路更进一步的明日多空价位了，就连国外的信息我也查阅了一下，照样没有，不得不说老师你这个指标功能的设计真是太棒了：今日便知明日事，并非盲目的预测，而是理性、客观的设计。

一阳：

明日多空价位指标在日内短周期的K线图（见图6-44）中依然可以使用，此时它代表的含义为：当前这根K线便可预知下一根K线将会于何价位翻红或翻绿。除此之外，在操作方法上与日线没有任何差别。

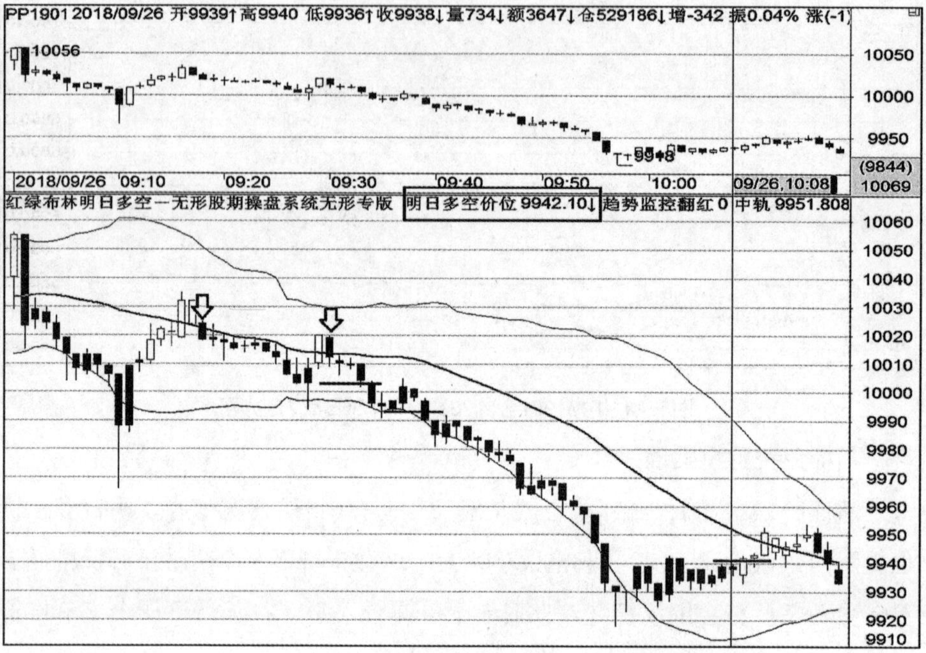

图6-44　PP1901合约2018年9月26日1分钟K线走势图

指标免费用户梁琨：

日内操作时，价格波动的速度都是比较快的，在这种情况下，明日多空价位的作用就更大了，始终中以提前一根K线告知我们该于何价位出局，这样一来，风险伤不到，利润跑不了。

一阳：

PP在图6-44中形成了两次双绿做空点，以及两次突破做空点，不管在什么位置入场，在后期指标K线持续保持实心绿色状态时，都可以耐心地进行持仓操作，直到指标翻红的时候止盈离场。此时，如何根据明日多空价位的提示提前一根K线预知出局的点位呢？

指标免费用户梁琨：

在9月26日上午10:08，也就是指标翻红的前一根K线处时，明日多空价位的数值为9942.1元，取整数9943元，这意味着如果价格低于9943元则可以继续持有空单，而一旦价格向上突破了9943元，指标便会翻红，手中的空单也应当随之平仓操作。

一阳：

明日多空价位的数值在指标K线是绿色空头的情况下，下一根K线的数值低于它则继续持有空单，高于它则止盈出局；在指标K线是红色多头的情况下，下一根K线高于它则继续持有多单，低于它则止盈出局。

白糖在图6-45中出现了一轮震荡上涨的行情，在上涨中途出现了两次双红做多信号，以及出现了好几次突破的操作形态。在图6-45中最后一根K线处，价格上涨到了5038元，此时指标一路红色，面对这种盈利性的走势，该如何一步步地提前制定止盈点位呢？

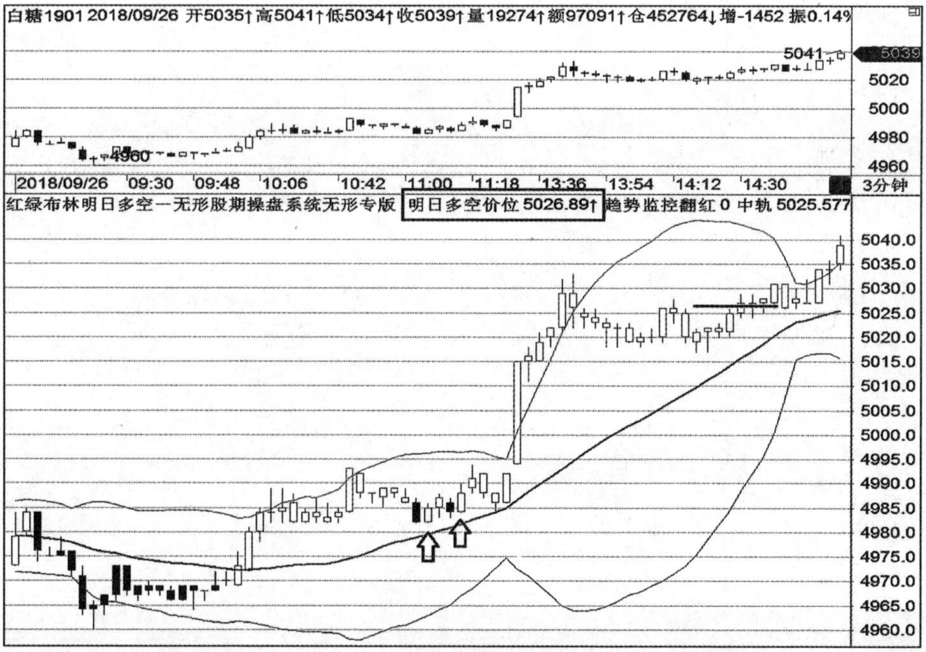

图6-45　白糖1901合约2018年9月26日3分钟K线走势图

指标免费用户梁琨：

在多单有盈利的情况下，可以一直盯着明日多空价位的数值，只要当前的价格高于指标数值则意味着指标K线仍然会保持红色，此时则可以继续持有多单。而一旦当前价格低于明日多空点位的数值，指标K线便会翻绿，此时就应当止盈多单了。所以，止盈点位的设定可以完全跟着指标的数值变化走。

一阳：

最后一根K线的明日多空点位数值为5026.89元，取整数为5026元，下一根K线只要不跌破5026元就可以继续持有多单，跌破是止盈出局，这就实现了在短周期操作中提前一根K线预知了买卖的点位，知道了5026是止盈点就什么也不需要考虑了，盯死这个价格就可以，若下一根K线明日多空点位又有了新的变化，则可以根据新的数值来设定止盈位。

投资者可以学习止盈的技术方法，也可以通过使用明日多空价位这个指标跟随其数值变化而调整止盈或止损的点位。未雨绸缪，所有的分析工作必须用正确的方法做到前边，只有这样才可以把握真正的主动，风险来时已提前知道了，机会来时更可以因为提前已知一把捉牢！

中国共产党历史若干重大问题研究 (上)

ZHONGGUO GONGCHANDANG LISHI
RUOGAN ZHONGDA WENTI YANJIU

沙健孙 著

高等教育出版社·北京
HIGHER EDUCATION PRESS BEIJING

内容简介

本书抓住中共历史上各个时期的若干重大问题，在充分掌握第一手资料的情况下，对这些问题进行了细致梳理和深入研究，提出了作者创造性的观点和见解，有较高的学术性和思想性，对学界和党政相关部门开展研究以及高校开展思想政治理论课教育教学都具有较高的参考价值。

图书在版编目(CIP)数据

中国共产党历史若干重大问题研究:全2册/沙健孙著.--北京:高等教育出版社,2012.8

ISBN 978-7-04-032431-0

Ⅰ.①中… Ⅱ.①沙… Ⅲ.①中国共产党-党史-1919~1976 Ⅳ.①D23

中国版本图书馆CIP数据核字(2012)第039714号

策划编辑 高 英 宋义栋　　责任编辑 高 英 宋义栋　　封面设计 李卫青
版式设计 范晓红　　责任校对 姜国萍　　责任印制 尤 静

出版发行 高等教育出版社
社 址 北京市西城区德外大街4号
邮政编码 100120
印 刷 北京铭成印刷有限公司
开 本 787mm×960mm 1/16
总印张 69.5
本册印张 35.5
本册字数 650千字
购书热线 010-58581118
咨询电话 400-810-0598
网 址 http://www.hep.edu.cn
http://www.hep.com.cn
网上订购 http://www.landraco.com
http://www.landraco.com.cn
版 次 2012年8月第1版
印 次 2012年8月第1次印刷
总定价 112.00元

物 料 号 32431-00

目　录

第一编　1919—1921 年

第二编　1921—1927 年

第三编　1927—1937 年

第四编 1937—1945 年

第一编 1919—1921年

一、五四运动:民族复兴的历史起点

1919年5月4日,北京学生三千余人举行反帝爱国游行。五四运动由此发端。

五四运动是一个具有划时代意义的事件,它标志着中国新民主主义革命的开端,是中华民族走向伟大复兴的历史起点。

本来,几千学生游行,这在中外近现代历史上并不是罕见的事。在五四运动发生的前一年,北京各大学两千多人和天津少数学生就曾为反对中、日陆海军《共同防敌协定》结队到总统府去请过愿,但这次爱国行动并没有在社会上引起大的反响。为什么从五四游行开始的运动会震动全国,并具有特别重大的历史意义呢?要回答这个问题,我们就要弄清楚五四运动是怎样发生的;五四运动与辛亥革命比较,具有什么新的历史特点;五四运动对中华民族实现伟大复兴产生了怎样的影响等问题。

(一)五四运动的发生和经过

1. 引发五四运动的导火线

五四运动发生在辛亥革命失败以后、北洋军阀统治的时期。

辛亥革命推翻了封建帝制,但是并没有完成反帝反封建的任务。这场革命的领导者孙中山痛心地说过:北洋军阀统治下的中国,“政治上、社会上种种黑暗腐败比前清更盛,人民困苦日甚一日”。一位五四运动的亲历者在回忆五四前夕的情况时讲道:“这时辛亥革命的痕迹已经全部抹去了。”清王朝专制政府的反动统治机器和统治人员、统治方法基本上保存了下来。“首都北京城里驻扎着帝国主义者的军队,随时都可以对中国为所欲为”。帝国主义、封建主义两座大山压得全国人民透不过气来,而青年知识分子“比别人更有沉重的责任感”①。五四运动就是在这样的社会背景和政治氛围中发生的。

引发五四运动的直接导火线，是中国外交在巴黎和会上的失败。1914 年 8 月至 1918 年 10 月，以德国、奥匈帝国为首的同盟国集团和由英、法、俄等国组成的协约国集团，以欧洲为主要战场，进行了一场世界大战，史称第一次世界大战。这主要是西方列强为争夺世界霸权而进行的帝国主义战争。这场战争以同盟国失败、协约国胜利而宣告结束。1919 年 1 月，美、日、英、法、意等国在巴黎召开“和平会议”，讨论如何处理战后的问题。1917 年 8 月，由北洋军阀控制的北京政府曾宣布加入协约国，对德、奥宣战（它派了一些华工去欧洲，并没有派军队前往参战）。因此在战后，作为战胜国之一，中国政府也应邀派出专使参加巴黎和会。

巴黎和会召开前，美国总统威尔逊提出“十四条”意见作为会议的主旨。其中表示：“国无大小，一律享同等之利权”；“对于殖民地之处置”应“以绝对的公道为判断”；等等。这些冠冕堂皇的词句，使得中国政界和知识界的一些人产生了很大的希望，对这次和会抱有很高的期待，一些人甚至把协约国的胜利看做是“公理”对“强权”的胜利。

在巴黎和会上，中国政府代表团提出了废弃势力范围、撤退外国军队等七项希望条件，提出了取消 1915 年中日协约（以日本提出的殖民地化中国的“二十一条”为基础）及换文的陈述书。这两项提案是合情合理的，但都遭到了拒绝。和会在讨论德属殖民地问题时，中国政府代表团提出了收回被德国侵占的山东权益的问题。之所以提出这个要求，是因为：1897 年，德国寻找借口，派兵强占了胶州湾。次年，迫使清政府订立条约，规定将胶州湾租借给德国，租期为 99 年；又规定山东境内两条铁路的修筑权和铁路沿线 30 公里以内地区的开矿权也归德国。山东由此成为德国的势力范围。如今德国战败，它所侵占的山东权益理所当然地必须归还中国。但是，日本趁世界大战之机，竭力扩大在中国的侵略势力。它在对德宣战后，于 1914 年 11 月攻占了德国在山东的据点青岛、胶州湾租借地和胶济铁路全线。它要求和会确认这个既成事实，即由它继承德国原先侵占的在中国山东的特权。

中国人民对巴黎和会讨论山东问题的情况十分关注。1919 年 2 月，即和会召开的第二个月，北京大学学生就曾召开全体大会，并推出代表联合各校学生致电巴黎专使，要求力争山东主权。4 月 20 日，103 700 余人在济南举行国民大会，表示维护山东主权的决心，并致电巴黎专使，要求他们务必“誓死力争，义不反顾”。出乎中国人意料的是，经过几个月的讨论，4 月 29 日，英、美、法三国会

---

① 《五四运动回忆录》（上），中国社会科学出版社 1979 年版，第 255 ~ 256 页。

议议定的和约有关条款竟然规定:将德国原先在中国山东"所获得之一切权利所有权及特权,其中以关于胶州领土铁路矿产及海底电线为尤要,放弃以与日本",等等。具有讽刺意味的是,和会给予中国的,只是归还八国联军入侵北京时德国掠去的天文仪器而已!事实有力地揭穿了帝国主义列强口头上宣扬的所谓公正、平等之类,不过是彻头彻尾的谎言,协约国的胜利根本不是什么"公理战胜强权";而这个所谓的"和平会议",实质上只是强权者的一次分赃会议而已。

巴黎和约关于山东问题的条款,是对中国主权的公然侵犯,是对中国民族尊严的肆意践踏!而北洋军阀政府竟然准备在这样一个丧权辱国的条约上签字,这实在是令国人难以容忍的屈辱。消息传到国内,中国人民郁积已久的愤怒就如火山一般爆发出来了。一场以学生运动为先导的轰轰烈烈的全国规模的爱国运动由此开始。

2. 5月4日示威的准备与进行

5月1日,关于巴黎和会上中国外交失败的消息,已经开始在北京、上海的报纸上有所披露。5月2日,北京大学校长蔡元培从官方人士处得知,北京政府已密电中国专使在巴黎和约上签字。他将这个情况告知北大学生、《国民杂志》社的许德珩以及《新潮》社的罗家伦等。许德珩回忆说:我从蔡校长那里得到这个晴天霹雳的消息,便约集参加《国民杂志》社的各校学生代表,当天下午在北大西斋饭厅召开了一个紧急会议,讨论办法。高等工业专门学校一位学生代表夏秀峰当场咬破手指,写血书,大家激动得眼睛里要冒出火来。于是发出通知,决定5月3日(星期六)晚七时在北河沿北大法科(后来的北大三院)大礼堂召开全体学生大会,并约北京13个中等以上学校代表参加。①

5月3日晚,大会如期举行。学生代表争相上台发表演讲,个个慷慨激昂,声泪俱下,气氛十分悲壮。他们发出了"维护民族尊严"、"保卫祖国主权与领土完整"的强烈呼声,并且要求严惩曹汝霖、章宗祥、陆宗舆三个亲日派卖国贼。

为什么要专门提出惩办曹汝霖等三人的要求呢?这是因为在当时,对中国构成直接和主要威胁的是日本侵略势力,而这三个亲日派官僚是将中国利权出卖给日本的直接责任者。其中曹汝霖时任北京政府交通总长,以"二十一条"为基础的中日"协约"就是经他签订的;章宗祥为驻日公使,系出卖胶济铁路经营权、济(南)顺(德)和高(密)徐(州)两铁路修筑权给日本的经手人;陆宗舆为币制局总裁、1915年的驻日公使,是向日本进行各种卖国性借款的经手人。

大会开得紧张、热烈。会议进行中,北大预科一年级学生刘仁静拿出一把菜

① 彭明:《五四运动史》,人民出版社1984年版,第265页。

刀要当场自杀，想以此激励国人，但立即被劝阻。北大法科学生谢绍敏当场撕下衣襟，咬破中指，血书“还我青岛”四字，以示为捍卫国家主权而斗争到底的决心。大会决定，第二天即5月4日，北大协同其他兄弟学校齐集天安门举行爱国大示威。

北大学生的爱国行动得到了校长蔡元培的支持。许德珩回忆说：“由于（大会）推定我写宣言，蔡先生立即批了条子，让庶务科给我一刀纸，以便印发宣言。”①

5月4日下午1点钟左右，北京十几所学校的学生3 000余人，举着大、小旗子，从四面八方汇集到了天安门，围立在金水桥前的两个华表之下。谢绍敏写的“还我青岛”四个字的血书也挂在天安门前，令人触目心痛。面对前来企图驱散群众的反动军警，学生们高呼“还我青岛”，“取消二十一条”，“宁为玉碎，勿为瓦全”等口号。他们在广场上开了一次群众大会，许多人发表了演说。大会决定先向各国公使馆游行示威，再向总统府请愿，要求惩办卖国贼曹汝霖、章宗祥、陆宗舆，拒绝对巴黎和约签字。

北京学生为这次活动准备了两个宣言。一个宣言是用文言文写的，由许德珩起草。宣言揭露了巴黎和会“背公理而逞强权”的实质，揭露了日本灭亡中国的野心，大声疾呼：“山东亡，是中国亡矣！我国同胞处其大地，有此河山，岂能目睹此强暴之欺凌我，压迫我，奴隶我，牛马我，而不作万死一生之呼救乎？”另一个宣言是用白话写的，由罗家伦起草。宣言呼吁“全国工商各界，一律起来设法开国民大会，外争主权，内除国贼”；呼吁“全国同胞立两个信条”：“中国的土地可以征服而不可以断送！中国的人民可以杀戮而不可以低头！”宣言最后号召：“国亡了！同胞们起来呀！”这两个宣言把青年学生对民族命运的关切和对捍卫国家主权的决心，有力地表达出来了。②

学生游行队伍由天安门出中华门来到使馆区东交民巷的西口，即被阻于铁栅栏之外。3 000多名青年学生在烈日下被晒了两个小时，“虽无厌倦之容，难免愤恨之态”。他们感到：“国犹未亡，自家土地已不容我通行，果至亡后，屈辱痛苦，又将如何？”正如一个亲历者所说：“于是素不感觉外力欺压的痛苦的人们，这时也觉得愤怒起来了！‘大家往外交部去，大家往曹汝霖家里去！’的呼声真是响彻云霄。这时候，无论怎样怯懦的人也都变成了一些有勇气的人了！”大家决定，到赵家楼胡同曹汝霖家里去。这时，“负责总指挥的傅斯年，虽恐发生

① 许德珩：《为了民主与科学——许德珩回忆录》，中国青年出版社1987年版，第59页。
② 彭明：《五四运动史》，人民出版社1984年版，第275～276页。

意外,极力阻止勿去,却亦毫无效力了”①。

学生游行队伍在行进中高呼口号,散发传单。许多人看见掉泪,许多西洋人看见脱帽喝彩,又有好些巡警也掉泪。

队伍到达曹汝霖住宅所在的赵家楼胡同前街时,军警已将道路封住。学生向军警做了耐心的说服工作,说:“我们是找曹总长谈谈国事,交换意见,要他爱中国。”“难道你们不爱中国吗?”军警于是让学生进了胡同。这时,曹宅大门紧闭,有学生翻墙进入院内,打开大门,众多的学生遂蜂拥而入。“学生的目标集中在曹汝霖,对其家人仍以礼相待。见到曹父,仅愤而责之曰:‘你是卖国贼的父亲,颇亏你生此兽类孽畜,不肖之子,但我们不愿与你这老头子为难,你快走罢!’”他的幼子和小老婆,也被学生交由警察送了出去。当时曹汝霖、章宗祥等人正在宅内。曹躲进一小房间,未被发现。“大家见到(肥胖的)章宗祥,以为是曹汝霖,就围上去打”。有细心的学生“取下客厅里挂着的曹汝霖的照片一对,才知道被打的不是曹汝霖”,于是“人都散开了”。示威学生事先并没有火烧曹宅的计划,他们找曹不着,即陆续离开曹宅散去。但进入曹卧室的人中,“有一个同学吸香烟,身上带有火柴,(他)看到卧室陈设太华丽,十分气愤,就用火柴把绿色的罗纱帐点燃了,顿时室内大火,房子也烧起来了”②。这就是后来史书上所说的“火烧赵家楼”事件。

半小时以后,大约是下午6点以前,警察总监等率大批军警赶到。这时,学生已大部散去,只有几十百把个人还在现场。军警乃敢逮捕徒步散归者。当时被捕者32人,其中北大学生20人。由于学生们的抗议,和经蔡元培等组成的校长团的营救,被捕学生于5月7日获释。

3. 五四运动的深入发展

被捕学生虽然获释了,但是学生提出的“和会不得签字”和“惩办国贼”等要求没有得到满足。5月19日,北京中等以上学校25 000名学生遂举行总罢课。他们还组织讲演团,到街头向群众作宣传,并发动抵制日货的运动。

反动当局对学生的爱国行动实行武力镇压。6月3日,到街头宣传的学生有170多人遭到逮捕,但是学生们并未被吓倒。6月4日,更多的学生走上街头继续讲演,当天被捕者达700多人。这一天,高等女子师范等15校女生600多人还冲出校门,举行了女子第一次的干政游行。6月5日,更有2 000多名学生分三路到街头讲演,军警出动马队驱赶听讲的群众,三队学生于是手拿旗子,大呼爱国,在长街上游行。最后,这2 000多名学生一齐奔向用作囚禁学生的北河

① 《五四运动回忆录》(上),中国社会科学出版社1979年版,第307页。

② 许德珩:《为了民主与科学——许德珩回忆录》,中国青年出版社1987年版,第62~63页。

沿北大三院法科临时监狱，要求集体坐牢。他们说，这些学生被捕是因为爱国。如果爱国有罪，那么我们都有罪，把我们全都抓起来好了。反动当局无奈，没敢再抓捕学生，还不得不下令撤走包围北大的军警。

学生的斗争是英勇的，他们站在了爱国运动的前头，是人民群众中首先觉悟的成分，起到了某种先锋的作用。但是，学生的力量毕竟有限，仅仅靠学生的力量是不足以完成救国的事业的，也难以使斗争长久地坚持下去。

学生的爱国运动是整个人民运动的一部分。学生运动的高涨，不可避免地要促进整个人民运动的高涨。由于学生们的爱国行动反映了广大人民的愿望，因而得到了社会各界的广泛同情和支持。

在5月4日北京学生爱国示威之后，5月7日，上海学生及各界人士即举行有20 000人参加的国民大会和示威游行，以示声援。6月4日，当"六三"大逮捕的消息传来，上海学生更纷纷走上街头，"按户动员各商号自5号起一律罢市"。"在遭到店主的拒绝后，他们不惜以'沿街跪求'的办法，进行哀告"。

当时，学生们并没有想到去动员工人，但工人却自动起来斗争了。6月5日上午，上海日本纱厂的工人首先开始罢工，其他工厂、书局、码头等的工人，沪宁、杭甬铁路的部分工人，也相继罢工。据记载，参加罢工的工人有六七万人，实际的数字可能还不止于此。在工人罢工的同时，商人也开始陆续罢市，学生则坚持并扩大罢课。上海的"三罢"实现了。他们表示，"不诛国贼，誓不开市"。上海工人的罢工完全是工人自己发动的。据当时上海外文报纸《字林西报》的记载：在工厂中"从事鼓动的人并不是学生，而是出现于工人之中"①。他们说："我们都是穷人，但我们绝对不要我们的国家（被日本占领）变成朝鲜第二，那里的一片景象是惨不忍睹的。我们当前所进行的运动，乃是世界史上一件最为惊人的运动。这是一个全民的运动，不是任何武力压制得了的。"②机器厂的工人还捐出自己的血汗钱，修起一个高大牌坊，上写"毋忘国耻"四个大字。

在上海"三罢"实现之后，北京、唐山、汉口、南京、长沙等地工人也相继举行罢工，许多大中城市的商人举行罢市，学生举行罢课，斗争如燎原之火迅速蔓延，扩展到了全国二十多个省区、一百多个城市。长沙等地学生的罢课宣言呼吁："请斩曹陆，以谢天下！"

"五四运动，在其开始，是共产主义的知识分子、革命的小资产阶级知识分子和资产阶级知识分子（他们是当时运动中的右翼）三部分人的统一战线的革命运动。它的弱点，就在只限于知识分子，没有工人农民参加。"但是从"六三"

① 彭明：《五四运动史》，人民出版社1984年版，第331页。

② 彭明：《五四运动史》，人民出版社1984年版，第331页。

以后，以6月5日上海“三罢”为标志，五四运动突破了知识分子的狭小范围，“而且有广大的无产阶级、小资产阶级和资产阶级参加，成了全国范围的革命运动了”①。运动的中心由北京转移到上海，斗争的主力由学生逐渐转向工人。这就是说，在学生运动遭到反动当局镇压的时候，中国工人阶级开始作为一个独立的政治力量登上历史舞台。这实在是一件有着重大历史意义的事情。当时，一个美国新闻记者在观察运动发展的情况时曾经说：“在战争结束后来到上海的新时代中，苦力崛起而为这个新时代的最重要的特征”；②“上海的新兴无产阶级转入行动，急进和爱国的学生找到了最有力的同盟者”③。这对于这场斗争的胜利起到了决定性的作用。

4. 五四运动的重大胜利

迫于群众的压力，北京政府不得不在一些问题上表示妥协。6月7日，北京政府宣布释放被捕学生。学生说，“你前既捕，后无故放我们，视学生如儿戏”，坚决不出拘留所。直到曹、章、陆被免职，他们才走出拘留所返回学校。6月10日，北京政府下达免除曹、章、陆本职的命令。耐人寻味的是，这些命令是分三次发布的。当天上午，北京政府只是发布了一条准免曹汝霖本职的命令。由于银行界向北京政府声明，“如不能（于）本日将罢免曹、章之命令发表，则沪上金融无法维持，危险万状”，当局才在下午又发布了一条准免陆宗舆本职的命令。下午天津总商会更急电北京政府，告以“栖息于津埠之劳动者数十万众，现已发生不稳之象，倘迁延不决，演成实事，其危厄之局，痛苦有过于罢市者”。这更使反动当局感到极大恐慌，不得已，在当天深夜，再发布了一条准免章宗祥本职的命令。

近代以来，无论是晚清政府还是北洋政府，从来都是轻视民意、一意孤行的。这次，不管反动当局如何不心甘情愿，他们还是不得不屈服于群众的压力，把他们千方百计想加以庇护的三个亲日派官僚免职了。这是近代以来中国历史上鲜见的事情，这是五四运动取得的一个胜利。

曹、章、陆被免职的消息传出后，人心为之一快。陆宗舆是浙江海宁人。海宁人感到，出了陆宗舆这样的人是海宁的耻辱。他们专门召开公民大会，议决集资在本县三处竖石立碑，碑上直书“卖国贼陆宗舆”六个大字，表示对陆进行谴责，使之遗臭万年。

不过，曹、章、陆虽被免职，山东问题尚未解决。因此，群众的斗争并没有停

---

① 《毛泽东选集》第2卷，人民出版社1991年版，第700页。

② 霍塞：《出卖的上海滩》，商务印书馆1962年版，第102页。

③ 霍塞：《出卖的上海滩》，商务印书馆1962年版，第102页。

止，他们把注意力集中到了更为重要的拒签巴黎和约这件事情上。在巴黎和约即将交付签字之前，6 月 17 日，北京政府发出让中国代表在和约上签字的电令。23 日，电令中国代表在签字问题上“相机办理”。24 日，通电各省，申述所谓不能不签字的“理由”。北京政府这种惧外、媚外的可耻态度，再一次激起了群众的愤怒抗议。

6 月 19 日，山东各界联合会派出的由八十余人组成的请愿团到达北京。他们先后到总统府、国务院请愿，并面见总统和代理总理，要求政府作出拒签和约的保证。5 月 27 日，北京学生及其他群众形成了万余人包围怀仁堂总统府的壮观场面。“反对签订卖国条约”的口号此伏彼起，声震屋瓦。山东、上海及其他地方也开展了各种形式的拒签和约的斗争。在巴黎的中国代表还先后收到各团体或个人拍发的七千多封要求拒签和约的电报。

在中国的主权受到严重威胁的时候，在法国的中国工人、留学生和华侨也积极行动起来了。据当时的中国代表顾维钧回忆：“在巴黎的中国政治领袖们、中国学生各组织，还有华侨代表，他们全都每日必往中国代表团总部，不断要求代表团明确保证：不允保留即予拒签。他们还威胁说，如果代表团签字，他们将不择手段，加以制止。”①6 月 27 日傍晚，即巴黎和约签字仪式的前夕，旅法华工、留学生、华侨数百人还前往巴黎近郊中国政府总代表陆征祥所住医院，要求拒签和约。顾维钧在与他们会见时，对他们的要求作了肯定的表示。第二天，中国代表终于没有出席巴黎和约的签字仪式。

这里附带说一下，北京政府到底有没有下令拒签和约？有材料说：6 月 28 日，学生代表在会见大总统徐世昌时严正要求，“今晚非去电拒绝签字不可”。徐无奈，令秘书当场拟就电文，拍发中国代表。② 但是，拒绝签字实际上是中国代表“相机办理”、自行决定的。陆征祥在给北京政府的密电中就明确地说，他们“详审商榷，不得已当时不往签字”③。徐世昌政府事后也讲过，“各使鉴于全国舆情，不敢拂逆众意”，“于是不签字之局，遂（得）以实现”④。

近代以来，无论是晚清政府还是北洋政府，不知同外国列强签订了多少个丧权辱国的条约。从根本上说，对于外国列强的无理要求，它们往往是俯首听命、不敢坚持抗争的。这次，中国代表“鉴于全国舆情，不敢拂逆众意”，竟然敢对“国际和平会议”拟定的包含有损中国主权内容的条款，公开表示拒绝。这更是

① 萧超然：《北京大学与五四运动》，北京大学出版社 1995 年版，第 235 ~ 236 页。

② 参见《五四运动回忆录》（上），中国社会科学出版社 1979 年版，第 543 页。

③ 汪朝光：《民国的初建（1912—1923）》，凤凰出版传媒集团、江苏人民出版社 2007 年版，第 282 ~ 283 页。

④ 《五四爱国运动档案资料》，中国社会科学出版社 1980 年版，第 357 页。

近代以来中国历史上从来没有的事情。这是继罢免曹、章、陆以后,五四运动取得的又一个更为重大的胜利。

五四运动是一场反帝反封建的革命运动。反帝反封建的艰巨任务,当然不可能在群众发动的一次性冲击中完成。但是,五四运动确实是这场革命的一个新的开端。就这次运动中提出的"和会不得签字"和"惩办国贼"等具体目标来说,经过广大群众坚持不懈的奋斗,最终还是胜利实现了。

(二) 五四运动的新的历史特点

五四运动具有什么新的历史特点呢?毛泽东说过:"五四运动的杰出的历史意义,在于它带着为辛亥革命还不曾有的姿态,这就是彻底地不妥协地反帝国主义和彻底地不妥协地反封建主义。"①

五四运动的直接斗争目标,是"和会不得签字"和"惩办国贼"。前者针对的是侵犯中国利权的帝国主义列强,后者针对的是出卖中国利权的封建官僚。广大学生和各阶层群众为此所进行的坚定明确、英勇无畏、不屈不挠的斗争,正是彻底地不妥协地反帝、反封建革命精神的具体体现。通过这场反帝爱国运动的实践,人们对挽救祖国危亡的途径开始有了新的认识。

中国在巴黎和会上的失败,在很大程度上打破了人们对帝国主义的幻想。北京大学教授、新文化运动的倡导者陈独秀也曾经说过,大战结果是"公理战胜强权",美国总统威尔逊称得上是"世界第一大好人"。但在得知有关巴黎和会的消息之后,他的看法就有了根本性的改变。他揭露,"什么公理,什么永久和平,什么威尔逊总统十四条宣言,都成了不值一文的空话";要求得世界和平与人类幸福,"非全世界人民都站起来直接解决不可"②。李大钊更提出了必须"改造强盗世界,不认秘密外交,实行民族自决"这样明确的主张。③

救国要依靠人民群众的直接行动,这是一个崭新的观念。1919 年 6 月 11 日,由陈独秀起草的《北京市民宣言》在提出有关要求的同时表示:"我市民仍希望用和平方法达此目的,倘政府不顾和平,不完全听从市民之希望,我等学生商人劳工军人等,惟有直接行动,以图根本之改造。"④7 月 1 日,上海 10 万人为反对巴黎和会举行集会游行。一位工人代表更进一步指出:"救国必须从根本上解决,就是要推翻卖国政府。"国民必须"另起炉灶,组织新政府"⑤。

---

① 《毛泽东选集》第 2 卷,人民出版社 1991 年版,第 699 页。
② 《每周评论》第 20 号,1919-05-04。
③ 《每周评论》第 22 号,1919-05-18。
④ 彭明:《五四运动史》,人民出版社 1984 年版,第 402 页。
⑤ 《时事新报》1919-07-02。

我们知道,辛亥革命的根本弱点之一,是没有广泛地动员和组织群众,这正是这场革命不能彻底的重要原因。而"五四运动不仅使学生卷入了运动的漩涡,同时也吸引了资产者、小商人、工人参加战斗。它不是官僚、政客、上层分子的活动,更不是军事投机或军事阴谋的行为,而是一个广大的群众运动"①。这是它比辛亥革命大大向前跨进了一步的地方。这个事实,领导辛亥革命的孙中山本人,也是承认的。

5月21日,各地学联代表在上海龙华体育场召开群众大会。北大学生代表在会上说,孙中山先生的革命,"仅仅把大清门的匾牌换成中华门,这样革命不算彻底。我们这次要作彻底的革命"。当时正在上海的孙中山参加了这次大会。他听到这些话以后也热烈鼓掌。会后,他还对北大同学说:"我所领导的革命,倘早有你们这样的同志参加,定能得到成功。"②孙中山的这种虚心总结历史经验、认真向革命实践学习的精神令人敬佩。

五四运动为什么会具有深刻的历史内容,会比辛亥革命大大向前跨进了一步?这是因为,它是在新的历史条件下发生的。这里,有几个新的历史因素值得我们注意:

第一,五四以前,1917年俄国发生了十月社会主义革命。"五四运动是在当时世界革命号召之下,是在俄国革命号召之下,是在列宁号召之下发生的。"③

第二,五四以前,1914年至1918年第一次世界大战期间,中国的资本主义经济得到了进一步的发展。"由于新的社会力量的生长和发展,使中国反帝反封建的资产阶级民主革命出现一个壮大了的阵营,这就是中国的工人阶级、学生群众和新兴的民族资产阶级组成的阵营。"④五四运动由此获得了比以往任何的革命斗争都更加深厚的群众基础。

第三,五四以前,中国发生了新文化运动。受过新文化运动熏陶的年青一代的知识界,尤其是赞成俄国革命的具有初步共产主义思想的知识分子,为五四运动准备了最初的群众队伍和骨干力量。

(三)五四运动的历史作用

五四运动对近现代中国历史发展的影响,是十分巨大而又深远的。

首先,五四运动促使中国先进分子的思想方向发生了根本性的改变。近代

① 张闻天:《中国现代革命运动史》,中国人民大学出版社1987年版,第131页。

② 《五四运动回忆录》(上),中国社会科学出版社1979年版,第255~256页。

③ 《五四运动回忆录》(上),中国社会科学出版社1979年版,第699页。

④ 《五四运动回忆录》(上),中国社会科学出版社1979年版,第558页。

以来，在比较长的时间里，中国先进分子曾经虔诚而热烈地向西方学习，希望把中国建设成为一个独立、富强的资本主义国家。巴黎和会上中国的外交失败，给他们上了严峻的一课。对于资本主义幻想的破灭，推动他们去探求中国的新的出路。

五四运动的亲历者瞿秋白在运动过后不久即指出：对于五四运动，“绝不能望文生义地去解释他。中国民族几十年来受剥削，到今日才感受殖民地的况味。帝国主义压迫的切骨的痛苦，触醒了空泛的民主主义的噩梦。学生运动的引子，山东问题，本来就包括在里边。工业先进国的现代问题是资本主义，在殖民地上就是帝国主义，所以学生运动倏然一变而倾向于社会主义”①。

五四以后，中国先进分子中有许多人经过对于各种社会主义思潮的比较研究，逐步在马克思主义的旗帜下集合起来了。

其次，五四运动促使中国先进分子考虑创建新的革命政党的问题。五四以前，在中国革命中起领导作用的是国民党及其前身中国同盟会。在五四运动中，孙中山虽曾对学生斗争表示过同情和支持，一些国民党人也参加过这场斗争，但他们并不是它的直接组织者和领导者。1919 年 8 月，孙中山在会见全国学联代表时，“对于五四运动再次给予肯定”，“但是，他认为学生手中没有武器，只能游行示威，而北洋政府用几挺机关枪就可以镇压成千上万的学生。他说，我要给你们五百支枪以对付北洋政府，如何？”②

那么，究竟什么人是五四运动的领袖人物呢？毛泽东说，五四运动的总司令是陈独秀。他这样说的根据，大概是因为，陈独秀倡导的新文化运动启发了许多青年知识分子，为这场斗争造就了最初的群众队伍；同时，他在运动中发表的评论，包括他在《北京市民宣言》中提出的主张，对这场斗争的深入发展起到了引导的作用。

同时，五四运动的主要领导骨干也不是国民党人。毛泽东说：“五四运动时期虽然还没有中国共产党，但是已经有了大批的赞成俄国革命的具有初步共产主义思想的知识分子。”③如北京的邓中夏、瞿秋白，长沙的毛泽东、蔡和森，天津的周恩来等，他们是这场斗争的主要领导骨干。

正因为如此，蔡和森在 1926 年回顾当时情况时说：五四运动时，整个说来，国民党是站在群众运动之外的。北京、上海的学生派代表去找过国民党，它的领导人“竟以无力参加拒绝”。这个趋势可以说明国民党“不能领导革命了，客观

---

① 《中国现代思想史资料简编》第 1 卷，浙江人民出版社 1982 年版，第 656 页。

② 许德珩：《为了民主与科学——许德珩回忆录》，中国青年出版社 1987 年版，第 83 页。

③ 《五四运动回忆录》（上），中国社会科学出版社 1979 年版，第 699～700 页。

的革命势力发展已超过它的主观力量了”，“故此次运动中一般新领袖对于国民党均不满意”①。成立新的革命政党来领导人民的斗争，已经成为中国革命发展的客观要求。

再次，五四运动促使马克思主义与中国工人运动的结合，为中国共产党的成立做了准备。中国工人阶级开始登上历史舞台，对斗争的胜利起到决定性作用这个事实，使中国先进的知识分子受到了非常实际的教育。上海学联在告同胞书中说：“学生罢课半月，政府不惟不理，且对待日益严厉。”而“工界罢工不五日，而曹、章、陆去”。他们由此看到了工人阶级力量的伟大。

正因为有了这种认识，在五四之后，脱下学生装，穿上粗布衣，到工人群众中去，成为接受了马克思主义知识分子的自觉行动。五四运动中有一部分学生领袖，就是从这里出发，到工人中去办工人学校，去办工会。

这样，五四运动就促进了马克思主义与中国工人运动的结合。在这个过程中，先进的知识分子了解到工人阶级的疾苦和他们的要求，把自己的立足点移到了他们的一边；一部分工人认识了本阶级的历史使命，具有了阶级的觉悟。在这个基础之上，中国产生了一批工人阶级的先进分子，这就为 1921 年中国共产党的成立准备了条件。

五四运动发生两年之后，中国新型的工人阶级政党——中国共产党就在工人最集中的城市上海诞生了。这绝不是偶然的。

我们知道，新民主主义革命是工人阶级领导的反帝反封建的革命。五四运动之所以成为这个革命的开端，不仅仅是因为中国工人阶级开始作为独立的政治力量登上历史舞台，对于这场斗争的胜利起到了决定性的作用；更重要的是因为，工人阶级对革命的领导是通过它的先锋队共产党来实现的。而这场斗争促进了马克思列宁主义的传播及其与中国工人运动的结合。“在思想上和干部上准备了一九二一年中国共产党的成立。”②这是五四运动的最大成果和最大收获。

正因为如此，五四运动成了中国新民主主义革命的开端。

（四）五四运动：民族复兴的历史起点

中国进入近代以来，已经过去了近 170 年的时间。这近 170 年的中国近现代史，如果以 1919 年的五四运动为界限，大体上可以分为前 80 年和后 90 年两个时段。这两个时段的历史情况是大不一样的。

---

① 《中共党史报告》，中共中央党校出版社 1980 年版，第 17～18 页。

② 《五四运动回忆录》（上），中国社会科学出版社 1979 年版，第 700 页。

我们知道，近代以来，中国面临着两项历史性的任务：一个是争取民族独立和人民解放，一个是实现国家的繁荣富强和人民的富裕幸福。必须首先完成第一个任务，才能为实现后一个任务创造前提、开辟道路。而在争取民族独立和人民解放的斗争中，五四运动起着承上启下的作用，是这个斗争从挫折走向胜利的一个关节点。

中国人民反对外国侵略的民族革命，从1840年就开始了。从鸦片战争到五四运动爆发前的80年里，中国人民进行的反帝反封建斗争对于粉碎帝国主义灭亡或瓜分中国的图谋、推动中国社会的进步起过不可磨灭的历史作用，但是从根本上说还是失败了。而在五四运动以后的90年时间里，由于有了马克思主义的指导，特别是有了中国共产党的领导中国人民的斗争虽然仍有曲折和反复，但是从根本上说走的是一条上坡路：经过30年的奋斗，中华民族和中国人民在世界上站立起来了；又经过60年的努力，一个极度贫弱的半殖民地半封建的旧中国变成了一个初步繁荣昌盛、充满生机活力的社会主义新中国。这就是说，综观近现代中国的历史，我们可以清楚地看到，五四运动是中国人民的斗争从挫折走向胜利的一个转折点，是中华民族走向伟大复兴的一个历史起点。

五四运动已经过去90年了，但是我们今天仍然在纪念这个运动，可见这个运动的意义有多么重大，影响有多么深远。诚然，我们今天所处的历史环境和面临的任务，已经与90年前大不相同。我们今天没有必要，也不应当再去简单地重复当年的斗争口号和斗争方式，这是毫无疑问的。但是，这个运动所体现的爱国主义精神，所提供的历史经验，所开创的革命传统，是永远值得我们继承和发扬的。

——原载《思想理论教育导刊》2009年第3期。

二、关于五四时期新文化运动的历史评价问题

（一）五四新文化运动的评价问题是怎样被重新提出来的？

五四运动是近现代中国历史上划时代的事件。它是中国旧民主主义革命与新民主主义革命分界的标志，是中国先进思想界方向转换的关键。

五四时期兴起的新文化运动，人们通常认为，是以1915年《新青年》（当时名《青年杂志》）的创刊为起点，以1921年社会主义问题的论战和1923年人生

观之论战为一个终点的。① 这个运动,在五四以前和五四以后,构成了两个不同的阶段。五四以前的新文化运动,是资产阶级民主主义的新文化反对封建阶级的旧文化的斗争;五四以后,社会主义思潮开始注入这个运动,并且逐步发展成了这个运动的主流。从形式上看,这个运动似乎只是在进行思想文化问题的探讨,从本质上说,它所提出的却是怎样才能拯救中国的危亡这样一个根本问题。在这个运动中,各类人物都对至今仍在被人们探讨的中国的出路问题提出过自己的主张,而在近现代中国历史上流传过的各种社会思潮也差不多在这个时期都有自己的表现。正因为如此,怎样评价这个运动,成为一个古老而常新的问题,成为一个容易引发争议的问题,是不奇怪的。

对于五四运动和五四时期的新文化运动,中国的进步思想界历来给予肯定的评价。对于五四运动及其有关的问题,毛泽东在《新民主主义论》、《五四运动》、《反对党八股》等文章中曾经作出过科学的分析,这种分析也得到了思想界、理论界、文化界的广泛认同。不过,从20世纪80年代以来,在一些人那里,五四运动尤其是五四新文化运动是不是在近现代中国的历史上起了积极作用,似乎又成为一个问题了。

在20世纪80年代尤其是它的后期,有人提出,五四运动的发展,马克思主义的传入,救亡运动的兴起,把启蒙运动压倒了。这是一个"救亡压倒启蒙的畸形历史","救亡只是救了一个旧文明",而当初"引入的新文明却几近灭绝"了,"以至今天我们又百般呼唤德赛两先生,回头量思一番,谁能说胡适当年提倡'少谈些主义,多研究些问题'不是至理名言"?他们无条件地肯定前期新文化运动,而否定后期新文化运动。在他们看来,新文明就是资本主义文明,社会主义思想文化代替资本主义思想文化居于主导地位,那几乎就是新文明的灭绝。就本质上说,他们所鼓吹的,是中国必须按照西方国家的模式走资本主义道路的思想,也就是"全盘西化"的思想。

20世纪80年代末90年代初以来,又有人举起了文化复古主义的旗帜。这种文化复古主义首先是以反对激进主义的面目出现的。在文化上批判激进主义的人们全盘否定五四新文化运动,否定在思想领域批评封建主义和资产阶级意识形态的必要性,并且把自己批评的矛头指向了被他们指责为激进主义的马克思主义,攻击马克思主义的传播造成了中国文化的断裂。有的作者公然声称:"在当今的中国大陆,一种外来的异族文化——马列主义——在国家权力的保护下取得了'国教'的独尊地位,而这种异族文化既不能安立中华民族的民族生命,又不能表现中华民族的民族精神,这使中华民族近百年来生命无处安立、精

① 参见张闻天:《中国现代革命运动史》,中国人民大学出版社1987年版,第131页。

神彻底丧失的局面发展到了最高极点。”因此“儒学理应取代马列主义，恢复其历史上固有的崇高地位，成为当今中国大陆代表中华民族、民族精神和民族生命的正统思想”。这些人在把自己批判的锋芒主要地是指向马列主义的同时，也对主张批判孔学的前期新文化运动采取否定的态度。所以，有的学者指出，他们所鼓吹的，乃是一种文化保守主义思潮，这是符合实际的。

“全盘西化”论和文化保守主义，这两种思潮乍看起来似乎处于对立的两极，但仔细推敲一下，也不难发现它们之间有着相通之处。这就是，尽管论证的方法不同，两者的基本结论，即否定马列主义、否定革命、主张改良等，却是一致的。耐人寻味的事实还在于，20世纪80年代的“救亡压倒启蒙”论的主要鼓吹者，到了90年代却跳到了另一端，成为鼓吹保守主义、反对激进主义的重要代表人物了。

这类所谓的“五四新论”，都是在创新的名义下提出来的。毫无疑问，科学的创新应当提倡。不过，这里的有些所谓新论，其实也并不新；而某些以民族精神卫道者自居的人所宣扬的，甚至是货真价实的舶来品。比如，“救亡压倒启蒙”的观点，就是有来历的。有一位美国学者曾写过一本书，认为中国近代的问题是救亡压倒民主。[①] 又如，反对激进主义那也是有来历的。“十几年前，台湾出了一套世界思想家丛书，分三类：一编是激进主义思想家，一编是保守主义思想家，一编是自由主义思想家，每编设若干人。现在我们有一些人说激进主义、保守主义，词汇都与当年台湾一样。”[②]1988年9月，海外新儒家的某代表人物作了一次关于中国近代思想史中的激进与保守问题的讲演。此后，谴责激进主义、呼唤保守主义逐渐形成一股潮流。1992年，香港展开了有关这个问题的讨论。大约一年以后，同类文章开始在中国内地的报刊上出现。

尽管宣扬这些思想观点的人们口头上说要淡化意识形态，并且主张研究有关问题时需用“全人类的观点加以观照”，我们还是不难发现，这些思想观点的提出本身就既不是意识形态的淡化，更不是什么“全人类观点”的张扬，其政治倾向之鲜明，现实的针对性之强烈，是一目了然的。

值得注意的是，人们在为自己的“全盘西化”思想和文化复古主义作论证时，都以全部或局部否定五四新文化运动为前提，因此，为了判别这些思想观点的是非，我们确实有必要考察一下人们对于这个运动所作的重新评价是否符合实际。

（二）怎样认识五四以前的新文化运动？

五四以前的新文化运动从一开始就是一场思想启蒙运动。当时的启蒙思想

① 《高校理论战线》1995年第8期。

② 《高校理论战线》1995年第8期。

家是从救亡的需要出发，提出启蒙的任务的。他们对戊戌维新的失败和辛亥革命的流产进行过思考，认为少数先觉者的救国斗争之所以成效甚少，中国国民对之“若观对岸之火，熟视无所容心”是根本原因。由此，他们提出了改造国民性这个任务。他们认定，这个任务不解决，“不但共和政治不能进行，就是这块共和招牌，也是挂不住的”。

他们的基本口号是民主和科学。在它的倡导者陈独秀看来，民主，这就是“西洋式之新国家”即资产阶级民主国家，就是“西洋式社会国家之基础，所谓平等人权之新信仰”；科学，“狭义的是指自然科学，广义是指社会科学而言”。这里所说的社会科学的代表，就是美国詹姆士的实用主义、法国柏格森的创造进化论、英国罗素的新唯实主义等唯心主义的思想体系。而提倡民主和科学，是为了在中国“建设西洋式之新国家，组织西洋式之新社会”，即为了建设资产阶级的国家制度和资本主义的社会制度，“以求适今世之生存”。

为什么要非孔、排孔呢？启蒙思想家们认为，这是由于孔子之所提倡、所垂示、所主张的，是“封建时代之道德、礼教、生活、政治”，与现代生活不合。根据“道与世更”的原则，我们没有理由继续把孔子当做偶像、当做权威。他们指出，封建礼教维护等级制度，这是与现代的民主政治不可两立的；它扼杀个性自由，否定个人独立之人格，这也与现代社会中自由地殖产兴业的需要不相适应；而且“罢黜百家、独尊儒术”，也违反思想自由的原则，不利于输入平等人权之新信仰。因此，为引导人们确立民主主义的信念，推动中国走上资本主义的发展道路，“对于此新社会新国家新信仰不可相容之礼教，不可不有彻底之觉悟，勇猛之决心”。

孔学是封建社会的正统思想，是为封建旧秩序所作的理论论证，是这种秩序借以欺骗和辩护的一般根据。既然破坏封建旧秩序的任务已经提上历史的日程了，对为这种旧秩序作论证和辩护的封建社会的正统思想的批判就是不可避免的。如果说，戊戌的维新志士还是披着孔学的外衣、假借孔子的名义去干那离经叛道的事业，如果说辛亥的革命家也没有去触动封建礼教的思想统制，而缺少一个广泛的民主主义的思想运动正是这个革命的一大弱点，那么，团结在《新青年》周围的启蒙思想家确是中国第一批反封建礼教的不妥协的光荣战士。他们所进行的反对孔学的斗争，间接地也就是反对由它为之辩护的那个陈腐的社会制度的斗争。他们否定孔子在现代社会中的权威地位，更有利于改变近两千年来人们那种“以孔子之是非为是非”的不正常现象，推动人们去冲破思想的牢笼，进行独立思考。他们由此在中国社会中掀起了一股思想解放的潮流。正如毛泽东所说，这个潮流是生气勃勃的、前进的、革命的。事实上，禁锢思想的闸门一旦被打开，各种新思潮的涌流就不仅不可避免，而且也是无法遏制的了。这样巨大的历史功绩，难道是可以抹杀的吗？

是不是当时的启蒙思想家对于中国的传统文化采取了否定一切的态度？并不是。首先，他们集中攻击的是孔学，对于其他学派并没有一概否定。比如易白沙在《孔子平议》一文中就说过："孔子之学只能谓为儒学一家之学，而不可以称以一国之学。盖孔学与国学绝然不同，非孔学之小，实国学范围之大也。"把孔学等同于国学，以为批判孔子就是否定整个中国文化，这是对于国学、对于中国文化的无知，是一种片面的认识。其次，即使对于孔学，他们也是着重地指明其"施于今日社会为不适于生存"，并没有否定它的历史作用。比如李大钊在《自然的伦理观与孔子》一文中就说过："孔子于其生存时代之社会，确是为其社会之中枢，确是为其时代之圣哲，其说亦确是代表其社会其时代之道德。"再次，他们也并没有说孔学中没有任何合理的因素，他们所反对的主要是它所宣扬的维护封建等级制度的根本的伦理原则，反对封建卫道者们在现代社会生活中仍然维护孔学的思想统制。比如陈独秀在《古文与孔教》一文中在批孔的同时就说过，"孔学优点仆未尝不服膺"；在《孔教》一文中，他在反对孔子主张的"根本的伦理道德"的同时，还说过"记者非谓孔教一无可取"这样的话。

当然，这并不是说，五四以前的新文化运动就没有弱点。弱点是存在的，主要是：

第一，他们批判孔学，是为了给中国发展资本主义扫清思想障碍。但是，"资产阶级的共和国，外国有过的，中国不能有"。提倡资本主义，并不能为人们提供一种思想武器去认识中国的必然，去有效地对中国社会进行革命的改造。为了做到这一点，人们不仅需要去进一步摧毁封建主义的思想统制，而且有必要去突破资本主义的建国方案和思维模式的局限性。事实上，还在五四以前，一些具有远见卓识的思想家在提倡欧化的同时，就已经开始对西方资产阶级的民主政治和文化思想采取某种怀疑和保留的态度了。比如，陈独秀在热烈歌颂法兰西文明时，就曾把社会主义当做法兰西人对于近代文明的三大贡献之一，认为它正是"反对近世文明之欧罗巴最近文明"；李大钊说过，"代议政治虽今犹在试验之中，其良其否，难以确知，其存其易，亦未可测"；毛泽东也说过，东方思想固不切于实际生活，西方思想亦未必尽是，几多之部分应与东方思想同时改造也。应当着重指出的是，这些新文化运动左翼人士的思想中的怀疑论成分，在近代中国的思想史上具有极大的价值。正是这种怀疑论推动他们去寻找解决中国问题的新途径，为他们尔后接受马克思主义准备了合适的土壤。

第二，启蒙思想家们把改造国民性置于最优先的地位，以为离开改造产生封建思想的社会环境的革命实践，仅仅依靠少数人的呐喊，依靠有限的宣传手段，就可以根本改造由这种社会环境所产生的思想，所造成的国民性，这显然是一种天真的、不切实际的想法。辛亥时期的革命家章太炎在驳斥保皇派关于中国人没有做共和国民的资格这种论调时就说过，革命是“启迪民智、除旧布新”的“补泻兼备之良药”。“今日之民，不必恃佗事而但恃革命以开之”。对于这个方面，即救亡的实践可以促进启蒙，救亡的实践本身正是一种有力的启蒙，启蒙思想家们是认识不足的，他们用进化论的思想来否定孔学在当代的权威地位，但是还没有能够揭示孔学的社会根源，进而揭示中国基本社会制度的不合理；他们以个性解放的思想来否定三纲五常这类伦理原则，但是还没有对中国广大劳动人民的深广而久远的痛苦表示最深切的同情，对他们的革命发动表示应有的期待。①

第三，正如毛泽东后来所指出的：“那时的许多领导人物，还没有马克思主义的批判精神，他们使用的方法，一般地还是资产阶级的方法，即形式主义的方法。他们反对旧八股、旧教条，主张科学和民主，是很对的。但是他们对于现状，对于历史，对于外国事物，没有历史唯物主义的批判精神，所谓坏就是绝对的坏，一切皆坏；所谓好就是绝对的好，一切皆好。这种形式主义地看问题的方法，就影响了后来这个运动的发展。”②

正因为五四以前的新文化运动存在着这些弱点，它也就不应当停留在原有的水平上，而仍然需要向前发展，这是不待说的。否认五四以前新文化运动本身也存在弱点，把它的主张绝对化，不是把五四以后新文化运动的发展看做历史的进步，而认为是历史的后退，这种说法是没有根据的，站不住脚的。

（三）怎样认识五四以后的新文化运动？

在十月革命特别是五四运动之后，中国的一批先进分子开始把自己的目光从西方转向东方，从欧美转向俄国，从资产阶级的民主主义转向无产阶级的社会主义。

中国先进分子接受马克思主义，马克思主义在中国开始形成为一股有重要影响力的思想潮流，这是五四以后新文化运动的显著特点和最大收获，也是五四时期思想解放运动的深入发展。如果说，从鸦片战争以来的近八十年间，中国的先进分子曾经企图通过学习西方、走资本主义道路来解决中国问题但没有获得成功的话，那么，这个资本主义死胡同的墙壁如今是被推倒了，在马克思主义的光辉照耀下，他们开始看到了展现在前方的一片广阔的新天地。尽管当时，真正的马克思主义者还为数不多，只是十几个、几十个人，而且限于知识分子，他们发出的声音也还比较微弱，其影响也还没有来得及扩展到广大的人民群众

---

① 见拙作《中国革命史论稿》，北京大学出版社 1992 年版，第 4～9 页。
② 《毛泽东选集》第 3 卷，人民出版社 1991 年版，第 831～832 页。

中去；但他们的出现，是近代中国历史上的全新的因素，是中国即将发生的伟大事变的发端。他们所宣传的思想，所从事的事业，具有远大的发展前途。所以毛泽东说："这时，也只是在这时，中国人从思想到生活，才出现了一个崭新的时期。"①

这里，我想对近年来一些人关注的几个问题谈一些意见。

1. 关于民主与科学精神的历史演进

五四运动时期，中国的先进分子提出了民主与科学这两个口号。

当时的启蒙思想家提倡民主、反对专制，提倡科学、反对迷信盲从，是切中时弊的。正因为如此，这两个口号在当时即获得了人们广泛的赞同，并产生了深远的影响。事实上，当封建主义还在政治和社会生活中占据支配地位的时候，对于资产阶级民主主义的提倡，在客观上仍然具有振聋发聩的作用。

但是，由于对资本主义幻想的破灭，五四以后，中国的一些先进分子已经开始改变自己的思想方向，逐渐在马克思主义的旗帜下集合起来了。

中国的先进分子在接受马克思主义之后，有没有抛弃五四运动时期的科学和民主精神呢？没有。他们"继承了五四运动的科学和民主的精神，并在马克思主义的基础上加以改造"②，从而赋予它们以新的含义，使它们在更高的层次上得到了进一步的发扬。

首先揭橥民主和科学两面旗帜的陈独秀在开始向社会主义方向转变时，即意识到民主不是抽象的概念，而是有着具体的历史内容的。他指出："十八世纪以来的'德谟克拉西'，是那被征服的新兴财产工商阶级，因为自身的共同利害，对于征服阶级的帝王贵族要求权利的旗帜。"而"如今二十世纪的'德谟克拉西'，乃是被征服的新兴无产劳动阶级，因为自身的共同利害，对于征服阶级的财产工商界要求权利的旗帜"③。在这之前，在他和李大钊主编的《每周评论》上，即有人对民主这个概念的内涵作出了新的界定，认为"所谓'德谟克拉西'，就是扫除社会上贵族阶级，用一般民众，组成一个完全平等的社会团体。所谓'经济的德谟克拉西'，就是废止资本主义生产，用一般民众，造出大家是劳动者，大家作了大家用的一个平等的经济组织"④。在表示信仰马克思主义之后，陈独秀更明确地指出，"民主主义只能够代表资产阶级意志"；"共和政治为少数资本阶级所把持"，"要用他来造成多数幸福，简直是妄想"；多数人要享有民主

① 《毛泽东选集》第4卷，人民出版社1991年版，第1470页。

② 《毛泽东选集》第3卷，人民出版社1991年版，第832页。

③ 陈独秀：《告北京劳动界》，《晨报》1919年12月1日。

④ 《新时代之根本思想》，1919年2月2日。

权利,必须铲除少数人享有的阶级特权,改变“大多数的无产劳动者困苦不自由”这种“不合于‘德谟克拉西’的状况”。① 李大钊更进一步指出,社会主义与民主并不是互相排斥的。“社会上不平等不自由的现象,都为德谟克拉西所反对,亦为社会主义所反对”。不过,“今之德谟克拉西有两种,一为中产阶级的德谟克拉西,一为无产阶级的德谟克拉西”,而工人政治“亦可以说是一种新的德谟克拉西”。② 这样,他们就把少数人的民主和多数人的民主,资产阶级的民主与劳动阶级的民主区分了开来。显然,提倡多数人的民主、劳动阶级的民主,这不是对民主的否定,而是把民主提到了更高级的层次、扩展到了更广泛的范围,从而把民主的旗帜真正地高扬了。

至于科学,陈独秀历来认为,这“有广狭二义:狭义的是指自然科学而言,广义是指社会科学而言”③。只是,关于社会科学,以前他认为主要是指詹姆士的实用主义、柏格森的创造进化论、罗素的新唯实主义等唯心主义学说;这时则认为主要是指马克思主义的科学世界观和社会革命论了。他指出,我们应当“用科学的方法从客观上潜心研究人事物质底分析”,不应当“天天用冥想的方法从主观上来解决宇宙人生问题”④。而“马克思所说的经济学或社会学,都是以这种科学归纳法作根据,所以都可相信的,都有根据的”。“所以现代的人都称马克思的学说为科学的社会学”,“为科学的社会主义”。⑤ 显然,提倡用马克思主义的观点来观察和研究社会,这不是对科学的否定,而是真正使科学方法的运用不再局限于对自然界研究的领域,而且扩展到对人类社会、历史研究的领域中去了。李大钊在当时就说过,“自有马氏的唯物史观,才把历史学提到与自然科学同等的地位。此等功绩,实为史学界开一新纪元”⑥。“社会学得到这样一个重要的法则,使研究斯学的人有所依据,俾得循此以考察复杂变动的社会现象,而易得比较真实的效果。这是唯物史观对于社会学上的绝大贡献,与对于史学上的贡献一样伟大”⑦。这不是科学精神的进一步高扬又是什么呢?

---

① 陈独秀:《民主党与共产党》,1920年12月1日,《新青年》第8卷第4号,《国庆纪念底价值》,1920年10月10日。《答柯庆施(劳动专政)》,1920年11月1日,《新青年》第8卷第3号。

② 李大钊:《由平民政治到工人政治》,1921年12月,《李大钊文集》下卷,人民出版社1984年版,第503~504页。

③ 陈独秀:《新文化运动是什么?》,1920年4月1日,《新青年》第7卷第5号。

④ 陈独秀:《答皆平〈广东一科学思想〉》,1921年6月1日,《新青年》第9卷第2号。

⑤ 陈独秀:《马克思的两大精神》,《广东群报》1922年5月5日。

⑥ 李大钊:《马克思的历史哲学与理恺尔的历史哲学》,1920年,《李大钊文集》下卷,人民出版社1984年版,第347页。

⑦ 李大钊:《唯物史观在现代社会学上的价值》,1920年,《李大钊文集》下卷,人民出版社1984年版,第369~370页。

民主与科学内涵的这种历史演进，说明中国的先进分子在五四时期已经开始突破资产阶级民主主义、自由主义的局限，实现了一次思想上的与时俱进，发生了一种认识上的飞跃。这个情况也说明，那种把五四精神归结为自由主义的说法，是不符合历史实际的。

自由主义是一种资产阶级政治思潮。中国的一些自由主义者如胡适等，也参加过五四时期的新文化运动。但是在五四以后，新文化运动的发展分成了两个潮流。一部分人走向了马克思主义，另一部分（如胡适等）则“向右”发展，“走到资产阶级的道路上去”了。

自由主义既没有把中国引向民族独立，也没有给中国带来政治的民主与科学的繁荣。自由主义者在中国不曾有过大的作为，这是一个不争的事实。由于在实践中不断碰壁，许多崇奉过自由主义的人后来也放弃了这种信念，而加入到人民革命的营垒中来了。历史表明，自由主义早已在中国无可挽救地遭到了破产。

2. 关于救亡与启蒙、革命与反封建的关系

马克思主义在中国的传播，有没有中断或取消五四以前新文化运动参加者们所从事的反对封建主义思想文化的启蒙工作呢？没有。中国的马克思主义者一开始就是封建主义思想文化的坚决批判者。由于他们运用新的思想武器即唯物史观来解析封建主义思想文化，他们也就在很大程度上克服了以往启蒙学者的弱点，从而把反封建的启蒙工作有力地引向深入、推向前进了。这主要地表现在以下几个方面：

首先，比以前的启蒙学者用进化论思想来否定孔子学说在现代生活中的权威更进了一步，他们“由经济上解释中国近代思想变动的原因”，指出中国封建社会的正统思想——孔子学说之所以支配中国人心两千年，“因他是适应中国二千余年来未曾变动的农业经济组织反映出来的产物，因他是中国大家族制度上的表层构造，因为经济上有他的基础”；这种学说由于“不能适应中国现代的生活，现代的社会”，随着传统的农业经济的变动以及相应的大家族制度的解体，它的崩颓粉碎是必然的、不可避免的。① 这样，他们就揭示了封建主义思想文化产生的社会根源，从根本上否定了它在现代社会中作为人们的指导思想和基本行为规范的价值。

与以往的启蒙学者主要运用个人主义思想来批判纲常、名教之类不同，他们以社会主义、集体主义作为进行这种批判的思想武器。他们指出，“个人是群合

---

① 《由经济上解释中国近代思想变动的原因》，1920 年 1 月 1 日，《李大钊文集》下卷，人民出版社 1984 年版，第 177、179、784 页。

的原素，社会是众异的组织”，“个人与社会、自由与秩序，原是不可分的东西”。绝对的个人自由是不可能有的，普遍的个性解放离不开整个社会的解放。指明这一点，并不意味着否定个人自由的价值，“真正合理的社会主义，没有不顾个人自由的”，而是为了给个人自由的内涵作出科学的界定，并对争取这种自由的途径作出切实的说明①。

与以往多数启蒙学者把争取个人的个性解放作为反封建思想斗争的主要出发点与立足点不同，他们进行这个斗争，主要是着眼于争取人民群众的社会解放。他们认为，宣传教育手段固然极端重要，但并不是万能的；在中国的旧制度下，也不可能真正施行普及教育，因为教育手段主要掌握在少数有产者手里。他们指出，“社会差不多是个人底模型，个人在社会里，方圆大小都随着模型变”。所以，离开变革社会的斗争，企图仅仅依靠少数人进行的宣传教育工作，去实现对中国国民性的根本改造，是不可能的。要改造国民性，必须改革铸成国民性中落后成分的落后的社会。而“要想改革社会，非从社会一般制度上着想不可”。少数人的呐喊固然会促使一部分人觉醒，对处于麻木状态的人们起到振聋发聩的作用；但“增加一两个善的分子，并不能使社会变为善良，除去一两个恶的分子，也不能够使社会变为不恶”②。这样，他们就把反封建思想的斗争，扩展为反对滋生这种思想的封建主义的社会经济制度和政治制度的斗争；把反封建斗争的方式，由少数人进行的思想批判，逐步地发展为人民群众的革命实践。

不应当低估反封建的革命实践对于封建思想的冲击力，尤其不应当把它看做是对于反封建思想斗争的阻断、挤压和排斥。事实上，在一个很长的时间里，中国革命主要是在农村区域进行的。农民的主要攻击目标是封建地主，同时，“旁及各种封建宗法的思想和制度”。封建的政权、族权、神权、夫权，代表了封建宗法的思想和制度的全部，其中政权又是一切权力的基干。革命既然集中地打击了封建政权，它也就使族权、神权、夫权也跟着动摇起来。正是在革命过程中，亿万被压迫的奴隶懂得了自己的尊严，意识到了自己的力量，并且作为真正的人，挺直腰杆，站立了起来，由此也可以看出，革命本身是一种多么伟大的启蒙。中国革命的主要组织形式是军队。军队，一般说来，这是最少民主精神、最多等级观念和奴隶主义的地方。恰恰是在这里，中国的马克思主义者也把民主精神，把反对等级制度和盲目服从的思想灌输了进去。他们明确指出：“中国不但人民需要民主主义，军队也需要民主主义。”他们在人民军队内部推广了民主生活，建立了民主主义制度，清除了封建雇佣军队的影响。广大士兵由此意识到

---

① 《自由与秩序》，1921年1月15日，《李大钊文集》下卷，人民出版社1984年版，第437～438页。

② 陈独秀：《新教育是什么?》，1921年1月2日，《新青年》第8卷第6号。

了自己在革命、在军队中的主体地位，并且在精神上得到了极大的解放。这种情况，在中国历史上也是破天荒的。

就是在思想文化战线上，中国的马克思主义者也做了许多卓有成效的工作。正是在“五四”以后，中国产生了以马克思主义为指导的崭新的文化生力军。这支生力军与革命同步，在斗争中成长。他们在社会科学领域和文学艺术领域中，都取得了重大的成就。“这个文化新军的锋芒所向，从思想到形式（文字等），无不起了极大的革命。其声势之浩大，威力之猛烈，简直是所向无敌的。其动员之广大，超过中国任何历史时代。”

中国人民在反对封建主义的思想文化、建设新的民主主义的思想文化方面所取得的这种伟大的历史性的进步，仅仅依靠少数人的呐喊、依靠有限的宣传教育手段、依靠“三五文人的笔墨运动”，是不可想象的。历史的事实表明，马克思主义的传播、救亡斗争的兴起和发展，既没有中断，更没有取消启蒙的工作；在一定的意义上，我们倒是应当说，不是别的，正是马克思主义指导下的革命实践，促使启蒙运动在量上得到了空前的扩大，在质上得到了根本的提高。马克思主义并没有束缚人们的思想，相反地，正是由于学习和运用了马克思主义，中国人的思想才在更广大的范围内和更深刻的程度上获得了解放。①

由此可见，所谓“救亡压倒启蒙”这种说法，经不住历史事实的检查，因而是完全站不住脚的。

3. 关于马克思主义和中国文化的关系

一些人认为，马列主义是外来的，所以要不得；孔学是中国古已有之的，所以碰不得。问题的这种提法本身就很荒唐。

首先有必要指出，真理和谬误的分界，在于主观认识和客观实际是否符合，而不在于它的源头是外国还是中国；我们对于某种思想文化弃取的标准，应当是它是否适合中国的需要，是否有助于中国的生存和发展，而不应当取决于它是从外国传入的还是中国古已有之的。

在十月革命以前，中国只面临着两种可能的选择，即封建主义和资本主义。中国封建统治者对外国侵略者的屈服，宣告了中国封建主义的破产，宣告了中国封建社会的正统思想不可能成为中国人民团结御侮的有效武器，于是，走资本主义道路也就成了近代中国先进分子的共同要求。只是实践表明，资本主义的道路在中国是走不通的。这样，十月革命以后，中国的先进分子才开始了自己的思想方向的转换。十月革命为中国提供了新的、在封建主义和资本主义之外的第三种选择，即社会主义。这个革命由于发生在情况同中国相同（封建压迫严重）

---

① 见拙作《中国革命史论稿》，北京大学出版社 1992 年版，第 16～19 页。

或近似(经济文化落后)的俄国而对中国人具有特殊的吸引力。它表明,“物质文明不高,不足阻社会主义之进行”。不仅发达国家,就是不发达国家,也是可以用社会主义思想来指示自己的解放之路的。它确实使陷于彷徨和苦闷中的中国人看到了民族解放的新希望。需要指出的是,中国早期的马克思主义者几乎无例外地都曾经是民主主义的热忱战士,他们抛弃资产阶级共和国的方案,举起科学社会主义的旗帜,这是他们经过缜密的思考之后所作出的一个严肃的历史性的抉择。他们说过,“一种学说有没有输入我们社会底价值,应该看我们的社会有没有用它来救济弊害的需要”。在当时流行的众多的学说中,他们之所以选择马克思主义,只是因为它作为严密的科学理论比之其他任何一种学说都更加具有说服力,“只是因为他能够圆满解决我们的问题,能于我们有益处”。

能够解决我们的问题,能够于我们有益处,就应当吸取,反之,就不应当死抱住不放,这是一个原则。鲁迅说过:“保存我们,的确是第一义。只要问他有无保存我们的力量,不管他是否国粹。”①如果以为,凡产生于外国的,即使于我们有用,也需废弃,这是愚蠢的;以为凡中国固有的,便好,“只要从来如此,便是宝贝”,应当抱住不放,这就不仅是愚蠢,而且是可笑的了。

有必要着重地指出,中国的马克思主义者在一开始就是注意从中国的实际出发来创造性地运用这个科学理论的一般原理的。中国的第一个马克思主义者李大钊在当时就指出,我们“应该细细的研考马克思的唯物史观,怎样应用于中国今日的政治经济情形”;应该懂得“宣传理想的主义”与“研究实际的问题”是“交相为用”、“并行不悖”的。他并且讲过,社会主义是“共性与特性相结合的一种新制度”,“故将来中国发生之时,必与英、德、俄有异”。后来,毛泽东更提出了使马克思主义中国化这样一个任务。以他为核心的中共中央明确地指出,把马克思列宁主义和中国实际结合起来,这就是要使得这一革命科学“更进一步地和中国革命实践、中国历史、中国文化深相结合起来”;中共中央并且强调,“中国共产党人是我们民族一切文化、思想、道德的最优秀传统的继承者”,我们应当“把这一切优秀传统看成和自己血肉相连的东西”,认为自己的一个任务就是在新的历史条件下把这一切“发扬光大”。正是遵循着这样一条唯物主义的思想路线,经过毛泽东和他的战友们的努力,马克思主义这个产生于欧洲的科学的世界观和社会革命论才获得了在中国借以实现自己的民族形式,获得了新鲜活泼的、为中国老百姓所喜闻乐见的中国作风和中国气派。这个中国化了的马克思主义完全是马克思主义的,同时又是中国的。它不仅以新的理论、新的观点丰富了马克思主义的宝库,而且也使我们民族的优秀的文化、思想、道德充实了

① 《鲁迅全集》第1卷,人民文学出版社1981年版,第306页。

新的时代内容,而得到了升华。正因为如此,对于中国人民来说,马克思主义就不是从外部强加给他们的思想,它由于扎根于中国大地而成了他们所需要的、同时又是他们易于理解、易于接受和可以掌握的精神武器;而中国的马克思主义政党也就不是从属于任何外国的政治团体,它由于是以中国化的马克思主义为指导的、能够充分代表中国人民意志的,而成了"中国最民族化的政党"。正是中国人民在马克思主义指引下所进行的伟大斗争,使我们这个有着五千年文明历史的国家得以洗刷百年来所蒙受的难堪的屈辱,而光荣地自立于世界的民族之林。①

由此可见,说马克思主义的传入扼杀了中国的民族精神和民族生命,这纯粹是对于近代中国历史的无知,是对于中国马克思主义思想运动历史的诬蔑和歪曲。这种论点的提出,不是以历史的事实为依据,而是以一种不正常的政治情绪为依据的。

还有必要指出,马克思主义从来就不是离开世界文明发展大道的一种狭隘的宗派。批判地继承人类思想文化的优秀遗产,这正是这个科学理论得以形成和发展的重要条件之一。正因为如此,中国的马克思主义者对于中国的传统文化从来就是取分析态度的。鲁迅早就说过:"因为新的阶级及其文化,并非突然从天而降,大抵是发达于对于旧支配者及其文化的反抗中,亦即发达于和旧者的对立中,所以新文化仍然有所承传,于旧文化也仍然有所择取。"②毛泽东对这个问题更做过深刻的说明。他指出:"我们这个民族有数千年的历史,有它的特点,有它的许多珍贵品。""我们是马克思主义的历史主义者,我们不应当割断历史。从孔夫子到孙中山,我们应当总结,承继这一份珍贵的遗产。"③当然,这种承继并不是无批判的兼收并蓄。他强调,必须"清理古代文化的发展过程,剔除其封建性的糟粕,吸收其民主性的精华",而决不能颂古非今,决不能赞扬任何封建的毒素。

事实上,中国马克思主义者同文化复古主义者的分歧,并不在于要不要继承中国的历史文化遗产,而在于:第一,对于中国的历史文化遗产是批判地继承呢,还是无批判地兼收并蓄,以至连它的封建性的糟粕也加以吸收,对其中的封建性的毒素也加以赞扬?第二,是通过批判地继承中国历史文化的优秀遗产来推进有中国特色的社会主义文化的建设和马克思主义的发展呢,还是颂古非今,重新

---

① 见拙作《争取民族独立和维护国家主权的光荣旗帜——纪念毛泽东一百周年诞辰》,《求是》1994 年第 1 期。

② 《鲁迅全集》第 7 卷,人民文学出版社 1981 年版,第 355 ~ 356 页。

③ 《毛泽东选集》第 2 卷,人民出版社 1991 年版,第 533 ~ 534 页。

把孔学奉为中国的正统思想以取代马克思主义在中国的指导地位？显然，这种分歧所涉及的，不是问题的若干细枝末节，而是中国思想文化发展的方向、道路这样的根本。正因为如此，在这类问题上，人们是麻木不得，也含糊不得的。

我们相信，历史的发展虽然有曲折，但整个来看，毕竟是一个前进的过程。既然封建制度已经无可挽救地衰亡了，企图把为封建制度作论证和辩护的思想偶像重新抬到至高无上的地位的努力，也注定地将是徒劳的。

毫无疑问，中国的传统文化是一个丰富的宝藏。我们反对复古主义，反对对古代文化的无批判的兼收并蓄，反对以儒学取代马克思主义的企图，这绝不是说，我们可以忽略对中国优秀的思想文化的继承，可以用简单的、粗鲁的、教条主义的态度来对待中国的历史遗产。发掘、整理、总结、继承中国古代优秀思想文化的工作，不是做得太多了，而是做得还很不够。半个多世纪以前毛泽东所提出的，"学习我们的历史遗产，用马克思主义的方法给以批判的总结"①，仍然是摆在我们面前的一项艰巨的任务。做好这个工作，对于我们发扬中华民族的优秀传统，增强民族的自尊心、自信心和凝聚力，对于我们推进社会主义的精神文明建设，都是有重要的意义的。而只有坚持运用马克思主义的方法，反对文化复古主义的倾向，我们才有可能对中国的历史遗产作出科学的分析，从而真正地把这个工作做得富有成效。

4. 关于"兼容并包"思想的历史作用

讲到五四，人们很自然地会想起它的发祥地北大，想起当时北大的校长蔡元培，想起蔡元培提出的"兼容并包"的办学思想。

蔡元培在《自写年谱》中回忆自己在教育界的经历时说："我对于各家学说，依各国大学的通例，循思想自由原则，兼容并包。无论何种学派，苟其言之成理，持之有故，尚未达自然淘汰之命运，即使彼此相反，也听他们自由发展。例如陈君介石、陈君汉章一派的文史，与沈君尹默一派不同，黄君季刚一派的文学，又与胡君适之的一派不同；那时候各行其是并不相妨。"在他执掌北大的校政时，确是这么做的。至于把思想自由、兼容并包作为办学的原则，则是后来所作的概括。

本来，学术问题上的是非就是不能依靠行政手段加以裁决的，应当允许不同学派相互争鸣，而不应当用行政命令的办法扶植一种学派而压制另一种学派。王昆仑在《蔡元培先生二三事》一文中说："蔡先生长北大时，主张百家争鸣，所以会有两位名师唱对台戏的情况，这不仅充分体现了学术民主，而且能启发学生的思路，培养独立思考、探索真理的兴趣与能力。我那时在文科学习，选修文字

① 《毛泽东选集》第2卷，人民出版社1991年版，第533页。

学。教文字学的有两位老师，一位是新派钱玄同，一位是老派黄侃。我选的是钱玄同的课。一天，我正在课堂听钱老师的讲课，不料对面的教室里正在讲课的黄侃大声骂起钱玄同来，钱听了也满不在乎，照样讲课。后来，我就既听钱玄同的课，也听听黄侃的课，以便两相对照。”

在论及蔡元培的“兼容并包”思想时，人们爱举辜鸿铭的例子。辜是个极端守旧的人物，总是拖着一条长辫子，穿着紫红色大马褂，辛亥革命后仍然表示效忠清室，可蔡元培对这么一个人，还是予以任用。由此可见，蔡元培实在是有一种“海纳百川，有容乃大”的恢弘气度了。不过，在我看来，这样说，其实并不确切。蔡元培之所以任用辜鸿铭，并不是因为他思想守旧，更不是为了专门让他在北大开设论述帝制复辟的课程，而是因为此公精通英、法、德及希腊语文，对英国文学造诣尤深，才让他在文科讲授西洋文学，后又主讲《英诗》的。在这个问题上，蔡元培的开明，并不表现为他勇于给旧思想提供保护，而在于他并不因为某个人思想守旧就不用其专长。如果把蔡元培的“兼容并包”的方针，看做是不分政治是非、无条件地为旧思想提供保护伞，这对他就不只是一种误解，而且简直是一种歪曲事实真相的贬损了。因为正如王昆仑所说，蔡先生“主张兼容并包”，是“要从长期的暮气沉沉中看到朝气蓬勃，从矛盾重重中认识光明的真理。蔡先生是赞助革命，保护民主的”。

其实，汉代以来，中国的封建社会就是一个罢黜百家、独尊儒术的局面。北洋政府也仍然是主张尊孔读经的。北大虽曾是为了造就革新人才而创办的，但在维新运动失败以后，也就成为腐朽的“官僚养成所”了。在蔡元培提出“兼容并包”的方针以前，封建主义的思想、封建主义的思想文化，无论在中国、在北大，早就是一统天下。在这种情况下，蔡元培主张思想自由、兼容并包，其主要的意义正是为了打破封建主义思想文化的统制，给新思潮的涌流打开闸门，开辟道路。在实际工作中，他也是这样做的。担任过蔡元培秘书的高平叔在《蔡元培与北京大学》一文中就说：“由于北大文科顽固守旧的教师较多，因此（他对北大的）整顿工作，先从文科入手。”为此，他聘请《新青年》杂志的主编、新文化运动的思想领袖陈独秀出任北大文科学长，聘请李大钊、胡适、鲁迅、刘半农等来北大任职、任教，他们与原在北大文科任教的钱玄同、沈尹默等一起，构成了一个革新的营垒。陈独秀到北大任职后，《新青年》编辑部也迁到北京来了。北大的一些革新派人物参加了编辑部的工作。这样，北大就成了新文化运动的主要阵地。在随后发生的五四爱国运动中，北大之所以能够成为它的发祥地，这与蔡元培入主校政以来对新思潮的这种扶持、保护、推动是分不开的。尤其难能可贵的是，五四以后，当马克思主义在北大传播开来的时候，他对此也采取了支持的态度。正是在他担任校长期间，李大钊在北大开设了“唯物史观”、“社会主义与社会运动”等马克思主义课程。这在中国教育史上是一个创举。1921年11月北京大学马克思学说研究会公开活动时,他同意在《北京大学日刊》上刊登研究会的启事和会员的名单。他还拨出两间房子作为研究会的活动场所,一间当办公室,一间当图书室。这个地方当年被称作“亢慕义斋”(共产主义小屋)。至今北大图书馆还保存着盖有“亢慕义斋藏书”印章的八本德文原版的共产主义文献。所有这些事实都有力地表明,他提出这个方针,是为了推广进步思潮,不是为了保护腐朽的、落后的思想。

五四运动发生以来,九十年的时间过去了。在今天中国的思想文化领域中,反对封建主义的斗争任务虽仍然存在,占主导地位的却已经不再是封建主义而是马克思主义了。在这种情况下,我们是否仍然有必要原封不动地重复蔡元培提出的“兼容并包”的方针、口号呢?我认为,是没有必要的。需知任何方针、口号都是历史的、具体的、有着现实的针对性的。历史环境变了,面临的任务变了,方针、口号也应当相应地发生改变。但这样并不是意味着,这个方针、口号所体现的积极内容和合理成分无条件地统统失去了时效。比如,蔡先生提倡的学术民主,就不仅在今天,而且在今后也都是要加以发扬的。毛泽东倡导的“百家争鸣”的方针,就体现了这种发场学术民主的精神。不过,发扬学术民主,其目的是为了探索真理、认识真理、发展真理。因此,这个过程就应当包含着各学派之间的批评、切磋乃至斗争,并不只是简单地对各种不同倾向的思想、观点加以无批判的兼收并蓄。因此,即使从表达发扬学术民主这个思想来说,提“百家争鸣”,较之提“兼容并包”,也还是要更为确切一些的。

——主要内容见《文艺理论与批评》1996年第1期;部分内容见《五四运动与民族复兴》,北京大学出版社2009年版,第42~48页。

三、中国先进分子对马克思主义的选择

(一)资本主义建国方案在中国的破产

1919年五四运动的最重要的历史作用,在于它促进了马克思列宁主义在中国的传播及其与中国工人运动的结合,从而“在思想上和干部上准备了一九二一年中国共产党的成立”①。

---

① 《毛泽东选集》第2卷,人民出版社1991年版,第700页。

马克思主义认为,工人阶级政党是“工人运动和社会主义的结合”①。这个命题,最先是由卡尔·考茨基在《爱尔福特纲领》中加以阐述的。1900年列宁的《我们运动的迫切任务》一文正是以这一命题立论,阐明了工人阶级政党建立和发展的道路。随后,他在《怎么办?》这部著作中对这个命题作出了系统而深刻的论证。

中国共产党是工人阶级的政党,它的产生应当以中国工人阶级的成长和中国工人运动的发展为前提,这个道理是不言自明的。《共产党宣言》在1848年发表以来,以马克思主义为指导的工人阶级政党在欧美许多资本主义国家先后宣告成立。但是,在半殖民地的中国,由于资本主义极不发展,工人阶级力量过于微弱,直至20世纪初,也还没有成立这样的党。1911年11月,江亢虎曾组织中国社会党,并在一些地方发展组织。这个党虽然以信奉社会主义相标榜,同时却又主张通过教育和自上而下实现民主政治的办法来达到社会主义的目的,它所走的并不是马克思主义的革命道路。而到了1913年,江亢虎更屈服于袁世凯的压力,宣布将该党解散了。到了五四时期,情况已经有所不同。在1914年至1918年的第一次世界大战期间,由于西方主要的帝国主义国家忙于在欧洲战场上厮杀,暂时放松了对中国的经济侵略,中国的民族资本主义得到了比较迅速的发展,工人阶级的力量也随之进一步成长起来。1919年五四运动前夕,据估算,近代产业工人已经达到200万人。在五四运动中,工人阶级开始作为一支独立的政治力量登上历史舞台,成为推动这场斗争胜利发展的主力军。这说明,成立工人阶级政党的社会阶级基础,在这时已经具备了。

不过,工人阶级的成长和工人运动的发展,还只是使建立工人阶级政党具备了必要条件,而不是具备了充足条件。工人阶级有各种组织,如工会、合作社、妇女团体等,这类组织有许多在党成立之前就已经有了。党与这些工人群众组织的区别在于:它是工人阶级的先进的觉悟的阶层,是工人阶级的先锋队。它应当通晓社会发展和革命发展的规律,了解工人运动和人民斗争的条件、进程和结果,据此制定出正确的纲领、路线和策略,领导本阶级和人民群众去进行改造旧世界、建设新世界的胜利的战斗。而它所以能够做到这一点,关键在于它必须以科学社会主义理论作指导。

科学社会主义是工人阶级的理论体系,但它不可能从自发的工人运动中产生出来。这是因为,旧社会制度的本质是被掩盖着的。比如,资本主义的剥削关系就被等价交换的关系掩盖着,资产阶级专政就被人们在法律面前的形式平等掩盖着;如果不系统地总结阶级斗争的经验,不借助于人类知识的优秀成果去进

① 《列宁选集》第1卷,人民出版社1995年版,第284页。

行这种总结,就不可能科学地阐明旧社会制度的本质和工人阶级的历史使命。工人阶级虽然具有伟大的智慧和创造才能,但是,列宁认为,工人群众自己绝不能在他们运动进程中创造出独立的思想体系,因为在旧社会制度下,他们既没有时间也没有经费来做这件事情。由于资产阶级思想体系具有久远的渊源,经过了全面的加工,拥有多得无比的传播工具,它总是自发地同时又最厉害地迫使工人接受它。所以,“工人阶级单靠自己本身的力量只能形成工联主义的意识”,即要求结成工人团体,与厂主斗争,争取提高工资、缩短工时、改善劳动条件等。工联主义指导下的斗争,只是要求改良工人被剥削的处境,并不要求消灭剥削本身。这只是资本主义制度范围以内的战斗。所以,“工联主义正是意味着工人受资产阶级的思想奴役”①。

列宁指出,社会主义学说是“从有产阶级的有教养的人即知识分子创造的哲学理论、历史理论和经济理论中发展起来的。现代科学社会主义的创始人马克思和恩格斯本人,按他们的社会地位来说,也是资产阶级知识分子”②。这类知识分子叛变了自己出身的阶级,投向了工人方面。他们利用自己处在原来的阶级地位时所获得的教育因素,去研究社会各阶级尤其是工人阶级的状况,总结人类历史的经验尤其是工人阶级斗争的经验,从而创立了科学社会主义的理论。只有当他们把这种科学社会主义理论灌输到工人运动中去,并使两者结合起来的时候,工人阶级中才有可能产生出理解了旧社会制度的本质、理解了社会阶级的剥削关系、理解了本阶级历史使命的先进分子;在这样的条件下,才有可能创立作为工人阶级先锋队的党。

为了在中国创立这样的党,当然并不需要从头去从事科学社会主义理论的最初创造,因为这件事情已由马克思、恩格斯做过了。需要做的,是把这个理论在中国加以传播,并使之同中国的工人运动结合起来。如果说,工人阶级的成长及其斗争的发展,是建党必须具备的社会阶级基础,那么,马克思主义在中国的传播,就是建党所不可缺少的思想条件了。

马克思主义思想运动在中国的兴起,是 1917 年俄国十月社会主义革命和 1919 年中国五四反帝国主义爱国运动以后的事情。这个思想运动的发生,是同资本主义建国方案在中国遭到破产这个历史事实直接关联着的。

1. 向西方寻找真理

从 19 世纪 40 年代至 20 世纪初期这一个相当长的时期内,先进的中国人曾经历经千辛万苦,向西方国家寻找真理,企图使中国走上资本主义的发展道路。

① 《列宁选集》第 1 卷,人民出版社 1995 年版,第 327 页。
② 《列宁选集》第 1 卷,人民出版社 1995 年版,第 317~318 页。

他们感到,中国封建统治阶级向外国侵略者的屈服,表明了中国封建社会的正统思想已经不能成为中国人团结御侮的有效的精神武器了。要救国,只有维新,要维新,只有学外国。那时的外国只有西方资本主义国家是进步的,它们成功地建设了资产阶级的现代国家。日本人向西方学习有成效,中国人也想向日本人学。"洪秀全、康有为、严复和孙中山,代表了在中国共产党出世以前向西方寻找真理的一派人物。"①

先进的中国人向西方的学习,是逐步深入的。鸦片战争时的抗英名将、封建阶级的开明派林则徐就已经"开始睁眼看世界"了。他的同道魏源就提出了"师夷长技以制夷"②的主张,即学习西方先进的科学技术来抵御西方列强对中国的侵略,虽然这种学习还局限于生产力的领域。洪秀全把这种向西方的学习提到了一个新的高度,因为他明确地支持了洪仁玕在《资政新篇》中提出的在中国发展资本主义的纲领。洪仁玕认为,英、美、法等"外国人技艺精巧,国法宏深",值得中国仿效。他不仅主张向西方国家学工艺技术、兴银行、办工业、开矿藏、设新闻官书信馆,而且主张像西方国家那样"准富者请人雇工",对穷人则"宜令作工,以受所值"③,即在中国发展资本主义的生产关系。康有为则把向西方国家的学习从经济的领域推广到了政治的领域。他认为"西人治国有法度",因而力主中国应以西方为榜样,厉行变法,以便使"欧美之新法,日、法之良规,悉发现于我神州大陆"。他除了跟前人一样,主张学习西方先进的生产技术,主张对工商业宜像西方那样"纵民为之,并加保护";而且主张学习"各国语言文字、政教律法、风俗约章"④,主张中国仿效某些西方国家实行君主立宪的政治制度。严复在政治上与康有为一样属于维新派的营垒,他的突出贡献在于系统地向中国人介绍了西方资产阶级的哲学、政治学、社会学、经济学等理论。他认为,"民智者富强之源","欲开民智,非讲西学不可"。⑤ 海禁大开以来,中国人向西方学习得并不少,之所以"不能有实效者",是由于没有抓住这个根本。为此,他决心集中精力从事西方学术论著的译介工作。他翻译了赫胥黎的《天演论》,宣传"物竞天择,适者生存"的思想,号召中国人自强不息,与天争胜,以便救亡图存;他还翻译了《穆勒名学》、亚当·斯密的《原富》、孟德斯鸠的《法意》和赫伯特·斯宾塞的《群学肄言》等,宣传唯物论的经验论、古典政治经济学原理和君主立宪、三权分立等社会政治思想。他把向西方的学习,推进到思想、理论这个深层次的

① 《毛泽东选集》第4卷,人民出版社1991年版,第1469页。
② 魏源:《海国图志·叙》。
③ 洪仁玕:《资政新篇》。
④ 康有为:《上清帝第二书》。
⑤ 严复:《原强》。

领域里去了。中国民主革命的伟大先行者孙中山更制定了“驱除鞑虏，恢复中华，建立民国，平均地权”的纲领，第一次提出了比较完整的资产阶级共和国的方案；他并且参照欧美各国的历史经验，结合中国的实际，创立了民族、民权、民生三大主义。这样，他就使中国人向西方的学习达到了前所未有的高度、广度和深度。由此也可以说明，先进的中国人对西方的学习是相当全面的。他们并没有限于向西方学习科学技术，而且还主张推广西方资本主义的生产方式，仿行西方资产阶级国家的政治制度，研究和掌握西方资产阶级的理论和思想文化。主张“中学为体，西学为用”，即主张在坚持封建主义的正统思想的同时学一点西方的“船坚炮利”之类，以便维护封建社会秩序的人也有（如洋务派即是），但他们并不是中国先进分子的代表，他们的主张也不代表中国人学习西方的主流。

中国人学习西方的态度，是十分热烈和虔诚的。毛泽东在《论人民民主专政》一文中回顾这段历史情况时说过，“那时，求进步的中国人，只要是西方的新道理，什么书也看。向日本、英国、美国、法国、德国派遣留学生之多，达到了惊人的程度。国内废科举，兴学校，好像雨后春笋，努力学习西方。我自己在青年时期，学的也是这些东西。这些是西方资产阶级民主主义的文化，即所谓新学，包括那时的社会学说和自然科学，和中国封建主义的文化即所谓旧学是对立的。学了这些新学的人们，在很长的时期内产生了一种信心，认为这些很可以救中国，除了旧学派，新学派自己表示怀疑的很少”①。康有为就曾经乐观地预言：“大抵欧、美以三百年而造成治体，日本效欧、美，以三十年而摹成治体。若以中国之广土众民，近采日本，三年而宏规成，五年而条理备，八年而成效举，十年而霸图定矣！”孙中山更确信：“一旦我们革新中国的伟大目标得以实现，不但我们的美丽的国家将会出现新世纪的曙光，整个人类也将得以共享更为光明的前景。”

2. 资本主义道路走不通

无情的历史事实在于，“中国人向西方学得很不少，但是行不通，理想总是不能实现。多次奋斗，包括辛亥革命那样全国规模的运动，都失败了”②，这又是为什么呢？

毛泽东指出：“资产阶级的共和国，外国有过的，中国不能有，因为中国是受帝国主义压迫的国家。”③外国资本-帝国主义列强来到中国，不是为了使中国成为一个独立富强的资本主义国家，而是为了掠夺中国来发展它们自己的资本主

① 《毛泽东选集》第4卷，人民出版社1991年版，第1469～1470页。

② 《毛泽东选集》第4卷，人民出版社1991年版，第1470页。

③ 《毛泽东选集》第4卷，人民出版社1991年版，第1471页。

义。对于它们来说,一个政治上不独立、经济上受它们控制的半殖民地大国——中国,乃是一个十分广大的倾销商品的市场,理想的资本输出的对象,廉价原料、廉价劳动力的供应地。如果中国成为一个独立富强的资本主义国家,它们就不仅会丧失在中国获得的殖民主义利益,不得不在平等的基础上同中国打交道,而且还会使自己在国际市场上遇到一个强有力的竞争对手。所以,中国要学习西方,走资本主道路,首先是帝国主义不容许。事实上,“帝国主义侵略中国,反对中国独立,反对中国发展资本主义的历史,就是中国的近代史。历来中国革命的失败,都是被帝国主义绞杀的,无数革命的先烈,为此而抱终天之恨”①。这是完全符合实际的。

中国要像西方国家那样,走上自由地发展资本主义的道路,必须推翻外国侵略者的压迫,赢得民族独立,解除本国封建势力的束缚,解决农民的土地问题。但是,中国的民族资产阶级由于自身的力量过于软弱,不可能领导人民做到这一点。中国的民族资本主义经济自19世纪70年代初期发生以来,由于受到经济力量比较雄厚的外国资本的压迫和买办资本的排挤,由于在封建土地所有制的束缚下农村生产力水平低下、农民购买力微弱,国内市场相当狭窄,还由于受到反动政府的无度压榨,其发展是相当艰难的,是很不充分的。它在国民经济中所占的比重很小;它主要是金融资本和商业资本;它所经营的工业主要是轻纺工业和食品工业,而且在技术、设备以至原材料方面对外国资本有相当大的依赖性;它同封建势力有千丝万缕的联系,特别是同封建土地所有制的关系十分密切。中国民族资本主义经济的这种状况,决定了中国的民族资产阶级在政治上不能不具有两重性。一方面,它具有反帝反封建的革命要求,可以在一定时期内和在一定程度上参加反帝反封建的斗争;另一方面,它又害怕革命的坚决性和彻底性,尤其是不可能有效地去动员和组织中国反帝反封建的主力军农民的力量。我们看到,戊戌变法时期,资产阶级维新派所依靠的,主要是一个开明的皇帝,他们并没有想到应当使自己的活动同当时农民斗争的浪潮结合起来,因此,尽管一些维新志士本人表现得很英勇,但他们的斗争还是不可避免地陷于失败,他们自己也终于不得不发出“有心杀贼,无力回天”的悲叹。辛亥革命时期,资产阶级革命派也没有深入到群众中去,没有同广大的农民群众结合,他们的革命活动和农民的反抗斗争是互相脱节的。正如毛泽东后来所说,由于缺少一个大的农村变动,这个革命也失败了。

由此可见,资本主义的建国方案在中国行不通,是由当时中国所处的特定的时代条件和中国自身的社会条件决定的,这是一个不以人们的意志为转移的客

① 《毛泽东选集》第2卷,人民出版社1991年版,第679页。

观规律。

3.“怀疑产生了,增长了,发展了”

不过,在马克思主义传入中国之前,中国人并没有认识到这一点。当时,一些先进的中国人总结戊戌维新和辛亥革命失败的教训,痛感以往少数先觉者发动的救国斗争之所以成效甚少,中国国民对之“若观对岸之火,熟视而无所容心”①,是一个重要的原因,只是他们没有着重指出维新派和革命派自身具有的弱点(如没有提出充分反映群众切身要求的政治纲领,没有进行广泛的动员和组织群众的工作,等等),而是认定中国国民的性质与行为的堕落,乃是“亡国灭种之病根”。因此,他们把改造国民性置于优先考虑的位置之上,决心倾注自己的主要注意力于消除封建主义的旧思想、树立资本主义的新思想方面。他们倡导新文化运动,积极开展资产阶级新文化反对封建阶级旧文化的斗争。他们认为,只有把改造国民的思想这个工作做好了,才能为共和国方案的实行奠定思想基础;否则,“不但共和政治不能进行,就是这块共和招牌,也是挂不住的”。

五四以前的新文化运动(它以1915年《新青年》杂志的创刊为标志)在历史上有着重大的积极作用,也有着自己的局限性,这在前面已经讲述过了。这里需要补充说明的是,尽管当时新文化运动的倡导者、参加者仍然把建立名副其实的资产阶级共和国当做他们追求的共同目标,但他们中间少数具有远见卓识的人物已经开始对资产阶级的民主政治和文化思想采取某种保留态度了。其原因在于:

第一,在帝国主义时代,资本主义制度的内在矛盾已经比较明显地暴露出来。如果说,18世纪西方伟大的启蒙学者曾经自豪地宣言,他们所约许的理性的王国将是永恒的真理、正义、平等、人权在人间的实现,那么,在他们的中国学生中,即20世纪初期中国的启蒙学者中,却有人从实践中开始朦胧地感觉到,这个理性的王国不过是资产阶级的理想化的王国而已。新文化运动的首倡者陈独秀是积极主张在中国“建设西洋式之新国家,组织西洋式之新社会”的,但在1915年创办《新青年》时就已经讲道:“自竞争人权之说兴,机械资本之用广,其害遂演而日深。政治之不平等,一变而为社会之不平等;君主贵族之专制,一变而为资本之压制,此近世文明之缺点,无容讳言者也。”②

第二,第一次世界大战的爆发,给世界人民带来了极其深重的灾难。它用以往任何时候不曾有过的尖锐的形式,进一步暴露了资本主义制度本身固有的不可克服的矛盾。梁启超指出,在西方世界中许多人也感到“西方文明已经破产

① 陈独秀:《一九一六年》,1916年1月15日,《新青年》第1卷第5号。

② 陈独秀:《法兰西人与近世文明》,1915年9月15日,《新青年》第1卷第1号。

了”。“全社会人心都陷入怀疑、沉闷、畏惧之中，好像失了罗针的海船遇着风遇着雾，不知前途怎生是好。”这种情况，不能不对中国思想界发生影响。李大钊就说过：“此次战争，使欧洲文明之权威大生疑念。欧人自己亦对于其文明之真价，不得不加以反省。”①中国人是否还应当走这条路，当然就成为问题了。

第三，中国人学习西方资本主义的努力屡遭失败的事实，更使他们对资本主义建国方案的可行性产生了极大的怀疑。因为经过这种学习，虽然建立了一个“民国”，实际上却仍然是封建式的军阀官僚的专制统治；虽然资本主义经济有了某种发展，实际上中国经济却日益走向了殖民地化的道路。正如毛泽东后来所说的，人们看到，“国家的情况一天一天坏，环境迫使人们活不下去。怀疑产生了，增长了，发展了”②。

正是基于以上的原因，陈独秀在歌颂法兰西文明时，就曾经把创立社会主义作为法兰西人对于近代文明所作的重大贡献之一，并且认为，社会主义文明将是高于资本主义文明的最近代文明，虽然他当时还不懂得法国圣西门、傅立叶等人的空想社会主义同马克思的科学社会主义的区别；李大钊在宣传资产阶级民主制度的同时，也曾经说过，“代议政治虽今犹在试验之中，其良其否，难以确知，其存其易，亦未可测”③，虽然他当时也还不可能指明优于资产阶级民主制度的新政治制度将会是怎样的；毛泽东在学习西方思想的过程中，也曾经明确地讲过，东方思想固不切于实际生活，“西方思想也未必尽是”，几多之部分是“应与东方思想同时改造”④，虽然他当时并没有也不可能对中国人所需要的新思想作出具体的阐明……

应当指出，新文化运动左翼人士思想中的这种怀疑论成分，是具有重大的历史价值的。人们通常说，新文化运动的发展为马克思主义在中国的传播直接开辟了道路。这种说法，不能被认为是十分确切的。五四以前的新文化运动在本质上是资产阶级的新文化反对封建阶级的旧文化的斗争。宣传资产阶级的文化思想，怎么可能为无产阶级的文化思想的传播直接开辟道路呢？诚然，新文化运动既然把攻击的矛头指向了两千年来统治中国人思想的孔学，动摇了这个一向被视为神圣的封建社会的正统思想的权威，那么，它在客观上也就为包括社会主义在内的各种新思想的涌流打开了闸门。在这个意义上，也可以说，新文化运动为马克思主义在中国的传播创造了某种前提，开辟了道路。但是，直接推动中国

① 《东西文明根本之异点》，1918年7月1日，《李大钊文集》上卷，人民出版社1984年版，第565页。

② 《毛泽东选集》第4卷，人民出版社1991年版，第1470页。

③ 《民彝与政治》，1916年5月15日，《李大钊文集》上卷，人民出版社1984年版，第168页。

④ 毛泽东致黎锦熙的信，1917年8月23日。据手稿。

先进分子去接受马克思主义的科学社会主义的，并不是对于资产阶级民主主义的提倡和宣传，而恰恰是对于它的怀疑和否定。正是由于怀疑资本主义建国方案在中国的可行性，中国的先进分子才会想到要另辟蹊径，去探索挽救中国危亡的新方案，从而为他们尔后接受马克思主义的科学社会主义准备了合宜的思想土壤。在这里，也像列宁在《纪念赫尔岑》一文所说的俄国人在思想上经历过的情况一样，怀疑论成了"从'超阶级的'资产阶级民主主义幻想到无产阶级严峻的、不屈不挠的、无往不克的阶级斗争的转化形式"①。

这些对资产阶级民主主义抱有某种怀疑态度的新文化运动的左翼人士，后来成了中国共产主义运动的先驱，这不是偶然的。

（二）马克思列宁主义在中国开始传播

中国的先进分子走上马克思主义的科学社会主义指引的道路，是他们在经历了长期的、艰苦的摸索之后所作出的一种历史性的选择。

在1949年中国革命即将取得全国胜利的时候，毛泽东在《论人民民主专政》一文中回顾了中国先进的人们为了使国家复兴而不惜艰苦奋斗、寻找革命真理的经过。他指出："中国人找到马克思主义，是经过俄国人介绍的。在十月革命以前，中国人不但不知道列宁、斯大林，也不知道马克思、恩格斯。十月革命一声炮响，给我们送来了马克思列宁主义。十月革命帮助了全世界的也帮助了中国的先进分子，用无产阶级的宇宙观作为观察国家命运的工具，重新考虑自己的问题。走俄国人的路——这就是结论。"②

1. 对马克思及其学说的最初传介

毛泽东在这里所说的在十月革命以前中国人不知道马克思、列宁这句话，不能从绝对的意义上去理解。事实上，在这之前，即1945年4月，他在《关于"七大"的工作方针的报告》中就这样说过："马克思、恩格斯创立马克思主义学说始于一八四三年（鸦片战争后三年），但由一八四三年到一九一七年，七十四年之久，影响主要限于欧洲，全世界大多数人还不知道有所谓马克思主义。马克思主义产生于欧洲，开始在欧洲走路，走得比较慢。那时我们中国除极少数留学生以外，一般人民就不知道。""以前有人如梁启超、朱执信，也曾提过一下马克思主义"。"朱执信是国民党员，这样看来，讲马克思主义倒还是国民党在先。不过以前在中国并没有人真正知道马克思主义。"③

---

① 《列宁选集》第2卷，人民出版社1995年版，第285页。

② 《毛泽东选集》第4卷，人民出版社1991年版，第1470～1471页。

③ 《中共中央文件选集》第15册，中共中央党校出版社1991年版，第94～95页。

据考证，在中国最早提到马克思、恩格斯的，是外国传教士在上海办的《万国公报》。1899 年 2 月至 5 月，《万国公报》第 121 册至 124 册连载了英国传教士李提摩泰节译、中国人蔡尔康笔述的《大同学》一文。文章称“英人马克思”为“百工领袖著名者”，又称“德国讲求养民学者，有名人焉，一曰马克思，一曰恩格思（斯）”。《大同学》实际上是翻译英国社会学家、哲学家本杰明·颉德的著作《社会的进化》的前三章而成。“颉德的书旨，是将非理性主义的宗教与生物进化学说结合起来，阐述社会进化的理论，并非宣传马克思的社会主义学说。书中曾引述了马克思的言论和其他社会主义流派的言论，借以论证要消除社会的分裂状态，必须求助于非理性的宗教力量。”①尽管作者并不真正了解马克思主义，甚至连马克思是德国人还是英国人都没有弄清楚，但这篇文章毕竟在马克思主义诞生半个世纪以后，第一次让中国人知道世界上有马克思及其学说了。②

清末的资产阶级改良派代表人物梁启超曾向西方寻求救国之道，在戊戌变法失败之后，又曾亡命欧美。他看到西方资本主义社会贫富悬隔、矛盾深刻，“深叹社会主义之万不可以已也”。他甚至敏锐地预感到，“社会主义其必将磅礴于二十世纪也明矣”。他称马克思（麦喀士）为“社会主义之泰斗”、“社会主义之鼻祖”，称马克思的社会主义为德国“最占势力之二大思想”之一。但他对社会主义、对马克思并不真正了解。他固然承认社会主义为“近百年来世界之特产物”，同时又认为这种思想“吾中国固夙有之”，“中国古代井田制度，正与近世之社会主义同一立脚点”。他把“社会革命主义”称之为“狭义的社会主义”、“极端之社会主义”，把“改良社会主义”称之为“广义之社会主义”，他表示自己是不赞成“极端之社会主义”的，而只是认为中国“宜酌采社会改良主义”而已。他甚至认为，中国当前还处于“产业萎靡之时代，当未有容此问题（按即社会主义问题）发生之余地”。既然如此，他又为什么要向中国人介绍社会主义呢？这一方面，固然是由于作为一个爱国者（虽然已经落伍），他仍然在思考着中国的问题，因而不能不注意研究正在西方兴起的社会主义思潮；另一方面，更是由于他企图借西方社会矛盾的尖锐，那里的无产阶级在社会主义思想指导下奋起斗争的事实来向清廷施加压力，劝说其实行改良。他们自己就曾经明确地讲过：当前中国“民族主义尚不暇及，何论于社会主义大同理想哉？曰，吾明知不能骤至大同，而实欲立大同之基也。立大同之基者何？曰，在迫朝廷改专制政体而为立宪政体”。梁启超等人并不是社会主义者，这是很明白的。

中国民主革命的伟大先行者孙中山及其战友朱执信等，与梁启超不同，他们

---

① 王继平：《中国社会主义思想发展史纲》，广西人民出版社 1991 年版，第 23 页。

② 参见皮明庥：《近代中国社会主义思潮觅踪》，吉林文史出版社 1991 年版，第 24 页。

曾经真诚地确认自己是社会主义者。为了解决中国社会面临的问题,他们当时正在努力向西方学习,“从欧美吸收了解放思想,但在欧美,提到日程上的问题已经是摆脱资产阶级而求得解放,即实行社会主义的问题。由此必然产生中国民主派对社会主义的同情,产生他们的主观社会主义”①。孙中山本人就明确地讲过,“欧美强矣,其民实困。观大同盟罢工与无政府党、社会党之日炽,社会革命其将不远。吾国终能比迹于欧美,犹不能免于第二次之革命”。他认为,中国在学习欧美的时候,必须预防欧美社会已有的弊病和可能发生的社会动荡,因而主张“举政治革命、社会革命毕其功于一役”。他在 1905 年访问第二国际书记处时是这样说的:“中国社会主义者要采用欧洲的生产方式,使用机器,但要避免其种种弊端。他们要在将来建立一个没有任何过渡的新社会。”“换言之,中世纪的生产方式将直接过渡到社会主义的生产阶段,而工人不必经受被资本家剥削的痛苦。”1912 年 10 月,他在关于社会主义问题的讲演中还讲到了马克思,说他苦心孤诣,研究资本问题,达三十年之久,著为《资本论》一书,发阐真理,不遗余力,终于使社会主义“成为有系统之学理”。孙中山强调,“处今天中国而言社会主义,即预防大资本家之发生可矣。此非无病之呻吟,正未病之防备也”。朱执信是同盟会中“真正研究马克思主义的人”(何香凝语)。他在所著的《德意志社会革命家小传》中,介绍过马克思、恩格斯的生平及其学说。他简要地叙述了《共产党宣言》和《资本论》的某些内容,并且翻译了宣言末尾所列的十项纲领。他还著文指明马克思主义的科学社会主义与空想社会主义的不同,并对马克思的剩余价值和阶级斗争理论有所论列。应当说,孙中山等人“在主观上是社会主义者,因为他们反对压迫群众和剥削群众”,他们对资本主义所作的批判和对中国的社会主义前途所作的预言,也具有重要的历史价值。但他们还不是马克思主义的科学社会主义者。孙中山本人对马克思主义的一些基本原理如唯物史观和阶级斗争学说是既没有真切的了解,也并不表示赞同的。他只是把马克思主义当做社会主义的一个流派看待,虽然也从中撷取了某些思想,但并不主张以此来指导中国革命。被他视为走向社会主义的主要步骤的“平均地权”,是以实现资本主义的土地国有化为目标的。正如列宁所说,这个中国民主主义者的主观社会主义思想和纲领,事实上是仅仅改变不动产的“一切法律基础”的纲领,仅仅消灭封建剥削的纲领。他在后来明确提出的“节制资本”的主要含义,也只是要求限制私人资本,发展国家垄断资本,并不主张从根本上否定资本主义的生产关系。他为了预防资本主义的流弊而提出的主观社会主义思想和纲领,在实践中被还原成了在中国发展资本主义的路线,这就是“中国社会关系的辩

① 《列宁选集》第 2 卷,人民出版社 1995 年版,第 293 页。

证法”①。

就是在五四以前的新文化运动中，中国的先进分子也仍然是主要从西方资产阶级革命时代的武器库中去寻找思想武器的。他们虽然知道社会主义思潮正在西方流行，一些人在自己的论著中对社会主义思潮也有所介绍和评论，但他们同时又认为，“社会主义，理想甚高，学派亦甚复杂。惟是说之兴，中国似可缓于欧洲，因产业未兴，兼并未盛行也”②，所以并没有想到要以科学社会主义思想来指示中国的发展道路。

由此可见，在1917年俄国十月社会主义革命之前，虽然有人在中国对马克思及其学说作过零星的、片段的介绍，但马克思主义在中国既没有得到系统的说明、正确的阐释和广泛的传播，更没有形成实际的运动。以社会主义者自命的人也有一些，但还没有一个人已经成为马克思主义者。所以，说当时的“中国并没有人真正知道马克思主义”，这在根本上是符合历史实际的。

2. 十月革命给中国送来了马克思列宁主义

十月革命是一个具有划时代意义的世界性的历史事件。这个革命在资本主义世界体系上打开了一个重要的缺口，开辟了人类历史的新纪元。它昭示人们，资本主义制度并不是神圣不可侵犯的，无产阶级和其他劳动群众一旦觉醒起来、组织起来，完全可以依靠自身的力量创造出维护绝大多数人的利益的崭新的社会制度。这个革命是在马克思列宁主义旗帜的指引下赢得胜利的。它昭示人们，马克思列宁主义可以成为无产阶级和其他劳动群众争取解放的锐利的思想武器。所以，正如李大钊当时所说，“自俄国革命以来，‘马克思主义’几有风靡世界的势子，德、奥、匈诸国的社会革命相继而起，也都是奉‘马克思主义’为正宗”③。这个潮流不能不对中国产生巨大而深刻的影响。

十月革命发生在中国学习西方、走资本主义道路的尝试遭到严重的失败，中国的先进分子陷于极度的彷徨和苦闷之中的时候。封建主义的老一套是过时了，资本主义的道路又走不通，中国的出路究竟是什么呢？真是“山重水复疑无路，柳暗花明又一村”！就在这个时候，十月革命爆发了。它确实使中国人看到了民族解放的新希望。它告诉中国的先进分子，资本主义的建国方案对于中国来说固然是一条死胡同，但社会主义的思想旗帜是有可能把中国引向一个广阔的新天地的。李大钊当时就讲过，十月革命所开始的，“是世界革命的新纪元，

---

① 《列宁选集》第2卷，人民出版社1995年版，第294页。

② 陈独秀：《答诸葆衡（社会主义）》，1917年1月1日，《新青年》第2卷第2号。

③ 《我的马克思主义观》，1919年9、11月，《李大钊文集》下卷，人民出版社1984年版，第46～47页。

是人类觉醒的新纪元。我们在这黑暗的中国,死寂的北京,也仿佛分得那曙光的一线,好比在沉沉深夜中得一个小小的明星,照见新人生的路”①。

十月革命之所以成为中国的先进分子接受马克思主义的巨大的推动力量,具体说来,还有以下几个重要的因素:

第一,十月革命给予中国人的一个启示就是:经济文化落后的国家也可以以社会主义思想指示自己走向解放之路。

前面讲过,在十月革命以前,中国人以为自己的面前只有封建主义和资本主义这两种可供选择的建国方案;由于经济文化落后,资本主义不发达,他们认为以社会主义思想来指导中国革命,那还是在遥远的不可企及的将来才需要考虑的事情。十月革命开始改变中国人的这种认识。这个革命发生在俄国,而中国有许多情况和俄国相同或近似。封建主义的压迫,这是相同的。经济和文化落后,这是近似的。正因为如此,在十月革命以前,俄国并没有成为人们仿效的对象,中国也很少有人想到要学俄国。十月革命使俄国无产阶级和劳动人民的革命潜力像火山一样爆发了出来,震惊了整个世界,全人类和中国人都对俄国人另眼相看了。十月革命的实践告诉人们,“物质文明不高,不足阻社会主义之进行”②。中国的一些先进分子由此想到,既然俄国的国情同中国近似,那么,俄国人可以用马克思主义作指导来解决他们国家的问题,中国人为什么就不可能这样做呢?青年毛泽东就兴奋地指出,“我看俄国式的革命,是无可如何的山穷水尽诸路皆走不通了的一种变计。并不是有更好的方法弃而不采,单要采这个恐怖的方法”。“俄式系诸路皆走不通了新发明的一条路,只此方法较之别的方法所含可能的性质为多。”③彭璜认为,“中国国情,如社会组织,工业状况,人民性质,皆与俄国相近,故俄之过激主义可以行于中国。亦不必抄袭过激主义,惟须有同类的精神,即使用革命的社会主义也”④。李达也认为,“俄国是农业国,中国也是农业国,将来中国的革命运动,或者有采用劳农主义的直接行动的可能性”⑤。李大钊还从历史文化的角度对此作了论证。他说,俄罗斯“文明之要素,实兼欧亚之特质而并有之”,“俄罗斯之精神,实具有调和中西文明之资格”。“世界中将来能创造一种兼东西文明特质、欧亚民族天才之世界的新文明者,盖舍俄罗斯人莫属”。故“吾人对于俄罗斯今日之事变,惟有翘首以迎其世界新文

① 《新纪元》,1919 年元旦。《李大钊文集》上卷,人民出版社 1984 年版,第 608 页。

② 彭璜在 1921 年 1 月新民学会新年会上的发言,《新民学会会务报告》第 2 号。

③ 毛泽东给蔡和森、萧旭东并在法诸会友的信,1920 年 12 月,《新民学会通信集》第 3 集。

④ 彭璜在 1921 年 1 月新民学会新年会上的发言,《新民学会会务报告》第 2 号。

⑤ 《讨论社会主义并质梁任公》,1921 年 4 月 8 日,《李达文集》第 1 卷,人民出版社 1980 年版,第 73 页。

明之曙光”①。

第二,十月革命诞生的社会主义新俄国号召反对帝国主义,并以新的平等的态度对待中国,有力地推动了社会主义思想在中国的传播。

五四以前,不少中国人曾经对第一次世界大战中的战胜国协约国抱有幻想,以为中国既然在战时参加了协约国一方,战后就有权收回日本、德国在中国攫取的特权。中国在巴黎和会上的外交失败,有力地击破了中国人的这种幻想,激起了他们对于帝国主义列强的极大的愤怒和仇恨。与这种情况形成强烈的对照,社会主义的新俄国对中国采取了平等的态度。1919 年 7 月,苏维埃俄国政府公开发表第一次对华宣言,宣布废除“沙皇政府从中国攫取的满洲和其他地区”,“废弃(俄国人在中国境内的)一切特权”等。这个宣言于次年 3、4 月间冲破中国反动当局的新闻封锁,在《东方杂志》等刊物上发表出来。长期饱受资本主义列强欺凌的中国人民在得知宣言的内容之后,无不感到“无任欢喜”。这两方面的情况,对中国先进分子转变自己的思想方向,使他们把自己的目光从欧美转向俄国、从资产阶级民主主义转向无产阶级社会主义,起到了重要的促进作用。李大钊指出,近百年来饱受帝国主义列强摧凌的中国人民,“忽然听到十月革命喊出的‘颠覆世界的资本主义’、‘颠覆世界的帝国主义’的呼声。这种声音在我们的耳鼓里,格外沉痛,格外严重,格外有意义”②。一些人由此出发,主张抛弃资本主义的建国方案,像俄国人那样,选择社会主义指引的道路,这是合乎逻辑的。《新青年》杂志刊登的中国舆论界对苏俄第一次对华宣言的反应中,就有人这样说过:这个宣言体现了新俄国宪法的“要铲除资本主义侵略主义的精神”,我们应当由此前进一步,去“研究俄国劳农政府的主义”,赞同“俄国劳农政府所根据的真理”。③

第三,十月革命中俄国工人、农民和士兵群众的广泛发动并由此赢得历史性胜利的事实,给予中国的先进分子以新的革命方法的启示,推动他们去研究这个革命所遵循的主义。

近代以来,中国人民进行了反帝反封建的长期的、英勇的斗争,但这些斗争有两个根本性的弱点:一是没有认清革命的对象,不能团结真正的朋友以攻击真正的敌人;二是没有广泛地发动群众,未能形成有组织的、强有力的群众运动。十月革命提供了依靠群众赢得革命胜利的范例。青年毛泽东指出:“俄罗斯以

---

① 李大钊:《法俄革命之比较观》,1918 年 7 月 1 日,《李大钊文集》上卷,人民出版社 1984 年版,第 575 页。

② 《十月革命与中国人民》,1922 年 11 月 7 日,《李大钊文集》下卷,人民出版社 1984 年版,第 577 页。

③ 《新青年》第 7 卷第 6 号。

民众的大联合和贵族的大联合资本家的大联合相抗，收了‘社会改革’的胜利。”而中国的辛亥革命，“乃留学生的发踪指示，哥老会的摇旗呐喊，新军和巡防营一些丘八的张弩拔箭所造成的，与我们民众的大多数，毫无关系。我们虽赞成他们的主义，却不曾活动。他们也用不着我们的活动”。俄罗斯以民众大联合打倒贵族、驱逐富人这个事实，使“全世界为之震动”。革命浪潮由此风起云涌，“异军特起，更有中华长城渤海之间，发生了五四‘运动’”，这个群众运动向全国推广，使“天地为之昭苏，奸邪为之辟易”。由此使我们认识到，民众联合的力量最强，十月革命的方法是“可以普及于全世界”的，我们“应该起而仿效，我们应该进行我们的大联合”①。陈独秀也讲过类似的意思。他说，五四运动是在十月革命的影响下发生的。因为自从发生十月革命以后，“中国人也受了两个教训：一是无论南北，凡军阀都不应当存在；一是人民有直接行动的希望。五四运动遂应运而生”。“五四运动特有的精神”之一，就是人民的“直接行动”。② 蔡和森还进一步指出，“受十月革命影响的学生和知识分子，渐知工人阶级势力比学生大了，恰恰此时工人阶级又起了势力，五四运动中，工人阶级的力量表现给他们看了，故反映到中国先进分子方面都赶速地使他们倾向社会主义、共产主义和俄国了”③。

正因为如此，在十月革命和五四运动之后，社会主义思潮开始注入当时的新文化运动，并且逐步地发展成了这个运动的主流。《新青年》、《每周评论》(1918年12月由陈独秀、李大钊创办)、《民国日报》的《觉悟》副刊(1919年6月发刊)、《晨报》副刊(1919年2月创刊，李大钊等参加编辑)、《国民》杂志(1919年创刊，邓中夏、高君宇、许德珩等编辑)等报纸、刊物，纷纷发表宣传、研究、评论社会主义的文章。如果说，在以前的新文化运动中，人们的主要注意力还集中于向西方学习资本主义，只是偶尔才涉及社会主义，那么，在这时，中国已经产生了一批赞成俄国十月社会主义革命、具有初步共产主义思想的知识分子，社会主义已经形成为一股具有相当大的社会影响的思想潮流了。不过，开始时，人们对社会主义还只是一种朦胧的向往。瞿秋白说，当时，“社会主义的讨论，常常引起我们无限的兴味，然而究竟如俄国十九世纪四十年代的青年思想似的，模糊影响，隔着纱窗看晓雾，社会主义流派，社会主义意义，都是纷乱，不十分清晰的。正如久壅的水闸，一旦开放，旁流杂出，虽然喷沫鸣溅，究不曾自定出流的方

---

① 毛泽东：《民众的大联合》(一)(二)，1919年7、8月，《湘江评论》第2号，第4号。

② 陈独秀：《五四运动的精神是什么？》，《时事新报》1920年4月22日。

③ 蔡和森：《中国共产党史的发展(提纲)》，1926年，《中共党史报告选编》，中共中央党校出版社1980年版，第8页。

向”①。人们一时还分不清科学社会主义和其他社会主义流派的界限，一时还确定不了自己的信仰。无政府主义、革命的工团主义、基尔特社会主义、社会民主主义以及新村主义、泛劳动主义等观点在各种报刊上纷然杂陈。比如，李汉俊就曾错误地把马克思主义分为法国的工团主义、英国的基尔特社会主义、德国的社会民主主义和俄国的布尔什维主义等派别。李达甚至也把布尔什维主义与修正派、工团主义、组合社会主义相混同，认为它们的“范畴虽有种种不同，但在社会改造的根本原则”即主张公有制上是相同的，而他们采取的实现此种原则的手段之所以不同，则是“各国国情及国民性不同所致”。恽代英更一度认为，社会主义“向来没有什么很精确的界说，高到安其那布尔什维克主义，低到安福系王揖唐所称道，都有些可以合于通行所谓社会主义的意义”。中国的先进分子只是经过反复的比较、推求，才选择了马克思主义的科学社会主义。

3. 李大钊率先举起马克思主义的旗帜

在中国大地上率先举起马克思主义的思想旗帜的，是李大钊。

与许多新文化运动的参加者一样，李大钊也曾经是一个真诚的民主主义者，希望通过资产阶级共和国，使中国走向独立和富强。青年时代，他深受梁启超、严复、谭嗣同等人的资产阶级改良主义思想的影响；后留学日本，接触并研究过当时世界上的各种新思潮，其中包括达尔文的进化论、托尔斯泰的毋以暴抗恶的思想、尼采的超人哲学和空想社会主义、无政府主义、社会主义等。在当时所写的文章中，他也曾提到过社会主义，说“对于专制主义，而有民主主义；对于资本主义，而有社会主义”。不过在十月革命以前，他的占主导地位的思想，是资产阶级的民主主义。他是从爱国的立场出发，经过民主主义走向共产主义的。

问题在于，为什么不是别人而是李大钊最早抛弃资本主义的建国方案和各种资产阶级思想体系，在中国举起马克思主义的旗帜并为中国选择了社会主义的新方向呢？这与他早期思想中的如下几个特点有联系：第一，他是一个炽烈的爱国者，他对祖国的爱是同他对中国广大人民命运的深切关怀结合在一起的。五四以前的新文化运动的参加者中，不少人以个性解放的思想来否定三纲五常这类伦理原则，他们在反对封建的旧道德、旧文化的斗争中起过积极作用，但他们并没有对广大人民的久远而深广的痛苦表示真切的同情，没有对群众的革命发动表示应有的期待。他们攻击旧制度的立足点和出发点是相当狭隘的。李大钊则不同。他对“农失其田，工失其业，商失其源”②的黑暗现实感到哀痛和忧虑。他是以人民大众代言人的身份来揭发旧制度的祸害并投身于争取变革的斗

---

① 瞿秋白：《饿乡纪程》，1920 年。

② 《大哀篇》，1913 年 4 月 1 日，《李大钊文集》上卷，人民出版社 1984 年版，第 6 页。

争的。他认定:“光明缉熙之运,惟待吾民之意志造之,惟赖吾民之实力辟之。”①对于人民群众的直接行动,他抱有强烈的希望和坚定的信念。第二,正因为如此,他在为中国选择道路时,是以它能否导致人民的幸福和解放为弃取标准的。他感到,辛亥革命以后所建立的民国,名实极不相符,“共和自共和,幸福何有于吾民也!”②他看到,西方资本主义国家之间爆发的世界大战,更给亿万人民带来了无穷的苦难。这些事实,不能不导致他对资本主义建国方案采取某种程度的怀疑和保留的态度,促使他萌生为中国寻找新的出路的思想。第三,他的思想中较早地具有了唯物论和辩证法的因素。他强调,人们的认识必须“据乎事实”,论事析理,“求其真实之境”;他认为,宇宙间充满着矛盾,正是这些矛盾的斗争推动着事物的变化。从这种观点出发,他从不固执成见。他相信社会是前进的,新事物肯定会比旧事物优胜。他在对西方的代议政治表示怀疑的同时,就确信代之而起的必定是更为优胜的制度。所有这些,都是他接受马克思主义这个崭新的科学世界观和社会革命论的有利的思想条件。尽管他接触马克思主义在中国并不是最早的,但他最早同资产阶级民主主义划清了基本的界限,成了中国的第一个马克思主义者。

俄国十月革命之后,李大钊独具慧眼,首先指出这个革命开辟了人类历史的新纪元。在 1918 年 7 月发表的《法俄革命之比较观》一文中,他比较了以法国革命为代表的资产阶级民主革命和以俄国革命为代表的无产阶级社会主义革命。他说,“法兰西之革命是十八世纪末期之革命,是立于国家主义上之革命,是政治的革命而兼含社会的革命之意味者也。俄罗斯之革命是二十世纪之革命,是立于社会主义上之革命,是社会的革命而并著世界的革命之采色者也”。他以辩证的观点观察人类文明史的演进,认为“一国文明有其畅盛之期,即有其衰歇之运”。而资本主义的欧洲各国,其文明或者“已臻于熟烂之期”,或者“已臻极盛,过此以往,则当入盛极而衰之运”;据此,他预言:“二十世纪初叶以后之文明,必将起绝大之变动,其萌芽即茁发于今日俄国革命血潮之中,一如十八世纪末叶之法兰西亦未可知。”③一叶落而天下惊秋,听鹃声而知气运。我们应当有这样的历史眼光,努力地去适应此世界的新潮流,自觉地走俄国人的路。在同年 11 月、12 月发表的《庶民的胜利》、《Bolshevism 的胜利》两文中,他揭露了这次世界大战的帝国主义性质,指出它的“真因,乃在资本主义的发展”,“资本家的政府想靠着大战”,“建一世界的大帝国”;而这次战争的结果,是引发了俄国

① 《国民之薪胆》,1915 年 6 月,《李大钊文集》上卷,人民出版社 1984 年版,第 140 页。

② 《大哀篇》,1913 年 4 月 1 日,《李大钊文集》上卷,人民出版社 1984 年版,第 6 页。

③ 《李大钊文集》上卷,人民出版社 1984 年版,第 573、572、575 页。

和德国等的革命,所以这是“民主主义把帝制打倒,社会主义把军国主义打倒”,是“资本主义失败,劳工主义战胜”,是“庶民的胜利”,是“社会主义的胜利,是Bolshevism的胜利,是赤旗的胜利”。他再次强调,“一九一七年的俄国革命,是二十世纪中世界革命的先声”,预言“将来的环球,必是赤旗的世界”。对于这种世界的新潮流,“是只能迎,不能拒的”。他特别指出,Bolsheviki的主义“就是革命的社会主义”,“他们是奉德国社会主义经济学家马客士(Marx)为宗主的”。而这个主义,就“是二十世纪世界革命的新信条”。显然,中国也只有以马克思创立的革命的社会主义作为“新信条”,才能使自己适应这个世界的新潮流。1919年9月、11月,他写了《我的马克思主义观》一文,刊登在《新青年》第六卷第五号和第六号上。在文章的开头,他明确地把马克思主义称为“世界改造原动的学说”,说明自己写作本文的目的,在于把这个学说“转介绍于读者”,以便使它“在我们的思辨中,有点正确的解释”。文章指出,“马氏的社会主义理论,可大分为三部:一为关于过去的理论,就是他的历史论,也称社会组织进化论;二为关于现在的理论,就是他的经济论,也称资本主义的经济论;三为关于将来的理论,就是他的政策论,也称社会主义运动论”。文章对马克思的唯物史观、剩余价值学说和阶级斗争理论作了比较系统的论述,指出“他的学说是完全自成一个有机的有系统的组织”。“他这三部理论,都有不可分的关系,而阶级竞争说恰如一条金线,把这三大原理从根本上联络起来”。与以往的一些人对马克思学说所作的片断的、不确切的表述不同,在李大钊的这篇文章中,马克思主义已经具有相当完整的形态,并且得到了基本正确的阐释。这篇文章的发表,表明李大钊已经成为中国的第一个马克思主义者了。

几位留学日本期间接触过社会主义思潮、研究马克思主义的先进青年,对马克思主义在中国的传播也起过重要的作用。在这方面,应当特别提到的是李达。

李达是在留日期间得知俄国十月革命的消息的。他回忆说,当时自己就“像在漫漫长夜里摸索道路的行人一样”,得知这一指示中国新出路的消息,确实“感到无限的喜悦”。他并且由此专门留意新俄国的情况,“才知道‘过激派’和‘过激主义’就是布尔什维克和布尔什维主义,而布尔什维主义就是列宁主义,列宁主义又是马克思主义”。尽管在当时的条件下要系统地了解马克思主义还有困难,“我们还是初步树立了对马克思主义的信心和对苏俄的向往”。1918年6月,他再次赴日学习,专攻马克思主义。在一年多的时间里,他研读了《共产党宣言》、《资本论》第一卷、《政治经济学批判序言》、《国家与革命》等马克思列宁主义的经典著作,以及许多介绍马克思主义原理的书刊,“开始走马克思主义的道路，很快成为马克思主义的笃信者和宣传者”①。1919年6月，他在上海《民国日报》的副刊《觉悟》上先后发表了《什么是社会主义？》和《社会主义的目的》两文，指出法兰西式的革命，即资产阶级民主革命，“只算政治的革命成功，若回头看到经济社会里面，许许多多的劳动者，实在没有丝毫受政治革命的恩泽”，结果弄到贫者愈贫，富者愈富。“社会主义有两面最鲜明的旗帜，一面是救济经济上的不平均，一面是恢复人类真正平等的状态。”所以，“社会主义确是要改掉十九世纪的文明弊病，是一帖对症的良药”。他并且指出，“社会主义和共产主义是不同的”，“社会主义和无政府主义是不同的”。② 他还以《战前欧洲社会党运动的情况》为题，在《觉悟》上发表短文多篇，介绍欧洲各国的社会主义政党和社会主义运动。从1919年秋至1920年夏，他集中相当大的精力，翻译了《唯物史观解说》、《马克思经济学说》和《社会问题总览》等三部著作，寄回国内出版。这些著作对马克思主义的哲学、政治经济学和科学社会主义作出了比较系统的阐述。1920年3月，李大钊发起的马克思主义研究会的通告，就曾把他翻译的《马克思经济学说》列为会员的阅读文件之一。在中国早期共产主义运动中，李达作为一个拓荒者所起的重要作用，是应当被载入党的史册的。

在李大钊的影响和当时形势的推动下，五四运动时期的一些具有激进倾向的爱国者，尤其是一些赞成俄国十月社会主义革命、具有初步共产主义思想的知识分子，也经过各自的摸索，逐步地划清了资产阶级民主主义和社会主义的界限，科学社会主义和其他社会主义流派的界限，先后走上马克思主义的道路。

4. 早期信仰马克思主义的人物

中国早期信仰马克思主义的人物，主要有以下三种类型：

首先，是新文化运动的思想领袖。其代表，除了李大钊以外，还有陈独秀。

陈独秀原来是一个典型的欧化派。十月革命以后的一个时期，他对这个革命还是持有保留态度的。李大钊当时曾引用日本《日日新闻》的评论，指出陈独秀和胡适的思想运动、文学运动“是支那民主主义的正统思想，一方要与旧式的顽迷思想奋战，一方在要防遏俄国布尔札维克主义的潮流”。陈独秀当时还认为，中国经济文化落后，产业不发达，谈论社会主义还为时过早。他对社会主义思潮发生兴趣，是在五四运动以后。在五四运动以前，即巴黎和会召开之际，他对英美法等帝国主义抱有很大的幻想，甚至把美国总统威尔逊称作“现在世界上第一个大好人”。他以为，只要巴黎和会通过一项“人类平等一概不得歧视”的提案，亚洲人所受的压迫就“自然从根消灭了”。但是，中国在巴黎和会上的

① 《十月革命和中国知识分子》，《武汉大学学习简报》1957年11月7日。

② 《李达文集》第1卷，人民出版社1980年版，第4、6、1页。

外交失败给他上了严峻的一课。他开始把军阀财阀作为坚持“弱肉强食的思想”和“主张侵略主义”的代表，把社会党人作为“人道、互助、平等的新思想”的代表，并加以对比，提出了“我们究竟应该走那一条路”①的问题。他开始宣称，军国主义(帝国主义)、金力主义(资本主义)已经造成了无穷的罪恶，“现在是应该抛弃的了”。他并且认识到，“十八世纪以来的政制已经破产，我们正要站在社会的基础上造成新的政治”。1920 年夏，他明确地表示了对于马克思主义的信仰。同年 9 月以后，他发表了《谈政治》等文章，公开宣传马克思主义，批判资产阶级民主主义。他指出，为少数资本家阶级所把持的共和政治被社会主义所代替，乃“是不可逃的运命”②。他宣布，“我承认用革命的手段建设劳动阶级(即生产阶级)的国家，创造那禁止对内对外一切掠夺的政治、法律，为现代社会的第一需要”③。这时，他对俄国革命的看法也有了根本改变。当有人提出“中国人现在所需要的是，将俄国精神、德国科学和美国资本这三样集中起来”时，他表示，“我们倘能将俄国精神和德国科学合而为一，就用不着美国资本了”④，即不需要像美国那样走发展资本主义的路了。

应当说，这时的陈独秀已经在理论上承认了马克思主义的基本原理，并且成了颇为有名的社会主义思想的宣传者。像陈独秀这样一个虔信过资本主义的人，转而表示崇奉社会主义，这个事实本身就具有重要的历史价值。这是资产阶级民主主义在中国已经到了山穷水尽地步的有力证明。由于陈独秀在当时思想文化界的巨大名声，他宣告自己信仰社会主义这个行动，也在相当大的程度上壮大了社会主义思潮的声势，推广了社会主义思想的影响，对于他在这方面所起的历史作用，应当给予足够分量的评价。

其次，是五四爱国运动的左翼骨干。其代表为毛泽东等。

毛泽东是湖南学生的领袖人物。他说过，自己早年的思想“是自由主义、民主改良主义、空想社会主义等思想的大杂烩”。他“憧憬‘十九世纪的民主’、乌托邦主义和旧式的自由主义”。但是，他“反对军阀和反对帝国主义是明确无疑的”⑤。与李大钊一样，他在思考中国的出路问题时，也是以争取人民的解放为基本出发点的；他对中国人民具有伟大的潜力这一点抱有确定的信心；他在学习西方资产阶级思想文化的同时，已经对它表示了某种程度的怀疑。五四运动时期，他在自己主编的《湘江评论》上，对俄国十月革命表示了热烈欢迎的态度，认

---

① 陈独秀：《保守主义和侵略主义》，1920 年 1 月，《新青年》第 7 卷，第 2 号。
② 陈独秀：《国庆纪念底价值》，1920 年 10 月，《新青年》第 8 卷第 3 号。
③ 陈独秀：《谈政治》，1920 年 9 月，《新青年》第 8 卷第 1 号。
④ 陈独秀：《俄国精神》，1920 年 9 月，《新青年》第 8 卷第 1 号。
⑤ 埃德加·斯诺：《西行漫记》，董乐山译，三联书店 1979 年版，第 125 页。

为俄罗斯以民众大联合的力量反对贵族、资本家而取得的“社会改革”的胜利，“可能完满，并且可以普及于全世界”；“我们应该起而仿效”。他明确地指出，世界上“吃饭问题最大”；“民众联合的力量最强”；对于官僚、军阀、资本家等等“不要怕”。这些认识，为他随后接受马克思主义奠定了良好的思想基础。不过在当时，他还不是马克思主义者。他还主张实行“呼声革命”、“无血革命”，并且认为无政府主义者克鲁泡特金一派的温和的主张比之马克思的激烈的主张，其“意思更广、更深远”。他是通过认真的学习、研究、比较，才确立起对马克思主义的信仰的。1936年他在同美国记者斯诺谈话时回忆说：“我第二次到北京期间，读了许多关于俄国情况的书。我热心地搜寻那时候能找到的为数不多的用中文写的共产主义书籍。有三本书特别深地铭刻在我的心中，建立起我对马克思主义的信仰。我一旦接受了马克思主义是对历史的正确解释以后，我对马克思主义的信仰就没有动摇过，这三本书是：《共产党宣言》，陈望道译，这是用中文出版的第一本马克思主义的书；《阶级斗争》，考茨基著；《社会主义史》，柯卡普著。到了1920年夏天，在理论上，而且在某种程度的行动上，我已成为一个马克思主义者了，而且从此我也认为自己是一个马克思主义者了。”“1920年冬天，我第一次在政治上把工人们组织起来了，在这项工作中我开始受到马克思主义理论和俄国革命历史的影响的指引。”①

广东的杨匏安，是中国最早转向马克思主义立场的爱国青年之一。他早年留学日本，受到过社会主义思潮的某些影响，五四运动之后，他积极参加社会主义的讨论。1919年10月，发表《社会主义》一文，简要地介绍社会主义的各种流派，称赞马克思的《资本论》“为社会主义圣典”，指出“近代生产事业，虽以资本制度而益形发达，然今日贫富之悬隔，及社会上各种罪恶，莫不由是而生”，强调“现在之社会状态，实劳动者奋起革命，以求改造之时期也”。在同年10月到11月发表的《共产主义》一文中，他对共产主义的特征及其与社会主义之间的区别也作出了大体正确的说明。特别值得提到的，是他在同年11月至12月份在《广东中华新报》上发表的《马克思主义》（一称《科学的社会主义》）一文。文章热

① 埃德加·斯诺：《西行漫记》，董乐山译，三联书店1979年版，第125、131页。有的学者指出，陈望道翻译的《共产党宣言》是1920年8月才在上海刊印出版的；而毛泽东在1920年4月即离开北京到上海了，7月又回到了长沙。因此，他既不可能在北京，也不可能在上海读到这本书。据罗章龙1990年3月的回忆：“毛泽东第二次来北京的时候，我们有一个庞大的翻译组，大量翻译外文书籍，《共产党宣言》就是其中一本。《共产党宣言》不长，全文翻译了，按照德文翻译的，我们还自己誊写、油印，没有铅印稿，只是油印稿。我们酝酿翻译的时间很长，毛主席第二次来北京后看到了。”（见《毛泽东年谱》第57页边注）可以这样认为：毛泽东第二次来北京时确实读了《共产党宣言》（这样关键性的事件，他不可能记错）；但不是陈望道的译本，而是罗章龙所说的那个译本。

情地肯定了马克思主义在社会主义运动中的主导地位和它对人类历史的重大贡献。文章指出:“自马克斯氏出,从来之社会主义,于理论及实际上,皆顿失其光辉。所著《资本论》一书,劳动者奉为经典,而德国社会民主党,且去来查尔(按:今译拉萨尔)而归于马氏,在近世社会党中,其为最有势力者无疑矣。”“由发表《共产党宣言》之一八四八年,至刊行《资本论》第一卷之一八六七年,此二十年间,马克斯主义之潮流,达于最高,其学说亦以此时大成。”文章对马克思主义的基本内容作了概括,指出:“马氏以唯物的史观为经,以革命思想为纬,加之以在英法观察经济状况之所得,遂构成一种以经济的内容为主之世界观,此其所以称科学的社会主义也。”文章还对马克思主义的组成部分,主要是唯物史观、剩余价值理论和阶级斗争学说作了比较确切的阐述。这是中国人所写的一篇系统地论述和宣传马克思主义的文章,是中国共产主义运动发轫时期的一篇重要文献。它的发表几乎与李大钊的《我的马克思主义观》同时,可以说是该文的姊妹篇。应该肯定,文章的作者此时已经站在马克思主义的立场上了。他对马克思主义在中国的早期传播中所起的作用,是不应当被人们遗忘的。

湖南爱国青年蔡和森曾与毛泽东等在湖南共同发起组织进步社团新民学会。1919 年 12 月赴法勤工俭学。到法国以后,他通过对各种社会学说的比较研究,很快就确立了对马克思主义的坚定的信仰。1920 年 8 月他在致毛泽东的信中说:“我到法后,卤莽看法文报,现门路大开,以世界大势律中国,对于改造计划略具规模。”“我近对各种主义综合审谛,觉社会主义真为改造现世界对症之方,中国亦不能外”。“社会主义必要之方法:阶级战争——无产阶级专政”,这是在俄国得到证明了的。“所以我对于中国将来的改造,以为完全适用社会主义的原理和方法”。① 他搜集了各种小册子约百种,准备编译关于世界革命运动之大势、无产阶级革命运动之利器、世界革命之联络及方法、俄罗斯革命后之详情等问题的丛书。他“猛看猛译”,直接将马克思主义的重要经典著作从法文译成中文,供自己学习,也供周围的人们阅读。他成了中国留法学生中最早的马克思主义者,成了新民学会“留法学员中的先驱者”。在他的影响下,留法学生中的一些进步青年也逐步走上了马克思主义的道路。李维汉在 1920 年 7 月新民学会留法会员的蒙达尔尼会议还是赞成“温和的革命——以教育为工具的革命的”,但不久即发生重要的思想转变。李维汉回忆说:“我有机会集中阅读了和森以‘霸蛮’精神从法文翻译过来的《共产党宣言》、《社会主义从空想到科学的发展》、《国家与革命》、《无产阶级革命与叛徒考茨基》、《共产主义运动中的‘左派’幼稚病》和若干关于宣传十月革命的小册子。此外,我同和森做了多次

① 《蔡和森文集》,人民出版社 1980 年版,第 49 ~ 50 页。

长谈，涉及范围很广，包括欧洲革命斗争形势、俄国十月革命经验、布尔什维克与孟什维克的区别、共产国际的性质与任务、第二国际与第三国际的决裂等等内容。通过阅读和谈话，使我深知只有十月革命的道路才能达到'改造中国与世界'的目的。"[①]在中国早期的马克思主义者中，蔡和森是少有的对马克思主义的理论作过比较深入和系统研究的人。由于法国曾经是中国早期马克思主义者的一个重要的摇篮，蔡和森作为他们中的"先驱者"，对中国共产主义运动的兴起和早期发展是起了重要的历史作用的。

天津爱国学生的领袖人物周恩来也是在欧洲，主要是在法国确立对于马克思主义的信仰的。还在留学日本时，1918 年，他就阅读过河上肇的《贫乏物语》和幸德秋水的《社会主义精髓》以及美国记者约翰·里德写的反映俄国十月革命的《震撼世界的十日》等书，受到过社会主义思潮的影响。不过，在那时，他还没有确定自己的信仰。他在一首诗中说："人间的万象真理，愈求愈模糊了——模糊中偶然见着一点光明，真愈觉姣妍。"1919 年 4 月回国后，他积极参加爱国学生运动，为天津进步社团觉悟社的发起人和重要成员之一。次年初，因领导学生斗争被反动当局逮捕。在地方检察厅拘留期间，他曾于 5、6 月间分五次向难友介绍马克思及其学说，其内容包括：历史上经济组织的变迁，马克思传记，唯物史观的总论和阶级竞争史，经济论中的工余价值说，《资本论》和资产集中说。"在当时的中国，能作这样的关于马克思主义的系统讲演的人是不多的。周恩来所以能在被监禁的条件下做到这一点，自然同他在日本时已研究过马克思的学说有关"。[②] 出狱后，11 月，他前往欧洲，"主要意旨，惟在求实学以谋自立，虔心考查以求了解彼邦社会真相暨解决诸道，而思所以应用之于吾民族间者"。所以，他到欧洲后"对于一切主义开始推求比较"。经过对欧洲资本主义社会状况的实际考察和对马克思主义著作的认真钻研，他逐步认识到费边社会主义、无政府主义、工团主义、基尔特社会主义等，都是行不通的，中国必须走科学社会主义指引的路。1922 年 3 月，他在致觉悟社友人书中回顾自己的思想经历时说："觉悟社的信条自然是不够用、欠明了，但老实说来，用一个 Communism（以下简称 C. ism）也就够了。""我从前所谓'谈主义，我便心跳'，那是我方到欧洲后对于一切主义开始推求比较时的心理，而现在我已得有坚决的信心了。我认清 C. ism确实比你们晚，一来因为天性富于调和性，二我求真的心又极盛，所以直迟到去年秋后才定妥了我的目标。"这就是："我们当信共产主义的原理和阶级革

① 李维汉：《回忆与研究》上，中共党史资料出版社 1986 年版，第 18 页。

② 金冲及主编：《周恩来传》，中央文献出版社 1998 年版，第 49 页。

命与无产阶级专政两大原则，而实行的手段则当因时制宜！”①他明确地表示，“我认的主义一定是不变了，并且很坚决地要为他宣传奔走”。“因为没有耕耘，不会有收获，没播革命的种子，不会有共产花开的”。② 他正是以自己毕生的精力，实践了青年时代的庄严誓言。

再次，是一部分老同盟会会员、辛亥革命时期的活动家，其代表是董必武等。

董必武在武昌起义后曾参加军政府，并加入中国同盟会，任该会湖北支部评议部评议员。反袁的“二次革命”失败后，他东渡日本，又加入了中华革命党。回国后，积极从事护法斗争。他曾经是孙中山的坚决的追随者。但是，孙中山领导的革命斗争屡遭失败的事实，不能不引起他对中国应走什么道路这个问题的思考。他回忆说：“我们过去和孙中山一起搞革命，孙的路子不对头，总是靠军阀。革命发展了，孙中山掌握不住，结果叫别人搞去了。”③五四运动前，李汉俊从日本归国。“李带有许多关于俄国革命的日文书籍，董借读后，逐渐明了俄国革命列宁党的宗旨和工作方法与孙中山先生革命的宗旨和工作方法迥然不同。”④他“从俄国革命中见到了搞群众运动”，“又见五四运动是群众运动”。他估计中国还是要革命，但感到“国民党一套旧的搞军事政变的革命方法，行不通了，应改为一种能唤醒民众，接近民众的方法”，所以，“五四运动后，我们（就）想俄国与中国问题，开始谈马克思主义”⑤，当时社会上有无政府主义、社会主义、日本的合作运动等，“各种主义在头脑里打仗”。李汉俊回国以后，“把头绪理出来了，说要搞俄国的马克思主义”⑥，并且开始阅读他介绍的马克思主义入门书。这样，他通过总结辛亥革命失败的教训和学习马克思主义理论、研究俄国十月革命的成功经验，使自己的立场逐步地从资产阶级民主主义转向马克思主义了。

林伯渠是同盟会的最初成员之一。1905 年同盟会在日本东京举行成立大会时，他就直接聆听过孙中山的讲演，不久即加入该组织。年底回国。他积极从事发行《民报》的工作、边疆调查和联络绿林的工作以及军运工作，参加了辛亥革命和反袁的“二次革命”。1913 年亡命日本，后又加入了中华革命党。次年回国，参加护国战争，并曾任湖南省署财政厅长。他回忆说：“从同盟会成立到民

---

① 《周恩来书信选集》，中央文献出版社 1988 年版，第 23～24、36、40～41 页。

② 《周恩来书信选集》，中央文献出版社 1988 年版，第 46～47 页。

③ 《董必武谈中国共产党第一次全国代表大会和湖北共产主义小组》，1971 年 8 月 4 日。

④ 《私立武汉中学简记》，1963 年 3 月 20 日。

⑤ 《董必武谈中国共产党第一次全国代表大会和湖北共产主义小组》，1971 年 8 月 4 日。又见《董必武的回忆》，1961 年。

⑥ 《董必武谈中国共产党第一次全国代表大会和湖北共产主义小组》，1971 年 8 月 4 日。

国成立后十年中，自己亲自参加了每个阶段的民族民主的革命斗争，经过了多少的挫折失败，也流尽了无数志士的鲜血，然而反动势力仍然是此起彼伏地统治着中国，政局的澄清总是那样遥遥无期。虽然对于造成这种形势的真正原因还不完全了解，但总觉得不能再重复过去所走过的道路，应该从痛苦的经验中摸索出一条新路。”①与董必武一样，他也是通过对辛亥革命失败教训的总结和对俄国十月革命成功经验的研究，开始自己思想方向的转变的。1914 年在日本时，他即和李大钊结成了“最好的朋友”②。在实现思想转变的过程中，他得到了李大钊的启发和帮助。他说：“约在 1918 年 3、4 月，连续接到李大钊同志几次信，详细给我介绍了十月革命情况及一些小册子、文件，并对目前中国形势阐述了他的所见，得到很大的启发。如何联系群众，如何组织军队，在实际生活中有些新的认识。次年，‘五四’运动更使我认为群众力量伟大，如何使自己确实站在群众内活动，而不是其他。1920 年 12 月，我到了上海会见陈独秀，遂加入了当时上海的共产主义研究小组。”③

吴玉章也有类似的思想经历。与林伯渠一样，他也参加了同盟会的成立大会，曾被选为该会评议部评议员。辛亥革命前夕，他是四川保路斗争的著名领袖人物，领导过荣县独立；民国成立后，在总统府秘书处工作，以后，又积极参加反袁世凯斗争和护法运动。他是孙中山的亲密战友和忠诚的追随者。但是，历次斗争的失败，驱使他对中国革命的道路问题进行新的思考。他回忆说：“从辛亥革命起，我们为了推翻清朝而迁就袁世凯，后来为了反对北洋军阀而利用西南军阀，再后来为了抵制西南军阀而培植陈炯明，最后陈炯明又叛变了。这样看来，从前的一套革命老办法非改变不可，我们要从头做起。但是我们应该依靠什么力量呢？究竟怎样才能挽救国家的危亡呢？这是藏在我们心中的迫切问题，这些问题时刻搅扰着我，使我十分烦恼和苦闷。”“十月革命和五四运动给我们带来了光明和希望”。他读了约翰·里德的《震撼世界的十日》，听了留俄归来的王维舟对苏俄情况的介绍。“当时我的感觉是：革命有希望，中国不会亡，要改变过去革命的办法”。“通过十月革命和五四运动的教育，必须依靠下层人民，必须走俄国人的道路，这种思想在我头脑中日益强烈、日益明确了”。④ 稍后，他也成了一名忠诚的共产主义战士。

激流归大海。从上面的叙述，我们看到，中国的一批最优秀的分子，经过各

---

① 《林伯渠自传》。
② 《林伯渠自传》。
③ 林伯渠：《党成立时期的一些情况》，1956 年 10 月。
④ 《吴玉章回忆录》，中国青年出版社 1978 年版，第 109～112 页。

自的摸索,走到马克思主义的道路上来了。

值得注意的是,中国早期的马克思主义者几乎没有例外地都曾经是热忱的民主主义的战士。从爱国的立场出发,从信仰资产阶级民主主义,到抛弃这种信念,转向马克思主义的立场,这是五四运动以来中国先进分子所走的一条共同的历史道路。他们作出这种共同的历史性选择,并非屈服于什么压力,更不是追逐时髦,而是从中国社会的实际需要出发,对各种学说、各种救国方案进行批判性的分析和比较研究的结果。他们认为,"相信一种主义,不应该空空洞洞的盲从,必定要知道它的精髓之所在"①。所以,"当本已之自信心,周览世界的学术,必切实证明为真理,而后从而信之"②。学说并非装饰品,"一种学说有没有输入我们社会底价值,应当看我们的社会有没有用它来救济弊害的需要"③。在当时流行的众多学说中,他们之所以选择马克思主义作为自己的思想武器,只是因为它作为一种把革命精神和科学思想有机地结合在一起的世界观和社会革命论,比之其他任何一种学说都更加具有说服力;"只是因为他能够圆满解决我们底问题,能于我们有益处"④。

中国先进分子之接受马克思主义,马克思主义之在中国开始形成为一股有重要影响力的思想潮流,这是五四以后新文化运动的显著特点和最大收获,也是五四时期思想解放运动的深入发展。如果说,从鸦片战争以来的近八十年间,中国的先进分子曾经企图通过学习西方、走资本主义道路来解决中国问题但没有获得成功的话,那么,这个资本主义死胡同的墙壁如今是被推倒了,在马克思主义的光辉照耀下,他们开始看到了展现在前方的一片广阔的新天地。尽管当时,真正的马克思主义者还为数不多,只是十几个、几十个人,而且限于知识分子,他们发出的声音也还比较微弱,其影响也还没有来得及扩展到广大的人民群众中去;但他们的出现,是近代中国历史上的全新的因素,是中国即将发生的伟大事变的发端。他们所宣传的思想,所从事的事业,具有远大的发展前途。所以毛泽东说:"这时,也只是在这时,中国人从思想到生活,才出现了一个崭新的时期。"⑤

——原载《中国共产党史稿》第1卷,中央文献出版社2006年版。

① 陈独秀:《社会主义批评》,1921年1月19日,《新青年》第9卷第3号。
② 《吴玉章君在四川留法预备学校之演说》,《民国日报》1920年1月7日。
③ 陈独秀:《学说与装饰品》,1920年10月1日,《新青年》第8卷第2号。
④ 施存统:《我们底大敌,究竟是谁呢?》,1920年9月28日。
⑤ 《毛泽东选集》第4卷,人民出版社1991年版,第1470页。

四、中国早期马克思主义思想运动的历史特点

在五四时期,即中国马克思主义思想运动的初期,中国的马克思主义者对马克思主义的了解还是很不深入的。当时,马克思主义的主要著作还没有被系统地、完整地译成中文,一些人主要是从日本进步学者对马克思主义的阐述中了解这一理论的。报刊上发表的介绍马克思主义的文章并不算少,据《五四运动前马克思主义在中国的介绍与传播》一书所附资料索引,从1918年7月李大钊《言治季刊》上发表《法俄革命之比较观》以来,至1922年底,《新青年》、《每周评论》、《晨报副刊》、《民国日报副刊》、《少年中国》、《曙光》、《劳动界》、《共产党》、《广东群报》、《先驱》等报刊发表这方面的文章有237篇,其中1919年5月以后发表为223篇;但是,还没有一个人写出过一篇堪与普列汉诺夫的《论一元论历史观的发展》和列宁的《怎么办?》相并列的理论著作。至于怎样把这个理论运用于中国的实际,更是一个有待于解决的问题。毛泽东后来讲过:"过去,特别是开始时期,我们只是一股劲儿要革命,至于怎么革法,革些什么,哪些先革,哪些后革,哪些要到下一阶段才革,在一个相当长的时间内,都没有弄清楚,或者说没有完全弄清楚。"①这个年轻的思想运动还不成熟,还有明显的弱点,是没有疑问的。

值得注意的是,为什么许多喧嚣一时的思想运动随后不久都烟消云散了,独有这个年轻的马克思主义思想运动在往后的发展中却能够显示出如此伟大的历史作用,以至成为推动近现代中国发生革命性变革的主要精神力量呢?从根本上说,是由于马克思主义是科学真理,这个思想运动的兴起,适应了中国社会发展和革命发展的需要;同时,也是同这个思想运动一开始就具有如下特点分不开的。主要是:

(一)重视马克思主义基础理论的研究,力求全面地把握马克思主义的理论体系,把握它的革命的实质和核心

对于中国的先进分子来说,马克思主义是一个完整的科学世界观,是他们借以观察国家命运的认识工具。尽管在当时,他们对这个学说的了解还很不深入,但他们确实一开始就对它的各个组成部分及其相互关系进行过全面的研究,并且获得了基本正确的理解。李大钊的《我的马克思主义观》(1919年9月、11月)、杨匏安的《马克思主义》(一称《科学的社会主义》,1919年11月、12月)、

① 《毛泽东著作选读》下册,人民出版社1986年版,第826页。

李达的《马克思还原》(1920 年 12 月)、蔡和森的《马克思学说与中国无产阶级》(1921 年 2 月)等文章,都是把马克思主义的唯物史观、剩余价值学说、阶级斗争和无产阶级专政的理论作为一个有机的整体加以研究和论述的。李达在《马克思还原》中还把"马克思社会主义概观"综合为以下七条,即:

"(一)一切生产关系财产关系,是社会制度的基础;一切社会宗教、哲学、法律、政治等组织,均依这经济的基础而定。

"(二)社会的物质的生产力,发展至于一定程度时,就与现社会中活动而来的生产关系财产关系发生冲突。资本家利用收集生产物的剩余价值,坐致巨富,劳动者仅赖工钱以谋生。富者愈富,贫者愈贫,遂划分社会有产者无产者两大阶级。

"(三)人类的历史是阶级争斗的历史。资本制度发展到了一定阶段,大多数的无产阶级就与少数的有产阶级互相对峙起来。劳动者发生阶级的心理与阶级的自觉,互相联合组成一大阶级,与有产阶级为猛烈的争斗。

"(四)资本主义跋扈,渐带国际的倾向,而无产阶级的作战,亦趋于国际的团结。于是全世界一切掠夺,压迫,阶级制度,阶级斗争,若不完全歼灭,全世界被压迫被掠夺的无产阶级,不能从施压迫施掠夺的有产阶级完全解放。

"(五)无产阶级的革命,在颠覆有产阶级的权势,建立劳动者的国家,实行无产阶级专政。

"(六)无产阶级借政治的优越权,施强迫手段夺取资本阶级一切资本,将一切生产工具,集中到劳动者的国家手里,用最大的加速度,发展全生产力。

"(七)国家是一阶级压迫他一阶级的机关,若无产阶级专政,完全管理社会经济事业,把生产工具变为国家公产以后,则劳动阶级的利益,成为社会全体的利益,就没有奴隶制度,没有阶级差别,生产力完全发达,人人皆得自由发展。国家这种东西自然消灭,自由的社会自然实现了。"①

如果说,在以前,马克思及其学说只是在资产阶级的改良派或革命派以及无政府主义者等的论著中得到过片断的、经过他们思维的过滤有所变形的反映;那么,在这时,在中国马克思主义者的论著中,它已经具有相当完整的形态,并且得到大体上正确的阐释了。

马克思主义是一种广博的、多方面的学说。正如在革命的发展中,"我们有时把社会生活中这个最复杂最重要的问题提到首位,有时又把另一个最复杂最重要的问题提到首位"。与此相适应,在不同的情况下,马克思主义的不同方面也就分别地被人们所强调。当时中国的先进分子既然把自己的主要注意力集中

---

① 《李达文集》第 1 卷,人民出版社 1980 年版,第 30 ~ 31 页。

于社会改造方面,他们首先和着重地学习、研究和运用马克思主义的唯物史观和阶级斗争学说,是十分自然的。李大钊一方面肯定马克思主义的三个组成部分“都有不可分的关系”;另一方面也沿用河上肇著作中的提法,认为“阶级斗争学说恰如一条金线,把这三大原理从根本上联系起来”。① 毛泽东在读了马克思主义的著作,“初步地得到认识问题的方法论”之后,就“只取了它四个字:‘阶级斗争’”,就“老老实实地来开始研究实际的阶级斗争”。② 诚然,不应当把马克思主义归结为阶级斗争学说,这是马克思在1852年致魏德迈的信中就讲清楚了的;但是,应当承认,在一个阶级剧烈对抗的社会中进行活动,马克思主义的阶级斗争理论确实给予了当时的革命家一个锐利的思想武器。正如列宁所说,这个理论是马克思主义指出的一条基本线索,它使得人们有可能在阶级社会的那种看来迷离混沌的状态中找出规律性来。在以前,启蒙学者以进化论思想为指导,宣传优胜劣败的思想,以论证中国实行变革的必要性,这曾经起过警醒世人的积极作用。但是就社会历史观而论,正如恩格斯所说,“想把历史的发展和复杂情况的全部多样性的丰富内容一律概括在‘生存斗争’这一干瘪而片面的说法中,是极其幼稚的。这等于什么也没有说”③。从用进化论到用马克思主义的阶级斗争学说来观察和研究阶级社会,这是认识上的一个飞跃。因为正如恩格斯所说,“把历史看作一系列的阶级斗争,比起把历史单纯归结为生存斗争的一些没有多大差异的阶段,要更加富有内容和更加深刻得多”④。

(二)坚持马克思列宁主义的革命原则,明确而坚决地同第二国际的修正主义、社会民主主义划清了界限

中国的马克思主义思想运动之所以一开始就具有这个特点,是同这个运动所处的特定的社会历史条件分不开的。

在恩格斯逝世以后,以伯恩施坦、考茨基为代表的修正主义思潮就在国际共产主义运动中泛滥开来,以致逐步地腐蚀了第二国际的各国党。这种修正主义,阉割马克思主义的革命原则,美化资产阶级民主制度,鼓吹走议会道路,实质上是一种用马克思主义术语装饰起来的资产阶级改良主义。不批判这种修正主义,肃清它在工人运动中的影响,各国无产阶级的革命斗争是不可能赢得胜利的。以列宁为代表的马克思主义者同这种修正主义思潮进行了坚决的、不调和

---

① 《我的马克思主义观》,1919年5月,《李大钊文集》下卷,人民出版社1984年版,第50页。

② 《毛泽东文集》第2卷,人民出版社1993年版,第379页。

③ 《马克思恩格斯选集》第4卷,人民出版社1995年版,第372页。

④ 《马克思恩格斯选集》第4卷,人民出版社1995年版,第373页。

的斗争，并且结合帝国主义和无产阶级革命时代的新情况，在斗争中继承、捍卫和发展了马克思主义，把马克思主义推进到了一个新阶段，即列宁主义的阶段。列宁领导的俄国十月革命的胜利，正是马克思列宁主义对于第二国际修正主义的胜利。中国的先进分子既然是在十月革命之后，经过俄国人的介绍，才学得马克思主义的，他们学得的，也就是没有被修正主义者阉割、歪曲和篡改的马克思主义的完整的科学世界观和社会革命论，就是在帝国主义和无产阶级革命时代发展了的马克思主义即列宁主义，就是在斗争中同第二国际修正主义划清了界限的马克思主义的革命学说。

还应当看到，当时的中国仍然是一个半殖民地半封建的国家。虽然它号称"民国"，实际上却是封建军阀的反革命军事专政。反动当局曾经以法律的形式，取消人民的言论、出版、集会、罢工等项自由权。举行同盟罢工，这在许多资产阶级国家是法律所容许的，在中国则属犯"妨碍秩序罪"，不仅对"首谋者"将处以有期徒刑、拘役或罚款，就是对一般参加者也将处以拘役或罚款。社会主义思想开始在中国传播，即被斥为"过激主义"而遭到严厉的压制。1920 年 4 月，北洋政府根据美国芝加哥报访问员"关于防止过激主义说帖"，致电各省区督军、省长、都统，饬令其对"过激主义"严密防范。12 月，北洋政府国务院根据步兵统领王怀庆呈文致函内务部，令其拟定惩治"过激主义"专条。王在呈文中惊呼共产主义的传播"其祸甚于洪水猛兽"，应"严加防范，以遏乱萌"。中国的社会主义者不仅不可能参加和平的议会斗争，而且连宣传自己的主张的起码自由都没有。在这种政治环境下进行活动，他们自然难以产生对于在中国甚至还并不存在、也不可能存在的资产阶级民主制度的盲目崇拜和实行社会改良主义的幻想；修正主义、社会民主主义在中国不可能获得广大的市场也是情理中的事了。

基于以上的原因，中国马克思主义思想运动的参加者，大多是拥护马克思列宁主义的革命原则，反对修正主义、社会民主主义思潮的。

比如：陈独秀在 1920 年 9 月发表的《谈政治》一文中明确表示：马克思修正派学说，"是我大不赞成的"。他们不主张直接行动，"不主张革那资产阶级据以造作罪恶的国家、政治、法律底命，反而想利用这些来施行社会主义政策。""结果不但主义不能施行，而且和资产阶级同化了，还要施行压迫劳动阶级反对社会主义的政策。""像这样与虎谋皮，为虎所噬，还要来替虎噬人的方法，我们应当当作前车之鉴"。他还认为，"中国此时还够不上说真有这派人，不过颇有这种倾向，将来这种人必很有势力，要做我们唯一的敌人"。①

① 《新青年》第 8 卷第 1 号。

蔡和森在 1920 年 8 月致毛泽东的信中，也揭露了伯恩施坦、考茨基等修正派改良派的主张实际上“真是资本家的说法”，指出他们以唯物史观启发阶级战争的动机为卑下为薄弱，而别寻所谓高尚的动机，及寻一劳资调和的办法，“故他们最终的结果，主张改良而不主张革命。中产阶级的德谟克拉西和威尔逊的十四条，是他们叹(为)观止的地方”。在 1921 年 2 月致陈独秀的信中，他明确表示，“和森为极端马克思派”，对于修正派的社会主义等等“一律排斥批评，不留余地”。①

李达在 1920 年 12 月所写的《马克思还原》一文中对修正主义进行了尖锐的揭露，指出“马克思社会主义，经过德国社会民主党的蹂躏，精彩完全消失，由国际主义堕落到国家主义，由社会主义堕落到自由主义，由革命主义堕落到改良主义，由阶级斗争堕落到阶级调和，由直接行动堕落到议会主义”，马克思的真面目“被湮灭殆尽了”。他认为，被修正派“弄堕落了马克思社会主义，到今日却能因列宁等的发扬光大，恢复了马克思的真面目了，这是一件很重要的事实。所以我要大声疾呼地说：‘马克思还原！’”②在同时所写的《社会革命底商榷》一文中，他对修正主义者鼓吹的议会道路进行了有力的批判，指出采取议会政策作为手段，是“难以达到社会革命的目的”的，因为“在现社会组织之下，资本阶级的势力最大，议会中的议员属于资本阶级的必然占多数，议会中通过法案是用多数表决的；劳动阶级没有金钱运动，得几名议员已不容易了”，“要想在议会中成立一种除去自己阶级痛苦的法案，是断然办不到的”。“这时候就是不唱高调只求贯彻自己阶级的几分之一的主张，非与资本阶级妥协不可，非得资本阶级的同意不可。照这样成立出来的法案，无非哀求资本阶级政府行非驴非马的社会政策”。要“真实的解放劳动阶级”，必须“采用阶级斗争的手段，改造现制度，创立劳动者本位的社会”。③

毛泽东在 1921 年 1 月召开的长沙新民学会的年会上发言时，也明确指出：“社会民主主义，借议会为改造工具，但事实上议会的立法总是保护有产阶级的。”而“激烈方法的共产主义，即所谓劳农主义，用阶级专政的方法，是可以预计效果的，故最宜采用”。④

……

中国的马克思主义思想运动一开始就坚持了革命的方向，这具有重要的意

① 《蔡和森文集》，人民出版社 1980 年版，第 64、74 页。

② 《李达文集》第 1 卷，人民出版社 1980 年版，第 34、39 页。

③ 《李达文集》第 1 卷，人民出版社 1980 年版，第 52 ~ 53 页。

④ 《毛泽东文集》第 1 卷，人民出版社 1993 年版，第 2 页。

义。因为理论准备不足可以通过学习加以弥补，经验缺乏可以在斗争的实践中进行积累，只要坚持正确的方向，这个年轻的运动的弱点是不难克服的；但如果不能同机会主义、修正主义划清界限，在政治上迷失了方向，这个运动就只能成为资产阶级的思想附庸，就不会有真正的生命力了。

（三）注意从中国的实际出发，创造性地运用马克思主义理论，初步提出了马克思主义必须与中国实际相结合的思想

中国的先进分子是为了寻找救国救民的真理而走向马克思主义的。对于他们来说，马克思主义不是抽象的学理，而是观察国家命运的工具。尽管他们的理论修养不高，对这个学说的理解甚至还有某些不确切的地方；可贵之处在于，他们一开始就是把这个理论作为生气勃勃的、创造性的、革命的科学，而不是作为凝固的、僵死的、万古不变的宗教教条来看待的。这是中国早期马克思主义思想运动具有的一个显著的特点和优点。这种特点，在中国的第一个马克思主义者李大钊的身上就得到了鲜明的体现。

当李大钊还是一个民主主义者的时候，他就讲过正确认识中国国情的重要性，认为考虑中国的问题，是不能"置吾国情于不顾"的。这里的国情，既是指"近今之国情"，即现实，也是指"往昔之国情"，即历史。他认为，这个国情问题，不可求于外人，"不可与客卿谋"。① 在前期新文化运动中，他在揭露孔子之道与现代生活相矛盾的同时，并没有对中国的传统文化取全盘否定的态度。相反地，他正是中国传统的优秀文化的继承者。他认为东方文明与西方文明各有短长，建设世界的新文明，并不是要全盘西化，并不是要全盘否定中国传统，而应是东西文明各"以异派之所长补本身之所短"。他从世界文化发展史的角度考察俄罗斯文明，认为它"实兼欧亚之特质而并有之"，"世界中将来能创造一兼东西文明特质，欧亚民族天才之世界的新文明者，盖舍俄罗斯人莫属"。这也正是他主张对于俄国十月革命应"翘首以迎其世界的新文明之曙光"，主张中国革命要走俄国人的路的一个重要原因。他在成为马克思主义者之后，重视马克思主义在中国具体情况下的实际运用，这不仅说明他对马克思主义这个科学世界观的正确理解，而且是他上述思想的合乎逻辑的发展。

李大钊在他写的第一篇系统阐述马克思主义基本原理的著作《我的马克思主义观》中，一方面肯定了这个理论"为世界改造原动的学说"，从而肯定了它所具有的普遍意义；另一方面也并没有认为这个学说已经是完成形态的终极的真理。他在介绍唯物史观时说过，它也可能有偏蔽或疏漏，只是"小小的瑕疵，不

① 《国情》，1914 年 11 月 10 日，《李大钊文集》上卷，人民出版社 1984 年版，第 113、110 页。

能掩了他那莫大的功绩”;它也需要被补充,只是不能以为由此就可以“推翻马氏唯物史观的全体”。他的一个基本观点是,“一个学说的成立,与其时代环境,有莫大的关系”。所以,“我们批评或采用一个人的学说,不要忘了他的时代环境和我们的时代环境”。“马氏的学说实在是一个时代的产物”,所以也不可“就那样整个拿来,应用于我们生存的时代”。①

由于以李大钊为最初代表的马克思主义者以自己革命的批判精神在中国思想界引起了巨大的震动,前期新文化运动的右翼,原本“决心二十年不谈政治”、信奉实用主义和改良主义的资产阶级知识分子胡适,感到“看不惯了,忍不住了”,“于是发愤想要谈政治”。1919 年 7 月,他发表了《多研究些问题,少谈些“主义”》一文。他后来承认,他写作这篇文章,“是要教人一个不受人惑的方法”,以便让人不要被马克思、列宁“牵着鼻子走”,即反对中国人接受马克思列宁主义,反对中国走俄国式的革命道路。他反对中国人以马克思主义作为指导思想的一个主要论点就是,认为“一切主义都是某时某地的有心人,对于那时那地的社会需要的救济方法”,否认马克思主义对于中国的适用性;他还把宣传主义与研究问题对立起来,认为“‘主义’的大危险”就是使人自以为寻着包医百病的“根本解决”,“从此用不着费心力去研究解决这个那个具体问题的解决法了”。

为了回应胡适的挑战,李大钊写了《再论问题与主义》一文。针对社会主义不适用于中国这种说法,他明确指出,社会主义是我们时代的旗帜,正像“在别的资本主义盛行的国家,他们可以用社会主义作工具去打倒资本阶级”一样,“在我们这不事生产的官僚强盗横行的国家,我们也可以用他作工具,去驱除这一般不劳而生的官僚强盗”。他反复强调,不应当把“宣传理想的主义”和“研究实际的问题”对立起来,两者“是交相为用的”、“是并行不悖的”。一方面,研究问题必须有主义作指导;一方面实行主义时也必须同实际相结合。他认为,社会主义“原有适应实际的可能性”。“一个社会主义者,为使他的主义在世界上发生一些影响,必须要研究怎样可以把他的理想尽量应用于环绕着他的实境。所以现代的社会主义,包含着许多把他的精神变作实际的形式使合于现在需要的企图”。社会主义“原有适应实际的可能性”。当人们“拿它作工具,用以为实际的运动”时,像其他主义一样,它“会因时、因所、因事的性质情形生一种适应环境的变化”,即在运用中得到发展。他并且承认,“我们最近发表的言论,偏于纸上空谈的多,涉及实际问题的少”,表示“以后誓向实际的方面去作”。② 这样,

① 《李大钊文集》下卷,人民出版社 1984 年版,第 47、64、67、68、69 页。

② 《李大钊文集》下卷,人民出版社 1984 年版,第 34、32 页。

他就初步地阐明了马克思主义理论必须同中国实际相结合的这一极端重要的思想原则。考虑到这些话是在1919年,即马克思主义思想运动刚刚在中国发生时讲的,这就显得越发的难能可贵了。稍后一些时候,他还用更加明确的语言阐述了这个问题。他说,“马克斯的学说真是拯救中国的导星”;我们“应该细细的研究马克斯的唯物史观,怎样应用于中国今日的政治经济情形。详细一点说,就是依马克斯的唯物史观以研究怎样成了中国今日政治经济的情状,我们应该怎样去作民族独立的运动,把中国从列强的压迫之下解放出来”。①

李大钊是中国共产主义运动的伟大先驱、一代革命青年的导师。他所倡导的理论与实际相结合的革命学风,不仅给予他的追随者以积极的影响,而且为中国的马克思主义思想运动指示了正确的方向。

重视向实际学习,这是毛泽东在青年时代就具有的一个重要的思想特征。他一方面主张探求“宇宙之真理”,即世界的“大本大源”;一方面又认为,“闭门求学,其学无用”,应“从天下国家万事万物而学之”。② 1917年夏天,在长沙第一师范学习时,他就与一个同学在湖南徒步游历了五个县,以便了解民间的风土人情。他主张通过调查对实际问题进行研究。他认为,“问题之研究,注重有关系于现代人生者。然在未来而可以预测之问题,亦注意之问题”;“问题之研究,有须实地调查者,须实地调查之”,“无须实地调查,及一时不能实地调查者,则从书册、杂志、新闻纸三项着手研究”。③ 他并不反对出国留学,相反,他认为“我们同志,应该散于世界各处去考察,天涯海角都要去人”;④但是他自己“并不想去欧洲”。他说,“我觉得我对自己的国家还了解得不够,我把时间花在中国会更有好处”。⑤ 他也曾计划“组一留俄队,赴俄勤工俭学”。为此,他想和同志成立一个自由研究社,用一两年时间,“将古今中外学术的大纲,弄个清楚,好作出洋考察的工具”。因为只有“先研究中国古今学术制度的大要,再到西洋留学才有可资比较的东西”,“不然,不能考察”。他尤其强调,“吾人如果要在现今的世界稍为尽一点力,当然脱不开‘中国’这个地盘。关于这地盘内的情形,似不可不加以实地的调查及研究”。⑥ 应当说,这些见解是独到的,在当时是很难得的。

正因为毛泽东有这样的思想基础,在成为马克思主义者以后,他就比较自觉

① 《这一周》1924年5月1日,《李大钊文集》下卷,人民出版社1984年版,第711~712页。

② 毛泽东:《讲堂录》,1913年10—12月。

③ 《问题研究会章程》,1919年9月1日。

④ 《致陶毅信》,1920年2月,《新民学会会员通信集》第1集。

⑤ 埃德加·斯诺:《西行漫记》,董乐山译,三联书店1979年版,第126、131页。

⑥ 《致周世钊信》,1920年3月14日,《新民学会会员通信集》第1集。

地坚持了理论与实际相结合的这样一条唯物主义的思想路线。无疑地，他对马克思主义的信念是很坚定的。他说过，“我一旦接受了马克思主义是对历史的正确解释以后，我对马克思主义的信仰就没有动摇过”①。但是，对于他来说，马克思主义不是教条，而是认识世界、改造世界的工具，所以他注意以它作指导来研究和解决实际问题。他认为，“无论什么事有一种‘理论’，而没有一种‘运动’继起，是不能实现出来的”②。他自从学得马克思主义的阶级斗争理论以后，就“老老实实地开始研究实际的阶级斗争”了。

在当时中国的先进分子中，毛泽东接触马克思主义并不是最早，理论的准备也并不是最充足，但在往后的发展中，他所以能在中国革命的各个紧要关头把握正确的方向，并且成了马克思主义中国化的主要代表，是同他一开始就自觉地坚持理论联系实际的唯物主义思想路线分不开的。

当然，必须把马克思主义理论恰当地应用于中国的实际，这是中国早期马克思主义者中间许多人的共同认识。比如周恩来就说过：“我们当信共产主义的原理和阶级革命与无产阶级专政两大原则，而实行的手段则当因时制宜！”③这个提法，也是很精当的。

在这里，还有必要讲一下陈独秀在这方面的思想。1922年5月，他在一篇文章中说：“马克思的学说和行为有两大精神，刚好这两大精神都是中国人所最缺乏的。”第一，是马克思“实际研究的精神”。我们应当“以马克思实际研究的精神研究社会上各种情形，最重要的是现社会的政治及经济状况，不要单单研究马克思的学理”。第二，是“马克思实际活动的精神”。“我们研究他的学说，不要仅仅研究其学说，还须将其学说实际去活动，干社会的革命”。我们要“把马克思学说当作社会革命的原动力，不要把马克思学说当作老先生、大少爷、太太、小姐的消遣品”。④ 应当说，陈独秀在这里讲的道理也是很对的。可惜的是，他后来没有能够把这种认识在行动中贯彻到底，这也正是他后来犯右倾错误的一个重要的认识根源。

把马克思主义的理论同中国革命的实际全面地、正确地结合起来，这是一项极其复杂而又艰巨的社会系统工程。这是因为，一方面，这个理论只是一般地指明社会发展和革命发展的方向，指示研究社会问题和革命问题的原则和方法，并不可能直接提供出对这些问题的具体答案；另一方面，这个理论产生于资本主义

① 埃德加·斯诺：《西行漫记》，董乐山译，三联书店1979年版，第131页。

② 《“湖南自治运动”应该发起了》，1920年9月26日，湖南《大公报》1920年9月27日。

③ 《周恩来书信选信》，中央文献出版社1988年版，第40~41页。

④ 陈独秀：《马克思的两大精神》，《广东群报》1922年5月23日。

的欧洲，而中国是一个幅员广大、人口众多、情况复杂、政治经济发展极不平衡的半殖民地半封建的大国，其国情与欧洲许多国家有很大的差异。因此，尽管中国的马克思主义者一开始就提出了理论必须联系实际这样一个正确的思想原则，但这并不等于说，他们一开始就能够把这两者全面地、正确地结合起来了。为了真正做到这一点，他们不能不经历一个摸索的过程，经历一个在实践中积累经验的过程。在这个过程中，犯这样那样的错误，甚至犯严重的错误，还是难以避免的。不过，这个思想原则的提出，毕竟为他们探索中国革命问题指明了方向，开辟了道路。循此前进，随着正反面经验的积累，他们完全有能力把这个被列宁称为"特殊而困难的"同时又"特别崇高的任务"完满地加以解决的。

（四）提出了知识分子应当与劳动群众相结合的思想

人民群众是历史的创造者，这是马克思主义的一个基本观点。知识分子如果不同人民群众相结合，是不可能成就任何革命事业的。中国早期的马克思主义者都是知识分子。"受十月革命影响的学生和知识分子，渐知工人阶级势力比学生大了，恰恰此时工人阶级又起来了势力。五四运动中，工人阶级力量表现给他们看了"①。由于在斗争中认识到工人阶级的伟大力量，"五四运动中有一部分学生领袖，就是从这里出发，'往民间去'，跑到工人中去办工人学校，去办工会"②。这就是说，到群众中去，这是接受了马克思主义的知识分子的一种自觉的行动。

对于知识分子必须同群众相结合这个思想，李大钊最早作出了比较系统的论述。

李大钊指出，马克思主义的一个绝大的功绩，就是指明"社会主义的实现，离开人民本身，是万万办不到的"。他认为，"民众的势力，是现代社会上一切构造的唯一的基础"。"一切过去的历史，都是靠我们本身具有的人力创造出来的，不是哪个伟人圣人给我们造的，亦不是上帝赐予我们。将来的历史，亦还是如此"。"现在已是我们世界的平民的时代了，我们应该自觉我们的势力，赶快联合起来，应我们生活上的需要，创造一种世界的平民的新历史"③。"无论何人，应该认识民众势力的伟大；在民众本身，尤应自觉其权威而毅然以张用

---

① 《中共党史报告选编》，第 8 页。

② 《中国职工运动简史》，《邓中夏文集》，人民出版社 1983 年版，第 431 页。

③ 《唯物史观在现代史学上的价值》，1920 年，《李大钊文集》下卷，人民出版社 1984 年版，第 365 页。

之"①。知识分子同群众应是一种什么关系呢？当他向马克思主义的方向转变的时候，在《青年与农村》(1919 年 2 月)一文中，他就指出："要想把现代的新文明，从根底输入到社会里面，非把知识阶级与劳工阶级打成一气不可。"在成为马克思主义以后，在《知识阶级的胜利》(1920 年 1 月)一文中，他更加明确地指出，"我们很盼望知识阶级作民众的先驱，民众作知识阶级的后盾。知识阶级的意义，就是一部分忠于民众作民众运动的先驱者"。他不仅重视工人，号召工人们应当觉醒起来，号召把"三五文人的运动"变成"劳工阶级的运动"，把"纸面上的笔墨运动"变成"街市上的群众运动"；而且还重视农民，号召知识分子去做"开发农村的事"。在 1919 年 2 月的文章中，他强调，"我们中国是一个农国，大多数的劳工阶级就是那些农民。他们若是不解放，就是我们国民全体不解放"。他号召青年"速向农村去"。他希望他们认识到，那些终年在田野工作的父老妇孺，都是自己的同心伴侣，那炊烟锄影、鸡犬相闻的境界才是自己安身立命的地方。他认为，只有这样，民主主义"才算有了根底，有了泉源"。②

国外有的学者根据李大钊号召青年到农村去这一点，认定他具有民粹主义色彩。国内也有人响应这种说法。应当指出，这种结论是站不住脚的。"到民间去"这个口号固然是由俄国民粹派提出，并得到过李大钊的赞赏，但这个口号本身并没有错。民粹派的错误在于，他们否定资本主义的历史作用，企图在小生产的基础上直接过渡到社会主义；否认工人阶级的先进性，把农民看成是天然的社会主义者；把群众视为群氓，把自己视为救世主。李大钊并没有提出这样的主张。如果考虑到中国是一个农业国，农民是革命的主要群众，那么，就应当承认，李大钊重视农民，号召知识青年到农村去，这正是他为把马克思主义正确地运用到中国的实际所做的努力的一部分；尽管在早期的论著中，他对城市和乡村的有些评论并不完全精当。

在对待群众的态度上，比之李大钊，陈独秀就远为逊色了。在作为一个启蒙思想家的时候，他就曾经对中国人民抱有一种悲观主义的估计，说什么"予于国中之老者壮者，与夫比诸老者壮者之青年，无论属何社会，隶何党派，于生理上、心理上，十九怀抱悲观，即自身亦在诅咒之列"③。这种论调，当时就受到过李大钊和《新青年》有的读者的批评。在表示信仰马克思主义之后，他也讲过"做工的是台柱子"这样的话，主张"新文化运动影响到产业上，应当令劳动者觉悟他

① 《要自由集合的国民大会》，1920 年 8 月 17 日，《李大钊文集》下卷，人民出版社 1984 年版，第 239 页。

② 《李大钊文集》上卷，人民出版社 1984 年版，第 648～652 页；下卷，第 208 页。

③ 陈独秀：《新青年》，1916 年 9 月 1 日，《新青年》第 2 卷第 1 号。

们自己的地位”,要求从事新文化运动的人们“张嘴和店员劳动家说话”;他本人也开始关心劳工问题,并且实际从事这方面的工作。这当然是一个很大的进步。不过,就在这个时候,他也仍然没有从根本上端正对于人民群众的认识,他仍然认为“群众心理都是盲目的”,“中国人简直是一盘散沙,一堆蠢物”。① 他甚至认为,“有史以来革命成功的,无一不是少数人压服了多数人”②。这些看法,表明他在对待人民群众的问题上存在着相当严重的资产阶级偏见;这种偏见,妨碍了他从根本上去掌握马克思主义的革命本质。这也正是他后来犯右倾错误的一个重要的思想根源。

应当指出,阐述知识分子应当与劳动群众相结合这个思想的,并不只是李大钊一人。李汉俊在1919年10月所写的文章中也说过,“靠‘脑力的劳动’生活的人,应该大家觉悟到我们的地位和永久的利害,是与‘体力的劳动者’一样的。我们自身应该从精神上打破‘知识阶级’四个字的牢狱,图‘脑力劳动者’与‘体力劳动者’的一致团结,并且一致努力,对于‘体力劳动者’知识上开发做工夫,然后社会的改造方才有多少的希望”③。这个话,也是讲得很深刻的。

正因为先进的知识分子有了这样的认识,他们也就开始走到工人和市民中去开展工作了。比如,在北京,1920年5月1日,邓中夏等组织的北京大学平民教育团及北京大学工读互助团即发起了纪念国际劳动节的活动。他们除在城区举行小型示威外,并以《劳动纪念日与中国劳动界》等为题在街头进行讲演。同日,北大举行了有学生、工友共五百人参加的纪念大会,会上有人提出,要把工人阶级“当作一盏指路的明灯”,表示“我们要本着劳工神圣的信条,跟着这明灯走向光明的地方去”。④ 在上海,陈独秀等联合中华工业协进会等七个团体,发起召开了“世界劳动节纪念大会”筹备会,陈独秀并在大会上发表了关于劳工问题的讲演。1920年5月1日当天,“官厅方面”把开会“武断为学生利用工人,希望大举,明示禁止,藉口戒严”,纪念大会被军警“以强横的武力一日之中两次阻止”,“遂改在青年会操场草率宣布散会”。会上曾发表《上海工人宣言》和《答俄国劳农政府的通告》,号召“全国生产的工人”要“一致努力团结,为制造幸福而奋斗”;希望与苏俄“同力合作”,负担起创造新世界的责任。⑤

尽管当时到工人中去的知识分子还为数不多,工作也还不是很有计划,但这毕竟是一个重要的开端。它预示着知识分子应当遵循的一种新的方向和应当走

① 陈独秀:《卑之无甚高论》,1921年7月1日。

② 陈独秀:《讨论无政府主义》,1921年8月1日。

③ 先进(李汉俊):《最近上海的罢工风潮》,《星期评论》第21号。

④ 《北京劳动之纪念》,《时事新报》1920年5月4日。

⑤ 《民国日报》1920年5月3日。

的一条新的道路。

——原载《马克思主义研究》1995 年创刊号。收入本书时,略作修改。

五、李大钊的马克思主义观与北京大学的马克思主义传统

中国共产主义运动的伟大先驱李大钊的名字,是同北京大学分不开的。

从 1918 年 1 月接替章士钊出任图书馆主任,到 1926 年“三一八”惨案后因北洋军阀政府通缉而被迫迁入北京苏联大使馆兵营,李大钊在北京大学工作和生活了八年多的时间。正是在这段时间里,他确立了共产主义的信念,在中国大地上率先举起了马克思主义的旗帜,积极参与了创建中国共产党的活动;对中国革命的基本理论问题进行了卓有成效的探索,并且在中国革命的各条战线上顽强战斗,留下了永垂青史的业绩;以马克思主义为武器,在哲学社会科学的许多领域辛勤耕耘,作出了一系列开拓性的建树;还通过“传道、授业、解惑”,为中国革命和中国文化事业培育了一代英才。在北大度过的这些岁月,是李大钊伟大而匆促的一生中最光辉的时期。

历史的事实昭示人们:“北京大学不仅有伟大的爱国民主主义者和教育家蔡元培的传统,而且有伟大的马克思主义者和革命家李大钊的传统,有研究和宣传马克思主义、形成共产主义主要发祥地之一的传统。”①这个事实,具有特殊的意义。因为只是在以李大钊为代表的中国先进分子举起马克思主义的旗帜之后,不仅中国人在精神上才由被动转为主动,中国革命才展现出崭新的面貌,而且北京大学自身也才被赋予了新的生命和活力。

诚然,李大钊不仅属于北大。他首先属于伟大的祖国,属于他亲自参与缔造的中国共产党,属于他为之献身的中国人民。他的思想和事业,已经融入中国共产主义运动的历史、中国新文化运动的历史,成为它们最初的不朽篇章。正因为如此,能够与李大钊的名字联系在一起,这是北京大学的光荣。

在世纪之交,在北京大学百年华诞之际,当我们回顾以往走过的历史道路,我们更加深切地感到,在中国近现代革命史、思想文化史以及北京大学校史上,李大钊具有多么崇高的地位。

(一)

李大钊生活在中国面临着深重的民族危机的年代。他看到,“卧榻之侧,有

---

① 胡乔木:《纪念中国共产主义运动的伟大先驱李大钊》,1989 年 10 月 29 日,载中共中央党史研究室科研局编:《李大钊研究文集》,中共党史出版社 1991 年版,第 15 页。

他人鼾睡之声；独立之邦，伏列强割据之迹”；辛亥革命流产之后，中国的所谓民政、民权者，不过是“少数豪暴狡狯者之专政”、“窃权”；而广大的中国人民，则陷入了“农失其田、工失其业，商失其源”的悲惨境遇。因此，他立志把拯救祖国危亡的责任担当起来。他在《狱中自述》中说：“钊自束发受书，即矢志努力于民族解放之事业，实践其所信，励行其所知，为功为罪，所不暇计。”①他是一个忠诚、热烈和执著的爱国者。

与同时代的许多先进分子一样，李大钊也曾经信仰过资产阶级民主主义，希望经过资产阶级共和国，使中国走向独立、民主、富强。为此，他主张“由中流社会之有恒产者自进而造成新中心势力，以为国本之所托”②。他甚至说过，共和国的缔造是一个渐进过程，对于当时的民国，人们应取“补苴弥缝”的态度。③ 不过，与同时代的许多启蒙思想家又有所不同，李大钊投身于斗争不只是为了鼓吹个人的个性解放，而主要是着眼于争取人民的社会解放。在思考中国的出路问题时，他是以能否导致人民的解放为抉择的标准的。因此，他在宣传资产阶级民主主义的同时，又对它表示了某种程度的怀疑和保留。因为他看到，第一，西方资产阶级国家也是充满了矛盾的，18 世纪西方启蒙学者约许的理性王国，并不如他们所说的那样，是永恒的真理、正义、平等、人权在人间的实现。第二，第一次世界大战的爆发，以极其尖锐的形式，暴露了资本主义制度内在的深刻的痼疾。他说过，“此次战争，使欧洲文明之权威大生疑念。欧人自己亦对其文明之真价不得不加以反省”④。中国人是否应当追随其后，自然成了问题。第三，辛亥革命之后建立的民国，不过是以“数十专制都督”代替“一君主专制”而已，它在根本上是名不副实的。他说过：“共和自共和，幸福何有于吾民也！”⑤所以，还在 1916 年 5 月，他就指出：“代议政治虽今犹在试验之中，其良其否，难以确知，其存其易，亦未可测。”⑥对于资产阶级共和国方案的这种怀疑和保留，为他尔后接受马克思主义准备了合宜的思想土壤。

在李大钊的早期思想中，即具有唯物论和辩证法的因素。他认为，宇宙间充满着矛盾，正是这些矛盾的斗争推动着事物的变化。他认为，“近世之文明，解放之文明也”。“对于专制主义而有民主主义，对于资本主义而有社会主义，是

① 《李大钊文集》下卷，人民出版社 1984 年版，第 893 页。
② 《李大钊文集》上卷，人民出版社 1984 年版，第 466 页。
③ 《李大钊文集》上卷，人民出版社 1984 年版，第 118 页。
④ 《李大钊文集》上卷，人民出版社 1984 年版，第 565 页。
⑤ 《李大钊文集》上卷，人民出版社 1984 年版，第 4 页。
⑥ 《李大钊文集》上卷，人民出版社 1984 年版，第 168 页。

皆离心力与向心力相搏战而生之结果。"①所以,他在对西方代议政治表示怀疑的同时,就确信代之而起的必是更为优胜的制度。正因为如此,在 1917 年俄国十月社会主义革命之后,他独具慧眼,首先指出这个革命开辟了人类历史的新纪元。

在 1918 年 7 月发表的《法俄革命之比较观》一文中,李大钊以辩证的观点观察人类文明史的演进,认为欧美的资本主义文明"已臻于熟烂之期",过此"当入盛极而衰之运",预言 20 世纪之文明"其萌芽即茁发于今日俄国革命血潮之中,一如 18 世纪末叶之法兰西亦未可知"②。在同年 11 月、12 月发表的《庶民的胜利》、《Bolshevism 的胜利》两文中,他进一步预言,"将来的环球,必是赤旗的世界";他并且特别指出,Bolsheviki 的主义"就是革命的社会主义","他们是奉德国社会主义经济学家马客士(Marx)为宗主的"。这个主义,就"是二十世纪世界革命的新信条"③。1919 年 9 月、11 月,他发表了《我的马克思主义观》一文,明确地把马克思主义称为"世界改造原动的学说"。文章对马克思的唯物史观、剩余价值学说和科学社会主义理论作了比较系统的论述,指出"他的学说完全自成一个有机的有系统的组织","而阶级竞争说恰如一条金线,把三大原理从根本上联络起来"④。与以往一些人对马克思学说所作的片断的、不确切的表述不同,在这篇文章中,马克思主义作为一个科学体系,已经得到了相当完整的介绍和基本正确的阐释。这表明,这时的李大钊已经成为中国的第一个马克思主义者了。

正是在学习西方资本主义国家的努力一再遭到失败、中国的先进分子陷入极度的彷徨和苦闷之中的时候,作为马克思主义者的李大钊为中国昭示了新的发展方向,即社会主义的方向。

李大钊认为,中国不是一种孤立的存在。人们必须具备世界的历史的眼光,才能对中国问题作出正确的判断。"因为中国的经济情形,实不能超出于世界经济势力之外。"⑤应当看到,"现在世界的经济组织,既已经资本主义以至社会主义,中国虽未经自行如欧、美、日本等国的资本主义的发展实业,而一般平民间接受资本主义经济组织的压迫,较各国直接受资本主义压迫的劳动阶级尤其苦痛。中国国内的劳资阶级间虽未发生重大问题,中国人民在世界经济上的地位,已立在这劳工运动日盛一日的风潮中,想行保护资本家的制度,无论理所不可,

① 《李大钊文集》上卷,人民出版社 1984 年版,第 485 页。

② 《李大钊文集》上卷,人民出版社 1984 年版,第 572~573 页。

③ 《李大钊文集》上卷,人民出版社 1984 年版,第 603、599、600 页。

④ 《李大钊文集》下卷,人民出版社 1984 年版,第 47、50 页。

⑤ 《李大钊文集》下卷,人民出版社 1984 年版,第 454 页。

抑且势所不能"①。

对于经济落后的中国来说,确实面对着发展实业即实行工业化的任务。问题在于,怎样才能发展实业呢?李大钊指出,"今日在中国想发展实业,非由纯粹生产者组织政府,以铲除国内的掠夺阶级,抵抗此世界的资本主义,依社会主义的组织经营实业不可"②。

对于中国应当向俄国革命学习、走社会主义道路的问题,李大钊还从历史文化的角度进行了论证。他说,俄罗斯"文明之要素,实兼欧亚之特质而并有之",俄国革命将"创造一种兼东西文明特质,欧亚民族天才之世界的新文明"。故"吾人对于俄罗斯今日之事变,惟有翘首以迎其世界的新文明之曙光"③。

诚然,半殖民地半封建的中国必须经过民主革命才能进行社会主义革命,资本主义在一定时期的存在和发展也属不可避免,这不是李大钊在当时,而是在稍后的时候才认识到的。但是,从根本上说,李大钊为中国昭示的新的社会主义发展方向,是完全正确的,有着极其深远的影响。它符合中国社会发展的客观规律,是他为中国人民所作的具有深远意义的历史抉择。因为在帝国主义时代,在半殖民地半封建的中国,资本主义道路是走不通的;归根到底,中国的出路只能是社会主义,或者说,只有社会主义才能救中国。

(二)

五四时期,在中国的思想文化领域,各种思潮争奇斗艳,各种流派纷然杂陈。开始时,马克思主义只是它们中的一个派别而已。但是,在往后的发展中,许多喧嚣一时的思想运动的影响就逐渐消退,有的甚至烟消云散了;而年轻的马克思主义思想运动却越来越显示出伟大的生命力,以至成为推动近现代中国发生革命性变革的主要精神力量。其原因,从根本上说,固然是由于马克思主义是科学真理,这个思想运动的兴起,适应了中国社会发展和革命发展的需要;同时,也是与这个思想运动受到李大钊的指导和影响,一开始就具有如下的特点分不开的。④ 这主要是:

第一,重视马克思主义基础理论的研究,力求全面地把握马克思主义的理论体系及其革命的实质和核心。

对于中国的先进分子来说,马克思主义是一个完整的科学世界观,是他们借

① 《李大钊文集》下卷,人民出版社 1984 年版,第 454 页。

② 《李大钊文集》下卷,人民出版社 1984 年版,第 455 页。

③ 《李大钊文集》上卷,人民出版社 1984 年版,第 575 页。

④ 参见拙作《中国早期马克思主义思想运动的历史特点》,《马克思主义研究》1995 年创刊号。

以观察国家命运的认识工具。如前所述，作为中国第一篇马克思主义的启蒙著作，李大钊的《我的马克思主义观》一文就是对它的各个组成部分及其相互关联作出了比较全面和基本正确的论证的。

1920 年夏秋，共产主义小组建立后，中国的先进分子有计划地进行了马克思主义著作的译介、研究和传播的工作。为此，在李大钊的倡议下，北京大学成立了马克思学说研究会（1920 年初成立，1921 年 11 月公开）。该会“以研究马克思派的著述为目的”，研究方法为“搜集马氏学说底德、英、法、日、中文各种图书”，举行“讨论会”、“讲演会”，“编译刊印《马克思全集》和其他有关的论文”。据《北京大学日刊》1922 年 6 月 22 日的记载：该会取名亢慕义斋的藏书室即藏有马克思主义的英文书籍 40 余种，其中包括《共产党宣言》、《社会主义从空想到科学的发展》、《雇佣劳动与资本》、《法兰西内战》、《家庭、私有制和国家的起源》以及有关的中文书籍 20 余种。北京大学图书馆至今还保存着 1920 年 9 月再版的《共产党宣言》中译本和 8 本盖有“亢慕义斋藏书”印章的德文版共产主义文献，其中包括列宁的《共产主义运动中的“左派”幼稚病》、《伟大的创举》等。

认真地阅读马克思、恩格斯、列宁的原著，对于中国的先进分子完整地准确地理解马克思主义的科学体系和精神实质，起到了重要的作用。

第二，坚持马克思列宁主义的革命原则，明确而坚决地同第二国际的修正主义划清了界限。

恩格斯逝世后，国际共产主义运动中即长期存在着马克思主义与修正主义的对立与斗争。列宁领导的十月革命的胜利，正是马克思主义对修正主义的胜利。以李大钊为代表的中国先进分子既然是经过俄国人的介绍学得马克思主义的，他们所学得的也就是没有经过修正主义歪曲、篡改的马克思主义的完整的科学世界观和社会革命论。

当时，第二国际的党多称为社会党，列宁领导的第三国际的党多称为共产党。中国共产主义者在酝酿建党的时候，“关于党的名称叫什么，是叫社会党，还是叫共产党，陈独秀自己不能决定”，曾写信到北京，征询李大钊的意见。李大钊的答复是，应当“叫共产党，这才是第三国际的意思”①。陈独秀等接受了这个意见。党的上海发起组织随后创办的刊物即是以《共产党》命名的。这表明，在中国的马克思主义政党在创建过程中就自觉地同修正主义划清了界限。

坚持革命的原则，这对于中国年轻的马克思主义思想运动的健康发展具有重要的意义。因为理论准备不足可以通过学习加以弥补，经验缺乏可以在斗争的实践中进行积累，但如果不同修正主义划清界限，它就会成为资产阶级的思想

① 张申府：《建党初期的一些情况》，1979 年 9 月 17 日。

附庸,就不可能有真正的生命力了。

第三,注意从实际出发,创造性地运用马克思主义理论,初步提出了马克思主义必须与中国实际相结合的思想。

中国的先进分子是为了寻找救国救民的真理而走向马克思主义的。对于他们来说,这个理论不是教条,而是解决中国问题的行动指南。

当李大钊还是民主主义者的时候,他就讲过,考虑中国问题,是不能"置吾国情于不顾"的。这个国情,既是指"近今之国情"即现实,也是指"往昔之国情"即历史。中国的国情需要中国人自己去认识,不可求于外人,"不可与客卿谋"①。在成为马克思主义者之后,他重视这个理论在中国的实际运用,这不仅是由于他对马克思主义有科学的理解,而且也是他上述思想的合乎逻辑的发展。

李大钊一方面肯定马克思主义是"世界改造原动的学说"、"拯救世界的导星",正像"在别的资本主义盛行的国家,他们可以用社会主义作工具去打倒资本阶级"一样,"在我们这不事生产的官僚强盗横行的国家,我们也可以用他作工具,去驱除这一班不劳而生的官僚强盗"②;另一方面也并没有认为这个理论已经是一种完成形态的终极真理,一种需要死记硬背、机械复述的教条。他的一个基本观点是,"一个学说的成立,与其时代环境,有莫大的关系"。"我们批评或采用一个人的学说,不要忘了他的时代环境和我们的时代环境";"马氏的学说,实在是一个时代的产物",也不可"就那样整个拿来,应用于我们生存的社会"③。他指出,"一个社会主义者,为使他的主义在世界上发生一些影响,必须要研究怎么可以把他的理想尽量应用于环绕着他的实境";而社会主义"原有适应实际的可能性",当人们"拿来作工具,用以为实际的运动"时,像其他主义一样,它"会因时、因所、因事的性质情形生一种适应环境的变化"④,即在运用中得到发展。他要求中国的马克思主义者"应该细细的研考马克斯的唯物史观,怎样应用于中国今日的政治经济情形","怎样去作民族独立的运动,把中国从列强的压迫之下救济出来"⑤。他反复强调,不应当把"宣传理想的主义"和"研究实际的问题"对立起来,两者是"交相为用"、"并行不悖"的。⑥

在北京大学马克思学说研究会的活动中,李大钊倡导的上述原则得到了体现。比如,研究会曾以"社会主义是否适合于中国"为题,举行辩论会。参加者

① 《李大钊文集》上卷,人民出版社 1984 年版,第 113、110 页。
② 《李大钊文集》下卷,人民出版社 1984 年版,第 34 页。
③ 《李大钊文集》下卷,人民出版社 1984 年版,第 68 ~ 69 页。
④ 《李大钊文集》下卷,人民出版社 1984 年版,第 34 页。
⑤ 《李大钊文集》下卷,人民出版社 1984 年版,第 711 ~ 712 页。
⑥ 《李大钊文集》下卷,人民出版社 1984 年版,第 32 页。

有北京各大学各专门学校的教员和学生,李大钊应邀担任评判员。经过几天的热烈争辩,最后由李大钊作结论。他的结论“引起了大多数听众研究马克思主义的兴趣”,此后该会“增加的会员达数十人之多”①。研究会还进行过诸如“世界资本主义国家在世界各弱小民族掠夺之实况——特别注意于中国”这种联系实际的专题研究。

作为中国共产主义运动的先驱、一代青年的导师,李大钊所倡导的理论联系实际的学风,不仅给予了他在北大的追随者以积极的影响,而且为中国的马克思主义思想运动指示了正确的方向。

第四,提出了知识分子应当与劳动群众相结合的思想。

李大钊指出:“民众的势力,是现代社会上一切构造的唯一的基础”。“无论何人,应该认识民众势力的伟大。”②知识分子应当如何对待群众呢?在向马克思主义方向转变时,他就说过:“要想把现代的新文明,从根底输入到社会里面,非把知识阶级与劳工阶级打成一气不可。”③在成为马克思主义者之后,他更明确地说过:“我们很盼望知识阶级作民众的先驱,民众作知识阶级的后盾。”④他不仅重视工人,号召革命的知识分子到工人中去,从事宣传工人、组织工人的工作,而且重视农民,号召他们去做“开发农村的事”。

在李大钊的指导和影响下,1920年5月1日,邓中夏等组织的北大平民教育讲演团及北大工读互助团即发起了纪念国际劳动节的活动。同一天,北大还举行了有学生、工友参加的纪念大会,会上有人提出,要把工人阶级“当作一盏指路的照灯”,表示“我们要本着劳工神圣的信条,跟着这明灯走向光明的地方去”⑤。北京共产主义小组成立后,1921年1月1日,邓中夏等在长辛店开办了劳动补习学校。这个学校的“教员都是用北大学生会名义派去的”⑥。在工人觉悟提高的基础上,长辛店还成立了工会,开展了罢工斗争。在这个过程中,知识分子也受到了锻炼和教育,促进了自身思想的革命化。

马克思主义与中国工人运动的结合,知识分子和劳动群众的结合,为中国共产党的成立做了思想上和干部上的准备,也为知识分子指示了一个应当遵循的新方向和一条应当走的新道路。

---

① 朱务善:《回忆守常同志》,《人民日报》1957年4月29日。
② 《李大钊文集》下卷,人民出版社1984年版,第239页。
③ 《李大钊文集》下卷,人民出版社1984年版,第209页。
④ 《李大钊文集》上卷,人民出版社1984年版,第648页。
⑤ 《时事新闻》1920年5月4日。
⑥ 《邓中夏文集》,人民出版社1983年版,第435页。

(三)

马克思主义的故乡在欧洲。把这个产生于资本主义欧洲的理论正确地应用于半殖民地半封建中国的社会历史条件,使马克思主义中国化,这是一个艰巨的任务,一项复杂的社会系统工程。这需要依靠中国共产党和中国人民的集体奋斗,依靠对中国国情的调查研究,依靠在斗争实践的基础上正反两方面经验的积累。

正是遵循着自己首先倡导的理论与实际相结合的原则,李大钊对中国革命的基本问题进行了最初的探索,在党的早期活动中,为推进马克思主义中国化的事业作出了自己的独特的建树。

在中国,李大钊第一个按照马克思主义的观点提出了"帝国主义"这个概念。通过总结中国人民反侵略斗争的历史经验,他一方面告诫人们要认清帝国主义凶恶的本质,懂得它"绝讲不出公道话来",因而不要对它抱有不切实际的幻想,而应"信赖民族自决的力量,去解一切纠纷。不可再蹈以前'以夷制夷'的覆辙"①;另一方面又要人们认清帝国主义外强中干的本质,懂得它就"像唐山煤矿坑上的建筑物一样,他的外形尽管华美崇闳,他的基础,已经被下面的工人挖空了"。"我们应该在那威势煊赫的中间,看出真理的威权,因而发生一种勇气与确信,敢于与它搏战,信他必可摧拉。"②

对于农民在中国革命中的伟大作用,李大钊作了充分的估计。他指出,"在经济落后沦为半殖民地的中国,农民约占总人口的百分之七十以上,在全人口中占主要的位置,农业尚为其国民经济的基础"。"在中国的浩大的农民群众,如果能够组织起来,参加国民革命,中国国民革命的成功就不远了。"③为了充分发挥农民在中国革命中的作用,他认为,"第一要紧的工作"是"唤起贫农阶级组织农民协会";其次是要武装农民,建立农民自卫军;最后是要"按耕地农有的方针"解决农民的土地问题。④

对于无产阶级在中国革命中的领导权问题,李大钊早在1923年6月中共三大上就已经作出了论述。他明确指出,"过去和将来国民运动的领导因素都是无产阶级,而不是其他阶级"。"由于这个原因,我们不要害怕参加国民运动,我们应站在运动的前列。"⑤领导权属于无产阶级而不属于资产阶级,这是新民主

① 《李大钊文集》下卷,人民出版社1984年版,第111~112页。

② 《李大钊文集》下卷,人民出版社1984年版,第111~112页。

③ 《李大钊文集》下卷,人民出版社1984年版,第824、834页。

④ 《李大钊文集》下卷,人民出版社1984年版,第833页。

⑤ 《马林与第一次国共合作》,光明日报出版社1989年版,第236页。

主义革命区别于旧民主主义革命的主要之点。李大钊在当时就能提出这个观点，实属难能可贵。事实上，没有能够阐明无产阶级领导权的问题，恰恰是中共三大的主要缺点之一。随后，他还进一步指出，“在国民革命中当先锋的亦只有无产阶级”。

提出并阐明中国新民主主义革命的基本思想，是中国共产党在大革命时期所进行的马克思主义中国化的事业中所取得的主要理论成果。李大钊对上述观点的论述，对党提出并阐明中国新民主主义革命的基本思想作出了自己的重要贡献。

中国革命的前途是社会主义。对于未来的社会主义社会，李大钊也提出了许多精辟看法。①

李大钊认为，社会主义，从社会方面观察，可分为三项：“照政治方面言，必须无产阶级专政”；“照法律方面言，必须将旧的经济生活与秩序，废止之，扫除之”，“另规定一种新的经济生活与秩序，将资本财产法、私有者改为公有者的一种制度”；“从经济方面言，必须使劳动的人，满足欲望，得全收利益”②。这样，他就根据科学社会主义的基本原理，对于社会主义社会制度的一般特征作出了论述。

与此同时，李大钊又指出，社会主义的理想，“因各地各时之情形不同，务求其适合者行之，遂发生共性与特性结合的一种新制度（共性是普遍者，特性是随时随地不同者），故中国将来发生时，必与英、德、俄……有异”③。这样，他就在中国共产主义运动的历史上第一次论证了未来中国的社会主义将既有社会主义的一般特征，又有中国特性这样一个科学命题。

为了澄清人们对于社会主义的种种误解或疑虑，李大钊还对有关的若干重要问题，如社会主义是否会“破坏生产”并使人“穷苦”，是否“决不发生竞争”，是否排斥民主，是否“不自由”，是否会扼杀艺术个性等，发表了自己的见解。比如，他指出：

（1）“社会主义是要富的，不是要穷的，是整理生产的，不是破坏生产的。”社会主义主张“使生产、消费、分配适合的发展”，改变多数穷人供奉少数富人的状况，从而“使我们人人都能安逸享福，过那一种很好的精神和物质的生活”。④

（2）“社会由竞争而进步”，所以“社会主义亦有相当的竞争”；它所反对的，

---

① 参见《李大钊与中国的马克思主义思想运动》，载拙作《中国革命问题散论》，湖南教育出版社 1996 年版，第 163～165 页。

② 《李大钊文集》下卷，人民出版社 1984 年版，第 373 页。

③ 《李大钊文集》下卷，人民出版社 1984 年版，第 376 页。

④ 《李大钊文集》下卷，人民出版社 1984 年版，第 670～671 页。

只是"使人类入于悲惨之境"的那种资本主义的竞争;它所禁绝的,只是那种"使人犯罪等"的不正当的竞争。①

(3)"真正的德谟克拉西,其目的在废除统治与屈服的关系,在打破擅用他人一如器物的制度。而社会主义的目的,亦是这样。"不过,有两种民主,即中产阶级的民主和无产阶级的民主。只有工人政治才是"纯化的"和"真实的平民政治",因此,这"是一种新的德谟克拉西"。②

(4)"经济上的自由,才是真正的自由",所以要得到真正的自由,就应当摆脱资本主义的雇佣劳动制,"实现社会主义的制度"。事实上,"真正合理的社会主义,没有不顾个人自由的"。只是"个人与社会、自由与秩序,原是不可分的东西",③个人要获得自由,就必须正确处理这两种关系。

(5)社会主义并不是"专为物质进步而设",它同时也关注美术、哲学,"希望艺术有真正的发展"。④ 为此,在"实行社会主义的时候,要注意保存艺术的个性发展的机会"。

从上面的叙述我们可以看到,李大钊在对社会主义的论述中,确实阐发了许多精彩的思想。这些论述,我们今天读来也仍然感到十分亲切,并能从中受到启发。

(四)

李大钊是一个杰出的坚定的革命家,同时又是一个广博的深刻的学者。革命家和学者这两种品格在他的身上是和谐地结合在一起的。

在成为革命家之后,李大钊把自己的主要精力投入到实际斗争中去;与此同时,他还一直担任北京大学教授,⑤从事教学工作,并在哲学社会科学的许多领域进行辛勤的劳作。"他是中国第一个用辩证唯物主义和历史唯物主义观察社会、认识社会和改造社会的马克思主义哲学家,又是中国马克思主义史学的奠基人。"在法学、政治学、教育学、伦理学以及民族问题、妇女问题等的研究中,他都有开拓性的建树。诚然,"作为一个拓荒者,他在思想文化领域中所进行的一些草创性的工作自然不免粗糙,然而他在中国第一个用马克思主义指导革命和占

---

① 《李大钊文集》下卷,人民出版社1984年版,第374页。

② 《李大钊文集》下卷,人民出版社1984年版,第504~506页。

③ 《李大钊文集》下卷,人民出版社1984年版,第437~438页。

④ 《李大钊文集》下卷,人民出版社1984年版,第377页。

⑤ 据《北京大学评论会(一九二〇年)七月八日特别会》记载,该会于当日决议:"图书馆主任改为教授。"

领哲学、社会科学阵地的历史功绩是不可磨灭的"①。

应当指出,"我国大学中第一次把马克思主义理论正式列入课程,对学生进行讲授,是在北大从李大钊开始的。1920年起,李大钊便在北大史学系、经济系、法律系和政治系,先后正式讲授《唯物史观》、《工人的国际运动》等马克思主义理论课和讲座"②。据考证,他在北大开设的理论课程共有五门之多。计有:《史学思想史》、《社会主义与社会运动》、《唯物史观》、《现代政治》、《工人的国际运动与社会主义的将来》等。③ 比如,1920年,曾印发《唯物史观》讲义,计七篇,即:《唯物史观在现代史学上的价值》、《马克思的经济史观》、《物质变动与道德变动》、《原人社会于文字书契上之唯物反映》、《东西文明根本之异点》、《由经济上解释中国近代思想变动的原因》、《中国古代经济思想之特点》。讲义不但阐明了唯物史观的基本原理,而且结合历史实际和现实生活,对许多问题进行了创造性的论述。他的讲义有一部分被保存下来,成了极为珍贵的历史文献。上海图书馆曾于1962年影印了他的《史学思想史》讲义。1920年7月,他还受聘为北京女子高等师范学校讲授《社会学》和《女权运动史》两门课程。有的学生回忆说:这两门课程使她们"初步接触到马克思主义的理论"④。

除了系统授课之外,李大钊还经常在北京大学及其他学校举办讲座或进行讲演,用马克思主义的观点评论时事,论述各种社会问题。比如,1920年5月1日在北京大学校工和学生召开的五一劳动节纪念大会上讲《五一"May Day"运动史》;6月27日和7月4日在美术学校作题为《群众心理与群众道德》的讲演;11月28日,为少年中国学会北京会员作题为《自然与人生》的讲演;1921年5月4日在北京女学界联合会举办的五四纪念会上发表演说;同年7月,在美术学院作题为《社会与个人》的讲演;等等。这些讲座或讲演,也给予了北大及其他学校追求进步的青年以积极的影响。

成立进步社团,通过社团的活动,引导青年研究马克思主义、讨论社会主义问题,是李大钊在北大期间进行马克思主义传播工作的一个重要方面。前面说过,1920年3月,在李大钊的指导下,成立了北京大学马克思学说研究会。当时国内后来成为共产主义者的革命青年,很多都是这个研究会的会员或通讯会员。1920年12月,在他的推动下,北京大学社会主义研究会又宣告成立,其宗旨是"集合信仰和有能力研究社会主义的同志,互助的来研究并传播社会主义思

① 胡乔木:《纪念中国共产主义运动的伟大先驱李大钊》(1989年12月29日),《李大钊研究文集》,第13页。

② 萧超然:《北京大学与五四运动》,北京大学出版社1995年版,第260页。

③ 《李大钊同志受聘教授及所开课程考实》,《北京大学学报》1981年第4期。

④ 程俊英、罗静轩:《五四运动的回忆点滴》,《五四运动回忆录》,第277页。

想”,“会员暂时限定北大同学”。① 此外,他还积极参与少年中国学会的活动。1920 年 8 月 19 日,他在该会北京会员茶话会上提议,“应有标明本会主义之必要,盖主义不明,对内既不足以齐一全体之心态,对外尤不足与人为联合之行动”②。北京以外的一些进步社团如天津的觉悟社等,也受到过李大钊的影响。比如,1919 年 9 月,他即应觉悟社邀请到天津与该社社员谈话,并给他们提出“许多的建议”③。1920 年 8 月 15 日,他出席天津觉悟社等五团体在北京陶然亭召开的茶话会,曾提议各团体有标明本会主义之必要。④ 之后,觉悟社几个留京的社员即在他的领导下从事劳工、妇女和青年学生运动,有两个会员经他介绍参加了华俄通信社的工作。⑤

李大钊播下的共产主义的真理的种子,很快就在中国大地上发芽、开花、结果。一代年轻的共产主义者成长起来了。邓中夏、高君宇、黄日葵、范鸿劼、何孟雄、朱务善等直接受李大钊培养、教育的一批北大学生,成了中国共产主义运动的最初骨干,他们后来为中国人民的解放事业作出了重要的贡献,有的人并为此而无畏地献出了自己的生命。后来成为中国共产党和中国人民的杰出领袖的毛泽东、周恩来等,当时也受到过李大钊的深刻影响。毛泽东在 1936 年同美国记者斯诺谈话时就说过:“我在李大钊手下在国立北京大学当图书馆助理员的时候,就迅速地朝着马克思主义的方向发展。”⑥

由于担任北京大学教授的中国第一个马克思主义者李大钊的积极活动和卓有成效的工作,北京大学成了中国最早的马克思主义传播中心,成了中国共产主义运动的主要发祥地之一。北京共产主义小组在 1920 年 10 月成立时,其成员就全部是北大师生。到 1921 年 7 月中国共产党正式成立前,北京共产党组织的成员共 12 人,其中就有 10 人是北大师生。1921 年 7 月出席或列席中国共产党第一次全国代表大会的 13 人中,当时属于北大的或此前在北大学习和工作过的就有 5 人。他们都先后受到过李大钊的影响。

李大钊已经离开我们七十多年了,但他的思想和事业是不朽的。“今天,我们虽然远离了他生活的时代,但依然感到他短促的生命的伟大,依然感到他的历史眼光的深远、思想价值的珍贵和革命道德的崇高。”⑦

---

① 《北京大学日报》,1920 年 12 月 4 日。
② 《少年中国》第 2 卷第 3 期,1920 年 9 月。
③ 《觉悟》第 1 期,1920 年 1 月 20 日。
④ 《少年中国》第 2 卷第 3 期,1920 年 9 月。
⑤ 《文史资料》第 61 辑,第 160 页。
⑥ 埃德加·斯诺:《西行漫记》,董乐山译,三联书店 1979 年版,第 132 页。
⑦ 中共中央党史研究室科研局编:《李大钊研究文集》,中共党史出版社 1991 年版,第 8 页。

拥有李大钊这样一位伟大的历史人物，确实是北京大学的骄傲。对于北大师生来说，学习和研究李大钊的思想遗产，继承和发扬他所开创的马克思主义传统，应当是一种历史责任。因为这不仅是推进中国社会主义建设事业的需要，也是北京大学得以延续自己的历史光荣和再创新的辉煌的需要。

——原载《北京大学学报》1998年第2期。

六、中国共产党早期组织的建立及其活动

（一）中国共产党早期组织的建立

1. 建立共产党是近代中国革命发展的要求

中国工人阶级的政党——中国共产党，是中国工人运动和马克思列宁主义相结合的产物，它成立于20世纪20年代的初期。

在中国共产党出世以前，国民党在中国革命中起着领导作用。

国民党的前身是1905年成立的中国同盟会。同盟会是当时的资产阶级、小资产阶级和一部分反清士绅的联合战线的组织，以孙中山为代表的资产阶级革命民主派在其中起着主导的作用。它曾经发动和组织了推翻清王朝的辛亥革命。

辛亥革命以后，同盟会内部发生了剧烈的分化。“革命军兴，革命党消”，一时成为流行的说法。由于同盟会纲领的革命水准本来就不高，反对满族统治者和建立共和国是它的成员之间团结和统一的主要基础。当清王朝被推翻，“民国”宣告成立，许多人就以为“革命成功”了。这样，原先的革命党人，一些人高升（他们成了新的官僚、政客、军阀或者资本家），一些人退隐，一些人落荒而逃。而许多原先“反对革命之人，均变成赞成革命之人”，他们纷纷涌入这个组织，企图假革命之名以营私。它的领袖孙中山及其忠实的追随者仍然坚持民主主义的立场，但孙中山本人也一度认为，今日“民族、民权两主义俱达到，唯民生主义尚未着手”，当前的急务在于发展实业。他曾接受袁世凯给他的全国铁路总办的头衔，准备“十年不预政治”，以在野之身，“于十年之中，筑二十万里之线”。它的重要活动家宋教仁认为，中国实行政党政治、议会政治的时期到来了。他将同盟会与统一共和党等四个政团合并，于1912年8月成立国民党。他力图通过竞选使国民党在国会中取得多数议席，而后组织责任内阁。多数议席也果真争取到了。但责任内阁还没有来得及组织起来，宋教仁本人就被刺杀。随后，国会也被袁世凯所控制。在这种情况下，孙中山等奋起发动反袁的二次革命，但不久即遭到失败。他总结革命失败的原因，认为“非袁氏兵力之强，乃同党人心之涣”。

为了恢复同盟会的革命精神,他于1914年7月在日本创立中华革命党,政治上"以扫除专制政治,建设完全民国为目的",组织上"屏斥官僚"、"淘汰假革命党"。由于提不出能够广泛动员群众的纲领(它所提"护法"的口号对群众并没有多少吸引力),由于采取要求党员宣誓"服从党魁命令"并打手模这类落后的组织方法等,参加这个党的人员寥寥无几。它没有能够成为群众性的党,没有能够在中国的政治生活中产生重大的影响。由于在斗争中无所作为,这个党很快就自行解体了。事实表明,成立新的革命政党来领导中国人民的斗争,已经成为近代中国社会发展和革命发展的客观要求。

应当成立一个什么样的新的革命政党?五四运动的一般新领袖一时还没有明确的设想。随着马克思主义在中国的扩大传播,中国出现了一批早期的马克思主义者,他们中的一些人还开始到工人中去进行活动,使中国工人运动与马克思主义初步结合起来。这样,建立一个以马克思主义理论为指导的工人阶级革命政党的任务就被提到议事日程上来了。1920年1月,有人在报刊上发表题为《劳动团体与政党》的文章,呼吁"劳动团体应当自己起来做一个大政党"。同年2月,李大钊与陈独秀化装成商人,一同坐骡车去李的家乡河北省乐亭县小住,"在途中则计划组织中国共产党"①。当时,在李大钊的周围,已经团结了一批具有初步共产主义思想的青年知识分子。同年3月,李大钊与邓中夏等经过多次研究,成立了"北京大学马克斯学说研究会"。这个研究会刚成立时是秘密的,没有登报,直到1921年11月才正式公开。这是中国最早的一个学习和研究马克思主义的团体,成员中有马克思主义者,也有对研究马克思主义有兴趣但还不是马克思主义者的人。他们绝大多数是北京大学的青年学生,也有个别几个是那里的教师。建立这个团体,是李大钊把"对于马克思学说研究有兴味的和愿意研究马氏学说的人"联合起来的最初尝试。研究会成员朱务善回忆说,从主要方面来说,成立研究会,"这是马克思主义者的结合,企图建立共产党"。后来北京建立共产党的组织时,"参加党的人就是组织研究会的发起人",虽然并不是所有的发起人都参加了党。② 类似的情况,在上海也发生了。1920年5月,陈独秀、李达、李汉俊等人也在上海成立了马克思主义研究会。陈独秀原在北京,五四运动开始后不久被北洋军阀政府逮捕,出狱后因无法在北京立足,遂于

---

① 见汉口《民国日报》,1927年5月24日。这是高一涵在当时武汉召开的一次追悼李大钊死难的大会上说的。新中国成立后,高一涵又作过类似的回忆(见《五四运动回忆录》(上),中国社会科学出版社1979年版,第341页)。由于高一涵在1927年5月说这件事的时候,距离建党尚不遥远,所以这个回忆值得重视。但当时陈独秀的思想虽有变化,也还没有达到信仰马克思主义的程度,所以李大钊同他一起计划组织的党是不是就是中国共产党,还是一个有待研究的问题。

② 《1960年朱务善谈话纪录》。

1920年初经天津到达上海,《新青年》杂志也移至上海继续出版。上海的马克思主义研究会由留日学生李达等、杭州第一师范的陈望道等、国民党中的邵力子等三部分人组成。据邵力子回忆,"研究会开始时,只是翻译和写文章宣传马克思主义"。"后来,我们一面觉得只做宣传、研究工作是不够的,有学习布尔什维克的作风,建立严密的组织的必要,同时也看到时机已经成熟,青年中接受马克思主义思想的人也不少,应该组织起来"①。上述情况表明,成立工人阶级的革命政党,已经成为中国马克思主义者的现实的要求了。

在中国工人阶级政党成立之前,中国的马克思主义者已经同列宁领导的共产国际(即第三国际)开始发生联系。1919年夏,俄共(布)中央西伯利亚局东方民族处主任布尔特曼从海参崴来到天津,会见过李大钊,李大钊对俄国布尔什维克组织工会方面的工作很感兴趣。1920年4月,经共产国际批准,俄共(布)远东局海参崴处负责人派俄共党员维经斯基携妻库兹涅佐娃、翻译杨明斋(华工,十月革命后加入布尔什维克党)等来华。"他们的任务是了解中国国内情况,与中国的进步力量建立联系,考察是否有可能在上海建立共产国际东亚书记处"②。目前还没有材料足以证明,维经斯基是受命来华帮助中国的马克思主义者建党的。据李达回忆:维经斯基说过,"东方局(即前述远东局)曾接到海参崴方面的电报,知道中国曾发生过几百万人的罢工、罢课、罢市的大革命运动(按:应是指五四运动),所以派我到中国来看看"。他说自己"来中国的任务是联系",即联系中国进步组织和进步分子。他到北京之后,首先访问了李大钊(五四运动的领袖人物)等进步分子,举行过几次座谈会,一些小资产阶级和资产阶级知识分子也参加了。他在座谈会上报告了俄国十月革命以后的情况和新俄国的对外政策。李大钊等很诚恳地同他交换意见;那些小资产阶级和资产阶级知识分子,只带着好奇心,参加了一两次座谈,以后就和他疏远了。经李大钊的介绍,维经斯基又到了上海。在上海,他访问了《新青年》、《星期评论》、《共学社》等杂志、社团的许多负责人,如陈独秀(五四运动的领袖人物)、李汉俊等以及其他各方面当时还算进步的人们,也举行过几次座谈,其经过也同在北京的情况类似,最早参加座谈的人还多,以后就只有当时相信马克思主义的人和他交谈了。维经斯基"在中国看了看以后,说中国可以组织共产党"。③

---

① 邵力子:《党成立前后的一些情况》,1961年7月,《共产主义小组》(上),中共党史出版社1987年版,第190页。

② 缪勒尔:《在革命的烈火中》,依尔库茨克1957年俄文版,第144~145页,转引自黄修荣:《共产国际与中国革命关系史》(上),中共中央党校出版社1989年版,第57页。

③ 李达:《中国共产党的发起和第一次第二次代表大会经过的回忆》,1955年8月2日,《共产主义小组》(上),中共党史出版社1987年版,第182~183页。

前面讲过，在维经斯基来华之前，中国的马克思主义者已经有了组织起来的要求，并且进行了建立组织的尝试。维经斯基来华，他对苏俄和俄共情况的介绍，他对中国已经可以建立共产党的意见，对于中国共产党的创建无疑是起了一定的促进作用的。

2. 陈独秀与中国共产党早期组织在上海的成立

中国共产党的最早的组织是在中国工人阶级最密集的中心城市上海首先建立的。当时上海“劳动者之数，不下五十万人”，即占到全国200万产业工人总数的四分之一左右。在五四运动中，上海工人又率先自动投入爱国斗争，把斗争推进到了一个新的阶段。所以，在这里建党，是具备了比较坚实的阶级基础的。同时，上海原本是新文化运动的发祥地之一，《新青年》杂志开始就是在这里创办的。1920年初，陈独秀来上海时，《新青年》编辑部又随之迁回这里。于是在陈独秀的周围，又逐渐聚集起了一批相信马克思主义或研究马克思主义的人。所以，在这里，也较早地具备了建党的思想条件和干部条件。“1920年7月19日，在上海举行了中国积极分子会议。这次会议为未来的中国共产党奠定了基础。会上，陈独秀、李汉俊、沈玄庐坚决赞成建立共产党。”①据李达回忆：“我（在1920年8月由日本）回到上海，首先访问陈独秀，谈起组织社会革命党派的事，他说他和李汉俊正在发起组织中共，就邀请我参加，做了发起人。”②1920年8月，中国共产党的最早组织在上海法租界老渔阳里二号（今南昌路一〇〇弄二号）《新青年》编辑部成立。“起初，在上海该组织一共只有五个人。”③这个组织“首先拟定一个类似党章的东西，是由李汉俊用两张八行格纸写的。所谓党纲，只有劳工专政，生产合作八个字。首次决议，推陈独秀担任书记，函约各地社会主义分子组织支部”。同年12月，陈独秀去广州担任广东省教育委员会委员长以后，书记一职先后由李汉俊、李达代理。

上海共产主义者建立的这个组织，一般被称为上海共产主义小组。其实，它一开始就叫党，而不是称小组。至于是叫社会党还是叫共产党，似乎经过了一番斟酌。从1920年9月1日陈独秀发表的《对于时局的我见》来看，他是把社会主义者组织的政党统称为“社会党”的，虽然他同时又说“吾党……也决不屑学德国的社会民主党”。据张申府回忆，“关于党的名称叫什么，是叫社会党，还是叫共产党，陈独秀自己不能决定”，曾写信到北京，征询李大钊的意见。李大钊等

---

① 舍维廖夫：《中国共产党成立史》。

② 《李达自传》，《党史研究资料》1980年第8期。

③ 《中国共产党第一次代表大会》。

经过研究，认为应当“叫共产党。这才是第三国际的意思”。[①] 陈独秀等接受了这个意见。所以，上海党组织于1920年11月7日创办的党内机关刊物，就是以《共产党》(月刊)命名的。这个刊物的出版，标志着共产党的旗帜已经在中国大地上正式树立起来了。

据考证，“从1920年8月到1921年7月这段时间内，上海小组成员有15人，即陈独秀、李汉俊、沈玄庐、陈望道、俞秀松、杨明斋、李达、袁振英、邵力子、李季、林伯渠、沈雁冰、李启汉、李中、沈泽民”。这里，没有把参加过上海小组的活动、后来去外地从事建党工作的人(如刘伯垂)，或到国外留学并在那里参加共产主义小组的人(如去法国的陈公培、赵世炎，去日本的施存统、周佛海)统计在内。“上海小组成员中年龄最大的41岁，最小的只有19岁(即沈泽民)，多数成员一般在30岁以下，对新事物有着敏锐的观察力，富有革命朝气”。[②]

上海共产主义小组实际上是中国共产党的发起组，是各地共产主义者进行建党活动的联络中心。在创建全国统一的工人阶级革命政党的过程中，它和它的领导人陈独秀，占有一种特殊的地位，起着十分重要的作用。毛泽东后来讲过：“五四运动，替中国共产党准备了干部。那个时候有《新青年》杂志，是陈独秀主编的。被这个杂志和五四运动警醒起来的人，后头有一部分人进了共产党。这些人受陈独秀和他周围一群人的影响很大，可以说由他们集合起来，这才成立了党。”尽管陈独秀“甚至有些很不正确的言论，但是他创造了党，有功劳”。[③] 这个功劳，是不应当被遗忘的。

3. 李大钊、毛泽东等与各地共产党早期组织的成立

李大钊不仅是中国最早的马克思主义者，也是党的主要创始人之一。北京共产党的早期组织就是在他的领导下成立的。据张申府回忆：1920年9月，他去上海，就住在陈独秀家里，“这就是当时党部所在”。陈独秀同他“谈过建党的事”，并且认为“既然组织起来了，就要发展，能入党的人最好都吸收到党内来”。回到北京后，他把陈独秀谈的情况告诉了李大钊。[④] 又据张国焘回忆：他在1920年7月底到上海后，陈独秀也同他谈过建党的事，他回到北京后，也把与陈独秀谈话的经过告诉了李大钊。李大钊认为，“我们现在起来组织中国共产党，无论

---

① 张申府：《建党初期的一些情况》，1979年9月17日，《共产主义小组》(上)，中共党史出版社1987年版，第330页。

② 中共上海市委党史资料征集委员会：《上海共产主义小组综述》，《共产主义小组》(上)，中共党史出版社1987年版，第27~28页。

③ 毛泽东：《关于“七大”工作方针的报告》，1945年4月21日，《中共中央文件选集》第15册，中共中央党校出版社1991年版，第99页。

④ 张申府：《建党初期的一些情况》，1979年9月17日。

在理论上和实际上的条件都较为具备”,像陈独秀等在上海所做的那样,我们“在北京可以依照着发动起来”。① 1920年10月,②北京共产党的早期组织成立,它的最初成员为李大钊、张申府、张国焘三人。不久,张申府经上海去法国。北京党组织吸收了黄凌霜、陈德荣等几个无政府主义者加入,随后又吸收了罗章龙、刘仁静等加入。组织内部进行了分工。由李大钊担任联络的任务,并主持马克思学说研究会;张国焘担任职工运动的发动工作;黄凌霜、陈德荣编辑并发行《劳动者周刊》;罗章龙、刘仁静等负责组织社会主义青年团。李大钊当众宣布,他每月捐出个人薪俸80元作为组织的活动经费。在组织内部,共产主义者与无政府主义者发生了意见分歧。《北京共产主义组织的报告》指出,这些无政府主义分子“给我们增添了不少麻烦,可是由于过分激烈的言论,他们使自己和整个组织脱离了。他们退出以后,事情进行得比较顺利了”。1921年1月(一说1920年11月底),北京党组织举行会议,决定将这个组织命名为中国共产党北京支部,由李大钊任书记,张国焘搞组织工作,罗章龙负责宣传工作。到1921年7月前,“北京党组织成员有李大钊、张国焘、邓中夏、罗章龙、刘仁静、高君宇、何孟雄、缪伯英、范鸿劼、朱务善、李骏、张太雷等12人”③。他们基本上是北京大学的进步师生。北京党组织曾帮助天津、唐山、太原、济南等地的社会主义者开展工作,对中国北方地区共产党、青年团组织的建立起过促进作用。

武汉的共产党早期组织也是在党的上海发起组的推动下成立的。当时李汉俊曾致函董必武,后又亲自到武汉面见董,商议在这里建立党组织的事宜。李汉俊介绍董必武、张国恩加入了党。董必武与陈潭秋商谈此事,也得到了陈的同意。据董必武的回忆,“在武汉我和张国恩、陈潭秋组织了共产主义小组”④。与此同时,刘伯垂由广州返武汉途中,在上海曾与陈独秀晤谈,并经陈介绍,加入了党。陈“并派他到武汉发展组织”⑤。据包惠僧的回忆:“刘伯垂回到武汉,即找董必武、张国恩(他不久就脱离了)、陈潭秋、郑凯卿、赵子俊、包晦生(惠僧)、赵子健等商谈,都同意加入共产党,即以上述这几个人为基础成立(共产党)武汉临时支部。第一次会议是在武昌抚院街董必武同志寓内开的,推定包惠僧为临

---

① 张国焘:《我的回忆》第二篇第一章、第二章。

② 据1921年《北京共产主义组织报告》,内称:“去年十月这个组织成立。”见《中共中央文件选集》第1册,中共中央党校出版社1989年版,第14页。

③ 中共北京市委党史资料征集委员会:《北京共产主义小组综述》,《共产主义小组》(上),中共党史出版社1987年版,第218页。

④ 《董必武谈中国共产党第一次全国代表大会和湖北共产主义小组》,1971年8月4日。

⑤ 包惠僧:《共产党第一次全国代表会议前后的回忆》,1953年9月

时支部书记，经常驻机关部工作。”[①]时间当是在 1920 年的秋、冬。

长沙的共产主义小组是由毛泽东领头组织的。共产党在上海“发起后，由陈独秀、李汉俊找关系”，发展组织；在湖南由毛泽东负责。[②] 毛泽东在给蔡和森的信件中说过，“党一层仲甫先生（即陈独秀）等已在进行组织”。可见，他在长沙进行的建党活动，是与上海发起组和陈独秀有直接联系的。彭述之回忆：1920 年 9 月，他抵达长沙。“根据贺民范的叙述，湖南的共产主义小组同上海的大不相同，它当时在组织上还没有正式形成，而上海的共产主义小组已经成了中国拥护苏俄式革命分子的核心，并且是他们的先驱组织。然而湖南共产主义小组的存在是不可置疑的”[③]。当时，毛泽东等组织的新民学会已经是一个拥有一百多名会员的有相当社会影响的进步团体。萧子升回忆：“1920 年，学会出现了分裂。在毛泽东领导下的那些热衷共产主义的人，形成了一个单独的秘密组织，所有非共产党员，除我之外，都不知道暗中进行的事情。因为毛泽东把他有关新组织的一切都告诉了我，希望我也能参加。”[④]据此，可以认为，长沙共产党的早期组织是新民学会中由共产主义者组成的秘密核心。毛泽东本人讲过，“在最早发起建党的文件上签名的”有六个人。[⑤] 他提到了萧铮的名字，没有提到其他五个人的名字。他说，“是客观环境逼得我同周围的人组织共产主义小组，研究马列主义”[⑥]。“1920 年冬天，我第一次在政治上把工人们组织起来了，在这项工作中我开始受到马克思主义理论和俄国革命历史影响的指引”[⑦]。1945 年 4 月党召开“七大”时，毛泽东还说过：“我们开始的时候，也是很小的小组。这次大会发给我一张表，其中一项要填何人介绍入党，我说，我没有介绍人。我们那时候都是自己搞的。”[⑧]

在广州建立共产党早期组织一事，陈独秀曾函约谭平山、谭植棠、陈公博发起。1920 年 9 月，俄国的共产主义者米诺尔和别斯林来到广州，以苏俄政府代表名义建立俄国通讯社。经参加北京共产党组织的无政府主义者黄凌霜引荐，米诺尔、别斯林为广州的无政府主义者所包围。他们与区声白等进行联系，于

① 包惠僧：《共产党第一次全国代表会议前后的回忆》，1953 年 9 月。

② 李达：《中国共产党的发起和第一次第二次代表大会经过的回忆》，1955 年 8 月 2 日。

③ 彭述之：《被遗忘了的中共建党人物》，《共产主义小组》（下），中共党史出版社 1987 年版，第 599 页。

④ 萧子升：《毛泽东青年时代》，《共产主义小组》（下），中共党史出版社 1987 年版，第 575 页。

⑤ 埃德加·斯诺：《西行漫记》，董乐山译，三联书店 1979 年版，第 124 页。

⑥ 毛泽东于 1960 年 6 月 21 日同日本文学代表团的谈话。

⑦ 埃德加·斯诺：《西行漫记》，董乐山译，三联书店 1979 年版，第 131 页。

⑧ 毛泽东：《关于“七大”工作方针的报告》，1945 年 4 月 21 日，《中共中央文件选集》第 15 册，中共中央党校出版社 1991 年版，第 96 页。

1920年底组织了共产党。“尽管组织了共产党,但是与其称作共产党,不如称作无政府主义的共产党”①。参加这个组织的共9人,除两个俄国人以外,7个中国人都是无政府主义者。“由于观点不一致”,谭平山、谭植棠、陈公博“拒绝加入这个小组”。② 不久,陈独秀从上海到达广州。他先后与米诺尔、别斯林、区声白等联系,研究党的组织问题。1921年1月间,当陈独秀把他起草的党纲交给他们讨论时,无政府主义者反对关于无产阶级专政等条文。《广州共产党的报告》说:“他们进行过非常热烈的争论,认为必须摆脱无政府主义者,也就在这时,无政府主义者退出了党。于是,我们开始成立真正的共产党。”③党员包括两个俄国人在内共9人。先由陈独秀后由谭平山任书记,陈公博负责组织工作,谭植棠负责宣传工作。

济南共产党早期组织的成立,既同党的上海发起组有关,也同北京共产党组织有关。陈独秀曾函约“王乐平在济南组织”,王乐平介绍王尽美、邓恩铭进行这个工作,“自己未参加”。陈独秀也曾约请李大钊帮助在山东地区建党。王尽美等在济南建党过程中,与李大钊等北京共产党组织成员有过多次接触。在1920年夏秋之季,王尽美、邓恩铭等曾成立“康米尼斯特学会”(即共产主义学会),专门研究共产主义的理论。“这一组织开始是公开的学术团体,在1921年,经反动政府及警察厅认为是宣传过激思想、明令取缔以后,曾半公开地活动了一个时期。以后,会员思想上也发生了分化。于是王尽美、邓恩铭几个忠实可靠的青年,便成立了共产主义小组,后逐渐有一些发展”④。济南共产党早期组织的参加者究竟有哪些人员,已经无从查考。

据《中国共产党第一次代表大会》这个文件(此件看来系一大之后不久,即1921年下半年,中国共产党向共产国际提供的材料)的记载:“中国的共产主义组织是从去年年中成立的。起初,在上海该组织一共只有5人。领导人是享有威望的《新青年》的主编陈(独秀)同志。这个组织逐渐扩大其活动范围,现在已有6个小组,有53个成员。”这里所说的6个小组,除了北京、武汉、长沙、广州、济南等5个小组,还包括旅日共产主义小组在内。⑤

4. 关于旅日、旅法共产主义小组

旅日共产主义小组只有两个人,即施存统和周佛海。他们都是在上海加入

---

① 《广州共产党的报告》,《中共中央文件选集》第1册,中共中央党校出版社1989年版,第20页。

② 《中共中央文件选集》第1册,中共中央党校出版社1989年版,第20~21页。

③ 《中共中央文件选集》第1册,中共中央党校出版社1989年版,第20~21页。

④ 马保三的回忆。

⑤ 上述文件称:“参加大会的有12名代表,他们来自七个地方(包括上海)”上海为党部所在地,不把上海的党组织列为6个小组中的一个,是可以理解的。

党组织的。随后不久,他们又都去了日本。施在东京,周在鹿儿岛。据施存统回忆:1920年6月,陈独秀、李汉俊等筹备成立中国共产党。“由陈独秀、李汉俊、俞秀松、施存统、陈公培五人,起草纲领十余条。陈公培抄了一份到法国,我抄了一份到日本”。“我于1920年6月20日去东京,与周佛海取得联系,成立日本小组,陈独秀来信,指定我为负责人。小组开始只有我和周佛海两人,后来(指1921年7月以后)发展到十余人”,其中包括彭湃。“小组成员多数是留学预备生”。①

这里还有必要说一下旅法共产主义小组的情况。党的上海发起组成立后,曾“函约巴黎的朋友在巴黎组织”共产主义小组,虽然“巴黎小组与国内各小组当时联系很欠缺”。②

1919年春至1920年底,中国先后有一千五六百名青年赴法勤工俭学。他们中的一些先进分子,是为了寻找救国的道路而赴法学习的。他们感到“俄国进步最快,是因为俄国有新党专政,俄国党人,无不曾历法国。吾人欲察其发动之源,亦不可不一往考查”,以期通过“亲身观察,以定从违”。③ 新民学会的重要领导人蔡和森赴法后,在半年时间内,即搜集各种重要小册子约百种,“猛看猛译”,经过“对各种主义综合审谛”,认定“社会主义真为改造现世界对症之方,中国也不能外此”。1920年8月,他在致毛泽东的信中说:“我以为先要组织党——共产党。因为他是革命运动的发动者、宣传者、先锋队、作战部,以中国现在的情形看来,须先组织他,然后工团,合作社,才能发生有力的组织。革命运动、劳动运动,才有神经中枢。”他认为“中国于二年内须成立一主义明确、方法得当、和俄一致的党”,“这事关系不小”,请毛泽东注意;同时,他自己在法国拟于冬季联络新民学会、少年中国学会、工学励进会等会友,开一联合讨论会,“将来讨论如得一致,则拟在此方旗帜鲜明成立一个共产党”。④ 同年9、10月间,工学世界社(由工学励进社改名)三十多名社员开会,“经过热烈的辩论,大多数社员赞成以信仰马克思主义和实行俄国式的社会革命为工学世界社的宗旨”⑤。1921年1月,赵世炎、李立三等人成立了劳动学会。李立三说:“我们本来定名为‘共产主义同盟’,但因为当时的八个人中有的还不完全是拥护马克思主义,所以叫劳动学会。”⑥蔡和森同赵世炎、李立三等商量过在中国旅法人员中建立

---

① 施复亮:《中国共产党成立时期的几个问题》,1938年12月。

② 李达:《中国共产党的发起和第一次第二次代表大会经过回忆》,1955年8月2日。

③ 《吴玉章君在四川留法预备学校之演说》,《民国日报》1920年1月7日。

④ 《蔡和森文集》,人民出版社1980年版,第51~52页。

⑤ 李维汉:《回忆与研究》,中共党史资料出版社1986年版,第18页。

⑥ 李立三:《对世炎的记忆》。

共产党的问题，但因蔡、李等随后不久即被法国当局强行遣送回国，这个计划未能付诸实践。

当时，在旅法人员中，有几个是在国内加入了党组织的，其中张申府是北京共产党组织的三个最初成员之一，赵世炎、陈公培是在上海入党的，陈公培还把陈独秀等起草的纲领带到了法国。在法国，张申府于1921年1—2月间介绍刘清扬入了党。其后，张申府、刘清扬又介绍周恩来入了党。张申府回忆说："我们五个人成立一个小组（张申府、周恩来、刘清扬、赵世炎、陈公培），小组一直是这五个人。"①这个旅法共产主义小组成立的确切时间，有待于进一步的考证。

以上这些中国共产主义者在国内以及国外建立的组织，都是中国共产党的早期组织。如上海成立的组织，一开始就叫中国共产党，北京成立的组织则称为中国共产党北京支部。它们都是不久以后组成统一的中国共产党的地方组织，后来就习惯地一律称为共产主义小组。

成立共产党早期组织的地区，如上海、武汉、广州、济南等，多为中国近代兴起的工商业中心城市，这里聚集着中国约半数的产业工人；或者是近代中国的政治文化中心，如北京。所有这些城市，或者是新文化运动和五四爱国运动的发祥地，或者是受到过这两个运动深刻影响的地方。在十月革命和五四运动之后，这些地方都涌现出了一批赞成俄国十月社会主义革命、具有初步共产主义思想的知识分子，他们经过学习马克思主义和接近工人群众，使自己成了马克思主义者。正是他们，组织了各地的共产主义组织，构成了中国共产党的最初的基本队伍。

共产党早期组织的成员，基本上是知识分子，而且大多出身于有产阶级；只有个别的成员是工人，如武汉小组的郑凯卿，但他也不是产业工人，而是文华书院的一名校工。由于马克思主义不可能从工人运动中自发产生，首先掌握了马克思主义的知识分子在工人阶级革命政党的创建过程中发挥主导作用，几乎是各国的通例。中国也不例外。马克思、恩格斯在《共产党宣言》中说过：在阶级斗争接近决战的时期，统治阶级内部的瓦解过程，就达到非常强烈的程度，甚至使得统治阶级的一小部分人脱离统治阶级而归附于革命的阶级，即掌握着未来的阶级。中国的这些知识分子正是属于这种情况。他们在斗争实践中懂得了"唯新兴的无产者才有将来"这个历史性的真理。他们不是作为有产阶级的知识分子，而是作为归附于工人阶级的觉悟分子，来从事创建工人阶级政党的工作的。而且，这种建党工作，并不是与工人阶级无关的单纯知识分子的活动。前面已经讲到过，往后的叙述还将进一步说明，马克思主义与中国工人运动的结合，

① 张申府关于建党前后情况的回忆，1977年3月14日，1978年9月15日。

共产主义知识分子与工人群众的结合，这正是建党过程的主要内容和基本特征。

参加共产党早期组织的人，大多是信仰马克思列宁主义，具有为争取民族独立、社会解放和人民幸福而献身的崇高精神的革命者。他们是中华民族在近代的真正的精英。不过，其中也有一些，只是共产主义的“同路人”。他们对自己原有的资产阶级世界观没有进行认真的改造，终于先后不等地离开党的队伍；也有一些人，原本就是投机革命的分子，随后不久，他们就显露自己的本来面目，走向了党的对立面，有的甚至成了人民的敌人、民族的罪人，如陈公博、周佛海。应当承认，一个新生事物在它刚刚诞生的时候，是不可能就那么完美和成熟的。中国早期共产主义运动中有少数不纯分子的渗入，这不足为怪。他们并不代表这个运动的本质和主流。正如大浪淘沙一样，这个运动在前进中正是由于洗刷了这些不纯分子而一步一步地变得更加坚强有力的。

中国的共产主义运动在其始发阶段，只不过是几个小组，只拥有几十名成员。但它是具有伟大的生命力和发展前途的新生力量。毛泽东在回顾党的初创时期的情况时说过：“我们中国《庄子》有句话说：‘其作始也简，其将毕也必巨’。”“联共党史开卷第一页第一行说，苏联共产党是由小组到联邦的，就是说由马克思主义的小组发展到领导苏维埃联邦的党。我们也是由小组经根据地到全国。”“我们开始的时候，也是很小的小组。”但是以后就不得了，翻天覆地。[①] 1957年11月，他在莫斯科共产党工人党代表会议上讲话时，又提到了前面所引的联共党史第一页第一行的那些话。他说：“开头是稀稀拉拉几十个人的小组，后来变成整个国家的领导者。苏联同志，你们修改《联共党史》的时候，我希望不要把这几句话修改掉了。”因为这几句话“写了一个辩证法”。革命者要懂得，“我们的道路是曲折的，是按照螺旋形上升的”。[②] 一时还处于幼弱状态的共产党乃是一种新生的力量，而新生的力量在本质上是不可战胜的。

（二）研究和宣传马克思主义

共产党早期组织成立以后的主要任务，是有计划、有组织地研究和传播马克思主义，到工人阶级中开展宣传和组织工作，促进马克思主义和中国工人运动的结合，为中国共产党的创建进一步做好思想上和干部上的准备。《北京共产主义组织的报告（1921年7月）》指出，在北京共产主义组织成立以后，“我们面临着需要立即着手解决的两个重要问题：第一，怎样使工人和贫民阶级对政治感兴

① 毛泽东：《关于“七大”工作方针的报告》，1945年4月21日，《中共中央文件选集》第15册，中共中央党校出版社1991年版，第96页。

② 《毛泽东文集》第7卷，人民出版社1999年版，第328页。

趣,怎样用暴动精神教育他们,怎样组织他们和促使群众从事革命工作;第二,怎样打消他们想成为学者并进入知识界的念头,促使他们参加无产阶级的革命运动,怎样使他们成为工人阶级的一员"①。这段话,把共产主义组织的主要任务在于促进马克思主义与中国工人运动的结合这个思想,表达得相当明确了。

中国共产党是中国工人阶级的先锋队,它应当是由中国工人阶级的先进分子组成的。我们知道,只有把马克思主义和中国工人运动结合起来,才能一方面使中国工人阶级受到马克思主义的教育,从中产生出理解了旧社会制度的本质和本阶级的历史使命的觉悟分子;另一方面使初步树立了马克思主义信仰的知识分子在同工人群众相结合的过程中,改造自己的思想感情,真正站到工人阶级的立场上来,使自己成为这个阶级的一名先进的成员。在这个基础上,作为中国工人阶级先锋队的中国共产党才能真正地建立起来。共产主义组织把促进马克思主义和中国工人运动的结合作为准备建党的主要工作,是很正确的。

下面,我们把共产党早期组织的主要活动分别作一些说明。

首先谈一下研究和宣传马克思主义的情况。

共产党早期组织成立以前,马克思主义的研究和宣传是个别地、零散地进行的,这时成为有计划、有组织的了。

上海、北京的共产主义组织积极进行了马克思主义著作的译介工作。1920年8月,陈望道译的《共产党宣言》中文全译本出版。这本书是作为《社会主义研究小丛书》第一种,以"社会主义研究社"的名义出版的。1920年3、4月,陈在家乡浙江义乌开始从英、日文本翻译本书。据陈本人回忆:"第一版印千把本,奉送,有很多地方翻印。"同年9月再版。一些想买得本书的人,还多方打听"社会主义研究社"的社址。沈玄庐回忆说,"因为问的人多,没工夫一一回信",所以他就借《民国日报·觉悟》副刊,作一个总的答复。他在答复中讲道,"这本书底内容,《新青年》、《国民》、《晨报》都零零碎碎译出过几条或几节的。凡研究《资本论》这个学说系统的人,不能不看《共产党宣言》,所以望道先生费了平常译书的五倍工夫,把彼全文译了出来,经陈独秀、李汉俊两先生校对"②。北京大学的李梅羹等,也"曾翻译德文本《共产党宣言》、《资本论》,并油印发行过"③。1920年8月,恩格斯的《科学的社会主义》也出版了。列宁的著作也开始被译成中文,其中有列宁的《国家与革命》的第一章、《俄罗斯的新问题》(在俄共第九次

① 《中共中央文件选集》第1册,中共中央党校出版社1989年版,第13页。

② 《民国日报·觉悟》,1920年9月30日。

③ 杨东莼:《关于五四运动和邓中夏同志的几点回忆》,《五四运动回忆录》(上),中国社会科学出版社1979年版,第379页。据罗章龙回忆,所译《资本论》为该书的第一卷。

代表大会上的演说词)、《民族自决》(列宁在俄共第八次代表大会上所作《关于党纲的报告》的一部分)、《过渡时期的经济》(列宁的《无产阶级专政时代的经济和政治》)和《加入第三次国际大会的条件》等。与此同时,介绍马克思主义的著作,也陆续翻译出版。在上海,出版了《马格斯资本论入门》(李汉俊译,为"社会主义研究小丛书第二种",以"社会主义研究社"名义出版)、《唯物史观解说》(李达译,中华书局出版)等。北京小组也"翻译了一些小册子,如《俄国革命和阶级斗争》和《共产党纲领》等等"。① 这些著作的出版,为中国的先进分子比较系统地了解马克思主义创造了条件。

从 1920 年 9 月起,《新青年》杂志成为上海共产党组织的机关刊物,公开进行马克思主义的宣传,并开辟"俄罗斯研究"专栏,介绍十月社会主义革命和苏维埃俄国的经验。第 8 卷第 1 号开篇文章为陈独秀的《谈政治》,他在文章中公开宣布:"我承认用革命的手段建设劳动阶级(即生产阶级)的国家,创造那禁止对内对外一切掠夺的政治法律,为现代社会第一需要。"不过,由于"这时《新青年》仍保持着统一战线的面貌,以便于继续联系原来的民主主义读者,宣传马克思主义和十月革命的材料还不占多数。为了向共产主义知识分子进行共产主义和共产党的教育,介绍苏联和国际共产主义运动的经验,以便直接推动建党的准备工作,在 1920 年 11 月(党的上海发起组)又创办了大型的半秘密性的机关刊物——《共产党》月刊"。它的主要工作之一,就是大量介绍有关第三国际和国际共产主义运动的实际情形的材料,介绍俄国共产党的经验和列宁的学说。它特设"世界消息"专栏,介绍共产主义运动在世界上的发展,报道许多国家共产党建立或筹建的消息,登载这些党领导的工人斗争等的材料。"现在看到的有这个刊物的第一至第六期,出版于 1920 年 11 月 7 日至 1921 年 7 月 7 日,正好反映了党在筹建时期的情况和活动,以及早期共产主义的理论认识"。② 与创办党的刊物同时,各地共产党早期组织的成员还利用已有的或自己创办的公开报刊,如上海的《民国日报·觉悟》副刊、武汉的《武汉星期评论》、济南的《励新》半月刊等,宣传马克思主义。通过这些报刊的宣传,科学社会主义在中国的影响进一步扩大,开始成为一股强大的思潮。

一些共产党早期组织的成员还利用原有的或新成立的马克思主义研究会等团体,组织进步青年学习马克思主义的基本理论,研究中国的实际问题。比如,北京大学的马克思学说研究会是在李大钊的倡议下,于 1920 年初成立的,到

---

① 《北京共产主义组织的报告》,1921 年 7 月,《中共中央文件选集》第 1 册,中共中央党校出版社 1989 年版,第 18 页。

② 《〈共产党〉月刊介绍》,《五四时期期刊介绍》第五集。

1921 年 11 月正式公开。成员 19 人,其中北京共产主义小组的北大成员即有 9 人。该会规定"以研究马克思派的著述为目的";"对于马克思派学说研究有兴味的愿意研究马氏学说的人,都可以做本会底会员";研究的方法分为四项,即:"搜集马氏学说底德、英、法、日、中文各种图书","讨论会","讲演会","编译刊印《马克斯全集》和其他有关的论文"。① 1920 年 12 月,经李大钊倡议,成立了北京大学社会主义研究会,该会的宗旨是,"集合信仰和有能力研究社会主义的同志,互助的来研究并传布社会主义思想";方法分为文字宣传和讲演两种,文字宣传又包括:编译社会主义丛书,翻译社会主义研究集,发表社会主义论文三项。上海、武汉、广州等地也均有马克思主义研究会的组织。济南在 1920 年夏秋之际即已成立"康米尼斯特(共产主义)学会",共产党早期组织成立后还通过励新学会宣传马克思主义。长沙共产主义小组学习和宣传马克思主义的活动,有许多是在新民学会这个组织里进行的。毛泽东、彭璜(荫柏)等还于 1920 年 9 月发起成立了俄罗斯研究会。该会"以研究关于俄罗斯之一切事情为主旨"。会务为三项,即:"从事关于俄国一切事情之研究,以研究所得发行俄罗斯丛刊";"派人赴俄从事实际调查";"提倡留俄勤工俭学"。②

共产党早期组织成立以后,马克思主义在中国传播的情况,又具有了一些新的特点:

第一,开始从马克思主义经典作家的原著来学习马克思主义。

李大钊指导下的北京大学马克斯(思)学说研究会就是以搜集、采购、收藏、出借马克思主义文献作为自己的一项基础性工作的。办法是,由会员自由捐赠书款,分派会员采购,然后集中到藏书室,向会员出借阅览。藏书室取名亢慕义斋。"亢慕义"为英文 Communism(共产主义)的音译,斋即舍。据《北京大学日刊》(1922 年 6 月 16 日)的记载,当时该会藏有马克思主义的英文书籍 40 余种,其中包括马克思和恩格斯的《共产党宣言》、《社会主义从空想到科学的发展》、《哲学的贫困》、《家庭、私有制和国家的起源》、《德国的革命与反革命》、《路易·波拿巴的雾月十八日》、《法兰西内战》、《雇佣劳动与资本》,列宁的《共产主义运动中的"左派"幼稚病》和《无产阶级革命》等;中文的马克思主义书籍有 20 余种,其中包括陈望道译的《共产党宣言》以及恽代英译的《阶级争斗》、李汉俊译的《马克思资本论入门》、李达译的《马克思经济学说》等。北京大学图书馆至今还保存着 1920 年 9 月再版的《共产党宣言》中译本和八本盖有"亢慕义斋藏书"印章的德文原版共产主义文献,其中包括列宁的《伟大的创举》、《共产主

① 《北京大学日刊》1921 年 11 月 17 日。

② 上海《民国日报》,1920 年 9 月 23 日。

义运动中的"左派"幼稚病》。北大图书馆还保存有一个从英文本译出的《共产党宣言》的手抄本。"它没有注明抄写时间,不能肯定它一定就是亢慕义斋的所有物",但"它与北京共产主义小组此时大力搜集、收藏、宣传马克思主义经典文献的活动,不会是没有关系的"。①

马克思主义是完整的科学的世界观和社会革命论。必须完整地而不是零碎地、实际地而不是空洞地去学习这个理论,才能掌握这个理论的科学体系和革命灵魂。"这些原版的马列著作进入中国,对中国人民准确地了解马克思主义是大有裨益的。在清末也有不少留学生和革命者在日本接触过马克思主义,并进行过相当可观的翻译工作。但当时他们很难拿到马列著作的英、德文原本,也很少见到共产国际刊布的文件。这样就只得转译日文本马克思主义著作,或者译介日本社会主义者的著作。但当时日本社会主义者在理论上并不成熟,对马克思主义的理解也难以准当无误,而翻译这些著作又采取了文言文,并常常采取转述、改编的形式,因而不易准确地传播马克思主义。""北京党组织所得到的这些马列主义原本,大大改善了(人们)对马克思主义真谛的理解"。② 这是说得很对的。

第二,开始把学习马克思、恩格斯的著作同学习列宁的著作结合起来,并注意研究马克思主义在俄罗斯实践的经验。

列宁在帝国主义和无产阶级革命的时代,在同第二国际修正主义的斗争中,继承、捍卫和发展了马克思主义,把马克思主义推进到了一个新的阶段,即列宁主义的阶段。中国的先进分子是经过俄国人的介绍,开始学习马克思主义的。所以,他们在着重学习马克思、恩格斯的著作的同时,也注意学习列宁的著作。

上海共产主义组织主办的《新青年》杂志和《共产党》月刊,不仅译载了列宁的若干著作,而且刊登了《列宁的著作一览表》,这个一览表依写作和发表的年代为序,开列了列宁的19篇论著,其中包括《俄罗斯的资本制度发达史》、《要做什么》、《进一步退两步》、《民主革命中的社会民主党两个政策》、《帝国主义是资本主义的末日》、《国家与革命》、《无产阶级的革命与靠斯基汉奸》等。应当说,这个一览表是把列宁的主要代表作开列出来了。为了帮助人们了解列宁的生平和思想,这两个刊物还发表了《列宁的历史》、《为列宁》(法国著作家写的评论列宁的文章,文章称列宁"是马克斯以后最大的社会主义者,也是彼得大帝以后最大的政治家")、《列宁与俄国进步》(一位未署名的由外国人写的这篇文章论述了列宁的下述思想,即"资本主义既然不能发达俄国的工业,达到最高的程

---

① 萧超然:《北京大学与五四运动》,北京大学出版社1986年出版,第306~307、367页。
② 皮明庥:《近代中国社会主义思潮觅踪》,吉林文史出版社1991年版,第330页。

度,如果要解决这个问题,便少不得要川(行)社会主义的新制度了”;译者为此并加按语说,“中国现在一般还有这种思想,要先发达资本主义,拿来做振兴实业的工具;这实在是梦话”)等。

应当承认,当时中国的先进分子对于列宁及其著作的了解还是很有限的。上面提到的《列宁的著作一览表》的序言就指出,“因为几年来这里和俄国断绝交通,俄国各著作家的书籍不能够自由出口,美国的图书馆也极少俄国社会学者和经济学者的著作”①,所以,这里“发表的著作一表,极不完全”。至于被中国搜集到的列宁著作以及被译成中文的列宁著作,更是寥寥无几了。不过,重视列宁及其著作这个事实本身就具有重大的意义。这表明,中国的先进分子一开始就是站在同第二国际修正主义作斗争的列宁一边的,是重视列宁把马克思主义运用于同中国的国情相近的俄国所提出的新的理论观点和所提供的实践经验的。

《新青年》的“俄罗斯研究”专栏,占了该杂志的很大一部分篇幅。这个专栏,介绍了俄罗斯革命的历史和苏维埃俄罗斯的现状(如《俄罗斯革命的过去和现在》、《苏维埃俄罗斯的社会改造》、《俄国农民阶级争斗史》等);介绍了苏维埃政权的建设经验(如《俄罗斯苏维埃政府》、《劳农政府召集经过情形》等),介绍苏维埃政权的经济政策(如《苏维埃政府经济政策》、《劳农俄国底农业制度》、《劳农俄国的电气化》等),介绍了俄国工农的群众组织(如《俄国职业联合会发达史》、《全俄职工联合大会》、《劳农协社》、《劳农俄国的劳动联合》、《俄罗斯同业组合运动》等),还介绍了苏维埃俄罗斯的教育工作(如《苏维埃的教育》、《苏维埃俄罗斯底学校和学生》、《俄国的社会教育》等),文艺工作(如《文艺与布尔塞维克》、《文学与现在的俄罗斯》、《苏维埃政府的保存艺术》等),妇女儿童工作(如《俄国与妇女》、《苏维埃共和国的产妇和婴儿及科学家》、《劳农俄国的婚姻制度》等)。这些介绍,涉及了俄国革命的历史和现状的方方面面。通过这些介绍,人们可以看到,在沙皇俄国的废墟之上,一个体现广大劳动人民利益的崭新的社会制度正在不可遏制地生长起来。俄国的这些革命性的变革是在马克思列宁主义的指导下发生的,因此,对于新俄国所作的介绍,实际上也就是对于马克思列宁主义所作的一种生动的、有说服力的宣传。

对于俄国革命和苏维埃俄国经验的介绍,并不限于《新青年》杂志。当时的共产主义者还利用各种报刊进行这种宣传。如彭璜于1920年8月就在长沙《大

① 李大钊在《俄罗斯革命的过去和现在》(1921年7月1日)一文中说:“列宁的著作译成英文的,我只看见有《无产阶级的革命》(是集合列宁与托罗士基最近的演说而成的,纽约印书社印行)、《苏维埃政府的要图》(纽约 Raud School 印行)和《国家与革命》三种。”

公报》上发表文章，明确地指出："俄罗斯自 1917 年 10 月革命以来，对付内部的反对党，对付强权主义的协约国，风驰电掣，根本改造北冰洋岸的一大块土。"俄罗斯国内的政治、经济、社会的状态，"有几个显而易见的特点，如：(一)废除土地私有制；(二)各种大企业收归国有；(三)公布劳动义务。即此数端，已足见俄国人权利义务的分配均匀"，从而使人们能"努力向物质与精神两方面的文明上去发展"，这"难道又不是新开辟得来的一个'黄金时代'吗？"劳农政府对外的方针，"(一)排斥秘密外交，力与各国人民谋亲善；(二)废弃殖民政策，民族有同等的待遇"。"俄国人的一宗事证，就是劳农政府致中国的通牒中，声明退还旧政府所劫夺中国的一切权利"。"我们在他的通牒中，的确看出他的主义是：反对强权，提倡人道，主张民族自治，不惜牺牲最少数人，以来收回最大多数人固有的幸福；要创造一个大同世界，创造一个永久和平的世界。这就是他们通牒中传播给我们中国人的一个主义，使我们中国人永远不会忘记的"。这不是对于马克思主义的一种生动的、有说服力的宣传又是什么呢？文章的结论是："至今俄国的革命，还是马克思经济学的产物。'他山之石，可以攻玉。'这是中国人的古训。可爱的俄国人，早有了这种谦虚的态度。现在中国人不也应该有这种态度来研究俄罗斯吗？"这里所谈的研究俄罗斯，最主要的也就是要研究指引俄罗斯社会发生革命性变革的理论——马克思列宁主义及其指导下俄罗斯的革命实践。

第三，通过对各派社会主义学说的比较研究，论证马克思主义是革命的科学的真理。

由于第一次世界大战充分地暴露了资本主义制度固有的不可克服的深刻矛盾，由于俄国十月革命为人类社会昭示了全新的社会主义的发展方向，五四运动以后，社会主义的宣传在中国形成了一股相当强大的思想潮流，在知识界，谈论社会主义简直成了一种时髦。有人在《新青年》第 8 卷第 5 号(1921 年 1 月)上就讲道，"近一年来谈社会主义的杂志很多，虽其中也有短命的，但是都似乎有不谈社会主义，则不足以称新文化运动的出版物的气概"。可以说，"社会主义风行全国知识阶级"了。

人们谈论社会主义，当然并不是出于一种纯学术的兴趣，而是为了探讨未来中国社会的出路。究竟哪一种社会主义能够为未来的中国社会指明出路呢？这是人们所关心的问题。共产主义组织的成员正是针对着人们的这种思想状况，通过对各种社会主义思潮的比较研究，论证了只有马克思主义才能为中国指明正确的发展道路。

陈独秀在《社会主义批评》一文中，就明确地提出了"应讲何种社会主义？"这个问题。他认为，"相信一种主义，不应该空空洞洞的盲从，必定要知道他的精髓所在；如果指不出他的精髓，就不配谈信什么主义，也不配批评什么主义”。他指出，社会主义有多少派别，“我们应该择定一派，若派别不分明，只是一个浑朴的趋向，这种趋向会趋向到资本主义去；若觉得各派都好，自以为兼容并包，这种胸无定见无信仰的人也不配谈什么主义。”他讲道，至今尚存的、有力量的社会主义，可分为五派，即：工团主义，行会社会主义，无政府主义，共产主义，国家社会主义。然后，他对各派社会主义分别进行了评论。

关于工团主义，陈独秀认为，它的“最重要的精神有二：一，主张阶级战争，是出于马格斯；二，不要国家及政权，是出于无政府”。它的“缺点正是受了无政府主义幻想的病”，因为“劳动者本来没有国家没有政权，何待你不要，你尽管不要，资本阶级他是要的，他是要拿国家及政权来压制劳动者的”。

关于行会社会主义（即基尔特社会主义），他认为，它“一方面主张经济组织由行会管理，是受了工团主义工业自治的影响，然失了工团主义阶级战争底精神；一方面主张政治组织由（现存）国家管理，是受了国家社会主义不反对（现存）国家存在的影响，然失了国家社会主义由国家干涉生产事业底作用”。它“有两个不可掩蔽的缺点：（一）把压制劳动者底国家政权法庭海陆军警察完全交给资本阶级了；（二）政治事业和经济事业有许多不能分离的事件”，而它把两者截然分开了。

关于无政府主义，他认为，它的精髓“就是尊重个人或小团体底绝对自由”。但是这在实际上是做不到的。就经济方面而言，现代工业发达，“没有统一机关用强制力去干涉调节，自然会发生生产过剩或不足的弊端”。就政治方面而言，它“主张不干涉人，要根本废除法律，这件事也是很错的”。

关于国家社会主义，即社会民主主义，它“主张利用有产阶级底议会来行社会主义，所以也叫议会派”，其中包括柯祖基（今译考茨基）的正统派和柏伦斯泰（今译伯恩施坦）的修正派。他指出，“马格斯底共产党宣言自第一页到最末页都是解释阶级战争底历史及必要的讲义”；“马格斯底著作无一不是主张无产阶级对于有产阶级取革命的行动，没有一句主张采用议会政策的”；“无产阶级专政明明是马格斯底主张”；“马格斯所主张的国际运动的色彩是何等浓厚”。可惜，所有这些，“自称为马格斯派的德国社会民主党竟然忘记了”。他们表面上“挂着马格斯派的招牌”，实际上是“明明白白反对马格斯”①的！在《谈政治》一文中，他指出马克思的修正派所主张的，是“与虎谋皮为虎所噬还要来替虎噬人的方法，我们应该当做前车之鉴”②。

---

① 原载《新青年》第8卷第1号。

② 原载《新青年》第8卷第1号。

陈独秀在对各种资产阶级、小资产阶级社会主义流派和修正主义思潮进行分析批判之后，明确指出，“只有俄国共产党在名义上，在实质上，都真是马格斯主义”，它所主张的共产主义“才还了马格斯底本来面目”，是中国所应当采用的。他尤其强调，中国绝不能走德国社会民主党所鼓吹的议会道路。他说：“我以为中国底改造与存在，大部分都要靠国际社会主义的运动帮忙，这是不容讳饰的了；国内的资本阶级虽尚幼稚，而外国资本主义底压迫是人人都知道的，因此阶级战争的观念确是中国人应该发达的了；再睁眼看看我们有产阶级的政治家政客底腐败而且无能和代议制度底信用，民主政治及议会政策在中国比在欧美更格外破产了；所以中国若是采用德国社会民主党的国家社会主义，不过多多加给腐败贪污的官僚政客以作恶的机会罢了。”①

李达在《社会革命底商榷》、《马克思还原》、《马克思派社会主义》等文章中，也论证过陈独秀在《社会主义批评》一文中阐发的思想。他对所谓的“正统派社会主义”即考茨基主义，以伯恩斯坦为代表的修正派社会主义、工团主义、组合主义等进行了分析批判。他着重指出，德、英、美等国社会党采取的议会政策是难以达到社会革命的目的的。而“马克思主义一入议会主义的范围，立刻就由革命主义堕落到改良主义，失却了本来的面目”。他强调指出，在各种社会主义流派中，只有多数主义即布尔塞维主义、列宁的主义是“完全遵奉马克思主义”的。他引证马克思在《法兰西内战》、《哥达纲领批判》以及《共产党宣言》中的有关论断，指出“劳动专政发源于马克思主义”是“有确切的根据”的；他还引证列宁在《国家与革命》中的有关论断，指明劳动专政的必要性，指明“劳动专政的本质，即是一阶级对于他阶级而行的革命的强有力的国家”，亦即“劳动者的国家”。他认为，“能将马克思主义的真相阐明表彰出来，善于应用，这便是列宁的伟大”。他的结论是：“中国社会革命究竟采用何种范畴的社会主义，大概也是要按照国情和国民性决定的”，但我们“不敢说一定不适宜多数主义”。

各地的共产党早期组织成员也是采用比较的方法，来论证马克思主义应当成为解决中国问题的指导思想的。《新民学会会务报告》第二号的记载，提供了这方面的一个生动的、有说服力的例证。报告讲道，1921年1月1日起，长沙的新民学会会员在一起接连讨论三天，解决学会应以什么作共同目的、达到目的须采用什么方法等问题。与会的多数人同意毛泽东的主张，学会应以“改造中国与世界”为目的。对于“达到目的必须采用什么方法”这个问题，“首由毛润之（毛泽东）报告巴黎方面蔡和森君的提议。并云：世界解决社会问题的方法大概有下列几种：1. 社会政策；2. 社会民主主义；3. 激烈方法的共产主义（列宁的主

① 原载《新青年》第9卷第3号。

义）;4. 温和方法的共产主义（罗素的主义）;5. 无政府主义。我们可以拿来作参考，以决定自己的方法”。接着，与会者依次发言。何叔衡说：“主张过激主义。一次的扰乱，抵得二十年的教育，我深信这些话。”毛泽东说：“我的意见与何君大体相同。社会政策，是补苴罅漏的政策，不成办法。社会民主主义，借议会为改造工具，但事实上议会的立法总是保护有产阶级的。无政府主义否认权力，这种主义，恐怕永世都做不到。温和方法的共产主义，如罗素所主张极端的自由，放任资本家，亦是永世做不到的。激烈方法的共产主义，即劳农主义，用阶级专政的方法，是可以预计效果的，故最宜采用。”彭荫柏（彭璜）说：“相信多数派（按：布尔塞维克）的好，采革命的手段。吾人有讲主义之必要，讲主义不是说空话。中国现尚无民主主义，但这主义已过时不能适用。不根本反对无政府主义，但无政府主义是主观的，天下不尽是克鲁泡特金、托尔斯太也。物质文明不高，不足阻社会主义之进行。试以中国的国情与德英美法各国逐一比较，知法之工团主义，英之行会主义，美之 I. W. W，德之社会民主主义，均不能行之于中国。中国国情，如社会组织，工业状况，人民性质，皆与俄国相近，故俄之过激主义可以行于中国。亦不必抄袭过激主义，惟须有同类的精神，即使用革命的社会主义也。”其他人也表示了自己的意见，报告说：“方法问题讨论至两点钟之久，主席付表决：赞成波尔失委克主义者十二人”，“赞成德谟克拉西者二人”，“赞成温和方法的共产主义者一人”，“未决定者三人”。报告据此认为，“方法问题大体解决”。

第四，密切结合中国社会的实际，来研究和宣传马克思主义。

前面已经指明，中国的先进分子是把马克思主义作为观察国家命运的工具加以接受的，他们一开始就坚持了理论联系实际这个思想原则。共产主义小组成立以后面临的主要任务，是创建一个马克思主义的政党来领导中国革命，因此，小组的成员在研究和宣传马克思主义的时候，就特别注意以下几个问题：第一，批判反社会主义思潮和小资产阶级社会主义思潮，论证马克思主义适用于中国、中国问题必须在马克思主义指导下才能求得解决的思想；第二，学习运用马克思主义来分析中国社会的阶级状况，以推动工人运动和农民斗争的发展；第三，进行建立马克思主义革命政党问题的讨论，研究党的指导思想、政治纲领和组织原则等。

（三）与反马克思主义思潮的斗争

五四运动以后，知识分子中虽然有许多人在谈论社会主义，却不意味着他们果真都成了社会主义者。他们中的一些人之所以这样做，是有着自己独特的用心的。比如，戴季陶就曾对社会主义和劳动问题一度表现过热情。他承认，他之所以这样做,是为了让“有知识有学问的人”“就思想上知识上来领导”工人,“用温和的社会思想来指导社会上的多数人”,免得他们“将来纷纷的趋向到不合理不合时的一方面去”。也就是说,是为了把刚刚开始的“工人直接参加社会政治运动的事”引向“与雇主阶级的调和”,而不至“发生出动乱来”,即不至走到革命的道路上去。① 又如,梁启超也说过,“社会主义,自然是现代最有价值的学说”。不过,“应该采用那一种(社会主义),采用的程度如何,总要顺应本国现时社会的状况”。他“主张发挥资本和劳动的互助精神”,以便“避了那迷人的路,用了那防病的方”,从而“免掉”“将来社会革命的险关”。② 又如,张东荪也一度认为,第一次世界大战把资本主义文明的“破罅一齐暴露了:就是国家主义与资本主义已到了末日,不可再维持下去”③。他谈论社会主义,并不是为了在中国实行社会主义,而是为了“防遏过激主义”。1920年夏,当维经斯基到上海,上海的社会主义者举行多次座谈会酝酿筹建共产党时,张东荪参加了一次座谈之后即退出了,戴季陶也借口不能与孙中山、国民党断绝关系而声明退出了。不久,张东荪就卸去了“社会主义”的外衣,公然主张中国走资本主义道路,并挑起了一场关于社会主义的论战。

1. 关于社会主义的讨论

1920年9月,英国唯心主义哲学家罗素来中国讲学。罗素去湖南时张东荪曾陪同前往。在讲学中,罗素攻击俄国十月革命,认为布尔什维克想“将其方法和目的,介绍到西方国家去”,“这是完全无用的尝试”。他“劝告”中国“暂不主张社会主义”。他认为中国的当务之急是“开发中国资源”,发展实业;而“根本的永久的解决方法,自然惟教育是赖”。他宣扬基尔特社会主义,同时又说,它“只适用于实业已发达的国家,而不适用于实业不发达的国家”。在他看来,中国甚至连谈基尔特社会主义的条件也是不具备的。

罗素给了张东荪等人以反对社会主义的思想武器。1920年11月6日,张东荪在上海《时事新报》上发表《由内地旅行而得之又一教训》,声称罗素关于“中国除开发实业以外无以自立”的主张,是“非常中肯又非常沉痛”的,中国当前的问题是要使中国人都过上人的生活,“而不是欧美现成的社会主义”等。上海共产主义组织成员陈望道、李达、邵力子、陈独秀等曾先后著文予以反驳。12月1日,陈独秀将双方的文章汇集起来,以《关于社会主义的讨论》为题,刊登在《新青年》杂志上。当月,张东荪发表《现在与将来》的长篇文章,系统地论证了

① 《星期评论》第3号、第13号。

② 梁启超:《欧游心影录》,《饮冰室合集》(专集之二十三)。

③ 张东荪:《第三种文明》,《解放与改造》第1卷,第1号。

自己的反社会主义思想。次年2月,梁启超发表《复张东荪书论社会主义运动》的长篇文章,支持张东荪的反社会主义思想,并加以补充或发挥。张东荪、梁启超的观点,遭到了中国共产主义者的严厉批评。这方面的代表性作品有:陈独秀的《社会主义批评》,李达的《社会革命底商榷》、《讨论社会主义并质梁任公》,李大钊的《社会主义下之实业》、《中国的社会主义与世界的资本主义》,毛泽东与蔡和森的通信,蔡和森的《马克思学说与中国无产阶级》,施存统的《马克思底共产主义》等。

关于社会主义的论战,是一场关于马克思主义是否适用于中国、中国应当走资本主义道路还是社会主义道路的严肃的思想斗争。

张东荪等人认为,"中国的唯一病症就是贫乏,中国真穷到极点了"。所以,"救中国只有一条路,一言以蔽之:就是增加富力。而增加富力就是开发实业"。这样才能"使中国人从来未过过人的生活的都得着人的生活"。中国的问题"不是欧美现成的甚么社会主义、甚么国家主义、甚么无政府主义、甚么多数派主义(按即布尔什维主义)等等"可以解决的。"空谈主义必定是无结果"。

是不是张东荪们真的只谈发展工业、不谈主义呢？不是。他们只是要人们不谈社会主义,他们要谈的是资本主义。他们说,"实业之兴办,虽不限于资本主义,然不以资本主义之方法,决不能竞存于现在经济制度之下"。他们引证罗素的话说,发展实业,有三个办法,或者靠资本家,或者靠国家,或者靠劳动阶级自身。但"中国政府如此腐败",是"靠不住"的;劳动阶级"程度太低,不能得良好的结果";"结果仍归到资本家"。他们说:"在中国现状之下,真正的政治集权共产主义,如俄国劳农制度,决不能发生,则除了资本的企业以外,只有协社的企业。须知协社的企业既然可以在资本主义下实行,便是与资本主义可以并行。""资本主义以外国势力的后盾与固有的基础",是"必定发展"的。当前的中国,还不是从资本主义下解放劳工的问题,而是许多人求为劳工而不得的问题。所以,"即使资本主义的企业发达,终是利在目前而害在将来"。所以,"什么人合宜于现在呢?"那"就是绅商阶级"。"资本阶级将兴于中国,其机运殆已成熟,断非吾侪微力所能抗阻。"即使"吾辈欲抗阻之,其事为不可能,且亦诚无抗阻之必要"。

张东荪们不赞成用革命的手段来摧毁旧社会制度,从而为中国的开发实业开辟道路。他们竭力掩盖中国社会的阶级矛盾,否认工农大众受压迫的基本事实。他们说,中国人的痛苦,主要是得不到工作,而不是得到工作以后受的剥削。"工人受苦固然是事实,但直接受自资本家的很少很少,而通通是受自工头的"。解决工人问题的办法,不是进行社会革命,而是"把制度逐渐改良","温情主义"才是"在现在中国为有益于工人"的。"至于农人,要晓得中国向例地主与佃户都是平分收入，甚至于佃户得六成地主得四，所以农民对于所受地主的痛苦没有十分深刻的印象。即使废了地主，农人生活虽有变化未必甚大。须知农业的不进实由于天灾人祸”。“至于天灾，亦大半由于农民太无知识，不知设法防御”。这就是说，“革命性的更张与农业无甚关系”。他们的结论是：“工人、农民在今天所需要的，只是取得教育与改良生活”，而其方法，“总以平和的、渐进的为佳”。为了防遏阶级斗争，“务取劳资协调主义，使两阶级之距离不至太甚”，并应“对资本家采矫正态度”，以便“在现行经济制度之下，徐图健实的发展”。工会也应“在现经济和现社会制度下面，谋工人的利益，不是推翻现经济和现社会制度的组织，希图重新改造”。

张东荪们认为，当时的中国，还没有资格来讲社会主义。他们说，“社会主义所以不能实现于中国者，其总原因在于无劳动阶级”。因为“社会主义之传播与实现，不能不以劳动阶级为运动之主体，劳动阶级不存在之国家，欲社会主义之实现，其道无由”。而在中国，“除了交通埠头因为有少数工厂才有工人以外，简直是没有”。而且这少数工人尚未自觉，“直不能有何势力”。而广大农民，更“大抵蠢然一物，较原始人所差无几”。在这种情况下，如果去宣传社会主义，“真正的劳农革命决不会发生，而伪的劳农革命恐怕难免”，其结果“不过在已有的许多内乱上再添一个内乱罢了”。他们还说，“党是代表那阶级的，若他背后没有阶级必不成立。中国现在离劳动阶级的完成与自觉尚早”，所以在中国成立工人阶级革命政党的条件是不具备的。他们还引证马克思、列宁的话作为自己立论的根据，如说“列宁之思想为梯阶之三段。曰由贵族国家至中产国家，曰由中产国家至无产国家，曰由无产国家至无国家”。中国的“资本主义方在萌芽”，但“资本家必定要经过的。世界上并没有不经过此阶级而能达到社会主义的，如俄国未经过资本阶级，所以难成功。中国若想社会主义，不得不提倡资本主义”。他们声称，“对于资本家当持何种态度，实今日言社会主义者最切要之问题”，今日为改造中国计，不“当努力防资本阶级之发生”，而应“借资本阶级的养成劳动阶级为实行社会主义之预备”。

应当指出，张东荪等人关于反对在中国传播和实行社会主义的言论是构成了一个相当完整的系统的。这些言论，后来曾被许多反对社会主义的人们反复地论证和发挥过。这些言论，在当时也造成了一定的思想混乱，给正在兴起的马克思主义思想运动造成了一定的阻碍。正如《新青年》杂志上的一篇文章所说：“他们这种似是而非的论调，虽不足以欺有识之人，然一班老顽固见了，必定欢天喜地，把它登在报纸上，借以骗钱，和南洋兄弟烟草公司把‘罗素博士之名言’登在报上骗钱一样；一班脑筋简单的青年见了，必定为它所惑，对于社会主义不肯加以研究；就是一般欢迎社会主义的青年见了，也未必不呈一种徘徊歧路和裹足不前的状态。”①正因为如此，对这些似是而非的论调进行驳斥，是完全必要的。

在这场关于社会主义的论战中，中国早期的共产主义者运用自己刚刚学得的马克思主义理论，分析、研究中国社会的实际问题，提出了许多有价值的思想。正因为如此，他们对张东荪等人所作的批判，不仅旗帜鲜明、有声有色，而且充分说理，具有相当的说服力。

中国早期的共产主义者指出：中国应当走资本主义道路还是社会主义道路“这件事关系中国改造的方针，很重要”。如果不把它弄清楚，是会“贻误中国人”的。

他们指出，开发实业以增加富力，解决中国的贫穷问题，这是没有人反对的；但“所谓不讲主义只讲发达实业，结局自然要归到资本主义上面去”，而“如果说开发实业非资本主义不可”，那是我们所不能赞成的。“按资本生产制，一面固然增加财富，一面却增加贫乏”，而“多数人过不着人的生活之状况，正是资本生产制下必然的状况”。因为在这种制度下，少数人之所以能免于贫乏、过奢华的生活，正是以多数人免不了一般的贫乏为前提的。所以，“只顾增进物质文明，却不讲适当方法去分配物质文明使多数人都能享受物质文明的幸福，结果物质文明还是归少数人垄断，多数人仍旧得不着人的生活”。而为了“要使多数人得着人的生活，还应该明明白白地提倡社会主义”。他们强调，“资本主义虽然在欧洲、美洲、日本也能够发达教育及工业，同时却把欧美、日本之社会弄成贪鄙、欺诈、刻薄、没有良心了”。“幸而中国此时才创造教育、工业，在资本制度还未发达的时候，正好用社会主义来发展教育及工业，免得走欧美、日本底错路”。②

中国的早期共产主义者认为，中国不是一种孤立的存在。人们必须具备世界历史的眼光，才能对中国问题作出正确的判断。“因为中国的经济情形，实不能超出于世界经济势力之外”③。由于中国是一个受外国资本主义压迫的国家，要想使中国的资本主义得到独立的、充分的发展，实际上是不可能的。他们指出，“中国是万国的商场，是各资本国竞争的焦点，是万国大战争的战场。各资本国在中国培植的经济势力，早已根深蒂固，牢不可破。当着产业万分幼稚的时代又伏在各国政治的、经济的重重势力之下的中国，要想发展资本主义和各资本

① 《社会主义与中国》，《新青年》第8卷第6号，1921年4月。

② 陈独秀辑：《关于社会主义的讨论》，1920年12月1日，《新青年》第8卷第4号。

③ 《李大钊文集》下卷，人民出版社1984年版，第454页。

国为经济战争,恐怕要糟到极点了"①。"外国资本家在我国政治上处处占利益,交通输送他们都得到优越地位,本国的资本家处处分明劣于他们,照此说起来,怎么可以和他们竞争"。"要使中国的民族得到自由、平等,那么,非把资本国打倒是永无希望。"②然而,要指望中国资本家"发达起来能够抵制外国资本家,能够保全中国独立,再过一两世纪也没有希望"。如果"完全听着自然的 Evolution 而不加以人力的 Revolution,马上要在中国成立的 Bourgeois 阶级的是不是中国人"就是一个问题。③ 还应当看到,"现在世界的经济组织,既已经资本主义以至社会主义,中国虽未经自行如欧、美、日本等国的资本主义的发展实业,而一般平民间接受资本主义经济组织的压迫,较各国直接受资本主义压迫的劳动阶级尤其痛苦。中国国内劳资阶级间虽未发生重大问题,中国人民在世界经济上的地位,已立在这劳工运动日盛一日的风潮中,想行保护资本家的制度,无论理所不可,抑且势所不能"。④

对于中国是不是存在着劳动阶级,中国的工人、农民是否受到残酷的压迫、要求革命这样一些问题,中国早期的共产主义者的答复是:"中国境内的资本家是国际的。全国四万万人(由某种意义说,都可算是劳动者)——虽然有许多无业的游民,然而都可以叫做失业的劳动者。所以就中国说,是国际资本阶级和中国劳动阶级的对峙。中国是劳动过剩,不能说没有劳动阶级,只不过没有组织罢了。"这样,他们就揭示了外国帝国主义和中国人民之间存在着的深刻矛盾,实际上把反对外国帝国主义作为一项基本任务提到中国人民面前来了。他们指出,"中国工业的发达虽不如欧美日本,而在此产业革命的时期内,中国无产阶级所受的悲惨,比欧美、日本的无产阶级所受的更甚"。"中国田主佃户两阶级的分立,是固有的";而随着工业的发展,农民的家庭手工业和个体手工业又纷纷走向破产;"加以近年来,国内武人强盗,争权夺利,黩武兴戎,农工业小生产机关,差不多完全破坏"。这样,他们也就揭示了封建主义和人民大众之间存在的深刻矛盾,实际上把反对封建军阀作为中国人民的一项基本任务提出来了。他们明确地讲道,"我们受了武人强盗经济上和政治上的掠夺和压迫","还要受国际资本阶级经济上政治上掠夺和压迫",所以,我们"或者不得已要采用劳农

---

① 《李达文集》,人民出版社 1980 年版,第 66 页。

② 何孟雄:《发展中国的实业竞争要采用什么方法》,《曙光》第 2 卷第 2 号,1921 年 3 月。

③ 陈独秀复张东荪的信,《新青年》第 8 卷第 4 号,1920 年 12 月。在信中,陈独秀说"中国资本家都直接或间接地是外国资本家底买办",这是不准确的。中国资本家中有买办资本家,也有民族资本家。民族资本家阶级具有两重性,它同帝国主义既有对立的方面,又有千丝万缕的联系。不过,陈独秀说这个阶级不能保全中国的独立,还是说得对的。

④ 《李大钊文集》下卷,人民出版社 1984 年版,第 454 页。

主义的直接行动,达到社会革命的目的"。如果不是这样,而是"要等中国的资本主义发达到一面可以和外资抗衡,一面可以尽数吸收国内的劳动者,其中要经过如何长的时日,恐怕那个时期未到,而我中国的四万万同胞,且相索于枯鱼之肆了!"①在这里,他们为中国必须走革命的道路这个思想作了有力的论证和辩护。他们的结论是:"今日在中国想发展实业,非由纯粹生产者组织政府,以铲除国内的掠夺阶级,抵抗此世界的资本主义,依社会主义的组织经营实业不可。"俄国的实践表明,"社会主义于发展实业,实在有利无害。换言之,用资本主义发展实业,还不如用社会主义为宜。因为资本主义之下,资本不能集中,劳力不能普及,社会主义之下,资本可以集中,劳力可以普及"。"中国不欲振兴实业则已,如欲振兴实业,非先实行社会主义不可"。② 中国人的悲惨境遇,"除了中国劳动者联合起来,组织革命团体,改变生产制度,是无法挽救的"③。

对于"经济文化落后的中国走社会主义的发展道路,是不是违反了社会发展的规律,超越了马克思列宁所揭示的革命发展必经的梯阶"这一类问题,中国早期的共产主义者也作出了自己的答复,并在答复这个问题时提出了若干有创造性的见解。

第一,他们指出,"要实现共产主义,必须以生产力十分发展为前提",这固然不错;但是,"要生产力十分发展,必须以改造经济组织才能实现,即只有靠社会革命才能实现"。④ 这也就是说,中国不应当等待资本主义的自发发展使中国社会的生产力十分发展以后(事实上这也是做不到的)才进行社会革命;相反地,应当通过社会革命来改造经济组织、解放和发展生产力,从而为新的社会制度奠定牢固的物质基础。

第二,他们指出,"照社会主义的原则说,社会革命在资本制度发达到一定的程度的时候,自然要实现的;然而也可以用他种人为势力——非妥协的阶级斗争——促进他的速度"。这也就是说,社会革命并不是单纯的经济过程,这个革命能否发生并赢得胜利,不单纯取决于资本主义发展的程度,而且取决于现实的阶级力量对比的状况。比如,"英美的资本制度比俄国的要发达得十数倍;英美两国的工会,比俄国的也要发达得十数倍,何以社会革命不在英美两国发生,反在俄国实现呢?这就是因为俄国社会革命党实行的力量比英美两国的大的缘故"。⑤

---

① 《李达文集》,人民出版社 1980 年版,第 48 ~ 49、66 ~ 68 页。

② 《李大钊文集》下卷,人民出版社 1984 年版,第 455 页。

③ 陈独秀:《复东荪先生底信》,《新青年》第 8 卷第 4 号。

④ 施存统:《马克思底共产主义》,1921 年 8 月,《新青年》第 9 卷第 4 号。

⑤ 《李达文集》,人民出版社 1980 年版,第 56 页。

第三,他们指出,在经济文化落后的国家实行社会主义不是一蹴而就的,从发动革命、夺得政权,到社会主义的实现,中间不能不经过若干过渡的步骤。他们指出,"并不是说,一经革命之后,共产党有了政权的社会便是共产主义的社会。""革命不过是锯了向共产主义之路的荆棘罢了。要实现共产主义的社会还要再向前走才行"。① 他们指出:"由资本主义进到社会主义的过渡时期,就是马克思所说的社会革命的时期。这个时期经过的长短,我看要以各国底经济发达状况和人民智识程度如何而定的。在俄国、中国这些产业幼稚、人民无知识的国家,过渡时期要比别国多一些时日也未可知。究竟要多少时日,我们固不能预定;不过共产主义不是一举而成的这件事实,我们是无疑的。"②

在论述上述思想时,他们还阐明了应当以科学的态度对待马克思主义的问题。他们指出,"我们研究一种学说一种主义,决不应当'囫囵吞枣''食古不化',应当把那种学说那种主义底精髓取出"。由于马克思主义的理论在创立时"是拿产业发达的国家底材料做根据的",所以,"如果在中国实行马克思主义,在表面上或者要有与马克思所说的话冲突的地方;但这并不要紧,因为马克思主义底本身,并不是一个死板板的模型。所以我以为我们只要遵守马克思主义底根本原则就是了;至于枝叶政策,是不必拘泥的"。"总之,马克思底共产主义,一定可以在中国实行的,不过如何才能实行,却全靠我们的努力了!"③"所以我们在中国运动社会革命的人,不必专受理论上的拘束,要努力在实行上去做"④。他们在这里所提出的关于必须遵守马克思主义的根本原则,不必拘泥于枝叶政策的思想,关于必须在实践中逐步解决如何把马克思主义应用于中国的思想,都是很珍贵的,并且是具有深远的意义的。

诚然,中国早期的共产主义者在理论上还是不成熟的。他们不懂得半殖民地半封建中国的革命必须分两步走,其第一步只能是民主主义,第二步才能是社会主义;他们也不懂得民族资本主义经济在一定时期内仍然具有有利于国计民生的一面,这种民族资本主义经济的一定程度的发展不仅是不可避免的,而且是有益的。这是他们的两个明显的缺陷。但是,他们一开始就强调资本主义的道路在中国根本走不通,中国的出路只能是社会主义,或者说只有社会主义才能够救中国,强调中国必须建立工人阶级政党来领导中国人民进行革命,这是完全正确的,而且是有着深远的影响的。他们在宣传自己的主张时,不仅从理论上进行

① 新凯:《再论共产主义与基尔特社会主义》,1922年7月,《新青年》第9卷第6号。
② 施存统:《马克思底共产主义》,1921年8月,《新青年》第9卷第4号。
③ 施存统:《马克思底共产主义》,1921年8月,《新青年》第9卷第4号。
④ 《李达文集》,人民出版社1980年版,第56页。

论述,而且用中国社会的实际来加以证明。这也说明,以科学社会主义作指导来解决中国的问题,是有现实根据的。

这场关于社会主义的辩论,持续了一年多的时间。通过这场辩论,社会主义在中国的思想阵地得到了扩展,创立中国共产党的思想基础也进一步奠定了。朱务善的回忆提供了这方面情况的一个生动例证。他讲道,当张东荪、梁启超等人挑起社会主义问题论战时,北京大学马克思学说研究会"就利用这个机会,在沙滩大楼的一个大教室里,开了一次为期两天的辩论会,辩论的题目是'社会主义是否适宜于中国?'分赞成和反对两派辩论,邀请李大钊同志作为辩论会的评判员。参加这次辩论会的人都是北京各大学及专门学校的学生和教员,听众很多。"辩论终结时,由李大钊作结论。"我还记得有一位反对社会主义的北大学生(好像是费觉天)最后对我说,李先生以唯物史观的观点论社会主义之必然到来,真是一针见血之论,使我们再也没话可说了。李大钊同志的发言引起了大多数听众研究马克思主义的兴趣,此后不久,马克思学说研究会的成员竟增加到数十人之多,同时其他各高校也成立了这样的研究会"。①

张东荪在受到共产主义者的严厉批判之后,感到自己理屈词穷,不得不在1921年2月发表《一个申说》,承认"资本主义必倒而社会主义必兴";不过他又说,"现在各种社会主义都有缺点",所以"我们对于社会主义总当认为最后的目标,宜努力随着各民族的共同研究去创造","中国现在最不需要的是社会主义的Propaganda"(宣传)。虽然他声称不需要进行社会主义的宣传,他自己却又积极宣传基尔特社会主义,说"基尔特社会主义最晚出的,所以他比较是最圆满的"。② 他企图以此抵抗马克思主义的科学社会主义。

基尔特(Guild),即行会、同业、协会的意思,它是既包括工人又包括资本家、雇主在内的一种组织。基尔特社会主义起源于英国,是一种资产阶级改良主义学说。主张这种学说的人宣传说:"基尔特社会主义,是把生产者的同业组合为经济组织的基础之一种社会制度。""他的最重要的一点,就是一方面实现产业的民主主义——生产者自己管理他的生产——同时在他方面把所有一切重要问题,与国家共同管理,革除为生产者的利益而牺牲消费者的利益之危险"。③

中国早期的共产主义者对基尔特社会主义进行了有力的批判。

他们指出,"惟有革命,社会主义才能达到"。"政治的权力是现在社会中最有势力的一个,我们要实现社会主义,非先夺了治者阶级的武器以除去障碍,再

① 朱务善:《回忆北大马克思学说研究会》,1960年6月20日。

② 《改造》第3卷第6期。

③ 虞裳:《基尔特社会主义》,1919年10月,《解放与改造》第1卷第3号。

运用这个武器以增加前进的速度不可”。“无产阶级专政是压服有产阶级的一种手段,是强制有产阶级的一种手段,也就是消灭阶级的一种手段”。在一定时期内,它是必需的。基尔特社会主义则不然,“他们是不主张革命的”。他们的劳动组合“是安于现社会的”,“是想在现社会上一点一点的求管理权的”。“这种手段和跪在强盗旁边求他少抢一点是一个样子的可笑!这种‘叫化式’的阶级斗争,先不必说他可耻不可耻,简直是办不到”。① 因为处于优越地位的治者阶级是“一定不肯”听从他们的劝告,实行“退让”,把管理权交出来的。

他们指出,“中国的需要不只是把管理权移之于劳动者就完了,并且还需要高度的生产,此高度的生产的造成非要大规模的生产不可。基尔特社会主义者,他们不主张大规模的生产。他们竟以中国的手工业的小规模生产为不必改变。他们不知道,社会主义是立于大规模的生产上的。我们以为社会主义的最要之点在乎生产工具公有。此种公有非大规模的生产一定不能办到”。既然要进行大规模的生产,“国家的管理生产是当然的,也是必要的”;社会经济组织不可能也不应当只是一些不相关联的、规模狭小的“行会”。而这里所谓的国家管理,“无宁说是劳动者管理”,因为“共产主义的国家是以劳动者为基础的。国家是与劳动者息息相通的。劳动者是参与种种建设事业的。”②

他们还对基尔特社会主义的资产阶级改良主义的实质进行了揭露,指出“既说树立生产的新方式,而又不主张革命,则树立方法自然是舍资本主义以外别没有了。你们主张资本主义就主张资本主义好了,又何必带上一个基尔特社会主义的假面具呢?骨子里主张资本主义而又没有那么大的勇气,此种‘暗娼式’的行为,可怜亦复可恨!”③

通过对基尔特社会主义的批判,中国早期的共产主义者进一步宣传了中国必须走革命道路的思想,为马克思主义在中国的扩大传播扫除了又一个思想障碍。

2. 与无政府主义者的论战

如果说,与张东荪、梁启超等人的争论,主要涉及中国要不要举起社会主义旗帜、走社会主义道路的问题,那么,在这个时期进行的另一场争论,即与无政府主义者的论战,则主要涉及中国应当举起何种社会主义的旗帜、要不要划清同小资产阶级社会主义的界限、是不是应当走科学社会主义指引的道路的问题了。1921年5月出版的《共产党》月刊第4号发表的一篇题为《我们为什么主张共产

① 新凯:《再论共产主义与基尔特社会主义》。

② 新凯:《再论共产主义与基尔特社会主义》。

③ 旋:《评中国的基尔特社会主义》,1922年2月,《先驱》第3期。

主义》的文章开头是这样说的:“我们为什么不主张资本主义,而要主张共产主义?”“这个问题已不成为什么问题了,还有什么讨论的必要”;现在需要答复的问题是:“我们为什么不主张无政府主义,而要主张共产主义?”

无政府主义是一种小资产阶级社会主义思潮。无政府主义者从极端个人主义出发,鼓吹个人的绝对自由,反对任何的组织纪律;他们反对一切强权、一切权威、一切国家,包括无产阶级专政的国家,鼓吹实行无政府状态;他们既反对生产资料私有制,也反对生活资料归个人所有,主张立即实行各尽所能、各取所需的分配原则,鼓吹绝对平均主义。尽管无政府主义由于不符合社会发展的客观规律,在实际上是行不通的,但这种以个人为中心、看起来又似乎十分激烈和彻底的主张,很适合那些不满社会现实的陷于破产境遇的小生产者和在政治上感到绝望的小资产阶级知识分子的情绪。半殖民地半封建的中国是一个小生产占优势的国度。在帝国主义、封建主义的联合压迫下,许多小生产者和小资产阶级知识分子的生活往往急剧地恶化,以至于破产,他们被旧制度摧残得几乎要“发狂”了,所以容易转向极端的革命性,而不能表现出坚韧性、组织性、纪律性、坚定性。这就是说,中国社会有着无政府主义传播的土壤。一位当时信仰过无政府主义的知识分子回顾自己思想上的经历时这样说过:“无政府主义使我满意的地方是它重视个人自由,而又没有正式的、严密的组织。一个人可以随时打出无政府主义的招牌,他并不担承任何的义务……这些都适合我那种小资产阶级的思想感情。”我坚信“旧社会要完蛋,新社会要到来”,“但是提到我个人如何在新与旧、光明与黑暗的斗争中尽一份力量时,我就感到空虚了”。还应该指出,在没有把握马克思主义的科学真理之前,一些具有变革旧社会的要求、正在探索中国出路问题的革命者,尤其是缺乏斗争经验的青年,也是有可能接受这种要求摧毁一切束缚、一切强权的思想影响的。中国共产主义运动的早期骨干,如陈延年、恽代英、吴玉章等,就曾一度信仰过无政府主义。毛泽东也说过,1919 年第一次到北京之后,“我的思想越来越激进”。“可是就在这个时候,我的思想还是混乱的,用我的话来说,我正在寻找出路。我读了一些关于无政府主义的小册子,很受影响。我常常和来看我的一个名叫朱谦之的学生讨论无政府主义和它在中国的前景。在那个时候,我赞同许多无政府主义的主张。”①

无政府主义是先于马克思主义在中国得到传播的。1907 年,即有李石曾等在法国巴黎创办《新世纪》周报,刘光汉等在日本东京发行《天义报》(半月刊),并发起“社会主义讲习会”,宣传无政府主义。1912 年,刘思复(后易名师复,废姓)等在广州创办“晦鸣学舍”,设立“心社”,印发各种宣传无政府主义的小册

① 埃德加·斯诺:《西行漫记》,董乐山译,三联书店 1979 年版,第 127~128 页。

子；后又发行机关刊物《晦鸣录》（不久改称《民声》，移澳门发行）。“由是无政府主义的名词，渐为国人所知”。[①] 1913年，有人宣布脱离刚刚成立的“中国社会党”，成立无政府的社会党，但“发起仅一月，即为袁世凯所禁止”。[②] 次年，师复等在上海成立“无政府共产主义同志社”，并在工人中开展活动。师复还在“广州首创理发工会和茶居工会”。1915年师复去世后，无政府主义的宣传仍在继续。北京、南京等地出现了许多无政府主义的小团体，并出版了一些宣传无政府主义的新的刊物。其中由北京大学等信仰无政府主义的学生组成的“实社”影响较大，其代表人物有黄凌霜、区声白等。1919年初，四个相继解体的小组织，还集结成立了“进化社”并出版《进化》月刊。不过，这个组织存在的时间并不长。

值得注意的是，“在起初各派社会主义的思想中，无政府主义是占着优势的”[③]。从1919年下半年到1920年，以宣传无政府主义为宗旨或侧重宣传无政府主义的刊物大量出现，如：北京的《奋斗》、《北大》、《学生周刊》、《社会运动》；上海的《自由》、《革命》；广州的《民风》；福建的《闽星》；山西的《革命潮》和四川的《半月刊》等。据不完全统计，五四时期出版的宣传无政府主义的书刊，达70余种之多。而实际上，在五四运动后如雨后春笋般出现的数百种刊物中，相当一部分都程度不同地介绍和宣扬过无政府主义。《新青年》也不例外。它在1919年5月出版的《马克思研究专号》里，还刊登了《巴枯宁传略》和黄凌霜的一篇鼓吹无政府主义的文章。[④] 这种无政府主义不但在一部分知识分子中流行，而且还在一部分工人中产生了影响。1920年10月成立的湖南劳工会，就是由信仰无政府主义的青年黄爱、庞人铨组织起来的，他们在当地的工人中有相当高的威望。由于中国的许多无政府主义者以信仰共产主义自我标榜，在一些地方建立的共产党早期组织中，若干无政府主义者也参加了进去。前面提到过，广州的共产主义组织开始时基本上是由无政府主义者组成的，北京的共产主义组织中开始时也包含了黄凌霜等五个无政府主义者。但是，无政府主义，无论是无政府个人主义、无政府工团主义，还是无政府共产主义，在一系列基本问题上，都是同马克思主义的科学社会主义根本对立的。所以，它们的拥护者之间发生争论和斗争，是不可避免的。实际的情况也正是这样。在当时，“马克思主义的拥护者到处都与无政府主义的拥护者争论着，斗争着。马克思主义直至在各方面克服无

---

① 郑佩刚：《无政府主义在中国的若干史实》，《广州文史资料》第7辑，1963年4月。

② 师复：《致无政府党万国大会书》，《民声》16号，1914年6月。

③ 刘少奇语。《中国青年》第2期，1939年5月。

④ 参见《伟大的开端》，中国社会科学出版社1983年版，第285页。

政府主义以后，并与中国的工人运动、人民反帝运动结合以后，才成为中国政治生活中一个雄伟的力量。并在以后，马克思主义永远在中国新文化运动中占着主要的地位”①。

马克思主义和无政府主义的论战，首先是由无政府主义者挑起的。师复在1914年6月致无政府党万国大会书中曾经说过，“吾党今日在中国之运动，有较欧美为易者”，其原因之一，就在于“中国向无社会民主党，亦无人信集产主义之学说”(按:此处的社会民主党指马克思主义政党，集产主义学说则是无政府主义者对马克思主义的科学社会主义的歪曲的称谓)。也就是说，无政府主义在中国易于流传的一个条件，就是中国既没有马克思主义政党，也没有人提倡马克思主义学说，来与无政府党和无政府主义学说争夺群众。但是，这种情况在五四运动以后有了明显的改变:中国出现了一批马克思主义者，他们开始运用马克思主义这个科学的思想武器，重新考虑中国的问题，争取自己在进步思想界的主导地位。对此，无政府主义者也看不惯了，忍不住了。为了巩固和扩大自己的思想阵地，他们逐步地把自己的斗争锋芒，从主要针对封建军阀的政治统治和封建主义的文化思想，转向了马克思主义。而在对马克思主义的进攻中，黄凌霜、区声白等人充当了先锋，扮演了主角。

1919年2月，黄凌霜在《进化》上发表《评〈新潮〉杂志所谓今日世界之新思潮》一文，歪曲马克思主义，把马克思的经济学说成是“玄想的经济学”，声称“我们极端反对马克思的集产社会主义”。同年5月，他在《新青年》上发表《马克思学说的批评》一文，对马克思主义进行全面的歪曲和系统的攻击，声称自己“批评马氏的学说，对于他的经济论和唯物史观，以德人E. Bernstein(伯恩施坦)的批评为根据，对于政策论的批评，以俄人Z. Kropotkin(克鲁泡特金)的批评为根据”。1920年2月，A. D(易家钺)在《奋斗》上发表《我们反对“布尔札维克”》一文，公开举起反对布尔什维主义的旗帜，说“我们知道布尔札维克是马克思主义的实行者”，所以“从原理上反对布尔札维克主义(Bolshevism)，换一句话，就是反对马克思主义”。同年4月，A. F在《奋斗》上发表《为什么反对布尔塞维克?》一文，攻击布尔什维主义“使社会退化”，“希望我们青年不做那主义的信徒，却做那主义的批评家”。1921年2月，黄凌霜发表《克鲁泡特金的社会学说与未来》(刊《克鲁泡特金纪念专号》)一文，攻击“今中国的鼓吹劳动主义者”将陷入“罪恶漩涡，万劫不复”。同年3月，缪金源在《民声》上发表《无政府共产派与集产派之歧点》一文，把马克思主义曲解为集产主义，标榜无政府主义才是共

---

① 刘少奇语。见《中国青年》第2期，1939年5月。

产主义。同年上半年，区声白多次致函陈独秀，批评马克思主义，论证无政府主义。① 类似的文字还有不少，此处不一一列举。

无政府主义者是怎样攻击马克思主义、宣传自己的主张的呢？主要是：

第一，攻击无产阶级专政，鼓吹否定一切强权。他们说，“政权就是自由的魔敌”，“无政府党对于政治之终极目的，是废除统治权，消灭无论什么形式的政治”。“强权本来就不好，因为他同个人自由立于对立地位”。“我们不承认资本家的强权，我们不承认政治家的强权，我们一样的不承认劳动者的强权”，我们“相信非国家革命”。他们诬称布尔什维克的“唯一要素是强权”，并说“因他抹杀个人，滥用强权，独裁专制”，所以必须加以反对。他们认为，“社会革命成功以后，当然要把资产阶级私有的财产归之于公，那么资产阶级也变成无产阶级了，还怎样谋复辟呢？资产阶级的势力都是金钱给予他们的，一旦金钱没有了，他们那里再有势力来复辟？”所以，实行无产阶级专政也就成为不必要的了。如果这样做，“其坏处在于自己又创立一个万能的资本家，压抑出版自由，言论自由，以至于行动自由”。

第二，鼓吹个人的绝对自由，反对任何的组织纪律。他们宣称，“我们的目的只是求绝对的自由，‘安那其主义’（按：即无政府主义）是要打破一切虚伪的、人为的、不自由的、拘束我们自由的，‘安那其共产主义’就是自由主义——绝对的自由主义”。“无政府主义以个人为万能，因而为极端自由主义，所以无政府主义是个人主义的好朋友”；而“集产社会主义（按：指马克思主义）以国家为万能，所以蔑视个人，故变成极端干涉主义”，成了“个人主义的敌人”。他们认为，“绝对的自由，绝对的不能存在于组织之中”。“因为‘力’就是强权，可以晓得有组织就有强权；所以要根本上废除强权，就不可不根本上推翻组织”。他们主张，“无政府主义的社会，是自由组织的，人人都可以自由加入，自由退出，所以每逢办一件事，都要人人同意。如果在一个团体之内，有两派的意见，赞成的就可执行，反对的就可退出，赞成的既不能强迫反对的一定做去，反对的也不能阻碍赞成的执行，这岂不是自由的吗？”

第三，否定社会主义的生产和分配的原则，鼓吹实行无政府状态和平均主义。他们说，马克思主义“主张生产机关属之公有，他的生产物由国家或社会分配”。而无政府主义则“主张生产机关及生产的物属诸社会，人人‘各尽所能，各取所需’”。他们认为，应“将一切生产机关，委诸自由人的自由联合管理”，根本否定国家对经济生活的任何干预和必要的集中和计划；攻击布尔什维克“要将所有财产，十之七八归国家管理”，实际上就是“小资本家——个人——完全没

① 见《民声》30 号增刊，1921 年 4 月 5 日；又见《新青年》第 9 卷第 4 号，1921 年 8 月 1 日。

有打消,大资本家——国家——反而完全成立”。他们还主张一切生产资料、生活资料都应公有化,反对生活资料可以归个人所有,认为“即称社会主义,则凡社会的物,概当属之公有,却不能为个人所私有。现在集产主义,以农食房屋之类可以私有,是明明尚有个人财产,根本上已背乎社会主义的定义。况且同一房屋,牛马的圈厩既为公有,人居的房舍则为私有,于理论上也说不上去”。他们还主张在社会革命之后立即实行各尽所能、各取所需的原则,反对各尽所能、按劳分配,认为“主张按劳动多寡来给他的酬报,那么强有力的将享最高的幸福,能力微弱的将至不能生活。能力薄弱的缘故,或关乎生理,却非其人懒惰的罪,而结果不幸如此,还说什么幸福呢?”他们说,我们反对马克思主义,反对布尔什维克,“不因他的革命,却因他那不彻底的革命,须知不彻底的革命,和‘改良’相同”。

从表面上看,无政府主义者挑起的这场争论,主要涉及未来中国社会的发展方向和构成原则等问题,带着比较抽象的性质。既然如此,为什么必须开展一场反对无政府主义的思想斗争呢?这是因为,无政府主义的主张从表面上看来,显得十分激烈和彻底,容易俘虏那些对旧社会充满愤激情绪的进步青年。为了扩展马克思主义的阵地,争取这些进步青年聚集到马克思主义的旗帜下来,就必须揭穿无政府主义所具有的空想性质及其对实际斗争必然带来的危害。同时,由于一些无政府主义者也加入了一些地方的共产主义组织,并在按照自己的主张进行活动,为了使正在创建的党成为一个以马克思主义武装起来的、有正确的革命纲领、坚持以革命方法摧毁旧的反动政权和建立新的革命政权的、有严格的组织纪律的真正的工人阶级先锋队,对无政府主义展开批判也是完全必要的。

还在1920年5—6月,在上海《民国日报》的副刊《觉悟》上,就开展过一场关于《强权应否提倡》的辩论,有人曾著文批评把公理与强权无条件地对立起来的思想,论证在一定条件下可以“强权卫公理”的观点。不过,这场辩论规模很小,前后只发了三四篇文章,即告收场,对思想界没有发生多大的影响。对无政府主义的批判,主要是在共产党早期组织成立之后由它的成员进行的。1920年9月,陈独秀发表《谈政治》一文,力图运用马克思主义的观点系统地分析批判无政府主义。1920年11月至1921年3月出版的《共产党》月刊第1至5期上,发表了李达的《社会革命底商榷》、《无政府主义的解释》,无懈的《我们为什么不主张无政府主义》、《夺取政权》,施存统的《我们要怎样干社会革命?》等文,对无政府主义进行了有力的批判。《新青年》的第8卷第4号上还发表了陈独秀答无政府主义者郑贤宗的题为《国家·政治·法律》的信件。1920年底,陈独秀在广州作题为《社会主义的批评》的讲演,其中也批评了无政府主义。其后,又将他与区声白之间就无政府主义问题展开的辩答,辑录成《讨论社会主义》的长文,在《新青年》第 8 卷第 5 号上发表。以上这些文章的作者,多为上海党组织的成员。北京党组织李大钊发表的《自由与秩序》(《少年中国》第 2 卷第 7 期,1921 年 1 月)等文,也是批判无政府主义的。此外,《民国日报》的副刊《觉悟》上也发表了关于无政府主义的通信。《先驱》、《青年周刊》等也发表过这方面的文章。毛泽东在长沙新民学会的新年会上对无政府主义也作过明确的批判。蔡和森寄自巴黎的《马克思学说与中国无产阶级》一文,也是有鲜明地批判无政府主义的内容的。这些情况说明,对于无政府主义的批判,已经具有相当的声势和规模了。

共产党早期组织的成员及其同情者主要是围绕着以下几个问题开展对于无政府主义的批判的:

第一,关于无产阶级专政的问题。

针对无政府主义者反对一切强权、一切国家的主张,他们指出,不应当笼统地否定一切强权和国家,而应当具体地区别强权和国家的不同性质,对它们采取不同的态度。"强权所以可恶,是因为有人拿他来拥护强者无道者,压迫弱者和正义。若是倒转过来,拿他来救护弱者和正义,排除强者与无道,就不见得可恶了"。"我们以为过去和现在的国家和政治,过去的现在的资本阶级的国家和政治,固然建筑在经济的掠夺上面;但是将来的国家和政治,将来的劳动阶级的国家和政治,何人能够断定仍旧黑暗绝对没有进步的希望呢?""不问强权底用法如何,闭起眼睛反对一切强权,像这种因噎废食的办法,实在是笼统的武断的,决不是科学的"。

能不能像无政府主义者所说的那样,任意地立即建立一个自由组织的、不需要任何权力的社会呢?这是根本不可能的事。他们指出,资产阶级的私有制是由资产阶级专政的国家来维护的,必须用革命的暴力摧毁资产阶级政权,建立无产阶级专政的国家,才有可能消灭资产阶级的私有制,才能对整个社会进行革命的改造。"我们要明白世界各国里最不平最痛苦的事,不是别的,就是少数游惰的消费的资产阶级,利用国家、政治、法律等机关,把多数勤苦的生产的劳动阶级压在资本势力底下,当做牛马机器还不如。要扫除这种不平这种痛苦,只有被压迫的生产的劳动阶级自己造成新的强力,自己站在国家地位,利用政治、法律等机关,把那压迫的资产阶级完全征服,然后才可望将财产私有、工银劳动等制度废去,将过去不平等的经济状况除去"。如果不这样主张,而只是梦想自由,"便再过一万年,那被压迫的劳动阶级也没有翻身的机会"。①

是不是在推翻资产阶级的统治以后,就可以立即废除国家呢?答案也是否

① 陈独秀:《谈政治》1920 年 9 月,《新青年》第 5 卷第 1 号。

定的。他们指出,“各国底资产阶级,都有了数千年或数百年底基础,站在优胜的地位,他们的知识经验都比劳动阶级高明得多;劳动阶级要想征服他们固然很难,征服后想永久制服他们不至死灰复燃更是不易。这时候利用政治的强权,防止他们的阴谋活动;利用法律的强权,防止他们的懒惰、掠夺,矫正他们的习惯、思想,都是很必要的方法”。如若不然,“他们随时得着自由,随时就要恢复原有的势力地位”。比如“此时俄罗斯若以克鲁泡特金的自由组织代替列宁的劳动专政,马上不但资产阶级要恢复势力,连帝政复兴也必不免”。① 而无政府主义的主张,实在是“把社会改造看得太简单、太容易了”。② 他们还义正词严地揭露说:“有人责备俄国共产党主张劳工专政,不合乎德谟克拉西。我要问他:是不是要让资本家、帝制派都有政权才合乎德谟克拉西?”③

马克思主义认为,国家是不能被废除的,它只能随着阶级的消灭而逐步地自然消亡。据此,他们指出,“我们的最终目的,也是没有国家的。不过我们在阶级没有消灭以前,却竭力主张要国家,而且是主张要强有力的无产阶级专政的国家的。阶级一天一天趋于消灭,国家也就一天一天失其效用。我们的目的,并不是要拿国家建树无产阶级的特权,是要拿国家来撤废一切阶级的”④。他们强调,“社会革命成了功,政权拿在劳动阶级手里,阶级争斗仍是要继续进行;因为革命后若干时期社会上资本阶级底势力仍然要大过劳动阶级多少倍,在此时期内若有人主张把政权及自由给资本阶级,便是杀害劳动阶级;若劳动阶级肯把政权及自由给资产阶级,便是劳动阶级自杀;‘劳动专政’并没有什么特别深奥的意思,只是不把政权及自由给资产阶级。这些都是我们和无政府主义者见解不同之要点”⑤。

在论证建立和坚持无产阶级专政的必要性的同时,他们还论证了建设一个强大的共产党的重要意义。他们指出,“实行无产阶级革命与专政,无产阶级非有强大的组织力和战斗力不可,要造成这样强大的组织力和战斗力,都非有一个强大的共产党做无产阶级底先锋队与指导者不可”⑥。

第二,关于个人与组织、自由与纪律的问题。

针对无政府主义者鼓吹个人的绝对自由、否定任何组织纪律的论调,他们指出,“个人是群合的原素,社会是众异的组织”。“个人与社会,不是不能相容的

---

① 陈独秀:《谈政治》1920年9月,《新青年》第5卷第1号。
② 陈独秀:《国家·政治·法律》,《新青年》第8卷第4号。
③ 《共产党底根本主义》,1921年5月,《共产党》第4号。
④ 《我们要怎么样干社会革命?》,1921年6月,《共产党》第5号。
⑤ 《短言》,1921年4月,《共产党》第3号。
⑥ 陈独秀:《无产阶级专政》,1922年7月,《新青年》第9卷第6号。

二个事实，是同一事实的两方面"。"离于个人，无所谓社会；离于社会，亦无所谓个人"。[①] 所以，必须正确地认识和处理二者的辩证关系。"我们应该觉悟，非个人逃出社会以外，决没有绝对的自由，决不能实现无政府主义"[②]。但是，如果一个人离开了社会环境，那他就只能"完全自度一种孤立而岑寂的生活"，而他也"断没有一点的自由可以选择"了。[③] 何况，自由也并不是绝对地好，统统应当加以提倡和给予保障；相反地，"恶的自由是应该束缚的"[④]，而在这种情况下，自由就既不应当，也不可能是绝对的了。

他们指出，无政府主义者所鼓吹的"人人同意自由联合"的主张，"分明是不可能的"，因为"联合无论大小，都要有一部分人牺牲自己的意见"，才有可能得到维持。一切社会，一切生产机关，一切交通机关，如果"不同意，便自由分裂，分裂之后不同意再分裂，分之又分至于个人而后止"，这样一来，任何的联合也就都成为不可能的了。所以，"难怪有人说无政府主义是退化的学说，因为照他的主张实行起来，在经济上必然要回复到手工业时代，在政治上必然要回复到部落时代"。

他们还指出，"权力集中是革命的手段中(的)必要条件"。如果"劳动团体的权力不集中，想和资产阶级对抗尚且不能，慢说是推翻资产阶级了，因为权力不集中，各团体自由自治起来，不但势力散漫不雄厚，并且要中资产阶级离间利用和各个击破的毒计"。[⑤] 所以，鼓吹个人的绝对自由，否定必要的集中和纪律，这对于革命斗争是十分有害的。

当然，主张应当有必要的集中和维护一定的纪律，这并不是要无条件地抹杀个人的自由。他们指出，"个人与社会、自由与秩序，原是不可分的东西"。"真正合理的社会主义，没有不顾个人自由的"。不过，"真实的自由，不是扫除一切的关系，是在种种不同的安排整列中保有宽裕的选择机会"；"真实的秩序，不是压服一切个性的活动，是包蓄种种不同的机会使其中的各个分子可以自由选择的安排"。所以，"我们所要求的自由，是秩序中的自由；我们所顾全的秩序，是自由间的秩序"。实际上，也"只有从秩序中得到的是自由，只有在自由上建设的是秩序"，[⑥]两者是既有必要，也有可能统一起来的。

第三，关于未来社会的生产和分配问题。

---

① 《李大钊文集》下卷，人民出版社 1984 年版，第 437 ~ 438 页。
② 陈独秀语。《新青年》第 9 卷第 4 号。
③ 《李大钊文集》下卷，人民出版社 1984 年版，第 437 页。
④ 《答郑贤宗(国家·政治·法律)》，1920 年 11 月，《新青年》第 8 卷第 4 号。
⑤ 《讨论无政府主义》，《新青年》第 9 卷第 3 号。
⑥ 《李大钊文集》下卷，人民出版社 1984 年版，第 437 ~ 438 页。

针对无政府主义者关于"一切生产机关委诸自由人的自由联合管理"、否定必要的集中和计划的主张,他们指出,"要使各地方各职业的生产力保持均平,无论如何,非倚赖中央的权力不可"。如果从根本上反对国家权力对经济生活的任何干涉,生产组织就会陷入混乱状态,生产力的发展就会受到阻碍。"因为各个生产团体各个利害不同,若是没有一个统一机关用强制力去干涉调节,各个生产团体主张各个的绝对自由,这样能联合不能?无政府主义者用这种没有强制力的自由联合来应付最复杂的近代经济问题,试问怎么能够使中国底农业工业成为社会化?怎么能够调节生产使不至过剩或不足?怎么能够制裁各生产团体使不至互相冲突?怎么能够转变手工业为机器工业?怎么能够统一管理全国交通机关?"①

无政府主义的主张,不仅对整个社会生产事业是不适用的,就是在一个经济单位内部也是行不通的。他们指出:"现代工业发达,一个工厂往往有数千人数万人;而无政府主义要保护人人绝对自由,不许少数压多数,也不许多数压少数,九十九人赞成,一人反对,也不能执行,试问数千数万人的工厂,怎可以人人同意,如不同意,岂不糟极了吗?"②如不同意,即自由退出,那么,一个生产团体"一日之内便不知有多少人退出,多少人加入,在事务和技术的经验上、熟练上、秩序上看起来,非闹到由停顿而破产为止"。由此可见,"无政府主义完全不适用于经济方面"。③

在分配方面,能否像无政府主义者主张的那样,立即实行各尽所能、各取所需的原则呢?答复也是否定的。他们指出,实行这个原则,"非待世界的产业发达到极境,不能办到。譬如今日行了社会革命明日组织新社会,而新社会是继承旧社会的生产力,继续发展的,这生产力是有一定的限制的,生产力既有限制,生产物当然也有限制了,以这有限制的生产,听各人消费的得其平等,是绝对办不到的。若果社会的生产力达到无限制的程度,生产物十分丰富,取之不尽,用之不竭,这'各取所需'的分配原则是很可实行的。只是在生产力未发达的地方与生产力未发达的时期内,若用这种分配制度,社会的经济的秩序就要弄糟了"④。

马克思主义与无政府主义的论战,主要是在报刊上公开进行的。共产主义组织成员批判无政府主义的文章,主要刊登在《新青年》、《共产党》等杂志上。但是,其影响所及,一些进步社团内部,也展开了对于无政府主义的斗争。比如,

---

① 陈独秀:《社会主义批评》,1921 年 1 月,《新青年》第 9 卷第 3 号。
② 陈独秀:《社会主义批评》,1921 年 1 月,《新青年》第 9 卷第 3 号。
③ 《陈独秀答区声白》,《新青年》第 9 卷第 4 号。
④ 江春(李达):《社会革命底商榷》,《李达文集》,人民出版社 1980 年版,第 31 页。

新民学会在讨论“改造中国与世界的方法”时，蔡和森、毛泽东等都批评过无政府主义。他们指出，“现世界不能行无政府主义，因为现世界显然有两个对抗阶级存在，打倒有产阶级的迪克推多，非以无产阶级的迪克推多压不住反动”；指出无政府主义“理论上说得好听，事实上是做不到的”①。

由于论战涉及对未来社会的看法，而当时的中国距离建立这种新社会还十分遥远，因此，共产主义组织成员对于一些问题的论述，在今天看来，难免有不少不确切的地方。但是，他们坚持无产阶级专政的革命原则，主张正确处理民主与集中、个人与组织之间的辩证关系，强调社会主义社会应实行各尽所能、按劳分配等，这些在根本上都是正确的。他们的这些论述，在一系列基本问题上划清了马克思主义与无政府主义的原则界限，不仅有助于创建中的共产党组织制定马克思主义的纲领，而且有助于一些具有革命倾向的青年摆脱无政府主义的思想影响，走上马克思主义指引的道路。比如，前面提到的黄爱、庞人铨的转变就是一个例子。黄爱、庞人铨领导的湖南劳工会在 1920 年 11 月成立以后，毛泽东、何叔衡曾给予支持和帮助。毛泽东在回忆中说过，“在许多斗争中，我们都是支持他们的”；“并且通过协商，阻止了他们许多轻率和无益的行动”。② 1921 年 11 月，毛泽东写了《所希望于劳工会》的一文，表示希望劳工会历史的第一页写完以后，“第二页上写的要大不同于第一页：材料更丰富，意义更新鲜，章法、组织更完备”；他强调指出，“劳动组合的目的，不仅在团结劳动者以罢工的手段取得优益的工资和缩短工作时间，尤在养成阶级的自觉，以全阶级的大同团结，谋全阶级的根本利益”③。当月，劳工会接受毛泽东在本文中提出的建议，进行了改组。年底，黄爱、庞人铨参加了社会主义青年团。

无政府主义者当然不可能经过这一次论战就在中国的历史舞台上销声匿迹。他们的活动还继续了一个时期，不过他们的影响开始缩小了。一位早年参加过无政府主义活动的人士后来是这样说的：“那些早年曾经是无政府主义者（的人们）当中，不少先进分子在深入群众和工农结合之后，自觉地转变为科学共产主义的战士。”至于其他的无政府主义者，有的脱离政治活动，但求糊口，做个小营生，还有的做和尚、隐士等；有的则在教书之余，在白色恐怖的间隙中，钻反动派内部的空子，间或对接近的学生谈谈蒲鲁东、克鲁泡特金；有的则自甘堕落，投靠反动派。“就这样，中国无政府主义的活动就渐趋消泯了”④。后面这些

---

① 《新民学会会员通信集》第 3 集。

② 埃德加·斯诺：《西行漫记》，董乐山译，三联书店 1979 年版，第 134 页。

③ 《毛泽东文集》第 1 卷，人民出版社 1993 年版，第 6 页。

④ 郑佩刚：《无政府主义在中国的若干史实》。

情况，主要是在大革命失败以后发生的。

（四）到工人中进行宣传和组织工作

1. 到工人中去

共产党早期组织成立以前，李大钊等即曾提倡“把知识阶级与劳工阶级打成一气”、“图‘脑力劳动者’与‘体力劳动者’的一致团结”，一些具有初步共产主义思想的知识分子也已经开始个别地、零散地到工人中去进行活动了。不过，有组织、有计划地到工人中去进行宣传和组织工作，主要是在共产主义小组成立以后的事。

共产主义组织重视工人工作，不是偶然的。因为参加共产主义组织的成员“当时已明确几点：第一，我们是信仰马克思主义的；第二，我们是拥护苏俄十月革命的；第三，我们是要搞工人运动的”①。他们之所以注重工人运动，是由于：

第一，他们认为，共产党是工人阶级的政党，它应当同本阶级有密切的联系，在本阶级中有自己牢固的基础。各国的共产党都是以主要力量搞工人运动的，各国的社会主义运动也是以工人运动为依托的。蔡和森在与毛泽东讨论“党如何的准备组织”这个问题时就说过，“要邀一些同志跑到资本家的工厂里去，跑到全国的职业机关，议会机关里去。去干甚么？去做工，办事，当代表，做议员”，并说“这种方法，我得之于布尔什维克”。他认为，组织共产党，“乌合之众不行，离开工业界不行”。② 蔡和森的意见，得到了毛泽东的赞同。

第二，他们认为，“工人的运动，就是比黄河水还厉害还迅速的一种潮流。将来的社会，要使他变成工人的社会；将来的中国，要使他变个工人的中国；将来的世界，要变他个工人的世界”。俄国已经是工人的俄国，这个潮流，也快到中国来了。“工人就是这个潮流的主人翁”。③ 所以，发动和组织工人投入斗争，是十分重要的。

第三，共产主义组织的成员基本上是知识分子，以前，他们也主要是向知识分子作宣传。但这时，他们认识到，“只向知识阶级作‘学理的宣传’，而不向无产阶级作实际的运动，结果还只是空谈”④。而如果只限于空谈，是成就不了任何革命事业的。“若空谈只是偷懒，只是自杀”。《晨报》在发表旅法人员谈“作工的感想”的通讯时，编者在所加的按语中也指出：“年来国内的文化运动、劳动

---

① 罗章龙：《北京共产主义小组的情况》，1979 年 9 月 4 日、11 日。

② 《蔡和林文集》，人民出版社 1980 年版，第 52～53 页。

③ 李中：《一个工人的宣言》，《劳动界》第 7 册，1920 年 9 月 26 日。

④ 《劳动运动的新生命》，《劳动音》第 1 册，1920 年 11 月 7 日。

运动的话，不是闹得很热闹吗？冷眼的看来，几个‘读书人’的笔墨运动罢了。他们的诚心不诚心，这未可全称否定，而他们之不足引起真正劳动者浓厚的同情，只因他们是站在机声隆隆、煤烟如墨的工场的旁边，和从不惯住这不能出风头的农村的外边说话。——做文章的时候，所住的洋房子离工厂、农村还远得很，——那么，劳动者真正的痛苦，哪里会知道，不是隔靴搔痒是什么？"据此，按语号召说："请钻进工场去罢，去呵，去呵，现在是时候了啊。"①

应当首先到哪些工人中去呢？陈独秀指出，工厂矿山劳动者、交通劳动者、商店里的伙友，这"是阶级战争的三大军团"②。共产主义者应当首先到他们中间去。上海是产业工人密集的地方。上海共产党早期组织是以工厂劳动者为主要工作对象的。为了推动工人运动，1921 年 1 月，上海党组织还成立了职工运动委员会，由俞秀松、李启汉负责。北京共产党组织感到，"北京工业还不发达，没有可以把工人联合起来的大工厂"，因而"决定把工作转到铁路员工方面来"。③ 因为铁路员工也正是"阶级战争的三大军团"之一的交通劳动者的重要的和有组织的部分。像长沙等工业不够发达的地方，他们还注意到泥木工人、人力车工人、理发工人等中间去进行工作。

共产党早期组织的成员认识到，"我们都是知识分子出身，与工人阶级的距离很大，因此，首先应当同他们加强内部联系"④。由于几千年来，一直是"劳心者治人，劳力者治于人"，广大劳动者处于受压迫、受剥削的地位，他们同知识阶层之间是存在着很大的隔膜，甚至是处于对立地位的。提出知识分子到工人中去、到劳动者中去这样的号召，意味着要打破劳心者与劳力者之间存在着的隔膜和对立这种古老的、陈旧的传统，本身就具有革命的意义。不过，知识分子要能够真正走到工人中去、走到劳动者中去，了解他们，得到他们的信任，同他们打成一片，却不是一件轻易可以做成的事。为了做到这一点，革命的知识分子必须同轻视劳动者的剥削阶级社会的传统观念决裂，必须使自己的思想、感情以至生活方式来一番改造。当时，他们中的一些人确实是这样做了。比如，俞秀松在致友人书中说，他本来参加过北京工读互助团，但感到实行工读主义、做苦学生的办法，固然"对于学一方面自信可以长进一点"，"但我不愿这样办法"。他同意友人的如下看法，即："要改造社会，终不能一时离开社会，若要自己组织的新村，

① 《晨报》1920 年 12 月 24 日。

② 陈独秀：《〈上海伙友〉发刊词》，《上海伙友》创刊号，1920 年 10 月 10 日。

③ 《北京共产主义组织的报告》1921 年 7 月，《中共中央文件选集》第 1 册，中共中央党校出版社 1989 年版，第 15 页。

④ 《北京共产主义组织的报告》1921 年 7 月，《中共中央文件选集》第 1 册，中共中央党校出版社 1989 年版，第 15 页。

为改造社会的前驱,使社会里面的人,看得高不可攀,社会就不容易改造了。"所以,他到了上海以后,听从陈独秀等人的劝告,决心"改名换服""去进工厂"①,以便于同工人接近,同他们打成一片。李中(即李声澥)原是湖南第一师范的学生,为了与工人结合,也直接到江南制造局(江南造船厂)去做工。毛泽东在致友人书中就曾提到"李君声澥以一师学生在江南造船厂打铁",现寓上海法租界渔阳里二号,帮助陈独秀等"组织机器工会"②这件事。毛泽东本人更是努力去与工人结合的。据萧三回忆:"毛泽东同志最初接触工人的办法是煞费苦心的。他曾作工人打扮,到工人集聚的地方去和他们接近,到茶馆去和工人们一块喝茶、谈心,交朋友。一天,毛泽东同志去长沙城的南门外和小吴门外一段铁路上散步,走来走去,总希望遇到个把工人。后来终于遇到火车头修理厂的工人陈地广。这人是广东人。毛泽东同志就和他'拉话',然后去他住的地方'玩',谈他的工作、工资……这工人觉得客人很亲切。经过陈地广的介绍,他又认识了别的工人。彼此都熟了之后,毛泽东同志提议为他们办个学校,教他们识字,工人们都很赞成。回来后,毛泽东同志派郭亮去当工人夜校的教员(在第一师范求学的时候,毛泽东同志就热心认真地办过工人夜校,这时更加扩大了他和工人的联系)。突破了一点之后,毛泽东同志运用这个经验到别的工人中去。"③董必武也谈过自己的类似的经历。他说自己当时在武汉中学第二部。"第二部的附近有个湖北纱厂,我们到厂里去办夜校、办学、访问学生家属和工人接触,做工人的工作,组织工会。首先组织铁路工人、交通工人、船舶工人、黄包车工人等,因为我们是知识分子,知识分子穿着长袍不好到工人中去,我们就找些熟人、同学介绍到工厂去。"④这些事实说明,为了同工人建立联系,革命的知识分子确实是费了一番苦心的。有人认为,中国的马克思主义思想运动一开始就同时也是知识分子的自我改造运动,这种看法有道理。而当知识分子真的放下架子到工人中去时,他们也确实受到了工人的欢迎。心美(邓中夏)在《长辛店旅行一日记》中说:他与张太雷等一行四人到长辛店去。"长辛店的工人见我们到了,十分欢迎,对于我们很亲热。我们也觉得他们很友爱,好比兄弟一般,而他们工人也互相亲爱。一种融和团结的气象,令我见了很喜欢。我常痛恨现在社会上的人群太无感情,互相诈虞倾轧,所以对于长辛店工人那样团结融洽,就生出无限希

---

① 《俞秀松给骆致襄的信》,1920 年 4 月 4 日。

② 毛泽东致罗荣熙的信,1920 年 11 月 26 日。

③ 萧三:《毛泽东同志在五四时期》,《青年运动回忆录》第 2 集,中国青年出版社 1979 年版。

④ 董必武谈中国共产党第一次全国代表大会和湖北共产主义小组,1971 年 8 月 4 日,《共产主义小组》(上),中共党史出版社 1987 年版,第 434 页。

望。"①这就是说,知识分子在同工人接近的过程中,不仅可以帮助工人提高觉悟,而且,他们自身也是可以受到教育的。

共产主义组织是怎样做工人工作的呢?《北京共产主义组织的报告》说,在这方面,"我们在最初一个短时期内所取得的经验是:第一步,在忠实于工人运动的人与工人之间建立友好关系;第二,从工人当中选拔一些领袖;第三,提醒他们不要忘记我们组织的目的,并利用自己的工会同雇主进行斗争,从而使阶级仇恨激化;最后,第四,我们必须利用每一个机会,推动群众举行游行示威和罢工"②。当然,要做到这些,都离不开对工人进行宣传教育工作。广东共产主义组织的成员就指出,"近代欧洲底劳工运动,其初发源都在伦敦风磨大街工人教育会。马克思还有一句话:'今日底组织第一步是谋教育,有教育然后才有真正底组织。'今日世界固然已经有工人的真正组织,但在我们中国恐怕还在'今日的组织第一是谋教育'一句话的时代。"③

2. 创办工人刊物和工人学校

为了向工人进行马克思主义的教育,启发他们的阶级觉悟,共产党早期组织创办了通俗的工人刊物,如《劳动界》周刊(1920年8月15日在上海创刊)、《劳动者》周刊(1920年10月3日在广州创刊)和《劳动音》周刊(1920年11月7日在北京创刊)等。在上海党组织的帮助下,还出了一个向店员作宣传的小刊物《上海伙友》。上海印刷工会还创办了《友世画报》(1920年12月创刊),机器工会也创办了《机器工人》。北京党组织后来还出了一个《工人周刊》。济南小组也曾计划出版《济南劳动周刊》,并且在1921年五一节后,发表了宣言,只是因为"经济不继,不得已宣告停止"④。关于办刊的宗旨,《劳动音》在发刊词中讲了四条,即:第一,"提倡那神圣的'劳动主义',以促进工界文明的进步,增进人生的幸福";第二,"排斥那不劳动而食的一班人,以维持我们从事正当劳动的同胞,使得满足的生活,快乐的幸福";第三,"阐明真理,增进一般劳动同胞的智识,研究些方法",以此"做我们排斥他们的利器,阶级战争的工具",用"以指导一般劳动同胞的进行,使解决这不公平的事情,改良社会的组织";第四,"介绍世界的智识,普通的学术及专门的技能,又记述世界劳动者的运动状况,以促进

---

① 北京《晨报》,1920年12月21日,《邓中夏文集》,人民出版社1983年版,第5页。

② 《北京共产主义组织的报告》1921年7月,《中共中央文件选集》第1册,中共中央党校出版社1989年版,第15页。

③ 《广东群报》(增刊),1921年5月1日。

④ 到1922年7月,《济南劳动周刊》易名《山东劳动周刊》在济南出版。见《山东劳动周刊》第1号。

国内劳动同胞的团结,及与世界劳动者携手,共同去干社会改造的事情”。[①]《劳动界》的发刊词指出:“工人在世界上已经是最苦的,而我们中国的工人比外国的工人还要苦。”这是“因为外国工人略微晓得他们应该晓得的事情,我们中国工人不晓得他们应该晓得的事情。我们印这个报,就是要教我们中国工人晓得他们应该晓得的事情”。[②]《劳动者》的发刊词也讲了类似的意思。

共产党早期组织通过这些刊物尝试用浅显的语言向工人阐明劳动创造价值、劳动创造世界的道理,揭露资本家剥削工人的剩余价值的秘密,进而论证旧社会制度的本质及其不合理性。如李汉俊在《金钱与劳动》一文中就指出,“无论甚么东西,工人多加一点劳力,就要多贵一点。所以钱不是甚么尊贵的东西,他不过是代表劳力的东西”。既然这样,“何以一天到黑一点事都不做的人,反有钱用,一天做到黑的工人和农夫反没钱用呢?”“何以只有钱不做事的人,人人反要尊贵他,叫他什么老爷太太小姐,用劳力的工人农夫,人人反轻视他,叫他做下等人呢?”[③]有的文章还指出,“种田的得不到半饱,纺织的没有蔽体的衣裳,建造的没有房子可住”,劳动者创造的财富“都被富人夺去,实是天下间最不平之事”。[④]有的文章更进一步指出,资本家所以能对工人肆行剥削,是由于“资本家生产制”造成的。“‘资本家生产制’这一制度,就历史上说,是一个空前绝后的东西。旧的社会组织,靠他去打破。到得旧组织打破了,旧组织下面发生的旧思想也跟着崩坏了的时候,这‘资本家生产制’本身的罪恶,也就完全被世人经验出来。于是它本身也免不了灭亡的浩劫”[⑤]。

共产党早期组织通过这些刊物向工人揭示资本主义必然为社会主义所代替这个社会发展的必然趋势,帮助他们认识实现社会主义乃是工人阶级的历史使命。如有的文章指出,用社会主义代替资本主义,“这时候大家都要做工,都能得饭吃得衣穿”。这是社会问题和劳动问题的根本解决办法。所以,“我们要知道,实行社会主义,是我们劳工的责任”。[⑥]我们还应当相信,中国工人阶级是完全有能力把这个责任担当起来的。“现在世界已经有了真正纯粹由农工劳动,由穷人作主的地方了(便是北边的俄罗斯)。既然有了这样的好榜样,你们为什

---

① 《我们为什么出版这个劳动音呢?》,1920年11月7日,《邓中夏文集》,人民出版社1983年版,第1~2页。

② 汉俊:《劳动界》发刊词:《为什么要印这个报?》,《劳动界》创刊号,1920年8月15日。

③ 《劳动界》第2册。

④ 《劳动音》第1号。

⑤ 《劳动界》第10册。

⑥ 《劳动界》第15册。

么还不努力?”要知道,“这一群能做的,别的群是没有不能做得的”。[①]

共产党早期组织还通过这些刊物向工人宣传团结战斗的意义和争取自身解放必须遵循的途径。有的文章指出,“劳动者要实现自己的理想,改善自己的境遇,唯一的靠着,就是‘联合’”。“热心联合的是好友! 反背联合的是叛徒”。[②]与此同时,还应当懂得,“工人要想改进自己的境界,不结团体固然不行。但是像上海的工人团体,就是再结一万个也都是不行的。”因为“新的工会一大半是下流政客在那里出风光,旧的公会公所一大半是店东工头在那里包办”。所以,觉悟的工人应当“赶快自己另外联合起来,组织真正的工人团体”。[③]

这些刊物也有一些缺点。第一,由于北京、广州的共产主义小组中开始时有无政府主义者加入,《劳动者》、《劳动音》上刊载的文章,有的宣传了无政府主义的错误主张。《劳动界》上也宣传过若干不正确的观点(如陈独秀所说的“真正从事劳动运动,务必要专心在工会组织和工人生活改良上下功夫,倘若夹杂着政治运动来出风头,那结果必然和民国元二年的工党劳动党一样”等)。第二,更重要的,由于当时中国的共产主义者对于本国的国情还了解得不够,也还不懂得中国革命必须分两步走的道理,许多文章都是不适当地把实行社会主义作为中国工人阶级面临的直接任务提出来的。不过,尽管有这些缺点,这些刊物用朴素的语言、生动的事例,深入浅出地向工人宣传马克思主义的基本原理,对于帮助他们从旧思想的束缚中解放出来,养成自己的阶级意识,提高自己的阶级觉悟,是起了重要作用的。这些刊物的文章,讲的是工人关心的事情,而且文章简短精悍,通俗易懂,所以颇受工人的欢迎。一些工人就曾写信给《劳动界》,说它“将新思潮切实地直接传播到我们劳动界,使我们劳动界的兄弟们都受到这新思潮的洗礼”;称誉它是“工人的喉舌”和“工人的明星”。[④]《劳动音》出版后,也很快在长辛店等处工人中流传开来,到 1920 年 12 月,每期即能销售 2 000 份,其后更增加到 4 000 份。《工人周刊》每期销售量在几千份,最多达两万份。[⑤] 一个刊物有这样的发行量,这在当时是很不容易的。

不过,只靠工人刊物向工人作宣传是不够的。中国工人能买得起、读得懂这些刊物的人本来就不多,而且由于经济等方面的原因,这几个工人刊物也“大都

---

① 《劳动界》第 6 册。

② 《劳动界》第 7 册。

③ 《劳动界》第 2 册。

④ 《劳动界》第 5 册通讯栏。

⑤ 见心美:《长辛店一日旅行记》。又见张国焘:《我的回忆》中的《中国共产党的诞生》部分。另见中共北京市委党史资料征集委员会:《北京共产主义小组综述》,《共产主义小组》(上),中共党史出版社 1987 年版,第 221 页。

只出了几个月便停版了”。事实上,只是编刊物,也还解决不了共产主义知识分子同工人群众建立直接联系的问题。为此,北京、上海等地的共产主义组织决定创办劳动补习学校,以此作为实行共产主义知识分子与工人群众相结合的一种方式。

1921 年 1 月 1 日,北京共产党组织“开始在长辛店开办劳动补习学校”。邓中夏在《中国职工运动简史》中对此作了这样的记载:“长辛店是京汉路北段的一个总站,距北京四十里,这里有一大工厂,工人三千余人。张特立(即张国焘)和邓中夏同志在上年底到此地与工人接头,筹划在此地开办学校,那时还是以‘提倡平民教育’为名,经过与几个觉悟工人几经磋商,经过相当的筹备,遂决定这年元旦开学。这里要指明的,当时发起学校之中,还拉拢了几个有力工头,因为开始必须得到他们的赞助才行。学校经费是由募捐得来。教员都是用北大学生会名义派去的。”①1920 年 11 月 21 日出版的《劳动音》第 15 册上,载有学校的简章,其中说:本校“以增进‘劳动者’和‘劳动者的子弟’完全知识;养成‘劳动者’和‘劳动者的子弟’高尚人格为宗旨”。“凡身体强健,身家清白的劳动者,不论年龄大小和识字与否,都可入学”。“本校分日夜两班:夜班为‘劳动者’而设,日班为‘劳动者的子弟’而设”。“本校课程:夜班注重国文、法文、科学常识社会常识(工场和铁路知识)。日班与普通‘国民’,‘高小’课程略同”。“凡本校学生概不收学费;并酌量津贴书籍用具等物”。

关于这所劳动补习学校活动的情况,《北京共产主义组织的报告》曾作过具体的说明。报告说:“开办劳动学校时,我们不能幻想马上提高工人的一般知识水平,因为我们的工作人员能力差,经费少,不可能做到这一点。”“学校的任务主要是教育工人,并使其习惯于亲自从工人当中选出有觉悟而又积极的工人来管理学校和工会的事情。学生会议能够给我们提供许多合适的宣传机会,而特别重要的是培养召开公开群众大会的习惯,而这种大会最能使到会者养成共同利益感和严守纪律。”“我们教工人什么呢?我们经常不断地向他们说,他们受资本家掠夺,不得不过着牛马般的生活;其次,向他们介绍外国工人运动史。我们不断地向他们指出组织起来的意义和方法,时常给他们讲课,教他们识字,同时,还教他们习惯于用文字来表述自己的思想,让他们写出关于家庭日常生活和工厂里所发生的一切不公平事件的书面报告。起初,他们感到有些为难,但后来从他们中间培养出了优秀的鼓动员。可是,要找到导师即工人阶级的真正领袖,那是极其困难的。”报告认为,建立这样的学校,是在既没有工人组织又没有工人领袖的地方,开展发动工人运动工作的第一步。北京党组织的成员感到,“这

① 《邓中夏文集》,人民出版社 1983 年版,第 435 页。

所学校看来是我们接近工人的一个途径,我们和工人之间逐渐产生了亲密友好的感情;我们不止一次地向工人提出鼓舞他们的重要建议,结果,我们看到,认为必须提出各种阶级要求,像增加工资、缩短工时、成立工会等思想,在工人中间已不断增长起来”。①

上海沪西小沙渡是纱厂集中的地区之一,这里聚集着几万纺织工人。像北京党组织在长辛店创办劳动补习学校一样,上海党组织也在小沙渡创办了工人半日学校。1920 年秋,指派李启汉为学校主持人。由于初创时缺少经验,准备不够充足,开始时上学的人数很少。李启汉到工人中去了解情况,得知工人读书的种种困难。同年 12 月,在上海党组织领导下,工人半日学校成立了上海工人游艺会,试图以开展文娱活动的方式,来吸引和联络工人,对工人进行教育。通过游艺会的宣传鼓动,1921 年工人半日学校重新开学,上学的工人比初办时增加不少,学校在工人中的影响也日益增强。② 小沙渡的工人半日学校“其影响当然不及长辛店,但在中国职工运动史上仍有它的意义”③。

其他地方的共产党早期组织也进行过这方面的工作。比如:

武汉党组织成立后,“开始有组织地到纱厂去,到铁路去,到码头去。经过同乡或亲戚关系找工人谈话,讲解工人阶级解放的道理”。“他们采取办夜校、识字班的方法和工人接近”。办识字班的有武昌第一纱厂、汉口英美香烟厂、汉阳兵工厂等,铁路工人中也有这种识字班。④

1920 年 9 月,毛泽东在湖南第一师范附属小学任教时,“为提高工人文化水平,把 1918 年 4 月停办的工人夜校恢复起来,还在初小部开办平民夜校和失学青年补习班,并主持教学工作”。⑤ 夜校和补习班“招收附近工厂工人学习文化,通俗讲解马克思主义的剩余价值学说和社会发展史。他解释‘工人’二字联起来就是‘天’字,生动地阐明了‘全世界无产者联合起来’,力量大于天”⑥的道理,以此启发工人的阶级觉悟。

邓中夏是长辛店劳动补习学校的主要创办人之一。他后来曾明确地指出:“这个学校当然只是我们党在此地工作的入手方法,借此以接近群众,目的在于

---

① 《中共中央文件选集》第 1 册,中共中央党校出版社 1989 年版,第 15 ~ 16 页。

② 参看《共产主义小组》(上),中共党史出版社 1987 年版,第 38 页。

③ 《邓中夏文集》,人民出版社 1983 年版,第 437 页。

④ 参看《共产主义小组》(上),中共党史出版社 1987 年版,第 358 页。

⑤ 中共中央文献研究室编:《毛泽东年谱(1893—1949)》上卷,中央文献出版社 2002 年版,第 67 页。

⑥ 参看《共产主义小组》(下),中共党史出版社 1987 年版,第 479 页。

组织工会。”①这也是当时北京党组织的看法。《北京共产主义组织的报告》就讲过：“这种学校是建立产业工会的必要阶段。”

3. 组织工会，发动工人斗争

前面讲到，还在1920年8月，陈独秀在《劳动界》发表的文章中，就曾号召觉悟的工人赶快“联合起来，组织真的工人团体”。李中也以上海军造船所工人的名义，在同年9月出版的《劳动界》上发表《一个工人的宣言》，主张“我们少数同声同类的工人，再联络多数同声同类的工人，成一个大团体。由我们大团体，再联络他一大团体，以成一中国之大团体……”。他强调，第一，我们工人“要认定我们的地位”，即认清本阶级担负的历史使命，做时代“潮流的主人翁”；第二，“要贯彻我们的联络”。因为“不贯彻联络，就会没有力量”，只有“大大联络”，才能“去解决这个时间和工钱问题”，即改良自己的处境，才能“再去解决那一些‘自己住’‘自己吃’‘自己穿’‘自己管’‘自己驶’‘自己使’‘自己占’的问题”，即获得自身的真正解放，使自己成为社会的真正的主人；正因为如此，第三，“要奋发我们的热情”，认定“做工是各人的天职，联络是成功的手段，终其身可以不变的”。共产国际代表维经斯基也在《劳动界》上发表《中国劳动者与劳农议会的俄国》一文（以吴廷康署名），指出：“我们是否要脱离中外资本的压制，是否要免除军阀的痛苦，是否应解放官吏所加的负担，若是我们要脱离这些困苦境遇，就应该劳工农民互相联络起来，然后再和各国劳工农民互相联络起来，一齐作俄国劳工农民所作的事。”②

在上海共产党早期组织的帮助和推动下，1920年10月3日，上海机器工会在霞飞路渔阳里外国语学社召开发起会。到各工厂的发起人有七八十人，陈独秀、杨明斋、李汉俊、李启汉、王平、吴溶沧六人作为“参观人”列席会议，并被“欢迎为名誉会员”③。会议由筹备会书记李中为临时主席。他在报告中指出：本会的宗旨在“谋本会会员底利益，除本会会员底痛苦”。为“要达到这个宗旨，第一不要变为资本家利用的工会；第二不要变为同乡观念的工会；第三不要变为政客和流氓把持的工会；第四不要变为不纯粹的工会；第五不要变为只挂招牌的工会”。他希望机器工人要“大大地联络，建设一个强有力的工会”。杨明斋、陈独秀应邀在会上先后发表演说。陈独秀讲道，“现在世界的工会，只有三个团体最有势力。第一就是矿工，第二就是铁道工，第三就是机器工。这三个团体，要是

① 《邓中夏文集》，人民出版社1983年版，第436页。
② 《劳动界》第2册、第7册、第13册。
③ 《本埠机器工会开会记》，《民国日报》1920年10月6日。

彻底联络了，那就社会上一切物件，都要受他底支配，就是政府也不得不受其支配”①。他希望大家努力，“建设一个大力量的工会”。上海党的早期组织首先着力在机器工人中间开展工作，应当说，是同上述他们对机器工人所处重要地位的认识分不开的。上海机器工会在发起时即遭到反动派的压迫。10月16日《申报》载淞沪护军使何林丰致北洋政府电，称：“社会党陈独秀来沪，勾结俄党与刘鹤林在租界组织机器工会，并刊发杂志，鼓吹社会主义，已饬军警严禁。”对这个电文，机器工会理事会曾开会予以驳斥。许多机器工人不顾反动派的阻挠，踊跃入会。发起会召开后仅一个月，入会者已达370余人。11月21日，上海机器工会在白克路上海公学召开成立大会，到会者达千余人。孙中山、陈独秀等均到会并发表演说。“陈独秀谓工人团体，须完全工人组织，万勿容资本家厕身其间，不然仅一资本家式的假工会而已”②。在上海机器工会成立之后不久，1920年12月，上海各大小印刷局的工人又发起组织了上海印刷工会。一开始，会员即达1 346人。③

上海机器工会、印刷工会是在中国共产党早期组织领导下成立的最早的近代产业工会。它们的成立，在中国工人运动史上有着某种里程碑的意义。《共产党》月刊1921年7月发表的一篇文章说：“上海是中国第一商埠，工厂最多，劳动者之数，不下五十万人。但是工人们多由各地聚合而来，分子非常复杂，言语风俗感情，很不一致。他们里面，有青帮红帮之分，又有广帮、宁帮、扬帮、苏帮、江北帮之分，帮既不同，感情亦异，所以往往互相排挤，转忘了共通的敌人的资本阶级。所以希望他们为阶级的结合，实是一件难能的事。”“在以前也曾有些人组织了一些莫名其妙的工会，如中华总工会之类，但是有名无实，并不知劳动运动的方法”。只有机器工会、印刷工会，才算得“办理得有精神有色彩的工会”。④ 这样的工会之所以能够成立，客观上是由于“劳动者受掠夺和压迫过甚的结果，当然要发生觉悟出来”；主观上则是由于有共产党早期组织的组织和推动。显然，与五四时期中国工人还处于自发的无组织的状态不同，这时的中国工人已经在共产党早期组织的领导下，开始走上联合起来、开展自觉斗争的道路了。

《共产党》月刊于1921年7月发表的文章认为，“今年的上海劳动界，比以前更不相同，阶级的觉悟，也较前进步，罢工的呼声，差不多天天都可以听见。最

① 《上海机器工会发起会纪略》，《劳动界》第9册，1920年10月10日。

② 《上海机器工会成立记》，《民国日报》1920年11月22日。

③ 《上海印刷工会成立》，《劳动界》第18册，1920年12月12日。

④ 《上海劳动界的趋势》，《共产党》第6号，1921年7月7日。

大的罢工就是春间电车工人同盟罢工,不过三两大功夫就把那些资本家吓得手慌脚乱,逼得他们不得不承认劳动者的要求条件。其次的大罢工,要算此次英美烟公司的工人罢工了"。罢工的起因,是反对洋监工的虐待。加入同盟罢工的有八九千人。工人们还举行过示威游行。这次罢工坚持了三十多天,终于迫使外国资本家不得不在很大程度上满足罢工工人提出的要求。尽管没有材料可以说明上海共产党组织成员是否参与组织了这些罢工,但他们所做的工作对于启发工人的觉悟,肯定起过作用;工人的罢工,也得到过他们的支持。比如,李汉俊即两次就法租界电车工人罢工事件在《民国日报》上发表文章,一次谈"对于罢工问题的感想",一次谈这次"罢工给我们的教训"。①《共产党》月刊的文章则称赞在英美烟公司罢工斗争中"工人方面办事之精神毅力果能达到此种素来略满意的结果,真是向来罢工所无的"。文章并且指出,这些罢工斗争,正"是工人觉悟的起点"。②

与上海一样,北方工人也是在共产党早期组织的组织和推动下逐步走上联合起来、开展自觉斗争的道路的。北京共产党支部的工人工作的最初基地是在长辛店。由于创办了劳动补习学校,"工人求智识的机会越多,各人的脑袋,也比前清楚。开会的方法,结团体的能力也渐渐的训练好了"。③ 学校创办"不到半年,五月一日劳动节,长辛店公然发生了一个中国空前未有的真正的工人群众的示威游行"。"参加游行的竟有一千余人,并且在群众大会通过成立工会"。关于长辛店工会的活动,邓中夏在《中国职工运动简史》上有过比较详细的记载。他说:"工会通过成立,实际上并未切实组织,不用说是我们当时经验欠缺所致。"但"的确工人的觉悟从此日益提高了,首先表现在工人与工头的斗争"。开始办劳动补习学校时"还包含有工头,但是工人觉悟日益提高,于是工人内部便发生分化,工头表现反动,而工人便和他斗争。这种斗争是不断的发生,而且愈斗争愈激烈,有几个工头竟被工人强迫工厂开除,驱逐出境。这样一来,工人更感觉得组织团体的重要了。开始组织工人俱乐部。这个俱乐部实际上是工会之变名。为什么不叫工会而叫俱乐部呢?工人们说,工会是工头共同发起的,现在我们独立组织了,不要那个名称,要由另外一个来分别。这种话在现在看来是可笑的,但由此可见当时群众的情绪。真的,在中国职工运动的初期,'工人俱乐部'这一名称,相习成风,成为当时全国各地(广州除外)工会通用的名称"。"长辛店工人俱乐部成立以后,加入者日益加多,取得群众很大的信仰。工人有

① 《民国日报》1921年3月5日、3月8日。
② 《共产党》第6号,1921年7月7日。
③ 《共产党》第6号,1921年7月7日。

了团体觉得自己的力量了。譬如以前乘火车自长辛店至北京,照例如常人一样须买车费,此时都不买票了。查票员询问时,工人瞪着眼说:'票吗?我是俱乐部的会员,有徽章在此。'查票员只得一声不响过去了"。"长辛店工人俱乐部成立以后,影响所及,自北而南,蔓延到各站,有好几处也成立了工人俱乐部,特别是南段总站江岸的工人俱乐部组织最强"。"北方各铁路工人知道长辛店有个工人俱乐部,大家不觉油然而生羡慕之心;在当时工人们仿佛觉得长辛店是工人的'天国',于是各处纷纷派代表前来长辛店参观"。"各地代表归去后也模仿长辛店组织起俱乐部来了。因此,北方各铁路开始都有了工会组织的萌芽"。①

邓中夏是中国近代工人运动的重要领导人,他曾经如实地指出:中国"现代式的"职工运动,是从中国共产党手里开始的。"有了共产党,然后才有'现代式的'工会,从此中国的工会才渐次的相当具有组织性、阶级性以至于国际性"。他在这里所说的共产党,指党的早期组织即后来通称的共产主义小组。② 他并且指出:"长辛店和小沙渡两地都是中国共产党最初做职工运动的起点。此外共产党的武汉党部、湖南党部、济南党部、广东党部也开始了职工运动的工作。"比如,广州小组的成员就曾到木匠、泥水匠工人中进行工作。1921 年 1—2 月间,成立了有四千多工人参加的广州土木建筑工会。由于工会在领导工人同资本家斗争时受到公安局的压制,三千多工人包围公安局达两天两夜之久,终于迫使公安局释放了被捕工人,随后又迫使资本家答应了工人提出的增加工资的要求,他们还推动佛山工人组织了佛山土木建筑工会和佛山理发工会,开展了要求增加工资等的斗争。③

各地共产党早期组织开始到工人中去开展宣传和组织工作,促进了马克思列宁主义与中国工人运动的结合、共产主义知识分子与工人群众的结合。通过这种结合,初步确立了共产主义信念的知识分子逐渐了解了工人群众的疾苦,认识了他们的力量,从而使自己的立足点进一步转移到工人阶级一边来;一部分工人则由此接受了马克思主义教育,开始了解了旧社会制度的本质和社会阶级的剥削关系,了解了本阶级的历史使命,具有了阶级的觉悟。这样,在中国建立工人阶级先锋队——共产党的条件就趋于成熟了。

4. 开始注意农村工作

当时,共产党早期组织寄希望于新兴的无产阶级,把自己的主要精力首先集

① 《邓中夏文集》,人民出版社 1983 年版,第 436～437 页。

② 邓中夏在《中国职工运动简史》中说过,"1920 年夏,中国共产党成立以后,即开始出版工人小报……"。见《邓中夏文集》,人民出版社 1983 年版,第 435 页。

③ 梁复然:《广东党组织成立一些情况的回忆》,1962 年 3 月—1964 年 5 月,《共产主义小组》(下),中共党史出版社 1987 年版,第 745～746 页。

中在工人运动方面，这是很自然的。但与此同时，他们也没有无视中国的基本国情，忘记中国广大的农民群众。

1920年12月23日出版的《共产党》半月刊上，就发表过题为《告中国的农民》的长篇文章。文章认为，“中国农民占全人口底大多数，无论在革命的预备时期，和革命的实行时期，他们都是占有重要位置的。设若他们有了阶级的觉悟，可以起来进行阶级斗争，我们的社会革命，共产主义，就有了十分的可能性了”。文章对农村的阶级关系进行了初步的分析，指出田主和佃户之间的尖锐对立，指出“一般农民底生活困苦，简直是形容都形容不出来的”，说佃户和田主之间分配平均、农民生活并不困苦，纯属“瞎说”。文章还强调，“一地方底土地，都集中于少数人之手，而大多数农民底日常生活，运命，生命都悬于这少数人之手了。这就是社会上贫富的悬隔越甚，阶级底区分越明，一般农民底生活越苦的原因了”。当年，萍乡的农民掀起过一场自发的反抗斗争。文章据此向人们指明，农民是具有巨大的革命潜力的，他们的斗争是有着远大的前途的。“他们这次的举动，范围虽小，然而正如昏天黑地之中，东方现出一线曙光是一样的”。有了这线曙光，白天也会随着到来的。人们应当相信，只要去宣传，他们就会来听，就会提高自己的觉悟。基于对中国农民问题的上述认识，文章号召革命的同志“要设法向田间去，促进他们的这种自觉”。文章也要求农民应对自己的力量具备信心：“你们不要说你们没有力量，你们底力(量)比甚么要大”；你们应当“集合起来”，“抢回你们被抢的东西”，“抢回你们被抢的田地”。文章还告诉农民：“你们起来，自然有共产主义来帮你们的忙的”，“共产主义能使你们脱出一切的痛苦”，走向解放之路。

《告中国的农民》是一份重要的历史文献。在中国共产主义运动的历史上，它第一次论述了农民在中国革命中的极大重要性，分析了农村中的基本阶级关系，揭示了封建地主的土地所有制是农民遭受苦难的根源，说明了共产主义者应当到农村去，而农民则应当遵循共产主义者为自己指引的方向。所有这些，对于中国革命的未来发展都是有重要意义的。

事实上，在共产党早期组织中，也有人开始注意农村工作了。比如，上海党组织的成员沈玄庐在1921年4月回到家乡浙江省萧山县衙前村后，即在农民中进行革命的宣传工作，并发动农民准备组织农民协会。武汉共产党支部“在农村的工作，主要是利用暑假学生回乡的机会，办农民识字班”；①同时，“做调查，

---

① 吴德峰：《党成立前后武汉地区的一些情况》，1950年，《共产主义小组》(上)，第456页。

帮助最苦的(农民),然后学生回校写做工作、调查(的)情况。[1] 济南共产党的早期组织也在胶济铁路沿线开展过农民运动,益都农村甚至一度出现过类似共产主义性质的组织。[2] 尽管当时做农村工作的人还是个别的,工作也还很不深入,但这毕竟是一个有重要意义的开端。

(五) 开展关于建党问题的讨论

1.《中国共产党宣言》的制定

共产党早期组织活动的重要内容之一,是草拟中国共产党的纲领,开展建党问题的讨论,做好建党的组织准备。

党的纲领是党的旗帜,它规定党的性质、目标和走向这个目标必须遵循的道路,具有重大的原则性意义。1920 年 11 月,党的上海发起组制定了《中国共产党宣言》。[3] 宣言分为三个部分:

第一部分阐述"共产主义者的理想",指明他们对于经济方面的见解,是"主张将生产工具——机器,工厂,原料,土地,交通机关等——收归社会共有,社会共用",消灭私有财产制度,从而消灭产生剥削的根源;对于政治方面的见解,是主张废除"保护少数人的利益,压迫多数劳动群众的"政权、军队和法庭;对于社会方面的见解,是主张"使社会上只有一个阶级(就是没有阶级)——就是劳动群众的阶级"。一句话,是要建立一个没有经济剥削、没有政治压迫、没有阶级和阶级差别的共产主义社会。

第二部分阐明"共产主义者的目的",指出这个"目的是要按照共产主义者的理想,创造一个新的社会"。不过,这个新社会不是可以一蹴而就的。其第一步,是"铲除现在的资本制度"。为此,"一定要向工人、农人、兵士、水手和学生宣传",以便"组织一些大的产业联合,并联合成一个产业组合的总联合会";"又要组织一个革命的无产阶级的政党——共产党。共产党将要引导革命的无产阶级去向资本家争斗,并要从资本家手里获得政权","并要将这政权放在工人和

---

① 《董必武谈中国共产党第一次全国代表大会和湖北共产主义小组》,1971 年 8 月 4 日,《共产主义小组》(上),第 434 页。

② 参见《中华人民共和国山东省地图集》说明词,地图出版社 1964 年版。

③ 参加过共产主义小组的成员中,有多人曾忆及起草党纲一事。如李达在《中国共产党的发起和第一次第二次代表大会经过的回忆》(1955 年 8 月 2 日)中说,上海小组成立后,"当时曾起草一个党章草案,由李汉俊用两张八行信纸写成,约有六七条"。施复亮在《中国共产党成立时期的几个问题》(1956 年 12 月)中说,党在上海由陈独秀、李汉俊等五人发起,"并由上述五人起草党纲"。包惠僧在《创党的开始及武汉临时支部》(1953 年 9 月)中说,刘伯垂由广州过上海回武汉,"带来了一个抄写的中国共产党纲领草案,详细内容记不清楚,大体不出《共产党宣言》的范围"。由于事隔久远,他们对纲领内容的回忆不尽一致,但有过一个党纲草案,这个纲领由上海小组草拟,这在他们的回忆中是一致的。

农民的手里”。其第二步,是实行无产阶级专政。

第三部分论述“阶级斗争的最近状态”,指出阶级斗争必须导致无产阶级专政,“这是人类社会发展中的自然状态”;“无产阶级专政的任务是一面继续用强力与资本主义的剩余势力作战,一面要用革命的办法造出共产主义的建设法”;“一直等到全世界的资本家的势力都消灭了,生产事业也根据共产主义的原则开始活动了,那时候的无产阶级专政还要造出一条到共产主义的道路”。①

这个宣言把实现共产主义作为党的最高纲领;坚持革命的原则而否定改良主义;主张无产阶级专政而反对崇拜资产阶级民主制度;指出共产党是无产阶级的革命政党,它应当在斗争中引导无产阶级前进。所有这些都表明,中国共产主义者所要建设的党,是一个坚持马克思列宁主义的革命原则、与第二国际的修正主义划清了界限的新型的无产阶级革命政党。

现在看到的宣言,“不是中文原件,是1921年根据英文译稿转译成中文的,保存在中共驻共产国际代表团的档案中”。在文件前面有一个按语说:“这宣言的内容不过是关于共产主义原则的一部分,因此没有向外发表,不过以此为收纳党员之标准。”②既然以这个宣言作为收纳党员的标准,这也就是说,志愿加入党的人是必须接受并遵循它所规定的纲领和革命原则的。

由于当时中国的共产主义者对本国国情的了解还很不够,他们还没有学会把马克思主义的原则同中国的实际恰当地结合起来,所以,这个宣言也有明显的缺点。毛泽东在1958年6月3日中共中央办公厅编印的《党史资料汇报》第1号上对此件作了如下的批语:“不提反帝反封建的民主革命,只提社会主义的革命,是空想。作为社会主义革命的纲领则是基本上正确的,但土地国有是不正确的,没有料到民族资本可以和平过渡,更没有料到革命形式不是总罢工,而是共产党领导的人民解放战争,基本上是农民战争。”③这些弱点的存在,表明中国共产主义者当时还处于幼年时期。这些弱点,是只有在革命实践的基础上,依靠经验的积累,才能逐步得到克服的。

2. 开展关于建党问题的讨论

为了筹建中国共产党,各地的共产主义者曾对党的性质、纲领、组织原则、党员条件等问题展开过讨论。在这方面,最有代表性的材料,是毛泽东和蔡和森之间的通信。

---

① 《中国共产党宣言》及其按语,《中共中央文件选集》第1册,中共中央党校出版社1989年版,第547~551页。

② 《中国共产党宣言》及其按语,《中共中央文件选集》第1册,中共中央党校出版社1989年版,第547~551页。

③ 《中共中央文件选集》第1册,中共中央党校出版社1989年版,第551页。

旅法的新民学会会员蔡和森于1920年8月13日和9月16日两次写信给在长沙的新民学会会员毛泽东，就改造中国与世界的方法，尤其是建立共产党的问题，提出了比较系统的意见。毛泽东于1920年12月1日和1921年1月21日也两次写信给蔡和森等，“于和森的主张，表示深切的赞同”，并对有关的问题，提出了自己的看法。①毛泽东还把蔡和森的提议交1921年元旦在长沙召开的新民学会新年会讨论，会员们也对有关的问题表明了自己的态度。②这些通信和讨论，主要涉及以下几个问题：

（1）关于党的性质和任务

蔡和森说，无产阶级革命运动的利器有四种，即：党，工团，合作社，苏维埃。“我以为先要组织党——共产党。因为他是革命运动的发动者，宣传者，先锋队，作战部。以中国现在的情形看来，须先组织他，然后工团，合作社，才能发生有力的组织。革命运动，劳动运动，才有神经中枢”。他表示，将在法国与志同道合者联络，“拟在此方旗帜鲜明成立一个共产党”；同时认为“中国于二年内须成立一主义明确、方法得当和俄一致的党，这事关系不小，望你注意”。毛泽东告诉蔡和森：“党一层仲甫（陈独秀）先生等已在进行组织”，上海出的《共产党》，颇不愧“旗帜鲜明”四字。他在致另一友人书中更明确说过，必须成立共产党，才能“从事于根本改造之计划和组织，确立一个改造的基础”。

（2）关于党的纲领

蔡和森强调，共产党必须“注重‘无产阶级专政’与‘国际色彩’两点”。他说，社会主义确是改造中国与世界的对症之方。而“社会主义必要之方法”，即“阶级战争——无产阶级专政”。“无产阶级革命后不得不专政的理由有二：无政权不能集产，不能使产业社会共有。换言之，即是不能改造经济制度。无政权不能保护革命，不能防止反革命，打倒的阶级反而复起，革命将等于零”。党的最终目的则是“创造共产主义的社会；无阶级无反动社会组织完成、世界组织完成”，“取消国家”。他又说，帝国主义大战爆发后，许多国家的社会党以“爱国”的名义向本国资本家、向军国主义投降，所以共产党应当具有“万国一致的阶级色彩，不能带爱国的色彩”，即主张无产阶级国际主义，反对狭隘的爱国主义、狭隘的民族主义。

毛泽东赞同蔡和森关于用马克思的方法，即用俄国式的革命方法来改造中国与世界的主张，不赞同萧子升等主张的“温和的革命——以教育为工具的革命”。他指出，“非得政权则不能发动革命保护革命完成革命”。因为“历史上凡

---

① 见《新民学会会员通信集》第3集。

② 见《新民学会会务报告》第2号。

是专制主义者，或帝国主义者，或军国主义者，非等到人家来推倒，决没有自己肯收场的”。在当时，进行以教育为工具的革命是不可能的。因为教育机关“尽在资本家的掌握中”，“共产党人非得政权，且不能安息于其宇下，更安能握得其教育权?”他还指出，“国际色彩一点，现在确有将他郑重标揭出来的必要。虽然我们生在中国地方的人，为做事便利起见，又因为中国比较世界各地为更幼稚更腐败应先从此着手改造起见，当然应在中国这一块地方做事；但是感情总是要普遍的，不要只爱这一块地方而不爱别的地方”。

(3) 关于党的指导思想

蔡和森指出：“马克思的唯物史观，显然为无产阶级的思想。以唯物史观为人生哲学、社会哲学的出发点，结果适与有产阶级的唯理派相反，故我们今日研究学问，宜先把唯理观与唯物观分个清楚，才不至堕入迷阵。”

毛泽东强调：“唯物史观是吾党的哲学根据，这是事实，不像唯理观之不能证实而容易被人摇动。”

(4) 关于党的组织和党员

蔡和森认为：“党的组织为极集权的组织，党的纪律为铁的纪律，必如此才能养成少数极觉悟极有组织的分子，适应战争时期及担负偌大的改造事业。”他指出，俄国布尔什维克党员加入的条件是“极严格”的，十月革命时“党员仅万人(极确实的分子)，现在不过六十万”，但这个党有极强的战斗力。“所以我认为党的组织是很重要的”，我们要“严格的物色确实党员，分布各职业机关，工厂，农场，议会等处”。

毛泽东也是赞同蔡和森的这些意见的。他说过：“你这一封信见地极当，我没有一个字不赞成。”

在新民学会1921年新年会上，讨论改造中国与世界的方法等问题时，许多会员不仅表示同意蔡和森、毛泽东提出的革命原则，而且认为应当抓紧进行共产党的建设。如陈启民说，“有组党之必要，所以厚植其根基”。熊瑾玎也说，“事实上有组党之必要”。彭璜强调，“组织劳动党有必要，因少数人做大事，终难望成。分子越多做事越易。社会主义青年团，颇有精神，可资提挈”。陈子博主张，“组党分都市、乡村两方面”。易礼容则认为，“宣传组织宜一贯，即组织，即宣传，即宣传，即组织。要造过激派万人，从各地传布”。他们中的许多人后来也确实加入了党，成为党组织的最初的骨干。

上述情况表明，开展建党问题的讨论，不仅有助于在思想上进一步明确建党必须遵循的马克思列宁主义的原则，而且对于发展党员、扩大党的组织基础也是起到了促进作用的。

3. 建立社会主义青年团组织

青年是社会上比较容易接受新鲜事物的一股朝气蓬勃的力量，自然受到马克思主义者的重视。青年又缺乏实际的社会经验，需要对他们进行引导。为了团结有社会主义倾向的进步青年，并为建立共产党准备后备力量，在共产党早期组织的帮助下，一些地方建立了社会主义青年团的组织。

1920年8月，“上海有八个青年社会主义者，为实行社会改造和宣传主义起见，组织了一个团体，这团体叫做上海社会主义青年团”①。据李达回忆，当时“内地有许多青年脱离了家庭，离开了学校，去到上海找《新青年》社的陈独秀和民国日报觉悟栏编者邵力子。党在上海发起后，决定成立社会主义青年团，并租定渔阳里六号作为容纳那些青年的处所，并介绍他们加入社会主义青年团（简称S.Y.），派俞秀松同志（党的发起人之一）负责主持”。这些青年大约有二十人，由俞任团的书记。“在这幢房子外，还挂上了‘外国语学社’的招牌，由国际代表威丁斯克（按：今译维经斯基）的夫人教俄文”。② 1921年4月左右，上海社会主义青年团从外国语学社的学生中挑选出二三十名团员分批去俄国学习、考察，其中有刘少奇、罗亦农、汪寿华、任弼时等。俞秀松也一同赴俄。

上海社会主义青年团发起后，曾向各地共产主义者寄发它所拟定的团的章程，要求各地进行建立团组织的工作。1920年11月，北京社会主义青年团召开成立大会，参加会议的有邓中夏、何孟雄、黄日葵等人，公推高君宇为团的书记。到1921年3月，团员已发展到55人。李大钊还曾派人到天津、唐山、太原等地，帮助这些地方建立团的组织。同年11月，武昌社会主义青年团举行第一次组织会议，出席会议的有18人。会上宣读了团的简章规定，团的宗旨是“研究社会主义、实践社会主义的思想”。“不论任何人，经我团团员一人介绍，就可以加入我们的社会主义青年团”。同年10月，毛泽东等开始在湖南发展社会主义青年团团员。在建团过程中，他强调发展团员需要注重质量。他曾告诉首批入团的张文亮说：“青年团此时宜注意找真同志，只宜从缓，不可急进。”同年11月，广州也成立了社会主义青年团，“发起时统共不过十数人”。团的宗旨是“研究社会主义，并采用直接行动的方法，以达社会改造的目的”；方法是“（甲）发动劳工组织和教育；（乙）调查劳动状况；（丙）文字宣传；（丁）演讲”；还规定“不分区别性质，凡表同情于社会主义”，“经团员一人以上的介绍，经团员多数认可，得为团员”。③

---

① 《青年共产国际与中国青年运动》，中国青年出版社1985年版，第88页。

② 《李达给上海革命历史纪念馆负责同志的信》，1954年2月23日。

③ 《广州社会主义青年团之组织》，《广东群报》1921年1月27日。

社会主义青年团组织成立后,协助共产党早期组织开展过多方面的工作。团的代表于1921年7月在青年共产国际第二次代表大会上所作的报告中说:"我们社会主义青年团密切配合共产党工作,服从于党并与党一道在工人和士兵中间进行工作。因此很清楚,中国社会主义青年团对其他政治组织的态度与中国共产党对它们的态度是一样的。""团接受党布置的组织罢工和进行其他政治活动的任务。同时,团在自己的工作中保持独立性。许多团员同时也是中国共产党党员。"①经过在团组织中生活,许多不是党员的团员后来也加入了党的组织。

但"那时的社会主义青年团,只不过带有社会主义倾向,并没确定了哪一派社会主义"。"因为分子如此复杂,所以凡遇见一件事情或一个问题,各人所提出的解决方法与意见,就不能一致,常常彼此互相冲突。在这种状态下面,团体纪律和团体训练,就不能实行。团体的精神,当然非常不振。到了1921年5月,看看实在办不下去了,就只得宣告暂时解散"②,即暂时停止活动。当时,张太雷在向共产国际远东书记处的报告中就曾经指出,正在筹建中的"我们的党认为自己当前的任务"之一,就是"进一步巩固共产主义者在社会主义青年团中的威信,以便通过他们在工人及青年工人中加强宣传工作,用这些成员和部分学生来加强无产阶级类型的共青团组织"。③ 尽管初创时期的青年团存在着严重的弱点,但它当时就在一定程度上起过党的助手和后备军的作用,这仍然是历史的事实。各地团组织通过引导青年学习马克思主义,参加实际斗争,为党造就了一批后备力量。在早期的团员中,不少人后来成了共产党员。

4. 进行建党的组织准备工作

随着马克思主义和中国工人运动的开始结合和各项建党的准备工作的逐步展开,正式创建中国共产党的时机日益趋于成熟。1921年3月,李大钊在《曙光》上发表的一篇题为《团体的训练和革新的事业》的文章中,就公开发出了尽快建立共产主义政党的呼吁。他指出,改革的事业,"自然还要靠着民众的势力,那么没有团体的训练,民众势力又从那里表现呢?""然而没有团体,也没有地方可以得到团体的训练。所以我们现在还要急急组织一个团体。这个团体不是政客组织的政党,也不是中产阶级的民主党,乃是平民的劳动家的政党,即是社会主义团体。中国谈各种社会主义的都有人了,最近谈 Communism 的也不少了,但是还没有强固精密的组织产生出来。""中国现在既无真能表现民众势力的团体,C 派的朋友若能成立一个强固的精密的组织,并注意促进其分子的团体

① 《青年共产国际与中国青年运动》,中国青年出版社1985年版,第54~55页。
② 《先驱》第8号,1922年5月15日。
③ 《青年共产国际和中国青年运动》,中国青年出版社1985年版,第44页。

的训练，那么中国彻底的大改革，或者有所附托！”①

1920年夏、秋以来，上海、北京及其他一些地方的共产党的早期组织相继成立。但是，“直到1921年，还没有一个统一的共产主义组织”。在许多地方，共产主义者不得不同无政府主义者在一起工作。1921年3月，在筹备建党的过程中，曾举行过一次预备会议，制定了党的临时纲领和目标与原则宣言。据《共产党人》（伊尔库茨克1921年第7期）的记载，当时的与会者确定：“我们的任务乃是组织和集中阶级斗争的力量，使之在向资本主义的进攻中锻炼得日益强大。通过对工人、农民、士兵和学生进行宣传，通过建立有统一中心的庞大的产业工人工会以及建立革命无产阶级的统一的政党——共产党，这一切是可以做到的。”②张太雷在1921年春向共产国际远东书记处所作的报告中也讲到了这次会议。他说：“为了阐述我们的目标、原则和策略，为了清除组织中的无政府主义的成份，我们认为，1921年3月召开的由各个组织的代表参加的会议是必要的。当时以会议的名义发表了关于我们的目标和原则的共同声明。这次会议还制定了临时纲领。这个纲领规定了我们组织的机构与工作计划，表明了我们对待社会主义青年团、对同业公会和行会、对军队中的工作以及对于利用文化教育团体的态度，同时，也表明了我们共产党对于工会当前的任务的态度。”③由于没有找到这个纲领和共同声明的原文，我们至今仍然无法对它们的内容作出具体的说明。

从上面的叙述，我们可以看到，共产党早期组织成立后所进行的各种活动，有力地促进了马克思列宁主义在中国的传播及其与中国工人运动的结合，为中国共产党的创立准备了思想上、组织上和干部上的条件。

——原载《中国共产党史稿》第1卷，中央文献出版社2006年版。

七、中国共产党的创建与中国革命的新局面

（一）中国共产党的成立是中国革命发展的客观要求

“既要革命，就要有一个革命党。没有一个革命的党，没有一个按照马克思

① 《李大钊文集》下卷，人民出版社1984年版，第443~444页。

② 转引自K.B.舍维廖夫：《中国共产党成立史》（原载[苏]《远东问题》1980年第4期，彭宏伟、潘荣译，李玉贞校）。作者称，有关内容，又见《远东人民》1921年第1期，只是引文略有不同。如：没有“阶级斗争”，用的是“群众斗争”；删去了“向资本主义进攻”一语。

③ 张太雷向共产国际远东书记处的报告，1921年春，原载[苏]《革命东方》1928年第4~5期合刊，李石泉等译。见《青年共产国际与中国青年运动》，中国青年出版社1985年版，第42页。

列宁主义的革命理论和革命风格建立起来的革命党,就不可能领导工人阶级和广大人民群众战胜帝国主义及其走狗。"①

中国工人阶级的政党——中国共产党,是中国工人运动和马克思列宁主义相结合的产物,它成立于20世纪20年代的初期。

在中国共产党出世以前,国民党在中国革命中起着领导作用。

国民党的前身是1905年成立的中国同盟会。同盟会是当时的资产阶级、小资产阶级和一部分反清士绅的联合战线的组织,以孙中山为代表的资产阶级革命民主派在其中起着主导的作用。它曾经发动和组织了推翻清王朝的辛亥革命。

辛亥革命以后,同盟会内部发生了剧烈的分化。"革命军兴,革命党消",一时成为流行的说法。由于同盟会纲领的革命水准本来就不高,反对满族统治者和建立共和国是它的成员之间团结和统一的主要基础。当清王朝被推翻,"民国"宣告成立,许多人就以为"革命成功"了。这样,原先的革命党人,一些人高升(他们成了新的官僚、政客、军阀或者资本家),一些人退隐,一些人落荒而逃。而许多原先"反对革命之人,均变成赞成革命之人",他们纷纷涌入这个组织,企图假革命之名以营私。它的领袖孙中山及其忠实的追随者仍然坚持民主主义的立场,但孙本人也一度认为,今日"民族、民权两主义俱达到,唯民生主义尚未着手",当前的急务在于发展实业。他曾接受袁世凯给他的全国铁路总办的头衔,准备"十年不预政治",以在野之身,"于十年之中,筑二十万里之线"。它的重要活动家宋教仁认为,中国实行政党政治、议会政治的时期到来了。他将同盟会与统一共和党等四个政团合并,于1912年8月成立国民党。他力图通过竞选使国民党在国会中取得多数议席,而后组织责任内阁。多数议席也果真争取到了。但责任内阁还没有来得及组织起来,宋教仁本人就被刺杀。随后,国会也被袁世凯所控制。在这种情况下,孙中山等奋起发动反袁的二次革命,但不久即遭到失败。他总结革命失败的原因,认为"非袁氏兵力之强,乃同党人心之涣"。

为了恢复同盟会的革命精神,他于1914年7月在日本创立中华革命党,政治上"以扫除专制政治,建设完全民国为目的",组织上"屏斥官僚"、"淘汰假革命党"。由于提不出能够广泛动员群众的纲领(它所提"护法"的口号对群众并没有多少吸引力),由于采取要求党员宣誓"服从党魁命令"并打手模这类落后的组织方法等,参加这个党的人员寥寥无几。它没有能够成为群众性的党,没有能够在中国的政治生活中产生重大的影响。由于在斗争中无所作为,孙中山于1919年解散了中华革命党,重新成立中国国民党。蔡和森在《中国共产党史的

① 《毛泽东选集》第4卷,人民出版社1991年版,第1357页。

发展(1962年)》一文中回顾五四时期的情况时说过:五四运动时,整个说来,国民党是站在群众运动之外的。北京、上海的学生虽派代表找过国民党,它的领导人"竟以无力参加拒绝"。这个趋势很可以说明国民党已"不能领导革命了,客观的革命势力发展已超过他的主观力量了"。"一个革命的政党在革命的高潮中完全不能领导,可能他快要死亡了,故此次运动中一般新领袖对于国民党均不满意"。① 事实表明,成立新的革命政党来领导中国人民的斗争,已经成为近代中国社会发展和革命发展的客观要求。

应当成立一个什么样的新的革命政党?五四运动的一般新领袖一时还没有明确的设想。随着马克思主义在中国的扩大传播,中国出现了一批早期的马克思主义者,他们中的一些人还开始到工人中去进行活动,使中国工人运动与马克思主义初步结合起来。这样,建立一个以马克思主义理论为指导的工人阶级革命政党的任务就被提到议事日程上来了。

(二)中国共产党是中国工人运动与马克思列宁主义相结合的产物

马克思主义认为,工人阶级政党是"工人运动和社会主义的结合"②。这个命题,最先是由卡尔·考茨基在《爱尔福特纲领》中加以阐述的。1900年列宁的《我们运动的迫切任务》一文正是以这一命题立论,阐明了工人阶级政党建立和发展的道路。随后,他在《怎么办?》这部著作中对这个命题作出了系统而深刻的论证。

中国共产党是中国工人运动与马克思列宁主义相结合的产物。它在1921年的成立,不是偶然的。

首先,工人阶级的成长、壮大,为建党奠定了阶级基础。

中国共产党是工人阶级的政党,它的产生应当以中国工人阶级的成长和中国工人运动的发展为前提,这个道理是不言自明的。

《共产党宣言》自1848年发表以来,以马克思主义为指导的工人阶级政党在欧美许多资本主义国家先后宣告成立。但是,在半殖民地的中国,由于资本主义极不发达,工人阶级力量过于微弱,直至20世纪初,也还没有成立这样的党。1911年11月,江亢虎曾组织中国社会党,并在一些地方发展组织。这个党虽然以信奉社会主义相标榜,同时却又主张通过教育和自上而下实现民主政治的办法来达到社会主义的目的,它所走的并不是马克思主义的革命道路。而到了1913年,江亢虎更屈服于袁世凯的压力,宣布将该党解散。1912年3月,上海报

① 《中共党史报告选编》,中共中央党校出版社1980年版,第17~18页。

② 《列宁选集》第1卷,人民出版社1995年版,第284页。

纸刊登过"中国共产党"征求党员的启事,但这个党是不是存在过就是一个问题,因为后来并没有见到过这个党的任何活动。由于当时中国工人阶级还过于弱小,建立共产党的阶级基础还不具备。

到20世纪20年代初期,情况就不一样了。

在1914年至1918年的第一次世界大战期间,由于主要帝国主义国家忙于在欧洲战场上厮杀,暂时放松了对中国的经济侵略,中国的民族资本主义得到了比较迅速的发展,工人阶级的力量也随之进一步成长起来。1919年五四运动前夕,据一般估算,近代产业工人已经达到200万人(据工人运动史研究专家刘明逵的估算,则为260万人)。在五四运动中,工人阶级开始作为一支独立的政治力量登上历史舞台,成为推动这场斗争胜利发展的主力军。这说明,成立工人阶级政党的社会阶级基础,在这时已经基本上具备了。

其次,十月革命以后马克思主义在中国的传播,为建党提供了思想条件。

工人阶级的成长和工人运动的发展,还只是使建立工人阶级政党具备了必要条件,而不是具备了充足条件。工人阶级有各种组织,如工会、合作社、妇女团体等,这类组织有许多在党成立之前就已经有了。党与这些工人群众组织的区别在于:它是工人阶级的先进的觉悟的阶层,是工人阶级的先锋队。它应当通晓社会发展和革命发展的规律,了解工人运动和人民斗争的条件、进程和结果,据此制定出正确的纲领、路线和策略,领导本阶级和人民群众去进行改造旧世界、创造新世界的胜利的战斗。而它所以能够做到这一点,关键在于它是以科学社会主义理论作指导的。

为了在中国创立工人阶级的党,当然并不需要从头去从事科学社会主义理论的最初创造,因为这件事情已由马克思、恩格斯做过了。需要做的,是把这个理论在中国加以传播,并结合中国的实际加以创造性的运用。

如果说,工人阶级的成长及其斗争的发展,是建党必须具备的社会阶级基础,那么,马克思主义的科学社会主义在中国的传播,就是建党所不可缺少的思想条件了。

马克思主义思想运动在中国的兴起,是1917年俄国十月社会主义革命和1919年中国五四反帝爱国运动以后的事情。

在当时的国际共产主义运动中,存在着马克思主义与社会民主主义、修正主义的严重对立。中国的先进分子对于社会民主主义、修正主义采取了明确的批判态度。陈独秀说,马克思修正派的学说"是我大不赞成的"。"像这样与虎谋皮,为虎所噬,还要来替虎噬人的方法,我们应当当做前车之鉴"。毛泽东说,"社会民主主义,借议会为改造工具,但事实上议会的立法总是保护有产阶级的"。蔡和森也表示,自己对修正派社会主义"一律排斥,不留余地"。这就为建党提供了良好的思想条件。

最后，五四运动促进了马克思主义与中国工人运动的结合，为建党做了思想上和干部上的准备。

在五四运动中，工人阶级显示了伟大的力量。工人在斗争中发生决定性的作用这个事实，给予先进的知识分子以真切的教育。上海学生联合会在告同胞书中说："学生罢课半月，政府不惟不理，且对待日益严厉。""工界罢工不及五日，而曹、章、陆去。"正因为如此，邓中夏说过，"'五四'运动中有一部分学生领袖，就是从这里出发'往民间去'，跑到工人中去办工人学校，去办工会"。那些接触了社会主义思潮、初步掌握了马克思主义的知识分子脱下学生装，穿上粗布衣，开始到工人中去进行宣传工作和组织工作。他们发挥了某种先锋和桥梁的作用。而先进知识分子与工人群众相结合的过程，也就是马克思主义与中国工人运动相结合的过程。其结果是，在工人群众中产生了一批有阶级觉悟的先进分子，而这些先进知识分子也进一步把自己的立足点移到了工人阶级方面来。这样，五四运动就为 1921 年中国共产党的成立做了思想上和干部上的准备。

在马克思主义与中国工人运动相结合的基础上，中国共产党成立的条件具备了。

（三）中国共产党成立的历史特点和意义

在中国工人运动与马克思列宁主义初步结合的基础上，中国共产党第一次全国代表大会于 1921 年 7 月 23 日在上海法租界望志路 106 号举行。其间由于会场受到暗探的注意和法租界巡捕房的搜查，最后一天的会议改在嘉兴南湖的游船上举行。

参加大会的有来自 7 个地方、代表 53 名党员的 12 名代表。他们是：李达、李汉俊（上海），张国焘、刘仁静（北京），毛泽东、何叔衡（长沙），董必武、陈潭秋（武汉），王尽美、邓恩铭（济南），陈公博（广州），周佛海（日本东京）。陈独秀、李大钊因分别在广州和北京有事，未出席会议。包惠僧受陈独秀派遣，出席了会议。出席会议的还有共产国际代表马林和尼科尔斯基。

大会确定党的名称为中国共产党，通过党的第一个纲领。大会选举产生了由陈独秀、张国焘、李达组成的党的领导机构——中央局，以陈独秀为书记。这样，党的一大就正式宣告了中国共产党的成立。

差不多在同一时间或稍后，与党的上海发起组没有联系的一批先进分子也在独立地筹备建党。1921 年夏，利群书社的成员在湖北黄冈开会，表示"赞成组织新式的党——布尔什维克式的党，并提议把要组织的团体叫做波社（波尔什维克）"。当得知中国共产党成立的消息后，恽代英立即号召其成员加入中国共产党，并结束利群书社的活动。1922年夏，吴玉章、杨闇公等二十余人在四川秘密成立中国青年共产党，并发行《赤心评论》。其后，中国青年共产党宣布自动取消，并令其成员个别地申请加入中国共产党。这些事实说明，建立马克思主义政党来为领导中国革命，已成为中国最先进的分子的共同要求。

中国共产党是在特定的社会历史条件下成立的。

一方面，它成立于俄国十月革命取得胜利，第二国际社会民主主义、修正主义遭到破产之后。它所接受的，是没有被修正主义阉割的马克思主义的完整的科学世界观和社会革命论，是在帝国主义和无产阶级革命时代发展了的马克思主义即列宁主义，是在斗争中同资产阶级、小资产阶级社会主义划清了界限的科学社会主义。

另一方面，它是在半殖民地半封建中国的工人运动的基础上产生的。中国工人阶级深受帝国主义、本国资产阶级和封建势力的三重压迫，具有坚强的革命性。在这个阶级中，不存在欧洲那种工人贵族阶层，没有社会改良主义的基础。而且在半殖民地的中国，工人阶级根本不可能进行和平的议会斗争，他们很少可能对资产阶级民主制度抱有期望。

所以，中国共产党一开始就是一个以马克思列宁主义理论为基础的党，是一个区别于第二国际旧式社会改良党的新型工人阶级革命政党。

中国共产党的成立，是一个"开天辟地的大事变"。它给灾难深重的中国人民带来了光明和希望。中国人民从来就勤劳勇敢，富于斗争传统。他们的斗争之所以屡遭挫折和失败，重要原因之一，是由于没有一个先进的坚强的政党作为凝聚自己力量的领导核心。而自从有了中国共产党，这种局面就有可能从根本上得到改变了。

中国共产主义运动的兴起，使得一切反动势力感到深深的恐慌。这个运动在萌芽时即被斥为"过激主义"，被视为"洪水猛兽"，而遭到中外反动派的联合压迫，以致它刚刚成立，就不能不处于秘密状态。在以后的一个长时间里，它不仅遭到御用文人的恶毒攻击、特务的残酷迫害，更受到反动军队的血腥镇压。但是，幼稚的、弱小的中国共产主义运动还是迎着种种诬蔑和压迫，而不可遏止地生长和发展了起来。当年，它只有几十个成员、几个小组；28年以后，它就成为领导着中华人民共和国的执政党了。这个事实说明，代表历史前进方向的新生力量是不可战胜的。

在当时的中国，工人阶级的人数不多，又比较年轻，许多工人不久前还是小生产者。在党内，出身于小资产阶级的党员更占有相当大的数量。因此，新生的中国共产党不能不受到小资产阶级思想的严重影响。同时，它是在一个幅员辽阔、人口众多、情况复杂、经济文化落后的半殖民地半封建社会开始自己的活动的。因此，它要把马克思列宁主义同中国实际全面地、正确地结合起来，制定出适合中国情况的路线、方针、政策，不能不经历一个曲折的探索的过程，一个在党和人民集体奋斗的基础上逐步积累经验的过程。这些情况表明，中国共产党要胜利地担负起自己的历史使命，就必须切实地、不断地加强自身的建设。

（四）中国共产党成立以后中国革命的新局面

中国共产党一经成立，中国革命就展现了新的面貌。主要是：

第一，第一次提出了反帝反封建的民主革命的纲领，为中国人民指示了明确的斗争目标。

谁是我们的敌人，谁是我们的朋友，这个问题是革命的首要问题。在中国共产党成立以前，中国人民对于外国侵略者和本国封建统治者进行过长期的、英勇顽强的斗争。这些斗争之所以成效甚少，根本的原因就在于没有认清革命的对象，不能团结真正的朋友，以攻击真正的敌人。比如义和团，提出过“扶清灭洋”的口号，这说明这些农民群众并没有认清外国侵略者的本质而主张笼统地排外，也没有认清本国封建统治者的本质而被他们利用，后又被他们出卖。资产阶级革命派也没有明确提出过反帝反封建的革命纲领，而且曾经主张主要依靠联合英美对付德日、联合地方军阀反对北洋军阀等，这说明中国的资产阶级革命派也没有能力为中国人民指明斗争的目标。

对于这个长时间里没有得到解决的问题，中国共产党刚刚成立就给予了一个基本的解决。

1922 年 7 月召开的中国共产党第二次全国代表大会对中国社会的状况进行了科学的分析，指出：一方面，中国在政治上经济上无不受帝国主义列强的控制，实际上已经成为“国际资本帝国主义势力所支配的半独立国家”；另一方面，中国“在政治上还是处于军阀官僚的封建制度之下”，这也“使中国方兴的资产阶级的发达遭着非常的阻碍”。因此，反对帝国主义和封建主义的“民主主义革命运动是极有意义的”。党的最高纲领是实现社会主义、共产主义；它在当前阶段的纲领应当是：打倒军阀；推翻国际帝国主义的压迫；统一中国为真正民主共和国。这是在当时中国社会的条件下，走向社会主义、共产主义不可逾越的一个阶段。

中共二大宣言发表后，胡适在《努力》周刊上发表《国际的中国》一文，嘲笑共产党提出的封建军阀背后站着帝国主义这个判断“很像乡下人谈海外奇闻”，认为中国的主要问题是政治走上轨道，实即成立他所鼓吹的由所谓“好人”组成“好政府”，“不必在这个时候牵涉到什么国际帝国主义的问题”。但是，不推翻国际帝国主义的压迫和本国军阀的统治，真正的好政府是建立不起来的，中国经济发展和社会进步的障碍是不可能被铲除的。中国共产党以科学的语言所揭示的,正是中国人民在实际生活中已经朦胧地感到了的事实。因此,它所提出的反帝反军阀的纲领才得以很快地传播开来,不久以后,“打倒列强,除军阀”就成为广大人民的共同呼声了。这个主张是如此地深入人心,以致蒋介石集团在1927年叛变革命以后也仍然不能不在口头上大讲“反对帝国主义”,虽然在实际上它已经成了帝国主义的代理人。

中国共产党之所以能解决其他政党或政治团体所不能解决的民主革命的纲领问题,是因为它所代表的工人阶级的利益,是同帝国主义、封建主义的利益根本对立的,这个阶级具有革命的彻底性;因为它掌握马克思主义这个锐利的思想武器,正是马克思主义的阶级斗争的理论,指出了一条基本线索,使得人们有可能在阶级社会的那种迷离混沌的状态中找出规律性来。

第二,开始采取资产阶级、小资产阶级的政党和政治派别没有采取过,也不可能采取的革命方法,即群众路线的方法。

是不是相信群众、依靠群众,这是工人阶级政党区别于资产阶级政党的重要标志之一。

资产阶级作为一个剥削阶级,它同广大人民群众的利益是不一致的,从根本上说是对立的。这一点决定了它不可能真正地、彻底地相信群众、依靠群众。在反封建的斗争中,法国资产阶级曾经以第三等级代表的身份讲话,但它也只是暂时地利用一下人民群众而已,它不愿意看到人民群众的革命觉醒和深入发动。马克思说过:“当群众墨守成规的时候,资产阶级害怕群众的愚昧,而在群众刚有点革命性的时候,它又害怕起群众的觉悟了。”①这种害怕群众的性格,在中国资产阶级的身上表现得尤其突出。辛亥革命前后,资产阶级革命派的活动,就“不深入群众,没有群众基础”。他们尽管也联络上一些会党、新军,但没有深入农村去发动农民群众,他们的革命活动同农民的自发斗争是互相脱节的;在城市,也没有同工人结合,一般的工人和知识分子对他们并“没有深刻的印象”。

这种情况,在中国共产党成立不久有了根本的改变。

工人阶级的利益同广大人民群众的利益是一致的,工人阶级及其政党之所以强大有力,原因之一,就在于它在斗争中能够代表广大被压迫的劳动群众的利益,能够成为他们的政治领袖。中国共产党作为工人阶级的先锋队,它的全部活动都是为工人阶级和广大人民群众谋利益的,是为他们的解放事业服务的。因此,它敢于相信群众、依靠群众。中共二大即指出:“我们共产党,不是知识者所组织的马克思学会,也不是少数共产主义者离开群众之空想的革命团体。”“我

① 《马克思恩格斯选集》第1卷,人民出版社1995年版,第679页。

们既然是为无产群众奋斗的党"，我们便要"'到群众中去'，要组成一个大的'群众党'"。这个党不仅"内部必须有适应于革命的组织与训练"，而且"党的一切活动都必须深入到广大群众里面去"，都"必须是离不开群众的"。

基于以上的认识，中共一大即决定集中力量领导工人运动。中共二大更进一步指出，为了实现反帝反封建的革命目标，必须组成"民主主义的联合战线"。大会确认，中国的农民有极大的革命积极性，是"革命运动中的最大因素"；小资产阶级的大量群众因受着极大痛苦，会"加入到革命的队伍里面来"；"中国幼稚的资产阶级为要免除经济上的压迫起见，一定要起来与奋斗"；工人阶级有伟大的势力，这种势力"发展无已的结果，将会变成推倒在中国的世界资本帝国主义的领袖军"。这样，初生的中国共产党也就初步地解决了中国革命的动力问题。

正是在中国共产党的领导、组织、推动下，从1922年1月香港海员罢工到1923年2月京汉铁路工人罢工，中国掀起了第一个工人运动的高潮。在13个月的时间里，全国发生了包括安源路矿工人罢工、开滦五矿工人大罢工等在内的大小罢工一百余次，参加者在30万人以上。工人群众的这种革命发动，在中国共产党成立以前，是不曾有过的。尽管1923年"二七"惨案以后，全国工人运动暂时转入低潮，但这个斗争仍然具有重大的意义。

中国共产党领导的中国工人的斗争浪潮，显示了中国工人阶级的坚定的革命性和坚强的战斗力，扩大了中国共产党在全国的政治影响，为党建立与其他革命力量的合作、掀起全国人民的大革命奠定了基础。孙中山正是从这个斗争中，认识到中国共产党是一支新兴的、生机勃勃的革命力量，因而下决心同它进行合作的。如果中国共产党没有工人阶级作为自己的后盾，那么，这个仅仅有几十名、几百名成员的党，是不可能在中国的政治生活中发生重大影响的。

在第一次国共合作的基础上，中国掀起了1925年至1927年的轰轰烈烈的大革命。在这场革命中，中国共产党起着独特的、不可代替的作用：

首先，从政治上看，大革命是在反对帝国主义、反对军阀的政治口号下进行的。而提出这个口号的，正是中国共产党。

其次，大革命是近代中国历史上空前广泛而深刻的群众运动。而中国共产党正是人民群众的主要发动者和组织者。

最后，大革命的主要斗争形式是推翻封建军阀统治的国内革命战争。中国共产党直接参与制定了有关的战略方针，共产党人不仅帮助和推动了国民革命军的建立，而且在军队中进行了卓有成效的政治工作，并在战斗中起着公认的先锋作用和表率作用。

中国共产党在大革命中所起的重大作用，是当时人们公认的。连国民党右派理论家戴季陶于1926年11月在中山大学演说时也讲过"中国共产党好像机关车(按:指火车头),国民党好像货车,中国共产党加入国民党,好像人车货车套上机关车"这样的话。

中国共产党刚刚成立时,只有53个成员,几个小组。胡乔木说:"一大"开过了,似乎什么也没有发生,连报纸上也没有一点报道。但是,中国的伟大事变在实质上却开始了。毛泽东1957年在莫斯科讲:历史上从来就是弱者战胜强者,没有枪的人战胜全副武装的人。"《联共(布)党史简明教程》那本书上的第一页第一段写了一个辩证法:从小组到全国。""你们修改《联共党史》的时候,我希望不要把这几句话修改掉了。我们中国也是如此,开头是稀稀拉拉几十个人的共产主义者的小组,现在也是领导着整个国家,领导着六亿四千万人口的大党"。① 因为马克思主义政党的这种发展表明,从本质上看,代表人民群众根本利益、代表历史前进方向的新生力量是不可战胜的。

——原载《"中国近现代史纲要"教师参考用书》,高等教育出版社2007年版。

① 《毛泽东文集》第7卷,人民出版社1999年版,第327页。

第二编 1921—1927年

一、幼年时期的中国共产党与大革命

大革命时期也称第一次大革命时期或第一次国内革命战争时期。大革命高潮的掀起，是以 1925 年的五卅运动为标志的；第一次国内革命战争，具体地说，是指广东战争和北伐战争，而广东战争也开始于 1925 年。因此，确切地说，大革命时期应是指 1925 年至 1927 年这段时间。由于大革命是在国民党和共产党合作（简称国共合作）的条件下进行的，因此，人们往往把 1924 年 1 月召开的标志着国共合作正式形成的国民党第一次全国代表大会作为这个时期的开端。这样，大革命时期通常也就是指 1924 年至 1927 年这段时间。

大革命不是突然发生的。“在一九二五至二七年的大革命之前，还有一个准备阶段”。1921 年中国共产党成立以后发动的工人运动和 1923 年至 1924 年国共合作的酝酿和建立，都是为大革命做准备的。据此，毛泽东认为，“一九二一至一九二四年是大革命的直接准备，可以和一九二五年开始的大革命合成一个阶段”①。采用此种历史分期法，将大革命的准备和进行结合起来叙述，是适当的。这就是说，中国共产党在大革命时期的历史，实际上包括了党在大革命准备时期（1921—1924 年）和大革命时期（1925—1927 年）的历史。

1925 年至 1927 年的中国人民反帝反封建斗争之所以被称作大革命，是因为它比之以往任何一次革命，包括辛亥革命和五四运动在内，群众的动员更为广大，斗争的规模更为宏伟，社会的内涵更为深刻。

大革命是在国共合作的条件下进行的。没有国共合作，不会在短时间内掀起这样一场革命。但是，如果没有共产党，就既不会有国共合作，更不会有这样一场呈现出全新面貌的大革命本身。因为历史的事实正如 1945 年 4 月中共六届七中全会通过的《关于若干历史问题的决议》所指出的那样，这场革命是“在中国共产党的正确领导的影响、推动和组织之下”，才得到“迅速的发展和伟大

① 《毛泽东文集》第 2 卷，人民出版社 1993 年版，第 402 页。

的胜利"的。

当时的中国共产党还处在幼年时期。它的人数不多,在大革命时期的大部分时间里,还称不上是一个广大的群众性的党;它的斗争经验还很缺乏,对于中国的历史状况和社会状况、中国革命的特点、中国革命的规律都懂得不多,对于马克思列宁主义的理论和中国革命的实践还没有完整的、统一的了解。但是,党员群众和党的干部的革命积极性是非常之高的,他们始终站在反帝反封建斗争的最前线;他们还努力运用马克思列宁主义这个锐利的思想武器,去探索中国革命的理论问题和实际问题的答案,为中国革命提出了其他任何党派或政治集团没有,也不可能提出的新方向。

中国共产党在早年即 1921 年至 1927 年所经历的斗争,大体上可分为三个阶段:从 1921 年 7 月建党,至 1923 年 2 月二七惨案,主要是集中力量发动和组织工人斗争,从而密切党与工人阶级的联系,扩大党在全国的政治影响;从 1923 年 2 月以后,采取积极的步骤去联合孙中山领导的国民党,推动统一战线的建立,为迎接大革命做准备;从 1925 年到 1927 年,积极投身于大革命的洪流,为广东战争和北伐战争的胜利,为工农群众运动的迅猛发展,尤其是为农村大革命风暴的掀起,作出了自己的重大贡献。在这个过程中,党在全国政治生活中的影响力有了巨大的增长,党的队伍也得到了逐步的壮大。

中国共产党对于这场大革命的兴起和胜利发展所起的作用,是独特的、无可代替的。我们完全有理由说,没有中国共产党,就没有这场大革命。

为什么这样说呢？这是因为:

第一,大革命是在反对帝国主义、反对军阀的政治口号下进行的,而提出这个口号的,是中国共产党。

中共二大制定的反帝反军阀的民主革命纲领,解决了长期没有解决的革命对象的问题。尽管开始时这个纲领曾被胡适等人讽刺为海外奇谈,但由于它反映了广大人民内心深处的要求,因而很快就为他们所普遍接受。"打倒列强除军阀"被编成歌曲,唱遍了中国的大江南北。北伐战争所高举的,正是反帝反军阀的革命旗帜。

第二,大革命是在以国共合作为基础的民族统一战线的组织形式下进行的,而中国共产党正是国共合作的倡导者和统一战线的支柱。

中国共产党推动并帮助孙中山改组国民党,使这个民族资产阶级政党在一个时期内被改造成了工人、农民、小资产阶级和民族资产阶级的革命联盟。正如周恩来所说,"当时,国民党不但思想上依靠我们,复活和发展他的三民主义,而且组织上也依靠我们,在各省普遍建立党部,发展组织"。"当时各省国民党的主要负责人大都是我们的同志"。"是我们党把革命青年吸引到国民党中,是我们党使国民党与工农发生关系。国民党左派在各地的国民党组织中都占优势。国民党组织得到最大发展的地方,就是左派最占优势的地方,也是共产党员最多的地方”。① 共产党员以个人身份加入国民党,为这个党输入了新鲜的血液,促进了这个党的新生。

第三,大革命是中国近现代史上空前广泛而深刻的革命群众运动,而中国共产党正是人民群众的主要发动者和组织者。

中国共产党一成立,就把发动工农基本群众的责任担在了自己的肩上。在北伐战争的前夜,它更明确认定,“本党现时最主要的职任,实在是各方面的准备广州国民革命势力的往北发展,亦就是加紧的在农民之中工作,尤其是在北伐的过程上,以建筑工农革命联合的基础,而达到国民革命的全国范围内的胜利”②。

正是经过中国共产党人的深入细致的群众工作,一向被人们视为一盘散沙的中国人民才逐步地组织起来,他们的分散的力量才逐步地凝聚起来。1927 年 4 月,中共召开五大时,党领导下的工会共拥有 280 万会员,产业工人基本上都已经组织在本阶级的群众性组织之内;农会则拥有 972 万会员,由于一个农户一般为五口人,而每个农户入会时只写一个人的名字,所以农会所实际联合的农民该是数千万之众了;此外,还有联系着广大青年学生的 420 个学生联合会和拥有 35 000 名成员的共产主义青年团也是在党的领导之下的。正如周恩来所指出的那样,“当时是群众革命运动的高潮,是历史上空前的,就是抗战期间也没有过”③。

第四,大革命的主要斗争形式是以推翻北洋军阀的反动统治为直接目标的国内革命战争,而中国共产党则是在这场战争中起着特殊作用的一支政治力量。

中国共产党不仅为这场战争制定了反帝反封建的政治纲领,帮助培养了军事力量的骨干,推动了国民革命军的建立,为战争的胜利发展准备了群众的基础,而且还参与制定了有关的军事战略方针(在这方面,共产国际驻华代表、苏联驻华军事顾问起了重要的作用);共产党人还在军队中从事革命的政治工作,积极提高国民革命军的素质,增强它的凝聚力和战斗力;在军队中工作的共产党员在战斗中更是身先士卒,起着公认的先锋作用和表率作用(据 1926 年 12 月统计,在军队中工作的共产党员有 1 500 人左右);此外,共产党人还建立了一定数量的工农武装,这些武装在战斗中对正规部队也进行过某种配合。

---

① 《周恩来选集》上卷,人民出版社 1980 年版,第 112~113 页。

② 《中共中央文件选集》第 2 册,中共中央党校出版社 1989 年版,第 57 页。

③ 《周恩来选集》上卷,人民出版社 1980 年版,第 169 页。

总之,“中国共产党的全体同志,在这次大革命中,进行了轰轰热烈的革命工作,发展了全国的工人运动、青年运动和农民运动,推进并帮助了国民党的改组和国民革命军的建立,形成了东征和北伐的政治上的骨干,领导了全国反帝反封建的伟大斗争,在中国革命史上写下了极光荣的一章”①。年轻的中国共产党以自己的政治实践表明,它是一支生机勃发的革命的新生力量,是大革命的中流砥柱。

正因为如此,中国共产党在人民群众中的政治威信也迅速地提高了。工人、农民和知识分子中的大批觉悟分子自觉地靠近党的组织,要求加入党的队伍。耐人寻味的事实还在于,“许多社会上投机分子也均想加入 C. P.(中国共产党的英文缩写),不仅是一般知识分子,小商人,大商人,甚至许多拥有重兵的高级军人也来敲 C. P. 的门”②。在他们看来,做一名 C. P. 分子,乃是一种荣耀,可以表示自己对于革命潮流的归附。在当时,共产党对于大革命的政治领导,在许多人心目中,几乎是一个不容置疑的事实,就是连戴季陶这样的人也不敢公开加以否认。1926 年 11 月,他在中山大学演说时承认:“中国共产党好像机关车,国民党好像货车,中国共产党加入国民党,好像人车货车套上机关车;没有机关车断不容易把中国的革命,载到世界革命队伍里去。”③关于戴的这次演说,鲁迅后来曾同一位日本友人谈起过。鲁迅讲道,最初他们说,共产党是火车头,国民党是列车;由于共产党带着国民党,革命才会成功。还说共产党是革命的恩人,要学生们一齐在鲍罗廷面前行最高敬礼。

当然,处在幼年时期的中国共产党对于这次大革命的政治领导和组织领导都还是不充分、不全面的;而在这次大革命的后期,它还犯了自动放弃无产阶级领导权的右倾机会主义路线的错误。这方面的历史教训,也必须认真总结和吸取。

1921 年至 1927 年,特别是 1924 年至 1927 年期间中国人民所进行的反帝反封建的大革命,是中国新民主主义革命史上的一个重要的时期。在中国共产党的正确领导的影响、组织和推动下,在实现以国共两党合作为基础的民族统一战线的条件下,这场革命迅速发展,在短时间内打败了帝国主义在中国的代理人——北洋军阀政府,发动了中国历史上空前广大的人民解放斗争,从而写下了中国革命历史上、中国共产党历史上光荣的篇章。

---

① 《关于若干历史问题的决议》(1945 年 4 月),《毛泽东选集》第 3 卷,人民出版社 1991 年版,第 953 页。

② 《中共中央文件选集》第 1 册,中共中央党校出版社 1989 年版,第 514 页。

③ 《戴季陶先生在中山大学第二次演说词》(1926 年 11 月 20 日),《黄埔》旬刊第 5 期。

这场轰轰烈烈的大革命是以失败而告结束的。不过，它不是败于帝国主义的武力镇压，也不是败于北洋军阀的军事进攻；它的失败，主要是由于资产阶级的政治代表蒋介石、汪精卫集团的背叛。他们被帝国主义势力和买办豪绅阶级伸出的千万只手拉进反革命的营垒去了。

大革命的失败，使得中国共产党在这个时期辛苦地积聚起来的革命力量的绝大部分都失掉了。

诚然，这场大革命是在敌强我弱的阶级力量对比下进行的：帝国主义和封建主义的联合力量，比起刚刚兴起的革命的联合力量来，要强大得多，它们的政治经验也丰富得多；中国革命的主力军工农群众虽然开始有比较广泛的发动，但是动员和组织的程度还很不充分，力量的发展也很不平衡；而在统一战线内部，当革命深入发展时，一般中小资产阶级表现了很大的动摇，掌握着相当一部分领导权尤其是军权的代表民族资产阶级右翼、大资产阶级利益的政治集团则在伺机叛变革命。① 在这种情况下，中国人民要想在对帝国主义、封建主义的反动统治发动第一次攻击时就取得完全的胜利，是不可能的。即使中国共产党的领导在大革命的后期不犯路线错误，中国革命也不可能在当时就赢得胜利。而为了要赢得这个最后的胜利，中国人民仍然需要经历长期而曲折的斗争。

不过，中国共产党内以陈独秀为代表的领导者所犯的右倾机会主义错误，对资产阶级只讲联合，不敢斗争，限制了工农革命力量的发展，助长了反动派的气焰，并且使中国共产党及其领导的革命力量由于在遭到资产阶级的突然袭击时处于无戒备的状态，而受到了过于惨重的损失。这个以流血的代价换取的历史教训是沉重的，不应被忘记的。

应当承认，“人总是要犯错误的，一个政党同一个人一样，完全不犯错误是不可能的”②。对于处在幼年时期的中国共产党来说，尤其是这样。问题并不在于共产党是否会犯错误，而在于它怎样对待错误。犯错误固然是消极的事情，如果能够正确对待，也可能带来积极的结果。恩格斯说过：伟大的阶级，正如伟大的民族一样，无论从哪方面学习都不如从自己所犯错误的后果中学习来得快。中国共产党作为一个以维护最广大人民的最高利益为宗旨的无产阶级先锋队，它是勇于从所犯的错误中学习，并吸取教训的。大革命失败后，中国共产党在告全体党员书中就明确指出：“无产阶级的政党不怕公开地承认自己的错误；公开地承认并纠正错误，这并不是示弱，而正是证明中国共产主义运动的力量。”③它

① 参见中共中央党史研究室：《中国共产党历史》上卷，人民出版社 1991 年版，第 200 页。

② 《毛泽东外交文选》，中央文献出版社 1991 年版，第 566 页。

③ 《中共中央文件选集》第 3 册，中共中央党校出版社 1989 年版，第 252 页。

正是吸取大革命时期犯错误的教训,提高了对中国革命基本问题的认识,从而把中国革命推向前进的。

大革命虽然失败了,它的历史意义仍然是伟大的,不可磨灭的。这场失败了的革命,实际上正是未来胜利的革命的一次伟大的演习。正是由于经历了这场大革命,中国人民进一步觉醒了,许多人懂得了中国共产党所阐明的革命真理,从而成了党坚持革命的可以依傍的力量;正是由于经历了这场大革命,中国共产党开始掌握了一部分革命武装,从而"准备好了红军的种子",为随后开展革命的武装斗争创造了必要的前提;正是由于经历了这场大革命,中国共产党第一次比较系统地积累了正反两个方面的经验,使自己在政治上大进了一步,从而为未来的中国革命准备了一个更加坚强有力的领导者。

正是基于以上这一切,中国共产党在革命失败以后的那种艰苦、险恶的环境中,高举起土地革命和武装斗争的旗帜,把中国人民反帝反封建的斗争推进到了一个新的更高的阶段——土地革命战争的阶段。

二、北洋军阀统治下的中国社会

大革命是反帝反封建的革命。毛泽东在《如何研究中共党史》一文中指出:"一九二一年到一九二七年这时期的斗争对象,是帝国主义和他的走狗北洋军阀。如不说明那时候地主怎样压迫农民,资本家怎样压迫工人,帝国主义怎样分裂中国,北洋军阀怎样对付革命,那就很难了解当时的斗争。"①为了揭示大革命发生的社会根源,科学评价党在这个时期的路线、方针、政策,我们必须首先了解大革命前夜的中国社会和中国政局。

(一)北洋军阀——封建的买办的反动武装政治集团

中国共产党成立之后,立即投身于反帝反封建的斗争,随后即英勇地参加了1925年至1927年的革命。这个革命的主要的和直接的打击目标,是外国帝国主义势力在中国的代理人、中国封建地主和买办资产阶级的政治代表北洋军阀的反动统治。

北洋军阀是在清朝末年开始由袁世凯建立起来的封建的买办的反动武装政治集团。"从清末政治势力发展变化源流来看,其本源是李鸿章洋务派的继续。清末洋务派有三个特点:一是掌握清政府官办近代工业实权,二是掌握军事势力,三是政治上经济上与外国打交道,是中央或地方的当权派。洋务派这三个特

① 《毛泽东文集》第2卷,人民出版社1993年版,第405页。

点，袁世凯北洋军阀集团不仅全部加以继承，并有所发展。”①在袁世凯窃取辛亥革命的果实之后，北洋军阀不仅直接掌握了整个的中央政府，而且控制了全国大部分地区的地方政权。

在中国，“由于封建的分割，地主或资产阶级的集团或政党，谁有枪谁就有势，谁枪多谁就势大”。正因为如此，“辛亥革命后，一切军阀，都爱兵如命，他们都看重了‘有军则有权’的原则”②。北洋系的军阀们都拥有一支为自己争权夺利、从事战争而服务的军队；他们还拥有一块可供自己任意搜刮和统治的地盘。这个军阀集团的内部关系是以封建主义的原则来维系的。他们“为了权力分配而各树派系。派系内相互倚附，派系间彼此倾轧，甚至兵戎相见。他们利用幕僚门客、同乡同学、师生姻亲、结义拜盟等封建关系，结合在一起，进行种种争权夺势的活动”。“他们奉行‘一朝天子一朝臣’的信条。一人得道，鸡犬飞升；一朝失势，树倒猢狲散。所谓‘一荣俱荣，一损俱损’，正是北洋派系势力消长的真实写照”③。

北洋军阀以地主阶级、买办资产阶级作为自己主要的社会基础，而以外国帝国主义势力作为自己主要的靠山。

“军阀是一种新起的诸侯”。“几乎在有名的大地主中，找不出几个不是出身于军阀、官僚的”。如袁世凯“在彰德、汲县、辉县等地有田产四百顷（即四万亩）左右”。他家“占有着彰德所有地底约三分之一”。徐世昌“在辉县有五十多顷（即五千多亩）”。张敬尧、倪嗣冲家“各拥地七八万亩以上”。“曹锟弟兄是天津静海一带最大的地主，而且垄断了那一带的水利机关”。张作霖更占有土地一万六千余垧。④ 正因为他们自身就是大地主，他们为保存封建剥削而不遗余力，他们把地主阶级当做自己的主要社会支柱，是很自然的。

军阀还把剥削和掠夺所得，“纷纷向工业投资。这种投资活动特别显著地表现在天津地区，从1914年到1925年天津新建工厂有26家，其中北洋军阀投资的11家，占新建工厂的42.3%”⑤。冯国璋在苏北与张謇合办盐垦公司，占地七十五万余亩，他还在南京设有钱庄，在直隶夹山、遵化、兴隆沟与人合办金矿三处。徐世昌是华北几家大企业的股东。山东的中兴煤矿也是徐世昌、朱启钤等人以私人名义创办的。张作霖也在东北出资兴办煤矿。金城、盐业、中南、大陆

---

① 章伯锋、李宗一主编：《北洋军阀（1912—1928）》第1册，武汉出版社1984年版，第5页。

② 《毛泽东选集》第2卷，人民出版社1991年版，第546页。

③ 来新夏主编：《北洋军阀史稿》，湖北人民出版社1983年版，第10页。

④ 章有义：《中国近代农业史资料》第2辑，三联书店1957年版，第13～17页。

⑤ 天津市政协文史资料未刊稿，转引自来新夏主编：《北洋军阀史稿》，湖北人民出版社1983年版，第6页。

四家银行即所谓“北四行”集团,其资本主要来源于北洋军阀的投资,这个集团在北方直接控制了二十几个工矿企业。据不完全统计,北洋军阀的若干重要人物在各企业中的投资数为:徐世昌 1 000 万元,靳云鹏 2 000 万元,梁士诒 3 000 万元,徐树铮 800 万元,倪嗣冲 2 500 万元,曹锟 5 000 万元,王占元 3 000 万元。① 正因为他们“在一定时期进入了资产阶级行列,带有某些资产阶级色彩”②,他们对官僚买办资本的发展也就加意进行扶植,而官僚买办资本集团则在经济上和政治上尽力支持他们,成为他们的一个重要社会支柱。

北洋军阀依靠外国帝国主义势力的支持来维护自身的反动统治。为此,他们不惜出卖国家的利权资源。如袁世凯曾承认日本提出的灭亡中国的二十一条的基本条款;段祺瑞曾与日本订立《陆军、海军共同防敌军事协定》,使日本取得在中国驻兵、作战时日本得直接指挥中国军队的特权;等等。而外国帝国主义势力则通过给予政治上的承认和经济上、军事上的资助,使北洋军阀成为他们奴役和掠夺中国的工具。比如,日本首相原敬在自己的日记中就说过:“张(作霖)是想依靠日本伸张势力,而我们在东三省的发展必须要好好对待张,我们双方的利益是不谋而合的。”这是帝国主义与军阀相互勾结的一个有力的证明。

由于北洋军阀代表着外国帝国主义势力和本国封建地主阶级以及官僚买办集团的利益,他们就把自己放在了中国广大人民的对立面。作为外国侵略者和本国反动势力的政治代表,他们成为中国人民的主要的和直接的打击目标,是不可避免的。

在袁世凯当权的时候,他的独裁政府曾经在形式上“统一”过整个中国,虽然在实际上各地仍是各派军阀的封建式的割据;而在 1916 年袁称帝败亡之后,这种形式上的统一也已不复存在,整个中国公开地陷入了极端混乱的军阀割据与纷争的局面。

袁世凯垮台后,北洋军阀分裂成了许多派系,其中主要的,是以冯国璋为首领的直系(冯系直隶河间人,因而得名)和以段祺瑞为首领的皖系(段系安徽合肥人,因而得名)。皖系得到日本的支持,而直系则得到英美的支持。与此同时,原先依附于北洋军阀的各地军阀也纷纷裂土称雄,分别把持着或大或小的地盘。在东北,是奉系军阀张作霖(张系奉天海城人,因而其所部称奉系);在山西,是晋系军阀阎锡山。当时,全国的绝大部分地区是由北洋军阀各派控制的。割据一省的称“督军”,割据某省一地方的称“镇守使”。仅西南四川、云南、贵州、湖南、广东、广西六省,由北洋军阀以外的地方军阀所把持。如唐继尧等的滇

① 《近代史资料》1962 年第 4 期。

② 来新夏主编:《北洋军阀史稿》,湖北人民出版社 1983 年版,第 7 页。

系，陆荣廷的桂系，谭延闿的湘系，陈炯明的粤系等。这些不同派系的军阀之间，或者为了争夺对北京中央政府的控制权，或者为了保持与扩大自己的地盘，进行着连年不断的纷争，引发了多次的战乱。

这种军阀割据与纷争的局面之所以形成，有其客观原因。一方面，当时的中国经济主要是地方性的农业经济，不是统一的资本主义经济，商品经济不发达，各个地区基本上可以自给自足。这种情况，为军阀的割据提供了物质基础。另一方面，各帝国主义国家在中国采取了划分势力范围的分裂剥削政策。他们分别在中国扶植各派军阀作为自己的代理人。这样，帝国主义的不统一也就促进了中国统治集团的不统一，而帝国主义争夺中国的矛盾也就促进了中国各派军阀的割据和纷争。

1918 年 9 月，皖系控制的国会选出徐世昌为总统，原总统冯国璋被逐出北京中央政府，旋即病死。冯部下大将曹锟、吴佩孚遂成为直系首领。他们在英美的支持下进一步扩充自己的实力，并于 1920 年 7 月，联合奉系军阀和南方军阀发动直皖战争，打垮了皖系军阀的主力，由此出现了直系、奉系共同把持中央政府的局面。为了争夺对中央政府的控制权，1922 年 4 月又爆发直奉战争。5 月，奉军战败，退往关外，中央政府落入直系军阀之手。曹、吴等人首先赶走了徐世昌，重新抬出黎元洪当总统；不久，又将黎赶走，由曹锟自己担任这个职务。他是用贿选的办法，即在给一个议员五千元乃至一万元的贿赂之后，才于 1923 年 10 月被“选”为总统的。曹锟贿选，激起了全国人民的抗议。盘踞浙江的皖系军阀卢永祥利用这个机会起而与直系对抗。直系则假借“中央”的名义准备进行讨伐。1924 年 9 月，原属直系的孙传芳等进攻浙江，卢永祥战败，逃亡日本。皖系军阀势力宣告覆灭。孙传芳由此霸占了江苏、浙江、安徽、江西、福建等东南五省，成为一支独立的军阀势力。江浙战事开始后，张作霖即率十五万大军入关声讨曹、吴，吴佩孚则统二十万大军在河北、热河地区迎战，第二次直奉战争由此爆发。当双方战事正酣之际，原属直系的冯玉祥因倾向革命，于10月起兵反吴，将所部国民军从前线撤回北京，囚禁曹锟，改组内阁，进而消灭了直系在华北的势力，北方由此落入奉系与国民军之手。张作霖决定拥段祺瑞再度出山，段于是就临时执政职。吴佩孚则率残部向南溃退，逃回汉口。1925 年 10 月，浙奉战争爆发。吴在汉口自称“十四省讨贼联军总司令”。11 月，孙传芳在南京宣布成立浙、苏、闽、皖、赣“五省联军”，自任总司令。之后，在英、美、日的撮合下，张作霖与吴佩孚达成妥协，联合进攻国民军。国民军不堪其压迫，遂放弃开封、郑州、天津、北京等地，退至西北地区。

在 1926 年 6 月国共合作的国民革命军出师北伐的前夜，与南方革命力量对峙的北洋军阀，主要是以下三支力量：直系吴佩孚控制着湖北、湖南两省及河南省京汉铁路沿线一带,拥有军队20万人;从直系分化出来的孙传芳割据东南五省,拥有军队20万人;奉系张作霖盘踞东北三省及津浦铁路北段沿线及北京、天津地区,拥有军队35万人。此外,晋系阎锡山仍然保持着自己的实力。在许多省区,地方军阀也各拥有属于自己的相当数量的军队。

军队是封建军阀专制统治的主要柱石。各派军阀为了维护和扩大自己的统治地盘,竞相扩充军队。1914年,全国陆军不过45.7万人,1918年即增至85万人以上,1919年初达到138万人。1925年,北洋政府陆军部呈报的全国兵额为140万~150万人。有人指出,此处所报兵额不确,实际应是247万余人。常备军数量之多,已列世界前茅。随着军队的扩充,军费开支也逐年递增。军费开支在政府支出中所占比重,就中央政府而言,1912年为33.87%,1914年为38.08%,1919年为41.68%,1923年为64%;就省政府而言,较低的如江苏省在1923年为41%,较高的如四川省在1922年为88%,更高的如湖北省在1923年为94%,最高的如湖南省,自1912年以来,"省政府收入的总额不足以抵偿该省军费"①。

为了支付庞大的军费,军阀政府不惜以出卖国家利权为代价大量举借外债,并采取强售公债、强迫借款、滥发纸币特别是增加赋税等办法,对各阶层人民尤其是广大农民进行直接的掠夺。据估计,从1912年至1919年,田赋增加七倍,盐税增加三倍,烟酒税增加三倍,印花税增加六倍。其实,举借"内外债,强迫借款,辅币滥铸,纸币滥发,都是赋税,并且是赋税中最重要的部分"。而"中国财政的负担间接的差不多都放在农民身上,因为农民几占全国人口百分之八十"②。

政局的动荡,军阀的割据、纷争乃至混战,给广大人民带来了无穷的灾难。这方面的情况,目前还没有全面的、系统的材料。但从一些地方的典型材料也可看出问题的严重性。比如,据1918年12月编造的《醴陵灾户调查总表》的记载,湖南的这个县由于兵灾,被灾者47 901户,被杀者22 542人,被伤者1 917人,屋宇被焚毁14 752栋,荒田10 490户,损失财产19 410 281元。③ 1926年5月,连直隶省议会议员在致吴佩孚等的通电中也曾列举军阀扰民的十个方面,如占用民房,征发车马,拉用人夫,污辱妇女,持械行强,入室抄家,借粮借钱,干预地方行政司法,勒索路局、骚扰粮商,强占学校及民意机关等;并指出,在这种局

① 《北洋军阀》第1册,武汉出版社1984年版,第511~512页。
② 《北洋军阀》第1册,武汉出版社1984年版,第511页。
③ 《北洋军阀》第3册,武汉出版社1990年版,第445页。

面下，“哀我小民，一生九死，呼天无路，避地无方，浩劫奇灾，无以幸免”。①

（二）地主阶级的军阀官僚的统治

北洋军阀的统治，本质上“是地主阶级的军阀官僚的统治”②。共和国的形式虽然还保存着，实际上已经蜕化为封建军阀官僚的专制了。

辛亥革命推翻了在中国延续了两千多年的封建帝制，使共和国的观念从此深入人心。这是一个重大的历史性的进步。资产阶级民主派曾经真诚地希望中国由此成为一个以西方资产阶级现代国家为模式的民主共和国。1911年12月，宣布独立的各省代表在汉口开会，通过了《中华民国临时政府组织大纲》（以下简称《组织大纲》），选举孙中山为临时大总统。《组织大纲》规定，临时大总统有统治全国、统率海陆军之权，得制定官制、官规兼任免文武职员，并直接管辖各部，只对外宣战、媾和、缔约与制定官制及任免国务各员及外交专使需经参议院同意。这是仿照美国的政治制度，试图在中国建立一个总统制共和国。由于当时局势尚未稳定，总统集中权力在客观上是有其必要性的。1912年1月，中国历史上的第一个议会——临时参议院在南京召开成立大会。参议院通过了具有宪法性质的《中华民国临时约法》（以下简称《临时约法》）。《临时约法》规定，“中华民国之主权，属于全体国民”，人民“一律平等”，得享有各项自由权利；“中华民国之立法权，以参议院行之”；临时大总统“总揽政务，公布法律”；成立国务院，“国务员（国务总理及各总长）于临时大总统提出法律案，公布法律，及发布命令时，须副署之”。与《组织大纲》的规定相比较，《临时约法》对总统的权力进行了限制，他不仅不再直接领导各部，而且如国务员不予副署，他甚至无法公布法律、发布命令。这就是说美国式的总统制被改变为接近法国式的议会制、内阁制了。作出这种改变，是为了在袁世凯接任临时大总统的情况下防止他的专权。为了参加议会的选举，同盟会与几个政团合并，组成了国民党；其他的几十个政党也先后宣告成立。1913年4月，经过选举还正式产生了第一届国会。当时的中国，确实有点像个共和国的样子了。不过，在西方，共和制度是资产阶级实现自己的政治统治的一种形式；而在中国，实际掌握政权的并不是资产阶级，而是军阀，这些军阀带有浓厚的封建性，他们在骨子里是反对共和制度的。他们认为这种制度是对自己的一种严重的束缚。他们之中有的人曾经试图复辟帝制，而更多的人则力求使共和制度成为一个虚有其表的空壳，成为专制统治的一种装饰。

---

① 《北洋军阀》第5册，武汉出版社1990年版，第392~394页。

② 《毛泽东选集》第2卷，人民出版社1991年版，第631页。

在1913年初的国会选举中，国民党在参议院、众议院中均获得压倒多数议席。当宋教仁企图组织以自己为总理的内阁时，袁世凯即指使人刺杀了他。同年10月，袁强制国会选举自己为大总统。在选举的当天，袁组织数千兵痞、流氓和便衣军警，号称“公民团”，包围国会，高呼“今天不选出公民中意的总统，选举人不能出场一步”。国会连续投票三次，直到把袁选为大总统才算完事。这实在是对议会民主的一种无情的嘲讽。接着，他又制造借口，下令解散国民党，撤销有国民党党籍的议员的议员资格，使国会不足法定人数，无法开会。随后，他更非法召集政治会议，遣散国会议员，筹备修改临时约法。1914年5月，袁公布了由他操纵的约法会议炮制的《中华民国约法》，这个约法将内阁制改为总统制，规定大总统“总揽统治权”；不再设国务院，“行政以大总统为首长，置国务卿一人襄赞之”；大总统甚至负责“召集立法院，宣告开会、停会、闭会”；等等。同年12月，约法会议还奉命炮制了《修正大总统选举法》，规定：“大总统任期十年，得连任”，即可以终身任职；“每届应行选举大总统之年，参政院参政认为政治上有必要时，得以三分之二之同意为现任大总统连任之议决”，即连任可不经国会选举，只需由总统指定的御用机构多数之认可；如果进行选举，应“用记名单记投票法”，即使选举人不可能无顾虑地表达自己的意愿；选举时，“由大总统代表民意”“推荐有被选举为大总统资格者三人”，并由大总统率先“亲书于嘉禾金简”，密贮于大总统府之石室之中，即下届大总统候选人也需由本届大总统指定。这样的大总统，与终身的和世袭的专制皇帝已经没有多少区别了。

在北洋军阀统治时期，袁世凯称帝、张勋拥废帝溥仪复辟，都是短命的，都是以彻底失败而告终的。这说明，由于共和国的观念深入人心，恢复帝制已经是不可能的了。不过，几乎所有的军阀们都反对和蔑视资产阶级民主制度。他们把国会视为自己手中的玩物，需要时利用一下；用起来不顺手时，就抛开旧的，另搞一个新的；当认为它构成自己专权的重要障碍时，更可以干脆地把它一脚踢开去，完全无法无天地干起来。

袁世凯死后，黎元洪继任大总统，申令恢复遵用1912年的《临时约法》，重新召开被袁解散的国会，并莅会补行大总统就任宣誓仪式。这就是所谓国会第二期常会。但当时担任国务总理的段祺瑞认为旧国会有碍他的手脚，遂于张勋复辟失败后，拒绝恢复旧国会，并在日本支持下，于1918年8月，制造了一个由他操纵的新国会。这个新国会是由依附于段的一批政客所形成的安福系（他们以设在北京安福胡同的俱乐部为活动据点，由此得名）一手包办的，所以被称作“安福国会”。这个安福国会于9月把皖系的徐世昌选举成了大总统。随后，经过直皖战争和第一次直奉战争，直系控制了北方，又力主恢复旧国会,以便使徐任大总统失去合法的根据。徐下台后,由黎元洪复位。1922年8月,国会正式开会。这就是所谓国会第三期常会。直系军阀首领曹锟为谋出任大总统,先是雇用流氓以"公民团"的名义在天安门前集会,要求黎"即日退位,以让贤路";还借口中枢空悬,调冯玉祥部队入京,迫黎退位。黎于是被迫辞职,并交出印信。1923年10月,国会开会,选举大总统。如前所述,曹锟的党羽大肆活动,收买国会议员五百余人,每人给贿赂五千元至万余元不等。这些议员被人们蔑称为"猪仔"议员。另一些议员因反对军阀的此种丑行,愤然离京南下。国会于是分裂。但曹锟还是以合法的形式于10月5日当选为大总统,并于10月10日正式就职。后由于直系在第二次直奉战争中遭到失败,被迫于1924年1月退位。

1924年11月,张作霖邀冯玉祥到天津与段祺瑞会晤。天津议会决定拥段为中华民国临时总执政。段就职后,公布《中华民国临时政府制》,规定临时执政"总揽军民政务,统率陆海军","对于外国,为中华民国之代表",即拥有总统的权力;不设总理,其权力也归临时执政,仅"设置国务员赞襄临时执政处理国务",而国务会议也由临时执政召集。"临时执政的产生是没有法律根据的,它出于各派军阀的妥协和共同'拥戴',一切组织和职权,事实上只可通过'巨头'们的协商来决定"①。段成立执政府后,即命令司法总长章士钊查办接受贿赂选举曹锟为大总统的那些议员,分最要、次要、重要者几等,四处追捕。这些议员只好藏匿起来。国会由于召集不到足够人数的议员,无法正常开会。段遂借机声言"民国法统,已成陈迹",断然取消国会。这样,作为共和制度的主要象征的国会,在形式上也不再存在了,资产阶级民主制度不仅在实质上而且在形式上都遭到了彻底的破产。

按照《临时约法》的规定,中国人民是享有人身、居住、言论、出版、集会、结社等项自由权利的。但军阀政府通过制定和颁布的许多法律、法令,来限制乃至取消人民享有这些自由权利。比如,在一般的资产阶级共和国,工人举行罢工是合法的,而按北洋军阀政府于1912年4月30日颁行的《暂行新刑律》,则属触犯刑律的犯罪行为。《暂行新刑律》第十六章妨碍秩序罪第二百二十四条规定,从事同一业务之工人,同盟罢工者,首谋处四等以下有期徒刑、拘役或三百元以下之罚金,余人处拘役或三十元以下罚金。第九章骚扰罪第一百六十四条规定,聚众意图为强暴胁迫已受该管官员解散之命令,仍不解散者,处四等以下有期徒刑、拘役或三百元以下之罚金,附和随行仅止助势者,处拘役或五十元以下罚金。第一百六十五条规定,聚众为强暴或胁迫者,依左例处断:(一)首魁无期徒刑或

① 来新夏主编:《北洋军阀史稿》,湖北人民出版社1983年版,第309页。

二等以上有期徒刑,(二)执重要事务者一等至三等有期徒刑或一千元以下一百以上罚金,(三)附和随行仅止助势者,四等以下有期徒刑、拘役或三百元以下罚金。当工人罢工时,当局就把这些条款张贴出来,恐吓工人说,你们看一看这些刑律,就该明白,"这罢工事是干得干不得了"①。北洋军阀政府还于1914年3月颁布《治安警察条例》,同年12月颁布《出版法》,1915年4月颁布《报纸条例》等,把人民的言论、出版、集会、结社等项自由权利剥夺得一干二净。比如,《治安警察条例》第九条规定,行政官署对于结社,认为结社宗旨有扰乱安宁秩序之虞者,有妨害善良风俗之虞者,或其他秘密结社者,命其解散。第十五条规定,警察官吏对于屋外集会或公众运动游戏或众人之群集,认为有扰乱安宁秩序之虞者,有妨害善良风俗之虞者,得限制、禁止或解散之。第二十二条规定,警察官吏对于劳动工人之聚集,认为有同盟解雇、或同盟罢业、或强索报酬、或扰乱安宁秩序或妨害善良风俗之诱惑或煽动,得禁止之。这些条文是可以任意解释的,所以,所谓人民得享有各种自由权利,纯属欺人之谈。而在实际上,他们为了排斥异己、镇压革命,是无所不用其极的,在执行中,其残暴的程度远远超出这些反动律令所作的规定。"口诽腹谤,诛夷立至,侧身天地,荆棘如林",这就是当时中国人民的不自由的政治境遇的真实写照。

孙中山曾经痛切地指出,辛亥之后,去一满洲之专制,转生出无数强暴之专制,其为毒之烈,较前尤甚。陈独秀更愤怒地说过,这哪里是什么中华民国,这分明是中华官国、中华匪国!

(三)中国社会的半殖民地半封建性质

1. 占着优势的封建经济

北洋军阀统治下的中国社会,仍然具有半殖民地半封建的性质。

封建剥削制度是中国军阀官僚推行专制政治的社会基础。军阀本身就是中国最大的地主,又依靠广大乡村的地主来维持自己的统治。这个制度也是帝国主义统治中国的主要社会支柱,"帝国主义及其在中国的全部财政军事的势力,乃是一种支持、鼓舞、栽培、保存封建残余及其全部官僚军阀上层建筑的力量"②。

封建剥削制度是以地主占有大量土地、把土地出租给无地或少地的农民,借以收取地租、剥削农民的剩余劳动为基础的。北洋军阀统治时期农村土地占有的情况,没有精确的全国性的统计资料。谭平山于1926年12月在共产国际执

---

① 《交部劝戒路工之布告》,1923年2月28日汉口《新闻报》。

② 斯大林:《中国革命与共产国际的任务》,1927年5月。

委会第七次扩大会上说：在中国，“据有不到十亩土地的少地农民，占全部农村人口的百分之四十，但他们只占有百分之六的可耕地。拥有一百亩以上至一千亩、甚至一万亩的那类土地占有者，只占全部农村人口的百分之五，但他们却掌握着百分之四十三的可耕地”①。1927 年 5 月，中共五大关于土地问题的决议指出：在中国，“大部分的田地（约百分之六十六）为收租的大地主所占有”，“中国田地只有百分之三十四属于农民”②。同年 6 月，国民党农民部估算，占农村人口 14% 的地主拥有全国耕地的 62%（其中拥有 50～100 亩土地的中小地主占人口的 9%，占有土地的 19%；拥有 100 亩以上土地的大地主占人口的 5%，占有土地的 43%），加上占人口 18% 的富农（他们占有土地的 19%），共占有 81% 的耕地；占农村人口 44% 的贫农，只占有耕地的 6%；占人口 24% 的中农，也只占有耕地的 13%。在整个农村人口中，无地的佃农、雇农、游民占了 55%。这些统计的方法不尽相同，数字也未必精确，但它们共同说明了一个基本的事实：在中国农村中，主要生产资料——土地，大部分集中在只占人口极少数的地主及富农手里，占人口大多数的雇农、贫农乃至部分中农则没有或缺少土地。③“地主、富农站在所有的一端，中农、贫雇农站在使用的一端。所有集中，使用分散，这就是近代中国农村封建半封建的土地关系的主要特征。”④

地主以及旧式富农将土地出租给农民之后，即向他们收取苛重的地租，主要是收取实物地租，在技术作物种植区及其他若干地区也逐步收取货币地租。地租率究竟有多高？从大量的资料来看，在全国各省的实物地租一般占产量的 50%；有的省份如湖南、四川、浙江、福建、河南等省大都超过 50%，有的州县高达 70%～80%，个别县份甚至高达 100% 以上。货币地租的地租率就其对地价的百分比而言，一般均在 10% 以上，有若干县靠近 20%～25%。这就是说，中国的地租购买年一般不足 10 年，而“英、德两国在第一次欧战前后的地租购买年为 20～30 年”⑤。苛重的地租剥削，不仅侵占了农民的全部剩余劳动量，而且侵占了他们相当一部分的必要劳动量。如 1925 年，广东海丰佃农全年收入 165 元，交租 81 元，余下的 84 元中，购买种子、肥料、农具等生产资料耗费 40 元，只有 44 元可用作生活费，而当时当地一个农民的生活费一般需 40～50 元。一个

---

① 《共产国际有关中国革命的文献资料（1919—1928）》第 1 辑，中国社会科学出版社 1980 年版，第 250 页。

② 中央档案馆：《中共中央文件选集》第 3 册，中共中央党校出版社 1989 年版，第 60 页。

③ 章有义：《中国近代农业史资料》第 2 辑，三联书店 1957 年版，第 67 页。

④ 严中平等编：《中国近代经济史统计资料选辑》，科学出版社 1959 年版，第 280 页。

⑤ 严中平等编：《中国近代经济史统计资料选辑》，科学出版社 1959 年版，第 301 页。

佃农终年劳碌,所得尚不足一人糊口,更不必说养家了。① 又如 1927 年,江苏宜兴农民租田 2 亩,田场收入为 54 元,而支出则需 82 元,其中交地租 16 元,购买生产资料 29 元,生活资料 37 元,收支相抵,净亏 28 元。② 旱涝保收的江南水乡农民的境遇尚且如此,其他地方农民的困窘程度更可想而知了。

除地租外,农民还受到商业资本和高利贷资本的剥削。"帝国主义列强从中国的通商都市直至穷乡僻壤,造成了一个买办的和商业高利贷的剥削网,造成了为帝国主义服务的买办阶级和商业高利贷阶级,以便利其剥削广大的中国农民和其他人民大众。"③

这个时期,随着商品经济和资本主义经济的发展,农民经济的商品化程度和农民生活对市场的依赖程度都提高了。据对 1921 年至 1925 年中国北部和中东部十七处或十三处的典型调查,农产品出售部分占 52.6%,自用部分占 47.4%,农家生活资料中购买部分占 34.1%,自给部分占 65.9%。④ 这固然是一种进步,但也使他们进一步受到商业资本的剥削。比如,当新谷登场时,商人往往压价向农民收购粮食,待到青黄不接、农民需向市场购买粮食时,他们又把谷价抬高了。如湖南 1927 年每担稻米的价格收成前为 13 元,收成后仅 5 元。四川成都 1926 年每担稻米的价格,春季为 28 元,秋季降至 10 元左右。农民在平常年景,也只是于艰难竭蹶之中,存聊以卒岁之望;遇到天灾人祸,许多人生活难以为继,就不得不饮鸩止渴,求助于高利贷。高利贷者往往是地主本人。比如,1926 年,佃户对地主发生借贷关系的,江苏昆山占 66.4%,安徽宿县占 41.2%。⑤ 负债农民借贷后,需要偿付极高的利息。比如,1927 年,湖南衡阳的"标谷利","四五月间借谷一石,按最高价折成现钱并按月息 6% ~7% 计利,七八月间再按最低价钱折谷偿还,三个月间即增加三倍以上"。湖南桃源县的"孤老钱","每月一对本,如借洋 1 元,则满月还 2 元,两个月还 4 元,以此类推"。⑥ 当农民不能按期偿付本息时,往往不得不把自己的土地、房屋乃至子女典卖给地主。这样,高利贷剥削也就成了地主兼并农民土地的一种手段。

农民除直接受到地主、商人、高利贷者的盘剥外,还直接或间接地受到反动

① 参见彭湃:《海丰农民运动报告》,1926 年 1 月,见《中国近代农业史资料选辑》第 2 辑,三联书店 1957 年版,第 114 页。

② 参见《东方杂志》第 24 卷第 26 期,见《中国近代经济史统计资料选辑》,科学出版社 1959 年版,第 311 页。

③ 《毛泽东选集》第 2 卷,人民出版社 1991 年版,第 629 页。

④ 参见严中平等编:《中国近代经济史统计资料选辑》,科学出版社 1959 年版,第 328 页。

⑤ 严中平等编:《中国近代经济史统计资料选辑》,科学出版社 1959 年版,第 294 页。

⑥ 严中平等编:《中国近代经济史统计资料选辑》,科学出版社 1959 年版,第 350 页。

政府的压榨。北洋军阀政府除征收田赋正税外，还征收名目繁多的附加税。这种税赋不仅直接落到自耕农头上，而且间接地由地主转嫁到佃农身上。如四川田赋附加税即达 26 种，有的县更多达 30 余种。1925 年，全省田赋附加税较前清增加 148%。还实行田赋预征，如福建兴化 1926 年即预征到 1933 年，湖南郴县 1924 年也预征到 1930 年。这种情况，各省都有。广大农民的血汗差不多被吸光了。

随着自然经济的进一步解体，农村商品经济也进一步发展起来。粮食作物的商品率提高，经济作物区逐步出现，经营地主有所增加，富农经济有所发展，资本主义的因素在农村中也有所增长了。不过，富农经济本身的力量并不大，许多富农还兼营封建剥削；而且“它的发展方向并不是逐步去掉其封建性向纯粹的资本主义农业发展，而是规模愈扩大，土地出租部分也愈大，甚至最终蜕变为完全的封建地主经济”①。

在残酷的封建压迫和剥削下，在帝国主义国家在中国市场上倾销剩余农产品的影响下，中国的农村经济日益凋零。耕地面积缩小了，荒地面积扩大了。全国耕地面积指数，如以 1914 年为 100，则 1915 年为 91，1916 年为 95，1917 年为 86，1918 年为 83；全国荒地面积指数，如以 1914 年为 100，则 1915 年为 113，1916 年为 109，1917 年为 259，1918 年为 237。② 广大农民则处于饥寒交迫的境地，自耕农的数量减少，贫农成了农村的主要群众。比如，1926 年，彭湃在《海丰农民运动报告》中指出：“二十年前自耕农有十户之乡村，最近只有二三耳。”1927 年，贺扬灵在报告中也说过：广西“往时之自耕农多变为佃农，半自耕农多为雇农”。同年，曾鉴泉在调查中讲到：河南光山的自耕农纷纷破产，“大半的自耕农不得不另外租种别人的田地变为半自耕农”，最不幸的则“变成完全的佃农了”。黄主一的调查也显示：在四川北部，“除了城市附近而外，多是贫农”③。

地主、商人、高利贷者是三位一体的。地主不仅发放高利贷，有的还兼营商业；商人、高利贷者获利后又往往用来购买土地，使自己转化为地主。而军阀、官僚则本身就是最大的地主，他们更凭借政治特权，对农民进行超经济的掠夺。这个三位一体的罪恶结合，像一座大山一样压在农民身上，使他们翻不过身来、透不过气来。对于这些在饥饿和死亡线上挣扎的农民来说，除了奋起抗争，再没有别的生路。

---

① 凌耀伦等：《中国近代经济史》，重庆出版社 1982 年版，第 281 页。
② 《东方杂志》第 30 卷，1933 年 9 月 16 日，第 18 页。
③ 章有义：《中国近代农业史资料》第 2 辑，三联书店 1957 年版，第 435～436 页。

半殖民地半封建的中国,基本上是一个农业国。农业是国民经济的基础,农民占全国人口的百分之八十以上。农民是封建地主阶级的直接的主要的压榨对象,也是外国帝国主义势力的最大的掠夺对象。所以,“中国的资产阶级民主革命实质上就是农民革命”(说实质上,就是说基本上,并不是忽视其他成分)。农民问题,是“中国革命的基本问题,农民的力量,是中国革命的主要力量”①。由于贫农是农民中的主要群众,而贫农的最大痛苦是没有或缺少土地,因此,“农民问题是一个贫农问题”②,而贫农问题主要是土地问题。

2. 殖民地化程度的加深

北洋军阀是在帝国主义势力的支持下上台的;他们上台之后,仍然需要帝国主义势力的扶持。作为回报,作为交换条件,他们为帝国主义势力进一步深入中国敞开了大门。

这个时期,外国资本在中国的商品倾销继续扩大,投资进一步增长。其方式,一是直接投资,即在中国直接经营企业和房地产;一是间接投资,即向中国债务人提供贷款,主要是政治性的贷款。其中直接投资是主要的。以1914年为例,外国的直接投资占66.3%,间接投资占37.7%。之所以如此,“是因为中国在外债重压下,北洋政府时期已债信破产”③。不过,借款等间接投资也仍占重要地位。

需要指出的是,“外资企业和房地产的资本主要是来自中国,而不是从国外汇入”④。这种投资,“很大一部分是具有超经济的掠夺性质”,即它们“是利用战争、霸占、欺诈、巧取豪夺等办法掠自中国,是没有输出的投资”。比如,1914年,外国在中国的贷款总额中,就有80%是由中国的战争赔款转成外国给予中国的贷款的。至于外国在中国的房地产投资以及宗教、文化、慈善团体的财产,“归根到底也无非是霸占和采取欺骗、勒索的手段取得的”⑤。

据估计,到1920年,全国近代产业和商业、金融业资本共约72亿元,其中本国资本48.1亿元,占三分之二强,外国资本23.9亿元,占三分之一弱。外国资本在资本总额中虽不占多数,但是增长很快。“它们投资十分集中,并且集中于关键的部门,又集中在大企业或集团,技术设备和经营管理比较先进,在资金融通和沟通国内外市场上具有优势,加以帝国主义在华特权和政治势力的保护,因

---

① 《毛泽东选集》第2卷,人民出版社1991年版,第692页。

② 毛润之同志视察湖南农运给中央的报告,1927年2月6日。

③ 许涤新、吴承明主编:《中国资本主义发展史》第3卷,人民出版社1993年版,第40页。

④ 许涤新、吴承明主编:《中国资本主义发展史》第3卷,人民出版社1993年版,第55页。

⑤ 凌耀伦等:《中国近代经济史》,重庆出版社1982年版,第235~236页。

而在许多重要经济部门具有垄断地位"①。

外国在中国的投资,"以贸易、金融业占最大比重",投资于制造业的资本不多,因为它们有过剩的制造品要向中国推销。②

"帝国主义列强经过借款给中国政府,并在中国开设银行,垄断了中国的金融和财政。因此,它们就不但在商品竞争上压倒了中国的民族资本主义,而且在金融上、财政上扼住了中国的咽喉。"③比如,袁世凯窃国后,其财政开支有一半要靠举借外债维持,段祺瑞政府也是靠举借外债主要是向日本借债度日的。从1915年至1925年间,中国政府偿付的外债利息一般每年即达4 400万银元。外债的偿付,是以关税、盐税为担保的。比如,袁世凯于1913年向五国银行团举行"善后大借款",主要就是以盐税为担保,银行团由此取得了监督中国盐政和保管中国盐税收入的权利。关税、盐税是中国政府的主要财政收入。1913年,两项收入合计占财政总收入的43.2%。外国列强控制了这两项税收,等于控制了中国的财政。北洋军阀时期,外国银行主要是日、美银行的势力在中国有很大的发展。这些银行可以在中国吸收存款、发行纸币,而后用中国人的钱在中国投资,获取巨额收益。这些银行并通过买卖外汇,操纵汇价,垄断中国的国际汇兑。"每当它在中国政府交付贷款时,就故意抬高外汇牌价,以便少付银两,而在收取借款本息时,又故意压低牌价,从而多收银两。"这些银行还垄断了中国的商业信贷。它们"通过对中国银行的信用往来日益加强其控制,而中国银行同时又对钱庄供给短期信贷。这样,外资银行便与中国的银行和钱庄相联结,造成从都市到农村的金融剥削网,从而垄断了中国国内的金融市场。"④

外国列强强迫中国增辟通商口岸和商埠。到1927年,此类口岸、商埠已达103处,有的甚至深入到了内地乃至边疆。中国的进出口贸易原为外商洋行垄断。20世纪20年代以来,华商力图越过洋行直接进入国际市场,但出口的大部和进口的几乎全部仍为外商洋行经营。中国在对外贸易中,年年入超。如1919—1921年,进口为1 203百万元,出口则为921百万元。⑤ 进口的主要是工业品,出口的主要是农产品和原料。这是一种不等价的交换。在这期间,外国资本在中国设立的商号急剧增加,至1913年已达3 805家。许多外国的世界性垄断组织也纷纷在中国设立分支机构。它们采取贷款、赊货、津贴等方式,利用中国的商号,充当它们在不同地区包销或包卖的代理商。它们"就是通过这些剥

① 许涤新、吴承明主编:《中国资本主义发展史》第3卷,人民出版社1993年版,第41~42页。
② 许涤新、吴承明主编:《中国资本主义发展史》第3卷,人民出版社1993年版,第45页。
③ 《毛泽东选集》第2卷,人民出版社1991年版,第629页。
④ 凌耀伦等:《中国近代经济史》,重庆出版社1982年版,第240~246页。
⑤ 严中平等编:《中国近代经济史统计资料选辑》,科学出版社1959年版,第64页。

削网，像吸血管一样，伸到我国的穷乡僻壤，吮吸中国人民的脂膏”①。

中国的现代交通运输业大部分是为外国资本所控制的。1927 年，全国铁路里程为 13 040.48 公里，其中外国资本直接经营的为 4 330.25 公里，占 33.2%，控制经营的为 7 666.29 公里，占 58.8%，两者合计占 92%，中国的自主铁路为 1 043.94公里，仅占 8%。1926 年，全国各通商口岸进出的轮船吨位总数中外轮占 80%，中轮仅占 20%。1924 年，太古、怡和、日清三个外国轮船公司和中国的招商局等在长江航线的总载货量为 79 677 吨，其中三个外国轮船公司占 69%，招商局占 24%，其他占 7%。这就是说，不仅中国的远洋航线全部为外国轮船公司所垄断，而且在内河最大的航线——长江航线上，外国轮船公司也占压倒的优势。

外国资本在工矿业方面的投资虽然数额不大，但仍然占有垄断地位。在中国煤矿生产中，外国资本直接单独投资或参加投资的煤矿的产量（包括机械及土法开采），1926—1927 年，分别占全国煤总产量的 53.1% 和 56%；如单独计算机械采煤的产量，则分别为 78.3% 和 76.4%。中国生铁的产量，1925 年以前，100% 为外国资本主要是日本资本所控制；1926—1927 年，它们所控制的仍高达 94.6% 和 98.4%。中国的轻工业主要是纺织工业和食品工业，而在这两个行业中，外国资本也占有相当的优势。如在全国纱锭总数中，1913 年，外厂占 41.2%，华厂占 58.8%；1927 年，外厂占 42.6%，华厂占 57.4%。在全国布机总数中，1913—1927 年，外厂、华厂各占 50%。② 从表面看，双方似乎势均力敌，但由于外厂技术设备先进，产量高，成本低，“所以外国纱布在中国市场上仍然居于显然的优势地位”。

从上面的叙述，我们可以看到，“中国轻工业和重工业的两个主要部门——纱厂和煤矿的投资中，帝国主义或者通过直接投资，或者通过参加投资，垄断了几乎整个中国的工业”。“帝国主义的强大资本，是压迫中国民族工业的主要力量”。“在许多重要工业产品上，外国在华工厂的产量都超过了华厂的产量”；“同时，外资工厂的生产又是带有垄断性的大规模生产，如（20 年代）美商上海电力公司的发电量相当于全国（四万多个）各华厂发电量的总和”。“必须考虑到这一些事实，才能充分理解外国资本对民族工业的压迫程度”。③

3. 民族资本主义经济的艰难生长

随着外国资本主义的入侵，自然经济趋向解体，商品经济日益发展，中国的

① 凌耀伦等：《中国近代经济史》，重庆出版社 1982 年版，第 248 页。

② 严中平等编：《中国近代经济史统计资料选辑》，科学出版社 1959 年版，第 190、222、248、123 ~ 124、127 页。

③ 严中平等编：《中国近代经济史统计资料选辑》，科学出版社 1959 年版，第 113 ~ 114 页。

民族资本主义经济也逐步地发展起来了。不过,它的步履十分艰难,发展比较缓慢。

由于1911年的资产阶级民主革命对封建制度所进行的巨大冲击,一些限制民族工商业的樊篱被突破,禁令被取消,维护民族工商业的社会团体如上海总商会、华商纱厂联合会等也纷纷建立。由于1914—1918年第一次世界大战期间,西方多数帝国主义国家忙于战争,暂时放松了对于中国的压迫,中国的商品入口额明显减少,出口额逐年增加,国内外市场有所拓展。因此,从1914年至1922年间,中国的民族工业,主要是纺织业和面粉业,也有了进一步的发展。这表现在:厂矿单位和投资数额迅速增加。1914—1919年间,平均每年注册增设的工厂为90家。由于向国外订购机器,大都在"一战"后才启运,这个设厂高潮在"一战"后还延续了若干年。据北洋政府农商部的不完全统计,全国资本较大的厂矿公司,1914年为146家,1922年增至379家,增加了1.5倍;其资本总额1914年为4 100万元,1922年增至16 000万元,增长了近4倍;每个厂矿公司的平均资本1914年为28万元,1922年增至43万元,增加了近1倍。其中,棉纺织业是发展较快的一个行业。中国资本的棉纺织厂,1913年时为40余家,拥有纱锭近50万枚,布机2 000台;在1914—1922年间即新增54家,全国纱锭增至150余万枚,布机增至6 700余台;其中1921—1922年间即有29家纱厂投产,其增加纱锭78.9万枚,年均近40万枚,为前此所未有。面粉工业是另一个发展较快的行业。1913年前,全国陆续开办的面粉厂为53家,1914—1922年间即新增108家,为前此所有面粉厂总数的两倍。其生产能力,1920年较1913年增加了2.5倍。其他一些工业部门,如机器缫丝、卷烟、火柴、机器造纸、水泥、电力、化学工业品、矿冶、机械等,也有不同程度的发展。不过,在第一次世界大战结束后不久,由于西方资本主义列强纷纷卷土重来,中国的进口贸易额1919年为6.4亿两,1926年已激增至11.3亿两。民族工商业不堪外国资本的压迫,加上其他的一些原因,1923—1924年间又开始萧条。两年间,仅增设纱厂2家,增加纱锭17万枚。由于中国纱布市场萧条,华商纱厂联合会曾于1922年即议决自12月18日起停工四分之一,三个月为期;1923年3月又议决停工二分之一,两个月为期。面粉厂虽有新设,但停工和开工不足者也甚多,"两者相抵,所增极其有限"①。一些厂矿为维持生产不得不举借外债,其中不少厂矿因无力还债而被外国垄断资本所兼并。1925年五卅运动后,境况稍有改善。就纺织业而言,"1925年五卅惨案,抑制日货,华纱畅销,各厂纷纷增加生产"。卷烟业的情况也类似。本来,1924年时,上海卷烟市场的90%已被外国烟占领,五卅运动后抵制外货、

① 许涤新、吴承明主编:《中国资本主义发展史》第3卷,人民出版社1993年版,第143页。

倡用国货,情况大为改观,1925 年以后的四年成了“华商卷烟业的盛世,上海共有 118 家烟厂开业”①。

整个说来,这个时期的中国民族资本主义经济虽然有所发展,但这种发展既不顺利,更不充分,所走的是一条畸形的道路。其原因在于中国的民族资本主义经济主要是中等规模和小规模的资本主义经济,它们的发展,受到了多方面的限制和阻碍。首先,是外国资本的压迫。北洋军阀统治时期,外国经济势力进一步深入中国。由于外国资本在中国实行商品倾销并直接在中国投资设厂,致使中国的市场大量被它们的廉价商品所占领,民族工业由于规模小,技术设备落后,资金短绌,其产品很难与洋货竞争。这个时期民族工商业所受进口洋货的压力虽有所减轻,但所受“外商在华企业的垄断性竞争”的压力却增大了。其次,是封建生产关系的束缚。北洋军阀统治时期,封建剥削制度基本上被原封不动地延续了下来。由于占全国人口大多数的农民仍然被束缚在封建土地所有制下面,致使中国农村生产力水平十分低下,农村购买力极其薄弱,由此也就使得国内市场狭窄,轻工业原料供应不足,民族工商业难以自由地、充分地发展。再次,是军阀官僚政府的压榨。北洋军阀统治时期,“内战频繁,常对工商业造成损害。但其主要损害在于捐税及征敛”。苛捐杂税使得经营民族工商业难以获利或只能获得微利。这也是中国的民族工商业陷入困境的重要原因之一。

正因为中国的民族资本主义是在半殖民地半封建社会中,在帝国主义和封建主义的双重压迫下,艰难地生长起来的,它也就具有了以下的几个特点:

第一,民族资本主义经济在整个国民经济中所占的比重甚小,它没有也不可能成为中国社会经济的主要形式。北洋军阀统治下的中国,仍然是一个农业国,现代工业很不发达。20 世纪 20 年代初,工业总产值仅占工农业总产值的 4.87%;而且这个少量的现代工业,相当部分还被控制在外国垄断资本和本国官僚资本手里,中国民族资本所经营的只是其中的一部分。1920 年,它在中国产业资本中所占的比重,仅为 18.2%。②

第二,在民族资本中,工业资本所占的比重小,商业资本和金融资本所占的比重大。“有人估计,在民族资本总额中,商业投资占 64%,工业投资仅占 26%。这种‘重商轻工’、‘以工惠商’的经营方向,严重影响中国资本主义工业的扩大再生产和发展。”③

第三,民族资本主义工业主要是以纺织、食品工业为主的轻工业,缺乏重工

① 许涤新、吴承明主编:《中国资本主义发展史》第 3 卷,人民出版社 1993 年版,第 152 页。

② 吴承明等:《近代中国资产阶级研究》,复旦大学出版社 1984 年版,第 141 页。

③ 凌耀伦等:《中国近代经济史》,重庆出版社 1982 年版,第 342 ~ 343 页。

业的基础,不能构成一个完整的工业体系,在技术、设备以至原材料方面,不得不在很大程度上仰赖外国。比如,在 1919 年,仅纺织、面粉两个部门的资本即占全部工业资本的 53%,其拥有的工人也占全国工人总数的一半以上。重工业很少,而且基本上由外国资本垄断。机械工业几乎等于零。商业资本因无强大的国内工业作为后盾,所经营的在很大程度上也是批发外货,或趸卖原料以供应外国。

第四,民族资本所经营的工业,规模狭小,经营分散,技术设备落后,劳动生产率低。多数工厂没有现代化设备,为手工业工场。这种情况,使得民族工业的产品成本高,在市场上缺乏竞争能力。“民族资本以分散落后的生产,要在帝国主义资本和官僚资本的压力下挣扎图存,它唯一的办法就是加强对工人的剥削,力求以最小限度的预付资本获得最大倍数的剩余价值。”

第五,民族资本主义经济和封建势力也有千丝万缕的联系。相当一部分民族资本家的前身是官僚、地主,他们的资本是由地租转化而来的;不少民族资本家的亲友是地主,他们在农村中进行着封建剥削;由于经营工商业没有获利的确实保障,一些民族资本家还以经营工商业所得,到农村购买土地,而后出租给农民,兼事封建剥削,从而使自己具有资本家和地主这样两重身份。

中国民族资本主义经济的这种境况,决定了中国的民族资产阶级在政治上的两重性格。“由于中国民族资产阶级是殖民地半殖民地国家的资产阶级,是受帝国主义压迫的,所以,虽然处在帝国主义时代,他们也还是在一定时期中和一定程度上,保存着反对外国帝国主义和反对本国官僚军阀政府(这后者,例如在辛亥革命时期和北伐战争时期)的革命性,可以同无产阶级、小资产阶级联合起来,反对它们愿意反对的敌人。”同时,也正因为他们是半殖民地半封建中国的民族资产阶级,“他们在经济上和政治上是异常软弱的,他们又保存了另一种性质,即对于革命敌人的妥协性。中国的民族资产阶级,即使在革命时,也不愿意同帝国主义完全分裂,并且他们同农村中的地租剥削有密切联系,因此,他们就不愿和不能彻底推翻帝国主义,更加不愿和更加不能彻底推翻封建势力。这样,中国资产阶级民主革命的两个基本问题,两大基本任务,中国民族资产阶级都不能解决”①。

工人阶级是资本主义剥削制度下的不占有任何生产资料、靠出卖劳动力生活的雇佣劳动者。中国工人阶级是随着资本主义在中国的发生、发展而形成、壮大起来的。19 世纪中叶,外国资本在中国创办的企业(主要是船舶修造厂、轮船公司以及缫丝、制糖、轧花等工厂)中,产生了中国的第一批现代产业工人。19

① 《毛泽东选集》第 2 卷,人民出版社 1991 年版,第 673 ~ 674 页。

世纪60年代,在清政府官办的军事工业企业以及70年代开始的以官督商办、官商合办形式出现的企业(主要是采矿、冶炼、纺织、交通运输等企业)中,产生了中国的第二批现代产业工人。70年代初以后,在民族资本经营的企业(主要是纺织、面粉等轻工业企业)中,产生了中国的第三批现代产业工人。与西方的情形不同,中国的工人阶级和民族资产阶级不是同时产生的。在中国,是先有工人阶级,后有资产阶级。比之后者,它的资格要更老些,社会基础也更广大些。

中国工人阶级的人数不多,1894年约为10万人;1913年当在50万至60万人之间;1919年前后,据估算,为261万人。其分布情况大致如下:铁路工人16.5万人,邮电工人3万人,海员15万人,汽车电车工人3万人,搬运工人30万人,中国工厂工人60万人,外国资本在华工厂23.5万人,矿业工人70万人,建筑工人40万人。① 他们是新的生产力的代表者,是具有伟大前途的革命阶级。因为在与资产阶级对立的阶级中,"只有无产阶级是真正革命的阶级。其余的阶级都随着大工业的发展而日趋没落和灭亡,无产阶级却是大工业本身的产物"②。

中国工人阶级由于生长在半殖民地半封建的中国社会,他们不仅受到资产阶级,而且受到外国帝国主义和本国封建势力的压迫,"而这些压迫的严重性和残酷性,是世界各民族中少见的"③。他们的劳动时间很长,一般每日经常为12小时,甚至12小时以上;他们的劳动条件极差,厂房狭窄、设备简陋、空气污浊,没有起码的劳动安全设施,许多工人患有各种职业病,工伤事故层出不穷;他们的工资水平极低,绝大多数工人的日工资高的大约五角,低的只有二至三角,劳动所得,不足以维持最低限度的生活;他们除受中外资本家的剥削外,还要受封建把头等的盘剥;他们在政治上也不享有任何自由权利,1914年8月颁布的治安警察法即明文规定当局要采取一切力量,来制止一切工人的集会。正因为如此,他们的革命性也就来得特别的坚决和彻底。

中国工人阶级的集中程度是相当高的。他们的大多数集中在东南沿海各省和水陆交通沿线的大城市。1894年,仅上海、广州、汉口三大城市的工人即占全国工人总数的76.7%,上海一地即占46.4%。1925年,上海及其附近几个工业发达的县份有工人100万人左右,东北几个工业中心有工人60万人左右,武汉有工人40万人左右,即此三处,已包括全国工人总数的大部分了。他们中的

---

① 参见刘明逵编:《中国工人阶级历史状况》第1卷第1册,中共中央党校出版社1985年版,第88、122页。

② 《马克思恩格斯选集》第1卷,人民出版社1995年版,第282页。

③ 《毛泽东选集》第2卷,人民出版社1991年版,第644页。

80%，又主要集中在500人以上的大型厂矿中，从事集体劳动。这种情况，有利于工人阶级集结成为强大的统一的力量，有利于工人阶级在发动斗争中显示强大的声势和扩大斗争的政治影响。

中国工人阶级的绝大多数来源于破产的农民，一部分来源于破产的手工业者以及若干破产的城市居民。他们对于广大农民和其他劳动群众的疾苦和要求比较了解，他们一旦发动斗争也比较容易得到这些群众的响应。当他们和广大农民及其他劳动群众联合起来时，他们就可以形成一种伟大的、不可战胜的力量。

由此可见，“虽然中国无产阶级有其不可避免的弱点，例如人数较少（和农民比较），年龄较轻（和资本主义国家的无产阶级比较），文化水准较低（和资产阶级比较）；然而，他们终究成为中国革命的最基本的动力。中国革命如果没有无产阶级的领导，就必然不能胜利”①。

综上所述，我们可以看到，在北洋军阀的统治下，帝国主义和中华民族的矛盾、封建主义和人民大众的矛盾进一步激化，中国社会的黑暗、政局的混乱达到了使人民群众无法容忍的程度；与此同时，不仅广大农民酝酿着反抗的行动，而且新兴的社会力量也有了新的发展。工人阶级开始作为一种觉醒了的独立的政治力量登上历史舞台，资产阶级也进一步提出了自己的政治要求。压迫的加重与反压迫力量的成长，这两方面的情况有力地表明，一场新的人民大革命的兴起，已经是不可避免的了。

这场新的人民大革命，主要将采取以推翻北洋军阀的反动统治为目标的国内革命战争的形式。毛泽东指出：“当着帝国主义不是用战争压迫而是用政治、经济、文化等比较温和的形式进行压迫的时候，半殖民地国家的统治阶级就会向帝国主义投降，二者结成同盟，共同压迫人民大众。这种时候，人民大众往往采取国内战争的形式，去反对帝国主义和封建阶级的同盟，而帝国主义则往往采取间接的方式去援助半殖民地国家的反动派压迫人民，而不采取直接行动，显出了内部矛盾的特别尖锐性。”②中国1925年至1927年的大革命时期的情况，就是这样。

——原载《中国共产党史稿》第2卷，中央文献出版社2006年版。

① 《毛泽东选集》第2卷，人民出版社1991年版，第644～645页。

② 《毛泽东选集》第1卷，人民出版社1991年版，第321页。

三、工人运动的第一个高潮

(一) 集中力量发动和组织工人斗争

中国共产党在1921年的成立,在中国历史上是一个"开天辟地的大事变"。自从有了中国共产党,中国革命的面目就为之一新。这种新面目,在党成立的初期已经开始鲜明地显示出来了。

是不是相信群众、依靠群众,这是无产阶级政党区别于资产阶级政党的重要标志之一。

中国共产党是工人阶级的政党。工人阶级的利益同广大人民群众的利益在根本上是一致的。工人阶级之所以强大有力,原因之一,就在于它在斗争中能够代表广大被压迫劳动群众的利益,能够成为他们的政治领袖。作为工人阶级先锋队的中国共产党,它的全部活动都是为工人阶级和广大人民群众谋利益的,是为他们的解放事业服务的。因此,它敢于相信群众、依靠群众。

中国共产党刚成立,即决定集中力量领导工人运动,指明"本党的基本任务是成立产业工会"①。当时的党还没有划清民主革命和社会主义革命的界限,而是把建立无产阶级专政、消灭资本家私有制当成了革命的直接目标;并且认为,进行社会主义革命,是必须主要依靠工人阶级的。中共二大已经认识到中国革命必须分两步走,第一步是进行民主革命,第二步才能进行社会主义革命;而为了实现反帝反封建的民主革命的目标,必须组成"民主的联合战线",这个联合战线应当包括中国的工人、农民、小资产阶级以至资产阶级在内。但与此同时,二大仍然明确指出,"工人阶级的利益在中国共产党占第一位","中国工人要联合在各种工人阶级组织之内,成功为中国共产党的主要力量"②;切实研究中国劳动运动的现状,"集中、扩大和正当指挥这种运动,是中国共产党的根本任务"③。

为什么中国共产党要首先集中力量领导工人运动呢?当时的考虑,主要是因为:

第一,中国无产阶级是"劳苦群众中的最进步和最能战斗的部分"④。

① 《中共中央文件选集》第1册,中共中央党校出版社1989年版,第6页。
② 《中共中央文件选集》第1册,中共中央党校出版社1989年版,第63页。
③ 《中共中央文件选集》第1册,中共中央党校出版社1989年版,第76页。
④ 《中共中央文件选集》第1册,中共中央党校出版社1989年版,第76页。

在半殖民地半封建的中国，无产阶级不仅受到资本家的剥削，而且受到国内军阀和国际帝国主义的压迫。“在这三重压迫之下的无产阶级，他们解放的要求自然更紧迫，更激烈”①。他们是一支比较容易发动的坚决的革命力量，可以成为“争自由的先锋军”②。中国的无产阶级“是一种现实的最彻底的有力部分，因为其余的阶级，多为列强的经济力所束缚，一时不易免除妥协的倾向，有些还囚在宗法社会的陷阱里”。这里所说的“不易免除妥协的倾向”的，是指资产阶级；“还囚在宗法社会的陷阱里”的，是指农民。“故中国的无产阶级应当最先竭全力参加促进此国民革命，并唤醒农民，与之联合而督促苟且偷安的资产阶级，以引导革命到底”③。

固然，中国无产阶级人数较少，他们的觉悟程度和组织程度还有待于提高，而且正由于遭受三重压迫，“他们解放的实现，也是依同样的比例而增加其难度的”④；但是，中国共产党仍然确信：“工人们处在中外资本家的极端压迫之下，革命运动是会发展无已的。发展无已的结果，将会变成推倒在中国的世界资本帝国主义的革命领袖军。”⑤

第二，深入到工人群众中去，建设“群众性的共产党”，扩大党的政治影响。

中国共产党自始就很明确，它“是无产阶级的先锋军，为无产阶级奋斗，和为无产阶级革命的党”⑥。它认为，为了体现党的这种性质，不仅要在政治上、思想上坚持无产阶级的立场和世界观，而且要在行动上密切联系工人群众，切实维护工人阶级的利益。这也就是说，“我们要随时证明和解释给工人知道：只有共产党是工人的先锋，是工人的政党”⑦。当工人阶级支持共产党并在它的领导下行动起来的时候，党也就不会被人们认为只是少数知识分子研究马克思学说的小团体，而成为人们公认的不可忽视的一支重要的政治力量了。

党在刚成立的时候，“几乎完全由知识分子组成”。鉴于这种情况，党的一大即“决定要特别注意组织工人，以共产主义精神教育他们”⑧。一大以后，中共中央在党务工作计划中还特别提出，要“多收工人，务求居全数一半以上”。但是，工人阶级中的觉悟分子是不可能自发地涌现出来的。党只有走到工人群众

---

① 《安源路矿工人俱乐部宣言》，《安源路矿工人运动（上）》，中共党史资料出版社1990年版，第67～68页。

② 《中共中央文件选集》第1册，中共中央党校出版社1989年版，第131页。

③ 《中共中央文件选集》第1册，中共中央党校出版社1989年版，第139页。

④ 《中共中央文件选集》第1册，中共中央党校出版社1989年版，第131页。

⑤ 《中共中央文件选集》第1册，中共中央党校出版社1989年版，第114页。

⑥ 《中共中央文件选集》第1册，中共中央党校出版社1989年版，第44页。

⑦ 《中共中央文件选集》第1册，中共中央党校出版社1989年版，第81页。

⑧ 《中共中央文件选集》第1册，中共中央党校出版社1989年版，第557页。

中去，在发动和组织工人群众进行斗争的过程中，才能造就出这种觉悟分子来。正因为如此，共产国际在当时也曾指出："中国共产党的重要而特殊的任务，应当是组织和教育工人群众，建立工会，以便为强大的群众性的共产党准备基础。"①

第三，当时"因为党员少，组织农民和军队的问题成了悬案，决定集中我们的全部精力组织工厂工人"②。

党成立之前，中国共产主义者中间已经有人开始注意农民问题了；党的一大通过的纲领也提到要"利用工人、农民、士兵和学生组织，在党外进行活动"③的问题；党的二大还提出了建立民主的联合战线的任务。二大以后，中共中央一方面强调，"共产党是工人的政党，他的基础应该完全建筑在工人阶级上面"；另一方面也指出，"中国共产党若离开了农民，便很难成功一个大的群众党"④。但由于人手太少，一大时仅党员 53 人，二大时也只 195 人，党还不能不首先把工作"集中在工人宣传及组织上面"。中共中央是这么认识的，党的许多干部也是这样看的。周恩来曾经讲过，五四以后，毛泽东参加了革命运动，就先在城市专心致志地搞工人运动。那时陶行知提倡乡村运动。恽代英给毛泽东写信说，我们也可以学习陶行知到乡村里搞一搞。毛泽东说，现在城市工作还忙不过来，怎么能再去搞乡村呢？这就说明毛泽东当时没有顾到另一方面。毛泽东常说："他开始研究东西也是先搞一个方面，没有通就钻进去，先把这方面搞清楚。"⑤他转到乡村，把农民运动搞通，使城市和乡村的革命运动结合起来，这是稍后一些时间发生的事了。

应当承认，中国共产党在创立的初期，首先集中力量从事工人运动，是有必要的。不过，也应当指出，在半殖民地半封建中国的资产阶级民主革命中，工人阶级是领导者，农民才是主力军，中国工人阶级在政治上之所以有力量，重要的原因之一，就在于它能够成为广大农民的政治领袖。对于这一点，当时的党还是没有，也不可能有认识的。同时，它还不懂得也不可能懂得，在封建军阀的专制统治下，中国工人阶级不可能像西方资本主义国家的工人阶级那样，以和平的合法斗争的方式去积蓄和锻炼自己的力量，为以后夺取政权做好必要的准备。它只能在革命的实践中，逐步地了解中国的特殊国情，掌握中国革命发展的特殊规律。

---

① 《中共中央文件选集》第 1 册，中共中央党校出版社 1989 年版，第 557 页。
② 《中共中央文件选集》第 1 册，中共中央党校出版社 1989 年版，第 559 页。
③ 《中共中央文件选集》第 1 册，中共中央党校出版社 1989 年版，第 5 页。
④ 《中共中央文件选集》第 1 册，中共中央党校出版社 1989 年版，第 122、124 页。
⑤ 《周恩来选集》上卷，人民出版社 1980 年版，第 333 页。

中国“现代式”的工人运动，是在有了中国共产党以后才开始的。“有了共产党，然后才有‘现代式’的工会，从此中国的工会才渐次的相当具有组织性、阶级性以至于国际性”①。

在中国共产党成立以前，中国工人也进行过斗争，但这种斗争却是自发的；也有过某种组织，但这些组织并不是现代式的工会。

关于中国劳动者的旧式组织，邓中夏在《中国职工运动简史》中曾引证过瞿秋白在《中国职工运动的问题》一书中的有关记述。该书指出：

“中国劳动者的组织，从前是一种神权的行会式的组织，这当然都是手工业者的组织，其中雇工学徒和业主是混合组织的。业主在这些组织之中，自然是处于绝对的领导地位。这种组织的任务，实际上就是‘同行公会’的任务，即所谓生产者对付消费者的组织。例如木匠的组织，大家公约木匠工作的价钱和条件，一致的对付雇主。同时这也是业主对付雇工学徒的组织，大家公约木匠收学徒的条件、学徒的年限等等。这些行会的公约，都请一个神来保证，例如木匠的神，便是鲁班(行会的神都是道教的)。雇工和学徒在这种组织之中，只有听从业主的决定：每年工资或每次工资的多少等等；不过这里所谓工资，往往在形式上都带着分红的性质，而且行会的组织总有业主‘团结’自己的雇工对付消费者的幻梦，使雇工和学徒觉得业主的事业和营利，就是自己的事业和营利似的。”

“再则还有一种会馆式的组织，这种组织本是绅士阶级的组织。例如北京有各省甚至各县的会馆，每省或一县的人住在外乡做事，他们中之最大的绅士官僚就收集金钱，建设会馆，准备同乡人暂时居住的地方，碰着同乡之中有争端发生，或者受着外县人的欺侮，‘会馆’的主持人物，就会出来调解或者‘争面子’。苦力和劳动者在外乡做事，当然受不着这么许多的帮助。但是，因为苦力和劳动者极大多数是离着家乡很远，并且很难找着工作，所以他们自己也有这一类的组织，例如上海工人之中的安徽帮、宁波帮、湖北帮等；这种组织当然不是阶级的组织，而是同乡性质的组织，其中小商人小官吏也有加入的，而且总是头脑。这也是很自然的——苦力的同乡组织也要有权有势的同乡(工头、包探、‘有面子的人’)。同乡的帮口是互相帮助寻找工作，和别帮人争夺工作的组织。这不仅是一种什么地方主义，而且是极残酷的苦力生活的反映，一种特殊的斗争方式。实际上这些同乡帮口，都是大小绅士的工具。”

“中国‘下等社会’之中，还有一种组织，便是‘秘密结社’性质的组织，例如青帮、洪帮、哥老会、三合会等。这种组织的历史很长”。“比起同乡性质的帮口来，这种组织更进了一步：他们有一定的头目，一定的系统，秘密的暗号等。加入

① 邓中夏：《中国职工运动简史》，《邓中夏文集》，人民出版社 1983 年版，第 435 页。

这种组织的人,一定要经过许多神秘的手续。这是一种斗争的组织:破产失业的流浪生活,使'下等社会'里的人找着组织方式,互相帮助着反抗官厅的追捕,保护自己的生命;同时也可以为豪绅资本家利用,去反对自己的仇敌,他们这种组织往往是用武力斗争的办法,打架,械斗等等。他们的首领,也大半是职业的刑事犯"。"这种组织的系统,是极严格的宗法社会的形式:'大龙头','二龙头',师父徒弟的辈分分得极清,纪律极严。'下等社会'的组织都模仿着'上等社会'的帝制主义,族长主义。自然他们的群众,要变成首领互相械斗的炮灰和谋利的工具。"

这类行会、帮口和秘密结社,在中国共产党成立以后仍然在起着作用。它们不利于工人形成自己的阶级意识,建立统一的阶级组织,形成团结一致的战斗力量。一些秘密会社虽也发动过若干维护工人利益的斗争,结果大多被反动当局镇压了下去。依靠这类组织,工人们既不可能改良自己的境遇,更不可能赢得自己的解放。

辛亥革命以后,江亢虎建立的社会党曾"倡言组织工人团体。据说浦口码头工人和北方有几处铁路工人,有一部分是被他们组织起来了"。1913 年,"袁世凯专政,解散国会,江亢虎所组织的工人团体也就昙花一现,无影无踪了"。社会党对于工人的影响也"就丧失得干干净净"。以刘师复为首领的无政府党也曾在工人中进行过活动,刘师复本人就曾在广州首创理发工会和茶居工会。无政府党在南方的一些工会中有相当的影响。前面讲过,湖南劳工会的组织者黄爱、庞人铨就信仰过无政府主义。"无政府党对于工人的影响,的确延长十余年,一直到一九二五年,还成为共产党斗争的对手"。① 不过,在他们影响下的工人为数还是有限的。在北方及中部的工人中,他们并没有多少影响。

从上面的叙述,我们可以看到,在中国共产党成立的时候,中国工人阶级还没有建立起本阶级的统一组织,他们中的多数人还处于尚未觉醒的自在的状态。

单个的工人是没有力量的,工人阶级只有组织起来,才能捍卫自身的利益,才能在社会政治生活中发挥重要的作用,才能去争取自身的解放。所以,组织,这是工人阶级进行斗争的首要的武器。中国共产党成立以后,既然决定集中力量领导工人运动,它也就把建立工会提上了自己的主要工作日程。一大通过的《中国共产党第一个决议》开宗明义即指出,"本党的基本任务是成立产业工会"。决议具体规定,"凡有一个以上产业部门的地方,均应组织工会;在没有大工业而只有一两个工厂的地方,可成立比较适于当地条件的工厂工会";在成立工会时,"至少要派我党党员二人到该工会去工作"。为了使工会能够在共产党

① 《邓中夏文集》,人民出版社 1983 年版,第 427 ~ 428 页。

的领导下,真正成为工人阶级自己的组织,决议强调"党应在工会里灌输阶级斗争的精神。党应警惕,不要使工会成为其他党派的傀儡。为此,党应特别机警地注意,勿使工会执行其他的政治路线"。决议指出,建立"工人学校是组织产业工会过程中的一个阶段"。"学校的基本方针是提高工人的觉悟,使他们认识到成立工会的必要"。决议还要求成立工会组织的研究机构。"成立这种机构的主要目的,是教育工人,使他们在实践中去实现共产党的思想"。研究的内容包括:马克思的经济学说,工人运动史和各国工人运动的现状,组织工厂工人的方法。既要研究国际工人运动的经验,以为刚刚兴起的中国工人运动的借鉴,更要"特别注意(研究)中国本国的工人运动问题"①。

根据中共一大的上述方针,党的中央和地方组织积极从事于向工人做宣传和建立工会的工作,并且在短时期内收到了明显的成效。

一大以后,为了推动工人运动的发展,中国共产党采取了几个有重大影响的实际步骤。主要是:

1. 成立中国劳动组合书记部,作为党"公开的做职工运动的总机关"②

中国劳动组合书记部是在 1921 年 8 月 11 日成立的。8 月 16 日,《中国劳动组合书记部宣言》③公开发表。宣言指出:"中国劳动组合书记部是由上海——中国产业的中心的一些劳动团体所发起的,是一个要把各个劳动组合都联合起来的总机关。他的事业是要发达劳动组合,向劳动者宣传组合之必要,要联合或改组已成的劳动团体,使劳动者有阶级的自觉,并要建立中国工人们与外国工人们的密切关系。"这就是说,中国共产党一成立,就是把组织全国工人、领导全国工人运动作为自己的责任的。宣言强调,"劳动者没有组织,或是只有公所和无意义的工会组织,自然这种团结是不能自卫,也自然是无反抗的能力。而且劳动者把他们自己分成什么宁波帮、广东帮、江北帮等等是不行的。这是把自己分裂的办法"。劳动者只有团结成为统一的阶级力量,"才能用他们的组织力,做奋斗的事业,谋改良他们的地位"。为此,就必须"把一个产业底下的劳动者,不分地域,不分男女老少,都组织起来,做成一个产业组合"。

中国劳动组合书记部开始时设在上海,主任为张特立(张国焘);随后,又在

① 《中共中央文件选集》第 1 册,中共中央党校出版社 1989 年版,第 6~8 页。

② 《邓中夏文集》,人民出版社 1983 年版,第 437 页。

③ "本文原件未标明时间,曾在一九二一年七月七日出版的《共产党》月刊第六号发表过。但《共产党》月刊第六号载有八月十日结束罢工的消息,因此出版日期应是八月十日以后。据赤塔赤色职工国际代表ю.д.斯穆尔斯基一九二一年十月十三日信,中国劳动组合书记部是一九二一年八月十一日建立的。宣言是八月十六日发表的。"见《中共中央文件选集》第 1 册,中共中央党校出版社 1989 年版,第 561 页注释。

已经建立中共党组织的地方成立了分部。设在北京的北方分部以罗章龙为主任,武汉分部主任为林育南,湖南分部主任为毛泽东,济南分部主任为王瑞俊(王尽美),广东分部主任为冯菊坡。1922 年 8 月,书记部由上海迁到北京,改称总部,邓中夏为主任。“书记部迁往北京,为的在当时罢工高潮中,北方铁路(工人)做了骨干,迁往便于就近指挥”①。书记部迁出上海后,上海也成立了分部,袁大时为主任。同年 10 月,山东分部并入北方分部,原山东分部主任王瑞俊调任北方分部副主任兼秘书。北方分部管辖北方顺直、山东等十二个省及北京、天津等十五个大城市的工人运动,“同时兼负全国铁路总工会的工作”②。

创办工人刊物和工人补习学校,对工人进行宣传教育,是劳动组合书记部的主要工作之一。“书记部在上海发行《劳动周刊》,至四十一期为会审公堂所封禁,发行最多时五千份,前后统计印行十六万五千张”。北方分部也发行《工人周刊》,“每期印两千份,大部分销行北方铁路工人”③。山东分部的机关报为《山东劳动周刊》。湖南劳工会也创办了《劳工》和《劳动周刊》。劳动组合书记部总部及其分部不仅在上海小沙渡工厂区、北京长辛店铁路工人区,而且在天津和张家口工人区、粤汉铁路徐家棚车站、安源路矿区、广州机器工人区等多处,举办过工人补习学校、工人子弟学校。这些刊物的出版和学校的开办,对于启发工人的阶级觉悟,从他们中间发现和培养工人运动的骨干分子,起到了积极的作用。在这个基础上,劳动组合书记部总部及其分部更引导工人组织起来,成立工会,开展罢工斗争。

自 1921 年 8 月中国劳动组合书记部成立,中国共产党就有了一个“合法的公开的”从事劳动运动的机关。“中国劳动运动从此便成为有组织有计划的运动。无产阶级的营垒,亦从此初具端倪了”④。这样说,是符合历史实际的。

2. 倡议召开全国劳动大会,推动中国工人阶级走上团结战斗的道路

1922 年 5 月 1 日至 6 日,由中国劳动组合书记部发起,第一次全国劳动大会在广州召开。“其初不过由广州、上海、北方十余个工会,感受世界潮流,都觉得有全国联络之必要,写信给中国劳动组合书记部,要求发函召集全国劳动大会”。书记部发出召开全国劳动大会的通告后,“不论接到或未接到通告的工会,都大为欢欣,竞派代表与会。北京、天津、唐山、长辛店、山东、武汉、长沙、江西、南京、上海各处派代表赴粤者约三四十人,加上广州各工会代表,合计竟达百

① 《邓中夏文集》,人民出版社 1983 年版,第 455 页。

② 罗章龙:《北方劳动组合书记部》,《社会科学战线》1980 年第 3 期。

③ 《中共中央文件选集》第 1 册,中共中央党校出版社 1989 年版,第 50、52 页。

④ 僧:《二七惨案略史》,《革命史上几个重要纪念日》,1926 年。

六十余人,代表工人三十余万”。这个劳动大会,在中国确是“破天荒”的;它的顺利召开,“不可谓非我国劳动阶级一大觉悟”①。

这次大会有以下几点值得注意:

第一,它实际上接受了中国共产党提出的反对帝国主义、反对军阀的民主革命纲领。

尽管“大会代表成份非常复杂,就其大者而言,有共产党派,有国民党派,有无政府党派,有毫无主义和信仰的市侩的或流氓的招牌工会派,甚至还有工商合组的团体”,但“共产党在大会中有极大的威望”。“大会场的布置,完全赤色,三大口号,就是‘打倒帝国主义’‘打倒军阀’‘中国共产党万岁’,各派均未提出异议”。② 大会还公开发表宣言(宣言刊载于上海《民国日报》副刊《觉悟》并直接发布五千份),指出“国际帝国主义和本国军阀也是我们的敌人”。“这些敌人一日不除掉,我们一日不能得到些微的自由”。“所以,我们要结合全国的农人,至于小资产阶级暂时联络,共同向着那些敌人奋斗”③。这样,就在政治上为中国工人运动指明了方向。

第二,它“引导工人阶级开始走向全国团结的道路”④。

据当时报载,大会讨论通过的决议案有十个,其中三个决议案,即罢工援助案、工会组织原则案、铲除工界虎伥案,“是工人群众所迫切需要的”,“成为大会最热心讨论的问题”⑤。

罢工援助案的提案人为中国劳动组合书记部代表李启汉。理由是:“现在我国劳工运动,尚在幼稚时代,能力薄弱。平时即受不正当势力压迫,在罢工时候,尤受资本家欺蔑;非我工人本互助精神,互相援助,必无希望。故工人无论在何地罢工,应当设法援助,以达我工人牺牲奋斗、自求幸福的目的。”大会为此议决的办法是:“(一)凡遇某地某工会发生罢工时,应设法通知全国各工会;或即以现在各地劳工各书记部暂担通讯义务。”“(二)凡某工会知道别处有罢工事情发生时,即通知各会员干下列各事”,即:一处罢工,所有工人均不得受该处东家之雇请;派人慰问,或通讯慰问;派人帮忙办理事务;捐助经费以维持罢工伙食;

① 《全国劳动大会之所闻》,《新申报》1922 年 5 月 22 日。据陈独秀 1922 年 6 月 30 日给共产国际的报告,“各省工会代表到会者一百七十三人”。见《中共中央文件选集》第 1 册,中共中央党校出版社 1989 年版,第 50 页。据邓中夏在《中国职工运动简史》中的记载,大会代表 162 人,代表一百多个工会的 27 万余名会员。

② 《邓中夏文集》,人民出版社 1983 年版,第 480 ~ 481 页。

③ 上海《民国日报》1922 年 6 月 8 日。

④ 《邓中夏文集》,人民出版社 1983 年版,第 485 页。

⑤ 《邓中夏文集》,人民出版社 1983 年版,第 484 页。

如东家势力强大,不易压服,则举行相当程度之同情罢工。①

工会组织原则决议案的提案人为邓重远(邓中夏)。理由是:“工人阶级争斗力之强弱,全视工会组织法之良窳而定。比如工会是由一种职业的工人所组织而成,则罢工运动每至一行业的工人陷于孤立,而容易失败。产业组合则不然。把一种产业中的各种工人联合于一个工会之中,则争斗力就异常雄厚。故我们组织工会,应当以产业组合为原则,但确实不能采用产业组合法的各种职业的工人,则仍不妨沿用职业组合法以为着手之起点。又,我们工人希望将来有真正的全国劳动总组织出现,则必首先组织每个地方所有的工会(无论是职业组合或产业组合),而成为一个地方的劳动联合会,将来再由各地方劳动联合会组成全国总工会,则工会的组织,就上真正的轨道,成为一个铁样的团体了。”大会同意这个提案,决议“凡能采用产业组合的,就应一律采用产业组合法去组织工会”。“确实不能采用产业组合办法的,不妨用职业组合”;“务必将每个地方所有各产业组合和职业组合的工人,将来由各地方联合会组成全国总工会”。②

儆戒工界虎伥案的提案人为中国劳动同盟会沪总部代表谭竹轩。理由是:“我工友们既饱受资本家之压制,复受虎伥之欺凌”,对此必须加以儆戒。公决“办法分三层,先警告,次宣布罪状,最后则以铁血对待”。③

大会的这些决议,为实现工人阶级的大联合扫清了道路。大会的宣言更告诫工人必须增强自己的阶级意识,懂得“无论哪种或哪个地方的工人们对资本家的奋斗,都是我们这个阶级对资产阶级的奋斗”;因此,全国工人应“即刻联合起来,组成一个阶级的强固的紧密的阵线,向着资产阶级和压迫阶级为不断的奋斗”。

第三,它的“另一意外的成功,就是中国劳动组合书记部地位的抬高”。

中国劳动组合书记部是受中国共产党领导的,是党从事工人运动的合法的公开的总机关。大会通过“在中国全国总工会未成立以前,中国劳动组合书记部为全国总通讯机关”案,事实上便是公认它为全国唯一的领袖。再则每个决议案差不多都有“大会委托中国劳动组合书记部如何如何字样”,根据这些决议案,实际上中国劳动组合书记部已有指挥全国职工运动之权。④

3. 通过《关于“工会运动与共产党”的议决案》,为工会运动的发展指明方向

1922 年 7 月召开的中国共产党第二次全国代表大会在制定党的民主革命

---

① 上海《民国日报》1922 年 5 月 25 日。

② 上海《民国日报》1922 年 5 月 25 日。

③ 《广东群报》1922 年 5 月 8 日、9 日。

④ 《邓中夏文集》,人民出版社 1983 年版,第 485 页。

纲领的同时,还曾通过《关于“工会运动与共产党”的议决案》。

议决案首先指出,中国的劳动运动,是在第一阶段中发展,还脱不了旧行会和手艺组合的束缚。同时劳动阶级的奋斗还不过是为某种手艺或某个工厂的特别状态的单独运动,并没有普遍性质的运动。工人的组织也不强固,组合的人数也不多。“切实研究这种现状,集中、扩大和正当指挥这种运动,是中国共产党的根本任务”。

议决案“按照中国劳动运动的现状和我们过去活动的经验,以及证之近代欧洲运动的教训”,提出了党在工会运动中必须遵循的根本方针。其中以下几点尤其值得注意:

第一,规定了工会的性质和任务。

工会是工人阶级的群众组织。首先,它是工人阶级的组织。它“不能与行会一样,不能有雇主在里面”。同时,它是群众组织。“只要是赚工钱的工人,不论男、女、老、少、信仰、地域、种族、国籍、政见、熟练不熟练等区别,都须加入工会”。这样,“才能使工会变成一个阶级的群众的工会”。

工会“是保护工人切身的利益和为工人的利益奋斗的机关”。“工会应该努力做改良工人状况的运动”;“同时须使工会很快的向着劳动运动的最终目的进行,就是完全打倒工银奴隶制的资本制度,并按照共产主义原则改造社会”。

第二,规定了工会工作的革命原则。

“工会最主要的活动是与资本家和政府奋斗;互相帮助,联络感情不过是次要目的;因为工会是一个战斗的团体,不专是共济的机关。”

工会“应该努力做改良工人状况的运动”,即从事经济斗争。尤其要把实行团体契约(即“工人进退和一切待遇的条件不得由雇主们向工人单独的缔结,要工会代表工人和雇主们协定”)和实行同工同酬两个职务担当起来。同时,工会必须进行政治斗争,“必须做民族独立政治的和市民的权利与自由(包括普通选举权和废除罢工刑律的运动)的奋斗,并在民主主义联合战线中占独立的重要的地位,这样才能促进工人们得到最后的胜利”。

工会“务必把雇主们看作一个阶级来对抗”,“各种运动都要变成有普遍意义才能使工会扩大,变为真正阶级的行动”。工会自身要成为以实际经验做课程、“发展工人们的阶级自觉”的“一个很好的学校”。它“还须要有阶级一致和纪律的训练”。

第三,规定了工会的组织原则。

“工会的构造须要很快的使他成为团结很紧的,中央集权的和有纪律的产业组织。”

工会最好的基本组织是工厂委员会,并以工厂委员会为基本单位,“再组织一个产业组合”。

第四,规定了共产党与工会的关系准则。

共产党与工会的区别在于,“共产党是所有阶级觉悟的无产阶级分子的组合,是无产阶级的先锋军”;而“工会是所有工人的组合(不管政治见解怎样)”。因此,共产党应当使自己成为工会及工会运动的领导者。“共产党无论在哪种劳动运动中,他都要是‘先锋’和‘头脑’,决不可不注意任何工会活动,并要适当的诚实的和勇敢的率领工会运动”。

为了实现对工会和工会运动的领导,共产党“必须在工会中和各个工厂委员会以及一切的劳动团体中组织强有力的团体”,即在工会内部建立党的组织,使之成为从组织上保证实现党对工会领导的核心。

第五,规定了共产党对非共产党组织的工会的策略。

共产党人应当到国民党、无政府党或基督教所组织的工会里面活动,不得任意引导工人脱离已成的工会。党的“战术是要在他们势力下的工会里面,渐渐积成势力,推翻国民党无政府党或基督教的领袖地位,自己夺得领袖地位”。

对较进步的行会,“共产党也必须进内去活动,为的是要把行会里的雇主驱逐出去,结合性质相近或同一原料工作的各种的行会,组成一个工会”。即使“很守旧的行会和资产阶级为愚弄工人起见所组织的团体,俱乐部,学校等,共产党也要进去活动,在里面组织小团体”。

议决案所作的这些规定,对于实现党对工会的领导,保证工会运动的健康发展,具有重要的意义。

实际上,在二大召开之前,中共中央即曾计划集中力量组织全国五个大的产业组合,即全国铁路、海员、电气工人、机器工人、纺织工人总工会;组织三个地方总工会,即上海、广州、武汉总工会。二大之后,各地党组织为建立工会作出了巨大的努力。

1922 年 7 月,在林育南等领导下,成立了武汉工团临时联合委员会,旋改称武汉工团联合会。同年 9 月,又改称湖北全省工团联合会。下属 27 个工会,有会员 48 000 余人。

1922 年 11 月,在毛泽东等领导下,成立了湖南全省工团联合会。下属 14 个工会,有会员 4 万余人。

上海、广州的总工会,因条件不具备,未能组织成功。“广东虽挂起‘广东工团联合会’的招牌,但实际上没有基础”。①

1922 年 12 月,汉冶萍总工会在汉阳成立,下属 5 个工会。开滦五矿联合起

① 《邓中夏文集》,人民出版社 1983 年版,第 457 ~ 458 页。

来成立五矿工人俱乐部,有会员3万多人。但全国性的产业总工会,也因条件不具备,未能按计划建立起来。

到1922年底,全国主要的铁路、矿山、大城市和大型工厂,大都有了工会组织。据不完全统计,工会组织总数已在1万个以上,会员近到80万人以上。它们在提高工人觉悟、组织罢工斗争方面,起了重要的作用。

4. 提出劳动法案大纲,为工人运动制定当前的斗争纲领

1922年8月,直系军阀控制的北洋政府为粉饰专制统治,召开"国会",酝酿制定宪法。中国劳动组合书记部趁此机会,在全国发起了劳动立法运动。

在这之前,中共二大《关于"工会运动与共产党"的议决案》即指出,"工会进行劳动者的经济改良运动,必须进行为劳动立法运动";而要"获得劳动立法和争得劳动改良条件,均必须工会组织得强固","必须劳动者的力量能够压迫政府和东家才行"。据此,中国劳动组合书记部于1922年8月发出通告,指出中国劳动者之"自由屡受他人侵害,正式劳动工会始终未为法律所承认,同盟罢工屡为军警所干涉。凡此种种,均缘法律尚未承认劳动者有此种权利之故";通告要求各地工会"从速开会讨论"劳动立法问题,以便"乘此制宪运动之机会,将劳动者应有之权利以宪法规定之"。为了推动劳动立法运动的进行,中国劳动组合书记部还拟定了劳动立法原则四项和劳动法案大纲十九条,指出"这是关于我们劳动阶级的切身利害",千万"不可忽视"的。

劳动立法的原则是:

(1) 保障政治上的自由。政治上之自由权,如言论、集会、结社等,为共和国家任何阶级所应享受,《中华民国临时约法》上虽亦有此规定,然自袁世凯公布《治安警察条例》之后,实际上已无形取消矣。至同盟罢工则是为法律所禁止。从而劳动界之言论与行动,已全无发展之机会。我等为脱离此种束缚计,非将此种非法命令及《刑法》①中制止劳动运动之条文完全铲除不可。此外,劳动者之团体契约权,亦应受法律之正式承认,俾免资本家乘劳动者之弱点,以单独契约刻夺其利益。又劳动者之国际的联合,亦吾人应要求法律之承认者,因无产阶级运动之意义所以重大者,即在其为国际的也。

(2) 改良经济生活。我等在无政府无法律的资本家制度之下,所受残酷的待遇,盖为世界所不经见。劳动时间由十小时至十八小时,休息时间无定。夜工超过八小时,童工女工工作无限制。工资由资本家任意规定,毫无标准。失业救

---

① 《刑法》是指1912年4月30日北洋军阀政府所颁行的《暂行新刑律》。前面已经说过,这个刑律在第二百二十四条中规定:"凡工人有联合同业举行同盟罢工者,其首领处四等以下之有期徒刑或拘役,或三百元以下罚金;附从者处三十日以下之拘役,或三十元以下之罚金。"把罢工完全视为非法行动。

济及疾病保险等为吾人梦想所不及。凡此种种苦境,吾人应设法从速脱离。欧美各国之劳动者对于改良彼等之境遇,非已均奏凯歌耶?我等应参照西欧诸国之劳动法规,实现我劳动阶级之利益。此外,农民(不掠夺他人劳动之农民)之农产物价格,亦应以法律保障之,盖因农业劳动者之生产品价格,常为资本家或商人所掠夺,今应以法律规定其价格,俾无使之降于所费劳力之下。

(3) 参加劳动管理。为解放劳动者并与以管理之经验计,应使其有参加经济机关、企业机关及国家劳动检查局之权利。现时雇主所以毫不顾及劳动者之利益者,即缘劳动者对于关系自己之业务,无参加管理之权,因此劳动者之利益,永不能有保障与进步。设吾能有参加管理之权,则必能明了生产与经济之情况,改良工厂管理制度,并匡正雇主之错误。一方促进劳动阶级之利益,他方则为将来无产阶级管理工厂之准备,故吾等应要求法律承认劳动者有此种参加之权。

(4) 劳动补习教育。现代社会之不平等,大半起于无受教育之机会。政府每年支出巨额款项,专为资产阶级办教育,至无产阶级则毫不顾及。此等不平,使我等永为彼辈之奴隶,故我等应要求政府以法律保证男女劳动者有受补习教育之机会。

根据以上四项原则,又拟定了劳动法案大纲凡十九款:

① 承认劳动者有集会结社权。

② 承认劳动者有同盟罢工权。

③ 承认劳动者有缔结团体契约权。

④ 承认劳动者有国际联合权。

⑤ 每日昼间劳动时间,不得超过八小时,夜工不得超过六小时,每星期应予以连续二十四小时之休息。

⑥ 十八岁以下之男女工及剧烈劳动之时间,不得超过六小时。

⑦ 禁止超过法定工作时间,设有特别事故,须得工会同意,始可延长之。

⑧ 农业劳动者之工作时间,虽得超过八小时,但对于超过时间之工资,须以八小时制为标准而计算之。

⑨ 以法律保障农民(不掠夺他人之劳动者)之生产品价格,由农民代表提出,以法律规定之。

⑩ 剧烈有害卫生及法定之工作时间外之劳动,不得使十八岁以下之男女工为之。

⑪ 对于需要体力之女子劳动者,产前产后均予以八星期之休假,其他女工,应予以五星期之休假;休假中工资照给。

⑫ 十六岁以下之男女工,不得雇佣。

⑬ 为保障劳动者之最低工资计,国家应制定保障法;制定此项法律时,应许

可全国劳动总工会代表出席。公私企业或机关之工资均不得低于最低工资。

⑭ 各种劳动者，有由产业工会或职业工会选举代表参加政府之经济机关、企业机关及政府所管理之私人企业或机关之权。

⑮ 国家对于全国公私各企业，应设立劳动检查局。

⑯ 国家对于劳动者，应予以完全参加劳动检查局之权利。

⑰ 一切保险事业规章之订立，均应使劳动者参加之，俾可保障政府、公共及私人企业或机关中劳动者所受之损失；其保险费完全由雇主或国家分担之，不得使被保险者担负。

⑱ 各种劳动者，一年劳动期间中，应有一个月之休假，半年中应有两星期之休假，其期间内有受领工资之权。

⑲ 国家以法律保障男女劳动者享受补习教育之机会。

劳动法案大纲的十九个条款，是同劳动立法的四项原则相对应的，是这些原则的具体化。比如，第一至四款，是关于“保障政治上之自由”的；第五至十三款及十八款，是关于“改良经济生活”的；第十四至十七款，是关于“参加劳动管理”的；第十九款，是关于“劳动补习教育”的。

中国劳动组合书记部关于开展劳动立法运动的通告于8月中旬在报纸上公开发表。首先响应的，是唐山铁路、矿山、纱厂、洋灰厂各工会。他们组织唐山劳动立法大同盟，举行大规模的示威游行，并通电全国各团体及国会，要求“完全采纳劳动组合书记部所提出的劳动法案”，将其“列入宪法”。继起者为郑州铁路工人俱乐部。他们通电国会，“认组合书记部之劳动法案为最小限度，并要求以宪法保障劳动阶级之利益”，呼吁全国工会一致进行。劳动组合书记部湖南分部也召集各工会代表举行劳动立法运动大会，组织劳动立法的大同盟，并致电国会，要求“从速通过劳动法案”，强调劳动者开展此项运动乃是“为自由而战，为生存而战，为取得应有之权利而战”。武汉各工会也曾通电国会请愿。上海、广州、济南、天津也“着手组织‘劳动立法运动大同盟’”。9月3日，书记部见各地劳动立法运动已经开展起来，乃召集北方铁路工会到北京开会，并招待国会议员和新闻记者，作广大的宣传。

中国劳动组合书记部拟定的劳动法案大纲，其有关保障政治自由和改良经济生活的大部分条款，在西方发达资本主义国家已是广大工人经过斗争争得的权利，但在半殖民地半封建的中国却是没有也不可能实行的；有关参加劳动管理及劳动补习教育的条款，即使在西方发达资本主义国家也没有做到，在半殖民地半封建的中国就更没有实行的可能了。尽管直系军阀首领吴佩孚曾通电“保护劳工”，一些国会议员也曾表同情于劳动立法运动，但他们这样做，不过是为了粉饰专制统治和进行政治投机。他们“根本就无意制宪，书记部所提出之劳动法当然不能望其通过”。

虽然如此,劳动立法运动的开展仍然有它的意义。因为第一次全国劳动大会着重讨论的是工会组织方面的问题,它的“最大的缺点,就是没有针对着罢工高潮制定一个目前斗争纲领”。开展这个运动,正是“弥补这一缺点”。事实上,经过广泛的宣传,这个劳动法案大纲所列十九项条款真的“深入了工人群众之中,变成了罢工高潮中斗争的纲领”①。这个运动,是中国共产党领导工人同北洋军阀政府进行合法斗争的一次尝试。这场斗争,对于揭露北洋政府的反动和伪善、对于提高工人阶级的觉悟和为争取自身权利而斗争的积极性,也起到了重要的作用。

(二)工人运动的第一个高潮

1. 工人运动的高涨

在中国共产党的领导、影响和推动下,中国工人阶级从一个自在的阶级逐步地变成了一个自为的阶级,并且在中国掀起了第一个罢工高潮。这个高潮从1922年1月开始,“一直到1923年2月才告终结。经过继续到一十三个月之久,大小罢工当在一百次以上,参加人数当在三十万人以上”②。

1922年1月的香港海员罢工是这个高潮的“第一怒涛”。这次罢工,虽不是中国共产党直接领导的,但它的领导人受到过中国共产党的政治影响,则是确定无疑的事实。苏兆征等正是在俄国十月革命以后,“开始在群众中作共产主义的宣传,接受当年共产党的政治纲领,着手组织工人战斗机关的海员工会”③。罢工开始后,中共广东支部曾发表《敬告罢工海员》书,要求他们注意“坚持到底”、“团结一致”、“严守纪律”、“注重自治”④。党还曾通过劳动组合书记部发动各地工人声援过他们的斗争。

香港海员罢工之后,“接着就是长江海员罢工和上海邮差罢工与日华纱厂罢工。5月,全国劳动大会后,广州发生盐业工人罢工,上海日华纱厂继续发生罢工,澳门全体华人发生总罢工,于是高潮又起了一个波峰,至6月而低落。7月,汉口钢铁厂发生罢工,工潮又高涨,此时劳功立法运动普及到全国,工人阶级有了一个目前的斗争纲领,更推动高潮上升。首先表现在8月的长辛店铁路工人罢工,接着是汉阳兵工厂罢工,上海丝厂女工罢工。从此以后,因长辛店罢工

① 《邓中夏文集》,人民出版社1983年版,第485、488页。

② 《邓中夏文集》,人民出版社1983年版,第441页。

③ 文虎:《苏兆征同志传》,中华全国总工会1930年2月7日出版。转引自《伟大的开端》,中国社会科学出版社1983年版,第536页。

④ 《共产党广东支部敬告罢工海员》,1922年2月9日。

的胜利,影响波及北方各大铁路与两湖,高潮的趋势更加奔腾澎湃。9 月,粤汉铁路武长段再次罢工,京奉铁路山海关罢工,安源煤矿罢工,汉口扬子机器厂罢工。10 月,京奉铁路唐山罢工。至 10 月末,开滦五大煤矿大罢工,而工潮达到最高峰。开滦罢工失败,工潮已开始出现低落的征兆。上海方面所谓金银业、日华纱厂、英美烟厂工人三角同盟罢工,就一败涂地,工潮在上海表示先退。虽然如此,但在北方各大铁路与两湖,工潮仍回旋荡漾于铁路方面,10 月发生京绥铁路车务工人罢工,12 月发生正太铁路石家庄罢工,次年 1 月发生津浦路浦镇罢工,次年 1 月发生花厂罢工,英美烟厂再次罢工,湖南方面发生水口山铅矿罢工。粤汉铁路武昌段第三次罢工。武汉方面,11 月发生汉口英美烟厂罢工,直到 1923 年 2 月,京汉铁路大罢工爆发,发生'二七'惨案,为这次罢工高潮最后一个怒涛。从此以后,中国职工运动暂时进入消沉期了"①。

中国工人运动处于进攻期间,"所表现的"主要"有两事,一是罢工,一是组织工会"。

工会是罢工的组织者。"最多数"是"先组织工会然后罢工的,如安源、长辛店等";"次多数"是"一面组织工会,一面组织罢工的,如开滦煤矿等";只有"少数"是"先罢工然后组织工会的,如上海邮差等"②。

当时,罢工浪潮几乎遍及全国各厂矿。"差不多没有那一处那一矿那一厂不罢工,固然罢工之中不少失败,然而胜利的总占多数"③。"罢工人数最多、影响最大的,有香港海员罢工、汉口人力车工人罢工、长辛店罢工、陇海路罢工、汉阳铁厂罢工、粤汉北段罢工、安源路矿罢工、水口山罢工、上海浦东纺织烟草罢工、开滦罢工、京汉铁路罢工。前八次罢工都胜利,后三次罢工"则遭到了"失败"④。整个说来,年轻的中国工人阶级在这期间确实"做出"了不少"惊天动地的光荣事业"。

为什么"工会运动,风起云涌,彼响此应,大有一日千里之势"?"推其原因,系由于工人身受种种痛苦,因而要求改善,更因而组织工会"。而"发动工友们起来组织工会的观念"的,主要是以下几种事实,即:第一,"五四运动的发生,使工人知道群众的组织势力"。"工人们看见学生一有组织,便能殴打公使、罢免总长,于是也就起来组工会或十人团,赞助学生的爱国运动;后来这种爱国组织便一变其色彩,而为工人的经济组织了"。第二,"大战后,世界各国的劳动运

① 《邓中夏文集》,人民出版社 1983 年版,第 441~442 页。

② 《邓中夏文集》,人民出版社 1983 年版,第 47 页。

③ 《邓中夏文集》,人民出版社 1983 年版,第 43 页。

④ 《邓中夏文集》,人民出版社 1983 年版,第 47 页。

动，澎湃已极，报纸连篇累牍，日有登载，中国工人不免受其影响。尤以俄国工人之大胜利，最能惊醒中国工人”。第三，“一班信仰共产主义献身工人阶级的志士，最先组织工人补习学校、劳动组合书记部等机关，宣传工会的作用，开发工人的知识，并实际赞助工人们组织工会”①。由此可见，1922 年初到 1923 年初中国工人运动的勃兴绝不是偶然的。

下面，我们将对上列十一次重要罢工中的三次，即安源路矿工人罢工、开滦煤矿工人罢工和京汉铁路工人罢工，作比较详细的叙述，以便通过这些典型事例，具体地说明当时工人运动的实际情况及其经验教训。

2. 安源路矿工人罢工

安源路矿工人的工会运动及 1922 年 9 月的大罢工，正如刘少奇等人所说，“实是幼稚的中国劳工解放运动中最有成绩的一件”②。

安源路矿是汉冶萍公司形成过程中形成的萍乡煤矿和株萍铁路的合称。这个汉冶萍公司，是当时全国最大的近代工业企业和唯一的钢铁煤联合企业。萍乡煤矿是 20 世纪初全国十大厂矿之一，被誉为“江南煤都”。所产煤焦，除供应汉口、大冶的厂矿之外，还在湘江、长江中下游设点销售。所以，安源路矿的兴衰，对当时全国特别是湘鄂赣三省及长江中下游的社会经济政治状况的影响甚大。20 年代初，萍乡煤矿总局和株萍路局两局的工人共有一万三千余人（按：其中矿局工人一万二千余人，路局工人一千一百余人）。煤矿开大工时，上工工人还超过此数。此外，安源矿区还有经常的失业工人四五千人。工人人数之多和集中程度之高，这在当时全国也是很突出的。③

安源路矿工人所受的压迫和剥削极为深重。“萍矿工人每日工作时间为十二时。”“窿工（按：井下工人）有食宿处四区，计屋百余间，每间约丈余宽，二丈余深，须住四十八人，然因房屋过少，竟有每屋住至五十人以上者。房中床俱叠置，大类柜橱，空气恶劣，地位低湿，诚一‘柄流所’之不如！”“他如食宿处之食料更属粗陋无比，工人洗澡池直等于一小市之泥沟，实为世间绝无而仅有者！诸如此类，均非生人所能堪”。多数“工人皆在包头之下作点工（按：以日计工资）；因此工人出卖其劳力，乃不能与资本家直接交易，中间还须经过包头阶级之剥削。如窿内矿工，矿局所给工资，每人每日可合银洋二角七八分，而工头给与工人，则每人每日只可合铜元二十六七枚（安源银洋价每一元可换铜元二百一十余枚），工头剥削所得，实在工人工资一倍以上”。而且“矿局职员，自矿长以至各下级职

---

① 张特立：《“二七”前后工会运动略史》，1925 年 6 月。

② 少奇、少连：《安源路矿工人俱乐部略史》，1923 年 8 月 10 日。

③ 参见《安源路矿工人运动（上）》，中共党史资料出版社 1990 年版，第 2 ~ 3 页。

员及工头管班等,无不可以殴打工人”。“工人有稍不如意者,即滥用私刑,如跪火炉、背铁球、带篾枷、抽马鞭、跪壁块等,或送警拘留蛮加拷打。人生而受此,诚奴隶牛马之不如矣!”正因为如此,“安源路矿工友性质俱十分激烈,不畏生死,重侠好义”①,具有极强的反抗精神和革命潜力。在中国共产党成立之前,安源工人较大规模的自发性反抗斗争,见于文献记载的即有七次。

安源隶属于江西省萍乡县。因中共江西省委当时尚未成立,安源工人运动归由中共湘区组织领导。中共湘区委员会(以毛泽东为书记)建立后,为了加强对工人运动的领导,成立了中国劳动组合书记部湖南分部(以毛泽东为主任)。其“工运重点”即“在长沙和安源”②。安源路矿工人运动是在中共湘区党组织的直接领导下发展起来的。

还在 1920 年 11 月下旬,正在从事共产党和青年团创建工作的毛泽东即曾到萍乡进行社会考察。1921 年秋,他以湖南第一师范学校附属小学主事的身份,到安源考察路矿情形,为开辟工人运动做准备。之后,他通过湖南劳工会黄爱、张理全,以劳动组合书记部名义与安源路局火车房数工友通信。“此后书记部所有各种书报及各处劳工解放运动之消息均次第传来,《工人周刊》等出版物,乃时出张于工厂附近之墙壁,宣传因而大广,于是要求解放之念,在此少数工友之心中,乃如雨后春笋,勃然怒放!”他们于 1921 年 12 月中致函劳动组合书记部,“请求派人到安帮助并指导一切。书记部当即派毛润之(泽东)、李能至、宋友生与张理全四人到安考察情形,开始活动。毛等先以朋友的关系与各工友接洽,渐谈及工人受痛苦受压迫及有组织团体之必要等情,于是大得工友欢迎。书记部因是乃决定在安源办一工人补习学校及国民学校,特派李能至及蔡增准充当教员”③。

李能至,即李隆郅、李立三,湖南人。曾赴法勤工俭学,归国后在上海加入中国共产党,经中共中央派回湖南工作。据李能至回忆,毛泽东曾对他说,在安源工作,“首先应当利用一切合法的可能,争取公开活动,以便和工人群众接近,发现他们当中的优秀分子,逐渐把他们训练和组织起来,建立党的支部,作为团结广大群众的核心。因此,他要我们以办平民教育的名义,由湖南平民教育促进会介绍到安源去”。“为了使平民学校取得合法存在和公开活动的条件,设法通过社会关系,找到了当时在安源商会做事的一个比较开明的绅士给以支持;同时打

① 少奇、少连:《安源路矿工人俱乐部略史》,1923 年 8 月 10 日。

② 《李维汉回忆中共湘区委员会和安源工运》,《安源路矿工人运动(下)》,中共党史资料出版社 1990 年版,第 911 页。

③ 少奇、少连:《安源路矿工人俱乐部略史》,1923 年 8 月 10 日。

听到当时萍乡县知事是一个喜爱古文、反对白话文的举人出身的人，因此就用‘四六体’写了一篇呈文去请求立案，果然得到了他的‘青睐’，很快批准立案”①。

李能至在安源开辟工人运动的过程中，做了很多艰苦细致的工作。平民学校成立于1922年1月。他回忆说：“平民学校最初入学的是三四十个小孩子，我就教小孩子。然后通过访问家长，做工作，才向工人提出在平民学校附设一个工人补习学校。工人补习学校开学时有一二十人，逐渐增加到四五十人。”“每次上课都宣传一点马列主义基本知识，主要讲世界上的财富都是我们工人阶级创造的”。“工人补习学校开办后，开始着手在工人中间发展党的组织”②。大约在1922年2月间，成立了由六个党员组成的党支部。这些党员成了筹备建立工会的核心和骨干。

在创办学校进行宣传工作的同时，李能至等还“常与各处工友接洽联络”。“工友因此而觉悟者甚多；且辗转传播，来与李等接谈者日众，最后乃共集议组织俱乐部（即工会）”③。1922年3月16日召开安源路矿工人俱乐部第一次筹备会，推出筹备主任；4月1日召开第二次筹备会，由发起人李能至、朱少连等十人联名呈请萍乡县立案，随后即得到批准。俱乐部章程中的“宗旨一条写成‘联络感情，涵养德性’，也就是为了取得合法，便于进行革命活动”④。4月16日召开第三次筹备会，选举李能至为俱乐部主任，朱少连为副主任，并选出评议、干事若干人，此时部员已达三百余人。5月1日，俱乐部宣告正式成立。当天还举行了大游行。“俱乐部成立后发展很快，不到三个月就有一千多工人加入。特别重要的是，大约在1922年2月间才建立起六个人的支部，到7月间已发展到三十多人，形成了工人俱乐部的坚强领导核心”⑤。支部书记由李能至担任。这时，毛泽东又来到安源。他“了解了各种情况以后，认为组织罢工的条件已在逐渐成熟”，告诉李能至等“要从各方面加紧准备”⑥。

1922年9月初，在全国工人运动不断高涨的形势下，毛泽东再次来到安源，召开党的支部会议，决定立即发动路矿两局全体工人举行罢工。他写信给当时不在安源的李能至，叫他立即返回（9日到达）。他又增派刘少奇（湖南人，曾赴俄学习，于1921年加入中国共产党）到安源协助工作（11日到达）。他对拟议中

---

① 李立三：《看了“燎原”之后》，《人民日报》1963年8月4日。
② 《李立三回忆安源工人学校、消费合作社和大罢工》，1963年6月。
③ 少奇、少连：《安源路矿工人俱乐部略史》，1923年8月10日。
④ 李立三：《看了“燎原”之后》，《人民日报》1963年8月4日。
⑤ 李立三：《看了“燎原”之后》，《人民日报》1963年8月4日。
⑥ 李立三：《看了“燎原”之后》，《人民日报》1963年8月4日。

的罢工应采取何种策略的问题更是十分注意,强调指出:“罢工胜利的条件首先要靠工人群众有坚固的团结和坚强的斗志,同时必须取得社会舆论的同情和支持。因此必须运用‘哀兵必胜’的道理,提出哀而动人的罢工口号。”①随后的安源罢工工人提出“从前是牛马,现在要做人”这样的口号,正是依据毛泽东所提出的这种策略思想。

在这之前,汉阳铁厂工人曾举行罢工并获得胜利,消息传来,安源工人很受震动。“俱乐部乘此时机,即向工友明白宣告:‘俱乐部之宗旨,为保护工人的利益,减除工人的压迫与痛苦’,群众为之大动”。路矿当局攻击“俱乐部为乱党机关,请以武力封禁”;又派人警告俱乐部副主任朱少连及职员蒋先云等,“促其速走,否则必有杀身之祸”,以便使俱乐部“自然瓦解”。“哪知朱等强硬异常,不为所动,且切实声明:‘秉正大光明之宗旨,作正大光明之事业,死也不怕!’”李能至返抵安源后,“态度更为坚决”。路矿当局“知诡计不行,乃令萍乡县正式出示,训令俱乐部自行停闭”。俱乐部决定予以反击,于 9 月 11 日向路矿两局提出三项条件,即:“(一)路矿两局须呈请行政官厅出示保护俱乐部;(二)路矿两局每月须津贴俱乐部常月费二百元;(三)从前积欠工人存饷限七日内发清。”以上三项,限路矿当局于两日内答复。在此期间,俱乐部“即竭力宣传‘如不圆满答复,即行罢工’,并竭力宣传须服从俱乐部之命令,须依指挥而动作。此时群众激昂,已无可制止”。13 日,路矿当局函复俱乐部,表示第一、二项可行,第三项“工人欠饷分五个月发还,从十月起,每月发十分之二”,工人于存饷一项之答复,仍不满意。同时,俱乐部复提出增加工资减少剥削等条件,要求答复。“罢工行动,这时已勃不可遏。13 日火车房工人即无心工作,人人相遇即聚谈罢工;并声言:‘若本日下午四时萍乡县保护俱乐部的告示不到,并本月饷银不能答复在十五发给,即行罢工。’同时矿局窿工及各处工人也都跃跃欲动。迨至晚间十二时,萍乡告示还未到部,俱乐部此时已成骑虎之势,乃断然将罢工命令发出”。这是 1922 年 9 月 13 日午夜十二点即二十四点发生的事。罢工令发出后,当夜开赴株洲的首次列车先行停开。14 日凌晨三点,矿局东平巷断电,运炭电车不能行走,窿内工人如潮水般涌出窿外,大呼“罢工”的口号;罢工工人并派出人员在各窿口把守,通知下班工人不要进班,并竖立上书“罢工”二字的大旗一方。至此,窿工全体罢工;洗煤台、制造厂、修理厂、炼焦处等的工人也于同日上午停止工作,各归住房去了。参加罢工的路矿工人共一万三千人。

路矿工人在罢工当天发表宣言。宣言开头就沉痛地宣告:“现在我们饿着了!我们的命要不成了!我们于死中求活,迫不得已以罢工为最后的手段”;接

---

① 李立三:《看了“燎原”之后》,《人民日报》1963 年 8 月 4 日。

着又围绕着"改良待遇"、"增加工资"和"组织团体"等问题，提出了十七项要求。即："（一）俱乐部改为工会，路矿两局承认工会有代表工人向路矿两局交涉之权。（二）以后路矿两局开除工人，须得工会之同意。（三）从本月起路矿两局每月例假废止大礼拜，采用小礼拜。（四）以后工人例假、病假、婚丧假，路矿两局须照发工资。（五）每年十二月须发夹薪。（六）工人因公殒命者，路矿两局须给以天字号棺材并工资三年，一次发给。（七）工人因公受伤不能工作者，路矿两局须营养终身，照工人工资多少，按月发给。（八）路矿两局从前积欠工人存饷，一律发给。（九）罢工期间工钱，须由路矿两局照发。（十）路矿两局须指拨火车房后之木围及南区警察所前之大坪为建筑工会之基地，并共拨一万元为建筑费，每月两局各津贴二百元为工会常月费，从本月起实行。（十一）以后路矿两局职员工头不得殴打工人。（十二）窿工全体工人须加工资五成。（十三）添补窿工工头，须向窿内管班大工照资格深浅提升，不得由监工私行录用。（十四）窿工食宿处须切实改良，每房至多不得超过三十八人。（十五）洗煤台须照从前办法，每日改作三班，每班八小时，工资须照现在长班发给，不得减少。（十六）制造处、机器厂将包工改为点工。（十七）路矿工人每日工资在四角以下者，须增加一角。"

罢工是在俱乐部的统一指挥下井然有序地进行的。有关领导人员进行了分工。"总指挥李能至秘密策应，俱乐部全权代表刘少奇长住俱乐部应付一切"①。命令通过各种方式传达到全体工人。如各处墙壁均贴满俱乐部布告，上面写有"候俱乐部通告方准开工"、"各归住房，不得扰乱"等字样。工人并"推出监察队二十人，维持秩序"。监察"于执白旗游行，稽查工人行动，稍秉白旗一挥，无不听命"②。"俱乐部命令之严，远过军令"。当时，矿上的工人大多加入了洪帮，因不加入，就找不到工作；而工头都是洪帮头子。因此，俱乐部很注意做洪帮的工作。李能至亲自带着礼物去见洪帮头子，告以罢工是为穷兄弟谋幸福，请他帮助，务必在罢工时做到鸦片馆关门、街上赌摊收起来、不发生抢劫案。他一一答应。③"平时街上赌钱及窿工食宿处之赌情皆在所不免，而于罢工期间，赌博乃绝迹"④。

俱乐部在发动罢工之后，即书面报告萍乡县署及赣西镇守使署，说明罢工原委；同时将所提十七条要求以公函递送路矿两局，"请派遣正式代表由商会介绍

① 少奇、少连：《安源路矿工人俱乐部略史》，1923年8月10日。
② 《安源路矿罢工之经过情形》，长沙《大公报》1922年9月21日。
③ 《李立三回忆安源工人学校、消费合作社和大罢工》，1963年6月。
④ 少奇、少连：《安源路矿工人俱乐部略史》，1923年8月10日。

与俱乐部代表刘少奇接洽”。

路矿当局在罢工后立即派负责人去萍乡县与镇守使及县知事商议应付办法(镇署当即派一团长带兵驻矿以便对罢工工人进行弹压);并约商会出面居中调停。与此同时,总监工王鸿卿则“召集全体窿工工头会议,商议破坏罢工办法,议定由各工头各去请其亲属的工人数人,许以入窿不工作,仍照常给价。有少数工友为亲谊及金钱所惑,颇思照计而行。但工人监察十分严密,不许其入窿”,“于是各工友再无一人敢自行上工者”。王“便又密遣暗探刺杀李能至,悬赏洋六百元。工友闻此大愤,宣言俱乐部主任若被害,当使路矿局全体不得生离安源。一方面严加警卫,不许李能至外出;即偶然外出有所接洽,不出二十分钟,必有数百人围其所入房屋,不许出入,工友保护首领如此之周到,王鸿卿狡酷的手段,自无从施为了,王便又改途易辙,想用武力压迫,遂电镇守使,请将安源划为特别戒严区域,设立戒严司令部,于重要地方俱安置机关枪,大肆威吓;并出价每人二元一天,请来军队数百,占住俱乐部及各处重要工作处。工人一见武力,愈加愤激”,但行动上仍坚决服从俱乐部指挥,“罢工秩序之好,初非意料所及”。“戒严司令李鸿程旅长也叹惜他的部下没有这样的纪律,声明工人不妨碍秩序,彼亦决不干涉工人”。路矿当局破坏罢工的活动,就这样“屡战皆北”了。

路矿当局破坏罢工不成,乃请地方商会出面调停。14 日,担任调停人的商会代表和地方绅士来到俱乐部,提出“请先邀人开工,再慢慢磋商条件”。工人代表刘少奇、蒋先云等坚决声明“不承认条件无谈话之余地”。15 日,李鸿程又商约安源商会调停,并由路矿派代表同晤李能至,仍未得结果。16 日,俱乐部代表至戒严司令部谈判时,军方威吓说:“如果坚持作乱,就把代表先行正法!”但代表毫不畏惧。这时数千工人包围了戒严司令部,要求司令、矿长到俱乐部商谈。路矿当局迫于工人的压力,只得会同居中调停的商会一起与罢工团代表进行谈判。17 日下午四点至次日凌晨两点,经过艰苦的谈判,路矿当局、绅商代表与俱乐部代表李能至达成十三条协议,当局承认了罢工工人提出的大部分要求。李当场表示,“条件无可再让步,允则开工,不允则走开,离安源,听众工所为”。矿长李寿铨在日记中记述当时情形时写道:他曾召集有关人员商议与协定有关的事宜。“予告各首领,事急如此,设有暴动,千数百万之产业,即不能保,我何以对公司?惟有姑订条件,开工以息其风,容另图善后之策”。“舌敝唇焦,始克定议。派代表与李能至订条约”。[①] 协定原文如下:“(一)路矿两局承认俱乐部有代表工人之权。(二)以后路矿两局开除工人须有正当理由宣布,并不得借此次罢工开除工人。(三)以后例假属日给长工,路矿两局须照发工资;假日照常

① 《药石轩日记》。

工作者须发夹薪;病假须发工资一半,以四个月为限,但须路矿两局医生证明书。(四)每年十二月须加发工资半月,候呈准主管机关后实行。(五)工人因公殒命,年薪在百五十元以上者,须给工资一年,在百五十元以下者,给一百五十元,一次发给。(六)工人因公受伤不能工作者,路矿两局须予以相当之职业,否则照工人工资每月按月发给半饷,但工资在二十元以上者,每月以十元为限。(七)路矿两局存饷分五个月发清,自十月起每月发十分之二;但路局八月份饷,须于本月二十日发给。(八)罢工期间工资,须由路矿两局照发。(九)路矿两局每月需津贴俱乐部常月费洋二百元,从本月起实行。(十)以后路矿两局职员工头不得殴打工人。(十一)窿工包头发给窿工工价,小工每日一角五分递加至一角八分,大工二角四分递加至二角八分,分别工程难易递加。(十二)添补窿工工头,须由窿内管大工照资格深浅提升,不得由监工私自录用。(十三)路矿工人每日工资在四角以下者须加大洋六分,四角以上至一元者照原薪加百分之五。""资本家终于屈服了!"

协定签订后,俱乐部即召集工人到大操场开庆祝大会,到会工人一万余人;会后举行了大游行。9 月 19 日,路矿工人发表上工宣言。他们自豪地宣告:"罢工胜利了! 气也出来了! 从前是'工人牛马',现在是'工人万岁'!"这是多么大的变化。宣言也指出,这还只是第一次的胜利,而我们的痛苦是不可能在一次胜利中就得到完全解决的,所以我们要"结紧团体,万众一心,为我们的权利去奋斗!"

这次罢工前后历时五天。"秩序极好,纪律极严","未伤一人,未败一事,而得到完全的胜利,这实在是幼稚的中国劳动运动中绝无而仅有的事"。李能至后来回顾这场斗争时说过,"胜利来之不易"。这个胜利是靠什么赢得的呢? 他认为:

"第一是群众工作"。罢工前,李能至等已经在群众中进行了大量深入细致的工作;罢工时,俱乐部又及时向工人发布号令,提出注意事项,保证了罢工工人的思想统一和行动统一。

"第二是组织"。罢工前,俱乐部已经培养了一批工人运动积极分子,并且建立了党的支部;罢工时,又注意发挥各种组织的工作。单个的工人可以被任意欺凌,联合起来的工人却成为资本家也不能不畏惧的强大力量了。"罢工时就是怕工人,工人有强大的组织,连矿长李镜隆(寿铨)家里的人都参加了俱乐部,敌人的情况我们完全知道"。

"第三是战略"。俱乐部在领导工人斗争中,原则上是很坚定的;同时又很注意策略。罢工时提出的"从前是牛马,现在要做人"这个"哀而动人"的口号,不仅有力地鼓舞了工人的斗志,而且争取了社会上的广泛同情。俱乐部注意利用上层社会的内部矛盾，努力做绅商、军队的工作，争取他们对罢工工人的同情或至少采取中立态度；对洪帮头子的工作，也是做得很成功的。这样，就扫除了前进道路上的许多障碍，减少了取得罢工胜利的不少阻力。因为“搞工人运动只看见工人，看不见其他人，使工人处于孤军作战的地位”①，即不要统一战线，是不行的。

由于俱乐部领导工人赢得了罢工斗争的胜利，它在工人中的威信极大地提高了。“万余工友在安源做了二十余年牛马的工作，过了二十余年的非人生活，忽然得此出头的一日，直似出于烈焰之中而入于清凉之世，因是对于自己利害相关的团体——俱乐部——之信仰与保护，亦跻于最高的程度了，于是全体万余工友均争先加入俱乐部”。俱乐部部员从罢工前的七百人猛增至一万二千余人。1922 年 10 月，俱乐部进行了改组。选出总主任李能至，路局主任朱少连，窿外主任刘少奇，窿内主任余江涛等。“至是安源路矿工人俱乐部始见完成”②。

据少奇、求实的《俱乐部组织概况》的介绍，俱乐部是按照“民主的集权制”的原则组织起来的。俱乐部的基本组织是十人团，即部员每十人（或十人以下）联成一团，选举十代表一人；再由十个十人团（或十个以下）选举代表一人；每工作处选举总代表一人。由各处总代表组织最高代表会，为俱乐部最高决议机关。再由各代表组织代表会议，为俱乐部复决机关。俱乐部办事系统，则由全体代表会议选举主任四人（总主任、窿外主任、窿内主任、路局主任）组织主任团，总理俱乐部一切部务，各级代表会议闭会期间，主任团为俱乐部最高机关。由此可见，俱乐部的组织很严密，真正成了广大工人的群众组织。它在群众中有很高的威信。“群众此时之心理，对于破坏俱乐部者，有若劫其衣食夺其生命者然”③。矿上资本家曾“搞了一个游乐部，同路矿工人俱乐部唱对台戏”。刘少奇回忆说，“我们采取针锋相对的办法，把小职员、扫地工人、侍候矿长送毛巾的勤杂工人和小矿警等等这些群众组织起来成立工会。资本家什么行动打算，这些人就和我们讲，依靠广大群众把矿上的游乐部打垮了”④。

罢工胜利后，俱乐部“即汲汲从事于工人生活之改善，与教育之普及”⑤。

消费合作社是在罢工前即已成立的，但开始时仅股本一百元，社员三十余人。罢工后，合作社重新改组。据 1923 年 5 月上海《民国日报》记载，当时已有

---

① 《李立三就安源工运史研究问题答北京大学历史系教师王兴等问》，1959 年 1 月 10 日；《李立三回忆安源工人学校、消费合作社和大罢工》，1963 年 6 月。

② 少奇、少连：《安源路矿工人俱乐部略史》，1923 年 8 月 10 日。

③ 少奇、少连：《安源路矿工人俱乐部略史》，1923 年 8 月 10 日。

④ 刘少奇接见袁品高的谈话，1964 年 5 月 10 日。

⑤ 1925 年 9 月 24 日上海《民国日报》。

社员一万三千余人,资本二万元。"营业范围:贩卖消费必需品"。"营业方法:每社员发一购物证。持购物证者,得购廉价物品,否则只能购平价(市价)物品"。第一届总经理为易礼容,各股经理为毛泽民等。消费合作社"多少免除了商人的中间剥削",社员对此是满意的。①

俱乐部还"设立劳动介绍所,以便为失业者谋生活之路";罢工后,按照协定,路矿两局增加工人,尽先由该所介绍。还"组织抚恤亡故工会,以抚恤亡故之工友及其家属"。

普及教育的工作做得很有成效。罢工后,"工友们求知识的欲望炽盛,补习学校乃于(1922年)10月间继续开课,学生约八十余人"。11月"继续开课,并添招新生,每夜上课的计百余人甚至二百余人;教学法取讲演方式,宣传增进工人福利的共产主义,教者谆谆不倦,学者倾耳静听"。1923年1月,提出扩充教育事业计划。当时已在安源设立三校,各校分设工人子弟学校和工人补习学校。据1923年7月统计,工人子弟入学者,为480人。②

连国民党反动派后来在反共"清乡"中了解了有关情况以后也不得不承认:"共产党在安源的教育宣传工作取得了很大的成功。""从1922年起至1925年止,由一个工人子弟学校和工人补习学校,发展至三个;继由三个发展到七个,同时还有许多工作处的读书处。最盛的时代,共计有十三处至十六处之多。他们教育工人地点的范围,也不仅安源一处,差不多株萍铁路的各处都布满了"。"他们首先注重工人的识字及增高其普通常识。每周对工人有政治报告、通俗讲演及化装讲演、工人辩论会、研究会等,共党主义即在这些机会中,传播到工人群众中去。所以他们在安源工人教育中的形式,完全是启发式的……"③

从以上的叙述,我们可以看到,中共党组织在安源工人中所做的工作是十分深入、细致和卓有成效的。正如刘少奇等在当时所说,"俱乐部以幼稚的组织,新结合的群众,不断地与恶势力奋斗,尚能日跻于健全,此亦非偶然的事情"。1923年"二七"惨案之后,全国工人运动暂时转入低潮,而安源工会不仅"巍然独存",而且在斗争中不断取得新的胜利。以至在一个时期内,安源被中国的革命者誉为"中国的小莫斯科"。

安源工人斗争所取得的这些成就,同中共湘区委员会,同毛泽东、李立三、刘少奇等人的坚强有力的领导是分不开的。

---

① 易礼容:《关于安源路矿工人消费合作社》,1978年12月3日。

② 增淮:《教育股报告》,《安源路矿工人运动(上)》,中共党史资料出版社1990年版,第173、178页。

③ 国民党政府《湖南清乡公报》第十一期《杂录》栏。

3. 开滦五矿工人罢工

1922年10月23日至11月16日的“开滦五矿大罢工，是中国第一次罢工高潮中最主要的罢工之一个”①。这次大罢工的历史情况表明，中国的工人运动已经开始“由经济斗争转向政治斗争；由孤立的、局部的斗争发展到有全国工人阶级支援的斗争”②。

开滦煤矿包括唐山、赵各庄、林西、马家沟、唐家庄五矿，“全年产煤四百余万吨，占全国煤的产额百分之二十。矿工共约五万人”。

“中国采用新式技术开采矿山，就是从开滦开始。1878年（光绪四年）开滦便已开工。此矿起初虽系中国政府独立经营，但后来因资本关系，借贷英款，变为中英合办，实际上也就变成隶属英帝国主义的一个企业了”③。

中国矿工的生活都很苦。“开滦煤矿以外人主持故，其压迫当更甚一层”④。“工作时间虽名为八小时，实则十六小时，因为工人必须连作两班，方能维持生活。甚至有这样的情形，矿工在井下工作有连续一星期不出的”。“工人都在包工头之下作工……如井下工人，矿局所给工资每人每日可合银洋二角，而包工头给工人的，则每人每日只合铜元二十枚（中国兑换市价，银洋一角可换二十枚至三十枚）。包工头从工人工资中剥削一半以上”。“工人因公致死者恤金二十元，但死马一匹须损失六十元，所以该矿有‘人命一条不如一马’之诮。其他凌辱打骂，更是不用说了”。工人不仅受“精神上之虐待，平日外人视下窑工人如马牛”，而且受“生计上之虐待，每吨煤加价七角，而工资不加”。⑤ 据当时报载，开滦五矿的洋人总经理每月工资为4 300余元，竟“相当于普通工人2 800人的工资”⑥。工人们受的种种非人的待遇，迫使他们不得不奋起抗争。

唐山是中国北方工业比较发达的地区。中国共产党成立后，中共中央局即把唐山列为开展工人运动的重点地区之一。中共北京区执行委员会曾制订计划，要在唐山地区“组织一个铁路、矿山、工厂——水泥厂和玻璃厂（其后又有交通大学）的联合总行动，即‘唐山地区同盟罢工’”。“罢工的斗争对象是矿山和京奉路的英帝国主义企业和官僚资本企业的资本家。同时连带的还有反交通系的问题”。⑦

---

① 《邓中夏文集》，人民出版社1983年版，第489页。

② 中共开滦党委矿史编委会辑：《一九二二年开滦五矿同盟大罢工资料选辑》之编者按。

③ 《邓中夏文集》，人民出版社1983年版，第489～490页。

④ 《华北新闻报》评论：《开滦矿罢工风潮之评议》，1922年10月23日。

⑤ 佩寰：《唐山开滦五矿罢工始末记》，《晨报》1922年12月31日。

⑥ 《罗章龙教授谈唐山开滦五矿同盟罢工》，《党史研究资料》1979年第6期。

⑦ 《罗章龙教授谈唐山开滦五矿同盟罢工》，《党史研究资料》1979年第6期。

为了开辟唐山地区的工作，中共北京区委曾多次往这里派出干部。“第一批派到唐山的干部有彭礼和、吴先锐等七八个人。”“北方劳动组合书记部前前后后派了十八个人到那儿开展工作。”在发动唐山地区工人运动的过程中，邓培“起了很大的作用”。① 邓培是广东省三水县人，京奉路唐山机车车辆厂（南厂）的机器匠。五四运动以前，即在当地工人中有很高的威望。五四运动后，更积极从事革命活动。曾参加社会主义青年团，出席远东各国共产党及民族革命团体第一次代表大会，并会见列宁；回国后，加入中国共产党。任唐山第一个中共支部——南厂支部的书记。

中共北京区委派来唐山的干部，首先在技术工人较多的南厂办起了“唐山工人图书馆”，作为向南厂、开滦及全市进步工人进行马克思列宁主义宣传教育和发展党团工作的基地。1922 年 2 月 5 日，北京《工人周刊》发表了唐山工人图书馆成立的《简章》、《通启》等，宣告图书馆的宗旨在于“增高工人智识，联络工人感情”。参加图书馆的会员很快发展到二三百人。会员多为铁路和开滦煤矿的徒工。图书馆主持人阮章常给会员提供补习英文的机会，向他们讲解中国工人运动的情况，宣传俄国十月革命和社会主义建设的成就等。1922 年 6 月 30 日陈独秀在给共产国际的报告中，也把“唐山铁路工人图书馆”的创办，列入北京地区为开展劳动运动所做的重要工作之一。

开滦林西机器厂（附属于林西矿）是开滦技术工人集中的地方。邓培曾两次到这里进行串联活动。在他的指导下，林西的进步工人于 1922 年 4 月成立了“工余补习社”。“这是开滦工运史上第一个对工人进行革命启蒙的群众组织，参加者均为井上技术工人”。它“从传授技术入手，组织工友读书看报，议论时事，倡导团结”。“大家还经常讨论工人切身的各种问题，研究如何改善待遇”。②

6 月初，唐山矿工人夜校“大同社”宣告成立。“它是以参加工人图书馆的那些开滦工人为骨干建立起来的。”“由邓培派南厂工人陈宏来帮助主持工作，由南厂职工会的负责人之一李昂（全国劳动组合书记部派来的干部）来讲解全国工运形势和革命道理；组织工人阅读党的书刊，如《向导》、《新青年》、《劳动周刊》等。”“大同社不但是教育团结工人的学校，而且成为开滦党、团组织诞生的摇篮。”大同社的骨干分子李星昌由邓培介绍，于 6 月间参加了中国共产党，“成为开滦矿区第一个共产党员。从此，党的组织开始在开滦矿工中发展。不久，由

① 《罗章龙教授谈唐山开滦五矿同盟罢工》，《党史研究资料》1979 年第 6 期。

② 张凤阁主编：《开滦工人运动史》，新华出版社 1992 年版，第 52 页。

李星昌、只奎元等第一批党员组成的开滦第一个党支部诞生了”。①

1922年夏，成立了中共唐山地方执行委员会，由邓培任书记，党对唐山地区工人运动的领导得到了加强。同年8月下旬，中共北京区委派劳动组合书记部北京分部主任罗章龙来到唐山，与党派驻山海关的特派员、劳动组合书记部北京分部副主任王尽美、中共唐山地委书记邓培一起，研究了唐山地区的形势，确定了尔后工人运动的任务和方针。②

为了开展工人运动，必须发动工人，建立工会。首先成立的是唐山京奉路制造厂（南厂）职工会。9月13日，南厂职工会向厂方提出改善生活待遇的五项要求；遭到拒绝后，准备发动罢工斗争，为此，致函开滦林西机器厂工人，强调工人“彼此连成一气，才有力量，才可与有产阶级奋斗”；希望开滦工人采取行动，予以支援。林西机器厂工人遂于9月21日发出《致开滦工友书》，指出：各地工人都在“结合团体”。“现在仅我们开滦的工友们仿佛一盘散沙一样，所以屡次要求加薪，都被上司侮弄与压迫”，“我们工人系同舟共济，休戚相关的”。我们也应该“结合成一个总团体”。各矿工人接此公开信后，即积极筹办，建立工人俱乐部。9月下旬，开滦五矿工人联合会（对外称开滦五矿工人俱乐部）宣告成立。

以上情况说明，在开滦五矿工人大罢工之前，中国共产党已经在这里的工人中进行了初步的宣传工作和组织工作，为开展群众性的斗争准备了一定的基础。这次大罢工，是在中国共产党的领导下发动起来的。

10月上旬，京奉路山海关铁工厂千余工人举行罢工，坚持八天，取得胜利。10月13日，唐山京奉路制造厂（南厂）三千多工人又举行罢工斗争。苦难深重的开滦工人闻讯后情绪激动，“于是引起他们迫不及待地要求罢工”③。党组织分析了这种情况，认为发动开滦工人斗争的时机已经成熟。10月15日，邓培召集开滦煤矿、启新洋灰厂等厂矿的工人代表开会，通报南厂的罢工情况，号召工人紧急行动起来，并研究了斗争的策略问题和在斗争中加强团结、相互支援的问题。这次会议有力地推动了开滦五矿大罢工的实现。

10月16日，开滦矿务局林西、唐山、赵各庄、唐家庄、马家沟五矿工人选出代表八名，向开滦总矿师杜克茹（比利时人）提出联合请愿书，指出因“今我工人生活上万分困苦，共同提出最低条件六则”要求答复。其内容是：“（1）请求加薪分为三等：十五元以下者应加三成；十五元以上者应加两成；五十元以上者应加一成。（2）我工人年尾应照庚子前给回一月赏金。（3）我工人每月四星期（天）

---

① 张凤阁主编：《开滦工人运动史》，新华出版社1992年版，第53页。

② 参见罗章龙：《椿园载记》，三联书店1984年版，第191页。

③ 《邓中夏文集》，人民出版社1983年版，第490页。

及年节停止工作,应按庚子前给回工资。(4)工匠煤条及慰劳金,应与员司一律赏给。凡工人每月有十二元薪金者,应得享此条件。(5)工人在局有过二十五年者,应给养老费,并须照原薪支给;倘无大过,不得借端革除。(6)工人因公受伤,应给回工资。倘遇因公致命者,应酌给恤金。该恤金须照月薪计,最少补至五年,应作一次补足。"这里提出的,全系改善生活待遇的经济要求;这些权利,不仅西方资本主义国家的工人早已争得,而且有一些是在该矿中外合资前工人就曾享有过的(如第二、三两项)。工人代表并声明,他们是代表于二十多天前成立的开滦五矿工人联合会提出上述要求的。

杜克茹当场拒绝了工人的要求。他还表示,他对工会毫无所知,也不准备与工会打任何交道。

为了公开领导开滦工人的斗争,开滦五矿工人俱乐部于10月19日正式宣告成立,只奎元为总代表,特派员彭礼和驻会工作。

开滦工人面对的,不仅有中国反动派,而且有英帝国主义分子。"英国是一个工矿业多,工人罢工也多的国家。英国的统治者,对付工人有一套丰富的经验,英国董事会采用英国的办法,来对付中国工人,是很厉害的"①。开滦煤矿代理总理杨嘉立(英国人)就"应如何对付工人的问题"致函开滦煤矿秦皇岛经理处代理经理寇伯里(英国人)说:"应以对待小孩的方法来对待他们。我们的策略等于让他们看到一手持棍,另一手持糖。当你要使用棍子的时候,你应该采取适当强硬的腔调;当你施展用糖的手段时,你可以随时装出柔和友好的面孔来。"②根据这个方针,矿务局要求直隶省长及直隶全省警务处长杨以德"增派二百名警察到矿区:唐山一百名,林西一百名",以便对工人进行弹压。同时"贴出布告,说明如果他们决心追随煽惑者,则由他们自己负责,但如果他们站在开滦矿务局方面,我们准备在工资上向他们让步"③。20日贴出的布告警告工人说,"尔等用扰乱的举动,无理要求","警察一定要严办的";但"若是依靠本局,安心工作,从本月起每月赚三十块钱以下的工人,其工资可照加一成"④。

不过,英帝国主义分子的"一手持棍、一手拿糖"的策略并没有达到预期的目的。由于南厂工人的罢工赢得了胜利,消息传来,开滦工人的斗争热情更加高涨。彭礼和、邓培分析当时的形势,决定支持工人举行罢工的意见。10月22日,五矿工人俱乐部在林西召开会议,决定自23日6时起,举行五矿同盟大

① 《罗章龙教授谈唐山开滦五矿同盟罢工》,《党史研究资料》1979年第6期。

② 《杨嘉立致寇伯里私函》,1922年9月19日。

③ 《开滦矿务局致直隶省长及直隶全省警务处长函》,1922年10月18日。

④ 《开滦矿务局发出的布告》,1922年2月20日。

罢工。

按照预定的计划，林西、唐家庄、赵各庄、唐山四矿以及秦皇岛、开滦装卸工人于10月23日举行罢工。马家沟矿因受到反动武装的严密控制，罢工是在稍后的时间举行的。在罢工令下达后，五矿工人俱乐部即发表《开滦五矿总罢工宣言》，重申10月16日提出的六项要求，指出“我们正在打起精神，拼命奋斗”，希望“全国工友们，同胞们，快快来援助”。10月24日，针对矿方不承认工会，以便借此分化瓦解工人团结的图谋，五矿工人俱乐部会员在致矿局总理函中指出，“除10月16日联合请愿书所提六条外，再增加以下四条：(1) 开滦矿务局应承认五矿工人俱乐部有权力代表全体工人；(2) 以后厂矿中雇用工人及开除工人，须经职工会委员会即工人俱乐部通过；(3) 罢工期间工资照发；(4) 每年应给工人两星期假日，每三年应给予两个月的假日。当休假时，应发给全部工资”。其中第一、二两条，已经不属单纯的经济要求，而是政治要求了。这就是说，开滦罢工虽主要是以争取改良生活待遇为号召的，但它一开始即带有政治斗争的色彩。

罢工斗争由罢工委员会即工人俱乐部指挥。委员会下设有纠察部和调查部。工人“由各团体及下窑工人组织十人团，每团各举团长；由团长举出纠察队二千人，以防资本家收买工人出而为扰乱之事”①。罢工委员会要求“本会人员应须恪守下列规约：(一)本会一切事务，由委员会议决后，由委员长执行；(二)本会会员一律应服从委员会指挥，如无命令，不得私自行动；(三)本会各职员应遵守职责”。委员会还要求，在罢工期间：“(一)本会人员应听本委员会命令；(二)本会办事人员应每日集合一定地点；(三)本会人员不得三五成群、交头接耳在街上乱闯；(四)如未得委员会上工通告，本会人员不得私自上工。”②广大工人在罢工斗争中表现出良好的组织性、纪律性。当时的报纸记载说：“细察工人虽多鸠形鹄面，衣冠不整，然精神焕发，与平时作工时大异。”“彼等更组织纠察队，遍地设岗守望，或巡行街市，甚至排解纠纷，代行警察职务，其纪律之严，俨然节制之师，殊令观者，惊赏不止”。“其发号施令灵敏迅速不可捉摸”。③

对于工人的罢工斗争，矿务局方面决定，主要实行武力镇压的方针。《新民意报》当时即揭露说：“矿局对于此次工潮，处心积虑，欲以极残忍之饿毙手段对付，一面虐杀工人以寒其胆，一面迁延时日以待其自毙。”④罗章龙回忆说：“在唐山矿区同盟罢工期间，英国矿业资本家第一是给曹锟发了一个电报，要求曹锟政

① 《唐山开滦五矿罢工始末记》，《晨报》1922年12月31日。

② 《大中华商报》1922年11月14日。

③ 《河北日报》1922年11月9日。

④ 《新民意报》1922年10月27日。

府尊重条约，保护英国人的利益。这样曹锟就派了一个师到矿山来镇压工人罢工。第二是英国董事会在罢工期间，又前后送了一百二十万元给天津警察厅厅长杨以德。杨以德就派了三千人的保安队开进矿山镇压罢工。第三，英帝国主义为了保护他们在矿上的利益，有一个团队的兵力驻在秦皇岛。这样，开滦五矿工人罢工期间，矿上有帝国主义的军队，有曹锟的军队，还有天津警察厅杨以德的保安队。加到一起，约有一万余人的军队。这些敌情，是我们事先没有充分估计到的。”①

10月26日，发生了“矿局门首的喋血”事件。其经过情形，大体如下：当天上午，唐山矿工人在粥厂继续开会，会后到街头讲演、示威。警察逮捕工人纠察队员七人，送警察署拘押。罢工委员会闻讯，即组织全矿工人列队到警察署，要求释放被捕工人。巡官刘崇福因事先接获杨以德“使用镇压手段”的明令，竟下令向手无寸铁的工人动武。“先用乱枪刺横穿，继而全体向工人连放排枪数十次”。② 工人冒死进行抵抗。《晨报》的报道说：“……保安队遂先发枪伤工人，工人以保安队平日待工人本甚苛，今又开枪，群起反抗，棍棒齐下。一时商铺关闭，行人断绝。”“时工人在粥厂开会者有之，在俱乐部者有之，闻枪声至，枪愈响而工人愈多。”“保安队见景况不妙，遂止枪，工人执旗以攻之——旗上书曰‘唐山五矿工人俱乐总部’。进数十步而保安队则持枪守于门及临近之警察署，相持约有三小时之久，遂止攻而各散。”③关于工人在这次遭受武力镇压过程中的伤亡人数，有关报道互有出入。开滦五矿工人俱乐部在向黎元洪大总统的请愿书中称：“当场击毙工人六名，轻重伤五十七名，追逐失踪者无算。”④

随后，反动当局又进一步采取了封闭工会、逮捕罢工工人领袖等极端行动。11月1日，矿务局在致直隶全省警务处公函中正式提出：“唐山地方果有非法职工联合会之组织”，请予“明令解散，严拿首要，尽法惩治”，否则，“群相效尤，其后患尤不堪设想”。杨以德即公开声称：“罢工的事情，全是由工会发生出来的，若是将工会的办事人枪毙十个二十个，则罢工的事，立即可以断绝。”“与其中国亡了，也不让工会成立”。在这种思想指导下，“四日下午八点钟余，保安队将唐

① 《党史研究资料》1979年第6期。关于当时驻唐山军警人数，有关记载互有出入。据刘明逵研究员在《伟大的开端》一书第615页上的统计：“到十月底，参加镇压罢工的反动武装计有军队1 634人，警察1 062人，警察夫役300余人，英国分遣队100人，加上原来驻唐的美国军队和驻开平的殷本浩军，总数共达三千余人。”另据《晨报》报道称：“斯时警军来唐者，亦有六七千人矣。”（《唐山开滦五矿罢工始末记》，1922年12月31日。）

② 《唐山矿工决为最后奋斗》，《晨报》1922年11月3日。

③ 《唐山开滦五矿罢工始末记》，《晨报》1922年12月31日。

④ 《开滦五矿总工会及启新洋灰公司工人俱乐部代表向黎元洪大总统请愿及请愿书》，《晨报》1922年11月11日。

山五矿工人俱乐部占据。时代表会议将散,俱乐部工人甚少,不能作抗。次日早七点又将京奉路职工总会封闭,谓其为罢工机关。并将唐山工人图书馆——系唐山京奉路制造厂、唐山矿局及启新洋灰公司三厂工人合办——工人黎和(按:彭礼和)捕去"。"同时洋灰公司工人俱乐部亦被封,并失去洋六万元"。11日,警察来捕开滦五矿工人俱乐部总代表只奎元,为工人夺回。"然被捕者已为二十一人矣"。① 当局还对邓培、董宏猷等下了通缉令。

反动当局还实行饥饿政策,企图以此迫使工人就范。他们认为,工人依赖工资生活,如资方不及时妥协,罢工迁延日久,工人生活无着,是无法坚持下去的。10月31日,杨嘉立在致杜克茹电报中说,"我们应该用全力来击败罢工,供给罢工工人的饭食对于结束罢工这件事来说是不好的,所以应该停止"。杜克茹立即命令各矿包头解散集体伙食。

不过,反动派的武装镇压并没有使工人屈服。就在发生10月26日惨案的当天,罢工工人即向矿方提出三项要求:"(一)此次被打身死的工人,须按西人被中国人打死的身价同等赔偿;(二)受伤残废,终身不能工作者,须永给全薪养其终身,并须另给医药费五百元;(三)保安警察须立即撤退,并须向工人谢罪。"②第二天,又发表同盟大罢工第二次宣言,揭露反动当局所施的压迫手段,吁请全国同胞"主持公道,加以支援"③。秦皇岛矿务工友俱乐部也发表痛告国人书,表示"我们决不畏缩,决不为恶势力所屈服"。11月4日,开滦五矿及秦皇岛工人还致电参议院、众议院,揭露"杨以德残杀工人,媚外贪财",要求两院对其"提出弹劾,免职惩办";并且庄严表示,"工人等绝不受国贼武力之压迫,外国资本家之束缚,而不得不自争人格及生活"④。

开滦五矿总工会及启新洋灰公司工人俱乐部还派出代表十余名,前往北京,于11月9日、10日,两次向北洋政府的大总统、国务总理及参、众两院和内政部请愿。代表手执白旗,上书:"开滦五大煤矿罢工代表请愿团","唐山启新洋灰公司罢工工人请愿团","四万六千工人请命","同胞啊!国贼杨以德受贿媚外枪杀我们呢!救!救!救!""同胞啊!外国资本家压迫我们呢!救!救!救!"等字样;他们并在请愿书中要求"将杨以德即予褫职,并治明杀人抢劫之罪"。⑤

按照北洋政府在1912年颁布的《暂行新刑律》,凡"从事同一业务之工人同盟罢工者",将以"妨碍秩序罪",对"首谋者"处以有期徒刑、拘役或罚款,对其余

① 《唐山开滦五矿罢工始末记》,《晨报》1922年12月31日。
② 《日日新闻》1922年11月2日。
③ 原载天津《泰晤士报》1922年10月28日。
④ 原载天津《泰晤士报》1922年11月5日。
⑤ 北京《晨报》1922年11月11日。

参加罢工者也可处以拘役或罚款。杨以德之流所以敢于对工人下毒手,即在于反对罢工是受到此类反动法律保护的。京汉铁路总工会筹备处为声援开滦工人罢工致内阁阁员与国会议员的电报中,曾明确指出,杨以德"之所以敢大胆妄为,无非是借着洪宪余孽所制成之治安警察法,为之保障"。为此,电报质问道:"试问现时之国,民国乎? 抑帝制乎?"如果你们认为这是民国,那么"倚帝制法律为保障之叛徒,当即行撤职,并苛以殛刑;而帝制余孽所制之法律,亦理应即时废止"。[①] 中国劳动组合书记部在呼吁全国工人援助开滦矿工等的斗争的文告中,更提出了"为生存而战,为自由而战,打倒军阀警察,打倒外国资本家"这样的政治口号。[②]

这就是说,随着事态的发展,开滦工人的斗争,已经越出经济斗争的范围,而具有鲜明的政治斗争的性质了。

开滦工人的斗争,并不是孤立的,它得到了全国工人的有力声援和社会舆论的广泛同情。

就在 10 月 26 日惨案发生的当天,北京大学马克思学说研究会即决定成立募捐队,分头向各界劝募;宣传英人残酷行为,唤起国人注意;结合各团体成立唐山矿工罢工后援会。28 日,启新洋灰公司八千余名工人开始举行声援开滦矿工的同情罢工。京奉铁路唐山制造厂(南厂)职工会、京奉铁路山海关工人俱乐部、长辛店工人俱乐部、京汉铁路总工会筹备处、粤汉铁路总工会、津浦铁路机务同人参考机件联合会浦镇分会等先后发出通电或快邮代电,谴责杨以德等的暴行,声援开滦矿工,表示"第一步先以金钱援助,第二步当以实力罢工援助",以便"一为生者争人格,一为死者雪冤仇"。安源路矿工人俱乐部在电文中还提出,"希望我们的指导者——中国劳动组合书记部,速即订出计划,命令全国各工团一致行动"[③]。中国劳动组合书记部也确曾发表呼吁书,要求全国工人"为生存计,为自由结社计,为民族人格计,要一齐起来援助"开滦矿工等的斗争。

除中共中央主办的《向导》周报以外,北京《晨报》也曾以大量篇幅报道开滦矿工斗争的消息。《新民意报》、《华北新闻》、《河北日报》等也都以同情的态度对开滦矿工斗争的情况作了如实的报道。甚至连天津《泰晤士报》(英国人办)也承认,开滦矿工的要求"确实是最低限度,最公允也没有"。局方"居然以武力对待,殊出情理之外"。11 月 3 日、4 日,天津《大公报》还发表了"议员胡鄂公等为开滦矿务局勾通军警残杀工人案,提出质问书"的消息。该案提出者为胡鄂

① 《新民意报》1922 年 11 月 16 日。
② 北京《晨报》1922 年 11 月 19 日。
③ 原载《华北新闻》1922 年 11 月 9 日。

公、蒲伯英等议员七人,连署者二十三人。质问书强调,“杨以德、开滦矿务局及该局洋人等,任意纵兵杀人,公然破坏工人团体,皆属目无法纪,均应一并严行查办,分别惩撤”。11 月 15 日《晨报》报道,“参议员张汉章为开滦五矿工人罢工,杨以德以警兵枪杀工人事,昨向政府提出质问”,在质问书上连署者二十一人。议员江浩等二十八人,也提出质问书。他们谴责杨以德,要求“当局勿以武力解决”。

特别值得提出的,是唐山大学(即唐山工业专门学校,俗称唐山交通大学)学生为声援开滦矿工而采取的行动。11 月 9 日,他们创办了《唐山潮声》,表示要以此“供献我们表同情于罢工的人们一点策略,一点勉励,给我们苦朋友在此生死关头一些勇气”。11 月 13 日,他们“全体请假一天,出外(为矿工)向商界募捐”。唐山大学学生赈工会还为支援开滦工人罢工发表公告和散发传单。内称:“我不替矿工伸冤,谁替旷工伸冤!我不为矿工后援,谁为矿工后援!”校长得知后,竟通告“将学生代表五人除名,并限时离校,不准逗留唐山”。“学生等当即罢课”①。该校长竟又贴出布告,“谓奉(交通部)令,以学生行动过激,着即解散,五代表饬警拘捕送押天津警厅。即有无数军警持枪入校,强迫学生收拾行李,于是警勒令(学生全体三百人)乘车二辆,押送津京”②。但学生们仍英勇地坚持斗争。蔡和森在得知唐大学生支援矿工斗争的消息后,以振宇的笔名在《向导》上撰文说:“这样的消息不但在劳动运动史上为重要,在民族运动史上尤为重要,而且是中国知识阶级到了真正觉悟的路上之明证。全国压在国际帝国主义下的知识阶级,都要学唐山路矿大学学生的模范啊!”③

由于开滦工人的揭露和社会舆论的声讨,杨以德等在政治上陷于孤立。杨嘉立也承认,“杨以德采取这样严厉的措施有很大的困难,他所作的事情,不仅受到大多数中国报纸的攻击,而且还受到北京议院和全国各联合会的攻击”。但这个外国人仍然认定,“往后几天的最好办法,就是对关于任何更多让步的建议保持很坚定的态度,并继续对杨以德下以赌注”④。这就是说,矿务局方面仍然坚持对罢工工人实行高压政策;只是准备在必要时才作出有限的让步,以便动摇工人的斗志,瓦解工人的团结,从而结束这次罢工。11 月 14 日,杜克茹贴出布告,声称“凡愿意即刻上工的人,本局一概欢迎,决不因罢工开革一人”;“凡在本月十六日以内上工的人,本局多给工资七天作为奖励,并且每月一百元以内的

① 《晨报》1922 年 11 月 18 日。

② 《唐山潮声》第 3 期,1922 年 11 月 23 日出版。

③ 《向导》第 10 期,1922 年 11 月 15 日出版。

④ 《杨嘉立致杜克茹》,1922 年 11 月 9 日。

工资一概增加一成”。同一天，直隶全省警务处也贴出布告，限令工人“于出示三日，即早悔悟上工”；并且威胁说，如仍然“执迷不悟”，“定即会同军队严拿惩办，勿贻后悔”。“最后由当地军队师长和滦州县知事出面调停”①，矿方和工人达成妥协。

矿方所作的让步，“当然与罢工工人原来要求相去太远”②。但是，这次罢工事起仓促，未及筹措必要的经费，而罢工人数很多，每人日发一角，即需五千元。要维持工人及其家属的生计实在非常困难，工人们忍饥挨饿，坚持罢工二十余日已属不易，如果罢工旷日持久地进行下去，工人难免产生疲劳情绪。在这种情况下，罢工委员会遂不得不在矿方作出某些让步之后，即命令各矿代表自行办理各矿复工事宜。于是，从 11 月 16 日起，各矿工人“方始忍痛逐渐复工”③。赵各庄矿是 16 日复工的，林西矿、唐山矿在 17 日复工，秦皇岛工人则坚持到 20 日也复了工。马家沟矿则在这之前（10 日）就复工了。中国劳动组合书记部“对于此次罢工的确异常重视，曾召集全国铁路工会代表到北京开会，拟以全国铁路总罢工为开滦声援，但等到代表到京”，开滦工人已经复工，“来不及了”。④

这次罢工没有达到预期的目的。工人获得的经济利益实在是微乎其微，就这方面来说，“这次罢工基本上是失败的”。由于在这之前，中国工人的罢工斗争大都取得了胜利，所以，煤矿的英国总理杨嘉立得意地说：“这样的结果，在中国工潮历史上是独一的。”

这次罢工之所以失败，自然有主观上的原因。邓中夏在《中国职工运动简史》中曾列举罢工领导者“在主观上的错误”。比如，“准备不充分”，工会也只是在罢工前数日才组织的；“组织太糟糕”，领导机关只有一个上层组织，各矿没有建立各自的指挥机关；“罢工经费不足”，没有准备好为坚持罢工所必需的物质条件；“领袖非人”，一些干部缺乏斗争经验，也没有注意选拔造就更多的骨干分子；等等。如果与安源罢工的情况相比较，开滦罢工中的这些弱点，是很明显的。

不过，有必要着重指出，这次罢工主要是在中外反动派的联合镇压下失败的。在半殖民地半封建的中国，没有资产阶级民主制度，工人没有举行罢工的合法权利。狡猾的英国资本家正是利用这种情况，动用北洋军阀政府的正规军、直隶全省警察处的保安队，动用英国和美国在华的军队，主要采取武力压迫的方针，把开滦工人的斗争镇压了下去。1922 年 10 月 26 日矿务局门前的喋血事件

① 《邓中夏文集》，人民出版社 1983 年版，第 492 页。

② 《邓中夏文集》，人民出版社 1983 年版，第 492 页。

③ 《邓中夏文集》，人民出版社 1983 年版，第 492 页。

④ 《邓中夏文集》，人民出版社 1983 年版，第 492 页。

即“10月26日惨案”的发生,不是偶然的。它实际上正是1923年2月7日京汉铁路工人遭到屠杀的事件即“二七”惨案的预演!这类惨案在当时中国的发生,有着历史的必然性。

4. 京汉铁路工人罢工

1923年2月京汉铁路工人大罢工,是中国共产党领导和推动的第一个罢工高潮的最高峰,也是它的“最后一个怒涛”。这次罢工是为争取工人集会、结社的自由权利而爆发的,它鲜明地提出了“为自由而战,为人权而战”的政治口号,标志着“中国职工运动开了一个新的阶段——从改良生活的经济斗争转变到争取自由的政治斗争的阶段”①,这个转变是从开滦五矿工人大罢工开始,而到京汉铁路工人大罢工而完全实现的。

在铁路工人中进行宣传和组织工作,筹备建立铁路工会,这是中国共产党在创建过程中就确定了的工人运动工作的一个重点。在1921年7月党的一大上,北京共产主义小组在工作报告中就说:“在京汉铁路工会方面,我们积极进行活动,以便使这些工人同我们建立密切的联系。”②他们在长辛店工人中进行了出色的工作。1921年11月,中共中央局正式“议决以全力组织铁道工会”③。1922年7月党的二大以后,中共中央在对于目前实际问题之计划(1922年11月)中更进一步指出:“中国工人阶级只有铁路工人、海员、矿工为三个有力的分子。”海员已有全国的组织,以后要大力“组织全国铁路总工会及矿工总工会”④。

“中国铁路上早有一种集团叫交通系。以梁士诒、叶恭绰为首领”。“该系爪牙布满了各铁路,国家铁路变为该系私产”。1922年直奉战争以后,交通系内阁倒台,代之而起的为直系军阀吴佩孚的御用内阁。吴当时的职务是直鲁豫巡阅副使。他“知道交通系在铁路上有长远的势力,同时又知道共产党在铁路上有新兴势力,于是他企图利用共产党铲除交通系”⑤。有一个阶段,他公然标榜“保护劳工”,把自己装扮成为一个“开明”派。据罗章龙回忆:正是在这种情况下,“1922年5月前后,党通过李大钊同志同孙丹林(北京政府的内务部长,吴佩孚的亲信)、高恩洪(交通总长)、白坚武(吴佩孚的参谋长)的私人关系,介绍张昆弟(后在洪湖牺牲)、安体诚(后在上海牺牲)、陈为人(后病故)、何孟雄(后在上海牺牲)和包惠僧(后脱党)到交通部工作,先是用密查员的名义,后改为育才

---

① 《邓中夏文集》,人民出版社1983年版,第493~494页。

② 《中共中央文件选集》第1册,中共中央党校出版社1989年版,第17页。

③ 《中共中央文件选集》第1册,中共中央党校出版社1989年版,第26页。

④ 《中共中央文件选集》第1册,中共中央党校出版社1989年版,第123页。

⑤ 《邓中夏文集》,人民出版社1983年版,第443~444页。

科视学的名义。高恩洪对他们的要求是调查交通系在各铁路上的小组织和骨干人物，以便清洗交通系在各铁路上的势力。党的计划则是，要在每条铁路上有一个公职人员身份的人作掩护，来秘密进行工人的组织工作”。根据交通部的分配：张昆弟在正太路，何孟雄在京绥路，安体诚在京奉路，陈为人在津浦路，包惠僧在京汉路（陇海路有李震瀛在工作，李也在京汉路工作过，不过，他没有密查员的身份）。这样一来，正如邓中夏所说，“第一，我们可以免票来往坐车不用花钱，并且任何同志都可利用免票乘车。第二，六个密查员都有百元以上的薪水，除一定的生活费外其余归党。此时，正因职工运动费用支绌，得此不无小补。第三，密查员是各路现任职员最害怕的，因此共产党得着护符，不仅不怕人而且使人怕，得以往来各路，通行无阻。这六个密查员，当然不对任何人宣布，实际上即是职工运动特派员，主要的是在各路工人群众中活动，帮助工人组织俱乐部和进行斗争。对于交通部则选择某些为工人所最痛恨的交通系的职员，胪列其营私舞弊的罪状，作成报告送去。再则这六个密查员虽是有固定的人名，但出发各路可换别的同志，真的，这样一来，我们在铁路上的工作得到顺利的发展，差不多六条铁路都建立了相当的基础，特别是京汉铁路沿线都成立了工人俱乐部”①。全路分三大段，以长辛店、郑州、江岸三大站为中心，共组织了十六个工会，会员有两万余人。除打旗挂钩者，以旧交通系的关系，另有系统外，“百分之九十九工人俱已加入工会”②。“其组织之宏大，与纪律之严谨，几为全国工会冠”③。

在这之前，罗章龙、包惠僧曾奉中国劳动组合书记部总部之命，前往陇海路参加罢工运动，“会于开封，遂计划京汉路工会之组织，并决定京汉路从郑州以南，由武汉支部组织；郑州以北由北方支部负责组织”④。组织的原则是，每站工人过百人以上的即组织工会，不足百人的则隶属于附近的工会。不久，十处工会即先后宣告成立，并且发动各种斗争“不下十余次，每次均有相当之胜利”。为了增强全路工人的团结，在斗争中更有力地相互支援，建立京汉铁路总工会的任务很快被提上了议事日程。

1922 年 4 月 9 日，京汉路全路代表在长辛店召开第一次会议，筹商组织总工会，决定先整饬和划一全路的组织。8 月 10 日，全路代表在郑州召开第二次会议，举行总工会筹备委员会，以杨德甫（后成为工贼）为委员长，凌楚藩、史文彬为副委员长，项英为总干事，并决定总工会设在郑州。1923 年 1 月，中共北京

① 《邓中夏文集》，人民出版社 1983 年版，第 444～445 页。

② 《晨报》1923 年 2 月 5 日。

③ 僧：《二七惨案略史》，《革命史上几个重要纪念日》，1926 年。

④ 僧：《二七惨案略史》，《革命史上几个重要纪念日》，1926 年。

区委召开会议,总结北方铁路、矿山罢工的经验教训,“要求各路组织政治斗争即在斗争中提出反对帝国主义,反对军阀,争取组织工会的自由权利等”①。同年1月5日,筹备委员会在郑州召开第三次会议,“认为全路组织确已统一(此时即交通系御用的‘交通传习所’亦自动取消,原有之百余工人悉数加入工会),成立总工会之时机确已成熟。当即草定总工会章程,并决定2月1日在郑州正式举行成立大会”。章程草案规定,本会的宗旨是:(1)改良生活,增高地位,谋全体工人的利益,得到共同幸福;(2)联络感情,实行互助,化除地域界限,排除工人相互的争端;(3)增进知识,唤起工人的阶级自觉;(4)联络全国各铁路工人,组织全国铁路总工会,并与全国各业工人和世界工人建立密切的关系。中共中央并决定派张特立(即张国焘)前往郑州,“指导这次代表大会的举行”②。

京汉铁路总工会的筹建工作是公开进行的,事先曾向京汉铁路局局长赵继贤报告,赵在表面上表示同意工人代表集会,暗地里却要求吴佩孚下令禁止,说什么如许可集会,其“影响所及,隐患堪虞”,“将来群起效尤,愈演愈烈”,“瞻顾前途,杞忧无极”。吴佩孚感到,以往工人的罢工斗争已经使军阀统治的利益受到损害(如1922年8月,京汉铁路长辛店工人罢工胜利,仅增加工资一项,就使他控制的北京政府每月损失六万元。每年损失七八十万元);此时工人进一步要求组织起来,他更“开始看清工人群众的结合并不是为加薪及减短工作时间的作用,确是形成中国革命运动中的一种极有纪律与力量的中坚力量,于是不得不抛弃其伪政策,而骤然施展其凶残毒辣的手段去禁止——甚至解散封闭工人在郑州的结合”③。1923年1月29日,他电令驻郑州的十四师师长靳云鹗,对总工会的成立大会“预为防范,设法制止”。当时的报纸还报道,郑州地方警官也奉令“将以武力禁止开会,压迫工人”。

1月28日,郑州警察局长黄殿辰向总工会筹备会宣布,称奉靳云鹗、张福来之命,禁止总工会在郑州开成立大会。1月30日,吴佩孚致电总工会筹备会,召工人代表赴洛阳计议。筹备会于是派杨德甫、凌楚藩、李震瀛、史文彬、李焕章五人前往洛阳。31日,吴佩孚与代表谈话,声称根据你们局长的报告,“我已经下了命令,要制止开会;我是军官,岂有收回成命的道理”?并威胁说,“你们若是非要开会,我可没有办法了”。与此同时,他又对代表进行拉拢,说:“我还想同你们商量,预备给你们几个人一个副官的名义,每月给二百元的津贴,往后有事先同我商量再干,这样你们办的工会可以不受人的干涉,你们也可以名利双收,

① 《罗章龙教授谈“二七”大罢工》,《党史研究资料》1979年第4期。

② 张国焘:《我的回忆》第1卷。

③ 孟兰:《二七惨案之由来及其价值》,《京报》1926年2月8日。

两全其美。”①代表没有屈服于他的压力,也没有接受他的拉拢,而是据理与他进行争论。但商谈三小时,还是不得要领而散。

当时,京汉路工人代表及各界来宾已经齐集郑州。至1月31日晚止,计有京汉路十六个分会的代表六十五人;京奉、津浦、正太、道清、京绥、陇海、粤汉等路来宾六十余人;武汉工团联合会、汉冶萍总工会、汉阳钢铁厂工会等三十余团体的代表一百三十余人;以及北京、武汉等地学生及新闻界三十余人;合计约三百人。“由于到会代表人数之多和代表单位广泛,使(拟议中的)这次大会在性质上无异是北方各地工会共同举行的小型劳动大会。其(预定的)议程的范围也不仅限于京汉铁路工会的事项。”②

赴洛阳的代表于31日下午返回郑州后,当晚即在会所召集全路代表会议,报告吴佩孚态度后,群情愤激。对于一面高唱“保护劳工”,一面尽力压迫开会,言不顾行、绝无信义的吴佩孚,都说无注意的必要,因为我们乃本于约法而开会,当即决议,无论如何,仍照原议,决于次日仍在郑州普乐园剧场开会。年轻的中国工人阶级具有坚强的革命精神,但缺乏斗争的经验,他们对吴佩孚这类军阀可能置约法于不顾,而采用野蛮的屠杀政策来对付手无寸铁的工人这一点,没有足够的思想准备。

2月1日凌晨,郑州全市紧急戒严,军警荷枪实弹,沿街排列,如临大敌。京汉路工人代表及各界来宾“无不恨他们妄以武力干涉人民自由,都说必须开会,不可为武力所屈”。“各代表当在五州大旅馆整队出发,以军乐为前导,所送礼物如匾额、对联等次之。各代表手执各团体名义的红旗,顺序而行。一万郑州工友全体由会所出发迎接,至距会场不远处,被军警包围,举枪威吓,阻止前进,全体大愤。先推代表再三论理,终不允;全体鹄立街心约二小时,愤激不已,乃奋勇拼死冲开阵线,拥入会场”。领头冲向会场、启开封条的,是江岸分会总干事项德隆(项英),进入会场的工人代表、工人群众达五六千人。“首由主席宣布组织宗旨,及此次被强权无理压迫的可愤,遂即宣布京汉路总工会的正式成立,群众大呼‘京汉铁路总工会万岁!’‘劳动阶级胜利万岁!’”这时,会场四周已被军警包围。群众“打倒军阀”、“集会结社自由”的呼声与军警“解散”、“不准开会”的高喊混作一团,声震屋瓦。随后黄殿辰赶到会场,声称:“我黄殿辰在郑州一天,就一天不许工人开会,如果你们有本事,就实行全路罢工。”但“群众照常开会,

① 《杨德甫自述》,1956年12月。见《二七大罢工资料选编》,工人出版社1983年版,第630页。另据该自述:五个代表中有谢德清、无李震瀛。李也与代表一起赴洛,但未参与同吴佩孚的谈话,他在得知谈话情况后,即主张“我们赶忙回郑州去讨论办法,不然就要受害”。

② 张国焘:《我的回忆》第1卷。

延至下午四时，始冲出重围，宣布散会”。

“这天(2月1日)下午，代表所住各旅馆，便有兵来监守，不许偶语，总工会在万年春菜馆所定的饭菜，亦不许开售。各代表一时完全丧失自由，饮食不得。各团体所赠匾额礼物等，也尽被毁弃道旁，不许馈送。总工会会所被兵占驻，且禁止工人出入，室内一切文件、实物尽被捣毁。问何以如此强暴，都说‘是奉大帅命令……’当晚会所即被封闭”①。

在这种情况下，京汉铁路总工会执行委员会遂连夜召开秘密会议，决议发动京汉铁路全线总罢工。“出席总工会成立大会的中共中央代表、劳动组合书记部负责人张特立(即张国焘)，劳动组合书记部副主任罗章龙，中共北京区委代表包惠僧，中共武汉区委书记陈潭秋，劳动组合书记部武汉分部主任林育南及其负责成员施洋、许白昊，京汉铁路总工会秘书长李震瀛、总干事项德隆和副总干事吴汝铭等都参加了这次秘密会议，并起了决定性的作用”②。会议通过的决议指出：“我们为抗争人格与自由起见，谨决于四号午刻宣布京汉路全路总同盟大罢工；同时为事实上的便利起见，总工会决移江岸办公，全路一切进止，于罢工期内，全视总工会命令而定。我们是为争自由作战，争人权作战，只有前进，决无后退的。”③“总同盟罢工之议既定，遂议决以李震瀛、杨德甫(现已堕落)、史文彬、高斌、张特立等为罢工总工会委员，主持罢工事务”。“各站由工友组织纠察团，以防军阀官僚之阴谋破坏”。④ 这样，就为这次罢工斗争提出了鲜明的政治口号，确定了严密的指挥系统。考虑到郑州环境险恶，会议还议决与会人员迅速撤离。武汉方面代表当晚即搭原车南下，其他各路代表概搭次日早车北上。第二天，总工会发表大罢工宣言，号召工友和全国同胞，“为反抗我们的仇人——万恶的军阀，为保障我们的人格，为争回我们的自由”，“要紧紧的团结”，向前进攻。宣言还提出以下要求，作为复工的最低限度的条件，即：(1) 要求由交通部撤革京汉局长赵继贤及南段处长冯谭；要求吴巡阅使、靳师长及豫省当局撤办黄殿辰；(2) 要求路局赔偿开成立大会损失洋六千元；(3) 所有当日被军警扣留的一切牌额礼物要求郑州地方长官用军乐队再送至总工会；占领郑州总会会所的军警应立即撤退，郑州分会匾额重新挂起，一切会中损失，由郑州分会开单索偿，并由郑州地方长官到郑州分会道歉；(4) 要求每星期休息，并照发工资；(5) 要求阴历放年假一星期，亦照发工资。

---

① 中国劳动组合书记部：《二七大屠杀的经过》，1923年2月27日。

② 参见《北京党史研究》1992年第5期，第10页。

③ 《二七事件》，上海《民国日报》副刊《觉悟》1923年2月22日。

④ 僧：《二七惨案略史》，《革命史上几个重要纪念日》，1926年。

2月4日,京汉铁路工人总同盟罢工胜利实现。上午9时,郑州罢工;10时,江岸罢工;11时,长辛店罢工。12时,所有客车货车一律停驶。在不到三个小时之内,全长两千多里的京汉铁路全线上的三万余工人,就都按照总工会的命令,投入了总同盟罢工的斗争。

北洋政府决心以武力压迫工人复工。2月5日,吴佩孚致电京汉路沿线驻军及湖北省督军公署,命令对各路工人罢工“查明严禁。如果不服劝导,立即武力制止”①。同一天,京汉铁路管理局局长赵继贤贴出布告,限令工人在十二小时内复工,并且威胁说:“过了十二小时不肯回来,是你们与本路脱离关系,则本路只有另筹维持交通办法,另行找人做事了。”②对此,工人们的答复是:没有总工会的命令,工是不上的。

对于从2月4日罢工开始,到2月7日大屠杀发生之前的情况,邓中夏在《中国职工运动简史》中作了如下扼要叙述:

(1) 江岸方面

罢工的第二日(5日),湖北督军萧耀南派参谋长到江岸,先使该地警官,以强硬态度,要挟工会交出重要领袖,工会答以“如有对曹(锟)吴(佩孚)及交通部正当负责人来,总工会当然有全权代表与之正式谈判,否则,恕不接待”。延至午刻,忽探报厂内已被大批军队占领,张厚生在工人家内拘去开车工人,强迫开车。总工会当派纠察团进探,一时集及厂门者二千余人,冲破军队防线,将两工友抢回。正午,又拘去纠察团工友三人,总工会派人要求释放。

罢工第三日(6日),武汉各工会各派代表数百人,共二千余人持旗帜到江岸慰问,即在江岸举行慰问大会,到者万余人。……群众于愤怒之余,遂举行游行大示威,由江岸经过汉口租界以抵华界,历二小时方散,此种闯入租界示威,实为创见。

(2) 长辛店方面

罢工第一日(4日)早,召集全体大会,到者三千余人。主席报告总工会命令毕,群众热烈赞成,呼声动天地,均愿为自由而战,会毕即罢工。工人待遇旅客极有礼貌,男子为代雇车马,女子则延至工人家里住宿,次日护送至京。故当时社会人士对罢工工人均表好感。

罢工第二日(5日),北京铁路局茶役亦举行罢工。赵继贤此时已得吴佩孚命令,令其严厉处置,乃发出威胁布告,限工人于十二小时内复工,但工人不理,赵又派人到长辛店威迫工人单独交涉,工人答以“只知总工会命令,不知其他”。

① 汉口《新闻报》1923年2月9日。

② 北京《益世报》1923年2月7日。

午后,曹锟派兵到长辛店,宣布戒严,全体工人亦遂前往示威,并向兵士宣传,士兵有为之感动而泣下者。

罢工第三日(6日),调查队报告,军队行动极为可疑,涿州有大军将要开到。一时全市突然紧张,但工人态度仍不稍变。正午,赵继贤由塘沽运来新工百二十名,另挑选五百兵士,随同学习开车,并宣言工人如不复工,当一律解散,押解出境。工人仍置之不理。京兆尹及宛平县知事前来劝说上工,工人答以"由总工会作主"。下午,涿州军队开到。

(3) 郑州方面

罢工第一日(4日),总罢工后,郑州驻军师长靳云鹗召集工人代表谈话,靳见面大骂,勒令开车。工会代表答以"须有总工会命令才能开车",拒绝之。

罢工第二日(5日),靳云鹗拘捕工会委员三人,工人闻讯大愤,敌忾之气,更为坚决。

罢工第三日(6日),又捕去工会委员两人,上午靳将被捕五人推至车站威吓工人,工人不惟不理,反更愤激。下午,警署鸣锣招呼工人上工,工人置之不理。

总之,全路各站罢工工人都非常一致,"不得总工会命令,不开工",成为当时工人唯一的口号。① 项英在回顾当时情况时也指出:"各站工人每日均齐集工会照会命令来行动,纠察队、调查队、交通队、罢工委员会等等都组织得很完备很严密,每一工人都参加一种组织,担任一种工作。工会命令一下,全体都动员起来,好像一支有训练的军队作战时一样。"②

2月7日,反动派终于对英勇不屈的组织起来了的工人进行了血腥的大屠杀。

在这之前,各国驻北京公使团曾召开紧急会议,议决向北京政府提出严重警告,怂恿当局立即以武力镇压罢工。2月6日,英国驻汉口总领事劳灵菲尔召集萧耀南代表及外国资本家在领事署开会,策划应付罢工之策。"吴佩孚本已准备好屠杀工人,此时又得帝国主义之指点,遂下令于7日南北一齐下手"③。

还在2月6日晚11时,从涿州开到长辛店的军队"即下紧急命令分途严拿工会要人",当场逮捕史文彬、吴汝铭④等十一人,准备于次日押解保定。7日黎明,三四千名工人举着"要求释放被捕工人"的大旗来到旅部,高呼"还我们的工友"、"还我们的自由"等口号。该旅长"即下令冲锋","一时弹如雨下,刀剑飞

① 参见《邓中夏文集》,人民出版社1983年版,第504~506页。

② 项英:《"二七"事略》,《红色中华"二七"增刊》,1932年2月3日。

③ 《邓中夏文集》,人民出版社1983年版,第506~507页。

④ 吴汝铭,又名吴雨铭,当时为工会学校教员,后来叛变。

扬,并继以马队践踏","结果死者四名,重伤三十余人(……),拿获者三十余名,轻伤及逃亡者无数"。"长辛店工会于是日遂不得不谋他徙,所捕十一人亦于是日解送保定去了"①。

2月7日下午两点,湖北督军萧耀南的参谋长张厚生派一警官到江岸,声称"奉萧督军之命",特来要求总工会派全权代表开会谈判。随后又改约总工会代表于五时半在会所等候,称张厚生将亲自来会。"盖他们乃用诱敌之计,以为时期已到,重要人物定皆在此",可以一网打尽。五时二十分左右,张厚生"率全副武装兵士二营急驰而至,先将会所包围,开枪环击,计放枪在五排以外。当时有工友数百人在门前守候消息,躲避不及,又都赤手空拳,无从抵抗,当被乱枪和马刀击死者有曾玉良(纠察团副团长)等三十二人,残伤者二百余人"。其中重伤抬至医院毙命者四人。另有工友六十人被捕,江岸分会委员长共产党员林祥谦惨遭杀害。"于乱杀之倾,军队又大肆抢劫,计福建街一夜连洗三次,工人家所有细小都被一扫精光"②。

据统计,在这次斗争中牺牲的烈士共五十二人,其中江岸三十八人,长辛店七人,郑州三人,信阳车头厂等四处各一人。另外,受伤的有三百余人,被捕入狱的有四十余人,被开除流亡在外的有一千余人。③

面对反动派的屠刀,中国工人表现了大无畏的斗争精神和视死如归的英群气概。比如:

"江岸工友,处枪林弹雨之下,倒毙者已三十余人,犹死守工会,无一退避者;相持至数十分钟,得工会退后之令,始渐次退散。"④

江岸分会委员长、共产党员林祥谦在斗争中壮烈牺牲。据当时汉口某报记载:"林君被捕后,也捆在江岸车站与先捆在电线杆上受毒打的工友们一起。此时张厚生……亲自提灯于七八十人中找出林君,回顾吴段长曰:'此人是否工会长?'吴答言:'是。'张乃立命刽子手割去绳索,迫令林君下'上工'命令,林君不应,张乃命刽子手先砍一刀,然后再问道:'上不上工?'林君抗声回答:'不上!'张又命砍一刀,怒声喝道:'到底下不下命令上工?'林忍痛大呼:'上工要总工会下令的!但今天既是这样,我的头可断,工是不上的!'张复命砍一刀,此时鲜血溅地,林君遂晕,移时醒来,张狞笑道:'现在怎样?'林君切齿骂道:'现在还有什么话可说!可怜一个好好的中国,就断送在你们这般混账王八蛋的军阀走狗手

① 文虎:《京汉工人流血记》。

② 《二七大屠杀的经过》,1923年2月27日。

③ 参见江岸二七陈列馆筹建组:《关于"二七"烈士名单的调查情况报告(草案)》,1959年11月13日。未刊稿。转引自《伟大的开端》,人民出版社1983年版,第721页。

④ 张特立:《"二七"前后工会运动略史》,《"二七"二周年纪念册》,1925年2月7日。

里！’张等听了大怒，未待林君说完，立命枭首示众，一个轰轰烈烈的京汉工会江岸分会委员长林祥谦君就此慷慨成仁了！”①

京汉铁路总工会正定分会委员长、共产党员康景星在斗争中的表现也是极其英勇的。2 月 7 日，第十七混成旅旅长葛树屏强迫他下复工令，他斩钉截铁地说：“没有总工会命令，决不复工！”被军阀逮捕后，他“在车站挨了五百皮鞭，直打得皮开肉裂”，“始终挺身而立”。② 当军阀下令枪毙他的时候，他“要求稍延数分钟，俾得略申数语，时围观者数千人，彼乃从容叙述工人争自由之意见，滔滔不绝，言辞慷慨，历一小时半，听者泪如雨下，狂号震天地，卒使某军官慑服，不敢加害”③。

“郑州姜海士等被黄殿辰强迫执旗劝告工人复工，姜等竟不畏强暴，反劝工人万勿上工”。“长辛店十三人，保定二人，正定、郑州、新乡六七人，在保定军法处严讯，军法官要他们悔过具结，便可开释。但他们里面竟没有一个人肯屈服，他们备受酷刑，一直到死终不愿向军阀讨饶！”④

律师施洋，共产党员，湖北省工团联合会暨京汉铁路总工会法律顾问。曾赴郑州出席 2 月 1 日京汉铁路总工会成立大会。2 月 7 日，以“煽动工潮”的罪名，在汉口被捕。2 月 15 日，为反动派杀害。“在施洋行刑前，执法某叫写信回家。他大声呼曰‘中华民国就是我的家，我有什么信可写，我只希望中国的劳动者，早点起来，把军阀官僚资本家和你们这般替他们做走狗的人，一起都食肉寝皮’。执法某羞愧不堪，连叫开枪。施君当受第二枪时，犹高叫‘劳工万岁’”。⑤

血的事实昭示人们：“军阀压迫工人何等残酷，为自由而战的劳动同志何等壮烈！”⑥的确，他们“这样伟大的牺牲，伟大的人格，真可以惊天地泣鬼神了！”这些中国工人运动的先驱者、共产主义运动的战士“是何等（令人）钦仰的烈士呀！”⑦

京汉铁路工人的斗争并不是孤立的。2 月 4 日罢工之后，中国劳动组合书记部即通告全国各工团，“切实援助”。正太路、道清路、津浦路、粤汉路等路段

---

① 见《京汉工人流血记》，又见《二七工仇》。

② 《“二七”罢工中的康景星》，李斌口述，见《二七大罢工资料选编》，工人出版社 1983 年版，第 701 页。

③ 康随后被关进保定监狱，在狱中坚持斗争，忠贞不屈。1924 年“在党的营救下出狱”，到高邑等地继续从事革命活动。1932 年，在郑州被反动派暗杀。见《二七大罢工资料选编》，工人出版社 1983 年版，第 701 页。

④ 汪静之：《二七惨案开中国阶级斗争之新纪元》，《二七纪念刊》，1927 年。

⑤ 《二七工仇》，1923 年。

⑥ 《李大钊选集》下卷，人民出版社 1984 年版，第 707 页。

⑦ 汪静之：《二七惨案开中国阶级斗争之新纪元》，《二七纪念刊》，1927 年。

的工人,均曾举行罢工,声援京汉路工人。各地各工团的实力援助,以武汉各工团出力为最多,汉阳钢铁厂等企业的工人为抗议军阀的暴行举行过罢工;其他一些地方,"亦有同样之准备和行动"。"至于那次罢工所得到的同情声,更是难以尽述,如湖南、广东、香港、上海、北京等处工人团体之电报,如雪片飞来,举行示威者有之,召集大会者有之,集款援助者有之。真是'劳动者联合起来'的意义,于奋斗中特别能够显示出来"。"即我国民众团体,亦能认识工人争自由之真正意义,为充分同情之表示。如北京市民曾举行四千余人之群众示威运动;通电者、发表宣言者有:北京全体教职员联合会,全国学生总会及各地学生联合会,全国各界联合会及各地各界联合会,民权运动大同盟,南洋华侨协会等团体。甚至直系御用之国会中亦不少有良心之议员屡次为此次大屠杀之事件提出查办、质问,及弹劾案者。工人要求之正当自由为全国人民所急切需要,于此广大之同情声中,已足见其一斑"①。

不过,军阀是依靠赤裸裸的反革命暴力维持自己的统治的。"二七"惨案发生后,尽管受到社会各界的严厉谴责,他们还是决心以进一步的压迫手段来对付为争生存、争自由、争人权而奋斗的工人。萧耀南颁布特别戒严令,封闭武汉所有的工会,通缉、逮捕工会领袖,禁止工人集会,还派出军警强制工人上工。"各帝国主义海军亦全数登陆"。"市面极其恐怖,形势极为严重"。② 在这种情况下,广大群众性的罢工斗争已经难以长期坚持下去。为了减少牺牲,保存有生力量,京汉铁路总工会和湖北工团联合会遂于 2 月 9 日联合下达复工令。复工令指出,"我们的敌人既用这样大的压力对付我们,我们全体工友为保全元气以图报复起见,只好暂时忍痛上工"。"须知此时惟有忍痛在厂工作,才有报仇之日,才有打倒敌人之日","才有以后的种种办法"。③ 至此,京汉铁路工人大罢工宣告结束,在反革命武力的压迫下,这场轰轰烈烈的工人革命斗争终于遭到了失败。中国的工人运动也由高潮转入了低潮。"京汉路和武汉三镇的工会,不用说是被封了,其他各路工会也由公开的而转为秘密的,当时尚称完好的只有广州和湖南"。由于安源工人的斗争还有发展,所以有"硕果仅存"的安源工会这种说法。就全国的情形而论,罢工的高潮是过去了,"虽然有少数零星的自发的罢工,甚至还有千人以上的罢工","但无论如何,这些罢工一大部属手工业工人,且多数失败,故给予当时的影响是不大的"。④

---

① 张特立:《"二七"前后工会运动略史》,《"二七"二周年纪念册》,1925 年 2 月 7 日。

② 《邓中夏文集》,人民出版社 1983 年版,第 508 ~ 509 页。

③ 文虎:《京汉工人流血记》。

④ 《邓中夏文集》,人民出版社 1983 年版,第 513 ~ 514 页。

京汉铁路工人的大罢工，主要是在封建军阀的武装镇压下遭到失败的。年轻的中国共产党还缺乏斗争的经验，对于中国的国情还不够了解，还不懂得半殖民地半封建的中国的工人斗争不可能简单地沿袭西方那些有资产阶级民主制度的发达国家工人斗争的方式、方法；他们对于封建军阀制造流血事变的严重危险缺乏足够的警惕，没有注意把公开工作与秘密工作严格分开又有机地结合起来，没有事先在精神上和组织上做好应变的准备。这是一个深刻的教训！

（三）党的阶级基础的巩固和政治影响的扩大

从 1921 年 7 月中国共产党成立，至 1923 年 2 月京汉铁路工人大罢工，"此时为中国工人运动勃兴的时期"。从 1921 年 8 月长辛店工务处工人的加薪运动开始，到 1922 年 9 月安源路矿工人的罢工，直到 1923 年"二七"惨案发生之前，工人斗争的浪潮一个接着一个，除开滦五矿工人罢工之外，"胜利完全归诸工人"。这些斗争给予中国人民以鼓舞，也"引起中国军阀的惊骇"①。1923 年 2 月京汉铁路工人的罢工"虽然不幸是失败了，但失败中亦有几许胜利存在的"。因为它毕竟显示了工人阶级坚强的革命精神，把中国人民争取解放的斗争提升到了一个新的水准。应当肯定，年轻的中国工人阶级在初生的中国共产党领导下在这个时期所进行的英勇斗争，确实"开了中国阶级斗争的新纪元"②。

为什么这样说呢？这是因为：

第一，这个时期的工人运动，"是继承五四以后中国反对军阀、反对帝国主义之更深入的真正革命的群众运动"。与辛亥革命比，它不再只是少数革命家的孤军奋斗，而是有了真正的群众动员；与五四运动比，它动员的群众要更加广大。它有力地表明，"中国自辛亥革命以来，民族解放运动不但开始大规模的发展，而且深入下层群众"③。

第二，这个时期的工人运动，"是中国工人阶级由日常生活的争斗，到政治争斗的空前伟大的运动"，是中国工人阶级所表现的有力量的不妥协的革命的运动。④ 事实上，"中国近代产业无产阶级微弱的自发的运动开始还在辛亥革命之后，而群众的罢工还在十月革命之后"。"'二七'——这是中国无产阶级从'在自己的状态'转变为'为自己的状态'、从自发的经济罢工转变为自觉的政治的运动之最大的关键"。⑤ 这已经不只是少数工人的觉醒，而且是整个工人阶级

① 孟兰：《二七惨案之由来及其价值》，1926 年 2 月 8 日。
② 汪静之：《二七惨案开中国阶级斗争之新纪元》，1927 年。
③ 《二七运动的意义》，《二七流血纪念》，1925 年 2 月 7 日。
④ 《二七运动的意义》，《二七流血纪念》，1925 年 2 月 7 日。
⑤ 则连：《二七在中国革命运动史上的位置》，《中国青年》第 152 期，1927 年 1 月 29 日。

在奋起斗争了。它“固然是中国工人阶级争自己的政治权利和经济要求的运动,但是同时这个运动确是争中国民族解放的运动”。它有力地表明,“中国工人阶级是反对军阀和帝国主义的前锋”和“国民革命军的领导者”。[①]

第三,这个时期的工人运动,主要是在中国共产党的领导、组织、推动、影响下发生和发展起来的。“五四运动时中国无产阶级开始有了觉悟”;由于还没有成立中国无产阶级的政党,五四运动还是“带有自发的性质”,虽然“这种自发性和以前的不同,它多少有些觉醒,许多人赞成十月革命,赞成列宁的革命”[②]。这个时期就根本不同了。正是中国共产党在工人群众中有计划地进行了宣传工作和组织工作,为他们的斗争指示了明确的政治方向和具体目标,制定了相应的策略方针,从而使这个运动得以有组织地开展起来。它有力地表明,中国共产党一经成立,中国革命的面目确实焕然一新了。

正因为如此,这个时期的工人运动虽然最终遭到严重的挫折,但它仍然在中国政治生活中产生了巨大的影响,对中国革命的进一步发展起到了重要的促进作用,它的历史价值是不可磨灭的。这主要可以从以下几个方面显示出来:

第一,这个时期的工人运动显示了中国工人阶级的力量,扩大了中国工人阶级的政党——中国共产党的政治影响。

“中国社会素来是贱视劳动阶级的”。在这个运动之前,有人“若果说中国工人阶级是中国民族解放运动的先锋军,大家必定不肯相信,以为是海外奇谈”。然而,这个运动却以事实表明,“中国工人阶级革命的力量,比任何阶级都伟大”。因为他们“在这个运动中始终都表现出非常严整的组织的秩序和系统”;“在这个运动中,他们有非常之好的纪律,群众完全能服从机关的指挥,下级机关又完全能服从上级机关的指挥”;在这个运动中,他们更表现了“不妥协”的革命精神,“虽至流血,亦无反顾”;“工人阶级有一个伟大的力量就是阶级的同情”,这种阶级的同情在这个运动中“确表现得非常浓厚”,一方发动,八方支援,“全国的产业工人都没不有严重的表示”。“这个运动就是这样惊动了全中国”。这些在斗争中“中国工人阶级所表现出来的伟大精神,而同时便是构成工人阶级的伟大的力量的东西。从此再没有人敢于忽视中国工人阶级的力量了,就是工人阶级自己也更加相信他们有力量”。[③] 在总结这个时期的斗争情况时,李大钊曾明确地指出:“现在中国是在资本帝国主义压迫之下,试看全国的资产阶级、小资产阶级、知识阶级谁能反抗?只有无产阶级。在国民革命中当先锋的

① 《二七运动的意义》,1925年2月7日。
② 《毛泽东文集》第2卷,人民出版社1993年版,第404页。
③ 《二七运动的意义》,1925年2月7日。

亦只有无产阶级。”①恽代英也满怀激情地说过：谁曾对于军阀的压迫有过这样大而有力的反抗运动呢？谁曾梦想过工人阶级会有这样伟大的组织、良好的纪律，与夫这样坚强的决心，能够使军阀至今还是对于他们不敢正视呢？“伟大的工人阶级啊！你们真是中国革命运动的领导者！”②

中国工人运动是由中国共产党领导的。这个党诞生不久，人数很少，开始仅53人，1922年7月党的二大时也不过195人。如果不走到工人中去，它仅只是一个狭小的社会团体，在中国的政治舞台上是无足轻重的。工人罢工高潮的兴起，使人们清楚地看到，这个党是以新兴的工人阶级作为自己的阶级基础的，在它的领导下，这个阶级开始以崭新的战斗的姿态行动起来了。这个事实，不能不使中国社会的各种政治力量对中国共产党及其拥有的实力重新作出自己的估价，并相应地确定对这个党采取的方针。北洋政府为工人的斗争所震撼，决定对“罢工及过激主义（按：反动派对共产主义之诬称）两项”“严厉禁止”③，吴佩孚之流原先那副“保护劳工”的假面目从此也收起了。中国的革命民众则由此“认识工人阶级的伟大力量和革命的精神，而同情于工人运动，并且知道工人阶级在国民革命过程中的重要，稳固了国民革命的联合战线”④。中国民主革命的伟大先行者、始终坚持革命民主派立场的国民党领袖孙中山在屡次斗争遭到失败以致陷于绝望之际，就是从中国工人运动的勃兴中看到了新的革命力量的生长，看到了中国革命的新的希望，因而欢迎这个运动的领导者——中国共产党与他合作。可以说，没有工人运动的这次高潮，随后的国民党与共产党的合作（人们后来习惯地把这两个政党的合作简称为国共合作）也是无从谈起的，不可想象的。

第二，这一时期的工人运动有力地宣传了中国共产党制定的民主革命纲领，推动了中国人民斗争的发展。

“打倒帝国主义与军阀”的口号是中国共产党提出的。当中国工人阶级由经济斗争转向政治斗争，而这个斗争又受到中外反动派的联合压迫时，他们也就由于逐步地认清了这两个敌人的面目而认识到这个口号的正确。“铁路工人首先接受这个口号。在二七大罢工中，各地工人代表不约而同地高呼‘打倒帝国主义’‘打倒军阀’的口号，震骇了当时指使屠杀工人的帝国主义及刽子手的军阀的心肝。从此，这些口号就深深印在工人群众的心上”⑤。“‘二七’大流血发生后，全国震动，军阀罪恶完全暴露于全国民众之前，打倒军阀之声浪，遍及全国，使中国革命

① 李大钊：《追悼列宁共纪念二七》，1924年2月16日。
② 恽代英：《中国劳动阶级斗争第一幕》，《中国青年》第65期，1925年2月7日。
③ 长沙《大公报》，1923年2月28日。
④ 从周：《二七与中国革命运动》，《京报》副刊409号，1926年2月8日。
⑤ 基：《二七运动开辟了中国革命的大道》，《劳动》周报第22期，1930年2月7日。

运动在无产阶级伟大的英勇斗争与牺牲之下,开展了新的局面"①。

这一时期的工人运动的确给国内外的反动势力以重大打击。"这一时期,差不多可以说民族运动之中,只有工人阶级的阶级斗争。因为工人阶级斗争的猛进,国内的民族革命运动便渐渐有兴起的势头——资产阶级也跟着抬起头来"②。工人运动促进了中国人民的觉醒,推动了斗争的发展,这是一个历史的事实。

由于遭到反动派的镇压,中国工人运动"虽然在表面上有一个时期的沉寂","然而二七以后中国工人阶级的觉悟越发增高,全国工人阶级的团结力日益增进"③。他们只是暂时被战败,而没有被击溃。他们由于经受了斗争的锻炼而变得更加坚强起来。"因此,后来任何一次的斗争,工人阶级总是热烈地参加着,并且更不客气的将整个的革命责任放在自己的身上"④。

"二七运动所遗留下来的东西,就是五卅运动"⑤。五卅运动是"继二七运动而起的"⑥。而五卅运动正是大革命高潮的起点。所以,在一定的意义上,我们应当说,这一时期工人运动的发展为以后大革命高潮的兴起做了一定的准备。

第三,通过这一时期的工人运动,中国共产党密切了与工人阶级的联系,巩固了党在工人阶级中的组织基础。

这一时期的工人运动,主要是由中国共产党组织和领导的。中国劳动组合书记部在文告中明确地对工人说:"为工友的指导者的,都是诚实帮助工人的社会主义者。"罢工斗争"能够使大家相信的是:'社会主义者是为工人利益而奋斗的先锋!'"所以,大家要了解,"社会主义就是工人的主义,工人应该相信社会主义,应该替社会主义牺牲,努力,奋斗"⑦。斗争的实践告诉工人,当时的"一切政治团体,惟一能为了工人阶级全部利益奋斗的,只有一个共产党"⑧。党在工人群众中的威信是极大地提高了。

共产党的组织应当成为工人运动的核心。邓中夏认为,当时党派去从事工人运动的人"确做了一个极大错误",就是"未曾在工会中发展党的组织","以为工人觉悟程度不够加入共产党,把许多斗争中表现很好的积极分子,都推到党的门外",以致党对工会的领导,在不少地方,只是党员个人的领导,而不是党的组

---

① 项英:《"二七"事略》,《红色中华"二七"增刊》,1932 年 2 月 3 日。

② 秋白:《一九二三年之二七与一九二五年之二七》,《向导》周报第 101 期,1925 年 2 月 7 日。

③ 秋白:《一九二三年之二七与一九二五年之二七》,《向导》周报第 101 期,1925 年 2 月 7 日。

④ 基:《二七运动开辟了中国革命的大道》,《劳动》周刊第 22 期,1930 年 2 月 7 日。

⑤ 从周:《二七与中国革命运动》,《京报》副刊 409 号,1926 年 2 月 8 日。

⑥ 汪静之:《二七惨案开中国阶级斗争之新纪元》,1927 年。

⑦《中国劳动组合书记部为纪念安源罢工胜利的传单》,1923 年 9 月 5 日。

⑧ 君宇:《工人们需要一个政党》,1923 年 3 月 24 日,见《京汉工人流血记》。

织领导。“二七”惨案之后，党已经开始认识到了这个问题。君宇在《工人们需要一个政党》一文中指出：“确认于工会之外，还须有党的组织，这是我们这次失败之下，一个很有益的教训。”“我们要努力去恢复我们的营垒（工会），同时也要组织好我们的参谋部，凡是工人阶级的革命先驱，都要加入共产党的组织之内。”由于斗争本身确实在工人阶级中锻炼和造就了一批先进分子，这样做的条件已经具备，一些地方党的组织也就把在工人中积极发展党员的工作提上了日程。比如，据中共湖南区于 1923 年 11 月向中央局的报告中指出，“四个月中，同志增加者，长沙十四人，安源二十余人，水口山十余人”，其中多数当为工人。① 继开滦五矿工人罢工之后，唐山矿的党组织在斗争中得到了很大的发展。② 京汉铁路工人罢工失败后，康景星等还在狱中建立党的组织，并发展在斗争中表现坚决的工人难友张士权等入党。③ 1923 年 7 月，陈独秀在中国共产党第三次全国代表大会上的报告中指出：“去年我们只有二百名党员，今年入党的大约有二百人，其中有一百三十个工人。”“现在共产党员四百二十人”，其中“工人一百六十四人”。④ 这就是说，经过这一时期的工人运动，党组织得到了壮大，其中工人成分的比重也明显地提高了。

第四，这一时期的工人运动，还为中国共产党提供了有益的历史教训。

斗争的实践表明，中国工人阶级具有坚强的革命性；但他们的人数毕竟太少，二百万的产业工人在全国四亿多人口中所占的比重还不足千分之五。当时的工人斗争还“没有同全中国反帝国主义与反军阀的各革命阶级的斗争联合起来”，这“也是这一斗争失败的主要原因之一”⑤。正因为如此，正如毛泽东后来所说的，“中国无产阶级应该懂得：他们自己虽然是一个最有觉悟性和最有组织性的阶级，但是如果单凭自己一个阶级的力量，是不能胜利的。而要胜利，他们就必须在各种不同的情形下团结一切可能的革命的阶级和阶层，组织革命的统一战线”⑥。事实上，正是“二七事变的教训，使中国无产阶级的政党中国共产党更严重的提出了建立民族革命运动中的统一战线问题”⑦。

斗争的实践还表明，中国工人阶级要赢得自身的解放，要领导人民赢得解放，必须拿起武器，建立革命的政权。中国劳动组合书记部在为“二七”惨案发

① 《安源路矿工人运动（上）》，中共党史资料版社 1990 年版，第 223 页。
② 《党史研究资料》1979 年第 6 期。
③ 《二七大罢工资料选编》，工人出版社 1983 年版，第 709 页。
④ 《中共中央文件选集》第 1 册，中共中央党校出版社 1989 年版，第 168 页。
⑤ 张闻天：《中国革命基本问题》第 2 讲，1934 年 1 月。
⑥ 《毛泽东选集》第 2 卷，人民出版社 1991 年版，第 645 页。
⑦ 张闻天：《中国革命基本问题》第 2 讲，1934 年 1 月。

表的文告中明确指出：我们所以受这等人不能受的压迫，"乃是因为国家的政权掌握在军阀手里，他们有的是军队、警察、兵工厂、监狱"，而"我们工人们除了两只手两条腿能做苦工以外，什么也没有"①。书记部的另一文告还强调："劳动者能有武器，岂能任他们如此杀戮？"②"二七"惨案之后，"中共的领袖们更认识到工人罢工并不能抵抗军阀的武力，只有革命的武力才能对抗军阀的武力"。因此，"对于国民党在广州扩大革命的地盘与武力的做法，也寄予更多的期待"③。

斗争的实践也表明，在半殖民地半封建的中国，在封建军阀统治的地区开展工人运动，必须把公开工作和秘密工作结合起来。正如陈独秀在随后对工人所说的那样："你们的战斗机关——工会，是不能希望在军阀统治之下可以公开存在的。各种形式的秘密组织，目前非常必要；因为若无任何组织，便无法集中你们的战斗力，便只有任军阀践踏，你们能忍受吗？"④

中国共产党正是在"二七"惨案之后，带着这些经验教训，决定采取更加积极的步骤去联合孙中山领导的国民党，并投身到大革命的洪流中去的。

——原载《中共共产党史稿》第2卷，中央文献出版社2006年版。

四、中国共产党第五次全国代表大会的历史作用——兼评共产国际关于中国革命的方针

中国共产党的第五次全国代表大会是于1927年4月27日至5月9日在武汉召开的。当时，中国革命正处于紧急时期。在这之前不久，发生了四一二政变，国民党蒋介石集团在其控制的东南地区开始实行反革命的"清党"运动，革命遭到严重的挫折和局部的失败。在武汉政府控制的以两湖为中心的地区，虽然工农运动还在继续发展，但资产阶级及其政治代表国民党汪精卫集团也开始发生严重的动摇，革命有遭到全面失败的危险。党的这次代表大会的任务，就是要对当时的局势作出恰当的估计，并据此制定出挽救革命的切实办法。

1926年11月，共产国际执行委员会举行了第七次扩大全会并通过了《关于中国形势问题的决议》。党的五大是在这个决议的精神指导下召开的。大会确认，共产国际决议"对于中国革命前途的指示及革命策略的规定，都适合于现在

① 《中国劳动组合书记部为二七惨案告全国工人书》，1923年2月7日。见《京汉工人流血记》。

② 中国劳动组合书记部：《二七大屠杀的经过》，1923年2月27日。

③ 张国焘：《我的回忆》第1卷。

④ 独秀：《"二七"纪念日敬告铁路工友》，《向导》周报第187期，1927年2月7日。

革命阶段中之客观的环境”,因而表示完全接受,并要求全党“按照决议案所指示的,努力工作”。①

长时期以来,人们对党的五大的看法就不很一致。一些人从肯定共产国际路线的立场出发,对五大的历史作用作了高度的评价。比如,米夫在《紧急时期的中国共产党》(1928年)中说:“第五次大会曾经根据共产国际第七次扩大会议底决议,使党走上了布尔什维克化的道路。”“中国党自接到(共产国际)这个有历史意义的文件以后,就好似小孩偶然提高了许多一样。”蔡和森在《党的机会主义史)(1927年)中甚至说:“五次大会一切决议案的精神都是根据国际决议的,所以五次大会本身是正确的。如不承认五次大会的本身是正确的,便是不承认国际决议是正确的。”也有一些人认为,不能对五大的历史作用估计过高。比如,李立三在《党史报告》(1930年)中说过,五次大会“虽然表面上接受国际决议,但在实际策略上完全是尾巴”。在这里,他看到了五大存在着缺点,不过他把这种缺点之所以发生归结为人们对国际路线的认识不够明确,贯彻不够坚决,而对国际路线本身则没有能够作出批判性的分析。这类思维方法,使我们清晰地看到了20世纪20年代末30年代初在中国党内流行的那种把共产国际决议神圣化的错误倾向的痕迹。

1945年4月党的七届六中全会所作的《关于若干历史问题的决议》主要是总结中国党自身的经验教训,没有涉及共产国际和中国党的关系问题,因而也就没有具体地对党的五大作出正面的评价,而只是一般地说,1927年上半年,右倾机会主义在党的领导机关占了统治地位。新中国成立以来,党史界一般对五大的评价不高,认为五大虽然通过了斥责机会主义和实行土地改革的决议,但仍然选举实际上坚持机会主义观点的陈独秀为总书记,因而这次大会在事实上没有解决任何问题。不过,持这种观点的论者,一般也没有从正面对国际决议本身作出批判性的分析。近年来,有的党史工作者对这种看法提出疑问。他们认为,在党成立后的六年中所召开的会议,要算五大对中国革命问题的探索和论述“更全面、更集中、更系统”。它冲破了陈独秀家长式统治,对右倾机会主义作了较系统的批判,从而为最终结束右倾统治奠定了一定的思想基础。因此,必须承认五大对于我党的发展有着重大的历史功绩。不过,这种观点也没有得到所有党史工作者的赞同。有的论者在肯定国际决议有某种积极作用的同时,又着重指出,“由于国际决议的局限性和罗易错误的影响”,五大“在实际上没有解决任何问题”。应当肯定,这些不同意见的争论,对于人们深入思考五大的问题,是一种推动。

---

① 《中国共产党第二次至第六次全国代表大会文件汇编》,第143页。以下凡引有关五大决议的内容,均出自此书。

究竟应当怎样评价党的五大呢？我认为，为了实事求是地回答这个问题，我们必须把五大放到当时的历史环境中去考察，看它是否把握住了挽救时局的关键，为党指明了走出危机的道路。具体地说，我们必须考察以下几个方面的情况：(1) 它是否恰当地分析了当时的政治形势和阶级关系，并据此制定出了正确的政治路线和革命策略；(2) 它是否为挽救革命而决定采取若干必要的和切实的步骤；(3) 它是否产生了一个足以在紧急时期领导全党为挽救革命而斗争的坚强的中央领导核心。下面，我想对这些问题谈一点个人的看法。

（一）

既然中共五大是在共产国际执委七次会议决议的精神指导下召开的，那么，为了判明五大的历史作用，我们首先就有必要依据大革命的实践经验，重新审查共产国际决议本身，并对它作出应有的评价。

共产国际决议是以什么样的基本观点来观察中国革命、估计中国时局的呢？它认为：中国革命将经历三个发展阶段。在第一阶段，民族资产阶级和资产阶级知识分子是最重要的动力之一；在第二阶段，工人阶级作为首要的政治因素出现在中国舞台上；“目前，运动处于向第三阶段过渡的时期，处于阶级力量重新改组的前夜”①。这个阶段的特点就是，革命的深入将使资产阶级脱离革命或企图反对革命。在这种形势下，中国革命的动力就只是“无产阶级、农民和小资产阶级的革命联盟”②，而不包括资产阶级在内了。中国共产党的任务就是“应该竭尽全力争取最终实现过渡到非资本主义发展轨道这种革命前途”而斗争。③ 共产国际的这个关于中国革命发展三阶段的理论，是整个决议立论的基本依据。这个理论为中共五大全盘接受，并且成了它检讨过去、估量时局和制定方针的基本指导思想。

由于共产国际作出上述决议时，蒋介石集团的叛变尚未成为事实，决议对资产阶级所作的估计还是留有余地的。它在强调第三阶段的革命将“把大部分大资产阶级排除在外”这个论点的同时，还说过，“这并不意味着要把整个资产阶级排除在民族解放斗争的舞台之外。除了中、小资产阶级，甚至大资产阶级的某些力量，也还能在一定时间内成为革命的同路人”④。五大召开时，由于已经发生四一二政变，于是人们就按照上述决议的思路，认定资产阶级已经退出革命，

① 《共产国际有关中国革命的文献资料》第1辑，第277页。
② 《共产国际有关中国革命的文献资料》第1辑，第279页。
③ 《共产国际有关中国革命的文献资料》第1辑，第278页。
④ 《共产国际有关中国革命的文献资料》第1辑，第277页。

革命的第三阶段已经开始。国际代表罗易在会上说:“资产阶级已经跑到反革命那边去了。”留在革命阵线内的是无产阶级、农民和小资产阶级这三种社会力量。“这些阶级在不同程度上都遭受资本主义的压迫,因此,他们都希望资本主义灭亡。”这样,“革命的发展已建立了一个客观上具有民主专政性质的政府,无产阶级及其政党都要负责切实运用这个革命政权机构,为加强非资本主义发展和实现社会主义而斗争。”他认为,这时,不仅无产阶级,而且农民和小资产阶级,都“已成了为社会主义斗争的力量”。① 党的总书记陈独秀在向五大所作的《政治与组织的报告》的基调也是如此。他认为,“四一二”以后,“百分之九十九的资产阶级脱离了革命,无产阶级本身应当坚决争取小资产阶级和农民来进行革命”②。对于这个基本估计,在五大上是没有争论的。五大通过的决议指出:蒋介石及其部下的行动“乃是代表了一个阶级——民族资产阶级”。这表明,“中国资产阶级已经背叛了”。“中国的国民革命已经冲破了资产阶级式的民权主义之限制”。“现在革命阶段的特质,是需要建立一个工农小资产阶级的民权独裁制。只有这个政权,以无产阶级作领导,才能解决现在革命中的重要问题,并引导革命向非资本主义之发展方面进行。”

“中国共产党的政治路线的重要一部分,就是同资产阶级联合又同它斗争的政治路线”③。党能否正确地认识和对待资产阶级,这直接关系到中国革命的前进或后退、胜利或失败。共产国际决议和五大决议都着重论述了资产阶级的问题。而它们的主要错误,恰恰是没有对资产阶级作出正确的分析和制定出适当的政策。而这个错误又导致了党在与之相关的其他问题上也犯了一系列的错误。

在资产阶级的问题上,共产国际和中共五大的决议有哪些错误呢?

第一,共产国际和中共五大的决议认为,随着革命的深入,资产阶级命定地要实行叛变,这是一种机械论的观点。应当承认,当革命深入发展时,资产阶级确实表现了严重的动摇。对资产阶级可能的叛变保持高度的警惕和做好相应的准备是必要的。但是,能不能认为资产阶级的叛变是命定了的,党对于这个阶级完全是无能为力的呢?不能。因为中国革命后来的经验告诉我们,“对资产阶级的动摇和不彻底性的克服,依靠群众的力量和正确的政策”④。如果党把群众的力量动员到足够的程度,如果党对资产阶级采取了恰当的政策,那么,党就有可能去制止它的动摇;而一旦它公然叛变,党也就可以有力量去对付它。把随着

① 《罗易赴华使命》,第211、228、225页。
② 《中共党史资料》1982年第3辑,第44页。
③ 《毛泽东选集》第2卷,人民出版社1991年版,第608页。
④ 《毛泽东选集》第1卷,人民出版社1991年版,第276页。

革命的深入，资产阶级将退出革命当做定律，这是把俄国的经验机械地套用到中国来了，并不符合中国革命的实际。全国解放战争时期，革命是极大地深入了，党同资产阶级的统一战线关系不仅没有破裂，而且日趋巩固，就证明了这一点。承认这是个定律，那就等于承认：党在处理与资产阶级的关系这个问题上只能采取无所作为的立场，由此也就把克服资产阶级动摇性的任务、把同资产阶级争夺革命领导权的任务在实际上取消了。

第二，共产国际代表和中共五大把蒋介石发动四一二政变当做整个资产阶级至少是资产阶级绝大部分的叛变，这也不符合当时中国革命的实际。有一部分民族资产阶级附和了蒋介石的反动，这是事实；但在武汉政府辖区内，民族资产阶级还没有叛变，这也是事实。在一个时期内，蒋介石确曾起过一般资产阶级代表人物的作用，但在四一二政变时，他已经站在大地主大资产阶级方面，成了反革命。继续把他看做一般资产阶级的代表，认为他的叛变就是整个资产阶级的叛变，这就是在判断政治人物的阶级属性时犯了公式化、定型化的错误了。

第三，共产国际代表和中共五大从资产阶级已经叛变这种认识出发，直接提出党要“为加强非资本主义发展和实现社会主义而斗争”，这更是不合时宜。诚然，作为长远的目标，党应当为争取中国革命的非资本主义前途而斗争；但是把它作为当前的行动纲领，这就意味着否定中国民主革命的长期性，混淆民主革命和社会主义革命的界限。照此做去，只能是转移斗争方向，放松对于主要敌人帝国主义、封建势力的斗争，把本来应当争取的力量——资产阶级作为主要的打击对象，从而使革命陷入孤立的境地。

五大既然在资产阶级及与之相关的问题上作出了上述错误的论断，它在制定党的政治策略时犯原则性的错误也就是难以避免的了。这种错误主要表现在两个方面：

一方面，由于认定整个资产阶级已经叛变、民主革命将在反资产阶级的斗争中进行并将很快地转变到社会主义的轨道上去，这样，党在处理同资产阶级的关系问题时就采取了过“左”的政策。本来，在五大以前，在武汉政府辖区内的工人运动中，就已经开始发生过火行为。当时，“湖北总工会已有五十万工人的组织，湖南也有十余万。工人的问题和工人斗争完全由工会处置，工会成为政权机关。武汉工人斗争非常发展，并且武汉工人确得着许多实际利益，逼得资本家没有办法，就来怠工关店，反对工人罢工，反对革命”①。“工人自行趋向工会专政，苦力店员起来推翻劳资关系”②，这在两湖地区已经成为相当普遍的现象。这种

① 李立三：《党史报告》，《中共党史报告选编》，第247页。

② 蔡和森：《党的机会主义史》，《中共党史报告选编》，第96页。

情况,不能不使资产阶级更加动摇起来。党的五大不仅没有纠正这种"左"的错误倾向和幼稚行为,反而正式决定采取"坚决的抛弃资产阶级"和"完全与资产阶级决裂的政策"。大会认为,"共产党要很坚决的为提高工人生活程度而奋斗",因为"只有提高工人的经济要求,才能兴奋工人政治斗争的勇气"。为此,"要极力从政治上经济上向资产阶级勇猛的进攻,一直到要求没收一切银行、矿山、铁路、轮船、大企业、大工厂等归国有的实现";"要求(工人)参加国有产业的生产管理,监督生产";"要求政府实行高度劳工政策"等。"必须如此才可以保障非资本主义的经济发展"。这样,工人运动中的这类"左"的错误倾向在五大以后的一段时间内就变得更加严重了。刘少奇在1937年2月致洛甫的信中曾列举过有关的一些表现。比如,"提出使企业倒闭的要求,工资加到骇人的程度,自动缩短工时到每日四小时以上(名义上或还有十小时以上)。随便逮捕人,组织法庭监狱,检查轮船火车,随便断绝交通,没收分配工厂店铺,这些事在当时是较平常而且极普遍的。工会是第一个政府,而且是最有力量、命令最能通行的政府"。他认为,"这等事在小城市如汀州干起来问题还小,在武汉那样的城市,那样多人干起来,问题真有点骇人"。其结果,不可避免地"在社会上、政治上、经济上、人心上要发生严重的影响"。由于工人运动是由共产党领导的,因此,"这一切非难,就都加到共产党身上,人们并不责备工人,而责备这是出于共产党的指示,这就影响共产党与各方面的关系"。这种把主要的斗争矛头直接指向资产阶级的做法,不利于集中力量反对国民党右派,不利于争取一切可以团结的力量,而只能使自己陷于孤立。这是一个明显的失策。

另一方面,由于认定整个资产阶级已经叛变,于是就把在实际上主要代表着资产阶级利益的武汉国民党看成是小资产阶级的政党,把资产阶级代表人物汪精卫等看成是小资产阶级的代表人物。比如,罗易就认为,汪精卫是国民党领导机关中的"小资产阶级代表"①。陈独秀在会上说,"国民党是各阶级的党","其中最主要的是小资产阶级"。② 随着资产阶级动摇的加剧,武汉国民党及其领袖也跟着越发动摇起来,而党却不敢同他们进行必要的斗争,而采取一味退让的政策。因为这时的党把这些资产阶级代表看成是小资产阶级代表;而按照马克思主义的策略原则,小资产阶级是革命的基本群众,是必须巩固地加以联合的力量,党所采取的政策必须照顾到他们的利益,必须以他们可能接受为条件。对此,陈独秀在向大会所作的报告中说过:在国民革命中,我们是需要小资产阶级的。因此,我们对付他们,必须给予相当的让步。这样,党在处理同武汉国民党

① 《罗易赴华使命》。
② 《中共党史资料》1982年第3辑,第47页。

及其领袖的关系问题时，犯右倾错误也就是不可避免的了。在大革命的最后阶段，陈独秀等人之所以企图以实行投降式的让步来稳定汪精卫集团，也是同党对于武汉国民党的阶级性质所作的这种错误估量分不开的。

（二）

党的五大肯定当前阶段中国革命的领导权属于无产阶级，批评了那种认为领导权可以"天然"地拥有而不须去争取的观点，批评了中央"忽略了与资产阶级争取领导权的斗争"的错误。这是党对于领导权问题的认识上的一个进步。不过，在当时，主要的问题已经不在于党是否在一般原则上肯定了无产阶级的领导权需要去争取，而是在于党是否在实际上提出了争取无产阶级领导权的切实办法。

无产阶级在民主革命中的领导权，首先和主要的，是应当体现在对于农民、特别是革命武装的领导上。联系到当时的局势来看，对于党来说，最重要的也正是要进一步发动农民和掌握革命的武装。因为只有获得农民群众的支持并有革命武装作后盾，党才有力量去克服武汉地区资产阶级的动摇，并对付它的可能的叛变，而避免在它发动突然袭击时使革命力量遭受严重的损失。恰恰是在这两个关键性的问题上，党的五大并没有提出明确而坚定的方针，从而在革命的危急关头实际上把党置于无所作为的境地。

首先是武装问题。

在共产国际执委会第七次全会上，斯大林指明了武装斗争在中国革命中的特殊重要性。他说："在中国，是武装的革命反对武装的反革命。这是中国革命的特点之一和优点之一。中国军队的特殊意义正在这里。"由此，他强调指出，"中国共产党人应当特别注意军队工作"。应当说，这是一个具有重大意义的论点。毛泽东在后来论述武装斗争的重要性问题时，曾一再地引证过这个论断。不过，斯大林在当时也还没有提出建立由共产党领导的革命军队的任务，他只是说："中国革命者，其中包括共产党人，应当学会军事，以便逐渐前进并在军队中担任某些领导职务。"①召开五大时，建立革命武装的问题本来应当被提到议事日程上来了。可是五大的决议，并没有提出这方面的任务。诚然，陈独秀在报告中曾讲到，"我们应当进一步加强我们在军队中的工作"；还讲道，我们应当"改组军队"，因为"大部分军队的将领出身于地主"，军队中的流氓无产阶级分子和地主分子的数量太大。不过，他并不是主张共产党要去直接掌握军队的。他明确地说过，改组军队，这并"不是把大多数左派和共产党员派到军队里去"，而是要动员和组织工农去加入军队，这样，"军队就会实现革命化，军官也不会从地

---

① 《共产国际有关中国革命的文献资料》第1辑，第267页。

主阶级中选择”①。这个思想为五大所接受。五大的决议说:“现在的军队,多半是游民无产阶级分子,很难使他革命化,所以我们要使军队革命化,和建立真正的革命军队,必须有多数的工人去当兵。”显然,这是一种天真的想法。历来反动军队的主要成分都是劳动者,而这并没有妨碍它成为反动军队。仅仅增加军队的工农成分,而不由共产党员去直接掌握军队,仍然是无济于事的。这不过是为他人作嫁衣裳罢了。

是不是出于策略上的考虑,党才没有在大会上提出建立和发展党所领导的革命武装的问题呢?不是。周恩来说过:“那时候我们党的政策,不是面向自己的力量,而是面向大地主大资产阶级的力量,唐生智的军队,冯玉祥的军队。”当时,“武装是一个中心问题”②。但是,从这种思想出发,又怎么可能正确地解决武装问题呢?

其次是土地问题。

共产国际执委会第七次扩大全会的决议指出:土地问题“是目前形势的中心问题。对于这个基本问题持坚决态度并能给予彻底回答的那个阶级,将成为革命的领导者”。这是讲得很对的。不过,它并没有提出彻底的土地革命的纲领。它要求在国民革命军势力所及的地区实行的,还仅仅限于减租、保证佃农对土地的租佃权、没收反革命分子的土地等。③ 由于共产国际决议没有提出彻底的土地革命纲领,党的五大在讨论这个问题时也就引起了严重的争论。主要有三种观点:第一种主张是陈独秀提出的,这就是实行“土地的政治没收”,即只没收反动军官和公开反革命的劣绅的土地和财产。他在大会上说:“尽管我觉得过去我们在这个问题上的策略太右了,但是,目前就没收一切地主的土地,毕竟是太激进了。在相当时期内,或许是在很短期间内,我们必须保持中间路线。”④第二种主张是,提出没收土地的口号,但须将小地主和革命军官的土地除外。第三种主张是,没收一切土地,不加以任何限制。湖南代表团持这种主张,并得到瞿秋白的支持,但遭到陈独秀的反对。“在特别委员会以及后来在大会中,都通过了第二个观点。”⑤五大在党的历史上首次以大会决议的形式肯定了“无代价的没收地主租与农民的土地,经过土地委员会,将此等土地交诸耕种的农民”这一革命原则,这无疑是正确的,而且有着重大的历史价值。但是,决议对于此项革命原则的实施作了两项限制,即:“属于小地主的土地不没收”;“革命军人现

① 《中共党史资料》1982 年第 3 辑,第 48~49 页。

② 《周恩来选集》上卷,人民出版社 1980 年版,第 213 页。

③ 参见《共产国际有关中国革命的文献资料》第 1 辑,第 279~281 页。

④ 《中共党史资料》1982 年第 3 辑,第 43 页。

⑤ 米夫:《紧急时期的中国共产党》。

有的土地可不没收”。所以要作这种限制,决定性的理由是,“不能太早分裂国民革命军底力量,不能在后方造成反革命”①。他们不懂得,只有采取坚定的土地政策,才能广泛发动农民,从而使后方真正地得到巩固;另一个理由是,小地主是小资产阶级,而对小资产阶级必须实行让步。他们不懂得,这种不考察某个社会集团在生产关系体系中所处的地位而仅仅以其占有财产的多寡作为划分阶级的标准的观点,并不是马克思主义的。

那么,按照五大的决议,到底哪些人的土地要加以没收呢?据斯诺的记载,毛泽东说过,“大会给地主下了个定义,使‘占有五百亩以上土地’的人,才是地主”②。在当时革命发展的主要地区南方,小地主比较多,拥有五百亩以上土地的大地主是绝少的;而且这类大地主为了维护自身的利益往往让自己的子弟混迹于国民革命军中,而按照决议,军属的土地是不没收的。这样一来,可供没收以便分配给农民的土地,就很有限了。另据李立三的回忆:土地决议案“是根据国民党未公布的土地政纲。肥田五十亩,坏田一百亩以上才没收”③。由于在南方,大部分地主是小地主,只拥有几十亩土地,所以,即使按照这个标准,可供没收的地主土地仍很有限,仍不可能满足广大农民的土地要求。

应当承认,在当时的中国,在人民群众并没有掌握政权的情况下,任何土地革命的纲领都是不可能付诸实行的。五大的决议就说过:“不但取得土地,就是实行减租,也非有农民自己的武装和政权不可。”不过,如果党有一个彻底的土地革命纲领,这毕竟是一面旗帜,它有助于把农民吸引到自己方面来。问题在于,当农民运动本身已经向着解决土地问题的方向发展的时候,当有的地区的农民已经开始自动起来没收地主土地的时候,党没有能够站到农民的前头去领导他们前进,而是落到他们要求的后边去了。这种土地问题决议案又怎么能够成为把广大农民吸引到自己周围来的一面旗帜呢?

总之,党的五大并没有抓住挽救时局的关键,没有在这类关键问题上采取坚决有效的措施,因此,它也就不可能在紧急时期为全党指明挽救革命的正确道路。

(三)

为了能够团结全党,带领革命的人民群众,去控制正在逆转的时局,挽救处于危机中的革命,党不仅需要有一条正确的政治路线,而且需要有一个政治上坚

① 米夫:《紧急时期的中国共产党》。

② 《毛泽东一九三六年同斯诺的谈话》,第47页。有的同志认为,斯诺的记载可能不准确。参见《文献与研究》第50期孙希正的《对“500亩之说”的质疑》一文。

③ 李立三:《党史报告》,《中共党史报告选编》,第251页。

定、组织上健全的坚强的中央领导核心。

党的五大以前，在政治上，以陈独秀为代表的右倾投降主义已经在党中央领导机关中占据了统治地位；在组织上，中央委员会“只有两个委员，有时是有三个委员工作，至于在大多数情形之下，却只有一个中央委员工作而已”①。这个委员就是陈独秀。这就是说，许多事情都是由陈独秀一个人说了算。

中央领导核心的这种状况，经过五大，是否从根本上改观了呢？

的确，大会曾经严肃地批评了中央在政治上的右倾错误。会上，“所有说话的同志，都同声一气地指出，中央在革命性质和对中国民族资产阶级的关系上，都采取了完全错误的路线”，因为这个路线“是和共产国际底决议和指示不符的”。② 而我们在前面已经说明，共产国际对于中国革命性质和中国民族资产阶级的认识本身并不正确，以此立论来批评陈独秀，是不可能从根本上解决问题的。

在大会选出的中央委员会中，确有许多优秀的、政治上坚定、有群众威信的党员干部，但仍然让陈独秀担任党的总书记职务。固然，陈独秀在会上“并没有坚持自己底观点和错误，并没有提出自己的决议”③。在这种情况下，从全党团结的大局出发，把他选进中央委员会是可以而且应当的；问题在于，由他来担任总书记，主持中央的工作，以便采取坚定的政治路线，使党从危机中走出来，这个任务却不是他的能力之所及的了。值得注意的是，尽管许多人对陈独秀的右倾不满，在选举时“却没有一个起来反对陈独秀”④。在人们的心目中，似乎由一大以来就担任总书记的陈独秀来继续主持中央的工作，乃是天经地义的事情。在这里，确实“表现出相当的族长制度的传统，因为一般说来，这种传统在中国还有很大的影响，因此这种传统在年轻的中国共产党中，也这样或那样的保存着”⑤。这一事实说明，由于缺乏革命经验，处于幼年时期的中国共产党还不善于冲破这种传统观念的束缚，而去正确地选择自己的领袖。

五大的决议虽然规定“中央应该强毅地实行集体的领导”，但是并没有规定必要的制度和采取相应的措施来保证集体领导这个原则的实施。在实际上，中央委员会的工作制度仍然是不健全的。“当大会刚完了以后，政治局的许多委员都不能不分往各地，而不能参加中央委员会底工作”，因此党还是处于陈独秀“一个人底领导之下”的状况。⑥ 这样，他还是可以运用自己的权力，去推行机会主义政策。

---

① 米夫：《紧急时期的中国共产党》。
② 米夫：《紧急时期的中国共产党》。
③ 米夫：《紧急时期的中国共产党》。
④ 米夫：《紧急时期的中国共产党》。
⑤ 米夫：《紧急时期的中国共产党》。
⑥ 米夫：《紧急时期的中国共产党》。

而且，即使一些委员也参与中央的领导，由于思想一致的问题没有得到解决，以致“在组织上中央成为各种意见的总和”，“中央开会可以争论几天得不到结论”。①在这种情况下，中央又怎么能够在紧急时期成为全党团结的坚强核心呢？

党的五大在组织方面存在的问题，向来是人们所公认的。就是对五大采取根本肯定态度的蔡和森也说：“五次大会就没有缺点吗？有缺点：没有执行政治纪律，没有解决党的组织问题，没有征服机会主义首领的基本观念和思想。因此让机会主义继续其生命与发展。”②

综上所述，党的五大虽然对中国革命的某些问题在认识上有所前进，把应当争取无产阶级的领导权、需要没收地主的土地分配给农民、党应当实行集体领导等正确原则以决议的形式肯定了下来；但是，它没有能够对时局作出科学的分析，没有制定出挽救革命的正确路线并采取相应的政策、措施，也没有建立起足以领导党度过危急时期的坚强核心，因此，从根本上说，它没有解决当时迫切需要解决的问题，这是事实。此外，还应当注意到，五大提出的“中国的国民革命已经冲破资产阶级式的民权主义之限制”这类混淆民主革命与社会主义革命性质的论断，不仅在当时造成了消极影响，而且成了十年内战时期一些人鼓吹“左”倾路线的重要的理论依据。所以，我认为，不对五大作过高的评价，是恰当的。

——原载《中共党史研究》1988 年第 3 期。

五、周恩来论中国共产党在第一次大革命时期的历史经验

在抗日战争时期党的整风运动中，主要是 1943—1944 年间，为了系统地总结党的历史经验，增强全党对于领导中国民主革命的自觉性，毛泽东倡议并组织党的高级干部展开了对于党的历史问题的讨论。在这期间，周恩来曾经在自己所作的报告和所写的文章中，多次对党在第一次大革命、十年内战和抗日战争三个时期的历史经验进行过论述。这些论述在当时对于统一全党的思想起过重要的作用，并且其中的一些内容已经被 1945 年党的六届七中全会通过的《关于若干历史问题的决议》所吸取；今天，当我们重读这些论述时，也仍然被它那细密的分析和精辟的见解所深深吸引，并从中获得极大的教益。

第一次大革命时期，周恩来曾任党的两广区委员会及其军事委员会的书记，并曾任黄埔军校政治部主任；之后在党中央组织部工作；继又任党的江浙区军事

① 李立三：《党史报告》，《中共党史报告选编》，第 251 页。

② 蔡和森：《党的机会主义史》，《中共党史报告选编》，第 98 页。

委员会书记和中央军事委员会书记。这就是说，无论在大革命的广州时期还是武汉时期，他都是处在斗争第一线的负责工作岗位上的。在《关于一九二四至二六年党对国民党的关系（一九四三年春）》、《关于党的“六大”的研究（一九四四年三月三日、四日）》以及《论统一战线（一九四五年四月三十日）》等文章中，他结合自己的切身经历和感受，对大革命时期的许多重大问题和有关的经验教训进行了深刻的论述。这些论述与毛泽东的有关论述在原则上是完全一致的，而在一些方面则作了更为具体的发挥。这些论述总结了党在大革命时期的历史经验，是党的宝贵财富。

（一）

轰轰烈烈的第一次大革命是以失败而告结束的。周恩来指出：“在革命失败之后，必然有许多失败的情绪，引起许多争论的问题”。“中国大革命失败后，亦是如此。”①

的确，在革命遭受严重挫折之后，往往容易从失败情绪出发，产生否定一切的倾向。这就势必要导致党内意见的分歧。周恩来认为，总结历史经验，必须尊重历史事实，“先说事实，事实是对的，就说对，不对的，就说不对，结论放在后面”②。不能因为革命失败了，就以为一切全错，把本来正确的也说成错的，把应当肯定的也予以否定。

第一次大革命是在国共合作的条件下进行的。大革命失败以后，怎样估计我们党同国民党合作、共产党员加入国民党的政策，是当时的主要争论之一。1929年底，陈独秀等八十一人发表的《我们的政治意见书》就把革命失败的原因归结为共产党员加入国民党和长期留在国民党内工作的政策，认为共产党的这种做法“根本已毁坏其独立使不能执行其独立政策”，而“步步投降资产阶级”“乃必然的逻辑”。数十年后，张国焘在《我的回忆》中也还坚持说：“加入国民党的政策本身，是一切毛病的根源。”

应当怎样看待这个问题呢？周恩来明确地肯定，“主张参加，这是对的”③。

我们知道，统一战线从来就是无产阶级政党克敌制胜的主要武器之一。对于中国的无产阶级政党来说，正确地运用这个武器，尤其有着重要的意义。中国共产党是中国工人运动和马克思列宁主义相结合的产物。在建党初期，党首先并着重地领导了中国的工人运动，从而扩大了党在全国政治生活中的影响，巩固

① 《周恩来选集》上卷，人民出版社1980年版，第45页。

② 《周恩来选集》上卷，人民出版社1980年版，第157页。

③ 《周恩来选集》上卷，人民出版社1980年版，第159页。

了党在工人阶级中的组织基础,为领导全国人民的大革命做了重要的准备。但是,在半殖民地半封建的中国,工人阶级虽然有坚强的革命性,它的人数毕竟比较少,如果不能团结一切可能团结的力量,组成广泛的统一战线,党就不可能把中国革命引向胜利。中国共产党与国民党合作的问题,正是从这种情况出发提出来的。

国民党的前身是1905年成立的同盟会。这是当时资产阶级、小资产阶级和一部分反清士绅的联合阵线的组织,它曾经领导过中国的旧民主主义革命。党在1922年6月发表的对于时局的主张就明确地指出,"中国现存的各政党,只有国民党比较是革命的民主派,比较是真的民主派";只是他们党内那种"动摇不定的政策,实有改变的必要"①。因此,党在准备建立民主的联合战线时,首先考虑到与国民党的合作,这是很自然的事。

关于建立民主的联合战线的方式,1922年7月党的二大提出的设想是:先行邀请国民党开代表会议,经协商后,在全国各城市集合各革新团体组织"民主主义大同盟"②。这也就是实行所谓的"党外合作"。共产党员、青年团员以个人身份加入国民党,把国民党改造成为各革命阶级的联盟,也就是实行所谓的"党内合作",这个主张是共产国际驻华代表马林倡议并得到共产国际赞同的。这一年的8月,党中央的一些领导人在杭州开会,马林向中国党提议:中国同志应以个人资格加入国民党,使民主的联合战线更进一步。"起初,大多数人都反对加入国民党",可是国际代表"说服了与会的人",于是会议"决定劝说全体党员加入国民党"③。1923年1月,共产国际执委会通过了《关于国共合作的决议》。这样,1923年6月召开的党的三大,就对于国共合作的方针和办法作出了正式的决定。而1924年1月召开的有共产党人出席并参加领导的国民党一大,则标志着国共合作的正式形成。

党关于国共合作的方针和办法是否正确,主要应根据它对于中国革命所起的实际作用来判定。实践证明,党的国共合作的政策不仅没有阻滞中国革命的发展,而且是把中国革命的步伐极大地加快了。因为第一,共产党员加入国民党之后,党就有可能从内部来影响国民党的政策,真正"改组国民党为左翼的政党",以便更好地联合它所联系的资产阶级,并推动在它影响下的小资产阶级群众走向革命。第二,由于国民党在群众中有相当的影响,由于它在许多地区具有某种合法的地位,共产党员加入国民党以后,党也就有可能在自己

① 《中共中央第一次对于时局的主张(一九二二年六月十五日)》。

② 《关于"民主的联合战线"的议决案(一九二二年七月)》。

③ 陈独秀代表中共中央向第三次党代表大会的报告,俄文译稿。

“不能公开活动的地方，扩大国民党”①，以便通过国民党的组织去发动工农群众。事实上，正是在国共合作之后，1924年，工人运动开始走向了复兴；1925年，以“五卅”为起点，掀起了全国范围的大革命风暴；在这个基础上，举行了胜利的广东战争和北伐战争，形成了中国历史上空前广大的人民解放运动。而在这个过程中，党自身的队伍也得到了迅速的扩大。1923年6月党的三大时，党员总数为420人；1927年4、5月党的五大时，党员总数已经达到57 900余人了。如果不是国共合作，中国革命要在这样短促的时间内取得这样巨大的进展是不可能的。

把共产党员加入国民党说成是党后来犯机会主义错误的根源，这是一种诡辩。因为这两件事情之间，不存在必然的联系。事实上，党的三大在作出共产党员加入国民党这个决定的同时，就作出了党必须保持独立性的明确规定。三大的决议和宣言指出：第一，“我们在国民党中，必须注意下列各事：(1) 在政府的宣传上，保存我们不和任何帝国主义者任何军阀妥协之真面目。(2) 阻止国民党集全力于军事行动，而忽视对于民众之政治宣传，并阻止国民党在政治运动上妥协的倾向，在劳动运动上改良的倾向。(3) 共产党党员及青年团团员在国民党中言语行动都须团结一致。(4) 须努力使国民党与苏俄接近，时时警惕国民党，勿为贪而狡的列强所愚”。第二，“我们加入国民党，但仍旧保存我们的组织，并须努力从各工人团体中，从国民党左派中，吸收真正有阶级觉悟的革命分子，渐渐扩大我们的组织，谨严我们的纪律，以立强大的群众共产党之基础”②。第三，“拥护工人农民的自身利益是我们不能一刻忽忘的；对于工人农民之宣传与组织是我们特殊的责任；引导工人农民参加国民革命更是我们的中心工作”③。共产党员在这样的前提下加入国民党，怎么会必然导致党对国民党的投降呢？

问题的关键并不在于共产党员能否加入国民党，而是在于怎样加入，加入之后是去作客帮忙还是当家作主。

本来，联合战线中既然存在着无产阶级和资产阶级等不同的阶级力量，那么它们在为争取某种共同目标而实行联合时，也必然会由于阶级利害的不一致而发生斗争。斗争的焦点，就是对于联合战线领导权的争夺。因为正是这个领导权问题，决定着革命的方向、规模和前途。正如周恩来指出的那样，

① 《中国共产党第三次代表大会》，俄文译稿。

② 《中国共产党第三次全国大会议决案(一九二三年七月)》。

③ 《中国共产党第三次全国大会宣言(一九二三年六月)》。

"因为一个队伍有两个司令官,就要打架,两个中间总要下去一个"①。第一次大革命时期,由于国民党成了联合战线的组织,无产阶级和资产阶级争夺联合战线领导权的斗争也就不可避免地会在对于国民党自身的领导权的争夺上表现出来。

以党的力量在当时还比较弱小为理由,来否定党争取掌握国民党的领导权的可能性,这种论点是不能成立的。因为当时的国民党是一个十分松懈的组织,它的党员"自辛亥革命以后,热心消灭,奋斗之精神逐渐丧失"。孙中山为重振革命队伍,另行组织中华革命党,但它所集合的人员寥寥无几,而且这些人也很快就"不肯继续革命"了。② 正是在这种情况下,孙中山才有联俄容共之议,他希望由此输入新鲜血液,以便求得国民党的新生。周恩来指出:"当时,国民党不但思想上依靠我们,复活和发展他的三民主义,而且组织上也依靠我们,在各省普遍建立党部,发展组织。""当时各省国民党的主要负责人大都是我们的同志","是我们党把革命青年吸引到国民党中,是我们党使国民党与工农发生关系。国民党左派在各地的国民党组织中都占优势。国民党组织得到最大发展的地方,就是左派最占优势的地方,也是共产党员最多的地方。"③这就表明,当时党要"在国民党中改造国民党,争取领导权"④的条件是具备的。

为了"在国民党中改造国民党,争取领导权",重要的是必须尽力扩大国民党中以共产党员为核心的左派力量。因为只有在国民党内有足够的依靠力量,党才能引导国民党沿着革命的路线前进。张国焘不懂得这个道理。开始,他反对共产党员加入国民党;之后,他又主张担任党的各级领导工作或其职务与国民党无关的党员"不必加入国民党",而且认为党也"并无义务在工人群众中为国民党发展组织",否则"将使独立的职工运动成为国民党领导的职工运动"⑤。对此,周恩来指出,张国焘的错误就在于"他不了解广大工农群众参加进去,可以改造国民党,争取领导权"⑥。事情很明显,如果像张国焘所说的那样,只有少数党员而不是全体党员加入国民党,也不动员工农去加入,那么,党在国民党内也就不可能具有左右全局的力量,也就不能不是在里面给人家抬轿子了。

---

① 《周恩来选集》上卷,人民出版社 1980 年版,第 216 页。
② 孙中山:《国民党过去之失败与今后之成功(一九二三年十一月二十五日)》。
③ 《周恩来选集》上卷,人民出版社 1980 年版,第 112~113 页。
④ 《周恩来选集》上卷,人民出版社 1980 年版,第 165 页。
⑤ 张国焘:《我的回忆》。
⑥ 《周恩来选集》上卷,人民出版社 1980 年版,第 159 页。

应该承认,党在确定国共合作的方针时,许多人对"改造国民党"这一点虽是明确的,对于"争取领导权"这一点却并不是很明确的。共产国际代表马林在当时写给共产国际执行局的报告中就说,中国"并没有我们所想象的工人运动","农民群众之中差别不大,政治上不具有什么意义"。因此,他认为,"只要共产党不同国民党从组织上联合起来,他们这个小组织(指中共)进行宣传工作的前景就将是暗淡的"①。从这种思想出发,他在党的三大上就提出了"一切工作归国民党"这种错误的主张。1923年1月共产国际关于国共合作的决议也对中国工人阶级的革命力量估计不足,认为它"尚未充分分化成为完全独立的社会力量"②。同年5月,共产国际给三大的指示虽然提出了"领导权必须属于工人阶级的政党"和必须开展"一个农民反封建残余的土地革命"③等正确思想,但也还只是一种原则性的规定,并没有提出具体贯彻执行的措施。毋庸讳言,共产国际及其代表的指导思想的消极方面是被陈独秀片面地发展了。他在三大的报告中,认为中国工人阶级不是独立的革命势力,对于中国工人阶级的力量表示了不信任的态度。从这种思想出发,他"赞成工人加入国民党,并主张经国民党去工作,已有轻视独立自主领导权的萌芽"④。在会上,当场就曾有人"发了言,指出他的报告非常悲观"⑤。他在会上也成为"一切工作归国民党"这个错误口号的鼓吹者,这决不是偶然的。他甚至认为,等打下北京后再亮出共产党的旗帜也还不迟。对此,周恩来指出,"认为参加进去只是帮忙,又是错的"⑥。事情很明显,如果像马林、陈独秀所主张的那样,把党的旗帜暂时藏匿起来,一切工作都拿到国民党里去做,那么党的工作也就不能超出国民党所允许的范围,联合也就成了混合,共产党也就降低到了国民党。其结果就只能是让共产党员到国民党里去给资产阶级抬轿子,而犯投降主义的错误才真正成为不可避免的了。

总起来说,周恩来在这个问题上的基本观点就是:要从实际出发评价当时的国共合作问题,不能采取否定一切的态度。不能因为我们在国共合作中犯了错误,就连这种合作也加以否定。按照当时的情况。共产党员加入国民党是对的;党的正确方针应该是在国民党中改造国民党,争取领导权;反对全体参加或主张至少产业工人留在外面是不对的,因为这限制和缩小了党在国民党中改造国民党、争取领导权的力量;主张参加但认为参加进去只是帮忙也是错的,因为这取

① 马林:《给(共产国际)执行局的报告(一九二二年七月十一日)》。
② 《共产国际关于国共合作的决议(一九二三年一月十二日)》。
③ 《共产国际执行委员会给中国共产党第三次代表大会的指示(一九二三年五月)》。
④ 王若飞:《大革命时期的中国共产党》。
⑤ 陈独秀代表中共中央向第三次党代表大会的报告附言,俄文译稿。
⑥ 《周恩来选集》上卷,人民出版社1980年版,第159页。

消了党在国民党中改造国民党、争取领导权的任务。这些论断完全符合当时历史的实际情况,因而是正确的。

有一个历史情况也可以作为这些论断的佐证:抗日战争时期,中共曾向蒋介石提议,“可以像大革命时期第一次国共合作一样”,“我们进到国民党里面去”,同时“保持我们共产党的独立的组织”。但蒋介石不赞成。“他说,党外不能有党”①。在蒋介石看来,“这是中共第二次大规模渗透本党的阴谋”②,所以他坚决不干。由此可见,共产党员加入国民党,只要有正确的方针作指导,是完全可以收到有利于革命的积极效果的。如果像陈独秀、张国焘所说的,这样做必然会犯投降主义错误,我们在有了第一次大革命的教训之后又怎么会重提这种办法,而蒋介石又为什么要坚决加以拒绝呢?

(二)

国共合作的建立,加快了中国革命的步伐,而要把这个革命引向胜利,党还必须正确地认识中国革命的性质、动力和对象,制定一条马克思列宁主义的路线。但是,在革命遭到失败的情况下,如何来检验党的路线?党的路线是全部正确,还是全部错误,还是部分错误?这些错误是贯穿于大革命的始终,还是集中于某一阶段?这就需要区分革命实践中的正确与错误,需要对具体问题进行具体分析,需要全面、历史地看待问题,需要马克思主义的科学态度。只有这样,才能对革命的进程作出中肯的估价,从错误中吸取教训,使党回到正确的道路上来。

五四运动以后,我国进入了新民主主义革命的时期。这个革命的领导者是无产阶级;这个革命的参加者是包括民族资产阶级在内的人民大众,而以工农为主体;这个革命的对象只能是也必须是帝国主义和封建主义。毛泽东后来曾把它科学地概括为“无产阶级领导之下的人民大众的反帝反封建的革命”③。这个革命的目的是要建立一个人民共和国,从而为走向社会主义创造前提。

党提出新民主主义革命的这些基本思想,曾经经历了一个摸索的过程,一个在集体奋斗的基础上积累经验的过程。周恩来指出:“什么叫革命性质?革命性质是以什么来决定的?这些在当时都是问题。”④事实确是如此。

① 《周恩来选集》上卷,人民出版社 1980 年版,第 198 页。

② 蒋介石:《苏俄在中国》。

③ 《毛泽东选集》第 2 卷,人民出版社 1991 年版,第 647 页。

④ 《周恩来选集》上卷,人民出版社 1980 年版,第 158 页。

1921年7月党的一大通过的纲领，只是提出了“推翻资本家阶级的政权”、“承认无产阶级专政”、“消灭资本家私有制”以及最终消灭“社会的阶级区分”①等各国党的纲领中共同具有的最一般的原则，并没有指明当前中国革命的民主主义性质。这说明，党在当时还没有把民主主义和社会主义两个革命阶段划分清楚。1922年7月党的二大根据列宁关于民族殖民地问题的理论和远东各国共产党及民族革命团体第一次代表大会的精神，指明了当前中国革命的任务是进行以“推翻国际帝国主义的压迫”、“打倒军阀”、统一中国“为真正民主共和国”为目标的民主革命；并决定为此而“使工人和贫民与小资产阶级建立民主主义的联合战线”。但也还没有明确提出无产阶级在民主革命中的领导权问题，而只是笼统地说，随着革命运动“发展无已的结果，(工人)将会变成推倒在中国的世界资本帝国主义的革命领袖军”；并且认为党在目前只是“引导工人们帮助民主主义的革命运动”，民主主义革命成功了，“无产阶级不过得着一些自由与权利”②。这说明，党在当时也还没有弄清楚新旧民主主义革命的界限。1925年1月党的四大根据原中共旅莫支部负责人彭述之归国时带回的共产国际有关的指示精神，总结了建党三十年以来特别是国共合作一年以来的经验，明确地指出，在中国的民主革命中，无产阶级应“取得领导的地位”；这个革命需要有“工人、农民及城市中小资产阶级之普遍的参加”，其中农民是这个革命的“重要成份”，它“天然是工人阶级之同盟者”；而这个革命的基本内容则是“反对国际帝国主义”、“反对封建的经济关系”和“反对封建的军阀政治”③。这说明，到四大时，党已经把中国新民主主义革命的基本思想的要点提示出来了。在四大召开的前夕，邓中夏在《我们的力量》一文中，已经论述了无产阶级应当成为中国民主革命的领袖的思想；在四大召开以后，毛泽东、瞿秋白、李大钊、周恩来、恽代英等都曾著文对中国民主革命的基本理论问题进行过阐述和发挥。毛泽东的《中国社会各阶级的分析》、《国民党右派分离的原因及其对革命前途的影响》等文，对中国社会各阶级，特别是农民和资产阶级作了系统的分析，对于中国新民主主义革命的基本思想作了完整的概括，并且指明了这个革命的目的不是要建立资产阶级统治，而是为了“建设一个革命民众合作统治的国家”④。党的四大文件的制定和毛泽东等的有关著作的发表，表明体现着马克思列宁主义的普遍真理和中国革命的具体实践相结合的思想即毛泽东思想已经在中国萌芽了，表明党

① 《中国共产党纲领(一九二一年中国共产党第一次全国代表大会通过)》，俄文译稿。

② 《中国共产党第二次全国大会宣言(一九二二年七月)》。

③ 《关于民族革命运动之议决案(一九二五年一月)》。

④ 子任：《国民党右派分离的原因及其对革命前途的影响(一九二六年一月)》。

在总结经验的基础上逐步形成了关于中国新民主主义革命的正确路线。

党在1928年6月召开六大时,当时任共产国际书记处书记的布哈林在大会上作报告,对中国党在大革命时期的机会主义的错误曾指出以下三点:(1)中共在与国民党合作中没有保持自己的独立性;(2)对同盟者不敢作正面的批评;(3)动员群众的力量不够。周恩来认为,这个分析是不中肯的,因为"当时的情况也并不完全如此"。他指出:"从整个大革命的过程来看,特别是一九二五年到一九二六年中,党的两次中央扩大会议都强调了我们组织上的独立性;对国民党的批评是有的,甚至有些批评是不恰当的;群众是动员起来了,在一九二七年初,我们就组织了二百万以上的农民协会会员,以后更多,工人有工会及纠察队的组织。""当时是群众革命运动的高潮,是历史上空前的,就是在抗战期间也没有过"①。如果党不是在基本上执行了正确的路线,积极领导了大革命,又怎么能设想会有这种空前规模的群众动员呢?所以,周恩来认为,对大革命时期党的领导应分阶段进行具体的分析,笼统地说当时党的领导完全错误是不对的。他说:"从整个过程来看,党的领导在大革命初期对的多,错的少;中期有对的,也有错的,有些还是原则的错误,如对中山舰事件及北伐等问题;到大革命的后期,机会主义路线形成。"②这也就是说,我们党在1925年四大以后,已经逐步形成了一条新民主主义革命的正确路线,大革命初期和中期的胜利,就是在这条路线指导下取得的。大革命后期,正确路线被机会主义路线所代替,导致革命的失败。周恩来认为,机会主义路线错误,主要表现在大革命关键时刻放弃了党对革命的领导权。出现这样的错误不是偶然的,而是由于当时党的领导人长期不懂得党对革命的领导权需要用力量去争取造成的。

如前所述,党的二大已经承认了中国革命的资产阶级民主主义性质。而陈独秀却由此认定,既然是资产阶级革命,那就应该由资产阶级来领导,"无产阶级不是领导而是帮助资产阶级,是替资产阶级抬轿子的,无产阶级在资产阶级革命中不要争取领导权;认为帮助资产阶级革命成功,无产阶级可以得到自由、八小时工作制,以后再搞自己的无产阶级革命"。周恩来指出,陈独秀的"这种观点实质上是旧民主主义的,是十八、十九世纪的西欧资产阶级革命的观点。用这种观点来看中国革命,领导权问题就很久得不到解决"③。到党的四大时,无产阶级领导权的问题被提出来了,但如何实现这个领导权的问题也仍然没有得到解决。在四大召开的前夕,彭述之写了《谁是中国革命之领导者?》一文。在这

① 《周恩来选集》上卷,人民出版社1980年版,第168~169页。

② 《周恩来选集》上卷,人民出版社1980年版,第171页。

③ 《周恩来选集》上卷,人民出版社1980年版,第158~159页。

篇文章中，他虽然肯定了无产阶级应当领导中国革命，但是他又认为“各种阶级，如除开游民无产阶级外，差不多（都）是与工人阶级接近的，容易受工人阶级的暗示与领导的”，所以这个领导权是“天然”①地落到了无产阶级的身上，用不着去争取。周恩来指出，彭述之的错误，就在于他不懂得“无产阶级也不是天然的司令官，不是从农民一直到大资产阶级都公推你、公认你为司令官”②；在于他“没有看到资产阶级在争领导权”③。

“领导权是有人和无产阶级争，和共产党争的”，这是一个客观的事实。“不但大资产阶级争，自由资产阶级也争，小资产阶级也争”，而大资产阶级则是“我们斗争的主要对象”。④ 本来，中国的大资产阶级带有买办性，它从来不是中国革命的动力；但由于国民党曾经采取联合某些帝国主义反对另一些帝国主义、联合某些军阀反对另一些军阀的策略，一部分大资产阶级为自身的利益而资助过孙中山，因而在国民党内有着传统的影响。他们的政治代表就是国民党右派。

国民党右派有新旧之分。他们虽然都在进行着反对共产党、争夺领导权的活动，但他们活动的手法有所不同。以邹鲁、张继、谢持等为代表的老右派公开反对国民党执行联俄、联共、扶助农工的政策，他们的反动面目是暴露的；以蒋介石为代表的新右派则隐藏在革命队伍内部玩弄着反革命的两面政策，即一面联共，一面以限共、溶共的形式反共，他们的反动面目是隐蔽的。党对老右派的认识比较清楚，因而一开始就同他们进行了坚决的斗争；对新右派则认识不足，因而对他们一再妥协退让，终于造成了极其严重的后果。

周恩来在总结这一教训的时候，对国民党新右派的首领蒋介石其人进行了十分透彻的分析。周恩来揭露了蒋介石作为反革命的野心家和大资产阶级的代理人的本质，指出“他的军阀思想和投机思想”是“与他‘参加’革命相随而来”的，⑤指出“他在大革命时主要是买办资产阶级的思想”，虽然也并“不否认他有一点民族资产阶级的思想”⑥。

---

① 彭述之：《谁是中国革命之领导者？》，《新青年季刊》第4期，1924年12月20日出版。

② 《周恩来选集》上卷，人民出版社1980年版，第216页。

③ 《周恩来选集》上卷，人民出版社1980年版，第159页。

④ 《周恩来选集》上卷，人民出版社1980年版，第216页。

⑤ 《周恩来选集》上卷，人民出版社1980年版，第151页。

⑥ 《周恩来选集》上卷，人民出版社1980年版，第165页。

作为"军阀、交易所老板和流氓头子的结合"①,蒋介石在骨子里是反共的。但当他看到孙中山决心联俄容共时,出于投机思想,他又表示拥护,而在广东,他也曾反对广东的英国买办。这样,他在大革命初期,就"起了一些一般资产阶级代表人物的作用","在当时特定的条件下,在一个短时期内,他算是国民党的中派"。② 他之所以表面上与共产党合作,赞成革命,是因为他企图取北洋军阀的地位而代之;而为了达到这个目的,不利用共产党及其领导下的工农的力量是不行的。因此,"当他在革命队伍时,他还是挂革命招牌,利用人民以增大自己的力量和影响"③。他之联俄,也出于同一个目的。比如,他曾经咒骂苏俄是"凯撒之帝国主义",可是当得到苏俄的军火时,他又高叫第三国际是世界革命的大本营,中国应该服从第三国际的指挥了。当然,在实质上,他"对孙中山的三大政策,从未真正承认,也从未真正实行过"④。由于害怕共产党领导的人民力量的发展将妨碍他达成取代北洋军阀这个目的,他即使在与共产党合作时,也"并不是真心和我们合作,而是随时提防和限制共产党的",他并且还"是右派势力的保护者和组织者"。⑤ 这就是说,他在一个时期内所执行的是既联共又限共的两面政策。这样,由于联共,他可以利用人民的力量来增大自己的实力和影响以便达成自己的目的;由于限共,他就可以使得人民的力量不能独立地得到充分的发展,一旦公开反共,也不致受到有力的回击。这是一种极其阴险的策略。五卅运动和省港大罢工之后,革命群众运动的高潮在全国掀起。"群众起来,他便反共"。1926 年 3 月 20 日,他制造了中山舰事件,以打击共产党和工农的力量,并由此夺取了第一军的军权。而从这时起,他的立场就转到了"大地主大资产阶级方面,变为新右派";⑥然而在表面上,他还以民族资产阶级改良主义进行欺骗。由于他当时的羽毛尚未丰满,"没有力量北伐",还想"叫我们帮助他,叫苏联帮助他"⑦,所以,在制造中山舰事件之后,他又声称此系"个人问题",不得因而"牵动全局";声称"革命战线,非联合共产分子,实为国民革命之缺点";甚至还假惺惺地"自悔"本人对此事件"处置之失当"。⑧ 但这决不是意味着他真心悔过,从此将追随于无产阶级之后。他的这些言词"是靠不住的,因为他表面上

① 《周恩来选集》上卷,人民出版社 1980 年版,第 150 页。
② 《周恩来选集》上卷,人民出版社 1980 年版,第 208、114 页。
③ 《周恩来选集》上卷,人民出版社 1980 年版,第 152 页。
④ 《周恩来选集》上卷,人民出版社 1980 年版,第 151 页。
⑤ 《周恩来选集》上卷,人民出版社 1980 年版,第 114 页。
⑥ 《周恩来选集》上卷,人民出版社 1980 年版,第 165 ~ 166 页。
⑦ 《周恩来选集》上卷,人民出版社 1980 年版,第 217 页。
⑧ 蒋介石:《正告本校各期同学与同志书(一九二六年五月)》。

受你领导，实际上他准备和你分裂”①。

周恩来说：“在阶级关系的分析上，过去我们的缺点，一是公式化。一是定型化。”也就是说，不懂得“各阶级的代表人物更不是固定不变的”。“代表性改变了，本来不是敌人也可以变成敌人”。这种情况，“常常使我们搞不清楚”。②在对待蒋介石的问题上，正是犯了这样的错误。当蒋介石已经变成大资产阶级的代表时，许多人却仍然把他当做民族资产阶级的代表，不敢同他进行坚决的斗争，害怕这样做会导致党与民族资产阶级关系的破裂。陈独秀甚至把革命比作“好象撑破船般于大海巨浪之中”，把蒋比作船上的“桅舵”，认为如此而欲倒蒋，那就是“自毁桅舵”，就是“助长反动势力”，就是“反革命”。③

正因为当时的党还缺乏争取领导权的明确观念，而对蒋介石的阶级本质又缺乏清醒的认识，因此在北伐的准备阶段和北伐的进行过程中，党在陈独秀的领导下，在若干重大问题上采取了机会主义的让步政策，犯了原则性的错误。

周恩来明确指出，在北伐的准备阶段，这种机会主义的让步主要有三次。第一次，是政治上的大让步。在国民党召开二大时，广东的同志主张采取打击右派、孤立中派、扩大左派的政策，并计划给蒋介石以回击。当时国民党二大的代表中，“左派占了绝对优势，实现上述计划是完全有保证的”④。但党中央不同意。结果右派不仅没有得到应有的打击，反而在国民党中执委、中监委的选举中占了多数。第二次，是军事上的大让步。在中山舰事件发生后，当时第一军以外的各军都想同蒋介石干一下，而蒋介石由于还没有足够的力量也不敢立即公开分裂。“如果这时党中央的政策是给蒋介石以有力的回击，毫无问题，事情是有办法的”⑤。但陈独秀主张再次向蒋介石作无原则的妥协。第三次，是党务上的大让步。整理党务案提出时，蒋介石的兵力仍占少数，所有民众运动都在共产党和国民党左派的领导之下，只要有正确的政策，他的进攻还是“不难打垮的”⑥。但党中央仍然采取机会主义的退让政策。这样，以蒋介石为代表的新右派的反共活动不仅没有受到应有的制裁，而且他们还由此夺取了很大一部分国民党的党权和国民革命军的军权。

在北伐的过程中，陈独秀继续犯了极大的错误。在这方面，周恩来讲述了一个不大为人们熟悉的重要情况。他说，北伐出师以前，苏联顾问加伦曾请我转问

① 《周恩来选集》上卷，人民出版社 1980 年版，第 217 页。
② 《周恩来选集》上卷，人民出版社 1980 年版，第 167、208 页。
③ 陈独秀：《给蒋介石的一封信（一九二六年六月四日）》。
④ 《周恩来选集》上卷，人民出版社 1980 年版，第 119 页。
⑤ 《周恩来选集》上卷，人民出版社 1980 年版，第 120 ~ 121 页。
⑥ 《周恩来选集》上卷，人民出版社 1980 年版，第 122 页。

中央，在北伐中是帮助蒋介石呢，还是削弱蒋介石，这一政治问题如何解决？我到上海请示中央。陈独秀说你们开个会商量好了。开会时，又是张国焘代理主席，也没有真正讨论，只由他说了两句话，说北伐中我们的方针就是：是反对蒋介石，也是不反对蒋介石。"所以在北伐战争中，一直到国民党三中全会前，对蒋介石的方针是不明确的，结果就是客观上帮助了蒋介石，而助成了蒋介石地位的提高"①。本来，在北伐出师前，蒋的直系还只有六个师。总共八个军中，他只占一个军。因此，周恩来认为"只要我们善于反击，蒋介石右派的力量还是可以压下去的"②。但是，在北伐时，由于我们党步步退让，使蒋介石得以乘机竭尽全力扩展自己的实力。国民革命军从八个军发展到四十多个军，其中大部分是蒋介石收编的军阀部队。这些军阀在被蒋介石收买，获得国民革命军的军长、师长等类的头衔之后，即甘心为其所用。在这种情况下，再要想把蒋介石右派力量压下去，就非得经过艰苦的努力、付出高昂的代价不可了。所以，陈独秀步步退让的结果，是使领导权逐渐落到了蒋介石的手中，最后终于导致了大革命的失败。

通过周恩来上述一系列分析可以看出，尽管党在1925年就已开始形成了新民主主义革命的正确路线，但是只有经过了大革命的实践，总结了成功和失败的经验教训，才使全党懂得了实行这条正确路线的关键就在于坚持党对革命的领导权。丧失了领导权，党的路线就不可能是正确的，革命也就不可能有成功的指望。

（三）

如前所述，在大革命的初期和中期，尽管党犯过这样那样的错误，但基本的指导路线还是正确的。党犯机会主义的路线错误，是在大革命的后期。周恩来在总结大革命后期的路线错误时认为，仅仅一般地、笼统地指出这一路线错误是没有大力夺取党对革命的领导权还不够，只有深入认识产生这一错误的指导思想及其在各个方面的具体表现，才能总结出带有规律性的经验和教训，使党对错误路线的纠正，不是停留在口头的指责上，而是真正落实到革命的行动中。

革命有来潮、退潮，斗争有胜利、挫折。一个在政治上成熟了的党，应当在形势要求进攻时，坚决站在斗争的最前列，引导人民去进行革命的冲击；而在形势不利时，又应当善于有秩序地、毫不慌乱地组织退却，以便保存和积蓄力量，为发动新的进攻切实做好准备。但是，处在幼年时期的中国共产党，当时还没有学会掌握这种斗争的艺术。周恩来指出，在武汉时期，即大革命的后期，"中国党在

① 《周恩来选集》上卷，人民出版社1980年版，第124页。

② 《周恩来选集》上卷，人民出版社1980年版，第123页。

策略的运用上所犯的错误是：在革命处于高潮应当进攻的时候，不善于进攻"①。这在实际上也就是屈服于资产阶级的压力，实行无原则的退让，从而自动放弃对于革命的领导权。其结果，就是丧失了有利的形势，使革命遭到了严重的挫败。

本来，1926年底1927年初，中国革命已经进入了紧急时期。一方面，北伐战争的胜利发展，已使北洋军阀的主力基本上归于消灭；工农运动的猛烈高涨，更从根本上动摇了帝国主义、封建主义在中国的反动统治。革命正处于高潮之中。另一方面，帝国主义在加紧干涉中国革命，竭力分化统一战线；地主买办阶级在向工农运动猖狂反攻，民族资产阶级发生严重的动摇；而国民党右派则在积极准备发动反革命政变。革命正面临着深刻的危机。在这种情况下，是坚决依靠工农群众来推进反帝反封建的斗争，并克服民族资产阶级的动摇，准备对付大资产阶级可能的叛变呢？还是屈服于资产阶级的压力，压制工农运动，使自己处于孤立无援的地位和无戒备的状态？这就是党必须回答的问题。正是在这个重要的转变关头，1926年12月，在汉口中央特别会议上，陈独秀却认为党犯了"左倾"错误，主张压制工农运动，并幻想建立以汪精卫为领袖的文人政府，以谋求同右派的妥协。这一错误思想不幸为会议所接受。这样，党在陈独秀右倾机会主义的领导下，竟然采取了后一种路线。

陈独秀的右倾机会主义是一种软弱无能的腐朽的违背马克思列宁主义的思想。它不相信和依靠人民，对右派充满了不切实际的幻想。当蒋介石"一天天地走向反动，很清楚的是要走到敌人方面去"时，"象陈独秀这样的人，还主张继续和蒋介石合作"②。"四一二"以后，蒋介石公开叛变了，他又把希望寄托于刚从国外归来的汪精卫身上。在他们的头脑中，反击右派、争取领导权的明确观点是没有的。

周恩来指出，直到1927年4、5月党召开五大时，"才承认了领导权要争，批评了天然领导权的说法"③。会上，几乎"所有说话的同志都同声一气地指出，中央在革命性质和对中国民族资产阶级的关系上，都采取了完全错误的路线"④；大会的决议也肯定了若干正确的原则。不过，周恩来认为，对五大是不宜作过高的估计的。因为当时所谓争领导权的"方法是到处贴标语，喊口号，说要争领导权。这只是空的，没有实际意义"⑤。他强调，对于领导权的争取，应落到实处。在革命的紧要关头，尤应如此。具体地说，也就是应"在国民党、政府、军队中争

① 《周恩来选集》上卷，人民出版社1980年版，第175页。
② 《周恩来选集》上卷，人民出版社1980年版，第209页。
③ 《周恩来选集》上卷，人民出版社1980年版，第159页。
④ 米夫：《紧急时期的中国共产党》。
⑤ 《周恩来选集》上卷，人民出版社1980年版，第159页。

取领导权，搞土地革命，以武装斗争为中心"①。五大和五大以后的中央恰恰是没有指明这一点。

在着重指出大革命后期党在这个关系革命成败的领导权问题上所犯的根本性错误之后，周恩来又进一步对这个错误在各方面的表现作了具体的分析。

首先，关于土地问题。周恩来指出，当时"必须使农民运动深入发展到解决农民的土地要求"②，这样，才能巩固革命的基础。从这种观点出发，他高度评价毛泽东的《湖南农民运动考察报告》，认为它"说明了这个真理，拥护农民提出的办法，并加以发挥，不但有理论，而且有实践的办法"③。但是陈独秀等人被当时的反动潮流所吓倒，不愿意接受毛泽东等的正确意见。五大时，许多人对中央的土地政策提出了尖锐的批评，陈独秀却仍然坚持认为："无论如何在目前没收一切地主的土地也是太革命了的。"他说："我们目前是加深农民革命呢？还是等待北伐底进展，等待农民运动扩大以后，再来加深农民革命呢？我以为后面的一个意见，比较可靠些。"④对此，周恩来一针见血地揭露说："在农民问题上，陈独秀连减租减息都不赞成，更谈不到解决土地问题了"⑤，"所谓北上的中心思想，是想避开湖南、湖北的农民运动"⑥。由于存在着严重的分歧，五大关于土地问题的决议实际上是妥协的产物。决议虽然肯定了"无代价的没收地主租与农民的土地"这一原则，但立即作了两项限制："属于小地主的土地不没收"，"革命军人现时已有的土地可不没收"⑦。这样，土地问题还是不可能得到解决。这种情况，极大地妨碍了农民运动的深入发展，"一九二七年春夏国民党之所以敢于叛变，发动'清党运动'和反人民的战争，主要就是乘了共产党的这个弱点"⑧。

其次，关于武装问题。周恩来指出，"武装是一个中心问题"⑨。当时在国民政府辖区内，实际上存在着"两种武装力量"。一种是党直接领导的武装力量，其中包括一部分正规军队（如叶挺的二十四师）和广大工农群众的武装（如工人纠察队、农民自卫军）；一种是大地主大资产阶级的武装力量（如唐生智、冯玉祥的军队）。他强调说，"那时候我们党的政策，不是面向自己的力量，而是面向大

① 《周恩来选集》上卷，人民出版社 1980 年版，第 169 页。

② 《周恩来选集》上卷，人民出版社 1980 年版，第 335 页。

③ 《周恩来选集》上卷，人民出版社 1980 年版，第 335 页。

④ 陈独秀在中国共产党第五次全国代表大会上所作的政治与组织报告，转引自米夫：《紧急时期的中国共产党》。

⑤ 《周恩来选集》上卷，人民出版社 1980 年版，第 218 页。

⑥ 《周恩来选集》上卷，人民出版社 1980 年版，第 170 页。

⑦ 《土地问题议决案（一九二七年五月）》。

⑧ 《毛泽东选集》第 1 卷，人民出版社 1991 年版，第 12 页题解。

⑨ 《周恩来选集》上卷，人民出版社 1980 年版，第 213 页。

地主大资产阶级的力量"①，这是一个严重的错误。有一个事例很可以说明这个问题。1927年春，"我们本想建立一支完全由我党所掌握的军队。因此决定把共产党员连某所指挥的一个营扩充为一个师。人员、粮饷、军械都已经筹划好了"，但陈独秀到达武汉之后，"说什么计划中配备的枪械比别的军队都好，怕引人妒忌；他又说自己建立军队，太引人注目等等。就这样前怕狼、后怕虎，这一师军队始终没有建立起来"②。"四一二"政变后，武汉地区外部被敌人严密地封锁，内部又发生严重的动摇。在这危急的时刻，党中央竟"把最后的希望押在冯玉祥身上"③。郑州打下以后，什么人都去会冯玉祥，苏联顾问鲍罗廷、加伦也去了，张国焘也去了。后来，"冯玉祥在徐州和蒋介石会面，来了一个大反动，把所有的武汉的人都出卖了，于是武汉全面落空了。这就是依靠大地主大资产阶级武装力量不依靠自己武装力量的恶果"④。

再次，关于政府问题。周恩来指出，当时应当"建立工农领导的政府"⑤。有人说，当时就要组织苏维埃，把工会变成政权，推翻武汉政府。周恩来认为，这种看法也是不对的。因为"这是把俄国二月革命到十月革命的经验搬到中国来"⑥了，并不适合当时中国的情况。正确的做法应是，"把改变武汉政府为工农小资产阶级联盟当作努力的方向"⑦，争取其中的领导权；同时把农民协会变为乡村政权，以巩固这个政权的基础。但是陈独秀等人既不赞成改造武汉政府，又没有组织工农准备与武汉政府破裂。其后，身任农政部长的谭平山并且以"不能纳农运入正轨"而辞职，他不但不主张把农民协会变为乡村政权，反而希望国民党去整顿、改革下层政权。这样一来，在这个问题上，就把共产党置于无所作为的境地，根本谈不上进行争取政权的斗争了。

最后，关于国民党问题。前面已经说过，共产党应在国民党中改造国民党，争取领导权，为此，就必须发展以共产党员为骨干的左派核心。但是，"陈独秀主张不分左中右，怕人家说我们分化他们。大地主大资产阶级不喜欢我们分左中右，陈独秀就作了大地主大资产阶级的应声虫"⑧。本来，左派应"是工农和小资产阶级，包括我们党"，机会主义者"却把我们从左派划出来，叫共产派"⑨，说

---

① 《周恩来选集》上卷，人民出版社1980年版，第213页。
② 吴玉章：《第一次大革命的回忆》。
③ 《周恩来选集》上卷，人民出版社1980年版，第170页。
④ 《周恩来选集》上卷，人民出版社1980年版，第213页。
⑤ 《周恩来选集》上卷，人民出版社1980年版，第218页。
⑥ 《周恩来选集》上卷，人民出版社1980年版，第159页。
⑦ 《周恩来选集》上卷，人民出版社1980年版，第165页。
⑧ 《周恩来选集》上卷，人民出版社1980年版，第214页。
⑨ 《周恩来选集》上卷，人民出版社1980年版，第165页。

什么共产派不应包办国民党的工作等等。这样,以共产党员为骨干的左派核心也就无法形成,"结果左派就要跑到中间,最后跟右派跑了"①。

在这里,有必要谈一谈周恩来对共产国际执委会第八次全体会议关于中国问题的决议,即著名的"五月指示"的评价。在这些评价中,周恩来并没有因为共产国际在对大革命的指导上曾经犯过错误,而否定了"五月指示"中的正确意见。他以实事求是的科学态度,分析形势,比较得失,清醒地估计了党在当时进行武装反击的可能性。

"五月指示"包括四个要点:改造国民党使工农分子大批参加进去,这就是争取党权;把农民协会变成乡村政权,这就是争取政权;组织七万军队,其中要包括二万共产党员,这就是争取军权;再就是要没收地主土地,搞土地革命。应该说,这个指示的确是把当时挽救时局的几个关键问题都提出来了。不过,中央在讨论这个指示时,认为这些任务"不是即时都能实现的"②;有人并且认为这个指示"是太迟了:是在'放马后炮',为推卸共产国际的责任预留余地"③。

无疑地,共产国际在对中国大革命的指导上是犯过错误的。比如,1926 年 10 月,共产国际曾指示中国党,"在占领上海以前,暂时不应当加强土地运动"。对于这个错误,斯大林是公开承认过的。④ 不过,同年 11 月共产国际第七次扩大执委会通过的关于中国问题的决议就已经指出,"土地问题开始紧急起来,成为现在局面的中心问题";无产阶级只有抓住并解决这个问题,才能成为革命的领袖。⑤ 当然,就是这个决议,也还没有明确指出党应当直接掌握军队(斯大林在会上所作的演说,在提出中国革命的特点和优点之一是"武装的革命反对武装的反革命"这一著名论断的同时,也只是指出党应加强军队中的政治工作,指出包括共产党人在内的中国革命者应逐步争取在军队中占据某些领导职位);没有明确指出党应在国民党和国民政府中争取领导权,而是认为"应形成左派,而与之亲密合作,并不应企图以共产党分子代替左派之领导工作"⑥。这些问题,是在"五月指示"中才全面地以十分明确的语言予以指明的。虽然如此,周恩来认为,"五月指示"仍然具有重要的意义。当时党"如果按照共产国际的指示努力去做,还不失时机"。因为"这时离国共分裂还有两个月",局面还"不是

---

① 《周恩来选集》上卷,人民出版社 1980 年版,第 214 页。

② 参见陈独秀:《告全党同志书(一九二九年十二月十五日)》。

③ 张国焘:《我的回忆》。

④ 参见《斯大林全集》第 10 卷,第 17 页;第 8 卷,第 326 页。

⑤ 参见《斯大林全集》第 10 卷,第 17 页;第 8 卷,第 326 页。

⑥ 《共产国际第七次扩大执行委员会中国问题决议案(一九二六年十一月)》。

不可以挽救的”。[①] 以军队问题为例。他说：“我们当时已经有一个军、两个师和武汉的警卫团，以当时的军队作骨干，再加上湖南、湖北的工农武装和武汉的工人纠察队，组织五万到七万军队是有可能的。还有朱德同志在江西有一个军官教育团，他兼南昌市公安局长。有这些条件不去运用，是不对的。”[②]当然，说局面还可以挽救，决不是说，中国革命在当时就可以轻易取胜；而是说，采取了上述几项果断措施之后，党将有可能更有力地同汪精卫集团作斗争，一旦发生突然事变，党也将有可能在戒备的状态中给予有力的反击，从而避免受到后来受到的那种惨重的损失。

由于党在应该进攻时没有进攻，在应该准备反击时没有准备反击，而是“一切都退让”（它的极端表现就是 1927 年 6 月 30 日提出的国共合作十一条。这是一种“投降式的让步”），“结果使大革命失败了”。[③]

当然，机会主义并不是个别人物的罪孽、疏忽或叛变。大革命的失败，不能简单地归因于陈独秀个人。党之所以犯机会主义的错误，是由于这时的党，毕竟还处在幼年时期。它还缺乏经验，缺乏深刻的革命认识，还不善于将马克思列宁主义的理论和中国革命的实践结合起来，所以在大革命的后期，陈独秀的机会主义才能够在党内起作用。

应当怎样认识党犯错误这个事实呢？

周恩来在回顾党的历史道路时曾说：“不错，我们党内曾经有过不少的错误，有过不少犯错误的分子，但是我们党正是在反对和克服这些错误的斗争中成长起来，党的思想才趋于一致，党的组织才趋于巩固。”[④]事实难道不正是这样吗？我们党从大革命的失败中吸取了惨痛的教训，坚决地唾弃了陈独秀的右倾机会主义，终于独立地举起了武装斗争的旗帜，把中国革命推向了土地革命战争的新时期，并且经过艰难曲折的斗争，使自己在政治上达到了高度的成熟。实际上，任何一种新生事物的诞生，都必然是一个曲折的前进过程。周恩来这些闪烁着唯物辩证法精神的总结告诉我们：党善于从自己所犯的错误中学习并在同这种错误作斗争中求得进步，这一情况，表明了党是在严肃地对待自己对于无产阶级和广大群众所承担的责任，表明了党自身的坚强有力和不可战胜！

——原载《北京大学学报》（哲学社会科学版）1981 年第 2 期，《中国社会科学》1981 年第 3 期转载。

---

① 《周恩来选集》上卷，人民出版社 1980 年版，第 169、171 页。

② 《周恩来选集》上卷，人民出版社 1980 年版，第 169 页。

③ 《周恩来选集》上卷，人民出版社 1980 年版，第 171、219 页。

④ 《周恩来选集》上卷，人民出版社 1980 年版，第 140 页。

六、大革命时期马克思主义中国化工作的初步进展

中国共产党要把领导中国革命的任务胜利地担当起来,必须使自己成为一个广大的群众性的、思想上政治上组织上完全巩固的党。而要做到这一点,一方面依靠在革命的实践中积累经验,一方面需要在斗争中加强自身建设。

中国共产党在初创时期,就是注意按照列宁的建党原则来进行党的自身建设的。在大革命的过程中,党的思想、组织、制度等各方面的建设都有相当的进展。1926 年 1 月,中共中央政治局通过的《中国共产党第三次修正章程决议案》还明确地把"党的建设"问题列为专门的一章。

加强党的建设,最主要的是遵循唯物主义的思想路线,逐步地把马克思主义的基本原理和中国革命的实际结合起来,从而制定出一条适合中国的基本国情和各个历史时期的具体实际的正确的政治路线。

建党初期,中国的马克思主义者已经初步地阐明了马克思主义必须与中国实际相结合这个思想原则。在 1922 年初出版的《先驱》创刊号上,中国的马克思主义者还明确地提出了"努力研究中国的客观的实际情形,而求得一个最合宜的解决中国问题的方案"这样一个任务。1926 年,蔡和森在《中国共产党史的发展(提纲)》中,更进一步指出:"马克思主义列宁主义同世界各国共产党是一致的,但当应用到各国去,应用到实际上去才行的。要在自己的争斗中把列宁主义形成自己的理论的武器,即以马克思主义的精神来定出适合客观情形的策略和组织才行。"在这里,他已经把在马克思列宁主义与中国实际相结合的过程中"形成自己的理论"这样一个任务清晰地提出来了。1927 年 2 月,瞿秋白在其论文集自序中也曾经强调,"应用马克思主义于中国国情的工作,断不可一日或缓"。他并且认为,"无产阶级之革命思想的指导,当然是集体的工作",即中国共产党要形成自己的理论,需要依靠集体的智慧;"而集体的革命思想之形成,亦在于其各个个体之间的切磋"①。应当说,这是一些很精彩的思想;在党成立不久就提出这样一些思想,尤属难能可贵。

不过,把马克思主义和中国实际正确地结合起来,这是一项十分艰巨、复杂的历史性任务。因为马克思主义只是一般地指明社会发展和革命发展的方向,至于具体情形,实际情形,那只有在千百万群众起来斗争时,他们的经验才能显示出来。毛泽东在回顾当时的情况时就说过:"过去,特别是开始时期,我们只是一股劲儿要革命,至于怎么革法,革些什么,哪些先革,哪些后革,哪些要到下

① 《瞿秋白文集·政治理论编》第 4 卷,人民出版社 1993 年版,第 415 页。

一阶段才革，在一个相当长的时间内，都没有弄清楚，或者说没有完全弄清楚。"[①]正因为如此，蔡和森在1926年所作的党史报告中即已指出："党的革命理论是要经过长期间的各种争斗才能形成的。"

在中国的条件下运用马克思主义，还有两个特殊情况不能被忽视。这就是：第一，马克思列宁主义的故乡在欧洲，欧洲国家大多处在资本主义乃至帝国主义的发展阶段；而中国是一个幅员广大、人口众多、经济文化十分落后、革命发展极不平衡的半殖民地半封建国家。显然，要把这个产生于欧洲的理论，应用于别的地区，正如列宁所说，这"是一个困难而特殊的任务"，同时"又是特别崇高的任务"。第二，从1922年7月中国共产党的二大之后，它就加入了共产国际，成为共产国际的一个支部。而按照加入共产国际的条件，共产国际代表大会及其执行委员会的一切决议，所有加入的共产党都必须执行。这样，中国共产党在确定自己的路线和方针、政策时也就不能不面临复杂的情况。应当肯定，由于共产国际高举革命的旗帜，由于在共产国际中起核心作用的俄国布尔什维克党具有丰富的经验，中国党在运用马克思主义理论制定自己的路线和策略方面，在实际工作方面，都得到过共产国际的积极的帮助；不过，后来的经验表明，由一个远离各国的国际中心来指挥各国革命，这种做法本身是不可取的。由于不可能深入、全面地了解各国的具体情况，这种指挥难免要发生错误；由于共产国际的指示不论是否适合各国情况，各国党支部必须无条件地执行，其结果往往会在事实上形成为对各国党内部事务的干涉。这方面的消极影响，也是必须估计到的。

大革命时期，由于中国共产党在政治上还比较幼稚，党的重大决策，不少是直接根据共产国际的指示和共产国际驻华代表的意见而作出的，党的某些决议甚至还是共产国际代表起草的。对于共产国际及其驻华代表的指示或意见是否正确，许多人还缺乏独立判断的能力。不过，中国共产党的一些领导骨干遵循着理论联系实际这个方向，通过对这个时期斗争经验的总结，还是逐步地加深了对中同革命基本问题的认识。新民主主义革命基本思想的提出，就是这个时期党在理论上的主要收获，是党把马克思主义和中国实际相结合所取得的主要成果。

中国共产党提出新民主主义革命基本思想，经历了一个摸索的过程，一个在集体奋斗的基础上积累经验的过程。1921年7月，党的一大通过的第一个纲领，只是提出了"推翻资本家阶级的政权"、"承认无产阶级专政"、"消灭资本家私有制"以及最终消灭社会的阶级区分等各国共产党的纲领中共同具有的最一般的原则，并没有指明当前中国革命的资产阶级民主主义性质。这说明，党在当时还不懂得中国革命必须分为两步走，即先进行民主革命，而后才能进行社会主

① 《毛泽东文集》第8卷，人民出版社1999年版，第300页。

义革命,还没有把民主革命和社会主义革命的界限划分清楚。1922 年 7 月,党的二大指明了当前中国革命的任务,是进行以“推翻国际帝国主义的压迫”、“打倒军阀”、建立真正的民主共和国为目标的民主革命;为此,应“使工人和贫民与小资产阶级建立民主主义的联合战线”。但是,也还没有明确提出无产阶级在民主革命中的领导权问题,而只是笼统地说,“革命运动发展无已的结果,(工人)将会变成推倒在中国的世界资本帝国主义的领袖军”;并且认为党在目前的任务是“引导工人们帮助民主主义的革命运动”,这个革命成功了,“无产阶级不过得着一些自由与权利”。这说明,党在当时也还没有弄清楚民主革命有新与旧的区分。1925 年 1 月,党的四大根据共产国际有关的指示精冲,总结建党三年半以来特别是国共合作一年以来的经验教训,明确地指出:第一,中国民主革命的领导权应当属于无产阶级及其政党。无产阶级“应取得(在民主革命中的)领导的地位”。第二,中国民主革命的动力是以工农为主体的人民群众。这个革命“需要工人、农民及城市中小资产阶级之普遍的参加”,其中农民是“重要成分”,它“天然是工人阶级之同盟者”。第三,中国民主革命的对象是帝国主义和封建主义。这个革命的基本内容,一个是“反对国际帝国主义”;一个是“反对封建的经济关系”和“反对封建的军阀政治”。这样,党就划清了新旧两种民主革命的界限,初步地提出了无产阶级领导的、人民大众的、反帝反封建的新民主主义革命的基本思想。李大钊、瞿秋白、邓中夏、毛泽东等党的早期领导人对于这个基本思想的提出和阐明,都作出过自己的贡献。

在 1923 年 6 月召开的中共三大上,李大钊即指出:“过去和将来国民运动的领导因素都是无产阶级,而不是其他阶级。”①由于这个原因,我们不要害怕参加国民运动,我们应站在运动的前列。1923 年 9 月,瞿秋白在《自民权主义至社会主义》一文中鲜明地提出了“民权革命中无产阶级领导革命的问题”,并且强调指出,“落后的国家其无产阶级参加民权革命之职任愈大”,“资产阶级性的革命却须无产阶级领导才能胜利”。② 1924 年 2 月,李大钊在《追悼列宁并纪念二七》一文中指出,“现在中国是在资本帝国主义的压迫之下,试看全国的资产阶级、小资产阶级、知识阶级谁能反抗?只有无产阶级。在国民革命中当先锋的亦只有无产阶级”③。同年 11 月,邓中夏在《我们的力量》一文中对中国工人阶级的状况作了全面的分析,并由此得出结论说,“中国将来的社会革命的领袖固是

① 《马林与第一次国共合作》,光明日报出版社 1989 年版,第 242 页。

② 《瞿秋白选集》,人民出版社 1985 年版,第 62、55 页。

③ 《李大钊文集》下卷,人民出版社 1984 年版,第 708 页。

无产阶级,就是目前的国民革命的领袖亦是无产阶级”①。这些论述,对于党的新民主主义革命基本思想的形成,发生了积极的影响。

在这个时期,毛泽东的《中国社会各阶级的分析》(1925年12月)和《国民党右派分离的原因及其对革命前途的影响》(1926年1月)等文,对新民主主义革命的基本思想的若干方面作出了比较深刻的、具有独创性的阐发。这主要表现在:第一,从国际环境和国内阶级关系的分析出发,他指出现时中国的革命既不同于18世纪后期、19世纪初期欧美、日本等国家和地区的资产阶级民主革命,也不同于1911年中国的资产阶级民主革命(即辛亥革命)。欧美、日本等国家和地区的革命“乃资产阶级一阶级的革命”,“其目的是建设国家主义的国家即资产阶级一阶级统治的国家”,而中国现时的革命“乃小资产阶级半无产阶级无产阶级这三个阶级合作的革命”,“其目的是建设一个革命民众合作统治的国家”。在中国,企图建立资产阶级一阶级统治的国家,这只能是一种幻想。这样,他也就对中国此时的民主革命乃是一种新式的民主革命作出了初步的论证。第二,他不仅对中国工人阶级的革命彻底性和这个阶级在民主革命中的巨大作用作了有力的论证,而且对农民和资产阶级作出了创造性的分析。他指出,农民问题主要是贫农问题,贫农问题主要是土地问题。中国农民的大多数是贫农,他们是农村的半无产阶级,具有强烈的革命要求;中农也是可以革命的。这样,他就解决了无产阶级领导权的中心问题即农民同盟军问题。他还把中国的资产阶级分成了买办阶级和中产阶级即民族资产阶级两部分,指出前者是极端的反革命派,后者对革命具有矛盾的态度。这样,他就为党对资产阶级采取又联合又斗争的政策提供了理论的根据。

新民主主义基本思想在实际上的提出及其阐明,表明党在大革命时期已经初步地把马克思主义的理论和中国革命的具体实践结合起来了。不过,当时还没有明确提出“新民主主义革命”这个概念。

是无产阶级领导还是资产阶级领导,还是新旧民主革命的主要区别点。领导权属于谁,是属于无产阶级还是资产阶级,这是一个决定着革命的性质、规模和方向,决定着革命的成败的根本性问题。坚持新民主主义革命的基本思想,贯彻新民主主义革命的基本路线,关键就在于坚持无产阶级对民主革命的领导权。只有这样,才能有农民革命的大发动,反帝国主义和反封建主义的革命彻底性,由民主革命转变到社会主义革命的可能性,等等;否则,所有这些就都无从谈起了。

在这个问题上,党的主要领导人陈独秀曾经有过右倾的错误观点。他不了

① 《邓中夏文集》,人民出版社1983年版,第101页。

解处在帝国主义和无产阶级革命的新的时代条件下，半殖民地中国的民主革命的新的历史特点，认为这个革命既然是资产阶级民主主义性质的，那就应该由资产阶级来领导，"无产阶级不是领导而是帮助资产阶级，是替资产阶级抬轿子的，无产阶级在资产阶级革命中不要争取领导权；认为帮助资产阶级革命成功，无产阶级可以得到自由、八小时工作制，以后再搞自己的无产阶级革命"。"这种观点实质上是旧民主主义的，是十八、十九世纪的西欧资产阶级革命的观点。用这种观点来看中国革命，领导权问题就很久得不到解决"。[①] 其实，这种观点也并不是陈独秀独有的，我们看到，在党的二大通过的决议上，就有这种观点的印记。不过，到了党的四大时，已经把无产阶级在民主革命中应处于领导的地位这一点写进了决议。应该说，这个问题至少在理论上是已经明确了。在这之后，对于这一点，包括陈独秀在内，在中国共产党里是没有人公开加以否定的。

当然，在理论上肯定无产阶级应当在革命中起领导作用，并不等于在实际上解决了这个问题。在四大召开的前夕，彭述之写了《谁是中国革命的领导者?》一文。在这篇文章中，他虽然肯定无产阶级应当领导革命，同时又认为"各个阶级，除开游民无产阶级外，差不多是和无产阶级接近的，容易受工人阶级的暗示和领导的"，所以这个领导权是"天然"地落到了无产阶级的身上，用不着去争取。彭述之的错误，正如周恩来后来所指出的，就在于他不懂得"无产阶级也不是天然的司令官，不是从农民一直到大资产阶级都公推你、公认你为司令官"；在于他"没有看到资产阶级在争领导权"。事实上，"领导权是有人和无产阶级争，和共产党争的"，"不但大资产阶级争，自由资产阶级也争，小资产阶级也争"，而大资产阶级则是"我们斗争的主要对象"。[②] 本来，中国的大资产阶级带有买办性，它从来不是中国革命的动力；但由于国民党曾经采取联合某些帝国主义反对另一些帝国主义、联合某些军阀反对另一些军阀的策略，一部分大资产阶级为自身的利益而资助过孙中山，因而在国民党内有着传统的影响，其政治代表就是国民党右派。自由资产阶级（即民族资产阶级）不同于大资产阶级，它是中国革命的动力之一；不过，这个阶级的右翼在政治上是反动的，与大资产阶级是相一致的。其政治代表在一个时期内就是以"中派"面目出现的新右派。由于党没有争取领导权的清醒认识和高度自觉，因而在处理如何对待国民党右派尤其是新右派的问题时，也就无法采取明确而坚定的方针。1926 年 7 月，中共中央在关于《中国共产党与国民党关系问题议决案》中曾经提出，中国共产党应当"去和左派国民党结合强大的斗争联盟，以与资产阶级争国民运动的指导。如

① 《周恩来选集》上卷，人民出版社 1980 年版，第 158～159 页。

② 《周恩来选集》上卷，人民出版社 1980 年版，第 216 页。

此才能保证无产阶级政党争取国民革命的领导权”①。1927年党召开五大时，又“批评了天然领导权的说法”。不过，当时所谓争领导权的“方法是到处贴标语，喊口号，说要争领导权，这只是空的，没有实际意义”。对于领导权的争取，不能停留在口头上，而应当落到实处。具体地说，就是应当“在国民党、政府、军队中争取领导权，搞土地革命，以武装斗争为中心”。② 但中共中央即使在五大以后的一个时期内也没有这样做。

应当怎样评价大革命时期党的路线呢？周恩来认为，“从整个过程来看，党的领导在大革命初期对的多，错的少；中期有对的，也有错的。有的还是原则的错误，如对中山舰事件及北伐等问题；到大革命的后期，机会主义路线形成”③。这个评价是符合实际的，也同《关于若干历史问题的决议》的有关评价相一致。决议对党在大革命时期的工作作了充分的肯定，而后指出，“在这次革命的最后一个时期内（约有半年时间），党内以陈独秀为代表的右倾思想，发展为投降主义路线”④。试想，如果党在大革命的大部分时间里不是在基本上执行了正确的路线，积极地领导了这场革命，又怎么能设想党会有那么规模广大的群众动员，并使革命战争在短时期内取得那么巨大的胜利呢？

党在大革命时期所犯的机会主义错误主要表现在什么地方？这集中地表现在“自愿地放弃对于农民群众、城市小资产阶级和中等资产阶级的领导权，尤其是放弃对于武装力量的领导权”⑤，这是大革命失败的主观原因。

下面，我们对有关无产阶级领导权的几个问题作一些分析。

首先，是农民问题。

农民是中国反帝反封建的主力军。资产阶级民主革命，实质上就是农民革命。农民问题，这是中国民主革命的根本问题，也是无产阶级在民主革命中的领导权的中心问题。

中国共产党在成立的初期，于集中力量领导工人运动的同时，就开始注意从事农民运动。党认识到，“中国三万万农民，乃是革命运动中的最大因素”；如果不努力去鼓动并组织农民斗争，“我们希望中国革命成功以及在民族运动中取得领导地位，都是不可能的”。⑥ 在大革命的高潮时期，党进一步认识到，农民“将成为民族解放运动中之主要势力”，“我们的党要想领导中国民族解放运动

---

① 《中共中央文件选集》第2册，中共中央党校出版社1989年版，第176页。

② 《周恩来选集》上卷，人民出版社1980年版，第216、159、169页。

③ 《周恩来选集》上卷，人民出版社1980年版，第171页。

④ 《毛泽东选集》第3卷，人民出版社1991年版，第953～954页。

⑤ 《毛泽东选集》第4卷，人民出版社1991年版，第1257～1258页。

⑥ 《中国共产党第二次至第六次全国代表大会文件汇编》，第44～45、108页。

顺利的进行,就在取得这项农民的势力,取得农民运动的指导权"①。在党的号召下,许多共产党员深入农村,从事发动农民的艰苦工作。彭湃被称为"农民大王",在农民中享有极高的威信。毛泽东在这个方面更作出了特殊的贡献。他写的《国民革命与农民运动》、《湖南农民运动考察报告》等著作科学地总结了农民斗争的经验,驳斥了对农民斗争的种种非难,提出了深入开展农民运动的正确意见,是党在大革命时期的重要的马克思主义文献。

在农民问题上,大革命时期,共产党内发生过两种错误倾向。"第一种倾向,以陈独秀为代表,只注意同国民党合作,忘记了农民,这是右倾机会主义。第二种倾向,以张国焘为代表,只注意工人运动,同样忘记了农民。这是'左'倾机会主义。这两种机会主义都感觉自己力量不足,而不知道到何处去寻找力量,到何处去取得广大的同盟军"②。

应当承认,陈独秀也认为,农民问题是"不可漠视"的。在三大前后,他就指出,农民"是国民革命之一种伟大的潜势力"。他固然说过,农民"散漫"、"保守","难以加入革命";不过他也说过,农村经济的破产等环境"都有驱使农民加入革命之可能"。他的错误在于,他对中国农村的阶级状况作了不恰当的分析,不了解中国农民的大多数是贫农,他们没有或缺少土地,受封建地主的压迫,革命要求极其强烈;以为中国农民中"自耕农居多数","农民所受地主的压迫,不像地主强大的国家(如俄罗斯、印度)或资本主义发达的国家(如欧美各国)那样厉害,不容易发生社会革命运动"。这样,他就把自己的注意力主要集中到了资产阶级的身上,以为"资产阶级的力量终究比农民集中,比工人雄厚","资产阶级的民主革命若失了资产阶级的援助,在革命事业中便没有阶级的意义和社会的基础"。从这种思想出发,他在政治实践上就总是看资产阶级的眼色行事,尽力把中国共产党人和工农群众的活动约束在资产阶级所容许的范围以内,生怕越出这个范围,做出什么事情,会使资产阶级不高兴,由此离开统一战线。这也正是他对待农民运动的一个基本的指导思想。他不懂得,资产阶级在革命中是动摇的和不彻底的,而对资产阶级的动摇和不彻底性的克服,必须"依靠群众的力量和正确的政策,否则资产阶级将反过来克服无产阶级"③;"工农群众阶级斗争的发展,并不会削弱统一战线反帝反封建的力量,相反,还会加强统一战线的力量"④。如果说,他开始时对农民的革命性估计不足,那么,当农民在斗争中表

① 《中共中央文件选集》第2册,中共中央党校出版社1989年版,第207页。

② 《毛泽东选集》第1卷,人民出版社1991年版,第3页题解。

③ 《毛泽东选集》第1卷,人民出版社1991年版,第276页。

④ 《刘少奇选集》上卷,人民出版社1981年版,第51页。

现出革命的主动性和冲天精神,他却又“害怕起群众的觉悟”了。在大革命的高潮中“他们的错误,主要是被国民党的反动潮流所吓倒。不敢支持已经起来和正在起来的伟大的农民革命斗争。为了迁就国民党,他们宁愿抛弃农民这个最主要的同盟军,使工人阶级和共产党处于孤立无援的地位”①。毛泽东在八七会议上指出,“农民要革命,接近农民的党也要革命,但上层的党部则不同了”。“广大的党内党外的群众要革命,党的指导却不革命”②。“一九二七年春夏国民党之所以敢于叛变,发动‘清党运动’和反人民的战争,主要就是乘了共产党的这个弱点。”③

与陈独秀过分重视资产阶级不同,张国焘片面地强调工人运动的特殊重要性,但他又与陈独秀同样对左右中国革命全局的农民的力量估计不足。他在《知识阶级在政治上的地位及其责任》(1922年12月)一文中说,中国“百分之九十以上的人民是农夫,农夫没有政治上的兴趣,简直是全世界的通例,特别是中国的农夫——因为都是‘小地主式’的农民——没有政治的兴趣,他们只要求一个真命天子,要求太平和丰年,除此以外,简直什么都不管”。他们之难以加入革命,自不待言。这样,张国焘尽管在口头上后来也高喊过无产阶级在民主革命中的领导权,由于不懂得农民是它的最主要和最可靠的同盟者,他也就在实际上否定了无产阶级的领导权了。没有了被领导者,还谈得上什么实行领导呢?

周恩来说过:“右是放弃领导权,‘左’是把自己孤立起来,成了‘无兵司令’、‘空军司令’。”用这个话来批评大革命时期陈独秀和张国焘在农民问题上所犯的错误,是很贴切的。

农民问题的中心是土地问题。在中国,谁能领导农民解决土地问题,谁就能赢得中国大多数人的拥护,就成了中国革命的无可争议的领袖。中国共产党是在斗争中逐步提高对这个问题的认识的。

党的二大所制定的农民问题政纲在列举农民之痛苦诸端时,并没有明确提及农民没有或缺少土地的问题;但曾提出“限制私人地权在若干亩之内,以此等大地主中等地主限外之地改归耕种该地之佃农所有”,并主张“限制租额”。1923年5月,共产国际执行委员会在给中共三大的指示中指出,“在中国进行国民革命和建立反帝战线之际,必须同时进行反对封建主义残余的土地革命”。由于这个指示在7月才送达中共中央,有关精神未在三大文件中体现出来。1925年1月,党的四大已经把“中国地主重租”视为激发农民斗争的第一个原

① 《毛泽东选集》第1卷,人民出版社1991年版,第12页题解。
② 《毛泽东文集》第1卷,人民出版社1993年版,第46页。
③ 《毛泽东选集》第1卷,人民出版社1991年版,第12页题解。

因,并提出“反对封建的经济关系”的任务了。1925 年 10 月召开的中共中央执委会在决议中明确指出,“应当使一般民主派知道没收土地是不可免的政策”。“如果农民得不着他们最主要的要求——耕地农有,他们还是不能成为革命的拥护者”。党的农民问题政纲,“其最终的目标,应当没收大地主军阀官僚庙宇的田地交给农民”;当前,则应当把减租、减税等作为“过渡时期的农民要求”①。

耕地农有这个目标是提出来了,由于对解决土地问题的紧迫性认识不足,由于担心激进的土地政策会引起资产阶级的动摇,中共中央在大革命时期始终未能制定出彻底的土地革命的纲领。1926 年 10 月,共产国际曾指示中共中央,“在上海占领以前,暂时不应加强土地运动”②(对于这个错误,斯大林后来公开承认过)。同年 12 月,在汉口召开的中共中央特别会议认为,“目前中国大多数农民群众所争的还是减租减息”等等,“而不是根本的土地问题”。主张“实行耕地农有”,这是“过于向‘左’”的表现。③ 在中国革命的紧急时期,共产国际曾向中共中央指出,土地问题“是目前形势的中心问题”;不过,它也只是一般地提出这个问题而已。正因为如此,在 1927 年 4—5 月召开的中共五大,在这个问题上发生过严重的分歧。陈独秀虽然承认,“过去我们在这个问题上的策略太右了”,同时却又认为“没收一切地主的土地,毕竟太激进了”④。经过争论,大会在党的历史上第一次以决议的形式肯定了“无代价的没收地主租与农民的土地,经过土地委员会,没收此等土地交诸耕种的农民”这一革命原则;同时又以“不能太早分裂国民革命军底力量,不能在后方制造反革命”为理由,规定“属于小地主的土地不没收”,“革命军人现有的土地可不没收”。这样,可供没收的地主土地,是仍然不足以满足广大农民的土地要求的。当然,正如大会所说,“不但取得土地,就是减租,也非有农民自己的武装和政权不可”。当时是不具备立即全面实行土地改革的条件的。不过,如果党有一个彻底的土地革命的纲领,并且在条件具备的地方开始实行起来,这就等于树立起一面旗帜,有助于把广大农民吸引到革命方面来。五大的土地问题决议是不彻底的,它起不到这样的作用。更何况就是这样一个决议,也没有正式公布,更不用说实行了。党在土地问题上所采取的这种态度,是它所犯的机会主义错误的一个突出的表现。

其次,是资产阶级问题。

大革命是在中国无产阶级及其政党对于中国民族资产阶级及其政党的政治

---

① 《中共中央文件选集》第 1 册,中共中央党校出版社 1989 年版,第 462 页。

② 《斯大林全集》第 10 卷,人民出版社 1954 年版,第 17 页;第 8 卷,第 326 页。

③ 《中共中央文件选集》第 2 册,中共中央党校出版社 1989 年版,第 564、570 页。

④ 《中共党史资料》1982 年第 3 期。

影响和政治合作之下进行的。孙中山领导的国民党,基本上是一个民族资产阶级的政党。所谓国共合作,主要也就是无产阶级政党同民族资产阶级政党的合作。谈论大革命时期的无产阶级与资产阶级的关系,不能不联系到国共两党的关系。

1923年6月召开的中共三大确定了国共合作的方针,决定共产党员以个人身份加入国民党,以便把国民党逐步改造为各民主阶级的革命联盟。大革命失败后,陈独秀等人把共产党员加入国民党并长期留在国民党内工作的政策说成是革命失败的原因,认为共产党的这种做法"根本已毁其独立性使不能执行其独立政策",而"步步投降资产阶级"也就成了"必然的逻辑"。这种说法对不对呢?

应当承认,国共合作并没有迟滞中国革命的进程,而是把中国革命的步伐大大地加快了。由于国民党在许多地区具有合法的地位,并且在群众中有一定的影响,共产党员加入国民党以后,党就可以在自己不能公开活动的地方扩大国民党,以便通过国民党的组织去发动工农群众;同时从内部来影响国民党的政策,真正改组国民党为革命统一战线的组织,以便更好地联合它所联系的资产阶级,并推动在它影响下的小资产阶级群众走向革命。正因为如此,这样做是必要的和有益的。

共产党员加入国民党,并没有注定共产党必然要丧失独立性、犯投降主义的错误。事实上,中共三大在决定实行国共合作时,即曾对于保持共产党的独立性问题作出过明确的规定。"特别是1925年到1926年中,党的两次中央扩大会议都强调了我们组织上的独立性"。1925年10月召开的中共中央扩大执行委员会会议指出:中国的资产阶级有"与敌人妥协"的倾向;这个阶级正在分化,其结果,"更反动的资产阶级,不但反对无产阶级而且背叛民族革命"。革命的发展也"使国民党中的资产阶级代表发生相当的反动",他们正在"赶紧提出阶级妥协的口号"。当然,如果以为这意味着国共合作将破裂,这是一个很大的错误;但"假使我们不注意这种右派的阶级妥协主张的意义,也是一种危险的错误"。①"共产党现在的职任,便是更加应当继续与国民党合作的政策而与大多数群众接近,竭力赞助他的左派,使他进行发展革命运动的工作;同时呢,努力反对右派的口号及策略"。"我们对国民党的政策,是反对右派而与左派结合密切的联盟,竭力赞助左派和右派的斗争"。② 1926年7月召开的中共中央扩大执行委员会会议进一步指出:"我们在国民革命中的策略,应当更加明确规定:一方面我

① 《中共中央文件选集》第1册,中共中央党校出版社1989年版,第461、470页。

② 《中共中央文件选集》第1册,中共中央党校出版社1989年版,第489页。

们的党应当更加加紧在政治上表现自己的独立，确立自己在工人及多数农民中的势力，取得革命化的一般民众中的政治影响；另方面组织这些小资产阶级的革命潮流而集合之于国民党，以充实其左翼，更加以无产阶级及农民的群众革命力量影响国民党。""现时我们在国民党内的政策，应当是：扩大左派与左派密切的联合，和他们共同的应付中派，而公开的反攻右派"。① 这些策略思想的阐明，表示了中国共产党在总结国共合作的经验教训的基础上政治认识的进步。

共产党的正确方针，应当是"在国民党中改造国民党，争取领导权"②。而当时的党还比较幼稚，许多人并没有这种政治上的自觉。毛泽东在 1927 年 8 月 7 日召开的中共中央紧急会议（史称八七会议）上总结大革命时期的历史教训时说过："当时大家的根本观念都以为国民党是人家的，不知它是一架空房子等人去住。其后像新姑娘上花轿一样勉强挪到此空房子去了，但始终无当此房子主人的决心。我认为这是一大错误。"③显然，发生这种错误，并不能简单地归因于陈独秀个人。不过，陈作为中共中央主要领导人对此负有重大的责任。固然，陈独秀也曾经正确地指出，殖民地半殖民地的资产阶级每每分为革命的、非革命的、反革命的这样三部分，并且表示"不主张国民党有极力与反革命的资产阶级妥协之右倾的观念"。不过，他并不了解，在中国，最大的革命民主派是农民而不是资产阶级。这样，在实践中，他由于担心工农群众革命斗争的发展会引起资产阶级的恐慌使他们离开革命，因而一味对他们的妥协倾向甚至反动倾向做无原则的让步，甚至企图用压制农民斗争的办法去迁就他们。这种右倾的错误，突出地从对国民党内的资产阶级的政治代表蒋介石集团和汪精卫集团的态度上表现出来。

蒋介石"在大革命时主要是买办资产阶级的思想"，不过也"不否认他有一点民族资产阶级的思想"。在大革命的初期，他"起了一些一般资产阶级代表人物的作用"，"在当时特定的条件下，在一个短时期内，他算是国民党的中派"。④对于执行着既联共又限共的两面政策的蒋介石。陈独秀把他看做民族资产阶级的代表，又由于过分估计了民族资产阶级在民主革命中的作用，对他只讲联合，不敢斗争。北伐的准备阶段，在国民党二大、中山舰事件和整理党务案这三件事情上，中共中央就蒋做过三次机会主义的让步。本来，在中山舰事件之后，蒋的立场已经转到"大地主大资产阶级方面，变为新右派"。可是，正如周恩来所说，

① 《中共中央文件选集》第 2 册，中共中央党校出版社 1989 年版，第 175 ~ 176 页。
② 《周恩来选集》上卷，人民出版社 1980 年版，第 165 页。
③ 《毛泽东文集》第 1 卷，人民出版社 1993 年版，第 46 页。
④ 《周恩来选集》上卷，人民出版社 1980 年版，第 165、208、114 页。

“在阶级关系的分析上，过去我们的缺点，一是公式化，一是定型化”。也就是说，不懂得“各阶级的代表人物更不是固定不变的”。“代表性改变了，本来不是敌人也可以变成敌人”。① 正因为如此，当蒋成为大资产阶级的代表时，许多人仍然把他当做民族资产阶级的代表，不敢同他进行坚决的斗争。在北伐过程中，蒋全力膨胀自己的实力，准备在时机成熟时叛变革命，而党并没有设法去限制他，更没有对可能的叛变做相应的准备。1926年12月的汉口会议甚至把压制工农运动以谋求与蒋的妥协当做了党的总方针。这种无原则的妥协，并没有达到稳定统一战线的目的，而只是使右派的气焰更甚，对实行叛变更没有顾忌而已。

汪精卫集团本来是资产阶级的政治代表。可是，中共中央根据共产国际的指示，认为四一二反革命政变之后，整个资产阶级已经反革命了，革命队伍中只剩下了工人、农民和城市小资产阶级这三种力量。这样，陈独秀等就不是把武汉的汪精卫集团看做资产阶级的代表，而是把它看做小资产阶级的代表；并且认为，按照马克思主义的策略思想，小资产阶级是革命的基本群众的一个组成部分，党的政策必须照顾到他们的利益，以他们可能接受为条件。从这种分析出发，他们就对汪精卫集团采取一切联合、否认斗争的方针。甚至企图用投降式的让步把这个集团稳定在统一战线之内。其结果，不仅没有达到这样的目的，反而加速了它的叛变过程。与此同时，党又决定“完全与资产阶级决裂”，并且主张实行一系列过“左”的政策。其结果，又加剧了资产阶级的动摇，促成了这个集团的叛变。

正是总结了大革命后期党所犯的这种投降主义所提供的历史教训，毛泽东指出，“如果我们党不知道在联合资产阶级时又同资产阶级进行坚决的、严肃的‘和平’斗争，党在思想、政治上、组织上就会瓦解，革命就会失败”②。

最后，是武装问题。

在半殖民地半封建的中国，由于没有资产阶级的民主制度，革命者想主要依靠和平的合法的手段来积蓄和锻炼革命的力量是不可能的。在中国，革命的主要斗争形式是战争，而主要的组织形式是军队。不过，对于中国革命的这个特点，中国共产党在开始时是缺乏认识的。

党的第一个纲领虽然提到“以无产阶级革命军队推翻资产阶级，由劳动阶级重建国家”，即一般地承认暴力革命的原则，但并不认为这已经就是党在当前面临的实际任务。从1921年建党到1924年国共合作这两三年间，党根据俄国

---

① 《周恩来选集》上卷，人民出版社1980年版，第167、208页。

② 《毛泽东选集》第2卷，人民出版社1991年版，第608页。

革命的经验，首先致力于宣传马克思主义、组织工会、发动罢工斗争等项工作，以便教育工人，积聚力量。当时，党确实还“不懂得准备战争和组织军队的重要性”。不过，从 1924 年参加黄埔军官学校开始，“已进到了新的阶段，开始懂得军事的重要了”。“经过援助国民党的广东战争和北伐战争，党已掌握了一部分军队”；[①]同时，也还领导着一批工人武装纠察队和农民自卫军。

在党的早期领导人中，瞿秋白最早对武装斗争问题作了理论上的论证。1926 年 4 月，他写了《中国革命中之武装斗争问题》一文，指出，“武装平民的工作急需进行”。“但是草创的民间武力，既然只能在内地得到局部的胜利，城市里又无持久之可能，所以在中国条件之下必须有规模扩大的武装暴动——革命之正式军队之革命战争”。“中国民间的武装暴动，如果没有革命军队的援助和革命党的指导，始终难以战胜”。他强调，“现在有详细讨论革命斗争的方式之必要；我们应当指出各种方式的必要和应用，尤其在这一时期，革命战争是主要的方式，其他方式都应当应用，直接的和间接的准备”。[②] 应当承认，这些论证是相当深刻的，具有很高的理论价值和重要的历史意义，虽然在这里，他也还没有明确提出中国共产党应当直接掌握革命军队这个问题。1926 年 7 月召开的中共中央扩大会议专门作了《军事问题议决案》，指出“本党是无产阶级革命的党，随时都须准备武装暴动的党，在民族革命的进程中，应该参加武装斗争的工作，助长进步的军事势力，摧毁反动的军阀势力，并渐次发展工农群众的武装势力”。决议强调，“军事工作是党的工作的一部分”。“从前我们同志不注意军事运动，表示研究性质团体的色彩”，这是不应该的。[③] 上述文章和决议的发表，表明了党在大革命的过程中在军事问题认识上的重大进步。

不过，整个说来，党对军事问题重要性的认识仍然不足，对党应当直接掌握军队这一点更没有明确的观念。之所以如此，同党对于政权问题没有清醒的认识有着直接的联系。

邓中夏在 1925 年 5 月所写的《劳动运动复兴期中的几个重要问题》一文中曾经指出：无产阶级从事国民革命，“消极方面得防范资产阶级在革命中之妥协软化，并制止其在革命后之政权独揽；积极方面，造就我们在政治上的深厚的基础，为将来建设‘工人政府’或‘无产阶级专政’预为准备”。“政权不是从天外飞到我们工人手中的，是要我们从实际政治斗争中去一点一滴的以至于全部的取得。政权我们不取，资产阶级会去取的。所以我们对于国民革命，即为了取得

---

① 《毛泽东选集》第 2 卷，人民出版社 1991 年版，第 547～548 页。

② 《瞿秋白选集》，人民出版社 1985 年版，第 283～284 页。

③ 《中共中央文件选集》第 2 册，中共中央党校出版社 1989 年版，第 227～229 页。

政权而参加的”。[①] 应当说，在政权问题上具有如此清醒的认识，在共产党内还不是多数。党虽然提出过“革命民众政权”这个口号，可这个革命民众政权并不是由共产党来掌握领导权的。1926 年 12 月，中央局报告特别强调，“我们的党还是一个在野党，处处要立在民众方面工作，不可即有对于政权的尝试，我们同志不能加入政府组织”[②]。党的主要领导人认定，由于无产阶级夺取政权的阶段还没有、也不可能很快到来，党也就没有必要直接去掌握军队，而应当以主要的精力去从事民众运动；党员可以到军队里去做政治工作，帮助国民党搞好军队建设，自己却不能担任军官，否则就有变成“新军阀”的危险。北伐战争之前，毛泽东、周恩来曾主张在当时国民革命军的六个军中都建立一支如同以叶挺为团长的独立团那样的由共产党直接领导、共产党员做骨干的部队，作为各军的核心力量。由于陈独秀反对，这个主张未能得到实行。北伐出师前夕，苏联军事顾问加伦将军请周恩来转问中共中央，在北伐中是帮助蒋介石呢，还是削弱蒋介石？这个政治问题如何解决？陈独秀委托张国焘召开会议研究这个问题。张国焘只说了两句话，是反对蒋介石，也不是反对蒋介石，所以党对这个问题并没有提出明确的方针“结果就是客观上帮助了蒋介石，而助成了蒋介石地位的提高”[③]。北伐出师前，国民革命军八个军中蒋的直系只有一个军；北伐时，蒋竭力扩展自己的实力，国民革命军从八个军发展到四十多个军，其中大部是他收编的军阀部队。当时的党，没有争取军权的思想，在这个至关重要的问题上，犯了幼稚病。两湖农民运动起来以后，许多农民要求参军，党把他们送到了唐生智等的部队里去，并没有想到可以依靠他们组织自己的军队。1927 年春，在武汉工作的共产党人决定将一个姓连的党员所指挥的一个营扩建为一个师，人员、粮饷、军械都筹划好了。陈独秀来到武汉后表示反对。他认为计划中配备的枪械比别人好，怕引人妒忌；又说自己建立军队，太引人注目。这样，这个师就始终没能建立起来。四一二反革命政变以后，中国革命进入紧急时期，武装问题成了“一个中心问题”。这时在武汉政府辖区内，实际上存在着两种武装力量，这就是党直接领导的一部分正规军队与工农群众武装，和大地主大资产阶级的武装力量。党的领导机关“是依靠大地主大资产阶级的武装力量不依靠自己的武装力量”。党本身还是片面地注重于民众运动方面，而不懂得没有革命军队作支柱，单靠民众运动是不能赢得胜利的，而且民众运动也难以持久地坚持下去。“结果，国民党一旦反动，一切民众运动都塌台了”。由于没有党直接领导的坚强的革命军队

---

① 《邓中夏文集》，人民出版社 1983 年版，第 129～130 页。

② 《中共中央文件选集》第 2 册，中共中央党校出版社 1989 年版，第 515 页。

③ 《周恩来选集》上卷，人民出版社 1980 年版，第 124 页。

作依靠，当资产阶级叛变革命，向共产党和革命人民发动突然袭击时，党没有能力组织有效的抵抗，中国革命由此遭受了极其惨重的损失。

“在中国，离开了武装斗争，就没有无产阶级和共产党的地位，就不能完成任何的革命任务”①。在中国，“没有一支人民的军队，便没有人民的一切”②。这是中国共产党人在付出了血的代价之后所领悟的一个革命的真理。

应当怎样认识党在大革命后期所犯错误的性质和发生这种错误的原因呢？

毛泽东指出，陈独秀犯了尾巴主义的错误，这种尾巴主义“是资产阶级改良主义在无产阶级队伍中的反映。降低党的立场，模糊党的面目，牺牲工农利益去适合资产阶级改良主义的要求，将必然引导革命趋于失败”③。“陈独秀右倾机会主义的特点，就是引导无产阶级适合资产阶级一群一党的私利，这也就是第一次大革命失败的主观原因”④。

这也就是说，陈独秀右倾机会主义，不是一种偶然的、孤立的现象，不能归结为陈独秀个人的罪孽、过错和叛变，它的发生，有着深刻的社会原因。事实上，陈独秀的机会主义错误，是在资产阶级的影响和压力下发生和发展起来的。比如，农村掀起大革命风暴之后，中层以上社会以至国民党右派，无不一言以蔽之，曰“糟得很”；陈独秀等也就跟着攻击农民运动“过火”，想尽力把它限制在资产阶级所允许的范围以内。这种做法，在客观上正好适应了资产阶级的政治需要。

不过，肯定这一点，并不意味着认为当时的陈独秀就是自觉地在充当资产阶级的代理人了。应当承认，陈独秀就是在犯错误时，主观上也还是想要革命的，他之所以提出自己的那些主张，也还是认为那些主张可能于革命有益。这也就是说，陈独秀右倾机会主义错误的产生，是有着深刻的认识上的原因。正如毛泽东所指出的那样，“这时的党终究还是幼年的党，是在统一战线、武装斗争和党的建设三个基本问题上都没有经验的党，是对于中国的历史状况和社会状况、中国革命的特点、中国革命的规律都懂得不多的党，是对于马克思列宁主义的理论和中国革命的实践还没有完整的、统一的了解的党。因此，党的领导机关中占统治地位的成分，在这一阶段的末期，在这一阶段的紧要关头中，没有能够领导全党巩固革命的胜利，受了资产阶级的欺骗，而使革命遭到失败”⑤。这是一个很中肯也很深刻的分析。

---

① 《毛泽东选集》第 2 卷，人民出版社 1991 年版，第 544 页。
② 《毛泽东选集》第 3 卷，人民出版社 1991 年版，第 1074 页。
③ 《毛泽东选集》第 1 卷，人民出版社 1991 年版，第 264 页。
④ 《毛泽东选集》第 2 卷，人民出版社 1991 年版，第 608 页。
⑤ 《毛泽东选集》第 2 卷，人民出版社 1991 年版，第 610 页。

中国共产党是按照民主集中制的原则组织起来的。如果党的干部的多数尤其是党中央领导集体的多数在中国革命的基本问题上有比较明确和一致的认识,那么党的个别领导人的错误意见就不可能在党内居于支配地位,即使一时居于支配地位了,也是可以通过正常的民主程序及时加以改变的。问题恰恰在于,既然党还处在幼年时期,那么,党的干部的多数,党的领导集体的多数也就不可能在政治上是成熟的。正是这种状况,使得陈独秀的错误路线在大革命后期在党内占据统治地位成为可能。不错,就是在这个时期,党的一部分领导骨干,如毛泽东、瞿秋白、邓中夏、任弼时等,也曾经同陈独秀的机会主义错误进行过斗争,并且在一些重大问题上提出过比较正确的意见。这是难能可贵的。不过,实事求是地说,即使是这些领导人也并不是对马克思主义和中国实际已经有了完整的、统一的了解,因而能够全面地提出自己对整个中国革命问题的解决办法,并且坚定不移地带领党内的同志同陈独秀的错误进行有力的抵制。比如,毛泽东是在左右中国革命全局的农民问题上代表了党的正确方向的。蔡和森在《党的机会主义史》一文中就讲过,“泽东一向反对中央农民政策,一九二六年冬季以来,完全代表湖南土地革命的倾向,为一切敌人之所痛恨,而为一切农民之所欢迎”。毛泽东本人在八七会议上对于自己同中央政策的错误所作的斗争,作了以下的叙述,他说,“当我未到长沙之先,对党完全站在地主方面的决议无由反对,及到长沙后仍无法答复此问题,直到在湖南住了三十多天,才完全改变了我的态度。我曾将我的意见在湖南作了一个报告,同时向中央也作了一个报告,但此报告在湖南发生了影响,对中央则毫无影响”。“我素以为领袖同志的意见是对的,所以结果我未十分坚持我的意见。我的意见因他们说是不通于是也就没有成立,于是党的意见跟着许克祥走了”①。这就是党在幼年时期的真实情况。这种情况在当时的发生,是不足为怪的。

——原载《中国共产党史稿》第2卷,中央文献出版社2006年版。

七、大革命时期中国共产党的组织建设和党内思想教育工作

(一)党的组织建设和制度建设

1. 民主集中制原则的确定

中国共产党要能够领导人民群众去进行胜利的革命战斗,不仅要依靠政治

---

① 《毛泽东文集》第1卷,人民出版社1993年版,第47页。

路线的正确,而且要依靠组织上的巩固。一个党如果没有严密的组织,严格的纪律,那它就不可能有坚强的战斗力。

中国共产党是以俄国布尔什维克党为榜样建立起来的,它一开始就很懂得组织工作的重要性。1925年1月党的四大指出:“大会以为在现在的时候,组织问题为吾党生存和发展之一个最重要的问题。”倘若不加强党的组织建设,“则吾党决不能前进,决不能由宣传小团体的工作进到鼓动广大的工农阶级和一般的革命群众的工作”①。1926年7月,中共中央扩大会议强调,“组织工作的意义,绝不止于是技术的,而是政治的。换言之便是:组织工作,即党指挥群众运动的枢纽。没有好的组织,便不能指挥广大的群众运动,运用党的政策;一个好的政策,是要有好的组织才能实现的。布尔塞维克党的最大特点之一,就是组织之工作”。而组织工作的一项重要任务,就是建立和健全党的机关。因为“政党是不能没有机关的,共产党自然也须有其机关。我们的党的机关,便是列宁所说的‘职业之革命者’之组织。党的机关的作用,就在推进党的组织,执行党的政治的与技术的职任。尤其是在发展状况中的我们的党,不能没有很好的机关——无产阶级科学的组织”。②

作为工人阶级的先进的和有组织的部队,中国共产党应当是一个战斗的有机体。党有各部分的结构,有自己众多的成员。但它不是各部分结构的杂乱的混合,也不是各个成员的简单的总和。这些结构,这些党员,需要按照一定的组织原则、一定的组织形式、结合方式和一定的组织制度,而联结起来。民主集中制,这就是党的根本的组织原则,是党的组织形式、结合方式和组织制度。事实上,党在创建时就是遵循了这个原则的。党在成立初期,为了保证在秘密状态下活动的党组织能够具有战斗力,强调必须“厉行中央集权制”③,不过厉行这种集权制与发扬党内民主并不是不相容的。1925年1月,党的四大在《对于组织问题的决议案》中即指出,在党内,应当“实行民主的集权主义”④。1926年12月,中央局又提出“在党和工会中试行德末克拉西(有限制的),放任同志在工作中去学习”⑤,即提出了通过发扬党内民主、调动党员和党的干部的积极性的问题。1927年6月,中共中央政治局通过的《中国共产党第三次修正章程议决案》更在“党的建设”一章中,明确规定“党部的指导原则为民主集中制”⑥。这个民主集

① 《中共中央文件选集》第1册,中共中央党校出版社1989年版,第379页。

② 《中共中央文件选集》第2册,中共中央党校出版社1989年版,第180、185页。

③ 《中共中央文件选集》第1册,中共中央党校出版社1989年版,第53页。

④ 《中共中央文件选集》第1册,中共中央党校出版社1989年版,第380页。

⑤ 《中共中央文件选集》第2册,中共中央党校出版社1989年版,第516页。

⑥ 《中共中央文件选集》第3册,中共中央党校出版社1989年版,第144页。

中制“反映着党的矛盾的结构”，规定着“党员与党、下级对上级、上级对下级的矛盾关系”。①

正是按照民主集中制的原则，并考虑到各个时期的具体情况，党建立了自己的组织系统。党的一大通过的第一个纲领规定，“凡有党员五人以上的地方，应成立委员会”。“在党员人数超过五百，或已成立五个以上地方执行委员会时，应选择一适当地点成立由全国代表会议选出之十名委员组成之中央执行委员会。如果上述条件尚不具备，应组织临时中央执行委员会，以应需要”。② 其常设机构为中央局，“以中央执行委员会名义行使职权”③。1922年7月，党的二大通过的《中国共产党章程》规定，“各农村各工厂各铁路各矿山各兵营各学校等机关及附近，凡有党员三人至五人均得成立一组”，“隶属地方支部”。“一地方有两个支部以上，经中央执行委员会之许可，区执行委员会得派员至该地方召集全体党员大会或代表会。由该会推举三人组织该地方执行委员会，并推举候补委员三人”。“各区有两个地方执行委员会以上，中央执行委员会认为有组织区执行委员会必要时，即派员到该区召集区代表会由该代表会推举五人组织该区执行委员会，并推举候补委员三人”。“中央执行委员会由全国代表大会选举五人组织之，并选举候补委员三人”。④ 1923年6月，党的三大通过的《中国共产党第一次修正章程》对党的组织系统未作原则上的变动，只是将以前规定的三至五人成立一小组改为五至十人成立一小组；中央执行委员会的组成人员由五人扩大为十人。1925年1月，党的四大通过的《中国共产党第二次修正章程》在组织系统问题上所做的主要变动是，为了适应革命形势发展的需要，加强党组织对发展中的群众斗争的领导，规定“凡有党员三人以上均得成立一支部”⑤。其他方面基本照旧。1927年6月，中共中央通过的《中国共产党第三次修正章程议决案》根据斗争形势的需要和党组织发展的情况，规定党的组织系统为：

全国——全国代表大会——中央委员会
省——省代表大会——省委员会
市或县——市或县代表大会——市或县委员会
生产单位——支部党员全体大会——支部干事会

① 《刘少奇论党的建设》，中央文献出版社1991年版，第321、326页。
② 《中共中央文件选集》第1册，中共中央党校出版社1989年版，第4～5页。
③ 《中共中央文件选集》第1册，中共中央党校出版社1989年版，第27页注释(1)。
④ 《中共中央文件选集》第1册，中共中央党校出版社1989年版，第93～94页。
⑤ 《中共中央文件选集》第1册，中共中央党校出版社1989年版，第384页。

这表明,此时的党已经初步形成了一个比较严整的稳定的结构。从此以后,党的组织系统就基本上确定了下来,直到现在,也没有再作出原则上的变动。

党的上述组织系统,是党的民主集中制的具体体现。在大革命时期,虽然党对民主集中制还没有作出科学的界定,但如果仔细研究一下二大到五大的党章,我们还是可以看到,后来由七大所概括的民主集中制的四个方面,即个人服从组织、少数服从多数、下级服从上级、全党党员和各级组织服从党的中央等原则,这时都已经被提出来了。比如,1922 年二大通过的第一个党章即明确规定:凡党员,其言论行动均不得违背本党宣言章程及大会各执行委员会的议决案;“本党一切会议均取决多数,少数绝对服从多数”;“下级机关须完全执行上级机关之命令”;“全国大会及中央执行委员会之议决,本党党员皆须绝对服从之”。① 党的五大还提出了集体领导的原则,规定“中央应该强毅地实行集体的指导,从中央省委以至支部”②。

这些情况说明,中国共产党是自觉地遵循着马克思主义的建党原则,来加强自身的组织建设的。

2. 党的中央机关的建设

中国共产党的最高权力机关,是党的全国代表大会。在两次全国代表大会期间,党的最高指导机关,是党的中央执行委员会(五大后称中央委员会)。必须加强党的中央领导机关的建设,才能形成团结全党的坚强核心,才能使党带领广大人民群众去进行胜利的战斗,把中国革命事业逐步推向前进。

1921 年 7 月召开的中共一大通过的纲领,规定在党员人数超过五百或已成立五个以上地委时,即由全国代表会议选举产生中央执行委员会。由于当时还不具备上述条件,一大只选举了由三人组成的中央局,以之代行中央执行委员会的职权。

中央局由陈独秀、张国焘、李达组成,以陈独秀任书记。

中央局下设组织、宣传两个部门,由张国焘任组织主任,李达任宣传主任。

中央局设在产业工人比较集中、党的发起组所在地上海。

1922 年 7 月召开的中共二大规定,由党的全国代表大会选举五人组成中央执行委员会。“中央执行委员会执行大会的各种决议、审议及决定本党政策及一切进行方法”。委员会互推委员长一人总理党务及会计;其余委员协同委员长分掌政治、劳动、青年、妇女等运动。委员会任期一年。

二大选出的中央执行委员会委员为陈独秀、张国焘、蔡和森、高君宇(高尚

---

① 《中共中央文件选集》第 1 册,中共中央党校出版社 1989 年版,第 96 ~ 97 页。

② 《中共中央文件选集》第 3 册,中共中央党校出版社 1989 年版,第 88 页。

德)、邓中夏五人,候补委员应为三人(姓名不详)。委员会推举陈独秀为委员长。

中央执行委员会下设组织部、宣传部,分别由张国焘、蔡和森任部长。蔡和森还担任中央机关刊物《向导》的主编。

二大以后,中央的驻地有过几次变动。陈独秀在党的三大的报告中说过:“当上海的迫害更加厉害时,北京的政治局势还可以使我们在那里进行工作,因而中央委员会迁到北京。我们开始改善机构。但是,我们还没有来得及着手执行我们的计划,在京汉路大罢工以后,猖獗的反动派就迫使我们离开北京返回上海。改善机构的计划未能实现,因为上海的迫害非常厉害,又加上我们要准备召开党代表会议,所以我们把中央委员会迁到广州,那里的局势也不稳定,因此,改善中央机构还是不可能的。”中央由上海迁到北京,是在 1922 年 10 月;迁回上海,是在 1923 年 3 月;迁往广州,约在 1923 年四五月。

1923 年 6 月召开的中共三大,通过了《中国共产党中央执行委员会组织法》。这是党的历史上第一个关于党中央领导机关的组织结构、职权分工、工作制度等的法规性的专门文件。该组织法规定:“中央执行委员会由本党常年大会选出。其一切行动对大会负责,在两次大会期间为本党最高指导机关,管理各区各地方之行动,发行用本党名义之出版物,并管理派遣做青年、妇女、劳工、农民等工作之职员”,中央执行委员会由九人组成。中央执行委员会选举五人组成中央局,中央局以中央执行委员会名义行使职权;其余四人分派各地。中央执行委员会还选举委员长、秘书、会计各一人,“委员长主持一切中央及中央执行委员会之会议”。“中央执行委员会常会每四个月开一次,中央局每星期开会一次;一切决定,以多数取决,但召集临时全党大会之议决,须以三分之二的多数取决”。

第三届中央执行委员会委员为陈独秀、蔡和森、李大钊(李守常)、毛泽东(毛润之)、王荷波、朱少连、谭平山、项英(项德隆)、罗章龙(罗璈阶)九人;候补委员为邓培(邓少山)、张连光(张濂光)、徐梅坤、李汉俊、邓中夏五人。①

中央局委员为陈独秀、毛泽东、罗章龙、蔡和森、谭平山。后因中央由广州迁回上海时,决定谭平山留任驻广东区中央委员,改由王荷波加入中央局为委员。

委员长为陈独秀,秘书为毛泽东,会计为罗章龙。

---

① 第三次大会选举中央执行委员时,当选委员的得票情况如下:“独秀(40),和森(37),守常(37),荷波△(34),泽东(34),少连△(32),平山(30),项英△(27),章龙(25)”。名字后画有△号者,当为工人。候补委员中,邓培、张连光、徐梅坤三人的名字后面,也画有△号。见瞿秋白《中国共产党历史概论》第五讲。

中央执行委员驻广东区的为谭平山,驻北京区的为李大钊,驻湖北区的为项英,驻湖南区的为朱少连,驻上海地方的为王荷波。

1923年11月,成立教育宣传委员会(党中央、团中央共同组成),委员为蔡和森(《向导》月刊主编)、瞿秋白(《新青年》季刊主编)、彭述之、恽代英(《中国青年》主编)、高君宇(《向导》周刊编辑)。1924年5月,中央扩大执行委员会议通过《党内组织及宣传教育问题议决案》,规定中央"应分设宣传组织工农等部分担责任",指出"中央的各部之中应当特别注意宣传部和工农部"①。会后,中央正式分设宣传、组织、工农等部,工农部内设立工会委员会。组织部长为毛泽东,宣传部长为罗章龙,工农部长为王荷波,妇女部长为向警予;并成立中央机关报编辑委员会,主任为蔡和森;成立中央出版部,书记为高鸿(张伯简)。

中央机关驻地仍为上海。它是于1923年9月初由广州迁回上海的。

1925年1月,中共四大通过的党章修正案对中央执行委员会的职权、组成、任期等未作新的规定。四大选举产生了第四届中央执行委员会。

第四届中央执行委员会委员有:陈独秀、李大钊、蔡和森、张国焘、项英、瞿秋白、彭述之、谭平山、李维汉,共九人;候补委员有:邓培、王荷波、罗章龙、张太雷、朱锦堂,共五人。

中央局由陈独秀、彭述之、蔡和森、瞿秋白、张国焘五名委员组成。其后,向警予被增补为中央局委员。

中央总书记为陈独秀。

其他中央执行委员和候补委员分驻各地或担任中央分派的其他工作:李大钊驻北京;谭平山驻广东;项英驻汉口;李维汉驻长沙;邓培驻唐山;朱锦棠驻安源;罗章龙、王荷波任铁路总工会工作;张太雷任青年团中央工作。②

关于驻各地方的中央执行委员、候补委员和各地方的书记与中央的关系,中共中央在1925年2月5日发布的通告第六号中作了如下的规定,即:(1)中央应将所有通告及重要议决案通知驻地方的中央执行委员和候补委员;(2)驻地方的中央执行委员和候补委员每月至少对驻地方政治概况和党的工作的观察与批评,向中央报告一次;(3)鉴于北京、广州政治地位的重要,中央决定政策必得了解两地事变发生的历程和趋势,驻在该两地的中央执行委员每周需向中央作政治报告一次;(4)各地方的书记每周向中央作一次报告,报告该地区政治和党的工作概况,地方各部每月至少向中央各部作一次详细的工作报告。

关于中央职能部门的设置问题,四次"大会指出中央对于指导地方组织之

① 《中共中央文件选集》第1册,中共中央党校出版社1989年版,第245页。

② 参见《中共党史资料》1982年第3辑,第169页。

不力,所以特别在组织问题方面,认为新的中央须特别注意设立一有力的中央组织部,实际上真能指导地方之党的组织"①。中央组织部主任由陈独秀兼。中央宣传部主任由彭述之担任,宣传部委员为蔡和森、瞿秋白。中央工农部主任为张国焘。② 1925年10月,中共中央扩大执行委员会通过的《组织问题议决案》指出,"现在中央的各部:组织宣传妇女及分配科出版科等,应当有确定的组织,他们相互之关系也要明确的规定。中央及区委书记应当尽可能范围不兼部务。中央之下应有职工运动农民运动及军事运动委员会;他们都应经常的执行自己的工作。应当增加中央特派巡行的指导员,使事实上能对于区及地方实行指导全部工作"③。同年12月,中央通告第六十八号通知,"组织问题决议案中'军事运动委员会'应改为'军事部'"④。据此,"1925年成立了中央职工运动委员会,书记张国焘,副书记李立三、刘少奇,秘书长邓中夏,委员项英、王荷波、林育南、李启汉、张昆弟、刘华等"。"1926年2月,中共中央北京特别会议鉴于五卅运动后党的工作已渐由宣传、组织群众而近于开始准备武装群众时期,决定应在中央建立强有力的军事部门,会后不久,即成立了中央军事部,由中央职工运动委员会书记张国焘兼任部长。1926年9月,周恩来接任部长,王一飞任秘书;年底,周恩来率一部分军事干部从广州到上海,充实、加强和健全了军事部,使之成为名副其实的军事领导机关。1926年7月,党中央还决定在中央军事部下设立前敌委员会,聂荣臻任书记。这是中国共产党最早设立的前敌委员会,它在北伐战争中随国民革命军第四军行动。1926年11月,中共中央农民运动委员会成立,毛泽东任书记,阮啸仙、彭湃、易礼容、陆沉、萧人鹄等为委员"⑤。

中央驻地仍为上海。1926年2月,中共中央特别会议曾讨论过中央地址问题,认为:"党在最近将来政治上的第一职任,是从各方面准备广东政府的北伐;同时须顾及北方上海已得到的民众运动工人运动的基础;中央所在地必须能顾及上面所指工作,才能尽党整个的使命。"从当时的情况看,"中央已不适宜在上海,因为:A.上海不是政治的中心;B.更不是目前革命的重心;C.不能有完备的技术机关以指挥日愈发展的群众大党"。会议的意见,"现时可作中央地址的地方,只有北京和广州"⑥。"会议决定,如北方国民军地位稳定,则中央决移北方,

---

① 《中共中央文件选集》第1册,中共中央党校出版社1989年版,第381页。
② 参见《中共党史资料》1982年第3辑,第169页。
③ 《中共中央文件选集》第1册,中共中央党校出版社1989年版,第473页。
④ 《中共中央文件选集》第1册,中共中央党校出版社1989年版,第535页。
⑤ 《党的建设七十年(1921—1991)》,中共党史出版社1992年版,第81~82页。
⑥ 《中共中央文件选集》第2册,中共中央党校出版社1989年版,第58页。

而于上海设交通处，广州设临委；如北方政局反动，则移粤与否尚须讨论"①。"此项意见须征独秀最后意见方始确定"②。由于随后不久，北方政局逆转，国民军退出北京，段祺瑞政府制造三一八惨案，中央机关迁往北方之议只能作罢论；广州也发生了中山舰事件，移粤之决定亦未及作出，而北伐之后，革命重心更开始北移，中央机关是否以移粤为有利，也成为问题。这样，这个问题也就在长时间内未能确定下来。中央机关在远离政治中心、革命中心（北伐前是广州，北伐军占领武汉后是武汉）的上海，要及时了解政治局势和革命发展的最新情况并作出正确的判断，以之指挥全党同志的工作，是困难的。中央委员本来只有九人，人手过少，不足以应付各方面的工作。"中央工作更感到困难的是，甚至九个中央委员也不能经常在一起工作，在中央一起工作的只有两三个委员，有时只有一个委员。这样一来，中央自然而然就产生了独裁"③。在这种情况下，中央确实难以形成坚强有力的领导。鉴于多数中央委员在1927年春已经到达武汉，当时曾组织过中共中央汉口临时委员会，以便就近指导党在革命第一线的工作。4月，陈独秀在同汪精卫发表联合宣言之后，即由上海启程去武汉。中央机关也由上海迁往汉口办公。

1927年4月至5月中共五大之后，中共中央政治局通过的党章第三次修正案规定，党的最高指导机关为全国代表大会，它的工作是：(1) 讨论与批准中央委员会、中央监察委员会及其他中央各部工作的报告；(2) 审察与修改党纲及党章；(3) 决定一切重要问题政策的方针；(4) 改选中央委员会及监察委员会及其他，等等。全国代表大会每年由中央委员会召集一次。中央委员会得代表党与其他政党及机关发生联系；得组织党的各种机关并指导其行动；得指导与监督中央机关报的工作；得分配党的人才及支配党的经费。中央委员会及中央监察委员会人数由全国代表大会规定。中央委员会全体会议须每三个月召集一次。中央委员会选举正式中央委员一人为总书记及中央正式委员若干人组织中央政治局，指导全国一切政治工作，并选举正式中央委员若干人为中央政治局候补委员。中央政治局互推若干人组织中央常务委员会处理党的日常事务。

五大选出了第五届中央委员会。

中央委员三十一人：陈独秀、谭平山、张国焘、李维汉、瞿秋白、蔡和森、李立三、邓中夏、苏兆征、罗亦农、贺昌、彭述之、项英、向忠发、陈乔年、顾顺章、夏曦、

---

① 《中共中央文件选集》第2册，中共中央党校出版社1989年版，第83页。

② 《中共中央文件选集》第2册，中共中央党校出版社1989年版，第58页。

③ 《陈独秀在中国共产党第五次全国代表大会上的报告》（译自俄文）（1927年4月29日），见《中共党史资料》1982年第3辑。

易礼容、陈延年、彭湃、周恩来、赵世炎、刘少奇、任弼时、恽代英、杨之华(女)、罗珠、罗章龙、李涤生、张太雷、杨其珊;候补中央委员十四人:郭亮、毛泽东、黄平、吴雨铭、袁达时、陆沉、刘伯庄、毛科文、陈潭秋、薛六、林育南、庄文恭、李震瀛、王亚璋(女)。

五大还选出了中央监察委员会。

中央监察委员会的正式委员共七人:王荷波、许白昊、杨匏安、张佐臣、刘峻山、周振声、蔡以忱;候补委员为三人:杨培森、萧石月、阮啸仙。

中央委员会选出中央政治局委员七人:陈独秀、蔡和森、李维汉、瞿秋白、张国焘、谭平山、李立三;候补委员三人:苏兆征、周恩来、张太雷。

中央委员会选举陈独秀为中央总书记。

中央政治局推举中央常务委员会,开始时由陈独秀、张国焘、蔡和森三人组成。其后,瞿秋白、谭平山曾参加常委,周恩来也曾代理常委工作。

中央设秘书厅,李维汉为秘书长(李未到任,由陈乔年代;陈辞职后,由蔡和森、张国焘先后兼任;之后由邓中夏接任);组织部长为张国焘;宣传部长为瞿秋白;军事部长为周恩来,工人部长为李立三;农民部长为谭平山;妇女部长为杨之华。

1927 年 7 月 12 日,根据共产国际执行委员会的指示,中共中央进行改组,由张国焘、李维汉、周恩来、李立三、张太雷五人组成临时中共常务委员会,代行中央政治局的职权。陈独秀的总书记职务并未正式撤销,但他在实际上已不再主持中央的工作。

从上面的叙述,我们看到,建党以来,尤其是大革命期间,党中央机关的建设还是取得过明显的进展的:中央领导机关的组织结构日趋合理,职权分工、工作制度逐步明确;中央各职能部门也根据工作需要逐步建立并日趋健全;中央与地方党组织的关系进一步确定,并逐步走向制度化。所有这些成绩,都是应当肯定的。还有必要指出,在中央机关内部,党内民主也还在一定程度上得到了发扬。从 1921 年建党到 1927 年大革命失败,七年间召开了五次党的全国代表大会,还召开了多次中央全会或扩大的中央全会,许多重大问题的决策,都是经过集体讨论的,是遵循了民主程序的。党的领导层内部,也能开展批评,包括对党的领袖的批评。比如,邓中夏所写的《我们的力量》一文,就是直接批评陈独秀的;毛泽东在考察湖南农民运动之后给中央写的报告,就对中央的农民政策提出了明确的批评;任弼时代表共青团中央所提的政治意见书,对中央的右倾错误进行了尖锐的批判,尽管受到陈独秀的压制,还是一而再、再而三地被提到了中央。在党的五大上,几乎所有的发言者都批评了陈独秀和党中央的右倾错误。党中央的许多领导骨干的这种为了中国革命的利益而勇于坚持真理并同错误倾向(即使这种倾向发生在党的主要负责人的身上)作斗争的精神,是可贵的。

但是,也有必要指出,当时党中央的领导机关的组织机构、规章制度等都还很不完善;在组织建设方面,有些要求是提出来了,有些制度也制定出来了,却并没有得到切实的贯彻实施;党的集体领导原则更没有得到严格的遵守,党的主要负责人陈独秀在工作中表现出了相当严重的家长制作风;等等。所有这些,都是应当引以为戒的。而中央领导机关建设中的主要问题,则是处于幼年时期的党,在这个时期还没有能够形成政治上成熟的、思想上比较一致的、稳定的马克思主义的中央领导集体。陈独秀在五届中央领导集体中均被推举为主要负责人。"陈独秀在'五四'运动以前和'五四'运动中间以中国急进的民主派著名;当马克思主义传入中国以后,他成了有很大影响的社会主义宣传者和党的发起者"。但他"并不是好的马克思主义者"①。正因为中央领导集体还不成熟,在中国革命的紧要关头,它也就没有能力引导党的航船绕过暗礁,冲过急流险滩,驶向胜利的彼岸。

3. 党的地方组织的建设

中国共产党在幅员辽阔、人口众多、情况复杂、政治经济发展和革命发展极不平衡的中国进行活动,必须在党的中央领导机关和党的基层组织支部之间,建立党的地方组织,以便由地方组织根据中央的精神结合当地的实际情况,具体地组织和领导各地方的党的工作。

中共二大通过的《中国共产党章程》规定,党的地方组织为区执行委员会、地方执行委员会两级。"区及地方执行委员会执行上级机关的决议并在其范围及权限以内审议及决定一切进行方法"。党的全国代表"大会或中央执行委员会议决之各种议案及各地临时发生之特别问题,区及地方执行委员会均得指定若干党员组织各种特别委员会处理之,此项特别委员会开会时,须以各该执行委员会一人为主席"②。三大和四大通过的党章修正案,对此未作变动,直到1927年4—5月党的五大之前,党的地方组织都是按照这个规定建立的。支部一般归地方委员会(当时简称地方会,后来简称地委)领导;只有在特殊情况下,个别支部才直属中央(如中共旅欧总支部)或直属区委(如中共黄埔军校特别支部直属中共广东区委军事部)领导。

中共中央局成立后,于1921年11月发出通告,要求"上海北京广州武汉长沙五区早在本年内至迟亦须于明年七月开大会前,都能得同志三十人成立区执

① 《中国共产党的三十年》,《胡乔木文集》第2卷,人民出版社1993年版,第11页。

② 《中共中央文件选集》第1册,中共中央党校出版社1989年版,第95页。

行委员会”①。至1923年6月三大前，各地先后成立了湘区、广东区、北京区、上海区、武汉区执行委员会及中共济南支部、中共旅欧总支部、中共旅莫斯科支部等。② 之后，由于政局变动、党组织发展、人员调动等，党的地方组织的设置几经变更，或增设，或撤销，或改变隶属关系。据中央局1924年5月的报告，三次“大会后新增之组织为济南地方（委员）会、南京地方（委员）会，哈尔滨独立一组，成都独立一组”。“解散之组织为水口山地方和常德地方。取消之区为湖北区及上海区、广东区；湖北区取消后，汉口武昌两地方均直属中央”；“上海区取消后，上海南京两地方及杭州组均直隶中央；广东区本只广州一地方，亦无设区之必要”③。四大以后，地方党组织的情况又有新的变化。据1926年10月、11月份中央局报告，当时“直属中央各级党部”计有：湘区、北方区、广东区、江浙区、豫区、鄂区、鲁地、赣地、重庆地、安徽芜湖、福州（包括莆田）、西北、哈尔滨地方、长春特支、大连地方、奉天地方、西安地方、三原特支、赤水特支，“统计有党员一万八千五百二十六人”④。1927年4月，党召开五大时，据陈独秀向五大的报告，“在各地，受中央直接领导的区委共有八个：（一）湖南区委，其中包括衡阳；（二）湖北区委，其中包括襄阳；（三）江浙区委，其中包括安徽省铁路沿线部分；（四）广东区委，其中包括广西、云南、福建和南洋；（五）北方区委：这个区委包括以下几省：吉林、山西、察哈尔、热河和绥远；（六）江西区委；（七）河南区委；（八）陕甘区委。有六个地委：（一）山东；（二）福建；（三）南满；（四）北满；（五）安徽；（六）四川。有四位通讯员，他们分别驻在莫斯科、海参崴、巴黎和日本”⑤。“各地党组织的党员人数如下：湖南一万三千人，湖北一万三千人，江苏（包括上海）一万三千人，广东九千零二十七人，北方地区三千一百零九人，江西三千人，陕甘三百八十八人，山东一千九百二十五人，福建一百六十八人，满洲（包括沈阳）三百八十人，北满一百三十七人，安徽二百三十三人，四川二百人，以上共计五万七千五百六十七人”⑥。

由于党的队伍有了比较大的发展，党也与群众建立了比较广泛的联系。1927年4—5月党的五大认为，“本党最近一年半以来，已变成了真正群众的党”了。根据革命形势发展的需要和党的队伍发展的新情况，1927年6月，中共中央通过的中国共产党第三次修正章程规定，中央与支部之间的地方组织，由原来

① 《中共中央文件选集》第1册，中共中央党校出版社1989年版，第26页。

② 参见《党的建设七十年》，中共党史出版社1992年版，第83页。

③ 《中共中央文件选集》第1册，中共中央党校出版社1989年版，第251页。

④ 《中共中央文件选集》第2册，中共中央党校出版社1989年版，第503页。

⑤ 《中共党史资料》1982年第3期。

⑥ 《中共党史资料》1982年第3期。该总数与各省人数的总和不符。

的区委、地委两级，改为省委、市及县委、区委三级，并对这三级地方组织的职权、工作制度等作出了相应的规定。

省委员会直属中央领导。“省委员会得指导省委之下各种机关；得指导与监督省委机关报及指定省委机关报主任；得分配工作人才；得分配省委经费；得经过党团指导省政府及其他社会团体之工作方针”。各省有两个市或县委员会以上，在中央认为有必要时，可由该省党代表大会选举省委员会。省委可推举省委委员若干人组织常务委员会处理日常事务。省的范围，由中央规定；必要时，中央得委托一个市委员会暂代省委的职权；“凡不能成立省委员会之党部，由中央委员会决定其附属于邻近之省委员会或直接隶属于中央委员会”。

“市及县委员会得指导市及县执行委员会下之各种机关；得指导与监督市或县机关报；得指定市或县委员会机关报主任；得分配工作人才及支配或县委员会的经费。”有两个区委或五个支部以上，经省委认可，可召开市及县党代表大会选举市及县委员会。凡不能成立市及县委之地，该市或县之党部中省委决定其隶属于邻近之市及县委或直属省委。

凡在一区内有两个支部以上，市或县委认为有必要时得派员赴该区召集党员大会，由该大会选举区委员会（简称区委）。区的划分，由市（县）委决定。

党章第三次修正案所确定的地方组织的机构设置和上下级关系，在以后的长时期里基本上被沿袭了下来。

根据党的第三次修正章程的上述新的规定，在中央的领导下，对地方党组织的设置进行了调整。“五大以后，先后成立了陕西、湖北、东三省（奉天）、山东、湖南、江苏、浙江、江西、安徽、河南等省委，以及云南工委、广西特委、四川临时省委。”①

1927年8月7日召开的中共中央紧急会议通过的《党的组织问题议决案》，曾对当时党的组织系统列表如下（见下图）。

4. 党的基层组织的建设

中国共产党是一个新型的无产阶级革命政党，它的任务是要领导人民群众去进行革命的战斗，而不是像旧式的第二国际各国的社会民主党那样，仅仅是为了参加资产阶级民主制度下的议会选举。正因为如此，它一开始就遵循列宁的建党原则，要求自己的每一个成员都必须参加党的一个组织，接受党组织的教育，开展党组织分配的工作，“使成为真能行动的党员”②。也正因为如此，它一开始就很重视党的基层组织的建设。

① 《党的建设七十年》，中共党史出版社1992年版，第87页。

② 《中共中央文件选集》第1册，中共中央党校出版社1989年版，第299页。

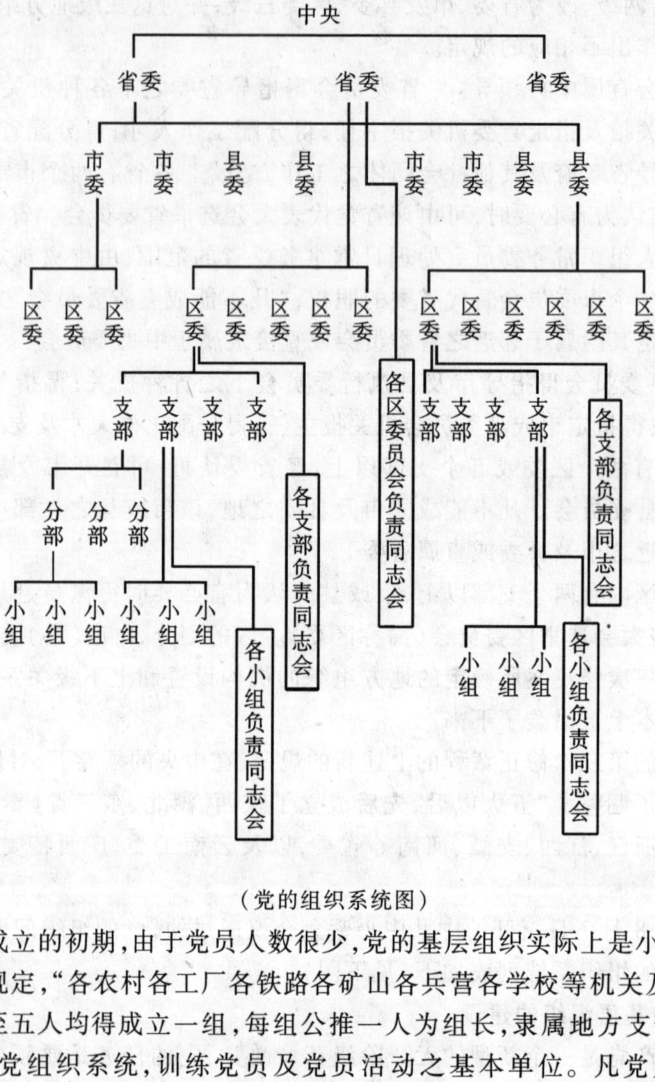

（党的组织系统图）

在党成立的初期，由于党员人数很少，党的基层组织实际上是小组。二大通过的党章规定，“各农村各工厂各铁路各矿山各兵营各学校等机关及附近，凡有党员三人至五人均得成立一组，每组公推一人为组长，隶属地方支部”。“各组组织，为本党组织系统，训练党员及党员活动之基本单位。凡党员皆必须加入”。① 三大所作的党章修正案，对此未作原则的变动。只是将小组人数从原定的三至五人，扩大为五人至十人。小组不能吸收新党员；吸收新党员需小组通过后由地委审查、区委批准。随着革命斗争的发展，这种组织形式已经不能适应客观形势的需要了。党的四大认为“为着吸收工人和贫农一般的革命分子入党起见”，原党章规定的有五人以上可组织小组，“应改为‘有三人以上即可组织支

① 《中共中央文件选集》第 1 册，中共中央党校出版社 1989 年版，第 93～94 页。

部’”①。据此,四大通过的党的第二次修正章程规定,“各农村各工厂各铁路各矿山各兵营各学校等机关及其附近,凡有党员三人以上均得成立一支部,每支部公推书记一人或推三人组织干事会,隶属地方执行委员会”。“支部人数过多时,得斟酌情形分为若干小组,每组设组长一人,由支部干事会指定之”②。吸收新党员,由支部通过,地委审查批准就行了。1927 年 6 月通过的党的第三次修正章程还进一步规定,“在多量党员产业生产部门中,可组织支分部,支分部亦可组织干事会”;“支分部之下亦得组织小组”③。

党的四大以后,支部就成为党的基层组织(用当时的话来说,是“党的基本组织”)了。支部是按照单位或地域组织的。四大认为,一般说来,“我们党的基本组织,应是以产业和机关为单位的支部组织,至于在小手工业者和商工业的办事人中,不能以机关为单位组织支部时,则可以地域为标准”④,这样,党内就“有两种性质之支部存在:(甲)工厂支部,农村支部,或学校支部;(乙)街道支部或区域支部(即按居住地址而分划)”⑤。1926 年 7 月,中共中央扩大执委会明确指出,“今后要把党的真正基础建筑在各支部上面,要把党的基本工作责成各支部,建立每个支部的活动工作,在每一个支部里实行分工,使每一个同志都有活动,实行‘一切工作归支部’的口号,使各支部里都有全党形式的各样工作”⑥。共产党“与其他的一切社会党的组织根本不同之点,就是它的基本组织是支部”⑦。

支部是一种什么性质的组织呢?它应当“是党在各工厂矿山学校及某区域的核心”。因此,“支部的工作,不能仅限于教育党员,吸收党员,并且(应当)在无党的群众中去煽动和宣传”,促成他们阶级的自觉,帮助他们组织起来,引导他们开展斗争。1926 年 5 月刊登在《校刊》(即党刊)上的一篇题为《支部的组织及其进行的计划》的文章,把“支部的组织意义”归结为:“A. 党的基本组织和党的组织单位;B. 党的教育和宣传的学校;C. 党在群众中的核心;D. 发展党的工具;E. 党的生活的中心;F. 党的战斗的武器;G. 党的实际监督党员的机关。”基于这样的认识,党的第三次修正章程规定:“支部是党与群众直接发生关系的组织,支部的任务是:(一)积极在各该工厂等之内活动,领导该处群众之日常斗争,扩大党的影响;(二)实行党的口号与决议于群众中;(三)吸收新的党员;

---

① 《中共中央文件选集》第 1 册,中共中央党校出版社 1989 年版,第 381 页。
② 《中共中央文件选集》第 1 册,中共中央党校出版社 1989 年版,第 384 页。
③ 《中共中央文件选集》第 3 册,中共中央党校出版社 1989 年版,第 150 页。
④ 《中共中央文件选集》第 1 册,中共中央党校出版社 1989 年版,第 380 页。
⑤ 《中共中央文件选集》第 2 册,中共中央党校出版社 1989 年版,第 183 页。
⑥ 《中共中央文件选集》第 2 册,中共中央党校出版社 1989 年版,第 182 页。
⑦ 《中共中央文件选集》第 2 册,中共中央党校出版社 1989 年版,第 611 页。

（四）服从地方党部从事组织与宣传的工作；（五）积极参加地方政治经济的斗争；（六）尽可能讨论党的重大问题。"①

正因为支部工作是党的工作的基础，党对支部工作的要求是相当严格的。党的四大即规定，"各支部每星期至少须开会一次，由支部书记召集之"。"已分成小组之支部，其小组每星期至少须开会一次，由小组组长召集之；至支部全体会议，至少须每月举行一次"②。1926年1月，中央组织部发出通告，要求"每个支部应有自己的工作计划，由支部会议议决后交地委批准"；"支部会议每次会议议程，须由支部干事会事先讨论准备"；"地委对支部一切工作和发展状况，当严密的监示，如工作和发展上有阻碍时，当迅速探求他的原因而解决之"③。1927年6月通过的党章修正案则规定："支部干事会，每两星期中，至少召集一次支部党员大会，报告支部干事会的工作，及讨论支部所在之机关或区域内的一切实际政治及经济争斗的问题。"④党章对支部的成立、支部干事会的推举与改选、支部书记的推举与撤换，也都作了具体的规定。

除支部外，在非党的具有政治性质的群众团体中或会议中则有党团的组织。

1925年1月，党的四大即提出，"吾党在国民党及其他有政治性质的重要团体中，应组织党团，从中支配该党和该团体的活动。此种团体应与S.Y.同志合组之，按其性质隶属于各级执行委员会"⑤。党团与支部不同。1925年8月中央第五十三号通告指出，其区别在于："支部为本校（中国共产党的代称）基础组织，在一固定机关内负发展本校及指导该机关内之本校政治工作两重职位；校团则在各种临时会议或各种联合机关内其中并不能组织支部者负指挥本校同学（中国共产党党员的代称）一致行动之责任。"⑥1926年7月，中共中央进一步明确规定："党团的作用是为实现党的政策，加重党的影响于各种非党的组织，如工会，农会，学生会及各种社会团体里，和党的支部组织及作用均不同。党团的组织并不是一个独立的单位或自成一个系统，而是依随党的组织，在各级党的机关之下成立，并受其管理；从中央至支部干事会，有各级的各种性质的党团。党团的性质且多临时的，常为变动的，由各级党部规定其存在，人数过多时指定其组织干事会。"⑦五大以后通过的党章还专设"党团"一章，对党团的性质、任务

---

① 《中共中央文件选集》第2册，中共中央党校出版社1989年版，第150页。
② 《中共中央文件选集》第1册，中共中央党校出版社1989年版，第385～386页。
③ 《中共中央文件选集》第2册，中共中央党校出版社1989年版，第35页。
④ 《中共中央文件选集》第3册，中共中央党校出版社1989年版，第151页。
⑤ 《中共中央文件选集》第1册，中共中央党校出版社1989年版，第381页。
⑥ 《中共中央文件选集》第1册，中共中央党校出版社1989年版，第451～452页。
⑦ 《中共中央文件选集》第2册，中共中央党校出版社1989年版，第184页。

和工作规则等作了具体的规定。

诚然,以上关于支部工作和党团工作的规定并不是很完善,而且作出规定来并不意味着有关规定都立即在实际上得到了贯彻执行,至于各地的支部工作和党团工作发展上的不平衡,更是难以避免的。陈独秀在五大的报告中,就对支部工作表示不很满意。他认为,“现在,支部所起作用不大。在工厂和学校里,支部并不是工作的中心,而只是传达领导机关的意见和命令的组织,而不是工作的机关”①。尽管有这些缺点,基本的事实是:所有的党员都组织起来了,他们在支部中生活,接受教育和训练,影响着所在单位和地区的群众,完成着组织交办的任务;而参加非党的群众团体或会议的党员(以及团员),则通过党团统一自己的言行,贯彻党的政策,施加着党的影响。正因为如此,党在自己的力量还比较小的时候,就能够在中国的社会政治生活中发挥相当大的作用。

(二)党员队伍的状况和党内的思想教育

1. 党员的数量、成分和分布

中国共产党在成立时,只有几十个成员、几个小组,随着革命斗争的发展,党的队伍也逐步扩大,到大革命后期,它已经拥有近六万名成员,在全国大部分省份建立了组织,成为一个全国性的、群众性的党了。

下面是这个时期历年中党员的数目、成分和分布的大致情况:

1921 年 7 月,全党为 53 人。绝大多数为知识分子,个别为工人。主要分布在上海、北京、长沙、济南、武汉、广州等大城市,个别成员在日本、法国。

1922 年 6 月,党员总数为 195 人。其中有工人 21 人,妇女 4 人。分布情况是:上海 50 人,长沙 30 人,广东 32 人,湖北 20 人,北京 20 人,山东 9 人,郑州 8 人,四川 3 人,留俄国 8 人,留日本 4 人,留法国 2 人,留德国 8 人,留美国 1 人。②

1923 年 6 月,党员总数为 420 人。其中工人 164 人(从二次大会后,主要是三次大会前半年,入党者约 200 人,其中 130 人为工人;妇女 19 人)。分布的地域为:广东、上海、北京、长沙、安源、长辛店、唐山、济南、浦口、杭州、汉口,另有 44 人在国外,10 人在狱中。③

1924 年上半年,党员总数为 650 人,其中 40% 为工人,④即 260 人左右。据

① 《中共党史资料》1982 年第 3 期。

② 据《中共中央执行委员会书记陈独秀给共产国际的报告》(1922 年 6 月 30 日);又见瞿秋白:《中国共产党历史概论》第四讲。

③ 据《陈独秀在中国共产党第三次全国代表大会上的报告》(1923 年 6 月);参见瞿秋白:《中国共产党历史概论》第五讲。此处所列狱中党员数引自陈的报告,在瞿的书中,狱中党员为 110 人。

④ 瞿秋白:《中国共产党历史概论》第六讲。

同年5月部分地区的报告:汉口地方有党员47人(其中汉口14人,徐家棚12人,江岸9人,汉阳8人,轮驳工会7人);上海地方有党员47人(其中学生13人,工人8人,商人3人,教员、编辑或其他职业23人);湘区有党员149人(其中安源60人、长沙89人);京区有党员75人(分布在北京、唐山、天津、保定、山西、热河等地。其中工人占四分之一);山东地方有党员17人(分布在济南、青岛、淄川炭矿、张店、济宁等地)。

1925年1月,党员总数为995人。其中工人占50%以上。①

1925年10月,党员总数为3 000人。②

1926年1月,党员总数为4 000人。其中工人党员占70%,女党员占8%;上海有党员1 500人,广州600人,北京300人。③

1926年5月,党员总数为11 257人。其中66%是工人,5%是农民,20%是其他阶层的人。④ 分布情况如下:湘区1 686人,北方区1 700人,粤区4 200人,沪区2 241人,豫陕区305人,鄂区428人,鲁地方500人,赣地方105人,川地方42人,安徽27人,福建23人。

1926年8月,党员总数为13 281人。其中湘区2 699人(8月份),粤区4 558人(6月份),沪区2 223人(8月份),豫陕区?人(缺),鄂区1 000人(8月份),鲁地方515人(7月份),赣地方?人(缺),川地方120人(8月份),安徽33人(6月份),福建?人(缺)。⑤

1926年11月,党员总数为18 526人。其中"工人的成分是占大多数,约60%;农民占11.75%;知识分子及其他占27.35%。而在全国军中工作同志有1 500人左右。妇女同志全国有1 992人,约当全国党员十分之一强"。党员在各地区的分布情况如下:湘区3 714人(10月份),北方区2 069人(7月份),广东区5 039人(9月份),江浙区2 223人(8月份),豫区350人(9月份),鄂区

---

① 《关于党的第四次全国代表大会——彭述之给中共旅莫支部全体同志的信》(1925年2月2日)。

② 据《中央局报告议决案》(1925年10月)。

③ 据《共产国际执行委员会工作报告(1925年4月—1926年1月)》,《共产国际有关中国革命的文献资料(1919—1928)》第1辑,中国社会科学出版社1980年版,第107页。1926年2月,中国党代表在共产国际发言,说中共有党员1万人。见上书第115页。

④ 《谭平山提出关于中国问题的书面报告》(1926年11月),《共产国际有关中国革命的文献资料(1919—1928)》第1辑,中国社会科学出版社1980年版,第197页。

⑤ 据《中央局报告(九月份)》,1926年9月20日,见《中共中央政治报告选辑(1922—1926)》,中共中央党校出版社1981年版,第84页。(1926年9月的统计,所列地区党员数合计为11 148人,北方区、豫陕区、赣地方、福建未列当时的党员数,这几个地方5月份合计有党员2 133人,两项党员数总计为13 281人)。当时实有党员当超过此数。比如,北方区党员此处是按1 700人计算的,而实际上该区7月份已有党员2 069人。

2 500 人(1 月份约数),鲁地方 500 人(6 月份),赣地方 500 人(11 月份),重庆地方 168 人(10 月份),安徽芜湖 27 人(6 月份),福州(包括莆田)46 人(10 月份),西北 200 人(10 月份),哈尔滨地方 73 人(10 月份),长春特支 5 人(10 月份),大连地方 95 人(10 月份),奉天地方 22 人(10 月份),西安地方?人,三原特支?人,赤水特支?人。党员成分构成的情况,各地不尽相同。如广东区,工人占 42.68%,农人占 30.14%,知识分子及其他占 27.4%;北方区,工人占 63.7%,农人占2.4%,知识分子及其他占 33.8%;上海区,工人占 84.32%,知识分子及其他占 15.3%;湖南区,工人占 46.9%,农人占 14.4%,知识分子占 11.75%。①

1927 年 4 月,党员总数为 57 967 人。其中工人占 53.8%,农民占 18.7%,知识分子占 19.1%,军人占 3.1%,中小商人占 0.5%,其他成分占 4.2%。妇女在党内占 10%。各地党组织的党员人数如下:湖南 13 000 人,湖北 13 000 人,江苏(包括上海)13 000 人,山东 9 027 人,北方地区 3 109 人,江西 3 000 人,陕甘 388 人,山东 1 925 人,福建 168 人,满洲(包括沈阳)380 人,北满 137 人,安徽 233 人,四川 200 人。②

根据以上所列党员队伍历年发展状况的资料,我们可以看到这个时期党员队伍的发展、党员的成分构成、党员的分布状况等方面的一些特点。

(1) 关于党员队伍的发展

什么人可以加入中国共产党成为党员?党的一大通过的第一个纲领规定“凡承认本党纲领和政策,并愿成为忠实党员的人,经党员一人介绍,不分性别、国籍,均可接收为党员,成为我们的同志”。第二至四次党代会通过的党章及其修正案,对此均未作重要变动。1927 年 6 月通过的党的第三次修正章程对此作了进一步的规定,即“本党党员无国籍性别之分,凡承认本党党纲及章程,服从党的决议,参加在党的一定组织中工作并缴纳党费者,均得为本党党员。”

不过,党章中关于入党的条件所作的还不只是一种原则性的规定,在党的发展工作中如何具体地掌握这个规定,还有一些问题需要加以解决。其中最重要的,是如何做到既坚持党的先进性,又注意实现“党的群众化”的问题。

中国共产党在成立初期,就对有志于入党的人提出了严格的要求,如要求他们“在加入我们队伍之前,必须与企图反对本党纲领的党派和集团断绝一切联系”。它力求按照无产阶级先进分子的标准来接收党员,认为那种虚有其名的党员,就是白给,也是不能要的。不过,在党的发展问题上,一个时候也有失之过

---

① 《中共中央文件选集》第 2 册,中共中央党校出版社 1989 年版,第 502 ~ 504 页。

② 陈独秀在中国共产党第五次全国代表大会上的报告,1927 年 4 月,见《中共党史资料》1982 年第 3 期。米夫在《紧急时期的中国共产党》一书中所列党员数字为 57 963 人,见《六大以前》,第 956 页。

严的偏向。1924年5月,中共中央即指出“我们有的过分严守”,有“闭关主义”的毛病。比如,在第一次罢工高潮中,工人中涌现出了一大批有阶级觉悟的革命分子,而党并没有积极地去接收他们加入自己的队伍。1923年6月,党员总数还只有420人;1924年上半年。也还只有650人。各地的一些党的负责人,“以为每个共产党员都应了解马克思主义,都应有高度的工作能力,党员在质量上不发展,单是在数量上发展,不但无益,而且足以使党的组织更加松懈”。本来,在发展党员时注意质量而不单纯追求数量,这是对的;但把质量标准定得过高,把许多在入党后经过教育和训练才能达到的标准,要求志愿入党者在入党前就必须具备,这就不妥了。党曾提出“从研究的小团体到群众的政党”的口号。而这种不切实际的要求,成了“党的群众化”的一种“障碍”①。

1925年1月,党的四大就提出了“扩大党的数量”的明确要求,为了便于接收党员,大会决定有三个以上党员即可成立支部;同时改变一些地方要求入党者一般需先入团的做法,指出“有阶级觉悟的分子,多应该直接加入本党”②。五卅运动兴起之后,中共中央强调,“现时革命高潮之中,我们党的职任是吸收工人及革命的知识分子的群众,巩固并且发展我们党的势力于全国工人阶级之中,开始在乡村农民中工作,建筑党在农民群众的基础”。因为“必须我们的党变成真正群众政党的组织,才能巩固我们对于工人阶级斗争的指导地位,对于这民族革命的领袖的指导地位”③。1926年下半年北伐战争开始以后,中共中央进一步强调,“党员数量上的增加,目前我们更应努力”。因为“必须是广大群众的党才能担负起这日愈艰巨的革命工作”。同年10月,陈独秀在给各级党部的信中提议,“我们的党在明年春天第五次全国大会以前,党员应发展到四万以上”;他并且提出了各地发展党员的具体建议指标,要求各地党组织“经过很诚意的考虑而采纳”。④ 正是在中央号召的推动下,在革命斗争的高潮中,党的队伍在大革命后期得到了迅速的发展。党员人数,在1925年1月四大时还不足1 000人,到同年10月就增加到3 000人,到1926年11月已发展到18 000多人,而到1927年4月更增加到近60 000人。

从1921年7月的50多名党员到1927年4月的近60 000名党员,党的队伍在不到七年的时间里扩大了一千余倍,以至党的五大自豪地宣布,本党“已变成了真正群众的党”了。这自然是党在组织建设方面取得的一个重大的进步。不

① 《中共中央文件选集》第1册,中共中央党校出版社1989年版,第474页。
② 《中共中央文件选集》第1册,中共中央党校出版社1989年版,第381页。
③ 《中共中央文件选集》第1册,中共中央党校出版社1989年版,第478页。
④ 《中共中央文件选集》第2册,中共中央党校出版社1989年版,第517、635~636页。

过，第一，中国共产党在中国这样一个大国中领导人民在各条战线上进行革命斗争，党员的人数仍嫌不足。第二，这近 60 000 名党员中，95% 的党员是 1925 年 10 月以后入党的，党龄最长的不到一年半，68% 的党员是 1926 年 11 月以后入党的，党龄最长的不到半年。这就是说，他们中的多数在党内受到的教育和训练还很少，其中有一些人还是在革命高潮中到共产党队伍中来投机的。在这种情况下，要他们在中国革命的危急时期能够成为团结广大群众的坚强核心，都能够带领群众去进行胜利的战斗，是困难的。

（2）关于党员的成分

中国共产党在刚成立时，其成员几乎都是知识分子。党的二大召开前，中共中央即计划“多收工人党员，务求居一半以上”。一年以后，即 1923 年 6 月，党员中的工人成分已占近 40%；1925 年 1 月，已占 50% 以上；1926 年 11 月，更占 60% 以上；1927 年 4 月，仍占 53.8%。这说明，中国共产党确实同中国工人阶级建立了密切的联系，在本阶级中奠定了自己的组织基础。

党还提出了在农村发展党员，建立党组织的任务。1925 年 10 月，中共中央即要求“开始在乡村农民中工作，建筑党在农民群众的基础”。1926 年 7 月，中共中央进一步指出：“必须使党在农民中的发展，能成为一切农民运动的发展的核心，才能巩固农民运动的基础。”中央并要求在每个农会中均有本党支部的组织。而“农民加入我们的党，应以是否忠实而勇敢的为农民利益争斗为标准，不必问其有无宗法社会思想及迷信”。① 这些思想是可以在入党以后通过教育逐步加以克服的。同年 10 月，陈独秀在给各党部写信中强调：“我们的党自然以工农党员为柱石，然而除上海、武汉、津唐、香港四个工业区及山东、河南矿工及各省路工外，别处多半是苦力及手工工人，近代产业工人实在不多，最大部分的中国领土是农民世界，尤其是广东、广西、湖南、湖北、河南、四川、陕西、江西这些省份，都已经有了农民运动，我们的党在这些省份应该喊出一个口号：‘党到农民中去！’”②经过一段时间的努力，农村中的党员队伍也开始发展起来了。全体党员中，出身于农民的，1926 年 5 月为 650 余人，占 5%；同年 11 月为 2 180 人，占 11.75%；1927 年 4 月发展到 10 840 人，占 18.7%。尽管在农村中建党的任务是在大革命的高潮时期才提出，在农村中发展的党员数量也还很少，但这毕竟是中国共产党力图把马克思主义的建党原理和中国社会的实际结合起来的一种尝试，因而这也是党的建设史上的一个有重要意义的开端！

（3）关于党员的分布

---

① 《中共中央文件选集》第 2 册，中共中央党校出版社 1989 年版，第 215、213 页。

② 《中共中央文件选集》第 2 册，中共中央党校出版社 1989 年版，第 636 页。

在建党初期,党员主要分布在上海等少数几个中心城市;到大革命后期,党员已经分布在全国大部分省区,不仅中心城市大都建立了党的组织,就是一些中小城市和少数农村区域也有当地的党员在活动了。这是党在组织建设上所取得的又一个重要的进展。

不过,整个说来,党员不仅人数还比较少,其分布更是不平衡的。由于大革命主要是在南方发动而后逐步向北发展的,这个时期的党员大留分也就集中在南方。据1927年4月五大的材料,当时全党的党员为57 967人,而其中湖南、湖北、江苏(包括上海)、广东四省即有48 027人,占党员总数的近83%。这种情况说明,在大革命时期,党要在全国各地的各条战线上充分发挥自己的领导作用,力量还不够,条件还不完全具备。由于党的力量主要集中在南方的几个省区,大革命失败后,党首先在这些省区发动武装斗争和开辟农村革命根据地,这也是很自然的。

2. 党内的思想教育工作

中国共产党在进行组织建设、制度建设的同时,还注意加强思想建设。它一开始就强调,“党内教育的问题非常重要”①。因为它在当时就认识到:

第一,“共产党是工人阶级不可分的一部分,共产党对于全体工人阶级的区别仅仅在于党是最有阶级觉悟的一部分,不但在口头上,而且在事实上,他是站在工人阶级斗争的先锋地位,无论如何不退缩的”。因此,“党员自己的阶级觉悟应当不断的增高,这是党的胜利的唯一保证”。只有这样,才能使得每一党员不但“自己能为党的政策而奋斗”,而且“会引导别人去奋斗,发展党的势力到群众中去”②。

第二,中国共产党在复杂的政治环境中进行活动。在共产党员以个人身份加入国民党的情况下,提高党员的阶级觉悟,尤其重要。因为在“民主主义政党内,阶级利益的调和不但不能增加民族解放运动的力量,而且足以使之减少。中国产业无产阶级,他们的阶级意识愈发达,则参加民族解放运动必愈扩大。民族解放运动中渗入此阶级的性质,这个运动才能格外深入,才能增加他的革命性质”。如果不能充分了解这一点,“那就会失去我们党的基础”③。

第三,在中国共产党内,新党员占了绝大多数。“大多数的同志都是富于革命的热情,缺乏系统的认识,工作方法和经验更是缺乏”④。“因为党的幼稚,党

---

① 《中共中央文件选集》第1册,中共中央党校出版社1989年版,第245页。
② 《中共中央文件选集》第1册,中共中央党校出版社1989年版,第480页。
③ 《中共中央文件选集》第1册,中共中央党校出版社1989年版,第244页。
④ 《中共中央文件选集》第2册,中共中央党校出版社1989年版,第516页。

的教育宣传还未切实,致使党的理论基础常常动摇不定”①。这些问题,主要地要依靠加强党内的教育来解决。

第四,在革命潮流高涨的时候,许多人涌入党内,一些“同路人”乃至若干投机分子也跑进了党的队伍。他们把一些不良倾向带进了党内,甚至使一些腐化行为也开始在党内发展起来。“党内存在着严重的个人主义倾向”②。对于那些投机分子,可能使党陷于腐化的分子,固然需要“不容情的洗刷出党”;而对于那些在党内滋生的不良的思想倾向,则需要通过党内教育加以克服。

为了加强党内的教育,中央和地方各级党组织主要进行了以下几个方面的工作:

第一,进行马克思列宁主义基本理论的教育和党的政策的教育。

中国共产党认识到,“没有革命的理论,即没有革命的运动。有了健全的革命理论,然后党的宣传工作依此范畴融通各部,使党员行动才有所准绳”。因此,它强调,“端正党的理论方向”有着十分重要的意义。③

党在创建时期就很重视马克思主义著作的译介工作。1922 年 6 月,陈独秀给共产国际的报告中讲道,中共中央机关设立的人民出版社已印行了下列书籍,计有:马克思全书两种(《共产党宣言》、《工钱劳动与资本》),列宁全书五种(《列宁传》、《劳农会之建设》、《讨论进行计划书》、《劳农政府之成功与困难》、《共产党礼拜六》),共产主义丛书五种(布哈林的《共产党计划》、《俄国共产党党纲》、《国际劳动运动中之重要时事问题》、《第三国际议案及宣言》、托洛茨基的《俄国革命纪实》),这十二种书各印了三千份。之后,成立了中央编译委员会,以便更加有计划地组织“党内党外小册子之编译,尤其是关于列宁主义,国际政策,政治经济状况以及工人常识的材料之编辑”④。

中共中央提出,在党内进行马克思主义的理论教育时,应注意联系中国革命的实际。中央要求在翻译马克思主义书籍的同时,“收集整理种种材料,以便根据马克思主义编辑关于中国问题的著作——做解决民族革命及阶级斗争中种种问题的理论上根据”⑤。比如,编写《革命常识》,对“中国革命中最重要问题”做“通俗的解释”⑥。

为了向党内外进行马克思主义理论和党的政策的宣传教育,中共中央还创

---

① 《中共中央文件选集》第 1 册,中共中央党校出版社 1989 年版,第 374 页。
② 《中共中央文件选集》第 1 册,中共中央党校出版社 1989 年版,第 171 页。
③ 《中共中央文件选集》第 1 册,中共中央党校出版社 1989 年版,第 375 页。
④ 《中共中央文件选集》第 1 册,中共中央党校出版社 1989 年版,第 377 页。
⑤ 《中共中央文件选集》第 1 册,中共中央党校出版社 1989 年版,第 481 页。
⑥ 《中共中央文件选集》第 2 册,中共中央党校出版社 1989 年版,第 191 页。

办了多种刊物。《向导》是中央政治机关报，着重“反映中国革命民众的日常斗争而与以指导”。《新青年》是中央理论机关报，其任务是“根据马克思列宁主义的见地运用到理论和实际方面作成有系统的多方面问题的解释，以扩大我们宣传的范围”。《党报》“是我们现时秘密组织用以教育党员的最重要机关”。其任务是“登载党内关于政策和各种运动非公开的讨论文件”，“集合中央及各地之党内生活和工作经验，以为训练同志之材料及指导”。①

尽管幼年时期中国共产党由于对马克思主义的理论和中国革命的实际还缺乏完整的、统一的理解，因而在把握理论方向上发生过“右的乖离错误”和“左倾的幼稚观念”，而在大革命后期更犯过右倾机会主义的错误；但是，党一开始就注意在党内确立重视进行理论和政策教育的传统，是应当肯定的。只有在理论上把中国革命问题搞清楚了，在斗争中才能表现出政治上的坚定性。一个党如果蔑视理论思维，它就会在政治上丧失远见，就不能不在实践中受到惩罚。

第二，进行无产阶级的世界观和人生观的教育。

维护工人阶级和广大人民群众的利益，这是中国共产党成立的根本宗旨。因此，共产党员必须树立全心全意为人民服务的思想，克服个人主义等错误倾向。1922年7月召开的中共二大即强调，共产党要为“无产阶级之利益而奋斗”，要“到群众中去”；“个个党员须牺牲个人的感情意见及利益关系以拥护党的一致”②。1923年11月召开的中共三届一中全会进一步对共产党员和革命的知识分子提出了树立“健全的唯物主义的宇宙观及社会观及‘集体主义’的人生观”的要求。中央指出，要“反对个人主义”。“各个人当择一宗旨，结为团体，服从其分配工作以达共同目的，亦即自己之目的”。因为“既有团体（或社会）便有各团员间之相当关系（或新的习俗），非此不能维系；决不应以为共产主义便真是‘过激主义’——蔑视一切个人私德”③。

尽管一个人要真正确立无产阶级的宇宙观、社会观、人生观是不容易的，这需要经过长时期的学习和在实际斗争中经受锤炼；但是，中国共产党在成立初期就对党员提出了这样的要求，这对于提高党员进行党性修养的自觉性，对于推动党的自身建设，都具有深远的、积极的意义。这个事实也说明，共产党员必须进行世界观的改造，这是中国共产党在早期就确立起来的一个传统。

第三，进行应当怎样工作的教育。

---

① 《中共中央文件选集》第1册，中共中央党校出版社1989年版，第376～377页；第2册，第188～189页。

② 《中共中央文件选集》第1册，中共中央党校出版社1989年版，第91页。

③ 《中共中央文件选集》第1册，中共中央党校出版社1989年版，第206页。

共产党员要能够在群众中进行有效的宣传工作和组织工作，不仅应当了解各个时期的政治形势和党的政策，而且应当掌握工作的经验和方法。为了帮助党员尤其是广大的新党员学会怎样工作，中共中央创办了《党报》。除办好《党报》外，中央和地方党委还注意总结各方面的工作经验，以各种方式，在党内进行交流。比如，1926 年 5 月，中央就把《我们今后应当怎样工作》，作为"每个同志必读的小册子"，介绍给全体党员。这个小册子总结了五卅运动到三一八惨案期间党的工作经验，指出"在过去工作中的一切苦的经验，即实际工作中学的知识，是我们最可宝贵的导师"，"须要把它一点一滴的都记在心头"。因为"帝国主义太聪明了，我们今后切不可太笨"。小册子要求大家汲取以往工作中犯错误的教训，极力加以矫正。比如，"不注意当地的群众日常生活的要求，而只有全国政治运动的总口号和全国的普泛的政治煽动"；"但凭主观的理论，不顾群众的心理，把口号提得过高，完全不懂斗争的战术，不知详细计算敌人的力量，不知怎样集聚一切反对敌人的力量向敌人进攻"；"不懂得联合战线政策之实际应用"；"个人对外态度不好"，"一是在群众中，外观上表现色彩太浓"，"二是对社会一般人的态度太严峻了"等等。①

尽管这类工作经验并不是很成熟的，如《我们今后应当怎样工作》一文中涉及联合战线政策的若干提法就不尽恰当。但是，注意以实际工作的经验来教育党员，帮助他们从实际工作的经验中学习，以便使自己在政治上逐步成熟起来，这种做法本身是可取的。这样做，对于那些有工作热情、但缺少工作经验的新党员来说，尤其是一种切实和有效的帮助。

第四，进行严守党的纪律的教育。

必须严格执行纪律，党才成为工人阶级的先进的和有组织的部队，对于这一点，党在初创时期就是有明确的认识的。它指出，"从中央机关以至小团体的基本组织要有严密系统，才免得乌合的状态；要有集权精神与铁似的纪律，才免得安那其的状态"②。事实上，是不是有严格的纪律，这是共产党与一般知识分子的研究团体、与资产阶级小资产阶级政党的重大区别之一。

中国共产党在成立时就受到反动派的压迫，不得进行公开活动，因此，党的一大规定，"在党处于秘密状态时，党的重要主张和党员身份应保守秘密"；为了保持党的纯洁性，党员必须在入党前断绝与其他党派内的联系，"不经党的特许，不得担任政府官员或国会议员"等。二大通过的党章更规定，"凡党员有犯左列各项错误之一者，该地方执行委员会必须开除之：(一)言论行动有违背本

① 《中共中央文件选集》第 2 册，中共中央党校出版社 1989 年版，第 108 ~ 114 页。

② 《中共中央文件选集》第 2 册，中共中央党校出版社 1989 年版，第 114 页。

党宣言章程及大会各执行委员会之议决案;(二)无故连续二次不到会;(三)欠缴党费三个月;(四)无故连续四个星期不为本党服务;(五)经中央执行委员会命令其停止出席、留党察看期满而不改悟;(六)泄漏本党秘密”。三大、四大在修改党章时仍维持了以上的条款,只是四大把第(二)项改为“无故连续三次不到会”而已。应该说,这里的有些规定是失之过严了;不过,这些规定的精神是好的。这些规定的作出,说明党一开始就是要求党员严守纪律的,就是注意把党建设成一支有铁的纪律的战斗部队的。

党的五大总结了以往党在执行纪律方面的经验,认识到“党内纪律非常重要,但宜重视政治纪律,不应将党的纪律在日常生活中机械的应用”①。事实上,党员的缺点、错误,主要应当通过教育来克服;执行纪律,也是为了教育本人和其他同志;除非犯了不可容忍的严重错误,甚至犯了这种严重错误而仍不改悔,才可予以开除的处分,在一般情况下,是应当给犯错误的党员以在党内改正错误的机会的。五大以后中共中央政治局通过的党章修正案已经不再列入以上六项条文了。党章的《纪律》一章指出,“严格党的纪律是全体党员及全体党部最初的最重要的义务,党部机关之决议,应当敏捷的与正确的执行之,但对于党内一切争论问题,在未决定以前,得完全自由讨论之”。党章规定,“不执行上级机关的决议及其他破坏党的行为,即认为违背党的共同意志而处罚之。处罚之方式如下:A. 对于整个的党部则加以警告、改组或举行总的重新登记(解散组织)。B. 对党员个人,则加以警告,在党内公开的警告,临时取消其党的、国民党的、国民政府的及其他的工作,留党察看,及开除党籍”。党章还规定,“党员及下级机关对于上级机关决议不同意时,得各该党部过半数党员的同意,得对于上级机关提出抗议,但在抗议时期内,未解决以前仍须执行上级机关之命令”②。这个规定,体现了力求把发扬党内民主、保障党员的民主权利和维护党的集中统一的领导、严格执行党的纪律这两者结合起来的精神。

第五,进行反对贪污腐化的教育和斗争。

1926 年 8 月 4 日,中共中央扩大会议发出《坚决清洗贪污腐化分子》的通告。通告指出,“一年以来,我们的党乘着革命的高潮,有突飞的发展,这自然是一件可喜的现象。但同时投机腐败分子之混入,也恐是一件难免的事,尤其是比较接近政权的地方或政治、军事工作较发展的地方,更易有此现象。不过因为我党指导机关的力量很强,所以这些投机分子尚不能动摇我党的政策,只是在个人生活上表现极坏的影响,最显著的事实,就是贪污的行为,往往在经济问题上发

① 《中共中央文件选集》第 3 册,中共中央党校出版社 1989 年版,第 88 页。

② 《中共中央文件选集》第 2 册,中共中央党校出版社 1989 年版,第 152 ~ 153 页。

生吞款、揩油的情弊。这不仅丧失革命者的道德,且亦为普通社会道德所不容”。虽然这种问题只是发生在极少数人的身上,中共中央认为,必须及时对此提起高度的警觉。因为一个革命党如果容忍这种现象的蔓延滋长,“必定会使他的党腐化,不特不能执行革命的工作,且将为群众所厌弃”。因此,中共中央强调,“应该很坚决的洗清这些不良分子,和这些不良倾向奋斗,才能坚固我们的营垒,才能树立党在群众中的威望”。鉴于“此种分子近来各地均有发现”,中央“特别训令各级党部,迅速审查所属同志,如有此类行为者,务须不容情的洗刷出党”。①

这个通告,是迄今发现的中国共产党以中共中央名义发出的第一个反对党内的贪污腐化行为的文件。这个文件的颁发,表明中国共产党在早期就对党内可能滋生腐化现象这个问题具有高度的警觉,并且从坚持党的革命性质和维护党与人民群众的联系的高度来认识进行反腐化斗争的重要性。尽管我们没有看到各级党组织贯彻此项工作的具体材料,但是,这一文件的颁发本身就是一个具有重大价值的历史事实。

3. 党的组织生活及其他

对党员的思想教育,主要是在党的基层组织的生活中进行的。党的三届一中全会就要求,各小组应进行当前政治形势的讲解,并逐段讨论研究党纲草案;同时以党的章程为材料,讲解党的组织原理等。党的四大决议指出,“党的支部是我们党的基本教育机关,我们应在每次会议注意于党的政治报告和党的策略之解释”,“并且在有些支部,宣读并讲解《党报》《向导》都有必要”。中共中央还曾要求党组织“严查党员每星期工作成绩”。

举办党校,也是教育党员、培养党的干部的重要形式之一。三届一中全会在决议中即指出,为了“养成指导人才”,“要急于设立党校”。四大也提出了“设立党校有系统地教育党员”的任务。四届二中全会要求各地“开办下列两种形式的党校:(一)在地委之下的普通党校,造成群众的鼓动员。这种党校应当是工人的,毕业期限至多不过一个月或一个半月。(二)区委之下的高级党校,教育一班政治知识较高的同志和已经有工作经验的同志——造成能够做成负责任的工作的人才,毕业期限不要过三个月”。全会还要求党校应贯彻理论联系实际的教学方针,规定“党校内的教育方法,应当根据国内革命运动的经验;说明共产党在许多革命运动中的作用。在党校听讲的同志,不应当与群众隔离,党校里的学生应当同时在校外工作,在同志或同志间工作”。因为“只有这样,才能使

① 《中共中央文件选集》第2册,中共中央党校出版社1989年版,第282~283页。

党校的学生得着真正的无产阶级的思想”。① 事实上,中共安源党组织早在1923年冬即已创办了党校,刘少奇是这个党校的第一任校长。其后,其他一些地方也举办了党校。如中共北方区委的党校是在北京秘密开办的。赵世炎就曾“担负了北方党校的讲课,主要是讲‘列宁主义’,特为详细地讲‘帝国主义论’和‘无产阶级专政’”。他的讲课的特色“是密切针对实际和思想的巨大说服力和鼓动力”。②

为了对党员进行教育,中共中央和党的地方组织还创办党刊及其他刊物,发行各种小册子,及时发出各种通告,不定期地举办政治讲演会等。

正是由于中国共产党一开始就注意抓紧进行自身的思想、组织、制度等方面的建设,尤其是注意进行党内的思想教育,因此,党员的绝大多数都能在革命斗争中发挥先锋作用和模范作用,在党员人数不多的情况下,党还是成为工人罢工斗争的领导者,成为大革命的中流砥柱。

当然,当时的党毕竟还在幼年时期,党的建设还处在起步阶段。正如毛泽东后来所说的那样,“在这一阶段中,党的组织是发展了,但是没有巩固,没有能够使党员、党的干部在思想上、政治上坚定起来。新党员非常之多,但是没有给予必要的马克思列宁主义的教育。工作经验也不少,但是不能够很好地总结起来。党内混入了大批的投机分子,但是没有清洗出去。党处于敌人和同盟者的阴谋诡计的包围中,但是没有警觉性。党内涌出了很多的活动分子,但是没有来得及造成党的中坚骨干。党的手里有了一批革命武装,但是不能掌握住。所有这些情形,都是由于没有经验,缺乏深刻的革命认识,还不善于将马克思列宁主义的理论和中国革命的实践相结合。这就是党的建设的第一阶段”③。

——原载《中国共产党史稿》第2卷,中央文献出版社2006年版。

① 《中共中央文件选集》第1册,中共中央党校出版社1989年版,第481页。

② 《赵世炎传》,人民出版社1993年版,第134~135页。

③ 《毛泽东选集》第2卷,人民出版社1991年版,第610~611页。

第三编　1927—1937 年

一、年轻的中国共产党与土地革命战争

（一）

土地革命战争时期也称第二次国内革命战争时期或十年内战时期。它始于 1927 年 8 月 1 日的南昌起义，止于 1927 年 7 月 7 日卢沟桥事变的爆发之前，前后历时整整 10 年。

由于国民党统治集团叛变革命，成了外国帝国主义势力和本国地主买办阶级利益的集中代表者，这场以土地革命为主要内容的战争是由中国共产党独立领导的，并且在大部分时间里，是以国民党政权为主要的直接对象的。

中国共产党为什么要领导人民群众进行土地革命战争？这是因为，大革命失败以后的中国，仍然是一个半殖民地半封建的社会。在国民党政权统治下的中国，白色恐怖笼罩广大城乡，军阀混战连年不断；外国垄断资本进一步控制了中国的经济命脉，封建经济在社会经济生活中继续占着显然的优势，封建的买办的国家垄断资本即官僚资本迅速地发展了起来。广大工人、农民和城市小资产阶级过着十分贫困和不自由的生活，民族资产阶级也受到严重的束缚和压制。面对这种黑暗的现实，只有进行革命的武装斗争，才能坚持革命的旗帜，保存革命的力量；才能为中国的民族独立和人民解放开辟道路。大革命失败后的中国社会和中国政局，揭示了土地革命战争兴起的必然性和进行这场革命战争的必要性、正义性和进步性。

中国共产党是在总结大革命失败的惨痛教训的基础上，举起武装斗争和土地革命的旗帜的。由于反革命比较牢固地占领着中心城市，而在广大农村，反革命的统治却比较薄弱、革命的基础则十分深厚，中国共产党人不得不在城市中实行退却，而把进攻的主要方向转向农村。他们在农村创建了人民军队和革命根据地，并领导根据地人民进行了“打土豪，分田地”的斗争，中国革命由此走上了逐步复兴的道路。

对于中国共产党人来说，为了坚持革命和争取革命的胜利，最重要的事情就是必须在斗争中逐步学会把马克思主义的一般原理创造性地应用于半殖民地半封建中国社会的实际，形成具有中国特色的人民革命的理论。正是在党和人民集体奋斗的基础上，以毛泽东为代表的中国马克思主义者开辟了农村包围城市、武装夺取政权的道路，提出了在农村和游击战争的环境下建设无产阶级先锋队的党和新型的人民军队的纲领，制定了土地革命的正确路线和人民战争的战略战术原则。这样，中国共产党人就学会了独立地解决中国革命面临的一系列根本问题。这是作为马克思列宁主义理论和中国实际相结合的体现的毛泽东思想在中国形成的标志。

在为开辟农村包围城市、武装夺取政权的道路而斗争的过程中，由于对形势的不正确的估量，由于缺少经验，由于对马克思主义与中国实际缺少统一的理解，中国共产党内发生过取消主义倾向和连续三次的冒险主义错误。中国共产党正是在反对右的和"左"的错误倾向的两条战线斗争中逐步地巩固和发展起来的。

中国共产党为巩固和发展农村革命根据地而斗争的过程，同时也就是党领导工农红军进行反"围剿"战争的过程。从1931年至1933年红军进行了胜利的第一、二、三、四次反"围剿"战争，形成了红军作战的基本原则，积累了人民战争的丰富经验。

与在军事战线上进行反"围剿"战争的同时，中国共产党还领导文化界的进步人士进行了文化战线上的反"围剿"斗争，并取得了重大的成就。

土地革命战争经历过胜利和失败的严重反复。由于王明"左"倾教条主义的严重危害，红军被迫离开南方的根据地实行战略性的大转移，党在白区的工作也遭到严重的破坏。1935年的遵义会议结束了王明"左"倾教条主义的统治，确立了以毛泽东为代表的马克思主义路线在党内的领导地位，成为党的历史上生死攸关的转折点。这次会议奠定了克服张国焘的分裂活动和胜利完成长征的基础。

1931年的九一八事变，开始了变中国为日本殖民地的阶段。为了挽救民族的危亡，中国共产党发出了武装抗日的号召，并且直接领导了东北人民的抗日武装斗争。由于"左"倾关门主义的错误，党未能有效地利用当时有利的形势建立广泛的抗日民族统一战线、发展革命力量；但在实际斗争中，共产党人还是在一些地方与部分国民党人开始了武装抗日的合作。红军长征到达陕北后，党制定了抗日民族统一战线的新政策，努力促成了西安事变的和平解决和国共合作的再度建立，从而为迎接抗日民族解放战争做好了准备。

(二)

土地革命战争时期,中国共产党在极端困难的条件下,领导中国人民为坚持革命、开辟革命的新道路而进行了英勇顽强、不屈不挠的斗争。这是党在同国民党反动派进行浴血战斗和在党内开展两条战线的曲折斗争中达到政治上的成熟和推动革命的新高涨的时期。

大革命失败以后,国民党在全国范围内建立了白色恐怖的反革命统治,企图以屠杀政策来扑灭革命的火焰,摧毁中国的共产主义运动。无数共产党员和革命群众遭到残酷的杀害,革命形势一落千丈。许多意志薄弱的人,被国民党的白色恐怖所吓倒,有的脱离了革命,有的投降了反革命。而留在革命队伍中的人,遭此反革命的突然袭击,虽义愤填膺,但面对改变了的、极端险恶的环境,一时也找不到前进的方向。周恩来说:"在革命失败之后,必然有许多失败的情绪,引起许多争论的问题。"①大革命失败以后,中国共产党内的情况,亦是如此。

应当说,十年内战时期,这是中国共产党历史上"最危险的时候"。当时的"党有什么危险呢?"正如刘少奇后来所说,"有这样两个危险:一个是党有被反动派消灭的危险",一个"是党内有分裂的危险"。② 能否克服这两个危险,这对于年轻的中国共产党来说,确实是十分严峻的考验。

尽管"当时反动派想尽一切办法消灭我们共产党,包括采取肉体消灭的方法",中国共产党人还是没有被吓倒、被征服、被杀绝,他们在黑暗中国的夜空始终高擎着革命的光辉旗帜。这是因为,中国共产党一开始就是一个新型的无产阶级革命政党,是一个坚持马克思列宁主义的革命原则、同修正主义划清了根本界限的党;它在社会矛盾极端尖锐、革命基础十分深厚的中国大地上进行活动,懂得自己对于祖国、对于人民所承担的责任,懂得反革命的残酷压迫只能引起人民更剧烈的反抗,中国革命走向高潮是不可避免的;它保持着同工农群众的联系,不断地从群众中汲取力量、补充自己的队伍。正因为如此,它具有压倒一切敌人而绝不为任何敌人所屈服的英雄气概,具有一往无前、不屈不挠的战斗精神。由于革命有来潮和退潮,斗争有胜利和失败,当时一位年轻的革命家曾经告诫人们,"要做失败时的英雄"。因为"在胜利发展的情况下,做英雄是容易的,在失败退却的局面下,做英雄就困难多了"。但是,"只有经过失败考验的英雄,

① 《周恩来选集》上卷,人民出版社 1980 年版,第 45 页。
② 《刘少奇论党的建设》,中央文献出版社 1991 年版,第 517 页。

才是真正的英雄”①。应该说,中国共产党人和与他们共同战斗的革命者,就是这种“真正的英雄”。

尽管“陈独秀犯了投降主义错误,旧的领袖推翻了,新的领袖没有培养起来,新的方针、正确的路线还没有完全形成”,在这种情况下,由于意见分歧,或者由于个别野心分子的活动,分裂的可能性是存在的,但是中国共产党人还是经过斗争,维护了党的队伍的统一。无论是陈独秀等以 81 人名义发表的号召分裂党的声明,还是罗章龙等成立的“第二党”式的所谓“中央非常委员会”,或是张国焘公开另立的所谓“中央”,都遭到了中共中央、党的各级组织和广大党员的坚决反对,而那几个搞分裂的人自己则在政治上陷入彻底的孤立。这是因为,从历史上看,中国共产党“在它产生之前,中国并没有各种纷歧错杂的社会主义思想,也没有形成许多社会主义党或者工人党,中国共产党不是由这样一些派别合起来组成的”②,它一开始就是一个工人阶级的统一的战斗的先锋队组织;而且,由于面对反革命的严酷压迫,党的中央始终没有放弃革命的旗帜,广大党员和干部都深深懂得党的队伍团结一致的极端重要性,所以,不论什么人,只要在党内搞分裂,都是不得人心的;还要看到,坚持正确路线的毛泽东等人始终坚持原则、坚持团结、遵守纪律,通过正确开展党内斗争,按照党的组织原则,来克服错误倾向,这更为从根本上维护党的统一奠定了思想基础。正因为如此,“我们党在内战时期克服了各种反动倾向,战胜了分裂分子,始终保存了统一的中央。而且这个组织在任何时期都有威信,虽然在一个时期是在错误领导下,但它还能把广大的党员团结起来”③。

显然,避免了被反动派消灭和自身发生分裂,这是中国共产党的一个“很大的胜利”④。

实际上,在这个时期,党不仅没有被消灭和发生分裂,党和它所领导的事业还是取得了“重大进步和重大成功”的。这个时期,正如毛泽东所说,“由于有了第一阶段的经验,由于对于中国的历史状况和社会状况、中国革命的特点、中国革命的规律的进一步的了解,由于我们的干部更多地领会了马克思列宁主义的理论,更多地学会了将马克思列宁主义的理论和中国革命的实践相结合,我们党就能够进行了胜利的十年土地革命斗争”⑤。党及其领导的事业在这个时期所

---

① 南昌起义失败后,朱德、陈毅率余部到达信丰。以上是陈毅在信丰一个山坳里举行的军人大会上所讲的话。

② 周恩来:《中国革命的三大法宝》,1950 年 4 月 27 日,《文献与研究》1984 年第 3 期。

③ 《刘少奇论党的建设》,中央文献出版社 1991 年版,第 519 页。

④ 《刘少奇论党的建设》,中央文献出版社 1991 年版,第 517 页。

⑤ 《毛泽东选集》第 2 卷,人民出版社 1991 年版,第 611 页。

取得的“重大进步和重大成功”①，突出地表现在以下两个问题上：

第一，“资产阶级虽然叛变了，但是党能够紧紧地依靠着农民”②。

第二，国民党虽然建立了白色恐怖统治，但是党举起了武装斗争的旗帜，“创造了坚强的武装部队”，“开辟了人民政权的道路”。③

中国的主要群众是农民。中国革命的基本问题是农民问题，而农民问题又主要是土地问题。在中国，没有单独代表农民利益的政党，农民自己没有提出过土地革命的纲领；民族资产阶级及其政党和政治派别，由于在政治上具有动摇性，又与封建的土地所有制有相当密切的关系，也没有提出过坚决的土地制度改革的主张；而大资产阶级的政治代表、国民党反人民集团掌握政权后，则坚决反对“耕者有其田”，成了封建土地所有制的主要保护者；只有中国共产党代表广大农民的利益，举起了土地革命的旗帜，并且在革命势力所及的地区开展了“打土豪，分田地”的斗争。即使是那些犯有“左”倾错误的党的领导人，他们在主张土地革命、保护广大贫苦农民的根本利益这一点上，也是明确、坚决而没有什么含糊的。这样，中国共产党就获得了农民和一切革命民主派的拥护，成了他们的领导者。这样，“中国革命战争虽然是处在中国和资本主义世界的反动时期，然而是能够胜利的，因为它有共产党的领导和农民的援助。根据地虽小却有很大的政治上的威力，屹然和庞大的国民党政权相对立，军事上给国民党的进攻以很大的困难，因为我们有农民的援助。红军虽小却有强大的战斗力，因为在共产党领导下的红军人员是从土地革命中产生，为着自己的利益而战斗的，而且指挥员和战斗员之间在政治上是一致的”④。“土地改革，也影响到长征。长征的胜利，当然是因为遵义会议，有了好领导，然而全军将士，这样的坚决顽强，那是因为他们是农民出身，受过土地革命的好处”⑤。

在中国，主要的斗争形式是战争，主要的组织形式是军队。有军则有权，战争解决一切，这是半殖民地半封建的中国社会、中国政治的一个特点。蒋介石对于这个基点是抓得很紧的，他创造了国民党的全盛的军事时代。中国也有些不要军队的政党，但正因为不要军队，它们也因此就闹不出什么名堂来。这个时期的中国共产党通过付出血的代价，开始懂得了军队的极端重要性，而且终于创造和建设了一支由党直接领导的人民军队。正因为这样，党才能开辟根据地，在根据地内建设人民政权，进行宣传群众、组织群众的工作，保存、建立和发展党的队

① 《毛泽东选集》第2卷，人民出版社1991年版，第611页。
② 《毛泽东选集》第2卷，人民出版社1991年版，第611页。
③ 《毛泽东选集》第2卷，人民出版社1991年版，第611页。
④ 《毛泽东选集》第1卷，人民出版社1991年版，第190页。
⑤ 《老一辈革命家论党史与党史研究》，陕西人民出版社1993年版，第664～665页。

伍。俄国无产阶级政党在 1905 年革命失败以后也经历过反动时期。刘少奇说过,“当时俄国的中央搬到了外国,我们的中央没有出国,而是上了山,过了雪山草地”。“我们渡过了反动时期,不仅保存了革命的旗帜、革命组织,而且保存了革命的军队和一块革命根据地。我们最大的胜利,最大的成功就在这里”。“不过我们应该讲,这些保存是在红军里保存的。因为保存了这支军队,也就保存了一块根据地,因为保存了根据地,保存了队伍,也就保存了组织。如果没有红军,革命组织也保存不了”。“白区的党基本上没有保存得了,也是因为这一点”①。

当然,为了找到中国革命的新道路,党进行过长时间的摸索,经历了胜利和挫折的多次反复。“一部分同志曾在这个伟大斗争中跌下了或跌下过机会主义的泥坑”,党的领导机关的一部分人在有几个时期中没有能够掌握住正确的政治路线和组织路线;但是,以毛泽东为代表的中国共产党人还是通过总结正反两个方面的经验,逐步地把马克思列宁主义的理论和中国革命的实际正确地结合起来,从而把中国革命引上了复兴和胜利发展的道路。

应当怎样估计党在十年内战时期的历史呢?对于这段历史,毛泽东说过,应取分析态度,不要作绝对肯定或绝对否定的简单结论。

这里有几点值得注意:

第一,在这个阶段中,中国共产党是中国革命的唯一领导者。“党是英勇坚决地领导了中国的革命,并且得到伟大的成绩”。党在长期的斗争中“造成与造成着革命的与布尔什维克的传统,这是我们党的正统”。这也就是党在这个阶段的历史的主流和主导方面。

第二,“党曾经犯过右的与‘左’的总路线上的错误,使革命受到损失,这是不能否认与不应否认的事实”。

“总路线错误只在最高领导机关中发生与推行出去”,只在几个时期中犯过总路线的错误。

“党除在个别时期犯了‘左’右倾路线错误之外,还在差不多一切时期中犯了若干个别问题的‘左’右倾原则上的错误,这在斗争策略问题、宣传教育问题、党内关系问题上都有过”。这种错误是难以避免的。

第三,“党员群众与广大干部始终没有犯过总路线上的错误,这是没有使党受致命伤及能够迅速纠正错误的最主要的原因”。② 在党内,一部分同志还对错误路线进行过抵制与斗争,这个事实也是不能否认与不应否认的。

---

① 《刘少奇论党的建设》,中央文献出版社 1991 年版,第 518 页。

② 《关于十五年来党的路线和传统问题》(1937 年 6 月 5 日),《毛泽东文集》第 1 卷,人民出版社 1993 年版,第 505 ~ 507 页。

第四，对犯路线错误的时期，也还要作具体分析，不要否定一切。毛泽东后来就说过："例如对于四中全会至遵义会议时期中央的领导路线问题，应作两方面的分析：一方面，应指出那个时期中央领导机关所采取的政治策略、军事策略和干部政策在其主要方面都是错误的；另一方面，应指出当时犯错误的同志在反对蒋介石、主张土地革命和红军斗争这些基本问题上面，和我们之间是没有争论的。即在策略方面也要进行分析。例如在土地问题上，当时的错误是实行了地主不分田、富农分坏田的过左政策，但在没收地主土地分给无地和少地的农民这一点上，则是和我们一致的。"①

第五，"党在过去犯过许多大的、小的、'左'的、右的、不合于马克思主义原则性的错误，党也从对这些错误的斗争中锻炼得更强些，革命成绩也从克服错误的斗争中得出来"②。

对于具体情况作具体的分析，这"是马克思主义的最本质的东西、马克思主义的活的灵魂"。对于党在十年内战时期这样复杂的情况，必须作深入的分析研究，既不能肯定一切，也"不要否定一切"。只有这样，才能对于这个时期的历史作出切合实际的描述和实事求是的评价，从而科学地总结出相关的经验教训。

诚然，这个时期党经历过巨大的曲折和起伏。由于王明等推行"左"倾冒险主义方针的结果，党在大革命失败以后经过艰苦工作积蓄起来的革命力量大部丧失了。红军从 30 万人减少为 3 万人；南方的根据地全部丢失，只留下了陕北一块根据地；几十万党员也只剩下了几万人。虽然如此，党在这十年间的奋斗并不是徒劳的，它仍然有着巨大的意义。这是因为："党在十年的反动时期，虽有内外敌人的侵袭和打击，却在全国范围内用革命精神教育了广大的人民群众，在人民群众中保存了党的革命旗帜。"③这个事实宣告了帝国主义和中国反动派不可能稳定自己的统治；它为苦难的中国人民昭示了争取翻身解放的希望。

党在这个时期，以大无畏的英雄气概和坚忍不拔的奋斗精神，克服了横亘在前进道路上的各种难以想象的艰难险阻，"保存了红军的基干和一部分革命根据地，保存了党的大批的优秀干部和数万党员"。这就为迎接革命的新高潮准备了种子，这些种子撒播到具有深厚的革命基础的中国大地上，将会发芽、开花、结果，从而发展成为一支不可战胜的坚强的革命力量。

这个时期，党在反对内外敌人的压迫和克服机会主义的错误的斗争中经受了严峻的考验和艰苦的锻炼，积累了极其丰富的正反两个方面的经验，达到了政

---

① 《毛泽东选集》第 3 卷，人民出版社 1991 年版，第 938 ~ 939 页。

② 《毛泽东文集》第 1 卷，人民出版社 1993 年版，第 507 页。

③ 《胡乔木文集》第 2 卷，人民出版社 1993 年版，第 38 页。

治上的成熟。党在斗争中不但锻炼出来了一条坚强的马克思列宁主义的政治路线,而且锻炼出来了一条坚强的马克思列宁主义的军事路线。“党开辟了人民政权的道路,因此也就学会了治国安民的艺术。党创造了坚强的武装部队,因此也就学会了战争的艺术”。所有这些,显然是党的“重大进步和重大成功”①。

“在这个时期,党认识了自己的真正的马克思列宁主义的领导者毛泽东同志”②,同时也认识了各种右和“左”的错误思想的危害,并在与这些错误思想的斗争中,确立了以毛泽东为代表的正确路线在中共中央的领导。

正因为如此,我们应当说,土地革命战争确实对于中国革命后来的胜利,“是完成了最重要的政治准备和干部准备”③。

在红军长征到达陕北的时候,毛泽东曾经说过,尽管只剩下不到三万人,但从本质上看,中国革命的力量不是比过去弱了,而是更强了。全国解放后,他在回顾这段历史时还对外国友人说过:“我们的军事力量在长征前达到过三十万人,因为犯错误,后来剩下不到三万人,不到十分之一。重要的是在困难的时候不要动摇。三万人比三十万人哪个更强大?因为得到了教训,不到三万人的队伍,要比三十万人更强大。”④历史证明了毛泽东的这个闪耀着辩证法思想光辉的论断。中国共产党正是依靠这三万人作基干,使革命力量在斗争中发展壮大,直至取得了全国胜利。

(三)

土地革命战争时期是中国新民主主义革命的一个历史阶段,在中国共产党的历史上占有重要的地位。这是中国共产党在极端艰难困苦的条件下,为坚持革命的旗帜、保存和积蓄革命的力量、开辟革命的新道路而斗争的时期;是中国共产党自身在同国内外敌人进行浴血的战斗和在党内开展两条战线的曲折斗争中,达到政治上成熟的时期;是马克思列宁主义与中国实际日益正确地结合起来,中国化的马克思主义即毛泽东思想形成的时期。中国共产党人在这个时期所进行的艰苦卓绝的英勇斗争,为迎接抗日民族解放战争、推动革命的新高涨,在政治上、思想上和组织上做了重要的准备。

在这个时期,党经历了两次历史性的转变。第一次是由大革命的失败到土地革命战争的兴起;第二次是第五次反“围剿”的失败到全国抗日战争的兴起。

---

① 《毛泽东选集》第2卷,人民出版社1991年版,第611页。
② 《胡乔木文集》第2卷,人民出版社1993年版,第37页。
③ 《胡乔木文集》第2卷,人民出版社1993年版,第37页。
④ 《毛泽东外交文选》,中央文献出版社、世界知识出版社1994年版,第409页。

大革命失败后，内战代替了团结，独裁代替了民主，黑暗的中国代替了光明的中国。在国民党反人民集团叛变革命的情况下，是中国共产党独力高举起革命的旗帜。它不仅继承了被国民党反动分子抛弃的孙中山的革命主张，而且把中国人民的解放斗争推进到了以土地革命为主要社会内容的新阶段。中国共产党成了农民和一切革命民主派的领导者。

中国革命的敌人不仅异常强大，而且极端凶暴。为了战胜这个强大的凶暴的敌人，中国革命不能不经历长时期的、艰难而曲折的斗争。尽管反革命一再宣告，中国共产主义运动行将被彻底消灭，它还是一次又一次奇迹般地坚持了下来，而且走向了复兴之路。这个时期的历史表明，中国共产主义运动确实有着伟大的顽强的生命力。因为中国共产党人是为着无产阶级和人民群众的利益而集合、而战斗的，因而它能够从群众中吸取无穷无尽的智慧和力量，去战胜前进中遭遇的各种艰难险阻，百折不回地走向自己选定的革命目标。正是在这种长时期的艰难而曲折的斗争中，中国共产党经受了锻炼和考验，不仅保存了自己的骨干力量，而且使自己的信念变得更加坚定，在政治上变得无比的坚强。

这个时期的历史再次表明，中国革命的前进与后退、胜利与挫折，从主观条件方面来说，取决于中国共产党能否把马克思主义的一般原理同中国的实际正确地结合起来。由于经验不足，由于国情复杂，由于未能始终坚持唯物主义的思想路线，党的领导机关在这个时期多次发生严重的、全局性的错误。但是，中国共产党善于总结人民斗争的成功经验，并从自己所犯的错误中吸取教训。以毛泽东为代表的中国共产党人坚决反对了教条主义和经验主义尤其是教条主义的错误倾向，坚持运用马克思主义的理论和方法，把中国革命的一系列独创性的经验作了理论概括，开辟了农村包围城市、武装夺取政权的道路，正确地解决了农民土地问题、人民军队的建设问题和人民战争的战略战术问题、统一战线问题等，形成了适合中国情况的科学的指导思想——毛泽东思想。这就为中国共产党领导中国人民去迎接抗日战争和夺取中国革命的胜利提供了最有力的保证。

二、外国在华资本主义经济和中国官僚资本主义经济的基本情况及其主要特点

在半殖民地半封建的中国社会中，存在着三种资本主义经济和三类资产阶级。这就是：外国帝国主义在华资本和各国的垄断资产阶级；中国的买办资本主义经济或官僚资本主义经济和买办性的大资产阶级或官僚资产阶级；中国的民族资本主义经济和民族资产阶级。

关于民族资本主义经济和民族资产阶级的基本情况，在第二编中已经大体上叙

述过了。这里分别简要地叙述一下前两种资本主义经济和资产阶级的基本情况。

(一) 外国资本主义的入侵和中国社会的半殖民地化

1. 外国资本主义的入侵和中国社会成为半殖民地社会

近代以来,外国资本-帝国主义列强通过向中国发动多次侵略战争,并采取种种政治的、经济的和文化的压迫手段,逐步地使独立的中国变成了半殖民地的中国,在特定的时期、特定的地域还建立了殖民统治。

首先,中国已经没有完整的主权,在政治上丧失了独立的地位。

资本主义列强强迫占领或"租借"了中国的一部分土地,破坏了中国的领土完整。如:英国强占了香港。俄国割去了中国外兴安岭以南、黑龙江以北 60 多万平方公里的土地,乌苏里江以东包括库页岛在内的 40 万平方公里的土地,吞并了中国西境巴尔喀什湖、斋桑泊和伊塞克湖及其周围共 44 万平方公里的土地。日本强占了中国的台湾和澎湖列岛。德国"租借"了胶州湾。俄国"租借"了旅顺、大连。法国"租借"了广州湾。英国"租借"了威海卫、"新界"。与此同时,它们还在中国的若干中心城市设立"租界"。这种"租界"是十足的殖民地,这里的一切都由外国殖民者管理,中国的法律在这里不发生效力,俨然成为"国中之国"。上海外滩公园的门口甚至挂着"中国人和自行车和狗不得入内"这种极度污辱中国人的牌子。

资本主义列强还向中国勒索巨额的"战争赔款"。它们发动侵略战争来屠杀中国人民,却要中国人民加倍地承担其战争费用。如:鸦片战争后,英国勒索赔款 2 100 万两白银,这笔款项相当于清政府全年财政收入的 1/3。中日甲午战争后,日本勒索赔款 2 亿两白银,清政府还付出 3 000 万两"赎辽费",这笔款项相当于清政府三年的财政收入。八国联军侵华战争后,它们更勒索赔款 4.5 亿两,年息 4 厘,分 39 年还清,本息合计达 9.82 亿两,当时的中国人,不分男女老少,平均每人要负担 2 两多。这种行为,乃是外国侵略者对于中国所实行的公开的掠夺。

资本主义列强还获得了在中国领土上驻兵的特权。1900 年《辛丑条约》规定,外国军队有权在北京使馆区和北京至大沽、山海关一线包括天津、唐山、滦州等 12 处"留兵驻守"。1904—1905 年日俄战争后,日本从俄国手中攫得租自中国的旅顺口和大连湾、长春至旅顺口的铁路及其他有关权益,在旅顺设置了"关东总督府",并派兵驻守上述地区及南满铁路沿线。这支军队后来被称为关东军,成了日本侵略中国的突击队。

与此同时,资本主义列强在中国还享有领事裁判权。1843 年中英《虎门条约》规定,在通商口岸,中国人如与英侨"遇有交涉诉讼",英国领事有"查察"、

"听诉"之权,"其英人如何科罪,由英国议定章程、法律,发给管事官照办",中国政府无权处理。1844 年中美《望厦条约》更规定扩大领事裁判权的范围,即所有在华美国人之一切民事、刑事诉讼,"中国官员均不得过问"。外国人可以在中国横行不法,中国政府却无权干预。中国确实已经没有独立的主权可言。

资本主义列强还控制了中国的海关。1842 年中英《南京条约》规定,英国商人进出口货物的税率,清政府"均宜秉公议定则例"。1843 年中英《五口通商章程:海关税则》将英商进出口货物的具体税率,用中英协定形式固定下来。1844 年中美《望厦条约》和中法《黄埔条约》进一步规定,倘中国以后要变更税例,必须得到对方"议允",正式把协定关税的条款订入条约。中国逐步丧失了海关自主权。1858 年的中英《天津条约》更规定,海关对进出口货物照时价征税 5%;外国商品运销内地,只纳价值 2.5% 的子口税外,免征一切内地税。这样,中国就成了世界上税率最低的国家。问题还并不止于此。资本主义列强还掌握着中国海关的行政权。总揽全国海关权力的总税务司和设在各海口的税务司都是由外国人充任的。英国人赫德任中国海关总税务司近 50 年之久。这就是说,中国海关不但不能成为抵制外国商品倾销、保护民族经济的工具,反而成为外国控制中国财政金融的重要据点了。

资本主义列强还以实力为后盾,在中国划分势力范围。如:山东为德国的势力范围,广东、广西、云南为法国的势力范围,长江中下游为英国的势力范围,东北为沙俄的势力范围,福建为日本的势力范围。各国在其势力范围以内,拥有筑路、开矿的特权。中国成了资本主义列强竞相争夺的一块肥肉。

同时,中国的经济命脉也受到资本主义列强的控制,中国在经济上逐步形成了对资本主义列强的依赖而丧失了自己的独立地位。其表现是:

"帝国主义列强经过借款给中国政府,并在中国开设银行,垄断了中国的金融和财政。"①它们不仅勒索中国的赔款,而且强迫中国举借外债来偿付这些赔款。它们还通过给贷款来支持中国的反动政府镇压人民革命。中国政府举借外债,是以关税、盐税为担保的。这两项税收,是中国政府重要的财政收入来源。清政府的这两项税收全年 4 000 万至 5 000 万两,主要用于偿付外债,自己只能得到一点"关余"、"盐余"。与此同时,外国银行在中国不只吸收存款,还发行货币,垄断国际汇兑和商业信贷。因此,它们就"在金融上、财政上扼住了中国的咽喉"②。

资本-帝国主义列强还控制了中国的现代交通运输业。中国境内的铁路绝

① 《毛泽东选集》第 2 卷,人民出版社 1991 年版,第 629 页。
② 《毛泽东选集》第 2 卷,人民出版社 1991 年版,第 629 页。

大部分由外国资本经营,由中国自主经营的,1891年为21.1%,1894年为6.7%。各通商口岸进出的中外轮船吨位,外轮占主要部分:1897年为76.8%,1916年为77.6%;中国最大的内河长江航线上中外轮船吨位,外轮也占70%~80%。远洋航运更几乎全部由外国资本垄断经营。

由于资本-帝国主义列强控制了中国的通商口岸、海关、对外贸易和现代交通运输业,因而就可以把中国变成它们自由倾销工业品的市场。与此同时,它们还在中国直接经营轻工业和重工业企业,直接利用中国的廉价原料和廉价劳动力,以获取高额利润。1913年,外国资本占煤矿投资总额的79.6%,占新式采铁和冶铁企业投资总额的100%,并且控制了41.2%的纱锭和49.6%的织布机。它们"以此对中国的民族工业进行直接的经济压迫,直接地阻碍中国生产力的发展"①。

资本-帝国主义列强侵略中国的目的,是为了把它变成自己的殖民地。主要由于中国人民的英勇反抗,使得帝国主义势力无法征服中国,同时也由于帝国主义势力争夺中国的矛盾无法妥协,使得它们不可能瓜分中国,这样,它们才没有能够如同英国在印度那样,对中国实行直接统治,而是通过其在中国的代理人对中国实行间接统治。

1925—1927年大革命时期,帝国主义的在华侵略势力曾经受到中国人民革命的有力打击。但是,随着蒋介石集团的叛变和大革命的失败,中国社会殖民地化的程度又随之加深起来了。

以蒋介石为首领的国民党新军阀是在帝国主义的支持下上台的。蒋介石集团上台之后,即宣称"要联合各国共同对付第三国际",公开站到了国际帝国主义的反革命阵线的一边。尽管在口头上,蒋介石仍是以反帝国主义来自我标榜的,但在事实上,它既已公开反共,也就不能不脱离人民,不能不投靠帝国主义。而为了报答帝国主义给予自己的支持,它也就为帝国主义势力深入中国进一步敞开了大门。

从1927年南京国民党政府成立到1937年卢沟桥事变之前的10年时间里,帝国主义的经济势力在中国进一步得到了扩展,并且牢牢地掌握了中国的经济命脉。在重工业方面,外国资本1936年控制了煤产量的55.2%,新法采煤量的77.4%,1937年掌握冶铁工业的95%,1936年掌握石油工业的99%,同年掌握发电量的77.1%。在交通运输业方面,外国资本1936年掌握铁路总长度的88%;1930年即已掌握外洋航运和国内航运的吨位的81.2%;航空更是基本上为外国人经营管理。在轻工业方面,外国资本1936年也已掌握纱锭的48.2%,织布机的56.3%(东北日本纱厂尚未计入),在这前后,还掌握了毛纺锭的62%,毛织机的48%;

① 《毛泽东选集》第2卷,人民出版社1991年版,第629页。

1935年还掌握烟厂产值的63%以上。在中国的工业中心上海,1928年全市工业资本中外国资本占64.7%,中国资本仅占35.3%。在抗战前夕,在中国的现代工业和运输业中,外国资本占到了71.6%。在银行方面,1936年,外国银行资产也要比华商银行多三分之一。这就是说,外国资本不仅垄断了中国的重工业、交通运输业,而且控制了中国的财政、金融,以及若干主要的轻工业。

在国民党执政以后的一个时期内,中国主要是美、英、日等国互相争夺的对象。1931年九一八事变以后,日本侵略者占领了中国东北,并于次年制造了一个由清废帝溥仪当"执政"(后称"皇帝")的伪"满洲国"。1937年卢沟桥事变以后,日本发动了以灭亡全中国为目的的侵略战争,占领了华北各省、山东、江苏、安徽、河南、湖北、广东等省的绝大部分,并于1940年3月制造了一个由国民党亲日派汪精卫为头子的南京伪"国民政府"。中国的这些地区,成了日本帝国主义的独占殖民地。日军所到之处,烧杀、奸淫、抢掠,无恶不作。中国人民遭到了极其野蛮的蹂躏。

在其占领区内,日本侵略者实行了竭泽而渔的政策。他们肆意掠夺中国的资源,残酷地压榨中国的人民。在"日满经济一体化"的口号下,中国东北的经济完全为日本的垄断资本所统治。在关内,沦陷区的经济也完全殖民地化了。按照"工业日本,农业中国"的原则,中国的民族工业是不允许存在的。武汉失守后,关内被毁工厂约占当时工厂总数的37%。其余的,除少数内迁外,大部分为日本侵略者所占夺。他们的方针是,使沦陷区成为日本工业的原料基地。如华北煤产量的65%就都被运往日本去了。除直接的掠夺外,他们还通过伪政权的统治机构去掌握物资。关内农业所受的摧残也极为严重。如同在东北一样,日本侵略者在关内不仅大量占夺农田,而且还大批征发夫役。他们不仅大量消耗关内的粮食和其他农副产品,而且还大批地把这些物资运往日本。

日本帝国主义的侵略,给中国人民带来极其深重的灾难。日军侵华期间,中国人民在日军屠刀之下死伤者达3 500万人;按1937年的币值计算,中国遭受的直接经济损失为1 000亿美元,间接经济损失为5 000亿美元。

抗日战争胜利后,美国取代了日本在中国的地位。国民党统治区实际上已经形同美国的殖民地。

蒋介石集团之所以敢于发动反人民战争,没有美国的支持是不可想象的。作为接受美国援助的交换条件,国民党政府与美国签订了一系列丧权辱国的条约和协定,使美方在中国享有了种种特权,包括在中国不受限制地倾销商品和投资设厂的特权,包括在实际上重新恢复的领事裁判权、军事性的降落权、内河航行权等。正是在国民党政府的支持和上述条约或协定的保护下,美国资本迅速在国民党统治区的经济生活中占据了支配的地位。大量的美国剩余物资如潮水般地拥入中国的市场。在中国的进口总值中,1946 年从美国进口的商品(除军火外,包括多种轻重工业产品)已占 57.16%,中国出口总值中,向美国出口的商品(主要是原料品如桐油、猪鬃、矿砂等)也达 38.71%。美国在华投资更是急剧增长。它在战后对中国的投资超过了 1936 年前各国在华投资总额,占当时各国在华投资总额的 80%。国民党政府的"国营"企业和官僚资本的私营企业,实际上成了美国垄断资本的分支机构。美国垄断资本和中国官僚资本的垄断统治,把国民党统治区的经济推向了绝境。

2. 帝国主义的压迫成为中国经济发展和社会进步的严重障碍

怎样看待外国资本主义对于东方国家的入侵?这是一个必须弄清楚的问题。

毛泽东在《中国革命和中国共产党》这部著作中指出:"中国封建社会内的商品经济的发展,已经孕育着资本主义的萌芽,如果没有外国资本主义的影响,中国也将缓慢地发展到资本主义社会。外国资本主义的侵入,促进了这种发展。"这种侵入,"不仅对中国封建经济的基础起了解体的作用,同时又给中国资本主义生产的发展造成了某些客观的条件和可能。因为自然经济的破坏,给资本主义造成了商品的市场,而大量农民和手工业者的破产,又给资本主义造成了劳动力的市场"。①

不过,这还"只是帝国主义侵入中国以来所发生的变化的一个方面"②。这个变化的另一个方面"就是帝国主义勾结中国封建势力压迫中国资本主义的发展"③。

帝国主义列强入侵中国所起的这两个方面的作用,究竟哪一个方面是主要的呢?毛泽东认为,是后者而不是前者。他指出:"帝国主义列强侵入中国的目的,决不是要把封建的中国变成资本主义的中国。帝国主义列强的目的和这相反,它们是要把中国变成它们的半殖民地和殖民地。"④因为对于它们来说,一个政治上、经济上不独立的、地大物博人口众多的半殖民地的中国,乃是一个极其广大的倾销商品的市场,一个理想的资本输出的对象,廉价原料、廉价劳动力的供应地。如果中国成为一个独立、富强的资本主义国家,它当然还会同它们打交道并发生经济文化往来,但那时的中国将作为主权国家同它们在平等的基础上而不是如同半殖民地时期那样在不平等的基础上建立和发展关系。这是它们所

① 《毛泽东选集》第 2 卷,人民出版社 1991 年版,第 626 ~ 627 页。

② 《毛泽东选集》第 2 卷,人民出版社 1991 年版,第 627 页。

③ 《毛泽东选集》第 2 卷,人民出版社 1991 年版,第 628 页。

④ 《毛泽东选集》第 2 卷,人民出版社 1991 年版,第 628 页。

不能容忍的。它们既不愿意失去在中国的殖民主义利益,也不愿意看到中国在国际市场上成为它们的一个强有力的竞争对手。正因为如此,“帝国主义侵略中国,反对中国独立,反对中国发展资本主义的历史,就是中国的近代史。历来中国革命的失败,都是被帝国主义绞杀的,无数革命的先烈,为此而抱终天之恨”①。毛泽东的这个论断是完全符合实际的。这是因为:

第一,帝国主义列强的压迫,直接阻碍了中国的经济发展和社会进步,给中国人民造成了深重的灾难。

帝国主义势力的入侵,不仅使中国在政治上不再拥有完整的主权,而且在经济上也逐步形成了对它们的依附而丧失了自己的独立性。

“帝国主义列强根据不平等条约,控制了中国一切重要的通商口岸,并把许多通商口岸划出一部分土地作为它们直接管理的租界。它们控制了中国的海关和对外贸易,控制了中国的交通事业(海上的、陆上的、内河的和空中的)。因此它们便能够大量地推销它们的商品,把中国变成它们的工业品的市场,同时又使中国的农业生产服从于帝国主义的需要。”②由于得不到应有的保护,在外国商品倾销的情况下,中国的民族工商业和农业生产的发展受到了严重的打击。

在倾销商品的同时,“帝国主义列强还在中国经营了许多轻工业和重工业的企业,以便直接利用中国的原料和廉价的劳动力”③。外国资本不仅垄断了中国的重工业和交通运输业,而且控制了中国的财政、金融,以及若干重要的轻工业。它们“以此对中国的民族工业进行直接的经济压迫,直接地阻碍中国生产力的发展”④。

有必要指出,帝国主义在中国投资的最主要部分是商业掠夺性的资本,即投丁进出口业以及与商品倾销相关的运输、银行、保险等事业的资本,而不是工业资本。这些资本的大部分并非由国外输入,而是在中国直接掠取的。如在中国取得的战争赔款、借款利息和强占的土地,以及积累的利润等。1930 年外国在华企业财产和房地产约值 24 亿美元,其中由国外输入的仅 9.4 亿美元。它们还把从中国榨取的巨额利润输往本国。估计从 1894 年到 1937 年,帝国主义输进中国的资本和借款约合 17.4 亿美元,而同期自中国输出的投资利润和借款本息达 34.4 亿美元,为输入资本的近两倍。它们在中国积累的资本还没有计算在内。这就是说,帝国主义投资的增加,乃是对于中国生产资金的强盗式的占有,这对于中国社会生产力的发展是一种严重的束缚。

① 《毛泽东选集》第 2 卷,人民出版社 1991 年版,第 679 页。
② 《毛泽东选集》第 2 卷,人民出版社 1991 年版,第 628 ~ 629 页。
③ 《毛泽东选集》第 2 卷,人民出版社 1991 年版,第 629 页。
④ 《毛泽东选集》第 2 卷,人民出版社 1991 年版,第 629 页。

第二,帝国主义列强“使中国的封建地主阶级变为它们统治中国的支柱”①。为此,它们到处致力于保持前资本主义时期的一切剥削形式(特别是在乡村),主要是封建地租剥削和高利贷剥削,并使之永久化,因为这些形式“是它的反动的同盟者生存的基础”②。同时,由于帝国主义妨碍了中国工业的发展,使农村中的资本积累,不用来提高农业的生产技术,不投到工业里面去,反而再投到土地和高利贷方面来,更加严重地用半封建的形式剥削农民。中国农村受到封建剥削制度的束缚,农业生产发展缓慢甚至陷于停顿状态,无力为工业的发展提供足够的商品粮食、轻工业原料、工业品市场及资金,从而成为中国工业发展的严重的制约因素。

第三,在半殖民地的中国,帝国主义列强主要是通过它们在中国的代理人即中国的反动统治集团来实行间接统治的。国际帝国主义和中国执政的军阀“互相勾结”,前者支持后者,“一是可以造成他们在中国的特殊势力,一是可以延长中国的内乱,使中国永远不能发展实业,永远为消费国家,永远为他们的市场”。后者依靠前者,则是因为没有后者的支持,他们就难得上台,上台了也难以维持自己的统治。我们看到,从北洋军阀首领袁世凯,到国民党新军阀首领蒋介石,都无不是以外国帝国主义为靠山的。

由于中国的反动统治集团与中国的广大人民处于尖锐对立的地位,他们的统治只能依靠赤裸裸的暴力、依靠封建专制的手段来维持。这样,外国帝国主义对他们的支持,就成了对中国独裁统治的支持,成了中国政治走向民主化的严重的直接障碍。

由于帝国主义列强支持中国的反动派进行反人民的战争,支持中国各派军阀进行争夺中央政权或地方势力范围的斗争,这也使得中国战乱频仍,广大人民无法安居乐业,从而严重地妨碍了中国经济和文化等项事业的发展。

正是由于帝国主义和它所支持的封建主义的双重压迫,“中国的广大人民,尤其是农民,日益贫困化以至大批地破产,他们过着饥寒交迫的和毫无政治权利的生活”③。

正是由于帝国主义和它所支持的封建主义的双重压迫,中国生产力的发展受到严重的阻碍。中国始终是一个农业国。中国工业在很大程度上不过是加工工业(即以外国的原料加工制成日用品)和装配工业(即以外国的零件装配成机器)而已。自从1840年外国资本主义入侵以来,经过一百多年的发展,中国并没有成为一个独立的资本主义发达国家,而只是成了一个极度贫弱的半殖民地。

---

① 《毛泽东选集》第2卷,人民出版社1991年版,第629页。

② 《毛泽东选集》第2卷,人民出版社1991年版,第629页。

③ 《毛泽东选集》第2卷,人民出版社1991年版,第631页。

历史经验表明,摆脱帝国主义的压迫,是中国走向独立和富强的必要前提。正因为如此,中国共产党举起反帝的旗帜,领导中国人民进行反对帝国主义压迫的斗争,这完全是必要的、正义的,具有伟大的进步意义。

(二)官僚资本主义及其对中国经济发展、社会进步的阻碍作用

中国的资本主义经济和资产阶级是随着外国资本主义的侵入而形成和发展起来的。

本来,中国封建社会内的商品经济的发展,已经孕育着资本主义的萌芽,如果没有外国资本主义的影响,中国也将缓慢地发展到资本主义社会。1840 年鸦片战争以后,外国资本主义的侵入,促进了这种发展。因为外国资本主义的侵入,破坏了中国自给自足的自然经济的基础,给资本主义造成了商品的市场,而大量农民和手工业者的破产,又给资本主义造成了劳动力的市场。19 世纪下半期中国的资本主义经济开始发生,中国的资产阶级也逐步地形成和发展起来了。

由于中国的资本主义经济是随着外国资本主义的侵入而逐步地形成和发展起来的,中国资产阶级也就分成了两个部分。一个部分是买办资产阶级,即中国的大资产阶级,后来称为官僚资产阶级。他们是中国资产阶级的主体。他们所经营的主要是大规模的资本主义经济,这种经济对外国垄断资本有很强的依赖性,并且同封建经济有密切的联系,因而这部分资产阶级具有强烈的买办性和封建性。另一部分是中国的民族资产阶级,即中等资产阶级和上层小资产阶级。他们是中国资产阶级的非主体部分,同时又是重要的部分。他们所经营的是中等规模和小规模的资本主义经济,这种经济与官僚买办资本主义经济相比较,没有那样多的买办性和封建性,因而是中国的民族资本主义经济。按照与外国帝国主义和本国封建主义的关系的密切程度,中国的资产阶级被分成了买办资产阶级和民族资产阶级,这是半殖民地中国所具有的一个重要的历史特点。认清这个特点,是正确地掌握中国资产阶级的性格和正确地制定对它们的政策的重要前提。

中国的买办资产阶级是适应外国资本主义侵入中国的需要,在外国资本主义的直接豢养和扶持下形成和发展起来的。毛泽东指出:"为了侵略的必要,帝国主义给中国造成了买办制度,造成了官僚资本。"①

"买办",也称"康白度"(葡萄牙文 COMPRADOR 的音译)。殖民地半殖民地国家中替外国资本家在本国市场上服务的中间人和经理人。原指欧洲人在印度雇用的当地管家。在中国,指外国资本家在旧中国设置的商行、公司、银行等所雇用的中国经理。"买办"一词,明代专指对宫廷供应用品的商人;清初专指

① 《毛泽东选集》第 4 卷,人民出版社 1991 年版,第 1484 页。

为居住广东会馆的外商服务的中国公行的采买人或管事人。鸦片战争后,公行制度被废止,外商乃选当地中国商人代理买卖,沿称买办,其性质既是外商的雇员,也是独立商人。嗣后外商为了减少买办中间佣金,逐渐采取与中国商人直接贸易的方法,买办遂转化为单纯的外商雇员,称"华经理"或"中国经理",代外国人推销商品,掠夺资源,从中获取巨利。他们依靠外国资本家生存和发展,是旧中国反动统治的支柱之一。①

买办或买办化商人在充当外国资本家的雇员或代理人的过程中积累起来的资本就是买办资本。它的主要来源是:

(1)买办的佣金收入。所谓"佣金",是外商根据买办给他们推销商品、收购原料的营业额的大小,按照一定的比例(一般是1%~2%,高者达5%,因不同的业务、时间而异)付给买办的报酬。这种佣金,数额丰厚。它最能反映买办和外国侵略者利益的一致性。买办对外商之间的生意愈大,服务愈多,所得的佣金报酬也愈多。往往一当上买办,即可"致富巨万"。

(2)买办兼营企业的收入。买办中不少人原来就经营商号和钱庄,投靠外国资本家后仍然继续经营旧业。他们依靠外国侵略者的特权和买办的地位,利用外商招牌,闯关偷税以获取非法利润,并利用外商关系,从国外银行通融资金来多做生意。有的买办即使原先没有经营工商业,这时也竞相开设企业,用以上方法获取暴利。

(3)在外商企业中投资获取的利润。外商企业往往用吸收中国人投资的办法来壮大自己的实力;而买办为了分享外商在中国获得的暴利,并逃避本国的捐税,纷纷在外商企业中"附股搭办"。据估计,19 世纪 80 年代,在上海的许多外国公司中至少有 40% 的股票属于中国人的投资。这些股票的持有人中多数是外国洋行买办,特别是大买办。②

买办资本依附于外国在华资本并仰仗后者而发展起来,这是一个无可置疑的事实。

中国的买办阶级在 1840 年鸦片战争后随着外国资本主义的侵入及其在华势力的发展而开始孕育并逐步形成。"在 19 世纪 60 年代到 90 年代,与买办和买办商人的活动日益活跃、买办的队伍日益发展和扩大的同时,中国封建地主阶级的买办化也日益显著"。"洋务运动发生和发展的过程同时也是封建地主阶级同买办和买办商人日益密切结合的过程"。主持洋务运动的封建官僚日益走向买办化。同时,由于洋务派官僚从创办和经营近代资本主义企业的活动中积

① 参见《辞海》,上海辞书出版社 1979 年版,第 108 页。

② 参见凌耀伦等:《中国近代经济史》,重庆出版社 1982 年版,第 96~98 页。

累了大量的财富,因此,他们也开始向官僚买办资本家转化。“以封建地主而兼具有官僚买办资本家的身份,是洋务派官僚的根本阶级属性,洋务派官僚是封建地主阶级同买办势力紧密结合的典型”。①

从1895年中国在甲午战争中失败被迫签订《马关条约》到1927年南京“国民政府”成立的三十余年内,国际帝国主义对中国的侵略进一步深入,中国买办资产阶级得到了显著的发展。随着买办剥削网的全面扩展,买办和买办商人的人数迅速增加,买办和买办商人的势力急剧增长。“由于清政府和北洋军阀政府加紧投靠帝国主义,因而一部分军阀进一步走上了买办化的道路,买办势力进一步渗入了政权”。“军阀官僚同买办相互渗透,互相结合,共同控制着北洋军阀政权”。1927年革命失败以后,国民党新军阀在全国建立了反革命统治。旧中国的买办阶级与反动的国家政权结合在一起,使官僚买办资本急剧膨胀起来,买办阶级发展成为官僚买办资产阶级。由此,买办阶级成了控制全国政权的阶级。这种官僚资本,是“买办资本发展的最高形态”;而官僚资产阶级,则是“买办阶级发展的最高阶段,也是它的死亡阶段”。②

中国新民主主义革命所反对的,主要就是这种官僚资本和这种官僚资产阶级。

什么是官僚资本呢?毛泽东在1947年指出:这就是“蒋介石、宋子文、孔祥熙、陈立夫为首的垄断资本”。“蒋宋孔陈四大家族,在他们当权的二十年中,已经集中了价值达一百万万至二百万万美元的巨大财产,垄断了全国的经济命脉。这个垄断资本,和国家政权结合在一起,成为国家垄断资本主义。这个垄断资本主义,同外国帝国主义、本国地主阶级和旧式富农密切地结合着,成为买办的封建的国家垄断资本主义。这就是蒋介石反动政权的经济基础。”③而掌握着官僚资本的阶级,就是官僚资产阶级,即中国的大产阶级。

以蒋、宋、孔、陈四大家族为代表的官僚资本是在1927年国民党新军阀的统治建立以后,依靠反动政权的力量,逐步形成和发展起来的。在抗日战争时期和日本投降以后,它达到了最高峰。

资本主义发达国家中的国家垄断资本,大抵是在工业生产发展的基础上,资本主义发展的基础上,经过一般垄断然后进入国家垄断的。半殖民地中国的情况则不同。在这里,官僚资本主义即国家垄断资本主义并不是在生产发展、一般资本主义经济发展的基础上形成的,不是经过一般垄断而后进入国家垄断的。

---

① 参见黄逸峰等:《旧中国买办阶级》,上海人民出版社1982年版,第55、65~66页。

② 黄逸峰等:《旧中国买办阶级》,上海人民出版社1982年版,第81、105、155页。

③ 《毛泽东选集》第4卷,人民出版社1991年版,第1253页。

它是依靠帝国主义,勾结封建势力,直接利用国家政权,一方面掠夺工农劳动群众及其他小生产者,一方面压迫民族资产阶级,而直接成为国家垄断资本的。中国四大家族垄断资本的形成过程,也就是他们建立和加强法西斯军事独裁统治的过程。①

官僚资本有三个具体形态。一是官僚所有资本形态,即指官僚自己举办的某种企业和经营;一是官僚使用资本形态,即指由“公家”举办的一切企业,这些企业的实际经营者官僚对于此类资本经营没有所有权,但有运用权;一是官僚支配资本形态,即指那些多方面受着官僚支配控制的私人企业资本。这三个形态,“在某些场合是各别独立的,在某些场合是相混合的”,官僚“对公营资本作自利的运用,对私人资本作自利的控制,无非是想使其所有资本形态迅速扩大起来”;但是,如果没有后两个资本形态,那么,“第一资本形态,也许根本不易发生,即使产生,也恐怕难得成形为官僚资本”。所以,“这三者相互的依存性和融通性,是官僚资本所以成为官僚资本的具体内容和条件”。② 考察一下官僚资本的形成和发展情况,就可以清楚地看到这一点。

四大家族官僚资本的垄断活动,首先和主要地不是在工农业生产领域而是在金融业方面开始的。中国银行和交通银行原是北洋军阀的两大金融支柱,国民党政府通过加入“官股”、改组有关机构,将其股权、人事权等控制起来。随后,又成立了“国家的”中央银行和中国农民银行(开始时称“鄂豫皖赣四省农民银行”),1937 年 7 月,成立了“中央银行、中国银行、交通银行、中国农民银行联合办事总处”(简称“四联总处”);其后蒋介石本人兼任了该处理事会的主席,“总揽一切事务”。蒋介石给予了他的“国家银行”以经理国库、发行兑换券、铸发国币、经募内外公债等项特权。1930 年国民党政府还将原先附设在邮政局中的储蓄汇业局改组为邮政储金汇业局,承办各种信托、保险及收受普通储蓄存款等业务,垄断对外贸易。1935 年由中央银行投资 1 000 万元成立了中央信托局,它是专办购买军火和储蓄保险事宜的中国最大的信托机构。这样,就形成了以“四行二局”为中心的金融垄断体系,它不仅完全主宰了全国的金融业,而且直接操纵着全国的经济。

发行“法币”,是四大银行完成其金融垄断的有决定意义的步骤。1935 年 11 月,国民党政府发布“币制改革”的命令,规定以中央银行、中国银行、交通银行三行发行的纸币为“法币”(1942 年规定“法币”发行权专归中央银行),并实行“白银国有”的政策。仅一年的时间内,即发行了不能兑现的纸币 11.43 亿元,并把民间的 3 亿元白银攫为己有。在长时期内,无限制地发行纸币,一直是

① 参见许涤新:《旧中国的国家垄断资本主义》,《红旗》1961 年第 3 ~4 期。

② 王亚南:《中国半封建半殖民地经济形态研究》,人民出版社 1957 年版,第 364、367 页。

国民党政府解决财政危机、四大家族发展官僚资本的主要手段。滥发纸币，造成了通货的恶性膨胀和物价的急剧上涨。人民手中持有的货币也就由此一天比一天贬值，而且币值下跌的速度又远远地超过了通货膨胀的速度。这样，人民手中的财富也就凭空地被掠走了。据官方公布的数字，抗战期间(1945年6月止)共发行纸币3 978亿元，较战前的14.1亿元增发了280余倍(事实上，这个数字还是被大大缩小了的。有人估计，当为1 000倍)。法币的购买力指数以1937年6月为100，则1945年6月为0.04，仅及战前的万分之四。抗战胜利后，为了进行反革命的内战，国民党政府的军费开支十分浩大，财政支出随之急速增加，财政赤字1946年为6万亿~8万亿元，1947年为87万亿元，1948年为900万亿元，均占当年实际支出的80%~90%。“巨额的财政赤字，由发行(纸币)补足”。纸币发行额，1945年8月为法币5 569亿元，较战前增发了394倍；1949年5月为金圆券679 458元，合法币2 038 374 000 000亿元，较战前增发了1 445亿倍，较抗战结束时增发了3.8亿倍。正如有人所讽刺的那样，在百业不振的情况下，国民党统治区“唯一仍然在全力开动的工业是印刷钞票”。在这种情况下，物价也就如断了线的风筝，急速地飞腾。以米价为例，1947年1月每担为6万元，6月已涨至50万元，7月底则涨至65万元，12月初更涨至110余万元。11个月之内，上涨了19倍之多。到1948年8月，物价指数已较战前上涨了7 255 862倍。在这以后，物价上涨更开创了新的纪录。上海物价如以1948年8月总指数为标准，则11月上涨25倍，12月35倍，1949年1月128倍，3月4 000多倍，4月84 800倍。到1949年5月，国民党统治区的物价竟较战前上涨了87 000亿倍。1947年7月24日美联社上海电讯曾发表过一个经过调查的新闻，该新闻说，100元法币的购买力，1937年为两头牛，1938年为一头牛，1941年为一头猪，1943年为一只鸡，1945年为一条鱼，1946年为一个鸡蛋，1947年为三分之一盒火柴，1948年“只有天知道能买到什么”。对此，后来有人补充说，1948年只能买到五百分之一两大米，而1949年5月则只能买到一粒米的千分之二点四五了。通货膨胀，物价飞涨，不仅使广大人民遭到一次又一次的洗劫，而且为四大家族进行买空卖空、囤积居奇、制造黑市以及吞并其他企业等项投机活动大开了方便之门。比如，抗战期间，国民党政府规定的外汇价格为1美元合20元法币，而重庆美钞每元的黑市价格，1943年12月为85.4元，1944年12月为542.2元，1945年6月为1 410元，8月为2 400元。官僚资本家们利用特权和种种关系，以官价买进大量外汇，再以黑市价格抛出，从中获得了巨额收益。他们就是用这类办法来扩张官僚资本的。①

① 参见凌耀伦等：《中国近代经济史》，重庆出版社1982年版，第八章。

发行内债，是四大家族扩张官僚资本的又一个重要手段。为了支持反革命内战，从 1927 年至 1936 年的九年间，国民党政府共发行内债 26 亿元，等于北洋军阀政府从 1912 年至 1927 年 15 年间发行内债总额的四倍。承购内债的，主要是四大银行。内债不是按票面价值发行，而是按五折、六折推销的（如购买 100 元公债，只需付 50 或 60 元），但还本付息时则按票面额十足计算，而且票面利息一般也在六厘至八厘之间。这样，承购内债，年利可达三分、四分以至五分；即一年可获利 30% ~50%：如 1927 年至 1934 年所发行的债券票面额为 14.61 亿元，实收仅 8.09 亿元，只折扣一项，承购人即获利 6.52 亿元。他们还利用这种债券在证券交易市场上兴风作浪，牟取暴利。本来，内债的发行，就是以捐税作担保的。因此，内债发行得越多，人民的捐税负担也就越重。这就是说，发行内债实际上正是把广大人民主要是农民的财富转化成为官僚资本集团私产的一种办法。

官僚资本集团在垄断金融的同时，还利用自己的政治特权，依靠雄厚的金融力量，从事大规模的商业投机活动，官僚资本实际上主要是一种商业投机资本。据统计，四行联合办事总处从 1937 年到 1942 年五年内，每年核准的专项贴放中，工矿业的贴放只占总额的 19%，大部分用于商业投机。外汇和对外贸易是由四大家族垄断的。如孔祥熙家族独资经营的祥记商行专门贩卖匹头、煤油、颜料等洋货；宋子文家族经营的华南米业公司享有洋米进口免税、垄断洋米运销的特权；"资源委员会"则垄断着钨、锑、锡等战略物资的出口买卖。1937 年，蒋介石政府又成立了"贸易调整委员会"，垄断了国内贸易。四大家族在贸易调整委员会下设立了各种垄断主要出口物资的公司，对丝、茶、桐油、猪鬃等实行统购统销；设立花纱布管制局，统制全国棉花、棉纱、棉布的收购和运销；对于钢铁、煤、木炭、汽油、水泥等也都设立了管制机构。1941 年，蒋介石政府又实行专卖制度，规定将食盐、糖、酒精、茶叶、火柴、卷烟等日用必需品通统纳入专卖事业局的管辖之下，进行收购批发。四大家族正是借助于国民党政府的贸易统制政策和专卖制度，控制了大量商品。他们以低于生产成本的价格进行收购，又以垄断价格出售，从而获取高额利润。其结果，不仅使官僚使用资本，而且也使官僚所有资本，都大大地膨胀起来了。比如，实行专卖制度后，许多以低价购入的专卖品大批落入四大家族及其爪牙之手，市场上专卖品极度缺乏，致使这类商品的黑市价格随之猛烈上涨，于是他们又把专卖品变成"转卖品"流入黑市，以黑市价格售出。专卖之利，也就这样地进入他们的私囊了。1944 年 5 月桂林《大公报》指出："今日专卖机关和税务机关之收入，归国库仅十分之一二，饱入私囊者约十之八九。"①这是确实的。

① 参见凌耀伦等：《中国近代经济史》，重庆出版社 1982 年版，第八章。

与此同时，四大家族还以私人名义开设了许多具有垄断性质的商业公司，这些公司不仅拥有雄厚的金融势力，而且享有种种政治特权。比如，孔系的华福烟草公司和宋系的南洋兄弟烟草公司的大部分产品，就不卖给专卖局而直接进入市场以黑市价格售出。又如，1946年4月12日蒋介石政府发放的“粮贷”10亿元，很大部分就进入了孔、宋的私库。“粮贷”放出后，他们就到处抢购粮食，使米价很快由每担3万元涨至6.3万元。而他们转手之间也就赚了一笔大钱。这类事例，是不胜枚举的。

四大家族不仅从事大规模的商业投机活动，而且利用国家政权的力量对工业实行垄断性的掠夺。在这方面，他们主要是利用隶属于国民党政府的资源委员会和工矿调整委员会这类机构。资源委员会正式成立于1935年，它垄断了全国主要的重工业和矿业。它下属的厂矿大部分是接收的北洋军阀时期的官僚资本企业，小部分是依靠帝国主义国家提供的贷款和技术而新建的企业。由官僚资本控制支配的以“民营”或“官商合办”形式出现的工业企业，大多也不是直接投资建设，而是通过兼并民族工业而来的。比如，1937年3月，宋子文向广东银行透支一笔款项，利用南洋兄弟烟草公司资金周转不灵的机会，以每股5元的价格，购买了该公司的20万股工票（每股票面额为15元，市价为7～8元），从而把它纳入了自己的掌握之中。1937年9月，国民党政府成立了工矿调整委员会，其任务是：扩大官营工业，并以“适应非常时期生产上的需要”的名义，对于原有或新设之民营厂矿，采用接管或加入股份办法，由政府统筹办理或共同经营之”，即兼并民营工业。1935年，在资本总额中，官僚资本还只占12%，民族资本仍占88%；几年之后，到1942年，官僚资本已占69.58%，而民族资本仅占30.42%了。每个官营工厂平均拥有资本200万元，工人100余人，动力100匹马力；而民营工厂仅仅拥有资本20万元，工人50余人，动力30匹马力。抗日战争胜利后，国民党政府又接收了日伪工厂4 411家，其中发还原主或标卖的仅10%，其余绝大部分成了官营企业，或者化“公”为私，成了官僚资本家的私产了。解放前夕，官僚资本已经占到整个工业运输固定资本的80%，它拥有电力的67%，煤炭产量的33%，水泥产量的45%，纱锭设备的40%，织布机设备的60%，糖产量的90%，轮船吨位的45%，铁路、公路、航空运输的100%。很明显，官僚资本不是在生产发展的基础上积累起来的，而是以四大家族为首的官僚资产阶级利用超经济的特权，主要在从事金融和商业投机的过程中，在充当外国帝国主义的买办的过程中，通过掠夺广大劳动人民和兼并民族工商业的过程中发展起来的。这就是说，官僚资本的发展在根本上不等于社会生产力的发展，相反，它恰恰是社会生产力发展的严重阻碍。它不仅没有使中国走向繁荣富强，而只是使中国变得民穷财尽，并且把广大的中国人民推到饥饿和死亡的界限之上。

由于中国的大资产阶级具有深厚的买办性和封建性,它必然要投靠外国帝国主义,扶植国内封建势力;由于它主要依靠反动的国家政权的力量来积累和积聚官僚资本,它必然要顽固地坚持大资产阶级大地主的反革命军事专政。中国的官僚资本主义、官僚资产阶级,“不但压迫工人农民,而且压迫城市小资产阶级,损害中等资产阶级”。

正因为中国的官僚资本主义经济所代表的是极端反动的生产关系,它是国民党反动政权的经济基础;官僚资产阶级是一个极端反动的阶级,它是国民党反动政权的主要的阶级基础,因此,反对官僚资本主义、消灭官僚资产阶级就成为中国新民主主义革命的重要任务之一,这是理所当然的。

——原载《中国共产党和资本主义、资产阶级》,山东人民出版社 2005 年版。

三、毛泽东与中国革命新道路的开辟

(一) 中国共产党人对革命新道路的探索

1. 敢不敢坚持革命?怎样坚持革命?

1927 年革命失败以后,中国共产党人是沿着一条独特的道路,即农村包围城市、武装夺取政权的道路,引导中国革命走向复兴并逐步赢得胜利的。

敢不敢坚持革命?怎样坚持革命,即革命应走什么道路?这是当时中国共产党面临的两个带根本性的问题。

随着国民党新军阀统治的建立,严重的白色恐怖气氛笼罩了全国广大的城乡。中国共产党及其领导的革命力量在大资产阶级的突然袭击下遭到惨重的损失。1927 年 4—5 月中共召开五大时,有党员近 60 000 人,到年底只剩下了 10 000 人。党员中“牺牲的有两万六千多人,坐牢的有六千人”①。面对极端艰苦、险恶的斗争环境,一些在革命高潮时期加入党的“同路人”纷纷动摇起来,离开党的队伍;②有的还到反动报刊上去进行自我“忏悔”,攻击自己崇奉过的信念,更坏的甚至公开投敌叛变,出卖共产党员、出卖革命。

但是,中国共产党人并没有被吓倒,被征服,被杀绝。许多党员临难不苟,慨

---

① 张彪在共产国际第六次代表大会上的发言,1928 年 7 月 28 日。载《共产国际有关中国革命的文献资料》第 1 辑,中国社会科学出版社 1981 年版,第 393 页。

② 李立三在 1930 年 2 月 1 日所作的《党史报告》中讲道,1927 年革命失败后,“武汉许多同志公开宣布脱离党,人数一天天增加,初则一个一个的登报脱离,继则一批一批”。“脱离党的事不但是在武汉,就在各地方如广东、上海都是这样”。

慷赴死。夏明翰在就义诗中说:“砍头不要紧,只要主义真,杀了夏明翰,自有后来人。”郭亮在给妻子的遗书中说:“亮东奔西走,无家无国。吾事毕矣,望善抚吾儿,以继余志。”中共韶山支部的党员钟志申在遗书中写道:“当我入党之时,就抱定视死如归的意志。我认定共产党一定会胜利,革命一定会成功。我牺牲生命,把一切献给革命,是为了寻找自由,为了全国人民求得解放。我知道,我的牺牲不会白牺牲,我的血不会白流,因为血债需用血来还。党会给我报仇。要记住:共产党是杀不尽的啊!”他们所表现的这种坚定的革命精神和无畏的英雄气概,永远值得后人景仰和学习。许多党员为了党的事业英勇地牺牲了,许多幸存者仍然冒死坚守着自己的岗位。“他们从地下爬起来,揩干净身上的血迹,掩埋好同伴的尸首,他们又继续战斗了”①。他们冲破白色恐怖统治的高压,勇敢地在黑暗的中国,独立高举起革命的旗帜。在革命的危难时刻,中华民族的许多优秀分子,一批又一批的革命者,如徐特立、叶剑英、贺龙等,②先后加入党的行列。

如果说,对于敢不敢坚持革命的问题,中国共产党人的回答是明确而坚定的;那么,对于怎样坚持革命即革命应走什么道路的问题,却并不是一开始就弄清楚了的。而这个问题要是不能得到正确的解决,坚持革命仍然是不可能的。

中国共产党人只是经过艰苦、曲折的摸索,付出高昂的代价之后,才走上农村包围城市、武装夺取政权的道路的。正是沿着这条道路,中国革命才得以复兴,并逐步赢得胜利。

中国革命是俄国十月革命的继续。这两个革命有许多基本的共同点。比如,都是无产阶级领导,都建立了工农联盟,都进行了暴力革命,等等。与此同时,它们又有若干重要的不同点。除了革命的性质不同,即一个是社会主义革命、一个是民主革命以外,革命所走的道路也有两点不同。这就是:第一,革命的主要斗争形式、进行暴力革命的方式不同——一个是先进行合法斗争以教育工人、生息力量,而后进入起义或战争,一个是基本上一开始就进行武装斗争,而且是进行长期的革命战争;第二,革命的进攻方向不同——一个是先占城市后取乡村,一个是先占乡村后取城市,即首先建立农村革命根据地,以革命的乡村包围并最后夺取反革命占据的城市。

---

① 《毛泽东选集》第3卷,人民出版社1991年版,第1036页。

② 毛泽东在1937年1月致徐特立的信中指出:“当革命失败的时候,许多共产党员离开了党,有些甚至跑到敌人那边去了,你却在一九二七年秋天加入共产党,而且取的态度是十分积极的。”(《毛泽东书信选集》,人民出版社1983年版,第98页)据《叶剑英传》(当代中国出版社1995年版,第92页)的记载:在七一五反革命政变的前夜,“1927年7月上旬,经周恩来同意,中共中央批准叶剑英为中共正式党员”。据刘伯承《南昌暴动始末记》的记载:“贺龙于攻克会昌后在瑞金加入本党。”时间当为1927年8月末或9月初,介绍人是周逸群、谭平山(见《贺龙传》,当代中国出版社1995年版,第97页)。

中国革命之所以能够走上这条独特的胜利发展的道路,依靠了中国共产党人的集体智慧;而毛泽东对此更作出了自己独特的、最为杰出的贡献。

2. 为开辟革命的新道路进行的艰苦曲折的探索

在中国共产党成立的初期,党的主要力量是用于发动和组织城市工人运动方面。大革命时期,中共中央强调,“政治总是以大城市为出发点”,因此,工农群众整个的解放运动亦“发动于大城市中的产业工人”,只是“工人群众要得胜利,必须有广大的农民为后盾”①。“由于国共合作建立了联合政府,当时的根据地是以某些大城市为中心的,但是即在那个时期,也必须在无产阶级领导下建立以农民为主体的人民军队,并解决乡村土地问题,以巩固根据地的基础”②。陈独秀的右倾错误,恰恰在于放弃了无产阶级对于农民和革命武装的领导权。

1927年8月7日召开的中共中央紧急会议(八七会议)指出:“我们革命已经到了最严重而向新的方向进展的时期,必须有新的策略去领导劳动群众起来,发展伟大的组织,猛往直前的奋斗。”会议向全党提出了“整顿改编自己的队伍,纠正过去严重的错误,而找着新的道路”③的任务,并且把进行土地革命和武装反抗国民党的反动统治确定为党的总方针。正是在这个方针的指引下,革命的武装斗争发动了。“于是有了南昌起义、秋收起义和广州起义,进入了创造红军的新时期”④;与此同时,党的农村工作加强了,农村革命根据地开始建立起来。这样,就使党在政治上大进了一步。

不过,当时的党并没有能够及时地根本解决“找着新的道路”的任务。首先,八七会议提出要“建立工农革命军”,却又认为它“只能当做工农武装的副力看”。许多人囿于十月革命的具体模式,以为应先做好争取群众的工作,而后举行武装起义;不懂得在中国,主要的斗争形式是战争,而主要的组织形式是军队,争取群众的工作主要的只能在战争过程中进行。其次,党仍然认为,“本党系无产阶级政党,应该特别注意工人运动,因为它们是中国革命的中心力量”。党一方面肯定了农民暴动的意义,一方面又强调,“城市工人的暴动是革命的胜利在巨大暴动内得以巩固而发展的先决条件”。因此,应当“使暴动的城市能成为自发的农民暴动的中心及指导者”。“轻视城市工人,仅仅当做一种响应农民的力量,是很错误的”。中央认为,对于上海、武汉、广州等大的工人区域的职工运动,要“特别注意加以指导和监督”,因为这些区域的“斗争一起来即是直接的与

① 《中共中央文件选集》第2册,中共中央党校出版社1989年版,第98页。

② 《关于若干历史问题的决议》(1945年4月),《毛泽东选集》第3卷,人民出版社1991年版,第974~975页。

③ 《中共中央文件选集》第3册,中共中央党校出版社1989年版,第298、290页。

④ 《毛泽东选集》第2卷,人民出版社1991年版,第548页。

当地统治阶级的冲突，特别在工农暴动的当中，足以制统治阶级的死命”①。当时的党还没有认识到中国革命所具有的极大的长期性以及主要到反动统治比较薄弱的广大农村去积蓄和锻炼革命力量的极大的重要性。

事实上，正如周恩来后来所说，“要党不去用主要的力量与城市无产阶级联系，而把主要力量放在农村，这是史无前例的。共产国际的一切文献，一讲到无产阶级政党的领导，就是同工人运动联系在一起的”。在国际共产主义运动的历史上，有过巴黎公社的革命，那是城市工人的武装起义；有过俄国的十月革命，那首先也是城市工人和士兵的起义，而后才把革命政权推广到了农村区域。在中国的大革命时期，有过广东战争和北伐战争，那时革命的根据地也是以某些大城市为中心的。他在回顾党内许多人（包括他自己在内）对于这个革命道路问题所作的思考时，曾经说过：根据历史的经验，“太平天国是从乡村中发动的，占了南京才有以后的局面。还有一种‘流寇’式的农民游击战争，没有占据城市，终归失败”。“俄国一九〇五——一九〇七年革命失败后，农村也没有高潮，而且农村的革命运动比城市的工人运动更快地低落下去。至于其他的小国家更不用说。所以在历史上无论中外都找不到农村包围城市的经验”。② 正因为没有现成的经验可以借鉴，没有成功的先例可以援引，中国革命要走上这条道路，就不能不经过摸索，就不能不有一个积累经验的过程。

应当承认，城市中心论成为当时全党的共同认识，并不奇怪。这种认识在实际斗争中表现出来，就是大革命失败后的三次著名的武装起义，都是以占领中心城市为主要目标的。1927 年 8 月 1 日的南昌起义，不仅首先在城市发动，而且原定计划是南下广东，“先取东江，充实力量，次取广州”，建设新的革命根据地，准备再次北伐。9 月 9 日的湘东赣西秋收起义，也是计划夺取长沙的，原决定起义在农村区域发动后，部队即分三路会攻长沙，长沙城内则组织工人暴动与之配合。12 月 11 日的广州起义，不仅直接发生在中心城市，而且是企图依靠起义工人和士兵来守卫这个中心城市的。值得注意的事实在于，以占领中心城市为目标的起义固然先后遭到了失败，起义失败后保留下来的部队却都经过摸索，逐步地转向了农村，并在那里开始了发动农民、开展土地革命、建设工农政权的新斗争。比如，南昌起义部队在潮汕失败后，一部分转移到海陆丰与农民汇合；一部分由朱德率领，转移到闽粤边界的农村区域活动。当时起义军的领导人曾“决定命令他们两处军队，各就所在地与农民结合，努力进行农村斗争”③。稍后，中

① 《中共中央文件选集》第 3 册，中共中央党校出版社 1989 年版，第 516 页。

② 《周恩来选集》上卷，人民出版社 1980 年版，第 177～178 页。

③ 刘伯承：《南昌暴动始末记》，1928 年。

共中央也明确指示“叶（挺）贺（龙）所剩余的势力应走‘到农民中去’帮助当地农民摧毁豪绅的政权，建设农民群众的政权，引起农民自动起来没收土地”，并建立工农革命军①。到达海陆丰的部队参加了当地农民的十月起义，开始了创建农村根据地的最初尝试。朱德率领的部队则经过几个月的艰苦斗争，“已经开始探索上山打游击，开展农村革命的新的途径”，到 1928 年 1 月举行湘南暴动时，更打出了工农革命军的旗帜，开始“着手建立工农革命政权”，“打土豪、分田地”的口号也提出来了。又如，秋收起义受挫后，毛泽东即于文家市集合部队向南进军，于 10 月到达湘赣边界的井冈山地区，开始了创造农村根据地的斗争。再如，广州起义失败后，起义部队一部分突围到了海陆丰；一部分在韶关附近寻着了朱德率领的部队，以后上了井冈山；一部分从广州西北郊转入农村继续战斗，以后参加了广西左、右江地区的起义。这些情况有力地表明，到农村去发动农民，进行土地革命，开展武装斗争，建设根据地，这是 1927 年革命失败以后中国革命发展的客观规律所要求的，是一种历史的必然性。在当时环境的驱使下，确实有许多人经过各自的摸索汇集到这条道路上来了。

本来，人们对于事物的认识总是要在实践的基础上经过多次反复才能完成。对于中国革命应走什么道路这个问题，中国共产党也是在实践中学习并逐步校正自己的认识的。随着农村斗争的发展和农村根据地的建立与扩大，党开始懂得了在农村区域实行武装割据的必要性和可能性。1927 年 11 月，尽管以瞿秋白为书记的中共中央在共产国际代表罗米那兹“左”倾思想的指导和影响下犯了盲动主义的错误，但中央在对一些问题的认识上也还是有所前进的。比如，中央当时即指出，应当尽量发动农民暴动的游击战争，尽可能地摧毁一切豪绅的权力，“一有固定的革命地域，即须建立农民代表会议的革命政权”②，这就是承认了中国的红色政权是可以而且有必要首先在农村的局部地区建立起来的。瞿秋白本人所写的《武装暴动的问题》（1927 年 12 月 10 日）、《给国际的报告》（1928 年 2 月 10 日）等文章固然是宣传了“左”的错误思想，但其中也仍然包含着若干新的合理的成分。比如，他指出：“中国豪绅资产阶级因为资本主义发展的落后，不能成为一整个儿阶级势力，他们内部分裂冲突，而没有组织成全国家中央集权政府的能力。因此，革命不能有夺取‘首都’，一击而中的发展形势。”③这是与俄国革命的情况不同的。他指出，“现在各地的农民暴动的斗争方式，必须确切了解游击战

① 《中共中央文件选集》第 3 册，中共中央党校出版社 1989 年版，第 398 页。
② 参见《中共中央文件选集》第 3 册，中共中央党校出版社 1989 年版，第 531 页。
③ 《瞿秋白文集·政治理论编》第 5 卷，人民出版社 1995 年版，第 156 页。

争的意义，和明显地树立创造革命地域的目标的”①。他还指出，由于“工人与农民革命运动发展程度的不平衡”，“地域上革命运动发展程度上的不平衡”，一举夺取全国政权是不可能的。考虑到“中国条件之下，实际上没有中央政府，经济生活是许多半独立性的区域，各区的豪绅资产阶级军阀的统治，是受工农革命潮流的强弱，而异其动摇的程度”，因此，开始于一省或几省夺取政权是可能的。② 这也就是说，反革命的统治有可能首先在局部地区即它的薄弱环节被突破。怎样夺取一省或几省的政权呢？当时的中央还说过：“必须要有几个重要的中心区域的割据而向全省的中心区域作包围的发展，如此全省总暴动才有胜利的可能。”这里所说的建立“几个重要的中心区域的割据”的意见也是对的，虽然所提的包括中心城市起义在内的全省总暴动的计划本身并不具备现实性。

正是在总结大革命失败以来的斗争经验、发展以上的积极认识的基础之上，1928 年 6—7 月召开的中共第六次全国代表大会明确肯定党应在农村发动农民，进行游击战争，开展土地革命，“发展苏维埃根据地，夺取新的区域，这种区域是要成为更大发展的基础的”。这种斗争，将成为“决定新的高潮之一种主要动力之一”。③ 毛泽东曾积极评价六大的这些意见。他说，六大“所采取的新路线，朱德和我是完全同意的。从那时起，党的领导人和农村地区苏维埃运动的领导人之间的分歧消除了”④。六大以后，中共中央在给贺龙及湘鄂西前委的指示信中还明确地讲过，你们“目前所应注意者，还不是什么占领大的城市，而是在乡村中发动群众，深入土地革命。故你们此时的主要任务还是在游击区域之扩大，群众发动之广大”，绝不应超越主观的力量而“立刻企图占领中心工商业的城市”⑤。这说明，党对中国革命道路问题的认识，确实向符合实际的方向跨进了一大步。

不过，肯定可以在农村搞武装割据，肯定红军不应立即以占领大城市为战争目标，这还并不就是肯定全党的工作重点就应当放在农村和主要在农村领导战争上面。正如周恩来后来所说，六大时，“我们对革命发展不平衡的问题没有很好分析，同这个问题相联系的‘乡村中心’、‘乡村战胜城市’的观点也没有产生”。这是不难理解的。因为“当时虽然有了农村游击战争，但我们这种经验还不够，还在摸索”。“从我国当时的实际情况来看，正是处在整个农村革命的游

---

① 《瞿秋白文集·政治理论编》第 5 卷，人民出版社 1995 年版，第 161 页。

② 参见《瞿秋白文集·政治理论编》第 5 卷，人民出版社 1995 年版，第 315 ~ 316 页。

③ 《中共中央文件选集》第 4 册，中共中央党校出版社 1989 年版，第 322 ~ 323 页。

④ [美]埃德加·斯诺：《西行漫记》，董乐山译，三联书店 1979 年版，第 144 页。

⑤ 《中央给龙兄及前委诸同志的信——关于暴动游击战争党群组织与政治形势及今后出路》，1929 年 3 月 17 日。

击运动非常困难的时期"，"想在这种情况下肯定以乡村作中心是不可能的"。①

在大革命失败以后的一段时间里，党内占主导地位的认识是，农村武装割据应当搞，它的主要意义仍然在于影响城市工作，配合城市工作。比如，1927 年 11 月中共中央政治局扩大会议以后，中央一再强调，无产阶级的中心区域城市"应当成为夺取一省或几省政权之总暴动的中心与指导者"；大城市中的暴动才是"决定胜负的"，"苏维埃中国的最终胜利，必定以上海无产阶级的胜利来决定"。共产国际执委会于 1928 年 2 月通过的《关于中国问题的决议》批评了中国党 1927 年底、1928 年初所犯的盲动主义错误，是起了积极作用的。但决议也还是认为："党在领导个别省份自发的农民游击队行动时，应当看到，只有这些行动同各无产阶级中心的革命新高潮结合起来，才能成为全民起义的胜利起点。在这方面还应当看到，党的主要任务是在乡村和城市、在一系列相邻的省份组织统一步调的普遍行动，而且是有组织的大规模行动。因此，必须反对热衷于零星分散、互不联系的游击战争。这种战争注定要失败（湖南、湖北以及其他地区就有过这种危险）。"②中共六大肯定了建设农村革命根据地的意义，但并没有改变以城市工作为中心的方针。大会仍然强调，"党的主要任务是争取工人阶级的大多数"，并且认定，"农民的武装暴动只有在都市中革命潮流高涨并受工人阶级指导的时候，才能胜利"。大会认为，轻视农民斗争固然是很大的错误，"过于重视农民斗争""也是一种极不正确的倾向"。布哈林代表共产国际在大会上所作的报告和结论，批评中国党在一些地区"重视农民，甚于重视工人"，认为中国党的中心任务仍然是准备暴动，建立苏维埃政权，而"准备工作，主要是建立城市工作，加强无产阶级的领导和组织"，以便"以城市工人领导农民的自发暴动"。有的代表还指责采取"乡村对中心城市取包围形式的暴动策略"，是"带有农民意识"的表现。张国焘甚至不赞成"以为用农民游击战争，可以包围一大城市而成为割据局面"的观点。他说，"中国历史告诉我们，洪秀全时代，可以由乡村起来夺取大城市的政权，辛亥革命时代就不同了"。"现在我们不能再有用农村革命包围大城市的革命形式的观念"。仍然把城市工作放在中心地位，没有认识到中国革命的长期性、复杂性、曲折性，对农村根据地的极端重要性估计不足，这正是六大的主要缺点之一。

不过，期待中的"各无产阶级中心的革命高潮"并未到来，中心城市的暴动也没有发生。在中心城市，反动势力很强大，而党的工作却相当薄弱。"中央委员会的一份通告中写道：'城市中的支部，大部分处于涣散状态，大量工人积极

---

① 《周恩来选集》上卷，人民出版社 1980 年版，第 177 ~ 178 页。

② 《共产国际有关中国革命的文献资料》第 1 辑，中国社会科学出版社 1981 年版，第 352 ~ 353 页。

分子找不到党，因而自动脱离了我们的组织。许许多多活跃的党员失掉了工作，脱离了群众，依靠党过活……'根据政治局的报告，全党的工人党员'充其量'不过四千人（其中上海有一千三百人，香港有六百人，而其他大城市则很少）。在很多城市中，甚至在武汉、天津、广州这样集聚大量工人的中心，都'没有开展任何工作'"①。在这种情况下，希望中心城市"成为夺取一省或几省政权之总暴动的中心与指导者"，这只能是一种幻想。② 与此同时，党领导的农村斗争，凡是客观条件具备而在主观上又实行了正确指导的地方，都得到了坚持，并有了发展。到 1930 年 3 月，全国红军已有 13 个军，62 000 余人；重要的根据地有赣西南、闽西、湘鄂西、闽浙赣、湘赣、湘鄂赣、广西的左右江、广东的东江和琼崖等。这些情况有力地说明，在当时的形势下，党不把工作重心放在反革命严密控制的中心城市，而放在反动统治比较薄弱的广大农村，是完全必要的。如果说，在 1927 年、1928 年前后还不可能产生乡村中心的观念，那么，到"一九二九、一九〇三年，应该产生这种观点"③了。

1929 年 6 月，中共六届二中全会在批判托洛茨基反对派时，就对建立农村根据地在中国革命中所具有的特殊意义从理论上进行了论证。全会的政治问题报告指出：他们"以为中国像西欧各国一样，大城市的经济力量可以统治全国，所以大城市暴动成功以后可以影响小城市及乡村；而在中国，则找不到一个大城市的力量可以统治全国的。中国可以划分为许多小国，他们的经济力量都可以独立的。所以中国革命要胜利，必须要有红军，必须要有广大的苏维埃区域的帮助"④。这对于以前所说的大城市的暴动才是"决定胜负的"这种提法，实际上是一个改正，同年 9 月，根据周恩来的意见、由陈毅执笔起草的中共中央给红四军前委的指示信指出，"先有农村红军，后有城市政权，这是中国革命的特征，这是中国经济基础的产物"。"这证明了统治阶级在乡村力量的薄弱"。农村斗争这样发展下去，"将必然要成为全国革命高潮的动力之一"。⑤ 1930 年 4 月，周恩来又指出，"农民游击战和土地革命"，这是当时"中国革命的主要特征"。这里虽然还没有明确揭示农村应当成为党的工作中心，但也已经相当接近这个思

---

① 《共产国际执行委员会给中国共产党中央委员会的信》，1929 年 2 月，载《共产国际有关中国革命的文献资料》第 2 辑，中国社会科学出版社 1982 年版，第 16 页。

② 事实上，在整个新民主主义革命时期，一共只发生过三个城市的暴动，这就是 1927 年初的上海暴动、8 月的南昌暴动和 12 月的广州暴动。"这三次暴动，是城市暴动，都在一九二七年。以后直到全国解放，再没有城市暴动了"。见《老一辈革命家论党史与党史研究》，陕西人民出版社 1993 年版，第 658 页。

③ 《周恩来选集》上卷，人民出版社 1980 年版，第 178 页。

④ 转引自《周恩来传》，人民出版社、中央文献出版社 1989 年版，第 199 页。

⑤ 《周恩来选集》上卷，人民出版社 1980 年版，第 32～33 页。

想了。同年4月,周子敬在写给中共中央机关刊物《红旗》的信中,对乡村中心这个问题作了相当明确的论证。他说:“现今就全国看来,农民运动的发展比较城市的工人运动要快得多。农村已经正在发展着武装暴动、苏维埃、红军,但这些东西在城市中都还没有,并且连大规模的有组织的政治罢工,都还是很少的。在这一情势之下,若我们仍然将大部分的力量都用在城市中,实不如用在农村为好,在农村一定得的效果更大。若用革命势力点据了广大农村之后,它还是可以联合起来包围城市,封锁城市,用广大的农村革命势力以向城市进攻,必然可以得着胜利。”他的结论是:“我们为什么不可以暂时放弃城市而以全副力量去发展乡村呢?”这里除了“暂时放弃城市”这个提法不够确切以外(因为以乡村为中心,并不是不要城市。乡村工作也还是需要城市工作的配合和支持的),周子敬在信中所阐明的观点是非常正确的。在当时能够以如此明确的语言论述以农村包围城市的道理,尤属难能可贵。这个信件在马克思主义中国化的历史上,即在毛泽东思想的形成、发展的历史上,无疑占有一个不容忽视的地位。

由此可见,中国革命的新道路,是中国共产党人和革命群众在集体奋斗的基础上逐步开辟出来的;农村包围城市、武装夺取政权的理论,是在革命实践的过程中逐步明确起来的。它不是也不可能是任何天才人物个人的发明创造。

3. 毛泽东和中国革命的新道路

当然,指出中国革命新道路的开辟,依靠了党和人民的集体奋斗,凝聚着他们的集体智慧,这决不是否认个人的杰出作用。事实上,对于中国革命新道路的开辟,毛泽东是作出了最卓越的贡献的。在中国革命的严重转折关头,他不仅表现了政治上的极大的坚定性,而且显示了巨大的理论勇气和杰出的创造才能。他由于坚持一切从实际出发、实事求是、理论联系实际、在实践中检验真理和发展真理的辩证唯物主义的思想路线,深刻地总结了党和人民在集体奋斗的基础上所积累的丰富经验,正确地揭示了1927年以后中国革命发展的特殊规律,因而成了开辟这条新道路的主要代表。

在这个问题上,毛泽东的贡献主要表现在以下三个方面:

第一,在实践上,毛泽东不仅率先集中力量投身于革命战争,而且自觉地把武装斗争的攻击方向首先指向了农村。

毛泽东是怎样投身于革命战争的呢?他后来作过这样的回忆:“一九二一年,中国成立共产党,我就变成共产党员了。那时候,我们也没有准备打仗。我是一个知识分子,当一个小学教员,也没学过军事,怎么知道打仗呢?就是由于国民党搞白色恐怖,把工会、农会都打掉了,把五万共产党员杀了一大批,抓了一大批，我们才拿起枪来，上山打游击。"①"像我这样的一个人，从前并不会打仗，甚至连想也没想过要打仗，可是帝国主义的走狗强迫我拿起武器"②。

还在大革命失败的前夜，1927 年 6 月中旬，毛泽东即同李立三、郭亮召集马日事变后湖南来武汉向国民政府请愿惩办许克祥的共产党员和积极分子开会。他要求大家回到原来的工作岗位，长沙站不住，城市站不住了，就到农村去，下乡组织农民。要发动群众，恢复工作，山区的人上山，湖滨的人上船，拿起枪杆子进行斗争，武装保卫革命。随后，他说服陈独秀派自己回湖南任省委书记。他在湖南同党员干部谈话时指出，马日事变是上海事件的继续，随着而来的将有无数个马日事变在全国发生；各县工农武装应一律迅速集中，不要分散，要用武力来对付反动军队，以枪杆子对付枪杆子，不要再徘徊观望。7 月初，他在中共中央常委会上指出，"上山可造成军事势力的基础"，不保存武力将来一到事变我们即无办法"③。7 月上旬，他与蔡和森商议后，由蔡致信中央常委，提议"中央及军部应即检查自己的势力，做一军事计划，以备万一"④。8 月初，他为中共中央起草了《湘南暴动大纲》，并经常委批准。对此，他说过："前不久我起草经常委通过的一个计划，要在湘南形成一师的武装，占据五六县，形成一政治基础，发展全省的土地革命，纵然失败也不用去广东而应上山。"⑤以上事实说明，毛泽东后来集中力量到农村去搞武装割据，是经过深思熟虑的，有充分思想准备的。

八七会议后，中共中央临时政治局曾考虑让毛泽东去上海中央机关工作，他表示，不愿去大城市住高楼大厦，愿到农村去，上山结交绿林朋友。⑥ 随后，他即受命以中共中央特派员身份回湖南发动和组织湘东赣西的秋收起义。

在秋收起义部队进攻长沙的计划受挫之后，中共中央于 9 月 19 日致书中共湖南省委，认为"客观上湖南暴动的前途仍尚有希望"，因而主张"此时省委应一面命令萍（乡）浏（阳）平（江）一带工农军进攻长沙，一面立即爆发长沙的暴动"⑦。而在第一线指挥战斗的毛泽东却从挫折中汲取了教训，懂得在敌我力量悬殊的条件下，进攻长沙这样的中心城市是不可能取得成功的。9 月 19 日，他在文家市主持召开的前敌委员会会议，就否定了"取浏阳直攻长沙"的主张，决定起义部队为"保存实力，应退萍乡"；随后即率部转战千里，到达罗霄山脉中

① 《毛泽东外交文选》，中央文献出版社、世界知识出版社 1994 年版，第 530 页。

② 《毛泽东外交文选》，中央文献出版社、世界知识出版社 1994 年版，第 564 ~ 565 页。

③ 《毛泽东年谱（1893—1949）》上卷，人民出版社、中央文献出版社 1993 年版，第 205 页。

④ 蔡和森：《党的机会主义史》。

⑤ 在中共中央临时政治局第一次会议上的发言，1927 年 8 月 9 日。

⑥ 参见《毛泽东年谱（1893—1949）》上卷，人民出版社、中央文献出版社 1993 年版，第 209 页。

⑦ 《中共中央致湖南省委函》，1927 年 9 月 19 日。

段,开创了井冈山地区工农武装割据的局面。这个具有历史意义的行动,受到了中共中央和中共湖南省委的非难。毛泽东后来回忆说:“由于秋收起义的纲领没有得到中央委员会批准,又由于第一军遭受严重损失,而且从城市观点来看,这个运动好像是注定要失败的,因此中央委员会这时明确地批评我。我被免去政治局和党的前委的职务。湖南省委也攻击我们,说我们是‘枪杆子运动’。尽管这样,我们仍然在井冈山上把军队团结起来了,深信我们执行的是正确的路线。后来的事实充分地证明了这一点。”①毛泽东所点燃的井冈山革命的星星之火,划破了黑暗中国的夜空,给苦难的中国人民带来了光明和希望。它召唤着一批又一批的革命者走向农村这个广阔的天地。

1927 年 1 月以后,毛泽东与朱德等一起率部队自井冈山出发,向赣南、闽西进军,逐步开辟了赣南、闽西根据地,并以此为基础,发展为中央革命根据地。“在土地革命战争中,毛泽东、朱德同志直接领导的红军第一方面军和中央革命根据地起了最重要的作用”②。

第二,在理论上,毛泽东阐明了武装斗争在中国的特殊重要性,论述了农村应当成为党的工作中心的思想。

在 1927 年的八七会议上,毛泽东总结大革命失败的历史教训,指出,“从前我们骂(孙)中山专做军事运动,我们则恰恰相反,不做军事运动专做民众运动。蒋(介石)、唐(生智)都是拿枪杆子起家的,我们独不管。现在虽已注意,但仍无坚决的概念。比如秋收暴动非军事小可,此次会议应重视此问题,新政治局的常委要更加坚强起来注意此问题。湖南这次失败,可说完全由于书生主观的错误”。据此,他提出了“枪杆子里面出政权”的论断,强调党“以后要非常注意军事。须知政权是由枪杆子中取得的”③。在同年 8 月 18 日中共湖南省委讨论秋收暴动问题的会议上,毛泽东进一步阐述了这个思想,指出“湖南秋收暴动的发展,是解决农民的土地问题,这是谁都不能否认,但要来制造这个暴动,要发动暴动,单靠农民的力量是不行的,必须有一个军事的帮助。有一、二团兵力,这个就可起来,否则终归失败”。“暴动的发展是要夺取政权,要夺取政权,没有兵力的拥卫或者夺取,这是自欺的话”。他强调指出:“我们党从前的错误,就是忽略了军事,现在应以百分之六十的精力注意军事运动,实行在枪杆子上夺取政权,建设政权。”④他随后还以湖南省委的名义致信中共中央,表示同意共产国际关于

① 埃德加·斯诺:《西行漫记》,董乐山译,三联书店 1979 年版,第 142 页。

② 《关于建国以来党的若干历史问题的决议》,1981 年 6 月。

③ 《毛泽东文集》第 1 卷,人民出版社 1993 年版,第 47 页。

④ 彭公达:《关于湖南秋收暴动的报告》,1927 年 10 月 8 日。以上所引,为毛泽东与易礼容的共同意见。

“在中国立即实行工农兵苏维埃”的意见。毛泽东关于党应以主要力量注意军事的意见并没有为中共中央所采纳。中央政治局在讨论湖南秋收暴动的计划时,有的常委认为,毛泽东提出“枪杆子中夺取政权”,与中央意见有点不合,中央意见是纯粹依靠群众力量,以军事力量为帮助。中央在给湖南省委的信中,批评省委计划的错误之一,就是偏重于军力,其结果只是一种军事冒险。①

尽管受到不正确的批评,毛泽东还是坚持了自己的正确意见。他总结井冈山斗争的经验时指出:“边界的斗争,完全是军事的斗争,党和群众不得不一齐军事化。怎样对付敌人,怎样作战,成了日常生活的中心问题。所谓割据,必须是武装的。”②在 1928 年 11 月为红四军前委起草的给中共中央的报告中,他从半殖民地半封建中国的国情出发,论述了军事问题的极端重要性,强调指出:“以农业为主要经济的中国的革命,以军事发展暴动,是一种特征。我们建议中央,用大力做军事运动。”③

在揭示武装斗争在中国革命中的特殊地位的同时,毛泽东也对党的工作重心应放在城市还是农村这个问题进行了探索。

当秋收起义受挫、中共前委决定不打长沙而转兵南向时,毛泽东曾对起义部队指出:大城市现在不是我们要去的地方,我们要到敌人统治比较薄弱的农村去,发动农民,实行土地革命。

当时的革命战争主要地就是农村游击战争。由于敌人十分强大,红军极为弱小,当 1927 年秋、1928 年春中国游击战争发生不久,井冈山根据地中就有人提出“红旗到底打得多久”这样的问题来了。毛泽东在 1928 年 5 月主持召开的中共湘赣边界第一次代表大会上所作的报告,就阐述了中国革命战争发展和胜利的条件,初步回答了“红旗到底打得多久”的问题,批评了右倾悲观思想和逃跑主义,强调了坚持创造罗霄山脉中段政权的方针。同年 10 月,中共湘赣边界第二次代表大会通过了毛泽东起草的决议案。决议案指出:“一国之内,在四围白色政权的包围中,有一小块或若干小块红色政权的区域长期地存在,这是世界各国从来没有的事。这种奇事的发生,有其独特的原因。而其存在和发展亦必有相当的条件。”“有些同志在困难和危急的时候,往往怀疑这样的红色政权的存在,而发生悲观的情绪。这是没有找出这种红色政权所以发生和存在的正确的解释的缘故。”为此,决议案对“中国的红色政权为什么能够存在”的条件进行了比较详细、充分的论证。这就是:第一,地方的农业经济和帝国主义划分势力

① 参见《毛泽东年谱(1893—1949)》上卷,人民出版社、中央文献出版社 1993 年版,第 213 页。
② 《毛泽东选集》第 1 卷,人民出版社 1991 年版,第 63 页。
③ 《毛泽东选集》第 1 卷,人民出版社 1991 年版,第 79 页。

范围的分裂剥削政策，使得白色政权间发生长期的分裂和战争；第二，一些地方在1926、1927年两年资产阶级民主革命过程中工农兵士群众曾经大大地起来过；第三，全国革命形势是继续向前发展的；第四，相当力量的正式红军的存在；第五，共产党组织的有力量和它的政策的不错误。决议案提出了“工农武装割据”的思想，指出这个思想“是共产党和割据地方的工农群众必须充分具备的一个重要的思想”。必须坚定地相信，“不但小块红色区域的长期存在没有疑义，而且这些红色区域将继续发展，日渐接近于全国政权的取得”。① 同年11月，毛泽东在代表中共红四军前委写给中共中央的报告中，进一步论证了“工农武装割据”的思想，并且总结井冈山斗争的经验，阐明了必须在共产党的领导下，把武装斗争、土地革命和根据地政权的建设这三者有机地结合起来。这些论述，给予了从事农村斗争的人们以重要的理论武装，进一步增强了他们建设农村根据地的信心和决心。

当然，也应当指出，关于把工作中心放在乡村，共产党代表无产阶级来领导农民游击战争，毛泽东在当时也“还没有这些思想，他也还是认为要以城市工作为中心的。开始他还主张在闽浙赣边创造苏区来影响城市工作，配合城市工作”②。1929年2月，中共中央致信红四军前委，对当时的客观形势和革命的主观力量都作了过于悲观的估计，主张将队伍分得很小，散向农村中，朱德、毛泽东离开大的队伍，隐匿大的目标，以便保存红军、发动群众。毛泽东在同年4月为前委起草的致中共中央的信件中，表示不同意中央对时局的悲观估计，指出，“在大混乱的现局之下，只有积极口号积极精神才能领导群众”。前委“建议中央”，“要和蒋桂两派争取江西，同时兼及闽西、浙西，在三省扩大红军的数量，以一年为期。在此一年中，要在上海、无锡、宁波、杭州、福州、厦门等处建设无产阶级斗争的基础，便能领导赣浙闽三省的农民斗争”。关于城乡斗争的关系，前委认为，“无产阶级领导是革命的唯一关键，党的无产阶级基础之建立，大区域产业支部之创造，正是目前党在组织方面的最大任务，但同时农村斗争的发展，小区域苏维埃之建立，红军之创造与扩大，亦是帮助城市斗争，促成革命潮流高涨的条件。”这些论述表明，毛泽东当时确实还没有形成乡村中心的思想。不过，党内一些人之所以不赞成乡村中心的思想，是同他们不能对革命中无产阶级的领导作用和农民的主力军作用作统一的理解分不开的。在他们看来，似乎以乡村为中心，就把无产阶级在革命中的领导作用否定了。恰恰是在对于这个问题的认识上，毛泽东要高人一筹。他指出，“抛弃城市斗争沉溺于农村游击主义是

① 《毛泽东选集》第1卷，人民出版社1991年版，第48～50页。

② 《周恩来选集》上卷，人民出版社1980年版，第179页。

最大的错误,但畏惧农民势力发展,以为将超过工人的领导而不利于革命,如果党员中有这种意见,我们以为也是错误的。因为半殖民地中国的革命,只有农民斗争不得工人领导而失败,没有农民斗争发展超过工人势力而不利于革命本身的"①。从这样的认识出发,到形成乡村中心的思想,就既不会有很大的困难,也不需走太长的路程了。随着农村斗争的进一步发展,革命潮流逐渐升涨,毛泽东在1930年1月5日致林彪的信(即《星星之火,可以燎原》一文)中,就分析了半殖民地中国的特殊国情,明确指出"红军、游击队和红色区域的建立和发展,是半殖民地中国在无产阶级领导之下的农民斗争的最高形式,和半殖民地农民斗争发展的必然结果;并且无疑义地是促进全国革命高潮的最重要因素"。他对遵循着正确的路线建设农村根据地的意义作了充分的估计,指出:"必须这样,才能树立全国革命群众的信仰,如苏联之于全世界然。必须这样,才能给反动统治阶级以甚大的困难,动摇其基础而促进其内部的分解。也必须这样,才能真正地创造红军,成为将来大革命的主要工具。总而言之,必须这样,才能促进革命的高潮。"②据此,周恩来认为,这"也就是要以乡村为中心"③。中共党史学界通常也认为,"这封信总结两年多的革命实践经验,发展了'工农武装割据'的思想,基本上形成了农村包围城市、武装夺取政权的理论"④。应当说,这个结论,是符合实际的。事实上,在这个期间,以毛泽东为书记的红四军前委曾经明确地提出了"'农村工作是第一步,城市工作是第二步'的理论"⑤。在这里,农村工作应当重于和先于城市工作的思想,已经表达得十分鲜明了。

应当指出,以毛泽东为代表的中国共产党人关于战争和乡村工作在中国革命中具有特殊重要性的正确意见,有一个相当长的时间内并没有为共产国际和中共中央所接受。党的中央机关仍然设在全国最大的中心城市上海,党的工作重心仍然放在准备城市起义和白区工作方面,没有放在领导革命战争和农村根据地建设方面,就说明了这一点。这种情况,直到1933年初中共中央迁入中央革命根据地以后才有了根本的改变。至于共产国际,则对于中国共产党领导人民走农村包围城市这样的道路,始终是持怀疑态度的。

第三,在实际工作中,毛泽东总结群众斗争的经验,创造性地解决了为坚持

---

① 《毛泽东文集》第1卷,人民出版社1993年版,第55页。

② 《毛泽东选集》第1卷,人民出版社1991年版,第98~99页。

③ 《周恩来选集》上卷,人民出版社1980年版,第179页。有的学者认为,不能把这封信当做毛泽东已有"乡村中心"思想的证明。本书作者认为,如果综观这封信的全文,再联系到后面所说的红四军前委提出过"乡村工作是第一步,城市工作是第二步"的理论,周恩来的这个判断是可以成立的。

④ 《毛泽东年谱(1893—1949)》上卷,人民出版社、中央文献出版社1993年版,第295页。

⑤ 转引自中共中央致红四军前委的信,1930年6月15日。

和发展农村根据地所必须解决的一系列根本问题。

在分散的农村游击战争的环境下，在共产党和红军的组织基础的最大部分是由农民及其他小资产阶级出身的成分构成的情况下，如何坚持把党组织建设成为无产阶级的先锋队？如何把红军建设成为无产阶级领导下的新型人民军队？在政治经济发展不平衡的半殖民地的中国，在土地革命中生长起来的红军如何同强大的敌人作战？如何进行土地革命，对待中间阶级，搞好根据地的政权建设和经济文化建设？所有这些问题，都是坚持农村斗争所必须解决、同时又不可能从古今中外的书本中找到现成答案加以解决的。

由于毛泽东运用马克思主义的立场、观点、方法，总结群众斗争的经验，正确地解决了这些问题，这就使中国共产党所领导的农村斗争得以避免重演历史上的农民战争或者因遭到镇压而失败、或者被利用作为改朝换代的工具而变质这种悲剧，而胜利地走向确定的革命目标。

尽管 1935 年 1 月遵义会议之前，毛泽东在组织上并不是全党的领袖，他所领导的斗争和他所概括的经验还是在广大的范围内发生了极其深刻的影响。许多革命者从中得到了鼓舞和启示。比如，1928 年冬，中共中央派往鄂豫边传达中共六大决议的代表即曾“想仿效过去湘赣边界特委的例”，“提议把湖北省的黄安、麻城，河南省的商城、光山，安徽省的六安等县，联络起来，建立一个苏维埃区域”[①]。1929 年 5 月，鄂东北特委在给中共中央的报告中，更明确提出“学井冈山的办法”，并建议“重组一鄂豫皖边界特委”，以创造整个大别山脉的武装割据。[②] 又如，1929 年秋，湘鄂西前委在给中共中央的报告中，也提到“我们的战术，也如同朱毛方面红军所指示的军事原则一样”，“对于此一重大的军事，决不冒险，当视敌我力量，酌处或进或退”[③]。对于毛泽东等所总结的某些经验，有一个时期，中共中央和中央军委还向全党和全军作过介绍。比如，1929 年 3 月，中共中央在给贺龙和湘鄂西前委的信中就指出，“在朱毛军队中”，“因为每连都有(党)组织，所以在平日及作战时，都有党的指导和帮助”，要他们“将来部队进行建党时”，“参考”这些经验。[④] 又如，1930 年 1 月，中央军委主办的《军事通讯》曾刊登陈毅所写的红四军的历史及其情况的报告，并在编者按语中指出，“在瑞金独立政权中，可以见到许多宝贵的经验”，“这在中国是独一无二的，在世界是

---

① 《中共中央致湖北省委信——关于游击战争及建立鄂豫皖苏维埃区域问题》，1928 年 12 月 18 日。

② 中共鄂东北特委委员何玉林给中共中央的报告，1929 年 5 月 7 日。参见王树声等：《从黄麻起义到鄂豫边割据》，载《星火燎原》第 1 集。

③ 《湘鄂西前敌委员会给中央的报告》，1929 年旧历 8 月 8 日。

④ 参考《中央给龙兄及前委诸同志的信》，1929 年 3 月 17 日。

未之前见或未之前闻的"，"大家应当向这些经验学习"。①

1981年6月召开的中共十一届六中全会通过的《关于建国以来党的若干历史问题的决议》指出："早在一九二七年革命失败以前，毛泽东同志就已经明确指出无产阶级领导农民斗争的极端重要性以及在这个问题上的右倾危险。革命失败后，他是成功地把党的工作重心由城市转入农村，在农村保存、恢复和发展革命力量的主要代表。"这个结论是完全符合历史实际的。

（二）毛泽东关于农村包围城市、武装夺取政权的理论

在大革命失败以后不久，毛泽东就指明了武装斗争在中国革命中的特殊重要性；而1930年1月所写的《星星之火，可以燎原》则标志着他的乡村中心思想的基本形成。不过，对于中国革命新道路的认识，他也还有一个深化的过程。据朱德回忆：1930年6月，当李立三提出要红军攻打中心城市的计划之后，"毛泽东和我对于整个方案都表示怀疑，但是我们久居山区多年，能够得到的有关国内和国际局势的情报很不全面。在这种情况下，我们不得不接受我们中央委员会的分析"。"话虽如此，就我们所知，我们的部队以及其他红军部队力量既弱，装备又不好。即或我们能够攻占几座工业城市，即或有些产业工人参加战斗，但能否坚守城市的确是大可怀疑的"②。应当说，在当时能够提出这种怀疑，就是很难能可贵的，因为如朱德所说，"除了毛泽东和我之外，很少有人怀疑李立三路线"；但他们那种矛盾的心情也说明，当时他们对乡村中心的认识也还是初步的，还有待于从理论上予以深化。

在土地革命战争后期和抗日战争时期，毛泽东写了《中国革命战争的战略问题》、《抗日游击战争的战略问题》、《战争和战略问题》、《论新阶段》、《中国革命和中国共产党》等著作。在这些著作中，他进一步总结开辟中国革命新道路的斗争经验，对于中国革命的主要斗争形式是战争，对于中国革命走农村包围城市道路的必要性和可能性，对于建立农村根据地的条件等，从理论上作出了系统而深刻的论证。

下面，我们根据上面这些著作，从三个方面，对毛泽东关于农村包围城市、武装夺取政权理论的主要内容作一个介绍和分析。

1. 以武装的革命反对武装的反革命

在以武装的革命反对武装的反革命的问题上，毛泽东阐明了武装斗争在中

① 《军事通讯》创刊号，1930年1月。

② ［美］艾格妮丝·史沫特莱：《伟大的道路——朱德的生平和时代》，三联书店1979年版，第316～317页。

国革命中具有特殊的重要性，指出："在中国，主要的斗争形式是战争，而主要的组织形式是军队。"①

毛泽东指出，"革命的中心任务和最高形式是武装夺取政权，是战争解决问题。这个马克思列宁主义的革命原则是普遍地对的"②，不论对于资本主义国家还是对于殖民地半殖民地国家，一般说来，都是适用的。

革命的目的是解放生产力。为此，就要改变阻碍生产力发展的过时的、反动的生产关系。由于在这种生产关系中居于支配地位的阶级在现存政权中也居于支配地位，这种生产关系也就受到现存政权的全力保护。这样，当着不推翻现存的反动政权，建立新的革命政权，就不能改变过时的、反动的生产关系时，革命就是必要的和不可避免的了，正因为如此，马克思主义认定，革命的根本问题是政权问题。

反动政权主要是反革命的暴力机关，首先是反动的军队。当自身在经济上和政治上的支配地位受到威胁时，一切反动阶级通常都是自己首先使用暴力，把刺刀提到日程上来。革命阶级为了反抗压迫，达成革命的目的，也就不能不使用暴力。因此，"谁承认阶级斗争，谁就不能不承认国内战争，因为在任何阶级社会里，国内战争都是阶级斗争的自然的——在一定的情况下则是必然的——继续、发展和尖锐化"；因为一系列经济上的和政治上的冲突和斗争，经过不断的重复、集中、扩大和尖锐化，最后就会变成一个阶级拿起武器反对另一个阶级的斗争。"所有的大革命都证实了这一点"③。

在肯定马克思主义关于暴力革命是各国大革命的一般规律这个原理的同时，毛泽东同时又认为，"以农业为主要经济的中国的革命，以军事发展暴动，是一种特征"④。他并且不止一次地引证过斯大林于 1926 年 11 月在共产国际执委会中国委员会会议上论中国革命的前途时提出的论断，即"在中国，是武装的革命反对武装的反革命。这是中国革命的特点之一和优点之一"，强调"这一论断是完全正确的"⑤。

既然暴力革命是任何大革命的一般规律，为什么又说武装斗争是中国革命的特点呢？

为了答复这个问题，我们有必要把发生在半殖民地中国的革命和发生在帝国主义俄国的革命作一个比较。

---

① 《毛泽东选集》第 2 卷，人民出版社 1991 年版，第 543 页。

② 《毛泽东选集》第 2 卷，人民出版社 1991 年版，第 541 页。

③ 《列宁选集》第 2 卷，人民出版社 1995 年版，第 722 页。

④ 《毛泽东选集》第 1 卷，人民出版社 1991 年版，第 79 页。

⑤ 《毛泽东选集》第 2 卷，人民出版社 1991 年版，第 543 页。

毛泽东认为，暴力革命固然是一个普遍的原则，但是在同一原则下，就无产阶级政党在各种条件下执行这个原则的表现说来，则基于条件的不同而不一致。在资本主义各国，在没有法西斯和没有战争的时期内，那里的条件是国家内部没有了封建制度，有的是资产阶级的民主制度；外部没有民族压迫，有的是自己民族压迫别的民族。基于这些特点，资本主义各国的无产阶级政党的任务，在于经过长期的合法斗争，教育工人，生息力量，准备最后推翻资本主义。在那里，是长期的合法斗争，是利用议会讲坛，是经济的和政治的罢工，是组织工会和教育工人。当然，这并不是说，这些国家的共产党一般地可以通过议会道路取得革命胜利。利用议会讲坛和走议会道路，并不是一回事。无产阶级政党在有条件利用议会讲坛时加以利用，是必要的。列宁说过，只要还有一部分劳动者（不仅是无产者，也有半无产者和小农）相信资产阶级用来欺骗工人的资产阶级民主工具，我们就应当利用这个讲坛来揭穿这个骗局。因为这个讲坛是工人中的落后阶层、特别是非无产阶级中的落后阶层最重视和最依赖的。但是，无产阶级的革命政党并不把自己的活动局限于议会斗争，而且它从事议会斗争也不单单为了争取议席，主要地还是着眼于争取群众，以便于动员和组织群众举行起义和进行战争。不过，这种起义和战争也不是在任何时候都可以举行的。如果没有革命形势，不具备起义的条件，就不应当起义，否则就是布朗基主义，即小资产阶级的盲动主义。列宁认为，一般说来，革命形势的主要特征是：不仅被统治阶级不愿照旧生活下去，统治阶级也不可能照旧不变地维持自己的统治，即出现了上层的某种危机；被压迫群众的贫困和灾难超乎寻常的加剧；由此，群众积极性大大提高，形势迫使他们去进行独立的历史性的发动。他还指出，即使形成了革命形势，还必须具备一定的条件，才能起义。① 起义要获得胜利，第一应当依靠先进的阶级；第二应当依靠人民的革命高潮；第三应当是革命发展进程中的转折点，即人民先进队伍中的积极性表现得最高，敌人队伍中以及软弱的、三心二意的、不坚定的革命朋友队伍中的动摇表现得最厉害的时机。“在这三个条件下提出起义问题，正是马克思主义和布朗基主义不同的地方”②。正是依据列宁的上述思想，毛泽东指出，无产阶级政党准备中的起义和战争，“不到资产阶级真正处于无能之时，不到无产阶级的大多数有了武装起义和进行战争的决心之时，不到农民群众已经自愿援助无产阶级之时，起义和战争是不应该举行的”。这“是资本主义国家的共产党所曾经这样做，而在俄国的十月革命中证实了的”③。

---

① 参见《列宁选集》第2卷，人民出版社1995年版，第460～461页。

② 《列宁选集》第3卷，人民出版社1995年版，第275页。

③ 《毛泽东选集》第2卷，人民出版社1991年版，第542页。

俄国无产阶级政党从 1898 年创建,到 1917 年取得政权,中间经过了 20 年。在这 20 年中,俄国党只在 1905 年 12 月、1917 年 2 月和 1917 年 11 月举行过三次武装起义,其余绝大部分时间,是在发动群众、积蓄力量,为组织起义做准备。在这个长时段里,主要的组织形式是合法的,如组织工会、成立议会党团等,当然也有秘密工作与之配合;斗争形式基本上是不流血的,如组织罢工、利用议会讲坛宣传党的主张等。只是经过长时间的合法斗争,教育工人,生息力量,待到革命危机成熟时才进行暴力革命,而且这种暴力革命主要是短时间的武装起义,不是长时期的革命战争。俄国党领导的三次起义,时间都很短促,十月革命即 1917 年 11 月开始的起义是延续时间最长的一次,也只有四五个月。起义一旦举行,失败的不用说了,如果胜利,那就意味着首先占领首都,掌握中央政权,而后迅速地将革命推向全国,掌握全国政权。这就是俄国无产阶级政党走过的道路。俄国革命就是沿着这条道路前进并取得胜利的。

中国革命的情况就不同了。中国革命要通过走这样的道路取得胜利是不可能的。

中国与资本主义国家不同,与俄国不同。毛泽东指出:“中国的特点是:不是一个独立的民主的国家,而是一个半殖民地的半封建的国家;在内部没有民主制度,而受封建制度压迫;在外部没有民族独立,而受帝国主义压迫。因此,无议会可以利用,无组织工人举行罢工的合法权利。在这里,共产党的任务,基本地不是经过长期合法斗争以进入起义和战争,也不是先占城市后取乡村,而是走相反的道路。”①下面,我们就来比较具体地说明这一点。

在中国,封建经济在社会经济生活中占着优势,在这样的基础之上所建立的,也就是军阀官僚的专制政权,这种政权是依靠赤裸裸的反革命暴力维持的。“外国的资产阶级政党不需要各自直接管领一部分军队。中国则不同,由于封建的分割,地主或资产阶级的集团或政党,谁有枪谁就有势,谁枪多谁就势大。”②由于军阀个人各自控制着一部分军队,以此作为政争的工具,中国的一切重大的政治问题也就不是由政治手段而是直接依靠军事力量来解决的。辛亥革命以后,政权落入封建军阀之手,国会等实际上不过是军阀专制的一块遮羞布。军阀政府采取种种办法,把人民理应享有的言论、集会、出版、罢工等项自由权利,几乎剥夺得一干二净。国民党新军阀的统治建立之后,更认定中国人民没有行使民主权利的能力,不再召集国会,公开实行国民党的一党专政,连资产阶级民主制度的外衣也不要了。在国民党统治区,共产党被取缔,共产党的一切活动

① 《毛泽东选集》第 2 卷,人民出版社 1991 年版,第 542 页。

② 《毛泽东选集》第 2 卷,人民出版社 1991 年版,第 546 页。

都被禁止，加入共产党成了极大的犯罪。反动当局可以任意逮捕、监禁、杀戮共产党人及其同情者。

中国的这种特殊国情，决定了中国的无产阶级政党不可能像资本主义国家的无产阶级政党那样，建立公开的合法的组织，通过长时间的合法斗争来教育人民，积蓄革命力量。在中国，要革命，就只有拿起武器进行战斗。在这里，“斗争的主要形式是战争”，而不是举行罢工、利用议会讲坛之类（罢工是被禁止的，议会讲坛在国民党时期则根本没有了）；“主要的组织形式是军队”①，而不是工会、议会党团之类。正因为如此，毛泽东指出：“中国无产阶级政党的主要的和差不多开始就面对着的任务，是联合尽可能多的同盟军，组织武装斗争，依照情况，反对内部的或外部的武装的反革命，为争取民族的和社会的解放而斗争。在中国，离开了武装斗争，就没有无产阶级和共产党的地位，就不能完成任何的革命任务。”②

实际上，中国共产党在 1921 年成立之后，只经过短短几年的群众工作的准备，就参加了 1925—1927 年的广东战争和北伐战争；在这之后直到取得全国政权，领导革命战争始终是它的主要任务。这就是说，与俄国革命的情况不同，在中国，无产阶级政党不是先经过长期的合法斗争以积蓄力量而后进入起义和战争，它是差不多一开始就投入革命战争的；而积蓄革命力量的工作，主要地，不是在和平时期通过合法的手段去进行，而是在战争过程中进行的。具体地说，就是在共产党的领导下，以革命军队打开一个地方，同时也就发动和组织起一片群众。而且，在中国，也不是经过短时间的起义一举夺取中央政权，而后迅速地把革命推向全国；而是经过长期的革命战争，首先在局部地区建立革命政权，而后把它逐步地、波浪式地推向全国的。

弄清楚中国革命和俄国革命的这种区别之后，我们就不难懂得，为什么说武装斗争在中国具有极端的重要性，为什么应当把“武装的革命反对武装的反革命”看做中国革命的特点之一了。

正因为武装斗争在中国具有极端的重要性。毛泽东认为，中国共产党应当把组织革命军队、领导革命战争的责任担当起来。他指出，劳动人民几千年来上了反动统治阶级的欺骗和恐吓的老当，很不容易觉悟到自己掌握枪杆子的重要性。应当汲取这个历史教训。每个共产党员都应懂得这个真理：“枪杆子里面出政权。”在兵权问题上，一定不能犯幼稚病。也就是说，一定要争党的兵权，人民的兵权。一定要唤起全党注意军事问题的研究，一定要研究军事的理论，研究

① 《毛泽东选集》第 2 卷，人民出版社 1991 年版，第 543 页。

② 《毛泽东选集》第 2 卷，人民出版社 1991 年版，第 544 页。

战略和战术,研究军队政治工作,成为革命战争的自觉的领导者。

大革命失败以后,陈独秀等人站到了托洛茨基主义的立场上,主张“在没有革命局势的现阶段,应力争彻底民主的国民会议”。他们把 1905 年俄国革命失败以后俄国党参加杜马选举的策略机械地搬到中国来了。如果党放下武器去专搞合法运动,党的力量,革命的力量,很快就会被反动派所摧毁,而中国革命的坚持和胜利也就从根本上成为不可能的了。

在共产党内,广大党员、干部在必须进行武装斗争这一点上,认识是一致的;但在怎样认识武装斗争的地位,怎样进行武装斗争的问题上,是存在分歧的。当时党的许多领导人所遵循的,是俄国十月革命的具体模式,他们认为应先做争取群众的工作,而后才能进入起义或战争,他们并不了解中国革命的主要斗争形式是战争,而主要的组织形式是军队,不了解争取群众的工作主要只能在战争过程中进行。他们不以主要力量去领导战争,不着重研究战争和战略,并且还把毛泽东等重视组织军队、依靠军队去进行革命战争的正确主张,说成是犯了脱离群众的“枪杆子主义”的错误。他们的这种错误的认识和错误的方针,也给中国革命事业造成了严重的危害。

2. 走农村包围城市的道路

在中国革命的道路问题上,毛泽东指明了中国共产党的工作重心应当放在农村,论述了 1927 年以后的中国革命必须走农村包围城市的道路。

毛泽东的上述主张,是同国际共产主义运动的传统观念不相同的。他提出这种特殊理论的客观根据是什么呢?这个根据就在于“中国革命是半殖民地的资产阶级民主革命和革命的长期性这两个基本特点”①。

首先,中国革命是一个在政治经济发展不平衡的半殖民地大国中进行的资产阶级民主革命。

关于中国革命的资产阶级民主主义性质,党在成立后不久就已经解释过了;关于中国是一个政治经济发展不平衡的大国,毛泽东作过如下的具体解释:

中国政治经济发展不平衡——微弱的资本主义经济和严重的半封建经济同时存在,近代式的若干工商业都市和停滞着的广大农村同时存在,几百万产业工人和几万万旧制度统治下的农民和手工业工人同时存在,管理中央政府的大军阀和管理各省的小军阀同时存在,反动军队中有隶属蒋介石的所谓中央军和隶属各省军阀的所谓杂牌军这样两部分军队同时存在,若干的铁路航路汽车路和普遍的独轮车路、只能用脚走的路和用脚还不好走的路同时存在。

中国是一个半殖民地国家——帝国主义的不统一,影响到中国统治集团间

---

① 《毛泽东选集》第 2 卷,人民出版社 1991 年版,第 762 页。

的不统一。数国支配的半殖民地国家和一国支配的殖民地是有区别的。

中国是一个大国——“东方不亮西方亮，黑了南方有北方，不愁没有回旋的余地”①。

上述情况，至少规定了以下几点：

第一，在中国，农民仍然是主要群众。他们是封建势力的主要压榨对象和帝国主义者的主要掠夺对象，因而是反帝反对建的民主革命的主力军。这就是说，中国革命的最深厚的力量源泉，不是在若干近代工商业都市，而是在广大的农村。中国的民主革命实质上就是农民革命。中国的武装斗争实质上就是农民战争。广大农民所在的广大农村，理所当然地应当成为中国民主革命走向胜利的主要的战略基地。由于中国的自然经济已经趋向解体，资本主义经济已经有了一定程度的发展，与此相适应，新兴的无产阶级也已经成长起来，并且产生了本阶级的先锋队——中国共产党，这样，中国这时发生的农民战争就有可能得到无产阶级及其政党的领导而开创出与古代的单纯农民战争不同的胜利局面。毛泽东说：“红军、游击队和红色区域的建立和发展，是半殖民地中国在无产阶级领导之下的农民斗争的最高形式，和半殖民地农民斗争发展的必然结果；并且无疑义地是促进全国革命高潮的最重要因素。”②这是完全符合实际的。

第二，中国的反动派相当牢固地控制着若干近代工商业都市，而停滞着的广大农村却是它无法牢固地控制的地方。中国的反动派为了统治中国人民，虽然建立了庞大的反革命军队，1927 年以后，国民党政府的常备军即达 200 万人以上，其后更发展到 400 万人以上，但是，由于它同人民处于尖锐对立的地位，它想要用这支军队来统制 960 万平方公里、2 000 多个县、4.75 亿人口的国家，仍然是捉襟见肘、不敷应用的。这样，它就不能不把自己的主要力量部署在中心城市和交通要道，而广大农村则主要依靠地主及其武装来维持统治。毛泽东指出，“革命的胜利总是从那些反革命势力比较薄弱的地方首先开始，首先发展，首先胜利”③的。他从列宁提出的由于帝国主义时代政治经济发展不平衡规律的作用、革命可以在帝国主义统治比较薄弱的国家首先胜利的原理受到启示，指出半殖民地中国由于经济政治发展不平衡，革命可以在反革命势力比较薄弱的农村区域首先开始、首先发展、首先胜利。

第三，在半殖民地的中国，这里的城市乡村问题和资本主义国家的城市乡村问题有性质上的区别。“在资本主义国家，城市在实质上形式上都统制着乡村，

---

① 《毛泽东选集》第 1 卷，人民出版社 1991 年版，第 189 页。

② 《毛泽东选集》第 1 卷，人民出版社 1991 年版，第 98 页。

③ 《毛泽东选集》第 1 卷，人民出版社 1991 年版，第 152 页。

城市之头一断，乡村之四肢就不能生存”。比如，乡村的生产，就依靠城市供给农业机器、化学肥料、动力和交通工具才能维持，一旦城市的这些供应断绝，乡村的生产就要陷于瘫痪状态了。所以，“不能设想，在英、美、法、德、日、意等国，能够支持长期反对城市的乡村农民战争”。在半殖民地的中国，情况就不同。“城市虽带着领导性质，但不能完全统治乡村，因为城市太小，乡村太大，广大的人力物力在乡村不在城市。”①正因为乡村在很大程度上仍然处于自然经济状态，除了少量的农具、食盐等必须通过商品流通渠道获得以外，基本方面是可以自给自足的，所以，革命的乡村在脱离城市的情况下也是有可能相对独立地生存下去，只要在乡村中从事革命活动的人们有一种艰苦奋斗的精神就行了。相反地，一旦乡村革命化了，反革命占据的城市却由于人力、物力的供应来源被切断，要继续存在下去就成了问题。所以，把广大的乡村建设成为先进的革命阵地，是可以给予反革命的统治以致命的打击的。当然，比较起来，城市总是集中的，乡村总是分散的，在反革命占据大城市与交通线的情况下，革命即使在一些乡村站住了脚，它在地域上也是被分割的，这就给革命斗争带来很大的困难，这就规定了革命斗争的长期性与残酷性。虽然如此，我们还是应当肯定，“乡村能够战胜城市”。而且由于中国是一个大国，革命在某一个农村区域站不住脚了，还是可以到另一个农村区域求得生存和发展的。在某种意义上可以说，根据地也是可以搬家的。

第四，半殖民地中国的经济，主要的是地方性的农业经济，而不是统一的资本主义经济。在这样的基础上，形成了封建性的军阀割据的局面。而且，中国不是一个帝国主义国家直接统治的殖民地，而是许多帝国主义国家间接统治的半殖民地。帝国主义列强在中国实行划分势力范围的分裂剥削政策，它们分别扶植不同的军阀作为自己的代理人。这样，帝国主义列强和买办豪绅阶级支持着的各派新旧军阀，从民国成立以来，相互间就进行着持续不断的战争。这种现象，成了“半殖民地中国的特征之一”。这也为农村斗争的胜利发展提供了一种机遇。“因为有了白色政权间的长期的分裂和战争，便给了一种条件，使一小块或若干小块的共产党领导的红色区域，能够在四围白色政权包围的中间发生和坚持下来。”②如果稍加留意，我们就会发现，这种红色区域，几乎都是建立在省与省的交界处。最早的井冈山根据地就坐落在湘赣边界。以后建立的根据地也基本上是在边区。因为在军阀割据的条件下，省与省的交界处往往是反动统治比较薄弱的部分，革命易于在这些区域得到发展；有关的地方军阀为了保存各自

① 《中共中央文件选集》，中共中央党校出版社1991年版，第590～591页。

② 《毛泽东选集》第1卷，人民出版社1991年版，第49页。

的实力,不可能联合起来集中力量镇压和扼杀这些区域的革命力量。革命的政权主要地首先在边区建立起来这个事实表明,中国统治集团的不统一,确实为中国革命首先在农村得到发展,提供了可以利用的巨大的隙缝。

当然,即使在半殖民地的中国,城市终究也是政治、经济、文化的中心区域,如果能够首先占领城市而不去占领,那是愚蠢的。事实上,“在一九二四年至一九二七年革命时期,由于国共合作建立了联合政府,当时的根据地是以某些大城市为中心的”,而且这样做,在当时也是适宜的。当然,“即在那个时期,也必须在无产阶级领导下建立以农民为主体的人民军队,并解决乡村土地问题,以巩固根据地的基础”①。这也就是说,决定党必须把工作重心转向农村的,并不仅仅限于“中国革命是半殖民地的资产阶级民主革命”这一点,这与1927年革命失败以后敌我力量对比的变化以及由此决定的“革命的长期性”这一点也是直接有关的。

1927年革命失败以后,有组织的革命力量被极大地削弱了,而反革命力量则得到了极大的加强,背叛了革命的国民党是夺取了政权而且相对地稳定了它的政权的党。它得到了国际帝国主义的支持和援助。它建立了一支与世界现代国家的军队大体相似的庞大的军队,而且其数量之高超过中国任何一个历史时代的军队,超过世界任何一个国家军队的常备军。它控制了全中国的政治、交通、文化的枢纽或命脉,它的政权是全国性的政权。正如毛泽东所说的那样,中国革命的敌人是异常强大的。“在这样的敌人面前,中国革命的长期性和残酷性就发生了。因为我们的敌人是异常强大的,革命力量就非在长期间内不能聚集和锻炼成为一个足以最后地战胜敌人的力量。因为敌人对于中国革命的镇压是异常残酷的,革命力量就非磨炼和发挥自己的顽强性,不能坚持自己的阵地和夺取敌人的阵地。”②“在这样的敌人面前,革命的根据地问题也就发生了。因为强大的帝国主义及其在中国的反动同盟军,总是长期地占据着中国的中心城市,如果革命的队伍不愿意和帝国主义及其走狗妥协,而要坚持地奋斗下去,如果革命的队伍要准备积蓄和锻炼自己的力量,并避免在力量不够的时候和强大的敌人作决定胜负的战斗,那就必须把落后的农村造成先进的巩固的根据地,造成军事上、政治上、经济上、文化上的伟大的革命阵地,借以反对利用城市进攻农村区域的凶恶敌人,借以在长期战斗中逐步地争取革命的全部胜利。”③以武装革命的农村包围被反革命占领的城市以便最后夺取这些城市,这是1927年以后复兴

① 《关于若干历史问题的决议》,《毛泽东选集》第3卷,人民出版社1991年版,第974~975页。

② 《毛泽东选集》第2卷,人民出版社1991年版,第634页。

③ 《毛泽东选集》第2卷,人民出版社1991年版,第635页。

中国革命和争取中国革命胜利的唯一可行的道路。否则,就像毛泽东所说的那样,只有两种可能的选择:或者放弃革命而去同帝国主义及其走狗妥协,如同鼓吹合法主义的中国托洛茨基主义反对派那样;或者在力量不够的时候为夺取城市而去同强大的敌人作决定胜负的战斗,如同犯“左”倾冒险主义错误的人们所主张的那样。这两者的性质虽然有所不同,即一要取消革命,一要继续革命,但其结局却是共同的,那就是导致中国革命的失败。

不过,对于敌强我弱的形势也不应作静止的、绝对化的观察。随着 1927 年革命的失败,革命的主观力量确实大为削弱了。这是问题的一个方面。问题的另一个方面是,立足于中国落后的脆弱的社会经济组织之上的一切组织(政权、武装、党派等)也是弱的。国民党反动统治的建立,并没有消除帝国主义势力、封建军阀、地主阶级同中国人民的矛盾;由于它“对外投降帝国主义,对内以新军阀代替旧军阀”,并且以地主阶级作为自己的社会支柱,这些矛盾是更趋激化了。这就是说,引发革命的原因仍然存在,反革命统治的长期稳定是不可能的。国民党统治集团企图通过采取以血腥的屠杀政策来对付昨天的同盟者——共产党和革命群众的办法,来扑灭革命的火焰,结果只能是适得其反。这样做,必然使得群众再也不可能存有改良主义的幻想,留给他们的就只有奋起革命这一条路了。所以,毛泽东在当时就说过:“如果我们认识了以上这些矛盾,就知道中国是处在怎样一种皇皇不可终日的局面之下,处在怎样一种混乱状态之下。就知道反帝反军阀反地主的革命高潮,是怎样不可避免,而且是很快会要到来。中国是全国都布满了干柴,很快就会燃成烈火。‘星火燎原’的话,正是时局发展的适当的描写。”①正是在中国革命遭到严重挫败的时候,他认定“中国革命的走向高潮,一定会比西欧快”;正是在中国共产主义运动似乎即将被消灭的时候,他确信“在将来的形势之下,什么党派都是不能和共产党争群众的”②。

认清形势的这一方面,也很重要。因为如果全国革命形势不是继续地向前发展,而是有一个比较长期的停顿,那么,稳定了自身统治的反动派就有可能集中全部力量来消灭农村中的小块革命根据地,这样,企图通过走农村包围城市的道路来复兴革命和争取革命的胜利,也就是不可能的了。从事农村斗争中的一些人正是由于没有认清这一点,对形势产生了悲观的估计,才认为在农村做艰苦的政权建设工作为徒劳,理由是一旦反革命发动集中的攻击,这些政权是无法生存的,因此,他们也就没有用农村根据地的巩固和扩大去促进全国革命高潮的深刻观念。显然,这种看法是不正确的。实际的情况,正如毛泽东在当时所指出的

① 《毛泽东选集》第 1 卷,人民出版社 1991 年版,第 101 ~ 102 页。
② 《毛泽东选集》第 1 卷,人民出版社 1991 年版,第 102 页。

那样:"现在中国革命形势是跟着国内买办豪绅阶级和国际资产阶级的继续的分裂和战争,而继续地向前发展的。所以,不但小块红色区域的长期存在没有疑义,而且这些红色区域将继续发展,日渐接近于全国政权的取得。"①

从上面的分析,我们可以看到,在1927年革命失败以后,在农村建立革命根据地,走农村包围城市的道路,在客观上不仅是必要的,而且也是可能的。

3. 实行工农武装割据的条件

毛泽东还阐明了实行农村武装割据必须具备的主观条件。

既然武装斗争是中国革命的主要斗争形式,农村应当成为党的工作重心,那么,是不是党就可以无条件地发动武装起义,在农村建设革命根据地呢?不是的。毛泽东认为,1927年革命失败以后中国农村根据地之所以能够建立、坚持和发展,除了由于存在上述客观条件外,还由于具备了一定的主观条件。

不应当忘记,"中国是经过了一次大革命的",这就"准备好了红军的种子,准备好了红军的领导者即共产党,又准备好了参加过一次革命的民众"②,一句话,准备好了在一些地区开展农村武装斗争所必需的主观力量。

毛泽东认为,"要发动暴动,单靠农民的力量是不行的,必须有一个军事的帮助"③。"暴动时期,更需要武装"④。即使暴动成功了,要坚持农村斗争,没有武装也不行。"所谓割据,必须是武装的。哪一处没有武装,或者武装不够,或者对付敌人的策略错了,地方就立即被敌人占去了。"⑤这里所说的武装,不仅是指民众武装组织如赤卫队等,而且主要是指军队。"若没有相当力量的正式武装,便决然不能造成割据局面,更不能造成长期的和日益发展的割据局面。"⑥因为农民的武装只能对付地主的武装,对付不了正规的白色军队。由于经过援助国民党的广东战争和北伐战争,中国共产党已掌握了一部分军队,这些军队就是南昌起义、秋收起义、广州起义的主力,也为各根据地进行武装斗争提供了最初的军事力量的骨干和基础。

毛泽东指出:"中国红色政权首先发生和能够长期地存在的地方,不是那种并未经过民主革命影响的地方,例如四川、贵州、云南及北方各省,而是在一九二六和一九二七两年资产阶级民主革命过程中工农兵士群众曾经大大地起来过的地方,例如湖南、广东、湖北、江西等省。这些省份的许多地方,曾经有过很广大

---

① 《毛泽东选集》第1卷,人民出版社1991年版,第50页。

② 《毛泽东选集》第1卷,人民出版社1991年版,第189页。

③ 《毛泽东军事文集》第1卷,军事科学出版社、中央文献出版社1993年版,第7页。

④ 《毛泽东军事文集》第1卷,军事科学出版社、中央文献出版社1993年版,第6页。

⑤ 《毛泽东选集》第1卷,人民出版社1991年版,第63页。

⑥ 《毛泽东选集》第1卷,人民出版社1991年版,第50页。

的工会和农民协会的组织，有过工农阶级对地主豪绅阶级和资产阶级的许多经济的政治的斗争。”①这些地方的民众条件比较好，有利于党开展农村斗争。

毛泽东指出，农村根据地的建立、坚持和发展，“还须有一个要紧的条件，就是共产党组织的有力量和它的政策的不错误”②。经过大革命的胜利和失败的反复，共产党受到了深刻的锻炼，在政治上有了很大的进步，它在极其艰苦的条件下高举革命的旗帜，决心依靠广大农民，武装反抗地主买办阶级的反动统治。这样，广大农民就有可能在无产阶级政党的领导下凝聚成为一支不可战胜的力量，农村斗争也就有可能走上胜利发展的道路。

从上面的分析，我们可以看到，在 1927 年革命失败以后，建立农村革命根据地，走农村包围城市、武装夺取政权道路的主观条件也是具备的。

阐明实行农村武装割据所必须具备的条件，是很重要的。只有这样，才能既同那种怀疑红色政权能够存在的右倾悲观思想划清界限，又同那种认为可以无条件地在农村发动武装暴动的“左”倾盲动主义划清界限。

开辟农村包围城市、武装夺取政权的道路，是毛泽东为中国革命事业所做的一个极其伟大的贡献。他所阐明的农村包围城市、武装夺取政权的理论，反映了 1927 年革命失败以后中国革命发展的特殊规律，指出了中国革命走向胜利的唯一正确的道路。

（三）反对本本主义，坚持马克思主义和中国革命实际相结合的原则

以毛泽东为代表的中国马克思主义者开辟了农村包围城市、武装夺取政权的道路，积累了在农村游击战争环境下建设无产阶级革命政党和新型人民军队的经验。这表明，中国共产党人已经开始学会独立地解决中国革命的问题了。

正确的思想路线是制定和执行正确的政治路线的基础。思想路线不正确，正确的政治路线就制定不出来，制定了也贯彻不下去。在中国革命的严重转折关头，毛泽东之所以能为党的事业的复兴和胜利昭示前进的方向，这是与他一贯坚持从实际出发、实事求是、理论联系实际这样一条唯物主义的思想路线分不开的。

毛泽东对于马克思主义抱有坚定的信念。他说过：“我一旦接受了马克思主义对历史的正确解释以后，我对马克思主义的信仰就没有动摇过。”③在中国革命最艰苦的年代，他与许多共产党人一起，坚定地捍卫了共产主义的崇高理想和马克思主义的思想阵地。他历来认为，中国革命没有马克思主义的指导是不

① 《毛泽东选集》第 1 卷，人民出版社 1991 年版，第 49 ~ 50 页。
② 《毛泽东选集》第 1 卷，人民出版社 1991 年版，第 50 页。
③ ［美］埃德加·斯诺：《西行漫记》，董乐山译，三联书店 1979 年版，第 131 页。

能胜利的。但是与此同时,他又强调,不能离开中国社会和中国革命的实际,即离开中国的国情,来生硬地、机械地搬用马克思主义的一般原理和它的个别结论。他说过:“记得我在一九二〇年,第一次看了考茨基著的《阶级斗争》,陈望道翻译的《共产党宣言》,和一个英国人作的《社会主义史》,我才知道人类自有史以来就有阶级斗争,阶级斗争是社会发展的原动力,初步地得到认识问题的方法论。可是这些书上,并没有中国的湖南、湖北,也没有中国蒋介石和陈独秀。我只取了它四个字:‘阶级斗争’,老老实实地来开始研究实际的阶级斗争。”①固然,不能把马克思主义仅仅归结为阶级斗争的理论。不过,在一个阶级剧烈对抗的社会中进行活动,毛泽东首先和着重地注意运用马克思主义的阶级斗争理论,这是很自然的。因为这个理论是马克思主义指出的一条基本线索,它使得人们有可能在阶级社会的那种迷离混沌的状态中找出规律性来。而为了弄清楚中国社会各阶级的状况及其相互关系,并据此制定出相应的斗争策略,毛泽东付出过巨大的努力。

建党初期,毛泽东主要从事工人运动;中共三大以后,做过统一战线工作;而后,“注重研究中国农民问题”;再后,到农村中去领导革命战争。

毛泽东在回顾从事农村调查工作的经历时说过:“我自己认识农村,就是经过好几年的工夫的。”1925 年,“我做了四个月的农民运动,得知了各阶级的一些情况,可是这种了解是异常肤浅的,一点不深刻。后来,中央要我管理农民运动。我下了一个决心,走了一个月零两天,调查了长沙、湘潭、湘乡、衡山、醴陵五县。这五县正是当时农民运动很高涨的地方,许多农民都加入了农民协会。国民党骂我们‘过火’,骂我们是‘游民行动’,骂农民把大地主小姐的床滚脏了是‘过火’。其实,以我调查后看来,也并不都是像他们所说的‘过火’,而是必然的,必需的。因为农民太痛苦了”。“不过,在当时我对于农村阶级的结合,仍不是十分了解的。到井冈山之后,我作了寻乌调查,才弄清了富农与地主的问题,提出解决富农问题的办法,不仅要抽多补少,而且要抽肥补瘦,这样才能使富农、中农、贫农、雇农都过活下去。假若对地主一点土地也不分,叫他们去喝西北风,对富农也只给一些坏田,使他们半饥半饱,逼得富农造反,贫农、雇农一定陷于孤立。当时有人骂我是富农路线,我看在当时只有我这办法是正确的”。“贫农与雇农的问题,是在兴国调查之后才弄清楚的,那时才使我知道贫农团在分配土地过程中的重要性”。“所以,从我个人调查农村来说,是经过了六七年的时间

① 毛泽东:《关于农村调查》(1941 年 9 月 13 日),《毛泽东农村调查文集》,人民出版社 1982 年版,第 21 ~ 22 页。

的”。①

从1927年北伐战争期间起，到1934年离开中央根据地、参加长征为止，毛泽东亲手从农村中收集了大量的材料。1927年1月，他做了湘潭、湘乡、衡山、醴陵、长沙5个县的有系统的调查；1927年11月，又做了永新、宁冈两个县的有系统的调查。这7个调查材料，后来丢失。② 后来他又做过多次这样的调查。现在，留存下来的这方面的材料还有中国佃农生活举例、寻乌调查、兴国调查、东塘等处调查、木口村调查、赣西南土地分配情形、分青和出租问题、分田后的富农问题、两个初期的土地法、长冈乡调查、才溪乡调查等十余份。这些材料，不是依据于一时的表面的观察或问询，而是在对于一个地方或一个问题进行系统、周密的调查研究的基础上写成的。毛泽东在当时就说过，我们研究农村问题或者城市问题，都“要拼着精力把一个地方研究透彻，然后于研究别个地方，于明了一般情况，便都很容易了。倘若走马看花，如同某同志所谓‘到处只问一下子’，那便是一辈子也不能了解问题的深处。这种研究方法显然是不对的”③。

为了真正“研究透彻”一个地方，为了真正“了解问题的深处”，毛泽东自己在调查工作中确实是“拼着精力”去干了。以1930年5月的《寻乌调查》为例。该报告共分五章。第一章，寻乌的政治区划。第二章，寻乌的交通：(一)水路；(二)陆路；(三)电报；(四)邮政；(五)陆路交通器具。第三章，寻乌的商业：(一)门岭到梅县的生意；(二)安远到梅县的生意；(三)梅县到门岭的生意；(四)梅县到安远、信丰的生意；(五)惠州来货；(六)寻乌的出口货；(七)寻乌的重要市场；(八)寻乌城。第四章，寻乌的旧有土地关系：(一)农村人口成份；(二)旧有土地分配；(三)公共地主；(四)个人地主；(五)富农；(六)贫农；(七)山林制度；(八)剥削状况；(九)寻乌的文化。第五章，寻乌的土地斗争：(一)分配土地的方法；(二)山林分配问题；(三)池塘分配问题；(四)房屋分配问题；(五)分配土地的区域标准；(六)城郊游民要求分田；(七)每人得田数量及小足生活之补添；(八)留公田问题；(九)分配快慢；(十)一个“平”字；(十一)抵抗平田的人；(十二)原耕总合分配；(十三)暴动在莳田之后怎样处理土地；(十四)非农民是否分田；(十五)废债问题；(十六)土地税；(十七)土地斗争中的妇女。从上纲目，我们可以看出，这个调查，是做得相当全面而且深入的。通过这种调查，毛泽东不仅了解了中国社会的经济政治状况与各阶级的关系，而且总结了群

① 《毛泽东农村调查文集》，人民出版社1982年版，第22～23页。

② 毛泽东在1930年5月所做的《寻乌调查》中说过：“失掉别的任何东西，我不着急，失掉这些调查（特别是衡山、永新两个），使我时常念及，永久也不会忘记。”参见《毛泽东文集》第1卷，人民出版社1993年版，第118页。

③ 《毛泽东文集》第1卷，人民出版社1993年版，第132页。

众斗争的经验，研究了解决有关问题的办法。调查研究的过程，也是向群众学习的过程。他自觉地从群众中汲取有益的养料，为进行理论概括和创造积累了素材，打下了基础。比如，他说过："我在兴国调查中，知道地主占有土地达百分之四十，富农占有土地达百分之三十，地主、富农所共有的公堂土地为百分之十，总计地主与富农占有土地百分之八十，中农、贫农只占有百分之二十。但是，地主人口不过百分之一，富农人口不过百分之五，而贫农、中农人口则占百分之八十。一方面以百分之六的人口占有土地百分之八十，另方面以百分之八十的人口占有土地百分之二十。因此得出的结论，只有两个字：革命。因而也益增革命的信心，相信这个革命是能获得百分之八十以上人民的拥护和赞助的。"①

除了着力研究乡村以外，毛泽东还注意研究城市。他当时说："我是下决心要了解城市问题的一个人。"在寻乌调查时，因为得到两位老先生的指点，"我像小学生发蒙一样开始懂得一点城市商业情况，真是不胜欢喜"。"倘能因此引起同志们（尤其是做农村工作和红军工作的同志们）研究城市问题的兴味"，那更是有益的事了。②

对于军事工作，毛泽东开始也没有系统的知识。他也是在实践中学习，通过调查研究军事工作的情况和经验，才成为杰出的军事战略家的。

毛泽东之所以舍得"拼着精力"去做社会调查，这是因为他深深地懂得："实际政策的决定，一定要根据具体情况，坐在房子里面想像的东西，和看到的粗枝大叶的书面报告上写着的东西，决不是具体的情况。倘若根据'想当然'或不合实际的报告来决定政策，那是危险的。过去红色区域弄出了许多错误，都是党的指导与实际情况不符合的原故。所以详细的科学的实际调查，乃非常之必需。"③上面这些话，是他当时在《兴国调查》的前言中说的。抗日战争时期，他在把当时所写的调查报告以《农村调查》为题加以印发时，进一步指出："要了解情况，唯一的方法是向社会作调查，调查社会各阶级的生动情况。对于担负指导工作的人来说，有计划地抓住几个城市、几个乡村，用马克思主义的基本观点，即阶级分析的方法，作几次周密的调查，乃是了解情况的最基本的方法。只有这样，才能使我们具有对中国社会问题的最基础的知识。"④这也正是他当时热心于调查工作的指导思想。应当说，在中国共产党内，在党的高级干部中，怀着满腔的热忱和求知的渴望，抱定眼睛向下的决心和甘当小学生的精神，去从事这种

① 《毛泽东农村调查文集》，人民出版社 1982 年版，第 26 页。
② 参见《毛泽东文集》第 1 卷，人民出版社 1993 年版，第 131～132 页。
③ 《毛泽东文集》第 1 卷，人民出版社 1993 年版，第 254 页。
④ 《毛泽东选集》第 3 卷，人民出版社 1991 年版，第 789 页。

系统、周密的社会调查的,毛泽东是第一人。

囿于农村游击战争的环境,毛泽东当时能接触到的马克思主义理论著作确实不是很多;但他一旦学得马克思主义,就"一方面以这种观点和方法指导自己的实践,另方面又从实践中不断地充实自己的理论"①。正因为如此,他才能冲破主观主义尤其是教条主义的束缚,在马克思主义原则的指导下,在中国革命的一系列根本问题上,提出合乎中国实际的主张,作出新的理论创造。比如,当共产国际和中共中央认定整个资产阶级已经成为反革命的统治阶级时,他却指出,"中国资产阶级(非买办豪绅阶级)也受了打击","依然在反革命统治底下";②当共产国际和中共中央固执于俄国革命的具体模式、坚持城市中心论时,他却主张"农村工作是第一步,城市工作是第二步";当共产国际和中共中央照搬俄国革命的具体经验,主张土地国有和禁止土地买卖时,他却认为实行土地国有在当时的中国是不适当的,应当将地主的土地分配给农民,归农民所有;当一些人主张无条件地照搬苏联红军的全套做法时,他仍然坚持应当主要按照中国的实际来建设中国新型的人民军队……正是由于毛泽东坚持唯物主义的思想路线,在许多问题上有独到的见解,他一方面受到许多人的尊重、推崇,另一方面也受到一些人的非难、责备。比如,在 1927 年 9 月 28 日的中共中央政治局常委会上,瞿秋白曾以赞扬的口吻指出:"我党有独立意见的要算泽东。"③而在古田会议以前,红四军内个别受教条主义思想影响严重的人则曾攻击"毛同志自创体系,不服从中央指示"④。而到 1930 年 6 月李立三推行"左"倾冒险主义路线时,他更指责"四军的毛泽东同志,他有整个的路线,他的路线完全与中央不同"⑤。

由于在实践中痛切地感到主观主义特别是教条主义对于革命斗争具有极大的危害,毛泽东于 1930 年 5 月写了《反对本本主义》一文。此文原题《调查工作》,当时刊有油印本,1961 年 1 月,中央革命博物馆从福建龙岩地委找到。1961 年 3 月 17 日,毛泽东将此文印发参加广州会议的同志,将题目改为《关于调查工作》,并作了少量文字修改。1964 年经毛泽东同意,在《毛泽东著作选读》一书中首次公开发表,并根据毛的意见,将此文的题目改为《反对本本主义》。1991 年《毛泽东选集》出修订第二版时,《反对本本主义》是增补进该选集的唯一的一篇文章。

1961 年 3 月 11 日,毛泽东在为印发此文所写的批语中说:"这是一篇老文

---

① 《毛泽东农村调查文集》,人民出版社 1982 年版,第 25 页。

② 《毛泽东选集》第 1 卷,人民出版社 1991 年版,第 48、47 页。

③ 《毛泽东年谱(1893—1949)》上卷,人民出版社、中央文献出版社 1993 年版,第 221 页。

④ 转引自《红四军第七次代表大会决议》等,1929 年 6 月 22 日。

⑤ 《毛泽东年谱(1893—1949)》上卷,人民出版社、中央文献出版社 1993 年版,第 309 页。

章,为了反对当时红军中的教条主义思想而写的。那时没有‘教条主义’这个名称,我们叫‘本本主义’。”3月13日,他在广州会议上进一步解释说:“这篇文章是经过一番大斗争写出来的。1929年冬天,红军第四军第九次党的代表大会对这场斗争作了结论。这以后,也就是1930年春天,写了这篇文章。”3月23日,他在广州会议上再次讲道:“这篇文章是1930年春季写的,总结那个时期的经验。这篇文章之前,还有一篇短文,题目叫反对本本主义,现在找不到了。”1964年3月25日,他在为公开发表此文所写的批语中对此作了进一步的说明:“先写了一篇短文,题名‘反对本本主义’,是在寻乌县写的。后来觉得此文太短,不足以说服同志,又改写了这篇长文。内容基本一样,不过有所发挥罢了。当时两文都有油印本。”①

尽管毛泽东写作此文,直接地是为了反对当时红军中的教条主义思想,实际上它的针对性比这个要更为广泛。这从他在1961年3月23日广州会议上对此文所作的解释中,可以清楚地看得出来。比如,在解释此文第三节“反对本本主义”时,他说:“这里面包含一个批评、破除迷信的问题。那个时候不管三七二十一,只要是上级的东西就是好的,比如六次大会决议,那个东西你拿来如何实现呢?你如果不搞些具体措施,是很难实现的。不要说六大决议有部分的问题,有若干缺点或错误,就是正确,没有具体措施,没有调查研究,也不可能实现。”又如,在解释第六节“中国革命斗争的胜利要靠中国同志了解中国情况”时,他说:“第六段我看现在还用处不少,将来也用得着。中国斗争胜利要靠中国同志了解中国情形,不能依靠外国同志了解中国情形,或者依靠外国帮助我们打胜仗。这还没有料到后头的王明路线,立三路线还没有出现。我们有一个时期依靠共产国际给我们写决议,给我们写纲领,向我们作指示。”②显然,从这些说明中,我们可以清楚地看到,此文所要反对的,从根本上说,是那种只唯上、只唯书、不唯实的唯心主义的思想路线,是那种在20世纪20年代末开始在中国共产党内盛行的把共产国际指示和苏联经验神圣化、绝对化的错误倾向。

1981年6月中共十一届六中全会通过的《关于建国以来党的若干历史问题的决议》指出:“毛泽东思想的活的灵魂,是贯串于它的各个组成部分的立场、观点和方法,它们有三个基本方面,即实事求是、群众路线和独立自主。”有的论者指出,这三个基本方面的思想,在《反对本本主义》一文中都已经初步形成了。这种判断是符合实际的。

第一,关于实事求是的问题。

---

① 转引自逄先知:《毛泽东和他的秘书田家英》,中央文献出版社1989年版,第37~38、40页。

② 转引自逄先知:《毛泽东和他的秘书田家英》,中央文献出版社1989年版,第38~39页。

在《反对本本主义》中,毛泽东第一次明确提出了"思想路线"这个概念,并且在实际上论证了只有遵循正确的思想路线,才能制定并贯彻执行正确的政治路线和方针、政策这个思想。

从实际出发、实事求是、理论联系实际,这是唯物主义的思想路线,是党的正确的政治路线的思想基础。而从本本出发,从主观愿望出发,这是唯心主义的思想路线,是党内发生"左"的和右的偏向的认识根源。毛泽东指出,我们说马克思主义是对的,绝不是因为马克思这个人是什么"先哲",而是因为他的理论,在我们的实践中,在我们的斗争中,证明了是对的。我们说上级的指示是正确的,绝不单是因为它出自"上级领导机关",而是因为它的内容是适合斗争中客观和主观情势的,是斗争所需要的。如果"以为上了书的就是对的"而"不根据实际情况进行讨论和审察,一味盲目地执行",这种形式主义的态度是很不对的。这种想法"完全不是共产党人从斗争中创造新局面的思想路线,完全是一种保守路线"。

党的正确的思想路线应当是实行马克思列宁主义的理论和中国革命的实际相结合的原则。"马克思主义的'本本'是要学习的,但是必须同我国的实际情况相结合。我们需要'本本',但是一定要纠正脱离实际情况的'本本主义'。"这几句话虽然是《反对本本主义》重印时由毛泽东加写上去的,但从上面的叙述可以看出,这个思想在文中确实已经有了。

为了把马克思主义和中国实际正确地结合起来,最重要的是做社会调查,调查这个问题那个问题的历史情况和现实情况。"你完完全全调查明白了,你对那个问题就有解决办法了。一切结论产生于调查情况的末尾,而不是它的先头。""离开实际调查就要产生唯心的阶级估量和唯心的工作指导,那末,它的结果,不是机会主义,便是盲动主义。"据此,毛泽东提出了"没有调查,没有发言权"的重要论断,强调"必须努力做实际调查,才能洗刷唯心精神",防止一切机会主义、盲动主义的出现,完成争取群众、战胜敌人的任务。(1931 年 4 月 2 日,毛泽东在《总政治部关于调查人口和土地状况的通知》中,又对"没有调查,没有发言权"这个论断作了补充和发展,提出"我们的口号是:一、不做调查没有发言权。二、不做正确的调查同样没有发言权"。)

进行社会调查,首先和着重的,是要进行社会经济调查。"作为我们社会经济调查的对象的是社会各阶级,而不是各种片断的社会现象。""我们的主要目的,是要明了社会各阶级的政治经济情况。我们调查所要得到的结论,是各阶级现在的以及历史的盛衰荣辱的情况。""我们调查工作的主要方法是解剖各种社会阶级,我们的终极目的是要明了各种阶级的相互关系,得到正确的阶级估量,然后定出我们正确的斗争策略,确定哪些阶级是革命斗争的主力,哪些阶级是我们应当争取的同盟者,哪些阶级是要打倒的。”

毛泽东认为:“凡担负指导工作的人,从乡政府主席到全国中央政府主席,从大队长到总司令,从支部书记到总书记,一定都要亲身从事社会经济的实际调查,不能单靠书面报告,因为二者是两回事。”初次从事调查工作的人,要做一两回深入的调查工作,深切地了解一处地方或一个问题,这样,往后调查别处地方、别个问题,便容易找到门路。他还指出:“我们要了解农村,也要了解城市,否则将不能适应革命斗争的需要。”

第二,关于群众路线的问题。

认识来源于实践,而实践的主体是人民群众。因此,实践的观点与群众的观点,坚持唯物主义的思想路线与坚持相信群众、依靠群众的工作路线,是一致的。毛泽东指出,“共产党的正确而不动摇的斗争策略,决不是少数人坐在房子里能够产生的,它是要在群众的斗争过程中才能产生的,这就是说要在实际经验中才能产生。因此,我们需要时时了解社会情况,时时进行实际调查”。

到群众中做实际调查的过程,也就是向人民群众学习、从人民群众中汲取智慧的过程。毛泽东指出,“迈开你的两脚,到你的工作范围的各部分各地方去走走,学个孔夫子的‘每事问’,任凭什么才力小也能解决问题,因为你未出门时脑子是空的,归来时脑子已经不是空的了,已经载来了解决问题的各种必要材料,问题就是这样子解决了”。

到群众中去,必须有恭敬勤劳的态度和甘当小学生的精神,才能真正学到东西。毛泽东后来在《农村调查》的序言中说过,必须明白,群众是真正的英雄,而我们自己则往往是幼稚可笑的,不了解这一点,就不能得到起码的知识。应当说,这正是他当年进行农村调查工作的经验之谈。

第三,关于独立自主的问题。

中国革命是世界革命的一部分。中国革命要胜利,必须学习马克思主义的基本原理和别国的经验;但是,必须从中国的实际出发,创造性地运用马克思主义的基本原理和别国的经验,中国革命才能胜利。由于中国共产党是共产国际的一个支部,而按照加入共产国际的条件,各个支部对于共产国际的指示是必须无条件地加以执行。但共产国际的指挥中心设在俄国,它对中国社会和中国革命的实际不可能有系统、真切的了解,加上当时通讯联络并不通畅,要获得这种了解就更为困难。这就不能不使中国共产党在对中国革命问题作出决策时面临复杂的局面和艰难的选择。正是在这种情况下,毛泽东提出了“中国革命斗争的胜利要靠中国同志了解中国情况”这个重要论断。这也就是说,如果只是照搬“本本”、抄袭别国革命的具体公式,而不是去真切了解中国革命变化着的情况,总结它的正反面经验,党还是不可能制定出正确、坚决的斗争策略,把中国革命引向胜利。这样,他就在实际上初步阐明了中国共产党必须自主地认识和处理中国革命的问题、独立地对中国革命承担责任这个极端重要的原则。

《反对本本主义》一文是中国共产党在土地革命战争时期的一篇重要的历史文献,它对毛泽东思想的立场和方法的基本点作了初步的、同时又是比较完整的论述,在毛泽东思想形成发展的历史上具有重要的意义。

——原载《中国共产党史稿》第 3 卷,中央文献出版社 2006 年版。

四、无产阶级领导的人民军队建设纲领的制定

(一)创建人民军队的艰苦斗争

在半殖民地半封建中国的民主革命阶段,"军事斗争是政治斗争的主要形式。在土地革命战争时期,这一问题成为党的路线中的最迫切的问题"①。中国共产党要领导人民坚持革命并把革命引向胜利,不仅需要有一条马克思列宁主义的政治路线,而且需要有一条马克思列宁主义的军事路线。这条军事路线主要包含两个方面的内容。第一,提出建设一支新型的人民军队的思想,使这支军队成为服从于无产阶级思想领导、服务于人民斗争和根据地建设的工具;第二,制定一套进行人民战争的战略战术,使人民军队在承认敌强我弱、敌大我小的条件下,充分地利用敌之劣点与己之优点,充分地依靠人民群众的力量,以求得革命和革命战争的生存、胜利和发展。在这里,我们着重叙述人民军队建设的问题。

大革命时期,中国共产党人积极投身于广东战争和北伐战争,并在国民革命军中积极开展政治工作,但还不懂得建设党直接领导的革命军队的极端重要性。那时"中央始终没有想到武装工农的问题,没有想着武装工农的必要,没有想着造成真正革命的工农军队"。"中央那时认为武装工农是难以实现的,甚至于以为是有害于与国民党军队领袖联络的"。② 四一二、七一五反革命政变后,党在这个问题上的认识开始有了重大的进步。1927 年 7 月 20 日,中共中央即指出,"中国革命进到一个新阶段——土地革命的阶段","这一过程的进展,需要一个无产阶级领导的工农小资产阶级的民主政权和工农武装"。③ 同年 8 月 7 日召

① 《关于若干历史问题的决议》,《毛泽东选集》第 3 卷,人民出版社 1991 年版,第 982 页。

② 《中共中央文件选集》第 3 册,中共中央党校出版社 1989 年版,第 286 ~ 287 页。

③ 《中共中央文件选集》第 3 册,中共中央党校出版社 1989 年版,第 215 页。

开的中共中央紧急会议提出了土地革命和武装反抗国民党反动统治的总方针。为此,中共中央强调,进行革命战争,“必须要创造新的革命军队”,必须“创造并扩大自己的军队”才能夺取政权,赢得革命的胜利。① 按照这个认识,党开始了创建革命军队的工作。

不过,在一个相当长的时间内,中共中央对于“在中国,主要的斗争形式是战争,而主要的组织形式是军队”这个重要的国情并没有彻底的了解。中央认为,所谓武装反抗国民党的反动统治,就是民众武装暴动夺取政权。具体说来,就是城市工人暴动,乡村农民暴动,反动军队的兵变等。它强调,“既名为民众武装暴动,那就必须是民众的。工农群众奋起抢夺敌人的武装,兵士土匪群众举起武器来干——打倒一切‘上等人’的权力。如此之军事行动,才是民众的武装暴动,这种暴动里才能产生真正的工农革命军”②。它强调,“农民暴动,要以农民为主,军力副之”。“军队与土匪不过是农民革命的一种副力”。如果“纯全依靠军队的行动而忽略农民之本身之组织力量与行动”,那就是“军事的冒险,或者军事投机”,是“机会主义的一种形式的表现”。③ 应当指出,暴动应当依靠群众,这在原则上无疑是正确的,但这里所提出的具体主张在一定程度上仍然是俄国革命公式的翻版,不尽适合中国的国情。因为中国是一个半殖民地半封建国家,没有资产阶级民主制度,共产党人没有合法的权利去向工农群众进行公开的大规模的政治鼓动,由此掀起群众性的暴动局面。尽管在大革命失败以后,在大革命时期群众曾经大大地起来过的地方,发生过这种暴动;但一般说来,必须用革命军队打开一个地方,党才有可能在这个地方向群众进行公开的、有系统的宣传、发动和组织的工作。由于不了解中国的这种特殊国情,中共中央在大革命失败后的最初几年里,仍然把自己的主要注意力放在白区工作尤其是城市工人运动方面,而没有放在组织军队、领导战争上边,虽然它承认在割据地区建立工农革命军是必要的;党的六大并且认为,“建立工农革命军”,这“应当是党在农民运动中,所应特别注意的中心问题。这一任务的成效,可以成为新的革命高潮生长的一个动力,决定新的高潮之一种主要动力之一”④。

中共中央指出,“要使中国现在的雇佣军队,变成革命斗争靠得住的工具,是不可能的”⑤。“本党应当组织完全与雇佣军队不同的工农革命军”。怎样建设不同于旧式雇佣军队的新型人民军队呢?由于中共中央机构长期设在远离武

① 参见《中共中央文件选集》第3册,中共中央党校出版社1989年版,第340、325页。
② 《中共中央文件选集》第3册,中共中央党校出版社1989年版,第404页。
③ 《中共中央文件选集》第3册,中共中央党校出版社1989年版,第374、363页。
④ 《中共中央文件选集》第4册,中共中央党校出版社1989年版,第322页。
⑤ 《中共中央文件选集》第3册,中共中央党校出版社1989年版,第464页。

装斗争第一线的地方,加上交通不便,与各根据地人民军队的联系很困难,[①]中共中央对于人民军队的基本情况、遇到的困难和问题、积累的经验和教训等均缺乏具体的了解,它所作出的有关指示,大都是依据苏联红军的经验和大革命时期参加国民革命军工作的经验。1927年11月中共中央全会的决议提出:“工农革命军组织上的主要原则,便是志愿兵制度,工农革命军的主要成份,应当是阶级觉悟的革命的工人和农民。党代表、政治部的制度,应当在新军队的各级组织之中建立起来。新军队中应当有集权的军需供给机关。新军队的名称定为工农革命军。”[②]1928年5月25日,中共中央通告第51号公布的《军事工作大纲》提出,以后的军事运动应遵守下列的原则,即:工农群众的军事化,军事组织的工农群众化,军事行动的系统化集中化,军事工作的技术化科学化,注意与敌人战斗时的战术。所谓军事组织的工农化,就是说“职业化的军队制度必须废除,军队要定期退伍,逐渐改为志愿兵制,以至于征兵制,极力减少军队中的机械生活,废除薪饷等差制度”等。大纲规定,“在割据地区所建立之军队,可正式定名为红军,取消以前工农革命军的名义”。“红军之成份,须极力减少小资产阶级之成份,或旧式雇佣之兵士,因为这容易使红军的基础动摇,而归于消灭”。“红军应定期退伍,每六个月退伍二分之一”。“红军党的组织亦应以团为单位,设立支部,连设分支部”。要设政治委员,政治委员即为党的代表;“红军中的政治工作,必须特别注意。”[③]1928年7月中共六大通过的《军事工作决议(草案)》规定,“建立红军的原则应为”:(1)士兵必须按征兵制由工农份子充之。(2)官长工人化。(3)采用苏联红军组织的经验,实行政治委员与政治部制度。(4)红军在各方面都应服从当地最高苏维埃政权的命令和指挥。[④] 中共中央所提出的一些原则,如设立党代表或政委,健全政治工作机构,加强政治工作,以及废除烦琐的礼节,官兵平等等,是正确的,对人民军队的建设有积极的指导作用;有一些要求,如减少小资产阶级成份,定期退伍,官长工人化等,脱离了中国农村游击战争的实际,是行不通的(比如如何实行官长工人化,六大决议提出的办法竟是“派人至国外由兄弟党办理”)。总之,中共中央在当时并没有、也不可能完满地答复如何在中国建设无产阶级领导的新型人民军队这个问题。

---

① 比如,中央在1928年6月4日致朱德、毛泽东并前委的信中即讲道:“以前中央虽曾派人来找你们,但以交通的关系而终无一次与你们接头,以致中央和你们彼此间的意见互不能达到。”参见《中共中央文件选集》第4册,中共中央党校出版社1989年版,第239页。

② 《中共中央文件选集》第3册,中共中央党校出版社1989年版,第464页。

③ 参见《中共中央文件选集》第4册,中共中央党校出版社1989年版,第225~226、233、234、236页。

④ 参见《中共中央文件选集》第4册,中共中央党校出版社1989年版,第490~491页。

以毛泽东为代表的在第一线直接领导武装斗争的中国共产党人，通过总结人民军队创始以来所积累的正反两方面的实践经验，逐步形成了建设无产阶级领导的新型人民军队的正确、完整的纲领和一系列切合中国农村游击战争实际的行之有效的治军办法。

毛泽东自己说过，他本来是一个知识分子，没学过军事，不会打仗。自然，也不会带兵了。是反动派的白色恐怖统治，迫使他去学习带兵、学习打仗的，由于他从 1927 年 9 月发动秋收起义开始，一直处于武装斗争的第一线，出于他一贯坚持从实际出发，善于向群众学习，尊重群众的创造，这样，他才在斗争实践中逐步地总结出了一套适合中国农村游击战争环境的富于独创性的马克思列宁主义的建军思想。

秋收起义部队是由原武汉国民政府警卫团、平江浏阳等地的农民和一部分安源工人组成的。当部队进攻长沙受挫、向南转移到达江西永新时，毛泽东在三湾村对部队进行了改编。改编的主要内容是将一个师缩编为一个团；开始在部队中建立各级党的组织；开始在部队中进行民主改革。

三湾改编，把这支军队置于中国共产党的领导之下。实际上，自从泸溪受挫之后，毛泽东即着力在连队建党。"支部建在连上"这一点具有重大的意义。因为连队是部队基层的战斗单位，"支部一建立，连队立刻有了灵魂，各种工作迅速地开展起来"，支部"真正形成了连队的核心和堡垒"。① 基层搞好了，整个部队也就变得更加巩固和坚强了。

党对军队的绝对领导，这是一个根本性的问题。这个问题不解决，"这支部队便不会有政治灵魂，不会有明确的行动纲领，旧军队的习气，农民的自由散漫作风，都不可能得到改造，其结果即使不被强大的敌人消灭，也只能变成流寇"②。

三湾改编的重要历史意义，就在于正是从这时开始，确定了党对军队的绝对领导，奠定了新型的革命军队的基础。虽然部队在政治上、思想上的彻底改造，是一个长期的斗争过程。

在确立党对军队的领导的同时，毛泽东要求军队从事群众工作，与群众建立良好的关系。

1927 年 10 月，部队在荆竹山时，毛泽东即对指战员们说，上井冈山建立根据地，一定要做好群众工作。他正式宣布了工农革命军的三项纪律：第一，行动

① 赖毅：《毛委员在连队建党》，载《星火燎原》选编之一，战士出版社 1979 年版，第 176～177 页。

② 罗荣桓：《秋收起义与我军初创时期》，载《星火燎原》选编之一，战士出版社 1979 年版，第 135 页。

听指挥;第二,不拿群众一个红薯;第三,打土豪要归公。①

同年12月,在宁冈的砻市,毛泽东在指战员大会总结攻打茶陵的经验教训时指出,这一仗打得好,但没有做群众工作,没有筹款,这不好。他强调,我们是工农革命军,要发动起群众来,一道闹革命。我们每个人是战士,也是宣传员,不仅要打仗,还要向群众宣传我们的主张,组织群众,武装群众。他宣布,工农革命军要担负三项任务:第一,打仗消灭敌人;第二,打土豪筹款子;第三,宣传群众、组织群众、武装群众、组织革命委员会、组织游击队、赤卫队。②

1928年1月,毛泽东总结部队在遂川县城分兵下乡的经验教训,宣布了工农革命军的六项注意:一、说话要和气;二、买卖要公平;三、借东西要还;四、损坏东西要赔;五、捆卧草;六、上门板。此后,部队每到一地,都要检查六项注意的执行情况。以前,部队所到之处,群众逃之夭夭;经过部队的口头宣传和实际行动的验证,群众不但不跑了,而且还主动配合部队调查情况,开展工作。③

在粉碎江西国民党军对井冈山根据地的第一次"进剿"后,鉴于有的战士农民打骂俘虏这一情况,1928年2月,毛泽东在茅坪召开的军民大会上宣布了工农革命军对待俘虏的政策:不打骂俘虏,受伤者给予治疗,愿留的收编入伍,要走的发给路费。

1928年5月,朱德、毛泽东两部会合后成立工农革命军第四军(6月改称工农红军第四军,简称红四军)。毛泽东代表四军军委宣布了部队的三项任务和三大纪律、六项注意。

三大纪律、六项注意是部队的主要军纪。其具体内容,据《红四军部队情况报告(1929年7月—1930年4月)》的记载,三条纪律,这是四、五、六军及闽西、赣西南各地赤卫队共同用的政治纪律:

(1) 不拿工人、农民、小商人一点东西(着重在一点上,如一根草也是一点)。

(2) 打土豪归公。

---

① 参见《毛泽东年谱(1893—1949)》上卷,人民出版社、中央文献出版社1993年版,第225页。

② 参见赖毅:《毛委员教我们发动群众》,载《星火燎原》选编之一,战士出版社1979年版,第181页。据赖毅回忆:打下茶陵后,虽成立了县政府,但一切都按照旧政府的样子,升堂审案,收税完粮……部队除像旧式军队一样,三操两讲两点名、站岗放哨外,很少进行政治活动;部队给养,也像旧式军队一样,靠向各商铺摊派来解决。毛泽东了解这些情况后,指示撤销县政府,成立工农兵政府,并派谭震林任主席;还指示部队要加强政治工作。他提出工农革命军要担负三大任务,是同他总结打下茶陵后的经验教训有联系的。

③ 参见陈士榘:《三大纪律,八项注意》,载《星火燎原》第1集。据《毛泽东年谱(1893—1949)》第233页的记载,工农革命军最早宣布的六项注意是:还门板,捆铺草,说话要和气,买卖公平,不拉伕,请来伕子要给钱,不打人不骂人。

(3) 一切行动听指挥。

六项注意,“这是针对着平时行军宿营时提出的纪律”:

(1) 上门板(指宿营时借老板的门板,走时要上好才走)。

(2) 捆禾草(指宿营时借老板的禾草,走时要捆好才走)。

(3) 讲话和气(指对工农讲话,不要做出恶样子,要和和气气)。

(4) 买卖公平(指买东西不许强买强卖)。

(5) 借东西要还(指借老板的任何东西都要送还才走)。

(6) 坏东西要赔(指损坏了老板的任何东西,要赔偿他才走)。

此外,“红军中禁烟、禁赌也是很严的”。

六项注意,曾扩展为八项。有一个时期,部队经过赣粤边三南(龙南、定南、虔南)地区向广东东江地区发展,指战员按照以往习惯,随便到野外便溺,在村边沟里洗澡,引起当地群众的严重不满;于是决定将六项注意改为八项注意,即增加“洗澡避女人”和“大便找厕所”两项(以后又改为“院子打扫干净”和“挖卫生坑”)。再后来,由于俘虏增加,八项注意又变成了十项注意,即增加“不准搜俘虏腰包、不虐待俘虏”和俘虏“进出要做宣传工作”两项。再往后,去掉了“洗澡避女人”等两项,仍恢复为八项注意。

红军的纪律,主要是靠指战员的自觉来维持的。毛泽东对部队内部的政治教育十分重视。他说过:“我们感觉无产阶级思想领导的问题,是一个非常重要的问题。”①对于地方,对于部队,都是如此。“经过政治教育,红军士兵都有了阶级觉悟,都有了分配土地、建立政权和武装工农等项常识,都知道是为了自己和工农阶级而作战。因此,他们能在艰苦的斗争中不出怨言。”②

正是在毛泽东等的指引下,一支接受无产阶级思想领导的、与旧式雇佣军队根本不同的新型人民军队,在斗争中逐步地成长。

(二) 毛泽东、朱德领导的红四军

下面,我们主要根据井冈山前委给中共中央的报告(1928 年 11 月,即毛泽东的《井冈山的斗争》)、《陈毅关于朱毛军的历史及其状况的报告》(1929 年 9 月 1 日)、《陈毅关于朱毛红军的党务概况报告》(1929 年 9 月 1 日)以及《红四军部队情况报告(1929 年 7 月—1930 年 4 月)》等材料,对红四军的情况作一描述,以便通过这个典型,了解中国共产党领导的新型人民军队的基本面貌。

红四军以一、二、三纵队(相当于团)为基干。据 1929 年 6 月底的统计,每

① 《毛泽东选集》第 1 卷,人民出版社 1991 年版,第 77 页。

② 《毛泽东选集》第 1 卷,人民出版社 1991 年版,第 64 页。

纵队 1 500 到 1 600 人,军部、政治部、特务营、军需处约共 900 人,全军合计 5 400人左右,其中党员 1 400 人,占 1/4。① 在官兵夫中,叶挺、贺龙旧部占2/10,湘南农民占了 4/10,历次俘虏敌方士兵改编的占 2/10 左右,在赣南闽西新招募的约占2/10。党员中,官长占 3/10,兵夫占 7/10;其成分,手工业工人占2/10,学商占 1/10,产业工人极少,多数为农民。据 1930 年初的统计,全军 6 000 多人,其中党员 1 600 多人,占 1/4 弱。党员中,官长占 400 多,士兵占 1 100 多;其成分,工人 300 多,知识分子 200 多,小商人等 200 多,农民占 900 多。

以下就几个主要方面,介绍一下这支部队当时的情况。

1. 由谁领导?

红四军由中国共产党直接领导。部队的指挥,“直接受命于党”。

军中党的高级指导机关,是根据中共中央指示成立的前敌委员会。前委领导军队党的工作,军队到达地方时也“巡视地方党的工作”。中央曾指示要由政府直接指挥军队,党则应经过党团在军队中起核心作用。但兵贵神速,如多设机关、命令需经多次周折才得以贯彻,不利于游击行动,如由军官个人指挥则又容易处置失当,因此,四军经过多次讨论,仍认为原来的“指导方式是很方便于斗争的”。到闽西后决定成立军部党团,意在减少前委对日常事务的应付,“这个办法行起没有什么成效”。

军中党的组织系统是:“前委——纵委——营委——支部——小组。”

“四军党的基础在连支部上面,军队力量也寄托在上面”。“连上成立支部的作用非常大,团每一连可以担任一方面的任务,一个支部恰可以应付这个任务,连支部的精神,在‘一切工作归支部’这个口号上”。支部委员会就是全连的核心。支委会最少 3 天要开一次,连队单独行动时就得每天开一次。每半月要开一次支部大会。“支部的基础建筑在班里面,每班一小组”。小组会是 5 天一次。“四军党内的一切行动计划,无次不是运用支部的作用,广大的传播到群众中去,发动群众,使群众统统明了”。这个“支部建在连上”的制度,是在三湾改编时确立的。在井冈山时期,毛泽东就指出,“红军所以艰难奋战而不溃散,‘支部建在连上’是一个重要原因。两年前,我们在国民党军中的组织,完全没有抓住士兵,即在叶挺部也还是每团只有一个支部,故经不起严重的考验”②,军队的基层单位——连队有党的支部作核心,情况就大不相同了。

---

① 据前委书记毛泽东 1929 年 6 月 1 日给中央的报告,同年 5 月的统计,四军中的共产党员为 1 329 人,其中工人 310 人(占 23.4%),农民 626 人(占 47%),小商人 106 人(占 8%),学生 192 人(占 14%),其他 95 人(占 7%)。党员中农民和其他小资产阶级出身的成分占 70% 以上。

② 《毛泽东选集》第 1 卷,人民出版社 1991 年版,第 65 ~ 66 页。

2. 如何打仗？

红四军采取独特的游击战术同敌人周旋。其具体做法，陈毅的报告列举了以下14条：

(1) 关于行军的，在前卫之前四五里或前卫之后四五里，均需派遣便衣短枪侦探，以防敌之意外袭击或无益之冲突。

(2) 关于驻军的，每日对敌人方面处派遣一连或一排以上的武装游击队，作三十里左右之侦探及宣传工作，若发现敌人，该队一面抵抗，一面飞报，使我军能准备应付或撤退，不致打不必要的仗。

(3) 红军不攻坚，若土豪跑到炮楼里去了，或敌人闭城固守，或据险抵抗，红军绝不去攻击他……

(4) 打圈子脱离敌人包围或穷追。大敌前来，我不能与之作战，则利用打圈子的办法向没有敌人的地方跑，我军须要走得路使敌人赶不上，同时经过地方要有群众及党的组织，才有人担负前后侦探工作，不致受敌人前后夹击。

(5) 在没有党及群众组织的地方，不轻易作战，有党有群众的地方，我军有极大扶助，如运输救护扰敌侦探等，敌人处于孤立地位，与之作战比较有胜利的把握，即不幸失败亦有法收容。

(6) 不明敌情绝不作战……千万撤退数十里……

(7) 单纯军队的袭击，探知敌距我有百里以外，我军轻装尽一夜功夫跑到，出敌不意而歼灭之。

(8) 用群众封锁的袭击。在敌人接近我时，我方有群众的组织四面断绝敌人交通，使敌人不知道我军已在其附近，然后利用拂晓将其击溃。

(9) 用群众扰乱，红军以主力解决敌人。在作战时，分一部分红军，以一排为单位，每一排领导三四百工农勇敢分子，多打红旗占领四面山头，利用工农的武器主炮，刀矛，喇叭，利用满山遍野群众打吆喝去扰乱敌人，然后红军以全力出其不意，从侧面击溃之。或用赤卫队日夜打冷枪，或埋伏在山林中瞄准打大旗左右的指挥官，先使敌人恐慌疲倦，然后用生力军袭击之。

(10) 在后有追兵、前有阻挡部队的时候，或追兵过于强硬的时候，为了脱离敌人，可以一部队距敌四五里引其走大道，大队则取间道脱离敌人，或猛出敌后而袭击之，或用农民在另一路上画路标，贴标语，以引诱敌人去穷追，我军从小道冲出。

(11) 不打硬仗，不能十分有把握的仗不打……

(12) 敌人若进攻我的根据地，我军则绕道去劫其后方……

(13) 我要攻击某处，不直接去，偏偏走旁一个方向，到了中途忽然打转，以迅雷不及掩耳手段击溃敌人。

(14) 敌人急急追来,择一个好地形,埋伏着好好的,俟敌一来一网打尽。

以上十四条,有的为旧式战术所无,有的为旧式战术所本有,但均为四军的法宝。

早在1928年1月,毛泽东就总结了井冈山工农革命军和江西万安农军开展游击战争的经验,提出了"敌来我去,敌驻我扰,敌退我追"的十二字诀,以对付敌人的进攻。同年5月,毛泽东与朱德等一起,进一步提出了"敌进我退,敌驻我扰,敌疲我打,敌退我追"的十六字诀。这样,适应当时情况的带着朴素性质的游击战争基本原则就产生出来了。上面所说的战术,正是这个基本原则的具体实施和展开。

3. 如何做群众工作?

进行游击战争,不仅是同敌人打仗,更重要的是做群众工作。

"四军过去的经验,凡有党或有一点小政权的地方,红军一去,配合起来,傍着这一块区域发展立刻取得成效,政权也建立了,土地也分配了,群众的武装也扩大了"。因此,四军认定,"游击战争的原则,唯一的是傍着发展",提出来的口号是"傍着发展,同时扩大同时深入";其次才是流动游击、攻打城市,扩大政治影响。

四军到达某地,即估量当地的敌情、民情,制定5日至7日或10日至1个月的游击计划,而后分兵四面出动。数县范围内以团为单位,一县范围内以营或连为单位。

第一步工作是进行社会调查。由政治部制定调查表,"内分群众斗争状况,反动派情况,当地经济生活、工价、物价等,当地土地分配情形如地主、富农、中农、贫农等比较,及土地百分比之分配,以及当地特殊产品等;其次对当地情形观察,交通河流之测量,此关于军事上极需要"。据此进行调查,"可以使红军不会不顾环境而只凭主观决定自己的政策"。

四军有一个宣传兵制度,即军队的每一机关(如连部、营部或政治部等)均有5人担任宣传工作,此5人不扛枪、不打仗、不服勤务,称宣传兵。5人分两组,一组为讲演队,从事口头宣传;一组为文字宣传组,主管书写红军标语等。"红军到达一个县城只要三小时,宣传工作可以普遍"。更实际的宣传群众、发动群众的办法,是红军到达一地,即出安民告示,提示:一、平谷价;二、废除债务,不纳捐税;三、分土豪的财物及其田地。"因为这几个办法,红军行军常常有大批群众跟着后面,要求一同去打土豪。红军一到某地,群众的活动马上就可以起来"。

红军还做组织群众的工作。在根据地附近,或有党的地方,除作口头宣传和进行打土豪以外,要"建立工会、农会及革命委员会,以组织群众";"建立党的支部或区委,以领导群众";办群众领袖与党的干部训练班,以训练群众。"如时间稍长,有一礼拜或十天工夫,便要建立苏维埃政权,分配土地"。在未有组织的地方,则从宣传工作中物色群众中的进步分子,如与土豪有仇恨的、极贫苦的、在叶贺军队当兵的、由外地农协失败来此避难的、以前参加过革命斗争的、与邻县工农会有关系的,"征求他们同意,如愿意组织则成立临时工农会筹备处,举出人负责;一面派人为红军作侦探,一面要他们报告土(豪)劣(绅)姓名,或引路去打"。如有可能,即"组织秘密支部,以创造党的基础"。

4. 如何筹款,保证军需?

四军每月需款 50 000 元左右。

这笔款项大部出在豪绅身上,小部分出在城市商人,有时可以叨光敌人送一部分来。筹款的秘诀有以下几种:

(1)城市筹款:红军在城市在扶助工商业发展之条件下不举行经济的没收,只是召集商人代表(拒绝与商会接头)参加当地革命同志或机关的意见,提出最低额款项限三日内交齐,此款项由商人代表自行摊派,但需依照累进的办法,对于千元以下商店不筹款,①如发现包办或强迫不公平等事,得由被损害人用书面及当面告发,再去查明处罚。这个办法十分得着商人拥护,商人每每出很少而红军的购买力超过了许多,于他们是没有什么大的损失,同时红军买卖公平是任何军队及不上的,所以商人十分欢迎,每每红军写信到邻县去要款,不必派兵都可以送来。

(2)对豪绅的勒款:若捉住了豪绅家里的人固然可以定价赎取,这个办法比较难,因为红军声势浩大,土劣每每闻风而逃,此时只有贴条子一个办法,就是估量豪绅房屋的价额,贴一张罚款的条子,如可值一万元则贴一百元,余类推,限两日内交款,不交则立于焚毁,每到期不交,则焚一栋屋以示威,这个方法很有效力,红军的经济大批靠这个方法解决。

(3)挖窖:豪绅许多现款藏在地下,红军一到他房内便要搜查枪弹或现款……红军前后挖得之金子不下三四百两,挖得之现款常常可得着数百元数千元或至万元不等。

……

① 陈毅的此项报告是 1929 年 9 月 1 日作的。据《红四军部队情况报告(1929 年 7 月—1930 年 4 月)》的记载,此项办法后来作了调整:"规定每二千元以下的不筹款;二千元以上的按累进比例收,如三千元的筹三十元,四千元的除三十元外再筹他四千元资本的百分之一,四十元合为七十元。五千元的除筹七十元外,再筹他五千元资本的百分之一,五十元合为一百二十元。余进千的即除累进的花费外,再筹他资本总数的百分之一,余类推。"

5. 如何进行内部的管理和训练?

四军内部实行官兵一致的原则。“官长不打士兵,官兵待遇平等,士兵有开会说话的自由,废除烦琐的礼节,经济公开”,这几条,在井冈山斗争时就已经提出并开始加以贯彻了。

在军、团、营、连均设有士兵委员会。官长同时为士委会委员。各级士委的任务是:“一、参加管理。二、维持红军纪律。三、监督军队的经济。四、作群众运动。五、作士兵政治教育。”对于军事机关,“士委只能对某些问题建议或置问,而不能去干涉或处理”;“士委开会须有党代表参加,等于一个政治顾问的性质,在非常时期党代表可以解散士委,或不准其开会,另诉诸士委代表会。”

红军废除了雇佣制,使士兵感觉不是为他人打仗,而是为自己为人民打仗。它不实行正规的薪饷制,只发粮食、油盐柴菜钱和少数的零用钱。红军官兵中的当地人都分配土地,远籍人分配土地则有困难。

四军经济公开。计划筹款与全军预算及分配支取问题原由党的委员会负责,监督经济则由各级士兵委员会负责。当时“每人每日伙食费大洋一角五分,在物价低贱或有土豪打、或有农会赠的时候常常有剩余,可以分得伙食尾子”。“余多时,每人每月可以发四元至五元零用费,作洗衣剃头买草鞋之用,若钱少则少发或竟至不发”。红军的官兵,物质享受一样,虽然生活艰苦,但士兵不抱怨什么人。老百姓和俘虏兵初见四军军长朱德“那样芒鞋草履十分褴褛莫不诧异,若不介绍,至多只能估量他是一个火伕头”。因此,“火伕头”也就成了四军军长的诨号。

毛泽东在给中央的报告中指出:“红军的物质生活如此薄,战斗如此频繁,仍能维持不敝,除党的作用外,就是靠实行军队内的民主主义。”这是实情。

在发扬民主的同时,红军指导员必须严格遵守纪律,除遵守三大纪律、六项注意外,还要切实遵守各种战时纪律和日常的一般纪律。不仅通敌叛反、乱烧乱杀、敲诈勒索等要受极严厉的处置,赌博、嫖妓这类旧军队官兵常有的恶习均在严禁之列,违者必须受纪律制裁。

按照惯例,士兵通常得训练半年至一年才能打仗,但红军战士一入伍就要打仗,训练只能在战斗中或战斗间歇进行。军事训练有日常操课、战后讲评、实地训练、召开专题培训会议等。政治训练受到特别重视。军队如有三日休息,则每日必有一小时政治课。讲评是按计划进行的,有关讲题连贯起来可以使士兵得到一些有系统的政治常识。士兵委员会还将士兵编成若干小组,“小组会上有各种报告和批评,亦为训练的方法之一”。“对于老兵训练的精神,是教育他目前政治形势及斗争策略、红军任务、红军工作及革命名词的解释。对于新兵及俘虏兵,是注重于提高他的阶级认识,以目前社会的阶级矛盾作材料,及解释国民党与共产党、红军与白军等,都有相当成效”。

6. 如何对待地方武装和扩大红军?

根据地的斗争,主要是军事斗争,所以党和群众不得不一齐军事化。军事力量除正规红军外,还有地方武装。地方武装有地方红军、赤卫队和工农暴动队。

四军对地方武装的政策是:

(1) 在有如县以上的赤色区域,经过斗争的赤卫队业已有普遍的组织,在不妨害赤卫队条件之下,应建立红军,以扩大赤色区域,一扫武装不集中、不能被令作战的毛病。

(2) 各区乡政府均须成立赤卫队。县以百名至二百名为足额,区可以由三十名至五十名,乡可以四五名至廿名。县区乡赤卫队队员除作战放哨外,应担任当侦探、任交通的任务。

(3) 为使农村的群众武装充分利用,大家都来学习战斗,敌人来攻作总动员的防御,成立暴动队之组织,以村为单位举出一个队长,除老幼妇女外,其余壮丁均须参加,有警,由队长鸣锣,各队员齐集登山以应付敌人。

(4) 凡上列红军、赤卫队兵士皆实行按期退伍制,并可择其觉悟分子送一批到红军第四军来。

帮助地方武装的发展,是四军的一项重要任务。

四军的补充,靠招募新兵、改编俘虏兵、由农会工会送来。“扩大红军的主要路线”,“是由地方武装变为红军”,即是正规红军帮助地方武装发展,“各地方武装渐次扩大,渐次变为红军”,而不主要靠招兵买马、招降纳叛。因为只有这样扩大起来的红军,才能保证质量,它的基础才能得到巩固。

7. 如何对待俘虏和向敌军做宣传?

四军对于在同敌人作战时所得的俘虏兵,首先是进行教育,然后公开征求他们的意见:是否愿意当红军?“如他们愿在红军则马上补名字,如不愿在红军则开欢送会每人发一二元旅费,由士兵代表致欢送词,希望他们觉悟归田去打土豪,不要再当兵,不要再来打工农和红军。敌人的伤兵则上好药发了钱派人宣传,又请他带了大批传单,雇农友抬到敌人附近区域去。”这样就把敌人所谓“共匪见人就杀”的欺骗宣传立即打破。这种办法,在井冈山时期就开始实行了。毛泽东在当时就说过,释放俘虏和医治伤兵,这是对敌军宣传的“最有效的方法”①。

对于被抓获的土豪的走狗,四军的办法是既不枪毙又不立即释放,而是“召集一个群众大会,由他请几个保人,红军代表宣传他的不是处,但说明他是没有

① 《毛泽东选集》第1卷,人民出版社1991年版,第67页。

阶级觉悟受了土劣欺骗可以不杀他，望他改悔，再由保人及本人向群众说明他是犯了错误，愿以后改过，如此当群众(面)释放可以得一个很大的宣传”。

从以上的叙述可以看到，红四军在建设的过程中，不仅学习苏联红军的经验，继承了当年党在国民革命军中工作时形成的若干传统，而且从中国农村游击战争的实际出发，作出了一系列独特的创造。

陈毅当年在向中共中央作报告时指出：“红军与普通军队大概从四方面去区分：(1)红军是无产阶级的军队，为自己本阶级利益而战，没有雇佣性质。(2)红军是工农阶级的学校，官长尽是提高士兵各种文化智识，不像旁的军队以严刑峻法，把士兵造成一个好管理的奴隶。(3)红军各部门间非常团结，内部官兵是弟兄一般关系，非常欢爱，不会像反动军队之不团结，发生互相厮杀等事。(4)红军是由工农斗争中产出，不能脱离群众。在上面四点，红军四军渐做到了。”所以，它确是一支无产阶级领导的新型人民军队。这样的军队，在中国历史上是从来不曾有过的。

(三) 中共红四军七大与中共中央九月指示信

中国人民军队的建设，是走过了艰难的道路的。红四军的历史发展过程也可以清楚地说明这一点。

由于当时红军的指挥员、战斗员大多出身于农民及其他小资产阶级，有的则出身于游民，其中不少人还来自旧军队，带有许多农民及其他小资产阶级、流氓无产者乃至旧军人的思想、作风和习惯，也由于在农村游击战争环境中建设新型人民军队是一个全新的课题，在红军初创时期人们对此还缺少经验，因此，在红军内部存在着各种非无产阶级思想，对于如何进行军队建设也存在着一些不同的认识，这是不奇怪的。

红四军共产党内的主要错误思想是：

(1) 单纯军事观点。如把军事和政治对立起来，甚至说“军事好，政治自然会好”，认为军事应当领导政治；把红军的任务归结为单纯打仗一项；要求把政治工作机关隶属于军事工作机关；等等。

(2) 极端民主化的倾向。如要求“先交下级讨论，再由上级决议”，“实行由下而上的民主集权制”等。

(3) 非组织观点。如少数不服从多数，非组织的批评，等等。

(4) 绝对平均主义。这在一个时期发展得很严重。

(5) 主观主义。如不从实际出发分析政治形势和指导工作，发生机会主义或盲动主义；开展党内批评时不要证据的乱说或相互猜疑；等等。

(6) 个人主义。如报复主义、小团体主义、雇佣思想、享乐思想、消极怠工、离队思想等。

(7) 流寇思想。如只想流动游击,不愿做建设根据地的艰苦工作;扩大红军主要想走招兵买马、招降纳叛的路线;不耐艰苦生活,想到大城市去大吃大喝;等等。

(8) 盲动主义残余。如蛮干,不坚决执行城市政策,烧屋,枪毙逃兵和施行肉刑,等等。

这些错误思想的存在,妨碍着党的正确路线在红军中的贯彻执行,使红军担负不好中国革命赋予自己的任务。

从红军创始以来,毛泽东等即注意在纠正这些错误思想的斗争中来进行军队的建设。实践证明,"虽然在党的组织基础上,农民小资产阶级占大多数,只要党的领导力量强,(这些错误思想是)仍然可以克服的"①。

应当指出,红四军的主要领导人在总路线和政治方向上是一致的。他们对红军的创建、成长和发展都作出了自己的重要贡献。但"红四军领导内部在建军思想和建军原则上,曾有过分歧。毛泽东和朱德对一些问题的看法也不尽一致"②。

1929 年 1 月红四军下井冈山后,有一个时期处境极其困难,于是军内一些人对井冈山时期和下山以后的一些政策和做法产生了各种议论。对红军中党的领导、民主集中制、军事和政治的关系、红军和根据地建设等问题,争论更一直不断。这年 4 月前敌委员会召开于都会议后,争论又发展到基层。③ 5 月初,刚从苏联回国的刘安恭被中央军事部派到四军工作后,四军内部原有的意见分歧进一步加剧。

井冈山时期,在前委之下有四军军事委员会。"前委除指导红军之外,还有对地方党部的指导"。下山后,"每日行军或作战",前委的主要精力用于军事,"感觉军委之重迭,遂决议军委暂时停止办公,把权力集中到前委"④;后因故又建立临时军委,以刘安恭为书记兼政治部主任。刘"不了解中国红军发展历史和斗争情况,就主张照搬苏联红军的一些作法,并在他主持的一次军委会议上作出决定:前委只讨论行动问题,不要管其他事。这个决定限制了前委的领导权,使前委无法开展工作"⑤。而且下级党委作决定限制上级党委的领导,也不符合

① 《红四军部队情况报告(1929 年 7 月—1930 年 4 月)》。
② 金冲及主编:《周恩来传(1898—1949)》,人民出版社、中央文献出版社 1989 年版,第 194 页。
③ 参见金冲及主编:《朱德传》,人民出版社、中央文献出版社 1993 年版,第 175 页。
④ 《前委书记毛泽东同志给中央的报告》,1929 年 6 月 1 日。
⑤ 参见江华:《关于红军建设的一场争论》,《党的文献》1989 年第 5 期。

党的组织原则，显然是错误的。① 刘还“把四军党分成派，说朱同志是拥护中央指示的，毛同志是自创体系到不服从中央指示”②。这种说法不仅不合乎事实，而且不利于维护四军党内的团结，是十分错误的。在这之后，围绕着要不要成立正式的军委、前委和军部的职权如何划分这个问题的争论，就变得更加激烈了。

“在要不要军委这个具体问题的争论背后，实质上是一场关于党和军队关系问题的争论”③。江华（时任四军政治部秘书长）后来在回顾当年的情况时说过：“所谓党和军队的关系问题，主要是由于当时红军还建设不久，其大部分是从旧式军队脱胎出来的，而且是从失败的环境中拖出来的，旧军队的旧思想、旧制度带进了红军队伍中来。因而，一部分人习惯于旧军队的领导方式，对党对军队的领导不赞成，有怀疑。他们强调‘军官权威’，喜欢‘长官说了算’，相反认为现在‘党管太事了’，‘党代表权力太大’，提出‘党不应管理一切’，‘党所过问的范围是要限制的’，‘党支部只管教育同志’；并主张‘司令部对外’，政治都只能‘对内’，对军队只能指导，不能领导等等。这些都严重影响了党对军队绝对领导权的建立。”“在这场争论中，军内存在的单纯军事观点、流寇思想、极端民主化和军阀主义残余等非无产阶级思想有所抬头”。④

1929年5月底，中共红四军前委在闽西永定湖雷召开会议，就个人领导与党的领导、前委和军委分权等问题发生争论。有人提出的论题涉及三点：(1) 党的势力所及的范围。有人认为，“党管太多了”，“权太集中前委了”。(2) 支部的工作。有人说出“支部只管教育同志”的话。(3) 个人自由。有人感到一切问题都要在各级党的会议席上议决之后，才许党员个人依照决议去执行工作，使得个人没有英雄式的自由，因而嘲笑说：“一支枪也要问过党吗？”“马夫没有饭吃也要党去管吗？”⑤会议未能就争论的问题取得一致意见。

6月8日，在白沙召开的中共红四军前委扩大会议，讨论了是成立正式军委还是目前不设军委、临时军委撤销的问题。毛泽东在会上提出书面意见，认为前委、军委分权，“前委不好放手工作，但责任又要担负，陷于不生不死的状态”；指出“对于决议案没有服从的诚意，讨论时不切实争论，决议后又要反对且归咎于个人，因此，前委在组织上的指导原则根本上发生问题”；表示“我不能担负这种不生不死的责任，请求马上调换书记，让我离开前委”。⑥ 会议以36票对6票压

① 参见胡石言等编著：《陈毅传》，当代中国出版社1991年版，第98页。
② 见中共红四军第七次代表大会决议。决议认为，刘的说法“完全不是事实，是凭空臆测的”。
③ 《朱德传》，人民出版社、中央文献出版社1993年版，第177页。
④ 江华：《关于红军建设的一场争论》，《党的文献》1989年第5期。
⑤ 《给林彪的信》(1929年6月14日)，《毛泽东文集》第1卷，人民出版社1993年版，第67～68页。
⑥ 《党史研究资料》1987年第7期。

倒多数通过了取消临时军委的决定。刘安恭的临时军委书记一职被自然免除。政治部主任一职后来也由陈毅担任。① 会议决定于近期召开中国共产党红军第四军第七次代表大会。前委还决定由陈毅代理前委书记。

6月14日,毛泽东在给林彪的信中指出,“现在的争论问题,不是个人的和一时的问题,是整个四军党的和一年以来长期斗争的问题”。“个人领导与党的领导,这是四军党的主要问题”,“是四军历史问题的总线索”。他批驳了,“党代替了群众的组织”和“四军党内有家长制”这类说法,指出这类说法是从不考虑实际需要的形式主义出发的。而“形式主义之来源是由于唯心主义,唯心主义之来源是由于游民、农民与小资产阶级中产生出来的个人主义,这与小团体主义、流寇思想、单纯军事观点等等是在一条路线基础上的,只是一个东西。这种思想发展的另一方面必定是分权主义——也是代表游民、农民、小资产阶级的一种思想,而与无产阶级的斗争组织(无论是阶级的组织——工会,与阶级先锋队的组织——共产党,或它的武装组织——红军)不相容的”。他强调:“四军党内显然有一种建立于农民、游民、小资产阶级之上的不正确的思想,这种思想是不利于党的团结和革命的前途的,是有离开无产阶级革命立场的危险。我们必须和这种思想(主要的是思想问题,其余是小节)奋斗,去克服这些思想,以求红军彻底改造,凡有障碍腐旧思想之铲除和红军之改造的,必须毫不犹豫地反对之,这是同志们今后奋斗的目标。”②

6月22日,中共红四军七大在龙岩城的公民小学举行。会前,毛泽东曾建议:通过总结过去斗争经验的办法达到统一认识,解决红军建设中的主要问题,以进一步提高红军的政治素质和战斗力,担负起发展农村革命根据地的斗争任务。这个意见没有被接受。③ 前委把各方面的争论意见原文印发给各党支部,并号召“同志们努力来争论吧”。会上,代表们围绕井冈山斗争以来的各方面的问题进行了争论。会场空气紧张激烈,什么意见都可以讲,这些意见有的比较中肯,有的相当偏激。④

大会由陈毅主持,并由他代表前委作工作报告。

大会通过的《红军第四军党的代表大会决议案》讲了一些正确的意见,如指出“地方武装与红军武装应同样扩大”,指出宣传兵制度“是红军非单纯打仗的工具的特征之一”,士兵委员会制度“是绝对正确的”,应予坚持;肯定毛泽东提

① 刘安恭后任第二纵队司令员。1929年10月红四军出击东江,他在太浦县虎市的战斗中牺牲。

② 《毛泽东文集》第1卷,人民出版社1993年版,第64、65、68、74页。

③ 参见《毛泽东年谱(1893—1949)》上卷,人民出版社、中央文献出版社1993年版,第280~281页。

④ 参见《毛泽东年谱(1893—1949)》上卷,人民出版社、中央文献出版社1993年版,第280~281页。

出的对偏于军事观点的批评“是对的”；肯定前委之下不再设立军委的意见，指明了临时军委“规定前委只讨论行动问题”的错误；等等。但是，会议否定了毛泽东提出的必须反对不要根据地建设的流寇思想和必须坚持党的集权制（当时对民主集中制的一种称谓）领导原则的正确意见。决议对于“自下而上的民主集中制”的主张、对于部队中确实存在的流寇思想，都没有给予批评。决议说，“流寇思想与反流寇思想的斗争，也不是事实”；决议还把“集权制领导原则”视为“形成家长制的倾向”①。

大会批评了刘安恭、林彪，也批评了毛泽东、朱德，甚至认为毛泽东对争论负有较大责任，而不公正地给予他以党内严重警告的处分。②

大会“对于争论的不少问题，都作了折中平衡、息事宁人的批评和问答”。它在当时红四军党内的几个主要问题上，未能引导全党同志分清是非，统一思想。

大会改选了前委。毛泽东、朱德、陈毅等 13 人当选为前委委员。在选举前委书记时，原由中共中央指定为前委书记的毛泽东没有当选，陈毅当选为前委书记。③ 大会指出，“这个决定须呈报中央批准”④。

红四军七大之后，毛泽东离开红四军的主要领导岗位，到闽西休养并指导地方工作。陈毅去上海向中央汇报。前委书记一职由朱德代理。

从红四军的“七次大会到九次大会（前），前委的指导路线都不是集体指导一切问题。一切问题都摆在会场上让大家争论……往往争议终日得不到一个结论”⑤。“四军八九十三个月中，前委机关不健全”，“只余朱德同志一人，因此应付不开，政策上发现许多错误，党及红军组织皆松懈”⑥。

9 月下旬，朱德曾在上杭城太忠庙主持召开中共红四军第八次代表大会，本意是想解决七大没有解决的一些争论问题。但解决问题的条件在当时尚不具备。“会议又没有做好必要的准备，在事前不能拿出一个意见，就让大家讨论。

---

① 《毛泽东年谱（1893—1949）》上卷，人民出版社、中央文献出版社 1993 年版，第 281 页；《陈毅传》，当代中国出版社 1991 年版，第 102 ~ 103 页。

② 参见《土地革命战争史新论》，中共中央党校出版社 1996 年版，第 59 页。

③ 参见《土地革命战争史新论》，中共中央党校出版社 1996 年版，第 59 页。

④ 有的论者认为：“会议对前委的选举，也违背了党的组织原则。红四军前委，是中共中央派出的前敌指导机关。……作为前委下层单位的红四军不经过中央同意，其党代会怎么有权以选举方式改组它的上级党委（前委）呢？怎么可以用选举方式免去中央指定的前委书记而另立前委书记呢？至于以后红四军的九大改选前委，那是陈毅带来了中共中央的指示，又当别论。”

⑤ 《红四军部队的情况报告（1927 年 7 月—1930 年 4 月）》，参见《土地革命战争史新论》，中共中央党校出版社 1996 年版，第 59 页。

⑥ 《红四军前委向中央的报告》，1930 年 1 月 6 日。

结果，会议开了三天，七嘴八舌，毫无结果。这时，大家都感到毛泽东离开后'全军政治上失掉了中心'，便联名写信请毛泽东回来主持前委工作，朱德也表示欢迎毛泽东回前委工作。"①毛泽东表示，他反对那种敷衍调和模棱两可的态度，不解决这个问题他不回来。

红四军党内的问题，是随后根据中共中央的指示精神，通过总结建军以来的历史经验，包括党在同各种错误思想作斗争中所积累的经验，统一对建军思想、建军原则的认识的基础上，得到正确解决的。

党的六大以后，中共中央为加强对军事工作的领导，设立了军事部，以杨殷为部长，周恩来则以政治局常委身份分管此项工作。1929 年 8 月杨殷被捕，部长一职由周恩来兼任。这一时期，中共中央通过对各地红军斗争情况的了解和研究，对一些问题的认识有明显的前进，所作的一些指示也逐步接近实际。

1929 年 3 月，中共中央在给贺龙和湘鄂西前委的指示信中强调，此时"所应注意者，还不是什么占领大城市，而是在乡村中发动群众，深入土地革命"，虽然从根本上说城市中心的思想还没有改变。该信还介绍了红四军将党的支部建在连上的经验，要湘鄂西红军建党时参考。同年 7 月，中共中央在给鄂东北特委的指示信中指出，红军的"主要的任务在消灭地主豪绅的武装，发动群众的斗争，深入土地革命的宣传和实行"。"红军中的一切生活应当完全在无产阶级政党的领导之下。每一个红军中的士兵，都应当明了他自己在阶级斗争上所担负的任务。红军士兵应当明了革命中的根本问题，每一个士兵不仅是一个武装的战斗员，并且要是群众中之宣传员、组织员。""在红军中应当没有阶级的区分，物质上的待遇要尽量的一律平等。要在平等的原则上，用无产阶级的政治教育，来巩固红军中之自觉的铁的纪律"。② 同年 8 月，中共中央在《关于鄂西党目前的政治任务及其工作决议案》中指出，士兵委员会应"讨论本身生活问题"、战后"批评作战时各种弱点和缺点"，并举办各种文化娱乐活动，以"提高士兵政治认识，充实红军的生活"；"肉刑必须立即废除"；③等等。这些意见，大体上是正确的，对红军的建设有积极的指导作用。

1929 年 2 月 7 日，中共中央在给毛泽东、朱德并转湘赣边特委的指示信中，由于对时局作了悲观的估计，曾要求红四军分成小部队散入农村，朱、毛离开部队，以"避免敌人目标的集中和便于给养与持久"。毛泽东在以前委名义写给中

① 《朱德传》，人民出版社、中央文献出版社 1993 年版，第 184 页。据《陈毅传》的记载：在八大上，"有许多个支部提议请毛泽东回来主持前委工作，由彭祜、郭化若写了一封信请毛回来"。（见该书第 112 页）

② 《中共中央文件选集》第 5 册，中共中央党校出版社 1990 年版，第 371～372 页。

③ 《中共中央文件选集》第 5 册，中共中央党校出版社 1990 年版，第 428 页。

央的复信中指出，中央对形势的估计“太悲观了”，所提意见“是一种不切实际的想法”。4月8日，中央在给毛、朱的信件中即讲道，毛、朱“若一时还不能来，中央希望前委能派一得力同志前来与中央讨论问题”。要求朱、毛离队一事，由此实际作罢，6月12日政治局讨论四军前委4月5日来信时，周恩来在发言中进一步讲到，中央在2月7日的信中所谈的分散问题是有些毛病。在6月召开的六届二中全会的决议中，中央更明确地指出，“红军行动的策略集中或分散，是要决定于一切客观和主观的条件”，“不应机械的一般的来指示集中或分散的策略”。① 这说明，中央在向下级学习的过程中，将若干不切实际的想法作了修正。

中共中央在收到红四军七大文件及毛泽东6月14日给林彪的复信等以后，于8月13日召开政治局会议讨论红四军的问题，决定先发一信。“要他们努力与敌人斗争”；待陈毅来中央，弄清全部情况，“再作一整个答复”。8月21日，中央给红四军前委发出指示信，指出四军七大的“主要精神是在解决党内纠纷而没有针对目前围攻形势着重于与敌人的艰苦斗争”以及“前委同志号召大家努力来争论”，是不正确的。指示信肯定七大提出的关于“地方武装与红军武装应同时扩大”以及在目前情况下前委与军委无须采取两重组织制等主张的正确，强调“红军不仅是战斗的组织，而且更具有宣传和政治的作用”。指示信对七大上关于“由上而下的家长制与由下而上的民主制”的争论作出了明确的答复，指出“红军中党的组织原则，必须采取比较集权制”，才能行动敏捷，便于作战和战胜敌人。这“绝不会妨碍党内民主化”。而“一切问题都要拿到支部去讨论去解决”，“这是极端民主化的倾向”，不符合民主集中制的原则。“所谓集权制，当然是指在集体指导组织中的集权，绝不是个人的集权”。但军中党的书记职权必然要集中些，“这是书记的责任，绝对不是家长制”。②

陈毅于8月下旬抵达上海后，首先向政治局常委李立三汇报了四军的情况，并根据李的要求，起草《关于朱德、毛泽东红军的历史及其状况的报告》、《关于朱、毛红军的党务概况报告》、《关于朱、毛争论问题的报告》、《关于赣南、闽西、粤东江农运及党的发展情况的报告》和《前委对中央提出的意见——对全国军事运动的意见及四军本身问题》等五个用于上报的书面材料。“他襟怀坦白，公正无私，如实地反映红四军各方面的详情”③。

8月27、29日，中央政治局开会听取陈毅关于红四军党内情况的汇报。陈毅说：毛泽东“在政治上强”、“在政治上比较正确”，对于争论“能从政治上来说

① 《中共中央文件选集》第5册，中共中央党校出版社1990年版，第200页。

② 《党的文献》1991年第2期。

③ 《陈毅传》，当代中国出版社1991年版，第106页。

明一切问题”。① 会议决定:由李立三、周恩来、陈毅三人组成委员会,提出决议草案,交政治局审议通过。三人委员会由周恩来召集。

9月28日,中共中央发出给红四军的指示信(即8月29日政治局会议要求提出的决议,后来通常称之为“九月来信”)。这封信是陈毅根据中共中央会议精神和李立三、周恩来的多次谈话,代中央起草并经周恩来审定的。其中许多内容反映了各地红军斗争的经验,尤其是红四军斗争的经验。

指示信分析了中国革命的形势,论述了农村红军的重要性,指出“先有农村红军,后有城市政权,这是中国革命的特征,这是中国经济基础的产物。如有人怀疑红军的存在,他就是不懂得中国革命的实际,就是一种取消观念”。

指示信明确地规定:“目前红军的基本任务主要的有以下几项:一、发动群众斗争,实行土地革命,建立苏维埃政权;二、实行游击战争,武装农民,并扩大本身组织;三、扩大游击区域及政治影响于全国。红军不能实现上面三个任务,则与普通军队无异。”

指示信要求“纠正一切不正确的倾向”、“与一切非无产阶级意识作坚决的斗争”。红军大多出身农民,“只能加强无产阶级意识的领导,才可以使之减少农民的意识”。对于红军中的右倾思想,如取消观念、分家思想、离队观念、缩小团体倾向、极端民主化等,“前委应坚决以斗争的态度来肃清之”。

指示信指明必须坚持党对红军的领导。“党的一切权力集中于前委指导机关,这是正确的,绝不能动摇。绝不能引用‘家长制’这个名词来削弱指导机关的权力,来作极端民主化的掩护。”

指示信对党的红四军七大及前委扩大会处置的缺点提出了批评。其缺点是:第一,前委没有注意引导群众注意对外斗争,自己不先提办法,而交下级自由讨论,客观上有放任内部斗争关门闹纠纷的精神;第二,没有从政治上指出正确路线,使同志们得到一个政治领导来判别谁是谁非,只是在组织上来回答一些个人问题;第三,会议的办法是削弱了前委的权力,客观上助长了极端民主化的发展;第四,对朱毛问题没有顾及他们在政治上的责任之重要,公开提到群众中没有指导的任意批评,使朱毛两同志在群众中的信仰发生影响。指示信对“朱毛两同志工作方法的错误”也提出了批评。

指示信要求“经过前委会议,朱毛两同志诚恳接受中央指示后,毛同志应仍为前委书记,并须使全体红军了解而接受”②。

---

① 转引自《毛泽东年谱(1893—1949)》上卷,人民出版社、中央文献出版社1993年版,第285页。

② 《中央给红军第四军前委的指示信——关于军阀混战的形势与红军的任务(1929年9月28日)》,全文刊载于《中共中央文件选集》第5册,中共中央党校出版社1990年版,第473~490页。

指示信交由陈毅带回红四军。周恩来嘱咐陈毅:回去后,要请毛泽东复职,并召开一次党的会议,统一思想,分清是非,作出决议,维护毛泽东和朱德的领导。①

(四) 古田会议的召开与人民军队建设纲领的制定

1929 年 10 月 22 日,陈毅由上海经香港回到正在东江松源的红四军前委机关,随即向朱德“原原本本地详尽地介绍了在党中央所见所闻所感受所讨论所决定一切”,并在当晚召开的前委会议上正式传达了中央九月指示信的内容和有关指示的精神。会后,陈毅派专人将中央来信送往上杭苏家坡给毛泽东,并附信转达中央指示,请他回红四军前委主持工作。他还直接向红军官兵宣传中央精神,并一再表示:自己在主持前委工作期间有缺点错误,“七大”没有开好需要公开检讨的话,“这个检讨我来作”。② 11 月 18 日,朱德、陈毅致信正在休养的毛泽东,请他立即回红四军。23 日红四军占领长汀后,“前委并促毛同志回来负责”,毛泽东“于 11 月 26 日回到前委,28 日前委在长汀开扩大会”。会议认为,“若此时四军不加以训练整顿,必困难执行党的政策”,因此“决定红军的整顿与训练问题。12 月一个月前委的工作即在:(一)召集九次大会,接受中央的指示,反对机会主义、托洛茨基主义反对派的决议。(二)用各种方法,建立红军的政治领导。(三)纠正党内各种倾向,并扫除红军内的封建残余制度(如废止肉刑、枪毙逃兵等)”③。这次“在朱、毛、陈出席的前委扩大会上,气氛融洽而热烈。这是半年多来第一次团结民主的会议”④。当天,毛泽东在给中央的报告中说,“我病已好……遵照中央指示,在前委工作”。“四军党内的团结,在中央正确指导之下,完全不成问题。陈毅同志已到,中央的意思已完全达到,唯党员理论常识太低,须赶急进行教育”⑤。

12 月 3 日,毛泽东、朱德率红四军进驻连城新泉,在这里领导部队进行了为期 10 天的整训。毛泽东、陈毅深入连队召开座谈会,了解部队情况。毛泽东还多次召开各级党组织的干部和党代表会议,了解党内的情况。朱德则负责军事整训。由于敌人准备发动对闽西的第二次“会剿”,12 月中旬,四军领导机关移驻上杭的古田镇。毛泽东等在这里召开了红四军党代表联席会议,大家联系南昌起义、秋收起义以来红军发展的经验教训,重点讨论了建军方向问题;大家还

① 参见《周恩来传》,人民出版社、中央文献出版社 1989 年版,第 195 页。
② 《陈毅传》,当代中国出版社 1991 年版,第 112~113 页。
③ 《红四军前委向中央的报告》,1930 年 1 月 6 日。
④ 《陈毅传》,当代中国出版社 1991 年版,第 115 页。
⑤ 《毛泽东同志给中央的报告》,1929 年 11 月 28 日。

对各种不良倾向和错误思想进行了揭发、批判，并且研究了这些倾向产生的根源和纠正的方法。会议开了十多天。这个联席会实际上成了红四军党的九大的准备会。① 在此基础上，毛泽东为红四军党的九大起草了八个决议案。

12月28、29日，中国共产党红四军第九次代表大会在古田镇的曙光小学(原廖氏宗祠)举行。会上，毛泽东作政治报告，朱德作军事报告，陈毅传达中共中央9月28日的指示信和中央关于反对托陈取消派的决定，并作废止肉刑和枪毙逃兵的报告。

"九次大会的各种提案都是在大会前由前委召集支队以上的书记、宣传、组织开会起草，前委审查以后提到大会的"②。由于事先有了充分的准备，代表们的认识比较容易取得一致，因此会议的工作效率很高，开得很有成效。会议讨论了中央指示，总结了前委工作的经验教训，一致通过了《中国共产党红军第四军第九次代表大会决议案》。

大会根据中央指示精神选举了红四军党的前敌委员会。"大会选举，也事先准备意见，提出要'政治观念正确，工作积极，有斗争历史'三个条件的人才当选"；并事先"提出名单，供献大会"。③ 毛泽东、朱德、陈毅、罗荣桓、林彪、伍中豪等11人当选为前委委员。毛泽东重新当选为前委书记。

《中国共产党红军第四军第九次代表大会决议案》(即古田会议决议)共分八个部分，或者说包含八个决议，即关于纠正党内的错误思想、党的组织问题、党内教育问题、红军宣传工作问题、士兵政治训练问题、废止肉刑问题、优待伤病兵问题、红军军事系统与政治系统关系问题等。关于纠正党内的错误思想是其中最核心的问题。

决议根据中央九月来信的精神，结合红四军的实际，总结了南昌起义、秋收起义以来两年多的时间里，红军中的共产党同各种错误思想作斗争所积累的相当丰富的经验，制定了人民军队建设的比较完整的纲领。

毛泽东关于人民军队建设的路线，是从这样的基本观点出发的，这就是：中国的人民军队"是一个执行革命的政治任务的武装集团"，它不是也不能是其他样式的军队，它必须是服从于无产阶级思想领导的、服务于人民斗争和根据地建设的工具。

"军事是流血的政治"，这一命题本身已经规定了军事和政治既是不可分离

① 参见《缅怀毛泽东》上册，中央文献出版社1992年版，第139～140页；《回忆毛主席》，人民文学出版社1977年版，第169页。

② 《红四军部队情况报告(1929年7月—1930年4月)》。

③ 《红四军部队情况报告(1929年7月—1930年4月)》。

的、更不是互相对立的，规定了“军事只是完成政治任务的工具之一”①。

任何军队都是从属于一定的阶级、为一定阶级的政治目的服务的。区别仅仅在于，它是为革命阶级服务还是为反动阶级服务？是为少数剥削者服务还是为广大人民服务？

资产阶级宣称，军队不是政治的工具，它是中立的。这纯属欺人之谈。列宁早就说过：“使军队不问政治，这是资产阶级和沙皇制度的伪善的奴仆们的口号，实际上他们一向都把军队拖入反动的政治中，把俄国士兵变成黑帮的奴仆和警察的帮凶。”②中国红军是人民的军队，它不需要像资产阶级军队那样掩盖自己的阶级性质，模糊自己的政治面目；它公然申明自己是无产阶级政党实现自身政治任务的工具。

正是从红军“是一个执行革命的政治任务的武装集团”这个基本观点出发，决议阐明了人民军队建设中的根本性问题。

第一，红军必须绝对服从无产阶级政党的领导，发挥“军队中政治领导的作用”。

坚持无产阶级政党对军队的绝对领导，这是人民军队建军的根本原则，是保证军队成为“执行革命的政治任务的武装集团”的首要条件。因为只有在党的领导下，军队才能具有为人民服务的宗旨，才能建立与人民群众的密切联系，得到人民群众的拥护和支持，才能把握正确的政治方向，进行胜利的革命战争。

几乎所有的旧式军队，也主要地是由劳动人民出身的人组成的，但由于领导权掌握在剥削者手里，它们成了维护剥削者利益和压迫人民的军队。在中国历史上，为了反抗压迫，劳动人民也组织过自己的军队，由于没有先进思想的指导，它们不是因遭受剥削阶级军队的镇压而被消灭，就是由于被剥削者篡夺了领导权而蜕化变质，成为改朝换代的工具，而不能造成劳动者自身解放的条件。大革命时期的国民革命军也曾经是革命的军队，由于领导权被蒋介石所窃取，它后来就成为新军阀压迫人民和从事政争的工具了。由此可见，中国红军要保持自己的革命性质，坚持党的领导是一个关键。正因为如此，决议在批评那种将红军的政治工作机关隶属于军事工作机关的主张和“司令部”对外的口号时，即严肃地指出：“这种思想如果发展下去，便有走到脱离群众、以军队控制政权、离开无产阶级领导的危险，如像国民党军队所走的军阀主义的道路一样。”③

党对军队的领导，首先是政治上、思想上的领导。决议指出：“红军第四军

① 《毛泽东选集》第1卷，人民出版社1991年版，第86页。
② 《列宁选集》第1卷，人民出版社1995年版，第669页。
③ 《毛泽东选集》第1卷，人民出版社1991年版，第86页。

的共产党内存在着各种非无产阶级的思想，这对于执行党的正确路线，妨碍极大。若不彻底纠正，则中国伟大革命斗争给予红军第四军的任务，是必然担负不起来的。"①为此，必须加强无产阶级思想的领导，对部队官兵进行思想和政治路线方面的教育，纠正各种错误思想，才能使他们自觉地为贯彻执行党的纲领、路线和政策，为实现党的政治任务、维护人民群众的根本利益而奋斗。

坚持党对军队的绝对领导，还必须有组织制度上的保证。决议规定："在高级地方政权机关没有建设以前，红军的军事机关与政治机关，在前委指导之下，平行地执行工作。""党对于军事工作要有积极的注意和讨论。一切工作，在党的讨论和决议之后，再经过群众去执行"。军事机关的一切命令，"政治委员须副署"。决议要求"编制红军法规，明白地规定红军的任务，军事工作系统和政治工作系统的关系"，以便使党对红军的领导关系制度化、法规化。决议强调，"每连建设一个支部，每班建设一个小组，这是红军中党的组织的重要原则之一"。全体同志"应站在大会的精神之上努力去改造党的组织，务使党的组织确能担负党的政治任务"。②

第二，红军应担负打仗和做群众工作等项任务。

军队要担负打仗的任务，这一点，无论旧式军队还是新型人民军队都是一样的。不同在于，旧式军队打仗，通常是为了少数人，所以它只讲服从是军人的天职，除进行反侵略的正义战争以外，它不要求军人去思考为谁打仗这个问题。列宁说过："常备军就是脱离人民的军队。如果不是在营房里把士兵关上几年，不在那里对他们进行没有人性的训练，难道他们会向自己的兄弟开枪，向工人和农民开枪吗？难道他们会反对饿肚子的庄稼人吗？"红军则不同，它"不是为他人，而是为自己为人民打仗"的，所以它要求军人有高度的觉悟。决议要求红军指战员"认识党和红军都是执行革命任务的工具，而自己是其中的一员"，"是革命的主体"，③因而清除雇佣思想，自觉地为人民、为革命去作战。

应该看到，中国的红军并不"只是单纯打仗的"。决议强调，它"除了打仗消灭敌人军事力量之外，还要负担宣传群众、组织群众、武装群众、帮助群众建立革命政权以至于建立共产党的组织等项重大的任务"。"离了对群众的宣传、组织、武装和建设革命政权等项目标，就是失去了打仗的意义，也就是失去了红军存在的意义"④。

---

① 《毛泽东选集》第1卷，人民出版社1991年版，第85页。

② 《毛泽东文集》第1卷，人民出版社1993年版，第113、80～81、115、88页。

③ 《毛泽东文集》第1卷，人民出版社1993年版，第85页。

④ 《毛泽东文集》第1卷，人民出版社1993年版，第79页。

决议指出,"红军宣传工作的任务,就是扩大政治影响争取广大群众。由这个宣传任务之实现,才可以达到组织群众、武装群众、建立政权、消灭反动势力、促进革命高潮等红军的总任务。所以红军的宣传工作是红军第一等重大工作"①。

决议规定,群众工作,属政治部的职权。"凡没有建立政权机关的地方,红军政治部即代替地方政权机关,至地方政权机关建设时为止"。政治部还要"帮助地方武装之建立与发展";司令部则要"帮助地方武装之平时的军事训练及战时的作战指挥"②。

红军之所以要做群众工作,这是由红军是"执行革命的政治任务的武装集团"这个性质和它的为人民服务的宗旨所决定的。由于当时中国革命的主要组织形式实际上是军队,中国共产党人和有组织的革命力量主要地集合于军队之中,军队要做群众工作,就更是责无旁贷的了。中国的人民军队一开始,就既是战斗队,又是工作队。这一点,也是新型人民军队与旧式军队的一个重要区别。

第三,开展革命的政治工作,建立人民军队内部、内外部的正确关系和对敌军采取正确的政策。

红军内部,实行官兵一致的原则。决议强调,"官兵之间只有职务的分别,没有阶级的分别,官长不是剥削阶级,士兵不是被剥削阶级";重申"官兵生活平等"的原则和"经济公开主义及士兵审查制度";要求充分认识士兵会的意义和很好地发挥这个组织的作用;要求"坚决废止肉刑"、"废止辱骂","努力于说服精神和自觉遵守纪律精神的提倡,去克服这个违反斗争任务的最恶劣的封建制度";要求官长"应随时看视伤病兵,送茶水给他们吃,晚上替他们盖被窝……",把这些"定为一种制度,大家实行起来"。总之,在军队内部也应发扬民主主义。这个军队内的民主主义的实质,就是尊重士兵。做到了这一点,官兵一致的目的就可以达到,部队就会增加绝大的战斗力,艰苦的战争也就不患不能支持了。

红军还必须正确处理同群众的关系。决议重申,必须"严格执行三条纪律",指出"上门板、捆禾草等项是从行动中扩大红军影响、增加群众对红军信仰的良好方法,应当好好地去执行"。红军能得到群众的信仰,群众就会给予红军以各种支援,这样,它也就没有不可能克服的困难了。

红军还要切实做好对敌军的工作。决议指出,"对白军士兵及下级官长的宣传非常重要"。"优待敌方俘虏兵,是对敌军宣传的极有效方法。优待俘虏兵的方法:第一是不搜检他们身上的钱和一切物件,过去红军搜检俘虏兵财物的行

① 《毛泽东文集》第1卷,人民出版社1993年版,第96页。
② 《毛泽东文集》第1卷,人民出版社1993年版,第114页。

为要坚决地废掉。第二是要以极大的热情欢迎俘虏兵，使他们感觉得精神上的欢乐，反对给俘虏兵以任何言语上的或行动上的侮辱。第三是给俘虏兵以和老兵一样的物质上的平等待遇。第四是不愿意留的，在经过宣传之后，发给路费放他们回去，使他们在白军中散布红军的影响，反对只贪兵多把不愿留的分子勉强地留下来。以上各项，对于俘虏过来的官长，除特殊情况外完全适用”。“医治敌方伤兵，亦是对敌军宣传的极有效方法。对于敌方伤兵的医治和发钱要完全和红军的伤兵一样，并且要利用一切可能的条件，把上好了药发给了钱的伤兵送返敌军。对待敌方受伤官长亦然”。这样做，对于揭破反动派散布的种种诬蔑红军的欺骗宣传、瓦解敌军的士气、使红军得以俘获敌人的全部武器和大部人员补充自己，可以起到积极的作用。

红军是受共产党领导的。为了搞好军队的建设，首先就要搞好党的建设。为此，决议用相当大的篇幅论述了党的建设问题，提出了加强党的建设的重要原则和相应办法。

加强党的建设，首先和主要的是加强党的思想建设。决议强调，“红军党内最迫切的问题，要算是教育的问题。为了红军的健全与扩大，为了斗争任务之能够负荷，都要从党内教育做起。不提高党内政治水平，不肃清党内各种偏向，便决然不能健全并扩大红军，更不能担负重大的斗争任务”。

决议指出，“四军党内种种不正确思想的来源，自然是由于党的组织基础的最大部分是由农民和其他小资产阶级出身的成份所构成的；但是党的领导机关对于这些不正确的思想缺乏一致的坚决的斗争，缺乏对党员作正确路线的教育，也是使这些不正确思想存在和发展的重要原因”。这就是说，为了保证党的正确路线得以顺畅地贯彻执行，必须在党内开展积极的思想斗争，以无产阶级思想去克服各种非无产阶级思想；而党的领导机关必须对错误思想进行一致的坚决的斗争，及时地经常地对党员作正确路线的教育。

决议对于当时党内各种错误思想的表现、产生的根源和纠正的方法都作出了明确的论述。其中有的论述对于搞好党的建设尤其具有十分重要的和极为深远的意义。

决议指出：“对于政治形势的主观主义的分析和对于工作的主观主义的指导，其必然的结果，不是机会主义，就是盲动主义。”这就是说，主观主义即实际工作中的唯心主义是产生右倾和“左”倾错误的认识根源。决议强调，必须“教育党员用马克思列宁主义的方法去作政治形势的分析和阶级势力的估量，以代替主观主义的分析和估量”；必须“使党员注意社会经济的调查和研究，由此来决定斗争的策略和工作的方法，使同志们知道离开了实际情况的调查，就要堕入空想和盲动的深坑”。这就是说，必须端正思想路线，克服主观主义，实行马克思列宁主义和中国实际相结合的原则,正确的政治路线才能制定出来,制定出来了也才能得到贯彻执行。

决议还指出,个人主义"是一种削弱组织、削弱战斗力的销蚀剂","具有很大的销蚀作用和离心作用",它"是小资产阶级和资产阶级的思想在党内的反映",必须通过"加强教育,从思想上纠正个人主义"。只有这样,党员考虑和处理问题,才能不"从个人观点出发",而从"阶级的利益和整个党的利益"出发,从而加强党的凝聚力和战斗力。

在强调加强党的思想建设的同时,决议也提出了加强党的组织建设的任务。

决议强调,必须注重党员的质量。为此应将"旧的基础厉行洗除";并针对当时的具体情况,提出以后新分子入党,应是:(1)政治观点没有错误的(包括阶级觉悟);(2)忠实;(3)有牺牲精神,能积极工作;(4)没有发洋财的观念;(5)不吃鸦片、不赌博。"以上五个条件完全具备的人,才能介绍他进党"。对于党员,要加强教育。支部会议的意义,第一是解决问题,第二就是教育同志。在党内,应正确地开展批评,因为"党内批评是坚强党的组织、增加党的战斗力的武器"。同时,还要"严格地执行纪律,废止对纪律的敷衍现象"。

决议还指出,应"在组织上,厉行集中指导下的民主生活"。为此,必须切实纠正极端民主化、非组织观点等错误倾向,一方面要认真发扬民主,"开会时要使到会的人尽量发表意见";另一方面要坚持正确的集中,"党的纪律之一是少数服从多数。少数人在自己的意见被否决之后,必须拥护多数人所通过的决议"。

古田会议的召开和《关于纠正党内的错误思想》等决议的通过,是中国人民军队建设史上的一个具有重要历史意义的里程碑。

古田会议之后,红四军内部"关于政治的争论,就已成为过去。大家都在九次大会一贯的路线下进行工作"①,团结战斗。中共中央对此是满意的。中央在1930年2月1日给广西省委的指示信中讲到红四军时指出,毛泽东"现已复职,中心的政治领导亦已确立,此稍可使中央放心";毛的态度"很积极",他在致中央信件中"声明四军前委完全接受中央的指示,前委中一切问题已解决"。

古田会议的决议对于人民军队的建设还有更为深远的意义和影响。"这个决议使红军肃清旧式军队的影响,完全建立在马克思列宁主义的基础上。这个决议不但在红军第四军实行了,后来各部分红军都先后不等地照此做了,这样就使整个中国红军完全成为真正的人民军队。中国人民军队中的党的工作和政治工作,以后有广大的发展和创造,现在的面貌和过去大不相同了,但是基本的路

① 《红四军部队情况报告(1929年7月—1930年4月)》。

线还是继承了这个决议的路线”①。

——原载《中国共产党史稿》第 3 卷,中央文献出版社 2006 年版。

五、托洛茨基反对派在中国的发生及其破产

(一) 托洛茨基反对派在中国的发生

托洛茨基反对派(以下简称托派)在中国的发生,是 1927 年大革命失败以后的事。“反对派在中国发生的主要原因,是中国大革命之失败与新的革命浪潮之复兴,存留在党内落后的小资产阶级‘同路者’形成了反对派发展的基础。”②

历史的经验表明,“在革命失败之后,必然有许多失败的情绪,引起许多争论的问题”。“中国大革命失败之后,亦是如此”③。当时的争论,主要是围绕着大革命为什么会失败和大革命失败后该怎么办这样一些问题展开的。

大革命为什么会失败?托洛茨基认为,由于民主革命的任务只有在反对资产阶级的社会主义革命胜利之后才能完成,由于中国资产阶级“比俄国资产阶级还要反动,还要下贱”④,因此,党同资产阶级联合的政策本身就错了。像“四一二”“这种事变,完全是由四个阶级联合政策发生出来的。”因为执行这种政策,党就必然丧失独立性,就“命定是(从)属于资产阶级的国民党的”⑤,而大革命的失败也就是不可避免的了。大革命失败后该怎么办?托洛茨基认为,由于“中国社会的占优势和占直接的统治地位”的是“资本主义关系”而“并非封建关系”,因此,民主革命的任务已经不占主导地位,“将来第三次革命是社会主义性质的”,那时将直接提出“无产阶级——领导农村贫农——专政的口号”;⑥由于

① 《关于纠正党内的错误思想》一文的题解,见《毛泽东选集》第 1 卷,人民出版社 1991 年版,第 85 页。

② 《托洛茨基反对派在中国发生的原因及其前途》,1929 年 10 月,《周恩来选集》上卷,人民出版社 1980 年版,第 44 页。

③ 《托洛茨基反对派在中国发生的原因及其前途》,1929 年 10 月,《周恩来选集》上卷,人民出版社 1980 年版,第 45 页。

④ 托洛茨基:《中国革命的回顾及其前途》,1928 年 6 月 5 日,《中国革命问题》第 2 集,上海书局 1930 年版,第 8 页。

⑤ 托洛茨基:《中国革命与史大林提纲》,1927 年 5 月 7 日,《中国革命问题》第 1 集,第 92 页。

⑥ 托洛茨基:《中国革命的回顾及其前途》,1928 年 6 月 5 日,《中国革命问题》第 2 集,上海书局 1930 年版,第 44、41、34 页。

中国革命已经“被推迟至于不可确定的将来”,因此,在目前应当提出“立宪会议的口号”①,而进行武装斗争则是“没有胜利的真实机运的”②,这“不能不是独立冒险及假招牌的共产党行动”③。托洛茨基的上述这些观点,混淆了民主革命和社会主义革命的界限,是站不住脚的。但对中国党内的极少数人却发生了影响。

中国托派的最初来源,是直接受到托洛茨基及托洛茨基主义影响的少数留俄中国学生。这些学生曾经在东方劳动者共产主义大学(简称东方大学或东大)、孙中山中国劳动者大学(简称中山大学或孙大)及其他院校学习过。中山大学的第一任校长拉狄克在许多重大问题上是与托洛茨基一致的。学校中还有一批持托派观点的教授。他们曾多方向中国学生灌输托派思想,从中物色托派的追随者。在其他院校中,也有一些托派分子在积极活动。1927年10月,联共(布)中央宣布与托洛茨基—季诺维也夫派进行全党性的大争论。争论主要是围绕着苏联社会主义建设的问题展开的,而中国革命的问题也是争论的焦点之一。争论的结果,投票赞成托派观点的人不足联共(布)党员的百分之一。但是,由于前面讲到的原因,托洛茨基关于中国革命的观点却在少数中国学生中引起了共鸣。同年11月,托派于十月革命节公开组织街头示威。12月,联共十五大决定对托派分子实行清洗。这样,中山大学中的托派分子区芳、陈亦谋、宋逢春、梁干乔等十余人也被揭露了出来(其中一些人参加了俄国的托派组织,并在托派组织示威时在红场上高呼拥护托洛茨基的口号),并于年底被遣送回国。这些人回国以后,即在上海、香港、北平等地宣传托派思想,进行托派活动。

当已经暴露的中国托派学生被遣送回国时,尚未暴露的中国托派学生仍然隐蔽了自己的身份继续留在莫斯科。1928年9、10月,十几名中国托派学生在莫斯科郊外借举行远足野餐会之名讨论成立托派组织的问题,并选出了范锦标、安福、王文元等组成了委员会。之后,他们即与莫斯科托派委员会发生联系,有计划地翻译托派文件,在中国留学生中秘密散布,并将它们寄回国内,交由先期回国的托派分子加以传播。当1929年联共(布)决定驱逐托洛茨基出苏联国境并在国内大规模地镇压托派活动时,中国托派学生中的一些人感到形势严重,因而决定与准备归国的其他中国留学生一同回国。回国前,他们的代表曾在莫斯科炮兵学校开会,商定回国后“必须留在党内”。为此,不仅“不主张公开自己的

① 托洛茨基:《共产国际第六次大会后之中国问题》,1928年10月4日,《中国革命问题》第2集,杨笑德译,上海书局1930年版,第80页。

② 托洛茨基:《共产国际第六次大会后之中国问题》,1928年10月4日,《中国革命问题》第2集,杨笑德译,上海书局1930年版,第94页。

③ 托洛茨基:《中国革命的回顾及其前途》,1928年6月5日,《中国革命问题》第2集,杨笑德译,上海书局1930年版,第44页。

立场”,而且要“在工作中遵守纪律,服从多数”,“借以取得信仰”;只是在讨论路线和政策问题的会议上,“或明或暗地、或多或少地”,“曲折地提出自己的看法”,以便逐步地争取群众。① 回国途中,刘仁静曾去土耳其拜见托洛茨基。托洛茨基即在此时草拟了中国托派的纲领草案交由刘仁静带往中国。这些人回国后,除刘仁静等个别人公开了自己的托派身份以外,大多数都隐瞒了自己的政治面目去向中共中央报到,并按照事先商定的策略在党内潜伏了下来。

这样,在1929年以后,归国留学生中的托派就有了两支互相配合的队伍:已经暴露的,在党外进行公开活动;尚未暴露的,在党内进行秘密活动。而他们攻击的矛头都是指向党的六大路线,指向党所领导的民主革命,指向以农村为根据地的红军战争的。

除了这一部分留学生以外,中国托洛茨基反对派的另一个重要来源,就是以陈独秀为代表的一批在大革命时期犯了右倾错误而在大革命失败以后又不能正确汲取教训的分子。

陈独秀等人之趋向托洛茨基主义,归国留学生中的托派分子是起了媒介作用的。彭述之回忆说:“一九二九年春,我从莫斯科回国的留学生中得到托洛茨基关于中国革命问题的两个最重要的文件:《中国革命的回顾与前瞻》和《第六次大会后的中国问题》。这两个文件是分析过去革命的根源和当前的政策,极为精确,因而我同意托氏的基本立场。随后,我将这个文件转交陈独秀研究,他亦完全同意托氏的基本观念,因而我们开始在中共内部组织左派反对派。”②陈独秀在1930年2月也说过:“直到半年前,我们才得到托洛茨基同志关于中国问题及一些苏联问题之文件。从此以后我才彻底的系统的了解在中国革命中所犯的机会主义盲动主义之真正的根源之所在。”③这样,他也就“完全接受了左派反对派的意见”④。

陈独秀等人与托洛茨基反对派一拍即合,这不是偶然的。这与他们对形势的悲观估计和右倾的策略思想有关;与他们不能深刻认识自己的错误也有关系。党的八七会议纠正了陈独秀的右倾错误,这是完全应该的,虽然其方法有缺点,如没有通知陈独秀本人出席会议,过多地追究个人责任等。但陈独秀却把党对他们所犯右倾错误的清算,说成是“以个人的责任问题掩盖了失败之真实教训”。他说,在这以后“经过一年之久”,尽管他“差不多完全在个人反省期间”,

---

① 参见王凡西(文元):《双山回忆录》。

② 《彭述之简史》,香港《明报月刊》1968年6月号。

③ 陈独秀给共产国际的复信,1930年2月17日。

④ 赤光:《陈独秀底生平及其政治主张》,1932年11月,第39页。

但他始终“未能及时认清这个失败的教训并找到出路”①。他并且拒绝前往莫斯科出席党的六大。正如周恩来在当时所说的那样,“这些机会主义分子因为固执自己的路线,现在既不能深入群众,又不能不找一新的政纲,以掩饰自己的错误。这样,反对派的政纲,正好在掩饰自己过去的错误上,在口头上‘左’的革命口号而实际上右的革命形势的估计与策略上,恰恰脾胃相合,于是就被他们利用了”②。

从表面上看,托洛茨基主张一次革命论(认为民主革命不能自成一个阶段,它的任务只有在反资产阶级的社会主义革命胜利之后才能完成),陈独秀主张二次革命论(认为中国民主革命的结果将是资产阶级取得政权,无产阶级应待到资本主义进一步发展起来之后再去进行社会主义革命),二者是截然对立的。但在实质上,他们的思想却有着相通之处。托洛茨基说过,“仅仅中国革命本身的力量而无胜利的无产阶级国家苏联和世界先进无产阶级的帮助,则中国革命只能给资本主义发展开辟以宽阔大路,给工人运动以优良发展条件”③。如果把这个所谓在胜利的无产阶级世界革命的帮助下立即由民主革命转变为社会主义革命的“可能性”除去(因为这种可能性并不存在),那么托洛茨基和陈独秀的说法也就没有什么不同了。不相信中国无产阶级有能力主要依靠农民的力量独立地完成民主革命的任务,在这个基本点上,他们是相同的。因此,从陈独秀主义到托洛茨基主义的过渡并不困难,只需向前跨进一步就行了。这样,在大革命失败以后,他们才一致地声称:中国的资产阶级已经取得胜利,再要革命就该是在遥远的将来去进行社会主义革命,等等。

1929年8月5日,陈独秀就中国革命的基本问题致书中共中央,鼓吹中国的“资产阶级得了胜利”和封建势力成了“残余之残余”等取消民主革命的主张,指责党犯了“有系统的一贯的总的路线之错误”,要求通过所谓自由争论来“重新估定党的政策”。④ 10月10日,他在给中央的信中主张在“反革命的时期,应该提出总的民主主义口号”,如“召集国民会议”⑤等。10月26日,他与彭述之联名致书中央,重复上述主张,并反对“提出‘为组织苏维埃而斗争’作行动口号”。与此同时,“他在行动上,更于中央于决定与答复以前,便将他写给中央的信,作公开的宣传,经过彭述之、汪泽楷、马玉夫、蔡振德等极力煽动同志起来反

① 陈独秀给共产国际的复信,1930年2月17日。

② 《周恩来选集》上卷,人民出版社1980年版,第47页。

③ 托洛茨基:《中国革命与史大林提纲》,《中国革命问题》第1集,第49页。

④ 陈独秀关于中国革命问题致中共中央的信,1929年8月5日。

⑤ 陈独秀1929年10月10日给中共中央的信,转引自陈独秀:《告全党同志书》,1929年12月10日。

党,并破坏支部与党宣告独立。这很显然是反党的小组织活动,并且是第二党的萌芽"①。这样,托洛茨基反对派在中国的队伍,除少数留俄归国学生外,就又包括了一批原先的犯机会主义错误而又未能正确吸取教训的人。

1929 年 8 月 13 日,中共中央发布了《关于中国党内反对派问题》的通告,即第四十四号通告,明确指出:固然我们不必夸大反对派在中国党内之政治上组织上的作用,但是他们的活动情形与反党现象的发展,实不容许党丝毫忽视。② 中央"决定开展反对托派的斗争,号召全党在思想理论上驳斥托派的谬论,对托派骨干分子一律清除出党,对一般分子,主要采取教育方法,争取他们放弃托派观点,回到马克思主义立场上来"③。10 月,中央常委周恩来在中共中央直属支部干事会上作了《托洛茨基反对派在中国发生的原因及其前途》的报告。10 月 15 日,中共中央政治局作出了《关于反对党内机会主义与托洛斯基主义反对派的决议》。决议从思想上理论上系统地批判了托派的观点,指出托派在政治上是要"根本把革命取消",组织上是鼓吹"无政府主义的思想"。决议规定:立即解散党内的托派小组织,并予参加者以组织上的制裁;开除那些固执取消主义思想、不执行党的策略和党的决议的分子出党;陈独秀"必须立即服从中央的决议、接受中央的警告,在党的路线之下工作,停止一切反党的宣传与活动"。在这之前,中央曾于 10 月 6 日写信给陈独秀,指派他在"党的政治路线之下在中央担任编辑工作",并要求他写出"反对反对派的文章"以表明自己的政治态度。"可是陈独秀完全不接受中央的警告,并拒绝中央指派的工作"④。他表示,"我此时已根本承认托洛茨基同志的主张是合乎马克思列宁主义的,我如何能说和自己相反的假话?"⑤他并且与彭述之一起,公开揭出反对党的六大路线、拥护托洛茨基主义的旗帜。据此,中央政治局遂于 11 月 15 日作出了关于开除陈独秀党籍并批准江苏省委开除彭述之等党籍的决定。一批投向了托洛茨基主义旗帜之下的原先的机会主义者就这样地被清除出了党的队伍。

不过,在陈独秀等人被开除出党以后,从莫斯科回国的一些托派分子仍然在党内进行隐蔽的活动。这些人大批被揭发出来,是 1930 年的事。1929 年底 1930 年初,莫斯科中山大学开始清党。由于留俄学生的托派委员会中一名姓赵

① 《中共中央政治局关于开除陈独秀党籍及批准江苏省委开除彭述之、汪泽楷、马玉夫、蔡振德四人决议案》,1929 年 11 月 5 日。

② 参见《周恩来选集》上卷,人民出版社 1980 年版,第 44 页。

③ 《周恩来选集》上卷,人民出版社 1980 年版,第 377 页。

④ 《中共中央政治局关于开除陈独秀党籍并批准江苏省委开除彭述之、汪泽楷、马玉夫、蔡振德四人决议案》,1929 年 11 月 15 日。

⑤ 陈独秀:《告全党同志书》,1929 年 12 月 10 日。

的委员的坦白检举，中山大学及其他学校中的中国托派学生几乎悉数被揭发了出来。由此，中国党也掌握了先期回国的三十余名中国托派学生的名单。对于其中的一些人，党曾经设法争取和挽救。据当时在中共中央组织部工作的王文元回忆：事情发生后，周恩来曾找他谈话，要他“作一书面声明，放弃托派意见，在《红旗报》上登载”，并表示这样做了，就可以保证他“依旧留在党内工作”。由于王文元在声明中仅表示在工作中将遵从多数意见但在思想上仍“要保留自己的异见”，于是党就决定采取坚决措施，开除了他的党籍。①

这样，除了极少数与托派有组织联系或思想联系的人由于向党隐瞒了真相而继续留在党内以外，托派在党内的秘密组织已经基本上被摧毁，托派作为一个党内的派别也不再存在了。在这以后，托派的反党分裂活动的主要阵地就由党内转向了党外。

1929 年 12 月 10 日，陈独秀以个人名义发表了《告全党同志书》，系统地鼓吹托派关于中国革命的错误观点。12 月 15 日，陈独秀等八十一人联名发表《我们的政治意见书》，进一步论述了他们的取消主义纲领，并要求联共和共产国际召回托洛茨基和恢复他的领导工作，要求中国党“立即公开讨论根本政治问题”，并“决定新的政治路线”。这个意见书的“内容完全是根据托洛茨基起草的中国左派反对派的纲领而写成的”②。他们还积极从事建立反对派组织的事宜。而这个组织也终于建立起来了。参加这个组织的大多是在大革命时期担任过领导工作并犯了右倾错误而又不能彻底认识和改正错误的人，如彭述之、郑超麟，尹宽等；也有少数工人参加了这个组织。他们出版了《无产者》月刊。所以这一派也就叫做“无产者社派”。1931 年 5 月，约有一百人。

归国留学生中的托派组织，开始主要是“我们的话派”，其主要成员有区芳、张特、史唐、梁干乔等。1928 年冬，他们曾在上海召开过中国托派的第一次代表大会，并成立了总干事会，于 1929 年创办《我们的话》这一刊物。他们在华南、上海、华北都有活动。后因在对待陈独秀加入托派的问题上发生分歧，一些人从这一派分裂了出去。1931 年 5 月，有一百二十至一百四十人。

1930 年春夏之交，刘仁静、王文元等人起草了《告同志书》，企图以此“作为团结反对派的基础”。其后，华北的反对派宋逢春等也表示同意这个文件。他们创办了《十月》杂志。该派称“十月社派”，1931 年 5 月，约有八十人。

此外，刘胤、赵济等人办过一份名叫《战斗》的刊物（仅出过一两期），这一派也就是所谓“战斗社派”。1931 年 5 月，约有三十人。

---

① 参见王凡西：《双山回忆录》。

② 赤光：《陈独秀底生平及其政治主张》，1932 年 11 月。

当时，这几个托派小组织是各自独立的，它们之间不断地互相攻击。为了争夺自己在托派中的主导地位，这些小组织分别将自己的刊物译成外文，寄交托洛茨基，请他加以裁判。1931 年 1 月 8 日，托洛茨基写了给中国“左派反对派”的信。在信中，他要求各托派小组织不要“去制造人为的分歧意见”，而应当在“今天就确定地合并起来”。随后，他还就召开“统一”大会的有关事宜提出了具体意见。之后，这几个小组织才决定设立一个“统一协商委员会”，协商成立统一组织的问题。但这个所谓协商，仍然是无休止的争吵。为此，托洛茨基再次写信给中国托派，说他看到了陈独秀的《告全党同志书》，认为这“是一篇绝好的文件，这封信以完全明显和确定的态度答复了一些重要问题”，从而表示了“自己与国际反对派百分之百一致”，对于陈独秀这样的人是不能“对他掉头不顾”的。托派的国际委员会也给中国托派写信，强调陈独秀等“不但可能而且绝对需要和其他各派合并起来”①。在这之后，陈独秀本人遂直接参加了“协商”，并负责起草了中国托派的政纲。

1931 年 5 月，中国托派举行了连续三天的所谓统一代表大会。大会由陈独秀致开会辞并作政治决议草案的报告，彭述之作职工问题决议草案的报告，来燕堂作土地问题决议草案的报告，正式成立名为“中国共产党左派反对派”的托派统一组织，并选举产生了“中央常务委员会”。托派“中央”由陈独秀任总书记，下设若干区委。之后，中国的托派分子即以更加集中的火力，向着正在极端艰苦的条件下领导中国人民进行英勇斗争的中国共产党展开了攻击。

（二）中国托洛茨基反对派政纲的取消主义实质

1. 关于中国的社会性质和革命性质

托派认为，“在经济上，中国封建制度的崩坏”“比欧洲任何国家都早”，甚至早到从秦始皇时期起中国就建立了纯粹商业资产阶级的政权。“资本主义的作用及其特有的矛盾状态，不但占领了城市，而且深入了乡村”，资本主义经济关系在中国已占“绝对优势”。同时，经过大革命，资产阶级在政治上也“取得了胜利”，“对各阶级取得了优越地位”。② 这就是说，“中国目前是个资本主义社会”，并且“按照一般社会发展规律”，中国的资本主义“必然会”经历一个和平发展的时期。③ 因此，他们声称“当下次革命高潮初起时，我们即应动员群众为无

① 转引自赤光：《陈独秀底生平及其政治主张》，1932 年 11 月。

② 陈独秀等：《我们的政治意见书》，1929 年 12 月 15 日。

③ 参见严灵峰：《中国经济问题研究》，1931 年 5 月。

产阶级专政奋斗”①。

实际的情况是,国民党新军阀的统治依然是地主买办阶级的统治,当时中国依然是一个半殖民地半封建的社会,迫切需要一个资产阶级性质的民主革命。说中国已经是资本主义社会,未来的革命将是社会主义性质的了,这纯粹是一种脱离实际的“左”倾空谈;正是在这种超革命词句的掩盖下,他们否定了中国依然存在着反帝反封建这两项基本的民主革命任务。

他们宣称,中国的“城市经济绝对的支配了乡村”,中国的“地主已资本家化”。特别是经过了大革命,封建势力“受了最后打击”,已经“变成残余势力之残余”。② 这就是说,反封建的任务实际上已经不存在了。

他们又宣称,帝国主义“是推动中国资本主义发展的一个直接因素”③。因为“国际帝国主义的剩余资本可以造成中国的经济复兴”,而“经济复兴,即使微弱的和时间很短的,将重新集合工人到工厂,提高他们的阶级自信力,造成组成工会和扩大共产党影响的条件”,并“将中国民众从消极的被压迫状态中拯救出来”。④ 这就是说,帝国主义简直成了当时中国经济发展和政治进步的主要推动力量,反帝斗争在实际上也就是不必要的甚至是反动的了。

所谓等待将来进行社会主义革命一类的说法,完全是自欺欺人的。因为第一,按照托派的观点,只有当中国资本主义获得高度发展之后,中国的工人和广大人民群众才能摆脱消沉状态而走向革命;但在事实上,由于受到帝国主义的压迫和封建主义的束缚,资本主义的这种高度发展又是不可能的,这样,他们所约许的“社会主义革命”也就不能不是一座空中楼阁了。第二,中国的民主革命和社会主义革命是两个既相区别又相联系的革命阶段。“两篇文章,上篇与下篇,只有上篇做好,下篇才能做好。”⑤混淆了两个革命阶段的界限,取消民主革命的任务,实际上也就是把社会主义革命取消了。正如毛泽东所指出的那样,“‘一次革命论’者,不要革命论也,这就是问题的本质”⑥。

2. 关于中国的政治形势和党的策略任务

托派认为,大革命失败后,中国进入了“反革命势力全盛的时代”⑦。民主革命已经完结了,而社会主义革命的条件尚未成熟,这是两个革命之间的过渡期。

---

① 《我们的政治意见书》。
② 《我们的政治意见书》。
③ 严灵峰:《中国经济问题研究》。
④ 《中国左派共产主义反对派政纲》,1930 年 5 月。
⑤ 《毛泽东选集》第 1 卷,人民出版社 1991 年版,第 276 页。
⑥ 《毛泽东选集》第 2 卷,人民出版社 1991 年版,第 685 页。
⑦ 陈独秀:《告全党同志书》,1929 年 12 月 10 日。

这个过渡期将是漫长的,因为革命的高潮只有在中国经济来个高涨然后再来个危机之后才有可能到来。他们不懂得国民党新军阀的统治并没有解决引起革命的任何一对矛盾,而且使这些矛盾更加激化了,这样他们也就不懂得革命的高潮不仅是不可避免的,而且将很快地到来。他们被白色恐怖吓昏了,他们所看到的只是一片漆黑。

从对于形势的悲观估计出发,他们主张"在没有革命局势的现阶段,应力争彻底民主的国民会议",并相应提出八小时工作制、没收土地、民族独立等口号"以充实国民会议的内容"。① 在这里,他们是把1905年革命失败后的革命低潮时期俄国党参加杜马选举的策略机械地搬用到中国来了。他们不懂得,在半殖民地半封建的中国,反动统治是依靠赤裸裸的反革命暴力来维持的,在这里,根本不存在一个时期内主要地通过合法斗争来发动群众、积蓄力量的可能性。在这种情况下,把"国民会议"的口号提到主要的地位,实无异于鼓吹合法主义,从根本上取消革命。事实上,当托派主张把召集国民会议作为中心口号时,1930年11月召开的国民党四中全会也作出了在"毅然清共"的同时召集"国民会议"的决定。这个御用的"国民会议"果然于次年5月正式开幕,并通过了《训政时期约法》,规定国民党中央即民国平时的最高权力机关,从而为蒋介石的独裁统治制造法律根据。而托派居然认为,当"蒋介石召集他的议会"时就"应该去参加这个议会"。② 这除了粉饰国民党新军阀的反动统治以外,还能起到什么作用呢?

托派鼓吹合法主义,主要是为了反对党所领导的革命武装斗争。他们认为,"必须到了无产阶级统治了国内诸重要的工业和政治中心,然后才有组织红军及有在乡村建立苏维埃制度之必要的前提"。如果在这之前组织红军和进行武装割据,那就是实行"官僚的冒险政策",就是"机会主义的军事投机",就会"变成了单纯的'杀人放火'的象征"。③ 他们诬蔑红军"必然变成简单的新式流寇",必然"日渐流氓无产阶级化","在革命运动上将没有一点意义,没有一点前途"。④ 在这个问题上,集中地暴露了托派政纲的取消主义的反动实质。因为"在中国,主要的斗争形式是战争,而主要的组织形式是军队"。"在中国,离开了武装斗争,就没有无产阶级和共产党的地位,就不能完成任何的革命任务"⑤。假如党采取了托派的主张,放下武器去专搞合法运动的话,党的力量将很快就被

① 《我们的政治意见书》,1929年12月15日。
② 托洛茨基:《给中国左派反对派的信》,1930年1月8日。
③ 《中国左派反对派政纲》,1930年5月。
④ 陈独秀:《论红军问题》。
⑤ 《毛泽东选集》第2卷,人民出版社1991年版,第544页。

反动派所摧毁,而以后的抗日战争的坚持和全国解放战争的胜利也都是不可想象的了。

3. 关于中国革命的动力和对象

托派主张,中国革命的公式应是:"无产阶级在民主口号之下(土地、国民会议及其他)团结贫农于自己的周围",去推翻"资产阶级军事专政"。①

这个公式存在着三个根本性的错误。第一,它把反对资产阶级当成了直接的目标,从而把中国革命的主要敌人封建势力和帝国主义轻轻地放跑了。第二,它对买办资产阶级和民族资产阶级不加区别,从而把在一定时期的可能的朋友推向敌人一边去。尽管民族资产阶级在1927年附和了买办资产阶级的反动,但它并没有成为当权的阶级,它所经营的工商业也陷入了破产半破产的境遇,因而在另一种时机下它仍然是有可能走向革命的。第三,它把无产阶级的领导作用与主力军作用混为一谈,否认中国革命实质上是农民革命,甚至主张在农村中采取"反对富农,中立中农"的政策,从而使贫农陷于孤立。这条策略路线,只能使革命停滞、孤立、缩小、降落以至走到失败的道路上去。

1935年华北事变以后,中共中央根据中日民族矛盾急剧上升、国内阶级关系发生巨大变动的新情况,首先提出同民族资产阶级、随后又提出与英美派的大资产阶级建立抗日民族统一战线的政策。这个政策有利于最大限度地孤立当前的主要敌人日本帝国主义,有利于发展和壮大人民力量,因而是完全正确的。但是托派却以极"左"的面目出现,诬蔑中国共产党"放弃阶级的立场","藏匿了自己的旗帜,模糊了群众的意识","其结果必然是把革命民众交给刽子手们,使再遭一次屠杀"。② 他们叫嚷"只有打倒民族资产阶级,打倒中国国民党,才能得到抗日的胜利"③。

为了侵略中国,日本帝国主义者曾提出要"严厉监视并排击中国势力之精诚团结、自力更生、再觉悟而联合抗日"④。托派的上述言论和行动,正好适应了日本帝国主义的政治需要。鲁迅在驳斥托派对中共的抗日民族统一战线政策的诬蔑时曾说:"你们的'理论'确比毛泽东先生们高超得多,岂但得多,简直一是在天上,一是在地下。但高超固然是可敬佩的,无奈这高超又恰恰为日本侵略者所欢迎,则这高超仍不免要从天上掉下来,掉到地上最不干净的地方去。""你们的高超的理论,将不受中国大众所欢迎,你们的所为有悖于中国人现在为人的道

---

① 托洛茨基:《给中国左派反对派的信》,1930年1月8日。

② 陈仲山(原名陈其昌,又名陈清晨)给鲁迅的信,1936年6月3日。

③ 转引自申伯纯:《西安事变纪实》。

④ 转引自《解放》第1卷第3期。

德。”①这是说得很中肯的。

总之,通过以上对托派政纲的分析,人们可以清楚地看出,托洛茨基主义的特点就在于它“竭力以‘左’的词句掩盖自己的机会主义,以‘革命的’口号炫耀自己”,它确实是一种“变相的孟什维主义”。②

(三)中国托洛茨基反对派在政治上的彻底破产

托洛茨基反对派在中国的政治舞台上究竟扮演着何种角色呢?

在口头上,托派也标榜反对国民党的统治;在行动上,他们斗争的矛头却主要地指向了中国革命的领导者中国共产党。正因为如此,“托洛茨基反对派这个宝贝不但为欧洲的资产阶级所利用,即中国的统治阶级也一样地看中了”。“南京政府初成立时,(就)很注意如何引俄国反对派到中国来,以分裂中国共产党”。胡汉民、戴季陶、周佛海等都企图借着宣传反对派以达到这个目的。③1928年周佛海在上海创办的反动月刊《新生命》,就专门登载过中国托派的文章。1931年秋,蒋介石发动对根据地的围攻前后,“一切国民党的报纸杂志都争先恐后的登载托洛茨基派陈独秀派的文章”④。如专门的反共刊物《光明之路》就登载过《杜洛斯基派口中的共党》一文,借托派之口攻击中共及其领导的斗争,为举行反革命的“剿共”战争制造舆论。该刊并认为托派已“成为进攻共产党的一支最有力的军队”⑤。1932年陈独秀被捕以后,一些反共论客纷纷发表文章为之说项。有的说,陈独秀“已经不是共产主义的组织者,而是反对共产主义的组织者”⑥了。有的说,他“主张召集国民会议来附和党国”,并且“估计现在中国社会没有封建势力存在,反对资产阶级性的民权革命,反对土地革命,此外在实际行动上又与干部派(指中共中央领导)处处为难。这些不但没有危害着党国,而且是党国一个有力的助手”⑦。有的说,何必逮捕陈独秀呢,“听他在外边,促成共党分裂之势,倒反不好吗?”⑧

除去国民党外,日本帝国主义者对托派也很感兴趣。抗战前夕,日本侵略山西的纲领中就专门列了“收买投机党派”一项,其中说,“华方之党派支流极多,

---

① 鲁迅:《答托洛斯基派的信》,1936年6月9日。
② 《斯大林全集》第9卷,第13页;第6卷,第31页。
③ 参见《周恩来选集》上卷,人民出版社1980年版,第44~45页。
④ 见瞿秋白:《托洛茨基派和国民党》,《布尔塞维克》第4卷第6期。
⑤ 《光明之路》1931年7月号,1931年3月号。
⑥ 《由陈独秀之被捕说到中国共产党分化之趋势》,陈东晓编:《陈独秀评论》,第59页。
⑦ 《论未亡人陈独秀》,《陈独秀评论》,第159页。
⑧ 《陈独秀之被捕》,《陈独秀评论》,第216页。

如失意之共党中之托派。宜援助彼等之成功,可使在各地便利于帝国之各种活动,因此辈思想之华人专能麻痹一般知识分子,以破坏南京之统一,彼等之工作技术亦甚高明,尤可随时从彼等以学习工作推动工作”①。

这些事实,有力地说明了托派在事实上究竟是哪个阶级的政治队伍。

由于托派一开始就以主要力量来攻击共产党及其领导的革命斗争,因此,真正的革命者是不屑与之为伍的,它在革命人民中间是极端孤立的。1939 年,陈独秀在给托洛茨基所写的信中曾说,“群众眼中所看见的‘托派’,不是抗日行动,而是在每周机关报上满纸痛骂中国共产党和国民党的文章”,因此使人们“不明白‘托派’目前所反对者主要的究竟是谁”,它“不但无法获得群众,简直无法和群众见面”。如果说,1931 年托派统一组织成立时它有过数百名成员,那么经过八九年之后,它的人数却大大地减少了。陈独秀向托洛茨基报告说,“我们在上海、香港二处有组织的共计不满五十,其余全国游离分子大约在百人以上”。这就是说,中国的托派从来就不曾成为一种有分量的政治派别,它始终不过是一个孤立的狭隘的小集团而已。

还在 1929 年 10 月,周恩来就曾预言:中国的托洛茨基反对派“如果在党内斗争中失败了,他们必然会整个卖给统治阶级。这是必不可免的前途”②。这个预言,不久就被事实所证明了。对此,一个原先的托派骨干分子后来是这样说的:“这一派既不能把握现实,提出为一般人民所接受的策略,便走入绝境。它的分子于是开始堕落,投入蒋匪帮底下,为其爪牙。”③如原“我们的话派”的主要骨干梁干乔、张特、陆渊等,不久就都积极反动起来,成了国民党的反共专家。“战斗社”的大部分骨干如刘胤、王平一、徐乃达、解叔达、来燕堂等,也都投入了国民党的怀抱。“十月社”的主要人物刘仁静在 1935 年被捕后也反省出狱,从事反共宣传等活动。原“无产者社”的人员也“都充满了失败无出路的情绪,再经生活困难的压力”,“多数都往南京自首矣”。马玉夫并且投入了上海龙华警备司令部的侦缉队。他们在自首文章中说,社会主义在中国“决无存在的余地”,托派的思想内容及其行动上的表现也是令人怀疑和失望的,只有“三民主义是最切于中国实际社会条件的主义”,所以他们要“回到民族争斗的领导者(!?)——国民党来”④。他们不仅背叛了马克思列宁主义,而且把托洛茨基主义的外衣也抛掉了。

---

① 原载《申报》每周增刊第 22 期,转引自《解放》第 1 卷第 9 期。

② 《周恩来选集》上卷,人民出版社 1980 年版,第 44 页。

③ 《李委声明》,《人民日报》1950 年 12 月 21 日。

④ 梁干乔:《回忆与展望》,陆渊:《以前种种》,《苏俄评论》第 1 卷第 3 期。

由于许多人公开与国民党合流，还有一些人则悄然离去自谋生路，托派组织呈现萎缩状态是当然的事。托派"中央"刚刚成立，即因马玉夫的告密而被破坏；经陈独秀、彭述之等恢复后，又于1932年12月因谢德盘的告密而被一网打尽，陈独秀、彭述之也进了监狱。在这以后，托派组织在实际上"已无形瓦解"了。据赵济回忆，在托派活动的中心区上海，一个时期也只有三个人经常往来，"维持残局"，"对恢复组织却一筹莫展"。[①] 1934年后，刘家良等与外国记者李福仁曾组成托派临时领导机关，但内部仍是分崩离析的。1935年，陈其昌、尹宽、蒋振东、王文元组成临时"中央"，着手组织的整理工作。1936年初，中国托派不再自称"中国共产党左派反对派"而改名为"中国共产主义同盟"。1942年5月，中国托派又正式分裂为多数派（彭述之等）和少数派（王文元等），两派间更不断发生争吵。1948年底和1949年4月，两派曾分别召开"代表大会"，原多数派自称"中国革命共产党"，原少数派自称"中国国际主义工人党"，并决定其成员一部分亡命港澳，一部分留在大陆，继续活动。但其人数，"不过一九三一年统一大会时的一半，甚至还不足一九二九年莫斯科中国学生反对派的数字"。[②] 历史已经表明，由于托派的政纲违背中国社会发展的客观规律和广大人民的根本利益，这个组织是不可能有强大的生命力的，它在政治上的破产是必然的。

在这里，有必要谈一谈陈独秀后期的情况。有一种说法：似乎陈独秀是否托派，尚属疑问。如包惠僧在《我所知道的陈独秀》一文中就这样说过。我认为，这种说法是不能成立的。1932年10月以前，陈独秀曾任中国托派的总书记，这是人所共知的，不必说了。就是被捕以后，他在1935年还从狱中"写信出来"，主张着手托派组织的重整。1937年出狱后，他虽因不满上海托派的领导机关，甚至说过他不再属于任何党派这样的话，但他"尚未达到与托派有根本分歧"。他主张一些人直接干起来"待有成绩与需要时，再向上海要工作人员"。[③] 1939年他在给托洛茨基的信中，对于中国托派的某些做法虽然有所批评，但他仍然是明确地以托派的一员自命的。如果陈独秀并非托派，这些情况又该作何解释呢？

诚然，陈独秀出狱后曾托罗汉向党表示过愿意回到党的领导下工作。对此，中共中央的答复是：必须公开放弃并坚决反对托派的全部理论和行动，承认自己过去加入左派反对派之错误；公开表示拥护抗日民族统一战线政策；并在实际行动中表示这种拥护的诚意。但陈独秀表示："回党固我所愿，唯书面检讨，碍难

---

① 赵济：《三十年代初托派在上海的活动》，《党史资料丛刊》1981年8月号。

② 王凡西：《双山回忆录》。

③ 王凡西：《双山回忆录》。

从命。”[①]这样,他就最后地失去了重新回党工作的机会。

——原载《党史研究》1982 年第 2 期。收入本书时略有增删。

六、反对王明等的“左”倾冒险主义的斗争——兼评共产国际对中国革命的错误方针

大革命失败后,中国共产党为了坚持革命,开辟复兴革命、争取革命胜利的新道路,曾经经历了一个极其艰苦、曲折的斗争过程。

由于政治形势急剧逆转,环境十分险恶,对于继续在党的旗帜下战斗的人们来说,迫切需要解决如何才能坚持革命这个问题。

1927 年 8 月 7 日召开的中共中央紧急会议(八七会议)指出,“我们革命已经到了最严重而向新方向进展的时期,必须有新的策略去领导劳动群众起来”[②]。“在严重的环境之下,又是革命危机的时候,我们要整顿改编自己的队伍,纠正过去严重的错误,而找着新的道路”[③]。不过,要正确地指明新方向、制定新策略、找着新道路,这需要有一个摸索的过程,一个在集体奋斗的基础上逐步积累经验的过程。在这个过程中,党的工作中发生这样那样的错误,党的队伍中对一些问题在认识上存在这样那样的分歧,是难以避免的。

还必须看到,正像一支打了败仗的军队,内部不免产生思想混乱一样,大革命失败以后的一个时期内,中国共产党的队伍中也产生过类似的情况。以陈独秀为代表的一部分在大革命后期犯右倾错误的人们,由于对革命前途悲观失望,而逐渐地走向了取消主义。另一方面,由于对国民党屠杀政策的仇恨和对陈独秀右倾错误的愤怒而加强起来的小资产阶级急性病也反映到党内,使党内一部分人的“左”倾情绪也很快地发展了起来。1927 年年底 1928 年年初,1930 年 6 月至 9 月,1931 年至 1934 年,“左”倾冒险主义三次在党中央领导机关占据了统治地位,给中国革命事业造成了严重的危害,其中尤以 1931 年至 1934 年的王明“左”倾教条主义为害最烈。

年轻的中国共产党作为一个以马克思主义武装起来的无产阶级革命政党,始终忠诚于中国人民的解放事业,在黑暗中国的夜空独力高举起革命的旗帜。它是在领导人民进行艰苦卓绝的斗争中,通过总结正反两方面的经验、纠正工作

---

① 朱洪:《中共首任总书记陈独秀》,当代中国出版社 2011 年版,第 368 页。

② 《中共中央文件选集》第 3 册,中共中央党校出版社 1989 年版,第 298 页。

③ 《中共中央文件选集》第 3 册,中共中央党校出版社 1989 年版,第 290 页。

中的缺点和错误、不断加强自身建设，而逐步地走向政治上的成熟的。

（一）大革命失败后的"左"倾盲动主义

1."左"倾错误的最初表现

八七会议确定了土地革命和武装反抗国民党统治的总方针；选举产生了临时中央政治局。1927年8月9日，临时中央政治局召开第一次会议，通过共产国际代表提出的名单，以瞿秋白、苏兆征、李维汉三人组成常务委员会。会议决定由瞿秋白兼管农委、宣传部并任党报总编辑，李维汉兼管组织部、秘书厅，苏兆征兼管工委，周恩来负责军事部，杨之华负责妇女部，顾顺章负责交通局，郑超麟暂时负责出版局。实际上，瞿秋白成了中央的负责人。李维汉回忆说："为什么大家都推选瞿秋白同志负责？"这是因为"从实际情况来看，秋白在当时是比较合适的人选"。"建党初期秋白即在中央担任宣传和理论方面的负责工作，积极宣传马克思主义和党的政治主张，对中国革命和党的建设有贡献。在陈独秀推行投降主义时，他曾进行过抵制"。"由于瞿秋白同志的理论水平比较高，无论是反对戴季陶主义，还是反对陈独秀投降主义，他的旗帜都比较鲜明。所以陈独秀的总书记职务被撤销以后，大家很自然地就推选了他"。① 当时他28岁。

面对险恶的环境，以瞿秋白为首的中共中央为团结党的队伍、坚持和复兴中国革命，进行了紧张、艰苦的工作。9月底至10月上旬，中共中央机关陆续由武汉迁往上海，这"主要是因为上海的革命力量比武汉强，同时也比较容易隐蔽"②。

中共中央在由武汉迁往上海前后，主要做了以下几个方面的工作：

第一，通过各种秘密渠道迅速向党的各级组织传达八七会议的决议，振奋全党同志的精神，坚持革命斗争。

七一五反革命政变以后，党的队伍一度发生严重的混乱。"武汉许多同志公开宣布脱离党，人数一天天增加，初则一个一个的登报脱离，继则一批一批。这时可见党的崩坏非常之快，因为这时党在政治上没有出路。脱离党的事不但是在武汉，就是在各地方如广东、上海都是这样"。八七会议的精神传达之后，这种情况得到了扭转。李立三指出，这是因为，"'八七'会议政治上使党有新的出路，组织上使党有新的生命"③。蔡和森也指出，"我们绝对不要忘记'八七'以后之伟大的效果，北方有好些同志说：'假若新方针迟来一月，我们都散了。'

① 李维汉：《回忆与研究》（上），中共党史资料出版社1986年版，第165页。

② 李维汉：《回忆与研究》（上），中共党史资料出版社1986年版，第172页。

③ 李立三：《党史报告》，1930年2月1日。

这不仅北方为然,全国莫不如此,尤其在两湖、上海及广东。我们仗着新方针,不仅挽回了工农群众的恐慌和悲观,而且兴奋了广大范围内几百几千万的群众",并且"重新团结了党员群众"①。

第二,恢复、整顿或重建党的各级组织,建立党的秘密组织系统和工作机关,组织全国的秘密交通网,使党得以作为一个严密的整体重新有力地领导人民进行革命斗争。

根据八七会议关于要"造成坚固的能奋斗的秘密机关"的决定,中共中央在全党散乱之际和在遭受严重的白色恐怖高压的情况下,进行了极其艰苦的组织工作。

临时政治局第一次会议在选举常委会、确定中央机关各部门负责人之后,还就北方、南方工作问题和湖南问题作出了决定。会议决定派蔡和森、王荷波去北方,与刘伯庄、彭述之等组成中共中央北方局,以王荷波为书记,蔡和森为秘书,"管理顺直(按:今河北省)、山东、满洲、山西及内蒙古各党部";决定派张太雷去广州任广东省委书记,后又"请派(周)恩来、(张)太雷、彭湃、陈权、(恽)代英、黄平、(张)国焘为中央之南方局,以(张)国焘为书记,并在南方局之下组织一军事委员会,以(周)恩来为主任,管理广东、广西、闽南及南洋一带特支。(周)恩来等未到前,由(张)太雷、杨殷、黄平组织临时的南方局";决定改组湖南省委,吸收与群众接近的人加入,由毛泽东、彭公达与湖南省委商选新省委名单报中央,以彭公达为新省委书记。中央机关迁往上海后,为加强对长江流域各省党的工作的领导,又成立了长江局,管辖并指挥湖北、湖南、河南、江西、四川、安徽、陕西七省党的工作。它"不是中央在上列七省的通讯机关而是代表中央职权,指挥上列七省的革命运动与党务"②。罗亦农为长江局书记兼所辖各省军事特派员,易礼容为秘书长,蔡振德为秘书。

中共中央指出,"我党必须深切的认明:下极大的决心,重造我们的党","然后才能担负起现时所负的重大使命"。③ 各中央局成立后,先后派人巡视各地,实际指导各地党的工作,注意培养党的干部和从党员群众中提拔负责人,积极带领党员和群众进行反对国民党反动统治的斗争。

第三,贯彻八七会议关于土地革命和武装反抗国民党的总方针,发动和组织农民举行秋收起义,并在斗争中提出了建立工农民主政权这一中心任务。

中共中央指出:"党应当在过去指导的错误中学习。党应当明了,他的力量

① 蔡和森:《党的机会主义史》,1927 年 9 月。

② 《中共中央文件选集》第 3 册,中共中央党校出版社 1989 年版,第 376 页。

③ 《中共中央文件选集》第 3 册,中共中央党校出版社 1989 年版,第 405 页。

与他的将来,建筑在工农群众的身上,在他们的力量与他们的组织上面。”①正是由于坚决地依靠了工农特别是农民群众,即使在资产阶级叛变的情况下,党领导的革命力量还是得到了保存并逐步地重新生长了起来。

瞿秋白在中共六大的报告中指出:“武汉反动以后,革命势力的进展有自己的三个时期:第一时期是反攻之中整顿革命队伍的时期,第二时期是无产阶级开始领导革命农民进攻的时期,第三时期是革命与反革命进于长期激战的时期,而革命势力的进取虽然是极曲折极艰苦的胜败更迭的,然而却是自信的稳定的准确的。第一时期,可以说从南昌暴动到贺、叶失败,第二时期是广州十二月暴动,第三时期是广州暴动之后。”②在这期间,1927 年 9 月 17 日,中央政治局曾通过决定,取消左派国民党运动与在其旗帜下执行暴动的计划,强调今后“不仅要宣传苏维埃的思想”,而且在条件具备时“应成立苏维埃”。(“苏维埃”一词是从俄文音译过来的,原意为代表会议。这里所说的苏维埃政权,是指议行合一的工农民主政权;只是这个外国名词不易为中国老百姓所了解。)中国的人民革命,进入了为建立无产阶级领导下的工农民主政权而斗争的阶段。

党着重领导了农民的武装起义,同时也积极开展了工人运动、学生运动、妇女运动等。在这个过程中,中共中央认识到,“因为中国各省的情形大不相同,因为没有集权的政府,所以中国共产党不能预定一个时期举行全国的暴动,以推翻中央政府来决定暴动的胜负”③;中央对农村斗争的意义的认识也进一步提高,并开始形成可以在农村实行割据的思想。比如《中央对于长江局的任务决议案》(1927 年 10 月)就讲道:“依两湖农民暴动的形势,某几县的农民可握得某几县的政权,以发展各地的农民暴动。”④

从上面的情况可以说明,在 1927 年革命失败以后的党的危难时刻,以瞿秋白为首的中共中央是进行了卓有成效的工作的。

在中国共产党内,中央当时着重清算了右倾错误的影响,这是完全必要的,不如此,就不能振奋党员的革命意志,坚持革命旗帜;但是,党在反右时没有注意防“左”,对当时党内的某些“左”的理论观点和正在滋长的“左”的偏激情绪缺少应有的警觉,未能进行正确的引导。其结果是,右的错误倾向基本上被纠正了,这自然是一个很大的成绩;但与此同时,“左”的错误倾向却开始发展起来了,这在随后不久就成为党的工作中的一个严重的问题。

---

① 《中共中央文件选集》第 3 册,中共中央党校出版社 1989 年版,第 279 页。
② 《瞿秋白文集·政治理论编》第 5 卷,人民出版社 1995 年版,第 444 页。
③ 《中共中央文件选集》第 3 册,中共中央党校出版社 1989 年版,第 334 页。
④ 《中共中央文件选集》第 3 册,中共中央党校出版社 1989 年版,第 376 页。

这种“左”的错误倾向最初的主要表现是：

第一，认为民族资产阶级已经“成为反革命之最积极的动力之一”①，强调中国反帝反封建的资产阶级民主革命“必须实现于反对已成反革命的资产阶级之斗争之中”②；由此也就产生了在某些方面混淆了民主革命与社会主义革命的界限的思想，认为在中国的“资产阶级的民权主义革命，与社会主义革命之间，并没有截然分为两段的界线”③，认为从民主革命到社会主义革命的“转变始终将要是一个无间断的过程”④。由此出发，在实际工作中主张实行某些超阶段的“左”的政策。如强调“如果无产阶级及农民，怕超过资本主义式的关系，怕进于社会主义式的道路，那么，就是民权革命也不能得到胜利的完成”⑤。中央在致广东省委函中，甚至认为省委关于“肯定小商人的选举权利”和“不没收工厂作坊”的主张都是“不正确的”⑥；中央并发出通告，主张实行土地国有，禁止土地买卖，主张不仅“要没收中外大企业及银行”，而且“对小企业手工工厂等厉行彻底的劳动法，对于不遵劳动法的店东厂主严厉的处置，一直到没收”⑦等。

第二，对革命的形势作了过分的估量，认为“革命又确定在高涨之中”⑧，“革命之重新高涨，不但在最近期内是可能的，而且是不可免的”⑨。由此出发，制定了若干盲动主义的政策。比如，无视城市中反革命力量强大的实际情况，主张“注意于武装工人及其暴动巷战等军事训练，即刻准备能响应乡村农民的暴动”，推翻反革命政权，建立革命平民的民权的城市政权，并对地方工农武装“避免正面战斗”，“在乡村中迂回作战”，而不去夺取城市提出严厉的批评⑩；不讲究策略，主张实行“红色恐怖”，笼统地提出“大批杀土豪劣绅政府官吏及一切反革命派”的口号，并且主张在土地革命中，凡“不耕田而坐着吃田租的地主，都不准有田”⑪。这类盲动主义的错误，在党的工作中是有反映的。比如，河南省委在1927年9月4日写信向中央反映，当时党的工作无形中停顿，党的组织非常薄弱，“在农民中，没有我们的基础”，“工人对政治非常冷淡”。中央却于9月24

---

① 《中共中央文件选集》第3册，中共中央党校出版社1989年版，第327页。

② 《中共中央文件选集》第3册，中共中央党校出版社1989年版，第258页。

③ 《中共中央文件选集》第3册，中共中央党校出版社1989年版，第338页。

④ 《中共中央文件选集》第3册，中共中央党校出版社1989年版，第331页。

⑤ 《中共中央文件选集》第3册，中共中央党校出版社1989年版，第331页。

⑥ 《中共中央文件选集》第3册，中共中央党校出版社1989年版，第373页。

⑦ 《中共中央文件选集》第3册，中共中央党校出版社1989年版，第403页。

⑧ 《中共中央文件选集》第3册，中共中央党校出版社1989年版，第338页。

⑨ 《中共中央文件选集》第3册，中共中央党校出版社1989年版，第332页。

⑩ 《中共中央文件选集》第3册，中共中央党校出版社1989年版，第300~301、373页。

⑪ 《中共中央文件选集》第3册，中共中央党校出版社1989年版，第374、384页。

日指示河南省委说:“河南现时客观情形,一面反动统治不能稳定,一面工农革命情绪又很高,尤其是农民武装暴动,差不多继续不断普遍于全省。正是我们党从各方面领导工农劳苦民众实现这个总目标的好机会。”①这种指示,显然是脱离实际的,带有盲动主义的影响。

这些“左”的错误倾向的滋长,同共产国际代表罗米那兹有直接关系。

罗米那兹是共产国际派到中国来接替罗易和鲍罗廷的工作的。他于1927年7月23日到达武汉后,在推动中共中央召开紧急会议、清算陈独秀右倾错误、确定新方针方面,起过积极作用;但他的“左”倾思想对中共中央产生了消极的影响。他在八七会议上的报告和总结中即说过,“中国资产阶级在一定阶段中他是革命的,现在已经反动了”,所以我们“应坚决的反对资产阶级”;并且强调要“选出工人同志来领导”,片面地认为“指导党的工农分子是很少的”,“因此党发生许多奇怪的理论”,等等。

作为一个在政治上成熟的马克思主义政党,应当在错误倾向开始冒头的时候,就及时提起警觉并采取措施加以遏制和纠正。年轻的中国共产党在当时还缺乏这种自觉,还不懂得在克服一种倾向时必须防止发生另一种倾向。这样,随着党内“左”倾情绪的滋长和“左”的倾向的发展,在1927年末和1928年初,“左”倾盲动主义错误终于第一次在中共中央的领导机关中占据了统治地位。

2. 1927年11月中共中央临时政治局扩大会议决议

为了总结八七会议以来党在各方面的工作和斗争,对工作和斗争中暴露出来的问题进行一番“整理”,并对今后的政策和组织作出“新的决定”,1927年10月,瞿秋白与其他常委研究后,决定在上海召开政治局扩大会议。11月1日,中共中央常委开会,着重讨论了这个会议的准备问题。据当时的常委李维汉回忆:在这次常委会上,“关于当前的革命潮流是高涨还是低落的问题,秋白同志说,中国革命潮流仍是高涨的。当时我也说,中国革命潮流高涨的形势,此时已比八七紧急会议时还要明显。农民的暴动简直出乎我们的意料之外。农民暴动已显然走到土地革命的阶段。目前中国革命,客观条件上可以综合各地的暴动发展成一个总的暴动”。“会上我还提出这次紧急会议对于组织问题要下一决心,坚决地改造党,撤换一般知识分子的领导,提拔工农分子等。对于这个问题,秋白也说:党的组织是一个非常严重的问题,一定要坚决地提拔工人分子,党不但灵魂要换,而且躯壳都要换过。凡旧的同志稍微不好的即请他自己去找职业。现在看来,秋白和我的这些意见,特别是我自己的意见,都是错误的,其中也都有国

① 李维汉:《回忆与研究》(上),中共党史资料出版社1986年版,第179~180页。

际代表的影响。这次会议,为在十一月扩大会议上形成'左'倾盲动主义作了准备"①。

1927 年 11 月 9 日、10 日,中共中央临时政治局扩大会议在上海召开。出席会议的,有政治局委员,中央指令出席的政治局候补委员和重要省委、中央分局的代表,包括瞿秋白、苏兆征、罗迈(李维汉)、任弼时、顾顺章、罗亦农、向忠发、周恩来、张太雷、李立三、邓中夏、蔡和森、任旭等人以及共产国际驻华代表罗米那兹。瞿秋白主持了这次会议。会议通过了《中国现状和共产党的任务决议案》。"按十一月一日中央常委会上的决定,这个《决议案》是罗米那兹起草的"②。这个决议案的通过,标志着"左"倾盲动主义(冒险主义)在党中央的领导机关内取得了统治地位。

在这个决议案被通过之后,瞿秋白曾发表《中国革命是什么样的革命?》(1927 年 11 月 16 日)、《中国革命中无产阶级的策略》(1927 年 11 月)、《武装暴动的问题》(1927 年 12 月 10 日)、《中国革命低落吗?》(1928 年 2 月 15 日)等文章,对有关问题进行了论述。下面根据决议案及瞿秋白的有关文章,对"左"倾盲动主义在政治上的错误作一些分析。

第一,关于革命性质和党对资产阶级、小资产阶级的政策。

决议案认为,中国革命"简直还没有开始其民权主义任务的解决",所以它仍然是资产阶级民主革命。"十一月会议时,只有彭述之提出革命是社会主义的革命,中央并未采纳"。③

瞿秋白指出,"国民党是背叛革命,并未完成革命,而且还是取消国民革命已得的胜利,帮助着统治势力的复辟。'第一次'革命并没有完成而是中断,根本上无所谓'第二次'的革命",即根本上不可能"从此开始了第二次的纯粹的社会主义革命"④。他曾撰文批评《布尔塞维克》第 11 期社论《苏维埃政权万岁!》中所谓"中国的苏维埃已经是无产阶级独裁制"⑤的观点,指出中国的苏维埃"可以是"、"而且必定是工农革命民权独裁制的表演"。而"中国革命之所以是资产阶级民权主义的,最主要的是因为他的现时客观上的任务是要解决土地问

① 李维汉:《回忆与研究》(上),中共党史资料出版社 1986 年版,第 181 页。

② 李维汉:《回忆与研究》(上),中共党史资料出版社 1986 年版,第 183 页。《瞿秋白文集·政治理论编》第 5 卷收录了这个决议案的全文,并在该文题解中说:"瞿秋白主持会议,并根据共产国际代表罗米那兹的意见起草《中国现状与共产党的任务决议案》,又称《1927 年 11 月中共中央临时政治局扩大会决议》。会议原则上通过,中央常委会 14 日会修改审定。"(见该书第 85 页)此处采用李维汉的说法。这个题解虽然认为决议的起草人是瞿秋白,但也指出决议的主要思想是从罗米那兹那里来的。

③ 《瞿秋白文集·政治理论编》第 5 卷,人民出版社 1995 年版,第 595 ~ 596 页。

④ 《瞿秋白文集·政治理论编》第 5 卷,人民出版社 1995 年版,第 677 页。

⑤ 此文系该刊编辑郑超麟所写,未经编辑部主任瞿秋白审阅。

题——土地革命根本就是肃清资本主义前期的封建式的社会关系和生产关系”①。

这些论述,是对大革命时期陈独秀等人的“二次革命论”的批判和否定,更是对他们在大革命失败后认为民主革命已经完成,今后将直接进行社会主义革命的观点的批判和否定,是正确的。

但中央当时对中国革命性质的判断上也有严重的错误。决议认为,“中国革命带着长期的性质,但是是无间断的性质”。“中国革命进展的过程中决不能有民权革命自告一段落的局势(所谓二次革命的理论)”;“现在的革命斗争,已经必然要超越民权主义的范围而急速的进展;中国革命的进程,必然要彻底解决民权主义任务而急转直下的进于社会主义的道路”。这种认为“现在的革命斗争”就“要超越民权主义的范围”的观点,在一定程度上混淆了民主革命与社会主义革命的界限,是犯了超越革命阶段的“左”的错误了。

这个错误的发生,是同党对民族资产阶级的地位与作用的不正确认识直接联系在一起的。

还在1927年4—5月中共五大时,党即曾根据共产国际执委会第七次会议关于中国革命的三阶段说,②认为当时中国的民族资产阶级已经退出革命,中国革命的动力只是工人、农民和小资产阶级了。大革命失败后,民族资产阶级果然退出革命而附和了大资产阶级的反动,这个事实似乎对共产国际上述论断作出了进一步的证明。因此,当时的中国共产党便认定,中国的民主革命只能是、也必须是在反资产阶级中进行了。党还不善于将反革命的大资产阶级与民族资产阶级加以区别;还不懂得国民党政权并不是民族资产阶级的政权而是大地主大资产阶级的政权,民族资产阶级在政治上仍然是受压迫的,民族资本主义经济的发展仍然是受束缚的;党决不能因为这个阶级中的不少分子在一个时期内附和了蒋介石的反动这一点,就认为那个时期我们在政治上不应当争取他们,在经济上不应当保护他们,而应当对他们采取打击乃至消灭的政策。③

决议案认为,“中国民族资产阶级完完全全投降了外国资本”,“绝对的背叛了民族解放运动”,并且建立了“与军阀地主的联盟”,因此,工人阶级就不能不

① 《瞿秋白文集·政治理论编》第5卷,人民出版社1995年版,第232页。

② 共产国际认为,中国革命将经历三个阶段:在第一阶段上,民族资产阶级和资产阶级知识分子是最重要的动力之一;在第二阶段上,工人阶级作为首要的政治因素出现在中国舞台上;在第三阶段上,资产阶级将脱离革命或企图反革命,中国革命的动力只是“无产阶级、农民和小资产阶级的革命联盟”。参见《共产国际有关中国革命的文献资料》第1辑,中国社会科学出版社1981年版,第277、279页。

③ 参见毛泽东:《关于民族资产阶级和开明绅士问题》(1948年3月1日),《毛泽东选集》第4卷,人民出版社1991年版,第1289页。

领导着农民根本推翻中国的资产阶级。对此，瞿秋白进一步解释说，“因为中国资产阶级根本上与剥削农民的豪绅地主相联结相混和”，“中国革命要推翻豪绅地主阶级，便不能不同时推翻资产阶级”；“何况工人阶级自身既是革命的领袖阶级，他便不能不在革命斗争之中，力争自身利益的保障，反对资本主义的剥削”。

上述观点的问题在于：第一，混同了中国资产阶级的两部分，即买办性的大资产阶级和民族资产阶级，不了解前者是反革命的，后者具有两重性；第二，不了解中国民族资产阶级虽然同帝国主义、封建主义有千丝万缕的联系，但它“没有地主阶级那样多的封建性，没有买办阶级那样多的买办性”①；它虽然同封建的土地所有制关系较多，但仍然受到军阀官僚政府的压迫；它在一定条件下还是会发生动摇，即有可能从反动营垒中分离出来而对革命采取中立乃至参加态度的；第三，不了解反帝反封建的民主革命从根本上是符合中国工人阶级的利益的，无条件地反对一般资本主义，不是党在民主革命阶段的任务，如果这样做，将不利于孤立和集中力量打击当前的主要敌人。

基于对革命性质和资产阶级状况的上述认识，瞿秋白在11月会议后不久所写的文章中认为，“革命的无产阶级之策略，自然只有坚决的联合广大的农民群众，尤其是贫农，联合极广大的兵士苦力贫民的群众，起来取得政权，绝无犹豫的与已经背叛革命而动摇畏缩的上层小资产阶级奋斗，勇猛地推翻豪绅资产阶级与帝国主义的统治”。他甚至认为，中国的小资产阶级“在现时亦已经不是革命的力量，而是革命的障碍”，而希望小资产阶级作为革命的动力，“这都是使机会主义发源的幻想”。与这种认识相联系，决议案曾提出“工厂归工人管”，“如果小厂主怠工闭厂，便也没收他的工厂”等口号。这种把民族资产阶级当做主要打击对象之一和反对争取小资产阶级加入革命阵线的策略路线和政策，显然是过左的，是于革命的发展有害的。

瞿秋白曾经明确地讲过：“各县各省的工农兵暴动，在苏维埃旗帜之下初步胜利的时候，客观上自然不会一开始便有直接的社会主义任务。”“必须苏维埃革命在全中国，或者极大范围以内胜利，有着巨大的无产阶级中心，然后中国革命才能从这一苏维埃的工农革命过于社会主义的革命”②。应当承认，认为只有民主革命取得全国胜利中国才能进入社会主义革命阶段，这在原则上是正确的，是为后来中国革命的实践所证明了的。这个提法，同后来李立三、王明等所说的“一省数省首先胜利即是向社会主义革命转变的开始”并不相同。当时党在革

① 《毛泽东选集》第1卷，人民出版社1991年版，第145页。

② 《瞿秋白文集·政治理论编》第5卷，人民出版社1995年版，第233～234页。

命性质问题上所犯的错误，主要是：第一，认为“决不能有民权革命自告一段落的局势”，即否认民主革命的长期性；第二，认为为了解决民主革命的任务也“必然要超出民权主义的范围”，特别是要一般地反对资产阶级。

第二，关于革命形势的估量。

决议认为，“革命潮流的低落条件，至少是：(一)资产阶级军阀统治的稳定；(二)改良主义的渐次实行；(三)革命群众之溃散与消沉”。而事实上，国民党无法稳定自己的统治，改良主义也号召不了群众，而群众已经开始了武装暴动。据此，决议强调，“现时全中国的状况是直接革命的形势”。固然，“直接革命的形势之时期，并非几个星期或几个月的事，而是好几年的事。中国革命带着长期的性质，但是是无间断的性质”。许多地方“农民暴动的高涨”，证明了这一点。瞿秋白也断言：“中国革命无疑的是在高涨。”他认为，“一般民众的出路，是只有武装暴动，夺取政权”。而武装暴动本身正是表明，“阶级斗争已经到最剧烈最残酷的形式”①。

中共中央强调，国民党的统治不能解决引起中国革命的社会矛盾，中国社会处于深刻的危机之中。只有革命才能为中国指明出路，因此，革命不仅不会被消灭，而且将不可避免地走向高潮；据此，中央强调，“悲观的观念是绝对不正确的”，“必须继续扩大深入革命的斗争，并且要坚决的采取组织工农武装暴动的政策”。以上这些，无疑是正确的，在革命处于困难的时刻，指明这些，尤其具有积极的意义。

但是，当时的实际情况是，反革命的力量大大超过了有组织的革命力量，中国革命暂时处于低潮时期。在第一线指导斗争的毛泽东在回顾当时的形势时就说过：“我们一年来转移各地，深感全国革命潮流的低落。”但中央蛰居于大城市，对斗争实际缺少切实的感受。他们不懂得，武装斗争固然是阶级斗争的最高形式，在资本主义国家是只有在革命高潮中才能发动武装暴动的；可是在半殖民地半封建的中国，当时的武装暴动乃是革命力量为了求得生存而对于国民党残暴统治所作的反抗，它并不就是革命潮流高涨的标志。他们据此认定，中国革命仍在不断的高涨，显然是不符合实际的、不正确的。按照对于革命形势的不恰当的估计，在制定行动方针时犯冒险主义、盲动主义的错误，也就成为难以避免的事了。

第三，关于党在“现时的总策略”。

决议根据对于中国革命形势的估量，认为“现时形势之下中国共产党的总策略，便是：(一)努力使群众自发的革命斗争得到有最高限度的组织的性质；

① 《瞿秋白文集·政治理论编》第5卷，人民出版社1995年版，第327、315页。

(二)努力使互相隔离零散的农民暴动,形成尽可能大范围内的农民总暴动;(三)努力保证工人阶级的爆发与农民暴动互相赞助互相联络"。"现在虽还没有到总暴动的时机,而党的任务却正在于努力鼓动各地城乡革命的高潮,创造总暴动的局面。"

考虑到前一时期一些地方党内的盲动主义造成的损失,决议在对这个总策略进行论述时,曾经指出,党"应当避免过早的明知无希望的武装暴动的发动,那是会变成拼命的'孤注'的";还曾经指出,如果农民暴动"事实上,不能估量到较大范围内的胜利,那么,党应当使这种暴动采取游击式的战争(不去占领县城或巨大的地域,长久的时期,不去费力建立大规模的军队等等,而以人数虽少却是团结巩固的暴动军,经常不断的袭击政府的军队和地主的武装)";等等。这些意见,大致上也是正确的。但是,决议案提出的总策略,从总的方面来说,还是具有盲动主义的性质。因为,第一,决议案主张以发动较大范围的总暴动为党的基本任务,这是脱离当时中国的实际的。事实上,当时的农民暴动也只能在军队的帮助下在小范围内进行,不可能像决议要求的那样,"达到在较大的范围内夺取政权"的胜利。第二,决议强调"城市工人的暴动是革命的胜利在巨大暴动内得以巩固而发展的先决条件",认为"城市工人暴动之发动是非常之重要;轻视城市工人,仅仅当作一种响应农民的力量,是很错误的";党应当努力领导工人斗争直到组织他们暴动,以便"使暴动的城市成为自发的农民暴动的中心及指导者"。事实上,当时的城市多数为强大的反革命力量所占领,发动工人暴动的条件一般是不具备的,而要在工人暴动之后对中心城市实行长期的牢固的占领更是不可能的。

李维汉后来在回顾当时的情况时指出:这个"'总策略'的核心便是武装暴动,是农村暴动与城市暴动的汇合,是以工人暴动为'中心'和'指导者'的城乡武装暴动。这种暴动的推行者并不认识在农村实行'工农武装割据'的重要性,而是强求城市工人暴动,搞的是城市中心论,而对农民暴动的估计,也是盲目乐观,以为很容易发动成为巨大的农民暴动,甚至农民总暴动"。因此,这是"当时党的盲动主义策略总方针"。①

第四,关于党的组织路线。

1927 年 11 月中共中央政治局扩大会议在组织问题上也犯了错误,主要是实行盲目排斥知识分子、提倡党的干部工人化的政策和惩办主义的过火斗争。

会议通过的由瞿秋白起草的《最近组织问题的重要任务议决案》认为,"中国共产党在组织上的主要缺点"之一,"就是本党领导干部并非工人,甚至于非

---

① 李维汉:《回忆与研究》(上),中共党史资料出版社 1986 年版,第 190、188 页。

贫农而是小资产阶级智识分子的代表”。“这种组织成分，就是武汉反动以前本党政策机会主义半孟塞维克主义的策源地”。八七会议以来党的方针“往往在各地并不执行，谬解而成机会主义的实际行动，这是因为实行这些决议的分子，仍旧是那些小资产阶级的机会主义代表的旧干部”。“因此而得的结论，自然便是：中国共产党最重要的组织任务是——将工农分子的新干部替换非无产阶级的知识分子之干部”。当然，决议也说，“这并不是说对于一切非工农的分子竟全不给工作，或者完全开除出党”，但是强调，“要使党的指导干部之中无产阶级及贫民的成份占多数”。

应当指出，决议案把党犯错误的根源，归结为党的干部没有工农化，是不恰当的。事实上，正如毛泽东后来所说，大革命时期的党“终究还是幼年的党”，它还缺乏革命的经验，对于马克思列宁主义的理论和中国革命的实践还没有完整的统一的了解，“因此，党的领导机关中占统治地位的成分，在这一阶段的末期，在这一阶段的紧要关头中，没有能够领导全党巩固革命的胜利，受了资产阶级的欺骗，而使革命遭到失败”①。在当时的情况下，即使党的领导机关中工农成分占了主要地位，也还是难免要犯错误的。至于八七会议以后党的工作，正如李维汉后来所说，当时就有盲动主义倾向，而“盲动主义政策到头来是行不通的，要碰得头破血流的。在地方上直接领导暴动的干部，当然首先要受到惩罚，也就是知识分子干部首先要受到惩罚。但责任应当主要在中央，不能简单归罪于许多在地方上担任领导工作的知识分子，更不能指责他们为‘机会主义代表的旧干部’”②。

固然，“在第一次国内革命战争时期，中央和地方领导机关的负责干部大多数确实是知识分子出身，他们中间的确有许多人在思想上、政治上、组织上、作风上，或多或少或大或小还带着一些小资产阶级的尾巴，在一定的意义上可以说是党内产生右倾机会主义的阶级根源之一。有不少人，在大革命失败后的紧急关头消极了，逃跑了，甚至叛变了。”正视上述事实是必要的，对于加强党的建设是有意义的。但据此对当时知识分子出身的干部采取近乎“一刀切”的否定，那就是错误的。“事实上，在党的第一代知识分子出身的领导干部中，有相当一部分人参加过工人运动和农民运动，他们同工农相结合，初步得到了实际锻炼，并在不同程度上学习过马列主义的初步知识，因而在第一次大革命中起了骨干作用”。他们已经不再是原先的小资产阶级知识分子，而成为工人阶级的先进战士了。“大革命失败以后，他们中间的许多人经受了严峻的考验，有些同志牺牲

① 《毛泽东选集》第2卷，人民出版社1991年版，第610页。

② 李维汉：《回忆与研究》（上），中共党史资料出版社1986年版，第193页。

了宝贵的生命，有些还在继续奋斗。由于增长了丰富的经验和（经历了）斗争成败两方面的考验，在当时更成为党的宝贵财富的一部分”。因此，忽视这些革命知识分子的作用，排斥他们参加党的领导工作，是根本不应当的，是对党的事业有严重损害的。

培养和提拔工农干部是党的组织建设上的一项重要任务。在实际斗争中，从工农群众中涌现出来的积极分子和领袖人物，富于革命性，比较了解实际，是党的宝贵财富。党的一批优秀干部，确实是从他们中间成长起来的。但是，工农出身的干部也并不是自发地就会成为坚定的马克思主义者，马克思主义是科学，必须经过学习，才能掌握；他们要能够胜任领导工作，也必须学会运用马克思主义去调查研究周围的情况，在斗争中逐步地积累经验。所以，“这项任务应该是也只能是有计划有步骤地审慎地进行，并且决不能由此而得出用他们去取代一切革命知识分子干部的结论”①。

不从实际出发，片面强调干部工人化，对党的工作造成了消极的后果。周恩来后来讲过：“在‘八七’会议后，就把与机会主义作斗争看成了简单的人事撤换，这种形式主义影响到后来关于领导机关的工人化，把工人干部当作偶像，对知识分子干部不分别看待。那时李立三同志当广东省委书记，曾说：知识分子的作用完了，今后只有依靠工农干部。所以到广州起义失败后，教导团有几百学生退到海陆丰，就没有把他们当干部来使用，而把他们编到第四师去当兵，后来绝大多数在作战中牺牲了。”②瞿秋白本人随后也开始感到这项工作中确实存在一些问题。他在中共六大上指出，“工学界限”，“北方闹得最大，以前在党部同志，都换成了工人同志”。“机械式的改组是各地自己引进工人之后，请他当菩萨，而不去帮助这种新的指导者”。“在组织上，广东、山东均有过错误的倾向，如山东不给十元以上工资的工人入党；广东排斥知识分子的理论……这些错误，不论是在指导机关或在同志之中，都是应当纠正的”。他强调，“此后决不可偏向于反智识分子的‘马哈叶夫主义’”。③

组织上的惩办主义，突出地表现在由罗米那兹提出、经会议通过的《政治纪律决议案》中。决议案决定处理的共十案，其中被指责为“暴动区域党部指导机关犯了严重错误”的有包括南昌起义、湖南秋收起义负责人在内的四案。

决议案指责南昌起义前委“因袭着军事投机的遗毒，不信赖群众力量，没有

① 李维汉：《回忆与研究》（上），中共党史资料出版社 1986 年版，第 193 ~ 194 页。

② 《周恩来选集》上卷，人民出版社 1980 年版，第 180 ~ 181 页。

③ 《瞿秋白文集·政治理论编》第 5 卷，人民出版社 1995 年版，第 567 ~ 568、617 页。马哈叶夫，又译马海斯基，俄籍波兰社会理论家和革命者，曾制定一套独特的工人运动理论，称马哈衣主义，其主要倾向为排斥革命理论、排斥知识分子。

发动农民创造真正工农民众政权的决心，完全是一次软弱的军事投机的尝试，违背中央政策的行动”，据此决定对以周恩来为书记的前委全体成员给以警告处分。决议案指责湖南省委对于秋收暴动的指导“完全违背中央策略”，是“单纯军事行动”，没有提出土地革命的政纲，“没有执行屠杀土豪劣绅的策略”，据此决定撤销彭公达、毛泽东、易礼容、夏明翰省委委员资格，彭公达“开除其中央政治局候补委员资格，并留党察看半年”，毛泽东对省委的错误“应负严重的责任，应予开除中央临时政治局候补委员”。

南昌起义打响了武装反对国民党反动派的第一枪，在全国人民面前树立起了一面鲜明的革命武装斗争的旗帜，虽然失败，其历史意义是巨大的。秋收起义发动之后虽遭挫折，但起义部队上了井冈山，开始工农武装割据，更有着伟大的历史意义。彭公达和省委两次停止计划中的长沙暴动，毛泽东不率部队进攻长沙而向南退却，这些都是从实际出发所作的处置，是正确的。会议对起义的积极作用不作充分的估计，对起义领导人进行片面的指责，是不恰当的。

在大革命失败后的艰苦、复杂的环境中如何坚持革命、争取革命的胜利，这是一个全新的课题。在探索这个课题答案的过程中，有关的负责人犯这样那样的错误，是难以避免的。“对他们的处理方法，最重要的就应当是总结经验教训，适当进行批评和自我批评，尤其是中央的领导要有自我检查，决不可以把责任都推在地方上”。也就是说，应当重思想教育，不应当重组织处理。会议的做法，恰恰不是这样，而是实行惩办主义。“这种组织上的惩办主义，也是为政治上的盲动主义服务的，同样是盲动主义的组成部分”。①

3. 对“左”倾盲动主义的纠正

根据1927年11月中共中央政治局扩大会议及至11月14日中共中央常委会的决定，中央组织机构进行了局部的调整。中央常委除原有的瞿秋白、苏兆征、罗迈三人外，增补周恩来、罗亦农二人，即扩大至五人。组织局主任由罗亦农担任（兼组织部长）。组织局成立后，取消南方局、北方局和长江局。职工运动委员会主任为苏兆征，秘书为罗章龙。党报委员会总编辑为瞿秋白，秘书为郑超麟。

当月，中共中央负责人制订了《中央工作计划》，规定“目前党在组织上的主要任务为严格的执行最近中央扩大会议的决议使扩大会议决议的精神深入于党员群众中”；中央并决定派人巡视两湖、浙江的工作，布置这几个省的工农暴动的工作。这样，“左”倾盲动主义在实际工作中就有了进一步的发展。

11月18日，中共中央发出第十六号通告，强调现在“已经是工农民众四处自发的奋斗起来，有汇合而成较大范围内的工农总暴动夺取政权之趋势”。在

① 李维汉：《回忆与研究》（上），中共党史资料出版社1986年版，第197页。

这之前,11 月 15 日,中央在致两湖省委信中即认定,“两湖在极短的时期内有造成两湖工农大暴动夺取政权之可能”。为此,“中央特命令两湖省委……创造部分的暴动,汇合而成为总的夺取政权建立工农兵士代表会议的政权的暴动,乡村与城市都应一致的动作与准备”。信件还提出,在城市中,要“杀尽改组委员会委员,工贼,侦探,以及反动的工头”,“尽量发动工人的经济罢工以至总同盟政治罢工”;在乡村中,要“杀尽土豪劣绅,大地主,烧地主的房子”等。“中央这个指示是推行盲动主义的一个典型例子”。

计划中的武汉暴动,实际上没有举行。还在 10 月末,罗亦农起草的《长江局最近政治议决案》即指出,“目前绝非继续总的暴动时期”。因为当时党在武汉只有 600 名党员,可以直接领导的工人群众也只有 300 人,凭这个力量,要夺取武汉是不可能的。但共青团湖北省委一部分人要求党立即下令举行罢工和实行红色恐怖等。党的湖北省委为“避机会主义之嫌”,决定于 11 月 13 日上午武汉三镇举行总同盟罢工,下午集中群众攻益友街。“但群众的情形实际上还是不能暴动,因此直到十五日,武汉三镇罢工的很少”。

11 月 24 日,党的湖南省委发出为“开始夺取全省政权之总的暴动”的总动员通知。省委确定 12 月 7 日至 10 日为暴动日期。但直至 9 日,长沙并未罢工。10 日中午,铁路工人才开始罢工;晚,省委组织 200 人的敢死队,进攻电灯公司、军事厅和卫戍司令部。当即遭到当局派来的一个师的军队镇压,暴动遂告失败。

由于推行盲动主义不断遭受损失,中共中央决定派罗迈(李维汉)到两湖去,“停止两湖同时搞阴历年关总暴动”。中央在给罗迈和两湖省委的信中指出,“无论湖南湖北那一省举行全省总暴动,在主观上必须要有中心城市的群众工作做得很好,中心城市附近各县的农民群众普遍的起来,对于暴动均有相当的认识。各外县的农民必须要有许多县份造成割据的局面,全省都在暴动的恐怖与骚扰中,有确实把握的比较大的兵士兵变才能举行。”罗迈后来说过,“当时党中央的这些总结性的意见是好的,在暴动问题的认识上比原来提高了一步。这些意见说明,当时秋白等人在暴动问题上犯盲动主义错误,是由于缺少经验,是认识问题。同时,这些意见在事实上阻止了两湖总暴动的再提出。”

不过,中共中央并没有取消湘、鄂、赣三省的暴动计划,而且还提出了在河南组织暴动的问题。只是“暴动计划和部署,与以前大不相同,即是采取分区创造割据,包围中心城市,同时加强城市工作,而不是像以前一样,首先就是要夺取长沙、武汉。对盲动主义的实行来说,这是一大退步,反之,在认识上却是不小的进步”。①

---

① 以上参见李维汉:《回忆与研究》(上),中共党史资料出版社 1986 年版,第 203 ~ 218 页。

由于盲动主义的方针脱离了中国革命的实际,并使党的工作遭受了损失,它在推行过程中曾受到一些地方的党组织的抵制。比如,当时的中共江西省委和河南省委就不怕被戴上"右倾机会主义"的帽子,而以"起义条件不成熟"为理由,否定了下级组织提出的"坚决进攻"的计划。① 毛泽东在领导井冈山的斗争中,更对盲动主义进行过自觉的抵制。

1928 年 2 月 25 日,共产国际执行委员会第九次扩大会议通过了联共(布)代表团斯大林、布哈林和中共代表团向忠发、李震瀛联合提出的《关于中国问题的议决案》。这个议决案对盲动主义提出了批评;但对共产国际和中共党内的"左"倾思想也还没有从根本上进行系统的清算。

这个议决案的主要内容是:

第一,关于中国革命的性质。

决议正确地指出,"中国革命现时的阶段是资产阶级民权革命的阶段"。"认为中国革命现时的阶段已经生长成了社会主义的革命之主张,是不对的。同样,认为中国革命是'无间断革命'(共产国际执委驻中国之代表之主张)也是不对的。要想跳过资产阶级民权革命的阶段同时并认革命为'无间断革命'之倾向,其错误与托洛茨基一九〇五年时的错误相类似。"

不过,决议仍然未能将中国的大资产阶级与民族资产阶级加以区别,而是一般地认定"资产阶级不但进而与封建军阀结合完全的反革命联盟,而且事实上与外国帝国主义者妥协",因而成为反革命的三个主要力量之一。这样,也就不可能从根本上纠正革命性质问题上的"超阶段"论的错误。

第二,关于革命形势。

决议正确地指出,"中国工农广大的革命运动之第一个浪潮……已经过去","现在还没有全国范围的新的群众革命运动之强有力的高潮"。决议还指出,中国革命的特性之一,在于"运动的发展在各省是不平衡的","在城市与乡村之间也是不平衡的"。

决议还正确地批驳了"中国革命已经消灭了"的观点,指出中国革命不可避免地要走向高潮;不过,决议又认为,许多征兆,"都指出革命的高涨","都指出工农革命正走向这种新的高涨"。对于革命形势的这种估量,仍然是过分乐观的,不切实际的。

第三,关于党的策略路线。

决议指出,党的主要的策略路线,是"应当准备革命之新的浪潮之高涨"。因此,"现时党的工作之中心,是在争取几千百万的工农群众"。

① 转引自黄修荣:《共产国际与中国革命关系史》(下),中共中央党校出版社 1980 年版,第 26 页。

决议告诫说,“现在形势之中的最大的危险,就是工农运动的先锋,因为现时形势的不正确估量而过于轻视敌人的力量,可以脱离群众而过于前进,散乱自己的力量,听使敌人得以各个击破”。决议强调,“必须坚决的反对工人阶级之中的盲动主义,反对无准备无组织的城市与乡村中的发动暴动,反对玩弄暴动”;反对职工运动中的恐怖政策和以强迫方法举行罢工,等等。

决议的上述思想基本上是正确的。不过,决议仍然认定,中国革命的高潮,“必须要党起来组织并实行群众的武装暴动之直接的策略任务”,而不懂得这种“群众的武装暴动”的策略并不适合中国的国情,因为在中国,革命的主要斗争形式不能是突发性的武装暴动,而只能是长期的革命战争。决议仍然坚持“城市中心”的观点,认为“这些农民暴动可以变成全国暴动胜利的出发点,只有在他们与无产阶级中心之新的革命高潮相联结的条件之下”。决议强调,党的主要任务“是在准备城市与乡村相配合相适应的发动”,而且是几个邻近省区之间的、广泛范围之内的发动。“因此,必须反对对于游击战争的溺爱,反对沉溺于散乱的不相关联的必致失败的游击战争(这些危险在两湖等处曾经有过)”。这些意见更严重脱离了中国的实际,对于农村斗争的正确坚持是不利的。

共产国际的上述决议大约在 1928 年 3、4 月间传到中国。对此,中共临时中央政治局常委曾专门召开会议进行讨论。“在会上,大家都表示拥护共产国际的决定,并且作了自我批评”。4 月 30 日,中央发出《关于共产国际执委会二月会议中国问题决议案的问题》的第四十四号通告。通告表示中共中央政治局“接受这一议决案之一般方针”,并且认为在最短期间,“必须切实(采取)执行这一议决案必要的具体步骤”。

通告说:“中央政治局向来明白的认清中国革命还是资产阶级的民权革命(土地革命)。”通告肯定,如果把托洛茨基 1905 年的“革命无间断说”移到中国革命上来,显然是不正确的;但又辩护说,中央十一月会议的决议所谓中国革命是无间断的革命,“只是要指出:中国之反对帝国主义豪绅资产阶级统治的‘资产阶级民权革命,是有确定的生长而成社会主义革命的趋势与前途”。对于在这个问题上的错误,中央并没有认识,因此也没有进行自我批评。

通告承认,共产国际决议“指导我们努力继续战胜这些盲动主义以及青年团之先锋主义倾向”,是必要的。但又辩护说,“中央认为自己过去的工作,正是一面与机会主义余毒奋斗,一面即尽自己的力量指正党内各地所表现出来的盲动主义”。对于指导思想上的盲动主义错误,中央并没有认识,因而也没有进行自我批评。

应当承认,在 1928 年年初,盲动主义的执行“在许多地方已经停止”,而在 4

月中央第四十四号通告发出之后，“就在全国范围的实际工作中基本上结束了”①。这次“左”倾错误，从1927年11月到1928年4月，前后持续了不到半年时间。不过，由于共产国际的决议和中共中央的通告对于中国革命问题的“左”倾错误并没有能够从理论上、思想上进行认真的清算，一旦有了适宜的时机和土壤，再度犯类似的这种错误还是难以避免的。

应当怎样看待中共党内这次“左”倾错误的责任呢？李维汉在《对瞿秋白“左”倾盲动主义的回忆与研究》一文中认为，“共产国际及其代表罗米那兹，在帮助我们召开八七会议，结束陈独秀投降主义，确定土地革命和武装反抗国民党反动统治的总方针等方面，是有功绩的”，“但是，他们对盲动主义和惩办主义负有重要责任”，或者说“主要责任”，因为“他们不仅是盲动主义和惩办主义的创造者，而且是强迫推行者”。至于瞿秋白，他是党的著名政治活动家、理论宣传家、才华横溢的文学家和有声望的共产主义战士，在党的历史上，作出过重要的贡献。以他为首的临时中央政治局“受命于危难之际”，“率领广大党员和人民群众英勇奋斗，开辟了中国土地革命战争的新时期”。“他犯过‘左’倾盲动主义的错误”，这个教训应当总结。不过，“当时党还不成熟，秋白还年轻，他主持中央工作期间只有二十八岁，犯错误的时间也只有短短几个月，而且很快就改正了。他犯错误主要是认识问题”。“秋白是一个正派人，他没有野心，能平等待人，愿听取不同意见，能团结同志，不搞宗派主义，事实上，临时中央政治局是一个五湖四海的班子。他的弱点是在接触实际上有点教条主义。临时中央政治局顺从国际代表，他有一定责任。”②应当说，上述评论是客观的、公允的，符合历史实际的。

（二）革命的复兴与李立三的“左”倾冒险主义

1. 中国革命的复兴与共产国际的“左”倾方针

1930年6月至9月，中国共产党内发生了以李立三为代表的“左”倾冒险主义的错误。如果说，1927年年底至1928年年初的“左”倾盲动主义反映了革命失败后，党内许多人因对国民党屠杀政策的仇恨而激起的拼命、蛮干的情绪；那么，这一次则表现了在革命运动走向复兴、客观形势发生有利于革命的变化时，党内“左”的急性病的抬头和冒险主义倾向的发展。

在国际上，从1929年开始，资本主义世界爆发了空前严重的经济危机，一些西方发达资本主义国家的工人运动和人民斗争有了明显的发展，一部分知识分

① 《关于若干历史问题的决议》，《毛泽东选集》第3卷，人民出版社1991年版，第958页。

② 李维汉：《回忆与研究》（上），中共党史资料出版社1986年版，第235、236、237页。

子向往社会主义的倾向迅速增长。在国内,国民党南京政府并没有能够稳定自己的反革命统治,国民党各派新军阀之间连年不断地进行着战争。1930 年 5 月,蒋介石同冯玉祥、阎锡山、李宗仁之间为了消灭异己、扩张实力和争夺中央政权、争夺地盘而爆发了空前规模的中原大战,双方投入的兵力多达 100 万人,给人民带来了深重的灾难,也削弱了反革命自身的力量。这些情况,在客观上为中国革命力量的发展提供了有利的条件。

这时,在中共六大路线的指引下,经过党的中央和地方组织的努力,中国革命运动开始走向复兴。到 1930 年上半年,在江西、福建、安徽、河南、湖北、湖南、广西、广东、陕西等十几个省的边界地区或远离中心城市的偏僻地区建立了大小十几块农村革命根据地,在 300 多个县里有了局部乃至全部的工农民主政权。活动在这些地区的工农红军约达 70 000 人,加上游击队、赤卫队以及其他农民武装,共计 10.4 万人,拥有枪 70 000 支。① “农民游击战和土地革命”成了“当时中国革命的主要特征”。与此同时,城市工人运动也开始走出消沉状态。1928 年,罢工工人约近 40 万,而 1929 年已增至 75 万。起初,罢工多带经济性质,随后,也发生了若干具有政治色彩的罢工。如 1929 年的五一罢工,上海即有 50 000 工人参加。② 在斗争中,共产党的队伍也有了发展。1930 年 1 月,党员增至 65 528 人;9 月的数字,为 12 万人。③ 党员的分布,大部分在农村根据地,也有一小部分在城市。如 1928 年 11 月,江苏全省有党员 1.1 万多,其中工人党员为 2 000 多。④ 据 1929 年 3 月的统计,上海工人中的党员为 800 多人。在这种情况下,如果党能够正确估计和利用当时出现的有利于革命的形势变化,是可以大大地发展中国革命的力量的。不过,由于国民党拥有全国政权,掌握着 200 余万军队,相当牢固地控制着中心城市和交通要道,并且得到国际帝国主义势力的支持,反革命的力量超过有组织的革命力量这一基本情况并没有改变,夺取中心城市、进行革命与反革命决战的时机远远没有到来。党仍然应当主要地在反革命统治比较薄弱的农村区域积蓄和锻炼革命的力量,同时在城市进行艰苦的争取群众的工作。

在革命走向复兴的情况下,共产党内在大革命失败以后滋长起来的“左”倾情绪进一步发展了。以李立三为实际领导者的中共中央夸大了革命力量的发展

① 参见《中央军委军事工作计划大纲》,1930 年 4 月 15 日。参见特生:《中央政治局工作报告》,1930 年 9 月。

② 参见《米夫关于中国革命的言论》,人民出版社 1986 年版,第 519 页。

③ 1930 年 1 月的数字,见《米夫关于中国革命的言论》,人民出版社 1986 年版,第 522 页。9 月的数字,见《中共中央文件选集》第 6 册,中共中央党校出版社 1989 年版,第 381 页。

④ 参见李维汉:《回忆与研究》(上),中共党史资料出版社 1986 年版,第 276 页。

和反动统治的危机，认为革命高潮就要到来，要求红军进攻中心城市，各地尤其是中心城市准备武装暴动，企图一举夺取全国政权，犯了严重的"左"倾冒险主义的错误，即后来被称作立三路线的错误。

本来，六大后的中共中央政治局是由向忠发、周恩来、苏兆征、项英、瞿秋白、张国焘、蔡和森、李立三、彭湃、杨殷、罗登贤、关向应、徐锡根、卢福坦等组成的。中央政治局兼中央常委会主席向忠发，中央常委会秘书长兼组织部长周恩来，宣传部长蔡和森（后为李立三），农民委员会书记李立三（后为彭湃），职工运动委员会书记苏兆征，妇女运动委员会书记张金保，军事部长杨殷，团中央书记关向应。1930 年上半年，中央政治局常委在上海的有向忠发、周恩来、李立三、项英等。"常委会主席向忠发，工人出身，理论水平不高，缺乏独立见解，项英负责职工运动和长江局的工作，政治局的决策人实际上是恩来和立三"。3 月，周恩来赴莫斯科参加联共（布）第十六次代表大会，向共产国际汇报中国党的工作，处理中共驻共产国际代表团同共产国际的一些分歧问题。周恩来走后，李立三在中央的作用就更为突出了。李立三早年是中国工人运动的著名领导人，在这方面有经验、有贡献，六大以后也做过有益的工作。但是他"忽视理论学习，不重视总结革命的实践经验，又不从中国革命的客观实际出发，只是满足一般的、局部的经验，把它当作普遍真理到处套用"。"经验主义是他的致命伤"。① 当时他 30 岁。

"立三路线之形成"，不能仅仅归因于李立三个人。周恩来曾经指出："如果在党内没有形成这一路线的基础，则它不会在党的领导机关起领导作用。因此，我们必须在下面三个条件之下来认识立三路线之形成：1. 历史的条件，六次大会后有些根本问题没有得到适当的解释；2. 党内无产阶级成份薄弱，小资产阶级成份占了很大的数量，这使党的路线有忽'左'忽右的表现；3. 立三的思想，在过去的讨论中没有受到强烈的反对。这三个条件，帮助了它在领导机关中起了领导作用。"②

六大路线的基本方面是正确的，起了积极的作用。但是，六大决议"具有两重性"，它"也有不正确的方面"。③ 六大认为，当时的形势是在两个高潮之间，党的任务是争取群众，积蓄革命力量，准备暴动。它对于中国民主革命的长期性和农村根据地的重要性缺少必要的认识，所谓准备暴动，主要地就是准备以城市为中心的暴动；它对于中间阶级的两面性和反动势力的内部矛盾，也缺乏正确的

---

① 李维汉：《回忆与研究》（上），中共党史资料出版社 1986 年版，第 272～273、303～304、319～320 页。

② 《周恩来选集》上卷，人民出版社 1980 年版，第 55 页。

③ 李维汉：《回忆与研究》（上），中共党史资料出版社 1986 年版，第 317 页。

估计和适当的对策。这些缺点和错误，为“左”的倾向的存留和生长提供了某种条件。由于对革命的长期性缺乏正确的估计和应有的精神准备，当形势开始发生有利于革命力量发展的变化时，一些人就被胜利冲昏了头脑，以为群众“只要大干不要小干”，在“左”的急躁情绪的支配下，不惜去冒险一搏了。

有必要指出，这次“左”倾冒险主义的发生，同共产国际错误的指导思想的影响也是分不开的。

还在 1928 年 8 月，共产国际第六次代表大会就提出了资本主义总危机进入“第三时期”的理论，认为这个时期将是“大规模阶级搏斗的时期”。1929 年 7 月召开的共产国际执委会第十次全会进一步强调：“这个时期是资本主义总危机增长，帝国主义的内部和外部基本矛盾迅速加剧，从而必然导致大规模的阶级冲突，导致各主要资本主义国家新的革命高潮发展，导致殖民地伟大的反帝国主义革命的时期。”1930 年 2 月，斯大林更认定，不能在革命高潮和直接革命形势之间划一道不可逾越的界限，无产阶级的任务在于立即准备进行坚决的革命斗争，不要等待所谓的直接革命形势的到来。上述理论，对资本主义世界的危机和革命形势的发展作了夸大的、不切实际的估计，对无产阶级面临的任务作了不恰当的指示，因而为中国共产党内一些人推行“左”倾机会主义的指导思想和行动方针提供了理论的依据。李立三曾写作《第三时期与中国革命》一文，直接以上述“第三时期”理论作为自己冒险主义主张的理论根据。

1929 年 2 月、6 月、8 月和 10 月，共产国际先后向中共中央发出四封指示信。第一封信的内容是强调反右倾。据此，中共中央即在第三十七号通告中要求全党“克服目前党内正在发展的右倾的特别危险”。第二封信的内容是要求中共将中立富农的政策改变为反对富农的政策。据此，中共中央作出了《接受国际对于农民问题之指示的决议》。第三封信的内容是指示在“工人运动新高潮底到来”的情况下，“中国共产党应当提出使赤色工会公开起来的问题”。第四封信的内容是认为“中国已进入深刻的全民族危机的时期”，指示中共“现在就可以而且应该开始让群众做好准备，以便用革命的手段推翻资产阶级和地主联盟的政权”，为此应加紧反对改组派（汪精卫、陈公博）和第三种力量；在指出要加强和扩大游击战争、建立起苏维埃根据地的同时，强调“革命运动的高潮日益发展的最可靠、最主要的征候，乃是工人运动的复兴”，“党应当特别关注工人的罢工斗争”，“采取准备总同盟政治大罢工的方针，集中全力去发展政治罢工”；并且再次强调“目前党内的主要危险是右倾机会主义的心理和倾向”。①

① 《共产国际执行委员会给中国共产党中央委员会的信（1929 年 10 月 26 日）》，《共产国际有关中国革命的文献资料（1929—1936）》第 2 辑，第 81～82、85～87、88 页。

据此，1930年1月中共中央专门作出了《接受国际1929年10月26日指示信的决议》，认定中国“正如国际来信所指出确已进到深刻的全国危机的时期”；强调“现时虽不能预言转变到直接革命形势的速度，即实行武装暴动直接推翻反动统治的形势的速度，但我们必须如国际所指示，在现在就准备群众，去实现这一任务”，“立即准备总同盟的政治罢工的计划”；为此，要进一步反对改良主义、反改组派、反第三势力，因为改良主义是“目前革命复兴中之最危险的敌人”；就共产党本身来说，“更要认定党内主要的危险还是右倾”，“需要党以全力来战胜”。① 周恩来后来曾说：“这四封信，对立三路线都有影响。”②这个论断，完全符合实际。

由此可见，对于李立三的“左”倾冒险主义的发生，共产国际是难辞其咎的。

李立三的“左”倾冒险主义从形成到在中共中央领导机关占据统治地位，经历了一个短暂的过程。

1930年2月，中共中央发出七十号通告，论述了“目前政治形势和党的中心策略”问题。通告认为“目前全国危机是在日益深入，而革命新浪潮是在日益开展”，全国群众斗争正“走向平衡发展的道路”，形势的发展很“可以看出一省或几省首先胜利的前途，特别是武汉及其邻近的省区，表现着更多的可能”。因此，汇合各种斗争走向“变军阀战争为国内的阶级战争”，“以推翻国民党统治，以建立苏维埃政权是目前总的政治路线”。党组织要“组织工人政治罢工”、“组织地方暴动”、“组织兵变”和“扩大红军”。而“扩大红军的总策略是要建立在集中农民武装，扩大红军向着中心城市发展，以与工人斗争汇合之整个基础之上”。“一切分散红军，逃避敌人进剿，向偏僻地区发展的观念”，是“极端错误的取消观点”。③ 周恩来在随后不久即指出：“中共七十号通告中提出中国革命的发展将走向平衡。这一句话，在表面看来是没有问题的，但已经种下了以后错误的根源。”④

同年3月至5月，李立三先后写了《准备建立革命政权》、《准备建立革命政权与无产阶级的领导》、《怎样准备夺取一省与几省政权的胜利条件》、《中国革命与世界革命》、《论革命高潮》、《建立政权与革命转变》等文章，发表在《红旗》上。5月，他把这些文章汇集在一起，以《新的革命高潮面前的诸问题》为题，在《布尔塞维克》杂志上重新发表。这些文章系统地提出并论证了他的“左”倾冒

---

① 《中共中央文件选集》第6册，中共中央党校出版社1989年版，第1、3~4、9~10、8、13页。

② 《周恩来选集》下卷，人民出版社1984年版，第308页。

③ 《中共中央文件选集》第6册，中共中央党校出版社1989年版，第25~34页。

④ 《周恩来选集》上卷，人民出版社1980年版，第56页。

险主义路线的基本思想。与此同时,4 月在上海召开的中共湖北省第四次代表大会(简称鄂代会)和全国苏维埃代表大会准备会议(简称苏准会)开始提出一系列“左”的政策,这些政策并在实际工作中逐步得到贯彻。如不断采取飞行集会、示威游行等冒险行动。事实正如中共中央九十六号通告所说:“自中央七十号通告后,经过鄂代会、苏代会立三路线遂日益形成,到了六月十一日决议案在政治局通过,立三路线遂成为中央的路线而统治着全党。”①

1930 年 5 月,蒋、桂、冯、阎新军阀之间的中原大战爆发。李立三等认为全国革命形势已经成熟。6 月 11 日,中共中央政治局召开会议,参加会议的政治局委员有向忠发、李立三、关向应、项英等,温裕成、李维汉列席会议。会议通过了李立三起草的《目前政治任务的决议》(即《新的革命高潮与一省数省的首先胜利》)。这个决议是以上述李立三的文章为底本的。在这之前,政治局曾在 6 月 9 日开会讨论这个决议的草案。李立三就这个决议草案作了长篇的解释性发言,他认为,“现在中国革命形势上,革命高潮已到了,目前,夺取政权的任务,已到我们前面来”。“革命高潮的到来即是暴动形势的到来”。这时的中国“有首先在这一省或那一省爆发革命高潮而马上普遍到全国的可能”。而中国革命的高潮将“掀动世界的革命高潮”。他还在会上点名批评毛泽东,说毛泽东的路线“完全与中央不同”,“他对红军的发展,完全是游击战争的观念”。而游击战争的秘诀就是逃、跑、走,是乘虚进攻敌人,这已“不适于现在的形势”;现在的红军是需要夺取中心城市,向敌人主力进攻,向交通中心发展。②

6 月 12 日,中共中央政治局将上述决议报告了共产国际,强调中共中央“不同意建立苏维埃根据地等类的割据观念”,要求共产国际予以承认并动员各国共产党支援中国革命。③ 当时驻上海的共产国际远东局代表罗伯特对几个有关的具体问题有不同的看法,不同意中共中央下发这个决议。20 日,远东局致函中共中央,重申上述意见。李立三的答复是:发出这个决议是目前革命的需要,“有什么问题时,由中共中央负责”。6 月 21 日,中共中央政治局以向忠发的名义向共产国际远东局提出抗议,要求将罗伯特撤走。

中共中央 6 月 11 日决议的通过和贯彻执行,标志着“左”倾冒险主义在中共中央领导机关中占据了统治地位。

2. 李立三“左”倾冒险主义的主要错误

以李立三为代表的“左”倾冒险主义错误,主要表现在以下几个方面:

---

① 《中共中央文件选集》第 6 册,中共中央党校出版社 1989 年版,第 546 页。

② 参见《中共中央文件选集》第 6 册,中共中央党校出版社 1989 年版,第 98 ~ 100、109 页。参见李维汉:《回忆与研究》(上),中共党史资料出版社 1986 年版,第 305 页。

③ 参见《中共中央文件选集》第 6 册,中共中央党校出版社 1989 年版,第 136 页。

第一,关于世界形势和中国革命与世界革命的关系。

决议依据共产国际关于“第三时期”的理论和对于当时资本主义经济危机的夸大估计,认为“帝国主义统治全世界的基础”“在动摇”,“全世界革命危机都已严重化”,“进攻苏联的战争,成为目前主要危险”,因此,“空前的大事变与世界大革命的时机,都在逼近我们的前面了”。

决议认为,“中国是帝国主义一切根本矛盾最集中最尖锐的地方”,“是帝国主义统治世界的锁链中最薄弱的一环”,因此,“中国革命有首先爆发,掀起世界的大革命,全世界最后的阶级决战到来的可能”。届时“我们不只可以动员国内几千万以至几万万群众对帝国主义作激烈的斗争,并且可以号召起全世界无产阶级与殖民地的劳苦群众与帝国主义作最后的决战,无疑的在这一最后决战的当中,可以取得我们的完全胜利”。

决议的上述论断,不是基于对当时资本主义世界状况的全面的科学的分析,而是把自己的急躁情绪当做了论证的根据。实际上,中国革命的发展和胜利必须主要依靠中国人民自己的斗争,所谓中国革命将引爆世界革命并在世界革命中取得胜利,纯粹是一种狂想,是一种对于中国人民力量缺乏应有的自信和对于中国革命缺乏韧性战斗的精神准备的表现。

第二,关于中国革命的形势和党的任务。

决议夸大统治阶级的危机和革命力量的发展,认为“中国新的革命高潮已经逼近到我们的前面了”。决议否认中国革命发展的不平衡,认为“中国经济政治的根本危机,在全国任何一处都是同样继续尖锐化,没有丝毫根本的差别,因此在中心城市爆发了伟大的工人斗争,必然形成全国革命的高潮”。对此,李立三曾说过,全国范围的革命群众斗争“是一个普遍发展的形势”。“从哈尔滨、唐山、天津以至武汉、上海、厦门、广州、香港,都是平衡地向前发展”。“在革命高潮到来的形势之下,群众组织可以飞速的从极小的组织发展到几十万人甚至几百万人的伟大的组织,同样,党的组织也可以在几星期甚至几日以内变成广泛的群众的党”。

基于对革命形势的这种主观主义的估量,决议否认中国民主革命的长期性,认为六大提出的争取群众、积蓄力量、准备起义的阶段结束了,现时“决不会有什么‘割据’、‘偏安’的局面”了。“在全国革命高潮之下,革命可以在一省或几省重要省区首先胜利(在目前的形势看来以武汉为中心的附近省区客观条件更加成熟)”。而“一省与几省的首先胜利,必然马上遇到残酷的战争,不仅是消灭反动势力的内战,而且是反抗一切帝国主义压迫的国际战争”。“因此共产党的当前的任务,就是号召广大群众,以革命的斗争来反对军阀战争,坚决的配合各种革命势力的总暴动,来推翻军阀统治,彻底消灭军阀战争,争取革命的胜利”。

"准备一省与几省的首先胜利建立全国革命政权,成为目前战略的总方针"。

第三,关于党的策略路线。

从上述对国际国内形势的错误估计出发,决议认为,"组织全国武装暴动夺取政权的任务"已经提到议事日程上来了;而"注意布置以武汉为中心的附近省区首先胜利,是目前党的策略总路线"。

决议坚持不符合中国革命斗争实际的"城市中心论",反对以乡村包围城市、集中力量建设农村革命根据地的正确方针,强调争取一省与几省首先胜利,工人斗争是决定胜负的力量,没有工人阶级的罢工高潮,没有中心城市的武装暴动,决不能有一省与几省的首先胜利。不特别注意城市工作,想"以乡村包围城市"、"单凭红军来夺取城市",是一种极错误的观念。所以组织政治罢工,扩大到总同盟罢工,加紧工人武装的组织与训练,以树立武装暴动的中心力量,是准备一省与几省首先胜利的主要策略。对此,李立三曾解释说,"乡村是统治阶级的四肢,城市才是他们的头脑与心腹,单只斩断了他的四肢,而没有斩断他的头脑,炸裂他的心腹,还不能制他的最后的死命。这一斩断统治阶级的头脑,炸裂他的心腹的残酷的争斗,主要是靠工人阶级的最后的激烈争斗——武装暴动"①。

决议要求把城市工人起义、地方农民暴动、国民党军队中的士兵起义和"红军的有力的进攻"这四种力量在夺取中心城市、实现一省几省首先胜利的斗争中紧密地配合起来。决议特别强调,红军的战略战术,是"要坚决攻打敌人的主力,向着主要城市和交通道路发展",其"总的目标,便是与主要城市的武装暴动配合,夺取政权,建立全国革命政权"。为此,必须"冲破农民意识的地方观念与保守观念",猛烈地扩大红军,必须反对仍然株守游击战术,来"束缚党的策略的转变"的"严重的右倾错误"。

决议提出的上述策略路线,在根本上脱离了中国革命的实际。当时,国民党的正规军在200万以上,装备相当精良;而红军不过10万人、70 000支枪,装备又很差,怎么可能去攻打敌人坚固设防的中心城市、夺取全国政权呢?当时,在全国4亿多人口中,赤色工会会员总共只有11.4万人,其中上海2 100人,武汉200人,香港900人,天津500人,唐山800人……怎么可能在各中心城市举行武装起义呢?比如,"在武汉我们有二百赤色工会会员,党员更少,国民党有军队

---

① 毛泽东于1938年10月在中共六届六中全会上的报告中,对半殖民地中国的城乡关系的特点和乡村斗争在中国革命中的极端重要性作过精辟的论述,这些论述是对李立三上述观点的有说服力的批评。见《中共中央文件选集》第11册,中共中央党校出版社1991年版,第590~592页。

有海军,帝国主义有军队,总数抵得到二十师光景。这种情形之下,竟要暴动!"①这不是把暴动当儿戏又是什么?

第四,关于中国革命的性质及对资产阶级等的政策。

决议虽然承认现阶段的中国革命仍是反帝反封建的资产阶级民主革命,同时又强调"资产阶级已经是反动联盟的一部分",因此必须反对资产阶级。决议不仅重复了1927年11月会议决议提出的"无间断革命"的错误,而且更进了一步,认为革命在一省与几省首先胜利的开始"就是革命转变的开始,中间决不会有丝毫间隔的"。"革命转变的阶段论",无疑的是"极端危险的右倾观念"。

决议认为,革命在一省几省首先胜利的时候,"帝国主义豪绅资产阶级必然要用尽一切力量来反对革命"。为着对付顽强的反革命的进攻,在政治上"必然需要从工农专政进到无产阶级专政";在经济上"不只是要没收帝国主义的银行、企业、工厂","而且要没收中国资产阶级的工厂、企业、银行","实行组织生产,管理生产"。这样,决议就不仅在理论上而且在实际政策上混淆了民主革命与社会主义革命的界限,犯了超越革命阶段的错误。

第五,关于党内的反倾向斗争。

决议对共产党内迅速增长着的"左"倾思想、情绪熟视无睹,不切实际地认定执行党的总路线的"最大障碍,便是与这一总路线绝对不相容的右倾观念",反复强调开展反右倾斗争,以此在思想上为推行"左"倾冒险主义开辟道路。

在上述错误思想的指导下,李立三等制订了以武汉为中心的全国中心城市起义和集中红军攻打中心城市的冒险计划。

7月13日,中央政治局会议讨论了南京兵士暴动问题和全国工作布置。李立三在会上着重讲了组织南京兵士暴动的问题,认为"南京兵暴,是掀动全国革命高潮之起点"。"南京兵暴,是以占领南京为目的","因此必须以打倒国民政府推翻其最高的指导机关,建立苏维埃政权为中心"。这是一个"有决定全国胜负意义的问题"。他说,"南京兵暴之胜利,必然紧接着上海八十万工人之大罢工,掀起全国之大风暴"。所以"组织南京兵暴必须与组织上海总同盟罢工同时并进"。而"组织总同盟罢工与武暴准备是不可分离的","因此必须积极的准备(上海工人的)武装暴动"。他又说,"南京暴动的胜利,必须有武汉暴动的紧接着的爆发以争取武汉的首先胜利,同时中央苏维埃政府的建立亦必须在武汉"。而"武汉的武暴,必是很密切的紧接着的革命高潮的到来","因此各省都应实际的加紧准备武暴"。"中央应明确指示杭州积极准备暴动工作",安徽、山东也要

---

① 《布尔塞维克》第4卷第3期,1931年5月10日。

加紧做好这方面的准备。①

与此同时,中共中央要求全国红军集中整编,实行统一指挥,实现从游击战到正规战的战略转变。还在这一年的4月15日,中共中央军委就制定了《军事工作计划大纲》,规定"全国红军都应集中于中央军委之下","为适应斗争环境各军协同动作起见,必须成立军团以上的统一指挥机关";各路红军应"冲破保守观念,纠正右倾危险,积极的向中心城市交通区域发展,猛烈的普遍的扩大"。中央强调:"现在红军的任务,不是隐避于农村中作游击战争,它应当积极进攻,争取全国革命的胜利,并且应当准备大规模的国内战争以及与帝国主义的战争。"中央并规定,红三军团切断武(汉)长(沙)路,进逼武汉;红一军团进取南昌、九江,以切断长江,掩护武汉的胜利;红二军团、红一军及湖北各部红军相互配合,进逼武汉;红七军进攻柳州、桂林和广州,闽粤桂三省红军均"应朝着广州方向发展"。其主要目标,是"会师武汉,饮马长江",以配合武汉的暴动,实现以武汉为中心的附近省区的首先胜利,进而夺取全国政权。中央在6月15日致四军前委信(《关于执行新的中央路线问题》)中,批评四军前委提出的"农村工作是第一步,城市工作是第二步"的理论"完全反映着农民意识",是"在政治上表现出来机会主义的错误";之所以如此,是由于四军前委"处境太偏僻",不了解整个革命形势的转变;中央要求他们"深刻了解自己的错误",按照中央指示转变"今后的路线"。②

7月13日,中共中央政治局再次致电共产国际,要求批准上述武装暴动和建立全国苏维埃政权的计划。中央为贯彻上述计划,成立了北方局(贺昌任书记)、长江局(任弼时任书记)、南方局(李富春任书记)和江苏总行动委员会(李立三任书记,罗迈任组织部长)。

7月27日,红三军团乘长沙城内敌军力量空虚之机攻占长沙。李立三等人被这一突如其来的胜利冲昏头脑,以为形势的发展已经到了"历史上伟大事变的前夜","会师武汉、饮马长江"已经为时不远,要求全国各大城市"积极准备武装暴动"。7月下旬,中共中央政治局收到共产国际关于要求中共中央停止下达6月11日的决议的电文。李立三认为,共产国际对中国革命估计不足,对中国的特点不了解,并且说,"我们到了武汉之后,那时再给国际讲话就不同了"。向忠发也认为,共产国际的来电是错误的,他并且责备周恩来没有向共产国际讲清中国革命高涨的情况,认为周"在政治上组织上都暴露他右倾的危险,应在政治

---

① 参见《柏山(李立三)在中央临时政治局会议上关于南京问题与全国工作布置的报告》,1930年7月13日。

② 《中共中央文件选集》第6册,中共中央党校出版社1989年版,第139、137、140页。

上负严重的责任”。中央政治局对共产国际来电不予置理，于8月1日、3日连续召开会议，部署发动全国暴动的有关事宜。

8月1日的政治局会议讨论了当前形势及全国工作布置。会议决定将各级党、团、工会的领导机关合并，成立准备武装起义的各级行动委员会，并决定成立中央总行动委员会，以此作为全国与各地武装暴动和总同盟罢工的最高指挥机关。中央总行委的委员有14人（后增加到22人），总行委主席团成员为4人，即向忠发、李立三、徐锡根和袁炳辉（后加入周恩来、瞿秋白、顾顺章3人，即增加到7人。但当时周、瞿均在莫斯科）。会上，李立三提出，“蒙古要立即加入中国苏维埃共和国联邦”；“西伯利亚的中国人要武装起来加入革命”；“苏联和日本开战”——以便“在这样的条件之下中国革命得到胜利”。①

8月3日的政治局会议“继续讨论目前形势及全国工作布置”。李立三再次强调，积极准备武汉暴动、南京暴动和上海总同盟罢工“是非常正确的”，如能获胜，“蒋介石的倒台和崩溃”就是“毫无疑问的”了。这“不仅是中国革命的关键，而且是世界革命的严重问题”。为此，全国工作必须与之配合。第一，“在北方必须有在北京、天津、唐山、郑州、开封积极组织武装暴动，特别要普遍的组织兵暴”。进攻武汉的红军则“集中力量由武汉向北方猛冲，使冯玉祥势力倒台，再由陇海（路）向东进攻”。“北方的红军，主要是截断京汉、津浦铁路，向北京、天津发展”，并与京津暴动相配合，消灭阎锡山的力量。第二，在南方，“要解决陈济棠的反动力量”。这就要“坚决组织广州暴动”；要“猛烈发展东西北三江特别是东江的农民暴动”，并“打到广州去”；要做好香港暴动的工作。第三，“东三省必须坚决的在哈尔滨、大连、抚顺组织暴动”；同时“应注意陕西、甘肃、新疆的工作，以与苏联打通关系”。李立三认为，“满洲的暴动，这是国际战争的序幕”。“我们的战略，也必须掀动国际无产阶级对帝国主义决战”。“因为满洲是日本帝国主义的统治”，满洲暴动之后，日本“将因此很剧激向苏联进攻”。为此，“苏联必须积极准备战争”。“国际应以‘保护中国革命’的口号来积极动员各国支部”。李立三的意见得到了与会人员的赞同。有人再次强调，除“苏联必须有军事行动的准备”以外，“内外蒙必须出兵，进击敌人的力量”。②

从上面的叙述可以看出，比起1927年年底1928年年初的“左”倾盲动主义，以李立三为代表的“左”倾冒险主义是更为发展了。如果说前者主要是革命失

① 《共产国际执委主席团关于立三路线的讨论》，《布尔塞维克》第4卷第3期。周恩来在《立三路线的理论基础》（1930年12月）一文中也讲到李立三“提出组织西伯利亚华侨回国，要蒙古出兵参加中国苏维埃联邦，要苏联出兵打日本”。参见《周恩来选集》上卷，人民出版社1980年版，第57页。

② 《中央临时政治局继续讨论目前政治形势及全国工作布置》，1930年8月3日。

败以后在蛮干情绪的支配下，要求各地举行毫无胜利希望的地方起义，那么后者就是在革命走向复兴的条件下，革命的急性病的抬头，因而也就具有了以下几个新的特点：它要求中心城市首先起义并引发全国总暴动；它反对加强农村根据地建设，要求集中红军攻打中心城市，配合各地武装起义，立即夺取全国政权；它主张一省几省首先胜利时立即开始进行社会主义革命；它幻想中国革命引发世界革命，并在世界革命的总爆发中取得成功。

8月5日，中共中央政治局就"全国革命形势及党的行动路线"问题再次向共产国际作出报告，要求共产国际"批准中央的决定"①。8月6日，中共中央总行动委员会成立。李立三在会上作了《目前政治与党在准备武装暴动中的任务》的报告。

李立三等人的行动计划纯粹是建立在主观臆想的基础之上的，难怪瞿秋白在莫斯科得知有关情况后，禁不住惊呼："立三是发了痴了。"②

正因为上述行动计划严重地脱离了中国革命实际，它在执行中也就不能不处处碰壁，不能不给中国革命事业造成严重的危害。

当时，李立三最注意而且认为有把握的是"南京兵暴"。但在实际上，党在南京所掌握的力量也只是一个学兵营和龙潭一个宪兵连，并没有发动暴动的足够的力量。早在4月间，中央在研究南京暴动的可能性问题时，即认为条件不具备而未予发动。5月，龙潭宪兵连遭到破坏，20名共产党员牺牲。但是李立三等仍然无视实际情况，一意孤行，坚持举行暴动。7月14日，李立三亲自兼任江苏省总行委书记，并通过中共南京市委部署学兵营起义，攻击国民党中央机关，夺取整个南京城，任命曾中生为起义总指挥。曾中生向组织反映，仅以学兵营的兵力占领南京是根本不可能的，如果非起义不可，也必须在起义后把部队拉出南京去打游击。李立三仍然强调，南京兵暴必须以占领南京为目的，要坚决反对右倾逃跑主义。这样，按照中共中央的命令，中共江苏省委、南京市委即着手部署南京兵暴，并且一开始就采取飞行集会、游行示威等冒险行动，致使地下党组织和党员公开暴露，引起反动当局的严重注意。从6月到10月，中共南京市委机关两度被搜查，市委书记和市行委委员6人被捕，3个区委的干部遭到损失。全市党员被捕100多人，15个支部悉数被破坏，近百名党员被杀害。宪兵连、军官团、学兵连等士兵支部中的党团员因搞兵变而暴露，至少有40人被秘密杀害。

---

① 《中共中央文件选集》第6册，中共中央党校出版社1989年版，第222页。

② 见《共产国际执委主席团关于立三路线的讨论》，《布尔塞维克》第4卷第3期。

南京兵暴的计划遂成泡影。①

武汉暴动计划的命运也是如此。当时，武汉党组织仅有党员200余人，赤色工会拥有的会员也不过200人。按照中央的布置，中共中央长江局组织起义不但未获成功，而且使党组织暴露并遭到破坏。据国民党《武汉警备专刊》载《武汉警备司令部十九年度办理共案分类一览表》的记载，从1930年6月至12月，反动当局共逮捕共产党员60人，其中省委级干部5人，特科人员1人，农民运动干部13人，学运干部3人。被反动当局杀害的37人，判处徒刑的12人，病故1人，自首8人，待判1人。武汉党组织的损失惨重，武汉暴动的计划终于也成为泡影了。

各地由于贯彻执行“左”倾冒险主义方针，有11个共产党的省委遭到破坏。省委以下的党组织遭到的破坏更为严重。党员数量由此大幅度减少。比如，“几个月来，江苏省委积极贯彻执行立三路线，使革命力量受到很大损失”。“仅据全国互济会调查，在4月至9月的半年中，江苏被国民党杀害的党员和群众3 130人，1 480人被捕”②。

“左”倾冒险主义方针的贯彻执行，也使红军和根据地受到了损害。比如，1930年秋，中央“错误地要红二军团离开湘鄂西根据地，配合进攻长沙。结果使红军在半途遭受挫折，湘鄂西根据地也由于失掉红军的支持，损失很大”③。部队由原来的1.6万人，减少到3 000余人。由于中共南方局代表坚持贯彻中央决定，要求红七军进攻柳州、桂林并最后夺取广州，红七军在1930年9月至1931年1月，辗转作战数千里，兵力损失2/3，由出发时的6 000人，减少到2 000多人，而且失去了右江根据地。红十军攻打九江时失利，由2万多人减少到3 000人。

3. 何孟雄、毛泽东等对李立三“左”倾冒险主义的抵制

李立三的“左”倾冒险主义方针在贯彻执行的过程中，曾经受到党内许多有实际工作经验、敢于坚持实事求是原则的党员的批评和抵制。

在白区，一些党员经过党的组织对李立三的错误提出过批评。“如当时党中央宣传部负责人之一的恽代英，由于反对立三的冒险主义做法，被立三扣上‘调和主义’帽子，排斥出中央机关，调到沪西当区委书记，随即被捕，后来英勇牺牲在南京雨花台。在江苏省委、苏准会办事处、互济会党团中，以何孟雄、林育

---

① 唐纯良：《李立三传》，黑龙江人民出版社1989年版，第104～105页。参见李维汉：《回忆与研究》（上），中共党史资料出版社1986年版，第309页。

② 李维汉：《回忆与研究》（上），中共党史资料出版社1986年版，第310页。

③ 贺龙：《湘鄂西初期的斗争》，《星火燎原》（选编之一），战士出版社1970年版，第356～357页。

南、李求实为代表的一部分干部都是较早起来反对李立三'左'倾冒险主义的，他们都遭到李三立的压制和打击，被扣上'调和派'、'取消派'、'右倾势力'等帽子，以至受到组织处理"①。这里有必要稍为具体地说一说何孟雄的有关情况。

还在 1929 年 11 月中共江苏省第二次代表大会期间，何孟雄等少数代表即曾批评中央和省委对革命形势作了夸大的分析，他们认为革命刚刚复兴，但极不平衡，还不是"成熟的复兴"；党的策略应该是"准备进攻的路线"，而不应该是"直接进攻的路线"。这些意见在会上被斥为"右倾"，是搞"调和主义"。大会通过的政治决议案还不点名地对何等进行了批评。虽然如此，为了维护党和革命的利益，"江苏省第二次代表大会以来的八个月中，在各种会议上他都有不同意见"。② 在 1930 年 8 月 20 日召开的中共上海区委、党委党团书记联席会议上，何孟雄明确指出，"中央对革命日益接近高潮的估计是过分的"，"中国革命没有可能掀起世界革命"，中央据此作出的许多决定是"过火的"。他认为，进攻长沙是"部落式的暴动，完全没有前途"；举行总同盟罢工是"不可能"的，这个口号使党"在群众中丧失了威信"，"再发展下去，就可能离开总路线，葬送中国革命"③。在 9 月 1 日召开的上述联席会议上，他当着李立三的面，尖锐地指出，现在"发生工作上的许多弱点，是立三指导路线得来的"，并不是什么新工作方式运用不好的问题。④ 李立三等竟当场禁止他发言，并攻击他是"取消派的暗探"。之后，他即被撤销了中共沪中区委书记的职务，后降为江苏省委干事；并且在上海党的活动分子大会上，在《红旗日报》发表的社论和文章中，一再受到错误的批判。他对"左"倾错误的批评被说成是"右倾机会主义路线向党的进攻"。尽管受到这种不公正的待遇，为了中国革命的事业，何孟雄并没有停止对"左"倾错误的斗争。9 月 8 日，他向总行委和中央政治局递交了《何孟雄政治意见书》，坦率地陈述了自己对中国革命问题的见解，明确表示反对"立三同志的领导路线"。

在红军和根据地里，李立三的错误更受到了一些同志的怀疑和抵制。李立三本人在当时就讲过，"有少数同志对于红军之积极向武汉进攻，是非常怀疑的"。毛泽东、朱德是他们中的突出代表。如前所述，李立三曾不止一次地批评毛泽东，指责他有一条"完全与中央不同"的路线。下面，我们对毛泽东、朱德等

---

① 李维汉：《回忆与研究》（上），中共党史资料出版社 1986 年版，第 311 页。
② 《红旗日报》，1930 年 9 月 24 日。
③ 《红旗日报》，1930 年 9 月 24 日。
④ 参见《何孟雄文集》，人民出版社 1984 年版，第 174 页。

抵制立三路线的有关情况作一点的说明。

1930年6月21日，中共中央特派员涂振农来到长汀，在红四军前委、闽西特委联席会议上传达中共中央的指示精神。朱德后来回忆说：“毛泽东和我对于整个方案都表示怀疑，但我们久居山区多年，能够得到的有关国内和国际局势的情报很不全面。在这种情况下，我们不得不接受我们中央委员会的分析。”“除了毛泽东和我之外，很少有人反对李立三路线。我们别无选择，只好接受。”①会议同意涂振农在报告中提出的意见，“决定(红军)很快的集中，先打下吉安，作为进攻南昌、九江的根据地，同时在打吉安进攻南昌的口号之下，发动赣西南群众，猛烈扩大红军”②。会议根据中央指示，决定将红军第四军、第六军、第十二军整编为红军第一路军，不久改称红一军团，朱德任总指挥，毛泽东任政治委员；成立这一路红军的总前敌委员会，毛泽东任书记。全军团共1万余人(其中党员4 000余人)，有枪7 000支。红一军团成立后，赣西南、闽西战略区的红军进入了集中组织、统一指挥的新阶段，开始实行从以游击战为主到以运动战为主要形式的正规战的军事战略的转变。实现这种转变，在当时是必要的。

6月底，红一军团离开长汀，经广昌、瑞金，于7月9日绕道到达兴国。7月14日，红一军团前委、赣西南特委召开联席会议，认为吉安之敌凭险固守待援，强攻将造成重大伤亡，决定主力暂不攻吉安，改向吉水、永丰、樟树(今江西清江县城)前进。毛泽东、朱德没有机械地执行中央关于进攻南昌、九江的命令，而是从实际出发，采取避实就虚的方针，力求使红军免遭重大损失。南昌在赣江右岸，樟树在赣江左岸。本来，一军团如欲进攻南昌，是不应当西渡赣江进攻樟树的。红军西渡的行动表明，毛泽东等在实际上并没有进攻南昌的具体计划。对此，毛泽东在8月19日致中央的信中曾作出解释。他说：“若直进南昌，则敌人主力没有消灭且在我军后，南昌又四面皆水，于势不利，故乘虚渡河向南昌对岸，前进攻击牛行车站为目标，举行八一示威。”“敌人在南昌城不还一枪、不出一兵。我们此时找不到敌人打，既不能攻南昌，八一示威任务已经达到，遂向奉新、安义散开工作，发动群众，筹款，做宣传等。”③在这个过程中，红一军团不仅没有受到损失，而且有了较大的发展。至8月，它已经由长汀出发时的1万人增至1.8万人。8月23日，红一军团与一度占领长沙后又撤出长沙的红三军团会合，根据中共中央关于统一军事指挥的指示，一、三军团前委举行联席会议，决定将

① [美]艾格妮丝·史沫特莱：《伟大的道路——朱德的生平和时代》，三联书店1979年版，第316~317页。

② 《涂振农在第一军团及赣西南、闽西巡视工作报告》，1930年9、10月间。

③ 毛泽东给赣西南特委转闽西特委并转中央的信，1930年8月19日，转引自《毛泽东传(1893—1949)》，中央文献出版社1996年版，第230页。

两军团3万余人合编为中国工农红军第一方面军,朱德为总司令,毛泽东为政治委员,成立红一方面军总前敌委员会,毛泽东为书记。根据中央指示和总前委多数人意见,红一方面军再度进攻长沙,红军"围困长沙十六天,大战数昼夜,战线延长三十余里",虽将敌军威风完全打落,但"总攻不得手",自己方面的"死伤亦不小"。9月12日,根据毛泽东等的意见,"决议向萍(乡)醴(陵)撤退"。毛泽东指出,此次攻长沙不克,其原因有三:一是未能消灭敌之主力于工事之前;二是群众条件不具备;三是技术条件不具备。他在向中央所作的报告中强调:"依我们的经验,没有群众条件是很难占领中心城市的,也是很难消灭敌人的。"①部队到达袁州(今宜春)时,毛泽东说服了前来传达中央关于再度占领长沙的战略策略的指示信和长江局关于再打长沙的指示的长江局代表周以栗,在周的支持下,决定既不回攻长沙,也不立即攻打南昌,而是首先攻取敌军事力量较弱、周围已是苏区、处境孤立的吉安。红军攻占吉安后,又连续解放泰和、安福、吉水、峡江、新干、清江等地,使赣西南根据地连成一片,其控制地区一时扩大到30多个县;红一方面军也发展到近4万人。

在其他革命根据地,党和红军的一些领导人也曾在不同程度上对李立三的"左"倾错误有所抵制。

4. 中共六届三中全会与李立三"左"倾冒险主义计划的停止执行

李立三"左"倾冒险主义错误的急剧发展,超出了共产国际所能允许的范围,因此也受到了它的批评。本来,在中国革命的许多基本问题上,李立三的观点同共产国际是一致的,但是共产国际不同意李立三对当时形势的估计,认为他否认中国革命发展的不平衡性,夸大革命的主观力量和低估敌人的力量,以及取消党、团、工会的独立活动等,是错误的。② 共产国际认为,李立三走得太远了,他的具体行动计划太冒险了。

1930年7月16日,共产国际执委会政治秘书处举行扩大会议,讨论中国问题。周恩来、瞿秋白、张国焘参加了会议。周恩来在会上指出:"现在是革命高潮日在成熟过程中,虽然许多苏维埃已推翻了乡村封建统治,但在全国说,还没有直接革命形势。"7月23日,政治秘书处通过了米夫等人起草的《关于中国问题决议案》。

决议案指出:"暂时我们还没有全中国的客观革命形势。工人运动和农民

---

① 转引自《毛泽东传(1893—1949)》,中央文献出版社1996年版,第233~234页。又见《攻长沙不克原因》(1930年9月17日),《毛泽东军事文集》第1卷,军事科学出版社、中央文献出版社1993年版,第169~170页。

② 参见《中国共产党历史》(上卷),人民出版社1991年版,第288页。

运动的浪潮还没有汇合起来。这些运动总合起来还不能够保证必需的力量，去袭击帝国主义和国民党的统治。”决议案强调中国红军在中国革命中具有重要意义，认为“建立完全有战斗力的政治上坚定的红军，在现时中国的特殊条件之下，是第一等的任务”；而“苏维埃区域之中，党的注意的中心，应当是土地问题的解决”。决议案提醒中国党“应当注意到：社会主义是不能够一下子实现的。过渡到社会主义要经过许多阶段”，“这是长期的过程”。在当前，“可以放任商业的自由，暂时不要禁止土地买卖”等，以免脱离农民群众。决议案还指出，“盲动主义倾向关门主义的危险，也加强起来。这种危险，表现在对于群众作用的估量不足，不估计到广大群众的参加而定出暴动的计划”等等。应当肯定，这些意见实际上是对李立三的某些“左”倾错误所作的不指名的批评，因而具有积极的意义。

不过，这个决议案对于中国革命的长期性仍然缺乏估计，认为“中国革命的新的高涨，已经成为无可争辩的事实”。“即使革命形势不能够包括到全中国的地域，至少也要包括几个主要省份”。因此，党应当“准备和集中力量，去迎接最近将来的决定胜负的战斗”。决议案仍然坚持城市中心论，强调“党应当联系政治的和经济的斗争，尽量去发展政治罢工，定出准备各地的或者几个主要工业城市的政治的总同盟罢工的方针”；并且要求红军做好准备，以便“能够占领一个或者几个工业的行政的中心城市”。决议案仍然没有划清民主革命与社会主义革命的界限。决议案也仍然强调，当前“主要的危险是右倾机会主义的倾向”。

这个决议案批评了李立三等在若干问题上所犯的一些策略性的错误，但是并没有指明他们犯了“左”倾机会主义路线的错误。而且由于决议案本身对于中国革命许多基本问题的意见仍然是脱离实际的、教条主义的，它也不可能引导中国共产党据此把当时党内存在的“左”倾思想、“左”倾情绪从根本上加以克服。

共产国际希望周恩来和中共驻共产国际代表团团长瞿秋白回到中国去贯彻共产国际7月23日决议，纠正中共中央6月11日决议的错误。

1930年8月19日或20日，周恩来到达上海，先同李立三、向忠发等进行个别谈话，而后召开了两次政治局会议，传达共产国际指示精神，批评李立三等的错误。8月25日，中共中央致电共产国际，表示完全同意共产国际指示并将坚决加以贯彻执行。8月26日，瞿秋白也到达上海，与周恩来一起，进一步对李立三等进行帮助。9月4日，中央发出给长江局的指示信，决定恢复党、团、工会的独立领导机构和组织系统。9月8日，中央政治局发出接受共产国际关于停止武汉、南京暴动的致共产国际电，“承认最近期间的策略是有害的”，表示“中央即开扩大会”，“坚决在自我批评的基础上，执行策略的转变”。与此同时，“左”倾冒险主义计划在实际工作中也开始逐步地被停止执行了。

1930年9月24日至28日，中共六届三中全会在上海举行。出席会议的有中央委员14人，中央审查委员2人，北方局、南方局、长江局、满洲省委、青年团、全国总工会党团的代表20人。中心议题是讨论共产国际7月23日决议，纠正李立三的错误。会上，向忠发作了《中央政治局工作报告》；周恩来作了《关于传达国际决议的报告》，周恩来、项英分别作了组织问题、职工问题的报告；李立三作了自我批评；瞿秋白作了《三中扩大全会政治讨论的结论》。

全会通过了《关于政治状况和党的总任务议决案》，即《接受共产国际执行委员会政治秘书处1930年7月的中国问题议决案的决议》。决议认为，中央政治局的路线即"发动群众斗争，集中革命力量，组织革命战争，积极准备武装暴动，去为全国苏维埃政权而斗争"的路线，"是正确的，是和共产国际的路线一致的"；同时又指出，"中央政治局最近期间对于目前形势的估量，在许多重要问题之中，有模糊而不正确的地方"，其主要表现是，"对于时局有过分的估量，对于不平衡的观察不清楚，忽略苏维埃根据地的重要，忽略工业区域日常斗争和政治问题的联系"，因而在"策略上，就有个别的冒险主义倾向的错误"；"冒险倾向的轻易暴动的布置，代替了切实创造武装暴动前提的斗争"。决议强调，"建立巩固的阵地"，"建立工农苏维埃政府，创造并且巩固真正的红军，以确立最有保障的地域（根据地）"，是党"当前第一等重要的任务"。决议认为，"革命开始胜利就是社会主义革命"的说法是错误的，"中国革命现时阶段，还是民权主义的性质"。决议指出，近来党内"又发现了盲动主义关门主义倾向的错误"，应当"实行布尔塞维克的自我批评"，"坚决的执行纠正，使全党都了解这些错误的实质和教训"。但是，决议并没有突破共产国际7月23日决议的局限，认为当前是"世界革命总高涨"和"中国革命运动高涨的新时期"，革命形势"现在是在湘鄂赣区域最为成熟"。决议强调"城市工人运动的中心问题就是在准备总同盟罢工的方针之下，去加紧组织政治罢工"；要求红军做好准备，首先在湘鄂赣区域"占领一个或几个工业政治中心"。决议仍然强调"要集中火力打击主要的右倾危险"，并且继续对何孟雄等进行错误的批评和打击。

李立三在全会上对"过去的策略和工作"进行了检查。他承认过去"过分估量了全国总危机"，忽视了革命发展的不平衡性；承认过去"对苏区的注意不够，的确是很大的弱点"，不懂得"极力发展农民战争""这是我们的第一中心任务"；过去反对"朱毛提出'保护大小商人'"，和主张"资本主义农场不应分割而应组织集体农场"等，"是不正确的"。他认为，"在六个月以来"，对中央许多政治上与策略上的决定中的错误，"我是应当负更多的责任"。应当说，他的自我批评，虽然还不够全面、深刻，但态度是诚恳的，对一些重大问题的认识确有显著的进步。对于这个时期所犯错误的责任问题，周恩来在报告中指出："中央在这一时期中,政治局是集体领导的,负责问题是整个的,当然我们也批评到立三同志负责是要多一些,这不是说政治局别的同志不负责。""即如南京镇江的兵士暴动的问题,我自己也犯了错误。"应当说,这种在检查工作时"以集体精神来执行自我批评"①的做法,是实事求是的,是党内政治生活健康的一种表现。

全会补选了中央委员并改选了政治局。补选的中央委员有李维汉、贺昌、陈郁、邓发等,中央候补委员有朱德、陈云、林育英、陈潭秋等。新的中央政治局委员是向忠发、周恩来、瞿秋白、项英、张国焘、关向应、李立三;政治局候补委员是李维汉、徐锡根、卢福坦、罗登贤、温裕成、毛泽东、顾顺章。"值得重视的是:毛泽东被重新选入政治局和朱德等被选入中央委员会,虽因他们远处苏区而不能立刻在中央起明显的作用,但这对以后事态的发展有着无法忽视的重要作用"②。在全会结束后于 10 月 3 日召开的政治局会议上,决定由向忠发、周恩来、徐锡根三人组成中央常委。10 月 17 日,政治局又决定由项英、毛泽东、周恩来、任弼时、朱德、吴振鹏和当地两人组成苏区中央局,以周恩来为书记,由项英暂时代理,项英未到前暂以毛泽东为代理书记。

中共六届三中全会及其后的中央,对于立三路线的停止执行是起了积极作用的。虽然六届三中全会的文件还表现了对立三路线调和妥协的精神(如否认它是路线错误,说它只是"策略上的错误"等),虽然六届三中全会在组织上还继续着宗派主义错误,但是六届三中全会既然纠正了立三路线对于中国革命形势的极左估计,停止了组织全国总起义和集中全国红军进攻中心城市的计划,恢复了党、团、工会的独立组织和经常工作,因而它就结束了作为立三路线特征的主要错误。李立三本人,在六届三中全会上承认了被指出的错误,接着就离开了中央的领导岗位。当然,无论六届三中全会及其后的中央,对于立三路线的思想实质,都没有加以清算和纠正,因此 1927 年八七会议以来特别是 1929 年以来一直存在于党内的若干"左"倾思想和"左"倾政策,在六届三中全会上和六届三中全会后还是浓厚地存在着。

(三) 红军斗争的发展与王明的"左"倾教条主义

1. 共产国际十月来信与王明等反对六届三中全会和中共中央的活动

中共六届三中全会既然结束了作为立三路线主要特征的错误,全党就应当在此基础上继续努力,以求反"左"倾错误的方针的贯彻。"但在这时,党内一部分没有实际革命斗争经验的犯'左'倾教条主义错误的同志,在陈绍禹(王明)同

① 《中共中央文件选集》第 6 册,中共中央党校出版社 1989 年版,第 382 页。

② 《周恩来传》,人民出版社、中央文献出版社 1989 年版,第 223 页。

志的领导之下，却又在‘反对立三路线’、‘反对调和主义’的旗帜之下，以一种比立三路线更强烈的宗派主义的立场，起来反抗六届三中全会后的中央了。”①他们的活动，造成了党内思想的严重混乱，致使当时仍然严重存在着的“左”倾思想和“左”倾政策不仅没有得到进一步的清算和纠正，反而获得了新的滋长，直至“形成为新的‘左’倾路线”。

王明等人的活动有着深刻的国际背景。而站在他们背后的，是共产国际。

本来，六届三中全会是根据共产国际7月23日决议的精神召开的。7月23日决议虽然不同意中共中央6月11日决议对革命形势的夸大估计，但并没有认为李立三等所犯的错误是路线错误。1930年9月，共产国际远东局的代表在给六届三中全会的信中，还曾肯定中共中央政治局和李立三本人“完全确当的了解了自己的错误”，并且强调指出，说“党的路线与国际路线对立，这完全是谎话”。“从来就没有两条路线。只是在这条正确的路线上有过不正当的倾向，的确这种倾向是具有很严重的性质的”。②

但是，情况随后即发生了重大的改变。1930年10月末，共产国际执委会就立三路线问题致函中共中央，一反以往的说法，认为李立三的问题并不是“在估量时机和了解策略任务上”与共产国际有“次要的不同意见”，而是“用自己的路线去和国际执委的政治路线互相对立”。这是“两条原则上不同的政治路线”，决不允许“模糊混淆这两条路线的原则上的不同”。如果这样，“那就不但有害，而且要包容将来重复这些错误的极大危险”。这些话，已经隐含有批评中共六届三中全会犯了调和两条原则不同的路线的错误的意思了。随后，共产国际东方部和共产国际执委会更进一步明确指责三中全会犯了调和主义的错误。

“共产国际对中共六届三中全会的批评，并没有指出它的真正不足，还完全否定了三中全会在纠正立三错误上的积极作用。这个批评并不公正，因为三中全会完全是根据共产国际7月23日决议的精神召开的，没有一点违背这个决议精神的地方”。那么，“此时共产国际为什么改变了对立三错误性质的批判调子，提出三中全会犯了调和错误呢？”李维汉认为，“这是因为：第一，6月11日决议通过后，立三多次对抗共产国际关于停发6月11日决议和制止武装暴动的计划的指示；第二，立三在8月1日、3日的政治局会议上讲了一些不尊重共产国际的话，如说‘等占领武汉之后，就可以用另外的方式去和共产国际说话了’，还说共产国际不了解中国的实际情况等，这对有权指挥各国共产党的共产国际来说，是不容许的，因此认为立三是反共产国际；第三，对三中全会的主持者瞿秋白

① 《关于若干历史问题的决议》，《毛泽东选集》第3卷，人民出版社1991年版，第961～962页。

② 《共产国际远东局的代表给第三次全会的信》，1930年9月。

不满。瞿秋白于党的'六大'后，任中共驻共产国际代表团团长，驻在莫斯科。他在处理莫斯科中山大学中国留学生中的派别斗争问题时，因不同意受到共产国际东方部负责人米夫支持的王明等少数人的宗派活动，引起米夫等的不满。1930年春瞿被撤销了中共驻共产国际代表团团长的职务。由瞿秋白主持的三中全会，又违背共产国际的原意，把他选进了政治局，这也是共产国际批评三中全会特别是主持者瞿秋白的一个因素。"①这些分析是有道理的。但是，归结起来讲，共产国际改变批评立三错误的调子和对三中全会取批评、否定的态度，主要是为了强调共产国际具有绝对的权威，中国共产党必须无条件地服从它的指令，为此它计划利用这场斗争，把并不是无条件服从共产国际、但在中国党内有较高威信的瞿秋白排斥于中共中央领导机关之外，把莫斯科培养、对共产国际表示无条件服从的王明等人推到中共中央的主要领导岗位上去。

共产国际的上述意图，在其十月指示信中就已经有所表露。指示信中指出，李立三的言论中"有最危险的精神"，这就是他竟敢于怀疑共产国际指示的正确性，"竟敢于把对于共产国际的忠实和对于中国革命的忠实互相对立起来"。②同年12月共产国际执委主席团关于立三路线的讨论，则把上述意图表露得更加明白而且充分。在会上，一些发言者反复强调，只有"忠于国际，方才能够保障中国党的领导能够有正确的路线"；只有共产国际的叛徒、机会主义者才"说莫斯科不懂他们国家的特点、不明白他们革命发展的具体趋势"；并且武断地宣称，"莫斯科的估量永久比你们的正确些"。有的发言者更直截了当地说，"在苏联有许多学校有好几百中国同志在那里学习，他们之中有很好的同志知道列宁主义布尔塞维克的理论和实际。他们回去了，但是不能够作到领导工作。为什么，以前我们不明白，而现在明白了，因为有一种小团体利益妨碍他们加入领导机关。费了很多力量和钱才能够把他们派回中国去，然而秋白或者立三不要他们做党的工作，我以为这是无论如何是不能够允许的。现在怎么办呢？我以为应当发动一个公开的运动反对立三主义和那一部分政治局"③。他们在这里所说的应当在中共中央担任领导工作的中国留苏学生，指的就是以王明④为代表

① 李维汉：《回忆与研究》(上)，中共党史资料出版社1986年版，第314～315页。

② 《中共中央文件选集》第6册，中共中央党校出版社1989年版，第654页。

③ 《共产国际执委主席团关于立三路线的讨论》，1930年12月，《布尔塞维克》第4卷第3期，1931年5月1日出版。

④ "王明这一笔名"，系在1931年年底开始采用的。(见陈绍禹为《为中共更加布尔塞维克化而斗争》一书所写的三版序言，1940年3月19日。)严格地说，在六届四中全会前后，还不能用王明来称呼陈绍禹。由于在后来党的文件和党史著作中习惯地称陈绍禹为王明，这里也就以王明称陈绍禹了。这一点是需要加以说明的。

的那个“左”倾教条宗派。而王明等人也就是在他们发动的这个“公开的运动”中被推上台的。

王明本名陈绍禹，1925 年加入中国共产党，同年秋被派往莫斯科，进入中山大学学习，得到该校负责人米夫的赏识；1927 年 1—7 月随米夫来中国，任共产国际代表团翻译；返苏后，留校任教，后成为中国共产主义劳动大学（原中山大学）支部局负责人。在莫斯科时，王明即进行宗派活动；1929 年 4 月回国，先后任中共沪东区委宣传干事、《红旗》报编辑、全国总工会党团秘书和全总机关报《劳动》三日刊编辑等。他曾对全总党团负责人说，“东方部派我们回国不是做普通工作，而是要做领导工作的”；并狂妄地声称，“中国的党自建立以来一贯幼稚，不懂马列。苏区的人更不懂，他们什么也不晓得，一贯右倾，搞富农路线”。“我们要把党从上到下加以改造”①。

王明在大革命失败后所发表的文章中，早就表现出相当严重的“左”倾教条主义倾向。比如，他混淆民主革命与社会主义革命的界限，认为“中国革命现在阶段中存在有社会主义革命成份”，不仅要“反对封建关系的压迫和封建剥削”，而且要“反对资本主义式的压迫和剥削”，并且强调“在新高潮到来之时”，中国革命“有很快的转变到社会主义革命的前途”。否认或忽视这种转变，这是一种“最主要最危险的农民意识”②。他鼓吹城市中心论，认为“在武装群众的工作中，必须对于工业城市的无产阶级加以最大的注意，绝不能把工人阶级的武装暴动看成对于乡村游击战争的简单响应或补充”，强调乡村的“游击斗争必须与工业中心的暴动相联合”，并且“应当把它与为社会主义而战的光荣斗争衔接起来”③。他无视党内“左”倾思想、“左”倾政策严重存在的客观事实，强调“右倾倾向是目前党的主要政治危险”④。他的上述思想，都是从共产国际的有关决议、指示中演绎出来的。

正因为王明的思想本来就是严重“左”倾的，他当然不可能从根本上反对李立三的“左”倾错误。事实上，就在 1930 年 5 月 15 日出版的《布尔塞维克》上李立三发表构成 6 月 11 日决议基础的那篇题为《新的革命高潮前面的诸问题》一文的同时，王明也在这个刊物上发表了《目前军阀战争与党的任务》的文章。在文章中，与李立三相似，王明也对革命形势作了极端夸大的估计，认为“国际的和中国的政治经济危机尖锐化”，“使中国过去一切统治方式（自北洋军阀至国

① 罗章龙：《上海东方饭店会议前后》，《新华文摘》1981 年第 5 期。

② 慕石：《极可注意的两个农民意识问题》，1929 年 12 月 7 日—1930 年 1 月 4 日，《红旗》第 60、67 期；《反对两个严重错误的倾向》，1930 年 1 月 8 日，《红旗》第 68 期。

③ 韶玉：《〈武装暴动〉的序言》，1928 年 5 月 16 日，《布尔塞维克》第 2 卷第 6 期。

④ 慕石：《党的主要实际政治危险，究竟是什么？》，1929 年 11 月 23 日，《红旗》第 56 期。

民党)完全宣告破产,使中国各派统治阶级都加速崩溃"。因此,他拥护反映李立三"左"倾方针的中共中央七十号通告,认为这个通告"根据目前国际革命形势与中国革命形势的分析,确定地指出在全国范围内武装暴动夺取政权的口号已日渐成为行动的口号,而首先在数省甚至一省建立中国苏维埃政府的前途,日益证明有实现的可能;同时,根据种种客观条件的关系,指出武汉及邻近各省有最大的可能"。他并且认为,一省数省的首先胜利,"一方面固然是全中国苏维埃革命胜利的正式开始,是变武装进攻苏联的中国为武装拥护苏联的中国的开始";"另方面,也即是中国工农兵群众与国际帝国主义武装战争的正式开始,也即是全中国国内阶级战争大规模地普遍地爆发的开始"。他再次强调"加紧进行反对各种右倾倾向及对右倾采调和态度的调和倾向,是目前党的最主要任务之一",并且大反所谓"地方观念、保守观念和一般的农民意识",大反所谓"使游击队、红军、苏维埃区域都拘守一隅",大反提出"保护中小商人利益"等口号。① 所有这些,不仅与李立三的主张并无二致,而且是对李立三"左"倾方针的有力响应。

当时,"王明经常到棋盘街的一个书店同共产国际保持特殊的联系,当他了解到共产国际远东局对6月11日决议的态度以后,就主动找博古、王稼祥、何子述几个中山大学的老同学一起交换意见,商讨对国内形势的看法"②。他们认为李立三对共产国际不尊重,这一点是特别不能容忍的。于是,王明决定改变原先全面支持李立三主张的立场,对他的若干意见取批评的态度。

1930年7月9日,在中共中央工作人员政治讨论会上,王明等指责李立三犯了躲在"左"倾词句之下的右倾机会主义错误,这种错误乃是托洛茨基主义、陈独秀主义的混合物。李立三等则以"右倾机会主义者"、"小组织者"等大帽子来压王明等人。向忠发并宣布,撤销王明担任的中宣部秘书等一切职务。7月10日,王明致信中共中央,继续坚持9日会上发表的意见。他认为,"世界革命新的怒潮正在发展为直接革命形势","所以中国革命现在不仅有先于他国爆发的可能,而且有胜利持续的保障"。只是他认为,"以为中国革命爆发了,才能引起世界革命大爆发,只有中国革命胜利了,世界革命才能胜利,这是不正确的"。他认为,"在全国革命高潮的形势下",可以和应当"首先在主要数省以至一省暴动夺取政权"。只是他认为,"不能把高涨或高潮与直接革命形势混为一谈"。他认为,"武汉及其邻近各省暴动夺取政权,立即遇到与帝国主义及国民党军阀残酷的作战",但即使全国暴动不立即发生,它也"能够支持斗争到汇合全国革

---

① 《布尔塞维克》第3卷第4、5期合刊。

② 李志英:《博古传》,当代中国出版社1994年版,第76页。

命的胜利”。他还指责李立三等不仅未能将反右倾斗争“深入支部”、“深入一般干部”,而且“很少能对于右倾观点有比较系统的认识”。王明虽然在关于全国革命和世界革命发展不平衡问题上所持的观点与李立三有所不同,但是“他们对形势与任务的估计都是‘左’倾的”;“他们的分歧,根本不是两条路线的斗争”①。但李立三等听不得不同意见,决定给王明以留党察看6个月的处分,随后把他调往江苏省委宣传部工作;同时给博古(本名秦邦宪)等三人以最后严重警告处分。

本来,王明对六届三中全会及其后的中央的态度,在共产国际十月指示信到达中国之前,总的是拥护的。不久,由于一些归国的中山大学学生带回了共产国际批评中共六届三中全会的消息,王明于10月底得知后,②即与一些人进行串联,积极反对三中全会及其后的中央。11月13日,王明、博古联名写信给中央政治局,口头上不得不承认“三中全会有重大意义”,却又指责“三中(全会)最大缺点是对立三路线没有充分揭露其机会主义实质”,指责三中全会后的中央犯了一系列错误,这些错误“是立三路线在某种程度某种意义上的继续”。他们打出反对立三路线和调和主义的旗号,要求中央“坚决地有系统地揭破李立三路线和国际路线是两条原则不同的路线”,“迅速的纠正目前的各种策略上分析上的错误,将这些错误教育全党同志”。11月17日,他们再次联名致函中央政治局,炫耀自己为了反对立三路线所进行的斗争,要求中央“正式公开在会议上及党报上宣布我们与立三同志争论的真相,撤销我们的处罚”。

中共中央于11月16日才收到共产国际十月指示信。11月18日,召开政治局会议。周恩来在会上指出,“国际来信的批评是深刻的”,但“已经知道国际来信的同志(新由莫回国的),必须召集一次会议,要他们站在巩固党、帮助中央领导的立场上来做工作,不允许不经过组织而走到分裂党的方式上去”。22日,政治局再次举行会议,表示接受共产国际十月指示,并通过《中央政治局关于最近国际来信的决议》(此决议于25日公布)。会议不同意王明等人要求公布争论情况等的意见。鉴于党正处于困难时期,必须集中力量做好当前工作,政治局认为,“在党内实行‘公开辩论’立三路线问题是不适宜的”。12月6日,周恩来在政治局会议上指出,“陈、秦信对中央文件批评,对立三路线反没甚揭发”,而“在人的活动上可以看出显然是小组织倾向的”。他强调:“政治意见可以发表,但不可妨碍工作。小组织活动是有计划的,完全不站在党的立场,可以肯定地

① 参见盖军、于吉楠:《陈绍禹是怎样上台的》,《党史研究》1981年第2期。

② 参见《周恩来传》,人民出版社、中央文献出版社1989年版,第226页。

说,他们的政治意见也是不正确的;若是正确的,在组织上便不会如此。"①

王明当时的政治意见集中反映在《两条路线——拥护国际路线,反对立三路线》这本小册子里。这个小册子是王明在三中全会决议出来后李立三等停止他工作期间"差不多费了半个月的时间写成的",边写边在几十个人中间传阅。他自己认为,这个小册子在一个时期中"曾经起过相当的反立三路线及对立三路线的调和态度的纲领作用"。而在"实际上",正如《关于若干历史问题的决议》所说,这"是提出了一个在新的形态下,继续、恢复或发展立三路线和其他'左'倾思想'左'倾政策的新的政治纲领"。(这个小册子于 1931 年 2 月在上海出第一版。1932 年 3 月在莫斯科再版时改名为《为中共更加布尔塞维克化而斗争》。)

王明在这个小册子里虽然也批评了立三路线的"左"倾错误,但它的特点,是主要地反而批评了立三路线的"右",认为李立三推行的"是用'左'倾空谈掩盖右倾消极的整个机会主义路线",指责三中全会"对于立三路线的一贯右倾机会主义的理论与实际","未加以丝毫的击破和打击",攻击瞿秋白等"把三中全会的政治决议变成掩护立三路线的产物"。在中国社会性质和阶级关系的问题上,他夸大资本主义在中国经济中的比重,夸大中国现阶段革命中反资产阶级斗争、反富农斗争和所谓"社会主义革命"成分的意义,否认中间营垒和第三派的存在。在革命形势和党的任务问题上,他继续强调全国性的"革命高潮"和党在全国范围的"进攻路线",认为所谓"直接革命形势"很快地将包括一个或几个有中心城市在内的主要省份。他并以"左"的观点诬蔑中国当时还没有"真正的"红军和工农兵代表会议政权,特别强调地宣称当时党内的主要危险是所谓"右倾机会主义"、"实际工作中的机会主义"和"富农路线"。他号召在共产国际直接领导之下,开始召集党的七大,"以便根本改造党的领导",在这之前,"由国际负责帮助成立临时的中央领导机关",并"以能积极拥护和执行国际路线的斗争干部——特别是工人干部,来改造和充实各级党的领导机关",因而造成了当时党内的严重危机。这样,正如《关于若干历史问题的决议》所说:"虽然新的'左'倾路线并没有主张在中心城市组织起义,在一个时期内也没有主张集中红军进攻中心城市,但是整个地说来,它却比立三路线的'左'倾更坚决,更有理论,气焰更甚,形态也更完备了。"

王明的路线就是共产国际的路线。他得到了共产国际的全力支持。

1930 年 12 月中旬,共产国际东方部副部长米夫以共产国际代表的身份突然秘密来到上海,直接插手中国党的内部事务。"米夫一来,更造成了党内的危

① 转引自《周恩来传》,人民出版社、中央文献出版社 1989 年版,第 228 页。

机"[①]。他单独与王明会见,并提出要召开四中全会,会议的中心是反右倾。他严厉指责中共六届三中全会和中共中央 11 月 25 日决议。他后来在回顾当时情况时说:陈绍禹是"中国共产主义运动最有威望和最有天才的领袖之一",在他的"周围团结了最好的干部,他协同党内其他优秀的领导者"秦邦宪等,"在两条战线斗争上,坚持了正确的列宁斯大林关于中国革命问题的路线"[②]。他当时利用共产国际的权威,执意把王明等人推向中共中央的领导岗位,是在执行一项经过精心安排的既定方针。

2. 中共六届四中全会与王明"左"倾教条主义统治的开始

12 月 9 日,中共中央政治局作出决议,承认三中全会的路线是"不正确"的。16 日,政治局决定撤销对王明、博古等四人的处分。23 日,中央发出紧急通告即九十六号通告,承认"调和主义的中央所领导的全党工作仍然在重复与继续立三路线的错误",应当"引进积极反立三路线、反调和主义的干部尤其是工人干部到指导机关"。

这时,王明等在与米夫商议后,改变了原先要求召开紧急会议的主张,转而要求召开四中全会。米夫声称,他已报告共产国际,决定召开四中全会,而不是召开紧急会议。周恩来说过,"四中全会,我们起草了决议,不被采用,米夫自己起草了决议"[③]。米夫并提议由王明担任江苏省委书记。政治局经研究,决定江苏省委书记由刘少奇(时在苏联)担任,刘归国前由王明代理;还决定将博古补为团中央委员,参加团的中央局工作。这种安排,为王明等人出席四中全会准备了一定的条件。

当时,罗章龙等是主张召开中央紧急会议的,王明等开始时也曾赞成这种主张。为什么这时米夫、王明等主张召开四中全会而反对召开紧急会议呢?有的学者指出,这是因为,"如果召开紧急会议,按照罗章龙等人的要求,原有中央领导人多数不能参加,会议主要成员将是由各部门、各基层组织推选的'反对立三路线'、'反对三中全会调和路线'的积极分子,罗章龙一派人占据优势,很可能取得中央领导权"。"如果召开六届四中全会,原有的中央领导人都参加,列席人员由中共中央和国际代表指定,可以使'承认错误'的原有中央领导人的多数继续留任并保证陈绍禹进入中央领导地位,组成一个完全听命于共产国际的领导班子"[④]。这种推论,是有道理的。

---

① 《周恩来选集》下卷,人民出版社 1984 年版,第 309 页。

② 米夫:《英勇奋斗的十五年》,1936 年。

③ 《周恩来选集》下卷,人民出版社 1984 年版,第 309 页。

④ 于吉楠:《关于罗章龙分裂活动的几个问题》,《土地革命战争史新论》,中共中央党校出版社 1995 年版,第 108 页。

1931年1月7日，中共六届四中全会在共产国际"远东局指导之下"①于上海秘密召开。出席会议的共37人，其中中央委员14人，候补中央委员8人，王明、博古等其他人员15人。米夫出席了会议。会议由推举出来的主席团主持，主要主持人是向忠发。"米夫是全会的实际操纵者"②，会议仅只进行了十几个小时，即于当天结束。

向忠发在会上作《中央政治局报告》，随后进行讨论。前后在会上发言的有30余人。王明作了长篇发言。政治局成员周恩来、瞿秋白、罗迈（李维汉）等在发言中作了自我批评。米夫作为国际代表对会议作结论。会议基本上通过了由米夫等事先准备好的《中共四中全会决议案》，选出王明等五人委员会会同共产国际远东局共同修改。1月15日，发表了《四中全会告同志书》。

会议的报告、结论、文件及与会者的发言，除了重复立三路线是"左"倾词句掩盖下的右倾机会主义和反对三中全会对立三路线的调和主义等以外，最突出的一点在于强调中国共产党必须对共产国际绝对忠诚、绝对服从。王明说：中共四中全会提出了"对共产国际路线百分之百的忠实"这个口号，这"是使党更加布尔塞维克化和苏维埃革命更加胜利的唯一道路和保证"。③

会议决议案强调，"共产国际要求（中国）党完全揭露立三同志的'理论'，在实行中去完全消灭他的一切反共产国际的方针"，决不容许"用共产国际的'左'右叛徒的理由来说共产国际不知道中国情形，不能领导中国革命"，坚决反对"党的领导对于共产国际代表有不可容许的不尊重态度"。④ 米夫提出，"要全党如一个人一样的一致在国际路线之下来斗争"；李立三所谓"或者忠于共产国际的纪律或者忠于中国革命"，这是"采用了叛徒们所用的辞句"；中国党要信赖和依靠共产国际培养的人，李立三"说有同志送到莫斯科学习结果就没有希望了，但现在证明这些同志将他们所学习的东西应用出来，坚决的先执行国际路线"。⑤《四中全会告全党同志书》甚至喊出"对于共产国际，要铁一般的忠实"的口号，要中国党"在对于共产国际铁一般的忠实中，密切的坚强的巩固我们的队伍"。⑥ 应当指出，提倡对共产国际的盲目服从，这是六届四中全会的一个特别突出和特别严重的问题。

马克思主义认为，认识来源于实践，受实践的检验，在实践中得到补充、修正

---

① 参见《周恩来传》，人民出版社、中央文献出版社1989年版，第231页。

② 李维汉：《回忆与研究》（上），中共党史资料出版社1986年版，第324页。

③ 王明：《中共现状与中共任务》，1932年12月，《共产国际》（中文）第5卷第1期。

④ 《中共中央文件选集》第7册，中共中央党校出版社1991年版，第21、20、22页。

⑤ 《中共中央文件选集》第7册，中共中央党校出版社1991年版，第37、31、36页。

⑥ 《中共中央文件选集》第7册，中共中央党校出版社1991年版，第49、47页。

和发展。因此，中国共产党要制定并贯彻执行正确的路线和方针政策，把中国革命引向胜利发展的道路，就必须在马克思列宁主义的指导下，调查研究中国社会的实际情况，总结人民斗争的实践经验，即必须坚持一切从实际出发、实事求是、理论联系实际的唯物主义的思想路线。中国党无疑应当学习国际革命的经验，但这种学习必须是同中国的实际相结合的，绝不能只是机械地照搬别国革命的具体公式。认为共产国际的指示都是无条件正确的，中国党只要照着这些指示去办就有了把中国革命引向胜利的确实保证，这是颠倒了主观与客观、认识与实践的关系，把人的主观认识当成了先验的东西，这是在露骨地提倡唯心主义的思想路线。从这种唯心主义的思想路线出发制定出来的党的政治路线和有关的方针政策，是难得不犯错误的，是必定要在实践中碰壁的。六届四中全会所提倡的这种把马克思主义教条化、把共产国际指示和决议绝对化神圣化的错误倾向，后来造成了严重的后果，曾使中国革命几乎陷于绝境。

毛泽东在当时就说过，中国革命的胜利要靠中国同志了解中国情况。后来，他更说过："中国这个客观世界，整个地说来，是由中国人认识的，不是在共产国际管中国问题的同志们认识的。共产国际的这些同志就不了解或者说不很了解中国社会，中国民族，中国革命。对于中国这个客观世界，我们自己在很长时间内都认识不清楚，何况外国同志呢？"①但是，按照加入共产国际的条件，中国党作为共产国际的一个支部，在组织上有服从共产国际的一切指示、决议的义务。这就不能不给中国党的实际斗争带来严重的困难，造成消极的后果。

"六届四中全会直接实现了新的'左'倾路线的两项互相联系的错误纲领"：②

其一是反对所谓"目前党内主要危险"的"右倾"。决议强调，"右倾依然是目前党内主要危险"，必须"实行斗争去反对实际工作上的机会主义"。米夫也强调，"党的危险主要是右倾，我们要集中力量反右倾"。

其二是所谓"改造充实各级领导机关"。决议强调"必须取消三中全会所补选的赞助立三同志的中央委员，引进反立三主义的斗争之中拥护国际路线的同志到中央委员会里来，并且重新审定政治局的成份"；必须改造各级党部，"引进新的干部，首先是工人的积极分子，来做指导工作"。

六届四中全会虽然在它自己的决议上没有作出关于当时政治形势的分析和党的具体政治任务的规定，但是在实际上，它是批准了陈绍禹的那个小册子——《两条路线》，这个小册子，如前面所分析的，基本上乃是一个"左"倾机会主义的

① 《毛泽东文集》第 8 卷，人民出版社 1999 年版，第 299 页。
② 《关于若干历史问题的决议》，《毛泽东选集》第 3 卷，人民出版社 1991 年版，第 963 页。

总纲领。而全会通过的关于“反右倾”和“改造充实各级领导机关”的决定,则是为这个“左”倾机会主义的总纲领的推行从思想上扫清障碍、在组织上开辟道路的。

六届四中全会补选了中央委员和改选了政治局。共产国际远东局和中共中央政治局事先拟定了一个名单,让罗迈(李维汉)、贺昌从三中全会补选的中央委员中退出,瞿秋白、李立三和罗迈从三中全会的政治局中退出,提出以向忠发、王明等16人为新的政治局委员或候补委员。罗章龙等反对这个名单,认为政治局成员的大半是立三路线的执行者,要求彻底改选政治局。韩连会并提出了另一个名单。名单中有徐锡根、何孟雄、张国焘、罗章龙等。米夫要求按照远东局和中央政治局提出的名单先行表决,然后再提议其他人。会议通过罗迈、贺昌退出中央委员会,但表决结果,赞成三中全会补选的中委统统退出的只占少数。然后,对远东局、政治局提出的名单和韩连会提出的名单进行表决。有人提问:什么人有表决权?米夫说:现在都有表决权。“在米夫的操纵下,又由于罗章龙等对原中央领导人采取打倒一切的态度,远东局和政治局提出的名单获得多数通过”。结果,退出的中央委员是罗迈、贺昌,补选的中央委员是韩连会、王荩仁、王明、许畏三、沈先定、沈泽民、黄苏、曾炳春、夏曦等九人;退出政治局的是瞿秋白、李立三、罗迈三人,新选入政治局的是刘少奇、王明、王克全、任弼时、陈郁等五人。“这样,在米夫支持下便实现了王明等人取得中央领导权的计划,使原来连中央委员都不是的王明,进入党中央最高领导机关政治局。向忠发名义上虽然继续担任政治局常务委员会主席,但实际上由王明等人独揽中央领导大权”①。

总的说来,正如《关于若干历史问题的决议》所指出的那样,六届四中全会的召开“没有任何积极的建设的作用”,它开始了以王明为代表的“左”倾教条主义在中央的统治,给中国共产党和中国革命事业造成了极其严重的灾难性的后果。

“王明等人之所以能够上台”,“一是得到共产国际的赏识和支持,这是最主要的原因;二是教条主义唬住了一些人,一部分同志对他们实行妥协和支持;三是八七会议以来党内一直存在着的‘左’倾情绪和政策还浓厚地存在着,容易为王明的一套更‘左’的理论和政策所迷惑”。② 这方面的历史教训是值得认真研究和记取的。

① 李维汉:《回忆与研究》(上),中共党史资料出版社1986年版,第327~328页。

② 李维汉:《回忆与研究》(上),中共党史资料出版社1986年版,第328页。

3."左"倾冒险主义错误的严重发展

中共六届四中全会后,总书记仍是向忠发,王明是政治局委员兼江南省委书记。1931 年 1 月 10 日,政治局会议决定:向忠发、周恩来、张国焘三人为常委。30 日,决定周恩来兼中央军事委员会书记。中央各部门的负责人分别是:组织部长康生,宣传部长沈泽民,军事部长周恩来,职工部长卢福坦,农民部长张闻天,妇女部长周秀珠。温钰成为团中央书记,项英任全国总工会委员长。

1931 年 4 月,顾顺章(中央政治局候补委员,参与领导中央特科工作)送张国焘去鄂豫皖根据地后,在武汉被捕叛变,并向国民党当局建议以突然袭击的方式将中共中央机关一举破坏、将中共中央领导人一网打尽。打入国民党中央组织部调查科任机要秘书的中共党员钱壮飞获悉这一情报后,立即派人连夜由南京赶往上海,向中共中央报告。周恩来等随即采取果断措施,转移有关人员,妥善地保卫了中共中央的安全。6 月 21 日,向忠发被捕,并于 24 日叛变,供出周恩来的住处。中央的安全再次受到威胁。这时留在上海的中央政治局委员还有王明、周恩来、卢福坦三人。但其中王明将去莫斯科任中共驻共产国际代表;周恩来已按照中央决定严格隐蔽,等待前往中央根据地。

在这种情况下,根据共产国际远东局的建议,成立了中共中央临时政治局,由博古(秦邦宪)①、张闻天(洛甫)、康生、陈云、卢福坦②、李竹声③六人组成,以博古负总责。9 月下旬,临时中央政治局在上海成立。此项决定得到了共产国际的批准。10 月中旬,王明前往莫斯科;12 月,周恩来前往中央根据地。以博古为首的临时中央仍然留在上海,继续贯彻执行以王明为代表的"左"倾冒险主义的路线和政策。博古当时只有 24 岁。

中共六届四中全会以后的中央对于党的干部队伍的状况作了不适当的估计,认为大革命时代的干部大多是投机动摇分子,而"现在仍旧存在的这些所谓'老干部',其中一部分仍是动摇,害怕,消极,灰心,名义上的干部,实际上不能为党工作或做了反革命的国民党改组派取消派藏在党内的暗探",因而错误地认定原有的干部大多不行了,片面地强调"干部要在广大群众中尤其从工人群众中去求得"。1931 年 5 月,中央制定了巡视条例,要求往各地派出中央巡视员,以"保证国际和中央路线百分之百的执行";这些巡视员要"严格地检查各地党部的领导成分和领导方式",并负"有加强和改造各级党部的任务"。如张国焘即是派往鄂豫皖根据地的中央代表。这样,在四中全会以后的一段时间里,党

---

① 博古当时任团中央书记。他是在温钰成因贪污被撤职后接任这一职务的。

② 卢福坦,煤矿工人出身,1932 年冬被捕叛变,参加国民党特务组织。

③ 李竹声,曾任莫斯科中山大学中方副校长,1930 年夏回国,1934 年 6 月被捕叛变。

内就出现了一种"钦差大臣满天飞"的不正常现象。中央强调,必须"具有百分之百的布尔塞维克的坚定性",对于各种错误倾向尤其是所谓构成"目前主要危险"的"右倾机会主义倾向","都要给以残酷无情的斗争",都要"坚决地打击"和"残酷无情地揭露"。正是在"集中火力反右倾"的口号下,派往一些地方的中央代表或"新的领导干部"在全党强制推行四中全会的路线。他们对于那些具有斗争经验,但不随声附和,并对他们的一些主张表示某种怀疑、不满意、不同意、不支持的老干部,动辄扣上"右倾机会主义"、"富农路线"、"两面派"等帽子,进行"残酷斗争"、"无情打击",并大批地加以撤换;同时又不适当地大批地提拔那些没有斗争经验,只知盲目服从、随声附和的新干部。"左"倾领导者正是通过"反右倾"和"改造充实各级领导机关"这两项互相关联的工作,进一步为"左"倾冒险主义在全党的贯彻执行,在思想上和组织上创造了条件。

在四中全会以后,"左"倾冒险主义的方针在实际工作中也开始得到贯彻,不过在 1931 年 9 月以前,这方面的错误还没有达到十分严重的程度。比如,在苏区,中央要求红军"必须坚决执行进攻的路线",必须"注意到堡垒战街垒战的演习",必须为占领中心城市做好准备;同时又认为不应当"轻视了反革命'围剿'的力量,过于夸大了自己的力量",因而主张目前要努力"建立起巩固的革命根据地与苏维埃政府",并不主张立刻发动对中心城市的进攻。在白区,中央要求党组织利用五卅等纪念日,冒险地"去举行飞行集会",去号召"罢工、罢业、罢操与示威",并认为不这样做就"是极可耻的取消主义与逃避主义,党必须予以坚决的斗争";但当时也还没有要求在城市里立即组织武装暴动。

1931 年 9 月 20 日,中共中央通过《由于工农红军冲破第三次"围剿"及革命危机逐渐成熟而产生的党的紧急任务》决议案。这标志着"左"倾冒险主义在中国共产党内进一步地发展起来了。之所以如此,是同王明、博古等人对当时的政治形势所作的错误判断直接有关的。

从 1930 年年底到 1931 年 7 月,即在不到一年的时间里,蒋介石曾先后集中 10 万、20 万、30 万的兵力,连续向中央根据地的红军发动了三次反革命的"围剿"。在毛泽东、朱德的领导下,红军取得了第一、二、三次反"围剿"战争的胜利,并由此使赣南、闽西两个根据地连成一片,中央根据地发展到包括 21 个县、近 300 万人口。与此同时,其他根据地的红军如贺龙等领导的湘鄂西红军、徐向前等领导的鄂豫皖红军、方志敏等领导的闽浙赣红军,也都取得了反"围剿"的胜利。经过这些胜利,红军的力量继续发展,农村革命根据地进一步巩固和扩大。

1931 年 9 月 18 日,日本帝国主义悍然对中国的东北发动武装进攻,企图变中国为其独占的殖民地。这就是九一八事变。由于蒋介石命令东北军"绝对抱不抵抗主义",结果,短短三个月内,东北三省全境即被日本侵略者所占领。在这种情况下,中日民族矛盾急剧上升了。广大人民强烈要求武装抗日。在东北,人民群众纷纷组织抗日义勇军,广泛开展抗日斗争。在国民党统治区,人民群众掀起了抗日救亡运动的强大浪潮。工人、农民、城市小资产阶级坚决反对国民党当局的不抵抗政策,要求当局出兵抗日,并武装群众。原先附和了大资产阶级的反动的上层小资产阶级和中等资产阶级也开始改变政治态度。他们的喉舌《申报》要求国民党在政治上"改弦更张",停止反共内战政策,一致对外。他们支持或参加人民群众的抵制日货运动,主张对日实行"经济绝交"。他们的一些代表人物如蔡元培、杨杏佛等还与宋庆龄、鲁迅等一起发起组织进步团体"中国民权保障同盟"并发表宣言,要求国民党当局释放政治犯,保障人民的抗日民主权利。一些具有爱国心的国民党将领也反对蒋介石的不抵抗主义,有的甚至抗命率部进行了抗日斗争。国内阶级关系发生的这种新的变动,对于中共领导的人民革命力量的发展是有利的。这种有利形势,是 1927 年革命失败以来所不曾有过的。

但是,王明、博古等人没有能够针对中日民族矛盾上升和国内阶级关系发生新变化的情况,制定出适合时宜的方针政策。根据地红军斗争的发展和国民党统治区抗日救亡运动的高涨,冲昏了他们的头脑。他们从教条主义立场出发,无视中日民族矛盾的上升,无视敌强我弱这个基本事实依然没有改变,大搞冒险主义、关门主义,致使党不仅没有能够利用当时出现的有利形势把中国革命大步地推向前进,反而使中国革命力量遭受了极其严重的损失。

他们的许多错误直接来自共产国际的指示和决议。还在 1931 年 3—4 月召开的共产国际执委会第十一次全会即认为,在中国,"深刻的革命危机迅速地成熟了"①。同年 8 月,共产国际执委会主席团在关于中国共产党的任务的决议中认定,"中国已进入革命危机时期"。而"中国的革命危机标志着地主反革命势力的破产";群众已经"觉悟到,除非革命,除非推翻帝国主义和国民党的统治",是没有也"不可能有出路的"。它强调中国共产党要执行进攻的路线,并准备"由无产阶级和农民这两个阶级的专政,向社会主义革命阶段的直接过渡"。②它还提出了诸如"被没收土地的原业主不应得到任何份地",富农"只能得到自耕的份地,但不能分好地","实际实行土地国有化","从经济上解除中国资产阶级的武装","立即实行八小时工作制"③等一系列脱离中国农村根据地实际的

① 《共产国际有关中国革命的文献资料(1929—1936)》第 2 辑,中国社会科学出版社 1982 年版,第 142 页。

② 《共产国际有关中国革命的文献资料(1929—1936)》第 2 辑,中国社会科学出版社 1982 年版,第 145 ~ 146、164 页。

③ 《共产国际有关中国革命的文献资料(1929—1936)》第 2 辑,中国社会科学出版社 1982 年版,第 160、161 页。

过左的政策。同年 11 月，共产国际执委会发出的呼吁书认定，九一八事变是帝国主义“瓜分中国的勾当”，是“向反苏战争又前进了一步”。① 1932 年 2 月，共产国际执委会书记处指示中共中央在抵抗日本侵略的同时，必须反对一切帝国主义，“保护全体劳动者底祖国苏联”。同年 8 月至 9 月召开的共产国际执委第十二次全会强调，“在中国，已出现革命的形势”，中共必须“反对一切帝国主义者，推翻帝国主义的代理人——国民党”，必须“积极动员群众保卫苏联”。② 共产国际的这些主张，基本上是脱离中国实际的，因而是不正确的，但却为中共“左”倾领导者所全盘接受，并成了他们立论和决策的主要依据。

他们在政治上的主要错误在于：

第一，他们不认识九一八事变开始了日本变中国为其独占殖民地的阶段，中日民族矛盾日益上升为主要矛盾；而是机械地搬用资本主义世界和社会主义世界的对立是当前“国际关系的核心”③这个公式，认为日本进攻中国东北，一方面是用武力镇压中国革命，另一方面则是帝国主义“瓜分中国”的开始，“是最露骨的反苏联战争的序幕”，而“目前帝国主义反苏联战争的危险，是最主要的危险”。④

应当指出，中国共产党人，包括犯“左”倾错误的领导人在内，一开始就是坚决主张武装抗日的，是坚决反对蒋介石的不抵抗政策的。九一八事变刚刚发生，中共中央就在 1931 年 9 月 22 日作出《关于日本帝国主义强占满洲事变的决定》，要求党组织积极“发动群众斗争来反抗日本帝国主义的侵略，加强在北满军队中的工作，组织它的兵变和游击战争，直接给日本帝国主义以严重的打击”。1932 年 4 月，中央工农民主政府发出《对日宣战通电》，郑重声明中共领导的人民政权“正式宣布对日战争，领导工农红军和全国被压迫民众，以民族革命战争驱逐日本帝国主义出中国”。党在东北还直接发动和领导了抗日武装斗争。党以实际行动证明了自己是中华民族利益的忠实捍卫者。当时的错误在于，党不适当地提出了“武装保卫苏联”和“打倒一切帝国主义”的口号。

早在九一八事变之前，根据共产国际的有关指示，中共中央就已经不切实际地提出过“武装拥护苏联”的口号了。在九一八事变之后，当日本的武装侵略使中国直接面临亡国灭种的危险的时候，竟然仍旧高喊这样的口号，更是完全脱离

---

① 《共产国际有关中国革命的文献资料（1929—1936）》第 2 辑，中国社会科学出版社 1982 年版，第 166 ~ 167 页。

② 《共产国际有关中国革命的文献资料（1929—1936）》第 2 辑，中国社会科学出版社 1982 年版，第 184 ~ 185、188 页。

③ 《中共中央文件选集》第 8 册，中共中央党校出版社 1991 年版，第 613 页。

④ 《中共中央文件选集》第 8 册，中共中央党校出版社 1991 年版，第 613 ~ 614 页。

实际、脱离群众的。这个离题万里的口号，根本不足以动员群众的抗日积极性，相反，只能使党陷于孤立的境地，并为反动派攻击党提供借口。

作为长远的战略目标，共产党是反对一切帝国主义的。但在当时，由于日本独占中国的企图与其他帝国主义的利益发生了冲突，帝国主义之间的矛盾不可避免地会发展起来，这种矛盾是可以而且应当加以利用的。因此，作为策略口号，提出“打倒一切帝国主义”是不适当的。尽管国际联盟对日本的侵略采取了姑息的态度，对此有必要加以揭露，但据此认为日本侵略中国“得到一切帝国主义的同意和赞助的”①，这种看法也是过于简单化了。

第二，他们从“工农兵政权与地主资产阶级政权的对立，是中国革命的主要特点”②这个公式出发，认为“目前中国政治形势的中心的中心，是反革命与革命的决死斗争”③，强调“推翻勾结帝国主义的国民党政府，是求得民族革命战争胜利的先决条件”④。

由于当时的国民党政府对日采取不抵抗主义，继续集中力量进攻红军和根据地，中国共产党坚持反对蒋介石的立场，在政治上坚决揭露国民党的反动政策，在军事上坚决粉碎它的“围剿”，这是必要的和正义的。但是，当亡国灭种的威胁笼罩在全国人民头上的时候，党应当着重提出反对日本帝国主义的侵略、武装保卫中华民族的生存的口号，而不是提出进行革命与反革命的决战、推翻国民党的口号。

国民党政权是帝国主义和大地主大资产阶级利益的集中代表者，推翻国民党政权是中国民主革命必须实现的目标。但在当时的情况下，由于中日民族矛盾的上升，由于敌强我弱的形势并没有根本改变，推翻国民党的口号既不易得到广大人民的理解，而且也还不具备将这个口号付诸实行的现实条件。因此，把它作为主要的行动口号，是不切合实际需要的，也是不策略的。

第三，他们无视九一八事变后中国阶级关系的新变化，简单地搬用“在各种不同的革命时期，基本的打击方向是使那个时候的中间的社会政治力量陷于孤立”的公式，把同国民党反动统治有矛盾的而在当时正积极活动起来的中间派别确定为“最危险的敌人”。

他们认为，“在目前的形势下，国民党的破产已是铁一般的事实”，“国民党的民族武断宣传已经不能使广大的群众相信了”。在这种情况下，第三党等提

① 《中共中央文件选集》第8册，中共中央党校出版社1991年版，第212页。

② 《中共中央文件选集》第8册，中共中央党校出版社1991年版，第615页。

③ 《中共中央文件选集》第7册，中共中央党校出版社1991年版，第406页。

④ 《中共中央文件文集》第8册，中共中央党校出版社1991年版，第45页。

出的"和平政府"这类主张,"他们一致的作用,是帮助国民党来维持他的统治,来使群众不去反对与推翻国民党统治,向国民党去'官民合作',在革命危机迅速成熟的时候,这些派别是最危险的敌人,应该以主要的力量来打击这些妥协的反革命派"①。他们还过分地强调中国各反革命派别进攻中国革命的一致性,无视一部分大地主大资产阶级的地方集团在抗日问题上的态度正在发生变化的事实。这样,他们也就不能及时地提出建立广泛的抗日民族统一战线的任务,而是继续主张打倒一切,实行关门主义的策略。

他们的这个集中力量打击中间派别的公式,是从斯大林的著作中搬来的。在《十月革命与俄国共产党人的策略》一文中,斯大林提出,"布尔塞维克在十月革命中取得胜利的先决条件,就是孤立妥协的改良的政党",因为"在革命将获最终胜利的时期中",它们是"最危险的革命底敌人"。② 有必要指出,"对于斯大林这个公式,就应该用马克思主义的批判观点有分别地看待它"。因为"在某种条件下,孤立中间势力可以是正确的。但是并不是在一切条件下孤立中间势力都是正确的"。就当时中国的情况来说,所谓中间势力,主要是指中等资产阶级、上层小资产阶级以及反映他们要求的政党和政治派别。他们在大革命失败后曾经附和了大资产阶级的反动,这时他们从反革命营垒中动摇出来,这是有利于革命而不利于反革命的。不具体分析中国中间势力的实际情况,生搬硬套斯大林论述的俄国十月革命时期的策略原则,这是十足的教条主义。中国革命的历史经验表明,"革命的主要打击方向应该放在最主要的敌人身上,使它孤立,而对于中间势力,则应该采用又联合又斗争的政策,至少使它中立,并且应该力求在可能的条件下,争取它从中立的地位转变过来,使它和我们成立联盟,以便有利于革命的发展"。十年内战时期,"我们的一些同志简单地搬用斯大林的这个公式到中国革命中来,把主要的打击方向对着中间势力,把它说成是最危险的敌人,结果没有孤立真正的敌人,反而使自己陷于孤立,使自己吃了亏,而有利于真正的敌人"③。

第四,他们夸大国民党统治的危机和革命力量的发展,认为"国民党政府是在迅速地走向崩溃与死亡","中国的革命危机更加成熟",强调必须"准备党的

---

① 《中共中央文件选集》第8册,中共中央党校出版社1991年版,第41页。

② 博古在《为着实现武装民众的民族革命战争中国共产党做了什么和将做些什么?》(1934年7月8日)一文中,曾引证斯大林的有关论断,并说"斯大林同志所指出的这一原则,也就是党在三年以来(按:1931年以来)所采取为领导的战略原则的"。

③ 《关于无产专政的历史经验》,1956年4月6日,《建国以来重要文献选编》第8册,中央文献出版社1994年版,第236页。

组织与党员去迎接行将到来的伟大阶级的决战"①。

他们对于政治形势所作的这种估计，完全是主观主义的。红军三次反"围剿"战争的胜利，抗日救亡运动的兴起，固然为革命的发展提供了有利的条件，但反动的力量还远远超过有组织的革命力量，比如，当时国民党军队有 200 万人，而红军还只有 10 万人，所以进行阶级决战的时机还远远没有到来。

鉴于对形势的主观主义的分析，他们认为，"全中国成熟着的革命危机的图画""很明显的映出了争取革命在一省与数省首先胜利的前途"②。他们强调，"过去正确的不占取大城市的策略，现在是不同了；扩大苏区，将零星的苏区联系成整个的苏区，利用目前顺利的政治与军事的条件，占取一二个重要的中心城市，以开始革命在一省数省的首先胜利是放到党的全部工作与苏维埃运动的议事日程上了"③。具体对于中央苏区来说，就是要"坚决进行胜利的进攻"，"争取闽赣湘鄂苏区打成一片，争取中心城市——赣州，吉安，抚州，南昌与江西及其邻近省区的首先胜利"④。"各苏区的红军必须更有计划的互相呼应，互相配合"，"以造成占领南昌与包围武汉的形势"⑤。这样，他们就把立三路线时期的口号重新提了出来。"所不同的，是主要要求红军的占领，因为这时红军更大，城市工作更小了"⑥。

为了使红军执行所谓"积极进攻的战略"，他们再次攻击那些坚持做建设农村根据地工作的同志表现了"农民中的落后意识与保守观念"，讽刺"他们把'巩固苏区根据地'当做符咒一样的去念，把消灭'土围子'当做了巩固根据地的中心工作"，是犯了"等待主义"的错误。⑦ 事实上，当时的红军是没有力量去占领中心城市的。硬要这样做，不但中心城市不可能占领，农村根据地的工作也难免会受到削弱。"这样不以当时的城市工作服从乡村工作，而以当时的乡村工作服从城市工作的结果，就是使城市工作失败以后，乡村工作的绝大部分也遭到失败"⑧。

在农村根据地的工作中，他们还执行了一系列"左"的政策。

对于土地革命，他们的态度是积极的。他们也主张没收地主的土地分配给

① 《中共中央文件选集》第 8 册，中共中央党校出版社 1991 年版，第 46 页。
② 《中共中央文件选集》第 7 册，中共中央党校出版社 1991 年版，第 406 页。
③ 《中共中央文件选集》第 8 册，中共中央党校出版社 1991 年版，第 42 页。
④ 《中共中央文件选集》第 8 册，中共中央党校出版社 1991 年版，第 214 页。
⑤ 《中共中央文件选集》第 8 册，中共中央党校出版社 1991 年版，第 279 页。
⑥ 《毛泽东选集》第 3 卷，人民出版社 1991 年版，第 976 页。
⑦ 《中共中央文件选集》第 8 册，中共中央党校出版社 1991 年版，第 215、618 ~ 619 页。
⑧ 《毛泽东选集》第 3 卷，人民出版社 1991 年版，第 976 页。

无地或少地的贫苦农民。但是,他们根据共产国际的指示,主张"地主不分田,富农分坏田"。他们认为,"过去各苏区没收一切土地分配给一切人的非阶级观点,实际上是富农路线的观点,必须根本肃清。地主残余所分得的土地必须无条件的没收,即使他不参加反革命活动,也只能派他做苦工,而不能分配他以土地,使地主残余复活。富农原有的土地,或分得较好的土地,必须没收,只有在他愿意自己耕种的条件下,可分配他一份坏的耕地"①。对此,毛泽东后来曾批评说,"地主不分田者,肉体上消灭地主之谓也,这是出于哪一条马列主义的?你们在理论上既不主张破坏地主们的消化器,就得让他们吃饭"。"不给地主一份土地去耕种,其结果,便是追着他们去当绿色游击队,手执武器向苏维埃拼命,这有什么好处呢?富农分坏田,把富农降到赤贫,让这一部分农民也反对我们"。而且,消灭富农经济并不是党在民主革命阶段的任务,这种做法已经超越了民主革命阶段,本身就是不正确的。这根本不是什么重视无产阶级领导权,"这是毁灭权,这是毁灭无产阶级领导作用的办法,这是毁灭革命的办法"②。

他们虽然承认,"在中国革命目前的阶段上,资本主义的发展是不可避免的",对于中国资本家的企业和财产并不应当立即收归国有,但是他们主张由资本家承担过高的税负,支持工人在经济斗争中提出过高的要求,致使资本家在实际上几乎无法盈利,民族工商业难以维持和发展。比如,领导当时苏区工人"在许多城市的商店、作坊中提出了过高的经济要求,机械地执行只能适用于大城市的劳动法,使企业不能负担而迅速倒闭;不问企业的工作状况,机械地实行八小时和青工六小时的工作制;不顾企业的经济能力,强迫介绍失业工人进去;在年关斗争中,许多城市到处举行有害苏区经济的总同盟罢工"。陈云在 1933 年 4 月时曾著文指出:"这种'左'的错误领导,是破坏苏区经济发展,破坏工农联盟,破坏苏维埃政权,破坏工人阶级的彻底解放的。"③

第五,在白区工作方面,他们在敌我力量的对比极为悬殊的情况下,在反革命的统治力量极为强大的城市,盲目地强调"斗争高于一切,一切为了斗争","不断地扩大和提高斗争","拒绝实行必要的退却和防御的步骤,拒绝利用一切合法的可能,而继续采取为当时情况所不允许的进攻的形式,组织庞大的没有掩护的党的机关和各种脱离广大群众的第二党式的所谓赤色群众团体,经常地无条件地号召和组织政治罢工、同盟罢工、罢课、罢市、罢操、罢岗、游行示威、飞行

① 《中共中央文件选集》第 7 册,中共中央党校出版社 1991 年版,第 315 页。

② 《毛泽东文集》第 2 卷,人民出版社 1993 年版,第 342 页。

③ 《陈云文选》第 1 卷,人民出版社 1996 年版,第 9 页。

集会以至武装暴动等不易或不能得到群众参加和支持的行动”①。这种做法，不仅不利于党到群众中去开展宣传和组织工作，积蓄和锻炼革命的力量，而且容易使辛苦地积蓄起来的革命力量暴露在敌人的面前，而遭致他们的摧残。

第六，1934 年 1 月召开的党的六届五中全会认为，“中国的革命危机已到了新的尖锐的阶段——直接革命形势在中国存在着”。粉碎敌人五次“匪剿”的决战就是“苏维埃道路与殖民地道路之间谁战胜谁”的斗争；而“在我们已将工农革命民主专政推广到中国重要部分的时候，实行社会主义革命将成为共产党的基本任务。”②这样，他们就否认了中国民主革命的长期性，混淆了民主革命与社会主义革命这两个阶段的界限。

毛泽东后来说过，王明、博古的这条“‘左’倾路线是比之陈独秀右倾机会主义路线与李立三‘左’倾机会主义路线形态更完备，时间更长久，结果更严重的一条机会主义的路线”。这是确实的。

4．刘少奇、李铁夫等抵制“左”倾错误的斗争与“左”倾冒险主义对白区工作的严重危害

由于不懂得应当把党的工作重心放在领导农村工作和红军战争上面，六届四中全会以后的两年时间里，中共中央领导机关仍然设在全国最大的中心城市上海。中央的主要精力仍然集中于领导白区工作尤其是白区的城市斗争，而在白区工作中又执行了关门主义和冒险主义的方针，使党辛辛苦苦地积蓄起来的革命力量受到了严重的损失。

1931 年 1 月 13 日，中共中央发出《目前政治形势及党的中心任务》的通告，强调“必须坚决执行进攻的路线”，主张在城市应“发动和领导工人群众的日常的部分的斗争”，在此基础上“尽量去准备和组织政治罢工；这样，去定出准备总同盟罢工的方针”；同时认定中间派别是“革命的最大危险”。1 月 18 日，王明在上海党的活动分子会议上甚至提出在中心城市要“武装工人”、“准备武装暴动”、“做党员军事化的工作”等项任务。“五一”前夕，中央政治局发出《中央关于五一工作计划》，要求在上海、天津、香港、哈尔滨、唐山、青岛等城市在“五一”“必须利用种种会议或集会的方法来动员群众”，举行示威或飞行集会、罢工等。5 月 9 日，中央发出《关于目前政治形势及中共党的紧急任务决议案》，要求党组织“去号召五卅的罢工罢业罢操与示威”，并指出如“不在运动的当天举行示威或飞行集会”，就“是极可耻的取消主义与逃避主义”，“必须予以坚决的斗争”③。随后，中央又作出了为

① 《毛泽东选集》第 3 卷，人民出版社 1991 年版，第 981 页。
② 《中共中央文件选集》第 10 册，中共中央党校出版社 1991 版，第 31、48～49 页。
③ 《中共中央文件选集》第 7 册，中共中央党校出版社 1991 年版，第 265 页。

纪念“八一”和纪念十月革命节各地应举行厂内集会、飞行集会、罢工、示威、游行、演讲等的工作布置。9 月 20 日，中央作出《由于工农红军冲破第三次“围剿”及革命危机逐渐成熟而产生的党的紧急任务》决议案，要求上海等地“立刻以‘罢工，罢课，罢操，反对日本帝国主义’，‘工农武装起来，反对日本帝国主义’”作为党的中心口号，并把这些口号与“打倒国民党”、“拥护苏维埃”等口号结合起来；尤其要“尽力用全力来准备各个企业的总罢工”；等等。①

当时，在整个国民党统治区，中共一共只有几千名党员；全国 300 万产业工人中，与中共有联系的工人大约只有 3 000 人，其中有统计的赤色工会会员为 1 148人，连同会员线索、附属组织共 1 937 人。② 与庞大的反革命力量相比较，革命力量处于绝对的劣势。本来，在这种情况下，党应采取隐蔽精干、积蓄力量、以待时机的方针。然而正如刘少奇后来所说的那样，“我们不知道在形势与条件不利于我们的时候，暂时避免和敌人决斗，不知道只有将那些已有的工作、组织和力量保存与巩固起来，才能在这些基础上去扩大与加强我们的力量，以准备和敌人进行胜利的决斗”。我们总是性急、莽撞。纪念节“几乎成了冒险主义‘教徒’的‘礼拜日’。在这一天，照例要发宣言、发传单、出特刊、关车、罢工、到马路上示威、叫口号、开会等”。到纪念节，平时隐蔽着的革命力量就大批地在敌人面前公开暴露出来。许多人由此遭到逮捕、虐杀。“结果在这些纪念节的损失，是难以计算的”③。严重的问题还在于，尽管受到损失，还是不接受教训。总是说，虽然许多同志被捕了，但我们的行动揭露了敌人，教育了群众，从而一而再、再而三地把失败曲解为胜利。显然，这是十足的“左”倾幼稚病。

这种“左”倾幼稚病在白区工作中的表现是多方面的。比如：不考虑当时当地的环境与条件以及群众的觉悟程度，提出为群众还不了解、还不能接受的口号、要求和斗争方式，去强迫群众接受，强迫群众斗争；不懂得争取同盟者，也不懂得利用敌人营垒内部的矛盾，以便集中力量去反对当前的主要敌人，而是主张“绝不妥协”、“绝不让步”与“打倒一切”；忽视与放弃公开工作的可能，不懂得利用合法形式进行公开斗争，并且在群众团体的工作中重复党的工作方式，从而

① 《中共中央文件选集》第 7 册，中共中央党校出版社 1991 年版，第 412 ~ 413 页。

② 据刘少奇《1931 年职工运动的总结》一文的记载：赤色工会“统计会员 1 148 人，计上海 666 人，厦门 72 人，海员 319 人（码头驳船在内），哈尔滨 71 人，胶济路 20 人。除此以外，海员有线索 36 人，津浦济南站有线索 41 人。附属组织上海有 691 人，青岛 20 人。连会员线索、附属组织共 1 937 人”。见《红旗周报》第 31 期。

③ 《刘少奇选集》上卷，人民出版社 1981 年版，第 25 ~ 26 页。

使这些组织的群众不是进一步扩大而是日趋缩小;等等。[①]

对于党在白区工作中的"左"倾错误,刘少奇等曾进行过一定程度的抵制。

刘少奇是早期工人运动的著名领导人。1931年秋,他从莫斯科回到上海,[②]任中共临时中央职工部部长、中华全国总工会组织部部长。当时,中央认为工人的罢工"争斗更明显地暴露其反攻的以至政治的性质","罢工斗争的反攻中带着很多进攻的性质"。[③] 刘少奇对此持有异议。他在10月5日写给中央的《关于工人运动的意见》一文中,列举事实,说明当前工人斗争的形势,是与武汉、广州时代不同的;同时,因为工人组织得不够和敌人的压迫,工人还没有如五卅时期那样广泛的参与和表示自己在反帝运动中的威力。他说,如果我们承认最近许多工人斗争是为反对资本和国民党的进攻,同时又承认工人斗争"绝不是防卫的,而是反攻的与进攻的",这是不是矛盾呢?10月上旬,中央派人与他进行了两次谈话,批评他"站在工会系统上,有右倾机会主义的倾向"。10月10日,他再次致信中央,认为中央并没有具体指出他的意见错误在什么地方,因而使他无法明了和纠正错误,以接受中央的批评;他并且表示,自己将继续积极地向中央提出在各种问题上的意见。之后,他也确实是这样做的。比如,同年11月,他撰写了《加紧领导工人的自发斗争》、《建立辅助组织》等文章,提出"赤色工会应使自己的工作不拘束在狭小的秘密组织之内,必须逐渐使工作发展到一切企业中和斗争的群众中去";主张工人阶级除了建立基本组织,如政党、工会以外,还必须建立辅助组织,如工人合作社、俱乐部及其他文化的、互助的工人团体等,以便借此取得公开半公开的机会,来进行赤色工会所要做的一些工作,并扩大我们与群众的联系与宣传影响,以及准备和发动罢工。[④] 同年,中央在通过职工运动的决议时,他"认为目前工人斗争是防御的与反攻的","认为在经济恐慌资本进攻的条件下,罢工不能得到胜利,罢工不容易发生",因而后来被洛甫斥为对工人运动形势的估计"犯了右倾机会主义的错误"。[⑤] 12月,他在所写的《在目前反帝运动中赤色工会应努力的工作》一文中,主张赤色工会要与黄色工会里面的群众建立下层统一战线。赤色工会应在群众中提出并广泛宣传自己的独立主

---

① 参见刘少奇:《肃清关门主义与冒险主义》,《刘少奇选集》上卷,人民出版社1981年版,第26~30页。

② 刘少奇于1930年7月到达莫斯科。8月,率中国工会代表团出席赤色职工国际第五次代表大会,当选为赤色国际执行局委员,会后留在赤色国际工作。

③ 《中共中央文件选集》第7册,中共中央党校出版社1991年版,第384、512页。

④ 发表在中华全国总工会主办的不定期刊物《工运指南》第1期上。

⑤ 洛甫:《在争取中国革命在一省与数省的首先胜利中中国共产党内机会主义的动摇》,1934年4月4日,载《中共中央文件选集》第8册,中共中央党校出版社1991年版,第625、626页。

和口号，并善于利用公开身份来进行非常有效的活动，使我们的主张能够被普遍地传播到群众中去。[①] 1932 年 1 月，他在《工运指南》第 3 期上发表《罢工策略》一文，提出既不能在罢工困难面前投降，又不能异常轻率地玩弄罢工。制定罢工策略，要“了解客观的形势，庄严的估计群众的情绪，精密的计算敌我两方的力量，了解自己的弱点，选择恰当的时机，寻出敌人的要害并利用敌人的弱点分配群众的力量，拿住一切转变的关头，来领导群众，指挥群众作战”。在不利的情况下，要善于适时地结束罢工，作有组织、有计划的退却。退却的时候，“不使群众的情绪消沉，不使群众的组织瓦解，并能继续加强，继续的准备下一次的斗争”。同月，他还在《红旗周报》上发表《批评“退出黄色工会”的策略》一文，认为“那些有群众的黄色工会，我们还是应该加入或留在里面的”。退出，“实际上就是要使我们脱离黄色工会下面的群众，让这部分群众去受黄色工会领导的欺骗与愚弄”。让黄色工会中的革命反对派退出，建立独立的赤色工会，“实际这不是使我们的活动走向公开，而恰恰是走向秘密”[②]。一二八事变后，临时中央政治局认为当时工人斗争形势是进攻的，主张将上海罢工斗争搞成“大规模的总同盟武装暴动”。刘少奇认为，工人斗争是防御的反攻的，举行总同盟武装暴动的条件并没有成熟。他在 2 月 14 日的政治局会议上再次阐述了这个意见。[③] 3 月，他在《给工会工作人员的一封公开信》中，列举工会工作中存在的问题，强调“赤色工会如果想成为中国革命运动中的主要动力之一，那就非使自己的工作有彻底的急速的转变不可”。他在为中央职工部起草的《一九三一年职工运动的总结》这份报告中再次指出，在困难面前投降而取消罢工，或不估计到客观的困难和主观的力量而去玩弄罢工，都是发展工人斗争的前途的障碍。他列举党在领导工人斗争中发生的缺点，强调“学习领导和组织斗争，是党和工联目前最严重的问题”[④]。

刘少奇所提出的关于党在白区工作的方针和方法的意见，虽然也有其局限性，但这是从研究工人运动的实际情况、总结工人斗争经验的基础上提出来的，因而也就与那些一味照抄共产国际的指示，“把国际决议当做‘圣经’，天天挂在口头上念”的“左”倾领导者的许多意见，是有原则区别的。正因为如此，他也就受到了这些领导者的错误的批评、压制和打击。1932 年 3 月 14 日，中共临时中央政治局会议讨论工会工作问题。会议认为，中央职工部、全国总工会党团在领

---

① 此文发表在《工运指南》第 2 期上。

② 《红旗周报》第 28 期。又见《刘少奇选集》上卷，人民出版社 1981 年版，第 15、16、18 页。

③ 《刘少奇年谱》上卷，中央文献出版社 1996 年版，第 116 ~ 117 页。

④ 《红旗周报》第 31 期。

导职工运动中,不能执行共产国际和中央的路线,存在着严重的右倾机会主义的领导方式。博古、康生、思美等先后发言,批判刘少奇的所谓"一贯的""右倾机会主义的错误"。临时中央负责人传达了共产国际的指示:"刘湘(刘少奇)不能担任领导工作。"会议决定,撤销刘少奇的中央职工部部长职务,保留政治局候补委员职务。刘少奇在会上被迫作了检查,同时对在经济恐慌中可否罢工的问题、赤色工会的问题、黄色工会的问题等作了说明,①即保留了自己仍然认为是正确的意见。3 月 25 日,中央发出《为职工运动致同志的一封信》,指责"全总党团与中央职工部的领导"正陷于"机会主义的泥坑之中",号召全党同志"给右倾机会主义以致命的打击"。② 在这前后,康生、洛甫等还在党的刊物上接连发表文章,对刘少奇进行不点名的或点名的批判。比如,1932 年 3—4 月,康生(署名谢康)在《红旗周报》上先后发表《反对职工运动中的机会主义》、《坚持沪西日商纱厂工人的罢工与反机会主义》、《机会主义的职工运动总结——批评中央职工部的报告——一九三一年职工运动的总结》等文章,攻击仲篪同志(刘少奇)实行了"一贯的机会主义路线","在资本进攻之下屈服投降,对于工人斗争加以可耻的污蔑"③。洛甫在《红旗周报》上发表的《工会中的机会主义领导》以及在《斗争》上发表的《在争取中国革命在一省与数省的首先胜利中中国共产党内机会主义的动摇》等文章中,公开点名批判刘少奇等人,强调必须针对他们的"这种一贯的机会主义或机会主义路线","开展工会工作中的最残酷无情的两条战线的斗争"。④ 7 月 28 日,政治局常委会作出决议,取消中央职工部,中央职工部的工作任务由全总党团担负起来。刘少奇等参加全总党团。

当时,在白区工作中,因抵制"左"倾冒险主义而被斥责为犯右倾机会主义错误的,除在中央工作的刘少奇等人以外,还有许多在地方上工作的干部,其中的一个典型人物,就是李铁夫。

李铁夫,朝鲜人,1928 年第二次来华,加入中国共产党,1931 年起先后担任过北平反帝同盟党团书记、河北省委宣传部长、组织部长。自 1933 年 11 月至 1934 年 2 月,他写了《关于党内问题的几个意见》、《"左"倾机会主义的反动性》、《转变基础与反关门主义的问题》、《反帝运动不开展的原因是什么?》等 10 篇文章和意见书。"由于历史的和认识的局限性,尽管文章也存在一些缺点,但

---

① 《刘少奇年谱》上卷,中央文献出版社 1996 年版,第 120 ~ 121 页。

② 《中共中央文件选集》第 8 册,中共中央党校出版社 1991 年版,第 165、175 页。

③ 《红旗周报》第 33、35、36 期。

④ 参见《红旗周报》第 35 期;《中共中央文件选集》第 8 册,中共中央党校出版社 1991 年版。

它的基本精神和主要内容是揭露和批判王明‘左’倾冒险主义的。”①

针对那种“脱离群众,走向盲动”的倾向,李铁夫指出,党必须到群众中去做积蓄力量的艰苦工作。“每个共产党员群众工作的出发点,必须抓住群众当前的迫切要求……把他们的要求归纳起来,统一起来,发动斗争,推动斗争走上更高阶段”;而不能脱离群众的要求,空喊“拥护苏联”、“拥护红军”等口号。② 他认为,“我们在每个斗争(中),不但要会进攻,而且要会退却”。“不顾具体形势的如何,拒绝一切的妥协,主张连最后一个人的牺牲,那完全是无政府主义者的牺牲主义行动,是共产主义者不可采用的禁物。”③针对“左”倾领导者要求在北方普遍创建苏维埃政权的主张,他指出,“创造新苏区这一事并不是今天决议了明天就能实现的那样容易的事”,“也不是由于客观条件的存在而马上可能”实现的事。④ 中国革命的发展是不平衡的,在北方,群众“一般还没有达到有目的、有意识、有组织的行动的阶段,至少在华北……其革命化的程度还是很迟缓的”⑤。

李铁夫的这些意见,“反映了河北省委一部分坚持正确路线的同志对王明错误的抵制”⑥,但遭到了临时中央驻北方代表的激烈反对。中央代表指责李铁夫是河北党内机会主义动摇的“最主要最明显的代表”,他的意见实质上是“有系统的取消主义政纲”,因此,必须号召各级党组织“集中火力反对新的取消主义的思想与反党的行动”⑦。对于中央代表的主张,临时中央“以十二分的坚决态度”予以支持;按照中央和中央代表的指示,中共河北省委于1934年3月和5月先后作出《关于反对铁夫同志的新取消主义的决议》和《关于反对右倾取消主义的决议》,错误地发动了一场持续一年多时间的所谓反“铁夫路线”的斗争,使李铁夫和河北党内一批有实际斗争经验的干部受到严重打击,并在全党造成了恶劣的影响。⑧ 在一个时期内,李铁夫还被割断了与党组织的联系。

---

① 董建中等:《李铁夫》,载《中共党史人物传》第30卷,陕西人民出版社1986年版,第176页。

② 铁夫:《“左”倾机会主义的反动性》,1933年1月20日,转引自《中共党史人物传》第30卷,陕西人民出版社1986年版,第177页。

③ 铁夫:《关于党内几个问题的意见》,1933年11月20日,转引自《中共党史人物传》第30卷,陕西人民出版社1986年版,第178~179页。

④ 铁夫:《关于党内几个问题的意见》,1933年11月20日,转引自《中共党史人物传》第30卷,陕西人民出版社1986年版,第178~179页。

⑤ 铁夫:《反帝运动不开展的原因是什么》,转引自史略:《李铁夫对王明“左”倾冒险主义的抵制和所谓反“铁夫路线”的情况》,《党史研究》1983年第6期。

⑥ 《中共党史人物传》第30卷,陕西人民出版社1986年版,第183页。

⑦ 《中央驻北方代表石心给中央的信》,1934年3月7日,转引自《党史研究》1983年第6期。

⑧ 中共中央机关报《斗争》曾在1934年3月刊登《中央致北方代表及河北省委的信》和《中央驻北方代表给河北省委的信》。苏区中央局机关报《斗争》也在1934年5、6月连载了石心的《反对右倾取消主义,为党的布尔塞维克道路而斗争》的长篇文章(见《斗争》第61、62、63期)。

由于临时中央压制来自党内的批评，并对按照党的组织原则对党的工作提出与他们不同意见的同志进行“残酷斗争，无情打击”，这就破坏了民主集中制，从而使党的民主决策在根本上成为不可能。其结果就是，严重危害中国革命的关门主义、冒险主义的错误不仅得不到纠正，反而更加发展了。

在国民党的恐怖统治下，中国共产党在白区进行活动本来就极其困难，“左”倾冒险主义、关门主义方针的推行，使这种困难变得更加严重，使白区的组织和工作遭到严重的损失。例如，从 1931 年年初到 1932 年年底，中共河北省委遭到三次大的破坏，唐山市委、北平市委、直中特委也遭到破坏。由于缺少掩护，临时中央机关也难以在上海立足，不得不于 1933 年 1 月迁入中央根据地。①

中共临时中央迁入根据地后，党在上海成立了中央局，作为临时中央的派出机关，领导党在国民党统治区的工作，并负责和共产国际联系。上海局继续执行“左”倾冒险主义的方针。它只存在了两年零七个月。从 1934 年 3 月到 1935 年 2 月，它遭到六次大的破坏。中共河北省委于 1933 年又遭到四次破坏。北平市委从 1933 年 5 月到 1935 年 5 月，遭到四次破坏。1934 年 9 月，由于中央局的电台被破坏，中国共产党被迫中断和共产国际的无线电联系。1935 年 2 月，由于叛徒出卖，上海局及其在上海的下属机关几乎被国民党特务机关全部破坏。7 月后，上海局不再存在。11 月，中央特科在上海的办事处也遭到破坏。至此，白区党的组织，除少数地方党部外，绝大多数均遭破坏。② 比如，在华北，正如刘少奇后来所说的那样，“除开保存了党的旗帜而外，党的组织一般没有保存下来，仅仅在河北还保存了一个省委组织、若干城市与农村中的地方组织和一批中下级干部”③。

应当指出，尽管党的领导机关犯了冒险主义、关门主义的错误，白区党的各级组织和广大党员、青年团员、革命积极分子所进行的不屈不挠、英勇顽强的斗争，在党的历史和中国革命的历史上仍然有着重大的意义。他们冲破反革命恐怖统治的高压，在黑暗中国的夜空高举起党的革命旗帜，保持和扩大了党在国民党统治区人民群众中的政治影响。他们不仅以自己的斗争牵制了进攻红军的国民党的反革命军事力量，而且通过传递情报、输送干部、提供紧缺物资（如药品、通讯器材）等给予了根据地的红军斗争以直接的支持。他们在思想文化战线上更进行了卓有成效的工作，在现代中国的文化史上写下了光辉的篇章。他们还为未来的斗争保存了一批干部，积累了正反两个方面的经验。他们的英雄气概、

① 参见《中国共产党历史》上卷，人民出版社 1991 年版，第 333 页。

② 参见《中国共产党历史》上卷，人民出版社 1991 年版，第 333 ~ 334 页。

③ 《刘少奇选集》上卷，人民出版社 1981 年版，第 246 页。

革命意志、牺牲精神,将永远为中国人民所景仰。

还"应当指出,1935年年底以后,虽然上海的中央局和大部分地方党的领导机关已不复存在,但中共中央的一些直属系统,例如文委、共青团、全国总工会上海执行局、中央军委和特科等在上海的党组织和党员,仍然顽强地坚持地下的秘密斗争,他(她)们紧密团结广大爱国群众,相互配合,成为各地人民抗日救亡运动的中流砥柱"①。这个历史事实,也是不应当被忽略的。

5. 毛泽东等反对"左"倾错误的斗争与"左"倾冒险主义对农村根据地工作的严重危害

以王明为代表的"左"倾冒险主义的最大恶果,是对党领导的农村根据地的斗争造成了严重的危害。

农村根据地的斗争,实际上是当时中国革命工作的重心。尽管中共中央仍然不适当地把自己的主要注意力放在城市工作方面,但从1930年9月六届三中全会开始,他们对农村工作和红军斗争的重视程度是明显地提高了。10月17日,政治局决定,由周恩来、毛泽东、项英、任弼时、朱德等组成苏区中央局,以周恩来为书记,统一领导各苏区的工作。在周恩来赴任之前,由项英先行进入中央苏区,暂代书记。1931年1月,苏区中央局在中央苏区正式宣告成立。六届四中全会后,政治局常委决定由任弼时、王稼祥、顾作霖组成中央代表团前往苏区。任弼时"是周恩来派到江西苏区作调查的"②。他率领的中央代表团于3月中旬进入中央革命根据地。

从1930年秋至1931年秋,毛泽东、朱德等领导中央根据地的红军取得了第一、二、三次反"围剿"战争的重大胜利。尽管六届四中全会以后,中央的"左"倾错误方针已经开始对农村根据地发生影响,但在诸如关于第二次反"围剿"的战略方针等的一些重大问题上,任弼时等还是支持了毛泽东等的正确主张的。1931年5月,苏区中央局决定恢复同年1月间撤销的红一方面军总前委,以毛泽东为总前委书记,统一领导作战及战区的地方工作。其后,鉴于项英"领导战争能力弱","中央局决定以毛泽东为代理书记"。

红军三次反"围剿"战争的胜利,使"左"倾领导者们骄傲起来了。基于对当时革命形势的过于乐观的估计,中央重新向全党、特别是根据地红军提出了占领一个或几个中心城市、争取一省数省首先胜利的任务。1931年8月31日,中共中央发出给苏区中央局并红军总前委的指示信。指示信在肯定中央苏区"获得了他伟大的成功"的同时,指责苏区同志"对于国际路线的正确,还缺乏全部的

---

① 《中国共产党白区斗争史》,人民出版社1996年版,第173页。

② 章学新主编:《任弼时传》,人民出版社、中央文献出版社1994年版,第204页。

深刻的了解”,认为“中央苏区现时的最严重错误是:缺乏明确的阶级路线与群众工作”。比如,没有执行“地主不分田、富农分坏田”的政策,“犯有富农路线的某些错误”;红军“还没有完全抛弃游击主义与传统的小团体的观念”;“很少接近城市”,忽视工人运动;等等。指示信强调,“红军在冲破三次‘围剿’后,必须向外发展,必须占领一两个顶大的城市”。为此,“必须尊重国际改造红军的主张”,“完全脱离游击主义的传统”,并且“要有堡垒战,街市战”等的演习。9 月 20 日,中共中央所作的题为《由于工农红军冲破第三次“围剿”及革命危机逐渐成熟而产生的党的紧急任务》的决议案,是王明路线时期“从文件到实际在全国大打所谓‘右倾机会主义’的第一个纲领性文件”。毛泽东后来曾经指出,它由一系列“左”的估量而得出的“中国政治的中心的中心是革命与反革命的决死斗争”的“决战论”,作为紧急任务提出的要红军冲破第三次“围剿”后,“取得一两个中心的或次要的城市”、“扩大苏区至中心城市”等,是“打大城市的根据”,寻本推源,“葬送红军自此始”。① 10 月,中央发出致苏区中央局第四号电报,再次强调“中区中心任务”是向外发展,争取一省数省首先胜利;必须“发展苏区内部阶级斗争”,把它同“内部阶级斗争很密切地联系”起来,“加紧反对各种反革命派别的思想斗争”,“征服自己阶级内错误思想”②。

毛泽东关于红军斗争和根据地建设的一贯主张是同中央的上述“左”倾冒险主义方针相对立的。在临时中央强制执行“左”倾冒险主义方针的过程中,毛泽东的正确主张一再受到错误的批判,他本人也一再受到严重的压制和打击。

1931 年 11 月初,中国共产党中央苏区第一次代表大会在江西瑞金叶坪村召开。这次会议通常被称为赣南会议。毛泽东以苏区中央局代理书记的身份出席会议并向大会作政治报告。这次会议,就根据地问题、军事问题、土地革命路线问题展开了争论。毛泽东坚持认为,中央革命根据地从实践中形成的一整套路线和方针是正确的,符合根据地实际情况的;几个中心县委书记也举出大量事实来支持毛泽东的看法。中央代表团却根据中共中央 8 月 30 日来信所说中央苏区的严重错误在于“缺乏明确的阶级路线与充分的群众工作”,对中央根据地的工作进行多方面的批评和指责。③ 会议通过了由中央代表团起草的《政治决议案》、《党的建设问题决议案》及《红军问题决议案》等。

会议把毛泽东坚持的一切从实际出发、实事求是、理论联系实际的思想路

① 毛泽东:《驳第三次“左”倾路线》,写于 1940 年至 1941 年上半年间,转引自《任弼时传》,人民出版社、中央文献出版社 1994 年版,第 216 页。

② 转引自《任弼时传》,人民出版社、中央文献出版社 1994 年版,第 223 页。

③ 金冲及主编:《毛泽东传(1893—1949)》,中央文献出版社 1996 年版,第 270 页。

线，尤其是他提出的“没有调查，没有发言权”的主张，斥责为“狭隘经验论”。决议认为，“党内的事务主义非常浓厚，并且存在着一种否认理论否认政治的狭义的经验论的落后思想”。“红军中的狭义的经验论，在实际工作中产生了不小影响，根本(否)认马克思列宁主义的理论，单凭自己的狭小经验和短小眼光来分析各种问题，这完全是农民的落后思想，事实上会要走到错乱的非阶级路线的前途上。”①

“没有调查，没有发言权”这个论断，是毛泽东在《反对本本主义》(1930年5月)一文中提出来的。他提出这个口号，是为了反对脱离实际的本本主义即教条主义；但他同时也强调了“我们的斗争需要马克思主义”，只是认为运用这个理论时，必须“根据实际情况进行讨论和审察”而已。这种主张是完全正确的。把它说成是所谓“否认理论的狭隘经验论”是毫无道理的。对此，毛泽东后来还说过：“‘没有调查就没有发言权’，这句话，虽然曾经被人讥为‘狭隘经验论’的，我却至今不悔；不但不悔，我仍然坚持没有调查是不可能有发言权的。有许多人，‘下车伊始’，就哇喇哇喇地发议论，提意见，这也批评，那也指责，其实这种人十个有十个要失败。因为这种议论或批评，没有经过周密调查，不过是无知妄说。”②

由于对过去的工作没有作出实事求是的评价，会议提出，“党的建设工作的中心任务，就是要基于国际的四中全会的精神，来坚决执行全部工作的彻底转变”③。这个主张显然也是不正确的。因为实际上，在以往的大部分时间里，中央苏区党组织采取的工作方针和办法就其基本方面来说是正确的，虽然随着形势的变化和经验的积累，它们还需要加以发展和完善，但实行“全部工作的彻底转变”，那就是把那些应当坚持的正确的东西也无条件地加以否定了。

会议把共产国际的指示、决议神圣化，并据此来批评中央苏区以往的工作，确定今后的任务。主要是：

在根据地问题上，与毛泽东关于在巩固的基础上逐步发展的方针不同，会议要求“中央区与闽西区的联系必须巩固，中央区与湘赣苏区以及赣南的零星苏区必须于最短时间内贯通，再进一步与赣东北与湘鄂赣边苏区贯通，这样来扩大并巩固苏维埃根据地”，并在“无数次的革命战争的胜利中去完成一省和几省的革命首先胜利”。④

---

① 《中共中央文件选集》第7册，中共中央党校出版社1991年版，第455、487页。
② 《毛泽东选集》第3卷，人民出版社1991年版，第791页。
③ 《中共中央文件选集》第7册，中共中央党校出版社1991年版，第470页。
④ 《中共中央文件选集》第7册，中共中央党校出版社1991年版，第459、458页。

在红军问题上，会议把毛泽东一贯坚持的党对军队的绝对领导说成是“党包办一切”，“是国民党以党治国的余毒”，主张“红军中包办一切军队行政的各级党的委员会应即取消。各级党的组织应当由各军政治部管理”。① 会议要求红军实行不适当的正规化，把当时红军的正当的游击性当做所谓“游击主义”来反对，认为“游击主义”“为进行大规模作战的绝大障碍”，因此，“红军中的一切工作必须实行彻底的转变，完全脱离游击主义和小团体主义的传统”。② 为了为进攻中心城市做准备，会议要求红军要特别注意街市战、堡垒战、白刃战等的演习。③

在土地革命问题上，会议认为毛泽东主持的“‘二七会议’虽然反对了露骨的富农路线，虽然在土地问题上进了一步，但其‘抽多补少’、‘抽肥补瘦’、‘分配土地给一切人’是模糊土地革命中的阶级斗争，也是同样的犯了富农路线的错误”④。

为了给否定毛泽东的正确主张、贯彻“左”倾冒险主义方针扫除思想障碍，会议继续强调“集中火力反对党内目前的主要危险——右倾”⑤。

会议根据临时中央的指示，设立中央革命军事委员会，取消红一方面军总司令和总政委、总前委书记的名义。这样，毛泽东就不再是红一方面军的总政委和总前委书记，不再居于中央苏区红军的主要领导岗位上了。

尽管会议对毛泽东进行了严厉的批评，中共临时中央仍然认为，“党代会最主要的错误与缺点”是自我批评不够开展，“两条战线的斗争，尤其非常薄弱，大会上反对所谓狭隘的经验论，代替了反机会主义的斗争”；并且批评“大会对于政治情势估计不足，因此，对于争取一省数省首先胜利及进攻的路线，缺乏明确的肯定的指出”。⑥

1931 年 12 月，周恩来由上海抵达瑞金，就任以前早就确定的苏区中央局书记的职务。周恩来在征询毛泽东的意见之后，曾致电中央，说明当时红军进攻中心城市有困难。中央在复电中指出，如果不能打下南昌，至少要在抚州、吉安、赣州中选择一个城市攻打。苏区中央局遂于 1932 年 1 月上旬召开会议，讨论攻打江西中心城市的问题。针对多数与会者根据临时中央指示的原则主张打赣州的意见，毛泽东指出：赣州是敌军必守的坚城，三面环水，红军技术装备差，很可能

① 《中共中央文件选集》第 7 册，中共中央党校出版社 1991 年版，第 486、478 页。
② 《中共中央文件选集》第 7 册，中共中央党校出版社 1991 年版，第 486、459 页。
③ 《中共中央文件选集》第 7 册，中共中央党校出版社 1991 年版，第 489 页。
④ 《中共中央文件选集》第 7 册，中共中央党校出版社 1991 年版，第 488 页。
⑤ 《中共中央文件选集》第 7 册，中共中央党校出版社 1991 年版，第 463 页。
⑥ 《中共中央文件选集》第 8 册，中共中央党校出版社 1991 年版，第 220～221 页。

久攻不克，于我不利，还是以不打为好；即使要打，也只能采取围城打援的战术。朱德也不赞成打赣州。但是，上述意见遭到了会议的否决。10日，中央革命军事委员会（简称中革军委）发布攻打赣州的训令，任命彭德怀为前敌总指挥。①

1932年1月中旬，毛泽东在瑞金叶坪主持召开苏区中央局会议，报告三次反“围剿”的情况和九一八事变后的全国形势。他认为，日本帝国主义灭亡中国的大举侵华，势必引起全国人民的抗日高潮，国内阶级关系将会发生变化。中央代表团有的成员不同意这种分析，强调“日本占领东北主要是为了进攻苏联，不作此估计就是右倾机会主义”，“我们必须提出武装保卫苏联”，否则“就是典型的右倾机会主义”。面对这种气势很盛的批评，毛泽东表示沉默。会议不得不中途更换主持人。会后不久，毛泽东向苏区中央局请病假进行休养。②

由于赣州前线战事失利，3月上旬，中革军委电请毛泽东暂停休养，赶赴前线参与决策。毛泽东提议苏区中央局在前方召开会议，检查攻打赣州的问题。3月中旬，苏区中央局在赣县江口召开会议，讨论攻打赣州的经验教训和红军今后的行动方针。毛泽东在会上指出，攻打赣州是错误的，主张红军主力向敌人力量比较薄弱、党和群众基础比较好、地势有利的赣东北发展，在赣江以东、闽浙沿海以西、长江以南、五岭山脉以北的广大地区发展革命战争，建立革命根据地。中央局否定了毛泽东的意见，主张红军夹赣江而下，向北发展，相机夺取赣江流域的中心城市或较大城市。根据会议的决定，会后，毛泽东以临时中央政府主席、中革军委委员身份率中路军北上。

3月末，周恩来在瑞金主持召开苏区中央局会议。毛泽东认为，向北没有多少发展余地，因为国民党的“剿共”大本营就设在南昌；向西发展有赣江梗阻，不便于大部队往返；向南发展必然与广东部队的主力顶牛；只有向东发展最为有利，因为一是有闽西根据地作为依托，二是闽南有广阔的活动余地。基于这种考虑，他提议中路军向东发展，攻打龙岩，消灭闽西张贞等军阀，打开局面。会议采纳了这个意见，决定将中路军改称东路军，由毛泽东率领，攻打龙岩，并向东南方向发展。③ 之后，毛泽东又在致周恩来的电文中指出，“据调查，漳州难守易攻”，故东路军“不论在龙岩打得着张贞与否，均拟直下漳州”④。这个计划得到了周恩来的支持。4月10日，东路军攻占龙岩；20日，攻占漳州，消灭国民党军第四十九师大部，达到了“翦除粤敌一翼之目的”⑤。这是红军在外线作战中取得的

① 《毛泽东年谱（1893—1949）》上卷，人民出版社、中央文献出版社1993年版，第364～365页。
② 《毛泽东年谱（1893—1949）》上卷，人民出版社、中央文献出版社1993年版，第364～365页。
③ 《毛泽东年谱（1893—1949）》上卷，人民出版社、中央文献出版社1993年版，第368～369页。
④ 《毛泽东军事文集》第1卷，军事科学出版社、中央文献出版社1993年版，第263页。
⑤ 《毛泽东军事文集》第1卷，军事科学出版社、中央文献出版社1993年版，第269页。

一个胜利，对于巩固闽西苏区、发展闽南游击战争、援助东江红军均有重要作用。东路军前后在漳州停留 49 天，而后奉命撤回赣南。在漳州期间，共筹款 100 余万元，动员近千人参加红军，并组建了红军闽南独立第三团，为建立闽南根据地打下了基础。

1932 年 4 月 14 日，中共临时中央发出《为反对帝国主义进攻苏联瓜分中国给各苏区党部的信》，指示各苏区应在“一寸苏区不让帝国主义及国民党军队蹂躏”、“扩大苏区是给帝国主义的直接打击，是民族革命战争的胜利”等口号下，“来粉碎敌人的进攻与进行革命的进攻，尽量的扩大苏区，争取联系一片的苏区与一省数省的首先胜利”。指示信强调“右倾机会主义的危险是各个苏区党目前的主要危险”，认为这种右倾主要表现在“对于目前革命形势的估计不足，忽视反苏联战争的危险”与“帝国主义直接干涉苏区的危险”，“不了解红军的积极行动的必要而陷于庸俗的保守主义”等方面，必须与之“作最坚决无情的争斗”。① 毛泽东在漳州接到苏区中央局转来的这个指示信后，于 5 月 3 日致电苏区中央局，明确而尖锐地指出：“中央的政治估量和军事战略，完全是错误的。”他认为，“在三次战争以后，我们的军事战略，大规模上决不应再采取防御式的内线作战战略，相反的要采取进攻的外线作战战略。我们的任务是夺取中心城市实现一省胜利，似要以消灭敌人做前提。在现时的敌我形势下，在我军的给养条件下，均必须跳出敌人的圆围之外，采取进攻的外线作战，才能达到目的。”此次东西两军的行动完全是正确的。“我们已跳出敌人的圆围之外，突破了敌人的东西两面，因而其南北两面也就受到我们极大威胁，不得不转移其向中区的目标，向着我东西两路军行动”②。这些主张，是攻势防御的作战方针在新情况下的运用，是同中央提出的不失一寸苏区土地等的意见相对立的。但是，苏区中央局未能抵制临时中央的错误方针，于 5 月 11 日作出了《关于领导和参加反对帝国主义进攻苏联瓜分中国与扩大民族革命战争运动周的决议》，认为“目前事变的发展，更加证明了国际与中央分析的完全正确”，“中央局自去年三次战争胜利以来对于目前形势的估量，犯了极严重的一贯的右倾机会主义错误”。其最严重的表现就是，对积极向敌人进攻、迅速的夺取中心城市与实现一省数省首先胜利，“发生很大的迟疑和等待”，这种保守倾向“更加助长了农民中落后意识与保守观念的发展，一刻也不应再容留在苏区党内”。③ 这个决议对以往中央苏区的工作进行了错误的指责，但它是在未征求毛泽东的意见，而且是在他本人未与

---

① 《中共中央文件选集》第 8 册，中共中央党校出版社 1991 年版，第 198、201 页。

② 《毛泽东军事文集》第 1 卷，军事科学出版社、中央文献出版社 1993 年版，第 271 ~ 272 页。

③ 《中共中央文件选集》第 8 册，中共中央党校出版社 1991 年版，第 212、209、215 页。

会的情况下通过的。毛泽东见到这个文件,深感不满。他后来回忆说:"六月回到长汀,见了这皇皇大文,茅塞为之顿启,知道是采的缺席裁判办法,一审终结,不许上诉的。"①

东路军回师后,恢复了红一方面军总部的建制,辖一、三、五三个军团,仍由朱德任总司令,王稼祥任总政治部主任,毛泽东仍以临时中央政府主席身份随总部行动。7月21日,周恩来作为苏区中央局代表赶到前线;后方工作由中央局副书记任弼时、临时中央政府副主席项英主持。7月25日,在前方的周、毛、朱、王联名致电中央局:"我们认为,为前方作战指挥便利起见,以取消政府主席一级,改设总政治委员为妥,即以毛为总政委。作战指挥权属总司令总政委,作战计划与决定权属中革军委,关于行动方针中央局代表有决定权,会议只限于军委会议。"②8月上旬,毛泽东出席在兴国召开的苏区中央局会议,主张设在后方的中央局"不要干涉前方的军事行动"③。会议决定,在前方组成以周恩来为主席,毛泽东、朱德、王稼祥为成员的最高军事会议,负责决定前方的行动方针和作战计划;毛泽东任红一方面军总政治委员。

还在1932年6月间,蒋介石即曾在庐山召开湘、鄂、豫、皖、赣五省"剿匪"会议,策划对苏区发动新的"围剿",计划先进攻鄂豫皖、湘鄂西苏区,而后集中进攻中央苏区。同年秋,国民党对湘鄂西、鄂豫皖苏区的第四次"围剿"基本结束,但对中央苏区的第四次"围剿"尚未准备就绪,继续采取守势。

面对国民党的反革命"围剿",中共临时中央继续推行"左"倾冒险主义的方针,并为此逐步加强了对毛泽东的批判和斗争。6月5日,中央发出给各苏区的军事训令,要求中央苏区红军首先"解决入赣粤敌,在可能条件下占领梅岭关,再沿江北上,占领赣州,吉安,樟树,以争取南昌为目的"④。6月17日,苏区中央局作出《关于争取完成江西及其邻近省区革命首先胜利的决议》,认为中国革命危机"更加成熟",批评"中央局过去领导""完全没有认识采取积极进攻战略的重要",把进攻中心城市视为"冒进"、"冒险",把"红军行动的中心""放在'打土围子'与'创造新战场'上,以等待敌人的新进攻","犯了不可容许的右倾机会主义的动摇";承认赣南会议犯了以反对狭隘经验论"代替了反机会主义的全部斗争"的错误;决议要求中央苏区红军必须"依据中央新的军事训令","以开展

① 毛泽东:《驳第三次"左"倾路线》,转引自《毛泽东传(1893—1949)》,中央文献出版社1996年版,第292页。

② 《周恩来书信选集》,中央文献出版社1988年版,第79页。

③ 转引自《毛泽东传(1893—1949)》,中央文献出版社1996年版,第294页。

④ 《中共中央文件选集》第8册,中共中央党校出版社1991年版,第230页。

江西的首先胜利”。[①] 为此，“红军的主力必须集中，必须最大限度的迅速行动，要努力做到解除红军主力‘分散’筹款‘分散’做地方工作的任务（当然不是说红军不做群众工作），使红军用全力于决战方面，到白色统治区域去开展胜利的进攻”[②]。这样就把毛泽东提出的红军必须承担的打仗、做群众工作、筹款这三项任务，实际上缩小为单纯打仗一项。9月30日，中共中央致电苏区中央局，提出在蒋介石“即将倾全力向我中区及赣东北进攻”的情况下，红军应“以最积极迅速之行动，择敌人弱点击破一面，勿待其合围”[③]。

为了贯彻执行中共临时中央的上述方针，尤其中央的九月指示电，确定中央苏区红军实行“积极的进攻路线”的行动步骤，10月3日至8日，中共苏区中央局在江西宁都县境内的小源召开全体会议，即宁都会议。会议同意中央6月5日的指示信并接受中央9月30日的指示电，要求红军以进攻战略粉碎敌人大举进攻，夺取中心城市，争取江西首先胜利。

会议“开展了中央从未有过的反倾向斗争”，对毛泽东和他在红军中实行的战略战术原则进行了错误的批评和指责。毛泽东坚持从实际出发，不同意红军无条件地离开苏区出击强敌。会议“批评到前方同志对革命胜利估计不足，特别指出泽东同志等待观念的错误”。在会上，他领导红军在历次反“围剿”战争中实行的“诱敌深入”的方针被指斥为“对敌人大举进攻的恐慌动摇失去信心、专去等待敌人进攻的右倾主要危险”；他提出的“向赣东发展路线”被指斥为对夺取中心城市的方针消极怠工；他在5月3日电文中对中央和苏区中央局的错误方针提出批评被指斥为“不尊重党领导机关与组织观念错误”。

在会上，后方中央局成员提出由周恩来“负战争领导总责”，毛泽东“回后方负中央政府工作责任”[④]。周恩来虽然承认前方确有以准备为中心的观念，但认为“泽东积年的经验多偏于作战，他的兴趣亦在主持战争”，“如在前方可吸引他供献不少意见，对战争有帮助”。他提出可供选择的两种方案：“一种是由我负主持战争全责，泽东仍留前方助理；另一种是泽东负指挥战争全责，我负监督行动方针的执行。”[⑤]朱德、王稼祥也不同意毛泽东离开红军领导岗位。但“大多数同志认为毛同志承认和了解错误不够，如他主持战争，在政治上与行动方针上容

① 《中共中央文件选集》第8册，中共中央党校出版社1991年版，第241、243、245、249页。

② 《中共中央文件选集》第8册，中共中央党校出版社1991年版，第249页。

③ 《中共中央文件选集》第8册，中共中央党校出版社1991年版，第531页注[5]。

④ 《苏区中央局宁都会议经过简报》，1932年10月21日，《中共中央文件选集》第8册，中共中央党校出版社1991年版，第528～530页。

⑤ 转引自金冲及主编：《周恩来传》，人民出版社、中央文献出版社1989年版，第256页。

易发生错误"①。毛泽东因不能取得中央局的全权信任,坚决不同意"负指挥战争全责"②。会议"最后是通过了恩来同志第一种意见,但最后批准毛同志暂时请病假,必要时到前方"③。

在宁都会议召开期间,10月6日,临时中央开会讨论了苏区中央局的问题。博古认为,"泽东的观点是保守、退却"。他的"分散工作的观点,我是坚决反对的"。必须"与他的倾向在党内作积极的斗争",只是"要估计到泽东在苏区红军中的威信",斗争中可以"不一定指出泽东名字"④。苏区中央局根据临时中央的电示,决定毛泽东回后方主持临时中央政府工作,红一方面军总政委一职由周恩来代理。10月26日,临时中央正式任命周恩来兼任红一方面军总政委。

中共临时中央对毛泽东的态度是不公正的。毛泽东后来也说过:当时撤掉军职"是缺席审判,并且不通知",这完全是一种"高慢的宗派主义"⑤。但他仍然遵守党的少数服从多数的原则,并且本着忠诚于党的事业的精神,一方面继续坚持自己的正确意见,⑥一方面在逆境中还是奋发地工作。他置个人的荣辱、进退于不顾,坚持以革命的大局为重,在离开前方去长汀休养时曾恳切地对周恩来说:前方军事急需,何时电召便何时来。

如前所述,1933年1月,中共临时中央因为白区工作在错误路线领导下遭受严重损失,难以继续在上海立足,不得不迁入中央根据地。上海另行组织中共上海中央执行局,作为中共中央的派出机构,领导党在国民党统治区的工作。博古(秦邦宪)是在1月19日到达江西瑞金的。为了统一领导,临时中央政治局成员和苏区中央局成员在瑞金举行会议,决定成立新的中共中央局,推选博古为书记、总负责人。同时开始用中共中央局名义发文件。同年6月起,改用中共中央名义。⑦

1927年的八七会议和1931年1月的六届四中全会,"都没有着重地涉及战争和战略的问题,这是当时党的工作重心还没有放在战争上面的反映。一九三三年党的中央迁至红色区域以后,情形有了根本的改变,但对于战争问题(以及

---

① 《中共中央文件选集》第8册,中共中央党校出版社1991年版,第530~531页。

② 金冲及主编:《毛泽东传(1893—1949)》,中央文献出版社1996年版,第297页。

③ 《中共中央文件选集》第8册,中共中央党校出版社1991年版,第530~531页。

④ 中央常委会记录,1932年10月6日,转引自《毛泽东传(1893—1949)》,中央文献出版社1996年版,第298页。

⑤ 中共中央政治会议记录,1936年9月15日、16日,转引自《毛泽东传(1893—1949)》,中央文献出版社1996年版,第298页。

⑥ 1932年11月26日,苏区中央局致电临时中央,其中讲到"对进攻路线","毛同志最近来信仍表现有以准备为中心的意见"。

⑦ 参见《博古传》,当代中国出版社1994年版,第103、109页。

一切主要问题),又犯了原则性的错误,致使革命战争遭受了严重的损失"①。

1933 年 2 月 8 日,中共中央局作出《关于在粉碎敌人四次"围剿"的决战前面党的紧急任务决议》。② 决议根据"全中国已经有着革命的形势"这种主观主义的估量,认定第四次反"围剿"战争"将使我们取得一个以至几个中心城市,实现革命在一省与几省的首先胜利",并开始"直接同帝国主义武装干涉进行更大规模的民族革命战争的整个阶段"。为此,应"最大限度的扩大与巩固主力红军。在全中国各苏区,创造一百万铁的红军",并"动员所有模范队、模范少队,整团整营加入红军中去";同时提出"借二十万担谷子来帮助革命战争",并要求"土地税公债票必须在规定日期内完全缴清"等。尽管为了支持革命战争,扩红和借谷等是必要的,但这里规定的任务显然是过高过急了。为了"完成这些紧急任务",决议认为必须开展"反对右倾机会主义的斗争",也就是说,准备采取施加政治压力的方法,来强制推行他们的方针。这样,随着中央机构的迁入,"左"倾冒险主义也就在中央所在的根据地和邻近各根据地进一步得到了贯彻执行。

中共中央局的上述决议作出之后,洛甫(张闻天)被派往汀州检查福建省委(即闽粤赣省委)的工作。省委将省委代理书记及省委驻杭(上杭)永(永定)岩(龙岩)全权代表罗明在 1933 年 1 月底写给省委的《对工作的几点意见》和《关于杭永情形给闽粤赣省委的报告》交给了洛甫。在《对工作的几点意见》中,罗明主张用最大力量赤化连南、汀东南,并向永定方面发展,使闽西与闽北连成一片;此时扩大红军应以长汀为中心,上杭等地环境不同,扩红比较困难,应先抓紧扩大独立师、独立团和其他地方武装,先解决打击敌人进攻的问题;党和政府的领导方式要区别中心县中心区与边县边区,不能太机械,不能千篇一律。"在永定以至上杭许多边区边县,目前最中心的工作是推动强大游击队、赤卫军和建立白区工作,积极行动,向外游击,打击敌人的进攻";等等。③ 在《报告》中,罗明讲到上杭等地因受到敌人几次的打击,许多边区的群众一时感到恐慌,对胜利信心不足;他认为"中心的问题是要杭永以至闽西党要集中力量"进行"胜利的武装斗争",以"减少敌人对群众的摧残和减少群众的痛苦",并由此"来提高群众

① 《毛泽东选集》第 2 卷,人民出版社 1991 年版,第 548 页。

② 中共苏区中央局机关报《斗争》第 2 期,1933 年 2 月 4 日。这里有一个问题:1933 年 2 月 4 日出版的刊物怎么会刊登 2 月 8 日作出的决议呢?实际上,《斗争》是旬刊,其第 1 期是 2 月 4 日出版的,第 2 期应在 2 月 14 日出版。可能是排版时把 14 日错排成 4 日了。《斗争》所载的这个文件,落款是"中共中央局"。中央档案馆所编《中共中央文件选集》第 8 册刊载的这个文件,标明是"苏区中央局"的决议,疑有误。

③ 罗明:《对工作的几点意见》,载《中共党史资料》第 12 期。

的认识与提高群众斗争的情绪”。① 他还建议，边区的土地税款等财政收入不要完全集中到国库，应给地方留有机动费用，否则脱离生产的地方武装人员的生活就无法维持。应当说，罗明提出的这些意见，是从闽西斗争的实际出发的，目的是为了坚持和发展这个地区的革命斗争。而且，他以书面的方式，向省委以至中央反映当地的情况并提出自己的工作建议，也完全符合党的组织原则。但是，博古等人认为，这些主张是反对中央的“进攻路线”的，是与中央局2月8日决议提出的任务和要求相对立的，因而决定，就此在根据地党内开展一场反对“罗明路线”、反对“右倾机会主义”的大斗争。

1933年2月15日，中央局作出《关于闽粤赣省委的决定》，认为在福建“省委内一小部分同志中，显然形成了以罗明同志为首的机会主义路线”，而省委大多数同志尚不认识问题的严重性，“表示了他们的不坚定与机会主义的动摇”。中央局要求，“在党内立刻开展反对以罗明同志为代表的机会主义路线的斗争”；“省委对于这一路线的腐朽的自由主义态度，必须受到最严厉的打击”。中央局并决定，“立刻撤销罗明同志省委代理书记及省委驻杭永岩全权代表工作”，召集省的临时代表会议，“成立新的省委”。② 之后，中央局的几个干部曾找罗明谈话。罗明讲道，他的有些意见，是群众从血的教训中总结得来的。他还引用了列宁的话：“群众本身的政治经验，这是一切大革命的基本规律。”博古在与他谈话时，劈头就说，你不承认有路线错误，还引用列宁的话来反驳。你们山沟里有什么马列主义，这是你们的狭隘的经验主义。你不承认路线错误就开除你的党籍，撤销你的党内外一切职务。他还说，还有比你更高级的领导干部，也犯了同样的错误。③

为了动员开展反对“罗明路线”的斗争，2月16日，博古在工农红军学校第四期毕业生的党团员大会上作了关于目前政治形势与党的中心任务的报告，报告的最后一部分《拥护党的布尔塞维克的进攻路线》还在《斗争》第3期上公开发表。他指责罗明等人反映了“一部（分）动摇懦弱无气节的小资产阶级的分子”那种“悲观失望，退却逃跑的情绪，以致形成他们自己的机会主义的取消主义的逃跑退却路线，反抗党的进攻路线，妨碍党的布尔塞维克的动员群众”。因此，开展“不调和的反机会主义的斗争，将是保证我们胜利的先决条件”。④ 2月20日，中共苏区中央局通过《关于开展反罗明路线的决议》，决定改组闽粤赣团

① 转引自苏区中央局机关报《斗争》第3期，1933年2月23日。

② 《中共中央文件选集》第9册，中共中央党校出版社1991年版，第94～95页。

③ 罗明：《关于“罗明路线问题”的回顾》，载《中共党史资料》第12辑。

④ 苏区中央局《斗争》第3期，1933年2月23日出版。

省委的领导,并"在全苏区团内开展反罗明路线的斗争"。洛甫等还在苏区中央局的机关报《斗争》上发表《什么是罗明同志的机会主义路线?》、《什么是进攻路线?》、《反对腐朽的自由主义》等长篇文章,对罗明进行严厉的批判。

2 月 24 日,闽粤赣省党的临时代表大会在长汀召开。会上,对罗明的所谓"机会主义路线"进行了"揭发"和"最有力的打击",罗明本人被迫作了检查;同时,还"无情的批评了过去省委委员刘晓"的所谓"对于自己的自由主义错误认识的不足";大会并且号召,把反"罗明路线"的"斗争深入到下层群众中去"。①

这样,在闽粤赣省,一场错误的党内斗争即反"罗明路线"的斗争,就迅速而普遍地开展了起来。大批党的干部受到了批判、打击和处分。在闽粤赣省,"省委组织部长刘晓因反'罗明路线'斗争领导不力被撤销职务。省苏维埃主席张鼎臣、省军区司令员谭震林、省委常委郭滴人、省财政部长邓子恢、团省委书记陈荣被诬为'一贯的机会主义'或(被)扣上'罗明路线'的拥护者(的帽子)而被撤职。上杭中心县委书记方方、长汀县委书记李坚贞、武平县委书记陈玉梅等也都因所谓'罗明路线'的牵连,或被调动工作,或被撤职、批判"②。新泉县委书记杨文仲更被诬指为提出"机会主义取消主义的退却路线的政纲"③,而在 2 月 24 日召开的党代会上被撤职。

中央局发动的这场反对所谓"罗明路线"的斗争,很快蔓延到了中央和其他革命根据地。其中最突出的,是在江西开展的反对邓(小平)、毛(泽覃)、谢(唯俊)、古(柏)的斗争,即反对所谓"江西罗明路线"的斗争。邓小平是江西会昌、寻邬、安远中心县委书记;毛泽覃当过苏区中央局秘书长,永丰、吉安、泰和中心县委书记;谢唯俊为赣西南特委委员、赣东特委书记、江西省第二军分区司令员兼独立第五师师长;古柏当过寻邬县委书记、寻邬县苏维埃政府主席、红一方面军总前委秘书长、中央临时政府劳动部秘书长。多年来,他们在毛泽东领导下坚持农村根据地的斗争,具有实际工作的经验。六届四中全会后,邓小平曾对执行"左"倾方针的中央领导表示怀疑和不满。1931 年赣南会议前后,毛泽覃、谢唯俊、古柏等曾批评坚持教条主义的中央局领导是"洋房子先生",针对所谓山沟里没有马克思主义的说法,他们说过,我们苏区的山上是有马克思主义的,倒是"大城市上产生了立三路线"④。在赣南会议上,他们中的几个中心县委书记还曾公开同中央代表团争论,不同意对毛泽东的批评。⑤ 当时,他们从实际出发,

---

① 《布尔塞维克的闽粤赣省临时代表大会》,载《斗争》第 5 期,1933 年 3 月 15 日出版。

② 王荣先主编:《土地革命战争史新论》,中共中央党校出版社 1995 年版,第 215 页。

③ 博古语。见《中共中央文件选集》第 9 册,中共中央党校出版社 1991 年版,第 466 页。

④ 参见《中共中央文件选集》第 9 册,中共中央党校出版社 1991 年版,第 496、497 页。

⑤ 参见《毛泽东传(1893—1949)》,中央文献出版社 1996 年版,第 303 页。

分别提出过一些有利于巩固根据地和进行反“围剿”战争的意见。比如，“他们认为向着中心城市和交通要道发展苏维埃是没有可能的”，应当在“没有敌人或是敌人力量弱的地方”发展根据地；主张在敌人大举进攻前，红军应“在苏区打土围子”、做巩固根据地的工作，敌人大举进攻时，红军主力应采取诱敌深入的打法；主张不仅要扩大主力红军，而且要“扩大地方武装”，而在“扩红”时，对中心区和边缘区的要求应有所不同；在解决土地问题时，主张“抽多补少，抽肥补瘦”，实际上不赞成地主不分田、富农分坏田的做法；认为主力红军应“打土豪筹款”，不能单纯靠推销公债、借谷子等来解决给养问题，以免“苏区群众负担太重”等等。① 这些主张，实际上是毛泽东在领导农村斗争时早就提出，并且已经被实践证明了是正确的。但是，在坚持“左”倾冒险主义方针的中央局领导人看来，这些主张正是推行“进攻路线”的障碍，因此必须加以批判和肃清。

这个斗争是从反对邓小平的所谓“纯粹防御路线”开始的。1932 年 11 月，国民党军乘红一方面军主力在北线发动建、黎、泰战役，赣南苏区空虚之机，大举向会、寻、安进攻，占领寻邬县城。鉴于敌我力量悬殊，邓小平及时组织退却，使群众和革命力量避免了遭受大的损失。但中央局认为，会、寻、安中心县委的这种做法，背离了党的“进攻路线”，犯了“纯粹防御路线”的错误。1933 年 3 月下旬，在中央局直接领导下，召开了会、寻、安三县党的积极分子会议，对邓小平进行批判，并由中央局代表洛甫作报告和结论。会议通过的决议指责会、寻、安三县在以邓小平书记的中心县委领导下，在敌人进攻面前悲观失望、丧失信心、惊惶失措、退却逃跑，“执行了纯粹的防御路线”，这也就“是在会寻安的罗明路线”。会议“决定加强和部分的改造中心县委与会寻安县委之常委”，并立即开展“反机会主义的斗争，使这一斗争深入到支部中去”。②

在 4 月 15 日出版的苏区中央局机关报《斗争》的第 8 期上，发表了洛甫的《罗明路线在江西》一文，认为“罗明路线不但在福建杭永岩，而且也在江西”，“纯粹防御路线的问题，不但在会寻安，而且还在江西其他地区”，因而提出要开展反对“江西的罗明路线”的斗争，并把这个斗争“深入到群众中去，彻底改造各县，特别是边区各县党的与群众的工作，来执行党的进攻路线”。③

4 月 16 日至 22 日，在中央局的领导下，江西省委在宁都召开江西省三个月

① 没有见到邓、毛、谢、古讲述自己有关意见的第一手材料。以上内容，是根据罗迈在 1933 年 5 月 5 日所写的《为党的路线而斗争》一文中对他们的所谓“错误”所作的揭发和批判，概括出来的。这个概括，可能不很完全和准确。参见《中共中央文件选集》第 9 册，中共中央党校出版社 1991 年版，第 493～495 页。

② 苏区中央局机关报《斗争》第 8 期，1933 年 4 月 15 日出版。

③ 《中共中央文件选集》第 9 册，中共中央党校出版社 1991 年版，第 474、476、482 页。

总结会议,发动对邓、毛、谢、古的斗争。会前,博古曾找江西省委书记李富春谈话。“博古说,毛泽覃、谢唯俊还与毛泽东通信,他们心里还不满,这是派别活动。当时他还没有提到古柏的名字。古柏是在扩大会议上展开斗争时才把他找来的”。这个谈话,清楚不过地表明了博古等在“福建反‘罗明路线’,江西反邓、毛、谢、古,与毛泽东有关系。”①会议把他们说成是“机会主义者”、“江西罗明路线的创造者”,攻击他们有“反国际反中央的派别成见和小组织活动”,因而在所谓“热烈的反机会主义的火力下”,对他们进行了“无情”的暴露、揭发和“有力的打击”。② 经中央局批准,罗迈还写了《为党的路线而斗争》的文章(刊载在《斗争》第 12 期上),公开点名批判邓、毛、谢、古,并且要求他们立即解散所谓“组织的派别和小组织”,“否则立即开除出党”③。

应当指出,邓、毛、谢、古既没有搞什么“机会主义路线”,也没有成立任何“组织的派别和小组织”。对他们进行批判和斗争,是完全错误的。在江西党三个月工作总结会议期间和以后,他们写了两次申明书,讲了自己的意见,根本不承认有什么反党派别和小组织的问题。5 月 4 日,工农红军学校党团员活动分子会议通过的《关于江西罗明路线的决议》,认为“他们对于四中全会后的新的中央领导表示极端不信任”,“如果再不彻底纠正其错误”,中央局应“把他们洗刷出布尔塞维克的队伍”。④ 5 月 5 日,中央局批准《江西省委对邓小平毛泽覃谢唯俊古柏四同志二次申明书的决议》,命令他们“必须向党作第三次申明书”,“宣布小组织的解散”,并“在省委所指定的群众工作中艰苦的担负起自己的任务”⑤。他们原先担负的领导职务被撤销,并被调往县、区基层担任巡视员或突击队(工作队)的工作。

这场反对所谓“罗明路线”的斗争,持续了一年零八个月的时间,直到红军长征才被迫中止。它扩大到了几乎各根据地的许多地区和部门,打击了一大批干部。比如,工农检察部的何叔衡就被说成是政权机关中“不能坚决的执行党的进攻路线,而在困难前面表示投降屈服”的一个典型,而遭到公开的点名批判。⑥ 萧劲光则被当做红军中的“罗明路线”的代表,受到批判,被开除党籍、军籍,甚至还被判了刑。

---

① 李维汉:《回忆与研究》(上),中共党史资料出版社 1986 年版,第 337 页。

② 《江西党三个月工作总结会议的总结》,苏区中央局机关报《斗争》第 12 期,1933 年 5 月 20 日出版。

③ 《中共中央文件选集》第 9 册,中共中央党校出版社 1991 年版,第 501 页。

④ 苏区中央局机关报《斗争》第 12 期,1933 年 5 月 20 日出版。

⑤ 苏区中央局机关报《斗争》第 12 期,1933 年 5 月 20 日出版。

⑥ 苏区中央局机关报《斗争》第 17 期,1933 年 7 月 5 日出版。

博古后来说过:“苏区反对罗明路线,实际上是反对毛主席在苏区的正确路线和作风。这个斗争扩大到整个中央苏区和周围的各个苏区,有福建的罗明路线,江西的罗明路线,闽赣的罗明路线,湘赣的罗明路线等等。这时的情形可以说:‘教条有功,钦差弹冠相庆;正确有罪,右倾遍于国中。’”①历史的事实确是如此。

“这种错误的党内斗争,成了领导或执行‘左’倾路线的同志们提高其威信、实现其要求和吓唬党员干部的一种经常办法”。它所造成的消极后果是十分严重的。正如后来中共六届七中全会通过的《关于若干历史问题的决议》指出的那样:“它破坏了党内民主集中制的基本原则,取消了党内批评和自我批评的民主精神,使党内纪律成为机械的纪律,发展了党内盲目服从随声附和的倾向,因而使党内新鲜活泼的、创造的马克思主义之发展,受到打击和阻挠。”“同这种错误的党内斗争相结合的,则是宗派主义的干部政策”。“这种宗派主义的错误,使党内发生了上下脱节和其他许多不正常现象,极大地削弱了党”②。

以王明为代表的“左”倾冒险主义、关门主义“在革命根据地的最大恶果,就是中央所在地区第五次反‘围剿’战争的失败和红军主力的退出中央所在地区”③。

——原载《中国共产党史稿》第3卷,中央文献出版社2006年版。

七、中国共产党在两条战线的斗争中巩固和壮大起来

(一)

中国共产党要领导中国革命走向复兴和胜利,必须把马克思列宁主义理论和中国社会、中国革命的实际结合起来,制定并贯彻执行一条正确的政治路线和一整套适合中国情况的方针、政策。在实现这个任务的过程中,党一方面纠正和克服了右倾投降主义、取消主义,另一方面更同“左”倾冒险主义、关门主义进行了反复、曲折的斗争。这样,党就在这个时期,“学会了使用马克思列宁主义的思想斗争的武器,从两方面反对党内的错误思想,一方面反对右倾机会主义,又

---

① 秦邦宪在中国共产党第七次全国代表大会上的发言,1945年5月3日,转引自《毛泽东传(1893—1949)》,中央文献出版社1996年版,第304页。

② 《毛泽东选集》第3卷,人民出版社1991年版,第986~987页。

③ 《毛泽东选集》第3卷,人民出版社1991年版,第968页。

一方面反对‘左’倾机会主义”①。党正是“从两条战线斗争中巩固和壮大起来”的。

大革命失败以后,中国共产党首先认真地清算了陈独秀的右倾错误。进行这方面的斗争具有重大的历史意义,这是党坚持革命的前提。因为如果不清算右倾错误,党就不可能举起土地革命和武装斗争的旗帜;这样一来,就既不会有当时土地革命战争的发动和坚持,也不会有后来的以中共为中流砥柱的抗日战争和全国解放战争的胜利,一句话,就什么都谈不上了。

不过,与大革命时期对于党的事业造成严重危害的主要是国共合作中的右倾错误相反,在这个时期党的领导机关所犯的主要错误是“左”倾。在 1927 年年底至 1928 年年初,1930 年 6 月至 9 月,1931 年 1 月至 1934 年年底,“左”倾错误方针曾经先后三次在党的中央领导机关占据支配地位,而且一次比一次更为严重。这几次“左”倾的错误使得党和红军遭遇了严重的挫折,因而延迟了革命的新的高涨。不克服这种“左”倾的错误,党就会脱离群众,就不可能争取一切可以争取的直接或间接的同盟者,就不可能最大限度地去孤立敌人而只能使自己陷于孤立,就会使辛苦积蓄起来的革命力量在冒险行动中被削弱以至消灭。这样一来,尽管犯这种错误的人主观上想要革命,革命的坚持和胜利在实际上也还是成为不可能的了。

为什么党在这个时期会一而再、再而三地犯“左”倾错误?这种“左”的传统是由于什么原因形成的呢?毛泽东于 1937 年 6 月 5 日在中共中央政治局会议上对这个问题作过分析。下面我们引出他这方面讲话的要点,并结合有关情况作一点说明。

毛泽东当时指出,形成“左”的传统有四种原因:

第一,“民族与社会的双重压迫,造成群众生活与党的环境的极端困难,这些困难压迫着我们(这是‘左’比右总要好些的观点的来源)”②。

一般地说来,“成立共产党就是要革命,要夺取政权,下这个决心不容易,要抛头颅,洒热血,不怕牺牲一切,但是下了这个决心以后,政权怎样才能夺到手,这条路怎么走法,这是很难避免走错路的”。“为什么党内发生这些‘左’倾错误,都是希望革命要早些成功。但是,如何使得革命真正成功而避免不应有的损失,在这方面注意得太少”。“所以在夺取政权时容易犯这种急于求成的错误,夸大主观的力量,夸大群众的觉悟,贬低敌人的力量,夸大敌人的困难,而低估革

① 《毛泽东选集》第 2 卷,人民出版社 1991 年版,第 530 页。
② 《毛泽东文集》第 1 卷,人民出版社 1993 年版,第 508 页。

命取得胜利需要经历的困难"①。列宁当年在批评德国"左派"时就说过:"把自己的愿望,把自己思想上政治上的态度,当作了客观现实。这对革命家是最危险的错误。"②

特殊地来说,当时的中国共产党正处在同国民党分裂、白色恐怖极其严重的年代。面对反革命对革命的残酷镇压,任何鼓吹同反动派妥协甚至屈膝投降的主张,必然遭到共产党人和革命者的坚决唾弃和激烈反对;而不冷静地估计形势,主张向反动派作冒险的进攻和过早地同反动派进行决定胜负的战斗,则容易得到一些对革命抱有急躁情绪的革命者的响应,而它的危害一开始并不容易被人们认识清楚。所以,正如在同国民党合作的时期,共产党内容易犯右倾错误一样,在同国民党分裂时期,共产党内容易犯"左"倾错误。

第二,"党内小资产阶级与幼年无产阶级的成分的存在且占大的数目"③。

对于出身于小资产阶级及幼年无产阶级成分(即主要是刚刚从小资产阶级转入无产阶级队伍的人)的党员来说,他们在入党时往往仍然带有程度不同的、甚至相当浓厚的小资产阶级思想。"小资产阶级的政治倾向,因为他们的生活方式和由此而来的思想方法上的主观性片面性,一般地容易表现为左右摇摆。小资产阶级革命家的许多代表人物希望革命马上胜利,以求根本改变他们今天所处的地位;因而他们对于革命的长期努力缺乏忍耐心,他们对于'左'的革命词句和口号有很大的兴趣,他们容易发生关门主义和冒险主义的情绪和行动"。这种倾向在党内反映出来,就构成了"左"倾路线在一系列问题上的各种错误。当然,在另一种情况下,或他们中的另一部分人,也可以表现悲观失望,"表现追随于资产阶级之后的右倾情绪和右倾观点"④。对于这方面的情况,列宁在《共产主义运动中的"左派"幼稚病》一文中是作过分析的。

当然,不能把党内之所以发生"左"倾错误,统统简单地归结为党内有大量的小资产阶级出身的成分存在,归结为小资产阶级思想对于党的影响。在事实上,出身于无产阶级的党员或者愿意站在无产阶级立场上观察问题、处理问题的党员,也并不能保证自己就永远不犯错误。因为党内一些人之所以犯错误,不仅有社会阶级根源,尤其有思想认识根源。

第三,"马克思主义的理论与实际的传统还不十分深厚,解决问题还不能样样带马克思主义原则性,还没有很早及人人都学好唯物辩证法"⑤。

---

① 《胡乔木文集》第2卷,人民出版社1993年版,第163页。
② 《列宁选集》第4卷,人民出版社1995年版,第167页。
③ 《毛泽东文集》第1卷,人民出版社1993年版,第508页。
④ 《毛泽东选集》第3卷,人民出版社1991年版,第994页。
⑤ 《毛泽东文集》第1卷,人民出版社1993年版,第508页。

在幅员辽阔、人口众多、情况复杂的中国社会中，中国共产党要领导中国革命走向胜利，必须学会把马克思列宁主义的理论和中国的实际正确地结合起来。而对于年轻的中国共产党来说，理论的准备既不充分，实际斗争经验的积累也还不够，对中国社会情况的了解更不系统、深入。在这种情况下，党内在一些问题上发生不同意见，一些人犯这样或那样的错误，是不难理解的。

就当时的情况来说，在反对蒋介石、主张土地革命和红军斗争这些基本问题上，党内的认识是一致的。“大体上说，不同的意见主要不外乎这三个问题：第一，什么是敌人，什么是朋友；第二，如何组织队伍；第三，如何打法。在这三个问题上发生的分歧中，有一部分同志的意见大体上比较恰当，适合中国国情，比较正确些”，当然“也不是十全十美的”①。而在一定时期内，有一部分同志的意见则比较不恰当，甚至是犯了全局性的、长时间的、严重的错误。

从根本上说，在这个时期的伟大斗争中，一部分同志之所以跌下了或跌下过机会主义的泥坑，“这仍然是因为他们不去虚心领会过去的经验，对于中国的历史状况和社会状况、中国革命的特点、中国革命的规律不了解，对于马克思列宁主义的理论和中国革命的实践没有统一的理解而来的”②。

正因为如此，毛泽东强调，“要克服‘左’的传统，在于普及与深入马克思主义的方法论（唯物辩证法）于多数干部中”。这也就是说，必须端正思想路线，坚持马克思列宁主义和中国实际的结合，才能从根本上克服各种错误倾向，包括克服“左”的传统。

第四，在克服错误路线时，“在斗争策略、宣传教育、党内关系这三个问题上的错误，没有得到彻底的克服”③。

在这个时期，党内也开展过对于错误倾向的斗争。在遵义会议之前，就曾经有过反对陈独秀错误路线和李立三错误路线的大斗争。这些斗争是完全应该的。但其方法有缺点：一方面，太着重了个人的责任，未能团结更多的人共同工作；另一方面，没有使干部在思想上彻底了解当时错误的原因、环境和改正此种错误的详细办法，以致后来又可能重犯同类性质的错误。④ 这也是一个值得汲取的教训。

受到当时历史条件的限制，毛泽东在 1937 年 6 月分析“左”倾错误产生的原因时，还没有直接指出共产国际的问题。实际上，这个时期的三次严重的

① 《毛泽东文集》第 3 卷，人民出版社 1996 年版，第 292 ~ 293 页。

② 《毛泽东选集》第 2 卷，人民出版社 1991 年版，第 611 页。

③ 《毛泽东文集》第 1 卷，人民出版社 1993 年版，第 508 页。

④ 参见《毛泽东选集》第 3 卷，人民出版社 1991 年版，第 938 页。

“左”倾错误，都同共产国际有很大的关系。王明的“左”倾冒险主义，更直接地“是从斯大林那里来的”①。“过去的王明路线实际上就是斯大林路线”②。这一点，毛泽东和中共中央在后来曾直截了当地加以指明。

共产国际从1919年成立到1943年解散，前后存在了24年。毛泽东认为，它是两头好，中间差。当然，两头好，也有一些问题；中间差，也不是一无是处。这里所说的中间，是指1927年7月到1935年7月这8年的时间。“这个时期，共产国际基本上是错误的”，对中国共产党的消极影响最大。毫无疑问，即使在中期，共产国际也还是支持中国革命的。周恩来认为，“共产国际的缺点和错误，特别是中期的缺点和错误，概括地说是：一般号召不与各国实践相结合，具体布置代替了原则的指导，变成了干涉各国党的内部事务，使各国党不能独立自主，发挥自己的积极性、创造性”。③ 当时中国党由于还处在幼年时期，不少人还不善于独立思考，对共产国际很迷信。王明等人就是这种人的典型。他们是用照抄照搬共产国际的指示、斯大林的文章、俄国革命的具体公式的办法，来指导中国革命的。由于这个时期共产国际的主要错误是“左”，这就使得这些迷信共产国际的中国党的领导人一而再、再而三地犯“左”的错误。当然，即使在那个时候，也还是“有两种中国人：一种是教条主义者，他们就听斯大林那一套；另一种中国人就不听那一套，并且批评教条主义者”④。毛泽东就是后一种人的代表。不过他们在一个时期中是受到压制和打击的。

毛泽东在1930年就提出要反对本本主义即教条主义，强调“中国革命的胜利要靠中国同志了解中国情况”。1936年7月，他在同斯诺谈话时进一步明确指出：共产国际不是一种行政组织，除起顾问作用外，它并无任何政治权力。虽然中国共产党是共产国际的一员，但绝不能说苏维埃中国是受莫斯科或共产国际统治。中国共产党仅仅是中国的一个政党，在它的胜利中，它必须是全民族的代言人，它绝不能代表俄国人说话，也不能替第三国际来统治，它只能为中国群众的利益说话。他后来在总结这个问题上的历史教训时更反复讲过：“有先生有好处，也有坏处。不要先生，自己读书，自己写字，自己想问题。这也是一条真理。”“我们认识中国，花了几十年时间。中国人不懂中国情况，这怎么行？真正懂得独立自主是从遵义会议开始的。这次会议批判了教条主义。教条主义者说苏联一切都对，不同中国的实际相结合。”⑤

① 《毛泽东文集》第7卷，人民出版社1999年版，第42页。

② 《毛泽东外交文选》，中央文献出版社、世界知识出版社1994年版，第252页。

③ 《周恩来选集》下卷，人民出版社1984年版，第301、305页。

④ 《毛泽东外交文选》，中央文献出版社、世界知识出版社1994年版，第254页。

⑤ 毛泽东1963年9月3日同外宾的谈话，《文献与研究》1985年第1期。

应当承认,“主要在本世纪二十年代后期和三十年代前期,在国际共产主义运动中和我们党内盛行的把马克思主义教条化、把共产国际决议和苏联经验神圣化的错误倾向,曾经使中国革命几乎陷于绝境”①。这个教训是深刻的。不过,还应当承认,“错误有两重性。错误一方面损害党,损害人民;另一方面是好教员,很好地教育了党,教育了人民,对革命有好处”。“错误犯得太多了,一定要反过来,这是马克思主义。‘物极必反’,错误成了堆,光明就会到来”。这个时期的历史,证明了这一点。

历史的经验表明:“革命的政党,革命的人民,总是要反复地经受正反两个方面的教育,经过比较和对照,才能够锻炼得成熟起来,才有赢得胜利的保证。”②事实上,毛泽东思想正是在同这个时期的错误倾向作斗争并深刻总结这方面的历史经验的过程中逐渐形成和发展起来的;中国共产党正是清算了错误路线,才真正找到了马克思列宁主义的普遍真理和中国的具体情况相结合的道路。

(二)

既然共产党内之所以发生“左”倾或右倾的错误,其认识根源主要在于主观与客观的脱节、理论与实际的分离,那么,为了克服各种错误倾向,使党的路线、政策和策略走上正确的轨道,关键就在于在马克思主义理论的指导下,调查研究中国社会的实际情况,系统总结中国革命的实践经验,以便使主观与客观相符合,理论与实际相结合。

毛泽东在初步掌握了马克思主义的方法论之后,即自觉地运用阶级斗争的观点和阶级分析的方法,对中国社会的历史和现状进行系统的周密的调查研究,对中国革命的正反两个方面的经验进行认真的总结。为了正确地认识中国社会和中国革命,他痛感自己的工具不够,因而在深入实际的同时,他如饥似渴地致力于马克思主义理论的学习。

在大革命失败以后,在农村游击战争的环境下,要获得马克思主义的书籍是很困难的。古田会议前夕,毛泽东在致中共中央的信中就说过,“我们望得书报如饥如渴”,“除请中央将党内出版物(布报,《红旗》,《列宁主义概论》,《俄国革命运动史》等,我们一点都未得到)寄来外,另请购书一批”,“务请勿以事小弃

① 《关于建国以来党的若干历史问题的决议》,1981年6月27日。

② 《人民日报》1965年2月26日。这是毛泽东的话。

置”①。他在同时写给李立三的信中，也说过：“我知识饥荒到十分，请你时常寄书报给我。”②1932 年 4 月，红军打下当时福建的第二大城市漳州，毛泽东曾带曾志“到龙溪中学的图书馆找书，找了很多书，后来用汽车运到苏区中心的瑞金”③。其中就有一些马列著作。据彭德怀、吴黎平的回忆，其中有恩格斯的《反杜林论》，列宁的《两种策略》（即《社会民主党在民主革命中的两种策略》）、《“左派”幼稚病》（即《共产主义运动中的“左派”幼稚病》）。后来，毛泽东回忆土地革命战争时期的历史时说，那个时候能读到马列著作很不容易，在长征路上，他患病的时候躺在担架上还读马列的书。④

毛泽东不仅自己认真看书学习，而且还带动党和红军的其他高级干部也这样做。彭德怀回忆说：1933 年，“接到毛主席寄给我的一本《两个策略》，上面用铅笔写着（大意）：此书要在大革命时读着，就不会犯错误。在这以后不久，他又寄给一本《‘左派’幼稚病》（这两本书都是打漳州中学时得到的），他又在书上面写着：你看了以前送的那一本书，叫做知其一而不知其二；你看了《‘左派’幼稚病》才会知道‘左’与右同样有危害性”⑤。中央红军到达陕北后，毛泽东曾托人在西安等地采购哲学、军事学著作及通俗的社会科学、自然科学书籍。⑥ 由于书籍有限，为了推动其他干部共同看书学习，弄通马克思主义，他表示赞成当时陕甘宁省委书记李富春的建议，“组织流动图书馆”。1936 年 9 月 11 日他和周恩来、博古在给彭德怀、刘晓、李富春的信中讲到了图书流通的办法。这就是：“明日即开始寄第一次书十本，先交富春，停三天，转寄彭刘，停一星期”；“各同志务须按时寄回”；“以后将一星期或十天寄一次。”⑦

前面说过，在 1931 年的赣南会议上，毛泽东曾被说成是犯了狭隘经验论的错误。他反对这种没有根据的指责，但这场争论也还是刺激了他，使他更增强了系统钻研理论的决心。他说过：“我因此，到延安就发愤读书。”他读书是十分认真、专注的，几乎是到了废寝忘食的地步。据埃德加·斯诺的记载，在保安采访

---

① 《毛泽东书信选集》，人民出版社 1983 年版，第 26～27 页。此处的布报指中共中央机关刊物《布尔塞维克》杂志，《红旗》为中共中央机关报，《列宁主义概论》即斯大林所著《列宁主义基础》，《俄国革命运动史》系瞿秋白的著作。

② 《毛泽东书信选集》，中央文献出版社 2003 年版，第 24 页。

③ 《毛泽东年谱（1893—1949）》上卷，人民出版社、中央文献出版社 1993 年版，第 372 页。

④ 《毛泽东的读书生活》，三联书店 1986 年版，第 23 页。

⑤ 《彭德怀自述》，人民出版社 1981 年版，第 183 页。

⑥ 毛泽东 1936 年 10 月致叶剑英、刘鼎的信，《毛泽东书信选集》，中央文献出版社 2003 年版，第 68 页。信中讲道，“买来的军事书多不合用，多是战术技术的，我们要的是战役指挥与战略的”。可见，在这之前，毛已托叶、刘办理过买书的事宜了。

⑦ 《毛泽东书信选集》，中央文献出版社 2003 年版，第 52 页。

毛泽东时，“有一次一个客人带了几本哲学新书来给他，于是毛泽东就要求我改期再谈。他花了三四夜专心读了这几本书，在这期间，他似乎是什么都不管了。他读书的范围不仅限于马克思主义的哲学家，而且也读过一些古希腊哲学家、斯宾诺莎、康德、歌德、黑格尔、卢梭等人的著作”①。由于他读书的目的，是为了掌握指导中国革命的思想武器，所以在读书时，他总是密切地联系中国社会的实际情况和党的经验教训，对中国革命问题进行理论上的思考。比如，他在 1936 年 11 月至 1937 年 4 月阅读西可洛夫、爱森堡等著，李达、雷仲坚译的《辩证法唯物论教程》（中译本第三版）一书时，不仅在全书作了各种符号，而且写了近 12 000 字的批注，其中最长的批注多达 1 000 余字。他在 1937 年 7 月以前阅读米丁等著、沈志远译的《辩证唯物论与历史唯物论》（上册）一书时，情况也是如此。

正是在中央红军长征到达陕北之后，全国性的抗日战争爆发之前，为了总结第一次大革命尤其土地革命战争胜利和失败两次反复的经验教训，阐明党的马克思主义的政治、军事、思想路线，克服党内长期存在的以教条主义为特征的“左”倾思想，防止在新的历史条件下可能复活的右倾错误，迎接即将到来的革命的新的高涨，毛泽东集中很大的精力，从事理论工作。他在这个时期写下的《论反对日本帝国主义的策略》、《中国革命战争的战略问题》和《实践论》、《矛盾论》等著作，有力地武装了全党尤其是党的干部，极大地加强了党的自身建设。

《论反对日本帝国主义的策略》一文，是毛泽东在陕北瓦窑堡党的活动分子会议上所作的报告。报告根据 1935 年 12 月中共中央政治局瓦窑堡会议的决议，“充分地说明了和民族资产阶级在抗日的条件下重新建立统一战线的可能性和重要性，着重地指出共产党和红军在这个统一战线中的具有决定意义的领导作用，指出了中国革命的长期性，批判了党内在过去长时期内存在着的狭隘的关门主义和对于革命的急性病——这些是党和红军在第二次国内革命战争时期遭受严重挫折的基本原因。同时，毛泽东唤起党内注意一九二七年陈独秀右倾机会主义引导革命归于失败的历史教训，指出了蒋介石必然要破坏革命势力的趋势，这样就保证了后来中国共产党在新环境中能够具有清醒的头脑，在蒋介石的无穷欺骗和很多次的武装袭击中，使革命力量不致遭受损失”②。如果说，遵义会议由于是在长征途中召开的，只能够对于当时最迫切的军事问题和中央领导机构问题作了决议，那么，这个报告则对于党的政治策略上的诸问题“作了最完整的分析”。它“系统地解决了第二次国内革命战争时期党的政治路线上的

① ［美］埃德加·斯诺：《西行漫记》，董乐山译，三联书店 1979 年版，第 67～68 页。
② 《毛泽东选集》第 1 卷，人民出版社 1991 年版，第 142～143 页题解。

问题”①。

毛泽东的《中国革命战争的战略问题》这部著作,“是为着总结第二次国内革命战争的经验而写的,当时曾在建立在陕北的红军大学作过讲演。据著者说,这部著作只完成五章,尚有战略进攻、政治工作及其他问题,因为西安事变发生,没有工夫再写,就搁笔了。这是第二次国内革命战争时期党内在军事问题上一场大争论的结果,是表示一个路线反对另一个路线的意见。这个路线上的争论,一九三五年一月中共中央召开的遵义会议作出了结论,肯定了毛泽东的意见,而否定了错误路线的意见”。不过,遵义会议决议还没有对这方面的问题作展开的分析和论证。所以,在解决了党的政治路线问题之后,毛泽东又把注意力集中到阐明党的军事路线问题上来。1936 年,他又写了这部著作,“系统地说明了有关中国革命战争战略方面的诸问题”。

1937 年 7、8 月,毛泽东应红军大学(后改名抗日军政大学)的请求,向学员们讲授唯物论和辩证法。总政治部把他讲课的记录稿整理出来,经他同意,打印了若干份。这就是《辩证法唯物论(讲授提纲)》。后来收入《毛泽东选集》的《实践论》、《矛盾论》两文,就是其中的两节。

如前所述,在中国共产党内,曾经有一部分犯教条主义错误的同志长期拒绝中国革命的经验,否认“马克思主义不是教条而是行动的指南”这个真理,而只是生吞活剥马克思主义书籍中的只言片语,去吓唬人们。还有一部分犯经验主义错误的同志长期拘守于自身的片断经验,不了解理论对于革命实践的重要性,看不见革命的全局,虽然也是辛苦地——但却是盲目地在工作。“这两类同志的错误思想,特别是教条主义思想,曾经在一九三一年至一九三四年使得中国革命受了极大的损失,而教条主义者却是披着马克思主义的外衣迷惑了广大的同志。毛泽东的《实践论》,是为着用马克思主义的认识论观点去揭露党内的教条主义和经验主义——特别是教条主义这些主观主义的错误而写的。因为重点是揭露看轻实践的教条主义这种主观主义,故题为《实践论》。”②

在《实践论》中,毛泽东指出:“通过实践而发现真理,又通过实践而证实真理和发展真理。从感性认识而能动地发展到理性认识,又从理性认识而能动地指导革命实践,改造主观世界和客观世界。实践、认识,再实践、再认识,这种形式,循环往复以至无穷,而实践和认识之每一循环的内容,都比较地进到了高一级的程度。这就是辩证唯物论的全部认识论,这就是辩证唯物论的知行统一观。”教条主义不懂得认识来源于实践,理性认识依赖于感性认识;经验主义不

① 《毛泽东选集》第 1 卷,人民出版社 1991 年版,第 170 页题解。

② 《毛泽东选集》第 1 卷,人民出版社 1991 年版,第 282 页题解。

懂得认识有待于深化，认识的感性阶段有待于发展到理性阶段。所以它们在认识论的全体上都是错误的。毛泽东强调，“唯心论和机械唯物论，机会主义和冒险主义，都是以主观与客观相分裂，认识和实践相脱离为特征的”。我们反对革命队伍中的顽固派，他们的思想不能随变化了的客观情况而前进，在历史上表现为右倾机会主义。我们也反对“左”倾空谈主义。他们的思想超过客观过程的一定发展阶段，离开了当前大多数人的实践，离开了当前的现实性，在行动上表现为冒险主义。“我们的结论是主观和客观、理论和实践、知和行的具体的历史的统一，反对一切离开具体历史的‘左’的或右的错误思想”。这样，他就从辩证唯物主义哲学的高度，阐明了党坚持马克思列宁主义的普遍真理和中国革命的具体实践相结合这一思想原则的极端重要性。

《矛盾论》“这篇哲学论文，是毛泽东继《实践论》之后，为了同一的目的，即为了克服存在于中国共产党内的严重的教条主义思想而写的”①。

在《矛盾论》中，毛泽东指出：“事物的矛盾法则，即对立统一的法则，是唯物辩证法的最根本的法则。”他在研究这个法则时，论述了它所涉及的广泛的方面，这就是：辩证法与形而上学两种宇宙观；矛盾的普遍性；矛盾的特殊性；主要的矛盾和主要的矛盾方面；矛盾诸方面的同一性和斗争性；对抗在矛盾中的地位。文章着重地论证了矛盾的普遍性和特殊性的关系，指出：“如果不认识矛盾的普遍性，就无从发现事物运动发展的普遍的原因或普遍的根据”；而“如果不研究矛盾的特殊性，就无从确定一事物不同于他事物的特殊的本质，就无从发现事物运动发展的特殊的原因，或特殊的根据，也就无从辨别事物，无从区分科学研究的领域”。教条主义者拒绝对于具体事物作任何艰苦的研究，把一般真理看成是凭空出现的东西，这就否认了并且颠倒了人类认识真理的正常秩序；他们不懂得人类认识的两个过程的联结——由特殊到一般，又由一般到特殊，完全不懂得马克思主义的认识论；他们也不懂得不同质的矛盾只能用不同质的方法才能解决，而只是千篇一律地使用一种自以为不可改变的公式到处硬套，这就只能使革命遭受挫折，或者将本来做得好的事情弄得很坏。这样，毛泽东就创造性地运用唯物辩证法，进一步阐明了党坚持马克思列宁主义的普遍真理和中国革命的具体实践相结合这个思想原则的极端重要性。

历史的经验表明，党的政治路线、军事路线、组织路线之正确与错误，其思想根源都在于它们是否坚持马克思主义的辩证唯物论和历史唯物论，是否从中国革命的客观实际和中国人民的客观需要出发。毛泽东提出端正思想路线、反对教条主义和经验主义这两种主观主义，要求全党尤其是党的干部自觉地掌握马

---

① 《毛泽东选集》第 1 卷，人民出版社 1991 年版，第 299 页题解。

克思列宁主义的理论和中国革命的实际相统一的原则，这就抓住了党的建设中的一个最关紧要的问题，从而为党制定并贯彻执行正确的路线和方针政策提供了坚实的思想基础。我们知道，中国共产党的广大党员和干部的革命积极性本来就是高的，一旦把握了正确的思想路线，他们贯彻执行正确的路线、抵制“左”右倾错误的自觉性从根本上就会得到提高，从而使党在政治上、思想上的一致得到巩固，使党的凝聚力和战斗力得到增强。

把党的思想建设放在党的建设的首位，把党的理论建设作为党的思想建设的根本，这是毛泽东建党思想的一个重要的特点。毛泽东在这个时期所撰写的理论著作，紧密结合中国革命的实际，系统地论证了党的马克思列宁主义的政治路线、军事路线和思想路线，使毛泽东思想在多方面得到了进一步的展开。正如陈云后来所说，“我们党里头没有第二个人写出这样好的著作，这是了不起的功绩”①。这些著作为广大党员尤其是党的干部提供了锐利的思想武器，使他们怀着坚定的信念和具有清醒的头脑，去迎接伟大的抗日民族解放战争。

——原载《中国共产党史稿》第 3 卷，中央文献出版社 2006 年版。

八、在农村和战争的环境下加强中国共产党的自身建设

（一）党的组织状况与党的建设任务的艰巨性

大革命失败以后，中国共产党的队伍由于受到大资产阶级的突然袭击，一时出现了思想混乱和组织涣散的状况。“所有公开时代的活动分子（大半为智识分子）都成为党内的失业者或者脱离了党”；城市的支部大部分溃散，许多工人的干部因为找不着党而无形脱离组织；“党的发展由城市转向乡村，由大企业转向小企业和手工业”；“党部逐渐离开群众而秘密守住屋子里来”。“总之，整个的党已经溃散不堪”②。

党的八七会议举起了土地革命和武装斗争的旗帜，在这个旗帜下，党的队伍重新凝聚起来，一些坚定的革命者加入了党的战斗行列。会议还提出了“下极大的决心，重造我们的党”的任务。③ 因为一个无产阶级的政党，“固然要有好的

① 《老一辈革命家论党史与党史研究》，陕西人民出版社 1993 年版，第 193 页。
② 《中共中央文件选集》第 4 册，中共中央党校出版社 1989 年版，第 640 页。
③ 《中共中央文件选集》第 3 册，中共中央党校出版社 1989 年版，第 405 页。

正确的政策，但没有好的坚强的组织，他的政策是不能深入到广大群众中去的"①。1928年7月召开的中共六大反对了右倾投降主义和"左"倾冒险主义，制定了基本正确的政治路线。六大之后，党的处境虽仍非常困难，"但经过党内党外不断的斗争，的确已取得了相当进步，已将党从涣散状态中挽救出来了。一般地说党内的削弱已渐趋稳定"②。以毛泽东为代表的共产党人所进行的创造农村革命根据地的斗争，更为党积蓄和锻炼自己的力量开辟了新的广阔天地。这样，党的队伍又在艰苦的斗争中逐渐地发展壮大起来了。

十年内战时期中国共产党党员的数量、他们出身的成分和在各地区、各部门的分布状况，我们没有看到历年的精确统计。事实上由于城市中党的组织处于极端秘密的状态，并随斗争的起伏而消长，乡村中党的组织更"常随着农村暴动胜败而起落，有时一县可发展到数千数万党员，有时一个也没有"③，在这种情况下，要作出这方面的精确统计是有困难的。不过，从下面列举的几条材料，我们还是可以大体上看出有关情况的轮廓：

大革命时期，1927年4月，中共党员总数为57 967人，其中工人占53.8%，农民占18.7%，知识分子占19.1%，军人占3.1%，中小商人占0.5%，其他占4.2%。④

大革命失败后，由于反动派的杀害，一些人的离队，少数人的叛变，党员人数一度降至不足10 000人。截至1928年7月，党员中"牺牲的有两万六千多人，坐牢的有六千人"⑤。

由于党坚决领导人民坚持革命斗争，经过了一段时间，党的队伍又重新发展起来，但主要是在农村区域。1928年7月中共召开六大时，据粗略的估计，有党员13万余人（按：这个数字可能偏大）。⑥"党员的成分，76%是农民，10%是工人。""党的工人成份减少，农民数量超过工人同志7倍。"⑦1928年11月28日，中共中央政治局向共产国际报告："全党工人成份最高数量不过4 000人：江苏1 500（上海1 300），广东1 200（香港600），直隶240（唐山200，天津20），湖北

① 《中共中央文件选集》第4册，中共中央党校出版社1989年版，第76页。

② 《中共中央文件选集》第5册，中共中央党校出版社1990年版，第352～353页。

③ 《中共中央文件选集》第5册，中共中央党校出版社1990年版，第33页。

④ 陈独秀在中国共产党第五次代表大会上的报告，1927年4月，载《中共党史资料》1982年第3期。

⑤ 张彪在共产国际第六代表大会第十四次会议上的发言，1928年8月28日，载《共产国际有关中国革命的文献资料》第1辑，第393页。

⑥ 见周恩来在中共六大上所作的《组织问题报告和结论》与《组织问题报告大纲》。报告说明，这只是一个粗略的统计。

⑦ 《中共中央文件选集》第4册，中共中央党校出版社1989年版，第443、451页。

80,河南100,山东150,江西60,满洲97,浙江30,福建60,山西80,四川40,云南20,陕西10,广西20,南洋400。"①

1929年7月6日共产国际一执委在发言中引瞿秋白在《真理报》上发表的文章,内称:"中共现有133 655名党员,其中只有30个城市中的3 435人是工人。"②

据1930年9月28日中共六届三中全会的材料:自1929年6月六届二中全会后,"党员的数量有很大的增加(122 318人),特别是在苏维埃区域;支部数目只就大城市的产业支部说,也增加到一倍以上(由98到229);有些中心城市如武汉、广州等地的工作不仅恢复而且有了发展"。"产业工人党员由1 000多增加到2 000多"。由于"工人成份的增加,赶不上其他阶级出身的党员之增加的速度","在全国党员数量上,工人成份竟成了相对的减少"③。实际上,在六届二中全会时,工人出身的党员已由六大时的占10%降为占7%;而农民出身的党员数,则"极其增减无定"④。而据1930年7月22日全国组织会议的材料,这时工人出身的党员已"仅占5.5%"了。⑤

1930年12月共产国际主席团进行关于立三路线的讨论时,苦秋莫夫在发言中提到:"至于党,则有15万党员,其中只有很少很少的工业工人,而数量上百分数上工人反在减少下来。一年以前是2%,现在连2%也没有了。"⑥

1931年3月5日中共中央关于发展党的组织决议案的记载,当时"全国党员数目约在12万人以上,但最大多数仍属于苏维埃区域"。"在社会成份上说,真正产业工人全国仍然不过2 000人,在苏区内农民则占绝大的多数"⑦。而几乎在同一个时间,即1931年3月31日,刘少奇在共产国际发言时提供的数字,则是全国党员为20万人,而"党的成份多半是农民"⑧。

1931年九一八事变和1932年一二八事变之后,党员数量一度有较大发展。1934年11月30日,王明在共产国际发言时说:"一年来,党员的数量从30万人增加到41万零600人,而且不仅苏区党员增加了,非苏区党员也增加

① 《中共中央文件选集》第4册,中共中央党校出版社1989年版,第718页。中共六大时,工人党员与农民出身的党员的比例大体为1∶7。如果工人党员最多为4 000人,则农民出身的党员应为4 000×7即28 000人,两者相加,为32 000人。由此可见,说六大时有13万余党员。显然是不准确的。

② 《共产国际有关中国革命的文献资料》第2辑,中国社会科学出版社1982年版,第38页。

③ 《中共中央文件选集》第6册,中共中央党校出版社1989年版,第307~308页。

④ 《中共中央文件选集》第5册,中共中央党校出版社1990年版,第220页。

⑤ 《中共中央文件选集》第6册,中共中央党校出版社1989年版,第185页。

⑥ 《布尔塞维克》第4卷第3期。

⑦ 《中共中央文件选集》第7册,中共中央党校出版社1991年版,第162页。

⑧ 《共产国际有关中国革命的文献资料》第2辑,中国社会科学出版社1982年版,第128页。

了。去年非苏区有3万党员，其中1万5千人因疯狂的白色恐怖而不能经常与党保持联系。今年我们已有6万党员，其中3万多人能按时交纳党费，进行党的经常性工作”。“工人党员所占的比重，过去平均为15～20%，现在增加到25～30%”①。

前面已经讲过，由于中共中央犯了“左”倾冒险主义和关门主义的严重错误，后来，国民党统治区的党组织基本丧失，南方的革命根据地也基本丧失。党员数量从几十万人下降至几万人。

红军长征到达陕北以后，党即着手“恢复、整理、重新建立各地党的组织，加强已有的党的组织的领导”②。党的队伍又重新发展了起来。

从上面的叙述我们可以看出，在这个时期，党的队伍虽然随着斗争环境的变化时而扩大时而缩小，但它的基干力量还是始终保持着的，这种情况，使得党的事业能够迎着各种难以想象的艰难困苦而顽强地坚持下来、发展起来；同时，在这个时期，党的队伍中工人出身的党员所占的比重虽然时而上升时而下降，但农民和其他小资产阶级出身的党员始终占了最大多数，这种情况，又使得农民和其他小资产阶级的思想大量地在党内反映出来，党的自身建设由此也就遇到了许多特殊的困难和亟须解决的问题。

作为工人阶级先锋队的中国共产党，它的成员主要由出身于农民和其他小资产阶级的成分所构成，这确实是一个矛盾。这种情况，是否会改变党的工人阶级先锋队的性质呢？对此，共产国际是有怀疑的；③中国党内的不少人也有疑虑；而中国的托派更据此“宣布中共已堕落为小资产阶级政党”④。

为了答复这个问题，有必要指明以下几个基本的事实：

第一，无产阶级从破产的小资产阶级群众中吸收成员以补充自己的队伍，这是一种合乎规律的现象。中国的情况更是如此。中国的社会结构是两头小、中间大，即无产阶级和大资产阶级都是少数，农民及其他小资产阶级是多数；但由于社会矛盾的尖锐，由于阶级地位和阶级力量的不同，中国却只有两头即无产阶级和大资产阶级各有一个强大的党，而农民及其他小资产阶级则没有也不可能

---

① 《共产国际有关中国革命的文献资料》第2辑，中国社会科学出版社1982年版，第223页。并参见该书第260页。

② 《张闻天选集》，人民出版社1985年版，第147页。

③ 比如共产国际执委于1929年10月26日致信中共中央，认为“党对于工人群众的影响软弱无力……乃是最主要的危险”。1931年8月26日共产国际执委主席团在关于中共任务的决议中，要求中共“要大胆地、有步骤地，同时突击式地征收优秀工人入党”。据周恩来说，共产国际领导人直至抗日战争开始之后，仍然认为中共想在农村环境下建设工人阶级先锋队的党是不可能的。参见《周恩来选集》上卷，人民出版社1980年版，第178～179页。

④ 王文元：《双山回忆录》。

形成强大的党。因此,大批农民及其他小资产阶级出身的革命分子到无产阶级政党中来寻找出路,这是毫不足怪的。正像无产阶级可以吸收并消化破产的小资产阶级群众一样,无产阶级政党也完全有能力来改造这些农民及其他小资产阶级出身的革命分子,使之无产阶级化。

第二,不应当忘记,中国革命斗争的环境是极端艰苦和险恶的。在那个年代,做一个共产党员,无论是在革命根据地还是在国民党统治区,都意味着必须随时做好流血牺牲的精神准备。这种环境,相当有力地保证了加入到党的队伍中来的人绝大多数是真诚地为无产阶级和人民群众根本利益而奋斗的革命战士,而极大地减少了投机分子混入党内的可能。同时,还应当看到,由于中国革命的主要斗争形式是战争,而主要的组织形式是军队,因此,党员中的多数在当时是被组织在革命军队或革命武装斗争的总体系之内的。如果说,从事大工业生产有助于养成工人的阶级意识和组织性、纪律性;那么,过严格的革命军人的生活,即在马克思主义思想指导下的集体主义的战斗生活,无疑也是有助于做到这一点的。中共中央 1929 年发出的一个文件中即讲过:“中国产业发达的迟缓致使革命民众还未能摆脱封建社会思想习惯的遗留,故一切柔弱散漫的特性,都不免要反映到无产阶级的队伍中来。只有加紧军事化的口号,可以肃清这种民族弱点的反映,可以振起高度的革命精神,可以使日常工作日益条理化。”“因为军事是科学的结晶,有系统有次序,敏捷迅速、沉着精致,可以避免一切萎靡散漫不落实际的毛病。”①这就是说,艰苦的农村战争的环境也给党的建设提供了某种有利的条件。

第三,更重要的还在于,“仅仅是党员的社会出身,还不能决定一切,决定的东西,是我们党的政治斗争与政治生活,是我们党的思想教育、思想领导与政治领导”②。事实上,促使党把工作重心转向农村的,是革命形势的变化,并不是党的战略目标的改变。党的工作重心是变了,但党的纲领和宗旨并没有变,党吸收党员的标准没有变。农民及其他小资产阶级的思想,不论它是怎样大量地反映在党内,它在党内毕竟不是一种合法的存在。它必须被改造,而且事实上也是可以被改造的。只要结合实际的革命斗争,加强党内的教育,坚持以无产阶级思想去纠正和克服非无产阶级思想,即使在农村和战争环境中,在农民及其他小资产阶级出身的党员占多数的条件下,党也仍然完全可以保持住自己的无产阶级先锋队的性质。③

---

① 《中共中央文件选集》第 5 册,中共中央党校出版社 1990 年版,第 40 ~ 41 页。

② 《刘少奇选集》上卷,人民出版社 1981 年版,第 325 页。

③ 参见拙作《中国革命史论稿》,北京大学出版社 1992 年版,第 300 ~ 301 页。

不可否认,中国共产党为了认清自身建设的特殊环境和应取的方针,是经历了一个过程的。

大革命失败以后,在改造与重建党组织的过程中,中共中央发现发展的新党员农民出身的占大多数,工人出身的很少,即认为"这种现象极有动摇无产阶级指导的危险性"①,强调"在组织的发展上要特别注意工人佃农雇农的成份之增加",尤其要"积极的在工人之中征求党员"②。中共六大更指出,"党的基础有由工人阶级移到农民的危险",因此,"必须坚决努力复建党的基础于工人阶级,尤其是城市大工业和交通工人之上"③。在一个时期内,由于中共中央仍然把党的工作重心放在准备城市起义和红军攻打中心城市方面,因而认定"建立党的工人基础,吸收新的积极的工人入党,是准备革命高潮的中心任务"④。为此,党的组织曾采取过一些组织措施,诸如规定发展党员时工人必须占有一定的比例,举办突击吸收工人党员周的活动,等等。但是,由于城市中白色恐怖的高压过于严重,工人斗争长期处于被压抑的状态,这些工作收到的成效并不显著。在整个十年内战时期,党员中工人出身的成分始终只占一个很小的比例。

在中国共产党内,以毛泽东为代表的许多在农村中领导斗争的负责干部较早地从实际出发,既积极地发展农民出身的革命分子入党,又努力用无产阶级思想来改造他们的非无产阶级思想,收到了很好的效果。1929 年 9 月,周恩来等听取红四军情况的汇报之后在以中共中央名义给红四军前委的指示信中即指出:"红军的来源只有收纳广大的破产农民,此种农民固然有极浓厚的非无产阶级意识表现,但只有加强无产阶级意识的领导,才可以使之减少农民意识,决不是幻想目前红军可以吸收广大工人成份来改变红军倾向的。"⑤应当说,这里所阐明的原则,不仅适用于红军的建设,而且也适用于红军中党的建设和红军活动地区党的建设的。这个原则的阐明,说明党在对待红军的成分和党员的成分的问题上开始采取了实事求是的态度。不过,这一点,在当时还并没有形成为全党的牢固的共同认识。所以在这之后,尤其是王明路线时期,党在这个问题上的方针,还是发生过动摇,尤其在选拔红军指挥员和党的干部时更犯过不适当地强调工人成分的错误。

遵义会议以后,中共中央认真地总结了党的组织建设方面的经验教训,提出

---

① 《中共中央文件选集》第 4 册,中共中央党校出版社 1989 年版,第 206 页。

② 《中共中央文件选集》第 4 册,中共中央党校出版社 1989 年版,第 255、319 页。

③ 《中共中央文件选集》第 4 册,中共中央党校出版社 1989 年版,第 586 页。

④ 《中共中央文件选集》第 4 册,中共中央党校出版社 1989 年版,第 627 页。

⑤ 《周恩来选集》上卷,人民出版社 1980 年版,第 37 页。

了适合中国情况的恰当的方针。1935 年 12 月中共中央政治局瓦窑堡会议《关于目前政治形势与党的任务决议》明确指出："中国共产党是中国无产阶级的先锋队。他应该大量吸收先进的工人雇农入党，造成党内的工人骨干。同时中国共产党又是全民族的先锋队，因此一切愿意为着共产党的主张而奋斗的人，不问他们的阶级出身如何，都可以加入共产党。""由于中国是一个经济落后的半殖民地与殖民地，农民分子或小资产阶级出身的智识分子，常常在党内占大多数，但这丝毫也不减低中国共产党的布尔什维克的地位"。事实证明，这样成分的党，是能够完成自己的光荣任务的，是能够艰苦奋斗百折不回的。决议指出，"能否为党所提出的主张而坚决奋斗，是党吸收新党员的主要标准。社会成份是应当注意到的，但不是主要的标准。应该使党变成一个共产主义的熔炉，把许多愿意为共产党主张而奋斗的新党员，锻炼成为有最高阶级觉悟的布尔什维克的战士。党内两条战线的斗争，与共产主义的教育，就是达到这一目的的方法。""党不惧怕某些投机分子的侵入，党用布尔什维克的政治路线与铁的纪律，去保证党的组织的巩固。党不惧怕非无产阶级出身的党员政治水平的不一致，党用共产主义教育去保证提高他们到先锋队地位。"①1936 年 9 月 17 日，中共中央通过的《关于抗日救亡运动的新形势与民主共和国的决议》进一步强调："扩大与巩固共产党，保障共产党政治上组织上完全独立性，和内部的团结一致性，是使抗日民族统一战线与民主共和国得到彻底胜利的最基本的条件。因此在苏区内特别在非苏区内有系统的征收党员是非常必要的，但必须避免大批入党的办法，而只吸收经过考察的工人农民与革命知识分子入党。在这个意义上，去年中央十二月决议中一切愿意为着共产党的主张而奋斗的人，不问他的社会出身如何，都可以加入共产党，与党不怕某些投机分子侵入的意见是不正确的。"②中共中央之所以强调加强党的建设，保证党在组织上的扩大与巩固，是为了使自己成为真正广大的群众性的革命政党，以便率领广大人民去迎接新的大革命。

（二）加强马克思主义理论教育

怎样才能有效地克服党内的小资产阶级思想呢？中共中央认为，"加紧党内的政治教育，提高党的理论，这是从积极方面消灭小资产阶级意识的正确的出路"③。

---

① 《中共中央文件选集》第 10 册，中共中央党校出版社 1991 年版，第 620 ~ 621 页。

② 《中共中央文件选集》第 11 册，中共中央党校出版社 1991 年版，第 98 页。

③ 《中共中央文件选集》第 4 册，中共中央党校出版社 1989 年版，第 709 页。

在1928年6月召开的中共六大上，瞿秋白明确指出，“要有党的理论才能使党充实”。他总结建党以来的经验，认为“革命运动发展，根本理论缺乏，是党的弱点之一”。他强调：“工人政党无理论是要破产的。”①基于这样的认识，六大的决议要求“加紧党员群众的教育，增加他们的政治程度，有系统的宣传马克思列宁主义”，并且把学习理论同“研究中国革命过去几时期的经验”结合起来。②六大之后，中共中央就宣传工作发出通告第四号，就党内的宣传教育工作提出了七项要求，即：从中央以至支部建立经常的宣传鼓动工作，建立并强健党的各级党部的宣传机关；“发展政策和理论的讨论”；建立党的理论的中心，改《布尔塞维克》为中央理论机关报；有计划地编译与出版马克思列宁主义的重要著作小册子等；开办中下级干部的小规模党校或短期训练班；“使支部日常工作的讨论与政治的理论的讨论发生联系”；等等。③ 中共中央认为，马克思列宁主义的教育工作“应从支部中做起”。考虑到党内许多人的理论与文化水平不高，“马克思列宁主义愈能通俗化，愈能使其理论和原则在群众日常生活和斗争中得到根本的认识和了解”④。这里所说的通俗的方法，特别是指使“理论与实际斗争联系”，防止把理论的学习“变成学院式的研究”⑤。

由于当时的中国共产党仍然处于幼年时期，对马克思主义理论的掌握既不充分、深刻，对中国的历史实际、社会实际和革命实际的了解也不系统、深入，因此，党的理论研究和宣传教育工作存在着种种缺点和不足，是不奇怪的。事情的可贵之处在于，无论是在白色恐怖统治下的秘密工作环境中，还是在艰苦的战争岁月里，党仍然把“加强党员的马克思列宁主义教育”放在重要的位置上，把它看“成为党的最主要工作之一”⑥。这确实是党的一个优良的传统。

诚然，在对待马克思主义的态度上，在中国共产党内曾经存在过两种不同的思想路线。王明等人把马克思主义教条化、共产国际决议和苏联经验神圣化，这种教条主义倾向给中国革命造成了极其严重的危害；以毛泽东为代表的共产党人正是在同这种错误倾向作斗争的过程中，在马克思主义指导下，通过调查研究中国社会的情况，总结人民斗争的经验，逐步地把马克思列宁主义理论和中国实际正确地结合起来，创立了中国化的马克思主义即毛泽东思想。这是这个时期党在理论上、思想上的最大收获。

---

① 《瞿秋白文集·政治理论编》第5卷，人民出版社1995年版，第569、617页。

② 《中共中央文件选集》第4册，中共中央党校出版社1989年版，第320页。

③ 《中共中央文件选集》第4册，中共中央党校出版社1989年版，第616～617页。

④ 《中共中央文件选集》第5册，中共中央党校出版社1990年版，第237页。

⑤ 《中共中央文件选集》第6册，中共中央党校出版社1989年版，第202页。

⑥ 《中共中央文件选集》第6册，中共中央党校出版社1989年版，第202页。

遵义会议之后，坚持理论与实际相结合的方向，实际上成了中共中央决定政策、指导工作的一项根本的思想原则。包括一些过去犯过教条主义错误的领导干部，通过总结以往的教训，这时也开始注意把握理论联系实际这一正确的方向。这是党在政治上、思想上的一个巨大的历史性的进步。1937年4月15日，中共中央在告全党同志书中明确指出："中国革命的复杂性与变化多端性，要求我党同志学习以马克思列宁斯大林的方法去细心的分析当时当地的具体环境，倾听人民群众的呼声，提出适当的主张，策略和口号，慎重的正确的解决政治经济等各方面的问题。马克思列宁斯大林主义的原则必须使之具体化，成为具体行动的指南针。"①中共中央的这个指示，对于党的唯物主义思想路线作了正确的阐发，具有重大的原则性的意义。同年6月6日，张闻天（洛甫）在党的白区工作会议上的报告中也明确讲过，我们首先应该了解马克思主义的一般原则，但仅仅做到这一点还不够。"因为中国政治经济发展的不平衡，中国情形的极端复杂，使我们运用策略原则时困难更多"。"所以特别重要的，当我们的同志懂得这些原则之后，决不要机械的把这些原则当做死的公式去背诵，而是首先要真正细心的与谨慎的去分析当时当地的具体环境，深刻的去探求革命形势的特点，体验群众的要求、痛苦与他们的每一呼吸与脉搏的跳动，再来决定适当的斗争的口号，策略，工作的方法与方式"。坚持马克思主义，并不是要求人们简单地和机械地去重复马克思主义书本上的词句。"我们共产党员在群众中，应该以马克思列宁主义的方法去分析与解释各种最平凡的问题。完全不用马克思列宁的一句话，然而这种分析与解释仍然是马克思列宁主义的"②。这些话，也是讲得很对的，具有重要的历史价值。

（三）密切联系人民群众，严格防止和纠正腐化现象

中共中央指出："无产阶级政党是要在群众中发展，在群众中生存，离开这个原则便要根本动摇党的基础。"考虑到当时农村游击战争和白色区域秘密工作的环境，如果不能保持同人民群众的密切联系，得不到群众的拥护、支持和掩护，党的组织不仅无法得到发展，就连生存也是不可能的。因此，中央要求，在党内，"自机关负责人以至每个党员都要特别注意于群众化"。中央强调，党若脱离了群众，"一定要造成党的腐化与官僚化"③。"党员应作群众的模范"，但一

① 《中共中央文件选集》第11册，中共中央党校出版社1991年版，第202页。
② 《中共中央文件选集》第11册，中共中央党校出版社1991年版，第240~241页。
③ 《中共中央文件选集》第5册，中共中央党校出版社1990年版，第374页。

定要“消灭党员‘特殊地位’与官僚腐化等不容许的现象”①。

中国共产党是全心全意为人民服务的党，同人民群众保持密切的联系，这是党的力量的源泉。大革命失败以后，经过反革命的镇压，它只剩下了几千党员，但它还是坚持了下来并发展了起来，这是因为它同人民联系在一起，为人民工作。即使在党的领导机关犯“左”倾错误的时候，根据地的人民还是团结在共产党的旗帜下与反动派进行浴血的战斗，这是因为党制定的土地革命纲领是符合广大农民的根本利益的，广大党员仍然与人民群众有着良好的关系。没有群众的支持，土地革命战争的发动，反“围剿”战争的坚持，长征的胜利……所有这一切，都是不可想象的。

这个时期，党在农村区域开始掌握局部的政权，党的建设由此也就面临着一种新的情况，即某些党员可能由于不能正确地对待人民赋予自己的权力，以这种权力来牟取私利，以致发生腐化、官僚化的现象。即使在国民党统治区，党的组织也还掌握着一部分经费，党的干部和管理钱财的人员也有一个能否严格自律的问题。还应当看到，党是在复杂的社会环境中活动，旧社会的那些腐化、消极的东西，对于党内的某些意志薄弱者，也是难免会发生影响的。考虑到以上这些情况，为了维护党的纯洁性，保持党与人民群众的密切联系，中共中央、党的各级组织和党领导下的苏维埃政权坚决开展了反对贪污腐化等现象的斗争。

在这个斗争中，党主要采取了以下措施：

1. 加强党内教育，严格纠正党员的腐化现象

早在大革命时期，1926年8月4日，中共中央即发出过《坚决清洗贪污腐化分子》的通告。土地革命战争开始以后，随着苏维埃政权的逐步建立，中共中央更反复强调了必须坚决防止和反对腐化现象的问题。比如，1928年5月6日，中央在给湘东特委信中，即要求“党部应严格的纠正党员的腐化现象——如怠工，奢侈，赌嫖……”②。1929年7月14日，中央在给鄂东北特委的指示信中，要求党员必须与群众同甘共苦，不应特殊化。党员“若处处表现着与群众不同（住另外的房子，做另外的事，穿另外的衣服），则不独对于秘密工作是不应该，并一定要惹起群众的反感，一定要造成党的腐化与官僚化”③。同年8月24日，中央政治局通过的关于鄂西党目前的政治任务及其工作决议案更进一步指出，鉴于党在一些地区处于执政地位，必须“严厉的防止腐化与堕落的倾向”，并且认为

---

① 《中共中央文件选集》第8册，中共中央党校出版社1991年版，第83页。
② 《中共中央文件选集》第4册，中共中央党校出版社1989年版，第184页。
③ 《中共中央文件选集》第5册，中共中央党校出版社1990年版，第374页。

"这是赤色区域最易发生的危险"①。1930 年 9 月 26 日中共六届三中全会通过的《组织问题决议案》,则在全党范围内再次强调,"要使每个党员对于革命,对于一切组织行动负严格的责任,尤其要严厉的反对党员中有官僚主义腐化堕落或比一般群众处在特别优遇的地位的状态"②。对于这个问题,中央后来还对全党提醒过多次。中央指出,作为一个共产党员,他是不能享有特权的。"党员在政府中的行动与工作,要比一般非党员来得更艰苦更勤劳,才更能为一般群众的表率"③。

为了防止和纠正腐化现象,党要求各级组织和广大党员拿起自我批评的武器。1931 年 11 月中央苏区第一次党代表大会通过的《党的建设问题决议案》指出:"实行党内自我批评,是保障党正确路线执行推动党的进步的最有力的方法。这可以防止党内腐化官僚化和其他一切消极怠工等不正确倾向与现象的产生与发展。以后各级党委员会及支部大会须经常举行工作的自我批评。"④

为了提倡克己奉公、廉洁从政、艰苦奋斗的作风,党和苏维埃政府还把个别干部腐化堕落的事件作为反面教材,教育党员和干部。比如,1934 年 3 月 20 日,张闻天即曾著文总结江西雩都县几个干部贪污公款、投机经商事件的教训,告诫苏区干部说:雩都事件应该极大的警觉我们全党同志与所有我们苏维埃工作人员,怎样被阶级敌人腐化了我们党与苏维埃政府的某一环子。这个腐化的环子怎样传染了一部分雩都的干部,怎样抑制着下层党员群众、苏维埃工作人员与广大工农群众的积极性。他强调,反贪污腐化不是简单地对某个人的处理,而是通过反贪污斗争,健全党的组织,使党与苏维埃的领导作用大大加强。⑤ 在这里,他已经明确地把反对贪污腐化的斗争,看做是党的建设中的一个重要问题了。红军长征到达陕北以后,曾接连发生几起浪费事件,据此,毛泽东于 1936 年 10 月 22 日致函在西安做统一战线工作的叶剑英、刘鼎,强调"外面用费须节省又节省","无论何时不要丧失我们的立场,不要接受别人的馈赠"。他要求他们向从事统战工作的同志"随时提出对此问题的警觉"。因为"苦久了的人难免见风华而把握不住,故应作为一个问题,对同志做教育与警戒工作"⑥。他认为,必须在党内加强保持长期艰苦奋斗的精神的教育,才能制止浪费及贪污腐化等现象的发生。

---

① 《中共中央文件选集》第 5 册,中共中央党校出版社 1990 年版,第 433 页。
② 《中共中央文件选集》第 6 册,中共中央党校出版社 1989 年版,第 324 页。
③ 《中共中央文件选集》第 7 册,中共中央党校出版社 1991 年版,第 110 页。
④ 《中共中央文件选集》第 7 册,中共中央党校出版社 1991 年版,第 474 页。
⑤ 参见张闻天:《雩都事件的教训》,载苏区《斗争》第 53 期,1934 年 3 月 31 日。
⑥ 《毛泽东书信选集》,中央文献出版社 2003 年版,第 68 页。

2. 健全财务管理等项制度,堵塞漏洞

为了反对腐化现象,党在加强思想教育的同时,还注意进行财务管理等项制度的建设。比如,1927年12月,中共中央为"节省经费"发出通告第二十一号,规定"此后各省经常费用,务须依照预算开支,于每月月终造具决算,提出(交)省党部的最高机关审查存案,并报中央查核"。通告还指出,"生活费开支过多,极易腐化",规定"从明年一月起,中央及各负责同志,每月开支生活费,至多不得超过三十元"①。1929年8月24日,中共中央在给地方党委的指示中再次强调"各级党部经费要有经常的预算决算",按月上报上级党部及中央;同时要求"政府及农协均应有自己的预算和决算,每月向群众公布,经群众的审查"②。1933年3月1日,中华苏维埃共和国中央执行委员会发布训令第二十号,规定"凡估价出卖的谷,一定要将谷款送交支库,以取得支库五联收据为凭,各级政府不得动用分毫,如有乱用谷款,或谷价以多报少,贪污舞弊者,要受严厉的处分"③。这些制度虽然还很不完善,但它们的制定,对于堵塞可能的漏洞仍然起到了积极的作用。

3. 建立党和政府监督检察机构,发动人民群众对党和政府干部进行监督

1928年7月中共六大通过的党章规定:"为监督各级党部之财政,会计及各机关之工作起见,党的全国大会,省县市代表大会选举中央或省县市审查委员会。"④据此,六大选举产生了以刘少奇为书记的中共中央审查委员会。1934年1月中共六届五中全会上,经过改选,董必武担任了这个委员会的书记。1931年6月,由周恩来、陈云等五人组成的党内最高监察和纪律检查机关——中共中央特别工作委员会宣告成立(1933年1月临时中央迁往根据地后撤销)。⑤ 1933年9月17日,中共中央作出专门决议,规定"为要防止党内有违反党章破坏党纪不遵守党的决议及官僚腐化等情弊发生,在党的中央监察委员会未正式成立以前,特设立中央党务委员会,各省县于最近召集的省县级党代表大会时选举省县级的监察委员,成立各省县的监察委员会"。中央特别委员会及省县监察委员会的职责之一,即是检查"官僚主义及腐化现象等,并与之作无情的斗争"⑥。为了反对政权机构中的腐化行为等,中央工农民主政府还于1931年专门设立了工农检察人民委员部,何叔衡为检察人民委员;后改称工农检察委员会,项英为主

---

① 中央档案馆存稿,载《反腐倡廉学习文件选编》,中共党史出版社1993年版,第217页。

② 《中共中央文件选集》第5册,中共中央党校出版社1990年版,第433页。

③ 《红色中华》第58期,1933年3月6日。

④ 《中共中央文件选集》第4册,中共中央党校出版社1989年版,第480页。

⑤ 《党风党纪建设七十年(1921—1991)》,中共党史出版社1991年版,第11、16页。

⑥ 《中共中央文件选集》第9册,中共中央党校出版社1991年版,第340页。

任;1935 年 11 月,成立工农检查局,罗梓铭为局长。

由于贪污腐化等行为都是以隐蔽的方式进行的,为了揭露这种现象并与之作有效的斗争,仅仅靠专门机关还不够,还必须深入地发动广大的人民群众,使之与专门机关相配合。比如,1933 年 9 月 8 日,中华苏维埃共和国中央执行委员会曾发布训令,指示工农检察人民委员部要抓紧在选举运动期间"开展苏维埃工作人员中的检举运动"①。1934 年 1 月中共六届五中全会的决议更进一步的强调,"必须广大的开展反对苏维埃机关中的个别的贪污腐化浪费公款及官僚主义的分子的斗争,这个斗争除掉健全工农检察委员会的组织和工作,个别的打击和反对具体的罪恶的负责者外,必须与提高群众的文化的水平,文化革命及吸引更广大的群众参加与监督苏维埃的工作联结起来,与发展苏维埃的民主主义及自我批评联结起来"②。事实上,只要群众真正地发动起来了,贪污腐化分子也就无法藏身了。

4. 严格执行党和革命政权的法规和纪律,严厉惩处贪污腐化分子

在苏维埃区域,由于"在各政权机关红军及各种群众组织中,多半是党员担负着最重要的工作。为要保障这些同志真正成为群众中的模范者,防止一切腐化官僚化贪污等现象的发生",中国共产党强调,"必须严格的执行纪律"。"一切违反苏维埃法律对于革命有损害行为的党员,必须比非党员工农分子受更严厉的革命纪律制裁"③。1932 年 9 月,毛泽东主席等发布中华苏维埃共和国中央执行委员会第十五号训令,要求"驱逐贪污腐化官僚等出苏维埃"④。1933 年 12 月 15 日,毛泽东等以中央执行委员会主席、副主席的名义,发布关于惩治贪污浪费行为的第二十六号训令。训令全文是:

为了严格惩治贪污及浪费行为,特规定惩治办法如下:

(一)凡苏维埃机关、国营企业及公共团体的工作人员利用自己地位贪污公款以图私利者,依下列各项办理之。

(甲)贪污公款在五百元以上者处以死刑。

(乙)贪污公款在三百元以上五百元以下者处以二年以上五年以下的监禁。

(丙)贪污公款在一百元以上三百元以下者处以半年以上两年以下的监禁。

(丁)贪污公款在一百元以下者,处以半年以下的强迫劳动。

(二)凡犯第一条各项之一者除第一条各项的处罚外,得没收其本人家产之

---

① 第二次全国苏维埃代表大会准备委员会:《选举运动周报》第 1 期,载《反腐倡廉学习文件选编》,中共党史出版社 1993 年版,第 224 页。

② 《中共中央文件选集》第 10 册,中共中央党校出版社 1991 年版,第 40 页。

③ 《中共中央文件选集》第 7 册,中共中央党校出版社 1991 年版,第 477 页。

④ 《红色中华》第 35 期,1932 年 9 月 27 日出版。

全部或一部,并追回其贪污之公款。

(三)凡挪用公款为私人营利者以贪污论罚罪,照第一二两条处治之。

(四)苏维埃机关、国营企业及公共团体的工作人员,因玩忽职守而浪费公款致使国家受到损失者依其浪费程度处以警告、撤销职务以至一个月以上三年以下的监禁。①

此项惩治贪污浪费条例的规定是严厉的。这项条例不仅在当时即公开予以颁布施行,而且在红军长征到达陕北后,1937 年 3 月 14 日,毛泽东又以中央执行委员会主席的名义再次予以颁布施行。

中国共产党为保持自己队伍的纯洁性和使自己领导的政权的清正廉洁所采取的措施、所开展的斗争,保证了这个党做到了近代中国其他政党所不能做到的在任何情况下都始终保持着自己旺盛的革命意志,使得这个党所领导的政府成了中国历史上从来不曾有过的真正清正廉洁的政府。

(四)进行党内斗争,开展自我批评

正如恩格斯所说的那样:“看来任何大国的工人政党,只有在内部斗争中才能发展起来,这是符合一般辩证发展规律的。”②中国共产党的发展也不例外。

大革命失败以后,中国共产党的队伍中一度产生过思想混乱,在一个长时间里对于中国革命的许多问题的认识更存在着意见分歧。这是因为:第一,“革命失败以后,必然有许多失败的情绪,引起许多争论的问题”。“中国大革命失败以后,亦是如此”③。第二,由于缺乏经验,对于中国革命发展的规律一时还认识不清楚,由此也就导致了党内在一些问题上认识的不一致。第三,党内存在着大量的农民及其他小资产阶级出身的成分,党又处在汪洋大海般的小资产阶级的包围之中,一些党员自身表现出各种非无产阶级的思想倾向,更是不可避免的。

解决上述问题,主要依靠在马克思主义指导下调查研究中国的社会状况,总结中国革命的实践经验;同时需要加强马克思主义的思想教育,拿起批评与自我批评的武器,积极开展党内的思想斗争。

作为一个区别于旧式的社会改良党的新型无产阶级革命政党,中国共产党从来就反对对于自己队伍中的错误倾向采取自由主义的态度。中共中央明确指出:“因为共产党是无产阶级与劳苦群众斗争的先锋队,根本上必须与一切党内不正确的倾向斗争。党对于一切非布尔塞维克的倾向,不能稍事妥协与让步,绝

① 《反腐倡廉学习文件选编》,中共党史出版社 1993 年版,第 225 ~226 页。

② 《马克思恩格斯选集》第 4 卷,人民出版社 1995 年版,第 651 页。

③ 《周恩来选集》上卷,人民出版社 1980 年版,第 45 页。

无(所)谓党内和平。只有与一切不正确的倾向毫不妥协的斗争,才能提高党员的政治水平线保障党的路线得以正确地执行以求得党的巩固和一致。”如果听任这些错误倾向的发展,“只能使党的正确路线更加模糊,党内政治认识更加低落,党的组织更加分裂,决不能助长党的进步”①。

积极地开展党内的思想斗争,确实是这个时期党的发展的一个动力。如果不反对陈独秀的右倾错误,党就不可能举起土地革命战争的旗帜;如果不反对立三路线,就不可能有根据地的巩固、发展和红军反“围剿”战争的胜利;如果不纠正王明的“左”倾路线,就不可能胜利地完成长征和打开中国革命的新局面。这样,中国革命的坚持、发展和走向新的高潮就都成为不可能的了。

不过,这个时期的党内斗争曾经发生过严重的偏差和错误。主要是:

第一,不懂得“反对党内‘左’、右倾向,必须依据具体情况决定方针”②。

大革命失败以后,首先着重清算陈独秀的右倾错误是完全必要的。但是,党没有在反对一种倾向时,注意防止和纠正可能被掩盖着的另一种倾向,即在反右时,没有注意防“左”,以致在右的倾向基本上被克服之后,“左”的倾向却急剧地发展起来了。

当“左”的倾向成为党的主要危险时,中共中央的认识并没有随着情况的变化而变化,而是依据共产国际的有关指示,始终强调右倾是主要危险,必须集中力量进行所谓的反右倾斗争。其结果,“左”的错误倾向不仅得不到克服,而且越发严重了。

由于不从实际出发确定反倾向斗争的方针,而是从“左”的立场出发,提出“右倾是党内的主要危险”这样一个固定的公式,一个劲地反右,这样,许多反对“左”的错误的正确思想和主张,也被当做右倾,受到了批判,党内是非的原则界限由此也就从根本上被混淆了。

第二,不懂得在党内斗争中必须采取“弄清思想、团结同志”的方针。

在这个时期,党内“曾经有过反对陈独秀错误路线和李立三错误路线的大斗争,这些斗争是完全应该的。但其方法有缺点:一方面,没有使干部在思想上彻底了解当时错误的原因、环境和改正此种错误的详细办法,以致后来又可能重犯同类性质的错误;另一方面,太着重了个人的责任,未能团结更多的人共同工作”③。这两个缺点,是应当引为鉴戒的。

至于在王明路线时期,一些领导人为了推行“左”倾冒险主义的方针,对一

① 《中共中央文件选集》第5册,中共中央党校出版社1990年版,第218页。

② 《毛泽东选集》第4卷,人民出版社1991年版,第1268页。

③ 《毛泽东选集》第3卷,人民出版社1991年版,第938页。

切怀疑、不同意、不满意、不积极拥护和执行这一方针的同志,更一律扣上"右倾机会主义"等大帽子,而加以"残酷斗争,无情打击",对于这些同志,他们采取的往往是攻其一点、不及其余,尽力夸大、无限上纲这种恶劣的反科学的态度。这种错误的党内斗争,给党的事业造成了极端严重的危害。这方面的沉重的教训,尤其应当汲取。

1935 年 1 月遵义会议以后,党总结了以往党内斗争的经验教训,上述偏差和错误在实际上得到了纠正和克服。这主要表现在:

第一,不再像以前那样脱离实际,一个劲地强调反对右倾;而是从实际出发,着重反对妨碍党去建立抗日民族统一战线的"左"倾关门主义,同时又提醒全党提高警觉,防止陈独秀尾巴主义的复活。

第二,在党内斗争中不再采取"残酷斗争、无情打击"的做法,而是在实际上开始执行惩前毖后、治病救人的方针。刘少奇后来说过:"党在一九三五年的转变,基本上就是党的高级干部的多数从失败中得到了经验、提高了觉悟的结果。在这以后,党中央并没有给犯错误的同志以严重的惩办,仍然分配他们以适当的领导职务,耐心地等待和帮助他们从思想上真正地认识自己的错误。同时党中央又系统地帮助全党干部逐步地了解马克思列宁主义的理论和实际相结合的原理,了解我们的主观认识必须符合于客观实际的原理。由于党的思想工作和组织工作有了重大的改进,党的事业就得到了迅速的发展。"①

党的工作中的这种积极的转变,是同毛泽东的努力分不开的。在这个时期的党内斗争中,毛泽东作出了值得全党效法的榜样。他不仅把马克思主义和中国实际相结合,提出了中国革命的正确方针,而且善于做说服工作,能够耐心地等待多数的觉悟。周恩来回忆说,十年内战的时候,"我们主张打大城市,毛主席认为我们的力量小,不应该打大城市,应该集中力量建设根据地。但是毛主席的意见大多数不赞成,大家要打,他也只好跟着打。结果打败了,毛主席赶快在会议上提出:打败了证明这个办法不行,换一换吧!大家还不接受,他只好再等待,又跟着大家走"。"万里长征,就因为在江西打败了,硬拼消耗,拼到最后挡不住了,不得不退出江西。在长征路上,毛主席又提出了他的正确意见,在遵义会议上纠正了错误路线,带着红军爬雪山、过草地,冲出了危险的局面,到达了陕北。最后证明毛主席的主张是对的,多数是错的。这都说明,正确的意见不为大家所接受的时候,怎么办?就要等待,就要说服。大多数人通过的决定,组织上还要服从。当着群众被蒙蔽的时候,不容易接受真理,等他们慢慢地觉悟起来以

① 《刘少奇选集》下卷,人民出版社 1981 年版,第 267 页。

后，就会拥护正确的意见"①。遵义会议之后，毛泽东在认真从事理论工作、总结经验、教育干部的同时，十分注意争取和团结犯过错误的同志，包括那些反对过自己、而且被实践证明是反对错了的同志，与他们共同工作。这样，他就在党的政治生活中创造了一种积极的、健康的、清新的氛围。

毛泽东倡导的党内斗争的正确方针，在1935年12月中共中央政治局瓦窑堡会议的决议中已经开始得到阐明。决议指出："对于干部与党员在思想上与工作上的错误，不是轻易的给以打击，加上机会主义帽子，以及轻易的处罚他们，而是给以耐心的一次又一次的说服教育。思想上与工作上的错误，是免不了的，错误是可以改正的，列宁主义的学习精神，与从斗争中求锻炼，是改正错误的最好方法。""一定限度的组织上的结论，也仅仅对于那些错误严重与无法说服的同志才是必要的。但一切必要的党内斗争与组织结论，仍然是带着对于本人与全党的教育性质。只有对于那些有一贯错误路线的机会主义者，党才不应该因为他们的一时表现改正，而轻易给他们以重要的工作。"②在这之后，张闻天在1937年6月6日白区党代表会议上所作的报告中，对这个方针再次进行了论述。他指出，"中国共产党是在两条战线的斗争中发展与巩固起来的。一方面反对各种各式的右倾机会主义，另一方面反对各种各式的'左'倾机会主义"。"因此，无论在什么时候，我们的党应该注意一切不正确的倾向而与之斗争"。他强调，"只有政治警觉性与政治水平的提高，马列主义武器的取得，我们才能征服一切'左'右倾机会主义，而保障党内布尔塞维克的一致与团结"，而在这方面，"真能拿马克思列宁的辩证唯物论去解决一切问题"，更有着重要的意义。他强调，"思想斗争的主要方式，是说服与教育，而不是打击。对各种不正确思想，应有确当的估计，不要夸大或缩小，或任便给同志戴'大帽子'。然而思想斗争是决不能因为过去方式的不好，现在就不要甚至放松的。这种无原则的市侩式的党内'和平共居'，是我们所不需要的"。"每一同志的错误思想，我们是应该克服的"。"如果一个同志犯了严重的政治路线的错误，就是他承认了错误时，我们要在实际工作中考察他是否真正了解自己的错误"。这些意见，是党的历史经验的总结，对于正确开展党内斗争、加强党的建设，有着重要的意义。

（五）加强党的组织建设

在这个时期，中国共产党仍然保持着自己的严密的组织系统。根据1928年7月中共六大通过的党章的规定，党的组织系统如下：

---

① 《周恩来选集》上卷，人民出版社1980年版，第337页。

② 《中共中央文件选集》第10册，中共中央党校出版社1991年版，第621～622页。

(1) 在每个工厂,作坊,商店,街道,乡村,小市镇,军队等中:支部党员大会——支部干事会。

(2) 城区或乡区内:区党员大会或区代表会议——区委员会。

(3) 县或市的范围内:县或市代表会议——县或市委员会。

(4) 特别区(包括几县或者省之一部分):特别区代表会议——特别区委员会。特别区的组织如有必要时得由省委决议成立之。

(5) 省:省代表大会——省委员会。

(6) 全国:全国代表大会——中央委员会。

(7) 为易于指导各党部工作起见,中央委员会得按情势之需要,在数省范围内成立中央执行局或中央特派员。中央执行局和中央特派员由中央委员会指定之,并只对中央委员会负责。①

1931 年 5 月,中共中央就苏维埃区域党的组织作出决议。决议指出:"中央局或中央分局只能由中央派遣或指定,而当地最高党部委员会则在公开的领导政权的党中一般的都是由当地党的代表大会产生的,两种组织绝不容混淆与合并起来。""但中央局或中央分局是代表中央的,他有权可以改正和停止当地最高党部的决议与解散当地党委"。"中央局的委员可同时被推选为当地最高党部的委员,中央为加强苏区党的干部起见,亦可派遣得力同志参加当地最高党委或充当书记"。决议规定,"各苏区特区委员会统改称省委员会,他成为地方党部(县委市委或区委)与中央之间的一级经常组织。省委管辖的区域如太宽广时,可指定某些中心县委兼管其附近各县委,或联合数县乃至十数县成立道委员会,以介乎省委与县委之间,但这不是极经常极普遍的组织"。决议还规定,"红军中党的组织,是以连支部为基本单位,上级党委员会设立在政治部系统之内而直属于革命军事委员会的总政治部"。"党对于红军的领导,除经过政治委员与红军中党的组织外,上级的指挥系经过革命军事委员会"。"在远离革命军事委员会所在地的红军,党得组织前敌委员会加以直接指导"。"前委与地方党部的关系,在政治军事行动上为着全部战争的利益,他得指导地方党部"②。

尽管处于农村游击战争或地下工作的环境,由于中国共产党是按照民主集中制原则组织起来的党,在这个时期,党的中央仍然是具有高度权威的;不过,在一个相当长的时间内,党的中央并未形成政治上成熟、组织上稳定的领导核心。中央局的设立,有利于中央就近分片指导地方党的工作,这种机构后来曾经被长期沿袭下来;不过,在一段时间内,尤其是王明路线统治时期,中央向各地派遣中

① 参见《中共中央文件选集》第 4 册,中共中央党校出版社 1989 年版,第 471 ~ 472 页。

② 《中共中央文件选集》第 7 册,中共中央党校出版社 1991 年版,第 269 ~ 270 页。

央代表，造成了“钦差大臣满天飞”、对地方党的工作进行瞎指挥的不正常现象。在党的干部配备上，一个时期内也发生过片面强调工人化、排斥知识分子干部的错误倾向。这些问题，在遵义会议之后，得到了基本的解决。

加强党的组织建设，重要的是必须贯彻执行民主集中制。

在这个时期，党在贯彻执行民主集中制的组织原则方面，也有一些经验教训。

1927 年八七会议时，党在总结大革命失败的教训时，曾经尖锐地提出必须发扬党内民主、使党的中央领导人受到党员群众监督的问题。会议指出：大革命后期“中央所以陷于机会主义如此之深，而能绝不受警戒的去执行这些机会主义的政策，其原因之一，便是党内情形的不好，中央以前受不着群众的监督，不向群众报告，不提出党的政策交一般党员讨论。党里面完全是宗法社会制度，一切问题只有党的上层领袖决定，而‘首领’的意见不但总应当认为是必须服从的，而且总以为无条件的每次都是对的。这种条件之下，党内的民权主义完全变成空话”①。有鉴于此，会议强调，“现时秘密状态之中，需要最大限度的集权。但是集权制度不应当变成消灭党内的民权主义”②。只有这样，才有助于党的领导机关集思广益，使之少犯或不犯严重的错误。1928 年 1 月 30 日中央发出的关于组织工作的第三十二号通告，一方面要求“一切权力与指导集中于各级党部的常委与执委”；一方面指出“党内要尽可能的实行民主主义”。发扬党内民主的“意义是：1. 要全体党员参加党的生活与了解党的策略；2. 尽可能的经过党员群众讨论党的各种实际斗争的策略；3. 尽可能的实行指导机关由代表大会或党员大会选举”。通告要求党的领导机关要实行“集体指导”，“反对封建社会的遗习”，防止“流于首领个人的独裁形式”；同时，“集体的指导仍须相当的分工”，这种分工“必须有相当的专门性质，然后才便利于工作之发展与执行”。③ 这样，党就提出并初步阐明了集体领导与分工负责相结合这一党的领导工作中的正确的原则。

1928 年 7 月中共六大通过的中国共产党党章再次明确规定，党的“组织原则为民主集中制”。其根本原则如下：(1) 下级党部与高级党部由党员大会、代表会议及全国大会选举之。(2) 各级党部对选举自己的党员，应作定期的报告。(3) 下级党部一定要承认上级党部的决议，严守党纪，迅速且切实的执行共产国际执行委员会和党的指导机关之决议。党员对党内某个问题，只有在相当机关

① 《中共中央文件选集》第 3 册，中共中央党校出版社 1989 年版，第 287 页。

② 《中共中央文件选集》第 3 册，中共中央党校出版社 1989 年版，第 305 页。

③ 《中共中央文件选集》第 4 册，中共中央党校出版社 1989 年版，第 81～82、80～81 页。

对此问题未通过以前可以举行争论。① 六大的有关文件还指出，地方党委应当实行集体工作。不应当对不同意地方党部书记的路线之同志予以行政机关式惩罚及一般的机械的应用纪律。“特别应当坚决的指出，党部书记只是委员会全体委员和常务会议命令之执行者。”②这也就是说，书记个人不得拥有凌驾于组织之上的权力。

由于注意吸取大革命时期的教训，在八七会议以后，尤其六大以后的一段时间里，党内民主集中制的贯彻情况是比较好的。1929 年 6 月党的六届二中全会通过的组织问题决议案还特别强调了“建立正确的党内民主化”问题，指出不能因为环境恶劣而妨碍党内的民主生活，“而是要更适合于秘密条件下的民主化”。事实上，也不应当把民主与集中对立起来，因为党内生活的民主化是“在集中指导下的民主化”③。同年 7 月，中央在有关指示中进一步明确指出，“所谓民主，是说党内一切还没有决定的问题，党员可以自由发表意见，指导机关应该由群众中选举，会场中的问题都取决于大多数。集中乃是要一切党员必须服从决议，下级机关必须服从上级党部的指导”。指示强调，“我们党内过去缺少民主的精神，造成了许多组织上的缺点”。今后“各级党部在可能的范围内，都要尽量的扩大党内的民主，吸收党员群众对于各级党部整个工作的意见，引起一般同志在工作上的批评。各级委员会的工作，不应由书记或主席包办，应经过大多数委员的共同讨论”④。

不过，严重违反民主集中制的现象在这个时期还是一再地发生过。1930 年 6 月至 9 月，李立三在实际主持中央工作、推行“左”倾冒险主义方针时曾大搞“一言堂”，压制党内不同意见的发表，甚至对批评他的错误的同志实行纪律制裁。1931 年 1 月六届四中全会以后，王明、博古等人为了贯彻其“左”倾冒险主义、关门主义的方针更对党内不同意他们主张的同志实行“残酷斗争，无情打击”，在组织上大搞宗派主义。这种错误倾向，也是在遵义会议之后得到纠正的。

1935 年 12 月中共中央政治局瓦窑堡会议的决议已经阐明了党内斗争的新方针，坚决反对了压制党内民主的错误做法。1937 年 5 月苏区党代表会议进一步总结了有关的教训，提出了“党内生活之民主化，工作方式领导方式适合新条件的改造”问题。会议关于组织问题的报告提要指出：

为着实现党面前的新的巨大的任务，要求苏区的党及每一个党员的工作的

---

① 《中共中央文件选集》第 4 册，中共中央党校出版社 1989 年版，第 470 页。

② 《中共中央文件选集》第 4 册，中共中央党校出版社 1989 年版，第 447 页。

③ 《中共中央文件选集》第 5 册，中共中央党校出版社 1990 年版，第 227 页。

④ 《中共中央文件选集》第 5 册，中共中央党校出版社 1990 年版，第 376 页。

积极化,活跃化;要达到这个目的,必须发展党内的民主,而目前苏区党所处的客观条件,允许我们大大地发展党内民主。所以苏区党的组织应该在民主集中制的基础上(这就是说:(1)各级党的领导机关应该是选举出来的;(2)党的领导机关应该向党员报告其工作;(3)下级服从上级;(4)少数服从多数铁的纪律),实行党内生活的民主化。实行的方法:a. 苏区一切党的组织,从代表会议后,即行开始选举各级委员会。b. 限制指派的方法,仅能用之于薄弱的组织,为着加强其领导之必要而派往的人员,应该取得当地组织之同意。c. 党的委员会必须按期开会,一切重要的问题必须经过全会之讨论和决定。d. 常委会应该是集体的工作。在严密的分工的和个人负责制的基础上一切工作应该经常委会之集体的讨论与决定。e. 各级委员会必须有系统地召集积极分子会议,保证每一个重大的政治问题及地方问题,都经过积极分子的会议的讨论。f. 一切会议必须在事前的准备,会议的日程,文件,决议草案等等都应该在事先供给会议的参加者。g. 会议上应该保证讨论的自由,但是在决议通过后必须严格的遵守少数服从多数的原则,党内民主为着加强党的纪律,不是破坏他。①

博古在这个报告中阐述的这些主张和措施,是中国共产党在总结以往党内生活的经验教训的基础上提出来的。这些措施的提出,是党的政治生活有了重大进步的有力证明。

加强党的组织建设的一个重要环节,是做好党的支部工作。

大革命失败以后,中国共产党在组织上一度呈现"削弱的趋势"。其表现是:党员数量的减少;干部的牺牲;"一般组织工作之退后,各区委县委各省委无党员名册,不开会,不缴党费,党与党员无关系等"②。为了改变这种状况,党在自身的重建和改造的过程中,着重提出了大力加强党的基层组织——支部工作的问题,"就是要在'一切工作归支部','每个支部同志参加一种党指定的工作','支部起群众核心作用'的原则之下改造健全支部的组织"③。1928 年 7 月中共六大通过的党章规定,"支部为使与工农联系起来的组织。支部的任务:(1)用有计划的共产主义的鼓动与宣传,在无党的工农群众中实行党的口号与决议,使工农站到党方面来。(2)以党的组织的力量积极参加工农的一切的政治的经济的斗争,以革命的阶级斗争的观点讨论他们的要求,组织群众的革命行动,为取得工农的一切革命行动的领导而斗争,努力工作以吸收工农参加中国的与国际的无产阶级一般的革命斗争。(3)征收和教育新党员,散布党的出版品,

① 《中共中央文件选集》第 11 册,中共中央党校出版社 1991 年版,第 220~221 页。

② 《中共中央文件选集》第 4 册,中共中央党校出版社 1989 年版,第 77 页。

③ 《中共中央文件选集》第 4 册,中共中央党校出版社 1989 年版,第 548 页。

在党员及无党工农中进行文化的和政治教育的工作"①。1929 年 6 月中共六届二中全会关于组织问题的决议明确提出,"党员要从支部生活中为党工作"。决议规定,"每一党员在支部中必须:1. 经常地到支部会;2. 按月缴党费;3. 讨论党的政策及本身日常工作;4. 参加群众斗争并指导斗争;5. 读党报;6. 分配宣传品给群众;7. 介绍同志。"决议强调,"只有这样,才能建立起党员在党的生活,才能紧严起党员在支部中的生活"②。

党员必须过严格的支部生活,这是中国共产党组织建设方面的一个重要特点。中共六大和六届二中全会关于支部的任务和党员在支部的工作等项规定的贯彻执行,对于克服党的涣散状态和组织工作削弱的趋势,对于加强党的凝聚力、发挥党的基层组织——支部的战斗堡垒作用,都起到了积极的作用。尽管处在分散的农村游击战争或秘密工作的环境里,由于有集中统一的领导和基层组织的严格生活,中国共产党仍然是近代中国具有最强的凝聚力和战斗力的政党和政治组织。十分注意支部的建设,这是中国共产党的优良传统之一。

土地革命战争时期是中国共产党从幼稚走向成熟的极端重要的时期。党的建设工作的发展情况,从一个特定的重要方面,对此作出了有力的证明。

——原载《中国共产党史稿》第 3 卷,中央文献出版社 2006 年版。

---

① 《中共中央文件选集》第 4 册,中共中央党校出版社 1989 年版,第 473 页。

② 《中共中央文件选集》第 5 册,中共中央党校出版社 1990 年版,第 223 页。

第四编　1937—1945年

一、中国共产党:抗日战争的中流砥柱

抗日战争是近代以来中国人民第一次赢得完全胜利的民族解放战争。

中国的全国性抗战,是1937年7月7日卢沟桥事变中国守军奋起抵抗日军进攻开始的,到1945年9月2日日本政府代表在投降书上签字,历时整整八年。实际上,在1931年9月18日日本侵略中国东北的九一八事变之后,到1937年7月7日卢沟桥事变之前,中国局部地区的抗日战争,主要是东北人民的抗日武装斗争,已经进行了六年多的时间。所以,总起来说,中国人民的抗日战争前后持续了十四年之久。

自1840年英国发动侵略中国的鸦片战争以来,在一个相当长的时间里,世界上的帝国主义国家,不论大小,几乎都曾经欺负过中国;而近代中国的反侵略战争,也无不是以中国失败、被迫接受丧权辱国的条约而告结束。“其原因,一是社会制度腐败,二是经济技术落后”①。应当承认,在抗日战争时期,与外国侵略者相比,中国的经济技术仍然是落后的;在中国最广大的地区,占统治地位的也仍然是腐败的半殖民地半封建的社会制度。这就是说,以往导致中国失败的原因,这时也仍然存在,并没有从根本上被消灭。那么,究竟是什么原因,使得抗日战争的结局能与以往反侵略战争的结局不同,而终于赢得胜利的呢?

抗日战争时期,尽管中国社会的半殖民地半封建性质和经济技术落后的状况还没有得到根本的改变,但是,中国已经具有了新的以往所不具备的进步的因素。主要是,有了资产阶级和无产阶级,有了已经或正在觉悟的广大人民,有了共产党(它已经积累了两次革命的胜利和失败的经验,在政治上达到了成熟),有了政治上进步的军队即共产党领导的人民军队,有了局部的人民政权即共产党领导的解放区政权。总之,腐败的社会制度已经局部地被废除。中国已经处

---

① 《毛泽东文集》第8卷,人民出版社1999年版,第340页。

于历史上进步的时代，这就是足以战胜日本的主要根据。①

由于处在这个历史上进步的时代，中国共产党成了抗日战争的中流砥柱，抗日战争才得以坚持并取得最后胜利。这是抗日战争成为中国人民反侵略斗争史上的崭新篇章的决定性条件。

（一）率先举起抗日民族解放战争的旗帜

1931 年 9 月，日本军国主义势力发动九一八事变，开始了变中国为其独占殖民地的阶段。

日本是当时东方的头号强国，也是世界上少数几个帝国主义强国之一。它发动侵略中国的战争，是蓄谋已久，并且经过了长期的准备的。灭亡中国，是它的既定的方针和国策。要不要武装反抗日本的侵略，这是中国必须回答的首要问题。

在中华民族处于生死存亡的危急关头，中国共产党率先举起了武装抗日的旗帜，号召中国人民动员和组织起来，投入保卫祖国的抗日民族解放战争。在九一八事变之后的第三天，中共中央即在《为日本帝国主义强暴占领东三省宣言》中，愤怒揭露日本帝国主义的"显明的目的显然是要掠夺中国，压迫中国工农革命，使中国完全变成它的殖民地"。之后，中共中央更在一系列的文告中，号召"工农武装起来，反对日本帝国主义"，"同日本帝国主义举行民族的革命战争，争取中国的独立统一"。尽管当时的中央受到"左"倾教条主义的统治，一度提出过"武装保卫苏联"、"打倒一切帝国主义"的错误口号，但是中国共产党主张武装抗日，则是坚定明确、始终一贯的，这与当时国民党政权采取的"不抵抗主义"形成了鲜明的对照。

中国共产党不仅参加并积极推动了各地抗日救亡运动的发展，而且直接领导了东北人民的抗日武装斗争。中共满洲省委根据中央的指示，派大批党员、干部到抗日义勇军中工作，同时更突出地提出了建立党直接领导的抗日游击武装的任务。1933 年初，党领导的抗日游击队先后在南满、东满、北满、吉东等地崛起。在此基础上，成立了东北人民革命军，后改组建制为东北抗日联军。在极其艰苦的环境中，他们在白山黑水之间，同日本侵略者进行了殊死的搏斗。

值得注意的是，还在全国性的抗日战争爆发之前，中国共产党即开始了同部分国民党人进行武装抗日的合作。首先，是九一八事变后同留存在东北的以原部分东北军为主体的抗日义勇军的合作。其著名领导人李杜成了共产党的亲密战友，后来还加入了共产党。1933 年，又与原西北军领导人冯玉祥合作，建立察

---

① 参见《毛泽东选集》第 2 卷，人民出版社 1991 年版，第 447 ~ 448 页。

哈尔抗日同盟军。其爱国将领吉鸿昌翌年加入共产党(后被国民党杀害)。同年,还与奉命开往福建"剿共"的十九路军合作抗日反蒋。十九路军失败后,其领导人李济深、蔡廷锴等继续与中共保持联系。党曾派宣侠父去香港,帮助他们建立中华民族革命联盟,呼吁成立"联合阵线,武装抗日"。

当时,国民党统治着全国绝大部分地区,没有国民党的参加,全国性抗战的局面是难以形成的。针对1935年华北事变以后民族危机进一步加深、蒋介石集团对日态度有可能发生变化的新情况,中共中央提出,"应当停止内战,以便集中一切国力(人力、物力、财力)去为抗日救国的神圣事业而奋斗"。1936年5月,毛泽东、朱德发出要求南京政府"停战议和"、"一致抗日"的通电。9月,中共中央放弃"反蒋"的口号,提出"逼蒋抗日"的方针。12月12日,爱国将领张学良、杨虎城发动西安事变,为推动抗日对蒋介石实行"兵谏"。中共中央从民族大义出发,促成了西安事变的和平解决,为建立第二次国共合作、进行全国性的抗日战争创造了必要的前提。

中国共产党关于武装抗日的政治主张和促进全国团结抗日的实际行动,对于推动以蒋介石集团为主体的国民党政权走上抗日的道路起到了积极的作用。因为在这种情况下,"蒋氏如欲在抗日问题上徘徊","则全国人民的革命浪潮势将席卷蒋氏以去"①。

1937年7月7日,发生卢沟桥事变。日本发动了全面的侵华战争。中国守军奋起抵抗日军的进攻。7月8日,中国共产党发出通电,强调"只有全民族实行抗战,才是我们的出路",号召"全中国同胞,政府,与军队,团结起来,筑成民族统一战线的坚固长城,抵抗日寇的侵掠"。7月9日,人民抗日红军将领率全体指挥员、战斗员致电国民政府,要求改编为国民革命军并请授命为抗日前驱。7月14日,中共中央军委下达关于红军改编为国民革命军并听候出动的命令。7月15日,中共代表将《中共中央为公布国共合作宣言》交国民党。9月22日,该宣言由国民党中央通讯社公开发表;次日,蒋介石发表《对中国共产党宣言的谈话》。这标志着以抗日为共同目标的第二次国共合作的正式形成。

正是在中国共产党的积极推动下,国共两党的统一战线得以宣告成立。这是一个重大的历史性事件。在这个基础上,全国性的抗日战争终于发动了。毛泽东在当时就指出:"这在中国革命史上开辟了一个新纪元。这将给予中国革命以广大的深刻的影响,将对于打倒日本帝国主义发生决定的作用。"②

---

① 《毛泽东选集》第1卷,人民出版社1991年版,第247页。
② 《毛泽东选集》第2卷,人民出版社1991年版,第364页。

（二）制定全面的全民族抗战的路线即人民战争的路线

抗日战争发动以后，中国面临的最中心的任务，就是如何坚持抗战和争取抗战胜利的问题。

当时的日本虽然是一个帝国主义的强国，但同时又是一个小国；中国虽然是一个半殖民地的弱国，但同时又是一个大国。作为小国的日本之所以敢于对作为大国的中国进行武装侵略，不仅是依仗其自身军力、经济力的强大，而且是利用了“中国民众的无组织状态”这个弱点。这是日本敢于欺负我们的“主要的原因”①。正因为如此，把处于无组织状态的中国民众动员和组织起来，使已经发动的抗战“发展为全面的全民族的抗战”，这就是“争取抗战胜利的中心关键”②。对于这个关键问题，中国共产党是在抗战刚刚开始时就加以指明了的。中国共产党人确信，“战争的伟力之最深厚的根源，存在于民众之中”。只要把中国民众组织起来了，我们就有了克敌制胜的基本条件，“就把日本侵略者置于我们数万万站起来了的人民之前，使它像一匹野牛冲入火阵，我们一声唤也要把它吓一大跳，这匹野牛就非烧死不可”。在这种情况下，“个把日本帝国主义是不够打的”。③

应当说，面对日本的侵略，中国所有前线的军队都进行了英勇的抗战，表现了中华民族的英雄气概。“从一九三七年七月七日卢沟桥事变到一九三八年十月武汉失守这一个时期内，国民党政府的对日作战是比较努力的。在这个时期内，日本侵略者的大举进攻和全国人民民族义愤的高涨，使得国民党政府政策的重点还放在反对日本侵略者身上，这样就比较顺利地形成了全国军民抗日战争的高潮，一时出现了生气蓬勃的新气象。”④但是，由于国民党统治集团害怕人民的广泛动员有可能危及地主买办阶级的政权，它所实行的是一条只要政府和军队抗战、不要人民抗战的片面抗战的路线。实行这种路线，抗战是不可能长期坚持并取得最后胜利的。在战争进入相持阶段之后，由于日本侵略者暂时停止了对正面战场的战略进攻，对国民党开始采取以军事打击为辅、以政治诱降为主的方针，国民党便开始采取消极抗日、积极反共的路线。而这条路线，更是只能把抗战引向失败。正因为如此，毛泽东指出：“两条路线：国民党政府压迫中国人民实行消极抗战的路线和中国人民觉醒起来团结起来实行人民战争的路线”，

---

① 《毛泽东选集》第2卷，人民出版社1991年版，第511～512页。

② 《中共中央文件选集》第11册，中共中央党校出版社1991年版，第325页。

③ 《毛泽东选集》第2卷，人民出版社1991年版，第512页。

④ 《毛泽东选集》第3卷，人民出版社1991年版，第1037页。

“这就是一切中国问题的关键所在。”[1]

中国共产党是人民战争路线的积极倡导者，更是它的坚决执行者。1937年8月，党的洛川会议制定了抗日救国十大纲领，主张实行“全国军事的总动员”、“全国人民的总动员”，“在国共两党合作的基础上，建立各党各派各界各军的抗日民族统一战线”，精诚团结，共赴国难。党的七大所概括的党的政治路线，即“放手发动群众，壮大人民力量，在我党的领导下，打败日本侵略者，解放全国人民，建立一个新民主主义的中国”，实际上也就是党在整个抗日战争时期的政治路线。

在中国，农民占全国人口的百分之八十以上，他们是人民群众的主体部分。进行人民战争，首先和主要的，就是要发动和组织广大的农民。中国共产党派遣自己的党员、干部和人民军队的指战员深入敌后农村，开展游击战争和群众工作，创建抗日民主政权，逐步地把落后的农村建设成了先进的革命阵地。为了减少地主对于抗日的阻力，党暂时停止执行没收地主土地的政策；为了调动农民的抗日积极性，党坚决赞助农民解决民主民生问题，认真实行减租减息的政策。正是在党的领导下，广大农民积极参加农会、妇女救国会、民兵及其他地方武装组织。他们踊跃参军参战，支援前线，到处呈现出“母亲送儿子打东洋，妻子送郎上战场”的动人情景。在民族解放战争的历史条件下，党继续带领人民走农村包围城市、武装夺取政权的革命道路。日本侵略者占领的土地日益缩小，他们所能控制的只是少数城市和交通线。他们确实陷入了以农民为主体的人民战争的包围之中。

为了实行全国人民的总动员，中国共产党主张抗日的政治动员应当成为经常的运动；主张开放爱国运动，武装民众实行自卫，并配合军队作战；主张改革政治机构，实行民主政治；主张改善民生，实行改良人民生活的政策，党坚决赞助人民群众解决民主民生问题，以便推动各阶层人民积极地投身于抗日斗争，形成“工农兵学商，一起来救亡”的伟大局面。由于抗日战争是全国各族人民的共同事业，党主张“动员蒙民、回民以及其他少数民族，在民族自决和自治的原则下，共同抗日”[2]。党还在知识界、工商界以及海内外华侨、侨眷中积极开展工作。中国共产党坚信，只要“动员了全国的老百姓，就造成了陷敌于灭顶之灾的汪洋大海，造成了弥补武器等等缺陷的补救条件，造成了克服一切战争困难的前提”[3]。

为了实行全国军队的总动员，中国共产党主张按照坚决抗战的总方针，立即

① 《毛泽东选集》第3卷，人民出版社1991年版，第1034页。

② 《毛泽东选集》第2卷，人民出版社1991年版，第355页。

③ 《毛泽东选集》第2卷，人民出版社1991年版，第480页。

出动军队开到国防线上；实行正规战争与游击战争的配合；改造军队的政治工作，使官兵一致、军民一致。党直接领导的八路军、新四军和其他革命武装，是人民的子弟兵，是抗日的模范队伍，这个队伍，坚持了党的绝对领导，完善了党对军队的领导制度；开展了强有力的政治工作，努力把进步的精神贯注于军队之中，有效地密切了官兵关系、军民关系、军政关系；除担负作战任务外，还从事群众工作和参加生产运动；实行主力兵团、地方兵团和民兵三结合的革命武装斗争体制；等等。正因为如此，这个队伍得到了人民尤其是农民的真心拥护和全力支持。毛泽东说过，“军队须和民众打成一片，使军队在民众眼睛中看成是自己的军队，这个军队便无敌于天下”①。这支与人民打成一片的党领导的抗日武装，从抗战开始时的不足五万人，迅速发展到中期的十五万、几十万人，后期的一百二十万人，成了坚持抗战、争取抗战胜利的中坚力量，“成了中国抗日战争的主力军”②。

历史表明，中国共产党倡导和实行的人民战争路线，确实是战胜民族敌人所必须遵循的唯一正确的路线。

（三）提出持久战的战略方针，开展独立自主的敌后游击战争

在抗日战争中，中国应当采取何种战略方针呢？这是一个必须面对并加以回答的重大问题。

还在全国性抗战爆发的前夜，1935 年 12 月，毛泽东就指出，“要打倒敌人必须作持久战”。1938 年 5 月，他总结抗战八个月的经验，作了《论持久战》的讲演。他指出，中日战争“乃是半殖民地半封建的中国和帝国主义的日本之间在二十世纪三十年代进行的一个决死的战争”。“日本的长处是其战争力量之强，而其短处则是其战争本质的退步性、野蛮性，在其人力、物力之不足，在其国际形势之寡助。”“中国的短处是战争力量之弱，而其长处则在其战争本质的进步性、正义性，在其是一个大国家，在其国际形势之多助。”在这里，强国弱国的对比，决定了这场战争只能是持久战；而大国小国、进步退步、多助寡助的对比，决定了这场战争的最后胜利只能是属于中国的。据此，他强调，中国必须实行持久战的战略方针，以便在长期斗争中逐步削弱敌人、壮大自己，争取最后的胜利。他预言，中国在这场战争中将经历战略防御、战略相持、战略反攻三个阶段。他并且对这三个阶段中中国军队作战的主要形式、正规战（阵地战、运动战）与游击战的战略地位与作用的转换等作出了科学的判断。

---

① 《毛泽东选集》第 2 卷，人民出版社 1991 年版，第 512 页。

② 《毛泽东选集》第 3 卷，人民出版社 1991 年版，第 1039 页。

中国的抗战是在国共合作的条件下进行的。国民党的政府军担负正面战场的作战任务,主要进行的是正规战。共产党领导的人民军队担负敌后战场的作战任务,主要进行的是游击战。两个战场实行的是战略上的配合,即从全局来看,是共同进行反对日本侵略的作战,但并不是在每一场具体的战役战斗中实行直接的配合。共产党领导的敌后游击战争,是独立自主地进行的。

游击战,一般地说,它历来是弱小的军队抵抗强大的军队、弱国对抗强国的有效的作战形式。不过,在通常的情况下,游击战往往只是一种辅助性的作战形式,在战役、战斗中对于正规战起着配合的作用。在抗日战争的初期和中期,游击战曾经被提到了战略的地位,即具有了全局性的意义,它成为人民军队作战的主要形式,在打击日本侵略者的战斗中显示过神威。

抗日战争开始以后,中国共产党所采取的作战形式,是基本的游击战,不放松有利条件下的运动战(正规战的一种)。人民军队首战平型关,进行的是运动战。此役歼灭日军千余人,打破了日军不可战胜的神话。人民军队在1940年8月至12月进行的百团大战也是运动战。此役共毙、伤日、伪军两万五千余人,攻克敌据点三千个,破坏铁路474公里、公路1 502公里,并有大量缴获。但是,在大部分时间里,人民军队主要进行的是游击战争。中国共产党之所以要求人民军队这样做,一方面是由于,当时的敌人是强大的日本侵略者,友军则是昨天的敌人、当时仍对人民军队怀有敌意的国民党政府军,在这种情况下,集中兵力打运动战对于保存人民革命力量是不利的。稍有不慎,就有被敌人全歼的危险。如果这样,抗战的坚持和胜利都将成为严重的问题。另一方面,更重要的是,把人民军队分散开来打游击,可以充分地把敌后广大的人民群众发动和组织起来,并且依靠群众创造各种办法,最有效地打击日本侵略者。抗战刚开始时,人民军队包括八路军、新四军在内,总数不过五万人,以这点数量不大的兵力去打正规战争,其作用是很有限的;但是用它去打游击,这五万人就成了五万个火种,散播到敌后广大的土地上,可以组织起千百万群众、点燃起燎原的烈火来,其作用的巨大就是难以估量的了。

事实上,在反侵略战争的各个阶段上,敌后游击战争都具有重大的战略作用。

在战略防御阶段,从战争的全局看,国民党正面战场的正规战是主要的,敌后的游击战是辅助的。但是,游击战在敌后的广泛开展和敌后抗日根据地的开辟,却使得敌人不能保持对占领区的牢固控制。这样,就迫使敌人不得不把用于进攻的兵力抽调回来保守其占领区。所以,敌后游击战争的发展,对于停止敌人的进攻、使战争转入相持阶段,起了关键性的作用。

在战略相持阶段,游击战上升到主要的地位。1938年10月日军占领武汉以后,开始停止对国民党正面战场的战略进攻,逐步将主要兵力用于打击敌后战场的人民军队,以保持和巩固其占领地。在 1939 年和 1940 年两年间,华北地区的日军出动千人以上对敌后抗日根据地的大“扫荡”就有 109 次,使用的总兵力达 50 万以上。由此,中国共产党担负起了抗击日本侵略军的主要责任,人民军队所进行的游击战也就成为抗日战争的主要作战形式。这个阶段是抗战时期最艰难的也是最重要的。削弱敌人、壮大自己,逐步改变敌强我弱的态势、为实行战略反攻准备条件,这个任务,主要是在这个时期由人民军队进行的游击战来完成的。到 1940 年年底,人民抗日武装部队已经发展到 50 万人,还建立了大量的地方武装和民兵;在华北、华中、华南创建了十六块根据地(晋察冀、晋冀豫、晋绥、冀鲁豫、豫鄂边、山东、皖东北、皖东、皖南、皖中、苏南、苏中、苏北、豫皖苏、东江、琼崖),加上中共中央所在的陕甘宁边区,共产党领导的抗日根据地已经拥有一亿人口。1944 年春季,敌后战场的人民军队转入攻势作战。他们已经抗击着全部侵华日军的 64%。在全民族抗战中,中国共产党领导的敌后战场成了抗日的主战场,对于坚持抗战、削弱敌人、准备反攻起到了无可替代的关键性作用。

游击战还为人民军队进行战略反攻准备了条件。在战略反攻阶段,游击战不再是主要的作战形式,因为只有进行正规战争才能达到驱逐日本侵略者出中国的目的,仅仅靠游击战是做不到这一点的。但是,这个阶段人民军队进行的正规战争是由游击战上升起来的,后者在相持阶段就担负了在反攻阶段向正规战主要是运动战发展的战略任务。正因为如此,在 1945 年 8 月反攻阶段到来时,人民军队已经发展到了 120 万人、民兵 220 万人,抗日根据地达到了 19 块。敌后军民的大反攻,就是在此基础上胜利展开的。

在八年抗战中,中国共产党领导的八路军、新四军和其他抗日武装对敌作战 12.5 万余次,消灭日、伪军 171.4 万余人,其中日军 52.7 万余人。他们为坚持抗战、夺取抗战的最后胜利作出了伟大的彪炳史册的贡献。

(四)组织和推动国民党统治区的抗日民主运动

在抗日战争时期,中国存在着三种地区,即:日本占领区(敌占区,或称沦陷区)、国民党统治区(一般也称作“大后方”)和中国共产党领导的解放区(除陕甘宁边区外,主要是敌后的抗日根据地)。解放区基本上是党领导的人民武装在日本占领区即敌人后方逐步开辟出来的。解放区的扩大,就是日本占领区的缩小。因此,领导敌后军民,通过开展游击战争,直接打击日本侵略者,创建、巩固和扩大解放区即敌后抗日根据地,这是党在抗日时期工作的主要方面。与此同时,党还努力开展国民党统治区和沦陷区的工作。在国民党统治区,党的任务不是直接进行武装斗争,而主要是开展群众工作,组织和推动抗日民主运动。这也是为动员全国人民实现全面的全民族抗战路线的一个重要方面。

在抗战初期,中国共产党对国民党统治区工作的具体领导,先是主要通过中共中央长江局(1937 年 12 月成立)、以后主要通过中共中央南方局(1939 年 1 月成立。周恩来为书记)来实现的。其主要任务是,动员和组织群众的抗日救亡斗争;坚持国共合作,巩固和发展统一战线;团结各民主党派、无党派民主人士和各阶层人民,开展民主运动,推动大后方各方面的进步和抗日文化工作的发展;发展、巩固党的组织,积蓄革命力量;等等。考虑到斗争环境的复杂性,中共中央规定,党"在敌占区和国民党统治区的政策,是一方面尽量地发展统一战线的工作,一方面采取荫蔽精干的政策;是在组织方式和斗争方式上采取荫蔽精干、长期埋伏、积蓄力量、以待时机的政策"①。据此,南方局要求党员做到"三勤"(勤学、勤业、勤交友)和"三化"(职业化、社会化、合法化),以便熟悉社会、深入社会,做好群众工作和加强在上层社会的活动。

抗战初期,抗日民主运动是以推动国民党坚决抗战和进行民主改革、争取各抗日党派的合法地位和活动自由为主要内容的。鉴于国民党以"训政"名义坚持独裁统治引起各界群众的严重不满,经过中共和民主党派参政员的共同努力,国民参政会于 1939 年 9 月通过了《请政府定期召集国民大会制定宪法实行宪政案》。会后并掀起了反对国民党一党专政的第一次民主宪政运动。这个运动提高了大后方人民的民主意识,促进了民主党派的团结。其重要的收获即是第三党等六个党派联合起来于同年 11 月成立了统一建国同志会。该会经过改组,于次年 3 月成立了中国民主政团同盟(1944 年 9 月,为便于吸收更多无党派民主人士参加组织,改称中国民主同盟)。民盟的创建,对于大后方民主运动的发展是一个有力的推动。中共中央南方局对民主党派的联合起了积极的促进作用。随后,在周恩来等的领导下,1941 年夏,中国民族大众同盟(一年后改称中国民主革命同盟,简称"民革")宣告成立,其任务是在国民党上层开展统一战线工作。同时,国民党内的一些民主人士也开始联合,后来成立了三民主义同志联合会(简称"民联"),其主要活动也是在国民党上层开展工作。

由于国民党当局实行高压政策,1940 年 9 月以后的一段时间里,大后方的民主运动曾经一度趋向沉寂。在此情况下,中共中央南方局进一步抓紧积蓄革命力量的工作和加强对中间力量的团结和争取工作。其后,国民党当局表示将在战后一年结束"训政",实行宪政。在这种情况下,经过南方局和各民主党派的共同努力,1944 年上半年,第二次民主宪政运动又在大后方许多城市兴起。在这次民主宪政运动中,针对国民党的一党专政和官僚资本的恶性膨胀等情况,

① 《毛泽东选集》第 2 卷,人民出版社 1991 年版,第 763 页。

各界人士纷纷要求国民党“一新政策”、“与民更始”，开放民主、保障人民的民主权利。

1944年4至5月，日本侵略军发动打通中越大陆线的战略行动。国民党政府军的若干部队虽也进行过英勇的抵抗，但整个说来，它在为阻击日军而进行的豫湘桂战役中实行了全面的大溃退。大后方人民对此感到极大的愤懑。他们把这种军事上的失败归因于国民党统治的黑暗和腐朽，要求民主的呼声由此变得更为强烈起来。1944年9月，中共代表林伯渠按照中共中央的指示，在国民参政会上提出“国民党立即结束一党统治的局面”，“组织各抗日党派联合政府”的主张。10月，周恩来强调，为挽救目前危机，应即“开紧急国是会议，取消一党专政，成立联合政府”。这个主张反映了各界民众的共同要求，在社会上引起了强烈的反响。它为大后方正在掀起的民主运动指明了一个中心的斗争目标，有力地推动了这个运动的深入和发展。在运动中，由党领导或影响的进步群众团体民主青年同盟、民主青年协会、新民主主义者联盟、新民主主义青年社等纷纷成立。它们作为党的助手，在团结青年学生、工人及妇女群众积极参加抗日民主运动方面做了许多工作。

1945年1月，南方局根据中共中央的指示，动员党的骨干、进步人士及知识青年到基层特别是到农村去，“大力进行下层的群众工作”。一些革命的知识分子响应党的号召，继承和发扬“五四”、“一二·九”的传统，走上了与工农相结合的道路。

国民党统治区的抗日民主运动的发展，对于激发大后方人民的爱国民主意识、坚持国共合作团结抗战、支援抗战前线、积蓄革命力量等，都直接发挥了重要的作用；而且它也为抗战胜利以后形成人民解放斗争的“第二条战线”奠定了初步的基础。

（五）坚持、巩固和发展抗日民族统一战线

抗日战争是在全国各党各界各军结成抗日民族统一战线的条件下进行的。中国共产党把坚持、巩固、扩大这个统一战线，视为抗日战争坚持和胜利的一个基本条件，并以之作为自己的重大责任。还在抗战前夜，毛泽东就强调，“共产党和红军不但在现在充当着抗日民族统一战线的发起人，而且在将来的抗日政府和抗日军队中必然要成为坚强的台柱子”①。

“统一战线的中心力量是国共两党，中心问题也是两党问题。”②两党都主张

① 《毛泽东选集》第1卷，人民出版社1991年版，第157页。

② 《中共中央文件选集》第11册，中共中央党校出版社1991年版，第600～601页。

抗日,因而有联合的基础;两党又代表不同阶级的利益,实行不同的抗战路线,因而又存在深刻的矛盾。而且,国民党控制着中央政权,在名义上,根据地政府和人民军队是隶属于它的,而它一开始就企图利用这种情况,竭力限制和削弱人民革命力量。正因为如此,处理同国民党的关系,这是一个十分重要同时又是极为复杂的问题。

中国共产党认定,在中日民族矛盾占主要地位的条件下,必须坚定不移地坚持联合抗日的原则;同时必须认清阶级斗争仍然存在这一客观事实,在统一战线中自觉地坚持独立自主的原则,始终保持自己在思想上、政治上、组织上的独立性。坚持独立自主原则的目的,“一方面是在保持自己已经取得的阵地”。因为“这是我们的战略出发地,丧失了这个阵地就一切无从说起了。但是主要的目的还在另一方面,这就是为了发展阵地,为了实现‘动员千百万群众进入抗日民族统一战线,打倒日本帝国主义’这个积极的目的”①。

正是遵循着独立自主的原则,党在统一战线中采取了发展进步势力、争取中间势力、孤立顽固势力的策略总方针。

进步势力是指工人、农民和城市小资产阶级。他们是统一战线的基础,抗日的主要依靠力量。对于党内在抗战初期发生过的那种“对于国民党反人民政策让步,信任国民党超过信任人民群众,不敢放手发动群众斗争”的错误倾向,中共中央进行了明确的批判和坚决的纠正。为了发展进步势力,中国共产党决定冲破国民党的限制,放开手脚,广泛地去发动人民群众主要是农民群众,发展革命武装和开辟、扩大抗日根据地。这样,就为坚持抗战、争取胜利奠定了基础,也为阻止时局逆转、阻止投降和分裂创造了条件。

中间势力主要是指民族资产阶级、开明绅士和地方实力派。1940 年 7 月,中共中央在一个文件中进一步把七种人视为中间势力,这就是:国民党中的多数党员,中央军中的多数军官,多数的杂牌军,中等资产阶级,中小地主及开明绅士,上层小资产阶级,各抗日小党派。他们都是争取的对象。实际上,被作为中间势力加以争取的,也并不限于这七种人,他们还包括少数民族上层人士、宗教界上层人士以及爱国侨领等。这表明,党要争取的对象是相当广泛的,只要有可能争取的力量,党都是注意尽力争取的。为了争取中间势力,毛泽东指出,需要三个条件:第一,“我们有充足的力量”;第二,“尊重他们的利益”(如保护私人工商业、实行“公私兼顾、劳资两利”的政策,在根据地实行“三三制”政权、使参加政权的人员中中间派占三分之一等);第三,“我们对顽固派作坚决的斗争,并能

---

① 《毛泽东选集》第 2 卷,人民出版社 1991 年版,第 394 页。

一步一步地取得胜利”。[①] 党的争取中间势力的主张和政策取得了很大的成功。正是在抗日时期，工商界、民主党派、无党派人士和其他中间势力中，越来越多的人与中国共产党发生了比较密切的联系，并且在政治上日益向党靠拢。

顽固势力是指大资产阶级的抗日派。他们采取的是两面政策，即既主张团结抗日，又限共、溶共、反共并摧残进步势力。据此，中国共产党是以革命的两面政策即既联合又斗争的政策来对待它的。具体说来就是：“统一不忘斗争，斗争不忘统一，二者不可偏废，而以统一为主。”[②]“要有软有硬，有退让有进攻。但以防卫为主要形式。软到不要丧失立场，硬到不破坏统一。注意软硬的‘分寸’。只有这种斗争可以打破一切‘防共’的阴谋。”[③]

在抗战进入相持阶段以后，针对国民党采取的消极抗日、积极反共反人民的方针和妥协倾向，为了坚持抗战，坚持持久战，坚持抗日民族统一战线，中国共产党提出了“坚持抗战、反对投降，坚持团结、反对分裂，坚持进步、反对倒退”的口号。在同顽固派作斗争时，党采取有理、有利、有节的原则，即自卫的原则、胜利的原则和局部的原则。中共中央指出，“击敌和友是目前军事行动的总方针”。即使是友军中最反动最顽固者，“在彼等没有向我进攻或其进攻已为我击破时，均应采取缓和态度”。对某些部分，只要可能，应与之订立和解协定，就地解决原有争议。[④] 对于顽固派可能发动的突然袭击，则必须做好思想上和行动上的准备。按照这样的原则进行必要的斗争，不仅不会破裂统一战线，而且可以使对方有所顾忌、畏惧而不敢过分压迫进步力量，不敢轻易破裂。这是巩固国共合作的行之有效的方法。尽管在抗战进入相持阶段期间，顽固派曾经发动过三次反共高潮，其中每一次都有导致全面内战和国共关系破裂的危险，但由于中国共产党根据防御性的原则进行了坚决的斗争，又注意斗争的局部性和暂时性，其结果是不仅有效地打退了这几次反共高潮，而且继续保持了国共合作、共同抗日的局面。这个事实，生动有力地说明了党的策略方针的正确性。

从历史上看，中国共产党曾经两次同国民党合作。第一次国共合作对于推动大革命高潮的兴起和北伐战争的胜利起到了巨大的作用。但是，共产党在当时还处于幼年时期，犯了右倾机会主义的错误，没有采取又联合、又斗争的方针，自动放弃对于革命的领导权，以致在代表大资产阶级利益的国民党右派发动突

---

① 《毛泽东选集》第2卷，人民出版社1991年版，第747～748页。

② 《中共中央文件选集》第12册，中共中央党校出版社1991年版，第115页。

③ 《中共中央文件选集》第11册，中共中央党校出版社1991年版，第627页。

④ 《中共中央文件选集》第12册，中共中央党校出版社1991年版，第488页。

然袭击时未能组织有效的抵抗和反击,革命遭到严重的失败,国共关系也宣告破裂。第二次国共合作对于全国性的抗日战争的发动、坚持和胜利起到了巨大的作用。但是,与第一次国共合作不同,这时的共产党在政治上已经达到了高度的成熟。由于党在统一战线中坚持了独立自主的原则,放手发动群众、壮大人民力量,并对国民党采取又团结又斗争、以斗争求团结的方针,在极端复杂的政治环境中把握了革命的正确航向,面对国民党统治集团的两面政策和很多次的武装袭击,统一战线不仅没有破裂而且还得到了巩固和发展,人民革命力量不仅没有受到严重损失而且还得到了巨大的发展。这就不仅保证了党能够成为坚持抗战、争取抗战胜利的中流砥柱,而且保证了在日本投降以后顽固派破裂国共关系、把内战强加给人民时,党能够顺利地不受损失地转变到以革命战争反对反革命战争的轨道上,并且在短时期内取得了伟大的胜利。

抗日战争的历史生动有力地证明:中国共产党人不仅是坚定的国际主义者,而且首先是最热烈、最忠诚、最彻底的爱国主义者。在日本帝国主义发动灭亡中国的侵略战争、中华民族面临生死存亡的危急关头,中国共产党人率先举起武装抗日的战斗旗帜,始终站在抗日民族解放战争的最前线。它制定的人民战争路线为坚持抗战和争取胜利指明了方向。它领导的敌后战场发挥了伟大的战略作用,以至成了抗日的主战场。它是抗日民族统一战线的倡导者和坚强支柱。很明显,没有中国共产党做中流砥柱,抗日战争的坚持和胜利是不可想象的。

正因为抗日战争的历史充分地展示了中国共产党是中华民族和中国人民利益的最坚强有力的捍卫者,所以经过抗日战争,中国共产党领导的人民革命力量不仅有了空前的壮大,党在人民中的政治威信也得到了极大的提高。越来越多的中国人把实现民族独立、人民民主和国家富强的希望,寄托在了中国共产党的身上。周恩来在当时就说过:“1944 年,不仅小资产阶级,连民族资产阶级也靠拢了我们。”①这似乎令人难以理解,但却是历史的事实。当时美国驻华使馆的“中国通”谢伟思、戴维斯写给美国国务院的报告中也曾经公正地指出:国民党统治集团“为了自私的目的而在牺牲着中国的利益”;而“共产党的政府和军队,是中国近代史上第一次受到有积极的广大人民支持的政府和军队”。据此,他们断言,“中国之命运不属于蒋(介石)而属于他们”,“共产党人将成为最强有力的和最有建设性的统一中国的力量”②。

毫无疑问,所有抗日的党派(包括国民党、各民主党派、各人民团体),所有

① 《砥柱中流》,中共党史出版社 1995 年版,第 463 页。

② 美国国务院:《美国与中国的关系》(白皮书)第五章,1949 年。

抗日的阶级、阶层(包括工人、农民、小资产阶级、民族资产阶级以及地主阶级和大资产阶级的抗日派),都对抗日战争作出了自己的贡献。而中国共产党则是抗日战争的中流砥柱。这是一个不容置疑的历史事实,一个符合实际的科学结论。

——原载《中共党史研究》2005 年第 5 期。收入《中国共产党与抗日战争》(中央文献出版社 2005 年版)。收入本书时略有增补。

二、国民党统治的危机和大后方民主运动的开展

(一) 国民党统治的更加腐朽和人民的反抗斗争

正当世界反法西斯战争发展到一个走向胜利的转折点,中国敌后解放区军民开始局部反攻的时候,国民党的统治却变得更加黑暗和腐朽,其正面战场又遭到了一次出人意料的大溃败。

抗战以来,国民党当局由于害怕人民的广泛动员将不利于大地主大资产阶级的统治,始终拒绝实行民主改革,继续坚持它在十年内战时期的寡头专政制度。武汉、广州失守以后,随着国民党的政策重心由对外转向对内,它的独裁统治更进一步强化。1942 年 3 月,它公布了《国家总动员法》,规定“政府于必要时”“得对人民之言论、出版、著作、通讯、集会、结社加以限制”,并“禁止”罢工、怠工及其他所谓妨碍生产之行为,以立法的形式,公开剥夺了人民应当享有的政治权利。蒋介石本人原先已经担任着国民党总裁、军事委员会委员长等职务,实际上是一个独裁者。国民政府主席林森去世后,1943 年 9 月召开的国民党十一届五中全会更专门修改《国民政府组织法》,规定国民政府主席即为国家元首,作为陆海空军大元帅,掌握全国军政大权。会议随即推选蒋介石为国民政府主席并兼任行政院院长。这样,就进一步强化了蒋介石个人独裁的专制体制。

国民党推行独裁统治的一个重要手段,是不断地强化特务活动。中央调查统计局(“中统”)和军委会调查统计局(“军统”)两大特务机构遍布大后方各个角落,在机关、军队、学校、工厂、社团,随处都布满了特务网。国民党还提出“全国党化”的口号,诱使、胁迫人们加入国民党或三民主义青年团。1943 年,成立了由美帝国主义分子直接插手的“中美特种技术合作所”(简称中美合作所),以戴笠为主任、美国军官梅乐斯为副主任,仅在中美合作所大本营内的美国特务即有 1 000 多人。国民党特务机构在许多地方设立了监狱和集中营,其中如设在重庆磁器口、江西上饶、陕西西安、贵州息烽、四川綦江等地的集中营,都是大规

模的杀人魔窟。许多共产党人、民主人士和爱国青年在这里遭到囚禁和屠杀。为了禁锢人民的思想，控制社会舆论，摧残进步文化，他们大批查禁书刊，封闭和捣毁报馆、书店，迫害以至杀戮进步文化人。

国民党推行独裁统治的另一个重要手段，是利用农村的保甲机构。区、乡、保、甲长必须加入国民党，国民党党部及其特务系统成了保甲的实际指挥者。得到国民党党部及特务系统支持的乡、保长肆虐乡里，横征暴敛，鱼肉人民。

国民党的一党专政是为大地主大资产阶级的利益服务的。"一党专政、特务统治、保甲制度，三位一体、互相结合、互相渗透，构成了中国封建法西斯的专制独裁的政治制度。特务统治是保证一党专政的工具和手段，保甲制度是实施一党专政的基层机构，一党专政则是特务统治和保甲制度的基础和灵魂。"①

抗战期间，官僚资本在国民经济中的垄断地位进一步加强。以蒋介石、宋子文、孔祥熙、陈果夫陈立夫四大家族为首的官僚资产阶级利用所掌握的政治权力，通过掠夺工农劳动群众和兼并民族工商业，大发国难财，使官僚资本急剧地膨胀起来。1939 年，蒋介石集团将中央银行、中国银行、交通银行、农民银行四大银行组成"四行联合办事总处"（由蒋直接担任理事会主席），实际上成为战时形成的国家垄断资本的总指挥部。他们以统一财政金融、统一货币制度和整理公债等名义，吞并私营金融机构，掠夺民间的黄金、白银和外币。无限制地发行纸币，实行通货膨胀政策，这是国民党政府解决财政危机、发展官僚资本的主要手段。四联总处规定，1942 年 7 月 1 日起，所有法币发行统由中央银行办理。法币发行量，1937 年为 16.4 亿元，1945 年 8 月已达 5 569 亿元，其指数由 106 激增为 39 496。物价则随法币发行量的增长而上扬。后方批发物价指数，1937 年 1—6 月为 100，1945 年为 163 160；零售物价指数，1945 年 8 月为 286 636。② 掌握纸币发行权的政府，是通货膨胀首先的也是最大的受益者；其次受益的，是豪门资本（豪门资本是战时出现的名称，大体指那些炙手可热的、亦官亦商的大官僚资本，也就是抗战时期所说的官僚资本）；再次是投机资本和商业资本。③ 而这种通货膨胀，对于广大人民来说，则无异是对他们的一种赤裸裸的掠夺。他们还实行外汇统制，长期维持 20 元法币合 1 美元的官价汇率，但重庆美钞每元的黑市价格，1943 年 12 月为 85.4 元，1944 年 12 月为 542.2 元，1945 年 6 月为 1 410元。官价和黑市的差距造成投机资本，利入私囊。官僚资本家利用种种特殊关系，以官价买进大量外汇，再以黑市价格向市场抛出，转手间即获得巨额暴

① 朱建华、宋春主编：《中国近现代政党史》，黑龙江人民出版社 1984 年版，第 466 页。
② 许涤新、吴承明主编：《中国资本主义发展史》第 3 卷，人民出版社 1993 年版，第 473 页。
③ 许涤新、吴承明主编：《中国资本主义发展史》第 3 卷，人民出版社 1993 年版，第 477 ~ 479 页。

利。他们存放于国外的大量美金，其中很大部分是通过这个途径取得的。

商业投机是官僚资本活动的基本形式。抗战期间，他们在所谓"非常时期"的借口下，完成了对商业的全面垄断。丝、茶、猪鬃、桐油等传统出口物资，由1938 年成立的贸易委员会的复兴、富华、中国茶业三大公司进行统购统销。花纱布管制局统制着棉花、棉纱、棉布的收购和运销。对于钢铁、煤、木炭、汽油、水泥等商品，也都成立了管制机构。1941 年起，他们又对食盐、糖、酒精、茶叶、火柴、卷烟等日用生活必需品先后实行专卖，即在专卖事业管理局的管辖之下对这些必需品进行独占经营。他们以强制性的，往往低于生产成本的官价购进这些产品，而后又任意抬高市价，即以垄断价格在市场上加以销售。其结果，不仅剥夺了生产者、摧残了民族工商业，而且掠夺了广大消费者。而从中掠取的巨额利润，大多落入私囊。1944 年 5 月 19 日桂林《大公报》社论即指出："今日专卖机关和税务机关之收入，归国库仅十之一二，饱入私囊者约十之八九。"他们还以私人名义开设许多垄断性的商业公司，凭借自身拥有的政治特权和雄厚的金融实力，大搞囤积居奇、投机倒把、黑市交易和各种走私活动，借此大发横财。①

在抗日战争前，交通运输业已被国家垄断资本控制。"工矿业中的国家垄断资本则是战时在后方形成的。"②1938 年 10 月，国民党当局公布《非常时期农矿工商管理条例》，规定 47 种农工矿主要产品为战时管理物品，规定战时必需之工矿业、制造军用品之工业和电气事业得"收归政府办理或由政府投资合办"；其他"为生活日用所必需者"经济部亦可"直接经营之"。1939 年 1 月国民党五届五中全会宣言"实行统制经济，调节物资之生产与消费"，统制政策由此"全局确立"③。实行这种政策，是假抗战之名，行扩张官僚资本、兼并民族工商业和掠夺人民之实。工业中的官僚资本由此迅速地膨胀起来。官僚工业资本占工业资本总额的比例，1935 年为 12%，1941 年已达 50%，1942 年更达 69.58%。这里的官僚资本还只限于一般称为"国营"、"公营"、"省营"的事业，既没有包括官办的军火工业，也没有包括官僚资本与民族资本合办工业中的官僚资本，以及名义上是民族资本实际上是官僚资本经营的工业。据有人估计，抗战结束后，官僚资本约占官营和民族资本总额的 80% 左右。④ 它乘民族资本工业之危，采取渗透、改组和接管等办法，大规模加以吞并。如四大家族控制的资源委员会战前只有 11 个单位，到抗战结束时已有 131 个单位，其中很大部分是吞并地方或

① 参见凌耀伦等：《中国近代经济史》，重庆出版社 1982 年版，第 451 ~ 454 页。
② 许涤新、吴承明主编：《中国资本主义发展史》第 3 卷，人民出版社 1993 年版，第 491 页。
③ 许涤新、吴承明主编：《中国资本主义发展史》第 3 卷，人民出版社 1993 年版，第 493 页。
④ 参见陈真等：《中国近代工业史资料》第 3 辑，三联书店 1957 年版，第 1419、1421 页。

私营厂矿归并而成的。

官僚资本还把自己的触角进一步伸向农村。官僚资本在农村大量抢购土地，使土地更加集中，自耕农日益减少。1941年后，国民党当局实行田赋征实，规定正附税每元折征稻谷二市斗，次年又增至四市斗。此外，还有征购，征借等。仅此三项，即掠去了农民收获物的50%以上。这种敲骨吸髓的压榨，说明蒋介石集团实际上正是全国最大的地主。

总之，在半殖民地半封建的中国，作为国家垄断资本的官僚资本，不是在生产发展、一般资本主义发展的基础上形成的，不是经过一般垄断而进入国家垄断的。它是依靠帝国主义，勾结封建势力，直接利用国家政权，一方面掠夺工农劳动群众及其他小生产者，一方面压迫民族资产阶级，而直接成为国家垄断资本的。① 正因为如此，官僚资本的发展并不等于生产的发展，相反，这正好意味着生产事业的萎缩和破坏。"利用抗战发国难财，官吏即商人，贪污成风，廉耻扫地，这是国民党区域的特色之一。"②

在国民党反人民集团的专制统治和官僚资本的严重压迫下，广大人民不仅在政治上不能享有应得的民主权利，经济上也陷入困窘不堪的境地。这样，代表中国的大地主、大银行家、大买办阶层利益的国民党主要统治集团，就"使得它自己和广大人民之间发生了深刻的裂痕，造成了民生凋敝、民怨沸腾、民变蜂起的严重危机"③。

战时国民党统治区工人的生活是十分痛苦的。1944年9月国民党公布的一项显然是缩小了的统计数字说："职业工人工资较战前增加指数为280倍，而生活指数增加470倍；产业工人工资较战前增加指数为193倍，而生活指数增加447倍。"这样，职业工人的购买力降低到战前的68%，而产业工人降低到战前的43.2%。到1945年2月，据估计，工人的购买力已降低到战前的20%，如果战前的工资平均为每月30元，那么这时的实际收入，只抵战前的6元了。因此，战时的工人除勉强维持个人生活外，完全失去了赡养家属的能力。不仅如此，国民党统治区的工厂主，在战时商业投机风气下，多用"移工作商"或"以商养工"的办法牟取暴利而经常停工，因而也就有大批工人失业。仅在1944年3月间，重庆一地的纺织工人就有4万多人失业。失业工人流离失所，冻馁死亡的威胁就更为严重了。"中国工人群众，是最顾全民族利益的，他们在战时虽受着剥削和压迫，仍然为争取抗日胜利而努力生产。但是当他们的生活陷入绝境或是受到迫

① 参见许涤新：《旧中国的国家垄断资本主义》，《红旗》1961年第3～4期。

② 《毛泽东选集》第3卷，人民出版社1991年版，第1048页。

③ 《毛泽东选集》第3卷，人民出版社1991年版，第1045页。

害的时候,也就不断地掀起罢工和反抗。例如1944年11月初,成都人力车工人为抗议国民党特务行凶、殴死拉车工人,举行了罢工。1945年2月下旬,重庆工人和各阶层人民一起,为反对国民党特务枪杀电力公司工人胡世合,进行了反对国民党特务暴行的大规模斗争。他们要求惩办凶手,保障工人的安全,并举行了8万人的送殡示威游行。在'胡世合惨案'后的半月中,每月都发生罢工。"广大农民的生活更是苦不堪言。饥寒交迫的农民不仅无力改良生产,而且根本无力抗御灾荒。国民党的黑暗统治,更加深了灾荒的严重性。1943年,仅河南一省,据不完全统计,饿死的有300万人,流亡他省的也有300万人,濒于死亡边缘、等待救济的有1 500万人。1944年,国民党统治下因灾害而请求减免田赋者有13个省区,四川灾民2 000万人,鄂北300万人,广大农民在死亡线上挣扎着。"水深火热中的农民,在被逼到无路可走的时候,也不能不向压迫和剥削他们的黑暗势力展开冲击。"1943年,甘肃南部发生了汉、回、藏、撒拉等各族人民的大起义。"从1944年起,国民党统治区农民起义的次数就更多、规模也更大了。7月,河南桐柏、遂平、唐河、确山、泌阳、信阳和湖北随县、应山等县农民,为反对国民党军的勒索和拉丁而纷纷起义。首先有以王川为首的7 000农民将驻扎在信阳以西的一部分国民党军队缴械。国民党派六十九军二十八师前往镇压,屠杀了男女老幼5 000余人,造成抗战以来对农民屠杀的大惨剧。但各县农民并不屈服,继起响应者数万人,组织了'农民救国军',提出了'反对不抗日的军队'等口号,与国民党军队进行了英勇的斗争,终于歼灭了扰害人民的二十八师。同年9月,湘鄂川边一部起义农民5 000余人,和湖南6个警察大队激战。1945年,陕南第八行政区农民起义,攻占县城,要求免税免粮;四川宜宾县农民一度攻入县城,川北农民也到处吃大户;贵州有万余农民起义,夺到步枪二三千支,声势浩大,一度占领过三都县城。这些民变反映了广大农民对国民党统治积怨之深,已到了忍无可忍的地步。"①

(二)豫湘桂大溃退与大后方民主运动的开展

国民党统治的黑暗和腐朽,导致了国民党军在正面战场作战中的大溃败。

1944年初,日军在太平洋战争中节节失利,日本在南洋的军队与其本土的海上交通线已被切断,它在中国的长江补给线在中美空军的监视下也受到严重威胁。为了打通从中国东北到越南的大陆交通线,将日本本土与其南方战线联系起来,为了抑制空军基地设在中国东南地区的在华美国空军的活动,日本大本营决定发动代号为"一号作战"的"打通大陆交通作战",即豫湘桂作战。

---

① 李新等主编:《中国新民主主义革命通史》第3卷,人民出版社1961年版,第324~326页。

1944年4月中旬至5月下旬,日本华北方面军15万人分路向豫中进攻,迅速攻占郑州、许昌、西平,打通了平汉铁路,随后又攻陷洛阳。汤恩伯指挥的国民党军全面溃退。5月下旬,日本集中17万兵力,分路进攻湖南,以便贯通粤汉铁路。6月下旬,日军攻占长沙,并向衡阳突进。湖南的中国守军曾顽强抗击日军进攻,但国民党第十军军长方先觉于8月上旬率部投降,长衡会战遂以中国军队的失败而告结束。9月上旬,日军10余万人向广西桂林、柳州地区进攻。中国守军不敌,于11月10日奉命弃守柳州,11日桂林失陷。随后,日军又攻占南宁、龙州等地,并会师于绥渌,从而完成了打通中越大陆交通线的战略行动。12月初,日军先头部队还一度占领了贵州重镇独山,控制了黔桂铁路的末端,使贵阳、重庆一齐受到震动。国民党一些党政机关甚至向兰州、雅安等地派出先遣人员,做迁移的准备。

豫湘桂战役从1944年4月开始至12月结束,历时8个月。在这期间,日本侵略军向前推进了2 000公里,占领了河南、湖南、广西、广东、福建等省的大部分和贵州省的一部分,占领了洛阳、长沙、福州、桂林4个省会和郑州、许昌、宝庆等146座大小城市。衡阳、零陵、宝庆、桂林、柳州、丹竹、南宁等7个空军基地和36个飞机场,平汉路郑州至信阳段、湘桂路全线及黔桂路南段,均被日军占领。

“这次大溃败,给我国人民的生命财产造成巨大的损失。河南损失88家工厂,湘、桂、粤三省的工厂占大后方工厂三分之一,全部落入敌人之手;湖南著名的钨、铅、锌、水银等矿产资源,亦悉数为敌人攫夺。抗战开始时,从沿海撤退的技术人员、熟练工人,大部分在湘桂两省,皆来不及撤退。上述地区的文化机关、图书仪器悉被劫夺,河南大学农学院师生一部分被俘或被杀害。豫湘桂沦陷地区总计约20万平方公里,是农业上的重要地区,连同农业人口6 000余万,都沦于敌人的蹂躏之下,使战时的农业产量蒙受极大的损失。各沦陷地区均遭到残暴的烧杀掳掠。以萍乡一地为例,人民死亡19 000余人,被虏20 000余人,妇女被侮辱者6 200余人,房屋被毁700余间,被毁农具值47 000余万元,棉花被劫9 500余担。由于不堪敌人的残暴压迫,新沦陷区的人民大批地向国民党统治区逃奔,如桂林、柳州失陷后,黔桂路上难民扶老携幼,长达几十里。但这些难民都得不到国民党政府应有的照顾,而颠沛流离在路途旷野中,受着疾病冻饿的折磨,每天成百的死去。”①这是日本侵略者给中国人民制造的又一场巨大的灾难。

参加豫湘桂作战的国民党军队中的许多爱国官兵为抗击日本侵略、保卫国土付出了巨大的牺牲。“豫湘桂作战的大败退,是国民党长期消极抗日和政治、

① 《中国新民主主义革命通史》第3卷,第322~323页。又见军事科学院军事历史研究部:《中国抗日战争史》下卷,解放军出版社1995年版,第473页。

经济、军事腐败的结果。”①毛泽东在这一年7月15日所发表的《关于时局近况的通知》中即指出：“国民党政治、军事、经济、文化机构，腐败达于极点，酝酿着极大危机。”“蒋之军队由于其士兵是捆绑与购买来的，军官极其腐败与根本没有民族民主教育，提倡反共教育，因而大部分军队充满失败情绪，失去战斗意志。蒋军在河南、湖南作战中，绝大多数均不战而溃或一触即溃，损失在四十万以上。”“河南人民，在蒋军残酷压迫下引起他们普遍地与军队对立，群众暴动围缴军队枪械。”②这种失去人民支持的军队，打败仗更是不可避免的。8月12日，毛泽东在《解放日报》为衡阳失守发表的社论中，明确指出，“一切军事的关键在政治，一切政治的关键在民众”。“要民众，虽危险也有出路；不要民众，一切必然是漆黑一团。”③不民主的方针，只能把抗战引向失败的道路上去。

令人深省的事实在于：这场大溃败是在世界反法西斯战争节节胜利的时刻发生的。当时，苏联红军肃清境内德军，把战争推向了德国本土；美英盟军在诺曼底登陆，随即解放巴黎、攻克罗马；盟军在太平洋战场上也不断取得胜利。据此，《大公报》在1945年1月1日的社论指出：“到处胜利纷纷，而我们独败；世界反侵略战大大好转，而我们反濒临危机。这事实，太现实了；这经验，太可贵了。”

令人深省的事实还在于：这场大溃败是在中国解放区战场开始局部反攻并不断取得胜利的情况下发生的。1944年6月，中外记者西北参观团21人（其中包括美联社、合众社、美国《时代》杂志等的6名记者）到解放区采访。他们中的一些人从中国共产党领导的抗日民主根据地带回的信息和发出的报道，如成都《新民报》连载的赵超构的《延安一月》及《大公报》记者孔昭恺的《中共·十八集团军与陕甘宁边区》，使人们看到了一个与国民党黑暗统治迥异的光明的新天地，许多人由此想到，中国“将来是有希望的”④。

在上述背景下发生的豫湘桂大溃退，不能不使国民党统治区的广大人民陷入深深的困惑和愤懑，不能不引起大后方人心的巨大变动。金冲及在《抗日战争后期中国政局的重要动向——论1944年大后方的人心剧变和“联合政府”主张的提出》⑤一文中指出：“这场惊心动魄的大溃退引起的最重要人心变动是：大后方民众对国民党当局的看法普遍发生巨大的变化。”这是国民党统治区民主

① 军事科学院军事历史研究部：《中国抗日战争史》下卷，解放军出版社1995年版，第473页。

② 《毛泽东文集》第3卷，人民出版社1996年版，第195页。

③ 《毛泽东文集》第3卷，人民出版社1996年版，第202页。

④ 潘钰：《〈延安一月〉读后》，成都《新民晚报》，1944年12月4日，转引自《砥柱中流》，中共党史出版社1995年版，第470页。

⑤ 见金冲及：《五十年变迁》，中央文献出版社2004年版，第581～582页。

运动高涨的重要原因。他写道：

(抗战以来)在很长一段时间内，大后方的政治空气仍是相当沉寂的，没有出现大规模的政治风暴。这有多方面的原因：第一，国民党当局的专制和腐败是一步一步加强起来的。人们的不满虽在增长，但仍有相当数量的人缺少以行动表示强烈抗议的决心。第二，由于对日抗战仍在继续，内部潜在的不满受到抑制。在一九四三年，中国的国际地位有了明显的提高……整个反法西斯战争已胜利在即，使不少人把希望寄托在明天，认为对眼前种种不合理现象只能暂时忍耐一下。《大公报》社评就曾努力作这样的解释："我们的生活诚然艰难，时势要求大家吃苦。均苦，复奚辞？如山九仞，现在只差最后一篑。我们就必须咬牙奋斗，誓竟全功。"第三，皖南事变后，国民党政府在大后方加紧实行严厉的高压政策，特务机构任意捕人杀人，政治空气比较沉闷。中国共产党在组织方式和斗争方式上作了调整，采取荫蔽精干、长期埋伏、积蓄力量、以待时机的政策，在社会各阶层、民主党派以至地方实力派中都作了许多深入的工作，但发动大规模群众斗争的时机一时还没有成熟。

(豫湘桂大溃退以后，情况有了很大的不同。)战时人们最关心的莫过于军事。"目前形势，论来论去，总是军事第一。敌人数路入桂，战事紧急，国人无一不关心战事。"如果其他问题还可以勉强忍受的话，那末，在这方面出现不应有的严重挫折就使人们普遍感到难以忍受了。豫湘桂大溃退的强烈刺激，使人们的思想情绪普遍激动起来。这次大溃退的到来，而且失败得那样惨，多数人没有足够的精神准备。日本已很虚弱的军队在几乎没有重大战斗的情况下，占领中国大片土地。这样的失败，已无法再以抗战初期所说的敌我强弱悬殊等原因来解释。谁都看得出来，这是国民党当局政治、经济、军事各方面严重缺陷的集中大暴露。

……

民怨空前沸腾，舆论空前激昂。再也没有比这些惨痛的事实更能使亿万中国人猛醒的了。"当时，全国舆论一致要求以民主求团结，以团结求争取抗战胜利。"①

这种强烈的呼声，实际表达了对国民党政府已完全丧失信心，要求进行根本性的变革。7月河南大溃败之后，桂林、昆明、成都等地的民主人士纷纷集会，发表宣言，主张开放政权，实行宪政，改弦更张，挽救危局。8月18日，西南联合大学教授吴晗在昆明一次时事座谈会上说："一切重要的焦点在政治，而不在军

① 侯外庐：《韧的追求》，三联书店1985年版，第159页。

事。"①9月初,中国民主政团同盟主席张澜发表谈话。他说:"政治问题是整个的。要是枝枝节节地说,枝枝节节地去做,这不是解决问题的态度,乃是应付的态度。这种态度,应为我们所不取,因为这只是枉费精力。""归根结蒂,关键是在民主。只有民主是中国惟一的出路。"②

豫湘桂大溃退,也深刻地影响了民族资本家的政治态度,使之在1944年年底发生了具有转折意义的重大变化。

抗战以前,中国工业的一半以上集中在沿海各省,西南和西北地区的民族工业几乎微不足道。到了抗战时期,随着政治军事形势的变化,内地的工业出现了飞速的发展。其中,上海等地的民族工业内迁起了决定作用。这些内迁工厂为着支持祖国的抗战大业,历经千辛万苦,辗转万里,陆续内迁。它们带来十多万吨新式器材和一万多名熟练技工,自然成为发展工业的骨干力量。由于战时的需要,从抗战爆发到1941年,大后方的民族工业保持着向上发展的势头。

但从1942年起,它们的处境越来越困难了。出现这种衰退的主要原因有三个:第一,恶性通货膨胀,使工厂完成生产并把产品销售出去时,所得的价款往往不足以补进再生产所需要的原料,造成流动资金的枯竭;企业按一定比例提取的折旧基金,也常远不足用来更新设备。第二,国民党当局对物资实行垄断性的统制政策。1942年,开始实行盐、糖、火柴的专卖。下一年,又开始对棉纺织品等实行限价和议价。政府规定的收购价、限价和议价,无论同物价指数相比,还是同黑市市价相比,都显得太低,使企业陷入困境。第三,豪门资本控制下的公营企业在1940年以后对民族资本的排挤越来越厉害。③

在1943年,民营工业的生产总指数出现抗战期间第一次负增长。1944年,整个大后方工业的生产总指数出现第一次负增长。这年6月,迁川工业联合会、中国全国工业协会发表的一篇文章已愤愤不平地指出:"我们平心静气的检讨,抗战以来经济上最吃亏的人,是靠少数储蓄、公债维持生活的人;最(占)便宜的人,是依恃特殊势力、囤积居奇、走私漏税而没有人敢过问的少数人,吸收了每天贬值的存款而自行经营每天涨价的商品买卖的一部分的金融业,和广大的资产永不贬值而收入大量增加的地主。工商业,大多数人都在困苦艰难中挣扎得几乎喘不过气来。"④

豫湘桂大撤退给大后方民族工商业的打击是沉重的。内迁工厂除重庆和四

---

① 《新华日报》1944年9月1日。

② 《张澜文集》,四川教育出版社1991年版,第202页。

③ 许涤新、吴承明主编:《中国资本主义发展史》第3卷,人民出版社1993年版,第548~525页。

④ 《新华日报》1994年6月14日。

川各处以外，最多的地方便是湖南和广西。抗战后期担任迁川工厂联合会理事长的胡厥文，在将他经营的新民机器厂迁到重庆后，又在湖南祁阳设立新民分厂，在广西桂林创办大中机器厂，规模都很大。湘桂大溃退时，有权势和有钱的人可以把他们的物资抢先运走，而民族工业在历尽艰辛迁到后方的机器设备却几乎被丢弃一空。胡厥文那时正在湖南，冒着日机的轰炸，随着逃难的人群，辗转回到重庆。他回忆道："这次逃难是我生平东西丢得最干净的一次。""据我概略估计，这次西南工业迁出的机器，衡阳只二分之一，祁阳十分之六，桂林、柳州约十分之八，连同其他各处，合计不足一半。至于抵贵阳独山安全地带的不过百分之一。"这段苦难的经历给他的刺激太大了，他写道："这次湘桂撤退中，使我亲身体验了国民党政府的腐败，国民党军队的无能，以及民营工业的悲惨处境。11 月 18 日，我在重庆迁川工厂联合会会员聚餐会上，以悲愤而沉痛的心情，向大家介绍了民营工厂撤退的情况。"胡厥文的介绍，使在场的工商业者无不为之动容。"事实教育了我们，大家深感我们工业界人士不能只埋头经济而对时局坐视不问。几经议论，大家认为应对国事公开发表主张。年底，以中华全国工业协会、迁川工厂联合会、中国国货厂商联合会、中国西南实业协会、中国战时生产促进会等五个工业团体的名义，发表对时局的声明，提出十项政治主张。"这不是一份普通的声明。胡厥文指出："这是我国民族资产阶级第一次公开发表对时局的政治主张，当时在山城（重庆）引起了震动。"①

这份声明一开始就指明战局的严重性，接着提出对政府的希望，包括："请速实施宪政，厉行民治，以发挥天下为公之精诚"；"请厉行监察制度，加强法治精神，扫除政治上之贪污与腐化，以坚人民信任"；"免除一切不必要之猜防，贯彻官民合作、军民合作之精神，团结一致，争取胜利"等。

《新华日报》立刻在 12 月 26 日发表《经济界需要民主》的社论，欢迎民族工商业者的这个声明。社论描述了湘桂大撤退时民族工业的悲惨遭遇，接着写道："这一段辛酸的故事，不是证明着，抗战大局如果不好转，厂家就没有立足的可能吗？政治不民主，就没法使战局着实好转，亦就没法使经济界发展其事业。"

一个月后，周恩来从延安到重庆时在特园邀请工商界人士举行了一次座谈会，出席的有大后方民族资本家的主要代表人物 30 多人。周恩来在讲话中着重强调：抗战要坚持到底，民族要独立，国家要富强，工业家要为国家作出贡献。刘鸿生、李烛尘、章乃器等在会上也坦率地发表了意见。这年年底，以民族资本家为主体的民主建国会成立。胡厥文回忆道："我在青年时期，曾厌恶政治，立志

---

① 《胡厥文回忆录》，中国文史出版社 1994 年版，第 69 ~ 71 页。

不入仕途,要搞实业救国。""由一心搞实业到从政,筹建民主建国会是转折点。"①

周恩来后来回忆道:"1944 年,不仅小资产阶级,连民族资产阶级也靠拢了我们。"②中国的民族资本家会向共产党靠拢,曾使海外一些人,以至当时国民党内一些人感到难以理解。其实,这是中国现实社会生活的产物。回顾一下历史,便可以看到,他们政治态度上的这种变化是长期积累的多种因素造成的,而 1944 年是它的转折点,这同豫湘桂大溃退的严重后果有着直接的关系。③

了解了上述 1944 年中国政治形势的变化和大后方人心的大变动,我们就不难理解为什么这个时候国民党统治区的民主运动会高涨起来了。

正是在这样的历史条件下,中国共产党提出了成立民主的联合政府的政治主张。这个主张的提出,为大后方民主运动的深入发展昭示了明确的方向

——原载《中国共产党与抗日战争》,中央文献出版社 2005 年版。

三、为建立民主的联合政府而斗争

(一) 国共两党重开谈判

国内外形势的变化,对国共两党及其相互关系发生了深刻的影响。如果说,在过去的时间里,就力量对比来说,是国民党强共产党弱;那么,到了 1944 年,连美国驻华使馆给美国政府的报告,也认为"国民党与蒋委员长的地位是到了过去十年来最微弱无力的地步",而"中国共产党已成为中国最活跃的力量,并与国民党抗衡,争取国家的统治权"。其使馆工作人员戴维斯、谢伟思在报告中说,"中国面临着经济崩溃。这正促成着军队和政府机构的解体。这是增长中的政治不安的主要原因之一。蒋委员长正在失掉中国的支持"。"国民党的政策在恶性通货膨胀的冲击之下和内外弱点的显著现象之前,必须说是破产了"。而"所有这些问题的答案可以在目前党的成分和性质中找到。一个经典和完整的美国的看法,更见得其正确性,即在政治上,国民党是一堆保守的政治派系,主要兴趣在保持自己的实力以排斥外人,而在他们自己人之间则争夺地位。在经济上,国民党狭隘的基础在于农村的豪绅地主和军阀,政府官僚中的上层分子,

① 《胡厥文回忆录》,中国文史出版社 1994 年版,第 77 页。

② 《砥柱中流》,中共党史出版社 1995 年版,第 463 页。

③ 金冲及:《五十年变迁》,中央文献出版社 2004 年版,第 605 页。

以及与政府中的官僚有密切关系的商业银行家”。他们为了“垄断特权”,而害怕“民主政治的发展,虽则(这)是继续抗战的基础”。“这样,他们为了自私的目的而在牺牲着中国民族的利益”。与此形成鲜明的对照,共产党正在成功地进行“动员全体人民所积极发动的全面游击战。在这全体动员中,共产党的正规军虽然以组织领导者的身份,仍服从于为数更多的人民自身的武装力量。他们能够存在,是因为人民允许、支持并全心全意与他们共同作战。这里军队和人民是完全团结了”。“这种全体动员的依据和可能性,是建筑在一种经济的政治的和社会的革命运动上的。这种革命是和缓的和民主的。以减租减息、改革税收和良好的政策来改进农民的经济状况。农民有了民主的自治、政治意识和权利的观念。农民们得以从封建束缚中解放出来,有了自尊、自信和强烈的团体合作的兴趣。普通人民知道了他们是为了这些而战斗”(谢伟思,1944 年 10 月 9 日)。所以,“共产党的政府和军队,是中国近代史中第一次受到有积极的广大人民支持的政府和军队。它们得到这种支持,是因为这个政府和军队真正是属于人民的”。“共产党将在中国存在下去。中国的命运不是蒋的命运,而是他们的命运”(戴维斯,1944 年 11 月 7 日)。①

1943 年 5 月共产国际解散之后,国民党当局曾大肆制造解散共产党、取消边区的舆论,其军队并企图闪击延安。由于中共事先获知此项计划,及时进行揭露,并做好相应的反击准备,其军事进攻才未能实施;但它取消中共和边区的图谋并未改变。蒋介石通过他的代表张治中在周恩来离渝前,“非正式的告诉他们说,国民党在国际解散后,拟有两个方案:一是要中共交出军权、政权,以取得党的合法化,一是国共两党合一”②。由于苏联塔斯社中国分社社长罗果夫在《战争与工人阶级》杂志上发表文章反对国民党政府的取消中共的政策,英、美对此也表示不满,中共的坚决抗议和公开批评蒋介石及国民党,蒋介石才下令停止取消中共的宣传。③ 在这种情况下,蒋介石不得不对自己的反共策略进行某种调整,重新提出“政治解决”国共关系的问题。

1943 年 9 月 6 日至 13 日,国民党在重庆召开十一中全会。会议确定于“抗战结束之一年内召开国民大会,制颁宪法”。蒋介石在会上谈到对中共的方针时,声称“要认清此为一政治问题,应用政治方法解决”。会议据此通过的决议在无端攻击中共“加紧进行其危害国家,破坏抗战之种种行为”的同时,要求中

① 见美国国务院于 1949 年公布的《美国与中国的关系》(白皮书)附件,第三章,驻华外交官员的备忘录,1943—1945 年。

② 毛泽东:《关于击退国民党第三次反共高潮后的形势和党的政策》,1943 年 8 月 13 日。

③ 参见毛泽东在 1943 年 8 月 30 日、9 月 1 日中共中央政治会议上的讲话,《毛泽东年谱(1893—1949)》中卷,中央文献出版社 2002 年版,第 467 页。

共遵守 1937 年 9 月 22 日宣布的四项诺言，表示“至于其他问题……尽可于国民大会提出讨论解决”。随后不久，三届国民参政会二次会议也在重庆举行。虽然事先得知会议将通过反共决议，中共中央还是指示董必武“出席此次参政会。会中如有反共报告提案及决议，视情况或当场抗议或退席，会后再提书面抗议”。会上，何应钦作军事报告时无理攻击中共和第十八集军“不顾大局，扩充实力，袭击友军，破坏抗战”。董必武提出质询，遭到无理对待，当即退席。会议通过了关于军事报告，关于实施宪政实施筹备会等项决议。事后，国民党欲缓和气氛，由王世杰对董必武说，参政会的决议不是了不起的，一面是督促政府执行政治解决方针，一面是劝告十八集团军，措辞虽有些不好，实际是没有什么。[①]他还问董，有什么办法使时局不恶劣下去。

本来，在 1941 年皖南事变以后，为了中国人民团结抗战的根本利益，中共采取的方针“在拉蒋抗战”[②]，即是“要争得蒋及国民党主体转变到亲苏、和共、改良为方向，而以维持他们的政权、承认我们的地位为条件”[③]。此后，中共采用不刺激国民党的“利国”政策，保持了两年多的平静，为进行根据地的各项建设提供了条件。只是在 1943 年 7 月国民党掀起第三次反共高潮之后，中共才采用以宣传对付他们的反共宣传，以军事对付他们的军事进攻。不过，就是在这时，它仍然“是尽一切方法避免和国民党破裂”的。[④] 国民党十一中全会表示允许于抗战结束后一年内实行宪政和声明要用政治方式解决国共关系之后，中共虽然了解其“目的在于欺骗人民，借以拖延时日，稳固国民党的统治”[⑤]，但是，对于这种主张，还是表示欢迎。

1943 年 10 月 5 日，《解放日报》发表毛泽东写的题为《评国民党十一中全会和三届二次国民参政会》的社论。社论指出，由于形势的变化，国民党可能要另打主意。主意不外三种，即：投降日本帝国主义；照老路拖下去；改变政治方针。社论告诫说，“在国民党可能采取的三个方向中，第一个，投降和内战的方向，对蒋介石先生和国民党是死路。第二个，以空言骗人，把时间拖下去，而暗中念念不忘法西斯独裁和积极准备内战的方向，对蒋先生和国民党也不是生路。只有第三个方向，根本放弃法西斯独裁和内战的错误道路，实行民主和合作的正确道

① 《董必武关于和王世杰会谈情况致毛主席电》，1943 年 10 月 20 日。

② 毛泽东等 1941 年 6 月 12 日致朱瑞等电，《毛泽东年谱（1893—1949）》中卷，中央文献出版社 2002 年版，第 306 页。

③ 毛泽东 1941 年 4 月 20 日复周恩来 4 月 19 日电，《毛泽东年谱（1893—1949）》中卷，中央文献出版社 2002 年版，第 290 页。

④ 毛泽东：《关于击退国民党第三次反共高潮后的形势和党的政策》，1943 年 8 月 13 日。

⑤ 《中央关于宪政问题的指示》，1944 年 3 月 1 日。

路，才是蒋先生和国民党的生路"。社论在指明"全国人民仍然要警戒极端严重的投降危险和内战危险"的同时，郑重表示，"在蒋先生和国民党愿意的条件之下，我们愿意随时恢复两党的谈判"①。与此同时，中共中央还决定自10月6日起"解放报及新华社一切揭露国民党稿件暂时停止，风平浪静，以示缓和"。毛泽东还致电董必武，要他见蒋时除申述欢迎政治解决外，应指明"整个西北国民党军队备战甚急，延安不相信政治解决具有诚意，但延安欢迎政治解决不愿破裂"②。当然，党内阶级教育继续进行，并不停止。中央并通知有关各部队，对国民党军队，应"谨守防地，不得发生由我启衅之任何事件。仅在彼方进攻时，我方应执行自卫原则"③。

1944年1月16日，国民党军事委员会派驻延安联络参谋郭仲容面见毛泽东，要求中共派林伯渠、朱德、周恩来赴重庆，毛"即以林、周或可先后赴渝答之。郭又提及何白皓电、西北军事两事"，毛"则答以谈判可以何白皓电为基础，反攻时胡宗南部与边区部队，可按比例开赴前方"。毛"并告郭：我党拥蒋抗战与拥蒋建国两项方针，始终不变"④。3月12日，周恩来在延安纪念孙中山逝世十九周年大会上作题为《关于宪政和团结问题》的演说。他就国民党十一中全会宣布将实施宪政表示，"我们共产党人一向是主张从民主途径解决国共关系，加强国内团结，以争取抗战胜利建国成功的，故对于这种主张，不论其中所含的诚意如何，我们总是表示欢迎"。他指出，"国民党如果有准备反攻实施宪政的诚意，我们希望真正从'政治解决，国共关系入手"。"'政治解决'的内容，应该是双方公平合理的，我党愿坚守四项诺言，但是国民党与政府也应该承认我党在全国的合法地位，承认边区各抗日根据地为其地方政府，承认八路军新四军及一切敌后武装为其所管辖所接济的部队，恢复新四军的番号，并撤销对陕甘宁边区及各抗日根据地的封锁和包围"⑤。3月21日，中共中央宣传部发出通知，为争取时局进步，应"改变前此（去年七月至九月）对国民党公开正面猛烈抨击的态度"。3月27日，毛泽东等致电黎玉等，强调"反顽斗争，更须严格坚持自卫原则，不应见小忘大，衅自我开"。4月5日，毛泽东等致电罗荣桓等，指出"争取国内平静，准备拉蒋抗日，是目前政策中心"⑥。4月15日，毛泽东主持召开中共中央书记处会议，讨论国共关系和林伯渠赴重庆谈判的问题。他指出：这次总的态度是不

---

① 《毛泽东选集》第3卷，人民出版社1991年版，第926页。
② 《毛泽东关于暂时停止揭露国民党以示缓和致董必武电》，1943年10月5日。
③ 《中央关于对待国民党军队应执行自卫原则的指示》，1944年1月18日。
④ 《毛泽东关于国共关系问题致董必武电》，1944年2月4日。
⑤ 《解放日报》1944年3月14日。
⑥ 《毛泽东年谱（1893—1949）》中卷，中央文献出版社2002年版，第505页。

卑不亢，表示我们想求和缓，要求抗战到底，团结到底，不表示盛气凌人的态度。我们要求与他们一同抗日，使他们不感觉我们威胁他们。对中间派主要是宣传民主，争取他们的同盟。对英、美主要是宣传抗战，要求英、美派人常驻陕甘宁边区。①

在国共重开谈判之前，国民党确定的对于谈判的方针是，“应注意其宣传，并不期待其成功”。在谈判中，“政治方面可予放宽一步，但于军事方面之军政军令与纪律三者，必须坚持绝对之统一，要求其严格遵守”，即“改取缓和办法”逐步令其交出军权政权。它并决定对中共代表林伯渠进行“秘密监视”和“控制”。它还企图通过动员小党派及无党派人士“劝告中共放弃政权与军权”。这表明，国民党对于此次谈判，并无解决问题的诚意，它只是想通过谈判取得宣传效果，并相机诱使中共交出人民军队和解放区而已。

1944 年 4 月 29 日，林伯渠、王若飞从延安启程。5 月 4 日至 11 日，林伯渠在西安与国民党代表张治中、王世杰一共会谈五次。林提出以周恩来 3 月 12 日演说作为谈判的基础；张、王不赞成，提议先谈军事及边区问题。林提出中共领导的军队请先给六个军十八个师的编制，张、王只同意给四个军十二个师。最后商定，将双方意见整理成记录。双方签字，各报告其中央。林签了字，张、王未签。② 5 月 17 日，林飞赴重庆，与张、王继续会谈。

5 月 15 日，毛泽东致电林伯渠，指示林以中共中央名义向国民党提出解决目前急切问题的二十条意见，其中关于全国政治者三条，关于两党悬案者十七条。③ 林等在复电中表示，林彪“过去提案已不适合今天情况”，赞成以新二十条作为今后谈判的基础。他们“估计蒋会咆哮起来”，但“仍不敢公开和我决裂”。5 月 22 日，林伯渠将中共中央二十条意见交给张治中、王世杰。张、王声称，此件“全文是宣布罪状精神，完全没有实践诺言及拥蒋表示”，因而“坚决拒受与转递给蒋”，希望林“考虑修改二十条内容词句”，并告中共中央。④ 中共方面为表示希望解决问题之诚意，决定将二十条改为十二条，即在文件上只写关于全国民主政治及编军、停攻、停封锁等，而把请求政府停止特务反共破坏活动等八条改为口头要求。6 月 4 日，林伯渠将中共中央的意见书抄送张治中、王世杰，请转交蒋介石暨国民党中央。意见书开头即指出，“中共谋国之忠诚，抗敌之英勇，

① 《毛泽东年谱(1893—1949)》中卷，中央文献出版社 2002 年版，第 508 页。

② 详情见《周恩来关于国共谈判问题答新华社记者问》。1944 年 8 月 12 日；又见《张治中回忆录》下册，文史资料出版社 1985 年版，第 686 ~ 689 页。

③ 《毛泽东关于向国民党提出解决目前急切问题的二十条意见致林伯渠电》，全文见中央统战部、中央档案馆编：《中共中央抗日民族统一战线文件选编》(下)，档案出版社 1986 年版，第 693 ~ 696 页。

④ 林伯渠：《关于国民党代表张治中、王世杰拒绝接受我党二十条问题》，1944 年 5 月 23 日。

执行三民主义,实践四项诺言,拥护国民政府及蒋介石先生抗战建国之始终如一,均为有目共见";强调"为克服目前困难,击败日寇进攻,并认真准备反攻起见,中共方面认为惟有实行民主与增强团结一途"。为此,中共希望政府方面解决若干急切问题。

意见书所提关于全国政治者三条,即:一、请政府实行民主政治与保障言论、出版、集会、结社及人身之自由;二、请政府开放党禁,承认中共及其他抗日党派的合法地位,释放爱国政治犯;三、请政府允许实行名副其实的人民地方自治。关于两党悬案者九条,即:请政府对中共军队编十六个军四十七个师,每师一万人,目前至少给予五个军十六个师的番号;承认陕甘宁边区及华北、华中、华南敌后各抗日根据地民选抗日政府为合法的地方政府,并承认其为抗日所需要的各种设施;中共军队防地,抗战期间维持原状,抗战结束后另行商定;在物质上充分接济十八集团军及新四军;同盟国援助中国之武器、弹药、药品、金钱,十八集团军及新四军应获得其应得之一份;撤销对于陕甘宁边区及各抗日根据地的军事封锁及经济封锁;停止对于华中新四军及广东游击队之军事攻击;释放各地被捕人员;允许中共在各地办党办报,中共亦允许国民党在陕甘宁边区及敌后各抗日民主地区办党办报。①

张治中、王世杰以"项目虽然减少,但内容并未发变"为由,拒绝接受中共中央的正式提案;同时拿出国民党的《对中共问题政治解决提示案》交林伯渠。林表示可以接受他们的文件转告中共中央,同时指出"谈判条件一定要依照新十二条"。经多日争执,张、王始于6月15日复函称,已将中共提案转呈政府。

国共双方提案实有极大距离。在国民党的提示案中:一、关于中共所迫切要求解决的实行民主政治、承认各党合法、释放爱国政治犯与叶挺等被捕人员、撤销军事封锁与经济封锁等项,一字不提;二、编军问题,各敌后抗日根据地的正规军有四十七万七千多人,只承认四个军十个师即十万人,且不顾抗战需要及敌后游击战争环境,要将十个师以外的数十万军队"限期取消",并要将十个师"限期集中使用";三、对边区政府只要求实行国民党中央政府之法令,不提实行三民主义,不承认为抗日需要并且已经实行大见成效的各项民主措施与民主法令;四、对各抗日根据地人民选举的各民主政府,要求交还久已离开该地不知何往的所谓"各省政府接管";五、要求取消各抗日根据地为着抗日需要而必不可少的地方纸币。张、王在6月15日信中又表示,解决办法仍照提示案不能变更,谈判遂呈僵局。之后,由于双方意见距离甚远,中共中央曾邀请张、王去延安商谈,以便他们实际了解边区情况,有助于问题的解决;林则向国民党方面提出,要求回

① 《中共中央向国民党提出的十二条意见书与委托林祖涵提的八条口头要求》,1944年6月4日。

延安报告谈判经过,以便中共中央据此对政府提示案作出正式答复。

当谈判在重庆进行三个月之久但未获任何进展的情况下,7 月 26 日,国民党中央宣传部长梁寒操竟然向新闻界宣布,经过谈判,"国共问题已经有了一部分解决","国共关系已有改进,并将继续改进",以此欺骗舆论,并博取英美对自己的好感;同时又攻击中共虽然宣称"有意合作",但所做的事情与之相反,说这才是"根本解决问题的障碍"。8 月 10 日,张、王致函林伯渠,指责中共的意见书中的第一、第二、第三条,不过是"标举若干毫无边际之抽象文句,如'实行民主政治'、'保证自由'等,于事实究竟有何裨益,复为异日增加纠纷而已";尚有若干要求,"或则与事实不符","或则与事理不合"。鉴于国民党对谈判采取的这种僵硬态度,并考虑到政治形势发生的有利于革命方面的变化,中共中央决定在谈判中采取较为强硬的方针。8 月 12 日,毛泽东致电林伯渠、董必武,指出"衡阳失守,敌后抗战地位更形重要,我军四十七万须要求政府全部承认,不要谈五军十六师了"。"外国人在延安很高兴,他们对我军的发展甚感兴趣"①。8 月 13 日,《解放日报》发表《周恩来关于国共谈判答新华社记者问》。这个谈话稿是由林、董草拟,经略加修改后,以周恩来名义发表的。周恩来的谈话首先揭穿了梁寒操散布的谎言,声明在谈判中"任何一个具体的即使是最微小的问题,都没有得到解决";指出国民党统治人士及其政府"始终不愿意立即实行民主,至今仍坚持国民党的一党统治与限制、削弱和消灭异己的方针,用一种自大和武断的精神,只强调别人应无条件的拥护政府,拥护统一,而不许问这种统一是否对抗战、民主、团结有利。这就是现时双方谈判所以相距甚远的真正原因","这就是解决问题的障碍所在"。他着重强调,为了战胜日本侵略,"国共两党必须团结,国共之间所存在的问题,必须从速解决。而这种解决,只有国民党的统治人士立即放弃一党独裁政治,立即放弃削弱与消灭异己的方针,立即实行民主政治,并从民主途径中,公平合理的解决国共关系,才能得到效果。"②8 月 30 日,林伯渠致函张治中、王世杰,答复他们 8 月 10 日的函件,再次指明"政府负责诸公,始终不愿意实行孙中山先生的三民主义及足以团结全国各党派各阶层抗日力量的民主政治,这就是现时双方谈判所以距离甚远的真正原因"。他强调,"一切问题,都看国民党有无准备实行民主政治的决心和诚意。如果有,就应该在抗战期中立即实行宪政,而不推在抗战之后";中共领导的四十七万七千正规军队,在对敌斗争中,建立了许多抗日根据地,解放了八千八百余万的人民,组织了二百二十余万的民兵。"为了准备反攻的需要,政府应当奖励他,装备他,增强他,首先就

① 《毛泽东年谱(1893—1949)》中卷,中央文献出版社 2002 年版,第 534 页。

② 《中共中央文件选集》第 14 册,中共中央党校出版社 1992 年版,第 307~308、312 页。

应当全部承认他，才为合理”。企图削弱、消灭这个抗日武装，在客观上只能“有利于敌”；各抗日根据地民选抗日政府所实行的一切，完全是革命的三民主义，“应当承认他成为合法的地方政府”，“应当给他们以地方自治的权利”。总之，只有“立即实行民主政治，并从民主途径中公平合理的解决国共关系”，才能增强团结，争取抗战的胜利，并建立战后的国内和平合作关系。①

（二）中共提出成立民主联合政府的主张

由于国民党的统治陷入了深刻的危机和豫湘桂大溃败后大后方人心的巨大变化，由于国民党的一党专政制度遭到越来越多的人的不满和反对与大后方人民的民主呼声进一步高涨，由于解放区军民在局部反攻中不断取得胜利，中共领导的抗日武装和抗日政权的重要地位日益为国内外人士所认识，由于与国民党就实行民主政治和解决两党悬案所进行的谈判没有取得任何具体的和实质性的进展，中共中央决定提出改组国民党政府、成立民主联合政府的主张，以便为实现国内的抗日团结、争取抗战的胜利和过渡到战后的和平建国奠定基础，并为动员和团结大后方的广大人民、推进民主运动指明方向。

联合政府这个口号，最早见于8月下旬毛泽东所作的批示。8月17日，董必武致电周恩来，请示如何对待增补国民参政员的问题。毛在该电文上批示：“应与张（澜）、左（舜生）商各党派联合政府。参政会可同意增人，取积极态度，但是第二位的。以上请周考虑拟复。”8月18日，周恩来拟出给董必武、林伯渠的复电，电文为：“请考虑在目前我党向全国提议并向国民党要求提前召集各党派及各界团体代表会议，改组政府，然后由此政府召开真正民选的国民大会，讨论反攻，实行民主，可否能引起大后方响应，尤其是小党派、各地方实力派的同情，并请向他们试探后电复。”毛泽东在电报稿上写了如下的意见：“应先召集党派及团体代表会，改组政府，方有召集民选国大之可能；否则是即使召集，也是假的。我们如此提议，蒋必不从，将来他召集假国大，我有理由说话。此意我党七大应作决定。”②8月23日，毛泽东同美国驻华使馆二等秘书、美军观察组政治顾问谢伟思进行了长达六个小时的谈话。他指出：国共两党关系的状况是解决中国问题的关键。我们共产党人深知内战的惨痛经验。中国防止内战的希望很大程度上有赖于外国的影响。在这些外国中，尤其最重要的是美国，国民党在今天的处境下必须看美国的脸色行事。国民政府应该立即召开一次临时的（或过渡的）国民大会，邀请一切团体派代表参加。在人数分配方面，切实可行的妥协

① 《解放日报》1944年9月20日。

② 《毛泽东年谱（1893—1949）》中卷，中央文献出版社2002年版，第536页。

可以是,国民党大概占代表数的一半,所有其他代表占另一半,蒋介石将被确认为临时总统。这次临时国民大会必须有全权改组政府并制定新的法令——保持有效到宪法通过之时为止。我们现在只是要求:美国政策要努力引导国民党改革自己。他询问谢伟思:美国政府是否愿意运用它的影响促使国民党实行这个建议?美国政府是否愿意提出这项建议并积极支持它?他之所以考虑经过美国向蒋介石提出改组政府的建议,"自然是想借助美国的影响促使这一建议能够比较容易地实现"。两三天后,周恩来告诉谢伟思,中共中央正考虑向国民党提出上述建议。这就是说,中共已不再考虑通过美国提出这一建议了。[①] 9 月 1 日,毛泽东主持召开中共六届七中全会主席团会议,他在会上就国民党变不变、倒不倒的问题发表了如下意见,即:变而不倒与先变后倒均有可能。以蒋介石的愿望,国民党一定要打共产党的,可能不打是五个方面的条件,即美国、日本、共产党、人民、国民党内部。我们的政策放在争取不打,争取国民党变,这样才有文章可做。[②] 会议认为,应即向国民党提出改组政府的要求,即召集各党派代表会议,成立联合政府。根据会议的精神,9 月 4 日,周恩来为中共中央起草给林伯渠、董必武、王若飞指示电,指出:"目前我党向国民党及国内外提出改组政府主张时机已经成熟,其方案为要求国民政府立即召集各党、各派、各军、各地方政府、各民众团体代表,开国事会议,改组中央政府,废除一党统治。然后,由新政府召开国民大会,实施宪政,贯彻抗战国策,实行反攻。估计此项主张,国民党目前绝难接受。但各小党派,地方实力派、国内外进步人士,甚至盟邦政府中开明人士,会加赞成。因此,这一主张应成为今后中国人民中的政治斗争目标,以反对国民党一党统治及其所包办的伪国民大会与伪宪。"其进行办法,电文指出,"望你们在起草回答张、王的信中加上此项主张,以说明这是我们对于实施民主政治的具体步骤和主张";请"你们估计此次参政会能否提出此项提案","如取到小党派及进步人士同意可将是项主张作成提案,即使不得通过或改变性质地通过,我仍可向国内外宣传"[③]。这就是说,废止国民党的一党专政,成立民主的联合政府,已经作为一个实际的政治斗争的目标和任务,提上了中国共产党的工作日程。

在国共重开谈判时,中共提出十二条意见,作为谈判的基础。毛泽东说过,十二条原则上提得是对的,但未想到改组政府。[④] 对于联合政府这个主张及其

---

① 参见《砥柱中流》,中共党史出版社 1995 年版,第 568 页。

② 参见《毛泽东年谱(1893—1949)》中卷,中央文献出版社 2002 年版,第 541 页。

③ 《中共中央抗日民族统一战线文件选编》(下),档案出版社 1986 年版,第 738 页。

④ 毛泽东 1944 年 9 月 22 日讲话,转引自《毛泽东年谱(1893—1949)》中卷,中央文献出版社 2002 年版,第 547 页。

提出,毛泽东后来作过这样的说明:“联合政府是具体纲领,它是统一战线政权的具体形式。这个口号好久没有想出来,可见找一个口号、一个形式之不易。这个口号是由于国民党在军事上的大溃退、欧洲一些国家建立联合政府、国民党说我们讲民主不着边际这三点而来的。”①

下面对这三点作一些具体的分析。

第一,前面已经说过,豫湘桂战役中国民党在军事上的大溃退,使越来越多的人看清了国民党的抗战不力和腐败无能。他们对国民党统治的不满和反对的情绪日益加深,要求进行政治改革、实施民主宪政的呼声日益强烈。与此同时,他们中的许多人更加对共产党表示同情和支持,并且越来越把抗战建国的希望寄托在共产党的身上。国共之间的实际力量对比,“已由过去多年的国强共弱”,在 1944 年达到“国共几乎平衡,并正在走向共强国弱的地位”②。1944 年 9 月 22 日,毛泽东在中共六届七中全会主席团会议上即明确指出:现在重心有逐渐转移趋势,我们自己常常估计不足。现在在全国面前暴露了中国有两个平等的东西,不是一大一小。中共威信在大后方之高,是全国、全世界注意的问题。③这说明,由于国共双方力量的消长和全国人心向背的变化,提出改组政府的条件已经具备了。

第二,1944 年,随着希特勒德国走向失败,欧洲一些国家先后成立了有共产党参加的联合政府。比如,法国共产党人就参加了与戴高乐等组成的联合政府,在其中担任了部长职务。后来,英国共产党总书记波立特在《论英国大选》的文章中,提出的口号是同自由党、工党、公安党成立联合政府,在下次大选中用选举来推翻丘吉尔的保守党政府。这个事实给予了中国共产党人以有益的启示。既然欧洲一些国家有了成立联合政府的先例,既然那里的共产党提出了成立联合政府的口号,为什么中国就不可以仿效呢?

第三,1944 年 8 月 10 日张治中、王世杰在致林伯渠的信中,在拒绝中共的十二条意见时,曾说什么中共关于全国政治的三条意见如“实行民主政治”等为“毫无边际的抽象文句”。为了剥夺国民党方面的这种借口,推动全国民主政治的发展,中共中央决定提出成立联合政府的口号。这个主张,明确、具体、具有实际的可操作性。说共产党讲民主不着边际,这种话再也站不住脚了。

毛泽东曾经指出:提出联合政府的主张,这是一个原则的转变。以前是你的政府,我要人民;1944 年 9 月以后是改组政府,我可参加。提出联合政府这个口

---

① 《毛泽东文集》第 3 卷,人民出版社 1996 年版,第 275 ~ 276 页。

② 《毛泽东年谱(1893—1949)》中卷,中央文献出版社 2002 年版,第 568 ~ 569 页。

③ 《毛泽东年谱(1893—1949)》中卷,中央文献出版社 2002 年版,第 546 ~ 547 页。

号的实质，是要求废止国民党的一党专政，在全国范围内实行民主政治。它集中体现了广大人民的要求，为全国人民的政治斗争指明了目标和方向。①

废止国民党的一党专政、成立民主的联合政府这个主张，是 1944 年 9 月 15 日由中共代表林伯渠首先在三届三次国民参政会上公开提出的。

这次国民参政会召开时，国民党统治正面临着深刻的危机。董必武在关于参政会的报告中指出，这次参政会表现了一个特点：说话的人多，且说的比较露骨。如河南参政员、国民党员徐炳昶老先生说："对汤恩伯如此处置我死也不甘心，如果当局肯枪毙汤，我情愿陪同他死。"黄宇人痛切指出："我国士兵生活不如富家猪狗。"傅斯年把孔祥熙兼营商业银行违法贪污等劣迹一字字讲出，并说："这些绝对是事实，有证据可查，我在本会上愿负言论责任，在会外愿负法律责任，他可以找我打官司。"②《大公报》1944 年 9 月 18 日的报道：军政部部长何应钦报告后，诸辅成即在发言中讲到军队中有人吃空额的问题。他说："军中如实额不到一半，如何反攻？"傅斯年说："谁吃空额，枪毙谁（大鼓掌）！""马（毅）氏提醒民众：南美和瑞士也有中国贪官污吏的存款（鼓掌）。贪官污吏在国外的存款，应一律没收（鼓掌）。"冷遹说：军队坏，是"由于政治也坏。如果政治好，军队不会坏的"。黄宇人说："要打破困难，现在是最后时机，以后再没有机会了。"③由此可见，这次参政会对政府的贪污腐败无能等种种丑态，可说是作了尽情的暴露。国民党党团觉得党员责骂政府过火，有点控制不住了，这也暴露了国民党内部的矛盾。④ 在这种情况下，提出废止国民党一党专政、成立民主联合政府的主张，确是很适宜的了。

9 月 15 日，中共代表林伯渠和国民党政府代表张治中分别在参政会上作关于国共谈判的报告。林伯渠的报告在讲述了"谈判的重要问题"、"谈判的重要分歧"、"七年前的四项诺言我党信守不渝"、"谈判经过真相"之后，提出了"挽救危局准备反攻应采救急办法"。他说："我们认为挽救目前抗战危机准备反攻的救急办法，必须对政府的机构人事政策迅速来一个改弦更张。这几天参政员诸先生的各项询问，也正说明了政府的机构人事到政策都有很多毛病，不能适合今天抗战的要求。因此我坦白的提出希望国民党立即结束一党统治的局面，由国民政府召开各党、各派、各抗日部队、各地方政府、各人民团体的代表，开国是会议，组织各抗日党派联合政府，一新天下耳目，振奋全国人心，鼓励前方士气，

① 参见冯蕙：《抗战后期中国共产党政策中的几个理论问题》，转引自《砥柱中流》，中共党史出版社 1995 年版，第 569～570 页。

② 《中共中央抗日民族统一战线文件选编》（下），档案出版社 1996 年版，第 757 页。

③ 《大公报》，1944 年 9 月 18 日。

④ 参见《董必武关于参政会的报告》，1944 年 9 月 24 日。

以加强全国团结，集中全国人才，集中全国力量，这样一定能够配合盟军反攻，将日寇打垮。”①

关于成立民主联合政府的主张，中共中央原是准备在“取得小党派及进步人士同意后”，“作成提案”，向参政会提出的。林伯渠、董必武等认为：“我们如想将召集国是会议改组政府的主张用提案方式提出是不可能的，因为没有人敢联署，如在会外提出，国民党又会诬蔑说我们阴谋要夺取他们的政权，因此我们对时局的方针，在会上用报告的方式提出最恰当。政府要根本全盘改组，十二条的提案，自然成为过时的东西，再不能束缚我们了。”②他们曾于9月6日致电中共中央，陈述此项主张。9月7日，中共中央在复电中表示，“同意你们用我党中央致函参政会，并利用林在参政会报告机会，提出我党改组政府之主张和步骤的办法，并联系说明这是原来提案中三条政治主张的具体解决方案”③。

林伯渠的报告语气委婉，但在原则上并没有让步。这个报告得到了“很大的成功，连蒋（介石）也不能不说‘林参政员昨天在会场上报告，其观点和主张姑不具论，但其态度很好，我甚为佩慰’”。不过，关于改组政府的政治主张，即“报告中最后的一段，当时还未引起全部听众的深刻注意，惟小党派和国民党是注意到了的。张治中在报告中说，参政会与实施宪政协进会是我们民意机关，有什么意见在这两个会里谈好了，若主张另外召集什么会，我是军人，不懂政治，不知是什么用意”。这话便是针对林的最后一段话说的。④ 会后，国民党中央宣传部的许孝炎特别嘱咐各新闻部门：“关于联合政府的问题，千万不要见报。”中央通讯社在报道中将林的这段话全部删去。不过，9月17日的《新华日报》还是全文发表了这个报告。“报纸贴在街上，围看的人很多。报纸多销了几千份”⑤。外国记者也纷纷发出新闻稿。报告在国内外都产生了广泛的影响。

10月10日，周恩来发表题为《如何解决》的双十节讲演，再次强调为挽救目前危机，应即“开紧急国是会议，取消一党专政，成立联合政府”。他并且进一步提出，这一主张的具体实施应该采取下列六个步骤：第一，这各方代表，应由各抗日党派（国共两党及其他抗日党派）、各抗日军队（分国民党中央军、地方军及中共领导的抗日军三方面）、各地方政府（分大后方及敌后解放区民选政府两方面）、各民众团体（分大后方及敌后解放区带全国性的各界人民团体）自己推选，

---

① 《中共中央文件选集》第14册，中共中央党校出版社1992年版，第334页。

② 《中共中央抗日民族统一战线文件选编》（下），档案出版社1986年版，第761页。

③ 《中共中央抗日民族统一战线文件选编》（下），档案出版社1986年版，第740页。

④ 《中共中央抗日民族统一战线文件选编》（下），档案出版社1986年版，第762页。

⑤ 毛泽东在中央党校去前方干部所作报告的记录稿，转引自《砥柱中流》，中共党史出版社1995年版，第458页。

人数应按各方所代表的实际力量比例规定。第二,这国是会议,国民政府应于最近期间召开,以免贻误时机,陷大后方于不可收拾的地步。第三,在这国是会议上,根据孙中山先生革命的三民主义的原则,必须通过切合时要、挽救危机的施政纲领,以彻底改变现在国民党政府所执行的军事、政治、经济、文化等错误政策。第四,在众所公认的共同施政纲领的基础之上,成立各党派的联合政府,以代替目前一党专政的政府,吸收全国坚持抗战、民主、团结的各方领导人物,罢免失败主义法西斯主义的分子,以保证真正民主政治的实现。第五,这一联合政府须有权改组统帅部,延纳各主要军队代表加入统帅部,成立联合统帅部,以保证抗战的胜利。第六,在联合政府成立后,应即重新着手筹备真正人民普选的国民大会,准备于最短期间召开,以保证宪政的实施。周恩来指出,"只有这样的国是会议和联合政府,才是全国民主的真正起点。只有这样的联合统帅部,才能听命政府,协助盟邦,击退敌人的进攻,配合盟国的反攻。如果仍欲一党包办,伪造民意,即使由国民党再来一个决议,提前到抗战期中召集所谓国民大会与制定宪法,那仍然是党治,不是民治,仍然是伪宪政,不是真宪政"。针对国民党借统一军令政令之名削弱、限制和吞并人民军队和解放区的图谋,他说:"我们所主张的以民主为基础的统一,才是真正的统一、彻底的统一。如果统一于一党专政,统一于军事独裁,那便是假统一,结果别的党派被排除,别的军队被吞并,不服的起来反抗,打败的散之四方,还有什么统一可说?"他强调,改组政府、改组统帅部,成立各党派联合政府、联合统帅部,"是挽救目前危机切合时要的惟一正确方案"。而中共中央 6 月 4 日所提十二条意见书和林伯渠口头提出的八条,"仍应成为今后国共谈判的根据"。他再次表示希望张治中、王世杰能到延安"视察和谈判"。他说:"我们认为问题可以逐步解决,但必须在不违背抗战、民主、团结的大原则之下来解决。"①

10 月 3 日,中共中央代表林伯渠再次致函国民政府代表王世杰、张治中。②他对蒋介石"在参政会上表示继续用政治方式解决问题一点表示欣慰",同时重申"开紧急国是会议,成立各党派联合政府"的主张,强调"此计不决,则两党谈判即使可能解决若干枝节问题,至于关系国家民族的重大问题,必不能获得彻底解决的"。他还对张、王 9 月 10 日来信责备中共方面的"要求与时俱增"这点进行了辨正,并且"再一次明告两先生:全部敌后解放区的军队与政权是一定要请国民政府承认,而且一定会'与时俱增'。因为整个敌后战场的战争情况,与正

① 《中共中央文件选集》第 14 册,中共中央党校出版社 1992 年版,第 364 ~ 367 页。

② 此件由毛泽东为林伯渠起草。参见《毛泽东文集》第 3 卷,人民出版社 1996 年版,第 213 ~ 215 页。

面战场恰成相反的对照,在正面战场是节节败退,在敌后是节节胜利”。“请你们嗣后再也不要讨厌我们共产党人请求你们承认打胜仗的军队与收复的国土了。因为这种嫌恶情绪,是很不合于民族利益的”。

正当国民党在政治上处于困境的时候,美国总统罗斯福派赫尔利作为他的私人代表于 1944 年 9 月来到中国。11 月 17 日,赫尔利成为美国驻华大使。1949 年美国国务院公布的《美国与中国的关系》的白皮书承认:“赫尔利将军奉派为大使,对于他的使命以及美国对华政策的了解总括有下列几点:(一)防止国民党政府的崩溃;(二)支持蒋介石作中华民国的主席与军队的委员长;(三)使蒋介石与美国司令官间的关系和谐;(四)增进中国境内战争物资的生产并防止经济崩溃;(五)为击败日本计,统一中国境内一切军事力量。”①

1944 年 11 月,赫尔利在与林伯渠、董必武多次会谈的基础上,赴延安与毛泽东、周恩来会谈,就成立联合政府等问题达成了五项协定。此项协议为蒋介石拒绝,赫尔利即自食其言。1944 年 11 月和 1945 年 1 月,周恩来先后两次到重庆,同蒋介石直接谈判。蒋继续坚持国民党一党专政的基本方针,声称成立“联合政府就是推翻政府,党派会议就是分赃会议”,要求中共交出军队和政权,然后派几个人到国民党控制的政府中去做官。蒋的顽固态度,使自己在政治上进一步陷于孤立的境地。而赫尔利由于公开采取扶蒋反共的方针,也遭到了中共的坚决揭露和严厉批判。

(三) 大后方民主运动的深入发展

中国共产党提出的召开国是会议、成立民主联合政府的主张,反映了广大人民包括各民主党派和无党派民主人士的共同要求,在社会各界引起了强烈的反响。它为大后方正在兴起的民主运动指示了一个中心的斗争目标,有力地推动了这个运动的深入和发展。毛泽东说过,“这个口号一提出,重庆的同志如获至宝,人民如此广泛拥护,我是没有料到的”②。蒋介石后来也承认,自中共提出这个主张后,“社会反共心理渐趋瓦解,政府也渐陷孤立境地”。

这个时期的民主运动,正如周恩来 1944 年 11 月 24 日在南方局工作人员会上所说的那样,“有五个特点”,即:“一、强调联合政府;二、具有广泛性;三、全国要求的一致性;四、有盟国赞成;五、两种力量极大变化之时。”③其中强调联合政府是最显著的特点。

---

① 《中美关系资料汇编》第 1 辑,世界知识出版社 1957 年版,第 139 页。
② 《毛泽东文集》第 3 卷,人民出版社 1996 年版,第 276 页。
③ 《中共中央南方局党史资料》第 5 册,重庆出版社 1990 年版,第 12 页。

就在林伯渠在9月15日公开提出联合政府的口号不久,9月24日,在当时大后方的政治中心重庆举行的有各党派、各界代表人士500余人参加的"宪政座谈会"第七次会议上,要求废除一党专政、召开国是会议、成立联合政府就成了人们的共同呼声。民盟主席张澜表示,应由"各党各派与无党派共同组织政府,成立联合政权实为今日解决国是,挽救危亡所必需"。第三党领导人章伯钧也指出:"应该主张召开各党派会议,不要等到亡国之后!中国今天有强有力的共产党,有强有力的民主同盟。只有立即召集国民会议,实行联合政府,才能挽救危机。"国民党元老冯玉祥沉痛地说:"今天如果没有很新的改革,亡国之痛,就在眼前!"国民党参政员孔庚也说:民主的潮流不可侮,就是秦始皇、汉高祖、明太祖、清朝皇帝再世,也不能阻止,中国目前不实行民主,就要亡国。中共代表董必武在会上强调,"一定要彻底改革",只有召开国是会议和成立联合政府,"才能全面动员起来,团结全国人民把日寇打出去"。会场气氛热烈,发言者情绪激昂。会议进行了六个多小时。会议通过了沈钧儒等发起组织民主宪政促进会的提议,并推王昆仑、屈武等做筹备人。黄炎培在会上感慨地说:"今天才真正听到了民意。"①这次会议,确是当时民意的一次集中体现。

9月下旬,参政员张澜、邵从恩、李璜、常乃惪在成都对记者发表谈话,一致指出,无论从国内还是国际的需要看,成立联合政府,实行民主政治,"实为今日解决国是,挽救危亡所必需"。10月上旬,成都华西大学、金陵大学、燕京大学等五个大学的一些学术团体发起在华西坝体育馆举行国是座谈会,到会者二千余人。会上贴满指责国民党当局的各种标语。如:"中央当局屡次声称提前结束训政实施宪政何以至今仍未有具体表现?""是否立即开放政权及组织各党各派之联合政府?"等。民盟主席张澜说:"这十几年来,我们的政治是什么政治,是一党专政的党治,因此就生出种种困难,并使时局成为如此危险。""现在是要放弃一党专制的统治,国家的事,要以真正大多数的民意为根据。民主政治的开步走,就是联合政府,至于联合政府的内容,性质,你们知识分子干起来喊!喊!喊!那么它的内容,就自然有了。"②这是1940年以来成都第一次公开举行的大型集会。成都《华西时报》在这前后接连发表社论、短评,主张把"国家大权交给人民"。

10月10日,中国民主同盟发表《对抗战最后阶段的政治主张》,明确表示了对中共提出的联合政府主张的支持。它要求国民党当局"立即结束一党专政,建立各党派之联合政权,实行民主政治";主张"召集各党派会议,产生战时举国

① 《新华日报》1944年10月10日。
② 《华西时报》1944年10月8日。

一致的政府”。它还提出,保证人民言论、出版、集会、结社、职业、身体之自由;开放党禁,承认各党各派公开合法地位,立即释放一切政治犯;充实一切地方自治基层组织,普遍实行民选;废除特务及劳动营等类组织,立即停止党化教育,保障讲学自由及从事教育职业自由;等等。民盟原称民主政团同盟,是由六个政治组织联合组成的。这年的9月,它召开全国代表会议,决定将以党派团体为基础的民主政团同盟改组为以个人为基础的民主同盟,以便冲破参加者主要是少数党派代表人物的限制,使社会上许多有民主要求的学者、教授,文化艺术工作者以及各界知识分子的代表人物能够以个人身份参加进来,从而使自己的活动能够具有更加广泛的群众性。民盟公开发表上述政治主张,“是一个重要的政治动向:表明建立‘联合政府’已不再只是中国共产党的意见,而且反映了大后方相当广泛的,包括中间势力在内的共同意向”①。

在民盟发表上述政治主张的同一天,即10月10日,昆明各界6 000多人举行保卫大西南的群众大会,响应中共中央提出的结束国民党一党专政、成立民主联合政府的号召。大会是在中共秘密领导下,由西南联合大学和云南大学的进步社团、昆明文化界、民主同盟云南支部以及李公朴、闻一多等进步人士联合发起的。大会发表的宣言,揭露和抨击国民党政府对抗战采取消极态度、对内实行独裁统治,提出了坚持抗战,实行民主、保障人民民主权利和成立各党各派联合政府、动员一切爱国力量保卫大西南等项要求。同日,重庆复旦大学举行国庆纪念晚会,千余师生出席,检讨当前时局。该校法学院院长张志让在分析日本侵略者的新战略之后指出,惟有刷新政治、团结全国,抗战危局方才可救。周谷城指出,只有团结各方面的力量,才能渡过难关,为此必须首先实行民主。许多学生在发言中对正面战场的溃败局面及黑暗统治,表示极大的愤慨,宣言今后“要大胆的说话,勇敢的行动!”当天,重庆各界数千人还举行悼念邹韬奋大会,喊出力争民主自由和向法西斯进军的口号。在这前后,重庆其他大学也举行了类似的集会。

在为成立民主联合政府而斗争的过程中,大后方的人民首先是青年学生还进行了反对国民党特务统治等运动。1944年11月初,成都市立中学学生因反对成都市长余中英庇护被学校开除的有劣迹的3人,举行罢课,遭到镇压。警察局长方超率宪警800余人冲进学校,造成打伤30余人、捕去40余人的严重事件,激起成都市各大中学学生、学生家长及社会各界人士的愤怒。在中共的领导下,以党的外围组织中国民主青年协会(10月18日,由成都各大专学校中的进步学生联合组成)为核心,发动成都四川大学、华西大学、金陵大学、金陵女子大

① 《砥柱中流》,中共党史出版社1995年版,第459页。

学、燕京大学等 8 所大学和市立中学等 29 所中学的学生 7 000 多人，于 11 月 11 日在华西坝举行控诉大会，而后游行示威，并向省政府请愿，要求实行民主政治，提出惩凶、恤伤、保障人身自由等项要求。国民党当局迫于压力，由省主席张群出面“允诺”了四项要求。余中英、方超不得不引咎辞职。学生的斗争赢得了胜利。周恩来和中共中央南方局认为，这个斗争“是国民党统治区群众运动高涨的一个信号。中共中央在 12 月 25 日发出的《关于目前形势与任务的指示》中肯定，这个斗争“为一九三五年‘一二·九’运动以来第一次大运动”。

随着正面战场战局的继续恶化和大后方民主运动的高涨，为了平抑群众的愤怒情绪，国民党当局采取了两项对策：第一是对政府实行局部改组。11 月 20 日，以俞鸿钧接替孔祥熙为财政部长，陈诚接替何应钦为军政部长。12 月 4 日，又以宋子文代替孔祥熙主持行政院的工作。但这种改组，丝毫也不会改变国民党一党专政的实质。第二是蒋介石本人在 1945 年元旦广播中表示，“一俟军事形势稳定、反攻基础确立、最后胜利更有把握的时候，就要及时召开国民大会，颁布宪法”，以便还政于民。但召开国民大会不过是一句空话，何况这种“国民大会”的代表是战前在国民党一手操纵下产生的，他们根本不能代表民意。对这两项对策，大后方的许多人已经看透它们不过是换汤不换药的把戏，国民党在大后方早已扫地无余的信誉再也无法挽回了。①

对于大后方的民主爱国运动，中共中央给予了高度的重视，并对它及时地进行了指导。1944 年 12 月 15 日，毛泽东在陕甘宁边区参议会发表的演说中指出，在大后方，我们必须援助被反动当局压迫的民主爱国运动。“大后方的一切人民，一切爱国党派，都有责任为建立民主的联合政府而努力”。许多人已经认识到成立联合政府是目前抗日救国的唯一正确道路，“但是现在的力量还不够，应该号召广大的人民起来为此而奋斗”②。1945 年 1 月 24 日，周恩来在再次返回重庆后发表声明，强调此次来渝，是代表中共中央向国民政府、中国国民党、中国民主同盟提议：召开党派会议，作为国是会议的预备会议，以便正式商讨国是会议和联合政府的组织及其实现的步骤问题。③ 同年 2 月 25 日，中共中央在关于发展国民党统治区的民主运动的指示中指出，“蒋在目前方针，仍是玩弄民主外衣，维持独裁实质，不到最后关头（如苏联参战、国际干涉等等），连一点点民主让步也不会给的”。而“大后方民主运动还未形成公开阵线。群众基础还很薄弱”，“因此蒋利用目前某些情况还可能拖一时期，国共谈判也不能望其速成，

① 参见《砥柱中流》，中共党史出版社 1995 年版，第 460～461 页。

② 《中共中央文件选集》第 14 册，中共中央党校出版社 1992 年版，第 415～416 页。

③ 参见《解放日报》1945 年 1 月 25 日。

而只能运用公开谈判的形式，以援助大后方民主运动的发展"①。针对蒋介石的元旦演说，中共中央在3月8日给南方局王若飞的指示中指出，"现在蒋所说的一套，不仅不是民主，且更要以御用国会伪装民主。这更危险。""在蒋演说发表后，更要坚持党派会议，结束党治，联合政府及战后无拘束的国大选举一系列主张，以杀蒋之气焰。""蒋在目前很可能一方压迫民主运动，一方收买某些分子。故民主运动一时起伏是必然的，但总的方面仍是发展的。且民主运动要经过压迫，才能从其自身经验和奋斗中强大起来"②。

不过，国民党当局的政治欺骗并没有能够平抑人民的愤懑，压迫则只是激起了反抗，在1944年末、1945年初，大后方的民主运动又继续向前发展了。

1944年12月25日，昆明西南联合大学、云南大学等校学生自治会等发起召开反对袁世凯的护国起义30周年纪念大会，各界人士与会者6 000余人。人们痛斥新的窃国大盗，号召消灭独裁统治，要求结束一党专政，召集人民代表会，组织联合政府。会后，昆明举行了有2万多人参加的示威游行。人们高呼"打倒日本帝国主义！彻底消灭法西斯！""彻底实行民主政治！"等口号。同一天，云南省政府也举行纪念会。省主席龙云在讲话中强调护国运动对于反对袁世凯的"集权政治、独夫政治"具有重大的意义，号召云南人民发扬护国精神，向民主政治之途迈进。

1945年1月15日，中国民主同盟发表对时局宣言，提出立即结束一党专政，建立联合政府，保障人民言论、集会、结社，职业、身体等自由，承认各党派合法地位，立即释放一切政治犯等十项主张。1月26日，《新华日报》刊登了这个宣言。国民党当局下令禁止出售这一天的《新华日报》，并派出军警四处搜查，一经发现即加以没收或撕毁。报社工作人员遂将报纸抱至街头向群众散发。由于报童勇敢，大部分都发出去了。最后卖到200元一份。由此可见民众的情绪。③ 2月13日，重庆妇女界104人联合署名，发表《重庆妇女界对时局的主张》，要求实行民主，成立举国一致的政府等。2月22日，重庆文化界300余人联名发表由郭沫若起草的《对时局进言》，要求召开临时紧急会议，商讨战时政治纲领，组织战时全国一致的政府，并提出六项具体意见，包括：废除一切限制人民集会、结社、言论、出版、演出等自由活动之法令；取消党化教育之实施；停止特务活动，释放一切政治犯及爱国青年；废除军事上对内相克的政策，枪口一致对外；严惩一切贪赃枉法之狡猾官吏及囤积居奇之特殊商人；取缔对盟邦歧视之言

① 《中共中央南方局党史资料》第3册，重庆出版社1990年版，第146页。
② 《中共中央南方局党史资料》第3册，重庆出版社1990年版，第148页。
③ 《中共中央南方局党史资料》第1册，重庆出版社1986年版，第264～265页。

论,对英、美、苏采取平行外交;等等。

在后方人民要求民主自由、反对特务活动的高潮中,1945 年 2 月 20 日发生了国民党特务枪杀检查违章用电的重庆电力公司工人胡世合的事件。周恩来当即指示南方局就此组织斗争。南方局工作委员会书记王若飞决定因势利导,发动一场大规模的群众运动。① 在中共中央南方局的发动、组织和领导下,全市工人、学生、市民掀起了一场反对特务暴行的运动。“正因为这斗争一开始就针对着特务,使它带着明显的争取民主的政治意义。”②从这一天起到 3 月 1 日胡世合下葬,重庆广大市民用各种方式投入了反特务的斗争。仅 26 日、27 日、28 日三天内,参加吊唁的群众即在 20 万人以上,成都等地工人也派代表前来吊唁。许多人还敬送了挽联,上面写着“特务横行何处去,民主自由几时来”、“血腥未干难道让你含冤离去,公理犹存岂能任他一味横行”等。③ 迫于群众压力,蒋介石不得不亲自批示枪毙行凶的特务;国民党当局也被迫为胡世合举行了公祭。这个斗争的胜利,有力地推动了大后方民主运动的发展。

1945 年 3 月,遵义浙江大学学生自治会发表《促进民主宪政宣言》。4 月 1 日。成都燕京大学等 30 个进步学生团体联合举行时事座谈会,会后拟定了《成都燕京大学全体同学为主张民主团结宣言》。4 月 6 日,西南联合大学学生自治会以全体学生名义发表对国是的意见,要求“立即停止一党专政,承认各党派的合作(法)平等地位”,“举行国是会议,组织联合政府”等。“五四”前后,昆明各大学学生自治会又举办了大规模的五四运动纪念周活动,并举行了 1 万多学生参加的大会和游行示威,发表通电要求成立联合政府,还宣布成立了昆明市学生联合会。5 月 25 日,广西大学学生在榕江召开民主大会,通过《广西大学全体学生民主宣言》。7 月 7 日,昆明学生又举行抗战八周年纪念大会,通电揭露国民党准备内战,提出“废除一党专政”、“成立民主的联合政府”等口号。

在民主运动高涨的形势下,由中共领导或影响的进步群众组织“民主青年协会”、“民主青年同盟”、“新民主主义者联盟”、“新民主主义青年社”、武汉大学“核心系列组织”、“民主工人同盟”、“民主工人工作队”以及“中国妇女联谊会”、“中国学生导报社”、“中国职业青年社”等,先后在成都、昆明、重庆等地建立起来。这些组织作为党的得力助手,在团结国民党统治区广大青年、学生、工人、农民、妇女群众,推动当时的民主爱国运动和后来解放战争时期的反美蒋斗

① 《中共中央南方局党史资料》第 5 册,重庆出版社 1990 年版,第 516 页。

② 刘光:《关于重庆电力工人反特斗争的总结》,1945 年春,《中共中央南方局党史资料》第 5 册,重庆出版社 1990 年版,第 127、133 页。

③ 《国立西南联合大学全体学生对国是的意见》,1945 年 4 月 6 日,《中共中央南方局党史资料》第 5 册,重庆出版社 1990 年版,第 140 页。

争中,发挥了重要的作用。①

在民主运动高涨的形势下,1945 年 1 月 28 日,中共中央致电周恩来,指示"南方局在目前时期的工作,除开进行一般的民主号召与上层联络工作外,应用大力进行下层的群众工作。为了准备可能的日本对云、贵、川的进攻以及将来国内的重大事变,我们必须在大后方的农村中建立可靠的基础,南方局及大后方各地党的组织应以农村工作为主要工作"②。周恩来、王若飞在接到中央的上述指示后,立即向南方局各直属机关及辖属地方党组织进行传达贯彻,并动员党的骨干、进步人士及知识青年去到基层特别是农村,加强群众工作。南方局还在红岩嘴办事处的一些"据点"举办了农村工作人员训练班,一些省、市的党组织也举办了这样的训练班。一些革命的知识分子响应党的号召,继承并发扬"五四"、"一二·九"的传统,走上了与工农相结合的道路。

诚然,大后方的民主运动是在发展中,但它还存在着弱点。它的弱点"在于社会的基层分子还没有广泛地参加,地位非常重要而生活痛苦不堪的农民、工人、士兵和下层公教人员,还没有组织起来";它的"另一个弱点,是参加运动的民主分子中,还有许多人对于根据民主原则发动斗争以求转变时局这一基本方针,还缺乏明确的和坚决的精神"。据此,毛泽东指出:"国民党统治区内被压迫的一切阶层、党派和集团的民主运动,应当有一个广大的发展,并把分散的力量统一起来,为着实现民族团结,建立联合政府,打败日本侵略者和建设新中国而斗争。"③

——原载《中国共产党与抗日战争》,中央文献出版社 2005 年版。

四、中国共产党第七次全国代表大会及其历史意义

(一) 中共七大的筹备

1945 年春,世界反法西斯战争继续胜利发展。苏联红军打破希特勒的防御计划,进军德国,包围柏林。英、美等国的军队也攻入德国腹地。5 月 2 日,苏军攻占柏林。希特勒自杀身亡。5 月 8 日,德国宣布无条件投降。同年 4 月,意大利共产党人领导北部各城市人民起义,墨索里尼被游击队逮捕并被人民法庭判

① 参见《中共中央南方局党史资料》第 5 册,重庆出版社 1990 年版,第 14 页。
② 《中共中央文件选集》第 13 册,中共中央党校出版社 1991 年版,第 14 页。
③ 《毛泽东选集》第 3 卷,人民出版社 1991 年版,第 1088 页。

处死刑。德、意法西斯归于覆灭。日本军队在太平洋战争中和在中国敌后战场上也连连遭到打击。为了进行垂死挣扎,日本大本营仍在准备进行“本土决战”。这一年的2月至5月,它拼凑了40多个师团约240万兵力,建立了从菲律宾的吕宋岛到小笠原群岛的防线。在中国东北及朝鲜北部,配备75万兵力,企图以此与日本本土及外围诸岛连成一体,坚持长期作战。但此时的日本已陷入完全孤立的境地,它的失败已属不可避免。

正是在世界反法西斯战争胜利的前夜,在中国解放区战场捷报频传,中国抗日战争即将胜利的情况下,为了打败侵略者、建设新中国,即为争取抗日战争的最后胜利并使这个胜利成为人民的胜利做好各方面的准备,中国共产党于1945年4月21日至6月11日,在延安召开了第七次全国代表大会。

与中共召开七大的同时,国民党于5月5日至21日,也在重庆召开了第六次全国代表大会。它的主题,也是抗战与建国的问题。蒋介石在会上攻击中共和民主党派、民主人士批评国民党坚持独裁专制制度、要求实行民主政治、成立联合政府为“真伪倒置,黑白不分”,宣布于1945年11月12日召开伪“国民大会”,制定“宪法”,结束“训政”,“还政于民”。但这个“国民大会”的代表是抗战前由国民党包办“选举”和圈定的,它要制定的“宪法”将以1936年5月5日由国民党政府公布的“五五宪草”为基础,所以它的所谓“还政于民”,只能是一个政治骗局。

国民党六大的中心议题是对共产党的处置问题。大会通过的《本党同志对中共问题之工作方针》,一方面表示对中共问题仍“坚持以政治方式力求解决”;一方面却着力攻击“中共一贯坚持其武装割据、破坏抗战,致本党委曲求全、政治解决之苦心,迄无成效”;尤其攻击“中共最近更变本加厉,提出联合政府口号”,“企图颠覆政府、危害国家”。它要求所有国民党人“均应提高警惕”,发挥所谓“革命精神奋斗,整军肃政,加强力量”,口头上说是为“使本党政治解决之方针得以贯彻”,实际上是准备发动内战,以武力消灭中共及其领导的革命力量。大会的特别报告就强调,“与中共之斗争,无法妥协,今日之急务在于团结本党,建立对中共斗争之体系,即创造斗争之优势条件与环境,故必须从政治上军事上强固党的力量”。蒋介石的政治总结报告更露骨地说:“今日的中心,在于消灭共产党!日本是我们国外的敌人,中共是我们国内的敌人!只有消灭中共,才能达成我们的任务。”①这就是说,抗战还没有胜利,国民党却已经在准备发动反共内战了。正因为如此,毛泽东在当时就指出,国民党六大的目的是“要

① 程思远:《政坛回忆》,广西人民出版社1983年版,第158页。

消灭共产党和中国民主势力,把中国引向黑暗”①。

由此可见,抗战虽然接近胜利了,政治形势仍然是很复杂的,斗争任务仍然是很艰巨的。中共第七次全国代表大会正是在这种历史环境下召开的。

中共六大召开于1928年7月。从六大到七大,中间相隔了17年。为什么相隔的时间这么长呢?“最初一个主要的原因是战争,后来不是战争,主要的原因就是整风,就是要研究历史问题。把历史问题研究清楚了才能开。”②

早在1931年1月,党的六届四中全会就提出要召开七大。由于内战连绵,未能开成。1937年12月,中共中央政治局通过了关于召开七大的决议;1938年3月,政治局会议要求就召开七大“立即进行具体准备”;同年11月,党的六届六中全会正式通过关于召开七大的决议;次年6、7月,中央书记处并向各地党组织发出了选举七大代表的通知。由于日军的进攻和国民党发动反共高潮,七大仍未能开成。1941年3月,政治局会议初步议定七大在“五一”召开;9月政治局会议计划七大在1942年上半年召开;1943年8月,中央政治局决定七大在年底举行,并发出七大代表赴延安出席大会的指示。由于部署和进行整风等工作,七大的会期一再被推迟。

整风进入总结阶段以后,1944年5月中共中央书记处会议决定,立即着手进行召开七大的准备工作,并提出了除政治报告外,军事问题、组织问题、统一战线工作等报告的准备委员会人选。5月19日,会议决定于5月21日召开六届七中全会,并确定参加会议的人员名单和会议议程。5月21日,扩大的六届七中全会举行第一次全体会议。毛泽东在会上提出,七中全会有两项任务,即准备七大和在全会期间处理中央的日常工作,他代表中央政治局向全会作工作报告,讲抗日准备时期和抗战时期的主要问题。会议通过由毛泽东、朱德、刘少奇、任弼时、周恩来组成七中全会主席团,毛泽东为中共中央委员会主席及七中全会主席团主席。会议决定,在全会期间,由主席团处理日常工作,中央书记处及政治局停止行使职权。会议同意毛泽东代表政治局提出的关于党内历史问题的六点意见,并形成决议。会议通过七大的议程及报告负责人:政治报告——毛泽东,组织及修改党章报告——刘少奇,军事报告——朱德,党的历史问题报告——任弼时,统一战线报告及公开讲演——周恩来。除政治报告不设准备委员会外,会议同意中央书记处提出的四个报告准备委员会的人员名单。1945年3月16日,七中全会主席团会议讨论七大的准备工作。决定向七中全会提出:毛泽东、朱德、刘少奇、周恩来、彭德怀、康生、高岗、陈毅、陈云、林伯渠、任弼时、董必武、

① 《毛泽东选集》第3卷,人民出版社1991年版,第1103页。

② 《胡乔木回忆毛泽东》,人民出版社1994年版,第76页。

彭真、张闻天、徐向前、贺龙 16 人组成七大主席团；毛泽东、朱德、刘少奇、周恩来、任弼时 5 人为主席团常委，处理中央日常事务。3 月 25 日，七中全会主席团提出，关于历史问题的决议不由七大而改由七中全会通过，以便七大能集中注意力去讨论当前问题；希望到会代表在七大上不涉及历史问题，以免妨碍集中注意当前的全国问题。3 月 31 日，六届七中全会听取毛泽东、刘少奇分别对《论联合政府》的政治报告和关于修改党章的报告所作的说明，讨论并通过了政治报告草案和党章草案。4 月 20 日，六届七中全会举行最后一次会议，讨论并基本通过朱德准备向七大作的军事报告和中共中央《关于若干历史问题的决议》。会议同意七中全会主席团提出的七大议程、大会主席团及常务主席、秘书长、代表资格审查委员会、大会议事规则等，决定将其提交七大讨论通过。至此，六届七中全会胜利完成了七大的各项准备工作。

（二）六届七中全会通过《关于若干历史问题的决议》

起草并通过中共中央《关于若干历史问题的决议》，是中共中央为召开党的七大所作的最重要的政治上和思想上的准备。

1944 年 5 月 10 日，中共中央书记处会议决定，成立党内历史问题决议准备委员会之后，当月，任弼时就写出了《检讨关于四中全会到遵义会议期间中央领导路线问题的决议（草案初稿）（一九四四·五月）》。第一稿近 1.2 万字，第三稿压至 1 万字左右。这个稿子是以《历史草案》为底本写成的。之后，以任弼时起草的这个稿子为基础，胡乔木又重新起草了一个 7 000 字的稿子，并由任弼时进行了多次修改。由于中央对此仍感到不满意，遂指定张闻天参加修改。张闻天参照原稿，经过重新构思，写了一份 1.3 万字的稿子。“从 1945 年春开始，毛主席在这个‘抄清件’上亲自动手修改。从目前查到的材料看，他至少参加改了七次。”①4 月 15 日，又改出了“草案”的新的修改稿，以便提供六届七中全会讨论。

1945 年 4 月 20 日，中共扩大的六届七中全会举行最后一次会议，审议并通过了历史决议。

会议开始时，由李富春宣读了当天王明写给任弼时并转毛泽东及扩大的七中全会各同志的信的第一部分。王明在信中表示：“我对于七中全会根据毛泽东同志的正确思想和正确路线以及近年来全党同志在整风运动与党史学习的认识，而作出的对各次尤其是第三次‘左’倾路线在政治上、组织上、思想上所犯严重的错误的内容实质与其重大的危害以及产生此种错误的社会的和历史的根源

① 《胡乔木回忆毛泽东》，人民出版社 1994 年版，第 312 页。

的分析和估计，完全同意和拥护。这条路线的错误和危害，早已由历史实践所充分证明。"他并且承认，指出他的《为中共更加布尔什维克化而斗争》的"小册子有'左'倾路线的错误是正确的"①。

任弼时作为会议主席，报告了各代表团讨论历史决议草案的情况。"与会同志发言都表示完全同意决议草案内容，对于决议草案未提宗派问题，未提品质问题和对抗战时期的历史问题不作结论这样一些重大原则，都完全拥护。历史上犯过错误的同志再次表示要继续检讨错误，承担责任，汲取教训。"博古说：这个决议是在原则上很严格，而态度对我们犯错误的人是很温和的。我了解这是给我们留有余地。治病救人，必须我们病人自己有觉悟，有决心和信心。我们要从头学起，从头做起，愿意接受这个决议作为改造自己的起点。还有一些同志谈了自己的有关感受。陈毅说：这个决议的自我批评精神很好，是对人民负责的态度。他认为，这个决议是对小资产阶级出身的党员的最好教科书。周恩来讲了三个相关的历史问题。他说：过去把共产国际的决议当成偶像、教条，不顾实际去执行，不能说是忠实于国际。对国际的决议要发展，六大决议毛主席发展了好的，教条主义发展了坏的。他又说：三中全会有好坏两方面。王明攻击的恰是好的一面，但也有坏的一面，这次决议未讲。他还说：经验主义本身也有自己的教条，这是两者合作的思想根源。所谓宗派，不是说有什么秘密反党的小组织，而是说以错误思想、纲领为基础而形成的同志间气味相投的结合，对不相投者即反对的关系。这种关系自然是不巩固的，思想变了，这种关系也不复存在了。②

毛泽东最后讲话，对历史决议草案作了说明。他说："这个决议不但是领导机关内部的，而且是全党性质的，同全国人民有关联的，对全党、全民负责的。哪些政策或者其中的哪些部分是正确的或者不正确的，如果讲得合乎事实，在观念形态上再现了二十四年的历史，就对今后的斗争有利益，对今后党和人民有利益。"我们做了好事，但也犯了些错误。现在的决议就是说这些问题，所以是关系于全国人民的。他说：决议做不做？"看趋势是要做，但决议现在还有缺点，还需要修改，所以今天也只要求基本通过"。"我们现在只能准备在二三十年后来看，这个决议还是功大过小，那就很好了"。至于如何做？"原来是准备交七大的，后来决定交七中全会。这是一个政策性的问题，不是随便决定的，因为这样可以避免大会把重心放在历史问题上"。他说："四中全会是否根本错了，现在弄清楚了，四中全会在根本上是错误的。共产国际的问题为什么不提？故意

① 转引自《胡乔木回忆毛泽东》，人民出版社1994年版，第320页。从王明后来的表现看，他并没有真正认识并改正自己的错误。

② 转引自《胡乔木回忆毛泽东》，人民出版社1994年版，第321~322页。

不提的。共产国际现在不存在了,我们也不把责任推给共产国际。共产国际对中国革命总的来说是功大过小……没有共产国际的成立和帮助,中国无产阶级的政党是不能有今天的。他们需要我们,我们也需要他们。”他说:治病救人的方针证明是有效的,这个决议把治病救人两方面统一起来了。“王明同志写了这封信,内容有无缺点错误还可以研究,但其态度是好的,应该欢迎的”。错误不是少数人的问题。“如果简单地处理几个人,不总结历史经验,就会像过去陈独秀犯了错误以后党还继续犯错误一样”。“党是政治团体,不是家族或职业团体,党员都是来自五湖四海,因为政见相同结合起来的。政见不同就要有争论,争论时要分清界限”。“凡是政治上过去犯错误现在改正了的同志,我们都要团结他们,全党要像决议上所说的团结得如同一个和睦的家庭一样。这个支票是要兑现的”。他并且说:“决议把许多好事挂在我的账上,我不反对,但这并不否认我有缺点错误,只是因为考虑到党的利益才没有写在上面,这是大家要认识清楚的,首先是我。孔夫子七十而从心所欲不逾矩,我即使到七十岁相信一定也还是会逾矩的。”“现在提出一个任务,就是要加强对马、恩、列、斯著作的学习,首先是我需要加强。”①

扩大的六届七中全会原则上通过了这个决议案,并决定七大“选举了新的中央委员会之后,再拿去精雕细刻”②。

(三)七大的召开

1945年4月21日,中国共产党第七次全国代表大会举行预备会议。七大代表共755名,其中正式代表547名,候补代表208名(无表决权)。分中共中央直属机关(包括军委直属机关系统)、陕甘宁、晋绥、晋察冀、晋冀鲁豫、山东、华中和大后方8个代表团。代表团下又分成若干小组。

任弼时在预备会上报告了大会筹备经过。他说:七大早应举行,但因战争关系,交通分割,迟至今天才开。这固属缺点,但也有其积极方面。因为在延期当中,首先是充分发展了我们的力量。现在党员有120万,党领导的军队近100万,解放区人口近1亿。经过锻炼,党已成为全国政治的决定因素。七大在这样的基础上召开,其意义与作用是非常伟大的。其次是党的思想更加一致。经过

---

① 《毛泽东文集》第3卷,人民出版社1996年版,第282~284页。

② 《毛泽东文集》第3卷,人民出版社1996年版,第296页。七大闭幕后,6月19日召开的七届一中全会第一次会议讨论了历史问题决议。决定由任弼时主持对决议作进一步修改。8月9日,七届一中全会第二次会议一致认可了这个决议。8月21日,正式印成党内文件。此件在1953年4月收入《毛泽东选集》第3卷作为附录公开发表。收入《毛泽东选集》作为附录时,经中共中央政治局同意,又作了“若干小的修改”。(参见《胡乔木回忆毛泽东》,人民出版社1994年版,第328~329页。)

整风、路线学习和审查干部，使党内思想一致。组织上更纯洁。六届七中全会通过的《关于若干历史问题的决议》正是党的空前团结的反映。这是对七大的思想上的准备。其意义也是非常伟大的。①

毛泽东在预备会上作了党的七大的工作方针的报告。他说:“大会的工作方针就是团结和胜利。”“胜利是指我们的目标，团结是指我们的阵线，我们的队伍。我们要有一个团结的队伍去打倒我们的敌人，争取胜利，而队伍中间最主要的、起领导作用的，是我们的党。没有我们的党，中国人民要胜利是不可能的。”他回顾了党的历史，指出历史决议“主要讲我们党历史上的‘左’倾错误，讲党史上一种比较适合于中国人民利益的路线与一种有些适合但有些不适合于中国人民利益的路线的斗争，无产阶级思想同小资产阶级思想的斗争”。“一切同志，要在这个历史决议下团结起来，像决议案上说的团结得像一个和睦的家庭一群。”“家庭是有斗争的，新家庭里的斗争，是用民主来解决的。我们要把同志看成兄弟姊妹一样，从这里得到安慰，疲劳了，可以在这里休息休息，问长问短，亲切得很。”“一个队伍里头，人的思想有正确的，也有错误的，经常是不整齐的。但对犯错误的同志要有好的态度。家庭里是很少有开除家籍的事情的。”他还说，自己“也有过错误”。“错误人人皆有，各人大小不同。决议案上把好事都挂在我的账上，所以我要对此发表点意见。写成代表，那还可以，如果只有我一个人，那就不成其为党了”。他强调，“大会的眼睛要向前看，而不是向后看，不然就要影响大会的成功。大会的眼睛要看着四万万人，以组织我们的队伍”②。

预备会议表决通过由毛泽东等 15 人组成大会主席团，毛泽东、朱德、刘少奇、周恩来、任弼时为大会主席团常委，任弼时为大会秘书长，李富春为副秘书长，彭真等 22 人组成代表资格审查委员会。会议还确定了七大的议程和七大的会场规则。

4 月 24 日，中国共产党第七次全国代表大会在延安隆重召开。任弼时宣布大会开幕后，毛泽东致开幕词(《两个中国之命运》)，朱德、刘少奇、周恩来和日共代表冈野进先后讲话，彭真作关于代表资格审查报告。4 月 24 日，毛泽东向大会作政治报告。他向大会提交了经过中央委员会审查通过的题为《论联合政府》的书面政治报告，同时又在大会上作了口头政治报告，论述书面报告提出的一些问题以及书面报告没有充分展开来说的一些问题。4 月 25 日，朱德向大会作题为《论解放区战场》的军事报告。5 月 14、15 日，刘少奇向大会作关于修改党章的报告。报告后，各代表团进行了讨论。从 4 月 30 日开始，到 5 月 23 日，

① 《胡乔木回忆毛泽东》，人民出版社 1994 年版，第 373 ~ 374 页。

② 《毛泽东在七大的报告和讲话集》，中央文献出版社 1995 年版，第 1、11、13、10 页。

还先后组织了10次大会发言,有26人在大会上讲了话。周恩来在会上作了《论统一战线》的发言。除两位外国同志外,中国同志的发言主要是报告一个方面或一个地区的工作。“过去犯过这样那样错误的同志,特别是在路线斗争中犯过严重错误的同志,还结合自己的情况进行了检讨。这些发言都贯穿了‘团结一致、争取胜利’的精神。尽管各组讨论时对一些同志的发言提了这样那样的意见,但总的说这些发言普遍地受到大会的欢迎。”①

5月24日,毛泽东代表主席团向大会作关于中央委员会选举方针的报告。5月27日,大会主席团和各代表团主任举行联席会议,讨论中央委员会选举问题,提出了预选名单,确定了中央委员、候补中央委员的数额。5月30日,朱德向大会作军事问题的结论报告。5月31日,毛泽东向大会作政治报告讨论的总结报告。各代表团在讨论中央委员会候选人名单时,充分发扬民主,气氛十分热烈。6月9日,进行中央委员的正式选举。6月10日,毛泽东向大会作选举候补中央委员的报告,大会随后即进行候补中央委员的选举。

6月11日,大会举行闭幕式。会议决定以七大的名义召开中国革命死难烈士追悼大会。大会在朱德、吴玉章、徐特立发表讲演后,由毛泽东致闭幕词(《愚公移山》)。他说,我们开了一个很好的大会。我们做了三件事:第一,决定了党的路线;第二,通过了新的党章;第三,选举了党的领导机关——中央委员会。

(四)七大制定的关于党的打败侵略者、建设新中国的政治路线

在中共七大的开幕词中,毛泽东在分析了当时国内外的政治形势之后指出:“我们需要一个正确的政策。这个政策的基本点,就是放手发动群众,壮大人民的力量,在我们党领导之下,打败侵略者,建设新中国。”②在七大的闭幕词中,他再次指出,我们的这次大会“决定了党的路线,这就是放手发动群众,壮大人民力量,在我党的领导下,打败日本侵略者,解放全国人民,建立一个新民主主义的中国”③。

七大所决定的这条政治路线的基本点是:

第一,规定了党的战略目标是“打败侵略者,建设新中国”。

毛泽东指出,日本侵略者虽然彻底孤立了。但它仍在进行活动,企图获得妥协的和平。因此,我们要“彻底消灭日本侵略者,不许中途妥协”。“打败日本侵略者,是中国人民的神圣的权利”。谁想剥夺中国人民的这种权利,压制中国人

① 《胡乔木回忆毛泽东》,人民出版社1994年版,第380页。
② 《毛泽东选集》第3卷,人民出版社1991年版,第1027页。
③ 《毛泽东选集》第3卷,人民出版社1991年版,第1101页。

民的抗日活动，破坏中国人民的抗日力量，那是不允许的。

抗日战争是中国新民主主义革命的一个特定的历史阶段。中国人民进行抗日战争，不是为了维护大地主大资产阶级的统治，而是为了解放全国人民，建立一个新民主主义的中国。因此，党的任务不仅是要争取抗日战争的彻底胜利，而且要使抗日战争的胜利成为人民的胜利，使这个胜利导向新中国的建立或者为新中国的建立奠定牢固的基础。为此，毛泽东向大会指出，现在日本还没有被打败，即使被打败了，中国还是有两个前途："或者是一个独立、自由、民主、统一、富强的中国，就是说，光明的中国，中国人民得到解放的新中国；或者是另一个中国，半殖民地半封建的、分裂的、贫弱的中国，就是说，一个老中国。"对于中国的这一两种命运、两个前途的斗争，全党同志、全国人民必须有清醒的认识。

为什么中国存在着两种命运、两个前途的斗争呢？这是因为国民党统治集团代表大地主、大资产阶级的利益，力图把抗战以后的中国拉回到半殖民地半封建社会的老路上去。"所谓国民党的一党专政，实际上是国民党反人民集团的专政"。这个反人民集团的专政，不仅是"动员和统一中国人民抗日力量的根本障碍物"，而且"又是内战的祸胎"。① 毛泽东要求人们认清，"大地主、大资产阶级要把中国变成黑暗的中国，因此他们是我们长期斗争的对象"②。

问题的严重性在于，国民党的反人民集团是得到美国政府的支持的。"九一八事变日本发动侵略战争以后，国民党削弱了，就不能不依赖美国，这样中国就可能变成以美国一个帝国主义国家为主统治的半殖民地"。"这是一个新的变化"。③ 据此，毛泽东在大会的报告中告诫"美英两国政府，对于中国最广大人民的呼声，加以严重的注意，不要使他们自己的外交政策违反中国人民的意志，因而损害同中国人民之间的友谊"④。在内部讲话中，他要求"我们党的高级干部，应该特别注意美国的情况"⑤，"还要注意中国将来会有斯科比老先生来刮油水"⑥的危险。他指出："美国政府的扶蒋反共政策，说明了美国反动派的猖狂。但是一切中外反动派的阻止中国人民胜利的企图，都是注定要失败的。"⑦

① 《毛泽东选集》第3卷，人民出版社1991年版，第1066～1067页。

② 《毛泽东在七大的报告和讲话集》，中央文献出版社1995年版，第123页。

③ 《毛泽东在七大的报告和讲话集》，中央文献出版社1995年版，第192页。

④ 《毛泽东选集》第3卷，人民出版社1991年版，第1085页。

⑤ 《毛泽东在七大的报告和讲话集》，中央文献出版社1995年版，第192页。

⑥ 《毛泽东在七大的报告和讲话集》，中央文献出版社1995年版，第122～123页。斯科比，是英国派驻希腊的英军司令。1944年10月，德国侵略军在希腊败退。斯科比率领英军，带着在伦敦的希腊流亡政府，进入希腊。同年12月，斯科比指挥英军并协助希腊政府进攻长期英勇抵抗德军的希腊人民解放军，屠杀希腊爱国人民。

⑦ 《毛泽东选集》第3卷，人民出版社1991年版，第1103页。

列宁说:“一切革命的根本问题是国家政权问题。不弄清这个问题,便谈不上自觉地参加革命,更不用说领导革命。”[①]党的七大把打败日本侵略者同建设新民主主义中国的任务直接联结起来,并且指出,“中国人民克服一切困难,实现其具有伟大历史意义的基本要求的时机,已经到来了”[②],这样,就使中国共产党人和广大的革命人民抓住了新时期历史任务的根本,极大地增强了参加斗争的自觉性。

第二,指明实现上述战略目标的基本方法是“放手发动群众,壮大人民的力量”。

为了打败侵略者、建设新中国,必须组织广大的革命队伍,为此就必须放手发动群众,壮大人民的力量。

毛泽东说:“所谓人民大众,主要的就是农民。”[③]农民,这是中国工人的前身,中国工业市场的主体,中国军队的来源,现阶段中国民主政治的主要力量,中国文化运动的主要对象。[④] 中国五个人里面,有四个是农民。“我们能否胜利,就看我们能否团结三万万六千万农民,实质就是这样一个问题。”[⑤]对于农民的领导,乃是实现无产阶级及其政党对于民主革命的领导权的关键。如果把农民团结起来了,小资产阶级、自由资产阶级就会来向无产阶级靠拢;如果不这样做,他们就会离开无产阶级。这样,“无产阶级也孤立了,变成了无军司令、空军司令”[⑥]。民主革命,实质上是农民革命。“忘记了农民,就没有中国的民主革命;而没有中国的民主革命,也就没有中国的社会主义革命,也就没有一切革命”[⑦]。

在抗日战争中,是坚决反对中国农民解决民主民生问题,而使自己腐败无能,无力抗日;还是坚决支持中国农民解决民主民生问题,而使自己获得占全人口 80% 的最伟大的同盟军,借以组织雄厚的战斗力量,这是国共两党两条抗战路线的根本分歧之所在。“两党的争论,就其社会性质说来,实质上是在农村关系的问题上。”毛泽东强调:“为着消灭日本侵略者和建设新中国,必须实行土地制度的改革,解放农民。”[⑧]

在强调依靠基本群众——农民的同时,毛泽东又指出,共产党是无产阶级的

---

① 《列宁选集》第 3 卷,人民出版社 1995 年版,第 19 页。

② 《毛泽东选集》第 3 卷,人民出版社 1991 年版,第 1032 页。

③ 《毛泽东在七大的报告和讲话集》,中央文献出版社 1995 年版,第 106 页。

④ 参见《毛泽东选集》第 3 卷,人民出版社 1991 年版,第 1077 ~ 1078 页。

⑤ 《毛泽东在七大的报告和讲话集》,中央文献出版社 1995 年版,第 109、210 页。

⑥ 《毛泽东在七大的报告和讲话集》,中央文献出版社 1995 年版,第 109 页。

⑦ 《毛泽东在七大的报告和讲话集》,中央文献出版社 1995 年版,第 106 页。

⑧ 《毛泽东选集》第 3 卷,人民出版社 1991 年版,第 1074 页。

先锋队，“作为党来说，作为领导思想来说，我们和农民要分清界限，不要和农民混同起来”。这也就是说，要对农民进行教育和引导，“要把农民提高一步，提高到无产阶级的水平”①。

除必须发动广大农民群众以外，毛泽东指出，我们还要争取小资产阶级和自由资产阶级。小资产阶级有动摇性，但这是能够用教育的方法去克服的。“克服小资产阶级的动摇性，要靠我们经常地向他们进行适当的宣传，主要是靠实际行动，靠我们自己有广大的力量，有广大的解放区和军队”。“自由资产阶级有更大的动摇性，但自由资产阶级现在要民主，他们要他们想要的民主，因此他们是我们的同盟军。自由资产阶级在我们坚决的影响下，是能够中立，以至于跟我们走的”②。

为什么强调要放手发动群众呢？刘少奇在会上说，手是我们自己的，放不放在我们。毛泽东认为，这话讲得很好。他说：“谁不叫我们放手呢？有许多人，其中就有蒋介石。”就我们自己来说，也有敢不敢和会不会放手的问题。比如，大革命时期，蒋介石、汪精卫不让我们放手，“我们自己也就不敢放手”，所以失败了。“内战时期我们放手了，但又过了一点，没有把放手发动群众同冒险主义相区别”。我们要总结历史的经验，“使无产阶级先锋队从束缚手足的精神压迫下解放出来”③，放手地去发动群众，而不按照第二国际的方针，崇拜自发论，一切听其自然。

放手发动群众，壮大人民的力量，应当集中体现为放手扩大解放区和发展人民军队上面。毛泽东强调：“没有一个人民的军队，便没有人民的一切。对于这个问题，切不可只发空论。”④他说，根据地是我们的战略出发点，根据地“要是发展到两万万人口，事情就好办了”；军队也要发展，要有三百万到五百万的军队，“全国就在我们手里”⑤。因此，我们必须把保卫、巩固、扩大解放区和人民军队，作为全党的一项特别重要的任务。

第三，强调加强共产党的领导，是争取抗战胜利和建设新中国的关键。

毛泽东指出：“三次革命的经验，尤其是抗日战争的经验，给了我们和中国人民这样一种信心：没有中国共产党的努力，没有中国共产党人做中国人民的中流砥柱，中国的独立和解放是不可能的，中国的工业化和农业近代化也是不可能

---

① 《毛泽东在七大的报告和讲话集》，中央文献出版社 1995 年版，第 121～122 页。
② 《毛泽东在七大的报告和讲话集》，中央文献出版社 1995 年版，第 121 页。
③ 《毛泽东在七大的报告和讲话集》，中央文献出版社 1995 年版，第 181 页。
④ 《毛泽东选集》第 3 卷，人民出版社 1991 年版，第 1074 页。
⑤ 《毛泽东在七大的报告和讲话集》，中央文献出版社 1995 年版，第 138～139 页。

的。"①这时的中国共产党，已经是一个经验丰富和集合了 120 万党员的强大的党。它"已经成了中国人民抗日救国的重心，已经成了中国人民解放的重心，已经成了打败侵略者、建设新中国的重心"②。我们必须认清这一点，自觉地把领导中国革命的责任担当起来。

事实上，一个队伍总是要有司令官、指挥官的。司令官、指挥官在中国主要是两个，或者是无产阶级，或者是大资产阶级、大地主。中国这个社会两头小，但是两头强，中间大，但在政治上是软弱的。正因为如此，无产阶级要实现对于中国革命的领导权，必须积极进行争取。对于大资产阶级、大地主，无产阶级能不能领导呢？毛泽东认为，"我们在反对日本帝国主义的斗争中，大资产阶级与大地主阶级可以成为我们的同盟军，有些时候就在我们的领导下"。不过，"无产阶级的领导权主要的不是对大资产阶级和大地主阶级，而是对农民和小资产阶级。我们要把农民、小资产阶级从大资产阶级、大地主阶级的影响下解放出来，放在我们的领导之下"③。

作为无产阶级先锋队的中国共产党，要能够把领导革命的责任胜利地担当起来，必须加强党的自身建设。毛泽东指出："以马克思列宁主义的理论思想武装起来的中国共产党，在中国人民中产生了新的工作作风，这主要的就是理论和实践相结合的作风，和人民群众紧密地联系在一起的作风以及自我批评的作风。"④这是我们共产党人区别于其他任何政党的几个显著的标志。我们应当继续发扬党的这些优良的作风。

为了在执行党的任务的过程中提高自觉性，去掉盲目性，毛泽东还提出，"我们全党要提倡想问题"。"我们要提倡想各种问题，多思多想，开动机器，开动脑筋，还要放下包袱，精神解放，轻装前进"。一个问题来了，一个人分析不了，就大家来交换意见。"一个人搞不完全，要依靠大家来搞，这就是我们党的领导方法"⑤。他号召全党"在正确路线的基础上团结起来"。而这个团结，应当"是头脑清醒的团结，不是盲目的团结"⑥。

（五）七大通过的关于中国共产党的纲领

中国共产党的最高纲领或将来纲领是实现社会主义、共产主义，最低纲领或

---

① 《毛泽东选集》第 3 卷，人民出版社 1991 年版，第 1097～1098 页。
② 《毛泽东在七大的报告和讲话集》，中央文献出版社 1995 年版，第 19 页。
③ 《毛泽东在七大的报告和讲话集》，中央文献出版社 1995 年版，第 220～221 页。
④ 《毛泽东选集》第 3 卷，人民出版社 1991 年版，第 1093～1094 页。
⑤ 《毛泽东在七大的报告和讲话集》，中央文献出版社 1995 年版，第 204～205 页。
⑥ 《毛泽东在七大的报告和讲话集》，中央文献出版社 1995 年版，第 228 页。

现阶段纲领是为反帝反封建的新民主主义革命而奋斗。1922年召开的中共二大就已经对党的最高纲领和最低纲领作出了原则的规定;1940年,毛泽东在《新民主主义论》中对此更作过系统的论述。

在七大上,毛泽东再一次郑重宣告:“我们共产党人从来不隐瞒自己的政治主张。我们的将来纲领或最高纲领,是要将中国推进到社会主义社会和共产主义社会去的,这是确定的和毫无疑义的。我们的党的名称和我们的马克思主义的宇宙观,明确地指明了这个将来的、无限光明的、无限美妙的最高理想。每个共产党员入党的时候,心目中就悬着为现在的新民主主义革命而奋斗和为将来的社会主义和共产主义而奋斗这样两个明确的目标,而不顾那些共产主义敌人的无知的和卑劣的敌视、污蔑、谩骂或讥笑;对于这些,我们必须给以坚决的排击。对于那些善意的怀疑者,则不是给以排击而是给以善意的和耐心的解释。所有这些,都是异常清楚、异常确定和毫不含糊的。”①

为什么毛泽东要重申党的最高纲领呢?从根本上说,是因为实现社会主义、共产主义,是共产党人的最终目标,这个目标是一刻也不能忽忘的。否则就不成其为共产党人了;而且,也只有牢记这个目标,党才能更加自觉地领导当前的反帝反封建的资产阶级民主革命,正确地把握这个革命的方向。

不过,毛泽东在当时之所以要强调党的最高纲领,也还有具体的针对性。首先,这是针对共产主义的敌人、大资产阶级大地主的政治代表蒋介石等人的。蒋介石限制、削弱直到消灭中国共产党和中国共产主义运动的计划和图谋,即使在抗日战争时期也是没有放弃的。1943年共产国际宣告解散时,国民党反动派及其御用文人就公开发出过解散中国共产党、收起共产主义的叫嚣。这段话,正是对于他们的一个有力的回击。

毛泽东之所以要强调党的共产主义纲领,也是针对当时刮起的一阵要中国共产党更改名称的风而发的。他说,“不但蒋委员长来电报要我们改名称,中间派也劝我们改名称,像左舜生就说过:‘你们的纲领实在好,如果你们不叫共产党,我就加入。’”“很多美国人也要我们改名称,我们若是改了名称,他们就喜欢了。他们喜欢我们改成国民党,大概世界上最好的名称莫过于国民党了。”②中国共产党顶住了当时刮起的这股风。毛泽东讲共产主义美好前景的这段话,就是对此所作的郑重答复。他说:“报告中讲共产主义的地方,我删去一次又恢复了,不说不好。关于党的名称,党外许多人主张我们改,但改了一定不好,把自己

① 《毛泽东选集》第3卷,人民出版社1991年版,第1059页。

② 《毛泽东在七大的报告和讲话集》,中央文献出版社1995年版,第127~128页。

的形象搞坏了,所以报告中索性强调一下共产主义的无限美妙。"①党的名称是党的旗帜,它标明了党的最终奋斗目标,若把共产党这个名称改了,就意味着党放弃了为这个目标而进行的奋斗,党的水准也就降低了;而且,党在当前的一切努力,归根到底是为了引导中国走向社会主义、共产主义,如果改变党的名称,不讲党的最终目标,也会使党在当前的努力由于看不清未来的方向而误入歧途;这样做,对于教育党员确立社会主义、共产主义的理想、信念,帮助党员以共产主义的世界观指导自己的言论、行动,也会产生消极的影响。所以,毛泽东说,"我们党的名称还是不要改。我们的名称,中国人民是喜欢的"。后来,在 1947 年 7 月召开的小河会议上回顾处理这件事情的经过的时候,毛泽东曾联系到美国共产党总书记白劳德在 1944 年 5 月主持解散美国共产党,另组非党的美国共产主义政治协会的历史教训,指出"我们没有犯像美国党在一个时期所犯的错误"②。

当然,党在当前的任务,还不是直接为实现社会主义、共产主义而奋斗。正因为如此,"报告对共产主义提过一下之后,仍着重说明民主革命"③,强调"只有经过民主主义,才能到达社会主义,这是马克思主义的天经地义"。共产党人或党的同情者如果不热心于民主革命而空谈社会主义、共产主义,"就不是一个自觉的和忠诚的共产主义者。"④在中国共产党内,有些人存在着一种民粹主义思想,企图不经过资产阶级民主主义革命而直接走向社会主义。毛泽东的这段话,明确地将中国共产党人坚持的马克思主义的科学社会主义"同民粹主义区别开来"⑤,因而具有重要的理论意义和实际意义。

党在现阶段的纲领即新民主主义纲领,又可以区分为一般纲领和具体纲领。毛泽东指出,"在整个资产阶级民主革命阶段中,在几十年中,我们的新民主主义的一般纲领是不变的。但是在这个大阶段的各个小的阶段中,情形是变化了和变化着的,我们的具体纲领便不能不有所改变"⑥。他把一般纲领和具体纲领的关系比作纲和目,"新民主主义就是我们的总纲"⑦,纲举目张,只有联系一般纲领,才能正确地制定和贯彻执行具体纲领;只有正确地制定并贯彻执行具体纲领,才能保证一般纲领的逐步实现。他在 1940 年写的《新民主主义论》这部著作,没有说具体的政策,只提到一般纲领。他在七大的政治报告,则既提到了党

---

① 《毛泽东在七大的报告和讲话集》,中央文献出版社 1995 年版,第 100 页。
② 参见冯蕙:《抗战后期中国共产党政策中的几个理论问题》,《人民日报》1995 年 9 月 13 日。
③ 《毛泽东在七大的报告和讲话集》,中央文献出版社 1995 年版,第 100 页。
④ 《毛泽东选集》第 3 卷,人民出版社 1991 年版,第 1059 ~ 1060 页。
⑤ 《毛泽东在七大的报告和讲话集》,中央文献出版社 1995 年版,第 100 页。
⑥ 《毛泽东选集》第 3 卷,人民出版社 1991 年版,第 1062 ~ 1063 页。
⑦ 《毛泽东文集》第 3 卷,人民出版社 1996 年版,第 321 页。

的一般纲领,更结合当时的实际,展开论述了党的具体纲领。从下面的说明,我们可以清楚地看到这一点。

(六)七大进一步论述关于成立民主的联合政府的问题

在打败日本侵略者之后,我们所要建立的新中国的国家制度应该是怎样的呢?毛泽东指出,它不应该继续是一个由大地主大资产阶级专政的、封建的、法西斯的、反人民的国家制度;也不可能、因此就不应该建立一个纯粹民族资产阶级的旧式民主专政的国家制度;在中国人民的主要任务还是反对民族压迫和封建压迫、中国社会经济的必要条件还不具备时,也不可能实现社会主义的国家制度。我们所主张的,是"建立一个以全国绝对大多数人民为基础而在工人阶级领导之下的统一战线的民主联盟的国家制度",即"新民主主义的国家制度"。这个"新民主主义的政权组织,应该采取民主集中制,由各级人民代表大会决定大政方针,选举政府"①。这就是新民主主义的政治,这就是新民主主义政治的一般纲领。

在论述党的具体纲领时,毛泽东指出,在当前,最重要的是要求立即取消国民党一党专政,成立一个由国民党、共产党、民主同盟和无党无派分子的代表人物联合组成的临时的中央政府。因为如果"没有这个前提条件,要想在全国范围内,就是说,在国民党统治区域进行稍为认真的改革,是不可能的"②。他并且提出了结束国民党一党专政的两个步骤:"第一个步骤,目前时期,经过各党各派和无党无派代表人物的协议,成立临时的联合政府;第二个步骤,将来时期,经过自由的无拘束的选举,召开国民大会,成立正式的联合政府。"③"联合政府是具体纲领,它是统一战线政权的具体形式"④。

联合政府可能是何种情况的呢?毛泽东认为,"有三种可能性:一种是坏的我们不希望的可能性,即要我们交出军队去做官。军队我们当然是不交的,但政府要是独裁的,我们做官不做呢?我们不要宣传去做,也不要拒绝,要准备这种可能性。其坏处是在独裁政府做官,不过这是可以向群众解释的(为了委曲求全,而这个政府是我们不赞成的),但也有好处,可以做宣传工作。第二种可能性,也是以蒋介石为首,形式是民主,承认解放区,实质仍是蒋介石的独裁政府。第三种可能性,是以我们为中心,在我们有一百五十万军队、一亿五千万人民时,

① 《毛泽东选集》第3卷,人民出版社1991年版,第1056~1057页。
② 《毛泽东选集》第3卷,人民出版社1991年版,第1065页。
③ 《毛泽东选集》第3卷,人民出版社1991年版,第1068~1069页。
④ 《毛泽东在七大的报告和讲话集》,中央文献出版社1995年版,第101页。

在蒋介石的力量更加缩小、削弱，无联合可能时，就要如此做，这是中国政治发展的基本趋势和规律，我们要建设的国家就是这样一个国家”①。

提出联合政府的口号，按照第一、二种可能成立联合政府，这也就意味着中国共产党希望通过和平的途径对中国进行政治和社会的改革，即是“要改造国民党，改造国民政府，改造国民党的军队”②，而不是无条件地用暴力手段打倒蒋介石，推翻国民党政府。毛泽东说，对蒋介石，“是请他洗脸，还是要割他的头？直到今天，我们还是请他洗脸，不割他的头”。“这个头割不得！还是执行‘洗脸政策’，请他修改那个错误政策。至于他洗不洗？还要看，今天他不洗！到明天洗不洗呢？那也难说”③。虽然如此，我们还是要“给国民党留有余地”，否则，就会犯政治上的错误。“你说要合作，那好得很，但是你必须要洗一下脸，才同你‘结婚’；你若不洗脸，那就不好看，就不同你‘结婚’。这就是我们的方针”④。“如果有一天他变成大花脸，发动内战，那时我们党就要号召全国人民起来打倒蒋介石”⑤。

中国共产党提出的关于成立民主的联合政府的主张，为全国人民尤其是大后方的民主运动指明了斗争的方向。这个主张，虽然由于蒋介石集团的顽固拒绝而未能付诸实行，但它有力地揭破了蒋介石集团关于“召集国民大会”、“还政于民”的政治欺骗，极大地提高了党的政治威望，在全国人民中产生了广泛而深刻的影响。后来，在 1949 年新中国成立时，中国人民终于按照毛泽东前面所说的第三种可能性，成立了没有蒋介石等反动分子参加的真正民主的联合政府。

（七）七大阐明的关于土地制度的改革与发展资本主义的问题

在《论联合政府》的报告中，毛泽东提出：“中国一切政党的政策及其实践在中国人民中所表现的作用的好坏、大小，归根到底，看它对于中国人民的生产力的发展是否有帮助及其帮助之大小，看它是束缚生产力的，还是解放生产力的。”⑥这个观点，符合历史唯物论的基本原理，具有重大的理论意义和实际意义。

“值得注意的是，毛泽东在《论联合政府》中使用了‘中国人民的生产力’这一概念。这不是偶然的。他在这一时期的其他讲话中，也使用了这个概念。这

---

① 《毛泽东在七大的报告和讲话集》，中央文献出版社 1995 年版，第 102～103 页。
② 《毛泽东在七大的报告和讲话集》，中央文献出版社 1995 年版，第 113 页。
③ 《毛泽东在七大的报告和讲话集》，中央文献出版社 1995 年版，第 114 页。
④ 《毛泽东在七大的报告和讲话集》，中央文献出版社 1995 年版，第 129 页。
⑤ 《毛泽东在七大的报告和讲话集》，中央文献出版社 1995 年版，第 222 页。
⑥ 《毛泽东选集》第 3 卷，人民出版社 1991 年版，第 1079 页。

个概念包含两层含义:其一,生产力是属于中国人民的;其二,解放和发展生产力是为了中国人民的利益。毛泽东使用‘中国人民的生产力’这个概念,如同马克思在《资本论》中使用‘资本的生产力’的概念一样,说明了生产力的社会属性。马克思指出,在资本主义生产方式下,‘发展起来的社会劳动生产力表现为资本的生产力’。恩格斯也指出,在资本主义生产方式下,生产力本身以日益增长的威力,‘要求摆脱它作为资本的那种属性’。生产力是人们征服自然、改造自然的能力,表示人们在生产过程中对自然界的关系,生产力具有它本身的自然属性。人类的生产又都是在一定的生产关系下进行的,是在一定的社会形式中发展的。生产力也就有为谁占有、怎样占有和为谁的利益而生产的问题,这就是生产力的社会属性。毛泽东提出的‘中国人民的生产力’这个概念,是生产力的自然属性和社会属性的统一。"①这也就是说,我们要解放和发展的,是中国人民的生产力;而解放和发展生产力的目的,是为了中国人民的利益。

既然革命是为了解放和发展生产力,那么,对于摆在中国人民面前的争取独立解放和实现国家富强即现代化这两个历史任务之间的关系又应当如何看待呢?在七大上,毛泽东对这个问题作出了深刻的论述。他指出"没有工业,便没有巩固的国防,便没有人民的福利,便没有国家的富强"。这是没有疑义的。但是,"一个不是贫弱的而是富强的中国,是和一个不是殖民地半殖民地的而是独立的,不是半封建的而是自由的、民主的,不是分裂的而是统一的中国,相联结的。在一个半殖民地的、半封建的、分裂的中国里,要想发展工业,建设国防,福利人民,求得国家的富强,多少年来多少人做过这种梦,但是一概幻灭了"。正因为如此,"解放中国人民的生产力,使之获得充分发展的可能性,有待于新民主主义的政治条件在全中国境内的实现"②。这就是说,在中国,必须首先进行革命,争得民族独立和人民解放,才能为实现国家的富强即为中国现代化创造前提、开辟道路。毛泽东强调,"中国应该成为近代化的国家、丰衣足食的国家、富强的国家。这就要解放生产力,破坏帝国主义和封建主义"。为此"首先就应该求得国家的独立,其次是民主。没有这两个东西,中国是不能统一和富强的"。"革命是干什么呢?就是要冲破这个压力,解放中国人民的生产力,解放中国人民,使他们得到自由"③。这样,毛泽东就为中国革命的必要性、正义性、进步性作了有说服力的论证和辩护。

毛泽东指出,中国工人阶级的任务,不但是为着建立新民主主义的国家而斗

① 冯蕙:《抗战后期中国共产党政策中的几个理论问题》,《人民日报》1995年9月13日。

② 《毛泽东选集》第3卷,人民出版社1991年版,第1080~1081页。

③ 《毛泽东在七大的报告和讲话集》,中央文献出版社1995年版,第239页。

争,而且是为着中国的工业化和农业近代化而斗争。“在新民主主义的政治条件获得之后,中国人民及其政府必须采取切实的步骤,在若干年内逐步地建立重工业和轻工业,使中国由农业国变为工业国”①。否则,新民主主义的国家,是不能巩固的。

为着建设新中国,“必须实行土地制度的改革,解放农民”。具体地说,就是必须实行“耕者有其田”的政策,把地主的土地私有制变为农民的土地私有制,使农民从封建的土地关系中获得解放。只有这样,才能造成使中国由农业国转变为工业国的可能性。因为只有农民获得解放了,他们才能供给最丰富的粮食和原料,并吸收最大量的工业品,从而为工业的发展创造必要的前提。

中国没有单独代表农民的政党。民族资产阶级的政党没有坚决的土地纲领。因此,只有制定和执行了坚决的土地纲领、为农民利益而认真奋斗、因而获得最广大农民群众作为自己伟大同盟军的中国共产党,成了农民和一切革命民主派的领导者。

为着建设新中国,还必须对中国的资本主义采取正确的政策。毛泽东指出,在新民主主义革命时期,中国共产党人主张在一定条件下提倡资本主义的发展。这是因为,“拿资本主义的某种发展去代替外国帝国主义和本国封建主义的压迫,不但是一个进步,而且是一个不可避免的过程。它不但有利于资产阶级,同时有利于无产阶级,或者说更有利于无产阶级。现在中国是多了一个外国的帝国主义和一个本国的封建主义,而不是多了一个本国的资本主义,相反地,我们的资本主义是太少了”。必须清楚地认识,中国现阶段的历史将形成现阶段的制度。我们共产党人根据自己对于马克思主义的社会发展规律的认识,明确地认识到,“在中国的条件下,在新民主主义的国家制度下,除了国家自己的经济、劳动人民的个体经济和合作社经济之外,一定要让私人资本主义经济在不能操纵国民生计的范围内获得发展的便利,才能有益于社会的向前发展”②。

中国之所以也还要发展资本主义,这同中国的资本主义所具有的特定的性质有关。毛泽东指出,世界上的资本主义有两部分,一部分是反动的法西斯资本主义,一部分是民主的资本主义。民主的资本主义比法西斯资本主义进步些,但它仍然压迫殖民地,压迫本国人民,仍然是帝国主义。蒋介石搞的是半法西斯半封建的资本主义。“我们提倡的是新民主主义的资本主义,这种资本主义有它的生命力,还有革命性。从整个世界来说,资本主义是向下的,但一部分资本主义在反法西斯时还有用,另一部分资本主义——新民主主义的资本主义将来还

---

① 《毛泽东选集》第3卷,人民出版社1991年版,第1081页。

② 《毛泽东选集》第3卷,人民出版社1991年版,第1060~1061页。

有用，在中国及欧洲、南美的一些农业国家中还有用，它的性质是帮助社会主义的，它是革命的、有用的，有利于社会主义的发展的”①。

还在1940年所写的《新民主主义论》中，毛泽东已经对新民主主义共和国的经济构成进行过论述，指出“在无产阶级领导下的新民主主义共和国的国营经济是社会主义的性质，是整个国民经济的领导力量，但这个共和国并不没收其他资本主义的私有财产，并不禁止‘不能操纵国民生计’的资本主义生产的发展，这是因为中国经济还十分落后的缘故”②。他在七大上所作的《论联合政府》，“这个报告与《新民主主义论》不同的，是确定了需要资本主义的广大发展，又以反专制主义为第一”③。这就是说，对于发展资本主义采取了更为积极的方针。为此，他还提出，必须实行相应的政策。比如，要求取消苛捐杂税，实行统一的累进税；要求取缔官僚资本；要求废止经济统制政策；要求扶助民间工业；等等。

当然，使资本主义有一个广大的发展，并不意味着要使它无条件地、无限制地发展。在七大上，毛泽东在阐述这个问题时还指出：

第一，对于资本主义，“我是在这样的条件下肯定的，就是孙中山所说的‘不能操纵国民之生计’的资本主义。至于操纵国民之生计的大地主、大银行家、大买办，那是不包括在里面的”④。对于“节制资本”这个方针，他在报告中仍然在肯定的意义上进行了引用。

第二，需要自由发展的，是“那些有益于国民生计的私人资本主义经济”；需要保障的是“一切正当的私有财产”⑤。应该有益于、而不是有害于国民生计，应该是正当的、而不是不正当的，这本身就是一种条件、一种限制。

第三，“将采取调节劳资间利害关系的政策”。“一方面，保护工人利益”，“另一方面，保证国家企业、私人企业和合作社企业在合理经营下的正当的赢利”⑥。也就是说，一方面，允许资本主义剥削，另一方面，这种剥削也不能是无度的、不受限制的。

第四，“在现阶段上，中国的经济，必须是由国家经营、私人经营和合作社经营三者组成的”。而这个国家经营的所谓国家，一定要是在无产阶级领导下的新民主主义国家。“无产阶级领导下的国营经济和合作社经济，是社会主义的

① 《毛泽东在七大的报告和讲话集》，中央文献出版社1995年版，第189～190页。

② 《毛泽东选集》第2卷，人民出版社1991年版，第678页。

③ 《毛泽东在七大的报告和讲话集》，中央文献出版社1995年版，第100页。

④ 《毛泽东在七大的报告和讲话集》，中央文献出版社1995年版，第125页。

⑤ 《毛泽东选集》第3卷，人民出版社1991年版，第1058页。

⑥ 《毛泽东选集》第3卷，人民出版社1991年版，第1082页。

因素”①。我们不仅要使资本主义有广泛的发展，“而且要广泛发展合作社经济和国家经济，这二者是允许广泛发展的”②。

毛泽东强调：“我们这样肯定要广泛发展资本主义，是只有好处，没有坏处的。”③事实上，也只有在这样一些条件下来广泛发展资本主义，才能“是帮助社会主义的”，才能“是有利于社会主义的发展的”。

在《论联合政府》的报告中，毛泽东还谈到了利用外国资金发展中国工业的问题。他说：“为着发展工业，需要大批资本。从什么地方来呢？不外两方面：主要依靠中国人民自己积累资本，同时借助于外援。在服从中国政府法令、有益中国经济的条件之下，外国投资是我们所欢迎。对于中国人民与外国人民都有利的事业，是中国在得到一个巩固的国内和平与国际和平，得到一个彻底的政治改革与土地改革之后，能够蓬蓬勃勃地发展大规模的轻重工业与近代农业。在这个基础上，外国投资的容量将是非常广大的。一个政治上倒退与经济上贫困的中国，则不但对于中国人民非常不利，对于外国人民也是不利的。”毛泽东当时提出这个问题，表明他的思路是很开阔的，思想是很开放的。④

（八）七大确立以毛泽东思想作为党的一切工作的指针

七大通过了经过修改的《中国共产党党章》。

党章对中国共产党的性质作出了明确的规定，指明“中国共产党，是中国工人阶级的先进的有组织的部队，是它的阶级组织的最高形式。中国共产党代表中国民族与中国人民的利益。它在现阶段为实现中国的新民主主义制度而奋斗。它的最终目的，是在中国实现共产主义制度”。

党章对党的指导思想作出了明确的规定，指明“中国共产党，以马克思列宁主义的理论与中国革命的实践之统一的思想——毛泽东思想，作为自己一切工作的指针，反对任何教条主义的或经验主义的偏向”⑤。

刘少奇在向七大所作的关于修改党章的报告中强调：“党章的总纲上确定以毛泽东思想作为我党一切工作的指针，在党章的条文上又规定：努力地领会马克思列宁主义、毛泽东思想的基础，是每一个共产党员的义务。这是我们这次修

---

① 《毛泽东选集》第 3 卷，人民出版社 1991 年版，第 1058 页。

② 《毛泽东在七大的报告和讲演集》，中央文献出版社 1995 年版，第 126 页。

③ 《毛泽东在七大的报告和讲演集》，中央文献出版社 1995 年版，第 126 页。

④ 《胡乔木回忆毛泽东》，人民出版社 1994 年版，第 377 页。毛泽东的《论联合政府》一文后来在编入《毛泽东选集》第 3 卷时，上面所引的这段话被删去了。这可能与新中国成立初期我国所处的国际环境有关。

⑤ 《中共中央文件选集》第 15 册，中共中央党校出版社 1991 年版，第 115 页。

改的党章一个最大的历史特点。”①

什么是毛泽东思想呢？刘少奇指出：“毛泽东思想，就是马克思列宁主义的理论与中国革命的实践之统一的思想，就是中国的共产主义，中国的马克思主义。”“它是中国的东西，又是完全马克思主义的东西。它是应用马克思主义的宇宙观与社会观——辩证唯物论与历史唯物论，即在坚固的马克思列宁主义理论的基础上，根据中国这个民族的特点，依靠近代革命以及中国共产党领导人民斗争的极端丰富的经验，经过科学的缜密的分析而建设起来的。它是站在无产阶级利益因而又正是站在全体人民利益的立场上，应用马克思列宁主义的科学方法，概括中国历史、社会及全部革命理论斗争经验而创造出来。用以解放中国民族与中国人民的理论与政策。它是中国无产阶级与全体劳动人民用以解放自己的唯一正确的理论与政策。”

“毛泽东思想，从他的宇宙观以至他的工作作风，乃是发展着与完善着的中国化的马克思主义，乃是中国人民完整的革命建国理论。”“这就是毛泽东同志关于现代世界情况及中国国情的分析，关于新民主主义的理论与政策，关于解放农民的理论与政策，关于革命统一战线的理论与政策，关于革命战争的理论与政策，关于革命根据地的理论与政策，关于建设新民主主义共和国的理论与政策，关于建设党的理论与政策，关于文化的理论与政策等。”

毛泽东是毛泽东思想的主要创立者。但这个理论的产生，并不单纯依靠毛泽东个人的天才，它是中国共产党人集体智慧的结晶。“这些理论，表现在毛泽东同志的各种著作以及党的许多文献上。”②

为了克服党内的错误倾向，把党的事业胜利地推向前进，中共七大号召“在党内发动学习毛泽东思想的运动”③。

毛泽东思想既然是中国化的马克思主义，为了真正掌握并学会运用这个理论，就要认真学习毛泽东等的著作，而且要认真领会它的理论基础——马克思列宁主义的基本原理，系统地了解中国的国情和总结中国人民斗争的经验。为此，毛泽东在七大所作的口头政治报告中，提出全党同志主要是党的干部“要读五本马列主义的书”。这就是马克思、恩格斯的《共产党宣言》，恩格斯的《社会主义从空想到科学的发展》，列宁的《在民主革命中社会民主党的两个策略》、《共产主义运动中的“左派”幼稚病》，斯大林主持编写的《联共(布)党史简明教

---

① 《刘少奇选集》上卷，人民出版社 1981 年版，第 332 页。

② 《刘少奇选集》上卷，人民出版社 1981 年版，第 333～335 页。

③ 《刘少奇选集》上卷，人民出版社 1981 年版，第 337 页。

程》。①

七大通过的党章规定:“中国共产党人必须具有全心全意为中国人民服务的精神,必须与工人群众、农民群众及其他革命人民建立广泛的联系,并经常巩固与扩大这种联系。每一个党员都必须理解党的利益与人民利益的一致性,对党负责与对人民负责的一致性。每一个党员都必须用心倾听人民群众的呼声和了解他们的迫切需要,并帮助他们组织起来,为实现他们的需要而斗争。每一个党员都必须向人民群众学习,同时以革命精神不疲倦地去教育人民群众,启发与提高人民群众的觉悟。中国共产党必须经常警戒自己脱离人民群众的危险性,必须经常注意防止和清洗自己内部的尾巴主义、命令主义、关门主义、官僚主义与军阀主义等脱离群众的错误倾向。”②

为最广大的人民群众服务,而不是为少数人服务,和最广大的人民群众取得最密切的联系,而不是和广大人民群众相脱离甚至相对立,这是共产党区别于任何资产阶级政党的一个显著标志。毛泽东在七大上强调:“应该使每个同志明了,共产党人的一切言论行动,必须以合乎最广大人民群众的最大利益,为最广大人民群众所拥护为最高标准。”他说,“只要我们依靠人民,坚决地相信人民群众的创造力是无穷无尽的,因而信任人民,和人民打成一片,那就任何困难也能克服,任何敌人也不能压倒我们,而只会被我们所压倒”③。

刘少奇在关于修改党章的报告中指出,“党的群众路线,是我们党的根本的政治路线,也是我们党的根本的组织路线”,为了贯彻党的群众路线,必须在每一个党员的思想中牢固地树立群众观点,他强调“只要我们依靠于群众的自觉与自动,只要群众有了真正的自觉与真正的发动,又有我们党的正确领导,我们党的一切伟大事业,都一定能获得最后的胜利与成功”。④

七大通过的党章还明确指出:“中国共产党是按照民主集中制组织起来的,是以自觉的、一切党员都要履行的纪律联结起来的统一的战斗组织。”而“民主的集中制,那是在民主基础上的集中和在集中指导下的民主”。其基本条件是:(一)党的各级领导机关由选举制产生。(二)党的各级领导机关向选举自己的党的组织作定期的工作报告。(三)党员个人服从所属党的组织,少数服从多数,下级组织服从上级组织,部分组织统一服从中央。(四)严格地遵守党纪和无条件地执行决议。⑤

---

① 《毛泽东在七大的报告和讲话集》,中央文献出版社 1995 年版,第 157 页。

② 《中共中央文件选集》第 15 册,中共中央党校出版社 1991 年版,第 117 ~ 118 页。

③ 《毛泽东选集》第 3 卷,人民出版社 1991 年版,第 1096 页。

④ 《刘少奇选集》上卷,人民出版社 1981 年版,第 342、351 ~ 352 页。

⑤ 《中共中央文件选集》第 15 册,中共中央党校出版社 1991 年版,第 118、122 ~ 123 页。

为了增强党的团结，提高党的战斗力，毛泽东在七大上反复强调，全党同志一定要按照民主集中制的原则办事。他说，“没有集中，就不能胜利”；“但是我们要在高度民主的基础上，建立高度的集中”。为此，我们“要广开言路，打开窗户。封建专制时代还有那么几个开明的皇帝能广开言路，何况我们共产党呢?”只有打开窗户，让大家把意见说出来，才能团结同志，统一意志，形成高度的集中。他指出，“要团结就要有民主，没有民主，没有批评与自我批评，不把意见搞清楚是不可能团结的”。①

刘少奇在关于修改党章的报告中对于民主集中制也作了深刻的论述。他指出，“党的民主集中制，即是党的领导骨干与广大党员群众相结合的制度，即是从党员群众中集中起来，又到党员群众中坚持下去的制度，即是反映党内的群众路线”。他说，党内反民主的专制主义倾向，和党内极端民主化的现象，是党内生活的两种极端现象。而极端民主化的现象，又常常当作专制主义倾向的一种惩罚而出现，凡是专制主义倾向严重的地方，那里就可能出现极端民主化的现象。为了维护党内真正的统一与团结，“全党必须警惕，严防这些现象的发生”。②

党的七大本身，就是贯彻民主集中制的一个典范。整个大会充满了民主和团结的气氛。许多代表联系党的历史、联系本地区本部门本单位的工作、联系本人的情况，认真地总结经验教训，并且从团结的愿望出发，深入开展批评与自我批评，从而在新的基础上达到了新的团结。

（九）七大选举产生党的第七届中央委员会

大会经过选举，产生了党的第七届中央委员会。

5月24日，毛泽东在代表大会主席团向大会所作的《第七届中央委员会的选举方针》的报告中首先说明，六大以来选出的中央委员，现在还剩下25人，他们有很多经验，大部分应该继续选进中央；同时，应该选举大批新的同志进中央，他们也有很多经验。中央委员会应该扩大，如此才能适应目前的状况和形势发展的需要，但也不要太大。接着，他着重谈了三个问题：

第一，犯过路线错误的同志，应不应该选举?

为了答复这个问题，毛泽东讲述了党的有关的历史经验。他说，“内战时期，喜欢图简便，不愿意同犯过路线错误的同志共事，‘一掌推开’、‘简单明了’的那样一种作风是不好的”。他这是指六大不选陈独秀进中央，六届四中全会

① 《毛泽东在七大的报告和讲话集》，中央文献出版社1995年版，第205～207、145页。

② 《刘少奇选集》上卷，人民出版社1981年版，第359、361页。

把李立三开除出政治局，这种做法不仅不利于团结更多的人共同做好工作，也并不能保证党随后就可以避免犯过去的错误。他又说，“最近十年，我们采取了忍耐的态度，这样的方针帮助了我们”。他这是指遵义会议以后，六大及六届四中全会、五中全会选出的中央委员，尽管一些人曾经犯过路线错误，他们还是继续在中央工作，由于许多人总结了以往的经验教训，中央还是不仅纠正了四中全会以来的“左”倾错误，而且在六中全会上纠正了新的右的投降倾向，把党的事业推向了前进。据此，他认为，与其不选犯过路线错误的同志，“我看就不如采取这样的原则，即：虽然犯过路线错误，但是他已经承认错误并且决心改正错误，我们还可以选他”。这是原则性与灵活性的统一，这就是马克思列宁主义的革命的现实主义。他强调，“要练习那些曾经同我闹过纠纷、有过原则分歧、打击过我以及开除过我的党籍的人合作。我们在要求他认识错误、改正错误这个原则下去同他团结、合作”。我们“要避免宗派主义，因为实质上是一个广大群众的问题”。①

第二，要不要照顾各方面，要不要照顾“山头”？

毛泽东说，“主席团认为还是要照顾为好”。因为中国革命有许多山头，有许多部分。内战时期有苏区、白区，苏区内又有这个部分那个部分；抗战时期有许多抗日根据地，白区也有很多块。“这就是中国革命的实际，没有这些就没有中国革命。所以这是好事情而不是坏事情。坏的是山头主义、宗派主义，而不是山头。”所以，要认识山头，承认山头，认识了才能照顾，照顾就能够逐步缩小，然后才能够消灭。这是一个辩证关系。这次选举，要注意这个问题。②

第三，每一个中央委员是不是应该通晓各方面的知识？

他指出，“事实上，任何一个人都不可能通晓各方面的知识”。“我们采取这样的方针：不一定要求每个人都通晓各方面的知识，通晓一个方面或者稍微多几个方面的知识就行了，把这些人集中起来，就变成了通晓各方面知识的中央委员会”。同时，要注意“选有学习精神的人，我不懂这不要紧，我们选他，让他去学”。总之，“我们的选举，就应该在这样的方针指导下：即不是从个人求完全，而是从集体中求完全，从对现实的学习中求完全”。③

5 月 27 日，大会主席团和各代表团主任举行联席会议，决定中央委员会由中央委员 45 名、中央候补委员 25 名组成，并提出了 94 人的预选名单。经过充分酝酿，大会于 6 月 9 日进行了选举，毛泽东、朱德等 44 人当选为中央委员。

---

① 《毛泽东在七大的报告和讲话集》，中央文献出版社 1995 年版，第 164 ~ 166 页。

② 《毛泽东在七大的报告和讲话集》，中央文献出版社 1995 年版，第 167 ~ 169 页。

③ 《毛泽东在七大的报告和讲话集》，中央文献出版社 1995 年版，第 169 ~ 171 页。

6月10日，毛泽东在会上作了《关于第七届候补中央委员选举问题》的讲话，主要讲了三个问题：

首先是关于候补中央委员的选举。

他说，候补中央委员也参加中央的工作，参加中央委员会的会议，有发言权；中央委员出缺时，由他们递补。所以，这个选举的意义也很重大。如果八大推迟召开，候补中央委员的作用会更大。希望大家重视这个选举。

其次是关于王稼祥的问题。

他说，在6月9日的选举中，王稼祥得票不足半数，没有当选。王稼祥在四中全会前后犯过路线错误，此后也犯过若干错误，但他是有功劳的。他作为中央代表团的成员参加了二、三、四次反"围剿"战争，"赞助我们、信任我们——我和总司令，那是相当困难的"；如果没有洛甫和他"从第三次'左'倾路线分化出来，就不可能开好遵义会议"，他在六中全会上也起了重要作用；此后，他一直在中央工作，也做了很多好事。他强调，"我认为他是能够执行大会路线的"，"主席团把他作为中央候补委员的第一名候选人，希望大家选他"。

最后是关于东北问题。

他强调，"东北是很重要的，从我们党，从中国革命的最近的前途看，东北是特别重要的。如果我们把现有的一切根据地都丢了，只要我们有了东北，那末中国革命就有了巩固的基础"。"所以我觉得这次要有东北同志当选才好"。

毛泽东讲话后，大会进行了选举中央候补委员的投票。廖承志、王稼祥等33人当选为中央候补委员。

6月19日，举行中共第七届中央委员会第一次全体会议，选举毛泽东、朱德、刘少奇、周恩来、任弼时、陈云、康生、高岗、彭真、董必武、林伯渠、张闻天、彭德怀13人为中央政治局委员；选举毛泽东、朱德、刘少奇、周恩来、任弼时5人为中央书记处书记；选举毛泽东为中央委员会主席、中央政治局主席、中央书记处主席；选举任弼时为中共中央秘书长，李富春为中共中央副秘书长。

（十）七大的历史意义

中国共产党的第七次全国代表大会是党成立以后在民主革命时期所召开的最重要的一次全国代表大会。这是一次团结的大会，胜利的大会。正如毛泽东在大会闭幕词中所说的那样，这次大会是团结的模范，是自我批评的模范，又是党内民主的模范。大会对国内外的政治形势作出了科学的分析，制定了打败侵略者、建设新中国的政治路线，为全党和全国人民指明了正确的斗争方向和走向胜利的道路；大会对党的历史经验进行了深刻的总结，确立了马克思列宁主义与中国革命实践相统一的思想——毛泽东思想的指导地位，统一了全党对于中国民主革命的客观规律的认识,使全党在马克思列宁主义、毛泽东思想的基础上达到了空前的团结和统一;大会选举产生了以毛泽东为首的在政治上成熟的马克思列宁主义的、稳定的、有崇高威望的中央领导集体,使全党的团结有了一个坚强的核心。这样,中共七大就为党领导中国人民去夺取抗日战争的最后胜利和新民主主义革命在全国的胜利,奠定了牢固的政治、思想和组织的基础。

中国共产党历史若干重大问题研究（下）

ZHONGGUO GONGCHANDANG LISHI RUOGAN ZHONGDA WENTI YANJIU

沙健孙　著

高等教育出版社·北京
HIGHER EDUCATION PRESS　BEIJING

内容简介

本书抓住中共历史上各个时期的若干重大问题，在充分掌握第一手资料的情况下，对这些问题进行了细致梳理和深入研究，提出了作者创造性的观点和见解，有较高的学术性和思想性，对学界和党政相关部门开展研究以及高校开展思想政治理论课教育教学都具有较高的参考价值。

图书在版编目（CIP）数据

中国共产党历史若干重大问题研究：全2册/沙健孙著. --北京：高等教育出版社，2012.8
ISBN 978-7-04-032431-0

Ⅰ.①中… Ⅱ.①沙… Ⅲ.①中国共产党-党史-1919～1976 Ⅳ.①D23

中国版本图书馆CIP数据核字（2012）第039714号

策划编辑 高 英 宋义栋 责任编辑 高 英 宋义栋 封面设计 李卫青
版式设计 范晓红 责任校对 陈旭颖 责任印制 尤 静

出版发行	高等教育出版社	咨询电话	400-810-0598
社 址	北京市西城区德外大街4号	网 址	http://www.hep.edu.cn
邮政编码	100120		http://www.hep.com.cn
印 刷	北京铭成印刷有限公司	网上订购	http://www.landraco.com
开 本	787mm×960mm 1/16		http://www.landraco.com.cn
总 印 张	69.5		
本册印张	34	版 次	2012年8月第1版
字 数	620千字	印 次	2012年8月第1次印刷
购书热线	010-58581118	总 定 价	112.00元

本书如有缺页、倒页、脱页等质量问题，请到所购图书销售部门联系调换

物 料 号 32431-001

目　录

第五编　1945—1949 年

第六编　1949—1956 年

第七编　1956—1976 年

第五编 1945—1949 年

一、抗日战争胜利后的形势和中国共产党的方针

(一) 抗日战争胜利后的政治形势

1945 年 8 月,日本宣告无条件投降,抗日战争赢得了最后胜利。中国人民革命由此进入了一个新的历史阶段,即为建立新中国而斗争的时期。

抗日战争是中国新民主主义革命的一个历史阶段。中国共产党领导中国人民进行抗日战争,是为了实现打败日本侵略者、建设新民主主义的中国的战略目标。随着抗日战争的胜利,中日民族矛盾已经不再是中国人民面临的主要矛盾了。1945 年 8 月 13 日,中共中央主席毛泽东在延安干部会议上就及时地指出:“从整个形势看来,抗日战争的阶段过去了,新的情况和任务是国内斗争。蒋介石说要‘建国’,今后就是建什么国的斗争。是建立一个无产阶级领导的人民大众的新民主主义的国家呢,还是建立一个大地主大资产阶级专政的半殖民地半封建的国家?这将是一场很复杂的斗争。”①中国的这一两种命运、两个前途的决定胜负的斗争,构成了这个历史时期的基本内容。

1. 为建立新中国而斗争的历史时机已经到来

战后的政治形势,从基本方面来说,对中国人民革命是有利的。

从国际方面来看,这时出现了三个重要的新情况:第一,在主要的帝国主义国家中,德国、意大利、日本这三个法西斯国家被彻底打败了,它们的人员和物资在它们自己发动的战争中受到了惨重的损失;战胜国英国、法国受到了严重的削弱,大量的军事开支和战争的破坏使它们失去了以往的富有和在世界上的显赫地位;只有美国,不仅因本土远离战场而没有遭到破坏,而且还大发了一笔战争横财,成了这场战争中的“暴发户”。第二,社会主义的苏联经过反法西斯战争的严峻考验得到了巩固,成为世界一流强国。在欧洲的东部、中南部和亚洲的东

① 《毛泽东选集》第 4 卷,人民出版社 1991 年版,第 1130 页。

部、东南部,出现了一系列由无产阶级及其政党领导的人民民主国家。社会主义冲破一国的范围在更广大的地区赢得了胜利。第三,在土地面积约占全世界的2/3人口约占全世界的3/4的亚洲、非洲、拉丁美洲及南太平洋地区,民族解放运动在蓬勃兴起,许多原先的殖民地、附属国挣脱了或者正在挣脱殖民主义的束缚而争得政治上的独立。在资本主义国家,共产党的力量及其政治影响进一步增长,工人运动也有新的发展。这些情况说明,国际帝国主义受到明显的削弱和多方面的牵制,使得它们不可能形成足够的集中的力量来镇压包括中国革命在内的各国人民的革命。毛泽东在1945年5月召开的中国共产党第七次全国代表大会上指出:"两次世界大战是两个完全不同的时代。"这就是说,反法西斯战争的胜利,给各国民主势力的向前发展开辟了道路。"这个民主势力向前发展的规模,比起第一次世界大战以后民主势力向前发展的规模来,大得不可比拟。""民主势力必然能够战胜反民主势力,取得自己的胜利。"一切悲观的论点都是错误的,必须扫除干净。① 后来,毛泽东又进一步指出:"如果说,十月革命给全世界工人阶级和被压迫民族的解放事业开辟了广大的可能性和现实的道路,那末,反法西斯的第二次世界大战的胜利,就是给全世界工人阶级和被压迫民族的解放事业开辟了更加广大的可能性和更加现实的道路。对于第二次世界大战的胜利的意义估计不足,将是一个极大的错误。"②

从中国国内的情况来看,经过抗日战争,中国人民的觉悟程度和组织程度有了极大的提高。中国共产党领导的人民武装进一步壮大,其中正规军120万人,民兵220万人。解放区人口近1亿,其中巩固的根据地有5 000万人口。全党特别是党的高级干部对中国民主革命的规律有了基本统一的认识,在毛泽东思想的基础上,党的团结得到了极大的加强和巩固。如果说,大革命失败以后,在敌我力量对比极为悬殊的情况下(当时共产党员最少时只有不足10 000人,毛泽东带上井冈山的队伍不过5 000人。十年内战时期,红军最多时不过30万人,根据地人口最多时不超过1 000万),国民党反动派也无法消灭中国共产党及其领导的革命力量,那么,在战后它就更加无法做到这一点了。抗日战争实际上是中华民族从衰败到振兴的转折点,也是为中国革命从挫折走向胜利奠定基础的时期。正如毛泽东后来所说的那样,"是日本军阀占领了大半个中国,因此教育了中国人民"。"中国人民别无出路,才觉悟起来,才武装起来进行斗争,建立了许多抗日根据地,为解放战争的胜利创造了条件"③。

---

① 《中共中央文件选集》第16册,中共中央党校出版社1992年版,第714~715页。

② 《毛泽东选集》第4卷,人民出版社1991年版,第1357~1358页。

③ 《毛泽东外交文选》,中央文献出版社、世界知识出版社1994年版,第460~461页。

基于对国际国内这些有利于革命的根本形势的科学分析,毛泽东在中共七大上明确指出:“中国人民克服一切困难,实现其具有伟大历史意义的基本要求的时机,已经到来了。”①这个基本要求是,推翻帝国主义、封建主义在中国的联合统治,建立一个新民主主义的共和国,以争得民族独立和人民解放,从而为走向社会主义、实现中国的繁荣富强即现代化开辟道路。

2. 国民党统治集团的反共内战方针和中国的两种命运、两个前途

通向新中国的道路,并不是笔直的、平坦的,而是崎岖、曲折、艰险的。

作为大地主大资产阶级的政治代表,国民党统治集团参加抗日战争,不仅是为了反对日本侵略者,而且是为了维护大地主大资产阶级的统治。战后,它的根本目标是,使中国重新恢复战前的状态,即坚持国民党的一党专政和蒋介石的独裁专制,继续走半殖民地半封建社会的老路。由于中国共产党及其领导的人民革命力量的存在和发展是它实现上述目标的主要障碍,因而国民党统治集团处心积虑地企图加以限制、削弱以至消灭。早在抗日战争的中后期,蒋介石即开始采取尽力对日避战观战,以便保存实力、准备发动反共内战的方针。抗日战争胜利前夕,蒋介石更在国民党六大上声称:“党内诸同志常夸大中共力量”,“不知在某一定情况下,我们必须消灭之!”潘公展在《关于中共问题的特别报告》中强调:“与中共之斗争无法妥协。今日之急务,在于团结本党,建立与中共斗争之体系,即创造斗争的优势与环境。”②为了在对中共的斗争中处于有利地位,在日本投降后,蒋介石集团即决心垄断受降权利,集中力量抢夺抗战胜利的果实。

为了限制、削弱直至消灭中共及其领导的革命力量,蒋介石采取了武的和文的,即发动战争和进行谈判的两手策略。他在后来发表的《苏俄在中国》一书中说:战后,他准备迫使中共“放弃武装,改走合法道路”;或者“放手动员作战”,即“动员戡乱”。他认为,“这两条道路任其取一,都足以解决中共问题”③。在这个反革命的两手中,武的即发动战争的一手是主要的。他认为,共产党是在搞“武装叛乱”,任何政府“对于国内的叛乱不能不加以戡定”,因而即使发动战争,也只是“剿共的军事行动”,而不是进行内战。他虽然也侈谈“和平”,但他知道共产党不会上他的圈套,在他坚持独裁统治的条件下“放弃武装”。因此,他的基本选择,还是走战争的道路。他说,进行政治协商,只能“造成一种姑息妥协的气氛”,“破坏了政府动员戡乱的政策”。在他看来,如果经过和平谈判、政治协商,“与中共及各党派组织‘联合政府’,其结果是整个中国‘和平转变’为苏俄

① 《毛泽东选集》第3卷,人民出版社1991年版,第1032页。

② 引自荣孟源:《蒋家王朝》,中国青年出版社1980年版,第244~245页。

③ 蒋介石:《苏俄在中国》,台湾中正书局1957年版,第156页。

的附庸,苏俄即兵不血刃而控制整个中国"①。所以,对于蒋介石来说,抗战胜利以后的一个时期内与中共及其他党派进行和平谈判与政治协商,这是迫于当时国际国内的形势,不得已而为之,并不符合他的本意。他这样做的目的,是用给共产党以合法地位为条件诱使共产党交出人民军队和解放区政权,是为了敷衍舆论和做给外国人看,更是为了争取时间进行发动全面内战的准备。

正因为如此,在抗日战争胜利以后,中国仍然面临着两种命运、两个前途的严重斗争,"一个新中国还是一个老中国,两个前途,仍然存在于中国人民的面前,存在于中国共产党的面前"②。

问题的严重性在于,国民党统治集团的反共方针得到了资本主义世界的头号强国——美国政府的支持。

(二)中国共产党的革命策略

这个时期的中国共产党已经是具有丰富经验、在政治上高度成熟的党。以毛泽东为核心的中共中央运用马克思列宁主义的阶级分析的方法,深刻地分析了抗日战争胜利后的中国政治的基本形势,提出了无产阶级的革命策略。1945年8月11日中共中央《关于日本投降后我党任务的决定》、8年13日毛泽东在延安干部会议上的讲演《抗日战争胜利后的时局和我们的方针》、8月23日毛泽东在中共中央政治局扩大会议上的讲话和结论《抗日战争胜利后的新形势和新任务》等,对这些问题作出了说明。

关于中国共产党在抗日战争胜利后如何进行国内斗争的问题,以下几点是特别值得注意的:

第一,把为建立新中国而斗争作为党的现实的战略任务提到了全党的面前。

1945年4月23日,毛泽东在中共七大的开幕词中即指出,即使在打败日本帝国主义之后,中国仍然存在着两种命运、两个前途:或者是一个独立、自由民主、统一、富强的新中国,或者是一个半殖民地半封建的、分裂的、贫弱的老中国。我们的任务,"就是放手发动群众,壮大人民力量,团结全国一切可能团结的力量,在我们党领导之下,为着打败日本侵略者,建设一个光明的新中国,建设一个独立的、自由的、民主的、统一的、富强的新中国而斗争"③。

列宁说:"一切革命的根本问题是国家政权问题。不弄清这个问题,便谈不

① 蒋介石:《苏俄在中国》,台湾中正书局1957年版,第155页。

② 《毛泽东选集》第3卷,人民出版社1991年版,第1026页。

③ 《毛泽东选集》第3卷,人民出版社1991年版,第1026页。

上自觉地参加革命，更不用说领导革命。”①因为“无论从革命这一概念的严格科学意义来讲，或是从实际政治意义来讲，国家政权从一个阶级手里转到另一个阶级手里，都是革命的首要的基本的标志”②。从当时中国的情况来看，提出这个问题是有着特殊重要的意义的。由于有“一个强大的中国共产党，一个强大的解放区，全国人民的援助，国际人民的援助”，建立一个无产阶级领导的新民主主义的新中国这样的历史时机已经到来了；党应当抓住这个历史时机，认清问题的实质，敢于斗争，敢于胜利。如果不是这样，丧失这种历史机遇的可能性是存在的。

第二，试图经过和平的道路实现中国的社会政治改革，同时做好进行自卫战争和以暴力手段夺取政权的准备。

建立新中国的战略任务提出来了。通过什么途径来实现这个战略任务呢？为了回答这个问题，既要认清国民党统治集团的阶级性质，又要分析当时的复杂形势和革命与反革命的力量对比。

毛泽东指出，国民党的首领蒋介石“是中国大地主大资产阶级的政治代表”，他“是一个极端残忍和极端阴险的家伙”。他所代表的大地主大资产阶级的利益和人民大众的利益是根本对立的。他根本不会允许人民革命力量的发展，不会允许半殖民地的旧中国变成新民主主义的新中国。历史的经验表明，“反动势力对于人民的民主势力的原则，是能够消灭者一定消灭之，暂时不能消灭者准备将来消灭之”。正因为如此，“蒋介石对于人民是寸权必夺，寸利必得”。他“要坚持独裁和内战的反动方针”，这是确定了的。对于蒋介石，我们必须有清醒的头脑，必须采取“针锋相对，寸土必争”的方针。

但是，世界上的事情是很复杂的。“蒋介石的主观愿望是要坚持独裁和消灭共产党，但要实现他的愿望，客观上有许多困难”。“这里主要有三个因素：解放区的强大，大后方人民的反对内战和国际形势”。“这样，使他不能不讲讲现实主义”。为此，他在抗战胜利以后曾连续三次电邀毛泽东赴重庆商谈国是。在这种情况下，“人家讲现实主义，我们也讲现实主义”。于是就有了国共之间重开和平谈判的问题。因为，事情正如毛泽东所说，“‘针锋相对’，要看形势。有时候不去谈，是针锋相对；有时候去谈，也是针锋相对”。

基于对以上情况的科学分析，中国共产党在为建立新中国而斗争时，一方面努力进行争取国内和平民主的斗争，“以图避免内战，并且试图经过和平的道路实现中国的社会政治改革”；另一方面“并没有放弃警惕，没有放弃人民的武

① 《列宁选集》第3卷，人民出版社1995年版，第19页。
② 《列宁选集》第3卷，人民出版社1995年版，第25页。

装”，而是做好自卫战争的“充分的准备”，以便“使战争的发动者自食其果”①。

1945 年 8 月 11 日，中共中央在强调全党应准备应付蒋介石发动内战的同时就讲道：“国共谈判将以国际国内新动向为基础考虑其恢复。”②8 月 13 日，毛泽东在党内报告中指出，“对于蒋介石发动内战的阴谋，我党所采取的方针是明确的和一贯的，这就是坚决反对内战，不赞成内战，要阻止内战”③，尽管内战的危险十分严重。8 月 24 日，根据时局的新变化，毛泽东在党内指示中进一步指出，“时局变化，抗日阶段结束，和平建设阶段开始”；“我党口号是和平、民主、团结”④。8 月 25 日，中共中央发表对时局的宣言，公开提出，“巩固国内团结，保证国内和平，实现民主，改善民生，以便在和平民主团结的基础上，实现全国的统一，建立独立自由与富强的新中国”⑤，是在新的历史时期中全民族的重大任务。

中国共产党为什么要举起争取和平民主的旗帜呢？这是因为：

首先，和平建国，是经历了长期战争之后的广大中国人民的共同愿望。由于抗战时期国共两党进行了合作，许多人希望这种合作能够继续下去，即由共同抗战进而合作建国。中国共产党作为中国人民利益的代表者，应当反映中国人民的这种愿望。它也只有这样做了，才能赢得人民的信任和支持。

其次，通过和平的道路对中国进行社会政治改革，固然意味着为建立新中国所作的斗争要经过迂回曲折，但可以减少牺牲，这也是中国共产党所希望的。

中共中央一方面高度警觉国民党的内战阴谋，一方面也估计到“国民党在取得沪宁等地、接通海洋和收缴敌械、收编伪军之后，较之过去加强了它的地位，但是仍然千疮百孔，内外矛盾甚多，困难甚大”。由于我们的力量，全国的人心，蒋介石自己的困难，外国干涉四个条件，国民党“在内外压力下，可能在谈判后，有条件地承认我党地位，我党亦有条件地承认国民党的地位，造成两党合作（加上民主同盟等）、和平发展的新阶段”⑥。如果出现这样的局面，那么，对人民革命是有利的。这样，党可以争得时间来巩固已有的胜利，主要是巩固迅速扩大的解放区和人民军队；同时还可以向国民党要求民主，争得自己在国民党统治区的合法地位，使自己在全国的政治生活中能够发挥更大的作用和影响。张闻天在 8 月 23 日政治局会议上就明确地说过：党在“新阶段的战略是巩固我们的胜利，

---

① 刘少奇在中共八大所作的政治报告，见《刘少奇选集》上卷，人民出版社 1981 年版，第 204～205 页。

② 《中共中央文件选集》第 15 册，中共中央党校出版社 1991 年版，第 230 页。

③ 《毛泽东选集》第 4 卷，人民出版社 1991 年版，第 1125 页。

④ 《中共中央文件选集》第 15 册，中共中央党校出版社 1991 年版，第 245 页。

⑤ 《中共中央文件选集》第 15 册，中共中央党校出版社 1991 年版，第 247 页。

⑥ 《毛泽东选集》第 4 卷，人民出版社 1991 年版，第 1153 页。

并且还得从国民党处要点民主”。

当然，中共中央也清醒地认识到，“蒋介石要消灭共产党的方针没有改变，也不会改变。他所以可能采取暂时的和平是由于上述各种条件的存在，他还需要医好自己的创伤，壮大自己的力量，以便将来消灭我们”。虽然如此，我们还是“应当利用他这个暂时和平时期”①。在这个暂时的和平时期中，如果人民革命力量得到足够的发展，中国共产党就有更大的可能来制止战争；即使制止不了战争，也可以更有效地以胜利的革命战争来反对反革命战争。

再次，即使蒋介石根本不与中共达成任何实质性的协议，并且最终堵死一切通向和平改革的道路，中共进行争取和平民主的斗争也不会对中国革命事业造成损害。相反，可以教育人民，使他们懂得，蒋介石是无药可救的，为了建设新中国，必须进行革命战争。

事实上，就当时的情况来说，中共如果立即发动推翻蒋介石政权的斗争，不但自己的准备工作没有做好，也是不容易得到人民的理解和支持的。因为在人民中间，主要是原日本占领区和国民党统治区的人民中间，还有相当多的人相信蒋介石，存在着对国民党和美国的幻想，蒋介石也在努力散布这种幻想。而人民的觉悟是不容易的，要去掉人民脑子中的错误思想，需要做很多切切实实的工作。进行争取和平民主的斗争，就是在做这方面的工作。这个斗争如果有成效，那当然很好；如果失败了，也有助于人民认清蒋介石的好战本性，抛弃对他的幻想，而把自己的同情和支持归向中共及其领导的人民革命力量方面。

毫无疑问，这个时期的中国共产党已经不像在大革命年代那样处于幼年时期了。它当然不会忘记大革命年代蒋介石发动反革命政变、使中国革命遭致失败的历史教训。它深深懂得，和平的愿望能否实现，并“不取决于我们，而取决于当时的统治阶级”②。如果国民党反动派一定要把战争强加在人民头上，那怎么办？对于这个问题，是不可能不严肃地考虑并作出对人民负责任的答复的。正因为如此，在进行争取和平民主斗争的同时，它并没有放松对于以革命战争反对反革命战争的准备。

按照马克思主义关于国家与革命的基本原理，国家政权的主要成分是军队。谁想要夺取或保持政权，谁就必须拥有一支强有力的军队。毛泽东在《抗日战争胜利后的时局和我们的方针》一文中，以通俗、形象的语言向全党讲清了这个道理。他告诫人们，“蒋介石总是要强迫人民接受战争，他左手拿着刀，右手也拿着刀”；所以，我们要“按照他的办法，也拿起刀来”。因为“反动的东西，你不

---

① 《毛泽东文集》第4卷，人民出版社1996年版，第6页。

② 《刘少奇选集》上卷，人民出版社1981年版，第205页。

打，它就不倒，这也和扫地一样，扫帚不到，灰尘照例不会自己跑掉”。“我们的扫帚就是共产党、八路军新四军”。他说，按照我们的方针，是不要打内战的，可惜蒋介石不是这样。“如果两方面都不要打，就打不起来。现在不要打的只有一个方面，并且这一方面的力量还不足以制止另一方面，所以内战危险就十分严重”。对此，必须在精神上和物质上做好准备。如果蒋介石一定要强迫人民接受内战，我们就只有拿起武器来同他作战。“如果我们打不赢，不怪天也不怪地，只怪自己没有打赢。但是谁要想轻轻易易地把人民得到的权利抢去或者骗去，那是办不到的”。这不是因为共产党人好战，而是因为他们必须对人民负责。毛泽东强调：“我们当了人民的代表，必须代表得好，不要像陈独秀。陈独秀对反革命向人民的进攻，不是采取针锋相对、寸土必争的方针，结果在一九二七年的几个月内，把人民已经取得的权利统统丧失干净。这一次我们就要注意。”

总之，在战后，中国共产党一方面努力争取和平民主，一方面积极做好以革命战争反对反革命战争的准备，这样就使自己在政治上占取了完全主动的地位。因为事情很明显，如果不进行争取和平民主的斗争，国民党反动派就会把战争的责任强加在中共身上，使党陷于孤立的境地。如果不做好战争的准备，一旦战争爆发，中共及其领导的革命力量就会处于没有戒备的状态，从而在反动派的突然袭击中遭到严重损失以至失败，重演大革命后期的历史悲剧。当党做好了两方面的准备，那就无论在何种情况下都可以应付自如了。

第三，坚持自力更生的精神，放手发动群众，壮大人民的力量。

中国共产党深深地懂得，无论是为了争取和平民主，还是为了准备进行革命战争，都必须使自己拥有强大的力量。只有党所领导的人民革命力量发展壮大了，才能迫使国民党当局面对现实，在平等的基础上与中共进行谈判，并使谈判达成某种有利于人民的协议，因为协议本身“也是由各方面力量决定的”①，是力量对比状况的一种表现。只要人民革命力量真正发展壮大了，即使达不成协议，或者达成协议又被对方撕毁，以致爆发全面内战，党也可以迅速地领导人民以革命战争反对反革命战争，并在战争中逐步争取自己的胜利。

正因为如此，毛泽东指出：“我们的方针要放在什么基点上？放在自己力量的基点上，叫做自力更生。我们并不孤立，全世界一切反对帝国主义的国家和人民都是我们的朋友。但是我们强调自力更生，我们能够依靠自己组织的力量，打败一切中外反动派。”②自力更生的含义，从根本上说，就是相信群众、依靠群众，

---

① 《毛泽东选集》第 4 卷，人民出版社 1991 年版，第 1159 页。

② 《毛泽东选集》第 4 卷，人民出版社 1991 年版，第 1132 页。

就是放手发动群众,壮大人民的力量。

基于这样的认识,为了壮大人民的力量,抗战胜利后,中共坚决领导人民保卫抗战胜利的果实,反对蒋介石垄断受降权利。毛泽东告诫全党说:"抗战胜利是人民流血牺牲得来的,抗战的胜利应当是人民的胜利,抗战的果实应当归给人民。"必须清醒地认识,抗战胜利后我们面临的"建什么国"的斗争,目前就"表现为蒋介石要篡夺抗战胜利果实和我们反对他的篡夺的斗争。这个时期如果有机会主义的话,那就是不力争,自愿地把人民应得的果实送给蒋介石。"①

为了保卫人民抗战的胜利果实,1945 年 8 月 10 日,延安八路军总部朱德总司令为日本投降事宜向各解放区所有武装部队发布命令,命令他们"向其附近各城镇交通要道之敌人军队及其指挥机关送出通牒,限其于一定时间向我作战部队缴出全部武装";"向其附近之一切伪军伪政权送出通牒,限其于敌寇投降签字前率部反正,听候编遣,过后即须全部缴出武装";"如遇敌伪武装部队拒绝投降缴械,即应予以坚决消灭"。8 月 11 日,延安总部又连续发布六道命令,命令晋绥解放区贺龙领导的武装部队、晋察冀解放区聂荣臻领导的武装部队、冀热辽解放区的武装部队向内蒙古和东北进军;命令山西解放区的武装部队肃清同蒲路沿线和汾河流域的日伪军;命令各解放区的武装部队,向一切敌占交通要道展开积极进攻,迫使日伪军投降。各解放区的人民军队坚决执行这些命令,并取得了重大的胜利。

为了独占抗战胜利果实,蒋介石于 8 月 11 日命令中共领导的所有第十八集团军所属部队"应就原地驻防待命",不许向敌人收缴枪械;命令各国民党部队"积极推进,勿稍松懈"。为此,毛泽东为第十八集团军总司令朱德起草了两份给蒋介石的电报。8 月 13 日的电报指出,"你给我们的这个命令,不但不公道,而且违背中华民族的民族利益,仅仅有利于日本侵略者和背叛祖国的汉奸们",因此,我们"坚决地拒绝这个命令"。8 月 16 日的电报进一步揭露了蒋介石集团准备内战的阴谋,并提出了中国共产党关于制止内战的六项主张,其中第五项特别强调,"凡被解放区军队所包围的敌伪军由解放区军队接受其投降,你的军队则接受被你的军队所包围的敌伪军的投降。这不但是一切战争的通例,尤其是为了避免内战,必须如此"。为着同样的目的,毛泽东还为新华社写了两篇评论,即《蒋介石在挑动内战》和《评蒋介石发言人谈话》。由于中国共产党采取了这种决不被蒋介石的反动气焰所吓倒的坚定的果断的立场,就使解放区和人民军队得到了迅速的扩大,并且使蒋介石在国内外反对中国内战的强大压力下,不得不改变策略,装出和平姿态,邀请毛泽东到重庆进行谈判。

---

① 《毛泽东选集》第 4 卷,人民出版社 1991 年版,第 1129~1130 页。

中共中央曾经希望在抗战胜利时，人民革命力量能占取一批大城市和交通要道。1945 年 6 月 5 日中共六届七中全会第二次会议就讨论过城市工作问题，通过了毛泽东起草的有关指示，并成立了以彭真为主任，包括刘少奇、陈云在内的由 14 人组成的城市工作委员会。苏联对日宣战后，8 月 10 日，中共中央即指示各中央局、分局及各地党委，立即组织力量，“准备于日本投降时，我们能迅速占领所有被我包围和力所能及的大小城市、交通要道，以正规部队占领大城及要道，以游击队民兵占小城”①。8 月 12 日，中共中央根据国共力量对比，确定了必须占领太原以北之同蒲路等交通线及沿线城市的计划，而对太原以南之同蒲路等长江以南各要道及大城市，则根本不作占领计划，而“置重点于占领广大之乡村”②。由于国民党军队主要部署在西南避战观战及西北封锁陕甘宁边区，华北、华中、华东的日军伪军主要为人民军队所包围，东北更无国民党的一兵一卒，中共中央认为，占取一批大城市和交通要道是可能的。8 月 20 日，中共中央还曾电复华中局，同意华中交通要道是可能的。8 月 20 日，中共中央还曾电复华中局，同意华中局关于发动上海起义的方针，并决定“派我军有力部队入城支援”。同日，中共中央还致电晋察冀分局并告各分局：“对于北平、天津、唐山、保定、石家庄，应迅速布置城内人民的武装起义，以便于不失时机配合攻城我军起义，夺取这些城市，主要是平津。”③但随后不久，中共中央根据形势的变化，对上述方针作了改变。8 月 21 日，毛泽东为中共中央起草致华中局电，指出，“日本投降条约即将签字，蒋介石已委任上海官吏，在此形势下上海起义变为反对蒋介石，必被镇压下去，宜改为群众组织各种团体发动清查汉奸斗争”，而“不建立政府”。8 月 22 日，中共中央、中央军委就关于改变战略方针问题致电各党委、各军区，指出：“蒋介石利用其合法地位接受敌军投降，敌伪只能将大城市及交通要道交给蒋介石。在此种形势下，我军应改变方针，除个别地点仍可占领外，一般应以相当兵力威胁大城市及交通要道，而以必要兵力着重于夺取小城市及广大乡村，扩大并巩固解放区，发动群众斗争，并注意组训军队。”④“对大城市仍应积极派人去发动群众，争取伪军，出版报纸，布置秘密工作，争取我党在城市中的

---

① 《中共中央文件选集》第 15 册，中共中央党校出版社 1991 年版，第 215 页。

② 《中共中央文件选集》第 15 册，中共中央党校出版社 1991 年版，第 232 页。

③ 《毛泽东年谱（1893—1949）》下卷，人民出版社、中央文献出版社 1993 年版，第 8 ~ 9 页。按：华中局于 8 月 19 日向中共中央报告说：“上海我可掌握控制的力量总共有 20 万人，我能掌握大部分水电工人、邮政工人、电车工人、电话工人、铁路工人。日本厂 10 万失业工人可动员，沪东、沪西各可动员数万。沪西大部分巡捕我可控制。伪方只有税警团、保安队维持秩序，甚恐慌。根据目前主客观力量可以发动群众武装起义，但暂不向驻守不动的日军攻击。”“即使将来万一不能长期坚持，亦可退到农村发展游击战争取得胜利。”

④ 《毛泽东年谱（1893—1949）》下卷，人民出版社、中央文献出版社 1993 年版，第 9 页。

地位"①。对于改变方针的原因,毛泽东在8月23日召开的中共中央政治局扩大会议上作了解释。他说:"我们曾力争在进入和平阶段前进入若干大城市,如北平、天津、太原,没有成功。原因有二:一是苏联为了国际和平和受中苏条约的限制,不可能也不适于帮助我们。我们的武器是步枪,没有外援很难打下日军占领的大城市。……苏联如公开助我,美国必公开助蒋,大战就可能爆发,和平不能取得。二是蒋介石利用其合法地位,使侵华日军只向国民党军队投降,我们想争一部分受降权而不可得,因为我们没有合法地位。"这样,"我们想力争的那一批胜利果实就得不到了。""我们只能在得不到大城市的情况下进入和平阶段。"②在这种情况下,为了扩大解放区,人民军队除占领个别大中城市(如解放了张家口)外,主要就是向敌伪占领的中小城市尤其是广大乡村进军了。

在扩大解放区的斗争中,中共中央确认争取东北、建立巩固的东北根据地具有特殊的战略意义。1945年5月31日,毛泽东在中共七大上作关于政治报告讨论的结论时即明确指出:"东北是一个极其重要的区域。"如果东北能在我们领导之下,"我看可以这样说,我们的胜利就有了基础,也就是说确定了我们的胜利"③。6月11日,他在七大上作《关于第七届中央候补中央委员选举问题》的报告时,讲到应有东北的同志参加中央委员会。他强调:"从我们党,从中国革命的最近将来的前途看,东北是特别重要的。如果我们把现有的一切根据地丢了,只要我们有了东北,那末中国革命就有了巩固的基础。当然,其他根据地没有丢,我们又有了东北,中国革命的基础就更加巩固。"④抗日战争胜利后,中共中央即下大力气来争取东北。1945年8月26日,毛泽东在赴重庆前夕,在中共中央政治局扩大会议上,"还作出了非常重要的战略安排,决定把我党的力量集中在华北、山东和陇海路以北至内蒙古一带,并力争东北"⑤。毛泽东重庆谈判时,刘少奇任中央代理主席。9月17日,中共中央发出《关于确定向北推进向南防御的战略方针致中共赴渝代表团电》,指出:"东北为我势所必争,热(河)、察(哈尔)两省必须完全控制。""我们全国战略必须确定向北推进,向南防御的方针。否则我之主力分散,地区太大,处处陷于被动"。9月19日,中共赴渝代表团电复中共中央,表示"完全同意提出筱电所提战略部署"⑥。同日,中共中央发出关于目前任务与战略部署的指示,正式规定"全国战略方针是向北发展,向

① 《中共中央文件选集》第15册,中共中央党校出版社1991年版,第244页。

② 《毛泽东文集》第4卷,人民出版社1996年版,第4~5页。

③ 《毛泽东在七大的报告和讲话集》,中央文献出版社1995年版,第218页。

④ 《毛泽东在七大的报告和讲话集》,中央文献出版社1995年版,第232~233页。

⑤ 《胡乔木回忆毛泽东》,人民出版社1994年版,第403页。

⑥ 《中共中央文件选集》第15册,中共中央党校出版社1991年版,第278~280页。

南防御”。指示强调,“只要我能控制东北及热、察两省,并有全国各解放区及全国人民配合斗争,即能保障全国人民的胜利”。因此,“目前全党全军的主要任务,是继续打击敌伪,完全控制热、察两省,发展东北我之力量并争取控制东北,以便依靠东北和热、察两省,加强全国各解放区及国民党地区人民的斗争,争取和平民主及国共谈判的有利地位”①,这也就是为中国革命的胜利奠定基础。

为什么中共中央要采取向北发展、向南防御的方针并下决心大力争取东北呢?这是因为,当时中共领导的解放区主要在华北及华中。要发展解放区,主要有向南、向北两个可能的方向。南方,尤其是江苏、浙江一带,是蒋介石起家的基地,这在他,是势所必争的;而中共领导的革命力量在这个地区又比较薄弱,要占取南方,也是势所不能。所以,当时并不具备向南发展的条件。北方尤其是东北的情况则不同。1931 年“九一八”事变以来,国民党就放弃了东北。抗战胜利时,国民党在东北不仅没有任何群众基础,而且也没有一兵一卒。它的军队要进入东北,从陆路走,必须经过华北,而华北的许多地方已经成了解放区。因此,它要进入东北是有很大困难的。中共的情况正好相反。中共领导的东北抗日联军曾经在东北坚持过长期的艰苦斗争,党在这里有一定的群众基础;而且,中共领导的冀(河北)热(热河)辽(辽宁)解放区与东北直接毗连,山东解放区与东北隔海相望。因此,人民军队无论要从陆路还是海上进入东北,都比较便利。事实正如刘少奇在当时所说的那样,东北很好进去,很好发展。除了这个原因之外,中共中央之所以主张向北发展,主要是因为争取东北对于中国革命的未来发展有着极大的战略意义。具体地说,第一,争取了东北,可以使东北与冀热辽及华北解放区连成一片,并与苏联、蒙古、朝鲜相连接,从而使解放区摆脱四面被包围的局面,使人民革命力量获得一个巩固的、辽阔的后方,这样,人民军队就处于进可以攻、退可以守的有利地位。如果东北为国民党所独占,华北等地的解放区就会仍然处于国民党的四面包围之中,而且处于受到国民党军队南北夹攻的被动和危险的境地。第二,东北工业比较发达,矿藏丰富,交通便利,农业发展的条件也比较好。人民军队先机进入东北,站稳脚跟,就可以利用东北的人力、物力支援其他解放区,从而有利于革命向全国的发展。对于东北战略地位的重要,美蒋方面也是意识到了的。日本投降后,美、英官员向国民党提出:“如果此时共产党控制张家口、承德、山海关一线,并利用苏联控制满洲,则英、美在将来和平会议上对中共问题不能不采取折衷办法。如果中共此时没有实行此着,则中共问

① 《刘少奇选集》上卷,人民出版社 1981 年版,第 371 ~372 页。

题不难解决。”①后来蒋介石在一次秘密军事会议上也说:“国民党命运在东北。盖东北之矿产、铁路、物产均甲冠全国,如东北为共产党所有,则华北亦不保。”②这些估计,从另一个方面说明了中共中央关于争取东北的战略决策的重要性和正确性。

为了贯彻争取东北的方针,从1945年8月日本投降至同年11月,中共中央先后派出政治局委员4人、中央委员和中央候补委员16人到东北直接指导工作,从各战略区抽调主力部队11万人、干部2万余人到东北进行开创根据地的斗争。党在东北所进行的工作,对抗日战争胜利后争取和平民主的斗争提供了有力的配合,更为尔后进行胜利的自卫战争创造了重要的条件。

在积极扩大解放区的同时,中共中央还大力进行巩固解放区的工作。主要是抓好三件大事:

第一,练兵。各解放区在扩兵工作告一段落之后,野战军、地方军、民兵均利用作战间隙着重练兵。练兵项目以提高射击、刺杀、投弹等项技术程度为主,提高战术程度为辅,特别着重于练习夜战。练兵方法,是开展官教兵、兵教官、兵教兵的群众练兵运动。通过这个运动,提高部队的战斗力,从军事上做好保卫解放区的准备。

第二,减租。在一切新解放区发动大规模的、群众性的、有领导的减租减息运动。在老解放区则开展复查减租减息的工作。中央指出:“在新解放区,如无此项坚决措施,群众便不能区别国共两党的优劣,便会动摇于两党之间,而不能坚决地援助我党。”③通过这个运动,使广大农民进一步觉悟起来、组织起来,为巩固解放区奠定群众的基础。

第三,生产。引导生产者组织生产互助团体。政府及时发放农贷、工贷。部队、机关、学校也适当地参加生产。通过这个运动,帮助人民解决经济上、生活上的困难,并为保卫解放区提供物质条件。

综上所述,我们可以看到,面对战后复杂的政治形势和艰巨的斗争任务,以毛泽东为主席的中共中央保持了清醒的头脑,制定了正确的政治方针,采取了坚定而又灵活的革命策略。其结果是,通过争取和平民主的斗争,党在全国人民中的政治威信有了极大的提高,其社会基础也有了空前的扩大;同时,还争得了一年的和平暂歇时间,在这个时间里,迅速地扩大和巩固了解放区和人民军队。这

---

① 中共中央致中共驻重庆谈判代表团电报,1945年9月18日。转引自《从延安到北京》,中央文献出版社1993年版,第180页。

② 《从延安到北京》,中央文献出版社1993年版,第180页。

③ 《毛泽东选集》第4卷,人民出版社1991年版,第1175页。

样,当蒋介石把全国性的内战强加给中国人民的时候,中国共产党已经做好了必要的物质准备和精神准备,因而能够领导中国人民把斗争转向以革命战争反对反革命战争的轨道,并且经过三年的时间,就取得了民主革命的全国性胜利。实践证明,战后中共中央所采取的政治方针和革命策略,从根本上说,是完全正确的。

——原载《中国共产党与新中国的创建》,中央文献出版社 2009 年版。收本书时,结构上有变动。

二、抗日战争胜利后中国共产党对美国的政策和策略

(一)美国政府的扶蒋反共方针成为中国人民为新中国而斗争的严重障碍

美国在第二次世界大战中发了横财,它的经济实力进一步增强。在资本主义世界中,1945 年,美国的出口贸易额占总额的 40.08%,黄金储备占总储备量的 59%;1947 年,其工业产值占工业总产值的 62%。与此同时,它还拥有强大的军事实力。美国总统杜鲁门在 1945 年 10 月 23 日声称:美国拥有"地球上最强大的海军力量"和"世界上最强大的空军力量"。当时,它还垄断着原子弹这种大规模毁灭性武器的生产。凭借着强大的经济、军事实力,美国企图向全世界扩张,以实现其称霸全球的野心。杜鲁门在同年 12 月发表的《特别咨文》中就狂妄地宣称:"我们大家必须承认,我们赢得的胜利把领导世界的持续重担放到了美国人民的肩头。世界未来的和平在很大程度上取决于美国是否真正有决心继续在国际间起领袖作用。"一些美国人甚至公开宣传,要"把 20 世纪变为美国的世纪",要"建立美国在世界上的统治地位"。此主张意味着"美国要全世界向它开放,要在它力所能及的地方推行美国式的制度"。"许多美国人,包括政府中的主要人物,都认为他们能够用他们的力量命令全世界朝着美国模式的民主资本主义走去"①。而对于像中国这样的国家来说,在这里"推行美国式的制度"并不意味着它将成为像美国那样发达的资本主义国家,而是变成美国这个发达资本主义国家的政治附庸和新式的半殖民地乃至殖民地。

控制中国,是战后美国的反革命全球战略的一个重要组成部分。正如毛泽东所说的那样,"美国侵略政策的对象有好几个部分。欧洲部分,亚洲部分,美洲部分,这三个是主要的部分。中国是亚洲的重心,是一个具有四亿七千五百万

① 资中筠:《美国对华政策的缘起和发展(1945—1950)》,重庆出版社 1987 年版,第 2、4、6 页。

人口的大国,夺取了中国,整个亚洲都是它的了。美帝国主义的亚洲战线巩固了,它就可以集中力量向欧洲进攻。美帝国主义在美洲的战线,它是认为比较地巩固的。这些就是美国侵略者的整个如意算盘"①。

美国在中国追求的目标是什么?首先和主要的,是支持和扶助一个亲美政权,因为这是美国控制中国、把中国划入美国势力范围、实现其在华利益的前提和保证。为此,它力图遏制中国共产党及其领导的革命力量。这一点,美国国家安全委员会后来在一份报告中是这样说的:"美国在中国基本的长期目标是,促进一个独立、统一、对美国友好的、并且能够在有效地阻止苏联在远东可能的侵略的中国建立一个稳定的、代议制政府。不过,由于中国的混乱状况,短期内能够实现的最重要目标是阻止共产党完全控制中国。"②

还在抗日战争时期,美军驻延安观察组的美国外交官谢伟思、戴维斯等人曾向美国政府报告:蒋介石集团"为了自私的目的而在牺牲着中国的利益";而"共产党的政府和军队,是中国近代史上第一次受到有积极的广大人民支持的政府和军队"。"中国之命运不属于蒋而属于他们"。"共产党人将成为最强有力和最有建设性的统一中国的力量"。据此,他们建议美国政府不要利用自己的援助,"暂时地支撑起一个凋零的政权"即蒋介石政府,而应当同时与中国共产党建立和发展关系。但是,美国政府的决策人站在帝国主义的立场上,为了贯彻其战后的反革命全球战略,仍然认定,支持蒋介石是他们在中国的唯一可能的选择。他们之所以这样做,原因在于:第一,从"遏制苏联"这个总的战略考虑出发,它担心如果中国革命胜利,共产党人取代蒋介石在中国取得执政地位,那么,"一个共产党统治的中国将在政治、经济和军事上同苏联结盟"。而它需要一个亲美政权统治中国,以便阻止苏联在中国和亚洲的影响,并使之成为美国在亚洲的支点,在国际事务中成为坚定地支持美国的力量。第二,从维护美国在中国的殖民主义利益的考虑出发,它需要战后的中国在没有完整的独立和主权的条件下,成为它倾销商品、获取廉价原料和廉价劳动力以及自由投资的场所。如果中国革命胜利、蒋政权垮台,它就不可能做到这一切了。第三,从压制亚洲正在蓬勃兴起的民族解放运动的考虑出发,它担心中国革命的胜利将会在东南亚以至整个亚洲引起连锁反应,造成对美国实现其反革命全球战略的重大障碍。这样,美国就决心把自己同一个"凋零的政权"拴在了一起,把自己放在了觉醒了的中国人民和正在不可遏制地生长着的中国革命力量的对立面,从而犯了一个重大

---

① 《毛泽东选集》第4卷,人民出版社1991年版,第1491~1492页。

② 《国家安全委员会报告:关于美国对华短期援助的立场》,中译文见《美国对华政策的缘起和发展(1945—1949)》,重庆出版社1987年版,第435页。

的历史性的错误。

在抗日战争胜利的时候,美国准备做些什么呢?美国国务卿艾奇逊在 1949 年中国革命胜利前夜为发表《美国与中国的关系》(白皮书)给美国总统杜鲁门的信中是这样说的:“和平到来的时候,美国在中国碰到了三种可能的选择:(一)它可以一干二净地撤退;(二)它可以实行大规模的军事干涉,帮助国民党毁灭共产党;(三)它可以帮助国民党把他们的权力在中国最广大可能的地区里面建立起来,同时却努力促成双方的妥协来避免内战。”

第一种政策,是美国政府不愿意采取的,按艾奇逊的说法,这样做不符合美国的“国际责任”和“对华友好的传统”。原来美国政府的所谓责任和传统,就是干涉中国内政,反对中国革命。

美国的决策者曾经考虑过采取第二种政策,但他们又顾虑这样做会使美国深陷于中国这个泥潭而不能自拔。因为日本动用了一百几十万兵力,在中国打了 14 年仗,结果不仅没有征服中国,自己还是最终被赶出中国了,对于美国来说,这个历史教训是不能不加以考虑的。当时的美国总统杜鲁门后来追述说:我一向认为,中国“不是任何近代的西方军队所能征服的”,想以武力把美国的生活方式强加于中国“是愚蠢的”。艾奇逊在信件中也无可奈何地承认:对中国实行军事干涉,“从理论上来看,以及回顾起来,虽然都似乎是令人神往,却是完全行不通的。战前的十年里,国民党已经毁灭不了共产党。现在是战后了,国民党是削弱了,意志消沉了,失去了民心……可是共产党却比以往任何时候都强盛,整个华北差不多都被他们控制了。从国民党后来所表现的惨况看来,也许只有靠美国的武力才可以把共产党赶跑。对于这样庞大的责任,无论是叫我们的军队在一九四五年来承担,或者是在以后来承担,美国人民显然都不会批准”。毛泽东指出,美国当权集团之所以“不能采取大规模地直接地武装进攻中国的政策”,是基于以下几个原因:一则美国的和全世界的人民都不要战争;二则欧洲人民的觉悟,东欧各人民民主国家的兴起,特别是苏联这个空前强大的和平堡垒耸立在欧亚两洲之间,顽强地抵抗着美国的侵略政策,使美国的注意力大部分被吸引住了;三则,这是主要的,中国人民的觉悟,中国共产党领导的武装力量和民众组织力量已经空前地强大起来了。艾奇逊承认了第一、第三两点,没有说第二点,“这是因为他怕在苏联面前丢脸”①的缘故。

在这种情况下,美国政府就“采取了第三种供选择的政策”。1945 年 10 月,杜鲁门对赫尔利、魏德迈说:“我们的政策就是支持蒋介石,但是我们却不能卷入中国的内战中为蒋介石而战。”

① 《毛泽东选集》第 4 卷,人民出版社 1991 年版,第 1494 页。

为了执行这个政策,美国当局主要从以下三个方面着手:

第一,加强蒋介石集团的实力,帮助国民党控制尽可能广大的地区。

首先,是帮助国民党垄断接受日军投降的权利,阻止中共领导的人民军队接受日军投降。

杜鲁门在自己的回忆录中说:日本投降时,“中国的情况是这样。蒋介石的权力只及于西南一隅,华南和华东被日本占领着。长江以北则连任何一种中央政府的影子都没有……事实上,蒋介石甚至连再占领华南都有极大困难。要拿到华北,他必须同共产党人达成协议,如果他不同共产党人及俄国人达成协议,他就休想进入东北。由于共产党人占领了铁路中间的地方,蒋介石想要占领东北和中南就不可能”。出现杜鲁门所描绘的这种格局,不是偶然的。由于蒋介石在抗战中、后期主要躲在峨眉山上避战观战,华北、华东、中南等地区主要是中共领导的人民军队在对日军作战,并且在广大农村建立了许多抗日民主根据地,控制这些地区的中心城市和交通要道的日军也就被人民军队包围了。根据这种情况,杜鲁门说:“事情很清楚地摆在我们面前,假如我们让日本人立即放下他们的武器并且向海边开去,那么整个中国就会被共产党人拿过去。因此我们就必须采取异乎寻常的步骤,利用敌人来做守备队,直到我们能将国民党的军队运到华南,并把海军调去保卫海港为止,因此我们便命令日本军队守着他们的岗位和维持秩序。等到蒋介石军队一到,日本军队便向他们投降。这种利用日本军队阻止共产党人的方法是国防部和国务院联合决定而经我批准的。”此项命令于1945年8月10日由美国参谋长联席会议向中国战区美军司令魏德迈下达。8月14日,参谋长联席会议再次致电魏德迈,规定“美军应把自己解放的地区交给中国中央政府认可的武装和机构”。8月15日,杜鲁门发出《一号通令》,要日本天皇命令中国战区的日本海、陆、空军将领(除满洲外),都向蒋介石投降。

其次,帮助国民党运兵,占夺地盘。

日本刚刚投降,美国即为国民党“空运了三个军到华东与华北,包括上海、南京、北平在内”,“并在以后数月间,供给水上交通工具给另外的大军,据陆军部的统计,直到共有四五十万中国大军已经运到新阵地后,才停止供给水运工具”。魏德迈对此作过具体描述,他说:“领先收复失地的整军整师的军队由美国飞机空运到上海、南京和北平。从太平洋调来第七舰队的一部分军舰,后来运送中国部队至华北……负责军事占领任务的中国部队的空运工作由第十和第十四航空队负责,这无疑是世界上规模最大的空中军事调动。”耐人寻味的是,这种空前的空中军事调动,并非在战时,而是在大战已告结束的情况下进行的。

再次,美国在中国登陆,直接帮助国民党抢占战略要地。

当时,“曾有五万美国海军陆战队循国民政府之请在华北登陆,并占领北平、天津、天津以北的煤矿,以及该地区的重要铁道”。有的美军甚至向冀热辽解放区推进。部分美军多次在华北与人民军队发生武装冲突。美国海军航空队三个大队还进驻了青岛。至1945年底,驻华美军总人数“达到最高峰时为十一万三千人”。除了帮助国民党抢占战略要地之外,美军驻华的目的之一,也是为了在华北保留美国武装力量的存在,以便与在东北的苏联军队抗衡。

又次,给予国民党大量的军事和经济援助。

美国方面帮助国民党装备39个陆军师,建立“规模为八又三分之一大队的空军”(直到飞机总数达到936架而后止),将131艘船舰移交给他们,并供给其海军以部分的弹药和维修费用。由于得到了美国的现代化装备,又接收了侵华日军120余万人的绝大部分装备,国民党军队是极大地加强了。

为了帮助国民党装备和扩建海、陆、空军,美国方面还延长执行《租借法》,以“租借”的名义,援助国民党8.399 3亿美元(其中一半以上在10月15日前交付),其数额超过了整个抗日战争时期的援华总数(7亿美元)。美国官方承认:“美国政府自对日战争胜利以来,已批准给予中国政府以总额约达10亿美元的赠予及贷款形式的军事援助。在此同一时期内,另外还批准了10亿美元的经济援助。自然,经济援助不可避免地是有间接的军事价值的。”

此外,美国还派出军事顾问团,帮助国民党训练军队和进行军事策划。

1946年2月25日,杜鲁门总统授权并指令陆军部长、海军部长联合建立驻华美国军事顾问团。3月19日,顾问团开始在南京办公。其“目标是帮助中国(国民党)政府发展现代化的武装部队,并向其提供有关这方面的意见”,以便“对中国解放地区建立充分的控制”。开始时,曾有陆军和海军两个顾问团。前期陆军顾问团长为卢卡斯,1946年11月起由巴大维接任。他们除为国民党训练军官及士兵外,还向蒋介石提出具体的作战方案。其工作甚至深入到国民党军队的师一级指挥部。他们并且认为,“有效的顾问结果,取决于至少是直到团级的顾问援助与间接控制”,只是由于力不从心,才没有这样做。

尽管美国政府没有主要采取直接的武装干涉的方式卷入中国的内战,但它以上述方式鼓励和支持了决心发动内战的蒋介石,从而使自己在相当深的程度上卷入中国的内战了。正因为如此,毛泽东才说:蒋介石随后发动的战争,乃是一场“美国出钱出枪,蒋介石出人,替美国打仗杀中国人,‘毁灭共产党’,变中国为美国的殖民地”①的战争。

第二,与苏联达成妥协,换取苏联对国民党政府“统一”中国的支持,以此压迫中共放弃革命路线。

① 《毛泽东选集》第4卷,人民出版社1991年版,第1494页。

尽管美军延安观察组的一些人曾经向美国当局报告,中国共产党是代表中国民族利益的,而且是强大有力的,它不是莫斯科的附庸,它具有统一中国的力量;但是,在美国,占上风的意见,还是认为中共只是"克里姆林宫的工具",没有苏联的支持,它就不可能有所作为,它就不能不屈服。美国驻华大使赫尔利在给美国政府的报告中就说,"我们相信,苏联的影响将支配中国共产党的行动",如果"苏联应允支持国民政府",中共"将与国民政府达成协议";"如无苏联支持,则中国共产党终将以一个政党的地位参加国民政府。"①

美国要求苏联支持中国在国民党政府基础上的统一,是以1945年2月召开的英、美、苏三国首脑雅尔塔会议的协议为根据的。"雅尔塔会议的实质内容就是东西欧的划分和关于远东的秘密协定。二者都体现了美苏势力范围的划分"。美国承认,东欧为苏联的势力范围,中国东北也基本上属于苏联的势力范围。苏联承认,西欧为美国的势力范围,在一定的条件下中国基本上也属于美国的势力范围。"雅尔塔会议还充分体现了大国主宰世界的思想。无论是欧洲还是亚洲,当事国基本上没有什么发言权,听凭几个大国把它们的权益甚至领土,作为讨价还价的筹码。"②

在雅尔塔会议上,苏联领导人利用美国领导人积极要求苏联对日作战的意图,以出兵中国东北对日作战为交换条件,谋求在中国东北取得不冻的军港、商港及铁路交通等方面的优越权益。而美国领导人奉行的是"一种利用苏联在华谋求利益的欲望去削弱共产党的政策"③,便以承认苏联方面的要求为条件,促使苏联领导人支持国民党政府。

雅尔塔秘密协定规定,苏联保证在欧洲战争结束后2~3个月内开始对日作战,并与国民党政府缔结一项友好同盟条约;作为交换条件,协议规定:"1.维护外蒙古(蒙古人民共和国)现状。2.恢复1904年日本背信弃义的进攻所破坏的原属俄国的各项权利,即(甲)将库页岛南部及其全部毗连岛屿归还苏联;(乙)大连商港国际化,并保证苏联在这个港口的优惠权益,恢复租借旅顺港为苏联的海军基地;(丙)设立中苏合营公司,对通往大连的中东铁路及南满铁路进行共管,并保证苏联的优惠权益,而中国保持在满洲的全部主权。3.千岛群岛交给苏联。"④这里的有关中国的协议,实际上是把十月革命以后列宁领导的苏维埃政权宣布放弃的沙皇俄国在中国东北攫取的一些特殊权益重新恢复起来,

---

① 《中美关系资料汇编》第1册,世界知识出版社1957年版,第163~164页。

② 资中筠主编:《战后美国外交史》上册,世界知识出版社1998年版,第33页。

③ [美]迈克尔·沙勒:《美国十字军在中国》,商务印书馆1982年版,第189页。

④ 《德黑兰、雅尔塔、波茨坦会议文件集》,三联书店1978年版,第258页。

归苏联享有了。这是对中国主权的侵犯。还有必要指出,这些协议是背着中国人民甚至是背着国民党政府达成的。几个月以后,根据苏联的意见,美国当局才于6月15日指示赫尔利将有关中国的秘密条款通知蒋介石。随后,美国当局即推动国民党政府与苏联政府据此签订一项同盟条约。8月14日,两国政府签订了《中苏友好同盟条约》以及《关于大连之协定》、《关于旅顺口之协定》、《关于中国长春铁路之协定》,并就外蒙古问题等进行换文。条约及有关协定、换文,宣布大连为一自由港,港口主任从苏籍人员中遴选,所有港口工事及设备之一半无偿租与苏方,租期为30年;中苏两国共同使用旅顺口作为海军根据地,设中苏军事委员会,委员长由苏方派任,苏联政府有权在划定区域内驻扎陆海空军;中东铁路及南满铁路满洲里至绥芬河及哈尔滨至大连、旅顺之干线合并成为一条线路,定名为中国长春铁路,归中苏两国共同所有、共同经营等。显然,条约和协定的一些内容,是有损中国主权的。

在双方就签订条约进行的换文中,苏联方面声明:"苏联政府同意予中国以道义上与军需品及其他物资之援助,此项援助完全供给中国中央政府即国民政府。"苏联政府并且确认,在东北"一俟收复区内任何地方停止为直接军事行动之地带时,中华民国国民政府即担负管理公务之全权"。正因为如此,蒋介石在条约签订后的第二天即向赫尔利表示,感谢他奠定中苏接近的基础,并说明自己理解中苏条约,它表明苏联方面"有意帮助促成中国军队的统一","有意支持中国国民政府"。美国政府也认为,这些"协议之存在,一如国民政府所承认的,已经给国民政府以精神上和法律上的利益"①。

美国在战后企图控制中国的主要目的之一是为了"遏制苏联",而为了达到这个目的,它又与苏联妥协,企图借此遏制中共及其领导的革命力量,以便中国在亲美的蒋介石政权下实行统一。美国决策者以为,取得了苏联支持蒋介石统一中国的保证,就可以从根本上孤立中共,迫使中共就范了。他们不懂得,中国共产党人是坚定的国际主义者,同时更是彻底的、忠诚的、热烈的爱国者,他们绝不是任何大国大党的政治附庸;他们在斗争中,主要地不是依赖外国的援助,而是依靠本国人民的支持。苏联政府关于支持国民政府的表示,是不可能动摇中国共产党人为建立新中国而斗争的决心的。

第三,要国民党进行某种改革,以便巩固自己的统治,诱使中共交出其领导的军队。

还在抗战后期,美国驻华使馆的一些外交官就向美国政府报告说:"共产党已建立了既广且深的群众支持,因而使他们之消灭成为不可能。从这个基本事

① 美国国务院:《美国与中国的关系》(白皮书)第四章,1949年8月。

实，我们必须得出结论，未来的中国，共产党将占有确定的和重要的地位。”“除非国民党在政治经济的改革上和共产党有同样的成就，并证明自己能争取人民的领导地位(……)，不然，共产党在短短的几年中将成为中国唯一的主导力量。”美国决策者认识到，蒋介石集团是不可能依靠自己的武力把共产党消灭的，美国自己又不可能通过直接参与中国的内战来帮助蒋做到这一点。而国民党政权本身又太腐败无能了，它严重地失去了人民的信任和支持，并遭致了中间派的极大不满。在这种情况下，对国民党政权进行某种改革是必要的。这样，它才能改善自己在人民中的形象，争取中间派的同情，从而避免在政治上陷于孤立的境地。更重要的是，这样，它才能诱使共产党交出军队，使中国在国民党政权的基础上实现“统一”，从而使中国有一个比较稳定的、以蒋介石集团起主导作用的统一的亲美政权。因为美国决策者认为，共产党领导的人民军队的存在，对蒋介石的统治构成了最大的威胁；而共产党已经明确表示，中国除非实行民主化、组织民主的联合政府，它是不可能交出自己的军队的。美国决策者还认为，如果国民党进行某种改革并对共产党作出某种政治上的让步，那么，共产党还是有可能就范的。杜鲁门后来在自己的回忆录中就说过：“第二次世界大战前后，欧洲有许多国家组成了联合政府，其中凡是处在英美势力范围内的国家，共产党在政权中均未取得支配地位。既然苏联承认美国在中国居于主导地位，搞民主政治不外产生类似西欧国家那样的联合政府，这个政府当然不会与美国利益背道而驰。欧洲的经验使美国人确信，在民主政治的环境里‘没有理由认为’，国民党在夺权斗争中不能‘取得胜利’。”

美国的上述对华政策，从根本上说，是与蒋介石集团的要求相符合的。

从战略上说，它们的目标是一致的：美国决心竭力扶植蒋介石集团，反对共产党及其领导的人民革命力量掌握中国的政权；蒋介石集团为了维护自己的反动统治也决心倒向美国的怀抱，以便取得美国的支持，来反对共产党领导的人民革命力量。

从策略方面来说，第一点，美国决心尽力加强国民党的力量，这是国民党求之不得的；第二点，美国要求借助苏联的影响，迫使中共就范，对此，蒋介石集团也是可以接受的；第三点，美国希望国民党进行某种改革，以便让共产党交出军队，对此蒋介石集团并不赞同。因为它感到自己在政治上过于虚弱，如果进行民主改革，共产党将利用这种改革来反对自己、孤立自己，而共产党却并不会因此轻易地交出自己的军队。

美国与蒋介石集团在战略、策略上的共同点是主要的、基本的，在策略上的某些分歧是次要的、处于服从地位的。

尽管杜鲁门表示，“我们的政策是支持蒋介石，但是我们却不能卷入中国的内战中为蒋介石而战”，事实上，支持和援助蒋介石与不赞成中国内战，这两者是互相矛盾的。因为没有美国的支持和援助，蒋介石就没有力量发动全国内战；援助蒋介石，就是对他的内战政策的最实际的支持，就是对他发动内战的直接推动。美国既然用自己的援助来支持蒋介石，自己又不敢直接卷入中国的内战，这样，随后蒋介石发动的中国内战，就成了如毛泽东后来所说的“美国出钱出枪蒋介石出人替美国人打仗杀中国人的战争”了。

战后美国对华政策的根本错误在于，它把自己同一个在根本上脱离中国人民的、正在走向凋零的政权紧紧地拴在了一起。尽管早在抗战后期美国驻华使馆中了解中国情况的外交官已经建议美国政府改变片面援蒋的政策，并同中国共产党人建立和发展各种必要的联系，以便将来蒋介石失败、中共胜利时，美国不致失去在中国的任何立足点；但是美国决策者的帝国主义立场蒙蔽了他们的视野，使他们不可能对于中国问题作出现实主义的判断和抉择。

上面的情况表明，战后中国人民面临的主要任务虽然是进行国内斗争，但是，这个斗争既然是反对受到美国支持的、在中国代表美国利益的蒋介石集团的斗争，是反对蒋介石集团把中国变成美国的附庸国、殖民地的斗争，因而它也就具有了国际的内容，具有了反对帝国主义的性质。

由于美国是世界上最强大的资本主义国家，它并且以自己的强大来吓唬人，来迫使人就范，因此，战后中国人民的斗争就不能不是一个复杂、曲折、艰苦的过程。

如何对待美国，这是中国共产党和中国人民在战后必须妥善解决的一个重大问题。

（二）从争取“中立美国”，到公开宣布美帝国主义是敌人

抗日战争胜利后，中国人民的主要任务是进行国内斗争。但是，由于蒋介石“完全是依靠美国帝国主义的帮助，把美国帝国主义作为靠山。独裁、内战和卖国三位一体，这一贯是蒋介石方针的基本点”①，因此，要恰当地处理同国民党的关系。领导人民进行胜利的国内斗争，中国共产党必须制定并执行一个正确的对美国的方针。

从战略上说，中国共产党是明确地和坚决地坚持反对美国政府扶蒋反共、助蒋内战、变中国为美国附庸的方针的。

在 1945 年 5 月至 6 月召开的中共七大上，毛泽东就提出要警惕中国可能变成美国的半殖民地的问题。他说：“在抗战以前近一百年中间，中国是几个帝国

① 《毛泽东选集》第 4 卷，人民出版社 1991 年版，第 1132 页。

主义国家统治的半殖民地。九一八事变日本发动侵略战争后,国民党削弱了,就不得不依赖美国,这样中国就可能变成以美国一个帝国主义国家为主统治的半殖民地。以美国为主控制国民党,英国可能插进一只小脚。这一变化将是一个长期的麻烦,我们共产党要好好准备,以应付这个变化。"他要求做好国际联络工作,要求"党的高级干部,应该特别注意美国的情况"①。他在大会的政治报告中公开提出:"我们要求各同盟国政府,首先是美英两国政府,对于中国最广大人民的呼声,加以严重的注意,不要使他们自己的外交政策违反中国人民的意志,因而损害同中国人民之间的友谊。我们认为任何外国政府,如果援助中国反动分子而反对中国人民的民主事业,那就将要犯下绝大的错误。"②他强调,"美国政府的扶蒋反共政策,说明了美国反动派的猖狂。但是一切中外反动派的阻止中国人民胜利的企图,都是注定要失败的"。抗战胜利后,1945 年 8 月 13 日,毛泽东在延安干部会议上报告中明确指出:"美国帝国主义要帮助蒋介石打内战,要把中国变成美国的附庸,它的这个方针也是老早定了的。""我们过去对于美国的扶蒋反共政策作了公开的批评和揭露,这是必要的,今后还要继续揭穿它。"

帝国主义势力从来都是以自己的强大来吓唬人的。战后的美国,更是这样。因此,如何看待美帝国主义,这是战后中国人民在斗争中首先遇到的问题。毛泽东要求人们认清"美帝国主义是外强中干的",因而在战略上树立敢于斗争的思想。他说,在对待美国的问题上,"我们要有清醒的头脑,这里包括不相信帝国主义的'好话'和不害怕帝国主义的恐吓"。毛泽东讲道,美军驻延安的观察组组长包瑞德上校曾经建议他接受赫尔利的意见,派几个人到国民党政府里去做官,并且说,如果不做,"第一,美国人会骂你们;第二,美国人要给蒋介石撑腰"。毛泽东说:"你们吃饱了面包,睡足了觉,要骂人,要撑蒋介石的腰,这是你们美国人的事,我不干涉。现在我们有的是小米加步枪,你们有的是面包加大炮。你们爱撑蒋介石的腰就撑,愿撑多久就撑多久。不过要记住一条,中国是什么人的中国?中国绝不是蒋介石的,中国是中国人民的。总有一天你们会撑不下去!"他指出,尽管美国拥有大规模杀伤性的武器——原子弹,但是,"只有原子弹而没有人民的斗争,原子弹是空的",它并不能够解决战争。把原子弹说得神乎其神,这是资产阶级的世界观、方法论。"对于我们队伍中的这些资产阶级的东西,也要像打扫灰尘一样,常常扫除。"③毛泽东在这里所阐明的关于认清帝国主

① 《毛泽东在七大的报告和讲话集》,中央文献出版社 1995 年版,第 192 页。

② 《毛泽东选集》第 3 卷,人民出版社 1991 年版,第 1085 页。

③ 《毛泽东选集》第 4 卷,人民出版社 1991 年版,第 1133 ~ 1134 页。

义外强中干的本质和不怕帝国主义的恐吓的思想,具有重大的战略意义。在半殖民地的中国,任何政党、任何个人,如果没有敢于藐视帝国主义的英雄气概,是根本没有资格奢谈革命的,更不用说领导人民为建立新中国而进行斗争了。

从抗战胜利前后,到 1946 年 6 月全面内战爆发,中国共产党对美国一贯地坚持了以上的基本战略方针。但它对美国采取的具体的策略,则是随着形势的发展,特别是美国对华政策的演进和这种政策的本质的日益显露,而有所变化的。大体说来,可分为三个阶段:

第一阶段,抗战胜利前后赫尔利公开声明扶蒋反共、不与中共合作的时期。

1945 年 4 月 2 日,美国驻华大使赫尔利在美国新闻记者俱乐部发表公开讲话,攻击中共及其领导的人民军队是中国实现统一和民主的障碍,故意把中共与军阀混为一谈,并且表示"美国决不向中共提供援助"。这个讲话表明,美国政府已将其对华政策转上了扶蒋、反共、防苏的轨道。

针对这种情况,中国共产党对美国的扶蒋反共政策进行公开的揭露和坚决的斗争。1945 年 4 月 5 日《新华日报》在转载赫尔利 4 月 2 日讲话时即在编者按中公开对他进行了点名批评。6 月 11 日,毛泽东在中共七大上严正指出,"我们反对美国政府扶蒋反共的政策"。"美国政府要破坏我们,这是不允许的"。为了以行动向美方传递中共坚决反对美国扶蒋反共政策的信息,中共中央军委还作出了以下的规定:不准美军观察组派人到前方去,不准其在敌后解放区建立通讯机关;美蒋合办之突击队如进入解放区,要解除其武装,禁止其通讯,监视其行动;限留晋绥区、太行区的美军各一人,只能给予少数的一般的敌军情况的材料,凡属机密性的情报停止供给;等等。① 7 月 10 日和 7 月 12 日,毛泽东为新华社撰写了《赫尔利和蒋介石的双簧已经破产》、《评赫尔利政策的危险》两篇时评,进一步指出,"这个以赫尔利为代表的美国对华政策的危险性,就在于它助长了国民党政府的反动,增大了中国内战的危机"。时评警告说,"假如赫尔利政策继续下去,美国政府便将陷在中国反动派的又臭又深的粪坑里拔不出脚来,把它自己放在已经觉醒和正在继续觉醒的几万万中国人民的敌对方面"②。抗战胜利后,中国共产党对美国政府扶蒋反共的政策进行了更加坚决的斗争。1945 年 8 月 15 日,中国解放区抗日军总司令朱德致美、英、苏三国政府说帖,正式提出:"为减少中国的内战危险,请美利坚合众国政府站在中美两国人民的共同的利益上,立即停止对于中国国民党政府之租借法案的继续执行。如果国民党政府发动反对中国人民的全国规模的内战(此种内战危险,现已极其严重),

① 《中共中央文件选集》第 15 册,中共中央党校出版社 1991 年版,第 179 ~ 180 页。

② 《毛泽东选集》第 3 卷,人民出版社 1991 年版,第 1115 页。

请勿予国民党政府以援助。"①10月6日,中共中央发出《关于采取强硬态度拒绝美军登陆的指示》,指出美军在烟台等地登陆,"我军应表示强硬拒绝,建筑工事,实行抵抗,只有在不能击退美军并无法阻其登陆时,我军才予撤退,并将冲突时间、地点、人数及具体经过情形,迅速报告和公布"。"其他各地区如遇美军干涉和进攻均照此办理"。指示强调,"只有我军采取强硬态度,并在世界上引起舆论大风波之后,才能压制美军的无理干涉"。只是"我军决不先开枪"。10月29日,中共中央再次指示各中央局、各区党委:"凡美军部队强行向我区推进,或协助国民党军队修筑交通,我当地军政当局应即正式通知美方,加以拒绝,同时应有武装抗击其前进之准备。"②11月4日,朱德为美军搜查冀中军区驻津办事处等事件致书美军驻华司令魏德迈,"提出严重抗议",要求美方"保证今后不再发生同类破坏中国主权,干涉中国内政及参加国民党军队进攻中国解放区之行为"③。同日,中共中央致电彭真、林彪等,指出,"美舰如向我军开炮以掩护顽军(在东北)登陆,我军自然可以大炮还击美舰",只是"我不应向美舰先开炮"④。同日,中共中央指示各地开展揭露美军"对中国武装干涉内政"、事实上"掩护及协助国民党进攻解放区"的宣传攻势,"要求美国像苏联一样立即撤退在华军队"⑤。12月9日,陆定一在延安发表题为《反对内战,反对武装干涉》的讲演,公开揭露赫尔利、魏德迈之流的武装干涉中国内政的政策,号召人们奋起加以制止。⑥ 12月13日,《解放日报》发表题为《抗议美军炮轰卢龙乡村惨案》的社论,公开要求"美国政府立即撤退在华一切美军";并严正表示:"中国人民是一种有高度民族自尊心的人民,决不容许美国若干帝国主义者肆意侵略蹂躏。"⑦

不过,中国共产党虽然已经确认美国对华政策的基本方面是扶蒋反共,同时也估计到,美蒋在如何维护国民党统治这个问题上还并不完全一致。美国要求蒋介石进行一点民主改革,以便诱使中共交出军队;蒋介石则认为,如果这样做,势必导致国民党的垮台。美蒋之间的这种矛盾虽然不是本质性的,但也应当加以利用。同时,党对于美国政府的这种扶蒋反共政策今后是否有可能改变,也还

---

① 《中共中央文件选集》第15册,中共中央党校出版社1991年版,第240页。
② 《中共中央文件选集》第15册,中共中央党校出版社1991年版,第391页。
③ 《中共中央文件选集》第15册,中共中央党校出版社1991年版,第399页。
④ 《中共中央文件选集》第15册,中共中央党校出版社1991年版,第400页。
⑤ 《中共中央文件选集》第15册,中共中央党校出版社1991年版,第406页。
⑥ 《中共中央文件选集》第15册,中共中央党校出版社1991年版,第601页。
⑦ 《中共中央文件选集》第15册,中共中央党校出版社1991年版,第605页。

是在观察之中。① 基于以上的考虑，中共中央认为，应当把斗争的主要锋芒对着蒋介石政权及其反动政策，而不是对着美国；对美国虽然着重于对其扶蒋反共政策进行揭露、批判乃至斗争，但仍应是有一定的限度，即仍应留有一定的回旋余地。1945 年 7 月 7 日，中共中央军委在《关于美国对华的反动政策及我之对策的指示》中指出："从美大使赫尔利公开发表全力扶蒋不与中共合作以后，我党对美国的态度是反对美国现在对华的错误政策（扶蒋、反共、防苏），反对美国政府中的帝国主义分子（如赫尔利等），支持其中进步的对中共同情的分子（如被捕六人等），批评美国政府的扶蒋反共政策，而要求其加以改变。"②由于美国大使馆有人劝告中共不要批评赫尔利，毛泽东在 7 月 30 日给徐冰等的电报中说："赫尔利曾经批中共，把中共和军阀并列，并且是当做整个党来批评的，为什么中共不能批评他？我们的批评是将美国政府和美国人民分开，又将美国政府中决定对华政策的人物和其他人员分开，又将美国政府一部分错误政策和其他正确政策分开。只要美国政府的现行扶蒋反共政策有一天能改变，我们就将停止批评这个政策，否则是不可能停止的。"③9 月 1 日，中共中央在《关于对美外交政策的指示》中指出："目前我们对美外交极宜谨慎，方针仍是避免与美军冲突。对美国人民仍采合作政策，如在前线碰到美国军民应不予扣留，不加伤害，并负责保护，其所带武器电台亦勿收缴。"④10 月 1 日，刘少奇在一份电报中也指出："不可报复，以免给中国及美国反动派以借口，造成反我空气。但美军如有任何进攻我军行为，我必以严正态度对之。"⑤事实上，人民军队对美军挑衅行动的反击，是严格执行自卫的原则，并且适可而止的。

由于对美国的斗争留有一定的回旋余地，所以当美国对华政策发生某种变化时，中共也就能够及时地将对美国的策略作必要的调整。

第二个阶段是从赫尔利倒台、马歇尔使华到美国当局提出"军事援华"法案之前的时期。

在抗战胜利后的 3 个月，解放区军民为反对蒋介石的内战政策和行动进行了胜利的自卫斗争，同时对以赫尔利为代表的美国扶蒋反共政策进行了公开的揭露和批判。迫于形势，美国当局不得不对自己的对华政策进行某些调整，即由

---

① 1945 年 10 月 1 日，刘少奇在一份电报中就曾说："美军助蒋是美国政府目前的政策，即在美国亦有很多人反对，将来是否有改变政策的可能，目前还难说。"见《中共中央文件选集》第 15 册，中共中央党校出版社 1991 年版，第 308 页。

② 《中共中央文件选集》第 15 册，中共中央党校出版社 1991 年版，第 179 页。

③ 《毛泽东外交文选》，中央文献出版社、世界知识出版社 1994 年版，第 50 页。

④ 《中共中央文件选集》第 15 册，中共中央党校出版社 1991 年版，第 262 页。

⑤ 《中共中央文件选集》第 15 册，中共中央党校出版社 1991 年版，第 308 页。

“赫尔利的公开助蒋反共反人民反民主的一面政策”,调整为在坚持扶持蒋介石的前提下,表示不卷入中国内战,并愿意在国共两党之间进行“调停”的两面政策。1945 年 11 月 26 日,赫尔利大使宣布辞职。杜鲁门总统决定派刚退休的美国陆军参谋长马歇尔到中国进行“调停”。12 月 15 日,他发表对华政策声明,主张中国停止内战,在承认国民政府为唯一合法政府的前提下结束国民党“一党训政”,扩大政府基础,并表示“美国不以军事干涉来影响中国内争的进程”。在这种情况下,中国共产党也将自己的对美国的策略作了相应的调整。

1945 年 11 月 28 日,中共中央在《关于对美蒋斗争策略的指示》中即已提出“有时也可中立美国”的策略思想。指示说:“目前世界的中心问题是美苏之争,反映在中国便是蒋共之争。美国政府对华政策是尽力扶蒋、打共、反苏,而蒋之政策则在打共时企图中立苏,在反苏时又必望连上共。”“因此,我们目前在以对蒋斗争为中心时,一方面固应表示与苏联无关,另方面有时(甚至只是形式上的)也可中立美国,以减少我们一时或某一种程度的困难。”①这个“中立美国”的思想,是从当时“以对蒋斗争为中心”这个基本情况出发提出来的,是建立在对美蒋关系的全面分析(即美国支持蒋介石统治,但在如何扶持蒋介石统治的方法上与蒋又有分歧)的基础之上的。12 月 19 日,中共中央发出《关于美国对华政策的变动和我党对策的指示》。中共中央指出,“虽然美国政策在基本上仍然是扶助蒋介石的(这是美国一贯政策,罗斯福亦如此,我们不可存幻想)”,但是“美国已决定不参加中国内战,不援助蒋介石武力统一中国,而援助中国的和平统一。所有美国政策的这些变动,对中国人民要求和平民主的斗争是有利的”。因此,中共中央指示,“对于在华美军及美方人员应采取友善态度,避免冲突,以免反动派作为挑拨的借口”;要通过救护美国飞行员和善意招待进入解放区的美国人员、记者等,“使美国人员对我获得友好的印象”,从而使之“给美国对华政策以较进步的影响”②。

中共中央采取这种策略的目的,从积极方面来说,是“希望它执行一个中间的政策,不干涉中国内政的政策,赞助中国实行一个从工农到蒋介石都有代表权的联合政府”③。因为如果能够出现这种局面,中国共产党就可以试图用和平方法对中国进行社会政治改革,至少可以争取到一个和平的暂歇时期,以便进一步巩固解放区,做好对付国民党军事进攻的准备。从消极方面来说,“是对美采取不挑衅政策,以减少美国寻隙借口”,直接干涉中国内政,甚至卷入中国的内战。

① 《中共中央文件选集》第 15 册,中共中央党校出版社 1991 年版,第 455 页。
② 《中共中央文件选集》第 15 册,中共中央党校出版社 1991 年版,第 494 ~495 页。
③ 《中共中央文件选集》第 16 册,中共中央党校出版社 1992 年版,第 688 页。

因为如果出现这种局面，将给中国革命的发展造成严重的障碍。

当然，“这种中立美国，只是在对蒋斗争中的一种策略”。中共中央指出，采取这种策略，“并非不反对美国殖民地化中国的政策，也并非不抗议美国武装干涉中国内政和参加中国内战的政策，更非在美军进攻我们时不采取抵抗政策。相反地，对于美国政府的这种帝国主义政策，应持坚定的立场，严正的批评和坚强的抵抗以反对之，方能给以打击和教育人民”①。

总之，对于美国政府既支持蒋介石统治（这是基本方面）又主张“调停”中国内战的两面政策，中共中央决定以革命的两面政策对待之。这就是：既坚决反对美国扶蒋反共，同时又争取“有时也中立美国”。争取其中立与对之进行揭露、批评乃至斗争，这二者是结合在一起，交相为用的。至于这个策略的具体运用，则根据各个时期形势的不同和情况的变化，有时争取的成分多一些，有时揭露、批评乃至斗争的成分多一些。比如，美、蒋企图“寻找借口在热（河）察（哈尔）两省建立反苏、反共据点”，中共中央即指示聂荣臻等，必须切实“抓紧两处工作”，“不给国（民党）、美（国）以任何可乘之隙”。对于美国在“调处”国共关系方面偏袒国民党的主张和行动，也都应“严正表示意见”。同时，中共中央指出，我们不怕“与国民党弄僵。但对美国则除非他恢复赫尔利政策，公开全面地赞助国民党实行内战与独裁，我们不应和他弄僵”，以便“使国民党无隙可乘”②。

在这方面，有一个问题很值得注意，这就是：中国共产党在坚决反对美国殖民地化中国的政策的同时，曾经考虑过争取在平等的基础上同美国发展经济合作关系。在1946年1月政治协商会议期间，中国共产党代表团提出的《和平建国纲领草案》就主张：“在不妨碍民族独立的条件下，极力发展中外经济与文化的合作，并保护外国人民在华合法利益、生命财产之安全。”③这里所说的外国，不仅是指苏联，首先是指英、美、法，特别是美国。因为苏联在战争中受到严重破坏，战后它必须集中力量进行恢复重建工作，不可能用很多的力量来参与中国的经济建设事业。同年5月3日，中共中央在《关于解放区外交方针的指示》中即明确指出：“我们应采取和美国以及英、法各国实行通商及经济合作的方针，但须拒绝美国经我们的手在山东建立任何军事据点。”苏联除开一般通商外是不会到山东及华中华北来投资经营任何事业的。指示强调，我们“应争取美国经过我们及山东工商业者的手来进行解放区的经济活动”。“我应采取直接与美国及英法等同政府及其个别商人进行经济合作的方针，在两利的原则下，我们政

① 《中共中央文件选集》第15册，中共中央党校出版社1991年版，第455～456页。
② 《中共中央文件选集》第16册，中共中央党校出版社1992年版，第136页。
③ 《中共中央文件选集》第16册，中共中央党校出版社1992年版，第45～46页。

府及商业机关应和外国商人以至外国政府直接订立一些经济契约，吸收外资来开发山东的富源，建立工厂，发展交通，进行海外贸易与提高农业和手工业”。“在订立这种契约时，只要避免不致因此而受垄断、受控制及受外间政治上的攻击，不与国民党法律抵触，而又对我有利，即应放手订立，允许外国人来经商开矿及建立工厂，或与中国人合作来经营工矿”。指示还说：“至于外国在我区进行传教及其他文化活动，只要遵守政府法令，当许其自由进行，各国财产亦应发还。”①

以上情况表明，中国共产党对美国确实采取了很慎重的态度，为了争取改善同美国的关系确实作出了很大的努力。

第三个阶段，在 1946 年 5 月 14 日美国政府提议国会审议继续对华军事援助法案以后的时期。

这个时期，美国政府进一步暴露了它的公开扶蒋反共、助蒋内战的立场。为此，中国共产党对其进行了坚决的揭露和斗争，直至明确指出美帝国主义是中国人民的敌人。

本来，美国的对华政策本身就具有不可克服的矛盾。它的主旨在于维护蒋介石的统治，为此，它一方面加强蒋介石的实力，帮助他在尽可能大的范围确立自己的权力；另一方面又要求他实行某种改革，以改善自身在人民特别是在中间人士中的形象，并诱使中共交出军队，以便在它的统治下实现中国的和平统一。问题在于，美国越是加强蒋的实力，蒋就越加感到有能力通过发动全国内战来维护自己的统治，就越不愿意进行在他看来可能会动摇自身统治的改革。对于这个情况，《解放日报》在 1946 年 8 月 14 日发表的社论作了很深刻的揭露。社论说：“狡猾的蒋介石看出美国有两个政策，一个是援蒋内战，这是基本的一个；一个是劝蒋停战，这是陪衬的或装饰的，因此他毫不踌躇地接受美国的大炮而轰走了美国的鸽子。”②美国的基本方针既然是着眼于维护蒋介石的统治，而蒋又认定为了维护自己的统治必须坚持独裁和内战的政策，在这种情况下，它也就“由赫尔利去职后的两面政策，回向赫尔利的公开助蒋反共反人民反民主的一面政策”③了。当蒋介石即将发动全国内战的时候，美国国务院竟然提付国会审议军事援华法案，就清楚不过地证明了这一点。

在这种情况下，中国共产党不得不对美国政府的帝国主义政策进行坚决的揭露，并动员人民丢掉对美国的幻想，与其扶蒋反共、助蒋内战的行动进行不妥

① 《中共中央文件选集》第 16 册，中共中央党校出版社 1992 年版，第 151 ~ 152 页。

② 《中共中央文件选集》第 16 册，中共中央党校出版社 1992 年版，第 675 页。

③ 《中共中央文件选集》第 16 册，中共中央党校出版社 1992 年版，第 689 页。

协的斗争。

1946年6月22日，毛泽东以中共中央主席的名义郑重发表声明，坚决反对美国军事援蒋法案。声明指出，美国对蒋介石的军事援助和美军驻在中国领土之上，“是中国大规模内战爆发与继续扩大的根本原因”。声明表示，中国共产党“坚决反对美国政府继续以出售、交换、租借、赠送或让渡等方式将军火交给中国的国民党独裁政府，坚决反对美国派遣军事使团来华，并坚决要求美国立即停止与收回对华的一切所谓军事援助，和立即撤回在华的美国军队”①。6月24日，中共中央指出，“美国对华军事干涉已日益露骨”，“而蒋介石政府之美国殖民地色彩亦日益显著”②，各地应动员各种群众团体与民主党派举行示威大会，并致电美国国会、群众团体和社会名流，要求纠正美国政府的对华反动政策，撤退在华美军。7月1日，中共发言人再次揭露美国政府的军事援蒋，“只是鼓励了蒋介石的‘恶政府’公开诉诸武力”，并借此保留其独裁制度。③ 7月7日，中共中央为纪念“七七”九周年发表宣言，公开揭露“美国反动派……在中国反动派的合作之下，企图代替日本的地位，变中国为美国帝国主义的殖民地”。宣言指出，美国之所以热心于军事援蒋，“这是因为美国反动派有其不可告人的帝国主义侵略的目的，这是因为善于出卖国家民族的中国反动派，允许美国侵略势力实际上操纵我国的军事、经济、财政、内政和外交，毁灭我国的民族生产，自由侵入、占据和使用我国的领土、领空、领海和内河”。宣言告诫人们，“由于美国帝国主义比日本帝国主义更强大，它的侵略方法表面上似乎更‘文明’而‘合法’，并且利用着反法西斯战争的资本和中美人民传统友谊的资本，它就可能豢养更多的汉奸和带有更大的危险性”。因此，一切爱国的人们“必须警惕起来，团结起来，击退外国帝国主义与中国反动派的联合进攻，为完成我国的独立与民主而奋斗，为实现我国的和平而奋斗”④。8月29日，中共中央就美国拟将20亿美元的剩余物资以5亿美元的低价供给蒋介石一事发表声明，进一步揭露“美国政府对华政策的虚伪性帝国主义性与残酷性”⑤。10月18日，中共中央在关于时局的声明中指出，“蒋美两方所追求的只是中国民主运动的投降与消灭，只是蒋介石的卖国反动独裁，蒋美两方的军事行动固为此目的，其一切所谓政治解决，和平调处，亦莫不为此目的”。只要他们对此项目的不予放弃，则中共无论作出

---

① 《中共中央文件选集》第16册，中共中央党校出版社1992年版，第208～209页。
② 《中共中央文件选集》第16册，中共中央党校出版社1992年版，第216页。
③ 《中共中央文件选集》第16册，中共中央党校出版社1992年版，第223页。
④ 《中共中央文件选集》第16册，中共中央党校出版社1992年版，第235～236页。
⑤ 《中共中央文件选集》第16册，中共中央党校出版社1992年版，第282页。

何种仁至义尽的让步，都是无济于事的。①随后，中共中央还指出，“中美反动派消灭解放区的政策不会改变。我党同志绝不要幻想恩赐和平”。11月10日，中共中央宣传部在一个文件中论述现阶段革命性质及基本政策时更明确地指出，对于中国人民来说，美蒋是“两个结合一体的敌人”。文件说：“半殖民地半封建中国的新民主主义革命是反帝反封建的性质。”每次战争，实际上都有两个敌人，一帝一封建，二者结合一体，外国帝国主义是反对中国革命的策动者和最真实的力量，但帝国主义又常是利用和经过中国的封建势力来直接镇压革命。“此次战争，实际上敌人是美蒋。但现在表现出来的现象，则是同蒋打仗。在另一条件下，例如在美大规模出兵侵略中国时，则将表现为另一种现象，即同美国作战。这两种在现象上有区别，但在本质上则一样。在这两种不同的现象之下，我们的具体政策口号等会有若干变化，但基本上不变。我们在现阶段的基本政策，是对付美蒋两个结合一体的敌人，即是又反美国帝国主义又反蒋介石封建买办集团”②。到了1947年7月，中共中央在“七七”宣言中更公开提出了“反对美帝国主义侵略中国”的口号。

中国共产党对美国的政策，从争取“有时中立美国”到把美蒋视为“结合一体的敌人”，这是由于从美国政府的实际行动中受到了教育，是由于认真地总结了争取和平民主斗争中的经验教训。对此，1946年8月29日和9月12日的《解放日报》社论曾作出过说明。社论说，“中国人民，对于美国政府，并不希望它帮助人民”，只“希望它执行一个中间的政策”。“中国人民抱着这种希望，一年之久，试验了两次，第一次是赫尔利魏德迈时期，第二次是马歇尔时期。经过了这两次试验，现在对于美国政府政策的帝国主义性质，是没有怀疑的了。”“我们必须彻底抛弃对于美国政府的任何幻想。”③社论认为，这一年来，对于中国人民来说，有“一位不能忘记的新教师，就是美国政府”。中国人民看到，“蒋介石穿着美国军服，驾驶着美国飞机、坦克和军舰，向中国人民放着美国的炸弹、机关枪弹、炮弹、火箭、无声手枪弹，以至准备施放美国的毒气弹，而同时替蒋介石看守军事要地的美国军队和指导蒋介石使用武器的美国军事顾问，却宣布他们的任务是‘保护中国和平’”。这是何等的虚伪！“当美国还把海陆军驻在中国，还帮助蒋介石进行内战的时候，如果美国政府再装着‘中立’的笑脸劝告我们再作‘少许’片面的让步，说这样就可以得到和平甚至民主的时候，我们一定告诉劝告者：你是骗子，你的任务不过是帮助蒋介石‘漂亮’地实现独裁和消灭中华民

① 《中共中央文件选集》第16册，中共中央党校出版社1992年版，第314～315页。
② 《中共中央文件选集》第16册，中共中央党校出版社1992年版，第332～333页。
③ 《中共中央文件选集》第16册，中共中央党校出版社1992年版，第688页。

族的独立和中国人民的民主”①。

尽管已经确认美帝国主义是中国人民的敌人，但是，考虑到中国人民是同蒋介石作战而不是直接同美国作战，考虑到成为中国人民敌人的是美国的帝国主义势力而不是广大的人民，考虑到在一定条件下美国政府对自己的对华政府也许还有作某种调整的可能性，中国共产党在坚决同美国的帝国主义政策进行斗争的同时，在采取具体行动时仍然是很慎重的，强调要注意区别不同的情况采取不同的对策，并且留有余地。1946 年 6 月 24 日，中共中央在指示各地党组织动员群众反对美国军事干涉助长中国内战的政策时，还要求“注意不要反对整个美国与整个美国政府”，指出“对美方公正人士与普通人员，仍应争取其同情”②。同年 7 月 21 日，中共中央宣传部在关于对美宣传中的政策问题的通知中说，“今后我们对美国帝国主义分子的反动政策仍应继续尖锐批评”，但“我们在一切宣传中必须严格掌握美国的政府与人民（后者一般地一贯同情支持我国民主势力）之间的区别；美国政府人员中的帝国主义分子与民主分子之间的区别；美国政府人员中决定政策者与不决定政策者之间的区别；美国政府今天的政策与明天可能改变的政策之间的区别；甚至同一个人（如杜鲁门、马歇尔）今天与明天态度的区别；同一个人同一个机关所发表的同一篇声明或谈话中不同语句中的区别；不要笼统反对，更不要笼统反美。我们应在这些具体的区别的基础上，作灵活的恰如其分的宣传，贯彻我们打击帝国主义侵略政策和帝国主义侵略分子，赞成中美平等友谊合作，争取美国广大人民与民主分子对我了解同情，以便迫使美国政府对华政策作可能的改良”③。直到 1947 年 7 月公开提出“反对美帝国主义侵略”这个口号时，中共中央还提出了“在平等互惠原则下，和外国（不论资本主义国家或社会主义国家）建立正常的通商友好关系”的问题。④

在领导中国人民进行反对美帝国主义的斗争中，中国共产党进一步强调，必须认清帝国主义外强中干的本质，对斗争的胜利具备信心。中共中央指出，“外国侵略者要想把我国变为殖民地，变为菲律宾式的‘独立国’”，这“是我国人民永远不会允许其达目的的”⑤。为了帮助人民树立敢于斗争、敢于胜利的思想，毛泽东还提出了帝国主义和一切反动派都是纸老虎的论断，强调中国人民必须依靠自己的力量战胜前进道路上的困难，赢得革命的胜利。中共中央确信，国民党反动统治的覆灭和新中国的建立，是不可避免的。“不管美帝帮助多少，甚至

---

① 《中共中央文件选集》第 16 册，中共中央党校出版社 1992 年版，第 685 ~ 686 页。

② 《中共中央文件选集》第 16 册，中共中央党校出版社 1992 年版，第 217 页

③ 《中共中央文件选集》第 16 册，中共中央党校出版社 1992 年版，第 259 ~ 260 页。

④ 《中共中央文件选集》第 16 册，中共中央党校出版社 1992 年版，第 472 页

⑤ 《中共中央文件选集》第 16 册，中共中央党校出版社 1992 年版，第 239 页。

直接出兵,也不能挽救其覆灭命运。"①后来,1949 年 1 月 8 日,毛泽东在为中共中央起草的一个文件中说过:"我们从来就是将美国直接出兵占领我国沿海若干城市并和我们作战这样一种可能性,计算在我们的作战计划之内的。"显然,没有这种大无畏的英雄气概,中国共产党就不可能坚决地领导中国人民为建立新中国进行义无反顾的英勇斗争。这种勇气,是建立在对中国人民力量的充分信任和对时局发展的科学估计之上的。毛泽东认为,"中国人民革命力量愈强大,愈坚决,美国进行直接的军事干涉的可能性也将愈减少,并且连同用财政及武器援助国民党这件事也就可以要减少"②。历史的发展证明了这个论断的正确性。

——原载《中国共产党与新中国的创建》,中央文献出版社 2009 年版。主要内容刊载于《抗日战争胜利后中国共产党对美国的政策和策略》,《北京大学学报》2000 年第 1 期和《全国解放战争时期中国共产党对美国的政策和策略》,《高教理论战线》2004 年第 10 期。

三、抗日战争胜利后中国共产党对苏联的政策和策略

如何对待苏联,这是中国共产党和中国人民在抗日战争胜利后必须妥善解决的又一个重大问题。

(一)苏联的对华政策及其对中国革命的影响

苏联是社会主义国家。战后的苏联政府对中国革命采取了矛盾的态度:一方面,不准中国革命;一方面,又给予中国革命力量以某种形式、某种程度的支持。

关于苏联及其领导人斯大林不准中国革命的问题,毛泽东曾讲过多次。1956 年 4 月,他在《论十大关系》一文中说:"解放战争时期,先是不准革命,说是如果打内战,中华民族有毁灭的危险。"③在这之前,1956 年 3 月 31 日,他在同苏联大使尤金谈话时,就指出过这一点。他并且讲道,"1947 年正当解放战争如火如荼,解放军节节胜利之时,斯大林又坚持要求同蒋介石签订和约,因为他对中国革命力量是有怀疑"④。1958 年 7 月 22 日,他再次对尤金说:"斯大林在最紧

① 《中共中央文件选集》第 16 册,中共中央党校出版社 1992 年版,第 572 页。

② 《毛泽东外交文选》,中央文献出版社、世界知识出版社 1994 年版,第 76 页。

③ 《毛泽东著作选读》下册,人民出版社 1986 年版,第 741 页。

④ 《毛泽东谈斯大林和共产国际的中国政策——摘自苏联驻华大使尤金的笔记(1956 年 3 月 31 日)》,原载俄罗斯《远东问题》1994 年第 5 期,中译文见《国外理论动态》1995 年第 9 期。

要的关头,不让我们革命,反对我们革命。在这一点上,他犯了很大的错误,与季诺维也夫是一样的。”①

为什么苏联及其领导人斯大林在战后会在中国问题上采取不准革命的方针呢?这是因为:

第一,从大国主义、民族利己主义的立场出发,为了维护美苏之间划分势力范围的雅尔塔协定所确定的国际政治格局。

在雅尔塔会议上,苏、美两大国把中国的主权当做筹码来进行交易。按照雅尔塔协定的有关中国问题的条款。苏联承认中国是美国的势力范围,中国应当在蒋介石领导下实现统一;美国承认,苏联在中国东北享有特殊的权益。苏联方面曾经希望,以承认蒋介石统一中国和不支持中国革命为条件,换取蒋介石政权在美、苏之间保持某种程度的中立,以便使中国成为苏联在东方的缓冲地带,如同芬兰在西方所起的作用一样。只是由于蒋介石的基本倾向是倒向美国一边,苏联的上述愿望后来并没有得到实现。

1956 年 9 月,毛泽东在同南共联盟代表团谈话时讲到过这个问题。他说:第二次世界大战结束前,“斯大林和罗斯福、丘吉尔开会,决定把中国全部都给美国,给蒋介石。当时从物质和道义上,尤其是道义上,斯大林都没有支持我们共产党,而是支持蒋介石的。决定是在雅尔塔会议上作出的。斯大林把这件事告诉了铁托。在铁托自传中有这段话”。所以,他指出,我们中国是吃了斯大林的几次亏的。这一次是第三次。②

第二,从认为各国人民的斗争不利于美苏之间达成妥协的错误观点出发,担心中国革命会把美、苏两国卷入中国内战,甚至引发世界战争。

苏联在反法西斯战争中作出了巨大的牺牲,战后它希望能够有一个和平的国际环境,以便进行经济恢复和重建的工作。为此,它要求在这一些问题上能够同美国达成妥协。这种愿望本来是合理的。但是,它的领导人对国际形势及其走向作了不适当的估计,认为为了有利于美、苏之间实行妥协,各国革命者也应当在本国国内实行妥协;如果爆发战争,尤其在与苏联邻近的国家中爆发国内革命战争,就会把美、苏两国牵连进去,从而妨碍它们之间达成妥协,造成国际间的紧张局势,甚至引发新的世界战争。正是从这种考虑出发,在欧洲取得对德国法西斯的战争的胜利之后,斯大林要求意大利共产党、法国共产党解散自己在反法

---

① 《毛泽东外交文选》,中央文献出版社、世界知识出版社 1994 年版,第 324 页,季诺维也夫在十月革命前夕担任俄国社会民主工党(布)中央政治局委员,因反对举行武装起义并泄露起义的计划而受到列宁的严厉批评。

② 《毛泽东外交文选》,中央文献出版社、世界知识出版社 1994 年版,第 253 ~ 254 页。

西斯战争中组织起来的军队,派几个人到资产阶级政府里去做官,并参加议会的竞选活动。法共、意共照办了。他要求希腊共产党也这样做。希共不同意,他就在实际上默许英国派兵把希腊革命镇压了下去。他也要求中国走意共、法共的路。就像毛泽东所说的那样:“1945 年他坚持要共产党和蒋介石分子媾和,要求同国民党建立统一战线,要求在中国建立‘民主共和国’。”①理由就是 1945 年 8 月苏联方面以俄共(布)名义发给中共中央的秘密电报所说的,如果中国发生内战,中华民族就会毁灭。他不懂得,各国人民进行革命斗争,是各国人民的权利,任何大国大党都是没有权利加以干涉的;实际上,这种革命斗争可以牵制以美国为首的帝国主义的力量,束缚它们发动战争的手脚,从根本上说,这是有利于而不是不利于美苏之间的妥协,有利于而不是不利于保卫世界和平的。

第三,对中国共产党在政治上不信任,对中共领导的人民革命力量估计不足。

1935 年遵义会议之后,以毛泽东为核心的中共中央领导人坚持马克思列宁主义与中国革命实际相结合的原则,坚决纠正了土地革命战争后期王明的“左”倾路线和抗战初期王明的右倾错误。但王明是苏联、共产国际培养的。实际上,“王明路线就是斯大林路线”。中共开展反对王明“左”、右倾错误的斗争,使斯大林对中共在政治上产生了极大的怀疑。共产国际对中共主要在农村进行游击战争和从事根据地建设的工作也表示不理解。它不相信中共在脱离中心城市、不主要在无产阶级中进行活动的情况下,有可能保持自己的无产阶级先锋队性质。还在 1940 年 12 月,斯大林对前往中国担任军事顾问的崔可夫就说过:“中国是一个农民国家,而不是一个无产阶级国家。中国工人阶级在数量上,甚至在组织性方面都大大不如农民阶级。”“中国共产党也正是依靠最贫穷、受压迫最深和没有文化的农民。中国共产党对成长中的工人阶级估计不足,而这远远不能不给中国共产党的意识形态、口号及其对革命政治任务的理解方面打下烙印。中国共产党的民族主义倾向相当严重,在中国共产党队伍中国际主义团结感发扬得不够。”②1944 年,斯大林甚至对美国人哈利曼说:“中国共产党人不是真正的共产党人,他们是‘人造奶油’共产党人。尽管如此,他们是真正的爱国者。”从这种认识出发,他们当然不可能甘冒与美国发生摩擦乃至冲突的危险,来全力支持中共领导的革命了。1944 年 8 月 31 日,莫洛托夫对赫尔利讲得很清楚:

---

① 《毛泽东谈斯大林和共产国际的中国政策——摘自苏联驻华大使尤金的笔记(1956 年 3 月 31 日)》,原载俄罗斯《远东问题》1994 年第 5 期,中译文见《国外理论动态》1995 年第 9 期。

② [苏]瓦·伊·崔可夫:《在华使命——一个军事顾问的笔记》(中译本),新华出版社 1980 年版,第 34 页。

“中国共产党事实上并非共产党。他们的目标在获得他们视为中国必需而且适当的改革；苏联并不支持中国共产党。苏联不愿中国内部意见分歧或发生内战，苏联政府愿意对中国有更密切和更和睦的关系。”①

还有必要指出，“斯大林对抗日战争胜利后的中国局势和革命发展的可能性也作了不正确的估计”②。还在抗日战争时期，即 1940 年 12 月，斯大林在对崔可夫谈话时就说：“中国共产党和中国工人阶级要成为反侵略斗争的领导者，还显得太孱弱，要把群众争取过来需要时间，到底需要多少时间，很难说。此外，帝国主义大国未必容忍中国共产党取代蒋介石。”“中国共产党在国内的地位还不巩固。”“蒋介石有美国和英国的援助。毛泽东是永远得不到这些大国的支持的。”③斯大林后来还承认，抗日战争胜利后，“当时我不相信中国共产党人会取胜。那时认为美国人将全力以赴扑灭中国的起义。我曾劝说毛泽东，最好是与蒋介石和解，与蒋介石建立某种联合政府”④。

正因为苏联及其领导人斯大林对中共不信任，对中共领导的革命力量估计不足，他们对中国革命不仅缺乏热情而且采取压制的态度，就是不奇怪的了。

苏联的这种不准革命的方针，对于中共为建立新中国而斗争的事业，具有极大的危害。如果中共照此办理，就得把人民军队交出去，一旦这样做了，中共在政治上就会失去原有的分量，争取全国胜利也将在根本上成为不可能了。由于中国是一个半殖民地半封建社会，没有资产阶级民主制度可以利用，交枪的结果，中共恐怕连合法地位都争取不到，即使争取到了也未必能保持下去，蒋介石政权总会制造借口对中共实行严厉镇压，从而重演“四一二”、“七一五”的历史悲剧的。这样，中国革命就将走极大的弯路，中国革命胜利的进程不可避免地要被极大地推迟了。

不过，苏联的上述方针能否在实际上造成如此严重的危害，取决于中共自身的态度。如果中共抵制这个方针，那么这种可能性就不会变成现实。

“不准革命”，这只是苏联对华政策的一个方面；另一方面，苏联对中国革命还是给予了重大支援的。这主要表现在以下三个方面：

第一，苏联政府对日本宣战，苏联红军进入中国东北境内一举歼灭日本关东

---

① 《中美关系资料汇编》第 1 册，世界知识出版社 1957 年版，第 160 页。

② 《毛泽东谈斯大林和共产国际的中国政策——摘自苏联驻华大使尤金的笔记（1956 年 3 月 31 日）》，原载俄罗斯《远东问题》1994 年第 5 期，中译文见《国外理论动态》1995 年第 9 期。

③ ［苏］瓦·伊·崔可夫：《在华使命——一个军事顾问的笔记》（中译本），新华出版社 1980 年版，第 35 页。

④ ［南斯拉夫］爱德华·卡德华：《卡德尔回忆录（1944—1957）》（中译本），新华出版社 1981 年版，第 130 页。

军67万人,对促使日本迅速投降起了重大的作用。这不仅使中国人民减少了许多可能的牺牲,大大缩短了抗日战争胜利的进程,而且为中国革命力量的大发展创造了十分有利的条件。

日本投降时,国民党由于长期采取避战观战的方针,其军队主要在西南及西北部分地区,华北、华中、华南的日军及伪军主要被中共领导的人民军队所包围。尽管美蒋企图垄断受降权利,人民军队根据中共中央的命令还是积极向日伪军进行反攻,收复了大片失地,迅速地扩大了解放区。当时,国民党在东北没有一兵一卒;而中共不仅在东北领导抗日联军坚持了长期的艰苦卓绝的斗争,同东北人民有历史的联系,而且中共创建的冀(河北)热(热河)辽(辽宁)根据地与东北毗连,山东根据地也与东北隔海相望,因此,华北、山东的人民军队通过陆路、海路,可以先机进入东北,发展革命力量。

第二,苏联的存在本身对于中国革命就是一种无形的支持。它把美国的力量大部分吸引到西边去了。它在中国东北的存在对美国在中国的行动也起着制约作用。美国不敢直接出兵镇压中国革命,重要的原因之一,是顾虑遭到苏联的干预。没有苏联,中国革命受到的来自国际反动势力的压力将会大得多。正如原西班牙共产党政治局委员费尔南多·克鲁丁在《共产主义运动——从共产国际到共产党情报局》一书所说的那样:"苏联战胜纳粹德国是造成中国革命有可能取得胜利的国际局势的决定因素之一。这不仅因为苏联在打败日本时所发挥的作用,而且因为它的存在本身。苏联军事力量是约束美国对中国的干涉的相当大的因素。"

第三,苏联对中国东北的政策也具有两重性:一方面履行中苏条约的义务,把苏军占领的大城市和交通要道交国民党政府接收;一方面以不打破雅尔塔协定的格局和不背弃承担中苏条约的义务为限度,积极支持中国共产党领导的人民革命力量的发展。

还在与国民党谈判订立中苏条约时,苏方即坚持美国在东北不得驻有一兵一卒。这就为尔后中国人民革命力量在东北的发展扫除了一个严重的障碍。

苏方同意将从日伪军手中攻占的热河、辽宁原属于抗日根据地的地区,移交给中共领导的人民军队管辖。

苏军允许中共领导的人民军队以东北人民自治军、抗日联军的名义(而不是以八路军的名义)进入东北。苏方建议中共抽调25万至30万部队部署在山海关及沈阳一带,守住东北大门。同时,苏方坚决反对国民党军在大连登陆;当国民党军要求在营口、葫芦岛等地登陆时,苏方应中共中央东北局的请求,先后将营口、葫芦岛等地转交中共领导的军队驻防。这样就迟滞了国民党军进入东北的进程,为人民军队先机进入东北创造了条件。

苏方还陆续将缴获的日本关东军军火库的一部分武器装备移交人民军队，并帮助人民军队训练炮兵。1946 年春，东北人民军队已经拥有 600 余门火炮的炮兵部队以及坦克部队。

苏军后来还在事先不通知国民党政府的情况下，突然从中国东北撤退，这样就极大地便利了东北人民军队争取北满、东满和西满的行动。

以上情况说明，“苏联对中国东北政策的主要方面是支持中国共产党力量的发展”。“而苏联为执行中苏条约给中共带来的困难，使斗争出现的曲折，则是局部性的”。虽然中苏两党之间存在着一些矛盾，但“苏联和美蒋之间的矛盾远远大于它和中国共产党之间的矛盾。因此苏联企图通过秘密支持中国共产党领导的人民军队进入东北并发展实力，来保持一种遏制力量，防止苏军撤退后美蒋勾结把东北变成反苏基地，使东北不致为敌对势力所控制”①。苏联这样做，当然首先是考虑了苏联自身的战略利益，但在实际上是对中国革命的发展极为有利的。陈云指出：苏联红军出兵东北，打败了日本关东军，“这为我们的大部队能抢在国民党前面迅速进入这个地区，为改善我们的装备，创造了十分有利的条件。那时，苏联党对我们的力量估计不足，并有雅尔塔协定的约束，但他们还是尽力帮助我们的。东北背靠苏联，东邻朝鲜，这对于我们在和国民党作战中的后勤补给和伤病员的运送、安置也是十分有利的条件”②。

很明显，为了胜利地进行创建新中国的斗争，中国共产党必须制定出正确地对待苏联的政策和策略。

（二）维护中共与苏联之间团结的大局，抵制其不准中国革命的方针

战后，如何处理同苏联、苏联共产党及其领导人斯大林的关系，是中国共产党为建立新中国而斗争的过程中必须正确解决的重大问题。

中国共产党对苏联的政策，在日本投降到全面内战爆发这一个时期内，概括地说，有三个要点：

第一，从中国革命和国际共产主义运动的大局出发，坚持同苏联保持团结的方针。

由于苏联是战后能够同美国抗衡的主要力量，是美国推行其称霸世界的反革命全球战略的重要障碍；由于苏联把美国及其盟友的主要力量吸引在欧洲、西线，从而大大减轻了中国革命所承受的国际压力；由于苏联及其在中国东北的存

---

① 王廷科：《共产国际、斯大林与中国革命》，成都出版社 1992 年版，第 318 ~ 320 页。

② 陈云：《对编写〈辽沈决战〉一书的意见》，1983 年 8 月 9 日。见《辽沈决战》（上），人民出版社 1988 年版，第 2 ~ 3 页。

在还对美国在中国的行动起着直接的制约作用,使美国不敢轻易对中国进行武装干涉,也不能进入中国东北;由于苏联还在一定的条件下给予中国革命以某些直接的帮助,因此,保持同苏联的团结是中国共产党领导中国人民进行胜利的国内斗争的重要条件,正像毛泽东后来所说的那样:“在帝国主义存在的时代,任何国家的真正的人民革命,如果没有国际革命力量在各种不同方式上的援助,要取得自己的胜利是不可能的。胜利了,要巩固,也是不可能的。”“假如没有苏联的存在,假如没有反法西斯的第二次世界大战的胜利,假如没有打倒日本帝国主义,假如没有各人民民主国家的出现,假如没有东方各被压迫民族正在起来斗争,假如没有美国、英国、法国、德国、意大利、日本等等资本主义国家内部的人民大众和统治他们的反动派之间的斗争,假如没有这一切的综合,那末,堆在我们头上的国际反动势力必定比现在不知要大多少倍。在这种情形下,我们能够胜利吗? 显然是不能的。胜利了,要巩固,也不可能。”①在这里,毛泽东是把苏联的存在作为足以保障中国革命胜利的国际因素中的第一个因素看待的。正因为如此,从中国革命的根本利益考虑,与苏联保持团结,成为中国共产党处理对苏关系时必须坚持的一条基本原则,是理所当然的。

中国共产党对于苏联与美国等在雅尔塔会议上背着中国人民划分势力范围,并把中国的某些权益当做大国交易的筹码,是严重不满的;对于苏联在战后采取不准中国革命的方针,尤其是坚决反对的。但是,为了维持与苏联的团结,中国共产党并没有对苏联及其领导人提出公开的批评。之所以采取这种态度,是基于以下两方面的考虑:第一,中国共产党应当对中国革命独立承担责任。斯大林对中国革命所做的指导如果不正确,中国共产党可以而且应当加以抵制;而进行抵制,并不只有采取公开批评这一种方式。根据这种认识,党尽管认为“过去的王明路线实际上就是斯大林路线”,但在整风运动中清算王明路线时,“关于斯大林和第三国际我们是一字未提”。“既然中国人听了他们的话,那末中国人自己就应该负责。谁叫我们去听他们的话呢?”第二,“我们和苏联的关系中不愿引起不愉快”。“我们提出批评就会同他闹翻的”。所以,斯大林不让中国革命的错误,“只有我们党中央知道”②,并没有向国内外公开宣布。这不是不坚持原则,而是为了维护与苏联的团结,即为了维护中国革命的根本利益。因为如果中共与苏联彻底闹翻了,或者让全世界都知道了中共与苏联之间的这种严重分歧,美国在使用各种手段反对中国人民革命力量方面将会变得肆无忌惮,这对中国革命是极为不利的。中国共产党认为,应当竭力避免出现这种局面。

① 《毛泽东选集》第4卷,人民出版社1991年版,第1473~1474页。

② 《毛泽东外交文选》,中央文献出版社、世界知识出版社1994年版,第252、254、255页。

第二,对苏联不准中国革命的方针进行坚决的抵制。

前面已经讲过,抗战胜利后,苏联及其领导人斯大林"不要我们革命,反对我们革命。第三国际已经解散了,还下命令,说你们不与蒋介石讲和、打内战的话,中国民族有灭亡的危险"①。这是很不应该的。所以,毛泽东在接到有关的电报时就表示"极大不快,甚至是很生气。他这样说:'我就不信,人民为了翻身搞斗争,民族就会灭亡!'"②

那么,1945 年 8 月毛泽东到重庆去与蒋介石、国民党谈判,主要是因为斯大林来了电报吗?并不是。如果那样认为,这是不符合事实的。因为"在一切事关中国革命前途的重大问题上,毛主席从来是根据我们党的利益,根据中国人民的利益做出决断的。在考虑赴重庆谈判的问题时,毛主席在国际方面更为关注的实际是美国的态度和反应,而不是苏联的态度和反应的,这是因为美国的动向对中国政局的影响更为直接"③。事实上,早在 1942 年下半年,毛泽东就考虑过与蒋介石会面以解决战后国共关系的问题;1944 年冬赫尔利在延安提出在适当时机毛泽东与蒋介石会面的问题时,他对此也做过肯定的表示。1945 年 8 月底,毛泽东决心去重庆,是为了争取和平民主,并不是准备去交枪做官。8 月 26 日,他在政治局会议上说,应当去重庆,"这样可以取得全部主动权"。但是他强调,"要充分估计到蒋介石逼我城下之盟的可能,但签字之手在我。必须作一定的让步,在不伤害双方根本利益的条件下才能得到妥协。……如果这些还不行,那末城下就不盟,准备坐班房。我们党的历史上除何鸣事件外,还没有随便缴枪的事"④。由此可见,中共决不接受斯大林的主张,走法共、意共所走的交枪做官的道路,这一点从来就是明确而又坚定的。

斯大林之所以压制中国革命,一个重要的原因,是害怕中国发生革命战争会妨碍美苏妥协,并且导致美苏冲突,甚至引发世界战争。毛泽东一开始就不赞成这种看法。"一九四六年春季,以美国为首的帝国主义和各国反动派,日益加紧反苏、反共、反人民的活动,鼓吹所谓'美苏必战',所谓'第三次世界大战必然爆发'。在这种情况下,当时有一些同志,由于过高地估计帝国主义力量,过低地估计人民力量,惧怕美帝国主义,惧怕爆发新的世界战争,因而在美蒋反动派武

---

① 《毛泽东外交文选》,中央文献出版社、世界知识出版社 1994 年版,第 326 页。

② 《在历史巨人身边——师哲回忆录》(修订本),中央文献出版社 1995 年版,第 308 页。

③ 《胡乔木回忆毛泽东》,人民出版社 1994 年版,第 402 页。

④ 《毛泽东年谱(1893—1949)》下卷,人民出版社、中央文献出版社 1993 年版,第 14 页。

装进攻的面前,表示软弱,不敢坚决地用革命战争反对反革命战争"①。针对对于国际形势的这种悲观估计和由此形成的关于中国革命的错误思想,1946 年 4 月,毛泽东写了《关于目前国际形势的几点估计》这个文件,交由中共中央一部分领导人中间传阅。毛泽东指出:"世界反动力量确在准备第三次世界大战,战争危险是存在着的。但是,世界人民的民主力量超过世界反动力量,并且正在向前发展,必须和必能克服战争危险。因此,美、英、法同苏联的关系,不是或者妥协或者破裂的问题,而是或者较早妥协或者较迟妥协的问题。"他强调:"美、英、法同苏联之间的这种妥协,只能是全世界一切民主力量向美、英、法反动力量作了坚决的和有效的斗争的结果。这种妥协,并不要求资本主义世界各国人民随之实行国内的妥协。各国人民仍将按照不同情况进行不同斗争。"②对于上述思想,毛泽东在同年 8 月 6 日和美国记者安娜·路易斯·斯特朗的谈话中作出了进一步的阐明。他说,"关于反苏战争的宣传,包括两个方面。在一方面,美国帝国主义确是在准备着反苏战争的"。"在另一方面,这种宣传,是美国反动派用以掩盖当前美国帝国主义所直接面对着的许多实际矛盾,所放的烟幕。这些矛盾,就是美国反动派同美国人民之间的矛盾,以及美国帝国主义同其他资本主义国家和殖民地、半殖民地国家之间的矛盾。美国反苏战争的口号,在目前的实际意义,是压迫美国人民和向资本主义世界扩张它的侵略势力。"他特别指出:"美国和苏联中间隔着极其辽阔的地带,这里有欧、亚、非三洲的许多资本主义国家和殖民地、半殖民地国家。美国反动派在没有压服这些国家之前,是谈不到进攻苏联的。"由此,他得出结论说:"我以为,美国人民和一切受到美国侵略威胁的国家的人民,应当团结起来,反对美国反动派及其在各国的走狗的进攻。只有这个斗争胜利了,第三次世界大战才可以避免,否则是不能避免的。"③很明显,毛泽东对国际形势的分析和由此得出的结论,是同斯大林大相径庭的。历史已经证明了这些分析与结论的正确性。

对于在中国革命问题上所犯的错误,斯大林后来是承认了的。1948 年 2 月,在同保共领导人季米特洛夫、南共领导人卡德尔等的谈话中,当涉及希腊问题时,据卡德尔回忆录的记载,斯大林曾说:我已经在一件这样的事情上做错了。这就是中国。"我曾劝说毛泽东,最好是与蒋介石和解。""我甚至把中国代表团

---

① 《关于目前国际形势的几点估计》的题解,见《毛泽东选集》第 4 卷,人民出版社 1991 年版,第 1184 页。该题解说:"这个文件当时没有发表。只在中共中央一部分领导同志中间传阅过。一九四七年十二月的中共中央会议,印发了这个文件。由于到会同志一致同意这个文件的内容,后来将全文收入中共中央一九四八年一月发出的《关于一九四七年十二月中央会议决议事项的通知》中。"

② 《毛泽东选集》第 4 卷,人民出版社 1991 年版,第 1184 ~ 1185 页。

③ 《毛泽东选集》第 4 卷,人民出版社 1991 年版,第 1193 ~ 1194 页。

召到莫斯科来。代表团来了,听取我对他们讲的一切,照中国的习惯,他们都面带笑容,直点头。然后走了。他们回去后,毛便发动一场革命大攻势,最后取得了胜利。你们看,我也会犯错误。”①在德迪耶尔所著《苏南冲突的经历》一书中,也有类似的记载。其中讲道,斯大林曾经对卡德尔、吉拉斯等人说过:“战后,我们把一些中国同志叫到这里,叫到莫斯科来,我们对他们说,我们认为,中国没有发展起义的条件,中国同志应当同蒋介石达成维持正常关系的暂定条款并解散自己的军队。中国同志在这里,在我们面前,在口头上同意了苏联同志的意见,而当他们回到中国,他们做的却是另一回事。他们聚集了力量,改组了军队,现在在痛击蒋介石。请看,在中国这个例子上,我们犯了错误。情况表明,正确的是中国同志,而不是苏联同志。”②对于这个错误,斯大林还直接在中国共产党领导人面前做过一定程度的自我批评。1949 年 7 月 27 日,刘少奇率领的中共代表团在同斯大林谈推翻国民党问题时,斯大林在听到代表团所讲“在抗日战争结束后,蒋介石叛变,我们是有准备的”这段话后,曾经说:“我们是不是扰乱或妨碍了你们呢?”“你们在美国人参与的和平运动中是否受了损失,妨碍了你们”。当代表团讲到“后来我们推翻国民党,打倒蒋介石,没有一个人说我们这样做得不对”时,斯大林说:“胜利者是不能被审判的。凡属胜利了的都是正确的”。在这里,斯大林对自己所犯的错误采取了马克思主义的实事求是的态度。

对斯大林不准革命的错误方针的抵制,表现了中国共产党在政治上的成熟,表现了毛泽东的杰出和英明。正如曾任西班牙共产党政治局委员的费尔南多·克劳丁在对法共、意共与中共所走的不同道路及其得到的不同遭遇之后所说的那样:“如果说,在西欧实行‘民族团结’,终于导致共产党的部长被撵走,共产党被孤立,那么,在中国的条件下,实行同类型的‘民族团结’的结果,很可能就是对共产党人的一次新的屠杀。毛和他的同事们的历史功绩,就是在这个问题上头脑十分清醒。”③考虑到斯大林当时在国际共产主义运动中所享有的极大声望和占据的至高地位,毛泽东和他的战友们敢于抵制他的错误方针,这确实需要有洞察时局发展趋向的巨大的政治智慧和为中国革命独立承担责任的大无畏的反潮流精神。

第三,在照顾苏联履行中苏条约义务的条件下,力争苏联支持人民革命力量

① [南斯拉夫]爱德华·卡德尔:《卡德尔回忆录(1944—1957)》(中译本),新华出版社 1981 年版,第 130 页。

② [南斯拉夫]德迪耶尔:《苏南冲突的经历》(中译本),三联书店 1977 年版,第 98 页。

③ [西班牙]费尔南多·克劳丁:《共产主义运动——从共产国际到共产党情报局》(中译本),求实出版社 1982 年版,第 262 页。

在东北的发展。

苏联在中国东北的政策具有两重性。陈云在当时就说过："苏联对满洲的政策基本包括两方面：一方面，把沈阳、长春、哈尔滨三大城市及长春铁路干线交给国民党；另一方面，援助我党在满洲力量的发展。保持远东和平和世界和平，是苏联这一政策的基本目的。某一时期由于国际国内条件的变动及斗争策略上的需要，苏联对于执行中苏协定的程度，及对我援助的程度会有所变化。但苏联这些政策的本质，是一贯的，不变的。"①基于这种分析，中国共产党对苏联的政策也包括两方面：一方面，注意照顾苏联由于同国民党政府签订了条约所承担的义务；另一方面，争取苏联对于人民革命力量在中国东北的发展给予可能的支持和援助。

本来，在抗战胜利时，中共领导的人民军队是有可能独力掌握东北的，并且中共也做了相应准备。随后，由于了解到苏联同国民党政府签订了条约，苏联必须把东北的大城市和交通要道交国民党政府接收，在这种情况下，中共决定改变方针，把主要力量用于争取广大乡村和中心城市。1945 年 8 月 22 日，中共中央即指出："苏联为中、苏条约所限制及为维持远东和平，不可能援助我们。""在此种形势下，我军应改变方针。""以必要兵力着重于夺取小城市及广大乡村。"②之后，中共中央曾反复地指明了这一点。11 月 28 日，中共中央在关于撤出大城市和主要铁路线后东北的发展给东北局的指示中说："东北问题已引起中、美、苏严重的外交纠纷，苏联由于条约限制，长春铁路线沿线各大城市将交蒋介石接收，我企图独占东北，无此可能，但应力争我在东北之一定地位，长春路沿线及东北各大城市我应力求插足之外，东满、南满、北满、西满之广大乡村及中小城市与次要铁路，我应力求控制。"目前"应以控制长春路以外之中小城市，次要铁路及广大乡村为工作重点"，"有重心的建立根据地，作长期打算"。③ 实际上，在一个时期内，中共在东北所执行的是"让开大路，占领两厢"这样一个战略方针。

但是，人民革命力量的发展，不仅有利于中国革命的事业，而且也有利于在苏联红军撤走后东北不致被国民党和美国势力所独占以致变成反苏的基地。因此，只要不违背条约义务，苏联是愿意帮助中国人民革命力量在东北发展的。1945 年 8 月 29 日，中共中央在关于迅速进入东北控制广大乡村及中小城市的指示中即作出如下的估计：由于有中苏条约的限制，"我党我军进入东北三省后，红军必不肯和我们作正式接洽或给我们以帮助"；但考虑到苏联宣布不干涉

---

① 《陈云文选》第 1 卷，人民出版社 1995 年版，第 299 页。

② 《中共中央文件选集》第 15 册，中共中央党校出版社 1991 年版，第 243 页。

③ 《中共中央文件选集》第 15 册，中共中央党校出版社 1991 年版，第 447 ~ 448 页。

中国内政及支持中国走“进步与民主的发展”道路,“我党我军在东三省之各种活动,只要它不直接影响苏联在外交条约上之义务,苏联将会采取放任的态度并寄予伟大之同情”。因此,“我党还有很好的机会争取东三省和热、察”。“只要红军不坚决反对,我们即可非正式的进入东三省”。“对红军可进行非正式的接洽,将情报通知红军,但不要勉强与红军作正式的接洽和联络,亦不要请求红军给我帮助,只要红军不作声,不坚决反对我之行动即好。”①事实上,苏联红军正是这样做的。1946 年 1 月 11 日,中共中央还指示东北局:“凡是红军驻防之地区,均将交国民党接收,因此你们应力求红军缩小驻防地区,使红军从一些次要地区撤退交我接收”,“在靠近苏蒙地区一切要点你们必须控制,不要弄得被国民党控制隔断我与苏蒙联系”。红军也这样做了。后来,由于苏、蒋交恶,红军在国民党军队未及大量进入东北的情况下即大举撤退。红军撤出的许多地方,随即被中共领导的人民军队所占领。胡乔木在回忆毛泽东时讲过:“苏联出兵东北,毛主席很高兴。”“苏联在东北和我们配合默契,实际上帮了我们很大的忙,但是悄悄的,不公开。”②实际情况正是这样的。

实践表明,中国共产党在战后对苏联的政策和策略是完全正确的,收到了积极的效果。

——原载《中国共产党与新中国的创建》,中央文献出版社 2009 年版。主要内容见《全国解放战争初期中国共产党对苏联的政策策略》,《思想理论教育导刊》2009 年第 2 期。

四、全国解放战争时期第二条战线的开辟

抗日战争胜利以后,中国的两种命运、两个前途的决定胜负的斗争,是在两条战线上展开的:主要由解放区军民进行的革命战争,这是第一条战线,也是主要的战线;以学生运动为先导的整个国民党统治区的人民运动,这是第二条战线,它虽然是辅助性的,但同时又是十分重要的战线。

尽管武装斗争是中国革命的主要的斗争形式,但是,如果没有其他形式的斗争的配合,武装斗争是不可能取得胜利的。正因为如此,中共中央对于国民党统治区内的学生运动以及整个人民运动的意义,从来都给予了充分的估计。1945 年 12 月 15 日,即一二·一运动发生后不久,中共中央在关于 1946 年解放区工作方针的党内指示中,就是把“坚持解放区自治自卫立场,坚决反对国民党的进

① 《中共中央文件选集》第 15 册,中共中央党校出版社 1991 年版,第 257 ~ 258 页。

② 《胡乔木回忆毛泽东》,人民出版社 1994 年版,第 90 页。

攻”,同“援助国民党区域正在开展的民主运动”,作为两项互相关联的任务提出来的。1947 年 1 月,即抗暴运动发生后不久,中共中央即指出,“民主爱国运动”“与解放区自卫战争的胜利已渐能起着配合作用”①。2 月,中央在关于迎接中国革命高潮的党内指示中,进一步肯定“解放区人民解放军的胜利和蒋管区人民运动的发展”,正预示着人民大革命的高潮将要到来,并可能取得胜利。1947 年 5 月 23 日,即五二〇运动发生不久,中共中央在党内指示中即已明确地指出:“一切群众斗争都为着开辟蒋管区的第二战场。”5 月 30 日,毛泽东在为新华社所写的一篇评论中,更进一步指出:“中国境内已有了两条战线。蒋介石进犯军和人民解放军的战争,这是第一条战线。现在又出现了第二条战线,这就是伟大的正义的学生运动和蒋介石反动政府之间的尖锐斗争。”②

第二条战线的形成,经历了一个过程。而 1945 年年底爆发的一二·一运动,就是为开辟这条战线而吹响的第一声号角,点燃的第一堆烈火。

(一)一二·一运动

1. 反内战的学生运动首先在昆明发动

一二·一运动的基本口号是“反对内战,争取自由”。它首先由昆明的爱国学生发动,随即扩展到了国民党统治区的许多城市。这个运动反映着广大人民要求和平民主的热切愿望,表现了他们对于国民党反动派坚持内战、独裁政策的强烈抗议。

抗战胜利后,中国共产党代表广大人民的要求,及时提出了“和平、民主、团结”的方针,并为实现和平民主的局面而进行了艰苦的努力。但是,国民党当局的主要企图是在美国的支持下通过内战来消灭人民革命力量。还在 9、10 月间,即重庆谈判正在进行之际和谈判刚刚结束不久,它就出动数十万大军大举进犯华北解放区;11 月初,它又出兵关外,以“接收主权”的名义,大举向东北的解放区进犯。11 月间,它的高级将领在重庆举行军事会议,拟订对解放区的通盘作战计划,企图在 6 个月内在全国范围击溃人民军队主力,而后按 42 个军区的划分进行分区“清剿”。至 12 月初,国民党用来进攻解放区的军队,包括它动用的伪军及日军在内,总兵力已达 195 万人以上。抗日战争胜利不久,全面内战的阴影重又笼罩在中国的上空。这种情况,不能不激起广大人民的忧虑以至愤怒。

国民党当局要发动内战,必须安定后方。所谓后方,当时主要就是云、贵、川

① 《中共中央关于利用平津京沪学运成绩扩大我党活动的指示》,1947 年 1 月 6 日。

② 《毛泽东选集》第 4 卷,人民出版社 1991 年版,第 1224 ~ 1225 页。

等省。云南的省会昆明是国民党国际交通线的联络站，这里驻有美军第十四航空队和作战心理部，国民党的陆军总部也设在这里，因而具有重要的战略地位。但云南长期处于地方实力派龙云的统治之下，龙云当年是民主同盟的秘密盟员，中共又派人与他进行联系，并通过民盟的代表人物对他做过工作。对于云南，国民党中央政权是无力全面加以控制的。因此，“在‘内战第一’的目标下，云南被认为是‘自由太多’的地方”。为了解除后顾之忧，国民党政府遂于 1945 年 12 月 2 日下令免去云南省主席、昆明行营主任龙云的本兼各职，并令所属部队一律改隶。3 日，云南省政府被国民党中央武装改组，由蒋介石集团的嫡系、CC 分子李宗黄代理云南省主席的职务。李宗黄等人在云南主政之后，大力推行特务统治，公开进行反共活动。他们并以清查散兵游勇为名，到处捕人；报纸期刊也受到严格的统制。在他们的纵容下，官吏们大肆贪污勒索（李宗黄本人在两个月中就搜刮了烟土 40 万两、公馆两座、小汽车 8 辆、现金 23 亿元）；军队则公然进行抢劫绑架（仅 10 月下旬，昆明就发生十多起武装抢劫案）。他们用行动逐步打破了人们对于蒋介石集团所抱的幻想。在一二·一运动之前，云南农村中已有小规模的零星斗争，昆明的学生则在酝酿着开展新的反抗活动。

当时的昆明，有“民主运动的堡垒”之称。由北京大学、清华大学、南开大学组成的西南联合大学就设在这里。1938 年秋，在中共领导下，联大进步学生重建了中华民族解放先锋队的支部，并通过进步社团群社等积极开展抗日民主运动。联大中共总支部成员曾发展到 40 余人，约占云南全省地下党员总数的1/4。1941 年皖南事变后，国民党反动派加紧了对进步力量的迫害。根据党的长期隐蔽、积蓄力量、以待时机的方针，联大 100 多名党员和群社社员撤退到了云南边境各县，在那里从事民众运动和文化教育工作，播撒革命种子；一些尚未暴露的党员和进步分子则继续留在联大，遵照中共中央南方局关于“勤学、勤业、勤交友”的指示，在反动势力猖獗、斗争暂时趋向沉寂的条件下，进行着团结同学、准备力量的艰苦工作。经过 3 年时间的积蓄力量，1944 年夏，以纪念五四的盛大活动为标志，联大的民主运动又重新走向高涨。在这一年秋天举行的选举中，当选的学生代表绝大多数是党员和进步学生；随后，他们就从“三民主义青年团”分子手中夺回了联大学生自治会的领导权。1945 年 1 月，先进青年的地下组织民主青年同盟在昆明正式宣告成立，它明确规定“接受中国最先进政党（即中国共产党）的领导，与民盟及一切民主力量合作”，“以实现新民主主义为奋斗宗旨”，并“实行民主集中制”。6 月上旬，中共云南省工作委员会承认“民青”为党的外围组织，决定把它建设为党领导青年运动特别是学生运动的骨干力量。“民青”下属一、二两个平行支部，它们分别在大中学生、工人和职业青年中发展组织，建立分支部。到 1945 年 11 月底，即一二·一运动爆发时，“民青”一、二支部在昆明的盟员已发展到300人左右,他们掌握了昆明学生联合会和29所大中学校学生自治会的领导权,并建立了一个工人分支部和几个专县的学校分支部。① 与此同时,党还在民主人士中积极开展工作。闻一多、吴晗等一批知名教授也在党的影响下逐步成长为坚强的民主战士。这就是说,在一二·一运动之前,昆明的民主运动已经具有了比较坚实的基础。

上述种种情况清楚地表明,国民党统治区在抗战胜利后不久就爆发群众性的反内战运动,以及这个运动又首先发生在昆明,都不是偶然的。

2. 一二·一运动的发生和发展

一二·一运动的发展,大体上经历了四个阶段:

(1) 从1945年11月25日联大时事晚会事件到12月1日昆明惨案发生前夕,这是一二·一运动的始发阶段。

当时,国民党正调集大批军队进攻或准备进攻解放区。11月5日,中共发言人揭露国民党军队进攻解放区真相。19日,重庆各界代表郭沫若、沈钧儒等举行反内战大会,成立陪都各界反内战联合会,号召国民党统治区的人民以行动反对国民党的内战政策,反对美国干涉中国内政。

为了响应反内战联合会所发起的运动,11月24日,西南联大与云南大学、中法大学、英语专科学校等的学生自治会商定在云大举行反内战时事晚会。当晚,云南省国民党党政军首长联席会议议决"一切集会或游行"非经核准"一律严于禁止"②。李宗黄还亲往云大命令校方不得出借校地供作会场。于是,四校自治会决定将会场移至联大,名义改为联大自治会主办之校内集会。25日,时事晚会在联大图书馆前大草坪上举行,到会四大学及部分中学学生6 000人。钱端升、费孝通、潘大逵、伍启元等教授在会上作了反内战讲演。晚会开始后,国民党第五军邱清泉部即武装包围联大校舍,鸣枪恫吓到会群众;并割断电线,熄灭灯光,以破坏会议的进行。群众则在弹雨之下,用煤油灯照明,继续开会。在晚会进行中,一国民党特务头子又冒充"王姓老百姓"上台大放厥词,声称"目前有人称兵作乱,此系内乱而不是内战,自当设法予以平息"③等等,也被群众轰下台去。晚会终于坚持到底,并在通过反内战宣言和呼吁美国青年反对美国参加中国内战的通电之后宣告结束。散会时,反动军警突然宣布紧急戒严,企图禁阻到会群众入城返家。第二天,国民党中央社竟发布"西郊匪警,黑夜枪声"④的

---

① 参见洪德铭:《回忆民主青年同盟》,1979年10月。

② 昆明《中央日报》1945年11月25日。

③ 昆明《中央日报》1945年11月26日。

④ 昆明《中央日报》1945年11月26日。

"消息",对与会师生竭尽诬蔑之能事。

时事晚会事件暴露了国民党当局坚持内战政策的立场,深深激怒了广大群众。26 日,昆明 30 余所大中学校的 30 000 余名学生举行了罢课。他们组织了昆明中等以上学校罢课联合委员会,并发表了罢课宣言。宣言主张:立即制止内战,要求和平;反对外国助长中国内战,撤退驻华美军;组织民主的联合政府;切实保障人民的自由权利。同时,学生要求云南当局追究射击联大的责任;废止 24 日非法禁令;保障人权;中央社更正道歉。① 联大、云大等校教授也站在学生一边,向云南省政府和警备司令部提出抗议,并专函教育部派人到昆彻查此事。民主同盟昆明支部发言人还发表声明,表示"完全同情"和"声援"学生的运动。②

为了压制学生的正义行动,国民党当局决定"以宣传对宣传,以组织对组织,以行动对行动"。11 月 27 日,李宗黄召集各校负责人及警宪方面举行紧急会商,决定采取一系列迫害办法。29 日,关麟征(云南警备司令)在记者招待会上公然对学生进行恫吓,声称"他们(学生)有开会的自由,我就有放枪的自由"③。他们不仅直接命令各校刻日交出所谓"思想有问题"的学生的名单,限定各校于 28 日复课;而且亲手策划组织"反罢课委员会",制造罢课"是 CP 的圈套"、"反内战的便是共产党"的舆论,以扣"红帽子"来威吓群众;他们还指使或纵容武装暴徒到学校撕毁壁报,在街头行凶殴打学生。

面对反动派的镇压措施,罢委会决定:巩固阵营,团结同学,争取中间派,争取师生合作,扩大宣传,揭破阴谋,并准备在最低条件下复课。各校学生采取各种办法抵制了当局关于限期复课的命令;罢委会出版了《罢委会通讯》,及时向群众分析时局,报道运动真相,揭破欺骗宣传;29 日、30 日,学生组织了宣传队,在纠察队的保护下,到街头巷里向市民宣传反内战、争民主的必要。宣传队员们在街头遭到了暴徒的殴打和非法拘捕。仅 29 日,就发生特务殴打学生事件 25 起,捕人事件 15 起。但是,在受伤学生被抬救扶掖回校之后,又有更多的学生参加了宣传队、纠察队。这一场短兵相接的战斗,使学生们受到了实际的锻炼和教育,为迎接下一阶段更严重的斗争做了准备。

(2) 从 12 月 1 日昆明惨案发生到 12 月 18 日罢委会决定定期复课,这是一二·一运动的高潮时期。

---

① 参见《昆明市大中学生为反对内战及抗议武装干涉集会告全国同胞书》,1945 年 11 月 28 日。

② 参见《中国民主同盟昆明支部发言人对昆市大中学生罢课抗议非法的武装干涉集会自由的声明》,1945 年 11 月 30 日。

③ 《昆明各校联合发出启事驳斥中央社的欺骗宣传》,《新华日报》1945 年 12 月 7 日。

由于各种压迫措施——宣告破产，李宗黄、关麟征在11月29日、30日先后召开秘密会议，决定对学生进一步采取暴力手段。12月1日，从上午9点至下午4点，大批的特务和身着制服、佩戴符号的军人，携带武器，分批闯入云大、中法、联大工学院、联大师范学院和联大附中等5处，捣毁校具，劫掠财物，殴打师生。进攻联大新校舍的暴徒并投掷手榴弹一枚，联大校友、南菁中学教师于再受重伤身亡；进攻联大师范学院的暴徒则投掷手榴弹3枚，联大学生潘琰（女）、李鲁连和昆华工业学校学生张华昌死难。总计当日死亡4人，受重伤者11人，轻伤者14人，教授马大猷、袁复礼等也遭殴打。这就是震惊全国的一二·一惨案。

一二·一惨案发生后，广大学生群情激愤，社会各界也同情学生。据此，罢委会决定将反内战、争自由的斗争进一步推向深入。在斗争中，他们注意从昆明惨案联系到揭露反动派全国性的内战政策，从四烈士的牺牲联系到要求自由的保障。罢委会发表了新的罢课宣言。宣言在要求条件方面增加了有关昆明惨案的都分，即：严惩祸首李、关、邱；抚恤死者，举行公祭公葬，医治伤者，并赔偿一切公私损失；解散行凶之特务机关等。在罢委会的领导下，学生们深入工农市民群众中，积极开展各种形式的宣传工作，并在联大设置灵堂，举行四烈士的公祭。

社会各界人士热烈同情学生的正义斗争。联大教授会议决罢教一周以抗议反动当局的暴行；同时组织法律委员会，并与罢委会的控诉委员会合作，拟具了告诉状，向国民党的最高法院和军事委员会控告李宗黄、关麟征等人；他们还向报界发表声明，说明一二·一惨案的经过，揭露此次惨案实为李宗黄等"明目张胆所共同指使"①。昆明各大中学校教师250余人联名发表罢教直言，决定"一致罢教，至学生复课日止"②。昆明的工厂、商店的职工和广大的市民群众以及某些上层人士，也纷纷以捐款、签名、慰问、吊唁等方式声援学生。在云南省的外县，如昭通、宣威、沾益、弥勒、建水、石屏、泸西等地，也先后爆发了援昆运动。

昆明学生的斗争在全国激起了强烈的反响。延安各界举行集会，声援昆明学生，周恩来在会上讲了话。《解放日报》、《新华日报》并发表了社论、评论及有关报道。民主同盟、三民主义同志联合会等民主党派、陪都各界反内战联合会等人民团体以及各界知名人士也纷纷发表声明和函电，抗议反动当局制造惨案，支持学生反内战、争自由的运动。在重庆，举行了"一二·一"死难烈士追悼会及两天公祭；在成都，追悼会后举行了示威游行，一些外籍教授也加入到了示威游行的行列；在上海，于再烈士追悼会后参加示威游行的群众达20 000人。在遵义的浙江大学学生也举行了象征性的罢课。

① 《国立西南联合大学教授会为此次学生死伤事件致报界之公开声明》，1945年12月10日。

② 《为十二月一日党政军当局屠杀教师学生昆明市各大中学教师罢教宣言》，1945年12月6日。

在学生的正义斗争面前,国民党反动派在政治上陷于极端的孤立。为了软化学生并推卸责任,关麟征亲往联大向学生道歉,并派人致送花圈、现金及棺木。随后,云南当局又举行了"公审"及枪毙"凶犯"的戏剧,并诬称手榴弹为学生方面扔出,杀人系受异党分子指使等。但是这些把戏都一一为群众所揭穿。关麟征终于被迫"自请处分",李宗黄也只好去见云南省主席卢汉办理移交。学生的斗争显示了自己的威力,并取得了部分的胜利。

(3) 从 12 月 18 日决定定期复课到 12 月 27 日正式停灵复课,这是为结束群众运动、转入长期斗争做准备的时期。

1945 年年底,国内形势发生了重大的变化。由于解放区军民自卫还击战斗的胜利和国民党统治区爱国民主运动的发展,蒋介石感到内战部署尚未就绪,于是被迫同意召开政治协商会议。对学生运动,则由高压政策改为公开让步、暗里分化的政策。国民党当局先后派北大代理校长傅斯年、教育部次长朱经农、暂代云南警备司令霍揆彰等来昆"调停学潮",并下令"将关(麟征)停职,听候议处"。国民党当局一方面答应赔偿公私损失,抚恤、公祭及公葬死者等;一方面命令联大、云大两校必须"负责使学生停止一切校外活动,并限校长于 12 月 17 日(即美国总统特使马歇尔以"调处"中国内战的名义来华之日)复课;并决定,以上措施"如果无效",将按蒋介石的旨意,对学生运动"为最后之处置"。[①] 当时联大的一些教授尽管同情学生,对国民党践踏民主深为不满,但他们又为傅斯年所携蒋介石"手谕"和反动教授散布的"共产党操纵学运"等论调所吓住,希望运动及早结束。这样,联大教授会就通过了要求学生于 17 日无条件复课的决议。而一些激于一时义愤而参加运动的学生,则看到当局已作一定让步、政协会议召开在即,因而认为运动目的已经达到,可以复课了。

在这种情况下,罢委会决定,为了粉碎反动派的阴谋,争取中间群众,以巩固胜利、扩大战果,必须改变斗争的方式,即准备在适当的条件下组织群众有秩序地复课,以便转入长期斗争。但是,为了显示群众的力量,打击反动派的气焰,罢委会组织了退兵的一战。12 月 16 日,在联大召开了反内战座谈会,会上群情激昂,一致决议坚持罢课,会后举行了校内游行,参加者达 2 000 余人。17 日,即国民党当局限令复课的当天,罢课斗争继续坚持。18 日,在联大召开了自治会全体代表大会,通过修改复课条件,决定定期复课。修改后的复课条件是:保障人身自由;取消非法禁令,抚恤、公祭及公葬死者,赔偿公私损失,中央社更正诬蔑学生之新闻,教授与学生一致继续控诉罪犯。

国民党当局由于无法实现其破坏学运的阴谋,遂于 12 月 24 日全部接受学

① 《卢汉霍揆彰给蒋介石的密电》。

生所提复课条件。25日,包括《中央日报》在内的昆明各报都刊登了罢委会所写的一二·一惨案经过和复课启事以及联大常委梅贻琦、云大校长熊庆来关于"一二·一"真相的谈话。联大、云大教授并签名声明与学生一道继续对罪犯提出控诉。由于斗争取得了相当的胜利,12月25日,昆明大中学校学生召开代表大会通过了复课宣言;27日,昆明30 000余学生有秩序地正式宣告复课。

(4)从1945年12月27日停灵复课到1946年3月17日举行四烈士殡仪,为巩固胜利、扩大战果的时期,这是一二·一运动的尾声。

停灵复课之后,斗争的方式改变了,斗争本身并没有终结。这一阶段的工作,主要是"调整内部,健全组织,检讨过去,巩固力量"①,以便把争取和平民主的斗争继续坚持地进行下去。党组织和民青认真总结前一阶段的斗争经验,注意在反内战、争民主的目标下把广大青年进一步组织起来,同时吸收其中的优秀分子加入党和民青,充实学生运动的领导机构;注意引导青年认清目标,坚持战斗,防止运动高潮过后陷入消沉。

在这期间,学生们举办了各种晚会及讲演会,积极做好一二·一运动的各项善后工作。为了庆祝政协闭幕、抗议反动派制造重庆较场口事件、抗议李宗黄调升要职,由昆明学联等10个团体发起,各界青年及市民4 000余人在联大召开大会;会后举行了有15 000人参加的示威游行。3月8日,昆明妇女界千余人集体赴联大公祭潘琰烈士,沿途并高呼口号。这是昆明历史上第一次妇女大游行。

3月17日,"一二·一"四烈士的殡仪在昆明举行。在"自由钟"的钟声引导下,30 000余人参加了送殡。队伍前面,人们高举着"民主使徒"、"你们死了,还有我们"的大字木牌;沿途设有路祭。市民们不顾国民党当局的禁令,齐集街头,向烈士告别。烈士的遗体被安葬在联大新校舍的东北角。在墓地,举行了公葬仪式。九万人在墓前庄严宣誓:"我们要集中所有的力量,向反动的法西斯余孽痛击,我们今天再次喊出我们的要求,我们的进军方向:民主!"

至此,一二·一运动宣告胜利结束。

3. 反内战成为各阶层人民的普遍呼声

一二·一运动是在中国共产党的领导下进行的。中共云南省工作委员会具体地组织和领导了昆明学生的斗争。中共中央和中共中央南方局及时对这个斗争进行了指导。

一二·一运动是抗日战争胜利以后中国人民运动的重要一翼。

首先,一二·一运动进一步揭穿了国民党政府坚持内战政策的本相,提高了全国人民的觉悟,推动了国内政治生活的发展。

① 昆明学生罢课委员会:《认识"一二·一"运动》,1946年1月24日。

一二·一运动的基本口号是"反对内战,争取自由",它反映了全国人民的共同要求。而国民党政府却压迫人民这种正义的运动,并指使其党徒提出"反反内战"、"戡乱"等反动口号,明白地表示了自己的内战决心。这样,它也就把自己放在了全国人民的对立面。

由于国民党统治集团曾经侧身于抗日的营垒,战后,人民中间有不少人是对它抱有某种希望的。但是,它自己却以行动逐步打破了人们的幻想。一二·一惨案更清楚地说明,"谁要和平,谁在国民党当局眼中就是敌人";而"国民党当局所允许给人民的'民主',并无丝毫真正民主的成份,而是手榴弹的爆炸"①。所以,这一惨案也就成了"侯门仁义的最后一次的天秤"②。当时新上任的云南教育厅厅长指示其下属说:"三青团的牌子不要挂在明处,三青团的书报也收捡起来,表示我们的超然,以免刺激学生情绪。"中央日报社社长说:"本党已丧失人心,只要有机会共产党一声号召,群众便乘机来攻。我《中央日报》在昆明成了人们发誓的口头语(如说请相信我的话,我又不是中央社)。"这是两个很能说明问题的例子。

国民党当局曾经宣称:共产党拥兵自重是实现国内和平的主要障碍,一旦共产党交出军队,和平民主即刻就能到来。但是,一二·一惨案戳穿了这种谎言。人们看到,"反人民者的血手不仅要屠杀有武装的人民,而且要屠杀赤手空拳的老百姓"③。由此他们也就认识到"中国政党必须依恃武力才能存在","这原因就是在当权的政府不容许异见";④他们也就"再也不信"那种"认为只要人民交出他们的武器,就可以换来充分的自由"⑤一类的鬼话。民主同盟云南支部发表的声明指出,一二·一惨案的"现实教训是:只有彻底消灭内战,彻底实行民主政治,立刻组织联合政府,才能保证人民的一切自由"⑥。经过一二·一运动,党的政治主张日益成为各阶层人民的普遍呼声了。

(二)一二三〇抗议美军暴行运动

第二条战线的形成,是以 1946 年底 1947 年初由北平学生首先发动,随即席卷全国的抗议美军驻华暴行运动即抗暴运动为标志的。

---

① 《解放日报》社论:《昆明惨案》,1945 年 12 月 7 日。
② 吴晗为《论"一二·一"运动》所作的序,1946 年 1 月 10 日。
③ 《华西晚报》社评:《援助昆明学生惨案》,1945 年 12 月 9 日。
④ 潘光旦、闻一多、费孝通、吴晗:《四教授致马歇尔将军书》,1946 年 1 月 13 日。
⑤ 《华西晚报》社评:《援助昆明学生惨案》,1945 年 12 月 9 日。
⑥ 《中国民主同盟云南省支部发言人对"一二·一"惨案的抗议》,1945 年 12 月 2 日。

1. 美国扶蒋反共是中国人民遭受苦难的重要根源

抗暴运动的斗争锋芒,直接地指向了美国帝国主义。

在反法西斯的第二次世界大战期间,美国是中国的同盟国。因此,在战后,国民党统治区的一般群众,特别是中间阶层,对美国、对美国军队是怀有友好的感情的。为什么仅仅经过了一年多一点的时间,人们不仅对美国及其驻华军队的观感已经迥然不同,而且还直接投身到反美斗争的行列中去了呢?

中国人民对于美国态度的这种变化,主要是由战后美国自身的对华政策所促成的。

战后,美国政府企图通过支持国民党政府以维护它在中国的殖民主义利益;稳定它的亚洲战线,以便集中力量向欧洲进攻;特别是遏制苏联对中国以至整个亚洲的影响。为此,美国政府一方面想要国民党政府进行一定的改革,以便使之成为一个稳定的亲美政权,并要共产党交出军队到国民党政府里去“做官”,从而使国民党不战而控制全中国;另一方面积极地多方援助国民党,以便在共产党不肯就范时帮助国民党通过战争来消灭人民革命力量。它并且为此而采取了一系列步骤。作为接受美国援助的交换条件,国民党政府与美国签订了一系列公开或秘密的丧权辱国的条约和协定。

正是在国民党政府的纵容下,在各种条约和协定的保护下,驻华美军以占领者的姿态在中国土地上公然滥施横暴,犯下了累累罪行。主要是:美军军车肇祸,肆意碰伤或碾毙行人(仅上海一地,从1945年9月至1946年1月的130天中,每天至少死伤2人);无理殴打或杀伤无辜百姓(如上海美兵将索取车资的人力车夫臧大咬子殴打致死;天津农民何万顺在田间割禾被美兵当做射击目标打死);污辱和强奸妇女(如青岛一妇女被美兵拉上军舰强奸致死);公开进行抢劫(仅上海一地,从1945年10月至1946年1月的100天中,每3天即有一起美军抢劫案)。据不完全统计,从1945年8月至1946年11月,在上海、南京、北平、天津、青岛5市,美军暴行至少有3 800起,中国人被害致死或致伤致残者在3 300人以上。①

事实教育了中国人民,使他们逐步地认识到美国政府扶蒋反共的政策以及美军为助蒋内战而在中国驻留,是自己遭受苦难的重要根源。愤怒和仇恨在人们的心头郁积着。正因为这样,1946年12月24日发生的驻华美兵在北平东单操场强奸北京大学先修班一女学生的事件,就成了一个导火线,它立即触发了一场声势浩大的抗议美军驻华暴行的群众运动。这个事件之所以在全国政治生活中激起如此巨大的波澜,是因为“这件事发生在文化首都的北平,最高学府的北

① 参见《驻华美军一斑》,《解放日报》1947年1月10日。

大的一个名门闺秀的年轻女学生身上，这就可见，任何一个中国人的肉体、精神和名誉在美国兵眼中都不算什么一回事”。因此，“在中国人眼中，受污辱的就不是任何个人，而是整个民族”①。而为了维护整个民族的尊严，他们就不能不奋起抗争。因为事情正如爱国的青年学生沉痛地向全国人民告白的那样：“假如我们不为正义、为国格而大声疾呼，不用行动来争取国家主权的完整，听任政府继续推行其卖国媚外政策，则非但祖国人民之生命财产毫无保障，且将受到亡国灭种的惨祸。”②

2. 抗议美军暴行运动的爆发

1946 年 12 月 24 日事件发生后，国民党当局曾经企图封锁有关的消息。北平市警察局长紧急通知各报不得刊登亚光通讯社所发的关于这一事件的报道，该社记者遭到秘密拘捕。但是，在《平明日报》当记者的一名中共党员把有关的消息向党组织作了报告。26 日，北平《新民报》等几家报纸冲破当局的封锁，公开报道了这一事件。当天，北京大学的民主墙上就贴满了表示要誓雪耻辱的壁报。一个学生在诗中写道：“凉血的才不愤怒，奴性的才不反抗。”他高呼：“美军必须滚蛋!”③第二天，北大召开了各系级代表及各社团代表大会，千余与会者以压倒多数通过了要求严惩暴徒及其主管长官、驻华美军当局公开道歉、美军立即退出中国等三项决议。会上成立了“北京大学学生抗议美军暴行筹备会”，作为负责组织相应活动的执行机构。

为了遏制群众性的反美浪潮，国民党当局首先企图歪曲事件的真相。他们一方面多方为肇事美军开脱，宣传“酒后失检，各国均所难免”④，竭力把美军暴行说成偶然事件；一方面大肆对受害人进行诬蔑，联合社的电讯称：“少女勾引彼等狎游，并曾言定夜渡资。”⑤特务分子还以“情报网”的名义散布造谣新闻：“最近延安曾派若干女工作人员赴各地，专门以各种技术诱惑美军，造成事件。”⑥与此同时，他们又力图把美军暴行说成是单纯个人犯法事件。原在南京出席伪“国民大会”的北大校长胡适匆匆赶回北平发表谈话，声称“此事纯系一法律问题”，不应与撤退美军这一类政治问题发生联系，并表示“对美军抗议以罢课游行为手段，似属不智”⑦。个别反动教授还攻击学生的抗暴行动是出于

① 周扬：《在爱国主义民族大团结的旗帜下胜利前进》，《晋察冀日报》1947 年 1 月 20 日。
② 昆明市学生联合会：《告全国同胞书》，《文汇报》1937 年 1 月 7 日。
③ 《华北学生运动小史》第一分册，1948 年。
④ 中央社电报，《华北日报》1946 年 12 月 29 日。
⑤ 联合社电讯，转引自《群众》第 14 卷第 2 期，1947 年 1 月 13 日。
⑥ 转引自《益世报》1946 年 12 月 30 日。
⑦ 《大公报》1946 年 12 月 31 日，又见《华北学生运动小史》第一分册。

"狭隘的民族意识"。但是,这些欺骗宣传恰恰收到了相反的效果。爱国学生愤怒地质问:"为什么国民党当局连民族的耻辱也不顾,硬要替美国人掩盖?"他们斥责胡适的谈话,指出"在种种凉血的言论中",这是"最狡猾也最糊涂的",他这样说,是企图"以消防队员的姿态出来扑灭这民族正义之火"。一位民族工商业的领袖也在报上发表谈话,指出外国人在中国土地上犯罪,把战胜国当殖民地,这"实实在在是国家的政治问题",因而胡适的说法是"荒谬绝伦的","完全是抹煞真理的"①。

当学生们揭穿了反动派的欺骗宣传,决心采取进一步的行动时,国民党当局竟指使特务分子公然对爱国学生施加暴力。12 月 29 日,200 余名暴徒涌进北大,强行占领抗暴会召开的各系级代表大会的会场。他们假冒各校代表的名义,自称组成了"北平各大学学生正义联合会",狂呼"共党分子鼓动罢课游行,我们誓死反对","决议""信任政府合理解决此案"、"决不采取罢课游行手段以免荒废学业"等等。他们还捣毁了抗暴会办公室,并且呼啸而出,将校内所有的抗议书、呼吁书、壁报、快报及标语等统统扯毁。特务的暴行激起了学生们的极大愤怒,使他们更加认清了美军的暴行与国民党政府媚外外交政策的联系。反美斗争的怒火由此燃烧得越发猛烈了。

1946 年 12 月 30 日,古都北平爆发了爱国学生的抗暴示威。按照事先的联系,北京大学、中法大学、师范学院、朝阳大学、铁道管理学院的队伍和清华大学、燕京大学、辅仁大学的队伍在沙滩会合,由清华学生高举"抗议美军暴行大游行"的横幅为前导,北大学生任后卫,一支 5 000 余人的洪流,浩浩荡荡地冲向了街头。人们振臂高呼:"抗议美军暴行!""严惩肇事美军!""美军退出中国!""美国立即改变对华政策!""维护主权独立!""民主新中国万岁!"队伍由皇城根经东华门大街到王府井大街。在驻有美军的帅府园"军事调处执行部"门前,学生们情绪激愤,不断用英语高呼"滚蛋,美国军队!我们憎恨你们!"等口号。随后队伍又穿过东单三条胡同经东单大街到达美军肇事地点东单广场,并在这里召开了群众大会。人们悲愤地控诉美军"进攻的是我们的家园","杀戮的是我们的父兄",无情地揭露了那些"屈躬侍奉洋大人的奴才"是"不知国家民族、不能保护人民而高高在上的软骨动物"②。

由于学生们喊出了郁积在人民心头的悲愤,整个北平沸腾了。游行队伍经过时,"市民群众、商人、国军拥挤围观,途为之塞"③。他们热情地向学生们点头

---

① 《文汇报》1947 年 1 月 11 日。

② 《华北学生运动小史》第一分册,1948 年。

③ 《1946.12.北平学生爱国运动抗议美军暴行》(手稿)。

招手,许多年轻的店员、公务员还自动加入示威者的行列,甚至一些国民党军人也跟着学生高呼口号。

紧接着 12 月 30 日北平学生的抗暴示威之后,全国各地的学生也掀起了抗暴斗争的怒涛。天津、上海、南京、杭州、武汉、开封、青岛、广州、福州、桂林、重庆、昆明、台北等地学生,纷纷举行罢课和示威游行。从 1946 年 12 月 30 日至 1947 年 1 月 10 日这 12 天时间内,抗暴斗争就普及到了 14 个省 26 个城市,其中 18 个城市发生了罢课、游行。全国学生参加这一斗争的总人数达 50 万人以上。

学生的抗暴斗争,得到了社会各界广泛的同情和支持。12 月 30 日当天,北大 48 位教授就联名发表了《为抗议美军暴行致美国大使司徒雷登书》,要求惩办犯罪美军,要求美国"保证以后绝不再有类似事件在中国任何地方发生"。马寅初、雷洁琼等教授还加入了当地示威者的行列。教授们盛赞学生的行动"是替个人争人格,替国家争国格"①,决心予以全力支持。

各民主党派和无党派民主人士也对学生的斗争表示热烈的同情。李济深、郭沫若、沈钧儒等曾为此先后发表声明,民主同盟并发表了书面谈话。民主同盟、民主建国会、三民主义同志联合会、九三学社等在重庆的组织还发表联合宣言,慰问游行学生。

工商界人士也站在学生运动一边。重庆市商会1月6日开会,确认"工商界应该声援学生的爱国行动"。2 月 5 日,上海百货业职工会还成立了"爱用国货抵制美货筹备会"。

学生的爱国行动也得到了海外侨胞的响应。新加坡著名侨领陈嘉庚发出通电,认为美军驻华"祸患无穷",而学生的行动则"大义凛然,国格人权赖以不坠"②。

一些有正义感的美国人士,也支持学生的抗暴斗争。燕京大学美籍教授夏仁德亲自参加了一二三〇示威,并捐款供作燕大抗暴会活动经费。

这就是说,抗暴斗争已经越出学生运动的范围,成为具有统一战线性质的广泛的人民运动了。美国政府的对华政策和国民党政府的媚外外交政策遭到了空前的孤立。

在抗暴斗争中,爱国学生的联系和团结得到了进一步的增强。1 月 6 日,北大、清华等六所大学成立了"北平市学生团体抗议美军驻华暴行联合会";③1 月 28 日,天津学生团体抗议美军驻华暴行联合会正式宣告成立。3 月 8 日,全国学

① 北大教授闻家驷语,《燕京新闻》第 13 卷第 8 期,1947 年 1 月 6 日。
② 陈嘉庚通电,《新华日报》1947 年 1 月 10 日。
③ 《大众报》1947 年 1 月 8 日。

生抗暴联合总会在上海成立。总会担负起了扩大抗暴斗争的工作,也担负着孕育成立全国学生联合会、促进全国学生大团结的任务。

面对着爱国学生的抗暴斗争,国民党当局的基本对策是实行严厉的镇压。据1947年1月4日电讯,国民党政府行政院对教育部及各地方政府发布指令,声称“若有可能越轨行为者,并应负责阻止”①。在北平,国民党市党部主任委员吴铸人于2月4日“召集各大中学校特务负责人开会”,决定“要在军调部解散的时候,以共产党阴谋暴动作借口,大规模地逮捕爱国学生,借以镇压全国运动”②。2月17日,北平市警察局和宪兵十九团出动8 000余人组成824个检查组开展“户口大检查”,逮捕2 000多人,清华、铁道学院也有学生多人被捕。特务还将进步学生列入黑名单准备加以拘捕。仅北大一校,学生被列入黑名单的即达100余人。在南京,警察厅为“防学潮之再起”,提出了一系列的反动措施。在重庆,国民党当局公开勒令解散学生抗暴组织。2月5日,抗暴联宣传队40人在江北公园遭到国民党军人及便衣特务200人围殴,当场重伤7人,轻伤数十人。2月8日,200余名学生在大同街再次遭到围殴,重伤13人,轻伤20余人。广州、青岛、天津、昆明等地的爱国学生,也有多人被当局逮捕或被学校除名。

在这种情况下,为了反对国民党当局的迫害,爱国师生又开展了保障人权的斗争。2月24日,北大汤用彤、向达和清华朱自清、张奚若等13位教授联名发表呼吁保障人权的宣言,对北平军警当局摧残人权、非法捕人表示抗议。26日、27日,北大学生为抗议非法逮捕清华学生事件罢考两天。28日,北大并与清华、燕京、中法等校学生自治会联合发表告同胞书,并组成“北平各大学抗议非法逮捕要求保障人权请愿代表团”到北平行辕请愿。重庆学生也在二五、二八血案后举行罢课。在斗争中,学生们开始形成了用团结的力量来反对迫害、保障人身的自由与安全的信念。

考虑到形势的变化,学生们决定改变斗争的方式,暂不采取游行示威这类行动,以避免在不利的条件下与反动派硬碰,而是尽量利用合法形式,积蓄力量,以便巩固现有的阵地,并为今后斗争的发展创造有利的条件。

这次抗暴运动是全面内战爆发以后国民党统治区的第一次大规模的爱国民主运动。这个运动的基本口号是“美军退出中国”,它直接举起了反对美帝国主义的旗帜,并由此联系到了反对实行媚外外交、压迫爱国运动的国民党政权。这样,就“标出了革命现阶段的两个基本内容”③,即反帝反封建的内容。

① 中央社南京电,《世界日报》1947年1月5日。

② 平津学生抗暴联:《告全国同胞书》,1947年2月9日。见《文汇报》1947年2月18日。

③ 中共北平市学生工作委员会:《抗暴运动总结》,1947年。

美国是一个后起的帝国主义国家，它没有占领中国的土地，而是在门户开放、利益均沾的口号下在中国扩展自己势力的；在反法西斯战争时期，它还是中国的盟友。因此，要使群众觉悟到反对美帝国主义是不容易的，而这一次爱国运动，就"是空前地打破了广大善良人民误认美帝为友的传统观念，也为整个世纪以来在为摆脱半殖民地地位而斗争的中国人民确定了一条新的斗争方针"①。人们痛切地指出："美国兵以征服者走入野蛮民族的姿态，一次又一次地在中国演出了惨剧，即使是麻木迟钝的人也当有动于衷了。"②"八年血战打跑了日本鬼子，难道是为了让美军来压迫我们吗？"他们大声地呼喊："美军立即退出中国！"要求美国政府改变对华政策！"本来，美帝国主义曾经指望中国知识界中会有一大批接受美国影响的民主个人主义者成为它在中国的社会支柱；但事实发人深省，恰恰是广大的知识青年成了国民党统治区内反对美帝国主义的先锋。像燕京大学这样由美国教会开办、司徒雷登长期执掌校政的地方，也成了反美斗争的前哨阵地。这就有力地表明：中华民族是不可侮的。中国人民愿意与一切平等待我之民族友好相处，但绝不会容忍任何外国侵犯自己国家的主权，践踏自己民族的尊严。

抗暴运动中壁垒分明。一方面，是广大爱国者发出的激昂的怒吼；一方面，是国民党当局实行的对爱国运动的多方的压制。这一事实，进一步暴露了美国对华政策同国民党媚外外交政策之间的内在联系。因此，这个运动在实质上也就反映了"中国广大人民爱国主义的统一战线与国民党统治集团独裁卖国政策之间的两条路线的斗争"③。学生们一针见血地指出，美军敢于在中国横行，完全是由于"政府无意实行民主政治，企图继续扩大内战"，是由于"政府没有独立外交政策，一切唯美马首是瞻，一切依赖美国"的结果。这样，他们在抗议美军暴行的同时，也就提出了"停止内战，实行民主政治，停止奴才外交"的严正要求。④ 这表明，抗暴运动"把反内战与反帝的任务有机地结合在一起了"。这"是在反内战意义下，千百倍地丰富了起来的反帝运动。"⑤

抗暴运动对美蒋的打击是相当沉重的。正是在中国人民抗议美军驻华暴行的斗争高涨之际，1947 年 1 月 29 日，美国国务院宣布，"决定结束美国与三人小组的关系与自（军事调处）执行总部撤退美方人员。这个决定，使在华北的全部

---

① 林焕成：《论反美帝的新爱国运动》，《群众》第 14 卷第 6 期，1947 年 2 月 10 日。

② 《国立中央大学全体同学抗议美军暴行要求美军立即退出中国宣言》，《文汇报》1947 年 1 月 9 日。

③ 《新华日报》社论：《以行动答复美军暴行》，1947 年 1 月 2 日。

④ 清华大学学生自治会：《为罢课抗议美军暴行告全国同胞书》，1946 年 12 月 30 日（传单）。

⑤ 《华北学生运动小史》第一分册，1948 年。

海军陆战队，除去在青岛美国海军训练团训练中国(国民党)海军人员的所在地的一部分担任警卫的人员外，都可能撤退了"①。这样，也就消除了中国人民解放事业向前发展中的一个巨大的潜在的障碍。对此，蒋介石是感到极为懊丧的。后来，他在回顾当时的事态发展时还说，在"反美运动"之后，"美国政府就陆续撤退其驻北平、天津、青岛各地的美军，并停止其对中国的军事援助"，这就给他们之间的所谓"亲善无间的友谊"，留下了"黯淡悲惨的一页"。②

抗暴运动本身是中国人民郁结心头的反美怒火的突发表现，它具有广泛的群众基础。而中国共产党则是这一斗争的组织者和领导者。

还在抗暴运动爆发之前，1946 年 9 月，中共中央即就上海开展"美军退出中国周"向党内发出指示，指出此运动将转为揭露美军暴行，要求各地予以响应。"一二三〇"示威之后，中共中央又于 1946 年 12 月 31 日，1947 年 1 月 5 日、1 月 6 日、2 月 27 日、2 月 28 日连续发出指示，要求各大城市的党组织积极发动群众响应北平学生的斗争，并根据形势的变化及时为这一斗争的发展指明了方向。中共北平市学生工作委员会及党在国民党统治区的其他地下组织，则根据中央指示的精神，采取正确的策略，具体地领导了这场运动，成了这场运动的坚强核心。

中国共产党在领导这场斗争中，坚持以"美军退出中国"为中心口号，使运动向孤立美蒋及反对美国殖民地化中国之途展开。③

由于运动的导火线是 12 月 24 日事件，学生们在围绕这一事件提出惩凶、道歉、赔偿损失等项具体要求的同时，着重指出这类事件的发生是由于美军为助蒋内战而在中国驻留，而为了从根本上制止这类暴行就必须让美军立即全部撤出中国，从而把具体抗议美军的暴行同根本反对美国政府的对华政策直接地联结了起来。

由于党坚持以"美军退出中国"为中心口号来扩大和深入这一运动，由于广大群众根据自身的经验接受了"美军一日不撤，暴行一日不止"这个真理，从而一致发出了"美军退出中国"的强烈呼声，国民党以"大事化小，小事化了"的办法来遏制群众斗争的企图，就不能不宣告破产了。

由于"六二三"下关惨案发生以来，在反动派的高压下，学校的政治空气比较沉闷，进步学生一直在进行防御作战，因此，中共北平学委在抗暴运动开始时，一方面"决定响亮的提出美军退出中国的口号，并扩大宣传"，一方面又出于慎

---

① 美国国务院：《美国与中国的关系》第五章八"马歇尔使命的终结"，1949 年 8 月。

② 蒋介石：《苏俄在中国》第四章第三十五节"中立主义者的转变——反美运动"。

③ 《中央关于在各大城市组织群众响应北平学生运动的指示》，1946 年 12 月 31 日。

重,认为"对罢课可同意,对游行需考虑"①。当然,如果条件成熟,群众迫切要求游行,就要积极加以组织领导。在实践中,北大、清华、燕京等校的中共党组织,正是在形势迅速发展变化的时刻作出决断,因势利导地带领群众走上大街的。②

在"一二三〇"示威之后,中共中央即指出,我党在蒋管区的工作,应尽量利用这次学运的成果,扩大民族爱国主义的宣传与活动;又指出,在这次运动中已产生大批积极分子,我党应帮助这些积极分子组织起来,作为核心。当时,中共北平学委即根据中央指示精神,考虑到"同学情绪(趋向)平静,再组织一次行动似不可能,乃决定抗暴今后致力于宣传";同时深入开展加强各校校内团结的工作。市抗暴会出版了机关刊物《大学周报》,还搜集一年多来美军驻华暴行的材料,出了专刊。一些没有建立学生自治会的学校就逐步地建立了自治会或相应的组织。各校的地下党和民主青年同盟组织也都有了发展。北系党组织还依照南系建立"民青"的办法,建立了党的外围组织民主青年联盟即"民联"。越来越多的青年学生在党的周围团结起来了。

中共中央对于这次抗暴运动给予了高度的评价。毛泽东认为,北平学生的抗暴运动与上海的市民骚动一起,"标志着蒋管区人民斗争的新高涨"③。周恩来也肯定"运动成功,收获至大"④。这次运动,进一步丰富了中国学生运动的经验,而且为迎接新的更大规模的爱国民主运动做了重要的准备。

(三)反饥饿反内战运动

1. 国民党统治区陷入严重的经济危机

在抗暴运动之后不久,1947 年春夏,国民党统治区的爱国学生又掀起了一场声势更浩大、范围更广泛、内容更深刻的斗争,这就是反饥饿反内战运动,即五二〇运动。

直接触发这场斗争的,是国民党统治区的全面的深刻的经济危机。

国民党统治区的整个经济命脉被美国垄断资本和中国官僚资本所控制。战后,美国商品如潮水般涌入中国市场,美国对华投资急剧增加。美国在华投资占各国在华投资的比重,从 1936 年的 8%,猛增到 1947 年的 80%,形成了独占的地位。美国的商品倾销和资本输出是在不平等条约的保护下进行的,它使处于危殆境地的中国民族工商业受到了摧毁性的打击。与此同时,以蒋、宋、孔、陈四

① 《1946.12.北平学生爱国运动抗议美军暴行》(手稿)。
② 佘涤清:《中国革命史册上的光辉一页——回忆北平地下党领导的抗暴运动》。
③ 《毛泽东选集》第 4 卷,人民出版社 1991 年版,第 1212 页。
④ 《周恩来选集》上卷,人民出版社 1980 年版,第 269 页。

大家族为首的官僚资产阶级以政府的名义接收了大量的日伪产业，并且采取各种超经济的手段，巧取豪夺，逐渐集中了巨额财产。1947 年，官僚资本在工业资本中所占的比重已达 2/3，在工业运输业固定资本中所占的比重已达 80%。官僚资本不是在生产发展、资本积累的基础上，而是在掠夺广大工人、农民、城市小资产阶级，同时兼并民族资本主义经济的基础上得到发展的。因此，官僚资本的发展，并不意味着社会财富的增长，相反，它必然造成社会经济的萎缩。正是美国垄断资本和本国官僚资本的统治，把国民党统治区的经济引向了绝境。

随着全国内战的持续，国民党政府的军费开支猛烈增长，其数额竟占其财政支出的 80%。1947 年，其财政总收入为法币 14 万亿元，总支出为 43 万亿元，财政赤字占支出的 70%。巨额的财政赤字，主要靠发行纸币来弥补。国民党"财政部单在上海就有 5 家大印刷厂，拥有几十架印刷机器，日夜开工不停地印，一分钟就出产一千六百万元；但仍不够用，还要到美国、英国去印，专门用飞机运来"①。通货发行额，抗战结束时为法币 15 560 亿元，1947 年底已达 40 余万亿元，增加了 25 倍以上。法币"贬值的速度，已像断了线的风筝飞入云霄"，连国民党行政院长张群也不得不承认，物价的飞涨有如"脱缰之马"，完全无法控制了。以米价为例，1947 年 1 月初每担为 6 万元，6 月涨至 50 万元，7 月底涨至 65 万元，12 月初已涨至 110 余万元，"时间不过十一个月，就涨了十九倍多"。据（1947 年）报载：香港蒋币 1 万元仅值港币 2 元 4 角，但冥钞 1 万元尚需港币 4 元 8 角，因此很多住民敬祖烧纸，都以较冥币便宜一倍的蒋币代替。据专家统计：以抗战前夜的物价为标准，日本投降前夜的物价涨了 1 800 倍，到 1947 年 7 月，涨了 6 万倍。通货膨胀、物价飞涨，对于靠劳动维持生活的工农大众和靠工资收入的公教人员来说，是一种公开而残暴的掠夺，对于社会生产事业，是一种致命的打击。

在这种情况下，民族工商业日益走向破产。从 1946 年 10 月至 1947 年 2 月，上海、武汉、广州等 20 个城市工厂商店倒闭的就达 2 700 家。1947 年，工业产量较战前的 1936 年减少 30% 以上。失业人数陡增，广大工人、市民乃至中下层小资产阶级濒临无法生存的境地。同时，农村经济也急剧衰退。1946 年农作物总产量比战前的 1936 年减少了 8% ~12%，1947 年更减少 33% ~44%。广大农村饥民遍野，饿殍载道。1947 年，各地饥民总数达到 1 亿人以上。公教人员和学生群众的生活也陷入了极度的困境。到 1947 年，物价较战前已上涨 6 万倍，但生活指数仅增加 6 000 ~7 000 倍。靠工资收入和助学金维持生活的人们

① 沙英：《一年来蒋管区的物价涨风》，1947 年 12 月 9 日。载《反饥饿反内战运动资料汇编》，北京大学出版社 1992 年版，第 69 页。

"生活困苦已达山穷水尽之境"①。学生们悲愤地呼喊:"我们饿,上不得课!"②广大人民食不果腹,挣扎在饥饿和死亡线上。就连蒋介石本人也不得不承认"经济景况已届非常严重之时",声称必须"拯救国民经济危机"了。然而他为此所采取的措施,竟然是大量发行新的纸币即新关金券;加紧征收所得税和直接税;规定"以后提高工资,应即确定最高限额,不得漫无限制";等等。③ 其结果,就是把广大群众推向了更加深重的苦难之中。严酷的现实迫使人们认识到,除了团结起来进行斗争之外,再没有别的出路。

2. 在为生存而斗争的基础上建立反内战反特务的广大战线

为了加强对国民党统治区工作的领导,1946 年 12 月 16 日,中共中央书记处决定改组中共中央城市工作部,由周恩来兼任部长,李维汉任副部长。中央城工部的任务是:"在中央规定的方针下,研讨与经管蒋管区的一切工作(包括工、农、青、妇),并训练这一工作的干部。"解放区的各中央局、中央分局和有关区党委均设立城工部。1947 年 1 月,中共中央决定对国民党统治区地下党的组织系统进行调整。1 月 16 日,周恩来电告董必武等:南京局仍由董必武主持,直接管理上海工委、重庆分局、香港分局及一部分统战关系中的党员。上海另设上海分局,统一管理刘晓、钱瑛领导的秘密组织,但下层仍不打通。重庆分局、香港分局直属南京局,但有关全局工作,中央可直接给予指示。④ 中共代表团自南京等地撤退后,1947 年 5 月 6 日,中共中央通知,将上海中央分局改为上海中央局,管辖长江流域、西南各省及平津一部分党的组织与工作,⑤并于必要时指导香港分局,以刘晓为书记、刘长胜为副书记。⑥ 香港分局管辖华南地区党的工作。这样,党对国民党统治区工作的组织领导就得到了进一步的统一和加强。

在加强组织领导的同时,中共中央对党在国民党统治区的工作方针和斗争策略及时作出了指示。在 1947 年 2 月 1 日中央政治局会议上,周恩来叙述了国民党在其统治区内加紧征兵征粮、加捐加税以致民怨沸腾、民变蜂起的情况后指出:在国统区要提出为生而斗争,联结到政治口号的发展。他并且认为,国民党

---

① 上海《文汇报》1947 年 5 月 3 日。

② 上海《文汇报》1947 年 5 月 16 日。

③ 蒋介石关于经济紧急措施的谈话,1947 年 2 月 16 日。

④ 周恩来致董必武、吴玉章等的电报,1947 年 1 月 16 日,手稿。转引自《周恩来传(1898—1949)》下卷,中央文献出版社 1998 年版,第 820 页。

⑤ 指原属南方局领导的从昆明等地返回平津地区的党组织。在平津地区,这部分党组织称为"南系"。

⑥ 中共中央致叶剑英、李维汉的电报,1947 年 5 月 6 日,周恩来手稿。转引自《周恩来传(1898—1949)》下卷,中央文献出版社 1998 年版,第 826 页。

统治区的人民运动，成了配合解放区军民自卫战争的“第二战线”①。2 月 17 日中共中央指示平、津市委：“一、积极扩大深入坚持学生爱国运动，并与学生本身斗争联系起来。二、积极建立发展青年积极分子的组织。三、党的组织仍应精干隐蔽，不应过分集中统一，但是党员应以群众面目出现，积极影响抗暴。四、对特务秘密捕人计划要公开揭露，取得舆论援助。”②2 月 28 日，中共中央就党在蒋管区的斗争策略发出指示。指示揭露，国民党大肆捕捉爱国学生，“其企图不外：一、如我及人民团体、社会舆论默不作声，彼正好得寸进尺，加强镇压；二、如我及进步群众受其挑衅，实行硬碰，彼正好以有准备的打击，挫我锐气，加强恐怖；三、如我只动员少数进步分子提出中间分子尚不能接受的口号，进行反抗，正好中其暴露我方力量之计，便于其分化挑拨，各个击破”。指示强调，“针对目前蒋的镇压政策，我们应扩大宣传，避免硬碰，争取中间分子，利用合法形式，力争从为生存而斗争的基础上，建立反卖国、反内战、反独裁与反特务恐怖的广大阵线”。“在斗争中要联系到、有时要转移到经济斗争上去，才能动员更广大群众参加，而且易于取得合法形式。有了经济斗争的广大基础，也易于联系到反特务反内战的斗争上去。”③3 月 1 日，中共中央再次发出指示，要求国民党统治区城市的爱国民主运动“应从参加这一斗争的群众本身的生存问题上着想，有计划地转移到带地方性的经济斗争中去，以深入和巩固群众斗争的基础”；应当相信，“新的斗争会在为生存而斗争的基础上增长起来”，从而推动学生运动新高潮的出现。④ 3 月 8 日，中共中央在致刘晓转曾镜冰并告华东局的电报中，进一步阐明了上述策略思想。中共中央的这些指示，为国民党统治区爱国民主运动的胜利发展指明了方向。

3. 发出“挽救教育危机”、“向炮口要饭吃”的呼声

随后不久，在国民党统治区的许多城市，一场以学生为主的新的斗争，果然在为争生存而奋斗的基础上爆发了。

这一年的四五月间，上海、南京的学生普遍喊出了“挽救教育危机”的口号，发出了“向炮口要饭吃”的呼声。5 月 4 日，上海 30 多个单位的学生为纪念“五四”，分 20 个区于街头张贴标语、漫画，散发宣传品。标语中最醒目者为：“万元钞票满天飞，百物飞涨不肯停，内战再不快停止，个个百姓难活命。”“打内战，米

① 《周恩来传(1898—1949)》下卷，中央文献出版社 1998 年版，第 821 页。

② 中共中央致北平、天津市委的电报，1947 年 2 月 17 日，经周恩来修订稿。转引自《周恩来传(1898—1949)》下卷，中央文献出版社 1998 年版，第 822 页。

③ 《周恩来选集》上卷，人民出版社 1980 年版，第 268 ~ 269 页。

④ 中共中央致董必武等的电报，1947 年 3 月 1 日。转引自《周恩来传(1898—1949)》下卷，中央文献出版社 1998 年版，第 823 页。

价涨,要不涨,停打仗。”上海法学院、光华大学等校的学生遭到警察殴打和逮捕,标语悉被警察撕毁。次日,上海抗暴联发表《抗议非法殴捕同学书》。其后,上海法学院等还举行了罢课。5月15日,南京国立中央大学“全校学生联合国立音乐及国立剧专两校共4 000余学生,作饥饿游行请愿”。游行队伍由王世德等9人带领,举着“我们要饭吃”、“炮弹?面包?”“我们饿,上不得课”等标语,先后到教育部、行政院请愿。学生在行政院的金字匾额上贴上“民瘦炮肥”四个字,并在大楼漆柱上用粉笔写出标语:“朱门酒肉臭,路有冻死骨。”中山大学学生还发表宣言,除要求增加副食费外,还提出“教育经费不得少于国家税出总预算15%”、教员薪津“依照物价指数支付”等5项要求,“并表示将向全国学生呼吁,一致为实现此合法要求而努力”①。由于所提要求没有得到满意答复,学生们决定于5月20日国民参政会开会的当天举行大规模的示威游行。次日,南京私立金陵大学全体学生700余人“亦举行饥饿大游行,并分赴教部与政院请愿”,沿途向市民宣传“争生存,反内战”②。

5月16日,国民党行政院被迫宣布调整大学生的副食费。中共地下党决定把反饥饿和反内战结合起来,使学生运动向纵深发展。5月17日,中央大学、金陵大学、戏剧专科学校、音乐学院、药学专科学校等五校学生代表集会,成立南京学生联合会,并决定在5月20日“国民参政会”四届三次大会开幕的当天,再次举行示威游行;同时致电北大、清华、武汉大学等校同学,呼吁他们共同行动;并派人赴上海、杭州联络,希望当地学生与南京学生采取共同行动。③

在北平,5月15日,清华大学学生自治会召开代表会,“议决于星期六罢课一天以示学生反饥饿反内战抗议之决心并声援中央大学等校师生之行动”④。后由1 176名学生联名要求,决定罢课3天。为此,清华学生还组成了反饥饿反内战罢课抗议委员会。5月16日,国立北京大学院系联合会召开会议,主张“反对使我们饥饿的内战”,并组成“北大反饥饿反内战行动委员会”;17日,召开院系代表大会,提出“反饥饿反内战”口号,发表罢课宣言,“决议自5月19日起,暂行罢课三天,展开反内战、反饥饿运动”⑤。同时还决定,定“六二”为反内战

① 上海《文汇报》1947年5月16日。

② 上海《文汇报》1947年5月17日。

③ 朱成学:《一次伟大正义的学生运动——回忆一九四七年的“五二〇”运动》,《人民日报》1982年6月24日。

④ 清华大学文书档案室资料,见《反饥饿反内战运动资料汇编》,北京大学出版社1992年版,第127页。

⑤ 北京大学图书馆藏资料,见《反饥饿反内战运动资料汇编》,北京大学出版社1992年版,第136页。

日，通电全国，号召各界罢工、罢市、罢课、罢教，并举行反内战大游行。北大学生还发表《告平市父老书》，呼吁平市父老"同我们站在一起"，"为了要饭吃，要生活，让我们一同来反抗内战！"①

5月18日，北京大学、清华大学、北洋大学等校的宣传队会合一起，到北平的前门、西单、东四、王府井4区作街头宣传。当北大的一个宣传队来到西单商场对面的街上准备进行宣传时，大批青年军跑过来，举起拳头，或用有铜扣的皮带或用布缠着铁头的木棍，将30余名手无寸铁的学生围在街心毒打。这一天，北大有8位同学受伤，其中2人重伤，住进了北大医院的病房。

西单血案震动了华北各院校。当晚，北京大学、清华大学、燕京大学、师范学院、中法大学、南开大学等11校的代表在北大开会，成立华北区五一八血案后援会。5月19日，"华北学生反饥饿反内战联合会"（简称"反饥联"）宣告成立。"反饥联"决定，在5月20日，发动学生举行请愿游行。"反饥联"还发表了向北平行辕第一次请愿报告书。

在这期间，除上海、南京、北平外，河南、陕西、山东、四川、辽宁、浙江、天津等地的学生、教师也开展了不同方式的反饥饿反内战斗争。

4. 五二〇反饥饿反内战大游行

为了镇压日益高涨的人民运动，5月18日，国民党政府发布《维护社会秩序临时办法》，规定凡人民团体或学校学生"不得越级请愿"；请愿时，"其代表人数以十人为限，不得聚众胁迫"；如有罢课或游行示威等，有关机关"应采取必要之措施，或予以解散"；如妨碍公共秩序等，则"当地政府应采取紧急处置作有效之制止"，直至"送出司法机关处理"。为此，蒋介石本人发表谈话，攻击爱国学生"形同暴徒"，声称"国家何贵于如此之学校？亦何惜于如此恣肆暴戾之青年？"并威胁说，对这些学生"将不能不采取断然之处置"②。其行政院长张群、教育部长朱家骅也发表谈话，对爱国学生进行威胁。教育部还电令各地严厉禁止学生运动，并要求"查明滋事分子，分别从严惩处，为首的一律开除学籍"③。但是，广大学生并没有在国民党政府的高压政策面前表现屈服。学生的斗争不但更加英勇，而且逐步由各校分散的个别行动走向全国性的联合行动。中共地下组织认为，敌人的高压政策并不表示它的强大，而是暴露了它的软弱。只要我们敢于斗争，并在斗争中讲究策略，一定会获得胜利。据此，决定示威游行仍按原定计划

① 北京大学图书馆藏资料，见《反饥饿反内战运动资料汇编》，北京大学出版社1992年版，第140页。

② 南京《中央日报》1947年5月19日。

③ 北平《益世报》1947年5月20日。

进行。

5 月 19 日,南京 5 所大学的罢课学生联合会发表声明,对蒋介石的谈话表示“遗憾”,对国民党当局的“法令”表示“不予考虑”,并且决定在示威游行中加入反对内战的口号。同一天,上海 13 所大学 7 000 余学生不顾当地驻军最高长官和警察的干涉,举行反饥饿反内战的示威大游行,高唱“我们要饿死了”的悲歌。当天,京(南京)沪(上海)苏(州)杭(州)区 16 所专科以上学校的学生代表召开联席会议,“为挽救内战摧残下之中国教育”,议决于 5 月 20 日联合举行大游行,并派代表向国民参政会及行政院请愿。请愿原则 5 项,其中包括“五月份伙食费应增至 10 万元”,教职工生活指数“按物价调整”等。中央大学、金陵大学的代表还提出要有“坚持反对内战,恢复政协路线”的内容。

5 月 20 日,京沪苏杭区 16 个专科以上学校“为挽救教育危机”在南京“联合举行游行请愿。参加同学约 5 000 人,讵料遭受宪警非法的摧残打击,造成流血的惨案”。有关情况,五二〇血案处理委员会在事件发生后的第三天即 5 月 22 日发表的《五二〇血案纪实》一文中作了具体记载。这场斗争的组织者之一的朱成学对此作了与上述记载基本相同的回忆:

5 月 20 日的早晨,上海、杭州、苏州学生代表团和中央大学同学先后到中央大学操场集合。这时,国民党宪兵、警察分别包围了中央大学、金陵大学。消息传来,同学们无不义愤填膺。当中大丁家桥分部同学突围到来,群情更加激愤。游行队伍机智地从中大边门突围出发,前往金大支援,两支队伍在鼓楼附近胜利会合,然后高呼着“反对饥饿”、“反对内战”、“取消《维持社会秩序临时办法》”等口号,浩浩荡荡地由中山路向南行进。

10 时 50 分,队伍到达珠江路口。在这里,一大批头戴钢盔、身穿黄色军服的警察、宪兵,横呈路面,几辆红色消防车停在马路边上,红色警备车呼啸奔驰,便衣特务麇集路旁。面对这种情况,同学们高呼:“人民有请愿的自由”,“中国人不打中国人”,“警察拿出良心来”。主席团上前交涉,要求国民党警、宪撤退。警、宪反令游行队伍解散。这时,群情激愤。主席团率领队伍猛冲过去,警、宪防线被突破了。

队伍刚冲过水龙防线,埋伏路旁的警、宪、特务手持木棍、铁棒、皮鞭,又从四面八方冲杀上来,乱抽乱打。特务学生从旁指点,国民党警、宪大肆抓人,有的同学被戴上手铐,关进囚车,送到郊外马群监狱。面对这种野蛮的袭击,手无寸铁的同学们英勇顽强,团结奋战,队伍几次被打断,又几次聚集起来,冲了过去。据事后统计,学生重伤 19 人,轻伤 90 多人,被捕 28 人。

冲过封锁线后,队伍重新集会,继续向国民参政会行进。到达国府路(今长江路)上乘庵廊东街口,队伍又被国民党政府设置的 5 道防线阻拦:骑着高头大马、戴着钢盔的骑巡队，端起步枪的防护团，全副美式装备的青年军，身佩盒子枪的宪兵，架起机枪的步兵。

面对这样严重的局面，游行队伍与军、警、宪、特防线相对峙，在原地屹立不动，并高呼“反对政府屠杀学生”、“中国人不打中国人”等口号，唱起《团结就是力量》、《你这个坏东西》等歌曲。宣传队对围观群众和附近居民解释游行的目的，诉述珠江路血案经过。同时，主席团派代表与警、宪指挥官交涉，要求让路。

下午2时，骤下大雨。同学们坚持原地不动。

主席团一面就地举行记者招待会，阐明游行目的，控诉反动派的迫害，呼吁舆论支持；一面派出7位代表到卫戍司令部，与该部的参谋卫持平进行谈判。卫拒绝撤防。代表到国民参政会会见秘书长邵力子。经邵力子调解，学生代表与卫持平终于达成协议：国民党的武装力量撤防，让学生队伍通过。“6时15分，同学们高举战旗，高呼口号，高唱战歌，按原定路线胜利返校”①。

学生的正义行动，得到了南京市民和社会各界的支持。当学生与军警在国府路对峙时，“老工人提来了茶水，店员们拿来了雨伞，居民们送来了毛巾”，表达他们对学生的声援。《文汇报》5月20日南京来电称：“今日学生游行发生惨案时，许参政员德珩，曾亲往慰问立于街头之学生行列。渠目睹惨状时，泣不成声，并疾赴国大会堂向邵力子交涉，请迅即打破僵持之局面。又：黄炎培闻讯，甚为激动，当即往访邵力子，认为学生被如此虐待，实使人痛心。”②

5月20日这一天，爱国学生在北平也举行了游行。

上午，各大中学校学生陆续来到北京大学红楼操场集合。下午1点20分，7 000余人的队伍高举着“华北学生北平区反饥饿反内战大游行”的横幅自北京大学出发。北大的许多助教也参加了游行的行列。③ 队伍的先导是北大的宣传车。大门旗后面是清华复员军人大队，他们撑起的横幅上写着：“我们有权要求停止内战，使全国人民都有饭吃，实现民主政治。”宣传队沿途向市民进行反饥饿反内战宣传。北大、清华等13所华北专科以上学校学生在游行时发表宣言，提出“反对饥饿，反对内战”，“提高公教人员待遇”，“提高教育经费至国家总预算15%”，“反对征兵、征实、征购”，“提高工人工资”，“减轻农民负担”，“清算官僚资本”，“恢复政协路线”等口号。到黄昏时分，7点钟左右，大队在北大留校人员的掌声和欢呼声中返抵红楼广场。

---

① 《人民日报》1982年6月24日。文字上略有删节。

② 上海《文汇报》1947年5月21日。

③ 此处游行参加人数，是根据《华北学生运动小史》的记载。而据《燕京新闻》第27期（1947年5月26日）和29期（6月9日）的记载，参加游行者为3万人。另据几位北平五二〇运动参加者的回忆，参加游行者为1.5万人。

“反饥联”常务委员会向围坐在广场上的广大学生,报告了当天请愿团代表向北平行辕请愿、提出停止征兵征实征购等项要求未获结果的情况,主张第二天继续罢课;之后,又宣布接受北大学生提议,定6月2日为全国“反内战日”,命名北大广场为民主广场。这些主张和议案得到了学生们的热烈支持。次日,华北“反饥联”再次到北平行辕请愿,并就五一八血案等提出抗议。

这次反饥饿反内战的斗争是一场全国性的运动。除南京、北平外,天津、上海、杭州、长沙、重庆、广州、武汉、福州、济南、昆明、桂林等地的爱国学生也一致奋起,先后通过罢课、游行等方式投入斗争。

学生的正义斗争得到了广大教师和社会各界的同情和声援。5月20日当天,北大62位教授即发表向学生致敬及慰问函件。天津南开大学李广田教授等多人亲往慰问在游行中受伤的学生。北洋大学、河北工学院等学校当局还就警察殴打游行学生直接向天津市市长杜建时提出严重抗议。上海民主促进会也发表对学生运动的意见,声援南京学生。5月21日,南开大学教授就游行学生遭殴打向天津市政府提出严重抗议。上海柳亚子、许广平等各界人士17人研讨学生运动,一致认为对《维持社会秩序临时办法》违法之处,应由法律界正告社会。5月22日,北大杨振声等31位教授及燕京大学教职员分别发表宣言,支持学生斗争。

与以往一样,国民党当局对学生运动进行了严厉的镇压。除南京发生五二〇惨案外,天津、保定、唐山、上海、广州、福州等地的学生也遭到殴打和逮捕。武汉并有3位学生被军警枪杀。5月22日,警、宪、特冲入北平朝阳学院,学生11人受重伤,10余人被捕。6月2日前,国民党当局做好了镇压学生的部署。国民党北平警备司令陈继承于5月31日致函北大校长胡适,宣布“如六月二日果有罢课游行情事发生”,将“径行采取有效之制止。其首要各分子即当依法逮捕”等等。北平的宵禁提前自晚上10点开始。6月1日午夜清查户口,拘去多人。种种迹象表明,一场更残忍的暴行正在酝酿之中。在这种情况下,爱国学生为了保存和积蓄力量,有必要改变斗争方式。

还在5月20日当晚,中共北平学生工作委员会即召开紧急会议,总结游行示威的经验,分析群众提出的六二总罢课的口号,认为这个主张是不策略的,不利于巩固和发展胜利成果,而且把行动计划提前公开宣布,也给了敌人以可乘之机。北平地下学委把上述情况和意见,发电报告了中共晋察冀中央局城工部和中共中央,并转告了南京学委负责人。南京学委也持同样看法。于是地下党决定通过党员及民主青年联盟员等,向学生进行说服和引导。① 5月29日,北大、

① 萧松等:《沸腾的沙滩》,载北京《文史资料选编》第20辑。

清华两校教授102人发表《为反内战运动告学生及政府书》,赞扬学生“动机天真纯正”,“情绪热烈,精神勇敢”,“对运动表示同情”;又指出“事态险恶”,希望学生“能发能收,动作机敏,不屈于强暴,亦不惹无谓之纠纷”;指斥当局镇压学生是“自乱法纪,自毁道德”,要求“切实制止一切此类的暴行”。

6月1日,北京大学隆重举行“民主广场”命名大会。会上,“反饥联”宣布,根据当时情况,考虑到各校教授的劝告,经协商,决定取消六二示威游行;同时决定六二总罢课一天。当天上午,华北地区学生在民主广场举行反内战纪念会,来不及参加者可在校内举行此种集会。它在为此发表的文告中指出:“虽然我们有承担一切牺牲的勇气,但是为着人民,为着苦难的国家,我们要珍重。”

6月2日,北平城门紧闭;中学生被勒令放假回家,小学生带午餐进校整日不得外出;北京大学周围布满武装军警和便衣特务,红楼前的通道上设置了铁丝网和沙包……面对严重的白色恐怖,学生们沉着、镇定,在校内举行了反内战死亡烈士和内战中死难的无辜军民追悼大会。默哀后,大家唱起挽歌,诵读祭诗。一位女学生在会上叙述了抗战以来争民主的运动,控诉反动派的暴行。一些教授讲了话。校长胡适也应邀到校。他说:“政治腐败,而又没有人来从事改革的时候,提倡改革的责任自然就落在青年人的身上。这次学生运动,也是这样发生的。”“北平学生运动很有秩序,能放能收。华北学联今天的决定是很有理智的决定”。“学联不是受人操纵把持的,而是真正的民主力量。”①华北学生联合会即华北学联是在“反饥联”的基础上于6月2日正式成立的。

6月3日,中共中央就学生运动的方针问题给上海局发出指示,肯定上海局“领导斗争发展的方针是对的”,“京沪平津学生停止街上游行改在校内开会的办法也是对的”。“这样,可以巩固校内(包括教职员)的统一战线,便于集中要求于可能实现的条件……然后再改变斗争方式,继续进行要和平要饭吃要自由的运动”。中央还指出,学生的组织“可不拘名称形式,设法联合,以达到成立全国学联的目的”②。

6月15日,各地学生代表在上海交通大学秘密举行会议,重建了1938年即被国民党当局解散的全国学生联合会(全国学联)。全国学联在宣言中提出了“停止内战”、“保障人权”、“为求独立和平民主强盛的新中国早日实现而奋斗”等纲领。华北学联为全国学联的成立而发表的文告说:“我们的坚强团结,是我们生存的惟一保证;我们的坚强组织,是开展争民主反独裁工作的必要条件。”随着全国学联的成立,全国学生确实在斗争中进一步团结起来了。

---

① 孙清标、柯在铄:《回忆解放战争中的华北学联(上)》,《青运史研究》1982年第1期。

② 此件为周恩来所起草。见《青运史研究资料》1980年第7期。

五二〇运动之后，共产党在学校中的阵地日趋巩固。北大等校“半数以上的学生、教职工都分别参加了党所领导的各种社团和教工组织，党在学校的力量已占优势，甚至绝对优势了”。这时，国民党和三民主义青年团的特务学生已经不敢公开在校内搞破坏和进行捣乱，他们因遭到群众反对而被迫“转入地下”。“有人说北大、清华是小解放区，并非虚传。”①

根据中共中央指示的精神，党在国民党统治区的组织引导学生运动在一个时期内更多地着眼于积蓄力量，而不是开展大规模的示威游行等群众性的斗争。比如，在北京大学，党的地下组织引导进步师生学习马克思主义理论，在群众中宣传进步的政治思想，以促进民主力量的进一步充实和提高。理论学习主要是在社团中进行的。地下党还通过院系联合会成立了公开出借进步书刊的五四图书室和孑民图书室。后者主要收集马克思主义理论书籍，计有藏书 5 000 多册，每天出借次数平均为 108 次，日常流通书籍达 700 ~ 800 本；②同时，响应华北学联号召，开展助学活动，帮助经济上困难的学生争取维持生存的待遇，以进一步增强学生之间的团结。清华大学、燕京大学的学生还下乡进行访问，了解农民的疾苦，向农民进行反内战宣传，使自己上了非常“有意义的一课”。

五二〇运动是一场全国范围的学生爱国民主运动。在这场斗争中，“反饥饿与反内战有力地相结合，以广泛的经济斗争进一步提高到政治斗争，使运动表现了无比的广泛、深刻与猛烈，比抗暴更雄猛地震撼了全中国”。在这场斗争中，“学生运动的反内战阶段发展到了最高峰，并从而总结了这一阶段”。国民党反动派更加孤立了；教授们“不仅站在做师长的立场上来同情学生，更站在一个人民的立场上直接喊出了他们反饥饿反内战的呼声”；青年学生的政治认识更有了大的进步。六二华北学联宣言总结群众在斗争中认识提高的情况，劈头就说：“我们深感向顽固执迷者要求和平，是一种不智之举。制止内战，端赖全国人民的努力。”在这场斗争中，“反动派已撕破过去一切伪装的面目”，而学生们则英勇地还击了他们的迫害和屠杀。“迫害与反迫害的斗争展开了，全国同学表现了坚贞的气节，也准备了下一阶段——‘反迫害’的到来。”③

毛泽东对学生运动作了高度的评价，指出学生运动和蒋介石政府之间的斗争，已经形成了与人民解放战争相配合的“第二条战线”。“学生运动是整个人民运动的一部分。学生运动的高涨，不可避免地要促进整个人民运动的

① 孙清标：《回忆解放战争中的华北学联（下）》，《青运史研究》1982 年第 6 期。

② 《介绍孑民图书室》，《北大校史资料（1947—1948）》，北京大学综合档案室藏。

③ 《华北学生运动小史》，1948 年。载《反饥饿反内战运动资料汇编》，北京大学出版社 1992 年版，第 480 ~ 481 页。

高涨。”①

(四)人民运动的广泛发展

在学生运动进入高涨时期的同时,国民党统治区内其他方面的人民运动也得到了更迅速的发展。

在抗暴斗争发生之后不久,1947 年初,在中共上海地下党的领导下,上海三区百货业工会发动了“爱用国货,抵制美货”的运动。2 月 5 日,成立了“爱用国货抵制美货筹备委员会”(简称“爱抵会”),号召各界人士“不能束手待毙”,必须为“挽救自己的命运”而斗争。当 2 月 9 日该会在劝工大楼召开成立大会并邀请郭沫若、邓初民到会讲话时,国民党特务冲入会场施暴,重伤 13 人,轻伤数十人,永安公司职工梁仁达因伤重身亡。事件发生后,上海三区百货工会组织了“二九血案后援会”和“梁仁达烈士治丧委员会”,发动职工开展反对国民党当局迫害的斗争。

同年 5 月,与学生开展反饥饿、反内战运动几乎同时,上海工人在中共地下党的领导下掀起争取解冻生活指数的斗争。战后,在通货膨胀、物价飞涨的情况下,工人经过斗争,迫使当局同意实行按生活指数计算工资的办法。还在 2 月时,当局发布“经济紧急措施方案”,宣布冻结生活指数。5 月中旬,法商电车公司工会、三区百货业工会、上海电力公司工会等发动职工举行多次要求解冻生活指数的大游行,终于迫使当局于 6 月起正式解冻生活指数。9 月,上海工人为抗议当局武装接收 3 个民主工会而展开了搏斗。

在 1947 年间,在全国二十几个大中城市中,先后就有 120 万工人举行罢工。

在农村,广大农民反抗抓丁、征粮、征税。1947 年 1 月,民变地区扩到 300 多个县,其中以四川、西康的民变规模最大。

与学生反饥饿反内战运动同时,同年 5 月至 6 月,饥饿的城镇居民的“抢米”风潮席卷包括南京、上海、无锡、芜湖、北平等在内的 40 多个大小城镇。成都的饥民一度包围了成都市政府,无锡的饥民捣毁了无锡市政府。

广大人民对于国民党的反动统治,已经达到了忍无可忍的程度。

1947 年 2 月 28 日,台湾省省会台北市的人民为反抗国民党政府的暴政、抗议反动军警屠杀市民,举行大规模游行示威。2 月底 3 月初,台湾各地人民纷起响应,夺取武装,举行起义,并攻占了台中、嘉义等许多市镇。汉族、高山族人民并肩战斗。蒋介石集团急从大陆派两个师的援军对起义群众实行血腥镇压,在 20 多天中有 30 000 多人被屠杀。“参加起义的幸存者,有的在台湾继续斗争,有

① 《毛泽东选集》第 4 卷,人民出版社 1991 年版,第 1225 页。

的到大陆上海等地，有的转移到香港从事爱国民主运动”。这次武装起义虽然失败了，但它显示了台湾人民的顽强的革命精神，鼓舞了全国人民的斗争。“二二八起义是自发性的民变，即‘官逼民变’，但当时中国共产党在台湾的地下组织——中共台湾省工作委员会及其各级组织都支持并参与领导了这个斗争。”① 起义开始时，陕北电台在向台湾的广播中指出，“台湾人民的武装自卫是被迫的、是必要的、是正义的、是正确的”。3 月 20 日，《解放日报》发表社论指出，“你们的斗争就是我们的斗争”，“解放区军民必定以自己的奋斗，来声援你们”。1947 年 11 月 12 日，台湾民主自治同盟正式成立。台盟的成立得到了中国共产党的热情支持、指导和帮助。它团结和推动台湾人民，为继续反对美帝国主义和蒋介石集团的统治而斗争。

“新疆伊犁、塔城、阿勒泰三区革命运动，在新的历史条件下也有了进一步的发展，1945 年秋建立了革命政府。迫于革命运动的压力，国民党政府派出代表同三区革命政府的代表举行和平谈判，并于 1946 年 1 月初签订 11 项和平条款。根据和平条款的规定，1946 年 6 月改组新疆省政府，张治中兼省政府主席，三区革命政府派阿合买提江等担任副主席及其他职务。新疆人民暂时获得一定的民主权利。但是，国民党政府很快就推翻和平条款，加紧镇压新疆人民的革命运动，并于 1947 年 5 月任命反动的大土耳其主义和大伊斯兰主义分子麦斯武德为新疆省政府主席，在各地制造反革命的武装叛乱。此后，新疆人民在艰苦的条件下继续向国民党反动派展开不屈不挠的斗争，直至和全国人民一起获得最后胜利。”②

此外，内蒙古人民的斗争这时也有了新发展。

1947 年初，内蒙古东部大部和中部部分地区获得了解放，但其西部大部分盟旗尚在国民党统治下没有获得解放。在这之前，1946 年 3 月，召开了内蒙古自治运动统一会议，确定了平等自治的民族解放斗争的方针。这时，为了实施党的民族区域自治政策，推进内蒙古人民的解放斗争，召开内蒙古人民代表会议，建立内蒙古自治区的任务被提上了革命的议事日程。这一年的 3 月 23 日，中共中央发出关于内蒙古自治问题的指示（此件为周恩来起草）。指示强调，“在大会宣言中应确定内蒙古政府非独立政府，它承认内蒙古民族自治区仍属中国版图，并愿为中国真正民主联合政府之一部分，它所反对的为蒋介石国民党独裁政府及其制定的取消民族自治权利的伪宪与其卖国内战反动的政策”。关于内蒙

① 见台盟总部盟史研究小组：《台湾民主自治同盟简史》，载于刚主编：《中国各民主党派》，中国文史出版社 1987 年版，第 388 页。

② 中共中央党史研究室：《中国共产党历史》上卷，人民出版社 1991 年版，第 745～746 页。

古自治区与各解放区的关系问题，指示指出，“须根据两个原则解决”：“一个以地区划分，即是完全盟旗的地方成立各地区的民族自治政府；蒙汉杂居，汉人占少数的地方，即隶属民族自治政府，但这些地方政府中须有汉人代表；蒙汉杂居，汉人居多数的地方，仍隶属解放区政府，但这些地方政府中须组织蒙民委员会，处理蒙民事务。”“第二个原则以地区联系，即是各地区内蒙古民族自治政府应与各解放区政府发生横的联系，以便进行解放战争”。指示也提出，“目前内蒙古党的领导机关，可成立内蒙古工作委员会，即以云泽（按：即乌兰夫）同志为书记，受东北局或西满分局领导（由东北局决定），云泽同时加入东北局或西满分局为委员”①。同年4月23日，内蒙古人民代表会议在乌兰浩特召开，出席会议的各阶层代表包括上层人士在内共298人。会议讨论并通过了《内蒙古自治政府施政纲领》、《内蒙古自治政府暂行组织大纲》。《施政纲领》规定，自治政府是内蒙古地区的蒙古族联合其他民族实行区域自治的政府，自治区是祖国不可分离的一个组成部分。自治政府的任务是：团结自治区内蒙古、汉、回各民族，坚决粉碎美帝国主义的侵略，推翻国民党封建买办大汉族主义的统治，为实现内蒙古地区的各族人民的彻底解放而奋斗。会议选出了临时参议会，经参议会选出了内蒙古自治政府委员会，乌兰夫（云泽）为主席。5月1日，内蒙古自治区正式宣告成立。7月9日，中国共产党成立了内蒙古工作委员会。随着自治区的成立，内蒙古翻开了一页崭新的历史篇章，内蒙古人民的斗争也进入了一个新的阶段。②

总之，上述事实有力地表明，不仅在军事战线上，而且在政治战线上，蒋介石政府都打了败仗。这个政府已经“处在全民的包围中”。据此，毛泽东在1947年5月30日为新华社所写的评论中高兴地指出：“中国事变的发展，比人们预料的要快些。”“为了建立一个和平的、民主的、独立的新中国，中国人民应当迅速地准备一切必要的条件。”③

---

① 《中共中央文件选集》第16册，中共中央党校出版社1992年版，第430～431页。

② 据《乌兰夫回忆录》（中共党史资料出版社1989年版，第253～254页）的记载：“随着解放战争的胜利发展，内蒙古地区陆续解放，明确内蒙古行政区域的问题就提到了日程上。早在1949年初，党的七届二中全会期间，党中央即讨论了这个问题。当时，周恩来同志曾把我整理的一个内蒙古基本情况的材料批发给与会同志。毛主席提出恢复内蒙古历史上的本来面貌，逐步实现内蒙古东西部的统一，自治区领导机关先由乌兰浩特搬到张家口，待绥远解放后移归绥（按：今呼和浩特）。按照毛主席这一意图，中央确定了内蒙古自治区的行政区域。这一意图的含义很明确，就是撤销热（河）、察（哈尔）、绥（远）三省，形成东西部统一的内蒙古自治区，以彻底改变国民党反动派及历史统治者对内蒙古分割统治的状况。”

③ 《毛泽东选集》第4卷，人民出版社1991年版，第1227页。

（五）第二条战线的历史作用

1. 学生运动高涨的原因

中国的学生运动有着光荣的革命传统。在争取民族独立和人民解放的斗争的关键时刻,青年学生总是率先奋起。在现代中国的历史上,“时局的大转变,每每以学生运动开其端”①。而解放战争时期的学生运动更发展到了一个新的前所未有的高度。1948年10月14日,中共中央统一战线工作部负责人罗迈(李维汉)在给毛泽东的报告中指出:“两年内战期间,国民党统治区的学生,首先是大学生,在保卫祖国和争取民主自由的运动中进行了英勇忘我的斗争,政治上严重地打击了美蒋统治,配合了解放战争,对敌区革命群众运动则起了带头作用。”“运动的坚持性,群众的联系,策略的灵活性,都超过了学运历史上的任何时期”②。这个时期的学生运动,是中国青年运动史上、也是整个中国人民解放斗争史上的一个光辉灿烂的篇章。

知识青年在中国革命史上之所以能够起到这种特殊的作用,“是和我国的国情、民情相联系的”。

首先,“旧中国是几千年的封建帝国,闭关自守,愚昧落后,封建思想的文化桎梏很厉害,这不仅影响及于士大夫,而且影响及于农民。至外强入侵,又深受帝国主义的压迫,民族工商业的发展很不顺利。中国资本主义经济十分薄弱,资产阶级的思想文化由于没有它的经济作为基础,其发展也受到很大的阻碍”。中国工人阶级的革命性很强,但他们不能自发地产生科学社会主义的思想。“这样,先进思想的理解、传播和实践的任务,就不能不历史地落在中国知识青年的肩上。他们有文化,又较纯洁,容易接受先进思想;对于封建的思想,比起他们的长辈来,较少留恋”③。这样,在斗争中,他们就常常成了首先觉醒的成分,虽然革命任务的完成主要还是要依靠工农大众。

其次,旧中国的反动统治是依靠赤裸裸的反革命暴力来维持的。由于国民党在其统治区内厉行白色恐怖,革命思想的公开传播绝少可能,在城市中发动工人运动成了极其困难的事情。但是,在学校,特别是在高等学校,由于它是传播知识的地方,由于它有着民主与科学思想的影响,因而人们还是有可能比较多和比较快地了解到国内外的局势,接触到各种新的思想和新的观点;而且,这里汇集着的,是许多富于爱国热情、民主思想和政治上十分敏感的青年,他们同社会

① 郭沫若:《历史的大转变》,1945年12月25日。
② 罗迈:《国民党区的学生运动——给毛主席的一封信》,1948年10月14日。
③ 杨述:《研究青运史的几个问题》,《青运史研究》1981年第1期。

上各阶层人民又有着千丝万缕的联系，他们的思想、情绪，往往反映着社会上各阶层人民的要求和动向。这样，在国民党统治区，他们就成了在政治上比较容易发动和组织的一种力量，而他们的斗争则常常成为人民斗争的先声。

学生运动之所以在解放战争时期得到空前广泛深入的发展，主要是"新的历史环境和党的正确路线结合的结果"①。

首先，由于战后的美国采取了扶蒋反共、助蒋内战的政策，而国民党政府则采取了依靠美国发动内战和加强独裁统治的政策，这样，"他们就将在全国各阶层人民放在饥饿和死亡的界线上，因而就迫使全国各阶层人民团结起来，同蒋介石反动政府作你死我活的斗争，并使这个斗争迅速发展下去。全国人民除此以外，再无出路"②。学生斗争，正是人民斗争的一个组成部分。"他们的革命要求，经过长时期的煎熬和锻炼，已经随着中国人民的革命运动的成熟而日益成熟"③。

其次，人民革命力量在抗日战争时期已经得到了巨大的发展，而在全面内战爆发之后，人民军队又在解放战争中不断地取得胜利。这种情况，极大地鼓励了国民党统治区人民首先是广大学生群众的斗争勇气，增强了他们的胜利信心。如果说，"历史上也有过这样的黑暗时期，那时，不但中层人民，而且下层人民也暂时屈服于某些暴君的淫威之下"，那么，这时的中国，则"不但下层人民因为胜利在望而表现了无比的勇敢和自我牺牲，而且颇为广大的中间阶层，也表现了类似的信心和勇气"④。因此，尽管学生运动遭到了国民党当局的残暴镇压，广大学生还是顽强地把斗争坚持了下来，而且把它从一个高潮推向了又一个高潮。

显然，在这种新的历史环境下，学生斗争一旦得到中国共产党的正确路线和策略的指引，它就不可避免地要形成声势浩大的群众运动，并且走上胜利发展的道路。

2. 学生运动对人民解放战争的配合

学生运动究竟是怎样配合人民解放战争，发挥第二条战线的作用的呢？主要是：

第一，在政治上揭露和孤立美蒋反动派，扩大中国共产党的影响。

抗战胜利以后，国民党统治集团曾在虚伪地谈论和平的同时，积极准备发动内战。一二·一运动揭露了国民党坚持内战政策和独裁统治的本相，并且使中

① 罗迈：《国民党区的学生运动——给毛主席的一封信》，1948年10月14日。

② 《毛泽东选集》第4卷，人民出版社1991年版，第1225页。

③ 新华社社论：《爱国运动的新高涨》，1948年6月18日。

④ 新华社社论：《爱国运动的新高涨》，1948年6月18日。

共提出的和平、民主、团结的口号进一步深入了人心。

全面内战爆发后,国民党在集中力量进行内战的同时,曾多次玩弄“还政于民”的政治骗局。1946 年 11 月,它撕毁政协协议,召开伪“国民大会”,制定伪“宪法”。当它决定在 1947 年元旦公布“宪法”并命令一些地方举行“庆祝制宪成功大会”时,广大学生却举行了抗暴示威游行,并喊出了“反对钦定宪法”、“要求和平民主”等口号。南京学生并在三青团中央团部门口的“庆祝三十六年元旦暨制宪成功”的牌坊上写上了“宪法何用!”“内战不止、普天同悲”等字样。1947 年 4 月,国民党拉拢民主社会党、青年党“入阁”,“改组政府”,并宣称这个政府已经是“自由主义”和“多党”的了,企图借此粉饰其独裁统治。5 月 20 日,国民党控制的“国民参政会”开幕,蒋介石出席并讲话。就在这一天,南京以及苏州、杭州、上海的学生在参政会会址国民大会堂前举行了示威游行,并喊出了反饥饿、反内战的口号。而国民党当局竟逮捕打伤学生百余人。这个事实,更把它的“多党政府”的“自由主义”面具彻底地揭去,而使它的专制独裁的面目更加赤裸裸地暴露出来了。蒋介石本人就说:“此次学潮之影响,有关国家元气之损失,已属不可数计。”①

国民党敢于发动内战是由于得到美国的支持。如前所述,抗暴运动就“空前的打破了广大善良人民误认美帝为友的传统观念,也为整个世纪以来为摆脱半殖民地地位而斗争的中国人民确定了一条新的斗争方针”。

第二,促进若干重大问题的解决,直接推动中国革命的进程。

这方面,以下两个事例是很能说明问题的。其一,是在以“美军退出中国”为基本口号的抗暴运动发生之后,促进了驻华美军的撤退。其二,是为提出“打倒蒋介石”的口号创造了一个方面的条件。在五二〇运动之后,周恩来说:“城市里的青年学生到处示威,反对美军强奸中国妇女,反对美军打死中国人,有的直接起来反对蒋介石。蒋介石出席参政会时,南京中央大学学生到礼堂闹起来,使蒋介石下不了台。蒋介石遭到人民反对,政治上破了产,所以我们应当提出打倒蒋介石的口号。”因为这时一方面“我们有力量打倒蒋介石”,另一方面“老百姓也不要蒋介石”了,“所以这个时候提出打倒蒋介石正合时宜。”②

第三,牵制国民党的力量,削弱它的第一线的兵力。

国民党虽然拥有庞大的军队,但由于它的统治区内学生运动以及由学生运动推动起来的整个人民运动在不断地发展,这就迫使它不得不把大批兵力用来

① 蒋介石谈处理学潮之方针,天津《益世报》1946 年 6 月 10 日。转引自《青运史研究资料》1983 年第 3 期。

② 《周恩来选集》上卷,人民出版社 1980 年版,第 276 页。

担任后方的守备，并由此使它用于第一线的兵力极大地减少了。比如，五二〇游行之后，国民党当局为防范学生在6月2日发动全国性行动，就出动了大批军队、警察。这一天，“北平城门紧闭，西直门外戒备森严，十步一岗，五步一哨，如临大敌”。“沙滩北大附近，调集了国民党军队构筑工事”。“一个个士兵荷枪实弹，上起刺刀，来回巡逻”。清华大学、燕京大学“四周围也被成千的警察、特务所包围”。① 北平如此，其他许多城市也是如此。与此相反，解放军由于得到人民的拥护，它的后方却是十分稳定的，它毋须留驻大量的兵力，而可以把兵力集中地用于前线。1947年7月，国民党总兵力尚有370万人，由于大部分兵力用于守备，整个战场上的机动兵力不过40个旅；解放军总数为195万人，其中正规军100万人，由于不须分兵守卫后方供给线和城市，其机动兵力已超过国民党军队。正因为如此，中共中央才有可能毅然作出决定，当人民军队在数量上还并不占优势的情况下，就开始发动战略进攻。

第四，输送干部支援解放战争，配合人民军队接管城市。

学生运动的成就之一，是为中国人民的解放事业造就了一大批干部。许多知识青年经过斗争的锤炼，政治上日益成长起来。他们不仅有比较高的知识水平，而且觉悟高，富于正义感，并且有了一定的斗争经验，因而成了革命的一宗宝贵的财富。学生运动中涌现出了一大批积极分子，其中的一些人，被中共地下党组织输送到解放区，去支援人民解放战争。比如，1948年下半年，从北平到解放区的学生即“达到一两千人”。党组织“在解放区分别组织他们学习，为北平解放后的接管工作准备了一大批干部”②。上海也有2 000人进入解放区，其中学生为1 000人。以后这批干部随军南下，大部分参加了解放上海后的接管工作，一部分去西南或其他地区工作。③ 其他地区，也有类似情况。

与此同时，留在国民党统治区的进步学生，则在后来积极参加了迎接解放、接管城市的紧张战斗。中共中央要求，“通过城市内部的有组织的人民群众力量和外部人民解放军的力量的配合，用一切有效的方法，实现城市的完整的接收和管理”④。为此，城市中的党组织领导青年学生开展了多方面的工作。比如，秘密印刷并传播党的文件和毛泽东的著作，广泛宣传党的城市政策，特别是保护工商业等项政策；向教授宣传当前的形势，阻止国民党实现迁走校具和裹挟教师南逃的图谋；调查社会各方面的情况，绘制城市内部的详细地图，为解放军入城

---

① 孙清标、柯在铄：《回忆解放战争中的华北学联（上）》，《青运史研究》1982年第1期。

② 佘涤清、杨伯箴：《第二条战线上的先锋》，《文史资料选编》第5辑。

③ 张承宗：《解放战争时期上海的人民革命运动》，《青运史研究资料》1980年第7期。

④ 《中共中央华北局关于平津地下党的组织在解放与接管城市中应如何工作的指示》，1948年12月31日。

提供指南;组织纠察队和护校委员会,保护校产,以便把它完整地交给人民。

以上这些情况清楚地表明,学生的斗争确实成了配合人民解放战争的第二条战线,这一点连国民党方面也意识到了。所以它才叫嚣要“消灭第二战场”。不过,第二战场并没有被消灭,而且还越来越扩展,倒是他们自己,很快地就被人民革命的巨浪吞没了。

3. 学生运动的基本经验

解放战争时期的学生运动的实践表明:

第一,学生运动只有在它反映历史前进的要求和人民群众的愿望,在它与整个革命斗争相配合并担负起时代的使命时,才能具有深刻的内容、坚强的生命力和历史的意义。

在抗日战争胜利后,中国共产党反映广大人民的要求,提出了争取和平民主的任务。一二·一运动中,学生们喊出“反对内战、争取民主自由”的口号,正是反映了广大人民的这种意愿。正因为如此,这个运动也就成了人民运动的重要一翼,成了国民党统治区人民运动向前发展的一个重要的推动力量。

全面内战爆发后,中国共产党和解放区军民的基本任务是以自卫战争粉碎蒋介石的进攻,与实现这个基本任务相配合,学生们在抗暴运动中提出了“美军退出中国”的中心口号和“抗议媚外外交”、“反对内战要求和平”、“反对钦定宪法”等辅助性的口号,从而把抗议美军驻华暴行同根本反对美国政府的侵华政策直接联结了起来,把反对美帝国主义同反对国民党的内战、独裁的政策直接联结了起来。这个口号表达了广大人民心头郁结的愤怒和发自内心的要求,保证了这个运动具有深厚的群众基础,从而使运动得以向着孤立美蒋及反对美国殖民地化中国之途展开。随后,学生们又在五二〇运动中喊出了“反饥饿、反内战、反迫害”、“要饭吃、要和平、要自由”的口号,这个口号把广大人民争生存的斗争同反内战、反特务的斗争直接联结了起来,把经济斗争同政治斗争直接联结了起来,这就使得这个运动具有了更加深厚的群众基础,因而斗争也就显得更广泛、更深刻、更猛烈了。

解放军转入战略进攻之后,中国共产党及其领导下的人民军队的基本任务就是以革命战争消灭国民党的反动统治,而广大人民则把自己的希寄托在人民解放战争的胜利上面。反映人民群众的这种愿望,这时的学生运动也就不再提出“反内战”的问题,而是以“反饥饿、反迫害”为自己的基本口号了。

应当指出,青年学生虽然在斗争中往往是首先觉醒的成分,但他们在全国人口中毕竟是少数。只有当他们的斗争能够反映人民的要求,并且在斗争中得到广大群众支持的时候,他们才能是坚强有力,他们的斗争也才能继续进行下去。解放战争时期的学生运动之所以能够胜利地向前发展,就是因为做到了这一点。

这个事实,就是某些中间势力也已经认识到了。《观察》杂志在1948年5月发表的一篇文章中就说:"学生已经成为人民利益的代言人。""他们所争取的内容,已不仅仅限于他们自身的权利,他们的呼喊声已成为一种时代的声音。"他们在现实的分析、理想的追求、办事的能力、奋斗的精神上,均已表现出惊人的成就,他们已俨然成为一个推动时代的巨轮"①。

第二,学生群众只有在中国共产党的领导下进行自觉的有组织的斗争,才能把握正确的方向,走上通向胜利的道路。

当时,中国人民的基本要求,是争取民族独立和人民民主,这也是富于爱国思想和民主精神的青年学生的基本要求。由于国民党依靠美国政府的支持,企图发动反人民的内战,来维护其专制独裁的统治,它从来就是站在学生爱国民主运动的对立面的;中间党派和中间人士虽然同情和支持学生的正义斗争,由于他们中的许多人在一个时期内企图走"改良的资本主义道路",他们也不可能为学生运动指明正确的斗争方向;只有中国共产党不仅高举爱国、民主的旗帜,坚决支持学生的正义斗争,而且具有彻底的革命纲领,能够给予学生运动的发展以明确的指示。爱国学生接受共产党的领导,同共产党建立起一种亲密的关系,这是历史决定的,是具有必然性的。

事实上,解放战争时期的学生运动并不是学生群众自发的散乱的行动,而是在共产党领导之下的自觉的有组织的斗争。中国共产党不仅以自己的政治号召为斗争指明了方向,而且通过具体的组织领导工作保证斗争走上了健康发展的道路。为了统一领导国民党统治区的城市斗争,中共中央设立了城市工作部。国民党统治区的共产党组织是秘密的。在共产党组织的周围,建立了各种名目的先进青年的群众组织。如北平,有南系党组织领导下的民主青年同盟(民青)和北系党组织领导下的民主青年联盟(民联);成都,有民主青年协会(民协);南京中央大学,有新民主主义青年社(新青社);上海交通大学,有新民主主义青年联合会(新青联);等等。党通过这些组织,团结教育青年中的先进分子,并通过他们去联系更广大的青年群众。在各个学校,还成立了各种社团,党员和先进青年组织的成员在其中起着核心作用,所以这些社团也就成为党联系广大青年群众开展工作的一种公开的组织形式。由于共产党员和先进青年组织成员在爱国民主运动中始终站在前列,他们平时又学习努力,生活简朴,关心群众,因而在群众中有较高的威信。这样,他们通过民主选举,也就逐步地掌握了一些重要的高等学校学生自治会的领导权,掌握了领导学生斗争的组织(如一二·一时期的昆明大中学校学生罢课委员会、"抗暴"时期的抗议美军暴行联合会、五二〇时

---

① 转引自新华社社论:《爱国运动的新高涨》,1948年6月18日。

期的华北反饥饿反内战联合会等）的领导权。这样，党对学生运动的领导也就有了组织上的保证。

青年学生政治上敏感，富于爱国热情，这是他们的长处；但他们也有缺点，主要是缺乏政治经验，一些人还有相当浓厚的小资产阶级意识，容易在不同形势下趋向狂热或消沉。由于得到了党的关心、爱护和指引，广大青年学生的政治热情也就被引入了正确的轨道，从而使他们有可能避免遭受严重的损失，而胜利地走向自己确定的目标。比如，在一二·一运动中，党组织支持学生进行罢课，同时又根据当时的情况，劝告学生不要上街游行，以免不必要的牺牲；劝告学生放弃"无限期罢课"的主张，以免在旷日持久的斗争中使群众产生厌倦情绪，使先进分子陷于孤立而遭到打击。又如，在五二〇运动中，学生们曾经定6月2日为全国反内战日，计划在这一天开展全国性的罢课、罢工、罢市和游行示威活动。党组织考虑到国民党当局已经做好了武力镇压的准备，及时劝告学生不要冒险，不要到街头示威。据此，华北"反饥联"决定，6月1日罢课一天，6月2日在北大校内民主广场举行"反内战死难烈士和内战中死难的无辜军民追悼大会"。这样做，不仅避免了不必要的牺牲，而且收到了很好的效果。

为了恐吓群众，制造镇压学运的借口，国民党当局曾经大肆攻击"共党操纵学运"，诬称学运积极分子为"学匪"。由于在国民党统治区，共产党被称为异党、奸党、乱党，加入共产党，乃是极大的犯罪，所以他们认为，只要扣上一项共产党的帽子，群众就会被吓退了。但是，广大学生根据自己的切身经验，认定共产党的主张是正确的，因而许多人不顾反动派的高压，仍然自觉地与共产党站在一条战线上。而且，随着斗争的发展，越来越多的青年学生在共产党的周围团结起来了，到1948年时，北京大学学生总数约3 000人，而"地下党员有400人，民青、民联成员有300多人。党组织完全控制了北大局势"①。燕京大学学生总数为800人，党员数更达140人，先进青年组织成员也近200名，党的有组织的力量在全体学生中达到1/4，有时候甚至近1/3。② 解放前夕，清华大学党员也有240余人，加上已撤离的，累计近400人。③ 上海交大等的情况，也与此类似。解放前夕，交大党员发展到150人，新民主主义青年联合会会员发展到400人。广大先进青年冒着生命危险，加入党的战斗行列。这表明，党在他们心中有着多么崇高的地位。周恩来曾说过："谁有青年谁就有将来。"中国共产党作为一个代

① 萧松等：《沸腾的沙滩》，《文史资料选编》第20辑。

② 《未名湖畔的风云》，《文史资料选编》第20辑。

③ 《文史资料选编》第20辑。

表社会前进的方向的有远大前途的党，从来就是注意“教育青年、培养青年”的。[①] 同广大青年保持紧密的联系，这正是中国共产党强大有力和不可战胜的重要原因之一。

第三，学生斗争要胜利，不仅要有高度的革命热情，而且要掌握巧妙的斗争艺术，即必须把原则的坚定性和策略的灵活性结合起来。

敌人是残暴而又狡猾的，群众是有先进、中间、落后的区分的。要能够团结尽可能多的群众向着当前的敌人展开有效的攻击，必须十分讲究革命的策略，不断提高斗争的艺术。在这方面，解放战争时期的学生运动也有许多成功的经验。主要是：

（1）坚持“有理、有利、有节”的原则。“有理，就是要抓好题目，师出有名”，使斗争有广泛深厚的群众基础。“有利，就是每次斗争都要有所收获，使群众的斗争热情和觉悟程度更加提高，使我们的力量得到发展壮大”，而不能挫伤群众的积极性，削弱自己的力量。“有节，就是要适可而止，不能搞过火的斗争方式，‘授人以柄’，也不能坚持不可能达到的要求，使自己陷于被动”[②]。

（2）建立广泛的统一战线，使学生的正义斗争发展为广泛的人民运动。在这方面，工作也是很成功的。这里所说的统一战线，包含有三层意思。第一，“首先是团结了绝大多数学生”。第二，是“争取教师和学校当局的支持”。第三，是“争取到各方各界的支援”。[③] 这样，学生运动就不是少数先进分子的孤立的行为，而是真正成为得到广大人民支持的群众运动了。

（3）把轰轰烈烈的群众政治斗争同深入细致的日常群众工作结合起来。中共地下组织要求党员、进步青年组织成员、学生运动积极分子一方面要学好功课，并且做到生活俭朴，作风正派；一方面要联系群众，广交朋友，关心群众的学习和生活（如开展助学活动，帮助清寒学生；办好伙食团，改善学生生活；成立各种社团，把有各种爱好的学生分别组织起来，等等）。这样，他们也就在群众中逐步地树立了自己的威信，并为在时机成熟时发动大规模的政治斗争准备了群众基础。这种大规模的政治斗争不仅不是可以轻易发动的，而且在斗争一旦发动并取得相当的胜利之后，一般都及时地实行暂时退守的策略，转入经常性的群众工作，以便巩固和扩大战果，为迎接下一次的斗争做好准备。

（4）把非法斗争和合法斗争、秘密工作和公开工作结合起来。由于国民党

① 引自《新华日报》1945 年 12 月 13 日。

② 王汉斌：《解放战争时期北平地下党是怎样领导学生运动的》，《青运史研究资料》1980 年第 4 期。

③ 郑伯克：《党怎样领导一二·一运动》，《青运史研究资料》1983 年第 6 期。

对于革命力量采取严厉镇压的方针,学生的爱国斗争基本上是非法的,在许多情况下,他们不能不采取秘密工作的方式。中共中央指示国民党统治区的“党的组织仍应精干隐蔽,不应过分集中与统一”①。“一切斗争不应急于组织统一,而应多求方针与策略的一致,以利斗争的持续与组织的保全和发展”②。“隐蔽后的组织形式”,“应实行平行组织,单线领导,转移地区不转移关系的方针”。“城市中党的领导机关,必须实行单线联络、分散领导的原则”③。比如在北平,“搞公开工作的党员、盟员如学生会和进步社团的负责人,要单独编组,单独联系,与一般党组织完全分开,不能担任党组织或民青、民联的负责人,负责秘密工作的党员,则一律不能担任公开的负责职务”④。所以,1948 年 8 月大逮捕时,负责秘密工作的人员都没有被列入黑名单;被列入黑名单的人员撤走以后,工作还是照常进行。这个做法,是很成功的。但是,为了联系群众,发动斗争,又必须公开活动。为此,中共中央指示:“不要畏惧学生运动中少数积极分子的暴露。”⑤只是公开活动应采取合法斗争的形式。比如,“提出或接近于提出打倒蒋介石、推翻国民党政权的口号,采取或准备采取武装斗争的直接行动,都是不许可的”⑥。因为这样不利于贯彻执行隐蔽精干、积蓄力量、以待时机的方针。即使在斗争中,也仍然要尽可能采取合法的形式。

由于爱国学生在斗争中把政治上的坚定性和策略上的灵活性有机地结合起来了,这样就不仅避免了革命力量遭受不必要的损失,而且保证历次斗争都取得了重大的胜利。

第四,通过学习马克思主义和实行同工农相结合,使自己逐步地从民主主义者转变为共产主义者,这是当时青年学生中的先进分子所走的共同道路。

青年学生之走向革命,大多是从爱国主义、民主主义思想出发的,他们不能容忍美国殖民地化中国的政策和蒋介石的专制独裁统治,因而开始走上反抗和斗争的道路。而在斗争实践中,他们认识到只有共产党才是最忠诚地举起了爱国主义和人民民主的旗帜,从而在政治上分清了国共两党的优劣,从思想上靠近了共产党。由此,他们也就产生了了解共产党、了解共产主义思想体系的强烈愿望。正因为这样,他们中的一些人就开始如饥似渴地阅读进步书刊,学习马克思

---

① 《中共中央关于平津学生运动给晋察冀中央局的指示》,1947 年 2 月 17 日。

② 《中共中央关于蒋管区党的斗争方针的指示》,1947 年 5 月 23 日。

③ 《中共中央对目前蒋管区斗争策略的指示》,1948 年 8 月 22 日。

④ 王汉斌:《解放战争时期北平地下党是怎样领导学生运动的》,《青运史研究资料》1980 年第 4 期。

⑤ 《中共中央关于利用平津京沪学运成绩扩大我党活动的指示》,1947 年 1 月 6 日。

⑥ 《中共中央对目前蒋管区斗争策略的指示》,1948 年 8 月 22 日。

主义的理论著作和党的政策文件。比如在北京大学,理论学习主要是在社团中进行的。实学社下的哲学组就曾集体讨论《新哲学大纲》,社会学组则曾集体讨论《历史唯物论》。为了学习毛泽东的《目前形势和我们的任务》等文件,总结斗争经验,许多人还按照地下党的指示,冒着风险,化装通过敌人的封锁线,到解放区沧县泊镇参加培训班。这种学习,使他们对共产党、对新社会的认识从感性的阶段上升到了理性的阶段,而他们的觉悟随之也就从根本上得到了提高。与此同时,他们还注意到工农中去,使自己与人民群众逐步地结合起来。比如,燕京大学的学生就曾为北平海淀的居民举办平民学校、义务小学和工友夜校(其中义务小学即有500名学生),开展医疗服务等;在斗争中,他们更经常到街头或深入居民住宅区进行宣传。在这些活动中,他们开始了解到群众的疾苦,改变自己的自命清高、轻视群众等旧观念。他们中的一些人还直接参加到人民解放战争的行列中去。比如,留在云南的一部分一二·一运动的积极分子后来参加了滇湘黔边区纵队,在该纵队所属支队、团、营三级从事政治工作。一些人则到解放区接受训练后,分配到地方工作,或随部队进城参加对城市的接收和管理。经过斗争的锤炼,他们中间的许多人终于成了坚定的共产主义战士。

——原载《中国共产党与新中国的创建》,中央文献出版社2009年版。此文是在综合《论一二·一运动》(《北京大学学报》1980年第6期)、《论抗暴运动》(《近代史研究》1984年第4期)、《论全国解放战争时期的学生运动》(《近代史研究》1987年第3期)等的基础上写成的。

五、夺取全国胜利的行动纲领的制定与实施

(一)制定夺取全国胜利的行动纲领

1. 提出“打倒蒋介石,解放全中国”的口号

中国人民解放军由战略防御转入战略进攻,这是一个具有伟大历史意义的事变。毛泽东指出:“这是一个历史的转折点。这是蒋介石的二十年反革命统治由发展到消灭的转折点。这是一百多年以来帝国主义在中国的统治由发展到消灭的转折点。这是一个伟大的事变。”“这个事变一经发生,它就将必然地走向全国的胜利。”①因为蒋介石的反动统治,如同当年的希特勒法西斯国家一样,其“政治生命和军事生命,从它出生的一天起,就是建立在进攻上面的,进攻一

① 《毛泽东选集》第4卷,人民出版社1991年版,第1244页。

完结,它的生命也就完结了"①。

在1946年7月全国内战爆发的时候,中国共产党所提出的基本口号是"以自卫战争粉碎蒋介石的进攻",即是武装自卫,而不是打倒蒋介石。公开提出"打倒蒋介石"的口号,"当时主客观条件还不具备"。因为事情正如周恩来后来所说的那样,一方面,蒋介石当时还有力量,"一下子不容易打倒";如果我们那样提,民族资产阶级、小资产阶级以及其他一部分中间分子"会不相信,不接受"。另一方面,我们强调武装自卫,这就表明这个战争是蒋介石强迫我们打的,他要承担挑起战争的责任。"如果我们把自卫口号变成进攻口号,那末就成为国共两方面都要进攻,就抵消了"。这在政治上对自己也是不利的。但是,在一年以后,情况已经有了根本的改变。在这个时候,"我们应当提出打倒蒋介石的口号"了。因为"一方面,我们已用事实证明给老百姓看,我们有力量打倒蒋介石;另一方面,老百姓也不要蒋介石,就连上层分子(除了少数反动集团外)、中产阶级也不想给蒋介石抬轿子了,也要推翻他了。所以这个时候提出打倒蒋介石正合时宜。"②

基于对形势的这种分析,1947年7月7日,中共中央在为纪念"七七"抗战而发布的对时局的16条口号中,即已经提出要"发展正义的爱国自卫战争,坚决、彻底、干净、全部地消灭一切蒋介石进犯军!"并号召"全国人民团结起来,反对背叛政协决议执行内战独裁卖国政策的蒋介石政府!恢复政协路线,成立民主的联合政府!"③

同年7月21日,毛泽东在陕北靖边县小河村召开的中共中央扩大会议上进一步指出,"对蒋介石的斗争,计划用五年的时间来解决,从过去这一年的成绩来看是有可能的",尽管这一点现在也还不公开讲出来,我们还是要准备进行长期斗争。他说:"在日本投降以后,国共和谈是必要的。虽然我们希望全部问题政治解决的目的没有达到,但蒋介石的确是更加孤立了。只有经过长期地教育群众,我们党才能在今年'七七'提出十六条口号。"④

9月21日,新华社在为"人民解放军大举反攻"而发表的社论中,第一次公开提出了"打倒蒋介石"的口号,指出"打倒蒋介石才有和平,打倒蒋介石才有饭吃,打倒蒋介石才有民主,打倒蒋介石才有独立";强调我们必须"把解放的旗帜插到全中国!把民主的联合政府在全国范围内建立起来!"⑤

---

① 《毛泽东选集》第3卷,人民出版社1991年版,第888页。

② 《周恩来选集》上卷,人民出版社1980年版,第273~274、276页。

③ 《中共中央文件选集》第16册,中共中央党校出版社1992年版,第471页。

④ 《毛泽东文集》第4卷,人民出版社1996年版,第266~267页。

⑤ 《中共中央文件选集》第16册,中共中央党校出版社1992年版,第784、787页。

10月10日,中国人民解放军总部公布了毛泽东起草的政治宣言。这个宣言分析了当时的国内政治形势,响亮地提出了"打倒蒋介石,解放全中国"的口号,郑重地宣布了中国人民解放军的、也就是中国共产党的八项基本政策,①号召全国人民结成广泛的统一战线,为彻底推翻蒋介石的反动统治、建立新中国而奋斗。由于这个宣言是在10月10日公布的,所以被称为《双十宣言》。

《双十宣言》提出的"打倒蒋介石,解放全中国"这个口号,反映了革命形势发展的客观要求,为解放区军民、为国民党统治区广大被压迫的人民群众指明了奋斗的目标,极大地鼓舞了他们的胜利信心和斗争勇气。

2. 开展土地改革运动和坚持将革命战争进行到底

为了"打倒蒋介石,解放全中国",必须进一步发动和组织广大人民群众,团结一切可以团结的力量,结成广泛的统一战线。中共中央强调:"反蒋统一战线的政治基础是反帝反封建,就是要彻底摧毁蒋介石所代表的中国大地主大资产阶级的独裁卖国统治。具体纲领,就是中国人民解放军的双十宣言,而中心问题是平分土地与将革命战争进行到底。"②这里所说的平分土地,是指当时正在进行的土地制度改革。

为什么要把土地改革作为一个中心问题提出来呢?这是因为,统一战线的主体和基础是工农联盟。在民主革命时期,工农联盟是建立在工人阶级领导农民打倒地主、取得土地的基础之上的。为了巩固和扩大工农联盟,充分调动广大农民支援革命战争的积极性,就必须进行一场群众性的土地制度改革运动,进一步解决农民的土地问题。

为了在解放区广泛开展土地改革运动,中共中央就在提出"打倒蒋介石,解放全中国"这个口号的同一天,即1947年10月10日,公布了《中国土地法大纲》。这个土地法大纲,是中共中央工作委员会于河北省平山县西柏坡村召开的全国土地会议在9月13日通过的。

---

① 这八项基本政策是:"一、联合工农兵学商各被压迫阶级、各人民团体、各民主党派、各少数民族、各地华侨和其他爱国分子,组成民族统一战线,打倒蒋介石独裁政府,成立民主联合政府。二、逮捕、审判和惩办以蒋介石为首的内战罪犯。三、废除蒋介石统治的独裁制度,实行人民民主制度,保障人民言论、出版、集会、结社等项自由。四、废除蒋介石统治的腐败制度,肃清贪官污吏,建立廉洁政治。五、没收蒋介石、宋子文、孔祥熙、陈立夫兄弟等四大家族和其他首要战犯的财产,没收官僚资本,发展民族工商业,改善职工生活,救济灾民贫民。六、废除封建剥削制度,实行耕者有其田的制度。七、承认中国境内各少数民族有平等自治的权利。八、否认蒋介石独裁政府的一切卖国外交,废除一切卖国条约,否认内战期间蒋介石所借的一切外债。要求美国政府撤退其威胁中国独立的驻华军队,反对任何外国帮助蒋介石打内战和使日本侵略势力复兴。同外国订立平等互惠通商友好条约。联合世界上一切以平等待我之民族共同奋斗。"以上见《毛泽东选集》第4卷,人民出版社1991年版,第1237~1238页。

② 《中共中央文件选集》第16册,中共中央党校出版社1992年版,第576页。

《中国土地法大纲》是中国共产党制定的一个彻底的反封建的土地革命纲领。大纲规定,"废除封建性及半封建性剥削的土地制度,实行耕者有其田的土地制度"。"废除一切地主的土地所有权","废除一切祠堂、庙宇、寺院、学校、机关及团体的土地所有权"。接收地主的牲畜、农具、房屋、粮食及其他财产,并征收富农的上述财产的多余部分。这些规定,体现了"没收地主的土地分配给农民"的革命方针和反对封建剥削制度的彻底性。大纲规定,乡村中一切地主的土地及公地,由乡村农会接收,连同乡村中其他一切土地,按乡村全部人口,不分男女老幼,统一平均分配,在土地数量上抽多补少,质量上抽肥补瘦,使全乡村人民均获得同等的土地,并归个人所有。这些规定,不仅有利于满足广大贫农、雇农的土地要求,彻底消灭封建剥削制度,而且避免了重犯历史上发生过的"地主不分田,富农分坏田"的错误;但这里提出的平分一切土地的做法,容易导致侵犯中农利益,因此在后来新区和全国范围内进行土改时即加以改变。① 大纲还规定,"乡村农民大会及其选出的委员会,乡村无地少地的农民所组织的贫农团大会及其选出的委员会,区、县、省等级农民代表大会及其选出的委员会,为改革土地制度的合法执行机关";土地改革的权力归于农民群众,直至可以组织人民法庭,来保证贯彻执行土改的政策法令和维护革命的秩序。这些规定,把自下而上地发动农民群众和组织农民群众自己起来打倒地主、取得土地,与自上而下地由政府颁布法令,为群众运动撑腰、保障农民权益,这两个方面结合了起来,否定了把土地"恩赐"给农民的做法,保证了土地改革运动的深入发展。

《中国土地法大纲》的公布,标志着在中国革命进入夺取全国胜利的新形势下,中国共产党公开地举起了彻底废除封建剥削制度的民主革命的战斗旗帜。它为中国最广大的人民群众——农民指示了翻身解放的道路,因而得到了他们的热烈拥护。

在土地法大纲公布之后,各解放区的党政领导机关即派遣大批土改工作队深入到广大农村区域,组织访贫问苦、扎根串连,深入发动群众,组织贫农团与农会;进行划定阶级成分的工作;召开群众大会,控诉地主的罪行,没收地主的土地、财产,将它们分配给无地或少地的农民,同时也分给地主同样的一份;组织人民法庭,惩办劣迹昭著的恶霸地主分子。土改运动迅速在广大解放区掀起,并形成高潮。

土地改革从根本上改变了农村的阶级关系。经过土改运动,几千年的封建

---

① 比如,《中央关于新区农村土地改革工作指示》(1949 年 8 月 10 日)即明确指出,我们同意以中间不动两头平的政策,作为解决河南土地问题的基点,对中农土地完全不动,而不要照土地法大纲上关于中农土地的规定。见《中共中央文件选集》第 18 册,中共中央党校出版社 1992 年版,第 415 页。

统治被推翻了，世世代代受苦的劳动农民不仅在政治上，而且开始在经济上翻了身。广大翻身农民无限感激共产党。他们的觉悟程度和组织程度空前提高。人民解放战争由此获得了源源不绝的人力、物力的支援。

中国的民族资产阶级同封建土地所有制本来有相当密切的联系，一部分民族资本家甚至兼有地主身份，直接兼营封建剥削。进行土地改革会不会吓跑民族资本家呢？中共中央认为，"如果我们不以坚定的立场去进行土地改革，那么，富农路线及与地主阶级妥协的思想就会乘虚而入，反蒋战争的广大农民基础就要发生动摇。"①如果这样，我们也就没有力量去争取民族资本家了。因为争取动摇的民族资产阶级到革命方面来的重要条件之一，就是"我们有力量"。正因为如此，毛泽东在小河会议上即明确地讲过："坚持土地改革不至于吓跑民族资本家，但不坚持土地改革势必会丧失农民，从而丧失革命战争，也丧失民族资本家。"②事实证明，中共中央和毛泽东的上述论断是符合实际的。

为什么要把"将革命战争进行到底"作为另一个中心问题提出来呢？这是因为当时美蒋正在策划缓兵之计的阴谋，如果不及时揭露和粉碎这类阴谋，中共中央提出的"打倒蒋介石，解放全中国"的目标就不可能顺利地得到实现，中国革命就有半途而废的危险。

1947 年 10 月 27 日，中共中央发出《关于必须将革命战争进行到底和反对刘航琛一类反动计划的指示》。刘航琛当时任国民党政府全国经济委员会委员，在人民解放军转入战略进攻之后，他提出了一个组织和平统一大同盟的方案。为了揭露这一方案是美蒋缓兵之计的阴谋，同时纠正党内部分同志认为可以利用它促蒋下台的错误认识，周恩来为中共中央起草了这个指示。指示稿曾经毛泽东审改。

中共中央指出，"蒋介石反动统治集团败局已定。不管美帝援助多少，甚至直接出兵，也不能挽救其覆灭命运。"这个反动统治的覆灭过程可能有三种形式，即：将革命战争进行到底；反动统治内部中途举行政变，由他人取代蒋，以缓兵之计维持偏安局面，伺机再起；在反动统治大崩溃之际，一些人策划反蒋运动，乘机窃权，并与我争夺领导权。"我们必须坚持第一种形式"；"警戒和揭穿第二种形式的阴谋"；"预防第三种形式会在时机成熟时突然出现"。

鉴于自由资产阶级在政治上具有妥协倾向，其右翼"经常在群众中散布对美对蒋的幻想，以便时机一至，好与美蒋（或蒋倒后的其他代理人）妥协，消灭新民主革命"，中共中央强调，"在宣传斗争上，我们必须彻底宣传新民主主义的思

---

① 《中共中央文件选集》第 16 册，中共中央党校出版社 1992 年版，第 578 页。

② 《毛泽东文集》第 4 卷，人民出版社 1996 年版，第 268 页。

想和政纲，反对一切不彻底的资产阶级妥协思想和改良主义政纲”。因为“在中国现状下，要就是大地主大资产阶级领导的半封建半殖民地的独裁政权，要就是无产阶级领导的新民主政权，不可能有自由资产阶级领导的独立的旧民主政权。自由资产阶级所希望的欧美式的旧民主，在今日世界上已经一去不返。凡是不愿与共产党合作并受共产党领导的，结果必然是维持大地主大资产阶级专政”。而“只有动员全中国绝大多数人民站在我解放军双十宣言的主张上，并彻底实行之，才能真正摧毁大地主大资产阶级的反动统治和消除帝国主义的侵略”。

中共中央认为，当前党内外的主要危险，“还是对敌人力量特别是美帝力量的高估与对人民力量的低估”。“在反蒋统一战线中的右倾危险，是对美蒋存在着幻想或畏惧，特别是认为美国政府的帝国主义政策可以改变，可以影响蒋介石政府变好，因而和平可以幸致”。“这是投降主义的思想”。因此，“为使反蒋战争反美斗争在全国范围内取得彻底胜利，我们必须坚决反对党内的投降主义，然后才能有力地反对民主阵营中的投降主义”①。

在人民解放军转入战略进攻之后，中国共产党由于紧紧抓住了坚持土地改革和坚持将革命战争进行到底这两个中心问题，这就为“打倒蒋介石，解放全中国”进一步奠定了坚实的群众基础和提供了重要的思想条件。

3. 十二月会议与毛泽东的《目前形势和我们的任务》

为了制定夺取全国胜利的行动纲领，进一步解决怎样打败蒋介石和怎样建立新中国的问题，毛泽东于 1947 年 12 月在陕北米脂县杨家沟主持召开了中共中央扩大会议。与会的有当时能够到会的中央委员和候补委员以及陕甘宁边区、晋绥边区的干部。他们中除留在陕北的中央书记处书记周恩来、任弼时外，还有陆定一、彭德怀、贺龙、林伯渠、张宗逊、习仲勋、马明方、叶剑英、李井泉等。由于会议在12 月召开，所以史称“十二月会议”。

这次会议的召开，经过了认真、充分的准备。周恩来、任弼时分别就军事形势和土地改革问题进行了深入的调查研究。毛泽东集中精力起草会议的主题报告即《目前形势和我们的任务》一文。12 月 7 日至 24 日，举行了 18 天的预备会议，与会者分成政治、军事、土改三个小组就有关问题交换意见。会议正式开始前，毛泽东即把《目前形势和我们的任务》一文分发给与会者进行讨论。② 12 月 25 日至 28 日，中共中央扩大会议正式举行。毛泽东在会议开始时讲了话，在会议闭幕时作了结论。会议讨论通过了毛泽东的《目前形势和我们的任务》的报告以及他在 1946 年所写的《关于目前国际形势的几点估计》一文。会议的决定

① 《中共中央文件选集》第 16 册，中共中央党校出版社 1992 年版，第 578 页。

② 金冲及主编：《毛泽东传（1893—1949）》（下），中央文献出版社 1996 年版，第 819 页。

指出,毛泽东的“这个报告是整个打倒蒋介石反动统治集团,建立新民主主义中国的时期内,在政治、军事、经济各方面带纲领性的文件”。会议要求全党全军将这个文件联系1947年10月10日公布的《中国人民解放军宣言》等,“进行教育,并在实践中严格地遵照实施”。会议还详细讨论了当时党内的倾向问题以及土地改革和群众运动中的几个具体政策问题。讨论的结果后来由毛泽东写在《关于目前党的政策中的几个重要问题》一文中。

毛泽东在报告中深刻地分析了当时的国内外形势,指出中国人民已经在中国这一块土地上扭转了美蒋的反革命车轮,使之走向覆灭,推进自己的革命车轮,使之走向胜利。我们应当敢于斗争、敢于胜利,“一切过高地估计敌人力量和过低地估计人民力量的观点,都是错误的”;当然,在前进的道路上,还会有种种障碍,种种困难,我们必须善于斗争,依靠正确的路线和政策,去进一步发动和组织人民群众,以便超越障碍,战胜困难,夺取胜利。为此,他在报告中着重阐明了党在政治、军事、经济各方面的纲领、政策和策略。

(1) 在政治方面:毛泽东重申了《中国人民解放军宣言》中所阐明的中国人民解放军的,也就是中国共产党的最基本的政治纲领,即:“联合工农兵学商各被压迫阶级、各人民团体、各民主党派、各少数民族、各地华侨和其他爱国分子,组成民族统一战线,打倒蒋介石独裁政府,成立民主联合政府。”

从表面上看,由于地主阶级和买办资产阶级成为革命的主要打击对象,这个时期的统一战线比之抗日时期,似乎是缩小了。但是,由于美蒋反动派的罪恶已经暴露无遗,他们在人民中陷入了完全的孤立;由于党采取了彻底的土地政策和恰当的城市政策,它获得了广大农民和城市工人阶级、小资产阶级、中等资产阶级的拥护和同情;由于中国革命已经进入高潮时期,人民很自然地将希望寄托在人民解放战争的胜利上边;因此,毛泽东指出:“我们的新民主主义的革命的统一战线,现在比过去任何时期都要广大,也比过去任何时期都要巩固。”①他在讲话时说过:“土地革命战争时期,我们比较孤立。进入抗战时期,蒋介石逐渐失掉人心,我们逐渐得到人心,但问题仍没有根本解决。直到抗战胜利以后这一两年来,才解决了这个问题。”②

为了进一步巩固和扩大统一战线,必须加强共产党的领导。毛泽东强调,没有广泛的革命统一战线,中国革命的胜利是不可能的;但是,“没有中国共产党的坚强的领导,任何革命统一战线也是不能胜利的”③。他在讲话中进一步指

① 《毛泽东选集》第4卷,人民出版社1991年版,第1257页。
② 《毛泽东文集》第4卷,人民出版社1996年版,第328页。
③ 《毛泽东选集》第4卷,人民出版社1991年版,第1257页。

出,“我们的原则是孤立敌人而不是孤立自己”。北伐战争时期,我们党本来是不孤立的,后来因陈独秀右倾,脱离了群众,孤立了。土地革命战争时期实行“左”的政策的结果,我们没能孤立蒋介石,而是孤立了自己。所以,我们要总结历史的教训。“我们既要反右,又要反‘左’,以便划清界限,避免造成自己的孤立和失败”①。他认为,“关于革命统一战线中领导者同被领导者的关系问题,共产党要实现领导需要两个条件:第一要率领被领导者坚决同敌人作斗争,第二要给被领导者以物质福利和政治教育。”他说:“共产党的领导权问题现在要公开讲,不公开讲容易模糊党员干部和群众的思想,坏处多于好处。”②

(2) 在军事方面:毛泽东总结十年内战、八年抗战和一年多以来解放战争的经验,对这些经验作了新的概括,在解放军转入战略进攻之后,提出了著名的十大军事原则。

十大军事原则的核心是“集中优势兵力,各个歼灭敌人”。“以歼灭敌人有生力量为主要目标,不以保守或夺取城市和地方为主要目标”,这是人民军队作战的基本指导思想。“保守或夺取城市和地方,是歼灭敌人有生力量的结果”。为此,应每战集中绝对优势兵力(两倍、三倍、四倍,有时甚至是五倍或六倍于敌之兵力),四面包围敌人,力求全歼,不使漏网;力求在运动中歼灭敌人;先打分散和孤立之敌,后打集中和强大之敌;先取小城市、中等城市和广大乡村,后取大城市;每战都应力求有准备,力求在敌我条件对比下有胜利的把握;等等。这些,是人民军队以往作战中一贯遵循的原则,也是今后必须继续采取的主要作战方法。同时,为适应转入战略进攻后的新形势,人民军队的作战方法也应有新的发展。③ 比如,不仅要像以往那样,力求在运动中歼灭敌人,而且要“注重阵地攻击战术,夺取敌人的据点和城市”;在外线作战的条件下,应“以俘获敌人的全部武器和大部人员,补充自己。我军人力物力的来源,主要在前线”;等等。

毛泽东指出,“我们的战略战术是建立在人民战争这个基础上的”,因此,“任何反人民的军队都不能利用我们的战略战术”④,也找不出对付它们的有效方法。

(3) 在经济方面:毛泽东明确提出了党在新民主主义革命时期的三大经济纲领,即:没收封建阶级的土地归农民所有、没收官僚资本归新民主主义的国家

---

① 《毛泽东文集》第 4 卷,人民出版社 1996 年版,第 330 ~ 331 页。

② 《毛泽东文集》第 4 卷,人民出版社 1996 年版,第 332 ~ 333 页。

③ 毛泽东在十二月会议闭幕时曾说,“十大军事原则,也不是新的,仅仅把它概括出来是新的”(见《毛泽东文集》第 4 卷,第 334 页)。就它的基本精神和主要内容来说,确是如此。但其中有些内容确是适应战略进攻的新形势提出来的,因而仍具有一定的新意。

④ 《毛泽东选集》第 4 卷,人民出版社 1991 年版,第 1248 页。

所有和保护民族工商业。

毛泽东强调,“土地制度的彻底改革,是现阶段中国革命的一项基本任务。如果我们能够普遍地彻底地解决土地问题,我们就获得了足以战胜一切敌人的最基本的条件。”①他认为,蒋介石之失人心和我们之得人心,“从根本上说,是因为我们搞了土地改革,而蒋介石没有搞”②。

在土地改革中,“我们的方针是依靠贫农,巩固地联合中农,消灭地主阶级和旧式富农的封建的和半封建的剥削制度”。(后来,毛泽东在《在晋绥干部会议上的讲话》一文中,进一步将土地改革的总路线概括为:“依靠贫农,团结中农,有步骤地、有分别地消灭封建剥削制度,发展农业生产。”)“这里必须注意两条基本原则:第一,必须满足贫农和雇农的要求,这是土地改革的最基本的任务;第二,必须坚决地团结中农,不要损害中农的利益”。考虑到当时一些地区在土改中发生了侵犯中农利益的情况,毛泽东在肯定平分土地这种做法的同时,提出“各地在平分土地时,仍须注意中农的意见,如果中农不同意,则应向中农让步”。他还提出,在没收、分配封建阶级的土地财产时,应当注意某些中农的需要;在划分阶级成分时,不要把中农错划为富农;在农会和政府中应吸收中农积极分子参加,在土地税和支援战争的负担上应采取公平合理的原则;等等。必须如此,才能使巩固地联合中农这一战略任务真正得到落实。

毛泽东对“官僚资本”这个在半殖民地半封建中国的典型的垄断资本形态作出了科学的分析。他指出:蒋介石、宋子文、孔祥熙、陈立夫四大家族,在他们当权的20年中,已经集中了价值达100亿至200亿美元的巨大财产,垄断了全国的经济命脉。“这个垄断资本,和国家政权结合在一起,成为国家垄断资本主义。这个垄断资本主义,同外国帝国主义和本国地主阶级和旧式富农密切结合着,成为买办的封建的国家垄断资本主义。这就是蒋介石反动政权的经济基础。这个国家垄断资本主义,不但压迫工人农民,而且压迫城市小资产阶级,损害中等资产阶级”。因此,必须没收官僚资本归新民主主义的国家所有。这样做,就可以消灭中国资本主义经济的主体部分,摧毁蒋介石反动政权的经济基础,解放被束缚的生产力,并使新民主主义的国家掌握国家的经济命脉,确立社会主义性质的国营经济的领导地位,为引导中国社会走社会主义道路奠定重要的物质基础。

正式宣布没收官僚资本归新民主主义的国家所有,这是毛泽东这个报告的一项极其重要的新内容。毛泽东后来说过,党的六大决议案提出了中国革命的

---

① 《毛泽东选集》第4卷,人民出版社1991年版,第1252页。
② 《毛泽东文集》第4卷,人民出版社1996年版,第328页。

十大纲领,"但这十条里没有没收官僚资本,没有联合中小资产阶级。那时这个纲领对中国资产阶级,在政权上根本不要它,在经济上根本不动它"。"写《新民主主义论》时,民族资本与官僚资本的区别在我们脑子里尚不明晰"。当时提出,大工业、大银行、大商业是要没收的,这是新民主主义经济的原则,但没有讲没收官僚资本。① 而到"十二月会议",对这个问题的认识已经是明晰了。还应当考虑到,在抗日战争期间,国共两党是合作的,就是到解放战争初期,尽管全面内战已经爆发,但在明确提出"打倒蒋介石,建立新中国"的口号前,也不宜把没收官僚资本列入革命纲领。而到"十二月会议"时,解决这个问题的历史条件成熟了。②

毛泽东指出,中国的上层小资产阶级和中等资产阶级虽然也是资产阶级,但他们受地主阶级和官僚资产阶级及其国家政权的压迫和损害,与帝国主义没有联系或联系较少,他们是真正的民族资产阶级。在政治上,民族资产阶级可以参加革命,或者保守中立;在经济上,由于中国经济的落后性,民族资本主义经济在整个国民经济中还是不可缺少的一部分。即使在全国胜利以后的一个长时期内,还是必须允许它们存在,并且按照国民经济的分工,需要它们中一切有益于国民经济的部分有一个发展。因此,党对于民族资产阶级经营的工商业必须坚决地保护。"新民主主义革命所要消灭的对象,只是封建主义和垄断资本主义,只是地主阶级和官僚资产阶级(大资产阶级),而不是一般地消灭资本主义,不是消灭上层小资产阶级和中等资产阶级"。对于他们中的右翼分子的反动政治倾向是必须进行揭露和打击的,这样才能使群众从他们的影响之下解放出来;"但是,政治上的打击和经济上的消灭是两件事,如果混同这两件事,我们就要犯错误。"③因为这些右翼分子在政治上虽然反动,应当打击,但他们所经营的工商业却仍然是一般资本主义性质的经济,不是新民主主义革命所要消灭的对象;如果消灭了他们所经营的工商业,其他的资本家就可能以为我们要消灭整个资本主义经济了,因而产生恐慌情绪,并由此在政治上动摇起来,以至离开革命。

基于对中国的经济状况和阶级关系的科学分析,毛泽东明确指出:"新民主主义的革命任务,除了取消帝国主义在中国的特权以外,在国内,就是要消灭地主阶级和官僚资产阶级(大资产阶级)的剥削和压迫,改变买办的封建的生产关系,解放被束缚的生产力。"他并且指出:"总起来说,新中国的经济构成是:(1)国营经济,这是领导的成分;(2)由个体逐步地向着集体方向发展的农业经

① 《毛泽东文集》第 5 卷,人民出版社 1996 年版,第 139 ~ 140 页。

② 转引自金冲及主编:《毛泽东传(1893—1949)》(下),中央文献出版社 1996 年版,第 821 页。

③ 《毛泽东选集》第 4 卷,人民出版社 1991 年版,第 1254 页。

济;(3)独立小工商业者的经济和小的、中等的私人资本经济。这些,就是新民主主义的全部国民经济。而新民主主义国民经济的指导方针,必须紧紧地追随着发展生产、繁荣经济、公私兼顾、劳资两利这个总目标。一切离开这个总目标的方针、政策、办法,都是错误的。"①

为了保证党的政治、军事、经济纲领和各项方针政策的顺利贯彻实施,必须加强和改进党的领导,搞好党的自身建设。

为此,毛泽东在报告中特别讲了"必须整编党的队伍"的问题。他指出,抗日时期党的整风运动,主要是使党的领导机关和广大的干部、党员进一步掌握了马克思列宁主义的普遍真理和中国革命的具体实践的统一这样一个基本的方向,但是在党的地方组织、特别是农村基层组织方面所存在的成分不纯和作风不纯的问题,则没有获得解决。从1937年至1947年这11年间,党的组织由几万党员发展到270万党员,使它成了在中国历史上空前强大的党。但是缺点也跟着来了。"这即是有许多地主分子、富农分子和流氓分子乘机混进了我们的党。他们在农村中把持许多党的、政府的和民众团体的组织,作威作福,欺压人民,歪曲党的政策,使这些组织脱离群众,使土地改革不能彻底"。毛泽东强调,"全党同志必须明白,解决这个党内不纯的问题,整编党的队伍,使党能够和最广大的劳动群众完全站在一个方向,并领导他们前进,是解决土地问题和支援长期战争的一个决定性的环节。"报告认为,全国土地会议规定的整党的步骤和方法是适当的,要求各地坚决地实施。"其中首先重要的,是在党内开展批评和自我批评,彻底地揭发各地组织内的离开党的路线的错误思想和严重现象"②。

毛泽东还指出,在贯彻党的纲领和有关政策时,必须在党内正确地开展反对错误倾向的斗争。他说:"我们既要反右,又要反'左'。""现在反右,第一是反对对敌人估计过高,不敢到国民党区域去作战,害怕美国。……第二是反对对中间派的认识模糊不清,对他们的动摇性估计不足。……第三,在土改、整党工作中反对右的倾向,是反对一些干部对消灭封建阶级、驱除党内坏分子的斗争立场动摇,软弱无力。"③他说,反对右的偏向问题在土地会议、晋绥分局在山西临县郝家坡召开的晋西北会议和西北局在陕西绥德义合镇召开的会议上已经解决了,"我们这次会议要解决的新的问题,是在中农、中小资产阶级和党外人士问题上新出现的'左'的偏向。中农问题之所以再提出来,是因为晋西北在划分成分时发生了严重的问题,出现了强调不团结中农的偏向。中小资产阶级问题,也是出

① 《毛泽东选集》第4卷,人民出版社1991年版,第1254~1256页。
② 《毛泽东选集》第4卷,人民出版社1991年版,第1252~1253页。
③ 《毛泽东文集》第4卷,人民出版社1996年版,第331页。

现了偏向:我们有些同志在经济工作中对团结中小资产阶级的政策发生了怀疑、动摇。义合镇会议好比一河水,这河水十个浪头有八个是好的,但是没有解决好中农和中小资产阶级问题,发生了偏向,那末这两个浪头就是不好的。当'左'倾成为一种潮流的时候,共产党员要反对这个潮流,如同在抗日时期反对投降倾向的潮流一样"①。

会议决定:中国人民革命战争应该力争不间断地发展到完全胜利,应该不让敌人用缓兵之计(和谈)获得休整时间,然后再来打人民。为了坚定人们将革命进行到底的信心,毛泽东在会上特意讲了如何看待美国和美苏妥协的问题。他说,"美国直接出兵帮蒋介石打内战的可能性很小,但也不能说完全不可能"。即使这样,也没有什么了不起。"美国在中国搞得这样久,现在可以摸清楚它了,其实它并不可怕"。他重申 1946 年 4 月所写的《关于目前国际形势的几点估计》一文的基本观点,在会上公开指明,"世界上的反动派是要搞第三次世界大战的,战争的危险是充分存在着,但战争是完全可以避免的"。"美、苏迟早要妥协"。"苏联是个大国,它的妥协可能会对中国、法国、意大利等国人民的斗争产生一定的影响,但绝不是大国之间妥协了,其他各国人民也都要随之实行国内的妥协。各国人民的方针应当是按照不同的情况进行不同的斗争"②。

会议对中国革命的胜利表现了高度的信心,同时对斗争的艰巨性仍然作了充分的估计。毛泽东认为:"战争的时间还要准备四五年,也可能还要长一些。"③据此,会议决定:组织革命的中央政府的时机目前尚未成熟,须待我军取得更大胜利,然后考虑此项问题,颁布宪法更是将来的问题。

毛泽东在会议闭幕时说,这是一次很令人高兴的会议,是在时局展开中召开的。"这次会议通过了一篇文章(按:指《目前形势和我们的任务》),这篇文章在今后打倒蒋介石时期是起纲领作用的"。

会议决定,全党全军应将毛泽东的报告联系 1947 年 10 月 10 日公布的《中国人民解放军宣言》等各项文件,"进行深入教育,并在实践中严格地遵照实施。各地实施政策中如果有和报告所指出的原则不相符合的地方,应即加以改正"。

这次会议正确地规定了党在各方面的具体行动纲领,为引导广大人民去夺取民主革命的全国胜利,在政治上、思想上、政策上做了充分的准备。

十二月会议的精神,在解放区的党组织、政府和军队中得到了认真的传达、贯彻。会议通过的毛泽东的报告还经过各种途径在国民党统治区的进步人士和

---

① 《毛泽东文集》第 4 卷,人民出版社 1996 年版,第 334 ~ 335 页。

② 《毛泽东文集》第 4 卷,人民出版社 1996 年版,第 333 页。

③ 《毛泽东文集》第 4 卷,人民出版社 1996 年版,第 329 页。

各阶层人民的积极分子中进行传播。人们通过阅读这个报告,进一步了解了中国共产党的政治主张,了解了中国革命胜利的前景,更加把希望寄托在中国共产党身上。比如,1948 年春节前后,晋察冀中央局城市工作部就曾在河北沧县泊镇为白区学校党的干部举办训练班,专门学习这个报告。会后,平津等地的地下党即以自己的语言,通过举行座谈、出版壁报等,宣传报告的内容。地下印刷厂还将报告印成小册子,伪装成文艺书籍散发或出售。进步学生兴奋地说:"从家里带来了火光!"①

(二)加强全党的政策观念和中央的集中统一领导

1. 增强全党的政策观念

在十二月会议以后的一段时间里,中共中央集中很大一部分精力,研究、解决新形势下的新区工作、城市工作等方面的问题,纠正党内右的、尤其是"左"的错误倾向,以便使党的政策和策略全部走上正轨。

为什么在解放战争胜利发展的条件下,中共中央要着力去解决各项政策和策略问题呢?这是因为:

第一,随着人民解放军在战略进攻中的胜利进军,解放区迅速扩大,大批城市回到人民手中。新区的情况与老区、半老区的情况有很大的不同,城市的情况与农村的情况更有很大的不同。如何适应原先不熟悉的情况,做好新区工作和城市工作,党的组织、广大干部还缺乏经验。

第二,党和军队主要是由农民及其他小资产阶级出身的成分所构成,他们中的一些人仍然不同程度地保持着小生产者的思想,容易以小生产者的眼光看待城市工作,或者经验主义地将处理老区工作的办法照搬到新区工作中去,将处理农村工作的办法照搬到城市工作中去,如不加以引导,就可能贻误工作,甚至给工作带来破坏性的后果。

第三,历史经验表明,在同国民党分裂的时期,党内容易发生"左"的偏向;尤其是在革命胜利发展的形势下,一些人滋长了骄傲情绪,遇事更容易采取不谨慎态度,从而助长"左"的偏向的发展。事实上,尽管中共中央的路线和基本的方针、政策是正确的,但是在具体工作中,"左"的偏向在"各解放区都或多或少地发生过,有时成了严重的冒险主义倾向"。其表现是:在农村工作方面,有在土改中侵犯中农利益等,还有在新解放区忽视缩小打击面(即忽视中立富农和小地主)在策略上的重要性,工作步骤上的急性病等。在城市工作方面,有侵犯民族工商业,职工运动中片面强调工人眼前福利,不注意城市的生产建设而破坏

① 北京大学四院学生自治会编:《四月风暴》,第 64 页。

城市的生产设施等。在党与群众的关系方面，笼统提出"群众要怎么办就怎么办"的口号，否定党的领导作用，助长尾巴主义倾向等。

针对上述情况，毛泽东严肃地告诫全党："现在敌人已经彻底孤立了。但是敌人的孤立并不就等于我们的胜利。我们如果在政策上犯了错误，还是不能取得胜利。具体说来，在战争、整党、土地改革、工商业和镇压反革命五个政策问题中，任何一个问题犯了原则的错误，不加改正，我们就会失败。"①他指出，"政策是革命政党一切实际行动的出发点，并且表现于行动的过程和归宿。一个革命政党的任何行动都是实行政策。不是实行正确的政策，就是实行错误的政策；不是自觉地，就是盲目地实行某种政策。"因此，他强调："政策和策略是党的生命，各级领导同志务必充分注意，万万不可粗心大意。""只有党的政策和策略全部走上正轨，中国革命才有胜利的可能。"②

为了保证正确地制定和贯彻执行党的路线和各项方针、政策，毛泽东和中共中央反复向全党指明，必须切实注意以下问题：

第一，"必须紧紧地掌握党的总路线"。

毛泽东指出，"无产阶级领导的，人民大众的，反对帝国主义、封建主义和官僚资本主义的革命"，这就是新民主主义革命的总路线和总政策。如果忘记了党的总路线和总政策，我们就将是一个盲目的、不完全的、不清醒的革命者；我们在执行具体的工作路线和政策时，就会迷失方向，从而贻误工作。比如，在城市工作中之所以发生侵犯民族工商业这种错误，主要就是因为一些干部、战士不懂得党在新民主主义革命时期的任务，是反帝反封建，而不是一般地反对资本主义这样一个指导思想。

第二，仅仅有总路线和总政策还不够，还必须制定各项具体的工作路线和政策，并且划清各种政策界限。

比如，为了贯彻执行党的"依靠贫农，团结中农，有步骤、有分别地消灭封建剥削制度，发展农业生产"这样一条土地改革工作中的总路线和总政策，纠正土改中的"左"的偏向，毛泽东指出，必须避免对中农采取任何冒险政策（定错成分的一律改正，分了的东西尽可能退还，不经同意不得平分富裕中农的土地）；地主富农的工商业一般应当保护；对待地主富农应有区别，对待大中小地主和地主中的恶霸非恶霸在平分土地的原则下也应有所区别；必须严禁发生乱打乱杀的现象；等等。中共中央还重新发布了党在土地革命战争时期的两个文件，即《怎样分析农村阶级》和《关于土地斗争中一些问题的决定》，以便使各地在处理有

① 《毛泽东选集》第 4 卷，人民出版社 1991 年版，第 1286 页。
② 《毛泽东选集》第 4 卷，人民出版社 1991 年版，第 1286、1298 页。

关问题时有所遵循。

第三，必须“按照实际情况决定工作方针”。

中共中央指出，在贯彻党中央规定的统一政策时，要结合不同地区的不同情况，有步骤、有计划地进行，避免简单化。“在干部会议中和在工作中，必须教育干部善于分析具体情况，从不同地区、不同历史条件的具体情况出发，决定当地当时的工作任务和工作方法。必须区别城市和农村的不同，必须区别老区、半老区、接敌区和新区的不同，否则就要犯错误”①。毛泽东强调：“按照实际情况决定工作方针，这是一切共产党员所必须牢牢记住的最基本的工作方法。我们所犯的错误，研究其发生的原因，都是由于我们离开了当时当地的实际情况，主观地决定自己的工作方针。这一点，应当引为全体同志的教训。”②

第四，要“善于把党的政策变为群众的行动”。

毛泽东指出，“马克思列宁主义的基本原则，就是要使群众认识自己的利益，并且团结起来，为自己的利益而奋斗”。“善于使我们的每一个运动，每一个斗争，不但领导干部懂得，而且广大的群众都能懂得，都能掌握，这是一项马克思列宁主义的领导艺术。我们的工作犯不犯错误，其界限也在这里”。“有的人认为，党的政策只要领导人知道就行，不需要让群众知道。这是我们的有些工作不能做好的基本原因之一”③。“因此，在每一行动之前，必须向党员和群众讲明我们按情况规定的政策。否则，党员和群众就会脱离我们政策的领导而盲目行动，执行错误的政策”④。

政策必须在人民实践中，也就是经验中，才能证明其正确与否，才能确定其正确和错误的程度。而经验，又是在实行某种政策的过程中得来的。“因此，无论做什么事，凡关涉群众的，都应有界限分明的政策”。毛泽东指出，“我感觉各地所犯的许多错误，主要的（坏人捣乱一项原因不是主要的）是由于领导机关所规定的政策缺乏明确性，未将许可做和不许可做的事公开明确地分清界限”。他并且指出，领导者即使对有关政策的界限作了划分，如果只作简单的说明，也是不行的。“根据经验，任何政策，如果只作简单的说明，而不作系统的说明，即不能动员党与群众，从事正确的实践”⑤。

第五，要坚持党的领导作用，注意把党和革命队伍中存在着的小资产阶级思想引导到无产阶级思想的革命轨道。

---

① 《毛泽东选集》第4卷，人民出版社1991年版，第1331页。

② 《毛泽东选集》第4卷，人民出版社1991年版，第1308页。

③ 《毛泽东选集》第4卷，人民出版社1991年版，第1318～1320页。

④ 《毛泽东选集》第4卷，人民出版社1991年版，第1286页。

⑤ 《毛泽东文集》第5卷，人民出版社1996年版，第74页。

针对当时流行的那种"群众要怎么办就怎么办"的口号,毛泽东指出,这种主张,迁就群众中的错误意见,"否定了党的领导作用,助长了尾巴主义"①,是完全错误的。正确的态度应当是:凡属人民群众的正确意见,党必须依照情况,领导群众,加以实现;而对于人民群众中的不正确意见,则必须教育群众,加以改正。

比如,在土改中,流行过一种破坏工商业和在分配土地上主张绝对平均主义的思想。为此,毛泽东于1948年4月1日在晋绥干部会议上讲话时即指出,"它的性质是反动的、落后的、倒退的。我们必须批判这种思想"②。4月29日,他又在批转一份关于工商业问题的报告时,对报告中所说的"有些人认为工商业均带封建性。不斗工商业,不能肃清封建,满足群众要求"这句话,加了以下批注:"这类思想是一种农业社会主义思想,其性质是反动的,落后的,倒退的,必须坚决反对。"③对于这种思想,新华社在同年7月27日发表的《关于农业社会主义的问答》的长篇文章中进行了具体而深入的论述。文章指出,抱有农业社会主义思想的人们,"企图用小农经济的标准,来认识和改造世界,以为把整个社会经济都改造为划一的(平均的)小农经济,就是实行社会主义,而可以避免资本主义的发展。过去历史上代表小生产者的原始社会主义的空想家或实行家,例如帝俄时代的民粹派和中国的太平天国的人们,大都是抱有这一类思想的"。这种"以小农经济为基础的平均主义思想,在一定的历史条件下,带有革命的与反动的两重性质"。从农民平分封建阶级的土地财产这方面来说,这是革命的、正确的;超出反封建这个界限,平分社会上其他一切阶级、农民一切阶层和其他人等的土地财产,平分工商业,"这就是反动的,落后的,倒退的","这样,就不独不能提高社会生产力,而且必然要使社会生产力大大降低和后退"④。毛泽东等对农业社会主义思想所作的明确的批判,是中国共产党在这个时期用无产阶级思想引导和改造小生产者思想的一个鲜明例证。

第六,"反对党内'左'、右倾向,必须依据具体情况决定方针"。

毛泽东指出:"军队在打胜仗的时候,必须防止'左'倾;在打败仗或者未能多打胜仗的时候,必须防止右倾。土地改革在群众尚未认真发动和尚未展开斗争的地方,必须反对右倾;在群众已经认真发动和已经展开斗争的地方,必须防止'左'倾。"⑤

---

① 《毛泽东选集》第4卷,人民出版社1991年版,第1281页。

② 《毛泽东选集》第4卷,人民出版社1991年版,第1314页。

③ 《毛泽东年谱(1893—1949)》下卷,人民出版社、中央文献出版社1993年版,第305页。

④ 《中共中央文件选集》第17册,中共中央党校出版社1992年版,第659~660页。

⑤ 《毛泽东选集》第4卷,人民出版社1991年版,第1268页。

事实上,党在这个时期也正是这样做的。比如,在1947年10月全国土地会议期间,着重反对了不敢放手发动农民群众进行土地改革的右的倾向,这在当时是必要的和正确的;但会议对解放区一些地方土改不彻底的情况估计过于严重,对于可能发生的"左"的倾向则注意不够。这样,在土改运动的高潮中,一些地方又发生了侵犯中农利益等冒险主义的错误。1947年"十二月会议"期间,中共中央提出了纠正"左"倾错误的任务,并采取了一系列措施,把这些错误切实地纠正了。但是,"在进行'左'偏以后的善后工作中,有些地方,又开始生长着一种右的偏向或错误"。其特点是离开了党中央关于在土地改革工作中必须"首先满足贫雇农要求的基本政策","只片面地注意补偿中农和安置地(主)富(农),而不顾贫农的困难和意见"。为此,1948年11月10日,新华社特地播发了题为《在结束土地改革的地方纠"左"必须防右》的社论。

由于各个地区、各个时期、各条战线的情况不尽相同,由于纠正一种倾向时另一种倾向可能被掩盖了起来,而这种被掩盖着的倾向又可能在一定条件下得到发展,因此,在党内反倾向的斗争中,坚持从实际出发,开展两条战线的斗争,有"左"反"左",有右反右,着重反"左"时注意防右,着重反右时注意防"左",是十分必要的。

2. 加强中央的集中统一的领导,克服无纪律无政府状态

为了保证党的路线和政策得到全面的、正确的和畅通无阻的贯彻执行,中共中央强调,必须维护党的集中统一的领导,坚决克服许多地方存在着的分散主义和无纪律、无政府状态。

由于中国共产党、中国人民军队在过去长时期内是处于被敌人分割的、游击战争的环境之下,因此,中共中央曾经允许各地方党和军事的领导机关保持着很大的自治权,这种情况,曾经使得各地方的党组织和军队发挥了他们的主动性和积极性,渡过了长期的严重的困难局面;但在同时,也产生了某些无纪律状态和无政府状态、地方主义和游击主义。比如,有的地方"擅自修改中央的或上级党委的政策和策略,执行他们自以为是的违背统一意志和统一纪律的极端有害的政策和策略;在工作繁忙的借口之下,采取事前不请示事后不报告的错误态度,将自己管理的地方,看成好像一个独立国。这种状态,给予革命利益的损害,极为巨大"①。随着人民解放军战略进攻的胜利发展,革命形势有了极大的变化。许多解放区已经连成一片,许多城市已经解放或者即将解放,人民解放军和人民解放战争的正规性程度大为提高,全国胜利已经在望。到1948年"九月会议"前夕,解放区面积为253万平方公里,占全国面积的24.5%;人口1.68亿,占全

① 《毛泽东选集》第4卷,人民出版社1991年版,第1332页。

国人口的35.5%;县城以上的大中城市586座,占全国城市的29%。在这种情况下,为了统一筹划和组织大规模的革命战争,夺取全国胜利,要求党迅速克服存在于党内和军内的任何无纪律无政府状态,把一切必须和可能集中的权力集中于中央和中央代表机关。毛泽东指出:"这一问题的性质是如此重要,即只有解决这一问题,才能由小规模的地方性的游击战争过渡到大规模的全国性的正规战争,由局部胜利过渡到全国胜利。这是许多环节在目前时期的一个中心环节,这一个环节问题解决了,其他环节就可以顺利解决。"①

加强集中统一的领导,对于发展经济、巩固和扩大解放区来说,也是非常必要的。中共中央批转的华北《金融贸易综合报告》就指出,华北各解放区大体上已经连成一片。"各区间的经济联系日益繁密,我们已有可能和必要从分散的地方经济,逐渐发展走向统一的国民经济"。各地分割的状态已经成为经济发展的严重障碍了。商品经济逐渐发展,必然要求着市场的扩大和统一,如撤销内地关税壁垒、统一货币制度等,都是经济发展中的迫切要求。因此,"我们必须适应新的情况,建立一套适合人民需要和经济发展需要的新的制度。同时,必须加强领导的统一性、集中性,反对各自为政和无组织、无纪律、无政府状态"②。

加强中央的集中统一领导的问题,中共中央在1948年1月发出关于建立报告制度的指示时,实际上就已经提出来了。5月25日,毛泽东在为中央起草的1948年的土地改革工作和整党工作的指示的第六节中,专门讲了这个问题。在九月政治局会议上,毛泽东是把解决这个问题同实现党的战略任务直接联系在一起的。他说:"我们的战略方针是打倒国民党,战略任务是军队向前进,生产长一寸,加强纪律性,由游击战争过渡到正规战争……五年左右根本上打倒国民党。军队向前进,就要生产长一寸,不这样就没有饭吃。又必须加强纪律性,作战方式要逐渐正规化。这是方针。"③

建立严格的报告制度,是中共中央为加强集中统一领导、克服无纪律无政府状态而采取的一个重要步骤。中央要求,各中央局和分局,由书记负责(自己动手,不要秘书代劳),每两个月,向中央和中央主席作一次综合报告。报告内容包括军事、政治、土改、整党、经济、宣传和文化等各项活动的动态,活动中发生的问题和倾向,对于这些问题和倾向的解决方法。中央要求,"从今年起,全党各级领导机关,必须改正对上级事先不请示、事后不报告的不良习惯"。因为"当

---

① 《毛泽东文集》第5卷,人民出版社1996年版,第125页。

② 《中共中央文件选集》第17册,中共中央党校出版社1992年版,第282页。

③ 《毛泽东文集》第5卷,人民出版社1996年版,第133页。

此革命已进入新的高潮时期,加强此种联系,极为必要"①。3 月 25 日,中共中央发出关于建立报告制度的补充指示,要求各中央局、分局、前委"对于下级发出的一切有关政策及策略性质的指示及答复","同时发给中央一份";"下级向你们所作政策及策略性的报告,其内容重要者",应同时告知中央;"每一个中央委员中央候补委员均有单独向中央或中央主席随时反映情况及陈述意见的义务及权利"②。6 月 25 日,中共中央提出各中央局、分局、前委应向中央报告的 18 个事项。③ 9 月,中共中央政治局会议通过《中共中央关于各中央局、分局、军区、军委分会及前委会向中央请示报告制度的决定》,就"关于各项工作中何者决定权属于中央,何者必须事前请示中央,并得到中央批准后才能付诸实施,何者必须事后报告中央备审",作出了具体而明确的规定。《决定》指出:"凡属决定权完全属于中央的事项,中央已有决定指示者,各地必须严格遵守,正确执行。在执行中遇有困难及特殊情形,或有不同意见时,均可向中央说明理由,提出意见,等候中央批示,但不允许擅自修改。中央尚未作出决定指示者,各地有权向中央建议,并得根据本地区情况和经验,向中央提出处理的方案,拟出决议或条例的草案,请求中央决定公布,或由中央批准,用地方名义发表。"除此以外的"其他各事项,各中央局、分局及军委分会、前委会有自己决定实行之权"④。

为了提高维护中央集中统一的领导、克服无纪律无政府状态的自觉性,中共中央要求各中央局、分局、军区、前委就此问题进行检讨,开展自我批评。1948 年 8 月 19 日,中共东北局致电中央,检讨了自身在组织纪律方面的缺点及错误。8 月 22 日,中共在复电中指出:"你们这次检讨是有益的,这样,你们就可以脱出被动状态,取得主动。在这个问题上如果没有像你们现在所作的这种认真的自我批评,就不能脱出被动,取得主动。"所以,"一切中央局、分局、军区及前委均应当作此种自我批评"。为此,中央决定将东北局来电及中央复电转发给他们,"并要求他们就此问题作一次正式检讨"⑤。

为了提高维护中央集中统一的领导、反对无纪律无政府状态的自觉性,中共中央还要求全党同志尤其是党的干部认真学习列宁的《共产主义运动中的"左派"幼稚病》的第二章("布尔什维克成功的基本条件之一",主要讲党的纪律问题)。1948 年 4 月 21 日,毛泽东在列宁的这本书的封面上写了以下的批语:"请同志们看此书的第二章,使同志们懂得必须消灭我们现在工作中的某些严重的

① 《毛泽东选集》第 4 卷,人民出版社 1991 年版,第 1265 页。
② 《中共中央文件选集》第 17 册,中共中央党校出版社 1992 年版,第 132 页。
③ 参见《毛泽东文集》第 5 卷,人民出版社 1996 年版,第 107 ~ 108 页。
④ 《中共中央文件选集》第 17 册,中共中央党校出版社 1992 年版,第 356 ~ 363 页。
⑤ 《毛泽东文集》第 5 卷,人民出版社 1996 年版,第 125 页。

无纪律状态或无政府状态。”①为此,中共中央宣传部决定重印此书的第二章。6月1日,中宣部在关于重印《共产主义运动中的“左派”幼稚病》第二章前言中指出,“现在重印列宁这一章著作,同志们——特别是一切负责的同志们,必须认真阅读”,并参看毛泽东的有关著作和党中央的有关文件,“为消灭现在工作中的某些严重的无纪律状态或无政府状态而进行必要的与适当的斗争”②。

中共中央为加强集中统一的领导、克服无纪律无政府状态所进行的斗争,对于达到全党、全军在方针上、政策上、行动上的完全一致,从而有力地去团结全国人民、夺取全国胜利,起到了极为重要的作用。

(三)党的新区农村政策和城市政策的制定与实施

1. 认真解决新区农村工作的策略问题

随着人民解放军在战略进攻中的胜利进军,解放区迅速扩大了。这时的解放区基本上可分为三种:日本投降以前建立的根据地,即老解放区(老区);日本投降以后至战略进攻开始以前两年内占领的地方,即半老解放区(半老区);战略进攻开始以后所占领的地方,即新解放区(新区)。这种解放区还在进一步扩大。这三种地区的情况不同,党在制定与实施有关政策时,其内容和步骤也是应当有所区别的。如何处理好这方面的问题,正是进入1948年以来毛泽东和中共其他领导人关注的重点。而其中尤其重要的,是要解决好党在新区应实行何种政策和策略的问题。

党在新区的工作,可分为农村和城市两个方面。在农村,主要是如何进行土地改革的问题,这涉及党与农民的关系;在城市,主要是如何接收和管理城市的问题,这涉及党同工人阶级及民族资产阶级的关系。这两方面的问题,都是党为领导人民夺取全国胜利所必须正确地加以解决的。毛泽东以及党的其他领导人经过周密的调查和反复的研究,逐步地使这些问题获得了正确的解决。

先说关于新区农村工作的问题。

大别山地区是刘邓大军南下后首先开辟的新区。总结经过几个月斗争的经验,邓小平及时向毛泽东写出了《关于新区工作问题的报告》。他总结以往工作中的经验教训,认为“不分阶段、不分地区,对大中小地主富农一并下手,树敌太多,增加许多障碍,反而于农民不利”,提出“任何时候不要忽视团结百分之九十以上的人,中立那些可以中立的人”等的主张。毛泽东在就此所作的批示中指出,邓小平对新区工作所作的这种负责的总结、检查“是很好的”,这样,就有使

---

① 《毛泽东年谱(1893—1949)》下卷,人民出版社、中央文献出版社1993年版,第303页。

② 《中共中央文件选集》第17册,中共中央党校出版社1992年版,第193页。

广大干部逐步学会党的策略观点与政策观点的可能;而没有全盘的政策观点和策略观点,中国革命是永远不可能胜利的。最可怕的是领导同志的自满自足,自己缺乏策略观点与政策观点,而又对中央的指示熟视无睹。

1948年1月14日,毛泽东致电邓小平,征询他对新区若干政策问题的意见。其中包括:"在新区是否应当分为两种区域,一种是可以迅速建立巩固根据地的,一种是要经过长期拉锯战才能建立巩固根据地的,对两种区域的工作采取不同的政策?""新区土改是按土地法大纲分平,还是对富农及某些弱小地主暂时不动?新区中富农及弱小地主态度如何?"等等。① 1月15日和22日,邓小平两次致电中央,汇报大别山各方面的情况。鉴于大别山有两种区域,即巩固区和游击区,他认为在巩固区可以进行土改,在游击区则不能急于平分土地。

1月22日,毛泽东草拟致华东野战军副司令员粟裕电,就新区土改的斗争策略作出指示。他指出:"土改工作不能性急。""你们应当按照消灭敌人武装力量的情况,领导土改干部的多少强弱,群众的觉悟程度和组织程度,决定土改工作的速度。大体上长江以北各区三年内积极努力,工作得法,不犯大错误,能够全部按土地法分配土地,就是极伟大的成绩。"他指出:"在新区没收分配土地应当分为两个阶段:第一阶段,没收分配地主阶级的土地,中立富农,富农的土地原则上不动。在没收分配地主土地时,应当分别地主的大、中、小,地主的恶霸与非恶霸,采取不同的待遇。""第二阶段,平分一切封建阶级的一切土地,富农的土地此时才动。"他认为,"平分土地是反封建斗争的最高目标,必须经过几个阶段,几番手续,才能达到目的"。"其所以如此,是因为群众必须在自己亲身经验中,才能教育自己,提高觉悟,认清敌人,取得胜利。共产党员也是如此,必须在斗争中教育自己,取得经验,才能领导群众得到胜利。"他还指出:"在新区应当分为两种地区,采取不同策略。"第一种,是巩固的根据地。"这种地区的环境,是许可我们进行土改的"。第二种,是敌人还能再来,并将久占的地区。这种地区的环境,"还不许可我们进行土改,土改工作还要有所等待"②。这个指示并没有立即发出。为慎重起见,毛泽东首先就此向刘少奇等中央和地方领导人征询意见。

2月3日,毛泽东致电刘少奇,内称:"关于土地法的实施,应当分三种地区,采取不同策略。"在老区,"大体上早已分配土地,只须调整一部分土地"。这种地区的中心工作,应当是"用党内党外结合的方法整理党的队伍,解决党同群众间的矛盾"。在半老区,"完全适用土地法,普遍地彻底地分配土地"。在新区,

① 《毛泽东文集》第5卷,人民出版社1996年版,第17页。

② 《毛泽东文集》第5卷,人民出版社1996年版,第35~38页。

“群众尚未发动,国民党和地主、富农的势力还很大,我们一切尚无基础。因此,不应当企图一下实行土地法,而应当分两个阶段实行土地法”。第一阶段,中立富农,专门打击地主。在这个阶段中,又要分为宣传,做初步组织工作,分大地主浮财,分大、中地主土地和照顾小地主等项步骤,然后进到分配地主阶级的土地。第二阶段,将富农出租和多余的土地及其一部分财产等来分配,并对前一阶段中分配土地尚不彻底的部分进行分配。“第一阶段,大约须有两年时间;第二阶段,须有一年时间。太急了,必办不好。”①2 月 4 日,毛泽东致电刘少奇,告以 1 月 22 日所拟电报的要点,问他“有何意见”。2 月 5 日,毛泽东写信给刘少奇,附上 1 月 22 日给粟裕的指示,请他“先加审查提出意见”,以便在 2 月 10 日前将此项指示发出。2 月 6 日,毛泽东致电中共中央晋绥分局书记李井泉、西北局书记习仲勋并告刘少奇及晋冀鲁豫中央局副书记薄一波,请他们就三种地区土改的不同策略尤其是老区、半老区实行土地法的问题发表自己的意见。同一天,毛泽东还致电邓小平及各中央局,提到新区土改的“斗争策略似应分为两阶段”的问题。

2 月 5 日,刘少奇就关于土地法实施应分三种地区的问题向毛泽东写出报告,并对老区、半老区的情况作出了具体分析,提出了在这些地区进行土改的具体意见。2 月 8 日,邓小平向毛泽东作关于新区土地改革的报告,认为“在新区树立两个观念,非常必要”。即:“(一) 根据地之确立与土改之完成,要经过相当长的过程,绝非一年半载所能达到。”“(二) 在斗争策略上,应分阶段,分地区的逐步深入。”他还根据大别山的情况,对如何贯彻 2 月 6 日电报指示,提出了具体的意见。② 2 月 13 日,中共中央中原局、晋冀鲁豫野战军后勤部致电毛泽东,说“中央在新区斗争策略上分为两个阶段是完全正确和必要的”③。

在深入调查研究和广泛征询意见的基础上,毛泽东于 1948 年 2 月 15 日为中共中央起草了对党内的指示,以中共中央的名义正式规定了新解放区土地改革要点。指示说:“不要性急,应依环境、群众觉悟程度和领导干部强弱决定土地改革工作进行的速度。”“应准备在两三年内完成全区的土地改革”。指示强调:新区土地改革应分两个阶段。第一阶段,打击地主,中立富农。又要分几个步骤:首先打击大地主,然后打击其他地主。对于恶霸和非恶霸,对于大、中、小地主,在待遇上要有区别。第二阶段,平分土地,包括富农出租和多余的土地在内。但在待遇上,对待富农应同对待地主有所区别。总的打击面,一般不能超过

---

① 《毛泽东选集》第 4 卷,人民出版社 1991 年版,第 1277 ~ 1278 页。

② 《中共中央文件选集》第 17 册,中共中央党校出版社 1992 年版,第 46 ~ 48 页。

③ 《毛泽东文集》第 5 卷,人民出版社 1996 年版,第 68 页注①。

户数百分之八，人口百分之十。① 为了运用典型推动各新区贯彻中央的上述指示，2 月 17 日，毛泽东就邓小平 2 月 8 日的报告作了批示，指出"小平所述大别山经验极为宝贵，望各地各军采纳应用"。他还指出："分阶段分地区极为必要。在第一阶段将打击面缩小至只打击大中地主及国民党反动分子时，并不是说富农小地主中的保甲长恶霸反动分子为农民所要求打击者，也不要打击，我们只要注意对富农小地主的多数暂时不去惊动，就无危险了。"同一天，毛泽东致电中原局、晋冀鲁豫野战军后勤部，进一步论述了新解放区土改斗争策略的具体运用问题。3 月 6 日，毛泽东写信给刘少奇，信中说："因为中央发了新区土改要点，我给粟裕的那个电报没有发出的必要了，因此决定不发而将其中某些部分写入社论中公开发表为有利。"

中共中央关于新区土改工作要点的指示于 2 月 15 日发出后，各中央局、分局及前委即作出了相应的部署。各地在贯彻执行中央指示的过程中，结合当地的实际，又提出了一些新的意见和建议，积累了一些新的经验。实际上，从 1948 年 1 月起，由于敌情严重，太行山地区已经停止进行土改，改为实行减租减息的政策了。3 月 8 日，邓小平在给毛泽东的报告中，提出了在大别山停止土改、改行减租减息的意见。

毛泽东十分重视了解各地贯彻执行中共中央指示的情况，总结、推广有关的新鲜经验。5 月 24 日，毛泽东在给邓小平的电报中明确提出，"新解放区农村工作的策略问题有全盘考虑之必要"。他指出：新解放区必须充分利用抗日时期的经验，在解放后的相当时期内，实行减租减息和酌量调剂种子口粮的社会政策和合理负担的财政政策，把主要的打击对象限于政治上站在国民党方面坚决反对我党我军的重要反革命分子，如同抗日时期只逮捕汉奸分子和没收他们的财产一样，而不是立即实行分浮财、分土地的社会改革政策。因为过早地分浮财，只是少数勇敢分子欢迎，基本群众并未分得，因而会表示不满。而且，社会财富迅速分散，于军队亦不利。过早地分土地，使军需负担过早地全部落在农民身上，不是落在地主富农身上。"不如不分浮财，不分土地，在社会改革上普遍实行减租减息，使农民得到实益；在财政政策上实行合理负担，使地主富农多出钱。这样，社会财富不分散，社会秩序较稳定，利于集中一切力量消灭国民党反动派"。在一两年甚至三年以后，在大块根据地上，国民党反动派已被消灭，环境已经安定，群众已经觉悟和组织起来，战争已经向遥远地方推进，那时就可以进入像华北那样的分浮财、分土地的土地改革阶段。"这一个减租减息阶段是任何新解放地区所不能缺少的，缺少了这个阶段，我们就要犯错误"。在华北、东

① 参见《毛泽东选集》第 4 卷，人民出版社 1991 年版，第 1283 页。

北、西北各大解放区的接敌地区,亦须实行上述同样的策略。[①] 5 月 25 日,中共中央发出了关于 1948 年的土地改革和整党工作的党内指示。由毛泽东起草的这个中央指示明确划定了土地改革工作的范围。具体说来,"这种范围,必须是在下列三项条件下划定之:第一,当地一切敌人武装力量已经全部消灭,环境已经安定,而非动荡不定的游击区域。第二,当地基本群众(雇农、贫农、中农)的绝对大多数已经有了分配土地的要求,而不只是少数人有此要求。第三,党的工作干部在数量上和质量上,确能掌握当地的土地改革工作,而非听任群众的自发活动"。凡不具备其中任何一项条件的地区,即不能列入 1948 年进行土改的范围。例如,在华北、华东、东北、西北各解放区的接敌区域和中原局所属江淮河汉区域的绝大部分地区,因为尚不具备第一个条件,即不应当列入今年的土地改革计划内。明年是否列入,还要看情况才能决定。"在这类地区,应当充分利用抗日时期的经验,实行减租减息和酌量调剂种子食粮的社会政策和合理负担的财政政策,以便联合或中立一切可能联合或中立的社会力量,帮助人民解放军消灭一切国民党武装力量和打击政治上最反动的恶霸分子。在这类地区,既不要分土地,也不要分浮财,因为这些都是在新区和接敌区的条件之下,不利于联合或中立一切可能联合或中立的社会力量、完成消灭国民党反动力量这一基本任务的。"[②]至此,党的新区农村政策和策略就最后完整地形成并被正式地确定下来了。

中共中央中原局所属江淮河汉区域的绝大部分地区首先对落实中央上述指示采取了切实的措施。1948 年 6 月 6 日,中原局作出了《关于执行中央 5 月 25 日指示的指示》。指示说:"经验证明,当我们在军事上还没有取得全面的控制,国民党和地富武装力量还没有在当地被肃清,大多数农民还没有分配土地的要求和组织起来,本地的正派的区村干部还没有大批涌现出来,而外来干部又尚未熟悉情况和联系群众的时候,就马上实行土地改革,不仅是主观主义的,而且是冒险主义的。"普遍实行走马点火、分浮财的政策也不适当。因为"事实上分得最多的只是一部分勇敢分子,大多数基本群众并未得到或很少得到利益,这种办法虽然也起到一时刺激群众热情的作用,但不能解决群众多大问题,而且地富还利用了分散财产制造群众之间许多纠纷,尤其因为社会财富的过早分散和大量浪费,使军队供给很快发生困难(特别是粮食),很快地把负担全部加在农民身上,引起农民的不满"[③]。指示说,由于"我们以往在新区所犯的急性病的错误,

① 参见《毛泽东选集》第 4 卷,人民出版社 1991 年版,第 1326 ~ 1327 页。

② 《毛泽东选集》第 4 卷,人民出版社 1991 年版,第 1329 ~ 1330 页。

③ 《邓小平文选》第 1 卷,人民出版社 1994 年版,第 111 页。

脱离了群众,孤立了自己,在对敌斗争与确立根据地的事业上,造成了许多困难,所以全区都应根据五月二十五日中央关于一九四八年的土地改革工作和整党工作的指示,重新地全盘考虑我们的工作方针和策略步骤”。指示规定,“在控制区,凡是没有分土地的地方,即应停止分配土地的宣传,进行减租减息、合理负担的宣传”,“准备秋后直到明春,形成一个广泛的双减群众运动”。凡是已经分过土地的地方,应区别情况,规定出不同的处理办法。“一般的原则是,真分的一般应该确定地权,不再变动;假分的应该说服群众自愿改为租佃关系,实行减租减息;一大片地区分了的,而又是环境许可群众要求的,则领导群众继续完成分地工作;同时正确地划分阶级和补救缺点;只在孤立据点分了的,则按情况根据大多数农民意见,不再变动,或说服群众改为减租减息”。为使双减工作有所遵循,1948 年 10 月 8 日,中共中央中原局还制定了减租减息纲领,对减租、清债减息、已分配土地浮财之处理、若干特殊土地问题之处理等,均作了具体而明确的规定。

中共中央 5 月 25 日的指示不仅在中原局所属地区贯彻执行了,而且在所有的接敌区和新区也都贯彻执行了。在这之后新解放的广大地区,也是这么做的。

由于党在新区农村的政策和策略符合新区的实际,因而收到了良好的效果。

2. 党的城市政策的逐步完善和城市工作的胜利开展

在 1927 年革命失败以后的一个长时期里,中国共产党的工作重心是在农村。但是,毛泽东早就说过,“革命的最后目的,是夺取作为敌人主要根据地的城市”,而如果“没有充分的城市工作,就不能达此目的”①。随着解放战争的胜利发展,许多城市相继获得解放,制定正确的城市政策,做好城市工作,已经突出地提到党的议事日程上来了。

城市一般是一定区域的政治、经济、文化中心,占领一个城市,做好这个城市的工作,党就可以以之去领导和影响其周围的乡村,使新区比较快地巩固起来;城市一般是工商业集中的地方,做好城市工作,使城市的生产和商品流通得到恢复和发展,党就可以以之为革命战争的胜利推进提供物质支援;城市更是工人阶级、资产阶级以及知识分子聚集的地方,做好城市工作,党就可以密切与工人阶级的联系,强固党的阶级基础,并且巩固和扩大同民族资产阶级、知识分子的统一战线。所以,制定正确的城市政策、做好城市工作,是党为夺取全国胜利而进行的整个斗争的一个重要的组成部分。

城市工作是十分重要的,同时又是相当复杂的。城市的情况与农村有很大的不同。在农村,主要是农民与地主之间的矛盾和斗争;在城市,不仅有工人阶

---

① 《毛泽东选集》第 2 卷,人民出版社 1991 年版,第 636 页。

级同民族资产阶级之间的矛盾和斗争,更有广大城市人民同官僚资产阶级、国民党残余势力、外国帝国主义势力之间的矛盾和斗争。在农村,农业是主要的生产事业;在城市,不仅有工业,而且有商业、金融、对外贸易等各项事业。因此,要做好城市工作,比起做好农村工作来说,要困难得多。但是,由于党在长时期里主要在农村工作,对于城市尤其新解放的大、中城市的情况并不熟悉,对于接收和管理城市并做好城市工作缺乏经验。这样,党在城市工作中就难免要犯这样或那样的错误。尤其值得注意的是,由于党组织和人民军队主要是由农民和其他小资产阶级出身的成分所构成的,在他们中的一些人身上往往存留着或多或少的小生产者的思想和习性。这些人很可能用农村的观点来看待城市,用小生产者的眼光来看待城市工作。对这种小生产者的思想和习性如不加以引导和改造,很可能使党的城市工作离开正确的方向,产生灾难性的后果。事实上,这类问题也确实发生了。比如,在战略进攻后新开辟的江淮河汉地区,"全区军队和地方无例外地违背了中央的工商业政策,没收地富的工商业部分,任意假借没收官僚资本反动分子的帽子,去没收那些本来不应当没收的工厂和商店;对生产资料的严重破坏;过重的而且是极其混乱的税收办法;社会秩序的不安定和无政府的混乱状态,已经严重地破坏和停滞了社会经济,市场凋敝和工商停业的现象极其普遍"。所有这些,成为"一个有关广大人民生计的严重的社会问题"①。这类问题不只是发生在江淮河汉地区,在其他地区尤其是其他新区也同样存在。在华北,人民军队在收复井陉、阳泉等重要工业区时,"部队民兵民夫与后方机关乱抓物资、乱搬机器,因而使这些机器受到致命破坏"。"收复张家口,领导机关随即迁至城市,因而引起许多干部均往城市跑,在城市乱抓乱买东西,贪污腐化,严重地放松了乡村工作,并引起士兵与乡村干部极大不满"。1947 年 11 月解放华北重镇石家庄后,由于对干部事先进行教育,"部队进城的秩序是比较好的"。但由于"未向部队士兵进行教育,故在作战中,仍有不少士兵照过去经验拿取东西,并鼓动城市贫民去搬取物资。首先贫民是搬取公用物资,后来就抢劫私人财物,故有大批煤粮及其他公物被抢,许多公共建筑的门窗杂物亦被破坏或取去,私人被抢者亦不少,很久还不能停止"。"此外,太行、五台、晋绥各机关派遣人员到石庄搜集与购买物资者,共约万余人"。"此时,最有破坏作用者,即万余采办与搜集物资人员,他们不顾一切,破坏各种财产,例如运输队人员就拆走好汽车的轮子,工厂人员就搬走某些机器或零件,机关商店人员就抢购大批货物"②。显然,这类问题如不及时加以解决,由此造成的后果将是极其严重的。

---

① 《邓小平文选》第 1 卷,人民出版社 1994 年版,第 111 ~ 112 页。

② 《中共中央文件选集》第 17 册,中共中央党校出版社 1992 年版,第 54 ~ 55 页。

中共中央对城市工作极为重视，一方面，及时了解新解放城市的情况，研究党和军队在接收和管理城市工作方面的经验教训，明确城市工作的指导思想，制定城市工作各方面的政策；一方面，注意总结各地城市工作的经验，以典型推动一般，引导整个新区城市工作的健康发展。

1948 年年初，中共中央即连续就城市工作中应注意的一些问题，向各地方、各部队发出指示。1 月 9 日，针对解放军 1947 年秋攻克陕西省榆林高家堡时发生过违反政策、破坏纪律的行为这一现象，毛泽东在西北地区给中央的报告上批示，“我军到任何地方，原则上不许没收任何商店及向任何商人捐款”①。1 月 25 日，中共中央工作委员会就地主经营工商业的政策作出具体的指示。1 月 31 日，毛泽东转发朱德关于职工待遇等问题给中央的信，并写了按语，强调“我党工商业政策的任务，是发展生产，繁荣经济，公私兼顾，劳资两利”，指出“工厂中商店中工人店员职员的生活条件，不可过高”②。2 月 7 日，中共中央发出对待在华外国人的政策的指示。

2 月 19 日，中共中央工作委员会总结了收复石家庄的城市工作经验，包括部队入城秩序、物资处理、清理敌特、群众工作等的正反两方面的经验，发往各地并报告了中共中央。这是党对收复城市的工作所作的第一次系统的总结。2 月 25 日，中共中央致电各中央局、分局及前委，指出“中工委丑皓电（按：2 月 19 日电）所述石家庄城市工作经验必须引起全党注意”，要求将此电印发至地方地委一级、军队团委一级，各级党委均应对此进行讨论。中央指示：“尔后各局各军在攻占城市及在占领以后不久时期内管理城市的工作方针及方法，应即以中工委丑皓电所述攻占石家庄及初期管理石家庄的方针及方法为基本的方针及方法。”③4 月 8 日，毛泽东为中共中央起草了《再克洛阳后给洛阳前线指挥部的电报》，就城市政策应注意的各点作出指示。其中包括清理国民党统治机构、没收官僚资本、禁止农民团体进城捉拿和斗争地主、工人的工资待遇、城市的粮食与燃料、清理国民党员三青团员、禁止大吃大喝、委派懂政策的干部担任市委书记和市长等 9 个方面的问题。有关内容不但适用于洛阳，而且也基本上适用于一切新解放的城市，所以中央将这个电报同时发给了其他部队和其他地区的领导人。这个电报指示，比起中央工委收复石家庄的经验来，涉及的方面更多，有关的政策规定也更加具体和完善了。6 月 4 日，中共中央军委将东北野战军入城纪律守则 8 条批转各军区各野战军首长，要求各地“参考采用”。6 月 10 日，中

① 《中共中央文件选集》第 17 册，中共中央党校出版社 1992 年版，第 7 页。
② 《中共中央文件选集》第 17 册，中共中央党校出版社 1992 年版，第 22 页。
③ 《中共中央文件选集》第 17 册，中共中央党校出版社 1992 年版，第 69 页。

共东北中央局发出《中共东北中央局关于保护新收复城市的指示》，就新收复城市工作中发生的问题及其产生的原因进行了具体而深入的分析，并就保护新收复城市和做好城市工作作出了重要的决定，其中包括“在新占领城市实行短期的军事管理制度”①。同一天，中共中央向各中央局、分局、前委发出指示，指出东北局的上述文件已“经中央审阅批准”，“你们收到后，应即照此颁发同样的文件，并切实遵行”②。11 月 15 日，中共中央作出《关于军事管制问题的指示》，就新收复城市实行军事管制的时间、应达到的目的和实施管制的办法作出了明确而具体的规定。11 月 28 日，东北局领导成员、兼任沈阳特别市军事管制委员会主任的陈云总结接收沈阳的经验，写出给中共中央东北局并转中共中央的报告，提出“各按系统，自上而下，原封不动，先接后分”的接收方法。中共中央向各中央局、分局、前委转发了接收沈阳的经验，认为这个经验是成功的，它保证了既快又稳地将城市完整地接收到人民手中。中央并且在给陈云的复示中指出：“你提议各区要有专门办理接收大城市的班子，甚对，已告华北、华东、中原及西北在接收和准备接收大城市中即作此准备。”③接收沈阳的经验的推广，对于其他地区城市接管工作的迅速、稳健的发展，起到了十分重要的作用。因为此后新解放的城市基本上都是按照沈阳的接收方法进行接收的。

除了就接管城市的全局性工作作出指示外，进入 1948 年以来，中共中央还就在接管城市的过程中遇到的各个方面的问题，例如如何对待国民党的政权机构和国民党各类人员，如何接收官僚资本企业和保护民族工商业，如何处理劳资关系，如何保护学校和发展教育事业，如何对待国民党的和私人的新闻机构，如何召开人民代表会议和依靠工人阶级及团结各方面人士，如何教育干部和战士遵守党的城市政策和入城纪律等，及时地分别作出了许多重要的、切合实际的指示。

1949 年 3 月召开的中共七届二中全会提出了将党的工作重心由乡村转向城市的战略任务，并总结以往城市工作的经验，进一步阐明了党在城市工作中的基本方针和政策，不仅为此后接管城市，而且为新中国成立初期进行城市建设指明了方向。

经过一个时期的努力，中国共产党形成了一整套切合实际的城市政策。这些政策的贯彻实施，保证了新解放城市的接管工作进行得比较顺利；而且由于各

---

① 《中共中央文件选集》第 17 册，中共中央党校出版社 1992 年版，第 212 页。
② 《中共中央文件选集》第 17 册，中共中央党校出版社 1992 年版，第 209 页。
③ 《中共中央文件选集》第 17 册，中共中央党校出版社 1992 年版，第 573 页。

地注意借鉴有关的经验，这就使得“一个城市比一个城市接收得好”①。

党的城市政策具有丰富的内容，以下几个方面尤其值得注意：

第一，关于城市接管工作的指导思想。

是以无产阶级的思想还是小生产者的思想为指导，是从城市的实际出发开展工作还是照搬农村工作的方法，是以游击观点还是从建设新中国的长远眼光来对待城市，这是能否搞好新解放城市的接收和管理工作的关键。

1948年2月19日，中共中央工委在《关于收复石家庄的城市工作经验》中即指出：“石庄不会再被蒋介石占去，石庄是人民的石庄，我们工作应作长期打算，方针是建设，而不是破坏。”②2月25日，中共中央要求各地注意城市工作，加强对城市工作的领导。中央指出，“为了将党的注意力不偏重于战争与农村工作，而引导到注意城市工作，为了使现已取得的城市的工作在我们手里迅速做好，为了对今后取得的城市的工作事先有充分的精神准备与组织准备，中央责成各中央局分局前委对于自己占领的城市，凡有人口五万以上者，逐一作出简明扼要的工作总结，并限三至四个月内完成此项总结”，电告中央。2月27日，毛泽东在论述工商业政策时明确指出，在领导方针上，决不能将农村工作的一套不加分析地照搬到城市工作中去，而“应当预先防止将农村中斗争地主富农、消灭封建势力的办法错误地应用于城市，将消灭地主富农的封建剥削和保护地主富农经营的工商业严格地加以区别，将发展生产、繁荣经济、公私兼顾、劳资两利的正确方针同片面的、狭隘的、实际上破坏工商业的、损害人民革命事业的所谓拥护工人福利的救济方针严格地加以区别”③。在这之后，中共中央曾反复强调：“城市市区与乡村的政策和做法应严格分开。城市政策不能行之于乡村，乡村的一套亦不能搬用于城市。”④

对于应当如何正确看待城市和城市工作的问题，毛泽东在1948年4月8日起草的党内指示中明确指出：“城市已经属于人民，一切应该以城市由人民自己负责管理的精神为出发点。如果应用对待国民党管理的城市的政策和策略，来对待人民自己管理的城市，那就是完全错误的。”⑤对于这个问题，中共中央批转的《中共东北中央局关于保护新收复城市的指示（1948年6月10日）》作出了比较深入的分析。该文件说：“过去在我军游击战争年代，我们基本上是依靠广大农村，占领的城市不但比较少，而且常常不能保住这些城市。所以虽是我们从来

---

① 《周恩来选集》上卷，人民出版社1980年版，第360页。

② 《中共中央文件选集》第17册，中共中央党校出版社1992年版，第55页。

③ 《毛泽东选集》第4卷，人民出版社1991年版，第1285页。

④ 《中共中央文件选集》第17册，中共中央党校出版社1992年版，第230页。

⑤ 《毛泽东选集》第4卷，人民出版社1991年版，第1324～1325页。

即注意城市政策，反对乱抓没收，但在占领城市之后，从城市中有政策地有计划地有组织地搬运出某些必需的物资，是必要的，正确的。现在形势已经根本变化了，我们不仅占领了许多城市，而且这些城市已巩固地为人民所有。战争已是大规模的大兵团的集中作战，不仅要依靠广大的农村，而且要依靠城市。如果我们不改变过去的观点，还以旧的观点来看待城市，那就是错误的了。在内战时期，抗战时期，我们长期没有城市，感受没有城市的痛苦。现在我们有了城市，就应当爱护城市，发挥城市的作用，使城市产生更多的军需品和日用品来支援战争，来繁荣解放区的经济。现在的战争没有城市的支援，没有铁路的运输，是不能取得最后胜利的。"此指示认为，以往城市工作中发生种种问题，其原因，"是由于对新形势下城市的重要作用认识不够，对过去可以从城市中搬运某些物资，而现在不能搬运的道理没有认识，还是以游击战争的观点，还是以农村的观点来看城市，还是以为占领城市只是暂时的"。而更重要的原因，是由于某些部队的指挥员、政治委员及政治工作人员，以及某些地方党政的领导人，没有严格地贯彻党的工商业政策和城市政策，甚至采取自由主义的态度。为此，指示强调："每个革命军人、地方党政人员、解放区人民，都应该把城市看作是人民革命战争取得最后胜利决不可少的力量，应该严格遵守党和政府的工商业政策、城市政策和法令，反对乱抓物资的本位主义；反对片面的所谓群众观点，防止破坏城市、破坏工商业。不但这样，现在即使某些城市在占领后还可能同敌人反复争夺，也不应加以破坏，因为那些城市迟早也是属于人民的。"①东北局所论述的这些思想，是与中共中央一贯指示的精神相一致的。中共中央早就要求各地"务使每一地方干部每一地方战士都能懂得党在新区和城市中的正确政策，而不致执行起来重复过去的许多错误"②。

在强调城市工作的重要性的同时，党也丝毫没有忽略农村。中共七届二中全会即使在提出党的工作重心由农村转向城市的时候，也仍然明确告诫全党："城乡必须兼顾，必须使城市工作和乡村工作，使工人和农民，使工业和农业，紧密地联系起来。决不可以丢掉乡村，仅顾城市，如果这样想，那是完全错误的。"③

第二，关于城市的接收工作。

城市的接收工作，是中国共产党和人民军队进入城市的第一项工作。此项工作做得是否成功，直接关系到城市人民对党、对革命的观感，关系到今后城市

① 《中共中央文件选集》第 17 册，中共中央党校出版社 1992 年版，第 209 ~ 212 页。

② 《中共中央文件选集》第 17 册，中共中央党校出版社 1992 年版，第 91 页。

③ 《毛泽东选集》第 4 卷，人民出版社 1991 年版，第 1427 页。

工作能否顺利的开展。

1947 年 11 月石家庄解放后，中共中央工委及阜平中央局针对部队入城之初发生的某些混乱现象，责令有关方面发出布告，“禁止任何机关部队搜集搬走与购买物资，并分设卡子，截留一切人员向外搬移的物资，同时设立统一的物资委员会，有计划地搜集购买与分配物资”。工委、中央局要求，“一切到石庄工作的干部和士兵，不准私人拿取一点东西，不准制新衣、大吃大喝，必须保持纯洁与艰苦的作风，如有人违犯这些规定立即送出石庄”；并规定“所有缴获物资，一律归公，其中可作私人使用者，例如鞋袜牙刷衬衣等，由物资委员会统一搜集或购买，有计划地分配”。市政府还出了布告：“除政府及公安局得依法逮捕与没收财产外，禁止任何团体和个人没收财产及逮捕殴打任何人。”

同时政府并委派人员组织了人民法庭，接受人民控诉，惩治罪大恶极的汉奸恶霸。① 由于采取了以上措施，一度发生的混乱现象得到了制止，城市接收工作进行得比较有秩序，也比较顺利了。石家庄的经验，曾由中共中央、中央工委予以推广，虽然这些经验还是“不完全的经验”②。

1948 年 6 月 10 日中共中央批转的《中共东北中央局关于保护新收复城市的指示》，提供了比起收复石家庄的工作经验更加完整的接收城市的工作经验。指示规定：“在占领城市初期，必须由攻城部队直接最高指挥机关担任该城的军事管理，所有入城工作的地方党、政机关及工作人员，一律听其指挥。为此，可以组织军事管理委员会，吸收地方党、政负责人参加，将保护新占领城市的全部责任，交由军事管理机关担负。”在城市秩序大体稳定后，即命令宣布取消军事管理，把城市管理的全部权限交给城市市委、市政府，并指定一定部队为城市卫戍部队。指示规定“攻城部队只有保护城市工商业之责，无没收处理之权”；对“一切守法的敌方公务人员，经济机关与文化机关的人员和警察等，不应加以俘虏及逮捕”，而应责成其留在原来岗位，听候清理与交代；一切缴获均应归公；“在战斗结束后，除需要维持城市秩序的一定数量的部队外，其他部队均应撤出城外”。“所有部队，一律不准驻在工厂、医院、学校和教堂”。指示还规定，一切后方机关工作人员“均不得派人到新收复城市去购买物资或做生意”；当地农民不得进城自行逮捕人犯及没收物资。“如必须进城抓恶霸罪犯时，必须经过市政府批准，并须由市政府合法进行”③。这个文件由中共中央转发各地并加以贯彻执行之后，城市接收工作就进一步走上正轨了。

---

① 《中共中央文件选集》第 17 册，中共中央党校出版社 1992 年版，第 55 ~ 58 页。
② 《中共中央文件选集》第 17 册，中共中央党校出版社 1992 年版，第 59 页。
③ 《中共中央文件选集》第 17 册，中共中央党校出版社 1992 年版，第 212 ~ 214 页。

对于各地在新收复城市中进行军事管制的经验，中共中央及时进行了总结。11 月 15 日，中共中央作出了《关于军事管制问题的指示》。指示明确规定："在军事管制期间，应达到以下几项目的：甲、完全肃清一切残余的敌人和散兵游勇以及任何进行武装抵抗的分子。乙、接收一切公共机关、产业和物资，并加以管制和监督。丙、恢复并维持正常的秩序，消灭一切混乱现象。丁、收缴一切隐藏在民间的反动分子的武装及其他违禁物品。戊、解散国民党、三青团、民社党、青年党及南京政府系统下的一切反动党派和团体，并收缴其各种反动证件，登记其各级负责人员，对登记后的少数反动分子实行管制（每日或每星期须向指定的机关报告其行动）。己、逮捕那些应该逮捕的战犯及罪大恶极的反动分子，没收那些应该没收的官僚资本。庚、建立系统的革命政权机关，建立革命的警察、法庭、监狱，建立物资及生产的管制机关与监督机关，建立临时的各界代表会。辛、在各种工人职员中，在青年学生中，进行切实的宣传组织工作，在可靠的基础上（注意不要被暗藏的特务分子及流氓投机分子所操纵）建立工会、学生会及青年团等，作为城市革命政权可靠的群众基础。壬、整理共产党在城市中的秘密组织，并建立党的组织。"指示说，"在新收复的大城市中进行军事管制，时间不能太短"。"在大城市中约须三个月至六个月，甚至更长，在小城市中约须几个星期或二、三个月"。十万以上人口的大城市取消军事管制须先得中央批准。①

11 月 28 日陈云在向中共中央东北局、中共中央所作的报告中，总结接收沈阳的经验，提出了"各按系统，自上而下，原封不动，先接后分"的接收方法。"各按系统"，是指在军管会下组成市政府、公安局、办公室、卫戍司令部及经济、财政、后勤等方面的专门班子，各自接收原国民党政府的相应的系统；"自上而下"，是指通知原有机关主管人员负责办理移交手续，同时从原有内线和下面群众中了解情况；"原封不动"，是指旧职员均按原职，工厂企业等只派军事代表，政权部门只撤换头子，接收步骤，第一步是资产档案，第二步才是整理人员；"先接后分"，是指各部门只有接收权，无占有权、支配权，待全部接收完毕后，再统一分配工厂、房子等。"这些做法，既能防止乱，又能保证快（两天都接上了头）"②，既防止了以往发生过的乱抓乱分物资的混乱现象，又避免了可能发生的市政管理、工矿企业管理等方面无人负责的现象，使接收工作进行得井然有序，在短时间里就把一个城市完整地接收过来了。城市的改革工作，则不急于全面进行，而是待条件具备时，再逐步地展开。这种安排，也是很稳妥的。

党在领导城市接收工作的过程中，特别注意对干部、战士进行保持艰苦奋斗

① 《中共中央文件选集》第 17 册，中共中央党校出版社 1992 年版，第 487 ~ 488 页。

② 《陈云文选》第 1 卷，人民出版社 1995 年版，第 374 ~ 375 页。

的作风、防止发生生活腐化等现象的教育。东北野战军曾规定入城纪律守则8条,1948年6月10日,中共中央即将此守则转发各部队,要求他们"参考采用"。12月22日,解放军平津前线司令部发表布告,对北平、天津、唐山、张家口等城市宣布约法八章。中共中央即指示新华社全文广播,并要求各地广为张贴散发。对于接收过程中发生的问题,中共中央及时采取了相应的坚决措施。比如,针对有的城市中一度发生过一些机关、团体、部队占领或争夺公共房屋和家具,有的干部在公房中设立私人的公馆等现象,1948年12月20日,中共中央专门作出了《关于城市中公共房产问题的决定》。该决定严肃地指出,上述现象的发生,"不独严重地损害国家和人民的财产,且在人民中种下极不好的印象,严重地妨碍了工作的进行,妨碍了党内的团结,并引起了若干干部的生活腐化"。为了防止和消灭这种现象,决定在一切有许多公共房产的城市中,由军管会任命公共房产管理委员会,"统一管理与分配该城市中的一切公共房屋,不许有任何例外"。任何机关、团体、个人均不得私自占用民房,非经特许并不得私自租借民房。该《决定》着重指出,"上述各项办法的实行,不独可以保护城市中大量的国家财产,最大的好处,还在维持我党和党外工作人员在城市工作的秩序,及防止城市工作人员的腐化,与官僚主义化"。该《决定》强调:"一切城市工作人员中,不能容许有不守纪律及贪污和腐化的现象,如有不守纪律及贪污和腐化的行为,必须立即加以处理,令其离开城市工作。"①由于中共中央和各级党委对上述这类现象及时发现、坚决处理,这种发生在少数地方、少数人身上的问题,在其还没有蔓延滋长成为严重的倾向之前,就被严肃、认真地加以解决了。

第三,关于在城市建立人民政权。

中国共产党要领导人民管理城市,必须在摧毁国民党的反动国家机器的同时,建立新的城市人民政权。

在人民军队收复城市的初期,由于城市中还存在着国民党的残余势力,情况十分复杂,局面比较混乱,党决定在一个时期内对城市实行军事管制,军事管制委员会(简称军管会)成了高度集中统一的临时政权机关。在军管会的领导下,成立委任的临时市政府,负责管理城市的日常事务。

为了加强党和人民政权与人民群众的联系,1948年11月30日,中共中央作出《关于新解放城市中组织各界代表会的指示》,提出"由军事管制委员会及临时市政府出面首先邀请若干人为各界代表,组成各界代表会",使之成为军管会及市政府"在军管初期传达政策,联系群众的协议机关"。代表会应以劳动人民及革命知识分子占多数,同时也吸收中间分子及少数不反动的右翼分子参加。

① 《中共中央文件选集》第17册,中共中央党校出版社1992年版,第607~608页。

军管会和市政府的"各项政策及一切市政设施,均可向各界代表会报告,并经过其讨论和建议,再由军管会和市政府作出最后决定,付诸实施"。召开各界代表会,成了军管初期"党和政权的领导机关联系群众的最好组织形式"。

党在城市工作中必须全心全意地依靠工人阶级,同时注意团结民族资产阶级和小资产阶级,团结一切可以团结的力量。但是,一些城市解放后,"知识分子干部愿意找资本家、职员、学生谈话,农民干部愿意接近农民、贫民,而工人却少人理会"。中共中央华北局就此情况严肃地指出:"我党离开城市、离开自己的本队工人阶级已二十年。工人阶级在城市中,受尽了日蒋伪的摧残和压迫,我们进入城市后,首先应对工人阶级寄以无限同情,只有依靠工人阶级才能把城市工作做好,才能返回来领导农村。我们应进行'归队'工作,号召所有干部党员注意这一问题。"12 月 22 日,中共中央专门作出《关于纠正在新解放城市中忽视工运工作的指示》,指出"工人阶级被遗忘,共产党忘了本队,在目前走向全国胜利连续地解放大城市当中是一个最严重的现象",要求各中央局、分局、前委就此问题在全党、全军首先是党的领导机关、城市工作干部及入城部队中进行教育。① 为了发动和组织城市工人的力量,党在教育工人不要单纯追求眼前的片面的福利而忘记本阶段的长远利益的同时,注意保障工人的生活,使其生活水平比起党政军队的后方机关的职员要较高一些;广泛开展对职员、工人尤其是工人的教育,提高他们的阶级觉悟;而后建立职工会,并在工人中发展党员。这样,"工人群众就成为最可靠的力量"了。② 12 月 21 日,中共中央作出了《关于大量提拔培养产业工人干部的指示》,指出:"我党必须从一切解放区的产业工人和职员中,立即训练、培养和提拔大批的干部,以便能够派遣他们和老干部一起去接管新解放的大城市及大的工商业,并参加党政军民各方面的工作。在一切可能的地方,大批的培养、训练和提拔产业工人和职员干部,已成为目前全党性的迫切的中心任务之一。"③

在建立城市人民政权的过程中,党还必须妥善处理国民党的统治机构及其人员的问题。中共中央指示,应当"极谨慎地清理国民党统治机构,只逮捕其中主要反动分子,不要牵连太广"④。在 1949 年 4 月 25 日发布的中国人民解放军布告中,对此作了如下的规定:"除怙恶不悛的战争罪犯和罪大恶极的反革命分子外,凡属国民党中央、省、市、县各级政府的大小官员,'国大'代表,立法、监察

① 《中共中央文件选集》第 17 册,中共中央党校出版社 1992 年版,第 615 ~ 617 页。
② 《刘少奇选集》上卷,人民出版社 1981 年版,第 424 页。
③ 《中共中央文件选集》第 17 册,中共中央党校出版社 1992 年版,第 609 页。
④ 《毛泽东选集》第 4 卷,人民出版社 1991 年版,第 1323 页。

委员，参议员，警察人员，区镇乡保甲人员，凡不持枪抵抗、不阴谋破坏者，人民解放军和人民政府一律不加俘虏，不加逮捕，不加侮辱。责成上述人员各安职守，服从人民解放军和人民政府的命令，负责保护各机关资财、档案等，听候接收处理。这些人员中，凡有一技之长而无严重的反动行为或严重的劣迹者，人民政府准予分别录用。如有乘机破坏，偷盗，舞弊，携带公款、公物、档案潜逃，或拒不交代者，则须予以惩办。"这样做，对于较好地稳定社会秩序、减少可能的对抗和破坏，是有利的。

第四，关于城市的经济工作和文教事业。

新解放的城市开始时大都工厂停业、投机盛行、经济秩序混乱、粮食燃料供应匮乏。根据这个情况，中共中央指出："从我们接管城市的第一天起，我们的眼睛就要向着这个城市的生产事业的恢复和发展。务须避免盲目地乱抓乱碰，把中心任务忘记了。"如果我们不能使生产事业尽可能迅速地恢复和发展，"首先使工人生活有所改善，并使一般人民的生活有所改善，那我们就不能维持政权，我们就会站不住脚，我们就会要失败"。而为了恢复和发展生产，中共中央强调，"必须确定：第一是国营工业的生产，第二是私营工业的生产，第三是手工业生产"①。

国营经济是社会主义性质的经济，是国民经济的领导成分。它主要是在没收官僚资本的基础上建立和发展起来的。官僚资本大都集中在国民党占据的城市中。没收官僚资本，是党在接管新解放城市的过程中面临的一项重要任务。

官僚资本必须予以没收，这是中共中央 1947 年十二月会议就确定了的。为了做好这项工作，中共中央指出："对于官僚资本要有明确界限，不要将国民党人经营的工商业都叫作官僚资本而加以没收。"②"凡属国民党反动政府和大官僚分子所经营的工厂、商店、银行、仓库、船舶、码头、铁路、邮政、电报、电灯、电话、自来水和农场、牧场等，均由人民政府接管。其中，如有民族工商农牧业家私人股份经调查属实者，当承认其所有权。"③

中共中央认为，对于国民党的统治机构和旧统治阶级的企业，在处置上应当有所不同。"对于国民党反动统治的政治机构，如国民党的军队、警察、法庭、监狱及其各级政府机构，是应该彻底加以破坏的，而不能加以利用，我们必须重新建立新的政治机构来进行统治，在旧的政治机关服务的人员亦只能在经过改造

① 《毛泽东选集》第 4 卷，人民出版社 1991 年版，第 1428 页。

② 《毛泽东选集》第 4 卷，人民出版社 1991 年版，第 1323 页。

③ 《毛泽东选集》第 4 卷，人民出版社 1991 年版，第 1457～1458 页。

后分别地加以任用,而不能不经改造地全套地加以任用,否则,就要犯原则的错误。但是对于旧的统治阶级所组织的企业机构、生产机构,在打倒旧的主人换成新的主人之后,则不应加以破坏,而应加以保持,然后依照革命阶级科学准备的水准逐渐地加以改良即可。"①中共中央明确指出:"现时资本主义的工厂、企业管理制度是资本主义生产长期发展的结果,资本主义不仅为我们准备了科学技术,同时又为我们准备了一套管理制度。资本主义的管理制度,不仅有适应高度剥削需要的一个方面,也还有适应高度技术需要的一个方面,就是说,不仅有不合理的一个方面,也有合理的一个方面。""当我们还没有能够定出一套更合理更有效的制度来代替旧制度中某些不合理或过了时的东西时,宁肯不轻举妄动,以免影响生产组织,发生无政府状态。""对于旧职员,亦必须有明确的认识,就是一般地我们少不了他们,因此必须有长时间争取和教育他们的耐心。"中共中央还强调,我们在从国民党手中夺取成批的工厂、企业之后,"首先要求其迅速恢复秩序,继续生产"。只有机器照常转动,人员照常工作,才是真正接收了企业,才有可能开始其他的必要改革工作和建设工作。对旧制度和旧职员的改革与改造,"切忌性急",必须取谨慎态度。②

正确对待民族资本主义经济,是党在接管城市时必须妥善解决的一个重要问题。十二月会议后,中共中央曾就保护民族工商业问题多次作出明确的指示。1948 年 8 月 6 日批转的华北《金融贸易会议综合报告》,对这方面的经验作了比较全面的概括。报告指出,正确处理这个问题,必须注意下列各点:第一,在土改中坚决保护工商业,包括地主和旧式富农经营的工商业,使之不受侵犯;没收官僚资本应有明确界限,不要损害民族工商业;按照劳资两利的原则慎重处理私营工商业中的劳资关系;适当规定工商业税及其征收办法,使一般工商业者纳税以后仍然有利可图;组织能得工商业者信任的商会或工商联合会;按照公私两利的原则,调整公营企业与私营企业的关系,扶助一切有益于国民经济的私营经济促其向前发展。"但对损害群众的投机事业,则可给以经济上的压力,促其转向正当营业。"③

在接管城市的过程中,党和人民政府宣布:"保护一切公私学校、医院、文化教育机关、体育场所,和其他一切公益事业",保护在这些机关供职的人员照常供职不受侵犯。④ 中共中央、中共中央宣传部一再指出,"对于当地学校教育,应采取严格的保护政策。我军所到之处,不许侵犯学校的财产、图书、仪器及各种

① 《中共中央文件选集》第 18 册,中共中央党校出版社 1992 年版,第 33 页。

② 《中共中央文件选集》第 17 册,中共中央党校出版社 1992 年版,第 313 ~ 315 页。

③ 《中共中央文件选集》第 17 册,中共中央党校出版社 1992 年版,第 301 ~ 303 页。

④ 参见《毛泽东选集》第 4 卷,人民出版社 1991 年版,第 1458 页。

设备”。对学生、教师,应让他们继续进行教学活动。“收复城市后对于原有大学的方针,应是维持原校加以必要与可能的改良”①。“学校领导应以校长及教员为主,不应以办事职员为主”。下乡、生产、演戏等活动应尽量减少,“以便教员能集中精力教书,学生能集中精力学习”。由于方针得当,城市中的学校教育和文化工作都比较快地步入了正常的轨道。

第五,关于在城市中对待外国在华人员的方针。

旧中国的城市特别是大城市,曾经是帝国主义势力控制中国的重要基地及外国人在华进行经济、文化等活动的主要场所。随着国民党城市政权的被推翻,在新解放的城市,帝国主义势力的控制权已不复存在了;但是外国人直接经营的经济、文化事业仍然存在,原先被国民党政府承认的外交人员以及新闻记者等也仍然存在。如何对待这些机构和人员,是党和人民军队接管城市中必须解决的一个政策性很强、政治上比较敏感的问题。

1948 年 2 月 7 日,中共中央在《关于对待在华外国人的政策的指示》中规定:“我们目前对于这些外国侨民所办的经济、文化、宗教等机关,不论其是否属于帝国主义性质,一般地还不采取排除或没收的政策。对于外国侨民及其国家代表机关,一般地应采取保护政策。除非他们妨碍我国家主权,破坏我民主政府和军事行动决不容许者外,只要他们承认遵守我民主政府及人民解放军的法令条例,即容许他们继续居留于我解放区,进行业务或其他正当活动,并受我民主政府之保护。”对于外人设立之教堂和举办之学校、医院、育婴堂、养老院等,对于外人投资设立并主持之私营工厂、矿山、商店及其他企业,对于外国银行及其代办所,对于外国领事馆及其领事、馆员,对于外国侨民,指示均按照上述原则,规定具体的政策。指示要求各级人民政府及人民解放军“须教育人民和战士,对于一般外侨应取友好态度。同时,应提高警觉,从言论和行动上,鉴别外侨中某些帝国主义分子,注意他们有无阴谋破坏活动,特别是公安保卫机关,应在这方面多负责任”②。1949 年 4 月 25 日发布的《中国人民解放军布告》,一方面宣布“保护外国侨民生命财产的安全”,“希望一切外国侨民各安生业,保持秩序”;一方面要求“一切外国侨民,必须遵守人民解放军和人民政府的法令,不得进行间谍活动,不得有反对中国民族独立事业和人民解放事业的行为,不得包庇中国战争罪犯、反革命分子及其他罪犯。否则,当受人民解放军和人民政府的法律制裁”③。

---

① 《中共中央文件选集》第 17 册,中共中央党校出版社 1992 年版,第 219、240 页。

② 《中共中央文件选集》第 17 册,中共中央党校出版社 1992 年版,第 35、38 页。

③ 《毛泽东选集》第 4 卷,人民出版社 1991 年版,第 1459 页。

由于解放区政权当时与外国还没有正式的外交关系，为了处理涉外工作，党和人民政府在一些大城市中设立了外事组织，如在市军管会下设立外交问题研究组，在市政府内设立外国侨民事务处，在公安局内设外国侨民管理科等。1949年1月19日，中共中央作出《关于外交工作的指示》；1月25日，又作出《关于外交工作方针的补充指示》。这两个指示，对于各项涉外问题的处理方针进一步作出了详尽的规定。

总的说来，中国共产党的城市政策是逐步地完善起来了，党的城市工作因此也就取得了很大的成功。正如1948年7月30日新华社社论所指出的那样："解放军进入新区作战，并解放许多城市的结果，使中国共产党在新区工作和城市工作方面获得了丰富的经验，训练了大批的干部，因而使得共产党不独是对于农村，而且对于城市，对于工商业，也完全规定了正确的政策。而这些，乃是实现全国胜利所必不可少的政治准备和组织准备。"①

1949年1月，毛泽东在回顾1947年十二月会议以来，中共中央为增强全党的政策观念、制定并完善各项政策所进行的工作时，高兴地指出："全党大多数干部，在过去几年，特别是在一九四八年，有系统地学会了在农村工作中，在城市工作中和在军事工作中的各项具体的政策和策略，有系统地纠正了右的和'左'的偏向。许多同志在过去长时期内没有学会的东西，一个年头内都学会了。这样，就使党的总路线在全党内能够贯彻执行。这是一个最伟大和最根本的胜利。这是我党政治成熟程度的极大的增长。这样一件事就指明：我党在不要很久的时期内是能够有把握地取得全国政权的。"②

——原载《中国共产党与新中国的创建》，中央文献出版社2009年版。

六、全国解放战争时期的中间路线

（一）

抗日战争胜利后，中国人民同美国政府支持下的国民党反动派的矛盾上升为主要矛盾，中国革命由此进入了一个新的历史时期。中国的两种命运、两个前途的决定胜负的斗争，构成了这个时期历史的基本内容。是"建立一个无产阶级领导的新民主主义的国家呢，还是建立一个大地主大资产阶级专政的半殖民地半封建的国家"，这就是这一场斗争的实质。

---

① 《中共中央文件选集》第17册，中共中央党校出版社1992年版，第669页。

② 《毛泽东文集》第5卷，人民出版社1996年版，第231～232页。

早在十年内战时期,大地主大资产阶级的政治代表蒋介石就公开说过,不仅共产主义,就是英美式的资产阶级民主主义,也是不能行之于中国的。这种民主政治"效能迟钝",在一个缺少民主主义长期演进之历史的国家实行起来,还会引起社会的"纷乱"。因此,他主张,为"领导素无政治(训练)之民族","非藉经过较有效能的统治权之行施不行",而"统治最有效能者"正是法西斯式的独裁统治。1928年10月,国民党中央执行委员常务会议通过了"以党治国"的《训政纲领》,规定在"训政"时期,由国民党全国代表大会代表国民大会领导国民行使政权;大会闭会期间,由国民党中央执行委员会行使政权。抗战胜利前夕,国民党"六大"提出了两个口号:"还军于国","还政于民"。所谓"还军于国",就是让共产党把人民军队交给大地主大资产阶级专政的国家;所谓"还政于民",就是经过由国民党于1946年以非法手段产生的代表召开"国民大会",通过一部以国民党在1936年一手炮制的"五五宪草"为基础的"宪法",把政权从国民党的左手"还"给国民党的右手。其目的,都是为了坚持国民党的一党专政。它并且下定决心,当这种政治欺骗手段不能奏效时,即发动全国性的内战,以便消灭人民革命力量,维护大地主大资产阶级专政的半殖民地半封建的国家。

中国无产阶级和广大人民群众的政治代表中国共产党主张,在半殖民地半封建的中国,应当首先进行新民主主义革命,建立一个人民民主专政的共和国,并且经过这个共和国,到达社会主义和共产主义。在抗日战争胜利前夕召开的中国共产党"七大"上,毛泽东指出,作为一般纲领,"我们主张在彻底地打败日本侵略者之后,建立一个以全国绝对大多数人民为基础而在工人阶级领导之下的统一战线的民主联盟的国家制度",即新民主主义的国家制度;作为一项具体纲领,我们主张"立即宣布废止国民党一党专政,成立一个由国民党、共产党、民主同盟和无党无派分子的代表人物联合组成的临时的中央政府,发布一个民主的施政纲领";待条件成熟时,"经过自由的无拘束的选举,召开国民大会,成立正式的联合政府"①。这就是说,考虑到战后新的国际国内局势和国共两党联合抗日的历史关系,中国共产党曾经"试图经过和平的道路实现中国的社会政治改革"②。当然,与此同时,它也考虑到国民党统治集团对人民力量的敌对态度,因而决心不放松做好以革命战争反对反革命战争的准备。而无论采取何种斗争方式,其目的都是为了建立一个人民民主专政的共和国。

这就是关于"战后的中国向何处去"这个问题的两种基本的,同时也是截然不同的答案。

---

① 《毛泽东选集》第3卷,人民出版社1991年版,第1067、1069页。

② 刘少奇在中共"八大"所作的报告。

但是,除了这两种答案之外,还有第三种答案。这就是与民族资产阶级及其知识分子有较密切联系的某些民主党派的领袖人物和无党派民主人士所鼓吹的“中间路线”。他们“幻想在国民党的大地主、大资产阶级专政和中国共产党领导的人民民主专政之外,另找所谓第三条道路。这条道路,实际上就是英美式的资产阶级专政的道路”。

尽管辛亥革命的流产已经表明,资产阶级共和国的方案在中国是行不通的,中国的资产阶级及其代表人物还是一次又一次地把这个方案重新提了出来。五四时期,当马克思主义开始在中国传播的时候,有人就站出来说,由于产业落后,无产阶级的社会主义是不能行之于中国的;对于患有贫乏症的中国来说,“开发实业为唯一之要求”,而只有“绅商阶级合宜于现在”①。大革命时期,更有人声称,“四民之中最有实力者莫过于商”,他们乃是“中国社会之中坚”②。有人并且明确地认定,中国有可能走“基马尔走的路”,即有可能经由资产阶级的领导,建立一个资产阶级共和国,如同基马尔在土耳其所做的那样。有人甚至主张“举起你的左手打倒帝国主义,举起你的右手打倒共产党”,企图在这种左右开弓的过程中建立起一个民族资产阶级一阶级统治的国家。对于这种主张,无论是十年内战时期还是抗日时期,都不断地有人鼓吹过。而在抗日战争胜利以后的一个时期,这种鼓吹更是达到了一个高潮。这是因为,有一些民主人士对于当时的局势及其发展趋向作了不适当的估计。他们认为,“目前的局势是:国民党既不能用武力消灭共产党,共产党也不能用武力推翻国民党;而国际形势也不许可有一个完全右倾的国民党政权或完全左倾的共产党政权”。这样,“唯一可能的正确道路”就是实行中间路线,以便把右的拉向偏左一点,把左的拉向偏右一点,从而取得一个大家都能接受的解决中国问题的办法。这是一个千载一时的机会,使得中间势力可以在中国的政治舞台上发挥关键性的作用。而为了做到这一点,“首先必须造成一个强大的中间派,独立于国民党统治集团与共产党之间,取得一种举足轻重的地位”③。一些人在当时掀起所谓建立第三大党的运动,正是与这种对时局的估计直接关联着的。

(二)

什么是中间路线?对于这个问题,施复亮、张东荪等人曾经作过明确的论述。

---

① 张东荪:《现在与将来》,1920 年 12 月。

② 杨杏佛:《社会自救与中国之前途》,1924 年 1 月。

③ 施复亮:《中间派在政治上的地位和作用》,1947 年 4 月。

施复亮当时是主要由民族工商业者组成的民主建国会的领导人之一。他先后写了《何谓中间派》、《两条道路、一个动力》、《论第三方面与民主阵线》、《中间派的政治路线》、《中间派在政治上的地位和作用》、《再论中间派的政治路线》、《中间路线与挽救危局》、《论自由主义者的道路》等一系列文章，系统地论述了有关中间路线的问题。其主要内容是：

1. 关于中间派的社会基础

施复亮认为，中国是一个落后的、农业手工业占优势的小生产制的社会，阶级分化还不十分尖锐，中间阶层还占着全中国人口的绝大多数。民族企业家、手工业者、工商业从业员、知识分子（公教人员及自由职业者）、小地主、富农、中农（自耕农和一部分佃农）等，都是今天的中间阶层。这些中间阶层，都是中间派的社会基础。① 它们也就是中间路线得以推行的社会基础。

2. 关于中间路线的政治纲领

施复亮主张，"中间派的政治路线在政治上必须实现英美式的民主政治，但决不能为少数特权阶级（在今日中国是官僚资本家，买办资本家和大地主）所操纵，在经济上必须发展民族资本主义，奖励民生必需品的扩大再生产，但决不容许官僚买办资本的横行和发展，且须保护农工大众以及一切被雇佣者的利益，提高其购买力和生活水准"。这也就是说，"应当实行改良的资本主义，尽量利用资本主义的优点去发展生产力，竭力防止资本主义的弊害去改正生产关系"。

对于国共两党的态度，他主张，"中间派决不笼统地反对国民党或共产党，也不盲目地追随国民党或共产党"。"我们所说的中间路线，简单说，对内主张'调和国共'，对外主张'兼亲美苏'"。

他强调，中间派的政策要顾及多数人的利益，"尤其不能超过今天民族资本家所能接受的程度"。

3. 关于实现中间路线的方法

施复亮认为，"中间派在行动上的态度应当是和平的，改良的，不赞成暴力的革命行动"，即必须坚持"以和平合作的方式达到政治民主化、军队国家化和经济工业化"，"希望采用渐进的改良的方法求得政治、经济和社会各方面的进

---

① 引自《何谓中间派》（1946 年 7 月）。应当指出，这个说法有两个错误：其一，是把中间势力的范围过分地扩大了。在中国，农民和城市小资产阶级是属于进步势力的范围，他们在政治上是跟无产阶级走的，并不是中间路线的社会支柱。民族资产阶级及其知识分子属于中间势力，但他们没有也不可能占全中国人口的绝大多数；其二，"事实上，社会分野上处于中间地位的中间势力是一回事，政治上主张中间路线却又完全是另一回事"（见乔冠华：《追击中间路线》，1948 年 1 月）。即使是社会分野上处于中间地位的民族资产阶级及其知识分子，也有许多人，而且随着革命形势的发展，更有越来越多的人，是不赞成中间路线的。

步”。他们反对国民党的独裁统治,“但不欲以暴力手段去推翻现有政府,只想借和平奋斗的方法去唤醒并组织民众”。总之,要走“和平的改良的道路”。

4. 关于中间派力量的组织

施复亮声称,要实现“中间派的政治路线”,必须全国的中间阶层在政治上形成一个强大的中间的政治力量。他认为,“倘若其他党派可以做人民的发动机,那中间派也可以而且应当做人民的发动机”,为此,“必须在组织上形成强大的中间派”。而“民主同盟,无疑是当前‘第三方面’的中心组织”,“在民盟旗帜之下,分别组织,联合行动,这是中间阶层和中间党派正确的组织路线”,只有这样,才能迫使国共两党“不能不‘互让’”,从而“获得‘调和’,达到‘统一’,建立民主主义社会”。

张东荪是民主同盟的领导人之一。他在《一个中间性的政治路线》等文章中,也阐述了与施复亮相接近的思想。他主张,“在政治方面比较上多采取英美式的自由主义与民主主义,同时在经济方面比较上多采取苏联式的计划经济与社会主义”。在国共关系上,则是要“由中间派来主持”,使“右派向左,左派向右”,从而“使中国得到一个和谐与团结,并由团结得到统一”。

在这里,有必要分析一下施复亮希望使之成为“第三方面”中心组织的民盟的状况。

民主同盟“虽带中间性”,但并不是一个纯粹的中间派的组织。其组织成分“从统治阶级内部的反对派一直包含到进步分子”,“而其中政治倾向又从君主立宪一直到新民主主义革命都有”①。不过在当时,正像周恩来曾经指出的那样,“民盟由于抗战特别由于政协的机缘,客观上一时造成了他在全国的第三党地位,使他中间许多领导人物代表着中产阶级的想法,企图在国共对立的纲领之外,寻找出第三条道路”②。民盟中央明确说过:“民盟主要所代表的应该是中国最广大的中间层的利益。”它应当“团结广大的中间层自由民主分子到组织内来”③。考察一下 1945 年 5 月民盟临时全国代表大会通过的纲领、政治报告、宣言等文件,我们就可以清楚地看到这一点。

民主同盟成立于 1941 年,它是以调解国共冲突、促进团结抗战为己任的。它提出的基本口号是:“政治民主化,军队国家化。”这个口号是针对什么提出来的呢?民盟领导人之一的罗隆基指出:“民盟这两句口号,上一句是针对国民党一党训政,党外无党说的。后一句则表面上虽是对国共两党说的,要求两党放弃

---

① 《周恩来选集》上卷,人民出版社 1980 年版,第 285 页。

② 《周恩来选集》上卷,人民出版社 1980 年版,第 283 ~ 284 页。

③ 《民盟中央组织委员会关于扩大加强组织促进民主运动的通知》,1947 年 2 月。

党军,把军队都交给国家,以达成统一抗战的目的,实际上等于要求共产党放弃革命的武力。""这是于蒋介石有利的"①。民盟强调,在国共两党之间,它要保持一种"超然独立的第三者的调人身份"②。

关于中国的理想的制度,民盟"一大"的政治报告认为,"英美两国在民主政治上一切的经验,就值得我们学习","英美的议会制度亦有了相当良好的成绩,是我们建立中国民主制度的宝贵的参考材料",但是,英美的"社会经济制度缺乏调整",所以要"拿苏联的经济民主来充实英美的政治民主"。对于这种方案,政治报告的执笔人罗隆基后来曾经作过这样的说明:当时"我企图把民主同盟造成国民党和共产党以外的中国第三大政党,是要在建设新中国方面同这两个大政党走不同的道路的",我"幻想在英美制度和苏联制度之间寻找出第三条路线。这就是我所提出的'英美的政治民主,苏联的经济民主'这两句口号所由来"。而这在今天,"在马克思列宁主义者用阶级的观点分析起来,不取消私有制,不消灭阶级,这当然是十足的资本主义制度"③。事实上,在英美式的资产阶级政治制度下,又怎么可能实行社会主义式的"经济民主"呢?

从上面的情况我们可以看到,在反对国民党的独裁专制、实行民主政治,反对官僚资本操纵国计民生、保护民族工商业,反对内战、维护和平这些基本方面,许多持有中间路线想法的人,同中国共产党是有着共同点的,他们是可能在反帝反封建的斗争中同进步力量进行政治合作的。至于民盟,它的成立就曾是对民主运动的一个推动;整个说来,它在新民主主义革命时期发挥了积极的作用。

但是,中间路线同中国共产党在民主革命时期的路线又有许多原则的区别。主要是:

第一,中间路线的倡导者没有提出彻底的反帝反封建的纲领,特别是没有提出彻底的土地革命纲领,他们没有把中国反帝反封建的主力军农民放在自己视野的中心。④

第二,中间路线的倡导者企图通过改良主义的道路实现自己的政治要求,在原则上不承认人民革命战争的必要性。

第三,中间路线的倡导者主张中间派应成为中国政治生活的重心、人民的发动机和斗争的中心组织,不懂得中国的反帝反封建斗争只有在无产阶级及其政党的领导下才能取得胜利。

---

① 《从参加旧政协到参加南京和谈的一些回忆》,《文史资料》第20集。

② 张澜:《在沪十一个民主团体欢迎会上的讲话》,1946年12月。

③ 《从参加旧政协到参加南京和谈的一些回忆》,《文史资料》第20集。

④ 张东荪在《一个中间性的政治路线》一文中并且说:"共产党用斗争的方法来平分土地,这当然不能不说是过左的行动",我们"不赞成这种报复的土地政策"。

第四,中间路线的倡导者的目的是要在中国建立一个以英美为模式的资产阶级民主制度即资产阶级专政的国家,以便自由地发展资本主义。

不难看出,这是一个十足的资产阶级共和国的方案,这是一条轮廓分明的旧民主主义的路线,不管这类方案、这种路线的设计者是否自觉地认识到这一点。很明显,这类方案、这种路线在根本上并没有给历史提供新的东西,因为同辛亥革命时期的斗争水平相比较,它不仅没有达到一种新的高度,而且还在原有水平上后退了。因为辛亥革命时期的战士是在原则上承认革命武装斗争的必要性、正义性和进步性的,而中间路线的倡导者却只承认和平的改良的道路。

(三)

有没有可能经由一条中间性的政治路线,在中国实行资产阶级共和国的方案呢?答案是否定的。

我们知道,建立资产阶级共和国的前提,是推翻帝国主义和封建主义在中国的联合统治。但是,半殖民地半封建中国的民族资产阶级由于自身的力量过于软弱,它不可能领导人民做到这一点。

民族资产阶级主要是中等资产阶级和上层小资产阶级。他们所经营的,主要是中等规模和小规模的资本主义经济。“中国民族资本在它积累的最高峰的时候,不过七十多亿元(一九三六年币值),合二十多亿美元,而当时帝国主义在中国的资本估计达四十二亿八千万美元,比民族资本大一倍以上。稍后,官僚资产阶级所积累的财产达一百至二百亿美元,比民族资本大四倍至九倍。”①由于受到外国资本、官僚资本的压迫和排挤,受到封建生产关系的束缚,受到军阀官僚政府的压榨,中国民族资本主义经济的发展是极不充分的。② 它的主要特点是:

第一,民族资本主义经济在整个国民经济中所占的比重极小,它始终没有成为中国社会经济的主要形式。

第二,在民族资本中,工业资本所占的比重小,商业资本和金融资本所占的比重大。

第三,民族资本主义工业主要是以纺织、食品工业为主的轻工业,缺乏重工业的基础,不能构成一个独立的完整的工业体系和国民经济体系,在技术、设备以至原材料方面不得不依赖外国垄断资本和本国官僚资本。

第四,民族资本所经营的工业,规模狭小,经营分散,技术设备落后,劳动生

① 吴承明:《中国民族资本的特点》。

② 参看《资产阶级共和国方案在中国》,《教学与研究》1986 年第 2 期。

产率低。

第五,民族资本主义经济和封建势力也有千丝万缕的联系。

这些情况,我们在前面已经论证过了。

民族资本主义经济的这种软弱的地位,决定了民族资产阶级在政治上不能不表现出软弱的态度。它一方面虽有反帝反封建的要求,一方面却又害怕革命的坚决性和彻底性。正因为如此,在国民党新军阀的统治建立以后,这个阶级中的不少人曾经幻想蒋介石成为中国的基马尔,在他的领导下,中国将走上自由发展资本主义之路。虽然时隔不久,他们就对蒋介石的专制独裁采取了批判的态度,但在一个相当长的时期内,他们也还是不赞成用革命战争来消灭这种反动统治的。抗日战争胜利后的一段时间里,一些中间派人士也仍然声称,"中间派在本质上是改良派","改良道路是今天中国一切中间派所要走的道路"。他们不懂得,在中国,由于社会矛盾极其深刻,革命与反革命的斗争特别尖锐,企图在两者之间找出一条中间性的路线是根本不可能的;他们不懂得,在中国,"由于封建的分割,地主或资产阶级的集团或政党,谁有枪谁就有势,谁枪多谁就势大"①。如果不发动农民,没有一支以农民为主体的革命军队作为自己的后盾,就不可能使自己成为一种强大的政治势力,就根本不可能在中国的政治舞台上闹出什么大的名堂来。

必须毫不含糊地指明,想通过"改良道路"在中国建立资产阶级共和国,这纯粹是一种不切实际的幻想。因为持有这种想法的人们,是把实现自己的政治理想的希望,建立在反动统治阶级将会对人们关于建立民主共和国的要求作出原则性的让步这个前提之上的。但在事实上,反动统治阶级由于自身的残暴和贪婪,是极度脱离人民,因而也就是十分腐朽和虚弱的,它既不能容忍、更经受不住任何民主改革,它根本不可能对人们关于建立民主共和国的要求作出原则性的让步。证之历史的事实,我们可以看到,这个判断是完全正确的。

由于中国共产党、民主同盟和其他民主力量的共同努力,1946 年 1 月召开的政治协商会议在通过五项决议之后胜利闭幕。按照政协决议,中央政权将实行议会制、内阁制,这对于蒋介石的独裁政体是一种否定;中央应与地方分权,地方实行自治,省长民选,省得制定省宪,这对于解放区政权的存在也是一种保障。政协决议在实行政治民主化和军队国家化的问题上,提出了一套具体的实施办法。这些决议都是在不同程度上有利于人民,有利于实现国内的和平、民主、团结的。正因为如此,国民党从来也就没有准备去履行这些决议。相反,在 1946 年 3 月召开的国民党六届二中全会上,蒋介石竟公开号召破坏这些决议,并令其

① 《毛泽东选集》第 2 卷,人民出版社 1991 年版,第 546 页。

党徒"就其荦荦大端,妥筹补救"。

正因为国民党政权不能容忍,更经受不住任何民主改革,它也就不仅极度仇视中国民主革命的领导者中国共产党,而且对站在和平、民主的立场上,努力调解国共冲突、忠实维护政协路线的民主同盟等民主党派、民主人士也充满了敌意。在它看来,持有这种立场的人们乃是它实行以反革命战争来消灭人民革命力量这个罪恶计划的一个重大的障碍,因而把它视为"眼中钉,必欲拔去之而后快"①。尽管民盟一贯站在"超然独立"的地位上努力促进国内和平,但它的"提议始终都被(国民党当局)拒绝"②;尽管民盟一贯主张"以民主的方式争取民主,以合法的行动争取合法的地位"③,国民党当局还是不断地用暴力手段对它实行迫害。民盟中央领导人、卓越的民主战士李公朴、闻一多、杜斌丞等先后被杀害,西安、重庆、成都、桂林、北平等地的大批盟员被逮捕或绑架,它的中央机关报《民主报》营业部和西北总支部机关报《秦风日报》、《工商日报》联合版被捣毁,其他有关的报社如《民众时报》、《华商报》、《人民报》等也遭袭击。1947 年 5 月,国民党当局公布捏造的《中共地下斗争纲领路线》,诬蔑民盟充当"中共之新的暴乱工具"。7 月,国民党政府下达"戡乱总动员令"之后,即训令其各级组织对民盟上层分子可"暂时容忍敷衍",对其中下层分子则坚决加以镇压。10 月,国民党政府宣布民盟为"中共之附庸",诬蔑其"参加叛乱";指使其御用团体"中国文化界戡乱救国动员会"公开主张,民盟应与中共一起"同在讨伐之列","政府不宜再承认民盟为合法之政党,而应以乱党视之,明令解散";并指派特务包围民盟总部。10 月 27 日,国民党政府内政部发言人声称,国民党"政府已将该民主同盟宣布为非法团体",对于该盟及其分子的一切活动,"应依据妨碍国家总动员惩罚暂行条例及《后方共产党处置办法》严加取缔,以遏乱萌"。在这种情况下,1947 年 11 月 6 日,民盟总部遂被迫发表公告,"通告盟员自即日起一律停止政治活动,本盟总部同人即日起总辞职,总部亦即日解散"④。

国民党当局宣布取缔民盟和民盟被迫宣告解散这个事实,具有深刻的政治意义。周恩来指出,这个事实"证明要想在国共之间建立起中间道路的第三大党运动是失败了"⑤,中间道路的想法破产了。对此,新华社在当时发表的时评中曾作过具体的分析。时评指出:"民主同盟是一个广泛而松弛的联合,其中一方面容纳许多坚决反对蒋介石独裁和美帝国主义侵略的民主战士,并有一些例

---

① 《中国民主同盟南方总支部为总盟横遭南京摧残郑重声明》,1947 年 10 月。

② 《中国民主同盟政协代表在沪记者招待会上的谈话》,1946 年 7 月。

③ 《罗隆基对董显光之谈话的答复》,1947 年 5 月。

④ 《中国民主同盟被迫发表解散公告》,1947 年 11 月 6 日。

⑤ 《周恩来选集》上卷,人民出版社 1980 年版,第 284 页。

如闻一多、李公朴、杜斌丞等，为此献出了他们的生命；另一方面也容纳许多虽然一面反对与不满蒋介石独裁，但在另一方面却不但过去而且现在仍然对蒋介石、特别是对美帝国主义怀抱某种幻想的人物。无论如何，民主同盟只是一个赤手空拳的组织，他们连一支手枪也没有，并且不打算有，他们凭借的就是言论出版，而这样的武器也早已被蒋介石没收了。”国民党当局竟然不允许民盟这样一个组织存在，这也就“使在蒋介石统治下进行任何和平运动，合法运动，改良运动的最后幻想归于破灭”。它以无可辩驳的事实告诉人们，这种幻想“是无益于自己与人民的。应当清除这些幻想而坚决的站到真正的人民民主革命方面来，中间的道路是没有的”①。

（四）

怎样估计中间路线的历史作用呢？

应当承认，正如中国的中产阶级在政治上具有两重性一样，“代表着中产阶级的想法”的中间路线也具有两重性。持有这种想法的人们，一方面，是反对和不满美国殖民地化中国的政策和蒋介石的独裁统治的，是反对国民党发动和进行反革命内战的，因此，他们有可能与中共及其领导下的进步力量实行部分民主纲领上的政治合作，对历史的发展起积极作用；另一方面，又对美蒋抱有某种幻想，不赞成人民民主革命的路线，因此，他们又可能妨碍中间群众的革命觉醒，对历史的发展起消极作用。至于哪一方面的作用占主导地位，则“要看提出这一口号的具体政治形势来决定”。

“当反动力量占优势，并且准备向革命力量扑过去的时候”，“有第三方面提出类似中间路线的主张，其所产生的客观作用主要的是牵制反动力量的；因为，尽管这种主张和想法在表面上，是要求双方同时让步，而自己并不附和两方中的任何一方，但在实际上，这种主张和想法的作用对于反动力量和革命力量二者比较言，更主要的是牵制反动力量，对于怀抱这类想法的人们自己言，则是拒绝为反动力量帮忙，更简单的说，当时中间路线的实际意义，是对反动力量保持中间。”②

如前所述，民盟的许多领导人物曾经“企图在国共对立的纲领之外，寻找出第三条道路”，但他们同时又明确指出，对于国共两党的行动，“必须明辨是非”，而在“民主与反民主之间，真民主与假民主之间，就绝对没有中立的余地”③。正

① 新华社时评：《蒋介石解散民盟》，1947 年 11 月 6 日。
② 于怀（乔冠华）：《追击中间路线》，1946 年 9 月。
③ 《中国民主同盟一届二中全会政治报告》，1947 年 1 月。

因为他们是真诚地希望和平、民主的，因此，在斗争中，他们常常是同力争和平、民主的中共站在同一条战线上，而把批评的矛头着重地指向了坚持独裁、内战政策的国民党的。为此，有人曾问："民盟为何不批评中共？"对此，民盟代表的回答是："在此一致争取和平之时，目标一致，不能批评。"①

我们知道，在 1946 年 1 月政治协商会议期间，民盟代表团曾与中共代表团紧密合作，积极反对国民党一党专政，推动会议通过了有利于人民的决议；政协会议后，民盟又与中共一起，为维护政协决议而进行了不懈的斗争。1946 年 11 月，当国民党公开撕毁政协决议、片面召开伪"国民大会"并制定伪"宪法"时，民盟又与中共一起，对之进行坚决的抵制。由于民主社会党参加了伪"国大"，民盟中央即作出决定，开除民社党党员的民盟成员资格。国民党当局拉拢青年党、民社党入阁，玩弄"多党其名、一党其实"的"改组政府"的骗局时，民盟又与中共一起对之进行了揭露，并坚决拒绝参加这样的政府。对于爱国学生开展的抗议美军驻华暴行运动和反饥饿、反内战、反迫害运动，民盟也是给予了明确的支持的。……这就是说，在实际斗争中，民主与反民主是不能调和的。虽然口头上可以说"超然独立"，但"一接触到实际斗争，尤其是内战重起，就使他只能在靠近共产党或靠近国民党中选择道路，而不能有其他道路"。原先参加民盟的青年党、民社党分子先后分裂出去，跟着国民党走了。而其他民盟大多数分子在斗争中是靠近共产党的。这样，也"就使民盟在人民中获得了信任"②。这些事实说明，民盟确实"在若干历史关节中，实行了与中共在部分民主纲领上的政治合作，从而推进了中国民主事业"。这是"民主同盟的光荣"③。

当然，也有必要指出，就是在这种情况下，中间路线作为解决中国问题的一种总体方案，也仍然是错误的；对于一些尚未觉醒的群众来说，中间路线的宣传，也是不利于他们走向革命道路的。

在另一种情况下，中间路线的作用就不同了。

"当革命力量取得了优势，并且在胜利地向前发展的时候"，"倘有第三方面，提出类似中间路线的主张，其所产生的客观作用，主要的就要变成牵制甚至反对革命力量的了；因为，尽管这种主张在表面上是要求双方同时让步，而自己并不完全附和双方中的任何一方；但实际上，这种主张和想法的作用，对于反动力量言，是为它散布幻想，对于革命力量言，却是要它不再前进，总之对于革命是有害的；对于怀抱这种想法的人们自己言，则是拒绝彻底为进行革命而斗争；简

---

① 《民盟代表梁漱溟说明对中共的态度》，1946 年 9 月。

② 《周恩来选集》上卷，人民出版社 1980 年版，第 284 页。

③ 新华社时评：《蒋介石解散民盟》，1947 年 11 月 6 日。

单的说,这种情况下中间路线的实际意义,是对革命力量保持中间。”①那怕持有这种想法和主张的人,其主观动机是好的。

1948 年,当人民解放军在战略进攻中取得节节胜利、国民党政权已经摇摇欲坠的时候,美国政府曾经希望中国的自由主义分子加紧活动,以便阻止革命的前进。同年 5 月,美国驻华大使司徒雷登在给国务卿马歇尔的报告中就明确地说过:“我们只能希望这样表现的自由主义分子,将能在政府和国内对改革能发展力量,足以使人有共产党席卷之势的扩张还有被遏制和扭转的希望。”②在这种背景下,国民党统治区内曾出现过所谓“新第三方面”,已经破产的中间路线的宣传又曾一度趋向活跃。譬如,1948 年 3 月成立的“中国社会经济研究会”,在革命战争即将胜利、中共领导的人民民主制度即将在全国建立之际,主张“国内应有并列的政党”,“政权的转移应视选举的结果而定”;在土改运动全面展开之际,主张解决土地问题的第一步应是“规定私人占地的最高限制”,超过部分收归国有时,应给地主“以长期债券,以为补偿”③;等等。1948 年创刊的《新路》杂志还开展过“苏联是否民主?”“用和平方法能否实现社会主义?”“现政府是否有改善的希望?”等问题的讨论,一些人在所写的文章中散布过对现政府的幻想,激发过人们对社会主义的疑虑;有的文章甚至说,“共产主义者把人工具化了”,他们“欲以反自由的方法创造十全十美的自由”等。除《新路》之外,还有一些报刊也进行过自由主义的宣传。值得注意的是,“新第三方面”势力刚刚抬头,就在民主人士汇集的香港遭到了人们的抵制。“从最初起,这里的反政府党派以及左翼文化界就对这些理论与活动展开了猛烈的批评”,指出“在目前国内双方力量的消长非常分明的时候,所谓自由主义者搞的中间路线实在是希望封建势力不要连根拔起”。对于某个以“自由主义”相标榜的报刊,“几乎所有左翼文化界人士都不约而同的对它实行抵制,一律拒绝为它写稿”④。

当然,也还应当承认,就是在这种情况下,也不能简单地把鼓吹中间路线的人们一律视为国民党的帮闲。他们之中有许多人也还是真诚地向往资产阶级民主制度,并希望中国推行这种资产阶级民主制度的。他们并没有为国民党帮忙这种不好的政治动机,虽然在客观上他们的活动有着不好的作用。

正因为中间路线的作用因具体的政治形势不同而不同,而且随着革命力量的发展,其消极作用越来越显著,所以,这条路线是不可能获得群众的稳定的支

① 于怀(乔冠华):《追击中间路线》,1946 年 9 月。

② 美国国务院:《美国与中国的关系》,1949 年。

③ 《中国社会经济研究会的初步主张》。

④ 胡光:《自由主义运动的批判在香港》,1948 年 4 月。

持的。即使是拥护中间路线的人,随着形势的发展,也不可避免地要走向分化。他们中间的少数人走向反动营垒了,多数人则觉醒起来。他们抛弃中间路线的幻想,而走向了人民革命的道路。就是属于“新第三方面”的人物,多数人也并没有追随国民党,而是最终参加到人民民主阵线一边来的。

是什么力量促使抱有中间路线主张的人们的思想发生转变的呢？主要有两方面的因素:

一方面,是政治实践本身对他们的教育。譬如国民党发动内战后,共产党领导人民进行武装革命,有些人开始是不赞成的。但是,当手无寸铁的民主人士要求和平民主竟也遭到国民党当局的暴力镇压时,他们就认识到,“在此事存在之时,有武力政党何敢放下武器”①。施复亮后来也说,“自由主义者虽多半希望采取渐进的改良的方法,但当他发现了统治者顽固反动,绝无改良希望的时候,他也会毅然决然走上革命道路”。“革命虽然要流血,为自由主义者所不欢迎;但它可能产生进步,也就不应为自由主义者所反对”②。当国民党当局公然采用妨碍“戡乱总动员”惩罚条例及《后方共产党处置办法》来对付民主党派和民主人士时,许多原先抱有中间路线幻想的人也就觉醒过来了。他们果真“毅然决然”地站到共产党领导的人民革命一边,向国民党反动派进行决绝的战斗了。民盟被宣布为非法以后,它的一些组织和许多成员转入地下坚持斗争,就是一个有力的证明。

另一方面,是共产党对他们所做的工作。首先,是推动他们参加反对美蒋的共同斗争。譬如,在参加政协、反对伪国大、伪宪法等的斗争中,与他们共同协商,相互配合。其次,是照顾他们的利益。譬如,制定了保护民族工商业的政策,并且规定即使在对民族资产阶级右翼的反动政治倾向进行打击时,对他们所经营的工商业也仍然加以保护。再次,是对他们进行政治教育。譬如,对于他们的进步倾向予以鼓励、支持,对他们的中间路线进行批评;等等。这些工作,也收到了很好的效果。

在这里,有必要着重地讲一讲中国民主同盟一届三中全会。因为这次会议在中国现代革命史上是有着重大的历史意义的,它是许多中间派人士同中间路线决裂而走向新民主主义革命道路的一个里程碑。

1948 年 1 月在香港召开的民盟三中全会总结了历史经验,明确宣告:“我们民盟坚决不能够在是非曲直之间,有中立的态度。至于独立的中间路线,从目前中国的现实环境看,更难行通。自从本盟被南京反动独裁政府勒令解散以来,一

① 《中国民主同盟就蒋介石“文告”发表谈话》,1946 年 8 月 14 日。

② 《论自由主义者的道路》,1948 年 1 月。

切所谓‘中立’、‘中间’的说法和幻想，实早已被彻底粉碎了。”“今天民盟的立场就是人民的立场，民主的立场，因而也必然是革命的立场。”①从这种革命立场出发，全会重新确定了民盟的政治路线。其要点是：

第一，要“为彻底推翻整个国民党集团”和“彻底驱逐美帝国主义出中国而斗争”。为了达到这个目的，“就得彻底铲除这一反动统治的经济基础。那就是彻底消灭封建性的土地制度，实行耕者有其田的口号”②。

第二，指出以和平公开合法的方式去争取民主的斗争“已经失败”，“今后自应积极的支持以人民的武装去反抗反人民的反动武装”，并且“决不动摇，决不妥协，决不对反动集团存有丝毫的幻想”③。

第三，明确认定“中国共产党为民主事业奋斗的历史，日寇投降以来，为实现国内和平的努力，是值得每个爱国的中国人赞佩，本盟今后要与他们携手合作”④。

第四，指出“中国人民要求民主，但他们所要求的是人民的民主，我们的任务就得为彻底实现人民的民主而奋斗”⑤。

事情确如民主同盟自己所说的那样：蒋介石“那为美帝导演的挂羊头卖狗肉的旧民主的把戏，他那套残酷压迫的手段，把中国中间阶层许多知识分子都逼上了革命的梁山泊”⑥。他们确实抛弃了旧民主主义路线，同广大劳动群众一起，汇集到新民主主义革命的旗帜下来了。

中间路线幻想的破灭和曾经有过这种想法、主张的人们之走向人民革命，是一个最有说服力的事实，它有力地证明：资产阶级共和国的方案在中国是行不通的，中国人民走上以共产党为领导力量的社会主义道路确实是具有历史的必然性。

——原载《北京大学学报》（哲学社会科学版）1987年第2期。

---

① 《中国民主同盟一届三中全会政治报告》，1948年1月。
② 《中国民主同盟一届三中全会政治报告》，1948年1月。
③ 《中国民主同盟一届三中全会政治报告》，1948年1月。
④ 《中国民主同盟一届三中全会宣言》，1948年1月。
⑤ 《中国民主同盟一届三中全会政治报告》，1948年1月。
⑥ 《中国民主同盟发表对白皮书的斥责》，1949年8月。

七、为建立新中国绘制蓝图和进行准备

（一）建立新中国的问题被提上中共中央议事日程

进入 1949 年，夺取全国胜利，建立新中国，被提上了中共中央的主要议事日程。

革命的根本问题是国家政权问题。毛泽东明确指出："中国现阶段革命的目的，是在推翻帝国主义、封建主义、官僚资本主义的统治，建立一个以劳动者为主体的、人民大众的新民主主义共和国。"①事实上，建立这样一个人民共和国，这是中国共产党人和广大人民群众长期以来为之奋斗的目标，他们的一切努力都是围绕着这个目标而进行的。但是，要"把建立新中国提到现实议事日程上来着手准备，至少需要两个条件：一个是人民革命力量能在总体上取得优势，另一个是建立新中国已成为全国大多数人的普遍要求"②。随着人民解放军在战略进攻中不断取得胜利，蒋介石政府在政治上陷入了全民的包围之中，这样的条件就逐步地具备了。

人民解放军转入战略进攻，标志着中国人民革命已经发展到了一个历史性的转折点。1947 年 10 月 10 日，经毛泽东改定的解放军总部的训令中，响亮地喊出了"打倒蒋介石，解放全中国"的口号。在同年 12 月于陕北杨家沟召开的中共中央会议上，毛泽东明确指出："二十年来没有解决的力量对比的优势问题，今天解决了。"只是"战争的时间还要准备四五年，也可能还要长些"。他这样说，也是考虑了以下的情况的，即："美国直接出兵帮蒋介石打内战的可能性很小，但也不能说完全没有。"③1948 年 1 月，毛泽东在同陈毅谈话时又指出：政治方面，"孤立蒋介石是长期斗争，也是长期没有解决的问题，现在解决了"。他认为，"一九四八年再搞一年，可以有根据地说，更大的胜利一定要来的"④。刘少奇在元旦干部团拜会上更乐观地预言，"今年再取得第二个决定性胜利，到一九四九年蒋介石可能倒台"⑤。在公开的文告中，中共中央对全国胜利的时间，还是说得比较留有余地的。同年 7 月 29 日，毛泽东在修改新华社社论稿《人民解放军两周年总结和第三年的任务》时，加写了以下的话："中国人民还必须准

---

① 《毛泽东选集》第 4 卷，人民出版社 1991 年版，第 1287～1288 页。

② 金冲及：《建国前夕毛泽东对新中国的构想》，《党的文献》1993 年第 6 期，第 39 页。

③ 《毛泽东文集》第 4 卷，人民出版社 1996 年版，第 333、329 页。

④ 《毛泽东年谱（1893—1949）》下卷，人民出版社、中央文献出版社 1993 年版，第 274～275 页。

⑤ 《刘少奇年谱（1898—1949）》下册，中央文献出版社 1996 年版，第 115 页。

备继续作战争的艰苦奋斗,至少还要准备拿三四年时间去作这种艰苦奋斗,才能最后解放全中国,并在民主基础上统一中国。”①由于人民解放军在战略决战中赢得巨大的胜利,1948 年 11 月 14 日,毛泽东在为新华社所写的《中国军事形势的重大变化》中明确宣告:“原来预计,从一九四六年七月起,大约需要五年左右时间,便可能从根本上打倒国民党反动政府。现在看来,只需从现时起,再有一年左右的时间,就可能将国民党反动政府从根本上打倒了。”②在这之前,11 月 11 日,他在给各中央局、各党委负责人的电文中已经作出上述估计,并要求“向干部会上宣布”③。基于对形势发展的上述估计,1949 年 1 月 8 日,由毛泽东起草并经中共中央政治局通过的关于目前形势和党在 1949 年的任务的决议指出:“一九四九年必须召集没有反动派代表参加的以完成中国人民革命任务为目标的各民主党派各人民团体的政治协商会议,宣告中华人民民主共和国的成立,组成共和国的中央政府,并通过共同纲领。”④

在人民革命即将取得全国胜利的前夕,以毛泽东为主席的中共中央在继续指挥人民解放军对国民党军实行战略进攻乃至战略决战的同时,集中很大的精力,来从事建立新中国的准备。这个准备工作,主要是两个方面:第一,在政治上,绘制新中国建设的蓝图,着重解决新中国的经济结构和经济建设的基本方针问题、新中国的国体和政体问题、新中国的对外关系的方针问题;第二,在组织上,筹备召开新的政治协商会议,宣告新中国的成立。

(二)1948 年 9 月中共中央政治局会议

1948 年 9 月 8 日至 13 日召开的中共中央政治局会议(史称九月会议)是为即将建立的新中国绘制蓝图的一次重要会议。会议着重讨论了新中国的社会经济形态和政权的性质及组织形式问题。

关于新中国的社会经济形态问题,毛泽东在抗日时期所著的《新民主主义论》、《论联合政府》等著作中已经作出了基本的答复。在 1947 年 12 月会议上,他在《目前形势和我们的任务》这个报告中又作了进一步的说明,并且提出了没收官僚资本、确立社会主义性质的国营经济及其领导地位的问题。

1948 年 2 月,中共中央提出了《关于土地改革中各社会阶级的划分及其待遇的规定》(草案)。毛泽东在给刘少奇的电报中指出,“这个文件实际上带着党

① 《毛泽东年谱(1893—1949)》下卷,人民出版社、中央文献出版社 1993 年版,第 328 页。
② 《毛泽东选集》第 4 卷,人民出版社 1991 年版,第 1361 页。
③ 《毛泽东文集》第 5 卷,人民出版社 1996 年版,第 194 页。
④ 《毛泽东文集》第 5 卷,人民出版社 1996 年版,第 234 页。

纲、政纲、政策几重性质。如果我们要取得全国胜利,需要有这样一个文件,党内外才有明确遵循的政治、经济与社会生活的章程”。这个文件的前两章是毛泽东执笔的。毛泽东在这个文件中说:“中国的社会经济形态,还在一百多年以前(一八四〇年中英鸦片战争时期),就开始由古代的独立的封建的社会经济形态,逐步地改变为半殖民地的半封建的社会经济形态,即是说半独立的半资本主义的社会经济形态。在目前整个中国社会经济中,一方面,存在着外国帝国主义的经济,本国封建主义的经济、官僚资本主义的经济和自由资本主义经济,这些就是旧中国的社会经济形态;另一方面,存在着新式的国家经济、被解放了的农民和小生产者的经济和在新民主国家指导下的私人资本主义经济,这些就是新中国的社会经济形态。”长时期内占据优势的旧中国的半殖民地半封建的经济形态“现在正在被新中国的新民主主义的经济形态所迅速地代替着”①。

在 1948 年 9 月会议上,毛泽东对这种新民主主义的经济形态作出进一步的论证。这时,“他不仅考虑到新中国诞生时的社会济形态应该是怎样的,而且更多地考虑到新中国的未来,考虑到新民主主义社会和社会主义社会两者的关系”②。他指出:“大工业、大银行、大商业,不管是不是官僚资本,全国胜利后一定时期内都是要没收的,这是新民主主义经济的原则。而只要一没收,它们就属于社会主义部分。我们国家银行的资本,是社会主义性质的。农民在土地革命后搞合作社,要看在谁的领导之下:在资产阶级领导之下,就是资本主义的;在无产阶级领导之下,就是社会主义的。当然,今天我们农村的合作社,是个体农民在私有财产基础上组织的合作社,不完全是社会主义的,但它带有社会主义性质,是走向社会主义的。”据此,他认为,说我们的社会经济是“新资本主义”,“这个名词是不妥当的,因为它没有说明在我们社会经济中起决定作用的东西是国营经济、公营经济,这个国家是无产阶级领导的,所以这些经济都是社会主义性质的。农村个体经济加上城市私人经济在数量上是大的,但是不起决定作用。我们国营经济、公营经济,在数量上较小,但它是起决定性作用的。”正因如此,“我们的社会经济的名字还是叫‘新民主主义经济’好”。所谓新民主主义经济,就是“社会主义经济领导之下的经济体系”③。社会主义经济的领导作用,保证新民主主义社会向着社会主义社会发展。

刘少奇在会上的发言着重阐述了新民主主义经济建设问题。他指出:“在新民主主义经济中,基本矛盾就是资本主义(资本家和富农)与社会主义的矛

---

① 《毛泽东文集》第 5 卷,人民出版社 1996 年版,第 57 页。

② 金冲及:《建国前夕毛泽东对新中国的构想》,《党的文献》1993 年第 6 期,第 40 ~ 41 页。

③ 《毛泽东文集》第 5 卷,人民出版社 1996 年版,第 139 ~ 141 页。

盾。在反帝反封建的革命胜利以后,这就是新社会的主要矛盾。今天,在解放区搞经济工作,除对外反国民党反帝国主义外,就要注意与私人资本家的斗争。斗争的方式是经济竞争。这种竞争是贯串在各方面的,是和平的竞争。这里就有个'谁战胜谁'的问题。我们竞争赢了,革命就可以和平转变。"他认为,我们"固然不能过早地采取社会主义政策,但也不要对无产阶级劳动人民与资产阶级的矛盾估计不足,而要清醒地看见这种矛盾。无产阶级与资产阶级的这种斗争,是社会主义与资本主义的两条道路的斗争。在这个斗争中,决定的东西是小生产者的向背,所以对小生产者必须采取最谨慎的政策。合作社是团结小生产者最有力的工具。合作社搞好了,就巩固了对小生产者的领导权"①。在刘少奇作上述发言时,毛泽东插了一些话,意思是:在现阶段不能忽略同资产阶级有联合的一面,所要限制的是它不利于国计民生的方面,提出这些问题的出发点是为了发展生产。②

毛泽东在作会议的结论时指出:"新民主主义和社会主义问题,少奇同志的提纲分析得具体,很好,两个阶段的过渡也讲得很好,各位同志回到中央局后,对这一点可以作宣传。"他说:"新民主主义社会中有社会主义的因素,在政治、经济、文化各方面都是这样,并且是领导的因素,而总的说来是新民主主义的。""现在点明一句话,资产阶级民主革命完成之后,中国内部的主要矛盾就是无产阶级和资产阶级之间的矛盾,外部就是同帝国主义的矛盾"。其次,内部还有其他矛盾,各民族矛盾、工农之间的矛盾等。他认为,分给农民土地,只是建立了无产阶级对农民的领导权;"将来在经济建设方面,还要给他机器,组织合作社,使农民富裕起来,集合起来。他们信服了,领导权就巩固了,否则会失去领导权的"。他说:"我国在经济上完成民族独立,还要一二十年时间。我们要努力发展经济,由发展新民主主义经济过渡到社会主义。"③

关于新中国的国体和政体问题,毛泽东在《新民主主义论》、《论联合政府》等著作中也已经作过阐明。在九月会议上,毛泽东对此又作了进一步的论述。

所谓国体,是指国家政权的阶级性。毛泽东指出:"我们政权的阶级性是这样:无产阶级领导的,以工农联盟为基础,但不是仅仅工农,还有资产阶级民主分子参加的人民民主专政。"在这里,毛泽东在党的中央会议上正式提出了"人民

① 见《刘少奇年谱(1898—1949)》下册,中央文献出版社 1996 年版,第 161 ~ 162 页。
② 转引自《党的文献》1993 年第 6 期,第 41 页。
③ 《毛泽东选集》第 5 卷,人民出版社 1996 年版,第 145 ~ 146 页。

民主专政”这个概念。① 人民民主专政在实质上即就其主体部分来说与工农民主专政是一致的，但它比后者的范围要更为广泛，因为“六大规定的是工农民主专政，没有估计到资产阶级民主分子在帝国主义压迫下还可以跟无产阶级合作”；人民民主专政在根本上是与地主买办阶级专政相区别的。“我们是人民民主专政，各级政府都要加上‘人民’二字，各种政权机关都要加上‘人民’二字……以示和蒋介石政权不同”②。

所谓政体，是指国家政权的构成形式。毛泽东提出：“我们政权的制度是采取议会制呢，还是采取民主集中制？”他的答复是：“我们采用民主集中制，而不采用资产阶级议会制。”这是因为，历史的经验已经表明，“议会制，袁世凯、曹锟都搞过，已经臭了”。那时的议会，不过是封建军阀的工具而已。“我看我们可以这样决定，不必搞资产阶级的议会制和三权鼎立等”；而应当“建立民主集中制的各级人民代表会议制度”。他指出，“人民民主专政的国家，是以人民代表会议产生的政府来代表它的。中央政府的问题，十二月会议只是想到了它，这次会议就必须作为议事日程来讨论”③。因为随着晋察冀、晋冀鲁豫、晋绥、东北各解放区逐步联结起来，统一问题也就很自然地被提出来了。

九月会议进一步阐明了新中国的社会经济形态和国体政体问题。至于新中国的经济成分究竟有哪几种，怎样对这些经济成分进行分析，毛泽东认为，那“还要考虑”。他建议先由刘少奇研究，并草拟文件，以便在召开党的七届二中全会时用。④ 这表明，他希望这个问题能由七届二中全会来进一步加以解决。

同年 9 月 15 日，张闻天为中共中央东北局起草了《关于东北经济构成及经济建设基本方针的提纲》。该提纲指出：“东北经济在彻底消灭封建主义、官僚资本主义及取消帝国主义在东北的经济特权以后，基本上是由五种经济成分所构成，这就是国营经济、合作社经济、国家资本主义经济、私人资本主义经济、小商品经济（尚有小部分自然经济，因意义不大，故略）。正确地认识这五种经济的性质、地位、发展方向及其相互关系，是正确地决定东北经济政策的出发点与基础；也只有从此出发，我们才能在经济战线上把握住正确的路线，实现无产阶级对于社会经济建设的正确领导。”⑤这个文件经东北局讨论通过，于 9 月 30 日

① 金冲及在《建国前夕毛泽东对新中国的构想》一文中说：“‘人民民主专政’这个名词，最早可能出现在 1948 年 6 月 1 日中共中央宣传部的《关于重印〈左派幼稚病〉第二章前言》中。”见《党的文献》1993 年第 6 期，第 42 页。

② 《毛泽东文集》第 5 卷，人民出版社 1996 年版，第 135 ~ 136 页。

③ 《毛泽东文集》第 5 卷，人民出版社 1996 年版，第 136 页。

④ 参见《毛泽东文集》第 5 卷，人民出版社 1996 年版，第 146 页。

⑤ 《张闻天选集》，人民出版社 1985 年版，第 396 页。

报中共中央,受到中共中央的高度重视。刘少奇对这个文件进行了修改,加写了一些重要的内容。比如,他在修改中指出:“无产阶级领导的新民主主义国家所经营的这种社会主义性质的经济,和私人资本主义的经济是处于对立地位的,它要和私人资本主义发生经济竞争是不可避免的,这种矛盾,即无产阶级和资产阶级的矛盾,是在彻底消灭帝国主义、封建主义与官僚资本主义的压迫以后,新民主主义社会中的基本矛盾。”他又把“决不可以采取过早地限制私人资本经济的办法”一句,改为“决不可以过早地采取限制现时还有益于国计民生的私人资本经济的办法”①。刘少奇还指出:“必须了解,无产阶级在领导农民起来消灭封建制度的时候,用一种直接的革命方法即行政手段就可以达到目的,但要在经济上去领导农民、小生产者,要使千千万万的农民、小生产者依照无产阶级的计划去进行生产,并在将来要使他们走向社会主义的前途,采用这种行政手段,将是完全不中用的,而且是很危险的。无产阶级必须采用农民、小生产者所能接受的经济上的办法,才能在经济上组织与领导农民、小生产者。这种经济上的办法就是合作社。”②刘少奇随后即将经过自己修改的提纲,送毛泽东审阅。10月26日,毛泽东致信刘少奇,认为“此件修改得很好”。他特别提到刘在“决不可以采取过早地限制私人资本经济的办法”一句中指明这个私人资本经济是指“现时还有益于国计民生的私人资本经济”,是很重要的。“因为就我们的整个经济政策说来,是限制私人资本的,只是有益于国计民生的私人资本,才不在限制之列。而‘有益于国计民生’,这就是一条极大的限制,即引导私人资本纳入‘国计民生’的轨道之上。要达到这一点,必须经常和企图脱出这条轨道的私人资本作斗争。而这些私人资本虽然已经纳入这条轨道,他们总是想脱出去的,所以限制的斗争将是经常不断的”③。10月31日,刘少奇致信有关同志:中央准备把这个文件发给全国各地,印成小册子在党内及工人群众中进行教育,并作为各地经济建设的指导方针。但为了免于过早地警觉资产阶级,故一律不在报纸上公开发表。

应当说,在九月会议前后,关于新中国的经济构成与建设指导方针,已经基本上明确了。在1949年1月召开的中共中央政治局会议上,毛泽东说:“经济建设方针,去年九月会议讨论了一下,基本方针是决定了的。经济成分包括国营、合作社、国家资本主义(公私合营、租借)、私人资本、个体。东北有个文件,基本是对的,与九月会议讨论的精神相符。一方面,决不可以认为新民主主义经济不

---

① 《毛泽东书信选集》,人民出版社1983年版,第306页。

② 《刘少奇年谱(1898—1949)》下册,中央文献出版社1996年版,第164页。

③ 《毛泽东书信选集》,人民出版社1983年版,第306页。

是计划的和向社会主义发展的，而完全是资本主义世界。……另一方面，我们必须谨慎，不要急于追求社会主义化。……如果希望搞社会主义，太快了，会翻筋斗。”他又说：“中共二十八年，再加二十九年、三十年两年，完成全国革命任务，这是铲地基，花了三十年。但是起房子，这个任务要几十年工夫。”①

从上面的叙述，我们可以看到，经过长期的酝酿、探索，到九月会议前后，中共中央已经相当清晰地绘制了新中国经济的蓝图，后来七届二中全会决议的轮廓也已经大致可以看得比较清楚了。

（三）制定新中国的对外工作方针

国际关系和新中国的对外政策问题，是中共中央在筹建新中国的过程中所考虑的重要问题之一。随着解放战争的胜利发展，大城市陆续回到人民手中，党和解放区政权遇到的外事方面的问题也越来越多了；制定明确的外交工作的方针，已经提上了现实的议事日程。

1949 年 1 月 8 日，周恩来在中共中央政治局会议上的发言中谈了外事工作问题。他说，在这方面，整个观念要有个改变。中国人 100 年来受帝国主义压迫，现在站起来了。在工作中要注意“民主阵线反对帝国主义阵线，帝国主义与人民的区别，帝国主义之间的矛盾”。他对当时外事工作方面面临的问题逐一作了说明，指出：“总之，有利的就解决，不成熟的讨论一下再解决。”②

1 月 19 日，中共中央作出《关于外交工作的指示》（以下简称《指示》），这个《指示》是由周恩来起草并经毛泽东改定的。《指示》说：“目前我们与任何外国尚无外交关系。许多帝国主义国家的政府，尤其是美帝国主义政府，是帮助国民党反动政府反对中国人民解放事业的。因此，我们不能承认这些国家现在派在中国的代表为正式的外交人员，实为理所当然。我们采取这种态度，可使我们在外交上立于主动地位，不受过去任何屈辱的外交传统所束缚。在原则上，帝国主义在华的特权必须取消，中华民族的独立解放必须实现，这种立场是坚定不移的。但在执行的步骤上，则应按问题的性质及情况，分别处理。”关于外交关系，《指示》提出了“另起炉灶”的方针，即是说：“凡属被国民党政府所承认的资本主义国家的大使馆、公使馆、领事馆及其所属的外交机关和外交人员，在人民共和国和这些国家建立外交关系以前，我们一概不予承认，只把他们当作外国侨民对待，但应予以切实保护。对于这些国家的武官，应与外交人员同样看待。但对美

① 《毛泽东文集》第 5 卷，人民出版社 1996 年版，第 236 页注［8］。

② 周恩来在中共中央政治局会议上的发言记录。1949 年 1 月 8 日。转引自《周恩来传（1898—1949）》（下），中央文献出版社 1998 年版，第 911 页。

国武官,因其直接援助国民党打内战,则应派兵监视,不得给以自由。对于苏联及新民主国家的使领馆及其所属的外交机关和人员,因为他们的外交政策是与资本主义国家的外交政策根本上不同的,故我们对待他们的态度亦应根本上不同于资本主义国家。但因人民国家,现在和他们尚和其他国家一样,没有正式建立外交关系,故我们现在和他们的在华外交机关之间,亦只作非正式的外交往来,其所属武官同。"关于外资关系,《指示》指出:"我们对于一切资本主义国家政府的和私人的在华经济特权、工商企业和投资,均不给以正式的法律承认。但在目前,也不要忙于去做有关禁止、收回或没收的表示;只对其于人民经济生活危害最大者,例如金融投机,以及对于国家主权侵害最大者,例如内河航行等,发出立即禁止的命令。其他如外国银行,不要忙于令其停业,而应先令其报告资本、账目和业务,以凭核办。保险公司,尤其海运保险公司,更不要忙于去处理。"关于对外贸易关系,《指示》指出:"对于资本主义国家,不要忙于去建立和恢复一般的贸易关系;尤其不要忙于去订立一般的贸易合同;只在对我有利、而又急需者,可与这些国家进行临时的个别的出入口贸易。"《指示》强调:"最后,也是最重要的一项,不允许任何外国及联合国干涉中国内政。因为中国是独立国家,中国境内之事,应由中国人民及人民的政府自己解决。如有外国人提到外国人调解中国内战等事,应完全拒绝之。"①《关于外交工作的指示》,突出地显示了中共中央在处理对外关系中的坚定的民族立场和人民立场、原则性和灵活性,阐明了新中国的独立自主的外交政策的基本原则。

中国共产党所要解决的对外关系问题,具体说来,最重要的有两个,一个是对苏联的关系,一个是对美国的关系。下面分别结合1949年上半年的情况,对这两个问题作一些说明。

先说与苏联的关系问题。

由于美国等西方资本主义国家对中国人民革命采取敌对态度,新中国需要得到苏联的支持和帮助,由于中国革命的发展超出了斯大林原先的设想和判断,而斯大林对中国共产党人存在着误解和疑虑,由于国民党统治集团在美国支持下企图玩弄"和谈"阴谋、建立"南北朝","中共中央认为有必要尽早向苏联通报中国局势急剧变化的新情况,说明中国人民粉碎国民党统治的必胜信念和建立人民政权的构想,以争取苏联的理解与支持。毛泽东觉得解决这一问题的最好

① 《中共中央文件选集》第18册,中共中央党校出版社1992年版,第44~46页。其中关于外交政策一项及最后关于独立自主一项,是毛泽东加写的。见《毛泽东年谱(1893—1949)》下册,人民出版社、中央文献出版社1993年版,第439~440页。

办法是由他亲自去莫斯科同斯大林会谈”①。毛泽东访苏问题最早是由中共于1947年初提出的。1948年4月,毛泽东致电苏方,表示将于6月经哈尔滨去苏联,以便“就政治、军事、经济等重要问题向联共(布)中央同志请教”,如果可能的话,“还想去东欧和东南欧国家,学习人民战线工作和其他工作方式”②。斯大林表示同意。此行后因故一再推迟。1949年1月14日,斯大林电复毛泽东:同意“你推迟来莫斯科,因你留在中国是很必要的,如你愿意,我可立即派一政治局委员到你们那里”,“商谈你们所关心的各项问题”。1月17日,毛泽东电复斯大林:“我暂不去,欢迎派人来石家庄到中央政治局所在地和五位书记谈。”斯大林于是派联共中央政治局委员A.米高扬(化名安德列夫)经大连飞抵石家庄,于1月31日到达中共中央所在地——河北省平山县西柏坡。

米高扬到达西柏坡后,与中共领导人举行了秘密会谈。中共方面参加会谈的是中共中央书记处书记毛泽东、刘少奇、周恩来、朱德、任弼时。31日下午,毛泽东等与米高扬会见时,米高扬转达斯大林的意见说:以毛泽东同志为首的中共中央领导人在残酷的战争中亲临前线指挥作战,两三年的时间打了这么多胜仗,解放了大半个中国,真为你们的胜利高兴,向你们致敬。他表示:斯大林十分关心中国革命形势的发展,我们代表他来到中国听取你们的意见,回国后向他汇报,任何事情都由斯大林决定。后来,在双方会谈中,米高扬还声明过:他只是带耳朵来的,没有权力发表意见。③

2月1日、2日、3日,毛泽东等中共五位领导人与米高扬进行了会谈。主要由毛泽东代表中共方面介经全国解放战争的发展情况,并就夺取全国胜利、建立新中国的有关问题发表意见。

关于建立新政权的问题,毛泽东说,这个政权的性质简括地讲就是:在工农联盟基础上的人民民主专政,而究其实质就是无产阶级专政。不过,对我们这个国家来说,称为人民民主专政更为合适,更为合情合理。它必须是有各党各派、社会知名人士参加的民主联合政府。现在中国除共产党外,还有好几个各色各样的民主党派,有的已同我们合作多年了。虽然他们的力量都不算强大,人数也不多,他们在工农群众或武装力量中没有什么联系和影响;但他们在知识界、海外侨胞中有一定的影响。我们准备继续团结他们,照顾他们,给他们在政府部门

① 裴坚章主编:《中华人民共和国外交史(1949—1956)》,世界知识出版社1994年版,第10页。

② [俄]A.列多夫斯基编著:《米高扬赴华秘密使命(1949年1—2月)》,原载俄《远东问题》杂志1995年第2期,中译文见《国外中共党史研究动态》1995年第5、6期。

③ 裴坚章主编:《中华人民共和国外交史(1949—1956)》,世界知识出版社1994年版,第10~11页。又见《在历史巨人身边——师哲回忆录》(修订本),中央文献出版社1995年版,第374、378页。参见阎长林:《在大决战的日子里》,中国青年出版社1986年版,第196页。

的各个岗位上留下一定的位置。但国家政权的领导权是在中国共产党手里的,这是确定不移的,丝毫不能动摇的。他说,工作中的矛盾、摩擦一定会有的,但也一定可以克服和改善的。总之,将来政府的组成大概就是这样的,中国共产党是核心、是骨干。这样的新政权建立后,需要不断加强和扩展统战工作。“毛泽东对成立联合政府的构想作了重点解释,因为这是斯大林最为关切的,他对与美国的密切取系的民主人士参加新政府存有疑惑”。米高扬在同毛泽东谈话时,“曾同意中共对民族资产阶级采取拉拢的政策”;后来,联共中央也曾对中共中央表示,中共“要吸引民族资产阶级”到自己一方面来。

关于恢复生产和经济建设问题,毛泽东说,战争一旦结束,我们不但要恢复生产,而且要建设崭新的、现代化的、强大的国民经济。他说,今后对我们最严峻、最重大的考验是群众工作。中国5亿多人口,对他们的发动、组织、安排谈何容易。当前摆在我们面前的迫切任务是解决人民的衣食住问题和安排生产建设问题。他说,国家建设这个课题对我们来说是生疏的,但是可以学会的。有苏联走过的道路可资借鉴,中国革命成功后的生产建设工作可能会快些。

关于军队问题,毛泽东说,目前我们的军事力量发展得较快。解放军本身也需要逐步改编、改造和现代化。将来中国无须维持过于庞大的军力,而应实行寓兵于民的方针。

关于国际关系问题和中国对外政策的总方针问题,毛泽东说,我们这个国家,如果形象地把它比做一个家庭来讲,它的屋子太脏了,柴草、垃圾、尘土、跳蚤、臭虫、虱子什么都有。解放后,我们必须认真清理我们的屋子,从内到外,从各个角落以至门窗缝里,把那些脏东西通通打扫一番,好好加以整顿。等屋内打扫清洁、干净,有了秩序,陈设好了,再请客人进来。我们的真正朋友可以早点进屋子来,也可以帮助我们做点清理工作,但别的客人得等一等,暂时还不能让他们进门。我们的屋里本来就够脏的,因为帝国主义分子的铁蹄践踏过。而某些不客气、不讲礼貌的客人再有意带些脏东西进来,那就不好办了。在这里,毛泽东阐明了新中国对外工作中的又一项重要方针,即“打扫干净屋子再请客”的方针。他还说,帝国主义同我们国家之间是有几笔大账要算的。第一是它们在我国的一切特权必须全部彻底废除。第二是它们欠我国的一切债务和款项必须偿还。第三是帝国主义的武装部队、警察等必须全部撤离。至于侨民居留问题,则按外侨居留办法和国际惯例来处理。帝国主义分子历来是看不起中国人的,对他们也得教训教训,使他们的头脑清醒过来。

关于解放全中国的问题,毛泽东说,目前,还有一半的领土尚未解放。大陆上的事情比较好办,把军队开过去就行了。海岛上的事情就比较复杂,需要采取另一种较灵活的方式去解决,或者采用和平过渡的方式,这就要花较多的时间了。在这种情况下,急于去解决香港、澳门的问题,也就没有多大意义了。相反,恐怕利用这两地的原来地位,特别是香港,对我们发展海外关系、进出口贸易更为有利些。比较麻烦的有两处:台湾和西藏。其实,西藏问题也并不难解决,只是不能太快,不能过于鲁莽。台湾是中国领土,这是无可争辩的。现在估计国民党的残余力量大概全要撤到那里去,以后我们隔海相望,不相往来。那里还有一个美国问题。台湾实际上就在美帝国主义的保护下。这样,台湾问题比西藏问题更复杂,解决它更需要时间。

关于工人、农民的生活,毛泽东说,由于厂矿停工停业的原因,在城市中的临时救济和安排就业、维持职工及其家属的生活,是一个大问题。在农村,我们随着战争的进展,紧跟着进行土改和粮食调剂,使农民较易维持生活。

关于民族资产阶级,毛泽东说,在恢复和发展生产中,必须发挥和利用民族资产阶级的积极性。对资产阶级分子的利用,也可能出现某些消极方面的现象,我们也应注意防止和纠正。

关于民族问题,毛泽东说,中国是多民族国家,有几十个民族,汉族人数最多。人们习惯地把汉族称中国人,但中国人并非只指汉族,居住在我国版图内的所有民族都是中国人。民族政策必须是端正的,民族压迫必须取缔,民族间的纠纷必须妥善排解。我们提倡各民族互相团结、互相友爱、互相合作,共同建国。民族间出现某些摩擦或纠纷甚至矛盾或冲突,是难免的,但在今天可以比较容易地加以解决。目前主要的是防止和反对大汉族主义,同时也要反对地方民族主义,这两者是妨碍和破坏民族团结及共同发展的祸根子。①

2 月 4 日上午,任弼时到米高扬住处,与他进行交谈。任弼时重点讲了中国青年组织的问题。他说,中国的近 1 亿青年,他们的认识有差别,觉悟程度有高低,单纯用一个青年团的组织,不可能把大家组织起来,要么降低了青年团的先进性,不然就是对青年要求过高,所以,除了青年团之外,还要有其他的组织形式,比如开展青年统一战线的青年联合会、学生联合会等,而青年团则是共产党团结教育青年一代的核心。② 他还说,中国解放战争胜利后将逐渐转入社会主义革命阶段,现在就是为朝这个方向发展而做准备、铺平道路。③

2 月 5 日上午,周恩来到米高扬处谈话。谈话涉及两个问题:一是如何更好地做好后勤工作,保证前方,有力地支援前线;二是新政权的组成形式与政府各主要部门(政府各部委)及其职能。米高扬极其谨慎地回答说,这都是些带有极

① 《在历史巨人身边——师哲回忆录》(修订本),中央文献出版社 1995 年版,第 376 ~ 384 页。
② 《任弼时传》,人民出版社 1994 年版,第 707 ~ 708 页。
③ 《在历史巨人身边——师哲回忆录》(修订本),中央文献出版社 1995 年版,第 386 页。

大灵活性的问题,而且也是必须依实际情况来确定的问题。① 周恩来请苏联提供 4 亿美元的贷款,并要求派苏联专家来华帮助新中国的建设。米高扬表示可给 3 亿美元的贷款,并同意派专家来华工作。②

米高扬于 2 月 7 日结束访问回国。中共中央领导人毛泽东等通过与米高扬的交谈,对帮助苏联增进对中国革命形势和中共中央大政方针的了解,对争取苏联对中国革命和即将成立的新中国的支持,是有积极意义的。不过,中共中央对米高扬并"不满意"。毛泽东后来在同苏联驻华大使尤金谈话时说过:"他摆老资格,把我们看做儿子。他摆架子,可神气了。一九四九年他第一次来西柏坡的时候,架子就很大。"③

下面再说一下中国共产党同美国的关系问题。

由于美国政府是国民党反动派的主要支持者,中共中央对美国政府对华政策的动向,始终是予以密切的注视的。

毛泽东在 1949 年的新年献词《将革命进行到底》一文中,就尖锐地揭露了美国关于"在革命阵营内部组织反对派,极力使革命就此止步;如果再要前进,则应带上温和色彩,务必不要太多地侵犯帝国主义及其走狗的利益"等图谋。

在解放战争胜利发展的时候,特别是解放军渡江作战并向全国进军的时候,美国是不是可能实行军事干涉,这是一个十分重大的问题。中共中央政治局在 1 月 15 日通过的题为《目前形势和党在一九四九年的任务》的决议中指出:"我们从来就是将美国直接出兵占领中国沿海若干城市并和我们作战这样一种可能性,计算在我们的作战计划之内的。这一种计算现在仍然不要放弃,以免在事变万一到来时,我们处于手足无措的境地。但是中国人民革命力量愈强大,愈坚决,美国进行直接的军事干涉的可能性也就将愈减少,并且连同用财政及武器援助国民党这件事也就可能要减少。一年以来,特别是最近三个月以来,美国政府的态度的摇摆不定和某些变化,证明了这一点。在中国人民中和我们党内存在着的对于美国帝国主义力量的过分估计的错误观点,必须继续加以指明和克服。"决议认为:"美帝国主义的对华政策,已由单纯地支持国民党武装反共,转变为两面性的政策。这即是:一方面,支持国民党残余军事力量及地方军阀,继续地抵抗人民解放军;另一方面,则派遣其走狗混入革命阵营组织反对派从内部来破坏革命。""对于这一帝国主义的阴谋计划,我们必须提高警惕性,并坚决地

① 《在历史巨人身边——师哲回忆录》(修订本),中央文献出版社 1995 年版,第 387 页。

② 裴坚章主编:《中华人民共和国外交史(1949—1956)》,世界知识出版社 1994 年版,第 11 页。

③ 《毛泽东文集》第 7 卷,人民出版社 1999 年版,第 386 页。

将其击破。"①

在2月初与米高扬谈话时,毛泽东再次谈到了解放战争的胜利发展是否会遭到帝国主义的严重干涉和阻拦的问题。他说,到现在为止的经验是:美军并不想直接卷入中国内战,只是间接干预,把军火军用物资大量供应给蒋军,指望这些饭桶发挥作用。这也是有利于我们把解放战争进行到最后胜利的条件之一。这个形势,在往昔,中国是难以得到的。我们绝对不会放过这个机会。不过,毛泽东对这个问题所作的估计,也还是留有余地的。他说,在长江以南会遇到什么情况,还不知道。

尽管从总体上说,美国对中国革命进行直接的武装干涉的可能性并不是很大,但中共中央还是对此做了相应的准备。

4月20日晨,当人民解放军即将发动渡江作战时,英国"紫石英"号等4艘军舰闯入长江解放军防线,妨碍渡江。该舰不顾解放军鸣炮警告,溯江上驶,双方发生激烈炮战。英舰打死打伤解放军252人。英舰"紫石英"号被击伤,被迫停于镇江附近江中,其余3艘英舰逃走。21日,中央军委致电前方,指出"凡擅自进入战区妨碍我渡江作战的兵舰,均可轰击,并应一律当作国民党兵舰去对付"。22日,英国驻北平总领事包士敦致信朱德总司令,要求解放军对于英舰2艘营救被击损之英舰(紫石英号)船员一事予以便利。中央军委指示前方,可予同意。23日,中央军委要求前方"加强江阴方面的炮火封锁,一则使国民党军舰不能东逃。二则使可能再来之英舰不能西犯,如敢来犯,则打击之"②。4月26日,英国首相艾德礼在议会狂妄声称,"英国军舰有合法权利在长江行驶";英国保守党领袖丘吉尔在下院发言,要英国政府"派一两艘航空母舰到中国海上去……实行武力的报复"。4月30日,毛泽东为人民解放军总部发言人李涛起草了《为英国军舰暴行发表的声明》。声明坚决斥责了丘吉尔、艾德礼的狂妄言论,严正指出,"中国的领土主权,中国人民必须保卫,绝对不允许外国政府来侵犯",对于英国军舰的犯罪行为,"中国人民解放军有理由要求英国政府承认错误,并执行道歉和赔偿"。声明要求,英、美、法等国的在华武装力量,应"迅速撤离中国的领水、领海、领土、领空,不要帮助中国人民的敌人打内战"。声明同时表示,人民政府"愿意考虑同各外国建立外交关系",并"愿意保护从事正常业务的在华外国侨民"。但中国和外国建立的外交关系"必须建立在平等、互利、互相尊重主权和领土完整的基础上",外国政府"必须断绝同国民党残余力量的关系"。这个声明表达了即将成立的新中国的独立自主的外交方针,表达了中国

① 《中共中央文件选集》第18册,中共中央党校出版社1992年版,第17~18页。
② 《毛泽东年谱(1893—1949)》下卷,人民出版社、中央文献出版社1993年版,第485~486页。

人民不怕威胁、坚决反对帝国主义侵略的坚定立场和对于可能发生的外国军事干涉的严正态度。这个针对英国的声明,同时也是对美国的一个警告。它表明,鸦片战争以来,外国侵略者依仗其坚船利炮在中国领土上横行不法的时代已经一去不复返了。

5月19日、20日,前方报告:有美舰3艘带国民党轮船6艘等开出吴淞;有敌舰5艘(其中2舰有外国旗)向解放军阵地炮击。前方请示中央,今后对何种船只可以炮击。中央军委在20日的电报中指示:"黄浦江是中国内河,任何外国军舰不许进入,有敢进入并自由行动者,均得攻击之;有向我发炮者,必须还击,直至击沉击伤或驱逐出境为止。""为了对付外国军舰的干涉,你们应有充分的精神准备与实力准备,即要将外国干涉者的武装力量歼灭或驱逐之,如感兵力或炮火不足,应速从他处抽调补足"①。根据美国与英、法等12国会商统一对华政策、青岛增加了美国军舰、英国在香港增兵等情况,5月28日,中央军委发出《关于预防帝国主义干涉中国革命的对策》的指示,指出,"近日各帝国主义有联合干涉革命的某些象征",尽管还不能断定干涉是否将成为事实,"但我们应当预筹对策,以期有备无患"。中央军委强调,"对策的主要方面是我各路野战军按照预定计划前进,歼灭国民党残余力量,使各国帝国主义在中国大陆上完全丧失他们的走狗。第二方面是力求经济上的自足自给,准备着海上被封锁时,我们仍然有办法。在这方面,团结民族资产阶级及其知识分子站在我们方面,极为重要。第三方面是在华北、华东部署充分兵力,以防美国海军协同国民党海陆军,向我后方的袭击和扰乱"。为对付可能的美国军事干涉,中央军委指示第二野战军"主要进行整训","待两个月后,看情况再定行动方针"。② 在这之前,5月23日,中央军委即就此作了部署。中央军委指出:"二野目前主要任务是:准备协助三野对付可能的美国军事干涉。此项准备是必需的,有此准备即可制止美国的干涉野心,使美国有所畏而不敢出兵干涉。但在上海、宁波、福州等处被我占领,并最好由三野以一部兵力协助山东攻占青岛(假如上海占领后,青岛敌军尚未撤退)以后,美国出兵干涉的可能性就很少了,那时二野就可以西进了。"③

美帝国主义者确实既是真老虎又是纸老虎。由于看到日本出动一百几十万兵力,打了8年,不仅没有占领整个中国,而且最终被打败了,它是不敢轻易把自己陷入中国战争的泥潭之中的。这时,在蒋介石集团已经遭到根本失败,它在中国的支持者已经寥寥无几的情况下,面对几亿已经觉醒起来、组织起来并且处于

① 《毛泽东军事文集》第5卷,军事科学出版社、中央文献出版社1993年版,第589页。

② 《中共中央文件选集》第18册,中共中央党校出版社1992年版,第308~309页。

③ 《中共中央文件选集》第18册,中共中央党校出版社1992年版,第292页。

高度戒备状态的中国人民及其越战越强的武装力量，它终于没有敢冒天下之大不韪，对中国人民革命进行直接的军事干涉。4 月 6 日，美国国务院在给司徒雷登的电报中承认："在这个时候，美国政府无力承担对中国（国民党）进行全面的军事和经济援助的义务。"此前，连主张支持国民党的美国国会议员在听了国务卿艾奇逊的解释以后也承认，"美国政府实在是没有什么可以做的事情了"。①艾奇逊在 2 月 24 日的说法是：中国不是跳板，而是泥潭，大树已经倒了，尘埃还未落定，对华政策如何，还要等着瞧。

在预防美国对中国革命进行武装干涉的同时，中共中央并没有放弃任何可能同美国发生关系的机会。

1949 年 1 月，国民党政府迁往广州。除苏联大使馆随之迁穗外，美国等西方国家大使馆仍留在南京。4 月 23 日，南京解放。黄华出任南京市军事管制委员会外侨事务处（简称外事处）处长。美国大使司徒雷登由其私人秘书傅泾波出面，向中共南京方面表示，希望会晤黄华，并愿意继续当大使和中共方面交涉，修改条约。黄华曾是燕京大学的学生，司徒雷登曾任燕大校长、校务长。5 月 10 日，毛泽东为中共中央起草复南京市委电，指出"黄华可以与司徒见面，以侦察美国政府之意向为目的"。"与司徒谈话应申明是非正式的"。"谈话时如果司徒态度是友善的，黄华亦应取适当的友善态度"。"对于傅泾波所提司徒愿意继续当大使和我们办交涉，并修改商约一点，不要表示拒绝的态度"②。13 日，美国国务卿致电司徒雷登，提出承认新中国的三项条件：一是在事实上控制国家的领土及行政机关。二是政府有能力又有愿望承担其国际义务。三是得到中国人民普遍认可。其中第二项即要求新中国承认国民党政权与外国签订的不平等条约。他还让司徒照会英、法等国驻华大使：我们强烈反对任何大国匆匆忙忙给予中国以无论事实上还是法律上的承认。13 日以后，黄华与司徒及傅泾波有过多次会晤。主要谈了以下四个问题：一是关于建交问题。司徒表示，愿同即将建立的新中国建立新的关系。黄华表示，建立新的关系首先要断绝同国民党政府的外交关系，停止对蒋介石集团的一切援助。二是关于经济贸易问题。司徒表示，断绝与国民党的关系是消极的，更积极的办法是运用美国的自由贸易和经济援助，使中国走上工业化的道路。黄华表示，贸易可以在平等互利的基础上进行，但不能附带任何条件。三是对苏联的关系问题。司徒说，中美问题关系世界和平问题。中美关系完善解决对美苏关系和世界和平即是一大贡献。如中美关系

① 转引自[美]爱德温·W. 马丁：《抉择与分歧》（中译本），中共党史资料出版社 1990 年版，第 32～33页。

② 《毛泽东年谱（1893—1949）》下卷，人民出版社、中央文献出版社 1993 年版，第 499～500 页。

有第三者出面协助亦有好处。黄华告以我们无需第三者参加,中国的事务不容外人干涉。四是撤走美军问题。黄华说,应将美国驻在青岛等地的海军舰只和陆战队撤走,以免引起冲突。司徒答应转告有关方面。5 月下旬,司徒派其秘书回复:“美国舰队已于5 月 21 日撤离青岛。解放军打到上海或别的地方,美军即自该地撤走。”①

6 月 8 日,司徒雷登派其秘书向黄华表示,想借回燕京大学过生日之名,去北平同中共中央领导人会晤。6 月 16 日,燕京大学校长陆志韦致信司徒雷登,请他回燕京大学看看,并示意会见中央领导亦有可能。司徒要求黄华电告北平,希望允许他乘留在南京的美机前往。中共中央复示黄华:“准许司徒雷登去燕京一行,彼希望与当局晤面事亦有可能。他如来平只能挂一卧车,派人护送,不能许其乘美机来平。”6 月 28 日,司徒雷登获此信息后,即向国务卿艾奇逊作了报告。

“在此期间,司徒雷登获悉陈铭枢、罗隆基等民主人士将于6 月中旬赴北平参加新政治协商会议。他请陈铭枢向中共中央转达他想见中共领导人的意愿。他对罗隆基说,如果新中国采取中间态度,不完全亲苏,美国可以一次借给新政府 50 亿美元,接近印度 15 年所得的贷款。陈铭枢到达北平后,向毛泽东、周恩来转达了司徒雷登的要求。6 月 24 日,陈铭枢在给司徒雷登的信中表示,中共的政治路线是明智的、正确的和坚定不移的,并转达毛泽东的口信:‘政治上必须严肃,经济上可以做生意。’罗隆基到北平时,正逢毛泽东《论人民民主专政》一文即将发表(其中有‘一边倒’方针),未敢向毛泽东转达司徒雷登的口信,以后只告诉了周恩来。”②

由于美国政府采取敌视新中国的立场,司徒雷登的北上未能成行。美国国务院指示司徒“在任何情况下都不要”访问北平。因为北平之行将使美国发起的南京外交使团的“联合战线”破裂,各使馆的头面人物将仿效司徒纷纷前往北平,而且,“一个美国大使在这个时候前往北平,会在国内外大大提高中共和毛本人的威望”,在某种程度上“会有助于使共产党政权得到承认”。这样,美国政府就自己中断了与中国共产党及其领导的人民政权发生直接联系的可能性。

(四)中共七届二中全会的召开

1949 年 3 月 5 日至 3 月 13 日,在中国人民革命即将取得全国胜利的前夕,

---

① 裴坚章主编:《中华人民共和国外交史(1949—1956)》,世界知识出版社 1994 年版,第 323 ~ 325 页。

② 裴坚章主编:《中华人民共和国外交史(1949—1956)》,世界知识出版社 1994 年版,第 325 ~ 326 页。

为了组织全国胜利，实行党的工作重心的转移，研究中国从农业国转变为工业国、从新民主主义转变到社会主义的途径，中国共产党根据 1 月中央政治局会议的决定，于河北省平山县西柏坡召开了第七届中央委员会第二次全体会议。出席全会的，有中央委员 34 人，候补中央委员 19 人；中央委员及候补中央委员缺席者 20 人。另有重要工作人员 11 人列席会议。会议由毛泽东、刘少奇、周恩来、朱德、任弼时组成主席团。全会批准了 1945 年 6 月七届一中全会以来中央政治局的工作，认为中央的领导是正确的；全会批准了由中国共产党发起，并协同各民主党派、人民团体及民主人士，召开没有反动分子参加的新的政治协商会议及成立民主联合政府的建议；全会还批准了 1949 年 1 月 14 日毛泽东主席的声明及其所提八项条件作为与南京国民党反动政府及其他任何国民党地方政府与军事集团举行和平谈判的基础。

七届二中全会开幕的当天，毛泽东作了报告。这个报告的主要内容是：

第一，提出了促进革命迅速取得胜利和组织这个胜利的各项方针。

根据国民党军队的主力已经被消灭这一情况，今后解决剩下的 100 多万人的国民党军队的方式，不外天津、北平、绥远①三种。毛泽东指出，用战斗去解决敌人，例如解决天津的敌人那样，仍然是我们首先必须准备的；但同时也应看到，按照北平或绥远那样的和平方式解决问题的可能性是增加了，我们必须注意和学会这种斗争方式。只是必须认清，这仍然是一种斗争方式，不是不用斗争就可以解决问题的。

鉴于革命的迅速发展，需要大量干部去接管广大的新区，建立新的政府机构，毛泽东还指出，人民解放军不仅永远是一个战斗队，同时又是一个工作队。必须把人民解放军看成一个巨大的干部学校，必须准备把 210 万野战军全部地化为工作队，必须更充分地发挥它的工作队的作用。

第二，说明了在全国胜利的局面下，党的工作重心必须由乡村转向城市。

1927 年以后，党的工作重点是乡村。毛泽东指出，采取乡村包围城市这样一种工作方式的时期现在已经完结。"从现在起，开始了由城市到乡村并由城市领导乡村的时期"。今后在南方各地，人民解放军将先占城市，后占乡村。为此，全党同志必须用极大的努力去学会管理城市和建设城市，学会在城市环境中进行各种新的形式的斗争。当然，城乡必须兼顾，决不可以仅顾城市，丢掉乡村。

① 绥远方式，是指有意地保存一部分国民党军队，让它原封不动，或者大体上不动，使之在政治上站在人民方面，以便集中力量消灭国民党残余力量的主要部分，在一个相当的时间之后，再去按人民解放军制度对这部分军队进行改编。解放军当时对国民党绥远省主席董其武所部，即采取了这种方式。1949 年 9 月 19 日，董其武等率领 4 万余人起义。1950 年 2 月 21 日起，起义部队开始整编，至 4 月 10 日改编为人民解放军。

城市工作的中心任务,是恢复和发展生产事业。城市中的其他工作,都必须围绕着生产建设这一中心工作并为这个中心工作服务。只有将城市的生产事业恢复和发展起来,将消费的城市变成生产的城市,使人民的生活有所改善,人民政权才能巩固起来。为此,他号召全党同志必须用极大的努力去学习生产的技术和管理生产的方法,必须学习同生产有密切联系的商业工作、银行工作和其他工作。

党在领导城市工作时,“必须全心全意地依靠工人阶级,团结其他劳动群众,争取知识分子,争取尽可能多的能够同我们合作的民族资产阶级分子及其代表人物站在我们方面,或者使他们保持中立,以便向帝国主义者、国民党、官僚资产阶级作坚决的斗争”,并一步一步地去战胜这些敌人。

第三,着重地规定了在全国胜利后使中国从农业国转变为工业国、由新民主主义社会转变为社会主义社会的总任务和主要途径。

毛泽东指出:“中国革命在全国胜利,并且解决了土地问题以后,中国还存在着两种基本的矛盾。第一种是国内的,即工人阶级和资产阶级的矛盾。第二种是国外的,即中国和帝国主义国家的矛盾。”他分析了全国胜利后的阶级斗争的新形势,指出:“在拿枪的敌人被消灭以后,不拿枪的敌人依然存在,他们必然地要和我们作拚死的斗争,我们决不可以轻视这些敌人。”①因此,“工人阶级领导的人民共和国的国家政权,在人民民主革命胜利以后,不是可以削弱,而是必须强化”。

他着重地分析了中国经济各种成分的状况和党必须采取的正确的政策,批判了在这个问题上的“左”的和右的偏向。他指出,在旧中国的经济中,现代化的工业占10%左右,农业和手工业占90%左右,“这是中国革命时期内和在革命胜利以后一个相当长的时期内一切问题的出发点”。中国的现代工业,最大的和最主要的资本是集中在帝国主义者及其走狗中国官僚资产阶级手里。没收官僚资本归无产阶级领导的人民共和国所有,就使人民共和国掌握了国家的经济命脉。这种社会主义性质的国营经济,是整个国民经济的领导成分。今后一个相当长时期内,我们的农业和手工业的基本形态,仍将是大量的分散的个体的。对于这种农业经济和手工业经济,是必须谨慎地、逐步地而又积极地经过合作社经济,引导它们向着合作化和现代化的方向发展的。中国的私人资本主义工业占了现代工业中的第二位,是一个不可忽视的力量。在一个相当长的时期内,应当容许一切有利于国民经济的城乡资本主义成分的发展;同时,又对它采取恰如其分的有伸缩性的限制政策。而这是必然会受到资产阶级的反抗的。“限制和

① 《毛泽东选集》第4卷,人民出版社1991年版,第1427页。

反限制的斗争，将是新民主主义国家内部阶级斗争的主要形式”。他强调，党必须领导人民“在革命胜利以后，迅速地恢复和发展生产，对付国外的帝国主义，使中国稳步地由农业国转变为工业国，把中国建设成为一个伟大的社会主义国家”。

他对中国经济发展的前景作了展望。他说，中国的经济遗产是落后的，但是中国人民是勇敢而勤劳的，“中国经济建设的速度将不是很慢而可能是相当地快的，中国的兴盛是可以计日程功的。对于中国经济复兴的悲观论点，没有任何的根据”。

第四，告诫全党必须警惕资产阶级糖衣炮弹的袭击，保持谦虚谨慎、艰苦奋斗的作风。

对于中国共产党成为全国范围的执政党以后面临的新情况，毛泽东作了深刻的分析。他说，中国革命的全国胜利，将冲破帝国主义的东方战线，具有伟大的国际意义。但巩固这个胜利，“是需要很久的时间和花费很大的气力的事情”。因为胜利，党内的骄傲情绪，以功臣自居的情绪，停顿起来不求进步的情绪，可能生长。因为胜利，人民感谢我们，资产阶级也会出来捧场。敌人的武力是不能征服我们的，这一点已经得到证明了。资产阶级的捧场则可能征服我们队伍中的意志薄弱者。“可能有这样一些共产党人，他们是不曾被拿枪的敌人征服过的，他们在这些敌人面前不愧英雄的称号；但是经不起人们用糖衣裹着的炮弹的攻击，他们在糖弹面前要打败仗。我们必须预防这种情况”。他说，夺取全国胜利，这只是万里长征走完了第一步，中国的革命是伟大的，但革命以后的路程更长，工作更伟大，更艰苦。“这一点现在就必须向党内讲明白，务必使同志们继续地保持谦虚、谨慎、不骄、不躁的作风，务必使同志们继续地保持艰苦奋斗的作风”。

出席七届二中全会的中央委员、中央候补委员表示赞同毛泽东的报告，并发表了自己的意见。

6 日，朱德在发言中说，我们的部队是一个学校，这个学校要培养出会做事的人。将来管理生产，搞生产建设，也要靠他们。他还谈了搞好国防建设的问题，强调将来要实行征兵制，建立自己的海军、空军、炮兵、步兵等，建立和训练国防部队，敌人来了就得打。他说，中国是个多灾多难的国家，有许多事情要做。我们的科学知识不够，没有什么可骄傲的，“凡骄傲者都是幼稚的人”①。（同年 7 月 10 日，毛泽东曾致信周恩来，提出根据朱德的建议，可考虑选派三四万人去

① 朱德在中共七届二中全会上的发言，记录稿，1949 年 3 月 6 日。见《朱德传》，人民出版社、中央文献出版社 1993 年版，第 607 页。

苏联学习空军。)

12日,刘少奇在会上着重讲了城市工作的几个问题。他说,要有城乡一体的观点,以城市工作为重点领导全党工作,处理好城乡关系等新问题。接管城市的工作,要解决好私人企业复工和企业接收后正常生产这两个问题。他强调管理城市,要依靠工人阶级,为此,要使他们生活有保障,要加强教育,要组织工人,与工人群众结合起来。①

13日,周恩来在会上发言时指出,现在我们是争取全国胜利。这个时期,在组织形式上,不能一下都集权。分权,区域性问题还存在。由分散到集中将需要较长时间,因此只能"在分区经营的基础之上,有步骤有重点地走向全国统一"。一定要授权地方才能发挥其积极性。②

同一天,任弼时在发言中强调,"开始工业化,这是城市工作中最本质的问题"。他指出,我们在政治上、军事上取得了独立自主,"还必须在经济上取得独立自主,才能算完全的独立自主"。要有强大的机器制造业,还要有军事制造业,能够造飞机、坦克、舰艇等,这才在国防上也独立自主了。他认为,新中国要逐步转向社会主义,工业的比重至少要达到30%以上。他还指出,必须在新的基础上,进一步巩固工农联盟。为适应党的工作重心转移后的新情况,他强调必须加强城市党的工作,主要在产业工人中发展党员。对新党员要严格审查;加强教育、健全组织生活;经常检查党员工作,严格执行党的纪律。③

全会根据毛泽东的报告,通过了相应的决议。

全会还通过了召开新政治协商会议、成立民主联合政府的决议,关于对外资企业应分别先后缓急给予正当解决的决定,④关于军旗的决议⑤等。

在七届二中全会闭幕时,毛泽东作了总结。他说,"马克思主义的普遍真理与中国革命的具体实践的统一",这样的提法较好,不应该像王明那样,说毛泽东思想"是马列主义在殖民地半殖民地的运用和发展"。我们不要忙于想宽了,先把中国自己的事情做好。"我们还是作为马克思列宁主义的分店好"。他要

① 《关于城市工作的几个问题》,见《刘少奇选集》上卷,人民出版社1981年版,第419~425页。

② 《周恩来年谱(1898—1949)》,人民出版社1989年版,第816页。

③ 在中共七届二中全会上的发言,记录稿,1949年3月13日。见《任弼时传》,中央文献出版社、人民出版社1994年版,第710~713页。

④ 韩念龙主编:《当代中国外交》,中国社会科学出版社1988年版,第20页。根据七届二中全会的这个决定,新中国成立之后,对外资企业采取了"按照国籍、系统、行业等各种不同的情况,进行个别处理和区别对待"的方针。

⑤ 《中共中央文件选集》第18册,中共中央党校出版社1992年版,第171页。此决议为毛泽东所起草。决议规定:"中国人民解放军军旗应为红地,加五角星,加'八一'二字。"

求大家认真读12本干部必读的书,提高自己的马克思主义的水平。① “如果在今后三年之内,有三万人读完这十二本书,有三千人读通这十二本书,那就很好”。他讲了关于十月革命和中国革命的关系,指出“在帝国主义制度存在的时代,没有国际援助,任何国家的革命都不能取得胜利”。中国革命胜利以后,“帝国主义是要消灭我们的,没有各国无产阶级,首先是苏联的援助,巩固是不可能的”。关于从新民主主义革命转变到社会主义革命,他说,是可以和平解决的。但“如果国家,主要的就是人民解放军和我们的党腐化下去,无产阶级不能掌握住这个国家政权,那还是有问题的”。他指出,“我们不采取资产阶级共和国的国会制度,而采取无产阶级共和国的苏维埃制度”。自然,在内容上,我们和苏联的无产阶级专政是有区别的,我们是以工农联盟为基础的人民代表会议。“在中国,因为资产阶级共和国的国会制度在人民中已经臭了,我们不采用它,而采用社会主义国家的政权制度”②。他还讲了党委会的工作方法问题。③

在谈到中央人民政府的人员组成问题时,毛泽东向全会报告说,现在尚不能定,需与民主人士商量整个配备,但有两个人要报告:毛、周是否加入。周(恩来)一定要加入,其性质是内阁总理;我不参加有好处,可以有时间想问题;但不参加有缺点,内阁上面要设主席团,总主席。请同志们看是否妥当。刘(少奇)、弼(任弼时)不加入,不要全加入进去,全加入是不行的。④

中共七届二中全会是在中国人民革命全国胜利前夜召开的一次极其重要的会议。毛泽东在全会上所作的报告和他随后在6月所写的《论人民民主专政》一文,构成了于9月召开的中国人民政治协商会议第一次全体会议所通过的、在新中国成立初期曾经起了临时宪法作用的《共同纲领》的政策基础。⑤

在这次会议之后,中共中央就由河北省平山县西柏坡迁往北平。

1949年3月23日,中共中央离开西柏坡。在进行出发前的准备工作时,毛泽东对周围的人说,同志们,我们就要进北平了。我们进北平,可不是李自成进北京,他们进了北京就变了。我们共产党人进北平,是要继续革命,建设社会主义,直到实现共产主义。出发前,毛泽东对周恩来说:“今天是进京的日子,不睡

① 这12本干部必读的书目是:《社会发展史》、《政治经济学》、《共产党宣言》、《社会主义从空想到科学的发展》、《帝国主义是资本主义的最高阶段》、《国家与革命》、《共产主义运动中的“左派”幼稚病》、《论列宁主义基础》、《联共(布)党史》、《列宁斯大林论社会主义建设》、《列宁斯大林论中国》、《马恩列斯思想方法论》。

② 《毛泽东文集》第5卷,人民出版社1996年版,第259~265页。

③ 有关内容已收入《毛泽东选集》第4卷。

④ 中共七届二中全会记录,转引自《任弼时传》,中央文献出版社、人民出版社1994年版,第713页。

⑤ 参见《毛泽东选集》第4卷,人民出版社1991年版,第1425页题解。

党也高兴啊！今天是进京'赶考'嘛。进京'赶考'去，精神不好怎么行呀？"周恩来说："我们应当都能考试及格，不要退回来。"毛泽东说："退回去就失败了。我们决不当李自成，我们都希望考个好成绩。"①

次日，闻保定将举行中共中央进入北平的庆祝大会。毛泽东认为不妥，嘱周恩来告中共中央华北局，望速停止北平及各地的庆祝活动。②

3 月 25 日，毛泽东等中共中央领导人乘火车到达北平。在西苑机场，毛泽东等同前来欢迎的各界代表及民主人士共 1 000 多人见面，并举行盛大的阅兵式。受阅部队几乎全部是美式装备。美式装备本来是美国用来武装国民党军队的，但在战争中被人民军队所缴获，用来武装了自己。而蒋介石，则被人们说成是给人民军队运送美式装备的运输大队长。这实在是一个极具讽刺意义的历史事实。

到达北平的中共中央机关开始时暂驻香山。

（五）毛泽东的《论人民民主专政》的发表

为了阐明中国共产党在建立新中国问题上的主张，在庆祝建党 28 周年的前夕，1949 年 6 月 30 日，毛泽东发表了《论人民民主专政》一文。其主要内容如下：

第一，总结 100 多年来、特别是中国共产党成立 28 年来的历史经验，阐明了即将成立的新中国的国家性质。

他说，历史的经验表明，资产阶级共和国的方案在中国是行不通的。"资产阶级的共和国，外国有过的，中国不能有，因为中国是受帝国主义压迫的国家"。"总结我们的经验，集中到一点，就是工人阶级（经过共产党）领导的以工农联盟为基础的人民民主专政。这个专政必须和国际革命力量团结一致。这就是我们的公式，这就是我们的主要经验，这就是我们的主要纲领"。我们要"经过人民共和国到达社会主义和共产主义，到达阶级的消灭和世界的大同"。

第二，论述了人民民主专政国家内部各个阶级的地位及其相互关系。

他指出，在中国，在现阶段，人民是指工人阶级、农民阶级、城市小资产阶级和民族资产阶级。人民民主专政就是"这些阶级在工人阶级和共产党的领导之下，团结起来，组成自己的国家，选举自己的政府，向着帝国主义的走狗即地主阶级和官僚资产阶级以及代表这些阶级的国民党反动派及其帮凶们实行专政"。

他强调，"人民民主专政需要工人阶级的领导。因为只有工人阶级最有远

① 阎长林：《在大决战的日子里》，中国青年出版社 1986 年版，第 222 页。

② 《毛泽东年谱（1893—1949）》下卷，人民出版社、中央文献出版社 1993 年版，第 469～470 页。

见,大公无私,最富于革命的彻底性”。“人民民主专政的基础是工人阶级、农民阶级和城市小资产阶级的联盟,而主要是工人和农民的联盟,因为这两个阶级占了中国人口的百分之八十到九十。推翻帝国主义和国民党反动派,主要是这两个阶级的力量。由新民主主义到社会主义,主要依靠这两个阶级的联盟。”他还指出,为了对付帝国主义的压迫,为了使落后的经济地位提高一步,必须利用一切于国计民生有利而不是有害的城乡资本主义因素,团结民族资产阶级。“但是民族资产阶级不能充当革命的领导者,也不应当在国家政权中占主要的地位”。民族资产阶级作为一个剥削阶级,将来是要被消灭的。我们在现阶段就可以向他们中间的许多人进行许多适当的教育工作,等到将来实行社会主义即实行私营企业国有化的时候,再进一步对他们进行教育和改造的工作。“人民手里有强大的国家机器,不怕民族资产阶级造反”。

在政治上如何对待民族资产阶级,这在当时是一个重要的问题。1948 年 9 月政治局会议时,毛泽东曾说过:1928 年六次大会的决议根本是对的,但其中也有一些错误。这个错误,在对资产阶级的政策上可以反映出来。那时对资产阶级在经济上根本不动它,在政权中根本不要它。前者指的是当时还没有提出没收官僚资本的问题,因为 1928 年六大时,中国官僚资本尚未形成到这个样子。中国资本的集中,官僚资本的形成,主要是在最后二十年中,所以当时未提出是有原因的。后者指的是当时实行工农民主专政,不允许资产阶级参加政权。他说,现在是有一条比较过去缓和,有一条比较过去激烈。所谓“激烈”,是指提出了没收官僚资本的任务;所谓“缓和”,是指把民族资产阶级看成为参加人民政权的一个力量了。

第三,分析了民主与专政的辩证关系。

他指出,人民民主专政包括两个方面,“对人民内部的民主方面和对反动派的专政方面,互相结合起来,就是人民民主专政”。在人民内部实行民主制度,人民有言论、集会、结社等项自由权。选举权只给人民,不给反动派。人民可以用民主的方法来教育自己和改造自己。对反动派则必须实行专政,只许他们规规矩矩,不许他们乱说乱动。不这样,革命就要失败,人民就要遭殃,国家就要灭亡。“对于反动阶级和反动派的人们,在他们的政权被推翻以后,只要他们不造反,不破坏,不捣乱,也给土地,给工作,让他们活下去,让他们在劳动中改造自己,成为新人”。事实上,只有对敌人实行专政,才能保障人民的民主权利;只有发扬人民民主,才能对敌人实行有力的专政。

第四,阐明了即将成立的新中国的对外政策。

他指出,在国外,我们“要联合世界上以平等待我的民族和各国人民,共同奋斗。这就是联合苏联,联合各人民民主国家,联合其他各国的无产阶级和广大人民,结成国际的统一战线”。必须懂得,“在帝国主义存在的时代,任何国家的真正的人民革命,如果没有国际革命力量在各种不同方式上的援助,要取得自己的胜利是不可能的”。我们根据历史的经验,“深知欲达到胜利和巩固胜利,必须一边倒,”必须“倒向社会主义一边”。

他同时也指出,我们愿意同外国做生意和建立外交关系。“团结国内国际的一切力量击破一切反动派,我们就有生意可做了,我们就有可能在平等、互利和互相尊重领土主权的基础之上和一切国家建立外交关系了。”

他所以提出“必须一边倒”,是由于当时国际上正在出现社会主义阵营和帝国主义阵营的尖锐对立,而美国等一些西方国家对即将诞生的新中国采取敌视的方针;“中国人民及其领导人还不能不考虑到:新中国诞生后,帝国主义不甘心自己的失败,有可能对新中国进行武装干涉,如同俄国十月革命后,帝国主义对新生的苏维埃共和国进行武装干涉一样。来自帝国主义国家武装干涉的可能性,决定了中国同社会主义国家联合的必要性”①。

在毛泽东发表本文之前,若干民主人士曾批评中共的政策是向苏联一边倒。毛泽东答复他们说:我们的政策就是要向苏联一边倒,如果不和苏联一起,站在反帝国主义阵营,而企图走中间路线,那是错误的。在经过这些解释之后,1949年4月3日,“各民主党派就和中共联名发表了反对北大西洋公约的宣言”②。这个声明指出:“北大西洋公约是一个以挑动新的世界侵略战争为目的的条约。如果帝国主义竟敢挑动危害全世界人民的反动战争,中共和各民主党派将团结全国人民,与苏联及各国和平民主势力携手,打击侵略者。”这表明,《论人民民主专政》发表时,“一边倒”已经成为中共与民主党派的共同认识。

毛泽东在1949年春夏之间先后提出的“另起炉灶”、“打扫干净屋子再请客”和“一边倒”这三条方针,根据当时的国际环境和中国的历史、现实状况,明确地答复了新中国应采取何种对外政策,来维护民族独立和国家主权这个极其重要的问题。

毛泽东的这个著作,是一篇马克思列宁主义的重要文献,它奠定了中国人民民主专政的理论基础和政策基础。

中国人民民主专政的国家政权应当采取什么样的构成形式呢?在《新民主主义论》和《论联合政府》等著作中,毛泽东早已指出:这个政权组织应采取民主集中制的人民代表大会制度。由于解放战争尚在进行,新解放区还有待巩固,人民组织程度还需要进一步提高,普遍地召开各级人民代表大会的时机尚不成熟,

---

① 韩念龙主编:《当代中国外交》,中国社会科学出版社1988年版,第30页。

② 刘少奇:《代表中共中央给联共(布)中央斯大林的报告》,1949年7月4日。

因此,中共中央在《目前形势和党在 1949 年的任务》中提出,可首先“在各解放区内建立各级人民代表会议,并选举各级人民政府委员会”①。7 月 31 日,中共中央指示各中央局、分局:“凡三万人口以上城市,在解放两个月至迟三个月后,即应召开各界代表会议,以为党与政府密切地联系人民群众的重要方法之一。”“关于各老解放区,应当召开乡的、县的、省的及全区域的人民代表大会及代表会议”,不要推延。“党内干部中有一种不愿召开此类会议听受批评及建议的倾向,必须克服。”②根据太原解放不到 3 个月即召开了 5 次各界代表会议并收到极好效果这个情况,中共中央于 8 月 19 日再次指示各中央局、分局:“三万以上人口城市均须开各界代表会。”③8 月 25 日,中共中央再次发出指示:“各县应开各界代表会议,由农会,工会,学生会,文化教育界,工商业界及党政军选派代表,可以选择若干开明绅士参加,讨论全县工作。”④8 月 26 日,中共中央进一步指示各中央局、各野战军前委,要求他们“严催所属三万人口以上城市,务于九月份一律开一次各界代表会议,并一律将开会情形在报纸上公开发表,在广播台上公开广播。不许可有不公开的,不许可不公开发表和不做口语广播。借此以使所属三万人口以上城市的党的组织和各界人民代表亲密结合,经过他们去团结各界人民,克服困难,恢复和发展生产,并克服党的领导机关中的许多人只相信少数人的党内干部会议不相信人民代表会议的官僚主义作风。以后一切三万人以上的城市至少每月开各界人民代表会议一次,每次一天至多二天就够,每次讨论和决定的问题有一个或二个就够”⑤。9 月 4 日,中共中央指出,“二万以上不足三万人的城镇,亦可开各界代表会”⑥。9 月 7 日,中共中央再次就召开县的各界代表会议发出指示,强调县的大政方针,“均以召开各界代表会议,经过讨论,取得代表们同意,然后传达推行”为有利。⑦ 解放区各地根据中共中央的指示,陆续召开了各界代表会议,并收到了良好的效果。

人民代表会议与人民代表大会在职权上及代表选举方法上是有区别的。“人民代表大会是全权的”,而人民代表会议不是全权的,其权力将根据情况“逐渐扩大”;人民代表大会的“代表主要应由人民直接选举或由人民代表大会间接选举”,而各界人民代表会议“是由各人民团体选举的”。中共中央认为,应先开

---

① 《中共中央文件选集》第 18 册,中共中央党校出版社 1992 年版,第 20 页。
② 《中共中央文件选集》第 18 册,中共中央党校出版社 1992 年版,第 395 ~ 396 页。
③ 《中共中央文件选集》第 18 册,中共中央党校出版社 1992 年版,第 422 页。
④ 《中共中央文件选集》第 18 册,中共中央党校出版社 1992 年版,第 430 页。
⑤ 《中共中央文件选集》第 18 册,中共中央党校出版社 1992 年版,第 431 ~ 432 页。
⑥ 《中共中央文件选集》第 18 册,中共中央党校出版社 1992 年版,第 441 页。
⑦ 《中共中央文件选集》第 18 册,中共中央党校出版社 1992 年版,第 445 页。

各界代表会议,“逐渐扩大代表会议的权力,待有了经验之后,再召开普选的全权的人民代表大会”①。

各地各界人民代表会议的召开,密切了共产党、人民政府和人民群众的联系,加强了人民政权的建设,为全国性的人民民主政权的建立奠定了重要的基础。

(六)刘少奇率中共中央代表团访问苏联

还在1947年解放军转入战略进攻之后,毛泽东即曾准备访问苏联,但因故未能成行。1949年1月底2月初,苏共中央派政治局委员米高扬访问中共中央所在地西柏坡,但他称自己是受斯大林之命带着耳朵来听意见的,并未就有关问题转达苏共中央的意见,或发表个人的看法。在新中国成立的前夕,1949年5月,中共中央决定刘少奇率中共中央代表团秘密访问苏联。

6月21日,刘少奇、王稼祥从北平乘车出发北上。同行的有代表团的工作人员邓力群、戈宝权及翻译师哲。高岗在沈阳与代表团会合。陪同代表团的有苏联总顾问、苏联交通部副部长柯瓦廖夫,苏联外交人员费德林。代表团在大连改乘飞机,于26日抵达莫斯科。

从代表团的活动可以看出,这次访问的目的首先是:向苏共中央、斯大林介绍中国革命的性质、特点、形势和前景,中国革命的历史经验特别是即将成立的新中国的政权性质和它的对内对外的基本政策,以便取得苏联对中国革命和新中国的理解,并通过他们争取国际上对中国革命和新中国的同情和支持;其次,是加强中苏两党、两国的关系,争取苏联对新中国及其建设事业的支持和援助,并了解和学习苏联各方面建设的情况及经验,以作为建设新中国的借鉴和参考;最后,是为毛泽东访问苏联进行必要的准备。

6月27日,刘少奇向斯大林递交了毛泽东的亲笔信。代表团还与苏方进行了初步的商谈。7月2日,双方进行了第二次商谈。7月4日,刘少奇以中共中央代表团主任的名义,代表中共中央给联共(布)中央斯大林送交了一份1万多字的书面报告,通报了中国革命的形势和筹备成立新中国的情况,提出了有关苏中关系等方面的问题。

7月11日,双方举行正式会谈。参加会谈的有中共代表团成员刘少奇、高岗、王稼祥;苏共领导人斯大林、莫洛托夫、马林科夫、贝利亚、米高扬、布尔加宁以及苏联军方的有关领导人。针对刘少奇在报告中提出的问题,斯大林发表了自己的意见。

① 《中共中央文件选集》第18册,中共中央党校出版社1992年版,第458~459页。

1. 关于中共对中国民族资产阶级的政策的问题

刘少奇的报告说:在推翻国民党政权之后,劳资间的矛盾是客观存在的,因此,工人阶级要向资产阶级进行必要的和适当的斗争;"但同时,还要同民族资产阶级实行必要的和适当的妥协与联合,以便集中力量去对付外部敌人和克服中国的落后现象。在中国从现在起到实行一般民族资本国有化,还需要经过许多步骤,需要一段相当长的时间。"我们估计或者需要10年到15年。

斯大林说:"你们与民族资产阶级合作并吸收他们参加政府的观点,是正确的。"中国的民族资产阶级与东欧各国及德国的资产阶级不一样。劳资的矛盾,是客观存在的。"为了使工人斗争不致破坏我们与资产阶级的合作,应当要资本家与工人订立合同,在合同上使工人利益得到保障,要说服资本家变为文明的照顾工人利益的资本家,使我们与资本家的合作能比较长期的继续。"

2. 关于人民民主专政问题

刘少奇的报告说:"中国的人民民主专政,与列宁在一九〇五——一九〇七年革命中所提出的'工农民主专政',有其共同点,但也有区别点。"无产阶级为领导,工农联盟为基础,这是共同点。但中国人民民主专政包括自由资产阶级在内,这是区别点。"中国人民民主专政的形式,是人民代表会议制"。

斯大林说:"你们实行人民民主专政的政体,是对的","这个制度可能对于目前的中国是很适当的"。"你们目前不实行过分的中央集权的观点是对的"。

3. 关于外交问题

刘少奇的报告说:我们今后的外交活动,应该根据下列几项原则来进行:(1)和各帝国主义国家进行斗争,以便实现中华民族的完全独立;(2)在国际事务中和苏联及各新民主国家站在一道,反对新的战争危险,保卫世界和平与民主;(3)利用各资本主义国家的矛盾;(4)在平等互惠的条件下发展与外国的通商贸易,特别是发展与苏联及各新民主国家的贸易。

斯大林说:报告中所说的几项原则是对的。

刘少奇的报告说:"在目前我们对于帝国主义在中国的经济事业,除在若干方面加以必要的限制外,一般还是让其继续活动。""各国在中国的外交官,我们都没有加以承认,只当作侨民待遇他们"。我们是不是应该采取积极的办法去争取外国的承认呢?

斯大林说:对于各帝国主义在中国的投资和企业,"可以用劳动法,要各外国企业严格实行劳动法的办法和他们斗争,目前不要没收各帝国主义的在华经济事业,其他办法也不忙采取,等一等再看"。"你们不要急于要求各帝国主义国家承认,以便加以观察,了解情况,看他们表现如何。你们有很好的法宝,就是帝国主义要和你们做买卖"。"你们可以先和他们做好买卖,再谈承认问题"。

4. 关于中苏关系问题

刘少奇的报告说:如果帝国主义国家承认中国的新政府,"希望苏联能在这些国家之前承认我们"。处理中苏条约,可以采取三个方案加以处理:全部继续,重新签订,声明等一个时期重新签订。在进行经济建设和外交活动方面,希望联共给予指示和帮助。"毛泽东同志希望拜会莫斯科,但他现在已不可能秘密地来莫斯科,只有等候苏中建立外交关系时公开地来拜会。"

斯大林说:"中国政府一成立,苏联立即就承认你们。"中苏条约"是不平等的,因那时与国民党打交道,不能不如此"。你们所提出的处理中苏条约的三个方案都用不着,等毛泽东来莫斯科时解决这个问题。"中国政府成立,两国关系建立后,毛即可以来,如毛还不便来,苏联可派代表团到中国去"。

斯大林还就中共代表团提出的关于国际形势的问题发表了意见。他说:"对目前国际形势的估计,就是会不会爆发战争?从国际间的各种条件看,即从经济条件,从美国对战争的准备(帝国主义对战争尚未准备好)来看,现在与苏联进行战争,对帝国主义者是不利的,照历史发展的正常规律说,目前不应该有战争。但历史上有冒险家,有精神失常的人,所以爆发战争的可能性仍是有的。我们对此有准备。""总之,我们既不怕和平,也不怕战争"。苏联和英美之间目前存在的若干次要问题可能解决,而重要的问题则很难解决。我们现在对反动派是进行着孤立他们的政策,以后还要这样做。美国将来如有新的政府、新的政策,也许美苏关系是可以改善的。

7 月 27 日,斯大林邀请代表团赴宴,并着重谈了两党两国的关系问题。据刘少奇等会后的追记:当代表团讲到抗日结束后,我们对蒋介石叛变是有准备的这一点时,斯大林说:"我们是不是扰乱或妨碍了你们呢?"代表团说:"没有。"毛泽东到重庆或者可以不去,有周恩来去就够了,但毛泽东到重庆去,结果是很好的,使我们立即有了政治上的主动权。斯大林又问:你们在美国人参与的和平运动中是否受了损失,妨碍了你们?代表团说:在和平运动中中共中央的头脑是清醒的,但有个别的负责同志对和平有幻想,受了若干不大的损失。但那次和平运动很有必要,结果我们孤立了美蒋,使后来我们推翻国民党打倒蒋介石,没有一个人说我们这样做得不对。斯大林说:"胜利者是不能被审判的。凡属胜利了的都属正确的。"他接着说:"中国同志总是客气的、讲礼貌的。我们觉得我们是妨碍过你们的。你们也有意见,不过不肯说出来就是了。你们当然应该注意我们讲的话正确与否,因为我们常常是不够了解你们事情的实质,可能讲错话。不过,如果我们讲错了,你们还是说出来好,我们会注意到的。"当时在场的师哲后来回忆说:"这是斯大林主动地向中共代表团公开地作的自我批评。当时中共代表团对此感到有点意外。""他主动作自我批评,表现了一个伟大导师的胸怀,并赢得了更多的尊敬和爱戴"①。

在宴会上,斯大林举杯庆祝中国革命的胜利,他赞扬"中国马克思主义者的成就",说"苏联人和欧洲人要向你们学习"。"西欧人由于他们骄傲,在马克思、恩格斯死后,他们就落后了。革命的中心由西方移到了东方,现在又移到了中国和东亚"。"关于马克思主义,在一般的理论方面,也许我们苏联人比你们知道得多一些,但把马克思主义的一般原则应用到实际中去,则你们有许多经验值得我们学习"②。斯大林建议,希望今后中国多担负些对殖民地、半殖民地、附属国家的民族民主革命运动方面的帮助,因为中国革命本身和经验会对它们产生较大的影响,会被它们参考和吸取。我们对西方多尽些义务,多做些工作。斯大林还说:今天,你们称我们为老大哥,但愿弟弟能赶上和超过老大哥。这不仅是我们大家的愿望,而且也是合乎发展规律的,后来者居上。他请大家为弟弟超过老大哥、加速进步而干杯!但刘少奇说,兄长总是兄长,老弟还是老弟,我们永远向兄长学习。推来推去,他始终没有为斯大林的这个提议而干杯。③

中共中央代表团还就苏联对新中国经济建设等的援助问题与苏方进行了商谈。当时,美国等西方国家对中国革命及即将成立的新中国采取了敌视的态度。对于新中国的援助,只能主要来自社会主义的苏联。7 月 11 日,双方决定共同组织一个关于借款条约的起草委员会。20 日,双方就苏联向新中国提供 3 亿美元的借款达成初步协议。30 日,刘少奇与马林科夫在克里姆林宫签订了贷款协定。在 7 月 11 日的商谈中,斯大林曾表示,可以在莫斯科办一所中国大学,为中国训练建设与管理人才(后决定,中国大学不设在苏联,而设在北平,由苏联派教授帮中国办),可以帮助中国在旅顺办一海军学校,并帮中国建立海防;还主动提出从外蒙古库伦建筑铁路到张家口的问题。7 月 25 日,毛泽东电示刘少奇同斯大林商量能否"在莫斯科于半年或一年内训练一千名空军人员,三百名地上机械人员,并卖给我们一百至二百架战斗机、四十架轰炸机作为明年下半年我军进攻台湾之用"④。之后,毛又电示刘先回国,王稼祥留在莫斯科帮助刘亚楼、张学思等接洽办空、海两校事。周恩来电告刘少奇,刘、张定于 8 月 1 日由北平

① 《在历史巨人身边——师哲回忆录》(修订本),中央文献出版社 1995 年版,第 414 ~415 页。

② 刘少奇记录的斯大林谈话,1949 年 7 月 27 日。转引自金冲及主编:《刘少奇传》下卷,中央文献出版社 1998 年版,第 651 页。

③ 《在历史巨人身边——师哲回忆录》(修订本),中央文献出版社 1995 年版,第 412 ~413 页。

④ 毛泽东致刘少奇、高岗、王稼祥电,1949 年 7 月 25 日。转引自金冲及主编:《刘少奇传》下卷,中央文献出版社 1998 年版,第 651 页。

动身赴苏。8月上旬,刘少奇又对购买苏联高射炮、①设立中国大学和聘请苏联专家到中国及专家来华后的待遇等问题与苏方商谈,并签订了有关协定。

中共中央代表团在苏联期间还参观了工厂、集体农庄,与有关方面进行座谈,以了解苏联的情况,学习有关的经验。7月6日,刘少奇致信联共(布)中央、斯大林,提出"想利用在莫斯科的短短时间学习苏联",并开列了"想要知道"的几个问题,即:苏联的国家组织,苏联经济的计划与管理,苏联的文化教育,党的组织与群众团体的组织。"学习的方式,是请苏联各方面工作的负责同志与我们谈话"。"另外我们还参观一二工厂,一二农庄,一二学校"。这些要求,也得到了满足。刘少奇在这期间访问了全苏计划委员会、国家财经委员会、国家银行、财政部、对外贸易部、化工部,着重了解苏联经济工作方面的情况。计委主任萨布洛夫还应中方请求派专家为中共代表团作了一次专题报告。刘少奇与外交部长维辛斯基交谈了三个小时,向苏联学习外交机构的组织与工作原则。他参观了斯大林汽车工厂并与厂长利哈乔夫座谈。他还参观了莫斯科大学、莫斯科市苏维埃、建筑材料陈列馆、煤炭工业展览馆等。苏联在社会主义建设方面取得了巨大的成就,积累了丰富的经验,面对建设新中国的艰巨任务,在现代化建设方面缺乏经验的中国共产党人认真地学习、研究和借鉴第一个社会主义国家苏联的经验,是十分必要的。当然,学习苏联的经验必须与中国的实际相结合。对此,刘少奇在回国时即明确指出:中国的情况与东欧国家不同。"我们的问题要根据中国具体情况决定"②。

8月14日,刘少奇离开莫斯科回国。25日,柯瓦廖夫带来华苏联专家220人抵达沈阳,并于28日离开沈阳回北平。根据中共中央指示,王稼祥暂留莫斯科,作为中共中央代表与苏共中央联系。

刘少奇率领中共中央代表团于6月26日抵达莫斯科,8月14日启程回国,前后在苏联访问了一个月零二十天左右,圆满地完成了预定的各项任务。"刘少奇的这次访问直接沟通了中共中央同联共领导人之间的联系,对以后中苏关系的发展以及苏联对新中国的态度有着重要的影响,也为年底毛泽东的正式访

---

① 8月6日,中共中央电告刘少奇等:近来国民党飞机在长江下游沿岸几个大城市各码头及铁路矿山上空轰炸扫射频繁,造成很大侵扰与损失,甚望苏联360门高射炮能提前订货并早日运来。另据师哲在《在历史巨人身边——师哲回忆录》一书的记载:当时,"毛主席曾电请斯大林指令苏空军对我予以支持,对付蒋机的肆虐。于是从旅顺很快调来上海两个飞行中队。此后,敌机便销声匿迹,不再出现在上海上空了,甚至也很少再出现在其他城市的上空"(见该书第405~406页)。

② 刘少奇在东北局干部会议上的讲话记录,1949年8月28日。转引自金冲及主编:《刘少奇传》下卷,中央文献出版社1998年版,第655页。

苏做了准备”①。这是中共中央为创建新中国所做准备工作的一个特殊的同时也是重要的方面。

（七）对国家结构形式的探讨和确定

在筹备创建新中国的过程中，毛泽东、中共中央还对国家结构形式的问题进一步进行了探讨。

1922 年 7 月召开的中国共产党第二次全国代表大会，曾经根据苏联的经验，提出过建立中华联邦共和国的主张；此后，中国共产党还多次重申过这个主张。随着经验的积累，中共中央对这个问题逐步形成了新的认识。在筹备建立党所领导的中国第一个民族自治区即内蒙古自治区的时候，中共中央于 1947 年 3 月 23 日发出的指示中提出：在内蒙古人民代表大会宣言中，“应确定内蒙自治政府非独立政府，它承认内蒙民族自治区仍属中国版图，并愿为中国真正民主联合政府之一部分”②。

1949 年人民政协筹备期间，毛泽东曾就新中国的国家结构形式问题，征求过当时担任中共中央统一战线工作部部长的李维汉的意见。李维汉对这个问题作过深入的研究。他认为，中国同苏联国情不同，不宜实行联邦制。理由是：（1）苏联少数民族约占全国总人口的 47%，与俄罗斯民族相差不远。我国少数民族只占全国总人口的 6%，并且呈现出大分散小聚居的状态，汉族和少数民族之间以及几个少数民族之间往往互相杂居或交错聚居。（2）苏联实行联邦制是由当时的形势决定的。本来，马克思、恩格斯、列宁、斯大林都主张在统一的“单一制的”国家内实行地方自治和民族区域自治，只在例外情况下允许联邦制。列宁说：“在各种不同的民族组成一个统一的国家的情况下，并且正是由于这种情况，马克思主义者是决不会主张实行任何联邦制原则。”③列宁又说：“民主集中制不仅不排斥地方自治以及有独特的经济和生活条件、民族成分等等的区域自治，相反，它必须既要求地方自治，也要求区域自治。”④俄国经过二月革命和十月革命，许多民族实际上已经分离成为不同国家，不得不采取联邦制把按照苏维埃形式组成的各个国家联合起来，作为走向完全统一的过渡形式。我国则是各民族在中国共产党领导下由平等联合进行革命，到平等联合建立统一的人民共和国，并没有经过民族分离。因此，单一制的国家结构形式，更加符合中国的

① 《刘少奇传》下卷，中央文献出版社 1998 年版，第 654 页。

② 中共中央统战部：《民族问题文献汇编》，中共中央党校出版社 1991 年版，第 1095 页。

③ 《列宁选集》第 2 卷，人民出版社 1995 年版，第 358 页。

④ 《列宁选集》第 2 卷，人民出版社 1995 年版，第 359 页。

实际情况,在统一的国家内实行民族区域自治,更有利于民族平等原则的实现。中央同意这个意见。①

1949 年 9 月 7 日,周恩来在中国人民政治协商会议第一届全体会议召开前向政协代表所作的《关于人民政协的几个问题》的报告中提出:"关于国家制度方面,还有一个问题就是我们的国家是不是多民族联邦制。现在可以把政协文件起草时的想法提出来,请大家考虑。"他说:"中国是多民族的国家,但其特点是汉族占人口的最大多数,有四亿人以上;少数民族有蒙族、回族、藏族、维吾尔族、苗族、夷族(即彝族)、高山族等,总起来,还不到全国人口的百分之十。当然不管人数多少,各民族间是平等的。首先是汉族应该尊重其他民族的宗教、语言、风俗、习惯。这里主要的问题在于民族政策是以自治为目标,还是超过自治范围。我们主张民族自治但一定要防止帝国主义利用民族问题来挑拨离间中国的统一。如英帝国主义对西藏及新疆南部的阴谋,美帝国主义对于台湾及海南岛的阴谋。不错,这些地方是有少数民族的,但是他们一向是在中国领土之内。清朝压迫少数民族的政策,是对满族以外的民族进行欺骗和屠杀。北洋军阀政府继续了这样的政策,国民党反动政府更加深了这样的政策。我们应该改变这样的政策,把各民族团结成一个大家庭,防止帝国主义的挑拨分化。"他指出:"今天帝国主义又想分裂我们的西藏、台湾甚至新疆,在这样情况下,我们希望各民族不要听帝国主义者的挑拨。为了这一点,我们国家的名称,叫中华人民共和国,而不叫联邦。今天到会的许多人是民族代表,我们特地向大家解释,同时也希望大家能同意这个意见。我们虽然不是联邦,但却主张民族区域自治,行使民族自治的权力。"②这个意见得到了大家的赞同。

——原载《中国共产党与新中国的创建》,中央文献出版社 2009 年版。

八、中国人民政治协商会议的筹备与召开

(一)民主人士进入解放区和各全国性人民团体的成立

完成创建人民民主专政的新中国的任务,是由中国人民政治协商会议来承担的。

1948 年 10 月 10 日,毛泽东在他所起草的《中国人民解放军宣言》中,提出了"联合工农兵学商各被压迫阶级、各人民团体、各民主党派、各少数民族、各地

① 中共中央统战部:《民族问题文献汇编》,中共中央党校出版社 1991 年版,第 10 页。

② 转引自中共中央统战部:《民族问题文献汇编》,中共中央党校出版社 1991 年版,第 11 页。

华侨和其他爱国分子,组成民族统一战线,打倒蒋介石独裁政府,成立民主联合政府"的任务。1949 年 4 月 30 日,中共中央在发布的纪念五一国际劳动节的口号中,发出了"各民主党派、各人民团体、各社会贤达迅速召开政治协商会议,讨论并实现召集人民代表大会,成立民主联合政府"的号召。5 月 1 日,中共中央给上海局、香港分局发出指示,指出我党准备邀请各民主党派及重要人民团体代表来解放区开会讨论成立民主联合政府问题和加强各民主党派各人民团体的合作及纲领政策问题。"会议名称拟称为政治协商会议","会议拟由国民党革命委员会、民主同盟及中共联名发起";请就此向在上海、香港的民主人士首先是李济深(民革主席)、沈钧儒(在港主持盟务的民盟中央常务委员)征询意见。① 毛泽东本人也在同一天致信李、沈二人,提议由中共中央、民革中央、民盟中央发表联合声明,倡议召开政治协商会议,成立民主联合政府,拟定民主联合政府的施政纲领。

中共中央的上述号召得到了中国各民主党派和无党派民主人士的热烈响应。5 月 5 日,中国国民党革命委员会、中国民主同盟、中国民主促进会、中国致公党、中国农工民主党、中国人民救国会、中国国民党民主促进会、三民主义同志联合会的领导人和无党派人士的代表联名致电毛泽东,表示中共五一号召"适合人民时势之要求,尤符同人等之本旨",决"通电国内外各界暨海外侨胞共同策进完成大业"②。8 月 1 日,毛泽东电复各民主党派、无党派民主人士,希望他们就"关于召集此项会议的时机、地点、何人召集、会议参加者的范围以及会议应讨论的问题等项"共同研讨,"并以卓见见示"③。同一天,中共中央致电香港分局及潘汉年,要他们收到毛泽东本日电文后即送各民主党派征询意见,并将征询推广到上海、南洋的民主人士中,欢迎他们来解放区商谈和进行准备工作。④

8 月 2 日,周恩来致电钱之光,要他以解放区救济总署特派员名义前往香港,会同方方、章汉夫、潘汉年、连贯、夏衍等,接送在港民主人士进入解放区参加筹备新政协。8 月 9 日,中共中央致电方方并香港分局,指示就接送民主人士一事"指定(潘)汉年、夏衍、连贯负责计划,并协商一个名单"⑤。其后,方方、潘汉年等即与前来香港的钱之光研究并着手进行秘密接送民主人士前往解放区的工作。9 月 20 日,周恩来拟定邀请香港、上海和长江以南前来解放区的民主人士李济深、蔡廷锴、张澜、沈钧儒、谭平山、章伯钧、郭沫若、黄炎培、马叙伦、何香凝、

---

① 《中共中央文件选集》第 17 册,中共中央党校出版社 1992 年版,第 149 ~ 150 页。

② 《新华社电讯稿》1949 年 8 月 5 日。

③ 《中共中央文件选集》第 17 册,中共中央党校出版社 1992 年版,第 273 ~ 274 页。

④ 《周恩来年谱(1898—1949)》,人民出版社 1989 年版,第 781 页。

⑤ 《周恩来年谱(1898—1949)》,人民出版社 1989 年版,第 783 页。

史良等77人名单以及拟在平津邀请的张东荪、李烛尘、许德珩、张奚若等24人名单。他指出:各方人士须于今冬明春全部进入解放区"方为合适"。"北来人士,拟先集中哈尔滨招待商谈;华北人士,如直进解放区,则集中华北"①。

从1948年8月起,各民主党派负责人、无党派民主人士接受中共中央邀请,分别从北平、上海、香港等地及海外,陆续进入解放区。接待民主人士的主要地点,一是中共中央东北局所在地哈尔滨,一是中共中央统一战线工作部所在地河北省平山县李家庄。

在香港的民主人士进入解放区,主要有四批。第一批有沈钧儒、谭平山、章伯钧、蔡廷锴四人,他们乘船经朝鲜罗津到大连,而后于9月29日到达哈尔滨。第二批有郭沫若、马叙伦、许广平、陈其尤、沙千里、宦乡、曹孟君、韩练成、冯裕芳等,他们是由安东(今丹东)去哈尔滨的。第三批有李济深、茅盾、朱蕴山、章乃器、彭泽民、邓初民、洪深、施复亮、梅龚彬、孙起孟、吴茂荪、李民欣等,他们于1949年1月7日到达大连口岸。第四批有黄炎培、盛丕华、姚维钧、俞寰澄等,他们是于3月14日到达天津而后直接进入北平的。

1948年10月,在哈尔滨的民主人士章伯钧等提出,新的政治协商会议即等于临时人民代表会议,即可产生临时中央政府,现在对内对外均需要。11月,中共中央接受这个意见,决定临时中央人民政府不是经过人民代表大会,而是直接由新政治协商会议产生。②

1949年1月19日,北平解放前夕,毛泽东、周恩来联名致函居住在上海的宋庆龄,告以"新的政治协商会议将在华北召开,中国人民革命历经艰辛,中山先生遗愿迄今始告实现。至祈先生命驾北来,参加此一人民历史伟大的事业,并对于如何建设新中国予以指导"。

北平解放后,已进入解放区的民主人士即在北平汇合。

1949年1月22日,李济深、沈钧儒等民主党派的领袖人物和著名的无党派民主人士55人联合发表政治声明:《对时局的意见》。声明说,我们一致认定,中共提出的关于召开政协会议、成立民主联合政府的主张"正符合于全国人民大众的要求",恳切表示"愿在中共领导下,献其绵薄,共策进行,以期中国人民民主革命之迅速成功,独立、和平、自由、幸福的新中国之早日实现"。声明表示竭诚拥护毛泽东主席提出的八项条件,强调"革命必须贯彻到底,革命与反革命之间绝无妥协调和之可能"。在人民民主阵营之内,"决无反对派立足之余地,亦决不容许有所谓中间路线之存在"。声明表示相信,我们能以极短的时间建

---

① 《周恩来年谱(1898—1949)》,人民出版社1989年版,第788页。

② 《中共中央解放战争时期统一战线文件选编》,档案出版社1988年版,第217、219页。

设一个人民民主共和国。这个声明的发表,具有重大的历史意义。它表明,中国的各民主党派和广大无党派民主人士自愿地接受了中国共产党的领导,决心走人民革命的道路,为建设人民民主的新中国而贡献自己的力量。它表明,中国共产党领导的多党合作和政治协商制度在随后的确立,是符合中国历史发展的规律,符合中国人民的根本利益,也符合各民主党派、无党派民主人士的意愿的。

同一天,中共中央发出《关于对待民主人士的指示》。该《指示》强调,"我党对待民主人士的方针应该是以彻底坦白与诚恳的态度,向他们解释政治的及有关党的政策的一切问题,积极地教育与争取他们。对政策问题,均予以正面回答,不加回避"。对政策实行的情况亦应据实相告,在强调说明各种重大成就时,并应指出困难和缺点,以及我们所依靠的力量,克服困难和缺点的方法。"同时,请他们充分发表并提出批评和意见,以加强共同努力的精神"①。

同年春,毛泽东在北平同黎锦熙等谈话时说:九三学社不要解散,应该认真团结科学、文教界的知名人士,积极参政,共同建设新中国。毛泽东关于民主党派应"积极参政,共同建设新中国"的意见,具有深刻而长远的政治意义。② 李维汉认为,民主党派参加新政协并将在新中国积极参政,"所有这些,标志着民主党派地位的根本变化。他们不再是旧中国反动政权下的在野党,而成为新中国人民民主专政的参加者,在中国共产党的领导下,和共产党一道担负起管理国家和建设国家的历史重任。从此,各民主党派走上了新的历史道路"③。

与此同时,在1948年秋至1949年上半年,在中国共产党的领导下,各种全国性的人民团体也先后恢复或建立起来了。1948年8月,全国第六次劳动大会在哈尔滨召开。会议决定恢复中华全国总工会的组织,选出陈云为主席,朱学范、刘宁一、李立三为副主席的全总第六届执行委员会。1949年3月,在北平召开了中华全国学生第十四届代表大会,成立了中华全国学生联合会,通过了《中国学生运动当前任务决议案》。3月底4月初,在北平召开了首次全国妇女代表大会,成立了中华全国民主妇女联合会(后改称中华全国妇女联合会),选举蔡畅为全国妇联主席。4月,中国新民主主义青年团第一次全国代表大会在北平召开,选举产生了团的中央领导机构,任弼时为名誉主席,冯文彬为书记,廖承志、蒋南翔为副书记。5月,中华全国青年第一次代表大会在北平举行,一致同意将中国解放区青年联合会扩展成为中华全国青年联合总会,选举产生了全国青联的全国委员会。全国青联全国委员会选举廖承志为主席,钱俊瑞、谢雪红、

① 《中共中央文件选集》第18册,中共中央党校出版社1992年版,第69页。

② 金冲及主编:《毛泽东传(1893—1949)》(下),中央文献出版社1996年版,第932页。

③ 李维汉:《回忆与研究》(下),中共党史资料出版社1986年版,第693页。

钱三强、沙千里为副主席。7月，中华全国文学艺术工作者代表大会在北平召开，成立了中华全国文学艺术界联合会。与此同时，全国自然科学工作者、社会科学工作者、教育工作者、新闻工作者的代表也分别举行会议，成立相关的全国性组织的筹备委员会。这些全国性人民团体的建立与重建，标志着中国人民组织程度的进一步增强和人民民主统一战线的巩固、扩大。这也是为召开新政治协商会议所作的重要的组织准备。

（二）新政治协商会议筹备会的成立和筹备工作的展开

1948年10月，中共中央统战部与到达华北解放区的民主人士协商，提出了《关于召开新的政治协商会议诸问题（草案）》，此件曾经毛泽东审阅。周恩来将此件发给东北局，责成东北局与到达哈尔滨的民主人士进行协商。11月25日，中共中央代表高岗、李富春与沈钧儒、谭平山、章伯钧等就《关于召开新的政治协商会议诸问题》达成协议。协议的主要内容包括：

1. 关于新政协筹备会。（1）新政协筹备会由中共及赞成中共中央召开新政协会议建议的各主要民主党派、人民团体及无党派民主人士共23个单位的代表组成。（2）筹备会负责邀请参加新政协会议的各方面代表人物，负责起草新政协会议文件，负责召集新政协的正式会议。（3）筹备会的组织条例由共产党起草，经各方同意后，由筹备会正式通过。（4）筹备会地址预定为哈尔滨。

2. 关于新政协的参加范围及任务。（1）新政治协商会议由反对帝国主义侵略，反对国民党反动统治，反对封建主义和官僚资本主义压迫的各民主党派、各人民团体及无党派民主人士的代表人物组成。南京反动政府系统下的一切反动党派及反动分子必须排除，不许参加。（2）新政协举行的时间，拟在1949年，具体时间、地点应视各方代表到达情况，由筹备会决定。（3）新政协会议应讨论和实现的两个重要问题，一为共同纲领问题，一为如何建立中华人民民主共和国临时中央人民政府问题。

12月4日，毛泽东将一个美国记者在香港的谈话材料批送刘少奇、朱德、周恩来等。该记者说：美国国务院现政策之中心，在于如何在联合政府中造成一个有效的反对派，以抵抗中共力量，美国则在某种方式下承认新的联合政府，恢复与中国贸易，对新中国投资，以此方式分化中共统一战线，竭力支持联合政府中之非共产分子。美国承认联合政府的条件是政府的构成须为美国可接受者，联合政府得承认美海、陆军在上海、青岛等地的基地权。毛泽东指出："此种阴谋必须立即开始注意，不要使美帝阴谋在新政协及联合政府中得逞。"①

① 《毛泽东年谱（1893—1949）》下卷，人民出版社、中央文献出版社1993年版，第410～411页。

各民主党派在反对外国侵略、反对国民党统治、成立联合政府等基本问题上的基本立场是与中共一致的，但他们中也有人在若干问题上还持有某种不同的态度或存在某些疑虑。民主人士到达解放区后，中共中央就开始以举行座谈会、举办时事政治报告会等方式，组织他们进行政治理论学习，并针对一些重要的政治问题同他们进行交谈，沟通思想，还组织他们到各地参观调查，接触实际，接触群众。经过商谈、学习、讨论，对于要不要把革命进行到底的问题，对于新中国将实行新民主主义制度还是旧民主主义制度的问题，对于新中国成立后民主人士的地位前途问题，大家取得了基本一致的认识，从而为顺利筹备新政治协商会议奠定了更加牢固的政治和思想的基础。①

6 月 15 日，新政治协商会议筹备会在北平中南海勤政殿正式成立。根据筹备会组织条例的规定，“新政治协商会议筹备会即由新政治协商会议原提议人中国共产党与赞成中共一九四八年‘五一’口号第五项之下列各民主党派、人民团体及无党派民主人士等二十三个单位组成之：(1) 中国共产党；(2) 中国国民党革命委员会；(3) 中国民主同盟；(4) 民主建国会；(5) 无党派民主人士；(6) 中国民主促进会；(7) 中国农工民主党；(8) 中国人民救国会；(9) 三民主义同志联合会；(10) 中国国民党民主促进会；(11) 中国致公党；(12) 中国人民解放军；(13) 中华全国总工会；(14) 解放区农民团体；(15) 产业界民主人士；(16) 文化界民主人士；(17) 民主教授；(18) 中华全国民主青年联合总会；(19) 中华全国民主妇女联合会；(20) 中华全国学生联合会；(21) 上海人民团体联合会；(22) 国内少数民族；(23) 海外华侨民主人士。”

同一天，新政治协商会议筹备会举行第一次全体会议。上列 23 个单位的代表共 134 人参加会议。会议由周恩来担任临时主席并致开幕词。中共中央主席毛泽东发表讲话。他指出：“这个筹备会的任务，就是：完成各项必要的准备工作，迅速召开新的政治协商会议，成立民主联合政府，以便领导全国人民，以最快的速度肃清国民党反动派的残余力量，统一全中国，有系统和有步骤地在全国范围内进行政治的、经济的、文化的和国防的建设工作。”他满怀信心地说：“中国人民将会看见，中国的命运一经操在人民自己的手里，中国就将如太阳升起在东方那样，以自己的辉煌的光焰普照大地，迅速地荡涤反动政府留下来的污泥浊水，治好战争的创伤，建设起一个崭新的强盛的名副其实的人民共和国。”②在朱德总司令代表人民解放军讲话以后，各民主党派负责人和无党派民主人士代表李济深、沈钧儒、郭沫若、陈叔通、陈嘉庚等先后发表演讲，一致表示愿在中共中

① 《当代中国的人民政协》，当代中国出版社 1993 年版，第 25～30 页。

② 《毛泽东选集》第 4 卷，人民出版社 1991 年版，第 1463、1467 页。

央和毛泽东主席的领导下，努力完成建设新中国的神圣使命。

6月16日，新政协筹备会听取了周恩来的解释报告，修改并通过了《新政治协商会议筹备会组织条例》；还根据这个条例，通过了新政协筹备会常务委员会名单，毛泽东、朱德、周恩来、李济深、沈钧儒等21人为常务委员。当晚，新政协筹备会常务委员会举行会议，推举毛泽东为常委会主任，周恩来、李济深、沈钧儒、郭沫若、陈叔通为副主任。会议通过《各单位参加小组的办法》，规定本届会议设立6个小组，在常委会领导下分别进行以下工作：第一小组，拟定参加新政协会议的单位名单及其代表人数，组长李维汉，副组长章伯钧；第二小组，起草新政协会议组织条例，组长谭平山，副组长周新民；第三小组，起草共同纲领，组长周恩来，副组长许德珩；第四小组，拟定中华人民民主共和国政府方案，组长董必武，副组长黄炎培；第五小组，起草宣言，组长郭沫若，副组长陈劭先；第六小组，拟定国旗、国徽和国歌方案，组长马叙伦，副组长叶剑英。

6月18日，各小组分别举行成立大会，并开始进行有关的工作。周恩来在第三小组会议上说：我们的政协会议，加上一个"新"字，以区别于旧的政治协商会议。共同纲领将"决定联合政府的产生，也是各党派各团体合作的基础"。起草任务很繁重，很紧迫，"必须加紧工作"。会议决定，共同纲领的初稿由中共方面起草。6月下旬，周恩来在勤政殿用了一个星期左右的时间，亲自执笔写了共同纲领初稿的全文。这个初稿经过了7次反复的讨论和修改，其中包括先后到达北平的500多名政协代表分组讨论2次，第三小组讨论3次，常委会讨论2次。在广泛吸收各方面意见的基础上，拟出了共同纲领草案。

6月19日，新政协筹备会胜利闭幕。会议一致通过《关于参加新政协会议的单位及其代表名额的规定》。根据这个规定：(1) 参加新政协会议的为45个单位，代表总额为510名。其代表名额分配如下：甲、党派代表142人，乙、区域代表102人，丙、军队代表60人，丁、团体代表206人。(2) 每一单位代表名额满10人以上者，得推选候补代表2人；不满10人者，得推选候补代表1人。候补代表得列席新政协会议。(3) 除45个单位外，另设一特别邀请单位，其代表资格、名额与人选，均由新政协筹备会常委会议定。周恩来在会上专门就"无党派民主人士"的名称问题作了说明。他说，"无党派民主人士是在中国革命的具体历史条件下发展形成的"。由于国民党反动统治的严重压迫，许多志士仁人虽然没有组织起来，但却在领导着、联系着很大一批民主人士从事民主运动。因此，严格和正确地说，无党派民主人士是"没有党派组织的有党派性的民主人士"。

在这之后，召开新政协的筹备工作即在筹备会常委会领导下全面展开。主要工作是就各单位参加会议的名单进行协商和草拟会议的有关文件。这些工作进行了近三个月的时间。

9 月 17 日,新政协筹备会举行第二次全体会议,基本通过了《中国人民政治协商会议组织法》、《中国人民政治协商会议共同纲领》和《中华人民共和国中央人民政府组织法》的草案,并授权常务委员会提交中国人民政治协商会议第一届全体会议审议。关于起草政协会议宣言及拟定国旗、国歌、国徽两项工作,因尚未完成,会议决定把这两项任务移交给人民政协第一届全体会议,并由原来负责这两项工作的筹备会第五、第六两个小组直接向人民政协第一届全体会议主席团提出报告。会议正式决定,将新政治协商会议定名为"中国人民政治协商会议",简称中国人民政协。

在上述文件起草过程中,代表们曾就一些问题展开讨论,并取得了一致的认识。

首先是政协组织和民主党派是否长期存在的问题。周恩来在向会议的报告中说:"在讨论中曾经出现过两种其他的想法:第一种以为等到人民代表大会召开之后,就再不需要人民政协这样的组织了;第二种以为由于各党派这样团结一致,推动新民主主义很快地发展,党派的存在就不会很久了。后来大家在讨论中认为这两种想法是不恰当的,因为他们不合于中国革命的发展和建设的需要。普选的全国人民代表大会的召开,固然还需要一个相当时间,就是在普选的全国人民代表大会召开以后,政协会议还将对中央政府的工作起协商、参谋和推动的作用。其次,新民主主义时代既有各阶级的存在,就会有各党派的存在。旧民主国家的统治者是资产阶级,其所属各派必然是互相排挤,争权夺利。新民主主义国家的各阶级在工人阶级领导之下,虽然各阶级的利益和意见仍有不同之处,但是在共同要求上、在主要政策上是能够求得一致的。""而人民民主统一战线内部的不同要求和矛盾,在反帝反封建残余的斗争前面,是可以而且应该得到调节的。"①

其次是关于是否应在共同纲领中明确规定中国的社会主义前途问题。周恩来在向会议的报告中说:"在讨论中,曾有一种意见,以为我们既然承认新民主主义是一个过渡性质的阶段,一定要向更高级的社会主义和共产主义阶段发展,因此总纲中就应该明确地把这个前途规定出来。筹备会讨论中,大家认为这个前途是肯定的,毫无疑问的,但应该经过解释、宣传特别是实践来证明给全国人民看。只有全国人民在自己的实践中认识到这是唯一的最好的前途,才会真正承认它,并愿意全心全意为它而奋斗。所以现在暂时不写出来,不是否定它,而是更加郑重地看待它。而且这个纲领中经济的部分里面,已经规定要在实际上

① 《周恩来统一战线文选》,人民出版社 1984 年版,第 146 页。

保证向这个前途走去。"①

最后是关于新中国的国名问题。董必武在向大会的报告中说:"本来过去许多人写文章或演讲都用中华人民民主共和国;黄炎培、张志让两先生曾经写过一个节略,主张用中华人民民主国。在第四小组第二次全体会议讨论中,张奚若先生以为用中华人民民主国,不如用中华人民共和国。我们现在采用了最后这个名称,因为共和国说明了我们的国体,'人民'二字在今天新民主主义的中国是指工、农、小资产阶级和民族资产阶级及爱国民主分子,它有确定的解释,已经把人民民主专政的意思表达出来,不必再把'民主'二字重复一次了。"②

会议确定参加人民政协第一届全体会议的单位45个,代表510人,候补代表77人,特别邀请代表75人,共662人。其中不但有全国各民主阶级、民主党派、人民团体及国内少数民族、海外华侨、宗教界等的代表,而且有从国民党阵营中分化出来的爱国民主人士,其中包括原国民党政府和平谈判代表团的全部代表。人民政协组成人员的广泛性,有力地表明人民民主统一战线的广泛性。

在这之前,1949年6月19日和6月21日,毛泽东、周恩来先后写信给宋庆龄,想请她来北平参加新政协会议。6月25日,中共中央决定派邓颖超专程赴上海拜会宋庆龄。北平是孙中山去世的地方。她说过:"北平是我最伤心之地,就怕到那里去。"但看了毛泽东、周恩来的亲笔信,又经邓颖超及廖梦醒的敦促,宋庆龄决心以建国大计为重,欣然同意北上。8月28日,人民政协开会前夕,宋庆龄在邓颖超的陪同下由上海到达北平,毛泽东、周恩来、朱德等到车站欢迎。

9月20日,人民政协筹备会常委会决定,9月21日下午7时在北平中南海怀仁堂召开中国人民政治协商会议第一届全体会议。

(三)中国人民政治协商会议第一届全体会议的召开

1949年9月21日,肩负着宣告中华人民共和国建立的伟大历史重任的盛会——中国人民政治协商会议第一届全体会议在北平中南海怀仁堂隆重开幕。

会议选举产生了主席团,由主席团成员轮流主持会议。第一天的大会由毛泽东、朱德、李济深、沈钧儒、郭沫若担任执行主席。

新政协筹备会主任、中国共产党中央委员会主席毛泽东在开幕词中,向全世界庄严宣告:"我们的工作将写在人类的历史上,它将表明占人类总数四分之一的中国人从此站立起来了。"中华民族从来就是一个伟大、勇敢、勤劳的民族,只是在近代落伍了。这种落后,完全是被外国帝国主义和本国反动政府压迫和剥

① 《周恩来统一战线文选》,人民出版社1984年版,第146~147页。

② 《董必武文选》,人民出版社1985年版,第245~246页。

削的结果。现在,“我们团结起来,以人民解放战争和人民大革命打倒了内外压迫者,宣布中华人民共和国的成立了”。“我们的民族将再也不是一个被人侮辱的民族了”。① 代表们以长时间雷鸣般的掌声,表达了中国人民自1840年以来流血奋斗、孜孜以求的民族独立和人民民主,现在终于得到了的那种振奋、激动、自豪和欢快的心情。

毛泽东指出:“我们的会议之所以称为政治协商会议,是因为三年以前我们曾和蒋介石国民党一道开过一次政治协商会议。那次会议的结果是被蒋介石国民党及其帮凶们破坏了,但是已在人民中留下了不可磨灭的印象。”②现在的中国人民政治协商会议是在完全新的基础之上召开的,它具有代表全国人民的性质,它获得全国人民的信任和拥护。因此,中国人民政治协商会议宣布自己执行全国人民代表大会的职权。在参加会议的662名代表中,共产党员约占44%,非共产党员约占56%,其中各民主党派成员共约占30%,工人、农民代表和无党派成员约占26%,这个比例反映了中国共产党与各民主党派合作共事的真诚愿望及重视,表明中国共产党领导的人民民主统一战线经过长期的努力更加巩固和扩大了。

毛泽东指出:“全国规模的经济建设工作业已摆在我们面前。”“随着经济建设的高潮的到来,不可避免地将要出现一个文化建设的高潮。中国人被人认为不文明的时代已经过去了,我们将以一个具有高度文化的民族出现于世界。”毛泽东还指出,“我们的国防将获得巩固,不允许任何帝国主义者再来侵略我们的国土”。“我们将不但有一个强大的陆军,而且有一个强大的空军和一个强大的海军”③。

在毛泽东致开幕词以后,全场起立,为在人民解放战争和人民革命中牺牲的人民英雄们致哀,静默3分钟。

会上,中国共产党代表刘少奇、特别邀请代表宋庆龄、中国国民党革命委员会代表何香凝、中国民主同盟代表张澜、民主建国会代表黄炎培、中华全国总工会代表李立三、国外华侨民主人士代表司徒美堂、中国人民解放军代表陈毅、解放区代表高岗、特别邀请代表程潜和张治中、新疆代表赛福鼎相继讲话。他们代表了新中国的各方面力量,表达了各自对于新中国光明前途的坚定信念。

(四)《中国人民政治协商会议共同纲领》等三个历史性文件的通过

9月27日,会议讨论通过了《中国人民政治协商会议组织法》、《中华人民共

① 《毛泽东文集》第5卷,人民出版社1996年版,第343~344页。

② 《毛泽东文集》第5卷,人民出版社1996年版,第342页。

③ 《毛泽东文集》第5卷,人民出版社1996年版,第345页。

和国中央人民政府组织法》。这两个法案连同9月29日由会议讨论通过的《中国人民政治协商会议共同纲领》(以下简称《共同纲领》),被认为是为新中国奠基的三个历史性文件。

《中国人民政治协商会议组织法》(以下简称《组织法》)共分6章20条。6章为:总则、参加单位及代表、全体会议、全国委员会、地方委员会、附则。第一届全体会议通过的这个《组织法》,标志着中国人民民主统一战线组织工作的完成。因为《组织法》第一条明确规定:中国人民政治协商会议为全中国人民民主统一战线的组织,旨在经过各民主党派及人民团体的努力,去团结全中国各民主阶级、各民族,共同奋斗,实行《共同纲领》规定的各项任务。该法案规定政协全体会议的职权是:制定或修改中国人民政治协商会议组织法和共同纲领;在普选的全国人民代表大会召开前执行全国人民代表大会的职权;在普选的全国人民代表大会召开后,就有关国家建设事业的根本大计或重要措施,向全国人民代表大会或中央人民政府委员会提出建议案。

《中华人民共和国中央人民政府组织法》共分6章31条。6章是总纲、中央人民政府委员会、政务院、人民革命军事委员会、最高人民法院及最高人民检察署、组织法的修改权及解释权。该组织法依据《共同纲领》规定,"中华人民共和国是工人阶级领导的,以工农联盟为基础的,团结各民主阶级和国内各民族的人民民主专政的国家"。"中华人民共和国政府是基于民主集中制原则的人民代表大会制的政府"。在普选的人民代表大会召开前,由中国人民政治协商会议选举中华人民共和国中央人民政府委员会,并付之以行使国家权力的职权。中央人民政府委员会对外代表中华人民共和国,对内领导国家政权。该组织法还规定,"中央人民政府委员会组织政务院,以为国家政务的最高执行机关;组织人民革命军事委员会,以为国家军事的最高统辖机关;组织最高人民法院及最高人民检察署,以为国家的最高审判机关及检察机关"。该组织法对政务院、人民革命军事委员会、最高人民法院和最高人民检察署的职权以及政务院的机构设置,也作了明确的规定。

《共同纲领》除序言外,分为总纲、政权机关、军事制度、经济政策、文化教育政策、民族政策、外交政策共7章60条。在全国人民代表大会召开和制定宪法以前,它具有临时宪法的作用。

《共同纲领》对新中国的国体即国家的性质作了明确的规定,即:"中华人民共和国为新民主主义即人民民主主义的国家,实行工人阶级领导的、以工农联盟为基础的、团结各民主阶级和国内各民族的人民民主专政,反对帝国主义、封建主义和官僚资本主义,为中国的独立、民主、和平、统一和富强而奋斗。"

《共同纲领》对新中国的政体即政权的构成形式也作了明确规定,即:"中华人民共和国的国家政权属于人民。人民行使国家政权的机关为各级人民代表大会和各级人民政府。""各级人民代表大会选举各级人民政府"。"国家最高政权机关为全国人民代表大会,全国人民代表大会闭会期间,中央人民政府为行使国家政权的最高机关"。"各级人民代表大会闭会期间,各级人民政府为行使各级政权的机关"。"各级政权机关一律实行民主集中制"。"在人民代表大会和人民政府委员会内,实行少数服从多数的制度。各下级人民政府均由上级人民政府加委并服从上级人民政府。全国各地方政府均服从中央人民政府"。

《共同纲领》规定:"中华人民共和国建立统一的军队,即人民解放军和人民公安部队,受中央人民政府革命军事委员会统率,实行统一的指挥,统一的制度,统一的编制,统一的纪律。"

《共同纲领》规定:"中华人民共和国经济建设的根本方针,是以公私兼顾、劳资两利、城乡互助、内外交流的政策,达到发展生产、繁荣经济之目的。国家应在经营范围、原料供给、销售市场、劳动条件、技术设备、财政政策、金融政策等方面,调剂国营经济、合作社经济、农民和手工业者的个体经济、私人资本主义经济和国家资本主义经济,使各种经济成分在国营经济领导之下,分工合作,各得其所,以促进整个社会经济的发展。""国营经济为社会主义性质的经济。凡属有关国家经济命脉和足以操纵国民生计的事业,均应由国家统一经营。凡属国有的资源和企业,均为全体人民的公共财产,为人民共和国发展生产、繁荣经济的主要物质基础和整个社会经济的领导力量"。"合作社经济为半社会主义性质的经济,为整个人民经济的一个重要组成部分。人民政府应扶助其发展,并给以优待"。"凡有利于国计民生的私营经济事业,人民政府应鼓励其经营的积极性,并扶助其发展"。"国家资本与私人资本合作的经济为国家资本主义性质的经济。在必要和可能的条件下,应鼓励私人资本向国家资本主义发展"。这些规定,符合当时中国的国情和实际情况,有利于社会经济的发展,强调了国营经济在各种经济成分中的领导地位,为中国社会向社会主义的方向前进提供了保证。

《共同纲领》规定:"中华人民共和国的文化教育为新民主主义的,即民族的、科学的、大众的文化教育。人民政府的文化教育工作,应以提高人民文化水平,培养国家建设人才,肃清封建的、买办的、法西斯主义的思想,发展为人民服务的思想为主要任务。"

《共同纲领》规定:"中华人民共和国境内各民族一律平等。""反对大民族主义和狭隘民族主义,禁止民族间的歧视、压迫和分裂各民族团结的行为"。"各少数民族聚居的地区,应实行民族的区域自治,按照民族聚居的人口多少和区域大小,分别建立各种民族自治机关"。"各少数民族均有发展其语言文字、保持或改革其风俗习惯及宗教信仰的自由。人民政府应帮助各少数民族的人民大众发展其政治、经济、文化、教育的建设事业”,“使中华人民共和国成为各民族友爱合作的大家庭”。

《共同纲领》规定:“中华人民共和国外交政策的原则,为保障本国独立、自由和领土主权的完整,维护国际的持久和平和各国人民间的友好合作,反对帝国主义侵略政策和战争政策。”“凡与国民党反动派断绝关系,并对中华人民共和国采取友好态度的外国政府,中华人民共和国中央人民政府可在平等、互利及互相尊重领土主权的基础上与之谈判,建立外交关系”,并在平等和互利的基础上,与外国政府和人民恢复并发展通商贸易关系。

《共同纲领》是新中国一个具有重要历史意义的文件,正如刘少奇在会上所说,“这个共同纲领是中国历史上一个极端重要的文献”,“是目前时期全国人民的大宪章”。

在9月27日的会议上,会议还通过了中华人民共和国国都、纪年、国歌、国旗四个议案。在这之前,毛泽东、周恩来曾就有关问题召开过协商座谈会。

1949年6月,新政治协商会议筹备会常务委员会第一次会议即决定成立专门负责草拟国旗、国徽、国歌方案的小组,同时在各大报纸上刊登启事,向全国人民征集方案。8月20日,征集工作结束后,专门小组从1 000多个国旗图案中选出38幅图案提交第一届全体会议审定,而600多件国歌词谱的应征作品则不尽如人意。9月25日,毛泽东、周恩来特召开国旗、国徽、国歌、纪年、国都协商座谈会。会上,毛泽东手举五星红旗的图案解释说,中国的革命胜利就是在共产党领导下以工农为基础,团结了小资产阶级、民族资产阶级,共同斗争取得的,这是中国革命的历史事实,这个图案表现了我们革命人民的大团结。与会人员一致同意采用五星红旗为国旗。关于国歌,周恩来和一部分应征者建议采用《义勇军进行曲》,因为它曾经鼓舞过中国人民争取民族解放的斗争,并因而为大多数群众所熟悉和喜爱。针对一部分同志认为歌词中“中华民族到了最危险的时候”不适应时代而提出修改的意见,周恩来指出,原有歌词更能激励人民的爱国情感,不宜修改。毛泽东发表意见说,虽然全国快解放了,但还是受帝国主义的包围,不能忘记帝国主义对我国的压迫,我们要争取中国完全独立与解放,还要进行艰苦卓绝的斗争,因此还是保持原有歌词为好。经过协商,这一意见得到了全体同志的一致赞同。关于国都,大家一致赞成建都北平,改北平为北京,因为从政治上说,它位于华北老解放区内,群众基础好;从经济上说,它邻近重工业区的东北各省,便于发展工业;从历史上说,它作为中国首都已有700多年时间;从文化上说,它有几百年的文化积累,规模宏伟,文物集中,是世界知名的历史古都,且自五四以来,又成为新文化运动的摇篮;从交通上说,它拥有四通八达的铁路干线,可连接全国各地,附近的天津海运也极为便捷。关于纪年,大家一致认为宜采用现代大多数国家通用的纪年制度,以公元为新中国的纪年。关于国徽,则待会后另行组织人员进行深入细致的研究设计工作。

在此基础上,9 月 27 日,全体会议作出四项决议:

(1) 中华人民共和国国都定于北平,自即日起北平改名为北京。

(2) 中华人民共和国的纪年采用公元纪年,本年为一九四九年。

(3) 在中华人民共和国的国歌正式制定前,以《义勇军进行曲》为国歌。

(4) 中华人民共和国的国旗为五星红旗,象征中国革命人民大团结。

(五) 选举产生人民政协全国委员会和中央人民政府委员会

9 月 30 日,中国人民政治协商会议第一届全体会议进入最后一天,选举人民政协全国委员会和中央人民政府委员会。

政协第一届全国委员会的选举,是根据前一天通过的选举规定,将经过协商确定的整个名单,最后以表决的方法进行的。候选人名单为 180 人,此外留出 18 名空额,准备将来接纳新解放地区的代表。出席会议的全体代表一致通过了这个名单。

中央人民政府委员会的选举,是根据《中华人民共和国中央人民政府组织法》的规定进行的。候选名单经过各单位协商,由全体代表用无记名联记投票的方法选举。当投票完毕,检票人进行检票时,全体代表一致通过了《中国人民政治协商会议第一届全体会议宣言》、《慰问人民解放军电》以及建立人民英雄纪念碑的决定。

会议选举毛泽东为中央人民政府主席;朱德、刘少奇、宋庆龄、李济深、张澜、高岗为副主席;选举陈毅、贺龙、李立三、林伯渠、叶剑英、何香凝、林彪、彭德怀、刘伯承、吴玉章、徐向前、彭真、薄一波、聂荣臻、周恩来、董必武、赛福鼎、饶漱石、陈嘉庚、罗荣桓、邓子恢、乌兰夫、徐特立、蔡畅、刘格平、马寅初、陈云、康生、林枫、马叙伦、郭沫若、张云逸、邓小平、高崇民、沈钧儒、沈雁冰、陈叔通、司徒美堂、李锡九、黄炎培、蔡廷锴、习仲勋、彭泽民、张治中、傅作义、李烛尘、李章达、章伯钧、程潜、张奚若、陈铭枢、谭平山、张难先、柳亚子、张东荪、龙云等 56 人为委员,组成中央人民政府委员会,宣告中华人民共和国的成立。当大会执行主席刘少奇宣布毛泽东当选为中央人民政府主席时,全场代表一致起立,热烈鼓掌、欢呼。

(六) 举行人民英雄纪念碑奠基礼

在欢庆中国人民革命取得全国性胜利、中华人民共和国成立的时候,中国共产党人和全中国人民怀着崇敬的心情,深切怀念那些在长期的艰苦斗争中为中华民族和中国人民的解放事业而英勇献身的革命先烈。

9月30日下午6时,出席人民政协第一届全体会议的代表来到天安门前,为人民英雄纪念碑举行了由周恩来主持的奠基典礼。

周恩来代表主席团在庄严肃穆的气氛中致辞:“我们中国人民政治协商会议第一届全体会议为号召人民,纪念死者,鼓舞生者,特决定在中华人民共和国首都北京建立一个为国牺牲的人民英雄纪念碑。现在,一九四九年九月三十日,我们全体代表在天安门外举行这个纪念碑的奠基典礼。”致辞之后,全体代表脱帽静默,向死难的人民英雄致哀。

默哀之后,毛泽东走出行列,以洪亮的声调宣读了由他起草的、并经会议通过的纪念碑碑文:

三年以来,在人民解放战争和人民革命中牺牲的人民英雄们永垂不朽!

三十年以来,在人民解放战争和人民革命中牺牲的人民英雄们永垂不朽!

由此上溯到一千八百四十年,从那时起,为了反对内外敌人,争取民族独立和人民自由幸福,在历次斗争中牺牲的人民英雄们永垂不朽!

读毕,毛泽东和参加会议的各位首席代表一一执锹,为纪念碑的基石培土,表达人们对革命先烈的崇敬之情。

最后,大会举行闭幕式。朱德致闭幕词。他说:“在整个会议期间,我们全体代表始终团结一致,和衷共济。这是我们国家兴旺发达的气象。我们既然能够团结一致开创了中华人民共和国,我们就一定能够团结一致把我们的国家建设好,把我们的国家引导到繁荣昌盛的境地。”①

至此,人民政协光荣地完成了建立新中国的历史任务,宣告胜利闭幕。

中国人民政治协商会议的成立,标志着中国共产党领导的多党合作和政治协商制度的正式确立,标志着这个具有鲜明中国特色的政党制度有了自己的政治形式和组织机构。②

——原载《中国共产党与新中国的创建》,中央文献出版社2009年版。

九、中华人民共和国的光荣诞生及其伟大意义

(一)开国大典

1949年10月1日,中华人民共和国开国大典在首都北京天安门广场隆重

① 《朱德选集》,人民出版社1983年版,第267页。

② 《人民日报》2009年4月8日、4月10日。

举行。

本日下午2点,中央人民政府委员会在天安门城楼上举行第一次全体会议。会议一致决定,宣布中华人民共和国中央人民政府成立,确定接受《中国人民政治协商会议共同纲领》为中央人民政府的施政方针。会议推选林伯渠为中央人民政府秘书长,任命周恩来为中央人民政府政务院总理兼外交部长,毛泽东为中央人民政府人民革命军事委员会主席,朱德为中国人民解放军总司令,沈钧儒为中央人民政府最高人民法院院长,罗荣桓为中央人民政府最高人民检察署检察长,并责成他们从速组成政府机关,开始执行各项政府工作。

首都北京30万军民聚集天安门广场,怀着激动和喜悦的心情参加为庆祝中华人民共和国中央人民政府的成立而举行的盛典。广场上彩旗招展,欢声雷动。下午3点,中央人民政府秘书长林伯渠宣布典礼开始。中央人民政府主席、副主席、各位委员在天安门城楼上的主席台就座,乐队奏响《义勇军进行曲》。毛泽东主席庄严宣告:“中华人民共和国中央人民政府已于本日成立了。”这是中国人民盼望已久的宣言,这是从旧时代向新时代迈进的宣言,这是震撼世界的宣言,它宣告经历了无数次深重灾难的中华民族与中国人民从此告别了屈辱的历史,拥有了屹立于世界东方的祖国,拥有了能够真正保护自己、代表自己的政府。一时间,30万群众爆发出响彻云霄的欢呼声,全场沸腾起来。毛主席亲自按动有电线通往广场中央国旗旗杆的电钮,第一面崭新的五星红旗徐徐升上高达22米的旗杆顶部。与此同时,在军乐声中,54门礼炮齐鸣28响,广场再一次沸腾起来。密林一般飘扬在空中的红色旗帜,无数红色的五星灯,各种兵器与镰刀斧头,都在“中华人民共和国万岁”、“中央人民政府万岁”、“毛主席万岁”的巨幅标语下,表达着人们共同的心声:要巩固自己的祖国与政府。

接着,毛泽东主席宣读了中央人民政府公告。

毛泽东主席宣读公告完毕,阅兵式开始。阅兵式由人民解放军朱德总司令任检阅部队司令员,华北军区司令员兼京津卫戍区司令员聂荣臻将军任阅兵总指挥。朱德总司令检阅各兵种部队回到主席台上后,宣读了《中国人民解放军总部命令》,命令中国人民解放军全体指战员,工作人员,坚决执行中央人民政府和中央人民政府人民革命军事委员会主席毛泽东的一切命令,迅速肃清国民党反动军队的残余,解放一切尚未解放的国土,同时肃清土匪和其他一切反革命匪徒,镇压他们的一切反抗和捣乱行为。随即,受阅部队分列经主席台前由东向西行进,前后历时近3小时。受阅部队以海军2个排为前导,接着是1个步兵师、1个炮兵师、1个战车师、1个骑兵师。空军包括战斗机、蚊式机、教练机共14架在广场上空自东向西飞行受阅。当飞机成列成行地飞过广场上空时,人们激动地把自己手中的帽子、手巾、报纸等挥舞着抛向天空。海军队伍整齐的步伐,焕发的精神,使人们坚信中国从无到有,从小变大,必将建设起一支强大的海军。而步兵部队、炮兵部队、战车部队与骑兵部队以等距离等速度、整连整团整师地稳步行进,都成为检阅中极为雄壮的一景。

开国大典在人民群众的欢呼声中宣告结束。

晚间,首都群众举行盛大的提灯游行,热烈庆祝新中国的诞生。

当天,在已经获得解放的各大城市,广大人民群众也为新中国的诞生举行了热烈的庆祝活动。

(二)中华人民共和国成立的伟大意义

创建人民民主专政的中华人民共和国,这是中国人民在总结长时期的政治实践经验的基础上所作出的郑重的历史性选择。

在很长的时间里,中国面临三种可供选择的建国方案。第一种方案是先由北洋军阀后由国民党统治集团所代表的,他们主张实行地主买办资产阶级的专政,使中国继续走半殖民地半封建社会的道路。第二种方案是由某些中间党派的领袖人物或中间人士代表的,他们主张建立资产阶级共和国,使中国走上独立发展资本主义的道路。第三种方案由中国共产党代表的,主张建立工人阶级领导的以工农联盟为基础的人民共和国,使中国经过新民主主义走向社会主义。这三种方案在中国人民的实践中反复地受到检验。结果是:第一种方案被中国人民唾弃了,它的代表者的统治也被推翻了;第二种方案也没有得到广大中国人民的赞同,它的代表者的多数也承认这个方案在中国是行不通的;只有第三种方案最终赢得了中国最广大的人民群众包括民族资产阶级及其政治代表在内的拥护。毛泽东指出:“资产阶级的共和国,外国有过的,中国不能有,因为中国是受帝国主义压迫的国家。唯一的路是经过工人阶级领导的人民共和国。”他在回顾中国人民所走的历史道路之后得出结论说:“就是这样,西方资产阶级的文明,资产阶级的民主主义,资产阶级共和国的方案,在中国人民的心目中,一齐破了产。资产阶级的民主主义让位给工人阶级领导的人民民主主义,资产阶级共和国让位给人民共和国。这样就造成了一种可能性:经过人民共和国到达社会主义和共产主义,到达阶级的消灭和世界的大同。”①由此可见,中国人民接受共产党的领导,创建人民共和国,走从新民主主义到社会主义的道路,具有历史的必然性。

中华人民共和国的成立,标志着中国新民主主义革命的基本胜利,标志着中国全面进入了新民主主义社会,即向社会主义过渡的新的历史时期。

---

① 《毛泽东选集》第4卷,人民出版社1991年版,第1471页。

中国新民主主义革命的目的,“是在推翻帝国主义、封建主义、官僚资本主义的统治,建立一个以劳动者为主体的、人民大众的新民主主义共和国”。帝国主义、封建主义、官僚资本主义的集中代表,就是国民党反动政权。因此,国民党政权的覆灭和中华人民共和国的成立,就意味着帝国主义在华侵略势力、封建地主阶级和官僚资产阶级在政治上基本被打倒,中国的新民主主义革命取得了决定性的胜利。因为事情正如列宁早就说过的那样,“无论从革命这一概念的严格科学意义来讲,或是从实际政治意义来讲,国家政权从一个阶级手里转到另一个阶级手里,都是革命的首要的基本的标志”①。

中国人民革命的胜利、中华人民共和国的成立,意味着在辽阔的中国大陆上结束了极少数剥削者统治广大劳动人民的历史,结束了帝国主义、殖民主义奴役中国各族人民的历史。中国人民从此站起来了。他们成了新国家、新社会的主人,成了自己命运的主宰者。这样,就从根本上改变了中国社会的发展方向,它使中国得以摆脱贫穷落后的面貌而逐步地臻于繁荣富强的境地,使中国人民得以结束奴隶般的悲惨生活而走向光明幸福的未来,使中华民族得以一洗 100 年来所蒙受的屈辱而光荣地自立于世界的民族之林。

中国人民革命的胜利、中华人民共和国的成立,冲破了帝国主义的东方战线,它在一个人口占全人类 1/4 的大国里,扫荡了帝国主义及其附庸的势力,从而极大地改变了世界政治力量的对比,有力地推动了世界被压迫民族和被压迫人民争取解放的斗争。

中国人民革命的胜利、中华人民共和国的成立,是马克思列宁主义在中国的胜利,是马克思列宁主义的普遍原理和中国革命的具体实践相结合的思想即毛泽东思想的胜利。这个胜利表明,马克思列宁主义不仅可以指导资本主义国家无产阶级的解放斗争,而且也可以指导殖民地半殖民地国家人民的解放斗争;而毛泽东思想,则是中国人民争取独立、解放和推动中国发展、进步的光辉的战斗旗帜和强大的思想武器。

总之,中国人民革命的胜利、中华人民共和国的成立,揭开了中国历史的全新篇章,并且为世界历史写下了极其光辉灿烂的一页。这是为了争取这个胜利而进行英勇斗争的中国各族人民的光荣,也是为了争取这个胜利而领导人民进行英勇斗争的中国共产党的光荣!

(三) 中国人民革命发生和胜利的原因

在中华人民共和国成立前夕,1949 年 8 月 5 日,美国国务院发表了题为《美

① 《列宁选集》第 3 卷,人民出版社 1995 年版,第 25 页。

国与中国的关系》的白皮书。

美国政府是国民党政权和蒋介石集团的主要支持者。国民党政权的崩溃、中国革命的胜利,宣告了美国扶蒋反共政策的彻底失败。这个情况,在美国资产阶级统治集团中引发了激烈的争论,一些人为此而对美国当局提出了严厉的指责。美国政府是为了"脱卸责任"才发表白皮书的。美国国务卿艾奇逊在为发表白皮书致美国总统杜鲁门的信中无可奈何地说:"中国内战不祥的结局超出美国政府控制的能力,这是不幸的事,却也是无可避免的。在我国力所能及的合理的范围之内,我们所做的以及可能做的一切事情,都无法改变这种结局;这种结局之所以终于发生,也并不是因为我们少做了某些事情。这是中国内部各种力量的产物,我国曾经设法去左右这些力量,但是没有结果。"正是为了"脱卸责任",美国国务院发表的白皮书叙述了中美关系的历史发展,特别是美国政府实施扶蒋反共政策反对中国人民终于遭到失败的经过。书中充满了对于中国人民及其革命斗争的污蔑和诽谤,但它也公开暴露了若干反革命的真相,在客观上成了它的侵华罪恶的一篇自供。8 月 14 日至 9 月 16 日,毛泽东为新华社写了《丢掉幻想,准备斗争》、《唯心历史观的破产》等五篇对于白皮书的评论,揭露美国政府对华政策的帝国主义本质,并对中国人民革命发生和胜利的原因作了理论上的说明。

艾奇逊在他的信中首先试图从中国的经济状况和思想状况去说明中国革命的发生。不过,"在这里,他讲了很多的神话"。

其一,艾奇逊说:"中国人口在十八九世纪里增加了一倍,因此使土地受到不堪负担的压力。人民的吃饭问题是每个中国政府必然碰到的第一个问题。""国民(党)政府之所以有今天的窘况,很大的一个原因是它没有使中国有足够的东西吃。中共宣传的内容,一大部分是他们决心解决土地问题的诺言"。按照这个说法,中国是由于人口多了,饭少了,所以才发生革命的。

从现象上看,事情似乎是这样。中国人民由于被推到了饥饿和死亡的边缘上,才被迫奋起抗争的。问题在于,是什么原因把他们推向饥饿和死亡的边缘上的呢?是人口过剩吗?不是。我们知道,人口规律是社会规律,不同的生产方式有不同的人口增长规律和过剩人口增长规律。旧中国确实存在着人口过剩的问题。只是这种人口过剩是相对的,而不是绝对的。这种相对的人口过剩,是由于当时占支配地位的反动的、落后的生产方式所决定的。为什么在国民党统治区,广大人民陷入了饥饿的境地,这里的社会秩序动荡,群众反抗现存政权的斗争不断发生;而在共产党领导的解放区,却能够解决老百姓的"吃饭问题",那里的社会秩序稳定,人民与政府亲密无间呢?这是艾奇逊的"理论"所无法解释的。

其二,艾奇逊说:"十九世纪中叶以来,西方突破了中国孤立的墙壁,把许多新思想带了进来。这些新思想发生了重要作用，激起了骚动和不安。”

在这里，艾奇逊把事情的因果关系从根本上弄颠倒了。事实上，“不是什么西方思想的输入引起了‘骚动和不安’，而是帝国主义的侵略引起了反抗”①。中国人民正是由于在帝国主义的侵略和压迫之下感到了亡国灭种的现实威胁，陷入了饥寒交迫和不自由的境地，才“骚动与不安起来”，才被迫从帝国主义的老家即西方资产阶级革命时代的武器库中去寻找救国的思想武器和政治方案的。这些西方思想的传入，在一个时期内确曾对中国人民起过某种启蒙的作用。戊戌变法、辛亥革命，都是以西方资产阶级民主主义作为思想旗帜的。但是这些东西也和封建主义的思想武器一样，软弱得很，它们并不能帮助中国人民抵御帝国主义的侵略，并且很快败下阵来，宣告破产了。中国人民的斗争，并不是在西方资产阶级民主主义的思想旗帜下，恰恰相反，是在否定了西方资产阶级民主主义，举起了马克思主义的思想旗帜之后，才具有波澜壮阔的伟大声势，走上胜利发展的康庄大道的。

显然，作为中国人民革命的敌对力量，艾奇逊不愿意也不可能对中国人民革命发生和胜利的原因作出切合实际的说明。

中国人民革命是怎样发生和发展的呢？毛泽东指出，这是有着深刻的社会根源和雄厚的群众基础的。

由于帝国主义、封建主义和官僚资本主义对于中国人民的残酷的压迫和剥削，中国人民走上了反帝反封建的伟大斗争的历史时代。

1840 年鸦片战争以来，外国资本主义、帝国主义一步一步地加紧了对中国的侵略。“为了侵略的必要，帝国主义给中国造成了买办制度，造成了官僚资本。帝国主义的侵略刺激了中国的社会经济，使它发生了变化，造成了帝国主义的对立物——造成了中国的民族工业，造成了中国的民族资产阶级，而特别是造成了在帝国主义直接经营的企业中、在官僚资本的企业中、在民族资产阶级的企业中做工的中国的无产阶级。为了侵略的必要，帝国主义以不等价交换的方法剥削中国的农民，使农民破产，给中国造成了数以万万计的广大的贫农群众，贫农占了农村人口的百分之七十。为了侵略的必要，帝国主义给中国造成了数百万区别于旧式文人或士大夫的新式的大小知识分子”。“这样，西方资产阶级就在东方造成了两类人，一类是少数人，这就是为帝国主义服务的洋奴；一类是多数人，这就是反抗帝国主义的工人阶级、农民阶级、城市小资产阶级、民族资产阶级和从这些阶级出身的知识分子，所有这些，都是帝国主义替自己造成的掘墓

① 《毛泽东选集》第 4 卷，人民出版社 1991 年版，第 1513 页。

人，革命就是从这些人发生的。”①

由于帝国主义及其走狗在中国的极端残暴的反动统治，将全国各阶层人民推向了饥饿和死亡的界线之上，因而就迫使全国各阶层人民处于团结自救的地位，因为对于他们来说，除了斗争，再无出路。

工人、农民、城市小资产阶级群众是反帝反封建革命的主要力量。在他们中间，涌现出了无数像林祥谦、刘胡兰、董存瑞这样的无畏的英雄和不屈的战士。随着斗争的发展，民族资产阶级也逐步向共产党靠拢，这种现象曾经被人称作是“开万国未有之奇”。

各民主党派和无党派民主人士、各少数民族、爱国的知识分子和华侨等，都在这场斗争中发挥了积极的作用。伟大的爱国者宋庆龄、文化革命的主将鲁迅、国民党左派何香凝等，即使在最艰苦的年代，也始终坚持革命的立场，与共产党站在一起。邓演达、李公朴、闻一多、杜斌丞等，还在反独裁、争民主的斗争中献出了自己的生命。民主党派的领导人李济深、张澜、沈钧儒、黄炎培等，爱国侨领陈嘉庚、司徒美堂等，也都先后成了共产党的亲密朋友。

没有广大人民和各界人士的广泛参加和大力支持，中国革命的胜利是不可能的。

中国革命之所以能够赢得胜利，同国际无产阶级和人民群众的支持也是分不开的。毛泽东说过，假如没有苏联的存在和人民民主国家的出现，没有被压迫民族的斗争和资本主义国家人民的斗争，堆在中国人民头上的国际反动势力不知要大多少倍，在这种情况下，我们是不可能胜利的；胜利了，要巩固，也不可能。为了中国人民的解放事业，一些国际友人还直接参加了中国的革命斗争，有的已经长眠在了中国的土地上。

中国革命之所以能够走上胜利发展的道路，是由于有了中国无产阶级的革命政党——中国共产党的领导。

中国人民的反抗斗争自来是很英勇的。但是，在一个很长的时间内，即从1840年鸦片战争到1919年五四运动的近80年的时间里，中国人没有什么思想武器可以抗御帝国主义。旧的顽固的封建主义的思想武器打了败仗了，抵不住，宣告破产了。不得已，中国人被迫从帝国主义的老家即西方资产阶级革命时代的武器库中学来了进化论、天赋人权论和资产阶级共和国等思想武器和政治方案，组织过政党，举行过革命，以为可以外御列强，内建民国。但是这些东西也和封建主义的思想武器一样，并不能给中国人民指明救亡图存的正确道路。只是在十月革命以后传来了马克思主义，并在中国工人运动和马克思主义相结合的

① 《毛泽东选集》第4卷，人民出版社1991年版，第1484～1485、1513页。

基础上产生了中国共产党之后,中国才改换了方向,中国人在精神上才由被动转为主动,中国革命的面目才焕然一新。

马克思主义是无产阶级的世界观和社会革命论。它的生命力在于它是同社会实践紧密结合的,在于它能够在实践中为人们认识真理开辟道路。中国共产党之所以能够把中国革命引向胜利,是由于它坚持了马克思列宁主义的普遍真理同中国革命的具体实践相结合的正确方向。这是中国共产党的一条最基本的经验。

马克思列宁主义的故乡在欧洲。要把这个在欧洲产生并发展起来的无产阶级的革命理论运用到人口众多、经济落后、情况复杂的半殖民地半封建中国的革命实践中来,这是一项极其伟大而艰巨的任务。以毛泽东为代表的中国共产党人在领导中国人民进行长期而又艰苦的反帝反封建斗争的过程中,以实事求是的科学态度,采取从群众中来、到群众中去的群众路线的工作方法,调查研究中国社会的实际情况,独立自主地思考中国革命的问题,终于逐步地形成了一整套适合中国国情的马克思列宁主义的理论、路线、方针和政策,并使之具有易于为中国人民所理解和接受的民族形式和民族风格,从而为中国民主革命的胜利指明了方向。

主要在20世纪20年代后期和30年代前期在国际共产主义运动中和中国共产党内盛行的把马克思主义教条化、把共产国际决议和苏联经验神圣化的错误倾向,曾经使中国革命几乎陷于绝境。毛泽东思想是在同这种错误倾向作斗争并深刻总结这方面的历史经验的过程中逐渐形成和发展起来的。它在大革命时期萌芽,在土地革命战争时期开始形成,在土地革命战争后期和抗日战争时期得到系统总结和多方面展开而达到成熟,在解放战争时期和中华人民共和国成立以后继续得到发展。毛泽东思想,这就是马克思列宁主义的基本原理和中国革命的具体实践相结合的产物,是马克思列宁主义在中国的运用和发展,是被实践证明了的关于中国革命和建设的正确的理论原则和经验总结,是中国共产党集体智慧的结晶。毛泽东思想的形成和发展,使马克思主义在辽阔的中国大地上深深扎下了根。这个中国化的马克思主义思想一旦被中国人民所接受,就转化成为对中国社会进行革命改造的伟大力量。正因为如此,连坚决反共的美国国务卿艾奇逊在1949年底也不得不承认:“我们必须面对的现实是,在中国不存在抵制共产主义的基础。”虽然他对此并不甘心,仍幻想在未来的某个时候,民主个人主义者会再显身手,以便在中国实行资本主义制度。

正是由于有了用马克思列宁主义、毛泽东思想武装起来的中国共产党的领导,中国革命才有了赢得胜利的保证。

中国共产党对于全国人民的政治领导,不是自封的,而是由执行下列几个条件去实现的：

“首先，是根据历史发展行程提出基本的政治口号，和为了实现这种口号而提出关于每一发展阶段和每一重大事变中的动员口号。”①

中国共产党不仅在中国革命的历史上破天荒第一次提出了反对帝国主义、反对封建主义的彻底的民主革命纲领，而且为这个革命的每一发展阶段规划了明确的奋斗目标。例如在抗日战争前夕，提出了“抗日民族统一战线”和“统一的民主共和国”这样的基本口号，又提出了“停止内战”、“争取民主”、“实现抗战”等动员口号。在抗日战争时期，提出了“全面的全民族的抗战”、“坚持持久战”、“坚持抗日民族统一战线”这样的基本口号，又提出了“坚持抗战、反对投降，坚持团结、反对分裂，坚持进步、反对倒退”等动员口号。这样，就为全国人民指明了共同斗争的目标，并为他们的团结提供了政治基础。

“第二，是按照这种具体目标在全国行动起来时，无产阶级，特别是它的先锋队——共产党，应该提起自己的无限的积极性和忠诚，成为实现这些具体目标的模范。”②

在大革命时期，共产党人英勇地站到了北伐战争的最前线；大革命失败后，共产党人冲破白色恐怖的高压，举起武装斗争的旗帜，并领导人民进行了伟大的土地革命；面对着日本帝国主义的侵略，共产党人在敌后的极端艰苦的环境中，领导人民坚持了独立自主的游击战争，成为抗日战争的中流砥柱；在解放战争时期，共产党人更是冲锋在前、退却在后，成为带领人民夺取全国胜利的核心力量。自1921年中国共产党创建至1949年中华人民共和国成立这28年的时间里，它为中国人民的解放事业献出了数十百万优秀战士，它的许多卓越领导人，如李大钊、瞿秋白、蔡和森、向警予、邓中夏、苏兆征、彭湃、陈延年、恽代英、赵世炎、张太雷等，许多杰出的将领，如方志敏、刘志丹、黄公略、许继慎、韦拔群、赵博生、董振堂、段德昌、杨靖宇、左权、叶挺等，也都在这个斗争中英勇地献出了自己的生命。中国共产党人以行动表明了自己是最有远见，最富于牺牲精神，最坚定，而又最能虚心体察民情，并依靠群众的多数的坚强的革命者，从而赢得了广大中国人民的衷心拥护。

“第三，在不失掉确定的政治目标的原则上，建立与同盟者的适当的关系，发展和巩固这个同盟。”③

中国共产党首先依靠了广大工人、农民和城市小资产阶级，并且在一定时期

① 《毛泽东选集》第1卷，人民出版社1991年版，第262页。

② 《毛泽东选集》第1卷，人民出版社1991年版，第263页。

③ 《毛泽东选集》第1卷，人民出版社1991年版，第263页。

内同民族资产阶级以至带买办性的大资产阶级集团建立了统一战线，从而组织起亿万民众，调动了各路直接和间接的同盟军，集中地向着当前的主要敌人进行了胜利的攻击。比如，第一次国共合作建立之后，就胜利地进行了广东战争和北伐战争；而第二次国共合作的建立，更有力地推动了全国性抗日战争的发动和进行；等等。

“第四，共产党队伍的发展，思想的统一性，纪律的严格性。”①

在长期的革命斗争中，在反对“左”的和右的错误倾向的过程中，中国共产党不断地加强自身的思想建设和组织建设，使自己从只有几十名成员、几个小组的幼年的党发展成了拥有数百万党员、在政治上成熟了的群众性的党，成了全国人民大团结的坚强核心。

在实践中，中国共产党也犯过不少的错误，它所领导的斗争也经历过许多的曲折，甚至遭受过严重的失败。如第一次大革命后期陈独秀的右倾投降主义错误和十年内战后期王明的“左”倾教条主义错误，就都曾经使中国革命的力量受到过巨大的损失。但是，中国共产党作为一个不谋私利、全心全意为人民服务的无产阶级革命政党，它是善于总结经验，从自己的错误中学习，并汲取教训的。因此，任何错误和挫折不仅没有把这个党压垮，反而使它锻炼得更加坚强起来，使它所领导的事业不断地战胜艰难险阻而逐步地走向了胜利。

在 1840 年以来近 80 年的旧民主主义革命时期中，中国人民反抗外国侵略和本国封建压迫的英勇斗争之所以失败，是由于没有一个如同中国共产党那样的先进的革命政党的坚强领导；在 1919 年以来 30 年的新民主主义革命时期中，由于有了马克思列宁主义的指导和中国共产党的领导，中国人民的革命虽然也经历过曲折，但终于取得了伟大的历史性胜利。“没有共产党，就没有新中国”，这是中国人民依据近代以来中国革命的历史经验所得出的一个科学的结论，这是中国人民基于自己的切身体验所确认的一个伟大的真理。这一点，甚至也得到了来自国民党营垒的一些人士的肯定。1949 年 6 月 26 日，留在北平的原国民党政府代表团团长张治中在他所发表的《对时局的声明》中说：“我居留北平已八十多天了，以我所见所闻的，觉得处处显露出一种新的转变、新的趋向，象征着我们国家民族的前途已显露出新的希望。”他说：“我以国民党党员一分子的立场只有感到无限的惭疚，但是站在国民一分子的立场说，又觉得极大的欣慰。我们中国人毕竟还有能力把国家危机挽转过来，还可希望把国家搞好，断不是一个没出息的民族，已可得到证明。”

① 《毛泽东选集》第 1 卷，人民出版社 1991 年版，第 263 页。

（四）中国人民革命的基本经验

中国人民反帝反封建的革命斗争，首先是在中国共产党的新民主主义革命的理论指引下取得胜利的。

毛泽东从中国的历史状况和社会状况出发，深刻研究中国革命的特点和中国革命的规律，发展了马克思列宁主义关于无产阶级在民主革命中的领导权的思想，创立了中国新民主主义革命的完整理论，提出了无产阶级领导的，人民大众的，反对帝国主义、封建主义和官僚资本主义的新民主主义革命的总路线和总政策。

民主革命的领导权属于无产阶级及其政党而不属于资产阶级及其政党，这是新民主主义革命区别于旧民主主义革命的主要标志。"由于无产阶级的领导，根本地改变了革命的面貌，引出了阶级关系的新调度，农民革命的大发动，反帝国主义和反封建主义的革命彻底性，由民主革命转变到社会主义革命的可能性，等等。所有这些，都是在资产阶级领导革命时期不可能出现的。"①

中国无产阶级的革命政党中国共产党在领导人民进行革命斗争的过程中，积累了极其丰富的经验。毛泽东指出："统一战线，武装斗争，党的建设，是中国共产党在中国革命中战胜敌人的三个法宝，三个主要的法宝。"中国革命的这三个主要的法宝也就是中国革命的三项基本的经验。这些经验，在毛泽东的科学著作中，得到了集中的概括。

这些基本的经验，包含着十分丰富的内容：

1. 武装斗争

在半殖民地半封建的中国，武装斗争有着特殊的重要性。由于中国没有资产阶级民主制度，反动统治阶级总是凭借反革命暴力对人民实行赤裸裸的独裁恐怖统治，中国革命的主要形式只能是武装斗争。其他形式的斗争虽然也是重要的，但它们直接或间接都是配合武装斗争的。在中国，离开了武装斗争，就没有无产阶级和共产党的地位，就不能完成任何的革命任务。

中国的武装斗争，实质上就是无产阶级领导下的农民战争。在1927年革命失败以后，中国的武装斗争必须走农村包围城市进而夺取全国政权的道路。农民是无产阶级的最可靠的同盟军。无产阶级有必要和可能通过自己的先锋队，用领导土地改革的办法把农民群众发动起来并把他们团结在自己的周围，用先进思想、组织性和纪律性来提高农民群众的觉悟水平，建立农村根据地，坚持长期的革命战争，发展和壮大人民革命力量。中国人民正是沿着这条道路，经过

---

① 《毛泽东选集》第1卷，人民出版社1991年版，第315页。

22 年的浴血苦战，终于赢得伟大的历史性的胜利的。

由于中国革命的主要斗争形式是战争，而主要的组织形式是军队，因此，建设一支新型的人民军队，也就成了争取中国革命胜利的一个极其重要的和不可缺少的条件。毛泽东总结中国人民军队建设的经验，系统地解决了以农民为主要成分的革命军队如何建设成为一支无产阶级性质的、具有严格纪律的、同人民群众保持亲密联系的新型人民军队的问题。他规定了全心全意为人民服务是人民军队的唯一宗旨，规定了党指挥枪而不是枪指挥党的原则，制定了三大纪律八项注意，强调了必须实行政治、经济、军事三大民主，实行军民一致、军政一致、官兵一致和瓦解敌军的原则，提出了一整套军队政治工作的方针和办法。以毛泽东建军思想武装起来的这支军队，为着人民的事业而浴血奋斗，在中国人民革命的历史上写下了极其光辉的篇章。

中国人民军队经历了一个由小到大、由弱转强的发展过程。为了战胜数量上和装备上都处于优势的敌人，毛泽东提出了以人民军队为骨干，依靠广大人民群众，建立农村根据地，进行人民战争的思想。他把游击战争提到了战略的地位，认为中国革命战争在长时期内的主要作战形式是游击战和带游击性的运动战。他论述了要随着敌我力量对比的变化和战争发展的进程，正确地实行军事战略的转变。他为革命军队制定了在敌强我弱的形势下实行战略的持久战和战役、战斗的速决战，把战略上的劣势转变为战役、战斗上的优势，集中优势兵力、各个歼灭敌人等一系列人民战争的战略战术。由于这种战略战术是建立在人民战争的基础之上的，因此它也是任何反动军队所不能使用也无法对付的。

2. 统一战线

由于受到帝国主义、封建主义的残酷压迫，中国的工人、农民和城市小资产阶级有着强烈的革命要求，他们是中国革命的基本力量，是民族统一战线的基础；由于中国遭受的最大的压迫是民族压迫，在一定时期中和一定程度上民族资产阶级是可以参加反帝反封建的革命斗争的，无产阶级应当在这个一定时期中同它建立统一战线；由于中国的带买办性的大资产阶级的各个集团是以不同的帝国主义为背景的，在各帝国主义间的矛盾尖锐化的时候，在革命的锋芒主要地对着某一个帝国主义的时候，属于别的帝国主义系统的大资产阶级集团也可能在一定程度上和一定时期内参加反对某个帝国主义的斗争，无产阶级在这个一定时期内与之建立统一战线也是完全必要的。这样，才有利于集中力量孤立和打击当前的主要敌人。

巩固和扩大统一战线的关键，是坚持无产阶级及其政党对于统一战线的领导权。“领导的阶级和政党，要实现自己对于被领导的阶级、阶层、政党和人民团体的领导，必须具备两个条件：（甲）率领被领导者（同盟者）向着共同敌人作坚决的斗争，并取得胜利；（乙）对被领导者给以物质福利，至少不损害其利益，同时对被领导者给以政治教育。没有这两个条件或两个条件缺一，就不能实现领导。"①

同无产阶级争夺领导权的主要力量是资产阶级。因此，无产阶级及其政党必须对资产阶级有正确的政策。在同资产阶级结成统一战线时，要保持无产阶级的独立性，实行又团结又斗争、以斗争求团结的政策；在被迫同资产阶级主要是同大资产阶级分裂时，要敢于并善于同大资产阶级进行坚决的武装斗争，同时要继续争取民族资产阶级的同情或中立。

统一战线和武装斗争是不可分的。"统一战线，是实行武装斗争的统一战线"；而革命武装，又是统一战线的中心支柱。它们是中国共产党领导人民"战胜敌人的两个基本武器"②。

3. 党的建设

中国人民所以能够战胜强大的敌人，基本地是依靠了统一战线和武装斗争这两个武器。"而党的组织，则是掌握统一战线和武装斗争这两个武器以实行对敌冲锋陷阵的英勇战士"③。因此，加强中国共产党的建设，对于中国革命的胜利具有极其重大的意义。

在无产阶级人数很少而战斗力很强，农民和其他小资产阶级占人口大多数的国家，建设一个具有广大群众性的、马克思主义的无产阶级政党，是极其艰巨的任务。毛泽东建党学说成功地解决了这个问题。

毛泽东强调，必须密切地联系着党的政治路线来加强党的建设，通过端正党的思想路线，来保证制定和贯彻执行党的正确的政治路线。

毛泽东特别着重于从思想上建设党，提出党员不但要在组织上入党，而且要在思想上入党，经常注意以无产阶级思想改造和克服各种非无产阶级思想。他指出，理论和实践相结合的作风，和人民群众紧密地联系在一起的作风，以及批评和自我批评的作风，是中国共产党区别于其他任何政党的显著标志。他针对历史上党内斗争中存在过的自由主义即放弃思想斗争的右的倾向和"残酷斗争、无情打击"的"左"倾错误，提出"惩前毖后、治病救人"的正确方针，强调在党内斗争中要达到既弄清思想又团结同志的目的。他创造了在全党通过批评与自我批评进行马克思列宁主义思想教育的整风形式。

正是在毛泽东建党思想的指导下，在长期的革命斗争中，中国共产党走过了

① 《毛泽东选集》第4卷，人民出版社1991年版，第1273页。

② 《毛泽东选集》第2卷，人民出版社1991年版，第613页。

③ 《毛泽东选集》第2卷，人民出版社1991年版，第613页。

艰难曲折的道路，把自己锻炼成了一个政治上成熟的马克思列宁主义的革命政党。

总之，“一个有纪律的，有马克思列宁主义的理论武装的，采取自我批评方法的，联系人民群众的党。一个由这样的党领导的军队。一个由这样的党领导的各革命阶级各革命派别的统一战线。这三件是我们战胜敌人的主要武器”①。

革命的根本问题是政权问题。中国共产党领导中国人民运用统一战线和武装斗争这两个武器去进行革命斗争，是为了推翻帝国主义和封建主义的统治，建立一个人民共和国。毛泽东指出：“总结我们的经验，集中到一点，就是工人阶级（经过共产党）领导的以工农联盟为基础的人民民主专政。这个专政必须和国际革命力量团结一致。这就是我们的公式，这就是我们的主要经验，这就是我们的主要纲领。”②

由于中国政治经济发展的不平衡，导致革命发展的不平衡，因此，这个人民民主专政是首先在局部地区而且主要是在农村地区建立起来的，而后才逐步推广到更大的范围，以至最后成为全国性的政权。

当人民民主专政的政权推广到全国、中华人民共和国宣告成立的时候，中国的新民主主义革命也就取得了基本的胜利。这样，中国共产党就把领导全国各族人民有步骤地实现从新民主主义到社会主义的转变，建设社会主义现代化的国家的任务，提上了工作的日程。

进入近代以来，中华民族面对着两大历史任务：一个是取得民族独立和人民解放，一个是实现国家的繁荣富强和人民的幸福富裕。经过长时期的斗争，特别是中国共产党成立以后 28 年的斗争，以中华人民共和国的创立为标志，中国争取民族独立和人民解放的任务基本上实现了；在这之后，中国仍然面临着捍卫民族独立、国家主权和巩固人民解放成果的严重斗争，这是一刻也不能忘记的。但所要解决的已经主要是国家走向繁荣富强即实现现代化的问题。新中国的创建，为中国人民集中力量进行建设，以实现国家的繁荣富强和人民的幸福富裕创造了前提，开辟了道路。而中国所处的时代环境和社会历史条件，决定了中国必须走社会主义道路，才能使国家臻于繁荣富强、人民达到共同富裕的境地。

在中国革命即将取得全国胜利的时候，毛泽东曾经向全世界庄严宣告：“我们不但善于破坏一个旧世界，我们还将善于建设一个新世界。”③建设新世界，比起破坏旧世界来，这是一个更加伟大、更加艰巨的事业。正因为如此，对于中国

---

① 《毛泽东选集》第 4 卷，人民出版社 1991 年版，第 1480 页。
② 《毛泽东选集》第 4 卷，人民出版社 1991 年版，第 1480 页。
③ 《毛泽东选集》第 4 卷，人民出版社 1991 年版，第 1439 页。

共产党来说,取得全国政权,这并不是革命的结束,而只是一场新的更加漫长的战斗的开始。"比如走路,过去的工作只不过是像万里长征走完了第一步"①。随着中华人民共和国的成立,中国共产党将担当起领导全中国人民确立社会主义的基本制度,经过顽强的努力去改变中国贫穷落后的面貌,建设伟大的社会主义现代化强国的历史任务。

——原载《中国共产党与新中国的创建》,中央文献出版社 2009 年版。

十、中国共产党认识和处理资本主义、资产阶级问题的历史经验

(一)正确认识和处理资本主义、资产阶级问题的重要性

无产阶级和资产阶级是随着资本主义经济的产生和发展而形成和发展起来的。它们是互相对立又互相依存的两个阶级。共产党是无产阶级的先锋队。任何国家的共产党都必然要面对如何认识和对待资本主义、资产阶级的问题。

恩格斯在《共产党宣言》1883 年德文版序言中指出:按照马克思提出的思想,"被剥削被压迫的阶级(无产阶级),如果不同时使整个社会永远摆脱剥削、压迫和阶级斗争,就不再能使自己从剥削它压迫它的那个阶级(资产阶级)下解放出来"②。这就是人们经常所说的,无产阶级要彻底解放自己,必须解放全人类,即必须最终消灭资本主义、资产阶级,实现没有阶级和阶级差别的共产主义社会。但是,资本主义、资产阶级是生产发展的一定阶段的产物;它们只有在生产发展的更高阶段才能归于彻底消灭。这是一个漫长的历程,是一个艰苦、复杂的斗争过程。在这个过程中,如何根据不同时期的情况,正确认识和处理资本主义、资产阶级的问题,始终是各国无产阶级及其政党必须解决的一项任务。

资本主义在世界上的扩张使人类历史第一次真正成了世界历史。各国无产阶级和人民群众的利益日益紧密地联结了起来,无产阶级的革命事业成了国际性的事业。但是,正如马克思、恩格斯所说的:"如果不就内容而就形式来说,无产阶级反对资产阶级的斗争首先是一国范围内的斗争。每一个国家的无产阶级当然首先应该打倒本国的资产阶级。"③这就是说,各国无产阶级及其政党必须从本国的实际情况出发,制定出正确对待存在于本国的资本主义、资产阶级的路

① 《毛泽东选集》第 4 卷,人民出版社 1991 年版,第 1480 页。
② 《马克思恩格斯选集》第 1 卷,人民出版社 1995 年版,第 252 页。
③ 《马克思恩格斯选集》第 1 卷,人民出版社 1995 年版,第 283 ~ 284 页。

线和政策。

中国共产党是中国无产阶级的先锋队。它是在半殖民地半封建的中国社会开始自己的活动的。中国无产阶级和人民群众不仅遭受本国封建主义的压迫和剥削,而且遭受到外国资本—帝国主义的压迫和剥削。帝国主义和中华民族的矛盾,是这个社会的最主要的矛盾。因此,如何认识和对待外国资本主义和外国帝国主义国家的垄断资产阶级,成了中国共产党必须面对的第一个重要问题。

中国的资本主义经济和资产阶级是随着外国资本主义的入侵而逐步地产生和发展起来的。这样,生长在半殖民地中国的资产阶级分成了两个部分,这就是依附于国际帝国主义的买办性的大资产阶级(在国民党统治时期,称官僚资产阶级)和民族资产阶级;与此相适应,中国的资本主义也分成了两个部分,这就是官僚买办资本主义和民族资本主义。因此,如何认识和对待中国的资本主义、资产阶级,成了中国共产党必须面对的又一个重要问题。

毛泽东在《〈共产党人〉发刊词》(1939年10月4日)一文中指出:中国革命和中国共产党的发展道路,是在"同中国资产阶级的复杂关联中走过的。这是一个历史的特点","而为任何资本主义国家的革命史中所没有的"。历史的情况表明,"党的失败和胜利,党的后退和前进,党的缩小和扩大,党的发展和巩固,都不能不联系于党同资产阶级的关系"。"当我们党的政治路线是正确地处理同资产阶级建立统一战线或被迫着分裂统一战线的问题时,我们党的发展、巩固和布尔什维克化就前进一步;而如果是不正确地处理同资产阶级的关系时,我们党的发展、巩固和布尔什维克化就会要后退一步"①。这段话,讲的是党同中国资本主义、资产阶级的关系,应当说,它的基本精神,也适用于分析党同外国资本主义、资产阶级的关系。

为什么正确认识和处理资本主义、资产阶级的问题,具有极大的重要性呢?这是因为:

第一,它关系到能否分清敌人和朋友,正确地规定革命的对象。

历史的经验表明:"谁是我们的敌人?谁是我们的朋友?这个问题是革命的首要问题。中国过去一切革命斗争成效甚少,其基本原因就是因为不能团结真正的朋友,以攻击真正的敌人。"②中国共产党要在革命中有不领错路和一定成功的把握,就必须正确地解决这个分清敌我的问题。而正确地认识和对待资本主义、资产阶级,正是解决这个问题的重要条件。

半殖民地中国的革命首先应当是反对帝国主义的民族革命。如果党不能科

---

① 《毛泽东选集》第2卷,人民出版社1991年版,第604~605页。

② 《毛泽东选集》第1卷,人民出版社1991年版,第3页。

学地揭示帝国主义的本质和它对中国社会所发生的作用，就不可能坚定不移地高举起反帝的旗帜，制定出适当的反帝的策略，从而为人民指明斗争的目标和走向胜利的道路。如果对帝国主义抱有不切实际的幻想，在它的威吓面前表示恐惧和退缩，或者不讲究斗争策略，乱打一气，那么这个斗争就无法进行到底，就有遭到失败的危险。

半殖民地半封建中国的革命在其第一阶段上只能是资产阶级性质的民主革命，它的对象是帝国主义和封建主义，而不是一般的资本主义和资产阶级。如果笼统地把一般资本主义和资产阶级作为革命的对象，就会发生混淆敌我界限、模糊革命的主要斗争对象的错误。但是，中国的买办性的大资产阶级即官僚资产阶级是国际帝国主义的附庸，是一个反动的阶级。如果不能揭示这个阶级的本质，不懂得把它确定为革命的对象，或者在特定情况下同它实行暂时联合的时候，丧失应有的警觉，对它可能的叛变不做必要的准备，那么中国革命就有可能遭受严重的挫折乃至走向失败。

第二，它关系到能否组成最广泛的统一战线，以孤立和打击当前最主要的敌人。

中国革命的敌人是十分强大的，不仅国内有严重的封建买办势力，而且国外有凶暴的帝国主义。如果党不能团结一切可以团结的力量，调动起一切直接的和间接的同盟军，去集中地反对和攻击当前的主要敌人，革命就难以发动、坚持和走向胜利。而为了做到这一点，也必须解决如何正确地认识和对待资本主义、资产阶级的问题。

中国革命的基本力量是工人、农民以及城市小资产阶级，这是首先必须明确的，是不应当有任何含糊的。同时也还应当注意到，半殖民地中国的民族资产阶级由于受到帝国主义、封建主义的压迫，是可以参加革命或者在革命斗争中保持中立的；当斗争的矛头主要是对着某一个帝国主义的时候，其他帝国主义，以及依附于其他帝国主义的买办性的大资产阶级集团，也有可能在一定时期内和一定程度上参加反对这个帝国主义的斗争。如果不认识这种情况，不懂得争取和联合民族资产阶级，不学会利用反动营垒内部的矛盾以便争取多数，反对少数，而实行“左”的关门主义的策略，那么党就不可能走出狭隘的圈子，而展开宏伟的斗争局面，中国革命的力量就有可能被孤立乃至走上失败的道路。但是，当党注意去联合资产阶级的时候，如果忘记了工农群众始终是中国革命的主要力量，而把资产阶级当做了中国革命的主要力量，对它们的妥协倾向、反动倾向不敢进行斗争，甚至为了适应资产阶级的政治需要而去压制工农群众，那么党就会犯右的投降主义错误，从而脱离自己的基本的阶级队伍，使中国革命不可避免地走向失败。

第三,它关系到能否充分体现革命的目的是解放生产力这个根本的原则。

革命的目的是为了解放被束缚的生产力,这是马克思主义的一项重要的原理。毛泽东指出:“中国一切政党的政策及其实践在中国人民中所表现的作用的好坏、大小,归根到底,看它对于中国人民的生产力的发展是否有帮助及其帮助之大小,看它是束缚生产力的,还是解放生产力的。”①中国共产党为了使自己的政策起到促进生产力的解放这种积极的作用,一个重要的方面,就是要正确认识和处理资本主义、资产阶级的问题。

帝国主义在中国享有的种种特权,官僚资本主义及其在社会经济生活中占据的垄断地位,严重地束缚了生产力的发展。党必须坚决地废除帝国主义的特权,消灭官僚资本主义的生产关系,才能有效地解放生产力,促进生产力的发展。

在半殖民地半封建的中国,民族资本主义是一种比较进步的生产关系,它对促进中国社会的生产力的发展是有积极作用的。如果党不懂得在新民主主义革命中必须保护民族工商业,就会对经济的发展和社会的进步起消极作用,革命根据地的生产发展和物资交流也会因此而发生严重的困难,所有这些,对中国革命的事业都是十分不利的。当然,民族资本主义经济也有起消极作用的一个方面,如果党不懂得对这种消极方面采取有伸缩性的限制政策,也将使社会经济生活受到消极的影响,并妨碍未来的中国从新民主主义向社会主义的顺利转变。

中国的民族资产阶级是中国社会各阶级中文化水准、技术知识水准比较高的一个阶级。正确对待这个阶级及其知识分子,不仅在新民主主义革命时期对统一战线的扩大和巩固,对革命事业的发展,而且在革命胜利以后对建设事业的进步,都具有重要意义。

第四,它关系到中国共产党自身建设的前进和后退。

认识和处理资本主义、资产阶级的问题,是中国共产党政治路线的一个重要的组成部分。当党能够正确地认识和处理这个问题时,党的政治路线就会比较快地走上正轨,党的事业就会前进,党的队伍就会扩大,党的思想统一就会得到巩固;反之,当党不能够正确地认识和处理这个问题时,党的政治路线就会发生偏差,就会犯“左”的或右的错误,党的事业就会遭受挫折,党的队伍就会缩小,党的思想一致就会被动摇乃至被瓦解。事实上,作为中国工人阶级先锋队的中国共产党,如果在应当联合资产阶级的时候,不去同它实行联合,它就难免使自己在政治上陷于孤立,就不可能使自己从狭隘的关门主义小圈子里走出来,就会犯宗派主义的错误;如果在同资产阶级实行联合的时候,忘记在政治上、思想上同它划清原则界限,不注意反对资产阶级思想对党的腐蚀,同党内资产阶级思想

① 《毛泽东选集》第3卷,人民出版社1991年版,第1079页。

进行有效的斗争，它就难免要犯投降主义的错误，就不可能自觉地坚持无产阶级在革命中的领导权，一些党员的共产主义思想的纯洁性就会得不到保持，党的战斗力就会因此受到削弱乃至破坏。

由此可见，如何认识和处理资本主义、资产阶级，这是中国共产党必须认真面对并加以正确解答的一个历史性的课题。

与一般资本主义国家的情况不同，半殖民地半封建中国的资本主义、资产阶级有着很大的特殊性。因此，为了正确地认识和处理中国的资本主义、资产阶级问题，不能依靠简单地摘引马克思主义书本上的词句，不能依靠抄袭其他国家共产党的经验，而是必须在马克思主义的指导下，系统地调查研究在中国的各种资本主义经济的状况和各类资产阶级的政治态度，总结党在这个问题上所积累的正反两个方面的历史经验。实际上，中国共产党对于资本主义、资产阶级的正确的路线和政策，正是在这个基础上逐步地形成和发展起来，并走向成熟的。

如何正确地认识和对待资本主义、资产阶级？这既是中国共产党在民主革命时期必须解决的一个十分重要的问题，同时又是一个极其复杂的不容易解决好的问题。能不能正确地解决这个问题，是党在政治上是否成熟的一个重要的标志。毛泽东指出："我们常说中国共产党在一九二七年的时候是幼年的党，从主要意义上来说，就是指我们党在同资产阶级联盟的时候，没有看到资产阶级会叛变革命，而且也没有做好应付这种叛变的准备。"①中国共产党正是经过了大革命和土地革命战争两次胜利和失败的反复，在总结成功的经验并汲取犯右的和"左"的错误的教训的基础上，在 1935 年 1 月遵义会议之后，才形成对资本主义、资产阶级问题的比较全面的、正确的认识，并逐步地使相关的政策全部走上马克思主义的轨道的。

（二）反对外国帝国主义的压迫，争取民族独立

1. 高举起反对帝国主义的革命旗帜

帝国主义是中国民主革命的首要对象。

毛泽东指出，"只有认清中国社会的性质，才能认清中国革命的对象"。旧中国的社会既然具有半殖民地半封建的性质，那么，中国革命的对象"不是别的，就是帝国主义和封建主义，就是帝国主义国家的资产阶级和本国的地主阶级。因为，在现阶段的中国社会中，压迫和阻止中国社会向前发展的主要的东西，不是别的，正是它们二者。二者互相勾结以压迫中国人民，而以帝国主义的

① 《毛泽东文集》第 8 卷，人民出版社 1999 年版，第 110 页。

民族压迫为最大的压迫，因而帝国主义是中国人民的第一个和最凶恶的敌人”①。

中国人民认清帝国主义的本质并确认它为主要的敌人，是经历了一个在实践的基础上总结经验，从感性认识上升到理性认识的过程的。“第一阶段是表面的感性的认识阶段”，表现在义和团运动等笼统的排外主义的斗争上；“第二阶段才进到理性的认识阶段，看出了帝国主义内部和外部的各种矛盾，并看出了帝国主义联合中国买办阶级和封建阶级以压榨中国人民大众的实质，这种认识是从一九一九年五四运动前后才开始的”②。

以农民为主体的义和团运动对外国侵略者的压迫进行了英勇的反抗，有力地打击了帝国主义灭亡中国的图谋；但是，他们提出的“反清灭洋”尤其是“扶清灭洋”的口号表明，中国的农民阶级并没有能够认清帝国主义的本质，而且由于没有分清帝国主义国家的资产阶级和人民群众的界限而表现了排外主义的倾向，没有认识帝国主义勾结封建势力这个基本的事实，以致上了封建统治者的圈套。以孙中山为代表的资产阶级革命派推翻了帝国主义在中国的代理人——清王朝的反动统治，从而使自己所进行的斗争间接地具有了反对帝国主义斗争的性质；但是他们并没有提出过明确的反帝斗争的革命纲领，他们甚至幻想依靠美、英等国的支持来反对德、日等国的侵略。这些情况表明，他们也仍然没有认清帝国主义的本质，没有找到反帝斗争的正确道路。

五四时期，由于看到巴黎和会上帝国主义战胜国联合压迫中国这个基本的事实，由于受到十月革命以后掀起的世界革命潮流的影响，中国的先进分子率先打破对帝国主义的幻想，开始提出“改造强盗世界，实行民族自决”这样的口号。中国共产党成立后，更开始自觉地运用马克思主义的观点来分析帝国主义和中国的关系。1922 年 6 月，党在对时局的主张中即已指出，国际帝国主义及本国军阀的压迫，是中国“人民受痛苦的源泉”。同年 7 月召开的党的二大在宣言中揭示了中国社会的半殖民地半封建的性质，明确指出，中国在政治上经济上无不受帝国主义列强的控制，实际上已经成为“国际资本帝国主义势力所支配的半独立国家”；同时，中国“在政治上还是处于军阀官僚的封建制度之下”，这也“使中国方兴的资产阶级的发达遭着非常的阻碍”。因此，反对帝国主义和封建主义的“民主主义革命运动是极有意义的”。这样，中国共产党就在全中国人民面前破天荒地第一次提出了反帝反军阀的民主革命纲领。对于中国革命者在长时期里没能弄清楚的革命对象问题，刚刚成立一年的中国共产党就把它基本解决

① 《毛泽东选集》第 2 卷，人民出版社 1991 年版，第 633 页。

② 《毛泽东选集》第 1 卷，人民出版社 1991 年版，第 289 页。

了。这说明,只有用马克思主义武装起来的中国共产党才能为中国革命指明方向。

党的二大宣言公布后,信奉实用主义、自由主义的胡适曾在《努力》周刊上发表《国际的中国》一文,嘲笑中共提出的封建军阀背后站着帝国主义这个科学论断“很像乡下人谈海外奇闻”,认为当前的主要问题是政治走上正轨,即成立他所鼓吹的由所谓“好人”组成“好政府”,“不必在这个时候牵涉到什么国际帝国主义的问题”。但是,不推翻军阀统治的后台——帝国主义的压迫,真正的好政府是建立不起来的,中国的经济发展和政治进步都是不可能的。中国共产党以科学的语言所揭示的反帝反军阀的政治主张,正是中国人民在实际生活中已经朦胧地开始提出的要求,因此这种主张才很快地传播开来,不久以后,“打倒列强,除军阀”就成了广大人民的共同呼声。“到1923与1924年间,列强对华进攻日急,全国知识阶级中进步分子,已采用‘反抗帝国主义’的口号”;1924年,一些大城市“已渐渐有反帝国主义的民众运动发生”①。1925—1927年的大革命就是在“反对帝国主义”、“反对军阀”的口号下进行的。甚至1927年国民党蒋介石集团叛变革命、自身已经成为帝国主义的代理人之后,它在表面上也仍然不敢公开抛弃反帝反军阀的旗帜。这个事实,是耐人寻味的。

中国共产党提出的“反对帝国主义”这个口号究竟具有何种含义呢？前面已经说过,作为中国革命对象的帝国主义,指的是“帝国主义国家的资产阶级”。不过,当我们说必须“打倒帝国主义”的时候,这并不意味着中国革命是要直接达到消灭外国“帝国主义国家的资产阶级”的目的。这个目的是只有通过这些国家的胜利的无产阶级革命才能达到的。对于中国人民来说,反对帝国主义,就是要以“废除一切不平等条约,推翻帝国主义在中国的一切特权为其主要目的”②。换句话说,就是要推翻国际帝国主义对中国的压迫,改变中国社会的半殖民地性质和中国的半独立状态,以争得中华民族的真正的独立和解放,从而为中国的经济发展和社会进步开辟道路。

在第一次大革命时期,中国共产党在所提的《国民革命的目前行动政纲草案》中,曾经把反对帝国主义的具体内容归纳为以下七项:

(1)反对列强武力干涉中国,全国民众应一致要求立即撤退驻华之外国海陆军。

(2)收回租界,由租界居民组织市民会议,管理之。外人之居住租界者,均需受中国法律之约束,并负担同等之纳税义务。

---

① 《中共中央文件选集》第1册,中共中央党校出版社1989年版,第253~254页。

② 《中共中央文件选集》第1册,中共中央党校出版社1989年版,第421页。

(3) 取消外国银行在华之一切特权,禁止外国银行在中国境内发行纸币。凡中国资本之银行,具有充分之保证金与合法之地位者,其纸币得通行于全国。

(4) 无条件交还海关,建立减轻出口税增加入口税之保护税则。

(5) 取消外国客轮自由航行中国内河及滨海各埠之特权,严禁私运军火及鸦片、吗啡等类毒物。为发达本国航业计,应将招商局收归国有并加扩充,得政府许可之私人航业,亦予以保护。

(6) 外资投资于大企业如铁路矿山之类,因而获得之管理权及政治权利,应一律取消,并从新厘定其经济权利。外人在中国境内开设之工厂,须重新登记,受政府之管理。不得国民政府之允许,外人不得在中国境内自由开设工厂。

(7) 外人在中国境内开设之教会、学校、医院、报馆及其他以慈善为名之机关,均需受中国法律之管理,不得国民政府之许可,不得借此等名义购置地产。①

以上各项主张所直接针对的,是外国帝国主义凭借它们强加给中国的不平等条约所赋予它们的在中国享有的种种特权,其目的都是为了维护中国的独立、主权和领土完整,因而都是天经地义的。

中国共产党领导人民主要采取何种形式进行反对帝国主义的斗争?

我们知道,在整个新民主主义革命时期,反对帝国主义侵略和压迫的斗争,是贯彻始终的,由于各个历史阶段的形势不同,主要的斗争对象是不断发生变化的,而且由于各个历史阶段帝国主义侵略和压迫中国的形式不同,中国人民采取的反帝斗争形式也不一样。当着帝国主义向中国举行侵略战争的时候,中国人民是“举行民族战争去反对帝国主义”。抗日战争时期,就属于这种情况。在这种时候如果不进行民族战争并赢得胜利,中国就会亡国。“当着帝国主义不是用战争压迫而是用政治、经济、文化等比较温和的形式进行压迫的时候,半殖民地国家的统治阶级就会向帝国主义投降,二者结成同盟,共同压迫人民大众。这种时候,人民大众往往采取国内战争的形式,去反对帝国主义和封建阶级的同盟,而帝国主义则往往采取间接的方式去援助半殖民地国家的反动派压迫人民,而不采取直接行动,显出了内部矛盾的特别尖锐性”②。第一次大革命、土地革命战争和全国解放战争时期,就属于这种情况。这些时期中国人民进行的反对北洋军阀和国民党反动派的斗争,间接地也就是反对帝国主义的斗争。如果不进行这种斗争并赢得胜利,取消帝国主义的在华特权、实现中国民族的完全独立,都是不可能的。

① 《中共中央文件选集》第 3 册,中共中央党校出版社 1989 年版,第 209 ~ 210 页。

② 《毛泽东选集》第 1 卷,人民出版社 1991 年版,第 321 页。

2. 认清帝国主义的本质,不抱幻想,不怕威吓

为了同帝国主义进行坚决的和有效的斗争,中国人民必须认清帝国主义的本质及其活动规律,在此基础上,形成反对帝国主义的正确的战略思想和策略思想。

帝国主义和中华民族的矛盾,或者说,压迫中国的帝国主义国家的垄断资产阶级和中国人民的矛盾,这是对抗性的矛盾。对于帝国主义来说,中国是它们倾销商品的广大市场,资本输出的理想场所,廉价原料和廉价劳动力的重要供应地。它们历来是把中国当做一块肥肉来互相争夺的。尽管它们对中国有时直接使用赤裸裸的暴力,有时也进行政治欺骗,即同时或交替运用硬的一手和软的一手,但是它们的根本目的都是为了实现或保持对中国人民的压迫和剥削。它们是绝对不会自动放弃对中国人民的压迫和剥削的。毛泽东指出:"捣乱,失败,再捣乱,再失败,直至灭亡——这就是帝国主义和世界上一切反动派对待人民事业的逻辑,他们决不会违背这个逻辑的。这是一条马克思主义的定律。我们说'帝国主义是很凶恶的',就是说它的本性是不能改变的,帝国主义分子决不肯放下屠刀,他们也决不能成佛,直至他们的灭亡。"①

认清压迫中国的帝国主义国家的垄断资产阶级和中国人民在根本利益上的这种对立,我们就会懂得,对帝国主义决不能抱有不切实际的幻想。为了争得民族的独立和解放,中国人民必须依靠组织起来的力量,同帝国主义进行坚决的斗争。以为在帝国主义面前表现忍让,让自己说话、做事都迎合它们的口味,都以不刺激它们为原则,就可以博得它们的同情和谅解,就可以使它们对自己大发善心,这是幼稚可笑的,是软弱无能的表现。毛泽东说过:"在野兽面前,不可以表示丝毫的怯懦。我们要学景阳冈上的武松。在武松看来,景阳冈上的老虎,刺激它也是那样,不刺激它也是那样,总之是要吃人的。或者把老虎打死,或者被老虎吃掉,二者必居其一。"②中国共产党人就是按照这个原则来对付侵略中国的帝国主义的。中国共产党不正是通过领导中国人民进行长期、艰苦的抗日民族解放战争和全国解放战争,把日本侵略者赶出了中国,并且粉碎了美国殖民地化中国的图谋的吗?

相对于被压迫民族和被压迫人民来说,帝国主义国家有比较强大的经济、军事、科技等方面的实力。它们历来就是以自己的强大来吓唬人的。而殖民地半殖民地的有些人也确实是怕吓。"我们也当过帝国主义的奴隶,当长久了,精神

---

① 《毛泽东选集》第4卷,人民出版社1991年版,第1486~1487页。

② 《毛泽东选集》第4卷,人民出版社1991年版,第1473页。

就受影响"[①]。有些人以为，由于实力悬殊，反抗帝国主义，不过是以卵击石，根本没有胜利的希望。对于帝国主义的这种恐慌和迷信如果不加以破除，中国人民在精神上就不可能求得解放，就无法在帝国主义面前真正站立起来。中国共产党人依据马克思主义的基本原理，揭示了帝国主义本质的两重性，指明了帝国主义不仅是凶恶的，而且还是虚弱的；在帝国主义面前，革命人民必须树立在战略上藐视敌人的思想，发扬敢于斗争、敢于胜利的大无畏的精神。

早在中国共产党创建时期，李大钊就明确地指明了帝国主义本质的这种两重性。他一方面说："挟国际猜忌、利权竞争的私心的资本主义、帝国主义，不论他是东方的、欧美的，绝讲不出公道话来。""我们应该信赖民族自决的力量，去解决一切纠纷，不可再蹈从前'以夷制夷'的覆辙"；另一方面他又说，"世界上的军国主义、资本主义，都像唐山煤矿坑上的建筑物一样，他的外形尽管华美崇闳，他的基础，已经被下面的工人掘空了，一旦陷落，轰然一声，归于乌有。我们应该在那威势煊赫的中间，看出真理的权威，因而发生一种勇气与确信，敢与他搏战，信他必可摧拉"[②]。对于这个问题，毛泽东作了最深刻的论述。他在揭露帝国主义的本质是凶恶的这一点的同时，又指出帝国主义是外强中干的。他强调，对于帝国主义，"我们要有清醒的头脑，这里包括不相信帝国主义的'好话'和不害怕帝国主义的恐吓"[③]。当蒋介石在美国的支持下发动全面内战之后，1946 年 8 月，为了以敢于斗争、敢于胜利的思想武装中国人民，他从人民群众是历史发展的决定性力量这个唯物主义历史观的基本观点出发，提出了帝国主义和"一切反动派都是纸老虎"这个科学的论断。他说："看起来，反动派的样子是可怕的，但是实际上并没有什么了不起的力量。从长远的观点看问题，真正强大的力量不是属于反动派，而是属于人民。""虽然在中国人民面前还存在着许多困难，中国人民在美国帝国主义和中国反动派的联合进攻之下，将要受到长时间的苦难，但是这些反动派总有一天要失败，我们总有一天要胜利。这原因不是别的，就在于反动派代表反动，而我们代表进步。"[④]

应当看到，帝国主义对中国的侵略和压迫，实际上也在为自己的灭亡准备条件。西方资产阶级在侵略东方的过程中，"在东方造成了两类人，一类是少数人，这就是为帝国主义服务的洋奴；一类是多数人，这就是反抗帝国主义的工人阶级、农民阶级、城市小资产阶级、民族资产阶级和从这些阶级出身的知识分子，

① 《毛泽东文集》第 7 卷，人民出版社 1999 年版，第 382 页。

② 《李大钊文集》第 3 卷，人民出版社 1999 年版，第 77 页。

③ 《毛泽东选集》第 4 卷，人民出版社 1991 年版，第 1133 页。

④ 《毛泽东选集》第 4 卷，人民出版社 1991 年版，第 1195 页。

所有这些，都是帝国主义替自己造成的掘墓人，革命就是从这些人发生的"①。中国共产党人的任务就是要帮助这些反对帝国主义的力量觉醒起来、组织起来，去进行争取民族独立和人民解放的伟大斗争。

诚然，从历史上看，由于反革命力量过于强大，以致新生力量遭到失败的情况，是屡次发生过的。但是，中国革命所处的时代条件与过去已经有了很大的不同。"如果说，十月革命给全世界工人阶级和被压迫民族的解放事业开辟了广大的可能性和现实的道路，那末，反法西斯的第二次世界大战的胜利，就是给全世界工人阶级和被压迫民族的解放事业开辟了更加广大的可能性和更加现实的道路。对于第二次世界大战的胜利的意义估计不足，将是一个极大的错误。"②这个情况，也是我们在估计帝国主义的力量时，必须考虑到的。

总之，"从本质上看，从长期上看，从战略上看，必须如实地把帝国主义和一切反动派，都看成纸老虎。从这点上，建立我们的战略思想"③。中国共产党就是这样做的。

当东方头号强国——日本帝国主义对中国发动武装侵略的时候，毛泽东明确指出："日本敢于欺负我们，主要的原因在于中国民众的无组织状态。克服了这一缺点，就把日本侵略者置于我们数万万站起来了的人民之前，使它像一匹野牛冲入火阵，我们一声唤也要把它吓一大跳，这匹野牛就非烧死不可。""个把日本帝国主义是不够打的"④。抗日战争的发展，证实了毛泽东的预言。抗日战争胜利以后，美国曾经企图诱使共产党人交出革命武装到国民党政府里去做官。有一个美国人还对毛泽东说，你们要听一听美国人的话，否则美国人会骂你们，会给蒋介石撑腰。毛泽东的答复是："你们爱撑蒋介石的腰就撑，愿撑多久就撑多久。不过要记住一条，中国是什么人的中国？中国绝不是蒋介石的，中国是中国人民的。总有一天你们会撑不下去！"⑤全国解放战争时期，尤其是人民解放军准备渡江作战并向全国进军的时候，中共中央"从来就是将美国直接出兵占领中国沿海若干城市并和我们作战这样一种可能性，计算在我们的作战计划之内的"；与此同时，中共中央强调指出，必须克服党内和人民中存在着的"对于美帝国主义力量的过分估计的错误观点"，坚决将革命进行到底。实际上，"中国人民革命力量愈强大，愈坚决，美国进行直接的军事干涉的可能性也就将愈减

① 《毛泽东选集》第4卷，人民出版社1991年版，第1513页。
② 《毛泽东选集》第4卷，人民出版社1991年版，第1357～1358页。
③ 《毛泽东文集》第7卷，人民出版社1999年版，第456页。
④ 《毛泽东选集》第2卷，人民出版社1991年版，第511～512页。
⑤ 《毛泽东选集》第4卷，人民出版社1991年版，第1133页。

少,并且连同用财政及武器援助国民党这件事也就可能要减少”①。解放战争的发展和胜利,有力地证实了以毛泽东为主席的中共中央上述判断的正确性。

很明显,必须具有在战略上藐视敌人的思想,具有压倒一切敌人而绝不为任何敌人所屈服的英雄气概,中国共产党才能充当反帝斗争的英勇旗手,并把这个斗争引向胜利。

3. 采取正确的政策和策略同帝国主义进行斗争

同世界上一切事物无不具有两重性(即对立统一规律)一样,帝国主义和一切反动派也具有两重性,它们是真老虎又是纸老虎。毛泽东总结党同帝国主义和一切反动派作斗争的历史经验时指出:“为了同敌人作斗争,我们在一个长时间内形成了一个概念,就是说,在战略上我们要藐视一切敌人,在战术上我们要重视一切敌人。也就是说在整体上我们一定要藐视他,在一个一个的具体问题上我们一定要重视他。如果不是在整体上藐视敌人,我们就要犯机会主义的错误。”“但是在具体问题上,在一个一个敌人的问题上,如果我们不重视他,我们就要犯冒险主义的错误”②。应当看到,“帝国主义由真老虎变成半真半假的老虎,再变成完全的假老虎,即纸老虎,这是一个事物走向反面的转化过程,我们的任务就是要促进这个过程。在这个过程结束之前,老虎还可能要活一个时期,还能咬人。因此,打老虎要一拳一拳地打,要讲究拳法,不能大意”③。这就是说,要使帝国主义从真老虎转化为纸老虎,革命人民必须智勇双全,必须掌握两“冲”的本领。“勇敢是一‘冲’,智谋又是一‘冲’”。“总之要大处着眼,小处着手”④。也就是说,在同帝国主义进行斗争时,必须十分讲究政策和策略。

在这方面,有三个问题特别值得注意:

第一,必须结成反对帝国主义的广泛的国际统一战线。

“帝国主义是世界性的,因此我们有必要调动一切国际进步力量”。“没有国际进步力量的支持,我们的革命就不能取得胜利”⑤。事实上,也正因为帝国主义是世界性的,它压迫全世界人民,因此我们要结成广泛的反帝国际统一战线就是有可能的。

1917 年发生的俄国的“十月革命建立了一条从西方无产者经过俄国革命到东方被压迫民族的新的反对世界帝国主义的革命战线”。从此以后,中国的反帝斗争就成了无产阶级世界革命的一个组成部分。“一向孤立的中国革命斗

① 《中共中央文件选集》第 18 册,中共中央党校出版社 1992 年版,第 17 页。
② 《毛泽东文集》第 7 卷,人民出版社 1999 年版,第 328 页。
③ 《毛泽东文集》第 7 卷,人民出版社 1999 年版,第 405 页。
④ 《毛泽东文集》第 5 卷,人民出版社 1996 年版,第 27 页。
⑤ 《毛泽东文集》第 7 卷,人民出版社 1999 年版,第 62 页。

争,自从十月革命胜利以后,就不再感觉孤立了。我们有全世界的共产党和工人阶级的援助。"①

第二次世界大战以后,美帝国主义凭借其强大的经济军事实力,企图称霸世界,构成了对世界人民的极大威胁。1946 年春季,以美国为首的帝国主义和各国反动派日益加紧反苏、反共、反人民的活动,鼓吹所谓"美苏必战",所谓"第三次世界大战必然爆发"。对此,毛泽东深刻地指出:"关于反苏战争的宣传,包括两个方面。在一方面,美国帝国主义确是在准备着反苏战争的,目前的反苏战争宣传和其他的反苏宣传,就是对于反苏战争的政治准备。在另一方面,这种宣传,是美国反动派用以掩盖当前美国帝国主义所直接面对着的许多实际矛盾,所放的烟幕。这些矛盾,就是美国反动派同美国人民之间的矛盾,以及美国帝国主义同其他资本主义国家和殖民地、半殖民地国家之间的矛盾。"因为"美国和苏联中间隔着极其辽阔的地带,这里有欧、亚、非三洲的许多资本主义国家和殖民地、半殖民地国家。美国反动派在没有压服这些国家之前,是谈不到进攻苏联的"。所以,"美国反苏战争的口号,在目前的实际意义,是压迫美国人民和向资本主义世界扩张它的侵略势力"。正是根据这种分析,他指出:"美国人民和一切受到美国侵略威胁的国家的人民,应当团结起来,反对美国反动派及其在各国的走狗的进攻。只有这个斗争胜利了,第三次世界大战才可以避免,否则是不能避免的。"②也正是根据这种分析,他反对一些人因为惧怕美国帝国主义、惧怕新的世界大战而在美蒋反动派武装进攻面前表示的软弱无能的态度,明确指出,帝国主义国家和社会主义国家有可能取得某种妥协,但是这种妥协"并不要求资本主义世界各国人民随之实行国内的妥协。各国人民仍将按照不同情况进行不同斗争"③。这种斗争不仅不会威胁世界和平,实际上只有世界人民力量向世界反动力量进行坚决的和有效的斗争,才有可能克服新的世界战争的危险。为此,响亮地提出了"全世界革命力量团结起来,反对帝国主义的侵略"的口号。

建立广泛的国际统一战线,对于中国革命的胜利及其巩固具有极其重大的意义。在全国胜利前夕,毛泽东说:"总结我们的经验,集中到一点,就是工人阶级(经过共产党)领导的以工农联盟为基础的人民民主专政。这个专政必须和国际革命力量团结一致。这就是我们的公式,这就是我们的主要经验,这就是我们的主要纲领。"针对那种"不要国际援助也可以胜利"的错误想法,毛泽东指出,在帝国主义存在的时代,任何国家的真正的人民革命,如果没有国际革命力

---

① 《毛泽东选集》第 4 卷,人民出版社 1991 年版,第 1357、1359 页。

② 《毛泽东选集》第 4 卷,人民出版社 1991 年版,第 1193 ~ 1194 页。

③ 《毛泽东选集》第 4 卷,人民出版社 1991 年版,第 1185 页。

量在各种不同方式上的援助，要取得自己的胜利是不可能的。胜利了，要巩固也是不可能的。他说："请大家想一想，假如没有苏联的存在，假如没有反法西斯的第二次世界大战的胜利，假如没有打倒日本帝国主义，假如没有各人民民主国家的出现，假如没有东方各被压迫民族正在起来斗争，假如没有美国、英国、法国、德国、意大利、日本等等资本主义国家内部的人民大众和统治他们的反动派之间的斗争，假如没有这一切的综合，那末，堆在我们头上的国际反动势力必定比现在不知要大多少倍。在这种情形下，我们能够胜利吗？显然是不能的。胜利了，要巩固，也不可能。"①

第二，必须站稳我们的民族立场，既不惧外媚外，也不排外。

中国共产党人是无产阶级的先锋战士。他们观察和处理问题，必须站稳无产阶级的立场。无产阶级的利益同广大劳动人民的利益在根本上是一致的，而广大劳动人民构成了中华民族的主体。正因为如此，中国共产党是中国人民利益同时也是中华民族利益的最坚决的代表者和捍卫者。由于中国人民同侵略和压迫中国的帝国主义国家垄断资产阶级的矛盾在外表上是以民族矛盾的形式出现的，由于中国人民进行反帝斗争是为了推翻国际帝国主义加给中国的民族压迫，因此，共产党人在处理同外国的关系尤其是同帝国主义国家的关系时，必须"站稳我们的民族立场"，为维护中华民族的根本利益而斗争。

在一个长时间里，共产党领导的革命根据地受到反革命势力的包围、分割，除了与苏联、共产国际保持某种联系外，在根据地的党和人民政权基本上没有条件与外国政府和外国人士发生联系。1944 年 5 月底中外记者参观团到陕北以后，又有美军观察组到延安，美军十四航空队的一名少校和上士去鄂中解放区。中共中央"把这看作是我们在国际统一战线的开展，是我们外交工作的开始"，尽管这还是"半独立性的外交"。为此，中共中央于 1944 年 8 月专门作出了关于外交工作的指示。这个指示是由周恩来起草、经毛泽东审定的。在这个指示中，中共中央总结了中国近百年外交史的经验教训，明确指出，"为使我们的外交政策和活动不犯错误，首先必须站稳我们的民族立场"。近百年的中国外交史，中国人在民族立场上曾有过两种错误观念。在义和团事变前，排外的观念占上风；其后，惧外的观念占上风。我们不应再重复这两种错误观念。"我们应一方面加强民族自尊心自信心，而不是排外，另方面要善于学习人家长处，并善于与人家合作，但决不是惧外媚外。这就是正确的民族立场，也就是新民主主义中国的新人典型"②。

---

① 《毛泽东选集》第 4 卷，人民出版社 1991 年版，第 1480、1473 ~ 1474 页。

② 《中共中央文件选集》第 14 册，中共中央党校出版社 1991 版，第 314、317 页。

为了坚持正确的民族立场，不重复排外主义的错误，重要的一条就是，我们必须划清帝国主义国家的垄断资产阶级和广大人民的界限，在反帝斗争中注意联合这些国家的人民群众，注意做好这些国家的对华友好人士的工作，争取他们对中国人民斗争的同情、支持，并尽可能地与之建立合作的关系。

第三，必须实行“利用矛盾，争取多数，反对少数，各个击破”的策略的原则。

为了有效地进行反对帝国主义的斗争，以争得民族的独立和解放，我们不仅要注意争取帝国主义国家的人民群众，而且要正确处理同资本主义国家的关系。

帝国主义既是纸老虎，又是活老虎、真老虎。我们固然应当从战略上完全轻视它，但是从战术上却要重视它。因为“它有爪有牙。要解决它，就要一个一个地来”。也就是说，对帝国主义作斗争，要讲究策略，不能搞四面出击。“要用力斗，一个阵地一个阵地地争夺。这就需要时间”①。

如上所述，早在1922年6月中国共产党成立初期召开的党的二大，就已经制定了推翻国际帝国主义的压迫和反对封建军阀的统治的民主革命纲领。而为了贯彻执行这个反帝的纲领，党又根据各个时期的不同情况提出过各种具体的反帝的口号。

大革命时期，中国共产党提出过“打倒侵略中国构成内战的一切帝国主义”这样的口号。

作为战略口号，反对一切帝国主义是正确的。因为凡是“侵略中国构成内战”的一切帝国主义都应当反对，中国革命的任务之一就是要扫除一切帝国主义在中国享有的特权，推翻一切帝国主义对中国经济、政治等的支配权。但是，作为策略口号，反对一切帝国主义并非在任何时候都是正确的。因为帝国主义虽然都企图维持自己在中国的殖民主义利益，反对中国革命，它们却并不是铁板一块，中间没有任何缝隙和裂痕。中国共产党人应当善于利用它们之间的矛盾，把斗争的矛头集中指向对中国人民威胁和危害最大的帝国主义势力。

实际上，尽管华盛顿会议以后各主要帝国主义国家达成暂时的妥协，形成“共同干涉”中国的局面，中国共产党仍然认为，对于他们要区别对待，采取不同的政策。中共中央指出，“帝国主义者在中国最有权威的英日两国，现时他们共同的目的，是镇压中国的民族运动”。其中“英国在华的势力，根深蒂固，领域极广，日本尚只是一部分”。而美国“用美国资本的道威士计划来代替英日统治中国”的危险“还在将来”。法国则已“无力顾及”中国。因此，“我们对付这些帝国主义的政策，目前是特别注重反对英国，其次日本，其次美国”。“英国欲武力干涉中国，只因未得列强一致合作而不得逞，所以利用其相互间冲突，以分裂政

① 《毛泽东文集》第7卷，人民出版社1999年版，第73～74页。

策破坏其联合进攻,即所谓共同干涉,这是中国民族革命运动之必要的策略"①。

从 1931 年"九一八"事变开始,"日本帝国主义实行了完全征服中国的政策。因此,便把若干其他帝国主义和中国的矛盾推入次要的地位,而在这些帝国主义和日本帝国主义之间,扩大了矛盾的裂口"。在这种情况下,中国"应当按照可能,和那些在现时愿意保持和平而反对新的侵略战争的帝国主义国家建立共同反对日本帝国主义的关系。我们的统一战线应当以抗日为目的,不是同时反对一切帝国主义"②。当时,中共中央提出了反对日本帝国主义的口号,号召中国人民武装抗日,这是正确的;与此同时,又站在教条主义的立场上,主观地认定"九一八"事变是帝国主义武装进攻苏联的序幕和瓜分中国的开始,因而提出了"打倒一切帝国主义"的口号,这就严重地脱离了实际,是非常错误的和有害的。遵义会议以后,中共中央清算了教条主义,抛弃了这个错误口号,举起了抗日统一战线的旗帜。

为了集中力量反对日本的侵略,中国同美英等国逐步地建立了反法西斯的同盟关系。1940 年 12 月,毛泽东在《论政策》一文中指出:"虽然共产党是反对任何帝国主义的,但是既须将侵略中国的日本帝国主义和现时没有举行侵略的其他帝国主义,加以区别;又须将同日本结成同盟承认'满洲国'的德意帝国主义,和同日本处于对立地位的英美帝国主义,加以区别;又须将过去采取远东慕尼黑政策危害中国抗日时的英美,和目前放弃这个政策改为赞助中国抗日时的英美,加以区别。我们的策略原则,仍然是利用矛盾,争取多数,反对少数,各个击破。"③贯彻执行这个策略原则,对于抗日战争的坚持和胜利起到了积极的作用。

第二次世界大战以后,世界头号经济与军事强国美国实行的扶蒋反共政策,成了中国人民在走向解放的道路上遇到的主要障碍。中国共产党在同美国殖民地化中国的计划进行坚决斗争的过程中,考虑到美蒋在如何维持国民党统治这个问题上并不完全一致,一个时期曾提出过"中立美国"的思想,以期"减少我们一时或某一程度的困难"④。而当美国政府提交国会审议"对华军事援助法案"之后,才公开提出"反对美帝国主义侵略中国"的口号。在坚决反对美国军事干涉助长中国内战的政策,甚至做好对付美国直接出兵中国的实际准备的同时,中国共产党在采取具体行动时仍然是很慎重的,强调要区别不同的情况采取不同

---

① 《中共中央文件选集》第 2 册,中共中央党校出版社 1989 年版,第 165 ~ 166 页。

② 《毛泽东选集》第 1 卷,人民出版社 1991 年版,第 252 ~ 253 页。

③ 《毛泽东选集》第 2 卷,人民出版社 1991 年版,第 764 页。

④ 《中共中央文件选集》第 15 册,中共中央党校出版社 1991 年版,第 455 页。

的对策，并且留有余地。1946年7月中共中央宣传部在一个通知中曾经提出："今后我们对美国帝国主义分子的反动政策仍应继续尖锐批评"，但"我们在一切宣传中必须严格掌握美国的政府和人民（后者一般地一贯同情支持我国民主势力）之间的区别；美国政府人员中决定政策者与不决定政策者的区别；美国今天的政策与明天可能改变的政策之间的区别；甚至同一个人（如杜鲁门、马歇尔）今天与明天态度的区别；同一个人同一个机关所发表的同一篇声明中或谈话中不同语句的区别；不要笼统反对，更不要笼统反美。我们应在这些具体的区别的基础上，做灵活的恰如其分的宣传，贯彻我们打击帝国主义侵略政策和帝国主义侵略分子，赞成中美平等友谊合作，争取美国广大人民与民主分子对我了解同情，以便迫使美国对华政策作可能的改良"①。总之，在反对美帝国主义的斗争中，必须把原则的坚定性和策略的灵活性有机地结合在一起。

4. 在独立、平等的基础上发展同资本主义国家经济、政治、文化等方面的往来

反对帝国主义，是为了取消帝国主义在中国享有的特权，推翻它对中国的民族压迫，并不是不同资本主义国家发展经济、政治、文化等方面的往来。只是这种往来应当在平等互利的基础上进行；而为了做到这一点，就必须实现中国的民族独立。对于这个道理，中国共产党在初创时期就是已经懂得了的。比如，1922年9月，即党提出反帝纲领之后的不久，蔡和森在《统一，借债，与国民党》一文中就说过：我们要"努力完成民主革命，推翻军阀及国际帝国主义在中国之特权与压迫，建立完全自主的独立国家，仿照苏维埃俄罗斯之不损主权不受束缚的招致外资及权利让与等等政策，迅速的自主的开发中国大工业"②。

对于这个问题，毛泽东作过深刻的论述。他指出："中国已紧密地与世界联成一体。"中国"应以自力更生为基本立脚点"；"但中国不是孤立也不能孤立，中国与世界紧密联系的事实，也是我们的立脚点，而且必须成为我们的立脚点"。"中国早已不能闭关"。"我们不是也不能是闭关主义者"。全中国人都应当"关心中国与世界的关系"③。他认为，国际关系应建立在民主的基础上。"在国际关系上，各国都应该是民主的国家，并发生民主的相互关系，我们希望外国及外国朋友以民主态度对待我们，我们也应该以民主态度对待外国及外国朋友"④。我们要在民主的基础上，发展同其他国家包括资本主义国家在经济、政治、文化

① 《中共中央文件选集》第16册，中共中央党校出版社1992年版，第259～260页。

② 《中共中央文件选集》第1册，中共中央党校出版社1989年版，第575页。

③ 《中共中央文件选集》第11册，中共中央党校出版社1991年版，第635页。

④ 《毛泽东文集》第3卷，人民出版社1996年版，第170页。

等方面的关系。

关于同资本主义国家发展经济来往的问题,中共中央在抗日战争前后曾反复作过论述。比如:

毛泽东于 1936 年 7 月在延安同美国记者埃德加·斯诺谈话时谈过,如果中国真正赢得了独立,外国人的合法贸易利益不仅不会受到影响,而且“将会有比过去更多的机会”;为了进行建设,中国还将“欢迎外国资本的投资”①。

1941 年 5 月 1 日公布的《陕甘宁边区施政纲领》规定:“在尊重中国主权与遵守政府法令的原则下,允许任何外国人到边区游历,参加抗日工作或在边区进行实业等。”1944 年 8 月,中共中央在关于外交工作的指示中,明确提出“在经济方面,我们欢迎国际投资与技术合作”,并且“欢迎与盟国文化合作”②等。

在 1945 年 4 月召开的中共七大上,毛泽东指出:“为着发展工业,需要大批资本。从什么地方来呢? 不外两方面:主要地依靠中国人民自己积累资本,同时借助于外援。在服从中国法令,有益中国经济的条件之下,外国投资是我们所欢迎。”他认为,在中国得到彻底的政治改革和土地改革之后,在工农业生产得到蓬勃发展的基础之上,“外国投资的容量是非常广大的”③。

在全面内战爆发前夕,中共中央在《关于解放区外交方针的指示》中仍然提出我们应采取和美国及英、法各国通商及经济合作的方针,主张“在两利的原则下,我们(解放区)政府及商业机关应和外国商人以至外国政府直接订立一些经济契约,吸收外资来开发山东的富源,建立工厂,发展交通,进行海外贸易与提高农业和手工业”只是要注意“避免不致因此而受垄断受控制,及受外国政治上的攻击”④。

从上面的引文可以看出,中共中央及其领导人毛泽东等在对于发展同资本主义国家发展经贸关系以至吸收外国资本等的问题上所持的态度是主动的积极的,思想也是相当开放的。与此同时,他们在提倡这样做的时候,也提出了一些必须遵循的原则,诸如:应当以自力更生为基本出发点,在此基础上争取外援;必须在互利的原则下与外国发展经济往来;外国商人和外国政府在中国进行经济活动等必须尊重中国主权与遵守中国政府法令;允许外国人来经商、投资,但要防止中国因此而受垄断受控制;等等。这些原则,在今天看来也是很正确、很重要的。

---

① 《毛泽东文集》第 1 卷,人民出版社 1993 年版,第 393 页。

② 《中共中央文件选集》第 14 册,中共中央党校出版社 1992 年版,第 316 ~317 页。

③ 原载《论联合政府》,此文在被收入《毛泽东选集》时,上面所引的一段论述被删掉。此处转引自《胡乔木回忆毛泽东》,人民出版社 1994 年版,第 377 页。

④ 《中共中央文件选集》第 14 册,中共中央党校出版社 1992 年版,第 317 页。

（三）对中国资产阶级的政策和策略

1. 主要以革命的武装斗争来反对带买办性的大资产阶级

中国的资产阶级分为带买办性的大资产阶级和民族资产阶级两个部分。在民主革命时期，由于它们的经济地位、社会作用和政治态度不同，中国共产党对它们采取了不同的政策。

中国的大资产阶级，"是直接为帝国主义服务并为它们所豢养的阶级"，带有很强的买办性；同时，它们又与封建势力紧密结合，带有很强的封建性。因此，在反帝反封建的民主革命中，它们"历来都是革命的对象"。[①] 1927 年国民党政权建立以后，中国的大资产阶级主要地就是指官僚资产阶级了。这个阶级是利用反革命的国家政权的力量，采取超经济的手段，一方面掠夺广大劳动人民，一方面兼并民族工商业，从而大量积累官僚资本，逐步发展起来的。这个阶级首先压迫中国的工人、农民和城市小资产阶级，同时也压迫民族资产阶级。它直接控制着中央政权，同时与地主阶级相结合控制着全国政权。这个阶级与全国绝大多数人处于尖锐对立的地位，其社会基础是极其狭隘的。为了维护自身狭隘的阶级利益，它们主要地是依靠赤裸裸的暴力来对全国人民实行反革命的军事专政。

为了正确地认识和对待中国的大资产阶级，中国共产党人必须运用马克思主义的基本观点即阶级分析的方法去揭示这个阶级的凶残的本性及其统治的特点，并据此制定出相应的无产阶级的革命的政策和策略。

在总结历史上的尤其是现实的阶级斗争的经验的基础上，毛泽东深刻地指出："反动势力对于人民的民主势力的原则，是能够消灭者一定消灭之，暂时不能消灭者准备将来消灭之。针对这种情况，人民的民主势力对于反动势力，亦应采取同样的原则。"[②]他认为，任何政治人物都不是也不可能是孤立的个人。他运用马克思主义的阶级观点对蒋介石其人进行了透彻的分析，指出他是"中国大地主大资产阶级的政治代表"，"是一个极端残忍和极端阴险的家伙"[③]。"蒋介石对于人民是寸权必夺，寸利必得"。因此，我们对他的方针也就应当是"针锋相对，寸土必争"。对于大资产阶级及其政治代表蒋介石之类的人物，革命人民绝不能存有一丝一毫的幻想。他说："蒋介石是怎样上台的？是靠北伐战争，靠第一次国共合作，靠那时候人民还没有摸清他的底细，还拥护他。他上了台，

---

① 《毛泽东选集》第 2 卷，人民出版社 1991 年版，第 606 ~ 607 页。

② 《毛泽东选集》第 4 卷，人民出版社 1991 年版，第 1185 页。

③ 《毛泽东选集》第 4 卷，人民出版社 1991 年版，第 1124 页。

非但不感谢人民，还把人民一个巴掌打了下去，把人民推入了十年内战的血海。”由此可见，“此人历来是不知感恩的”①。对于这个惨痛的历史教训，革命人民必须牢牢记取。

中国的特点是，不是一个独立的民主的国家，而是一个半殖民地的半封建的国家。在外国资本主义国家，资产阶级政党不需要各自管领一部分军队。“中国则不同，由于封建的分割，地主或资产阶级的集团或政党，谁有枪谁就有势，谁枪多谁就势大。”对于大资产阶级的政治代表蒋介石来说，“有军则有权，战争解决一切，这个基点，他是抓得很紧的”②。为此，他创造了国民党的全盛的军事时代。这个情况说明，为了坚持反帝反封建的革命，为了反对国际帝国主义的附庸、中国封建势力的同盟者——中国的大资产阶级及其政治代表（起先是北洋军阀，后来主要是国民党统治集团），中国共产党必须认清中国的这个特点，懂得在中国，主要的斗争形式是战争，而主要的组织形式是军队，因而自觉地参加并领导革命战争，创建并牢牢掌握革命军队。

在党的初创时期和大革命时期，中国共产党对于直接准备战争和组织军队的重要性并不认识或者认识不足，因而在资产阶级叛变革命时无法进行有效的抵抗，致使中国革命力量遭到了严重的损失。革命失败，得了惨痛的教训，于是中国共产党进入了创建人民军队和直接领导革命战争的新时期。正因为如此，中国革命在极其艰苦的条件下才得以坚持和发展。即使是在中国共产党为了反对当前的主要敌人而与某个大资产阶级集团实行联合的时候，中国共产党仍然认定，坚持和发展党领导的革命武装力量，这是这种统一战线得以建立、坚持的不可或缺的条件。党并且认识到，当党被迫同资产阶级分裂时，它就必须同它进行坚决的严肃的武装斗争，否则党就会瓦解，革命就会失败。③ 党的这条历史经验，是它在同大资产阶级的斗争中付出了血的代价之后才积累起来的。

“一切革命的根本问题是国家政权问题。不弄清这个问题，便谈不上自觉地参加革命，更不用说领导革命”④。“从马克思主义关于国家学说的观点看来，军队是国家政权的主要成分。谁想夺取国家政权，并想保持它，谁就应有强大的军队”。⑤ 由于中国的反动政权是大资产阶级和地主阶级联合专政的政权，由于中国的大地主大资产阶级的政党是武装到牙齿的、执掌全部反动政权的政党，因此，中国共产党领导人民进行反对大资产阶级的斗争，主要地是围绕着国家政权

① 《毛泽东选集》第 4 卷，人民出版社 1991 年版，第 1126、1125 页。

② 《毛泽东选集》第 2 卷，人民出版社 1991 年版，第 546 页。

③ 参见《毛泽东选集》第 2 卷，人民出版社 1991 年版，第 608 ~ 609 页。

④ 《列宁选集》第 3 卷，人民出版社 1995 年版，第 19 页。

⑤ 《毛泽东选集》第 2 卷，人民出版社 1991 年版，第 547 页。

问题(即推翻大地主大资产阶级的反动政权,建立无产阶级领导的人民民主政权)展开的。这是中国革命的一个重要的历史特点,也是中国无产阶级和大资产阶级进行斗争的一个重要的历史特点。

中国的大资产阶级为了对付中国的革命人民,维护自身的反动统治,主要的是实行军事镇压,有时也辅之以进行政治欺骗。这就是说,它有两手,主要是硬的一手,有时也用软的一手,或者软硬兼施。针对这种情况,中国共产党对于大资产阶级及其政治代表也应采取两手策略,以革命的两手反对反革命的两手。即一方面放手发动群众,壮大人民力量,尤其是坚持党对革命军队的绝对领导,发展、壮大人民武装,坚决进行革命的武装斗争或者做好进行革命的武装斗争的准备;另一方面,注意运用政治斗争的武器,必要时甚至可以同大资产阶级及其政治代表进行和平谈判,通过走迂回曲折的道路逐步地巩固和扩大革命的阵地。比如,抗日战争胜利后,蒋介石在大力准备发动全面内战的同时,又提出要与共产党进行和平谈判。对此,毛泽东说:“我们的方针,既要确定同蒋介石谈判,同时准备蒋一定要打。蒋采取两面策略,我们就学他,也实行两手。”①他认为,针锋相对,要看形势。有时候不去谈,是针锋相对,有时候去谈,也是针锋相对。为了争取和平,争取政治上的主动,去谈是对的。与此同时,他又告诫全党尤其是各解放区的领导人,“你们绝对不要依靠谈判,绝对不要希望国民党发善心,它是不会发善心的。必须依靠自己手里的力量,行动指导上的正确,党内兄弟一样的团结和对人民有良好的关系。坚决依靠人民,就是你们的出路”②。1956 年召开的党的八大对这方面的历史经验进行了总结。中共中央向八大作的政治报告指出,在抗日战争结束以后,我们党“曾经多次同国民党进行和平谈判,以图避免内战,并且试图经过和平的道路实现中国的社会政治改革”。不过,“我们党在争取和平改革的时候并没有放弃警惕,没有放弃人民的武装。我们的政策是:如果国民党愿意和平,并且愿意在和平的条件下进行改革,这是有利于人民的,是我们所力争的。但是我们知道,和平的愿望能否实现,却不取决于我们,而取决于当时的统治阶级。如果国民党反动派一定要把战争强加在人民头上,那末,我们也作了充分的准备,能够动员人民的力量击败他们,使战争的发动者自食其果。历史所作的结论正是这样。想要消灭人民力量的人们,自己被人民的力量消灭了”③。这个历史经验,至今仍然是值得我们去认真回味的。

从整体上来看,中国大资产阶级的反革命力量主要地是在革命战争中被消

① 《毛泽东文集》第 4 卷,人民出版社 1996 年版,第 76 页。

② 《毛泽东选集》第 4 卷,人民出版社 1991 年版,第 1154 页。

③ 《刘少奇选集》下卷,人民出版社 1985 年版,第 204 ~ 205 页。

灭的。不过,在革命力量占据绝对优势的条件下,如果中国共产党采取适当的政策,用和平的方法去解决大资产阶级与地主阶级联合专政的局部政权,甚至促使某些大资产阶级的政治代表在政治上转变方向,也还是有可能的。对于这种可能性,革命人民必须加以利用。正如中共中央在八大上作的报告所说的那样:“同反动派相反,人民不是好战的。即使在战争期间,凡能和平解放的地方,例如北京、绥远、长沙、昆明、四川西部、新疆和西藏,我们都做了争取、接洽和谈判的工作,实现了和平解放。”①而那些原先代表大资产阶级利益的政治人物在投向人民方面以后,绝大多数都在后来做了有益于人民的工作。这方面的历史经验也是值得人们认真体会的。

2. 特定条件下同一部分大资产阶级的联合和斗争

为了集中力量反对当前的主要敌人,在特定的历史条件下,中国共产党曾经同一部分带买办性的大资产阶级建立过统一战线的关系。在大革命时期和抗日战争时期,“中国的大资产阶级曾经两次被迫参加统一战线,又叛变出去”②。

中国的大资产阶级既然历来是中国革命的对象,为什么又会发生这个阶级或这个阶级的某个集团参加统一战线,发生中国共产党与之建立统一战线的问题呢?

主要的原因是,中国是各个帝国主义互相争夺的一个半殖民地。“由于中国的带买办性的大资产阶级的各个集团是以不同的帝国主义为背景的,在各个帝国主义间的矛盾尖锐化的时候,在革命的锋芒主要地是反对某一个帝国主义的时候,属于别的帝国主义系统的大资产阶级集团也可能在一定程度上和一定时期内参加反对某一个帝国主义的斗争”。例如,南方的某些大资产阶级分子参加反对北洋军阀的活动;蒋介石集团参加抗日战争;等等。“在这种一定的时期内,中国无产阶级为了削弱敌人和加强自己的后备力量,可以同这样的大资产阶级集团建立可能的统一战线,并在有利于革命的一定条件下尽可能地保持之。”③

还应当看到,“中国资产阶级分化为大资产阶级和民族资产阶级,不是一次完成的;它们之间的界限不是绝对的,而是常常有新的分化。这种分化过程,随着政治和经济的发展,经过人民群众革命斗争的实践,逐步地显露出来”。“在这个过程中,有一些人处于两部分资产阶级之间,并且由这一部分转到另一部

① 《刘少奇选集》下卷,人民出版社 1985 年版,第 205 页。

② 李维汉:《统一战线问题与民族问题》,人民出版社 1981 年版,第 29 页。

③ 《毛泽东选集》第 2 卷,人民出版社 1991 年版,第 607 页。

分，人民一时摸不清他们的底细”①。在这种情况下，一些大资产阶级分子暂时地混迹于统一战线内部，是不奇怪的。资产阶级的政治人物也有类似情况。比如在大革命初期，蒋介石“起了一些一般资产阶级代表人物的作用”，“在当时特定的条件下，在一个短时期内，他算是国民党的中派”。但是在1926年3月中山舰事件之后，他的立场就转到了“大地主大资产阶级方面，变为新右派”。② 由于人们一时不易看清他的真实面目，这就使得他有可能继续留在统一战线之中，并从内部来进行篡夺革命领导权和破坏革命的活动。

必须清醒地认识，“在买办性的大资产阶级参加统一战线并和无产阶级一道向共同敌人进行斗争的时候，它仍然是很反动的，它坚决地反对无产阶级及其政党在思想上、政治上、组织上的发展，而要加以限制，而要采取欺骗、诱惑、‘溶解’和打击等等破坏政策，并以这些政策作为它投降敌人和分裂统一战线的准备”③。中国共产党在与大资产阶级联合时，如果没有明确、坚定的方针，不敢进行必要的斗争，不采取相应的防范措施，党就可能瓦解，中国革命就可能失败。

中国共产党总结在特定条件下与大资产阶级进行联合和斗争的正反两方面的经验，尤其是抗日战争时期与蒋介石集团联合和斗争的成功经验，形成了一整套正确认识和处理在与大资产阶级建立统一战线问题上的理论和策略。主要是：

第一，坚持运用马克思主义的阶级观点分析和处理统一战线中无产阶级和大资产阶级的关系问题。

马克思主义认为，进行政治分析首先应该提出阶级问题。为了对政策作科学的论证，马克思主义要求我们对每个历史关头的阶级对比关系和具体特点，作出经得起客观检验的最确切的分析。为了对政策作科学的论证，这个要求是绝对必需的。

中共中央在提出争取与国民党建立统一战线关系的问题时就明确指出：“民族斗争与阶级斗争的适当联系，是使抗日救国运动成为广大的群众运动的主要关键。”④为此，“必须及时纠正那种以为阶级斗争的发动会妨碍民族统一战线的观点”⑤。因为“民族统一战线只是改变了阶级斗争的形式（如武装斗争，没收土地等），但并不取消阶级斗争”。“借口统一战线而取消斗争，那只是过去

① 李维汉：《统一战线问题与民族问题》，人民出版社1981年版，第360～361页。

② 《周恩来选集》上卷，人民出版社1980年版，第208、165～166页。

③ 《毛泽东选集》第2卷，人民出版社1991年版，第607页。

④ 《中共中央文件选集》第11册，中共中央党校出版社1991年版，第147页。

⑤ 《中共中央文件选集》第11册，中共中央党校出版社1991年版，第97页。

陈独秀机会主义的复活"①。

针对抗战初期共产党内一些人一度离开阶级观点看待民族斗争问题,从而发生阶级投降主义错误这个情况,毛泽东在党的六届六中全会上全面论述了民族斗争和阶级斗争的关系。他指出:从中日民族矛盾是主要矛盾这个基本事实出发,必须明确,"用长期合作支持长期战争,就是说使阶级斗争服从于今天抗日的民族斗争,这是统一战线的根本原则"②。但是,"阶级和阶级斗争的存在是一个事实;有些人否认这种事实,否认阶级斗争的存在,这是错误的。企图否认阶级斗争存在的理论是完全错误的理论。我们不是否认它,而是调节它"③。怎样处理民族斗争和阶级斗争的关系呢?他说,"在民族斗争中,阶级斗争是以民族斗争的形式出现的,这种形式,表现了两者的一致性。一方面,阶级的政治经济要求在一定的历史时期内以不破裂合作为条件;又一方面,一切阶级斗争的要求都应以民族斗争的需要(为着抗日)为出发点。这样便把统一战线中的统一性和独立性、民族斗争和阶级斗争,一致起来了"④。

毛泽东关于民族斗争和阶级斗争关系的这些科学论述,为党在抗日民族统一战线中正确地执行对资产阶级尤其是大资产阶级的又联合又斗争的政策、防止和克服"左"的和右的错误倾向奠定了理论基础。

第二,在统一战线中坚持独立自主的方针。

正是基于对无产阶级和资产阶级尤其是大资产阶级相互关系的科学分析,中国共产党提出,无产阶级在统一战线中必须坚持独立自主的原则,做到既统一,又独立。

一般地说来,无产阶级在同资产阶级在一定阶段上为反对某个共同敌人实行联合时,都必须清醒地看到彼此阶级利益相对立的方面,从而努力保持自己的独立性,不使自己成为资产阶级的政治附庸。而对中国的无产阶级来说,由于中国的大资产阶级及其政治代表国民党力量比较强大,在"国民政府"和"国民革命军"中占据着发号施令的位置,而它们的反共反人民的立场又没有改变,不仅主要采取和平方式来防共、限共、溶共,而且有时还采取军事方式来限共、反共,中国的无产阶级及其政党在统一战线中坚持自己的独立性就显得尤其必要了。

坚持党在统一战线中的独立性,其具体含义是什么呢?

首先是坚持思想上的独立性。共产党人承认孙中山的联俄、联共、扶助农工

① 《中共中央文件选集》第11册,中共中央党校出版社1991年版,第227页。

② 《毛泽东选集》第2卷,人民出版社1991年版,第538页。

③ 《毛泽东选集》第2卷,人民出版社1991年版,第525页。

④ 《毛泽东选集》第2卷,人民出版社1991年版,第539页。

的革命的“三民主义是抗日民族统一战线的政治基础”，但“绝不放弃马克思主义信仰”①，坚决反对顽固派要求“收起”共产主义的反动叫嚣。

其次是坚持政治上的独立性。共产党人必须巩固与发展同国民党的抗日联合，同时决不把无产阶级和资产阶级、共产党和国民党的纲领、政策、思想、实践等看做一样的东西，忽视它们之间的原则区别。党必须实行自己的“放手发动群众，壮大人民的力量，在我们党领导之下，打败侵略者，建设新中国”的路线，批评和反对国民党的片面抗战路线和消极抗日、积极反共反人民的路线。

再次是坚持组织上的独立性。共产党坚定地认为，“绝不能将共产党的组织合并于其他任何政党”②，而必须在斗争中把自己建设成为政治上坚强的、组织上巩固的、具有广大群众性的独立的无产阶级革命政党，党必须坚持对人民军队和抗日民主政权的绝对领导，而决不与国民党的军队和政权相融合。

“我们这样做的目的何在呢？”毛泽东指出：“一方面是在保持自己已经取得的阵地。这是我们的战略出发地，丧失了这个阵地就一切无从说起了。但是主要的目的还在另一方面，这就是为了发展阵地，为了实现‘动员千百万群众进入抗日民族统一战线，打倒日本帝国主义’这个积极的目的。”③

在统一战线中，是无产阶级领导资产阶级呢，还是资产阶级领导无产阶级？是国民党吸引共产党呢，还是共产党吸引国民党？这个谁领导谁的问题，乃是统一战线能否巩固和扩大、抗日战争能否坚持和胜利的关键。而共产党要在统一战线中取得领导权，就必须放手发动群众，壮大人民的力量，因为没有被领导者的领导者是不存在的，不把人民群众团结在党的周围，党的领导权就只是一句空话。在国民党实行压迫人民、消极抗日的路线的情况下，中国共产党如果不坚持独立自主的原则，就不可能冲破国民党的限制，使人民的力量广泛地动员和组织起来。而“没有群众，共产党就没有力量”④。正是在这个意义上，我们可以说，独立自主的问题，在本质上就是无产阶级领导权的问题。正因为如此，毛泽东强调：“‘统一战线中的独立自主’这个原则的说明、实践和坚持，是把抗日民族革命战争引向胜利之途的中心一环。”⑤

第三，实行“发展进步势力，争取中间势力，孤立顽固势力”的策略总方针和又联合又斗争的政策。

遵循着独立自主的原则，中国共产党在抗日民族统一战线中实行了“发展

① 《中共中央文件选集》第12册，中共中央党校出版社1991年版，第18页。

② 《中共中央文件选集》第12册，中共中央党校出版社1991年版，第18页。

③ 《毛泽东选集》第2卷，人民出版社1991年版，第394页。

④ 《中共中央文件选集》第11册，中共中央党校出版社1991年版，第371页。

⑤ 《毛泽东选集》第2卷，人民出版社1991年版，第394页。

进步势力,争取中间势力,孤立顽固势力”的策略总方针。毛泽东指出,只有实行这个方针,抗日民族统一战线才能得到扩大和巩固。这里所说的进步势力,是指无产阶级、农民和城市小资产阶级。中间势力,主要是指民族资产阶级、开明绅士和地方实力派。顽固势力,是指大地主大资产阶级势力。

贯彻执行党在抗日民族统一战线中的这个策略总方针,中心的一环,是发展进步势力。因为他们是统一战线的基础,抗日斗争的主要力量。

应当看到,日本侵略中国,固然是由它的帝国主义本质决定的,但它敢于侵略中国,则是由于中国民众处于无组织的状态。因此,战胜日本的侵略,关键就是克服这个弱点,把人民的力量动员和组织起来。国民党及其领导的军队人数虽多,由于它脱离人民,质量不高,因而并没有多少力量。共产党及其领导的军队数量虽小,质量却很高,只有它才能进行真正的人民战争,它一旦开到抗日的前线,和那里的人民相结合,其前途是无限的。为了争取抗战的胜利,并使这个胜利成为人民的胜利,就必须以我为主,必须依靠党直接领导的人民革命力量。具体说起来,发展进步势力,最主要的就是要在敌后开展独立自主的游击战争,深入发动以农民为主体的人民群众,广泛发展革命武装力量和扩大抗日民主根据地。与此同时,还要在国民党统治区大力发展抗日民主运动。

大资产阶级的抗日派即国民党蒋介石集团是统一战线中的顽固派。他们所采取的是两面政策,即一面和日本对立,一面又和共产党领导的人民对立;一面主张团结抗日,一面又摧残进步势力。而他们的抗日和反共,又各有其两面性。在抗日方面,他们既和日本对立,又不积极对日作战;在反共方面,他们既要反共,又不实行彻底破裂。针对这种情况,中国共产党对他们也就采取了革命的两面政策,以斗争求团结的政策。即:对他们抗日、联共方面,是加以联合的政策;对其动摇、反共方面,是进行斗争和加以孤立的政策。由于中日民族矛盾是主要矛盾,党应当尽可能地保持同大资产阶级的抗日团结;由于阶级矛盾仍然存在,党在同大资产阶级联合时决不能忽视必要的斗争;由于阶级斗争应当服从于民族斗争,这种斗争又不是可以无条件和无限制地使用的。正因为如此,毛泽东等中共中央领导人反复指出,对待顽固派的正确的态度应当是:

“统一不忘斗争,斗争不忘统一,二者不可偏废,但以统一为主”①。“要有软有硬,有退让有进攻。但以防卫为主要形式。软到不丧失自己的立场,硬到不破坏统一,注意软硬的‘分寸’。只有这种斗争可以打破一切‘防共’的阴谋”②。“如果没有斗争,进步势力就会被顽固势力消灭,统一战线就不能存在,顽固派

① 《中共中央文件选集》第 12 册,中共中央党校出版社 1991 年版,第 115 页。

② 洛甫(张闻天)语,见《中共中央文件选集》第 11 册,中共中央党校出版社 1991 年版,第 672 页。

对敌投降就会没有阻力，内战也就会发生了”①。无条件的妥协退让，并不会改变顽固派的大资产阶级本性，并不会感化他们，以致使他们对人民大发善心。相反地，只会使他们认为革命者软弱可欺，而更加放肆地施行反共反进步的政策。“以斗争求团结则团结存，以退让求团结则团结亡”，其原因就在这里。

第四，在同大资产阶级组织统一战线的问题上必须进行两条战线的斗争。

具体地说来，一方面，如果忽视大资产阶级或它的某个集团在特定的历史条件下，在一定时期内和一定程度上参加反对当前中国面临的主要敌人，即直接威胁中国的某个帝国主义及其走狗的可能性，不懂得把它作为间接的同盟军加以联合，这就要犯“左”倾关门主义的错误。因为这样做，不符合马克思主义关于争取一切可以争取的力量这个策略原则，不利于孤立和集中力量打击当前的主要敌人，不利于党走出狭小的活动范围而展开伟大斗争的新局面。另一方面，如果由于建立统一战线而抹杀无产阶级及其政党同当权的大资产阶级及其政党的本质区别，把两者的纲领、政策、思想等看做一样的东西，这就要犯右倾机会主义的错误。因为这种错误，忽视大资产阶级及其政党不但极力影响小资产阶级和农民，而且还会极力影响无产阶级及其政党，力求消灭无产阶级及其政党在政治上、思想上、组织上的独立性的事实，忽视大资产阶级及其政党力求窃取革命果实或者一旦革命同他们一群一党的私利相冲突就实行叛变革命的事实，其结果就会使无产阶级及其政党变成大资产阶级及其政党的政治尾巴，自动放弃对于革命的领导权，使革命归于失败。

3. 把民族资产阶级作为中间势力加以争取

在反封建的资产阶级民主革命中，无产阶级及其政党在一定的条件下可以而且应当同资产阶级采取联合行动，这是马克思、恩格斯在《共产党宣言》中就已经提出过的。到了帝国主义时代，尽管西方资产阶级已经腐朽了，但是在亚洲却还有能够从事历史上进步事业的资产阶级。列宁说过，在保持无产阶级运动独立性的前提下，“共产国际应当同殖民地和落后国家的资产阶级民主派结成临时联盟”②。正是根据上述原理，1922 年召开的中共二大就提出了与资产阶级民主派建立“民主的联合战线”的任务。

在民主革命时期，中国共产党领导的统一战线包含着两个联盟。一个是无产阶级同其他劳动人民的联盟，主要是工农联盟；一个是无产阶级同可以合作的非劳动人民的联盟，主要是同民族资产阶级的联盟。前一个联盟是基本的和主

① 《毛泽东选集》第 2 卷，人民出版社 1991 年版，第 749 页。
② 《列宁选集》第 4 卷，人民出版社 1995 年版，第 221 页。

要的;后一个联盟是非基本的、辅助的,同时又是不可缺少的和重要的。[①] 在处理后一个联盟的问题上,从 1924 年 1 月开始的第一次国共合作以来,中国共产党积累了许多成功的经验,也犯过严重的错误,主要是大革命后期陈独秀的"一切联合,否认斗争"的右倾机会主义错误和十年内战时期王明等的"一切斗争,否认联合"的"左"倾冒险主义错误。1935 年 12 月召开的瓦窑堡会议总结了以往在这个问题上的正反两方面的经验,使党对民族资产阶级的政策全部走上了马克思主义的正确轨道。在抗日战争和解放战争期间,这些经验又得到了进一步的丰富和发展。主要是:

第一,应当把民族资产阶级当做中间势力认真地加以争取。

中国的民族资产阶级是一个具有两面性的阶级。一方面,有参加反对帝国主义、封建军阀的革命性;又一方面,又有对于革命敌人的妥协性。"由于中国最大的压迫是民族压迫,在一定的时期中,一定的程度上,中国民族资产阶级是能够参加反帝国主义和反封建军阀的斗争的。因此,无产阶级在这种一定的时期内,应该同民族资产阶级建立统一战线,并尽可能地保持之。""又由于中国民族资产阶级在经济上、政治上的软弱性,在另一种历史环境下,它就会动摇变节。因此,中国革命统一战线的内容不能始终一致,而是要发生变化的。在某一时期有民族资产阶级参加在内,而在另一时期则民族资产阶级并不参加在内。"[②]

从政治上讲,在民主革命时期,民族资产阶级是属于中间势力,也就是属于进步阶级(工人、农民、城市小资产阶级)和反动阶级(地主阶级和带买办性的大资产阶级)之间的中间阶级。当然,中间势力并不限于民族资产阶级,但这个阶级是中间势力的主要成分。

作为中间势力的民族资产阶级,其本身的力量并不很大。在全国人口中,它占的比重很小,它的经济力量也比较薄弱。但是,它是一个爱国的阶级,它在政治上有相当大的重要性,在经济上和技术上也有重要的作用。如前所述,由于民族资产阶级及其知识分子对于城市小资产阶级及其知识分子,对于其他中间势力,甚至对于一部分农民,在政治上有相当的影响力;由于大资产阶级及其政党为了孤立无产阶级及其政党也在努力争取民族资产阶级及其知识分子;因此,无产阶级争取了民族资产阶级,不仅可以增加反帝反军阀的一份力量,而且有利于争取在这个阶级影响下的其他群众和其他中间势力,有利于孤立反动阶级。正是从这个意义上,毛泽东认为,"在中国,这种中间势力有很大的力量"[③]。因此,

① 参见李维汉:《统一战线问题与民族问题》,人民出版社 1981 年版,第 320 ~ 321 页。

② 《毛泽东选集》第 2 卷,人民出版社 1991 年版,第 606 页。

③ 《毛泽东选集》第 2 卷,人民出版社 1991 年版,第 748 页。

无产阶级及其政党必须努力争取他们。

在大革命失败以后，尤其是在1931年至1934年王明“左”倾教条主义统治的时期，中国共产党的“左”倾领导人曾经执行过一种十分错误的方针，即把中间势力视为“最危险的敌人”，主张“以主要的力量来打击这些妥协的反革命派”。他们的这个策略原则不是从对中国革命形势和阶级关系的实际分析中得出来的，而是从斯大林的公式中引申出来的。斯大林在《十月革命与俄国共产党人的策略》一文中认为：“一、在革命将获最终胜利的时期中，最危险的革命底敌人的社会柱石就是妥协的政党。二、要推翻我们的敌人（沙皇及资产阶级），首先必须设法使这些政党陷于孤立。三、在革命准备期中，我们的枪锋，应注射在这些政党上面，首先必须把它们孤立并和劳动群众隔离。”他们说，这一原则也就是1931年以来党的“领导的战略原则”①。但是，这样来引证斯大林，完全是教条主义的，脱离中国实际的。因为，第一，当时的中国革命并没有进入如斯大林所说的那种“革命将获最终胜利的时期”；第二，就是对于斯大林这个公式本身，也“应该用马克思主义的批判观点有分别地看待它”。1956年4月5日发表的、由《人民日报》编辑部根据中共中央政治局的讨论写成的《关于无产阶级专政的历史经验》一文指出：“在某种条件下，孤立中间势力可以是正确的。但是并不是在一切条件下，孤立中间势力都是正确的。按照我们的经验，革命的主要打击方向应该放在最主要的敌人身上，使它孤立，而对于中间势力，则应该采用又联合又斗争的政策，至少使它中立，并且应该力求在可能的条件下，争取它从中立的地位转变过来，使它和我们成立联盟，以便有利于革命的发展。”曾经有一个时期，“我们的一些同志简单地搬用斯大林的这个公式到中国革命中来，把主要的打击方向对着中间势力，把它说成是最危险的敌人，结果没有孤立真正的敌人，反而使自己陷于孤立，使自己吃了亏，而有利于真正的敌人”②。

诚然，中国的民族资产阶级，主要的是中等资产阶级，曾经在1927年大革命失败以后，1931年“九一八”事变以前，附和过大地主大资产阶级的反动，但是他们基本上还没有掌握过政权，而受当政的大地主大资产阶级的反动政策所限制。因此，毛泽东明确指出：“决不能因为这一点，就认为那个时期我们在政治上不应该争取他们，在经济上不应该保护他们；就认为我们在那个时期内对民族资产阶级的过左的政策不是冒险主义的政策。相反地，那时我们的政策，仍然应当是保护和争取他们，以便我们能够集中力量去反对主要敌人。”③

① 《中共中央文件选集》第10册，中共中央党校出版社1991年版，第695页。

② 《建国以来重要文献选编》第8册，中央文献出版社1994年版，第236页。

③ 《毛泽东选集》第4卷，人民出版社1991年版，第1289页。

1931年“九一八”事变以后，中日民族矛盾急剧上升，国内阶级关系发生重大变化，民族资产阶级也要求抵抗日本的侵略，并对蒋介石的对日妥协政策表示不满。这就是说，他们开始了新的动摇：不是从革命营垒动摇到反革命方面去，而是从反革命营垒动摇到革命方面来。这种动摇是有利于革命而不利于反革命的。但是当时的党不是适应这种新的政治环境，提出抗日民族统一战线的新政策，把民族资产阶级争取到自己的一边来，而是继续把中间势力当做“最危险的敌人”加以打击。这更是完全错误的和极端有害的。1935年12月党的瓦窑堡会议对这种“左”倾关门主义作出了深刻的批判。会议的决议指出，为了更大胆地运用广泛的统一战线策略，争取党的领导权，必须同目前的主要危险“左”的关门主义倾向作斗争。“关门主义的来源，第一，是由于对目前新的政治形势的不了解，因此，就不了解变更自己的策略以适合新的形势的必要。第二，是由于不会把党的基本口号与基本纲领同目前的行动口号与行动纲领，在实际行动中联系起来。第三，基本是由于不会把马克思列宁斯大林主义活泼的运用到中国的特殊的具体环境中去，而把马克思列宁斯大林主义变成死的教条”。“关门主义继续的结果，必然使党脱离群众，使党放弃争取中国革命的领导权的任务”①。毛泽东在会后所作的《论反对日本帝国主义的策略》的报告中指出，关门主义策略“是孤家寡人的策略”。它“为渊驱鱼，为丛驱雀”，把千千万万的民众和浩浩荡荡的革命军赶到敌人一边去，“在实际上是日本帝国主义和汉奸卖国贼的忠顺的奴仆”。他们主张革命的力量要“纯粹又纯粹”，革命的道路要“笔直又笔直”，其实是患了幼稚病的表现。“关门主义的所谓‘纯粹’和‘笔直’，是马克思列宁主义向之掌嘴，而日本帝国主义则向之嘉奖的东西”②。在着重反对关门主义倾向的同时，会议决议指出，党“丝毫也不要放松反对右倾机会主义的斗争”。“右倾机会主义接受民族资产阶级、上层小资产阶级分子，以及乡村富农的政治影响，而把自己变成他们的尾巴”。党必须警惕右倾机会主义在新的大革命时期“在部分的党部和党员中的复活”。毛泽东的报告也指出，必须汲取大革命时期党犯机会主义路线错误的历史教训，坚持“共产党和红军在统一战线中的领导作用”。这样瓦窑堡会议的决议和毛泽东的报告，就标志着中国共产党对民族资产阶级的正确政策已经比较全面地确立起来了。

第二，必须认清民族资产阶级政治主张的旧民主主义的实质，对它采取又联合、又斗争的政策。

工人阶级及其政党在努力争取资产阶级参加统一战线的同时，必须看到

① 《中共中央文件选集》第10册，中共中央党校出版社1991年版，第618～619页。

② 《毛泽东选集》第1卷，人民出版社1991年版，第155页。

“民族革命中资产阶级和工人阶级各有其出发点”。一部分大资产阶级及其政党在特定的历史条件下参加统一战线，是为了维护受到当前主要敌人威胁的本阶级的反动统治，使中国继续走半封建半殖民地社会的老路。这一点，前面已经讲过了。民族资产阶级及其政治代表在一定时期内参加统一战线，是为了实现本阶级的政治理想，即建立一个资产阶级共和国，使中国走上自由地、独立地发展资本主义的道路。工人阶级及其政党——中国共产党是工人、农民、城市小资产阶级等进步力量的政治代表。它发起和领导统一战线，是为了团结一切可以团结的力量，把反帝反封建的新民主主义革命进行到底，创建工人阶级领导的以工农联盟为基础的人民共和国，使中国走上社会主义的发展道路。这就是说，统一战线中存在着三种阶级力量，它们分别提出了各自的建国方案和政治主张。如果说，中国共产党同大资产阶级及其政党之间的斗争，实质上是新民主主义革命道路同半殖民地半封建社会道路之间的斗争；那么，党同民族资产阶级及其政治代表之间的斗争，就主要是新民主主义革命道路同资本主义道路即旧民主主义道路之间的斗争。

尽管辛亥革命的流产已经宣告了旧民主主义的政治方案的破产，由于民族资产阶级的存在和发展，这种政治方案还是被一再重新提了出来。在大革命前夕，他们的代表人物就说，“四民之中最有实力者莫过于商”，他们“进可以趣承军阀官僚，退可以领袖工农”，所以成为“中国社会之中坚”；并认为只要不为国际资本主义所侵迫，方在萌芽的、如幼孩般的中国资本主义，是“可望长成”的。大革命时期，曾经有人写文章说：现在世界上有三条路，我们中国人，只有在这三条路中捡一条走。一条是列宁走的路，一条是墨索里尼走的路，还有一条是基马尔走的路。一些人认为，列宁在俄国走的社会主义道路，中国是不能走的；墨索里尼在意大利走的法西斯道路，中国是不该走的；只有基马尔在土耳其走的发展资本主义的道路，才符合中国的需要。当时，有一个自称为“戴季陶真实信徒”的人就提出过“举起你的左手打倒帝国主义，举起你的右手打倒共产党”这样的口号，其目的正是为了在左右开弓之中实现建立民族资产阶级一阶级统治的国家的政治主张。对于这种主张，在新民主主义革命阶段的各个时期，都不断地有人进行过鼓吹。这种鼓吹，在抗日战争胜利以后的一段时间内，更达到了高潮，一度掀起过一个走第三条道路（或中间路线）的第三大党运动。毛泽东曾经指出，正是由于民族资产阶级的政治主张是实现其一阶级统治的国家，“他们对于中国革命具有矛盾的态度：他们在受外资打击、军阀压迫感觉痛苦时，需要革命，赞成反帝国主义反军阀的革命运动；但是当着革命在国内有本国无产阶级的勇猛参加，在国外有国际无产阶级的积极援助，对于其欲达到大资产阶级地位的阶级的发展感觉到威胁时,他们又怀疑革命”①。这种主张,不但一般地代表民族资产阶级,而且在一定的时期内,在一部分城市小资产阶级尤其是知识分子中也有相当的影响,在一部分民主党派中更一度占据过上风。

这种中间路线即走旧民主主义道路的政治主张,究竟具有何种历史作用呢?应当承认,在一定的历史条件下,它是具有两重性的。一方面,持有这种主张的人们是不满于帝国主义压迫中国的政策和官僚军阀政府的反民主的独裁统治的,是不赞成大资产阶级所代表的半殖民地半封建社会的道路的,因此,他们有可能参加反帝反军阀的斗争,有可能与中共及其领导下的进步力量实行部分民主纲领上的政治合作,对革命的发展和历史的进步起积极的作用;另一方面,他们又对外国帝国主义和中国的反动统治阶级抱有某种幻想,不赞成人民民主革命的路线,因此,他们又可能妨碍一部分受其影响的群众尤其是中间群众的革命觉醒,妨碍这些群众在中共的新民主主义革命的旗帜下团结起来进行战斗,对革命的发展和历史的进步起消极作用。至于这两方面的作用究竟哪一方面占主导地位,则“要看提出这一口号的具体政治形势来决定”。“当反动势力占优势,并且准备向革命力量扑过去的时候”,“有第三方面提出类似中间路线的主张,其所产生的客观作用主要的是牵制反动力量的;因为:尽管这种主张和想法在表面上,是要求双方同时让步,而自己并不附和双方中的任何一方,但在实际上,这种主张和想法的作用对于反动力量和革命力量二者比较言,更主要的是牵制反动力量,对于怀抱这类想法的人们自己言,则是拒绝为反动力量帮忙,更简单地说,当时中间路线的实际意义,是对反动力量保持中间”。虽然即使在当时,中间路线作为解决中国问题的整体方案,也仍然是错误的;而这种中间路线的宣传,对于一些尚未觉醒的群众来说,也是不利于他们走向革命的。“当革命力量取得了优势,并且在胜利地向前发展的时候”,“倘有第三方面,提出类似中间路线的主张,其所产生的客观作用,主要的就要变成牵制甚至反对革命力量的了;因为:尽管这种主张在表面上是要求双方同时让步,而自己并不完全附和双方中的任何一方;但实际上,这种主张和想法的作用,对于反动力量言,是为它散布幻想,对于革命力量言,却是要它不再前进,总之对于革命是有害的;对于怀抱这种想法的人们自己言,则是拒绝彻底为进行革命而斗争;简单地说,这种情况下中间路线的实际意义,是对革命力量保持中间”②。当然,即使在这时也不能简单地把他们一律视为反动派的帮闲乃至帮凶,他们中的许多人在主观上还是真诚地向往并希望中国能够推行资产阶级民主制度的。

① 《毛泽东选集》第1卷,人民出版社 1991 年版,第4页。

② 于怀(乔冠华):《追击中间路线》,1946 年9月。

正因为中国民族资产阶级的政治主张和政治态度具有两重性,无产阶级及其政党在同民族资产阶级及其政党进行联合的同时,应当进行必要的斗争。只有这样,才能克服他们政治上的动摇性和对于革命的不彻底性,从而有利于争取他们,巩固与他们的联合;也才有利于更好地争取受到他们影响的那些农民和城市小资产阶级群众。一句话,才有利于争取无产阶级对于革命、对于统一战线的领导权。如果无视无产阶级的新民主主义革命的纲领、路线、政策同资产阶级的旧民主主义的纲领、路线、政策之间的原则区别,在实行联合的同时否定开展必要的斗争,无产阶级及其政党对于革命、对于统一战线的领导权也就无从谈起了。

对于这个问题,李维汉曾经作过深入的分析。他说,"中间路线,就是早已过时的和行不通的旧民主主义,即资产阶级共和国的路线"。"民族资产阶级和他们的政党如果幻想坚持这条路线,自以为这是以本阶级为主体的独立运动,那他们就必然要落到最不独立的地步"。1927 年他们附和蒋介石的反革命,结果就使自己"变成大地主大资产阶级反革命的助手,走上殖民地半殖民地的道路"。这是一个历史的教训。"所以,我们批判中间路线,同民族资产阶级的旧民主主义进行斗争,归根到底也就是同大资产阶级的殖民地半殖民地道路的斗争。我们党必须把这个斗争进行到底,才能帮助农民和城市小资产阶级脱离旧民主主义的影响,巩固工农联盟,也才能争取民族资产阶级本身,孤立大地主大资产阶级,将革命进行到彻底的胜利"①。

无产阶级同民族资产阶级之间的联合与斗争具有自己的特点。"民族资产阶级没有大资产阶级那么多的反动性和对抗性,并且基本上没有掌握过政权和武装力量。因此,我们同民族资产阶级基本上没有武装力量的联合和斗争,而主要是政治上的联合和斗争。斗争的主要手段是批评和教育,而批评也是为着教育和团结"②。毛泽东说的无产阶级"在被迫着同资产阶级分裂时,就转变为武装斗争"。这里的资产阶级主要是指大资产阶级,而不是指民族资产阶级。

总起来说,无产阶级及其政党对于民族资产阶级的正确政策,是又联合又斗争的政策。否定在一定条件下同民族资产阶级实行联合的重要性和可能性,就要犯"左"倾关门主义的错误;在同民族资产阶级实行联合时否定开展适当斗争的必要性,就要犯右倾投降主义的错误。这两种错误在党的历史上都曾经发生过,并且都给中国革命事业造成过严重的危害。

第三,争取民族资产阶级必须具备一定的条件。

---

① 李维汉:《统一战线问题与民族问题》,人民出版社 1981 年版,第 359 页。

② 李维汉:《统一战线问题与民族问题》,人民出版社 1981 年版,第 359 页。

怎样才能争取以民族资产阶级为主要成分的中间势力呢？毛泽东在抗日时期对这个问题作过全面的论述。这些论述不仅适用于抗日战争时期，同时也基本上适用于新民主主义革命的其他各个时期。毛泽东指出，争取中间势力，这是一个极严重的任务，但是必须在一定的条件下方可完成这个任务。“没有这些条件，中间势力就会动摇起来，或竟变为顽固派向我进攻的同盟军；因为顽固派也正在极力争取中间派，以便使我们陷于孤立。”①这些条件是：

(1)“我们有充足的力量”。由于中间势力是在无产阶级政党和大地主大资产阶级之间动摇着，无产阶级政党只有努力发展工人、农民和城市小资产阶级的力量，放手扩大人民军队和革命民主政权，使他们看到进步势力是强大有力的，是有发展前途和胜利希望的，他们才能在政治上向无产阶级政党、向进步势力靠拢。这也就是说，发展进步势力，这是争取中间势力的前提和基础。

(2)“尊重他们的利益”。中间势力所以与当权的大地主大资产阶级有矛盾，是因为后者损害了前者的利益；无产阶级政党要争取中间势力，就应当照顾他们的合理利益，至少不损害其利益。在这方面，主要是：在政治上，吸收他们的政治代表参加工人阶级领导下的以工农联盟为基础的联合政府即统一战线政权，注意听取他们的合理意见，同他们建立良好的合作共事关系。抗日战争时期，根据地的政权曾实行三三制，即参加政权的人员，共产党员占三分之一，非党进步分子占三分之一，代表民族资产阶级、开明绅士的中间派占三分之一。解放战争时期，党的基本纲领就是：“联合工农兵学商各被压迫阶级、各人民团体、各民主党派、各少数民族、各地华侨和其他爱国分子，组成民族统一战线，打倒蒋介石独裁政府，成立民主联合政府。”许多中间派人士继续参加解放区政权的工作。在民主革命取得全国胜利时，中国人民民主统一战线的组织——中国人民政治协商会议曾经代行全国人民代表大会的职权，许多中间党派、中间人士在其中发挥了重要的积极的作用；与此同时，在经济上，实行“公私兼顾，劳资两利”的政策，切实保护一切有利于国计民生的资本主义工商业，使之在国民经济中发挥积极作用。民族资产阶级中的少数右翼分子是依附于帝国主义、封建主义、官僚资本主义而反对人民民主革命的，“他们也是革命的敌人”。如何处置这部分资本家所经营的工商业，这成了一个问题。毛泽东认为，对于他们的反动政治倾向，是必须打击的，这样才能“使群众从他们的影响之下解放出来”；“但是，政治上的打击和经济上的消灭是两件事”，不应当混同起来。如果混同这两件事，把少数右翼分子经营的工商业没收了，其他民族工商业者就会恐慌起来，以至离开统一战线，这是对整个革命事业不利的。因此，对民族资产阶级的经济地位“必

① 《毛泽东选集》第2卷，人民出版社1991年版，第747～748页。

须慎重地加以处理，必须在原则上采取一律保护的政策"①。只有这样，才有利于达到"争取其多数，孤其少数"的目的。

(3)"我们对顽固派作坚决的斗争，并能一步一步地取得胜利"。列宁说："谁想帮助动摇分子，首先要自己不动摇。"②当大地主大资产阶级实施摧残进步势力的反动政策、对进步势力加以思想上政治上以至军事上的压迫时，无产阶级政党必须敢于采取适当的步骤，率领基本的同盟军，在思想上政治上以至军事上给予他们以坚决的打击。只有这样才能巩固基本的同盟者，稳定动摇的同盟者，而孤立敌人。如果自己在大地主大资产阶级面前表现动摇、退缩，那么动摇者就会更加动摇起来，以至投向大地主大资产阶级一边，争取中间势力的目的也就达不到了。

在论述争取中间势力必须具备三个条件的同时，毛泽东还特别指出："中间派的态度是容易动摇的，并且不可避免地要发生分化；我们应当针对着他们的动摇态度，向他们进行适当的说服和批评。"③这种说服工作，实际上也是争取中间势力的一个重要的条件，因为只有当他们抛弃对于大地主大资产阶级的幻想时，抛弃中间路线的幻想时，他们才能进一步投向革命。

为了正确地理解和把握争取民族资产阶级的条件，尤其是上述三个条件中的第一个条件，我们有必要正确认识和处理统一战线中两个联盟的相互关系。关于这个问题，在党的历史上是有过许多经验教训的。

由于资产阶级具有害怕群众的特性，大革命时期，当农民运动高潮起来时，中层以上的社会就发生了严重的动摇。是通过加强工农联盟来推进革命并克服资产阶级的动摇呢，还是用压制农民运动的办法来求得稳定同资产阶级的联合呢？以陈独秀为总书记的中共中央采取了后一种办法，即为了维持第二个联盟而不惜削弱第一个联盟。其结果不仅没有稳定同资产阶级的联合，反而使资产阶级更加动摇起来，大资产阶级随后就叛变了，民族资产阶级也附和了大资产阶级的反动。第一个联盟被削弱了，第二个联盟也难以维持了。

实际上，巩固和加强工农联盟，不仅不会妨碍工人阶级与资产阶级的联盟，而且是建立、维护和发展这个联盟的重要条件。因为只有这样，才能真正实现争取以民族资产阶级为主要成分的第一个条件，即"我们有充足的力量"。对此，毛泽东作过深刻的分析。他说："对资产阶级的动摇和不彻底性的克服，依靠群

① 《毛泽东选集》第4卷，人民出版社1991年版，第1289页。
② 《列宁选集》第3卷，人民出版社1995年版，第64页。
③ 《毛泽东选集》第2卷，人民出版社1991年版，第747页。

众的力量和正确的政策,否则资产阶级将反过来克服无产阶级。”①工农群众的广泛而深入的发动,固然可能使资产阶级感到害怕,但也决不是如同犯右倾错误的人们所说的那样,必然会由此吓跑了资产阶级;相反,只有当工农群众的力量真正地发动起来了,资产阶级才会被“吓”得不敢乱跑,即不敢投向反革命方面,并促使其向革命方面靠拢。所以,“工农群众阶级斗争的发展,并不会削弱统一战线反帝反封建的力量,相反,还会加强统一战线的力量”②。事实正是这样。抗日战争时期和全国解放战争时期,中国共产党采取放手发动群众、壮大人民力量的方针,工农联盟极大地巩固了,工人阶级同民族资产阶级的联盟也加强了。这个历史经验告诉人们:作为工人阶级先锋队的中国共产党,任何时候都要把广大劳动人民作为自己的主要依靠,作为统一战线的基础;做到了这一条,也就做到了“我们有充足的力量”,从而为争取民族资产阶级创造了重要的前提。

第四,要切实做好争取和团结民主党派和无党派民主人士的工作。

在争取民族资产阶级及其知识分子的过程中,做好民主党派和无党派民主人士的工作具有重要的意义。中国各民主党派是中国共产党领导的爱国统一战线的重要组成部分。这些民主党派是:中国国民党革命委员会、中国民主同盟、中国民主建国会、中国民主促进会、中国农工民主党、中国致公党、九三学社和台湾民主自治同盟。它们中除中国致公党成立于大革命时期、中国农工民主党(第三党)成立于土地革命战争初期以外,都是在抗日战争时期和全国解放战争时期成立的。“我国各民主党派形成时的社会基础,主要是民族资产阶级、城市小资产阶级和它们的知识分子,以及其他爱国民主分子。它们所联系和代表的不是单一的阶级,它们是这些阶级、阶层的人们在反帝爱国和争取民主的共同要求基础上的联合,是阶级联盟性质的政党,在它们的成员和领导骨干中,还有一定数量的革命知识分子和共产党人”③。在土地革命战争前期、中期,尤其是1931—1934 年王明“左”倾教条主义统治时期,中国共产党曾经错误地把中间党派看做是“最危险的敌人”,主张“对于资产阶级的任何一派,应当一律给予无情的打击”。比如,周恩来就讲过一个鲜为人知的重要事实。他说,1930 年第三党领导人邓演达回国后,“曾找我们谈判合作反对蒋介石,可是我们没有理睬他,这是不对的”④。这种错误的认识和做法,在遵义会议以后得到了彻底的纠正。在抗日战争和解放战争期间,中国共产党对这些民主党派以及无党派民主人士

① 《毛泽东选集》第 1 卷,人民出版社 1991 年版,第 276 页。

② 《刘少奇选集》上卷,人民出版社 1981 年版,第 51 页。

③ 于刚主编:《中国各民主党派》,中国文史出版社 1987 年版,第 1 页。

④ 《周恩来选集》上卷,人民出版社 1980 年版,第 167 页。

采取了争取、支持、帮助的态度，同他们建立了不同程度的合作关系，并且在革命斗争中逐步发展了这种关系。比如，1940 年 4 月，中共中央曾专门发出《关于争取小党派及中间分子的指示》，指出："各小党派及中间派分子中有反对内战停止磨擦实行宪政好意的要求，但他们对于国民党是内战的挑拨者磨擦的主动者则不了解，他们对蒋实行宪政的口头允诺则有幻想"，党的对策应是争取"同各小党派及中间派分子联合"，为此应在同他们进行共同斗争的过程中帮助他们了解谁是内战磨擦的责任者，帮助他们抛弃对蒋的幻想。① 又如，1948 年 1 月，中共中央在《关于对中间派和中产阶级右翼分子的指示》中，更明确指出，对民主同盟，对国民党反蒋派，"对一切可以争取的中间派，不管他们言论行动中包含多少动摇性及错误成分，我们应采积极争取与合作态度，对他们的错误缺点，采取口头的善意的批评态度"②。各民主党派的政治纲领的基本倾向，在抗日战争时期，是主张抗日、反对内战、要求民主的；在抗日战争胜利后，是不满美国殖民地化中国的政策和蒋介石的独裁统治、反对国民党发动和进行反革命内战的。因此，他们和中国共产党及其领导下的进步势力实行了部分民主纲领上的政治合作，在革命历史上起了积极作用。在抗战胜利前后，他们曾与中共一起，为废除国民党的一党专政、建立民主的联合政府而奔走呼号，在 1946 年 1 月政治协商会议期间，他们与中共代表团紧密合作，推动会议通过了有利于人民的协议；会后，又为维护这些协议而进行了不懈的斗争。他们还与中共一起，坚决抵制国民党片面召开的伪"国民大会"和制定的伪"宪法"，并且揭露国民党当局玩弄"多党其名，一党其实"的"改组政府"的骗局，并拒绝参加这样的政府。对于国民党统治区的爱国民主运动，他们也是采取明确支持的态度的。这是党的统一战线政策取得的巨大成功。当然，应当看到，一些民主党派是带中间性的，他们代表和影响着中产阶级、海外侨商及其他爱国分子。而且，正如周恩来所指出的，"这些党派虽带中间性，但其组织成分又常从统治阶级内部的反对派一直包含到进步分子，如民主同盟、国民党革命委员会、民主建国会皆是，而其中政治倾向又从君主立宪一直到新民主主义革命都有"。这就是"情势发展的复杂性"。他指出，"民盟由于抗战特别由于政协的机缘，客观上一时造成了他在全国的第三党地位，使他中间许多领导人物代表着中产阶级的想法，企图在国共对立的纲领之外，寻找出第三条道路"③。这条道路也就是建立资产阶级共和国、自由发展资本主义的道路，即旧民主主义的道路。其他一些民主党派中的若干领导人

① 《中共中央文件选集》第 12 册，中共中央党校出版社 1991 年版，第 344 页。

② 《中共中央文件选集》第 17 册，中共中央党校出版社 1992 年版，第 12 页。

③ 《周恩来选集》上卷，人民出版社 1980 年版，第 283 ~ 284 页。

物也抱有类似想法,主张以民盟为"'第三方面'的中心组织","在民盟旗帜之下,分别组织,联合行动",从而掀起一个走中间路线即第三条道路的第三大党运动。民主党派中若干领导人物的上述想法,是脱离中国实际的,是行不通的。战后,中国社会政治生活的基本内容,是"建立新民主主义的新中国,还是维护半殖民地半封建的旧中国"这样两种命运、两个前途的决定胜负的斗争。客观环境并没有给人们走第三条道路留下任何的余地。任何人,不管他如何真诚而热烈地抱有走中间路线的想法,"但一接触到实际斗争,尤其是内战重起,就使他只能在靠近共产党或靠近国民党中选择道路,而不能有其他道路"①。原先加入民主同盟的中国青年党、中国民主社会党分子(其革新派除外),不久就跟随国民党走了;民盟其他大多数成员,在斗争的几个关键时刻,都是靠近共产党,同共产党站在一条战线上的。

不应当忘记,坚持大地主大资产阶级专政的国民党反动派不仅反对中国共产党代表的新民主主义的建国方案;而且对若干民主党派领导人物和若干民主人士关于在中国建设资产阶级共和国的主张,也是不能容忍的。尽管民盟一贯主张"以民主的方式争取民主,以合法的行动争取合法的地位",国民党当局还是诬蔑他们是"中共之新的暴乱工具",不断地用暴力手段对他们施行迫害。1947 年 10 月,国民党当局更公开宣布民盟为"非法团体",并且援引《后方共产党处置办法》等,明令"严加取缔"。同年 11 月,迫于反动派的高压,民盟有的领导人于是通告盟员"一律停止活动","总部亦即解散"。周恩来指出,这个事实证明,"想在国共之间建立起中间道路的第三大党运动是失败了","第三条道路的想法已经破产"了。②

中国共产党为争取、团结民主党派和无党派民主人士曾经开展过多方面的工作。如:推动他们进行反对美蒋的共同斗争,照顾他们的实际利益,对他们进行政治教育,等等。李维汉在新中国成立初期曾经说过,"共产党同民主党派关系的基本原则,是既要在政治上和思想上,以共同纲领为准则,团结它们共同奋斗,帮助它们提高到为彻底实现共同纲领而奋斗的水平,同时又必须在组织上适当地尊重它们的独立性,善于根据它们的具体情况,推动和帮助它们逐步前进"。帮助的方法,"是诚恳地协商、建议和说理,必要时进行适当批评,而不是从组织上去控制它们"③。这里所说的,也是党在新中国成立前处理与民主党派关系的原则和方法。比如,前面提到的 1948 年 1 月中共中央的指示,就强调对

① 《周恩来选集》上卷,人民出版社 1980 年版,第 284 页。

② 《周恩来选集》上卷,人民出版社 1980 年版,第 283 ~ 284 页。

③ 李维汉:《统一战线问题与民族问题》,人民出版社 1981 年版,第 11 页。

民主党派、民主人士的错误观点，不是要公开地揭发批判，而是要"采取口头的批评态度"；对某些中产阶级右翼分子的公开的严重的反动倾向是要揭露和批评的，但"要有分析，要有说服性，要入情入理"等。这些做法，对于推动一些民主党派、民主人士抛弃中间路线的幻想，走向新民主主义革命的立场，起了很好的作用。各民主党派和无党派人士在政治上的这种历史性的巨大的进步，有力地推动了由他们代表和在他们影响下的民族资产阶级、小资产阶级和他们的知识分子以及其他中间势力走向新民主主义革命的立场，对于中国共产党领导的人民民主统一战线的巩固和扩大起到了重要的积极作用。

（四）对中国资本主义经济的政策

1. 关于没收官僚资本归人民共和国所有的问题

如同中国的资产阶级被分成了带买办性的大资产阶级即官僚资产阶级和民族资产阶级两个部分一样，中国的资本主义经济也是由官僚资本主义经济和民族资本主义经济两个部分构成的。前者主要是封建的买办的国家垄断资本主义经济，后者主要是私人经营的中等规模和小规模的资本主义经济。这是半殖民地中国所具有的一个历史特点。必须认清这个历史特点，中国共产党才有可能制定出对资产阶级的恰当的政策。

资产阶级的政治态度主要是由它所处的经济地位决定的。中国共产党为了正确处理同资产阶级的关系，就必须科学地认识中国这两部分资本主义经济的性质和历史作用，并据此提出符合实际情况的方针。

在总结实践经验的基础上，中国共产党逐步地形成了"没收官僚资本归新民主主义的国家所有"和"保护民族工商业"这样两项对待中国资本主义经济的基本政策。这两项政策与"没收地主阶级的土地归农民所有"的政策一起，构成了党的新民主主义革命的三大经济纲领。这是毛泽东新民主主义理论的一个重要的组成部分。

官僚资本在中国由来已久。在大革命时期，有人就把清朝晚期、民国初期由政府官僚兴办或把持的企业称作官僚资本企业。我们这里所说的官僚资本，是特指："南京国民党统治时期取得的官僚资本"①。它是在 1927 年国民党统治建立以后，以蒋介石、宋子文、孔祥熙、陈立夫为首的新军阀、新官僚，依靠反动政权的力量，逐步形成和发展起来的，在抗日战争和解放战争时期，它达到了最高峰。

国民党官僚资本有一个形成、发展的过程，中国共产党对官僚资本的认识和没收官僚资本政策的制定也经历了一个过程。

① 《周恩来选集》上卷，人民出版社 1980 年版，第 321 页。

1928 年 7 月召开的中国共产党第六次全国代表大会根据对当时形势的估计,提出了中国革命的十大纲领,尽管有一些错误,它的基本方面是正确的。"但这十条里面没有没收官僚资本,没有联合中小资产阶级。那时这个纲领对中国资产阶级,在政权上根本不要它,在经济上根本不动它。"①当时,官僚资本刚刚在形成的过程中,党还不可能认识到它同民族资本的区别,并提出相应的政策。直到 1940 年 1 月,毛泽东还说过"写《新民主主义论》时,民族资本与官僚资本的区别在我们脑子里尚不明晰"②。所以,在论述新民主主义的经济时,并没有提出没收官僚资本的问题。1945 年 4 月,毛泽东在中国共产党第七次全国代表大会上所作的政治报告中进一步指出:国民党主要统治集团所代表的是中国的大地主、大银行家、大买办阶层的利益。它"一面在口头上宣称要发展中国经济,一面又在实际上积累官僚资本,亦即大地主、大银行家、大买办的资本,垄断中国的主要经济命脉,而残酷地压迫农民,压迫工人,压迫小资产阶级和自由资产阶级"。为此,他重申了孙中山关于"节制资本之要旨",指出独占性的或者规模过大的企业,应由国家经营,并把"要求取缔官僚资本"列入了党的具体纲领。③ 全面内战爆发一年后,当人民解放军转入战略进攻时,1947 年 8 月 31 日,西北野战军前敌委员会在关于在蒋管区作战的几个问题的决定中提出了"没收战争罪犯、官僚资本贪官污吏、恶霸全部财产"的问题。这个决定得到了中共中央的批准。④ 1947 年 10 月 10 日颁布的中国人民解放军宣言,正式宣布"没收蒋介石、宋子文、孔祥熙、陈立夫兄弟等四大家族和其他首要战犯的财产,没收官僚资本"是"本军的基本政策"之一,"本军所到之处,立即实施这些政策"⑤。同年 12 月 25 日,毛泽东在中共中央召开的会议上所作的《目前形势和我们的任务》的报告中,科学地阐明了官僚资本是封建的买办的国家垄断资本,明确规定"没收蒋介石、宋子文、孔祥熙、陈立夫为首的垄断资本归新民主主义的国家所有"是新民主主义革命的三大经济纲领之一。⑥

在反对官僚资本主义的问题上,中国共产党提出的以下几方面的思想是值得注意的:

第一,反对官僚资本主义是新民主主义革命的题中应有之义。

官僚资本主义经济是中国资本主义经济的主要部分。在民主革命时期,中

① 《毛泽东文集》第 5 卷,人民出版社 1996 年版,第 139 页。

② 《毛泽东文集》第 5 卷,人民出版社 1996 年版,第 140 页。

③ 《毛泽东选集》第 3 卷,人民出版社 1991 年版,第 1064、1057 页。

④ 《中共中央文件选集》第 16 册,中共中央党校出版社 1992 年版,第 521 页。

⑤ 《毛泽东选集》第 4 卷,人民出版社 1991 年版,第 1238 页。

⑥ 《毛泽东选集》第 4 卷,人民出版社 1991 年版,第 1253 页。

国共产党之所以提出没收官僚资本的政策,并非因为它是一般的资本主义,而是因为这种资本主义同外国帝国主义、本国地主阶级和旧式富农结合着,具有买办性和封建性,是封建的买办的国家垄断资本。

官僚资本不是在发展生产的基础上积累起来的,而是以四大家族为首的官僚资产阶级利用超经济的特权,主要是在从事金融和商业投机的过程中,在掠夺广大劳动人民和兼并民族工商业的过程中发展起来的。因此,官僚资本的发展在根本上并不等于社会生产力的发展,相反,它恰恰是社会生产力发展的严重障碍。

正因为中国的官僚资本主义经济具有封建性和买办性,它阻碍着中国社会生产力的发展,因此,在无产阶级领导反帝反封建的民主革命中采取没收官僚资本的政策,是完全合理的和十分必要的。

第二,必须对官僚资本的内涵和外延作出明确的界定。

官僚资本经营的企业主要集中在大中城市尤其是在大城市。随着人民解放军转入战略进攻,许多城市相继获得解放,这样,没收官僚资本这项政策就已经有必要也有可能付诸实施了。而为了能够正确地执行这项政策,首先必须对官僚资本的内涵和外延作出界定,以便没收应该没收的真正的官僚资本,同时又不致不适当地扩大打击面,尤其不要把民族资本也当做官僚资本予以没收。为此,中共中央在进行调查研究和总结接管城市的经验的过程中,反复地对这个问题作出指示,日益明确地划清了有关的政策界限。1948 年 4 月,中共中央在攻克洛阳后给洛阳前线指挥部的电报中指出:“对于官僚资本要有明确界限,不要将国民党人经营的工商业都叫作官僚资本而加以没收。对于那些查明确实是由国民党中央政府、省政府、县市政府经营的,即完全官办的工商业,应该确定归民主政府接管营业的原则。”“对于小官僚和地主所办的工商业,则不在没收之列。一切民族资产阶级经营的企业,严禁侵犯。”①这个电报指明了应没收的官僚资本主要是国家垄断资本即由国民党中央及省、市县政府举办的工商业。1949 年 4 月 15 日,由中国共产党代表在同国民党政府代表团谈判时提出的《国内和平协定(最后修正案)》规定:“凡属南京国民政府统治时期倚仗政治特权及豪门势力而获得或侵占的官僚资本企业(包括银行、工厂、矿山、船舶、公司、商店等)及财产,应没收为国家所有。”“其中,如有私人股份,应加清理,经证实确由私人股份并非由官僚资本暗中转移者,应予承认,并许其有留股或退股之自由。”“凡官僚资本属于国民政府统治时期以前及属于南京国民政府统治时期而为不大的企业且与国计民生无害者,不予没收。但其中若干人物,由于犯罪行为,例如罪大

① 《毛泽东选集》第 4 卷,人民出版社 1991 年版,第 1323 ~ 1324 页。

恶极的反动分子而为人民告发并审查属实者，仍应没收其企业和财产。”①这个文件，对应没收的官僚私人资本作出了初步的原则界定。同年 4 月 25 日，中国人民解放军布告综合上述两个文件的精神，明确宣布：所要没收的官僚资本，既包括国民党反动政府经营的，也包括大官僚分子经营的工厂、商店、银行、仓库、船舶、码头、铁路、邮政、电报、电灯、电话、自来水和农场、牧场等，均由人民政府接管。其中，如有民族工商农牧业家私人股份经调查属实者，当承认其所有权。②

第三，应当在没收官僚资本企业时采取适当的接管方式以保护和发展生产力。

1949 年 1 月 15 日，中共中央作出《关于接收官僚资本企业的指示》，提出接管工作的明确方针。原官僚资本企业的组织机构和管理制度具有两重性。中共中央认为，现时资本主义的工厂、企业管理制度是资本主义生产长期发展的结果，资本主义不仅为我国准备了科学技术，同时又为我们准备了一套管理制度；资本主义管理制度，不仅有适应高度剥削需要的一个方面，也还有适应高度技术需要的一个方面。我们的任务是批判地接受资本主义管理制度，发扬其合理性和进步性，去掉其不合理性和反动性。因此，对这类经济组织的机构与制度和对反动政权的机构与制度，在处理的方针和方法上应有所不同。指示强调：“对于国民党反动统治的政治机构，如国民党的军队、警察、法庭、监狱及其他各级政府机构，是应该彻底加以破坏的，而不能加以利用，我们必须重新建立新的政治机构来进行统治，在旧的政治机关服务的人员亦只能在经过改造后分别地加以任用，而不能不经改造地全套的加以任用，否则，就要犯原则的错误。但是对于旧的统治阶级所组织的企业机构，生产机构，在打倒旧的主人换成新的主人之后，则不应加以破坏，而应加以维持，然后依照革命阶级科学准备的水准逐渐地加以改良即可。这是马克思列宁多次说过了的，是完全正确的，我们应照这样来做。”根据这个认识，指示要求各地在接收官僚资本企业时“必须严格地注意到不要打乱企业组织的原来的机构”；原来的厂长、矿长、局长及工程师和职员愿意继续服务者，应由其担负原来职务，继续工作；旧的实际工资标准和等级及实行多年的奖励制度、劳动保险制度等，亦应照旧。“制度中有一部分须要加以改良者，亦须等到后来详细研究后，才能提出更合理的改订办法”③。

所以，没收官僚资本，采取的是自上而下、按照系统、原封不动、整套接收的

① 《中共中央文件选集》第 18 册，中共中央党校出版社 1992 年版，第 514 页。

② 参见《毛泽东选集》第 4 卷，人民出版社 1991 年版，第 1457 ~ 1458 页。

③ 《中共中央文件选集》第 18 册，中共中央党校出版社 1992 年版，第 31 ~ 33 页。

办法；同时，这种"自上而下按系统的接收"，又是与"自下而上工人、职员的审查和检举相配合"的。接收工作，自始至终注意依靠工人群众，团结技术人员和管理人员。其结果，在实行从官僚资本主义所有制到社会主义全民所有制的根本转变的过程中，人心安定，企业得到有效的保护，生产和经营秩序迅速走向正常。在此基础上，经过调查研究，有领导、有步骤地开展了民主改革和生产改革，废除了把头制度、搜身制度等不合理的旧制度，使这些企业的生产过程中的人与人的关系也日益符合社会主义经济的性质。这样，原来的官僚资本主义经济就变成名副其实的社会主义性质的国有经济了。

2. 关于保护民族资本主义经济的几个问题

保护民族工商业，即保护民族资本主义经济，是中国共产党的新民主主义革命的三大经济纲领之一。

中国共产党对民族资本主义经济的正确政策的制度和实施，也经历了一个过程。

还在大革命后期即1927年4—5月中共召开五大时，中国共产党除主张"没收一切银行、矿山、铁路、轮船、大工厂、大企业等归国有"外，还主张"实行高度劳工政策"。"左"的倾向已经发端。大革命失败后，1927年11月召开的中共中央政治局扩大会议还提出了"工厂归工人管"、"如果小厂主怠工闭厂，便也没收他的工厂"等"左"的政策。1928年7月召开的中共六大制定的政纲，如前所述，对资产阶级，是政治上不要它，在经济上不动它。1930年6月中共中央政治局在李立三主持下通过的决议则主张在革命取得一省数省首先胜利时，革命政府"为着力争全国革命的胜利，不只是要没收帝国主义的企业、银行、工厂"，"而且要没收中国资产阶级的工厂、企业、银行"①。这是违反六大的方针的。在1931—1934年以王明为代表的"左"倾路线统治时期，党并没有直接提出立即消灭资本主义经济的方针，在根据地内部也并没有禁止私人资本主义经济。但由于实行过"左"的劳动政策和税收政策，致使一些私营工商业因无利可图而纷纷停业。1935年12月召开的瓦窑堡会议在确定与民族资产阶级重建统一战线方针的同时，也对关于民族资本主义经济的政策进行了调整。在这之后，党的民族工商业政策即走上了正确的轨道。1940年1月，毛泽东在《新民主主义论》中把"不禁止"不能操纵国民生计的资本主义生产的发展作为新民主主义经济纲领的一个重要的组成部分。1945年4月在党的七大上毛泽东所作的《论联合政府》的报告中对这个问题的论述有了进一步的发展。"这个报告与《新民主主义

① 《中共中央文件选集》第6册，中共中央党校出版社1989年版，第126页。

论》不同的,是确定了需要资本主义的广大发展"①。1947 年 12 月,毛泽东在中央会议上所作的《目前形势和我们的任务》的报告中,明确宣布"保护民族工商业"是党的新民主主义革命的一项经济纲领。

中国共产党所制定和实施的保护民族工商业的政策,是把马克思主义理论运用于中国实际所作的一个独特的创造。在这个问题上,党所阐明的以下几个方面的思想是值得注意的:

第一,保护民族工商业的政策是由中国革命的民主主义性质和中国民族资本主义经济的历史特点所决定的。

中国民族资本主义经济和买办性的资本主义经济不同,它对外国垄断资本的依赖程度不是那么高,同中国封建经济的结合不是那么紧,所以是民族资本主义经济。这种资本主义工商业被称作民族工商业。

在半殖民地半封建的中国,阻碍生产力发展和社会进步的,是帝国主义和封建主义,而不是一般的资本主义和一般的资产阶级。因此,中国民主革命的任务"是反帝反封建,并不是反资本主义"②。与社会主义革命不相同,新民主主义革命只推翻帝国主义和反动派在中国的统治,"而不破坏任何尚能参加反帝反封建的资本主义成分"③。新民主主义的共和国只是将"大银行、大工业、大商业,归这个共和国的国家所有","并不没收其他资本主义的私有财产,并不禁止'不能操纵国民生计'的资本主义生产的发展,这是因为中国经济还十分落后的缘故"④。

必须清醒地认识,"中国现阶段的历史将形成中国现阶段的制度"。我们共产党人根据自己对于马克思主义的社会发展规律的认识,明确地知道,在经济文化十分落后的中国,民族资本主义仍然是一种比较进步的生产关系。毛泽东指出:"现在的中国是多了一个外国的帝国主义和一个本国的封建主义,而不是多了一个本国的资本主义,相反地,我们的资本主义是太少了。"从经济上看,"拿资本主义的某种发展去代替外国帝国主义和本国封建主义的压迫,不但是一个进步,而且是一个不可避免的过程。它不但有利于资产阶级,同时也有利于无产阶级,或者说更有利于无产阶级"⑤。从政治上看,中国的民族资本主义经济的拥有者即中国的民族资产阶级并不是统治阶级,它也受到帝国主义、封建主义的压迫和束缚,是可以参加民主革命或者在斗争中保持中立的。"为了对付帝国

---

① 《毛泽东文集》第 3 卷,人民出版社 1996 年版,第 275 页。
② 《毛泽东选集》第 1 卷,人民出版社 1991 年版,第 160 页。
③ 《毛泽东选集》第 2 卷,人民出版社 1991 年版,第 648 页。
④ 《毛泽东选集》第 2 卷,人民出版社 1991 年版,第 678 页。
⑤ 《毛泽东选集》第 3 卷,人民出版社 1991 年版,第 1060 页。

主义的压迫，为了使落后的经济地位提高一步，中国必须利用一切于国计民生有利而不是有害的城乡资本主义因素，团结民族资产阶级，共同奋斗”①。

中国之所以还要发展资本主义，这与中国民族资本主义特有的性质是分不开的。1945 年 5 月，毛泽东在中共七大上指出：“世界上的资本主义有两部分，一部分是反动的法西斯资本主义，一部分是民主的资本主义。”“民主的资本主义比法西斯资本主义进步些，但它仍然是压迫殖民地，压迫本国人民，仍然是帝国主义。”“蒋介石搞的是半法西斯半封建的资本主义。”“我们提倡的是新民主主义的资本主义，这种资本主义有它的生命力，还有革命性。从整个世界来说，资本主义是向下的，但一部分资本主义在反法西斯时还有用，另一部分资本主义——新民主主义的资本主义将来还有用，在中国及欧洲、南美的一些农业国家中还有用，它的性质是帮助社会主义的，它是革命的、有用的，有利于社会主义的发展的。”②

如果不是采取保护而是采取过早地消灭民族资本主义的政策，在经济上，是不利于当时根据地自身生产的发展和根据地同其他地区的物资交流的，是不利于未来新民主主义共和国的经济增长的；在政治上，则会把可能的同盟者推向帝国主义和反动派一边，使工人阶级领导的革命力量陷入孤立、缩小甚至走到失败的道路上去。所以，在新民主主义革命时期，是否采取保护民族工商业的政策，这是一个重大的原则性的问题。

第二，必须采取切实的措施，保证贯彻执行保护民族工商业的方针。

为了执行保护民族工商业的方针，毛泽东指出，必须划清几个有关的政策界限，切实保证“反帝反封建不反一般资本主义”。主要是：

(1) 既要消灭地主和旧式富农的封建和半封建的剥削，又不能侵犯地主富农经营的工商业。地主富农对农民进行的地租剥削，是封建性的，在民主革命时期必须加以消灭；他们经营的工商业所进行的剥削，具有资本主义的性质，在民主革命时期不属于消灭的对象。“减租减息时期鼓励地主富农转入工商业的政策也是正确的，认为‘化形’而加以反对和没收分配是错误的。地主富农的工商业一般应当保护，只有官僚资本和真正恶霸反革命分子的工商业，才可以没收。”③如果没收地主富农的工商业，这就是把反封建剥削同反资本主义剥削、把民主革命的任务和社会主义革命的任务混淆起来了。这样做，不仅犯了超越革命阶段的错误，而且还将引起一些资本家的恐慌，对于争取民族资产阶级的工作

① 《毛泽东选集》第 4 卷，人民出版社 1991 年版，第 1479 页。

② 《毛泽东文集》第 3 卷，人民出版社 1996 年版，第 384 ~ 385 页。

③ 《毛泽东选集》第 4 卷，人民出版社 1991 年版，第 1269 页。

造成严重的消极影响。

（2）在没收官僚资本的过程中切实保护民族工商业。这就是说，没收官僚资本必须有明确的界限，不仅不能把民族资本当成官僚资本加以没收，就是对官僚资本企业中一般资本家拥有的私人股份也应当保护；在消除并没收私营资本主义企业中官僚资本的“官股”和私股时也必须采取十分谨慎的态度，必须真正确认其为官僚资本时才能进行没收。

（3）把对民族资产阶级右翼在政治上的打击和经济上的消灭区别开来。民族资产阶级中的少数右翼分子是依附于帝国主义、封建主义、官僚资本主义而反对人民民主革命的，“他们也是革命的敌人”。毛泽东认为，对于他们的反动政治倾向是必须打击的，这样才能使群众从他们的影响下解放出来；但是，政治上的打击和经济上的消灭是两件事，不应当混同起来。如果混同这两件事，把少数右翼分子的工商业没收了，其他民族工商业者就会恐慌起来，以至离开统一战线，这不仅对中国的经济发展不利，而且对整个中国革命事业也是不利的。因此，对民族资产阶级的经济地位“必须慎重地加以处理，必须在原则上采取一律保护的政策”①。

为了保护民族工商业，毛泽东强调，“新民主主义国民经济的指导方针，必须紧紧地追随着发展生产、繁荣经济、公私兼顾、劳资两利这个总目标”②。为此，必须注意：

（1）在社会主义经济的领导下，实行国民经济的必要分工，并且按照这种分工，使上层小资产阶级和中等资产阶级所代表的资本主义经济中一切有益于国民经济的部分有一个发展。

（2）正确执行劳动、税收等项政策。“对于一切有益于国民经济的工商业征收营业税，必须以不妨碍其发展为限度”。“工人生活必须酌量改善，但是必须避免过高的待遇”③。总之，要使资本家有利可图，有经营的积极性，不要妨碍资本主义经济的正当发展。在这些问题上，1931—1934 年犯过的“左”的错误，是绝对不许重复的。

第三，必须认识资本主义的发展是有条件的而不是无条件的。

保护民族工商业，甚至提倡资本主义经济的广泛发展，对中国革命是否有危险，对它的社会主义前途是否会产生消极影响？这种发展是无条件的还是必须受到限制的呢？对于这方面的问题，毛泽东进行了全面的分析，并作出了明确的

① 《毛泽东选集》第 4 卷，人民出版社 1991 年版，第 1289 页。
② 《毛泽东选集》第 4 卷，人民出版社 1991 年版，第 1256 页。
③ 《毛泽东选集》第 4 卷，人民出版社 1991 年版，第 1269 页。

答复。关于这方面的问题,必须注意到以下几个情况:

(1)在一定时期内,资本主义经济既是必要的,但又不应当是主要的。“在现阶段上,中国的经济,必须由国家经营、私人经营和合作社经营三者组成的”。而这个国家经营的所谓国家,一定要是在无产阶级领导下的新民主主义国家。“无产阶级领导下的国营经济和合作社经济,是社会主义的因素”①。我们不仅要使资本主义有广泛的发展,而且“要广泛发展合作社经济和国家经济,这二者是允许广泛发展的”②。以发展工业为例。毛泽东指出,“在发展工业的方向上,有些糊涂的同志认为主要地不是帮助国营企业的发展,而是帮助私营企业的发展;或者反过来,认为只要注意国营企业就够了,私营企业是无足轻重的了。我们必须批判这些糊涂思想”。在革命胜利以后,“关于恢复和发展生产的问题,必须确定:第一是国营工业的生产,第二是私营工业的生产,第三是手工业生产”③。

按照这个方针去办,即使资本主义经济在绝对量上发展了,由于社会主义经济在绝对量上也在发展并且它的发展被置于优先的地位,它在整个国民经济中所占的比重不仅不会增大而且还可能相对下降。

(2)需要广泛发展的资本主义,不是垄断性的大企业,而是中小企业。关于这个问题,毛泽东说过:“我是在这样的条件下肯定的,就是孙中山所说的‘不能操纵国民之生计’的资本主义。至于操纵国民生计的大地主、大银行家、大买办,那是不包括在里面的。”④对于孙中山提出的“节制资本”的方针,他曾经在肯定的意义上多次加以引证,借以说明中国资本主义经济的发展不可能是无条件的、无限度的。

(3)需要自由发展的,是那些“有益于国民生计的私人资本主义经济”,而不足有害于国计民生的私人资本主义经济;需要保障的,是“一切正当的私有财产”,而不是不正当的私有财产。这个规定本身,就是一种条件、一种限制。1948年9月,张闻天起草的《关于东北经济结构及经济建设基本方针的提纲》受到了中共中央的重视。刘少奇在审阅这个提纲时,将其中“决不可过早地限制私人资本经济的办法”这句话,改为“决不可以过早地采取限制现时还有益于国计民生的私人资本经济的办法”。毛泽东认为:“此件修改得很好。”“因为就我们的整个经济政策说来,是限制私人资本的,只是有益于国计民生的私人资本,

① 《毛泽东选集》第3卷,人民出版社1991年版,第1058页。
② 《毛泽东在七大的报告和讲话集》,中央文献出版社1995年版,第126页。
③ 《毛泽东选集》第4卷,人民出版社1991年版,第1427~1428页。
④ 《毛泽东在七大的报告和讲话集》,中央文献出版社1995年版,第125页。

才不在限制之列。而‘有益于国计民生’,这就是一条极大的限制,即引导私人资本纳入‘国计民生’的轨道之上。要达到这一点,必须经常和企图脱出这条轨道的私人资本作斗争。而这些私人资本虽然已经纳入这条轨道,他们总是想脱出去的,所以限制的斗争将是经常不断的。”①

(4) 即使纳入了国计民生的轨道的私人资本主义,为了追逐更大的利润,它仍然可能企图脱出这个轨道,因此“我们要从各方面,按照各地、各业和各个时期的具体情况,对于资本主义采取恰如其分的有伸缩性的限制政策”。“它将从几个方面被限制——在活动范围方面,在税收政策方面,在市场价格方面,在劳动条件方面”②。比如,在劳动条件方面,我们“将采取调节劳资间利害关系的政策”,既要维护工人的利益,又使资本家在合理经营下有正当赢利。这就是说,一方面允许资本主义的剥削;另一方面,这种剥削又不能是无度的、不受限制的。

弄清了以上这些情况,我们就不难懂得,毛泽东为什么要把这种资本主义称作“新民主主义的资本主义”了。因为这种资本主义已经不是完全意义上的自由资本主义,它确实已经是在新民主主义国家和社会主义经济的领导和制约之下的资本主义。在这样的条件下来发展资本主义,正如毛泽东所说,“是只有好处,没有坏处的”。事实上,也只有在这样的条件下来发展资本主义,才能“是帮助社会主义的”,才能是“有利于社会主义的发展的”。

正因为资本主义的发展是有条件的,毛泽东在 1949 年 3 月党的七届二中全会的报告中明确指出:“对于私人资本主义采取限制政策,是必然要受到资产阶级在各种程度和各种方式上的反抗的,特别是私人企业中的大企业主,即大资本家。”因此,他提醒全党必须清楚地认识:“限制和反限制,将是新民主主义国家内部阶级斗争的主要形式。”③

3. 正确认识和处理中国资本主义经济的问题必须掌握的原则

中国共产党对于中国资本主义经济的正确政策,是在民主革命的斗争实践中、在马克思主义和中国实际相结合的基础上逐步形成的。这是一项富有独创性的马克思主义的政策。

在正确地认识和处理中国资本主义经济这个问题的过程中,中国共产党注意把握了以下几个重要原则:

第一,从半殖民地半封建中国社会的实际出发,科学地看待资本主义经济的历史作用,把对于共产主义的思想体系和社会制度的宣传同对于新民主主义的

① 《毛泽东文集》第 5 卷,人民出版社 1996 年版,第 177 页。
② 《毛泽东选集》第 4 卷,人民出版社 1991 年版,第 1431 页。
③ 《毛泽东选集》第 4 卷,人民出版社 1991 年版,第 1432 页。

行动纲领的实践区别开来。

中国共产党自成立之日起，就确定以马克思主义即共产主义的思想体系作为党的指导思想的理论基础、以实现社会主义和共产主义的社会制度作为自己的奋斗目标。这是作为工人阶级先锋队的中国共产党与任何资产阶级、小资产阶级政党的主要区别点之一。

但是，中国共产党是在半殖民地半封建的中国社会开展自己的活动的，它的活动必须从中国社会的这个实际出发。

对于生活在半殖民地半封建社会的中国人民来说，最大的痛苦是民族压迫和封建压迫，而不是一般资本主义的压迫，因此，中国人民的首要任务是进行推翻外国帝国主义压迫的民族革命和推翻封建主义压迫的民主革命，而不是进行反对一般资本主义的社会主义革命。毛泽东指出，在中国，“只有经过民主主义，才能到达社会主义，这是马克思主义的天经地义”。在中国，“没有一个新民主主义的联合统一的国家，没有新民主主义的国家经济的发展，没有私人资本主义经济和合作社经济的发展，没有民族的科学的大众的文化即新民主主义文化的发展，没有几万万人民的个性的解放和个性的发展，一句话，没有一个由共产党领导的新式的资产阶级性质的彻底的民主革命，要想在殖民地半殖民地半封建的废墟上建立起社会主义社会来，那只是完全的空想”①。党的保护私人资本主义经济的政策，正是根据对于中国社会的半殖民地半封建性质和中国革命的民主主义性质的科学认识而制定出来的。

对于资产阶级政党来说，维护资产阶级的政治统治和资本主义的经济秩序，是它们的根本任务。对于工人阶级政党来说，就不是这样的了。保护私人资本主义，这只是它为了实现自己的战略目标即社会主义、共产主义的社会制度而在一定的历史阶段所采取的一种策略手段。换句话说，在一定的历史阶段利用资本主义，其出发点和落脚点，是为了借此促进生产力的发展，为将来实现社会主义准备物质条件；是为了争取民族资产阶级以利于推动民主革命走向胜利，从而为将来进行社会主义革命创造前提。工人阶级政党与资产阶级政党在对待资本主义经济的态度上的这个原则界限，是必须划分清楚的。

采取保护社会经济中有益的资本主义成分这样的政策，会不会对于共产党员维护其共产主义的纯洁性产生消极影响呢？毛泽东指出：“在这个时期内一部分共产党员被资产阶级所腐化，在党员中发生资本主义的思想，是可能的。”我们决不能因为要保护资本主义的经济成分就放弃对于党内的资本主义思想的斗争。正好相反，“我们必须和这种党内的腐化思想作斗争”，以便维护共产党

① 《毛泽东选集》第3卷，人民出版社1991年版，第1060页。

员的共产主义的纯洁性。只是应当注意,“不要把反对党内资本主义思想的斗争,错误地移到社会经济方面,去反对资本主义的经济成分”①。

第二,以对于中国人民的生产力的发展所起作用的好坏、大小为主要依据,分别确定对中国各部分资本主义经济的具体政策。

毛泽东提出:“中国一切政党的政策及其实践在中国人民中所表现的作用的好坏、大小,归根到底,看它对于中国人民的生产力的发展是否有帮助及其帮助之大小,看它是束缚生产力的,还是解放生产力的。”②值得注意的是,毛泽东在这里使用了“中国人民的生产力”这个概念。“这个概念包括两层含义:其一,生产力是属于中国人民的;其二,解放和发展生产力是为了中国人民的利益”③。应当归根到底有助于而不是有碍于中国人民的生产力的发展,这是中国共产党在制定各项政策包括对中国资本主义经济的政策时所考虑的主要问题。

正是根据着对于中国人民的生产力的发展所起作用的好坏和大小,中国共产党将中国的资本主义经济区分为官僚资本主义经济和民族资本主义经济两大部分,确定对前者实行消灭的政策而对后者实行保护的政策;同时,又按照这个标准,将民族资本主义经济区分为有益于国计民生的和有害于国计民生的两个部分,确定对前者鼓励其广泛发展,对后者则加以限制并逐步予以淘汰。

也正是根据着对于中国人民的生产力的发展所起作用的好坏和大小,中国共产党即使在实施没收官僚资本、解放被官僚资本主义的生产关系所束缚的那部分生产力的过程中,也对于原官僚资本企业的管理制度进行了具体分析,对其适应社会化生产需要的一面予以保存和发展,对其适应高度剥削需要的一面则有领导、有步骤地通过民主改革和生产改革予以废除。

由于党对资本主义经济不是按照抽象的社会主义的价值标准加以全盘否定,也不是为了利用资本主义就不加区分地予以一概肯定,而是按照它们对生产力发展所起作用的好坏和大小,决定对它们是采取消灭还是保存、限制还是扶持的政策,因此,这些政策的实施,不仅没有造成社会经济的破坏,而且有效地保护和促进了生产力的发展。

第三,在执行对于中国资本主义经济的新民主主义政策时,注意为中国革命向社会主义的转变准备条件。

作为工人阶级的先锋队,中国共产党是一个既脚踏实地,又富于政治远见的党。“共产党人为工人阶级的最近的目的和利益而斗争,但是他们在当前的运

① 《毛泽东选集》第 3 卷,人民出版社 1991 年版,第 793 页。
② 《毛泽东选集》第 3 卷,人民出版社 1991 年版,第 1079 页。
③ 《人民日报》1995 年 9 月 13 日,理论版。

动中同时代表运动的未来。”①中国共产党人正是这样。在民主革命时期，他们坚决地执行新民主主义的行动纲领；同时，他们又始终没有忘记社会主义、共产主义的奋斗目标。他们懂得，“民主主义革命是社会主义革命的必要准备，社会主义革命是民主主义革命的必然趋势”，因而在民主革命阶段就应该注意扶植社会主义因素的生长，以便为将来向社会主义革命的转变做好必要的准备。

正是由于正确地把握了民主革命与社会主义革命的区别与联系，党把没收官僚资本确定为新民主主义的经济纲领之一，因为这种国家垄断资本具有封建性和买办性；但是党没有主张将这种国家垄断资本私有化，而是主张将它没收之后转归新民主主义的国家所有，使之成为社会主义性质的国营经济。由于社会主义性质的国营经济控制了国家的经济命脉，并由此在社会经济生活中确立了自己的领导地位，这就为中国从新民主主义革命转变为社会主义革命、从新民主主义社会转变为社会主义社会奠定了重要的物质基础。

也正是由于正确地把握了民主革命与社会主义革命的区别与联系，党一方面实行保护民族资本主义经济的政策，一方面又对它的发展采取有伸缩性的限制政策，这样就既利用了资本主义，又不致使它无限度地膨胀起来，造成尾大不掉之势，从而妨碍中国社会向着社会主义的方向发展。

历史的发展表明，中国共产党制定的上述对中国资本主义经济的政策是成功的，党在制定上述政策时所遵循的基本原则是正确的。执行这些政策的结果，既彻底地孤立了官僚资产阶级，又有效地争取了民族资产阶级。傅斯年（抗战胜利后曾任北京大学代理校长、时任中央研究院历史语言研究所所长）于1947年2月15日在《世纪评论》中曾说：“今天连资本家也有许多同情共产党，开万国未有之奇。”执行这些政策的结果，还为中国革命从民主主义到社会主义的转变创造了条件。党在这方面所积累的历史经验，值得我们认真地加以总结并记取。

——原载《中国共产党和资本主义、资产阶级》，山东人民出版社2005年版。

① 《马克思恩格斯选集》第1卷，人民出版社1995年版，第306页。

第六编　1949—1956 年

一、人民共和国：中国人民的历史性选择

（一）

1949 年 10 月 1 日中华人民共和国的成立，在中国社会发展的历史上具有划时代的意义。它是长期以来无数仁人志士和革命人民艰苦探索、英勇奋斗的结晶，是中国人民革命胜利的产物，是中国共产党领导全国各族人民进行新民主主义革命所取得的最伟大的成果。

近代的中国，是一个革命的国度。中国人民反对外国侵略的民族革命，从 1840 年就开始了。在这之后，从太平天国起义、义和团运动到辛亥革命，中国人民的斗争此起彼伏，几乎很少间歇。1921 年中国共产党成立以后，中国的人民革命，无论就其社会内容的深刻、群众动员的广泛、斗争规模的宏大，都发展到了一个崭新的阶段。

革命并不是由少数革命家"制造出来"的。"革命是从客观上（即不以政党和阶级的意志为转移）已经成熟了的危机和历史转折中发展起来的。"①帝国主义和中华民族的矛盾，封建主义和中国人民的矛盾，这是近代半殖民地半封建中国社会的主要矛盾。这些矛盾及其激化，就是伟大的近代中国革命发生和发展的基础。

近代以来，世界上的帝国主义国家几乎都欺凌过中国；而近代中国的反侵略战争，从 1840 年反对英国侵略的战争到 1900 年反对八国联军侵略的战争，无不以中国失败、被迫接受丧权辱国的条约而告结束。其根本原因，"一是社会制度腐败，二是经济技术落后"②。因此，改变帝国主义、封建主义联合统治的半殖民地半封建社会制度，争得民族独立和人民解放，改变中国经济技术落后的面貌，

① 《列宁全集》第 26 卷，人民出版社 1988 年版，第 257 页。

② 《毛泽东文集》第 8 卷，人民出版社 1999 年版，第 340 页。

实现国家的富强和人民的富裕，就成了近代中国面临的两大历史任务。

由于腐朽的半殖民地半封建的社会制度束缚着生产力的发展，阻碍着社会的进步，因此，必须首先进行反帝反封建的民主革命，改变这种社会制度，争得民族独立和人民解放，才能为实现国家富强和人民富裕创造前提，开辟道路。

列宁说过："一切革命的根本问题是国家政权问题。不弄清这个问题，便谈不上自觉地参加革命，更不用说领导革命。"①中国共产党领导中国人民进行反帝反封建的民主革命的根本目的，就是为了摧毁代表帝国主义势力和地主买办资产阶级利益、维护半殖民地半封建社会制度的反动政权，创建一个工人阶级领导的、以工农联盟为基础的人民共和国。

为创建新中国而进行的斗争，是一个伟大的，同时又是长时期的、艰苦的、曲折的过程。1921 年中国共产党成立以后，首先集中力量投入工人运动，在此基础上实现了与国民党的合作，参加了广东战争和北伐战争，掀起了第一次大革命的高潮。在 1927 年大革命失败以后，它独力高举革命的旗帜，逐步开辟了农村包围城市、武装夺取政权这样一条适合中国特点的革命道路。它领导中国人民经过十年土地革命战争、八年全国抗日战争和四年全国解放战争，即经过二十二年的艰苦奋战，终于从根本上推翻了反动统治，赢得了新民主主义革命的基本胜利，迎来了中华人民共和国的光荣诞生。

在创建新中国的斗争中，工人、农民、城市小资产阶级是革命的主要力量。民族资产阶级也是革命的力量之一。各民主党派和无党派民主人士、各少数民族、爱国的知识分子和华侨等，都在这场斗争中发挥了积极的作用。这就是说，新中国的创建，是全中国人民在革命中协力奋斗的结晶，是他们共同取得的伟大胜利。

中国工人阶级的先锋队——中国共产党，是这场伟大斗争的领导核心。它所制定的适合中国情况、符合中国人民利益的纲领、路线、方针和政策，为中国人民的斗争指明了正确的方向。广大共产党人在革命过程中以行动表明了自己是最有远见，最富于牺牲精神，最坚定，而又最能虚心体察民情并依靠群众的坚强的革命者，因而赢得了广大中国人民的衷心拥护。"没有共产党，就没有新中国。"这是中国人民基于自己在这场斗争中的切身体验所确认的客观真理。

（二）

把创建人民共和国作为中国革命的共同奋斗目标，这是历史和人民选择的结果。

---

① 《列宁全集》第 29 卷，人民出版社 1985 年版，第 131 页。

近代以来,在一个相当长的时间里,先进的中国人曾经希望通过学习西方,建立资产阶级共和国,使中国走向独立和富强。但是,辛亥革命的流产,宣告了在中国建立资产阶级共和国这种幻想的破灭。

中国共产党人领导的革命继承了辛亥革命反帝反封建的事业,把它推进到了新民主主义革命的阶段,开始了为创建人民共和国而进行的伟大斗争。

不过,即使在这之后,中国的资产阶级及其代表人物还是一再地把建立资产阶级共和国的方案重新提了出来。抗日战争胜利以后的一个时期内,一些民主党派的领导人物和若干无党派人士所大力鼓吹的"中间路线"或"第三条道路",就是企图在国民党坚持的地主、买办资产阶级专政和共产党主张的人民共和国之外,另找一条道路,实际上就是西方式的资产阶级共和国的道路。

这种资产阶级共和国的方案,对于地主、买办资产阶级专政的政治现实固然是一种批判,在实际上却并不具备现实的可行性。

毛泽东说过:"资产阶级的共和国,外国有过的,中国不能有,因为中国是受帝国主义压迫的国家。"①帝国主义列强来到中国,不是为了使中国成为一个独立、富强的资本主义国家,而是为了掠夺中国,发展它们自己的资本主义。对于它们来说,政治上、经济上不独立的半殖民地的中国,乃是理想的倾销商品的市场、投资的场所与廉价原料、廉价劳动力的供应地。如果中国成为独立、富强的资本主义国家,它就要在平等的基础上与西方发达国家建立和发展关系。这是它们不能容忍的。它们既不愿意失去在中国的殖民主义利益,更不愿意看到中国在国际市场上成为它们的强有力的竞争对手。正因为如此,"帝国主义侵略中国,反对中国独立,反对中国发展资本主义的历史,就是中国的近代史"②。

民族资产阶级是真诚地希望中国通过建立资产阶级共和国走上独立、富强之路的。但是,它的力量过于软弱。它没有勇气和能力去领导人民进行彻底的反帝反封建的革命斗争,从而为建立资产阶级共和国扫清障碍。代表这个阶级要求的中间派,由于提不出彻底的土地革命的纲领,他们无法动员农民这个最广大的群众;由于缺乏群众基础、不敢进行革命的武装斗争,他们根本不掌握军队。因此,他们在政治上没有多大的力量,以致往往把实现资产阶级民主政治的希望,把为资本主义自由发展创设条件的希望,寄托在统治阶级让步这种幻想之上。

国民党统治集团是在帝国主义的支持下上台,并依靠帝国主义的支持来维护自身统治的。作为回报,它必然要为帝国主义势力深入中国进一步敞开大门。

---

① 《毛泽东选集》第 4 卷,人民出版社 1991 年版,第 1471 页。

② 《毛泽东选集》第 2 卷,人民出版社 1991 年版,第 679 页。

国民党的政权是以地主阶级为其主要社会支柱的。许多地主充当了国民党的官吏,许多国民党的官吏成了新兴的地主。它根本不可能解除帝国主义、封建主义的束缚,为资本主义在中国的自由、独立和充分的发展创设前提,是显而易见的。

至于希望国民党统治集团通过进行民主改革,在中国推行资产阶级民主制度,更是完全不切实际的。中国的反动统治者由于自身社会基础的极其狭窄,由于自身的残暴和贪婪,它是极度脱离人民,因而也就是十分腐朽和虚弱的。它既不能容忍,更经受不住任何的民主改革。蒋介石在上台之后不久就公然说过,“为领导素无政治经验之民族”,“非藉经过较有效能的统治权之行施不可”;而“统治最有效能者”,正是法西斯式的政治。他们根本不可能对人们关于建立民主共和国的要求作出原则性的让步。证之历史事实,确是如此。

在抗战胜利以后,由于中国共产党、民主同盟和其他民主力量的共同努力,1946年1月召开的政治协商会议在通过五项协议之后胜利闭幕。按照政协协议,中央政权将实行议会制、内阁制(这种体制比较接近于英国和法国的政治制度),这对于当时的独裁政体是一种否定;中央应与地方分权,地方实行自治,省长民选,省得制定省宪,这对于解放区政权的存在也提供了一种可能的保障。这些协议都是在不同程度上有利于人民,有利于实现国内的和平、民主、团结的。按照这个协议去做,也将会为资本主义在中国的发展创设若干有利的条件。但是,国民党统治集团从来没有准备去履行这些协议。相反,在政协会后不到两个月,蒋介石就在国民党六届二中全会上号召破坏这些协议,并令其追随者“就其荦荦大端,妥筹补救”。不到半年,他就发动了全国内战。不到十个月,他更片面召开伪“国民大会”,将政协协议彻底加以撕毁。某些中间党派、中间人士虽然一再声称自己要“以民主的方法争取民主,以合法的手段争取合法地位”,反动统治者还是不断地用暴力对他们施行迫害,直至取缔他们的组织,监视、逮捕以至杀害他们个人。严酷的事实教育了他们,使他们逐步放弃了中间路线的幻想,而站到了拥护共产党主张的新民主主义革命的立场上来。

1948年1月,民盟在香港召开一届三中全会,明确宣告“决不能够在是非曲直之间有中立的态度”,独立的中间路线不符合中国的现实环境,是“行不通”的。必须站在人民的、民主的、革命的立场,为彻底推翻国民党统治集团、消灭封建土地所有制、驱逐美帝国主义出中国、实现人民的民主而奋斗。差不多与此同时召开的中国国民党革命委员会成立大会,也宣布“本会当前之革命任务为推翻蒋介石卖国独裁政权,实现中国之独立、自由、民主与和平”。其他民主党派也表示了参加新民主主义革命的立场。国民党的反动政权陷入了众叛亲离、彻底孤立的境地。

毛泽东指出:“就是这样,西方资产阶级的文明,资产阶级的民主主义,资产阶级共和国的方案，在中国人民的心目中，一齐破了产。资产阶级的民主主义让位给工人阶级领导的人民民主主义，资产阶级共和国让位给人民共和国。”①中国共产党提出的关于建立人民共和国的政治主张，不仅获得了工人、农民、城市小资产阶级的坚决支持，而且最终也获得了民族资产阶级及其政治代表的拥护。

人民共和国，成了中国人民共同作出的历史性选择。

（三）

人民共和国是什么性质的国家？它将实行何种政治制度？这是中国共产党在领导筹建新中国的过程中着力要回答的问题。

我们知道，中国人民政权的创建走过了一条独特的道路。它是先在局部的农村区域建立，而后经过长期斗争，逐步扩展，直至推向城市、推向全国的。在这个过程中，中国共产党积累了人民政权建设的多方面经验。在此基础上，毛泽东在抗日时期所写的《新民主主义论》等著作中，已经对人民共和国的国体、政体等作出了原则性的论述。

在全国解放战争的后期，为了迎接人民共和国的诞生，在 1948 年 9 月中共中央政治局会议上、1949 年 3 月中共七届二中全会上，以及同年 6 月底发表的《论人民民主专政》等著作中，毛泽东和中共中央进一步具体地描绘了新中国的蓝图。1949 年 9 月中国人民政治协商会议通过的起临时宪法作用的《中国人民政治协商会议共同纲领》（以下简称《共同纲领》），进一步对人民共和国的国体、政体等问题作出了具有法律效力的明确规定。

1. 关于国体

所谓国体，是指国家的性质，即国家的阶级性，也就是社会各阶级在国家中的地位。

毛泽东指出：“我们政权的阶级性是这样：无产阶级领导的，以工农联盟为基础，但不是仅仅工农，还有资产阶级民主分子参加的人民民主专政。”②他强调，人民民主专政需要工人阶级的领导；它的基础是工人阶级、农民阶级和城市小资产阶级的联盟；它还应当团结民族资产阶级，但是民族资产阶级不能充当革命的领导者，也不应当在国家政权中占主要的地位。

《共同纲领》对新中国的国体作出了明确的规定，即：“中华人民共和国为新民主主义即人民民主主义的国家，实行工人阶级领导的、以工农联盟为基础的、

① 《毛泽东选集》第 4 卷，人民出版社 1991 年版，第 1471 页。
② 《毛泽东文集》第 5 卷，人民出版社 1996 年版，第 135 页。

团结各民主阶级和国内各民族的人民民主专政,反对帝国主义、封建主义和官僚资本主义,为中国的独立、民主、和平、统一和富强而奋斗。”

2. 关于政体

所谓政体,是指国家政权的构成形式。

毛泽东提出:我们政权的制度是采取议会制呢,还是采取民主集中制?他的答复是:“我们采用民主集中制,而不采用资产阶级议会制。”①议会制,袁世凯、曹锟都搞过,已经臭了。“我看我们可以这样决定,不必搞资产阶级的议会制和三权鼎立等”;而应当“建立民主集中制的各级人民代表会议制度。”②

《共同纲领》对新中国的政体作出了明确的规定,即:“中华人民共和国的国家政权属于人民。人民行使国家政权的机关为各级人民代表大会和各级人民政府。国家最高政权机关为全国人民代表大会。”“各级人民代表大会选举各级人民政府”。“各级政权机关一律实行民主集中制”。

3. 关于国家的结构形式

所谓国家结构形式的问题,是指国家的结构是实行单一制还是联邦制等的问题。

长期以来,中国就是一个统一的多民族的国家。在筹建新中国时,毛泽东和中共中央进一步确认,单一制的国家结构形式符合中国的实际情况,在统一的国家内实行民族区域自治有利于民族平等原则的实现。据此,周恩来向政协代表报告时说:“我们国家的名称叫中华人民共和国,而不叫联邦。”“我们虽然不是联邦,但却主张民族区域自治,行使民族自治的权力。”③

《共同纲领》明确规定:新中国称为中华人民共和国。“中华人民共和国境内各民族一律平等。”“各少数民族聚居的地区,应实行民族的区域自治,按照民族聚居的人口多少和区域大小,分别建立各种民族自治机关。”

4. 关于政党制度

所谓政党制度问题,是指实行苏联式的一党制,还是西方式的两党制、多党制,或者是有中国特点的新型政党制度的问题。

在新民主主义革命的过程中,中国共产党逐步与各民主党派、无党派民主人士建立了合作和协商共事的关系。1948 年 4 月 30 日,中共中央发出“召开政治协商会议”、“成立民主联合政府”的号召,得到各民主党派和社会各界的热烈响应。1949 年 1 月 22 日,各民主党派领导人和著名无党派民主人士 55 人联合发

---

① 《毛泽东文集》第 5 卷,人民出版社 1996 年版,第 136 页。

② 《毛泽东文集》第 5 卷,人民出版社 1996 年版,第 136 页。

③ 《周恩来统一战线文选》,人民出版社 1984 年版,第 139、140 页。

表《对时局的意见》,一致表示"愿在中共领导下",为中国人民民主革命的成功和独立、自由、和平、幸福的新中国之早日实现而奋斗。毛泽东指出,民主党派应"积极参政,共同建设新中国"。随后,他们便与中国共产党一起参加筹备召开新的政治协商会议,参与新中国的创建工作。

中国人民政治协商会议的召开,标志着中国共产党领导的多党合作和政治协商制度的正式确立,标志着这个具有鲜明中国特色的新型政党制度有了自己的政治形式和组织机构。

以上四个方面,构成了新中国的基本政治制度。而其中的国体,即工人阶级领导的、以工农联盟为基础的人民民主专政的国家制度,具有最根本的意义和决定性的作用。这种制度,符合中国的实际情况和广大人民的切身利益,有着极大的优越性。

中华人民共和国的成立,开辟了中国历史的新纪元,具有伟大的意义。它使得中华民族一洗百年来蒙受的屈辱,开始以崭新的姿态自立于世界的民族之林。占人类总数四分之一的中国人从此站立起来了;它使得长期以来受尽压迫和欺凌的广大中国人民在政治上翻了身,第一次成为新社会、新国家的主人。中国人民当家作主的时代真正到来了;它使得军阀割据、战乱频仍、匪患不断的历史从此结束,国家基本统一,民族团结,社会政治局面趋向稳定,各族人民开始过上安居乐业的生活。人民可以集中力量从事经济、政治、文化、社会等方面建设的时期开始到来了。总之,中华人民共和国的成立,标志着中国争取民族独立和人民解放的任务基本上得到了解决;这就为中国向社会主义过渡和建设社会主义现代化国家、实现中国的繁荣富强,创造了政治前提和重要的制度基础。

在新中国即将诞生的时候,中国的人民领袖毛泽东曾经以诗一般的语言向世人宣告:"中国人民将会看见,中国的命运一经操在人民自己的手里,中国就将如太阳升起在东方那样,以自己的辉煌的光焰普照大地,迅速地荡涤反动政府留下来的污泥浊水,治好战争的创伤,建设起一个崭新的强盛的名副其实的人民共和国。"①新中国成立 60 多年的历史,已经以无可辩驳的事实证明了这个伟大预言的科学性。

——原载《中国共产党与新中国的创建》,中央文献出版社 2009 年版。主要内容刊于《光明日报》2009 年 8 月 31 日,《人民日报》9 月 14 日转载。

① 《毛泽东选集》第 4 卷,人民出版社 1991 年版,第 1467 页。

二、新民主主义社会的过渡性与中国向社会主义过渡的开始

毛泽东指出:“一九四九年中华人民共和国建立,标志着新民主主义革命阶段的基本结束和社会主义革命阶段的开始。”①这个论点是符合实际的,因而是正确的。

革命的根本问题是政权问题。中国新民主主义革命的目的,是在推翻帝国主义、封建主义、官僚资本主义的统治,建立一个以劳动者为主体的、人民大众的新民主主义共和国。帝国主义、封建主义、官僚资本主义的集中代表,就是国民党的反动政权。因此,国民党反动统治的覆灭、人民共和国的建立,就意味着帝国主义在华侵略势力、地主阶级和官僚资产阶级在政治上基本被打倒,中国的新民主主义革命取得了基本的胜利。列宁早就说过,“无论从革命这一概念的严格科学意义来讲,或是从实际政治意义来讲,国家政权从一个阶级手里转到另一个阶级手里,都是革命的首要的基本的标志”②。

中国共产党领导的革命,包括新民主主义革命和社会主义革命两个阶段。党领导人民进行新民主主义革命的目的,是要建立以中国工人阶级为领导的中国各个革命阶级联合专政的新民主主义的社会;然后,再使之发展到第二阶段,以建立中国社会主义的社会。

新民主主义革命过程中形成和发展起来的新民主主义政治、经济、文化,都是由工人阶级领导的,因而都具有社会主义因素。如中国共产党的政治领导、社会主义国营经济的领导地位、马克思主义在思想文化领域中的指导地位等。这些因素的增长,为新民主主义革命胜利以后向社会主义转变创造了必要的条件。

中国的新民主主义社会经历了两个发展阶段。新中国成立以前,新民主主义社会是在局部地区建立起来的,这就是当时的各个解放区。在这里,半殖民地半封建的社会制度被废除,但民主革命的任务尚未完成,这时的新民主主义社会还不具备向社会主义过渡的条件。1949 年中华人民共和国的成立,标志着中国进入由新民主主义到社会主义的过渡时期。这时的新民主主义社会,就已经是一个属于社会主义体系的和逐步过渡到社会主义社会去的过渡性质的社会了。

全国胜利前夕,1948 年 9 月召开的中共中央政治局会议对新民主主义社会经济形态进行过分析。在这之前,不仅张闻天,包括毛泽东在内,都有过新民主主义经济是“新资本主义”这种提法。在这次会议上,毛泽东提出,新资本主义

---

① 《毛泽东文集》第 8 卷,人民出版社 1999 年版,第 113 页。

② 《列宁选集》第 3 卷,人民出版社 1995 年版,第 25 页。

"这个名词是不妥当的,因为它没有说明在我们社会经济中起决定作用的东西是国营经济、公营经济,这个国家是无产阶级领导的,所以这些经济都是社会主义性质的"。"我们的社会经济的名字还是叫'新民主主义经济'好。"所谓新民主主义经济,就是"社会主义经济领导之下的经济体系"①。也是在这次会议上,刘少奇提出,民主革命胜利以后产生的新社会的主要矛盾,是"无产阶级与资产阶级的这种斗争,是社会主义与资本主义的两条道路的斗争"②。毛泽东赞同刘少奇的这个观点,并且提出,"我们要努力发展经济,由发展新民主主义经济过渡到社会主义"③。

1949 年 3 月,中共七届二中全会决议明确指出,全国胜利并解决了土地问题以后,中国社会的主要矛盾,就是无产阶级与资产阶级的矛盾,这实际上已经把进行社会主义革命的任务提出来了,因为革命的性质是由社会的主要矛盾所决定的,而只有社会主义革命才担负着解决无产阶级与资产阶级这个主要矛盾的任务。决议的主要内容之一,就是着重地规定了中国从农业国转变为工业国、由新民主主义社会转变到社会主义社会的总任务和主要途径,因为决议提出的要加以发展的合作经济和国家资本主义经济,正是把个体经济和私人资本主义经济改造为集体经济和全民所有制经济的过渡形式。七届二中全会决议的主要精神,在中国人民政治协商会议共同纲领关于经济政策的条文中也有相适应的规定。比如,第 31 条规定,"在必要和可能的条件下,应鼓励私人资本向国家资本主义方向发展";第 34 条规定,"应引导农民逐步地按照自愿和互利的原则,组织各种形式的劳动互助和生产合作";等等。诚然,纲领并没有把"新民主主义是一个过渡性质的阶段,一定要向更高级的社会主义和共产主义阶段发展"这个前途明确地规定出来。对此,周恩来在当时就指出:"现在暂时不写出来,不是否定它,而是更加郑重地看待它。而且这个纲领中经济的部分里面,已经规定要在实际上保证向这个前途走去。"④

中国的新民主主义革命是在工人阶级领导之下取得胜利的,因此,半殖民地半封建社会被革命推翻之后,在中国所建立起来的,不是资产阶级专政的资本主义社会,而是工人阶级领导的人民民主专政的新民主主义社会。这个具有过渡性质的新民主主义社会不是凝固不变的,而是处在"很深刻很剧烈的变动"中的,是要逐步过渡到社会主义去的。毛泽东在批判不适合中国国情的旧民主主

① 《毛泽东文集》第 5 卷,人民出版社 1996 年版,第 139、141 页。

② 《刘少奇年谱》上卷,中央文献出版社 1996 年版,第 162 页。

③ 《毛泽东文集》第 5 卷,人民出版社 1996 年版,第 146 页。

④ 《周恩来选集》上卷,人民出版社 1980 年版,第 368 页。

义观点时早就明确说过，中国的民主革命和社会主义革命这“两个阶段必须衔接，不容横插一个资产阶级专政的阶段”①。按照这个原理，民主革命取得基本胜利、中国进入新民主主义社会的时候，中国的社会主义革命也就应当开始了。尽管对于这一点，当时并没有明确宣布。

不过，在新中国成立初期，中国社会面临的情况是相当复杂的。新民主主义革命取得了基本的胜利，但并不是意味着这个革命的任务已经全部完成，社会主义革命的任务可以立即在全国一切方面着手施行了。如前所述，那时，国民党残余的反革命势力还有待于肃清；新解放区广大农村的土改还没有进行，那里的主要矛盾还是封建主义与民主主义即地主与农民的矛盾……为了贯彻“不要四面出击”的策略，党决定首先集中力量完成民主革命的遗留任务。但是，就在这个时期，新中国已经开始执行社会主义革命的任务了，这也是一个客观的事实。这主要表现在以下三个方面：

第一，没收官僚资本，确立社会主义性质的国营经济的领导地位。

官僚资本是官僚资产阶级依靠超经济的特权，在剥削劳动人民和兼并民族工商业的过程中形成和发展起来的。没收官僚资本归人民的国家所有，是《共同纲领》规定的一项历史任务。到1950年初，人民政府共接管官僚资本的工矿企业2 800余家，金融企业2 400余家，这些企业成为新中国成立初期国营经济的主要组成部分。

没收官僚资本，具有两重性质，即从反对外国帝国主义的附庸——中国的买办资产阶级的意义上看，它具有民主革命的性质；从反对中国的大资产阶级的意义上看，它又具有社会主义革命的性质。通过没收官僚资本，并在企业内部进行民主改革和生产改革，中国资本主义经济的主体部分被改造为社会主义性质的国营经济了，中国的大资产阶级被消灭了。随着没收官僚资本和原官僚资本企业的民主改革、生产改革工作的完成，社会主义性质的国营经济确立了自己在国民经济中的领导地位，这就为全面进行社会主义改造奠定了重要的物质基础。

在国民经济恢复时期，国营经济迅速发展。全国工业总产值1952年比1949年增长145%，平均每年递增34.8%，其中国营工业增长287%，平均每年递增57%。国营工业在整个工业中的比重上升为41.5%。在生产资料的生产中，继续保持优势，有的优势还进一步扩大。在消费资料的生产中，也占据了举足轻重的地位。国营商业在商品流转总额（包括农民贸易）中的比重，由6.9%增为16.2%；在批发总额中的比重，由23.2%增为60.5%。国家财政收入也逐步转为主要建立在国营企业提供的税利基础上。国营企业所缴款额在国家财政

① 《毛泽东选集》第2卷，人民出版社1991年版，第685页。

收入中所占的比重,1950年为33.4%,1952年上升为58.1%。[1]

国营经济的发展,就是社会主义经济力量的发展,这个情况说明,新中国正在社会主义的大道上向前迈进。

第二,引导个体农民在土地改革后逐步走上互助合作的道路。

土地改革以后,中国共产党和人民政府按照积极领导、稳步前进的方针,引导个体农民走组织起来的道路。1952年,全国组织起来的农户约占全国农户总数的40%。其中常年互助组达到803万个。少数农户还参加了半社会主义或社会主义性质的农业生产合作社,约4 000个。这个情况说明,农民也逐步走上接受社会主义改造的道路了。

新中国成立后的头三年中,个体农业有很大的发展,但由于社会主义经济等的发展更快,个体经济在工农业总产值中的比重却有所下降,即从原来占七成以上下降为占2/3左右。国营经济控制了金融和商品市场后,个体农民和手工业者进一步摆脱投机商人和高利贷者的剥削,与国营经济建立了密切的联系。[2]这也为推动个体农民和手工业者接受社会主义改造创造了有利的条件。

第三,开始将私人资本主义经济纳入国家资本主义轨道。

新中国在利用资本主义工商业的过程中,已经开始对它进行适当的限制和改组,并把其中的大部分引上了初级形式的国家资本主义的道路。

新中国成立后的头三年中,私人资本主义经济有利于国计民生的行业得到了恢复和发展。1952年与1949年比,私营工业户数增加21.4%,私营商业户数增加6.9%。但私营经济中不利于国计民生的部分被削弱以至淘汰。资本主义经济在绝对量上有所增加,但在国民经济中的比重却下降了。私营工业产值在全国工业总产值(不包括手工业)的比重,从1949年的63.3%下降为1952年的39%。

值得注意的是,1950年下半年起,在调整工商业的过程中,人民银行开展了对私营工商业的存放款业务,私营行庄与人民银行联营。1952年12月,因私营行庄普遍亏损,经营困难,国家即对其全部实行公私合营,代理人民银行指定的业务。这样,资本主义金融业就提前完成了社会主义改造。与此同时,私营工业产值的56%,已属于加工、订货、统购、包销部分。私营商业方面也已出现批购、

---

① 参见柳随年、吴群敢主编:《中国社会主义经济简史》,黑龙江人民出版社1985年版,第62~64、65~67页。

② 参见柳随年、吴群敢主编:《中国社会主义经济简史》,黑龙江人民出版社1985年版,第62~64、65~67页。

经销、代销的形式。① 资本主义商业大部分走上初级形式的国家资本主义道路了。

以上事实表明，新民主主义社会确实不是一个凝固不变的、独立的社会形态。它本身确实具有过渡性，它确实是处在“很深刻的变动之中”的。

从上面的叙述，我们可以看到，中国从民主革命向社会主义革命的转变，具有以下的历史特点：

第一，中国的民主革命和社会主义革命这两个阶段是直接衔接的，中间没有插进一个资产阶级专政的阶段。本身就具有过渡的性质的新民主主义社会一旦建立，中国向社会主义转变的历史时期在实际上就已经开始了。

第二，正因为国家政权处于工人阶级的领导之下，中国从民主革命向社会主义革命的转变，不需要采取自下而上地发动群众以革命暴力推翻现政权的方式即流血革命的方式进行，它是通过国家政权自上而下的领导、群众自下而上的支持、以和平的不流血的方式来实现的。

第三，由于中国是一个政治经济发展不平衡的国家，中国从民主革命到社会主义革命的转变是经历了一个过程的。新中国成立之后，从首先集中力量完成民主革命的遗留任务，到随着这项任务的逐步完成，社会主义革命的分量逐步加重，到提出全面进行社会主义改造的任务，前后经过了三年的时间。这就是说，这个转变是逐步的，是有领导、有步骤、有秩序地实现的。

第四，考虑到民族资产阶级仍然具有两重性的特点，工人阶级仍然在一定时期内同他们保持着同盟的关系。因为这样做，有利于对付帝国主义的侵略，有利于发展生产、稳定市场，有利于争取和改造资产阶级知识分子。

正因为中国从民主革命到社会主义革命的转变是从中国社会的实际出发，具有自己的历史特点，所以这个转变也就进行得很顺利、很成功。

——原载《中国共产党与新中国的创建》，中央文献出版社 2009 年版。

三、过渡时期总路线的提出与对“确立新民主主义秩序”的辨析

（一）提出国家工业化的任务和选择工业化的道路

近代以来，中国面临着争取民族独立、人民解放和实现国家的繁荣富强即实

① 参见柳随年、吴群敢主编：《中国社会主义经济简史》，黑龙江人民出版社 1985 年版，第 68 ~ 69 页。

现国家经济的现代化这样两项根本性的历史任务。1949 年中华人民共和国的成立,标志着第一项历史任务的基本实现。随着民主革命遗留任务的完成和国民经济的恢复,集中力量进行经济建设及其他建设事业即为实现第二项历史任务而奋斗,被突出地提上了中国共产党和人民政府的议事日程。

进行经济建设,首先是要把中国从一个落后的农业国变为一个先进的工业国,实现国家的工业化。

1952 年国民经济恢复工作完成时,中国工业发展的水平仍然是很低的。现代工业在工农业总产值中的比重只有 26.6%,重工业在工业总产值中的比重只有 35.5%。苏联在第一个五年计划开始前的 1928 年,这两个比重已经分别达到 45.2% 和 39.5%。1952 年,中国许多重要工业产品的人均产量不仅远远落后于美国,而且落后于印度。如钢产量,美国为 538.3 公斤,印度为 4 公斤,中国为 2.37 公斤;发电量,美国为 2 949 度,印度为 10.9 度,中国为 2.76 度。① 毛泽东说:"现在我们能造什么?能造桌子椅子,能造茶碗茶壶,能种粮食,还能磨成面粉,还能造纸,但是,一辆汽车、一架飞机、一辆坦克、一辆拖拉机都不能造。"② 发展工业,改变中国作为农业国的贫穷落后的面貌,这是全国人民的共同要求,是摆在中国共产党和人民政府面前的严重任务。

从 1953 年开始,中国进入发展国民经济的第一个五年计划时期。党和国家把优先发展重工业作为建设的中心环节,特别是大力发展钢铁、煤、电力、石油、机器制造、飞机、坦克、拖拉机、船舶、车辆制造、国防工业、有色金属和基本化学工业。近代以来中国无数仁人志士梦寐以求的工业化建设从此大规模地开展起来。

怎样才能发展经济,实现国家的工业化呢?从世界历史上看,无非有两条道路:一条是资本主义工业化的道路,这是欧美国家和日本走过的,而且走通了;一条是社会主义工业化的道路,这是苏联走过的,而且也是走通了的。十月革命前,俄国是欧洲的一个比较落后的国家,由于搞了社会主义的工业化,苏联成了欧洲的第一强国、世界上最强大的两个国家之一。这个事实,是有说服力的。

中国究竟应该选择哪一条道路?近代以来的历史表明,对于中国来说,资本主义工业化的道路,实际上是走不通的。从 19 世纪 60 年代末 70 年代初中国民族资本主义工业产生以来,由于受到外国垄断资本的压迫和本国封建生产关系的束缚,它始终处于举步维艰的境地。经过七八十年的发展,到 1949 年,整个民族工业资本不过只有 20.08 亿人民币(1952 年币值)。它对外国垄断资本具有

---

① 《中国共产党的七十年》,中共党史出版社 1991 年版,第 304 页。

② 《毛泽东文集》第 6 卷,人民出版社 1999 年版,第 329 页。

相当大的依赖性。由于未能形成一个独立的、比较完整的工业体系和国民经济体系，独立以后的中国如果不搞社会主义，而走资本主义道路，它就仍然不可能摆脱对于外国垄断资本的依赖。这样，中国就难免成为外国垄断资本的加工厂和单纯的廉价原料、廉价劳动力的供应地，就像现在亚洲、非洲、拉丁美洲的许多国家和地区那样。如果出现这种情况，中国的经济还有可能迅速发展起来吗？中国这样一个大国，企图主要靠外国提供资金和机器设备等来求得发展，是不可想象的。而且，由于经济上依赖外国，在政治上就挺不起腰杆，连已经争得的独立也可能丧失掉。所以，如果搞资本主义，搞来搞去，就会搞成西方资本主义大国的附庸了。这种危险是现实存在的。这就是说，在帝国主义时代，中国通过走资本主义道路实现现代化的历史机遇已经丧失了。正因为如此，早在20世纪50年代初，毛泽东就明确指出：“资本主义道路，也可增产，但时间要长，而且是痛苦的道路。我们不搞资本主义，这是定了的，如果又不搞社会主义，那就要两头落空。”①

由于社会主义制度具有可以集中力量办大事、促使社会生产力迅速发展的优越性，对于中国这样一个经济文化落后的国家，选择通过社会主义道路实现国家工业化，这是最为有利的，是理所当然的。

（二）过渡时期总路线的提出

在完成了民主革命以后就要为在中国建立社会主义社会而努力奋斗，这是中国共产党自成立之日起就确定了的奋斗目标，并且从来就没有动摇过。新中国成立前夕，毛泽东在中共七届二中全会上的报告中明确指出，应当“在革命胜利以后，迅速地恢复和发展生产，对付国外的帝国主义，使中国稳步地由农业国转变为工业国，把中国建设成一个伟大的社会主义国家”②。

新中国成立之初，中共中央领导人根据当时的具体情况，决定在民主革命遗留任务彻底完成、国民经济基本恢复之前，先不急于明确提出向社会主义过渡的任务。至于中国到底什么时候过渡到社会主义，当时的设想大致是：经过一段相当长的时间（估计至少要10年，多则15年或20年），工业发展了，国营经济壮大了，就可以采取“严重的社会主义的步骤”，一举实行资本主义工商业的国有化和个体农业的集体化。

随着实践的发展和经验的积累，对于如何向社会主义过渡的步骤，中共中央的认识发生了变化。1952年9月24日，毛泽东在中共中央书记处会议上提出，

① 《毛泽东文集》第6卷，人民出版社1999年版，第299页。
② 《毛泽东选集》第4卷，人民出版社1991年版，第1437页。

我们要在“十到十五年基本上完成社会主义，不是十年以后才过渡到社会主义”。刘少奇、周恩来等也都论述过“从现在逐步过渡到社会主义去”的设想。这种认识上的改变，主要有两方面的原因：

一方面，随着民主革命遗留任务的彻底完成，国内的阶级关系和主要矛盾发生了深刻的变化。1952 年 6 月，在“三反”、“五反”运动行将结束、全国范围内土地改革基本完成之际，毛泽东即指出：“在打倒地主阶级和官僚资产阶级以后，中国内部的主要矛盾即是工人阶级与民族资产阶级的矛盾，故不应再将民族资产阶级称为中间阶级。”①这说明，明确提出向社会主义过渡的任务已经成为必要的了。

另一方面，随着国民经济的恢复和初步发展，中国社会的经济成分（即生产关系）发生了重要变化。这集中地表现在公私比例的变化上。以工业为例，1949 年到 1952 年，国营经济从 33.9% 上升到 50%，私营经济从 62.7% 下降到 42%。这种变化，用周恩来的话说，就是“社会主义成分的比重一天一天增加，国营经济的领导地位一天一天加强”②。这说明，中国向社会主义的过渡在实际上已经开始了。

正是从以上两方面变化了的实际情况出发，中共中央在 1952 年底开始酝酿并于 1953 年 6 月政治局会议正式进行讨论，对党在过渡时期的总路线作出了比较完整的表述。1954 年 2 月中共七届四中全会批准了政治局确认的这条总路线。

毛泽东指出：“从中华人民共和国成立，到社会主义改造基本完成，这是一个过渡时期。”中国共产党在这个过渡时期的总路线和总任务，“是要在一个相当长的时期内，逐步实现国家的社会主义工业化，并逐步实现国家对农业、对手工业和对资本主义工商业的社会主义改造”③。这是一条社会主义工业化和社会主义改造同时并举的总路线。当时，对这条总路线的内容有过一种通俗的解释：好比一只鸟，它要有一个主体，这就是发展社会主义工业；它又要有一双翅膀，这就是对农业、手工业和私营工商业的社会主义改造。④ 这里所要表达的意思是再清楚不过的，即主要的任务是实现国家工业化，而为了实现国家工业化，就必须进行社会主义改造，全面确立社会主义的基本制度。

毛泽东和中共中央对过渡到社会主义的方式的这种新主张，究竟是适应形

---

① 《毛泽东文集》第 6 卷，人民出版社 1999 年版，第 231 页。

② 《周恩来经济文选》，中央文献出版社 1993 年版，第 139 页。

③ 《建国以来重要文献选编》第 4 册，中央文献出版社 1993 年版，第 700 ~ 701 页。

④ 参见《建国以来重要文献选编》第 5 册，中央文献出版社 1993 年版，第 2 页。

势的发展而提出的正确指导方针,即在认识上的一次与时俱进呢,还是对原有的正确的指导方针的背离,即在认识上的一种倒退?为了回答这个问题,必须首先弄清楚新民主主义社会的性质。既然新民主主义社会不是一个独立的社会形态,它的社会经济结构不可能在一个相当长的历史时期内基本保持不变;既然中国的新民主主义社会本身具有过渡性,它在事实上已经开始了向社会主义社会过渡,那么,把向社会主义过渡作为一个直接的任务提出来,就是完全必要的和正确的了。

正因为如此,党的第二个历史决议明确指出:历史表明,党提出的过渡时期总路线是完全正确的。

(三)对新民主主义社会的动态观察与对“确立新民主主义秩序”的辨析

从1953年开始,在过渡时期总路线的指引下,中国共产党领导人民开始进行有计划的社会主义建设和有系统的社会主义改造。

正是在这种情况下,中共中央基于对新民主主义社会的动态观察,进一步对新民主主义社会的性质作出了明确的界定,即“这个新民主主义社会,是一个过渡性质的社会”,它“是属于社会主义体系的和逐步过渡到社会主义社会去的过渡性质的社会”①。

正因为新民主主义社会具有过渡的性质,不是一个独立的社会形态,因此,主张“确立新民主主义秩序”或“巩固新民主主义制度”是不切实际的和不妥当的。

“确立新民主主义秩序”这句话,曾经写在周恩来于1953年2月4日向全国政协会议的报告稿上,原话是,新中国成立以来取得的成就“说明我国的新民主主义社会秩序已经确立”。毛泽东在审阅时删去了这句话。他认为,过渡时期每天都在变动,每天都在发生社会主义因素。所谓“新民主主义社会秩序”要确立是很难的。他在1953年6月15日召开的中共中央政治局会议上说:“过渡时期充满着矛盾和斗争,是变动很剧烈很深刻的时期。”“确立新民主主义社会秩序的想法,是不符合实际斗争情况的,是妨碍社会主义事业的发展的。”②

实际上,在1953年2月周恩来的政协报告稿之前,中国共产党第一次组织工作会议于1951年4月9日通过的关于整顿党的基层组织的决议中,即曾经出现过党“现在为巩固新民主主义制度而斗争”这种提法。为此,中共中央在1953

① 《建国以来重要文献选编》第4册,中央文献出版社1993年版,第695、697页。

② 逄先知、金冲及主编:《毛泽东传(1949—1976)》(上),中央文献出版社2003年版,第255页。

年12月11日给各中央局、分局并转省、市委的电报中指出:“现在为巩固新民主主义制度而斗争,将来为转变到社会主义制度而斗争的提法,是不妥当的。”这段文字应改为:“中国共产党的最终目的,是要在中国实现共产主义社会。从中华人民共和国成立以后,我们的国家就开始进入一个新的历史时期,即为逐步过渡到社会主义社会而斗争的时期。”①共产党员“现在为巩固新民主主义制度而斗争”的提法,最早见于1951年3月刘少奇在组织工作会议上所作的《共产党员八项条件》的报告。②

关于中国共产党对这个问题的认识统一过程,薄一波在他的回忆录中曾经作过比较详细的记载和论述。他指出,“毛主席的批评,着眼点是在‘确立’二字上,并未否定新民主主义社会的提法”。他认为,“毛主席是对的。因为我国革命胜利以后,虽然建立了新民主主义社会秩序,但这只是一个过渡性的时期,是要逐步过渡到社会主义去的”。要加以“确立”、“巩固”的确很难。“所以,当毛主席适时地提出了党在过渡时期的总路线,批评了‘确立’的观点之后,党内高层领导同志,包括少奇同志,大家都是心悦诚服接受的。全党很快统一到毛主席的正确思想上来。”③

1953年9月,周恩来在全国政协常委扩大会议上所作的《过渡时期的总路线》的报告中指出:“由新民主主义到社会主义虽然是一场革命,但可以采取逐步的和平转变的办法,而不是在一天早晨突然宣布实行社会主义。”“就是说采取逐步过渡的办法,做到‘水到渠成’。”④随后,他在会议上作总结时进一步明确指出:“我国新民主主义建设时期,就是逐步向社会主义过渡的时期,也就是社会主义经济成分在国民经济比重中逐步增长的时期。一九四九年国营企业和私营企业的产值比重是公四私六,到去年底变成了公六私四。在绝对数字上公私都增加了,但国营增加得更多。这个趋势就说明了我国是在向社会主义过渡。我们不要隐讳这个趋势。”所以,“在我们的人民民主的国家制度和社会制度中,不要等到那么一天,由国家宣布私有的生产资料都归国家所有,而在这一天以前,一切都原封不动地毫无变化。这是不可能的”⑤。

1954年9月15日,刘少奇在《关于中华人民共和国宪法草案的报告》中,对新民主主义社会的过渡性作出了深入的论证,对“巩固新民主主义秩序”这种说法进行了公开的批评。他说,能不能把新民主主义社会这种既有资本主义,又有

① 《建国以来重要文献选编》第2册,中央文献出版社1992年版,第207、211～222页。

② 参见《刘少奇选集》下卷,人民出版社1985年版,第62页。

③ 薄一波:《若干重大决策与事件的回顾》上卷,中共中央党校出版社1991年版,第66页。

④ 《周恩来经济文选》,中央文献出版社1993年版,第137、153页。

⑤ 《周恩来经济文选》,中央文献出版社1993年版,第137、153页。

社会主义的现状永远保存下去,不要改变,从而既不走资本主义道路,也不走社会主义道路呢?答复是否定的。因为“我国正处在建设社会主义社会的过渡时期。在我国,这个时期也叫做新民主主义时期,这个时期在经济上的特点,就是既有社会主义,又有资本主义”。“中国不变成社会主义国家,就要变成资本主义国家,要它不变,就是要使事物停止不动,这是绝对不可能的”。而“巩固新民主主义秩序”这种说法,正是反映了这种维持现状的思想。他说,还应当注意到,近代以来中国的历史经验已经证明,想要使中国变成一个资本主义国家,纯粹是幻想。如果还有人不愿抛弃并且坚持这种幻想的话,那他们就有可能走到帝国主义所指引的危险道路上去。因为他们既然坚持要使中国走资本主义的道路,就势必要同帝国主义国家联系起来,而帝国主义却不会让中国成为独立的资本主义的国家,只会使中国成为帝国主义和封建买办阶级统治的殖民地。“所以我国只有社会主义这条唯一的光明大道可走,而且不能不走,因为这是我国历史发展的必然规律。”①

(四)进行社会主义改造的必要性和条件

在国民经济恢复时期结束时,新中国存在着社会主义性质的国营经济(全民所有制经济)、半社会主义性质的合作社经济、农民和手工业者的个体经济、国家资本主义经济和私人资本主义经济这样五种经济成分。据统计,到1952年底,在整个国民收入中,国营经济占19.1%,合作社经济占1.5%,个体经济占71.8%,国家资本主义经济占0.7%,私人资本主义经济占6.9%。“这就是说,社会主义和半社会主义性质的经济成分加起来,还不到国民收入的1/4,个体经济仍占绝对优势,资本主义经济也占相当的比重。”②这也就是说,在国民经济中,社会主义性质的国营经济处于领导地位,但占主体地位的还是私有经济。

进行社会主义改造,就是要通过合作化的途径将农民和手工业者的个体经济逐步改造成为社会主义性质的集体经济,通过国家资本主义的途径将私人资本主义经济改造为社会主义性质的全民所有制经济。这是经济战线上的一场伟大的社会主义革命。

当时中国之所以必须而且能够着力实行社会主义改造,主要是因为:

第一,社会主义性质的国营经济力量相对来说比较强大,它是实现国家工业化的主要基础。

国家的社会主义工业化,是国家独立和富强的当然要求和必要条件。

---

① 《刘少奇选集》下卷,人民出版社1985年版,第143~144页。

② 柳随年、吴群敢主编:《中国社会主义经济简史》,黑龙江人民出版社1985年版,第95页。

随着没收官僚资本任务的完成和工业建设的初步开展，中国已经有了比较强大的社会主义性质的国营经济。与私营工业相比，国营工业规模大，技术设备先进，不仅有轻工业，而且有重工业。在劳动生产率等方面，国营企业也优于私营企业。

在这种情况下，所谓充分利用原有的工业，首先和主要的，就是要办好原有的国营工业，并依据需要和可能改建、扩建这些工业。建设新的工业，首先和主要的，也是要发展国营工业。因为在当时的中国，私人是没有能力投资兴建新的、足以为国家的工业化奠定基础的那种大型工业骨干企业的。只有国家才有能力来做这件事。中国的经济虽然落后，但它是一个大国，全国财政经济统一后，国家掌握了一笔相当可观的资金，可以用来投资搞建设。从1953年开始的第一个五年计划规定的大型工业建设项目，基本上是由国营经济来承担的。这就是说，那时工业建设的发展，首先就意味着社会主义性质的国营经济的发展和它在整个国民经济中比重的增加。这是中国选择社会主义的一个基本因素。

第二，资本主义经济力量弱小，发展困难，不可能成为中国工业起飞的基础。而且，它对国家和国营经济有很大的依赖性，不可避免地要向国家资本主义的方向发展。在帝国主义对华封锁的情况下，民族资本由于向外发展的渠道被阻断，就更加重了它对国家和国营经济的这种依赖性。

中国的民族资本主要是商业资本和金融资本，工业资本只占1/5。民族资本主义工业主要是轻纺工业和食品工业，缺少重工业的基础。这些工业企业，大多规模小，技术设备落后，劳动生产率很低。据新中国成立初期的统计，雇工在500人以上的工厂只占0.1%，69.7%的工厂只有不到10个工人。79.1%的工厂是工场手工业。虽然也有一些规模比较大、技术设备比较先进的资本主义工业企业，但为数不多。不能设想，在这个基础上，通过一个时期资本主义自身的独立发展，中国就可能成为先进的工业国。

原有的资本主义工业企业也是中国工业建设中的一个重要的、不可忽视的力量。但是这些企业的设备利用率和劳动生产率低，成本高，资金不足，扩大再生产的能力十分有限。为了改变这种情况，就必须在这些企业中改善经营管理，提高产品的质量，并且按照国家的需要增加生产，培养技术人才，积累资金。而要如此，就必须对这些企业逐步实行社会主义改造。实际上，私人资本主义在依靠国家和国营经济帮助解决困难、发展生产的过程中，逐步被纳入各种形式的国家资本主义，是生产发展本身的需要。资本主义经济与政府、国营经济和社会的矛盾及其发展，特别是1952年上半年的“五反”运动，更使人们开始认识到，资本主义工商业不仅需要进一步改组，而且需要通过国家资本主义的过渡形式逐步改造为社会主义。这就是说，资本主义工业这种进退两难的情况，是中国选择社会主义的又一个基本因素。

1950 年以后,在对资本主义工商业进行调整的过程中,加工订货、经销代销、统购包销、公私合营等形式的国家资本主义有了相当程度的发展。这就为对资本主义工商业进行社会主义改造积累了初步的经验。

第三,对个体农业进行社会主义改造,是保证工业发展、实现国家工业化的一个必要条件。

土地改革以后,农业生产摆脱了封建生产关系的束缚,在一个时期有过相当大的发展;但是,由于实行个体经营,这种发展又受到相当大的限制。个体农户耕地很少,一般每人 3 亩,一户十来亩,经营规模极度狭小;生产工具严重不足,贫雇农每户平均仅占有耕畜 0.47 头,犁 0.41 部;资金十分短缺,一个农户一年用来购买生产资料的支出仅为 52.3 元,其中用于购买生产工具的为 6.5 元。在这种情况下,农民要兴修农田水利设施,平整土地和改良土壤,使用改良农具以至机器来进行耕作、播种、收获,实行分工制度来发展多种经营等,都有很大的困难。许多农户不仅无力进行扩大再生产,就是连简单再生产也难以维持。1949 年至 1952 年,农业生产发展较快。但在 1953 年至 1954 年,发展速度明显减慢了。如以 1952 年的粮食产量为 100,则 1953 年为 101.8,1954 年为 103.64。由于力量单薄,遇到自然灾害,更是没有抗御的能力。如果不引导个体农民走组织起来的道路,不仅广大农民不能进一步改善自己的生活,而且农村也不可能为工业的发展提供必要的商品粮食、轻工业原料、工业品市场和积累工业发展的资金等条件,从而成为工业发展的严重的制约因素。

事实上,在土改以后,许多地区的农民从发展生产的需要出发,已经在探索组织起来的各种途径,开始有了实行互助合作的实践。这也为对个体农业进行社步主义改造积累了初步的经验。

第四,当时的国际环境也为中国走社会主义道路提供了重要条件。

新中国成立以后,长期受到美国等西方资本主义国家经济上、外交上和军事上的严密封锁和遏制。中国不但不可能从资本主义大国得到什么援助,而且连进行普通的贸易和交往都很困难。当时只有社会主义国家和第二次世界大战后为独立而斗争的国家同情中国。只有苏联能够援助中国。这种国际环境,也有助于中国走社会主义道路。

当然,中国在民主革命胜利以后能够走上社会主义的道路,国内的因素是主要的。已经胜利了的社会主义国家对我们的帮助,是一个重要条件。但是,它不能决定我们能不能够走社会主义道路的问题,只能影响我们在走上社会主义道路以后是前进得快一点还是慢一点的问题。

总之,“中国经济在五十年代的最重要事情就是选择了社会主义。”“就五十年代中国经济和中国历史的全局而论，重要的是，无论早几年或迟几年，保留多少私有成分，经济管理上和计划方法上，具备多大程度上应有的灵活性，总之，对社会主义的选择是不可避免的。"①

应当看到："农业、手工业的合作化和对私营工商业的改造是一件极大的工作。"毛泽东说："对私营工商业改造，只要把问题说通了，还是比较容易的，更繁重的还是农业和手工业问题。"不过，"我们既然确定走社会主义道路，就要相信自己的力量能够完成这个重要的任务"②。

——原载《中国共产党与新中国的创建》，中央文献出版社 2009 年版。

四、新中国处理与西方发达国家关系的政策和策略

1949 年 10 月 1 日中华人民共和国的成立，标志着帝国主义及其在中国的代理人的反动统治在根本上被推翻，近代以来中国人民争取民族独立和自身解放的斗争取得了基本的胜利。中国人民从此站起来了。

由于以美国为首的帝国主义国家不甘心自己在中国遭到失败，它们采取政治上孤立、经济上封锁、军事上威胁的政策，企图扼杀新中国。以毛泽东为代表的中国共产党人洞察帝国主义的本质及其图谋。在新中国成立前夕召开的中共七届二中全会上，毛泽东指出，中国革命在全国胜利之后，中国还存在着两种基本矛盾：一种是国内的，即工人阶级和资产阶级的矛盾；一种是国外的，即中国和帝国主义国家的矛盾。他提出了"丢掉幻想，准备斗争"的口号，指出对付帝国主义的"唯一的办法是组织力量和他们斗争……然后，才有希望在平等和互利的条件下和外国帝国主义国家打交道"③。他领导中国人民彻底摧毁了帝国主义国家在中国的控制权，并且同帝国主义的侵略政策和战争政策进行了坚决的斗争，有效地捍卫了民族独立和国家安全。

为了集中力量搞好建设事业，新中国需要有一个和平的国际环境，需要利用资本主义文明的积极成果。为此，新中国又努力争取与西方资本主义国家和平共处，并开展经济、文化等方面的往来。

考虑到西方发达资本主义国家的情况及其对华政策并不是完全一致的，新中国在处理同美国等资本主义国家的关系问题时，既采取了明确而坚定的方针，同时又区别不同国家、不同时期、不同问题的具体情况，实行灵活的政策和策略。

---

① 《胡乔木文集》第 2 卷，人民出版社 1993 年版，第 252、260 页。

② 转引自《周恩来经济文选》，中央文献出版社 1993 年版，第 140～141 页。

③ 《毛泽东选集》第 4 卷，人民出版社 1991 年版，第 1487 页。

(一)“另起炉灶”,有步骤地彻底摧毁帝国主义在中国的控制权

在1949年3月召开的中共七届二中全会上,毛泽东明确提出:“我们可以采取和应当采取有步骤地彻底地摧毁帝国主义在中国的控制权的方针。”①他指出:帝国主义者的这种控制权,表现在政治、经济和文化等方面。在国民党军队被消灭、国民党政府被打倒的每一个城市和每一个地方,帝国主义者在政治上的控制权即随之被打倒,他们在经济上和文化上的控制权也被打倒。“不承认国民党时代的任何外国外交机关和外交人员的合法地位,不承认国民党时代的一切卖国条约的继续存在,取消一切帝国主义在中国开办的宣传机关,立即统制对外贸易,改革海关制度,这些都是我们进入大城市的时候所必须首先采取的步骤。在做了这些以后,中国人民就在帝国主义面前站立起来了。”②与彻底摧毁帝国主义在中国的控制权这个任务相联系,毛泽东在1949年春提出新中国在对外关系中应采取“另起炉灶”的方针。这是因为在半殖民地的旧中国,无论是晚清政府、北洋政府还是国民党政府,它们所实行的,都是不独立自主的、屈从于帝国主义的屈辱外交;采取“另起炉灶”的方针,就是表明新中国的外交必须坚决同旧中国的丧权辱国的外交一刀两断,必须同它彻底划清界限。旧中国政府与外国帝国主义国家签订的所有不平等条约和协定全部失效。周恩来在解释这个方针时说:“另起炉灶”,“就是不承认国民党政府同各国建立的旧的外交关系,而要在新的基础上同各国另行建立新的外交关系。对于驻在旧中国的各国使节,我们把他们当作普通侨民对待,不当作外交代表对待”。“为了表示外交上的严肃性,我们又提出建交要经过谈判的手续。我们要看看人家是不是真正愿意在平等、互利和互相尊重领土主权的基础上同我们建立外交关系。”③据此,新中国成立后,人民政府制定了同外国建交的三个具体原则,即凡愿同新中国建交的国家,必须同国民党集团断绝外交关系;必须支持恢复中华人民共和国在联合国的合法席位;必须通过谈判证实其尊重中国主权的诚意。周恩来指出:“这一‘另起炉灶’的方针,使我国改变了半殖民地的地位,在政治上建立了独立自主的外交关系。”④

为了彻底摧毁帝国主义在中国的控制权,新中国坚决废除了帝国主义在中国的一切特权,包括它们在中国的驻兵权、自由经营权、内河航行权、海关管理权

① 《毛泽东选集》第4卷,人民出版社1991年版,第1434页。
② 《毛泽东选集》第4卷,人民出版社1991年版,第1434页。
③ 《周恩来选集》下卷,人民出版社1984年版,第85~86页。
④ 《周恩来选集》下卷,人民出版社1984年版,第86页。

等。这些特权,是在各地区、各城市获得解放时即被基本取消的。

新中国“实行对外贸易的管制,并采用保护贸易政策”,实行进出口许可证制度。比如在华东,人民政府把进口商品分为三种:凡是国内工业建设和民生所需的商品准许进口;凡有关国防建设和国营大规模工业建设必需的器材和物资特许进口;和工业建设无关而又非民生所必需的商品禁止输入。一百多年来帝国主义者对中国对外贸易的垄断终于被完全取消,新中国从此建立起了自己的独立自主的对外贸易事业。

新中国还颁布了《外汇管理暂行办法》,实行外汇管制,建立独立自主的外汇经营管理制度,清除帝国主义国家操纵中国外汇管理和金融财政的特权。按照人民政府的规定,在人民政府管辖的广大地区,肃清了外币流通,取消了外国银行垄断中国外汇市场的特权,建立了国家对外贸易和为工业建设服务的国家银行外汇专营制度,并在此基础上指定若干商业银行为外汇代理银行,办理代理业务。

肃清帝国主义国家在中国的特权,是经过了斗争的。比如,北京市军事管制委员会收回美国兵营时,美国国务院就曾指责中国“违反”了以往条约给予美方的权利,并就此对新中国进行威胁,声称要“撤退所有美国官方人员”。由于人民政府坚持维护国家独立和主权的严正立场,美方最终还是不得不交出了兵营。1950 年 1 月 18 日发表的新华社评论庄严声明:中国人民在维护自己的利益及保卫自己祖国的主权上,是从不考虑一切帝国主义者的意志的;帝国主义者在中国制造的一切不平等条约和侵略特权,必须废除;帝国主义者撤退也好,不撤退也好,叫嚣也好,威胁也好,对中国人民的这个正义立场丝毫没有影响。

近代以来受尽外国资本主义列强欺凌和压迫的中华民族和中国人民真正站起来了。

(二)大力摧毁和清除帝国主义在中国的社会基础及政治思想影响,“打扫干净屋子再请客”

新中国是愿意同遵守平等、互利及互相尊重领土主权等项原则的外国政府包括西方资本主义国家的政府建立外交关系并发展经济文化等往来的。考虑到以美国为首的那些压迫过中国的国家不甘心自己在中国遭到的失败,还将想方设法对新中国进行破坏和捣乱,因此,新中国在成立之初并不急于谋求它们的承认。

全国胜利前夜,1949 年初,毛泽东在同苏共中央代表米高扬谈话时阐明了新中国在处理对外关系问题上的一项重要的方针,即“打扫干净屋子再请客”的方针。他说:我们这个国家,如果形象地把它比作一个家庭来讲,它的屋内太脏了,柴草、垃圾、尘土、跳蚤、臭虫、虱子什么都有。解放后,我们必须认真清理我们的屋子,从内到外,到各个角落,以至门窗缝里,把那些脏东西通通打扫一番,好好加以整顿。等屋内打扫清洁干净,有了秩序,陈设好了,再请客人来。我们的真正朋友可以早点进屋子来,也可以帮助我们做点清理工作,但别的客人得等一等,暂时还不能让他们进门。他说,我们知道,对我们探头探脑,想把他们的脚踏进我们屋子里的人是有的,不过我们暂时还不能理睬他们。至于帝国主义分子,他们抱着不可告人的目的,一方面想进来为自己抓几把,同时也是为了搅浑水。浑水便于摸鱼。我们不欢迎这样的人进来。帝国主义分子历来是看不起中国人的,对他们也得教训教训,使他们的头脑清醒过来。① 同年3月召开的中共七届二中全会正式确定了这个方针。全会的决议指出:"关于帝国主义对我国的承认问题,不但现在不应急于去解决,而且就是在全国胜利以后的一个相当时期内也不必急于去解决。我们是愿意按照平等原则同一切国家建立外交关系的,但是从来敌视中国人民的帝国主义,决不能很快地就以平等的态度对待我们,只要一天它们不改变敌视的态度,我们就一天不给帝国主义国家在中国以合法的地位。"②

实行"打扫干净屋子再请客"的方针,决不意味着新中国拒绝同西方资本主义国家建立外交关系和发展经济文化等方面的往来,而是为了在这样做之前,首先把帝国主义在中国的社会基础、残余势力、政治影响等进行一番清理,使它们进入中国后不致利用这些情况进行破坏和捣乱,这对于巩固中国人民革命的成果,维护新中国的民族独立、国家安全和社会稳定等,都是有重要意义的。对于这个问题,周恩来在新中国成立初期曾经作出过很好的解释。他说:"帝国主义总想保留一些在中国的特权,想钻进来。有几个国家想同我们谈判建交。我们的方针是宁愿等一等。先把帝国主义在我国的残余势力清除一下,否则就会留下它们活动的余地。帝国主义的军事力量被赶走了,但帝国主义在我国百余年来的经济势力还很大,特别是文化影响还很深。这种情形会使我们的独立受到影响。因此,我们要在建立外交关系以前把'屋子'打扫一下,'打扫干净屋子再请客'。"③毛泽东本人后来对这个方针,也作出过进一步的说明。他说:"对西方主要国家,现在主要是和他们斗争,不忙于建交。所以这和杜勒斯的方针相同,他们怕我们去闹事,不同我们建交"④,等到中国内部大体清理整顿好了,那

① 参见《在历史巨人身边——师哲回忆录》(修订本),中央文献出版社1995年版,第379~380页。

② 《毛泽东选集》第4卷,人民出版社1991年版,第1435页。

③ 《周恩来选集》下卷,人民出版社1984年版,第87页。

④ 《毛泽东外交文选》,中央文献出版社、世界知识出版社1994年版,第288页。

时让他们进来,他们要搞破坏和捣乱就会比较困难了。

新中国是怎样把“屋子”打扫干净的呢?

首先,是不承认旧中国政府与帝国主义国家政府签订的一切不平等的条约和协定。废除帝国主义势力据此在中国享有的一切特权;清理外国在华资本及其他财产;采取适当的方针处理外国在华的宣传机关、文教事业和宗教事业。其中包括:(1) 取消帝国主义原在中国的新闻宣传机构的任务,包括停止“美国新闻处”的一切活动等。(2) 反对任何外国宗教组织和个人干预中国的宗教事务。接受外国津贴的教会,应逐步使之变为中国人办理的、掌握在反帝爱国教徒手中的机关,实行自治、自养、自传的原则。(3) 妥善处置外国人经办或接受外国津贴的文教、卫生、救济机关。鉴于这些机构有坏的一面也还有好的一面,在全国解放前夕,中共中央即提出:外国人办的学校,暂许其维持现状,但校长必须是中国人,其学校经费的来源必须报告,课程必须照其他学校的规章同一办理。外国人办的医院,已办者许其继续,但需接受中国监督检查,新办者未得批准不许开业。1951 年 1 月教育部召开会议,决定接受外国津贴的高等学校一律由中央人民政府接办;一些大行政区也决定,接受外国津贴的中等学校由各地人民政府接办或交由中国人民团体接办。对接受外国津贴的救济机关也作了相应的处理。①

其次,大力摧毁和消除帝国主义在中国的社会基础。其中包括:开展土地制度改革的运动,彻底消灭在中国延续了几千年的封建制度的基础——地主阶级的土地私有制,给予曾经是帝国主义统治中国的社会支柱的中国封建势力以致命的打击;开展镇压反革命运动,重点打击土匪(匪首、惯匪)、特务、恶霸、反动会道门头子和反动党团骨干分子,基本上扫除了国民党反动派遗留在中国大陆的反革命残余势力;进行其他各项民主改革,涤荡旧社会遗留下来的各种污泥浊水,激发广大人民的政治热情,进一步稳定了社会秩序。

再次,在中国人民中间开展自我教育运动,发扬爱国主义精神,肃清封建的买办的法西斯主义的思想,特别是在抗美援朝运动中肃清亲美崇美恐美思想,极大地发扬了民族自尊心、自信心和自豪感。

正是在“打扫干净屋子”的基础上,新中国逐步地同一些西方资本主义国家建立了外交关系,并且使得这种关系的建立不仅没有危及中国的民族独立、国家安全和社会稳定,而且有助于中国在独立自主的基础上的发展。事情正如周恩来所说的那样:“开国后我们用‘另起炉灶’和‘打扫干净屋子再请客’这两手,在

---

① 参见裴坚章主编:《中华人民共和国外交史(1949—1956)》,世界知识出版社 1994 年版,第270~272 页。

整个战略上处于主动地位。”①

在西方资本主义国家中,美国是敌视中国的主要国家。在相当长的一个时期内,它坚持不承认新中国的立场。根据“打扫干净屋子再请客”的方针,毛泽东在1957年1月说:“我还是这样看,迟几年跟美国建立外交关系为好。这比较有利。”“我们采取这个方针,是为了尽量剥夺美国的政治资本,使它处于没有道理和孤立的地位。”他估计,“我们跟美国建交,可能要在第三个五年计划完成以后,也就是说,要经过十八年或者更长的时间”。他说:“总有一天,美国要跟我们建交。那时美国人跑进中国来一看,就会感到后悔无及。因为中国这个地方变了,房子打扫干净了,‘四害’也除了,他们再找不到多少‘朋友’了,散布一点细菌也没有多大作用了。”②从这段话里,我们不仅发现,毛泽东关于中美建交时间的预测有着多么惊人的准确性,而且可以看出,以毛泽东为代表的中国共产党人在处理同西方国家的关系时是怎样自觉地维护中国的民族利益,是有着怎样深远的战略眼光的。

(三)清理外国在华资本及房地产

1949年1月19日,中共中央作出《关于外交工作的指示》(以下简称《指示》)。关于外国在华资本等问题,《指示》说:我们对于一切资本主义国家政府的和私人的在华经济特权、工商企业和投资,均不给以正式的法律承认。但在目前,也不要忙于去做有关禁止、收回、没收的表示;只对其于人民经济生活侵害最大者,例如内河航行等,发出立即禁止的命令。其他如外国银行,不要忙于令其停业,而应先令其报告资本、账目和业务。保险公司,尤其海运保险公司,更不要忙于去处理。关于对外贸易,《指示》说:对于资本主义国家,不要忙于去建立和恢复一般的贸易关系;尤其不要忙于去订立一般的贸易合同;只有在对我有利、而又急需者,可与这些国家进行临时的个别的出入口贸易。③ 新中国成立后,人民政府除对德、意、日在华企业和其他财产按战败国敌产处理外,对外国在华企业采取了“按照国籍、系统、行业等各种不同的具体情况,进行个别处理和区别对待”的方针,有计划、有步骤、有重点地进行处理。

外国在华企业,大都是依仗帝国主义国家在华享有的种种特权发展起来的。当人民革命即将取得全国性胜利时,由于这类特权即将丧失,他们便进行收缩,并开始将资金转移到外国或中国的香港。新中国成立时,帝国主义及其他国家

① 《周恩来选集》下卷,人民出版社1984年版,第87页。

② 《毛泽东外交文选》,中央文献出版社、世界知识出版社1994年版,第280~281页。

③ 参见《中共中央文件选集》第18册,中共中央党校出版社1991年版,第44~46页。

在中国的企业还有一千多家，主要属于英国和美国的垄断资本集团，拥有职工12万余人。它们分布在造船、石油、煤矿等重工业和食品、制药、纺织等轻工业领域，还包括一些城市公用事业，以及金融、贸易、仓储和房地产等企业。由于美国对新中国实行封锁禁运，许多依靠进口商品和原料的在华外资企业的业务陷于停顿状态。

1950年6月朝鲜战争爆发后，美国进一步加紧了对华禁运。中国政府也加速了对外国在华经济势力的清理。1950年11月5日，外交部向全国各地发出《关于外资企业处理办法的初步意见》:(1) 区别外资企业所属国家。首先应以美国在华企业为主要对象，对英资及其他外资亦得加强管制使之适应中国的需要。(2) 凡与中国国防有关及对中国社会秩序有重大影响而处理后对中国有利无害或利多害少者，首先予以处理；尚对中国经济有利或利多害少者，可较缓处理，但也应加强管制。(3) 对首先处置的外资企业，视情况按军事管制全面接管及没收程序加以处理。(4) 银行、保险、进出口业及轮船业，可较缓处理。(5) 处理外资企业应有公开的法律依据。同年12月16日，美国政府悍然宣布管制中国在美全部公私财产，冻结并禁止一切在美国注册船只开往中国。在这种情况下，1950年12月28日，政务院发布《关于管制美国在华财产冻结美国在华存款命令》，决定中华人民共和国境内之美国政府和美国企业的一切财产，均由当地人民政府加以管制并进行清查；中华人民共和国境内所有银行的一切公私存款，即行冻结。对于在华外国企业，人民政府根据不同情况，分别予以征用、代管、征购或加强管制促进其自行结束。至1952年底，已处理的美国企业占美国在华总资产的94%，已清理的英国企业占其在华总企业的63%。①

对外国私人或团体的房地产也进行了清理。对隐匿的敌产、逆产及美产予以没收。对外国人在市内占有的空地，根据市政建设的需要，个别或分批收回。对大量出租或经租房地产的外国房地产商、个人或企业，不承认其合法，而以对价转让、代管、收回等方式予以解决。对外国团体房地产，收回土地，以转让、征用、代管方式处理其房产。到1956年，共处理这类地产面积的98.9%，房产的近80%。②

① 参见裴坚章主编:《中华人民共和国外交史(1949—1956)》，世界知识出版社1994年版，第265～268页。

② 参见裴坚章主编:《中华人民共和国外交史(1949—1956)》，世界知识出版社1994年版，第269～270页。

（四）坚决维护民族独立和国家安全，反对帝国主义的侵略政策和战争政策

帝国主义对中国的威胁，主要来自西方头号强国美国。毛泽东说：过去日本统治过中国，之后美国代替了日本。在这两个阶段，英国都改变了对中国的态度，中英之间“基本的争论是不多了”，中法关系“同样是这样”。所以，“过去是日本人的问题，现在是美国人的问题”①。

1950年6月，朝鲜战争爆发。美国当即宣布武装援助南朝鲜，干涉朝鲜事务，并派海军第七舰队开入台湾海峡，侵犯中国的主权。以美国为首的所谓“联合国军”悍然越过“三八线”，把战火烧到鸭绿江边，直接威胁中国的国家安全。

面对这种严峻的形势，以毛泽东为主席的中共中央以大无畏的精神作出了抗美援朝的决策。中国人民志愿军与朝鲜人民军一起，把美国等国的侵略军赶回到“三八线”附近，从而赢得了抗美援朝战争的胜利。这个胜利具有极其伟大的意义。

第一，抗美援朝战争的胜利不仅保卫了朝鲜民主主义人民共和国的主权、独立，而且保卫了新中国的安全。因为朝鲜战争爆发后，中国的台湾被美国控制，如果整个朝鲜也被它占领了，新中国就会处于美国势力南北夹击的态势之下，而美国随时可以找到借口对中国进犯，中国的国家安全从根本上就失去了保障。正因为如此，毛泽东指出，“如美帝得胜，就会得意，就会威胁我”。我们“对朝鲜不能不帮，必须帮助”。② 他坚信：“应当参战，必须参战。参战利益极大，不参战损害极大。”③从某种意义上可以说，中美之间的这场直接较量，是人民解放战争在特定条件下的继续；不经过这场较量，美国不会承认中国革命已经胜利的事实。如果说，苏维埃俄国是在本土上打败14国武装干涉之后才巩固起来的，那么，中国革命胜利之后正是通过支援朝鲜进行抗美战争把这个任务实现了。

第二，抗美援朝对于中国恢复国民经济和开展各项建设事业直接起到了保障的作用。毛泽东指出，如果“我们不出兵让敌人压至鸭绿江边，国内国际反动气焰增高，则对各方都不利，首先是对东北更不利，整个东北边防军将被吸住，南满电力将被控制”。④ 如果不打回“三八线”，前线仍在鸭绿江和图们江东，沈阳、鞍山、抚顺，这些地方的人民就不能安心生产。中国出兵朝鲜，和朝鲜人民一

① 《毛泽东外交文选》，中央文献出版社、世界知识出版社1994年版，第158页。

② 逄先知、金冲及主编：《毛泽东传（1949—1976年）》上，中央文献出版社2003年版，第109页。

③ 《毛泽东文集》第6卷，人民出版社1999年版，第104页。

④ 《毛泽东文集》第6卷，人民出版社1999年版，第103页。

起打回“三八线”,守住“三八线”,这才得以避免上面所说的那种严重局面,东北人民乃至全国人民就可以安心搞生产、搞建设了。

第三,抗美援朝战争给予美国的干涉主义以有力的打击和严重的警告,为中国争取到了相当长时期的和平建设的环境。毛泽东指出,在朝鲜战场上,我们同美国军队打了33个月,把它的底摸熟了。我们的结论是:“美帝国主义并不可怕,就是那么一回事。”“我们的经验是:依靠人民,再加上一个比较正确的领导,就可以用我们的劣势装备战胜优势装备的敌人。”这场战争有效地警告了美国:“现在中国人民已经组织起来了,是惹不得的。如果惹翻了,是不好办的。”美国统治集团中的一些人也承认:“神话已经破灭了。美国原来并不是象人家所想象的那样一个强国。”[①]他们感到:“以非共产主义国家稀少的地面部队与这一共产主义大陆进行陆地战,将是一场没有胜利希望的战争。”(胡佛语)正因为如此,毛泽东说,抗美援朝战争的重大意义之一,就是“推迟了帝国主义新的侵华战争,推迟了第三次世界大战”[②]。这个判断是以充分的事实作根据的。

在抗美援朝战争结束后的1954年召开的第一次全国人民代表大会上,毛泽东指出:“我们的总任务是:团结全国人民,争取一切国际朋友的支援,为了建设一个伟大的社会主义国家而奋斗,为了保卫国际和平和发展人类进步事业而奋斗。”[③]很明显,为了争得国际和平,争得进行社会主义建设的和平的国际环境,我们不能依靠向帝国主义乞求,而必须与世界人民一起,向帝国主义的侵略政策和战争政策进行坚持不懈的斗争。

新中国成立初期,毛泽东就明确地指出,“帝国主义阵营的战争威胁依然存在,第三次世界大战的可能性依然存在”,但是,只要全世界的和平民主力量团结起来并得到进一步的发展,“新的世界战争是能够制止的”[④]。各国人民应当“既不受帝国主义的利诱,也不怕帝国主义的威胁”,敢于同它们的挑衅进行坚决的斗争。[⑤] 对于美国的反共喧嚣,毛泽东认为,必须认清它在当前的真实意图。他说,美国反共,这是事实。但“据我看,美国反共是把它当作个题目来做文章,以达到他们另外的目的,首先是占据从日本到英国的这个中间地段”。“美国的目标是占领处在(美国和苏联、中国之间——作者注)这个广大中间地带的国家,欺负它们,控制它们的经济,在它们的领土上建立军事基地,最好使这些国家都弱下去,这包括日本、德国在内。”在这个中间地带,既有广大的发展中

① 《建国以来重要文献选编》第4册,中央文献出版社1993年版,第380页。

② 参见毛泽东:《抗美援朝的伟大胜利和今后的任务》,1953年9月12日。

③ 参见《毛泽东文集》第6卷,人民出版社1999年版,第350页。

④ 《毛泽东外交文选》,中央文献出版社、世界知识出版社1994年版,第136页。

⑤ 参见《毛泽东外交文选》,中央文献出版社、世界知识出版社1994年版,第137页。

国家,也有发达的资本主义国家。所以,“中国、苏联、英国和其他各国彼此靠拢些,观点不要一成不变,情况就可以改善”①。这就是说,为了保卫世界和平,为了反对美国称霸世界的计划,我们在主要依靠世界人民、团结广大发展中国家进行斗争的同时,还应当利用美国与其他资本主义国家之间的矛盾,争取与美国以外的发达的资本主义国家发展关系,以便在条件具备时与之建立反对霸权主义的统一战线。

毛泽东强调:“我们现在需要几十年的和平,至少几十年的和平,以便开发国内的生产,改善人民的生活。我们不愿打仗。”“我们应该共同努力来防止战争,争取持久的和平。”他认为,帝国主义如果真要发动世界战争的话,那在实际上对它们自己是不利的。因为“要搞战争的话,就要动员人民,就要使人民处于紧张状态,并且使他们学会打仗。但是,人民结合起来以后,势必会产生革命”。所以,“如果再打大战,我看美国不一定得利,而且美国本身就会发生问题。如果再打大战,西亚和非洲的大部或全部、整个拉丁美洲都会脱离帝国主义”②。就现实的情况来说,在社会主义国家和帝国主义国家主要是美国之间,究竟谁怕谁?他认为,应该说“都怕”,但“帝国主义怕我们多一点”。所以,“现在帝国主义要打世界大战也不那么容易,打起来的结果如何,他们要考虑”。当然,“总要估计到有两种可能性。除了好的可能性,还有一种坏的可能性,就是帝国主义要发疯”③。总之,我们是坚持和平反对战争的。但是,如果帝国主义一定要发动战争,我们也不要害怕。我们对待这个问题的态度,同对待一切“乱子”的态度一样,第一条,反对;第二条,不怕。只有处于有戒备的状态,我们在这个问题上才有主动权。

(五)争取同资本主义国家和平共处,注意利用资本主义文明的积极成果来建设社会主义

中华人民共和国成立的当天,毛泽东就代表中国政府宣布:凡愿遵守平等、互利及互相尊重领土主权等项原则的任何外国政府,本政府均愿与之建立外交关系。1954 年 6 月,周恩来总理访问印度、缅甸,中印、中缅总理分别在联合声明中倡导把和平共处五项原则,即互相尊重主权和领土完整、互不侵犯、互不干涉内政、平等互利、和平共处五项原则,作为国际关系的准则。毛泽东指出,“不同的制度是可以和平共处的”。社会主义国家和“非社会主义的事物,像资本主

① 参见《毛泽东外交文选》,中央文献出版社、世界知识出版社 1994 年版,第 159 ~ 161 页。

② 《毛泽东外交文选》,中央文献出版社、世界知识出版社 1994 年版,第 168 ~ 170 页。

③ 《毛泽东外交文选》,中央文献出版社、世界知识出版社 1994 年版,第 281 ~ 282 页。

义、帝国主义、封建王国等”也“能共处”,“只需要一个条件,就是双方愿意共处”①。他强调,和平共处五项原则是一个长期方针,不是为了临时应付的,“应当把五项原则推广到所有国家的关系中去”。“就是西方国家,只要它们愿意,我们也愿同它们合作。我们愿意用和平的方法来解决存在的问题。”②

由于美国政府坚持敌视新中国的立场,新中国在具体处理同西方资本主义国家的关系时的方针,主要是依据各国的不同情况,区别对待。首先,把它们同美国区别开来,以利于集中力量孤立打击美国的反华和侵略战争政策。其次,根据各国对新中国的不同态度等予以区别对待。按照这个方针,新中国在这个时期由首先同和平中立或有和平中立倾向的北欧各国和瑞士建立了外交关系。英国和荷兰虽较早承认新中国,但在同国民党集团的关系上态度暧昧,并且参加了美国的侵朝战争和对华禁运,所以中国只同它们建立半外交关系。对于没有承认新中国且与国民党集团保持外交关系的其他资本主义国家,中国主要是同它们发展民间往来和贸易文化交流。③ 对于美国,我们同它实行的对中在政治上孤立、经济上封锁、军事上威胁的政策进行了坚决的斗争,并为此从 1950 年至 1953 年我们还在朝鲜战场上同它直接进行了 33 个月的武装较量。与此同时,我们也一再表示,新中国愿意同美国和平共处。毛泽东说,我们“希望美国也采取和平共处的政策。美国这样的大国如果不要和平,我们就不得安宁,大家也不得安宁”。他还说,“如果美国愿意签订一个和平条约,多长的时期都可以,五十年不够就一百年,不知道美国干不干。现在的主要问题就是美国”④。他认为,“对付美国人是要有一点办法的”。要有两条,“第一是坚决斗争,每天都要叫”,“第二是不要着急”⑤。为协商中美双方间有争议的问题,我们从 1955 年 8 月开始同美国开始了马拉松式的大使级会谈。

对于新中国来说,主张同所有国家包括资本主义国家和平共处,不仅是为了争取一个进行建设的和平的国际环境,同时也是为了学习其他民族的长处,同其他国家进行经济、文化等方面的交流,从而为自身的发展创造有利的条件。新中国成立后,毛泽东曾多次提出向外国学习的问题。1954 年 12 月,毛泽东对外国友人说,“各个民族都有特点和长处可以学习”,“各民族间应该交流长处”。“我也希望到世界各国去走走。我是中国的土人,很少到外国去”。1955 年 10 月,

① 《毛泽东外交文选》,中央文献出版社、世界知识出版社 1994 年版,第 160 页。

② 《毛泽东外交文选》,中央文献出版社、世界知识出版社 1994 年版,第 165、210 页。

③ 裴坚章主编:《中华人民共和国外交史(1949—1956)》,世界知识出版社 1994 年版,第 294 ~ 295 页。

④ 《毛泽东外交文选》,中央文献出版社、世界知识出版社 1994 年版,第 161、213 页。

⑤ 《毛泽东外交文选》,中央文献出版社、世界知识出版社 1994 年版,第 274 页。

他在同日本友人交谈时，再次讲道："世界各个民族都是向前发展的，都有它的长处"，中国的缺点很多，经济、文化落后，"你们有很多东西是我们应该学习的"。"我也想到别的国家去看一看，甚至还想去美国看一看，把中国人民的友谊表示表示，但现在却没有希望实现"①。1956 年 4 月，周恩来在同新西兰友人谈话时，联系历史上的经验教训，明确指出：闭关自守是阻碍进步的。中国在世界上产生比你们的国家早得多，但因为长期闭关自守，所以进步很慢。闭关自守是不好的。但是现在不是我们自己闭关，而是美国要关住我们，不让我们同各国往来。② 同月，毛泽东在《论十大关系》一文中正式提出了"向外国学习的口号"。这里的外国，是包括资本主义国家在内的。他说："我们的方针是，一切民族、一切国家的长处都要学，政治、经济、科学、技术、文学、艺术的一切真正好的东西都要学。"③我们应当如何向外国学习尤其是资本主义国家学习呢？对于这个问题，毛泽东作出过深刻的论述。他主张，第一，要弄清楚什么是外国的长处、优点和短处、缺点。要学习他们的长处、优点，"他们的短处、缺点，当然不要学"④。他尤其强调："外国资产阶级的一切腐败制度和思想作风，我们要坚决抵制和批判。但是，这并不妨碍我们去学习资本主义国家的先进的科学技术和企业管理方法中合乎科学的方面。工业发达国家的企业，用人少，效率高，会做生意，这些都应当有原则地好好学过来，以利于改进我们的工作。"⑤第二，即使是外国的长处，我们也必须有分析有批判地学，不能盲目地学，不能一切照抄，机械搬运。学习要联系中国的实际，要同创造结合起来。他认为，"在技术方面，我看大部分先要照办，因为那些我们现在还没有，还不懂，学了比较有利。但是，已经清楚的那一部分，就不要事事照办了"⑥。第三，不要因为学习外国就妄自菲薄。他说，中国过去是殖民地、半殖民地，历来受人欺负。"有些人做奴隶做久了，感觉事事不如人，在外国人面前伸不直腰，像《法门寺》里的贾桂一样，人家让他坐，他说站惯了，不想坐。在这方面要鼓点劲，要把民族自信心提高起来，把抗美援朝中提倡的'藐视美帝国主义'的精神发展起来"⑦。

对于新中国是否应当同资本主义同家发展经济往来、进行通商贸易这个问

① 《毛泽东外交文选》，中央文献出版社、世界知识出版社 1994 年版，第 185～186、222～223 页。

② 参见裴坚章主编：《中华人民共和国外交史（1949—1956）》，世界知识出版社 1994 年版，第 364 页。

③ 《毛泽东文集》第 7 卷，人民出版社 1999 年版，第 41 页。

④ 《毛泽东文集》第 7 卷，人民出版社 1999 年版，第 41 页。

⑤ 《毛泽东文集》第 7 卷，人民出版社 1999 年版，第 43 页。

⑥ 《毛泽东文集》第 7 卷，人民出版社 1999 年版，第 42 页。

⑦ 《毛泽东文集》第 7 卷，人民出版社 1999 年版，第 43 页。

题,中国共产党和人民政府一开始就是明确的。1949 年 9 月人民政协制定的《共同纲领》规定:中华人民共和国可在平等和互利的基础上,与各外国的政府和人民恢复发展通商贸易关系。新中国成立初期,我们即同已经建交或半建交的北欧各国、瑞士以及英国、荷兰等资本主义国家发展了官方的和民间的各种关系和贸易往来,而且对没有建交的资本主义国家采取"民间先行,以民促官,以民带官,官民并举"的方针,首先开展民间的往来,进行经济、文化交流。比如,1955 年初,中国向瑞士订购了五套列车电机设备。瑞士成为西方世界中第一个向中国出口成套设备的国家。芬兰则向中国出口了铜、油船和货船等西方对中国禁运的物资。

在努力发展与世界各国包括资本主义国家的关系的同时,毛泽东又指出,如同中国的革命一样,中国的建设也"是依靠发挥中国人民自己的力量为主,以争取外国援助为辅"。"那种丧失信心,以为自己什么也不行,决定中国命运的不是中国人自己,因而一切依赖外国的援助,这种思想是完全错误的"。①(这是 1956 年 8 月毛泽东在审阅中共中央对党的第八次代表大会的政治报告稿时加写的文字——作者注)

从上面的叙述,我们可以清楚地看到,在中国进入社会主义时期以后,以毛泽东为代表的中国共产党人已经具有了利用资本主义文明的积极成果来建设社会主义的思想。

总体来说,新中国成立初期的 1949—1956 年,中国共产党、中华人民共和国政府对西方发达国家采取的方针、政策,符合中国人民和世界人民的根本利益,符合当时的实际情况,体现了原则的坚定性和策略的灵活性的有机结合,因而在实行的过程中取得了伟大的成功。

——原载《教学与研究》2004 年第 10 期。

五、有步骤地推进人民民主政治建设

在开展有系统的社会主义改造和有计划的经济建设的同时,人民民主政治建设也在有步骤地向前推进。

(一) 第一届全国人民代表大会第一次会议召开和通过中华人民共和国宪法

1952 年 11 月,中共中央提出,应立即着手准备召开全国人民代表大会,制

① 《毛泽东外交文选》,中央文献出版社、世界知识出版社 1994 年版,第 245 页。

定中华人民共和国宪法。1953年1月1日,《人民日报》在社论中向全国人民公开提出了“召开全国人民代表大会、通过宪法、通过国家建设计划”的任务。当月,中央人民政府委员会会议正式作出《关于召开全国人民代表大会及地方各级人民代表大会的决议》。

决议指出,新中国成立初期,由于许多革命工作还刚开始,群众发动还不够充分,召开全国人民代表大会的条件还不够成熟,所以由全国政协一次会议执行全国人大的职权。现在,由于条件已经具备,我们必须及时地召开用普选的方法产生的全国人民代表大会及地方各级人民代表大会,“俾能进一步地加强人民政府与人民之间的联系,使人民民主专政的国家制度更加完备,以适应国家计划建设的要求”。会议还决定成立以毛泽东为主席的宪法起草委员会和以周恩来为主席的选举法起草委员会。①

1953年3月1日,中央人民政府委员会通过的选举法正式颁布。其后,中国进行了第一次全国人口普查。据统计,1953年6月30日24时,全国人口为6.019 123 71亿人。选民3.238 096 84亿人进行了登记,占选民总数的97.18%。在全国基层选举中参加投票的选民占登记选民总数的85.88%。1954年6月至8月,全国各地先后选举产生了省(自治区、直辖市)人民代表大会代表和全国人民代表大会代表。这就为召开全国人大做好了组织上的准备。

宪法的起草工作,是为召开全国人大在政治上和思想上所做的最主要的准备工作。从1953年底开始,在毛泽东的主持下,宪法的起草工作前后差不多进行了7个月。1954年3月以后,先在各方面代表人物8 000人中征求对宪法草案的意见。同年6月宪法草案在全国公布以后,更有1.5亿人参加了对草案的讨论。这个宪法草案得到了全国广大人民和各界人士的拥护。

毛泽东在关于宪法草案的讲话中指出:“一个团体要有一个章程,一个国家也要有一个章程,宪法就是一个总章程,是根本大法。”宪法的“原则基本上是两个:民主原则和社会主义原则”。我们的宪法是社会主义类型的宪法。“用宪法这样一个根本大法的形式,把人民民主和社会主义原则固定下来,使全国人民有一条清楚的轨道,使全国人民感到有一条清楚的明确的和正确的道路可走,就可以提高全国人民的积极性。”②

在各项准备工作顺利完成之后,1954年9月15日,中华人民共和国第一届全国人民代表大会第一次会议在北京开幕。在当天会上,毛泽东致开幕词,刘少奇作《关于中华人民共和国宪法草案的报告》。

---

① 《建国以来重要文献选编》第4册,中央文献出版社1993年版,第15~17页。

② 《毛泽东文集》第6卷,人民出版社1999年版,第326、328页。

会议讨论并一致通过了《中华人民共和国宪法》(以下简称《宪法》)。

《宪法》第一条规定:"中华人民共和国是工人阶级领导的、以工农联盟为基础的人民民主国家。"这是关于新中国的国体即国家制度的规定。

对此,刘少奇解释说,工人阶级领导和以工农联盟为基础,标志着我们国家的根本性质。这表明,我们的国家是人民民主国家。人民民主国家和资本主义国家在性质上是完全不同的。在资本主义国家里,无论怎样标榜"民主",终究只是占人口极少数的资产阶级居于国家的统治地位。在我们这里,最大多数的人民真正成为国家的主人。

宪法序言和有关条文还规定,在我国的人民民主制度下,还存在着广泛的人民民主统一战线。

《宪法》第二条规定:"中华人民共和国的一切权力属于人民。人民行使权力的机关是全国人民代表大会和地方各级人民代表大会。""全国人民代表大会、地方各级人民代表大会和其他国家机关,一律实行民主集中制。"新中国的国家元首是集体的国家元首。国家元首职权由全国人民代表大会选出的全国人大常务委员会和中华人民共和国主席结合起来行使。这是关于新中国的政体即国家政权的构成形式的更加完备的规定。

对此,刘少奇解释说,采用民主集中制的人民代表大会的政治制度,是同新中国的根本性质相联系的。这个制度所以能够成为中国的适宜的政治制度,就是因为它能够便利人民行使自己的权力,能够便利人民群众经常通过这样的政治组织参加国家的管理,从而得以充分发挥人民群众的积极性和创造性。中国人民就是要用这样的政治制度来保证国家沿着社会主义的道路前进。

《宪法》第三条规定:"中华人民共和国是统一的多民族国家。""各民族一律平等。""各少数民族聚居的地方实行区域自治。各民族自治地方都是中华人民共和国不可分离的部分。"这是关于新中国的国家结构形式以及解决民族问题的基本制度、基本政策的更加明确、具体的规定。

对此,刘少奇解释说,宪法规定中华人民共和国是统一的多民族国家、各民族自治地方都是中华人民共和国不可分离的部分,这是完全必要的,是完全符合各民族的共同利益的。中国各民族都必须加强和巩固祖国的统一,必须紧密地团结在一起,共同为建设祖国而共同努力。同时,宪法又通过各种规定,保证各少数民族在聚居的地方,都能行使自治权。国家有责任帮助国内每一个民族逐步走上社会主义道路,使其在经济上文化上得到高度的发展。

宪法接受中国共产党在过渡时期的总路线,把它规定为国家在过渡时期的总任务。《宪法》序言指明:"国家在过渡时期的总任务是逐步实现国家的社会主义工业化,逐步完成对农业、手工业和资本主义工商业的社会主义改造。"《宪法》第四条规定："依靠国家机关和社会力量，通过社会主义工业化和社会主义改造，保证逐步消灭剥削制度，建立社会主义社会。"

宪法的有关规定，既表明了建设社会主义社会的总目标，也表明了建设社会主义社会的具体步骤。这是十分必要的。因为实践表明，由新民主主义过渡到社会主义，这是中国应当走的唯一正确的道路。

宪法还对公民的基本权利和义务等，作出了具体的规定。

刘少奇在会上强调：宪法是全体人民和一切国家机关都必须遵守的。中国共产党的党员必须在遵守宪法和一切其他法律中起模范作用。①

会议还通过了《中华人民共和国国务院组织法》等几个重要的法律，通过了周恩来总理作的政府工作报告，选举产生了新的国家领导工作人员。毛泽东当选为中华人民共和国主席，朱德当选为副主席，刘少奇当选为第一届全国人大常委会委员长，宋庆龄等13人为副委员长。会议根据主席的提名，决定周恩来为国务院总理。

会议在完成各项议程后于9月28日胜利闭幕。

（二）中国人民政治协商会议继续发挥作用

在全国人大召开以后，原先代行过全国人大职权的全国人民政治协商会议还要不要继续存在？如果继续存在，它的性质和任务又是什么？这是一个需要回答的问题。对此，毛泽东于1954年12月19日举行的座谈会上作出了说明。

毛泽东强调，在全国人大召开以后，政协的组织仍然是需要的。有待解决的主要问题是它的性质问题。他指出："政协的性质有别于国家权力机关——全国人民代表大会，它也不是国家的行政机关。""如果把政协全国委员会也搞成国家机关，那就会一国二公，是不行的。要区别各有各的职权。""政协是全国各民族、各民主阶级、各民主党派、各人民团体、国外华侨和其他爱国民主人士的统一战线组织，是党派性的，它的成员主要是党派、团体推出的代表。"他说，政协的任务，一是协商国际问题，二是商量候选人名单，三是提意见，四是协调各民族、各党派、各人民团体和社会民主人士领导人员之间的关系，五是学习马列主义。②

1954年12月25日，中国人民政治协商会议第二届全国委员会第一次全体会议通过的《中国人民政治协商会议章程》指出："中国人民政治协商会议全体

① 参见刘少奇：《关于中华人民共和国宪法草案的报告》。本节对宪法条文的阐释，主要引自该报告。见《建国以来重要文献选编》第5册，中央文献出版社1993年版，第463～513页。

② 参见《毛泽东文集》第6卷，人民出版社1999年版，第384～387页。

会议代行全国人民代表大会职权的任务已经结束。但是中国人民政治协商会议,作为团结全国各民族、各民主阶级、各民主党派、各人民团体、国外华侨和其他爱国民主人士的人民民主统一战线的组织,仍然需要存在。""中国人民政治协商会议在中国共产党领导下,将继续通过各民主党派、各人民团体的团结,更广泛地团结全国各族人民,共同努力,克服困难,为建设一个伟大的社会主义国家而奋斗。"①

全国政协选举毛泽东为名誉主席,周恩来为主席,宋庆龄等13人为副主席。

在新的历史环境中继续发挥政协作为统一战线组织的作用,并且具体规定了它所担负的任务,这对于坚持和完善新中国的政党制度即中国共产党领导的多党合作和政治协商制度,具有重要的意义。

(三)民族区域自治制度和政策进一步实施

中国是一个由56个民族组成的统一的多民族国家。据1953年人口普查时的统计,除汉族以外,55个少数民族的人口为3 500余万人,占全国总人口的6%,它们分别分布在占全国总面积60%的广大地区。

新中国成立时,中国共产党已经确定,把实行民族区域自治作为解决新中国民族问题的基本制度和基本政策。《共同纲领》对新中国实行民族区域自治的基本制度和基本政策作出了原则性的规定。根据《共同纲领》的有关规定,中央人民政府委员会于1952年8月批准了政务院通过的《中华人民共和国民族区域自治实施纲要》,并予以公布施行。

《中华人民共和国民族区域自治实施纲要》在第一章总则中明确规定:"各民族自治区统为中华人民共和国领土的不可分离的一部分。各民族自治区的自治机关统为中央人民政府统一领导下的一级地方政府,并受上级人民政府的领导。"各民族自治区管理本民族内部事务,须遵循《共同纲领》的总道路前进。在第二、三、四、五、六章中,分别对自治区的设置,对自治机关的性质、组织原则和隶属关系,对自治区的自治权利,对自治区内的民族关系,对上级人民政府的领导原则等,作出了具体的规定。② 为了保障散居的少数民族的合法权益,政务院还于当年发出了《关于保障一切散居的少数民族成分享有平等权利的决定》。

新中国成立后,中央人民政府根据《共同纲领》以及《中华人民共和国民族区域自治实施纲要》的有关规定,在全国范围内积极推行民族区域自治。在这个过程中,先后建立了一批自治州和自治县(旗)以及若干民族乡、民族镇,形成

---

① 《建国以来重要文献选编》第5册,中央文献出版社1993年版,第705页。

② 参见《建国以来重要文献选编》第5册,中央文献出版社1993年版,第79~85页。

了三级地方自治的体系。1954 年 9 月通过的宪法明确规定民族自治地方分为自治区、自治州和自治县(旗)三级,而以民族乡为重要补充形式。在这以后,各级自治机关都是按照这个规定设立的。

中国的第一个相当于省级的民族自治区——内蒙古自治区,早在新中国成立前的 1947 年 5 月 1 日就成立了。1955 年 10 月 1 日,新疆维吾尔自治区宣告成立。截至 1957 年年底,全国先后建立了自治州 27 个,自治县 47 个。[①] 广西壮族自治区和宁夏回族自治区是在 1958 年 3 月 15 日和 10 月 25 日先后成立的。西藏自治区则于 1965 年 9 月 9 日正式成立。

在统一的多民族国家中实行民族区域自治,既保障了国家的统一和国内各民族的团结,有利于整个中国的巩固、繁荣和发展,又保障了各民族的平等地位,有利于各少数民族从本民族、本地区的实际出发,更好地管理本民族的事务,行使当家的权利。积极推行民族区域自治,是加强人民民主政治建设的一个重要方面,具有重大的意义。

——原载《中国共产党与新中国的创建》,中央文献出版社 2009 年版。

六、关于个体农业的社会主义改造及其基本经验

(一) 引导个体农民走组织起来的道路

贯彻执行中国共产党在过渡时期的总路线,搞好农业的社会主义改造具有关键性的意义。由于当时的中国仍然是一个以农业为主要经济的国家,由于在国民经济中占有主体地位的仍然是个体经济,因此,只有把农业的社会主义改造这件事情做好了,才能为国家实现社会主义工业化创造必要的前提,才能有力地推动资本主义工商业走上接受社会主义改造的道路,才能确立社会主义经济在国民经济中的主体地位。

个体农民是劳动者,是工人阶级的同盟军。对于他们,是不能加以剥夺的。改造个体农业,唯一可行的办法,就是实行合作化。

土地改革以后,农民表现出两方面的积极性,这就是个体经营的积极性和互助合作的积极性。中国共产党充分地考虑到农民作为小私有者的特点,懂得农民的个体经营的积极性是不可避免的,因而认为不能忽视和粗暴地挫伤这种积极性;同时,又充分地认识到小农经济是不稳定的,农村的阵地,如果社会主义不去占领,资本主义就必然要去占领,因而懂得在农村发展方向的问题上,决不能

① 参见《中国大百科全书·民族》,中国大百科全书出版社 1986 年版,第 540 ~ 543 页。

采取放任自流的态度。正因为如此,在个体农业的社会主义改造这个问题上,党就采取了积极领导、稳步前进的方针。

所谓积极领导,首先就表现在土地改革以后立即趁热打铁,引导农民走组织起来的道路。

在土地改革的时候,中国共产党就坚持自下而上地发动贫农、下中农和广大农民群众,开展阶级斗争,从地主手里夺回土地,反对单纯依靠政府自上而下地颁布行政命令把土地恩赐给农民。由于经过了土地改革这一场急风暴雨式的群众阶级斗争,贫农在政治上压倒了富农而在农村中树立了自己的优势,广大农民的政治热情进一步高涨起来,"跟共产党走"成为他们共同的政治信念。这种情况,为在农村中进行社会主义改造提供了重要的政治思想条件。趁热打铁,就是不待农民的政治热情冷却,不待小农经济的自发发展使多数农民走向破产,在土改之后,立即不停顿地领导农民积极开展互助合作运动。1949 年 9 月,人民政协通过的《共同纲领》就总结了解放区的经验,规定"在一切已彻底实现土地改革的地区,人民政府应组织农民及一切从事农业的劳动力以发展农业生产及其副业为中心任务,并应引导农民逐步地按照自愿和互利的原则,组织各种形式的劳动互助和生产合作"。1951 年 12 月,当全国大部分地区的土地改革即将完成的时候,中共中央就及时提出了关于农业生产互助合作的决议草案,发给各地党委试行,要求全党必须把农业互助合作"当做一件大事去做"。

为什么在土地改革以后要趁热打铁开展农业互助合作运动,而不在一个相当长的时期内稳定小农经济并使之自由地发展呢?这是因为:

第一,只有这样,才能进一步解放农村生产力,逐步改变农村的落后面貌。

土地改革以后,农村生产力由于摆脱了封建生产关系的束缚,曾经得到了相当的发展。但是,它仍然受着小块土地私有制基础上的个体经营的极大限制。农业生产水平是比较低的。主要作物粮食的每亩平均产量 1952 年也不过一百六七十斤。农业生产虽然在 1949 年至 1952 年期间有较大发展,但随后,发展的速度也就变得缓慢起来。粮食产量以 1952 年为 100,则 1953 年为 101.8,1954 年为 103.4;经济作物产量以 1952 年为 100,则 1954 年棉花为 81.7,黄洋麻为 44.7,烤烟为 104.7,甘蔗为 120.8,花生为 119.5,油菜子为 94.2。这个事实表明,个体经济的潜力确实是有限的。不组织起来,只靠单干农民在几亩地上拼死命,是没有多大出路的。认为土改以后应当让小农经济有相当时期的稳定发展,否则就会给予农业生产以不利的影响,这种观点,不符合当时中国农村的实际。

第二,只有这样,才能适应国家工业化对于农业的需求。

首先,个体农业不能满足工业发展对于商品粮和工业原料的逐年增大的需要。随着工业建设的发展,城镇和工矿区的人口迅速增长。1953 年,全国城镇人口已达7 826万人，比1952年增长663万人。农村因种植经济作物等原因而缺粮的农民也进一步增加。1953年，国家供应城乡粮食的人口接近2亿人，粮食销售量比上年增加了31.1%。粮食增产幅度远远赶不上需要的增长。① 1955年，直接间接用农业原料生产的工业总产值占全部工业总产值的41%，占轻工业总产值的72%。由于棉花等原料作物减产，这一年生产资料生产增长17%，而消费品生产仅增长1%，严重地影响了整个工业增长的速度。仅以农产品为原料的棉纱、棉布、卷烟、麻袋四种产品的减产，就使当年全国工业增长速度比上年降低了4%。其次，个体农业也不能满足发展重工业对于农村市场条件的要求。当时的单干农民既没有能力购买，也没有条件使用拖拉机及其他农业机器、化学肥料、现代运输工具等，这对重工业的发展不能不是一种严重的限制。再次，个体农业也不能满足从农业方面为工业发展积累资金的要求。单干农户不仅不能充分提供发展轻工业所需要的原料，而且用于购买轻工业品的能力也很低。1954年，每户贫雇农用于购买生活资料的费用平均仅105.2元，中农也不过128.6元，而且其中的相当部分还是直接用于购买农副产品的。这也就不能不极大地限制了工业化资金积累的速度。这就是说，孤立的、分散的、守旧的、落后的个体经济限制着农业生产力的发展，它与社会主义的工业化之间日益暴露出很大的矛盾。为了解决这个矛盾，必须使农业生产有一个较大的发展。而要做到这一点，只有资本主义和社会主义两种办法。由于资本主义的道路是漫长的、痛苦的，中国走不得，这样，对于中国来说，办法只有一个，就是走社会主义道路，搞农业的合作化。

第三，只有这样，才能避免农民的两极分化，巩固工农联盟。

土地改革以后的农民个体经济，仍然基本上是小商品经济。农民的个体经济作为小商品经济，正如列宁所说，它是经常地、每日每时地、自发地和大批地产生着资本主义和资产阶级的。所以，尽管经过土改，广大农民的生活状况有了相当的改善，但紧接着，农村中两极分化的现象就开始发生了。一方面，许多贫农因为生产资料不足仍然处于贫困地位。由于生活困难，或者由于遭受天灾袭击、遇到婚丧大事，一些人不得不举借债款，以至受到高利贷者的盘剥。据湖北、湖南、江西三省十个乡的调查，贫农借债户约占贫农总户数的三分之一；在广东省，贫农借债户占贫农总户数的一半。一些人甚至不得不出卖房屋土地。据山西忻县地区143个农村的调查，从1949年土改到1952年，出卖房屋土地的占总户数的19.5%，出卖的土地占卖地户平均土地的28%，占总土地的5.57%。卖地户的77.53%是由于生产、生活有困难才出卖土地的。据对该地区静乐县19个村

① 参见柳随年、吴群敢主编：《中国社会主义经济简史》，黑龙江人民出版社1995年版，第113页。

5 758户农户的统计，471 户新中农又恢复至贫农地位，167 户老中农下降为贫农，两项合计 638 户，占卖地户总数的 72. 5%，占农村总户数的 11. 05%，其中6% ~10% 变成了赤贫户。这些赤贫户，有的被迫去出卖劳动力，充当雇农；有的租入土地，成了佃农；另有少数进入城市，当了工人。有人焦急地说："这样下去，不是又要走老路了吗?"另一方面，资本主义自发势力一天一天地在发展，新富农到处出现，许多富裕中农力求把自己变为富农。一些人开始雇用零工经营土地，或者从事商业投机和发放高利贷。据辽宁辉南、吉林舒兰和盘石、黑龙江呼玛四县十个村的调查，1953 年，新富农占农村总户数的 0. 78%，高的达到4. 6%。据黑龙江克山、海伦、肇源三县五个村的调查，1952 年，新富农已占农村总户数的 3%，他们占有耕地总数的 4%，耕畜的 10%，农具的 7%。这些新富农还使一些农民感到羡慕。有人说："哪个村有新富农，哪里也就竖起一根小小的'旗杆'。"资本主义自发势力的这种发展，还对中国共产党的农村基层组织起着腐蚀作用。如山西忻县地区阳曲、大盂等 4 个支部 66 个党员中，有 27 个买房买地；代县炭窑湾村 9 个党员中，有 5 个雇长工；阳曲三区 16 个支部书记中，有 7个搞商业投机。毛泽东认为，这种情况如果任其发展下去，那是很危险的。因为，失去土地和继续处于贫困地位的农民将要埋怨我们，他们将说我们见死不救，不去帮助他们解决困难。向资本主义方向发展的那些富裕中农也将对我们不满，因为如果我们不想走资本主义道路的话，就永远不能满足这些农民的要求。在这种情况下，工人和农民的同盟能够继续巩固下去吗？显然是不能够的。原先建立在土改基础上的工农联盟，如今农民不满足了，对于那一次得到的利益，他们有些忘了。必须给农民以新的利益，必须在新的基础上巩固和发展这个联盟，这就是领导农民组织起来，实行农业合作化，在农村中消灭富农经济制度和改造个体经济制度，使全体农民走共同富裕起来的道路。

第四，只有这样，才能促进资本主义工商业的社会主义改造。

中国农村中的汪洋大海般的小生产，是资本主义得以保存和复活起来的基础。这不仅是因为小生产在农村中自发地产生着资本主义和资产阶级，而且还因为城市的资产阶级和农村的小生产的资本主义自发势力的结合，是资本主义得以自由发展的重要条件。因此，"只有在农业彻底实行社会主义改造的过程中，工人阶级同农民的联盟在新的基础上，就是在社会主义的基础上，逐步地巩固起来，才能够彻底地割断城市资产阶级和农民的联系，才能够彻底地把资产阶级孤立起来，才便于我们彻底地改造资本主义工商业。"因为随着农业合作化事业的发展，农业互助合作组织同国营经济的联系将日趋紧密，商品粮和工业原料也就越来越控制在国家手里。这样一来，"就把资产阶级要搞自由市场、自由取得原料、自由销售工业品这一条资本主义道路制住了"①,从而迫使他们不得不走上国家资本主义的道路,接受社会主义改造。

由此可见,在土地改革之后,趁热打铁开展农业互助合作运动,是完全必要的。

不仅如此,趁热打铁开展农业互助合作运动,也是完全可能的。"农业合作化发展的可能性,当然首先是由于我国已经建立了以工人阶级为首的人民民主专政,而这个人民民主专政正在我国组织社会主义建设;同时是由于大多数农民为了摆脱剥削和贫困,愿意走社会主义的道路。"②

问题在于,当国家还没有实现工业化,当工业一时还不能用大量的现代技术来装备农业的时候,是不是应当立即通过合作化的途径把农民引上社会主义道路呢?对于这个问题,毛泽东的答复是肯定的,他说过:在农业方面,在我国的条件下,"必须先有合作化,然后才能使用大机器"③。

应当承认,这种"先合作化后机械化"的观点,在理论上和实践上都有充分的根据,因而是正确的。因为:从理论上讲,协作本身就能够提供一种新的社会劳动生产力。从历史上看,苏联提供了这种先合作化后机械化的先例。在苏联,全盘集体化开始时的1929年,拖拉机耕种的面积仅占全部春播面积的1%。1932年,62.4%的农户已加入集体农庄,集体农庄、国营农场的播种面积已达总播种面积的80%,但也只是做到20%以上的耕作作业、50%以上的打谷作业、10%的谷物播种和收获作业,由机械工具来进行。直到1934年,加入集体农庄的农户已达总农户的71.4%,集体农庄已拥有90%的耕地,而集体农庄田间作业的机械化作业的程度也只是:秋耕35%,休闲地翻耕46%,春播9%,秋播14%,收割15%。对于这种情况,斯大林曾作过说明。他指出,"从表面上看,这些集体农庄在技术方面似乎和小农经济没有区别(机器少,拖拉机少)。其实,在集体农庄里面单是把自己的工具集合起来使用就产生了我们的实际工作者所梦想不到的效果"。"因为农民在单干条件下是没有力量的,而在他们把自己的工具集合起来并联合为集体农庄以后,就变成了巨大的力量"④。从我们自己的实践来看,在没有机械化的条件下搞合作化,不仅解决了贫农下中农因缺少牲口、大农具而遇到的生产经营上的困难,而且有助于兴修农田水利、改良耕作技术、发展多种经营、增强抗灾能力等,因而有效地促进了农业生产的发展。据农

---

① 《建国以来重要文献选编》第7册,中央文献出版社1993年版,第307、309页。

② 《建国以来重要文献选编》第7册,中央文献出版社1993年版,第287页。

③ 《毛泽东文集》第6卷,人民出版社1999年版,第432页。

④ 《斯大林选集》下卷,人民出版社2003年版,第219~220页。

业部对华北、东北地区的农业社的统计，1951 年各社单位面积产量平均超过当地互助组 16.4%，超过单干户 39.2%，最多的甚至超过单干户一倍。事实上，根据中国个体农业规模狭小、个体农民购买力极低这些情况，在小农经济的基础上是根本不可能实行农业的机械化、现代化的；相反，只有首先积极实行农业的合作化，才能为实现农业的机械化、现代化创造条件。

在工业还不能向农村大量提供农用机械的情况下，农业生产互助组能不能前进一步，成立农业生产合作社？对于这个问题，中国共产党内开始时曾经有过不同的认识。1951 年 4 月，中共山西省委向华北局和中共中央写了题为《把老区互助组织提高一步》的报告。刘少奇和华北局不同意报告中的观点。刘少奇认为，"农业集体化要等机器，不要机器是不妥当的"，否则就"是一种错误的、危险的、空想的农业社会主义思想"①。毛泽东研究了世界现代化大生产发展的历史经验和中国农村的实际需要，指出：既然西方资本主义在其发展过程中有一个工场手工业阶段，即尚未采用蒸汽动力机械而依靠工场分工以形成新生产力的阶段，则中国的合作社，依靠统一经营形成新生产力，去动摇私有基础，也是可行的。他讲的道理得到了中共中央其他领导人的赞同。②

在这种情况下，1951 年 12 月，中共中央下发了《关于农业生产互助合作的决议（草案）》。草案指出，党不能忽视和粗暴地挫伤农民个体经济的积极性，但是要"按照自愿和互利的原则，发展农民劳动互助的积极性"。

肯定农业在没有实现机械化以前可以首先实行合作化，并不是说可以在同样的条件下最后完成并巩固农业社会主义改造的全部事业。社会主义的农业归根到底是应该建立在先进的物质技术基础之上的。因此，必须发挥社会主义集体经济的优越性，积极推进农业机械化、现代化的事业。

也必须看到，中国的农业是在没有实现机械化的条件下实行合作化的，农业生产还是以手工劳动为主，协作固然可以在一定条件下提供新的社会劳动生产力，但是大规模的协作并不是农业生产的经常性的要求。因此，农村集体经济规模、体制和经营管理办法都必须与这种生产力的水平相适应。合作化以后不久，1957 年，一些地区就试行过"按劳分红，包产到户"，"全部或大部农活包工到户"，以及"地段责任制"等几种形式的农业生产责任制。中共中央在同年作出的关于做好农业合作社生产管理工作的指示中，总结群众的创造，也曾经提倡"大活集体干，小活分开干"，规定生产队"按照各地具体条件，可以分别进行'工

① 参见《毛泽东传（1949—1976）》（上），中央文献出版社 2003 年版，第 344 ~ 345 页。

② 参见薄一波：《若干重大决策与事件的回顾》（修订本）上卷，人民出版社 1997 年版，第 197 ~ 198 页。

包到组'、'田间零活包到户'的办法",以"适合于农业生产的分散性,以及受自然限制的地区性和季节性"等特点,认为"不应'干活一窝蜂',责任不明,耕作粗糙"。只是由于在这个问题上的认识还不够明确,这种责任制还没有来得及完善起来,有的做法就被当做退回去搞"单干"而被否定了。农村工作中后来发生的某些失误,同在这个问题上的认识不明确是有关系的。

(二)从互助组到初级社到高级社

在农业合作化的过程中,中国共产党在坚持积极领导的同时,也注意稳步前进。所谓稳步前进,就是根据生产发展的要求和农民觉悟程度提高的情况,逐步引导他们组织起来,而不是超过他们的觉悟程度和不顾可能的条件,在合作化的问题上采取急躁冒进的态度。

为了做到稳步前进,党不是一下子就让农民把土地和其他生产资料变成集体财产,而是经过几个过渡性的经济形式,有步骤地引导他们走向社会主义。

首先,是组织农业生产互助组。

互助组是在生产资料私有、个体经营的基础上实行集体劳动和对某些牲畜、农具的共同使用。

由于个体农民的经济力量十分单薄,有的缺少劳动力,有的缺少生产资料,有的两者都缺,因此,在平时,生产上就有不少困难,到了农忙季节,困难尤其突出。为了解决这些问题,在旧中国的农村中,许多劳动农民就已经有互助的习惯,即实行"变工"、"合犋"、"伙种"等。在解放区,这种劳动互助组织更是相当普遍。全国解放之后,在党的领导下,紧接着土改,互助组就在全国农村中广泛地发展起来了。

在互助组内部,组员之间按照自愿互利、等价交换的原则相互交换劳动。耕畜、农具的使用者也根据其磨损的程度给它们的所有者以合理的报酬。组员不能雇长工入组,互助组也不能雇长工种地。就是说,互助组是排斥剥削的。

互助组有两种形式。一种是临时互助组,一般只有三五户,多者十几户,成员不固定,多半是在农忙时节组织起来的,带有临时性、季节性。这种形式在互助合作运动开始时是最大量的。另一种是常年互助组,成员比较固定,有初步的生产计划和记工、清账、排工制度。它们中大部分实行农业和副业的互助相结合;有某些技术的分工,即逐步地把劳动互助和提高技术结合了起来;有的逐步地设置了一部分公有农具和牲畜,积累了小量的公有财产。在互助合作运动有一定基础的地区,常年互助组也就日益成为互助组的主要形式。

临时互助组的组员,他们的生产资料是完全私有的,但也带了共同劳动的性质,这就是社会主义的萌芽。常年互助组则使这种萌芽进一步生长起来了。

互助组作为一种个体经济基础上的集体劳动组织,比之单干户,具有明显的优越性。实行集体劳动,不仅可以克服单干时遇到的困难,做到不违农时,而且可以进行适当的分工,合理地使用人力、畜力,并实行精耕细作,扩展副业生产。所以,互助组的单位面积产量和个人收入一般高于单干户的单位面积产量和个人收入。据1953年对湖南、湖北、河南、江西、福建5省13个乡的典型调查,临时互助组的粮食产量比单干户高4%～31%;常年互助组的粮食产量比单干户高12%～42%。又据1953年对湖北、湖南、江西、陕西4省27个乡的典型调查,临时互助组平均每人收入比单干户高1%～12%,常年互助组平均每人收入比单干户高15%～29%。

但是,互助组毕竟是建立在生产资料私有、个体经营的基础之上的,它无法从根本上克服小生产的局限性。于是,在互助组的基础之上,又出现了初级农业生产合作社。

初级农业生产合作社是在土地及牲畜、大农具私有的基础上,以土地入股、统一经营为特征的。

在初级社阶段,土地的所有权仍归农民个人,但应在根据产量确定土地股份之后交社统一经营,入股的土地可取得一定的报酬。耕畜入社,一种是仍由农民私有、私养,由社里租用;一种是仍由农民私有,由社统一喂养、统一使用,并给农民一定的报酬;也有少数是折价归社的。大农具,一般采取经过一个适当的租用时间而后逐步地折价归社的办法。入社农民可以有少量的自留地,作为菜园或用以经营某些补充的农作物和农业副业。自留地的数量一般相当于全村每人平均土地的2%～5%。

初级社还采取筹集股份基金和提取公积金这两种主要形式,逐步地建立公共基金,以巩固合作社公共经济的基础。

初级社把农民的个体经营变成了由集体统一经营。合作社统一规划全社的生产并组织劳动。

初级社的产品,在缴纳农副业税、扣除公积金公益金和管理费以后,一部分作为土地报酬(即所谓土地分红)、一部分作为劳动报酬(即按劳取酬)分配给社员。为了有利于发挥社员参加集体劳动的积极性,土地报酬一般低于劳动报酬,土地报酬也是固定的;在合作社初办的时候和社的产量不稳定的地方,有的也采取土地和劳动按一定比例分取报酬的办法。劳动报酬,一般是根据社员劳动的数量和质量,采取评工记分的办法进行分配的。

初级农业生产合作社虽然保留了土地的私有制并实行土地分红,但它已经有了部分的劳动人民集体所有制并部分地实行了按劳分配的原则,所以它具有半社会主义的性质,是从个体所有制到集体所有制的过渡形式。

不仅与单干户，而且与互助组相比，初级社也具有明显的优越性。主要是：

“第一，农业生产合作社能够解决互助组中所难以解决的一些矛盾，特别是关于共同劳动和分散经营的矛盾，因而给那发展到一定程度的互助运动以一个正当的出路。

第二，实行土地统一经营，能够因地种植，而且比互助组更能够在集体劳动的基础上，进行较合理的、有计划的分工分业的劳动，合理地统一使用劳动力，因而可以大大地提高劳动的效率。

第三，集中经营也就有更大的劳动力量和经济力量，能够更多地和更好地利用新的农业技术，便于进行农业的技术改革和基本建设，因而可能有效地逐步扩大农业的再生产。

第四，由于能够更多地节约劳动的时间和更多地节约出劳动力，所以能够更多地发展副业的生产事业，并从而加强农民的经济地位。

第五，由于实行一定的按劳分配制度，所以能够大大地鼓励农民对于劳动和学习技术的积极性和创造性。

第六，农业生产合作社能够有力量保证贫农和中农的团结，因而也就能够更有效地与农村中的资本主义活动和贫富分化的现象作斗争。

第七，农业生产合作社能够逐步地进行有计划的生产，因而也就能够在供、产、销方面更容易地和国营的社会主义经济相结合，而便于逐步地纳入国家经济计划的轨道。

第八，农业生产合作社由于‘方向好、产量高、收入多’，就可能更多地和更快地带动个体经济向互助组发展，并为更多地发展农业生产合作社开辟道路。

第九，由于集体经营的好处和大家生活将日趋改善，使农业生产合作社能够成为农民在经济上、在生活的相互关系上得到集体主义和爱国主义教育的很好的学校。

第十，由于前述种种，现有形式的农业生产合作社可以成为引导农民过渡到更高级的完全社会主义的农业生产合作社（集体农庄）的适当形式。”①

事实上，初级社的产量一般都是超过单干户的。1955 年全国进行秋收分配的合作社 63.4 万个，与个体农民相比，稻谷增产 10.2%，小麦增产 7.4%，大豆增产 19%，棉花增产 25.9%，除黄麻减产 4% 以外，其他经济作物如烤烟、甘蔗、甜菜、花生、油菜子等也都是增产的。社员户的纯收入也大多高于个体户。据 1955 年对全国 24 个省和自治区的 16 199 户农户的调查，社员户每户平均纯收

① 《中共中央关于发展农业产合作社的决议》（1953 年 12 月 16 日），《建国以来重要文献汇编》第 4 册，中央文献出版社 1993 年版，第 665～666 页。

人为399.7元,每人平均为81.1元;个体户每户平均为374.8元,每人平均为80元,而个体户中的贫农每户平均只274.9元,每人平均仅65.9元。

但是,随着生产的发展和社员觉悟的提高,土地私有和统一经营之间的矛盾,土地分红和实行按劳分配、增加公共积累之间的矛盾,也日益明显地暴露出来了。于是就提出了从初级农业生产合作社转变为高级农业生产合作社的问题。

高级社的特点是,土地及其他主要生产资料归集体所有,统一经营、集体劳动,并实行各尽所能、按劳分配的原则。

从初级社到高级社,关键是两条,即取消土地报酬和实行耕畜、大农具的归公。由于土改时土地大体是按人口平分的,而合作化又是紧接着土改进行的,因此,农村各阶层土地占有情况的差别并不大。据1954年的调查,每个农户占有耕地的数量,如以贫农为100,则中农为132.1。这就是说,在生产有较大发展、社员收入有显著增加的基础上,从相对地降低地租到最后取消土地报酬、将土地无代价地变为集体所有,这种办法是可以行得通的。各阶层占有其他生产资料的情况,差别要大一些。据1954年的典型调查,每个农民占有牲畜的头数为:贫雇农0.15,新下中农0.46,老下中农0.49,新上中农0.8,老上中农1.02;占有大农具的个数为:贫雇农0.18,新下中农0.50,老下中农0.78,新上中农0.98,老上中农1.74。由于差别较大,这部分生产资料就没有像土地那样无代价地归公,而是采取了作价收买的办法来实行公有化。这个办法,照顾了中农的利益,是他们可以接受的。

为了使社员种植蔬菜或少量饲料作物、经济作物,以满足日常生活的需要,合作社从公有土地中抽出一部分,分配给社员作为自留地。根据《高级农业生产合作社示范章程》的规定,留给社员种植蔬菜的土地一般不超过当地每人平均土地数的5%,加上1957年人大常委会规定的留给社员种植猪饲料的土地,合计不超过当地每人平均土地数的10%。

高级社克服了初级社生产资料私有和统一经营的矛盾。由于可以在全社范围内开展农田水利建设、提高耕作技术、增加积累、发展多种经营等,这就使得高级社有可能把集体经济的优越性进一步发挥出来。

总体来说,中国的农业合作化是一个逐步过渡的过程。从单干到互助组,是在生产资料私有、个体经营的基础上,从个体劳动到集体劳动的过渡;从互助组到初级社,是从生产资料私有、个体经营基础上的集体劳动,到生产资料基本私有、统一经营基础上的集体劳动的过渡;从初级社到高级社,则是从生产资料基本私有、统一经营基础上的集体劳动,到生产资料集体所有制基础上的集体劳动的过渡。从个体经济到集体经济,这是一个质变过程。这个过程是通过上述这样一些不同阶段的部分质变来完成的。“这些步骤,可以使农民从自己的经验中逐步地提高社会主义的觉悟程度,逐步地改变他们的生活方式,因而可以使他们较少地感到他们的生活方式的改变好像是突然地到来的。这些步骤,可以基本上避免在一个时间内(例如在一年到两年内)农作物的减产。""这些步骤,又是训练干部的很好的学校。经过这些步骤,大量的合作社管理人员和技术人员就可以逐步地训练出来。"①实践证明,这些过渡性的步骤是恰当的,这些办法是行之有效的。

中国的农业合作化运动的发展,经历了几个阶段。从1949年新中国成立到1952年国民经济恢复时期结束,主要是在农村中进行土地改革,并在土地改革完成之后趁热打铁,引导农民成立互助组,个别地试办初级社。1952年底,入互助组的农户达4 536万户,占农产总数的40%;农业社共3 644个,入社农户为6万户。从1953年开始执行党在过渡时期总路线到1955年上半年,主要是大力发展互助组,普遍地试办初级社,个别地试办高级社。1955年6月,参加互助组的农户为6 038.9万户,占农户总数的50.7%;农业社总数达到65万个,参加农业社的农户为1 692.1万户,占农户总数的14.2%。其中入高级社的农户为4万户。从1955年下半年开始,进入农业合作化的高潮时期,这个高潮的到来,是以往的互助合作运动的一个合乎规律的发展。

由于小农经济向资本主义方向发展,主要是通过商业投机、高利放债和雇工剥削这三种形式,因此,中国共产党和人民政府在积极引导农民发展生产合作的同时,还采取了其他相应的措施,来限制资本主义自发势力通过上述形式在农村中的发展。主要是:

第一,国家对于粮食以及棉花、油料实行计划收购和计划供应,即统购统销。这样,就基本上取缔了粮食等主要农产品的自由市场,有力地限制了农村的商业投机,从一个重要方面把分散的小农经济逐步地纳入了国家计划的轨道。

第二,领导农民大力发展供销合作。据1955年对22个省15 292户农户的调查,农民的产品售予国营商业和供销合作社的占62%,售予私人资本主义商业的仅占2.8%,其他农民之间的交换和农民同小商贩之间的贸易为33.8%。这样,城市资产阶级和农村小资产阶级自发势力的联系就被大大地削弱,农村的商业投机活动也进一步受到了限制。

第三,领导农民大力发展信用合作。到1956年底,全国80%以上的乡都有了信用合作社,信用社总数达15.3万个,共有社员6 800万户,占到了农户总数的60%。这样,农村中高利贷活动的地盘也大大地缩小了。

由于大力发展生产合作、供销合作、信用合作的结果,农村中的阶级分化受

① 《毛泽东文集》第6卷,人民出版社1999年版,第435页。

到了极大的限制。据山西10个县20个典型乡的调查:1952年至1954年,贫雇农及新老下中农的雇出户由957户减为694户,卖地户由424户减为166户。吉林扶余5个村的调查:从1950年至1952年,卖地户分别为7户、9户、11户;1952年搞合作化以后,这种土地买卖的现象也就终止了。这样,也就有力地限制了富农经济的发展。

所有这些,都为中国比较顺利地和比较迅速地实现农业合作化提供了极为有利的条件。

(三)合作化运动中的农村阶级路线

在领导农民实行农业合作化的过程中,中国共产党采取了群众路线的工作方法。事情很明显,在中国这样一个以农业为主要经济、有着几亿农业人口的大国中,如果不是依靠农民群众的自觉和自愿去推进合作化的事业,而是依靠行政命令的办法去强制实行合作化,那么,这项工作不仅决然不能取得成功,而且将造成灾难性的后果。

为了依靠农民群众的大多数推进合作化的事业,中国共产党从实际出发,正确地制定了党在农村的阶级路线。

土地改革时期,中国共产党在农村的基本的阶级路线是依靠贫农、团结中农。但是,土改以后,农村阶级状况发生了变化。据1955年对21省14 334户农户的调查,在农村总户数中,贫农从占57.1%下降为29%,中农则从占35.8%上升为62.2%。这就是说,在农村总户数中,贫农已不占多数,农村在某种程度上已经中农化了。原来的贫农,有的甚至已经上升为富裕中农,个别的还成为新富农了。在这种情况下,究竟应当依靠谁来推进合作化运动呢?

当时,劳动农民中有贫雇农、新下中农、老下中农、新上中农、老上中农等五种成分,其中贫雇农、新下中农、老下中农这三部分人的经济地位是比较接近的。贫农分得了土地,情况比土改前好多了,但人力畜力和农具仍严重不足,生活仍感困难。新、老下中农的情况虽比贫农略好些,但占有的土地仍低于平均数,畜力和大农具也很缺乏,他们两户不足一头耕畜、三户才有一个大农具,生活也并不富裕。对于这三部分人来说,个体经营的困难是很大的。为了发展生产、摆脱贫困、改善生活、抵御灾荒,必须组织起来。因此,他们对走社会主义道路是有积极性的。这三部分人加在一起,占了农村人口的绝大多数,在60%~70%之间。据河南满城县对42 306户农户的调查,在农村总户数中,贫农占19.9%,新下中农占28.9%,老下中农占32.3%,合计占到了80%左右。党从这种情况出发,把“依靠贫农”这个口号加以具体化,即以人们经济地位的高低和对于合作化是否采取积极态度为准,将新中农中间已经上升为上中农的人们不算作依靠对象的一部分，而将老中农中间的下中农算作依靠对象的一部分。这也就是说，将贫农和新老两部分下中农，相当于贫农，作为依靠对象。依靠了这三部分人，也就解决了在新条件下如何依靠农民群众的大多数这个问题了。

在农村中，富裕的或比较富裕的农民即新老两部分上中农，占农村人口的20%～30%。这两部分人，比贫农、下中农拥有较多较好的耕地，畜力和农具比较充足，个体经营的困难较少，生活状况较普通中农富裕，一般对人有轻微的剥削（剥削收入不超过总收入的25%，超过者为富农）。对农业合作化，他们是动摇的，有些人是力求走资本主义道路的。因此，这部分人不能作为依靠对象。但是，他们也是劳动者，农业合作化从根本上也符合他们的利益，他们归根到底也是可以接受社会主义改造的。因此，党有必要也有可能去团结他们。党将这两部分上中农，相当于中农，作为巩固团结的对象。

基于对农村阶级状况的这种分析，中国共产党在农业合作化的过程中，首先引导贫农、新下中农、老下中农这三部分人加入合作社；而且这三部分人，也是依其觉悟程度，分作多批，逐步加以吸收。而对于一时还不愿入社的新上中农、老上中农，则不强迫他们入社，也不侵犯他们的利益，以此作为团结他们的办法。

首先将贫农、下中农组织起来，可以避免命令主义，避免对上中农采取冒险政策。但是，一旦贫农、下中农的多数组织起来，合作化就成了一种不可阻挡的潮流，上中农被这种社会主义革命的潮流所裹挟，也只好赞成入社了。事实上，上中农不愿入社的一个重要原因，是他们想往富农的方向发展。而当贫农、下中农入社以后，他们想雇工，已经雇不到了，想放高利贷，也很少有人借了。他们不仅无法向富农方向发展，就是要维持原来的轻微剥削也已经变得非常困难，倒是入社，才比较地对自己有利了。他们由于看到社里的生产逐年增加，经济问题也处理得合理，因此，也就有越来越多的人要求入社。河北邢台东川口村的情况是有代表性的。1952 年，全村 70 户中有 59 户报名入初级社，党支部感到入社的户数已经不少，准备“关门”，暂停发展。“但是，全村没有报名的十一户（九户是老中农，两户新中农），他们感到在社外‘没有奔头了’。于是他们中的一户老中农和那个几次都不愿意入社唯一站在外边的党员，召集这十一户在一起开了一个会，请支部书记去参加，要求允许他们入社。他们说：‘我们这一伙蛤蟆老鼠，尖的尖，滑的滑，就是搞个互助组，也弄不成个样子了。’那个党员也作了检讨，说：‘过去我在街上走是五尺高，因为没有报名入社，现在就感到自己只有三尺高了。十一户都坚决要入社。经过支部讨论和区委批准，把这十一户也全部吸收入社了。”①事情竟是这样：不强迫他们入社，他们却自己来要求入社了，不先

① 《中国农村的社会主义高潮》上册，人民出版社 1956 年版，第 47～48 页。

组织他们入社,却把组织他们入社的进程加快了。这不是党的群众路线工作方法的一个重大胜利吗?

这里需要说一说富农的问题。

中国的富农经济本来就比较弱。土改时,征收了他们半封建的那部分土地,老富农大多数已无雇工,他们在社会上的名声也很坏。因此,无论在经济上政治上,他们都没有多大力量。土改以后,尽管各地不断出现新富农,但总的说来,由于趁热打铁开展互助合作运动,农村中的两极分化现象还不严重,富农经济发展的水平还是比较低的。先看经营情况。据 1954 年对 22 省 15 292 户农户的调查,富农中 77.3% 的农户雇入劳动力,平均每户每年雇入 78.6 个劳动日,其中长工 33 个劳动日。这表明,在富农经济中,富农自身的劳动还占重要的甚至主要的地位。1954 年各阶层农户提供商品粮的情况是:中农 67.2%,贫雇农 18.2%,富农仅为 8.2%。再看收入情况。据典型调查,1954 年各阶层农户全年总收入,社员户 904.2 元,贫雇农 488.7 元,中农 774.4 元,富农 1 297 元;每人全年总收入,社员户 177.3 元,贫雇农 116.4 元,中农 154.9 元,富农 209.2 元。富农户每人每年收入超过贫农不及一倍,超过中农仅 25% 左右。不仅如此,整个说来,富农经济还是呈现出一种削弱的趋势。据 1954 年调查,富农户数在全国农业总人口中所占的比重由土改结束时的 3.5% 下降到了 2.1%。据对 21 省 514 户富农的调查,富农所占有的耕地,土改结束时为 12 896 亩,1954 年末下降到 9 486 亩,为 73.5%;耕畜由 591 头下降为 561 头,为 94.9%。

全面实现农业合作化,意味着从限制富农经济的政策发展到消灭富农经济的政策。

在苏联实行全盘集体化时,对反革命富农骨干,是严厉镇压;大富农半地主,迁到国家边远地区;多数富农,安顿在本地区边缘、集体农庄之外专门拨给的土地上。中国在农业合作化高潮时期,没有采取苏联那种办法,而是在那些已经基本上合作化了的地区,在那些已经巩固的合作社内,有条件地、分期分批地接收那些放弃剥削、从事劳动的富农入社,并且在劳动中继续改造他们。具体"解决的办法是:(1) 表现较好,勤劳生产的,可以允许他们入社,作为社员,并且允许他们改变成分,称为农民。(2) 表现一般,不好不坏的,允许他们入社,作为候补社员,暂不改变成分。(3) 表现坏的,由乡人民委员会交合作社管制生产;有破坏行为的,还应当受到法律的制裁。"①据当时的统计,原来的反革命分子、地主分子和富农分子,在老解放区,被评为正式社员的一般占 50% 左右,候补社员占

① 《1956 年到 1967 年全国农业发展纲要(草案)》,1956 年 1 月 23 日中央政治局提出,《建国以来重要文献选编》第 8 册,中央文献出版社 1994 年版,第 48 页。

40%左右,管制生产的占10%左右;在晚解放区,被评为正式社员的一般占20%左右,候补社员占60%左右,管制生产的占20%左右。社员反映,这样做,有好处。主要是:土地连成一片,对发展生产有利;便于管制地主分子和督促富农分子在集体劳动中加速改造;在一乡范围内消灭了富农经济。这种办法,也是只有在首先将贫农和下中农组织起来,而后将全体劳动农民组织起来的基础上,才有可能采用并使之奏效的。

(四)中国农村的社会主义高潮

1955年下半年和1956年,中国的农业合作化运动得到了迅速的发展。

1955年下半年,中国的农业合作化为什么会加速进行呢?对这个问题,陈云在1956年4月作过切实而有力的说明。他说:"在农业增产方面,中国摸索了六年。""起初注意开荒,但可开垦的大片荒地在东北和西北。那里居民稀少,每年只能耕种一次,必须移民和用机器,花钱多。在东北每亩需五十元,西北每亩七八十元,而年产量是一二百斤。假如开荒一亿亩,投入五十亿元,产量以每亩二百斤算,不过二百亿斤,收获不大。所以这不是三五年内实现粮食大增产的好办法。""至于搞大型水利工程,也不能满足在短期内大增产的要求。"因为搞大型水利工程,投资巨大,工期很长,所以它也不能成为三五年内增产粮食的主要措施。"去年下半年,中国农业合作化高潮到来,这是中国短时期内花钱最少又可能实现最大增产计划的一条路。"因为长江以北要增产,要把旱地大量改变成水浇地;长江以南要增产,要增加复种面积。这两者的关键在于搞水。"合作化后,组织起来的农民自己动手搞水利。人还是那些人,但组织起来力量就大得多,积肥、改良农具和种子、改进耕作技术等以前不易办的事,合作化之后都不难了。"①

以上情况表明,中共中央作出大搞农业合作化的决策,是建立在运用马克思主义对中国农村状况及农业增产途径进行科学分析的基础之上的;其首要目的,在于通过搞合作化以增产粮食,从而适应国家工业化事业发展的需要。事实上,社会主义建设事业的发展,要求通过实行农业合作化来增产粮食和其他农产品以满足日益增长的人民生活和工业发展的需要。这正是中国选择社会主义的基本因素之一。

在农业合作化高潮期间,广大农村发生了翻天覆地的变化。这种变化主要表现在三个方面。第一,个体经济基本上被集体经济所代替。1955年6月,入社农户为1 692万户,还只占农户总数的14.2%;到了1956年1月,入社农户就

---

① 《陈云年谱》中卷,中央文献出版社2000年版,第299页。

达到 9 555 万户，占农户总数的 80.3%；12 月，入社农户更达到 11 782 万户，占农户总数的 96.3%。也就是说，这时的中国农村已经基本上合作化了。第二，初级农业生产合作社大批上升为高级农业生产合作社。1955 年 6 月，当时的农业社基本上是初级社；12 月，入初级社的农户达到农户总数的 59.3%，入高级社的农户也仍然只占农户总数的 4%；到了 1956 年 12 月，入高级社的农户已经达到农户总数的 87.8%，而入初级社的农户只占农户总数的 8.5%。也就是说，小生产私有制的问题这时已经得到了基本的解决。第三，小社并成了大社。1955 年 6 月，初级社的平均规模为 26.7 户。在 1956 年初级社大批升为高级社的同时，社的规模也猛烈扩大。1956 年 1 月，高级社的平均规模达到 268.5 户；12 月，也仍然有 199 户。这就是说，当时高级社的规模比原先初级社的规模平均扩大了 8 ~10 倍，原先是一个村有几个社，这时大多是一个村一个社，甚至几个村一个社了。

农业合作化的高潮的到来，不是偶然的。第一，由于采取了趁热打铁的方针，还在全国基本完成土改的 1952 年，参加互助组的农户就占到了农户总数的 40%，农业社也开始发展起来了；合作化高潮到来的前夕，1955 年 6 月，全国农户的 60% 已经在不同程度上组织了起来，全国农户的 14.2% 已经组织在农业社里面了。第二，中国大搞农业合作化，是从 1953 年开始的，到 1956 年完成合作化，中间经过了四年的时间。在这个期间，党一方面采取说服的方法，向背着旧制度包袱的广大农民进行政治思想工作，以激发他们的社会主义积极性；另一方面，领导各地认真办好一批合作社，使这些社经营得法，用本身的制度和依靠自己的力量，再加上国家适当的物质援助，来证明它比单干和互助组优越，使农民看到合作社确实是为着他们的利益，也能够给他们带来利益的，从而使他们的思想逐步地倾向了社会主义。第三，中国各地的合作化都有一个典型试验、逐步推广的过程，不是用行政命令的办法限期完成的。在合作化高潮到来之前，几乎每个乡都已兴办了若干农业社，这些社一般都办得比较好，它们不仅使广大农民在实践中逐步认识了合作化的优越性，而且为农业社的大发展积累了经验，培养了干部。所以，农业合作化高潮的掀起，有着相当的基础，并不是人为地制造出来的。

怎样评价 1955 年到 1956 年的农业合作化运动？应当承认，这个运动“毛病有一些，不大，基本上是健全的”①。因为生产关系的变革是否正确，主要是看这种变革对生产力的发展是否起促进作用。中国的农业合作化，不仅从长远的观点来看，是为农村生产力的发展开辟了广阔的前景；就是在当时，也是直接推动

---

① 《毛泽东文集》第 7 卷，人民出版社 1999 年版，第 220 页。

了农业生产的发展的。1956年是大搞农业合作化的一年，这一年，农业遭到了严重的自然灾害，仅水灾面积即达2.4亿亩，但农业总产值还是增长了4.9%；粮食增产154亿斤，超过丰收的1955年4.4%；稻谷、小麦、薯类、烤烟、茶叶的产量都超过了第一个五年计划最后一年即1957年的生产指标。1957年，中国农村再次遭受自然灾害，粮食产量还是在1956年增产的基础上又增长了50亿斤。1958年，中国农业再次获得丰收，而且增产幅度较大。需要指出的是，中国农业之所以能够连续三年获得增产，是与农业合作化的成功分不开的。以1956年的情况为例。这一年，由于合作化的胜利，农田水利建设大大发展了（兴修农田水利工程的灌溉面积达1.5亿亩，当年受益的达1亿亩。这等于解放前全国有水利设施的灌溉面积的一半，等于新中国成立后六年中发展的灌溉面积的200%）；抗灾能力进一步增强了（在2亿数千万亩受灾农田中，除8 000万亩因毁灭性的灾害失收外，其余都依靠集体的力量大大减轻了灾害，避免了更多的减产）。这就是1956年为什么在灾害严重的情况下，能够实现农业显著增产的根本原因。畜牧业的情况稍差一些。据1956年7月1日的调查报告，当年年中的九种主要牲畜的头数与上年比较，减少的有四种，但减少的幅度不算大（水牛-0.6%，驴-4.9%，骡-0.8%，生猪-4%）；有五种还是有所增加的（黄牛+1.6%，马+1.4%，骆驼+4.8%，绵羊+6.5%，山羊+13.6%）。某些牲畜的减少与合作化过程中工作上的缺点有关系（如某些农业社对入社归公的老弱幼畜及牛、驴折价偏低，集体饲养牲畜的管理制度不够健全等），不过也还有其他方面的原因（如市场价格规定得不够合理等）。整个说来，中国并没有发生农民大批宰杀牲畜，致使畜牧业受到严重破坏这种情况。

有比较才能鉴别。在这里，把中国农业合作化的情况与苏联农业集体化的情况作一番对照是有意义的。苏联自1929年进入集体化高潮以后，粮食连续多年大幅度减产，马、牛、猪、绵羊、山羊等主要牲畜的头数更是大幅度下降。如粮食总产量1928年为7 330万吨，1938年仅为6 900万吨；马1928年为3 610万匹，1938年仅为1 620万匹。相比之下，中国的情况确是优胜得多了，正因为如此，毛泽东才高兴地说，这种情况，在合作化的历史上，在国际共产主义运动的历史上，是没有先例的。显然，在人口众多、经济落后、情况复杂的中国农村中，实现从生产资料的私有制到公有制的伟大变革，不但社会秩序没有发生动荡，而且生产还持续增长，这确实是世界社会主义历史上的伟大创举。

农业合作化运动，作为农村生产关系方面的一场社会主义革命，其根本目的是为了解放农村生产力，促进农村生产力的发展，因此，中国共产党在领导农业合作化运动的过程中，明确指出发展农业社不仅要看数量，而且要看质量，要做到数量和质量的统一;而"质量的标准是什么呢?就是要增加生产和不死牲口"①。

中国共产党究竟是怎样保证农业合作化运动成为农村生产力发展的直接动力的呢?

第一,从农业生产发展的客观需要出发,推进农业合作化运动。

这就是说,农村生产关系的变革,不能人为地推进,而是要同农村生产力的发展要求相适应。比如,许多地区开始组织互助组时,主要是为了帮助单干户克服人力或畜力不足的困难。但当生产发展到一定程度、这方面的困难相对减少时,互助组往往呈现出涣散、萎缩以至部分解体的现象。针对这种情况,一些地区的党组织就提出:要"把互助合作与新的技术日益密切地结合起来";要组织剩余劳动力用于精耕细作改造生产条件,要与副业结合,利用剩余劳动力和农闲劳动力增加收入;等等。这样,就使互助合作运动获得了新的动力,从而有力地促进了互助合作组织的巩固和发展。

第二,在农村生产关系变革的过程中,采取切实措施保护生产力,促进农业生产的发展。

为了保证粮食增产和不死牲口,党明确指出,互助合作运动要遵守自愿互利的原则,要有全面规划,要有灵活的指导。

所谓遵守自愿的原则,就是说不强迫中农入社,即使贫农、下中农也要按其觉悟程度分期分批地加以吸收,从而安定农民特别是中农的情绪,避免使他们发生惊慌心理从而造成生产上不应有的损失。而为了做到自愿,必须贯彻贫农和中农之间的互利原则。为此,党规定了一系列相应的政策。如办初级社时,规定了土地报酬和劳动报酬的适当比例;办高级社时,注意做到耕畜和大农具入社作价公道、还款时间适当等。

所谓要有全面规划,就是说全国、全省、全专区,全县、全区、全乡,特别是乡,要有分期实行的规划,要分别不同情况规定发展速度。这样,就可以使领导立于主动地位,避免在生产改组过程中发生排挤贫困农民、骨干盲目集中、富农和资本主义思想严重的富裕中农趁机组织低级社或富农社等不健康的现象,给生产带来损失。如黑龙江省于1955年搞了全面规划,村干部普遍反映:"亏得这么一搞,要不就乱了,不但今年搞不好,还要影响明年。"

所谓要有灵活的指导,就是说在贯彻执行党关于农业合作化的方针政策和运用外地的先进经验时,注意从当时当地的实际情况出发,做到因时因地制宜,避免生搬硬套,搞瞎指挥,以致造成农作物的减产。

① 《毛泽东文集》第6卷,人民出版社1999年版,第477页。

同时,在互助合作组织中,注意改善经营管理。

各农业社一般都制订了长期的和短期的生产计划,建立了一定的劳动管理、财务管理等方面的制度。比如在劳动报酬的问题上,大都采取定额管理和评工记分这两种办法,按照不同情况分别实行记件制和记时制,以便贯彻执行按劳分配、多劳多得的原则,调动广大社员的积极性。

第三,把农村生产关系方面的革命和技术方面的革命结合起来,注意发挥互助合作组织的优越性,以促进农业生产的技术改造。

由于中国的工业基础薄弱,在农业方面,是先有合作化,然后才能使用大机器。在一个时期,革命的重点是放在变革生产关系方面。但就在这个时期,农业生产的技术革新和技术革命也是被放在了重要的位置上。比如,各地都十分注意发挥互助合作组织的优越性来提高耕作技术(如深耕细作、小株密植、增加复种面积、采取良种、推广新式农具、同病虫害作斗争等)和增加生产资料(如土地、肥料、水利设施、牲畜、农具等)。由于个体农民往往无力从事这些方面的工作,因而农业社进行这些方面的工作并由此保证了农业的增产这个事实,也就成了巩固农业社和吸引个体农民入社的一个重要的推动力量。

正是由于中国共产党自觉地运用了生产关系要适合生产力性质和发展要求这个客观规律,农业合作化运动也就成了农村生产力发展的一个直接的动力。

当然,农业合作化在总体上是成功的,这并不是说,这项工作中就没有什么缺点和偏差了。中共十一届六中全会《关于建国以来党的若干历史问题的决议》指出:在1955年夏季以后,农业合作化"要求过急,工作过粗,改变过快,形式也过于简单划一,以致在长期间遗留了一些问题"。比如,由于运动的来势甚猛,某些社在兴办时,准备工作做得不充分,以致发生减产现象;在初级社转高级社时,某些社对农民入社归公的牲畜、树林、果树、大农具折价偏低,有的未能及时或根本没有偿付有关的价款,以致挫伤了某些中农的积极性;基本核算单位的规模扩展过大,以致使社的管理机构庞大,并陷入事务主义,而且也影响了生产队的积极性、主动性,影响了因时因地制宜地发展农业生产;等等。对于在农业社成立以后如何建立和健全生产责任制这个问题,也有待于在实践中逐步地积累经验加以解决。

在农业合作化进入高潮的同时,手工业的合作化也迅速发展。

在推进手工业合作化的过程中,中国共产党采取的同样是积极领导、稳步前进的方针。手工业合作化的组织形式,是由手工业生产合作小组、手工业供销合作社到手工业生产合作社,步骤是从供销入手,由小到大,由低到高,逐步实行社会主义改造和生产改造。农业合作化的迅猛发展,也极大地加快了手工业合作化的步伐。1955年底,党和国家提出要在两年内基本完成手工业合作化。实际上，由于改变了过去按行业分期、分批、分片改造的办法，而采取手工业全行业一起合作化的办法，到1956年底，参加合作社的手工业人员已占全体手工业人员的91.7%。手工业的合作化也基本完成了。①

——原载《中国共产党与新中国的创建》，中央文献出版社2009年版。

七、关于资本主义工商业的社会主义改造及其基本经验

（一）对资本主义工商业的利用、限制、改造的政策

在开展农业互助合作运动的同时，对资本主义工商业的社会主义改造也在逐步推进。

中国的资本主义经济分为官僚资本主义经济和民族资本主义经济两个部分。官僚资产阶级是中国的大资产阶级，民族资产阶级是中国的中等资产阶级和上层小资产阶级。

由于官僚资本主义是封建的买办的国家垄断资本主义，是帝国主义的附庸、国民党反动统治的经济基础，因此，在民主革命胜利的时候，人民政府对官僚资本采取了没收的政策。这样，就使中国的大资产阶级彻底地被剥夺，就把中国资本主义的主要的和最大的部分消灭了。剩下的民族资本主义经济，是十分脆弱的。

第一，民族资本主义经济在整个国民经济中所占的比重极小，它始终没有成为中国社会经济的主要形式。1949年，现代工业产值仅占工农业总产值的17%，而民族资本主义又只是其中的非主体部分。

第二，民族资本主义经济主要是以纺织、食品工业为主的轻工业，缺乏重工业的基础，不能构成一个独立的完整的工业体系，在技术、设备以至原材料方面曾经不得不依赖于外国垄断资本和本国官僚资本。1949年，资本主义工业总产值中，消费资料占81.5%，生产资料只占18.5%，而其中的机器业仅占1.4%。解放前，上海私营纱厂纱锭的96%、布机的72%、面粉厂粉磨的80%、电动机的100%，都是外国制造的，甚至小麦、羊毛、棉花、烟叶等轻工业原料也大多依赖于进口。直到1952年，在资本主义工业中，生产资料的生产也只占22%，而消费资料的生产仍占78%。

第三，在民族资本中，工业资本所占的比重小，商业资本和金融资本所占的比重大。抗日战争以前，这后两类资本约占整个民族资本的80%。所以民族资

① 参见《中国近现代史纲要》，高等教育出版社2008年版，第200页。

本具有相当大的投机性。

第四,民族资本所经营的工业,规模狭小,经营分散,技术设备落后,劳动生产率不高。据解放后的统计,雇工 50 人以上的工厂只占 3.8%,雇工 500 人以上的只占 0.1%,雇工 10 人以下的占 69.7%。一个工业户平均只有工人 13 人。这些工厂大多没有现代化的先进机器设备,有 79.1% 是工场手工业户,而它们的产值却只占民族资本主义工业总产值的 28.6%。

1949 年,全国共有资本主义工业 123 165 户,职工 164.4 万人,资产净值 20.08 亿元(1952 年币值)。这就是从 19 世纪 70 年代开始,经过 80 年左右的发展之后,中国民族资本主义经济所达到的水准。

在新中国成立以后的一定时期内,民族资本主义经济具有有利于国计民生的积极作用和不利于国计民生的消极作用这样两个方面。

1949 年,资本主义工业的产值为 68 亿元,占全部工业产值的 63.2%。其中棉纱占 46%,棉布占 40%,面粉占 80%,卷烟火柴占 80%。1952 年,资本主义工业的产值仍占全部工业产值的 32.7% 左右,而在棉布、药品、纸张、橡胶制品等的生产方面,则资本主义工业仍占 50% 左右。私营商业,包括一部分资本主义商业和大部分小业主性质的行商、店商以及摊贩,1950 年时共有 402 万户,销售额 182 亿元,占全国商业机构批发额的 76%,零售额的 85%。1952 年,私商营业额,包括批发和零售在内,仍占 48% 左右。这就是说,资本主义工商业在整个国民经济中是一支不可忽视的力量。它们的积极作用主要表现在以下几个方面:第一,资本主义工业可以增加工业品的供应,以满足国家和人民的部分需要,国家还可以利用这些工业品去换取农民的粮食和其他农副产品,这对于巩固工农联盟是有利的。第二,国家通过征收税款,可以从资本主义企业取得一部分工业建设的资金。资本主义工商业上缴的税款在国家收入总数中,1950 年占 32.92%,1952 年占 24.06%,1953 年仍占 22.36%。此外,资本家把一部分利润作为本企业的公积金,也是间接地为国家工业化积累资金。第三,资本主义经济拥有广大的商业网,它们与消费者有多种多样的联系渠道,这些也可以用来扩大社会的商品流通,活跃城乡物资交流。第四,资本主义企业拥有数百万从业人员,可以利用它来维持这部分人的劳动就业,以减少国家的负担。第五,资本主义企业拥有相当的技术力量和管理经验,可以利用它来训练技术人员和管理人员,以适应国家工业化的需要。很明显,对于资本主义工商业的这些有利于国计民生的积极作用,是应该加以利用的。所谓利用,就是在一定时期内允许资本主义经济的存在,并使其中有利于国计民生的部分有较大发展。为此,人民政府采取了“公私兼顾,劳资两利”的政策,以便资本主义工商业在国营经济的领导之下,与其他经济成分分工合作,各得其所,以促进整个社会经济的发展。

但是,资本主义工商业活动的目的是为了追求利润,资产阶级的本质是唯利是图的。这种情况,必然会对国计民生起破坏作用。因此,人民政府在利用资本主义工商业的同时,又不能任其自由发展,而必须加以必要的限制。所谓限制,就是通过劳动保护政策、价格政策、税收政策、管理企业盈余分配等,把资本主义剥削限制在一定的范围以内。对于资本主义经济采取限制政策,是必然要受到资产阶级在各种程度和各种方式上的反抗的。所以,在一定时期内,限制和反限制也就成了人民共和国内部阶级斗争的主要形式。

对于资本主义工商业的利用和限制,归根到底,还是为了对它进行改造。由于存在着一系列带根本性质的矛盾,对资本主义工商业进行社会主义改造,是完全必要的。这些矛盾主要是:第一,是社会主义经济和资本主义经济之间的矛盾。社会主义经济的目的是为了满足人民的物质和文化生活的需要;而资本主义经济的目的则是为了追逐利润。它们之间的冲突是不可避免的。第二,是资本主义经济的盲目性和生产无政府状态同国家有计划的经济建设的矛盾。第三,是资本家企业内的工人和资本家的矛盾。中国民族工商业规模狭小,经营方式落后,资本家往往以比较原始的办法,对工人实行无度的压榨。这种情况,对于已经成了国家主人翁的工人来说,变得越来越无法忍受。这些矛盾,只有通过对资本主义工商业进行社会主义改造,才有可能求得一个根本的解决。

经过新中国成立以后一个时期的发展,1952 年,资本主义工商业内已有约 380 万职工,资本主义工业产值在整个工业总产值中还占 45% 左右。为了有效地发挥这部分经济力量在国家建设事业中的作用,这些资本主义企业必须改善经营管理,提高产品的质量,按照国家的需要增加生产,培养技术人才,积累资金。而为着这个目的,必须对这些企业进行社会主义改造。

从根本上说,对资本主义工商业进行社会主义改造,是要把生产资料私人资本主义所有制转变为社会主义全民所有制。

对资本主义工商业进行社会主义改造,不仅在经济上是必要的,在政治上也有重要意义。周恩来在当时就曾指出:“因为经济是基础,其他都是上层建筑,如果经济不得到改造,新中国的政治、军事、文化都立不住。”①他这里所说的经济改造是包括社会主义工业化和社会主义改造这两个方面的内容在内的,是包括了资本主义工商业的社会主义改造这项任务在内的。

应当采取什么办法来把生产资料的私人资本主义所有制转变为社会主义全民所有制呢?

1953 年 2 月 19 日,毛泽东在武汉同中共中央中南局的几位负责人谈话时

① 《周恩来经济文选》,中央文献出版社 1993 年版,第 151 ~ 152 页。

提出,“对民族资产阶级,可以采取赎买的办法”①。同年5月,李维汉在向中央报送中共中央统一战线工作部调查组所写的《资本主义工业中的公私关系》的调查报告时提出,国家资本主义“是我们改造资本主义工业使它逐步过渡到社会主义的主要形式”②。同年6月,中共中央政治局讨论调查组的报告,并听取李维汉的有关报告。李维汉的报告是在调查组报告的基础上起草的,题目是《关于利用、限制和改组资本主义工商业的若干问题》。毛泽东在审阅这个文件时,将“改组”修改为“改造”。正是在这个会议上,毛泽东完整而系统地阐述了包括对资本主义工商业进行社会主义改造的内容的党在过渡时期的总路线。不过他当时主张,对工业,采用加工订货、公私合营两种方式加以改造;对商业,则是“逐年把它挤掉,使商业资本家转为工业家”。同年9月,毛泽东在同民主党派和工商界部分代表谈话时进一步提出,“私营商业亦可以实行国家资本主义,不可能以‘排除’二字了之”。“至此,利用、限制和改造作为对资本主义工商业改造的总方针,最后完善起来”③。

“从1949年3月七届二中全会提出的利用、限制资本主义的方针,到1953年6月政治局会议确定为利用、限制和改造。这是中国共产党对资本主义工商业社会主义改造在指导思想的一个飞跃。”④

这就是说,为了把资本主义所有制转变为社会主义所有制,中国共产党从中国的实际出发,决定采取和平改造的方法,即对资本家进行赎买的办法。1955年10月29日,毛泽东在同工商界人士座谈时,把实行这种办法称作“善转”。他说:“对资本主义工商业,是采取一九四九年对官僚资本那样全部没收、一个钱不给这个办法好呢,还是拖十五年、十八年,由工人阶级替他们生产一部分利润,而把整个阶级逐步转过来这个办法好呢?这是两个办法:一个恶转,一个善转;一个强力的转,一个和平的转。我们现在采取的这个方法,是经过许多的过渡步骤,经过许多的宣传教育,并且对资本家进行安排,应当说,这样的办法比较好。”⑤同年11月16日,刘少奇也对此作过很好的说明。他说:“大体上,废除资本主义所有制有这么几种办法:一种是没收的办法,这是苏联采取了的,东欧国家也是采取这个办法;一种是挤垮的办法,就是不给任务,不给原料,不给生意作,把生产统统揽到我们国营商店、国营工厂里面,这在名义上说不是没收,实际

① 《毛泽东在湖北》,中共党史出版社1993年版,第4页。

② 《建国以来重要文献选编》第4册,中央文献出版社1993年版,第212页。

③ 《毛泽东传(1949—1976)》(上),中央文献出版社2003年版,第424~425页。

④ 《毛泽东传(1949—1976)》(上),中央文献出版社2003年版,第425页。

⑤ 毛泽东同工商界代表谈话记录,1955年10月24日,转引自《毛泽东传(1949—1976)》(上),中央文献出版社2003年版,第446~447页。

上还不是死路一条？还有一种是赎买的办法。”他指出，“在一九四九年那个时候，社会主义经济还没有，就一下没收，会搞个稀烂，经济上不利，政治上也不利。资本家跟共产党合作，愿意接受共产党的领导，也愿意开工生产，我们说不要，一定要自己干，要把它没收，理由不那么充足”。今天是不是予以没收？“这时候忽然一下实行没收，那就没有信用了。政治上就很不利，站不住脚。”“经济上也不利。挤垮的办法也一样，挤垮，他就要破产，破产就要受损失，破铜烂铁、坛坛罐罐就要打烂一些，破坏一些。毛泽东同志也讲过，把资本家挤垮，把他赶到马路上去要饭，然后还是要救济他，要他劳动改造。”“因此，用赎买的办法，统一战线的办法，是最好的办法。”①

马克思主义历来认为，剥夺剥夺者，这是历史发展的总趋势；但实行剥夺剥夺者这个原则的方法并不限于没收一种。早在1847年，恩格斯在《共产主义原理》一文中，在回答“能不能用和平的办法废除私有制”这个问题时就说过：“但愿如此，共产主义者也会是最不反对这种办法的人。”他当时主张，当无产阶级的政治统治建立以后，可以“一部分用国营工业竞争的办法，一部分直接用纸币赎买的办法，逐步剥夺土地私有者、厂主以及铁路和海船所有者的财产”。1894年，他在《法德农民问题》一文中进一步指出：“我们决不认为，赎买在任何情况下都是不容许的；马克思曾向我讲过（并且讲过好多次！）他的意见：假如我们能用赎买摆脱这整个匪帮，那对于我们是最便宜不过的事情了。”十月革命以后，列宁提出过赎买的问题。他在1918年所写的《“左”派幼稚病和小资产阶级性》一文中说过：要“一方面对不文明的资本家，对那些既不肯接受任何‘国家资本主义’，也不想实行任何妥协，继续以投机、收买贫民等方法来破坏苏维埃措施的资本家，无情地加以惩治；另一方面对文明的资本家，对那些肯接受并能实施‘国家资本主义’，能精明干练地组织真正以产品供应千百万人的大企业而对无产阶级有益的资本家谋求妥协或向他们实行赎买。”②中国共产党正是遵循马克思主义的上述原理，结合中国的具体情况，总结自身的经验，制定出用和平的方法对资本主义工商业进行社会主义改造的政策的。

对资本主义工商业实行和平改造是不是有可能呢？“这决定于条件”。我们知道，由于俄国资产阶级具有反革命性，列宁提出的赎买政策未能付诸实行。但是在中国，具备了这样做的条件。国际的条件，就“是中国民族资产阶级跟国际资产阶级割断了联系”。“国内的条件，政治上，有无产阶级、共产党的领导，强有力的人民民主专政，巩固的工农联盟，再加上农业和手工业的合作化，这样

① 《刘少奇选集》下卷，人民出版社1985年版，第177～179页。

② 《列宁专题文集　论社会主义》，人民出版社2009年版，第128页。

就完全把民族资产阶级包围起来了,要它走社会主义道路。经济上,现在我们有极大的社会主义经济优势,资本家不接受改造就要垮台,就要破产,接受改造就统一安排,也就有饭吃。所以,从国际条件看,从国内条件看,造成了一种形势,逼着资本家非走这条路不可。同时,我们还采取了赎买的政策,给他利润,安排他的工作,政治上给选举权,给地位。在这种形势下面,在这种条件下面,再加上教育,资本家接受社会主义改造是可能的,和平改造是可能的。"①

(二)国家资本主义:改造资本主义工商业的必经之路

对资本主义工商业进行社会主义改造,首先是把它变为国家资本主义经济,最后把它变为社会主义经济。1949 年 9 月中国人民政治协商会议通过的《共同纲领》第三十一条即规定:"国家资本和私人资本合作的经济为国家资本主义性质的经济。在必要和可能的条件下,应鼓励私人资本向国家资本主义方向发展,例如为国家企业加工,或与国家合营,或用租借的形式经营国家的企业,开发国家的富源等。"1953 年 9 月,毛泽东进一步明确指出,"有了三年的经验,已经可以肯定:经过国家资本主义完成对私营工商业的社会主义改造,是较健全的方针和办法。"应当明确,"国家资本主义是改造资本主义工商业和逐步完成社会主义过渡的必经之路"②。

国家资本主义,在不同的政权之下具有不同的性质。列宁说过,在政权属于资本家阶级的社会里的国家资本主义和无产阶级国家的资本主义,这是两个不同的概念。在资本主义国家中,国家资本主义为国家所承认并受国家的监督,它有利于资产阶级而反对无产阶级。因为在这里,工人并不是受个别资本家的剥削,而是受以国家为代表的整个资产阶级的剥削。在无产阶级国家里,国家资本主义也为国家所承认并受国家的监督,但它有利于工人阶级。因为在这里,国家是代表无产阶级和广大人民群众利益的。"国家资本主义,就是我们能够加以限制、能够规定其范围的资本主义,这种资本主义是同国家联系着的,而国家就是工人,就是工人的先进部分,就是先锋队,就是我们。"③因此,他强调:"全部问题,无论是理论上的还是实践上的问题,在于找出正确的方法,即应当怎样把不可避免的(在一定程度上和在一定期限内不可避免的)资本主义的发展纳入国家资本主义的轨道,靠什么条件来做成这件事,怎样保证在不久的将来把国家资

① 《刘少奇选集》下卷,人民出版社 1985 年版,第 180 页。

② 《毛泽东文集》第 6 卷,人民出版社 1999 年版,第 291 页。

③ 《列宁选集》第 4 卷,人民出版社 1995 年版,第 670 页。

本主义变成社会主义。”①中国共产党正是遵循列宁的上述思想，在实践中找出了正确的方法，把新中国成立初期不可避免的资本主义的发展引上了国家资本主义的轨道，并在不久之后使之变成了社会主义。

怎样认识中国的国家资本主义？毛泽东在 1953 年 7 月即指出：中国现在的资本主义经济，其绝大部分是在人民政府管理之下的，用各种形式和国营社会主义经济联系着的，并受工人监督的资本主义经济。这种资本主义经济已经不是普通的资本主义经济，而是一种特殊的资本主义经济，即新式的国家资本主义经济。它主要地不是为了资本家的利润而存在，而是为了供应国家和人民的需要而存在。不错，工人还要为资本家生产一部分利润，但这只占全部利润中的一小部分，只占 1/4 左右，其余的 3/4 是为工人（福利费）、为国家（所得税）及为扩大生产设备（其中包含一小部分为资本家生产利润的）而生产的。因此，这种新式国家资本主义经济是带着很大的社会主义性质的，是对工人和国家有利的。经过国家资本主义，既可以利用资本主义工商业的积极作用，又可以限制它的消极作用，并在这个过程中逐步地对它进行社会主义改造。

国家资本主义有初级形式和高级形式的区别。②

初级形式的国家资本主义企业仍由资本家经营。它通过同社会主义国营经济订立合同等办法，在企业外部建立这样那样的联系。在工业中，这种初级形式主要有：

收购——由国营商业机构按照产品的规格、质量，以合理的价格，临时地或定期地收购资本主义工业的一部分产品。这样，资本主义工业的这部分产品也就不再进入自由市场。

加工——由国营企业及其他国家单位或合作社供给一部分或全部原料或半成品，确定原料或半成品与成品的交换比率，委托资本主义工业按照合同规定的规格、质量、数量和期限，进行加工生产；加工的产品交给国家或合作社后，由国家或合作社付给一定的工缴即加工费。工缴一般包括工资及其他合理的费用、加工产品应缴纳的营业税和合理的利润。在这里，社会主义经济已经控制了资本主义工业这些产品的原料采购和商品销售这两个环节。

订货——由国家或合作社向资本主义工业预订产品，后者按照合同规定的规格、质量、数量和期限交货，取得货价。订货货价包括产品的成本、应缴纳的营业税和合理的利润。这些产品也不再进入自由市场。

---

① 《列宁选集》第 4 卷，人民出版社 1995 年版，第 504 页。

② 以下参见许涤新等：《中国资本主义工商业的社会主义改造》（人民出版社 1962 年版）第六、七章；吴江：《中国资本主义经济改造问题》（人民出版社 1958 年版）第四、五章。

统购——对于某些与国计民生关系重大的产品如棉纱、棉布等，以法令规定由国家指定的国营商业部门以适当价格长期统一收购和统一销售。统购的产品一般采取加工的形式。但接受加工订货的工厂在完成加工订货任务之后，可以用自有的原料生产这类产品，自行销售；而产品实行统购的工厂则不能再用自有的原料生产这类产品，也不能自行销售这类产品。

包销——由国营商业机构与资本主义工厂订立合同，规定后者生产的某些产品按照一定的规格、质量和合理价格，在一定时期内全部或部分地卖给国家。包销的产品也常常采取加工订货的方式。但它与加工订货有所不同。对于包销的产品，工厂是不得自行销售的，这一点与统购类似。不过，它与统购也有所不同，后者是按照国家的法令规定实行的，而它是按照国家与资本主义工厂的协议进行的。

工业中的这些初级形式的国家资本主义的出现，不是偶然的。一方面，为了巩固国营经济在整个国民经济中的领导地位，并保证人民的物质和文化生活的需要，国家有必要采取一切可能的手段掌握尽可能多的商品，并对一切产品实行有效的国家统计和监督，而采取加工订货等办法有助于做到这一点。另一方面，为了使资本主义工业的生产能够维持并得到发展，也有必要这样做，这是因为，中国的资本主义工业原本就缺乏独立性，它在原料、技术等方面曾经不得不仰赖于外国垄断资本和本国官僚资本；这时，它也就不得不在这些方面越来越依靠国营经济。中国的资本主义工业由于生长在半殖民地的环境中，具有很大的投机性、盲目性；1950 年 3 月以后，随着市场物价的稳定，虚假购买力消失，它也就陷入了严重的困境。没有国营经济的帮助，它的生产已经难以为继。初级形式的国家资本主义正是顺应着形势发展的这种需要产生出来的。

在新中国成立初期，加工订货等形式已经有了相当的发展。1952 年，国家委托加工和订货等的产品价值已占私营工厂总产值的 56%。1953 年国家开始有计划的建设之后，许多重要的工业原料已经全部或大部分由国家收购并实行统一分配，私营工厂的产品绝大部分已经实行加工、订货、统购、包销。到 1955 年，国家委托加工和订货等的产品价值已占私营工业总产值的 81.69%，而在北京、天津、上海等 12 个大中城市已占到 84.6%。

在商业中，初级形式的国家资本主义也有各种类型。

在进出口商业方面，主要有：

代购代销——由国营公司供给进口外汇或出口货源，委托私商按照合同规定的品种、数量、规格、价格、交货日期等条件，代办进口或出口，并给以适当的利润。

公私联营——私商在国营公司领导下，以公私投资方式，联合经营业务，私商仍保留原企业组织。联营的主要业务也是代购代销。

由于国家有必要实行管制对外贸易和保护贸易的政策,由于私营进出口商具有极大的买办性、投机性,所以,早在新中国成立初期,他们中的大部分就已经被排除,有关的企业或者转向生产,或者转向国内贸易,或者歇业。1950 年,全国原有私营进出口商 4 500 户,从业人员 3.5 万人,资本额 1.3 亿元。1955 年底与 1950 年比较,私营进出口商的户数减少了 77%,从业人员减少了 72.7%,资本额减少了 58.5%。剩下的少量私营进出口商,到 1955 年底,他们的营业额中已有 70% 左右是代购代销了。

在零售商业方面,主要有:

经销——由国营商业指定商品,私商从国营商业按计划以现款进货,再按规定的牌价出售,从中取得批零差价的收入。经销店对经销商品不得再向自由市场进货。

代销——由国营商业把商品委托私商按照国营商业规定的供应计划和牌价代为出售,私商由此取得代销手续费。代销与经销不同,它不以现款进货;代销与经销类似,它也不得向自由市场购进属于代销品种的商品。

据 1955 年 8 月的调查,全国私营零售商共有 295.4 万户,其中实行经销、代销、批购的已有 70 万户,占总户数的 23.7%,占职工总数的 44.9%,占资本总额的 35.9%。

私营批发商是逐步被排除的。

在初级形式的国家资本主义阶段,原先的资本主义企业的所有权仍然属于资本家。但是,它已经同社会主义的国营经济建立了外部的联系,即在流通领域中建立了联系,并已经在许多方面直接受国营经济的领导。这样,它也就与单纯的资本主义企业有所不同。一方面,企业本身虽然基本上仍然具有资本主义的性质,但资本家已经不能自由取得原料和自由销售产品,它的生产和经营已经在很大程度上被纳入国家计划的轨道了。另一方面,企业中的工人虽然仍然受到剥削,但是资本家所进行的剥削已经受到了限制。资本主义企业的利润,并不全归资本家私人占有。根据国家在 1953 年的规定,它是按照“四马分肥”的原则进行分配的,即一部分以所得税的形式交给国家,一部分作为企业的公积金,一部分作为职工的福利金,只有四分之一左右属于资本家所得部分。从 1950 年至 1955 年,资本主义工业企业的利润共计 31.07 亿元,平均每年 5.18 亿元。其分配情况是:所得税,占 35.8%;公积金,占 8.5%;职工福利金,占 5.1%;盈余滚存及其他,占 31.6%;资本家所得,占 19%。资本家所得的股息红利,1950 年为 0.85 亿元,除 1951 年为 1.17 亿元外,其他各年虽然有升有降,但总的都低于 1950 年的水平;资本家所得的股息红利在整个企业中所占的比重,在实行“四马分肥”的原则之后，也是逐步下降的。如天津市，1950 年至 1952 年资本家所得占利润额的 38%，1953 年至 1954 年降为 17.2%。

但是，这种初级形式的国家资本主义也有着明显的局限性。由于这些企业基本上仍然是资本主义的性质，生产的社会性和生产资料的私人占有之间的矛盾并没有解决，因此，它们的问题仍然很多。首先，资本家经营的目的是追逐利润。对于实行加工订货的企业来说，它从国家所取得的加工费或货价中包含着资本家的利润，而加工费或货价中包含多少利润则是根据生产该产品所需的成本按一定比率计算的。换句话说，成本高，利润也多；成本降低，利润也减少了。因此，资本家也就不愿意节约原材料、节省劳动时间以降低成本。不应用新的技术，不支持职工的合理化建议或发明创造，原因也在这里。这对于生产力的发展是一种束缚。其次，由于同样的原因，生产的盲目性和无政府状态也还不能从根本上加以消除。要按照国家有计划建设的需要，对这些企业进行改组并统筹安排生产仍然有困难。再次，由于资本家仍然掌握着管理权，工人仍然受着剥削，这种情况也不能不限制着工人生产积极性的充分发挥。私营工业每人平均的劳动生产率，以 1950 年为 100，则 1951 年为 136，1952 年为 156，1953 年为 180，1954 年为 166，1955 年为 158，它的增长速度是不够快，也不很稳定的。因此，这些企业不能长久地停留在初级形式的国家资本主义阶段上。随着国民经济的发展，它们还必须向高级形式的国家资本主义过渡。

高级形式的国家资本主义就是公私合营。这时，原来的资本主义经济同社会主义经济已经不仅是在企业外部即在流通领域建立了联系，这种联系也已经深入到企业内部即深入到生产领域，社会主义经济的领导已经在原来的资本主义经济内部发挥着具有决定意义的作用了。

公私合营又经历了两个阶段，即单个企业的公私合营和全行业的公私合营。

在单个企业公私合营阶段，“由国家或公社合营企业投资并由国家派干部，同资本家实行合营的工业企业，是公私合营工业企业”。在“合营企业中，社会主义成分居于领导地位，私人股份的合法权益受到保护”。第一，合营企业的股份分为公股和私股两部分，这表明，企业的生产资料不是全部归资本家所有，而是国家与资本家共有，因此，它已经具有半社会主义的性质了。第二，国家干部即公方代表进入原先的资本主义企业内部，掌握了企业的领导权，资本家对于企业已经不再拥有支配权了。1954 年 9 月政务院通过的《公私合营工业企业暂行条例》明确规定：“合营企业受公方领导，由人民政府主管业务机关所派代表同私方代表负责经营管理。”企业的有关事项，由公私双方代表协商处理；企业的董事会，是公私双方协商议事的机关。遇有重大问题不能取得协议的时候，即报请人民政府主管机关核定。第三，合营企业全年盈余总额在缴纳所得税以后的余额,依照下列原则加以分配:“(一)股东股息红利,加上董事、经理和厂长等人的酬劳金,共可占到全年盈余总额的百分之二十五左右;(二)企业奖励金,参酌国营企业的有关规定和企业原来的福利情况,适当提取;(三)发付股东股息红利和提取企业奖励金以后的余额,作为企业公积金。”这里所实行的虽然仍是“四马分肥”的原则,但占盈余四分之一的股息红利,一部分已归公股分得,它依照规定上缴,成为国家的收入,一部分仍归私股分得,私股股东可以自行支配,但它在盈余总额中所占比重已经下降了。第四,工人虽仍然受到部分剥削,但他们的收入一部分已是按劳分配所得。国家并且规定,合营企业对于工资制度和福利设施,“应当逐步向相应的国家企业看齐”。国家还规定,“合营企业应当采取适当的形式,实行工人代表参加管理的制度”。① 这就是说,工人的地位和待遇也有了明显的改善。

在新中国成立初期,公私合营企业已经开始出现。这些企业的公股大多是由国家没收的隐匿在私人资本主义企业中的官僚资本或敌伪财产,或者是由一些资本家在“五反”后退赔给国家的财产转化而来的。这类合营企业在当时数量不多,1952 年在全国也只有 997 个,占全部工业总产值的 5%。1953 年国家进入有计划地进行建设的时期以后,合营企业逐步增多起来。1954 年 1 月,中央财经委员会提出《关于十个以上工人的资本主义工厂基本改造为公私合营企业的意见》。公私合营工业企业有了很大的发展。1954 年全国已有 1 744 个,占全部工业总产值的 12.3%。这些合营企业由于基本上已经按照社会主义的原则实行经营管理,并且按照国家计划安排生产,因此,也就使生产力得到了进一步的解放。合营企业工人的劳动生产率以 1950 年为 100,则 1953 年为 255,1954 年为 315,而 1950 年至 1955 年私营工业的劳动生产率仅从 100 提高到 158。1954 年合营工业产值的可比部分即比 1953 年增长了 25%,超过了全国工业总产值的平均增长速度。这个事实,有力地表明了高级形式的国家资本主义比之私人资本主义乃至初级形式的国家资本主义的优越性。

但是,个别企业的公私合营只是解决了该企业本身的问题,并不能解决整个行业中所有企业的问题。当时,个别地实行合营的,主要是一些规模较大、经营较好的企业,如果要用这种办法来解决多数中小企业的安排和改造问题,那就需要国家派遣大批的干部和投入大量的资金,这是国家一时难以负担得了的。而且,个别地实行合营,也很难改变资本主义企业的那种分散性、落后性和布局不合理的状态,很难按照经济发展的客观需要,对它们作出统筹安排和进行必要的改组。这样,当国家工业化和农业合作化事业的迅速发展要求资本主义工商业

① 《建国以来重要文献汇编》第 5 册,中央文献出版社 1993 年版,第 449 ~ 452 页。

的社会主义改造也加快步伐的时候,公私合营的新形式即全行业公私合营也就应运而生了。

1954 年 12 月,中共中央提出统筹兼顾、归口安排、按行业改造的方针。之后,全行业公私合营的工作首先在一些大城市中开始实行,并在 1955 年底形成高潮。

在全行业公私合营阶段,原先的资本主义企业的生产关系已经从根本上发生了变化。首先,资本家原先占有的生产资料,这时已经转归国家使用,并由国家统一管理和调配。国家的专业公司即社会主义性质的托拉斯组织可以对本行业的全部原先的私营企业的设备、资金、技术、劳动力等实行合理的调配,适当地调整工商业的布局,以利于克服先进企业和落后企业、大企业和中小企业之间的矛盾,逐步消除生产和经营的不平衡状态。在一个行业内部,分散的生产工序被联结了起来,产、供、销也得到了统一的安排,这对于生产力的进一步发展起到了强有力的推动作用。这时,各个企业的活动已经被直接地纳入国家计划的范围之内了。其次,合营企业盈余的分配,已经不再采取“四马分肥”的办法。国家对资本家实行了定息制度。具体说,就是国家对资本家交出的生产资料进行清理估价,以核实私股股额;在合营期间,按照私股股额,每年发给资本家 5% 的股息。这也就叫做定股定息。1956 年底,全国合营企业的私股为 24.19 亿元,其中工业约 17.8 亿元,商业饮食服务业 6 亿元,运输业 1 亿元。从 1956 年 1 月 1 日起计算,国家每年付出定息 1.2 亿元,至 1966 年 9 月停止,约共付出 11 亿元。领取定息的私股股东共 114 万人。实行定息制度之后,资本家虽然在名义上依然还保持着资本所有权,并且由此给他们带来剥削收入,但是实际上这种资本已经不能继续作为职能资本在现实的再生产过程中发生作用,资本家作为资本的所有者已经被排除出生产过程了。正因为如此,工人也已经不再是劳动力的出卖者,他们的工资也不再表现他们劳动力的价值,虽然他们的劳动还有一小部分是为资本家的(即为资本家提供定息)。这种情况,也就必然会进一步提高工人的劳动生产积极性。而与此同时,资本家的生活一般也并不因此降低。因为他们除了领取定息以外,还有薪金收入,其中一部分资本家还获得了带有赎买性质的高额薪金。据 1956 年对 73 个投资在 50 万元以上的工业资本家所作的薪金收入情况的调查,这些人的月薪平均在 500 元左右,超过国家最高领导人的薪金收入,少数人的月薪有高达 2 000 元以上的。一些资本家虽然没有能力但也仍然挂名支薪,这也属于一种赎买的性质。这种做法,对于团结原工商业者并推动他们接受改造,也是有积极作用的。再次,企业的经营管理权和人事调配权已经完全掌握在国家和工人手里。对于资本家和资方代理人,国家根据“量才使用适当照顾”的原则,在企业中给他们安排了一定的工作职务。据 1957 年统计,国家对于全国领取定息的 71 万在职私方人员和 10 万左右资方代理人的工作，全部都作了安排。从几个大城市的情况来看，这些人中，直接参加生产经营的为 60% ~65%，成为企业管理人员的为 35% ~40%。一些有影响的资产阶级代表人物，还在各级政府部门、政治协商会议以及某些人民团体中担任了一定的领导职务。这样，工人阶级同原工商业者的统一战线也就仍然保持着，他们大多数仍然在原来的企业中参加劳动或从事管理工作，但是他们已经不是作为资本家而是作为工人、店员或企业管理人员在起作用了。由此可见，这时的合营企业，除了资本家领取定息这一点以外，已经同国营企业没有原则上的区别，它们基本上已经是社会主义性质的经济，一旦取消定息制度，它们也就完全成了社会主义全民所有制企业了。

全行业公私合营，主要是在 1955 年底开始大规模地实行的。到 1956 年底，原有资本主义工业变成合营企业的，共有 87 900 户（占这类企业总户数和职工数的 99%，生产总值的 99.6%），另外，还有 48 000 多户手工业户并入了合营工业。在私营商业中，有 40 万户实行了公私合营，144 万户个体户实行了合作化，另有 10 余万户转入了国营商业和供销社系统。这样，私营商业户中也已经有 82% 实现了所有制方面的社会主义改造。这也就是说，到 1956 年底，中国资本主义工商业的社会主义改造已经取得了基本的胜利。

（三）用和平方法改造资本主义工商业的成功

通过国家资本主义的道路来改造资本主义工商业，意味着中国是用和平的方法而不是暴力的方法、是用赎买的方法而不是用没收的方法来消灭资本主义私有制的。

用和平的方法改造资本主义工商业，并不意味着资本主义“和平长入”社会主义。这是一场特殊形式的阶级斗争。只是这种斗争主要地不是用暴力方式而是用教育方式罢了。而这种教育方式之所以能够发生作用，除了由于中国的民族资产阶级具有两面性这个特点以外，还由于具备了一定的社会条件。这些条件主要是：

第一，“人民手里有强大的国家机器，不怕民族资产阶级造反”①。这是使资本家接受改造的一个政治前提；没有这个前提，想用和平方法去改造资本家，是根本不可能的。

第二，“国营企业的优胜，则是完成这一任务在物质方面的保证”②。由于民

① 《毛泽东选集》第 4 卷，人民出版社 1991 年版，第 1477 页。

② 《毛泽东文集》第 6 卷，人民出版社 1999 年版，第 293 页。

族资本主义原本就不能构成一个独立的生产体系,它在许多方面都仰赖于外国垄断资本和本国官僚资本,因此,当这些力量垮台之后,它也就不能不依靠国营经济,与国营经济发生联系,从而走上国家资本主义的道路了。

第三,农业合作化运动的发展,逐步割断了城市资产阶级与乡村小资产阶级自发势力的联系,使他们日益陷入孤立的境地,更逼得他们无法独立地存在下去,因而不得不接受改造。全行业公私合营的高潮紧接着农业合作化的高潮而来,这不是偶然的。

第四,“工人群众又在底下顶他们”①。这也是使他们不得不接受改造的一个重要的条件。

正是由于具备了这些条件,才使得资产阶级不太勉强地接受社会主义,走上了中国共产党所指出的社会主义改造的道路。

在领导中国资本主义工商业进行社会主义改造的过程中,中国共产党采取了适合中国情况的富有独创性的方针和政策,积累了重要的历史经验。主要是:

第一,把工人阶级和民族资产阶级的矛盾当做人民内部矛盾处理。

中国共产党把中国资产阶级分为官僚资产阶级和民族资产阶级两部分,对他们采取了不同的政策。对于官僚资产阶级,是把他们作为敌人,在政治上把他们打倒之后,没收他们的全部资本;对于民族资产阶级,是把他们作为朋友,在团结他们的同时,逐步地对他们进行改造。

毛泽东指出:“工人阶级和民族资产阶级的阶级斗争一般地属于人民内部的阶级斗争,这是因为我国的民族资产阶级有两面性。在资产阶级民主革命时期,它有革命性的一面,又有妥协性的一面。在社会主义革命时期,它有剥削工人阶级取得利润的一面,又有拥护宪法、愿意接受社会主义改造的一面。民族资产阶级和帝国主义、地主阶级、官僚资产阶级不同。工人阶级和民族资产阶级之间存在着剥削和被剥削的矛盾,这本来是对抗性的矛盾。但是在我国的具体条件下,这两个阶级的对抗性的矛盾如果处理得当,可以转变为非对抗性的矛盾,可以用和平的方法解决这个矛盾。”②一方面,在社会主义时期我们已经不是把民族资产阶级看做中间阶级,而是作为革命的对象;另一方面我们仍然把他们看做朋友,同他们保持着统一战线的关系。这确实是一项独创性的政策,在国际共产主义运动的历史上是一个创举。“这样做,有利于对付帝国主义的侵略,有利于发展生产、稳定市场,有利于争取和改造资产阶级知识分子。”③应该看到,同

① 毛泽东:《在中国共产党第八届中央委员会第二次全体会议上的讲话》,1956年11月15日。

② 《毛泽东文集》第7卷,人民出版社1999年版,第206页。

③ 《毛泽东文集》第7卷,人民出版社1999年版,第135页。

民族资产阶级实行同盟,对巩固工农联盟也能起积极作用。“因为农民需要工业品进行交换。同时,还能比较好地稳定物价,保证市场供应。”所以“在过渡时期保存资产阶级,有极大的作用”①。

由于国家把工人阶级同民族资产阶级的矛盾作为人民内部的矛盾加以处理,因此,在从新民主主义过渡到社会主义时,国家对于资本家的生产资料私有制的处理,与对于作为敌对阶级的地主的土地私有制的处理,就有很大的不同。对于地主,是在没收他们的土地之后,再在劳动中教育和改造他们,并且在一定时期内剥夺他们的选举权。“对于资产阶级,第一是用赎买和国家资本主义的方法,有偿地而不是无偿地,逐步地而不是突然地改变资产阶级的所有制;第二是在改造他们的同时,给予他们以必要的工作安排;第三是不剥夺资产阶级的选举权,并且对于他们中间积极拥护社会主义改造而在这个改造事业中有所贡献的代表人物给以恰当的政治安排。”②实行这样的政策,当然需要付出一定的代价。在一定时期内,工人在为国家和人民的需要进行生产时,也为资本家生产一部分利润,作为向他们赎买生产资料的代价。赎买与购买不同。赎买所付的代价,不取决于资本家所占有的生产资料的价值,而是取决于改造的需要。它不是等价交换的关系。在整个社会主义改造时期,资本家一共获得了 32.5 亿元,其中包括“四马分肥”阶段的利润 13 亿元,1955 年至 1966 年的利息 11 亿元,高薪 8.5 亿元。这笔资金,实际上超过了民族资本家在新中国成立时所拥有的总资本额。毛泽东指出:“出这么一点钱,就买了这样一个阶级。这个政策,中央是仔细考虑过的。资本家加上跟他们有联系的民主人士和知识分子,文化技术知识比较高。我们把这个阶级买过来,剥夺他们的政治资本,使他们无话可讲。”③

贯彻执行把民族资产阶级问题作为人民内部问题加以处理的方针,是国家对资本主义工商业的社会主义改造得以取得巨大成功的重要条件。私营工商业改变为公私合营企业,是资本主义工商业社会主义改造的一个决定性步骤。毛泽东指出:“这件事所以做得如此顺利和迅速,是跟我们把工人阶级同民族资产阶级之间的矛盾当作人民内部矛盾来处理,密切相关的。”

第二,在一个时期内全面地贯彻执行利用和限制资本主义经济的政策,为对它进行社会主义改造进一步创造条件。

由于中国资本主义工商业在一定时期内有对于国计民生有利的积极作用和对于国计民生不利的消极作用这样两个方面,因此,1949 年 3 月召开的党的七

---

① 《毛泽东文集》第 7 卷,人民出版社 1999 年版,第 171 页。

② 《建国以来重要文献选编》第 8 册,中央文献出版社 1994 年版,第 154 页。

③ 毛泽东:《在省市自治区党委书记会议上的讲话》,1957 年 1 月 18 日。

届二中全会提出了对它采取利用和限制的政策，即利用它的有利于国计民生的积极作用，限制它的不利于国计民生的消极作用。

由于资本主义工商业在一个时期内仍然有积极作用，在新中国成立的初期，“从经济上来说，今天我们的国营经济还不能完全代替它”①。所以，国家采取的是“公私兼顾，劳资两利”的方针，以便使资本主义经济“在国营经济领导之下，分工合作，各得其所”②。在这个方针之下，在新中国成立以后的一个时期内，资本主义工商业得到了明显的发展。

与此同时，中国共产党和人民政府又对资本主义工商业的不利于国计民生的消极作用进行了限制。这是由于，“损人利己，唯利是图，投机取巧，这三句话概括了资产阶级的本质。他们是要按照这个方向发展的，因此，必须进行长期的斗争”③。事实上，正如毛泽东所说，新中国成立前夕“新政协讨论通过我们提出的《共同纲领》，是我们同资产阶级直接交锋的开始。资本家想要我们只搞农业，由他们搞工商业和交通运输，这怎么行？”④这种较量是不断进行的。比如，1949 年至 1950 年初，进行了稳定市场物价的斗争，反对资本家扰乱金融、囤积居奇、投机倒把等活动；1952 年，开展了“五反”运动，进行反对资本家行贿、偷税漏税、偷工减料、盗骗国家资财和盗窃国家经济情报的活动；等等。

周恩来在“三反”运动后曾经对中国共产党为什么必须全面贯彻执行对资本主义工商业的利用和限制的方针这个问题作出了深刻的论证。他说：“只有这样，中国经济发展的道路才能由新民主主义走向社会主义。否则，私人经济事业如果不受限制、不受领导而任其自由发展，则中国经济的发展道路将不是新民主主义而是资本主义，将不是走向社会主义而是恢复到帝国主义的附属国或殖民地的经济。非如此，即如彼，中间的道路是没有的。”正因为如此，他强调，在新民主主义的中国，第一，不能孤立地讲公私兼顾，而一定要在服从国家经济领导的条件下讲公私兼顾；第二，不能抽象地讲劳资两利，而一定要在承认工人阶级领导的前提下讲劳资两利，以达到发展生产、繁荣经济之目的；第三，不能提倡盲目生产，而一定要逐步实现国家生产总计划的领导；第四，不能容许谋取暴利，而只能在国家规定的限度或议定的价格内取得合法利润；第五，不能容许行贿、欺诈、偷税漏税、盗窃、引诱等犯法行为继续发生，听其侵蚀人民政权，损害国家财产，腐蚀国家工作人员。⑤

① 《周恩来选集》下卷，人民出版社 1984 年版，第 98 页。

② 《建国以来重要文献选编》第 1 册，中央文献出版社 1992 年版，第 7 页。

③ 《周恩来选集》下卷，人民出版社 1984 年版，第 99 页。

④ 《毛泽东文集》第 6 卷，人民出版社 1999 年版，第 14 ~ 15 页。

⑤ 参见《周恩来选集》下卷，人民出版社 1984 年版，第 82 ~ 83 页。

为了保证中国从新民主主义过渡到社会主义,中国共产党和人民政府强调,在利用资本主义经济的积极作用并使其中有利于国计民生的部分得到适当发展的同时,必须大力地优先地发展社会主义经济。中共七届二中全会的决议即规定,"关于恢复和发展生产的问题,必须确定:第一是国营工业的生产,第二是私营工业的生产,第三是手工业生产"①。新中国成立以后的一个时期内,就是按照这个方针办的。这样做的结果,私人资本主义经济的绝对额有了相当大的增长,但是它在整个国民经济中所占的比重却下降了。从 1949 年到 1952 年,关于工商业中的公私比重:工业方面(包括现代工业与工场手工业,不包括个体手工业)——1949 年,国营占 33.9%,私营占 62.7%,公私合营占 2.4%,合作社占 1%;1952 年,国营约占 50%,私营约占 42%,公私合营占 5%,合作社占 2.6%。② 这就是说,私人资本主义经济的作用进一步发挥出来了,但是由于社会主义经济的发展更快,力量更加壮大,因此它的发展并不足以妨碍中国从新民主主义到社会主义的转变。

必须看到,中国民族工商业之所以能够接受社会主义改造,"中国共产党和国家的政策起了决定的作用。人民政府大力地优先地发展了社会主义经济和合作社经济,同时采取了一系列的步骤,使资本主义经济一步一步地变为受国家管理的、受国营经济领导的、受工人阶级监督的国家资本主义经济"。加上其他条件的配合,就使得民族工商业者"只能接受改造,通过和平转变,走社会主义道路"③。这是一条十分重要的历史经验。

第三,经过国家资本主义的道路对资本主义工商业进行社会主义改造。

毛泽东说过,"使独立的私人资本主义企业变为受限制的国家资本主义,这是一个大的进攻"。这时的资本主义已经成为"不独立、受限制,没有自由市场的资本主义"④。而全行业公私合营,"则是资本主义所有制过渡到社会主义所有制的有决定意义的一个步骤"⑤。这时,资本主义所有制已经在基本上被废除了。

由此可见,中国共产党在领导资本主义工商业社会主义改造的问题上所实行的,是原则性和灵活性相结合的政策。资本主义的私有制一定要改造成为社会主义的公有制,这是原则性。而为了实行这个原则又结合了灵活性。"灵活性是国家资本主义,并且形式不是一种,而是'各种',实现不是一天,而是'逐

① 《毛泽东选集》第 4 卷,人民出版社 1991 年版,第 1428 页。
② 参见《周恩来选集》下卷,人民出版社 1984 年版,第 108 页。
③ 《周恩来经济文选》,中央文献出版社 1990 年版,第 248 页。
④ 《毛泽东文集》第 6 卷,人民出版社 1999 年版,第 285、287 页。
⑤ 《周恩来经济文选》,中央文献出版社 1990 年版,第 247 页。

步’。这就灵活了”①。正是由于采取了这种原则性和灵活性结合的政策，通过一系列的过渡形式，逐步地限制资本主义的剥削直至最后消灭资本主义的剥削，改造资本主义工商业的工作才进行得顺利、迅速而且井然有序。

第四，既巩固工农联盟又保持工人阶级同民族资产阶级的联盟，并使之相互起作用。

工农联盟是人民民主专政的基础，是社会主义改造和社会主义建设的主要力量，是共产党执政的基本依靠。在这两个联盟中，工农联盟是基本的、主要的。“从整体来说，就是要依靠劳动群众——乡村的农民、城市的工人和劳动知识分子。三者结合起来解决城市和乡村的生产问题。”②生产问题是如此，革命和其他建设问题也是如此。与此同时，在一定时期内同资产阶级结成联盟也是重要的。毛泽东在当时说过：“我们现在搞一个同资产阶级的联盟，暂时不没收资本主义企业，对它采取利用、限制、改造的方针，也就是为了搞到更多的工业品去满足农民的需要，以便改变农民对于粮食甚至一些别的工业原料的惜售行为。这是利用同资产阶级的联盟，来克服农民的惜售。同时，我们依靠同农民的联盟，取得粮食和工业原料去制资产阶级。他们要原料，就得把工业品拿出来卖给国家，就得搞国家资本主义。他们不干，我们就不给原料，横直卡死了。这就把资产阶级要搞自由市场、自由取得原料、自由销售工业品这一条资本主义道路制住了，并且在政治上使资产阶级孤立起来。”③农业合作化使工人阶级同农民的联盟在社会主义的基础上得到了巩固。这样就切断了城市资本主义势力同乡村小资产阶级自发势力联系，使资产阶级最后地孤立起来，这是促使它接受社会主义改造的重要条件。两个联盟就是这样相互起作用的。正是在农业合作化运动形成高潮之后，紧接着资本主义工商业也就掀起公私合营的高潮。

第五，把对资本主义企业的改造和对资本家个人的改造结合起来。

社会主义改造，包括两方面的内容。一方面是制度的改造，即把资本主义私有制改造成为社会主义公有制；一方面是人的改造，即把资本家从剥削者改造成为自食其力的劳动者。一般说来，企业的改造是人的改造的基础，人的改造又是企业改造的必要前提。

在对待社会主义改造的问题上，资本家的态度并不完全一样。在资产阶级的队伍中，一般地存在着进步的、中间的和落后的这样三个部分，即存在着左派、中间派和右翼。中国共产党和工人阶级的任务，就是：“第一，要把其中更加进

① 《毛泽东文集》第6卷，人民出版社1999年版，第327页。

② 《周恩来经济文选》，中央文献出版社1990年版，第9页。

③ 毛泽东：《农业合作化的辩论和当前的阶级斗争》，1955年10月11日。

步和更加靠拢人民政府分子组成为推动工商业资本家积极接受社会主义改造的核心力量，并且适当地扩大这种力量；第二，要把其中的中间分子和落后分子用教育方法逐步地争取过来，使他们中间的多数提高觉悟，有所进步，使落后分子一年一年地减少下去；第三，分化那些顽固分子，使最顽固的分子孤立起来。”①毛泽东指出，资产阶级中的绝大多数是可以改造的。“不承认资本家这个阶级的绝大多数(90%以上)有用教育的方法加以改造的可能，忽视或者否认宣传教育的方法在改造资本家的问题上的重大意义，这就是不承认中国革命的特殊条件，不承认工人阶级领导的人民民主专政的强大力量，不承认中国共产党强大的威信和能力，不承认中国共产党的同资产阶级结成联盟和采取国家资本主义作为过渡形式这一根本政策的正确性，这种观点无疑是完全错误的。”②

资本家个人的改造，以原来的企业为基地来进行。当资本主义企业变成公私合营企业的时候，国家也为资本家在这个企业里安排了一定的工作，为他们变成自食其力的劳动者创造了条件。毛泽东指出，“工商业者的彻底改造必须是在工作中间，他们应当在企业内同职工一起劳动，把企业作为自我改造的基地”。与此同时，他们“经过学习改变自己的某些旧观点，也是重要的。工商业者的学习，应当以自愿为基础”③。为此，有关方面积极组织他们进行政治学习、参加政治运动、到有关地区和单位参观，以了解祖国社会主义建设的成就等，以便帮助他们认识社会发展的客观规律，了解社会主义制度的优越性，懂得必须掌握自己的命运，走历史的必由之路，以提高他们接受社会主义改造的自觉性，加速他们自我改造的进程。

这方面的工作，对资本主义工商业的社会主义改造也起到了积极的促进作用。

第六，在变革生产关系的同时，注意保护和发展生产力。

对资本主义工商业进行改造的基本目的是为了改变生产关系，解放生产力，它的最终表现是生产的发展和提高。因此，在社会主义改造的过程中，“在实行公私合营的过程中，最重要的问题是保证生产和营业的正常进行，绝不允许在生产和经营上发生混乱现象，造成国家和社会财富的损失”④。而在改造基本完成之后，则应注意发挥社会主义制度的优越性，把生产和经营进一步搞好。

由于国家所采取的改造资本主义工商业的措施，是适应生产力发展的要求，

---

① 《建国以来重要文献选编》第8册，中央文献出版社1994年版，第155页。

② 《毛泽东传(1949—1976)》(上)，中央文献出版社2003年版，第455页。

③ 《毛泽东文集》第7卷，人民出版社1999年版，第224页。

④ 《周恩来经济文选》，中央文献出版社1990年版，第250页。

有利于生产力的发展的，由于国家十分注意保护原有企业的生产和经营秩序，不使发生混乱，因此，在实现从资本主义私有制到社会主义公有制这个根本性变革的过程中，工商业本身不仅没有遭到破坏，而且还在不断地向前发展。这种发展是在原有的资本主义生产关系之下所不可能达到的。

在资本主义工商业的社会主义改造工作中，也存在一些问题。“一是，由于急于求成，在(公私合营)高潮到来的时候，既缺乏思想上的准备，又缺乏工作的准备，搞得过于粗糙。二是，在实行合营中，把小商小贩、小手工业者和只有轻微剥削的小业主一起带进合营企业，对他们同资本家一样地改造，混淆了剥削者和劳动者的区别。三是，对小企业和商业网点实行大并大裁，造成人民生活的不便。四是，实行合营和手工业合作化以后，有些产品的质量下降了，花色品种减少了。五是，合营以后，对一部分工商业者使用和处理不当，没有发挥他们应有的作用。”①这些问题大多属于工作方法、工作步骤、工作安排上的缺点和偏差，并不是根本的方向、路线上的错误。这些缺点和偏差一旦被认识，是不难加以纠正的，而且在事实上，它们在后来也基本上被纠正了。其中有一些是在社会主义改造之后不久被纠正的，有些则是在改革开放时期被纠正的。重要的是，经过对资本主义工商业的改造，资本主义私有制变成社会主义公有制了，资产阶级作为一个阶级被消灭了。这是一个具有伟大历史意义的胜利。

怎样评价中国资本主义工商业的社会主义改造？在改革开放的初期，邓小平明确指出：“我国资本主义工商业社会主义改造的胜利完成，是我国和世界社会主义历史上最光辉的胜利之一。这个胜利的取得，是由于中国共产党领导全体工人阶级执行了毛泽东同志根据我国情况制定的马克思主义政策，同时，资本家阶级中的进步分子和大多数人在接受改造方面也起了有益的配合作用。”②

还应当看到，“我国的社会主义改造，包括工商业的社会主义改造，不仅有全国的意义，还有国际的意义”。毛泽东认为，从根本上讲，归根到底，“整个世界都是要走社会主义道路的，在私营工商业的社会主义改造方面，我们在世界上是走在前面的，中国的资本家将来是先进者”。“当然，我不是讲一切国家都会走我们的方向，而是讲比较落后的国家会跟我们学的。”③后来，他又进一步指出，就是“西欧各国和美国，资本主义发展水平很高，少数的垄断资本家占了统治地位，同时也还有大量的中小资本家”。如果这些国家革命成功了，“垄断资本要没收，是没有疑问的。中小资本家是不是可以，是不是需要采取国家资本主

① 《毛泽东传(1949—1976)》(上)，中央文献出版社 2003 年版，第 461 页。

② 《邓小平文选》第 2 卷，人民出版社 1994 年版，第 186 页。

③ 《毛泽东文集》第 6 卷，人民出版社 1999 年版，第 502 页。

义的形式来改造他们呢?”①所以,他认为,把我国经过国家资本主义来改造民族资本主义,当成例外的、个别的、特殊的经验,否定这种经验的普遍意义,是不妥当的。

——原载《中国共产党与新中国的创建》,中央文献出版社2009年版。

八、第一个五年计划的编制、实施及其基本经验

(一)第一个五年计划的编制和实施

在提出有系统地进行社会主义改造的1953年,新中国即开始进行有计划的社会主义建设。

还在1951年2月,中共中央就已着手进行编制发展国民经济的第一个五年计划的工作。1952年8月,提出了“一五”计划的轮廓草案。同年12月,中共中央发出《关于编制1953年计划及长期计划纲要的指示》。1954年4月,由陈云任组长的编制工作小组开始编制“一五”计划草案。“一五”计划的编制,历时四年,五易其稿,到1954年9月基本确定下来。1955年3月,中国共产党全国代表会议讨论并原则通过“一五”计划草案,并在会后将其提交国务院。1955年7月召开的一届全国人大二次会议通过了由国务院提交的这个计划。这时,原定的“一五”计划起始时间已经过去了两年半。

从当时中国的实际出发,“一五”计划规定:集中主要力量发展重工业,建立国家工业化和国防现代化的初步基础;相应地发展交通运输业、轻工业、农业和商业;相应地培养建设人才;保证在发展生产的基础上逐步提高人民的物质生活和文化生活的水平。计划规定,集中力量进行以苏联帮助中国设计的156个建设单位为中心的、由限额以上的694个建设单位组成的工业建设。五年内国家计划用于建设的投资总额为766.4亿元,折合黄金7亿两。这在中国历史上是空前的。没有全国财政经济工作的统一,不发挥社会主义可以集中力量办大事的优越性,经济落后的中国在当时进行这样巨额的投资是不可想象的。

“一五”计划在编制和实施过程中,“由于坚持了实事求是的原则,谨慎从事,反复论证,比较好地解决了我国经济建设中几个较难处理的重大问题”②。主要是:

第一,关于优先发展重工业和相应地发展农业、轻工业等问题。

---

① 《毛泽东著作专题摘编》上册,中央文献出版社2003年版,第894~895页。

② 刘国光主编:《中国十个五年计划研究报告》,人民出版社2006年版,第62~63页。

"一五"计划确定了优先发展重工业的方针。为此,决定将国家全部基本建设投资的58.2%用于工业基本建设,其中88.8%用于制造生产资料的工业即重工业的建设。轻工业和重工业的投资比例为1∶7.3。因为"旧中国遗留下来的现代工业在产业结构上呈现出两个特点:一是缺乏独立性、完整性,二是重工业与轻工业相比,过于薄弱,成为工业发展的瓶颈。'一五'计划时,尽管轻工业的利润高、投资回收快,但是它的发展却受到原料和能源不足的制约,如果把公私企业和手工业加在一起,其生产能力是过剩的。"①所以当时作这样的安排,比较合理。从根本上说,中国作为经济落后的大国,尤其有必要这样做。因为如果不实行优先发展重工业的战略,就不可能用先进的设备和技术来武装工业、农业、交通运输业等国民经济部门,不可能为扩大再生产提供雄厚的物质技术基础,从而真正赢得经济上的独立,使中国的经济能够持续地、稳定地得到发展。②

优先发展重工业并不是孤立地发展重工业。国民经济各部门是密切联系、互相制约的,必须统筹兼顾,全面安排,实现各部门之间的综合平衡。"一五"计划规定在优先发展重工业的同时,相应地发展农业、轻工业、运输邮电业、商业以及文化教育等事业。在基本建设投资总额中,用于农林水利部门的占7.6%,用于运输邮电部门的占19.2%,用于银行贸易部门的占3%,用于文化教育部门的占7.2%。同时十分注意市场的稳定,强调财政、信贷、外汇、物资的"四大平衡",使国民经济能有计划按比例地协调发展。

第二,关于经济发展的布局问题。

旧中国是一个受帝国主义间接控制的半殖民地,经济布局不平衡,资源配置不合理。中国全部轻工业和重工业,约70%在沿海,只有30%在内地。这是历史上形成的一种不合理的状况。生产基地与原材料产地距离遥远,不利于生产成本的降低和经济效益的提高;沿海地区和内陆地区经济发展不平衡,不利于对全国资源的全面开发和有效利用;地区之间的贫富差别过大,不利于人民生活的普遍改善和实现共同富裕;工业过分集中于沿海地区,也不利于战备。所以,这种状况必须加以改变。毛泽东指出:"为了平衡工业发展的布局,内地工业必须大力发展。""新的工业大部分应当摆在内地,使工业布局逐步平衡,并且利于备战,这是毫无疑义的。"③这个原则,在"一五"计划编制和实施的过程中是遵循和贯彻了的。在这期间,国家在内地的基本建设占全国投资额的一半左右。在限额以上的工业建设单位中,有53%分布在内地。其中武汉、太原、西安、包头、

① 刘国光主编:《中国十个五年计划研究报告》,人民出版社2006年版,第62~63页。

② 参见《中国共产党的七十年》,中共党史出版社1991年版,第329~330页。

③ 《毛泽东文集》第7卷,人民出版社1999年出版,第25~26页。

兰州五大城市先后建立了一批重工业项目,这对改变原有不合理的工业布局有重要作用。

不过,中国全部轻工业和重工业约70%在沿海,这不仅是一个既成的事实,而且也是进一步发展的重要基础。所以,对沿海的工业基地必须充分利用。“一五”期间也是这样做的。1952 年 7 月中央财经委员会提出的“一五”计划轮廓草案主张,要充分利用东北及上海老工业基地,并继续培养和充分利用这些工业基地与技术条件,为建设新厂矿、新基地创造条件。“一五”计划确定的694 个限额以上的工业基本建设项目中,有222 个放在了东北和沿海城市,合理地利用这里的工业基础。

所以,毛泽东在1956 年初说过,在这两者的关系问题上,我们没有犯大的错误。

第三,关于经济建设的规模、速度和效益的问题。

计划规定的经济建设规模的大小、速度的高低,必须从中国的实际出发,与国家拥有的人力、物力、财力相适应,必须考虑到机器设备和技术力量等制约因素,实事求是,量力而行。但是,由于希望能尽快地改变中国经济的落后面貌,由于经验不足,在试编“一五”计划时,曾经将经济增长的指标定得偏高,后来经过反复测算,作了必要的调整。比如,原来安排工业生产平均每年递增20%,后来确定为平均每年递增 14.7%,其中 70% 靠原有企业挖掘潜力、增加生产,只有30%是靠新建企业增加生产的。原来安排农业生产平均每年递增 7%,后来确定为平均每年递增 4.3%。这些指标,既积极,又比较稳妥,是经过努力可以完成的。

在提出注意保持较快发展速度的同时,党和国家又强调要提高经济效益,并为此制定了不少措施和办法。由于“一五”计划的投资要在“一五”后期甚至“二五”时期才能显现其效益,当时的经济增长主要是靠现有企业和农民提高效益、增加产出实现的。①

第四,关于自力更生和争取外援的问题。

自力更生为主,争取外援为辅,这是新中国在经济建设中一贯坚持的方针。

坚持自力更生的方针,意味着新中国经济建设事业的发展,主要依靠中国人民的力量,主要依靠自身的积累来获得建设资金,主要由中国自己来确定建设的目标、任务和方针、政策,而不是依赖外国。

“一五”期间,国家财政收入 1 354.9 亿元(其中 69.4% 来自国营经济上缴的利润),国外贷款仅占总收入的 2.7%。国家财政收入中,来自工业的比重达

① 刘国光主编:《中国十个五年计划研究报告》,人民出版社 2006 年版,第 62~63 页。

到44.5%(其中重工业占19.2%,轻工业占25.3%),来自农业的比重为14.9%。各族人民认购的公债,从1954年到1957年,合计也达到27.5亿元。这就是说,新中国建设所最迫切需要的资金问题,主要是依靠内部积累来解决的。

在坚持自力更生方针的同时,新中国还积极发展对外经济联系,主要是同苏联及人民民主国家的经济联系。"一五"期间,苏联帮助中国兴建的156项重点项目,成为中国"一五"期间(其中部分项目在"二五"期间进行)工业建设的中心,对中国工业化的起步起到了十分重要的作用。

尽管如此,新中国并没有依赖苏联。对来自苏联的贷款(包括抗美援朝战争期间用来购买苏联军事装备、物资的贷款),新中国从1955年起就开始通过出口矿产品和农产品来逐步偿还。

还要指出的是,新中国成立前夕,中共七届二中全会就提出要"解决建立独立的完整的工业体系"的问题。1956年,毛泽东在修改中共中央向八大的报告时再次确认:"国家工业化的任务,根据我国人口众多、资源丰富的情况,要求我们建设一个独立的、完整的工业体系。"①这个主张被八大所接受。这对于坚持自力更生的方针、保证中国经济的独立和持续、稳定的发展,具有长远的意义。

第五,关于生产和生活、积累和消费的关系问题。

进行社会主义建设的根本目的,是为了满足人民的物质和文化生活的需要。所以,应当在生产发展的基础上,使人民的物质和文化生活水平逐步得到提高。同时,为了人民的长远利益,国家和集体必须保持适当的积累,并使之随着生产的发展逐年有所增加,并执行厉行节约、反对浪费这样一个勤俭建国的方针。

"'一五'期间的积累率,1953年为23.1%,1954年为25.5%,1955年为22.9%,1956年为24.4%,1957年为24.9%,各年相差不大。这个时期的建设规模是相当大的,但积累率平均为24.2%,只比1952年提高2.8%。同期,在生产发展的基础上,全国工人和农民的消费水平都得到较大的提高。这说明,积累和消费的比例关系基本上是协调的。"

总之,既能保证重点建设,又能照顾人民生活需要,这是"一五"期间得到切实坚持和贯彻的原则。而"积累和消费比例关系的协调,激发了广大群众建设社会主义的积极性,有力地保证了社会主义建设事业顺利地健康地进行"②。

---

① 《建国以来毛泽东文稿》第6册,中央文献出版社1992年版,第151页。

② 柳随年、吴群敢主编:《中国社会主义经济简史》,黑龙江人民出版社1985年版,第200页。

(二) 工业建设的热潮①

"一五"期间,在中国共产党的领导下,全国人民积极投身于社会主义建设事业。

工人阶级是工业建设的主力军。他们为推进国家建设作出了无私的奉献。据报道,1952 年国营企业工人平均每人创造的价值就已达到 1 万元(新币值),除去工资(平均每人每月 50 元),94% 都是为国家创造的财富。为了搞好生产,他们不但努力提高自己的思想觉悟,而且努力提高自己的文化水平和科学技术知识水平。1953 年 9 月,全国总工会根据中共中央关于增加生产、厉行节约的指示精神,发出《关于进一步开展增产节约劳动竞赛保证全面地完成国家生产计划的紧急通知》。1954 年 4 月,鞍山钢铁公司技术革新能手王崇伦等七名全国工业劳动模范向全国总工会提出了开展技术革新运动的建议书。全国总工会主席团接受这个倡议,通过了《关于在全国范围内开展技术革新运动的决定》。工人阶级中热火朝天的劳动竞赛运动随即提高一步,发展成为全国范围的技术革新运动。

中共中央要求各级党委像在战争年代选派大批干部到军队中去工作一样,下最大决心从各方面抽调优秀干部,分配到工业战线上去,培养他们成为工业建设的领导骨干。当时从全国一次调集的干部,就有一万名之多。"一五"期间,仅调到重工业部门的省、地、县三级干部即达 8 743 名,其中省级干部 54 名,地委级干部 1 822 名,县级干部 6 867 名。党号召老干部、新干部,都要钻研工业建设的业务。毛泽东在 1955 年党的全国代表会议上强调:我们进入了钻社会主义工业化,钻社会主义改造,钻现代化的国防,并且开始要钻原子能这样的历史时期;适合这种新的情况钻进去,成为内行,这是我们的任务。

工程技术人员和科学工作人员在工业建设中大显身手。大批高等学校和各类专业技术学校的毕业生服从国家分配,不畏艰苦,兴高采烈地奔赴祖国各地工业建设的最前线。1952 年、1953 年两年甚至把建设急需的理工科大学生,提前一年毕业分配。以建设的尖兵——地质勘探队伍为例,旧中国只有微不足道的 200 多人,几年工夫,通过从各方面调集专业人员,分配地质专业和从其他专业转到地质专业的大专学生,以及采取大规模培训等方法,迅速发展到数以万计。到 1955 年底,地质勘探的职工人数,更由 1952 年的 1.9 万余人增加到 11.6 万

① 本节文字以《中国共产党的七十年》第 6 章第 5 节中的"工业化建设的高潮"为基础,增补了柳随年、吴群敢主编的《中国社会主义经济简史》第 13 章第 1 节和武力主编的《中华人民共和国经济史》上册第 4 章的若干材料。特此说明。

余人。

农民也很关心工业建设，认为工业发展了，用化肥和机器种田，过“楼上楼下电灯电话”的生活就有希望了。他们掀起兴修农田水利的热潮，大力推广农业新技术，并且开展防治病虫害、推广良种和新式农具等工作。他们用努力增加生产、积极缴纳农业税和交售粮棉的实际行动支援工业建设。工农业产品价格剪刀差的存在，成为农民向国家、向工业建设贡献力量的重要渠道。在工业建设发展之初，特别在矿区建设中，大批青年农民被吸收到迅速扩大的工人阶级队伍中来。

全国各地、各部门对工业重点建设工程大力进行支援。为了加强当时全国最大的钢铁基础——鞍山钢铁公司的建设，全国先后有55个城市、199个企业从人力、物资、设备等方面给予了支援。

工业建设战线喜报频传。鞍山钢铁公司的三大工程——大型轧钢厂、无缝钢管厂、七号炼铁炉于1953年10月至12月相继竣工，并于同年12月26日举行开工生产典礼。这是中国重工业建设中首批竣工投入生产的重要工程，大大加强了以鞍钢为中心的东北钢铁基地，是新中国社会主义工业化起步时的一个有重要意义的胜利。鞍钢全体工人写信向毛泽东主席报喜，毛泽东复电祝贺。中南的武汉钢铁公司、华北的包头钢铁公司也于1955年和1956年先后正式开始施工，为在内地建立大型钢铁基地开了头。到1956年，中国第一座生产载重汽车的长春汽车制造厂建成投产，中国第一座飞机制造厂试制成功第一架喷气式飞机，中国第一座制造机床的沈阳第一机床厂建成投产，中国第一座生产电子管的工厂北京电子管厂正式投产。飞架南北的武汉长江大桥开始修建，到1957年建成，使铁路从此可以纵贯中国。青藏、康藏、新藏公路建成通车，沟通了西藏和内地的联系。大大小小建设项目不胜枚举，单是限额以上的较大项目，平均起来每天就有一个开工或者竣工。全国到处是一片欣欣向荣的繁忙景象。

总之，新中国工业化的起步，虽然基础是薄弱的，限制因素是多方面的，任务十分艰巨，但是有利条件也很多。其中最重要的就是：党提出的社会主义工业化的任务，作为过渡时期总路线、总任务的主体，受到中国人民的热烈拥护。在全党全国人民同心同德的艰苦奋斗中，中国的工业化在扎扎实实地取得进展。

（三）第一个五年计划时期经济建设的成就

1956年，在基本完成社会主义改造的同时，发展国民经济的第一个五年计划规定的主要经济指标，也提前实现。“一五”时期的最后一年，1957年，“一五”计划规定的指标，大都大幅度超额完成。

过渡时期的总路线是社会主义工业化和社会主义改造同时并举的总路线。

社会主义工业化是总路线的主体，社会主义改造是围绕着社会主义工业化建设的任务进行的。在社会主义改造过程中，中国共产党和人民政府采取的实际步骤总是力求与经济发展的要求相适应，以便促进生产力的发展，而不允许对生产力造成破坏。正因为如此，社会主义改造这样一场极其深刻的社会变革，不仅没有引起激烈的社会动荡和经济破坏，而且使生产逐年增加。它成了搞好社会主义建设、完成"一五"计划的一个直接的推动力量。

五年内，全国进行了大规模的基本建设。国家对经济和文教卫生部门的基本建设投资达到493亿元，超过原定计划的15.3%。加上企业和地方自筹资金，全国实际完成基本建设投资总额550亿元。施工的建设单位在1万个以上，其中限额以上的921个。到1957年底，全部建成投产的有428个，部分投产的有109个。由于进行基本建设而新增的固定资产达到440亿元，其中新增的工业固定资产达到214亿元，超出旧中国近百年所积累的固定资产的60%。中国开始有了过去没有的现代化工业的骨干部门，如飞机、汽车、发电设备、重型机械、新式机床、精密仪表、电解铝、无缝钢管、合金钢、塑料、无线电和有线电的制造工厂。工业化的能源基础、原料基础建设取得重要进展。在工业化的技术手段机器制造方面，也有大批项目竣工投产，全国形成几十个机械制造系统，使中国的机械设备自给率由新中国成立前的20%左右，上升到60%。

基本建设方面取得的这些成就，"显著地改变了旧中国国民经济的技术面貌和部门结构，使中国工业化的物质技术基础得以初步建立"。

五年内，工业生产迅速发展。1957年，全国工业总产值达到783.9亿元，比1952年增长128.3%，平均每年增长18%（原定计划为14.7%）。其中生产资料的生产，1957年比1952年增长210%，平均每年增长25.4%；消费品工业的生产，1957年比1952年增长83%，平均每年增长12.9%。主要工业品的产量：钢，1957年达到535万吨，为1949年的33.9倍，为解放前最高年产量的5.8倍；煤，1957年达到1.3亿吨，为1949年的4倍，为解放前最高年产量的2.1倍；电，1957年达到193.4亿度，为1949年的4.5倍，为解放前最高年产量的3.2倍；机床，1957年达到28 000台，为1949年的17.7倍，为解放前最高年产量的5.2倍。①

随着工业尤其是重工业的发展，"使工业在国民经济中的地位发生了显著的变化"。在工农业总产值中，工业总产值所占的比重，由1952年的43.1%提高到1957年的56.7%，即超过了农业总产值所占的比重；在工业总产值中，生产资料生产所占的比重，由1952年的35.6%提高到1957年的48.3%。大体上

① 参见马洪等主编：《当代中国经济》，中国社会科学出版社1987年版，第313～317页。

反映工业化进展程度的工业、建筑业两者合计的比重，已由1949年的25.8%、1952年的40%，提高到1957年的51.2%，即超过了一半。旧中国重工业极端落后的状况开始得到转变。

五年内，农业生产也得到较大发展。1957年，全国农业总产值达到604亿元（按1952年不变价格计算），完成计划的101%，比1952年增长25%，平均每年增长4.5%（原定计划为4.3%）。主要农作物产量有较大增长：粮食1957年比1952年增长19%，比解放前最高年产量增长33%；棉花1957年比1952年增长26%，比解放前最高年产量增长93%；生猪、水产等的生产都超额完成了计划。

在这期间，农业生产条件也得到了改善。五年内全国扩大耕地面积5 867万亩，使全国耕地面积在1957年达到16.774 5亿亩，完成计划101%；新增灌溉面积2.181亿亩，相当于1952年全部灌溉面积的69%；造林2.1亿亩，建成大型水库13座，水土保持初步控制面积达20.3万平方公里；等等。所有这些，不仅在当时而且对今后农业的增产，都有重要的作用。

五年间，适应工农业生产迅速发展的需要，交通运输和邮电事业有了很大的发展。到1957年底，全国铁路通车里程达到29 862公里，比1952年增加22%。新建铁路33条，恢复铁路3条，新建、修复铁路干线、复线、支线和企业专用线共1万公里。穿越高山峻岭的宝（鸡）成（都）铁路和鹰（潭）厦（门）铁路，贯通南北的武汉长江大桥，都先后建成。到1957年，全国公路通车里程达到25万多公里，比1952年增加1倍。穿过世界屋脊的（西）康（西）藏、青（海）（西）藏、新（疆）（西）藏公路建成通车；内河航道里程达到14.4万多公里，比1952年增长了51.6%；空中航运线路达到2.64万多公里，比1952年增长了101.5%。同时，邮路总长也达到222万公里，比1952年增长了72.3%。①

五年间，在生产发展的基础上，人民的生活水平得到明显提高。“在国民收入总额增长53%，人均国民收入增长36.5%的条件下，全国消费基金增长了36.8%，人均增长21.6%。消费基金在国民收入使用额当中的比重，按当年价格计算，五年平均75.8%。国民收入新增部分用于消费者，五年平均占此新增部分的64%。全国居民平均消费水平，1957年已达到102元，而1952年只有76元，提高三分之一。其中职工平均消费水平由1952年的148元上升到1957年的205元，提高38.5%；农民由1952年的62元上升到1957年的79元，提高

---

① 参见柳随年、吴群敢主编：《中国社会主义经济简史》，黑龙江人民出版社1985年版，第181、183～184、185～187页。

了 27.4%。"①

"一五"计划时期"是为新中国建立独立的工业体系和工业化奠定基础的时期"②。在这期间,国内生产总值从 1952 年"一五"计划实施前的 679 亿元,跃升到 1957 年的 1 068 亿元。财政收入从 1952 年的 183.7 亿元增长到 1957 年的 310.2 亿元。国家的经济实力得到明显提高。当时建设的大中型工业骨干企业,都是国家统一规划、统一投资的国营企业。这些建设成就,极大地加强和壮大了国营经济的领导力量,为顺利过渡到社会主义和国民经济的进一步发展,奠定了强大的物质基础;同时也有力地鼓舞了全国人民为建设社会主义、从根本上改变国家经济文化落后面貌而奋斗的决心和信心。

——原载《中国共产党与新中国的创建》,中央文献出版社 2009 年版。

九、社会主义基本制度在中国的全面确立及其伟大意义

(一)社会主义改造的基本完成

到 1956 年,中国的社会主义改造基本完成,社会主义的基本经济制度在中国建立起来了。这是中国进入社会主义社会的最主要的标志。

如前所述,1952 年,各种经济成分在国民收入中所占的比重分别是:国营经济 19.1%,合作社经济 1.5%,公私合营经济 0.7%,个体经济 71.8%,资本主义经济 6.9%。就是说,个体经济和资本主义经济合计为 78.7%,占到国民收入的绝大部分。到 1956 年,各种经济成分占国民收入的比重分别是:国营经济 32.2%,合作社经济 53.4%,公私合营经济 7.3%,个体经济 7.1%,资本主义经济接近于零。这就是说,社会主义性质的国营经济、合作社经济和基本上属于社会主义性质的公私合营经济合计为 92.9%,占到了国民收入的绝大多数。这是社会主义改造的主要成果。这表明,中国已经胜利地完成了从新民主主义到社会主义的过渡。

在社会主义改造的工作中,尽管也有缺点和偏差,但"整个来说,在一个几亿人口的大国中比较顺利地实现了如此复杂、困难和深刻的社会变革,促进了工农业和整个国民经济的发展,这的确是伟大的历史性胜利。"1981 年 6 月中共十一届六中全会《关于建国以来党的若干历史问题的决议》对社会主义改造所作的这个评价,是完全符合实际的。

---

① 马洪等主编:《当代中国经济》,中国社会科学出版社 1987 年版,第 320 ~ 321 页。

② 刘国光主编:《中国十个五年计划研究报告》,人民出版社 2006 年版,第 75 页。

中国原本是一个经济文化落后的半殖民地半封建的国家。中国先于发达的资本主义国家进入社会主义社会,这是中国所处的特殊历史条件、中国共产党的正确领导和全国人民艰苦奋斗的结果,是科学社会主义的发展,是中国共产党和中国人民的光荣,是毛泽东思想的胜利。

长期以来,在国际共产主义运动中,对于经济文化落后的国家能不能搞社会主义这个问题,存在着严重争论。第二国际的领袖伯恩施坦、考茨基等修正主义分子和俄国孟什维克这个机会主义派别,就是以"俄国的生产力还没有达到足以实现社会主义社会的水平"作为唯一的论据来反对十月革命、反对俄国搞社会主义的。

俄国曾经是一个经济文化落后的国家。直到1913年,俄国仍然是一个落后的农业国。在工农业总产值中,工业占42.1%,农业占57.9%。虽然如此,列宁在1905年革命的前夕,还是根据马克思、恩格斯关于不断革命的原理和必须把农民革命运动和无产阶级革命运动结合起来的思想,明确地指出,我们将立刻由民主革命开始向社会主义过渡,并且恰恰是按照我们的力量,按照有觉悟有组织的无产阶级的力量开始向社会主义革命时期过渡。在1917年的十月革命中,列宁胜利地领导俄国人民实现了这个转变。1923年,他写了《论我国革命——评尼·苏汉诺夫的札记》一文。孟什维克苏汉诺夫在《革命札记》一书中,曾经认为列宁的上述理论"缺少对俄国社会主义的'客观前提'的分析,即对社会经济条件的分析",在他看来,经济文化落后的俄国是缺乏进行社会主义革命的客观前提的。对此,列宁回答说:"你们说,为了建立社会主义就需要文明。好极了。那么,我们为什么不能首先在我国为这种文明创造前提,如驱逐地主,驱逐俄国资本家,然后开始走向社会主义呢?""既然建立社会主义需要有一定的文化水平(虽然谁也说不出这个一定的'文化水平'究竟是什么样的,因为这在各个西欧国家都是不同的),我们为什么不能首先用革命手段取得达到这个一定水平的前提,然后在工农政权和苏维埃制度的基础上赶上别国人民呢?"这就是说,在列宁看来,社会主义制度固然是应当建立在高度发展的生产力的基础之上的,但是,如果革命时机成熟,落后国家的无产阶级也应当不失时机地去进行革命,夺取政权,建立苏维埃制度,以便为生产力的高度发展创造前提。这样做,是不是违反了马克思主义的原理呢?列宁认为,没有。他说,世界历史发展的一般规律,不仅丝毫不排斥个别发展阶段在发展的形式上或顺序上表现出特殊性,反而是以此为前提的。不懂得这一点,就是对马克思主义中有决定意义的东西即革命辩证法一点也不理解,就是对马克思主义的理解"迂腐到无以复加的程度"①。

① 《列宁选集》第4卷,人民出版社1995年版,第775页。

在这之前，正是按照上述思想，列宁在论述殖民地和落后国家的革命时还直接说过："在先进国家无产阶级的帮助下，落后国家可以不经过资本主义发展阶段而过渡到苏维埃制度，然后经过一定的发展阶段过渡到共产主义。"①

毛泽东在坚定不移地领导中国人民进行社会主义改造（社会主义革命）这个伟大的事业时，是遵循了马克思主义的上述理论的。他还结合世界革命的历史经验和中国革命的实际，对这个理论作出了创造性的发挥。他进一步明确指出："首先制造舆论，夺取政权，然后解决所有制问题，再大大发展生产力，这是一般规律。"②他说："从世界的历史来看，资产阶级工业革命，不是在资产阶级建立自己的国家以前，而是在这以后；资本主义的生产关系的大发展，也不是在上层建筑革命以前，而是在这以后。都是先把上层建筑改变了，生产关系搞好了，上了轨道了，才为生产力的大发展开辟了道路，为物质基础的增强准备了条件。当然，生产关系的革命，是生产力的一定发展所引起的。但是，生产力的大发展，总是在生产关系改变以后。"③这个一般规律，对于无产阶级革命，也是适用的。

我们知道，资本主义的社会化大生产，经历了简单协作、工场手工业和工厂机器生产这样几个发展阶段。据此，毛泽东指出："手工工场是非机器生产的资本主义。这种资本主义生产关系产生了一种改进技术的需要，为采用机器开辟了道路。在英国，是资产阶级革命（十七世纪）以后，才进行工业革命（十八世纪末到十九世纪初）。法国、德国、美国、日本，都是经过不同的形式，改变了上层建筑、生产关系之后，资本主义工业才大大发展起来。"④毛泽东认为，在经济落后的中国，民主革命胜利之后应当有步骤地建立社会主义的生产关系；而中国的社会主义也可以经历一个工场手工业的阶段。

毛泽东虽然肯定中国这样的国家在国家工业化的任务实现以前，可以而且应当建立社会主义制度，但是他从来没有认为，社会主义可以建立在小生产的基础之上，可以长久地停留在手工劳动的基础之上。早在民主革命时期，他就说，分散的个体经济——家庭农业和家庭手工业是封建社会的基础，不是民主社会（旧民主、新民主、社会主义，一概在内）的基础，这是马克思主义区别于民粹主义的地方。在农业合作化的高潮中，他强调指出："我们现在不但正在进行关于社会制度方面的由私有制到公有制的革命，而且正在进行技术方面的由手工业生产到大规模现代化机器生产的革命，而这两种革命是结合在一起的。"⑤他对

① 《列宁选集》第4卷，人民出版社1995年版，第279页。
② 《毛泽东文集》第8卷，人民出版社1999年版，第132页。
③ 《毛泽东文集》第8卷，人民出版社1999年版，第131～132页。
④ 《毛泽东文集》第8卷，人民出版社1999年版，第132页。
⑤ 《毛泽东文集》第6卷，人民出版社1999年版，第432页。

国家工业化和农业机械化的事业倾注了巨大的热情，并且在有生之年，带领全党、全国人民艰苦奋斗，经过许多艰难和曲折，基本上建立了一个独立、完整的工业体系和国民经济体系，从而为实现现代化奠定了重要的基础。

（二）社会主义基本制度的全面确立及其伟大意义

随着社会主义改造的基本完成，中国继建立社会主义的基本政治制度之后，以生产资料公有制为基础的社会主义的基本经济制度也建立起来了。社会主义基本制度的全面确立，标志着中国从新民主主义社会过渡到了社会主义社会，更确切地说，过渡到了社会主义社会的初级阶段。

1959 年底 1960 年初，毛泽东在《读苏联〈政治经济学教科书的谈话〉》时指出："社会主义这个阶段，又可能分为两个阶段，第一个阶段是不发达的社会主义，第二个阶段是比较发达的社会主义。后一阶段可能比前一阶段需要更长的时间。经过后一阶段，到了物质产品、精神财富都极为丰富和人们的共产主义觉悟极大提高的时候，就可以进入共产主义社会了。"①由于中国原先是一个经济文化不发达的国家，在这个基础上建立的社会主义，在一个相当长的时间内，只能是不发达的社会主义。这个不发达的社会主义，就是初级阶段的社会主义，就是社会主义的初级阶段。

不发达的社会主义或者说社会主义社会的初级阶段与新民主主义社会是有着重大区别的。在新民主主义社会时期，社会主义经济虽然占据领导地位，但在开始时私有经济是国民经济的主体，这种私有经济的主体地位是逐步被公有经济取代的。而在社会主义的初级阶段，公有制经济已经在国民经济中占据主体地位。这是社会主义改造的主要成果。

社会主义革命的目的是为了解放生产力。在社会主义改造基本完成以后，中国人民面临的主要任务，就是进一步推进工业化、现代化建设，为实现国家的繁荣富强和人民的共同富裕而奋斗。而社会主义制度的全面确立，正是为推进中国的工业化、现代化事业，为中国以后一切的进步和发展，奠定了基础。

社会主义改造是生产关系方面由私有制到公有制的一场伟大的变革。衡量生产关系的变革是否正确和必要，主要的标准应当是看这种变革对生产力的发展起促进作用还是起阻碍作用、破坏作用。

在全面进行社会主义改造的期间，即从 1953 年到 1956 年，全国工业总产值平均每年递增 19.6%，农业总产值每年递增 4.8%。经济发展比较快，经济效益比较好，重要经济部门之间的比例关系比较协调。市场繁荣，物价稳定。人民生

① 《毛泽东文集》第 8 卷，人民出版社 1999 年版，第 116 页。

活显著改善。在改造过程中,国家资本主义经济和合作经济表现了明显的优越性。比如,私人资本主义工业变成公私合营工业之后,每个工人的平均年产值,1952 年为 9 297 元,1953 年为 10 800 元,1954 年为 13 401 元。1955 年,公私合营工业比私营工业的工人劳动生产率平均高一倍。1956 年全行业公私合营后,合营工业的产值比 1955 年增加了 32%,合营商店、合作商店、合作小组的营业额比 1955 年增加了 15%。又比如,农业生产在这期间基本上也是逐年上升的。1956 年,农业遇到严重的自然灾害,农业总产值还是增长了 4.9%,其中粮食比 1955 年增产 4.4%,稻谷、小麦、薯类、烤烟、茶叶等的产量都超过了第一个五年计划最后一年即 1957 年的生产指标。畜牧业的情况稍差一些,但也没有发生农民大批宰杀牲畜致使畜牧业遭到严重破坏的情况。值得提出的是,依靠组织起来的力量,农田水利建设事业大大地发展了。仅 1956 年所兴修的农田水利工程的灌溉面积即达 1.5 亿亩,当年受益的达 1 亿亩。这等于解放前全国所有水利设施的灌溉面积的一半,等于新中国成立后 6 年中发展的灌溉面积的两倍。当年受灾农田面积达两亿数千万亩,除 8 000 万亩因毁灭性的灾害失收外,其余都依靠集体的力量大大减轻了灾害。这就是 1956 年为什么在灾害严重的情况下,能够实现农业显著增产的根本原因。

这些事实生动地表明,社会主义改造不仅没有阻碍生产力的发展,而且成了生产力发展的直接动力。

我们尤其应当看到,社会主义改造的胜利,为中国全面进行社会主义建设开辟了道路,为中国尔后的一切进步和发展奠定了基础。

从 1957 年到 1976 年的 20 年间,尽管我们在"大跃进"和"文化大革命"时期犯过严重的错误(这些错误都是由于中国共产党在寻找中国自己的社会主义建设道路的过程中主观认识不符合客观实际的结果,并不是由于建立了社会主义制度以后必定要发生的),但整个说来,中国在社会主义建设方面仍然取得了历史性的巨大的成就。在这期间,我们基本上建立起了一个独立的、比较完整的工业体系和国民经济体系,使中国在赢得了政治上的独立之后又赢得了经济上的独立。而且在这期间,中国经济发展的速度从总体上来看也是相当快的。工农业总产值,1952 年为 810 亿元,1978 年为 5 634 亿元,1953—1978 年平均年增长率为 8.2%;其中工业总产值 1952 年为 349 亿元,1978 年为 4 237 亿元,1953—1978 年平均年增长率为 8.4%;农业总产值 1952 年为 461 亿元,1978 年为 1 379 亿元,1953—1978 年平均年增长率为 2.7%。1957 年和 1978 年我国主要工农业产品产量据世界的位次:谷物 3→2,棉花 2→3,猪牛羊肉 2→3,化学纤维26→7,布 3→1,煤 5→3,原油 23→8,发电量 13→7,钢 9→5,水泥 8→4,硫酸 14→3,化肥 33→3。除了少数农副产品产量的位次保持不变或稍有后退外,谷物和主要工业产品产量的位次都明显提前了。这些事实，是经济文化落后的中国应当而且能够建立社会主义制度的生动证明，是社会主义制度具有巨大优越性的初步的但又是有力的显示。邓小平在1979年说过："社会主义革命已经使我国大大缩短了同发达资本主义国家在经济发展方面的差距。我们尽管犯过一些错误，但我们还是在三十年间取得了旧中国几百年、几千年所没有取得过的进步。"[①]历史的事实就是这样。

对于中国取得的这种历史性的巨大进步，中国人民是有切身感受的。对此，一些西方人士也不否认。比如，美国历史学家莫里斯·迈斯纳就说：毛泽东时代"是世界上最伟大的现代化时代之一，与德国、日本和俄国等几个现代工业舞台上的后起之秀的工业化最剧烈时期相比毫不逊色"。中国取得了"全世界所有发展中国家和主要发达国家在同一时期取得的最高增长率"。美国经济学家萨缪尔森当时在《经济学》的第十版里也说：关于中国的基本事实是，"它向每一个人提供了粮食、衣服和住房，使他们保持健康，并使绝大多数人获得了教育，千百万人并没有挨饿，道路旁边和街路上没有一群群昏昏欲睡、目不识丁的乞丐，千百万人并没有遭受疾病的折磨。以此而论，中国的成就超过世界上任何一个不发达国家"。

中国在基本完成社会主义改造、全面确立社会主义基本制度的基础上所取得的这些进步，不仅在当时已经使中国极度贫弱的面貌在很大程度上得到了改变，而且为中国以后的进一步发展创造了制度前提和奠定了物质基础。

——原载《中国共产党与新中国的创建》，中央文献出版社2009年版。

① 《邓小平文选》第2卷，人民出版社1994年版，第167页。

第七编 1956—1976年

一、阐明马克思列宁主义与中国实际"第二次结合"的原则

（一）

随着1956年社会主义改造的基本完成，中国开始进入全面建设社会主义的时期。如何建设社会主义，如何巩固和发展社会主义，成为中国共产党面临的基本的历史性的课题。

新中国的经济建设始于1949年。由于没有管理全国经济的经验，第一个五年计划的建设不得不照抄苏联的办法。"这在当时是完全必要的，同时又是一个缺点，缺乏创造性，缺乏独立自主的能力。这当然不应当是长久之计。"①第一个五年计划的建设有成效，但对这种"基本上照抄"的办法，毛泽东"总觉得不满意，心情不舒畅"②。

在社会主义改造即将基本完成的时候，毛泽东"当时就想，苏联和中国都是社会主义国家，我们是不是可以搞得快点多点"。也就是说，是不是可以用一种更加适合中国情况的办法，更好地建设社会主义。当时，有两个情况促使他提出这种想法。一个是经过第一个五年计划的建设，中国已经在建设方面积累了一些经验。另一个是经过苏共二十大，苏联方面暴露了他们的一些缺点和错误。毛泽东说："他们走过的弯路，你还想走？过去我们就是鉴于他们的经验教训，少走了一些弯路，现在当然更要引以为戒。"③正是在这种情况下，中国共产党人决心走自己的路，开始探索适合中国国情的社会主义建设道路。

探索中国的社会主义建设道路，从根本上说，就是要解决如何把马克思列宁主义的基本原理同中国社会主义建设的实际正确地结合起来的问题。1956年4

---

① 《毛泽东文集》第8卷，人民出版社1999年版，第305页。

② 《毛泽东文集》第8卷，人民出版社1999年版，第117页。

③ 《毛泽东文集》第7卷，人民出版社1999年版，第23页。

月初，在中共中央书记处会议上讨论《关于无产阶级专政的历史经验》一文时，毛泽东提出：我认为最重要的教训是独立自主，调查研究，摸清本国国情，把马克思列宁主义的基本原理同我国革命和建设的具体实际结合起来，制定我们的路线、方针、政策。现在是社会主义革命和建设时期，我们要进行第二次结合，找出在中国进行社会主义革命和建设的正确道路。① 1962 年 1 月，他进一步提出：“我们必须把马克思列宁主义的普遍真理同中国社会主义建设的具体实际，并且同今后世界革命的具体实际，尽可能好一些地结合起来，从实践中一步一步地认识斗争的客观规律。”②

在提出实行“第二次结合”这个命题时，考虑到以往经济建设中有过照搬苏联办法的倾向，毛泽东首先指出，现在我们“应当更加强调从中国的国情出发，强调开动脑筋，强调创造性，在结合上下功夫”③。

苏共二十大以后，西方敌视社会主义的势力利用赫鲁晓夫的秘密报告攻击共产党和社会主义，叫嚣要“改变共产主义世界的性质”，掀起了一个世界性的反共浪潮。针对这种情况，毛泽东和中共中央又指出，苏联革命和建设中的教训必须认真汲取，但对那些具有普遍意义的基本经验则必须坚持。从基本原理上说，十月革命道路“反映了人类社会发展长途中一个特定阶段内关于革命和建设的普遍规律”。1956 年底发表的根据中共中央政治局的讨论所写的《再论无产阶级专政的历史经验》一文，将上述基本原理概括为五条：(1) 无产阶级的先进分子组织成为共产主义的政党。这个政党要以马克思列宁主义为指导，坚持民主集中制和群众路线。(2) 无产阶级在共产党领导之下，联合劳动人民，经过革命斗争从资产阶级手里取得政权。(3) 在革命胜利以后，无产阶级在共产党领导之下，以工农联盟为基础，联合广大的人民群众，建立无产阶级专政，实现工业的国有化，逐步实现农业的集体化，从而消灭剥削制度，消灭阶级。(4) 无产阶级和共产党领导的国家，领导人民群众有计划地发展社会主义经济和社会主义文化，在这个基础上逐步地提高人民的生活水平。(5) 无产阶级和共产党领导的国家，坚持反对帝国主义侵略，承认各民族平等，维护世界和平，坚持无产阶级国际主义的原则，努力取得各国劳动人民的援助，并且努力援助各国劳动人民和被压迫民族。文章说，我们必须“保卫十月革命所开辟的这一条马克思列宁主义的道路”，这“在目前的国际形势下具有特别重大的意义”。

在毛泽东看来，坚持马克思列宁主义的基本原理，与从中国社会主义建设的

---

① 参见吴冷西：《十年论战》(上)，中央文献出版社 1999 年版，第 23～24 页。

② 《毛泽东文集》第 8 卷，人民出版社 1999 年版，第 302 页。

③ 吴冷西：《十年论战》(上)，中央文献出版社 1999 年版，第 24 页。

具体实际出发，两者应当有机地结合在一起，不能只强调一个方面，而否定另一个方面。他说，“实现社会主义革命的基本原则，各个国家都是相同的。但是在小的原则和基本原则的表现形式方面是有不同的”。就表现形式来说，应当是“社会主义的内容，民族的形式”①。如果否定了马克思列宁主义的基本原理，否定了社会主义的共同性，即否定了社会主义必须具备的基本特征，那搞的就不是社会主义，而是别的什么主义了；如果不从中国实际出发，那社会主义建设也是不可能搞好的。不可能设想，社会主义在各国的具体发展过程和表现形式，只能有一个千篇一律的格式。

邓小平在党的十二大所致的开幕词中说：“把马克思主义的普遍真理同我国的具体实际结合起来，走自己的道路，建设有中国特色的社会主义，这就是我们总结长期历史经验得出的基本结论。”②尽管毛泽东没有使用“建设有中国特色的社会主义”这样的提法，但他确实明确地论证过中国的社会主义必定带有中国特点这个思想。经过毛泽东修改的中共中央向党的八大提交的政治报告明确指出：“我国是一个东方国家，又是一个大国。因此，我国不但在民主革命的过程中有自己的许多特点，在社会主义改造和社会主义建设的过程中也带有自己的许多特点。”③

毛泽东提出的关于马克思列宁主义同中国实际的“第二次结合”的思想，为中国共产党和中国人民探索适合中国情况的社会主义建设道路提供了基本的指导原则，指明了正确的方向。

（二）

为了把马克思列宁主义的普遍真理同中国社会主义建设的具体实际结合起来，首先必须正确认识中国的基本国情。在民主革命时期，毛泽东就说过：“认清中国社会的性质，就是说，认清中国的国情，乃是认清一切革命问题的基本的根据。”④同样，在社会主义建设时期，认清中国社会的性质，就是认清中国的国情，也是认清一切建设问题的基本的依据。

中国共产党在 1956 年社会主义改造基本完成时曾经宣布，中国进入了社会主义社会。这个判断是正确的；但当时对于中国的社会主义社会处于何种发展阶段并没有作出分析。由于对在经济文化落后的中国建设社会主义的长期性、

---

① 《毛泽东文集》第 7 卷，人民出版社 1999 年版，第 76、78 页。

② 《邓小平文选》第 3 卷，人民出版社 1993 年版，第 3 页。

③ 《建国以来毛泽东文稿》第 6 册，中央文献出版社 1992 年版，第 143 页。

④ 《毛泽东选集》第 2 卷，人民出版社 1991 年版，第 633 页。

艰巨性估计不足,在"大跃进"发动时,中共中央一度认为,"共产主义在我国的实现,已经不是什么遥远将来的事情了"。这个判断严重脱离了中国实际,是错误的。

由于在"大跃进"中碰了钉子,中共中央领导人开始矫正对中国社会主义的认识。1959年底至1960年初,毛泽东在读苏联《政治经济学教科书》的谈话中,提出了一个重要的观点:"社会主义这个阶段,又可能分为两个阶段,第一个阶段是不发达的社会主义,第二个阶段是比较发达的社会主义。后一阶段可能比前一阶段需要更长的时间。"他说:"在我们这样的国家,完成社会主义建设是一个艰巨任务,建成社会主义不要讲得过早了。"①这就是说,共产主义在中国的实现,还很遥远;在一个相当长的时期里,中国还处在"不发达的社会主义"阶段。毛泽东提出的这个观点具有重大的理论价值。它是中国共产党人在探索中国社会主义建设道路的过程中取得的重要成果,也是改革开放以来中国共产党人提出的社会主义初级阶段理论的渊源。

为了把马克思列宁主义的基本原理同中国社会主义建设的具体实际结合起来,不仅要正确判断中国社会主义社会的性质及其发展阶段,而且还必须对社会主义中国的基本特点作出科学的分析。"我国的特点是什么呢?"1958年8月,根据毛泽东的有关论述,陆定一在《教育必须与生产劳动相结合》一文中将它概括成了四条。毛泽东肯定了这个概括,又加写了一条,将它变成为五条。② 由于这篇文章的写作和毛泽东所作的修改,都是在"大跃进"发动阶段进行的,因而不可避免地带有那个特殊年代的印记和历史的局限性;但是这些概括的大部分内容,在现在看来也还是正确的。

下面,我想结合毛泽东的有关论述,对这五条作一些分析。

1."我国是社会主义国家"

社会主义的基本制度在中国已经确立,它为中国以后的一切进步和发展奠定了基础。毛泽东说,中国之所以搞社会主义,"就是为了便于把国家发展起来,社会主义比私有制度更有利于发展国家的经济、文化,使国家独立"③。建设社会主义,必须把全国经济等方面的事业组织成"一盘棋",才能最有效、最合理地调动各方面的积极性,而这只有在社会主义制度下才能真正做到。邓小平后来说,社会主义最大的优越性,就是能够集中力量办大事,讲的就是这个意思。所以,在中国搞建设,首先必须认清"我国是社会主义国家"这个基本的事实,自

---

① 《毛泽东文集》第8卷,人民出版社1999年版,第116页。

② 参见《建国以来毛泽东文稿》第6册,中央文献出版社1992年版,第340~341页。

③ 《毛泽东文集》第7卷,人民出版社1999年版,第177页。

觉地坚持社会主义的基本制度,注意发挥社会主义的优越性。

2."人口众多,地区辽阔"

人口众多,说明中国的人力资源、智力资源比较充足;地区辽阔,说明中国地上、地下的物质资源有相当大的数量,可供调配的东西比较多,发展的回旋余地比较大。这是中国建设和发展的重要优势。毛泽东说过:"人多议论多,热气高,干劲大。""除了党的领导之外,六亿人口是一个决定的因素。"①不过,这个特点同时也是中国建设和发展的重要制约因素。毛泽东又说过:"我们的国家有一个很大的缺点,人太多,这么多的人要吃饭,要穿衣,所以现在还有不少的困难。"②而且由于地区辽阔,开发的任务重,各地的发展又不平衡,所以"我们这样一个大国要提高经济、文化水平,建设现代化的工业、农业和文化教育,需要一个过程"。想快,"可以快一点,但不可能很快,想很快是吹牛皮"③。

3."经济落后,文化落后"

我们的经济、文化,"几乎是在没有什么遗产的情况下搞起来的"④。毛泽东经常说:"中国六亿人口的显著特点是一穷二白。"⑤"穷",就是没有多少工业,农业也不发达。"白",就是一张白纸,文化水平、科学水平都不高。⑥ 所以,"我们在人口上是个大国,在经济上是个小国"⑦。进行经济、文化建设的任务很紧迫,很艰巨。他说:"中国经济落后,物质基础薄弱,使我们至今还处在一种被动状态,精神上感到还是受束缚,在这方面我们还没有得到解放。"⑧"韩愈有一篇文章叫《送穷文》,我们要写送穷文。中国要几十年才能将穷鬼送走。"⑨

一穷二白这个事实,是中国人必须面对的。毛泽东认为,我们应当辩证地看待这个问题。穷与白,富与文,都有二重性。"穷则思变,要干,要革命。一张白纸,没有负担,好写最新最美的文字,好画最新最美的画图。"⑩对此,聂荣臻解释说:"正因为穷,我国广大群众改革生产技术的要求就十分迫切,进行技术革命的干劲就十分大。""由于白,我们就可以不受旧事物的束缚,自由地充分地利用世界最新科学技术成就,更加有效地、更加合理地开发和利用我们的资源,安排

---

① 《建国以来毛泽东文稿》第7册,中央文献出版社1992年版,第177页。

② 《毛泽东外交文选》,中央文献出版社、世界知识出版社1994年版,第491页。

③ 《毛泽东文集》第8卷,人民出版社1999年版,第71页。

④ 《毛泽东外交文选》,中央文献出版社、世界知识出版社1994年版,第491~492页。

⑤ 《建国以来毛泽东文稿》第7册,中央文献出版社1992年版,第177~178页。

⑥ 参见《毛泽东外交文选》,中央文献出版社、世界知识出版社1994年版,第239页。

⑦ 《建国以来毛泽东文稿》第6册,中央文献出版社1992年版,第626页。

⑧ 《建国以来毛泽东文稿》第7册,中央文献出版社1992年版,第51页。

⑨ 《毛泽东文集》第7卷,人民出版社1999年版,第171~172页。

⑩ 《建国以来重要文献选编》第11册,中央文献出版社1995年版,第275页。

我们的生产,做到后来居上。”①所以,穷与白,看起来是坏事,在一定意义上讲也是好事。这样看问题,不仅可以使我们自觉地利用后发者的优势,而且可以增强我们搞好建设事业的信心。

4.“有共产党的领导和工农业生产的大跃进”

1958年开始的“大跃进”运动,在主观上是想迅速地改变中国的落后面貌,但是由于急于求成,高指标、瞎指挥、浮夸风、“共产风”等错误曾经一度严重地泛滥开来。这样的“大跃进”,显然不能构成中国的基本特点。其后,毛泽东对“大跃进”这个问题作出过进一步的解释。1963年8月、9月,他对《关于工业发展问题》初稿进行了修改。修改稿中讲道:“在解放以后,能不能够实现大的跃进?能不能够使我国在一个不太长的历史时期内由一个落后的农业国跃进为先进的伟大的工业国?”②这里的“跃进”,是指“使我国在一个不太长的历史时期内由一个落后的农业国跃进为先进的伟大的工业国”。这样的“跃进”,显然应当成为中国发展的一个特点。

“有共产党的领导”,这是中国的一个显著的特点。共产党的执政地位和领导作用的确立,是历史和人民的选择。毛泽东说:“中国共产党是全中国人民的领导核心。没有这样一个核心,社会主义事业就不能胜利。”③因为没有共产党的领导,就不可能巩固国家的统一、民族的团结、社会的稳定,中国人民就不可能集中力量去从事建设;同时,中国的建设事业就不可能坚持社会主义的方向,不可能调动各方面的积极性,因而从根本上讲就不可能取得成功。所以,坚持共产党的领导,这对于中国的社会主义建设具有关键性的意义。

5.“中国是一个严肃地进行整风、反右的国家,是大鸣、大放、大争、大辩、大字报的国家”

开展整风、反右派运动,毛泽东称之为进行政治战线、思想战线上的社会主义革命。但政治、思想战线上的问题不可能通过整风、反右派运动一次性地得到根本解决,而且整风、反右派运动不可能也不应当成为我国社会政治生活中的经常的、主要的形式。

为什么毛泽东要加写这一条,并且认为这是“最重要的”呢?我想,这是因为,在他看来,社会主义中国比起资本主义国家,具有政治上和思想上的很大优势。我们党能够自觉地进行整风,经过批评与自我批评,学习马克思主义,加强自身建设;能够坚持社会主义道路,开展反对资本主义倾向的斗争;能够通过发

① 《建国以来重要文献选编》第11册,中央文献出版社1995年版,第374页。

② 《建国以来毛泽东文稿》第10册,中央文献出版社1996年版,第346页。

③ 《毛泽东文集》第7卷,人民出版社1999年版,第303页。

扬社会主义民主,调动广大人民进行建设的积极性。这是只有社会主义中国才能做到的。所以,我们必须认识并利用这种优势。中共中央批准的一个报告就说:“我们的物质条件,不如各工业先进国家,要比他们取得更高的速度,就更要靠政治工作和组织工作这两条。”①由此可见,对这一条,如果不仅仅拘泥于字面上,而是从它的精神实质上去理解,那么,我们还是应当承认:具有政治上和思想上的重大优势,这是社会主义中国的特点之一。自觉地运用好这个优势,对于搞好中国的建设事业是有重要意义的。

总之,对中国特点所作的上述概括,尽管有的表述还不尽精当,但其主要的方面是正确的。这是中国共产党认识中国特点的一个重要的理论成果。

(三)

认识中国的社会性质和主要特点,是为了把马克思列宁主义的基本原理与中国的实际正确地结合起来,找出中国建设社会主义的客观规律,制定出适合中国情况的路线、方针和政策,把中国的社会主义建设事业推向前进。规律是事物内在的本质的联系。它并不能自然地、外在地显示自己。人们必须在自己的实践中,去寻找客观事物的固有的而不是自己主观臆造出来的规律性。毛泽东说:“社会主义谁也没有干过,没有先学会社会主义的具体政策而后搞社会主义的。”②不经历一个在实践的基础上积累经验的过程,要正确认识建设社会主义的规律,是不可能的。

这里所说的经验,包括正面经验和反面经验两个方面。正面经验告诉人们怎么做是对的;反面经验告诉人们怎么做是不对的。毛泽东认为,不犯错误,人们的经验就不完全。“过去我们在建设问题上用的心思太少,主要精力是搞革命。错误还是要犯的,不可能不犯,犯错误是正确路线形成的必要条件。”③重要的不是不犯任何错误,这是不可能的;而是要善于从所犯的错误中吸取教训。事实上,只有经过正反两个方面经验的比较和对照,人们对社会主义建设的认识才能逐步地符合实际。

以毛泽东为代表的中国共产党人探索社会主义建设道路的开局是良好的,1956 年,他所作的《论十大关系》的讲话和党的八大制定的路线,1957 年他发表的《关于正确处理人民内部矛盾的问题》,就是这个探索所取得的重要的积极成

① 《中央科学小组、国家科委党组关于一九六三——一九七二年科学技术发展规划的报告》,1963 年 10 月 24 日。

② 《毛泽东文集》第 8 卷,人民出版社 1999 年版,第 276 页。

③ 《毛泽东文集》第 7 卷,人民出版社 1999 年版,第 375 页。

果。毛泽东本人说:“一九五六年四月的《论十大关系》,开始提出我们自己的建设路线,原则和苏联相同,但方法有所不同,有我们自己的一套内容。”①“前八年照抄外国的经验。但从一九五六年提出论十大关系起,开始找到一条适合中国的路线。”②不过,这个探索也经历过曲折。第一个严重的挫折,就是 1958 年开始的“大跃进”。1961 年 6 月,毛泽东在总结“大跃进”的教训时说:“现在同志们解放思想了,对于社会主义的认识,对于怎样建设社会主义的认识,大为深入了。为什么有这个变化呢?一个客观原因,就是一九五九年、一九六○年这两年碰了钉子。”③

值得注意的是,毛泽东在这里对于探索的主要内容所作的概括,主要是指“对于社会主义的认识,对于如何建设社会主义的认识”。这也正是我们今天所说的“什么是社会主义,如何建设社会主义”这两个根本性的问题。那么,在当时,中国共产党人对于这两个问题的认识,究竟取得了何种进展?又怎样比以往“大为深入了”呢?这可以从毛泽东于 1961 年 9 月审定的根据《中共中央关于轮训干部的决定》编辑的供干部学习的材料中看到一个大概。这个材料主要辑录了马克思、恩格斯、列宁、斯大林、毛泽东、刘少奇和中共中央关于社会主义建设的有关论述。其目录是:“一、什么是社会主义:(一)社会主义是共产主义的低级阶段;(二)不断革命论和革命发展阶段论相结合;(三)建设社会主义需要一个很长的历史时期。二、社会主义经济建设的几个问题:(一)生产关系要适合生产力的发展;(二)农业是国民经济发展的基础;(三)不能剥夺农民,巩固工农联盟;(四)有计划按比例规律和计划工作;(五)生产资料生产的增长最终还是要依赖于消费品的增长;(六)商品生产和价值规律;(七)坚持按劳分配,反对平均主义。”④

这些论述,主要是针对“大跃进”中发生的问题辑录的。从原则上讲,这些认识尽管还不完备,但基本上是正确的,与“大跃进”开始时的看法比较起来(如认为共产主义已经不再遥远,有人主张取消商品生产,一些地方大刮“共产风”、搞贫富拉平等),不仅逐步地接近了实际,而且确实是“大为深入了”。不过,毛泽东并没有认为,人们在当时就已经获得了对于社会主义建设规律的完整的科学的认识。他强调,“真理不是一次完成的,而是逐步完成的”。他在 1960 年 6 月所作的《十年总结》中说:“对于我国的社会主义革命和建设,我们已经有了十

---

① 《毛泽东文集》第 7 卷,人民出版社 1999 年版,第 369 ~ 370 页。
② 《建国以来毛泽东文稿》第 9 册,中央文献出版社 1996 年版,第 213 页。
③ 《毛泽东文集》第 8 卷,人民出版社 1999 年版,第 277 页。
④ 《建国以来毛泽东文稿》第 9 册,中央文献出版社 1996 年版,第 556 ~ 557 页。

年的经验了，已经懂得了不少的东西了。但是我们对于社会主义时期的革命和建设，还有一个很大的盲目性，还有一个很大的未被认识的必然王国。我们还不深刻地认识它，我们要以第二个十年时间去调查它，去研究它，从其中找出它的固有的规律，以便利用这些规律为社会主义的革命和建设服务。"①对于一个人的一生来说，十年不是一个很短暂的时间。毛泽东决心再用十年时间去探索中国社会主义建设的规律，可见他认识到了这个探索的任务仍然是很艰巨的。

怎么去进行这个探索呢？就是通过调查研究，这是把马克思列宁主义的基本原理同中国社会主义建设的具体实际结合起来不可或缺的中间环节，是探索中国社会主义建设规律的必由之路。为了纠正"大跃进"中发生的主观主义的错误，毛泽东于 1961 年发出了"大兴调查研究之风"的号召。他认为，"要是不做调查研究工作，只凭想像和估计办事，我们的工作就没有基础"。②"用马克思列宁主义观点到群众中去做深入的调查研究，是做好一切工作的前提。"③

毛泽东曾经恳切地说："建国以来，特别是最近几年，我们对实际情况不大摸底了，大概是官做大了。我这个人就是官做大了，我从前在江西那样的调查研究，现在就做得很少了。"他表示，"我自己的毛病当然要坚决改正"。他同时希望大家都去做调查研究，"把实事求是的精神恢复起来"④。这种自我批评，他反复地作过多次。随后，他确实身体力行，去从事调查研究了。

对于这个问题，中共中央也作过严肃的自我批评。刘少奇在 1962 年 1 月召开的七千人大会上代表中央所作的工作报告中就说过："中央有些同志，常常只是依靠汇报来了解工作情况，没有认真地进行调查研究，有一个时期对于形势的估计过于乐观，因而对于某些工作问题不能作出正确的判断。""对于这几年来的工作中的缺点和错误，首先要负责的是中央。"我们必须按照毛主席的指示，到群众中去，深入开展调查研究工作。⑤

认识来源于实践，而实践的主体是群众。"任何英雄豪杰，他的思想、意见、计划、办法，只能是客观世界的反映，其原料或者半成品只能来自人民群众的实践中，或者自己的科学试验中，他的头脑只能作为一个加工工厂而起制成完成品的作用，否则是一点用处也没有的。人脑制成的这种完成品，究竟合用不合用，正确不正确，还得交由人民群众去考验。"⑥进行调查研究，这就是向群众学习的

---

① 《建国以来毛泽东文稿》第 9 册，中央文献出版社 1996 年版，第 216 页。

② 《毛泽东文集》第 8 卷，人民出版社 1999 年版，第 233～234 页。

③ 《建国以来毛泽东文稿》第 9 册，中央文献出版社 1996 年版，第 518 页。

④ 《毛泽东文集》第 8 卷，人民出版社 1999 年版，第 237、250～251 页。

⑤ 《建国以来重要文献选编》第 15 册，中央文献出版社 1997 年版，第 17～18 页。

⑥ 《建国以来毛泽东文稿》第 7 册，中央文献出版社 1992 年版，第 60～61 页。

过程、“向群众寻找真理”的过程。毛泽东强调,各级党委“都要坚决走群众路线,一切问题都要和群众商量,然后共同决定,作为政策贯彻执行。各级党委,不许不作调查研究工作,绝对禁止党委少数人不作调查,不同群众商量,关在房子里,作出害死人的主观主义的所谓政策。”①为此,中共中央指示“各级党委都要把调查研究定为经常的工作制度”②。

毛泽东的这些思想,针对性很强,对于中国共产党人进一步去积累经验,探索适合中国情况的社会主义建设道路,具有长远的指导意义。

(四)

把马克思列宁主义的基本原理与中国的实际结合起来,并不意味着只要了解中国的情况就够了。中国不是一个孤立的存在。中国的发展,同自身所处的时代条件、国际格局及其变化,是紧密地关联着的。1956年,我国开始全面建设社会主义,毛泽东更明确地提出了“向外国学习”的口号。他说:“我们的方针是,一切民族、一切国家的长处都要学,政治、经济、科学、技术、文学、艺术的一切真正好的东西都要学。”③周恩来当时也说过,在建设社会主义的事业中,我们既不能有依赖思想,也不能有孤立思想。“关起门来建设的思想是错误的。”④

中国的发展之所以不能离开世界,之所以与世界紧密关联,这是因为:(1)中国要“靠世界上爱好和平人民的帮助,最主要的是保持和平环境”。⑤不保持和平环境,中国是不可能集中力量从事建设事业的。(2)搞建设,“我们面前的工作是很艰苦的,我们的经验是很不够的。因此,必须善于学习”。我们“要善于向世界各国人民学习”。“我们办工业,必须把眼光放到全世界。”⑥(3)“中国现在经济上文化上还很落后,要取得真正的独立,实现国家的富强和工业现代化,还需要很长的时间,需要各国同志和人民的支持”⑦。“搞经济关门是不行的”,要同其他国家发生经济、文化上的联系,“互相交换有益的东西”⑧。(4)从长远看,从根本上看,“按照列宁主义的观点,一个社会主义国家的最后胜利,不但需要本国无产阶级和广大人民群众的努力,而且有待于世界革命的胜

---

① 《建国以来重要文献选编》第14册,中央文献出版社1997年版,第332页。

② 《建国以来重要文献选编》第14册,中央文献出版社1997年版,第379页。

③ 《毛泽东文集》第7卷,人民出版社1999年版,第41页。

④ 《建国以来重要文献选编》第9册,中央文献出版社1994年版,第379页。

⑤ 《毛泽东文集》第8卷,人民出版社1999年版,第73页。

⑥ 《建国以来毛泽东文稿》第11册,中央文献出版社1996年版,第198页。

⑦ 《毛泽东文集》第7卷,人民出版社1999年版,第64页。

⑧ 《毛泽东文集》第8卷,人民出版社1999年版,第71~72页。

利,有待于在整个地球上消灭人剥削人的制度,使整个人类都得到解放"。① 所以,我们不能离开国际环境,孤立地考虑中国的问题。

为了搞好建设事业,我们究竟应当怎样贯彻实施"向外国学习"的方针?这就是,"世界各国,什么地方有好东西,统统学来"②。"但是,必须有分析有批判地学,不能盲目地学,不能一切照抄,机械搬用。"具体地说就是:(1) 我们要学习的是外国的长处,是他们的先进经验和先进事物。对于他们的短处,如果说学,那就是从反面去学,引以为戒,不予照搬。(2) 学习外国好的东西,也要同本国的特点相结合。"一个国家总有它的特点,不适合这个特点就行不通。"③"应该是在中国的基础上面,吸取外国的东西。应该交配起来,有机地结合。"(3) 要做到"洋为中用"。就是说,"向外国人学习是为了今天的中国人"。"要向外国学习,学来创作中国的东西。""应该学习外国的长处,来整理中国的,创造出中国自己的、有独特的民族风格的东西。"④(4) 学习外国,既要有世界的眼光、虚心的态度,又不能在外国人面前伸不直腰,丧失民族信心。"贾桂(即奴才)是谁也看不起的。"⑤必须反对贾桂思想。

毛泽东所说的学习外国,既包括学习苏联等社会主义国家,也包括学习美、英、法、德、日等发达资本主义国家,还包括学习发展中国家等一切其他的国家。他对缅甸领导人就说过:"缅甸有许多值得我们学习的东西。""缅甸种粮食比我们种得好。我们愿意研究缅甸是怎样种的。"⑥当然,从推进中国现代化的角度,他更多地关注的是如何向在经济、文化方面比中国更先进的国家学习的问题。

新中国成立初期,我们提出过"学习苏联"的口号。在苏联暴露了自己在建设中的问题之后,还要不要学习苏联呢?毛泽东指出,苏联发生的错误,"是部分性质的,暂时性质的","苏联那个主流,那个主要方面,那个大多数,是正确的"。"我们历来提的口号是学苏联先进经验,谁要你去学习落后经验呀?"认为社会主义国家一切都好,那是迷信。对苏联的东西,也要分析。"择其善者而从之,其不善者不从之。"即便是善者,学的时候,也要考虑到本国的具体情况。"照抄别国的经验是要吃亏的,照抄是一定会上当的。"⑦毛泽东认为,"我们学

① 《建国以来毛泽东文稿》第 8 册,中央文献出版社 1993 年版,第 15 页。
② 《毛泽东外交文选》,中央文献出版社、世界知识出版社 1994 年版,第 313 页。
③ 《毛泽东外交文选》,中央文献出版社、世界知识出版社 1994 年版,第 313 页。
④ 《毛泽东文集》第 7 卷,人民出版社 1999 年版,第 82~83 页。
⑤ 《建国以来毛泽东文稿》第 7 册,中央文献出版社 1992 年版,第 231 页。
⑥ 《毛泽东外交文选》,中央文献出版社、世界知识出版社 1994 年版,第 186 页。
⑦ 《毛泽东文集》第 7 卷,人民出版社 1999 年版,第 91、366、64 页。

习苏联,要包括研究它的错误。研究了它错误的那一方面,就可以少走弯路”①。在20世纪50年代中苏论战之前,我们党比较注意研究苏联在建设方面的失误,引以为戒;在这之后,更多地是在研究苏联修正主义产生的根源,并由此思考如何防止中国“和平演变”的问题。毛泽东曾敏锐地指出:“在苏联的干部队伍中是有这么一个特殊的阶层的。”②赫鲁晓夫提出的系统化的错误观点,就是代表了他们的利益和要求。他认为,这类问题在中国也存在,好在“我们正在开始认识,并着手解决”③。

为了推进中国的现代化建设,毛泽东认为,仅仅学习苏联是不够的。“找知识要到各方面找,只到一个地方去找,就单调了。”④他说,我们“还一定要学日本和美国”⑤,学西方发达国家。比如,“中国的工业,技术水平,比日本差得很远,我们应取什么方针,值得好好研究”。又“如尖端技术,苏联、美国、英国有,我们没有,这就要向它们学习”⑥。

向西方发达国家学习,有一个学什么和怎么学的问题。毛泽东说:“外国资产阶级的一切腐败制度和思想作风,我们要坚决抵制和批判。但是,这并不妨碍我们去学习资本主义国家的先进的科学技术和企业管理方法中合乎科学的方面。”对外国的科学、技术和文化,不加分析地一概排斥,和对外国东西不加分析地一概照搬,都对我们的事业不利。他认为,“在技术方面,我看大部分先要照办”,当然,“已经清楚的那一部分,就不要事事照办了”⑦。资产阶级的一切腐败制度,我们当然不能学,但这并不意味着西方国家的某些具体制度和做法就不可以借鉴。毛泽东说过,“英国也好,法国也好,美国也好,资产阶级都有过革命时期,宪法就是他们在那个时候开始搞起的。我们对资产阶级民主不能一笔抹杀,说他们的宪法在历史上没有地位”;尽管现在帝国主义国家的宪法“尤其是欺骗和压迫多数人的”⑧。

毛泽东认定,从根本上说,“中国的问题只能由中国人解决”⑨。他说:“自力更生为主,争取外援为辅,破除迷信,独立自主地干工业、干农业、干技术革命和文化革命,打倒奴隶思想,埋葬教条主义,认真学习外国的好经验,也一定研究

① 《建国以来重要文献选编》第10册,中央文献出版社1994年版,第605页。
② 吴冷西:《十年论战》(上),中央文献出版社1999年版,第463页。
③ 《建国以来毛泽东文稿》第11册,中央文献出版社1996年版,第179~180页。
④ 《毛泽东外交文选》,中央文献出版社、世界知识出版社1994年版,第283页。
⑤ 《建国以来毛泽东文稿》第7册,中央文献出版社1992年版,第197页。
⑥ 《毛泽东外交文选》,中央文献出版社、世界知识出版社1994年版,第393页。
⑦ 《毛泽东文集》第7卷,人民出版社1999年版,第42~43页。
⑧ 《毛泽东文集》第6卷,人民出版社1999年版,第326页。
⑨ 《毛泽东文集》第8卷,人民出版社1999年版,第5页。

外国的坏经验，引以为戒，这就是我们的路线。”①

从上面的叙述我们可以看到，在思考中国建设的问题时，毛泽东不仅坚定地站在马克思主义的立场上，坚持从中国的实际出发，而且具有世界眼光，视野十分开阔，思想也是很解放的。

（五）

马克思列宁主义的基本原理同中国的具体实际实行“第二次结合”，就是要在社会主义建设的实践中把马克思主义中国化的事业推向前进。

近代以来，中国面临着两项根本性的历史任务，这就是：争取民族独立和人民解放，实现国家的繁荣富强即现代化。以毛泽东为代表的中国共产党人成功地把马克思列宁主义同中国实际“第一次结合”起来，解决了中国如何进行革命的问题，领导人民基本完成了争取民族独立和人民解放这第一个历史任务，从而为集中力量进行社会主义现代化建设创造了前提、开辟了道路；而提出把马克思列宁主义同中国实际“第二次结合”起来，则是为了解决中国如何集中力量进行社会主义现代化建设的问题，以期领导人民去完成实现国家繁荣富强和人民共同富裕这个第二项历史任务。

为了正确地实行“第二次结合”，需要解决如何以科学的态度对待马克思列宁主义理论这个问题。毛泽东说：“马克思这些老祖宗的书，必须读，他们的基本原理必须遵守，这是第一。但是，任何国家的共产党，任何国家的思想界，都要创造新的理论，写出新的著作，产生自己的理论家，来为当前的政治服务，单靠老祖宗是不行的。”②总之，一要遵守、坚持，二要创造、发展，这就是他提倡的对待马克思列宁主义理论的科学态度。

要遵守、坚持马克思主义，首先就要“认真看书学习，弄通马克思主义”③。因为马克思主义是科学，科学的东西，不经过认真的钻研是掌握不了的。在全国胜利前夕，党的七届二中全会就确定了12本干部必读的马克思主义书目。新中国成立后，更是对干部学习理论规定了严格的制度。为了纠正“大跃进”中的一些错误认识，毛泽东在1958年建议各级干部学习斯大林的《苏联社会主义经济问题》和《马克思恩格斯列宁斯大林论共产主义社会》这两本书。1963年12月，他表示赞成中共中央宣传部提出的组织干部学习或选学马克思主义30部著作的建议。在晚年，他还反复地讲过学习马克思主义的重要性。他说：“我党多年

① 《毛泽东外交文选》，中央文献出版社、世界知识出版社1994年版，第318页。
② 《毛泽东文集》第8卷，人民出版社1999年版，第109页。
③ 《建国以来毛泽东文稿》第13册，中央文献出版社1999年版，第193页。

来不读马、列，不突出马、列，竟让一些骗子骗了多年。”①这个教训很严重，应当汲取。

毛泽东之所以要提倡学习马克思主义，这是因为：只有掌握了马克思主义，我们才能了解事物的本质及其发展趋向，具有政治上的坚定性和工作中的预见性。如果“不重视学习理论，天天搞事务，一定要迷失方向”②；只有掌握了马克思主义，我们才能正确地进行调查研究，科学地总结经验，使之系统化、条理化；我们“要学马克思主义，才有方法，才有共同语言”③，党内的团结和干部队伍的团结才能有牢固的思想基础。

怎样学习马克思主义？毛泽东指出，“学习有两种方法：一种是专门模仿；一种是有独创精神，学习与独创结合”。我们的思想方法，应当是“坚持原则和独创精神”④。独创，绝不是闭门造车。人的正确认识只能从实践中来。必须坚持运用马克思主义的立场、观点、方法，深入实际，深入群众，去调查研究新的情况，总结新的实践经验，才有可能作出理论上的创造。正是从尊重实践的观点出发，毛泽东在党的八大二次会议上指出：“我们的实践超过了马克思。实践当中是要出道理的。”所以，我们“要产生自己的理论”⑤。

在民主革命时期，毛泽东就提出过，“我们要使中国革命丰富的实际马克思主义化”⑥，即将中国的实践经验上升为理论，来丰富和发展马克思主义。在探索中国社会主义建设道路的过程中，以毛泽东为代表的中国共产党人同样十分重视将中国建设的实践经验上升为理论，使马克思主义得到丰富和发展。在这方面，以毛泽东为代表的中国共产党人作出了理论上的重要建树。

（1）提出了马克思列宁主义同中国实际实行“第二次结合”的思想，论述了中国的基本国情和主要特点。有关情况，前面已经讲过了。

（2）阐明了关于建设社会主义的若干重大理论原则。比如，分析社会主义改造基本完成后中国社会面临的主要矛盾，提出全面建设社会主义的任务；指出社会主义社会的基本矛盾仍然是生产关系和生产力之间、上层建筑和经济基础之间的矛盾，这些矛盾可以经过社会主义制度本身不断地得到解决，从而为进行改革提供了理论上的根据；提出关于两类矛盾的学说和调动一切积极因素建设社会主义的基本方针；提出社会主义现代化建设的战略目标是实现四个现代化，

① 《建国以来毛泽东文稿》第13册，中央文献出版社1999年版，第216页。

② 《建国以来重要文献选编》第15册，中央文献出版社1997年版，第169页。

③ 《建国以来重要文献选编》第7册，中央文献出版社1993年版，第197页。

④ 《毛泽东文集》第7卷，人民出版社1999年版，第366页。

⑤ 《建国以来毛泽东文稿》第7册，中央文献出版社1992年版，第206、204页。

⑥ 《毛泽东文集》第2卷，人民出版社1999年版，第374页。

为此应当采取“两步走”的发展战略，并且预计中国超过世界上最先进的资本主义国家需要100多年的时间。

(3)制定了中国社会主义经济、政治、文化建设等方面的重要指导方针。第一，在经济建设方面，提出走“中国工业化的道路”这个命题，指出要以农、轻、重为序安排国民经济工作，并且“以农业为基础，以工业为主导”作为发展国民经济的总方针；主张实行工业和农业、重工业和轻工业、中央工业和地方工业、大中小企业、洋法生产和土法生产等一系列的“同时并举”即“两条腿走路”的方针；阐明必须发展商品生产，利用价值规律，为社会主义建设服务；对经济体制改革的问题进行探索，并提出了若干重要思想(如发挥中央和地方两个积极性，主张实行“两参”“一改”“三结合”；主张试办托拉斯；提出在社会主义经济占优势的条件下“可以消灭了资本主义，又搞资本主义”；等等)。第二，在民主政治建设方面，提出“我们的目标，是想造成一个又有集中又有民主，又有纪律又有自由，又有统一意志、又有个人心情舒畅、生动活泼，那样一种政治局面”；主张把正确处理人民内部的矛盾作为国家政治生活的主题，使中国“变成一个大强国而又使人可亲”；强调劳动者管理国家、管理军队、管理各种企业、管理文化教育的权利，是社会主义制度下劳动者最大的、最根本的权利；提出了关于政治体制改革的若干意见和设想(如国家主席的任期不得超过两届、党代表实行常任制等)。第三，在文化建设方面，指明在思想文化领域中必须坚持马克思主义的指导地位、坚持工人阶级及其政党的领导权；提出“百花齐放，百家争鸣”的方针和“古为今用”、“洋为中用”、“推陈出新”的方针；提出了建立一支宏大的工人阶级知识分子队伍的历史任务。

在军队和国防建设方面，在执政条件下加强共产党自身建设、防止“和平演变”方面，等等，以毛泽东为代表的中国共产党人也提出过许多重要的战略思想。

诚然，对于社会主义和建设社会主义的这些认识，还有待深化和发展。1959年底至1960年初在读苏联《政治经济学教科书》时，毛泽东说过：“社会主义社会的历史，至今还不过四十多年，社会主义社会的发展还不成熟，离共产主义的高级阶段还很远。现在就要写出一本成熟的社会主义共产主义政治经济学教科书，还受到社会实践的一定限制。”①由于实践是发展的，理论也要随之发展。所以在党的八大二次会议上，他曾对与会者明确讲过：“你们应当超过我。”②

① 《毛泽东文集》第8卷，人民出版社1999年版，第137页。

② 《建国以来毛泽东文稿》第7册，中央文献出版社1992年版，第204页。

凡事开头难。我们应当充分认识到毛泽东等老一辈中国革命家提出和阐明的那些富于独创性的理论,是具有十分重要的价值的。邓小平说,他们为我们在新的历史条件下坚持和发展马克思主义"提供了一个基础"①。这个判断,完全符合实际。

毛泽东是探索中国自己的社会主义建设道路的开创者。他领导全党和全国人民顶住来自外部的各种影响和压力,坚定不移地进行这种探索。毛泽东等老一辈革命家作为社会主义建设道路的开创者的历史功绩,将永远记载在党和国家的史册上。②

——原载《马克思主义研究》2007 年第 7 期。

二、关于社会主义社会的发展与改革的思想

(一)

社会主义革命的目的是解放生产力。随着社会主义改造的基本完成,中国开始进入全面建设社会主义的时期。毛泽东说,我们"现在是处在这么一个变革的时期:由阶级斗争到向自然界作斗争,由革命到建设,由过去我们反帝反封建的革命和后头的社会主义革命到技术革命、文化革命"③。"我们的根本任务已经由解放生产力变为在新的生产关系下面保护和发展生产力"了。④

在全面建设社会主义的时期,我们无疑应当集中力量去发展生产力、去从事经济文化等项事业的建设,但是,还要不要进行社会关系方面的变革,社会主义的社会制度还有没有进一步发展和完善的问题呢?

为了回答这个问题,我们首先必须弄清楚,在社会主义条件下,我们的社会主义社会中是否还存在着矛盾以及这些矛盾具有何种特殊的性质。

我们知道,生产力总是在一定的生产关系中发展的,总是与一定的政治、思想环境相联系的。中国从新民主主义变成了社会主义,并不意味着生产力与生产关系之间的矛盾、经济基础与上层建筑之间的矛盾就一劳永逸地、全部地得到彻底的解决了。1956 年 8 月,毛泽东在修改中共八大政治报告稿时加写了下述论断:"社会中的生产力与生产关系的矛盾,人们的主观和客观世界的矛盾,是

① 《邓小平文选》第 2 卷,人民出版社 1994 年版,第 297 页。

② 参见《中国近代史纲要》,高等教育出版社 2007 年版,第 200 页。

③ 《党的文献》2002 年第 5 期,第 39 页。

④ 《毛泽东文集》第 7 卷,人民出版社 1999 年版,第 218 页。

永远存在的。"①同年 12 月,他在致黄炎培的信中又进一步指出:"社会总是充满着矛盾。即使社会主义和共产主义社会也是如此,不过矛盾的性质和阶级社会有所不同罢了。"②

毛泽东说,列宁是"承认社会主义社会存在矛盾"的。斯大林"不承认","直到死前才在理论上承认,但实际做又是一件事"③。他强调,"既有矛盾,就要求揭露和解决"④,否则就会陷入被动,就会犯错误。在这方面,斯大林留下的历史教训是值得我们汲取的。

在《关于正确处理人民内部矛盾的问题》一文中,毛泽东明确指出:"在社会主义社会中,基本的矛盾仍然是生产关系和生产力之间的矛盾,上层建筑和经济基础之间的矛盾。"⑤他从中国的实际出发,论述了与此有关的两个重大问题:

第一,具体地分析了社会主义社会的基本矛盾。他说:"社会主义生产关系已经建立起来,它是和生产力的发展相适应的;但是,它又还很不完善,这些不完善的方面和生产力的发展又是相矛盾的。"人民民主专政的国家制度和法律,以马克思列宁主义为指导的社会主义意识形态,这些上层建筑,"是和社会主义的经济基础即社会主义的生产关系相适应的;但是,资产阶级意识形态的存在,国家机构中某些官僚主义作风的存在,国家制度中某些环节上缺陷的存在,又是和社会主义的经济基础相矛盾的"。我们今后必须按照具体的情况,继续解决上述的各种矛盾。⑥

第二,根据社会主义社会矛盾的特殊性质,具体地论述了解决矛盾的方法。他说:社会主义社会的矛盾同旧社会的矛盾是根本不相同的。比如,资本主义社会的矛盾表现为剧烈的对抗和冲突,表现为剧烈的阶级斗争,它们不可能由资本主义制度自身得到解决。"社会主义社会的矛盾是另一回事。""它不是对抗性的矛盾,它可以经过社会主义制度本身,不断地得到解决。"⑦

从上面的分析,我们应当得到的基本结论是:一方面,社会主义的生产关系和生产力之间、上层建筑和经济基础之间,基本上是相适应的。我们必须肯定"我们现在的社会制度比较旧时代的社会制度要优胜得多",必须牢记"只有社会主义能够救中国"这个历史性的真理,因而坚定不移地坚持社会主义的基本

① 《建国以来毛泽东文稿》第 6 册,中央文献出版社 1992 年版,第 137 页。
② 《建国以来毛泽东文稿》第 6 册,中央文献出版社 1992 年版,第 255 页。
③ 《建国以来毛泽东文稿》第 6 册,中央文献出版社 1992 年版,第 403 页。
④ 《建国以来毛泽东文稿》第 6 册,中央文献出版社 1992 年版,第 255 页。
⑤ 《毛泽东文集》第 7 卷,人民出版社 1999 年版,第 214 页。
⑥ 《毛泽东文集》第 7 卷,人民出版社 1999 年版,第 215 页。
⑦ 《毛泽东文集》第 7 卷,人民出版社 1999 年版,第 213 ~ 214 页。

制度;另一方面,社会主义的生产关系和生产力之间、上层建筑和经济基础之间,仍然存在着矛盾。我们必须看到“我国的社会主义制度还刚刚建立,还没有完全建成,还不完全巩固”,“还很不完善”,因而“我们的社会主义制度还需要有一个继续建立和巩固的过程”,需要“经过社会主义制度本身”,克服它的某些环节上的缺陷,使之不断地“完善”起来。① 用今天的话来讲,就是要进行社会主义性质的改革。

由此可见,毛泽东提出的社会主义社会基本矛盾的学说,为进行社会主义性质的改革,提供了理论的依据,奠定了思想的基础。

事实上,在提出社会主义社会基本矛盾的学说之后不久,毛泽东就明确地提出了进行改革的任务。1957 年 3 月,他说:“中国的改革和建设靠我们来领导。”“我们国家要有很多诚心为人民服务、诚心为社会主义事业服务、立志改革的人。我们共产党员都应该是这样的人。”他还说:“我们还需要有一批党外的志士仁人,他们能够按照社会主义、共产主义的方向,同我们一起来为改革和建设我们的社会而无所畏惧地奋斗。”②1958 年 1 月,他进一步提出:“共产党准备大改革。”③这个思想,他以后又反复讲过多次。比如,经他修改的关于 1960 年国民经济的报告稿就指出:“根据生产力迅速发展的要求,对生产关系和上层建筑进行不断的改革就为生产力的不断发展开辟了广阔的道路。而生产力的发展,又迫使生产关系和上层建筑不能不进行不断的改革。”④

用唯物辩证法的对立统一规律,用变革和发展的观点,来观察社会主义社会,这不只是毛泽东一个人的想法,而是当时中共中央领导集体的共同认识。

在 1959 年发表的《马克思列宁主义在中国的胜利》一文中,刘少奇指出:“社会主义制度不是一成不变的凝固的东西。有领导地改变旧秩序,建立新秩序,就是充分发挥和发展社会主义制度的优越性。而要这样做,就要依靠人民群众,同一切束缚生产力发展的传统的习惯势力作斗争,不断地调整生产关系和上层建筑,使之适合社会生产力发展的需要。”⑤同年,周恩来在《伟大的十年》一文中也指出:“社会主义生产关系和适应于这种生产关系即经济基础的上层建筑在建立起来以后,还是处在不断发展和不断完善的过程中,不能是固定不变的。为着适应生产力继续向前发展的要求,生产关系的各个方面随时需要进行调整,随之,建立在这种经济基础上的上层建筑的各个方面也随时需要革新。”

① 《毛泽东文集》第 7 卷,中央文献出版社 1999 年版,第 213 ~215 页。

② 《毛泽东文集》第 7 卷,中央文献出版社 1999 年版,第 275 页。

③ 《建国以来毛泽东文稿》第 7 册,中央文献出版社 1992 年版,第 43 页。

④ 《建国以来毛泽东文稿》第 9 册,中央文献出版社 1996 年版,第 109 页。

⑤ 《建国以来重要文献选编》第 12 册,中央文献出版社 1996 年版,第 561 ~562 页。

这样,“才能够保证生产力的不断高涨”①。

毛泽东在1959年底1960年初更进一步指出:中国的社会主义还是不发达的社会主义。这就是说,它并不是一种完成的形态,它还是要不断发展的。他多次讲过,“在社会主义时代,矛盾仍然是社会运动发展的动力”②。

这些情况表明,在中国开始进入全面建设社会主义的时期,以毛泽东为代表的中国共产党人的思想就是很活跃、很开放的,是富于创造和革新精神的。上述思想的提出,不仅说明中国共产党人对中国自己的建设社会主义道路的探索,确实有着一个良好的开局,而且对于今后思考社会主义的发展问题具有长远的指导意义。

(二)

在1956年4月4日召开的中央书记处会议上,毛泽东提出:我们要把马克思列宁主义的基本原理同我国的具体实际“进行第二次结合,找出在中国进行革命和建设的正确道路”③。

寻找适合中国情况的社会主义建设道路,意味着将根据需要对现有体制进行适当的改革。毛泽东说,新中国“前八年照抄外国的经验。但从一九五六年提出论十大关系起,开始找到一条适合中国的路线”④。正是在《论十大关系》中,他开始提出了经济体制改革的问题。

毛泽东认为,解决制度问题比解决思想问题更重要。他说:“人是生活在制度之中,同样是那些人,实行这种制度,人们就不积极,实行另外一种制度,人们就积极起来了。”所以,“解决生产关系问题,要解决生产的诸种关系问题,也就是各种制度问题,不单是要解决一个所有制问题”⑤。在《论十大关系》的报告中,他在论述中央、地方、企业的关系时,具体地讲到了体制改革的问题。而在这几天之后,他在中央政治局会议上更明确地提出了“社会主义整个经济体制问题”⑥。

毛泽东之所以提出经济体制问题,是因为:

第一,他认为,“社会主义社会里面的经济范畴”也是“历史范畴”,它们不可能“都是永久存在的”。因为人们生活的需要,是不断增长的。需要刺激生产的

① 《建国以来重要文献选编》第12册,中央文献出版社1996年版,第604~605页。

② 《毛泽东文集》第8卷,人民出版社1999年版,第133页。

③ 吴冷西:《十年论战》(上),中央文献出版社1999年版,第23~24页。

④ 《十年总结》,1960年7月13日。

⑤ 《毛泽东传(1949—1976)》(上),中央文献出版社2003年版,第472页。

⑥ 《毛泽东文集》第7卷,人民出版社1999年版,第53页。

不断发展,生产也不断创造新的需要。所以,今天适合生产力发展要求的东西,总有一天会变得不适合,从而"完结自己的命运"①。在这种情况下,进行变革就是必要的了。

第二,他认为,新中国成立初期,"因为我们没有经验,在经济建设方面,我们只得照抄苏联"。"这在当时是完全必要的,同时又是一个缺点,缺乏创造性,缺乏独立自主的能力。这当然不应当是长久之计。"②在我们有了自己的经验之后,对于那些不适合中国情况的东西,就不能不加以改变了。

第三,他认为,有大量的好同志"被那些高官厚禄、养尊处优、骄傲自满、固步自封、爱好资产阶级形而上学的同志们,亦即官僚主义者,所压住了",所以"现在必须加以改革"。③

毛泽东不仅提出了"社会主义整个经济体制问题",而且他和他的战友们还开始在若干方面实际推进经济体制改革的工作。主要是:

1. 关于中央和地方的关系,国家、生产单位和生产者个人的关系

在提出"社会主义整个经济体制问题"时,毛泽东首先和着重提出的,是"关于企业的独立自主"问题和"中央同地方分权的问题"④。

1956 年 4 月,毛泽东就说,把什么东西统统集中在中央或省市,恐怕不妥。"我们不能像苏联那样,把什么都集中到中央",而"应当在巩固中央统一领导的前提下,扩大一点地方的权力,给地方更多的独立性,让地方办更多的事情"。"我们的国家这样大,人口这样多,情况这样复杂,有中央和地方两个积极性,比只有一个积极性好得多。"⑤他认为,"为了建设一个强大的社会主义国家,必须有中央的强有力的统一领导",但同时,"又必须充分发挥地方的积极性,各地都要有适合当地情况的特殊"⑥。所以他主张,要就中央和地方分权的问题,搞出一个草案来。他还要求大家研究企业的独立自主问题究竟应当搞到什么程度。

毛泽东还提出,国家、生产单位和生产者个人,"都必须兼顾,不能只顾一头"。无论只顾哪一头,都是不利于社会主义的。比如,我们需要工人发扬艰苦奋斗的精神,"也需要更多地注意解决他们在劳动中和生活中的迫切问题"。我们不能采取"苏联的办法把农民挖得很苦",而是要"兼顾国家和农民的利益",

---

① 《毛泽东文集》第 8 卷,人民出版社 1999 年版,第 137 页。

② 《毛泽东文集》第 8 卷,人民出版社 1999 年版,第 305 页。

③ 《建国以来毛泽东文稿》第 10 册,中央文献出版社 1996 年版,第 443 页。

④ 《毛泽东文集》第 7 卷,人民出版社 1999 年版,第 53 页。

⑤ 《毛泽东文集》第 7 卷,人民出版社 1999 年版,第 31 页。

⑥ 《毛泽东文集》第 7 卷,人民出版社 1999 年版,第 32 页。

在增加农业生产的基础上,使广大农民的收入有所增加。①

薄一波认为,这些思想,在社会主义改造刚刚基本完成之际,“毛主席就率先向全党提了出来,可以说是从理论上开了尝试改革我国经济管理体制改革的先声,确实是难能可贵的”,“是功不可没的”②。

2. 关于推进生产中人与人关系等方面的变革

生产关系不仅包括生产资料所有制关系,而且包括劳动生产中人与人的关系和分配关系。

随着生产力的发展,生产资料所有制是会发生相应的变化的。毛泽东认为,“完成社会主义建设的集中表现,是实现社会主义的全面的全民所有制”③。不过,他也认为,这将是一个相当长的过程。

1959 年底 1960 年初,在总结“大跃进”时期急于过渡的教训的基础上,毛泽东指出,“所有制的变革,在一定时期内总是有底的,总是不能没有限度的”。“可是在一定时间内,即所有制性质相对稳定的时期内,在劳动生产中人与人的关系,却不能不是不断变革的。”他强调,“所有制问题基本解决以后,最重要的问题是管理问题,即全民所有的企业如何管理的问题,集体所有的企业如何管理的问题,这也就是人与人的关系问题。”在这方面,我们已经做了很多文章,今后还“是大有文章可做的”④。文章的主题,就是如何按照民主的原则来管理企业,管理社会的经济生活。

资本主义企业管理制度是资本主义生产长期发展的结果,它具有两重性,即既有适应高度技术需要的一面,又有适应高度剥削需要的一面。为了搞好社会主义企业的管理,我们必须有分析有批判地对待资本主义企业的管理制度,一方面要发扬它的合理性和进步性,另一方面又要去掉它的不合理性和反动性。就是说,应当创造出一套与企业的社会主义性质相适应的管理制度。如果说,为了适应高度剥削需要的一面,“资本主义的管理就其形式来说是专制的”,那么,与企业的社会主义性质相适应,社会主义的管理就其形式来说应当是民主的,或者说是民主集中制的。

正因为如此,毛泽东认为,国营企业的管理,不应当实行“马钢宪法”,即苏联的大钢厂马格尼托哥尔斯克联合工厂所实行的一长制等一套权威性的办法,而应当实行“鞍钢宪法”,即中国鞍山钢铁厂所实行的“两参一改三结合”等的方

---

① 《毛泽东文集》第 7 卷,人民出版社 1999 年版,第 29 ~ 31 页。

② 薄一波:《若干重大决策与事件的回顾》下卷,中共中央党校出版社 1993 年版,第 785 页。

③ 《建国以来毛泽东文稿》第 7 册,中央文献出版社 1992 年版,第 513 页。

④ 《毛泽东文集》第 8 卷,人民出版社 1999 年版,第 134 ~ 135 页。

针。所谓“两参”,是指干部参加生产,工人参加企业管理;“一改”,是指改革企业中不合理的规章制度;“三结合”,是指在技术革新和技术革命运动中实行企业领导干部、技术人员和工人三结合。这个方针,体现了民主管理企业的原则,有助于调动干部、技术人员和工人的积极性,促进经济的发展和技术的进步。与此同时,他还主张实行党委领导下的厂长负责制和职工代表大会制,后者是“吸收广大职工群众参加企业管理和监督行政”的制度。这些制度,“也就是民主集中制在工业企业中的具体运用”①。

毛泽东说,列宁讲过,“社会主义是生气勃勃的,创造性的,是人民群众本身的创造”。“我们的群众路线,就是这样的。”这种群众路线,应当在经济管理体制中体现出来。这个思想,对于搞好社会主义经济体制改革有着重要的意义。

3. 关于试办托拉斯

20 世纪 60 年代初期,中共中央根据新中国成立以来经济建设的实践,“已经逐步发现单靠行政办法管理经济、管理企业存在不少弊端,造成对企业的多头行政管理,‘婆婆多’,‘小而全’,重复建设,重复生产,浪费严重,以及人浮于事,效率低下等等”问题。

针对这种情况,在毛泽东、刘少奇、周恩来、邓小平等提议下,“中央决定借鉴西方工业发达国家管理企业的组织形式,在工业、交通部门试办托拉斯(产品相同的企业或生产有密切联系的企业组成的联合经营的公司)”。具体地说,“所谓搞托拉斯,就是以一个行业为主,兼管其他行业。比如淮南,有煤有铁,还有化工,搞一个托拉斯,或者归煤炭部管,或者归冶金部管,都可以”。这样做,是为了改善我国的工业组织管理工作,提高企业的经营效益,加快国民经济的发展。②

1960 年 3 月,在天津召开的中共中央政治局常委扩大会议上,邓小平说:“我们研究,恐怕要走托拉斯道路。就是主席提过的,一行为主,搞其他多行,搞托拉斯。”毛泽东说:“资产阶级发明的这个托拉斯,是一个进步的方法。托拉斯制度实际上是个进步的制度,问题是个所有制,资本主义国家是资本所有,我们是国有。”③在传达天津会议时,邓小平还专门讲道:毛主席几年前就提出了这个问题,说我们的工业建设可以走托拉斯的道路,托拉斯是工业发达国家找到的比较进步的组织管理形式,机器设备利用得比较合理,搞得也比较快。组织托拉

---

① 《建国以来重要文献选编》第 13 册,中央文献出版社 1998 年版,第 626 页。

② 参见薄一波:《若干重大决策与事件的回顾》下卷,中共中央党校出版社 1993 年版,第 1171 ~ 1176 页。

③ 《毛泽东传(1949—1976)》(上),中央文献出版社 2003 年版,第 1063 页。

斯,是生产关系的改革,也是上层建筑的改革。薄一波在回忆录中也讲道:1964年1月,在他们汇报工作时,毛泽东"也指示我们要学会按照经济办法改进工业管理体系"①。

根据毛泽东等中央领导人的决策,第一批试办的托拉斯共12个,其中全国性的9个,地方性的3个。这个试办收到了初步的成效,可惜在"文化大革命"期间未能持续地进行下去。

薄一波认为,当年中央决定试办托拉斯,是"期望以此为契机,逐步改变中央权力过分集中而束缚生产力发展的经济体制,是有远见卓识之举"。"这应该说是我国改革经济管理体制的一次有益的尝试。"②

4. 关于社会主义社会所有制结构等问题上的若干新设想

在社会主义改造基本完成之后,还允许不允许个体经济和私人资本主义经济在一定范围内的存在乃至发展?这是社会主义社会发展方面的一个新的历史性课题。世界上第一个社会主义国家苏联对这个问题作出的答案,是否定性的。

在中国共产党内,"首次提出适合我国国情的社会主义经济体制的比较完整、富有创见的构想"的,是陈云。③ 在1956年8月中共八大筹备期间,陈云就形成了"主力军需要有游击队配合"这样的认识。④ 9月20日,他在八大全体会上提出:"在工商业经营方面,国家经营和集体经营是工商业的主体,但是附有一定数量的个体经营。这种个体经营是国家经营和集体经营的补充。""计划生产是工农业生产的主体,按照市场变化而在国家计划许可范围内的自由生产是计划生产的补充。""在社会主义的统一市场里,国家市场是它的主体,但是附有一定范围内国家领导的自由市场",作为国家市场的补充。⑤ 对于这些意见,毛泽东"也认为讲得很好"⑥。随后,这些意见被正式写进了大会的决议。

不过,就所有制结构来说,陈云主要讲的是个体经营可以作为国家经营和集体经营的补充。直接提出"消灭了资本主义,又搞资本主义"这种设想的,是毛泽东。

1956年11月,民主建国会领导人黄炎培写信给毛泽东,讲到这几个月上海"出现地下工厂、地下商店"等情况。12月,毛泽东在接见各地民主建国会、工商

① 薄一波:《若干重大决策与事件的回顾》下卷,中共中央党校出版社1993年版,第1173~1175页。

② 薄一波:《若干重大决策与事件的回顾》下卷,中共中央党校出版社1993年版,第1189、1171页。

③ 《陈云年谱》中卷,中央文献出版社2000年版,第332页。

④ 《陈云传》(下),中央文献出版社2005年版,第1025页。

⑤ 《陈云文选》第3卷,人民出版社1995年版,第13页。

⑥ 邓力群:《向陈云同志学习做经济工作》,中央文献出版社1981年版,第91页。

联负责人时说:“现在我国的自由市场,基本性质仍是资本主义的,虽然已经没有资本家。它与国家市场成双成对。上海的地下工厂同合营企业也是对立物。因为社会有需要,就发展起来。要使它成为地上,合法化,可以雇工。”“最好开私营工厂,同地上的作对,还可以开夫妻店,请工也可以。这叫新经济政策。我怀疑俄国新经济政策结束得早了,只搞了两年退却就转为进攻,到现在社会物资还不充足。”“还可以考虑,只要社会需要,地下工厂还可以增加。可以开私营大厂,订个协议,十年、二十年不没收。华侨投资的,二十年、一百年不要没收。可以开投资公司,还本付息。可以搞国营,也可以搞私营。可以消灭了资本主义,又搞资本主义。”当然,“公私合营有优越性,比不合营好”。但是,“如果有原料,国家投资又有困难,社会有需要,私人可以开厂。这样定息也有出路”①。

刘少奇、周恩来也讲过类似的意见。

1956 年 12 月,在第一届全国人大常委会第 52 次会议上,在黄炎培提出私人开工厂的问题后,刘少奇说:有一些资本家,他每年分的定息很多,一家子用不了。“如果他们要盖工厂,是否可以允许他们盖呢? 可以的。”“我们国家有百分之九十几的社会主义,有百分之几的资本主义,我看也不怕。”“有这么一点资本主义,一条是它可以作为社会主义经济的补充,另一条是它可以同社会主义经济作比较。”②

1957 年 4 月,周恩来在国务院全体会议上也说:“我看工、农、商、学、兵除了兵以外,每一行都可以来一点自由,搞一点私营的。”“在社会主义建设中,搞一点私营的,活一点有好处。”“主流是社会主义,小的给些自由,这样可以帮助社会主义的发展。”③

关于毛泽东同民建等负责人上述谈话的内容,是薄一波于 1991 年在《若干重大决策与事件的回顾》一书的上卷中首先公布的。他说,“毛主席这里讲的‘又搞资本主义’,我理解,他当然不是说又要大力发展资本主义,而是说,在所有制结构上,要在国营经济和集体经济为主体的前提下,适当保存和发展一些私营经济和个体经济,并引进外侨投资”。他认为,这个谈话,“在所有制结构方面,显露了有关中国特色的社会主义经济的一束可贵的思想火花”,“把对中国社会主义建设道路的探索工作向前推进了一步”④。

---

① 《毛泽东文集》第 7 卷,人民出版社 1999 年版,第 170 ~ 171 页。

② 《刘少奇年谱》下卷,中央文献出版社 1996 年版,第 383 页。

③ 《周恩来经济文选》,中央文献出版社 1993 年版,第 350 ~ 351 页。

④ 薄一波:《若干重大决策与事件的回顾》上卷,中共中央党校出版社 1991 年版,第 432 ~ 434 页。

（三）

中国的经济体制要进行改革。中国的政治体制要不要进行改革呢？毛泽东似乎并没有直接地提出这样的任务，但是从他的有关论述中可以看到，他是有这种主张的。

我们知道，中国的社会主义政治制度，包括工人阶级领导的以工农联盟为基础的人民民主专政的国体，民主集中制的人民代表大会制度的政体，共产党领导的多党合作和政治协商的政党制度，统一的多民族国家下的民族区域自治制度，等等，是历史地形成的，适合中国国情，受到人民拥护，必须坚持。但是，毛泽东在分析社会主义社会的基本矛盾时也曾提出，我们应当自觉地调整政治上层建筑和经济基础中不相适应的部分，克服国家制度中某些环节上的缺陷和国家机构中的官僚主义作风，等等。这用今天的语言来表述，就是要进行政治体制方面的改革。

毛泽东提出这方面的问题，并非偶然，因为他从苏联的实践和我们自己的经验中，已经对现行政治体制中存在的一些缺陷有所觉察。比如，刘少奇在中共八届二中全会上就讲道："毛主席有一次讲过，资产阶级民主，特别在初期，有那么一些办法，比我们现在的一些办法更进步一些。"当刘少奇在会上讲到"资本主义国家中有些人当过部长，当过总理，结果又去当教授，当律师，当经理，当校长"时，毛泽东当时即插话说："我们如果那样，叫受处罚。"可见他对当时的那种领导干部职务终身制和干部只能官、不能民的情况是不满意的。① 邓小平也说过，毛泽东认为，斯大林严重破坏法制"这样的事件在英、法、美这样的西方国家不可能发生"②。可见，他认为如果个人权力过分集中而又不能受到有效监督，有可能导致严重的消极后果。

毛泽东不仅在理论上提出了在社会主义条件下我国政治生活的领域中仍然需要进行改革的问题，而且在实践上也已经开始在这个方面迈出了重要的步伐。其中包括：③

（1）提出社会主义民主政治建设的目标。

（2）提出进一步扩大民主生活、健全社会主义法制、保障人民民主权利的问题。

（3）提出加强党内民主、进一步健全党内的民主集中制的问题。

---

① 《刘少奇论党的建设》，中央文献出版社 1991 年版，第 646～647 页。

② 《邓小平文选》第 2 卷，人民出版社 1994 年版，第 333 页。

③ 以下四点，因在另文将展开论述，故此处从略。

(4) 开始考虑废除干部领导职务终身制的问题。

从上面的叙述,我们可清楚地看到,在如何进行政治体制改革和加强社会主义民主政治建设的问题上,毛泽东和他的战友进行了长时间的艰苦探索,并提出了许多具有长远的指导意义的设想。

(四)

在探索如何建设社会主义、如何推进社会主义发展的同时,毛泽东还在思考另一个根本性的问题,即如何防止社会主义的蜕化变质以致走向失败的问题。

在即将取得全国胜利的时候,毛泽东在中共七届二中全会上讲到从民主革命能否和平转变到社会主义时就说过:"如果国家,主要的就是人民解放军和我们的党腐化下去,无产阶级不能掌握住这个国家政权,那还是有问题的。"①为了防止发生这种情况,他发出了"两个务必"的告诫。

20 世纪 50 年代后期,毛泽东最先觉察到了帝国主义势力对社会主义国家实施的"和平演变"战略的危险。1959 年 11 月,他讲到:杜勒斯所说的和平转变,就是转变我们这些国家,搞颠覆活动,内部转到合乎他的那个思想。而杜勒斯搞和平演变,在社会主义国家是有其一定的社会基础的。1964 年 1 月,他公开揭露美帝国主义"力图对社会主义国家推行'和平演变'政策,实行资本主义复辟"②。同年 6 月,他进一步指出:帝国主义说,对于我们的第一代、第二代没有希望,第三代、第四代怎么样,有希望。帝国主义的话灵不灵?我不希望它灵,但也可能灵。③

毛泽东认为,在什么情况下帝国主义的这种图谋有可能得逞呢?他说:"如果我们和我们的后代不能时刻提高警惕,不能逐步提高人民群众的觉悟,社会主义教育工作做得不深不透,各级领导权不是掌握在真正的马克思主义者手里,而被修正主义者所篡夺,则我国还可能要走一段资本主义复辟的道路。"④

为了避免发生这种历史性的悲剧,毛泽东和他的战友们在总结苏联的经验教训的过程中,提出过许多重要的思想。比如:

1. 必须坚持社会主义的基本原则

还在探索适合中国情况的社会主义建设道路的起步阶段,毛泽东在指出应当以苏联为鉴戒、加强独立思考的同时,就指明了坚持十月革命原则的极端重要

---

① 《毛泽东文集》第 5 卷,人民出版社 1996 年版,第 262 页。
② 《建国以来毛泽东文稿》第 11 册,中央文献出版社 1996 年版,第 7 页。
③ 《中共党史优秀论文选》,中共党史出版社 1991 年版,第 12 页。
④ 《建国以来毛泽东文稿》第 11 册,中央文献出版社 1996 年版,第 17 页。

性。1956年底发表的根据中共中央政治局的讨论所写的《再论无产阶级专政的历史经验》一文指出，从基本原理上说来，十月革命道路"反映了人类社会发展长途中一个特定阶段内关于革命和建设的普遍规律"。西方敌视社会主义的势力叫嚣要"改变共产主义世界的性质"，就是要改变这些基本原则。所以，我们必须"保卫十月革命所开辟的这一条马克思列宁主义的道路"，这"在目前的国际形势下具有特别重大的意义"。

1957年，毛泽东提出了在我国政治生活中必须坚持的六条政治标准，即：有利于团结全国各族人民，有利于社会主义改造和社会主义建设，有利于巩固人民民主专政，有利于巩固民主集中制，有利于巩固共产党的领导，有利于社会主义的国际团结和全世界爱好和平人民的国际团结。"这六条标准中，最重要的是社会主义道路和党的领导两条。"①这样，他就把发展社会主义同坚持社会主义有机地结合了起来，为全党和全国人民判断人们言论和行动的原则是非、提高防止"和平演变"的警惕性、自觉地维护党的领导和走社会主义道路，指明了方向。

2. 必须防止在共产党内、在干部队伍中形成特权阶层、贵族阶层

20世纪60年代初期，毛泽东就敏锐地指出："在苏联的干部队伍中是有这么一个特殊的阶层的。""他们有权、有势、有钱，特殊于广大人民群众和一般干部。"②他们成了赫鲁晓夫搞修正主义的主要社会基础。赫鲁晓夫提出的系统化的错误观点，就是代表他们的利益和要求的。他认为，这类问题在中国也存在，好在"我们正在开始认识，并着手解决"③。

应当看到，由于资产阶级影响的存在，党和国家的干部队伍中的极少数意志薄弱者发生腐化堕落的情况，是难以完全避免，也不难解决的。但是，如果党和国家的干部队伍中形成了特权阶层、贵族阶层，那么，问题的性质就会变得严重起来，党和国家政权就真的面临变质的危险了。因此，毛泽东强调，为了打掉官风，使干部与群众打成一片，防止特权阶层、贵族阶层的形成，我们必须"肃清一切工作上、作风上、制度上的错误"④。

毛泽东并且认为，处于执政地位的我们的党和干部，为了防止自己脱离群众直至蜕化变质，除了应当坚持共产主义的理想信念、严于律己以外，还必须接受来自各方面的监督。他说，"主要监督共产党的是劳动人民和党员群众"，同时还有民主党派。"因为一个党同一个人一样，耳边很需要听到不同的声音"，所

① 《毛泽东文集》第7卷，人民出版社1999年版，第234页。

② 吴冷西：《十年论战》（上），中央文献出版社1999年版，第463页。

③ 《建国以来毛泽东文稿》第11册，中央文献出版社1996年版，第179～180页。

④ 《建国以来毛泽东文稿》第7册，中央文献出版社1992年版，第24页。

以"有了民主党派,对我们更为有益"①。这些主张,在今天也仍然具有重要的指导意义。

3. 必须培养社会主义事业的接班人

鉴于帝国主义势力把"和平演变"的希望寄托在中国第三代、第四代身上,毛泽东说,"我们要准备后事,要培养革命接班人"②。

"如何防止出修正主义,怎样培养无产阶级的革命接班人?"毛泽东说:"我看有五条":"第一条,要教育干部懂得一些马列主义,懂得多一些更好。""第二条,要为大多数人民谋利益,为中国人民大多数谋利益,为世界人民大多数谋利益。""第三条,要能够团结大多数人","包括从前反对自己反对错了的人"。"第四条,有事要跟同志们商量","要讲民主,不要'一言堂'"。"第五条,自己有了错误,要作自我批评。""不要总是以为自己对,好像真理都在自己手里。"他并且指出,"无产阶级的革命接班人总是要在大风大浪中成长的"③。

毛泽东深信,只要千百万社会主义事业的合格接班人在斗争实践中逐步地成长起来,人民政权就能真正地得到巩固,社会主义事业就能真正地得到健康发展;而帝国主义势力"和平演变"中国的图谋,就将最终遭到彻底的破产。

历史表明,在国际共产主义运动中,毛泽东是最先觉察到西方敌对势力"和平演变"战略的危险,并且号召共产党人同这种危险作斗争的领导人。后来发生的苏联解体、东欧剧变,证明了他的有关思想是多么富有预见性,对于中国社会主义事业的坚持和发展又是具有多么重大而深远的意义。

——原载《高校理论战线》2007 年第 10 期。收入本书时,作者对本文第三部分关于政治体制改革的几点意见作了删节。因为《毛泽东关于人民民主政治建设的若干战略性思考》一文对这些问题作了比较展开的论述。

三、"四个现代化"目标和"两步走"战略的确定

(一)论述进行经济建设的重要性

近代以来,中国面临着争取民族独立、人民解放和实现国家繁荣富强即现代化这样两项根本性的历史性的任务。1949 年新中国的成立,标志着中国基本上争得了民族独立、人民解放,进行经济建设、实现现代化的任务,开始日益突出地

① 《毛泽东文集》第 7 卷,人民出版社 1999 年版,第 235 页。

② 吴冷西:《十年论战》(下),中央文献出版社 1999 年版,第 781 页。

③ 《建国以来毛泽东文稿》第 11 册,中央文献出版社 1996 年版,第 85 ~ 87 页。

提到中国共产党和中国人民的面前来了。

还在抗日战争时期,毛泽东就讲过,“我们共产党是要努力于中国的工业化的”①。在抗战胜利前夕即 1945 年 4 月召开的中共七大上,他强调:“没有工业,便没有巩固的国防,便没有人民的福利,便没有国家的富强。”②不过,“就整个来说,没有一个独立、自由、民主和统一的中国,不可能发展工业”。所以,“解放中国人民的生产力,使之获得充分发展的可能性,有待于新民主主义的政治条件在全中国境内的实现”③。

在新民主主义革命即将取得全国胜利、新民主主义的政治条件即将在全国实现的前夜,毛泽东在 1949 年 3 月召开的中共七届二中全会上及时地指出:我们要在“革命胜利以后,迅速地恢复和发展生产,对付国外的帝国主义,使中国稳步地由农业国转变为工业国,把中国建设成一个伟大的社会主义国家”④。为此,在同年 6 月 30 日发表的《论人民民主专政》一文中,他号召全党同志和广大干部必须认真学习经济建设。他说:“严重的经济建设任务摆在我们面前。我们熟习的东西有些快要闲起来了,我们不熟习的东西正在强迫我们去做。这就是困难。”⑤“我们必须克服困难,我们必须学会自己不懂的东西。”⑥

新中国成立以后,随着民主革命遗留任务和国民经济恢复工作的完成,1953 年,中国共产党提出了社会主义改造和社会主义建设并举的过渡时期的总路线,并领导人民开始执行第一个五年建设的计划。党之所以要提出进行社会主义改造、确立社会主义基本经济制度的任务,是因为“在现代中国的条件下,只有建立社会主义制度,才能真正解决我国的工业化问题”⑦。还在 1951 年,毛泽东就讲过:“资本主义道路,也可增产,但时间要长,而且是痛苦的道路。我们不搞资本主义,这是定了的,如果又不搞社会主义,那就要两头落空。”⑧

1956 年社会主义改造基本完成以后,毛泽东及时指出:我们“现在处在转变时期:由阶级斗争到向自然界斗争,由革命到建设,由过去的革命到技术革命和文化革命”⑨。他把这个“产业革命或者说经济革命”,称作“第二个革命”⑩。

---

① 《毛泽东文集》第 3 卷,人民出版社 1996 年版,第 146 页。
② 《毛泽东选集》第 3 卷,人民出版社 1991 年版,第 1080 页。
③ 《毛泽东选集》第 3 卷,人民出版社 1991 年版,第 1081 页。
④ 《毛泽东选集》第 4 卷,人民出版社 1991 年版,第 1437 页。
⑤ 《毛泽东选集》第 4 卷,人民出版社 1991 年版,第 1480 页。
⑥ 《毛泽东选集》第 4 卷,人民出版社 1991 年版,第 1481 页。
⑦ 《建国以来重要文献选编》第 9 册,中央文献出版社 1994 年版,第 341 页。
⑧ 《毛泽东文集》第 6 卷,人民出版社 1999 年版,第 299 页。
⑨ 《毛泽东文集》第 7 卷,人民出版社 1999 年版,第 289 页。
⑩ 《毛泽东文集》第 8 卷,人民出版社 1999 年版,第 216 页。

对于搞好经济建设、搞好技术革命和文化革命的重要意义,毛泽东作了深刻的论证。

首先,他指出:"我们的基本情况就是一穷二白。所谓穷就是生活水平低。"①"旧社会给我们留下的东西太少了。帝国主义统治我们一百多年,它们就是从中国拿走东西,不在中国建设什么。"②所以,要改变中国贫穷落后的面貌,提高人民的生活水平,就必须大力进行经济建设。

其次,他指出,要巩固社会主义制度,必须"在我国建立一个现代化的工业基础和现代化的农业基础"。只有经过"社会生产力的比较充分的发展,我们的社会主义的经济制度和政治制度,才算获得了自己的比较充分的物质基础(现在,这个物质基础还很不充分),我们的国家(上层建筑)才算充分巩固,社会主义社会才算从根本上建成了"③。

再次,他指出,必须改变经济技术落后的状况,才能从根本上使中国摆脱在世界上被动的局面。他说,从1840年以后的105年间,全世界几乎一切大中小帝国主义都侵略过我们,除抗日战争以外,没有一次战争不是以我国失败、签订丧权辱国条约而告终。"其原因:一是社会制度腐败,一是经济技术落后。"现在,社会制度变了,经济技术落后的状况还没有彻底改变。"如果不在今后几十年内,争取彻底改变我国经济和技术远远落后于帝国主义国家的状态,挨打是不可避免的。""我们应当以可能挨打为出发点来部署我们的工作,力求在一个不太长久的时间内改变我国社会经济、技术方面的落后状态,否则我们就要犯错误。"④他强调,"中国民族和人民要彻底解放,必须实现国家工业化"⑤。"工业化了,帝国主义就不敢欺负我们了。"⑥同时,中国也才有可能对人类作出更大的贡献。

应当说,毛泽东对搞好经济建设的意义,是作了全面的论述和充分的估计的。

1957年反右派斗争以后,出于对阶级斗争形势的严重估计,在同年10月9日举行的中共八届三中全会上,毛泽东重新提出:"无产阶级和资产阶级的矛盾,社会主义道路和资本主义道路的矛盾。""这是当前我国社会的主要矛盾。"但值得注意的是,正是在此后不久,1958年1月,他明确提出:"从今年起,要在

① 《毛泽东文集》第8卷,人民出版社1999年版,第216页。
② 《毛泽东外交文选》,中央文献出版社、世界知识出版社1994年版,第479页。
③ 《建国以来毛泽东文稿》第6册,中央文献出版社1992年版,第549~550页。
④ 《毛泽东文集》第8卷,人民出版社1999年版,第340~341页。
⑤ 《毛泽东文集》第6卷,人民出版社1999年版,第223页。
⑥ 《毛泽东著作专题摘编》(上),中央文献出版社2003年版,第829页。

继续完成政治战线上和思想战线上的社会主义革命的同时，把党的工作的着重点放到技术革命上去。这个问题必须引起全党注意。”①经过整风反右，从 1957 年 7 月以后，“可以把全党的主要注意力移到技术革命上面去了”②。同年 3 月，他进一步强调：“过去我们在建设方面用的心太少，主要是搞革命去了。现在革命比较松了一口气，就要来搞建设，搞技术革命。”③

1958 年 5 月召开的中共八大二次会议正式确认了“无产阶级和资产阶级的矛盾，是当前我国社会的主要矛盾”这个观点。同样值得注意的是，正是在“八大二次会议后，毛泽东的主要精力投入到工农业生产方面，特别是工业，又特别是钢铁和机械”④。1959 年 6 月，他说，“过去干的一件事叫革命，现在干的叫建设”⑤。诚然，在 1958 年夏开始的“大跃进”运动中，我们犯了严重的错误。只是，这个错误并不是要不要以经济建设为中心的问题，而是在经济建设中违反客观规律、对发展速度等的要求过快、过急的问题。

1962 年 9 月召开的中共八届十中全会上，毛泽东讲了关于形势、阶级、矛盾的问题，强调要“承认阶级同阶级斗争的存在”，认为对这个问题“我们从现在就讲起，年年讲，月月讲”。但与此同时，他又特别提醒大家：“决不要因为对付阶级斗争问题而妨碍了工作。”⑥“要把工作放到第一位，阶级斗争跟它平行，不要放在很严重的地位。”“不要让阶级斗争干扰了我们的工作，大量的时间要做工作，但是要有专人对付这个阶级斗争。”⑦即使在“文化大革命”这个特殊的年代里。毛泽东也还是要求“抓革命，促生产”，要求“把国民经济搞上去”的。

总起来说，搞好经济建设，实现国家的繁荣富强和人民的共同富裕，这始终是毛泽东努力追求的宏伟目标和为之献身的崇高事业。

（二）确立实现“四个现代化”的目标

进行经济建设，首先和主要的，是要把中国从落后的农业国变为先进的工业国，实现国家的工业化。这个目标，在七届二中全会上就已经提出来了。

1953 年，中国共产党制定的过渡时期总路线就是社会主义工业化与社会主义改造同时并举的总路线，这一年开始执行的第一个五年计划的基本任务就

---

① 《毛泽东文集》第 7 卷，人民出版社 1999 年版，第 350 ~ 351 页。

② 《毛泽东文集》第 7 卷，人民出版社 1999 年版，第 351 页。

③ 《毛泽东著作专题摘编》（上），中央文献出版社 2003 年版，第 954 页。

④ 《毛泽东传（1949—1976）》（上），中央文献出版社 2003 年版，第 822 页。

⑤ 《毛泽东文集》第 8 卷，人民出版社 1999 年版，第 72 页。

⑥ 《毛泽东传（1949—1976）》（下），中央文献出版社 2003 年版，第 1254 页。

⑦ 《毛泽东传（1949—1976）》（下），中央文献出版社 2003 年版，第 1254 页。

"是集中主要力量发展重工业,建立国家工业化和国防现代化的基础"。[①] 在这里,国家工业化和国防现代化这两个任务是一并被提出来的。

1954 年 1 月,周恩来在向全国人大一次会议所作的政府工作报告中,提出进行经济建设,就是要"建设起现代化的工业、现代化的农业、现代化的交通运输业和现代化的国防"[②]。这是对进行经济建设的目标是实现"四个现代化"的最早的表述。1957 年 3 月,毛泽东《在中国共产党全国宣传工作会议上的讲话》中对这个表述作了改变,即提出我们要"建设成为一个具有现代工业、现代农业、现代科学文化的强大的社会主义国家"[③]。这个提法的新意在于提出了建设"现代科学文化"的任务,不提交通运输业的现代化是因为工业现代化可以包括这个内容,但是没有提国防现代化。毛泽东的这个提法为 1958 年召开的中共八届二中全会的决议所采用。1959 年底 1960 年初,他在《读苏联〈政治经济学教科书〉的谈话》中进一步指出:"建设社会主义,原来要求是工业现代化,农业现代化,科学文化现代化,现在要加上国防现代化。"[④]这样,关于"四个现代化"的比较完整、准确的表述就基本上形成了。1961 年 9 月,中共中央在《关于当前工业问题的指示》中,正式采用了这个表述,提出要"把我国建设成为一个具有现代工业、现代农业、现代国防和现代科学文化的社会主义国家"[⑤]。

1963 年,经毛泽东修改的中共中央《关于工业发展问题》的文件,对"四个现代化"的提法又作了个别的改动,即提出要"把我国建设成为一个农业现代化、工业现代化、国防现代化和科学技术现代化的伟大的社会主义国家"[⑥]。据此,1964 年 12 月,周恩来在三届人大的政府工作报告中正式提出,要"把我国建设成为一个具有现代农业、现代工业、现代国防和现代科学技术的社会主义强国"[⑦]。这个提法有两点值得注意:一是考虑到农业在国民经济中的基础地位,把农业现代化列在了"四个现代化"的前位;二是将"科学文化现代化"改为含义更加确切的"科学技术现代化"。中共中央之所以将"科学文化现代化"改为"科学技术现代化",大概是考虑到文化的内容既包括科学技术,也包括一些具有意识形态性的东西。提"科学技术现代化",其含义是更为确切的。

"四个现代化"是相互关联的。周恩来指出:"我们的四个现代化,要同时并

---

① 《建国以来重要文献选编》第 4 册,中央文献出版社 1993 年版,第 709 页。
② 《周恩来经济文选》中央文献出版社 1993 年版,第 176 页。
③ 《毛泽东文集》第 7 卷,人民出版社 1999 年版,第 268 页。
④ 《毛泽东文集》第 8 卷,人民出版社 1999 年版,第 116 页。
⑤ 《建国以来重要文献选编》第 14 册,中央文献出版社 1997 年版,第 613 页。
⑥ 《建国以来毛泽东文稿》第 10 册,中央文献出版社 1996 年版,第 346 页。
⑦ 《周恩来经济文选》,中央文献出版社 1993 年版,第 563 页。

进,相互促进,不能等工业现代化以后再来进行农业现代化、国防现代化和科学技术现代化。”①而实现四个现代化,把中国建设成为一个社会主义强国,“关键在于实现科学技术的现代化”②。

毛泽东和以毛泽东为核心的中央领导集体确定的“四个现代化”的宏伟目标,为全国各族人民建设社会主义指明了正确的奋斗方向。

(三)制定“两步走”的发展战略

如何实现现代化的目标,毛泽东及其战友们从中国的实际出发,进行过反复的、深入的思考。

还在新中国成立前夕,毛泽东在中共七届二中全会上论述使中国从农业国变成工业国这个问题时,就提出了要“解决建立独立的完整的工业体系”③的任务。这个任务,在新中国成立不久,就开始执行了。“一五”计划时期(1953—1957 年),实际上就“是为新中国建立独立的工业体系和工业化奠定基础的时期”④。

1956 年,当社会主义改造和“一五”计划即将基本完成时,毛泽东在修改中共中央向八大的报告时再次确认:“国家工业化的任务,根据我国人口众多、资源丰富的情况,要求我们建设一个独立的、完整的工业体系。”⑤周恩来在八大上具体地论述了这个问题,指出:“我国社会主义工业化的主要要求,就是要在大约三个五年计划时期内,基本上建成一个完整的工业体系。这样的工业体系,能够生产各种主要的机器设备和原材料,基本上满足我国扩大再生产和国民经济技术改造的需要。同时,它也能够生产各种消费品,适当地满足人民生活水平不断提高的需要。”⑥这个主张被八大所接受。八大决议指明:“我们必须在三个五年计划或者再多一点的时间内,建成一个基本上完整的工业体系。”⑦

1959 年 12 月,周恩来在一个报告中进一步提出了建立一个独立的经济体系的问题。他说,我们应当“建成一个独立的经济体系,这包括工业、农业、财政、贸易、文教、科学、国防等各方面”⑧。“我们要建立独立的经济体系,不仅表

---

① 《周恩来经济文选》,中央文献出版社 1993 年版,第 504 页。
② 《周恩来经济文选》,中央文献出版社 1993 年版,第 503 页。
③ 《毛泽东选集》第 4 卷,人民出版社 1991 年版,第 1433 页。
④ 刘国光:《中国十五个年计划研究报告》,人民出版社 2006 年版,第 75 页。
⑤ 《建国以来毛泽东文稿》第 6 册,中央文献出版社 1992 年版,第 150 页。
⑥ 《建国以来重要文献选编》第 9 册,中央文献出版社 1994 年版,第 183 页。
⑦ 《建国以来重要文献选编》第 9 册,中央文献出版社 1994 年版,第 342 页。
⑧ 《周恩来经济文选》,中央文献出版社 1993 年版,第 403 页。

现在生产方面,而且也表现在社会基础上,包括城乡、工业和农业、生产和生活、积累和消费等。独立经济体系是全面的,不只是生产指标和生产品种的问题。”①这个提法,比起“独立的、完整的工业体系”来,其内涵更丰富、外延也更宽广了。之所以要这样提,他后来作过解释。他说:“工业国的提法不完全,提建立独立的国民经济体系比只提独立的工业体系更完整。苏联就是光提工业化,把农业丢了。”②在1963年底召开的二届全国人大四次会议上,他使用了用15年“基本上建成独立的、完整的国民经济体系和工业体系”这个提法。

关于中国工业发展应当采取“两步走”的战略,这种比较完整的、初步的表述,较早见于1963年八九月间经毛泽东修改的关于工业发展问题初稿。其中讲到:“在三年过渡阶段后,我们的工业发展可以按两步走来考虑:第一步,搞十五年,建立一个独立的完整的工业体系,使我国工业大体赶上世界先进水平;第二步,再用十五年,使我国工业接近世界的先进水平。”③这个文件还指出,所谓建立独立的完整的工业体系,就是要建立有能力为农业、工业、国防、交通运输业提供成套技术装备的基础工业体系。

在1964年12月召开的三届全国人大一次会议上,周恩来“遵照毛主席的指示”,在政府工作报告中对“两步走”战略作了完整、准确的表述。这就是:“从第三个五年计划开始,我国的国民经济发展,可以按两步来考虑:第一步,建立一个独立的、比较完整的工业体系和国民经济体系;第二步,全面实现农业、工业、国防和科学技术的现代化,使我国经济走在世界的前列。”④1975年1月,周恩来在四届全国人大一次会议上所作的政府工作报告中,重申了“四个现代化”的目标和“两步走”的战略。⑤

我们知道,苏联在第一个五年计划完成以后,大工业总产值占工农业总产值的70%,就宣布实现了工业化。以毛泽东为主要代表的中国共产党人认为,实现工业化和现代化,仅仅做到工业总产值超过农业总产值是不够的,还必须解决建立一个独立的、比较完整的工业体系和国民经济体系的问题。这个认识符合中国的情况,是有很深刻的战略眼光和长远的意义的。这是因为:

首先,这样做,才能够使中国的经济发展建立在稳固、可靠的基础之上,从而有利于比较迅速地改变我国国民经济长期落后的状态。正如中共八大决议所指出的那样,“建成一个基本上完整的工业体系,使工业生产在社会生产中占主要

① 《周恩来经济文选》,中央文献出版社1993年版,第405页。
② 《周恩来经济文选》,中央文献出版社1993年版,第519页。
③ 《建国以来毛泽东文稿》第10册,中央文献出版社1996年版,第347页。
④ 《周恩来经济文选》,中央文献出版社1993年版,第563页。
⑤ 《周恩来经济文选》,中央文献出版社1993年版,第652页。

地位,使重工业生产在整个工业生产中占显著的优势,使机器制造工业和冶金工业能够保证社会主义扩大再生产的需要,使国民经济的技术改造获得必要的物质基础"。这"对于促进我国国民经济的全面发展有重大的意义"①。

其次,这样做,才能够使中国赢得经济上的独立,并使中国已经赢得的政治上的独立得到巩固。毛泽东在新中国成立初期就告诫人们:"中国现在经济上文化上还很落后,要取得真正的独立,实现国家的富强和工业现代化,还需要很长的时间。"②中国作为一个社会主义的大国,是既有必要也有可能建立一个独立的、比较完整的工业体系和国民经济体系的。如果经济上不独立,事事仰仗外国,不论是资本主义国家还是社会主义国家,都是不行的,这不仅不利于中国自身的经济发展,而且还可能使中国已经赢得的政治独立也丧失掉。周恩来讲过:那种以为不必建立我国自己的完整的工业体系而专门依靠国际援助的依赖思想,是错误的。

再次,这样做,并不意味着中国要关起门来搞建设,相反,是有利于中国在独立的基础上同世界各国发展平等的经济往来,并且促进各国的共同发展的。毛泽东修改的八大报告就明确指出,建设一个独立的、完整的工业体系,"对外也可以满足社会主义阵营各国之间充分有效的国际合作,并且只要有可能,就发展同世界上任何愿意和我们往来的国家的通商贸易关系"③。周恩来也指出:"从国际的要求来说,我国建立起强大的工业,可以促进社会主义各国经济的共同高涨,并且可以增强保卫世界和平的力量。"④

中共十一届三中全会以来,邓小平提出的"三步走"的发展战略,是在毛泽东提出的"两步走"战略的"第一步"设想已经基本实现的条件下,对如何实现"第二步"所提出的比较切合实际的具体设想。

(四) 拟定基本实现现代化的时间进度表

基本实现现代化的"两步走"的战略,到底需要多少时间?这取决于多方面的情况,而且这些情况本身又处于变动中,所以是事先无法精确测定的。不过,为了有计划地领导人民去为实施这个战略而奋斗,毛泽东和他的战友还是根据中国的基本国情,同时参照发达国家的历史经验,提出了中国实现现代化的时间进度表,并且随着实践经验的积累,对它不断地进行校正,使之逐步地切合中国

① 《建国以来重要文献选编》第 9 册,中央文献出版社 1994 年版,第 184 页。
② 《毛泽东文集》第 7 卷,人民出版社 1999 年版,第 64 页。
③ 《建国以来毛泽东文稿》第 6 册,中央文献出版社 1992 年版,第 151 页。
④ 《建国以来重要文献选编》第 9 册,中央文献出版社 1994 年版,第 184 页。

的实际。

1955年3月,毛泽东在中国共产党全国代表会议上的讲话中指出:从1953年起,“在大约三个五年计划的期间内,逐步实现国家的社会主义工业化”①;“但要建成为一个强大的高度社会主义工业化的国家,就需要有几十年的艰苦努力,比如说,要有五十年的时间,即本世纪的整个下半世纪”②。同年10月,他在中共七届六中全会上重申了上述看法,但稍稍作了一点变动,认为中国“大约在五十年到七十五年的时间内,就是十个五年计划到十五个五年计划的时间内,可能建成一个强大的社会主义国家”。1956年9月,他又说:“要使中国变成富强的国家,需要五十到一百年的时光。”③同年11月,他在《纪念孙中山先生》一文中再次讲:进到21世纪的时候,“中国将变为一个强大的社会主义工业国”④。

1957年3月,毛泽东在南京召开的干部会议上对这个问题作了进一步的论述。他说:把我们的国家建设好要多少年呢?我看大概要一百年吧。要分几步来走:大概有十几年会稍微好一点;有个二三十年就更好一点;有个五十年可以勉强像个样子;有一百年那就了不起,就和现在大不相同了。他还讲道,要一百年,我就不在这个世界上了。让我们跟全国人民一道,跟国家一道,跟青年们一道,干他个几十年。这个世纪,上半个世纪搞革命,下半个世纪搞建设。现在的中心任务是建设。⑤ 对于社会主义中国的强盛,对于中国人民及其子孙后代的幸福,毛泽东寄托着热烈的希望和殷切的期盼!

诚然,由于新中国成立后的七年间各方面工作的进展都比较顺利,毛泽东等一度对中国经济建设发展速度的估计变得过分乐观。1958年夏在北戴河召开的中共中央政治局的会议决议甚至认为,“共产主义在我国的实现,已经不是什么遥远将来的事情了”。这样,在1958年开始的“大跃进”运动中,种种脱离实际的指标、计划、口号就被提了出来。由此,生产事业遭到破坏,国民经济陷入了暂时的、但又是严重的困难局面。

在“大跃进”中碰了钉子以后,毛泽东等开始重新冷静地思考中国经济建设的发展速度问题。1960年10月,他在同斯诺谈话时说:“我们的基本情况就是一穷二白。”⑥“根本改变中国的经济面貌需要一个很长的时间。”⑦对于这个问

① 《毛泽东文集》第6卷,人民出版社1999年版,第389页。
② 《毛泽东文集》第6卷,人民出版社1999年版,第390页。
③ 《毛泽东文集》第7卷,人民出版社1999年版,第124页。
④ 《建国以来毛泽东文稿》第6册,中央文献出版社1992年版,第241页。
⑤ 《毛泽东传(1949—1976)》(上),中央文献出版社2003年版,第648页。
⑥ 《毛泽东文集》第8卷,人民出版社1999年版,第216页。
⑦ 《毛泽东文集》第8卷,人民出版社1999年版,第217页。

题的估计，这时他重新回到了1956年至1957年时期的看法。1961年9月，他在同蒙哥马利谈话时说：我们的工作，“做了一点，还不够，要有五十年到一百年的时间。一个世纪不算长，你们英国的发展用了两三个世纪”①。同年10月，他在同尼泊尔客人谈话时，复述了这个看法。他说：“欧洲、美洲花了几个世纪才到今天的程度，我们用一个世纪超过就算好了。”②1962年1月，他在扩大的中央工作会议上的讲话中进一步指出：“至于建设强大的社会主义经济，在中国，五十年不行，会要一百年，或者更多的时间。”③“中国的人口多、底子薄，经济落后，要使生产力很大地发展起来，要赶上和超过世界上最先进的资本主义国家，没有一百多年的时间，我看是不行的。”④

1975年1月，周恩来在向四届全国人大一次会议所作的政府工作报告中具体地提出：“从第三个五年计划开始，我国国民经济的发展，可以按两步来设想：第一步，用十五年时间，即在1980年以前，建成一个独立的、比较完整的工业体系和国民经济体系；第二步，在本世纪内，全面实现农业、工业、国防和科学技术的现代化，使我国经济走在世界的前列。”⑤这里对实现第一步的设想，是很准确的；对实现第二步设想所需的时间，在估计上还显得不够充分。事实上，要在五十年内使中国成为发达国家不行，还是用“要一百年，或者更多的时间”这样的提法比较恰当些。

后来的实践表明，从总体上讲，毛泽东为实现“四个现代化”的宏伟目标所设定的时间进度表，越来越切合于中国的实际。中共十一届三中全会以来，邓小平提出的中国在21世纪中叶达到中等发达国家的水平的设想，是同毛泽东当年的设想相吻合的。

* * *

从1949年民主革命取得全国性胜利，到1976年逝世以前，毛泽东始终是新中国现代化建设事业的主要组织者和领导人。他带领全国各族人民，为推进这个宏伟的事业，坚持不懈地进行了长期的、艰苦的奋斗。

胡锦涛同志在2006年6月纪念中国共产党成立85周年大会上的讲话中指出，中国共产党成立以来，领导中国人民干了三件大事，其中的第二件大事就是：“在社会主义革命和建设时期，我们确立了社会主义基本制度，在一穷二白的基

---

① 《毛泽东传（1949—1976）》（下），中央文献出版社2003年版，第1173页。

② 《毛泽东外交文选》，中央文献出版社、世界知识出版社1994年版，第480页。

③ 《毛泽东文集》第8卷，人民出版社1999年版，第301页。

④ 《毛泽东文集》第8卷，人民出版社1999年版，第302页。

⑤ 《周恩来经济文选》，中央文献出版社1993年版，第652页。

础上建立了独立的比较完整的工业体系和国民经济体系,使古老的中国以崭新的姿态屹立在世界的东方。"这第二件大事,主要是在毛泽东领导时期完成的。

诚然,由于缺乏经验等原因,新中国的经济建设在"大跃进"和"文化大革命"时期经历过两次严重的挫折。毛泽东说过,我到井冈山,第一仗就是败仗。因为从来没有带过队伍打仗,没有经验。"抓工业也没有经验,第一仗也是败仗。"①这个第一仗,指的是1958年开始的大炼钢铁等。但是,他注意从挫折和失败中总结教训,不断提出新的思路,推动建设事业的继续前进。比如,他在1959年底1960年初读苏联《政治经济学教科书》下册时,就联系中国建设的经验教训,提出了一系列闪光的思想,许多思想在今天看来,仍然是正确的,富于启发性的意义。

整个说来,在毛泽东领导时期,依靠以他为核心的中共中央领导集体的智慧,依靠全党同志、广大干部和人民群众的共同努力,新中国的经济建设取得的成就是巨大的。这些成就是在以毛泽东为核心的中国共产党的领导下取得的,是全国各族人民共同奋斗的成果,是社会主义制度具有巨大优越性的初步的但又是有力的体现。

毛泽东领导时期取得的这些进步,不仅在当时已经使中国极度贫弱的面貌在很大程度上得到了改变,而且为中国以后的更快发展创造了重要的前提。

——原载《思想理论教育导刊》2007年第12期。

四、关于正确处理经济建设中若干重要关系的思想

在新中国成立以后的近三十年间,即从1949年到1976年时期,毛泽东始终是社会主义现代化建设的主要组织者和领导者。他的关于社会主义经济建设的正确理论,是毛泽东思想科学体系的重要组成部分。

在《毛泽东与"四个现代化"目标与"两步走"战略的确定》②、《毛泽东关于社会主义发展问题的若干战略性思考》③两文中,笔者对毛泽东确定的"四个现代化"的目标和"两步走"的战略,对他提出的经济体制改革任务和相关意见,作了一些论述。在本文中,笔者想着重对他阐明的关于正确处理经济建设中若干重要关系的思想,谈一些认识和体会。

① 《毛泽东传(1949—1976)》(下),中央文献出版社2003年版,第949页。

② 《思想政治理论教育导刊》2007年第12期。

③ 《高校理论战线》2007年第10期。

（一）中国工业化的道路：重工业和农业、轻工业的关系

进行经济建设，首先和主要的，是要使中国从农业国变成工业国，实现国家的工业化。为此，就要解决中国工业化的道路问题。

工业化道路的问题，可以从制度选择、方法或具体路径选择这样两个不同的层面去考察。

从制度选择的层面去考察，在世界范围内，无非有两条道路：一条是资本主义工业化的道路，这是欧、美、日本等国家走过的，而且走通了；一条是社会主义工业化的道路，这是苏联走过的，而且也是走通了的。十月革命前，俄国是欧洲的一个比较落后的国家，由于搞了社会主义的工业化，苏联成了欧洲的第一强国、世界上最强大的两个国家之一。

近代以来的历史表明，对于中国来说，资本主义工业化的道路，实际上是走不通的。19 世纪 60 年代末 70 年代初产生的中国民族资本主义工业由于受到外国垄断资本的压迫和本国封建生产关系的束缚，它始终处于举步维艰的境地，从来没有成为中国社会经济的主要形式，而且对外国垄断资本具有相当大的依赖性。由于未能形成一个独立的、比较完整的工业体系和国民经济体系，独立以后的中国如果不搞社会主义，而走资本主义道路，它就仍然不可能摆脱对于外国垄断资本的依赖。这样，中国就难免成为外国垄断资本的加工厂和单纯的廉价原料、廉价劳动力的供应地，就像亚洲、非洲、拉丁美洲的许多国家和地区那样。如果出现这种情况，中国的经济是不可能迅速地发展起来的。而且，由于在经济上依赖外国，在政治上已经争得的独立也可能丧失掉。所以，如果搞资本主义，搞来搞去，就会搞成西方资本主义大国的附庸了。毛泽东明确指出："资本主义道路，也可增产，但时间要长，而且是痛苦的道路。我们不搞资本主义，这是定了的，如果又不搞社会主义，那就要两头落空。"①由于社会主义制度具有可以集中力量办大事、促使社会生产力迅速发展的优越性，对于中国这样一个经济文化落后的国家，理所当然地应当选择通过社会主义道路，来实现国家工业化。

从方法或具体路径选择的层面去考察，按照陈云的说法，"工业化不外三条路：重（工业）轻（工业）并进，先重（工业）后轻（工业），先轻（工业）后重（工业）"②。毛泽东在《关于正确处理人民内部矛盾的问题》一文中，也从这个层面考察过这个问题。他说："这里所讲的工业化道路的问题，主要是指重工业、轻工业和农业的发展关系问题。"

---

① 《毛泽东文集》第 6 卷，人民出版社 1999 年版，第 299 页。

② 《陈云年谱》中卷，中央文献出版社 2000 年版，第 298 页。

生产资料优先增长的规律,是一切社会扩大再生产的共同规律,资本主义社会如果不是生产资料优先增长,它们的社会生产也不能不断增长。斯大林把这个公式具体化为优先发展重工业。优先发展重工业是应该的。斯大林的缺点是过分强调重工业的优先增长,结果在计划中把农业忽略了。这种情况,不仅影响轻工业的发展,而且把农民挖得很苦,不利于充分调动他们建设社会主义的积极性。

有鉴于此,毛泽东强调:"我国的经济建设是以重工业为中心,这一点必须肯定。但是同时必须充分注意发展农业和轻工业。"①他把生产资料优先增长的规律具体化为:在优先发展重工业的条件下,工农业同时并举。

中国作为经济落后的大国,如果不实行优先发展重工业的战略,就不可能用先进的设备和技术来武装工业、农业、交通运输业等国民经济部门,不可能为扩大再生产提供雄厚的物质技术基础,从而真正赢得经济上的独立,使中国的经济能够持续地、稳定地得到发展。毛泽东强调:"中国只有在社会经济制度方面彻底地完成社会主义改造,又在技术方面,在一切能够使用机器操作的部门和地方,统统使用机器操作,才能使社会经济面貌全部改观。"②为此,他主张,"在工业方面,必须首先抓钢铁工业和机械工业,因为这是实现我国工业化、农业机械化和加强国防力量的基础"③。

问题在于怎样才能更好地发展重工业?毛泽东说,"我们现在发展重工业可以有两种方法,一种是少发展一些农业、轻工业,一种是多发展一些农业、轻工业"。中国采取何种方法,实际上也就是选择何种工业化的具体道路的问题。他认为:"从长远观点来看,前一种办法会使重工业发展得少些和慢些,至少基础不那么稳固,几十年后算总账是划不来的。后一种办法会使重工业发展得多些和快些,而且由于保障了人民生活的需要,会使它发展的基础更加稳固。"④应当说,这是一个富于新意的思想。

毛泽东认为,与苏联、东欧国家相比,中国在处理这个问题时"没有犯原则性的错误"。不过,他在《论十大关系》中还是提出:"我们现在的问题,就是还要适当地调整重工业和农业、轻工业的投资比例,更多地发展农业、轻工业。"⑤

对于农业的重要性,毛泽东是作了充分的估计的。1957 年 1 月,他在省市自治区党委书记会议上的讲话中,对这个问题作了全面的论述。他说:"全党一

① 《毛泽东文集》第 7 卷,人民出版社 1999 年版,第 241 页。
② 《毛泽东文集》第 6 卷,人民出版社 1999 年版,第 438 页。
③ 《人民日报》1958 年 9 月 9 日。
④ 《毛泽东文集》第 7 卷,人民出版社 1999 年版,第 25 页。
⑤ 《毛泽东文集》第 7 卷,人民出版社 1999 年版,第 24 页。

定要重视农业。农业关系国计民生极大。”这主要表现在以下六个方面：

第一，农业关系到五亿农村人口的吃饭问题，吃肉吃油问题，以及其他日用的非商品性农产品问题。

第二，农业也关系到城市和工矿区人口的吃饭问题。

第三，农业是轻工业原料的主要来源，农村是轻工业的重要市场。

（关于这一点，他随后曾进一步指出：“没有农业，就没有轻工业。”）

第四，农村又是重工业的重要市场。（关于这一点，他随后曾进一步解释说：“重工业要以农业为重要市场这一点，目前还没有使人们看得很清楚。但是随着农业的技术改革逐步发展，农业的日益现代化，为农业服务的机械、肥料、水利建设、民用燃料、民用建筑材料等将日益增多，重工业以农业为重要市场的情况，将会易于为人们所理解。”）

第五，现在出口物资主要是农产品。农产品变成外汇，就可以进口各种工业设备。

第六，农业是积累的重要来源。农业发展起来了，就可以为发展工业提供更多的资金。

此后，他还讲过，我们还要通过加快发展农业，逐步地从农村解放出一部分劳动力，来满足工业发展的需要。

基于以上分析，毛泽东认为：“在一定的意义上可以说，农业就是工业。”①“农业是工业的基础，没有农业就没有基础。”所以，我们要用“两支手，一手抓工业，一手抓农业”②。“要说服工业部门面向农村，支援农业。要搞好工业化，就应当这样做。”③

毛泽东指出，发展轻工业同发展农业一样，也有着重要的意义。这是因为：

第一，加快发展轻工业，“可以更好地供给人民生活的需要”④。社会主义生产的根本目的，是逐步满足人民不断增长的需要。而人民生活的需要，许多方面是由轻工业生产的产品来满足的。加快发展轻工业，对于提高人民尤其是广大农民的生活水平、使他们感受到社会主义建设给他们带来的好处，具有重要的作用。

第二，加快发展轻工业，“可以更好地增加资金的积累”。他在 1956 年时说过：“从现有材料看来，轻工业工厂的建设和积累一般都很快，全部投产以后，四

---

① 《毛泽东文集》第 7 卷，人民出版社 1999 年版，第 200 页。

② 《毛泽东著作专题摘编》（上），中央文献出版社 2003 年版，第 1005 页。

③ 《毛泽东文集》第 7 卷，人民出版社 1999 年版，第 200 页。

④ 《毛泽东文集》第 7 卷，人民出版社 1999 年版，第 25 页。

年之内,除了收回本厂的投资以外,还可以赚回三个厂,两个厂,一个厂,至少半个厂。这样好的事情为什么不做?”①加快发展轻工业,资金的积累增多和加快了,反过来也“会使重工业发展得多些和快些”。

适当地调整重工业和农业、轻工业的关系,并不是要否定重工业的优先增长,否定工业的发展要快于农业。毛泽东说:工业当然要快于农业。但是,提法要适当,不能把工业强调到不适当的地位,否则一定会发生问题。他认为,要使重工业迅速发展,就要大家都有积极性,大家都高兴,而要这样,就必须使工业和农业同时并举,轻重工业同时并举。如果片面强调发展重工业,使农业和轻工业长期处于落后状态,这样,人民的生活就不能逐步提高,商品供应匮乏,大家就不会高兴,也不会有高的政治和生产的积极性了。

1959 年 7 月,毛泽东提出了要按照农、轻、重的次序安排国民经济的思想。

我们知道,马克思说过:超过劳动者个人需要的农业劳动生产率,是一切社会的基础。毛泽东赞同这个观点。他说,按照马克思的学说,工业是由农业有剩余产品开始的。他在读苏联《政治经济学教科书》的批注中强调,农民拿出来支援工业化的一部分劳动成果是剩余的。为了解决好重工业、轻工业、农业的比例关系,他根据马克思的学说和中国以往建设的经验教训,于 1959 年 7 月在庐山会议前期会上讲到国民经济的安排问题时说:“过去安排是重、轻、农,这个次序要反一下,现在是否提农、轻、重?”“过去是重、轻、农、商、交,现在强调把农业搞好,次序改为农、轻、重、交、商。这样提还是优先发展生产资料,并不违反马克思主义。”②

按照这个方针,就是国家制订计划时必须首先排农业,安排轻工业,然后安排重工业。而在安排重工业生产时,又要首先安排好同农业、轻工业有关的生产资料的生产。这样做,不是就投资比例的大小来说的,而是就国民经济的综合平衡来说的。这样安排的结果,资金、物资分配的比例,重工业还是为主,还是重点。但这样安排可以保证农业发展的资金、物资、劳力不被挤掉,因而是必要的。③ 毛泽东强调:“要把衣、食、住、用、行五个字安排好,这是六亿五千万人民安定不安定的问题。安排好了之后,就不会造反了。怎么才会不造反?就是要使他们过得舒服,少说闲话,不骂我们。这样有利于建设,同时国家也可以多积累。”④也就是说,这在政治上、经济上,都有重大的意义。

---

① 《毛泽东文集》第 7 卷,人民出版社 1999 年版,第 26 页。

② 《毛泽东传(1949—1976)》(下),中央文献出版社 2003 年版,第 962 ~963 页。

③ 参见《毛泽东百年纪念》,中央文献出版社 1994 年版,第 159 页。

④ 《毛泽东传(1949—1976)》(下),中央文献出版社 2003 年版,第 963 页。

1959年底1960年初,毛泽东进一步明确提出了工业和农业同时并举,"以工业为主导"的思想。这是一个完整的方针。因为一方面,"农业上不去,许多问题得不到解决"①;而另一方面,如果"没有高度发达的大工业,那就根本谈不上社会主义,而对于一个农民国家来说,就更谈不上社会主义了"(列宁)。正因为如此,1962年9月召开的中共八届十中全会,正式将"毛泽东同志提出的以农业为基础、以工业为主导"的思想,确定为"发展国民经济的总方针"②。

按照这个总方针,中共中央在1963年发出的题为《关于工业发展问题(初稿)》(此件曾经毛泽东修改)的文件中提出,我国工业发展的方针是:(1)工业和农业密切结合,发展工业和发展农业并举。二者的关系是:以农业为基础,以工业为主导。(2)生产资料和消费资料的生产密切结合,发展重工业和发展轻工业密切结合。二者的关系是:重工业是建设的中心,但是,可用多发展一些轻工业的办法来促进重工业的发展。(3)民用工业和国防工业密切结合,发展基础工业和发展尖端技术同时并举。二者的关系是:基础工业为尖端技术创造广泛的发展条件,反之,尖端技术又为基础工业创造提高的条件。

应当说,这些方针在现在看来也都是正确的,具有长远的指导意义。

(二)在国家工业化的过程中实行一系列"两条腿走路"的方针

在中国开始进入全面建设社会主义时,毛泽东在《论十大关系》中提出了调动一切积极因素建设社会主义的方针。他后来说过,"过去搞过十大关系,就是两条腿走路"③。这就是说,搞"两条腿走路"即搞一系列"同时并举",正是为了调动一切积极因素建设社会主义。实行中央和地方企业同时并举,大、中、小型企业同时并举,洋法生产和土法生产同时并举等,就是这个方针在工业建设方面的具体体现。

在《论十大关系》中,毛泽东已经把中央和地方同时并举的方针提出来了。搞小型企业、土法生产,这两条首先是钢铁工业部门提出来的,目的是为了多搞钢铁。十大关系中还没有这两条。但是中央和地方同时并举这个方针,已经包含了这方面的因素。实行这个方针,就必然要引出大中小型企业同时并举,洋法生产和土法生产同时并举这两条来。因为要发挥地方积极性,开始主要靠中小型企业和土法生产。

在《关于正确处理人民内部矛盾的问题》一文中,毛泽东明确指出:"我们必

① 《毛泽东著作专题摘编》(上),中央文献出版社2003年版,第994页。

② 《建国以来重要文献选编》第15册,中央文献出版社1997年版,第654页。

③ 《毛泽东文集》第8卷,人民出版社1999年版,第78页。

须逐步地建设一批规模大的现代化的企业以为骨干，没有这个骨干就不能使我国在几十年内变为现代化的工业强国。但是多数企业不应当这样做，应当更多地建立中小型企业，并且应当充分利用旧社会遗留下来的工业基础，力求节省，用较少的钱办较多的事。”①后来，随着社队工业的兴办，又提出农村也要实行工农业并举，要求农村根据需要和可能，按照计划安排，广泛地发展半机械化的到机械化的社办工业。这实际上也就是提出了城市工业和农村工业同时并举的思想。

毛泽东是根据我国人口众多、技术落后这个国情，提出“两条腿走路”的思想和一系列“同时并举”的方针。因为随着农业生产的发展，农业人口将逐步向城市、工矿区转移，新增的待就业人口会日益加大。由于中央的、大型的、高新技术的生产企业，所能吸纳的就业人口很有限，如果只抓这一头，要解决中国的就业问题就会有很大的困难。这不仅不利于社会政治的稳定，也不利于调动广大人民群众建设社会主义的积极性。当然，毛泽东说过，搞“两条腿走路”，不只是为了增加就业。“我们在大型企业的主导下，大量地发展中小型企业，在洋法生产的主导下，普遍地采用土法生产，主要是为了高速度。”②

关于为什么要实行中央和地方同时并举的问题，他说过：“欧洲的好处之一，是各国林立，各搞一套，使欧洲经济发展较快。我国自秦以来形成大帝国，那时以后，少数时间是分裂、割据，多数时间保持统一局面。缺点之一是官僚主义，统治很严，控制太死，地方没有独立性，不能独立发展，大家拖拖沓沓，过一天算一天，经济发展很慢。”“现在，我们的情况完全不同了，全国各省又是统一的，又是独立的。”“从经济发展来说，中央要充分发挥地方的积极性，不要限制、束缚地方的积极性。”只要有原料、有销路，只要能就地取材、就地推销，地方都应尽可能地去办。因为我们的各种工业品并不是多了，而是还很不够。③

关于为什么在农村也要“实行工农业并举”，或者说为什么要实行城市工业和农村工业同时并举的问题，他说过：“如果我们的农村，在统一领导、计划安排下，利用当地的各种工业资源，办起各种形式的‘小洋群’、‘小土群’工业，包括钢铁的‘小土群’，那就可以大大加快我国社会主义工业化的发展速度。”这个主张是很有创意、很具远见的。改革开放以来，乡镇企业异军突起，成为工业建设的生力军，就说明了这一点。而一些乡镇企业，正是在原来的社办工业的基础上发展起来的。

① 《毛泽东文集》第7卷，人民出版社1999年版，第240页。

② 《毛泽东著作专题摘编》(上)，中央文献出版社2003年版，第995页。

③ 《毛泽东著作专题摘编》(上)，中央文献出版社2003年版，第1000～1001页。

主张大中小并举、土法生产和洋法生产并举,并不是为了提倡和保护落后的东西。毛泽东认为,我们应当以辩证的观点来看待中小企业和大企业、土法生产和洋法生产的关系。许多小的会变成中的,许多中的会变成大的,落后的会变成先进的,土法的会变成洋法的,这是客观发展的规律。

当然,"两条腿走路"和一系列"同时并举",并不是主次不分、平均使用力量。毛泽东说,我们是在优先发展重工业的条件下,实行几个同时并举;每一个并举中间,又有主导的方面。例如,中央和地方,以中央为主导;工业与农业,以工业为主导。他特别强调,我们实行的几个同时并举,以工农业同时并举为最重要。

(三)国民经济有计划、按比例发展与发展商品经济、利用价值规律

国民经济是一个复杂的社会系统。生产资料生产和消费资料生产之间,工业、农业、交通运输业、商业、金融业等生产部门、经济部门之间,各生产部门、经济部门内部各组成部分(如农业内部的农、林、牧、副、渔)之间,积累和消费、生产和需要之间,生产资料、劳动力、资金、资源的在各部门的配置之间,等等,必须保持平衡,即保持适当的比例关系。这样,社会再生产才能正常地进行,国民经济才能健康、持续地发展。

在资本主义的条件下,由于存在着生产社会化和生产资料私人占有之间的矛盾,个别企业生产的有计划和整个社会生产的无政府状态之间的矛盾,这种平衡即适当的比例关系,是不可能通过实行国民经济的计划化来实现的。

当然,这并不是说,我们根本否认资本主义制度下存在的某种平衡。我们说,资本主义也可以有计划,指的是以下两种情况:第一,在那里,个别企业的生产是有计划的;第二,在那里,国家也通过财政、税收、投资等经济手段乃至运用行政、法律等手段,对国民经济在一定程度上实行宏观调控。毛泽东说过:"问题是他们这种平衡和不平衡,同社会主义制度下的平衡和不平衡,在性质上不同。"在一定的情况下,在"资本主义社会里,国民经济平衡是通过危机达到的"①。

苏联《政治经济学教科书》第三版上有这样一段话:某些资产阶级学者考虑到苏联和各人民民主国家国民经济计划化方面的经验,在鼓吹"有计划的资本主义"。对此,教科书认为,这样做,"垄断化的企业和部门的内部竞争虽然受到限制,但随之而来的是各垄断组织之间、垄断化的企业和部门同尚未垄断化的企业和部门之间的竞争急剧尖锐化。资本主义国家想实行国民经济计划化和消除

① 《经济战略家毛泽东(一)》,中央民族大学出版社2003年版,第133页。

生产过剩危机的一切企图必然遭到破产"。毛泽东赞同这个论断,并写了以下批语:"好的,坚持了马克思主义观点。"

国民经济的有计划、按比例的发展,是社会主义国家经济发展的规律。我国国民经济之所以可能有计划、按比例地发展,同我国生产资料公有制的存在和发展,尤其是它的主体地位的确立,直接相联系。这个规律是作为资本主义竞争和无政府状态的对立物而产生的。1955 年 12 月,在社会主义改造即将基本完成的前夜,毛泽东指出:"人类的发展有了几十万年,在中国这块地方,直到现在才取得了按照计划发展自己的经济和文化条件。自从有了这个条件,我国的面目就将一年一年地起变化。每一个五年将有一个较大的变化,积几个五年将有一个更大的变化。"①

中国是一个人口众多、经济底子薄弱、情况复杂、发展不平衡的大国。他强调,"为了建设一个强大的社会主义国家,必须有中央的强有力的统一领导,必须有全国的统一计划和统一纪律"②。因为只有这样,才能实行"全国一盘棋",真正做到对各地区各部门的"统筹兼顾,适当安排";才能发挥全国财经工作统一所形成的优势,集中力量建设对国家发展最急需、最重要的部门和具有关键意义的项目(用现在的话来说,就是发挥社会主义制度可以集中力量办大事的优越性);才能适时地去调节客观上将会长期存在的社会生产和社会需要之间的矛盾,求得二者之间的平衡;才能做到有步骤地指导经济、文化、社会等项事业的发展;等等。

国民经济有计划按比例发展的规律,使社会主义国家有可能正确地去计划社会生产。但是,可能性并不等于现实性。要把可能变成现实,就必须认真研究客观经济规律,必须学会运用客观经济规律,力求制订出能够正确反映客观经济规律的计划。不以规律为计划的依据,就不能使有计划按比例发展的规律的作用发挥出来。由于规律不可能自然地显示自己,要正确地认识它和运用它,是不容易的。必须依靠党和人民群众在集体奋斗基础上积累的经验,才能逐步做到这一点。所以,毛泽东认为,"计划要靠全党来搞,靠大家来搞"。不只是计委、经委,中央委员会,大区和省、市、自治区,各级都是计划机关。他指出:"我们对规律的认识,不是一开始就完善的。认为对比例关系的认识,不要有个过程,不要经过成功和失败的比较,不要经过曲折的发展,这都是形而上学的看法。""有不平衡,有比例失调,才能促使我们更好地认识规律。出了一点毛病,就以为不

① 《经济战略家毛泽东(一)》,中央民族大学出版社 2003 年版,第 66 ~ 67 页。

② 《毛泽东文集》第 7 卷,人民出版社 1999 年版,第 32 页。

得了,痛哭流涕,如丧考妣,这完全不是唯物主义者应有的态度。"①

由于国民经济是一个复杂的系统,而且又处在不断地变动的状态之中,计划工作要完全正确和十分具体地预先确定各个发展阶段上各个部门、各个方面的比例关系,事实上是难以做到的。而且随着生产的发展和经济规模的扩大以及社会分工的细密化,要做到这一点,就更为困难了。所以,毛泽东在 1958 年就说过,"先订五年的计划,可以是粗线条的"②。这种粗线条的计划,主要规划一定时期内经济社会发展所要达到的战略目标和所应遵循的基本路径,主要部门、主要方面的大致的比例关系,以及相关的主要政策。这样做,不仅是可行的,而且是必需的。因为有了这种粗线条的计划,就可以使各地区、各部门、各方面把自己的工作同国家在一定时期的中心任务联系起来,从而有利于国民经济的整体推进和健康、有序的发展。而且这种粗线条的计划并不排斥各地区、各部门、各方面在经济社会发展中可以有自己相对的独立性和灵活性。这种与统一性、纪律性相联系的相对的独立性、灵活性,对于各地区、各部门、各方面的自主发展,是必要的和有益的。

历史经验表明,"整个经济中,综合平衡是个根本问题"。实际上,经常地、自觉地保持平衡,即保持适当的比例关系,这就是计划性。"平衡了又不平衡,按比例了又不按比例,这种矛盾是经常的、永远存在的。社会主义经济发展过程中,经常出现不按比例、不平衡的情况,要求我们按比例和综合平衡。"③所以,仅仅有一定时期内的粗线条计划还不够,还要用每一年的年度计划去加以具体化。毛泽东指出:"我国每年作一次经济计划,安排积累和消费的适当比例,求得生产和需要之间的平衡……过了一年,就整个说来,这种平衡就被矛盾的斗争所打破了……又需要作第二年的平衡和统一。"④他认为,由于几个年度计划的实行,原来的粗线条计划也应当一再加以修改,以便使之更加切合实际。

中国是在半殖民地半封建社会被推翻之后,经过新民主主义进入社会主义的。在一个相当长的时期内,生产社会化和生产资料公有化的程度都不高。这种情况决定了中国国民经济的有计划按比例发展不能不带有自己的特点。这就是,中国国民经济的发展,既有直接的计划调节,也有间接的计划调节;既有计划调节,也有市场调节;等等。在 1956 年召开的中共八大上,陈云提出了"三个主体、三个补充"的思想,即国家经营和集体经营是主体,一定数量的个体经营为

---

① 《经济战略家毛泽东(一)》,中央民族大学出版社 2003 年版,第 144 页。
② 《建国以来毛泽东文稿》第 7 册,中央文献出版社 1992 年版,第 48 页。
③ 《经济战略家毛泽东(一)》,中央民族大学出版社 2003 年版,第 137 页。
④ 《毛泽东文集》第 7 卷,人民出版社 1999 年版,第 215 ~ 216 页。

补充;计划生产是主体,一定范围的自由生产为补充;国家市场是主体,一定范围的自由市场为补充。这个思想为大会所采纳,并写入了决议。这个主张,得到了毛泽东的赞同。

在毛泽东看来,中国国民经济的有计划按比例发展,同商品经济不仅并非不相容,而且必须是同发展商品经济相联系的;同利用价值规律不仅并不矛盾,而且还应当把价值规律作为计划工作的工具。

本来,无论在革命根据地时期,还是在新中国成立以后,商品货币关系都是存在的,党和人民政府也一直注意利用这种关系,来维持正常的社会经济生活,推进经济建设等方面的工作。只是在1958年“大跃进”运动中,在一些人看来,这种关系是否应当继续存在,似乎成为问题了。在同年10月召开的农业协作会议上,就有人提出取消商业、消灭货币的意见。在同年11月召开的郑州会议上,有人反映,城市里有些混乱,一些人提银行存款,抢购商品,怕废除票子。这个情况引起毛泽东的严重关注。他指出,“陈伯达就有这个倾向”。中共河南省委书记吴芝圃也有这个倾向。他明确地批评了陈伯达等人,强调“必须肯定社会主义的商品生产和商品交换还有积极作用”。“必须生产适宜于交换的社会主义商品”,必须“发展社会主义的商业”。他说,要讲清楚这个问题,这“有个安定人心的问题”①。

为了澄清混乱思想,“使自己获得清醒的头脑,以利于指导我们伟大的经济工作”,毛泽东写信给中央、省(区、市)、地、县四级党委,建议大家读两本书:斯大林的《苏联社会主义经济问题》和新编的《马克思恩格斯列宁斯大林论共产主义社会》。他说,“大跃进把有些人搞得糊里糊涂”。自己“睡不着觉,想说一点。试图搬斯大林,继续对一些同志作说服工作”②。他说,我提倡读斯大林的《苏联社会主义经济问题》,是想用斯大林这个死人来压活人。

事实上,在中国发生要不要商品、货币的争论之前,苏联就有人主张:由于生产资料公有制统治地位的确立,商品生产的存在就失去了意义,因此就应该取消商品生产了。斯大林在《苏联社会主义经济问题》一书中明确地批驳了这种主张。斯大林指出,现今在我国,存在着社会主义生产的两种基本形式,即国家的全民的形式,集体农庄的形式。而集体农庄只愿意把自己的产品当做商品让出去。因此,“只要还存在着两种基本生产成分,商品生产和商品流通便应当作为我国国民经济体系中必要的和极其有用的因素而仍然保存着”③。毛泽东肯定

① 《毛泽东传(1949—1976)》(下),中央文献出版社2003年版,第889、891、893页。

② 《毛泽东文集》第7卷,人民出版社1999年版,第436页。

③ 《斯大林选集》下卷,人民出版社1979年版,第550页。

了斯大林的论断。他说:中华人民共和国成立以后一直到社会主义改造完成以前,我们利用商品生产和商品交换来团结几亿农民;在社会主义改造基本完成以后,我们还要利用商品生产和商品交换来团结五亿农民。有人主张废除商业,实行调拨,如果这样做,实质上就是剥夺农民。这就有脱离农民的危险,就要把农民引导到敌人那里去。这个问题很值得我们严重注意。我们对于民族资产阶级的生产资料,并没有采取无偿剥夺的办法。"我们对于劳动人民的劳动成果,又怎么可以无偿占有呢?"①

在商品生产和商品交换的问题上,毛泽东不仅坚持了斯大林的正确意见,而且还作了进一步的发展。主要是:

第一,斯大林认为,在苏联,生产资料不是商品,只有个人消费品是商品。毛泽东指出:这看来很不妥当。"在我们国家就不同,生产资料又是商品又不是商品,有一部分生产资料是商品,我们把农业机械卖给合作社。"②而且为了农村办工业,我们还把一部分工业生产资料卖给农村。这些产品,都是商品。

第二,毛泽东认为,斯大林关于商品存在的条件,阐述得不够完整。两种所有制存在,是商品生产的主要前提。但商品生产的命运,最终和社会生产力的水平有密切关系。因此,即使是过渡到了单一的社会主义全民所有制,如果产品还不很丰富,某些范围内的商品生产和商品交换仍然有可能存在。"必须在产品充分发展之后,才可能使商品流通趋于消失。"③

正因为如此,发展商品生产和商品交换并不是一时的权宜之计。毛泽东明确指出,我们"需要有一个发展商品生产的阶段"④。

商品生产是一个历史范畴。毛泽东说:"商品生产从古就有,商朝的'商'字,就是表示当时已经有了商品生产的意思。"他赞成斯大林的意见,"决不能把商品生产看作是某种不依赖周围经济条件而独立自在的东西"。他指出:"商品生产,要看它是同什么经济制度相联系,同资本主义制度相联系就是资本主义的商品生产,同社会主义制度相联系就是社会主义的商品生产。"有人担心,发展商品生产会不会引导到资本主义?他说,我们"已经把鬼吃了,还怕鬼?不要怕,不会引导到资本主义,因为已经没有了资本主义的经济基础"⑤。他强调,我们要"分清社会主义商品生产和资本主义商品生产的区别","懂得在社会主义条件下利用商品生产的作用的重要性"。我们必须"使用还有积极意义的资本

① 《毛泽东文集》第8卷,人民出版社1999年版,第13页。
② 《毛泽东文集》第7卷,人民出版社1999年版,第435页。
③ 《毛泽东文集》第7卷,人民出版社1999年版,第440页。
④ 《毛泽东文集》第7卷,人民出版社1999年版,第436页。
⑤ 《毛泽东文集》第7卷,人民出版社1999年版,第439~440页。

主义范畴——商品生产、商品流通、价值法则等来为社会主义服务”。他还特别讲到,“我国是商品生产很不发达的国家,比印度、巴西还落后”①。所以这样做,尤其是必要的。

在社会主义条件下,商品生产有哪些积极作用呢?

第一,商品交换是农民唯一可以接受的与之交换产品的形式。毛泽东认为,要不要商品生产,这首先是关系到几亿农民的事。从政治上看,这是要不要维持和能不能巩固工农联盟的原则问题。

第二,发展商品生产、商品交换,有利于促进生产力的发展,满足人民的需要。毛泽东说:“工农商并举,提得很好,一定要这样做。贬低商业,商不挂帅,工农两业是不会发展的。”②他还说过:“京、津、沪郊区农村所以比较富裕,是因为这些地方商品生产比较发展,商品交换比较发达。”“全国的工业的大发展,公社的商品生产大发展,钱不是少了而是多了,全国农民就可以逐步地共同富裕起来,他们的文化水平也可以逐步普遍提高起来。”③“为了五亿农民,应当充分利用这个工具发展社会主义生产。”从长远看,我们还可以通过发展商品生产,“把五亿农民引导到全民所有制”④。

第三,只要存在着商品生产和商品交换,价值规律就必然存在并起作用。毛泽东指出,在我国,“价值规律既在流通领域,也在生产领域发生作用”⑤。他强调:“这个法则是一个伟大的学校,只有利用它,才有可能教会我们的几千万干部和几万万人民,才有可能建设我们的社会主义和共产主义。否则一切都不可能。”⑥

提倡发展商品生产,并不意味着商品生产没有消极方面。“商品生产有没有消极方面呢?”对于这个问题,毛泽东的答复是:“有就限制它嘛!”⑦事实上,在新中国成立以后,人民政府就曾经通过实行适当的价格政策、劳动政策等,对它的消极方面进行过限制。

由于商品生产的性质和作用,“要看它同什么经济制度相联系”,因此,发展社会主义的商品生产就必须同社会主义的经济制度相联系,就必须以巩固和发展社会主义的经济基础为前提。在这个根本问题上,是必须十分明确,而不容许

① 《毛泽东文集》第7卷,人民出版社1999年版,第435、437页。
② 《毛泽东文集》第8卷,人民出版社1999年版,第69页。
③ 《经济战略家毛泽东(一)》,中央民族大学出版社2003年版,第87页。
④ 《毛泽东文集》第7卷,人民出版社1999年版,第440页。
⑤ 《毛泽东的读书生活》,三联书店1986年版,第161页。
⑥ 《毛泽东文集》第8卷,人民出版社1999年版,第34页。
⑦ 《毛泽东文集》第7卷,人民出版社1999年版,第435页。

有任何含糊的。我们所要的,是社会主义的商品生产,而发展商品生产,是为了利用它为社会主义服务,并不是为了恢复资本主义制度。毛泽东说,我们不要怕“鬼”就不敢发展商品生产。过去的资本主义的“鬼”已经吃掉了,将来再出现资本主义的“鬼”,就再吃掉它。

1958 年底,针对“大跃进”中出现的错误倾向,以毛泽东为主席的中共中央在八届六中全会的决议中强调:“继续发展商品生产和继续保持按劳分配的原则,对于发展社会主义经济是两个重大的原则问题,必须在全党统一认识。”①诚然,毛泽东也说过:“社会主义社会里的按劳分配、商品生产、价值规律等等,现在是适合生产力发展的要求的,但是,发展下去,总有一天要不适合生产力的发展,总有一天要被生产力的发展所突破,总有一天它们要完结自己的命运。”②但这是遥远将来的事情。他指出,现在,商品生产和商品交换是极其必要、极其有用的。在社会主义建设时期,“商品生产、商品交换更要发展,要有计划地大大发展社会主义的商品生产”③。我们搞社会主义要有耐心,“没有耐心是不行的”④。

毛泽东提出的关于我们“需要有一个发展商品生产的阶段”、我们应当“有计划地大大发展社会主义的商品生产”的思想,在当时是一个创新,具有重大的意义。

(四)按照“统筹兼顾,适当安排”的方针,处理好生产与生活、积累与消费、经济建设与国防建设等方面的关系

“统筹兼顾,适当安排”,这是中国共产党关于保证中国沿着科学的方向发展所应当采取的根本方法。这个方针,是毛泽东 1957 年 2 月在《关于正确处理人民内部矛盾的问题》一文中公开提出来的。在这之前,即当年 1 月,他已经讲过:“我们的方针就是统筹兼顾,各得其所。”“这是一个战略方针。”⑤

当时,全中国共有六亿人口。毛泽东指出,这里所说的统筹兼顾,是指对于六亿人口的统筹兼顾。“我们作计划、办事、想问题,都要从我国有六亿人口这一点出发。”⑥不论是处理政治、经济、文化方面的问题,还是社会等方面的问题,都应当如此。因为中国共产党是全中国范围内的执政党,它必须对全中国人民

① 《建国以来重要文献选编》第 11 册,中央文献出版社 1995 年版,第 611 页。
② 《毛泽东文集》第 8 卷,人民出版社 1999 年版,第 137 页。
③ 《毛泽东文集》第 7 卷,人民出版社 1999 年版,第 437 页。
④ 《毛泽东文集》第 7 卷,人民出版社 1999 年版,第 441 页。
⑤ 《毛泽东文集》第 7 卷,人民出版社 1999 年版,第 186 ~ 187 页。
⑥ 《毛泽东文集》第 7 卷,人民出版社 1999 年版,第 227 ~ 228 页。

负责任。当然，这并不意味着一切人一切事都由政府包下来。许多人，许多事，可以由社会团体想办法，由群众直接想办法。

在经济建设中贯彻统筹兼顾方针应当注意处理的问题，前面已经讲了一些。下面再着重讲四个方面的问题。

1. 关于生活资料生产与人自身生产的关系

在经济建设中贯彻“统筹兼顾”的方针，首先要正确处理生活资料的生产与人自身的生产的关系。

恩格斯早就说过，“生产本身又有两种。一方面是生活资料即食物、衣服、住房以及为此所必需的工具的生产；另一方面是人自身的生产，即种的蕃衍”①。中国是一个人口大国，又是一个经济小国。因此，正确处理这两种生产的关系，有着特别重要的意义。

新中国成立前夕，帝国主义预言家宣称，中国众多的人口是“不堪负担的压力”，人民政府将由于解决不了中国人的吃饭问题，而不得不向他们乞讨过日子。针对艾奇逊之流的谬论，毛泽东指出：“世间一切事物中，人是第一可宝贵的。在共产党领导下，只要有了人，什么人间奇迹也可以造出来。”②后来，他又说过：“人多议论多，热气高，干劲大。”“除了党的领导之外，六亿人口是一个决定的因素。”③这些看法，坚持了人民群众是历史的创造者这个历史唯物论的基本原理，是完全正确的。

这是不是意味着，毛泽东认为中国的人口越多越好呢？不是。他明确地说过：“中国的好处是人多，坏处也是人多。”④“我们的国家有一个很大的缺点，人太多，这么多的人要吃饭，要穿衣，所以现在还有不少的困难”⑤。这是一个极大的矛盾。

怎样解决这个矛盾？毛泽东认为，根本的办法是发展生产。他坚信，“革命加生产即能解决吃饭问题”⑥。与此同时，他也提出，有必要实行计划生育，逐步克服人类在自身生产方面的盲目性。这种意见，他反复讲过多次。周恩来在1969年3月全国计划座谈会上就曾说过：“要计划生育，要节育。这件事主席至少讲过三次，一次是订‘一五’计划的时候，一次是大跃进的时候，一次是订‘三

---

① 《马克思恩格斯选集》第4卷，人民出版社1995年版，第2页。
② 《毛泽东选集》第4卷，人民出版社1991年版，第1512页。
③ 《建国以来毛泽东文稿》第7册，中央文献出版社1992年版，第177页。
④ 《毛泽东著作专题摘编》，中央文献出版社2003年版，第969页。
⑤ 《毛泽东外交文选》，中央文献出版社、世界知识出版社1994年版，第491页。
⑥ 《毛泽东选集》第4卷，人民出版社1991年版，第1512页。

五'计划的时候。"①

1956年,毛泽东在论述"提倡有计划地生育子女"、"提倡节育"的重要性时说:"社会的生产已经计划化了,而人类本身的生产还是处在一种无政府和无计划的状态中。"这样下去,我看人类是要提前毁掉的。中国六亿人口,增加十倍是多少?六十亿,那时候就快要接近灭亡了。他说:"我们为什么不可以对人类本身的生产也实行计划化呢?"他表示赞成邵力子提出的关于"提倡节育"的主张。② 1957年,他再次指出:"人类要自己控制自己,有时候使它能够增加一点,有时候使它能够停顿一下,有时候减少一点,波浪式前进,实现有计划的生育。"他表示赞成马寅初提出的关于控制人口增长的意见,表示"我跟他是同志"③。有的专家指出,"虽然在大跃进那两年没有强调人口问题,对康生等人猖狂批判马寅初新人口论也未加以制止,但他并没有改变要控制人口增长的根本主张,在1960年通过的全国农业发展纲要中仍列有宣传和推广节制生育的条款"。直到逝世的前一年,他还"念念不忘地关心着人口问题,再次重申'人口非控制不行'的科学论断"④。

毛泽东不仅论述了计划生育的重要性,而且提出了实行计划生育的重要思想和主张。主要是:

(1) 主张设立专门机构,把领导计划生育、推广计划生育工作,作为政府的一项任务,并把有关计划作为国民经济和社会发展计划的一项重要内容。

还在1957年,毛泽东就说过:"关于这个问题,可能政府要设一个部门,或者设一个节育委员会,作为政府的机关。人民团体也可以组织一个。"⑤因为要解决技术问题,设一个部门,要有经费,要想办法,要宣传。

(2) 实行计划生育,要走群众路线,要通过宣传教育,得到人民的合作,不能强迫。

毛泽东认为,实行计划生育,从根本上讲,是符合人民群众的切身利益的,说他们"没有要求是不适当的"。同时,还要认识,"将来要做到完全有计划的生育,没有一个社会力量,不是大家同意,不是大家一起来做,那是不行的"⑥。"强迫节育"是行不通的。不过,要人民群众真正地认识到自己的这种要求,自动地起来配合政府来做好这项工作,并不容易。所以,要搞好计划生育,必须进行教

① 《当代中国的计划生育》,当代中国出版社1992年版,第19页。

② 《毛泽东文集》第7卷,人民出版社1999年版,第153页。

③ 《中国计划生育全书》,中国人口出版社1997年版,第131页。

④ 《毛泽东与当代中国》,中央文献出版社2004年版,第742~743页。

⑤ 《毛泽东著作专题摘编》(上),中央文献出版社2003年版,第970页。

⑥ 《毛泽东文集》第7卷,人民出版社1999年版,第308页。

育,必须有步骤地推进这项工作。

在1957年召开的中共八届三中全会上,毛泽东说:"抓人口问题恐怕也是三年试点,三年推广,四年普遍实行。"他指出,"计划生育,要公开做教育"。"我主张中学要上课,要教育怎么样生孩子,怎么样养孩子,怎么样避免生孩子,要生就生,要不生就不要生"①。

封建社会遗留下来的重男轻女思想的广泛存在,是节制生育的严重障碍。他在1970年12月会见斯诺时讲过,农村里的女人,头一个生了,是女孩,就想生个男孩。第二个生了,又是女孩,还想生个男孩。"一共生了九个,年龄也四十五岁了,只好算了。"所以,要节制生育,"重男轻女。这个风俗要改"②。

(3) 要向人民群众宣传避孕知识和提供避孕药物、机械。

为了推动节制生育,毛泽东提出:"关于避孕工具,我看要送上门去,避孕药物、机械这些东西,免费提供,挨家送,因为人家不好意思来领嘛。人体的八大系统都要研究,包括男女关系这种事情。要编成小册子,挨家送。不然,人家不好意思啊。"③为了推动节制生育,他对人民群众在这方面的实际需要,是考虑得很周到、很细致的。

2. 关于生产和生活、积累和消费的关系

在经济建设中首先贯彻统筹兼顾的方针,其次要正确处理国家、集体和个人的关系。

毛泽东指出:"国家和工厂、合作社的关系,工厂、合作社和生产者个人的关系,这两种关系都要处理好。为此,就不能只顾一头,必须兼顾国家、集体和个人三个方面,也就是我们过去常说的'军民兼顾'、'公私兼顾'。"④为了实行这个方针,重要的是要处理好生产和生活、积累和消费的关系。他说过:"我们必须把安排人民生活、安排公社积累和安排国家需要这三个方面的工作,同时统筹兼顾。这样,才算真的作到了全国一盘棋。"⑤这个原则,不仅适用于农村,也适用于全国。

在社会主义条件下,生产的根本目的,是为了满足人民的生活需要。"人们的需要,是不断增长的。需要刺激生产的不断发展,生产也不断创造新的需要。"⑥两者互相促进。所以,毛泽东反复强调:必须坚持"生产、生活同时抓,两

---

① 《毛泽东著作专题摘编》(上),中央文献出版社2003年版,第971~972页。
② 《建国以来毛泽东文稿》第13册,中央文献出版社1998年版,第165~166页。
③ 《中国计划生育全书》,中国人口出版社1997年版,第133页。
④ 《毛泽东文集》第7卷,人民出版社1999年版,第28页。
⑤ 《建国以来毛泽东文稿》第8册,中央文献出版社1993年版,第73页。
⑥ 《毛泽东文集》第8卷,人民出版社1999年版,第137页。

条腿走路,不要片面性”[①]。

生产、生活要同时抓,重点放在哪里呢?毛泽东认为,“我们的重点必须放在发展生产上”[②]。针对那种以为只有把重点放在改善生活上才算“施仁政”的看法,毛泽东指出,“所谓仁政有两种,一种是为人民的当前利益,另一种是为人民的长远利益”。比如建设重工业。“前一种是小仁政,后一种是大仁政。”我们的“重点应当放在大仁政上。现在,我们施仁政的重点应放在建设重工业上,要建设就要资金。所以,人民生活虽然要改善,但一时又不能改善很多”[③]。这就是说,为了人民的长远利益,国家和集体必须保持适当的积累,并使之随着生产的发展逐年有所增加,而“人民的生活不可不改善,不可多改善”,“福利不可不谋,不可多谋”。他说:“要使全体干部和全体人民经常想到我国是一个社会主义的大国,但又是一个经济落后的穷国,这是一个很大的矛盾。要使我国富强起来,需要几十年艰苦奋斗的时间,其中包括执行厉行节约、反对浪费这样一个勤俭建国的方针。”[④]对于中国这样一个经济落后的大国同时又面临着实现国家工业化严重任务的国家,在一个相当长的时期内采取这种方针,是完全必要的和正确的。

不过,在实际工作中,只讲发展生产、忽视改善生活,只讲增加积累、忽视提高消费水平,这种“只顾一头”的现象,无论在苏联还是在中国,都屡屡发生过。比如,在苏联,他们采取所谓义务交售制等办法,把农民的东西拿走太多,给的代价又极低。他们这样来积累资金,使农民的生产积极性受到极大的损害。新中国对农民没有采取这种政策,但也曾发生过国家对农民的粮食征购过多(如1954年)、农村集体的积累过高(如1958年)等情况。毛泽东指出:“积累比重太高了有危险”。[⑤]我们“必须兼顾国家、集体和个人三个方面”。“鉴于苏联和我们自己的经验,今后务必更好地解决这个问题。”[⑥]

为了正确地解决这个问题,毛泽东提出:

(1) 必须在生产增长的基础上,使人民群众的个人收入逐年有所增加,生活逐步得到改善。

这一点,不仅对城市工人、干部和知识分子来说是必要的,而且对占全国人口绝大多数的农民来说同样是必要的。他说:“我们要尽可能使农民能够在正

---

① 《毛泽东文集》第7卷,人民出版社1999年版,第452页。

② 《毛泽东著作专题摘编》(上),中央文献出版社2003年版,第988页。

③ 《毛泽东著作专题摘编》(上),中央文献出版社2003年版,第988~989页。

④ 《毛泽东文集》第7卷,人民出版社1999年版,第240页。

⑤ 《毛泽东著作专题摘编》(上),中央文献出版社2003年版,第993页。

⑥ 《毛泽东文集》第7卷,人民出版社1999年版,第28页。

常年景下,从增加生产中逐年增加个人收入。”①他特别讲道,从“为人民”的角度考虑,“国家积累不可太多”,我们“要为一部分人民至今口粮还不够吃、衣被甚少着想;再则要为全体人民分散储备以为备战备荒之用着想;三则更加要为地方积累资金用之于扩大再生产着想”②。

(2) 必须在进行生产建设的同时,注意搞好市政建设和服务性设施的建设。

他说,一个时期里,我们建设中的问题是,光注意“骨头”,不大注意“肉”,厂房、机器设备等搞起来了,而市政建设和服务性的设施没有相应地搞起来,将来问题很大。③ 据此,他表示赞成陈云关于应当“先市场,后基建,先安排好市场,再安排基建”的意见,强调“要把衣、食、住、用、行五个字安排好,这是六亿五千万人民安定不安定的问题”④。他认为:“生产和生活两方面,必须同时抓起来,不抓生活,要搞好生产是困难的。生产好,生活好,孩子带得好,这就是我们的口号。”⑤

(3) 必须注意提高社会消费,搞好社会集体福利事业。

这里所说的提高社会消费,包括改善和提高居民享受文化教育、医疗卫生和居住、交通等方面的条件和水平等。他在读苏联社会主义政治经济学教科书时说:“这本书在谈到物质利益的时候,不少地方只讲个人的消费,不讲社会的消费,如公共的文化福利事业。这是一种片面性。”“社会主义社会,不搞社会集体福利事业还成什么社会主义?”⑥

总之,“既能保证重点建设,又能照顾人民生活需要”,这是我们在贯彻统筹兼顾的方针,正确处理国家、集体和个人的关系必须坚持的原则。

3. 关于经济建设与国防建设的关系

正确处理经济建设与国防建设的关系,是为贯彻“统筹兼顾”的方针必须注意解决的又一个重要问题。

毛泽东在新中国成立初期就提出:“中国必须建立强大的国防军,必须建立强大的经济力量,这是两件大事。”

实现国防现代化,这是我们进行现代化建设所必须达到的目标之一。新中国成立之初,毛泽东就把“建设正规化、现代化的国防部队”这个任务提出来了。而“为了建设现代化的国防,我们的陆军、空军和海军都必须有充分的机械化的

---

① 《毛泽东文集》第7卷,人民出版社1999年版,第221页。

② 《毛泽东军事文集》第6卷,军事科学出版社1993年版,第405页。

③ 《毛泽东著作专题摘编》(上),中央文献出版社2003年版,第990页。

④ 《陈云年谱》下卷,中央文献出版社2000年版,第23页。

⑤ 《建国以来毛泽东文稿》第7册,中央文献出版社1992年版,第541页。

⑥ 《毛泽东著作专题摘编》(上),中央文献出版社2003年版,第992页。

装备和设备”①。1955年，他更提出，我们要“钻现代化的国防，并且开始要钻原子能”②。1959年底1960年初，他在《读苏联〈政治经济学教科书〉的谈话》中进一步指出：“建设社会主义，原来要求是工业现代化，农业现代化，科学文化现代化，现在要加上国防现代化。”③

为了抵御帝国主义的可能的侵略，为了巩固民族独立和人民解放的成果，为了保卫国家的主权和领土完整，我们必须建立强大的国防军，必须实现国防现代化，这是毛泽东反复强调的。“因为还有敌人，我们还受敌人欺负和包围嘛！”④他认为，全国胜利之前，由于受客观物质条件的限制，人民军队的装备简单低劣；全国解放以后，我们“进到了建军的高级阶段，也就是进到掌握现代技术的阶段”，因为“客观条件已完全具备了这种可能”。⑤

问题在于，我们怎样才能更好地做到这一点呢？毛泽东提出了一个重要的思想：“我们一定要加强国防，因此，一定要首先加强经济建设。”加强国防的“可靠的办法就是把军政费用降到一个适当的比例，增加经济建设的费用”。因为“只有经济建设发展得更快了，国防建设才能够有更大的进步”⑥。

当然，这并不是说，只有工业现代化了，我们才着手进行现代化的国防建设。一方面，随着经济建设的发展，现代化的国防建设也需要相应地推进；另一方面，适应现代科学技术的发展，应当集中必要的力量开展尖端武器的研究试制工作。由于对尖端武器的研究试制，必须利用最新的科技成果，必须进行科技领域的自主创新，因此，这方面取得的进步，对整个国民经济的发展也是可以起到促进作用的。

还在20世纪50年代中期，毛泽东就说过，我们“不但要有更多的飞机和大炮，而且还要有原子弹。在今天的世界上，我们要不受人家欺负，就不能没有这个东西”⑦。他认为：“搞一点原子弹、氢弹、洲际导弹，我看有十年功夫是完全可能的。一年不是抓一次，也不是抓两次，也不是抓四次，而是抓它七八次。”⑧即使是在1962年经济困难时期，他还是提出：“在科学研究中，对尖端武器的研究试制工作，仍应抓紧进行，不能放松或下马。”⑨

---

① 《毛泽东军事文集》第6卷，军事科学出版社1993年版，第102、351页。
② 《毛泽东文集》第6卷，人民出版社1999年版，第395页。
③ 《毛泽东文集》第8卷，人民出版社1999年版，第116页。
④ 《毛泽东文集》第7卷，人民出版社1999年版，第28页。
⑤ 《毛泽东军事文集》第6卷，军事科学出版社1993年版，第314页。
⑥ 《毛泽东文集》第7卷，人民出版社1999年版，第27~28页。
⑦ 《毛泽东文集》第7卷，人民出版社1999年版，第27页。
⑧ 《毛泽东军事文集》第6卷，军事科学出版社1993年版，第374页。
⑨ 《毛泽东军事文集》第6卷，军事科学出版社1993年版，第392页。

在特定的条件下,即估计到中国可能面临严重的战争威胁时,毛泽东也曾经突出地强调要加强国防建设,抓好战备工作。但是,即使在这种时候,他也没有孤立地只抓国防工业,而忽略经济建设和其他方面的工作。1964 年 5 月,他说:“两个拳头——农业、国防工业;一个屁股——基础工业:要摆好。要把基础工业适当搞上去,其他方面不能太多,要相适应。”①1965 年 6 月,他在谈到“备战、备荒、为人民”的方针时又说:“对老百姓不能搞得太紧张。把老百姓搞翻了不行,这是个原则问题。总之,第一是老百姓,第二是打仗,第三是灾荒。计划要考虑这三个因素。”②

毛泽东的上述思想,充满辩证法,是一种科学的发展思想。按照这个思路来推进国防现代化,不仅不会迟滞经济建设的发展,不会影响人民生活的改善,而且可以使它的发展建立在可靠的物质技术基础和群众基础之上。事实上,中国的国防建设是随着经济建设的发展而稳步推进的,中国人民军队的技术装备不断得到改善,尖端武器的研制也取得了巨大的成就。1964 年 10 月,中国爆炸了第一颗原子弹。1967 年 6 月,首次全当量氢弹试爆成功。1970 年 1 月,第一枚中远程导弹发射成功。同年 4 月,成功发射第一颗人造卫星。1975 年 11 月,第一颗返回式卫星成功发射、准确入轨并安全返回预定地面。这些情况表明,中国的科学技术在某些方面已经接近世界先进水平,国防现代化事业有了长足的进展。

4. 关于沿海工业和内地工业的关系

平衡经济布局与合理配置资源,这是贯彻“统筹兼顾”的方针必须解决的又一个重要问题。为此,必须处理好沿海工业和内地工业的关系。

旧中国是一个受帝国主义间接控制的半殖民地,经济布局不平衡,资源配置不合理。“我国全部轻工业和重工业,都有约百分之七十在沿海,只有百分之三十在内地。这是历史上形成的一种不合理的状况。”生产基地与原材料产地距离遥远,不利于生产成本的降低和经济效益的提高;沿海地区和内陆地区经济发展不平衡,不利于对全国资源的全面开发和有效利用;地区之间的贫富差距过大,不利于人民生活的普遍改善和实现共同富裕;工业过分集中于沿海地区,也不利于战备。所以,这种状况必须加以改变。毛泽东指出:“为了平衡工业发展的布局,内地工业必须大力发展。”“新的工业大部分应当摆在内地,使工业布局逐步平衡,并且利于备战,这是毫无疑义的。”③

① 《党的文献》1996 年第 3 期。

② 刘国光主编:《中国十个五年计划研究报告》,人民出版社 2006 年版,第 276 ~ 277 页。

③ 《毛泽东文集》第 7 卷,人民出版社 1999 年版,第 25 ~ 26 页。

不过,我国全部轻工业和重工业约百分之七十在沿海,不仅是一个既成的事实,而且也是我们进一步发展的重要基础。所以,我们对“沿海的工业基地必须充分利用”。新中国成立初期,是这样做的。1952 年 7 月中央财经委员会提出的“一五”计划轮廓草案主张,要充分利用东北及上海老工业基地,并继续培养和充分利用这些工业基地与技术条件,为建设新厂矿、新基地创造条件。从“一五”计划确定的基本建设投资的区域分布来看,一方面,在 694 个限额以上的工业基本建设项目中,有 222 个放在了东北和沿海城市,合理地利用这里的工业基础;另一方面,也尽可能地加强了内地工业基地建设。在这两者的关系问题上,我们没有犯大的错误。

既然如此,毛泽东为什么在 1956 年初要提出这两者的关系问题呢?这是因为:“最近几年,对于沿海工业有些估计不足,对它的发展不那么十分注意了。这要改变一下。”他说,鉴于新的侵华战争和新的世界大战估计短时期内打不起来,我们还是应当注意“充分利用沿海工业的设备能力和技术力量”,而且“沿海也可以建立一些新的厂矿,有些也可以是大型的”。这样做,并不意味着要削弱对内地工业发展的支持。实际上,“好好利用和发展沿海的工业老底子,可以使我们更有力量来发展和支持内地工业。如果采取消极态度,就会妨碍内地工业的迅速发展”①。

尽管提醒大家要“好好利用和发展沿海工业的老底子”,毛泽东对平衡工业布局、发展内地工业,还是始终给予了最大的关注。在新的侵华战争的威胁趋向严重时,他尤其强调了这个方面,并且提出了大力加强三线建设的战略思想。1964 年 5 月,在研究“三五”计划时,他在中央工作会议期间对一部分中央领导人说:“第三个五年计划,原计划在二线打圈子,对基础的三线注意不够,现在要补上,后六年要把西南打下基础。”要“在西南形成冶金、国防、石油、铁路、煤、机械工业基地”。他认为,在原子弹时期,没有后方不行。“三五”计划要考虑解决全国工业布局不平衡的问题,要搞一、二、三线的战略布局,加强三线建设,防备敌人的入侵。②

这里所说的一线是指东北及其他沿海地区,三线是指云、贵、川、陕、甘、宁、青、晋、豫西、鄂西、湘西等地区,一、三线之间的地区则为二线。加强三线建设,主要就是加强内地工业建设。毛泽东批评说:前一个时期,我们忽视利用原有的沿海基地,后来经过提醒,注意了,最近几年又忽视屁股和后方了。③ 这个问题,

---

① 《毛泽东文集》第 7 卷,人民出版社 1999 年版,第 26 页。

② 《周恩来传(1949—1976)》(下),中央文献出版社 1998 年版,第 810 页。

③ 《党的文献》1996 年第 3 期。

要解决。其后，他对国家计委负责人等说过：现在搞不搞三线，就像大革命失败后愿意不愿意下农村的问题。第二次世界大战的经验，斯大林同志不建三线，没搞民兵武装，结果很被动。①

毛泽东的上述战略思想，得到了中共中央其他领导人的赞同。从1964年以后的十多年时间里，我国的三线建设全面展开，并且取得了巨大的进展。

毛泽东关于三线建设的思想，具有伟大的战略意义。从根本上说，三线建设的总的部署、布局和原则都是正确的，尽管具体的工作中也存在着某些偏差或失误。三线建设不仅使我国增强了国防力量，建设了相当巩固的战略后方，而且对我国经济和社会的发展也有着重要的、长远的积极意义。有的专家指出："用经济学的资源配置观点来考察，'三五'、'四五'计划这一战略实际上是建国以来我国生产力布局从沿海到内地的一次战略性的大转移和大调整。对于改善我国生产力布局畸重沿海、工业布局与资源布局严重脱节的状况；对于改变西部地区的贫穷落后的面貌，增强全国各民族的团结，都具有深远的意义和作用。如果没有三线建设时对西部地区的经济开发，注入了物质文明和精神文明，更多的西部地区至今将还是一片荒芜的贫瘠之地，东西部经济差距会更大，直接影响到整个国家和社会的稳定。国家在20世纪末进行西部大开发、解决东西部经济差距的任务将会更艰巨。改革开放以来沿海地区的发展，若没有三线建设形成的西部经济实力如电、燃气、原材料方面的支撑，也难以取得如此巨大的成就。"②这个分析，是符合实际的。

（五）坚持自力更生的方针与发展对外经济关系

我们的经济建设，是主要依靠中国自己的力量，还是仰赖外国？是闭关锁国，还是积极发展对外经济关系？这是一个十分重要的问题。毛泽东早在1945年1月所写的《必须学会做经济工作》一文中就讲过："我们不能学国民党那样，自己不动手专靠外国人，连棉布这样的日用品也要依赖外国。我们是主张自力更生的。我们希望有外援，但是我们不能依赖它，我们依靠自己的努力，依靠全体军民的创造力。"③"自力更生为主，争取外援为辅"④，这是他在社会主义经济建设中反复阐明并一贯坚持的方针。

在经济建设中为什么要坚持自力更生的方针，坚持这个方针主要应当体现

① 《李富春传》，中央文献出版社2001年版，第641页。

② 刘国光主编：《中国十个五年计划研究报告》，人民出版社2006年版，第341页。

③ 《毛泽东选集》第3卷，人民出版社1991年版，第1016页。

④ 《毛泽东文集》第7卷，人民出版社1999年版，第380页。

在哪些方面？在这样做的时候，应当注意哪些问题呢？综合毛泽东的有关论述，可以着重指出以下几点：

第一，应当主要依靠中国自己的力量进行经济建设。

毛泽东一贯强调，决定中国命运的是中国人自己，中国的事情要靠中国人来办。他说，“中国的革命和中国的建设，都是依靠发挥中国人民自己的力量为主，以争取外国援助为辅”，这一点要弄清楚。①“我们没有别的本钱，只有一桩，就是老百姓。人多，地大，是我们的两桩本钱。”②我们要靠这个本钱来发展自己。“什么都靠别人，靠不住。自己要有志气，有干劲。”③他批评了“那种丧失信心，以为自己什么都不行，因而一切依赖外国的援助”的思想，认为“这种思想是完全错误的”④。因为近代中国的历史证明了这一点。中国过去是半殖民地，外国帝国主义势力来到中国，基本上不予只取。所以新中国成立以后，我们的经济、文化“几乎是在没有什么遗产的情况下搞起来的”⑤。这个历史教训，我们应当认真汲取。

第二，必须建立独立的、比较完整的工业体系和国民经济体系。

还在新中国成立前夕，毛泽东在中共七届二中全会上论述使中国从农业国变成工业国这个问题时，就提出了要“解决建立独立的完整的工业体系”的任务。⑥ 新中国成立以后，他多次讲过，实现工业化和现代化，仅仅做到工业总产值超过农业总产值是不够的，还必须解决建立一个独立的、比较完整的工业体系和国民经济体系的问题。

毛泽东的这个认识适合中国情况，是有很深刻的战略眼光和长远的意义的。因为这样做，才能够使中国的经济发展建立在稳固、可靠的基础之上，从而有利于比较迅速地改变我国国民经济长期落后的状态；同时也才能够使中国在赢得政治上的独立以后，进一步赢得经济上的独立，并由此使中国已经赢得的政治上的独立得到巩固而不重新受制于人。这样做，还有利于中国在独立的基础上同世界各国发展平等的经济往来，促进各国的共同发展。

第三，要靠自己的努力解决老百姓的吃饭问题。

农业是国民经济的基础。粮食是关系国计民生的重要战略物资。对于人口众多的中国来说，搞好农业特别是粮食生产，尤其重要。毛泽东强调地指出：

---

① 《毛泽东外交文选》，中央文献出版社、世界知识出版社 1994 年版，第 245 页。

② 《毛泽东文集》第 6 卷，人民出版社 1999 年版，第 340 页。

③ 《毛泽东著作专题摘编》(上)，中央文献出版社 2003 年版，第 938 页。

④ 《毛泽东外交文选》，中央文献出版社、世界知识出版社 1994 年版，第 245 页。

⑤ 《毛泽东外交文选》，中央文献出版社、世界知识出版社 1994 年版，第 491 ~492 页。

⑥ 《毛泽东选集》第 4 卷，人民出版社 1991 年版，第 1433 页。

“特别是农业，更应当搞好。吃饭靠外国，危险得很，打起仗来，更加危险。”①

1964年5月，毛泽东在听取国家计委负责人关于“三五”计划初步设想的汇报时，就农业引进外国投资等问题发表了看法。他说：“还是自力更生，事情总是起变化的。‘只要有利，向魔鬼借钱也可以。’我们不能走这条路。魔鬼不给我们贷款，很好，要贷给我们，我们也不要。”②在他看来，中国这样一个农业人口占多数的大国，不仅不能主要靠进口来解决粮食问题，而且也不应当依靠外国资金来发展农业。农业这个国民经济基础产业的发展，粮食这个重要战略物资的生产，必须依靠自力更生，使它的发展的主动权牢牢地掌握在自己的手里。否则，中国将在经济上乃至在政治上陷入极大的被动。

第四，主要依靠国内市场，着力满足国内需求。

对于中国主要应当发展外向型经济，还是应当着力满足国内需求这个问题，毛泽东的答案很明确：我们这类国家，“主要依靠国内市场，而不是国外市场”。当然，“并不是说不要国外联系，不做生意”。我们“需要联系，需要做生意，不要孤立”③。但是，不能主要靠国外市场。他多次讲过：“对外贸易只能起辅助作用，主要靠国内市场。”④

毛泽东所说的“我们这类国家”，指的是社会主义国家。社会主义生产的目的，主要是为了满足人民生活的需要。中国作为一个发展中的社会主义国家，其国内市场的容量是十分广大的，而且随着生产的发展和人民收入的提高，它的容量还将不断地扩大。主要依靠国内市场，这是中国经济健康发展的必由之路。事实上，像中国这样一个人口众多的大国，企图主要依靠国外市场，来充分满足本国人民多方面的需要，是根本不可能的。尤其值得注意的是，这样做，还会使中国对外国经济产生依赖，妨碍中国自身独立自主的发展，一旦国际上的敌对势力出于政治上及其他方面的考虑对中国实行封锁禁运，中国的生存甚至也会从根本上受到威胁。对于这些情况，是不能不预先估计到的。所以，毛泽东主张，“对外贸易方针，自力更生为主，争取外援为辅，平等互利，互通有无”⑤。这个方针是完全正确的。

第五，独立自主地确定经济建设的目标、任务和方针、政策。

在新中国成立的前夕，毛泽东就庄严宣布：“中国必须独立，中国必须解放，中国的事情必须由中国人民自己作主张，自己来处理，不容许任何帝国主义国家

① 《毛泽东文集》第8卷，人民出版社1999年版，第129页。

② 《党的文献》1996年第3期。

③ 《毛泽东文集》第6卷，人民出版社1999年版，第340页。

④ 《建国以来毛泽东文稿》第7册，中央文献出版社1992年版，第641页。

⑤ 《建国以来毛泽东文稿》第7册，中央文献出版社1992年版，第641页。

再有一丝一毫的干涉。"①在政治上是如此,在经济上也是如此。

在社会主义建设时期,毛泽东进一步指出:"自力更生为主,争取外援为辅,破除迷信,独立自主地干工业、干农业、干技术革命和文化革命,打倒奴隶思想,埋葬教条主义,认真学习外国的好经验,也一定研究外国的坏经验——引以为戒,这就是我们的路线。"②

坚持自力更生的方针,意味着中国在确定经济建设的目标、任务和方针、政策时,不仅不容许帝国主义国家的干涉,而且也决不服从其他社会主义国家的指挥棒。对于苏联领导人鼓吹的所谓"社会主义大家庭的国际分工论",毛泽东是坚决反对的。因为按照这种理论去做,一些社会主义国家在经济上就不能独立,在特定条件下,它们难免成为某个社会主义大国的附庸。所以,1959 年底 1960 年初在读苏联《政治经济学教科书》的谈话中,针对书中关于"每个国家都可以集中自己的人力财力来发展在本国最有利的自然条件和经济条件、有生产经验和干部的部门。而且个别国家可以不必生产能靠其他国家供应来满足需要的产品"这种意见,毛泽东鲜明地指出:"在国与国的关系上,我们主张,各国尽量多搞,以自力更生、不依赖外援为原则。自己尽可能独立地搞,凡是自己能办的,必须尽量地多搞。只有自己实在不能办的才不办。"前面引用过的"吃饭靠外国,危险得很"这个意见,也是在这个谈话中讲的。③

坚持独立自主、自力更生的方针,并不是不要积极发展对外经济联系,走闭关锁国、自我孤立的道路。

还在新中国成立前,1938 年,毛泽东就说过,"中国已紧密地与世界联成一体"了。"中国无论何时也应以自力更生为基本立脚点。但中国不是孤立也不能孤立,中国与世界紧密联系的事实,也是我们的立脚点,而且必须成为我们的立脚点。我们不是也不能是闭关主义者,中国早已不能闭关。"④对于中国的经济发展来说,也是这样。新中国成立后,他明确地讲过,"搞经济关门是不行的"⑤。不能闭关锁国,不能关门搞经济,这就意味着要与其他国家发生经济上的联系,用今天的话来讲,就是要对外开放。发展对外经济联系,综合毛泽东的有关论述,可以着重指出以下几方面:

第一,发展对外贸易,平等互利,互通有无。

新中国成立前夕,毛泽东在中共七届二中全会就指出:"关于同外国人做生

---

① 《毛泽东选集》第 4 卷,人民出版社 1991 年版,第 1465 页。

② 《毛泽东文集》第 7 卷,人民出版社 1999 年版,第 380 页。

③ 《毛泽东文集》第 8 卷,人民出版社 1999 年版,第 128~129 页。

④ 《毛泽东外交文选》,中央文献出版社、世界知识出版社 1994 年版,第 16 页。

⑤ 《毛泽东文集》第 8 卷,人民出版社 1999 年版,第 71 页。

意,那是没有问题的,有生意就得做。”“我们必须尽可能地首先同社会主义国家和人民民主国家做生意,同时也要同资本主义国家做生意。”①1949 年 9 月全国政协一次会议制定的《共同纲领》就明确规定:“中华人民共和国可在平等和互利的基础上与各国政府和人民恢复并发展通商贸易关系。”

尽管美国等西方国家对新中国实行封锁、禁运,毛泽东还是反复地说,不能关起门来搞经济,我们“需要交换”。我们要同其他国家发生经济上的联系,“互相交换有益的东西”②。1949 年 12 月,他就提出,应从统筹全局的观点出发,“准备和波捷德英日美等国做生意”。他一贯主张,要“平等互利,互通有无”,发展对外贸易。③

第二,有条件地利用国外的资金。

早在 1936 年,毛泽东在陕北会见美国记者斯诺时就说:“苏维埃政府欢迎外国资本的投资。”“只有在中国取得真正的独立和民主之后,才有可能把大量外资用于大规模地发展生产事业。”但是,我们“对影响中国独立政治权利的外国投资,一概不予承认”④。

1944 年 8 月,中共中央在关于外交工作的指示中提出,“在双方有利原则下,我们欢迎国际投资与技术合作”⑤。

1945 年 4 月,毛泽东在中共七大的报告中说:“为着发展工业,需要大批资本。从什么地方来呢?主要依靠中国人民自己积累资本,同时借助于外援。在服从中国政府法令、有益中国经济的条件下,外国投资是我们所欢迎。”⑥

1946 年 5 月,中共中央在关于解放区外交方针的指示中提出:“我应采取与美国及英法等国政府及其个别商人进行经济合作的方针,在两利的原则下,我们政府及商业机关应和外国商人以至外国政府直接订立一些经济契约,吸收外资来开发山东的富源,建立工厂,发展交通,进行海外贸易。在订立这些契约时,只要避免不致因此受垄断、受控制及受外间政治上的攻击。”“而又对我有利,即应放手订立,允订外国人来经商开矿及建立工厂,或与中国人来合作经营工厂”⑦。

这些情况表明,毛泽东和中共中央在利用外资的问题上,思想是很开放的,当时甚至已经提出外国人可以在中国办独资企业或与中国人办合资企业这类问

① 《毛泽东选集》第 4 卷,人民出版社 1991 年版,第 1435 页。
② 《毛泽东文集》第 8 卷,人民出版社 1999 年版,第 71 ~ 72 页。
③ 《建国以来毛泽东文稿》第 7 册,中央文献出版社 1992 年版,第 641 页。
④ 《毛泽东文集》第 1 卷,人民出版社 1993 年版,第 393 ~ 394 页。
⑤ 《中共中央文件选集》第 16 册,中共中央党校出版社 1992 年版,第 317 页。
⑥ 转引自《胡乔木回忆毛泽东》,人民出版社 1994 年版,第 377 页。
⑦ 《中共中央文件选集》第 16 册,中共中央党校出版社 1992 年版,第 151 ~ 152 页。

题了。同时,对于如何利用外资的问题,毛泽东和中共中央又保持了清醒的认识,提出了应当遵循的正确原则,包括:"主要依靠中国人民自己积累资本,同时借助于外援";要"在服从中国政府法令、有益中国经济的条件下",引进外国投资;要"把大量外资用于大规模地发展生产事业";要避免"因此受垄断、受控制";等等。

新中国成立以后,我们曾利用过苏联的贷款,但是在一个相当长的时期内,并没有能够引进和利用西方国家的资金。这不是因为我们搞自我封闭,而是因为美国等西方国家敌视新中国、对新中国实行封锁禁运等的缘故。邓小平说过:"毛泽东同志在世的时候,我们也想扩大中外经济技术交流,包括同一些资本主义国家发展经济贸易关系,甚至引进外资、合资经营等等。但是那时候没有条件,人家封锁我们。"①实际情况就是这样。

第三,学习外国先进的科学技术,有分析地借鉴外国发展经济的经验。

毛泽东清醒地认识到,搞建设,"我们面前的工作是很艰苦的,我们的经验是很不够的。因此,必须善于学习","要善于向世界各国人民学习"②。为此,1956 年初,毛泽东明确地提出了"向外国学习"的方针。他要求:"世界各国,什么地方有好东西,统统学来。"③"但是,必须有分析有批判地学,不能盲目地学,不能一切照抄,机械搬用。"④

新中国成立初期,我们提出过"学习苏联"的口号。在苏联暴露了自己在建设中的问题之后,毛泽东说:对苏联的东西,也要分析。"择其善者而从之,其不善者不从之。"⑤同时,他又指出,仅仅学习苏联还不够,我们"还一定要学日本和美国"⑥,学西方发达国家,也还要学发展中国家等一切其他的国家。他说过:"缅甸种粮食比我们种得好。我们愿意研究缅甸是怎样种的。"⑦

为了向外国学习,毛泽东说过:"我也希望到世界各国去走走。"他在会见外宾时多次表示,希望去缅甸等国看一看;"还想到日本去看一看","甚至还想去美国看一看"。"但现在却没有希望实现。"⑧

向西方发达资本主义国家学习,有一个学什么和怎么学的问题。

---

① 《邓小平文选》第 2 卷,人民出版社 1994 年版,第 127 页。
② 《毛泽东文集》第 7 卷,人民出版社 1999 年版,第 117 页。
③ 《毛泽东外交文选》,中央文献出版社、世界知识出版社 1994 年版,第 313 页。
④ 《毛泽东文集》第 7 卷,人民出版社 1999 年版,第 41 页。
⑤ 《毛泽东文集》第 7 卷,人民出版社 1999 年版,第 366 页。
⑥ 《建国以来毛泽东文稿》第 7 册,中央文献出版社 1992 年版,第 197 页。
⑦ 《毛泽东外交文选》,中央文献出版社、世界知识出版社 1994 年版,第 186 页。
⑧ 《毛泽东外交文选》,中央文献出版社、世界知识出版社 1994 年版,第 185、223 页。

毛泽东说:“外国资产阶级的一切腐败制度和思想作风,我们要坚决抵制和批判。但是,这并不妨碍我们去学习资本主义国家的先进的科学技术和企业管理方法中合乎科学的方面。”①

为什么不能学西方国家资产阶级的腐败制度和思想作风呢?毛泽东认为,“西方世界的太阳是傍晚的没落的太阳”。“它们在政治上是落后的,是腐败的,是低级趣味的。”②所以,对它们的腐败制度和思想作风,我们不仅不能学,而且要坚决抵制和批判。我们不能迷信西方,以为那里什么都好。东方人“要在破除迷信的条件下学习西方”③。要学它的长处,不要学它的短处。

科学技术本身没有阶级性。所以,毛泽东认为,“在技术方面,我看大部分先要照办”。当然,“已经清楚的那一部分,就不要事事照办了”④。为了学习外国先进的科学技术,他提出要采取派出去和请进来两种办法。他说,我们不仅要向社会主义国家派遣留学生,而且也“要派人到资本主义国家去学技术,不论英国、法国、瑞士、挪威,只要他要我们的学生,我们就去嘛”⑤。他也说过,可以进口外国技术,利用外国的技术人员帮助训练本国的科学家、工程技术人员。⑥

西方资本主义的企业管理制度和方法具有两重性,一方面反映了社会化大生产本身的客观要求,另一方面是为剥削工人的剩余价值服务的。所以,毛泽东提出,要学它的“企业管理方法中合乎科学的方面”,同时又不能全盘照搬。

对于西方的资产阶级经济理论,毛泽东并没有展开全面的研究与评析。但是他提出的学习外国“必须有分析有批判地学”这个原则,对于这个问题的认识和处理,也是适用的。据此,1983年,北京大学陈岱孙教授曾着重阐明了以下几个观点:第一,我们“要认识到,这些国家的经济制度和我们的社会经济制度根本不同,从而,西方经济学作为一个整个体系,不能成为我们国民经济发展的指导理论”。第二,“我们又要认识到,在若干具体的经济问题的分析方面,它确有可供我们参考、借鉴之处”。第三,“由于制度上的根本差异,甚至在一些具体的、技术的政策问题上,我们也不能搬套西方的某些经济政策和措施”。第四,对外国经济学内容的取舍,既涉及本质问题,又涉及技术问题。“根本的原则应该是,以我为主,以符合国情为主。”“我们既要承认外国经济学,在其近年的发展中,在其推理分析、测算技术、管理手段等等方面有若干值得参考借鉴之处,又

① 《毛泽东文集》第7卷,人民出版社1999年版,第43页。
② 《毛泽东文集》第7卷,人民出版社1999年版,第404页。
③ 《毛泽东外交文选》,中央文献出版社、世界知识出版社1994年版,第393~394页。
④ 《毛泽东文集》第7卷,人民出版社1999年版,第42页。
⑤ 薄一波:《若干重大决策与事件的回顾》上卷,中共中央党校出版社1991年版,第484页。
⑥ 《建国以来毛泽东文稿》第13册,中央文献出版社1998年版,第106页。

不要盲目推崇，全盘搬套。”①这些分析，很好地体现了毛泽东提出的“必须有分析有批判地学”这个原则，对于我们采取科学的态度对待西方资产阶级的经济理论，具有现实的指导意义。

毛泽东强调，“向外国人学习是为了今天的中国人”。我们“应该是在中国的基础上面，吸取外国的东西。应该交配起来，有机地结合”。“照抄别国的经验是要吃亏的，照抄是一定会上当的。这是一条重要的国际经验。”②忘记这条经验，要犯大错误。

第四，还要对别的国家和民族进行帮助，对世界有些益处。

中国作为一个发展中的社会主义国家，经济文化比较落后，需要集中力量发展自己；与此同时，也还应当承担自己的一份国际主义义务。毛泽东指出：“中国不仅要自己料理自己，自己过生活，还应该对别的国家和民族进行帮助，对世界有些益处。同别的国家一样，不仅要为自己而且还要对世界做些贡献。和别的国家互相帮助，发展经济关系，尤其是我们亚洲、非洲、拉丁美洲国家之间互相了解、交流经验，很有必要。”③应当看到，这种国际主义义务“是相互的。一方面，我们在资金、物资和技术上支援了他们；另一方面，他们的建设工作做好了，反对帝国主义的力量增强了，也是对我们的大力支援”④。

在发展对外经济关系的问题上，提出中国要承担自己的国际主义义务，这是毛泽东对外开放思想的特色之一。

坚持独立自主、自力更生的方针，与积极发展对外经济联系，两者是有机地结合在一起的。积极发展对外经济联系，有助于增强中国自力更生的能力；而坚持独立自主、自力更生的方针，也才真正有利于中国对外经济联系的有效扩大和健康发展。

上述关于正确处理经济建设中若干重要关系的思想，是毛泽东社会主义经济建设理论的重要方面。

毛泽东社会主义经济建设的正确理论，既不是对苏联、美国等外国经验的照抄照搬，也不是个人苦思冥想的产物，它是中国共产党在领导人民进行社会主义经济建设的过程中所积累的正反两方面实践经验的科学总结。他说过，我到井冈山，第一仗就是打败仗。因为从来没有带过队伍打仗，没有经验。“抓工业也没有经验，第一仗也是败仗。”⑤这个“第一仗”，指的是 1958 年开始的大炼钢铁

---

① 《北京大学学报》1983 年第 3 期。

② 《毛泽东文集》第 7 卷，人民出版社 1999 年版，第 82 ~ 83、64 页。

③ 《毛泽东文集》第 8 卷，人民出版社 1999 年版，第 71 页。

④ 李先念语。《建国以来重要文献选编》第 17 册，中央文献出版社 1997 年版，第 428 页。

⑤ 《毛泽东传(1949—1976)》(上)，中央文献出版社 2003 年版，第 949 页。

等。但是,他注意从挫折和失败中总结教训,不断提出新的思路,推动建设事业的继续前进。比如,他在1959年底1960年初读苏联《政治经济学教科书》下册时,就联系中国建设的经验教训,提出了一系列闪光的思想,许多思想在今天看来,仍然是正确的,富有启发性的意义。

诚然,毛泽东关于社会主义经济建设的理论,还有待于深化和发展。1959年底1960年初在读苏联《政治经济学教科书》时,他就说过:从世界范围来看,“社会主义社会的历史,至今还不过四十多年,社会主义社会的发展还不成熟,离共产主义的高级阶段还很远。现在就要写出一本成熟的社会主义共产主义政治经济学教科书,还受到社会实践的一定限制”①。对于中国来说,社会主义社会的历史更短。要彻底认识和系统掌握中国社会主义经济建设的规律性,还有很长的路要走。但是,我们应当充分地肯定毛泽东等老一辈革命家作为探索中国社会主义建设道路的开创者的历史功绩,充分地肯定他们提出和阐明的许多独创性的理论所具有的重要价值。因为正是他们,为中国共产党人在新的历史条件下继续探索适合中国情况的社会主义建设道路“提供了一个基础”。②

——本文主要内容刊《马克思主义研究》2009年第3、4期。

五、关于人民民主政治建设的若干战略性思考

关于人民民主政治建设的思想,是毛泽东社会主义建设理论的重要组成部分。

以毛泽东为代表的中国共产党人曾经领导全国各族人民为争取人民民主、反对地主买办资产阶级的反革命独裁统治进行过长时期的、不屈不挠的斗争,开辟了中国历史上崭新的人民民主的时代。在这个过程中,毛泽东创立了关于人民民主专政的科学理论。新中国成立以后,尤其是社会主义改造基本完成以后,毛泽东和他的战友们从巩固人民民主政权、防止资本主义复辟和建设社会主义的高度,对人民民主问题进行了深层次的战略性的思考,并展开了多方面的探索性的实践。在这个过程中,他们总结党和人民的实践经验,提出了一系列重要的思想。这些思想值得人们高度重视并认真加以研究。

(一)

毛泽东认为,加强人民民主政治的建设,是中国所进行的社会主义建设所必

① 《毛泽东文集》第8卷,人民出版社1999年版,第137页。

② 《邓小平文选》第2卷,人民出版社1994年版,第297页。

须实现的一项重要任务。

早在1939年5月，毛泽东就已经提出了人民民主这个概念。他指出，中国应当“建立人民民主主义的制度”①。随后，他进一步指出，“民主必须是各方面的，是政治上的、军事上的、经济上的、文化上的、党务上的以及国际关系上的，一切这些，都需要民主”②。

中国的人民民主制度即人民民主专政的国家政权经历了两个历史阶段。在根据地时期，它实质上是工农民主专政，因为它所担负的是组织民主革命的任务；在新中国成立以后，它实质上已经是无产阶级专政了，因为它已经开始担负起组织社会主义改造和社会主义建设的任务。据此，毛泽东认为，我们这时所说的人民民主，实际上就是社会主义的民主。“我们的这个社会主义的民主是任何资产阶级国家所不可能有的最广大的民主。”③

的确，毛泽东说过：“民主这个东西，有时看来似乎是目的，实际上，只是一种手段。马克思主义告诉我们，民主属于上层建筑，属于政治这个范畴。这就是说，归根结蒂，它是为经济基础服务的。”④有的论者据此认定毛泽东对民主的重要性估计不足。这实在是一种误读或者曲解。因为民主，无论是指人民民主的国家制度，还是指人民管理国家事务的权利及应享受的其他各项民主权利，或者是指民主意识、民主作风，都是属于上层建筑；而根据马克思主义关于经济基础和上层建筑相互关系的原理，上层建筑必须为经济基础服务。因此，毛泽东的上述论点是完全正确的。恩格斯早就说过：“无产阶级为了夺取政权也需要民主的形式，然而对于无产阶级来说，这种形式和一切政治形式一样，只是一种手段。”⑤列宁也说过：“任何民主，和任何政治上层建筑一样（这种上层建筑在阶级消灭之前，在无阶级的社会建立之前，是必然存在的），归根到底是为生产服务的，并且归根到底是由该社会中的生产关系决定的。”⑥

事实上，毛泽东不仅说过民主是手段，他也有过民主是目的这种提法。在1957年2月27日下午召开的最高国务会议上，他是这样说的：“有人说民主是目的。我们跟他们说，民主是手段，也可以说又是目的又是手段。”⑦这就是说，从经济基础和上层建筑的角度来说，民主属于上层建筑，是为经济基础服务的，

① 《毛泽东选集》第2卷，人民出版社1991年版，第563页。

② 《毛泽东文集》第3卷，人民出版社1996年版，第169页。

③ 《毛泽东文集》第7卷，人民出版社1999年版，第207页。

④ 《毛泽东文集》第7卷，人民出版社1999年版，第208~209页。

⑤ 《马克思恩格斯选集》第4卷，人民出版社1995年版，第662页。

⑥ 《列宁选集》第4卷，人民出版社1995年版，第405页。

⑦ 《党的文献》2002年第4期，第20页。

因此它是手段;而从进行社会主义革命和社会主义建设的角度来说,实现人民民主和加强人民民主政治建设,则是党面临的一项重要任务,因而它也是目的,或者说目标。对于后面这一层意思,毛泽东也是讲过多次的。在民主革命时期,他曾经指出,“中国现阶段革命的目的,是在推翻帝国主义、封建主义、官僚资本主义的统治,建立一个以劳动者为主体的、人民大众的新民主主义共和国”①。在中国刚刚进入社会主义社会的时候,他更明确地强调:“我们的目标,是想造成一个又有集中又有民主,又有纪律又有自由,又有统一意志、又有个人心情舒畅、生动活泼,那样一种政治局面。”②即后来人们通常所说的“六又”政治局面。

对于发扬人民民主在社会主义事业中的重要作用,毛泽东是作了充分的估计的。1957 年 3 月 19 日,他讲道,我们应当采取“团结—批评—团结”的方式,也就是采取民主的方法,来解决党内矛盾和人民内部矛盾。他认为,“采取现在的方针,文学艺术、科学技术会繁荣发达,党会经常保持活力,人民事业会欣欣向荣,中国会变成一个大强国又使人可亲”③。他说:“我们采取上面所说的这些方针,我相信,我们的文化、科学、经济、政治,我们的整个国家,一定可以繁荣发展起来,我们国家就会变成一个有近代农业的、工业化的国家,人民的生活会要好起来,人民的政治情绪,人民跟政府的关系,人民与人民之间的关系,将是一种合理的、活泼的关系。我们希望造成这样一个中国,希望把我们国家变成这样一个活泼的国家,使人们敢于批评,敢于说话,有意见敢于说,不要使人不敢说。按照这样的方针,我们的希望就一定可以实现。”④随后,在提出要形成上面所说的“六又”政治局面的那篇文章中,他进一步指明,我们之所以要形成这种局面,是为了有“利于社会主义革命和社会主义建设,较易于克服困难,较快地建设我国的现代工业和现代农业,党和国家较为巩固,较为能够经受风险”⑤。应当说,关于民主的重要性的这些论述,尤其是通过发扬人民民主让实行无产阶级专政的国家——中国成为一个“大强国又使人可亲”的国家的设想,不仅是深刻的,而且是富有新意的。

1962 年 1 月,为了总结 1958 年发动“大跃进”和人民公社化运动以来党的工作的经验教训,中共中央召开了扩大的工作会议。毛泽东在会上着重讲了民主集中制的问题,讲了“在党内、党外发扬民主的问题”⑥。他指出,为了科学地

---

① 《毛泽东选集》第 4 卷,人民出版社 1991 年版,第 1287 ~ 1288 页。
② 《建国以来毛泽东文稿》第 6 册,中央文献出版社 1992 年版,第 543 页。
③ 《建国以来毛泽东文稿》第 6 册,中央文献出版社 1992 年版,第 405 页。
④ 《党的文献》2002 年第 5 期,第 41 页。
⑤ 《建国以来毛泽东文稿》第 6 册,中央文献出版社 1992 年版,第 543 页。
⑥ 《毛泽东文集》第 8 卷,人民出版社 1999 年版,第 311 页。

总结经验，分清是和非、正确和错误，“只能用民主的方法，让群众讲话的方法”。他告诫各级干部，“让人讲话，天不会塌下来，自己也不会垮台。不让人讲话呢？那就难免有一天要垮台”。他反复论证，在党内、党外充分发扬民主，具有极大的重要性。因为：

第一，只有充分发扬民主，才能调动群众和干部的积极性，搞好社会主义建设事业。党内党外都应当造成“又有集中又有民主，又有纪律又有自由，又有统一意志、又有个人心情舒畅、生动活泼，那样一种政治局面”。如果“没有这样的政治局面，群众的积极性是不可能发动起来的”。而如果不能发动群众的积极性，我们就不可能克服面临的困难，就不可能搞好各项社会主义建设事业。

第二，只有充分发扬人民民主，才能有效地实行无产阶级专政。而如果“没有广泛的人民民主，无产阶级专政不能巩固，政权会不稳”。因为“没有民主，没有把群众发动起来，没有群众的监督，就不可能对反动分子和坏分子实行有效的专政，也不可能对他们进行有效的改造，他们就会继续捣乱，还有复辟的可能”。

第三，只有充分发扬民主，才能有正确的集中，党才能对社会主义事业实行正确的领导。如果“没有民主，意见不是从群众中来，就不可能制定出好的路线、方针、政策和办法”。用现在的话来说，如果没有决策的民主化，就不可能做到决策的科学化。因为“如果没有民主，不了解下情，情况不明，不充分搜集各方面的意见，不使上下通气”，那么，上级领导机关的集中就不可能是真的、实的、正确的，而“只能是假的、空的、错误的”。

第四，只有实行高度的民主，才能有高度的正确的集中。如果“没有高度的民主，就不可能有高度的集中，而没有高度的集中，就不可能建立社会主义经济”。由于社会主义经济是不可能自发地产生的，它必须有党和国家自上而下的领导或引导才能建立起来。而“我们的国家，如果不建立社会主义经济，那会是一种什么状况呢？就会变成修正主义的国家，变成实际上是资产阶级的国家，无产阶级专政就会转化为资产阶级专政，而且会是反动的、法西斯式的专政。这是一个十分值得警惕的问题”。

在这里，我们可以清楚地看到，毛泽东依据历史的经验和现实的教训，从正反两个方面，对发扬党内民主和人民民主的重要意义作出了深刻的阐发和透辟的说明。

（二）

应当遵循何种原则，来探索加强人民民主政治建设的途径和方法呢？

毛泽东指出，为了社会主义事业，“我们必须把马克思列宁主义的普遍真理同中国社会主义建设的具体实际，并且同今后世界革命的具体实际，尽可能好一些地结合起来,从实践中一步步地认识斗争的客观规律”。他还指出:“对于社会主义建设,我们还缺乏经验。”“要准备着由于盲目性而遭受到许多的失败和挫折,从而取得经验,取得最后的胜利。”①无疑地,这个原则,无论对于经济建设,还是政治、文化建设,都是适用的。

为了在人民民主政治建设的过程中切实贯彻这个原则,以下三个方面是必须认真考虑的:

第一,充分认识我国人民民主政治建设的基本出发点,它的有利条件和困难。

马克思主义告诉我们,社会主义民主之所以不同于资本主义民主,首先在于它不是少数人的民主而是多数人的民主,而且它主要地不是剥削者的民主而是劳动者的民主。正因为如此,在社会主义国家中搞好人民民主政治建设,是具有深厚的群众基础的。这是社会主义国家在政治上的巨大优势。毛泽东强调,我们的人民民主政权是以工农联盟为基础的。“必须坚定地信任群众的多数,首先是工农基本群众的多数,这是我们的基本出发点。”②刘少奇也明确讲过:“无产阶级的民主集中制,是最广泛的民主制,它是包括全部人口中百分之九十以上的人民的民主。”③在考虑人民民主政治建设的问题时,对这个基本的出发点,我们是必须时刻牢记的;当然,这个人民民主政权还必须团结一切可以团结的力量。这一方面,也不应该忽略。

在加强人民民主政治建设的问题上,我们不仅拥有有利的条件,而且还会面临困难。因为虽然从理论上讲,社会主义国家的广大人民应当享有广泛而又真实的民主权利;可是在实践中,在经济文化落后的中国,有一些因素却又有可能使这种民主权利受到削弱乃至被贬低和损坏。还在民主革命时期,毛泽东就说过:“由于我们的国家是一个小生产的家长制占优势的国家,又在全国范围内至今还没有民主生活,这种情况反映到我们党内,就产生了民主生活不足的现象。这种现象,妨碍着全党积极性的充分发挥。同时,也就影响到统一战线中、民众运动中民主生活的不足。”④到了社会主义时期,尽管中国的社会状况已经发生了重大的改变,但由于思想意识具有相对的独立性以及其他种种原因,这种党内党外民主生活不足的消极现象仍然是在相当大的程度上存在着的。因此,铲除这种消极现象,仍然是我们必须面对的一项任务。还应当考虑到,“过去在革命

① 《毛泽东文集》第8卷,人民出版社1999年版,第302、300页。
② 《建国以来毛泽东文稿》第6册,中央文献出版社1992年版,第544页。
③ 《刘少奇选集》下卷,人民出版社1981年版,第433页。
④ 《毛泽东选集》第2卷,人民出版社1991年版,第529页。

的时候,我们和人民一起,向封建势力要民主。现在我们胜利了,自己掌握政权,很容易强调专政,忽视民主的一面"①。这种情况是确实存在的。因为"当革命胜利之后,在工人阶级和共产党已经成为领导全国政权的阶级和政党的时候,我们党和国家的领导工作人员,由于受到官僚主义的多方面的袭击,就面临到有可能利用国家机关独断专行、脱离群众、实行命令主义、破坏党和国家的民主制度这样一个很大的危险性"。这种情况,尤其值得引起人们的严重注意。毛泽东强调,"我们要是不愿意陷到这样的泥坑里去的话,也就更要充分地注意执行这样一种群众路线的领导方法";而且,"我们需要建立一定的制度来保证群众路线和集体领导的贯彻实施"②。

第二,认真总结党在领导人民民主政治建设方面的历史经验。

进行人民民主政治建设,如同进行其他建设事业一样,毛泽东强调,"我们是以自己的经验为主"。比如 1954 年在制定新中国的第一部宪法时,我们就"总结了无产阶级领导的反对帝国主义、反对封建主义、反对官僚资本主义的人民革命的经验,总结了最近几年来社会改革、经济建设、文化建设和政府工作的经验","也总结了从清朝末年以来关于宪法问题的经验"③。

还在民主革命时期,中国共产党就开始积累这方面的经验了。1922 年 7 月召开的党的二大已经提出统一中国为"真正民主共和国"的任务。1927 年革命失败以后,党即开始领导人民在农村建立革命根据地,实际进行人民民主政权和人民军队的建设工作,在人民内部乃至军队内部实行民主主义。毛泽东指出:"中国不但人民需要民主主义,军队也需要民主主义。军队内的民主主义制度,将是破坏封建雇佣军队的一个重要的武器。"④1931 年 11 月,在江西瑞金召开的中华苏维埃工农兵第一次全国代表大会制定了《中华苏维埃共和国宪法大纲》及劳动法等多部法律,对根据地政权的工农民主专政的性质、对公民应当享有的各种民主权利等都作出了明确的规定。从土地革命战争时期到抗日战争时期、全国解放战争时期,根据地人民民主政治建设的工作不断取得进展。根据地的人民政权还在总结有关经验的基础上,提出了贯穿着人民民主原则的施政纲领,如《陕甘宁边区施政纲领》(1939 年)、《华北人民政府施政方针》(1948 年)等。根据地的人民民主政治建设,对于动员和组织广大人民群众进行革命战争和推进各项工作起到了巨大的作用。毫无疑问,这些历史经验,对于搞好社会主义时

---

① 《党的文献》2002 年第 5 期,第 44 页。

② 《建国以来毛泽东文稿》第 6 册,中央文献出版社 1992 年版,第 63 页。

③ 《毛泽东文集》第 6 卷,人民出版社 1999 年版,第 325 ~ 326 页。

④ 《毛泽东选集》第 1 卷,人民出版社 1991 年版,第 65 页。

期的民主政治建设有着最直接的参考价值。

需要指出的是，这里所说的总结经验，不仅是指总结成功的经验，而且也包括总结犯错误的经验。1961 年 6 月，毛泽东在中央工作会议上专门讲了“总结经验”的问题。他说：“现在同志们解放思想了，对于社会主义的认识，对于怎样建设社会主义的认识，大为深入了。为什么有这个变化呢？一个客观原因，就是一九五九年、一九六〇年这两年碰了钉子。”①由于 1957 年反右派斗争扩大化和 1959 年反“右倾”斗争的消极影响，党内党外的民主生活不健全了，许多人不敢讲话，结果就使得我们在 1958—1960 年的“大跃进”运动中所犯的错误不能得到及时的揭露和有效的制止，终于酿成了严重的后果。正是在总结这方面的教训的基础上，毛泽东在 1962 年 1 月召开的扩大的中央工作会议上对民主集中制的问题作出了系统的论述，从而使全党对于为什么必须发扬民主和如何正确地贯彻民主集中制的认识，大大提高了。事实上，吸取我们在民主问题上犯错误的历史教训，也是搞好社会主义时期人民民主政治建设的一个重要的条件。

第三，注意借鉴外国实行社会主义民主以及资产阶级民主方面的经验。

中国不是脱离世界的一种孤立的存在。近代以来，西方资产阶级国家就开始实行民主制了。十月革命以后，一种新的民主制又在苏联产生，因此，毛泽东认为，研究民主问题，必须有世界历史的眼光，必须注意研究外国的经验。

中国是一个社会主义国家，同苏联和各人民民主国家属于同一种国家类型。因此，在进行人民民主政治建设时，首先注意研究苏联等国的有关经验是很自然的。我国建立人民民主制度，主要是从中国的实际出发，同时也借鉴了苏联的经验。新中国成立前夕，刘少奇在访问苏联时曾向斯大林送交一份书面报告，其中就谈道，“中国的人民民主专政，与列宁在一九〇五——一九〇七年革命中所提出的‘工农民主专政’，有其共同点，但也有区别点”。“中国人民民主专政的形式，是人民代表会议制。”对此，斯大林表示，“这个制度可能对于目前的中国是很适当的”。“你们目前不实行过分的中央集权的观点是对的。”1954 年制定宪法时，毛泽东指出，“我们是以自己的经验为主，也参考了苏联和各人民民主国家宪法中好的东西”②。

不过，毛泽东认为，“事物都有两面：有好的一面，有坏的一面”。“我们不要迷信，认为在社会主义国家里一切都是好的。”③1956 年初，斯大林严重破坏社会主义法制等事件被揭发出来了。毛泽东说，“最近苏联方面暴露了他们在建

① 《毛泽东文集》第 8 卷，人民出版社 1999 年版，第 277 页。

② 《毛泽东文集》第 6 卷，人民出版社 1999 年版，第 326 页。

③ 《毛泽东文集》第 7 卷，人民出版社 1999 年版，第 69 页。

设社会主义过程中的一些缺点和错误,他们走过的弯路,你还想走?"对此,"当然更要引以为戒"①。他认为,斯大林严重破坏法制"这样的事件在英、法、美这样的西方国家不可能发生"②。这种认识实际上已经涉及苏联政治体制的弊端、涉及个人高度集权体制的弊端了。20世纪50年代后期以来,在同赫鲁晓夫修正主义的斗争中,毛泽东进一步指出,"他们在党内关系是不平等的,各级领导人具有特权"③,那里已经形成了新的贵族阶层。如何以苏联为鉴戒,依靠发扬人民民主,防止同样的情况在中国发生,更成了毛泽东着重思考的一个重大问题。

西方国家实行的是资产阶级民主制度,而资产阶级民主的实质就是资产阶级专政。很明显,这种制度同中国的制度根本不同。我们不仅绝不能搬用它们的那一套,而且对"外国资产阶级的一切腐败制度和思想作风,我们要坚决抵制和批判"④。正因为如此,早在1948年9月中共中央政治局会议上,毛泽东就明确指出,我们"不必搞资产阶级的议会制和三权鼎立等",而应当"建立民主集中制的各级人民代表会议制度"⑤。但是,这并不意味着它们的某些具体制度和做法我们就不应当借鉴。西方资产阶级民主制度是在反对封建专制制度的斗争中建立起来的。毛泽东说过,"英国也好,法国也好,美国也好,资产阶级都有过革命时期,宪法就是他们在那个时候开始搞起的。我们对资产阶级民主不能一笔抹杀,说他们的宪法在历史上没有地位";尽管现在帝国主义国家的宪法"尤其是欺骗和压迫多数人的"⑥。他还说过,在封建时代,是君主的个人专制。"资本主义社会就比封建时代进了一步,美国两党——共和党和民主党可以相互骂架";⑦尽管它们所代表的都主要是垄断资产阶级的利益。他有一次还讲过,"资产阶级民主,特别是初期,有那么一些办法,比我们现在的办法更进步一些"。由于封建主义影响的遗留,在某些方面,"我们比那个时候不是更进步了,而是更退步了"。刘少奇也赞同毛泽东的这个看法。他说:"恐怕有些东西,资产阶级的有些制度也可以参考。"⑧

---

① 《毛泽东文集》第7卷,人民出版社1999年版,第23页。

② 这是邓小平转述的毛泽东的话。见《邓小平文选》第2卷,人民出版社1994年版,第333页。

③ 《建国以来毛泽东文稿》第10册,中央文献出版社1996年版,第262页。

④ 《毛泽东文集》第7卷,人民出版社1999年版,第43页。

⑤ 《毛泽东文集》第5卷,人民出版社1999年版,第136页。

⑥ 《毛泽东文集》第6卷,人民出版社1999年版,第326页。

⑦ 这是刘少奇转述的毛泽东的话。见《刘少奇论党的建设》,中央文献出版社1991年版,第647页。

⑧ 这是刘少奇转述的毛泽东的话。见《刘少奇论党的建设》,中央文献出版社1991年版,第647页。

从上面的叙述我们可以看到,在思考人民民主政治建设的问题时,毛泽东不仅坚定地站在马克思主义的立场上,坚持从中国的实际出发,而且视野十分开阔,思想也是很解放的。

(三)

随着1956年社会主义改造的基本完成和社会主义基本制度在中国的全面确立,"革命时期的大规模的急风暴雨式的群众阶级斗争基本结束",虽然"阶级斗争还没有完全结束"①;与此相适应,中国社会面临的主要矛盾和主要任务也发生了变化。当年召开的中共八大指出:中国社会的主要矛盾"已经是人民经济文化迅速发展的需要同当前经济文化不能满足人民需要的状况之间的矛盾";而中国面临的主要任务就是要把一个落后的农业国改变成为一个先进的工业国,也就是要开始全面建设社会主义,为把中国建设成为一个伟大的社会主义现代化国家而奋斗。

社会主义建设是亿万群众切身的事业。必须团结一切可以团结的力量,调动一切可以调动的积极因素,才有可能胜利地把这个事业推向前进。然而,正是在开始全面建设社会主义的时候,人民内部的矛盾突出地显示出来了。如果不能正确地处理这种矛盾,我们就不可能有效地贯彻执行调动一切积极因素来建设社会主义这个基本方针。这是中国共产党必须面对并加以解决的一个新问题。

当时究竟发生了什么新的情况呢?这就是毛泽东所说的,1956年下半年以来,"在党里头,社会上,人们的思想有些乱","人民内部闹事也发生了不少"。人民内部对一些事情有这样那样不同的意见,这本来是不奇怪的。这类不同意见过去就有。只是在过去,"那些不同的意见,那些意见分歧,被大规模的阶级斗争所掩盖了"。现在情况有了变化。"过去我们跟人民一道反对敌人,现在敌人不在了,看不见敌人了,他有事情,不向你闹,向谁闹呢?"②问题还在于,对人民内部矛盾开始凸显出来这种新情况,党内许多干部是缺少足够的精神准备的。他们还想用老办法来对待新问题。这就是毛泽东所说的,"现在党内有一种情绪,就是继续过去那种简单的方法,你不听话,就'军法从事'"③。而这种方法是对付敌人的,用来对待人民就不行,非出乱子不可。

正是在这种情况下,毛泽东提出了正确地区分和处理敌我矛盾和人民内部

① 《毛泽东文集》第7卷,人民出版社1999年版,第216页。

② 《党的文献》2002年第5期,第38~39页。

③ 《党的文献》2002年第5期,第37页。

矛盾这两类矛盾的学说，指明了在新的历史条件下用民主的方法解决人民内部的矛盾应当成为我国政治生活的主题。他说："所谓正确处理人民内部矛盾问题，就是我们党从来经常说的走群众路线的问题。共产党员要善于同群众商量办事，任何时候也不要脱离群众。""如果党群关系搞不好，社会主义制度就不可能建成；社会主义制度建成了，也不可能巩固。"①

主张把用民主的方法解决人民内部矛盾当做国家政治生活的主题，实际上就是主张适应形势的发展进一步扩大人民民主。毛泽东说，我们"现在是处在这么一个变革的时期：由阶级斗争到向自然界作斗争，由革命到建设，由过去我们反帝反封建的革命和后头的社会主义革命到技术革命、文化革命"②。与这种情况相适应，"国家权力，在对内职能上，逐步地不存在了，现在对劳动人民也已基本不存在了"③。虽然由于"阶级斗争并没有完全结束"，国家的专政职能还需要继续存在，但是进一步发扬人民民主不仅有必要而且也有可能了。他告诫党内的同志，必须使自己的思想适应变化了的形势，不要只强调专政、守法的一面，而忽略民主的一面。

对于这个问题，周恩来曾经作过准确而深刻的论证。他说，"现在我们的人民民主专政应该是：专政要继续，民主要扩大"。我们之所以要扩大民主，"一方面是形势许可"。由于我们的专政更加巩固了，工人阶级的力量更加强大了，所以我们的民主就应该更扩大，而不应该缩小。"另一方面是从整个无产阶级专政的历史中得来的经验。"专政的权力虽然建立在民主的基础上，但这个权力是相当集中相当大的，如果处理不好，就容易忽视民主。"所以我们要时常警惕，要经常注意扩大民主，这一点更带有本质的意义。"④

是扩大民主，还是缩小民主，或者说，是放，还是收，这是"两个方法（政策）领导中国"的问题，⑤即不同的治国方略的问题。毛泽东主张用前一种方法、政策领导中国，是基于他对中国社会的矛盾和发展动力的科学认识。

毛泽东认为，社会主义社会仍然存在着矛盾。其基本矛盾是生产力和生产关系、经济基础和上层建筑之间的矛盾。这种基本矛盾在人与人的关系上反映出来，一部分表现为敌我矛盾，大部分表现为人民内部矛盾。正是这些矛盾推动着我国社会的发展。一般说来，人民内部矛盾是在人民利益根本一致的基础上的矛盾。因此，解决人民内部的矛盾只能采用民主的方法，说服教育的方法，批

---

① 《建国以来毛泽东文稿》第 6 册，中央文献出版社 1992 年版，第 547 页。

② 《党的文献》2002 年第 5 期，第 39 页。

③ 《建国以来毛泽东文稿》第 7 册，中央文献出版社 1992 年版，第 25 页。

④ 《周恩来选集》下卷，人民出版社 1984 年版，第 207 页。

⑤ 《建国以来毛泽东文稿》第 6 册，中央文献出版社 1992 年版，第 376 页。

评与自我批评的方法,而不能采用专政的方法,压服的方法。因为人民内部矛盾是非对抗性的矛盾,必须用非对抗性的方法即民主的方法加以解决;也只有采用这种方法,才能使矛盾得到正确的解决,即收到积极的效果。

为了用民主的方法解决人民内部的矛盾,毛泽东提出了"团结—批评—团结"的公式和"百花齐放、百家争鸣"的方针。他说:"因为阶级斗争基本结束而显露出来的多种东西,多种不满意,许多错误的议论,我们应该采取什么方针?我们应该采取'百花齐放、百家争鸣'的方针,在讨论中,在辩论中去解决。只有这个方法,别的方法都不妥。"要知道,"压是压不服人的,只会使我们处于不利的地位。如果用压服的方法,我们就没有理,我们就输了"。而且,"如果采取压服的方法,不让百花齐放、百家争鸣,那就会使我们的民族不活泼,简单化,不讲道理,使我们党不去研究说理,不去学会说理",马克思主义也不能发展了。① 这对于我们的事业是极为不利的。他认为,"两个方法(政策)领导中国,还是'放'的方法好,不要怕放,不要怕批评,不要怕乱,不要怕牛鬼蛇神,不要怕毒草,我们将在百花齐放、百家争鸣中发展真理,少犯错误,将一个落后的中国变为一个先进的中国"②。

人们通常认为,"百花齐放、百家争鸣"的方针,主要是促进艺术发展和科学进步的方针,是促使社会主义文化繁荣的方针;从上面的引文可以看到,这个方针同样也适用于人民内部的政治生活,它同时也是用民主的方法解决人民内部矛盾的方针。这是中国共产党人用民主的方法即"团结—批评—团结"的公式解决人民内部矛盾的历史经验在新的历史条件下的运用和发展。

在人民民主专政的国家里,人民群众是应当享有广泛的民主权利的。毛泽东认为,即使对于自己选出的政府,即使对国家的指导思想——马克思主义,也可以提出批评。他说:"马克思主义是不怕批评的,应允许互相批评,批评政府不犯罪。"③为了造成生动活泼的政治局面,他主张"党内党外在一起开一些有关大政方针的会议,党和政府的许多错误缺点登报批评"④。1957 年 3 月,他在一份材料上作过如下一些批注:针对"有人说,经典著作是不许怀疑的"这种说法,他写道:"不许怀疑吗?"在"对党的政策的怀疑的意见是否允许争论?"这个问题旁边,他写道:"为什么不允许争论呢?"当然,这种怀疑和争论并不是没有限度的。在"党员在理论上怀疑或反对马克思列宁主义的个别原理是否允许?如果

---

① 《党的文献》2002 年第 5 期,第 37 页。

② 《建国以来毛泽东文稿》第 6 册,中央文献出版社 1992 年版,第 376 页。

③ 《建国以来毛泽东文稿》第 6 册,中央文献出版社 1992 年版,第 361 页。

④ 《建国以来毛泽东文稿》第 6 册,中央文献出版社 1992 年版,第 544 页。

根本怀疑马克思列宁主义的哲学、经济学或社会主义理论，可否留在党内?”这句话旁边，他写道：“前者是肯定的，后者是否定的。”①

为了充分地发扬民主，毛泽东还对应当怎样对待人民内部具有阶级斗争性质的问题和如何对待人民内部少数人闹事的问题，提出了明确的方针。

在解释什么叫“大规模的阶级斗争基本结束”时，毛泽东说，“所谓基本结束，就是说还有阶级斗争，特别是表现在意识形态这一方面”，就是还有无产阶级思想跟资产阶级思想的斗争。我们“讲有阶级斗争，特别是表现在意识形态方面的，我们是把它当作内部矛盾来处理的”②，也就是说，仍然要用民主的方法来处理。他在总结新中国成立初期思想斗争的经验教训时说过：我们开始批判胡适的时候很好，但后来就有点片面性了，把胡适全部抹杀了，以后要写一两篇文章补救一下。对康有为、梁启超也不能一笔抹杀。“对一切这样的人，思想上有严重错误的人，有敌对思想的人，也要团结他们，改造他们。”“应当贯彻惩前毖后，治病救人的方针，笔下也是如此。”③

对于少数人的闹事，毛泽东认为，那是不应当提倡的。他主张，“人民内部的问题和党内问题的解决的方法，不是采用大民主而采用小民主”。小民主的方法，是和风细雨式的即民主的、讨论的、协商的方法；大民主的方法是带有疾风暴雨式的即强制性的方法，诸如游行示威、罢工罢课等。“要知道，在人民方面来说，历史上一切大的民主运动，都是用来反对阶级敌人的。”④“现在搞大民主不适合大多数人民的利益。”尤其是在文学、新闻等方面，解决问题要用小小民主，小民主之上再加一个小字，就是毛毛雨，下个不停。⑤ 问题在于，我们是不赞成少数人闹事的，但如果闹事还是发生了，那又该怎么办呢？毛泽东说，那就“将罢工、罢课、游行、示威、请愿看作调整社会秩序的一种方法”⑥。他指出：“有些地方不实行小民主，任何民主都没有，横直是官僚主义。这样就逼出大民主来了，于是乎罢工、罢课。我们不赞成罢工、罢课，提倡在人民范围之内使用批评的方法来解决。如果个别地方官僚主义十分严重，在这样一种范围内允许罢工、罢课。我们把罢工、罢课、游行、示威、请愿等，看作是克服人民内部矛盾，调整社会秩序的一种补充方法。”⑦1957 年 3 月，他在最高国务会议上讲关于人民

① 《建国以来毛泽东文稿》第 6 册，中央文献出版社 1992 年版，第 411 ~ 412 页。

② 《党的文献》2002 年第 5 期，第 38 页。

③ 《党的文献》2002 年第 4 期，第 18 页。

④ 《毛泽东文集》第 7 卷，人民出版社 1999 年版，第 160 ~ 161 页。

⑤ 《党的文献》2002 年第 5 期，第 33 页。

⑥ 《毛泽东文集》第 7 卷，人民出版社 1999 年版，第 289 页。

⑦ 《党的文献》2002 年第 4 期，第 23 页。

内部矛盾问题时,就专门讲了对当时发生的闹事应当如何认识和处理的问题。他认为,“这些闹事不能说主要是因为反革命,而主要是因为我们工作中的缺点,我们不会教育,不会领导”。他说,关于这个问题,我提了四条办法,大家看对不对。第一,克服官僚主义,适当处理矛盾,使其不闹;第二,要闹就让他闹;第三,要闹就让他闹个够;第四,除个别人外,一般不要开除。① 他认为,闹事有二重性。他希望通过正确处理闹事问题,使坏事变成好事,使党政领导机关和人民群众两方面都受到教育,取得教训。

应当指出,发扬人民民主,从根本上说,是为了巩固共产党的领导和社会主义制度,推进社会主义建设的事业。因此,在发扬人民民主的过程中,必须遵循正确的政治方向,这是不应当有疑问的。为了帮助广大人民在我国政治生活中判断人们言论和行动的是非,辨别香花和毒草,毛泽东根据我国宪法的原则、最大多数人的意志和各党派的共同主张,提出了六条政治标准,即:有利于团结全国各族人民;有利于社会主义改造和社会主义建设;有利于巩固人民民主专政;有利于巩固民主集中制;有利于巩固共产党的领导;有利于社会主义的国际团结和全世界爱好和平人民的国际团结;而不是相反。“这六条标准中,最重要的是社会主义道路和党的领导两条。”他强调,“提出这些标准,是为了帮助人民发展对于各种问题的自由讨论,而不是为了妨碍这种讨论”,因为“大多数人有了明确的标准,就可以使批评和自我批评沿着正确的轨道前进”②。这是有利于而不应是不利于人民民主建设的健康发展的。

(四)

在社会主义制度下,人民群众享有的最大的民主权利应该是什么权利?社会主义民主与资产阶级民主的最大的区别究竟是在什么地方?这是我们在进行人民民主政治建设时必须搞清楚的一个重大问题。

资本主义的民主制度代替封建主义的专制制度,无疑是具有世界历史意义的一大进步。但是这种民主仍然是有极大的局限性的。自从工人争得普选权以来,人们在政治上、在形式上似乎是一律平等了;而与此同时,人们在经济上、在实质上的不平等(即资本对劳动的统治、金钱的至上权力的确立)却也发展起来了。这是一对尖锐的矛盾。这种经济上的不平等是对于政治上的平等的根本性的限制和贬损。历史表明,在经济上占支配地位的阶级从来就是在政治上占统治地位的阶级。资本主义社会尤其是这样。“现代的国家政权不过是管理整个

① 《党的文献》2002 年第 4 期,第 22 页。

② 《毛泽东文集》第 7 卷,人民出版社 1999 年版,第 234 页。

资产阶级的共同事务的委员会罢了。”[①]在这里,人民群众是没有可能真正参与国家事务的管理的。他们享有的主要的民主权利,不过是相隔一段时间就去投票决定一次由统治阶级中的哪些人来充当这个委员会的成员而已。陈独秀在五四以后转向马克思主义时就已经认识到了这个事实。所以他说:“共和政治为少数资本家阶级所把持”,“要用他来造成多数幸福,简直是妄想”。不铲除少数人的特权,改变“大多数的无产劳动者困苦不自由”这种“不合乎‘德谟克拉西’”的状况,多数人要享有真正的、充分的民主权利是不可能的。

与资本主义民主实质上是少数人的民主不同,社会主义民主是多数人的民主。这种多数人的民主的形成和发展是有前提的。首先,是工人阶级及其他人民群众必须以革命手段推翻代表少数剥削者利益的政权,建立起代表自身利益的政权。这样,他们才有可能真正享有广泛的民主权利。其次,他们还必须经过适当的步骤去摧毁资本对劳动的统治,建立社会主义的经济基础。这种“社会主义所有制、社会主义分配,这个经济基础反映到社会主义的上层建筑,就是必须要有社会主义民主”[②]。

社会主义民主的实质,应当是人民当家作主。一方面,社会主义国家应当代表工人阶级和其他人民群众的利益;另一方面,人民群众应当有可能通过多种形式越来越广泛和深入地参与国家事务的管理。

马克思、恩格斯在总结巴黎公社的经验时就曾经指出,公社的真正秘密就在于,它实质上是工人阶级的政府。“它是由人民自己当自己的家。”[③]列宁在领导苏维埃政权建设的过程中进一步指出。发扬社会主义民主,“重要的就是普遍吸收所有的劳动者来管理国家”。当然,“这是一项艰巨的任务”[④]。他说过:“由于文化水平这样低,苏维埃虽然按党纲规定是通过劳动者来实行管理的机关,而实际上却是通过无产阶级先进阶层来为劳动者实行管理而不是通过劳动群众来实行管理的机关。”[⑤]尽管如此,他还是强调,劳动者的先锋队应当领导广大人民群众,并吸引他们参加独立的政治生活,“着手使真正全体人民都学习管理,并且开始管理”[⑥]。

毛泽东继承了马克思、列宁的上述思想。1959年末1960年初在读苏联《政治经济学教科书》时,他明确指出,劳动者管理国家、管理军队、管理各种企业、

---

① 《马克思恩格斯选集》第1卷,人民出版社1995年版,第274页。

② 《刘少奇论党的建设》,中央文献出版社1991年版,第678页。

③ 《马克思恩格斯全集》第17卷,人民出版社1998年版,第565页。

④ 《列宁选集》第3卷,人民出版社1995年版,第464页。

⑤ 《列宁全集》第36卷,人民出版社1985年版,第155页。

⑥ 《列宁选集》第3卷,人民出版社1995年版,第504页。

管理文化教育的权利,“实际上,这是社会主义制度下劳动者最大的权利,最根本的权利”。人民必须管理上层建筑,不管理上层建筑是不行的,我们不能够把人民的权利问题,了解为国家只由一部分人管理,人民在这些人管理下享受劳动、教育、社会保险等权利。没有管理国家事务的权利,“劳动者的工作权、休息权、受教育权等等权利,就没有保证”①。应当说,这是一个十分深刻的并且是具有重大战略意义的思想。

应当怎样推动广大人民群众行使自己的这种最大的权利、最根本的权利呢?

第一,必须领导和吸引广大人民群众参与国家政治生活,调动他们建设社会主义强大国家的积极性。

1954 年制定中华人民共和国第一部宪法时,毛泽东就说过:“用宪法这样一个根本大法的形式,把人民民主和社会主义原则固定下来,使全国人民有一条清楚的轨道,使全国人民感到有一条清楚的明确的和正确的道路可走,就可以提高全国人民的积极性。”②1956 年社会主义改造基本完成以后,他提出应当把正确处理人民内部矛盾的问题作为国家政治生活的主题,并且创造性地提出实行“双百”方针等一系列用民主的方法解决人民内部矛盾(包括领导与群众的矛盾)的政策,也正是为了达到调动一切积极因素建设社会主义这个目的。

第二,应当在经济领域中切实贯彻民主管理的原则。

毛泽东认为:“所有制问题基本解决以后,最重要的问题是管理问题,即全民所有的企业如何管理的问题,集体所有的企业如何管理的问题,这也就是人与人的关系问题。”所有制的变革,在一定时期内总是有底的,总是不能没有限度的。“可是在一定时期内,即所有制性质相对稳定的时期内,在劳动生产中人与人的关系,却不能不是不断变革的。”所以,这方面“有很多文章可做”③。这类文章的主题,就是如何按照民主的原则来管理企业,管理社会的经济生活。在这方面,毛泽东也确实领导人们做了许多好文章。

我们知道,资本主义企业管理制度是资本主义生产长期发展的结果。它具有两重性,即既有适应高度技术需要的一面,又有适应高度剥削需要的一面。为了搞好社会主义企业的管理,我们必须有分析有批判地对待资本主义企业的管理制度,一方面要发扬它的合理性和进步性,另一方面又要去掉它的不合理性和反动性。也就是说,我们应当创造出一套与企业的社会主义性质相适应的管理制度。如果说,为了适应高度剥削需要的一面,“资本主义的管理就其形式来说

① 《毛泽东文集》第 8 卷,人民出版社 1999 年版,第 129 页。

② 《毛泽东文集》第 6 卷,人民出版社 1999 年版,第 328 页。

③ 《毛泽东文集》第 8 卷,人民出版社 1999 年版,第 134 ~ 135 页。

是专制的"；那么，与企业的社会主义性质相适应，社会主义的管理就其形式来说应当是民主的，或者说是民主集中制的。正因为如此，毛泽东认为，国营企业的管理，不应当实行"马钢宪法"，即苏联的大钢厂马格尼托哥尔斯克联合工厂所实行的一长制等一套权威性的办法；而应当实行"鞍钢宪法"，即中国鞍山钢铁厂所实行的"两参一改三结合"等的方针。所谓"两参"，指干部参加生产劳动，工人参加企业管理；"一改"，指改革企业中不合理的规章制度；"三结合"，指在技术革新和技术革命运动中实行企业领导干部、技术人员和工人三结合。这个方针，体现了民主管理企业的原则，有助于调动干部、技术人员和工人的积极性，促进经济的发展和技术的进步。与此同时，他还主张实行党委领导下的厂长负责制和职工代表大会制，后者是"吸收广大职工群众参加企业管理和监督行政"的制度。这些制度，"也就是民主集中制在工业企业中的具体运用"①。与此同时，在农业合作社以后，毛泽东又提出了在农业生产方面的"民主管理问题"②。为了贯彻执行民主办社的原则，中共中央明确要求，"合作社的生产计划、劳动计划、财务计划、分配方案，都必须按照社章经过民主讨论民主决定。社员大会、代表大会必须按期召开，合作社的管理委员会和监察委员会必须实行定期选举。社务必须定期向社员报告，必须发动社员经常监督社的领导，不断改善合作社干部和社员的联系"③。毛泽东本人曾经花费很大的精力，去具体研究在农村合作社中如何实行民主管理的问题。

第三，人民的权利还应当在对文化教育等事业的管理上体现出来。

毛泽东认为，"社会主义民主的问题，首先就是劳动者有没有权利来克服多种敌对势力和他们的影响的问题。像报纸刊物、广播、电影这类东西，掌握在谁手里，由谁来发议论，都是属于权利的问题"。文化教育事业掌握在谁手里，对于保障人民的权利问题，关系极大。正因为如此，人民群众为了保障自己的权利，就必须关心这个思想文化阵地的领导权问题，必须在这个问题上有自己的发言权、监督权。因为这些事业"掌握在马克思列宁主义者手里，绝大多数人民的权利就有保证了；掌握在右倾机会主义分子或者右派分子手里，它们就可能变质，人民的权利就不能保证"。

为了维护绝大多数人民的权利，毛泽东主张，在一定的情况下要敢于反潮流。1958 年 1 月，他在《工作方法六十条(草案)》中提出，要站在正确路线方面，对于歪风，一定要硬着头皮顶住。"决不可以随风倒，要有反潮流的大无畏

① 《建国以来重要文献选编》第 13 册，中央文献出版社 1996 年版，第 626 页。

② 《毛泽东文集》第 7 卷，人民出版社 1999 年版，第 55 页。

③ 《建国以来重要文献选编》第 9 册，中央文献出版社 1994 年版，第 25 页。

的精神。”[1]后来,他反复讲过,在原则性的问题上一定要旗帜鲜明,在错误思潮面前“要敢于反潮流。反潮流是马列主义的一个原则”[2]。这些论述,赋予了人民民主思想以新的含义,具有深远的影响。

列宁说过:“生气勃勃的创造性的社会主义是由人民群众自己创立的。”[3]毛泽东提出的关于社会主义制度下劳动者最大的权利,最根本的权利,是管理国家事务和经济、文化等事业的思想,体现了社会主义是人民群众切身事业这个原则,揭示了社会主义民主的实质和基本点,从根本上划清了社会主义民主和资本主义民主的界限,对于加强人民民主政治的建设,对于发展社会主义的事业,具有长远的战略性的意义。

诚然,吸引广大人民群众参与国家事务的管理,参与经济、文化等项事业的管理,是一个长期的、艰巨的任务。对于经济文化落后的中国来说,尤其是如此。同时,究竟如何贯彻执行使人民群众参与国家事务的管理这个原则,也还需要在实践中进行探索,需要有一个逐步积累经验的过程。但是,我们必须充分认识,这个思想的提出本身,就是有重大意义的。我们必须坚定不移地遵循着这个方向,不断地加强人民民主政治建设。

(五)

尽管我们的任务是要吸引越来越多的人民群众参与国家事务等的管理,但是在一个相当长的历史时期内,主要从事管理工作的仍然只能是少数人。这少数人本来是由人民群众推举出来为自己服务的社会公仆。如何防止这些主要从事管理工作的少数人由社会公仆蜕变为社会主人,这是从巴黎公社以来国际共产主义运动就面临的一个历史性的课题,也是以毛泽东为代表的中国共产党人必须面对的一项重要而严肃的任务。

马克思、恩格斯在总结第一个无产阶级专政的政权即巴黎公社的历史经验时,就已经把“防止国家和国家机关由社会公仆变为社会主人”这个问题提出来了。[4] 这个问题也是列宁在领导苏维埃政权时进行过反复的思考并试图加以解决的。应当说,这是毛泽东在领导中国革命和建设的长期过程中最为关注的问题之一。为了解决这个问题,他进行过深入的思考和反复的实践。

早在1945年7月,毛泽东在延安与民主人士黄炎培谈话,在回答他询问中

① 《建国以来毛泽东文稿》第7册,中央文献出版社1992年版,第57页。
② 《建国以来毛泽东文稿》第13册,中央文献出版社1998年版,第138页。
③ 《列宁专题文集　论社会主义》,人民出版社2009年版,第399页。
④ 《马克思恩格斯选集》第3卷,人民出版社1995年版,第12页。

国共产党能否跳出“其兴也勃焉、其亡也忽焉”这个历史上的兴亡周期率这个问题时，就曾经说过：“我们已经找到新路，我们能跳出这个周期率。这条新路，就是民主。只有让人民来监督政府，政府才不敢松懈。只有人人起来负责，才不会人亡政息。”在这里，毛泽东是明确地把发扬人民民主作为防止党和人民政权变质的根本途径来考虑的。

中国共产党在全国范围的执政地位，是党领导人民经过长期艰苦的斗争才确立起来的。这使得党有可能利用政权的力量领导全国人民为实现自己面临的任务而进行有效的斗争。但是，这也使得党面临着新的严峻的考验。

毛泽东在1949年3月召开的中共七届二中全会上就发出过警告：如果国家（主要的就是人民解放军）和我们的党腐化下去，无产阶级就有可能“不能掌握这个国家政权”①。对于这种危险，必须保持高度的警觉，并采取切实措施加以防止。

为了解答如何“防止社会公仆变成社会主人”这个历史性的课题，毛泽东和他的战友们提出过许多重要的思想。归纳起来，主要有以下几个方面：

第一，共产党员和党的干部必须坚持共产主义的崇高理想，摆正自己同人民群众的位置，正确地和谨慎地使用自己手中的权力。

在无产阶级革命家出现以前，历代的革命者，一到他们进行的事业得到胜利和成功，少有不腐化、不堕落的。对于他们中的许多人来说，取得政权就意味着革命的终结，今后主要就是如何利用夺得的权力为自己牟利的问题了。共产党人决不能重蹈这个历史的覆辙。因为他们有着共产主义的崇高理想。对于他们来说，夺取全国政权，这不是革命的终结，而只是为实现自己的远大目标所获得的一个新的起点而已。所以，毛泽东及时告诫全党，“务必使同志们继续地保持谦虚、谨慎、不骄、不躁的作风，务必使同志们继续地保持艰苦奋斗的作风”②。

作为执政党，为了正确地使用自己手中的权力，重要的是必须弄清楚这个权力是谁给的，应当用它来为谁服务这个问题。1956年召开的党的八大明确指出：“同资产阶级的政党相反，工人阶级的政党不是把人民群众当作自己的工具，而是自觉地认定自己是人民群众在特定的历史时期为完成特定的历史任务的一种工具。”“确认这个关于党的观念，就是确认党没有超乎人民群众之上的权力，就是确认党没有向人民群众实行恩赐、包办、强迫命令的权力，就是确认党没有在人民群众头上称王称霸的权力。”③后来，毛泽东又进一步明确地指出：

---

① 《毛泽东文集》第5卷，人民出版社1999年版，第262页。

② 《毛泽东选集》第4卷，人民出版社1991年版，第1438～1439页。

③ 《建国以来重要文献选编》第9册，中央文献出版社1994年版，第124页。

"我们的权力是谁给的？是工人阶级给的，是贫下中农给的，是占人口百分之九十以上的广大劳动群众给的。"正因为如此，我们就应当代表和维护广大人民群众的利益，利用这个权力来为人民服务；就应当依靠人民群众来行使这个权力。他强调，"我们代表了无产阶级，代表了人民群众，打倒了人民的敌人，人民就拥护我们。共产党基本的一条，就是直接依靠广大革命人民群众"①。

正因为党和国家领导工作人员的权力是人民群众给的，他们就应当认识，自己只是人民的勤务员、社会的公仆，绝不是高居于群众之上旧式的官老爷、统治者、社会的主人。因此，我们的干部一定要像毛泽东所说的那样，对自己的"位置要摆得对"；即使是"高级干部，中央委员"，也都必须"以一个普通劳动者的姿态出现"在人们之前。② 必须牢记："共产党人要搞民主作风，不能搞家长作风。"③

第二，通过加强教育和健全制度，来防止干部脱离群众，防止党和人民政权蜕化变质。

作为社会的公仆，党和国家的干部必须保持同人民群众的密切联系。为了做到这一点，一方面要加强对干部的教育，另一方面要建立和健全相关的制度。

毛泽东认为，干部参加集体生产劳动是保持同群众密切联系的重要途径之一。这"对于社会主义制度说来，是带根本性的一件大事"④。1963 年 5 月，他看到浙江省七个关于干部参加劳动的材料之后，立即批发全国，要求各地方、各部门推广这种做法。他指出："阶级斗争、生产斗争和科学实验，是建设社会主义强大国家的三项伟大革命运动，是使共产党人免除官僚主义、避免修正主义和教条主义，永远立于不败之地的确实保证，是使无产阶级能够和广大劳动群众联合起来，实行民主专政的可靠保证。"⑤如果我们的干部长期脱离实际、脱离群众，浮在上面做官当老爷，他们就会逐渐淡忘党的全心全意为人民服务的宗旨，滋长官僚主义作风和特权思想，甚至走上以权谋私的道路。在这种情况下，党和国家确实是有改变颜色的危险的。

毛泽东认为，我们的干部如果高官厚禄、养尊处优，必然会隔断自己同人民群众的联系，因此他不赞成给少数干部以过高的薪金和特殊化的待遇。他说："在苏联党的干部队伍中是有这么一个特殊阶层的。"⑥他们成了赫鲁晓夫搞修

---

① 《建国以来毛泽东文稿》第 12 册，中央文献出版社 1996 年版，第 581 页。
② 《建国以来毛泽东文稿》第 7 册，中央文献出版社 1992 年版，第 198 页。
③ 《建国以来毛泽东文稿》第 11 册，中央文献出版社 1996 年版，第 86 页。
④ 《建国以来重要文献选编》第 16 册，中央文献出版社 1997 年版，第 325 页。
⑤ 《建国以来重要文献选编》第 16 册，中央文献出版社 1997 年版，第 292 页。
⑥ 吴冷西：《十年论战》（上），中央文献出版社 1999 年版，第 463 页。

正主义的社会基础。对此,我们应当引以为戒。他对我国高级干部保健制度提出过明确的批评,主张“保健局应当取消”。认为原来主要给高级干部看病的“北京医院医生多,病人少,是一个老爷医院,应当开放”①。对于职务称号,他历来十分反感,曾多次提出“将职务称号(如毛主席)一律改为姓名加同志的称号(如毛泽东同志)”。他说,“此事沿用了几十年了,不像样子。引起了一些官僚主义作风”。“我建议坚决地改过来”②。总之,为了打掉官风,使干部与群众打成一片,他提出必须“肃清一切工作上、作风上、制度上的错误”③。

毛泽东认为,处于执政地位的我们的党和干部必须接受来自各方面的监督。谁来监督共产党呢?他说:“大家知道,主要监督共产党的是劳动人民和党员群众”;同时还有民主党派。“因为一个党同一个人一样,耳边很需要听到不同的声音”,所以“有了民主党派,对我们更为有益”④。鉴于斯大林晚年独断专行、破坏民主法制造成严重后果的教训,党的八大明确指出,我们应当“从国家制度和党的制度上作出适当的规定,以便对于党的组织和党员实行严格的监督”⑤。

第三,采取必要的措施,防止在共产党内、在干部队伍中形成特权阶层、贵族阶层。

由于资产阶级影响的存在,党的干部队伍中的极少数意志薄弱者在糖衣炮弹面前打了败仗以至发生腐化堕落的情况,是难以完全避免的。这种问题一旦发生了,也不难加以解决。但是,如果党的干部队伍中形成了特权阶层、贵族阶层,而且他们又掌握着党和国家政权的重要权力,那么问题的性质就会变得严重起来,党和国家政权就真的面临变质的危险了。正因为如此,防止形成特权阶层、贵族阶层,就成了防止社会公仆变成社会主人的一个关键。

20 世纪 60 年代初期,毛泽东就敏锐地指出:“在苏联的干部队伍中是有这么一个特殊的阶层的。”“他们有权、有势、有钱,特殊于广大人民群众和一般干部。”⑥赫鲁晓夫提出的系统化的错误观点,就是代表他们的利益和要求的。1964 年 1 月,他进一步指出,苏联在革命胜利后的“十七年中逐步发展起来的工人贵族和农民贵族,即城乡那种资产阶级,压迫、剥削占人口大多数的工人、农民。他们以工人、农民的代表者出来说话,欺骗工农”。他认为,这类问题在中

---

① 《建国以来毛泽东文稿》第 11 册,中央文献出版社 1996 年版,第 124 页。
② 《建国以来毛泽东文稿》第 10 册,中央文献出版社 1996 年版,第 463 页。
③ 《建国以来毛泽东文稿》第 7 册,中央文献出版社 1992 年版,第 24 页。
④ 《毛泽东文集》第 7 卷,人民出版社 1999 年版,第 235 页。
⑤ 《建国以来毛泽东重要文献选编》第 9 册,中央文献出版社 1996 年版,第 121 页。
⑥ 吴冷西:《十年论战》(上),中央文献出版社 1999 年版,第 463 页。

国也是存在的，好在“我们正在开始认识，并着手解决”了。①

为了防止形成贵族阶层和人民政权的变质，毛泽东认为，必须巩固社会主义的经济基础；如果经济基础变了，国家政权等上层建筑也是或迟或早要跟着变的。在1962年召开的扩大的中央工作会议上，毛泽东具体地论证过这个问题。他指出，我们的国家，如果不建立社会主义经济，“无产阶级专政就会转化为资产阶级专政”②的。

为了防止贵族阶层的形成和人民政权的变质，毛泽东认为，一定要反对干部的特殊化。1960年11月，中共中央在关于高级干部和高级知识分子特需供应报告中指出：“干部生活特殊，脱离群众，从眼前来说，会损害党群关系，妨碍我们带领群众来战胜困难，渡过灾荒；从长远影响上看，则势必对干部的思想发生腐蚀作用，发展下去，就有出现‘特殊化’的危险。修正主义思想正是从这里找到自己滋生、蔓延的土壤的。‘殷鉴不远’，我们对此必须充分保持警惕，防患于未然。”③

为了防止贵族阶层的形成和人民政权的变质，毛泽东强调，必须坚决地反对党内和干部队伍中的腐败现象。全国解放前夕，他在七届二中全会上就已经发出了全党必须警惕资产阶级糖衣炮弹的攻击这样的告诫；全国解放初期，他曾经雷厉风行地发动了一场反贪污、反浪费、反官僚主义的伟大斗争；终其一生，他从来都是同腐败现象如以权谋私、贪污受贿等水火不相容的，他始终一贯地、坚持不懈地同这些腐败现象进行了坚决的斗争。

为了防止贵族阶层的形成和人民政权的变质，毛泽东认为，关心并严格要求干部子女是一个重要的问题。他说：“我很担心我们的干部子弟，他们没有生活经验和社会经验，可是架子很大，有很大的优越感。要教育他们不要靠父母，不要靠先烈，要完全靠自己。”④他告诫全党：“我们不是代表剥削阶级，而是代表无产阶级和劳动人民，但如果我们不注意严格要求我们的子女，他们也会变质，可能搞资产阶级复辟，无产阶级的财产和权力就会被资产阶级夺回去。”对于这个问题，我们是不能掉以轻心的。

为了防止贵族阶层的形成和人民政权的变质，毛泽东强调，必须解决培养无产阶级的革命接班人这个具有战略意义的重大问题。他说：“苏联出了修正主义，我们也有可能出修正主义；如何防止出修正主义，怎样培养无产阶级的革命

---

① 《建国以来毛泽东文稿》第11册，中央文献出版社1996年版，第179～180页。

② 《毛泽东文集》第8卷，人民出版社1999年版，第297页。

③ 《建国以来重要文献选编》第13册，中央文献出版社1996年版，第683页。

④ 《毛泽东文集》第8卷，人民出版社1999年版，第130页。

接班人?”这个问题,必须严肃地加以对待。怎样培养呢?“我看有五条”:“第一条,要教育干部懂得一些马列主义,懂得多一些更好。”“第二条,要为大多数人民谋利益,为中国人民大多数谋利益,为世界人民大多数谋利益。”“第三条,要能够团结大多数人”,“包括从前反对自己反对错了的人”。“第四条,有事要跟同志们商量”,“要讲民主,不要‘一言堂’”。“第五条,自己有了错误,要作自我批评。”“不要总是以为自己对,好像真理都在自己手里。”他并且指出,“无产阶级的革命接班人总是要在大风大浪中成长的”①。他深信,只要千百万社会主义事业的合格接班人在斗争实践中逐步地成长起来,人民政权就能真正地得到巩固,社会主义事业就能真正地得到健康发展;而帝国主义势力把“和平演变”的希望寄托在中国第三代、第四代身上的图谋,也就能最终地遭到彻底的破产。

(六)

如何看待中国现行的政治制度?在政治生活的领域中是否还面临着改革的任务?怎样才能使得中国的社会主义政治制度长久地保持生机和活力?这是毛泽东在领导人民进行人民民主政治建设的过程中必须加以回答的一个带根本性的问题。

中国的社会主义基本政治制度是随着民主革命的胜利而在全国范围内建立起来的。主要是:国体——工人阶级领导的以工农联盟为基础的人民民主专政的国家制度;政体——民主集中制的人民代表大会制度;政党制度——共产党领导的多党合作和政治协商制度;国家结构形式——统一的多民族国家和单一制国家中的民族区域自治制度;等等。这些基本的政治制度是适合中国国情的,受到人民拥护的,具有明显的优越性,因此必须坚持。但是肯定这一点,并不意味着我国的政治上层建筑与经济基础之间就不存在任何矛盾了。毛泽东指出,人民民主专政的国家制度和法律,以马克思列宁主义为指导的社会主义意识形态,“是和社会主义的经济基础即社会主义的生产关系相适应的;但是,资产阶级意识形态的存在,国家机构中某些官僚主义作风的存在,国家制度中某些环节上缺陷的存在,又是和社会主义的经济基础相矛盾的”②。怎样才能解决这种矛盾呢?那就要在坚持社会主义基本政治制度的前提下,自觉地调整政治上层建筑和经济基础中不相适应的部分,克服国家制度中某些环节上的缺陷和国家机构中的官僚主义作风。用今天的语言来表述,就是进行政治体制方面的改革。

对于社会主义基本制度建立之后中国仍然需要进行改革这个问题,毛泽东

① 《建国以来毛泽东文稿》第 11 册,中央文献出版社 1996 年版,第 85～87 页。

② 《毛泽东文集》第 7 卷,人民出版社 1999 年版,第 215 页。

是明确讲过多次的。他说,共产党员都应当是“立志改革的人”。他把改革与建设并提,认为“中国的改革和建设靠我们来领导”;指出我们还要“同党外的一切立志改革的仁人志士共同工作”①。他并且说过,“共产党准备大改革”②。刘少奇也讲过:“社会主义制度不是一成不变的凝固的东西。有领导地改变旧秩序,建立新秩序,就是充分发挥和发展社会主义制度的优越性。而要这样做,就要依靠人民群众,同一切束缚生产力发展的传统的习惯势力作斗争,不断地调整生产关系和上层建筑,使之适合社会生产力发展的需要。”③很明显,在这些论述中已经包含了在政治生活的领域中应当进行改革的思想。

应当说明的是,毛泽东等不仅在理论上提出了在社会主义条件下我国政治生活的领域中仍然需要进行改革的问题,而且在实践上也已经开始在这个方面迈出了重要的步伐。主要是:

第一,提出进一步扩大民主生活、健全社会主义法制的问题。

1956年召开的党的八大政治报告指出:“现在,革命的暴风雨时期已经过去了,新的生产关系已经建立起来,斗争的任务已经变为保护社会生产力的顺利发展,因此,斗争的方法也就必须跟着改变,完备的法制就是完全必要的了。”④董必武在八大上还就健全人民民主法制的问题提出了系统的意见。他说,“依法办事,是我们进一步加强人民民主法制的中心环节”。依法办事有两方面的意义:“其一,必须有法可依。”这就促使我们要把国家尚不完备的几种重要的法规制定出来。“其二,有法必依。”“今后对于那些故意违反法律的人,不管他现在地位多高,过去功劳多大,必须一律追究法律责任。”他指出,为了进一步加强人民民主法制,必须在党内和人民群众中“注重法制教育”。“我们党员应当成为守法的模范”;同时,还要“在社会上培养守法的风尚”⑤。根据讨论,八大在决议中提出:“国家必须根据需要,逐步地系统地制定完备的法律。一切国家机关和国家工作人员必须严格遵守国家的法律,使人民的民主权利充分地受到国家的保护。”⑥

第二,提出加强党内民主、进一步健全党内的民主集中制的问题。

在准备召开八大时,毛泽东说:“党章确实应当充分体现纪律性和创造性,体现群众路线。没有纪律是不行的。但是纪律太死了也不行,妨碍创造性的发

① 《毛泽东文集》第7卷,人民出版社1999年版,第275页。
② 《建国以来毛泽东文稿》第7册,中央文献出版社1992年版,第43页。
③ 《建国以来重要文献选编》第12册,中央文献出版社1996年版,第561~562页。
④ 《建国以来重要文献选编》第9册,中央文献出版社1994年版,第93页。
⑤ 《建国以来重要文献选编》第9册,中央文献出版社1994年版,第270~272页。
⑥ 《建国以来重要文献选编》第9册,中央文献出版社1994年版,第351页。

挥,这样的纪律是不好的,应当不要。”他认为,七届四中全会以来,党内生活有些呆板,不活泼。这种状况应当改变。

为了进一步发扬党内民主,毛泽东提出,“是否可以仿照人民代表大会的办法,设党的常任代表”。“有了常任代表制度,每年就非开会不可。”①为了克服由于党的代表大会开得不经常而使党内民主受到严重影响这个缺点,党的八大“决定采取一项根本的改革,就是把党的全国的、省一级的和县一级的代表大会,都改作常任制,多少类似各级人民代表大会那样”。“代表大会常任制的最大好处,是使代表大会可以成为党的充分有效的最高决策机关和最高监督机关。”“这种改革,必然可以使党内民主得到重大的发展。”②

为了加强和改进中央的集体领导体制,毛泽东赞同刘少奇的建议,即中共中央不是设一个副主席而是设几个副主席;他并且主张,再设一个总书记。“中心的目的就是为了国家的安全,多几个人,大家都负一点责任。”这样,即使发生意外,“那末总还有人顶着,我们这个国家也不会受影响,不像苏联那样斯大林一死就不得下地了。我们就是要预备那一手。同时,多几个人,工作上也有好处”③。

注意保护和扩大党员的民主权利,是进一步发扬党内民主的重要条件。为此,八大通过的党章对党员权利方面的规定,也增加了一些有原则意义的新内容。比如,党章规定,党员有权利在工作中充分发挥创造性。“这个规定,不但可以大大激发广大党员在党的纪律所允许的范围内,在工作中充分集中群众智慧,运用独立思考,实事求是地、创造性地解决问题,而且可以使许多惯于墨守成规、惯于不尊重党员群众创造性的领导人员,学会改变自己的作风,从而促进党内民主的高潮。”又比如,党章规定,党员有权利在党的会议上或者在党的报刊上参加党的政策的理论和实际问题的自由的切实的讨论;党员对党的决议如果有不同意的地方,除了无条件地执行以外,有权保留自己的意见,并且有权向党的领导机关提出自己的意见。这个规定对于党也是没有害处只有益处的。因为“只要党的决议是正确的,这些持有不同意见的党员又是愿意服从真理的,他们终于会心悦诚服地认识党的正确和自己的错误。如果真理最后被证明是在少数方面,那末,保护少数的这种权利,也可以使党更容易地认识真理”④。

在总结 1958 年“大跃进”运动等的教训时,毛泽东着重地论述了必须坚决

---

① 《毛泽东文集》第 7 卷,人民出版社 1999 年版,第 54 页。

② 《建国以来重要文献选编》第 9 册,中央文献出版社 1994 年版,第 141 页。

③ 《毛泽东文集》第 7 卷,人民出版社 1999 年版,第 110 ~ 111 页。

④ 《邓小平文选》第 1 卷,人民出版社 1994 年版,第 249 页。

地贯彻执行党的民主集中制的问题，强调了实行集体领导、反对个人专断的重要性。他说："各级党委是执行集中领导的机关。但是，党委的领导，是集体领导，不是第一书记个人独断。在党委会内部只应当实行民主集中制。第一书记同其他书记和委员之间的关系是少数服从多数。""如果不是这样，就是一人称霸。这样的第一书记，应当叫做霸王，不是民主集中制的'班长'。"①后来，在为重印这个讲话而写的批语中，他强调指出："看来此问题很大，真要实现民主集中制，是要经过认真的教育、试点和推广，并且经过长期反复进行，才能实现的，否则在大多数同志当中，始终不过是一句空话。"②

第三，开始考虑废除干部领导职务终身制的问题。

早在1956年，毛泽东就在几十个人的会议上提出了关于在第二届全国人民代表大会召开时不再提名他为国家主席的建议。当时"大家认为可行"。关于党的主席一职，他说，我是准备了的，就是到适当的时候就不当主席。对此，大家"也认为将来适当时机可行，只是暂时还不可行"。1957年5月，他进一步提出，"可以考虑修改宪法，主席、副主席连选时可以再任一期"，即最多可以任两期，不超过十年。③

在讨论中共中央设副主席、总书记问题时，毛泽东具体论述了领导层实行新老交替的必要性。他说，"我们这些人，包括我一个，总司令一个，少奇同志半个（不包括恩来同志、陈云同志跟邓小平同志，他们是少壮派），就是做跑龙套工作的。我们不能登台演主角，没有那个资格了，只能维持维持，帮助帮助，起这么一个作用"④。

1958年1月，毛泽东再次提出，"今年九月以前，要酝酿一下我不做中华人民共和国主席的问题"。要在干部和群众中做好工作，取得多数人的同意。⑤1958年底召开的中共八届六中全会通过决议，同意了他提出的关于自己不做下届共和国主席候选人的建议。这样，到1959年4月召开第二届全国人大时，当选为共和国主席的就不是毛泽东而是刘少奇了。

从上面的叙述，我们可清楚地看到，在如何加强人民民主政治建设的问题上，毛泽东和他的战友是进行了长时间的艰苦探索，并提出了许多具有战略意义的设想的。

诚然，在进行这种探索的过程中，毛泽东也曾经有过闪失，甚至犯过错误。

---

① 《毛泽东文集》第8卷，人民出版社1999年版，第294～295页。

② 《建国以来毛泽东文稿》第12册，中央文献出版社1998年版，第9页。

③ 《建国以来毛泽东文稿》第6册，中央文献出版社1992年版，第457、459～460页。

④ 《毛泽东文集》第7卷，人民出版社1999年版，第110页。

⑤ 《建国以来毛泽东文稿》第7册，中央文献出版社1992年版，第64页。

对于这方面的教训，我们应当正视，并认真汲取。但是，我们决不能因为毛泽东晚年曾经犯过错误，就否定他提出的正确思想、正确主张。邓小平说过："我们要恢复毛泽东思想，坚持毛泽东思想，以至还要发展毛泽东思想，在这些方面，他都提供了一个基础。"①在加强人民民主政治建设方面，也是如此。对于这个事实，我们尤其必须予以正视，而不能忽忘。

——原载《马克思主义研究》2003年第5—6期。

六、毛泽东怎样认识和处理战争与和平的问题

战争与和平的问题，是全世界人民普遍关心的问题。

第二次世界大战结束以后，毛泽东对这个问题进行过反复的研究和深入的思考，提出了许多独到的见解和正确的应对方针，对于中国人民进行革命和建设事业，对于保卫世界和平、促进人类进步事业，都起过重大的积极作用。这些思想，至今仍然具有重要的意义。

但是，毛泽东关于战争与和平问题的思想，长期受到敌对势力的诬蔑和攻击，也遭到一些人的误读和曲解。因此，在今天，结合历史实际，对毛泽东的有关思想进行系统的梳理，作出实事求是的分析和评价，还是很有必要的。

下面谈三个方面的问题。

（一）对战争与和平问题的基本估计

战争，就它的范围来说，包括世界大战和局部战争两大类。这里讨论的，主要是新的世界大战能不能避免这个问题。

根据对国际形势的科学分析，毛泽东对这个问题的基本估计是："新的世界战争能够制止"；同时要防范"想发动战争的疯子"。

1. 提出"新的世界战争能够制止"的思想

第二次世界大战以后，美国凭借着强大的经济、军事实力，企图向全世界扩张，以实现其称霸全球的野心。"一九四六年春季，以美国为首的帝国主义和各国反动派，日益加紧反苏、反共、反人民的活动，鼓吹所谓'美苏必战'，所谓'第三次世界大战必然爆发'。"②

针对这种情况，1946年4月，毛泽东写了《关于目前国际形势的估计》这个文件，指出："世界反动力量确在准备第三次世界大战，战争危险是存在着的。

① 《邓小平文选》第2卷，人民出版社1994年版，第297页。
② 《毛泽东选集》第4卷，人民出版社1991年版，第1184页。

但是，世界人民的民主力量超过世界反动力量，并且正在向前发展，必须和必能克服战争危险。”同年8月6日，他在和美国记者安娜·路易斯·斯特朗的谈话中进一步指出：“关于反苏战争的宣传，包括两个方面。在一方面，美国帝国主义确是在准备着反苏战争的。”“在另一方面，这种宣传，是美国反动派用以掩盖当前美国帝国主义所直接面对着的许多实际矛盾，所放的烟幕。这些矛盾，就是美国反动派同美国人民之间的矛盾，以及美国帝国主义同其他资本主义国家和殖民地、半殖民地国家之间的矛盾。”他特别指出：“美国和苏联中间隔着极其辽阔的地带，这里有欧、亚、非三洲的许多资本主义国家和殖民地、半殖民地国家。美国反动派在没有压服这些国家之前，是谈不到进攻苏联的。”所以，“美国反苏战争的口号，在目前的实际意义，是压迫美国人民和向资本主义世界扩张它的侵略势力”①。

毛泽东认为，美苏之间是或早或迟会妥协的，但是这种妥协“只能是全世界一切民主力量向美、英、法反动力量作了坚决的和有效的斗争的结果。这种妥协，并不要求资本主义世界各国人民随之实行国内的妥协。各国人民仍将按照不同情况进行不同斗争”。“美国人民和一切受到美国侵略威胁的国家的人民，应当团结起来，反对美国反动派及其在各国的走狗的进攻。只有这个斗争胜利了，第三次世界大战才可以避免，否则是不能避免的。”②

在这里，毛泽东在全世界的政治家中独树一帜，明确地阐明了“必须和必能克服（世界）战争危险”的思想，指出了避免第三次世界大战应当遵循的道路，这在当时确实具有振聋发聩的作用。

从这以后，毛泽东始终坚持这个基本估计。

1947年12月，毛泽东在中共中央扩大会议上说：“世界上的反动派是要搞第三次世界大战的，战争的危险是充分存在着，但战争是完全可以避免的。”③只要大家努力，一定能够打败帝国主义的奴役计划，阻止第三次世界大战使之不能发生。

新中国成立前夕，中共中央政治局1948年9月会议在讨论“爆发战争还是制止战争，究竟是哪一种可能性更大”这个问题时，毛泽东的判断是，“制止战争的可能性更大”。尽管战争危险确实存在，但以苏联为首的世界民主力量已经超过反动力量，而且还在继续发展，“所以战争危险必须而且必能克服，其条件

① 《毛泽东选集》第4卷，人民出版社1991年版，第1193页。
② 《毛泽东选集》第4卷，人民出版社1991年版，第1194页。
③ 《毛泽东文集》第4卷，人民出版社1996年版，第333页。

就是要努力”。“时间如能争取十年到十五年，就必能制止战争。”①因为再经过十年到十五年的努力，世界民主力量就会变得更强大，帝国主义要发动战争就会面临更大的困难，而制止战争的可能性就更加增大了。

新中国成立以后，1950年6月，他在中共七届三中全会上再次指出，帝国主义的战争威胁依然存在，但是制止战争的斗争力量发展得很快。“只要全世界共产党能够继续团结一切可能的和平民主力量，并使之获得更大的发展，新的战争是能够制止的。”②

1953年9月，毛泽东指出，抗美援朝战争的胜利“推迟了新的侵华战争，推迟了第三次世界大战”。他认为，“美国连朝鲜战争都打不赢，还能挑起世界大战？这是简单的逻辑”③。

1956年在为召开中共八大做准备时，毛泽东再次指出：“新的大战不容易打起来。”④据此，中共八大明确指出：“世界局势正在趋向和缓，世界的持久和平已经开始有了实现的可能。”

1957年2月，毛泽东在最高国务会议上讲到，第三次世界大战存在着打得起来和打不起来这样两种可能性，而基本的估计则是“一个长时期打不起来”⑤。

同年11月，他在莫斯科会议上也是“先说战争打不起来”。他认为，目前形势的特点是东风压倒西风，制止战争的力量更壮大了。

1958年6月，他进一步指出：“帝国主义是纸老虎，中间地带吃不下去，内部又有经济危机，过去人民力量不能制止战争，现在战争不是不可避免的。”⑥

1960年5月，他讲道：“意大利共产党说，大战就要爆发了，陶里亚蒂他们悲观起来了。”他不赞成这种估计，说，“我看不必悲观，自然也要警惕”⑦。

1963年9月，毛泽东再次明确指出：“帝国主义现在是处在衰落时代，我国，社会主义阵营，全世界被压迫人民和被压迫民族的革命斗争，都是处于上升的时代，世界性的战争有可能避免。”⑧

同年11月发表的、经毛泽东审改过的题为《在战争与和平问题上的两条路线》一文指出，毛泽东提出的“新的世界战争可能防止的论点”，“是中国共产党

---

① 《毛泽东文集》第5卷，人民出版社1996年版，第131~132页。

② 《毛泽东文集》第6卷，人民出版社1999年版，第67~68页。

③ 《周恩来外交文选》，中央文献出版社1990年版，第58页。

④ 《毛泽东传（1949—1976）》（上），中央文献出版社2003年版，第530页。

⑤ 《毛泽东传（1949—1976）》（上），中央文献出版社2003年版，第627页。

⑥ 《毛泽东传（1949—1976）》（上），中央文献出版社2003年版，第842页。

⑦ 《毛泽东传（1949—1976）》（下），中央文献出版社2003年版，第1076页。

⑧ 《毛泽东文集》第8卷，人民出版社1999年版，第340~341页。

一贯坚持的观点”,“说中国共产党‘不相信有防止新的世界战争的可能性’,是苏共领导蓄意制造的谣言”。

1969年4月1日,中共九大报告讲到:毛主席最近指出,关于世界大战问题,无非是两种可能,一种是战争引起革命,一种是革命制止战争。① 1970年5月20日,毛泽东在著名的“五二〇”声明指出:“新的世界大战的危险依然存在,各国人民必须有所准备。但是,当前世界的主要倾向是革命。”②既然“当前世界的主要倾向是革命”,那么,这就意味着“革命制止战争”的可能性进一步增长,相应地,世界大战即时爆发的可能性也就进一步减弱了。

由此可见,认为世界大战并非不可避免,这是毛泽东一贯坚持的论点。

2. 提醒人们要防范“想发动战争的疯子”

在提出世界大战并非不可避免这个论点的同时,毛泽东也提醒人们注意世界战争的危险仍然存在。因为这样讲是符合实际的。而且,指出这个情况,也才有利于动员群众提高警惕,进行保卫世界和平的斗争。如果根本不存在帝国主义发动世界战争的可能性,那么动员群众进行保卫世界和平的斗争也就从根本上成为不必要的了。

这个观点,毛泽东也是反复讲过的。

1957年11月,他在莫斯科会议上“先说战争打不起来”之后,又说“现在还要估计一种情况,就是想发动战争的疯子,他们可能把原子弹、氢弹到处摔”。遇到这种情况怎么办?“如果帝国主义硬要打仗,我们也只好横下一条心,打了仗再建设。”③

1958年9月,他告诫人们:“世界上的事情还是要搞一个保险系数。因为世界上有个垄断资产阶级,恐怕他们冒里冒失乱搞,所以,要准备作战。这一条要在干部里头讲通。”“世界上的事情,你不想到那个极点,你就睡不着觉。”④

1959年10月,他再次指出,整个国际形势是向好发展,不是向坏。“只是有个情况也要估计到,那就是疯子要打第三次世界大战怎么办?”⑤这就是说,人们不能盲目乐观,以为天下从此太平、可以高枕无忧了。

1960年5月,他明确表示反对苏共等十七国共产党会议的看法,即认为在帝国主义存在的条件下,存在着在世界范围内根绝战争的可能性。他指出,这种说法是反列宁主义、反马克思主义的。“帝国主义的本性不会改变,因此有两种

① 《建国以来毛泽东文稿》第13册,中央文献出版社1998年版,第32页。

② 《建国以来毛泽东文稿》第13册,中央文献出版社1998年版,第96页。

③ 《毛泽东外交文选》,中央文献出版社、世界知识出版社1994年版,第296~297页。

④ 《毛泽东外交文选》,中央文献出版社、世界知识出版社1994年版,第346~347页。

⑤ 《毛泽东文集》第8卷,人民出版社1999年版,第92页。

可能，现在是和平时期，将来有战争的可能。"只有加强力量，在世界范围内建成统一战线，进行斗争，才能取得世界和平。①

1963年9月，他再次指出："这里存在着战争可以避免和战争不可避免这样两种可能性。但是我们应当以有可能挨打为出发点来部署我们的工作，力求在一个不太长久的时间内改变我国社会经济、技术方面的落后状态，否则我们就要犯错误。"②

1974年，他在会见外宾时说："国际会议这么多，美国这个国务卿到处跑，相当怪！黄昏的时候，燕子忙，飞得低，雨要下了！"他指出这些事实，是为了说明这样一个观感："我看这个世界很不安宁。"他是针对美苏双方都说他们要搞和平，而且是永久的和平，才讲这个话的。他说："现在到处讲和平，我看危险！""现在地球害病，所以要讲缓和紧张，缓和国际紧张，要讲和平。"如果认为地球已经不再害病，永久和平已经有了保障，那么就没有必要去缓和国际紧张、去讲和平了。他说，"未来是光明的"。但是，这"要经过斗争。不斗啊，人家不听你的话！"③

很清楚，毛泽东提醒人们注意世界战争的危险确实存在，不是在宣扬悲观论调，而是为了引起人们的警惕，自觉地去为制止新的世界战争而努力。

毛泽东确信，如果帝国主义发动世界战争，它的结局对它们绝不会是美妙的。他早就说过，"再打大战，对美国来说是划不来的，整个世界或世界的绝大部分将处于革命状态"④。因为大战将极端激化资本主义世界的种种矛盾，从而促使人民奋起革命。而且"要搞战争的话，就要动员人民，就要使人民处于紧张状态，并且使他们学会打仗。但是，人民结合起来以后，势必会产生革命"⑤。所以，他说："战争打起来，资本主义制度就会早些完蛋；如果不打，还可以多活几年。"⑥"第一次世界大战以后，出了一个苏联，两亿人口。第二次世界大战以后，出了一个社会主义阵营，一共九亿人口。如果帝国主义者一定要发动第三次世界大战，可以断定，其结果必定又要有多少亿人口转到社会主义方面，帝国主义剩下的地盘就不多了，也有可能整个帝国主义制度全部崩溃。"⑦

总之，"新的世界战争能够制止"，同时又要防范"想发动战争的疯子"，这就

① 《毛泽东传(1949—1976)》(下)，中央文献出版社2003年版，第1076页。

② 《毛泽东文集》第8卷，人民出版社1999年版，第340~341页。

③ 《建国以来毛泽东文稿》第13册，中央文献出版社1998年版，第417~418页。

④ 《毛泽东文集》第6卷，人民出版社1999年版，第367页。

⑤ 《毛泽东外交文选》，中央文献出版社、世界知识出版社1994年版，第169页。

⑥ 《毛泽东外交文选》，中央文献出版社、世界知识出版社1994年版，第205~206页。

⑦ 《毛泽东文集》第7卷，人民出版社1999年版，第238~239页。

是毛泽东关于这个问题的基本观点。

在论述以上基本观点的基础上,他还进一步阐明了几个有关的重要问题。主要是:

第一,核战争可能被制止,核武器不可能毁灭整个人类。

毛泽东讲过,我们"特别要反对以原子弹为武器的侵略战争";同时,他又认为,人们不应屈服于帝国主义的核讹诈,"原子弹是纸老虎",核战争是可以制止的。

据周恩来回忆:"毛主席早在一九四五年就说过:如果原子弹发展起来,许多国家都有了,原子武器战争就打不起来。"①1961年9月,毛泽东在同英国陆军元帅蒙哥马利谈话时再次明确地说:核武器"这个东西是不会用的,越造得多,核战争就越打不起来"②。蒙哥马利也认为:"如果核武器不是由少数国家垄断,大家都搞,核战争就打不起来了。"他还说:"正因为有核武器,才阻止了第三次世界大战的爆发。"后来,周恩来在1970年11月也说过:"这二十五年来,新的世界大战没有发生,原因之一的确是因为有了核武器,一场核大战不容易打。"③

由于核武器是一种大规模的毁灭性武器,毛泽东是主张"禁止核武器"的。他对蒙哥马利说过:"是不是能够像禁止化学武器那样达成一个协议,如在第二次世界大战中那样,大家都不用?核武器也不用?"④周恩来当时也说过,现在看起来,禁止核武器的可能性在增长。

与此同时,毛泽东又指出,即使从最坏的可能性来考虑,就是帝国主义真的发动核战争了,那也不会像有些人担心的那样,整个人类将遭到毁灭。他说:"我和一个外国政治家(按:印度总理尼赫鲁)辩论过这个问题。他认为如果打原子战争,人会死绝的。我说,极而言之,死掉一半人,还有一半人,帝国主义打平了,全世界社会主义化了,再过多少年,又会有二十七亿,一定还要多。"实际上,毛泽东并不是说真的会"死掉一半人"。他说,讲"死了一半人也没有什么可怕,这是极而言之。在整个宇宙史上来说,我就不相信要这么悲观"。所以,他同尼赫鲁说的这个话,是为了强调"我就不相信原子弹能把全人类毁灭,什么都毁灭了"这个看法,⑤以此提醒人们,不要被帝国主义的核讹诈所吓倒,而陷入悲观绝望的境地。

---

① 《周恩来外交文选》,中央文献出版社1990年版,第319页。

② 《毛泽东外交文选》,中央文献出版社、世界知识出版社1994年版,第476页。

③ 《周恩来外交文选》,中央文献出版社1990年版,第465页。

④ 《毛泽东外交文选》,中央文献出版社、世界知识出版社1994年版,第477页。

⑤ 《毛泽东外交文选》,中央文献出版社、世界知识出版社1994年版,第296~297、347、551页。

“有人说我们要发动战争毁灭世界，而留下一半中国人，这完全是造谣诬蔑。”①

第二，世界性的战争有可能避免，局部战争不可避免。

1959 年底 1960 年初，毛泽东说：“只要阶级斗争存在，战争总有一天不可避免。第二次世界大战以后，在全世界的范围内，局部战争没有断过。美帝国主义现在的战略是，在准备大战的条件下，搞局部战争，连锁反应，一个一个地吃掉我们。”②

1961 年 9 月，周恩来也讲过：“推迟世界大战的可能性也在增长，但有限战争即局部战争却不可避免。”③

1963 年 11 月，经毛泽东审改的一篇文章提出：“新的世界战争有避免的可能性，这是一回事；一切战争，包括革命战争，都可以避免，这是另一回事。”“帝国主义是现代战争的根源。”战后，美国等已经“在世界各地，特别是在亚洲、非洲和拉丁美洲，连续不断地引起了各种类型的局部战争和武装冲突”。在帝国主义直接出兵或利用其代理人镇压被压迫民族、被压迫国家的情况下，“民族解放战争是不可避免的”。在反动派武力镇压人民的情况下，“国内革命战争也是不可避免的”④。

这个观点对不对呢？应当说，完全正确。因为实际情况就是这样。就是在今天，也仍然是如此。

3. 加强战备，应对可能发生的大规模侵华战争

在 20 世纪 60 年代，毛泽东确实讲过“要打仗了”这种话。这该怎么理解呢？

原先，毛泽东有过一个愿望，想骑马从黄河入海口沿黄河而上行，对整个黄河流域特别是黄河源头进行考察。为此，1964 年夏天，他还在北戴河练习过骑马。但是同年 8 月初，美国制造“东京湾事件”，悍然轰炸越南北方，走上扩大越南战争的危险道路。毛泽东感到，由于当时的中国面临着大规模侵华战争的现实威胁，这个考察计划没法实行了。于是他说，“要打仗了，我的行动得重新考虑”⑤。

毛泽东在这里所说的“要打仗了”，指的是要准备应对可能发生的大规模侵华战争，并非断言世界大战即将由此爆发。应当看到，他作出这种估计，不是没

---

① 《周恩来外交文选》，中央文献出版社 1990 年版，第 334 页。
② 《毛泽东传（1949—1976）》（下），中央文献出版社 2003 年版，第 1047 页。
③ 《周恩来外交文选》，中央文献出版社 1990 年版，第 321 页。
④ 《建国以来重要文献选编》第 17 册，中央文献出版社 1997 年版，第 465 页。
⑤ 转引自《毛泽东传（1949—1976）》（下），中央文献出版社 2003 年版，第 1349 页。

有根据的。当时的中国确实处在美、苏的包围之中,周边的国际形势相当紧张。后来揭秘的若干资料还表明,“1964 年美国确实制定了对中国进行突然袭击的计划,不仅仅是设想,而且有具体的实施方案”①,尽管这个计划最终并未付诸实施。

作为党和国家最高领导人、中国人民解放军最高统帅,毛泽东对党和国家的安全始终保持着高度警惕,密切注视着越南战争的发展,是理所当然的。他强调,在原子弹时期,没有后方不行。“三五”计划要考虑解决全国工业布局不平衡的问题,要搞一、二、三线的战略布局,加强三线建设,防备敌人的入侵。② 不过,即使在这种时候,他也没有孤立地只抓国防建设,而忽略经济建设和其他方面的工作。他说:“两个拳头——农业、国防工业;一个屁股——基础工业;要摆好。要把基础工业适当搞上去,其他方面不能太多,要相适应。”③他后来在同外宾谈话时说过一个看法:准备没有坏处,可以促进国民经济发展。④

毛泽东强调要准备应对可能发生的大规模侵华战争,这并不意味着他认为这种战争绝对不可避免。1965 年 1 月,当美国记者斯诺表示“我不认为中美之间会发生大战”时,他就曾说,“这也可能你是对的”。中国这个地方,美国军队“来了没有什么很大的搞头,我们不会让美国军队得好处。因为这点,也许他们就不来了”⑤。同年 4 月,他进一步说:“世界上的事情总是那样,你准备不好,敌人就来了;准备好了,敌人反而不敢来。”⑥同年 10 月,他再次说:“天天讲战争,他又不来打,那不变成周幽王起烽火。你不叫,打来了怎么办?”⑦

这就是说,提出加强战备,是为了让人民提高警惕,为了加紧建设战略大后方,为了做到有备无患!

(二)论述对战争与和平问题应当采取的基本态度

毛泽东不仅对战争与和平问题作出了科学的估计,而且还阐明了对待这个问题应当采取的正确态度。主要是:

首先,要高举保卫世界和平的旗帜,反对帝国主义的侵略政策和战争政策。

1949 年 9 月,中国人民政协制定的、在新中国成立初期起临时宪法作用的

---

① 刘国光主编:《中国十个五年计划研究报告》,人民出版社 2006 年版,第 267 页。

② 《周恩来传》第 4 卷,中央文献出版社 1998 年版,第 1768 ~ 1769 页。

③ 《党的文献》1996 年第 3 期。

④ 参见王泰平主编:《中华人民共和国外交史》第 3 卷,中央文献出版社 2003 年版,第 251 页。

⑤ 《毛泽东外交文选》,中央文献出版社、世界知识出版社 1994 年版,第 557 ~ 558 页。

⑥ 转引自《毛泽东传(1949—1976)》(下),中央文献出版社 2003 年版,第 1347 页。

⑦ 《毛泽东传(1949—1976)》(下),中央文献出版社 2003 年版,第 1394 页。

《共同纲领》总纲规定，新中国要与世界人民一道，“共同反对帝国主义侵略，以保障世界的持久和平”。[①] 1954 年 9 月第一届全国人大一次会议制定的《中华人民共和国宪法》在序言中规定：“在国际事务中，我国坚定不移的方针是为世界和平和人类进步的崇高目的而努力。”毛泽东在大会的开幕词中，更把“为了保卫国际和平和发展人类进步事业而奋斗”，作为“我们的总任务”的重要组成部分。[②]

新中国之所以要高举保卫世界和平的旗帜，是因为：

第一，世界大战给世界人民带来了巨大的灾难。“世界人民是反对用原子弹杀人的，反对发生第三次世界大战”，也反对外国军队为干涉别国内政而打“特种战争”。[③] 社会主义的新中国应当反映世界人民的这种要求，站在保卫世界和平的前列。

第二，进行保卫世界和平的斗争，是为了争取有利于新中国进行建设的和平国际环境。“中国是农业国，要变为工业国需要几十年，需要各方面帮助，首先需要和平环境。经常打仗不好办事，养许多兵是会妨碍经济建设的。”所以“我们要继续创造一个和平的国际环境”[④]。

第三，高举保卫世界和平的旗帜，有利于孤立帝国主义的侵略政策和战争政策。我们抓住了和平这个口号，有利于跟一切愿意和平的人来合作，来孤立好战分子。[⑤]“我们要跟一切愿意和平的人合作，来孤立那些好战分子，就是孤立美国当局，主要还是那里头急于要打仗的那一派。”[⑥]

其次，对帝国主义的战争政策，应当是“一反对，二不怕”。

尽管有可能制止新的世界战争，但是我们毕竟不是帝国主义的参谋长，我们不能保证那里绝对不会出现疯子，所以，我们不能认为在帝国主义存在的条件下，爆发战争的可能性已经在根本上不存在了。

毛泽东说：“如果帝国主义一定要发动战争”，那该怎么办呢？“我们对待这个问题的态度，同对待一切‘乱子’的态度一样，第一条，反对；第二条，不怕。”[⑦]

天要下雨，娘要嫁人，怕是没有用的。“既然是怕也打，不怕也打，二者选哪一个呢？还是怕好，还是不怕好？每天总是怕，在干部和人民里头不鼓起一点劲，这是很危险的。”“我们有了精神准备，就会更好些。”

---

① 《建国以来重要文献选编》第 1 册，中央文献出版社 1992 年版，第 3 ~ 4 页。

② 《建国以来重要文献选编》第 5 册，中央文献出版社 1993 年版，第 521、461 页。

③ 《毛泽东外交文选》，中央文献出版社、世界知识出版社 1994 年版，第 541 页。

④ 转引自《毛泽东传（1949—1976）》（上），中央文献出版社 2003 年版，第 567 页。

⑤ 参见《毛泽东传（1949—1976）》（上），中央文献出版社 2003 年版，第 559 页。

⑥ 《毛泽东文集》第 6 卷，人民出版社 1999 年版，第 332 页。

⑦ 《毛泽东文集》第 7 卷，人民出版社 1999 年版，第 238 页。

实际上,只有这样,我们才能始终立于主动地位,才有可能制止战争。毛泽东说过:"准备好对付帝国主义要打好一些。就是说做坏的方面的准备,这么做了准备,也许可以不打。"①

再次,倡导和平共处五项原则,以之作为国与国之间关系的准则。

处理国与国之间的关系,包括社会主义国家和资本主义国家的关系,应遵循何种准则?

毛泽东认为,"事物的多样性是世界的实况。马克思主义也是承认事物的多样性的,这是同形而上学不同的地方。"据此,他提出:"不同的制度是可以和平共处的。""只是需要一个条件,就是双方愿意共处。"②

1953年12月,周恩来总理在同印度政府代表团商谈时首次提出:"新中国成立后确立了处理中印两国关系的原则,那就是互相尊重领土主权、互不侵犯、互不干涉内政、平等互利和和平共处的原则。"1954年6月,中印两国总理在联合声明中,确认以和平共处五项原则指导两国关系,并且认为"在他们与亚洲以及世界其他国家的关系中也应该适用这些原则"。

当年10月,毛泽东在同外宾谈话时即指出:"五项原则是一个长期方针。""我们的外交政策是以和平共处五项原则为基础的。"我们"应当把五项原则推广到所有国家的关系中去"③。

他还说:"就是西方国家,只要它们愿意,我们也愿同它们合作。我们愿意用和平的方法来解决存在的问题。"他并且表示"希望美国也采取和平共处的政策。美国这样的大国如果不要和平,我们就不得安宁,大家也不得安宁"。1955年5月,他还提出,"如果美国愿意签订一个和平条约,多长的时期都可以,五十年不够就一百年,不知道美国干不干"。现在主要的问题就是美国。④ 中美两国的社会制度根本不同,在中美两国政府之间存在着巨大的分歧,但这不应当妨碍两国在和平共处五项原则的基础上建立正常的国家关系,更不应该导致战争。"中国政府早在一九五五年就公开声明,中国人民不要同美国打仗,中国政府愿意坐下来同美国政府谈判,这是我们一贯奉行的方针。"⑤

和平共处的五项原则,是同帝国主义、霸权主义的侵略政策和战争政策,同它们以大压小、以强凌弱、任意侵犯别国主权、干涉别国内政的方针,同它们动辄诉诸武力或以武力相威胁的行径,是根本对立的。倡导和平共处的五项原则,本

① 《毛泽东外交文选》,中央文献出版社、世界知识出版社1994年版,第347页。

② 《毛泽东外交文选》,中央文献出版社、世界知识出版社1994年版,第347页。

③ 《毛泽东外交文选》,中央文献出版社、世界知识出版社1994年版,第186、246、165页。

④ 参见《毛泽东外交文选》,中央文献出版社、世界知识出版社1994年版,第210、161、213页。

⑤ 《周恩来外交文选》,中央文献出版社1990年版,第493页。

身就是对帝国主义、霸权主义的一种批判和抵制。毛泽东说过，我们也要争取同那些国家和平共处，“但是决不可以对他们怀抱一些不切实际的想法”①。不能设想，不经过必要的斗争，它们就会自动地实行这些原则。

实行和平共处的五项原则，也并不意味着为了同西方发达国家发展关系，就应当放弃中国自己的国际主义义务。在讲到应当争取与西方国家和平共处的同时，毛泽东明确地指出：“亚洲、非洲和拉丁美洲各国的民族独立解放运动，以及世界上一切国家的和平运动和正义斗争，我们都必须给以积极的支持。”②1972年2月28日发表的中美联合公报（上海公报）中，中国方面就严肃地声明，“反对任何霸权主义和强权政治”，重申“坚决支持一切被压迫人民和被压迫民族争取自由、解放的斗争；各国人民有权按照自己的意愿，选择本国的社会制度，有权维护本国独立、主权和领土完整，反对外来侵略、干涉、控制和颠覆”等的原则立场。这样的外交文件，在世界外交史即使不是绝无仅有的，至少也是极为罕见的。

（三）阐明保卫世界和平应当遵循的道路

在对战争与和平问题作出科学分析和阐明对待这个问题应当采取的正确态度的基础上，毛泽东进一步论述了保卫世界和平应当遵循的道路。主要是：

首先，保卫世界和平、制止新的世界战争，主要应当依靠人民斗争。

世界和平只能是各国人民争取得来的，而不能是向帝国主义乞求得来的。只有依靠人民群众，同帝国主义的侵略政策和战争政策进行针锋相对的斗争，才能有效地保卫和平。③ 毛泽东说：“我们无论国内、国外，主要靠人民，不靠大国领袖。靠人民靠得住。”④在保卫世界和平的问题上，也是这样。

主要依靠人民，是什么意思呢？毛泽东在审定的一篇文章中是这样说的：“马克思列宁主义者主张依靠社会主义国家力量的团结和发展，依靠被压迫民族和被压迫人民的斗争，依靠国际无产阶级的斗争，依靠全世界一切爱好和平的国家和人民的斗争，来保卫世界和平，防止新的世界战争。”⑤

主要依靠人民斗争，是不是否定在处理国际关系和国际争端方面国际协商、国家领导人对话以至大国会议等的作用呢？不是。

1959年11月，在同周恩来等讨论美国总统艾森豪威尔的对外策略和苏联

① 《毛泽东文集》第7卷，人民出版社1999年版，第243页。

② 《建国以来毛泽东文稿》第6册，中央文献出版社1992年版，第203页。

③ 《建国以来重要文献选编》第17册，中央文献出版社1997年版，第474页。

④ 转引自《毛泽东传（1949—1976）》（下），中央文献出版社2003年版，第1289页。

⑤ 《再论陶里亚蒂同志同我们的分歧》，1963年3月。

领导人赫鲁晓夫的相关态度问题时,毛泽东指出,“艾森豪威尔这种人物,他不只是有讲和平的一面,还有战争的一面”。所以我们“要有两手。一手是跟艾森豪威尔讲和平,开大国会议,国际问题用和平方法解决好。另外一手就是美国共产党、美国人民,他们还是应该斗争的,各国共产党、各国人民还是应该斗争的”①。1960 年 5 月,他再次指出:“我们支持首脑会议的召开,不管这种会议有无成就和成就的大小,但是世界和平的取得,主要应当依靠各国人民的斗争。”②实际上,以人民力量、人民斗争作后盾、作依靠,才有助于我们在国际协商、国家领导人对话以至大国会议中取得积极成效。

所以,毛泽东强调:“我看还是两条腿走路。各国人民起来对压迫者进行反抗,这是一条腿,而且是一条重要的腿,也许是第一条腿;跟他们在桌面上大开大国会议,讲什么裁军、解决德国问题,这也是一条腿。两条腿走路,世界大战就难于打了。”③

其次,支持亚洲、非洲、拉丁美洲人民的反侵略斗争,支持欧洲等国家的反控制斗争。

20 世纪 50 年代初,毛泽东提出过一种看法:“帝国主义对社会主义阵营是防御还是进攻呢?在一定意义上说,是防御不是进攻。”它想以反共的名义去控制中间地带,“这是因为它把中间地带看作是自己的防线”。“美国的这种做法,是想把我们社会主义阵营‘钙化’起来。”就是说,使其影响不能在中间地带扩散。④

1954 年 8 月,他在与外宾谈话时再次指出,美国反共是把它当做题目来做文章,以达到他们另外的目的。他说,在美国和苏联、中国之间,是一个广大的中间地带。“美国的目标是占领处在这个广大中间地带的国家,欺负它们,控制它们的经济,在它们的领土上建立军事基地,最好使这些国家都弱下去,这包括日本、德国在内。”⑤1958 年 9 月,他进一步解释说:美国人不能不明白,“所谓真正反共,就是拿军队来打我们,打苏联”。但是它就“这么几个兵,分得这么散,我不晓得它这个仗怎么打法。所以,我总是觉得,它是霸中间地带为主”⑥。

1963 年,毛泽东提出了关于两个中间地带的理论。他说:“我们现在提出这么一个看法,就是有两个中间地带:亚洲、非洲、拉丁美洲是第一个中间地带;欧

---

① 转引自《毛泽东传(1949—1976)》(下),中央文献出版社 2003 年版,第 1023 页。

② 《人民日报》1960 年 5 月 15 日。

③ 《毛泽东外交文选》,中央文献出版社、世界知识出版社 1994 年版,第 408 ~ 409 页。

④ 1961 年 9 月周恩来转述。见《周恩来外交文选》,中央文献出版社 1990 年版,第 318 页。

⑤ 《毛泽东文集》第 6 卷,人民出版社 1999 年版,第 339 页。

⑥ 《毛泽东文集》第 7 卷,人民出版社 1999 年版,第 415 页。

洲、北美加拿大、大洋洲是第二个中间地带。日本也属于第二个中间地带。"①这两个中间地带的国家都反对美国的控制。②

毛泽东提出的中间地带理论,为我们制定保卫世界和平的路线和策略方针提供了重要的依据。因为事情很明显:既然美国一些人进行反共叫嚣、制造紧张局势、制造战争威胁,其在当前的现实目的,主要是为了去占领、控制中间地带,而在做到这一点之前,它是难以发动世界战争的,那么,做好中间地带的工作,支持那里的反占领、反控制斗争,对于制止新的世界战争、保卫世界和平,就是特别重要的事情了。

第一个中间地带的国家即亚洲、非洲、拉丁美洲的国家,它们"曾经是或者仍然是帝国主义的后方和仓库"。它们的民族解放运动对于削弱帝国主义、牵制和束缚帝国主义的手脚、增强制止世界战争的力量,具有极其重要的意义。那些摆脱了帝国主义统治的民族主义国家采取的中立立场,其实"也就是一种独立自主、不受控制的立场",这"是有利于和平事业,不利于帝国主义的侵略计划和战争计划"的。③

所以,毛泽东说:"谁来支持我们?还不是亚洲、非洲、拉丁美洲的民族解放运动,这是支持我们的最主要的力量。"④我们做工作,交朋友,重点应该放在三大洲,那就是亚洲、非洲和拉丁美洲。⑤

第二个中间地带国家"是指以西欧为主的一批资本主义高度发展的、有些还是帝国主义的国家,这些国家一方面压迫别人,另一方面又受美国压迫,同美国有矛盾"⑥。"美国现在往往就是利用反对共产主义这个旗帜来把它那些朋友的地方占领起来。"⑦像英国、法国这样的国家,与美国是有矛盾的,它们也"可以作为人民的间接同盟者"⑧。

所以,毛泽东主张,"要把整个欧洲团结起来"。他说,"欧洲是欧洲人的欧洲,美国人去干什么?"他对一位英国前首相表示过:"你们欧洲强大起来,我们高兴啊!"⑨因为欧洲团结、欧洲强大,用现在的话来讲,有利于世界的多极化,这可以使得帝国主义的整体力量趋向分散和削弱,而这对于反对美国推行霸权主

① 《毛泽东文集》第8卷,人民出版社1999年版,第345页。
② 《毛泽东外交文选》,中央文献出版社、世界知识出版社1994年版,第508页。
③ 《毛泽东外交文选》,中央文献出版社、世界知识出版社1994年版,第337页。
④ 《毛泽东文集》第8卷,人民出版社1999年版,第8页。
⑤ 《毛泽东外交文选》,中央文献出版社、世界知识出版社1994年版,第269页。
⑥ 《毛泽东外交文选》,中央文献出版社、世界知识出版社1994年版,第514页。
⑦ 《毛泽东文集》第6卷,人民出版社1999年版,第334页。
⑧ 《毛泽东外交文选》,中央文献出版社、世界知识出版社1994年版,第487页。
⑨ 《毛泽东外交文选》,中央文献出版社、世界知识出版社1994年版,第522、525、603页。

义、强权政治，防止世界战争、维护世界和平，是有积极意义的。

再次，要把中国自己的事情办好。

为了反对帝国主义的侵略政策和战争政策、维护世界和平，重要的是要把中国自己的事情办好。因为我们既不会输出革命，也不会“自己打出去”。我们所说的准备打仗，指的仅仅“是当别国打进来的时候，我们要消灭它”①。所以，“一切问题的中心在于我们自己的团结和自己的工作都要做得好”②。

1957 年 11 月在莫斯科会议上发言时，毛泽东就说：“中国从政治上、人口上说是个大国，从经济上说现在还是个小国。他们想努力，他们非常热爱工作，要把中国变成一个真正的大国。”他认为，经过一个相当长的时间之后，社会主义国家的力量将会超过帝国主义国家的力量。“到那个时候，我们就无敌于天下了，没有人敢同我们打了，世界也就可以得到持久和平了。”③

1960 年 3 月，毛泽东在《关于反华问题》(手稿)中进一步说“看我们工作做得怎么样”，主要看两条：一是“我们全党全民真正团结一致”；二是使“我们的主要生产项目的总产量和按人口平均的产量接近或超过他们”④。在这种情况下，帝国主义的反华活动就会受到更有力的遏制，而中国在世界上的发言权就会更大，在维护世界和平的事业中就能作出更大的贡献了。

很明显，毛泽东在战争与和平问题上制定的方针，不是要求我们为了战备而放慢建设的速度，而是要求我们更加集中力量搞好建设事业。因此，这个方针不仅没有妨碍经济建设的发展，而且直接成了激励中国人民建设热情、推进中国建设事业的动力。

* * *

毛泽东在战争与和平问题上阐明的思想和制定的方针，是他的国际战略思想和对外工作方针的重要组成部分。

1981 年中共中央通过的《关于建国以来党的若干历史问题的决议》指出：建国三十二年来，我们取得的主要成就之一，就是“在国际上，始终不渝地奉行独立自主的外交政策，倡导和坚持了和平共处五项原则，同全世界一百二十四个国家建立了外交关系，同更多的国家和地区发展经济、贸易和文化往来。我国在联合国和安理会的席位得到恢复。我们坚持无产阶级国际主义，发展同各国人民的友谊，支持和援助被压迫民族的解放事业、新独立国家的建设事业和各国人民

① 《毛泽东外交文选》，中央文献出版社、世界知识出版社 1994 年版，第 589 页。

② 《建国以来毛泽东文稿》第 9 册，中央文献出版社 1996 年版，第 95～96 页。

③ 《毛泽东外交文选》，中央文献出版社、世界知识出版社 1994 年版，第 296 页。

④ 《建国以来毛泽东文稿》第 9 册，中央文献出版社 1996 年版，第 95 页。

的正义斗争,坚决反对帝国主义、霸权主义、殖民主义和种族主义,维护世界和平,在国际事务中发挥着越来越重大的积极作用。这一切为我国的社会主义建设创造了有利的国际条件,促进了国际形势朝着有利于世界人民的方向发展”。这里所说的建国以来的三十二年中,毛泽东领导的时期占了二十七年。这些成就,主要是在这个时期取得的。

正因为如此,在中国进入改革开放和社会主义现代化建设的新时期时,邓小平指出:“我们能在今天的国际环境中着手进行四个现代化建设,不能不铭记毛泽东同志的功绩。”①

实践是检验真理的唯一标准。上述基本的历史事实,证明了毛泽东关于战争与和平问题的基本观点的正确性。

——主要内容刊《党的文献》2009 年第 1 期。标题为《毛泽东关于战争与和平的思想论略》。

① 《邓小平文选》第 2 卷,人民出版社 1994 年版,第 172 页。

附 录

附录一

马克思主义史学理论与历史研究

一、唯物主义历史观的创立和发展

（一）马克思以前的历史理论

什么是历史？历史是已经过去了的客观存在。马克思、恩格斯说："历史可以从两方面来考察，可以把它划分为自然史和人类史。但这两方面是不可分割的；只要有人存在，自然史和人类史就彼此相互制约。"①我们这里所说的历史，是指的人类史，即人类社会发展的过程。

历史既然是人类社会发展的过程，是过去了的客观存在，为什么一代又一代的人仍然会对历史感兴趣，并且怀有探究历史的强烈愿望呢？这是因为：

人类社会的今天，是由它的昨天和前天发展而来的。人们为了更好地认识人类社会的今天、预见明天，一个重要的条件，就是要了解它的昨天和前天。古人所谓"彰往而察来"，"述往事，思来者"，讲的就是这个意思。

在漫长的历史进程中，人们在经济、政治、文化和社会生活各个领域的实践所积累的丰富经验，所蕴涵的社会治乱兴衰的深刻教训，对于后人具有重要的启迪作用。古人所谓"所贵乎史者，述往以为来者师也"，讲的就是这个意思。

人们在创造历史的过程中，同时也在多方面地展示着自己，改变着自己，并且在总体上不断地提高着自身的素质。历史人物的功过是非、得失成败，对于后人也具有重要的警示作用。古人所谓"欲知大道，必先为史"，"穷览千载，见贤而思齐，见不贤而内自省"，讲的就是这个意思。

但是，历史作为人类社会已经过去了的客观存在，是不可能照原样重复出现的，那么，人们又怎样认识历史，从历史中汲取智慧呢？

---

① 《马克思恩格斯文集》第1卷，人民出版社2009年版，第516页。

为此,首先是要收集史料和考证史实,正确和准确地描绘现实的历史过程。因为这是认识历史的前提。不过,这样做,还不就是对历史有了认识。研究历史,主要是为了在此基础上,理清历史的脉络,总结历史的经验,揭示历史发展的规律性,考察历史发展的趋势,以此作为今人和后人思想上的借鉴和行动上的向导。而要做到这一点,仅仅依靠收集史料和考证史实就远远不够了,人们还必须在科学的社会历史观和方法论的指导下,对史料进行分析和综合,进行理论的思考。如果没有理论思维,即使要把两个简单的历史事实联系起来都是不可能的,更不用说对历史作出科学的阐释和总结了。

社会历史观是人们对社会历史的根本看法,主要指人们关于人类社会的起源、社会生活的本质,以及总体运动和一般发展规律的理论性概括。①

在遥远的古代,生产力十分低下,人类的生存和发展在很大程度上受自然力的支配。“由于人类尚不具备把自然界和人类社会明确区分的能力,社会历史观只能浑然一体地包含在一般宇宙观之中。在原始人的眼里,社会和自然一样神奇,都只能凭想象去理解,自然崇拜和图腾崇拜就是这样产生的。”②人类进入文明时代即阶级社会以后,随着社会分工及其发展,一些思想家对人类社会的发展进行了独立的思考,一些历史学家写出了若干有价值的历史著作,他们为人类认识社会及其发展积累了有益的思想材料,包括对历史辩证法的揭示和运用唯物主义观点观察历史的萌芽;但是从总体上来说,在社会历史观的领域,唯心主义始终占据着统治地位。正因为如此,以往的历史理论存在着两个主要缺点。“第一,以往的历史理论至多只是考察了人们历史活动的思想动机,而没有研究产生这些动机的原因,没有探索社会关系体系发展的客观规律性,没有把物质生产的发展程度看做这些关系的根源”。它既忽视经济对社会发展的最终决定作用,也讲不清政治、思想等的形成、发展及其对经济的反作用,因而就不可能把社会作为一个有机的整体进行研究。“第二,以往的历史理论从来忽视居民群众的活动”。在它的视野里,历史活动的主体是帝王将相、英雄豪杰等少数人,而从事物质生活资料生产的广大劳动群众则被边缘化,在历史上没有自己应有的地位。它不可能以自然科学的精确性去研究群众生活的社会条件以及这些条件的变更。所以,列宁认为,马克思以前的“社会学”和历史学,至多是积累了零星收集来的未加分析的事实,描述了历史过程的个别方面。他们没有也不可能指出对各种社会经济形态的产生、发展和衰落过程进行全面而周密的研究的

① 《史学概论》,高等教育出版社 2009 年版,第 19 页。

② 《历史唯物主义原理》,人民出版社 1991 年版,第 5 页。

途径。①

社会历史领域中之所以存在上述问题,不是偶然的。“在很长的历史时期内,大家对于社会的历史只能限于片面的了解,这一方面是由于剥削阶级的偏见经常歪曲社会的历史,另方面,则由于生产规模的狭小,限制了人们的眼界。人们能够对于社会历史的发展作全面的历史的了解,把对于社会的认识变成了科学,这只是到了伴随巨大生产力——大工业而出现近代无产阶级的时候,这就是马克思主义的科学。”②

(二)唯物主义历史观创立的社会历史前提和思想条件

科学的社会历史观,就是唯物主义历史观或者历史唯物主义。它是由马克思、恩格斯在19世纪40年代创立的。

唯物主义历史观“是历史发展的产物;在较早的时代,它是不会被任何最有天才的头脑凭空想出来的。只有达到一定高度时,人类历史才能揭开它自己的秘密”③。这些条件主要是:

第一,资本主义的发展。

19世纪中叶,主要资本主义国家的工业革命已经完成,或者接近完成。资本主义的发展,是同社会化的大生产排挤小生产,同各经济部门的关系的日趋紧密,同交换的发展、交通的发达和统一的民族市场的形成,直接相联系的。这就开阔了人们的视野,使得人们有可能突破小生产的狭隘眼界,把整个社会当做一个统一的有机体来考察。资本主义的发展,也是同拓展海外市场,同民族的、地域的历史日益发展成为世界历史,直接相联系的。这就进一步开阔了人们的视野,使得人们有可能把各个地区、各个民族的历史联系起来加以研究和进行比较,发现其常规性、重复性,并由此发现其中的一般的规律性。资本主义的发展,还使得社会阶级关系趋于简单化和明朗化。这也使得人们有可能把握基于经济利益的阶级斗争这条阶级社会历史发展的基本线索,有可能认识阶级斗争在阶级社会历史发展中的重要作用。

第二,先驱者提供的特定的思想材料。

尽管以往的思想家对社会的认识始终没有达到历史唯物主义的高度,但他们中的一些人(如法国复辟时期的资产阶级历史学家梯叶里、基佐、米涅,英国古典经济学家大卫·李嘉图等)在这个领域中所进行的探索,为达到这个高度提供了有益的思想材料,打下了一定的基础。

---

① 《列宁专题文集 论辩证唯物主义和历史唯物主义》,人民出版社2009年版,第336页。

② 《毛泽东选集》第1卷,人民出版社1991年版,第283~284页。

③ [德]梅林:《保卫马克思主义》,人民出版社1982年版,第3页。

梯叶里认为,决定阶级斗争的是各阶级的“实际利益”即财产关系。基佐认为,“我们社会的各种阶级斗争贯穿着我们的历史”。“为着理解政治制度,应该研究社会中的不同阶层及其相互关系”,应该知道土地关系的性质。米涅也把阶级斗争看做是当时一切政治事变的发条,认为革命的原因存在于社会各阶级的不同物质利益中。李嘉图则具体说明了阶级之间的经济对立。“这样一来,在政治经济学中,历史斗争和历史发展过程的根源被抓住了,并且被揭示出来了。”①

正是根据上述事实,恩格斯指出:“如果说马克思发现了唯物史观,那么梯叶里、米涅、基佐以及1850年以前英国所有的历史编纂学家则表明,人们已经在这方面作过努力。”1877年,摩尔根在美国,以他自己的方式,重新发现了40年前马克思所发现的唯物主义历史观,并且以此为指导,在把野蛮时代和文明时代加以对比的时候,在主要要点上得出了与马克思相同的结果。“而摩尔根对于同一观点的发现表明,发现这一观点的时机已经成熟了,这一观点必定被发现。”②

第三,工人阶级的成长。

19世纪30年代,欧洲的工人阶级开始作为一个独立的政治力量登上历史舞台。工人阶级是人类历史上最彻底的革命阶级。它的根本利益是同社会历史发展的总方向一致的。它既没有剥削阶级的偏见,也不具备小生产者的狭隘性。所以它敢于面向现实,勇于追求真理。“科学越是毫无顾忌和大公无私,它就越符合工人的利益和愿望。”马克思、恩格斯是出身于有产阶级的知识分子。他们在斗争实践中把自己的立场转到了工人阶级一边,随之也就把自己原先拥有的教育因素带过来了。他们成了真理的无畏的和有力的探索者。这是他们成为唯物主义历史观的发现者、创立者的阶级基础。实际上,以他们为代表的“在劳动发展史中找到了理解全部社会史的锁钥的新派别,一开始就主要是面向工人阶级的,并且从工人阶级那里得到同情,这种同情是它在官方科学那里既没有寻找也没有期望过的”③。

(三)马克思、恩格斯与唯物主义历史观的创立

什么是唯物主义历史观呢?唯物主义历史观是“关于现实的人及其历史发展的科学”④。“现代唯物主义把历史看做人类的发展过程,而它的任务就在于

---

① 《马克思恩格斯全集》第26卷,人民出版社1973年版,第183页。

② 《马克思恩格斯文集》第10卷,人民出版社2009年版,第669页。

③ 《马克思恩格斯文集》第4卷,人民出版社2009年版,第313页。

④ 《马克思恩格斯文集》第4卷,人民出版社2009年版,第295页。

发现这个过程的运动规律。”它找到了“用人们的存在说明他们的意识,而不是像以往那样用人们的意识说明他们的存在”这样一条道路。①

唯物主义历史观的创立,经历了一个探索的过程。“这一过程的开端,可以追溯到宗教的批判。”②

唯物主义历史观的主要创始人马克思(1818—1883),早年在大学中学习法律,但他研究最多的是历史和哲学。他加入过“青年黑格尔派”的圈子,后来受到费尔巴哈唯物主义的强烈影响,一时成了“费尔巴哈派”。通过批判宗教神学,人们重新确立了人在现实世界中的利益和权利。马克思也正是从这里,开始了对于社会历史的哲学思考。1842 年 10 月,马克思担任《莱茵报》主编。他说,在这里我“第一次遇到要对所谓物质利益发表意见的难事”,这“是促使我去研究经济问题的最初动因”③。“为了解决使我苦恼的疑问,我写的第一部著作是对黑格尔法哲学的批判性的分析”,即 1843 年写的《黑格尔法哲学批判》。“我的研究得出这样一个结果:法的关系正像国家形式一样,既不能从它们本身来理解,也不能从所谓人类精神的一般发展来理解,相反,它们根源于物质的生活关系,这种物质的生活关系的总和,黑格尔按照 18 世纪的英国人和法国人的先例,概括为‘市民社会’,而对市民社会的解剖应该到政治经济学中去寻求。”④他在 1844 年完成的《1844 年经济学哲学手稿》中,通过分析“异化劳动”,从人与物的关系中发现人与人的关系,得出了物质生产在社会发展中具有决定作用的认识。他指出:“对社会主义的人来说,整个所谓世界历史不外是人通过人的劳动而诞生的过程,是自然界对人来说的生成过程,所以关于他通过自身而诞生、关于他的形成过程,他有直观的、无可辩驳的证明。”⑤这些都是唯物主义历史观形成的重要步骤。

唯物主义历史观的另一创始人恩格斯,也经历过从“青年黑格尔派”到“费尔巴哈派”的过程。1842 年,他迁到英国工业中心曼彻斯特。在这里,他直接参加工人运动,并研究英国社会的经济结构和社会关系。这使“他认识到,只有以往被忽视的经济事实,才是全部现实斗争和政治历史的基础”⑥。他在 1844 年发表的《国民经济学批判大纲》中,在经济和政治历史的关系等问题上,得出了与马克思相同的结论。

---

① 《马克思恩格斯文集》第 9 卷,人民出版社 2009 年版,第 28 ~ 29 页。
② 《历史唯物主义原理》,人民出版社 1991 年版,第 16 页。
③ 《马克思恩格斯文集》第 2 卷,人民出版社 2009 年版,第 588 页。
④ 《马克思恩格斯文集》第 2 卷,人民出版社 2009 年版,第 591 页。
⑤ 《马克思恩格斯文集》第 1 卷,人民出版社 2009 年版,第 196 页。
⑥ 《历史唯物主义原理》,人民出版社 1991 年版,第 17 页。

1844年9月,马克思和恩格斯在巴黎相识。他们合作撰写了《神圣家族,或对批判的批判所做的批判。驳布鲁诺·鲍威尔及其伙伴》一书。他们指出:只有把“某一历史时期的工业,即生活本身的直接的生产方式认识清楚”,才“能真正地认清这个历史时期”。历史的诞生地“是地上的粗糙的物质生产”,而不是“天上的迷蒙的云兴雾聚之处”①。他们还指出:历史活动中重要的“是行动着的群众”。“历史活动是群众的活动,随着历史活动的深入,必将是群众队伍的扩大。”②他们的这部著作,克服了前述唯心主义历史观的两个主要缺点,为唯物主义历史观的形成奠定了牢固的基础。

1845年,马克思撰写了《关于费尔巴哈的提纲》。他提出:“人的本质不是单个人所固有的抽象物,在其现实性上,它是一切社会关系的总和。”他强调了实践的意义,指出:“环境的改变和人的活动或自我改变的一致,只能被看做是并合理地理解为革命的实践。”③恩格斯认为,这个提纲“作为包含着新世界观的天才萌芽的第一个文献,是非常宝贵的”④。他晚年在回答“关于历史唯物主义的起源”这个问题时说过:马克思的《关于费尔巴哈的提纲》“其实就是它的起源!”⑤

1845—1846年,马克思与恩格斯合作撰写了《德意志意识形态》一书,对他们发现的唯物主义历史观的基本原理作了系统的论述。他们强调:“这种历史观就在于:从直接生活的物质生产出发阐述现实的生产过程,把同这种生产方式相联系的、它所产生的交往形式即各个不同阶段上的市民社会理解为整个历史的基础,从市民社会作为国家的活动描述市民社会,同时从市民社会出发阐明意识的所有各种不同的理论产物和形式,如宗教、哲学、道德等等,而且追溯它们产生的过程。这样做当然就能够完整地描述事物了(因而也能够描述事物的这些不同方面之间的相互作用)。”⑥这部两厚册八开本的原稿,当时未能公开出版。马克思说:“既然我们已经达到了我们的主要目的——自己弄清问题,我们就情愿让原稿留给老鼠的牙齿去批判了。”⑦

在1847年出版的为反对蒲鲁东而写的著作《哲学的贫困》中,马克思第一次公开对这个新的历史观中的有决定意义的论点,作了科学的虽然只是论战性

① 《马克思恩格斯文集》第1卷,人民出版社2009年版,第350、351页。
② 《马克思恩格斯文集》第1卷,人民出版社2009年版,第287页。
③ 《马克思恩格斯文集》第1卷,人民出版社2009年版,第500~502页。
④ 《马克思恩格斯文集》第4卷,人民出版社2009年版,第266页。
⑤ 《马克思恩格斯文集》第10卷,人民出版社2009年版,第647页。
⑥ 《马克思恩格斯文集》第1卷,人民出版社2009年版,第544页。
⑦ 《马克思恩格斯文集》第1卷,人民出版社2009年版,第593页。

的概述。1848 年 2 月,马克思、恩格斯在为共产主义者同盟拟定的纲领《共产党宣言》中,“用这个理论大略地说明了全部近代史”①。恩格斯在为它所写的“1883 年德文版序言”中讲过:“贯穿《宣言》的基本思想:每一历史时代的经济生产以及必然由此产生的社会结构,是该时代政治的和精神的历史的基础;因此(从原始土地公有制解体以来)全部历史都是阶级斗争的历史,即社会发展各个阶段上被剥削阶级和剥削阶级之间、被统治阶级和统治阶级之间斗争的历史;而这个斗争现在已经达到这样一个阶段,即被剥削被压迫的阶级(无产阶级),如果不同时使整个社会永远摆脱剥削、压迫和阶级斗争,就不再能使自己从剥削它压迫它的那个阶级(资产阶级)下解放出来。”②列宁也指出:《共产党宣言》“这部著作以天才的透彻而鲜明的语言描述了新的世界观,即把社会生活领域也包括在内的彻底的唯物主义、作为最全面最深刻的发展学说的辩证法以及关于阶级斗争和共产主义新社会创造者无产阶级肩负的世界历史性的革命使命的理论。”③正因为如此,《共产党宣言》在多次再版时用过的多种书名中,就有过《历史哲学》这个名称。④

马克思对唯物主义历史观的经典性表述,见于 1859 年 1 月发表的、被马克思称作“第一次科学地表述了关于社会关系的重要观点”⑤的《政治经济学批判》第一分册的序言。关于这个序言,马克思自己讲过:“在那里我说明了我的方法的唯物主义基础。”⑥恩格斯也指出,序言对唯物主义历史观的要点“已经作了扼要的阐述”。⑦

(四)对唯物主义历史观的检验、丰富和发展

马克思、恩格斯在创立唯物主义历史观之后,即以这个理论为指导,从系统地搜集史料和分析基本的事实入手,对社会历史问题进行重新的研究。在这个过程中,他们检验了这个理论,并使之得到了进一步的丰富和发展。

1848—1849 年,欧洲大陆爆发了资产阶级民主革命。马克思和恩格斯参加了这场革命,并在革命失败以后,运用唯物主义历史观,根据翔实的材料,对这场革命发生和失败的原因,对各阶级及其代表人物的表现,对它所提供的经验教训,及时地作出了切实的分析和深刻的总结。马克思写了《1848 年至 1850 年的

---

① 《马克思恩格斯文集》第 4 卷,人民出版社 2009 年版,第 532 页。
② 《马克思恩格斯文集》第 2 卷,人民出版社 2009 年版,第 9 页。
③ 《列宁专题文集 论马克思主义》,人民出版社 2009 年版,第 9 页。
④ 《列宁专题文集 论马克思主义》,人民出版社 2009 年版,第 40 页。
⑤ 《马克思恩格斯文集》第 10 卷,人民出版社 2009 年版,第 167 页。
⑥ 《马克思恩格斯文集》第 5 卷,人民出版社 2009 年版,第 20 页。
⑦ 《马克思恩格斯文集》第 2 卷,人民出版社 2009 年版,第 597 页。

法兰西阶级斗争》、《路易·波拿巴的雾月十八日》等著作,恩格斯写了《德国农民战争》、《德国的革命和反革命》等著作。恩格斯认为,《1848年至1850年的法兰西阶级斗争》这部著作,“是马克思用他的唯物主义观点从一定经济状况出发来说明一段现代历史的初次尝试”。“由于马克思准确了解法国在二月革命以前的经济状况以及这个国家在二月革命以后的政治事件,所以他能对当时的事变作出这样的叙述,这一叙述对事变内在联系的揭示达到了至今还无人达到的程度”①。他对《路易·波拿巴的雾月十八日》更是给予了高度的评价,认为“本书是运用(历史唯物主义)这个理论的十分出色的例子”②。因为路易·波拿巴发动的政变,当时像晴天霹雳一样震惊了整个政治界,但并没有一个人理解它;而马克思却令人信服地证明,“法国阶级斗争怎样造成了一种局势和条件,使得一个平庸而可笑的人物有可能扮演了英雄的角色”。所以,恩格斯赞叹说,“的确,这是一部天才的著作”。“在事变刚刚发生时就对事变有这样透彻的洞察,的确是无与伦比”③。总之,马克思用这段历史检验了他的历史理论;“这个检验获得了辉煌的成果”④。

在1848—1849年革命之后,马克思对被压迫人民的民族解放斗争给予了越来越多的关注。他用唯物主义历史观考察东方社会,考察民族与殖民地问题,撰写了一批关于中国和印度等的论著。在《不列颠在印度的统治》(1853年)、《不列颠在印度统治的未来结果》(1853年)这两篇文章中,马克思作出的有关论述,对于研究资本主义、殖民主义的历史及其相互关联,对于考察民族、殖民地问题及其与无产阶级革命前景的相互关联,都提供了一个典型的例证。

在1848欧洲大陆革命的浪潮过去之后,马克思重新把对政治经济学的研究提到了首要地位。他集中精力,运用唯物主义历史观考察资本主义社会,科学地揭示了资本主义社会形成、发展和灭亡的历史规律。继1859年出版《政治经济学批判》之后,《资本论》第一卷于1867年公开问世。马克思说:“我的观点是把经济的社会形态的发展理解为一种自然史的过程。”而“本书的最终目的就是揭示现代社会的经济运动规律”⑤。列宁认为,如果说,在这之前,唯物主义历史观还只是“一个第一次使人们有可能以严格的科学态度对待历史问题和社会问题的假设”,那么,“自从《资本论》问世以来,唯物主义历史观已经不是假设,而是

---

① 《马克思恩格斯文集》第4卷,人民出版社2009年版,第506~535页。
② 《马克思恩格斯文集》第10卷,人民出版社2009年版,第593页。
③ 《马克思恩格斯文集》第2卷,人民出版社2009年版,第468页。
④ 《马克思恩格斯文集》第2卷,人民出版社2009年版,第469页。
⑤ 《马克思恩格斯文集》第5卷,人民出版社2009年版,第10页。

科学地证明了的原理"①。他认为,既然运用唯物主义去分析和说明一种社会形态就取得了这样辉煌的成果,那么,十分自然,"这种方法也必然适用于其余各种社会形态"②。

在这之后,马克思、恩格斯继续对社会历史问题进行深入的研究,提出了许多创造性见解,进一步丰富和发展了这个理论。

在研究典型的资本主义国家英国等的同时,俄国社会发展的问题也引起了马克思、恩格斯的浓厚兴趣。在马克思的《给"祖国纪事"杂志编辑部的信》(1877 年)、《给维·伊·查苏利奇的复信》(1881 年),恩格斯的《论俄国的社会问题》(1874 年)、《"论俄国的社会问题"跋》(1894 年),以及马克思、恩格斯共同为《共产党宣言》1882 年俄文版写的序言等论著中,他们对俄国这样的经济文化比较落后的国家,是否"可以不通过资本主义制度的卡夫丁峡谷"以及实行这种跨越需要具备什么样的条件,作出了富有新意的论述,对于科学地研究这类国家的社会历史发展问题提供了重要的启示。

1877 年,美国人类学家摩尔根的科学著作《古代社会》出版。从 1881 年 5 月至 1882 年 2 月,马克思花了近十个月的时间研究这部著作,作了大量摘录、批注和补充。在此基础上,恩格斯于 1884 年写成《家庭、私有制和国家的起源》一书,阐明了"共产制共同体"的原始社会及其瓦解,分工与家庭、私有制和阶级的产生,国家的起源和实质等一系列重大问题。

恩格斯与马克思一起,共同创立了唯物主义历史观。他还对这个理论作了全面而深刻的阐述。他对人说过:"我也可以向您指出我的《欧根·杜林先生在科学中实行的变革》和《路德维希·费尔巴哈和德国古典哲学的终结》,我在这两部书里对历史唯物主义作了就我所知是目前最为详尽的阐述。"③他认为,历史唯物主义的"大多数问题都已经在《反杜林论》第一编第九至十一章、第二编第二至四章和第三编第一章或导言里,后来又在《费尔巴哈》一书最后一章里谈到了"。④

晚年,在所写的关于历史唯物主义的书信(如《致康·施米特(1890 年 8 月 5 日)》、《致约·布洛赫(1890 年 9 月 21—22 日)》、《致康·施米特(1890 年 10 月 27 日)》、《致弗·梅林(1893 年 7 月 14 日)》、《致瓦·博尔吉乌斯(1894 年 1 月 25 日)》)中,恩格斯强调必须科学地理解历史唯物主义。为了

① 《列宁专题文集 论辩证唯物主义和历史唯物主义》,人民出版社 2009 年版,第 160、162 页。

② 《列宁专题文集 论辩证唯物主义和历史唯物主义》,人民出版社 2009 年版,第 166 页。

③ 《马克思恩格斯文集》第 3 卷,人民出版社 2009 年版,第 593 页。

④ 《马克思恩格斯文集》第 3 卷,人民出版社 2009 年版,第 670 页。

应对资产阶级学者的挑战，并纠正“青年派”的误读，他全面地论证了经济和政治、经济基础与上层建筑等之间的辩证关系，进一步对历史唯物主义作出了科学的阐释。

在马克思、恩格斯之后，结合新的时代和社会历史条件，在帝国主义和无产阶级革命时代的马克思主义即列宁主义中，在马克思主义中国化的理论即毛泽东思想和中国特色社会主义理论体系中，马克思主义史学理论进一步得到了发展。

二、马克思主义史学理论的基本内容

马克思主义史学理论有着极其丰富的内容。首先，是指历史唯物主义的基本原理。这是它的核心、基础，也是它的主体部分。其次，是指历史研究的方法论方面的论述。再次，是指马克思主义经典作家在研究历史问题、历史事件和历史人物时提出的重要思想和论断。限于篇幅，这里着重对前两个方面的内容做一个概要的叙述。

（一）历史唯物主义的基本原理

1. 社会历史观的基本问题

正如哲学的基本问题是思维与存在的关系问题一样，社会历史观的基本问题是社会意识与社会存在的关系问题。

社会存在是不依社会意识为转移的社会生活的物质方面。同自然界的存在相区别的社会存在，它的最本质的东西就是社会的生产方式。社会意识是社会的精神生活现象的总称，包括人们的政治、法律观点，哲学、道德、艺术、科学、宗教等意识形式，以及风俗习惯、社会心理，等等。①

唯物主义历史观确认：“不是人们的意识决定人们的存在，相反，是人们的社会存在决定人们的意识。”②“意识[das Bewuβtsein]在任何时候都只能是被意识到了的存在[das bewuβte Sein]，而人们的存在就是他们的现实生活过程。”③

由此可见，“这种历史观和唯心主义历史观不同，它不是在每个时代中寻找某种范畴，而是始终站在现实历史的基础上，不是从观念出发来解释实践，而是从物质实践出发来解释各种观念形态”④。而只有站在这个“现实历史的基础上”，对历史的研究才可能成为“关于现实的人及其历史发展的科学”⑤。

---

① 《历史唯物主义原理》，人民出版社 1991 年版，第 18～19 页。

② 《马克思恩格斯文集》第 2 卷，人民出版社 2009 年版，第 591 页。

③ 《马克思恩格斯文集》第 1 卷，人民出版社 2009 年版，第 525 页。

④ 《马克思恩格斯文集》第 1 卷，人民出版社 2009 年版，第 545 页。

⑤ 《马克思恩格斯文集》第 4 卷，人民出版社 2009 年版，第 295 页。

2. 物质生活的生产方式:生产力和生产关系

人类社会的历史是人类自己创造的。

我们首先应当确定一切人类生存的第一个前提,也就是一切历史的第一个前提,这就是:人们为了能够"创造历史",必须能够生活。但是为了生活,"首先就需要吃喝住穿以及其他一些东西。因此第一个历史活动就是生产满足这些需要的资料,即生产物质生活本身"。这是人们为了维持生活必须每日每时从事的历史活动,是一切历史的基本条件。"任何历史观的第一件事情就是必须注意上述基本事实的全部意义和全部范围,并给予应有的重视。"①

"人类社会和动物界的本质区别在于,动物最多是采集,而人则从事生产。"②所以,物质生产的发展,是整个社会生活以及整个现实历史的基础。"物质生活的生产方式制约着整个社会生活、政治生活和精神生活的过程。"③

物质生活的生产方式是生产力和生产关系的统一。

生产力,是指人们改造自然,使之适应人的需要的物质力量,标志着人类改造自然的实际能力和水平。一个社会的生产力包括三个要素,即劳动者、劳动资料和劳动对象。生产力中也包括科学。④

生产关系,是指"各个人借以进行生产的社会关系"⑤。因为生产并不是也不可能是由单个人孤立地进行的。生产关系由生产资料所有制关系、生产中人与人的关系和产品分配关系构成。其中,生产资料所有制决定着生产关系的其他方面。⑥

生产力是生产中最活跃、最革命的因素。生产关系依赖于生产力的发展而发展,同时又反过来影响生产力,加速或者延缓它的发展。⑦"社会的物质生产力发展到一定阶段,便同它们一直在其中运动的现存生产关系或财产关系(这只是生产关系的法律用语)发生矛盾。于是这些关系便由生产力的发展形式变成生产力的桎梏。那时社会革命的时代就到来了。"⑧

3. 社会的经济基础和上层建筑

人类社会是一个整体结构。正如一座大厦有它的基础和上层建筑一样,

① 《马克思恩格斯文集》第1卷,人民出版社2009年版,第531页。
② 《马克思恩格斯文集》第10卷,人民出版社2009年版,第412页。
③ 《马克思恩格斯文集》第2卷,人民出版社2009年版,第591页。
④ 《马克思主义哲学》,高等教育出版社2009年版,第169~170页。
⑤ 《马克思恩格斯文集》第1卷,人民出版社2009年版,第724页。
⑥ 《马克思主义哲学》,高等教育出版社2009年版,第170页。
⑦ 《斯大林选集》下卷,人民出版社1979年版,第444页。
⑧ 《马克思恩格斯文集》第2卷,人民出版社2009年版,第593页。

人类社会也是如此。马克思指出:“人们在自己生活的社会生产中发生一定的、必然的、不以他们的意志为转移的关系,即同他们的物质生产力的一定发展阶段相适合的生产关系。这些生产关系的总和构成社会的经济结构,即有法律的和政治的上层建筑竖立其上并有一定的社会意识形式与之相适应的现实基础。”①

历史表明:“迄今为止在历史著作中根本不起作用或者只起极小作用的经济事实,至少在现代世界中是一个决定性的历史力量。”②由于生产关系的总和即社会的经济结构是社会的现实基础,因此,只有从这一基础出发,每一历史时代政治的和精神的历史才能得到说明。

社会的全部上层建筑,是“每一个历史时期的由法的设施和政治设施以及宗教的、哲学的和其他的观念形式所构成的”③。这就是说,上层建筑包括两个部分:一是“法的设施和政治设施”,即国家政权和政治法律制度;一是社会意识形态,包括“宗教的、哲学的和其他的观念形式”。由于经济事实在历史上的决定性作用,国家是在经济上占统治地位的阶级的国家;而统治阶级的思想在每一时代都是占统治地位的思想。

上层建筑的各种因素一经形成,就具有相对独立性,它们能够对历史斗争的进程发生影响并且在许多情况下主要是决定着这一斗争的形式;能够反作用于经济,加速或延缓经济的发展;甚至意识形态也“能在某种限度内改变经济基础”④。

人类社会的发展过程表现出经济、政治、思想等一切因素间的相互作用。但是“相互作用的力量很不相等:其中经济运动是最强有力的、最本原的、最有决定性的”⑤。而在这种相互作用中归根到底是经济运动作为必然的东西通过无穷无尽的偶然事件向前发展。⑥“随着经济基础的变更,全部庞大的上层建筑也或慢或快地发生变革。”⑦

诚然,在经济基础和上层建筑的矛盾运动中,经济基础“一般地表现为主要的决定的作用,谁不承认这一点,谁就不是唯物论者”。然而,上层建筑“在一定条件之下,又转过来表现其为主要的决定的作用,这也是必须承认的”。“当着

① 《马克思恩格斯文集》第2卷,人民出版社2009年版,第591页。

② 《马克思恩格斯文集》第4卷,人民出版社2009年版,第232页。

③ 《马克思恩格斯文集》第9卷,人民出版社2009年版,第29页。

④ 《马克思恩格斯文集》第10卷,人民出版社2009年版,第598页。

⑤ 《马克思恩格斯文集》第10卷,人民出版社2009年版,第601页。

⑥ 《马克思恩格斯文集》第10卷,人民出版社2009年版,第596页。

⑦ 《马克思恩格斯文集》第2卷,人民出版社2009年版,第592页。

政治文化等等上层建筑阻碍着经济基础的发展的时候,对于政治上和文化上的革新就成为主要的决定的东西了。""这不是违反唯物论,正是避免了机械唯物论,坚持了辩证唯物论。"①

4. 社会的基本矛盾和发展动力

与生产力的状况相适应,经济基础与上层建筑以一定的形式结合构成社会形态。②

构成社会的各个部分不是彼此孤立、互不相干的。生产力和生产关系,经济基础和上层建筑,它们是社会的有机组成部分,彼此依存、相互作用。所以,唯物主义历史观"要我们把社会看作活动着和发展着的活的机体"③。科学地研究历史的途径,就是要把社会历史当做一个"极其复杂、充满矛盾而又是有规律的统一过程"来进行研究。④

马克思说:"我的观点是把经济的社会形态的发展理解为一种自然史的过程。"⑤只有把社会关系归结于生产关系,把生产关系归结于生产力的水平,才能看出各个国家和地区的历史过程的重复性和常规性,才能有可靠的根据把社会形态的发展看做自然历史过程,才有可能从中发现历史发展的规律。如果没有这种观点,也就不会有社会科学。

生产力和生产关系的矛盾,经济基础和上层建筑的矛盾,是人类社会的基本矛盾。正是这个基本矛盾的运动,推动着人类社会的发展。唯物主义历史观确认:"一切重要历史事件的终极原因和伟大动力是社会的经济发展,是生产方式和交换方式的改变,是由此产生的社会之划分为不同的阶级,是这些阶级彼此之间的斗争。"⑥"历史的动力以及宗教、哲学和任何其他理论的动力是革命。"⑦

人类的社会形态是一个逐步演进的过程。在漫长的远古时代,存在过"共产制共同体"的原始社会。它占据了人类社会历史的绝大部分时间。在进入文明时代即阶级社会以后,人类经历了奴隶占有制、封建制和资本主义这样三个社会经济形态的演进。资产阶级的生产关系是社会生产过程的最后一个对抗形式。人类在推翻这种对抗形式之后,将次第进入社会主义、共产主义社会,并由此宣告人类社会的史前时期的终结。

---

① 《毛泽东选集》第1卷,人民出版社1991年版,第325~326页。
② 《马克思主义哲学》,高等教育出版社2009年版,第177页。
③ 《马克思恩格斯文集》第1卷,人民出版社2009年版,第604页。
④ 《列宁专题文集 论辩证唯物主义和历史唯物主义》,人民出版社2009年版,第15页。
⑤ 《马克思恩格斯文集》第5卷,人民出版社2009年版,第10页。
⑥ 《马克思恩格斯文集》第3卷,人民出版社2009年版,第509页。
⑦ 《马克思恩格斯文集》第1卷,人民出版社2009年版,第544页。

5. 阶级、国家和革命

生产力和生产关系的矛盾,经济基础和上层建筑的矛盾,在阶级社会中,反映到人与人的关系上,主要表现为阶级矛盾和阶级斗争。

在原始社会,并不存在阶级的划分。社会分裂为剥削阶级和被剥削阶级、统治阶级和被压迫阶级,是同生产发展的一定历史阶段相联系的。在社会总劳动所提供的产品除了满足社会全体成员最起码的生活需要以外已经有少量剩余,但劳动还占去社会大多数成员的全部或几乎全部时间的情况下,“这个社会就必然划分为阶级。在这被迫专门从事劳动的大多数人之旁,形成了一个脱离直接生产劳动的阶级,它掌管社会的共同事务:劳动管理、国家事务、司法、科学、艺术等等。因此,分工的规律就是阶级划分的基础”。①

从根本上说,剥削阶级和被剥削阶级、统治阶级和被压迫阶级的利益是互相对立的。“对一些人是好事,对另一些人必然是坏事,一个阶级的任何新的解放,必然是对另一个阶级的新的压迫。”②所以,“以往的全部历史,除原始状态外,都是阶级斗争的历史”③。

随着社会分裂为阶级,作为阶级压迫工具的国家的产生,就成为必要的了。因为要强迫社会上的绝大多数人经常替另一部分人做工,就非有一种经常的强迫机构不可。而“国家的本质特征”,就在于它“是和人民大众分离的公共权力”。构成这种权力的,不仅有武装的人,而且还有物质的附属物,如监狱和各种强制设施。④

诚然,“政治统治到处都是以执行某种社会职能为基础”的。但是这并没有改变国家作为阶级压迫工具的实质。因为历史上那些执行社会职能的人形成了自己的特殊利益,逐步和人民大众分离,其结果就使得起先社会的公仆变成了社会的主人。⑤

总之,“由于国家是从控制阶级对立的需要中产生的,由于它同时又是在这些阶级的冲突中产生的,所以,它照例是最强大的、在经济上占统治地位的阶级的国家,这个阶级借助于国家而在政治上也成为占统治地位的阶级,因而获得了镇压和剥削被压迫阶级的新手段”⑥。

阶级和阶级斗争的存在,是阶级社会历史发展中的基本事实。“自从原始

① 《马克思恩格斯文集》第3卷,人民出版社2009年版,第562页。
② 《马克思恩格斯文集》第4卷,人民出版社2009年版,第196~197页。
③ 《马克思恩格斯文集》第3卷,人民出版社2009年版,第544页。
④ 《马克思恩格斯文集》第4卷,人民出版社2009年版,第135、190页。
⑤ 《马克思恩格斯文集》第9卷,人民出版社2009年版,第187页。
⑥ 《马克思恩格斯文集》第4卷,人民出版社2009年版,第191页。

公社解体以来，组成为每个社会的各阶级之间的斗争，总是历史发展的伟大动力。”①当旧的生产关系成为生产力发展的桎梏、革命被提上历史日程时，革命的阶级斗争更成为推动生产方式根本变革的决定性的力量。

革命的目的是为了解放生产力。由于束缚生产力发展的陈旧的生产关系是受到反动的国家政权保护的，所以必须首先摧毁反动的国家政权，才能改变陈旧的生产关系，使生产力得到解放。正因为如此，“一切革命的根本问题是国家政权问题”②。“革命的中心任务和最高形式是武装夺取政权，是战争解决问题。”③

进化和革命是历史运动的两种形式。“革命是历史的火车头。”④革命是“社会进步和政治进步的强大推动力”⑤。“在阶级社会中，革命和革命战争是不可避免的，舍此不能完成社会发展的飞跃”⑥。因此，革命是必要的、正义的、进步的。

马克思说过：“阶级斗争必然导致无产阶级专政。”与以往的国家政权不同，无产阶级专政不是少数剥削者压迫广大劳动者的工具，而是多数人对少数人的统治。“这个专政不过是达到消灭一切阶级和进入无阶级社会的过渡……”⑦而随着阶级的消灭，国家将自然消亡。人类将进入“生产者自由平等的联合体的基础上按新方式来组织生产的社会”⑧，即共产主义社会。

6. 人民群众与个人在历史上的作用

与唯心主义的英雄史观不同，唯物主义历史观确认“历史活动是群众的活动”。在历史活动中，重要的是行动着的群众，是经验的活动，是这一活动的经验的利益。⑨

人类的生产活动是最基本的实践活动。“无论不从事生产的社会上层发生什么变化，没有一个生产者阶级，社会就不能生存。”⑩人类的历史，首先是物质资料生产者的历史，社会物质财富创造者的历史，劳动群众的历史。

人类的精神财富的创造，也离不开劳动群众。因为归根到底，一切精神财富

---

① 《马克思恩格斯文集》第 4 卷，人民出版社 2009 年版，第 505 页。
② 《列宁选集》第 3 卷，人民出版社 1995 年版，第 19 页。
③ 《毛泽东选集》第 2 卷，人民出版社 1991 年版，第 541 页。
④ 《马克思恩格斯文集》第 2 卷，人民出版社 2009 年版，第 161 页。
⑤ 《马克思恩格斯文集》第 2 卷，人民出版社 2009 年版，第 383 页。
⑥ 《毛泽东选集》第 1 卷，人民出版社 1991 年版，第 334 页。
⑦ 《马克思恩格斯文集》第 10 卷，人民出版社 2009 年版，第 106 页。
⑧ 《马克思恩格斯文集》第 4 卷，人民出版社 2009 年版，第 193 页。
⑨ 《马克思恩格斯文集》第 1 卷，人民出版社 2009 年版，第 287 页。
⑩ 《马克思恩格斯全集》第 25 卷，人民出版社 2001 年版，第 534 页。

得以产生的最终源泉，是人民群众的实践。而且，没有人民群众的劳动，精神财富的创造也是不可能的。毛泽东说过："中国历来只是地主有文化，农民没有文化。可是地主的文化是由农民造成的，因为造成地主文化的东西，不是别的，正是从农民身上掠取的血汗。"①

在社会的变革和发展中，人民群众更是表现了历史创造者的伟大作用。恩格斯说过：如果要探究隐藏在历史人物的动机背后构成历史的真正的最后动力的动力，那么问题涉及的，与其说是个别人物的动机，不如说"是使广大群众、使整个整个的民族，并且在每民族中间又是使整个整个阶级行动起来的动机；而且也不是短暂的爆发和转瞬即逝的火光，而是持久的、引起重大历史变迁的行动"②。

怎样看待剥削阶级在历史上的作用呢？"马克思了解古代奴隶主，中世纪封建主等等的历史必然性，因而了解他们的历史正当性，承认他们在一定限度的历史时期内是人类发展的杠杆。"③他并且肯定资产阶级曾经起过非常革命的作用。毛泽东也说过："历史上奴隶主阶级、封建地主阶级和资产阶级，在它们取得统治权力以前和取得统治权力以后的一段时间内，它们是生气勃勃的，是革命者，是先进者，是真老虎。"④只是在随后的一段时间，它们逐步走向反面，成了反动派、纸老虎。需要指出的是，剥削阶级在起历史的进步作用时，也往往是利用了劳动阶级的力量的。比如，欧洲资产阶级反对封建制度的三次起义，就都是由农民提供了主要的战斗部队。

诚然，人民群众创造历史活动，既是由一定的社会历史条件确定的，也是受到这些条件制约的。"人类始终只提出自己能够解决的任务"，因为任务本身，只有在解决它的物质条件已经存在或者至少是在生成过程中的时候才会产生。⑤ 而且，在阶级压迫和剥削制度下，人民群众创造历史的主动性和积极性也是不能不受到限制的。但是，"随着历史活动的深入，必将是群众队伍的扩大"⑥。

承认"历史活动是群众的活动"，丝毫不意味着否定个人在历史上的作用。因为"全部历史正是由那些无疑是活动家的个人的行动构成的。在评价个人的社会活动时会发生的真正问题是：在什么条件下可以保证这种活动得到成功？"⑦唯物主义历史观认为，任何个人都不能改变历史发展的总趋势，但是能够

---

① 《毛泽东选集》第1卷，人民出版社1991年版，第39页。

② 《马克思恩格斯文集》第4卷，人民出版社2009年版，第304页。

③ 《马克思恩格斯全集》第21卷，人民出版社1965年版，第557～558页。

④ 《毛泽东文集》第7卷，人民出版社1999年版，第455页。

⑤ 《马克思恩格斯文集》第2卷，人民出版社2009年版，第592页。

⑥ 《马克思恩格斯文集》第1卷，人民出版社2009年版，第287页。

⑦ 《列宁专题文集 论辩证唯物主义和历史唯物主义》，人民出版社2009年版，第179～180页。

对历史的发展起加速或延缓、促进和阻碍的作用。“其中也包括一开始就站在运动最前面的那些人物的性格这样一种‘偶然情况’。”①它所强调的是:英雄和杰出人物,只有当他们能正确理解社会发展条件,理解应当如何改善这些条件的时候,才能在社会生活中起重大的积极作用。

(二) 历史研究的重要方法

历史唯物主义既是科学的历史观,也是科学的方法论,二者是统一的。上面论述的这些基本原理所提供的,并不是历史学的现成教条,而是进行历史研究的向导和供这种研究使用的方法。这是我们首先要认识清楚的。

与此同时,马克思主义经典作家在阐明有关理论和历史问题时,还提出了一系列重要思想,对于以科学的方法进行历史研究也具有重要的指导意义。对此,我们在下面择要作一些阐述。

1. 从历史实际出发,采取实事求是的态度

唯物主义历史观既然是“关于现实的人及其历史发展的科学”,它就要求人们研究历史必须从“现实的人及其历史发展”的实际出发。

马克思在《资本论》第二版跋中说:“研究必须充分地占有材料,分析它的各种发展形式,探寻这些形式的内在联系。只有这项工作完成以后,现实的运动才能适当地叙述出来。”②研究资本主义社会形态应当如此,研究其他社会形态也应当如此。

这里所说的充分占有材料,指的是要掌握全部事实的总和而不只是个别的事例。“因为问题完全在于,每一个别情况都有其具体的历史环境。如果从事实的整体上、从它们的联系中去掌握事实,那么,事实不仅是‘顽强的东西’,而且是绝对的证据。”如果事实是零碎的和随意挑出来的,那么它们就只能是一种儿戏,或者连儿戏也不如。③

充分占有材料,是为了据此去探求历史的内部联系即规律性。所以,研究历史与研究现实一样,必须具有实事求是的态度,毛泽东说过:“实事”就是客观存在着的一切事物,“是”就是客观事物的内部联系,即规律性,“求”就是我们去研究。④ 在历史研究中坚持实事求是的态度,就是要求我们从历史实际出发,科学分析研究历史材料,从中找出历史固有的规律性,以此作为我们走向未来的向导。这也是我们进行历史研究所要达到的根本目的。

① 《马克思恩格斯文集》第10卷,人民出版社2009年版,第364页。

② 《马克思恩格斯文集》第5卷,人民出版社2009年版,第21~22页。

③ 《列宁全集》第28卷,人民出版社1990年版,第364页。

④ 《毛泽东选集》第3卷,人民出版社1991年版,第801页。

2. 坚持历史观点和历史主义原则

"在分析任何一个社会问题时,马克思主义理论的绝对要求,就是要把问题提到一定的历史范围之内。"①分析历史问题,更是如此。历史上的一切制度、阶级及其代表人物、事件和运动,都是一定的社会历史条件的产物,不了解这些条件及其变化,就不可能对历史问题有真切的认识。"没有这种观察社会现象的历史观点,历史科学就会无法存在和发展。"②

列宁指出:对于用科学眼光分析问题来说最重要的,"那就是不要忘记基本的历史联系,考察每个问题都要看某种现象在历史上怎样产生、在发展中经过了哪些主要阶段,并根据它的这种发展去考察这一事物现在是怎样的"。研究国家问题是这样,研究其他历史问题也是这样。这是社会科学问题上的"一种最可靠的方法"。③ 毛泽东在论述"如何研究中共党史"时也说过:研究历史,根本的方法"就是全面的历史的方法"。通俗地讲,叫做"古今中外法"。"就是弄清楚所研究的问题发生的一定的时间和一定的空间,把问题当作一定历史条件下的历史过程去研究。所谓'古今'就是历史的发展,所谓'中外'就是中国和外国,就是己方和彼方。"④

坚持历史观点,要求人们把人类的历史看做是生成灭亡的不断过程、无止境地由低级上升到高级的不断过程。"一切依次更替的历史状态都只是人类社会由低级到高级的无穷发展进程中的暂时阶段。"⑤基于这种认识,马克思承认剥削在某个时期内的历史正当性;同时又证明了这个历史正当性的消失。⑥ 毛泽东也说过:"我们是马克思主义的历史主义者,我们不应当割断历史。从孔夫子到孙中山,我们应当给以总结,承继这一份珍贵的遗产。"⑦同时他又指出:我们必须尊重自己的历史。"但是这种尊重,是给历史以一定的科学的地位,是尊重历史的辩证法的发展,而不是颂古非今,不是赞扬任何封建的毒素。"⑧

判断历史的功绩,也必须坚持历史主义的原则。列宁指出:"判断历史的功绩,不是根据历史活动家没有提供现代所要求的东西,而是根据他们比他们的前辈提供了新的东西。"⑨毛泽东在《纪念孙中山先生》一文中也讲过类似的意见。

---

① 《列宁选集》第2卷,人民出版社1995年版,第375页。
② 《斯大林选集》下卷,人民出版社1979年版,第430页。
③ 《列宁专题文集 论辩证唯物主义和历史唯物主义》,人民出版社2009年版,第283页。
④ 《毛泽东文集》第2卷,人民出版社1999年版,第400页。
⑤ 《马克思恩格斯文集》第4卷,人民出版社2009年版,第270页。
⑥ 《马克思恩格斯全集》第21卷,人民出版社1965年版,第558页。
⑦ 《毛泽东选集》第2卷,人民出版社1991年版,第534页。
⑧ 《毛泽东选集》第2卷,人民出版社1991年版,第708页。
⑨ 《列宁全集》第2卷,人民出版社1984年版,第154页。

他说:“像很多站在正面指导时代潮流的伟大历史人物大都有他们的缺点一样,孙先生也有他的缺点方面。这是要从历史条件加以说明,使人理解,不可以苛求于前人的。”①

3. 运用阶级观点和阶级分析方法

既然“以往的全部历史,除原始状态外,都是阶级斗争的历史”,那么,我们在研究阶级社会的历史和与阶级斗争相关的历史问题时,就必须坚持马克思主义的阶级观点。列宁说过:“马克思主义提供了一条指导性的线索,使我们能在这种看来扑朔迷离、一团混乱的状态中发现规律性。这条线索就是阶级斗争的理论。”②

社会历史是十分复杂的。为了探求社会历史现象的根源,必须把这些现象归结到一定阶级的利益。③ 列宁反复强调:必须牢牢把握住社会划分为阶级的事实,阶级统治形式改变的事实,把它作为基本的指导线索,并用这个观点去分析一切社会问题,即经济、政治、精神和宗教等等问题。④

坚持用马克思主义的阶级观点和阶级分析方法研究历史,要求我们:必须对每个历史关头的阶级对比关系和具体特点作出经得起客观检验的最确切的分析;必须分析每个阶级以至每个阶级内部各个集团或阶级所处的地位;必须弄清楚哪一个阶级是这个或那个时代的中心,决定着时代的主内容、时代发展的主要方向,时代的历史背景的主要特点;等等。⑤

在研究历史上的各种思想、理论等的实质和作用等问题时,也要注意“说明各种思潮的阶级根源”⑥。因为进入阶级社会以来,在占统治地位的剥削阶级中,有“一部分人是作为该阶级的思想家出现的,他们是这一阶级的积极的、有概括能力的意识形态家,他们把编造这一阶级关于自身的幻想当做主要的谋生之道”。为了掩饰自己思想的阶级本质,他们越来越赋予这些思想以普遍性的形式。⑦ 针对这种情况,列宁告诫人们:要是一下子看不出是哪些政治集团或者社会集团、势力和人在为某种提议、措施等等辩护时,那就应该提出“对谁有利”的问题。⑧

---

① 《毛泽东文集》第7卷,人民出版社1999年版,第157页。

② 《列宁专题文集　论马克思主义》,人民出版社2009年版,第15页。

③ 《列宁全集》第1卷,人民出版社1984年版,第464页。

④ 《列宁专题文集　论马克思主义》,人民出版社2009年版,第287页。

⑤ 《列宁全集》第20卷,人民出版社1988年版,第143页。

⑥ 《列宁全集》第25卷,人民出版社1988年版,第213页。

⑦ 《马克思恩格斯文集》第1卷,人民出版社2009年版,第350~351页。

⑧ 《列宁全集》第23卷,人民出版社1990年版,第61页。

坚持阶级观点和客观地研究历史,是一致的。因为在实际上,任何"知识分子"都和一定社会阶级的物质利益相联系。① "没有一个活着的人能够不站到这个或那个阶级方面来。"②真正的问题只是在于,究竟是站在先进的、革命的阶级一边,还是站在落后的、反动的阶级一边?列宁明确地讲过:"唯物主义本身包含有所谓党性,要求在对事变作任何评价时都必须直率而公开地站到一定社会集团的立场上"。同时,唯物主义者又深信,自己运用客观主义"比客观主义者更彻底、更深刻、更全面"。因为与"客观主义者证明现有一系列事实的必然性时,总是有站到为这些事实辩护的立场上"不同,唯物主义者"不仅指出过程的必然性,并且阐明究竟是什么样的社会经济形态提供这一过程的内容,究竟是什么样的阶级决定这种必然性",这才是真正符合实际的、对于历史的科学认识和深刻见解。③

4. 掌握和运用历史的辩证法

要精确地描绘人类的发展,"就只有用辩证的方法,只有不断地注意生成和消逝之间、前进的变化和后退的变化之间的普遍相互作用才能做到"④。"辩证方法要我们把社会看作活动着和发展着的活的机体"⑤,而"考察任何一个社会现象的发展过程,总会在这个现象中发现过去的遗迹、现在的基础和将来的萌芽"⑥。这也是在历史研究中要注意去识别的。

按照辩证逻辑的要求,"要真正地认识事物,就必须把握住、研究清楚它的一切方面、一切联系和'中介'。我们永远也不会完全做到这一点,但是,全面性这一要求可以使我们防止犯错误和防止僵化"⑦。在历史研究中,要坚持用全面的、普遍联系的观点看问题,忌带主观性、片面性和表面性。

对立统一的规律是辩证法的根本规律。辩证法要求,研究历史必须着力去考察人类社会自身的矛盾运动。而在这样做的时候,既要注意全面性,又"不能把过程中所有的矛盾平均看待,必须把它们区别为主要的和次要的两类,着重于捉住主要的矛盾"⑧。马克思说过:"一切社会形式中都有一种一定的生产决定其他一切生产的地位和影响,因而它的关系也决定其他一切关系的地位和影响。

---

① 《列宁选集》第1卷,人民出版社1995年版,第125页。

② 《列宁选集》第1卷,人民出版社1995年版,第135页。

③ 《列宁全集》第1卷,人民出版社1984年版,第363页。

④ 《马克思恩格斯文集》第3卷,人民出版社2009年版,第541~542页。

⑤ 《列宁专题文集 论辩证唯物主义和历史唯物主义》,人民出版社2009年版,第309页。

⑥ 《列宁专题文集 论辩证唯物主义和历史唯物主义》,人民出版社2009年版,第199页。

⑦ 《列宁选集》第4卷,人民出版社1995年版,第419页。

⑧ 《毛泽东选集》第1卷,人民出版社1991年版,第322页。

这是一种普照的光,它掩盖了一切其他色彩,改变着它们的特点。”①抓住了主要矛盾,其他问题就可以迎刃而解了。

历史的发展是人类社会内部的必然的自己的运动。“外因是变化的条件,内因是变化的根据,外因只有通过内因才起作用”②。所以,“辩证法要求从发展中去全面研究某个社会现象,要求把外部的、表面的东西归结于基本的动力,归结于生产力的发展和阶级斗争”③。

历史常常是跳跃式地和曲折地前进的。“设想世界历史会一帆风顺、按部就班地向前发展,不会有时出现大幅度的跃退,那是不辩证的,不科学的,在理论上是不正确的。”④但是,从总体上看,“人类总是不断发展的”。“人类总得不断地总结经验,有所发现,有所发明,有所创造,有所前进。”⑤对人类的历史发展抱悲观态度,是没有理由的。

5. 把对历史的整体研究和部门研究结合起来

人类社会是一个有机的整体。世界是集合体,但它不是既成事物的集合体,而是“过程的集合体”⑥。以往的历史事变本身,多半是“一个作为整体的、不自觉地和不自主地起着作用的力量的产物”⑦。只有从各种历史因素的普遍联系和相互作用中,人们才有可能正确地把握各种社会现象的总画面的一般性质,从而获得对历史的完整了解。所以,在历史研究中坚持整体研究的原则,是重要的。

但是,整体是由局部构成的。如果不了解“足以说明构成这幅总画面的各个细节”,我们还是不可能看清总画面。而“为了认识这些细节”,我们不得不把它们从“历史的联系中抽出来,从它们的特性、它们的特殊的原因和结果等等方面来分别加以研究”⑧。所以,把对历史的整体研究和局部研究(如部门史、专题史等)结合起来,更是重要的。

对于中国近代史的研究,毛泽东曾经主张,“应先作经济史、政治史、军事史、文化史几个部门的分析的研究,然后才有可能作综合的研究”⑨。应当说,对于中国古代史乃至外国史的研究,这个原则也是适用的。没有部门史、专题史等

---

① 《马克思恩格斯选集》第2卷,人民出版社1995年版,第24页。
② 《毛泽东选集》第1卷,人民出版社1991年版,第301~302页。
③ 《列宁选集》第2卷,人民出版社1995年版,第465页。
④ 《列宁选集》第2卷,人民出版社1995年版,第694页。
⑤ 《毛泽东文集》第8卷,人民出版社1999年版,第325页。
⑥ 《马克思恩格斯文集》第4卷,人民出版社2009年版,第298页。
⑦ 《马克思恩格斯选集》第4卷,人民出版社1995年版,第697页。
⑧ 《马克思恩格斯文集》第3卷,人民出版社2009年版,第539页。
⑨ 《毛泽东选集》第3卷,人民出版社1991年版,第802页。

的研究作基础，综合性的断代史、通史的研究不可能取得重大的实质性的进展。当然，没有宏观的视野，没有对历史的整体把握，也无法确定部门史、专题史等在整个历史中的地位和作用，这方面的研究也是不可能搞好的。

6. 要有世界历史的眼光，注意进行比较研究

人类社会历史的发展，是统一性与多样性的结合。人类社会历史发展的一般规律，对于各个国家都是适用的。但是，由于各国的历史环境和基本国情不尽相同，它们所经历的具体发展阶段和所走的具体发展道路，也就各有其特殊性。“世界历史发展的一般规律，不仅丝毫不排斥个别发展阶段在发展的形式或顺序上表现出特殊性，反而是以此为前提的。”①

近代以来，随着资本主义的发展和世界市场的开拓，“历史向世界历史的转变”成为“完全物质的、可以通过经验证明的行动”。“各个相互影响的活动范围在这个发展进程中越是扩大，各民族的原始封闭状态由于日益完善的生产方式、交往以及因交往而自然形成的不同民族之间的分工消灭得越是彻底，历史也就越是成为世界历史。”②

“历史向世界历史的转变”，一方面使得各个国家、民族、地区之间的联系日趋紧密、交流日益扩大；另一方面也使得“未开化和半开化的国家从属于文明的国家，使农民的民族从属于资产阶级的民族，使东方从属于西方”③。这种情况，不仅使得研究世界历史成为历史学的重大课题，而且也使得人们在研究各个国家、民族、地域的历史时必须具有世界历史的开阔视野。

由于人们的地域性的存在日益成为世界历史性的存在，我们在研究各个国家、民族、地域的历史时，必须联系考察各个时期的时代条件、国际格局及其影响。同时，为了揭示资本主义社会的发展规律、世界历史的发展规律，我们不仅要研究资本主义国家自身的历史发展，而且要研究它们的殖民地、附属国的境况和命运，研究这两者之间的相互关联及其发展、变化和前景，研究社会主义国家的产生、发展和兴衰成败的历史经验及其对世界历史的影响。

用世界历史的眼光研究历史，重要的方法之一，是进行各国历史的比较研究。马克思在回答西欧道路与俄国公社命运和社会发展前景这个问题时说过：极为相似的事变发生在不同的历史环境中会引起完全不同的结果。正确的研究方法应当是，“把这些演变中的每一个都分别加以研究”，弄清楚这些演变的历史背景、具体情况、发生原因，“然后再把它们加以比较”，这样，“我们就会很容

① 《列宁选集》第4卷，人民出版社1995年版，第776页。

② 《马克思恩格斯文集》第1卷，人民出版社2009年版，第540~541页。

③ 《马克思恩格斯文集》第2卷，人民出版社2009年版，第36页。

易地找到理解这种现象的钥匙”①。列宁在论述民族问题时也说过:“如果谈到某一国家(例如,谈到这个国家的民族纲领),那就要估计到在同一历史时代这个国家不同于其他各国的具体特点。”“各个国家在民族的发展速度、居民的民族成分、居民的分布等等方面仍各不相同。如果不估计到所有这些一般历史条件和具体国家条件,就根本无法着手考察某个国家的马克思主义者的民族纲领。”②

有比较,才能有鉴别。在考察历史问题时,运用比较研究法,是很有必要的。通过比较,既可以发现各国历史在一定阶段上所具有的共同性,也有助于了解它们各自所具有的特殊性,从而获得对有关历史和历史问题的比较切实的理解。当然,“这里有一个起码的条件,就是要弄清所比较的各个国家的历史发展时期是否可比”③。

三、马克思主义史学理论对历史研究的指导作用

(一)唯物主义历史观:“唯一科学的历史观”

唯物主义历史观的创立,是人类认识史上伟大的革命。

如前所述,在很长的历史时期内,唯心主义在历史观的领域始终占据着统治地位。即使费尔巴哈这样伟大的唯物主义哲学家,也只是“半截子”的唯物主义者。“当费尔巴哈是一个唯物主义者的时候,历史在他的视野之外;当他去探讨历史的时候,他不是一个唯物主义者。在他那里,唯物主义和历史是彼此完全脱离的。”④针对这种情况,恩格斯指出:“问题在于使关于社会的科学,即所谓历史科学和哲学科学的总和,同唯物主义的基础协调起来,并在这个基础上加以改造。”⑤这一点,费尔巴哈没有做到,而马克思做到了。

马克思和恩格斯把自己的全部注意力集中于“把唯物主义应用于历史,就是说,修盖好唯物主义哲学这所建筑物的上层”⑥。马克思加深和发展了哲学唯物主义,而且把它贯彻到底,把它对自然界的认识推广到对人类社会的认识。⑦这就是说,马克思主义哲学是“由一整块钢铸成的”,无论它的自然观还是历史观,都是彻底唯物主义的。这样,“唯心主义从它的最后的避难所即历史观中被

① 《马克思恩格斯文集》第3卷,人民出版社2009年版,第466~467页。
② 《列宁选集》第2卷,人民出版社1995年版,第275~276页。
③ 《列宁选集》第2卷,人民出版社1995年版,第379页。
④ 《马克思恩格斯文集》第1卷,人民出版社2009年版,第530页。
⑤ 《马克思恩格斯文集》第4卷,人民出版社2009年版,第284页。
⑥ 《列宁专题文集 论辩证唯物主义和历史唯物主义》,人民出版社2009年版,第333页。
⑦ 《列宁专题文集 论马克思主义》,人民出版社2009年版,第68页。

驱逐出去了”[①]。

恩格斯认为：唯物主义历史观的原理“不仅对于经济学，而且对于一切历史科学（凡不是自然科学的科学都是历史科学）都是一个具有革命意义的发现”[②]。把唯物主义应用于历史，为人们开辟了一条研究历史的崭新的道路。用人们的存在说明他们的意识，而不是像以往那样用人们的意识说明他们的存在这样一条道路已经找到了。正因为如此，列宁指出：“过去在历史观和政治观方面占支配地位的那种混乱和随意性，被一种极其完整严密的科学理论所代替，这种科学理论说明，由于生产力的发展，如何从一种社会生活结构中发展出另一种更高级的结构。”[③]这样，马克思就为人们“指出了科学地研究历史这一极其复杂、充满矛盾而又是有规律的统一过程的途径”[④]。

列宁认为，“马克思的历史唯物主义是科学思想中的最大成果”[⑤]。它“第一次把社会学放在科学的基础之上”。他强调，唯物主义历史观是“唯一的科学的历史观”。在我们还没有看见另一种科学地解释某种社会形态的活动和发展的尝试以前，它“始终是社会科学的同义词”[⑥]。学习和运用这个科学的历史观，是科学地研究历史的必由之路。

（二）科学的历史观与历史研究中的变革

唯物主义历史观对中国的历史研究产生了巨大的影响。唯物主义历史观在中国的传播，是从20世纪20年代开始的。它促使中国的历史研究进入了全新的境界，发生了革命性的变革。

在20世纪初，梁启超曾在《新史学》中，批评中国传统史学“知有朝廷而不知有国家”；“知有个人而不知有群体”；“知有陈迹而不知有今务”；“知有事实而不知有理想”。他大声疾呼：“史界革命不起，则吾国遂不可救。悠悠万事，惟此为大。”“新史学”对中国历史学的进步起到了重大的推动作用。但是，它也有明显的局限性。它没有也不可能实现“史界革命”的任务。

在中国最早阐发和传播唯物主义历史观的是李大钊。在1924年出版的《史学要论》中，他指出“史学家固宜努力以求记述历史的整理”，“亦不可不努力于历史理论的研求”。他并且呼吁，要用唯物主义历史观对中国历史“进行改作或

---

① 《马克思恩格斯文集》第4卷，人民出版社2009年版，第544～545页。
② 《马克思恩格斯文集》第2卷，人民出版社2009年版，第597页。
③ 《列宁专题文集 论马克思主义》，人民出版社2009年版，第68页。
④ 《列宁专题文集 论马克思主义》，人民出版社2009年版，第15页。
⑤ 《列宁专题文集 论马克思主义》，人民出版社2009年版，第68页。
⑥ 《列宁专题文集 论辩证唯物主义和历史唯物主义》，人民出版社2009年版，第163页。

重作”①。

在中国，最先用唯物主义历史观开始系统地“改作或重作”中国历史的是郭沫若。从1928年8月至1929年11月，他写了《〈周易〉时代的社会生活》等5篇论文，并于1930年将其汇集成《中国古代社会研究》一书出版。在郭沫若的带动下，吕振羽、范文澜、翦伯赞、侯外庐等史学家也以唯物主义历史观为指导，写出了一批关于中国通史、中国社会史、思想史以及史学理论方面的著作。“在中国多种史学思潮中，马克思主义史学思潮显示出强大的生命力和生机勃勃的发展势头。”“中国学人已经超出了仅仅于模仿西欧的语言阶段了，他们会用自己的语言而讲解自己的历史与思潮了。”（侯外庐语）②中国史学发展进入了一个新的时代。

中华人民共和国成立以后，马克思主义史学理论为越来越多的史学工作者所接受。正如中国历史学家林甘泉所概括的：“（20世纪）50年代初期，史学界掀起了一个学习马克思主义的热潮。通过学习，大多数史学工作者对以下一些基本历史观点取得了共识。

第一，历史不再被看作是一些偶然事件的堆积，而是有规律可寻的自然历史过程。历史的必然性通过偶然性表现出来。

第二，历史变动的原因不应单纯用人们的思想动机来解释，而应着重考察这种变动背后的物质生活条件。生产方式的变革是一切社会制度和思想观念变动的基础。

第三，人民群众是历史的真正主人。杰出人物可以在历史上起重要作用，甚至可以在一定时期内改变一个国家或民族历史发展的方向。但从历史发展的长河来看，最终决定一个国家或民族历史命运的力量是人民群众。

第四，中国封建社会的主要矛盾是地主阶级和农民阶级的矛盾。封建国家和地主阶级对农民残酷的经济剥削和政治压迫，是导致农民起义史不绝书的根本原因。农民的阶级斗争和农民战争是推动封建社会历史发展的动力。

第五，中国自古以来是一个多民族的国家，各民族的历史都是中国历史的组成部分。历史上的民族关系，既有民族矛盾和民族战争的一面，又有民族友好、民族融合和民族同化的一面。必须把中国历史上的民族冲突和民族压迫，与近代帝国主义列强对中国的侵略和压迫严格区别开来。

第六，鸦片战争以后，中国逐步沦为半殖民地半封建社会。帝国主义和中华民族的矛盾，封建主义和人民大众的矛盾，是近代中国社会的主要矛盾。

① 《李大钊全集》第4卷，人民出版社2006年版，第412页。

② 《史学概论》，高等教育出版社2009年版，第79～80页。

正是在上述这些基本观点获得共识的基础上，马克思主义史学在新中国成立之后很快确立了它的主导地位。”①中国马克思主义的史学研究由此广泛而深入地开展起来。尽管经历过一个时期的严重曲折，马克思主义史学还是经过严肃的自我批判，重新走上了繁荣发展的道路。

总起来说，新中国成立以来，中国史学在中国和世界的通史、断代史、部门史、专题史和史学理论的研究方面，以及在历史资料的收集、整理、编纂等方面，都取得了丰硕的成果。没有马克思主义史学理论的引导，这些成就的取得，是不可想象的。

马克思主义史学理论问世以来，还以其深刻的思想和科学的论证，影响着全世界越来越多的历史学家。英国历史学家杰弗里·巴勒克拉夫在受联合国教科文组织委托主持撰写的《当代史学主要趋势》(1980 年出版)一书中就说：“1930年以后，马克思主义的影响广泛扩展，即使那些否定马克思主义历史解释的历史学家们(他们在苏联以外仍占大多数)，也不得不用马克思主义的观点来考虑自己的观点。”

杰弗里·巴勒克拉夫指出：“马克思主义作为哲学和总的观念，从五个主要方面对历史学家的思想产生了影响。

首先，它既反映又促进了历史学研究方向的转变，从描述孤立的——主要是政治的——事件转对社会和经济的复杂而长期的过程的研究。

其次，马克思主义使历史学家认识到需要研究人们生活的物质条件，把工业关系当作整体的而不是孤立的现象，并且在这个背景下研究技术和经济发展的历史。

第三，马克思主义促进了对人民群众历史作用的研究，尤其是他们在社会和政治动荡时期的作用。

第四，马克思的社会阶级结构观念以及他对阶级斗争的研究不仅对历史研究产生了广泛影响，而且特别引起了对研究西方早期资产阶级社会中阶级形成过程的注意，也引起了对研究其他社会制度——尤其是奴隶制社会、农奴制社会和封建制社会——中出现类似过程的注意。

最后，马克思主义的重要在于它重新唤起了对历史研究的理论前提的兴趣以及对整个历史学理论的兴趣。”

正因为如此，他认为：“马克思主义在包括美国在内的绝大多数国家的历史学家当中是产生了最大影响的解释历史的理论。”“到(二十世纪)五十年代，任何历史学家(甚至包括那些反马克思主义者)，不能否认睿智的马克思主义的方

① 林甘泉：《二十世纪中国历史学》，《历史研究》1996 年第 2 期。

法和态度对历史学产生的积极影响,并且必须正视这场挑战。”①

发人深思的事实在于:“先前有些无意接受唯物史观的历史学家,在功成名就之后恍然大悟,原来自己受益于唯物史观,因而尊重和推崇起发现唯物史观的马克思来。法国‘年鉴派’创始人之一马克·布洛赫在《奇怪的崩溃》中写道:‘如果有一天,革新派的历史学家们决定为自己建造先贤祠的话,那末,那位来自莱茵河畔的先哲的银髯飘然的半身塑像一定会端坐在殿堂之首。’(转引自《八十年代的西方史学》,中国社会科学出版社 1990 年版,第 78 页)”②

(三)以科学的历史观作指导,“重新研究全部历史”

马克思、恩格斯在发现唯物主义历史观的同时,就提出了“深入研究”人类史的任务。他们说:“我们需要深入研究的是人类史,因为几乎整个意识形态不是曲解人类史,就是完全撇开人类史。”③

与唯心主义历史观相反,唯物主义历史观“不再是从头脑中想出联系,而是从事实中发现联系”④。坚持以唯物主义历史观作指导,从根本上说,就是坚持从历史实际出发,以严格的科学态度进行历史研究。列宁之所以高度评价恩格斯的著作《家庭、私有制和国家的起源》,就在于“其中每一句话都是可以相信的,每一句话都不是凭空说的,而是根据大量的史料和政治材料写成的”⑤。

唯物主义历史观不是构造体系的杠杆,也不是剪裁历史事实的公式,它所指示的是科学地研究历史的方向和方法。它的创始人反复讲过:“我们的历史观首先是进行研究工作的指南,并不是按照黑格尔学派的方式构造体系的杠杆。”“如果不把唯物主义方法当做研究历史的指南,而把它当做现成的公式,按照它来剪裁各种历史事实,那它就会转变为自己的对立物。”所以,恩格斯在 1890 年致康拉德·施米特的信中强调:“必须重新研究全部历史,必须详细研究各种社会形态存在的条件,然后设法从这些条件中找出相应的政治、私法、美学、哲学、宗教等等的观点。在这方面,到现在为止只做了很少的一点工作,因为只有很少的人认真地这样做过。在这方面,我们需要人们出大力,这个领域无限广阔,谁肯认真地工作,谁就能做出许多成绩,就能超群出众。”⑥

在历史研究中坚持唯物主义历史观,即遵循唯物主义的方向,采用科学的方

---

① [英]杰弗里·巴勒克拉夫:《当代史学主要趋势》,上海译文出版社 1987 年版,第 32、27、1 ~ 3 页。
② 田居俭:《唯物史观与历史研究》,《光明日报》2000 年 8 月 25 日。
③ 《马克思恩格斯文集》第 1 卷,人民出版社 2009 年版,第 519 页。
④ 《马克思恩格斯文集》第 4 卷,人民出版社 2009 年版,第 312 页。
⑤ 《列宁专题文集　论辩证唯物主义和历史唯物主义》,人民出版社 2009 年版,第 284 页。
⑥ 《马克思恩格斯文集》第 10 卷,人民出版社 2009 年版,第 583、587 页。

法,是很重要的。列宁说过:“如果没有坚实的哲学论据,是无法对资产阶级思想的侵袭和资产阶级世界观的复辟坚持斗争的。”①这个告诫不仅适用于从事自然科学研究,同样也适用于从事历史科学研究的人们。他强调:“沿着马克思的理论的道路前进,我们将愈来愈接近客观真理(但决不会穷尽它),而沿着任何其他的道路前进,除了混乱和谬误之外,我们什么也得不到。”②

坚持唯物主义历史观的指导,与继承中国史学传统中的优秀遗产和有分析地吸取外国史学理论与方法中的有益成分,是不矛盾的。毛泽东说过:“我们信奉马克思主义是正确的思想方法,这并不意味着我们忽视中国文化遗产和非马克思主义的外国思想的价值。”③唯物主义历史观并不是由什么人发明出来,而后从外部强加给历史的僵化的原则;它本身正是从无数的历史现象中抽象出来的对于历史发展的规律性的认识。它在发展中可以融合、吸纳一切对于历史的科学的观察方法和研究成果。而一切对于历史的科学的观察方法和研究成果,也是可以而且一定会与它相通的。正因为如此,坚持唯物主义历史观的指导,不仅并不妨碍,而且可以为我们正确地继承、吸纳、融化中外史学理论与方法中的有益成分,指明方向,开辟道路。

(四)学习和运用马克思主义史学经典著作,坚持和发展唯物主义历史观

为了掌握和运用唯物主义历史观来指导历史研究,一个重要的前提,就是必须认真学习马克思主义史学经典著作,即钻研经典作家的原著。1884 年 8 月 13 日,恩格斯在给格奥尔格·亨利希·福尔马尔的信中就提出:要“研究原著本身”④。1890 年 9 月,在致约·布洛赫的信中,他再次强调:“我请您根据原著来研究这个理论,而不要根据第二手的材料来进行研究。”⑤在这封信中,以及在 1894 年 1 月 25 日致西瓦尔特·博尔吉乌斯的信中,他甚至为有志于研究唯物主义历史观的人们开列了有关的主要阅读书目。⑥

之所以强调要钻研原著,即直接与经典作家交流和对话,是因为:

第一,只有这样,才能了解经典作家的思想形成的根据,才能完整、准确地理解这些思想,才能领略这些思想的深刻性。恩格斯在为《资本论》第三卷写的序言中就说过:“一个人如果想研究科学问题,首先要学会按照作者写作的

① 《列宁专题文集 论辩证唯物主义和历史唯物主义》,人民出版社 2009 年版,第 328 页。
② 《列宁选集》第 3 卷,人民出版社 1995 年版,第 103 ~ 104 页。
③ 《毛泽东文集》第 3 卷,人民出版社 1996 年版,第 191 页。
④ 《马克思恩格斯全集》第 36 卷,人民出版社 1974 年版,第 200 页。
⑤ 《马克思恩格斯文集》第 10 卷,人民出版社 2009 年版,第 593 页。
⑥ 《马克思恩格斯文集》第 10 卷,人民出版社 2009 年版,第 670 页。

原样去阅读自己要加以利用的著作,并且首先不要读出原著中没有的东西。"①

第二,只有这样,才能在正确地理解经典作家的有关思想的同时,有效地学习他们观察和处理问题的立场和方法。列宁在建议青年们研究国家问题的时候看看恩格斯的著作《家庭、私有制和国家的起源》时说过:"我所以提到这部著作,是因为它在这方面提供了正确观察问题的方法。它从叙述历史开始,讲国家是怎样产生的。"②

第三,也只有这样,才"不会让一些简述读物和别的第二手资料引入迷途"③。这是恩格斯在给格奥尔格·亨利希·福尔马尔的信中着重提出的意见。

马克思、恩格斯创立唯物主义历史观以来,已经有一百五十多年的时间了。在这期间,世界历史经历了许多新的变化和发展。资本主义发展到它的最高阶段即帝国主义阶段。资本主义的世界体系被突破,社会主义首先在一国而后在多国取得胜利,尽管经历过曲折,仍有新的发展。亚洲、非洲、拉丁美洲等广大地区的民族解放运动逐步兴起并不断取得胜利,广大发展中国家应对面临的挑战,在前进中展现出许多新的特点。与此同时,适应历史发展的巨大变化,历史学界对世界史、地区史(包括以往很少有研究的非洲史、拉丁美洲史等)、国别史、国际关系史等的研究,都有许多新的进展。这就为进一步检验、丰富和发展唯物主义历史观提供了重要的基础。

唯物主义历史观是一个发展的、开放的体系,不是一种僵化的、封闭的学说。学习马克思主义史学理论,归根到底是为了以此为指导,去进一步学习、研究中国和世界的历史,努力探索中国社会发展的规律和人类社会发展的规律。我们要在推进历史研究的过程中,进一步使这个理论得到检验、丰富和发展。

当然,发展这个理论,是一项艰苦的科学工作。恩格斯早就讲过:"即使只是在一个单独的历史事例上发展唯物主义的观点,也是一项要求多年冷静钻研的科学工作,因为很明显,在这里只说空话是无济于事的,只有靠大量的、批判地审查过的、充分地掌握了的历史资料,才能解决这样的任务。"④

学习和运用唯物主义历史观,坚持和发展唯物主义历史观,这就是我们对待这个科学的历史观所应当采取的科学态度。

——原载《高校理论战线》2011 年第 1、2 期。

---

① 《马克思恩格斯文集》第 7 卷,人民出版社 2009 年版,第 26 页。

② 《列宁专题文集 论辩证唯物主义和历史唯物主义》,人民出版社 2009 年版,第 284 页。

③ 《马克思恩格斯全集》第 36 卷,人民出版社 1974 年版,第 200 页。

④ 《马克思恩格斯文集》第 2 卷,人民出版社 2009 年版,第 599 页。

用唯物史观考察殖民主义问题的重要著作

——学习马克思1853年关于印度问题的论文札记

马克思在1853年写的《不列颠在印度的统治》和《不列颠在印度统治的未来结果》，是他运用唯物史观比较系统地考察殖民主义问题的重要著作。

随着资本主义的发生、发展和国际交往的加强、扩大，民族和地区的历史越来越成为世界历史。不过，这个世界历史并不是全世界各民族的普遍繁荣与和谐发展的历史，其基本特点之一恰恰在于“它使未开化和半开化的国家从属于文明的国家，使农民的民族从属于资产阶级的民族，使东方从属于西方”①。所以，为了揭示资本主义社会的发展规律、世界历史的发展规律，我们不仅要研究资本主义国家自身的历史发展，而且要研究它们的殖民地、附属国的境况和命运，研究这两者之间的相互关联及其前景。

在1848—1849年法国和德国革命之后，马克思集中力量总结这两个资本主义国家革命的经验，写了《1848年至1850年的法兰西阶级斗争》等著作。与此同时，他对被压迫人民的民族解放斗争也给予了越来越多的关切，并且联系无产阶级革命的前景来考察和研究民族与殖民地问题，撰写了一批关于中国和印度等的论著。

英国是当时最主要的资本主义国家，而印度则是英国最主要的殖民地。马克思在上述两篇文章中就英国对印度的统治及其未来结果的论述，对于研究资本主义、殖民主义的历史及其相互关联，对于考察民族、殖民地问题及其与无产阶级革命前景的相互关联，都提供了一个典型例证，具有重要的意义。

一、印度成为“一无抵抗、二无变化的社会”和侵略者的“战利品”

西方资本主义的兴起，是同它在东方的殖民掠夺联系在一起的。

印度是西方殖民者竞相争夺的重要对象之一。当时的印度包括今天的印度、巴基斯坦和孟加拉等广大地区。这是“一个和欧洲一样大的、幅员15 000万英亩的国家”②。

英国在印度的殖民主义活动首先是通过东印度公司进行的。这个始建于1600年的英国贸易公司，是英国在印度等亚洲国家推行殖民掠夺政策的工具，

① 《马克思恩格斯文集》第2卷，人民出版社2009年版，第36页。

② 《马克思恩格斯文集》第2卷，人民出版社2009年版，第691页。

它从18世纪中叶起即已拥有军队和舰队,成为从事侵略扩张的巨大的军事力量。在逐步排挤葡萄牙、荷兰、法国等势力的同时,从1757年起到1849年的92年间,东印度公司通过发动多次侵略战争并采取其他手段,实现了英国对全印度的征服。

西方殖民者入侵时,印度正处在封建社会的晚期。它的基层社会组织是村社。马克思指出,印度人一方面"把他们的农业和商业所凭借的主要条件即大规模公共工程交给中央政府去管";另一方面"他们又散处于全国各地,通过农业和制造业的家庭结合而聚居在各个很小的中心地点"。这些家庭式公社本来是建立在家庭工业上面的,靠着手织业、手纺业和手耕农业的特殊结合而自给自足。这种村社制度"使每一个这样的小结合体都成为独立的组织,过着自己独特的生活"①。

稍后,在1853年6月致恩格斯的信中,马克思具体描绘了这种村社的情况。他指出,"在某些这样的村社中,全村的土地是共同耕种的,但在大多数情况下是每个土地所有者耕种自己的土地。在这种村社内部存在着奴隶制和种姓制。荒地作为公共牧场。妻子和女儿从事家庭纺织业。这些田园共和国只是怀着猜忌的心情防范邻近村社侵犯自己村社的边界"②。

关于印度村社制度的内部结构和剥削关系,有的研究者作了如下的叙述:英国人入侵时,村社一般包括四个阶层,每阶层又包括一个或若干个种姓。一是婆罗门或刹帝利。这是村社中的高种姓,他们大部分是地主。二是商人和农民。农民有的有土地,多数农民则租种高种姓地主的土地。三是工匠和手艺人。他们为村人生产满足其日常需要的物品。四是贱民(所谓"不可接触的人")。他们从事世袭的职业(如鞣皮、杀牲、当清道夫等),主要是当雇工,为有土地的人家干农活。印度村社的特点在于,"通过种姓结构把低种姓的家族和贱民束缚在村社上,使其处于依附地位——实际上也就是束缚在土地上,因为他们事实上要为高种姓耕种土地,受高种姓的剥削"③。

村社制度在印度的古代就存在,到了近代,它越来越严重地束缚着印度经济的发展和社会的进步。这从马克思的有关分析中可以看得很清楚。

首先,马克思指出:"农村公社的最坏的一个特点,即社会分解成许多固定不变、互不联系的原子的现象。"它们各自"同其他村庄几乎没有来往,没有推动

① 《马克思恩格斯文集》第2卷,人民出版社2009年版,第681页。

② 《马克思恩格斯文集》第10卷,人民出版社2009年版,第117页。

③ 赵卫邦:《印度的村社制度——它的基本形态、内部结构和剥削关系》,《四川大学学报》1980年第4期。

社会进步所必需的愿望和行动”①。印度社会结构中的这种“孤立状态是它过去处于停滞状态的主要原因”②。因为“它们使人屈服于外界环境,而不是把人提高为环境的主宰;它们把自动发展的社会状态变成了一成不变的自然命运”③。

其次,马克思又指出:“这些田园风味的农村公社不管看起来怎样祥和无害,却始终是东方专制制度的牢固基础。”因为“它们使人的头脑局限在极小的范围内,成为迷信的驯服工具,成为传统规则的奴隶,表现不出任何伟大的作为和历史首创精神”④。

再次,马克思还认为,印度“是一个不仅存在着伊斯兰教徒和印度教徒的对立,而且存在着部落与部落、种姓与种姓对立的国家”,“是一个建立在所有成员之间普遍的互相排斥和与生俱来的排他思想所造成的均势上面的社会”⑤。在众多孤立的、分散的、自给自足的村社的基础之上,这个国家必定会形成封建的割据和纷争,而不可能形成持久的巩固的统一。

正因为如此,马克思认为,入侵者是在“一无抵抗、二无变化的社会的消极基础上”⑥建立他们的帝国的。

诚然,这里所说的“一无抵抗、二无变化的社会”,不能从绝对的意义上去理解。因为对于入侵者,印度人民包括一些爱国的王公曾经进行过不止一次的斗争,但由于人民群众受到封建制度的束缚,处于分散、孤立的状态,由于封建势力的割据和纷争,以致不可能形成统一的、持久的、足以有效扼制乃至战胜入侵者的强大力量;印度社会也并非陷于绝对的停滞,从17世纪中叶以来,一些城市中已经开始出现资本主义性质的手工工场和包买商制度等资本主义的萌芽,但是由于它们的数量很少,发展缓慢,力量过于微弱,还远不足以突破封建制度的坚硬的躯壳,改变“社会的消极基础”。

基于以上事实,马克思得出的结论是:这样的国家、这样的社会是“注定要做征服者的战利品”的。他写道:“英国在印度的统治是怎样建立起来的呢?大莫卧儿的无上权力被它的总督们摧毁,总督们的权力被马拉塔人摧毁,马拉塔人的权力被阿富汗人摧毁;而在大家这样混战的时候,不列颠人闯了进来,把他们全都征服了。”⑦历史的事实就是这样。

---

① 《马克思恩格斯文集》第2卷,人民出版社2009年版,第688页。
② 《马克思恩格斯文集》第2卷,人民出版社2009年版,第686~687页。
③ 《马克思恩格斯文集》第2卷,人民出版社2009年版,第683页。
④ 《马克思恩格斯文集》第2卷,人民出版社2009年版,第682~683页。
⑤ 《马克思恩格斯文集》第2卷,人民出版社2009年版,第685页。
⑥ 《马克思恩格斯文集》第2卷,人民出版社2009年版,第685页。
⑦ 《马克思恩格斯文集》第2卷,人民出版社2009年版,第685页。

二、殖民主义的入侵和印度人民的深重灾难

1. 英国在印度的统治

东印度公司在侵略印度的过程中,采取了直接的军事占领和建立藩属国两种形式。这样,在英国的统治下,印度就被分成了两部分:一部分是该公司直接领有的殖民地,即“英属印度”;另一部分是附属国体系,即“印度土邦”。在“英属印度”,全部官职由英国人垄断,契约文官都是由该公司董事们从英国送来的贵族子弟,在农村由村社上层为他们征税,村社继续起着基层政权的作用。在“印度土邦”,则保留王公制度,由王公们在英国的“监护”下继续进行统治,并为其服务和效力。在印度被全部征服时,这样的土邦共有554个,其人口占总人口的四分之一,其面积占总面积的五分之二。①

英国对印度的统治,在早期,主要是进行直接的殖民掠夺;而在18世纪末19世纪初英国完成工业革命以后,其殖民政策的一个重要目的,是把印度不仅变成英国倾销商品的市场,尤其变成其廉价原料的供应地。这就是马克思所说的:在过去,在大不列颠的各个统治阶级中,“贵族只是想征服它,金融寡头只是想掠夺它,工业巨头只是想通过廉价销售商品来压垮它。但是现在情势改变了。工业巨头们发现,使印度变成一个生产国对他们大有好处”②。

无论是采取何种统治方式和实行何种殖民政策,其出发点和归宿都是为了掠夺印度的财富,奴役印度的人民,以满足英国资产阶级的利益。

2. “资产阶级文明的极端伪善和它的野蛮本性”

马克思对英国殖民主义进行了无情的揭露。他指出:“当我们把目光从资产阶级文明的故乡转向殖民地的时候,资产阶级文明的极端伪善和它的野蛮本性就赤裸裸地呈现在我们面前,它在故乡还装出一副体面的样子,而在殖民地它就丝毫不加掩饰了。”③这从下面的历史事实,可以看得很清楚。

从1757年起,东印度公司就通过扶植傀儡、拥立省督的手段,获取“酬金”和“礼金”,勒索“赔偿费”(它发动侵略印度的战争,却要印度人加倍偿付其战争费用);它借助手中的权势,把贸易变成强制和劫掠;它利用获得的征收田赋的权利,对印度人进行敲骨吸髓的压榨。据估计,从1757年至1815年的58年间,英国从印度掠取的财富约达10亿英镑。在整个18世纪期间,由印度流入英国的财富,主要不是通过比较次要的贸易手段弄到手的,而是通过对印度的直接搜

① 林承节:《殖民统治时期的印度史》,北京大学出版社2004年版,第41~42页。

② 《马克思恩格斯文集》第2卷,人民出版社2009年版,第687页。

③ 《马克思恩格斯文集》第2卷,人民出版社2009年版,第690页。

刮,通过掠夺巨额财富然后转运英国的办法弄到手的。①

印度农民是英国殖民者的主要掠夺对象。殖民者向农民征收的土地税大到这样,以致劳动条件的再生产,生产资料的再生产,都严厉地受到威胁,以致生产的扩大或多或少成为不可能,并压迫直接生产者,使他们只能得到维持肉体生存的最小限量的生活资料。印度自古以来存在着三个政府部门:财政部门、战争部门和公共工程部门。英国殖民者从印度人手里接收了财政部门和战争部门,却完全忽略了公共工程部门。19 世纪初,他们在孟加拉等三省的全部收入,用于印度农业不可缺少的水利灌溉工程的不足百分之一。结果,印度的“农业便衰败下来”②。早在 18 世纪末,孟加拉已经有三分之一地区变成丛林。到 1830 年,马德拉斯又有四分之一的土地荒废。在整个印度,遍地荒凉,饥馑不断,居民大批死亡。③

在英国殖民者对印度的直接掠夺中,征收田赋占有重要的地位。为了保障田赋收入,他们改变了印度原有的土地关系。东印度公司首先在孟加拉等地实行柴明达尔制。柴明达尔是孟加拉的世袭包税人。根据新的规定,这些包税人成为土地所有者(地主),由他们直接向政府缴纳土地税(田赋)。1820 年,英国殖民者在印度南部地区实行莱特瓦尔(莱特,意为农民;莱特瓦尔,意为农民持有者)制。根据这一制度,个体农户成为土地所有者,也是土地纳税人。他们处于东印度公司的直接控制下,应缴的税额由该公司确定。他们实际上成了殖民者统治的国家的佃农。19 世纪 40 年代,英国殖民者又在信德和旁遮普地区实行农村租佃制。根据这一制度,村社为缴纳土地税的单位,村社农民对土地有占有权。整个村社的土地税额确定以后,由村社头人向农民摊派,并实行联保制度。村社也变形了。以上这些制度加强了英国“对印度的封建剥削和殖民掠夺,培育了一批驯顺的帮凶作为巩固殖民统治的社会基础,并使印度逐步沦为英国的农业——原料附庸”④。

英国殖民者对印度实行的殖民剥削,毁灭了印度的纺织工业以及其他手工业:一方面,英国人依靠机器生产的工业品成本低廉,使印度依靠手工生产的工业品无法与之竞争;另一方面,他们又利用其宗主国的地位实行单方面的自由贸易——英国输入印度的工业品享受法定的免税或实际免税的特惠,而印度货物输往英国则课以高额关税,使自己在竞争中处于特殊有利的地位。在这种情况

① 参见宋则行、樊亢:《世界经济史》上卷,经济科学出版社 1998 年版,第 140 页。

② 《马克思恩格斯文集》第 2 卷,人民出版社 2009 年版,第 680 页。

③ 周一良、吴于廑:《世界通史》近代部分(上册),人民出版社 1980 年版,第 231 页。

④ 宋则行、樊亢:《世界经济史》上卷,经济科学出版社 1998 年版,第 140 ~ 141 页。

下,不列颠入侵者就“打碎了印度的手织机,毁掉了它的手纺车”①。英国对印度的出口迅速增加,而印度制成品的出口则日益萎缩。② 曾经发达的印度手工业遭到致命的打击,许多手工业者丧失了生计。总督本丁克承认:“这种悲惨的境况,在商业史上是无与伦比的。棉织工人的白骨使印度平原都白色一片了。”以纺织品闻名于世的城市迅速衰败,达卡的人口从15万人减少到2万人。农村的家庭手工业也被摧毁。建立在家庭工业上面的,或者说建立在“农业和制造业的结合”的基础上的村社,随之逐步趋于解体。

3. 印度人“失掉了旧世界,但没有获得新世界”

马克思认为,印度灾难的开端,并不是英国殖民者的入侵,它可以追溯到遥远的古代。但是,不列颠人给印度斯坦带来的灾难,与印度斯坦过去所遭受的一切灾难比较起来,“在本质上属于另一种,在程度上要深重得多”③。这又是什么缘故呢?

从历史上看,野蛮的征服者被他们所征服的臣民的较高文明所征服,这是一条永恒的规律。相继侵入印度的阿拉伯人、土耳其人、鞑靼人和莫卧儿人,由于自身的文明程度都低于印度,他们不久就被印度化了。④ 他们带来的破坏,只触及印度社会的表面。尽管在政治上占统治地位的集团、个人以及他们实行统治的方式在不断地改变,但是封建社会的经济基础即生产关系仍然保持着,封建社会的基层组织即村社制度也仍然保持着。所以马克思说,“无论印度过去在政治上变化多么大,它的社会状况却始终没有改变”⑤。

英国殖民者与以往的入侵者不同。“不列颠人是第一批文明程度高于印度因而不受印度文明影响的征服者。”⑥马克思之所以说他们给印度带来比过去深重得多的灾难,这不只是因为他们在亚洲式专制的基础上建立起来了欧洲式专制,更主要的是因为他们不只是像以往入侵者进行的破坏那样只触及印度的表面,而是把印度社会的基层组织、经济基础,把印度社会的整个结构摧毁了。“他们破坏了本地的公社,摧毁了本地的工业,夷平了本地社会中伟大和崇高的一切,从而毁灭了印度的文明。”⑦

英国殖民者来到印度是为了掠夺而不是为了建设,是为了把印度变成任凭

① 《马克思恩格斯文集》第2卷,人民出版社2009年版,第680页。
② 参见宋则行、樊亢:《世界经济史》上卷,经济科学出版社1998年版。
③ 《马克思恩格斯文集》第2卷,人民出版社2009年版,第678页。
④ 《马克思恩格斯文集》第2卷,人民出版社2009年版,第686页。
⑤ 《马克思恩格斯文集》第2卷,人民出版社2009年版,第680页。
⑥ 《马克思恩格斯文集》第2卷,人民出版社2009年版,第686页。
⑦ 《马克思恩格斯文集》第2卷,人民出版社2009年版,第686页。

自己宰割的殖民地而不是像英国一样的资本主义国家。所以,马克思说:英国"摧毁了印度社会的整个结构,而且至今还没有任何重新改建的迹象"。"印度人失掉了他们的旧世界而没有获得一个新世界,这就使他们现在所遭受的灾难具有一种特殊的悲惨色彩。"①因为在过去,无论经历怎样的动荡、混乱、饥饿和死亡,印度的社会生活还是会恢复到原先的秩序和轨道的;而如今,原先的秩序和轨道已经被摧毁,动荡、混乱、饥饿和死亡在持续,人们由于"既丧失自己的古老形式的文明又丧失祖传的谋生手段"而陷于无助与无奈的绝望境地,深重的灾难似乎变得没有尽头了。

正因为如此,作为伟大的无产阶级革命家,马克思对殖民地人民遭受的苦难怀抱着深切的同情,对殖民主义者的罪行进行了严厉的谴责和愤怒的声讨。

三、殖民主义的入侵和印度社会的变化

1. 用历史的观点考察印度社会的变动

对印度的宗法制社会组织即村社的解体,马克思说,"从人的感情上来说","是会感到难过的","但是从历史观点来看",仅仅停留在这种感情上面,就是不够的了。② 对于英国在印度的统治及其造成的破坏,不仅要揭露它的罪恶,更重要的是应当以严格的科学态度,对它进行历史的考察,揭示它的未来结果。

马克思认为,不应当把英国殖民者入侵以前的印度社会加以美化。他不同意把过去的印度看做是什么黄金时代。既然村社制度已经成了印度经济发展和社会进步的障碍,那么它的被破坏就是不值得惋惜的,尽管印度人在这个过程中付出了过于沉重的代价。

还应当看到,英国殖民者之所以会给印度社会造成严重的破坏性的后果,马克思认为:"这与其说是由于不列颠收税官和不列颠士兵的粗暴干涉,还不如说是由于英国蒸汽机和英国自由贸易的作用。"③以手工业为基础的落后的生产力,是无法与以蒸汽机为动力的先进的生产力相匹敌的。"不列颠的蒸汽机和科学在印度斯坦全境彻底摧毁了农业和制造业的结合"④,这是一个无法避免的结局。而这种农业和制造业相结合的自然经济的解体,在客观上会对商品经济的发展起某种促进作用,由此为印度资本主义的兴起创造某种前提。

正是在这个意义上,马克思说:英国破坏了那些半野蛮半文明的公社,摧毁

---

① 《马克思恩格斯文集》第2卷,人民出版社2009年版,第679页。

② 参见《马克思恩格斯文集》第2卷,人民出版社2009年版,第682~683页。

③ 《马克思恩格斯文集》第2卷,人民出版社2009年版,第682页。

④ 《马克思恩格斯文集》第2卷,人民出版社2009年版,第681页。

了它们的经济基础,“结果,就在亚洲造成了一场前所未闻的最大的、老实说也是唯一的一次社会革命”①。尽管“英国在印度斯坦造成社会革命完全是受极卑鄙的利益所驱使,而且谋取这些利益的方式也很愚蠢”,但是,“英国不管犯下多少罪行,它造成这个革命毕竟是充当了历史的不自觉的工具”②。

能不能把马克思这个论断理解为,如果没有英国殖民者的入侵及其残暴统治,印度社会将永久地停留在封建社会、印度经济将永久地停留在自给自足的自然经济的基础之上呢?不能。认为一个社会如果没有外力推动,就将永远停止不动的观点,是同唯物史观的基本思想完全不符合的。这不是也不可能是马克思的思想。毛泽东在分析外国资本主义入侵前后中国社会的状况时说过:“中国封建社会内的商品经济的发展,已经孕育着资本主义的萌芽,如果没有外国资本主义的影响,中国也将缓慢地发展到资本主义社会。外国资本主义的侵入,促进了这种发展。”③这个分析,基本上也可以适用于印度。事实上,既然世界历史已经进入资本主义时代,既然资本主义的萌芽已经开始在印度发生和发展起来,那么,没有英国殖民者的入侵,印度社会也将逐步地发生变化,印度村社制度也将会缓慢地趋向解体。英国殖民者的入侵,只是用一种猛烈和残暴的方式促进了这个过程,并且使印度人民为此蒙受了具有特殊悲惨色彩的深重苦难而已。

2. 经济、政治、社会生活的变化和新阶级的崛起

英国在印度的统治,在早期主要是进行直接的掠夺;在完成工业革命以后,更主要的是把印度变成英国倾销商品的市场尤其是廉价原料的供应地,变成英国资本主义的经济附庸。

马克思指出,英国的工业巨头们为了达到变印度为生产国的目的,“首先就要供给印度水利设备和国内交通工具”。“他们会这样做。其后果将是无法估量的。”④事实正是这样。

我们看到,为了把印度变成牢固可靠的商品销售市场和原料产地,英国殖民当局设置了一些用以剥削和控制印度的经济工具和组织机构。19 世纪 40 年代开始在印度修建铁路。1813 年以后,英国资本家在印度广设银行:创立汇兑银行,从事对外贸易活动,融通资金和进行结算业务;成立许多管区银行,以便于英国产品向印度内地的销售和对内地资源的榨取。为了便于对印度的殖民控制和经济剥削,1818 年英国殖民当局开始统一印度的货币制度。⑤ 英国殖民主义者

---

① 《马克思恩格斯文集》第 2 卷,人民出版社 2009 年版,第 682 页。
② 《马克思恩格斯文集》第 2 卷,人民出版社 2009 年版,第 683 页。
③ 《毛泽东选集》第 2 卷,人民出版社 2009 年版,第 626 页。
④ 《马克思恩格斯文集》第 2 卷,人民出版社 2009 年版,第 687 页。
⑤ 参见宋则行、樊亢:《世界经济史》上卷,经济科学出版社 1998 年版,第 142 ~ 143 页。

出于自私的动机而不得不在印度采取这些步骤,将带来它没有预先设想的,而且也是不愿意看到的后果。

这些后果,根据马克思的提示,我们可以着重指出以下几点:

首先,印度自己的现代工业将产生和发展起来。本来,"英国的工业巨头们之所以愿意在印度修筑铁路,完全是为了要降低他们的工厂所需要的棉花和其他原料的价格。但是,你一旦把机器应用于一个有铁有煤的国家的交通运输,你就无法阻止这个国家自己去制造这些机器了"①。印度人是特别有本领适应完全新的劳动并取得管理机器所必需的知识的。而随着印度机器工业的兴起和资本主义经济的发展,印度的资产阶级和无产阶级也将形成和发展起来,他们将成为新兴的反对殖民主义的力量。

其次,"由铁路系统产生的现代工业,必然会瓦解印度种姓制度所凭借的传统的分工,而种姓制度则是印度进步和强盛的基本障碍"②。而同这个历史进程相适应,在种姓制度下受传统分工束缚的主要群众——农民,他们将逐步地觉醒,而不会长久地继续"成为迷信的驯服工具,成为传统规则的奴隶"了。

再次,为了统治印度,英国殖民者需要培植一批具有新知识的印度知识分子。事实上,"从那些在英国人监督下在加尔各答勉强受到一些很不充分的教育的印度当地人中间,正在崛起一个具有管理国家的必要知识并且熟悉欧洲科学的新的阶级"③。而印度的这些新兴的知识分子,不会永久充当殖民者的驯服工具,他们中的许多人将成为印度重建的重要力量之一。

最后,为了利用印度人去统治印度人,英国殖民者需要培植掌握新式武器的由印度人组成的军队。而"由不列颠的教官组织和训练出来的印度人军队,是印度自己解放自己和不再一遇到外国入侵者就成为战利品的必要条件"④。

据此,马克思才说,尽管"他们的重建工作在这大堆大堆的废墟里使人很难看得出来",但是"这种工作还是开始了"⑤。

3. 对"英国在印度要完成双重的使命"的科学理解

基于以上的分析,马克思说:"英国在印度要完成双重的使命:一个是破坏的使命,即消灭旧的亚洲式的社会;另一个是重建的使命,即在亚洲为西方式的社会奠定物质基础。"⑥

① 《马克思恩格斯文集》第2卷,人民出版社2009年版,第688~689页。

② 《马克思恩格斯文集》第2卷,人民出版社2009年版,第689页。

③ 《马克思恩格斯文集》第2卷,人民出版社2009年版,第686页。

④ 《马克思恩格斯文集》第2卷,人民出版社2009年版,第686页。

⑤ 《马克思恩格斯文集》第2卷,人民出版社2009年版,第686页。

⑥ 《马克思恩格斯文集》第2卷,人民出版社2009年版,第686页。

这里所说的破坏的使命，前面已经讲过了。这里所说的重建的使命，主要并不是指英国殖民主义统治造成的直接现实，而是指它的“未来结果”。这就是说，殖民主义者为统治和奴役印度而采取的措施和步骤，并不会使印度直接成为“西方式的社会”，但是它们将会最终违背殖民者本来的意愿，产生出埋葬殖民主义的物质基础和社会力量；就像在资本主义国家中，资本主义发展的结果，“资产阶级不仅锻造了置自身于死地的武器；它还产生了将要运用这种武器的人——现代的工人，即无产者”一样。① 这就是历史的辩证法。

四、反对殖民主义、摆脱外国枷锁，是东方社会获得重建与新生的前提

1. 殖民主义者没有也不能使印度获得重建与新生

尽管英国殖民者摧毁了“印度社会的整个结构”，并在印度“为西方式的社会奠定物质基础”，但马克思强调的是：“英国资产阶级将被迫在印度实行的一切，既不会使人民群众得到解放，也不会根本改善他们的社会状况，因为这两者不仅仅决定于生产力的发展，而且还决定于生产力是否归人民所有。”②

这里涉及两个问题。首先，是关于生产力的发展问题。

“不列颠的蒸汽机和科学在印度斯坦全境彻底摧毁了农业和制造业的结合”，虽然在客观上对商品经济的发展起某种促进作用，由此为印度资本主义的兴起创造了某种前提；但是，英国殖民者在印度享有的种种特权，对印度经济命脉和金融、海关等的控制，对印度人进行的敲骨吸髓的压榨，变印度为英国所需的原料产地和商品倾销市场的殖民政策等，将严重地阻碍印度民族资本主义工商业的发展；他们在印度培植地主作为殖民统治的社会支柱，对土邦制度加以维持和利用等，更使印度的主要群众——农民继续遭受封建性的压迫和剥削，严重地阻碍农村生产力的解放和发展，成为印度工业发展的根本性的制约因素。这就是说，在估计外国资本主义的入侵和印度社会的变化时，我们不能仅仅看到商品经济和资本主义生产的发展这一个方面，还应当看到和这个变化同时存在而且阻碍这个变化的另一个方面。

其次，是关于生产力是否归人民所有的问题。

生产力是人们征服自然、改造自然的能力，表示人们在生产过程中对自然界的关系，生产力具有它本身的自然属性。人类的生产又都是在一定的生产关系下进行的，是在一定的社会形式中发展的。生产力也就有为谁占有、怎样占有和

① 《马克思恩格斯文集》第2卷，人民出版社2009年版，第38页。
② 《马克思恩格斯文集》第2卷，人民出版社2009年版，第689页。

为谁的利益而生产的问题，这就是生产力的社会属性。① 作为唯物主义历史观的创立者，马克思充分肯定生产力的发展在社会发展中的最终决定作用，但他不是孤立地，而是联系着一定的生产关系来考察生产力的。作为伟大的无产阶级革命家，他关心“生产力是否归人民所有”这个问题。英国殖民者的目的，是为了把印度变成任凭自己宰割的殖民地，以便发展英国自身的资本主义。所以，对于作为殖民地的印度来说，“生产力归人民所有”是根本无从谈起的。

由此可见，要使生产力得到充分发展，要使生产力归人民所有，并由此使人民群众得到解放并根本改善他们的社会状况，其前提就是推翻殖民主义的统治。这是马克思分析英国在印度的统治及其未来结果所得出的最重要的结论。

正因为如此，马克思对印度人民反抗英国殖民主义的斗争给予了热烈的同情和坚决的支持。对于1857年至1858年的印度民族大起义，他写道：“人民想赶走那些对自己的臣民这样滥用职权的外国征服者，难道不对吗？既然英国人能够冷酷无情地干这种事，那么就算是起义的印度人在起义和斗争的狂怒中犯下了那些所谓的残暴罪行，又有什么奇怪呢？”②1858年1月14日，他在致恩格斯的信中不仅肯定了印度人对民族压迫的反抗，并且指出，“印度使英国不断消耗人力和财力，现在是我们最好的同盟军”③。

2. 印度社会重建与新生的前提是进行“伟大的社会革命”

怎样才能推翻殖民主义的统治，使印度社会得到重建与新生？这就是要进行“伟大的社会革命”。因为英国的统治是印度发展的“枷锁”。只有经过革命，“完全摆脱英国的枷锁”，摧毁外国殖民主义者享有的种种特权，摧毁外国殖民主义的社会支柱——封建势力的统治，印度才能独立自主地得到发展，才能具有使“生产力归人民所有”的可能性。所以马克思强调：“在大不列颠本国现在的统治阶级还没有被工业无产阶级取代以前，或者在印度人自己还没有强大到能够完全摆脱英国的枷锁以前，印度人是不会收获到不列颠资产阶级在他们中间播下的新的社会因素所结的果实的。”④

不过，马克思并没有对印度的未来表示悲观。他指出：“资产阶级历史时期负有为新世界创造物质基础的使命：一方面要造成以全人类互相依赖为基础的普遍交往，以及进行这种交往的工具；另一方面要发展人的生产力，把物质生产变成对自然力的科学支配。资产阶级的工业和商业正为新世界创造这些物质条

① 参见冯蕙：《抗战后期中国共产党政策中的几个理论问题》，《人民日报》1995年9月13日（理论版）。

② 《马克思恩格斯全集》第16卷，人民出版社2007年版，第307页。

③ 《马克思恩格斯全集》第29卷，人民出版社1972年版，第250页。

④ 《马克思恩格斯文集》第2卷，人民出版社2009年版，第690页。

件，正像地质变革创造了地球表层一样。”①

为了理解马克思在这里阐发的思想，我们有必要温习一下此前马克思、恩格斯在《德意志意识形态》中论述过的有关思想。他们指出，“只有随着生产力的这种普遍发展，人们的普遍交往才能建立起来”，而普遍交往，“可以产生一切民族中同时都存在着‘没有财产的’群众这一现象（普遍竞争），使每一民族都依赖于其他民族的变革”②。他们着重指出，在民族和地区的历史越来越成为世界历史这个过程中，会产生一个阶级，这个阶级形成全体社会成员中的大多数，从这个阶级中将“产生出必须实行彻底革命的意识，即共产主义意识”。而只有随着现存社会制度被共产主义革命所消灭，“单个人才能摆脱种种民族局限和地域局限而同整个世界的生产（也同精神的生产）发生实际联系，才能获得利用全球的这种全面的生产（人们的创造）的能力”③。在这样的条件下，人们将不再受原先支配自身的异己力量的支配（归根结底表现为世界市场力量的支配），而通过“发展人的生产力，把物质生产变成对自然力的科学支配”④。

这就是说，马克思是“用唯物史观并联系无产级革命的前景来考察殖民主义问题”的。⑤ 他揭示了资本主义文明、进步及其在全世界扩张的矛盾性质，指明了解决这种矛盾的途径和依靠力量。他写道：“只有在伟大的社会革命支配了资产阶级时代的成果，支配了世界市场和现代生产力，并且使这一切都服从于最先进的民族的共同监督的时候，人类的进步才会不再像可怕的异教神怪那样，只有用被杀害者的头颅做酒杯才能喝下甜美的酒浆。”⑥

尽管印度人民面临的现实苦难是无比的深重，马克思还是满怀信心地预言，“在比较遥远的未来，这个巨大而诱人的国家将得到重建”⑦。他相信，既然随着印度工业和商业的兴起，新的阶级力量特别是无产阶级将不可遏制地生长起来，那么，不管未来的道路可能多么漫长和曲折，殖民主义的统治终将被推翻，印度社会终将得到重建和新生。

——原载《思想理论教育导刊》2010 年第 5 期。

---

① 《马克思恩格斯文集》第 2 卷，人民出版社 2009 年版，第 69 页。
② 《马克思恩格斯选集》第 1 卷，人民出版社 1995 年版，第 86 页。
③ 《马克思恩格斯选集》第 1 卷，人民出版社 1995 年版，第 86 页。
④ 《马克思恩格斯文集》第 2 卷，人民出版社 2009 年版，第 691 页。
⑤ 《马克思恩格斯选集》第 1 卷，人民出版社 1995 年版，第 17 页。
⑥ 《马克思恩格斯文集》第 2 卷，人民出版社 2009 年版，第 91 页。
⑦ 《马克思恩格斯文集》第 2 卷，人民出版社 2009 年版，第 90 页。

论述俄国农村公社命运和社会发展前景的重要著作

——学习马克思《给维·伊·查苏利奇的复信》札记

马克思在1881年3月写的《给维·伊·查苏利奇的复信》,是论述俄国农村公社命运和社会发展前景的重要著作。复信草稿中提出的关于“俄国可以不通过资本主义制度的卡夫丁峡谷”的论述,对于科学地认识经济不发达国家在一定条件下可以进行社会主义改造的问题,具有重要的启示性作用。

一、对俄国公社和俄国社会发展问题的研究和探讨

1. 在俄国农村公社和社会发展上问题的争论

农村公社是在原始社会解体过程中形成的。世界许多地方都经历过农村公社这个发展阶段。一些国家的农村公社后来消失了,一些国家曾长期保留着农村公社的遗迹。在俄国,由于各种独特情况的结合,直到19世纪八九十年代,农村公社(米尔 Мир)仍然在全国范围内存在着,全部耕地的半数左右仍然是农村公社的公有财产。

俄国农民的公社所有制是普鲁士政府的顾问哈克斯特豪森于1845年发现的。俄国思想家赫尔岑得悉后,便据此认定俄国农民是真正的社会主义体现者、天生的共产主义者。他的这种认识传给了巴枯宁,又由巴枯宁传给了特卡乔夫。民粹派特卡乔夫说,俄国人民的绝大多数“都充满着公有制原则的精神”,他们是“本能的、传统的共产主义者”。他鼓吹俄国可以无条件地借助农村公社直接过渡到社会主义。伟大的革命民主主义者车尔尼雪夫斯基也把俄国农民公社看做从现存社会形式过渡到新的发展阶段的手段,这个新阶段一方面高于俄国的公社,另一方面也高于阶级对立的西欧资本主义社会。

1861年农奴制改革以后,俄国的资本主义进一步发展起来,农村公社逐步趋向解体。与特卡乔夫等的意见相对立,俄国的自由派经济学家们希望,首先摧毁农村公社,以便过渡到资本主义制度。

1872年,马克思的《资本论》第一卷俄文译本出版。俄国有一些自称是马克思主义者的人,以马克思主义的名义,“说农村公社是一种陈腐的形式,历史、科学社会主义,总而言之,所有一切不容争辩的东西,都已经断定这种陈腐的形式必然灭亡”。当有人反驳他们说:“你们是用什么方法从他的《资本论》中推论这一点的呢?他在《资本论》中并没有分析土地问题,也没有谈过俄国啊。”他们的

回答是："要是谈到俄国的话，他是会说这个话的。"①

根据这些情况，俄国"劳动解放社"成员、女革命家维·伊·查苏利奇特地给马克思写信，向他求教。她说：俄国公社的发展前途问题"在我看来是个生死攸关的问题，对我们社会主义政党来说尤其如此"。"要是您肯对我国农村公社可能遭到的各种命运发表自己的观点，要是您肯对那种认为由于历史的必然性，世界上所有国家都必须经过资本主义生产的一切发展阶段这种理论阐述自己的看法，那末您会给我们多大的帮助啊。""我以您的同志的名义，恳请您给予我们这种帮助。"②

2．马克思对查苏利奇咨询的答复

马克思对查苏利奇提出的关于俄国公社和俄国社会的发展问题十分重视。实际上，在这之前，马克思、恩格斯已经对这个问题进行过研究。在1874年至1875年间写的《流亡者文献》的第五篇文章《论俄国的社会问题》中，恩格斯就驳斥了特卡乔夫的观点，强调农村公社向社会高级形式的过渡必须具备一定的条件。1877年，马克思在《给"祖国纪事"杂志编辑部的信》中，则驳斥了《祖国纪事》上的文章强加给他的观点，文章硬说他同俄国自由派一样，认为对俄国来说没有比消灭农民公有制和急速进入资本主义更为刻不容缓的事了。他表示，他并不无条件地否定"'俄国人为他们的祖国寻找一条不同于西欧已经走过而且正在走着的发展道路'的努力"③。

在给查苏利奇复信的过程中，马克思拟了四个草稿。他最后寄出的复信，只有寥寥几行。其中说：我"在《资本论》中所作的分析，既没有提供肯定俄国农村公社有生命力的论据，也没有提供否定农村公社有生命力的论据"。我对此问题所作的研究使我深信："这种农村公社是俄国社会新生的支点；可是要使它能发挥这种作用，首先必须排除从各方面向它袭来的破坏性影响，然后保证它具备自然发展的正常条件。"④

在这之后，马克思、恩格斯对这个问题继续进行深入的研究，并且结合新的历史情况，提出了重要的意见。这主要体现在1882年他们为《共产党宣言》俄文第二版所写的序言和恩格斯在1894年所写的《"论俄国的社会问题"跋》等著作中。

为了比较准确地理解马克思给查苏利奇的复信，我们有必要认真研究复信

① 《马克思恩格斯与俄国政治活动家通信集》，人民出版社1987年版，第378～379页。
② 《马克思恩格斯与俄国政治活动家通信集》，人民出版社1987年版，第377～379页。
③ 《马克思恩格斯文集》第3卷，人民出版社2009年版，第463页。
④ 《马克思恩格斯文集》第3卷，人民出版社2009年版，第590页。

的草稿;如果能联系阅读在此前后马克思、恩格斯就这个问题发表的意见,就更有助于做到这一点。

二、俄国农村公社的二重性与两种可能的发展

1. 俄国的国情与俄国农村公社的特征

俄国是一个地跨欧、亚两洲的国家。从9世纪起,俄国进入封建主义时期,这个时期延续了约1000年。1861年农奴制改革以后,俄国开始走上资本主义道路,资本主义经济迅速发展起来。但在马克思于1881年3月给维·伊·查苏利奇复信时,俄国的资本主义还没有得到充分的发展,它的经济还远远落后于西欧国家,在广大农村中还广泛保留着前资本主义的生产方式。"俄国是在全国范围内把'农业公社'保存到今天的唯一的欧洲国家"①。

农村公社不是原始公社的原生形态类型。马克思指出:"在古代和现代的西欧的历史运动中,农业公社时期是从公有制到私有制、从原生形态到次生形态的过渡时期。"②

俄国农村公社的基本情况是怎样的呢?第一,与原始氏族公社不同,农村公社已经不是建立在公社社员的血缘亲属关系上的,它已经割断了血缘亲属关系的纽带,而按照一定的地域组成。第二,公社范围内的天然资源如森林、荒地、牧场、草场、渔场、水源等,仍然是公有财产,由社员共同使用;耕地也仍然是公有财产,但定期在农村公社各个社员之间进行分配,由他们分别耕种,收获物归耕者所有。第三,牲畜、生产工具、住宅、宅旁园地,已经是农民的私有财产。

这就是说,农村公社一方面在很大程度上还保留着公有制,另一方面它已经不完全是"共产制共同体",其生产资料所有制具有公有和私有的二重性。

2. 俄国农村公社的两种可能的发展

俄国农村公社将朝着什么方向发展?是资本主义私有制注定要消灭公社的土地公有制,还是公社的土地公有制有可能直接过渡到更高级形式的公有制即现代的社会主义公有制?这是关于农村公社命运的两种不同的答案。

对于这个问题,马克思并没有简单地作出肯定或否定的结论。他认为,农村公社所固有的二重性,使它面临着两种可能的选择,具有两种可能的发展道路。这就是,"或者是它所包含的私有制因素战胜集体因素,或者是后者战胜前者。先验地说,两种结局都是可能的"。至于究竟会是哪一种结局,那么应该说,"一

---

① 《马克思恩格斯文集》第3卷,人民出版社2009年版,第574页。

② 《马克思恩格斯文集》第3卷,人民出版社2009年版,第574页。

切都取决于它所处的历史环境。"①

三、俄国跨越"资本主义制度的卡夫丁峡谷"的可能性及其条件

1. "俄国可以不通过资本主义制度的卡夫丁峡谷"

马克思并不赞同俄国自由派经济学家们的主张,即必须首先摧毁农村公社,以便过渡到资本主义制度。他认为,"'农业公社'所固有的二重性能够赋予它强大的生命力"。因为,一方面,公有制以及公有制所造成的各种社会联系,使公社基础稳固;另一方面,房屋的私有、耕地的小块耕种和产品的私人占有又使那种与较原始的公社条件不相容的个性获得发展。这是俄国之所以能够长时期地在全国范围内把"农业公社"保存下来的原因。

马克思的观点是:"从理论上说,俄国'农村公社'可以通过发展它的基础即土地公有制和消灭它也包含着的私有制原则来保存自己;它能够成为现代社会所趋向的那种经济制度的直接出发点。"②这是因为:第一,土地公有制使它有可能直接地、逐步地把小地块个体耕作转化为集体耕作,并且俄国农民已经在没有进行分配的草地上实行着集体耕作。第二,俄国农民习惯于劳动组合关系,这有助于他们从小地块劳动向合作劳动过渡。此外,俄国土地的天然地势也适合于大规模地使用机器。

不过,应当看到,当时俄国公社的公有制是同农业本身中小地块劳动这个私人占有相联系的;俄国的公社存在了几百年,但是在它内部从来没有出现过要把它自己发展成高级的公有制形式的促进因素。要使它发展成高级的公有制形式,要使集体劳动在农业本身中能够代替小地块劳动这个私人占有的根源,必须具备两样东西:在经济上有这种改造的需要,在物质上有实现这种改造的条件。

马克思认为,在俄国,在经济上进行这种改造的需要是存在的,因为对农民的压迫耗尽了农民的土地的地力,使他们需要大规模组织起来的合作劳动。至于实现这种改造的条件,如"设备、肥料、农艺上的各种方法等等集体劳动所必需的一切资料,到哪里去找呢?"马克思认为,这种条件在俄国也是有可能具备的。他说:如果说土地公有制是俄国"农村公社"的集体占有制的基础,那么,它的历史环境,即它和资本主义生产同时存在,则为它提供了大规模地进行共同劳动的现成的物质条件。③ "和控制着世界市场的西方生产同时存在,就使俄国可

① 《马克思恩格斯文集》第3卷,人民出版社2009年版,第574页。
② 《马克思恩格斯文集》第3卷,人民出版社2009年版,第576页。
③ 《马克思恩格斯文集》第3卷,人民出版社2009年版,第580页。

以不通过资本主义制度的卡夫丁峡谷，而把资本主义制度所创造的一切积极的成果用到公社中来"，可以"占有资本主义生产使人类丰富起来的那些成果"①。

这里所说的"一切积极的成果"包括哪些内容，马克思并没有具体指明；但是从他的相关论述来看，我们可以肯定，在经济上讲，这种成果至少应当包括先进的生产力、经济形式和管理方法方面符合社会化大生产需要的部分。因为这是俄国公社不通过资本主义制度而发展为高级的公有制形式所不可缺少的物质基础。

为什么马克思把不经过资本主义制度称作跨越"卡夫丁峡谷"呢？这是因为，在资本主义制度下，生产力得到了迅速的发展。"资产阶级在它的不到一百年的阶级统治中所创造的生产力，比过去一切世代创造的全部生产力还要多，还要大"②；但与此同时，创造社会财富的广大无产者却成为少数资产者的雇佣奴隶，过着贫困、屈辱的生活。这就是马克思为什么用古代罗马军队在卡夫丁峡谷所蒙受的羞辱，来比喻劳动者在资本主义制度下的境遇的原因。

在经济文化落后的国家和地区，为什么在一定条件下可以实现这种跨越式的发展呢？这是因为，在这个交通和信息已经相当发达的世界上，这些国家和地区在发展生产时可以把当时西方国家已经达到的先进技术作自己的出发点，而不需要重复这些国家以往技术进步的每一个阶段、每一个步骤。马克思预见到自由派经济学家们要否认上述进化在理论上的可能性，于是他向他们提出这样的问题："俄国为了获得机器、轮船、铁路等等，是不是一定要像西方那样先经过一段很长的机器工业的孕育期呢？也可以向他们提出这样的问题：他们怎么能够把西方需要几个世纪才建立起来的一整套交换机构（银行、股份公司等等）一下子就引进到自己这里来呢？"③显然，这些问题是那些自由派经济学家们所无法回答的。

2. 俄国跨越"资本主义制度的卡夫丁峡谷"的条件

马克思肯定"俄国可以不通过资本主义制度的卡夫丁峡谷"，但同时又指出，这必须具备一定的历史条件。否则，实现这种跨越是不可能的。这些条件就是：

第一，"必须有俄国革命"。

基于对农村公社所固有的二重性的分析，马克思指出，这种二重性不仅能够赋予公社强大的生命力，同样"也可能逐渐成为公社解体的根源"。因为：

---

① 《马克思恩格斯文集》第3卷，人民出版社2009年版，第575~576页。

② 《马克思恩格斯文集》第2卷，人民出版社2009年版，第36页。

③ 《马克思恩格斯文集》第3卷，人民出版社2009年版，第575页。

(1) 在俄国,土地不时在各个家长之间进行分配,并且每家各自耕种自己的一份土地。这就有可能造成公社社员间在富裕程度上的极大差异。几乎在一切地方,公社社员中总有几个富裕农民,有时是百万富翁,他们放高利贷,榨取农民大众的脂膏。① (2) 公社成员私有财产的逐步积累,起着破坏经济平等和社会平等的作用,这导致在公社内部产生利益冲突,还可能导致耕地逐步变为私有财产,造成私人占有森林、牧场、荒地等。事实上,耕地的公有制只是还表现在一次又一次的重新分配土地上,"只要这种重新分配土地的做法一终止或通过决定被废止,就会出现小农的农村"②。(3) 国家的财政搜刮,商业、地产、高利贷的随意剥削,激发着公社内部原来已经产生的各种利益的冲突,加速了公社的各种瓦解因素的发展。(4) 国家帮助那些吮吸公社血液的新资本主义寄生虫去发财致富,开始创造一个由比较富裕的少数农民组成的农村中等阶级,并逐步把大多数农民变为无产者。很明显,这些"破坏性影响的这种共同作用,只要不被强大的反作用打破,就必然会导致农村公社的灭亡"③。

由于政府和那些转化为资本家的所谓"社会新栋梁",正在使公社处于危险境地,所以,马克思强调,"要挽救俄国公社,就必须有俄国革命"。因为只有这样,才有可能停止并摧毁它们对农村公社自由发展造成的"破坏性影响"。马克思相信:"如果革命在适当的时刻发生,如果它能把自己的一切力量集中起来以保证农村公社的自由发展,那么,农村公社就会很快地变为俄国社会新生的因素,变为优于其他还处在资本主义制度奴役下的国家的因素。"④

后来,恩格斯还对这个问题作过进一步的说明。他说:"要想保全这个残存的公社,就必须首先推翻沙皇专制制度,必须在俄国进行革命。"除了革命将停止并摧毁对农村公社自由发展的"破坏性影响"以外,俄国的革命还"会把这个民族的大部分即农民从构成他们的'天地'、他们的'世界'的农村的隔绝状态中解脱出来,不仅会把农民引上一个大舞台,使他们通过这个大舞台认识外部世界,同时也认识自己,了解自己的处境和摆脱目前贫困的方法;俄国革命还会给西方的工人运动以新的推动,为它创造新的更好的斗争条件,从而加速现代工业无产阶级的胜利。"⑤

第二,俄国革命和西方革命的"互相补充"。

还在马克思给查苏利奇复信之前,在 1874 年 5 月—1875 年 4 月所写的《论

① 《马克思恩格斯文集》第 3 卷,人民出版社 2009 年版,第 397 ~ 398 页。
② 《马克思恩格斯文集》第 4 卷,人民出版社 2009 年版,第 457 页。
③ 《马克思恩格斯文集》第 3 卷,人民出版社 2009 年版,第 577 页。
④ 《马克思恩格斯文集》第 3 卷,人民出版社 2009 年版,第 582 页。
⑤ 《马克思恩格斯文集》第 4 卷,人民出版社 2009 年版,第 466 页。

俄国的社会问题》中,恩格斯已经指出:"如果有什么东西还能挽救俄国的公社所有制,使它有可能变成确实富有生命力的新形式,那么这正是西欧的无产阶级革命。"①马克思在复信中虽然没有直接论述这一点,但他在与恩格斯合写的《共产党宣言》1882 年俄文版序言中,是着重地对此进行了论述的。序言说:俄国公社这一固然已经大遭破坏的原始土地公共占有形式,是能够直接过渡到高级的共产主义的公共占有形式呢?或者相反,它还必须先经历西方的历史发展所经历的那个瓦解过程呢?"对于这个问题,目前唯一可能的答复是:假如俄国革命将成为西方无产阶级革命的信号而双方互相补充的话,那么现今的俄国土地公有制便能成为共产主义发展的起点。"②后来,恩格斯在忆及这个序言时再次强调:无论马克思还是我都认为,俄国在公社的基础上达到社会主义的改造的"第一个条件,是外部的推动,即西欧经济制度的变革,资本主义在最先产生它的那些国家中被消灭"③。

为什么说,没有西方无产阶级革命的胜利,俄国在公社的基础上是不可能达到社会主义改造的呢?这是因为,俄国要实现跨越式的发展,必须要由"目前还是资本主义的西方作出榜样和积极支持"④。

第一,从历史上看,从氏族社会遗留下来的农业共产主义在任何地方和任何时候除了本身的解体以外,都没有从自己身上生长出任何别的东西。俄国的农村公社也不会自然地从自身发展出公有制的高级形式。要做到这一点,需要由西方作出榜样。"只有当资本主义经济在自己故乡和在它兴盛的国家里被克服的时候,只有当落后国家从这个榜样上看到'这是怎么回事',看到怎样把现代工业的生产力作为社会财产来为整个社会服务的时候——只有到那个时候,这些落后的国家才能开始这种缩短的发展过程。"这就是说,西方无产阶级革命的胜利将对落后的国家提供出社会主义优于资本主义的榜样。所以,"西欧无产阶级对资产阶级的胜利以及与之俱来的以社会管理的生产代替资本主义生产,这就是俄国公社上升到同样的阶段所必需的先决条件。""这不仅适用于俄国,而且适用于处在资本主义以前的阶段的一切国家。"⑤

第二,农村公社是原生的社会形态的最后阶段,同时也是向次生形态过渡的阶段,即以公有制为基础的社会向以私有制为基础的社会的过渡。要脱开原有的轨道,使俄国农民无须经过资产阶级的小块土地所有制的中间阶段,而直接向

① 《马克思恩格斯文集》第 3 卷,人民出版社 2009 年版,第 399 页。

② 《马克思恩格斯文集》第 2 卷,人民出版社 2009 年版,第 8 页。

③ 《马克思恩格斯文集》第 10 卷,人民出版社 2009 年版,第 649 页。

④ 《马克思恩格斯文集》第 4 卷,人民出版社 2009 年版,第 459 页。

⑤ 《马克思恩格斯文集》第 4 卷,人民出版社 2009 年版,第 457、459 页。

高级形式的过渡,"这只有在下述情况下才会发生,即西欧在这种公社所有制彻底解体以前就胜利地完成无产阶级革命并给俄国农民提供实现这种过渡的必要条件,特别是提供在整个农业制度中实行必然与此相联系的变革所必需的物质条件"①。

不过,无论是俄国革命还是西欧胜利的无产阶级革命,都没有"在适当的时刻发生"。1861 年农奴制改革之后,俄国在短短的时间里就奠定了资本主义生产方式的全部基础。与此同时,也就举起了连根砍断俄国农村公社的斧头。"随着农民的解放,俄国进入了资本主义时代,从而也进入了土地公有制迅速灭亡的时代"②。

马克思于 1877 年在《给"祖国纪事"杂志编辑部的信》中曾经预言:"如果俄国继续走它在 1861 年所开始走的道路,那它将会失去当时历史所能提供给一个民族的最好的机会,而遭受资本主义制度所带来的一切灾难性的波折。"③这样的结果,终于在俄国成为事实了。

四、马克思给查苏利奇复信提供的历史启示

马克思《给维·伊·查苏利奇的复信》,通过科学地论述俄国的农村公社命运和社会发展前景,为我们提供了运用唯物主义历史观和方法论研究历史的重要启示。这里着重讲两个问题。

1. 关于历史发展的多样性与统一性问题

人类社会历史的发展,是多样性与统一性的结合。这是马克思研究社会历史问题时坚持的一个原则。

从原始社会的共产制共同体和合作生产或集体生产,经过阶级社会的私有制经济,再回复到"古代"类型的集体所有制和集体生产的高级形式,这是人类社会历史发展的总趋势,也就是它的统一性,这对于各个国家都是适用的。但是,由于各国的历史环境和基本国情不尽相同,它们所经历的具体的发展阶段和所走的具体的历史道路,也就各有其特殊性。这也就是人类社会历史发展的多样性。

基于这样的观点,马克思不赞成"那种认为由于历史的必然性,世界上所有国家都必须经过资本主义生产的一切发展阶段"这种理论。可是一些人提出这种说法,恰恰是以马克思在《资本论》中对资本主义生产的起源所作的分析为依

① 《马克思恩格斯文集》第 3 卷,人民出版社 2009 年版,第 399 页。

② 《马克思恩格斯文集》第 4 卷,人民出版社 2009 年版,第 464、460 页。

③ 《马克思恩格斯文集》第 3 卷,人民出版社 2009 年版,第 464 页。

据的。

针对这种情况,马克思明确指出,他在分析资本主义生产的起源时所说的历史必然性,是指在资本主义制度的基础上,生产者和生产资料的彻底分离,而其"全部过程的基础是对农民的剥夺"。这种剥夺只是在英国才彻底完成了,西欧的其他一切国家都正在经历着同样的运动。这个分析是不是适用于包括俄国在内的一切国家呢?马克思强调,他是把这一运动的"历史必然性"明确地限制在西欧各国的范围内。如果把它普遍化,认为它适用于一切国家,就不符合他的原意了。

就俄国来说,它面临的问题与西方是不同的。在西方,问题是把一种私有制形式变为另一种私有制形式,即以自己的劳动为基础的私有制,被以剥削他人劳动即以雇佣劳动为基础的资本主义私有制所排挤。相反,在俄国农民中,则是要把他们的公有制变为私有制。把针对这种西方的运动所提出的论断,无条件地移植到俄国,应用到情况和性质极不相同的俄国农民问题上来,显然是不适当的。

那么,是不是说马克思对于资本主义生产起源的历史概述,根本不适用于俄国呢?也不是。在特定的历史条件下,它才可以被应用到俄国去。这就是:假如俄国想要遵照西欧各国的先例成为一个资本主义国家,它不先把很大一部分农民变成无产者就达不到这个目的;而它一旦倒进资本主义制度的怀抱,它就会和尘世间的其他民族一样受那些铁面无情的规律的支配。

总之,马克思强调,决不能离开对于各国的历史环境和具体国情,"把我关于西欧资本主义起源的历史概述彻底变成一般发展道路的历史哲学理论,一切民族,不管它们所处的历史环境如何,都注定要走这条道路,——以便最后都达到在保证社会劳动生产力极高发展的同时又保证每个生产者个人最全面的发展的这样一种经济形态"。

马克思创立的唯物主义与唯心主义历史观的不同,在于它始终站在现实历史的基础上,而不是从观念出发来解释实践。不研究具体的历史环境,把关于西欧资本主义起源的历史概述,变成一切民族都注定要走的一般发展道路的历史哲学理论,这实际上就是回到从观念出发来解释实践的老路上来了。所以马克思说:"这样做,会给我过多的荣誉,同时也会给我过多的侮辱。"①

历史事变及其发展进程,都是在特定的历史环境中展开的,有其内在的规律性。为了揭示这种规律性,我们必须对历史进行具体的研究,而不能由一般的历史哲学理论出发加以推演。因为"使用一般历史哲学理论这一把万能钥匙,那

① 《马克思恩格斯文集》第3卷,人民出版社2009年版,第466页。

是永远达不到这种目的的，这种历史哲学理论的最大长处就在于它是超历史的"①。实际上，极为相似的事变发生在不同的历史环境中就会引起完全不同的结果。所以，简单地进行历史的类比是解决不了问题的。正确的研究方法应当是，"把这些演变中的每一个都分别加以研究"，弄清楚这些演变的历史背景、具体情况、发生原因，"然后再把它们加以比较"，这样，"我们就会很容易地找到理解这种现象的钥匙"②。

马克思在考察俄国公社命运和社会发展时使用的这种方法，是我们在研究其他社会历史问题时也应当借鉴的。

2. 关于"俄国可以不通过资本主义制度的卡夫丁峡谷"的问题

马克思在1881年给查苏利奇复信的时候，俄国资本主义还刚刚发生不久。如果说在西欧，农村公社所有制在社会发展的一定阶段上成了农业生产的桎梏和障碍，因而渐渐被取消了；那么，在俄国本土，"它一直保存到今天，这首先就证明农业生产以及与之相适应的农村社会状态在这里还处在很不发达的阶段"③。这种情况同时也表明，当时俄国资本主义的发展在整体上还处在很不发达的阶段。

在通常的情况下，随着俄国资本主义的发展，农村公社制度将会逐步解体，公社的公有制将被农民的私有制所代替，而由于资本主义的发展必定会把很大一部分农民变成无产者，农民的私有制将被资本主义私有制所代替。既然这样，马克思又是根据什么理由，认为"俄国可以不通过资本主义制度的卡夫丁峡谷"、农村公社有可能"是俄国社会新生的支点"的呢？要弄清楚这个问题，必须了解马克思的世界历史理论，即"历史向世界历史的转变"④的理论。

在《德意志意识形态》中，马克思、恩格斯指出：在资本主义兴起以后，随着生产力的普遍发展和与之相适应的人们普遍交往的建立，就使得"每一民族都依赖于其他民族的变革"；使得"地域性的个人为世界历史性的、经验上普遍的个人所代替"⑤。正因为如此，我们在研究近代以来各国的历史时，就必须具有世界历史的眼光，就必须把它们置于广阔的时代背景之下。马克思就是运用这种世界历史理论来考察俄国问题，才得出上述具有创新意义的结论的。

当时的俄国虽然是一个资本主义刚刚起步、经济文化还比较落后的国家，但

① 《马克思恩格斯文集》第3卷，人民出版社2009年版，第467页。
② 《马克思恩格斯文集》第3卷，人民出版社2009年版，第466～467页。
③ 《马克思恩格斯文集》第3卷，人民出版社2009年版，第397页。
④ 《马克思恩格斯文集》第1卷，人民出版社2009年版，第541页。
⑤ 《马克思恩格斯文集》第1卷，人民出版社2009年版，第538页。

是它有可能实现跨越式的发展,即没有“经过资本主义生产的一切发展阶段”就直接提出社会主义改造的问题,这是因为:

第一,“一切历史冲突都根源于生产力和交往形式之间的矛盾”。这是没有疑问的。但是,“不一定非要等到这种矛盾在某一国家发展到极端尖锐的地步,才导致这个国家内发生冲突。由广泛的国际交往所引起的同工业比较发达的国家的竞争,就足以使工业比较不发达的国家内产生类似的矛盾”①。俄国这样一个经济文化还比较落后的国家,也是有可能提出社会主义改造的要求的。马克思在复信中特别提到:在俄国公社面前,资本主义制度正经历着危机,这种危机只能随着资本主义的消灭,随着现代社会回复到“古代”类型的公有制而告终。因此,“农村公社”的这种发展,是符合我们时代历史发展的方向的。②

第二,尽管俄国社会的生产力还没有在资本主义制度下得到充分的发展,但是农村公社“目前处在这样的历史环境中:它和资本主义生产的同时存在为它提供了集体劳动的一切条件。它有可能不通过资本主义制度的卡夫丁峡谷,而占有资本主义制度所创造的一切积极的成果”③。它可以通过开展国际交往,采取以积极的态度吸取资本主义制度所创造的一切有益成果的办法,来为进行社会主义改造奠定物质基础。

第三,西方无产阶级革命的胜利,将为俄国在公社的基础上达到社会主义改造“作出榜样”和提供“积极支持”④。

对后面的两点,我们已经在前面作过论述,这里就不再细说了。

应当指出的是,马克思关于“俄国可以不通资本主义制度的卡夫丁峡谷”的论断,虽然在当时并没有成为直接的现实,但是这种“设想”的提出本身,从历史观和方法论的角度来说,对于人们观察经济比较落后国家的社会发展问题,是具有重要的理论和实践意义的。因为它清楚地告诉人们,那种不考虑具体的历史环境,认定一个国家在资本主义得到高度发达以前绝对不可能进行社会主义革命的观点,不是马克思的观点,而是附加在马克思主义上面的对马克思观点的误读或教条主义的歪曲。

——原载《高校理论战线》2010 年第 9 期。

---

① 《马克思恩格斯文集》第 1 卷,人民出版社 2009 年版,第 567 ~ 568 页。

② 《马克思恩格斯文集》第 3 卷,人民出版社 2009 年版,第 579 页。

③ 《马克思恩格斯文集》第 3 卷,人民出版社 2009 年版,第 578 页。

④ 《马克思恩格斯文集》第 4 卷,人民出版社 2009 年版,第 459 页。

列宁论俄国进行社会主义革命的时代和社会历史条件

——学习列宁《论我国革命》札记

《论我国革命——评尼·苏汉诺夫的札记》(以下简称《论我国革命》),是列宁在1923年1月16日和17日口授的一篇论述俄国社会主义革命的重要文章。文章写成后,由列宁夫人克鲁普斯卡娅转交《真理报》编辑部,在同年5月30日《真理报》第117号上发表。原文无标题。标题是由《真理报》编辑部加的。

尼·苏汉诺夫是俄国的孟什维克。在1922年柏林-彼得堡-莫斯科格尔热宾出版社出版的《革命札记》一书的第3卷和第4卷中,苏汉诺夫以“俄国的生产力还没有达到足以实现社会主义的水平”作为唯一的论据,否定俄国进行社会主义革命和建设社会主义的必要性和可能性。这也是当时第二国际领导人对俄国革命所采取的共同立场。

在《论我国革命》一文中,列宁通过评尼·苏汉诺夫的札记,对俄国孟什维克和第二国际领导人关于否定俄国社会主义革命的基本论点作出了总结性的答复。在文章中,他创造性地论证了俄国进行社会主义革命的时代和社会历史条件,批驳了那种把西欧发展道路固定化、公式化的错误倾向,划清了马克思主义与庸俗生产力论的界限。

由于列宁当时在病中,他口授的这篇文章是很简短的,但是由于它回答了国际共产主义运动面临的一个崭新的关键性问题,因而在理论上具有极大的重要性。列宁阐明的有关思想,不仅在当时对于捍卫俄国的社会主义事业起了重要的历史作用,而且在今天对于我们正确认识经济文化比较落后的国家在一定条件下走上社会主义的历史发展道路这个问题,也具有重大的指导意义。

一、关于俄国社会主义革命问题的争论

1. 苏汉诺夫等是怎样否定俄国的社会主义革命的?

革命前的俄国是一个经济落后的国家。直到1913年,它主要还是一个农业国。在工农业总产值中,工业占42.1%,农业占57.9%。对于俄国这样的国家在一定条件下能不能搞社会主义这个问题,在国际共产主义运动中存在着严重的争论。

俄国十月社会主义革命前后,第二国际的领导人伯恩斯坦就认为,由于俄国

的"农业还占优势,工业也刚刚拥有就整个说来很少受过训练的工人阶级",因此"俄国的社会发展还根本够不上实现社会主义社会"。考茨基更认为,俄国在民主革命之后必须"加速资本主义的发展",只有当无产阶级在"资本主义发展的基础上成熟起来"之后,才能进行社会主义革命。普列汉诺夫在十月革命前也讲过,"俄国历史还没有磨好将来要用它烤成社会主义的面粉"。"无产阶级专政只有在雇佣工人构成居民多数时才是可能的。"类似的观点在俄国孟什维克内部占统治地位。苏汉诺夫的《革命札记》集中地反映了这种观点。他认为,列宁关于俄国民主革命向社会主义革命过渡的理论,"缺少对俄国社会主义的'客观前提'的分析,即对社会经济条件的分析"。在他看来,俄国的生产力还没有达到足以实现社会主义的水平,因此,俄国并不具备实现社会主义的客观前提。

总起来说,按照他们的观点,一个国家必须像西欧发达国家那样,资本主义经济高度发达了,无产阶级成了全人口的多数并且成熟起来了,才具备进行社会主义革命的条件。他们并且以为,只有这样看问题,才是坚持了马克思主义。

2. 苏汉诺夫等宣扬的是不是马克思的观点?

由于俄国孟什维克和第二国际领导人是打着坚持马克思主义的旗号,来否定俄国社会主义革命的,因此,为了驳斥他们的有关论点,列宁认为,首先必须弄清楚马克思主义在这个问题上的基本观点究竟是怎样的。

马克思的确说过:"彻底的社会革命是同经济发展的一定历史条件联系着的;这些条件是社会革命的前提。因此,只有在工业无产阶级随着资本主义生产的发展,在人民群众中至少占有重要地位的地方,社会革命才有可能。"①这个观点无疑是完全正确的,因为如果没有资本主义生产的发展,没有资本主义生产方式自身固有的生产社会化和生产资料私人占有的矛盾的发展,社会主义革命这个任务就是不可能被提出来的;如果没有工业无产阶级的形成和发展,社会主义革命就会缺少一种原动力,它的发生也就是不可能的,更不要说赢得胜利了。

但是,马克思主义的创始人并没有对这种资本主义生产的发展程度和文化的发展程度规定出绝对的标准,也没有说过工业无产阶级必须占到全人口的多数,不具备这些条件,任何国家都不应当进行社会主义革命。正因为如此,列宁在文章中说,固然,建立社会主义需要一定的文化水平,但是"谁也说不出这个一定的'文化水平'究竟是什么样的,因为这在各个西欧国家都是不同的"。

事实上,社会主义革命并不是单纯的经济过程,并不是似乎经济发展到一定的高度这个革命就自然会发生了;这个革命是不是发生、能不能胜利,还取决于

① 《马克思恩格斯选集》第2卷,人民出版社1995年版,第287页。

阶级力量对比的状况。这一点,从马克思、恩格斯对德国从资产阶级革命向无产阶级革命转变的论述中可以得到证明。

19世纪40年代后期,马克思、恩格斯在《共产党宣言》中指出:"德国的资产阶级革命只能是无产阶级革命的序幕。"当时德国的资本主义经济是不是已经高度发达了呢?没有。德国是在19世纪30年代才进入工业革命阶段的。到1848年革命时,德国还没有建立起自己的机器制造业,工业中工厂生产的比重还不大,工场手工业和零散的小工业还占主要地位。德国依然是一个农业国。1849年,参加关税同盟各邦的农业人口占总人口的70%。虽然如此,马克思、恩格斯还是认为,德国的无产阶级在民主革命之后可以直接进行社会主义革命。这是"因为同十七世纪的英国和十八世纪的法国相比,德国将在整个欧洲文明更进步的条件下,拥有发展得多的无产阶级去实现这个变革"。

列宁在文章中讲到了马克思对德国能不能进行无产阶级革命这个问题的看法。他特别指出1856年4月14日马克思在给恩格斯的信中所讲的话:"德国的全部问题将取决于是否有可能由某种再版的农民战争来支持无产阶级革命。如果那样就太好了。"①这说明,马克思在考察德国无产阶级革命问题时,着重关注的并不是德国资本主义经济是不是高度发达,而是阶级力量对比的状况,即占人口少数的无产阶级在发动革命时,能不能得到占人口多数的农民的支持。他们认为,如果阶级力量对比的状况有利于无产阶级,是应当不失时机地去进行社会主义革命的。苏汉诺夫们这些"自称的马克思主义者"又是怎样看待马克思的这个重要论断的呢?列宁指出,"对马克思的这个直接指示,他们也像猫儿围着热粥那样绕来绕去,不敢触及"。

由此可见,苏汉诺夫们所宣扬的观点,即一个国家必须等到资本主义经济高度发达了,无产阶级成了全人口的多数并且成熟起来了,才具备进行社会主义革命的条件的这种观点,并不是马克思、恩格斯的观点,而是他们附加在马克思主义上面的东西,是从他们对马克思主义所作的教条式的理解中推演出来的。

这里有一个对马克思主义的科学理解和把握的问题。

恩格斯在1890年9月致布洛赫的信中说过:"青年们有时过分看重经济方面,这有一部分是马克思和我应当负责的。我们在反驳我们的论敌时,常常不得不强调被他们否认的主要原则,并且不是始终都有时间、地点和机会来给其他参与相互作用的因素以应有的重视。但是,只要问题一关系到描述某个历史时期,即关系到实际的应用,那情况就不同了,这里就不容许有任何错误了。"实际上,无论是马克思还是恩格斯本人,都认为"经济状况是基础,但是对历史斗争的进

① 《马克思恩格斯选集》第4卷,人民出版社1995年版,第334页。

程发生影响并且在许多情况下主要是决定着这一斗争形式的，还有上层建筑的各种因素”。

很清楚，无论是苏汉诺夫们还是考茨基们，尽管他们都自称马克思主义者，但是他们并没有真正读懂马克思主义。他们不了解历史发展中各种因素的相互作用，把经济因素说成是唯一决定性的因素，这样，他们就像恩格斯所批评的那样，“把这个命题变成毫无内容的、抽象的、荒诞无稽的空话”①了。

如果说，苏汉诺夫们用来反对俄国社会主义革命的上述“理论”，并不是马克思主义，那么这究竟是什么理论呢？斯大林把这种理论称为“被第二国际首领们庸俗化了的‘生产力’论”②。这是很确切的。显然，这种被庸俗化了的生产力论并不是马克思主义，而是对于马克思主义的教条主义的歪曲。

二、俄国进行社会主义革命的必要性和可能性

1. 马克思关于在一定条件下“俄国可以不通过资本主义制度的卡夫丁峡谷”的思想

在揭露苏汉诺夫们对待马克思主义所作的教条主义的歪曲之后，列宁着重对俄国为什么会发生社会主义革命和怎样看待俄国社会主义革命的问题进行了论证。

对于俄国这样的国家，是否必须首先发展资本主义，待资本主义高度发达以后才能进行社会主义革命？对于这个问题，马克思在答复俄国女革命家查苏利奇咨询时，曾经从正面阐述过自己的观点。

1881 年 2 月，查苏利奇致信马克思，希望他能说明一下“对我国农村公社可能有的命运以及世界各国由于历史的必然性都应经过资本主义生产各阶段的理论的看法”。因为在经济落后的俄国农村，当时还存在着农村公社。这种农村公社是必然要趋于瓦解，使俄国像西欧的情况那样走向资本主义呢？还是可以不经过资本主义而过渡到社会主义？这在俄国的社会主义者中间是有争议的。

马克思在复信中说，他本人所讲的资本主义生产起源运动的“历史必然性”，“明确地限于西欧各国”。因此，他“在《资本论》中所作的分析，既没有提供肯定俄国农村公社有生命力的论据，也没有提供否定俄国农村公社有生命力的论据”。一切取决于具体的历史条件。他认为，由于农村公社是与资本主义生产同时存在的东西，俄国并不是脱离现代世界而孤立生存的，所以，“它能够不通过资本主义制度的卡夫丁峡谷，而占有资本主义制度所创造的一切积极的

① 《马克思恩格斯选集》第 4 卷，人民出版社 1995 年版，第 696 ~ 698 页。
② 《斯大林选集》上卷，人民出版社 1979 年版，第 202 页。

成果”。其条件是:“要挽救俄国公社,就必须有俄国革命。”①同时,革命以后的俄国必须对汲取资本主义文明成果采取积极的态度。后来,恩格斯又补充说:“假如俄国革命将成为西方工人革命的信号而双方互相补充的话,那么现今的俄国公有制便能成为共产主义发展的起点。”②

尽管农村公社后来在事实上并没有能够成为俄国新生的支点,但是马克思在这里所阐明的思想,即在一定条件下“俄国可以不通过资本主义制度的卡夫丁峡谷”的思想,对于观察俄国这样经济落后的国家走向社会主义的条件,从方法论的角度看,仍然具有重要的意义。

2. 俄国发生社会主义革命的时代和社会历史条件

俄国并不是脱离世界的一种孤立的存在。考察俄国的革命问题,必须具有世界历史眼光。列宁指出,俄国革命“是和第一次帝国主义世界大战相联系的革命。这样的革命势必表现出一些新的特征”。

为什么这样讲呢? 因为资本主义的发展首次开创了世界历史。所以,对于一个国家的革命问题,是不能离开整个国际环境孤立地加以考察的。马克思、恩格斯早就说过,一切历史冲突都根源于生产力和交往形式之间的矛盾。但是,“不一定非要等到这种矛盾在某一国家发展到极端尖锐的地步,才导致这个国家内发生冲突。由广泛的国际交往所引起的同工业比较发达的国家的竞争,就足以使工业比较不发达的国家内产生类似的矛盾”③。这种情况,到了帝国主义时代就表现得更加明显。正因为如此,仅仅根据某一个国家的经济状况去分析无产阶级革命的前提,这种看法已经不够了。“因为个别国家和个别民族的经济已经不是独立自在的单位,已经变成世界经济的整个链条的各个环节。”“因为整个体系已经成熟到发生革命的程度,这个体系中存在着工业不够发达的国家并不能成为革命的不可克服的障碍。”④也正因为如此,列宁指出,帝国主义发展不平衡的规律,使得一个国家的无产阶级革命有可能突破帝国主义统治的薄弱环节,首先取得胜利。而当时的俄国就是这样的一个国家。

苏汉诺夫们在考察俄国革命时,只是孤立地考察俄国资本主义经济的发展水平,而没有考察俄国所处的时代条件和国际环境,没有考察俄国由于参加世界大战必然给革命带来的新特点。

针对这种情况,列宁尖锐地质问苏汉诺夫们:既然特殊的环境把俄国卷入了

① 《马克思恩格斯选集》第4卷,人民出版社1995年版,第770、773~775页。
② 《马克思恩格斯选集》第1卷,人民出版社1995年版,第261页。
③ 《马克思恩格斯选集》第1卷,人民出版社1995年版,第117页。
④ 《斯大林选集》上卷,人民出版社1979年版,第204~205页。

帝国主义世界大战,使俄国具备了进行社会主义革命的条件,即"有条件实现像马克思这样的'马克思主义者'在1856年谈到普鲁士时曾作为一种可能的前途提出来的'农民战争'同工人运动的联合,那该怎么办呢?""既然毫无出路的处境十倍地增强了工农的力量,使我们能够用与西欧其他一切国家不同的方法来创造发展文明的根本前提,那又该怎么办呢?"列宁的意思是很清楚的:我们应当不失时机地去进行社会主义革命,夺取政权,建立苏维埃制度,以便在此基础上发展生产力、发展文明;而不应当坐失历史机遇,照走西欧国家的固定道路,去容忍已经把工农群众逼入绝境的资本主义制度,待到俄国资本主义高度发达之后再去进行社会主义革命。

当然,列宁并不认为,一个国家能不能进行社会主义革命,根本就不需要考虑它的经济条件。不是的。他讲过:人们常常说,俄国是一个落后的、农民的、小资产阶级的国家,因此根本谈不上社会革命。"但是他们忘记了,战争使我们处于特殊的境地,与小资产阶级并存的还有大资本。"①事实上,革命前的俄国是一个封建的军事的帝国主义国家。"战争异常地加速了垄断资本主义向国家垄断资本主义的转变,从而使人类异常迅速地接近了社会主义,历史的辩证法就是如此。""帝国主义战争是社会主义革命的前夜。这不仅因为战争带来的灾难促成了无产阶级的起义(如果社会主义在经济上尚未成熟,任何起义也创造不出社会主义来),而且因为国家垄断资本主义是社会主义的最充分的物质准备,是社会主义的前阶,是历史阶梯上的一级,在这一级和叫作社会主义的那一级之间,没有任何中间级。"②这就是说,俄国之所以发生社会主义革命,不仅由于在当时俄国的阶级力量的对比方面无产阶级处于优势,而且也由于当时的俄国社会已经具备了走向社会主义的必要的物质基础。

在这里,列宁是否只是讲了俄国的无产阶级可以夺取政权,并不认为当时的俄国已经可以采取社会主义的步骤呢?不是。列宁明确地讲过:在用革命手段争得了共和制和民主制的20世纪的俄国,不走向社会主义,不采取走向社会主义的步骤(这些步骤为技术和文化的水平所制约和决定:在农民的耕作业中"实行"大机器经济固然不行,在糖业生产中要取消大机器经济也是不行的),就不能前进。③ 事实上,对于当时的俄国来说,只有建立社会主义制度,才能为生产力的发展开辟广阔的道路,并经过一定的历史过程,为社会主义制度奠定坚实的物质技术基础。

① 《列宁全集》第29卷,人民出版社1985年版,第436页。

② 《列宁选集》第3卷,人民出版社1995年版,第266页。

③ 《列宁选集》第3卷,人民出版社1995年版,第266页。

三、世界历史发展的一般规律和各国历史发展的特殊性

1."在革命时期要有极大的灵活性",不能把西欧的发展道路固定化、公式化

列宁对俄国社会主义革命所作的论述,是同苏汉诺夫等人的设想大相径庭的。他们认为,俄国只有像西欧国家那样,先在资本主义制度下使经济文化高度发达以后,才有可能进行社会主义革命。他们不善于从实际出发来思考俄国革命的历史特点,把西欧的发展道路固定化、公式化了。

针对这种情况,列宁指出,无论是俄国的小资产阶级民主派还是第二国际的"英雄"们,"他们都自称马克思主义者,但是对马克思主义的理解却迂腐到无以复加的程度"。他们只看到过资本主义和资产阶级民主在西欧发展的固定道路,对于他们来说,对这条道路作相应的改变是不可想象的。"马克思主义中有决定意义的东西,即马克思主义的革命辩证法,他们一点也不理解。"他们不懂得,具体问题具体分析,这才是马克思主义的活的灵魂。他们只会盲目模仿,不敢离开西欧道路一步。似乎那个国家没有达到西欧发达国家的经济文化水平,那个国家就绝对不能进行社会主义革命。

为了批驳他们的这种僵化的观点,列宁引证了马克思说过的话:"在革命时期要有极大的灵活性",指出苏汉诺夫等人完全不了解甚至根本没有注意到马克思的这个重要思想。他们不懂得,一个真正的马克思主义者不仅应当向书本学习,尤其应当在马克思主义的世界观、方法论的指导下向实践学习。不研究新的历史条件、总结新的实践经验,而只是从公式出发,用一种固定的公式随处套用,想要得出对有关问题的正确答案,是不可能的。马克思主义的创始人早就讲过,历史常常是跳跃式地和曲折地前进的;如果可以不加分析地把理论应用于任何历史时期,那就会比解一次方程式更容易了。而考茨基们和苏汉诺夫们观察问题的方法,就是这样。

所以,列宁告诫人们:"按考茨基思想编写的教科书在当时是很有益处的。不过现在毕竟是丢掉那种认为教科书规定了今后世界历史发展的一切形式的想法的时候了。应当及时宣布,有这种想法的人简直就是傻瓜。"

2. 世界历史发展的一般规律与个别发展阶段上的特殊性的统一

在阐明了俄国发生社会主义革命的条件之后,列宁进一步回答了怎样看待俄国进行社会主义革命这个问题,即:这样做,是不是离开了世界历史发展的一般规律?

社会主义是比资本主义更高级的社会,它应当建立在高度发达的物质技术基础之上,这是没有疑问的。这个一般规律和总的路线没有也不会改变。俄国

所改变的,只是它的发展顺序而已。俄国不是像西欧国家那样,首先在资本主义制度下使生产力充分发展起来、使社会文化水平提高起来,而后待到革命危机成熟时再去进行社会主义革命,而是抓住历史提供的机遇,发动社会主义革命,而后利用这个革命所创造的条件,采取走向社会主义的步骤,使生产力充分发展起来,使社会文化水平提高起来,从而使社会主义建立在高度发达的物质技术基础之上。

由于苏汉诺夫们不承认历史发展的顺序可以作这种改变,列宁就质问他们:"你们说,为了建立社会主义就需要文明。好极了。那么,我们为什么不能在我国为这种文明创造前提,如驱逐地主、驱逐俄国资本家,然后开始走向社会主义呢?你们在哪些书本上读到过,通常的历史顺序是不容许或不可能有这类改变的呢?"既然建设社会主义需要一定的文化水平,"我们为什么不能首先用革命手段达到这个一定水平的前提,然后在工农政权和苏维埃制度的基础上赶上别国人民呢?"

列宁认为:"世界历史发展的一般规律,不仅丝毫不排斥个别发展阶段在发展的形式或顺序上表现出特殊性,反而是以此为前提的。"因为俄国是介于文明国家和东方国家即欧洲以外的各个国家之间的国家,它就能够而且势必表现出某些特殊性。矛盾的普遍性从来都是寓于特殊性之中的。世界各国历史的发展,从来都是社会发展的一般规律与它在特定国家及其个别发展阶段上的特殊规律的统一。

还应当注意到,尽管列宁认为俄国这样的国家在一定条件下可以而且应当进行社会主义革命;但是,他从来没有认为社会主义可以长久地建立在落后的物质、文化的基础之上。他清醒地认识到,"我们曾经是而且现在还是一个小农国家,因此我们向共产主义过渡比在其他任何条件下困难得多"。他强调:"只有当国家实现了电气化,为工业、农业和运输业打下了现代大工业的技术基础的时候,我们才能得到最后的胜利。"①发展顺序的改变,归根到底不仅并没有改变,而且是为了更有效地实现社会主义应当建立在高度发达的物质技术基础之上这个一般规律。

历史表明,俄国的社会主义革命并没有阻碍俄国社会生产力的发展。相反,正是依靠发挥社会主义的优越性,经过一个时期的努力,俄国从一个落后的国家变成了欧洲的第一强国、世界的第二强国。这个无可辩驳的历史事实,是列宁在《论我国革命》一文中所阐明的上述观点的正确性的最有力的证明。

① 《列宁选集》第4卷,人民出版社1995年版,第352、364页。

四、关于东方国家的革命与近现代中国的历史发展

1. 东方国家的革命将“带有更多特殊性”

马克思主义认为,社会主义必然代替资本主义,这是社会历史发展的总趋势。但是由于国情不同,各国走向社会主义的具体形式和具体道路将会具有不同的特点。所以,列宁在指明俄国革命有别于以前西欧各国的革命之后,进一步指出:“这些特殊性到了东方国家又会产生某些局部的新东西。”“在东方那些人口无比众多、社会情况无比复杂的国家里,今后的革命无疑会比俄国革命带有更多的特殊性。”因为俄国与西欧国家同为资本主义国家,只是资本主义发展的程度不同和其他社会历史条件不同,它们的革命进程就已经有了明显的差别,那么,对于许多尚处在前资本主义阶段或殖民地、半殖民地、半封建社会的东方国家来说,它们的革命将“带有更多的特殊性”,更是理所当然的了。

对于这个问题,1919 年 11 月 22 日,列宁在全俄东部各民族共产党组织第二次代表大会上的报告中作了比较具体的说明。他指出:“东方大多数民族的处境比欧洲最落后的国家俄国还要坏。”因此,东方各民族的共产党人面临着全世界共产党人所没有遇到过的一个任务,就是必须以共产主义的一般原理和实践为根据,适应欧洲各国没有的特殊条件,善于把这种理论和实践运用于主要群众是农民、需要解决的任务不是反对资本而是反对中世纪残余这样的条件。“你们必须找到特殊的形式,把全世界先进无产者同东部那些往往处在中世纪生活条件下的被剥削劳动群众联合起来。”①

列宁对俄国东部各民族共产党人所讲的这个原则,对东方国家的共产党人也是适用的。实际上,对于东方国家来说,不仅只有首先进行民主革命,才能进行社会主义革命,而且那里的民主革命和社会主义革命也都将带有各自的历史特点。

所以,我们在研究近现代东方国家的历史发展时,必须注意考察这些国家的历史特点,注意认清这些国家的革命“带有更多的特殊性”这个问题。

2. 坚持列宁的思想,反对庸俗生产力论

列宁在《论我国革命》一文中所阐明的观点,对于正确认识近现代中国的历史发展道路,澄清在这些问题上的某些思想混乱,有重要的意义。因为从 1920 年关于社会主义的论战开始,在很长一段时间里,一些论者都是以考茨基等人鼓吹的庸俗生产力论为武器,来否定中国的先进分子和人民群众所作的社会主义选择的。

---

① 《列宁选集》第 4 卷,人民出版社 1995 年版,第 79 页。

近代以来,中国是一个半殖民地半封建社会而不是资本主义社会。对于中国来说,像西欧国家那样,首先使资本主义生产高度发达起来,而后再进一步考虑进行社会主义革命,这条道路是行不通的。毛泽东说过:“资产阶级的共和国,外国有过的,中国不能有,因为中国是受帝国主义压迫的国家。”①帝国主义列强决不容许中国成为独立的资本主义国家,从而丧失它们在中国的殖民主义利益,并在国际上增加一个竞争对手。所以,中国共产党只能从中国实际出发,首先领导人民进行反帝反封建的新式的资产阶级民主革命,创建工人阶级领导的人民共和国,而后不停顿地带领中国人民走上社会主义的发展道路。

新中国成立后,仍然有一个“向何处去”的问题,即究竟是走资本主义道路还是走社会主义道路的问题。以毛泽东为代表的中国共产党人正是“根据列宁关于过渡时期的学说,总结了中华人民共和国成立以来的经验,在我国国民经济恢复阶段将要结束的时候,即一九五二年,提出了党在过渡时期的总路线”②。在这条总路线的指引下,中国共产党领导人民顺利地实现了从新民主主义到社会主义的转变,开始了在社会主义道路上实现中华民族伟大复兴的历史征程。

对于经济落后的国家在一定的条件下可以搞社会主义的问题,毛泽东的观点同列宁《论我国革命》一文中阐明的思想完全一致。不仅如此,他还总结中国和世界的历史经验和新鲜经验,对这个思想作了创造性的发挥,即发展。他指出:“首先制造舆论,夺取政权,然后解决所有制问题,再大大发展生产力,这是一般规律。”“从世界的历史来看,资产阶级工业革命,不是在资产阶级建立自己的国家以前,而是在这以后;资本主义的生产关系的大发展,也不是在上层建筑革命以前,而是在这以后。都是先把上层建筑改变了,生产关系搞好了,上了轨道了,才为生产力的大发展开辟了道路,为物质基础的增强准备了条件。当然,生产关系的革命,是生产力的一定发展所引起的。但是,生产力的大发展,总是在生产关系改变以后。”③这个一般规律,对于无产阶级革命也是适用的。

在这个问题上,邓小平的观点同列宁、毛泽东的观点,也是完全一致的。1977 年 10 月,他同加拿大林达光教授夫妇谈话时说:“列宁在批判考茨基的庸俗生产力论时讲,落后的国家也可以搞社会主义革命,我们也是反对庸俗的生产力论,我们采取了和十月革命不同的方式,农村包围城市。当时中国有了先进的无产阶级的政党,有了初步的资本主义经济,加上国际条件,所以在一个很不发

① 《毛泽东选集》第 4 卷,人民出版社 1991 年版,第 1471 页。

② 《毛泽东文集》第 6 卷,人民出版社 1999 年版,第 389 页。

③ 《毛泽东文集》第 8 卷,人民出版社 1999 年版,第 131 ~ 132 页。

达的中国能搞社会主义。这和列宁的反对庸俗的生产力论一样。”①所以,科学地理解和掌握唯物主义历史观,划清马克思主义与庸俗生产力论的界限,这是正确认识中国社会主义事业的兴起和发展这个中国近现代历史上的基本问题的重要思想前提。

——原载《思想理论教育导刊》2011 年第 4 期。

关于民族和殖民地问题的理论和革命策略

——学习列宁民族和殖民地问题著作札记

《民族和殖民地问题提纲初稿》是列宁在 1920 年 6 月为共产国际第二次代表大会起草的文件之一。《民族和殖民地问题委员会的报告》则是他在 1920 年 7 月代表民族和殖民地问题委员会就有关问题向大会所作的报告。

共产国际二大于 1920 年 7 月 19 日至 8 月 17 日先后在俄国的彼得格勒和莫斯科举行。民族和殖民地问题是大会讨论的重要议题之一。列宁的提纲是作为这个问题的决议草稿提交大会的。英属印度的代表罗易向大会提交了《关于民族和殖民地问题的补充提纲》。由 20 人组成的民族和殖民地问题委员会于 7 月 25 日审议了这两个提纲。委员会对列宁的提纲稍作修改后予以通过。罗易的提纲“主要是根据印度和亚洲其他受英国压迫的大民族的情况写成的”。列宁认为,这“对我们有十分重要的意义”②。同时他也批评了其中的某些观点。补充提纲经修改后,也经委员会通过。7 月 26 日,这两个提纲被提交大会审议。当天,列宁代表委员会向大会作报告,对提纲的基本思想进行说明。他说:“我们委员会一致通过了修改后的提纲初稿和补充提纲。这样,我们在一切最重要问题上完全取得了一致的意见。”③7 月 28 日,大会通过了这两个提纲。

列宁提出的《民族和殖民地问题提纲初稿》和他代表民族和殖民地问题委员会所作的报告,系统地阐明了共产党在民族和殖民地问题上立场和任务,是共产国际在这个问题上制定的第一个完整的革命纲领。

列宁对民族和殖民地问题进行过深入的研究。在《我们纲领中的民族问题》(1903 年 7 月)、《关于民族问题的批评意见》(1913 年 10—12 月)、《论民族自决权》(1914 年 2—5 月)等著作中,列宁不仅阐明了关于民族殖民地问题的许

---

① 《邓小平年谱》上卷,中央文献出版社 2004 年版,第 223 页。

② 《列宁选集》第 4 卷,人民出版社 1995 年版,第 276 页。

③ 《列宁选集》第 4 卷,人民出版社 1995 年版,第 275 页。

多重要的理论观点，而且论述了研究这个问题应当坚持的原则和采取的方法。这些原则和方法，对于科学地认识和正确地解决民族和殖民地问题，有着重要的指导作用。比如：

列宁指出："在分析任何一个社会问题时，马克思主义理论的绝对要求，就是要把问题提到一定的历史范围之内；此外，如果谈到某一国家（例如，谈到这个国家的民族纲领），那就要估计到在同一历史时代这个国家不同于其他各国的具体特点。"比如，在资本主义上升的时期和帝国主义时代，在同一时代中的西欧国家同俄国、同东方国家，其民族问题的状况和面临的任务，是不一样的。所以，对于这个问题，必须"用具体的历史的方法研究"①。

列宁认为，我们不仅"坚决要求在一般的历史基础上提出问题，而且正是要求在阶级基础上提出问题"②。也就是说，应当"用马克思主义的观点，即用阶级斗争的观点来观察现代的民族生活"③，使"民族要求服从阶级斗争的利益"。因为无产阶级是"把各民族无产者之间的联合看得高于一切，提得高于一切，从工人的阶级斗争着眼来估计一切民族要求，一切民族的分离"的。④

列宁指出，马克思主义者"完全承认民族运动的历史合理性。然而，不要把这种承认变成替民族主义辩护，因此应该极严格地仅限于承认这些运动中的进步东西"⑤。

列宁强调："各民族完全平等，各民族享有自决权，各民族工人打成一片，——这就是马克思主义教给工人的民族纲领，全世界经验和俄国经验教给工人的民族纲领。"⑥

……

这些原则和方法，也是列宁在起草《民族和殖民地问题提纲初稿》和作关于《民族和殖民地问题委员会的报告》时所遵循的。了解这些原则和方法，将有助于我们理解这两个重要的文献。

一、世界划分为少数压迫民族和多数被压迫民族

民族是一个历史范畴，民族本身是一种社会历史现象。

什么是民族？"民族是人们在历史上形成的一个有共同语言、共同地域、共

① 《列宁选集》第2卷，人民出版社1995年版，第375~376页。
② 《列宁选集》第1卷，人民出版社1995年版，第461~462页。
③ 《列宁选集》第2卷，人民出版社1995年版，第335页。
④ 《列宁选集》第2卷，人民出版社1995年版，第384~385页。
⑤ 《列宁选集》第2卷，人民出版社1995年版，第347页。
⑥ 《列宁选集》第2卷，人民出版社1995年版，第401页。

同的经济生活以及表现在共同文化上的共同心理素质的共同体。”①这个共同体的发展,按照斯大林的表述,经历了一定的阶段,即:由氏族到部落,再到HароднocTb(指古代民族,即资本主义以前的民族,也译作部族。在中国一般称作民族),再到Нация(即现代民族,主要是资本主义民族),到社会主义时期,资本主义民族逐步被改造成为新型的民族——社会主义民族。②

在近代世界的历史上,民族和殖民地问题不是一个孤立的问题,而是整个革命发展、社会发展的总问题的一部分。

列宁指出,研究民族问题,必须“准确地估计具体的历史情况,首先是经济情况”③。因为民族问题只有和发展着的历史条件联系起来才能得到解决。某个民族所处的经济、政治和文化的条件是解决该民族究竟应当怎样处理自己事情的关键。

在资本主义上升时期,民族问题是和战胜封建主义、发展资本主义的斗争相联系的。民族运动的目的,是建立独立的最能满足资本主义发展要求的民族国家。“这种运动的经济基础就是:为了使商品生产获得完全胜利,资产阶级必须夺得国内市场,必须使操同一种语言的人所居住的地域用国家形式统一起来。”④近代西欧国家的情况,基本上就是这样。

与此同时,由于对殖民地的掠夺是资本原始积累的最重要的来源之一,随着资本主义向世界的扩张,在东方,殖民地、附属国反对西方资本主义宗主国的民族解放运动也发展起来了。这种运动的情况不尽相同,有的是封建王公领导的,有的是当地的资产阶级领导的,但它在多数情况下,具有资产阶级民主运动的性质。

在这个时期,殖民地半殖民地的民族解放斗争,是属于旧的资产阶级民主主义革命的范畴之内的,是属于旧的世界资产阶级民主主义革命的一部分。

在帝国主义时代,民族和殖民地问题有了新的情况和意义。

帝国主义是垄断的资本主义,是资本主义发展的最高阶段。资本输出,瓜分世界,是帝国主义的重要特征。列宁指出:“垄断是从殖民政策生长起来的。在殖民政策的无数‘旧的’动机以外,金融资本又增加了争夺原料产地、争夺资本输出、争夺势力范围(即进行有利的交易、取得租让、取得垄断利润等等的范围)直到争夺一般经济领土的动机。”⑤他用无可辩驳的论据证明:“资本主义现在已

① 《斯大林选集》上卷,人民出版社1979年版,第64页。

② 参见《中国大百科全书·民族》,中国大百科全书出版社1986年版,第318页。

③ 《列宁选集》第4卷,人民出版社1995年版,第216页。

④ 《列宁选集》第2卷,人民出版社1995年版,第370页。

⑤ 《列宁选集》第2卷,人民出版社1995年版,第684页。

经划分出极少数特别富强的国家(其人口不到世界人口的1/10,即使按最'慷慨'和最夸大的计算,也不到1/5),它们专靠'剪息票'来掠夺全世界。"①在向共产国际二大的报告中,他指出:帝国主义的特点,"就是现在全世界已经划分为两部分,一部分是为数众多的被压迫民族,另一部分是少数几个拥有巨量财富和强大军事实力的压迫民族。世界人口的大多数属于被压迫民族"。他们占世界人口的70%。"他们有些处于直接的殖民地附属地位,有些是像波斯、土耳其、中国这一类的半殖民地国家,还有一些则是被帝国主义大国的军队打败,由于签订了和约而深深地陷入依附于该国的地位。"②研究民族和殖民地问题,必须准确地估计这种新的历史情况。

与世界上划分为被压迫民族和压迫民族这个特点相联系,在这个时期,民族问题变成了附属国和殖民地被压迫民族摆脱帝国主义桎梏的世界问题。在帝国主义第一次世界大战和俄国十月社会主义革命以后的新的世界历史时代,被压迫民族解放斗争的锋芒,是直接针对国际帝国主义的,虽然它本身还不是社会主义革命,但在客观上是帮助与帝国主义相对立的社会主义力量的,所以它在革命的阵线上说来,已经是属于世界无产阶级社会主义革命的一部分了。③

正因为如此,列宁着重指出:"被压迫民族和压迫民族之间的区别",这就是"我们提纲中最重要最基本的思想"④。因为只有认清这个基本的历史情况,我们才能把握在帝国主义时代民族和殖民地问题的根源和实质,制定出无产阶级及其政党在资本主义国家和殖民地半殖民地国家处理这个问题的正确的战略思想和策略路线。

二、全世界无产者和被压迫民族联合起来

1. 各民族和各国无产者和劳动群众应该共同进行革命斗争

由于在金融资本和帝国主义的时代,"为数无几的最富裕的先进资本主义国家对世界大多数人实行殖民奴役和金融奴役"⑤,是世界上存在民族压迫和民族不平等现象的总根源,所以,反对帝国主义的"殖民奴役和金融奴役",就成了为推翻民族压迫、实现民族解放和消灭民族不平等现象、实现民族平等所必须实现的首要任务。正如大会指出的那样,对于殖民地和附属国来说,"外国的压迫

---

① 《列宁选集》第2卷,人民出版社1995年版,第581页。
② 《列宁选集》第4卷,人民出版社1995年版,第276页。
③ 《毛泽东选集》第2卷,人民出版社1991年版,第667页。
④ 《列宁选集》第4卷,人民出版社1995年版,第275~276页。
⑤ 《列宁选集》第4卷,人民出版社1995年版,第217页。

始终妨碍着社会生活的自由发展;因此,革命的第一步应当是推翻外国的压迫”①。

大会认为,世界革命历史正经历着这样一个时期,“非欧洲被压迫各国的人民群众与欧洲无产阶级运动,由于世界资本主义的集中化,不可分割地联系在一起了”。从殖民地所取得的超额利润,是现代资本主义财力的最主要来源。欧洲工人阶级只有在这种源泉完全枯竭时,才能够推翻欧洲资本主义。“为了世界革命的完全成功,这两种力量的共同行动是必要的。”②

正因为如此,列宁强调:“共产国际在民族和殖民地问题上的全部政策,主要应该是使各民族和各国的无产者和劳动群众为共同进行革命斗争、打倒地主和资产阶级而彼此接近起来。这是因为只有这种接近,才能保证战胜资本主义,如果没有这一胜利,便不能消灭民族压迫和不平等的现象。”③他强调:“各国共产党必须直接帮助附属的或没有平等权利的民族(例如爱尔兰,美国的黑人等)和殖民地的革命运动。”④1920 年 12 月,列宁在一个报告中说:共产国际为东方各民族提出了这样的口号:“全世界无产者和被压迫民族联合起来!”他指出:“从现在的政治情况来看,这样的提法是正确的。”⑤

2. 民族解放运动与苏维埃国家应当结盟

十月革命以后,世界形势发生了新的变化:一方面,欧洲掀起了一个革命浪潮,巴伐利亚、芬兰、匈牙利等一度建立了苏维埃共和国;另一方面,帝国主义通过发动武装干涉和支持反革命叛乱,企图将新生的俄罗斯苏维埃共和国扼杀在摇篮里。针对这种情况,列宁认为,“目前的世界政治形势把无产阶级专政提上了日程”,⑥即把无产阶级专政由一国的变成国际的(至少几个先进国家的)专政。同时,“各民族的相互关系、全世界国家体系,将取决于少数帝国主义国家反对苏维埃运动和以苏维埃俄国为首的各个苏维埃国家的斗争”⑦。据此,他提出:“必须实行使一切民族解放运动和一切殖民地解放运动同苏维埃俄国结成最密切的联盟的政策”;同时,苏维埃俄国应当“一方面团结各国先进工人的苏维埃运动,另一方面团结殖民地和被压迫民族的一切民族解放运动”⑧。

---

① 《共产国际、联共(布)与中国革命关系丛书》(二),北京图书馆出版社 1997 年版,第 146 页。

② 《共产国际、联共(布)与中国革命关系丛书》(二),北京图书馆出版社 1997 年版,第 144 ~ 145 页。

③ 《列宁选集》第 4 卷,人民出版社 1995 年版,第 217 页。

④ 《列宁选集》第 4 卷,人民出版社 1995 年版,第 219 页。

⑤ 《列宁选集》第 4 卷,人民出版社 1995 年版,第 326 页。

⑥ 《列宁选集》第 4 卷,人民出版社 1995 年版,第 217 页。

⑦ 《列宁选集》第 4 卷,人民出版社 1995 年版,第 276 页。

⑧ 《列宁选集》第 4 卷,人民出版社 1995 年版,第 217 ~ 218 页。

尽管后来形势的发展并没有完全符合列宁当时的预计,比如,欧洲革命被镇压下去了,社会主义突破一国的范围在多国得到实现,是到第二次世界大战以后才发生的事;但是,他提出的应当使苏维埃国家与民族解放运动结盟的思想,在根本上是正确的,具有长远的意义。因为在反对帝国主义的斗争中,这两种力量有着共同的战略利益,它们有必要,也有可能联合起来。

在论述苏维埃国家这个问题时,列宁还提出了“联邦制是各民族劳动者走向完全统一的形式”这样的主张。

本来,列宁曾经多次指出,“马克思主义者是反对联邦制和分权制的”。“在各种不同的民族组成一个统一的国家的情况下,并且正是由于这种情况,马克思主义者是决不会主张实行任何联邦制原则,也不会主张实行任何分权制的。”① 既然如此,这时他又为什么要在提纲中提出实行“联邦制”这个主张呢?这个问题,必须联系当时特定的政治形势进行考察,才能得到回答。

当时的情况是,在1917年二月革命以后,俄国的政权落到了资产阶级手中。俄国的边疆地区也建立了许多资产阶级民族政府。十月革命以后,这些政府纷纷宣布脱离俄国而独立。而边疆地区的工人、农民,则同俄国中部的工农政府联合起来,以革命战争推翻这些资产阶级民族政府,建立了苏维埃政权。在这种情况下,为了使这些分散的国家能够走向统一,列宁才提出“联邦制是各民族劳动者走向完全统一的过渡形式”这个问题的。②

由此可见,列宁关于“联邦制是各民族劳动者走向完全统一的过渡形式”这样的主张,是针对当时这种特定的形势提出来的。所以,我们不能把实行联邦制作为多民族国家在任何情况下都必须遵循的普遍原则。

3. 划清无产阶级国际主义与资产阶级民族主义的原则界限

为了实现和巩固无产者和被压迫民族的国际团结,列宁提出,必须坚持无产阶级的国际主义。

资本是一种国际力量。资本主义各国的资产阶级尽管有种种矛盾,但是它们在反对社会主义国家、反对本国无产阶级革命和被压迫民族解放运动等方面有着共同的利益,并且往往为此而采取联合行动。针对这种情况,无产阶级在反对帝国主义的斗争中,就必须坚持国际主义的原则,实行“全世界无产者联合起来”与“全世界无产者和被压迫民族联合起来”的口号。列宁指出:“没有世界各国和各民族的无产阶级以至全体劳动群众自愿要求结盟和统一的愿望,战胜资

---

① 《列宁选集》第2卷,人民出版社1995年版,第358页。

② 参见李维汉:《统一战线问题与民族问题》,人民出版社1981年版,第720页。

本主义这一事业是不能顺利完成的。”①

无产阶级的国际主义具有何种含义？在提纲中，列宁对此作出了经典性的诠释，指出：“第一，要求一个国家的无产阶级斗争的利益服从全世界范围的无产阶级斗争的利益；第二，要求正在战胜资产阶级的民族，有能力有决心为推翻国际资本而承担最大的民族牺牲。”②

坚持无产阶级的国际主义，就必须与资产阶级的民族主义划清界限。在这之前，列宁就讲过：“资产阶级的民族主义和无产阶级的国际主义——这是两个不可调和的敌对口号，这两个同整个资本主义世界的两大阶级营垒相适应的口号，代表着民族问题上的两种政策（也是两种世界观）。”③

资本主义国家的资产阶级往往把本阶级的私利冒充全民族的利益，以民族矛盾掩盖阶级矛盾，抽象地或从形式上提出平等问题，散布“在资本主义制度下各民族能够和平共居和一律平等的市侩的民族主义幻想”。这将毒化无产阶级的意识，对于反对帝国主义的斗争是极其有害的。因为在实际上，“每一个现代民族中，都有两个民族”。“当发生任何真正严肃而深刻的政治问题时，人们是按阶级而不是按民族来进行组合的。”④所以，列宁指出：马克思主义者的民族纲领“要维护国际主义原则，毫不妥协地反对资产阶级民族主义（哪怕是最精致的）毒害无产阶级”。⑤

当然，也要看到，资产阶级的民族主义在不同的历史时期和不同的历史条件下，其作用是不同的。在帝国主义和无产阶级革命的时代，我们反对压迫民族的资产阶级民族主义，但对于被压迫民族的资产阶级民族主义则应当进行具体的分析。列宁明确地讲过，“每个被压迫民族的资产阶级民族主义，都有反对压迫的一般民主主义内容，而我们无条件支持的正是这种内容，同时要严格地区分出谋求本民族特殊地位的趋向”⑥，并且反对这种趋向。同时，他提醒“各国有觉悟的共产主义无产阶级对于受压迫最久的国家和民族的民族感情残余必须持特别小心谨慎的态度”，为了更快地消除他们的不信任心理和各种偏见，“必须作出一定的让步”⑦。

① 《列宁选集》第4卷，人民出版社1995年版，第222页。
② 《列宁选集》第4卷，人民出版社1995年版，第219～220页。
③ 《列宁选集》第2卷，人民出版社1995年版，第339页。
④ 《列宁选集》第2卷，人民出版社1995年版，第344、349页。
⑤ 《列宁选集》第2卷，人民出版社1995年版，第340页。
⑥ 《列宁选集》第2卷，人民出版社1995年版，第386页。
⑦ 《列宁选集》第4卷，人民出版社1995年版，第222～223页。

三、落后国家民族革命运动的性质、意义和前途

列宁在报告中说:“我想特别强调一下落后国家的资产阶级民主运动问题。”①

这里所说的落后国家,主要是指受帝国主义压迫的殖民地半殖民地国家。“这些国家最重要的特点就是资本主义前的关系还占统治地位”,即“封建关系或宗法关系、宗法农民关系占优势”。“这些国家里几乎没有工业无产阶级”;主要群众是农民,他们“处于半封建依附状态”②。

对于全世界的共产党人来说,怎样对待这些国家的民族运动、资产阶级民主运动,怎样在这些国家中开展工作,是一个全新的问题。

早在1919年11月,列宁就对全俄东部各民族共产党人说过,你们必须以共产主义的一般理论和实践为依据,适应欧洲各国所没有的条件,善于把这种理论和实践运用于主要群众是农民,需要解决的将任务不是反对资本而是反对中世纪残余这样的条件。你们必须提出并根据自己的经验来解决这个任务。③ 事实上,这个任务不仅是全俄东部各民族共产党人,同时也是共产国际和落后国家的共产党人,都必须面对并加以解决的。

在提纲中,列宁提出了在“比较落后的国家和民族”中进行工作要特别注意的几个方面。其中具有普遍意义的问题主要是:

1. 民族运动的资产阶级民主性质

怎样判断落后国家民族运动的性质?列宁的观点是:“任何民族运动都只能是资产阶级民主性质的,因为落后国家的主要居民群众是农民,而农民是资产阶级资本主义关系的体现者。”④

应当怎样理解列宁关于“民族运动具有资产阶级民主性质”这个判断呢?我们知道,列宁在论述十月革命以前的俄国革命时曾经说过:“我国革命的资产阶级民主主义内容,指的是消灭俄国社会关系(秩序、制度)中的中世纪制度,农奴制度,封建制度。”⑤这个革命的根本问题是农民的土地问题。“他们的最终目的并没有超出资本主义的范围,在全部土地转交给全体农民和全体人民的情况下,资本主义会更广泛地更蓬勃地发展起来。”⑥因为小农经济是不可能长期稳

---

① 《列宁选集》第4卷,人民出版社1995年版,第276页。

② 《列宁选集》第4卷,人民出版社1995年版,第277~278、220页。

③ 《列宁选集》第4卷,人民出版社1995年版,第79页。

④ 《列宁选集》第4卷,人民出版社1995年版,第276页。

⑤ 《列宁选集》第4卷,人民出版社1995年版,第564页。

⑥ 《列宁选集》第1卷,人民出版社1995年版,第674页。

定的，它必定要分化出大批的农村雇佣劳动者和少数农业资本家来的。这个分析，对于我们理解列宁的上述判断，可以提供直接的启示。

在落后国家，民族问题实质上是农民问题，农民问题是民族问题的基础、内在的本质，农民是民族运动的基本军队。正因为如此，列宁强调，"必须特别援助落后国家中反对地主、反对大土地占有制、反对各种封建主义现象或封建主义残余的农民运动，竭力使农民运动具有最大的革命性"。"认为无产阶级政党（如果它一般地说能够在这类国家里产生的话）不同农民运动发生一定的关系，不在实际上支持农民运动，就能在这些落后国家里实行共产主义的策略和共产主义的政策，那就是空想。"①

在提纲中，列宁所以要"各国共产党必须帮助这些国家的资产阶级民主解放运动"，②其主要的根据和根本的意义就在这里。

2. 被压迫国家中资产阶级的两重性和无产阶级政党的领导作用

应当怎样认识被压迫国家的资产阶级？这是共产党人为了正确对待落后国家资产阶级民主运动所必须解决的问题。

列宁对被压迫国家资产阶级的两重性作出了科学的分析，指出他们"……往往是，甚至可以说在多数场合下都是一方面支持民族运动，另一方面又按照帝国主义资产阶级的意志行事，也就是同他们一起来反对一切革命运动和革命阶级"③。

在讨论中，列宁表示不赞成关于共产国际不应当支持殖民地国家资产阶级民主运动的观点。他说："在俄国，我们在反对沙皇制度时支持过自由派的解放运动。印度共产主义者必须支持资产阶级民主运动，但又不同它融为一体。"④与此同时，他也表示赞成把提纲初稿中的"资产阶级民主运动"的提法一般都改为"民族革命"。他说："我们这样修改，意思是说，只有在殖民地国家的资产阶级解放运动真正具有革命性质的时候，在这种运动的代表人物不阻碍我们用革命精神去教育、组织农民和广大被剥削群众的时候，我们共产党人才应当支持并且一定支持这种运动。"⑤

根据以上的分析，列宁的结论是：共产国际应当同殖民地和落后国家的资产阶级民主派结成临时联盟，但是不要同他们融合，要绝对保持无产阶级运动的独

---

① 《列宁选集》第4卷，人民出版社1995年版，第220、276页。
② 《列宁选集》第4卷，人民出版社1995年版，第220页。
③ 《列宁选集》第4卷，人民出版社1995年版，第277页。
④ 《共产国际第二次代表大会公报》，1920年第1号。
⑤ 《列宁选集》第4卷，人民出版社1995年版，第277页。

立性。①

对于这个问题,大会通过的补充提纲还作过进一步的论证,指出:殖民地附属国内存在着相距日远的两种运动,即资产阶级民族主义的民主运动和工农为摆脱各种剥削而进行的群众性斗争。第一种运动企图控制第二种运动。共产国际应当反对这一类的控制。诚然,在殖民地半殖民地国家,直接进行社会主义革命的条件还不具备。因此,补充提纲强调:"殖民地革命在最初时期不会是共产主义革命,然而要是它从头起就由共产主义先锋队所领导,那末革命群众,由于渐次地获得革命经验,将达到所抱目的的正确道路。"②

3. 落后国家在一定条件下可以过渡到苏维埃制度,然后过渡到共产主义

既然在殖民地半殖民地国家,"还谈不到纯粹的无产阶级运动",那么,这类落后民族的国民经济是不是必然要经过资本主义发展阶段呢?这是共产党人为了正确制定这些国家的民族纲领时所必须答复的又一个问题。列宁说:"我们对这个问题的回答是否定的。"③对此,补充提纲还进一步指出,落后民族要经过资本主义发展阶段,会遇到很大的困难。因为"强制地向东方各民族移植的外国帝国主义,无条件地阻止了他们的社会与经济的发展,剥夺了他们达到欧美已经达到的水平的可能性"④。

那么,殖民地半殖民地的民族运动的前景究竟将会是怎样的,共产党人在民族运动中应当争取实现一种什么前景呢?对此,列宁创造性地提出了在无产阶级及其政党的领导下实行"两个过渡"的思想。他说:"在先进国家无产阶级的帮助下,落后国家可以不经过资本主义发展阶段而过渡到苏维埃制度,然后经过一定的发展阶段过渡到共产主义。"⑤

这里所说的苏维埃制度,是指劳动者的采取代表会议形式的政权。所谓"过渡到苏维埃制度",就是说在这些国家中首先要解决建立劳动者的政权这个问题。因为"只有在苏维埃成为唯一的国家机构时,全体被剥削者才能真正参加国家管理"⑥。也只有这样,劳动者才能真正为自身的利益去进行建设,使社会与经济得到发展。所以,列宁说,"我们现在最重要的任务之一,就是要考虑如何在各个非资本主义国家内为组织苏维埃运动奠定头一块基石"⑦。

---

① 《列宁选集》第4卷,人民出版社1995年版,第221页。

② 《共产国际、联共(布)与中国革命关系丛书》(二),北京图书馆出版社1997年版,第145页。

③ 《列宁选集》第4卷,人民出版社1995年版,第279页。

④ 《共产国际、联共(布)与中国革命关系丛书》(二),北京图书馆出版社1997年版,第145页。

⑤ 《列宁选集》第4卷,人民出版社1995年版,第279页。

⑥ 《列宁选集》第4卷,人民出版社1995年版,第237~238页。

⑦ 《列宁选集》第4卷,人民出版社1995年版,第273页。

尽管在这些被压迫落后国家中几乎没有工业无产阶级，列宁仍然认为，“我们在那里还是担负起了领导者的作用，并且也应该担负起领导者的作用”①。因为没有无产阶级及其政党的领导，要组织苏维埃运动、建立苏维埃制度，是根本不可能的。补充提纲明确指出，在这些国家中，最主要和必要的任务就“是建立农民和工人的共产主义组织，以便能够领导他们走向革命和创立苏维埃共和国”②。这是实行第一个过渡的必要条件。

至于如何实行第二个过渡，即建立苏维埃制度以后应当采取什么手段才能过渡到共产主义，对于这个问题，列宁并没有具体地进行说明。他认为“这不可能预先指出。实际经验将会给我们启示”③。

列宁关于两个过渡的思想，为殖民地附属国的民族解放运动指出了一条全新的道路，昭示了一个光明的前景。

总起来说，列宁在《民族和殖民地问题提纲初稿》和代表民族和殖民地问题委员会所作的报告中所阐明的这些重要思想，不仅对于帮助共产国际和殖民地半殖民地国家的共产党人（包括中国共产党人）制定正确的路线和政策，推动国际共产主义运动和民族解放运动的发展，起过重要的作用，而且具有重大的理论价值。我们要科学地研究近代民族和殖民地问题的历史，可以从中获得重大的教益。

——原载《思想理论教育导刊》2011 年第 12 期。原题为《关于民族殖民地问题的纲领性文献》。

① 《列宁选集》第 4 卷，人民出版社 1995 年版，第 277 页。

② 《共产国际、联共（布）与中国革命关系丛书》（二）北京图书馆出版社 1997 年版，第 146 页。

③ 《列宁选集》第 4 卷，人民出版社 1995 年版，第 279 页。

附录二

科学地研究、宣传党和人民的斗争历史

——兼评历史虚无主义思潮

近代以来,中国面临着争取民族独立、人民解放和实现国家的繁荣富强即现代化这样两项根本性的历史任务。为实现这两项根本性的任务而斗争,这就是近代以来中国历史的主题。近代以来的中国历史,就其本质和主流来说,就是一代又一代的仁人志士和人民群众为救亡图存而英勇奋斗、艰苦探索的历史;尤其是全国各族人民在中国共产党的领导下,进行伟大、艰苦、曲折的斗争,经过新民主主义革命,赢得民族独立和自身解放的历史,并且经过社会主义改造、建设和改革,把一个极度贫弱的旧中国逐步变成一个初步繁荣昌盛、充满生机和活力的社会主义的新中国的历史。这是中国五千年文明史上的光辉的篇章,也是世界革命史和人类发展史上壮丽的一页。中国人民和中国共产党人因为近代以来的中国拥有这样光荣的历史而感到无比的自豪。人们十分珍惜党和人民英勇奋斗的历史,并且对于那些为了祖国的独立和富强而献身的先驱者和英烈们满怀崇敬和感激之情,是理所当然的。

值得注意的是,与广大中国人民的认识和思想感情迥然不同,一些人对于近现代中国的历史采取了极端的虚无主义的态度。在"根本改写中国近代历史"这个口号下,他们提出"告别革命"的主张,认为革命只起破坏性的作用,没有任何建设性的意义;他们把中国选择社会主义视为离开"近代文明的主流"而误入歧途,认为经济文化落后的中国所搞的社会主义不过是小资产阶级的空想社会主义;他们用攻其一点、不及其余的方法描绘中国共产党的历史,把它说成是一系列错误的延续。尽管从科学的角度来说,这些观点并没有什么价值,因为它们根本不符合近现代中国历史的实际,是完全站不住脚的;但是从政治上看,这些观点却应当引起我们高度的重视,因为这种思潮的泛滥可能造成人们的思想混乱,导致严重的后果。为了正确地认识和宣传党和人民奋斗的历史,我们必须警惕这种历史虚无主义思潮,并且对它作出科学的评析。

(一)

近代以来,中国面临的争取民族独立、人民解放和实现国家的繁荣富强这两项历史任务,是互相关联着的。由于腐朽的半殖民地半封建的社会制度束缚着中国社会生产力的发展,阻碍着中国经济技术的进步,因此,必须首先改变外国帝国主义和本国封建主义联合统治的社会制度,争得民族独立和人民解放,才能为集中力量进行现代化建设、实现国家的繁荣富强创造前提,开辟道路。因为:不首先争得民族独立、人民解放,就不可能废除外国资本主义列强强加给中国的不平等条约,改变它们控制中国海关、扼住中国财政的咽喉以及在中国倾销商品和进行投资等方面享有的特权,由此使中国的民族工商业得以自由的发展;就不可能废除封建地主的土地所有制,解放农村生产力,改善农民的生活并提高他们的购买力,由此为中国工业的发展提供足够的商品粮、轻工业原料、部分的资金和广阔的市场;就不可能真正实现国家的统一、人民的团结、国内各民族的团结和社会的稳定,由此使中国人民过上安居乐业的生活,以便集中力量去从事经济文化等项事业的建设。

能不能经由改良的途径而不通过革命的方式,去实现中国面临的争取独立和走向富强的任务呢?答案是否定的。因为改良是在保存现行的政治经济制度的基础上对社会的某些局部进行的调整。但在事实上,阻碍中国走向独立和富强的,恰恰是整个现行的半殖民地半封建的政治经济制度,而不只是这个制度的某些局部,所以靠进行改良是不能解决问题的。而且,采取改良措施,必须经由统治阶级的同意和准许,才能付诸实施。但是,无论是晚清政府、北洋政府还是国民党政府,它们都是以外国帝国主义作为靠山、以本国封建势力作为支柱的。它们不愿意也不可能去废除帝国主义在中国享有的特权,废除封建主义对于中国人民特别是农民的束缚,从而争得民族独立和人民解放,并由此开拓中国通向现代化的道路。

近代的中国,是一个革命的国度。中国人民的民族革命斗争,从1840年反对英国侵略的鸦片战争就开始了。在这以后,从太平天国起义到辛亥革命,斗争的浪潮一个接着一个,其间没有多少间歇。1921年中国共产党成立以后,中国人民的斗争更发展到了一个崭新的阶段,即新民主主义革命阶段。

近代中国发生的革命,不是也不可能是由少数革命家“制造”出来的。革命的发生,有着深刻的社会历史背景。“帝国主义和中华民族的矛盾,封建主义和人民大众的矛盾,这些就是近代中国社会的主要的矛盾。”“这些矛盾的斗争及其尖锐化,就不能不造成日益发展的革命运动。伟大的近代和现代的中国革命,是在这些基本矛盾的基础之上发生和发展起来的。”①

怎样看待中国革命?中国革命是不是必要的、正义的、进步的事业?对于这个问题,不同阶级、不同阶层的人们有着不同的答案,并且为此进行过长期的和严重的争论。早在1905年至1907年期间,中国的资产阶级革命派(以《民报》

① 《毛泽东选集》第2卷,人民出版社1991年版,第631页。

为主要阵地)和改良派(以《新民丛报》为主要阵地)就曾经围绕着要不要用革命的手段推翻清王朝这个问题展开过一场大论战。改良派攻击革命会有“流血牺牲”、会“破坏一切”,因此是要不得的。这种说法,也是后来一切诋毁革命的人立论的主要根据。对此,当时的革命派回答说:进行革命,固然会有牺牲,但是,如果不进行革命而容忍反动的统治秩序,中国人民就有可能免除痛苦和牺牲吗?这样做,恰恰意味着他们将长期地遭受难堪的痛苦和作出巨大的牺牲。他们指出:“革命不免于杀人流血固矣,然不革命则杀人流血之祸可以免乎?”“无革命,则亦无平和,腐败而已,痛苦而已。”由于害怕流血牺牲就否定革命,这“何异见将溃之疽而戒毋施刀圭”,这不是非常荒谬的吗?值得注意的是,改良派攻击革命的言论,在当时就遭到人们的唾弃了。改良派自己也不得不承认:“数年以来,革命论盛行于国中,今得法理论、政治论以为之羽翼,其旗帜益鲜明,其壁垒益森严,其势力益磅礴而郁结,下至贩夫走卒,莫不口谈革命,而身行破坏。”而主张改良的立宪党人则“气为所慑,口为所箝”。

“革命是历史的火车头。”①“革命是被压迫者和被剥削者的盛大节日。”在革命时期,人民群众“能够作出从市侩的渐进主义的狭小尺度看来是不可思议的奇迹”②。人们在革命中付出的代价,是以换得历史的进步作为补偿的。中国近现代的历史证明了这一点。在20世纪前半叶,中国主要在进行革命。正是这个时期的革命斗争,尤其是中国共产党领导的新民主主义革命,从根本上改变了中国的面貌,改变了中国人民的命运。它不仅挽救了中国的危亡,打碎了套在中国人民身上的枷锁,荡涤了旧社会的污泥浊水,而且开启了中国建设现代化强国之路。如果说,近代以来,我们的民族蒙受过深重的屈辱,我们的人民经历了无穷的灾难,那么,革命胜利以后,虽然也还遇到过许多的困难,甚至发生过某些暂时的、严重的挫折,但是从根本上说,我们的民族真正在世界上站立起来而且站稳了,我们的人民终于过上了具有人的尊严的和安居乐业的生活,我们这个文明古国重又焕发了青春的光彩。这种历史性的变化,这种伟大的进步,离开革命和革命的胜利,是完全不可想象的。正因为如此,任何不怀抱政治偏见的中国人,都把革命的事业当做伟大的事业,都把革命的旗帜当做光荣的旗帜,都把革命的历史当做必须十分珍惜的精神财富。而任何对于革命和革命历史的污蔑、诋毁、攻击和否定,都是受惠于革命的广大中国人民所不能接受的,都不可避免地要遭到他们的抵制和反对。

---

① 《马克思恩格斯选集》第1卷,人民出版社1995年版,第456页。

② 《列宁选集》第1卷,人民出版社1995年版,第616页。

（二）

革命的目的是解放生产力。新民主主义革命的胜利和中华人民共和国的成立，标志着近代以来中国争取民族独立和人民解放这一项历史任务基本上得到了完成。集中力量进行经济建设即为实现国家的繁荣富强而奋斗，被日益突出地提上了党和国家的议事日程。

进行经济建设，首先就是要把中国从一个落后的农业国变为一个先进的工业国，就是要实现国家的工业化。怎样才能发展经济，实现国家的工业化呢？从世界历史上看，无非有两条道路：一条是资本主义工业化的道路，这是欧、美、日本走过的，而且走通了；一条是社会主义工业化的道路，这是苏联走过的，而且也是走通了的。十月革命前，俄国是欧洲一个比较落后的国家，由于搞了社会主义的工业化，苏联成了欧洲的第一强国、世界上最强大的两个国家之一。这个事实，是有说服力的。

近代以来的历史表明，对于中国来说，资本主义工业化的道路实际上是走不通的。从 19 世纪 60 年代末 70 年代初中国民族资本主义工业产生以来，由于受到外国垄断资本的压迫和本国封建生产关系的束缚，它始终处于举步维艰的境地。经过七八十年的发展，到 1949 年，整个民族工业资本只有 20.08 亿元人民币(1952 年币值)。它对外国垄断资本具有相当大的依赖性。由于未能形成一个独立的、比较完整的工业体系和国民经济体系，独立以后的中国如果不搞社会主义而走资本主义道路，它就仍然不可能摆脱对于外国垄断资本的依赖。这样，中国就难免要成为外国垄断资本的加工厂和单纯的廉价原料、廉价劳动力的供应地，就像现在亚洲、非洲、拉丁美洲的许多国家和地区那样。如果出现这种情况，中国的经济还有可能迅速发展起来吗？中国这样一个大国，企图主要靠外国提供资金和机器设备等来求得发展，是不可能想象的。而且，由于经济上依赖外国，在政治上就挺不起腰杆，连已经争得的独立也可能丧失掉。所以，如果搞资本主义，搞来搞去，就会搞成西方资本主义大国的附庸了。这种危险是现实存在的。这就是说，在帝国主义时代，中国通过走资本主义道路实现现代化的历史机遇已经丧失。正因为如此，早在新中国成立初期，我们党就明确指出："资本主义道路，也可增产，但时间要长，而且是痛苦的道路。我们不搞资本主义，这是定了的，如果又不搞社会主义，那就要两头落空。"①

中国经济在 20 世纪 50 年代的"最重要事件就是选择了社会主义"。决定中国选择社会主义的基本因素是：第一，"中国政府实行了全国财政经济的统

① 《毛泽东文集》第 6 卷，人民出版社 1999 年版，第 299 页。

一”。“这是中国选择社会主义的重要关键。”因为经验表明，“一定程度的统一计划性，以及拥有相应的物质手段或宏观调控能力，对于国民经济的稳定发展始终是必要的”。第二，“中国国营经济的日益强大”。第一个五年计划的任务主要是由国营经济承担的，这当然需要大大扩大社会主义性质的国营经济。第三，“资本主义经济的弱小和发展困难”决定了它不可能成为国家实现工业化的主要依靠。而且资本主义经济与政府、国营经济和社会的矛盾及其发展，使“人们开始认识到，资本主义工商业不仅需要进一步改组，而且需要通过国家资本主义的过渡形式逐步改造为社会主义”。第四，新中国的国际环境。所以，“就五十年代中国经济和中国历史的全局而论，重要的是，无论早几年或迟几年，保留多少私有成份，经济管理上和计划方法上具备多大程度上应有的灵活性，总之，对社会主义的选择是不可避免的”①。

借口中国经济文化落后，否定中国人民有选择走社会主义道路的权利，这种主张根本不能成立。

应当毫不含糊地指出，经济文化落后的国家在一定的条件下可以搞社会主义，这是马克思、列宁早已阐明的思想。1881 年，马克思在答复查苏利奇关于俄国农村公社未来的命运这个问题时就说过：由于俄国的农村公社是与资本主义同时存在的东西，俄国并不是脱离现代世界而孤立生存的，所以，如果其他条件具备，“它能够不通过资本主义制度的卡夫丁峡谷，而占有资本主义制度所创造的一切积极的成果”②。为了驳斥第二国际的领袖伯恩施坦、考茨基等修正主义分子和俄国孟什维克这个机会主义派别关于俄国的经济还没有发展到“足以实现社会主义的水平”这种主张，列宁在 1923 年所写的《论我国革命——评尼·苏汉诺夫的札记》一文中指出：“你们说，为了建立社会主义就需要文明。好极了。那么，我们为什么不能首先在我国为这种文明创造前提，如驱逐地主，驱逐俄国资本家，然后开始走向社会主义呢？”要知道，世界历史发展的一般规律，不仅丝毫不排斥个别发展阶段在发展的形式上或顺序上表现出特殊性，反而是以此为前提的。不懂得这一点，就是对马克思主义中有决定意义的东西即革命辩证法一点也不理解，就是对马克思主义的理解“迂腐到无以复加的程度”③。

中国共产党领导中国人民进行社会主义改造和建设的事业时，正是遵循了马克思主义的上述理论。毛泽东指出：“首先制造舆论，夺取政权，然后解决所有制问题，再大大发展生产力，这是一般规律。”从世界的历史来看，“都是先把

---

① 《胡乔木文集》第 2 卷，人民出版社 1994 年版，第 252、260 页。

② 《马克思恩格斯选集》第 3 卷，人民出版社 1995 年版，第 775 页。

③ 《列宁选集》第 4 卷，人民出版社 1995 年版，第 775 ~ 778 页。

上层建筑改变了,生产关系搞好了,上了轨道了,才为生产力的大发展开辟了道路,为物质基础的增强准备了条件。当然,生产关系的革命,是生产力的一定发展所引起的。但是,生产力的大发展,总是在生产关系改变以后"①。这个一般规律,对于资产阶级革命,对于无产阶级革命,都是适用的。

在这个问题上,邓小平的观点同列宁、毛泽东的观点是一致的。1977 年 10 月,他在同加拿大林达光教授夫妇谈话中指出:列宁在批判考茨基的庸俗生产力论时讲,落后的国家也可以搞社会主义革命。我们也是反对庸俗的生产力论。"当时中国有了先进的无产阶级的政党,有了初步的资本主义经济,加上国际条件,所以在一个很不发达的中国能搞社会主义。这和列宁讲的反对庸俗的生产力论一样。"②为了科学地评价中国的社会主义事业,我们必须划清马克思主义与考茨基的庸俗生产力论的界限。因为这种庸俗生产力论并不是马克思主义,而是对于马克思主义的教条主义的歪曲。

历史的经验和现实的生活都告诉我们:只有社会主义才能救中国,只有社会主义才能发展中国。我们看到,在全面进行社会主义改造的期间,即从 1953 年到 1956 年,全国工业总产值平均每年递增 19.6%,农业总产值每年递增 4.8%。社会主义改造不仅没有阻碍生产力的发展,而且成了生产力发展的直接动力。我们尤其应当看到,社会主义基本经济制度的确立,为中国全面进行社会主义建设开辟了道路,为中国尔后的一切进步和发展奠定了基础。从 1957 年到 1978 年的 22 年间,尽管我们犯过"大跃进"和"文化大革命"的严重错误(这两个错误都是由于党在寻找中国自己的社会主义建设道路的过程中主观认识不符合客观实际的结果,并不是建立了社会主义制度以后必定要发生的),整个说来,我们在社会主义建设方面所取得的成就仍然是相当可观的。在这期间,我们基本上建立起了一个独立的、比较完整的工业体系和国民经济体系,使中国在赢得了政治上的独立之后又赢得了经济上的独立。而且在这期间,中国经济发展的速度从总体上来看也还是相当快的。工农业总产值,1953—1978 年平均年增长率为 8.2%;其中工业总产值平均年增长率为 11.4%,农业总产值平均年增长率为 2.7%。从 1957 年到 1978 年,除了少数农副产品产量外,谷物和主要工业产品产量在世界上所占的位次都明显上升了。这些事实,是经济文化落后的中国应当而且能够建立社会主义制度的生动证明,是社会主义制度具有巨大优越性的初步的但又是有力的显示。

1978 年中共十一届三中全会以来进行的改革,是社会主义制度的自我完善

① 《毛泽东文集》第 8 卷,人民出版社 1999 年版,第 131 ~ 132 页。

② 《邓小平年谱(1975—1997)》上册,中央文献出版社 2004 年版,第 223 页。

和发展。它是在坚持社会主义基本制度的前提下进行的。进行改革的“总的目的是要有利于巩固社会主义制度,有利于巩固党的领导,有利于在党的领导和社会主义制度下发展生产力”①。改革开放以来中国取得的举世瞩目的巨大成就,是社会主义制度具有极大的优越性和旺盛生命力的进一步证明。有人把资本主义视为社会发展的极致和人类历史的终结。他们企图把改革变成是对社会主义的否定和对资本主义的补课,即对资本主义这个所谓“近代文明主流”的回归。这种企图完全违反中国社会发展的规律和中国人民的根本利益。对此,中国共产党和中国人民是绝对不允许的。

(三)

中国共产党是中国革命和建设事业的领导者和组织者,是全国各族人民的领导核心。中国共产党自1921年创立以来,为了推动中国社会的进步,领导人民做了许多事情。总起来说,就是:开展反帝反封建的新民主主义革命,推翻了半殖民地半封建的旧社会制度,创建了伟大的中华人民共和国,使得近代以来受尽压迫和欺凌的中华民族和中国人民站立了起来;进行社会主义改造,全面确立社会主义的基本制度,为中国以后的一切进步和发展奠定了基础;开始全面建设社会主义的经济、政治、文化,开创建设中国特色社会主义的道路,使中国摆脱了极度贫弱的境况,而成了一个初步繁荣昌盛的、欣欣向荣的国家。这就是党的历史的本质和主流。无论党在历史上经历过何种曲折,犯过多少错误,从根本上说,它是为中华民族和中国人民建立了伟大的历史功绩的,是为国际共产主义运动和人类进步事业作出了巨大贡献的。如果不讲党的这个本质和主流,只是一味热衷于暴露党的历史上的缺点、错误,那么,即使所讲的缺点、错误确实存在,它所提供的关于党的历史的整个图景在根本上仍然是不真实的,是对党的整个历史的曲解和丑化。为了坚持实事求是的原则,我们必须旗帜鲜明地、理直气壮地宣传党的光荣的斗争历史及其伟大的成就和成功的经验。

当然,强调应当这样做,并不意味着我们主张忽视乃至掩盖党经历的曲折和犯过的错误。作为一个郑重的、对人民负责任的马克思主义政党,中国共产党从来都是正视自己的错误,注意从自己所犯的错误中学习并汲取教训的。在这个问题上,需要指明的是:

第一,应当用历史的观点、实践的观点看待党走过的历史道路,总结党的历史经验。

必须承认,在一个人口众多、幅员辽阔、情况复杂、经济文化落后、发展极不

① 《邓小平文选》第3卷,人民出版社1993年版,第241页。

平衡的东方大国，领导人民进行革命和社会主义建设，这是一个伟大而艰巨的事业。人的正确思想只能从社会实践中来。为了回答在中国这样一个国家里如何进行革命和建设的问题，不能不经历一个摸索的过程，经历一个在党和人民集体奋斗的基础上积累经验的过程。在这个过程中，在一个时期内，党以及党的领导人难免会犯这样那样的错误甚至犯严重的错误。这是需要结合历史条件加以说明，不可以苛责于前人的。在延安整风时期，我们党就强调，处理历史问题，不应着重于一些个别同志的责任方面，而应着重于分析当时的环境，当时错误的内容，当时错误的社会根源、历史根源和思想根源。这个原则，今天仍然必须坚持。离开对具体的历史环境的分析，不承认把马克思主义同中国实际相结合需要经历一个过程，以今天的认识作为评价标准，来为前人的思想和事业定位，把党所进行的艰苦探索、把那些探索的先驱者说得一无是处，这种形而上学的思想方法，从根本上说是反历史、反科学的。

第二，要坚持实事求是的原则，采取分析的方法。

由于党和人民奋斗的历史是一个伟大的曲折的历程，为了对这个历史作出科学的评价，我们必须进行具体的分析。应当看到，我们党的工作在大部分时间里是做得好的或比较好的，所以，“总的来说，我们党的历史还是光辉的历史”；①同时也应当承认，有一些时期党的工作做得并不怎么好，甚至犯过全局性的严重错误。我们必须科学地认识党的各个阶段的历史，不能作绝对肯定或绝对否定的简单结论。实际上，当我们说某个时期好或比较好的时候，并不意味着一切都好，没有任何教训需要总结了；当我们说某个时期犯了严重的甚至全局性的错误的时候，也并非意味着此时一切皆错，没有一点可以肯定的东西了。只有对党的历史进行科学的分析，我们才不至于在纠正错误的时候否定应当维护的正确的东西，不至于损害党的领导地位和社会主义的基本制度，使我们丧失为前进所必须坚持的阵地；也只有这样，我们才可能对错误本身作出冷静的恰如其分的分析，从中引出应有的历史教训。

第三，必须注意研究党认识错误、纠正错误的历史进程。

应当看到，错误和挫折并不是纯粹消极的东西，其中也可能孕育着成功的因素。实际上，我们党正是通过总结成功的经验和犯错误的教训，不断地把党的事业推向前进的。所以，我们不应当只是静止地、孤立地去暴露党犯过的错误，而是应当在正视错误的同时阐述党认识错误、总结经验、纠正错误，从而把党的事业向前推进的过程。因为历史的事实证明，中国共产党是具有自我净化和自我发展的能力的。

---

① 《邓小平文选》第2卷，人民出版社1994年版，第298～299页。

很明显,如果这样来论述党犯过的错误和经历的曲折,我们就同历史虚无主义划清了界限,不仅不会损害党的形象,而且还可以进一步增强人们对于党的领导和建设中国特色社会主义事业的信心。

(四)

有必要指出,从思想渊源上看,一些人鼓吹的历史虚无主义观点,在学术上并没有什么新意,有的甚至是早已被马克思主义史学家乃至革命的资产阶级思想家驳倒了的陈腐论调。比如,前面我们已经说过,在1905—1907年资产阶级革命派同资产阶级改良派进行的论战中,革命派就把改良派借口革命要流血牺牲鼓吹改良、否定革命的观点,批驳得体无完肤,以至改良派也不得不承认自己"气为所慑,口为所箝"。今天一些人鼓吹的否定革命、"告别革命"那一套,不过是老调重弹而已。

历史虚无主义思潮的另一个渊源,是西方某些学者的观点。这种思潮,正如李文海教授所说:"不过是西方教条主义的一种反映。例如,历史虚无主义论者大肆鼓吹的从'革命范式'转换到'现代化范式',美国杜克大学的德里克(Arif Dirlik)教授在一篇题为《革命之后的史学:中国近代史研究中的当代危机》的文章中早就详细地介绍过。文章说:历经六七十年代,革命一直是美国汉学界历史解释的范式。当时,占主导地位的是对革命的正面评价,认为'革命给中国引进了一种新型政治,使远比此前为多的人们得以参与政治,使无权言政的人们得以发言,它将人们从过去的被压迫状态中解放出来,并使他们摆脱了传统的思想奴役。革命使中国摆脱了帝国主义,并转变为一个现代主权国家。革命还清除了或由历史形成的、或由近代帝国主义导致的种种发展障碍,解决了发展问题'。但这种看法在20世纪80年代中期开始发生改变了:'先前一直被描述为解放史诗的革命史,现在却变成了衰落与失败的故事',一些著作还竭力散布革命的种种弊端,说什么'革命并不意味着被压迫者对压迫阶级的胜利,而是使中国社会的不良分子得以掌握权力','革命使潜存于中国文化中的恶劣习性与态度泛滥成灾','虽然中国经历了一个世纪的战争与革命,但晚清以来的中国从未成为现代社会。换句话说,中国革命不仅未使中国现代化,反而强化了其前现代的状态',有的甚至说'革命带来的可能并不仅仅是失败,它还可能打断了清末以前一直在进行的朝着现代化方向的发展过程','中国如果没有革命,其境况会较好些'。如果我们把这些西方观点同国内学术界某些人否定革命的言论相对照,就不难发现,从思想到语言,实在是亦步亦趋,如出一辙。"

历史虚无主义的鼓吹者否定唯物主义的历史观和方法论,他们所遵循的是唯心主义的历史观,所运用的是主观主义的方法。他们所宣扬的观点,不是在全面地、系统地掌握有关材料的基础上经过科学的分析得出来的；在很大的程度上，他们提出这些观点主要是在表达自己的某种倾向、某种情绪，带有极大的主观随意性。龚书铎教授讲得好：表现在近现代史研究中的历史虚无主义思潮，对于这段历史也并不是完全虚无，而是有所虚无，有所不虚无。他们虚无的是中国人民的革命运动、中国共产党的领导、马克思主义的指导、社会主义制度和人民民主专政；不虚无的是为早已有历史定论的叛徒、汉奸、反动统治者歌功颂德。总之，他们不是从历史发展的真实情形出发去诠释历史，而是想当然地解读历史，虚构历史，否定历史，为中国近现代历史的发展寻找根本没有历史根据的另类历史规律和发展道路。例如，有人一方面肆意丑化毛泽东，给中国共产党抹黑，给社会主义抹黑，另一方面又公然为汪精卫等大汉奸翻案，说什么“汪伪政权并不代表日本人的利益，而是代表沦陷区人民的利益”。可见，丑化什么，美化什么，一清二楚。他还指出：就方法论来说，评价任何一个历史事件或历史人物，都要看它的主流、本质，而不能只抓住支流、现象下结论，更不能用这种方法去剪裁历史，编排历史，把好的说成坏的，把坏的变成好的。历史虚无主义论者研究历史，恰恰是把支流当主流，把现象当本质，将历史中的某些失误抽象化，并加以孤立地、片面地放大、渲染，从而达到歪曲历史的目的。对这种方法，列宁当年曾尖锐地批评说：“在社会现象领域，没有哪种方法比胡乱抽出一些个别事实和玩弄实例更普遍、更站不住脚的了。挑选任何例子是毫不费劲的，但这没有任何意义，或者有纯粹消极的意义，因为问题完全在于，每一个别情况都有其具体的历史环境。……如果不是从整体上、不是从联系中去掌握事实，如果事实是零碎的和随意挑出来的，那么它们就只能是一种儿戏，或者连儿戏也不如。”①用列宁的这段话来批评历史虚无主义论者的方法论上的错误，是十分恰当的。

历史是一面镜子。重视历史研究，注意总结和汲取历史经验，这是中国共产党的一个优良传统。晚清思想家龚自珍说过：“欲知大道，必先为史。”②他又说过：“灭人之国，必先去其史；隳人之枋，败人之纲纪，必先去其史；绝人之才，湮塞人之教，必先去其史；夷人之祖宗，必先去其史。”③他从正反两方面说明了研究历史和正确对待历史的重要性。这些话，是历史经验的总结，值得我们深长思之。我们之所以必须对历史虚无主义思潮保持警惕，就是因为如果听任这种思潮自由泛滥，以至把人民革命的历史、共产党的历史、人民共和国的历史丑化了、糟蹋了，那么，坚持人民革命的成果、坚持社会主义制度、坚持共产党的执政地位

① 《列宁全集》第28卷，人民出版社1990年版，第364页。

② 龚自珍：《尊史》。

③ 龚自珍：《古史钩沉论二》。

和领导作用也就会失去基本的历史依据，由此可能导致何种严重的政治后果，是不言自明的。在这个问题上，苏联解体、东欧剧变已经为我们提供了惨痛的教训。正如一位老同志所说的那样：只有正确地总结过去，才能胜利地开辟未来。如果不是这样，而是像赫鲁晓夫、戈尔巴乔夫那样，从全盘否定斯大林，到搞什么"新思维"、"公开性"，全盘否定列宁和十月革命，把社会主义说得一无是处，那将会是一种什么局面？！只能是天下大乱，人民遭殃。

诚然，有意地歪曲近现代中国的历史，自觉地鼓吹历史虚无主义思潮的人是极个别的，但是，应该承认，这种思潮在一部分群众乃至学术工作者中已经发生了不容忽视的影响。所以，在涉及近现代革命历史、党的历史和人民共和国历史的重大问题上，我们必须坚持实事求是的原则，科学地揭示事物的本相，旗帜鲜明地分清是非，明确地与历史虚无主义思潮划清界限。

——原载《高校理论战线》2005 年第 2 期，主要内容同时刊《求是》杂志 2005 年第 1 期。

毛泽东与新中国

——访沙健孙教授

今年是中华人民共和国成立 60 周年。这是党和国家的重大庆典，也是各族人民的盛大节日。全面系统地回顾总结新中国成立 60 周年的辉煌历程、伟大成就和宝贵经验，是当前广大理论教育工作者的重要任务。其中，如何正确认识和科学阐明以毛泽东为主席的中共中央领导集体为新中国诞生和发展作出的历史贡献，是研究和宣传工作的一项重要内容。为此，本刊记者近日采访了北京大学沙健孙教授。沙教授对新中国建设的历史性巨大成就进行了深入回顾总结，对以毛泽东为代表的共产党人建立的丰功伟绩进行了充分肯定。现将访谈的主要内容整理如下。

本刊记者：在庆祝新中国成立 60 周年的时候，我们深切地怀念毛泽东等老一辈革命家。胡锦涛同志在纪念党的十一届三中全会召开 30 周年大会上的讲话中指出，没有以毛泽东同志为核心的党的第一代中央领导集体团结带领全党全国各族人民浴血奋斗，就没有新中国，就没有中国社会主义制度。对此，您是怎么理解的？

沙健孙：我们知道，革命的根本问题是国家政权问题。中国共产党领导中国人民进行反帝反封建的民主革命的根本目的，是为了摧毁代表帝国主义势力和地主买办资产阶级利益、维护半殖民地半封建社会制度的反动政权，创建一个工人阶级领导的、以工农联盟为基础的人民共和国。由于压在中国人民头上的反动势力极其强大，由于经济政治发展极不平衡的中国的情况十分复杂，因此，为创建新中国而进行的斗争不能不是一个伟大的，同时又是长期的、艰苦的、曲折的过程。中国共产党在1921年成立以后，首先集中力量投入工人运动，在此基础上实现了与国民党的合作，参加了广东战争和北伐战争，掀起了第一次大革命的高潮。但由于党当时还处在幼年时期，不善于把马克思主义与中国实际正确地结合起来，这次革命遭到了失败。

在1927年革命失败以后，以毛泽东为代表的中国共产党人通过调查研究中国的国情，总结中国革命正反两方面的经验，逐步把马克思主义与中国实际正确地结合起来，开辟了农村包围城市、武装夺取政权这样一条适合中国特点的革命道路；提出了无产阶级领导的，人民大众的，反对帝国主义、封建主义和官僚资本主义的新民主主义革命的总路线，制定了新民主主义革命的政治、经济、文化纲领和相关的方针政策；创建了新型的人民军队，建立和发展了人民民主统一战线，加强了作为无产阶级先锋队的共产党的自身建设。中国革命由此走上了复兴和胜利发展之途。正是在中国共产党的领导下，在中国化的马克思主义——毛泽东思想的指引下，在大革命之后，中国人民经过10年土地革命战争、8年全国抗日战争和4年全国解放战争，即经过22年的艰苦奋战，终于从根本上推翻了反动统治，赢得了新民主主义革命的基本胜利，迎来了中华人民共和国的光荣诞生。中国人民革命的历史表明，毛泽东是人民共和国的伟大的缔造者。在1978年12月召开的中央工作会议上，邓小平说："回想在一九二七年革命失败以后，如果没有毛泽东同志的卓越领导，中国革命有极大的可能到现在还没有胜利，中国各族人民就还处在帝国主义、封建主义、官僚资本主义的反动统治之下，我们党就还在黑暗中苦斗。所以说没有毛主席就没有新中国，这丝毫不是什么夸张。"

毛泽东不仅是人民共和国的伟大缔造者，而且是中国社会主义制度的主要奠基人，中国探索自己的社会主义建设道路的开创者，社会主义建设的主要组织者和领导人。正如胡锦涛同志在庆祝中国共产党成立85周年大会上的讲话中所指出的，正是在毛泽东领导的时期，"我们确立了社会主义基本制度，在一穷二白的基础上建立了独立的比较完整的工业体系和国民经济体系，使古老的中国以崭新的姿态屹立在世界的东方"。这是这个时期新中国历史的本质和主流。

本刊记者：我们注意到，在当前回顾总结新中国成立60年历史的时候，有人以后"30年"的成就否定前"30年"，甚至把前"30年"说得一无是处。您怎么看待这种倾向？

沙健孙:这种看法是不符合实际的。不久以前,我写过一篇文章,比较具体地谈了这个问题。文章讲到,在毛泽东领导的时期,新中国的建设尽管经历过若干曲折,但从总体上说,是取得了历史性的巨大成就的。总的来说,主要有四个方面:确立社会主义基本制度,为中国尔后的一切进步和发展创造政治前提和制度基础;在探索中国社会主义建设道路过程中取得积极成果,为中国社会主义理论和实践的发展奠定了重要基础;建立独立的比较完整的工业体系和国民经济体系,使古老的中国以崭新的姿态屹立在世界的东方;维护国家的独立、统一和安全,为建设事业争取和平的国际环境。

本刊记者:这些成就确实是历史性的巨大成就。这中间,确立社会主义基本制度,为中国尔后的一切进步和发展创造政治前提和制度基础,是最根本的一条。您能不能谈谈对这一方面成就的理解?

沙健孙:好的。我刚才说过,革命的根本问题是国家政权问题。中国共产党领导中国人民进行反帝反封建的民主革命的根本目的,是为了摧毁代表帝国主义势力和地主买办资产阶级利益、维护半殖民地半封建社会制度的反动政权,创建一个工人阶级领导的、以工农联盟为基础的人民共和国。中国人民政权的创建走过了一条独特的道路。它是先在局部的农村区域建立,而后经过长期斗争,逐步扩展,直至推向城市、推向全国的。毛泽东不仅开辟了创建人民政权的正确道路,而且总结了中国共产党领导人民政权建设的经验,对人民共和国的国体、政体等问题作出了科学的阐明。这些主张为1949年9月中国人民政治协商会议通过的起临时宪法作用的《共同纲领》和1954年9月全国人民代表大会通过的《中华人民共和国宪法》所接受,形成了有关的具有法律效力的明确规定。

第一,关于国体。所谓国体,是指国家的性质,即国家的阶级性,也就是社会各阶级在国家中的地位。毛泽东指出:“我们政权的阶级性是这样:无产阶级领导的,以工农联盟为基础,但不是仅仅工农,还有资产阶级民主分子参加的人民民主专政。”人民民主专政需要工人阶级的领导;它的基础是工人阶级、农民阶级和城市小资产阶级的联盟;它还应当团结民族资产阶级,但是民族资产阶级不能充当革命的领导者,也不应当在国家政权中占主要的地位。他强调,总结我们的经验,集中到一点,就是工人阶级(经过共产党)领导的、以工农联盟为基础的人民民主专政。这是我们的主要公式、主要经验、主要纲领。工人阶级(经过共产党)领导的、以工农联盟为基础的人民民主专政,这就是新中国的国体。

第二,关于政体。所谓政体,是指国家政权的构成形式。毛泽东提出:我们政权的制度是采取议会制呢,还是采取民主集中制?他的答复是:“我们采用民主集中制,而不采用资产阶级议会制。”议会制,袁世凯、曹锟都搞过,已经臭了。“我看我们可以这样决定,不必搞资产阶级的议会制和三权鼎立等”;而应当“建立民主集中制的各级人民代表会议制度”。民主集中制的人民代表大会制度，这就是新中国的政体。

第三，关于国家的结构形式。所谓国家结构形式的问题，是指国家的结构是实行单一制还是复合制（如联邦制、邦联制）等的问题。长期以来，中国就是一个统一的多民族的国家。在筹建新中国时，毛泽东和中共中央进一步确认，单一制的国家结构形式符合中国的实际情况，在统一的国家内实行民族区域自治有利于民族平等原则的实现。据此，周恩来向政协代表作报告时指出：“我们国家的名称，叫中华人民共和国，而不叫联邦。”“我们虽然不是联邦，但却主张民族区域自治，行使民族自治的权力。”统一的多民族国家和在单一制国家中的民族区域自治制度，这就是新中国的国家结构形式。

第四，关于政党制度。所谓政党制度问题，是指实行苏联式的一党制，还是西方式的两党制、多党制，或者是有中国特点的新型政党制度的问题。在新民主主义革命的过程中，中国共产党逐步与各民主党派、无党派民主人士建立了合作和协商共事的关系。1948 年 4 月 30 日，中共中央发出“召开政治协商会议”、“成立民主联合政府”的号召，得到各民主党派和社会各界的热烈响应。1949 年 1 月 22 日，各民主党派领导人和著名无党派民主人士 55 人联合发表《对时局的意见》，一致表示“愿在中共领导下”，为中国人民民主革命的成功和独立、自由、和平、幸福的新中国之早日实现而奋斗。同年春，毛泽东指出，民主党派应“积极参政，共同建设新中国”。各民主党派和无党派民主人士与中国共产党一起参加筹备召开新的政治协商会议，参与了新中国的创建工作。中国共产党领导的多党合作和政治协商制度，这就是新中国的政党制度。中国人民政治协商会议的召开，标志着新中国的这一新型政党制度在政治实践中的形成，并且有了自己的组织形式。在 1954 年全国人大召开以后，毛泽东强调，政协的组织仍然是需要的。政协有别于国家权力机关——全国人民代表大会，也不是国家的行政机关。“政协是全国各民族、各民主阶级、各民主党派、各人民团体、国外华侨和其他爱国民主人士的统一战线组织，是党派性的，它的成员主要是党派、团体推出的代表。”在新的历史环境中继续发挥政协作为统一战线组织的作用，这对于坚持和完善新中国的政党制度即中国共产党领导的多党合作和政治协商制度，具有重要的意义。

以上四个方面，构成了新中国的社会主义基本政治制度。而其中的国体，即工人阶级领导的、以工农联盟为基础的人民民主专政的国家制度，具有最根本的意义和决定性的作用。这种制度，符合中国的实际情况和广大人民的切身利益，有着极大的优越性。

人民革命胜利以后，为了使中国从落后的农业国变成先进的工业国，我们究竟应当选择什么道路？对于这个“中国向何处去”的问题，毛泽东又及时作出了明确的答复。他指出：“资本主义道路，也可增产，但时间要长，而且是痛苦的道路。我们不搞资本主义，这是定了的，如果又不搞社会主义，那就要两头落空。”正是在以毛泽东为主席的中共中央带领下，中国人民通过实行社会主义工业化与社会主义改造同时并举的党在过渡时期的总路线，沿着一条有中国特点的道路，胜利地实现了从新民主主义到社会主义的过渡。1956 年社会主义改造的基本完成，以生产资料公有制占主体地位的社会主义基本经济制度在中国的确立，是中国进入社会主义，或者更确切地说进入社会主义初级阶段的主要标志。

社会主义基本制度的全面确立，为巩固民族独立和人民解放的成果，尤其是为中国进行现代化建设、为中国尔后的一切进步和发展，创造了政治前提和制度基础。巩固、完善和发展这个基本制度，这是我们必须坚持的根本原则和必须实现的庄严任务。实行改革开放，是为了在坚持社会主义的基本政治制度和经济制度的前提下，使这个制度得到完善和发展，更加充满生机和活力。

本刊记者：以毛泽东为代表的中国共产党人在探索中国社会主义建设道路过程中，取得了哪些积极成果？

沙健孙：随着 1956 年社会主义改造的基本完成，中国开始进入全面建设社会主义的时期。如何建设社会主义，如何巩固和发展社会主义，成为中国共产党面临的基本的历史性课题。以毛泽东为代表的中国共产党人积极探索适合中国情况的社会主义建设道路，取得了重要的理论成果。主要是：

第一，提出把马克思列宁主义同我国的具体实际进行“第二次结合”的基本原则。1956 年 4 月初，毛泽东即提出：我认为最重要的教训是独立自主，调查研究，摸清本国国情，把马克思列宁主义的基本原理同我国革命和建设的具体实际结合起来，制定我们的路线、方针、政策。现在是社会主义革命和建设时期，我们要进行第二次结合，找出在中国进行社会主义革命和建设的正确道路。这个思想为中国共产党和中国人民探索适合中国情况的社会主义建设道路，提供了基本的指导原则，指示了正确的方向。

第二，阐明关于建设社会主义的若干重大理论原则。1956 年社会主义改造基本完成以后，毛泽东及时提出全面建设社会主义的任务。他指出：我们“现在处在转变时期：由阶级斗争到向自然界斗争，由革命到建设，由过去的革命到技术革命和文化革命”。他把这个“产业革命或者说经济革命”，称作是“第二个革命”。他阐明了关于建设社会主义的若干重大理论原则。一是提出社会主义现代化建设的奋斗目标和发展战略。毛泽东指出，中国社会主义现代化建设的目标，是实现农业、工业、国防和科学技术“四个现代化”；中国的发展所遵循的是两步走战略”，即首先建立独立的、比较完整的工业体系和国民经济体系，而后全面实现“四个现代化”；中国全面实现“四个现代化”，大约需要一百年甚至更长的时间。二是提出社会主义社会基本矛盾的学说。毛泽东指出，社会主义社会的基本矛盾仍然是生产关系和生产力之间、上层建筑和经济基础之间的矛盾，正是这些矛盾推动着社会主义社会的发展；同时又指出，这些矛盾可以经过社会主义制度本身不断地得到解决，从而为进行社会主义性质的改革提供理论上的根据。三是提出关于社会主义社会发展阶段的理论。1959 年底 1960 年初，毛泽东在读苏联《政治经济学教科书》的谈话中，提出了一个重要的观点：“社会主义这个阶段，又可能分为两个阶段，第一个阶段是不发达的社会主义，第二个阶段是比较发达的社会主义。后一阶段可能比前一阶段需要更长的时间。”他说：“在我们这样的国家，完成社会主义建设是一个艰巨任务，建成社会主义不要讲得过早了。”这就是说，在一个长时期里，中国还处在“不发达的社会主义”阶段。毛泽东提出的这个观点，是初级阶段社会主义理论的重要的思想来源。四是提出关于两类矛盾的学说。1957 年，毛泽东指出，我们必须正确区分和处理敌我矛盾和人民内部矛盾，以便调动一切积极因素，并且尽可能地化消极因素为积极因素，为建设社会主义服务。这是我们建设社会主义的基本方针。五是提出在政治生活中判断是非的标准。毛泽东在论述两类矛盾的学说时，提出了在政治生活中判断我们的言论和行动是非的六条标准，其中最重要的是社会主义道路和共产党的领导两条。坚持这六条标准，是我国的建设事业沿着正确方向前进的政治保证。

第三，制定中国社会主义经济、政治、文化建设等方面的重要指导方针。在经济建设方面：提出走“中国工业化的道路”这个命题，指出要以农、轻、重为序安排国民经济工作，并且“以农业为基础，以工业为主导”作为发展国民经济的总方针；主张实行工业和农业、重工业和轻工业、中央工业和地方工业、大中小企业、洋法生产和土法生产等一系列的“同时并举”即“两条腿走路”的方针；阐明必须发展商品生产，利用价值规律，为社会主义建设服务；对经济体制改革的问题进行探索，提出了若干重要思想（如发挥中央和地方两个积极性，主张实行“两参”“一改”“三结合”；主张试办托拉斯；提出在社会主义经济占优势的条件下“可以消灭了资本主义，又搞资本主义”；等等）。在民主政治建设方面：提出“我们的目标，是想造成一个又有集中又有民主，又有纪律又有自由，又有统一意志，又有个人心情舒畅、生动活泼，那样一种政治局面”；主张把正确处理人民内部的矛盾作为国家政治生活的主题，坚持人民民主，尽可能团结一切可以团结的力量，使中国“变成一个大强国而又使人可亲”；主张切实保障人民当家作主的各项权利，让人民参与国家和社会事务的管理；强调劳动者管理国家、管理军队、管理各种企业、管理文化教育的权利，是社会主义制度下劳动者最大的、最根本的权利；提出社会主义法制要保护劳动人民利益，保护社会主义经济基础，保护社会生产力；要求处理好中国共产党同各民主党派的关系，坚持长期共存、互相监督的方针，巩固和扩大爱国统一战线；提出关于政治体制改革的若干意见和设想（如国家主席的任期不得超过两届、党代表实行常任制等）。在文化建设方面：指明在思想文化领域中必须坚持马克思主义的指导地位、坚持工人阶级及其政党的领导权；提出“百花齐放，百家争鸣”的方针和“古为今用”、“洋为中用”、“推陈出新”的方针；提出思想政治工作是经济工作和其他一切工作的生命线，要实行政治和经济的统一、政治和技术的统一、又红又专的方针；提出要向科学进军，不能走世界各国发展科学技术的老路，而应独立自主、自力更生、奋发图强，努力赶超世界先进水平；提出建立一支宏大的工人阶级知识分子队伍的历史任务。

第四，论述在执政条件下加强共产党自身建设的思想。毛泽东十分重视巩固共产党的执政地位，高度警惕党在执政以后可能产生的种种消极现象，要求采取坚决措施加以防止和纠正。他最早觉察到帝国主义的“和平演变”战略的危险，号召共产党人提高警惕，同这种危险作斗争。为此，他提出：共产党员必须坚持共产主义的远大理想，务必继续地保持谦虚、谨慎、不骄、不躁的作风，继续地保持艰苦奋斗的作风；各级领导干部必须自觉地运用人民赋予的权力为人民服务，依靠人民群众行使这个权力，并且要以普通劳动者的姿态出现，平等待人，自觉接受人民群众的监督；必须防止在共产党内、在干部队伍中形成特权阶层、贵族阶层；必须依靠人民群众，坚决反对共产党内和干部队伍中的腐败现象；必须切实解决好“培养无产阶级的革命接班人”的问题。除此之外，在军队和国防建设、国际战略和外交工作等方面，毛泽东等也提出过许多重要的战略思想。毛泽东等老一辈中国革命家提出和阐明的这些富于独创性的理论，具有十分重要的价值。正如邓小平所说，这为我们在新的历史条件下坚持和发展中国的社会主义“提供了一个基础”。

实际上，不仅贯穿于毛泽东思想的活的灵魂，即实事求是、群众路线和独立自主，是中国特色社会主义的理论和实践发展所遵循的思想路线，而且毛泽东等在探索中取得的积极成果，已经为中国特色社会主义理论体系所继承，成了这个理论体系的不可分割的有机组成部分。对于这个问题，胡锦涛同志讲过：“我们党能够在新时期开创出中国特色社会主义道路，其理论基础是对马克思列宁主义、毛泽东思想的科学继承”。习近平同志也讲过：“毛泽东同志带领我们党在艰辛探索中形成的重要思想成果，是我们党的宝贵财富，也是中国特色社会主义理论体系的重要思想来源。”毛泽东等老一辈革命家作为中国社会主义建设道路开创者的历史功绩，将永远记载在中国共产党和人民共和国的史册上。

本刊记者:新中国的经济建设取得了哪些巨大成就?

沙健孙:毛泽东是在领导社会主义建设的过程中进行探索的,他直接把在探索中取得的成果应用于指导社会主义建设的实践。在新中国成立的前夜,1949年3月,毛泽东在中共七届二中全会上就提出,要“使中国稳步地由农业国转变为工业国,把中国建设成一个伟大的社会主义国家”。在新中国成立后的近30年间,他带领全国各族人民,为推进这个社会主义现代化的宏伟事业,进行了长期的、艰苦的奋斗。由于缺乏经验等原因,新中国的经济建设在“大跃进”和“文化大革命”时期经历过两次严重的挫折。但是整个说来,在毛泽东领导时期,依靠以他为主席的中共中央领导集体的智慧,依靠全党同志、广大干部和人民群众的共同努力,新中国的经济建设取得的成就是巨大的。

第一,在“一穷二白”的基础上建立了独立的、比较完整的工业体系和国民经济体系。新中国刚成立的时候,我们的经济是十分落后的。当时,毛泽东曾说过:“现在我们能造什么?能造桌子椅子,能造茶碗茶壶,能种粮食,还能磨成面粉,还能造纸,但是,一辆汽车、一架飞机、一辆坦克、一辆拖拉机都不能造。”由于没有自己独立的工业体系,许多重要工业产品主要依赖进口。从“一五”计划时期开始,国家以苏联援建的156项重点工程、694个大中型建设项目为中心,进行了大规模投资,逐步地建成了一批门类比较齐全的基础工业项目,涉及冶金、汽车、机械、煤炭、石油、电力、通讯、化学、国防等领域,为国民经济的进一步发展打下了坚实的基础。国家基本建设投资,从“一五”时期起到“四五”时期,累计达4 956.43亿元。在铁路、交通运输等基础设施建设方面,也有明显的进展。从1964年开始的“三线”建设,不仅增强了国防力量,而且改善了工业布局。在毛泽东生前,中国不仅已经能够自行设计和批量生产汽车、飞机、坦克、拖拉机等,而且成功地爆炸了原子弹、氢弹,试制并成功发射了中远程导弹和人造卫星。这些进展,全世界为之震惊。同时,新中国还通过兴修水利、开展农田基本建设、培育推广良种、提倡科学种田,较大幅度地提高了粮食生产水平和抵御自然灾害的能力。

正是经过全国人民的努力奋斗,1979年9月,叶剑英在庆祝中华人民共和国成立30周年大会的讲话中自豪地宣布:“我们在旧中国遗留下来的‘一穷二白’的基础上,建立了独立的比较完整的工业体系和国民经济体系。”这是一个伟大的了不起的成就。独立的、比较完整的工业体系和国民经济体系的建立,不仅使中国在赢得政治上的独立之后赢得了经济上的独立,为增强国防力量和维护国家安全提供了条件,而且为中国以后的发展奠定了牢固的物质技术基础,为中国与外国包括发达国家在平等原则下发展经济往来创造了前提。

第二,中国经济发展的速度从总体上看是相当快的。从经济发展的速度来看:1952 年到 1978 年,工农业总产值平均年增长率为 8.2%,其中工业总产值平均年增长率为 11.4%。从主要工业产品的产量来看:钢产量从 1949 年的 16 万吨发展到 1976 年的 2 046 万吨。发电量从 1949 年的 43 亿度发展到 1976 年的 2 031 亿度。原油从 1949 年的 12 万吨发展到 1976 年的 8 716 万吨。原煤从 1949 年的 3 200 万吨发展到 1976 年的 4.83 亿吨。汽车产量从 1955 年年产 100 辆发展到 1976 年的 13.52 万辆。从主要工农业产品产量居世界的位次来看:1957 年和 1978 年,谷物 3→2,棉花 2→3,猪牛羊肉 2→3,化学纤维 26→7,布 3→1,煤 5→3,原油 23→8,发电量 13→7,钢 9→5,水泥 8→4,硫酸 14→3,化肥 33→3。除了少数农副产品产量的位次保持不变或稍有后退外,谷物和主要工业产品产量的位次都明显提前了。

第三,人民物质生活和文化生活的水平得到逐步提高。中国共产党和人民政府始终把满足人民基本生活需要作为发展经济的根本目的。随着建设事业的进展,广大人民群众的物质、文化生活水平逐步得到提高。全国总人口从 1949 年的 5.416 7 亿增长到 1976 年的 9.371 7 亿。同期粮食的人均占有量从 418 市斤增加到 615 市斤。这就是说,全国总人口增加了近 4 亿人,增产的粮食不仅多养活了 4 亿人,而且还使人均粮食占有量增加了近 200 斤。这确实又是一个了不起的成就。在全国人民节衣缩食支持国家工业化基础建设的情况下,尽管人民群众生活逐年改善的增幅不大,但初步满足了占世界 1/4 人口的基本生活需求,这在当时被世界公认是一个奇迹。教育事业得到长足发展。从 1949 年到 1976 年,小学在校生从 2 439 万人发展到 1.5 亿人;中学在校生从 103.9 万人发展到 5 836.5 万人;高等学校在校生从 11.7 万人发展到 67.4 万人。学龄儿童入学率达到 90% 以上。劳动者的整体素质得到了很大的提高。全国经济文化建设等方面的骨干力量大批地成长起来。医疗事业也得到蓬勃发展。20 世纪 50 年代后期,农村普遍建立了县、区(社)两级医疗卫生机构,60 年代又在绝大多数生产大队建立了农村基层医疗卫生机构。解放前,全国人口的死亡率为 25‰。居民平均预期寿命仅 35 岁。这个时期,全国人口的死亡率从 1949 年的 20‰下降到 1976 年的 7.25‰。居民平均寿命随之显著延长。1975 年,男性提高到 65.34 岁,女性提高到 67.08 岁。中国人不再被讥笑为"东亚病夫"了。

在毛泽东领导时期,新中国的经济和社会发展取得了历史性的巨大进步。邓小平在 1979 年说过:"社会主义革命已经使我国大大缩短了同发达资本主义国家在经济发展方面的差距。我们尽管犯过一些错误,但我们还是在三十年间取得了旧中国几百年、几千年所没有取得过的进步。"这些进步,是在以毛泽东为主席的中共中央的领导下取得的,是全国各族人民共同奋斗的结果,是社会主义制度具有巨大优越性的初步的,但又是有力的显示。对于这方面的情况,一些公正的西方人士也是承认的。比如,美国历史学家莫里斯·迈斯纳就说过:毛泽东时代“是世界历史上最伟大的现代化时代之一,与德国、日本和俄国等几个现代工业舞台上的后起之秀的工业化最剧烈时期相比毫不逊色。这些经济成就是中国人民自己通过劳动获得的”。“正是这个中国现代工业革命时期为现代中国经济发展奠定了根本的基础,使中国从一个完全的农业国变成了一个以工业为主的国家。”毛泽东领导时期取得的这些进步,不仅在当时已经使中国极度贫弱的面貌在很大程度上得到了改变,而且为中国以后的进一步发展创造了重要的前提。

本刊记者:最后请您谈谈以毛泽东为核心的第一代中央领导集体是如何维护国家的独立、统一和安全,为进行建设事业争取和平的国际环境的?

沙健孙:好的。我认为,毛泽东始终是维护民族独立和民族尊严、捍卫国家主权和国家安全的光荣旗帜。毛泽东主张,新中国必须在平等、互利、互相尊重主权和领土完整的基础上同各国建立和发展关系,尤其是加强经济和文化方面的往来;同时,必须坚持独立自主、自力更生的方针,坚定不移地走自己的路。他强调,不许世界上有哪个大国在我们头上拉屎拉尿,不管资本主义大国也好,社会主义大国也好,谁要控制我们,反对我们,我们是不允许的。1950 年,当美国发动侵略朝鲜的战争,并派海军第七舰队入侵台湾海峡、直接威胁中国的国家安全时,以毛泽东为主席的中共中央毅然决定派中国人民志愿军赴朝作战。抗美援朝战争的胜利给了帝国主义者以必要的教训,使它们懂得,“现在中国人民已经组织起来了,是惹不得的。如果惹翻了,是不好办的”。20 世纪 50 年代末,苏联提出在中国领土和领海上建立中苏共有共管的长波电台和联合舰队的建议,显露出在军事上控制中国的意图。毛泽东当即严词予以拒绝。之后,他更带领全党和全国人民同苏联的大国霸权主义进行了坚持不懈的斗争。

努力捍卫民族独立、国家安全和为国内和平建设创造良好的外部环境,努力维护世界和平、促进人类的进步事业,这是毛泽东为新中国制定的国际战略和对外工作方针所要达成的根本目标。为此,他始终不渝地奉行独立自主的外交政策,倡导和坚持和平共处五项原则,支持世界各国人民反对帝国主义、霸权主义、殖民主义和种族主义的斗争,积极发展同各国、同各国人民的友好往来。他主张,新中国要同社会主义国家,同亚洲、非洲、拉丁美洲民族独立国家加强团结和合作;要把美国以外的资本主义国家看做是美国和社会主义国家之间的中间地带(后来,他把这些国家称作第二中间地带,而把亚洲、非洲、拉丁美洲地区称作第一中间地带),争取同它们发展关系;对于美国,在反对它对中国的威胁同时,也要争取同它和平共处。毛泽东在晚年也仍然警觉地注意维护我国的安全,顶住了帝国主义的压力,执行正确的对外政策,坚决支持各国人民的正义斗争,并且提出划分三个世界的正确战略和我国永远不称霸的重要思想。

正是在毛泽东领导的时期,新中国与同自己接壤或临近的多个亚洲国家,如缅甸、尼泊尔、蒙古、巴基斯坦、阿富汗等国妥善地解决了边界问题。中国坚决地支持了越南人民的抗法战争和抗美战争。对于当时亚洲、非洲、拉丁美洲广大地区出现的民族解放运动高潮,中国也给予了有力的支持。正是在毛泽东领导的时期,新中国在联合国的合法席位于 1971 年 10 月得到恢复。毛泽东还亲自开创了中美关系和中日关系的新阶段。1972 年,中美关系正常化的大门终于被打开,中国与日本正式建立了外交关系,西方国家出现了同新中国建交的热潮。美国等西方国家对中国的封锁逐步被打破。中国的外交格局发生重大变化。到 1976 年,同中国建交国家已经有 111 个,这包括了当时世界上的绝大多数国家。

历史表明,在毛泽东制定的国际战略和对外工作方针的指引下,在毛泽东、周恩来等的直接领导下,新中国在国际事务中发挥着越来越重大的积极作用。这一切为我国的社会主义建设创造了有利的国际条件,促进了国际形势朝着有利于世界人民的方向发展。同时,也为后来中国逐步实行对外开放政策创造了有利条件。在中国进入改革开放和社会主义现代化建设的新时期时,邓小平讲过:“我们能在今天的国际环境中着手进行四个现代化建设,不能不铭记毛泽东同志的功绩。”

总之,作为中国人民的忠诚的勤务员和伟大的领袖,正如《关于建国以来党的若干历史问题的决议》所指出的,毛泽东不仅“为我们党和中国人民解放军的创立和发展,为中国各族人民解放事业的胜利”,而且“为中华人民共和国的缔造和我国社会主义事业的发展,建立了永远不可磨灭的功勋”。对此,中国共产党人和全中国各族人民是永远不会遗忘的。也正如胡锦涛同志指出的那样:“中国出了个毛泽东,这是中国共产党的骄傲,是中国人民的骄傲,是中华民族的骄傲。”“他的名字、他的思想、他的精神,将永远鼓舞着我们继续推动中国社会向前发展。”

——原载《思想理论教育导刊》2009 年第 7 期。

编 后 记

《中国共产党历史若干重大问题研究》一书，是应高等教育出版社之约，为纪念中国共产党成立90周年而编辑的。

从20世纪50年代后期以来，我即在北京大学从事理论教学工作，主要是中共党史和中国革命史的教学工作。80年代中期至90年代前期，在中共中央党史研究室从事中共党史的研究和编写工作。其后，又应中共北京市教育工委之约，主编《毛泽东思想概论》，并在北京大学为博士生讲授毛泽东思想研究课程。这里收集的文字，是我在从事上述教学和研究工作的过程中取得的部分成果。这些文字，主要是从我主编或撰写的《中国共产党史稿（1921—1949）》、《中国共产党与资本主义、资产阶级（1921—1956）》、《中国共产党与新中国的创建（1945—1949）》及其附录《从新民主主义过渡到社会主义（1949—1956）》和《毛泽东与新中国建设》等著作中辑录的；也有少数文字，是从报刊上辑录的。

在研究中共党史和毛泽东思想的过程中，我始终遵循了唯物主义的历史观和方法论，还借鉴了马克思、列宁研究东方国家社会历史问题的若干重要著作中的思想。附录一，反映了我对这些问题的认识和理解。附录二，则收录了反映我对中共党史和毛泽东思想的总体认识的一篇论文和一篇答记者问。

在本书出版的时候，我谨对高等教育出版社的领导同志及范军同志给予我的支持，对编辑高英和宋义栋同志为此付出的辛劳，表示衷心的感谢。

沙健孙